**ALLAN R. BREWER-CARÍAS**

# Estudios de Derecho Público

## *Reflexiones en Costa Rica*

**Derecho Administrativo**
**Derecho Constitucional**
**Elecciones y Partidos Políticos**
**Justicia Constitucional**
**Derecho de los Derechos Humanos**
**Protección de los Derechos Humanos**
**Amparo Constitucional**
**Control de Convencionalidad**

**Prólogos**
*Rubén Hernández Valle*
*Ana Virginia Calzada*
*Víctor Rodríguez Rescia*
*Roberto Cuéllar*

IJSA Investigaciones Jurídicas S.A.

342.208
B847e Brewer-Carías, Allan R.
Estudios de derecho público : derecho administrativo, derecho constitucional, elecciones y partidos políticos, justicia constitucional, derecho de los derechos humanos, protección de los derechos humanos, amparo constitucional control de convencionalidad. Reflexiones en Costa Rica / Allan R. Brewer-Carías.– primera edición -- San José, Costa Rica : IJSA., enero del 2023.

895 páginas ; 27 x 21 centímetros

ISBN 978-9977-13-746-9

1. DERECHO CONSTITUCIONAL. 2. DERECHO ADMINISTRATIVO. 3. ADMINISTRACIÓN DE LA JUSTICIA. 4. DERECHOS HUMANOS. 5. DEMOCRACIA. 6. ELECCIONES. 7. PARTIDOS POLÍTICOS. 8. RECURSO DE AMPARO. I. Título.



investigaciones.juridicas.sa

*Editorial Investigaciones Jurídicas S.A.*

Tel. 2226-8320/2226-6433 Fax: 2226-4118
www.investigacionesjuridicas.com
E- mail: info@investigacionesjuridicas.com
Apdo. 631-2010 Zapote, San José, Costa Rica

# CONTENIDO

## TERCERA PARTE
## RÉGIMEN DE ELECCIONES Y DE LOS PARTIDOS POLÍTICOS



## CUARTA PARTE
## JUSTICIA CONSTITUCIONAL



## QUINTA PARTE
## DERECHO DE LOS DERECHOS HUMANOS

## SEXTA PARTE
## PROTECCIÓN DE LOS DERECHOS HUMANOS



## SÉPTIMA PARTE
## AMPARO CONSTITUCIONAL



## SÉPTIMA PARTE
## CONTROL DE CONVENCIONALIDAD

# NOTA DEL AUTOR

Este libro recoge el texto de mis estudios en materia de derecho público (administrativo y constitucional), redactados durante las últimas cinco décadas con motivo de la preparación de conferencias dictadas en eventos académicos realizados en Costa Rica, muchos incluso sobre derecho Costarricense, los cuales en general fueron publicados en diversas revistas y obras colectivas. El primero de ellos, que fue mi introducción a ese bello país, fue el relativo a la reforma administrativa que entonces se estaba diseñando en Latinoamérica, expuesto por invitación de mi apreciado y recordado amigo Wilburg Jiménez Castro.

A partir de entonces tuve el privilegio de visitar Costa Rica por invitación de diversas instituciones y personas, entre las cuales debo mencionar a mis muy queridos y recordados amigos Eduardo Ortíz Ortíz y Rodolfo Piza Escalante, y, más recientemente, a mis amigos Sonia Picado Sotela, Luis Fernando Solano, Enrique Rojas Franco, Rubén Hernández Valle, Ana Virginia Calzada y Roberto Cuéllar.

Por supuesto, todos los estudios que se incluyen en esta obra son referidos a las instituciones modernas y contemporáneas del derecho público, que en Costa Rica comenzaron a configurarse hace doscientos años, a raíz del proceso de independencia que se inició el 29 de octubre de 1821, luego de que el 15 de setiembre, la Provincia de Guatemala se independizara de España, el día 11 de octubre lo hicieran los pueblos de Nicaragua, y el 13 de octubre, lo hiciera el Ayuntamiento de Cartago. El 29 de octubre de 1821, en efecto, reunidos en Cartago los representantes de los Ayuntamientos de la Provincia de Costa Rica, todos decidieron que se "publique, proclame y jure la independencia absoluta del gobierno español el 1° de noviembre," y por supuesto, separada de las Provincias de Guatemala y Nicaragua. Y así, un mes después, la Junta de Legados de los Pueblos adoptaron lo que sería la primera Constitución Política de Costa Rica, el "Pacto Social Fundamental Interino" o "Pacto de Concordia," de 1 de diciembre de 1821, en cuyo artículo 1 se dispuso que:

> "Art. 1. La Provincia de Costa Rica está en absoluta libertad y posesión exclusiva de sus derechos para constituirse en una nueva forma de gobierno y será dependiente o confederada de aquel Estado o potencia a que le convenga adherirse, bajo el preciso sistema de absoluta independencia del Gobierno español y de cualquiera otro que no sea americano."

Con ello se decidió la Independencia de Costa Rica respecto de España, cuyo territorio, inicialmente, a partir de 1513, comenzó a configurarse desde la Provincia de Castilla del Oro como el lugar de tránsito de la expansión progresiva de la Provincia por el Mar del Sur hacia el oriente, y luego desde la Provincia de Nicaragua.

Esto me motiva a que, en esta Nota del autor para esta obra, en homenaje a quienes han tomado la iniciativa de editarla, y a todos mis amigos y lectores costarricenses, me refiera más bien a algunos acontecimientos institucionales acaecidos muchos años antes, y que fueron los que dieron origen a la Tierra Firme del Nuevo Mundo y del propio derecho indiano, y que contribuyeron a la formación territorial de la Provincia de Costa Rica.[1]

---

1 Para lo cual sigo lo expresado en mi libro: Allan R. Brewer-Carías, *La Ciudad Ordenada*, Editorial Criteria, Caracas 2005.

Los primeros conquistadores que recorrieron las costas de Costa Rica por el Pacífico fueron Hernán Ponce de León y Juan de Castañeda en 1519, quienes una vez que se había fundada la ciudad de Panamá, en expedición a cargo de Gaspar de Espinoza y utilizando las naves que había dejado construidas Vasco Núñez de Balboa en el Mar del Sur; habían sido enviados por el Gobernador Pedrarias Dávila de la Provincia de Castilla del Oro, habiendo llegado al golfo de Nicoya, nombre que provenía del cacique de la zona.

Posteriormente, Gil González de Ávila, quién era Tesorero en la Audiencia de Santo Domingo, con Capitulación otorgada por Pedrarias en 1518 para salir a descubrir las islas de la Especería en el Mar del Sur, después de varios años de vicisitudes en la preparación de la empresa, salió en enero de 1522 desde la Isla de las Perlas en Panamá, rumbo al oeste. Los barcos que lo llevaban no resistieron la travesía, por lo que tuvo que continuar por tierra, reconociendo el mencionado golfo de Nicoya, donde tuvo noticias por los indios de un pueblo más importante hacia el oeste, comandado por un cacique llamado Nicarao. Llegó hasta el Lago de Nicaragua que denominaron Mar Dulce (1523), y fue Andrés Niño, quien lo acompañaba en la expedición, quien con los navíos reparados llegó hasta el golfo de Chorotega, al que denominó de Fonseca en honor del Presidente del Consejo de Indias, Juan Rodríguez de Fonseca, quién además era obispo de Burgos. La expedición por mar continuó por las costas de Guatemala hacia el noroeste, hasta el golfo de Tehuantepec.

Al tener Pedrarias conocimiento del tesoro que se había acumulado en la expedición de Gil González por el Pacífico hasta el golfo de Nicoya en las costas de Costa Rica y hasta las costas de Nicaragua, decidió organizar una expedición a cargo de Francisco Hernández de Córdoba, la cual fue financiada por Francisco Pizarro, Fernando de Luque y Diego de Almagro, quienes luego serían los conquistadores del Perú.

A principios de 1524, Hernández de Córdoba llegó al sitio de Orotina, en el golfo de Nicoya, donde fundaría la villa de Bruselas, no muy lejos de la actual Nicoya, pero en la costa, pues era puerto, frente a la isla de Chira, que fue el primer pueblo fundado en Costa Rica, y que tendría una destacada historia de destrucciones y reconstrucciones. La villa de Bruselas se pobló por Ruy Díaz por encargo de Hernández de Córdoba, quedando al mando de Andrés Garabito, quién años antes había sido uno de los testigos de la acusación contra Balboa.

El golfo de Nicoya, por otra parte, pasó a ser el paso obligado desde Panamá hacia Nicaragua, dada las dificultades de la navegación litoral, provocada por los vientos llamados del Papagayo. Desde villa Bruselas, Hernández de Córdoba seguiría hasta Nicaragua, llegando a la ribera oeste del Lago Xoilotlán (Managua), donde fundaría, en el mismo año de 1524, la ciudad de León de Nagrando. Su ubicación en el extremo noroeste de la zona lacustre de Nicaragua, marcaba un punto de contacto desde el golfo de Fonseca en el Pacífico y la zona de Olancho y el puerto de Trujillo en el Atlántico.

Hay que recordar, en efecto, que con las fundaciones de las ciudades de León y Granada, realizadas en nombre del Gobernador Pedrarias, Francisco Hernández de Córdoba pretendió desligarse de la autoridad de Pedrarias, buscando que la provincia de Nicaragua dependiera directamente de la Audiencia de Santo Domingo. Para lograr su objetivo, en 1525, mandaría a despoblar y destruir la villa de Bruselas, la cual era el vínculo que tenían sus conquistas con el gobierno de la provincia de Castilla del Oro, en Panamá. Al saber de la rebelión de Hernández de Córdoba, en marzo de 1526 el mismo Pedrarias emprendió camino hacia Nicaragua, para tomar el gobierno de esos territorios para su gobernación, ordenando a Gonzalo de Badajoz la repoblación de la villa de Bruselas para asegurar la pertenencia de las tierras de la costa del Pacífico de Costa Rica a la provincia de Castilla del Oro. Así, además, Badajoz tomo posesión de la isla de Chira en el golfo de Nicoya. Pedrarias continuó hacia Nicaragua, donde apresaría a Hernández de Córdoba, quien sería decapitado como castigo por su delito territorial, por orden del gobernador Pedrarias, al pretender aquél independizarse de su autoridad.

Al año siguiente Pedrarias fue reemplazado en la gobernación de Castilla del Oro, a la cual los pobladores de la villa de Bruselas habían decidido permanecer sujetas, por lo que tuvo que regresar a Panamá, para atender el juicio de residencia, por lo que la Gobernación de Nicaragua sería entonces asumida por el gobernador de Honduras, Diego López de Salcedo, quien pretendió ejercer jurisdicción sobre las tierras del golfo de Nicoya. Como los pobladores de la villa de Bruselas habían aceptado la jurisdicción de la gobernación de Castilla del Oro a cargo del nuevo Gobernador De los Ríos, el Gobernador López de Salcedo, entonces, ordenó de nuevo la destrucción de la villa de Bruselas, para así volver a cortar el vínculo que ésta tenía con Panamá. La ejecución de la orden de destrucción correspondió a Andrés Garabito, quien antes había gobernado la ciudad.

Luego, el mismo Pedrarias, esta vez nombrado gobernador de Nicaragua en 1529, logró que por Real Cédula de 1530 la villa de Bruselas se adscribiera definitivamente a esa gobernación, desligándose de Castilla del Oro, con lo cual décadas después, las tierras de Costa Rica se conquistarían desde Nicaragua, razón por la cual lo que aún existía en 1821 era la Provincia de Nicaragua y Costa Rica, que como una unidad territorial formaba parte de la Capitanía General de Guatemala junto con las otras Provincias de Chiapas, Guatemala y Honduras.

Estos acontecimientos ponen en evidencia la importancia no sólo de la fundación de pueblos para la determinación del ámbito territorial de las provincias; sino igualmente, de la destrucción o despoblamiento de los mismos. La fundación de una ciudad y su permanencia, en efecto, era el título jurídico para que un territorio formara parte de una determinada gobernación; por lo que, también, la destrucción de una ciudad era el mecanismo para que un territorio dejara de pertenecer a determinada gobernación

La villa de Bruselas, en todo caso, no sobrevivió a estos avatares territoriales, y posteriormente desapareció. A la villa de Bruselas como punto de enlace entre Panamá y Nicaragua, la sustituyó Nicoya, donde incluso Pedrarias había sido encomendero. Posteriormente a partir de 1561, el carácter de centro de enlace de la conquista en la zona, fue la villa de Garcimuñoz, que fue el origen de la ciudad de Cartago.

Pedrarias, estando en León como gobernador de Nicaragua ya había ordenado buscar el Desaguadero del Lago de Nicaragua hacia el Mar Caribe, y que se creía podía abrir la navegación entre los dos mares. Con tal motivo encargó a Andrés Garabito el reconocimiento del Valle Central de Costa Rica, más al este del río San Juan, empresa que luego, a partir de 1539, adelantaría Alonso Calero, quien descubrió el río San Juan de Nicaragua. Sus hombres bajaron el río y llegaron a la desembocadura en el Atlántico, navegando luego en dirección al puerto de Nombre de Dios. En esta forma, fue desde la provincia de Nicaragua que se penetró al Valle Central de Costa Rica, denominándose la provincia como de Cartago, Veragua y Costarrica. La expedición más importante que se realizó en la zona fue la de Diego de Gutiérrez en 1540, quien recorrió el Desaguadero hasta llegar al Atlántico y en el río Suerre o Reventazón fundó una villa con el nombre de Santiago.

Pasaron casi 20 años hasta que en marzo de 1561, Juan Cavallón, quien era oidor de la Audiencia de la Española, fuera designado Justicia Mayor de la Provincia. Le correspondió fundar un pueblo que denominó del Castillo de Garcimuñoz en las actuales llanuras de Santa Ana, en el sector suroeste del Valle Central hacia la zona del Pacífico. El año anterior, sin embargo, había mandado al padre Juan de Estrada Rávago a fundar un pueblo en la costa del Atlántico, estableciendo en la bahía del Almirante el pueblo de Castillo de Austria.

Juan Vásquez de Coronado, después de haber sido Alcalde Mayor de San Salvador y luego de Honduras, en 1561 sería designado como Alcalde Mayor de Nicaragua, y en 1562, como Alcalde Mayor de la provincia de Costa Rica y Cartago. El cabildo de la ciudad de Garcimuñoz, en 1562, le encomendó, como tal Alcalde Mayor de Nicaragua y Costa Rica, la exploración al Valle Central, correspondiéndole resolver el traslado de la población de Garcimuñoz a un lugar más favorable, en el valle del Guaco en el sector oriental del mismo Valle Central, lo que hizo en 1564 cambiándole el nombre a la ciudad, que entonces se llamó Cartago, como la Provincia. A ella se trasladó la capital de la provincia donde permaneció hasta 1823, cuando se la trasladó a San José.

Posteriormente, en 1566, Perfán de Rivera, designado como Gobernador de Costa Rica, fundó la ciudad de Aranjuez y, además, trasladó la ciudad de Cartago al sitio de La Sabana. Esta ciudad fue luego, en 1574, retrasladada a su asiento primitivo del valle del Guaco, por Alonso de Anguciana Gamboa, quién además ordenó despoblar la villa de Aranjuez. La ciudad de Cartago tiene una traza cuadricular, con calles anchas y la iglesia Catedral, cuyas monumentales ruinas destruidas por el terremoto de 1910 aún se conservan, situada al este de la plaza. El mismo Anguciana, además, fue quien fundó la mencionada villa del Espíritu Santo de Esparza.

Para 1571 ya estaban asentados, en la ribera del Mar del Norte los puertos de San Jerónimo y San Juan, y en la del Mar del Sur, los puertos de Coronado y Aranjuez y en ese mismo año se fundó la ciudad de Nombre de Jesús.

En el Valle Central se establecieron reducciones indígenas, como las de Aserrí, Curridabat, Brava y Pacaca, hoy ciudad Colón, y en el Siglo XVIII, desde Cartago, se fundaron además, las poblaciones más importantes de la Provincia, entre las cuales se destaca Alajuela, denominada Villa Hermosa, en 1782. En el sitio donde en 1704 se estableció una ermita, se asentó la ciudad de Heredia, la cual se consolidó a partir de 1714 en el paraje de Cubujuquí, que fue su nombre inicial; todas con una forma urbana muy regular. En cuanto a la ciudad de San José de la Boca del Monte del Valle de Aserrí o de Curridabat, la actual capital de Costa Rica, la misma tuvo también su origen en la ubicación, el 21 de mayo de 1737, en el sitio de dicho Valle, de una ermita dedicada al patriarca San José. La ciudad fue trazada sólo a partir de 1755, y en 1782 se trasladaría la ermita al sitio actual de la Catedral, oportunidad en la cual se trazó la plaza o Parque Central.

Posteriormente, en el noroeste del territorio se fundaría la ciudad de Liberia; en la costa del mar Caribe, el Puerto Limón; y en la costa del Pacífico, Puntarenas, también todas con planos muy regulares.

En casi todas las ciudades de Costa Rica, además, se destaca la ubicación de las iglesias, al este de las plazas, construidas en forma aislada. En los casos de Nicoya y Puntarenas, sin embargo, la iglesia está aislada pero, en la propia plaza.

Ruego al lector, así sea por esta última referencia, que me sea otorgada indulgencia por esta osadía de un venezolano amigo de haber recordado en esta Nota preliminar algunos de los hitos más importantes del inicio de la conformación de Costa Rica en el territorio de América, que he hecho con todo afecto y reconocimiento para mis amigos costarricenses con ocasión de la publicación de esta obra.

Mi agradecimiento muy especial a mi amigo Eugenio Vargas por haber tomado la iniciativa de editar esta obra en su prestigiosa Editorial Investigaciones Jurídicas, lo cual me honra, y además, a mis queridos amigos Ana Virginia Calzada, Rubén Hernández Valle, Víctor Rodríguez Rescia y Roberto Cuellar por sus muy generosos y afectuosos Prólogos y Presentaciones que han escrito para esta obra. Lo han hecho, por sobre todo, como muestra de amistad, que es lo más importante en la vida, razón por la cual les quedo profundamente agradecido. Ha sido gracias a amigos como todos ellos, y como lo fueron mis dos primeros amigos en Costa Rica, mis recordados Eduardo Ortíz Ortíz y Rodolfo Pisa Escalante, que siempre me he sentido allí como en mi propia tierra.

New York, noviembre 2022.

# PRÓLOGO

*Rubén Hernández Valle*

A Allan lo conocí en el año 1992 cuando asistió al II Seminario del Instituto Iberoamericano de Derecho Procesal Constitucional en nuestro país. En esa ocasión, como Vicepresidente del Instituto, lo invitamos para que formara el Capítulo de Venezuela.

El primer día del Seminario Rodolfo Piza, que en paz descanse, me lo presentó, pues eran amigos desde hacía muchos años, al igual que Eduardo Ortiz pues los tres eran cultores del Derecho Administrativo, vocación inicial de Allan en materia jurídica.

Para entonces había leído algunos escritos de Allan y encontraba en él algo que es rara avis entre los juristas: una prosa ática y fecunda. Él tiene la gran capacidad de transmitir, en lenguaje llano, conceptos complejos y de explicar los más intrincados problemas jurídicos de manera clara y precisa.

Con justa razón siempre se ha dicho que la claridad en la exposición es sinónimo de una mente racional, ordenada y sistemática, que expresa su pensamiento con claridad y precisión. Esta es justamente una de las tantas cualidades que adornan a Allan.

A raíz de este Seminario, Allan se interesó por el Derecho Procesal Constitucional y se convirtió, a los pocos años, en uno de sus principales cultores en Iberoamérica, por lo que en estos momentos, los organizadores de cualquier Seminario en la materia siempre lo tienen como uno de sus invitados principales. Sus aportes en esta rama del Derecho Procesal han sido importantes, entre los que destacan, sus estudios sobre el recurso de amparo en América Latina y el desarrollo del recurso de amparo, no sólo como un proceso constitucional, sino más bien como un derecho fundamental.

Sus aportes al Derecho Administrativo han sido muy valioso, no sólo por la cantidad de libros y artículos especializados que ha publicado, sino también porque fundó una Escuela venezolana en la materia. Una pléyade de jóvenes talentosos, entre los que se destaca su discípulo preferido el jurista Carlos Ayala Corao, ha desarrollado una inmensa labor en el ámbito del Derecho Administrativo, pero además, siguiendo el ejemplo de su maestro, también ha incursionado con gran éxito en el ámbito del Derecho Internacional de los Derechos Humanos.

Sus aportes al Derecho Constitucional le valieron formar parte y ser el principal redactor de la Constitución venezolana vigente, la cual, desgraciadamente al ser aplicada por los tribunales chavistas, se ha completamente desviado de su savia original de dar vida a un Estado Social y Democrático de Derecho, que fue la impronta que le imprimió Allan.

Sus inquietudes intelectuales lo han llevado también a destacar en el ámbito de la historia, materia en la cual ha hecho importantes contribuciones en temas específicos relacionados con el desarrollo político y jurídico de su país natal.

También fue un destacado abogado consultor y litigante mientras vivió en Caracas. Desgraciadamente desde su exilio, hace ya 20 años, esta labor tuvo que interrumpirse, aunque de vez en cuando participa como consultor o árbitro en litigios internacionales.

Paralelamente a su labor estrictamente académica, también ha desarrollado una importante actividad editorial, como propietario y director de la Editorial Jurídica Venezolana, cuya mayoría de títulos se consiguen por medio de Amazon.

Desgraciadamente ha sufrido la persecución política del régimen chavista desde el año 2002, por tanto, ha tenido que exilarse en New York, en donde durante algunos años impartió lecciones en Columbia University.

En diciembre del 2021 finalmente el Comité de Derechos Humanos de la ONU dejó sin efecto el proceso penal espurio que el régimen chavista sigue contra él en los tribunales penales venezolanos, por el simple pecado de haber emitido una opinión jurídica en un tema de sustitución presidencial. Este hecho sirvió de pretexto para que lo acusaran sin ningún fundamento fáctico ni jurídico como el autor material del fallido golpe de Estado contra el tirano Chaves.

El presente libo recoge las publicaciones realizadas por Allan sobre diversos temas en nuestro país. Ahora se recogen en un solo texto para el goce y disfrute de los lectores costarricenses. Sin duda alguna tendrá un gran éxito académico y editorial dada la calidad de los escritos y la autoridad intelectual de su autor.

Aparte de sus cualidades de jurista, Allan es un bon vivant que disfruta de la buena mesa, lo cual he tenido ocasión de comprobar en múltiples ocasiones en diferentes ciudades con motivo de los Seminarios y Congresos en que nos hemos encontrado. Invariablemente terminamos almorzando o cenando juntos y cuando voy a New York es obligatorio que salgamos a comer.

A pesar de sus 83 años se encuentra en perfecto estado físico y, desde luego, mental, pues su lucidez sigue intacta. Esperamos que nos acompañe todavía por muchos más para seguir disfrutando de su sabiduría jurídica.

# PRÓLOGO

***Ana Virginia Calzada Miranda***
*Expresidenta Sala Constitucional de Costa Rica*

El honor conferido de escribir estas líneas proviene del Dr. Allan Brewer Carías a quien conozco desde hace más de treinta años y que, sin duda alguna, no es fácil retratar en unas pocas líneas. No obstante, ante la magnitud de esta obra, me siento compelida a hacer un breve resumen del hombre y del académico que hoy nos entrega este maravilloso trabajo de investigación y tan significativa obra jurídico-académica.

En un mundo donde cada vez extrañamos más el olor del papel y de la tinta, el Dr. Brewer Carias emprendió la magna tarea de rescatar de entre las cenizas, temas tan añejos, pero tan actuales como el concienzudo análisis de la doctrina del Derecho Público, en el marco del Derecho Administrativo y el Derecho Constitucional. Su facilidad de argumentación es tal, que nos conduce a lo largo de más de 1000 páginas de lectura aguda y quirúrgica sobre temas entre otros del derecho costarricense, sin que el ser venezolano lo imposibilitara a desarrollar esta magnífica obra.

No es de extrañar que a partir de su característica personalidad y carácter crítico, el resultado de su análisis –a la mejor usanza de los grandes maestros del Derecho Latinoamericano–, fueran XXXV títulos con los más diversos y profundos temas; materias que en la actualidad siguen sin perder el interés y la necesidad de ser, y que no solo son recordadas por todos los académicos y practicantes de las ciencias jurídicas, sino que retoman las raíces propias y colocan nuestro derecho en perspectiva comparada para que los juristas, estudiosos, abogados en formación e incluso profesionales de otras ciencias sociales, puedan abordar los intrincados recorridos de nuestra historia legal y jurisdiccional.

La historia de los procesos de formación de las sociedades y de la democracia de nuestros pueblos es la contribución más importante en la concepción de la cultura política e institucional que, o bien añoramos o bien nos hace sentir orgullosos por ser el resultado de las luchas ciudadanas por una justicia igualitaria; en la que se busca el cumplimiento de principios fundamentales más allá de la letra de la ley.

A este viaje es al que nos conduce el Profesor Allan Brewer Carías en su obra, gracias a una escritura clara y a su solidez académica, reconocida en las más altas esferas del Derecho Administrativo y Constitucional y, en general, en el mundo del Derecho a nivel internacional.

Pareciera que detrás de ese ambiente en que los abogados nos hemos enfocado, existen actores que nos son ajenos, y que a veces en nuestro afán de producir Derecho en su más alto sentido, hemos ignorado. Pero dichos actores afortunada o desafortunadamente condicionan el resultado y la efectividad de esos procesos que nos narra el Profesor de manera tan precisa.

Así lo dice el Dr. Brewer Carias cuando de manera impecable nos narra el proceso de reforma administrativa en Venezuela: "Ello, aunado a su tremenda importancia, exige que este proceso no puede ser realizado, y ni siquiera pueda pensarse en su realización, sin una gran decisión política, sin un apoyo de los más altos niveles de decisión política del Estado".

De igual forma nos sitúa en la historia costarricense y nos recuerda cómo nació a la vida jurídica nuestra Ley General de la Administración Pública, trayendo a nuestra memoria a uno de los hombres costarricenses más brillantes de nuestra historia en el campo del derecho administrativo: Eduardo Ortiz Ortiz, de quien muchos de mi generación fuimos sus alumnos. Y nos señala cómo: "Esta hermosa Ley, única en su género, abarca todo el conjunto de materias de un Manual de Derecho Administrativo, por lo que la explicación de su articulado, configuraría, exactamente, el programa de un curso general de esta disciplina Se trata, por tanto, de un muy raro ejemplo de un Código de Derecho Administrativo que, inclusive, consagra expresamente la autonomía de nuestra disciplina, al declarar la independencia del ordenamiento jurídico administrativo de otras ramas del derecho (art. 9)".

Resulta de especial interés para todos aquellos estudiosos del Derecho y también para quienes se mueven en el ámbito de las ciencias sociales, el marco constitucional que desarrolla en relación con el Derecho Administrativo, el cual es lógicamente aplicable a todos aquellos países que se enmarcan en un Estado Constitucional de Derecho. El principio de legalidad y el sometimiento de los órganos del Estado a las leyes y al derecho –o como él nos informa– el derecho administrativo, como derecho que rige la organización y funcionamiento de la Administración Pública. El tercer principio constitucional que nos explica como condicionante en su país natal, Venezuela, es el de la separación orgánica de poderes, que "origina órganos independientes y autónomos entre sí, que ejercen las diversas ramas del Poder Público: Legislativa, Ejecutiva, Judicial, Ciudadana y Electoral". Distribución que opera en nuestra Costa Rica en la división clásica de poderes de Montesquieu, aunado el Tribunal Supremo de Elecciones y a los que se suman actualmente las nuevas tendencias de Gobierno Abierto que involucran la participación ciudadana como el derecho de los pueblos a colaborar y cocrear en las políticas del Estado.

En el ámbito constitucional venezolano, encontramos una riqueza excepcional al llevarnos el autor en un recorrido enriquecedor, en el que nos muestra cómo en las diferentes constituciones se iba moldeando el funcionamiento de la Administración Pública.

Uno de los temas que quizá resulte interesante para los estudiosos de la ciencia política es el título V que refiere a la información pública y a la transparencia en la administración pública contemporánea, una perspectiva comparada partiendo de la experiencia mexicana **(2009).** Me refiero específicamente a ellos, porque como bien señala el célebre discurso del expresidente Obama sobre los postulados de un Gobierno Abierto, dos de los ejes rectores son la transparencia y el acceso a la información (datos abiertos), lo que conlleva a la libertad de expresión; como lo señala el autor de esta pieza jurídica. Dichos principios han cobrado un valor trascendental en la nueva estructura de todo gobierno, que se precie de ser democrático.

Otro tema que se desarrolla y que es imposible obviar en este prólogo es el Título VI que refiere a la transparencia y al acceso a la justicia: progresión y regresión, que, en un afán de no dejar pasar una oportunidad tan valiosa, me atrevo a comentar. Aclaro que no pretendo que esta recapitulación del libro del profesor Brewer Carías sustituya su lectura, pues sería imposible dada la riqueza de todas sus exposiciones. Además, sería poco realista sintetizar a cabalidad la brillantez de sus palabras, que constituyen una experiencia que los lectores no deben perderse.

Como bien lo señala el autor: "La transparencia de la gestión gubernamental es uno de los derechos políticos fundamentales que tienen los ciudadanos frente al Estado, al cual se refiere expresamente en la Carta Democrática Interamericana de 2001, como uno de los componentes esenciales de la democracia, y como parte del derecho político de los ciudadanos a la propia democracia".

Y es que la democracia es la base del estado de derecho y una condición indispensable para que todos podamos ejercer nuestros derechos humanos y fundamentales, así como para que sea una realidad palpable la igualdad de oportunidades que todos los ciudadanos sean hombres o mujeres, tenemos dentro de ese abanico de los derechos políticos y, desde luego, para garantizar nuestra participación en la vida política y pública. ¿Cómo hacerlo si no se impulsan todos estos esfuerzos por parte de las autoridades del Estado? No solo en la generación de las condiciones que posibilitan una democracia y el indispensable apoyo para que pueda nacer a la vida jurídica, sino en su permanente mantenimiento y renovación.

En su último apartado nos deleita el autor con los antecedentes del control de convencionalidad, su marco conceptual y su aplicabilidad en el control difuso de constitucionalidad. Asimismo, plantea como tema de discusión la posibilidad o el deber de los tribunales nacionales, de poder ejercer de oficio el control de convencionalidad. Además de ello, en este apartado se realiza el análisis de varias sentencias, así como votos salvados de los Magistrados de la Corte Interamericana de Derechos Humanos.

La obra del maestro Brewer Carías nos lleva a reflexionar sobre los tiempos que corren, en los que se nos demanda que seamos cautelosos y estemos atentos al renacer de un ambiente político con aires poco respetuosos de la esencia democrática. Gozamos de una primavera democrática de tolerancia e igualdad con la caída de las dictaduras. Ya en los años ochenta se recuperaron el respeto a los derechos humanos y las libertades en nuestra región. Sin embargo, debemos estar alertas a nuestra actual realidad porque lo primero que pretenden intervenir y manosear los regímenes totalitarios es la justicia, procurando que los tribunales se enfilen con los designios del poder de turno. Es triste que algunos, usando los mecanismos de la democracia, conquisten el poder para luego traicionar la confianza de la ciudadanía y romper las normas de la convivencia en libertad.

El desarrollo humano va más allá de los niveles de ingreso económico de las sociedades: incorpora la igualdad de oportunidades, el respeto a los derechos de las personas, el sentido de la pertenencia, el disfrute de libertades y, sobre todo, demanda una justicia que sea garante de esas condiciones.

La democracia no es un privilegio de los países ricos: es una conquista de aquellos que saben respetar la justicia.

San José, octubre del 2022.

# PRÓLOGO

*Víctor Rodríguez Rescia*

Mi primera clase de Derecho Público la recibí en la Facultad de Derecho de la Universidad de Costa Rica en 1983 con el Profesor Román Solís, maestro de reciente ausencia; una lamentable pérdida para el Derecho, para la magistratura y como persona solidaria. El resto de los cursos de Derecho Administrativo los cursé con el Profesor Enrique Rojas Franco; otro grande del Derecho Público. Ambos tuvieron en común que nos recomendaron lecturas del Profesor venezolano Allan Brewer-Carías. Cuando uno era estudiante –al menos a mi me pasaba–, no imaginaba que llegara a conocer a esos autores y maestros extranjeros de los que uno aprendía. Los veía lejanos en esta pequeña aldea. Luego aprendí que Costa Rica, entre muchas virtudes, tenía lo propio, y que si había una escuela de derecho costarricense en ese momento, era en Derecho Público. Las "tesis de don Eduardo Ortiz" tienen una impronta internacional innegable.

El destino me llevó a especializarme en derecho de los derechos humanos, ni más ni menos que una dimensión del Derecho Público, no siempre visto de esa manera. En mi formación en esa rama, volví a encontrarme con algunos textos de Brewer-Carías, pero el que más me marcó fueron sus artículos y conferencias sobre la Protección de los derechos humanos en el derecho interno y su famosa triada: Estado de Derecho-Democracia-Derechos Humanos.

Hasta ahí mi conocimiento en libros de Don Allan. Después tuve la tremenda suerte de que coordinando un proyecto del Instituto Interamericano de Derechos Humanos para impulsar y fortalecer la Ley de Jurisdicción Constitucional en Honduras y la materia de amparo, coincidimos como equipo de trabajo. Ahí conocí a otra persona distinta a la que imaginé mientras leía sus textos en la Facultad. Era, y es, todavía más "grande". Dejando de lado la parte académica, conocí a una persona de mucho mundo, de grandes dotes e interés por la historia universal y, si se quiere, a un "arquitecto frustrado" que se ha dado a la tarea de buscar y comparar todo tipo de cuadrante colonial español, para lo cual aprovecha sus viajes para tomar nota de ello. Alguna referencia de ello se hace en la presente obra que presento llamada "Estudios de Derecho Público. Reflexiones en Costa Rica", el cual me ha pedido el honor de presentar.

Repasando la robusta bibliografía del autor, que sobrepasa los mil artículos de derecho especializados y más de 250 libros jurídicos, encuentro que esta recopilación de estudios es una oportunidad de entender la vinculación de Don Allan con Costa Rica, con el IIDH y con la Academia Publicista y Constitucionalista de nuestro país. En sus múltiples viajes al país, el profesor Brewer-Carías no deja de visitar a sus amigos y amigas para nutrir y mantener una relación con un país que ha sabido leer el Derecho Público correctamente en defensa del Estado de Derecho y la independencia judicial. ¡Hasta ahora!

Digo esto, porque hoy, más que nunca, el Estado de Derecho se ha visto destruido, cuando no amenazado, en muchos de nuestros países. Don Allan ha sido más que testigo, víctima de ello en su país natal, Venezuela, lo que lo ha obligado a mantenerse en un "asilo involuntario" en Nueva York, donde tuve el gusto de visitarlo en su Departamento repleto de sus inseparables amigos, los libros; todo tipo de libros, cuartos soterrados de textos de consulta diaria.

No tiene mucho sentido enseñar Derecho Público solo desde la Academia y no saber cómo aplicarlo, reclamarlo y defenderlo. Por esos azares del destino, en este caso injusto, le correspondió al Profesor Brewer-Carías llenarse de paciencia para reclamar en instancias internacionales de derechos humanos lo que tanto había escrito y enseñado sobre Estado de Derecho, independencia judicial y debido proceso; esas que él llama las "garantías objetivas" del Estado de Derecho; defenderlas en carne propia porque como víctima de un régimen impresentable que hoy tiene a todo nuestro continente testigo de la mayor crisis migratoria de la región, Don Allan fue y sigue siendo un perseguido político y víctima de "lawfare". Parece broma del destino que quien más sabe de Estado de Derecho, sea víctima de su ausencia en su país de origen. Parece todavía más perverso que la Corte Interamericana de Derechos Humanos absolviera a Venezuela de violaciones en cascada al debido proceso de Don Allan y que haya tenido que ser el Comité de Derechos Humanos de Naciones Unidas el que le enmendara la plana. El tema es no cansarse de tocar las puertas de la justicia, así sea allende de nuestras fronteras, como lo hizo el Profesor Brewer-Carías, pero lo óptimo, sin que fuera una exageración, es que sea la justicia interna la que dé la cara por la defensa de la independencia judicial.

Es por ello que muchos de los textos de esta obra que presento se relacionan con la demolición de las instituciones democráticas de Venezuela. Pero estos artículos no están escritos en sentido de venganza por ser víctima el autor de ese descalabro democrático, sino que fueron elaborados en clave de lecciones aprendidas para evitar que situaciones similares ocurran y no se repitan en otros países de la región, incluyendo Costa Rica.

Solo leer la "nota del autor", nos entera que Costa Rica y su historia, no es ajena al Dr. Brewer-Carías. Y es menos desconocida, todavía, en la parte de la normativa y reformas a las leyes de administración pública en las que fue invitado a participar y opinar. Así lo atestigua su estudio "Comentarios sobre los Principios Generales de la Ley General de la Administración Pública de Costa Rica (1981).

Conforme se avanza en la lectura de los artículos especializados, caemos en cuenta de que esta obra es profunda en derecho público comparado y que nos alerta de la principal amenaza del Estado de Derecho: "la politización de la justicia"; una incursión letal que ha sido permitida por las fisuras a la independencia judicial, lamentablemente, una impronta de poderes judiciales débiles que se han dejado cooptar y no han sabido o querido dignificar su rol en democracia. Pareciera sarcasmo, pero hay a lo largo de todo el texto, apuntes que nos dejan pensando si será más bien que las Facultades de Derecho no han sabido hacer la tarea, o peor aún, o simultáneamente, fallas en la ética judicial y la carencia de manuales deontológicos que le recuerden a las personas "togadas" que él o ella, en todo caso, como gestores de la administración judicial, son los últimos bastiones de la independencia judicial y, por lo tanto, los dignos diques que ponen límite al abuso de poder.

Esta obra dice mucho de eso. Es como señalar con ejemplos reales lo que el libro "Como mueren las democracias", de Ziblatt y Levinsky, nos alerta como uno de los graves problemas de la contemporaneidad.

Mi apunte final es positivo. Al terminar de leer el libro me queda claro que lo que el mundo necesita hoy es más Iuspublicistas y constitucionalistas; más defensores de la democracia y el Estado de Derecho; más conciencia de que las instituciones heredadas del republicanismo se deben actualizar con una relectura a conciencia para enfrentar lo que para mí es uno de los principales enemigos de la humanidad: el populismo antisistema, anticientífico y, sobre todo, el detonador de las peores demoliciones del Estado de Derecho donde, hay que reconocerlo, falló la justicia. "Remember" los "juicios de los jueces" post Segunda Guerra Mundial. Me sigue asaltando la duda de si el sistema de justicia alemán hubiera hecho lo propio –no avalando las "leyes de sangre" por ejemplo–, el nazismo hubiera alcanzado sus objetivos finales. Probablemente no hubiera parado la incontenible maquinaria nazi, pero tal vez sí, ralentizado su impacto. Lo que sí hubiera sucedido es que no sentiría vergüenza de que el Derecho tiene lunares que habilitaron desde la complicidad, los peores horrores desde los crímenes de lesa humanidad. Este libro del Dr. Brewer-Carías nos invita a pensar en eso; a no ser cómplices, a que refrendemos el Estado de Derecho y la independencia judicial todos los días, sin descanso, con dignidad y desapego político; con la fortaleza de los argumentos jurídicos que en cada artículo de esta obra predica.

Gracias por dar el ejemplo, gracias por ser tan cercano a Costa Rica, gracias por recordarnos por qué estudiamos Derecho Público.

San José, Costa Rica, noviembre 2022.

# PRÓLOGO

*Roberto Cuéllar*

Querido Randy, en el mundo de hoy no podemos hablar del derecho constitucional moderno y de la narrativa histórica acerca de "la ciudad ordenada", sin mencionar y sin pronunciar el nombre del afamado profesor Allan Randolph Brewer Carías.

Maestro de maestros, infatigable predicador e inquieto ponente en favor de las mejores causas democráticas en Venezuela y el mundo. Jurista apasionado del derecho justo y muy apropiadamente de la justicia. Observador y relator riguroso de cada detalle existente entre cultura y política, leyó su realidad y la de América Latina a la luz de una cosmovisión social más amplia y en permanente correspondencia con la legitimidad de las leyes. Siempre ha habido, en la visión propia de este mentor, una imperiosa necesidad de pertenencia para comprometer a futuras generaciones que estudiaron en su cátedra la doctrina y la defensa legal de los derechos humanos.

Predicó tanto en la Corte Interamericana y el Instituto Interamericano de Derechos Humanos (IIDH) como en múltiples universidades europeas y latinoamericanas, donde historizó el valor de la justicia constitucional *urbi et orbi*. Y, aunque no lo crean, hasta en la misma Cuba para la unión de juristas y la Universidad de La Habana, con la misma inspiración que derrochaba en la venezolana Universidad Central.

Ahora, radicado en Columbia University, dicta su cátedra entre lo mejor y más granado del escenario jurídico norteamericano. Del maestro Brewer Carías hemos aprendido tanto que no alcanza el espacio para completar las lecciones que, magistralmente, nos impartió en los claustros del sistema interamericano de derechos humanos. Es más, las comprendimos como signos del derecho de nuestro tiempo. Sin embargo, la mayor lección impartida fue acerca del valor de lo que realmente cuesta la justicia y de lo que verdaderamente impone el estricto respeto de la dignidad humana, por lo que su legado es actual.

Hoy, propagadores del odio desprecian a la humanidad; siguen utilizando armas rudimentarias como el control total del poder y la irracionalidad ante la miseria. Nos amenazan con la guerra basada en la más alta tecnología de destrucción masiva y así, en consecuencia, muchas constituciones sobreviven en medio de zonas de alto riesgo. En el devenir de la historia, como nos fue enseñando el maestro Brewer Carías, este período será recordado como acelerador inevitable de conciencia moral.

Sin aferrarse a ninguna ideología de los absolutos políticos, su fe en la justicia es al todo o nada. En consecuencia, ha sido estrictamente un digno servidor de la democracia mediante la producción tan vasta de libros que da vértigo citarlos. En los cursos del IIDH –durante mi gestión como su director, entre 1999 y 2013– las lecciones de este catedrático insigne fueron la puesta en escena de varias de las más destacadas academias jurídicas latinas y europeas.

Vinculado con proyectos alternativos de vida digna y realmente justa para las personas y los pueblos, tanto el texto salido de su pluma acerca de los derechos humanos como la diversidad de sus interpretaciones eran fundamentales en su ser como maestro de la palabra y la enseñanza comparada del derecho. Pero también lo eran la fuerza moral y las emociones, el amparo de las víctimas, la vida social y política en las realidades nuestras latinas y caribeñas de América.

Junto al extraordinario y recordado Pedro Nikken, crearon esa atmósfera favorable para que nunca se pierda el supremo interés por la transformación positiva de la persona humana y de la sociedad, a través de la historia del derecho de los derechos humanos y del constitucional.

Insobornable y compulsivo en religar el poder de las garantías judiciales de los derechos humanos en el derecho constitucional comparado latinoamericano (IIDH.2005), las instruyó ancladas en las crisis humanitarias más hondas de la región. Esta obra, como muchos de los múltiples textos del maestro Brewer Carías, son icónicos y emblemáticos de tal manera que en su cátedra –al momento de impartir un tema complejo– moderaba la tensión política, elevaba al máximo el clímax y cerraba siempre con una reflexión razonada ante la realidad. El debate ha sido para él un derecho inalienable, por lo que siempre estimuló en cada cátedra una actitud dialógica en la búsqueda de puntos de convergencia.

En su patria querida contribuyó plenamente a dilucidar los problemas sistémicos, sus causas y los desafiantes retos que suponía la reorganización administrativa, la diversificación económica y la descentralización territorial. Este extraordinario maestro de la cultura constitucional, de Venezuela al mundo, con formas tan parecidas a las de un "lord inglés", demostró tal coherencia en toda su producción literaria y una evolución progresiva con aguda mira política en puntos críticos que fueron constantes y consecuentes con los anhelos de quienes claman justicia. Nos decía que sabíamos muy bien que el derecho se descompone con cierta fragilidad cuando encubre intereses, moldes políticos y veleidades económicas.

Tal nivel de alta moralidad constitucional le acarreó difamación, calumnia y amenaza de prisión injusta e ilegal, por lo que debió abandonar su terruño para estar ahora radicado en Nueva York. Después de este período de excepción, el maestro Allan Brewer ha marcado la historia del derecho constitucional y seguirá redactando con pluma y papel –entre cátedra y libros– los aceleradores de conciencia moral, pensando en el renacimiento constitucional latinoamericano con la mirada puesta en el replanteamiento del contrato social. Asimismo, con lo que seguramente será su obra magistral por reescribir: la diferencia entre paz social y turbulencia populista, entre futuro de esperanzas y distópico retorno a un pasado disonante para enaltecer o degradar el derecho justo de las mayorías.

La humanidad y sabiduría, la firmeza de convicción y sensatez de este educador nato han propiciado la producción nutrida de un buen discipulado en toda la región latina y caribeña de nuestra América. El maestro y doctor Allan Randolph Brewer Carías es un extraordinario referente de una generación que es luz, sin encasillar a nadie, y dentro de la cual él continuará brillando con su cada vez mayor libertad de pensamiento. Su voz clara, razonada, consciente y consistente en América Latina infunde valor y fortaleza para ayudarnos a apostar por una gran sociedad justa con los derechos de la gente y de nuestros pueblos.

**P.D:** Esta nota querido Randy, es puramente afectiva, como prometí hace una semana. Solo y nada más ejerzo el derecho a recordar nuestra amistad. Con esa garantía, me permito idealizar tu obra y vida perfectamente conjugadas con tu personalidad que te hicieron "Maestro de maestros". En tu trayectoria, no solo es Derecho sino tu exigente pasión por las artes, la naturaleza y la cultura. Discreto y de elegancia respetable, contribuiste a tumbar por momentos, esos "muros fríos" de desprecio a los derechos humanos y a la dignidad de la gente. Nuestra aventura en Cuba fue desafiante y fructuosa. Hoy me honras con acompañar tu obra y predica en Costa Rica y, concretamente desde el IIDH a América, durante mi gestión. Sin embargo, estoy ahora aún más sujeto a la incertidumbre de la humildad y a muy frecuentes interrogantes. Actualmente no me siento versado ni ahora informado de las angustias y pestes que contaminan el derecho en general y particularmente el constitucional. Además, mi trabajo es correspondiente al derecho a la educación, administración y gestión en acompañamiento docente. Por lo que ruego que consideres ese mensaje como "nota afectiva", sin obligación de publicar. Haz con ese texto lo que convenga; quizá descartarlo sea lo más oportuno, apropiado y conveniente. No merece aparecer mi nombre evocando ni menos prologando tus cátedras. Únicamente es testimonio de mi respeto y amistad. La Cátedra "Brewer Carías" siempre tendrá renovado sentido, siempre despejará dudas tan agudas al ejercicio ético del derecho y siempre nos acercará profundamente a la certeza de la historia de la justicia. ¿Cómo llegamos a prender tantas hogueras a lo largo de nuestra evolución e involución en asuntos de derechos humanos? Estoy hastiado de replicar la cuenta de tantas "décadas perdidas". Nuestra historia latina de América es una factura que nadie se arriesgó a pagar. ¿Hacia dónde vamos, querido Randy? Tengo fe que la vida nos dará otro chance de vernos, charlar, repasar tus brillantes ideas y brindar por la fe –no sé si la esperanza– en una América distinta y justa. Con todo respeto a tu extraordinaria obra, abrazo. Roberto.

Octubre 2022

# PRIMERA PARTE
# DERECHO ADMINISTRATIVO

## I

## LA ORIENTACIÓN GENERAL DEL PROCESO DE REFORMA ADMINISTRATIVA EN VENEZUELA
## (1970)

**Texto de la Conferencia dictada por el Dr. Allan-R. Brewer-Carías, Presidente de la Comisión de Administración Pública de la Presidencia de la República de Venezuela, en el *Primer Seminario Regional de Reforma Administrativa*, realizado en San José, Costa Rica, 15 de julio de 1970. El Seminario fue organizado por el Instituto Centroamericano de Administración Pública (ICAP) bajo la dirección del profesor Wilburg Jiménez Castro, entonces Ministro-Director de Planificación Nacional y Política Económica de Costa Rica. El texto fue publicado con el título: "La reforma administrativa en Venezuela a partir de 1969. Experiencias y planteamientos" en *Reforma Administrativa (documentos de un seminario)*, Instituto Centroamericano de Administración Pública, San José, Costa Rica 1971, pp. 74-90.**

### I.- INTRODUCCIÓN

Puede decirse que la historia de la reforma administrativa en América Latina es una historia de fracasos, de ahí la importancia que reviste el analizar las anteriores experiencias y las posibles causas de dichos fracasos. En este sentido, la experiencia de la reforma administrativa en Venezuela cumplida en los últimos doce años puede ser una buena muestra de tres causas del fracaso de reforma administrativa y los esfuerzos que desde hace un año venimos haciendo por guiar ordenadamente ese proceso, pueden ser también una muestra de acciones para superar las mismas.

En efecto, la preocupación por la reforma administrativa en Venezuela data desde la misma existencia de la Administración Pública. Sin embargo, se puede decir que, globalmente, se ha atacado el problema desde el año 1958. Este año marca la creación de dos grandes unidades dentro de la Administración Nacional que, por otra parte, van a condicionar la acción de la Administración Pública en los años sucesivos: se trata de la Oficina Central de Coordinación y Planificación como órgano de planificación económica y social[1], y de la Comisión de Administración Pública[2], como órgano de planificación administrativa. Son dos procesos, el de planificación económica y social y el de planificación administrativa, que necesariamente tenían que ir paralelos.

Sin embargo, este entusiasmo que dio origen a la Comisión de Administración Pública en el año 1958 y que reflejó un gran apoyo de los sectores políticos al proceso de reforma administrativa, fue declinando y materialmente, como esfuerzo global de mejoramiento de una Administración Pública estructurada completamente durante el siglo pasado, fracasó. Las causas

---

1 Decreto N° 492 de 30 de diciembre de 1958.
2 Decreto N° 287 de 27 de junio de 1958.

del fracaso fueron múltiples, sin embargo, podríamos citar tres causas fundamentales según mi apreciación.

En primer lugar, la falta de definición de un objetivo preciso a la reforma. Se inició el proceso de reforma, pero no se tenía claro el objetivo a mediano y largo plazo del país en ese momento, y no se tenían claros, por tanto, los objetivos del desarrollo. Por tanto, la reforma administrativa careció desde el inicio de un objetivo ligado al proceso de desarrollo. Esto se ha reflejado inclusive en los tres Planes de la Nación que hemos tenido hasta la fecha. En efecto, hasta ahora hemos elaborado tres Planes y estamos en proceso de estructurar el cuarto Plan. Sin embargo, en los tres Planes que ha habido del país, entre 1958 a 1968[3], nunca se estableció un capítulo destinado a plantear claramente, que esos Planes podrían ser realizables siempre que la Administración Pública estuviera estructurada para permitir su realización. De manera que el objetivo de la reforma no estuvo claramente determinado y esa fue, insisto, una de las causas, quizás de su fracaso.

La segunda causa del fracaso fue la estrategia que se definió para acometer el proceso de reforma. Originalmente se pensó que la Comisión de Administración Pública, como órgano asesor del Presidente de la República, era el órgano que iba a imponer la reforma administrativa, desde fuera, a todos los niveles de la Administración. Esta orientación, por esa resistencia natural al cambio muy típica de la burocracia, trajo como consecuencia que surgiera una pronunciada reacción, frente a la Comisión de Administración Pública, lo que impidió que sus propuestas llegaran a materializarse.

De ahí la preocupación inicial que se tuvo a mitades del año 1969 en la Comisión de Administración Pública por definir una estrategia que permitiera hacer participar en el proceso de reforma administrativa a todos los niveles de la Administración Pública. Era la única forma de garantizar, por una parte, que la motivación en el proceso iba a ser adecuada y por la otra, que las realizaciones, dado que se iba a comprometer a todos los niveles de la Administración Pública, iban a ser posibles. En septiembre de 1969[4] se definió por tanto, esta estrategia de participación, que busca comprometer a todos los niveles de la Administración en el proceso, de manera que la Reforma Administrativa fuera realizada por toda la Administración Pública y no por un órgano, aun cuando asesor del Presidente, pero un órgano, en definitiva, aislado de la realización concreta del administrar la cosa pública. Por ello, esta estrategia guiada por ese criterio de la participación esta ahora dando sus resultados, que inclusive van a plasmarse en el próximo proyecto de Presupuesto del año 1971[5].

Se disipó entonces la falsa idea de que sólo la Comisión de Administración Pública era la tenedora de un saber que los otros organismos de la Administración debían aceptar y no podían tener.

Pero hubo una tercera causa del fracaso del proceso desarrollado en los diez años anteriores, y fue que no se le definieron al proceso, áreas globales de acción. En efecto, en 1958 se creó la Comisión de Administración Pública y ésta comenzó a funcionar, realizando una serie de actividades y trabajos en ciertos Ministerios, sobre todo en el Ministerio ligado con las finanzas públicas, pero no se le fijó un ámbito global de acción. Es decir, no se definió un programa de reforma que pudiera encuadrar todas las actividades de la Comisión y en general, la reforma administrativa, en los años sucesivos. De ahí el otro esfuerzo que hemos realizado en la Comisión de Administración Pública de definirle al proceso de reforma un campo preciso a través de áreas de acción, que van a formar parte del IV Plan de la Nación (1970-1974). Ello va a originar el convencimiento de que todos los programas de desarrollo contenidos en el IV Plan no podrán ser realizados cabal *y* completamente si no se acomete un proceso de adaptación de las estructuras administrativas a las finalidades contenidas en ese proceso de desarrollo.

Ahora bien, permítanme referirme más detalladamente a estos tres aspectos del programa de reforma administrativa en Venezuela y sus relaciones con los documentos básicos de este

3 I Plan de la Nación; II Plan de la Nación; III Plan de la Nación.

4 Decreto N° 141 de 17 de septiembre de 1969.

5 En dicho Proyecto de Ley, cinco de los trece Ministerios plasmaron una nueva estructura orgánica.

Seminario y que se refieren al objetivo del proceso de re forma administrativo, a la estrategia del mismo, y a las áreas de acción del proceso.

## II.- OBJETIVOS DEL PROCESO DE REFORMA ADMINISTRATIVA: REFORMA ADMINISTRATIVA PARA EL DESARROLLO.

Hablar de reforma administrativa en la actualidad exige necesariamente hablar del proceso de desarrollo al cual se están enfrentando nuestros países de América Latina y constatar que los países en vías de desarrollo tienen unas características peculiares que, situándonos en este último tercio del siglo veinte, hacen materialmente inútil la comparación entre ese proceso de desarrollo que vivieron las naciones hoy altamente industrializadas y la situación de nuestros países. Mas bien, la comparación que pueda hacerse en ese sentido, en lugar de aclarar el panorama y resolver los problemas, puede mas bien obscurecerlos y confundir su solución.

En efecto, los países altamente industrializados de la actualidad tuvieron un proceso de desarrollo a través de un larguísimo período en el cual el proceso de desarrollo y bienestar estuvo guiado por propietarios y por empresarios individuales. La acción del Estado era absolutamente nula, estaba totalmente restringida; el Estado solamente se limitaba a mantener el orden público, a resguardar la tranquilidad en la calle, y en ciertos casos, a dotar a la sociedad de ciertos elementos de infraestructura. El Estado era un Estado-Gendarme, el Estado era un Estado Abstencionista que no debía intervenir en la vida económica y social. Sin embargo, dicho proceso, que se realizó con una ausencia casi total de participación del Estado, fue un proceso que no siguió un ritmo regular y estuvo sometido a interrupciones, trastornos y crisis. Se realizó, por otra parte, a costa de uno enorme energía desperdiciada, por lo que ha sido calificado como un proceso de prueba y error.

De ahí que sólo a través de sucesivas correcciones se hayan podido lograr, en tanto tiempo, los niveles de progreso que hoy tienen estos países en el presente, altamente industrializados.

Sin embargo, un proceso llevado en esa forma no podría hoy soportarse en nuestros países en vías de desarrollo. Baste para evidenciarlo considerar, por ejemplo, sólo el aspecto social que caracterizó al proceso de desarrollo de las naciones hoy altamente industrializadas. Las condiciones del despegue del proceso de desarrollo en estos países se ha considerado, con razón, como una de las páginas más tristes de la reciente historia social de la humanidad. La revolución industrial, origen de este proceso, se realizó sobre condiciones de injusticia social pocas veces alcanzadas. Nadie duda, por tanto, que el mundo industrial moderno de la actualidad se construyó sobre una injusta explotación del proletariado sin protección, que todos conocemos.

Cuan diferente es, sin embargo, la etapa de despegue que se nos presenta o nuestros países, en lo cual no sólo es imposible sino que tampoco es deseable partir de una situación social como la que caracterizó al despegue en estos otros países hoy altamente industrializados. Al contrario, si nuestra alternativa es el despegue, es decir, es incorporarnos decididamente al proceso de desarrollo, eso lo debemos hacer en condiciones de protección y garantías sociales como los que hoy tenemos, y que inclusive, si las comparamos, son difícilmente alcanzables en otros países más desarrollados que los nuestros.

Por otra parte, paralelamente a esta situación, actualmente somos testigos de lo que se ha denominado una revolución de las expectativas crecientes, caracterizadas porque exigimos cada vez más actividades del Estado, porque pedimos más realizaciones concretas del mismo, lo que ha provocado por otra parte la necesidad de que éste intervenga en sectores que cada vez se amplían más. Ello ha caracterizado ese cambio del Estado Abstencionista del siglo pasado por un Estado Intervencionista que caracteriza el Estado moderno en la actualidad. Bajo otro ángulo el cambio se ha operado de un Estado Liberal-Burgués de Derecho, como el que surgió de la Revolución Francesa, por un Estado Social de Derecho como el que caracteriza la estructura estatal de nuestros días.

Lejos están, por tanto, frente a esta situación, las posibilidades reales de un liberalismo tradicional para poder guiar un proceso de desarrollo en este último tercio del siglo veinte, sobre todo en una época en que la humanidad está sometida a unos tan profundos cambios económicos y sociales que quizás nunca se han producido en un lapso tan corto en ninguna otra fase de la historia de la humanidad.

Es evidente entonces la imposibilidad de que frente a este devenir histórico cada vez más apremiante, el proceso de desarrollo al cual nosotros debemos incorporamos en nuestros países, puede ser un proceso sometido a esa larguísima evolución y por tanto pueda ser un proceso lento. Al contrario, es necesario e imprescindible que el proceso sea rápido, que sea lo más rápido posible, y que se realice al menor costo posible y con los resultados más eficientes posibles; sobre todo si volvemos a comparar el problema desde el punto de vista social frente a una sociedad en muchos modos y aspectos, consciente cada vez mas de sus situaciones de marginalidad, debido a ese enorme progreso de los medios de comunicación social. Si nuestra alternativa, insisto, es el desarrollo, es decir, incorporarnos a un proceso de progreso acelerado, es evidente que ese proceso, frente a una situación donde de vez en cuando ruge la rebelión y aumentan la miseria y el hambre, nuestra decisión de incorporarnos al mismo tiene que ser a corto plazo.

Ahora bien, para que pueda ser a corto plazo un proceso de desarrollo es necesario evidentemente que ese proceso se promueva y se dirija. No puede, por tanto, ser un proceso espontáneo, no puede ser un proceso natural llevado por las solas fuerzas del mercado, sino que, insisto, necesariamente tiene que ser un proceso provocado, un proceso dirigido, en definitiva, un proceso planificado; y es evidente que el Estado, la representación organizada de la sociedad, es el único ente con capacidad, con poder, con posibilidad para provocar, para dirigir, para planificar ese desarrollo acelerado. He aquí, quizás, otras de las resaltantes características del proceso de desarrollo en nuestros países en América Latina; precisamente, el papel preponderante del Estado en la promoción, fomento, dirección y planificación de ese desarrollo. Esta realidad de la necesaria injerencia del Estado en la vida económica y social, cada vez más creciente, por otra parte, es algo totalmente aceptado en el país.

Pero frente a ese proceso necesario de desarrollo y frente a esa premisa de la necesaria participación e intervención del Estado de la cual estamos convencidos, sin embargo, tenemos que comenzar por preguntarnos si queremos ingresar al proceso de desarrollo, si el Estado y sus estructuras, si las instituciones políticas y las instituciones administrativas, realmente, están o no preparadas para asumir ese reto.

El reto lo conocemos, el reto lo sabemos: necesitamos ingresar a un proceso de desarrollo en una situación particular de los países del tercer mundo, que exige una creciente intervención del Estado, en una época dada, el último tercio del siglo veinte, y con una serie de situaciones dadas. Sin embargo la pregunta clave es: Puede el Estado y está en capacidad su estructura política y administrativa para asumir ese reto e incorporar a la sociedad al proceso de desarrollo?

Es quizás ésta, la pregunta fundamental y que divide el problema a plantearse en dos áreas: no sólo estamos en presencia de un problema administrativo para la búsqueda o estructuración del instrumento adecuado para gerenciar el desarrollo, sino que también estamos en presencia de un problema político, ya que la falla posible no sólo está en las instituciones administrativas, sino también en las instituciones políticas.

Dejando a un lado los problemas relativos a las transformaciones de la democracia para el desarrollo, el problema que a nosotros particularmente senos plantea es el de saber si la Administración Pública, es decir, el instrumento administrativo del Estado, está preparado para acometer este proceso de desarrollo.

Para contestar esa pregunta quizás habría que comenzar señalando que la Administración Pública es un instrumento de la acción política del Estado, por lo que no debe ser mas que un criterio instrumental el que debemos tener presente cuando analizamos el proceso administrativo. Administración y política, por tanto, no están desligados. Siempre he pensado que esa dicotomía que muchas veces se pretende establecer entre la política y la administración debe ser superada, si entendemos que política es el conjunto de normas o guías de la acción del Estado.

La Administración tiene que estar ligada a la política, y ello en virtud de que, en definitiva, no es mas que el instrumento de realización de los políticas definidas por el Estado.

Ese factor instrumental, la Administración Pública, frente al proceso de desarrollo, plantea la necesidad de repensar la estructura administrativa y proponer, en su caso, las medidas tendientes a adoptar esas estructuras a las exigencias de ese desarrollo. En este sentido debemos señalar que dentro del proceso mismo de desarrollo, se considera como un factor estratégico la estructuración de un instrumento administrativo capaz de asumirlo y dirigirlo. Por eso la importancia de la reforma administrativa; no es una importancia en sí misma, sino una importancia en cuanto vamos a estructurar un instrumento para promover un proceso de desarrollo acelerado. Lo importante, por tanto, es el desarrollo; y sólo consecuencialmente la creación de los instrumentos necesarios para promoverlo y realizarlo.

El proceso que nos toca dirigir, y esto lo hemos señalado desde el primer momento que asumimos la Presidencia de la Comisión de Administración Pública, no busca una reforma administrativa para mejorar una administración pública tradicional. No se trata, por tanto, de mejorar una Administración Pública estructurada durante el siglo pasado y que quedara con la misma base que tuvo en su origen.

La reforma administrativa, por tanto, no es un proceso que se agota en sí misma o como dice el documento presentado por el ICAP para el Seminario, con el título de "Alternativas para el Desarrollo de una Estrategia de la Reforma Administrativa", "La Reforma por la Reforma misma no se justifica". Se trata, por tanto, de presentarle al proceso de reforma un objetivo que es el desarrollo y por tanto de realizar una reforma administrativa para el desarrollo. Se trata de transformar la Administración Pública tendiente a dotar el proceso de desarrollo de un instrumento adecuado, y no simplemente de mejorar una Administración Pública tradicional, mantenedora pura y simplemente del statu quo. Todo lo contrario, insistimos, buscamos estructurar una Administración Pública capaz de poder provocar los cambios y modificaciones que el mismo proceso de desarrollo exige e implica.

## III.- ESTRATEGIA PARA LA REFORMA ADMINISTRATIVA.

Pero no sólo basta con presentarle al proceso de reforma administrativa un objetivo ligado al desarrollo, tal como lo hemos realizado, sino que en el mismo es necesario definir una estrategia que permita determinar, como lo dice el mismo documento del ICAP, antes señalado, "la viabilidad", del programa de reforma administrativa. La estrategia definida en el proceso de Venezuela en ese sentido puede caracterizarse por tres elementos fundamentales! reforma administrativa y planificación; reforma administrativa por toda la Administración Pública; y reformo administrativa planificada.

### *1.- La reforma administrativa y la planificación.*

En primer lugar, la reforma administrativa y la planificación. Si se le ha asignado al proceso de reforma administrativa un objetivo ligado al desarrollo, es evidente la estrecha vinculación que debe existir entre el proceso de reforma administrativa y el proceso de planificación del desarrollo.

De ahí la adscripción que se la ha dado en Venezuela a la Comisión de Administración Pública con la Oficina Central de Coordinación y Planificación[6].

De ahí también que en el próximo IV Plan de la Nación aparecerá un capítulo especialmente destinado a la reforma administrativa. En este sentido coincidimos con el documento presentado por el ICAP en el Seminario, con el título de "Planificación de la Reforma Administrativa Integral", donde se establece "que el plan de reforma administrativa puede constituir una parte del plan de desarrollo pero conservando su unidad como una especie de plan sectorial".

### *2.- La reforma administrativa planificada.*

El segundo aspecto de la estrategia se refiere a que la reforma administrativa tiene que ser un proceso planificado. En efecto, no podemos seguir pensando en una reforma administrativa

6 Decreto N° 28 de 9 de abril de 1969

realizada en base a reformas y medidas aisladas e incoherentes sin responder a una visión de conjunto, lo que venía caracterizando, en los últimos años, el proceso de reforma administrativa en Venezuela.

Al contrario, estoy convencido de que la reforma administrativa debe ser un proceso planificado y de ahí el término ahora tan difundido de planificación administrativa, término que la CEPAL ha definido como "un proceso permanente por medio del cual se establecen objetivos administrativos a alcanzar en un período determinado por medio de políticas, planes y el empleo eficiente de los recursos administrativos existentes para conseguir un cambio de un nivel administrativo existente a otros mejores".

Lamentablemente, y a pesar de que el proceso de convergencia entre la planificación económica y la planificación administrativa ha sido una tendencia generalizada en América Latina, en Venezuela no se hizo sentir dicha tendencia.

Por ello, no sólo en el III Plan de la Nación 1965-1968, ni en los anteriores, no se incluyó un capítulo relativo a la reforma administrativa, sino que hemos llegado a la Comisión de Administración Pública y ni siquiera hemos encontrado programas de reforma de gran envergadura, mas o menos definidos, para toda la Administración Pública.

En la actualidad, al contrario, la reforma administrativa tiene una nueva orientación tendiente a su vinculación con el proceso de planificación. Ello surge no sólo del Decreto N° 28 de 9 de abril de 1969, mediante el cual se adscribió la Comisión de Administración Pública a la Oficina Central de Coordinación y Planificación; sino del texto del Decreto N° 103 de 23 de julio de 1969 reglamentario de la Comisión de Administración Pública. En este último Decreto se prevé expresamente, como una atribución de la Comisión de Administración Pública el elaborar y proponer al Ejecutivo Nocional, a través de la Oficina Central de Coordinación y Planificación, un Plan de Reforma Administrativa que, evidentemente, formará parte del próximo Plan de Desarrollo Económico y Social de la Nación. Se seguirá en este sentido la orientación latinoamericana de incluir en los Planes de Desarrollo Económico y Social, un capítulo para el Plan de Reforma Administrativa, tal como ha sucedido en Ecuador en su Plan General de Desarrollo Económico y Social 1964-1973; en Honduras en su Plan Nacional de Desarrollo Económico y Social 1965-1969; en Uruguay en su Plan Nacional de Desarrollo Económico y Social 1965-1974; y en el Salvador en su Plan Nacional para el Desarrollo Económico y Social 1965-1969.

### *3.- La reforma de la Administración Pública por toda la Administración Pública.*

El tercer aspecto de la estrategia se refiere a que la reforma administrativa debe hacerse por toda la Administración Pública, es decir, buscando la participa con en el proceso de todos los niveles de la Administración. De ahí el Decreto N° 141 dictado en septiembre de 1969 mediante el cual se ordena constituir en todos los organismos públicos de la Administración venezolana, Consejos de Reforma Administrativa y Oficinas Coordinadoras de Reforma Administrativa, y que han actuado en estrecha colaboración con la Comisión de Administración Pública. En este sentido, la estrategia venezolana de participación, definido desde 1969, coincide con lo expuesto en el documento preparado por el ICAP y que sirve de base al presente Seminario.

En el documento indicado, con el título de «Alternativas para el Desarrollo de una Estrategia para la Reforma Administrativa», se expresa claramente el fracaso de las reformas administrativas impuestas y ejecutadas desde arriba; la necesidad de concebir una reforma con la participación más amplia posible; y el convencimiento de que «la acción reformadora previamente programada debe corresponder o toda la Administración Pública».

Esta ha sido precisamente la estrategia definida en Venezuela. En efecto, desde un inicio hemos estado convencidos de que había necesidad de disipar la falsa idea, erróneamente difundida en épocas anteriores por la propia Comisión de Administración Pública y por algunos de sus funcionarios, de que lo reforma administrativa era una tarea exclusiva de dicho organismo, único titular que poseía el conocimiento de una técnica y una ciencia esotérica, a la cual debían someterse todos los otros organismos de la Administración Pública.

En este aspecto, como en otros muchos, no supimos apreciar en su justo valor la experiencia acumulada por otros países latinoamericanos. Con nuestra Comisión de Administración Pública sucedió entonces, pero con veinte años de atraso, algo similar a lo que acaeció, por ejemplo, con el Departamento Administrativo del Servicio Público del Brasil. Organismo creado en 1937 y que quiso imponer, des de afuera, urna reforma con carácter imperativo; reforma que procedía de una élite que pretendía tener la exclusividad de los conocimientos técnicos imprescindibles por esa tarea. Tanto en el Departamento Administrativo del Servicio Público del Brasil como en la Comisión de Administración Pública, no se operó el necesario proceso de filtración de las nuevas ideas reformistas y de cambio de la administración hacia los diversos niveles gubernamentales y precisamente por esto, no lograron su objetivo.

De aquí la nueva estrategia de la reforma administrativa que se ha comenzado a definir por los Decretos dictados desde marzo hasta la fecha; nueva estrategia que busca el interesamiento en el proceso de reforma de todos los niveles gubernamentales, administrativos; y que busca también el compromiso con el proceso de reforma de todos esos niveles y, globalmente, de todos los órganos de la Administración Pública,

La idea, por tanto, es que la responsabilidad de la reforma debe ser compartida por la Comisión de Administración Pública con todos los organismos administrativos, y ésta es precisamente la orientación, tanto del Decreto N° 103 de 23 de julio de 1969 como del Decreto N° 141 de 17 de septiembre de ese mismo año, que institucionaliza todos los Consejos de Reforma Administrativa. En esta forma la Comisión de Administración Pública, de órgano que pretendía imponer una reforma desde afuera, ha pasado a ser un organismo normativo, orientador, coordinador y evaluador de las reformas que los Consejos de Reforma Administrativa harán e iniciaran en todos los Ministerios e institutos Autónomos.

Ahora bien, la garantía para que el trabajo de todos estos organismos a nivel ministerial de institutos autónomos no sea en su conjunto, se han elaborado en la Comisión de Administración Pública y se han dictado por el Presidente de la República, a través de una Instrucción Presidencial, en mayo del corriente año, unos «Lineamientos Generales de la Reforma Administrativa en la Administración Pública Nacional» que se han repartido en este Seminario y que establecen claramente todos los aspectos del proceso de reforma que deberán cumplirse uniformemente en todos los organismos públicos[7].

He tenido oportunidad de referirme en varias ocasiones a la importancia que interna y externamente tiene la Instrucción Presidencial referida; y dicha importancia deriva fundamentalmente de lo novedoso de su forma y de sus planteamientos.

Por una parte, es la primera vez que en las últimas décadas un Presidente de la República utiliza la fórmula de la Instrucción para dirigir una orden ejecutiva que tiene por destinatarios a su propia Administración y a los funcionarios que la componen. Este hecho, por tanto, marca el inicio de una nueva etapa en la forma de las comunicaciones del Presidente de la República con los diversos niveles de la Administración Pública que, estoy seguro, dará sus resultados positivos en forma inmediata.

Pero lo novedoso de la Instrucción no se quedó en su forma, sino también en su contenido. Es también la primera vez que en Venezuela un Presidente de la República asume claramente el problema de la reforma administrativa –uno de los tantos problemas de su gestión que es básicamente de él– y ordena la realización del proceso definiéndole sus grandes líneas. Y este hecho, permítanme que insista en ello, también tiene relevancia especial, si observamos cualquier proceso de reforma administrativa en las experiencias que nos muestra la Administración Pública Comparada. No conocemos ningún precedente en el cual un Jefe de Estado haya dictado un acto de esta naturaleza en materia de reforma administrativa, englobando en el mismo todos los aspectos estructurales, funcionales y funcionariales de lo Administración Pública, como lo hace la Instrucción Presidencial.

---

7 Instrucción Presidencial RA-1 de 13 de mayo de 1970 mediante la cual se establecen los lineamientos generales de la reforma administrativa en la Administración Pública Nacional.

## IV.- AMBITO DEL PROCESO DE REFORMA ADMINISTRATIVA.

Anteriormente señalábamos que una de las fallas de la reforma administrativa en América Latina había consistido en la ausencia de un ámbito preciso de acción para los organismos reformadores. Esta falla también la encontramos en Venezuela y, por tanto, desde su inicio le fijamos al proceso de reforma las áreas de acción que ameritaban dos grandes enfoques: el enfoque macro-administrativo de la reforma y el enfoque micro-administrativo. Es decir, aquél que sitúa la responsabilidad fundamental del proceso en la propia Comisión de Administración Pública, diferenciada de aquél otro proceso que sitúa la responsabilidad fundamental de la reforma en todos y cada uno de los organismos que conforman la Administración Pública Nacional.

Quiero referirme brevemente a estos dos enfoques, el macro-administrativo y el micro-administrativo, que permiten tener uno visión general de este proceso de reforma administrativa para el desarrollo que se ha iniciado en Venezuela.

### 1.- *El enfoque macro-administrativo.*

El enfoque macro-administrativo sitúa, como señalé, la responsabilidad fundamental de su programación, promoción y realización en la propia Comisión de Administración Pública; y es que el mismo carácter macro-administrativo que tiene, comprensivo de todos los organismos y entidades del Estado, exigía que un órgano central a nivel del Presidente de la República, se encargara de programar, promover y realizar esta reforma, entendida como un sistema de planificación administrativa[8].

Diversos aspectos comprende este enfoque macro-administrativo de la reforma, que están actualmente en curso de programación o de realización, en algunos casos.

El primero de estos enfoques se refiere o la reforma burocrática, es decir, lo reforma de la Función Pública. Es evidente la importancia de los recursos humanos en la Administración Pública, yo que los mismos tienen o su cargo la realización concreta de la administración. Por tanto, es evidente que el primer paso de lo reforma debía buscar la definitiva estructuración de un estatuto del funcionario público que le permita a éste realizar su actividad pública en forma útil, productiva y permanente; con las debidas garantías de seguridad y de estabilidad, e inclusive de beneficios económicos.

La Comisión de Administración Pública, en este campo, durante los diez años anteriores realizó una labor muy importante. Yo diría que la realización fundamental de la Comisión fue la estructuración de las bases para establecer un estatuto de la Función Pública y de un sistema racional de Administración de Personal en el sector público. Hoy, este proceso de realización concreta realizado durante los últimos diez años, lo estamos viendo culminado con lo próxima aprobación por las Cámaras Legislativas, de la Ley de Carrera Administrativa o de Funcionarios Públicos, que en la actualidad discuten[9].

La Comisión había presentado un Proyecto en el año 1959, es decir, hace once años. Este proyecto sólo logró durante ese lapso una aprobación en primera discusión en la Cámara de Diputados, aun cuando en el transcurso de los mismos fue sucesivamente modificado por diversas Comisiones del Congreso hasta el punto de que cuando las Cámaras Legislativas decidieron reiniciar en abril de 1970 la discusión del Proyecto de Ley de Carrera Administrativa, y a nosotros nos tocó estudiarlo, nos encontramos con un Proyecto francamente mal estructurado; es decir, con un Proyecto que, en primer lugar, había sido redactado hacía once años y que, por tanto, no tenía ninguna vigencia; por otra parte, un Proyecto que había sido notablemente desmejorado por el «trabajo» que se había realizado en diversas discusiones en las propias Cámaras y en las propias Comisiones del Congreso.

8 Las conclusiones del enfoque macro-administrativo pueden verse en el "Informe Preliminar sobre la Reforma Administrativa en Venezuela", Cuadernos para la Reforma Administrativa Nos. 4, 5, 6, 7 y 8, Caracas 1971.

9 Véase la Ley de Carrera Administrativa de 4 de septiembre de 1970.

Esta situación nos permitió presentar a la Comisión de Asuntos Sociales de la Cámara de Diputados un nuevo Proyecto de Ley sobre los Funcionarios Públicos, que materialmente fue totalmente acogido por esta Comisión legislativa. Este Proyecto nuevo de la Comisión de Administración Pública, con las modificaciones que va a sufrir en las Cámaras, va a ser el que, en el curso de las próximas semanas, seguramente las Cámaras Legislativas sancionarán[10].

En este Proyecto se regula no sólo la Carrera Administrativa, que es un aspecto fundamental del mismo, sino que se regula todo el estatuto del funcionario público; se establecen diversos tipos de funcionarios, los de carrera y los que no son de carrera, es decir, los de libre nombramiento y remoción. Para los de carrera se establecen las necesarias y diversas garantías y derechos de estabilidad, de ascenso, de vacaciones, de bonificación de fin de año, de remuneración, de prestaciones sociales e inclusive se admite en el Proyecto el derecho de sindicalización de los funcionarios. En efecto, hoy ya está fuera de discusión en la Administración Pública comprada el que la sindicalización de funcionarios pueda admitirse. Sin embargo, es evidente, se trata de una sindicalización sui generis, es decir, sometida a limitaciones entre las cuales está, por supuesto, lo proscripción total de la huelga en la función pública y la eliminación total de las posibilidades de la contratación colectiva en el sector público. El hecho de admitirse la sindicalización de funcionarios, y esto debe quedar muy claro porque no está claro en las Cámaras Legislativas, no implica por ningún respecto el derecho de huelga y el derecho a la contratación colectiva.

En la actualidad hay discusión en las Cámaras Legislativas sobre este problema ya que ciertos sectores insisten en que se permita la contratación colectiva en el sector público, lo que sería, entre otras cosas, además de un absurdo, algo inconstitucional ya que implicaría una limitación a la soberanía presupuestaria del propio Parlamento por el hecho de que su admisibilidad implicaría que el Ejecutivo pudiera contratar con sus funcionarios y fijar determinado monto de gastos corrientes que después se le impusieran al propio Parlamento.

Por otra parte, el Proyecto además de establecer, lo que podría ser el Estatuto de Funcionario Público y todas las garantías debidas para que pueda realizar una labor eficiente y útil, establece lo que podría denominarse el Sistema de Administración de Personal basado en la experiencia que ha habido en los últimos altos en nuestra Administración Pública. En este sentido consagra el sistema de clasificación de cargos, el sistema de remuneración y el sistema de formación, capacitación y adiestramiento, que en la actualidad viene siendo desarrollado por la Escuela Nacional de Administración Pública que depende de la propia Comisión de Administración Pública.

Debemos señalar por justicia que este primer aspecto es en el cual mas se ha destacado la labor de la Comisión en los doce años de existencia que tiene; aspecto del proceso de reforma administrativa que está a punto de culminar al aprobar las Cámaras Legislativas la Ley de Carrera Administrativa.

Pero el enfoque macro-administrativo no se queda en el problema del personal al servicio del Estado sino que va a otros aspectos; concretamente, el aspecto de la estructura administrativa.

En efecto, está hoy fuera de toda duda el considerar que la base de la organización de la Administración Pública venezolana data del siglo pasado. Hemos tenido una Administración que, con esa base, ha ido creciendo en una forma realmente vertiginosa, pero este crecimiento no ha estado acompañado de una adaptación racional de las estructuras a las necesidades económicas y sociales cambiantes. Al contrario, hemos tenido un proceso en el cual lo que se ha hecho, a medida que el Estado ha ido asumiendo nuevas funciones, es ir creando nuevos organismos sin tener en cuenta a los anteriores, o ir subdividiendo los organismos existentes. Es decir, el crecimiento de nuestra Administración se ha producido por un proceso de agregación y de desgajamiento de organismos lo cual nos lleva hoy a tener una Administración Pública Nacional con más de ciento veinte organismos, entre Ministerios y organismos de la Administración Central, establecimientos públicos y Empresas del Estado.

10 Ídem.

Es necesario, por tanto, frente a esta dispersión estructural y organizativa, comenzar por planteamos cuáles son las funciones del Estado en la actualidad y qué es lo que el Estado debe hacer de acuerdo a un plan de desarrollo, y readaptar esa dispersa estructura a estos nuevos fines del desarrollo nacional. Por eso la reforma administrativa tiene una vinculación tan estrecha con la planificación del desarrollo porque son las exigencias del desarrollo y de su planificación las que deben condicionar la reestructuración de la Administración Nacional.

Para este fin de reforma macro-estructural, la Comisión de Administración Pública esta en la actualidad iniciando la realización de un diagnóstico[11] porque lamentablemente al llegar nosotros a ella no encontramos ninguno. Estamos entonces iniciando el diagnóstico para determinar primero, qué es lo que realmente tenemos como Administración Pública, porque entre otras cosas, lo ignoramos. Sabemos que hay más de ciento veinte organismos en ella pero no sabemos con exactitud cuáles son las funciones que esos organismos realizan y dónde están las que faltan, sobran, se duplican o están superpuestas, para poder proponer las necesarias readaptaciones en la estructura estatal.

Esperamos que para 1971 no sólo estará concluido el diagnóstico sino inclusive elaborado el Plan de reestructuración global para acomodar la Administración Nacional, hoy dispersa, a esos nuevos objetivos del desarrollo[12].

Esto implicará por supuesto una reestructuración de Ministerios, de Institutos Autónomos y de Empresas del Estado y también la eliminación, fusión y eventual creación de nuevas unidades con la desaparición de las anteriores.

En algunos aspectos este proceso de reforma estructural ya se ha adelantado, como en el caso de los Institutos Autónomos. Recientemente se dictó un Decreto[13] por el cual se comienza a establecer cierto orden en la administración de los mismos y en el cual además de consagrarse normas precisas sobre la administración, coordinación y control de dichos entes, se ha creado el Consejo de Institutos Autónomos, y que tendrá a su cargo, dentro de la Oficina Central de Coordinación y Planificación, la coordinación de las actividades de los Institutos para incorporar sus realizaciones a los objetivos del Plan de desarrollo económico y social.

Otro aspecto importante de esta reforma macro-administrativa, que se ha iniciado hace un año, es de la regionalización administrativa de la Administración Pública Nacional.

Hoy, la dispersión que hay a nivel nacional entre diversas unidades organizativas, si la reflejamos a nivel regional nos muestra una complejidad mayor, lo que, por otra parte, se agrava por el hecho de que tenemos una división político-territorial que no responde absolutamente a ningún criterio racional; más bien en algunos casos, como ya lo he señalado en otras oportunidades, la división político-territorial del país que hoy tenemos parece fruto de la irracionalidad premeditada. Basta situarnos en el Valle de Caracas para que nos resulte incomprensible que un valle natural, una unidad geográfica, esté dividida jurisdiccionalmente por lo mitad, con una autoridad en el Distrito Federal de una parte, y en la otra una autoridad de un Distrito de un Estado Federado. Este solo hecho en la capital de la República nos refleja cuáles pueden ser las consecuencias de esa irracionalidad en el interior del país.

Esta situación ha obligado, por tanto, a que, en base a las regiones de desarrollo, se redefina uniformemente el ámbito de acción de la Administración Pública Nacional a nivel local y por tanto, se comience a redefinir el ámbito de acción estatal y municipal, en base al criterio regional.

El Decreto sobre regionalización administrativa dictado a mitades de 1969[14], define ocho regiones administrativas y obliga a la Administración Pública Nacional a acomodar su ámbito de acción en el interior de la República a esas ocho regiones. En esto forma se busca uniformi-

11 Véase Metodología para el Diagnóstico de la Administración Pública Nacional, C.A.P., Caracas 1970.

12 Véase el "Informe Preliminar sobre la Reforma Administrativa en Venezuela", Cuadernos para la Reforma Administrativa Nos. 4,5,6,7 y 8. C.A.P., Caracas 1971.

13 Decreto N° 280 de 8 de abril de 1970.

14 Decreto N° 72 de 11 de junio de 1969.

zar la acción nacional a nivel de ocho regiones poro que el proceso de coordinación y de planificación del desarrollo regional pueda ser realizado racionalmente con la participación, por otra parte, de los entes locales, es decir, estadales y municipales.

Por supuesto, este proceso de regionalización es quizás la parte mas complicada y mas delicada del proceso de reforma administrativa. En ninguna parte del mundo existe un proceso de regionalización totalmente definido y que haya dado sus frutos en forma completamente eficiente, porque ni la misma regionalización francesa ha culminado su proceso.

En todo caso, el problema también es grave en Venezuela. No es un problema que está resuelto con el Decreto de Regionalización ni mucho menos; pero en todo caso, es un primer paso para obligar a los organismos nacionales a que comiencen a pensar a nivel regional y no solo a nivel municipal o estatal.

Pero aparte de estos aspectos de la reforma de la Función Pública y de la reforma estructural, dentro del enfoque macro-administrativo, hay otros aspectos. Concretamente, el que se refiere a los sistemas administrativos y, en primer lugar, a los sistemas prioritarios del desarrollo.

Dentro de estos sistemas, además del mismo sistema de planificación administrativa o de reforma administrativa, tenemos dos grandes sistemas que requieren de una reforma, que si bien hasta ahora ha venido siendo paulatina, requieren de un paso ya más definitivo. Se trata del Sistema de Planificación y del Sistema Presupuestario.

En efecto, el año 1958 fue un año importante para el desarrollo de Venezuela, pues en esa fecha se creó la Oficina Central de Coordinación y Planificación y se sentaron las bases del sistema de planificación en el país. Sin embargo, hoy, en el año 1970, si analizamos cruda y descarnadamente lo que se ha hecho en materia de planificación, llegamos al convencimiento de que lo que hemos denominado Plan de la Nación, en los tres planes que hemos tenido hasta 1968, de Plan sólo tiene el nombre, pero no responden realmente a lo que debe ser un sistema de planificación; y ello, porque un Plan que se hace ensamblado y difícilmente compatibilizado, que nadie lee y que nadie cumple, no puede ser nunca un Plan de la Nación, ni puede ser, por tanto, un documento que realmente guíe la acción del Estado y de toda la sociedad. Por eso, en la actualidad, se están dando pasos importantes paro reformar inclusive el mismo sistema de planificación y en tal sentido hemos presentado un proyecto a la Oficina Central de Coordinación y Planificación para estructurar el sistema con la participación de todos los niveles de la Administración Pública y la participación de todos los niveles interesados de lo sociedad a través de los mecanismos que configuran la llamada planificación democrática, tal y como se han definido desde hace ya algunos años.

El sistema presupuestario también es objeto de atención en este enfoque macro-administrativo. Tenemos varios intentos de estructurar un presupuesto por programa desde hace algunos años; sin embargo, la realidad nos muestra hoy que el Presupuesto no ha sido realmente estructurado por programas, porque primero se formula el presupuesto o las autorizaciones de gastos, y luego el programa, y no como debía ser, definir primero los programas para que la autorización del gasto sea consecuencia de los mismos. En la actualidad se está intentando incorporar realmente los programas al propio presupuesto, es decir, a la propia autorización de gastos, lo que va a dar origen a una reforma de gran trascendencia y que se aplicará en el próximo presupuesto del año 1971, y que implicará que la autorización de gastos vaya como consecuencia de la definición de los programas, de manera que sean un solo documento el presupuesto y los programas.

Otros sistemas administrativos adolecen de unas fallas increíbles y que también requieren en el enfoque macro-administrativo de una reforma. Dentro de éstos, por ejemplo, el sistema estadístico. He señalado también en otras oportunidades que al estudiar nuestra Administración Pública Nacional me he convencí do de que ha sido casi por milagro que ha funcionado ya que muchas decisiones de importancia se han tomado sin que hubiera realmente una base de información suficiente. Esto ha traído varias consecuencias. En primer lugar, que el proceso de decisión haya sido lento porque no había información suficiente para adoptar la decisión, originando en la mayoría de los casos el temor de los directivos a tomar las decisiones, por otra parte el hecho de que la Administración, mal que bien haya funcionado, quizás se ha debido a la gran inteligencia de los directivos que ha tenido el sector público, que les ha permitido tomar decisiones por intuición, sin la suficiente información como para que esas decisiones fueran definitivas. Sin embargo, por muchas de estas decisiones tomadas por intuición, hoy estamos sufriendo graves consecuencias ya que muchas de ellas, si se hubiera dispuesto de la información requerida en el momento oportuno, no se hubieran tomado.

Todo este problema de la falta de la producción de lo información se refleja en el sistema estadístico. No tenemos hoy un sistema estadístico nacional, tenemos muchos organismos que producen información estadística, pero la información o es insuficiente o es inútil, o quizás en la mayoría de los casos es incompatible y no consolidable. Muchas veces tenemos informaciones sobre el mismo tema, producidas por diversos organismos, pero que no pueden ser consolidadas o compatibilizadas para la toma de decisión. Esto por supuesto tiene un reflejo muy importante en el propio sistema de planificación ya que sin información estadística y administrativa adecuada es materialmente imposible la labor de planificación. En la actualidad se está iniciando el diagnóstico del sistema estadístico para la reestructuración global del mismo, que traerá, entre otras consecuencias, el que el órgano central del sistema salga del Ministerio de Fomento, como en la actualidad está, y pase a una unidad con cierta autonomía, adscrita al órgano central de planificación.

Otros aspectos de la reforma de los sistemas administrativos se refieren al sistema de compras y suministros, y al sistema de contabilidad gubernamental.

En estos campos se han realizado intentos de reforma durante los últimos años pero todavía no han llegado a consolidarse sistemas generales que pudieran contribuir a reducir racionalizar el gasto público corriente.

Vale la pena insistir en que desde hace algunos años se viene planteando -y ya en este último año y en los futuros será patente el problema del crecimiento desmesurado del gasto corriente y la necesidad de que se detenga este crecimiento galopante del gasto de funcionamiento de la Administración Nacional. Se ha hablado de la necesaria reorientación del gasto público y de la necesaria racionalización del mismo pero, sin embargo, hasta ahora no se han determinado los mecanismos para lograr esa racionalización o esa reordenación del gasto. Es fácil decir eso es lo que hay que hacer, reordenar y racionalizar el gasto corriente, sin embargo las medidas para racionalizar y reordenar no se han definido ni tomado. Quizás la clave de las medidas está en la propia reforma administrativa, tendiente a la racionalización del gasto y, a través del criterio del costo y rendimiento de los servicios públicos, lograr la reorientación del mismo cuando se establezca que un determinado gasto no es productivo, ni el servicio rendidor.

En este sentido, hemos tomado la experiencia que se desarrolló en otros procesos de reforma administrativa, basados en el criterio del costo y rendimiento del gasto y de los servicios públicos para, en base al diagnóstico de este costo y rendimiento, poder proponer medidas para racionalizar y reorientar el gasto. Algunas investigaciones se han hecho en la Comisión de Administración Pública, y a primera vista, muestran situaciones realmente alarmantes. Por ejemplo, en materia de alquiler de equipos de computación, paralelamente que tenemos una administración que utiliza procedimientos de escritura a mano y cálculos a tinta, sin embargo, gastamos mas de 70 millones de bolívares en la operación de los mismos. Ese gasto que ha ido creciendo, en forma descontrolada en los últimos doce años, hace necesario que hoy nos planteemos el problema de reorientarlo a través de una racionalización, que podría implicar la concentración de equipos en centros de computación para que, a la vez que sean más eficientes y presten adecuados servicios, puedan liberar un gasto que hoy es gasto corriente o de funcionamiento.

Pero todos estos problemas implican una labor de análisis, de diagnóstico de los diversos renglones del gasto corriente y luego, de una gran decisión política para tomar las medidas conducentes a esta reorientación o a esta racionalización.

## 2.- *El enfoque micro-administrativo.*

El otro enfoque de la reforma administrativa, aparte de este enfoque macro-administrativo, es el que debe acometerse en cada uno de los organismos de la Administración Nacional, es decir, en cada uno de los Ministerios y organismos de la Administración Central, en cada uno de los Institutos Autónomos y demás establecimientos públicos, y en cada una de las Empresas del Estado.

El enfoque micro-administrativo de la reforma, que por otra parte no impedirá las reformas estructurales o globales, es un proceso que está en marcha. En el próximo presupuesto del año 1971 deberán incorporarse reformas estructurales que se han venido determinando y precisando en todos los Ministerios e Institutos Autónomos, pero fundamentalmente a nivel ministerial. Si observamos las estructuras de todos nuestros Ministerios nos encontramos con que son instituciones que reflejan internamente lo que ha pasado a nivel nacional, es decir, instituciones que han crecido horizontalmente a través de la creación de nuevas unidades, de nuevas oficinas y direcciones, a medida que las necesidades iban exigiendo acciones y realizaciones concretas al Estado, y a su Administración. Esto ha originado que hoy todos los Ministerios presenten uno estructura horizontal, es decir, una dirección superior y luego una variedad de oficinas y direcciones que, por supuesto, dificultan e imposibilitan en algunos casos la labor de dirección, coordinación y control que el Ministro y los niveles superiores en los Ministerios deben realizar respecto a las diversas unidades de los mismos.

Esto ha provocado el inicio de un proceso de reconcentración de unidades a través de la redefinición de las funciones que cada Ministerio tiene a su cargo, y ha originado medidas de reestructuración piramidal de los Ministerios, que van a reflejarse en la próxima Ley de Presupuesto de 1971[15]. Por ejemplo, en este sentido, en el Ministerio de Hacienda ya se han dado pasos importantes, inclusive desde el año pasado. Este Ministerio tenía una dispersión horizontal entre Direcciones y Oficinas que van a ser reconcentradas en tres grandes unidades: una Dirección General de Rentas, donde se van a incluir todas las direcciones de rentas: Renta Interna, Impuesto sobre la Renta, Aduanas; una Dirección General de Servicios, en la cual se van a incluir todos los servicios generales del Despacho para satisfacer las necesidades de todas sus oficinas; y una Dirección General de Finanzas Públicas, en la cual se van a concentrar la Dirección de Presupuesto, la Dirección de Crédito Público, la Dirección de Tesorería Nacional y el Centro de Investigaciones Financieras y Económicas.

En esta forma el mismo esquema queda desarrollado en todos los Ministerios. En el Ministerio de Comunicaciones, por ejemplo, se ha comenzado por definir los programas básicos del Ministerio; Tránsito y Transporte por una parte y Comunicaciones por lo otra, lo que va dar origen a dos grandes Direcciones Generales en las cuales se van a concentrar las Direcciones existentes: la Dirección General de Tránsito y Transporte tendrá a su cargo la Dirección de Tránsito Terrestre actual, la Dirección de Aeronáutica Civil, la Dirección de Marina Mercante y una nueva Dirección de Transporte Terrestre; y la Dirección General de Comunicaciones lo que es hoy la Dirección de Correos y la Dirección de Telecomunicaciones.

En esta forma, de acuerdo a este primer paso de la reforma estructural micro-administrativa, se ha logrado definir los programas básicos de cada Ministerio, y se ha llegado a la conclusión es lo que nos ha demostrado la experiencia de que los grandes programas de los Ministerios no pasan de 2 ó 3 y que es posible reconcentrar todas las dispersas unidades actuales en dos o tres grandes Direcciones Generales.

Este primer paso va a permitir en primer lugar, que cada uno de los programas suponga una sola Dirección que tenga a su cargo la formulación y conducción de la política en cada uno de ellos y, por tanto, la posibilidad concreta de que se realice un control y una coordinación en la ejecución de esta política, que en la actualidad, insisto, es casi materialmente imposible. Esta reforma estructural micro-administrativa, que si bien es un primer paso, por su racionalidad, además de tener la virtud de ser irreversible, va a provocar otras decisiones en el futuro, ya que implicará la adopción de reformas en cada uno de estos programas que se concentren bajo las Direcciones Generales.

15 Véase Reglamento del Estatuto Orgánico de Ministerios dictado por Decreto N° 539 de 10 de febrero de 1971.

Por otra parte, es un paso tomado en ejecución de la indicada orden Presidencial que ha sido dictada el 13 de mayo de 1970 mediante una Instrucción, por lo cual se establecen los Lineamientos Generales de la Reforma Administrativa. Como lo señalé anteriormente, este acto tiene, para el proceso de reforma administrativa en Venezuela, una tremenda importancia: se trata de un acto mediante el cual el Presidente de la República ordena a toda la Administración Pública, en todos sus niveles, el cumplimiento de una serie de pautas y metas de reformas que van a ser desarrolladas en todos los organismos públicos. Con este documento se establece entonces el ámbito global de la reforma micro-administrativa: se le indica a todos los organismos qué es lo que deben hacer, cuales son las labores que deben cumplir, cuáles son los problemas con los que se van a encontrar y, por tanto, cuáles las actividades que deben realizar para solucionar esos diversos problemas. Con este documento, por otra parte, se garantiza la debida uniformidad del proceso, como consecuencia de la estrategia de la reforma administrativa definida en base a la idea de participación y a la noción de sistema.

En efecto, hemos señalado que la estrategia consistía en hacer participar en el proceso a todos los niveles administrativos, y la forma ideada para que este proceso guarde uniformidad en todos esos niveles administrativos ha sido precisamente a través de este documento, la Instrucción Presidencial, que va a canalizar todas las actividades de reforma de todos los Ministerios, en todos los Institutos Autónomos y en todas las Empresas del Estado, dentro de unas grandes líneas que son las que están contenidas en ese documento en la forma de «Lineamientos Generales de la Reforma Administrativa». En él, no sólo se establecen Lineamientos Generales para la Reforma Estructural sino también para la reforma del funcionamiento de la Reforma de la Administración Pública y para la Reforma de la Función Pública en la Administración Nacional. De ahí que también formen parte del enfoque micro-administrativo, el diagnóstico y formulación de reformas en los sistemas y procedimientos que se siguen en cada organismo público, y sobre los cuales, en razón del tiempo, no insistiré. Basta señalar que los mismos aspectos analizados en el enfoque macro-administrativo se reflejan en el enfoque micro-administrativo.

## V.- CONCLUSIÓN.

De todo este panorama del proceso de reforma administrativa en Venezuela, tanto en su aspecto macro-administrativo como en su aspecto micro-administrativo, de la estrategia definida de participación y del objetivo que se persigue –adaptar la estructura administrativa del proceso de desarrollo–, es evidente que la conclusión no puede ser otra, que la de que estamos frente a una tarea de dimensiones increíbles: modificar una Administración Pública que estructuralmente fue construida sobre bases pertenecientes al siglo pasado y que funcionalmente tienen sistemas, procedimientos del mismo siglo; y modificar la mentalidad de sus funcionarios para adaptarla a una nueva realidad y a un proceso de desarrollo nacional que busque la independencia del país. Todos los que han pasado por la Administración Pública pueden confirmar lo insospechable de las proporciones de este proceso. Ello, aunado a su tremenda importancia, exige que este proceso no puede ser realizado, y ni siquiera pueda pensarse en su realización, sin una gran decisión política, sin un apoyo de los más altos niveles de decisión política del Estado. No solo requeriremos, como hasta ahora lo hemos tenido, un gran apoyo de los altos niveles del Ejecutivo Nocional en esta voluntad de reformar, de poner al día, de modernizar, la Administración Pública; sino que en un futuro próximo requeriremos, evidentemente, de un gran apoyo del Parlamento, cuyo funcionamiento también está en la actualidad cuestionado.

En esta forma creo haber dejado expuesto los lineamientos generales del proceso de reforma administrativa que se está desarrollando en Venezuela desde hace un año. Realmente me complace ver confirmado, en los documentos que sirven de base para este Seminario, que las propuestas que hemos venido formulando en nuestro país están siendo recomendadas a los países centroamericanos por el Instituto Centroamericano de Administración Pública.

Por último, permítanme agradecer de nuevo la invitación que el ICAP me ha formulado como Asesor en este Seminario, en vista de la experiencia venezolana. Ojaló nuestra experiencia pueda servir de algo a los diversos países participantes en este evento.

## II

# COMENTARIOS SOBRE LOS PRINCIPIOS GENERALES DE LA LEY GENERAL DE LA ADMINISTRACIÓN PÚBLICA DE COSTA RICA (1981)

**Texto de la Conferencia dictada en el IV Seminario Internacional de Derecho Administrativo realizado con motivo del Centenario de la Fundación del Colegio de Abogados organizado por el Colegio de Abogados de Costa Rica, el Instituto Internacional de Derecho Administrativo Latino, y la Universidad de Costa Rica, bajo la dirección del profesor Eduardo Ortiz Ortiz, 1 de septiembre de 1981. El texto fue publicado en la *Revista del Colegio de Abogados de Costa Rica* (*Revista del Seminario Internacional de Derecho Administrativo*), Colegio de Abogados de Costa Rica, San José 1981, pp. 31-57; y en la *Revista Internacional de Ciencias Administrativas*, Vol. XLVIII, Institut International des Sciences Administratives, Bruselas 1982, N° 1, pp. 47-58.**

## I.- INTRODUCCIÓN

La Ley General de la Administración Pública de Costa Rica de 1978, con sus 370 artículos, sin duda que podría ser considerada como el texto de un Manual de Derecho Administrativo, volcado en el articulado de un Código. La lectura general de ese texto, que conocemos desde que la ley era Proyecto y que en más de una ocasión habíamos comentado con el Licenciado Eduardo Ortiz Ortiz, puede confirmarle a cualquier especialista, esta apreciación.

Esta hermosa Ley, única en su género, abarca todo el conjunto de materias de un Manual de Derecho Administrativo, por lo que la explicación de su articulado, configuraría, exactamente, el programa de un curso -general de esta disciplina. Se trata, por tanto, de un muy raro ejemplo de un Código de Derecho Administrativo que, inclusive, consagra expresamente la autonomía de nuestra disciplina, al declarar la independencia del ordenamiento jurídico administrativo de otras ramas del derecho (art. 9).

En una sola ley, los costarricenses han logrado compendiar lo que en el resto de los países latinoamericanos está formado por un complejo de leyes dispersas, principios generales, interpretación jurisprudencial y doctrina.

En Venezuela, por ejemplo, recientemente se ha promulgado la Ley Orgánica de Procedimientos Administrativos, de 1° de julio de 1981, de enorme importancia para el desarrollo de nuestro derecho administrativo positivo. Sin embargo, comparativamente, equivale a una pequeña porción de la Ley General Costarricense. En efecto esta Ley puede decirse que regula cuatro aspectos fundamentales.

En primer lugar, los Principios Generales de la Organización Administrativa que se refieren a la estructura orgánica de la Administración del Estado; al funcionamiento de los órganos colegiados; a la competencia y en particular a sus desviaciones (delegación, avocación, desconcentración); a las relaciones orgánicas; y a los Funcionarios Públicos.

En segundo lugar, regula la teoría de los actos administrativos, con normas sobre sus elementos, su eficacia, ejecutividad, revocación y precisiones sobre las Nulidades de los mismos.

En tercer lugar, regula la responsabilidad administrativa, tanto de la Administración Pública como de los Funcionarios Públicos.

Y en cuarto lugar, regula el procedimiento, en todos sus aspectos, resultando un verdadero Código Procesal Administrativo.

Se nos ha pedido que comentemos, el Título Primero de la Ley General contentivo de los "Principios Generales", y ello lo haremos, cuando sea posible, estableciendo algunas comparaciones con el derecho positivo venezolano. Del estudio detenido que hemos hecho de este Título Primero de la Ley General que desarrolla en 20 artículos los Principios Generales, puede decirse que en ellos se regulan tres aspectos fundamentales del derecho administrativo, referidos al principio de la legalidad; a las fuentes del Derecho Administrativo, y a la actividad administrativa. Nuestra exposición, por tanto, la hemos dividido en tres partes en primer lugar, trataremos el régimen legal del Principio de la Legalidad; en segundo lugar, analizaremos la regulación del sistema de las fuentes del derecho administrativo; y en tercer lugar, nos referiremos a los principios que deben guiar la actividad administrativa.

## II.- EL RÉGIMEN LEGAL DEL PRINCIPIO DE LA LEGALIDAD ADMINISTRATIVA

La Ley General de Administración Pública puede decirse que es, ante todo, un cuerpo normativo que le da carácter de derecho positivo al principio de la legalidad administrativa, es decir, al principio según el cual, la Administración Pública tiene que actuar ajustada al ordenamiento jurídico.

La ley regula este principio en tres aspectos: en primer lugar, le da una formulación precisa; en segundo lugar, precisa los sujetos de derecho que actúan sometidos al principio; y en tercer lugar, precisa el derecho aplicable a los mismos y el ámbito de aplicación de la Ley. Veamos separadamente estos tres aspectos.

### 1.- *La Formulación del Principio*

La Ley General formula el principio de la legalidad en los artículos 11), 12) y 13). En efecto, en el párrafo 1 del artículo 11) se establece en forma precisa que "La Administración Pública actuará sometida al ordenamiento jurídico". Por su parte, el Párrafo 1 del artículo 12), al regular el servicio público y la forma de su prestación, insiste en que el ente encargado deberá hacerlo "bajo el imperio del Derecho"; y el Párrafo 1 del artículo 13) concluye señalando que

"La Administración estará sujeta, en general, a todas las normas escritas y no escritas del ordenamiento administrativo, y al derecho privado supletorio del mismo, sin poder derogarlos ni desaplicarlos para casos concretos".

De estas normas se deduce una formulación amplia y exacta del principio de la legalidad administrativa, es decir, de la obligación de la Administración Pública de actuar, no sólo conforme a las reglas de derecho positivo que le sean aplicables, sino también, con sujeción a las otras reglas que conforman el ordenamiento, aún cuando no tengan formulación escrita, y entre ellas, por supuesto, las que derivan de los principios generales del derecho administrativo. Por eso la ley habla del *"Ordenamiento Jurídico"* u *"Ordenamiento Administrativo"* y no solo de la *"Ley"* y también habla del *"Derecho"* que abarca las fuentes no escritas del ordenamiento, para describir el principio de la legalidad.

La Ley Venezolana de Procedimientos Administrativos no contiene una formulación del principio de la legalidad de esta naturaleza y amplitud, y se limitó a prescribir en su artículo 1° la obligación de la Administración Pública de ajustar "su actividad a las prescripciones de la presente ley". No significa esto, por supuesto, que la Administración Venezolana no esté sometida obligatoriamente a las otras fuentes de la legalidad distintas a la ley, sino que al no tener el principio una formulación tan exacta como la de la ley costarricense, la interpretación e integración de las fuentes de la legalidad continuará desarrollándose por la jurisprudencia, como ha sucedido hasta ahora. En todo caso, del articulado de la propia Ley Orgánica de Procedimientos Administrativos Venezolana se deducen varios aspectos que consolidan la legalidad y que se refieren al carácter sub-legal de la actividad administrativa (art. 10); a los límites al poder discrecional (art. 12); a la jerarquía de los actos (arts. 13 y 14); a la irretroactividad de los actos administrativos (art. 11); a la irrevocabilidad de los actos creadores de derechos a favor de particulares (art. 19), ord. 2º y 82); y a la inderogabilidad singular de los reglamentos (art. 13).

En este último aspecto, la Ley Venezolana establece con precisión en su artículo 13), que ningún acto administrativo de efectos particulares podrá "vulnerar lo establecido en una disposición administrativa de carácter general, aún cuando fueren dictados por autoridad igual o superior a la que dictó la disposición general". Es lo que la doctrina española califica, con carácter general, como el principio de la inderogabilidad singular de los reglamentos.

Este mismo principio lo encontramos también desarrollado en la Ley Costarricense. En su artículo 13 establece la obligación de la Administración de sujetarse a todas las normas del ordenamiento jurídico, incluidos los reglamentos, los cuales no pueden ser derogados ni desaplicados para casos concretos, "sea que éstos provengan de la misma autoridad, sea que provengan de otra superior o inferior competente".

Pero el artículo 13 de la Ley General amplía, además, de manera expresa, el principio de la legalidad al obligar a la Administración a someterse al Derecho, sin tener posibilidad de desaplicarlo en casos concretos. Por tanto, se niega a la Administración, en forma expresa, con buen sentido, la posibilidad de desaplicar normas que regulan su actividad, posibilidad que solo tiene el Juez en materia de control de la constitucionalidad.

Debe mencionarse por .último que la Ley General de la Administración Pública de Costa Rica, es un texto de aplicación inmediata, por lo que sus normas no pueden dejarse de aplicar so pretexto de que necesiten reglamentación. En tal sentido, el artículo 20 de la Ley es terminante al disponer lo siguiente:

"Los preceptos de esta Ley no dejarán de aplicarse por falta de reglamentación sino que ésta será suplida, salvo disposición expresa en contrario, en la misma forma y orden en que se integra el ordenamiento escrito".

**2.- *Los Sujetos de Derecho Público***

Pero la Ley General no sólo formula y amplía el principio de la legalidad, sino que precisa desde el punto de vista de las relaciones jurídicas, qué ha de entenderse por "Administración", es decir, cuáles son los sujetos de derecho a los cuales se aplica el principio de la legalidad.

A tal fin se destina el artículo 1º de la Ley, cuyo texto, sin embargo, podría inducir a confusión, por la terminología empleada.

En efecto, el artículo 1' de la Ley General, señala lo siguiente:

> "Art. *1°*- La Administración Pública estará constituida por el Estado y los demás entes públicos, cada uno con personalidad jurídica y capacidad de derecho público y privado".

La Ley General, así, parece contraponer al Estado, que goza de personalidad jurídica, frente a "los demás entes públicos", también con personalidad jurídica, y que formarían la administración descentralizada. Ante esto debemos plantearnos al menos dos interrogantes. En primer lugar, ¿Por qué la Ley utilizó el término "Estado" para definir una parte de la Administración Pública? En realidad parecería que lo exacto es lo contrario: la Administración Pública, como complejo orgánico, es una parte del Estado, el cual tiene otros órganos políticamente separados: los órganos legislativos y los Tribunales. Todos forman el Estado y participan de su sola y única personalidad. La Ley General, sin embargo, no parece estar destinada a regular a los Tribunales ni al órgano legislativo. Estos no podrían considerarse "Administración Pública" por lo que no parece acertada la expresión de la ley de que "La Administración Pública estará constituida por el Estado y los demás entes públicos..."

En realidad, parecería que la Ley quiso insistir en que la Administración Pública, a la cual se aplica, no sólo está constituida por la "Administración del Estado" o Administración Central, sino también por la Administración Descentralizada, constituida por otros entes públicos con personalidad jurídica propia, distinta de la del Estado. Para ello, debía contraponer la Administración Nacional Central frente a la Administración descentralizada, y no al "Estado" frente a los otros entes públicos.

La Ley Venezolana, al querer precisar el ámbito organizativo de aplicación de la ley fue más clara que la Ley Costarricense, pero no exenta de imprecisión. En efecto, el artículo 1° de la Ley señala que deben ajustar su actividad a las prescripciones de la Ley "la Administración Pública Nacional y la Administración Pública Descentralizada". Aquí se ve más claramente la intención del legislador: la Administración Pública está formada no sólo por la Administración del Estado (Administración Central) sino también por la Administración descentralizada. Sin embargo, hay dos imperfecciones en la fórmula de la Ley Venezolana: en primer lugar, la ley debió contraponer la Administración Pública Central regida por la Ley Orgánica de la Administración Central a la Administración Pública Descentralizada, y no como lo hizo: la Administración Pública Nacional con la Administración Pública Descentralizada, pues ésta también es Administración Pública Nacional; en segundo lugar, la ley se limitó a hablar de Administración Pública Descentralizada, y ello es impreciso pues en realidad, sólo se aplica a los entes descentralizados estatales con forma de derecho público, por lo que no se aplica ni a las empresas del Estado (entes descentralizados con forma de derecho privado) ni a entes no estatales aún cuando tengan forma jurídica de derecho público, como los colegios profesionales.

Por otra parte, debe observarse que además de la Administración Pública Central, también forman parte de la Administración Pública Venezolana, ciertos entes administrativos que gozan de autonomía funcional aún cuando no son descentralizados porque no gozan de personalidad jurídica. Se trata de la Contraloría General de la República y de la Fiscalía General de la República, ambas organizaciones mencionadas por el artículo 1° de la Ley, y además, del Consejo de la Judicatura, del Consejo Supremo Electoral y de la Comisión Investigadora contra el Enriquecimiento Ilícito de Funcionarios y Empleados Públicos. Estas organizaciones, que no tienen dependencia jerárquica del Presidente de la República ni de los otros Poderes del Estado, sin embargo forman parte de la Administración Pública del Estado (administración contralora) y están sometidas a las prescripciones de la Ley Orgánica de Procedimientos Administrativos, "en cuanto les sea aplicable", es decir, en cuanto no quede lesionada su autonomía funcional.

Por otra parte, de la Ley Venezolana resulta que ella no se aplica directamente a los entes descentralizados territorialmente (Estados de la Federación y Municipios) sino que, respetando la autonomía de estos que tienen en virtud de la Constitución, prescribe que su actividad se ajustaría a la ley sólo "en cuanto les sea aplicable" (art. 1°).

El segundo interrogante que nos sugiere el artículo 1° de la Ley General de Costa Rica tiene relación con los entes descentralizados territorialmente: cuando el artículo 1° utiliza la expresión "entes públicos" son personalidad jurídica, para indicar aquellos que forman parte de la Administración Pública ¿qué quiso abarcar? ¿sólo los entes descentralizados nacionales (funcionalmente) o también los entes descentralizados territorialmente como los Municipios? La respuesta, sin duda, dependerá del sistema constitucional costarricense relativo al régimen local y a la autonomía municipal. En todo caso, la utilización indistinta en la ley de la expresión "entes descentralizados" (art. 6°, letra "e") como equivalente a entes públicos sugiere la idea de que ella está destinada, directamente, a los entes descentralizados públicos establecidos por el Estado.

### 3. - *El derecho aplicable a los diversos sujetos de derecho público*

La Ley General de Administración Pública, no sólo formula el principio de la legalidad y precisa los sujetos de derecho público sometidos al mismo, en tanto en cuanto forman parte de la Administración Pública, sino que además precisa el derecho que le es aplicable a los mismos.

Esto lo hace en dos aspectos: en primer lugar, en relación a la distinción entre derecho público y derecho privado, y en segundo lugar, en la aplicación de normas establecidas exclusivamente para algunos de los sujetos de derechos. Veamos separadamente estos dos aspectos.

**A) *La interaplicación del derecho público y del derecho privado***

En general, la Ley establece que a los sujetos de derecho público no sólo se les aplica el derecho público, sino también, el derecho privado; y ello lo hace en varias normas.

En primer lugar, el artículo 1° de la Ley, al definir los entes que forman parte de la Administración Pública, como sujetos de derecho, precisa que cada uno tiene su personalidad jurídica, "y capacidad de derecho público y privado". Cuándo se aplica uno u otro, está definido en el artículo 3 de la ley, así:

"El derecho público regulará la organización y actividad de los entes públicos, salvo norma expresa en contrario.

El derecho privado regulará la actividad de los entes que por su régimen de conjunto y los requerimientos de su giro puedan estimarse como empresas industriales o mercantiles comunes".

De esta norma se deduce lo siguiente: los entes públicos se rigen por el derecho público tanto en su organización como en su actividad. Sin embargo, cuando estos entes públicos realicen actividades industriales y comerciales (empresas públicas) *también* les será aplicable el derecho privado; y decimos "también" pues no sólo se rigen por el derecho privado. En el mundo contemporáneo ya no existe la distinción matemática en la aplicación de las ramas del derecho público o privado a los sujetos de derecho público, sino que, en realidad, hay siempre una interaplicación de las mismas a dichos entes públicos, con preponderancia de uno u otro, según la naturaleza de su actividad.

En todo caso, aquí nos surge también el interrogante planteado anteriormente: ¿Qué debe entenderse por ente público en la expresión del artículo 2° de la ley? ¿Sólo los entes descentralizados con forma de derecho público o también la Ley abarca los entes descentralizados con forma de derecho privado y creados por el Estado por las vías del derecho privado? La intención global de la Ley, parecería ser la primera alternativa, por lo que las empresas del Estado creadas por las vías ordinarias del derecho mercantil, no serían "entes públicos", sino entes descentralizados con forma de derecho privado, recogidos íntegramente por el derecho mercantil.

En todo caso, la Ley General no sólo regula la interaplicación del derecho público y del derecho privado a la actividad de los entes públicos, sino que precisa la forma de esa aplicación, al otorgar carácter predominante al derecho público y supletorio al derecho privado. Esto se deduce de la calificación expresa que el párrafo 1 del artículo 13 otorga al derecho privado como "supletorio" y del artículo 9 de la Ley.

En este último, en efecto, se señala el carácter independiente de otras ramas del derecho del "ordenamiento jurídico administrativo", por lo que, dice su párrafo 1, "solamente en el caso de que no haya norma administrativa aplicable, escrita o no escrita, se aplicará el derecho privado y sus principios". Además, se precisa que en caso de integración del derecho, por laguna del ordenamiento administrativo escrito, se aplicarán, por su orden, las demás fuentes del derecho administrativo (la jurisprudencia, los principios generales del derecho público y la costumbre) y sólo en último lugar, "el derecho privado y sus principios" (art. 9, párrafo 2).

**B) *La precisión de normas que regulan con exclusividad algunos sujetos de derecho.***

Por otra parte, la ley establece un sistema de normas destinadas a regular exclusivamente a los sujetos de derecho sometidos a sus regulaciones, en la siguiente forma: las normas que regulan la actividad administrativa del Estado solo se aplican supletoriamente a los entes descentralizados; y las que regulan estos entes, no se aplican a la Administración del Estado.

En efecto, la Ley General, en su artículo 2° establece lo siguiente:

"1. Las reglas de esta ley que regulan la actividad del Estado se aplicarán también a los otros entes públicos, en ausencia de norma especial para éstos.

2. Las reglas que regulan a los otros entes públicos no se aplicarán al Estado, salvo que la naturaleza de la situación requiera lo contrario".

De la lectura de este artículo parece necesario formular de inmediato una precisión: En realidad, la Ley General regula directamente la actividad administrativa del Estado, y no la "actividad del Estado", como dice el artículo 2°. Debemos aquí remitirnos a la observación que hicimos al inicio de nuestra exposición al referirnos a la utilización de la expresión "Estado" en el artículo 1°. En realidad, la Ley General no parece destinada a regular "la actividad del Estado" como dice el párrafo 1 de este artículo; pues en esa expresión se englobaría la actividad de los Tribunales y del órgano legislativo, lo cual no es la intención de la Ley. Por eso, la Ley General realmente parece estar destinada a regular la actividad "administrativa" del Estado. Si esto es cierto, habría que hacer otra precisión: ciertamente, que la actividad administrativa del Estado, normalmente, se realiza por la Administración Pública como complejo orgánico, definida en el artículo 1* de la Ley que ya hemos comentado. Sin embargo, los otros entes del Estado (Tribunales o Cuerpos Legislativos) también realizan ocasionalmente, actividad administrativa y dictan actos administrativos. En estos casos, esa actividad administrativa aún realizada por órganos judiciales o legislativos, también estaría sometida a las prescripciones de la Ley.

Esta norma de la Ley General, por otra parte, nos sugiere una observación fundamental en el derecho administrativo: la distinción entre la Administración –órgano, que precisa el artículo 1°, y la Administración– actividad que se deduce del artículo 2°. La Ley así, en primer lugar, se aplicaría a la Administración Pública Central o Descentralizada, considerada como complejo orgánico; y en segundo lugar, se aplicaría también a la actividad administrativa del Estado, con prescindencia de los órganos que la realicen.

En todo caso, dejando aparte esta precisión, el artículo 2°, al definir el ámbito de aplicación de la Ley General señala su aplicación directa a la actividad administrativa del Estado, y en ausencia de normas especiales, se aplica también a los entes públicos descentralizados. En cambio, las reglas especiales que regulan estos entes públicos, no se aplican a la actividad administrativa del Estado "salvo que la naturaleza de la situación requiera lo contrario".

En relación a esta fórmula legal, en todo caso, creo que debe hacerse una precisión general: la Ley General, en realidad, no define en este artículo un ámbito sustantivo de aplicación. La Ley se aplica a la actividad administrativa del Estado y a los entes descentralizados. En relación a las normas específicas que regulan la actividad administrativa del Estado, estas se aplican a los entes descentralizados "en ausencia de norma especial para éstos" por lo que si hay tales normas especiales, no se les aplican "las reglas de la ley que regulan la actividad (administrativa) del Estado". En cuanto a estas normas especiales destinadas a los entes descentralizados, las mismas no se aplican a la Administración del Estado, "salvo que la naturaleza de la situación requiera lo contrario", lo cual en definitiva será el juez contencioso-administrativo, quien lo determinará.

## III.- EL SISTEMA DE LAS FUENTES DEL DERECHO ADMINISTRATIVO

El segundo gran aspecto regulado en el Título Primero de la Ley General es el relativo al sistema de las fuentes del Derecho Administrativo y a la integración del ordenamiento jurídico administrativo.

En efecto, la Ley General no sólo ha establecido una completa regulación sobre las fuentes del derecho administrativo y su jerarquía, sino que también ha establecido las normas básicas respecto de la integración del derecho escrito y su interpretación.

Por tanto, antes de analizar la jerarquía de las fuentes y su clasificación entre escritas, no escritas y supletorias, creemos conveniente referirnos a los principios de la Ley sobre la integración e interpretación del derecho administrativo.

### 1.- *La integración e interpretación del ordenamiento administrativo*

La Ley General, en efecto, consagra con carácter de derecho positivo, el principio de la plenitud del ordenamiento jurídico-administrativo, de manera que no pueden existir lagunas del Derecho o de dicho ordenamiento. En tal virtud, las lagunas del derecho escrito y de la ley deben ser integradas y así, construirse la norma del ordenamiento administrativo aplicable.

En varias normas, la Ley General plantea la necesidad de la si integración del ordenamiento y sus modalidades. En efecto, en caso de laguna del ordenamiento administrativo escrito, y por r tanto, cuando haya de integrarse, el Párrafo 2 del artículo 9° prescribe que "se aplicarán, por su orden, la jurisprudencia, los principios generales del derecho público, la costumbre, y el derecho privado y sus principios". En estos casos, como se trata de suplir la ausencia de normas escritas, las no escritas mencionadas, "tendrán el rango de ley" conforme a lo indicado en el Párrafo 2° del artículo 7).

Por otra parte, como se ha dicho, ante la declaración expresa de la propia Ley General de que sus preceptos no dejarán de aplicarse por falta de reglamentación, el artículo 20) prescribe que esa reglamentación ausente será suplida en la misma forma y orden en que se integra el ordenamiento escrito, antes mencionada.

En todo caso, la integración de las normas administrativas -debe hacerse "tomando en cuenta las otras normas conexas y la naturaleza y valores de la conducta y hechos a que se refiere", conforme lo exige el artículo 10), párrafo 2° de la Ley.

Por último, debe señalarse que la Ley General establece expresamente la orientación que debe guiar el proceso de integración del derecho escrito, al declarar en el artículo 8° que:

> "El ordenamiento administrativo se entenderá integrado por las normas no escritas necesarias para garantizar un equilibrio entre la eficiencia de la Administración y la dignidad, la libertad y los otros derechos fundamentales del individuo".

Esta declaración es de suma importancia ya que sitúa, a nivel de derecho positivo, un principio fundamental del derecho administrativo contemporáneo: el del equilibrio entre poderes y prerrogativas de la Administración, por un lado, y por el otro, derechos y libertades de los particulares. Dicho equilibrio no debe ser roto, ni en beneficio del Estado ni de los administrados, y hacia ese equilibrio apunta dicho artículo 8° de la Ley General.

Por otra parte, además de consagrar la integridad y plenitud del ordenamiento administrativo, la Ley General establece disposiciones que orientan el proceso de interpretación del derecho escrito. El artículo 7 de la Ley en efecto prescribe en su párrafo 1° que:

> "Las normas no escritas –como la costumbre, la jurisprudencia y los principios generales de derecho– servirán para interpretar, integrar y delimitar el campo de aplicación del ordenamiento escrito y tendrán el rango de la norma que interpretan, integran o delimitan".

Por tanto, las normas no escritas, legalmente deben servir como fuente de interpretación del derecho escrito, y en tal proceso, tienen el mismo rango de la norma que interpretan. Distinto es el caso señalado de integración del ordenamiento escrito, en cuyo supuesto, las fuentes no escritas utilizadas para suplir la ausencia de normas escritas," tienen rango de ley.

La Ley General, además, establece los criterios fundamentales conforme a los cuales deben interpretarse las normas administrativas. El artículo 10, párrafo 1° prescribe en efecto, que:

> "La norma administrativa deberá ser interpretada en la forma que mejor garantice la realización del fin público a que se dirige, dentro del respeto debido a los derechos e intereses del particular".

En esta forma se establece también el principio del equilibrio ante la eficiencia de la Administración y los derechos de los particulares, como criterio de interpretación. En todo caso, la Ley General también exige que la interpretación de las normas administrativas se haga "tomando en cuenta las otras normas conexas y la naturaleza y valor de la conducta y hechos a que se refiere"; (art. 10, párrafo 2).

**2.-** ***La jerarquía de las fuentes del derecho administrativo***

En relación al sistema de las fuentes del ordenamiento jurídico-administrativo, la Ley General establece una distinción entre las fuentes escritas y las no escritas.

En general puede decirse que la ley podría deducirse en el principio de que el derecho escrito prevalece sobre el no escrito, y que las fuentes escritas, por tanto, prevalecen sobre las fuentes no escritas. Desde el momento en que la Ley prescribe que en caso de laguna del ordenamiento administrativo escrito se deben aplicar, en caso de integración, por su orden, las fuentes o normas no escritas y el derecho privado y sus principios (párrafo 2° del artículo 9), parecería que se corrobora lo que hemos afirmado sobre la prevalencia de las fuentes escritas sobre las no escritas. Sin embargo, el párrafo 3º del artículo 7) nos provoca dudas, cuando establece que "las normas no escritas prevalecerán sobre las escritas de grado inferior". ¿Cuáles son las fuentes escritas de grado inferior? ¿Dónde está previsto el límite entre ese grado inferior y el superior, para determinar la prevalencia de las normas no escritas? En realidad, no hemos podido determinar el real sentido de este párrafo. El artículo 7º, en sus dos primeros párrafos, ciertamente determina el rango de las normas no escritas cuando se trata de interpretación de normas escritas, en cuyo caso tienen el mismo rango de la norma que interpretan; o de integración del ordenamiento cuando suplen la ausencia del derecho escrito, en cuyo caso tienen rango de ley. Por ello no hemos logrado determinar el sentido de la afirmación del tercer párrafo citado.

Ahora bien, y dejando aparte esta interrogante, la Ley General establece con precisión, la jerarquía de las fuentes, tanto escritas como no escritas.

### 3.- *Las fuentes escritas y su jerarquía*

En cuanto a las fuentes escritas, el párrafo 1º del artículo 6) de la Ley General establece el orden al cual debe sujetarse "la jerarquía de las fuentes del ordenamiento jurídico-administrativo", en la siguiente forma:

"a) La Constitución Política;

b) Los tratados internacionales y las normas de la Comunidad Centroamericana;

c) Las leyes y los demás actos con valor de ley;

d) Los decretos del Poder Ejecutivo que reglamentan las leyes y los de los otros supremos poderes en la materia de su competencia;

e) Los demás reglamentos del Poder Ejecutivo, los estatutos y los reglamentos de los entes descentralizados;

f) Las demás normas subordinadas a los reglamentos, centrales y descentralizadas".

Esta enumeración y el orden prescrito, sin duda, nos motiva a hacer algunas observaciones y comentarios.

En primer lugar, debe destacarse el rango expreso que la Ley General otorga a los tratados internacionales y a las normas de la comunidad centroamericana. En esta forma se resuelve un problema general que se plantea en casi todos los países latinoamericanos, y que aún es motivo de discusión en Venezuela, sobre el rango de los tratados internacionales y de las normas del derecho comunitario. En el caso de Costa Rica, queda claro que estas normas prevalecen sobre la ley, pero están subordinadas a la Constitución. Por tanto, podrían ser teóricamente controlables por el órgano jurisdiccional que tenga a su cargo el control de la constitucionalidad de los actos estatales. En Venezuela, en ausencia de una norma expresa como la de la Ley General, la Corte Suprema en más de una ocasión se ha declarado incompetente para controlar la constitucionalidad de Tratados Internacionales.

En segundo lugar, la Ley General, al establecer el rango de las leyes como fuente, agrega a los demás actos con valor de ley, los que comprenden, sin duda, a los Decretos-Leyes que, conforme a la Constitución, puede dictar el Poder Ejecutivo, y que por tener valor de Ley, prevalecen sobre los demás Decretos del Ejecutivo.

En tercer lugar, la ley prescribe normas diversas relativas a los reglamentos y su jerarquía. Así, ante todo, establece la prevalencia de los Reglamentos Ejecutivos, que reglamentan las leyes, sobre los demás reglamentos del Ejecutivo, particularmente, los Reglamentos Autónomos.

Por otra parte, establece la prevalencia de los Reglamentos dictados por el Poder Ejecutivo, sobre los Estatutos y Reglamentos de los entes descentralizados. Sin embargo, en este punto, el párrafo 2º del artículo 6) establece que si se trata de reglamentos autónomos, "los del Poder Ejecutivo y los de los entes descentralizados están subordinados entre sí dentro de sus respectivos campos de vigencia". Por último, la Ley General establece la prevalencia de los reglamentos, en general, sobre las otras normas dictadas por la Administración Central o descentralizada.

En todo caso, en cuanto a los reglamentos, la Ley General resuelve una discusión que sobre todo había planteado la doctrina española en relación a su naturaleza. De acuerdo al Párrafo 3º del artículo 6) no hay motivo alguno para considerar que los ni reglamentos no sean actos administrativos al señalar que, al contrario, "los reglamentos estarán sujetos a las reglas y principios que regulan los actos administrativos".

**4.- *Las fuentes no escritas y su jerarquía***

En cuanto a las fuentes no escritas, cuando se trata de la integración del ordenamiento administrativo escrito, para suplir, su ausencia en caso de laguna del mismo, conforme al párrafo 2° del artículo 9), se aplicarán en el siguiente orden:

a) La jurisprudencia;

b) Los principios generales del derecho público; y

c) La costumbre.

Esta enumeración ordenada, que precisa los términos de la enumeración desordenada del párrafo 1º del artículo 7) provoca algunas observaciones, y entre ellas, la que surge de la prevalencia de la jurisprudencia sobre los principios generales del derecho público. Esto implica, por una parte, no sólo el asignar el carácter de fuente de derecho administrativo, de primer rango entre las fuentes no escritas, a la jurisprudencia; sino el otorgarle un valor al precedente judicial, que no es común en América Latina. Por otra parte, implica establecer la precedencia de la jurisprudencia sobre los principios generales del derecho público, cuando, en realidad, si la jurisprudencia tiene, en general, valor, es por la decisión de casos concretos en base, precisamente, a la aplicación de principios generales del derecho. No hay que olvidar que la jurisprudencia puede y debe cambiar, y en cambio los principios) generales del derecho, por su carácter abstracto y derivado del orden jurídico global, tienden a ser más permanentes e inmutables. Por eso, realmente llama la atención esta prevalencia prescrita expresamente por la ley, de la jurisprudencia sobre los principios generales del derecho, como fuente no escrita, la cual no compartimos.

**5.- *Las fuentes supletorias***

Como señalamos al inicio, la Ley General de la Administración Pública establece el principio de la autonomía del Derecho Administrativo, al establecer su independencia de otras ramas del derecho. Como consecuencia de ello, el derecho privado y sus principios adquieren, dentro del sistema de las fuentes, un carácter de fuentes supletorias.

Por ello, el artículo 13, párrafo 1º expresamente habla del "derecho privado supletorio" y asimismo, por ello, el párrafo V del artículo 9) expresamente establece que "solamente en el caso de que no haya norma administrativa aplicable, escrita o no escrita, se aplicará el derecho privado y sus principios".

Este carácter supletorio del derecho privado y sus principios, por último, también deriva de su ubicación, en último lugar, que la Ley General prescribe en caso de integración del ordenamiento administrativo, por laguna del ordenamiento escrito: se aplicarán, dice el párrafo 2° del artículo 9) "por su orden, la jurisprudencia, los principios generales del derecho público, la costumbre y el derecho privado y sus principios".

En este carácter supletorio del derecho privado, llama la atención la prevalencia que sobre sus normas pueda tener la costumbre o prácticas administrativas, lo cual en algunos casos podría no parecer razonable, salvo por una excesiva tendencia a la autonomía del derecho administrativo, lo cual en el mundo contemporáneo no debería implicar el relegamiento de los principios del derecho privado, de donde, en definitiva, provienen buena parte de las instituciones de nuestra disciplina.

## IV.- LOS PRINCIPIOS QUE DEBEN GUIAR LA ACTIVIDAD ADMINISTRATIVA

El Título Primero de la Ley General de la Administración Pública, además de regular el principio de la legalidad administrativa y el sistema de las Fuentes del Derecho Administrativo, establece una serie de principios generales que deben guiar la actividad administrativa, a los cuales queremos referirnos, y que se refieren a la competencia, a la potestad reglamentaria, al servicio público, a la discrecionalidad y a sus límites y al respeto de los derechos particulares.

### 1.- *El principio de la competencia*

El primer principio que regula la Ley General con precisión y amplitud, es el principio de la competencia que debe preceder toda acción administrativa, y decir, la necesaria existencia previa a toda actividad, de una norma atributiva del poder o potestad de actuar en la realidad jurídica. Esto implica que la competencia [e*] debe ser expresa y no puede presumirse.

El artículo 11, párrafo 1° de la Ley General, es claro en este sentido al prescribir que la Administración Pública "Sólo podrá realizar aquellos actos o prestar aquellos servicios públicos que autorice" el ordenamiento jurídico, "según la escala jerárquica de sus fuentes". Esta autorización debe ser expresa, y por ello el párrafo 2° del mismo artículo 11 establece que "se considerará autorizado el acto regulado expresamente por norma escrita, al menos en cuanto a *motivo* o *contenido,* aunque sea en forma imprecisa". Basta, por tanto, la indicación del *motivo* o *contenido* del acto en la norma escrita, para que se considere que hay competencia expresa.

El principio también se aplica a las competencias en materia de Servicios Públicos. El artículo 12, párrafo 1° de la Ley General en efecto establece que:

> "Se considerará autorizado un servicio público cuando se haya indicado el *sujeto* y *el fin* del mismo. En este caso a todo evento, el ente encargado de prestarlo, podrá hacerlo "de acuerdo con sus propios reglamentos sobre los demás aspectos de la actividad, bajo el imperio del derecho".

De esto resulta claro el principio de la competencia expresa, regulada en norma escrita, así sea en forma incompleta o imprecisa.

Sin embargo, la Ley General es más amplia en cuanto a las normas atributivas de competencia, al establecer la posibilidad de que esté prescrita en principios generales del derecho. En efecto, el párrafo 1° del artículo 14 de la Ley General establece en este aspecto, lo siguiente:

> "Los principios generales, podrán autorizar implícita mente los actos de la Administración Pública, necesarios para el mejor desarrollo de las relaciones especiales creadas entre ella y los particulares por virtud de actos o contratos administrativos de duración".

Se trata, por tanto, de la consagración de la competencia en normas no escritas, pero de contenido limitado: se trata, en efecto, de competencias derivadas de otros actos autorizados legal o reglamentariamente, para el mejor desarrollo de relaciones jurídicas previamente establecidas.

### 2. - *La potestad reglamentaria y sus límites*

El segundo principio que regula la Ley General en relación a la actividad administrativa, se refiere a los límites de la potestad reglamentaria.

En efecto, puede decirse que la ley es clara al establecer el carácter sub-legal de los reglamentos, lo cual deriva de varios aspectos. En primer lugar, por su ubicación en las jerarquías de las fuentes, debajo de la ley (Art. 6°, párrafo 1°, letra d y e); en segundo lugar, por la asimilación de los reglamentos a los actos administrativos, los cuales siempre tienen rango sub-legal (Art. 6°, párrafo 3°); y en tercer lugar, por la limitación del contenido o de los reglamentos que prescribe el artículo 12 de la ley, en el sentido de que no pueden regular materias reservadas a la Ley.

El párrafo 1° de este artículo en efecto, establece que: "no podrán crearse por reglamentos potestades de imperio que afecten derechos del particular extraños a la relación del servicio".

Este artículo, sin duda, establece indirectamente la reserva legal en aquellas normas que impliquen establecimiento de potestades de imperio y que afecten derechos particulares.

La Ley Orgánica de Procedimientos Administrativos de Venezuela, en este aspecto es más precisa, aunque podría parecer redundante con el texto constitucional, al establecer algunas materias que no pueden ser reguladas por actos administrativos, comprendidos los reglamentos. Su artículo 10, en efecto prescribe que "Ningún acto administrativo podrá crear sanciones ni modificar las que hubieran sido establecidas en las leyes, crear impuestos u otras contribuciones de derecho público, salvo dentro los límites determinados por la ley". La norma es de gran importancia, no sólo por establecer una reserva legal precisa en materia sancionatoria y tributaria, sino por prescribir, indirectamente, una [c] especie de delegación legislativa, precisamente en esos campos. Así, por actos administrativos podrían crearse sanciones o modificarse las legalmente establecidas si la ley lo permite, y si se hace [e] por la Administración dentro de los límites establecidos.

En todo caso, la reserva legal, clásicamente ha abarcado siempre tres aspectos centrales: establecimientos de delitos y penas £ (infracciones y sanciones); impuestos y otras contribuciones; y c limitaciones a los derechos y garantías constitucionales. Sobre este c último punto, la Ley General es también expresa.

El artículo 19, en este sentido prescribe que "el régimen jurídico de los derechos constitucionales estará reservado a la Ley, sin perjuicio de los reglamentos ejecutivos correspondientes", es decir, de aquellos reglamentos que desarrollan una ley. Como consecuencia, la ley prohíbe expresamente "los reglamentos autónomos en esta materia".

**3.- *Los principios del Servicio Público y su aplicación a la actividad administrativa***

En tercer lugar, la Ley General regula en forma expresa los principios fundamentales que deben guiar la actividad administrativa, cuando adquiere la forma de servicio público, es decir, de una actividad prestacional. En tal sentido, el artículo 4° de la Ley General, establece lo siguiente:

*Artículo 4.-* La actividad de los entes públicos deberá estar sujeta en su conjunto a los principios fundamentales del servicio público, para asegurar su continuidad, su eficiencia, su adaptación a todo cambio en el régimen legal o en la necesidad social que satisfacen y la igualdad en el trato de los destinatarios, usuarios o beneficiarios.

La norma, ante todo, otorga carácter de derecho positivo a los clásicos principios de la actividad prestacional del Estado configurada como servicio público: la continuidad, la eficiencia, la mutabilidad y la igualdad. No es frecuente encontrar en el derecho comparado texto escrito similar. Pero además, la norma consagra la extensión de la aplicación de los principios fundamentales del servicio público a todas las actividades de los entes públicos. En esta forma, toda la actividad administrativa, en su conjunto, está sujeta a los mencionados principios.

Sin embargo, esta aplicación de los principios del servicio público a la actividad administrativa, tiene límites, pues la misma, conforme a lo previsto en el artículo 5°, no puede alterar los contratos celebrados por los entes públicos ni violar los derechos adquiridos con base en los mismos, salvo razones de urgente necesidad. En este último caso, el ente público determinante del cambio o de la alteración, es responsable por los daños y perjuicios causados.

En relación a los principios que deben guiar la actividad administrativa, la Ley Orgánica de Procedimientos Administrativos de Venezuela, tiene una formulación que debe destacarse, aún cuando no habla de servicio público. El artículo 30 de dicha Ley, en efecto, prescribe con carácter general que "la actividad administrativa se desarrollará con arreglo a principios de economía, eficacia, celeridad e imparcialidad", lo cual da un amplio margen de interpretación en cuanto al sentido y contenido de los mismos.

### 4.- *La discrecionalidad administrativa y sus límites*

En cuanto de los principios relativos a la actividad administrativa regulados en la Ley General de la Administración Pública de Costa Rica, es el de la discrecionalidad administrativa La Ley General, en efecto, reconoce no sólo la necesidad, sino la normalidad de la discrecionalidad, la cual puede darse –dice– "incluso por ausencia de Ley en el caso concreto" (Art. 15, párrafo 1°). De esto resulta que el poder discrecional, conforme a la Ley General, no requiere texto expreso, sino que se presume siempre en ausencia de Ley.

Sin embargo, la contrapartida a esta previsión, son los límites a la discrecionalidad, previstos en la Ley General.

En efecto, ésta, con carácter general, establece en su artículo 15 que la discrecionalidad "estará sometida en todo caso a los límites que le impone el ordenamiento expresa o implícitamente, para lograr que su ejercicio sea eficiente y razonable". La razonabilidad de la actuación, es, así, el primer límite básico del poder discrecional.

Pero la Ley General consagra además otros límites y entre ellos la justicia y la racionalidad. La actuación discrecional, en efecto, tiene que ser equitativa y racional, por lo que conforme al artículo 16, párrafo I[9] de la Ley, "En ningún caso podrán dictarse actos contrarios a reglas unívocas de la ciencia o de la técnica, o a principios de justicia, lógica o conveniencia".

Además, el acto discrecional debe respetar el principio de la igualdad establecido en el artículo 4° de la Ley General, y perseguir solo el fin público previsto en la norma atributiva de competencia (Art. 10, párrafo 1°). Por último, debe también respetar los derechos particulares; es por ello por lo que el artículo 17 de la Ley prescribe que "la discrecionalidad estará limitada por los derechos del particular frente a ella, salvo texto legal en contrario".

La consecuencia fundamental de la consagración expresa de límites al poder discrecional, es la posibilidad de que los mismos puedan ser controlados por el Juez, pues el control de la legalidad no sólo abarca los aspectos reglados del acto discrecional, sino que también se ejerce, conforme lo señala el artículo 15, párrafo 2°, "Sobre la observancia de sus límites". Por ello, conforme al artículo 16, párrafo 2', el Juez puede controlar la conformidad con las reglas no jurídicas de los elementos discrecionales del acto, como si ejerciera el control de la legalidad, lo cual es válido, principalmente en relación a la racionalidad técnica, a la justicia, a la lógica y a la conveniencia.

Sobre la discrecionalidad y sus límites, la Ley Venezolana sobre Procedimientos Administrativos también ha consagrado una a norma de gran importancia que debe comentarse. Se trata del artículo 12 en el cual se señala lo siguiente:

> *Artículo 12.*- Aún cuando una disposición legal o reglamentaria deje alguna medida o providencia a juicio de la autoridad competente, dicha medida o providencia deberá mantener la debida proporcionalidad y adecuación con el supuesto de hecho y con los fines de la norma y cumplir los trámites, requisitos, y formalidades necesarios para su validez y eficacia.

Este artículo, en efecto, comienza por establecer indirectamente que el poder discrecional debe estar previsto en una norma expresa, legal o reglamentaria, en la cual debe dejarse a juicio de la autoridad administrativa, la adopción de una decisión. Por la parte, la norma destaca los elementos reglados del acto discrecional, los cuales abarcan "los trámites, requisitos y formalidades necesarios para su validez y eficacia" y que deben siempre cumplirse. Por último, el artículo precisa los límites al poder discrecional en una forma tal, que amplia el control del juez de la y legalidad. En efecto, en forma expresa consagra el principio de [e] la proporcionalidad de la decisión en relación a la causa o motivo del acto. Por otra parte, establece que debe haber adecuación entre la decisión adoptada y los presupuestos de hecho que la motivan, [11] lo cual implica no solo racionalidad, sino una adecuada comprobación de esos supuestos de hecho y una exacta calificación de los mismos. Por último, la Ley exige, también, la adecuación de la e decisión con los fines de la norma, como otro límite a la discrecionalidad, lo cual implica la interdicción a la distorsión de los d procedimientos (Arts. 3° y 100). A estos límites habría que agregar el límite derivado del principio de la imparcialidad, establecido en el artículo 30.

**5.- *El respeto de los derechos particulares***

Por último, dentro de los principios que consagra la Ley General de la Administración Pública en relación a la actividad administrativa, está el del necesario respeto a los derechos de los, particulares, lo cual confirma el equilibrio buscado por este texto, entre poderes de la Administración y derechos de los administrados.

Este principio de la actividad administrativa, del respeto de los derechos de los particulares, está consagrado en varias normas del Título Primero de la Ley.

Ante todo, el artículo 18 de la Ley General establece el principio general que debe guiar las relaciones entre la Administración y los Administrados, al prescribir el ámbito de los derechos e intereses de los particulares frente a la Administración en la forma siguiente:

> "*Art. 18. 1.* El individuo estará facultado, en sus relaciones con la Administración, para hacer todo aquello que no le esté prohibido".

Sin embargo, tal prohibición no sólo es la que resulta de texto expreso, sino que conforme al párrafo 2° del mismo artículo 18 se presumen legalmente en la forma siguiente:

> "Se entenderá prohibido todo aquello que impida o perturbe el ejercicio legítimo de las potestades administrativas o de los derechos del particular, así como lo que viole el orden público, la moral o las buenas costumbres".

Ahora bien, además de esta formulación general de la situación jurídica de los administrados frente a la Administración, la Ley General establece una regulación amplia en relación a la protección de los derechos de los particulares y a los límites de la actuación de la Administración.

En primer lugar, la Ley General establece el principio del respeto de los derechos de los particulares provenientes de contratos celebrados con la Administración. Prevé así, como principio general en materia de contratos administrativos, que la Administración puede realizar los actos que estime necesarios "para el mejor desarrollo de las relaciones especiales creadas entre ella y los particulares" (art. 14, párrafo 1°); sin embargo, esta posibilidad de actuación tiene sus límites en el párrafo 2° del artículo 14 de la Ley General, que prescribe que:

> "Las limitaciones y las sanciones disciplinarias, en este caso, podrán alcanzar hasta la suspensión temporal de los derechos y bienes creados por la Administración dentro de la relación especial, pero no la negación ni la supresión de los mismos, ni de los otros propios del particular".

Por tanto, los poderes de la Administración en los contratos administrativos, no pueden implicar la negación o supresión de los derechos de los particulares derivados o no de la relación contractual.

Este principio del respeto de los derechos contractuales de los particulares por la Administración, se regula también en forma expresa, en el artículo 5° de la Ley General, como límite a la aplicación de los principios fundamentales del servicio público a la actividad administrativa, al establecerse que ello "no podrá alterar sus contratos ni violar los derechos adquiridos con base en los mismos, salvo razones de urgente necesidad", en cuyo caso, "el ente público determinante del cambio o alteración será responsable por los daños y perjuicios causados".

En segundo lugar, la Ley General prescribe como principio de interpretación de las normas administrativas, el necesario respeto de los derechos de los administrados. En efecto, al señalar, como principio, que "la norma administrativa deberá ser interpretada en la forma que mejor garantice la realización del fin público a que se dirige", el artículo 10 de la Ley General exige que ello se haga "dentro del respeto debido a los derechos e intereses del particular". Por tanto, el respeto de los derechos de los administrados queda consagrado no sólo como principio frente a la interpretación de las normas administrativas, sino como límite a la actividad administrativa.

En tercer lugar, como se dijo, el respeto de los derechos particulares se configura, también, como un límite al poder discrecional que el artículo 17 de la Ley General consagra expresamente.

En cuanto a la Ley Orgánica de Procedimientos Administrativos de Venezuela, la misma solo consagra expresamente el principio del respeto de los derechos de los particulares frente a la actuación de la Administración, al regular la revocabilidad de los actos administrativos. Así, con carácter general, y por interpretación a contrario del texto del artículo 82, puede decirse que la ley venezolana consagra el principio de la irrevocabilidad de los actos administrativos que "originen derechos subjetivos o intereses legítimos, personales y directos para un particular", por lo que sanciona con el vicio de nulidad absoluta, a los actos administrativos que "resuelvan un caso precedentemente decidido con carácter definitivo y que haya creado derechos particulares, salvo autorización expresa de la Ley" (art. 19, ordinal 2°).

## V. CONCLUSIONES

Nos ha correspondido analizar solamente el Título Primero e la Ley General, relativo a los Principios Generales de ese texto o Código de Derecho Administrativo. Del estudio que hemos hecho de esa pequeña porción de la ley, podríamos sacar como conclusiones, lo siguiente:

En primer lugar, se trata, como dijimos al inicio, de un texto legal que le ha dado fuerza de derecho positivo escrito a un conjunto de principios generales del derecho administrativo que en la mayoría de los países latinoamericanos no son más que eso: principios generales. Con esta formulación positiva de los principios del derecho administrativo, la Ley General, es un ejemplo único de un Código de la parte dogmática del derecho administrativo.

En segundo lugar, la Ley General, por lo que se deduce de su Título Primero, es un ejemplo del equilibrio que debe existir en el derecho administrativo de nuestros países, particularmente los del régimen democrático, entre los poderes y potestades de la Administración, y los derechos de los particulares. Ni los primeros pueden ser de tal naturaleza que aplasten los de los administrados, ni los derechos de éstos de tal forma que impidan o perturben la acción administrativa. Tiene que haber un equilibrio, y eso es lo que la Ley General persigue.

En tercer lugar, en cuanto al contenido de este Título Primero, de acuerdo a lo que hemos visto, el mismo consagra tres órdenes de regulaciones que se refieren, en primer lugar, al principio de la legalidad; en segundo lugar, al sistema de las fuentes del derecho administrativo; y en tercer lugar, a los principios que deben guiar la actividad administrativa. Estas regulaciones, en la mayoría de los ordenamientos, se derivan de principios generales" del derecho administrativo. En el caso de Costa Rica, como hemos visto son texto positivo.

Un último comentario que podemos sacar también como conclusión. La Ley General, como dijimos, es una muestra de regulación escrita de los principios fundamentales del derecho administrativo, y al formularse, ha partido de la declaración de la autonomía de nuestra disciplina, particularmente frente al derecho privado. No estoy seguro de que esto sea un signo de fortaleza del derecho administrativo. Más bien, parecería ser una manifestación de esa debilidad que nuestra disciplina ha tenido tradicionalmente frente a otras ramas del derecho, y que exige que siempre tratemos de reafirmar su autonomía, cuando ello ya no es necesario.

III

# CONSIDERACIONES SOBRE EL CONTENCIOSO-ADMINISTRATIVO COMO UN DERECHO CONSTITUCIONAL A LA TUTELA JUDICIAL FRENTE A LA ADMINISTRACIÓN

**(1994)**

**Texto escrito para el Libro *Homenaje al profesor Eduardo Ortiz Ortiz*, Colegio Santo Tomás de Aquino, Universidad Autónoma de Centroamérica, San José, Costa Rica 1994, pp. 539-561. El texto fue reproducido en Artículo publicado en la *Revista de Derecho Público* N° 49, enero-marzo 1992, pp. 5-25.**

El artículo 206 de la Constitución de Venezuela de 1961 dispone:

> *Artículo 206.-* La jurisdicción contencioso-administrativa corresponde a la Corte Suprema de Justicia y a los demás Tribunales que determine la ley. Los órganos de la jurisdicción contencioso administrativa son competentes para anular los actos administrativos generales o individuales contrarios a derecho, incluso por desviación de poder; condenar al pago de sumas de dinero y a la reparación de daños y perjuicios originados en responsabilidad de la administración, y disponer lo necesario para el restablecimiento de las situaciones jurídicas subjetivas lesionadas por la actividad administrativa.

Como resulta de su texto, esta disposición no sólo debe considerarse como una norma atributiva de competencias judiciales a un conjunto de órganos que conforman la jurisdicción contencioso-administrativa, sino como una norma fundamental de la Constitución, que consagra, además, el derecho ciudadano a la tutela judicial frente a la Administración.

Bajo este ángulo, entonces, la jurisdicción contencioso-administrativa debe verse básicamente como un instrumento judicial destinado a asegurar la protección del administrado frente a la Administración y contra las arbitrariedades de los funcionarios, y no como un instrumento judicial para proteger a la Administración frente a los ciudadanos. Por ello, se impone la revisión de muchos aspectos del contencioso-administrativo, a los efectos de que se convierta en un efectivo instrumento para la reducción de las prerrogativas de la Administración frente a los ciudadanos, de manera que la regla sea el control de la misma y lo excepcional sean las prerrogativas que pueda invocar.

Algunos cambios aislados se han venido operando en muchos aspectos que permiten ver pasos de avance en este sentido, estando planteado su perfeccionamiento futuro. Ello sucede en materia de admisibilidad de los recursos, en los efectos de su interposición, en el papel de las partes y su actuación, así como en la actuación de los entes públicos en juicio.

## I.- CAMBIOS EN LAS REGLAS DE ADMISIBILIDAD DE LOS RECURSOS

Las reglas tradicionales relativas a la admisibilidad de los recursos contencioso-administrativos, desde su origen, buscaban asegurar más las prerrogativas de la Administración para impedir que el Estado fuese llevado libre y directamente a juicio, que asegurar a todos el acceso a la justicia para procesar a la Administración. Bajo este ángulo, la teoría de las causas de inadmisibilidad de los recursos se formó para resguardar privilegios y prerrogativas de la Administración, sin que se planteara preocupación alguna por asegurar a los administrados, siempre, la posibilidad de poder cuestionar judicialmente la conducta de la Administración.

Ahora, al contrario, si se analiza el contencioso-administrativo como el resultado del ejercicio de un derecho ciudadano a la tutela judicial efectiva de los administrados frente a la Administración, la tendencia que necesariamente tenemos que observar y propugnar, es a la reducción o minimización de los privilegios y prerrogativas de la Administración que, en definitiva, lo que han significado es el establecimiento de obstáculos para asegurar el efectivo acceso a la justicia por parte de los administrados, para juzgar a la Administración. En este sentido, algunos cambios y avances se han venido observando en aspectos tan clásicos como los de la admisibilidad de los recursos y acciones contencioso-administrativos, la necesidad de la existencia de un acto administrativo previo; el agotamiento de la vía administrativa; el lapso de caducidad; la legitimación activa y el principio *solve et repete.*

### 1.- *La necesidad de la existencia de un acto administrativo previo*

El principio general tradicional en el contencioso-administrativo ha sido el de la necesidad de que la Administración haya adoptado una decisión formal, como requisito previo para que pueda abrirse un proceso contencioso-administrativo. En otras palabras, el principio ha exigido que para que un administrado pueda llevar a juicio a la Administración, ésta tiene que haber emitido una decisión formal previa sobre el asunto, la cual debe traducirse en un acto administrativo. Por lo tanto, si la actuación de la Administración no se ha manifestado en un acto administrativo expreso, el administrado está obligado, previo a todo proceso contencioso, a exigir de la Administración un pronunciamiento formal. Este principio es un reflejo clásico del poder de la autotutela de la Administración y que implica su prerrogativa de que sólo después que ella decida formalmente un asunto mediante un acto administrativo es que puede ser llevada a juicio.

Esta prerrogativa de la necesidad de un acto administrativo, previo a toda acción judicial contra la Administración, progresivamente ha encontrado correctivos en la legislación, de manera que no se convierta en un obstáculo al acceso a la justicia contra la Administración.

En efecto, uno de los reflejos más importantes de la prerrogativa, y más clásicos en nuestra legislación, ha sido el llamado "procedimiento administrativo previo a las demandas contra la República", regulado en la Ley Orgánica de la Procuraduría General de la República (artículos 35 a 62), y que implica la obligación para todo potencial demandante de la República, de obtener previamente un pronunciamiento en vía administrativa en torno a su pretensión patrimonial. Este pronunciamiento formal, una vez comunicado al interesado, debe ser acogido o no por él mismo. Si lo acoge, el asunto se solucionará con arreglo al acto administrativo dictado, y en caso de que el mismo no sea aceptado por el interesado, éste entonces, es cuando queda plenamente facultado para acudir a la vía judicial. Esta prerrogativa de la Administración, en todo caso, tiene legalmente su correctivo en caso de abstención de la Administración de contestar la reclamación patrimonial en los lapsos previstos en la ley, en el sentido de que vencidos éstos sin haberse notificado al reclamante el resultado de su petición, queda facultado para acudir a la vía judicial (artículo 34 Ley Orgánica de la Procuraduría General de la República). La antigua Corte Federal consideró desde los años cincuenta, que "esa inacción o silencio de la Administración, equivale a un rechazo de la petición del reclamante" (sentencia de 3-6-58, *Gaceta Forense* N° 20, 1958, 120 y siguientes).

Ahora bien, la exigencia de una decisión administrativa previa para poder someter a juicio a la Administración, ha sido uno de los principios fundamentales del proceso contencioso-administrativo, en el cual, los juicios de nulidad, en principio, no se conciben sin que exista un acto administrativo impugnable, es decir, una declaración de voluntad de la Administración formalmente emitida. En este campo, la prerrogativa de la decisión previa ha sido fundamental en el desarrollo del contencioso-administrativo.

Sin embargo, la progresiva penetración del principio conforme al cual el control contencioso-administrativo debe verse ante todo como un medio de tutela judicial de los derechos fundamentales, más que como un medio de protección de la Administración, también en este campo ha corregido la rigidez de tal prerrogativa, no tanto consagrando el principio general del silencio administrativo negativo en la Ley Orgánica de Procedimientos Administrativos (art. 4), sino permitiendo el ejercicio de un recurso contencioso-administrativo directamente contra la conducta omisiva de la Administración, sea por abstención o negativa, en decidir las peticiones que se le formulan.

En efecto, en los casos de iniciación de un procedimiento administrativo mediante la presentación de una petición a la Administración, por ejemplo, para el otorgamiento de una licencia o permiso, la figura del silencio administrativo negativo es una garantía inefectiva para la protección de los derechos del interesado, pues nada puede este sacar de la presunción tácita denegatoria de su petición. En efecto, en ese caso, si se interpretase que hay un acto administrativo tácito denegatorio de la solicitud formulada, cabe preguntarse ¿cómo lo va a impugnar el interesado, si no hay motivación? Y en definitiva, nada ganaría el interesado con una decisión judicial que declarase la nulidad del acto denegatorio. En esos casos, en realidad, lo que el interesado requiere es que la Administración dicte el acto administrativo a que está obligada, o rechace formalmente la solicitud formulada, por lo que en estos casos, la garantía jurídica del mismo está en el recurso contra las conductas omisivas de la Administración y no en el silencio administrativo denegatorio.

Este correctivo del privilegio de la decisión previa como condición de acceso al contencioso, está en el recurso que había sido establecido desde los años cincuenta en la vieja Ley Orgánica de la Corte Federal, aun cuando nunca usado, y que a partir de 1976 ha sido recogido en la Ley Orgánica de la Corte Suprema de Justicia, contra la abstención o negativa de los funcionarios públicos a cumplir determinados actos a que estén obligados legalmente (artículos 42, ord. 23 y 182 ord. 1°, Ley Orgánica Corte Suprema de Justicia), en cuyo caso, la pretensión procesal busca lograr que el juez obligue a la Administración a decidir, pudiendo el juez, incluso, suplir la carencia administrativa, relevando al interesado de la obligación de obtener el acto administrativo requerido para, por ejemplo, realizar una actividad. El juez, por tanto, no agota su decisión con un simple pronunciamiento sobre la ilegalidad de la conducta omisiva, sino que –como lo ha señalado la Corte Primera de lo Contencioso-Administrativo– "presupone la realización de actuaciones tendientes a satisfacer la pretensión deducida por el administrado" (sentencia de 6-12-84 *Revista de Derecho Público,* N° 20, 1984, pág. 174).

Debe destacarse que con motivo de la promulgación del Código Orgánico Tributario, la llamada "acción de amparo" prevista en el mismo (art. 215 a 217) contra demoras extensivas de la administración tributaria en decidir peticiones de los interesados puede concluir con una decisión en la cual el juez puede, incluso, dispensar al recurrente de realizar algún trámite o diligencia, lo que implica la posibilidad del juez de sustituir la omisión de la administración.

2.- ***La necesidad de agotar la vía administrativa***

El principio general de la autotutela de la Administración, que desemboca en la prerrogativa de la existencia de un acto administrativo previo al acceso al contencioso-administrativo, tradicionalmente se ha manifestado también en otra prerrogativa de la Administración que impide al particular acudir a la jurisdicción contencioso-administrativa contra un acto administrativo que no cause estado, es decir, que no sea la última palabra que al respecto pueda pronunciar la Administración. En otras palabras, se trata de la prerrogativa del agotamiento de la vía administrativa como condición de admisibilidad de los recursos de anulación, de manera de permitir el acceso a la vía judicial sólo cuando la Administración no tiene más nada que decir sobre el asunto, por haberse agotado las instancias administrativas. Esta exigencia, como condición de admisibilidad, incluso se establece expresamente en el artículo 124, ordinal 29 de la Ley Orgánica de la Corte Suprema de Justicia.

Este principio, desde el ángulo de considerar al contencioso-administrativo como un medio de tutela de los derechos de los administrados, también ha sido mitigado en algunos aspectos, y en otros requiere de urgentes reformas:

En primer lugar, ha sido el legislador el que en muchos casos ha garantizado el acceso a la justicia administrativa sin necesidad de agotar la vía jerárquica administrativa en todos aquellos casos en los cuales a los efectos del acceso al contencioso, la ley considera que la decisión administrativa primaria, dictada por un funcionario que no está en la cúspide jerárquica de una organización, agota la vía administrativa. Por ejemplo, es el caso de las decisiones del Director de Inquilinato del Ministerio de Fomento o de algunas de las decisiones de la Comisión Nacional de Valores del Ministerio de Hacienda, contra las cuales no procede recurso jerárquico ante el Ministro respectivo, y se considera que en sí mismas causan estado.

En segundo lugar, la necesidad de agotar la vía administrativa mediante el ejercicio de los recursos administrativos, ha sido mitigado en la legislación al establecerse expresamente al carácter optativo del recurso jerárquico. Tal es el caso del Código Orgánico Tributario que establece la posibilidad de intentar el recurso contencioso tributario "contra los mismos actos de efectos particulares que pueden ser objeto de impugnación mediante el recurso jerárquico, sin necesidad del previo ejercicio de dicho recurso (art. 185, I).

En tercer lugar, el principio del agotamiento formal de la vía jerárquica como requisito de admisibilidad de los recursos contencioso-administrativos ha sido corregido también con la introducción general en la legislación, del principio del silencio administrativo negativo en la Ley Orgánica de Procedimientos Administrativos (artículo 4), conforme al cual, transcurridos los lapsos para que la Administración decida un recurso administrativo, se entiende que lo ha resuelto negativamente y el interesado puede interponer el recurso contencioso-administrativo de anulación, aun sin haber obtenido la decisión formal del Ministro, por ejemplo, como superior jerárquico, que es la que en principio agota la vía administrativa. El silencio administrativo negativo, así, garantiza el acceso a la justicia administrativa, frente a la abstención de la Administración de decidir los recursos administrativos que agotan la vía administrativa.

Ahora bien, a pesar de estos dos correctivos legislativos al principio de la necesidad de que el acto administrativo impugnado en vía contencioso-administrativa cause estado, debe señalarse que el sistema de agotamiento de la vía administrativa previsto en la Ley Orgánica de Procedimientos Administrativos de 1982, ha hecho mucho más complicado y engorroso el acceso a la justicia contencioso-administrativa, razón por la cual requiere de una urgente reforma. En efecto, la mencionada Ley Orgánica exige para que se agote la vía administrativa el ejercicio sucesivo y obligatorio de dos recursos administrativos, primero el de reconsideración y luego el jerárquico, el cual sólo puede ejercerse contra la decisión que resuelve el primero (artículo 95). Esta regulación, que restringe por sí misma el acceso a la justicia contencioso-administrativa, incluso es todavía más grave en los casos de decisiones de los órganos superiores de los institutos autónomos, las cuales no pueden ser recurridas jamás, directamente, en vía contencioso-administrativa, sino que tienen que ser impugnadas ante el respectivo Ministro de adscripción a través de un denominado "recurso jerárquico" (artículo 96), que no es tal. Esto, además de acentuar el centralismo ministerial, impide que las decisiones de los Institutos Autónomos se puedan impugnar por ilegalidad ante la Corte Primera de lo Contencioso-Administrativo, y que sólo pueda recurrirse ante la Corte Suprema contra las decisiones de los Ministros que resuelvan el "recurso jerárquico" que se haya interpuesto contra las decisiones de los órganos superiores de los respectivos Institutos Autónomos.

Por último, debe señalarse en relación a esta prerrogativa administrativa del necesario agotamiento de la vía administrativa como condición de admisibilidad de los recursos de nulidad y que se configura como una restricción al derecho a la tutela judicial frente a la Administración, que en la Ley Orgánica de Amparo Sobre Derechos y Garantías Constitucionales se introdujo una importantísima reforma que permite el acceso a la justicia administrativa directamente contra un acto administrativo cualquiera, aun cuando sea de los que no han causado estado, siempre que el acto viole o amenace violar un derecho o garantía constitucional, y el recurso de nulidad se intente conjuntamente con una pretensión de amparo constitucional. Así, el artículo 5° de la Ley Orgánica prescribe que en los casos de ejercicio de la acción de amparo contra actos administrativos conjuntamente con un recurso contencioso-administrativo que se fundamente en la violación de un derecho constitucional, "no será necesario el agotamiento previo de la vía administrativa".

### 3.- *La necesidad de ejercer el recurso dentro de un lapso determinado*

Otra prerrogativa tradicional de la Administración, que se justifica por la necesidad de que las actuaciones administrativas tengan cierta estabilidad en beneficio de la seguridad jurídica, es la que se materializa en la exigencia legal de que como condición de admisibilidad de los recursos de nulidad, éstos deban ejercerse en un lapso, vencido el cual, los actos adquieren firmeza y no pueden ser impugnados por vía de acción, pues ésta caduca. Así se establece expresamente en el artículo 84, ordinal 3^ y en el artículo 134 de la Ley Orgánica de la Corte Suprema de Justicia.

Ahora bien, la consideración de la vía contencioso-administrativa como una manifestación del derecho ciudadano a la tutela judicial frente a la Administración, sin duda exige compatibilizar el principio de la estabilidad de las decisiones administrativas con el principio de la legalidad. Es decir, la caducidad de un recurso de nulidad por transcurrir el lapso de seis meses previsto en la ley para su ejercicio, no puede convertir en legal lo que es ilegal, y menos aún puede dar estabilidad a decisiones que, por ejemplo, estén viciadas de nulidad absoluta o violen derechos constitucionales.

El correctivo tradicional al principio de la caducidad de las acciones contencioso-administrativas de nulidad, siempre ha sido el que la ilegalidad, en todo caso, puede oponerse por vía de excepción como lo señala el artículo 134 de la Ley Orgánica de la Corte Suprema de Justicia. En esta forma, si bien la acción de nulidad no puede intentarse cuando caduca el lapso, el interesado siempre puede oponer la ilegalidad del acto cuando en cualquier forma, en juicio, se pretenda exigir su cumplimiento o ejecución. Por tanto, de acuerdo a este principio, la caducidad *per se,* jamás hace legal lo ilegal, por más estabilidad que tengan las actuaciones administrativas.

Recientemente, la Ley Orgánica de Amparo sobre Derechos y Garantías Constitucionales ha establecido otro correctivo importante a los efectos que podría producir la estabilidad de actos ilegales, y es que si se trata de un acto que viole o amenace violar un derecho constitucional, si la pretensión de amparo se formula conjuntamente con la acción contencioso-administrativa de nulidad, "el ejercicio del recurso procederá en cualquier tiempo", por lo que frente a actos administrativos que violen derechos o garantías constitucionales, si la acción contencioso-administrativa se acompaña de una pretensión de amparo, no hay lapso de caducidad alguno para interponer la acción; es decir, ésta no caduca (artículo 5).

Hemos sostenido, además, que el mismo principio debería aplicarse a los casos de actos nulos de nulidad absoluta que enumera el artículo 19 de la Ley Orgánica de Procedimientos Administrativos, a pesar de que el artículo 134 de la Ley Orgánica de la Corte Suprema de Justicia no establezca la distinción, y los artículos 8, 79 y 87 de la Ley Orgánica de Procedimientos Administrativos prescriban tanto la ejecución de todos los actos administrativos, aun los absolutamente nulos, como el carácter no suspensivo de los recursos administrativos. Es decir, hemos sostenido que los actos administrativos nulos de nulidad absoluta, nunca pueden adquirir firmeza, por lo que siempre podrían ser impugnados, ya que por el transcurso del tiempo nunca pueden llegar a ser convalidados. Sin embargo, en ausencia de una previsión legal expresa –salvo por lo que se refiere a los actos que violen derechos y garantías constitucionales–, el mismo resultado de la impugnabilidad en todo tiempo de los actos nulos de nulidad absoluta resulta de la interpretación del artículo 83 de la Ley Orgánica de Procedimientos Administrativos que autoriza a la Administración a reconocer en cualquier tiempo, de oficio o a petición de parte, la nulidad absoluta de sus actos. Si esto es así, a pesar de que las acciones de nulidad hubiesen caducado, el interesado puede en cualquier momento solicitar a la Administración que reconozca la nulidad de un acto administrativo viciado de nulidad absoluta, de manera que contra la negativa podría ejercerse la acción contencioso-administrativa de nulidad, que llevaría a la revisión judicial del acto nulo por la vía del juzgamiento del acto que lo confirme. Así, se obvia la rigidez del principio de la caducidad de las acciones cuando se trata de actos viciados de nulidad absoluta.

Esta doctrina ya ha sido acogida expresamente por la Corte Suprema de Justicia en Sala Político-Administrativa, en sentencia de 14 de agosto de 1991, en la cual se resolvió lo siguiente:

> "...aún cuando hubieren precluido los diferentes recursos, por otra vía, por ejemplo, la solicitud de declaratoria de nulidad absoluta, en cualquier tiempo, los particulares pueden lograr su anulación, en vía administrativa (artículo 83 de la Ley Orgánica de Procedimientos Administrativos), y de serles negada tal anulación pueden aún ejercer jurisdiccionalmente el correspondiente recurso de anulación, no contra el acto primitivo, pero sí contra la negativa de la Administración de declarar la nulidad de un acto nulo absolutamente". *Revista de Derecho Público,* N° 47, 1991, pág. 113).

**4.- *La exigencia de condiciones para la legitimación activa y pasiva***

Otro de los principios fundamentales del contencioso-administrativo es la exigencia, como condición de admisibilidad de las acciones de nulidad, de que quien impugne el acto ante la autoridad judicial tenga interés personal, legítimo y directo en la anulación solicitada cuando se trata de actos de efectos particulares; y que, asimismo, en los casos de impugnación, quienes pretendan hacerse parte como coadyuvantes de la legalidad del acto impugnado, tengan interés personal, legítimo y directo en que el acto no sea anulado. Así lo exigen expresamente los artículos 121 y 137 de la Ley Orgánica de la Corte Suprema de Justicia.

Estos requisitos de legitimación, acumulativos, del interés personal, legítimo y directo para impugnar o defender en juicio un acto administrativo de efectos particulares, los ha precisado la jurisprudencia señalando que corresponden primero, a los "titulares de derecho subjetivos administrativos, vale decir, aquellos sujetos que derivan su capacidad procesal de vínculos previamente establecidos con la Administración y que resultan afectados por el acto que ha irrumpido contra tales vínculos"; y, en segundo lugar, a los que se encuentren "en una especial situación de hecho en relación al acto recurrido el cual afecta su esfera jurídica"... "que lo hace más sensible que el resto de los administrados a esa eventual violación del principio de legalidad" (véase sentencia de la Corte Primera de lo Contencioso-Administrativo de 13-11-90 y sentencia de la Corte Suprema de Justicia en Sala Político Administrativa de 15-11-90 en *Revista de Derecho Público,* N° 44, 1990, págs. 158 a 160).

En la primera de las sentencias citadas, incluso, la Corte Primera precisó el sentido de los términos que califican la legitimación, conforme a su doctrina sentada en sentencia precedente de 13 de octubre de 1988, así: *interés personal* es el que puede hacer valer el autor "en su nombre o en el de un sujeto o comunidad que represente", es decir, el interés en la nulidad o no del acto debe ser del propio sujeto que lo impugne o defienda; *interés legítimo,* es el que corresponde al mencionado sujeto derivado sea de un título jurídico que implique el derecho a una tutela legal, sea de "una particular situación de hecho frente al acto administrativo en forma que el mismo recaiga sobre su esfera, afectándola en materia determinante"; e *interés directo,* deriva de la "necesidad de que el efecto del acto recaiga sobre el actor", es decir, "que el acto esté destinado al actor" (Véase la sentencia citada de la Corte Primera, en *Revista de Derecho Público,* N° 44, 1990, pág. 158 y 159).

Ahora bien, la enumeración de tales características de interés personal, legítimo y directo como condición de la legitimidad en el contencioso-administrativo, por supuesto, es un límite frente a las representaciones de intereses difusos, las cuales no tienen la legitimidad requerida para actuar en los juicios de nulidad de los actos administrativos de efectos particulares. El interés difuso que representan, por ejemplo, las asociaciones de consumidores, de usuarios o ambientalistas, por su carácter indeterminado y genérico no podría servir de fundamento para la intervención judicial en juicios de nulidad de actos administrativos de efectos particulares, por la falta del carácter "personal, legítimo y directo" que requiere la ley. Lo mismo podría plantearse respecto de las asociaciones de vecinos que regula la Ley Orgánica de Régimen Municipal, las cuales, actuando como representantes de simples intereses difusos de carácter vecinal, no tendrían la legitimación necesaria para actuar en dichos juicios; y sólo podrían actuar en defensa del interés colectivo que en concreto representan, cuando el acto recurrido afecta o vulnera directamente, no sólo a uno o más vecinos en concreto, sino el interés colectivo cuya defensa tiene encomendada, es decir, cuando afecta a la globalidad del área urbana que abarca la respectiva asociación, y por tanto, a la globalidad de los vecinos.

Mientras la Ley Orgánica de la Corte Suprema de Justicia no se reforme, el acceso a la justicia administrativa está limitado a los titulares de un interés personal, legítimo y directo, pudiendo este ser, sin duda, un interés colectivo (de una comunidad, asociación o colectividad concreta), quedando excluidos de la legitimación los representantes de intereses difusos. Abrir la legitimación a estos intereses, seria convertir la acción de nulidad contencioso-administrativa en una acción popular, lo que no sólo es contrario a nuestra tradición que la prevé sólo en materia de acciones de inconstitucionalidad, sino que podría trastocar todo el sistema de control de legalidad de la acción administrativa, al abrirse la vía del chantaje entre particulares, cuando del acto administrativo derivan derechos o intereses privados concretos.

### 5.- *La revisión del requisito del solve et repete*

Por último, dentro de las condiciones de admisibilidad de las acciones contencioso-administrativas de anulación, se destaca la previsión del artículo 122 de la Ley Orgánica de la Corte Suprema de Justicia que establece lo siguiente:

> "Cuando la ley exija como condición para admitir algún recurso contra el acto, que el interesado pague o afiance el pago de una cantidad líquida, deberá presentarse también constancia de que se ha dado cumplimiento a dicho requisito a menos que la misma ya haya sido agregada al expediente administrativo, en cuyo caso así se hará constar en la solicitud".

La consecuencia de ello es que si dichos documentos no se presentan, el juez no debe admitir la demanda, conforme a lo establecido en el artículo 84, ordinal 59 de la Ley Orgánica de la Corte Suprema de Justicia.

Se trata del requisito de admisibilidad conocido como el *solve et repete,* conforme al cual, la posibilidad de impugnar un acto administrativo, por ejemplo, que imponga una multa, sólo procede cuando ésta se haya pagado o afianzado previamente. Así lo exigen innumerables leyes especiales.

El principio, que se había desarrollado como un privilegio de la Administración, progresivamente ha sido cuestionado en todas partes. Así, el Tribunal Constitucional Italiano, en 1973, lo declaró inconstitucional, y en España, después de promulgada la Constitución de 1978 que garantiza el derecho a obtener tutela efectiva de los jueces en el ejercicio de derechos e intereses legítimos, se ha zanjado definitivamente la colisión que con dicho derecho se plantea por la exigencia del pago o afianzamiento previo, lo cual ya en 1983 fue considerado inconstitucional.

El problema también se ha venido planteando en Venezuela, con la consideración del principio como inconstitucional, por significar su exigencia una violación al derecho a la defensa que garantiza el artículo 68 de la Constitución, al imponer una limitación intolerable al acceso a la justicia y al derecho a la tutela judicial frente a la Administración. Y así, después de dos sentencias de la Corte Suprema en Corte Plena en las cuales la Corte no anuló las normas legales que preveían el principio de *solve et repete,* conforme a los alegatos de que eran inconstitucionales, desestimándolos por razones intertemporales de vigencia de las normas impugnadas (sentencias de 15-10-S5 y de 26-10-88, Véase en *Revista de Derecho Público* N° 25, 1985, págs. 149 y 150 y N° 37, 1988, págs. 99 a 102); la Sala Político-Administrativa de la Corte Suprema, en sentencia de 14-10-90 ha resuelto definitivamente el asunto, y por vía de control difuso de la constitucionalidad, ha considerado inconstitucional por violación del derecho a la defensa previsto en el Texto Fundamental (artículo 68), la exigencia legal del *solve et repete,* y en consecuencia, ha aplicado preferentemente la Constitución, inaplicando la norma legal que lo consagraba, en el caso concreto, el artículo 137 de la Ley Orgánica de Aduana.

En dicha sentencia, en efecto, la Corte Suprema señaló lo siguiente:

"... observa la Corte, que el artículo 68 de la Carta Magna postula, con ejemplar criterio de amplitud, el derecho universal a la defensa, cuando confiere rango constitucional al acceso sin limitaciones económicas, de los justiciables ante los órganos de la administración judicial para lograr la tutela de sus derechos e intereses, garantía fundamental que –en criterio de la Sala– se vería afectada, de aplicarse cualquier norma que pretendiera limitarla o desvirtuarla en su propia esencia. Los términos de la norma de rango superior son, sin lugar a dudas, contundentes: "*Todos* pueden utilizar los órganos de la administración de justicia, para la defensa de sus derechos e intereses, en los términos y condiciones establecidas por *la ley*, la cual fijará normas que aseguren el ejercicio de este derecho a quienes no dispongan de medios suficientes". Y añade, en párrafo separado: "la defensa es un derecho inviolable en todo estado y grado del proceso.

En tales circunstancias, observa la Sala la inmotivada restricción (derivada del principio *solve et repete*), constituiría una declaración del legislador que debe ser desatendida por el juez, vista su inconstitucionalidad".

En vista de ello, la Sala acudió a los poderes de control difuso de la constitucionalidad que calificó como un "principio general del derecho" recogido, por lo demás, en el artículo 20 del Código de Procedimiento Civil, y formalmente reconoció:

"la preferente aplicación del artículo 68 de la Constitución sobre los artículos 137 de la Ley Orgánica de Aduanas y 462 de su Reglamento; textos –legal y reglamento– que en cuanto condicionan económicamente el acceso de los particulares al Poder Judicial, constituye una violación flagrante del derecho a la defensa, garantizado por la transcrita norma constitucional. En virtud de lo cual, se abstiene la Sala de aplicar los señalados artículos al caso de autos, y así lo declara igualmente" (Véase en *Revista de Derecho Público*, N° 44, 1990, págs. 162 a 165).

En esta forma, la Corte Suprema de Justicia ha declarado que considera como inconstitucional la exigencia del requisito del *solve et repete* como condición de admisibilidad de los recursos de nulidad, y ha aplicado preferentemente la Constitución, absteniéndose de aplicar las normas legales y reglamentarias que en el caso concreto la preveían.

La decisión de la Corte tiene una importancia fundamental y se inserta en la consideración del contencioso como un medio de tutela judicial de los derechos e intereses particulares frente a la Administración; y si bien, sus efectos sólo son *ínter partes y* no *erga omnes* –en virtud de que no se dictó como consecuencia de una acción de inconstitucionalidad– su valor de precedente es incuestionable y definitivo en el campo contencioso-administrativo, razón por la cual su doctrina tendrá que ser invocada ante los tribunales contencioso-administrativos inferiores para exigir la inaplicabilidad de las normas legales que, al regular el principio *solve et repete,* violan el artículo 68 de la Constitución, comenzando, por supuesto, por lo establecido en el artículo 122 de la Ley Orgánica de la Corte Suprema de Justicia.

## II.- CAMBIOS EN LOS EFECTOS QUE PRODUCE LA INTERPOSICIÓN DE LOS RECURSOS

Uno de los principios tradicionales del derecho administrativo es el de la presunción de legitimidad, veracidad y legalidad de los actos administrativos, lo que significa que los mismos, siendo válidos y eficaces, son de obligatorio cumplimiento tanto para la propia Administración como para los particulares. De ello deriva, además, el carácter ejecutivo y ejecutorio de los actos administrativos, que al gozar de dicha presunción, en sí mismos constituyen un título ejecutivo y pueden ser ejecutados de inmediato.

La consecuencia inmediata de tales principios, en el ámbito del contencioso-administrativo, es que el control judicial de la legalidad se configura como un medio para desvirtuar la presunción señalada que, por supuesto, es *juris tantum.* Por ello, la sola interposición de los recursos no suspende la ejecución de los actos administrativos, y mientras su nulidad no sea pronunciada por la autoridad judicial, la Administración puede ejecutarlos. De allí deriva el principio de los efectos no suspensivos de los recursos contencioso-administrativos, pudiendo sin embargo el juez respectivo, suspender los efectos del acto impugnado, siempre que sea de efectos particulares, "cuando así lo permita la ley o la suspensión sea indispensable para evitar perjuicios irreparables o de difícil reparación por la definitiva", tal y como lo establece el artículo 136 de la Ley Orgánica de la Corte Suprema de Justicia.

Por tanto, la suspensión judicial de los efectos de un acto administrativo impugnado, está regulada en la Ley Orgánica, en general, como una excepción procesal al principio de los efectos no suspensivos de la interposición de los recursos de nulidad; y que en principio, sólo procede a instancia de parte.

Estos principios tradicionales, sin embargo, han venido progresivamente siendo mitigados, y diversos cambios comienzan a evidenciarse.

**1.- *La admisión de poderes de oficio de los jueces en materia de suspensión de efectos***

En efecto, en primer lugar, debe destacarse la doctrina sentada por la Corte Suprema de Justicia en el sentido de admitir la posibilidad de que la Corte dicte de oficio la medida de suspensión aun en casos en los cuales no haya sido solicitada expresamente, pero que resulte ser la intención expresada por los recurrentes. Así, en el caso de la impugnación de un Decreto referente a limitaciones a la propiedad en el Parque Nacional Mochima y que los recurrentes interpretaron como un acto de efectos generales respecto del cual no procedía la suspensión de efectos; la Corte Suprema, al considerarlo como un acto de efectos particulares estimó que "la voluntad" de los recurrentes había sido la suspensión de los efectos del acto, razón por la cual la Sala Político-Administrativa pasó a valorar si estaban cumplidos los demás extremos del artículo 136 de la Ley Orgánica, y resolvió suspender los efectos del acto (sentencia de 16-11-89 en *Revista de Derecho Público*, N° 40, 1989, pág. 127).

**2.- *La suspensión automática de efectos respecto de los actos cuasi-jurisdiccionales***

En segundo lugar, debe señalarse la doctrina de la Corte Primera de lo Contencioso-Administrativo en mitigar el carácter excepcional de la decisión de suspensión de efectos de los actos administrativos, y considerar que procede automáticamente respecto de los actos dictados por la Administración en función jurisdiccional, los cuales ha calificado dicha Corte como "cuasi-jurisdiccionales". En efecto, en sentencia de 11-10-90, la Corte Primera sostuvo lo siguiente:

> "...en los casos en los cuales se solicite la suspensión de los efectos de un acto cuasi jurisdiccional, esto es, de aquellos en los cuales la Administración actúa como un árbitro que decide una controversia entre particulares como lo es la providencia del Inspector del Trabajo objeto del recurso de nulidad, la ejecutoriedad del mismo debe ser apreciada con un criterio menos rígido que el que se aplica para los actos en los cuales la Administración ejerce su función natural y típica como lo es la de satisfacer en forma inmediata las necesidades públicas concretas.
>
> En efecto, en tales actos el recurso contencioso-administrativo se acerca al sentido de una apelación de una sentencia definitiva en muchos aspectos, en la cual, el efecto suspensivo es inmediato" (Véase en *Revista de Derecho Público,* N° 44, 1990, pág. 168).

**3.- *La posibilidad de suspensión de efectos de los actos consecuenciales***

En tercer lugar, debe igualmente destacarse que frente a la tesis tradicional de que la suspensión de efectos del acto administrativo recurrido en vía contencioso-administrativa, "sólo puede recaer sobre el acto cuya nulidad ha sido solicitada a través del correspondiente recurso de anulación", que "no puede comprender otros actos, aun conexos con el impugnado de nulidad, si no han sido demandados conjuntamente con aquél" y que "los efectos de la suspensión ni se extienden ni amplían a aquéllos actos, que más que actos de ejecución del acto impugnado, son otros actos diferentes y autónomos, aunque para dictarse se hubiera tenido en cuenta lo resuelto por aquellos" (Véase sentencia de la Sala Político-Administrativa de 21-3-90 en *Revista de Derecho Público*, N° 42, 1990, págs. 129 y 130); la misma Corte Suprema de Justicia, en un avance fundamental para garantizar la efectiva tutela judicial frente a la Administración, ha admitido recientemente la posibilidad de que la suspensión de efectos del acto impugnado de nulidad comprenda los actos consecuenciales del impugnado, e incluso, los sobrevenidos.

En efecto, en cuanto a los actos consecuenciales, la Corte Suprema de Justicia, en el caso de la demanda de nulidad del acto de improbación de la Memoria y Cuenta de un Alcalde, admitió como procedente la suspensión de los efectos de sus actos consecuenciales: la suspensión del Alcalde en el ejercicio de sus funciones y la subsiguiente convocatoria a referéndum. La Corte, en Sala Político-Administrativa, en efecto consideró lo siguiente:

> "La amplia facultad discrecional que le concede el artículo 136 de la Ley Orgánica de la Corte Suprema de Justicia, permite a este Alto Tribunal la posibilidad de pronunciarse y decidir de manera irrestricta –puesto que ninguna limitación le impone la norma respecto de todos los efectos producidos por el acto administrativo individual impugnado, y de acordar o no la suspensión –total o parcial de los mismos, sólo con vista de las «circunstancias del caso» concreto en examen" *(Revista de Derecho Público,* N° 46, 1991, págs. 146 y 147).

**4.-** ***La posibilidad de suspensión de efectos de los actos sobrevenidos***

Pero no sólo la Corte Suprema ha admitido la suspensión de efectos respecto de los actos consecuenciales del acto impugnado, sino también de los actos administrativos sobrevenidos dictados en ejecución del mismo. Así, la Corte Suprema, en el caso de la impugnación del Decreto que limitó los derechos de propiedad en el Parque Nacional Mochima, cuyos efectos habían sido suspendidos, en el mismo juicio, en sentencia de 22-11-90 se pronunció sobre la suspensión de efectos de un Decreto posterior, dictado un año después, y que reproducía el anterior, a los efectos de "asegurar la efectividad de su decisión y el derecho de tutela judicial de los recurrentes" considerando que la suspensión de los efectos de actos sobrevenidos debía sujetarse a que se dieran los siguientes supuestos:

"1.- Que el acto reproducido contenga en esencia la disposición o disposiciones suspendidas.

2.- Que no hubieran desaparecido las causas que motivaron la medida de suspensión.

3.- Que el acto repetido o reproducido haya sido dictado por la misma entidad que dictó el anterior.

4.- Que quien solicite la suspensión del acto repetido sea parte en el proceso pendiente.

5.- Que en el proceso en donde se dictó la medida de suspensión no se hubiese pronunciado sentencia definitiva" *(Revista de Derecho Público,* N° 44, 1990, págs. 170-173).

Con base en esta doctrina, los tribunales contencioso-administrativos se han pronunciado, en juicio, sobre la suspensión de todos los actos de ejecución del acto administrativo impugnado, y cuyos efectos han sido previamente suspendidos. En tal sentido, la Corte Suprema de Justicia ha puntualizado claramente sus poderes en cuanto a velar por la ejecución efectiva de sus decisiones, en particular las que suspenden los efectos del acto impugnado (Véase sentencia de 22-11-90 en *Revista de Derecho Público,* N° 44, 1990, págs. 177 y 178).

**5.-** ***La suspensión de efectos de pleno derecho de los actos tributarios y su extensión al ámbito municipal***

En quinto lugar, debe destacarse el importantísimo avance que en relación a garantizar la efectiva tutela judicial frente a la Administración, ha significado la disposición del Código Orgánico Tributario, el cual, en dicha materia, ha consagrado expresamente el principio contrario a la tradición del contencioso-administrativo, en el sentido de establecer que el ejercicio de los recursos contencioso-tributarios tiene efectos suspensivos respecto de la ejecución de los actos recurridos (artículo 178). Esta norma ha tenido una importantísima repercusión jurisprudencial en el sentido de que en virtud del carácter supletorio del Código respecto del ordenamiento municipal conforme al artículo 114 de la Ley Orgánica de Régimen Municipal, la Corte Suprema de Justicia en sentencia de 14-3-91, ha extendido el principio al ámbito de la impugnación de los actos tributarios municipales, estableciendo la doctrina de que:

"la interposición de recursos contencioso-administrativos de anulación en contra de actos tributarios municipales, suspenden la ejecución del acto recurrido, sin que se requiera examinar si en verdad ello es necesario para evitar perjuicios irreparables por la definitiva. En otras palabras, que la interposición de la demanda de anulación, a tenor de lo dispuesto en el mencionado artículo 178, produce como efecto inmediato procesal la no ejecución del acto impugnado, por lo que ya no es un problema la procedencia o no de dicha suspensión como medida precautelativa, sino una consecuencia propia de aquellas demandas, que no cabe discutir o evidenciar. Es decir, que al igual que otros efectos que produce la sola presentación de la demanda (por ejemplo, evitar la caducidad, etc.), la suspensión de la ejecución de los actos tributarios, impugnados de nulidad, se produce por el hecho simple de su interposición, sin atender a si con ello se garantizan o no los efectos del fallo definitivo" (*Revista de Derecho Público,* N° 45, 1991, págs. 166 y 167).

**6.- *El carácter cautelar de la acción de amparo ejercida conjuntamente con el recurso de nulidad y la suspensión expedita de los efectos del acto recurrido***

En sexto lugar, debe mencionarse en relación a la suspensión de efectos de los actos administrativos en vía contencioso-administrativa, el sentido automático de la misma cuando se formula junto con el recurso contencioso-administrativo una pretensión de amparo.

La intención del legislador al regular ese ejercicio conjunto de la acción de amparo con el recurso de nulidad frente a los actos administrativos, fue precisamente el permitir al juez contencioso-administrativo en los casos de lesiones o amenaza de lesión a derechos constitucionales por el acto administrativo, suspender inmediatamente los efectos del acto administrativo, *in limine litis,* en forma mucho más expedita, de manera que la acción de amparo, en definitiva, se debía resolver en una medida cautelar de suspensión de efectos del acto impugnado, sin mayores trámites ni requerimiento de informes y sin audiencia constitucional, mientras duraba el juicio de nulidad.

A pesar de esta intención del legislador que resulta de lo propuesto en la Cámara del Senado al discutirse la ley, los tribunales contencioso-administrativos no entendieron el sentido de la regulación, y comenzaron a interpretar que en los casos de ejercicio conjunto de la acción de amparo con el recurso de nulidad, debían llevarse los dos juicios en paralelo, sin percatarse que el principal, en esos casos, es el juicio de nulidad, y el accesorio es el de amparo, que debía limitarse en una medida cautelar de suspensión de efectos, como mandamiento judicial de protección constitucional.

Afortunadamente, a partir de 1991 y en la conocida decisión de la Corte Suprema de Justicia de 10-7-91 dictada en el caso Tarjetas Banvenez y otros, la Sala Político-Administrativa ha puntualizado definitivamente el carácter de la acción de amparo cuando se intenta conjuntamente con un recurso de nulidad, habiendo seguido el siguiente razonamiento:

En primer lugar, la Corte puntualizó las dos vías procesales de amparo previstas en la ley: la acción autónoma y el ejercicio conjunto con otros medios procesales, y sus diferencias, así:

"La Ley Orgánica de Amparo, al desarrollar los artículos 49 y 50 de la Constitución, otorga a las personas naturales o jurídicas, habitantes o domiciliadas en Venezuela, la posibilidad de acudir ante los tribunales que ella señala, con el propósito de ser amparados en el goce y el ejercicio de los derechos y garantías constitucionales, mediante el restablecimiento inmediato de la situación jurídica infringida o la situación que más se asemeje a ella.

A tal fin, el texto de la ley prevé fundamentalmente dos mecanismos procesales: la acción autónoma de amparo, y la acumulación de ésta con otro tipo de acciones o recursos. Ambas modalidades de ejercicio difieren sustancialmente en cuanto a su naturaleza y consecuencias jurídicas.

En efecto, en el primer caso, al ser una acción que se ejercita en forma autónoma, independiente, no vinculada ni subordinada a ningún otro recurso o procedimiento, es indudable que esa acción, así ejercida, debe ser, por su naturaleza restablecedora, capaz, suficiente y adecuada para lograr que el mandamiento de amparo que se otorgue se baste por sí solo, sin necesidad de acudir a otro u otros procedimientos judiciales, para volver las cosas al estado en que se encontraban para el momento de la vulneración y hacer desaparecer definitivamente el acto o hecho lesivo o perturbador.

Por estas razones, ha sostenido reiteradamente este Supremo Tribunal en jurisprudencia que una vez más ratifica, que en tales supuestos el accionante en amparo debe invocar y demostrar que se trata de una vulneración constitucional flagrante, grosera, directa e inmediata, lo cual no significa –se precisa ahora– que el derecho o garantía de que se trate no estén desarrollados o regulados en textos normativos de rango inferior, pero sin que sea necesario al juzgador acudir o fundamentarse en ellos para detectar o determinar si la violación constitucional al derecho o garantía se ha consumado efectivamente. De no ser así –ha dicho también esta Sala– no se trataría entonces de una acción constitucional de amparo sino de otro tipo de recurso, por ejemplo, el contencioso-administrativo, cuyos efectos anulatorios no se corresponden con los restitutorios del amparo y «si tal sustitución se permitiere, el amparo llegaría a suplantar no sólo esa sino todas las vías procedimentales establecidas en nuestro sistema de Derecho Positivo», desnaturalizando el carácter extraordinario del amparo. (S. 23-5-88, Fincas Algaba).

Por lo que atañe a la acción de amparo ejercida conjuntamente con otros medios procesales, el texto normativo en referencia contempla tres supuestos: a) la acción de amparo acumulada a la acción popular de inconstitucionalidad de las leyes y demás actos estatales normativos (artículo 3°); b) la acción de amparo acumulada al recurso contencioso-administrativo de anulación contra actos administrativos de efectos particulares o contra las conductas omisivas de la Administración (artículo 5); y c) la acción de amparo acumulada con acciones ordinarias (artículo 69, ordinal 5°).

En cualesquiera de estos supuestos de acumulación la acción de amparo reviste una característica o naturaleza totalmente diferente a la anteriormente analizada (autónoma) pues en estos casos no se trata de una acción principal, sino *subordinada,* accesoria a la acción o el recurso al cual se acumuló y, por ende, su destino es temporal, provisorio, sometido al pronunciamiento jurisdiccional final que se emita en la acción acumulada, que viene a ser la principal. Esta naturaleza y sus consecuencias se desprenden claramente de la formulación legislativa de cada una de las hipótesis señaladas, que únicamente atribuye al mandamiento de amparo que se otorgue, efectos cautelares, suspensivos de la aplicación de la norma o de la ejecución del acto de que se trate "mientras dure el juicio".

Así, en efecto, rezan los dispositivos legales que contemplan tal figura:

..."La acción de amparo también podrá ejercerse conjuntamente con la acción popular de inconstitucionalidad de las leyes y demás actos estatales normativos, en cuyo caso, la Corte Suprema de Justicia, si lo estima procedente para la protección constitucional, *podrá suspender la aplicación de la norma* respecto de la situación jurídica concreta cuya violación se alega, *mientras dure el juicio de nulidad".* (Artículo 3, L.O.A.).

... "Cuando la acción de amparo se ejerza contra actos administrativos de efectos particulares o contra abstenciones o negativas de la Administración, podrá formularse ante el Juez Contencioso-Administrativo competente, si lo hubiere en la localidad, conjuntamente con el recurso contencioso-administrativo de anulación de actos administrativos o contra las conductas omisivas, respectivamente, que se ejerza. *En estos casos, el Juez en forma breve, sumaria, efectiva* y conforme a lo establecido en el artículo 22, si lo considera procedente para la protección constitucional, *suspenderá los efectos del acto recurrido* como garantía de dicho derecho constitucional, violado, *mientras dure el juicio*». (Artículo 5, L.O.A.).

Igual sucede cuando el agraviado opta por recurrir a las vías judiciales ordinarias, en cuyo caso, al alegar la violación o amenaza de violación de un derecho o garantía constitucionales, el Juez, acogiéndose al procedimiento establecido en la Ley de Amparo, deberá «*ordenar la suspensión provisional de los efectos del acto cuestionado.* (Artículo 6, ordinal 5°).

De lo anterior se deriva, para esta Sala, que la acción de amparo propuesta conjuntamente con una de otro tipo participa de todos los caracteres procesales inherentes a la acumulación de acciones, esto es: que ha de ser resuelta por un solo juez (el mismo que sea competente para conocer de la acción principal), y que ambas pretensiones (la de amparo y la nulidad u otra) deben ser tramitadas en un solo proceso que tiene dos etapas: la del amparo, previa, y la contenciosa, la cual forzosamente cubre, en la decisión final, tanto la medida cautelar que inevitablemente perece en esa oportunidad, como el pronunciamiento judicial acerca de la nulidad solicitada. En otras palabras, si por las características analizadas el mandamiento de amparo se traduce única y exclusivamente en la suspensión provisional del acto recurrido en nulidad, la sentencia que decida ésta deja sin efecto aquella medida cautelar dictada en forma previa, tanto si el acto cuestionado es anulado como si es confirmado, porque, en uno u otro caso, carece ya de sustentación jurídica.

Sentado lo anterior, observa también la Sala otras distinciones importantes entre la acción autónoma de amparo y la acumulada a otro recurso. En efecto, mientras en la primera es condición de procedencia, como se ha dicho, que se invoque y demuestre la violación directa, inmediata, flagrante, de un dispositivo o garantía constitucionales que, por sí solos, determinen la necesidad del mandamiento de amparo como medio definitivo de restablecer la situación jurídica vulnerada; en el segundo caso, dada la naturaleza suspensiva de este mandamiento de amparo que sólo tiende a detener provisionalmente los efectos del acto perturbador hasta que se decida el juicio que lo anule o confirme, la denuncia de infracción de normas constitucionales puede estar acompañada de transgresión de textos de rango inferior que precisen o desarrollen el derecho o garantía constitucionalizados, pues tratándose de un solo proceso instaurado contra el mismo acto cuya nulidad se pretende obtener por la vía del recurso contencioso correspondiente, nada obsta a que los instrumentos jurídicos sub-constitucionales que sustentan la nulidad sean invocados también al interponer las acciones acumuladas. Lo que no puede hacer el juzgador para acordar la suspensión de los efectos del acto denunciado como lesivo, es encuadrar la situación planteada en la regulación o solución legal o sublegal de la misma, porque en tal hipótesis estaría decidiendo anticipadamente, quiéralo o no, la nulidad del acto impugnado al pronunciarse determinantemente acerca de la existencia de uno de sus vicios, sea éste de procedimiento o de fondo, cuestión que forma parte del debate procesal probatorio que ha de instaurarse precisamente con motivo del recurso de nulidad.

En efecto, siendo distintas las consecuencias que dimanan de una acción autónoma de amparo y de la ejercida conjuntamente con otro recurso (restitutorias en el primer caso y cautelares en el segundo), basta en esta última el señalamiento de la norma o garantía constitucional que se consideren violadas, fundamentado además en un medio de prueba que constituya *presunción* grave de la violación o amenaza de violación denunciada, para que el juez, en forma breve y sumaria, acuerde procedente la suspensión de los efectos del acto como medio de tutelar anticipadamente los posibles efectos de la sentencia que posteriormente habrá de dictar en el juicio de nulidad (artículos 5 y 22 Ley Orgánica de Amparo).

Considera esta Sala, por otra parte, que en el amparo acumulado, ese «medio de prueba» a que alude el artículo 22 de la Ley Orgánica de Amparo, puede consistir en el propio acto administrativo impugnado en nulidad, cuyo texto debe ser examinado por el juez de amparo para concluir si, a su juicio, del mismo acto administrativo de efectos particulares se deduce la presunta violación constitucional alegada por el recurrente y acordar, en consecuencia, la medida suspensiva de sus efectos que le ha sido solicitada".

En segundo lugar, la Sala Político Administrativa puntualizó claramente el carácter cautelar del amparo cuando se ejerce conjuntamente con el recurso de nulidad, consistente en principio en la suspensión de efectos del acto recurrido mientras dure el juicio de nulidad, así:

> 1° "Que de la interpretación concatenada de los artículos 5[9] y 22 de la Ley Orgánica de Amparo se infiere claramente la distinción entre la acción de amparo ejercida conjuntamente con el recurso de nulidad y la acción de amparo autónoma o el recurso de inconstitucionalidad, en cuanto a que –no obstante la común exigencia de la violación

directa de una norma constitucional–, estos dos últimos recursos tienen una finalidad distinta (restitutoria en el amparo autónomo y anulatoria en la acción de inconstitucionalidad), en tanto que, en el amparo conjunto, se trata de una medida cautelar que sólo requiere como fundamento «un medio de prueba que constituya presunción grave de la violación o de la amenaza de violación» (artículo 22), así como la consideración, por parte del tribunal, de que la suspensión de los efectos del acto recurrido resulta procedente como garantía del derecho constitucional violado, *mientras dure el juicio* (artículo 5°); es decir, que la medida cautelar se revela como necesaria para evitar que el accionante, por el hecho de existir un acto administrativo, se vea impedido de alegar violación de derechos constitucionales. De ahí que la suspensión de sus efectos pretenda mantener sin ejecución el acto impugnado, si el juez considera que debe suspenderse dicho acto por la presunción grave de violación constitucional invocada en el amparo.

Por tanto, si se exigiese la misma rigurosidad en la sustentación de la acción de amparo acumulada que la que se requiere para las otras acciones señaladas (amparo autónomo y recurso de inconstitucionalidad), la de amparo conjunta resultaría prácticamente inútil, pues carecería del específico sentido que tiene: obtener que se suspendan en el tiempo los efectos de un acto administrativo que *podría* afectar el derecho constitucional, *eventual lesión* que el *juez del amparo* aprecia como presumible".

En tercer lugar, al resolver sobre el carácter cautelar de la acción de amparo cuando se intenta conjuntamente con el recurso contencioso-administrativo de anulación, la Corte Suprema precisó el ámbito de los poderes suspensivos y no anulatorios del juez en su decisión. En el caso concreto, al analizar la sentencia dictada en primera instancia, señaló:

2° "Que la Corte Primera de lo Contencioso-Administrativo no ha debido declarar, por vía de amparo, que el acto de la Comisión Nacional de Valores demandado en nulidad violó el derecho de defensa de las empresas recurrentes, pues con tal declaratoria confunde el ámbito de una acción de amparo acumulada al recurso contencioso de anulación que no permite, en esa etapa previa del proceso, pronunciamientos de esa naturaleza que envuelven consecuencias anulatorias propias sólo del juicio de nulidad en la correspondiente sentencia definitiva y ajenas a la acción de amparo acumulada.

En efecto, como ya se ha dicho repetidamente, la naturaleza instrumental de una acción de amparo ejercida con base al artículo 5° de la Ley Orgánica de Amparo, está dirigida a obtener la suspensión temporal del acto administrativo impugnado y el juez debe acordarla si los derechos constitucionales invocados como conculcados están fundamentados en un medio de prueba (incluso el propio acto administrativo), que lleve al sentenciador a considerar que existe indicio o presunción grave de la violación o de la amenaza de violación constitucional alegada, por lo que resulta procedente la suspensión del mismo, mientras dure el juicio de nulidad".

3° "Que la decisión de la Corte Primera en lo tocante a la reducción de los lapsos procesales del recurso contencioso-administrativo de nulidad, inserta en el dispositivo del mandamiento de amparo, resulta asimismo extraña a la materia de la acción de amparo ejercida con fundamento en el artículo 5° de la Ley Orgánica de Amparo, la cual debe quedar circunscrita a la suspensión temporal –si se la considera procedente por vía de amparo–, de los efectos del acto recurrido en nulidad".

4° "Que el tribunal *a quo* erró en el tratamiento y solución del juicio de amparo, al decidir como «amparo definitivo» ratificar una medida que le había sido solicitada por las accionantes sólo como «amparo provisional» consistente en la suspensión de la Asamblea de Accionistas del Banco de Venezuela, SAICA, convocada para el lunes 12 de noviembre de 1990 y la cual fue acordada por ese órgano jurisdiccional el 9 de noviembre de ese año como medida cautelar innominada, obviando de este modo pronunciamiento acerca del petitorio específico de fondo del amparo, la cual era la suspensión de los efectos de la Resolución 284-90 de la Comisión Nacional de Valores". (Véase en *Revista de Derecho Público,* N° 47, 1991, págs. 169 a 174).

Después de la sentencia antes reseñada, la doctrina de la Corte Suprema y de la Corte Primera de lo Contencioso-Administrativo ha sido constante en indicar que el amparo acumulado al recurso contencioso-administrativo de anulación es de carácter estrictamente cautelar, teniéndose que sujetar:

> "al régimen de las medidas cautelares, concretamente a la que en este último recurso más se le asemeja: la suspensión de efectos del acto administrativo recurrido por ilegalidad, consagrada en el artículo 136 de la Ley Orgánica de la Corte Suprema de Justicia. Es decir: un pronunciamiento por vía de amparo sobre la inconstitucionalidad o no de la supuesta conducta lesiva, supondría adelantar opinión sobre el fondo del recurso de anulación contra un acto administrativo que, dotado como se encuentra de la llamada «presunción de legitimidad», invoca como fundamento una norma legal en la que la propia decisión recurrida afirma que se encuentra prevista tanto la infracción calificada por el Consejo de la Judicatura en el caso, como la sanción por ese organismo aplicada. Pero tal pronunciamiento sobre el fondo del contencioso de anulación, intentado conjuntamente con la acción de amparo, le está vedado a la Corte en esta etapa del proceso. Así lo declara la Sala, reiterando en este caso, su propia jurisprudencia (S. S.P.A del 10-7-91, caso: «Tarjetas BANVENEZ»)". (Caso María Gloria Carrillo de González, sentencia de 11-2-92, consultada en original).

En definitiva, la consideración del amparo intentado conjuntamente con el recurso de nulidad, como una pretensión cautelar, generalmente de suspensión de efectos del acto recurrido, lo que conduce es a admitir dicha suspensión en forma expedita sin necesidad de que el juez contencioso-administrativo pida informes a la autoridad presunta agraviante, ni de que se celebre audiencia constitucional alguna.

El sistema de protección de los derechos constitucionales cuando se intenta la acción de amparo conjuntamente con el recurso de nulidad, sin embargo, no llega en nuestro país a la consagración del efecto suspensivo de los recursos, sino a la posibilidad de que en forma expedita e inmediata el juez contencioso-administrativo decrete la suspensión de efectos. El paso siguiente de avance que debe darse, en todo caso es el que se ha consagrado en la Ley 62/1978 de España sobre protección jurisdiccional de los derechos fundamentales, que ha invertido la regla del carácter no suspensivo de los recursos de nulidad, consagrando, al contrario, que siempre que se invoquen con alguna seriedad en los recursos contencioso-administrativos de anulación, derechos fundamentales, la regla es precisamente el carácter suspensivo del recurso.

### 7.- *La posibilidad de suspensión de efectos de actos de efectos generales*

De acuerdo al artículo 136 de la Ley Orgánica de la Corte Suprema de Justicia, la medida de suspensión de efectos de los actos administrativos que puede acordarse judicialmente, está prevista sólo respecto de los actos administrativos de efectos particulares, habiendo sido reiterada y tradicionalmente negada por los tribunales contencioso-administrativos respecto de los actos de efectos generales Ello sin duda, puede producir situaciones injustas cuando se trata de actos de efectos generales que, sin embargo, puedan afectar directamente la situación jurídico subjetiva de un particular, sin que para ello sea necesario un acto posterior de ejecución. En situaciones de ese tipo podría admitirse la suspensión de efectos del acto recurrido, siempre, por supuesto, en relación al recurrente, es decir, con efectos *ínter partes.*

En este sentido debe identificarse una reciente sentencia de la Sala Político-Administrativa de la Corte Suprema de 12-5-92 en la cual la Sala decidió la suspensión de efectos de un acto administrativo del Consejo de la Judicatura de convocatoria a un concurso que había sido impugnado. En este caso, por supuesto, la suspensión de efectos tiene carácter *erge omnes* mientras dura el juicio, y la explicación de ello es que el acto de convocatoria a un concurso en realidad no es un acto de efectos generales (como erróneamente lo calificó la Corte), sino un acto general de efectos particulares. Como tal, conforme al artículo 136 de la Ley Orgánica de la Corte, sus efectos eran suspendibles judicialmente.

Ahora bien, lo inconstante de esta sentencia y dejando aparte el error conceptual en cuanto a calificar el acto de convocatoria a un concurso como un "acto general, de efectos generales", es que al considerarlo como un acto administrativo de efectos generales y resultar por tanto inaplicable el artículo 136 de la Ley Orgánica de la Corte para suspender sus efectos judicialmente, la Sala hizo uso de las facultades cautelares previstas en el artículo 585 del Código de Procedimiento Civil, y suspendió los efectos del acto recurrido.

## III.- CAMBIOS EN EL PAPEL Y SITUACIÓN DE LAS PARTES EN EL PROCESO

El recurso contencioso-administrativo de anulación tradicionalmente se ha considerado como un medio judicial destinado a impugnar los actos administrativos, y por tanto, como un medio judicial tendiente a desvirtuar la presunción de legalidad, legitimidad y veracidad que tienen los actos administrativos.

En efecto, si conforme a esta presunción los actos administrativos surten efectos de inmediato como actos que han de considerarse válidos y ajustados a derechos, el recurso de nulidad tiene por objeto permitir al recurrente que se encuentra lesionado en sus derechos e intereses por el mismo, poder desvirtuar tal presunción que es *juris tantum*. Esto implica que, en principio, el recurrente tiene la carga de la prueba en el proceso, en el cual no siempre se ha asegurado la igualdad de las partes, es decir, del recurrente y de la Administración recurrida.

### 1.- *Cambios en el principio de que la carga de la prueba corresponde al recurrente*

Como se ha señalado, frente a la presunción de legalidad y veracidad que tienen los actos administrativos, como privilegio de la Administración, es al recurrente al que corresponde, cuando impugna el acto en la vía contencioso-administrativa, probar lo que alega, es decir, la lesión a sus derechos o intereses producida por el acto recurrido y además, la ilegalidad que le imputa al mismo.

Sin embargo, este principio general ha venido sufriendo modificaciones en beneficio de la tutela judicial efectiva de los derechos e intereses de los recurrentes, y por ejemplo, cuando se trata del alegato de un vicio de incompetencia del acto recurrido, la jurisprudencia de los tribunales contencioso-administrativos ha invertido la carga de la prueba, en el sentido de exigirle a la Administración la prueba de la competencia del funcionario, antes que exigirle al recurrente la prueba de la incompetencia del mismo. Este criterio se acogió definitivamente a partir de una sentencia de la Corte Primera de lo Contencioso-Administrativo de 14-12-85, en la cual se sostuvo que:

> "cuando se denuncia como vicio de ilegalidad la competencia, o sea, si se niega la competencia del órgano que dictó el acto, es a éste a quien corresponde demostrar su propia competencia y no al recurrente o denunciante. En efecto, el recurrente no tiene por qué demostrar que el organismo en concreto no es competente; le basta con negarlo, y por el contrario, quien produjo la decisión impugnada, debe comprobar que sí es competente. Es decir, el primero, alega, y por eso no está sujeto a demostrar una negación, sólo puede alegarla. El segundo afirma un hecho positivo al formular su decisión, es decir, que sí es competente, en consecuencia, debe comprobar su afirmación positiva" *(Revista de Derecho Público* N° 25, 1985, págs. 140 y 141).

Otro cambio importante en el principio de que la carga de la prueba corresponde al recurrente en la vía contencioso-administrativa se ha establecido jurisprudencialmente, al exigirse que la Administración remita al juez el expediente administrativo, donde debe cursar la prueba de los presupuestos fácticos que dieron lugar al acto administrativo y que constituyen los motivos del mismo. La consecuencia ha sido que si en casos de impugnación de un acto administrativo, por ejemplo, por vicios en la causa, la Administración no remite al Tribunal el expediente administrativo, ello se considera como una falta de prueba por parte de la Administración de los presupuestos de hecho del acto, debiendo decidir entonces el juez en beneficio del recurrente. En estos casos, ha dicho la Corte Suprema, el Tribunal:

> "carece de elementos objetivos para decidir, pues en los autos solamente se encuentra, muchas veces, con una resolución sancionatoria, que es simplemente la declaración de voluntad de la Administración, y con un escrito de impugnación que es la opinión o

defensa del administrado, y por eso se coloca al juzgador en situación de decidir sin probanzas de ningún caso y, por principio, en tal caso, debe favorecer al inculpado" (sentencia de la Sala Político-Administrativa de 12-12-74 en *Gaceta Oficial* 1.718 Extra de 20-1-75).

En sentencias más recientes, el principio se ha formulado con carácter general respecto de procedimientos sancionatorios o de pérdida de derechos. Así la Corte Primera de lo Contencioso-Administrativo ha señalado que frente a actos administrativos sancionatorios:

> "al recurrente sólo le cabe alegar que la Administración no cumplió con el procedimiento y que incurrió en falta para que la Administración se vea obligada a presentar la prueba contraria de la justificación de su actuación" (sentencia de 29-11-90) en *Revista de Derecho Público* N° 44, 1990, pág. 122).

Esta doctrina sigue la que ya había sido sentada por la Corte Primera desde 1987, recogida por la Corte Suprema en Sala Político-Administrativa en sentencia del 14-8-89, en la cual se señaló que en los procedimientos sancionatorios o de pérdida de derechos, "la Administración soporta la carga de la prueba y al recurrente sólo le toca alegar que el órgano administrativo no cumplió con el procedimiento legalmente previsto o que incurrió en falta para que la Administración se vea obligada a presentar la prueba contraria de la justificación de su actuación (vid, sentencias de 12-3-87; 28-1-88 y 25-2-88 de la Corte Primera de lo Contencioso-Administrativo)" (*Revista de Derecho Público* N° 39, 1989, pág. 156).

La ausencia de envío del expediente administrativo al juicio, por tanto, se configura como falta de prueba por parte de la Administración de los presupuestos de hecho o motivos del acto recurrido, procediendo su declaratoria de nulidad.

En esta materia, además, la jurisprudencia ha señalado que la falta de envío del expediente administrativo al juicio contencioso por parte de la Administración, que debe contener el *iter* procesal administrativo, hace presumir la ausencia total y absoluta del procedimiento legalmente prescrito, lo que vicia de nulidad absoluta el acto recurrido (sentencia del Tribunal Superior Primero en lo Civil y Contencioso-Administrativo de la Región Capital de 26-6-90 en *Revista de Derecho Público* N° 43, 1990, pág. 104).

### 2.- *Cambios en relación a la situación de las partes*

El principio general del procedimiento consagrado en el artículo 15 del Código de Procedimiento Civil, de que los jueces deben mantener a las partes en los derechos y facultades comunes a ellas, sin preferencias ni desigualdades, lamentablemente no tiene aún plena aplicación en el contencioso-administrativo, no por culpa de los jueces, sino de una legislación francamente arcaica que ha revestido a la Administración de privilegios y prerrogativas contrarios al principio de la igualdad procesal, que en un futuro deben ser superados.

Existen en efecto, una serie de prerrogativas procesales de la Administración que colocan a los particulares recurrentes en una situación desigual en el proceso y que, incluso, podría decirse que violan el principio constitucional de la igualdad. Estas prerrogativas son, en términos generales, las relativas a la citación de los entes públicos con el establecimiento de lapsos, a veces excesivos, para que la citación se haga efectiva (art. 39 Ley Orgánica de la Procuraduría General de la República); la excepción respecto de los efectos de la confesión ficta, cuando no se comparece a la contestación de la demanda (art. 6 Ley Orgánica de la Hacienda Pública Nacional y art. 40 Ley Orgánica de la Procuraduría General de la República); la no exigibilidad de caución procesal a los entes públicos (art. 15 Ley Orgánica de la Hacienda Pública Nacional y art. 45 de la Ley Orgánica de la Procuraduría General de la República); la excepción al principio de que las partes están a derecho (art. 38 Ley Orgánica de la Procuraduría General de la República y art. 103 Ley Orgánica de Régimen Municipal); y la excepción a la condenatoria en costas a los entes públicos (art. 6 de la Ley Orgánica de la Hacienda Pública Nacional y art. 47 de la Ley Orgánica de la Procuraduría General de la República).

Además de estas prerrogativas procesales se destaca el privilegio de los entes públicos de la inembargabilidad de los caudales y bienes públicos, o en general, la excepción a que puedan ser objeto de medidas preventivas o ejecutivas (embargo, secuestro, hipoteca, etc.) contempladas en el artículo 16 de la Ley Orgánica de la Hacienda Pública Nacional y en el artículo 46 de la Ley Orgánica de la Procuraduría General de la República. Este' privilegio, en compañía ha sido calificado con razón por Eduardo García de Enterría, como "un asombroso fósil medieval viviente fuera de su medio" *(Hacia la Nueva Justicia Administrativa,* Madrid, 1989, pág. 151).

Ahora bien, en relación a esta situación de desigualdad extrema, algunos progresos deben destacarse en relación a la condenatoria en costas a la Administración y a la ejecución de sentencias frente a la misma.

En efecto, frente al principio tradicional de que la Administración no podía ser condenada en costas, el Código Orgánico Tributario estableció con carácter general el principio de que cuando en el juicio contencioso-tributario resultase totalmente vencido el ente público por sentencia definitivamente firme (sujeto activo del tributo), este será condenado en costas, las cuales no pueden exceder del 10% de la cuantía del recurso, acción o demanda (art. 211). El Tribunal, sin embargo, puede eximir de costas a la parte perdidosa cuando haya tenido motivos racionales para litigar.

En esta misma orientación, y en relación a los Municipios, la Ley Orgánica de Régimen Municipal también ha contribuido a reducir los márgenes de desigualdad procesal, al establecer la posibilidad de condenatoria en cosas al Municipio cuando éste resulte totalmente vencido por sentencia definitivamente firme en juicio de contenido patrimonial, señalándose, sin embargo, que "en ningún caso se condenará en costas al Municipio, cuando se trate de juicios contencioso-administrativos de anulación de actos administrativos municipales" (art. 105). Esta excepción incorporada en la reforma de 1989, sin duda, constituye un retroceso odioso frente al progreso que se había evidenciado con la promulgación de la Ley en 1978. Particularmente ello es así en los casos de acciones contencioso-administrativas de nulidad y condena patrimonial, pues para que pudiera proceder la condenatoria en costas habría que intentar dos acciones sucesivas: en primer lugar, la de nulidad; y luego, anulado el acto, una acción por daños y perjuicios, en cuyo caso, sí procedería la condena en costas.

Debe señalarse, además, que en materia de ejecución de sentencias de condena al pago de sumas de dinero o entrega de bienes, la Ley Orgánica de Régimen Municipal, al establecer normas procesales específicas (art. 104), atribuye al juez contencioso-administrativo poderes importantes para hacer ejecutar las sentencias, lo que significa una superación a la situación tradicional que deja en manos de la Administración la ejecución de las sentencias dictadas en su contra.

**3.- *Necesidad de cambios en relación a la actuación del Ministerio Público***

De acuerdo con el artículo 218 de la Constitución, el Ministerio Público tiene por misión velar por la exacta observancia de la Constitución y las leyes, y conforme al artículo 220, ordinal 1°, tiene a su cargo velar por el respeto de los derechos y garantías constitucionales. Estas tareas del Ministerio Público, sin duda, le confieren un papel fundamental en los juicios contencioso-administrativos, particularmente aquellos en los cuales se ventilan cuestiones de ilegalidad e inconstitucionalidad. Por ello, la Ley Orgánica de la Corte Suprema de Justicia exige en sus artículos 116 y 125 que en los juicios de nulidad de los actos administrativos necesariamente se notifique al Fiscal General de la República, para que informe o dictamine en el juicio.

Esta función del Ministerio Público es esencial en materia contencioso-administrativa, y para comprender esto, basta recordar el papel primordial que han cumplido los "Comisarios del Gobierno" ante el Consejo de Estado francés, en la formación de la doctrina y de las decisiones de ese órgano, pues esos *Commisaires du Gouvernement* no han sido otros que *Mâitre des réquetes* del Consejo de Estado actuando en función de ministerio público.

Pues bien, un cambio profundo se impone en la participación del Ministerio Público en los juicios contencioso-administrativos, no sólo para que se asegure su participación efectiva en todos los juicios de nulidad, sino para consolidar su actuación independiente no sólo respecto de la Administración, sino de los grupos de presión que con frecuencia interfieren en la Justicia. El Ministerio Público tiene por delante una de las funciones que puede ser su tarea más importante para, precisamente, velar por la exacta observancia de la Constitución y las leyes.

# IV

# MARCO CONSTITUCIONAL DEL DERECHO ADMINISTRATIVO EN VENEZUELA (2009)

**Texto publicado en la *Revista Iberoamericana de Derecho Público y Administrativo, Asociación e Instituto Iberoamericano de Derecho Administrativo Prof. Jesús González Pérez, Colegio de Abogados de Costa Rica, Año 9, N° 9,* San José, 2009, pp. 127-153.**

Uno de los signos más característicos del derecho administrativo en el mundo contemporáneo, es el de su progresiva constitucionalización y, a la vez, del derecho constitucional, el que las Constituciones hayan superado su tradicional contenido orgánico/dogmático relativo a la organización básica del Estado y al régimen de los derechos y garantías constitucionales, y cada vez con mayor frecuencia hayan incorporado a su normativa, los principios básicos de la organización y funcionamiento de la Administración Pública y de la actividad administrativa del Estado.

Por ello, con razón, en el derecho público contemporáneo se puede hablar de la existencia de un marco constitucional del derecho administrativo, el cual, por ejemplo, en el derecho venezolano se conforma por los siguientes principios fundamentales insertos en la Constitución de 1999[1]: en *primer lugar*, el principio de la legalidad, que en particular, se fundamenta en la supremacía constitucional, y los principios de la formación del derecho por grados y la sumisión de la Administración Pública al ordenamiento jurídico; en *segundo lugar*, los principios relativos a la organización del Estado, a la distribución vertical del Poder Público y los que rigen las personas jurídicas estatales; en *tercer lugar*, los principios de la separación orgánica (horizontal) del Poder Público y el carácter ínter-orgánico de la Administración Pública; en *cuarto lugar*, los principios relativos a las funciones del Estado, a su ejercicio inter-orgánico y a la función administrativa; en *quinto lugar*, los principios relativos al carácter inter-funcional de los actos estatales, y a los actos administrativos; y en *sexto lugar*, el principio del control de la Administración Pública y la responsabilidad administrativa.

El marco constitucional del derecho administrativo está conformado por dichos principios, que analizamos a continuación.

## I.- EL PRINCIPIO DE LA LEGALIDAD: LA SUPREMACÍA CONSTITUCIONAL, LA FORMACIÓN DEL DERECHO POR GRADOS, Y LA SUMISIÓN DE LA ADMINISTRACIÓN PÚBLICA AL ORDENAMIENTO JURÍDICO.

El derecho administrativo está montado sobre el principio de legalidad, de manera que puede hablarse de tal derecho administrativo cuando los órganos del Estado que conforman la Administración Pública están sometidos al derecho, y particularmente al derecho desarrollado para normar sus actuaciones.

---

1 Véase en general sobre los principios fundamentales del derecho público (constitucional y administrativo) en la Constitución de 1999, Allan R. Brewer-Carías, *Principios fundamentales del derecho público*, Editorial Jurídica Venezolana, Caracas 2005; *Derecho Administrativo*, Universidad Externado de Colombia, Universidad Central de Venezuela, Tomo I, Bogotá, 2006.

El principio de legalidad es, por tanto, el primero de los principios del derecho administrativo que han sido constitucionalizados, como consecuencia de la concepción del Estado como Estado de derecho (Art. 2), que implica la necesaria sumisión de sus órganos al ordenamiento jurídico. Este, compuesto por la propia Constitución, que tiene aplicación directa como norma, por las leyes y además, por el conjunto de reglamentos y normas dictados por las autoridades competentes[2].

El primer elemento del principio de la legalidad, por tanto, es el de la supremacía constitucional, que la Constitución regular en forma expresa, en el artículo 7, al disponer que "La Constitución es la norma suprema y el fundamento el ordenamiento jurídico", a la cual quedan sujetos "todas las personas y los órganos que ejercen el Poder Público"[3]; constituyendo uno de los deberes constitucionales de los ciudadanos y funcionarios, el "cumplir y acatar" la Constitución (art. 131). Todos los órganos del Estado, por tanto, están sometidos a la Administración, y dentro de ellos, por supuesto, los que conforman la Administración Pública, a cuyo efecto, el artículo 137 de la propia Constitución dispone que "la Constitución y las leyes definen las atribuciones de los órganos que ejercen el Poder Público, a las cuales deben sujetarse las actividades que realicen"; y el artículo 141, al precisar los principios que rigen la Administración Pública, dispone que esta debe actuar "con sometimiento pleno a la ley y al derecho".

Por tanto, conforme a este principio de sumisión del Estado a la ley y al derecho, es decir, el principio de legalidad, todas las actividades de los órganos del Estado, y de sus autoridades y funcionarios, deben realizarse conforme a la Constitución y la ley, y dentro de los límites establecidos por las mismas. Ahora bien, en relación con el principio de legalidad, en el ordenamiento jurídico se distinguen siempre por una parte, las normas que integran la Constitución en sí misma, como derecho positivo superior; y por la otra, las normas que son sancionadas por una autoridad con poderes derivados de la Constitución. En otras palabras, particularmente en aquellos sistemas con Constituciones escritas, siempre puede establecerse una distinción entre la norma constitucional y legislación ordinaria; y luego, entre la legislación y las normas dictadas en ejecución de la misma; pudiendo decirse que las normas que integran el ordenamiento jurídico siempre se organizan deliberada o espontáneamente en forma jerárquica, de manera que existen normas en un nivel superior que siempre prevalecen sobre otras normas de nivel inferior. Se tratad del principio de la formación del derecho por grados, derivado de las ideas de Hans Kelsen sobre los sistemas jurídicos como una jerarquía de normas, lo cual permite determinar la relación jerárquica que existe entre el conjunto normas o de reglas de derecho que forman el ordenamiento.[4].

Ello implica que en el análisis global del ordenamiento jurídico, se puede establecer una distinción entre aquéllos actos de Estado que se dictan en ejecución directa e inmediata de la Constitución, es decir, que son dictados directamente en ejercicio de poderes constitucionales, y aquéllos cuya ejecución no está directamente relacionada con la Constitución y que se dictan en ejercicio directo de poderes establecidos en normas de derecho inferiores a la Constitución. Estos son actos de ejecución directa e inmediata de la legislación y de ejecución indirecta y mediata de la Constitución[5].

Los primeros, es decir, los actos realizadas en ejecución directa e inmediata de la Constitución, precisamente por ello, sólo están y pueden estar sometidas a lo que dispone el texto fundamental, no teniendo competencia el Legislador para regularlas mediante leyes; los segundos,

2 Antonio Moles Caubet, *El principio de legalidad y sus implicaciones,* Universidad Central de Venezuela, Facultad de Derecho, Publicaciones del Instituto de Derecho Público, Caracas, 1974.

3 Nos correspondió proponer en la Asamblea la consagración en forma expresa de dicho principio constitucional. Véase Allan R. Brewer-Carías, *Debate Constituyente, (Aportes a la Asamblea Nacional Constituyente),* Tomo II, (9 septiembre-17 octubre 1999), Fundación de Derecho Público-Editorial Jurídica Venezolana, Caracas, 1999, p. 24.

4 H. Kelsen, *Teoría pura del Derecho,* Buenos Aires, 1981, p. 135.

5 Véase sobre el sistema jerarquizado o graduado del orden jurídico en el orden constitucional venezolano Allan R. Brewer-Carías, *Derecho Administrativo,* Tomo I, Ediciones de la Facultad de Derecho, Caracas, 1975, pp. 373 y ss.; *Instituciones Políticas y Constitucionales, Tomo VI (Evolución Histórica del Estado),* Universidad Católica del Táchira-Editorial Jurídica Venezolana, Caracas,-San Cristóbal 1996, pp. 107-117

en cambio, son actos realizados en ejecución directa e inmediata de la legislación e indirecta y mediata de la Constitución, las cuales, precisamente por ello, además de estar sometidas al texto fundamental (como toda actividad estatal), están sometidas a las regulaciones establecidas, además de en la Constitución, en las leyes y en las otras fuentes del derecho.

Los primeros por otra parte, dada la ejecución directa e inmediata de la Constitución, sólo están sometidos al control de constitucionalidad a cargo de la Jurisdicción Constitucional que corresponde a la Sala Constitucional del Tribunal Supremo (Arts. 334, 336,2 y 4); los segundos, en cambio, están sometidos al control de constitucionalidad y de legalidad que corresponden a las otras Jurisdicciones del Poder Judicial, tanto a las ordinarias, como sucede con las apelaciones y la Casación en lo que concierne a la actividad judicial; como a la Jurisdicción Contencioso-Administrativa y a la Jurisdicción Contencioso-Electoral (Arts. 259, 297) cuando se trata de actividades administrativas.

Las actividades administrativas, por tanto y por esencia, constituyen actividades estatales que se realizan siempre en ejecución directa e inmediata de la legislación y por tanto, en ejecución indirecta y mediata de la Constitución; y precisamente por ello se dice que esencialmente son de carácter sublegal, pues están sometidos no sólo a la Constitución sino a la ley, y por eso es que su control corresponde a la Jurisdicción contencioso administrativa y en su caso, a la Jurisdicción contencioso electoral.

De lo anterior resulta, que toda actividad administrativa es, ante todo, desde el punto de vista formal, una actividad que siempre es de carácter sublegal, es decir, de ejecución directa e inmediata de la legislación (así las leyes reglamentarias correspondientes no se hayan dictado) y de ejecución indirecta y mediata de la Constitución. Por supuesto, también las actividades judiciales son siempre de carácter sublegal, siendo la diferencia entre una y otra de carácter orgánico, en el sentido que las actividades judiciales siempre las realizan órganos autónomos e independientes en ejecución de la función jurisdiccional, como lo son los órganos que ejercen el Poder Judicial.

En cuanto a los actos de gobierno, son dictados por el Presidente de la República en ejercicio sólo de atribuciones constitucionales[6], razón por la cual no pueden estar regulados o limitados por la Asamblea Nacional mediante leyes. Tienen el mismo rango que la ley, y por ello, el control judicial sobre ellos es un control de constitucionalidad.

De lo anterior resulta, por tanto, que lo que constituyen las normas de derecho en relación con cada órgano del Estado, varía y tiene un ámbito diferente dependiendo de la posición que tiene cada norma o acto del Estado en el sistema jurídico jerarquizado. Por ello, para el Legislador, legalidad quiere decir constitucionalidad o sumisión a la Constitución, igual que para el Jefe de Estado con respecto a los actos de gobierno. En ambos casos, dichos actos se adoptan en ejecución directa e inmediata de la Constitución, sin la interferencia de actos del Parlamento, en forma tal que sólo están subordinados a la Constitución y no puede en general haber ley alguna que los condicione, dando origen al control judicial de la constitucionalidad de los actos estatales (Jurisdicción constitucional)[7].

Además de los actos dictados en ejecución directa e inmediata de la Constitución, en los sistemas legales graduados que han dado origen a los sistemas de control judicial o jurisdiccional de la constitucionalidad, es evidente que el principio de legalidad, por su ámbito, desempeña un papel mucho más importante en el segundo nivel de ejecución del ordenamiento

6 Allan R. Brewer-Carías, "Comentarios sobre la doctrina del acto de gobierno, del acto político, del acto de Estado y de las cuestiones políticas como motivo de inmunidad jurisdiccional de los Estados en sus Tribunales nacionales", en *Revista de Derecho Público*, N° 26, Editorial Jurídica Venezolana, Caracas, abril-junio 1986, pp. 65-68.

7 Véase Allan R. Brewer-Carías, *Instituciones Políticas y Constitucionales, Tomo VII(La justicia constitucional)*, Universidad Católica del Táchira-Editorial Jurídica Venezolana, Caracas,-San Cristóbal 1996; *El sistema de justicia constitucional en la Constitución de 1999 (Comentarios sobre su desarrollo jurisprudencial y su explicación, a veces errada, en la Exposición de Motivos)*, Editorial Jurídica Venezolana, Caracas, 2000; "La Justicia Constitucional en la Nueva Constitución" en *Revista de Derecho Constitucional*, N° 1, Septiembre-Diciembre 1999, Editorial Sherwood, Caracas, 1999, pp. 35-44; *Ley Orgánica del Tribunal Supremo de Justicia. Procesos y procedimientos constitucionales y contencioso administrativos*, Editorial Jurídica Venezolana, Caracas, 2004, pp. 75 y ss.

jurídico, es decir, en aquellos actos del Estado dictados en ejecución directa e inmediata de la legislación, o en ejecución indirecta y mediata de la Constitución. Aquí, el principio de legalidad se ha desarrollado en el pleno sentido de la palabra, particularmente con referencia a la Administración Pública, dando origen al control judicial o jurisdiccional de la legalidad de los actos administrativos (Jurisdicción contencioso administrativa)[8], y por consiguiente, al derecho administrativo.

En consecuencia, en un Estado de derecho, el grado de sumisión de la Administración Pública al principio de la legalidad, es de mayor ámbito que el de la sumisión a las normas de derecho por parte de los órganos constitucionales del Estado. La Asamblea o el Parlamento están sometidos a la Constitución e, incluso, el Jefe de Estado o de Gobierno, cuando dicta actos de gobierno sólo está sometido en general, a la Constitución; mientras que los órganos y las autoridades administrativas están envueltos en un área de legalidad de mayor ámbito puesto que están sometidos a la "legislación", la cual ejecutan. Esta es la razón por la cual, en este campo, el principio de legalidad tomó el significado que normalmente tiene en relación a la actividad administrativa del Estado contemporáneo.

## II.- LA ORGANIZACIÓN DEL ESTADO: LA DISTRIBUCIÓN VERTICAL DEL PODER PÚBLICO Y LAS PERSONAS JURÍDICAS ESTATALES

El derecho administrativo, como derecho que rige la organización y funcionamiento de la administración Pública, está condicionado por la concreta organización constitucional del Estado, pues de ella deriva que exista una Administración Pública, o múltiples Administraciones Pública, personificadas o no.

En Venezuela, por ello, otro principio que condiciona al derecho administrativo en la Constitución de 1999, es el principio de la distribución territorial del Poder Público, que deriva de la forma federal del Estado, y que encuentra su expresión formal en el artículo 4 de la Constitución que precisa que "La República Bolivariana de Venezuela es un Estado federal descentralizado en los términos consagrados por esta Constitución"; fórmula más o menos similar a la del artículo 2 de la Constitución de 1961 que decía que "La República de Venezuela es un Estado federal, en los términos consagrados por esta Constitución".

A tal efecto, el artículo 136 de la Constitución de 1999, organiza al Estado con forma federal mediante un sistema de "división vertical"[9] del Poder Público en tres niveles: Nacional, Estadal y Municipal, atribuyendo su ejercicio a diversos órganos y asignando competencias exclusivas en los tres niveles, además de las competencias concurrentes entre ellos[10].

En todo caso, "los términos consagrados por la Constitución" (art. 4) relativos a la forma de Estado federal descentralizado, son la clave para determinar efectivamente el grado de descentralización del Estado y, por tanto, de la Federación. En la Constitución de 1999, en todo caso, y salvo en el nominalismo, no se avanzó mayormente en relación con lo que existía en el texto

---

8 Véase Allan R. Brewer-Carías, *Instituciones Políticas y Constitucionales, Tomo VII (La justicia contencioso administrativa),* Universidad Católica del Táchira-Editorial Jurídica Venezolana, Caracas,-San Cristóbal 1996; Allan R. Brewer-Carías, *Ley Orgánica del Tribunal Supremo de Justicia. Procesos y procedimientos constitucionales y contencioso administrativos,* Editorial Jurídica Venezolana, Caracas, 2004, pp. 127 y ss.

9 Véase sentencia N° 355 de 11-5-2000, *Revista de Derecho Público,* N° 82, (abril-junio), Editorial Jurídica Venezolana, Caracas, 2000, pp. 342 y ss.

10 Véase en general, sobre el Poder Público y la forma federal del Estado,; Allan R. Brewer-Carías, "La descentralización política en la Constitución de 1999: Federalismo y Municipalismo (una reforma insuficiente y regresiva" en *Boletín de la Academia de Ciencias Políticas y Sociales,* N° 138, Año LXVIII, enero-diciembre 2001, Caracas 2002, pp. 313-359; y publicado también en *Provincia. Revista Venezolana de Estudios Territoriales,* Número 7, julio-diciembre 2001, II Etapa, Centro Iberoamericano de Estudios Provinciales y Locales (CIEPROL), Universidad de los Andes, Mérida, 2001, pp. 7-92; Allan R. Brewer-Carías, "Consideraciones sobre el régimen de distribución de competencias del Poder Público en la Constitución de 1999" en Fernando Parra Aranguren y Armando Rodríguez García Editores, *Estudios de Derecho Administrativo. Libro Homenaje a la Universidad Central de Venezuela,* Tomo I, Tribunal Supremo de Justicia, Caracas 2001, pp. 107-136; Allan R. Brewer-Carías, "Consideraciones sobre el régimen constitucional de la organización y funcionamiento de los Poderes Públicos", en *Revista Derecho y Sociedad de la Universidad Monteávila,* N° 2 (abril), Caracas, 2001, pp. 135-150.

de 1961[11], habiéndose sólo constitucionalizado, en realidad, aspectos que ya se habían establecido en la Ley Orgánica de Descentralización, Delimitación y Transferencia de Competencias del Poder Público de 1989, los cuales, además, ya tenía rango de ley constitucional en lo que se refería a la transferencia a los Estados de competencias del Poder Nacional[12].

La distribución territorial o vertical del poder, en todo caso, implica autonomía territorial, y sobre ello, la Constitución de 1999, dispone que los Estados son "entidades políticas autónomas en lo político" (art. 159); y que los Municipios gozan de "autonomía dentro de los límites de esta Constitución y de la ley" (art. 168). A tal efecto, la Constitución establece los principios generales de la organización del Poder Público Estadal, conforme al principio de separación orgánica en dos Poderes: el Poder Legislativo, a cargo de los Consejos Legislativos Estadales cuyos miembros son electos por votación popular directa y secreta; y el Poder Ejecutivo, a cargo de los Gobernadores, cuya elección se estableció a partir de 1989 (Arts. 160; 162). Además en la Constitución se prevé un órgano del Poder Público estadal con autonomía funcional, que es la Contraloría del Estado, la cual puede ser configurada como Poder Contralor (Art. 163). En igual sentido, respecto de los Municipios también se establecen los principios generales de la organización del Poder Público Municipal, conforme al principio de separación orgánica en dos Poderes: el Poder Legislativo, a cargo de los Consejos Municipales cuyos miembros son electos por votación popular directa y secreta; y el Poder Ejecutivo, a cargo de los Alcaldes (art. 174), cuya elección se estableció a partir de 1989. Además en la Constitución se prevé un órgano del Poder Público municipal con autonomía funcional, que es la Contraloría municipal (art. 176).

La consecuencia de lo anterior, es que en el ordenamiento constitucional venezolano, el principio de la distribución vertical del Poder Público conduce a la existencia de tres niveles autónomos de Administración Pública: la Administración Pública Nacional, la Administración Pública Estadal (Gobernaciones) y la Administración Pública Municipal (Alcaldías), cada una integrada en una persona jurídica estatal distinta: la República, los Estados y los Municipios, respectivamente.

En efecto, la consecuencia del principio de la distribución vertical del poder público es que el Estado esta conformado por diversas entidades político-territoriales que actualizan la personalidad jurídica del Estado. El Estado, por tanto, en el ámbito interno no es una persona jurídica, sino que esta conformado por un conjunto de personas jurídicas que son las personas jurídicas estatales.

En consecuencia, en Venezuela, tratándose de un Estado con forma federal, conforme al cual "el Poder Público se distribuye entre el Poder Municipal, el Poder Estatal y el Poder Nacional" (Art. 136 de la Constitución), el "Estado" está básicamente conformado por un conjunto de personas jurídicas que conforman la organización política en el territorio como son la República, los estados y los municipios, y por otras personas jurídicas estatales producto de la descentralización política y funcional.

---

11 Véase por ejemplo, Rafael J. Chavero Gazdik, "La forma de Estado prevista en la Constitución de 1999 (¿Un canto de sirenas?)", en *Revista de Derecho Público*, N° 81 (enero-marzo), Editorial Jurídica Venezolana, Caracas, 2000, pp. 29-39. Véase en general, sobre la forma del Estado como "Federación Descentralizada", Allan R. Brewer-Carías, *Asamblea Constituyente y ordenamiento constitucional, op. cit.*, pp. 122-144; Allan R. Brewer-Carías, *Reflexiones sobre el constitucionalismo en América, op. cit.*, pp. 158 y ss.; María V. Espina y Ornella Bernabei Zaccaro, "Nueva estructura del Estado venezolano", en *Comentarios a la Constitución de la República Bolivariana de Venezuela"*. Vadell Hermanos Editores, Caracas, 2000, pp. 65-116; César A. Loaiza Moyetones, "Determinación analítica del concepto de Estado", en *Derecho Constitucional. General y Particular. Actualizado con la Constitución de la República Bolivariana de Venezuela del 24-03-2000*, Tomo I, Universidad Santa María, Caracas, pp. 25-84. Alfonso Rivas Quintero, *Derecho Constitucional*, Paredes Editores, Valencia-Venezuela, 2002, pp. 182 y ss.; Ricardo Combellas, *Derecho Constitucional: una introducción al estudio de la Constitución de la República Bolivariana de Venezuela*, Mc Graw Hill, Caracas 2001, pp. 42 y ss., 121 y ss.; e Hildegard Rondón de Sansó, *Análisis de la Constitución venezolana de 1999*, Editorial Ex Libris, Caracas, 2001, pp. 67-68.

12 Véase Carlos Ayala Corao, "Naturaleza y alcance de la descentralización estadal" en Allan R. Brewer-Carías et al, *Leyes para la Descentralización Política de la Federación*, Editorial Jurídica Venezolana, Caracas, 1994, pp. 99 y ss; y Allan R. Brewer-Carías, *Asamblea Constituyente y Ordenamiento Constitucional*, Biblioteca de la Academia de Ciencias Políticas y Sociales, Serie Estudios N° 53, Caracas, 1999, pp. 122 y ss.

El Estado, por tanto, se insiste, no es una persona jurídica en el ámbito interno; lo que existen son muchas personas jurídicas que actualizan su voluntad y que son las personas jurídicas estatales las cuales en definitiva, conforman el Estado. Estas personas jurídicas estatales, como sujetos de derecho cuyos órganos conforman la Administración Pública, son las que constituyen objeto de regulación por parte del derecho administrativo porque en definitiva, son las que establecen las relaciones jurídico-administrativas con los otros sujetos de derecho y los administrados.

Las personas jurídicas estatales, sin embargo, no tienen una sola forma jurídica, sino que pueden tener la forma jurídica de derecho público o la forma jurídica de derecho privado, según se constituyan mediante mecanismos de derecho público regulados en la propia Constitución o en las leyes o mediante los mecanismos regulados en el derecho privado, particularmente en el Código Civil. En el derecho público venezolano, por tanto, hay dos clasificaciones de las personas jurídicas: las personas estatales y no estatales, según su integración o no a la organización general del Estado o sector público; y las personas jurídicas de derecho público y de derecho privado, según la forma jurídica adoptada para su creación[13]; clasificaciones que han sido acogidas por la Constitución de 1999[14].

En efecto, el artículo 145 de la Constitución, al establecer la inhabilitación de los funcionarios públicos para celebrar contratos con entes que conforman el sector público, se refiere a los municipios, los estados, la República "y demás personas jurídicas de derecho público o de derecho privado estatales". De esta norma, lo que a los efectos de este principio interesa destacar en relación con los funcionarios de las personas jurídicas estatales y la celebración de contratos públicos, es la doble distinción señalada que en ella se establece respecto de las personas jurídicas: por una parte, entre las personas jurídicas de derecho público y las personas jurídicas de derecho privado; y por la otra, entre las personas jurídicas estatales y las personas jurídicas no estatales. La prohibición de contratar que se impone a los funcionarios públicos, por supuesto, es con las personas jurídicas estatales, cualquiera que sea la forma jurídica que tengan, de derecho público o de derecho privado.

Estas dos clasificaciones o distinciones respecto de las personas jurídicas se recogen, además, en otras normas constitucionales: En cuanto a las personas jurídicas de derecho público y de derecho privado, en el artículo 322 de la Constitución, cuando al señalar que la seguridad de la Nación es competencia esencial y responsabilidad del Estado, indica que aquélla se fundamenta en el desarrollo integral de la Nación y que su defensa es responsabilidad de los venezolanos y de las "personas naturales *y jurídicas, tanto de derecho público como de derecho privado*" que se encuentren en el espacio geográfico nacional. Por otra parte, en los artículos 159 y 168, en los cuales se determina expresamente la *personalidad jurídica* respecto de los estados y municipios como personas jurídicas de derecho público territoriales; en los artículos 142 y 189,1, en los cuales se regula a los *institutos autónomos* como personas jurídicas de derecho público institucionales; y el artículo 318, el cual califica expresamente al Banco Central de Venezuela como "*persona jurídica de derecho público*".

En cuanto a la integración de las personas jurídicas a la organización general del Estado o al sector público, es decir, a las personas jurídicas estatales, el artículo 190, al regular las incom-

13 Véase sobre estas clasificaciones, Allan R. Brewer-Carías, "La distinción entre las personas públicas y las personas privadas y el sentido actual de la clasificación de los sujetos de derecho", en *Revista Argentina de Derecho Administrativo*, N° 12, Buenos Aires, 1977, pp. 15 a 29; en *Revista de la Facultad de Derecho*, Universidad Central de Venezuela, N° 57, Caracas, 1976, pp. 115 a 135; y en *Fundamentos de la Administración Pública*, Editorial Jurídica Venezolana, Caracas, 1980, pp. 223 a 248.

14 Véase nuestra propuesta para incorporar en el texto de la Constitución estas clasificaciones y la terminología sobre personas jurídicas estatales y personas jurídicas de derecho público, en Allan R. Brewer-Carías, *Debate Constituyente (Aportes a la Asamblea Nacional Constituyente)*, Tomo II, *op cit.* pp. 169 y ss. Sobre la distinción en la Constitución, véase Allan R. Brewer-Carías, "Sobre las personas jurídicas en la Constitución de 1999" en *Derecho Público Contemporáneo. Libro Homenaje a Jesús Leopoldo Sánchez*, Estudios del Instituto de Derecho Público, Universidad Central de Venezuela, enero-abril 2003, Volumen 1, pp. 48-54; y "El régimen de las personas jurídicas estatales político-territoriales en la Constitución de 1999 en *El Derecho constitucional y público en Venezuela. Homenaje a Gustavo Planchart Manrique*, Tomo I, Universidad Católica Andrés Bello, Tinoco, Travieso, Planchart & Núñez, Abogados, Caracas, 2003, pp. 99-121.

patibilidades de los diputados a la Asamblea Nacional, precisa, entre otros aspectos, dispone los mismos no pueden ser propietarios, administradores o directores de empresas "que contraten con *personas jurídicas estatales*". Por otra parte, en el artículo 180, al regular la inmunidad tributaria de los entes o personas jurídicas político-territoriales (República, estados y municipios) entre sí, se señala que la inmunidad frente a la potestad impositiva de los municipios a favor de los demás entes político territoriales "se extiende sólo a *las personas jurídicas estatales* creadas por ellos". Además, el artículo 289, al regular las atribuciones de la Contraloría General de la República, precisa la competencia de este órgano para realizar inspecciones y fiscalizaciones respecto de "*las personas jurídicas del sector público*".

De toda esta normativa constitucional deriva, por tanto, como ya hemos señalado, que la expresión genérica de "Estado" comprende a todas las personas jurídicas que en el orden interno y en la organización política del Estado federal se consideran como parte del mismo, conforme a los tres niveles de distribución territorial del Poder Público: nacional, estadal y municipal.

Se establecen así, en la Constitución, como hemos indicado, dos clasificaciones respecto de las personas jurídicas. La *primera,* que distingue entre las personas jurídicas estadales, que forman parte de la organización general del Estado en sus tres niveles territoriales o, si se quiere, del sector público; y las personas jurídicas no estatales, que no forman parte del Estado o del sector público; y la *segunda,* que distingue según la forma jurídica que adoptan las personas jurídicas, entre personas jurídicas de derecho público, como los institutos autónomos, y personas jurídicas de derecho privado, como las sociedades anónimas del Estado (*empresas del Estado, o empresas públicas* conforme las denominan los artículos 189,1 y 184,4, respectivamente, de la Constitución).

## III.- LA SEPARACIÓN ORGÁNICA (HORIZONTAL) DEL PODER PÚBLICO Y EL CARÁCTER INTERORGÁNICO DE LA ADMINISTRACIÓN PÚBLICA

El tercer principio constitucional que condiciona el derecho administrativo en Venezuela, es el de la penta división horizontal o separación orgánica de poderes, que origina órganos independientes y autónomos entre sí, que ejercen las diversas ramas del Poder Público: Legislativa, Ejecutiva, Judicial, Ciudadana y Electoral.

La Constitución de 1999, en efecto, adoptó un novedoso sistema de separación orgánica del Poder Público Nacional, al hacerlo entre cinco Poderes, agregando a los tradicionales Poderes Legislativo, Ejecutivo y Judicial, dos nuevos, los Poderes Ciudadano y Electoral. Por tanto, en el nivel nacional se distinguen cinco ramas del Poder Público: el Poder Legislativo Nacional, el Poder Ejecutivo Nacional, el Poder Judicial, el Poder Ciudadano y el Poder Electoral, correspondiendo su ejercicio a cinco complejos orgánicos diferenciados y separados. Estos son, respectivamente, la Asamblea Nacional; el Presidente, sus Ministros y el resto de los órganos del denominado "Ejecutivo Nacional"; el Tribunal Supremo de Justicia y los demás tribunales de la República, así como la Dirección Ejecutiva de la Magistratura y los otros órganos de gobierno y administración del Poder Judicial; el Ministerio Público o Fiscalía General de la República, la Contraloría General de la República y la Defensoría del Pueblo; y el Consejo Nacional Electoral, sus Comisiones y Juntas. Estos cinco conjuntos orgánicos se encuentran separados, son autónomos e independientes entre sí, y cada uno de ellos tiene sus competencias constitucionales y legales específicas.

En esta forma, la otrora clásica división del poder en la ramas Legislativa, Ejecutiva y Judicial, se había roto en el constitucionalismo moderno desde el Siglo XX, de manera que en general, el Poder Público se ejerce, además de por los órganos que componen las tres clásicas ramas, por otra serie de órganos que progresivamente han sido constitucionalizados y dotados de autonomía funcional, y que en el caso de Venezuela, ahora han sido erigidos en ramas formales del Poder Público[15]. Es el caso del Poder Ciudadano, que integra los ya clásicos órganos

15 Conforme lo ha señalado la sentencia N° 3098 de la Sala Constitucional (Caso: nulidad artículos Ley Orgánica de la Justicia de Paz) de 13-12-2004, la "redistribución orgánica del Poder Público" que establece la Constitución obedece, "según la Exposición de Motivos de la Constitución de 1999, a la necesidad de otorgar independencia y autonomía funcional a los órganos que están encargados de desarrollar determinadas competencias, especialmente las de ejecución de "*procesos*

constitucionales de control (art. 273), como la Contraloría General de la República (art. 267); el Ministerio Público: (art. 284) y la Defensoría del Pueblo (art. 280); y del Poder Electoral, que ejerce el Consejo Nacional Electoral (art. 293). En la Constitución de 1999, en todo caso, se eliminó el Consejo de la Judicatura, que también era un órgano constitucional con autonomía funcional, atribuyéndose ahora las funciones de gobierno y administración de la rama judicial al Tribunal Supremo de Justicia (art. 267).

Pero el principio de la separación orgánica de poderes en forma horizontal, no sólo se ha establecido en el nivel nacional, sino también en los niveles estadales y municipales. En los Estados de la Federación, en efecto, como se ha dicho, se distinguen básicamente dos complejos orgánicos que ejercen respectivamente, el Poder Legislativo y el Poder Ejecutivo, conformados por los Consejos Legislativos de los Estados y por sus Gobernadores (Arts. 160 y 162), por lo que la Administración Pública estadal está integrada, en principio, en las Gobernaciones de Estado. En los Estados, además, hay que indicar que la Constitución ha previsto la existencia de unos órganos con autonomía orgánica y funcional (Art. 163), que ejercen el Poder Estadal aún cuando la Constitución no los califique como tal Poder, que son las Contralorías estadales. Esos órganos de control, sin duda, también forman parte de la Administración Pública estadal, aún cuando por supuesto, no forman parte de la Administración Pública *Central* de los Estados la cual depende de las Gobernaciones estadales.

Además, en el nivel municipal, la Constitución también ha establecido un sistema de separación orgánica de poderes, distinguiéndose dos complejos orgánicos que ejercen los Poderes Legislativo y Ejecutivo locales, conformados, respectivamente, por los Concejos Municipales, como órganos colegiados que ejercen la función normativa (legislativa) a nivel local; y los Alcaldes, a quienes corresponden las actividades de gobierno y administración municipal (Arts. 174 y 175)[16]. A nivel municipal, por tanto, la Administración Pública *central* como complejo orgánico depende de los Alcaldes. Pero debe indicarse, que también en el nivel de los Municipios, la Constitución establece las Contralorías municipales, como órganos de control, vigilancia y fiscalización, que por ello gozan de autonomía funcional (Art. 176). Esos órganos de control también forman parte de la Administración Pública municipal, aún cuando por supuesto, no forman parte de la Administración Pública *Central* de los Municipios la cual depende de las Alcaldías.

En el ámbito municipal, además, se pueden identificar también como parte integrante de la Administración municipal que depende del Alcalde, a los Jueces de Paz, que si bien son de elección popular organizada por el Poder Electoral, se integran en la estructura organizativa administrativa del Municipio[17], aún cuando ejerciendo funciones jurisdiccionales[18].

La separación orgánica de poderes, sin embargo, no origina un solo grupo de órganos que conforman la Administración Pública y que serían los que ejercen el Poder Ejecutivo, La Administración Pública, en Venezuela, en realidad, tiene en la Constitución de 1999, un carácter inter orgánico, en el sentido de que, como complejo orgánico, no sólo está conformada por órganos que ejercen el Poder Ejecutivo, sino por órganos que ejercen los demás Poderes del Estado. Hay ciertamente una Administración Pública que se configura organizativamente hablando en el

*electorales, así como el de la función contralora y la defensa de los derechos humanos".* Véase en gaceta Oficial N° 38.120 de 02-02-2005.

16 Conforme lo ha señalado la sentencia N° 3098 de la Sala Constitucional (Caso: nulidad artículos Ley Orgánica de la Justicia de Paz) de 13-12-2004, la Constitución de 1999 "precisó el ámbito de competencias tradicionales entre el Poder Legislativo –Concejo Municipal– y el Poder Ejecutivo –Alcalde– en el nivel municipal, y *afianzó considerablemente la diferenciación funcional* que, entre ambos poderes existía en la legislación preconstitucional, concretamente en la Ley Orgánica de Régimen Municipal". Véase en *Gaceta Oficial* N° 38.120 de 02-02-2005.

17 Como lo ha dicho la sentencia N° 3098 de la Sala Constitucional (Caso: nulidad artículos Ley Orgánica de la Justicia de Paz) de 13-12-2004, "la administración, prestación y gestión del servicio de justicia de paz –no así del procedimiento de elección de sus jueces– es competencia exclusiva del Municipio, bien a través de la ejecución y administración que corresponda al Alcalde (artículos 174 y 175 de la Constitución)". Véase en *Gaceta Oficial* N° 38.120 de 02-02-2005

18 Sentencia de la Sala Constitucional de 05-10-de 2000 (caso *Héctor Luis Quintero)*, citada en sentencia N° 3098 de la Sala Constitucional (Caso: nulidad artículos Ley Orgánica de la Justicia de Paz) de 13-12-2004, en *Gaceta Oficial* No. 38.120 de 02-02-2005

"Ejecutivo Nacional" (Administración Pública Central), pero la misma no agota dicho complejo orgánico en el Estado venezolano.

El Estado venezolano, en efecto y como se ha dicho, está constitucionalmente configurado como un Estado Federal (artículo 2 de la Constitución), en el cual se distinguen tres niveles de organización política: el nivel nacional, que corresponde a la República; el nivel estadal, que corresponde a los Estados miembros de la Federación; y el nivel municipal, que corresponde a los Municipios.

En cada uno de estos tres niveles políticos existe una "Administración Pública central" (nacional, estadal y municipal), que ejerce el Poder Ejecutivo, siendo ésta, el instrumento por excelencia de la acción política del Estado. Como instrumento, está compuesto por un conjunto de órganos e instituciones que le sirven para el desarrollo de sus funciones y el logro de los fines que tiene constitucionalmente prescritos.

Pero como se ha dicho anteriormente, no toda "Administración Pública" del Estado es "Administración Pública central", en el sentido de que no sólo los órganos que ejercen el Poder Ejecutivo en los tres niveles político-territoriales o los que gozan de autonomía fundamental en virtud de disposiciones constitucionales, monopolizan, orgánicamente, a la Administración Pública del Estado.

Las diversas ramas de los Poderes del Estado en sus diversos niveles tienen su propia Administración Pública. Así, en el nivel nacional (Poder Nacional), hay una separación clara entre cinco grupo de órganos de la República: los órganos legislativos (Asamblea Nacional), los órganos ejecutivos (Presidente de la República, Ministerios, etc.), los órganos judiciales (Tribunal Supremo de Justicia, Tribunales), los órganos de control (Fiscalía General de la República, Contraloría General de la República, Defensoría del Pueblo), y los órganos electorales (Consejo Nacional Electoral); y cada uno de estos órganos tiene su propia Administración Pública: la Administración de las Cámaras Legislativas; la Administración de la justicia (Dirección Ejecutiva de la Magistratura); la Administración Pública de los órganos de control, la Administración Electoral, y la Administración Pública central que en principio corresponde a los órganos que ejercen el Poder Ejecutivo. En consecuencia, puede decirse que el ámbito propio de la organización administrativa nacional está en los órganos ejecutivos, en la "Administración Pública Nacional" (central o descentralizada) cuyos órganos ejercen el Poder Ejecutivo Nacional, en cuyo vértice está el Presidente de la República.

Por su parte, en el nivel estadal (Poder de los Estados), hay una clara y precisa separación entre tres grupos de órganos en cada Estado: los órganos legislativos (Consejos Legislativos), los órganos ejecutivos (Gobernadores y sus dependencias administrativas), y los órganos de control (Contraloría estadal); y cada uno de estos órganos tiene su propia administración: la administración de las Asambleas Legislativas, la "Administración Pública central" que en principio corresponde a los órganos que ejercen el Poder Ejecutivo, y la Administración contralora. Así, puede decirse que el ámbito propio de la organización administrativa estadal está en los órganos ejecutivos, en esa "Administración Pública Estadal" (central o descentralizada) cuyos órganos ejercen el Poder Ejecutivo de los Estados, en cuyo vértice están los Gobernadores.

Por último, en el nivel municipal (Poder Municipal), también hay una clara y neta separación legal entre tres grupos de órganos en cada municipio: los órganos legislativos (Concejos Municipales), los órganos ejecutivos (Alcaldes y sus dependencias administrativas), y los órganos de control (Contralorías municipales); y cada uno de esos órganos tiene su propia administración: la administración de los Concejos Municipales como órganos colegiados, la "Administración Pública central" que en principio corresponde a los órganos que ejercen el Poder Ejecutivo municipal y la Administración contralora. Así puede decirse que el ámbito propio de la organización administrativa municipal está en los órganos ejecutivos, en esa "Administración Pública Municipal" (central o descentralizada) cuyos órganos ejercen el Poder Ejecutivo Municipal, en cuyo vértice están los Alcaldes.

Por tanto, la Organización Administrativa del Estado no se agota, por ejemplo, a nivel nacional, en el ámbito de la "Administración Pública Nacional central" que ejerce el Poder

Ejecutivo, pues existen órganos administrativos que derivan de la nueva separación orgánica de poderes que ha establecido la Constitución de 1999, regularizando así la existencia de órganos del Estado con autonomía funcional que en la Constitución de 1961 existían (Consejo de la Judicatura, Contraloría general de la República, Fiscalía General de la República) y que no encuadraban en la clásica trilogía de poderes: legislativos, ejecutivos y judiciales, ni dentro de los órganos que ejercían el Poder Legislativo, ni dentro de los órganos que ejercían el Poder Ejecutivo, ni dentro de los órganos que ejercían el Poder Judicial, y que sin embargo, formaban parte de la organización administrativa de la Administración del Estado, y en general, de lo que siempre se ha conocido como Administración Pública Nacional.

La situación anterior es la que ha sido precisamente regularizada constitucionalmente con las previsiones de la Constitución de 1999, de la cual se deriva que en ejercicio de las respectivas ramas del Poder Público, además de los órganos de la Administración Pública central que ejercen el Poder Ejecutivo, también configuran la Administración Pública del Estado, los órganos de la Asamblea Nacional que ejercen funciones administrativas en ejercicio del Poder Legislativo, la Dirección Ejecutiva de la Magistratura que ejerce el poder Judicial, los órganos que ejercen el Poder Ciudadano y los órganos que ejercen el Poder Electoral.

Por ello, la Constitución de 1999 contiene un extenso Título IV relativo al "Poder Público", cuyas normas se aplican a todos los órganos que ejercen el Poder Público tal como lo indica el artículo 136: en su distribución vertical o territorial (Poder Municipal, Poder Estadal y Poder Nacional); y, en el nivel Nacional, en su distribución horizontal (Legislativo, Ejecutivo, Judicial, Ciudadano y Electoral)[19]. Y en el Capítulo I (Disposiciones fundamentales), de dicho Título IV relativo al Poder Público, se regularon todos los principios fundamentales sobre la Administración Pública relativos a la organización administrativa (artículos 236, ordinal 20) y a la administración descentralizada funcionalmente (artículos 142, 300); a de la actuación administrativa (art. 141); a la función pública (artículos 145 a 149) y su responsabilidad, (art. 139); a los bienes públicos (artículos 12, 181 y 304); a la información administrativa (art. 143), a la contratación administrativa (arts. 150 y 151), a la responsabilidad patrimonial del Estado (art. 140); y al régimen de control de la gestión administrativa, tanto popular (art. 62), como político (art. 66), fiscal (art. 287) y de gestión (art. 315). De allí que lo primero que debe determinarse es cuáles son los órganos estatales que ejercen el Poder Público y que pueden considerarse como tal "Administración Pública".

Ante todo, por supuesto, están los órganos de los diversos niveles del Poder Público (Nacional, Estadal y Municipal) que ejercen el Poder Ejecutivo. En consecuencia, las normas que contiene la sección se aplican a todas las "Administraciones Públicas" *ejecutivas* de la República (administración pública nacional), de los Estados (administración pública estadal), de los Municipios (administración pública municipal) y de las otras entidades políticas territoriales que establece el artículo 16 de la Constitución, entre las cuales se destacan los Distritos Metropolitanos cuyos órganos ejercen el Poder Municipal.

Pero la Administración Pública del Estado venezolano, en los tres niveles territoriales de distribución vertical del Poder Público, no se agota en los órganos y entes de la Administración Pública *ejecutiva* (que ejercen el Poder Ejecutivo), pues también comprende los otros órganos de los Poderes Públicos que desarrollan las funciones del Estado de carácter sublegal. En tal sentido, en el nivel nacional, los órganos que ejercen el Poder Ciudadano (Fiscalía General de la República, Contraloría General de la República y Defensoría del Pueblo) y el Poder Electoral (Consejo Nacional Electoral), sin la menor duda, son órganos que integran la Administración Pública del Estado, organizados con autonomía funcional respecto de los órganos que ejercen otros poderes del Estado. En cuanto a los órganos que ejercen el Poder Judicial, los que conforman la Dirección Ejecutiva de la Magistratura mediante la cual el Tribunal Supremo de Justicia ejerce la dirección, gobierno y administración del Poder Judicial, también son parte de la Administración Pública del Estado.

---

19 Véase nuestra propuesta sobre este título en Allan R. Brewer-Carías, *Debate Constituyente* (aportes a la Asamblea Nacional Constituyente), Tomo II, (9 Sept.-17 Oct. 1999), Caracas 1999, pp. 159 y ss.

En consecuencia, en los términos de la sección segunda del Título IV de la Constitución, la Administración Pública del Estado no sólo está conformada por órganos que ejercen el Poder Ejecutivo, sino por los órganos que ejercen el Poder Ciudadano y el Poder Electoral, y por la Dirección Ejecutiva de la Magistratura que en ejercicio del Poder Judicial tiene a su cargo la dirección, el gobierno y la administración del Poder Judicial[20].

En efecto, como se ha dicho, a nivel nacional, a partir de la Constitución de 1961, ya habían comenzado a encontrar encuadramiento constitucional diversos órganos estatales que se configuraban también como parte de la Administración Pública como complejo orgánico, pero que no dependían del Ejecutivo Nacional ni estaban subordinados a ninguno de los tres conjuntos orgánicos clásicos del Estado (Legislativo, Ejecutivo, Judicial). Se trataba de órganos constitucionales con autonomía funcional, que también eran órganos de la República como persona político-territorial nacional, y que eran: el Ministerio Público, también denominado Fiscalía General de la República; la Contraloría General de la República; el Consejo de la Judicatura; y el Consejo Supremo Electoral. Por supuesto, estos eran órganos que forman parte de la Administración Pública nacional regulados por el derecho administrativo, aun cuando no formaban parte del Ejecutivo Nacional ni de la Administración Pública Central, ni tuvieran personalidad jurídica propia.

Esta tendencia fue la que se consolidó en la Constitución de 1999, al establecerse la ya mencionada penta división del Poder Público, agregándose a los Poderes Legislativo, Ejecutivo y Judicial, el Poder Ciudadano y el Poder Electoral (Art. 136). Por ello, puede decirse que también conforman e integran la Administración Pública a nivel nacional, los órganos que ejercen el Poder Ciudadano, es decir, la Fiscalía General de la República o Ministerio Público, la Contraloría General de la República, y la Defensoría del Pueblo; así como los órganos que ejercen el Poder Electoral, como el Consejo Nacional Electoral. Igualmente, también puede considerarse que son órganos de la Administración Pública Nacional, la Dirección Ejecutiva de la Magistratura del Tribunal Supremo de Justicia. Todos esos órganos conforman la Administración Pública Nacional, aún cuando por supuesto, no la Administración Pública *Central* cuyos órganos son los que ejercen el Poder Ejecutivo Nacional.

Para desarrollar los principios constitucionales relativos a la Administración Pública, en todo caso, se ha dictado la Ley Orgánica de la Administración Pública[21], cuyas disposiciones son básicamente "aplicables a la Administración Pública Nacional" (art. 2). La Ley, sin embargo, no define qué ha de entenderse por ello; pero de su normativa se deduce que abarca la Administración Pública que conforman los órganos que ejercen el Poder Ejecutivo Nacional y aquéllos que conforman la Administración Pública Nacional descentralizada sometida al control de aquél, con forma de derecho público.

En cuanto a la Administración Pública que conforman los demás órganos del Poder Público Nacional, es decir, los que a nivel nacional ejercen el Poder Judicial, el Poder Ciudadano y el Poder Electoral, las disposiciones de la Ley Orgánica sólo se les aplican "supletoriamente" (art. 2). En cuanto a los órganos que ejercen el Poder Legislativo, respecto de las funciones administrativas que realicen, conforme al artículo 2 de la Ley Orgánica, también se les podrán aplicar sus disposiciones supletoriamente.

En relación con los órganos de los Poderes Públicos que derivan de la distribución territorial del Poder Público, conforme al artículo 2 de la LOAP "los principios y normas (de la Ley Orgánica) que se refieran en general a la Administración Pública, o expresamente a los Estados, Distritos Metropolitanos y Municipios, serán de obligatoria observancia por éstos, quienes desarrollarán los mismos dentro del ámbito de sus respectivas competencias".

---

20 Véase en general, Allan R. Brewer-Carías, *Principios del Régimen Jurídico de la Organización Administrativa Venezolana*, Caracas 1994, pp. 11 y 53.

21 *Gaceta Oficial* N° 37.305 de 17-10-2001. Esta Ley Orgánica sólo derogó expresamente la Ley Orgánica de la Administración Central, cuya última reforma había sido la hecha mediante Decreto-Ley N° 369 de 14-9-99, en *Gaceta Oficial* N° 36.850 de 14-12-99.

## IV.- LAS FUNCIONES DEL ESTADO, SU EJERCICIO INTERORGÁNICO Y LA FUNCIÓN ADMINISTRATIVA

Anteriormente nos hemos referido al marco constitucional del derecho administrativo que deriva de los principios de la distribución vertical y de la separación orgánica del Poder Público en las diversas ramas territoriales. Ahora bien, conforme a lo establecido en el artículo 136 de la Constitución "Cada una de las ramas del Poder Público tiene sus funciones propias, pero los órganos a los que incumbe su ejercicio colaborarán entre sí en la realización de los fines del Estado".

La asignación de funciones propias, por tanto, no implica que cada uno de los órganos del Estado siempre tenga el ejercicio exclusivo de alguna función estatal específica. Por tanto, todos los órganos del Estado, en una u otra forma ejercen todas las funciones del Estado, lo que conduce al principio del ejercicio inter orgánico de las funciones del Estado, que se configura como otro de los marcos constitucionales del derecho administrativo.

Es decir, la división de la potestad estatal (el Poder Público) en ramas y la distribución de su ejercicio entre diversos órganos, no coincide exactamente con la "separación" de las funciones estatales[22], por lo que el hecho de que exista una separación orgánica "de poderes" no implica que cada uno de los órganos que lo ejercen tenga necesariamente el ejercicio exclusivo de ciertas funciones, ya que paralelamente a las "funciones propias" de cada órgano del Estado, éstos ejercen funciones que por su naturaleza son similares a las que ejercen otros órganos estatales[23]. En otras palabras, paralelamente a sus funciones propias, los órganos del Estado realizan funciones distintas a aquellas que les corresponden por su naturaleza[24].

Ahora bien, en la expresión constitucional, por "función" ha de entenderse la acción que desarrollan los órganos estatales o la actividad que desempeñan como tarea que les es inherente, en el sentido que sólo en ejercicio del Poder Público pueden cumplirse. De ahí que la función es toda actividad de la propia esencia y naturaleza de los órganos estatales y, por tanto, indelegable salvo que exista una autorización constitucional. Entonces, las diversas funciones del Estado son sólo las diversas formas a través de las cuales se manifiesta la actividad estatal[25]; y ellas no están atribuidas en forma exclusiva a los órganos del Estado[26].

En el mundo contemporáneo estas funciones como tareas inherentes a los órganos del Estado pueden reducirse a las siguientes:: la función normativa, la función política, la función administrativa, la función jurisdiccional y la función de control, a las cuales pueden reconducirse todas las actividades del Estado. Estas funciones, realizadas en ejercicio del Poder Público por los órganos estatales, sin embargo, como se dijo, no están encomendadas con carácter exclusivo a diferentes órganos, sino que se ejercen por varios de los órganos estatales.

Así, la función normativa en el Estado contemporáneo es aquella actividad estatal que se manifiesta en la creación, modificación o extinción de normas jurídicas de validez general[27]. La

22 Véase por ejemplo, sentencia de la antigua Corte Federal (CF) de 19-6-53, en *Gaceta Forense (GF)* N° 1, 1953, p. 77; y sentencias de la antigua Corte Suprema de Justicia (CSJ) en Sala Político Administrativa (SPA) de 18-7-63, en *GF* N° 41, 1963, pp. 116 y 117; de 27-5-68, en *GF* N° 60, 1969, pp. 115 y ss.; y de 9-7-69, en *GF* N° 65, 1969, pp. 70 y ss.

23 Véase la sentencia de la antigua CF de 19-6-53, en *GF* N° 1, 1953, p. 77; y la sentencia de la antigua Corte Federal y de Casación (CFC) en Sala Político-Administrativa (SPA) de 18-7-63, en *GF* N° 41, 1963, p. 116.

24 Véase la sentencia de la CSJ en SPA de 18-7-63, en *GF* N° 41, 1963, pp. 116 y 117.

25 Véase, Allan-R. Brewer-Carías, *Las Instituciones Fundamentales del Derecho Administrativo y la jurisprudencia Venezolana*, Caracas, 1964,, p. 105.

26 El carácter flexible, no rígido ni absoluto, del principio en su aplicación en Venezuela, ha sido destacado repetidamente por la jurisprudencia de la Corte Suprema. En particular, h. Sentencias de la CFC en SPA de 23-2-50 en *GF*, N° 4, 1950, pp. 84 a 39; de la CFC en CP de 26-5-51 en *GF*, N° 8, 1952, p. 114; y Sentencias de la CSJ en SPA de 18-7-63 en *GF*, N° 41, 1963, pp. 117-118; de 27-5-68 en *GF*, N° 60, 1969, pp. 115 a 118; de 22-4-69 en *GF*, N° 64, 1969, pp. 5 a 15; de 9-7-69, en *GF*, N° 65, 1969, pp. 70 a 74; y de 1-6-72, en *Gaceta Oficial (G.O.)*. N° 1.523, extraordinario, de 1-6-72, p. 9. Véase además, Allan-R. Brewer-Carías, "Algunas bases del Derecho Público en la jurisprudencia Venezolana", en *RFD*, N° 27, 1963, pp. 143 y 144. Las referencias jurisprudenciales pueden también consultarse en Allan R. Brewer-Carías, *Jurisprudencia de la Corte Suprema (1930-1973) y Estudios de Derecho Administrativo*, Tomo I, (El ordenamiento constitucional y funcional del Estado), Caracas, 1975, pp. 147 y ss.

27 Véase la, sentencia de la CSJ en SPA de 18-7-63, en *GF* N° 41, 1963, p. 116.

función normativa del Estado, en esta forma, si bien se atribuye como función propia al órgano que ejerce el Poder Legislativo, es decir, a la Asamblea Nacional, al sancionar las leyes (art. 203), se realiza también por otros órganos del Poder Público incluso con rango y valor de ley. En efecto, cuando mediante una ley habilitante la Asamblea Nacional delega en el Presidente la posibilidad de dictar actos estatales con rango y valor de ley (Art. 236,8), sin duda ejerce la función normativa; e igualmente, cuando reglamenta las leyes (Art. 236,10). Igualmente el Tribunal Supremo de Justicia también ejerce la función normativa cuando dicta los reglamentos necesarios a los efectos de asegurar la dirección y gobierno del Poder Judicial (Art. 267)[28]. Igualmente, ejercen la función normativa, los órganos del Poder Ciudadano cuando dictan los reglamentos establecidos en las leyes reguladoras de su actividad[29], al igual que el Consejo Nacional Electoral, en ejercicio del Poder Electoral, cuando reglamenta las leyes electorales (Art. 293,1)[30].

La función normativa, por tanto, si bien es una "función propia" de la Asamblea Nacional, no es una función privativa y exclusiva de ella, pues los otros órganos estatales también la ejercen. Sin embargo, lo que sí es función privativa y exclusiva de la Asamblea Nacional es el ejercicio de la función normativa en una forma determinada: como cuerpo legislador y mediante la emisión de los actos estatales denominados leyes. Los otros órganos estatales que ejercen la función normativa, si bien realizan una función creadora dentro del ordenamiento jurídico, a excepción de los decretos leyes habilitados (dictados por el Presidente de la República una vez que se ha dictado la ley habilitante) lo hacen a través de actos administrativos de efectos generales, y siempre bajo el condicionamiento de las leyes y nunca en ejecución directa e inmediata sólo de una norma constitucional. En otras palabras, las leyes son actos estatales dictados en ejecución directa e inmediata de la Constitución y de rango legal; los reglamentos y demás actos administrativos de efectos generales son actos de ejecución directa e inmediata de la legislación y de rango sublegal. Sin embargo, los decretos-leyes habilitados que puede dictar el Presidente de la República, a pesar de requerir de una ley habilitante, en virtud de la delegación legislativa que contiene, puede decirse que se dictan también en ejecución directa de la Constitución.

Pero aparte de la función normativa, en el Estado contemporáneo ha ido delineándose otra función primordial, distinta de la función administrativa, por medio de la cual el Presidente de la República ejerce sus actividades como jefe del Estado, es decir, como jefe del Gobierno de la República[31], dirigiendo la acción de gobierno (Arts. 226; 236,2). A través de esta función política, el Presidente de la República puede adoptar decisiones en virtud de atribuciones que le son conferidas directamente por la Constitución, en general sin condicionamiento legal, de orden político, las cuales, por tanto, exceden de la administración normal de los asuntos del Estado. Ello ocurre por ejemplo, cuando dirige las relaciones exteriores, convoca a sesiones extraordinarias a la Asamblea Nacional y cuando la disuelve (Arts. 236,4,9,20). También puede considerarse que ejerce la función política, cuando decreta los estados de excepción, y restringe garantías constitucionales, incluso, en este caso, a pesar de que la Constitución dispuso que una Ley Orgánica deba regular la materia (Art. 338)[32]. La característica fundamental de esta función política es que está atribuida en la Constitución directamente al Presidente de la República, es decir, al nivel superior de los órganos que ejercen el Poder Ejecutivo, no pudiendo otros órganos ejecutivos ejercerla.

Los órganos que ejercen el Poder Ejecutivo en esta forma, realizan fundamentalmente dos funciones propias: la función política y la función administrativa[33]. La función política, como

28 Véase por ejemplo, Art. 6, párrafo 1,10,12, *Gaceta Oficial* N° 37.942 de 19-05-2004.

29 Artículos 3; 14,2; y 28 de la Ley Orgánica de la Contraloría General de la República; Artículos 29; 20; 34; 36; 40; 43; 46 y 51 de la Ley Orgánica de la Defensoría del Pueblo.

30 Además, artículos 32 y 29 de la Ley Orgánica del Poder Electoral.

31 Aun cuando en algunos casos podría no haber coincidencia, podría decirse que, en general, el Presidente de la República ejerce sus atribuciones de jefe del Estado en ejercicio de la función política, y de jefe del Ejecutivo Nacional, en ejercicio de la función administrativa.

32 Véase la Ley Orgánica sobre Estados de Excepción (Ley N° 32), *G.O.* N° 37.261 de 15-08-2001.

33 La distinción entre "gobierno y administración" es comúnmente empleada por la Constitución, por ejemplo, artículos, 21, 27, 30 y 191.

función del Presidente de la República, se ejerce en ejecución directa de atribuciones constitucionales, en general sin condicionamiento legal alguno. El Legislador, en esta forma, y salvo por lo que se refiere a los estados de excepción dada la autorización constitucional (Art. 338), no puede limitar las facultades políticas del jefe del Estado[34]. La función política, por tanto, se traduce en actos estatales de rango legal, en tanto que la función administrativa se traduce en actos estatales de rango sublegal[35].

Pero si bien la función política se ejerce con el carácter de función propia por el Presidente de la República en ejercicio del Poder Ejecutivo, ello tampoco se realiza con carácter excluyente, ya que la Asamblea Nacional en ejercicio del Poder Legislativo también realiza la función política, sea a través de actos parlamentarios sin forma de ley[36], sea mediante leyes[37]. En estos casos, también, la función política realizada por los órganos del Poder Legislativo es una actividad de rango legal, es decir, de ejecución directa e inmediata de la Constitución. Pero si bien esta función puede ser realizada tanto por el Presidente de la República como por los órganos legislativos, por lo que no es exclusiva o excluyente, sin embargo, lo que sí es exclusiva de uno u otros órganos es la forma de su ejecución en los casos autorizados por la Constitución: la función política mediante decretos ejecutivos (actos de gobierno), se realiza en forma exclusiva por el Presidente de la República; y mediante leyes o actos parlamentarios sin forma de ley, por la Asamblea nacional.

Además de la función normativa y de la función política, los órganos estatales realizan la función jurisdiccional, es decir, conocen, deciden o resuelven controversias entre dos o más pretensiones, es decir, controversias en las cuales una parte esgrime pretensiones frente a otra. El ejercicio de la función jurisdiccional se ha atribuido como función propia al Tribunal Supremo de Justicia y a los tribunales de la República, pero aquí también ello no implica una atribución exclusiva y excluyente, sino que, al contrario, los otros órganos estatales pueden ejercer la función jurisdiccional.

En efecto, los órganos que ejercen el Poder Ejecutivo[38], realizan funciones jurisdiccionales, cuando las autoridades administrativas deciden controversias entre partes, dentro de los límites de su competencia[39], y la Asamblea Nacional también participa en la función jurisdiccional, cuando por ejemplo, autorizan el enjuiciamiento del Presidente de la República (Art. 266,2). Por tanto, la función jurisdiccional como actividad privativa e inherente del Estado mediante la cual sus órganos deciden controversias y declaran el derecho aplicable en un caso concreto, se ejerce por diversos órganos estatales en ejercicio del Poder Público: por el Tribunal Supremo de Justicia y los Tribunales de la República, en ejercicio del Poder Judicial; y por los órganos administrativos en ejercicio del Poder Ejecutivo Nacional. La función jurisdiccional, por tanto, si bien es una "función propia" de los órganos judiciales, no es una función privativa y exclusiva de ellos, pues otros órganos estatales también la ejercen. Sin embargo, lo que sí es una función privativa y exclusiva de los tribunales es el ejercicio de la función jurisdiccional a través de un proceso (Art. 257) en una forma determinada: con fuerza de verdad legal, mediante actos de-

34 El legislador, por ejemplo, no podría limitar las atribuciones del Presidente de convocar a la Asamblea nacional a sesiones extraordinarias.

35 Sobre la distinción entre los actos del Poder Ejecutivo dictados en ejecución directa de la Constitución o en ejecución directa de la ley, véase la sentencia de la CSJ en SPA de 13-2-68, en *GF* N° 59, 1969, p. 85. En todo caso, una cosa es atribuir a la función política rango legal y otra es atribuirle "naturaleza legislativa". El decreto de restricción de garantías constitucionales, por ejemplo, tiene rango legal, por cuanto puede "restringir" temporalmente la vigencia de una ley, lo que implica que la modifique ni la derogue. Si la derogara, el acto tendría "naturaleza legislativa". Sobre esta confusión, véase en *Doctrina PGR,* 1971, Caracas 1972, p. 189.

36 Por ejemplo, cuando autoriza al Presidente de la República para salir del territorio nacional. Art. 187,17 de la Constitución; o cuando reserva al Estado determinadas industrias o servicios, Art. 302.

37 La ley que decreta una amnistía, por ejemplo. Art. 186,5 de la Constitución.

38 Véase la sentencias de la CSJ en SPA de 18-7-63, en *GF* N° 41, 1963, pp. 116 y 117; de 27-5-68, en *GF* N° 60, 1969, pp. 115 y 118; y de 9-7-69, en *GF* N° 65, 1969, pp. 70 y ss.

39 Cuando la Administración decide, por ejemplo, la oposición a una solicitud de registro de marca de fábrica, conforme a la Ley de Propiedad Industrial, *G.O.* N° 25.227 de 10-12-1956; o cuando decide la oposición a una solicitud de otorgamiento de una concesión de explotación forestal, conforme a la Ley Forestal, de Suelos y Aguas (Art. 6), en *G.O.* N° 997, Extr., de 8-1-66.

nominados sentencias. Sólo los tribunales pueden resolver controversias y declarar el derecho en un caso concreto, con fuerza de verdad legal, por lo que sólo los órganos del Poder judicial pueden desarrollar la "función judicial" (función jurisdiccional ejercida por los tribunales). Los demás órganos del Estado que realizan funciones jurisdiccionales lo hacen a través de actos administrativos condicionados por la legislación.

Además de la función normativa, de la función política y de la función jurisdiccional, los órganos del Estado también ejercen la función de control, cuando vigilan, supervisan y velan por la regularidad del ejercicio de otras actividades estatales o de las actividades de los administrados y particulares.

El ejercicio de la función de control se ha atribuido como función propia a los órganos que ejercen el Poder Ciudadano, pero en este caso, ello tampoco implica una atribución exclusiva y excluyente, sino que, al contrario, los otros órganos estatales pueden ejercer la función jurisdiccional. En efecto, la Asamblea Nacional, en ejercicio del Poder Legislativo ejerce la función de control sobre el gobierno y la Administración Pública Nacional y los funcionarios ejecutivos (Art. 187,3; 222); el Presidente de la República como Jefe del Ejecutivo Nacional ejerce las funciones de control jerárquico en relación con los órganos de la Administración Pública (Art. 226) y los órganos que ejercen el Poder Ejecutivo controlan las actividades de los particulares, de acuerdo a la regulación legal de las mismas; el Consejo Nacional Electoral, en ejercicio del Poder Electoral, ejerce el control de las actividades de los órganos subordinados (Art. 293) , de las elecciones y de las organizaciones con fines políticos (Art. 293); y el Tribunal Supremo de Justicia ejerce las función de control de constitucionalidad y legalidad de los actos del Estado (Art. 259; 336).

Por tanto, la función de control como actividad privativa e inherente del Estado mediante la cual sus órganos supervisan, vigilan y controlan las actividades de otros órganos del Estado o de los administrados, y la misma se ejerce por diversos órganos estatales en ejercicio del Poder Público: por los órganos que ejercen el Poder Ciudadano; por la Asamblea Nacional, en ejercicio del Poder legislativo; por el Tribunal Supremo de Justicia y los Tribunales de la República, en ejercicio del Poder Judicial; y por los órganos administrativos en ejercicio del Poder Ejecutivo Nacional y del Poder Electoral. La función de control, por tanto, si bien es una "función propia" de los órganos que ejercen el Poder Ciudadano, no es una función privativa y exclusiva de ellos, pues todos los otros órganos estatales también la ejercen.

Pero aparte de la función creadora de normas jurídicas de efectos generales (función normativa), de la función de conducción y ordenación política del Estado (función de conducción del gobierno), de la función de resolución de controversias entre partes declarando el derecho aplicable en casos concretos (función jurisdiccional) y de ejercer la vigilancia o fiscalización de actividades estatales y de los particulares (función de control), el Estado ejerce la función administrativa, a través de la cual entra en relación con los particulares, como sujeto de derecho, gestor del interés público[40]. De allí la distinción entre la función de crear el derecho (normativa), de aplicar el derecho imparcialmente (jurisdiccional), y de actuar en relaciones jurídicas como sujeto de derecho, al gestionar el interés público (administrativa)[41].

40 Véase, Allan R. Brewer-Carías, *Las Instituciones Fundamentales..., cit.*, p. 115. Si el Estado legisla, tal como lo señala Santi Romano, "no entra en relaciones de las cuales él, como legislador, sea parte: las relaciones que la ley establece o de cualquier modo contempla se desenvuelven después entre sujetos diversos del Estado o bien con el mismo Estado, pero no en su aspecto de legislador sino en otros aspectos mediante órganos diversos de los del Poder Legislativo". Véase el "Prime Pagine di un Manuale de Diritto Amministrativo", en *Scritti Minori*, Milano 1950, p. 363, *cit.*, por J M. Boquera Oliver, *Derecho Administrativo*, Vol. I, Madrid, 1972, p. 59. "Cuando el Estado juzga -señala J. González Pérez-, no es parte interesada en una relación jurídica; no es sujeto de derecho que trata de realizar sus peculiares intereses con arreglo al Derecho... cuando el Estado juzga satisface las pretensiones que una parte esgrime frente a otra; incide como tercero en una relación jurídica, decidiendo la pretensión ante él deducida con arreglo al ordenamiento jurídico". Véase en *Derecho Procesal Administrativo*, Madrid, 1966, Tomo II, p. 37.

41 En este sentido, antigua la Corte Suprema ha señalado al referirse a la función administrativa, que en ella el Estado "no realiza una función creadora dentro del ordenamiento jurídico, que es la función legislativa, ni conoce ni decide acerca de las pretensiones que una parte esgrime frente a otra, que es la función judicial; sino que es sujeto de derecho, titular de intereses, agente propio de la función administrativa...". Véase las sentencias de la CSJ en SPA de 18-7-63, en *GF* N°

En las dos primeras, el Estado, al crear el derecho o al aplicarlo, es un tercero en las relaciones jurídicas que surjan; en la última, en cambio, el Estado es parte de la relación jurídica que se establece entre la Administración y los particulares[42], como sujeto de Derecho gestor del interés público. De allí que la personalidad jurídica del Estado, como se ha dicho, se concretice en el orden interno, cuando sus órganos ejercen la función administrativa.

Ahora bien, al igual que lo que sucede con la función normativa, política y jurisdiccional, la función administrativa tampoco está atribuida con carácter de exclusividad a alguno de los órganos del Poder Público. Por ello, si bien la función administrativa puede considerarse como función propia de los órganos ejecutivos y electorales, concretizada básicamente a través de actos administrativos, ello no significa que la ejerzan con carácter exclusivo y excluyente. Al contrario, todos los otros órganos del Estado también ejercen la función administrativa: la Asamblea Nacional, al autorizar diversos actos de los órganos ejecutivos o al dictar actos relativos a su personal o servicios administrativos, realizan la función administrativa[43], y los órganos que ejercen el Poder Judicial o el Poder Ciudadano realizan la función administrativa, al dictar actos concernientes a la administración del personal o de los servicios de los órganos, o al imponer sanciones[44]. En esta forma, la función administrativa, como actividad privativa e inherente del Estado mediante la cual sus órganos, en ejercicio del Poder Público, entran en relaciones jurídicas con los administrados, se puede realizar por los órganos administrativos, en ejercicio del Poder Ejecutivo Nacional y del Poder Electoral; por la Asamblea Nacional, en ejercicio del Poder Legislativo; y por los tribunales de la República, en ejercicio del Poder Judicial. La función administrativa, por tanto, si bien es una "función propia" de los órganos ejecutivos y electorales, no es una función privativa y exclusiva de ellos, pues los otros órganos estatales también la ejercen dentro del ámbito de sus respectivas competencias constitucionales y legales. El acto administrativo, como concreción típica pero no única del ejercicio de la función administrativa, puede emanar de todos los órganos estatales en ejercicio del Poder Público, teniendo en todo taso carácter sublegal.

El concepto de funciones del Estado, por tanto, es distinto al de poderes del Estado. El Poder Público, sus ramas o distribuciones, constituye en sí mismo una situación jurídica constitucional individualizada, propia y exclusiva de los órganos del Estado, mediante cuyo ejercicio estos realiza las funciones que le son propias. Las funciones del Estado, por su parte, constituyen las actividades propias e inherentes al Estado[45]. La noción de Poder es entonces previa a la de función: ésta se manifiesta como una actividad estatal específica realizada en ejercicio del Poder Público (de una de sus ramas o distribuciones), por lo que no puede existir una función estatal sino cuando se realiza en ejercicio del Poder Público, es decir, de la potestad genérica de obrar que tiene constitucionalmente el Estado. Poder y función son, por tanto, distintos elementos en la actividad del Estado: el Poder Público como situación jurídico-constitucional, tiene su fuente en la propia Constitución y existe la posibilidad de ejercerlo desde el momento en que está establecido en ella; la función estatal, en cambio, presupone siempre el ejercicio del Poder Público por un órgano del Estado, y sólo cuando hay ejercicio concreto del Poder Público es que se realiza una función estatal.

De lo anteriormente expuesto resulta, por tanto, que a nivel de cada una de las cinco ramas del Poder Público nacional (o de las dos ramas de los poderes públicos estadales y municipales), si bien existe una diferenciación orgánica con la asignación de funciones propias a cada uno de los órganos, el ejercicio de las mismas por dichos órganos, en general no es exclusiva ni excluyente. En otras palabras, existen órganos legislativos nacionales, estadales y munici-

41, 1963, pp. 116 y ss.; de 27-5-68, en *GF* N° 60, 1969, pp. 115 y ss.; de 9-7-69 en *GF* N° 65, 1969, pp. 70 y ss. En estas sentencias, sin embargo, como veremos, la Corte confunde la función estatal con el acto estatal.

42 Véase la sentencia de la CSJ en SPA de 13-3-67, en *GF* N° 55, 1968, p. 107.

43 Véase la sentencia de la CSJ en SPA de 18-7-63, en *GF* N° 41, 1963, pp. 116 y 117; y de 27-5-68, en *GF* N° 60, 1969, p. 115.

44 Véase, además, Allan R. Brewer-Carías, "Consideraciones sobre la impugnación de los Actos de Registro en la vía contencioso-administrativa" en libro *Homenaje a Joaquín Sánchez Coviza,* (en prensa), Caracas, 1975.

45 Véase, Allan R. Brewer-Carías, *Las Instituciones Fundamentales del Derecho Administrativo y la jurisprudencia Venezolana*, Caracas, 1964, pp. 105 y ss.

pales[46]; órganos ejecutivos nacionales, estadales y municipales; órganos de control nacionales, estadales y municipales; y órganos judiciales y electorales exclusivamente nacionales; pero las funciones normativas, política, administrativas, jurisdiccionales y de control del Estado no coinciden exactamente con aquella división o separación orgánica:

De allí que como principio general de la aplicación del principio de la separación de poderes en el régimen constitucional venezolano, puede afirmarse que la "división del Poder" no coincide exactamente con la "separación de funciones".[47] Por ello, no sólo en múltiples oportunidades los órganos del Estado, además de sus "funciones propias" ejercen funciones que por su naturaleza deberían corresponder a otros órganos, sino que también en múltiples oportunidades la Constitución permite y admite la intervención o interferencia de unos órganos en las funciones propias de otros..

## V. LOS ACTOS ESTATALES, SU CARÁCTER INTERFUNCIONAL Y LOS ACTOS ADMINISTRATIVOS

De lo anteriormente dicho sobre el principio del carácter inter orgánico del ejercicio de las funciones estatales resulta, como se ha dicho, que la separación orgánica de poderes no coincide con la distribución de funciones.

Pero, en el ordenamiento jurídico venezolano, tampoco el ejercicio de una función del Estado por determinado órgano del mismo, conduce necesariamente a la emisión de determinados actos estatales, es decir, tampoco hay coincidencia entre las funciones del Estado y los actos jurídicos que emanan de la voluntad estatal[48]. Ello conlleva a otro de los marcos constitucionales del derecho administrativo que es el del carácter interfuncional de los actos estatales.

En efecto, de lo expuesto anteriormente resulta que la función normativa la ejerce el Estado en Venezuela a través de sus órganos legislativos (Asamblea Nacional), de sus órganos ejecutivos (Presidente de la República), o de sus órganos judiciales (Tribunales), de los órganos del Poder Ciudadano (Consejo Moral republicano, Defensoría del pueblo, Ministerio Público, Contraloría general de la República) y de los órganos electorales (Consejo nacional Electoral).

En cuanto a la función política, la ejerce el Estado a través de sus órganos legislativos (Asamblea nacional y de sus órganos ejecutivos (Presidente de la República).

La función jurisdiccional la ejerce el Estado a través de sus órganos judiciales (Tribunal Supremo de Justicia), de sus órganos ejecutivos (Administración Pública) y de sus órganos electorales (Consejo Nacional Electoral).

La función de control la ejerce el Estado en Venezuela a través de sus órganos legislativos (Asamblea Nacional), de sus órganos ejecutivos (Administración Pública), de sus órganos judiciales (Tribunales), de sus órganos de control (Consejo Moral Republicano, Defensoría del pueblo, Ministerio Público, Contraloría General de la República) y de sus órganos electorales (Consejo Nacional Electoral).

---

46 Véase, por ejemplo, Sentencia de la CSJ en SPA de 14-3-62 en *GF*, N° 35, 1962, pp. 177 y ss.

47 En tal sentido, expresamente se pronunció la antigua Corte Suprema en varias oportunidades. véase, por ejemplo, la Sentencia de la CF de 19-6-53 en *GF* N° 1, 1953, p. 77; Sentencia de la CSJ en SPA de 18-7-63 en *GF* N° 41 1963 pp: 116 y 117; Sentencia de la CSJ en SPA de 27-5-63 en *GF*, N° 60, 1969, pp. 115 y ss.; y Sentencia de la CSJ en SPA de 9-7-69 en *GF*, N° 65, 1969, pp. 70 y ss.

48 La distinción entre funciones del Estado que la doctrina ha realizado, muchas veces se confunde al querer identificar un tipo de acto jurídico estatal con la función ejercida por el Estado. Véase. Agustín Gordillo, *Introducción al Derecho Administrativo*, Buenos Aires, 1966, pp. 91 y ss. Nosotros mismos hemos incurrido en esta confusión: Véase Allan R. Brewer-Carías, *Las Instituciones Fundamentales del Derecho Administrativo y la jurisprudencia Venezolana*, Caracas, 1964, pp. 108 y ss. En igual confusión incurre la jurisprudencia reciente de la Corte Suprema. Véase las sentencias de la CSJ en SPA de 18-7-63, en *GF* N° 41, 1963, pp. 116 y ss.; de 27-5-68, en *GF* N° 60, 1969, pp. 115 y ss.; y de 9-7-69, en *GF* N° 65, 1969, pp. 70 y ss. Asimismo, en Venezuela, a pesar de su atento de "distinguir" actividad de función, Gonzalo Pérez Luciani incurre en igual confusión al afirmar que "la actividad que tomada globalmente sea relevante jurídicamente se puede decir que es una *función*", en "Actos administrativos que en Venezuela escapan al Recurso Contencioso-Administrativo", *Revista de la facultad de Derecho*, Universidad Católica Andrés Bello, Caracas, 1967-1968 N° 6, p. 196.

Y la función administrativa la ejerce el Estado a través de sus órganos ejecutivos (Administración Pública), de sus órganos electorales (Consejo Nacional Electoral), de sus órganos legislativos (Asamblea Nacional), de sus órganos judiciales (Tribunal Supremo de Justicia) y de sus órganos de control (Consejo Moral Republicano, Defensoría del pueblo, Ministerio Público, Contraloría General de la República)

Consecuencialmente, de lo anterior no puede deducirse que todo acto realizado en ejercicio de la función normativa, sea un acto legislativo; que todo acto realizado en ejercicio de la función política, sea un acto de gobierno; que todo acto realizado en ejercicio de la función jurisdiccional, sea un acto judicial; que todo acto realizado en ejercicio de la función de control sea un acto administrativo o que todo acto realizado en ejercicio de la función administrativa, sea también un acto administrativo.

Al contrario, así como los diversos órganos del Estado realizan diversas funciones, los actos cumplidos en ejercicio de las mismas no son siempre los mismos ni tienen por qué serlo.

En efecto, tal como hemos señalado, la Asamblea Nacional en ejercicio del Poder Legislativo puede ejercer funciones normativas, política, jurisdiccionales, de control y administrativas, pero los actos que emanan de la misma al ejercer dichas funciones no son, necesariamente, ni uniformes ni correlativos.

Cuando la Asamblea Nacional ejerce la función normativa, es decir, crean normas jurídicas de carácter general actuando como cuerpo legisladores, dicta *leyes* (Art. 203), pero cuando lo hace en otra forma distinta, por ejemplo, al dictar sus reglamentos internos, ello lo hace a través de *actos parlamentarios sin forma de ley* (Art. 187,19). Ambos son actos legislativos, pero de distinto valor normativo. Cuando la Asamblea Nacional ejerce la función política, es decir, intervienen en la formulación de las políticas nacionales, lo hacen a través de *leyes* (Art. 303) o a través de *actos parlamentarios sin forma de ley* (Art. 187,10). En el caso de la participación en el ejercicio de la función jurisdiccional, al autorizar el enjuiciamiento del Presidente de la República, la Asamblea Nacional concretiza su acción a través de un *acto parlamentario sin forma de ley* (266,2). Cuando la Asamblea Nacional ejerce sus funciones de control el Gobierno y la Administración Pública también dicta *actos parlamentarios sin forma de ley* (Art. 187,3). Por último, en cuanto al ejercicio de la función administrativa por la Asamblea Nacional, ella puede concretarse en *leyes* (187,9)[49], *actos parlamentarios sin forma de ley* (Art. 187,12) o *actos administrativos* (Art. 187,22).

Por su parte, cuando los órganos que ejercen el Poder Ejecutivo, particularmente el Presidente de la República, realizan la función normativa, ésta se concretiza en *decretos-leyes* y *reglamentos (actos administrativos de efectos generales)* (Art. 236,10; 266,5). En este caso de los *decretos-leyes,* estos pueden ser *decretos leyes* delegados dictados en virtud de una habilitación legislativa (Art. 203; 236,8); *decretos leyes* de organización ministerial (art. 236,20) y *decretos leyes* de estados de excepción (art. 236,7). En todos estos casos de decretos leyes, si bien todos son objeto de regulaciones legislativas que los condicionan (leyes habilitantes o leyes orgánicas) autorizadas en la Constitución; los mismos tienen rango y valor de ley. Pero el Presidente de la República también realiza la función política, al dictar *actos de gobierno*, que son actos dictados en ejecución directa e inmediata de la Constitución (Art. 236,2,4,5,6,19,21). En particular, en este caso, dichos actos de gobierno se caracterizan frente a los actos administrativos por dos elementos combinados: en primer lugar, porque el acto de gobierno sólo puede ser realizado por el Presidente de la República, como jefe del Estado, "en cuya condición dirige la acción de Gobierno" (Art. 226); y en segundo lugar, porque se trata de actos dictados en ejecución de atribuciones establecidas directamente en la Constitución, sin posibilidad de condicionamiento legislativo, y que, por tanto, tienen el mismo rango que las leyes.

En todo caso, para distinguir el acto legislativo del acto de gobierno y del acto administrativo no sólo debe utilizarse el criterio orgánico, sino también el criterio formal: el acto de gobierno, aun cuando realizado en ejecución directa de la Constitución, está reservado al Presidente de la República, en tanto que el acto legislativo, realizado también en ejecución directa de la

49 En el pasado, por ejemplo, eran las leyes aprobatorias de contratos estatales conforme al artículo 126 de la Constitución de 1961.

Constitución[50], en principio está reservado a la Asamblea Nacional; aún cuando esta pueda delegar la potestad normativa con rango de ley en el Presidente de la República mediante una ley habilitante (Art. 203), en cuyo caso el acto dictado por el Presidente mediante decretos leyes habilitados (Art. 236,8) es un acto legislativo, aún cuando delegado. En esta forma, el criterio orgánico distingue el acto de gobierno del acto legislativo, y ambos se distinguen del acto administrativo mediante el criterio formal: tanto el acto de gobierno como el acto legislativo (el dictado por la Asamblea Nacional como el dictado por delegación por el Presidente de la República) se realizan en ejecución directa de competencias constitucionales, en tanto que el acto administrativo siempre es de rango sublegal, es decir, sometido a la ley y realizado en ejecución de la ley, y por tanto, en ejecución mediata e indirecta de la Constitución.

Es decir, los actos de gobierno se distinguen de los actos administrativos, en que estos se realizan a todos los niveles de la Administración Pública y siempre tienen rango sublegal, es decir, se dictan por los órganos ejecutivos en ejecución de atribuciones directamente establecidas en la legislación, y sólo en ejecución indirecta y mediata de la Constitución[51]. Pero además, en los casos de ejercicio de la función jurisdiccional, de la función de control y de la función administrativa, los órganos ejecutivos dictan, por ejemplo, *actos administrativos* (Art. 259; 266,5).

En cuanto a los órganos que ejercen el Poder judicial, cuando por ejemplo el Tribunal Supremo de Justicia ejerce la función normativa, dicta reglamentos (actos administrativos de efectos generales),[52] cuando ejerce la función administrativa y la función de control sobre el Poder Judicial (Art. 267), dictan *actos administrativos*; y cuando ejerce la función jurisdiccional, dictan *actos judiciales* (*sentencias*) (Art. 266, 336). El acto judicial, por su parte, también se distingue del acto de gobierno y de la acto legislativo con base en los dos criterios señalados: desde el punto de vista orgánico, porque el acto judicial está reservado a los Tribunales de la República, en tanto que el acto legislativo está reservado a la Asamblea Nacional, la cual puede delegarlo en el Presidente de la República (leyes habilitantes) y el acto de gobierno está reservada al Presidente de la República[53]; y desde el punto de vista formal, porque al igual que el acto administrativo, el acto judicial es de rango sublegal, es decir, sometido a la ley y realizado en ejecución de la ley.

Por último, en cuanto a la distinción entre el acto administrativo y el acto judicial, si bien no puede utilizarse el criterio formal de su graduación en el ordenamiento jurídico ya que ambos son dictados en ejecución directa e inmediata de la legislación y en ejecución indirecta y mediata de la Constitución, sí se distinguen con base al criterio orgánico y a otro criterio formal. Desde el punto de vista orgánico, el acto judicial está reservado a los tribunales, con carácter de exclusividad, ya que sólo éstos pueden dictar sentencias; y desde el punto de vista formal, la declaración de lo que es derecho en un caso concreto que realizan los órganos judiciales, se hace mediante un acto que tiene fuerza de verdad legal, que sólo las sentencias poseen.

Por su parte, cuando los órganos que ejercen el Poder Ciudadano realizan la función de control (Art. 274; 281; 289), la función normativa y la función administrativa, la misma se concreta en *actos administrativos de efectos generales* (*reglamentos*) *o de efectos particulares* (Art. 259; 266,5). Igualmente, cuando los órganos que ejercen el Poder Electoral realizan la función normativa (Art. 293,1), dictan *actos administrativos de efectos generales* (*reglamentos*) (Art. 293,1); y cuando realizan la función administrativa (Art. 293,3) y de control (Art. 293,9), la misma se concreta en *actos administrativos* (Art. 259; 266,5).

---

50 La Asamblea Nacional realiza su actividad legislativa en cumplimiento de atribuciones directamente establecidas en la Constitución (Art. 187,1; 203). En el solo caso de las leyes especiales que han de someterse a las leyes orgánicas preexistentes (Art. 203) podría decirse que hay condicionamiento legislativo de la propia actividad legislativa. En igual sentido, los decretos-leyes dictados por el Presidente de la República en ejercicio de la función normativa, están condicionados por la ley habilitante o de delegación (Art. 236,8).

51 En este sentido es que podría decirse que la actividad administrativa se reduce a ejecución de la ley.

52 Los reglamentos establecidos en la Ley Orgánica del Tribunal Supremo de Justicia, Art. 6, Párrafo 1,10,12.

53 Puede decirse, entonces, que la separación orgánica de poderes tiene plena concordancia con la división orgánica de las actividades de gobierno (reservada al Presidente de la República), legislativas (reservadas a la Asamblea Nacional, la cual puede delegarla en el ejecutivo Nacional) y judiciales (reservada a los Tribunales). Por supuesto, la coincidencia de actividades específicas con órganos estatales determinados concluye allí, pues la actividad administrativa, al contrario, no está reservada a ningún órgano estatal específico, sino que se realiza por todos ellos.

En esta forma, el ejercicio de la función normativa se puede manifestar, variablemente, a través de leyes, actos parlamentarios sin forma de ley, decretos-leyes y reglamentos (actos administrativos de efectos generales); el ejercicio de la función política, a través de actos de gobierno, leyes y actos parlamentarios sin forma de ley; el ejercicio de la función jurisdiccional, a través de actos parlamentarios sin forma de ley, actos administrativos y sentencias; el ejercicio de la función de control, a través de leyes, actos parlamentarios sin forma de ley, actos administrativos y sentencias; y el ejercicio de la función administrativa, a través de leyes, actos parlamentarios sin forma de ley y actos administrativos.

En sentido inverso, puede decirse que las leyes sólo emanan de la Asamblea Nacional actuando no sólo en ejercicio de la función normativa, sino de la función política, de la función de control y de la función administrativa; que los actos de gobierno emanan del Presidente de la República, actuando en ejercicio de la función política; que los decretos-leyes emanan también del Presidente en ejercicio de la función normativa; que los actos parlamentarios sin forma de ley sólo emanan de la Asamblea Nacional, actuando en ejercicio de las funciones normativas, política, de control y administrativa; y que los actos judiciales (sentencias) sólo emanan de los tribunales, actuando en ejercicio de la función jurisdiccional. En todos estos casos, el tipo de acto se dicta exclusivamente por un órgano estatal, pero en ejercicio de variadas funciones estatales. Lo privativo y exclusivo de los órganos estatales en esos casos, no es el ejercicio de una determinada función, sino la posibilidad de dictar determinados actos: las leyes y los actos parlamentarios sin forma de ley por la Asamblea nacional; los actos de gobierno por el Presidente de la República; y los actos judiciales (sentencias) por los tribunales.

En cuanto a los actos administrativos, éstos pueden emanar de la Asamblea Nacional, actuando en función administrativa y en función de control; de los tribunales, actuando en función normativa, en función de control y en función administrativa; de los órganos que ejercen el Poder Ejecutivo (Administración Pública Central) cuando actúan, en función normativa, en función jurisdiccional, en función de control y en función administrativa; de los órganos que ejercen el Poder Ciudadano actuando en función normativa, en función de control y en función administrativa; y de los órganos que ejercen el Poder Electoral actuando también en función normativa, en función de control y en función administrativa.

Los actos administrativos en esta forma, y contrariamente a lo que sucede con las leyes, con los actos parlamentarios sin forma de ley, con los decretos-leyes, con los actos de gobierno y con las sentencias judiciales, no están reservados a determinados órganos del Estado, sino que pueden ser dictados por todos ellos y no sólo en ejercicio de la función administrativa.

## VI.- EL CONTROL DE LA ADMINISTRACIÓN PÚBLICA Y LA RESPONSABILIDAD ADMINISTRATIVA.

La consecuencia de los principios de supremacía constitucional, de formación del derecho por grados y de legalidad es que todos los actos estatales están sometidos a control judicial, por lo que en el ordenamiento jurídico venezolano no hay actos estatales excluidos de control. De allí que dentro del marco constitucional del derecho administrativo también se identifique el de la universalidad del control de los actos estatales por parte de los órganos del Poder Judicial.

Por ello, dejando aparte el control judicial que se ejerce sobre los actos judiciales (sistemas procesales de apelación, acción de amparo, recursos de revisión, recurso de casación), los demás actos estatales están sujetos al control judicial por parte de los jueces competentes para ejercer tanto la justicia constitucional como la justicia administrativa.

En cuanto al sistema de justicia constitucional, en Venezuela está concebido como un sistema mixto, en el cual el control difuso de la constitucionalidad está atribuido a todos los tribunales de la República (art. 334), y el sistema concentrado, con relación a las leyes y demás actos de rango legal o de ejecución directa e inmediata de la Constitución, está atribuido a la Sala Constitucional del Tribunal Supremo de Justicia (art. 336)[54], la cual tiene poderes anulatorios en la materia con efectos *erga omnes*.

54 Véase en general, Allan R. Brewer-Carías, *Instituciones Políticas y Constitucionales*, Tomo VI (*La Justicia Constitucional*), *op. cit.*, pp. 86 y ss.

Ahora bien, para asegurar la sumisión de los reglamentos y demás actos administrativos al derecho, conforme al principio de la legalidad que deriva del Estado de Derecho y a la tradición constitucional que se inicia en 1925 y se consolida en la Constitución de 1961, la Constitución de 1999, ha previsto la garantía judicial específica a cargo de la Jurisdicción contencioso-administrativa, es decir, al conjunto de órganos judiciales encargados de controlar la legalidad y de la legitimidad de las actuaciones de la Administración, tanto por sus actos, omisiones y en general la actividad administrativa, como por las relaciones jurídico-administrativas en las cuales aquélla intervenga[55]. La norma fundamental que constitucionaliza esta jurisdicción en Venezuela está contenida en el artículo 259 de la Constitución de 1999[56], cuyo texto es el siguiente:

> La jurisdicción contencioso-administrativa corresponde al Tribunal Supremo de Justicia y a los demás tribunales que determina la ley. Los órganos de la jurisdicción contencioso-administrativa son competentes para anular los actos administrativos generales o individuales contrarios a derecho, incluso por desviación de poder; condenar al pago de sumas de dinero y a la reparación de daños y perjuicios originados en responsabilidad de la Administración; conocer de reclamos por la prestación de servicios públicos y disponer lo necesario para el restablecimiento de las situaciones jurídicas subjetivas lesionadas por la actividad administrativa.

Ha sido precisamente con base en esta norma constitucional, que repite casi textualmente el contenido del artículo 206 de la anterior Constitución de 1961, que en Venezuela se ha desarrollado la jurisdicción contencioso-administrativa que se ejerce por la Sala Político Administrativa del Tribunal Supremo de Justicia y otros tribunales establecidos por ley. La configuración de dicha jurisdicción, por otra parte, se ha completado en la Constitución de 1999, al regularse también en el artículo 297, a la "jurisdicción contencioso electoral" atribuyéndose su ejercicio a la "Sala Electoral del Tribunal Supremo de Justicia y los demás tribunales que determine la ley"; especializándose así, el control de legalidad e inconstitucionalidad de los actos administrativos dictados por los órganos del Poder Electoral.

Con base en el artículo 259 de la Constitución (equivalente al 206 de la Constitución de 1961), fue la jurisprudencia de la antigua Corte Suprema de Justicia la que elaboró las bases del contencioso administrativo[57], las cuales desarrolladas por la doctrina nacional[58], condujeron a

---

55 Allan R. Brewer-Carías, *Las Instituciones Fundamentales del Derecho Administrativo y la Jurisprudencia Venezolana.* Publicaciones de la Facultad de Derecho, Universidad Central de Venezuela, Caracas, 1964, pp. 295 y ss.

56 Véase en general Allan R. Brewer-Carías, La *Constitución de 1999. Derecho Constitucional Venezolano*, 2 Tomos, Caracas, 2004

57 En cuanto a la jurisprudencia, véase en Allan R. Brewer-Carías, *Jurisprudencia de la Corte Suprema 1930-74 y Estudios de Derecho Administrativo,* Tomo V, *La Jurisdicción Contencioso-Administrativa,* Vol. 1 y 2, Instituto de Derecho Público, Facultad de Derecho, Universidad Central de Venezuela, Caracas, 1978; Allan R. Brewer-Carías y Luís Ortiz Álvarez, *Las grandes decisiones de la jurisprudencia Contencioso Administrativa*, Caracas, 1996; y: Luís Ortiz-Álvarez, *Jurisprudencia de medidas cautelares en el contencioso-administrativo (1980-1994),* Editorial Jurídica Venezolana, Caracas, 1995.

58 Luis Torrealba Narváez, "Consideraciones acerca de la Jurisdicción Contencioso-Administrativa, su Procedimiento y Algunas Relaciones de éste con el de la Jurisdicción Judicial Civil", en *Anales de la Facultad de Derecho,* Universidad Central de Venezuela, Caracas, 1951; Hildegard Rondón de Sansó, *El Sistema Contencioso-Administrativo de la Carrera Administrativa.* Instituciones Procedimiento y Jurisprudencia, Ediciones Magón, Caracas, 1974. Véase asimismo, Allan R. Brewer-Carías, *Estado de Derecho y Control Judicial,* Madrid, 1985, pp. 281 y ss; José Araujo Juárez, José, *Derecho Procesal Administrativo,* Vadell Hermanos editores, Caracas, 1996; Allan R. Brewer-Carías, , *Instituciones Políticas y Constitucionales,* Tomo VII (*Contencioso Administrativo),* Caracas-San Cristóbal, 1997; Antonio Canova González, *Reflexiones para la reforma del sistema contencioso administrativo venezolano,* Editorial Sherwood, Caracas, 1998. Véase además, las siguientes obras colectivas: *El Control Jurisdiccional de los Poderes Públicos en Venezuela,* Instituto de Derecho Público, Facultad de Ciencias Jurídicas y Políticas, Universidad Central de Venezuela, Caracas, 1979; *Contencioso Administrativo en Venezuela,* Editorial Jurídica Venezolana, tercera edición, Caracas, 1993; *Derecho Procesal Administrativo,* Vadell Hermanos editores, Caracas, 1997; *8ª Jornadas "J.M. Domínguez Escovar" (Enero 1983), Tendencias de la jurisprudencia venezolana en materia contencioso-administrativa,* Facultad de Ciencias Jurídicas y Políticas, U.C.V., Corte Suprema de Justicia; Instituto de Estudios Jurídicos del Estado Lara, Tip. Pregón, Caracas, 1983; *Contencioso Administrativo, I Jornadas de Derecho Administrativo Allan Randolph Brewer-Carías,* Funeda, Caracas, 1995; *XVIII Jornadas "J.M. Domínguez Escovar, Avances jurisprudenciales del contencioso- administrativo en Venezuela,* 2 Tomos, Instituto de Estudios Jurídicos del Estado Lara, Diario de Tribunales Editores, S.R.L. Barquisimeto, 1993.

la elaboración de la derogada Ley Orgánica de la Corte Suprema de Justicia de 1976[59], en cuyas normas se reguló el procedimiento contencioso-administrativo ante la Corte; situación que continuó con la Ley Orgánica del Tribunal Supremo de Justicia[60].

Ahora bien, la importancia del texto del artículo 259 de la Constitución, y su efecto inmediato, que es la constitucionalización de la jurisdicción contencioso-administrativa, radica en los siguientes cuatro aspectos[61].

En *primer* lugar, en la *universalidad del control* que la Constitución regula respecto de los actos administrativos, en el sentido, de que todos, absolutamente todos los actos administrativos pueden ser sometidos a control judicial por los órganos de la jurisdicción contencioso-administrativa, por contrariedad al derecho, es decir, sea cual sea el motivo de la misma: inconstitucionalidad o ilegalidad en sentido estricto. La Constitución no admite excepciones, y como lo explicó la Exposición de Motivos de la Constitución de 1961, la fórmula "contrarios a derecho es una enunciación general que evita una enumeración que puede ser peligrosa al dejar fuera de control algunos actos administrativos".

Por tanto, la intención de los proyectistas de la norma, tanto en la Constitución de 1961 como en la de 1999, fue la de que a todos los actos administrativos, por cualquier motivo de contrariedad al derecho, pudieran ser controlados por los Tribunales que conforman la jurisdicción contencioso-administrativa. Ello, por supuesto, trae una consecuencia fundamental: cualquier exclusión de control respecto de actos administrativos específicos sería inconstitucional, sea que dicha exclusión se haga por vía de ley o por las propias decisiones de los Tribunales, en particular, del propio Tribunal Supremo de Justicia.

A los efectos de asegurar la universalidad del control contencioso administrativo, han sido los propios órganos de la jurisdicción contencioso administrativa los que han venido ampliando el concepto de acto administrativo, a los efectos de asegurar que todo acto administrativo pueda ser objeto de control judicial, de manera que no haya actos administrativos que queden excluidos de control[62]. Es la tendencia a la universalidad del control que hemos destacado en otro lugar[63], lo que ha permitido, como hemos señalado, someter a control de legalidad y constitucionalidad a los actos administrativos dictados por las Administraciones Públicas en función normativa y jurisdiccional, así como los actos administrativos dictados por otros órganos del Estado distintos a la Administración Pública y por entes de derecho privado o de derecho público no estatales, y por particulares dictados en función normativa o administrativa[64].

En *segundo* lugar y como consecuencia de esta tendencia hacia la universalidad del control, está el elenco de *recursos y acciones* puestos a disposición de los particulares para acceder a la justicia contencioso administrativa que, por supuesto, además del recurso de nulidad contra los actos administrativos de efectos generales o de efectos particulares, o contra los actos administrativos generales o individuales, con o sin pretensión de amparo constitucional, comprende el recurso por abstención o negativa de los funcionarios públicos a actuar conforme a las obligaciones legales que tienen; el recurso de interpretación; el conjunto de demandas contra los entes públicos; y las acciones para resolver los conflictos entre autoridades administrativas del Estado.

Pero en *tercer l*ugar, la importancia de la constitucionalización de la jurisdicción contencioso-administrativa, es decir, del control judicial de constitucionalidad y legalidad de todos los actos administrativos, está en que no sólo la norma constitucional del artículo 259 persigue

59 Ley Orgánica de la Corte Suprema de Justicia del 30 de julio de 1976 (LOCSJ) en *Gaceta Oficial* N° 1.893, Extraordinaria del 30-07-76.

60 Ley Orgánica del Tribunal Supremo de Justicia (LOTSJ), *Gaceta Oficial*, N° 37942 de 20-05-2004

61 Allan R. Brewer-Carías, *Nuevas Tendencias en el Contencioso Administrativo en Venezuela*, Caracas, 1993.

62 Véase por ejemplo la sentencia de la CSJ-SPA de 11.8.93, en . *Revista de Derecho Público* N° 55-56, Caracas, 1993, p. 390.

63 Véase Allan R. Brewer Carías, *Nuevas Tendencias en el Contencioso Administrativo en Venezuela,* Caracas, 1993, pp. 19 y ss.

64 *Idem*, pp. 25 y ss.

una asignación de competencias a unos órganos judiciales, sino en que consagra un *derecho fundamental del ciudadano a la tutela judicial efectiva frente a la Administración*, en el sentido de lo establecido en el artículo 26 de la propia Constitución y en el artículo 18, primer párrafo de la Ley Orgánica del Tribunal Supremo. En esta forma, la jurisdicción contencioso administrativa se configura constitucionalmente como un instrumento procesal de protección de los administrados frente a la Administración, y no como un mecanismo de protección de la Administración frente a los particulares. De allí la ratificación del principio de la universalidad del control, en el sentido de que tratándose de un derecho constitucional al mismo, no podría el Legislador excluir de control a determinados actos administrativos. Por otra parte, tratándose de un derecho fundamental al control, en la relación privilegios estatales-libertad ciudadana, esta última debe prevalecer.

Además, en *cuarto* lugar, la forma como están concebidas constitucionalmente la universalidad de control y el derecho ciudadano a la tutela judicial frente a la Administración, implica la asignación al juez contencioso-administrativo de *amplísimos* poderes de tutela, no sólo de la legalidad objetiva que debe siempre ser respetada por la Administración, sino de las diversas situaciones jurídicas subjetivas que pueden tener los particulares en relación a la Administración. Por ello, el juez contencioso-administrativo, de acuerdo a los propios términos del artículo 259 de la Constitución, tiene competencia no sólo para anular los actos administrativos contrarios a derecho, sino para condenar a la Administración al pago de sumas de dinero y a la reparación de daños y perjuicios originados en responsabilidad de la misma, y además, para disponer lo necesario para el restablecimiento de las situaciones jurídicas subjetivas lesionadas por la autoridad administrativa, incluyendo en la expresión "situaciones jurídicas subjetivas" no sólo el clásico derecho subjetivo, sino los derechos constitucionales y los propios intereses legítimos, personales y directos de los ciudadanos.

Se destaca, en este último aspecto del artículo 259 de la Constitución, por supuesto, el marco constitucional de la responsabilidad administrativa, tanto del Estado como de los funcionarios públicos. En efecto, la realización de actividades estatales, como resultado del ejercicio de competencias por los titulares de los órganos que ejercen el Poder Público, como toda actividad en el mundo del derecho, puede producir daños a los administrados, tanto como resultado del ejercicio lícito de los Poderes Públicos como por hecho ilícito. Si estos daños se producen, tanto los titulares de los órganos del Estado (los funcionarios públicos), como las personas jurídicas estatales deben responder por los mismos.

En cuanto a los funcionarios públicos, el artículo 139 de la Constitución, que recoge una norma que ha sido tradicional de nuestro constitucionalismo, relativa al principio de la responsabilidad individual de los titulares de los órganos que ejercen el Poder Público. Dispone dicha norma que "El ejercicio del Poder Público acarrea responsabilidad individual por abuso o desviación de poder o por violación de esta Constitución o de la Ley". Esta norma recogió el principio del artículo 121 de la Constitución de 1961, pero agregando además del abuso de poder y de la violación de la Constitución y la ley, a la "desviación de poder" dentro de los supuestos que generan responsabilidad del funcionario.

En consecuencia, la responsabilidad de los funcionarios cuando en ejercicio del Poder Público causen daños, puede originarse por abuso de poder, es decir, por el llamado vicio en la causa de los actos estatales (falso supuesto, por ejemplo); por desviación de poder, que es el vicio en la finalidad del acto estatal, al utilizarse el poder conferido para perseguir fines distintos a los establecidos en la norma atributiva de competencia; y en general, por violación de la Constitución o de la Ley, es decir, en general, por contrariedad al derecho.

La Constitución, por otra parte, y también siguiendo una larga tradición de nuestro constitucionalismo, reitera el principio de la responsabilidad de los funcionarios públicos pero, en particular, respecto de los actos que dicten, ordenen o ejecuten, que violen o menoscaben los derechos garantizados constitucionalmente; responsabilidad que puede ser civil, penal y administrativa, sin que pueda servirles de excusa órdenes superiores que reciba el funcionario (art. 25). Este mismo principio lo repite el artículo 8 de la Ley Orgánica de la Administración Pública, en relación con los funcionarios "de la Administración Pública".

Debe indicarse, por otra parte, que la Constitución, además de haber sido reiterativa en el establecimiento de la responsabilidad individual de los funcionarios en ejercicio del Poder Público (arts. 46,4; 199, 200, 216, 222, 232, 241, 242, 244, 281,4 y 5; 285,4; 315), la ha reafirmado en particular respecto de los jueces por los daños causados a los ciudadanos en el ejercicio de sus funciones, por ejemplo, por retardo o error judicial (Arts. 49,8 y 255).

Pero además de haber establecido la responsabilidad individual de los funcionarios, una de las innovaciones importantes de la Constitución de 1999 en materia de régimen general del ejercicio del Poder Público, fue la previsión expresa del principio de la responsabilidad patrimonial del Estado, es decir, de las personas jurídicas estatales, básicamente las que resultan de la distribución vertical del Poder Público (Repúblicas, Estados y de Municipios); por los daños y perjuicios que causen los funcionarios en ejercicio de sus funciones.

En la Constitución de 1961, el principio de la responsabilidad del Estado se deducía de la previsión del artículo 47, que establecía que las personas no podían pretender que los entes estatales los indemnizaren sino por daños causados por "autoridades legítimas en ejercicio de su función pública"; y del artículo 206, que regulaba la jurisdicción contencioso administrativa (equivalente al artículo 259 de la Constitución de 1999), al atribuirle a los tribunales de dicha jurisdicción, competencia para dictar sentencias de condena "al pago de sumas de dinero y a la reparación de daños y perjuicios originados en responsabilidad de la Administración".

En la Constitución de 1999, sin embargo, se incluyó una norma expresa en la materia, con el siguiente texto:

> *Artículo 140:* El Estado responderá patrimonialmente por los daños que sufran los particulares en cualquiera de sus bienes y derechos, siempre que la lesión sea imputable al funcionamiento de la Administración Pública.

De la expresión "funcionamiento de la Administración Pública" se admite que la responsabilidad del Estado se puede originar cuando la lesión se derive tanto del "funcionamiento normal" como del "funcionamiento anormal" de la Administración Pública.

Por otra parte, se observa de esta norma que la responsabilidad es del "Estado", es decir, de las personas jurídicas estatales, en particular, de la República, de los Estados y de los Municipios en sus respectivos niveles territoriales, por el funcionamiento de sus Administraciones Públicas.

En cuanto a la expresión "Administración Pública" utilizada en este artículo, en todo caso, debe interpretarse conforme se utiliza la expresión en el Título IV de la Constitución, donde está ubicada, abarcando no sólo la Administración Pública conformada por los órganos que ejercen el Poder Ejecutivo, en los tres niveles político territoriales, sino la conformada por los órganos que ejercen el Poder Ciudadano y el Poder Electoral, así como la Administración Pública que constituye la Dirección Ejecutiva de la Magistratura del Tribunal Supremo de Justicia y las unidades administrativas de la Asamblea Nacional.

La redacción de la norma, sin embargo, no permite su aplicación a los casos de responsabilidad del Estado legislador, causada, por ejemplo, al sancionar una ley.

El principio de la responsabilidad patrimonial del Estado por la actividad de la Administración Pública, por otra parte, lo reitera el artículo 14 de la Ley Orgánica de la Administración Pública, aún cuando en forma impropia, al disponer que la responsabilidad patrimonial sería de la "Administración Pública", cuando esta, como se ha señalado, no es un sujeto de derecho o persona jurídica. La norma, en efecto, señala:

> La Administración Pública será responsable ante los particulares por la gestión de sus respectivos órganos, de conformidad con la Constitución de la República Bolivariana de Venezuela y la ley, sin perjuicio de la responsabilidad que corresponda a los funcionarios por su actuación.
>
> La Administración Pública responderá patrimonialmente por los daños que sufran los particulares, siempre que la lesión sea imputable a su funcionamiento.

La "Administración Pública", en efecto, no puede ser responsable pues no es un sujeto de derecho. En la norma, sin duda, se ha utilizado la expresión como equivalente a las personas jurídicas estatales cuyos órganos administrativos (Administración Pública) han causado el daño, de manera que la responsabilidad es propiamente de las personas jurídicas estatales político-territoriales, (República, Estado, Municipios, Distritos Metropolitanos), o descentralizadas (por ejemplo, los institutos autónomos) que la Constitución comprende en la expresión "Estado".

Ahora bien, sobre el principio de la responsabilidad patrimonial del Estado, el principio deriva del proceso natural de penetración del derecho administrativo en áreas tradicionales del derecho privado, pero sin haber tenido realmente un desarrollo autónomo[65]. Sólo ha sido a partir de la entrada en vigencia de la Constitución de 1999 que la Sala Político Administrativa y la Sala Constitucional del Tribunal Supremo han venido avanzando en ello.

Por supuesto, convenimos en que hoy es perfectamente admisible englobar los dos aspectos mencionados de la obligación resarcidora del Estado bajo la denominación general de "responsabilidad administrativa", que englobaría todas las reparaciones debidas por el Estado por daños causados por actividades administrativas tanto lícitas como ilícitas. En cuanto a la responsabilidad por hecho ilícito, por supuesto, sigue rigiendo el derecho civil; y lo mismo se puede decir de la responsabilidad por riesgo. De la norma del artículo 140 e la Constitución, en efecto, en nuestro criterio se deriva lo siguiente:

En *primer lugar,* que la responsabilidad del Estado se puede generar por daños causados a los particulares por culpa imputable a la Administración, como consecuencia de los actos u omisiones de sus funcionarios conforme a los principios del artículo 1.185 del Código Civil.

Se trata, en este caso, de daños causados por lesiones imputables al funcionamiento *anormal* de la Administración que es el que origina el hecho ilícito, es decir, por lesiones producidas por actividades ilegales, contrarias a derecho o que no son realizadas con sometimiento pleno a la ley y al derecho como lo exige el artículo 141 de la Constitución, y que sean imputables a los funcionarios o titulares de los órganos del Estado.

En *segundo lugar,* que la responsabilidad del Estado se puede también generar por daños causados a los particulares por lesiones imputables al funcionamiento *anormal* de la Administración Pública, pero sin que sea necesario establecer culpa alguna de los funcionarios o titulares de los órganos del Estado, como consecuencia de la teoría del riesgo de acuerdo con lo establecido en los artículos 1.192, 1.193 y 1.194 del Código Civil.; y siempre que no se de alguna de las causas eximentes de la responsabilidad consagrada en dichas normas del Código Civil y que la Administración también podría invocar: cuando el daño ha sido causado por falta de la víctima, por el hecho de un tercero o por caso fortuito o fuerza mayor.

En *tercer lugar,* que la responsabilidad del Estado se puede también generar por daños causados a los particulares, sin que haya culpa imputable a la Administración y, por tanto, aún cuando haya habido sometimiento pleno a la ley y al derecho, y que por tanto sean derivados de lesiones causadas por el funcionamiento *normal* de la Administración. En estos casos, el Estado debe también reparar los daños causados por la lesión, pues el particular, conforme al principio de la igualdad ante las cargas públicas, no está legalmente obligado a soportar individualmente el daño que se le causa; y siempre, por supuesto, que no se de alguna de las causas eximentes de la responsabilidad que consagra el artículo 1.193 del Código Civil y que la Administración también podría invocar: cuando el daño ha sido causado por falta de la víctima, por el hecho de un tercero o por caso fortuito o fuerza mayor[66]

---

65 Véase Luis A Ortiz Álvarez, *La Responsabilidad Patrimonial de la Administración Pública, Editorial Jurídica Venezolana*, Caracas, 1995; José Ignacio Hernández G., *Reflexiones críticas sobre las bases constitucionales de la responsabilidad patrimonial de la Administración. Análisis de la interpretación dada al artículo 140 de la Constitución de 1999*, Caracas, 2004. Véase la jurisprudencia en Luis Ortiz Álvarez, *Jurisprudencia de la responsabilidad extracontractual del Estado (1961-1997)*, Caracas 1997 en genera

66 Véase la sentencia de la Sala Político Administrativa del Tribunal Supremo de 25-03-2003 (Caso *CADAFE*), en *Revista de Derecho Público,* N° 93-96, Editorial Jurídica Venezolana, Caracas, 2003, pp. 131 y ss.

En estos casos, como lo ha señalado la Sala Político Administrativa del Tribunal Supremo, "lo determinante es que los particulares no están obligados a soportar sin indemnización el daño sufrido, indistintamente si el daño ha sido causado por el funcionamiento normal o anormal" de la Administración[67]. Por ello, cuando la Sala Constitucional del Tribunal Supremo ha señalado que la responsabilidad administrativa" debe ser apreciada de manera objetiva", en nuestro criterio es sólo porque descarta "la culpa del funcionario como *fundamento único* del sistema indemnizatorio"[68]. Por ello, la Sala Político-Administrativa del Tribunal Supremo, en sentencia de 21-08-2003 (Caso: *Rogelio Cartaza Acosta*) ha señalado que la Constitución de 1999 "Establece un sistema mixto de responsabilidad patrimonial del Estado, en el cual se combinan la responsabilidad objetiva o sin falta de la Administración y la responsabilidad con falta o por funcionamiento anormal de la misma"; lo que condujo a la Sala a señalar que a los fines de establecer la responsabilidad del Estado, si bien debe constatarse "que se ha producido un daño patrimonial a un particular que no está obligado a soportar". Ese daño o lesión puede darse como consecuencia de una actuación legítima de la Administración (en cuyo caso deben utilizarse la teoría del riesgo y del principio de igualdad ante las cargas públicas), o como consecuencia de un funcionamiento anormal de la Administración (donde debe establecerse si hubo una violación a las obligaciones administrativas)[69].

67 Véase la sentencia de la Sala Político Administrativa del Tribunal Supremo de 09-10-2001 (Caso: *Hugo Eunices Betancourt*), en *Revista de Derecho Público*, N° 85-88, Editorial Jurídica Venezolana, Caracas, 2001, pp. 79 y ss.

68 Véase la sentencia de 19-11-2002 (Caso: *Gladis de Carmona*) de revisión de la sentencia de 15-05-2001 de la Sala Político Administrativa, en *Revista de Derecho Público*, N° 89-92, Editorial Jurídica Venezolana, Caracas, 2002, pp. 110 y ss.

69 Véase la cita en José Ignacio Hernández G., *Reflexiones críticas... cit.*, p. 48.

V

# ALGUNOS ASPECTOS DEL DERECHO DE ACCESO A LA INFORMACIÓN PÚBLICA Y LA TRANSPARENCIA EN LA ADMINISTRACIÓN PÚBLICA CONTEMPORÁNEA. UNA PERSPECTIVA COMPARADA PARTIENDO DE LA EXPERIENCIA MEXICANA (2009)

**Texto elaborado para el *Congreso Iberoamericano de Derecho Público y Administrativo.*** Homenaje ***a Romeu Felipe Bacellar Fihlo*, San José Costa Rica, 23-26 Noviembre 2009. Para su redacción partimos de los comentarios que efectuamos en la Conferencia sobre "Retos para la Reforma Gubernamental en México: Transparencia, Elecciones y Justicia criminal" organizada por el Centro de Estudios Latinoamericanos de la Universidad de Columbia, New York, y por el Instituto de Investigaciones Jurídicas, Universidad Nacional Autónoma de México, Nueva York, 19-20 de enero de 2009.**

## I.- ALGUNOS ANTECEDENTES DE LA TRANSPARENCIA Y DE LA APERTURA EN LA ADMINISTRACIÓN PÚBLICA

El 21 de Febrero de 2009, en el día en el cual tomó posesión de su cargo, el Presidente de los Estados Unidos Barak Obama, refiriéndose al Gobierno en Washington, dijo que "En esta ciudad durante mucho tiempo ha existido muchos secretismo", proclamando que al contrario, "la Transparencia y el Estado de derecho serán los hitos de esta presidencia." Luego, ordenó que: "Desde hoy, cada agencia y departamento debe saber que esta Administración está a favor de aquellos que buscan dar a conocer la información, no de aquellos que buscan retenerla."[1]

En cumplimiento de estos ofrecimientos, y para tales fines, el mismo día el Presidente emitió dos Memorándum presidenciales: uno sobre la Ley de libertad de información (*Freedom of Information Act*) y el otro sobre la transparencia y apertura gubernamental (*Transparency and Open Government*).

Citando al Juez Louis Brandeis de la Suprema Corte de los Estados Unidos, quien se refirió a la "luz del sol" como "el mejor desinfectante", Obama ordenó además que la Ley de libertad de información se aplicase con una clara predisposición "a favor de la revelación (*disclosure*)", de modo que "ante la duda, prevalece la apertura (*openness*)"; concluyendo en pocas palabras, con la preposición de que "el Gobierno no deberá retener información confidencial". En el segundo memorando, el Presidente ratificó que su "Administración está comprometida con la creación de un nivel de apertura gubernamental sin precedentes" considerando que "la apertura fortalecerá nuestra democracia y promoverá eficiencia y eficacia en el Gobierno;" agregando, finalmente que: "el *Gobierno debe ser transparente*. La transparencia promueve la responsabilidad y ofrece información a los ciudadanos sobre lo que su Gobierno está haciendo".[2]

Este concepto de la transparencia en el Gobierno responde a la idea política figurada en la "casa de cristal" (*la maison de verre*), que después de muchos años de opacidad, comenzó a

1 Discurso pronunciado durante la ceremonia de juramentación de las autoridades principales del Poder Ejecutivo, el 21 de Febrero de 2009. Véase Sheryl Gay Stolberg, "On First Day, Obama Quickly Sets a New Tone," *The New York Times*, 22 de febrero, 2009, p. A1.

2 Memoranda presidenciales, 21 de Enero de 2009, en www.whitehouse.gov

desarrollarse relacionada con el simbolismo de lo visible y lo asequible, contrario a lo que es cerrado, misterioso, inasequible o inexplicable. Es decir, lo transparente como sensación de tranquilidad y serenidad que resulta de lo que puede ser dominado o racionalizado, es lo contrario a la angustia y la perturbación causadas por lo que es misterioso y desconocido.[3]

Este concepto de transparencia ha sido uno de los elementos clave que en la evolución de la Administración Pública, ha ayudado a la transformar el Estado Burocrático tradicional en el Estado Administrativo y Democrático de nuestros tiempos, más dedicado a los ciudadanos que al Monarca o a la burocracia. Ese Estado Burocrático era aquel caracterizado por Max Weber como la organización que trataba "de incrementar la superioridad del conocimiento profesional de las autoridades públicas, precisamente a través del secretismo y de la confidencialidad de sus intenciones". Por eso, dijo Weber, los gobiernos burocráticos, debido a sus tendencias, son siempre "gobiernos que excluyen la publicidad".[4]

Al contrario, en el mundo contemporáneo, la franqueza, la apertura y la transparencia son la regla; por ello, cualquier expresión gubernamental al respecto como la que fue anunciada por el Presidente de los Estados Unidos, debe ser siempre bienvenida, incluso en un país como ese, que tiene una larga tradición en la materia. En efecto, los Estados Unidos fue uno de los primeros países en aprobar en 1966 una legislación en materia de transparencia y acceso a la información pública, como lo fue la *Freedom of Information Act (FOIA)* (Ley de libertad de información). Antes, sin embargo, desde 1951, en Finlandia ya existía un estatuto sobre el acceso a la información pública[5], siendo el origen común de ambas legislaciones, que su promulgación fue debido a exclusivas iniciativas legislativas, provocada incluso por el activismo legislativo que se manifestó en contra del Ejecutivo con el objeto de imponer políticas de transparencia, habiendo sido en ambos casos, promovida por los partidos de oposición.[6]

Es de destacar, de las manifestaciones del Presidente de los Estados Unidos, que ahora, luego de más de cuarenta años de aplicación de dicha legislación, se busca definir nuevamente la misma política de transparencia, pero en este caso por iniciativa del Poder Ejecutivo.

## II.- EL AVANCE DE LA REFORMA DEMOCRÁTICA EN MÉXICO EN MATERIA DE ACCESO A LA INFORMACIÓN Y SUS LIMITACIONES

Algo muy similar ocurrió en México, en 2002, con la sanción de la Ley Federal de Transparencia y Acceso a Información Gubernamental Pública[7], aprobada tras varias iniciativas de ONG, como el Grupo Oaxaca, pero que se basó en un proyecto de ley que el Ejecutivo[8] (gobierno de Fox) había presentado al Congreso; y más importante, con la gran diferencia de que en este caso de México, la legislación estaba destinada a garantizar la aplicación de un derecho constitucional que había sido incorporado en la Constitución mexicana en una Enmienda de 1977, que había establecido el derecho de los ciudadanos a la información.

---

3 Véase Jaime Rodríguez-Arana, "La transparencia en la Administración Pública," en *Revista Vasca de Administración Pública*, N° 42, Oñati 1995, p. 452.

4 Véase Max Weber, *Economía y Sociedad*, Vol. II, Fondo de Cultura Económica, México 1969, p. 744.

5 En 1766, en Suecia se aprobó una ley sobre el mismo tema de acceso a la información.

6 En cuanto a la FOIA, su origen resulta de la creación, durante la década de los cincuenta, de Comisiones de Senadores y Representantes para resolver la falta de acceso efectivo a la información de acuerdo a las provisiones de la Ley de Procedimiento Administrativo (*Administrative Procedure Act*), las cuales, a pesar de ser muy importantes en su momento, fueron descritas por el Representante John E. Moss, como parte de la "teoría burocrática" que permitía que cada entidad pública decidiera qué tipo de información debía llegar al público. Véase Pierre-Francois Divier, "Etats-Unis L'Administration Transparente: L'accés des citoyens américains aux documents officiels," en *Revue du Droit Public et de la Science Politique en France et a l'étranger*, N° 1, Librairie Générale de Droit et de Jurisprudence, Paris 1975, p. 64 ; Miguel Revenga Sánches, "El imperio de la política. Seguridad nacional y secreto de Estado en el sistema constitucional norteamericano", Ariel, Madrid 1995, p. 153). Luego la FOIA fue reformado en 1974 y en 1976 para hacerla más eficiente. Durante los mismos años, luego de los escándalos de *Watergate* y los *Pentagon Papers* (documentos del Pentágono), se aprobaron dos nuevas leyes: la *Federal Privacy Act* y la *Federal Government in the Sunshine Act.* Véase James Michael, "Freedom of information in the United States" en *Public access to government-held information* (Norman Marsh Editor), Steven & Son LTD, Londres 1987.

7 Algunos artículos de la Ley fueron reformados en 2006

8 Por el *Ministro de Gobernación* Santiago Creel, de la Administración del Presidente Fox.

En efecto, en la Constitución mexicana, en contraste a la Constitución de los Estados Unidos en la que nada se puede encontrar que permita identificar un derecho fundamental de tener acceso a la información pública, el artículo 6 establece el derecho ciudadano a la información que el "Estado garantizará" (artículo 6). Por ello, basado en este derecho constitucional y en relación con la información pública, 15 años más tarde se sancionó la mencionada Ley Federal de Transparencia y Acceso a Información Gubernamental Pública, la cual tiene por objeto contribuir a la democratización de la Sociedad mexicana y garantizar la aplicación eficiente del Estado de derecho; garantizar el derecho de todos de tener acceso a la información; buscar la transparencia del servicio público por medio de la difusión de información pública; reforzar la posibilidad de responsabilidad pública; y proteger la datos personales contenidos en los registros públicos (artículo 6)

Además, y para ampliar el rango de su protección, la Ley Federal dispone expresamente que el derecho de tener acceso a la información pública debe ser interpretado no solo en conformidad con la Constitución, sino también con lo previsto en la Declaración Universal de los Derechos Humanos; en el Pacto Internacional de Derechos Civiles y Políticos; en la Convención Americana de los Derechos Humanos; en la Convención para la eliminación de cualquier tipo de discriminación contra la mujer, y en los otros instrumentos internacionales ratificados por México (artículo 6); y además, conforme a la interpretación dada por las instituciones internacionales especializadas, como por ejemplo, la Comisión Interamericana de los Derechos Humanos y la Corte Interamericana de los Derechos Humanos.[9]

Con esta legislación tendiente a implementar una política de transparencia y apertura, puede decirse que México comenzó a resolver el permanente conflicto entre "secretismo" y "apertura" que todas las Administraciones Públicas han experimentado; y que ha existido, no solo en forma estructural conformando el secretismo atávico que durante tantos años han sido la regla, y no la excepción, en muchas de las Administraciones Públicas de Latinoamérica, sino también en forma circunstancial, en situaciones particulares que se han desarrollado, por ejemplo, como consecuencia del síndrome del espionaje de la post-guerra que marcó la era de la Guerra Fría, o de la lucha contra el terrorismo como consecuencia de los atentados del 11 de septiembre de 2001.[10]

Para imponer la transparencia y garantizar el derecho de tener acceso a la información pública, la Ley Federal de Transparencia mexicana del año 2002, definió también una presunción a favor de la publicidad, estableciendo el principio de que la interpretación de sus normas deben siempre ser realizadas en las entidades públicas en favor del "principio de mayor publicidad," es decir, lo contrario al secretismo.

Pero como siempre ha sucedido con estas legislaciones, las sola declaración de principios que contiene no es suficiente para resolver el conflicto entre secretismo y apertura, particu-

9 Esta declaración tan importante de sometimiento a las reglas y principios internacionales, inherentes de un gobierno democrático, contrastan con la situación que se presenta en otros países como Venezuela, donde desafortunadamente, el Tribunal Supremo de Justicia no solo ha sentenciado que en material de libertad de expresión las Recomendaciones de la Comisión Inter-Americana no son obligatorias en el país, sino que las propias decisiones de la Corte Inter-Americana de Derechos Humanos no son ejecutables en el país. Esta decisión fue dictada por la sala Constitucional del Tribunal Supremo en diciembre de 2008, en relación con la decisión de la Corte Inter-Americana de Derechos humanos del 5 de Agosto de 2008; emitida en el Caso *Apitz Barbera y otros ("Corte Primera de lo Contencioso Administrativo") vs. Venezuela*, en el cual la Corte sentenció que el Estado venezolano había violado las garantías jurídicas de varios jueces que habían sido remividos, establecidas en la Convención Americana de Derechos Humanos, condenando al Estado a pagarles la compensación debida, a reincorporarlos en cargos similares en el Poder Judicial, y a publicar parte de la decisión en los periódicos venezolanos (Véase decisión en Excepción Preliminar, Fondo, Reparaciones y Costas, Serie C N° 182, en www.corteidh.or.cr). Sin embargo, el 12 de diciembre de 2008, la Sala Constitucional del Tribunal Supremo de Justicia emitió la decisión N° 1939, (Expediente: 08-1572), Caso: *Abogados Gustavo Álvarez Arias y otros*, declarando que la decisión antes mencionada de la Corte Inter-Americana de Derechos Humanos, del 5 de agosto de 2008, era inejecutable en Venezuela; instando al Ejecutivo a denunciar a la Convención Americana de Derechos Humanos y acusando a la Corte Inter-Americana de haber usurpado los poderes del Tribunal Supremo.

10 Es por ello que los memoranda del Presidente Obama fueron considerados como el reverso de la política Post Septiembre 2001 que le facilitaba a las agencias gubernamentales el poder negarse ante las solicitudes de documentos conforme a la *Freedom of Information Act*. Véase Sheryl Gay Stolberg "On First Day, Obama Quickly Sets a New Tone", *The New York Times*, 22 de febrero de 2009, p. A1

larmente debido a la amplia variedad de excepciones que también se han establecidas en las legislaciones, lo cual se repite en la Ley federal mexicana en relación con las informaciones confidenciales, dejando incluso en las manos del director de la respectiva unidad de la Administración Pública (artículo 16) el poder de declarar determinado tipo de información como "reservada". En todos estos casos, la información se mantiene fuera del alcance de los ciudadanos, respecto de las cuales ningún derecho al acceso a la información puede existir efectivamente.

El problema en la Ley mexicana, en todo caso, no es le referencia que la misma hace en su Artículo 18 a la información considerada como "confidencial," referida a la consignada por los administrados con sus peticiones ante la Administración Pública, y a su datos personales contenida en los registros que requieren de su consentimiento para que sean divulgados o distribuidos;[11] sino la asignación a los jefes de las entidades públicas del poder para calificar, como reservada, cierta información durante un período de 12 años (artículo 15),[12] refiriéndose a la información cuya difusión pudiera comprometer la seguridad nacional, la seguridad pública o la defensa nacional; aquella que pudiese poner en riesgo la estabilidad monetaria, económica o financiera del país; que pudiera poner en peligro la vida de las personas, la seguridad y la salud públicas; y que pudiera afectar seriamente las actividades de policía, de prevención del delito, la justicia, la recaudación de impuestos, el control de inmigración, y estrategias que se adopten en los procedimientos judiciales o administrativos antes de su decisión final (artículo 15).

Es cierto que la Ley expresamente excluye de este amplio espectro de información reservada, aquella información que está relacionada con violaciones graves en contra de los derechos humanos y con crímenes contra la humanidad (artículo 14), pero sin duda, el amplio vocabulario utilizado en la enumeración para la clasificación de información como reservada, puede llevar a contradecir los mismos objetivos de apertura de la Ley.

En todo caso, para evitar esta distorsión y para controlar las posibles desviaciones en la aplicación de las excepciones, la Ley Federal creó un Instituto Federal de Acceso a la Información Pública atribuyéndole la potestad a cargo de decidir, en última instancia administrativa, sobre el rechazo de peticiones que se hubieses introducido solicitando acceso a información, y sobre la protección de la datos personales que puedan existir en los archivos de las entidades públicas (artículo 34). A fin de garantizar el derecho de solicitar información, la Ley también estableció un lapso preciso de 20 días para que se produzca la respuesta oficial, previendo el principio del "silencio positivo," es decir la presunción de respuesta positiva en caso de silencio, considerando entonces concedida la petición al agotarse el lapso de respuesta sin que se hubiese producido decisión expresa. Es de destacar que en este respecto, la Ley Federal de Transparencia incluso modificó la regla general contraria establecida en la Ley Federal de Procedimientos Administrativos de 1994, del "silencio negativo" donde lo que se presume es la "respuesta negativa" o el rechazo de las peticiones en los casos en los cuales no se haya producido una respuesta oportuna (artículo 17).

En cuanto al problema de las excepciones al derecho de la información, el mismo se agrava en la Ley Federal pues la misma, además de establecer los casos antes referidos en los cuales las autoridades pueden califica ciertas informaciones como reservadas, directamente dispone la calificación de confidencial de otro tipo de información, sin la necesidad de requerir declaraciones adicionales por parte de las autoridades. Esto se refiere a las informaciones que ya han sido declaradas como confidenciales en otras leyes, como las relativas al secreto comercial, industrial, fiscal, bancario o fiduciario. También se refiere la Ley a los archivos de investigaciones preliminares; a los archivos de procedimientos judiciales o administrativos aún sin decisión definitiva; a los procesos de responsabilidad de las autoridades públicas aún sin decisión definitiva; y a las opiniones, sugerencias o puntos de vista ofrecidos por las autoridades públicas en las deliberaciones relativas a procedimientos hasta que se adopte decisión definitiva. Lamentablemente, todas estas exenciones constituyen una ventana abierta al secretismo (artículo 14).

11 En cuanto a la información personal que se encuentra en los registros públicos, esta no es considerada como confidencial.
12 En el FOIA de los Estados Unidos, el plazo es de 25 años.

Pero en todo caso, para cualquiera que ha estado involucrado en procesos de reforma de la Administración Pública en América Latina, la aprobación de un estatuto como la Ley Federal mexicana de Transparencia y Acceso a la información pública gubernamental y su aplicación, más que una reforma, puede ser considerado como el comienzo de una revolución administrativa que, aunque requerirá de muchos años para producir resultados definitivos, ya ha producido un sentido importante de apertura dentro de la Administración Pública de México, lo cual puede incluso percibirse en los reportajes ofrecidos por los medios de comunicación sobre la misma y sus funcionarios, en una forma nunca antes imaginada.

El resultado de este proceso inicial también fue la aprobación, en 2007, de una nueva Enmienda constitucional sobre el mismo artículo 6 de la Constitución para agregar a la declaración inicial del derecho a la información que el Estado debe garantizar, también con rango constitucional, los siguientes principios que todas las agencias y entidades públicas deber seguir para hacer efectiva dicha garantía: En primer lugar, la presunción de publicidad antes mencionada, es decir, el principio de que toda información que esté en manos de cualquier autoridad o entidad pública debe considerarse cómo de carácter público, siendo la excepción de esta regla, su declaración temporal como reservada basada en motivos de interés público. Es por ello que, en la interpretación del derecho constitucional a la información, la Ley Federal de 2002 establecía el principio de que la mayor publicidad siempre debe prevalecer. Ésta es la misma presunción a favor de la revelación que se definió en el Memorando del Presidente Obama de fecha 21 de enero de 2009; de manera que en caso de duda, la apertura es la que debe prevaler; pero con la gran diferencia de que en México se trata de una previsión de rango constitucional, como un derecho de los ciudadanos, y no solo como una política del Poder Ejecutivo expresa sobre la aplicación de un estatuto que en definitiva podría ser modificada por otros gobiernos, como ha ocurrido en el pasado.

Los otros principios que se incluyeron en la Enmienda constitucional mexicana de 2007, que ya había desarrollado en la Ley Federal, fueron la previsión expresa del derecho de todos de que toda información relacionada con la vida privada y la datos personales esté debidamente protegida; y el derecho de tener acceso sin costo alguno, a la información pública relativa a los datos personales y a su rectificación. Para ello, la legislación debe establecer los medios adecuados para garantizar el acceso a la información y también procedimientos simples y expeditos de revisión ante entidades imparciales, autónomas y especializadas.

## III.-EL AVANCE EN OTROS PAÍSES LATINOAMERICANOS EN MATERIA DE TRANSPARENCIA Y ACCESO A LA INFORMACIÓN

En todo caso, la legislación mexicana del año 2002 no fue el primer estatuto en esta materia en América Latina. En 1985, en Colombia se promulgó la Ley N° 57 sobre la publicidad de documentos oficiales y administrativos, y en enero de 2002, antes de la Ley mexicana, se aprobó en Panamá la Ley N° 6 sobre las previsiones para la transparencia en la gestión pública y sobre acciones habeas data. Además de estos casos, el hecho es que en todas las otras leyes aprobadas en Latinoamérica durante los últimos siete años, la Ley Federal mexicana ha tenido una influencia definitiva en su redacción en lo que se refiere a la transparencia y al derecho al acceso a la información pública.[13] Ese ha sido el caso, por ejemplo, de los estatutos aprobados en el Perú en 2003 (Ley N° 27,806 de Transparencia y el acceso a la información pública); en Ecuador en 2004 (Ley Orgánica de Transparencia y acceso a la información pública), y el mismo año en la República Dominicana (Ley General N° 200-04 del Libre acceso a la información pública); en Honduras, en 2006 (Ley de Transparencia y acceso a la información pública); en Nicaragua en 2007 (Ley N° 621-2007 de acceso a la información); y en Chile (Ley de Transparencia y acceso a la información), en Guatemala (Ley de acceso a la información pública), y en Uruguay (Ley N° 18381 de acceso a la información pública y del *amparo informativo*), durante el año 2008.

Para promover la transparencia de las funciones administrativas dentro de todas las entidades públicas, todas estas Leyes establecen el derecho al acceso de información como un derecho fundamental de todos los ciudadanos; presumen expresamente que toda información emi-

13 La Ley Federal también tuvo mucha importancia en la redacción de la legislación de los Estados de la federación.

tida por las entidades públicas debe considerarse como de carácter público, con la excepción de los documentos confidenciales o aquellos declarados como reservados; casi todas establecen la presunción del silencio positivo ante la ausencia de respuestas expeditas a las solicitudes de información; y obligan a las entidades públicas a publicar la información concerniente a su organización o a su funcionamiento. Sin embargo, en muchas de estas leyes, y partiendo del precedente mexicano, también se establecen previsiones específicas para la protección judicial del derecho al acceso a la información, a través de la acción de habeas data, que se configura como una especie de *amparo informativo*, como se lo define en el derecho uruguayo.

En efecto, a pesar de que México es la cuna de la acción de amparo, en lo que respecta al derecho al acceso a la información y a su protección judicial, en contraste con el régimen establecido en los otros países Latinoamericanos, ni en la Constitución y en la Ley Federal se reguló la acción habeas data; es decir, el medio judicial específico diseñado para garantizar la protección de los derechos a la información sin necesidad de agotar, previamente, cualesquiera recursos de revisión administrativa. Esta acción específica de habeas data, establecida originalmente para la protección de datos personales y progresivamente ampliada para la protección del derecho de acceso a la información pública, ha sido prevista en las Constituciones de Argentina, Brasil, Ecuador, Paraguay, Perú y Venezuela, en paralelo a los otros medios judiciales para la protección de los derechos humanos, como el amparo y las acciones habeas corpus. En otros países, aún sin fuente constitucional, dicha acción de habeas data ha sido establecida por ley (Panamá, Uruguay).

## IV.- EL TEMA DE LA GARANTÍA JUDICIAL AL DERECHO DE ACCESO A LA INFORMACIÓN PÚBLICA

En materia de protección judicial, en cambio, en México, la Ley Federal solo ha establecido la posibilidad de tener acceso a los Órganos Judiciales (artículo 59), mediante la impugnación través de acciones contencioso administrativas o de mediante juicio de amparo, de las decisiones definitivas dictadas por el Instituto Federal de Acceso a la Información Pública; cuando dichas decisiones son adoptadas resolviendo recursos de revisión administrativos introducidos ante el organismo, contra las decisiones finales de las entidades administrativas correspondientes que niegan la información (artículo 49). Es decir, siguiendo la tendencia de las Estados Unidos, la posibilidad de tener acceso a la protección judicial del derecho de tener acceso a la información pública, en México está sujeta al agotamiento previo de recursos administrativos que deben ejercerse, *primero*, ante la Administración Pública correspondiente que posee la información y la niega, y *segundo*, ante el Instituto Federal de Acceso a la Información Pública.

Esta es una característica importante del sistema mexicano que sin duda contrasta con las otras legislaciones de América Latina, en las cuales el acceso a la protección judicial del derecho de acceso a la información pública es inmediato y directo, sin necesidad de agotar previamente cualesquiera recursos administrativos ante la Administración Pública de las Agencias Independientes.

Ese es el caso, por ejemplo, de las previsiones de la Ley de Transparencia y Acceso a la Información de Panamá de 2002, que como se ha dicho, fue promulgada antes que la Ley mexicana, en la cual la acción de habeas data esta establecida para garantizar el derecho de cada persona a tener acceso a la información pública, por ejemplo, como lo establece la ley, en los casos en los cuales la autoridad pública responsable del registro, el archivo o el banco de datos que contiene la información o los datos personales requeridos, niegue dicha información o la suministre en forma insuficiente o inexacta (artículo 17). En esos casos, la Ley prevé la posibilidad de que se introduzca la acción habeas data ante las mismas Cortes Superiores capacitadas para decidir, en general, en materia de acciones de amparo cuando la acción se refiere a actos de autoridades públicas municipales o provinciales responsables de registros o archivos. Cuando se trata de autoridades públicas con jurisdicción sobre más de dos provincias o sobre toda la República, la Corte Suprema de Justicia es entonces la competente para decidir sobre la acción habeas data (artículo 18).

Esta acción de habeas data debe decidirse durante un proceso regido por las mismas reglas de la acción de amparo, sin formalidades y sin la necesidad de la asistencia de un abogado.

En este mismo sentido, la reciente Ley uruguaya de 2008 relativa al derecho de acceso a la información pública, también ha previsto una acción judicial especial de acceso a la información, denominada "amparo informativo," que todas las personas tienen para la garantía de su derecho. Esta acción puede ser introducida por cualquier persona interesada o por sus representantes (artículo 24) contra cualquier autoridad pública obligada por la Ley, cuando se niegue el suministro de la información solicitada, o cuando la información no es suministrada en los términos establecidos en la Ley. Los tribunales competentes para decidir sobre dicha acción son, en general, las los de Primera Instancia con jurisdicción en asuntos civiles o en materia contencioso administrativo (artículo 23), y el procedimiento que se debe aplicar está establecido en la misma Ley de forma expedita (artículo 25) y sin incidentes de procedimientos judiciales (artículo 30), dando lugar para la realización de una audiencia pública que debe llevarse a cabo dentro de los tres días siguientes bajo la dirección del tribunal, en la cual las partes deben discutir sus pretensiones y presentar las pruebas correspondientes. La decisión final debe ser emitida dentro del plazo de las siguientes veinticuatro horas (artículo 26). En cualquier caso, los tribunales tienen el amplio poder de adoptar las medidas provisionales o cautelares necesarias para proteger el derecho o libertad presuntamente violado (artículo 27). La sentencia final debe determinar lo que sea necesario hacer para garantizar el derecho al acceso a la información pública, en un plazo no mayor de 15 días (artículo 28); estando en todo caso sujeta a apelación y a una revisión de segunda instancia (artículo 29).

En el caso de Ecuador, donde también se promulgó en 2004 una Ley Orgánica de Transparencia y acceso a la información pública, desde 1997, la Ley de Control de Constitucionalidad estableció la acción del habeas data en adición a las acciones de habeas corpus y amparo para la protección de los derechos humanos, específicamente con el propósito de garantizar el derecho de cada individuo de tener acceso a la información relacionada con él mismo o con sus propiedades, y a conocer el uso y propósito de los datos (artículo 34). El recurso habeas data que puede ser introducido ante cualquier tribunal (artículo 37) tiene por objeto obtener por parte de la entidad correspondiente, la información que debe ser suministrada en forma completa, clara y acertada; la rectificación o supresión de información o evitar su divulgación a terceros; y las copias y verificación de corrección o supresión de información (artículo 35). Sin embargo, la acción de habeas data no procede cuando se pueda ver afectado el secreto profesional; cuando la justicia pueda ser obstruida; y en los casos de documentos reservados por razones de seguridad nacional (artículo 36). El procedimiento del recurso de habeas data también impone la necesidad de que el tribunal lleve a cabo una audiencia pública que de tener lugar dentro de un plazo de 8 días, debiendo adoptarse la decisión final durante los siguientes dos días (artículo 38). El querellado debe suministrar la información durante los siguientes ocho días, conjuntamente con una explicación sobre la misma (artículo 39), y la decisión está sujeta a apelación ante el Tribunal Constitucional (artículo 42).

Pero además de esta acción habeas data, en Ecuador, la Ley Orgánica de Transparencia y acceso a la información pública de 2004, estableció sin prejuicio de la acción de amparo, un recurso de acceso a la información, para garantizar judicialmente el derecho de acceso a la información pública (artículo 22). Este recurso puede ser introducido por cualquier persona cuya solicitud respecto de cualquier tipo de información establecida en la Ley, haya sido negada de forma tácita o expresa; ya sea por el rechazo expreso de la solicitud, o por recibir información incompleta, alterada o falsa; incluyendo casos en los cuales el rechazo de la información este basado en el carácter reservado o confidencial de la información solicitada. El recurso puede ser interpuesto directamente ante cualquier tribunal de primera instancia del domicilio de la autoridad pública que esté en posesión de la información; y el tribunal también debe convocar una audiencia pública para ello, dentro de las siguientes 24 horas. La decisión final debe ser emitida en un plazo no mayor de dos días después de la audiencia, incluso en el caso de que la autoridad pública ante la cual se solicitó la información no se presente en la audiencia. La información requerida debe ser entregada al tribunal en un plazo no mayor de ocho días, y en caso de que la información sea de carácter reservado o confidencial, ese hecho debe ser debidamente comprobado. En este último caso, una vez que el tribunal encuentre debidamente comprobado la calificación, debe confirmar la negativa de la información solicitada. En caso contrario, el tribunal debe ordenar que la autoridad libere la información en 24 horas, pudiendo esta decisión ser apelada ante el Tribunal Constitucional cuando la autoridad pública mantenga el carácter de confidencial o reservado de la información. En este caso, la Ley ecuatoriana también asigna amplios poderes a los tribunales competentes para adoptar medidas cautelares en casos en los cuales la información pueda verse en riesgo de encubrimiento, desaparición o destrucción.

En el Perú, el tema de la protección judicial del derecho al acceso a la información no está tratado en la Ley N° 27806 de Transparencia y acceso a la información pública de 2003; sino en Código Procesal Constitucional de 2004, en el que se incluyeron las acciones de amparo y habeas corpus, así como también el proceso de habeas data. Este último se estableció, particularmente, para la protección de los derechos constitucionales de acceso a la información; para la protección de la intimidad personal o familiar (artículos 2, 5 y 6); y particularmente, para garantizar el acceso a toda información recogida por las entidades públicas cualquiera que sea su forma o expresión, y para saber, actualizar, incluir, suprimir o rectificar información o data referente al accionante, reunida en cualquier forma dentro de instituciones públicas o privadas que ofrezcan servicios de acceso a terceros. Este derecho incluye la posibilidad de solicitar la supresión de información de carácter privado o sensible que pueda afectar los derechos constitucionales del accionante o impedir que se suministre (artículo 61).

La acción de habeas data sólo puede ser introducida una vez que la persona interesada haya hecho la solicitud ante la autoridad correspondiente y la misma haya sido rechazada, o cuando al momento de la introducción de la solicitud, la autoridad no ha dado una respuesta en un plazo de 10 días o 2 días, de acuerdo con el derecho exigido (artículo 62). El tribunal correspondiente tiene el poder de solicitar al accionado toda la información que considere necesaria (artículo 63); y el proceso aplicable es el mismo establecido en el Código para la acción de amparo, excepto en cuanto a la necesidad de un abogado que, en este caso, es facultativa (artículo 65).

Por otra parte, el recurso de habeas data aún cuando únicamente para la protección de datos personales, garantizando el derecho de tener acceso a los registros oficiales o bancos de datos que la contengan, y de los derechos de rectificar o corregir tal información, se estableció en la Constitución de Brasil, que fue el primer país latinoamericano en constitucionalizar este recurso (artículo 5, LXXII); en la Constitución de Argentina (Reforma de 1994) (artículo 43); y en la Constitución de Paraguay de 1992 (artículo 135).

Este es también el caso de Venezuela, donde la Constitución de 1999 regula la acción de habeas data para garantizar el derecho de las personas de acceder a la información y a los datos que sobre sí misma o sobre sus bienes consten en registros oficiales o privados, así como de conocer el uso que se haga de los mismos y su finalidad, y de solicitar ante el tribunal competente la actualización, la rectificación o la destrucción de aquellos, si fuesen erróneos o afectasen ilegítimamente sus derechos (artículo 28). La misma previsión de la Constitución garantiza el derecho de todos al acceso a documentos de cualquier naturaleza que contengan información cuyo conocimiento sea de interés para comunidades o grupos de personas, quedando en todo caso a salvo el secreto de las fuentes de información periodística y de otras profesiones que determine la ley. No obstante, la falta de desarrollo legislativo en materia de la acción de habeas ha reducido el alcance de esta acción, habiéndose reservado la Sala Constitucional del Tribunal Supremo el conocimiento de la misma.

## V.- EL DERECHO DE ACCESO A LA INFORMACIÓN COMO DERECHO CONSTITUCIONAL

Por otra parte, también se debe mencionar que el importante paso tomado en México en el año 1977, para garantizar en el texto constitucional el derecho a la información y al acceso a ella (artículo 6), sólo ha sido seguido por pocos países latinoamericanos. Este es el caso de la

Constitución de Brasil de 1988, la que contiene una declaración sobre la garantía del "derecho de todos al acceso a la información" (artículo 5, XIV). En Colombia, la Constitución de 1991 solo establece el derecho al acceso a los documentos públicos, como un derecho de los partidos políticos de oposición (artículo 112); y en Perú, la Constitución de 2000, establece el derecho de todos a solicitar a las entidades públicas, la información necesaria, sin expresar ningún motivo en particular, y a recibirla dentro del plazo establecido por la ley. Solo la información referente a asuntos privados, y aquella establecida expresamente por la ley por razones de seguridad, está excluida; y los servicios de información no pueden suministrar información que pueda afectar la intimidad personal o familiar (artículos 2, 5 y 6).

En el caso de la Constitución de Venezuela de 1999, el artículo 143 establece el derecho de los ciudadanos tienen derecho a ser informados oportuna y verazmente por la Administración Pública, sobre el estado de las actuaciones en que estén directamente interesados, y a conocer las resoluciones definitivas que se adopten sobre el particular.

Asimismo, la misma disposición establece el derecho de acceso a los archivos y registros administrativos, únicamente sujeto a "los límites aceptables dentro de una sociedad democrática en materias relativas a seguridad interior y exterior, a investigación criminal y a la intimidad de la vida privada, de conformidad con la ley que regule la materia de clasificación de documentos de contenido confidencial o secreto.".

El mismo artículo prohíbe cualquier censura previa en lo que refiere a funcionarios públicos sobre la información que puedan ofrecer acerca de los asuntos bajo su responsabilidad.

## REFLEXIÓN FINAL

En todo caso, las declaraciones constitucionales de derechos a la transparencia y al acceso a la información pública, y su garantía por medio de leyes como las que están vigentes en América Latina, a pesar de que son pasos muy importantes hacia la democratización de la Administración Pública, no son lo suficiente para garantizar su aplicabilidad. Otros elementos son indispensables para tal propósito, como por ejemplo, la necesidad de la verdadera configuración de un Servicio Civil efectivo, estable y profesional que pueda adoptar el principio de transparencia como uno de sus valores. Un sistema de servidores públicos sujeto a cambios políticos y a la merced de los cambios de gobierno, o a la voluntad de los partidos políticos, o del Jefe de Estado, es completamente incompatible con el principio de presunción a favor de la información y del libre acceso, particularmente porque, al contrario, el secretismo es el principio que puede garantizar su supervivencia.

Por otro lado, para realmente garantizar el derecho de información, la existencia previa de dicha información también es indispensable, la cual por tanto, debe ser previamente recopilada en registros y archivos públicos bien organizados y seguros. Frente a una Administración Pública sin memoria de su propia información, situación que se repite en muchos de nuestros países en los que no existe una cultura de preservar la información o en los que persiste una política de destrucción de documentos históricos; los ciudadanos no pueden tener una garantía cierta de acceso a la información o de ser informados, excepto sobre lo que la autoridad pública determine que es lo que quiere informar o puede informar.

Otro elemento indispensable para garantizar el derecho al acceso a la información pública, es la existencia de la libertad de expresión que para que se puedan difundir los casos de la falta de transparencia y que pudiera demandar apertura. A este respecto, por ejemplo, el progreso que se ha logrado desde la década de los sesenta en los Estados Unidos, además de tener su origen en el activismo legislativo, puede sin duda ser atribuido a la garantía efectiva de la libertad de expresión y de la libre prensa que ha ayudado a la transparencia. Pero por supuesto, el derecho de informar que tienen los medios de comunicación es solo un aspecto del asunto, y no puede quedar condicionado por lo que solo que la prensa u otro medio de comunicación quiere informar, y cuando lo quieren informar.

Sin la libertad de expresión y la libertad de prensa, sin duda, no se puede garantizar el derecho ciudadano de ser informado y de acceder a la información pública,[14] y sin ellas, no existe posibilidad para que el ciudadano común pueda ser informado cuando, por ejemplo, la falta de transparencia marque alguna acción política.

Por ejemplo, al inicio me referí a los anuncios que el Presidente Obama hizo en materia de transparencia y apertura dentro del Gobierno el día de la Toma de posesión de su cargo; asunto que fue informado a los ciudadanos por medio de la prensa. Y ha sido a través de la misma prensa que el ciudadano ha podido tomar conocimiento de ciertos retrocesos en el desarrollo de esa política pública. Es el caso, por ejemplo, de la discusión originada con motivo de la calificación como secreto de Estado que defendió un abogado del Departamento de Justicia ante una Corte de Apelación de los Estados Unidos, con motivo de los graves alegatos de tortura que se denunciaron en la aplicación del llamado "programa extraordinario de rendición," diseñado por la Administración anterior para casos de terroristas.[15] Por esa razón es que, en definitiva, no se puede lograr ninguna posibilidad de exigir transparencia sin la libertad de prensa; y la libertad de prensa solo puede existir en las democracias. Por eso la transparencia y la apertura en el Gobierno son políticas democráticas, diseñadas para fortalecer la democratización de la Administración Pública, siendo por supuesto incompatibles con los gobiernos autoritarios.

14 Es por esto, que así como es importante hacer énfasis en lo que significó la primera decisión Ejecutiva que tomó el Presidente Obama al tomar posesión de su cargo como Jefe de Estado, proclamando la política de Transparencia y Apertura en el Gobierno; también es importante mencionar la reacción de algunos periodistas atacando, ese mismo día, al nuevo Gobierno por falta de transparencia, solo porque no se les permitió la entrada a los fotógrafos de los medios de comunicación, para presenciar el Segundo juramento que hizo el Presidente, ese mismo día, ante el Presidente de la Corte Suprema; un hecho del que, sin embargo, todos fueron debidamente informados por medio de una fotografía oficial. El aspecto importante que resulta de esa situación es que el derecho de todos de estar informados y de tener acceso a la información pública no puede ser confundido con el derecho de todo medio de comunicación a estar presente en cualquier acto público. El derecho a estar informado es una cosa, y el derecho a la búsqueda de la información y a informar es otra.

15 Véase John Schwartz, "Obama Backs Off A Reversal On Secrets," en *The New York Times*, 10 de febrero de 2009, pp. A12 y A16, y el Editorial sobre "Continuity of the Wrong Kind," en *The New York Times*, 11 de febrero de 2009, p. A30.

# VI

# TRANSPARENCIA Y ACCESO A LA JUSTICIA: PROGRESIÓN Y REGRESIÓN (2015)

**Texto ampliado de la conferencia sobre "Transparencia y acceso a la justicia: progresión y regresión," dictada en el *II Congreso Jurídico de la Hacienda Pública*, Contraloría General de la República, San José Costa Rica, 8 de septiembre 2015. El texto fue publicado en la *Revista de Derecho de la Hacienda Pública*, Contraloría General de la República, Costa Rica, Vol. V, 2015, San José 2015, pp. 61-110.**

La transparencia de la gestión gubernamental es uno de los derechos políticos fundamentales que tienen los ciudadanos frente al Estado, al cual se refiere expresamente en la Carta Democrática Interamericana de 2001, como uno de los componentes esenciales de la democracia, y como parte del derecho político de los ciudadanos a la propia democracia.[1]

El artículo 4 de dicha Carta, en efecto, y hay que recordarlo una y otra vez, identifica a la democracia como un régimen político en el cual tienen que estar garantizados, y a ello tienen derecho los ciudadanos, no sólo el derecho político la celebración de elecciones periódicas, libres, justas y basadas en el sufragio universal y secreto, como expresión de la soberanía del pueblo (que es el derecho político al sufragio), sino el derecho al respeto a los derechos humanos y las libertades fundamentales; el derecho a que los gobernantes accedan al poder y lo ejerzan con sujeción al Estado de derecho; el derecho al pluralismo político y a asociarse en partidos y organizaciones políticas, y el derecho a la separación e independencia de los poderes públicos (Art. 3).

Esos elementos esenciales de la democracia, como derechos políticos y pilares fundamentales del régimen democrático del Estado de derecho, se complementan con los componentes esenciales de la democracia que también como derechos políticos se enumeran en el artículo 4 de la misma Carta Democrática Interamericana, y que son: el derecho político a la transparencia de las actividades gubernamentales, a la probidad y a la responsabilidad de los gobiernos en la gestión pública; el derecho a que el Estado respete en particular los derechos sociales y la libertad de expresión y de prensa; el derecho ciudadano a la subordinación de todas las instituciones del Estado a la autoridad civil legalmente constituida, incluido por supuesto el componente militar; y el derecho político a que los gobernantes y los órganos del Estado respeten al Estado de derecho.

Lo importante de concebir a la democracia conforme a esos elementos y componentes, y en su manifestación como derechos ciudadanos, es tomar conciencia de que con ellos, en conjun-

---

1 Véase Allan R. Brewer-Carías, "Algo sobre las nuevas tendencias del derecho constitucional: el reconocimiento del derecho a la constitución y del derecho a la democracia," en Sergio J. Cuarezma Terán y Rafael Luciano Pichardo (Directores), *Nuevas tendencias del derecho constitucional y el derecho procesal constitucional*, Instituto de Estudios e Investigación Jurídica (INEJ), Managua 2011, pp. 73-94; y *VNIVERSITAS, Revista de Ciencias Jurídicas (Homenaje a Luis Carlos Galán Sarmiento)*, Pontificia Universidad Javeriana, facultad de Ciencias Jurídicas, N° 119, Bogotá 2009, pp. 93-111; "El derecho a la democracia entre las nuevas tendencias del Derecho Administrativo como punto de equilibrio entre los Poderes de la Administración y los derecho del administrado," en Víctor Hernández Mendible (Coordinador), *Desafíos del Derecho Administrativo Contemporáneo (Conmemoración Internacional del Centenario de la Cátedra de Derecho Administrativo en Venezuela*, Tomo II, Ediciones Paredes, Caracas 2009, pp. 1417-1439. .

to, lo que se busca es asegurarles a los ciudadanos la posibilidad de ejercer un control efectivo respecto del ejercicio del poder público. De eso se trata la democracia, del ejercicio del poder en nombre de los ciudadanos y de la posibilidad real para estos de controlar dicho ejercicio, lo que no sólo impone la necesidad de que realmente funcione un sistema de separación de poderes, de manera que los diversos órganos electos puedan controlarse entre sí, sino de prever y asegurar que los ciudadanos tengan, por una parte, acceso a la información administrativa y por la otra acceso a las instancias judiciales para poder ejercer, reclamar y defender sus derechos, y en particular, poder exigir el control judicial sobre la gestión gubernamental.

He allí la relación entre transparencia y acceso a la justicia, siendo el segundo elemento, el acceso a la justicia, no sólo la condición esencial para lograr el control del primero, es decir, de la gestión pública transparente; sino en definitiva el mecanismo establecido en el plano nacional e internacional para asegurar la vigencia de los derechos humanos, el fortalecimiento del principio de legalidad y el establecimiento de responsabilidades administrativas.

Con base en las anteriores premisas, a continuación me referiré al tema de la transparencia gubernamental y el acceso a la justicia, a su progresión y regresión en el mundo contemporáneo, refiriéndome en lo posible a casos concretos, a cuyo efecto dividiré mi exposición en seis partes en las cuales me referiré, en *primer lugar*, el derecho de acceso a la información y su garantía judicial como condición para controlar la transparencia; en *segundo lugar*, al tratamiento del acceso a la justicia conforme al principio de la no discriminación; en *tercer lugar*, al acceso a la justicia en relación con el principio *pro accione;* en *cuarto lugar*, al acceso a la justicia y el agotamiento de recursos internos; en *quinto lugar*, el problema de la restricción del acceso a la justicia internacional para controlar los Estados, al estar sometido a la voluntad de los mismos; y en *sexto lugar*, a la relación entre el acceso a la justicia, el debido proceso, y tutela judicial efectiva.

## I.- EL DERECHO DE ACCESO A LA INFORMACIÓN Y SU GARANTÍA JUDICIAL COMO CONDICIÓN PARA CONTROLAR LA TRANSPARENCIA

Se atribuye al Juez Louis Brandeis de la Corte Suprema de los Estados Unidos haber utilizado la frase de que "la luz del sol es el mejor desinfectante,"[2] para referirse precisamente a la noción de transparencia como el primer correctivo contra la corrupción. Y ello es así efectivamente, de manera que podemos decir que la más eficaz garantía del derecho político a la transparencia, es la publicidad de la información administrativa, es decir, la apertura frente al secretismo, de manera de poder asegurarle a los ciudadanos el derecho de acceso a esa información como instrumento para, precisamente, poder controlar la eficiencia y la eficacia en la Administración Pública. La consecuencia de ello es que entonces, el ámbito de lo confidencial en el seno de la Administración Pública, como principio, debería quedar reducido a la mínima expresión, y sólo en materias vinculadas, por ejemplo, con la seguridad de la Nación.

Esta aproximación al concepto de la transparencia en el Gobierno responde a la idea política que se configuró en torno a la configuración de la Administración Pública como una "casa de cristal" (*la maison de verre*), que después de muchos años de opacidad administrativa, comenzó a desarrollarse vinculada al simbolismo de lo visible, lo asequible y lo transparente, contrario a lo cerrado, misterioso, inasequible o inexplicable. Es decir, la idea de que lo abierto y transparente, como sensación de tranquilidad y serenidad que resulta de lo dominado o racionalizado, en el seno de la Administración debe sustituir la angustia y la perturbación causadas por lo que es misterioso y desconocido.[3]

Este concepto de transparencia ha sido uno de los elementos clave en la evolución de la Administración Pública en el mundo democrático moderno, una vez que comenzó a estar más dedicada a los ciudadanos que al Monarca o a la burocracia.[4] Por ello, por ejemplo, la Constitu-

2 Véase Louis Brandeis, "What publicity can do?, "en *Harper's Weekly December 20, 1913*

3 Véase Jaime Rodríguez-Arana, "La transparencia en la Administración Pública," en *Revista Vasca de Administración Pública*, n° 42, Oñati 1995, p. 452.

4 El Estado Burocrático fue caracterizado por Max Weber como la organización que trataba "de incrementar la superioridad del conocimiento profesional de las autoridades públicas, precisamente a través del secretismo y de la confidencialidad de sus intenciones". Por eso, dijo Weber, los gobiernos burocráticos, debido a sus tendencias, son siempre "gobiernos que

ción venezolana de 1999 declara que "La Administración está al servicio de los ciudadanos" y en su funcionamiento, entre otros, se fundamenta en el principio de la transparencia (artículo 141).[5]

Por supuesto, en Venezuela ello en la actualidad solo es un decir de lo que debería ser la Administración Pública, que no tiene vigencia alguna en la práctica política del Estado Totalitario que padecemos,[6] y basta para constatarlo una decisión de la Sala Constitucional del Tribunal Supremo de 2010,[7] mediante la cual lo que resolvió fue, al contrario, que en el país lo prevalece es la "secretud," al haber negado una acción de habeas data que había introducido por una ONG, que reclamaba su derecho de acceso a la información administrativa sobre remuneraciones pagadas a los funcionarios nada menos que de la Contraloría General de la República. Para negar el habeas data, la Sala Constitucional consideró que frente a la transparencia gubernamental lo que privaba era el derecho a la privacidad o "intimidad económica" de los funcionarios, es decir, que la información solicitada implicaba una invasión a la esfera privada de los mismos, y que acceder a la información administrativa violaría el derecho al honor y privacidad consagrado en el artículo 60 de la Constitución.

Con esta decisión, de un golpe, de la "casa de cristal," que se había venido construyendo en Venezuela en relación con la Administración Púbica, pasó a un configurarse con el Estado totalitario en una "barraca de acero" rodeada de secretos, e impenetrable. Y ello se confirmó hace poco tiempo, en agosto de 2015, cuando el Tribunal Supremo de Justicia, esta vez en Sala Contencioso Administrativa (Sala Político Administrativa), declaró inadmisible una acción contencioso administrativa por omisión contra el Presidente del banco central de Venezuela, por la omisión en publicar los indicadores económicos del país desde enero de 2015, a lo cual está obligado legalmente, argumentando que la ONG recurrente no había solicitado directamente al funcionario que ordenara publicar lo que legalmente estaba obligado a hacer.[8]

Se ignoró así el avance tan fenomenal que ha tenido la protección del derecho de acceso a la información pública en el mundo, desde que el primer estatuto sobre el tema que se adoptó en Finlandia en 1951, el cual fue seguido por la Ley de libertad de información de los Estados Unidos (*Freedom of Information Act (FOIA)*) sancionada en 1966.[9]

excluyen la publicidad." Véase Max Weber, *Economía y Sociedad*, Vol. II, Fondo de Cultura Económica, México 1969, p. 744.

5 El artículo 141 de la Constitución de Venezuela dispone: "*La Administración Pública está al servicio de los ciudadanos y ciudadanas y se fundamenta en los principios de honestidad, participación, celeridad, eficacia, eficiencia, transparencia, rendición de cuentas y responsabilidad en el ejercicio de la función pública, con sometimiento pleno a la ley y al derecho.*"

6 Véase en particular Allan R. Brewer-Carías, *Estado Totalitario y desprecio a la Ley. La desconstitucionalización, desjuridificación, desjudicialización y desdemocratización de Venezuela*, Fundación de Derecho Público, Editorial Jurídica Venezolana, segunda edición, (Con prólogo de José Ignacio Hernández), Caracas 2015.

7 Véase sentencia N° 745 de 15 de julio de 2010 (Caso *Asociación Civil Espacio Público*), en http://www.tsj.gov.ve/decisiones/scon/Julio/745-15710-2010-09-1003.html. Véase sobre dicha sentencia, Allan R. Brewer-Carías, "De la Casa de Cristal a la Barraca de Hierro: el Juez Constitucional Vs. El derecho de acceso a la información administrativa," en *Revista de Derecho Público*, N° 123, (julio-septiembre 2010), Editorial Jurídica Venezolana, Caracas 2010, pp. 197-206.

8 Véase sentencia N° 935 de 4 de agosto de 2015 (Caso *Asociación Civil Transparencia Venezuela*), en http://historico.tsj.gob.ve/decisiones/spa/agosto/180378-00935-5815-2015-2015-0732.HTML. Véase sobre dicha sentencia Allan R. Brewer-Carías, "El secreto y la mentira como política de Estado y el fin de la obligación de transparencia De cómo el Tribunal Supremo de Justicia liberó inconstitucionalmente al Banco Central de Venezuela de cumplir su obligación legal de informar al país sobre los indicadores económicos, arrebatándole a los ciudadanos sus derechos a la transparencia gubernamental, de acceso a la justicia y de acceso a la información administrativa," 10 agosto 2015, en http://www.allanbrewercarias.com/Content/449725d9-f1cb-474b-8ab2-41efb849fea3/Content/Brewer.%20LO%20SECRETO%20Y%20LA%20MENTIRA%20COMO%20POL%C3%8DTICA%20DE%20ESTADO%20Y%20EL%20FIN%20DE%20LA%20OBLIGACI%C3%93N%20DE%20TRANSPARENCIA.pdf

9 En cuanto a la FOIA, su origen resulta de la creación, durante la década de los cincuenta, de Comisiones de Senadores y Representantes para resolver la falta de acceso efectivo a la información de acuerdo a las provisiones de la Ley de Procedimiento Administrativo (*Administrative Procedure Act*), las cuales, a pesar de ser muy importantes en su momento, fueron descritas por el Representante John E. Moss, como parte de la "teoría burocrática" que permitía que cada entidad pública decidiera qué tipo de información debía llegar al público. Véase Pierre-Francois Divier, "Etats-Unis L'Administration Transparente: L'accés des citoyens américains aux documents officiels," en *Revue du Droit Public et de la Science Politique en France et a l'étranger*, N° 1, Librairie Générale de Droit et de Jurisprudence, Paris 1975, p. 64 ; Miguel Revenga

La evolución en la materia condujo, por supuesto, como era de esperarse, a su amplio desarrollo en Europa,[10] y además, a su tratamiento en América Latina. Así por ejemplo, en Colombia en 1985 se promulgó la Ley N° 57 sobre la publicidad de documentos oficiales y administrativos, y en enero de 2002, también en Panamá se sancionó la Ley N° 6 sobre las previsiones para la transparencia en la gestión pública y sobre acciones de habeas data.[11]

Luego también en México, en 2002, se sancionó la Ley Federal de Transparencia y Acceso a Información Gubernamental Pública para implementar el derecho fundamental a tener acceso a la información pública que se estableció en el artículo 6 de la Constitución, garantizando el derecho de todos de buscar la transparencia del servicio público por medio de la difusión de información pública, así como reforzar la posibilidad exigir responsabilidad administrativa. En la Ley se reguló además una presunción a favor de la publicidad, como "principio de mayor publicidad," contrario al secretismo, que luego se incorporó en una reforma constitucional en 2007. Así el principio en México es que toda información que esté en manos de cualquier autoridad o entidad pública debe considerarse cómo de carácter público, siendo la excepción de esta regla, su declaración temporal como reservada basada en motivos de interés público.

Posteriormente, bajo influencia de la legislación mexicana se han dictado estatutos diversos en la materia como los aprobados en el Perú en 2003 (Ley N° 27,806 de Transparencia y el acceso a la información pública); en Ecuador en 2004 (Ley Orgánica de Transparencia y acceso a la información pública), y el mismo año en la República Dominicana (Ley General N° 200-04 del Libre acceso a la información pública); en Honduras, en 2006 (Ley de Transparencia y acceso a la información pública); en Nicaragua en 2007 (Ley N° 621-2007 de acceso a la información); y en Chile (Ley de Transparencia y acceso a la información), en Guatemala (Ley de acceso a la información pública), y en Uruguay (Ley N° 18381 de acceso a la información pública y del *amparo informativo*), durante el año 2008.

Para promover la transparencia de las funciones administrativas dentro de todas las entidades públicas, todas estas Leyes establecen, *primero*, el derecho al acceso de información como un derecho fundamental de todos los ciudadanos; *segundo*, presumen expresamente que toda información emitida por las entidades públicas debe considerarse como de carácter público, con la excepción de los documentos confidenciales o aquellos declarados como reservados; *tercero*, casi todas establecen la presunción del silencio positivo ante la ausencia de respuestas expeditas a las solicitudes de información; y *cuarto*, obligan a las entidades públicas a publicar la información concerniente a su organización o a su funcionamiento.

Además, en muchas de estas leyes, y partiendo del precedente mexicano, también se establecen previsiones específicas para la protección judicial del derecho al acceso a la información, a través de acciones judiciales de protección como la acción de habeas data, que se configura como una especie de *amparo informativo*, tal como se lo califica en el derecho uruguayo.

En contraste con esta tendencia garantizadora del derecho a la transparencia, en Venezuela, a pesar de que la Constitución de Venezuela de 1999, consagra el derecho ciudadano a la información administrativa, es decir, el derecho de acceder a los archivos y registros administrativos, con las solas limitaciones aceptables dentro de una sociedad democrática en materias relativas a seguridad interior y exterior, a investigación criminal y a la intimidad de la vida privada (artículo 143), en la práctica el Estado totalitario lo que ha impuesto como regla contraria a la Constitución, es que todo es confidencial o secreto, lo que fue corroborado por las decisiones antes mencionadas del Tribunal Supremo de Justicia.

---

Sánches, "El imperio de la política. Seguridad nacional y secreto de Estado en el sistema constitucional norteamericano", Ariel, Madrid 1995, p. 153). Luego la FOIA fue reformado en 1974 y en 1976 para hacerla más eficiente. Durante los mismos años, luego de los escándalos de *Watergate* y los *Pentagon Papers* (documentos del Pentágono), se aprobaron dos nuevas leyes: la *Federal Privacy Act* y la *Federal Government in the Sunshine Act*. Véase James Michael, "Freedom of information in the United States" en *Public access to government-held information* (Norman Marsh Editor), Steven & Son LTD, Londres 1987.

10 Véase Emilio Guichot, *Transparencia y acceso a la información en el derecho europeo*, Cuadernos Universitarios de Derecho Administrativo, Editorial Derecho Global, 2011.

11 Véase Javier Sheffer Tuñnon, *Constitucionalización del derecho a la información. Su acceso y tutela*, Instituto Centroamericano de Estudios Políticos, Fundación Konrad Adenauer, Panamá 2007.

En la primera de las sentencias mencionadas, se resolvió la demanda intentada por la *Asociación Civil Espacio Público*, la cual en 2008 y 2009 había solicitado información a la Contraloría General de la República sobre "el salario base y otras erogaciones que devengan el Contralor General de la República y las remuneraciones del resto del personal de la Contraloría General de la República;" petición que fue rechazada por dicha oficina pública considerando que ello pertenecía a la esfera privada de los funcionarios. Contra dicha negativa se ejerció una acción de amparo constitucional precisamente del derecho de acceso a la información pública, considerando la accionante que "para lograr una gestión pública cónsona con los principios de transparencia y rendición de cuenta," era necesario "la publicidad de los recursos que se administran, incluyendo los sueldos de los funcionarios públicos, ya que éstos ejercen funciones públicas, están al servicio de los ciudadanos y sus remuneraciones se pagan con los tributos pagados por los ciudadanos." Con razón alegó la Asociación accionante que el tema de las remuneraciones de los funcionarios públicos, escapaba de la esfera privada de los mismos, no violándose con la solicitud de información, derecho alguno a la intimidad o privacidad de los funcionarios.

Sin embargo, la Sala Constitucional, en la mencionada sentencia N° 745 de 15 de julio de 2010 (Caso: *Asociación Civil Espacio Público*),[12] declaró sin lugar el amparo solicitado, al considerar, tras admitir el reconocimiento constitucional del derecho de la ciudadanía a solicitar información y a ser informada oportuna y verazmente sobre asuntos de interés público, que la posibilidad de tutelar el derecho mediante una acción judicial estaba limitado porque no se había dictado una ley expresa que determinase los límites aceptables al ejercicio del derecho, así como la información que podía ser solicitada por los ciudadanos. De ello dedujo la Sala, que en ausencia de dicha ley expresa:

> "para salvaguardar los límites del ejercicio del derecho fundamental a la información, se hace necesario: i) que él o la solicitante de la información manifieste expresamente las razones o los propósitos por los cuales requiere la información; y ii) que la magnitud de la información que se solicita sea proporcional con la utilización y uso que se pretenda dar a la información solicitada."

De ello derivó la Sala, en relación con la solicitud de la Asociación accionante sobre la información sobre las remuneraciones de los funcionarios del órgano de control fiscal, que para decidir debía establecer la "ponderación entre el derecho a la información y el derecho a la intimidad de los funcionarios públicos," dando en dicho caso prioridad al derecho a la intimidad de los funcionarios, que la Sala consideró como un derecho fundamental (a la intimidad económica) que privaba particularmente porque no existía una ley general que obligase a hacer públicos los salarios de los funcionarios públicos, ya que a diferencia de los Estados Unidos de Norteamérica o Canadá, donde los salarios de los altos funcionarios del gobierno federal se aprueban y se fijan por Ley, lo que implica su publicidad obligatoria; –dijo la Sala– ello no existe en Venezuela. En el país, solo existen partidas presupuestarias globales en la Ley de Presupuesto anual, donde se indican los montos asignados a cada ente u órgano de la administración pública para las remuneraciones de personal, sin que se identifique en concreto a qué funcionario le pertenece una determinada remuneración, pues ello es información que pertenece al ámbito íntimo de cada individuo. Agregó, además la Sala, que por el carácter reservado de la declaración de impuesto sobre la renta, la remuneración de los funcionarios no es un dato de difusión pública, y permanece en la esfera privada o intimidad económica de los funcionarios.

Para reafirmar la negativa a lo solicitado por la Asociación Civil accionante, y además cercenarle su derecho de acceso a la justicia, la Sala solo consideró que la misma no había argumentado sobre la utilidad de la información solicitada sobre remuneraciones "para la participación ciudadana en pro de la transparencia de la gestión pública," considerando en definitiva que no existía "un título legítimo para tolerar la invasión en el derecho constitucional a la intimidad del Contralor General de la República y el resto de los funcionarios adscrito al órgano contralor;" para terminar declarando contra toda lógica, que la información sobre salarios de los funcionarios públicos forma parte del ámbito de la intimidad económica de los mismos.

---

12 Véase en http://www.tsj.gov.ve/decisiones/scon/Julio/745-15710-2010-09-1003.html

Al contrario de lo decidido, el Magistrado Pedro Rafael Rondón Haaz, en su voto disidente a la sentencia, expresó que no le cabía duda "acerca de la naturaleza pública y no íntima del salario de los funcionarios públicos y de su pertenencia al ámbito del derecho a la información de los ciudadanos, en relación con el principio de transparencia en el ejercicio de la función pública (artículo 141, Constitución)," precisamente "como indicador de transparencia y como medio para el cabal ejercicio de la contraloría social a que tenemos derecho los venezolanos en el sistema democrático a que se refiere la Constitución."

En todo caso, con la sentencia mencionada, la Sala Constitucional le negó de entrada a la Asociación recurrente su derecho de acceso a la justicia para proteger su derecho a la información y a la transparencia, en una decisión dictada sin siquiera abrir el proceso a juicio ni a pruebas y por supuesto sin debate, declarando la acción "improcedente *in limene litis.*"

Esa decisión contrasta, por ejemplo, con lo decidido por la Sala Constitucional de la Corte Suprema de Costa Rica en 2008,[13] también al resolver en materia de información sobre los salarios de los funcionarios públicos, considerando al contrario que la misma es por esencia información pública de libre acceso. Y por supuesto aún más pública para el control de la transparencia gubernamental si se trata de información sobre la remuneración de los funcionarios de la Contraloría General de la República que son quienes tienen a su cargo, en el ámbito del control fiscal, asegurar esa transparencia y perseguir la corrupción administrativa.

El derecho de acceso a la justicia es, por tanto, la pieza clave en el Estado democrático de derecho para asegurar la posibilidad del ejercicio, no sólo del derecho de acceso a la información administrativa y del derecho a la transparencia gubernamental, sino de materialmente todos los derechos fundamentales. La negación del acceso a la justicia para proteger el derecho de acceso a la información administrativa equivale por tanto a la negación de la posibilidad de protección del derecho ciudadano a la transparencia gubernamental.

La importancia del derecho de acceso a la justicia, en todo caso, es de tal significación, que antes de haberse identificado conceptualmente en torno a un criterio o definición única, más bien ha conducido en algunos casos a que se haya llegado a adoptar un concepto que es omnicomprensivo de todas las garantías del debido proceso, llegando a identificarse, por ejemplo, en la doctrina de la Corte Interamericana de Derechos Humanos, en palabras del Juez Antonio Cançado Trindade, con el "derecho a la prestación jurisdiccional" o el "derecho a obtener justicia."[14]

El concepto, sin embargo, no siempre ha tenido este ámbito, habiéndose identificado en general como una de las garantías judiciales, la más importante sin duda, que es la de poder acceder a la jurisdicción, como se deduce, por ejemplo, de lo establecido en el artículo 26 de la Constitución venezolana de 1999, en el cual se diferencias tres derechos como esencia de las garantías judiciales: el derecho de acceso a la justicia; el derecho a la tutela efectiva de los derechos reclamados (comprensivo de los derechos derivados de la garantía del debido proceso) y el derecho a obtención de una decisión judicial oportuna. [15]

Sin embargo, en su origen, el tratamiento del tema del acceso a la justicia la verdad es que no se vinculó con la garantía del debido proceso, sino más bien, con la eliminación de las barreras que existían y en muchos casos aún subsisten, para asegurar a todas las personas en plano de igualdad, el acceso a los tribunales para la protección de todos los derechos. Lo que me conduce al segundo de los temas que quería exponer, sobre la relación entre el acceso a la justicia y el principio de no discriminación.

13 Como se ha resuelto en Costa Rica, en la sentencia N° 12852, Expediente: 08-010536-0007-CO, de 22/08/2008 de la Sala Constitucional, en http://200.91.68.20/scij/busqueda/jurisprudencia/jur_detalle_sentencia.asp?nBaseDatos=1&nTesauro=5&nValor1=1&strTipM=E1&tem6=0&nValor2=421476&pgn=TES&nTermino=14486&tem4=''&tem2=&tem3=&nValor3=126882&strDirTe=DD

14 Voto Disidente a la Sentencia de la Corte Interamericana de Derechos Humanos, Caso *Cinco Pensionistas vs. Perú*, 28 de febrero de 2003, par. 2.

15 "Artículo 26. Toda persona tiene derecho de acceso a los órganos de administración de justicia para hacer valer sus derechos e intereses, incluso los colectivos o difusos; a la tutela efectiva de los mismos y a obtener con prontitud la decisión correspondiente. // El Estado garantizará una justicia gratuita, accesible, imparcial, idónea, transparente, autónoma, independiente, responsable, equitativa y expedita, sin dilaciones indebidas, sin formalismos o reposiciones inútiles."

## II.- EL TRATAMIENTO DEL ACCESO A LA JUSTICIA Y EL PRINCIPIO DE LA NO DISCRIMINACIÓN

En efecto, la expresión "acceso a la justicia," ahora tan frecuentemente utilizada, fue inicialmente acuñada y popularizada en el derecho comparado, como motivo de la definición de una política pública destinada a superar las barreras existentes respecto de determinadas personas, particularmente las menos favorecidas económicamente, que les impedían poder efectivamente acceder a la jurisdicción, con el objeto de asegurar en plano de igualdad, la posibilidad de la defensa de sus derechos y la resolución de los conflictos en los cuales pudieran estar envueltos. Se trataba de asegurar que el sistema de justicia no solo fuera igualitario de derecho, sino también de hecho.

Conforme a los más elementales principios del Estado de derecho, y con fundamento en la garantía de la igualdad, habiendo el Estado asumido el monopolio de impartir justicia, quitándosela de sus propias manos a los individuos, y por tanto, siendo el titular único de la función jurisdiccional, es decir de la de administrar justicia, el derecho más elemental de toda persona es el de poder acudir ante los tribunales a reclamar sus derechos y a obtener una decisión judicial consecuente.

Este derecho, para poder materializarse en una justicia igualitaria, progresivamente condujo no solo a la consagración constitucional como un derecho formal puesto a disposición de las personas para que se pudiera ejercer con los medios de los cuales cada quien dispusiera, sino a la implementación de una de "una acción estatal afirmativa para su protección"[16] que pudiera asegurar su efectivo ejercicio por todas las personas, sino discriminación. Y así fue que surgió el concepto en el mundo contemporáneo en los años setenta, específicamente vinculado con los trabajos dirigidos por el profesor Mauro Cappellettti en el Instituto Universitario Europeo de Florencia en Italia, a través del denominado "Proyecto de Florencia sobre Acceso a la Justicia."[17]

### *1.- Proyecto de Florencia: Acceso a la justicia y el principio de la no discriminación*

Conforme a esa aproximación el tema del acceso a la justicia definida como política pública, comenzó a delinearse progresivamente superándose la actitud pasiva tradicional del Estado en relación con la desigualdad fáctica entre los litigantes que limitada el acceso al sistema judicial, entre otros factores, por los costos de los litigios, buscándose concebir soluciones y configurar modelos para asegurar que las personas de menos recursos tuviesen acceso a las instancias judiciales.

Se trató, en definitiva, de lograr que el Estado asumiera la tarea de buscar aliviar la "pobreza legal" [18] que impedía a muchas personas poder hacer uso cabal y efectivo de la ley y de las instituciones judiciales.

Ello condujo al establecimiento incluso en las Constituciones y en diversos instrumentos normativos internacionales, de obligaciones específicas para los Estados, a los efectos de asegurar efectivamente a todos el disfrute de los derechos, específicamente del derecho a la justicia.

Este es el sentido, en definitiva, de lo previsto en el artículo 1.1 de la Convención Americana de Derechos Humanos, donde se reguló como "Obligación de Respetar los Derechos," el compromiso de los Estados Partes no sólo "a respetar los derechos y libertades reconocidos en ella" sino "a garantizar su libre y pleno ejercicio a toda persona que esté sujeta a su jurisdicción, sin discriminación alguna por motivos de raza, color, sexo, idioma, religión, opiniones políticas o de cualquier otra índole, origen nacional o social, posición económica, nacimiento o cualquier otra condición social." En la Convención se regula esta obligación, al punto de que si el ejercicio

16 Véase Mauro Cappelletti y Bryant Garth, *El acceso a la justicia. La tendencia en el movimiento mundial para hacer efectivos los derechos*, Fondo de Cultura Económica, México 1996, p. 11

17 Véase Mauro Cappelletti (Director), *Accès a la justice et état-providence*, Publications de l''Institut Universitaire Européen, Economica Paris 1984.

18 Véase Mauro Cappelletti y Bryant Garth, *El acceso a la justicia. La tendencia en el movimiento mundial para hacer efectivos los derechos*, Fondo de Cultura Económica, México 1996, p. 11

de dichos derechos y libertades "no estuviere ya garantizado por disposiciones legislativas o de otro carácter, los Estados Partes se comprometen a adoptar, con arreglo a sus procedimientos constitucionales y a las disposiciones de esta Convención, las medidas legislativas o de otro carácter que fueren necesarias para hacer efectivos tales derechos y libertades (art. 1.2).

Fue en ese marco, por ejemplo, y conforme a las propuestas formuladas en el Proyecto de Florencia, que en muchos países se han ido eliminando las antiguas tasas o aranceles judiciales, que en otros tiempos los litigantes debían pagar por las diversas actuaciones en los procedimientos judiciales, prevaleciendo ahora en cambio, el principio de la gratuidad de la justicia.

En muchos países también se establecieron reglamentaciones a los efectos de determinar el monto de los honorarios de abogados, que siempre ha sido uno de los factores que más encarece el litigio, y se ha constituido en una barrera al acceso a la justicia; así como el régimen de pago de los costos procesales a la parte perdidosa.

### 2.- *Acceso a la justicia y conocimiento del derecho y de los derechos*

Por otra parte, y así sea solo para mencionarlo de pasada, otra de las principales barreras al acceso a la justicia, ha sido tradicionalmente la "ignorancia jurídica," es decir, el desconocimiento sobre que existen derechos que se pueden hacer valer y reclamar. Ello ha exigido el desarrollo programas de educación para que la población en general sepa el alcance de sus derechos y las vías para reclamarlos.

El problema de la "ignorancia jurídica," sin embargo, es claro que no se refiere solo al conocimiento o a la falta de conocimiento por parte del ciudadano común sobre sus propios derechos, sino que se agudiza cuando son los propios abogados los que desconocen el derecho y los derechos, siendo la raíz de esto la formación deficiente que reciben en muchas "Facultades de derecho" que gradúan abogados más por prescripción que por conocimiento del derecho. Ello, por supuesto, también ha obligado a definir programas de formación y perfeccionamiento tendientes precisamente a que los abogados puedan ser el instrumento más efectivo para asegurar el acceso a la justicia.

### 3.- *Acceso a la justicia y simplificaciones judiciales*

Otras formas de mitigar la barrera del acceso a la justicia, por el costo de llevar adelante los procesos judiciales, han sido las reformas judiciales destinadas a facilitar, por ejemplo, el desarrollo de una justicia más expedita, particularmente en el caso de reclamaciones de poco monto, lo que ha conducido, por ejemplo que en muchos países se haya desligado del sistema general de la administración de justicia, a los procesos relativos a reclamaciones vecinales o comunales, atribuyendo su resolución por ejemplo a los denominados jueces de paz o comunales, desarrollados mediante un procedimiento más simplificado.

En tal sentido, por ejemplo en la Constitución de Venezuela de 1999, se estableció la justicia de paz (que antes solo estaba regulada mediante ley) como competencia municipal (art. 178.7), remitiéndose a la ley su organización en las comunidades, debiendo los jueces de paz ser electos por votación universal, directa y secreta, conforme a la ley (art. 258);[19] disposición que sin embargo ha sido distorsionada por el Estado totalitario al integrarse la justicia de paz al llamado "Estado Comunal" que no reconoce al sufragio como elemento legitimador de sus autoridades..

### 4.- *Acceso a la justicia y los medios alternativos de justicia*

Otra política para promover el acceso a la justicia ha sido el desarrollo de los medios alternativos para la resolución de conflictos, al punto de por ejemplo haberse consagrado en el propio texto de las Constituciones el principio general de que el Estado debe promover "el arbitraje, la conciliación, la mediación y cualesquiera otros medios alternativos para la solución de conflictos," tal como se establece en el artículo 258 de la Constitución Venezolana.

---

19 *Ley Orgánica de la Justicia de Paz*, (*G.O.* N° 4.817 Extra de 21-12-1994).

En el mismo sentido, también ha habido progreso en cuanto al reconocimiento en las Constituciones de otros mecanismos de acceso a la justicia como los específicos respecto de los pueblos indígenas, tal como lo establece el artículo 260 de la Constitución venezolana, cuando dispone que las "autoridades legítimas de los pueblos indígenas podrán aplicar en su hábitat instancias de justicia con base en sus tradiciones ancestrales y que sólo afecten a sus integrantes, según sus propias normas y procedimientos, siempre que no sean contrarios a esta Constitución, a la ley y al orden público," remitiendo a la ley para determinar "la forma de coordinación de esta jurisdicción especial con el sistema judicial nacional."

Pero por supuesto, no bastan las declaraciones constitucionales, sino la ejecución de políticas públicas. Y éstas, por ejemplo en materia de arbitraje, en Venezuela han sido contrarias a la orientación de la Constitución al punto de que por ejemplo, en el campo del arbitraje internacional de inversiones, Venezuela ha llegado a denunciar en 2012 el Convenio sobre Arreglo de Diferencias Relativas a Inversiones entre Estados y Nacionales de Otros Estados (CIADI).

### *5.- Acceso a la justicia, la asistencia o ayuda judicial y la defensa pública*

Pero quizás las reformas más importantes desarrolladas en las últimas décadas en muchos Estados para facilitar y asegurar el acceso a la justicia de las personas pobres o en general menos favorecidas económicamente, ha sido el establecimiento de servicios oficiales de asistencia o ayuda judicial, como parte de la burocracia estatal, para en cierta forma asegurar lo que el Rey San Luis de Francia expresó, en 1272, luego de establecer un servicio de abogados para atender a los indigentes, que se trataba de asegurar el derecho y la justicia a cada quien "tanto a los pobres como a los ricos."[20]

Quizás por ello, uno de los países con mayor tradición en el establecimiento de sistemas estatales de asistencia judicial ha sido Francia, donde se inició con la Ley de asistencia judicial de 1851 hasta que se dictó la Ley de ayuda judicial de 1972, establecida para que las "personas con recursos insuficientes" pudieran "hacer valer sus derechos en Justicia y se pudieran beneficiar de una ayuda judicial." Para ello, la Ley dispuso que se estableciera una oficina judicial en cada tribunal a cargo de un abogado actividad o retirado. Dicha Ley de 1972 fue sustituida en 1991, agregando a la ayuda judicial el servicio de "ayuda al acceso al derecho" para prestar servicio de asistencia y consultas jurídicas y además, asistencia en procedimientos no contenciosos o de la llamada "jurisdicción voluntaria."[21]

En Francia, incluso se ha arraigado el desarrollo progresivo de las pólizas de seguros privados, otorgadas por las empresas de seguro, conforme a la normativo del Código de seguros, para garantizar a los asegurados la debida asistencia judicial.[22]

Estos servicios de asistencia judicial, en todo caso, se extendieron en toda Europa, regulándose en los Códigos procesales, como fue el caso en Bélgica y en España. En Bélgica, el Código Judicial estableció el principio de "la asistencia judicial a quienes no dispongan de recursos necesarios para hacer frente a los gastos de los procedimientos, incluso extrajudiciales, del pago de timbres, y de expedición" (art. 664); y en España a partir de 1984, luego de dictarse la ley sobre el derecho a la justicia gratuita que sustituyó el viejo régimen del "beneficio de pobreza," sus normas se incorporaron en el Código de Procedimiento (arts. 13-50), beneficiando a las personas con ingresos inferiores dos veces menos que el salario mínimo interprofesional.

Estos sistemas de ayuda legal o asistencia judicial se fueron estableciendo en todos los países europeos, para atender a las personas con menos recursos, como sucedió en el Reino Unido, Italia, Países bajos, Alemania, Suecia y Suiza,[23] habiendo pasado el tema a estar posteriormente regulado en el ámbito de la Unión Europea, donde por ejemplo, el Convenio Europeo de Derechos Humanos dispuso en su artículo 6.3. c) la garantía del acusado a ser asistido gratuitamente por un abogado de oficio si no tiene medios para pagarlo, cuando los intereses de la justicia lo

20 Véase André Rials, *L'accès a la justice*, Presses Universitaires de France, París 1993, p. 18.
21 Ídem pp. 23-45.
22 *Ídem* pp. 73-116.
23 *Ídem* pp. 57-72

exijan; y la Carta de los derechos Fundamentales de la Unión Europea establece en su artículo 47 que se prestará asistencia jurídica gratuita a quienes no dispongan de recursos suficientes, siempre y cuando sea necesaria para garantizar la efectividad del acceso a la justicia.

El resultado de todo ello, ha sido que en Europa, todos los Estados miembros de la Unión Europea tienen un régimen de asistencia jurídica gratuita, de manera que las personas que carecen de recursos económicos suficientes para acudir a los tribunales, pueden solicitar la asistencia jurídica gratuita al amparo de la legislación nacional. Sin embargo, como lo advierte el Portal Europeo *e-Justice*, de la Unión Europea, los distintos regímenes nacionales de asistencia jurídica gratuita tienen grandes diferencias en cuanto a la filosofía que los orienta, de manera que "en algunos Estados el objetivo general parece ser garantizar la disponibilidad general de los servicios jurídicos y el acceso a la justicia, mientras que en otros la asistencia jurídica gratuita sólo se reconoce a los más pobres."[24]

En América Latina, en los últimos lustros se han realizado muchos esfuerzos[25] para establecer programas estatales específicos de Asistencia Legal y Judicial, habiéndose inicialmente desarrollado programas de carácter no oficial, gerenciados por Organizaciones No Gubernamentales o Universidades públicas o privadas mediante la creación, por ejemplo, de Clínicas Jurídicas para asistir a las personas menos favorecidas económicamente en acciones y procedimientos judiciales; e igualmente, para asistir, con el mismo propósito, a grupos determinados de personas más sensibles, por género o condición social, como es el caso de la atención y defensa de las mujeres, campesinos o indígenas.[26]

Más recientemente, esos esfuerzos han cristalizado en organizaciones estatales que se han venido estableciendo en casi todos los países de América Latina, como han sido las Oficinas de Defensa o Defensoría Públicas que de programas diseñados inicialmente en relación con la defensa en los procesos penales, que fue en definitiva el origen de los programas estatales de "defensa pública," se han transformado progresivamente en instituciones generales destinadas a garantizar la "defensa pública y acceso a la justicia" abarcando muchas otras áreas distintas a la de la jurisdicción penal.

En algunos casos se trata de unidades organizativas que se han estructurado en el marco de la organización del Poder Ejecutivo, como es el caso de la Dirección General de Defensa Pública y Acceso a la Justicia en el Perú concebida como la "institución de la Defensa Pública Peruana," y definida "como organismo rector del Servicio de Asistencia Legal Gratuita.[27] En otros casos se trata de Oficinas Nacionales autónomas, como la Oficina de Defensa Pública de República Dominicana,[28] e incluso en otros casos, el servicio está integrado al sistema de justicia como es el caso de la Dirección de la Defensa Pública en Costa Rica[29] o del servicio de "Defensa Pública" en Venezuela, establecido como órgano con autonomía pero integrada al sistema de justicia. En este último caso, la institución está prevista en el artículo 268 de la Constitución, y funciona con "el propósito fundamental de garantizar en forma gratuita y sin exclusión la tutela judicial

24 Véase en https://e-justice.europa.eu/content_legal_aid-293-es.do

25 Véase por ejemplo, en Jorge Correa Sutil, "Acceso a la justicia y reformas judiciales en A.L ¿Alguna esperanza de mayor igualdad? en http://www.palermo.edu/derecho/publicaciones/pdfs/revista_juridica/Especiales_SELA/SELA%20 1999%20-%20Ed%202000/04SELA99Juridica16.pdf

26 Véase por ejemplo, el estudio comparado sobre la experiencia de este tipo de organizaciones en Costa Rica, República Dominicana, El Salvador, Ecuador, Guatemala, Nicaragua y Perú en José Thompson, *Access to Justice and Equity, A Study in seven countries of Latin America*, Inter- American Development Bank, Inter- American Institutte of Human Rights, s

27 "El servicio de Defensa Pública es brindado por el Ministerio de Justicia y Derechos Humanos (MINJUS), a través de la Dirección General de Defensa Pública y Acceso a la Justicia (DGDPAJ), a las personas que no cuenten con recursos económicos y en los demás casos en que la ley expresamente así lo establezca. Este servicio integral brinda Asistencia Legal Gratuita, en materia penal, de familia, civil y laboral, y defiende a personas que han sido víctimas de la vulneración de sus derechos en cualquiera de sus formas, y y no cuentan con los recursos económicos para contratar a un abogado.".Véase la información en http://www.minjus.gob.pe/defensapublica/index.php

28 Véase en http://www.defensapublica.gov.do/

29 Véase en http://www.poder-judicial.go.cr/defensapublica/index.php/servicios/defensa-agraria

efectiva del derecho constitucional a la defensa."[30] También está el caso de la "Defensoría Pública" del Ecuador establecido también como un organismo autónomo que forma parte de la Función Judicial, "cuyo fin es garantizar el pleno e igual acceso a la justicia de las personas que, por su estado de indefensión o condición económica, social o cultural, no pueden contratar los servicios de defensa legal para la protección de sus derechos."[31]

### *6.- Acceso a la justicia y la protección de los derechos humanos*

Debe destacarse, por otra parte, también en relación con la garantía del derecho de acceso a la justicia, el desarrollo de organizaciones destinadas en especial para la protección de los derechos humanos, constituidas en paralelo al desarrollo de las oficinas o servicios generales de Defensa Pública. Ha sido el caso, en América Latina, de la creación de la institución de los Defensores del Pueblo o de los Defensores de Derechos Humanos, que progresivamente se ha ido incorporando en muchas de nuestras Constituciones, como instituciones con la misión específica de proteger la efectiva vigencia de los derechos y garantías constitucionales.

Inicialmente la misión se atribuyó a organizaciones pre-existentes, como fue el caso en Venezuela en la Constitución de 1961, del Ministerio Público atribuido al Fiscal General de la República, con la misión adicional de velar por la vigencia y respeto de los derechos y libertades públicas en los procesos fundamentalmente de carácter penal; tarea que sin embargo, no fue lo efectiva en relación con la específica protección de los derechos humanos.

Fue precisamente por ello, que en contraste, en las décadas pasadas se ha generalizado en el constitucionalismo latinoamericano, la creación de instituciones desvinculadas del Ministerio Público y de la defensa penal, para velar por la vigencia de los derechos humanos, dotadas de autonomía funcional y en general a cargo de un alto funcionario de nombramiento parlamentario.

El proceso comenzó con la creación del Defensor del Pueblo en Guatemala en 1985, y es hoy el signo general en las Constituciones de América Latina, donde se consagra expresamente la figura del Defensor del Pueblo, del Defensor de los Derechos Humanos, o del Defensor de los Habitantes[32] y, en otros casos, incluso sin previsión constitucional, como es el caso en Costa Rica, donde por ley 7319 de 1992 se creó la figura de la Defensoría de los Habitantes, como órgano contralor que forma parte del Poder Legislativo.[33]

La tendencia de creación de estas instituciones se siguió también en la Constitución venezolana de 1999, separándose del Ministerio Público la protección institucional de los derechos humanos, tarea que se asignó al Defensor del Pueblo concebido incluso como una rama autónoma e independiente del Poder Público. Conforme al artículo 380 de la Constitución, este "tiene a su cargo la promoción, defensa y vigilancia de los derechos y garantías establecidos en esta Constitución y en los tratados internacionales sobre derechos humano, además de los intereses legítimos, colectivos o difusos de los ciudadanos".

En todos esos casos, esta institución se distingue de lo que podría considerarse como el modelo original que fue el del Ombudsman escandinavo, el cual fue concebido como mecanismo parlamentario de protección de los derechos pero frente a la Administración, producto en cierta forma de la lucha entre el Ejecutivo y el Parlamento, lo que obligó a este último a establecer un Comisionado Parlamentario para vigilar la Administración del Estado.

30 La Defensa Pública, "para actuar ante los órganos y entes nacionales, estadales y municipales ofrece sus servicios en materia penal, jurisdicción Penal Militar, Agraria, Laboral, Prevención, Condiciones y Medio Ambiente del Trabajo; Protección del Niño, Niña y Adolescente; Responsabilidad Penal del Adolescente; Indígena; Civil; Mercantil; Tránsito y Contencioso Administrativa; Tribunal Supremo de Justicia." Véase en http://www.defensapublica.gob.ve/index.php/servicios/en-que-ayudamos-materias-de-competencia

31 Véase en http://www.defensoria.gob.ec/index.php/defensoria-publica/quienes-somos/que-es-la-defensoria-publica

32 Véase por ejemplo, *Jorge Luis Maiorano,* "**El Defensor del Pueblo en América Latina. Necesidad de Fortalecerlo," en** *Revista de Derecho* (Valdivia), Vol. XII, diciembre 2001, pp. 191-198; Carlos R. Constenla, *Teoría y práctica del Defensor del Pueblo,* Reus, Temis, Madrid 2010

33 Véase en http://www.dhr.go.cr/la_defensoria/

En el caso de la institución latinoamericana, ya no se trata de ese Ombudsman con la característica inicial, sino de un órgano constitucional con autonomía funcional que aun cuando es de nombramiento parlamentario, no está sometido al Parlamento ni responde a instrucciones parlamentarias. Tiene, por tanto, independencia frente a los Poderes del Estado en general y con lapso de duración generalmente coincidente con el período constitucional. Tiene, además, una característica importante, y es que en América Latina, goza de legitimación para intentar acciones de protección o tutela, es decir, acciones de amparo respecto de derechos individuales y colectivos o difusos, o acciones de inconstitucionalidad.

Sin embargo, hay que recordar que en algunos países de América Latina se ha seguido el modelo europeo vinculado a la protección frente a la Administración Pública, como es el caso de Argentina, donde la Constitución (art. 86), regula al Defensor del Pueblo como un defensor frente a la Administración, que tiene por objeto la protección de los derecho humanos ante hechos, actos u omisiones de la Administración Pública y el control del ejercicio de las funciones administrativas públicas.

En el resto de los países donde se ha consagrado la figura del Defensor del Pueblo o del Procurador para Defensa de los Derechos Humanos, no se especifica en forma alguna que la tarea de protección se deba ejercer en relación con la administración del Estado o al Poder Ejecutivo, sino frente a la universalidad de actores que puedan atentar contra los derechos humanos. Es el caso de las Constituciones de Colombia, Ecuador, El Salvador y Paraguay, aun cuando en algunos países como en Colombia y El Salvador, el Defensor de los Derechos Humanos o Derechos del Pueblo se vincula al Ministerio Público.

En otros casos, aun cuando independiente del Ministerio Público, el Defensor del Pueblo o Procurador de los Derechos Humanos, como sucede en Perú, Bolivia y Guatemala, además de la protección de los derechos en cualquier forma, tiene la tarea expresa de protegerlos frente a la Administración Pública, y de vigilar la actividad de esta.

## III.- ACCESO A LA JUSTICIA Y PRINCIPIO *PRO ACCIONE*

Otros de los aspectos medulares del derecho de acceso a la justicia, que ha implicado reformas y transformaciones significativas, ha sido el que ha tenido por objeto asegurar efectivamente el derecho de todos de accionar en justicia, de manera que en particular por lo que se refiere al control de constitucionalidad y legalidad de los actos estatales, los ciudadanos tengan posibilidad de ejercer las acciones correspondientes; y que en todo caso, conforme al principio de progresividad, la interpretación que el juez debe dar respecto de las condiciones de admisibilidad que las leyes establezcan para los diversos tipos de acciones, siempre se rija por el principio *pro actione*. Como lo ha interpretado la Sala Constitucional del Tribunal Supremo de Justicia:

> "dentro del alcance del principio *pro actione,* las condiciones y requisitos de acceso a la justicia no deben imposibilitar o frustrar injustificadamente el ejercicio de la acción a través de la cual se deduce la pretensión, toda vez que "(…) *el propio derecho a la tutela judicial efectiva garantiza la posibilidad de ejercicio eficiente de los medios de defensa, así como una interpretación de los mecanismos procesales relativos a la admisibilidad que favorezca el acceso a los ciudadanos a los órganos de justicia.*"[34]

El principio *pro actione,*" implica por tanto, que "todo ciudadano tiene derecho a […] que los requisitos procesales se interpreten en el sentido más favorable a la admisión de las pretensiones procesales."[35] Ello tiene especial repercusión, por ejemplo, en el tratamiento de las condiciones de legitimación que se establecen en las leyes respecto de las acciones de amparo, de control de constitucionalidad de las leyes, de protección de intereses colectivos o difusos, o contencioso administrativas.

---

34 Véase sentencia de la Sala Constitucional N° 1.064/2000, del 19 de septiembre de 2000.

35 Véase en *Revista de Derecho Público* N° 101 de 2005 en pp. 88 ss.

### 1.- *La legitimación en las acciones de amparo*

En cuanto a la legitimación en materia de amparo constitucional, el primer aspecto que tiene relación con el acceso a la justicia se refiere al carácter personalísimo de la acción, que tiene como consecuencia que en principio, solo puede ser intentada por la parte injuriada o agraviada. El principio *pro actione*, sin embargo, ha contribuido a atemperar dicha regla, de manera que se admite en muchas legislaciones que otras personas distintas puedan intentar la acción de amparo en nombre de la persona agraviada.

En esta materia, por ejemplo, una excepción general a la regla del carácter personal de la acción se ha desarrollado en relación con la acción de habeas corpus, en cuyo caso, como generalmente la persona agraviada está físicamente impedida de actuar personalmente por sufrir detención o libertad limitada, las leyes de amparo autorizan a cualquier persona a intentar la acción en representación suya (Argentina, Bolivia, Guatemala, Honduras, México, Nicaragua, Perú y Venezuela).[36]

En el mismo sentido, algunas leyes de amparo, para garantizar la protección constitucional, también establecen la posibilidad de que otras personas actúen representando a la parte agraviada e intenten la acción en su nombre. Puede ser cualquier abogado o familiar como se establece en Guatemala (art. 23), o cualquier persona como se establece en Paraguay (art. 567), Ecuador (art. 9.1), Honduras, Uruguay[37] y Colombia, donde cualquiera puede actuar en nombre de la parte agraviada cuando esta última esté en situación de incapacidad para asumir su propia defensa (art. 10).[38] El mismo principio está establecido en el Código Procesal Constitucional de Perú.[39]

Otro aspecto que se debe notar sobre la legitimación activa es que algunas leyes de amparo latinoamericanas, en forma restrictiva, obligan al accionante a nombrar formalmente a un abogado que le asista como, por ejemplo, se indica en el Código Judicial panameño (art. 2.261).

Por otra parte, muchas legislaciones otorgan legitimación para intentar la acción de amparo en nombre de los agraviados o de la colectividad, al Defensor de los Derechos Humanos o Defensor del Pueblo, como es el caso de Argentina, Bolivia, Colombia, Ecuador, El Salvador, Guatemala, Perú, Nicaragua, Paraguay y Venezuela.

### 2.- *La legitimación en las acciones de inconstitucionalidad con especial referencia a la despopularización de la acción popular*

En materia de control concentrado de constitucionalidad de las leyes, la regla tradicional, conforme a la orientación europea, ha sido que se limite el ejercicio de la acción directa a determinados funcionarios u órganos del Estado (Presidente del Gobierno, Ministerio Público, miembros del Parlamento), a quienes se da la legitimación necesaria para acceder a los Tribunales Constitucionales. En otros casos, por ejemplo, la legitimación activa se ha otorgado a los

36 Leyes de Amparo: Argentina (art. 5: cualquiera que lo represente); Bolivia (art. 89: cualquiera en su nombre); Guatemala (art. 85: cualquier otra persona); Honduras (art. 19: cualquier persona); México (art. 17: cualquier otra persona en su nombre); Nicaragua (art. 52: cualquier habitante de la República); Perú: (art. 26: cualquiera a su favor); Venezuela (art. 39: cualquiera que lo represente). En México, la ley impone en la parte agraviada la obligación de ratificar expresamente la interposición del recurso de amparo, al punto que si la queja no se ratifica, se reputará no presentada (art. 17).

37 En Honduras, la Ley sobre Justicia Constitucional autoriza a cualquier persona actuar por la parte agraviada, sin necesidad de poder, en cuyo caso el artículo 44 prevé que prevalecerá el criterio de la parte agraviada (art. 44). En Uruguay (art. 3) la Ley N° 16.011 sobre la Acción de Amparo prevé que en casos en los que la parte agraviada, por sí misma o por su representante, no pudiese intentar la acción, entonces cualquiera puede hacerlo por ella, sin perjuicio de la responsabilidad del agente si éste hubiese actuado con fraude, malicia o culpable ligereza (art. 4).

38 Véase Carlos Augusto Patiño Beltrán, *Acciones de tutela, cumplimiento, populares y de grupo*, Editorial Leyer, Bogotá, 2000, p. 10; y Juan Carlos Esguerra Portocarrero, *La protección constitucional del ciudadano*, Lexis, Bogotá, 2005, p. 122.

39 El artículo 41 del Código establece: "Cualquier persona puede comparecer en nombre de quien no tiene representación procesal, cuando esta se encuentre imposibilitada para interponer la demanda por sí misma, sea por atentado concurrente contra la libertad individual, por razones de fundado temor o amenaza, por una situación de inminente peligro o por cualquier otra causa análoga. Una vez que el afectado se halle en posibilidad de hacerlo, deberá ratificar la demanda y la actividad procesal realizada por el procurador oficioso."

ciudadanos, pero cuando hayan sido lesionados en su interés personal y directo, como es el caso de Uruguay, Honduras y Paraguay.

En contraste con dichas manifestaciones restrictivas de acceso a la justicia constitucional, en cambio, otros sistemas han establecido una legitimación amplia, otorgada a cualquier ciudadano, con la posibilidad de ejercer una acción popular con base en su simple interés a la constitucionalidad, como se ha establecido en Colombia y Venezuela desde el siglo pasado.

También se ha establecido en Panamá como medio procesal para acceder a la Jurisdicción Constitucional de la Corte Suprema de Justicia, y además se ha establecido en El Salvador y Nicaragua, correspondiendo por tanto a cualquier ciudadano. En Guatemala la acción se puede ejercer por "cualquier persona con el auxilio de tres abogados colegiados activos" (art. 134).

En Ecuador, en la Constitución de 1995 por ejemplo, se permitía que el Tribunal Constitucional pudiera conocer de peticiones de inconstitucionalidad de las leyes interpuestas por mil ciudadanos o de cualquier persona, previo informe favorable del Defensor del Pueblo sobre la procedencia, lo que en definitiva equivale a una acción popular. En otros casos, como en Honduras y en Uruguay, la acción de inconstitucionalidad de una ley sólo la pueden intentar quienes ostenten un interés personal, legítimo y directo.

Ahora bien, esta acción popular como institución fundamental para asegurar el acceso a la justicia en materia de control de constitucionalidad de las leyes, como antes dije, ha tenido una larga tradición particularmente en Venezuela que se remonta a su consagración por primera vez en América latina en la Constitución de 1858, pudiendo ejercerse por cualquier persona natural o jurídica, que goce de sus derechos, es decir, como lo señaló la Corte Suprema de Justicia en 1971, la acción está abierta "a cualquiera del pueblo (de ahí su denominación)", siendo su objetivo "la defensa de un interés público que es a la vez simple interés del accionante quien, por esta sola razón, no requiere estar investido de un interés jurídico diferenciado legítimo."[40] Basándose en ello, la Ley Orgánica del Tribunal Supremo de Justicia de 2010, califica la acción de inconstitucionalidad como una "demanda popular de inconstitucionalidad," lo que significa, como lo dijo la Sala Constitucional en sentencia N° 796 de 22 de julio de 2010 (Caso: *Asociación civil Súmate, Francisco Javier Suárez y otros*), que la acción popular "puede ser ejercida por cualquier ciudadano," es decir, "que toda persona tiene, en principio, la cualidad o interés procesal para la impugnación de las leyes o actos con rango de ley, por medio de la acción de nulidad por inconstitucionalidad," no exigiéndose "un interés procesal calificado, ni por la posible existencia de una especial situación de hecho que vincule alguna posición jurídico-subjetiva con cierta norma legal (individualizada), ni por el ejercicio de un cargo público, sea de representación popular o sea dentro del Poder Ciudadano."[41]

Sobre este concepto la jurisprudencia ha sido reiterativa, al afirmar que la acción popular "corresponde a todos y cada uno de los individuos que componen un conglomerado, para impugnar la validez de un acto del Poder Público que, por tener un carácter normativo y general, obra *erga omnes,* y, por tanto, su vigencia afecta e interesa a todos por igual."[42] Es decir, en cuanto a la impugnación de actos normativos, éstos "pueden ser impugnados por la vía de la acción popular, ejercida libremente por cualquier ciudadano que se encuentre en el pleno goce de sus derechos, esto es, que tenga capacidad procesal" invocando simplemente "el derecho que tiene todo ciudadano a que la administración respete la legalidad."[43] En este caso, agregó la antigua

40 *Véase* sentencia de la Corte Federal del 22/2/60, *Gaceta Forense* N° 27, 1960, pp. 107 et 108; así como la sentencia de la Corte Suprema de Justicia en la Sala Político–Administrativa del 3/10/63, *Gaceta Forense* N° 42, 1963, pp. 19 y 20, la del 6/2/64 *Gaceta Oficial* N° 27.373, 21/2/64, la del 30/5/63, *Gaceta Forense* N° 52, 1968, p. 109, y la del 25/9/73 *Gaceta Oficial* N° 1643 Extra, 21/3/74, p. 15.

41 Véase en http://www.tsj.gov.ve/decisiones/scon/Julio/796-22710-2010-09-0555.html

42 Véase la sentencia de la antigua Corte Federal de 14-03-60 en *Gaceta Forense* N° 27, 1960, págs. 127-132 y la sentencia de la Corte Suprema de Justicia en Sala Político-Administrativa de 18-02-71 en *Gaceta Oficial* N° 1.472 Extra. de 11-06-71. Véase en Allan R. Brewer-Carías, *Jurisprudencia de la Corte Suprema 1940-1975 y Estudios de Derecho Administrativo,* Tomo V, Vol. I, Caracas, 1978, pp. 209-304.

43 Véase la sentencia de la Corte Suprema de Justicia en Sala Político-Administrativa de 06-02-64 en *Gaceta Oficial* N° 27.373 de 21-02-64. Véase en Allan R. Brewer-Carías, *Jurisprudencia..., cit.*, Tomo V, Vol. I, pág. 296.

Corte Suprema, "la acción que se da... a cualquiera del pueblo (de allí su denominación) está dirigida a la defensa de un interés público que es a la vez simple interés del accionante quien por esta sola razón no requiere estar investido de un interés jurídico diferencial o legítimo."[44]

Lamentablemente, sin embargo, a pesar de estas declaraciones, en el régimen autoritario que se ha instalado en los últimos años en Venezuela, la "popularidad" de la acción popular ha sido progresivamente restringida por el Juez Constitucional, en claro atentado al derecho de acceso a la justicia, negándose incluso el Juez Constitucional en algunos casos recibir siquiera la acción propuesta, declarándola como "improponible," término inventado para consolidar la arbitrariedad.[45]

En esa forma la Sala Constitucional, desconociendo el derecho de acceso a la justicia, para negarse a entrar a conocer de acciones populares, las ha declarado como "improponibles," comenzando todo con ocasión de las acciones de inconstitucionalidad y amparo que se ejercieron contra los actos del procedimiento de la reforma constitucional propuesta en 2007, la cual en definitiva fue rechazada mediante referendo. El tema sin duda era polémico, por lo que las irregularidades gubernamentales para enfrentar las inevitables impugnaciones que se presentarían comenzaron en la víspera. Así sólo dos días después de que el Presidente de la República sometiera a la Asamblea su proyecto de reforma constitucional, el 17 de agosto de 2017, la Presidenta de la Sala Constitucional del Tribunal Supremo (es decir, de la Jurisdicción Constitucional) y del propio Tribunal Supremo, quien a la vez había sido miembro del Consejo Presidencial para diseñar dicha Reforma Constitucional, adelantándose a cualquier posible y previsible impugnación por inconstitucionalidad de la iniciativa presidencial y del trámite parlamentario, procedió a emitir opinión pública impunemente, prejuzgando sobre el asunto, dejando claro –dijo–: como lo reseño la prensa:

> "que la Sala Constitucional no tramitará ninguna acción relacionada con las modificaciones al texto fundamental, hasta tanto éstas no hayan sido aprobadas por los ciudadanos en el referendo. "Cualquier acción debe ser presentada después del referendo cuando la reforma ya sea norma, porque no podemos interpretar una tentativa de norma. Después de que el proyecto sea una norma podríamos entrar a interpretarla y a conocer las acciones de nulidad".[46]

La afirmación era otro soberano disparate, pues si la reforma se aprobaba por el pueblo mediante referendo ya no hubiera habido posibilidad de impugnar el procedimiento de reforma dada la legitimidad popular que habría adquirido.

Pero independientemente de este prejuzgamiento de la presidenta del Tribunal Supremo, la Sala Constitucional, que ella presidía, decidió mediante sentencia N° 2189 de Noviembre de 2007 (Caso *Confederación de Profesionales Universitarios de Venezuela (CONFEPUV)* y otros), sin que la Magistrado Presidenta se hubiese inhibido como hubiera correspondido en un Estado de derecho al haber adelantado públicamente opinión sobre lo decidido comprometiendo su imparcialidad,[47] declarando como "improponible" la acción de inconstitucionalidad propuesta

---

44 Véase la sentencia de la Corte Suprema de Justicia en Sala Político-Administrativa de 18-02-71 en *Gaceta Oficial* N° 1.472 Extra, de 11-06-71, y la sentencia de la Corte Suprema de Justicia en Sala Político-Administrativa de 21-11-74, en *G.O.* N° 30.594 de 10-01-75. Véase en Allan R. Brewer-Carías, *Jurisprudencia..., cit.*, Tomo V, Vol. I, págs. 304 y 314.

45 Sobre dicho término el reputado lingüista venezolano, recién fallecido, Alexis Rodríguez Márquez, dijo; "Al parecer se trata de un neologismo inventado por los eminentes magistrados de la Sala Constitucional….es un solemne disparate… la "improponibilidad" es lógicamente inexistente. Lo "improponible" es lo que no se puede proponer. ¿Cómo puede, entonces, ser "improponible" lo que ya ha sido propuesto? ¿Puede alguno de los ilustres magistrados explicarnos esta verdadera aporía?..... Los magistrados del Tribunal Supremo de Justicia deben ser sabios en Derecho; pero serán malos jueces si son ignorantes del idioma en que deban expresarse." Véase "La improponibilidad y la Real Academia," en http://elderechoenperspectiva.blogspot.com/2011/03/alguien-dijo-de-la-real-academia-de-la.html

46 Reseña del periodista Juan Francisco Alonso, en *El Universal*, Caracas 18-08-2007.

47 Conforme al artículo 8 del Código de Ética del Juez, "La imparcialidad constituye supuesto indispensable para la correcta administración de justicia, y por ello el magistrado...juez... que se hallare incurso en alguna causal de inhibición o recusación o viere comprometida su imparcialidad por alguna circunstancia previa o sobreviniente al proceso del cual deba conocer, debe separarse inmediatamente del mismo sin esperar a que se le recuse."

contra el acto de la Asamblea Nacional que había sancionado la reforma constitucional,[48] lo que se repitió en muchas otras sentencias, negando el derecho ciudadano acceder a la justicia y a obtener tutela judicial.[49] Para declarar como "improponible" la acción adujo además la Sala que los actos impugnados eran actos preparatorios de una enmienda constitucional, y por ello, no eran "impugnables por vía autónoma," renunciando así, a ejercer la justicia constitucional respecto de los procedimientos de reforma y enmienda constitucional.

Posteriormente, otra restricción a la popularidad de la *actio popularis* lo estableció la Sala Constitucional en 2010, de nuevo con motivo de la acción popular de inconstitucionalidad intentada por la *Asociación civil Súmate y otros,* contra las Resoluciones del Consejo Nacional Electoral de *enero de 2009*", mediante las cuales se convocó y fijó para el 15 de febrero de 2009, la celebración del Referéndum Aprobatorio de la Enmienda Constitucional de ese año para el establecimiento de la reelección indefinida,[50] en la sentencia Nº 796 de 22 de julio de 2010 (Caso: *Asociación civil Súmate, Francisco Javier Suárez y otros*),[51] que le negó a la Asociación Civil impugnante el derecho a participar en el control de constitucionalidad de los actos impugnados, declarando su "falta de legitimación" porque la misma habría recibido en algún momento, *in illo tempore*, "financiamiento de naciones extranjeras para desarrollar actividad pública." Ello, a juicio de la Sala implicaba que entonces carecía "de legitimidad para actuar en defensa de intereses extranjeros sobre asuntos de política interna." Ello, por supuesto, lo dedujo la Sala, en contra de lo que disponen los propios estatutos de la Asociación, donde se define como su objetivo esencial, el "promover en todas las formas posibles de la democracia como sistema de convivencia social dentro del marco de la libertad y el respeto a los derechos humanos."[52]

O sea, que conforme a esta arbitraria doctrina jurisprudencial, en definitiva, la acción popular de inconstitucionalidad dejó de ser "popular," en el sentido de que para la Sala Constitucional no "toda persona" tiene la cualidad o interés procesal para intentarla, careciendo de legitimación, por ejemplo, según la Sala, aquellas "personas" que liderasen sectores que sean de oposición "al gobierno legítimo y democrático."[53] La Sala Constitucional, en realidad, lo único que persiguió fue discriminar inconstitucionalmente a una Asociación civil que ha cumplido una labor encomiable desde el punto de vista de la oposición al gobierno autoritario, y dejando sembrada la duda en torno a las consecuencias que pueden derivarse del destino que una entidad vinculada a la oposición pueda dar a los fondos que reciba, negándole el acceso a la justicia.

---

48 Véase la sentencia del Tribunal Supremo de Justicia en Sala Constitucional Nº 2189 de 22 de Noviembre de 2007, Caso *Confederación de Profesionales Universitarios de Venezuela (CONFEPUV) y otros*, en *Revista de Derecho Público*, Nº 112, Editorial Jurídica Venezolana, Caracas, 2007, pp. 581 ss. (Véase también en http://www.tsj.gov.ve/decisio-nes/scon/Noviembre/2189-221107-07-1596.htm).

49 Tal fue el caso de la sentencia Nº 2108 de 7 de noviembre de 2007 (Ponente: Francisco Carrasqueño), dictada en el Caso *Jorge Paz y otros* con motivo de decidir la acción popular de inconstitucionalidad contra los actos ejecutados por el Presidente de la República el 15 de agosto de 2007; los actos del Ministro del Poder Popular del Despacho de la Presidencia; los actos de la Asamblea Nacional y de la Comisión Mixta, todos relacionados con el proyecto de reforma de la Constitución que por iniciativa del Presidente de la República tramitaba la Asamblea Nacional, también declarada como "improponible." Véase Allan R. Brewer-Carías, "El juez constitucional vs. la supremacía constitucional", en *Revista Iberoamericana de Derecho Procesal Constitucional,* nº 9, Editorial Porrúa, Instituto Iberoamericano de Derecho procesal Constitucional, México 2008, pp. 17-60; "El juez constitucional vs. la supremacía constitucional. (O de cómo la jurisdicción constitucional en Venezuela renunció a controlar la constitucionalidad del procedimiento seguido para la "reforma constitucional" sancionada por la Asamblea Nacional el 02 de noviembre de 2007, antes de que fuera rechazada por el pueblo en el referendo del 02 de diciembre de 2007)", en *Revista de Derecho Público*, nº 112, Editorial Jurídica Venezolana, Caracas 2007, pp. 661-694

50 Véase Allan R. Brewer-Carías, "El Juez Constitucional vs. La alternabilidad republicana (La reelección continua e indefinida), en *Revista de Derecho Público*, nº 117, Caracas 2009, pp. 205-211

51 Véase en http://www.tsj.gov.ve/decisiones/scon/Julio/796-22710-2010-09-0555.html. Véase los comentarios en Véase Allan R. Brewer-Carías, "La acción popular de inconstitucionalidad en Venezuela y su ilegitima restricción por el juez constitucional, " en *Estudios Constitucionales*, Nº 9, 2, Centro de Estudios Constitucionales de Chile, Universidad de Talca, Santiago de Chile 2011, pp. 623-638. Véase la Revista Nº 9, 2, en http://www.cecoch.cl/htm/revista/revista_9_2_2011.html; y el artículo en http://www.cecoch.cl/docs/pdf/revista_9_2_2011/articulo_14.pdf

52 *Ídem.*

53 *Ídem.*

Pero más grave aún que esta arbitraria restricción puntual, y que la declaración sistemática de la "improponibilidad" de la acción popular cuando se ha intentado por particulares, en defensa del derecho a la Constitución, al sufragio y a la participación política, ha sido la práctica del control concentrado de constitucionalidad, que evidencia que en los últimos años, la mayoría de las acciones de inconstitucionalidad intentadas por los particulares han sido declaradas sistemáticamente sin lugar; en cambio, aquellas que han sido intentadas por el propio Estado, a través de sus altos funcionarios, han sido declaradas con lugar, entre las cuales muchas han sido interpuestas por personeros del Poder Nacional contra actos de los Estados y Municipios.

Así, en un reciente estudio efectuado de las sentencias de la Sala Constitucional dictadas con ocasión de acciones de inconstitucionalidad durante los años 2000 a 2013, teniendo en cuenta quién ha sido el demandante, si ha sido un órgano del Estado o un particular, se puede concluir indicando que "cuando la nulidad es solicitada por el sector público, la probabilidad de obtener un pronunciamiento favorable oscila entre el 15 y 45%; mientras que en el caso del sector privado este se encuentra entre el 0 y 10%,"[54] lo que llevó al autor del estudio, con razón, a preguntarse sobre la real "popularidad" la acción popular, es decir:

> "¿Qué tan popular es una acción popular que al ser intentada por un ciudadano ajeno a la Administración Pública posee, estadísticamente hablando, menos probabilidad de obtener un pronunciamiento favorable a que si la acción fuese ejercida por un funcionario público? ¿Es esta la materialización de la "intención subjetiva del Constituyente" recogida en la Exposición de Motivos de la Carta Magna según la cual "todas las personas tienen a su alcance la acción popular clásica"?"[55]

Y la respuesta no es otra que la que el mismo autor del estudio sugiere, en el sentido de que "la acción popular cada día parece ser menos popular y tiende, exclusivamente, a la protección de las competencias que la Constitución de la República confirió al Poder Público Nacional como límite a la actuación de los estados y municipios en esta, de por sí, curiosa federación."[56]

### 3.- *La legitimación en las acciones de protección de derechos o intereses difusos o colectivos*

Por otra parte, otro de los temas de gran interés en el mundo contemporáneo en relación con e derecho de acceso a la justicia, ha sido el del tratamiento de la protección de derechos colectivos y difusos, que incluso en algunos casos, ha encontrado consagración constitucional, como sucedió en Venezuela, precisamente como parte del derecho de acceso a la justicia, reconociendo el derecho de cualquier persona de solicitar protección no sólo de sus derechos personales, sino de los derechos "*colectivos*" y "*difusos*" (artículo. 26).

En relación con estos derechos colectivos, la Sala Constitucional del Tribunal Supremo de Venezuela consideró tales derechos como los que corresponden a un grupo indeterminadas de personas que forman parte de un sector de la población, cuando entre ellas existe un vínculo jurídico que las unifica, como sucede en los casos de daños a grupos profesionales, de vecinos, sindicatos, o de habitantes de un área urbana.[57] En relación con los derechos difusos, la misma Sala Constitucional estableció que en esos casos, se refiere a los que pueden afectar a la población en general porque buscan asegurar a las personas en general una mejor calidad de vida así como condiciones mínimas de existencia.[58] En este sentido, por ejemplo, están los daños al ambiente o a los consumidores que tienen efectos dañinos y expansivos en relación con grandes grupos de la población, y que responden a obligaciones genéricas de protección al ambiente o a los consumidores.[59]

54 Véase Gabriel Sira Santana, "La impopularidad de la acción popular de inconstitucionalidad en la jurisprudencia de la Sala Constitucional del Tribunal Supremo de Justicia," en *Revista de Derecho Público*, N° 139, Editorial Jurídica Venezolana, Caracas 20014, pp. 145 a 161.

55 *Ídem*, p. 161

56 *Ídem*, p. 161

57 *Véase* la sentencia de la Sala Constitucional N° 656 de 5 de junio de 2001 (Caso: *Defensor del Pueblo vs. Comisión Legislativa Nacional*).

58 *Ídem*,.

59 *Ídem*,

Ahora bien, en relación con la legitimación activa para intentar acciones de amparo en búsqueda de protección de estos derechos colectivos y difusos, por ejemplo, la Sala Constitucional del Tribunal Supremo de Venezuela ha admitido la posibilidad de que "*cualquier individuo con capacidad legal*" pueda intentar la acción, cuando busca impedir daños a la población o partes de ella a las que pertenece, estando habilitado para intentar la acción basada en la protección de intereses difusos o colectivos.[60] Fue el caso, por ejemplo, de una acción de amparo intentada para la protección de los derechos electorales, en el cual, un ciudadano invocando los derechos generales del sufragio, intentó una acción de amparo que incluso, condujo en 2000 la suspensión inmediata de una elección general presidencial y legislativa.[61] En otras palabras, la Sala Constitucional ha admitido que "cualquier persona capaz que busque impedir daños a la población o a sectores de la misma a los que pertenece, puede intentar acciones en defensa de los intereses colectivos o difusos", extendiendo "la legitimación a las asociaciones, sociedades, fundaciones, cámaras, sindicatos y otras entidades colectivas dedicadas a la defensa de la sociedad, siempre que actúen dentro de los límites de sus fines societarios referidos a la protección de los intereses de sus miembros."[62]

En estos casos, la Sala Constitucional estableció las condiciones generales de la legitimación, decidiendo que la acción debe basarse "no sólo en el derecho personal o interés del accionante, sino también en el derecho común o colectivo".[63] En consecuencia, en estos casos debe existir una relación o vínculo "incluso sin ser de carácter jurídico, entre quien demanda en nombre del interés general de la sociedad o de parte de ella (interés social común) y el daño o peligro causado a la colectividad."[64]

Estas acciones "*colectivas*" de amparo para la protección de derechos difusos, particularmente en materia ambiental, han sido expresamente constitucionalizados en América Latina, como es el caso de Argentina, en cuya Constitución se estableció que la acción de amparo puede intentarse por la parte afectada, el Defensor del Pueblo y las asociaciones registradas que persigan esos fines, contra cualquier tipo de discriminación en relación con los derechos para la protección del ambiente, la libre competencia, los derechos de usuarios y consumidores y los derechos de incidencia colectiva general (Artículo 43).[65]

En Perú, el artículo 40 del Código Procesal Constitucional también autoriza a cualquier persona para intentar acciones de amparo, en casos referidos a las amenazas o violaciones a los derechos ambientales u otros derechos difusos que gozan de reconocimiento constitucional, así como respecto de cualquier entidad con fines no lucrativos cuyos fines sean la defensa de esos derechos.

En sentido similar, en Brasil se ha regulado en la Constitución el *mandado de securança colectivo*, destinado a la protección de los derechos difusos o colectivos, que puede intentarse

60 *Ídem*,

61 En estos casos, la Sala Constitucional incluso ha otorgado medidas cautelares con efectos *erga omnes* tanto a los individuos y la entidad que interpusieron la acción como "a todos los votantes como grupo»". *Véase* sentencia de la Sala Constitucional N° 483 de 29 de septiembre de 2000 (Caso: *"Queremos Elegir" y otros*), *Revista de Derecho Público*, N° 82, 2000, EJV, pp 489-491. En sentido similar véase la decisión de la misma Sala N° 714 de 13-06-2000 (Caso: *APRUM*).

62 *Véase* sentencia de la Sala Constitucional de 30–06–2000 (Caso *Defensoría del Pueblo. Véase* las referencias y comentarios en Rafael Chavero, *El nuevo régimen del amparo constitucional en Venezuela*, Caracas 2001, pp. 110–114.

63 *Véase* sentencia N° 1948 de 17-02-2000 (Caso: *William O. Ojeda O. vs. Consejo Nacional Electoral*).

64 *Ídem*.). Sin embargo, a pesar de las sentencias progresistas antes mencionadas en relación con la protección de los intereses colectivos o difusos, como los derechos políticos, en una más reciente decisión de 21 de noviembre de 2005, la Sala Constitucional ha revertido su decisión en un caso intentado por otro partido político denominado "Un Solo Pueblo". *Véase* Caso *Willian Ojeda vs. Ministro de la Defensa y los Comandantes Generales del Ejército y de la Guardia Nacional*, en *Revista de Derecho Público*, N° 104, Editorial Jurídica Venezolana, Caracas 2005.

65 *Véase* Joaquín Brage Camazano, *La jurisdicción constitucional de la libertad*, Editorial Porrúa, México 2005, pp. 94 y ss.; Alí Joaquin Salgado, *Juicio de amparo y acción de inconstitucionalidad*, Astrea Buenos Aires 1987, pp. 81-89. En relación con asociaciones que pueden intentar la acción de amparo, la Suprema Corte de la nación ha considerado que no requieren registro formal. *Véase* sentencia 320:690, Caso: *Asociación Grandes Usuarios y sentencia 323:1339*, Caso *Asociación Benghalensis*, en Joaquín Brage Camazano, *La jurisdicción constitucional de la libertad*, Editorial Porrúa, México 2005, pp. 92-93.

por los partidos políticos con representación en el Congreso nacional, por los sindicatos y los instrumentos de clase o asociaciones legalmente establecidas en defensa de los intereses de sus miembros, que hayan estado funcionando al menos durante el año (Artículo 5, LXIII).[66]

En Ecuador, el artículo 48 de la Ley de Amparo también autoriza a cualquier persona natural o jurídica para intentar una acción de amparo cuando se trate de la protección al ambiente, incluyendo a las comunidades indígenas a través de sus representantes.[67]

En el caso de Costa Rica, los amparos colectivos han sido admitidos por la Sala Constitucional de la Corte Suprema de Justicia en materias relativas al ambiente, basándose en la previsión constitucional que establece el derecho de todos "a un ambiente saludable y ecológicamente equilibrado" (Artículo 50); atribuyendo a cualquier persona "la legitimación para denunciar los actos que infrinjan tales derechos".[68]

Por último, por ejemplo, en Colombia, si bien la acción de tutela también responde al carácter personal y privado de la acción de amparo, de manera que sólo puede intentarse por el titular del derecho fundamental protegido por la Constitución[69], ello no significa que los derechos difusos o colectivos no encuentren protección judicial, a cuyo efecto la Constitución ha regulado la "*acción popular*" para la protección de los mismos.[70]

### 4.- *La legitimación en las acciones contencioso administrativas de anulación y el tema del interés legítimo*

También en materia contencioso administrativo, en lo que se refiere a las acciones de impugnación de actos administrativos por razones de ilegalidad e inconstitucionalidad con el objeto de anularlos judicialmente, en general se han establecido condiciones de legitimación activa para accionar, que sin duda inciden en el derecho de acceso a la justicia.

En Venezuela, por ejemplo, es en la propia Constitución donde se ha regulado a la Jurisdicción contencioso administrativa, la cual se ha atribuido al Tribunal Supremo de Justicia en Sala Político Administrativa y Sala Electoral, y a otros tribunales establecidos legalmente, con competencia:

> "para anular los actos administrativos generales o individuales contrarios a derecho, incluso por desviación de poder; condenar al pago de sumas de dinero y a la reparación de daños y perjuicios originados en responsabilidad de la Administración; conocer de reclamos por la prestación de servicios públicos y disponer lo necesario para el restablecimiento de las situaciones jurídicas subjetivas lesionadas por la actividad administrativa" (art. 259).

Esta previsión implica que teniendo los ciudadanos el derecho de acceso a la justicia, todos tienen entonces el derecho de accionar ante dichos órganos para solicitar la revisión judicial de actos y actuaciones administrativas. A tal efecto, en cuanto a la legitimación activa para iniciar

66 Adicionalmente, desde 1985, en Brasil se ha desarrollado las "acciones civiles colectivas", en forma similar a las *Class Actions* del derecho norteamericano para la protección de derechos de grupo, como consumidores, aún cuando limitando la legitimación a las entidades públicas y a las asociaciones *Véase* Antonio Gidi, "Acciones de grupo y amparo colectivo en Brasil. La protección de derechos difusos, colectivos e individuales homogéneos", in Eduardo Ferrer Mac Gregor (Coordinator), *Derecho Procesal Constitucional*, Colegio de Secretarios de la Suprema Corte de Justicia de la Nación, Editorial Porrúa, Tomo III, México 2003, pp. 2.538 y ss.

67 Hernán Salgado Pesantes, *Manual de Justicia Constitucional Ecuatoriana*, Corporación Editora Nacional, Quito 2004, p. 76.

68 *Véase* sentencia 1700-03 de la Sala Constitucional, en Rubén Hernández Valle, *Derecho Procesal Constitucional*, Editorial Juricentro, San José, 2001, pp. 239-240.

69 *Véase* Juan Carlos Esguerra Portocarrero, *La protección constitucional del ciudadano*, Lexis, Bogotá 2005, p. 121. Es por ello que el artículo 6,3 de la Ley de Tutela expresamente dispone que la acción de tutela es inadmisible cuando los derechos que se busca proteger son derechos colectivos como el derecho a la paz y otros referidos en el artículo 88 de la Constitución", particularmente porque para tal fin se ha establecido una vía específica denominada "acción popular".

70 Estas acciones populares están establecidas en la Constitución para la protección de los derechos e intereses relacionados con la propiedad pública, el espacio público, la seguridad pública y la salud, la moral administrativa, el ambiente, la libertad de competencia y otros de naturaleza similar. Todos estos son derechos difusos, y su protección se regula en la Ley 472 de 1998 relativa a las acciones populares. Esta ley también regula otras acciones para la protección de los derechos en caso de danos infringidos a un una pluralidad de personas.

juicios contencioso administrativos, la Ley Orgánica de la Jurisdicción Contencioso Administrativa de 2010,[71] bajo una tendencia garantista del derecho de accionar, estableció en su artículo 29 que el mismo corresponde a quienes tengan "un interés jurídico actual" en relación con el objeto de la pretensión, es decir, que el interés exista al momento de realizarse la actuación procesal, basado en la relación o situación jurídica concreta de la persona, lo que dependerá por supuesto de la pretensión procesal que se formule ante la Jurisdicción.

En el caso de los juicios de nulidad contra los actos administrativos, respecto de la legitimación activa, la Ley Orgánica no estableció nada más, por lo que el "interés actual" exigido debe estar lógicamente condicionado por los efectos producidos por los actos impugnados.

Antes de la reforma de la Ley Orgánica de la Jurisdicción Contencioso Administrativa de 2010, sin embargo, en materia de acciones de nulidad contra los actos administrativos de efectos particulares, la legitimación activa tradicionalmente fue atribuida a quienes fueran titulares de un "interés personal, legítimo y directo"[72] en la impugnación del acto administrativo; exigencia que fue precisamente eliminada la LOJCA 2010, pero que no necesariamente ha desaparecido por completo, pues dependerá de los efectos del acto

Tal como se había desarrollado jurisprudencialmente anteriormente, la necesidad de que el recurrente en los juicios de nulidad tuviese un interés personal, legítimo y directo en la impugnación, implicaba que tratándose de actos individuales o de efectos particulares, en principio, en el proceso sólo podían "actuar los sujetos a quienes directamente afecta el acto administrativo,"[73] es decir, "los que tuvieran un interés legítimo en su anulación."[74] Esta noción de interés personal, legítimo y directo, fue precisada con acuciosidad por la Corte Primera de lo Contencioso-Administrativa en su sentencia del 13 de octubre de 1988 (caso: *Cememosa*), al clarificar que por *interés legítimo* "debe entenderse como la existencia de una tutela legal sobre la pretensión del actor;" que el *interés sea personal* "alude a la de que el actor haga valer en su nombre o en el de un sujeto o comunidad a los cuales representa, su pretensión;" y que el *interés sea directo*, se refiere a "que el efecto del acto recaiga sobre el actor" y que "el acto esté destinado al actor." En fin la exigencia apunta a que "el impugnante sea el afectado, el que recibe los efectos inmediatos de la decisión sobre su esfera de intereses."[75]

Esta exigencia, sin embargo, comenzó a variar después de sancionada la Constitución de 1999, mediante sentencia de la Sala Político Administrativa del Tribunal Supremo, en efecto, N° 873 de 13 de abril de 2000 (Caso: *Banco FIVENEZ vs. Junta de Emergencia Financiera*), en la cual consideró que con las previsiones de la nueva Constitución había "quedado tácitamente derogado el criterio legitimador exigido en la Ley Orgánica de la Corte Suprema de Justicia, pues dicho criterio resulta incompatible con los principios que establece la nueva Constitución (Disposición Derogatoria única de la Constitución de 1999), al menos en lo que respecta a la exigencia de que el interés legitimador sea personal y directo," refiriéndose en particular al derecho al acceso a la justicia, al debido proceso, a la tutela judicial efectiva .La Sala concluyó entonces indicando que "el interés para recurrir que exige la nueva Constitución, obviamente, sigue siendo "legítimo", ya que el ordenamiento jurídico no puede proteger intereses ilegítimos." Sin embargo, por lo que respecta al interés directo, la Sala lo consideró sin aplicación por lo que el recurrente en estos procesos de nulidad, "cuando el particular pueda obtener de la impugnación del acto administrativo una ventaja o evitar un perjuicio, aunque no exista una relación inmediata entre la situación derivada o creada por el acto administrativo" debe admitirse la impugnación al ser "titular de un 'interés indirecto', lo cual lo legitima para ejercer el recurso contencioso administrativo."

71 La Ley Orgánica fue sancionada por la Asamblea Nacional el 15 de diciembre de 2009, y publicada en *Gaceta Oficial* N° 39.447 de 16 de junio de 2010. Véase los comentarios a la Ley Orgánica en Allan R. Brewer-Carías y Víctor Hernández Mendible, *Ley Orgánica de la Jurisdicción Contencioso Administrativa*, Editorial Jurídica Venezolana, Caracas 2010

72 Véase Allan R. Brewer-Carías, "Aspectos de la legitimación activa en los recursos contencioso-administrativos contra los actos administrativos de efectos particulares", en *Revista de Derecho Público,* N° 16, Editorial Jurídica Venezolana, Caracas, 1983, pp. 227-233.

73 Véase en *Gaceta Forense,* N° 27, pp. 127-132. Véase además en Allan R. Brewer-Carías, *Jurisprudencia de la Corte Suprema ... cit.*, Tomo V, Vol. I, *cit.,* p. 293.

74 Véase *Gaceta Oficial* N° 14.72 Extra, de 11-06-71.

75 Véase *Revista de Derecho Público,* N° 82, Editorial Jurídica Venezolana, Caracas, 2000, pp. 445 ss.

Consideró la Sala, en consecuencia, que es suficiente para impugnar tanto actos de efectos particulares como actos de efectos generales, "que se tenga un interés conforme con el ordenamiento jurídico, aunque dicho interés no sea personal y directo" tratándose siempre, por supuesto de un interés legítimo y actual. Además, señaló la Sala que en lo que respecta a la exigencia de que el interés sea "personal," que "la nueva Constitución permite el acceso a la justicia para la defensa de los intereses "difusos" y "colectivos," concluyendo entonces que "el concepto de interés previsto en la nueva Constitución abarca los intereses estrictamente personales así como los intereses comunes de cuya satisfacción depende la de todos y cada uno de los que componen la sociedad." Terminó la Sala Político Administrativa aclarando que, en todo caso, "no puede confundirse la legitimación por simple interés legítimo que exige la nueva Constitución con la denominada acción popular" en cuyo caso "al particular deberá admitírsele la interposición del recurso con independencia de que pueda ostentar un derecho o interés lesionado."[76]

Pero a pesar de este criterio jurisprudencial de 2000, la Ley Orgánica del Tribunal Supremo de Justicia de 2004 repitió en su texto la norma de la derogada Ley Orgánica de la Corte Suprema de 1976 (norma que había sido considerada tácitamente derogada por la Constitución por la Sala Político Administrativa del Tribunal Supremo), exigiéndose el "interés personal, legítimo y directo" como condición de legitimidad para interponer el recurso contencioso de anulación contra los actos administrativos de efectos particulares (Art. 21.9); razón por la cual continuó siendo, hasta 2010, la condición básica de la legitimación para intentar demandas de nulidad de actos administrativos de efectos particulares o para hacerse parte en los juicios. A partir la Ley Orgánica de la Jurisdicción Contencioso Administrativa de 2010, en la misma ni la Ley Orgánica del Tribunal Supremo de Justicia de ese mismo año estableció condición alguna del interés del recurrente para intentar acciones contencioso administrativas contra actos de efectos particulares, por lo que sobre la base esencial de tratarse siempre de un interés legítimo y actual, será la jurisprudencia la que irá delineando la legitimación.

En todo caso, distinta es la situación de la posibilidad de participación en los juicios como demandantes o como partes, de los entes, consejos comunales, colectivos y otras manifestaciones populares de planificación, control, ejecución de políticas y servicios públicos, en cuyo caso el acto administrativo impugnado debe tener vinculación con su ámbito de actuación. Esas entidades pueden incluso emitir su opinión en los juicios cuya materia debatida esté vinculada a su ámbito de actuación, aunque no sean partes (art. 10).

Se trata de lo que se ha regulado en la Constitución para la tutela judicial de los intereses colectivos o difusos (art. 26), como antes se ha dicho, en relación con situaciones jurídicas subjetivas que corresponden a una comunidad concreta o a la colectividad en general. Con ello, se ha reconocido también legitimación activa para actuar, a las entidades representativas de intereses colectivos legalmente establecidas y reconocidas (intereses colectivos), y a quienes en determinadas circunstancias invoquen la protección de los intereses supra-individuales que conciernen a toda la colectividad (intereses difusos), lo que se había recogido en el artículo 18.2 de la derogada Ley Orgánica del Tribunal Supremo de 2004.

En todo caso, tratándose de la impugnación de actos administrativos de efectos generales, como los reglamentarios, la legitimación para impugnarlos y para hacerse parte en los juicios corresponde a cualquier ciudadano, pues es una acción popular, que por ejemplo alegue en tal; carácter, un simple interés en la anulación o en el mantenimiento del acto impugnado.

La acción en estos casos, en efecto, es una acción popular contencioso administrativa, tal como se derivaba del artículo 21.9 de la derogada Ley Orgánica del Tribunal Supremo de 2004, cuando disponía que "toda persona natural o jurídica, que sea *afectada en sus derechos o intereses* por un *acto administrativo de efectos generales* emanado de alguno de los órganos del Poder Público Nacional, Estadal o Municipal, puede demandar la nulidad del mismo ante el Tribunal Supremo de Justicia, por razones de inconstitucionalidad o de ilegalidad."

76 Véase en *Revista de Derecho Público,* N° 82, Editorial Jurídica Venezolana, Caracas, 2002, pp. 582-583

### 5.- *La legitimación en las acciones contencioso administrativas por abstención o carencia: derecho de petición y transparencia*

El ejercicio del derecho de acceso a la información administrativa para poder controlar la transparencia administrativa, que como derecho constitucional tienen que tener los ciudadanos en un Estado de derecho, está usualmente garantizado por la previsión, también de orden constitucional, del derecho de petición y a obtener oportuna respuesta, y que es el vehículo inicial para tener acceso a la información.

La Constitución venezolana, por ejemplo, establece en el artículo 51 el derecho de toda persona "de representar o dirigir peticiones ante cualquier autoridad o funcionario público sobre los asuntos que sean de su competencia, y de obtener oportuna y adecuada respuesta," agregando, incluso que "quienes violen este derecho serán sancionados conforme a la ley, pudiendo ser destituidos del cargo respectivo." A tal efecto la Ley Orgánica de Procedimientos Administrativos de 1981,[77] en su artículo 2 dispone que "toda persona interesada podrá, por sí o por medio de su representante, dirigir instancias o peticiones a cualquier organismo, entidad o autoridad administrativa," las cuales deben "resolver las instancias o peticiones que se les dirijan o bien declarar, en su caso, los motivos que tuvieren para no hacerlo." Esta obligación se reitera en el artículo 3 de la misma Ley que agrega que "los funcionarios y demás personas que presten servicios en la Administración Pública, están en la obligación de tramitar los asuntos cuyo conocimiento les corresponda y son responsables por las faltas en que incurran," pudiendo los interesados "reclamar, ante el superior jerárquico inmediato, del retardo, omisión, distorsión o incumplimiento de cualquier procedimiento, trámite o plazo en que incurrieren los funcionarios responsables del asunto."

Por otra parte, la Constitución misma en Venezuela ha garantizado a los ciudadanos el "derecho a ser informados oportuna y verazmente por la Administración Pública, sobre el estado de las actuaciones en que estén directamente interesados, y a conocer las resoluciones definitivas que se adopten sobre el particular" (art. 143).

Estas disposiciones constitucionales y legales, relativas al derecho de acceso a la información, mediante la garantía del derecho de petición y a obtener oportuna respuesta, para controlar la transparencia administrativa, se complementan además, con la regulación expresa, dentro de las vías judiciales para controlar a la Administración, del recurso contencioso administrativo contra la omisión o carencia de la Administración, el cual desarrollado desde antaño por la jurisprudencia de la antigua Corte Suprema de Justicia,[78] se ha regulado en forma expresa en la Ley Orgánica de la Jurisdicción Contencioso Administrativa de 2010.[79]

El artículo 9.2 de la Ley, como se ha dicho, establece entre la competencia de los tribunales de la Jurisdicción Contencioso Administrativa, la de conocer de "de la *abstención o la negativa* de las autoridades a producir un acto al cual estén obligados por la ley," correspondiendo la legitimación activa para intentar el recurso correspondiente al titular del derecho a obtener respuesta o decisión sobre determinado asunto. Por ello, en el texto de la demanda que se intente, la Ley Orgánica exige que se establezca la relación de los hechos y los fundamentos de derecho con sus respectivas conclusiones; debiendo producirse con el escrito de la demanda, los instrumentos de los cuales se derive el derecho reclamado (art. 33). La demanda por abstención o negativa de la Administración, por otra parte, debe interponerse en el lapso de 180 días continuos contados a partir del momento en el cual la Administración incurrió en la abstención (art. 32.3).

Estos son las únicas previsiones específicas relativas a la admisibilidad de la acción por abstención o negativa de la Administración. Sin embargo, en relación con la legitimación activa para intentar el recurso por abstención o carencia, cuando de lo que se trata es de falta de respuesta a un derecho de petición basado en el derecho a la información que de acuerdo con

77 Véase en *Gaceta Oficial* N° 2.818 Extraordinario de 1-7-1981

78 Véase Allan R. Brewer-Carías, "La abstención, silencio y negativa de la Administración y su control", en *El Derecho Venezolano en 1982, Ponencias al XI Congreso Internacional de Derecho Comparado*, Facultad de Ciencias Jurídicas y Políticas, Universidad Central de Venezuela, Caracas 1982, pp. 603-617

79 Véase en *Gaceta Oficial* N° 39.451 de 22 de junio de 2010.

lo resuelto por la Sala Constitucional del Tribunal Supremo de Justicia, "está legitimado en función del principio de transparencia en la gestión pública," la misma Sala Constitucional ha determinado en 2010, "con carácter vinculante," que:

> "en ausencia de ley expresa, y para salvaguardar los límites del ejercicio del derecho fundamental a la información, se hace necesario que el solicitante de la información manifieste expresamente las razones o los propósitos por los cuales requiere la información."[80]

Esta condición de admisibilidad establecida por la Sala Constitucional que impone a los recurrentes contra la abstención de la Administración de responder las peticiones, la obligación de manifestar expresamente las razones o los propósitos por los cuales requiere la información en el texto de las mismas, se ha convertido a la vez en una limitación al acceso a la justicia, que los tribunales contencioso administrativos han desarrollado progresivamente.

Así lo resolvió la Sala Político Administrativa del Tribunal Supremo de Justicia en sentencia N° 1636 de fecha 3 de diciembre de 2014, (caso: *Asociación Civil Espacio Público Vs. Ministro del Poder Popular para la Educación Universitaria, Ciencia y Tecnología*),[81] en la cual se declaró inadmisible el recurso por abstención formulado ante dicho Ministerio, para obtener respuesta a diversas solicitudes de información sobre diversas dificultades presentadas para los usuarios de internet de la empresa nacional de teléfonos, sobre si se habían realizado bloqueos o restricciones en diversos portales web de noticias , y si fueron realizadas a través de una orden gubernamental, solicitando "nombre de la persona que dio la orden, motivos de las mismas, así como, que se le provea de una lista de las páginas web bloqueadas y las fechas en que se realizaron dichas acciones." La Sala Político Administrativa del Tribunal Supremo, frente a ello, invocando el criterio vinculante de la Sala Constitucional, se limitó a expresar que la información requerida, podía "encontrarse en los informes anuales que son rendidos por los titulares de los ministerios ante la Asamblea Nacional," los cuales son "de carácter público," procediendo, sin más a declarar la "inadmisibilidad de la pretensión de abstención formulada."

Invocando estas sentencias, las Cortes de lo Contencioso Administrativo han venido declarando inadmisibles acciones contencioso administrativas contra la omisión administrativa en dar oportuna respuesta a peticiones de información formulada por diversas asociaciones, vaciando progresivamente el contenido tanto del derecho de acceso a la información como del derecho de petición y el derecho de acceso a la justicia.

Así, en sentencia de la Corte Segunda de lo Contencioso Administrativo, de 12 de agosto de 2015 (Caso *Asociación Civil Transparencia Venezuela contra el Servicio Autónomo de Registros y Notarías (SAREN)*),[82] dictada al conocer del recurso por abstención intentado contra dicho servicio por no haber respondido las "denuncias sobre posibles hechos de corrupción de funcionarios adscritos a esa Institución" formuladas por la mencionada Asociación, la Corte Segunda afirmó que "la accionante no formuló concretamente solicitud alguna al Servicio Autónomo de Registros y Notarías (SAREN), toda vez que, las comunicaciones remitidas al mencionado Servicio sólo contienen la información antes indicada y únicamente se limitó a incluir en cada una de las referidas comunicaciones la coletilla "a la espera de su pronta respuesta", sin haber manifestado de manera clara y elocuente, que era lo que le solicitaba al accionado." A pesar de que una denuncias de corrupción basta para que el órgano respectivo abra una averiguación y determine si se produjo o no, sin que nadie tenga que indicarle al funcionario qué, cuándo, cómo debe actuar, de ello concluyó la Corte primera observando que:

> "la parte actora no señaló las razones ni los propósitos por los cuales requería que el Servicio Autónomo de Registros y Notarías, le suministrara información referente a las presuntas denuncias efectuadas a funcionarios de ese Servicio por presuntos hechos de corrupción."

80 Véase la antes mencionada sentencia N° 745 del 15 de julio de 2010 Caso: *Asociación Civil Espacio Público)* en http://www.tsj.gov.ve/decisiones/scon/Julio/745-15710-2010-09-1003.html

81 Véase en http://historico.tsj.gob.ve/decisiones/spa/diciembre/172301-01636-31214-2014-2014-1142.HTML

82 Véase en http://jca.tsj.gob.ve/DECISIONES/2015/AGOSTO/1478-12-AP42-G-2015-000211-2015-0784.HTML

Por ello declaró inadmisible la acción, pero no contenta con ello, la misma Corte Segunda de lo Contencioso Administrativo, fue más allá, y afirmó sin base alguna que:

> "aun cuando tales razones y argumentos hubiesen sido explanados por la accionante, ésta no posee legitimación alguna para solicitarle al Servicio Autónomo de Registros y Notarías, que le suministre información relacionada a supuestos hechos de corrupción, dado que dichas investigaciones deben ser realizadas por los Organismos del Estado creados a tal fin, por lo que, mal puede pretender la Asociación Civil actora, acreditarse legitimación para efectuar tales requerimientos."

Simplemente, con esta sentencia se ha producido la negación al derecho de los ciudadanos a la transparencia gubernamental; del derecho de los ciudadanos a petición sobre asuntos administrativos, y a formular denuncias ante los órganos administrativos sobre hechos de corrupción, del derecho de acceso a la información, y del derecho de acceso a la justicia.[83]

## IV.- EL ACCESO A LA JUSTICIA Y EL AGOTAMIENTO DE RECURSOS PREVIOS

Otro tema relacionado con el derecho de acceso a la justicia, es el relativo a la restricción al mismo que pueda resultar del principio del necesario agotamiento previo de algunos procedimientos o acciones, lo que en el ámbito interno se regula en materia contencioso administrativo, y en el ámbito externo en materia de acceso a la jurisdicción internacional.

### *1.- El sistema de agotamiento de los recursos administrativos para acceder a la justicia contencioso administrativa*

En materia de control de legalidad y constitucionalidad de los actos administrativos, uno de los principios que tradicionalmente se han establecido como condición de admisibilidad de las acciones para impugnarlos, ha sido el que deriva del privilegio establecido a favor de la Administración de poder revisar antes de que sean impugnados en vía contencioso administrativa, imponiéndose a los recurrentes la obligación de agotar previamente los recursos administrativos o gubernativos existentes. En esta materia, sin embargo, el derecho de acceso a la justicia contencioso administrativa ha venido teniendo prevalencia, habiéndose producido un cambio importante respecto del clásico principio del necesario agotamiento de la vía administrativa para poder acceder a la jurisdicción contencioso administrativa.

En efecto, el principio, por ejemplo, como fue establecido inicialmente en Venezuela por la jurisprudencia de la antigua Corte Federal desde 1953, implicaba que:

> "el recurso extraordinario, contra los actos ilegales de la Administración no puede ser llevado ante el órgano jurisdiccional competente, sino después de haberse agotado la vía administrativa. De suerte que el titular de un interés legítimo que haya sufrido lesión como consecuencia de un acto administrativo determinado, debe ante todo interponer el recurso legal de apelación en el término que para el caso ha establecido la ley reguladora de la materia. Si así no lo hiciera, la decisión queda firme, y ello, porque realmente conviene al orden social, la estabilidad de los actos de la Administración Pública, sin perjuicio, claro está, de la garantía debida a los administrados, quiénes tienen a su alcance las vías adecuadas para hacer valer sus derechos"[84].

A partir de esa fecha, los actos administrativos en Venezuela no pudieron ser atacados de nulidad mediante el recurso contencioso-administrativo de anulación sino una vez agotada la vía administrativa a través de la interposición del recurso jerárquico respectivo,[85] procediendo

83 A esta sentencia le precedió la sentencia de la Corte Segunda de lo Contencioso Administrativo, de 28 de julio de 2015 (Caso *Asociación Civil Transparencia Venezuela contra el Instituto Nacional de Transporte Terrestre (INTT)*), en http://jca.tsj.gob.ve/DECISIONES/2015/JULIO/1478-28-AP42-G-2015-000185-2015-0705.HTML

84 Véase sentencia de la antigua Corte Federal, de 24-11-1953, *Gaceta Forense*, N° 2, Caracas 1953, pp. 185-186.

85 Véase sentencia de la antigua Corte Federal, de 5-8-5853, *Gaceta Forense*, N° 21, Caracas 1958, pp. 70-76. En esta sentencia también se expresa que "esa decisión de la autoridad superior en la respectiva escala, que causa, estado, es la que puede impugnarse por medio del recurso contencioso-administrativo y, por tanto, la que tiene que provocar el interesado, por medio de la apelación o el reclamo para ante esa autoridad superior".

el recurso de anulación solo contra el acto administrativo que fuera la última palabra de la Administración, o de un inferior, cuando no existiera recurso jerárquico que intentar contra su acto[86].

En estos casos se hablaba de "acto que causaba estado," cuando no había otra instancia administrativa que pudiera revisarlo. Sobre ello, la antigua Corte Suprema de Justicia en sentencia de 4 de diciembre de 1961, expresó que "en ausencia, pues, de decisión Ministerial que agote la vía administrativa y cause estado dentro de la misma, resulta improcedente para la Corte dictar decisión alguna en el presente caso." El principio se había definido anteriormente, por la antigua Corte Federal en sentencia de 28 de octubre de 1959 al señalar que "causan estado aquellos actos que no son susceptibles de apelación por haberse agotado la vía gubernativa o jerárquica, ya sean ellos definitivos, ya de trámite, siempre que estos últimos decidan, directa o indirectamente, el fondo del asunto, de tal modo que ponga fin al juicio o hagan imposible su continuación," agregando que:

> "Debe haberse agotado la vía administrativa, porque mientras tal cosa no ocurra, puede la Administración, en razón de la facultad que tiene el superior de revocar, suspender o modificar los actos del inferior dictar otra decisión que satisfaga, en todo o en parte, el reclamo del particular interesado y haga innecesario recurrir a la vía jurisdiccional. Es, pues, necesario que la resolución administrativa quede investida de una estabilidad que impida ulterior reforma, ya porque fue dictada por un funcionario que podía hacerlo sin apelación a ninguna otra autoridad superior; o ya porque, siendo apelable, se ha pronunciado sobre ella el funcionario más alto en la respectiva jerarquía administrativa. Es entonces cuando causa estado y puede recurrirse contra ella por la vía de lo contencioso-administrativo"[87].

Posteriormente, la Ley Orgánica de Procedimientos Administrativos de 1982[88] estableció una completa regulación de los recursos administrativos complementando lo que estaba previsto en la derogada Ley Orgánica de la Corte Suprema de Justicia de 1976 sobre requisitos de admisibilidad,[89] distinguiendo entre actos que ponen fin a la vía administrativa y actos que no ponen fin a la vía administrativa, estableciendo en estos últimos casos la necesidad de agotarla mediante el recurso jerárquico.

La condición de admisibilidad, en todo caso, comentó a variar y a ser eliminada, precisamente para garantizar el acceso a la justicia en los casos en los cuales se ejerciera una pretensión de amparo constitucional conjuntamente con la acción contencioso administrativa de anulación, en cuyo caso el artículo 5° de la Ley Orgánica estableció que:

> "Cuando se ejerza la acción de amparo contra actos administrativos conjuntamente con el recurso contencioso administrativo de anulación que se fundamenta en la violación de un derecho constitucional, el ejercicio del recurso procederá en cualquier tiempo, aun después de transcurridos los lapsos de caducidad previstos en la ley; y no será necesario el agotamiento de la vía administrativa".

---

86 Artículo 124.2. Véase Allan R. Brewer-Carías, "Las Condiciones de recurribilidad de los Actos Administrativos en la vía Contencioso-Administrativa", en *Revista del Ministerio de Justicia*, N° 54, Caracas, 1966, pp. 83-11; en *Perspectivas del Derecho Público en la Segunda Mitad del Siglo XX. Homenaje al Profesor Enrique Sayagués Laso*, Instituto del Estudio de Administración Local, Madrid, 1969, *T.* V, pp. 743-769.

87 Véase en *Gaceta Forense*, N° 26, pp. 66-68. En igual sentido la misma Corte Federal, en sentencia de 5 de agosto de 1958, sostuvo lo siguiente: "Por otra parte, es bien sabido que el recurso contencioso-administrativo contra decisiones del Poder Administrador no puede intentarse sino cuando el interesado ha agotado la vía administrativa por medio del ejercicio *El Recurso Jerárquico*, que es precisamente la reclamación contra la decisión o un acto administrativo por ante el superior jerárquico, con el fin de que la revoque o modifique, por estimar que lesiona un derecho subjetivo o un interés legítimo del interesado y que transgrede normas legales vigentes. Esa decisión de la autoridad superior en la respectiva escala, que causa estado, es la que puede impugnarse por medio del recurso contencioso administrativo y, por tanto, la que tiene que provocar el interesado, por medio de la apelación o él reclamo para ante esa autoridad superior" (*V.*, en *Gaceta Forense*, N° 21, pp. 71 y 72). En estos mismos términos se ha pronunciado la Corte Suprema de Justicia en multitud de sentencias posteriores. (*V.*, los extractos en Allan R. Brewer-Carías, *Jurisprudencia de la Corte Suprema 1930-1974 y Estudios de Derecho Administrativo*, *T.* V, Vol. I, Caracas, 1978, pp. 324 a 350).

88 Artículo 95 LOPA.

89 Artículos 84.5 y 124. 29

Por tanto, cuando se ejercía la acción de amparo contra actos administrativos, conjuntamente con el recurso contencioso administrativo de anulación, no operaba la causal de inadmisibilidad por falta de agotamiento de la vía administrativa.

Posteriormente, en una evolución posterior, se ha abandonado totalmente la exigencia del agotamiento de la vía administrativa para poder impugnar los actos administrativos, y en cambio, la Ley Orgánica de la Administración Pública lo que ha establecido como derecho de los administrados en sus relaciones con la Administración, es a "ejercer, a su elección y sin que fuere obligatorio el agotamiento de la vía administrativa, los recursos administrativos o judiciales que fueren procedentes para la defensa de sus derechos e intereses frente a las actuaciones y omisiones de la Administración Pública" (Art. 7.10).

### 2.- *El sistema de agotamiento de los recursos internos y el acceso a la justicia internacional*

Igualmente como restricción al acceso a la justicia, pero en el ámbito de la justicia internacional, la Convención Americana de Derechos Humanos exige en su artículo 46.1,a) que para cualquier reclamación internacional dirigida en contra un Estado por violaciones a los derechos humanos, deben haberse agotado previamente los recursos de la jurisdicción interna, "conforme a los principios del Derecho Internacional generalmente reconocidos".

Con ello, como sucede en general en todas las otras instancias internacionales de protección de los derechos humanos, se diseñó el sistema interamericano de manera de asegurar que el mismo no pueda sustituir las jurisdicciones de los propios Estados, que tienen la responsabilidad primordial de respetar y garantizar los derechos consagrados en la Convención.

Sin embargo, ante el derecho humano de acceso a justicia, es claro que esta condición de inadmisibilidad derivada de la exigencia de agotamiento previo de los recursos de la jurisdicción interna, solo debe ser aplicada e interpretada de manera que no se cause indefensión a las víctima del ejercicio arbitrario del poder público, pues en general, conforme al artículo 29.a), de la Convención, ninguna de sus disposiciones puede interpretarse en el sentido de permitir que los Estados puedan suprimir el goce y ejercicio de los derechos y libertades reconocidos en la Convención, o limitarlos en mayor medida que la prevista en la propia Convención. Precisamente, por ello, por ejemplo, la Corte Interamericana ha indicado, que siendo el objetivo primordial de la Convención la protección internacional de los derechos humanos frente a las acciones arbitrarias de los Estados, la excepción de agotamiento de recursos internos no puede aplicarse cuando se trate de una situación de inexistencia de recursos internos efectivos que coloca a la víctima en estado de indefensión.

Y precisamente siempre se colocaría a la víctima en esa situación de indefensión, si la Corte procediera a conocer de alguna excepción de agotamiento de recursos internos sin analizar el fondo de las denuncias formuladas contra el Estado, en todos los casos en los cuales entre las mismas está precisamente la violación de las garantías judiciales, basadas en la ausencia de independencia y autonomía del Poder Judicial, lo que implica que los supuestos recursos internos son inexistentes en sí mismos o si existen son inefectivos. En esos casos, la Corte debe siempre resolver sobre el fondo de las denuncias formuladas, y no quedarse aisladamente en el análisis de la excepción preliminar.

En estos casos, como lo resolvió la Corte Interamericana desde su primera sentencia dictada en 1987 en el caso *Velásquez Rodríguez Vs. Honduras*,,[90] al analizar el tema de las excepciones

90 Véase Caso *Velásquez Rodríguez Vs. Honduras*. Excepciones Preliminares. Sentencia de 26 de junio de 1987. Serie C N° 1.En dicho caso *Velásquez Rodríguez*, la Corte en efecto consideró lo siguiente: "91. La regla del previo agotamiento de los recursos internos en la esfera del derecho internacional de los derechos humanos, tiene ciertas implicaciones que están presentes en la Convención. En efecto, según ella, los Estados Partes se obligan a suministrar recursos judiciales efectivos a las victimas de violación de los derechos humanos (art. 25), recursos que deben ser sustanciados de conformidad con las reglas del debido proceso legal (art. 8.1), todo ello dentro de la obligación general a cargo de los mismos Estados, de garantizar el libre y pleno ejercicio de los derechos reconocidos por la Convención a toda persona que se encuentre bajo su jurisdicción (art. 1). Por eso, cuando se invocan ciertas excepciones a la regla de no agotamiento de los recursos internos, como son la inefectividad de tales recursos o la inexistencia del debido proceso legal, no sólo se está alegando que el

basadas en la falta de agotamiento de los recursos internos para acceder a la justicia internacional, cuando se alegan violaciones a los derechos y garantías judiciales, y particularmente, violaciones a los derechos al debido proceso, a un juez independiente, a la defensa, a la presunción de inocencia y a la protección judicial, lo que significa juzgar sobre el funcionamiento mismo del Poder Judicial, sobre todo si se denuncia la inexistencia de autonomía e independencia del mismo. En esos casos, la Corte Interamericana, como es obvio y elemental, consideró que tenía necesariamente que considerar y juzgar las violaciones aducidas, y no podía juzgar aisladamente sobre la excepción de agotamiento de los recursos internos (se hubieran o no agotado efectivamente). Para hacerlo debía antes entrar a considerar el fondo de las denuncias formuladas, particularmente porque en situaciones de ausencia de autonomía e independencia del Poder Judicial. Con base en ello, la Corte decidió desde 1987, que "acudir a esos recursos se convierte en una formalidad que carece de sentido. Las excepciones del artículo 46.2 serían plenamente aplicables en estas situaciones y eximirían de la necesidad de agotar recursos internos que, en la práctica, no pueden alcanzar su objeto." [91]

Como la propia Corte Interamericana lo interpretó en otra ocasión:

> "... para que tal recurso exista, no basta con que esté previsto por la Constitución o la ley o con que sea formalmente admisible, sino que se requiere que sea realmente idóneo para establecer si se ha incurrido en una violación a los derechos humanos y proveer lo necesario para remediarla. No pueden considerarse efectivos aquellos recursos que, por las condiciones generales del país o incluso por las circunstancias particulares de un caso dado, resulten ilusorios. Ello puede ocurrir, por ejemplo, cuando su inutilidad haya quedado demostrada por la práctica, porque el Poder Judicial carezca de la independencia necesaria para decidir con imparcialidad o porque falten los medios para ejecutar sus decisiones; por cualquier otra situación que configure un cuadro de denegación de justicia, como sucede cuando se incurre en retardo injustificado en la decisión; o, por cualquier causa, no se permita al presunto lesionado el acceso al recurso judicial."[92]

En esas circunstancias, exigir el agotamiento de recursos internos, no sería otra cosa que decidir, sin motivación alguna, dándole un aval al Poder Judicial del Estado cuya independencia y autonomía es precisamente la que se cuestiona cuando se denuncias violaciones masivas al debido proceso.

Y eso fue lo que ocurrió recientemente en un caso ante la Corte Interamericana de Derechos Humanos, el caso *Allan R. Brewer-Carías vs. Venezuela*, decidido mediante sentencia N° 277 de 26 de mayo de 2014, ordenando el archivo del expediente, sin decidir nada sobre los méritos del caso, pues supuestamente la víctima no había agotado los recursos internos, negándose a juzgar sobre las denuncias efectuadas sobre la situación del Poder Judicial carente de autonomía e independencia, e ignorando de paso que efectivamente si se había agotado el único recurso interno disponible; negándose así a la víctima su derecho de acceso a la justicia internacional y protegiendo la arbitrariedad del Estado autoritario. [93] Decisión que a juicio de los Magistra-

agraviado no está obligado a interponer tales recursos, sino que indirectamente se está imputando al Estado involucrado una nueva violación a las obligaciones contraídas por la Convención. En tales circunstancias la cuestión de los recursos internos se aproxima sensiblemente a la materia de fondo."

91 *Caso Velásquez Rodríguez Vs. Honduras. Excepciones Preliminares.* Sentencia de 26 de junio de 1987. Serie C N° 1, párr. 68.

92 Corte IDH: *Garantías judiciales en estados de emergencia* (arts. 27.2, 25 y 8 Convención Americana sobre Derechos Humanos). Opinión Consultiva OC-9/87 del 6 de octubre de 1987. Serie A N° 9; ¶ 24. Igualmente, Corte IDH, *Caso Bámaca Velásquez Vs. Guatemala.* Fondo. Sentencia de 25 de noviembre de 2000. Serie C N° 70; ¶ 191; Corte IDH, *Caso Tribunal Constitucional Vs. Perú. Fondo, Reparaciones y Costas.* Sentencia de 31 de enero de 2001. Serie C N° 71, ¶ 90; Corte IDH, *Caso Bayarri Vs. Argentina.* Excepción Preliminar, Fondo, Reparaciones y Costas. Sentencia de 30 de octubre de 2008. Serie C N° 187, ¶ 102; Corte IDH, *Caso Reverón Trujillo Vs. Venezuela.* Excepción Preliminar, Fondo, Reparaciones y Costas. Sentencia de 30 de junio de 2009. Serie C N° 198, ¶ 61; Corte IDH, *Caso Usón Ramírez Vs. Venezuela.* Excepción Preliminar, Fondo, Reparaciones y Costas. Sentencia de 20 de noviembre de 2009. Serie C N° 207, ¶ 129; Corte IDH. *Caso Abrill Alosilla y otros Vs. Perú.* Fondo Reparaciones y Costas. Sentencia de 4 de Marzo de 2011. Serie C N° 223, ¶ 75.

93 Véase la sentencia en http://www.corteidh.or.cr/docs/casos/articulos/seriec_278_esp.pdf . Véase sobre esta sentencia: Allan R. Brewer-Carías, *El Caso Allan R. Brewer-Carías vs. Venezuela ante la Corte Interamericana de Derechos Huma-*

dos Jinesta Lobo, Castillo Víquez, Rueda Leal, Hernández López y Salazar Alvarado de la Sala Constitucional de la Corte Suprema de Justicia de Costa Rica, expresada en Nota separada a la sentencia N° 2015-11568 del 31 de julio de 2015, "pesa como una sombra en la trayectoria y jurisprudencia de la Corte Interamericana." [94]

Entre las denuncias formuladas en ese caso contra el Estado estaban las masivas violaciones por sus agentes a las garantías judiciales de la víctima, como fueron las violaciones a los derechos al debido proceso, a un juez independiente e imparcial, a la defensa, a la presunción de inocencia, y a la protección judicial; todo en medio de una situación de inexistencia de autonomía e independencia del Poder Judicial que la propia Corte Interamericana ya conocía por al menos tres casos anteriores decididos contra Venezuela: *Apitz Barbera y otros* (2008),[95] *María Cristina Reverón Trujillo* (2009),[96] y *Mercedes Chocrón Chocrón* (2011).[97]

En esos supuestos, la Corte Interamericana siempre sostuvo que no se podía decidir la excepción de falta de agotamiento de recursos internos que pudiera alegar el Estado demandado, sin primero entrar a conocer y decidir si en el Estado cuestionado había o no esencialmente garantías judiciales, es decir, si el Poder Judicial efectivamente era confiable, idóneo y efectivo para la protección judicial.

Sin embargo, en el caso mencionado, apartándose de su propia jurisprudencia,[98] para no decidir sobre las violaciones alegadas y evitar juzgar al Estado denunciado, el cual por lo demás venía presionando sistemáticamente a la Corte en toda forma, la Corte se excusó, sin razón jurídica alguna y en desconocimiento absoluto e inconcebible de las características peculiares del proceso de amparo constitucional en Venezuela, en el argumento de que para que la víctima pudiese haber pretendido acudir ante la jurisdicción internacional para buscar la protección que nunca pude obtener en su país, debió haber "agotado" los recursos internos en Venezuela, ignorando deliberadamente que en el caso, precisamente la víctima había intentado y agotado efectivamente, *el único recurso disponible y oportuno que tenía al comenzar la etapa intermedia del proceso penal* (noviembre de 2005) que fue la solicitud de amparo penal o "nulidad absoluta" de lo actuado por violación masiva de sus derechos y garantías constitucionales; recurso que jamás fue decidido por el juez de la causa, violando a la vez el derecho de la víctima a la protección judicial.

Lo que la inicua decisión de la Corte hizo en ese caso al ordenar archivar el expediente fue, en definitiva, resolver que para que la víctima que era un perseguido político pudiera pretender acceder a la justicia internacional buscando protección a sus derechos, debía previamente someterse ante jueces carentes de independencia e imparcialidad en el paródico proceso penal iniciado en su contra por razones que eran puramente políticas, y allí tratar de gestionar que el mismo pasara de una supuesta "etapa temprana" en la cual se en criterio de la Corte supuestamente encontraba (párrafos 95, 96, 97, 98 de la sentencia), y en la cual por lo visto, en criterio

---

*nos. Estudio del caso y análisis crítico de la errada sentencia de la Corte Interamericana de Derechos Humanos N° 277 de 26 de mayo de 2014*, Colección Opiniones y Alegatos Jurídicos, N° 14, Editorial Jurídica Venezolana, Caracas 2014

94 Sentencia, dictada en el juicio de habeas corpus a favor del ciudadano Dan Dojc, en el proceso de extradición que se le seguía en Costa Rica a petición del Estado venezolano. Véase el texto de la sentencia en http://jurisprudencia.poder-judicial.go.cr/SCIJ_PJ/busqueda/jurisprudencia/jur_Documento.aspx?param1=Ficha_Sentencia&nValor1=1&nValor2=644651&strTipM=T&strDirSel=directo&_r=1. Véase la noticia de prensa sobre dicha sentencia en http://www.nacion.com/sucesos/poder-judicial/Sala-IV-extradicion-cuestiona-Venezuela_0_1504049615.html

95 Véase en http://www.corteidh.or.cr/docs/casos/articulos/seriec_182_esp.pdf

96 Véase en http://www.corteidh.or.cr/docs/casos/articulos/seriec_197_esp.pdf

97 Véase en http://corteidh.or.cr/docs/casos/articulos/seriec_227_esp.pdf

98 En definitiva, como lo observó el profesor Héctor Faúndez, "Curiosamente, la sentencia de la Corte Interamericana, apartándose de su práctica anterior, omitió examinar esta excepción preliminar junto con el fondo de la controversia, a fin de determinar si, en efecto, la presunta víctima había sido objeto del ejercicio arbitrario del poder público, sin que hubiera recursos efectivos disponibles para subsanar esa situación, o sin que la víctima tuviera acceso a esos recursos. Como muy bien observan los jueces disidentes, esta es la primera vez en la historia de la Corte que ésta no entra a conocer el fondo del litigio para decidir si es procedente una excepción preliminar por falta de agotamiento de los recursos internos." Véase Héctor Faúndez Ledesma, "El agotamiento de los recursos de la jurisdicción interna y la sentencia de la Corte Interamericana de Derechos Humanos en el caso: Brewer-Carías (Sentencia N° 277 de 26 de mayo de 2014)," en *Revista de Derecho Público*, N° 139, Editorial Jurídica Venezolana, Caracas 2014, p. 216.

de la Corte, se podrían violar impunemente las garantías judiciales; para que se pudiera llegar a una imprecisa y subsiguiente "etapa tardía," que nadie sabe cuál podría ser, y ver si se corregían los vicios denunciados; pero eso sí, con la víctima privada de libertad y sin garantía alguna del debido proceso, en un país como Venezuela donde simplemente no existe independencia y autonomía del Poder Judicial.[99]

Es decir, para la Corte Interamericana, la única forma para que la víctima en ese caso de ostensible persecución política, pudiera pretender obtener justicia internacional era que se entregara a sus perseguidores políticos, para que una vez privado de libertad y sin garantías judiciales algunas, tratase de seguir, desde la cárcel, un proceso judicial que estaba viciado desde el inicio; de manera que si después de varios años lograba que el mismo avanzara, y las violaciones a sus derechos se agravaran, entonces, si aún contaba con vida, o desde la ultratumba, podía regresar ante la Corte Interamericana a denunciar los mismos vicios que con su sentencia la Corte se negó a conocer.

En palabras de los Jueces **Manuel E. Ventura Robles** y **Eduardo Ferrer Mac-Gregor Poisot** expresadas en su importante *Voto Conjunto Negativo* a la sentencia, estando "de por medio el derecho a la libertad personal:

> *"Pretender que el señor Brewer Carías regrese a su país para perder su libertad y, en esas condiciones, defenderse personalmente en juicio, constituye un argumento incongruente y restrictivo del derecho de acceso a la justicia, al no haberse analizado en el caso precisamente los aspectos de fondo invocados por la hoy presunta víctima relacionados con diversas violaciones a los artículos 8 y 25 de la Convención Americana,* que de manera consustancial condicionan los alcances interpretativos del artículo 7.5 del Pacto de San José respecto al derecho a la libertad personal " (Párrafo 116)

En realidad, hubiera bastado que los señores jueces, para percatarse de esa situación, y decidir en justicia, se hubieran leído –si no querían leer los alegatos y argumentos formulados en el caso, así como los dictámenes y *amicus curiae* que se presentaron en juicio–, al menos sus propias sentencias anteriores en las cuales la Corte ya había analizado y considerado la situación del Poder Judicial en Venezuela; y sobre todo, se hubiesen leído uno de los más recientes informes sobre la problemática estructural del Poder Judicial en Venezuela publicado solo dos meses antes de dictarse la sentencia (Ginebra en marzo de 2014), por la *Comisión Internacional de Juristas*, titulado *Fortalecimiento del Estado de Derecho en Venezuela*. En la Presentación al mismo, el Secretario General de la Comisión, Wilder Tayler, explicó que:

> *"Este informe da cuenta de la falta de independencia de la justicia en Venezuela, comenzando con el Ministerio Público cuya función constitucional además de proteger los derechos es dirigir la investigación penal y ejercer la acción penal. El incumplimiento con la propia normativa interna ha configurado un Ministerio Público sin garantías de independencia e imparcialidad de los demás*

99 Véase entre otros trabajos: Allan R. Brewer-Carías, "La progresiva y sistemática demolición institucional de la autonomía e independencia del Poder Judicial en Venezuela 1999-2004", en *XXX Jornadas J.M Domínguez Escovar, Estado de derecho, Administración de justicia y derechos humanos*, Instituto de Estudios Jurídicos del Estado Lara, Barquisimeto, 2005, pp. 33-174; "La justicia sometida al poder [La ausencia de independencia y autonomía de los jueces en Venezuela por la interminable emergencia del Poder Judicial (1999-2006)]" en *Cuestiones Internacionales. Anuario Jurídico Villanueva 2007*, Centro Universitario Villanueva, Marcial Pons, Madrid 2007, pp. 25-57, y en *Derecho y democracia. Cuadernos Universitarios*, Órgano de Divulgación Académica, Vicerrectorado Académico, Universidad Metropolitana, Año II, N° 11, Caracas, septiembre 2007, pp. 122-138. Publicado en *Crónica sobre la "In" Justicia Constitucional. La Sala Constitucional y el autoritarismo en Venezuela*, Colección Instituto de Derecho Público. Universidad Central de Venezuela, N° 2, Editorial Jurídica Venezolana, Caracas 2007, pp. 163-193; "Sobre la ausencia de independencia y autonomía judicial en Venezuela, a los doce años de vigencia de la constitución de 1999 (O sobre la interminable transitoriedad que en fraude continuado a la voluntad popular y a las normas de la Constitución, ha impedido la vigencia de la garantía de la estabilidad de los jueces y el funcionamiento efectivo de una "jurisdicción disciplinaria judicial"), en *Independencia Judicial*, Colección Estado de Derecho, Tomo I, Academia de Ciencias Políticas y Sociales, Acceso a la Justicia org., Fundación de Estudios de Derecho Administrativo (Funeda), Universidad Metropolitana (Unimet), Caracas 2012, pp. 9-103; "The Government of Judges and Democracy. The Tragic Situation of the Venezuelan Judiciary," en *Venezuela. Some Current Legal Issues 2014, Venezuelan National Reports to the 19th International Congress of Comparative Law, International Academy of Comparative Law, Vienna, 20-26 July 2014*, Academia de Ciencias Políticas y Sociales, Caracas 2014, pp. 13-42

*poderes públicos y de los actores políticos, con el agravante de que los fiscales en casi su totalidad son de libre nombramiento y remoción, y por tanto vulnerables a presiones externas y sujetos órdenes superiores.*

*En el mismo sentido, el Poder Judicial ha sido integrado desde el Tribunal Supremo de Justicia (TSJ) con criterios predominantemente políticos en su designación. La mayoría de los jueces son "provisionales" y vulnerables a presiones políticas externas, ya que son de libre nombramiento y de remoción discrecional por una Comisión Judicial del propio TSJ, la cual, a su vez, tiene una marcada tendencia partidista. [...]".*

Luego de referirse a que "el informe da cuenta además de las restricciones del Estado a la profesión legal," el Sr. Tayler concluyó su Presentación del Informe afirmando tajantemente que:

*"Un sistema de justicia que carece de independencia, como lo es el venezolano, es comprobadamente ineficiente para cumplir con sus funciones propias. En este sentido en Venezuela, un país con una de las más altas tasas de homicidio en Latinoamérica y en el familiares sin justicia, esta cifra es cercana al 98% en los casos de violaciones a los derechos humanos. Al mismo tiempo, el poder judicial, precisamente por estar sujeto a presiones externas, no cumple su función de proteger a las personas frente a los abusos del poder sino que por el contrario, en no pocos casos es utilizado como mecanismo de persecución contra opositores y disidentes o simples críticos del proceso político, incluidos dirigentes de partidos, defensores de derechos humanos, dirigentes campesinos y sindicales, y estudiantes."*[100]

Ese Poder Judicial, cuya situación de falta de independencia y autonomía quedó probada y evidenciada en el expediente ante la Corte Interamericana, y que por estar particularmente constituido en su gran mayoría por jueces provisorios, la propia Corte ya conocía y había decidido en los mencionados casos contra Venezuela: *Apitz Barbera y otros,*[101] *María Cristina Reverón Trujillo* (2009,[102] y *Mercedes Chocrón Chocrón,*(2011)[103]; fue el Poder Judicial que, sin embargo, en el caso *Brewer-Carías*, la misma Corte no se atrevió a juzgar, y al contrario, lo avaló, pero sin motivación alguna, al decidir que en el mismo supuestamente se podían realmente corregir las violaciones masivas cometidas en un proceso penal viciado de raíz, cuyo objeto además era la persecución política; negándosele así a la víctima el acceso a la justicia y al derecho a la protección internacional .

Lo que más llama la atención de la ceguera de la Corte Interamericana, sin duda deliberada, para negarse a apreciar y juzgar sobre a las violaciones a las garantía judiciales de la víctima derivadas de la situación del Poder Judicial en Venezuela, es que en cambio, en la misma ciudad donde tiene su sede la Corte Interamericana, en un tribunal nacional, como la muy importante Corte Suprema de Justicia de Costa Rica, sus magistrados no tuvieron ningún reparo cuando fue necesario para decidir un caso concreto, en apreciar sobre la situación de dicho Poder Judicial y sobre las faltas de garantías judiciales que en Venezuela existen para cualquier enjuiciado.

Y así, en una reciente sentencia de la Sala Constitucional de la Corte Suprema de Justicia de Costa Rica N° 2015-11568 del 31 de julio de 2015,[104] dictada con motivo de conocer un recurso de habeas corpus a favor del ciudadano croata, nacionalizado venezolano, Dan Dojc, quien se encontraba detenido en Costa Rica desde el 19 de diciembre del 2014, bajo un proceso

100 Véase en http://icj.wpengine.netdna-cdn.com/wp-content/uploads/2014/06/VENEZUELA-Informe-A4-elec.pdf

101 Véase en http://www.corteidh.or.cr/docs/casos/articulos/seriec_182_esp.pdf

102 Véase en http://www.corteidh.or.cr/docs/casos/articulos/seriec_197_esp.pdf

103 Véase en http://corteidh.or.cr/docs/casos/articulos/seriec_227_esp.pdf

104 Sentencia, dictada en el juicio de habeas corpus a favor del ciudadano Dan Dojc, en el proceso de extradición que se le seguía en Costa Rica a petición del Estado venezolano. Véase el texto de la sentencia en http://jurisprudencia.poder-judicial.go.cr/SCIJ_PJ/busqueda/jurisprudencia/jur_Documento.aspx?param1=Ficha_Sentencia&nValor1=1&nValor2=644651&strTipM=T&strDirSel=directo&_r=1. Véase la noticia de prensa sobre dicha sentencia en http://www.nacion.com/sucesos/poder-judicial/Sala-IV-extradicion-cuestiona-Venezuela_0_1504049615.html. Véase la noticia de prensa sobre dicha sentencia en *La Nación*, San José en http://www.nacion.com/sucesos/poder-judicial/Sala-IV-extradicion-cuestiona-Venezuela_0_1504049615.html

de extradición, la Sala resolvió declarar con lugar la acción, ordenando la inmediata libertad del amparado, considerando que en el caso había "una evidente y palmaria inexistencia de prueba en el proceso de extradición que se sigue contra el amparado." La Sala consideró que el tribunal penal que tramitó la extradición en Costa Rica había omitido "verificar que el Estado requirente (Venezuela) aportara la prueba de cargo que respalda la investigación judicial, que se sigue en Venezuela contra el amparado, donde se le atribuyen los delitos de estafa y otros,"[105] concluyendo que "no existe evidencia que demuestre que la petición de extradición contiene elemento de prueba o indicio comprobado sobre la posible comisión de una acción delictiva."

A estos motivos puramente procesales y garantistas originados por las fallas cometidas por el propio Estado requirente en la petición de extradición, que la Sala Constitucional consideró totalmente insuficientes por ausencia de prueba, se sumaron otras "razones adicionales" para declarar con lugar el habeas corpus expresadas por el magistrado Cruz Castro, relativas al "tema de la independencia de la judicatura," dando cuenta de los diversos informes que señalaban "una debilidad notable de la independencia de la judicatura, situación que nuevamente no asegura el respeto de los derechos fundamentales de una persona sometida a un procedimiento de extradición, en las condiciones del caso que se examina." El Magistrado se refirió expresamente al *Informe del Consejo Económico y Social* de la ONU (E/c.12/Ven./CO3) del 19 de junio de 2015, estimando:

> "que jueces provisionales, no aseguran, de ninguna forma, la independencia de la judicatura, lo que incide directamente en la vigencia de las garantías del debido proceso para el amparado cuando se remita a Venezuela. Esta independencia de los jueces es una garantía fundamental para asegurar la vigencia de un estado constitucional y los derechos fundamentales de la persona sometida a enjuiciamiento. Si no hay independencia de los jueces, las garantías básicas de los ciudadanos, se debilitan y el poder represivo se convierte en un instrumento descontrolado [...]."
>
> Jueces provisionales, fiscales provisionales, sometidos a la dirección y nombramiento de una autoridad política, pueden convertirse en "delegados del poder" pero no para juzguen conforme a los hechos, sino para que lo hagan según "voluntades políticas" que convierten el aparato judicial y la fiscalía, en una estructura que tiende un buen manto para ocultar la arbitrariedad y el abuso de poder [...]
>
> En estas condiciones, el proceso de extradición posee vicios esenciales de orden jurídico político. El amparado no enfrenta condiciones satisfactorias que aseguren que el Estado venezolano posee las condiciones para asegurar que ciudadano sometido a este proceso de extradición, enfrenta una acción represiva que responda a garantías básicas como la independencia de jueces y fiscales, que tenga la tutela debida del Derecho Internacional de los Derechos Humanos, al haber denunciado la Convención Americana de Derechos Humanos. No hay debido proceso si juzgan jueces nombrados sin estabilidad, si acusan fiscales provisionales, sin garantías que aseguren su independencia en tutela de los derechos fundamentales y la vigencia de un juicio justo. La división de poderes que es la condición política básica que sustenta el propio enjuiciamiento penal, no existe bajo los supuestos que he reseñado. No hay condiciones elementales que aseguren el equilibrio, la ponderación y los controles que requiere la actividad represiva del estado, razón por la que agrego estos argumentos para considerar que la privación de libertad bajo el mandato y voluntad del estado requirente, no es legítima en este caso, sino que contiene elementos que me demuestran que no hay condiciones institucionales que aseguren la defensa efectiva y los derechos fundamentales del amparado."

En sentido similar, en la misma sentencia, en "Nota separada" de los Magistrados Jinesta Lobo, Castillo Víquez, Rueda Leal, Hernández López y Salazar Alvarado. expresaron que:

105 Sobre el caso, véase la reseña de prensa: "Detenido en Costa Rica un estafador del Fondo Chino. Dan Dojc estafó al Fondo Conjunto Chino Venezolano por el orden de 84 millones 916 mil 150 dólares", en *Ultimas Noticias*, Caracas 20 de febrero de 2015, en http://www.ultimasnoticias.com.ve/noticias/actualidad/sucesos/detenido-en-costa-rica-un-estafador-del-fondo-chin.aspx

"entre las condiciones esenciales para la tutela de la libertad personal, está, la necesidad de que exista un sistema de justicia independiente que garantice la objetividad e imparcialidad de los jueces, condición sin la cual sería nugatoria la defensa de la libertad frente al ejercicio del poder punitivo del estado.

Por esa razón, el juez llamado a intervenir en un proceso de extradición, no puede limitarse a la función meramente mecánica de comprobar los requisitos que establece la ley (o la Convención de Extradición en aquellos casos que exista relación bilateral con el país requirente). El juez tiene la obligación de ser cuidadoso de que la documentación aportada realmente cumpla con el objetivo de comprobar que se trata de una acusación formal, objetiva y legítima, que reúne los requisitos constitucionales y legales, así como que la persona requerida tendrá las garantías de defensa básicas de toda democracia una vez extraditado.

Con base en ello, los Magistrados destacaron que "en el proceso de extradición, no se aportó prueba ni indicio comprobado de que la persona requerida ha cometido delito en el país requerido," omisión que consideraron "en sí misma es grave y suficiente para rechazar el pedido de extradición, pero lo es aún más cuando el país requirente ha sido cuestionado reiteradamente por carecer las garantías mínimas de un sistema de justicia objetivo e imparcial [...], haciendo referencia como prueba "del deterioro del sistema de justicia venezolano," precisamente, a:

"la prueba y escrito de *amicus curiae* ([3] Entre ellos, la Inter American Bar Association, el Internacional Bar Association´s Human Rights Institute, Association of the Bar of the City of New York, The Netherlands Institute of Human Rights, las Comisiones de Derechos Humanos de la Federación de Colegios de Abogados de Venezuela con el apoyo de decenas de profesores, el Grupo de Profesores de Derecho Público de Venezuela, la Asociación Internacional de Derecho Administrativo, Asociación Mexicana de Derecho Administrativo, Asociación e Instituto Iberoamericano de Derecho Administrativo Jesús González Pérez) presentados por el prestigioso constitucionalista Dr. Allan Brewer Carías en su caso *vs Venezuela*, ante la Corte Interamericana de Derechos Humanos N° 277 de 26 de mayo de 2014, caso que pesa como una sombra en la trayectoria y jurisprudencia de la Corte Interamericana y en el cual se desnuda la realidad que vive el sistema judicial venezolano en la actualidad.([4] *Estudio del caso y análisis de la errada sentencia de la Corte Interamericana de Derechos Humanos N° 277 de 26 de mayo de 2014*, Colección y Alegatos Jurídicos N° 14, Editorial Jurídica de Venezuela Caracas, 2014).

En esta forma, en la misma ciudad de San José, donde tiene su sede la Corte Interamericana de Derechos Humanos, ésta no quiso ver, ni quiso enterarse de la grave situación del Poder Judicial en Venezuela, de la cual en cambio sí se enteró y entró a conocer la Corte Suprema del país sede. Esta, por ello, lo dijo a la Corte Interamericana lo que ésta no quiso ver, rechazando enviar a Venezuela a una persona detenida por delitos comunes cuya extradición había sido solicitada, precisamente por considerar que allá no gozaría de garantía judiciales ni de debido proceso. Ello, en contra de lo apreciado por la Corte Interamericana, de considerar que dicho Poder Judicial sí era confiable, incluso para juzgar sobre delitos políticos falsamente imputados a un perseguido político.

## V.- EL PROBLEMA DE LA RESTRICCIÓN DEL ACCESO A LA JUSTICIA INTERNACIONAL PARA CONTROLAR LOS ESTADOS AL ESTAR SOMETIDO A LA VOLUNTAD DE LOS MISMOS

Por supuesto, cuando uno hace referencia a la justicia internacional y al derecho de acceso a la misma, la vigencia misma de este derecho está condicionada por la ratificación por parte de los Estados de alguna Convención Internacional que la regule, como es el caso precisamente de la Convención Americana de Derechos Humanos, que fue ratificada por casi todos los Estados americanos.

Por ello, el derecho de acceso a la justicia internacional en materia de derechos humanos, por ejemplo, en definitiva queda sujeto a la voluntad de los Estados de ratificar las Convenciones pertinentes, y de no denunciarlas como parte de sus políticas públicas, lo que en muchos casos ha buscado restringirse por ejemplo, atribuyendo rango constitucional al derecho humano a la protección internacional de los derechos fundamentales, como fue precisamente el caso de Venezuela, con la previsión del artículo 31[106] del texto fundamental, y además, dándosele incluso rango constitucional no solo a los derechos establecidos en los convenios internacionales,[107] sino a éstos mismos.[108]

Sin embargo, a pesar de estas previsiones, el Estado totalitario que se apoderó del país, durante la última década desarrolló una política contraria al derecho de acceso a la justicia internacional en materia de derechos humanos, que ha conducido a la denuncia de la Convención Americana de Derechos Humanos.

Todo comenzó a partir de 2003 después de que con ocasión de la arbitraria destitución de los jueces de la Corte Primera de lo Contencioso Administrativa en violación de sus garantía judiciales, estos recurrieron ante el sistema interamericano buscando protección a sus derechos, la Corte Interamericana de Derechos Humanos, dictara sentencia en fecha de 5 de agosto de 2008,[109] condenando al Estado por la violación de las garantías judiciales, y ordenándole al Estado la reincorporarlos a las víctimas a cargos similares en el Poder Judicial.

Contra esta sentencia de la Corte Interamericana, los abogados del propio Estado recurrieron ante la Sala Constitucional del Tribunal Supremo, ejerciendo una bizarra "acción de control de la constitucionalidad referida a la interpretación acerca de la conformidad constitucional del fallo de la Corte Interamericana de Derechos Humanos, de fecha 5 de agosto de 2008," la cual tres meses después, decidió mediante la sentencia N° 1.939 de 12 de diciembre de 2008,[110] que declaró "inejecutable" la sentencia de la Corte Interamericana, fundamentándose para ello, en un precedente ocurrido en el Perú en 1999, citado ampliamente cuando el Tribunal Superior Militar rechazó la ejecución de una sentencia de la Corte Interamericana.[111]

El fundamento de la "acción" para que se declarase "inaceptable y de imposible ejecución por parte del propio Estado" la sentencia de la Corte Interamericana impugnada, fue que sus decisiones *"no son de obligatorio cumplimiento y son inaplicables si violan la Constitución,"* argumentando los abogados del Estado que lo contrario "sería subvertir el orden constitucional y atentaría contra la soberanía del Estado," a cuyo efecto denunciaron que la Corte Interamericana de Derechos Humanos violaba:

---

106 ***Artículo 31.*** Toda persona tiene derecho, en los términos establecidos por los tratados, pactos y convenciones sobre derechos humanos ratificados por la República, a dirigir peticiones o quejas ante los órganos internacionales creados para tales fines, con el objeto de solicitar el amparo a sus derechos humanos.// El Estado adoptará, conforme a procedimientos establecidos en esta Constitución y en la ley, las medidas que sean necesarias para dar cumplimiento a las decisiones emanadas de los órganos internacionales previstos en este artículo."

107 "***Artículo 23.*** Los tratados, pactos y convenciones relativos a derechos humanos, suscritos y ratificados por Venezuela, tienen jerarquía constitucional y prevalecen en el orden interno, en la medida en que contengan normas sobre su goce y ejercicio más favorables a las establecidas en esta Constitución y en las leyes de la República, y son de aplicación inmediata y directa por los tribunales y demás órganos del Poder Público."

108 "***Artículo 339.*** El decreto que declare el estado de excepción, en el cual se regulará el ejercicio del derecho cuya garantía se restringe, será presentado dentro de los ocho días siguientes de haberse dictado, a la Asamblea Nacional, o a la Comisión Delegada, para su consideración y aprobación, y a la Sala Constitucional del Tribunal Supremo de Justicia, para que se pronuncie sobre su constitucionalidad. El decreto ***cumplirá con las exigencias, principios y garantías establecidos en el Pacto Internacional de Derechos Civiles y Políticos y en la Convención Americana sobre Derechos Humanos***. El Presidente o Presidenta de la República podrá solicitar su prórroga por un plazo igual, y será revocado por el Ejecutivo Nacional o por la Asamblea Nacional o por su Comisión Delegada, antes del término señalado, al cesar las causas que lo motivaron."

109 Véase Caso *Apitz Barbera y otros ("Corte Primera de lo Contencioso Administrativo") vs. Venezuela,* Excepción Preliminar, Fondo, Reparaciones y Costas, Serie C N° 182, en www.corteidh.or.cr

110 Véase en http://www.tsj.gov.ve/decisiones/scon/Diciembre/1939-181208-2008-08-1572.html

111 Véase sobre el caso la sentencia de la Corte Interamericana en el caso *Castillo Petruzzi y otros vs. Perú* el 4 de septiembre de 1998 (Excepciones Preliminares), en http://www.corteidh.or.cr/docs/casos/articulos/seriec_41_esp.pdf; y de 30 de mayo de 1999. El Congreso del Perú incluso aprobó el 8 de julio de 1999 el retiro del reconocimiento de la competencia contenciosa de la Corte, lo cual fue declarado inadmisible por la propia Corte Interamericana en la sentencia del caso *Ivcher Bronstein* de 24 de septiembre de 1999, estableciéndose el principio de que un "Estado parte sólo puede sustraerse a la competencia de la Corte mediante la denuncia del Tratado como un todo." Véase en Véase Sergio García Ramírez (Coord.), *de la Corte Interamericana de Derechos Humanos*, Universidad Nacional Autónoma de México, Corte Interamericana de Derechos Humanos, México 2001, pp. 769-771.

"la supremacía de la Constitución y su obligatoria sujeción violentando el principio de autonomía del poder judicial, pues la misma llama al desconocimiento de los procedimientos legalmente establecidos para el establecimiento de medidas y sanciones contra aquellas actuaciones desplegadas por los jueces que contraríen el principio postulado esencial de su deber como jueces de la República."

Para decidir, la Sala Constitucional, en definitiva, consideró que de lo que se trataba era de una "presunta controversia entre la Constitución y la ejecución de una decisión dictada por un organismo internacional fundamentada en normas contenidas en una Convención de rango constitucional," que buscaba que la Sala aclarase "una duda razonable en cuanto a la ejecución" del fallo de la Corte Interamericana, deduciendo entonces que de lo que se trataba era de "acción de interpretación constitucional" que la propia Sala constitucional había creado a partir de su sentencia de 22 de septiembre de 2000 *(caso Servio Tulio León)*.[112]

Ejerciendo esta competencia, la Sala consideró que el propio Estado tenía la legitimación necesaria para intentar la acción, ya que la Corte Interamericana había condenado a la República, buscando de la Sala Constitucional "una sentencia mero declarativa en la cual se establezca el verdadero sentido y alcance de la señalada ejecución con relación al Poder Judicial venezolano en cuanto al funcionamiento, vigilancia y control de los tribunales."

La Sala para decidir, consideró que la Corte Interamericana, para dictar su fallo, además de haberse contradicho al constatar la supuesta violación de los derechos o libertades protegidos por la Convención, había dictado:

> "pautas de carácter obligatorio sobre gobierno y administración del Poder Judicial que son competencia exclusiva y excluyente del Tribunal Supremo de Justicia y estableció directrices para el Poder Legislativo, en materia de carrera judicial y responsabilidad de los jueces, violentando la soberanía del Estado venezolano en la organización de los poderes públicos y en la selección de sus funcionarios, lo cual resulta inadmisible."

La Sala consideró en definitiva, que la Corte Interamericana "utilizó el fallo analizado para intervenir inaceptablemente en el gobierno y administración judicial que corresponde con carácter excluyente al Tribunal Supremo de Justicia, de conformidad con la Constitución de 1999" (artículos 254, 255 y 267), desconociendo "la firmeza de decisiones administrativas y judiciales que han adquirido la fuerza de la cosa juzgada, al ordenar la reincorporación de los jueces destituidos," razón por la cual la consideró la sentencia internacional como *"inejecutable,"* con fundamento en normas constitucionales, exhortando, de paso:

> "al Ejecutivo Nacional [para que] proceda a denunciar esta Convención, ante la evidente usurpación de funciones en que ha incurrido la Corte Interamericana de los Derechos Humanos con el fallo objeto de la presente decisión; y el hecho de que tal actuación se fundamenta institucional y competencialmente en el aludido Tratado."

Con esta sentencia el Estado comenzó el proceso de Venezuela de desligarse de la Convención Americana sobre Derechos Humanos, y por tanto, cercenar el derecho de los venezolanos a la protección internacional de sus derechos fundamentales, desligándose de la jurisdicción de la Corte Interamericana de Derechos Humanos, utilizando para ello a su propio Tribunal Supremo de Justicia, el cual lamentablemente ha demostrado ser el principal instrumento para la consolidación del autoritarismo en el país.[113]

Con base en todos estos precedentes, en 2011, la Sala Constitucional procedió a completar su objetivo de declarar "inejecutables" en Venezuela las decisiones de la Corte Interamericana de Derechos Humanos, consolidando una supuesta competencia que inventó para ejercer el

---

112 Véase *Revista de Derecho Público*, N° 83, Editorial Jurídica Venezolana, Caracas 2000, pp. 247 ss. Véase Allan R. Brewer-Carías, "Le recours d'interprétation abstrait de la Constitution au Vénézuéla", en *Le renouveau du droit constitutionnel, Mélanges en l'honneur de Louis Favoreu*, Dalloz, Paris, 2007, pp. 61-70.

113 Véase Allan R. Brewer-Carias, *Crónica sobre la "In" Justicia Constitucional. La Sala Constitucional y el autoritarismo en Venezuela*, Colección Instituto de Derecho Público. Universidad Central de Venezuela, N° 2, Editorial Jurídica Venezolana, Caracas 2007; y "El juez constitucional al servicio del autoritarismo y la ilegítima mutación de la Constitución: el caso de la Sala Constitucional del Tribunal Supremo de Justicia de Venezuela (1999-2009)", en *Revista de Administración Pública*, N° 180, Madrid 2009, pp. 383-418.

"control de constitucionalidad" de las sentencias de la Corte Interamericana de Derechos Humanos, que por supuesto no tenía ni puede tener,[114] cuando conforme al artículo 31 de la Constitución, lo que tiene el Estado es la obligación de adoptar, conforme a los procedimientos establecidos en la Constitución y en la ley, "las medidas que sean necesarias para dar cumplimiento a las decisiones emanadas de los órganos internacionales" de protección de derechos humanos. Y ello lo hizo la Sala Constitucional mediante la sentencia N° 1547 de fecha 17 de octubre de 2011 (Caso *Estado Venezolano vs. Corte Interamericana de Derechos Humanos*),[115] dictada con motivo de otra "acción innominada de control de constitucionalidad" que fue intentada de nuevo por los abogados del Estado contra otra sentencia de la Corte Interamericana de Derechos Humanos, esta vez la de 1° de septiembre de 2011 dictada en el caso *Leopoldo López vs. Estado de Venezuela*.[116] En ella, la Corte Interamericana de Derechos Humanos había condenado al Estado venezolano por la violación del derecho al sufragio pasivo del ex Alcalde Sr. Leopoldo López cometida por la Contraloría General de la República al establecer administrativamente una "pena" de inhabilitación política, contra el mismo, considerando que dicho derecho político conforme a la Convención (art. 32.2) solo podía ser restringido, mediante sentencia judicial que imponga una condena penal,[117] ordenando la revocatoria de las decisiones inconvencionales.

En este caso, el Procurador General de la República justificó la supuesta competencia de la Sala Constitucional en su carácter de "garante de la supremacía y efectividad de las normas y principios constitucionales," conforme a la cual la Sala no podía dejar de realizar "el examen de constitucionalidad en cuanto a la aplicación de los fallos dictados por esa Corte y sus efectos en el país," considerando de nuevo que las decisiones de dicha Corte Interamericana sólo pueden tener "ejecutoriedad en Venezuela," en la medida que "el contenido de las mismas cumplan el examen de constitucionalidad y no menoscaben en forma alguna directa o indirectamente el Texto Constitucional;" es decir, que dichas decisiones "para tener ejecución en Venezuela deben estar conformes con el Texto Fundamental."

La Sala, en definitiva, consideró que lo que se había impuesto al ex Alcalde recurrente, había sido una "inhabilitación administrativa" y no una inhabilitación política considerando que la decisión de la Corte Interamericana en el caso, con órdenes dirigidas a órganos del Estado "se traduce en una injerencia en las funciones propias de los poderes públicos" y desconocía "la lucha del Estado venezolano contra la corrupción," alegando finalmente que la Corte Interamericana había transgredido el ordenamiento jurídico venezolano, pues desconocía:

> "la supremacía de la Constitución y su obligatoria sujeción, violentando el principio de autonomía de los poderes públicos, dado que la misma desconoce abiertamente los procedimientos y actos legalmente dictados por órganos legítimamente constituidos, para el establecimiento de medidas y sanciones contra aquellas actuaciones desplegadas por la Contraloría General de la República que contraríen el principio y postulado esencial de su deber como órgano contralor, que tienen como fin último garantizar la ética como principio fundamental en el ejercicio de las funciones públicas."

Como consecuencia de ello, la Sala Constitucional, conforme a lo solicitado por el propio Estado, procedió a ejercer el también bizarro "control innominado de constitucionalidad," invocando el anterior fallo sentencia N° 1939 de 18 de diciembre de 2008 (caso: *Estado Venezolano vs. Corte Interamericana de derechos Humanos, caso Magistrados de la Corte Primera de lo Contencioso Administrativo*),[118] y la sentencia N° 1077 de 22 de septiembre de 2000 (Caso *Servio Tulio León*

114 Sobre las competencias de los Tribunales Constitucionales, véase: en general, Allan R. Brewer-Carías, *Constitutional Courts as Positive Legislators in Comparative Law*, Cambridge University Press, New York 2011.

115 Véase en http://www.tsj.gov.ve/decisiones/scon/Octubre/1547-171011-2011-11-1130.html

116 Véase Allan R. Brewer-Carías, "El ilegítimo "control de constitucionalidad" de las sentencias de la Corte Interamericana de Derechos Humanos por parte la Sala Constitucional del Tribunal Supremo de Justicia de Venezuela: el caso de la sentencia *Leopoldo López vs. Venezuela, 2011*," en *Constitución y democracia: ayer y hoy. Libro homenaje a Antonio Torres del Moral*. Editorial Universitas, Vol. I, Madrid, 2013, pp. 1.095-1124

117 Véase Allan R. Brewer-Carías, "La incompetencia de la Administración Contralora para dictar actos administrativos de inhabilitación política restrictiva del derecho a ser electo y ocupar cargos públicos (La protección del derecho a ser electo por la Corte Interamericana de Derechos Humanos en 2012, y su violación por la Sala Constitucional del Tribunal Supremo al declarar la sentencia de la Corte Interamericana como "inejecutable"), en Alejandro Canónico 'Sarabia (Coord.), *El Control y la responsabilidad en la Administración Pública, IV Congreso Internacional de Derecho Administrativo, Margarita 2012*, Centro de Adiestramiento Jurídico, Editorial Jurídica Venezolana, Caracas 2012, pp. 293-371

118 Véase en *Revista de Derecho Público*, N° 116, Editorial Jurídica venezolana, Caracas 2008, pp. 88 ss.

*Briceño*) sobre creación del recurso de interpretación constitucional,[119] supuestamente por existir una aparente antinomia entre la Constitución, la Convención Interamericana de Derechos Humanos, la Convención Americana contra la Corrupción y la Convención de las Naciones Unidas contra la Corrupción," y concluir su competencia:

> "para verificar la conformidad constitucional del fallo emitido por la Corte Interamericana de Derechos Humanos, control constitucional que implica lógicamente un "control de convencionalidad" (o de confrontación entre normas internas y tratados integrantes del sistema constitucional venezolano), lo cual debe realizar en esta oportunidad esta Sala Constitucional, incluso de oficio; y así se decide."

En esta forma, lo que la Sala Constitucional realizó fue un supuesto "control de convencionalidad" pero para declarar "inconvencional" la propia sentencias de la Corte Interamericana, declarándola inejecutable en Venezuela, exhortando al Ejecutivo Nacional, de nuevo *a denunciar la Convención Americana*, y acusando a la Corte Interamericana de Derechos Humanos de persistir:

> "en desviar la teleología de la Convención Americana y sus propias competencias, emitiendo órdenes directas a órganos del Poder Público venezolano (Asamblea Nacional y Consejo Nacional Electoral), usurpando funciones cual si fuera una potencia colonial y pretendiendo imponer a un país soberano e independiente criterios políticos e ideológicos absolutamente incompatibles con nuestro sistema constitucional."

La decisión política que se había venido construyendo por los órganos del Estado, de desligarse de sus obligaciones convencionales y denunciar la Convención, para cercenarle a los venezolanos su derecho de acceso a la justicia internacional, en lo cual un actor de primera línea fue la Sala Constitucional, finalmente se manifestó el día 6 de septiembre de 2012, cuando el Ministro de Relaciones Exteriores de Venezuela, Sr. Nicolás Maduro, quien ejerce actualmente la Presidencia de la República, luego de denunciar una supuesta campaña de desprestigio contra al país desarrollada por parte de la Comisión Interamericana de Derechos Humanos y de la Corte Interamericana de Derechos Humanos, citando entre otros casos decididos, el caso *Leopoldo López* , y más insólito aún, casos aún no decididos como el caso *Allan R. Brewer-Carías vs. Venezuela*, sin duda para a presionar indebidamente a los jueces de la propia Corte Interamericana, manifestó formalmente al Secretario General de la OEA la "decisión soberana de la República Bolivariana de Venezuela de denunciar la Convención. Americana sobre Derechos Humanos, cesando en esta forma respecto de Venezuela los efectos internacionales de la misma, y la competencia respecto del país tanto de la manifestó formalmente al Secretario General de la OEA, para el país, tanto de la Comisión Interamericana de Derechos Humanos como de la Corte Interamericana de Derechos Humanos.[120]

Esta decisión de denunciar la Convención Americana sobre Derechos Humanos no sólo fue realizada de mala fe frente el derecho internacional, sino en abierta violación a expresas normas de la Constitución de 1999,[121] quedando así cercenado el derecho de los venezolanos a la protección internacional.

119 Véase sobre esta sentencia los comentarios en Marianella Villegas Salazar, "Comentarios sobre el recurso de interpretación constitucional en la jurisprudencia de la Sala Constitucional, " en *Revista de Derecho Público*, N° 84, Editorial Jurídica Venezolana, Caracas 2000, pp. 417 ss.; y Allan R. Brewer-Carías, *Crónica sobre la "In" Justicia Constitucional. La Sala Constitucional y el autoritarismo en Venezuela*, Colección Instituto de Derecho Público. Universidad Central de Venezuela, N° 2, Editorial Jurídica Venezolana, Caracas 2007, pp. 47-79.

120 Véase la comunicación N° 125 de 6 de septiembre de 2012 dirigida por el entonces Canciller de Venezuela, Nicolás Maduro, dirigida al Secretario General de la OEA, en http://www.minci.gob.ve/wp-content/uploads/2013/09/Carta-Retiro-CIDH-Firmada-y-sello.pdf

121 Véase, entre otros, Carlos Ayala Corao, "Inconstitucionalidad de la denuncia de la Convención Americana sobre Derechos Humanos por Venezuela" en *Revista Europea de Derechos Fundamentales*, Instituto de Derecho Público, Valencia, España, N° 20/2° semestre 2012; en *Estudios Constitucionales*, Centro de Estudios Constitucionales de Chile, Universidad de Talca, año 10, N° 2, Chile, 2012; en la *Revista Iberoamericana de Derecho Procesal Constitucional*, Instituto Iberoamericano de Derecho Procesal Constitucional y Editorial Porrúa, N° 18, Julio-Diciembre, 2012; en la *Revista de Derecho Público*, N° 131, Caracas, julio-septiembre 2012; en el *Anuario de Derecho Constitucional Latinoamericano 2013*, Anuario 2013, Konrad Adenauer Stiftung: Programa Estado de Derecho para Latinoamérica y Universidad del Rosario, Bogotá, Colombia 2013 (disponible en: Fundación Konrad Adenauer www.kas.de/uruguay/es/publications/20306/ y en Biblioteca Jurídica Virtual del Instituto de Investigaciones Jurídicas de la UNAM, México: www.juridicas.unam.mx/publica/rev/cont.htm?=dconstla)

Ello, por ejemplo, ha sido considerado por el magistrado Cruz Castro, de la Sala Constitucional de la Corte Suprema de Costa Rica, en sus razones adicionales expuestas en la sentencia de habeas corpus N° 2015-11568 del 31 de julio de 2015,[122] en el caso del procedimiento de extradición del ciudadano Don Dojc, a favor del mismo, como argumento fundamental para acordar el amparo a la libertad personal, estimando "que el Estado venezolano presenta serias debilidades jurídico-políticas para asegurarle al amparado un enjuiciamiento que cumpla con las garantías básicas de un debido proceso, conforme a las normas constitucionales y el derecho internacional de los derechos humanos," indicando al efecto específicamente:

> "1. El hecho que Venezuela haya denunciado la Convención Americana de Derechos Humanos, constituye una amenaza grave al respeto efectivo de los derechos fundamentales. Un país que adopta una política que reduce los instrumentos que tutelan derechos fundamentales, tanto en su dimensión individual como social, no brinda las garantías y la confianza que requiere un proceso de extradición. Enviar a un ciudadano a un país que ha denunciado una Convención que tutela de derechos fundamentales, no brinda la confianza suficiente para admitir que el ciudadano que se entrega a otra jurisdicción, será tratado conforme a las garantías básicas que merece cualquier ciudadano, no importa su nacionalidad. Estimo que esta denuncia del Pacto de San José abre una serie de interrogantes que no me brindan una razonable convicción en el sentido que este ciudadano sometido a este proceso de extradición, se le dará el reconocimiento efectivo de todas sus garantías judiciales en un sentido amplio [...]."

Esto, sin embargo, no lo vio la Corte Interamericana de Derechos Humanos en la sentencia del caso *Allan R. Brewer-Carías vs. Venezuela*, al decidir mediante sentencia N° 277 de 26 de mayo de 2014,[123] archivar el expediente, absteniéndose de juzgar sobre las denuncias formuladas sobre la situación del Poder Judicial carente de autonomía e independencia, e ignorando la denuncia de la Convención Americana por Venezuela que había sido comunicada más de un año antes, fundamentándola precisamente entre otros argumentos, en que ese caso *Allan R. Brewer-Carías* estaba pendiente de decisión. Al contrario de lo resuelto por la Corte Suprema de Justicia, el Juez Internacional que era el llamado naturalmente a apreciar la situación de falta de garantías judiciales, le negó a la víctima su derecho de acceso a la justicia internacional, considerando así que el Poder Judicial en Venezuela supuestamente le brindaba las garantías y la confianza que requería un juicio político, protegiendo en definitiva la arbitrariedad del Estado autoritario.

## VI.- ACCESO A LA JUSTICIA, DEBIDO PROCESO, Y TUTELA JUDICIAL EFECTIVA

De todo lo anteriormente expuesto, resulta que quizás el derecho humano más fundamental, en cualquier sociedad democrática, es sin duda el derecho a la justicia, que es la que como monopolio del Estado, éste debe garantizar a los individuos de manera de asegurarse que éstos no pretendan hacerse justicia con sus propias manos.

Por ello, el derecho a la justicia se configura como un haz de derechos o más precisamente de garantías judiciales que comprende, entre otros, el derecho de acceso a la justicia, que viene a ser quizás, la más importante, pues es mediante su ejercicio que las otras garantías judiciales, como el derecho al debido proceso en general, el derecho a la tutela judicial efectiva y el derecho a una decisión oportuna, pueden llevar a tener efectividad.

Por ello, por ejemplo, la Constitución de Venezuela distingue como formando parte del derecho humano a la justicia, cuatro garantías judiciales fundamentales a las cuales destina dos normas:

---

122 Sentencia, dictada en el juicio de habeas corpus a favor del ciudadano Dan Dojc, en el proceso de extradición que se le seguía en Costa Rica a petición del Estado venezolano. Véase el texto de la sentencia en http://jurisprudencia.poder-judicial.go.cr/SCIJ_PJ/busqueda/jurisprudencia/jur_Documento.aspx?param1=Ficha_Sentencia&nValor1=1&nValor2=644651&strTipM=T&strDirSel=directo&_r=1. Véase la noticia de prensa sobre dicha sentencia en *La Nación*, San José en http://www.nacion.com/sucesos/poder-judicial/Sala-IV-extradicion-cuestiona-Venezuela_0_1504049615.html

123 Véase la sentencia en http://www.corteidh.or.cr/docs/casos/articulos/seriec_278_esp.pdf . Véase sobre esta sentencia: Allan R. Brewer-Carías, *El Caso Allan R. Brewer-Carías vs. Venezuela ante la Corte Interamericana de Derechos Humanos. Estudio del caso y análisis crítico de la errada sentencia de la Corte Interamericana de Derechos Humanos N° 277 de 26 de mayo de 2014*, Colección Opiniones y Alegatos Jurídicos, N° 14, Editorial Jurídica Venezolana, Caracas 2014.

Por una parte, el artículo 26 que declara que "toda persona tiene (i) *derecho de acceso a los órganos de administración de justicia* para hacer valer sus derechos e intereses, incluso los colectivos o difusos; (ii) [derecho] *a la tutela efectiva* de los mismos y (iii) [derecho] *a obtener con prontitud la decisión* correspondiente."

Por la otra, el artículo 49 de la Constitución, también declara "el [derecho al] *debido proceso* [que] se aplicará a todas las actuaciones judiciales y administrativas," enumerándose entre los que lo componen, las siguientes garantías judiciales: el derecho a la defensa y la asistencia jurídica; el derecho a ser notificada de los cargos; el derecho de acceder a las pruebas; el derecho de disponer del tiempo y de los medios adecuados para ejercer su defensa; el derecho a la presunción de inocencia; el derecho a ser oído; el derecho a un tribunal independiente e imparcial; el derecho a un intérprete; el derecho al juez natural; el derecho a no confesarse culpable o declarar contra sí mismo; el derecho a ser sancionada por actos u omisiones previstos como delitos, faltas o infracciones en leyes preexistentes; el derecho a no ser sometida a juicio por los mismos hechos en virtud de los cuales hubiese sido juzgada anteriormente; el derecho a exigir responsabilidad del Estado por errores judiciales.

Dichos derechos o garantías judiciales, todos, por supuesto, están entrelazados y son interdependientes, pero no por ello pueden interpretarse indiscriminadamente, y establecerse alguna relación de genero/especie entre ellos que no responda a su propia naturaleza y formulación en los textos.

Esto ha ocurrido por ejemplo, en mi criterio, en el campo de la jurisprudencia de la Corte Interamericana de Derechos Humanos, con la interpretación que el Juez Antonio Cançado Trindade le ha dado a las disposiciones de la Convención Americana de Derechos Humanos, extensiva incluso respecto de los derechos constitucionales de los Estados Parte. En efecto, en un Voto Concurrente a la sentencia del caso, ***"Cinco Pensionistas" vs. Perú*** de 2003, el Juez Cançado se refirió al "amplio alcance del derecho de acceso a la justicia, en los planos tanto nacional como internacional," agregando que "tal derecho no se reduce al acceso formal, *stricto sensu*, a la instancia judicial;" para concluir afirmando que:

> "el derecho de acceso a la justicia, que se encuentra implícito en diversas disposiciones de la Convención Americana (y de otros tratados de derechos humanos) y que permea el derecho interno de los Estados Partes, significa, *lato sensu*, el derecho a obtener justicia. Dotado de contenido jurídico propio, configurase como un derecho autónomo a la prestación jurisdiccional, o sea, a la propia *realización* de la justicia."[124]

El Juez Cançado, con esta aproximación, le dio un sentido omnicomprensivo al derecho de "acceso" a la justicia, identificándolo con el "derecho a la justicia," cuando en realidad, el primero puede considerarse como uno de los componentes del segundo, pudiendo considerarse como lo hemos analizado en estas notas, más bien como "el derecho de accionar los recursos necesarios para la tutela de sus derechos y la solución de sus controversias."[125] Por ello, en nuestro criterio, la relación género / especie que en el ámbito latinoamericano consideramos que existe en esta materia es la que se establece entre el "derecho a la justicia" y el "derecho de acceso a la justicia"; y no como se deduce de lo antes indicado, entre el "derecho de acceso a la justicia" y el "derecho a la justicia" o a obtener justicia. Considerando que el "derecho general a la justicia" como lo declaró la Sala Constitucional de la Corte Suprema de Justicia de Costa Rica, en la sentencia líder 1739-92, se entiende

> "como la existencia y disponibilidad de un sistema de administración de la justicia, valga decir, de un conjunto de mecanismos idóneos para el ejercicio de la función jurisdiccional del Estado –declarar el derecho controvertido o restablecer el violado, interpretándolo y aplicándolo imparcialmente en los casos concretos–; lo cual comprende, a su vez,

124 Véase Corte IDH. Caso *"Cinco Pensionistas" Vs. Perú*. Fondo, Reparaciones y Costas. Sentencia de 28 de febrero de 2003. Serie C N° 98, en http://www.corteidh.or.cr/cf/Jurisprudencia2/busqueda_casos_contenciosos.cfm?lang=es

125 Véase Paola Andrea Acosta Alvarado, *El derecho de acceso a la justicia en la jurisprudencia interamericana*, Universidad Externado de Colombia, Bogotá, p. 50.

un conjunto de órganos judiciales independientes especializados en ese ejercicio, la disponibilidad de ese aparato para resolver los conflictos y corregir los entuertos que origina la vida social, en forma civilizada y eficaz, y el acceso garantizado a esa justicia para todas las personas, en condiciones de igualdad y sin discriminación."

En todo caso, siempre se trata de destacar progresivamente la protección judicial, lo que ha llevado incluso a que en otros países, como ha sucedido en España, a establecer otras relaciones de género / especie en esta materia. Allí, partiendo del artículo 24 de la Constitución de 1978 que establece el derecho de todas las personas "a obtener la tutela efectiva de los jueces y tribunales en el ejercicio de sus derechos e intereses legítimos, sin que, en ningún caso, pueda producirse indefensión," en efecto, se ha establecido otra relación género/especie, considerándose que es el "derecho a la tutela judicial efectiva," como el derecho fundamental de contenido complejo y fuerza expansiva, el que comprende el derecho de las personas a tener libre acceso a los tribunales para solicitar de éstos la tutela de un derecho subjetivo o de un interés legítimo y obtener una resolución de fondo fundada en Derecho; y que en consecuencia, comprende tres derechos esenciales: el derecho de acceder al proceso o a la jurisdicción, el derecho a la defensa contradictoria, y el derecho a la efectividad de la sentencia.

En fin, sea cual fuere el ángulo bajo el cual se estudie el tema del acceso a la justicia como derecho fundamental, se trata de las garantías judiciales más esenciales al hombre, de manera que negarla es la negación misma del Estado de derecho, y propugnar el renacimiento del reino de la arbitrariedad como forma de gobierno. Sin la garantía de acceso a la justicia, además, no existiría democracia, pues no habría posibilidad alguna de controlar el ejercicio del poder, es decir, al Estado, y por supuesto, sería imposible hacer efectivo el derecho ciudadano a la transparencia de la actividad gubernamental.

New York, agosto 2015.

# VII

# SOBRE EL DERECHO ADMINISTRATIVO COMO DERECHO DEL ESTADO Y EL MODELO POLÍTICO (2015)

**Texto de la conferencia dictada en la *Universidad La Salle*, en evento organizado por la Fundación Konrad Adenauer y la Facultad de Derecho de la misma Universidad, San José, Costa Rica, 16 de marzo de 2015.**

## I

El derecho administrativo es, ante todo, un derecho estatal[1] o un derecho del Estado, lo que implica que el mismo está necesariamente vinculado al modelo político en el cual opera el propio Estado conforme a la práctica política de su gobierno, siendo ello, históricamente, uno de los más importantes elementos condicionantes de nuestra disciplina.[2]

Por tanto, el derecho administrativo que nosotros hemos conocido, estudiado y enseñado en el último medio siglo, cuando en el mundo occidental los países han gozado de cierta estabilidad democrática, puede decirse que en general ha sido el derecho administrativo del Estado de derecho, que como modelo político tuvo su origen a comienzos del siglo XIX como consecuencia de los aportes de la Revolución Norteamericana (1776) y de la Revolución francesa (1789) al constitucionalismo moderno;[3] el cual fundamentalmente resulto del luego hecho político fundamental del pase efectivo de la soberanía, desde el Monarca al pueblo, dando origen al desarrollo del principio de la representatividad democrática. En ese marco, el Estado se organizó conforme al principio de la separación de poderes, que permitió el control recíproco entre los diversos órganos del Estado, entre ellos, por parte el poder judicial, montado además en la necesaria garantía de los derechos ciudadanos frente al propio Estado, los que comenzaron a ser declarados constitucionalmente.

Fue en ese marco político cuando el derecho administrativo comenzó a ser un orden jurídico que además de regular a los órganos del Estado y su actividad, también comenzó a regular las relaciones jurídicas que en cierto plano igualitario se comenzaron a establecer entre el Estado y los ciudadanos, y que ya no sólo estaban basadas en la antigua ecuación entre prerrogativa del Estado y la sujeción de las personas a la autoridad, sino entre poder del Estado y derecho de los ciudadanos.

Ese cambio, incluso, se reflejó en el propio contenido de las Constituciones que en su origen, particularmente en Europa hasta la mitad del siglo pasado, no habían sido más que cuerpos normativos destinados a regular solo la organización del Estado, sin que sus normas siquiera se aplicaran directamente a los ciudadanos ni tuvieran a éstos como sus destinatarios, y

---

1 Véase André Demichel, *Le droit administratif. Essai de réflexion théorique,* París, 1978, p. 14.

2 Sobre el tema, bajo el ángulo de la Administración, nos ocupamos hace años en Allan R. Brewer-Carías, "Les conditionnements politiques de l'administration publique dans les pays d'Amérique Latine", en *Revue Internationale des Sciences Administratives*, Vol. XLV, N° 3, Institut International des Sciences Administratives, Bruselas 1979, pp. 213-233; y "Los condicionamientos políticos de la Administración Pública en los países latinoamericanos" en *Revista de la Escuela Empresarial Andina*, Convenio Andrés Bello, N° 8, Año 5, Lima 1980, pp. 239-258

3 Véase Allan R. Brewer-Carías, *Reflexiones sobre la revolución norteamericana (1776), la revolución francesa (1789) y la revolución hispanoamericana (1810-1830) y sus aportes al constitucionalismo moderno*, 2ª Edición Ampliada, Serie Derecho Administrativo N° 2, Universidad Externado de Colombia, Editorial Jurídica Venezolana, Bogotá 2008.

cuyo contenido se reducía a regular lo que históricamente se ha denominado su parte orgánica relativa a la organización y funcionamiento de los diversos poderes y órganos del Estado. El derecho administrativo en esa época, por tanto, en el marco de su constitucionalización, no era más que el derecho que regulaba a la Administración Pública, su organización en el ámbito del Poder Ejecutivo, sus poderes y prerrogativas, y su funcionamiento, habiéndose recogido en las Constituciones, en general, sólo normas sobre la organización administrativa.

A medida que se fue imponiendo el modelo político del Estado de derecho, las Constituciones comenzaron a desarrollar, además de su parte orgánica, una parte dogmática relativa al régimen político democrático representativo y a los derechos y garantías constitucionales de los ciudadanos, como consecuencia de lo cual, la acción de Estado y de la propia Administración comenzó a encontrar límites formales, que también comenzaron a ser recogidas en normas constitucionales destinadas a regular las relaciones que se establecen entre el Estado y los ciudadanos o las personas, en muchos casos precisamente con ocasión de la actividad de la Administración. Ello implicó la incorporación en los textos constitucionales de normas de derecho administrativo, incluyendo las que se refieren a los medios jurídicos dispuestos para asegurar el control de la Administración, tanto político, como fiscal y jurisdiccional; y las Constituciones, como norma, comenzaron a tener a los ciudadanos como sus destinatarios inmediatos.[4]

La consecuencia de todo ello fue que progresivamente, el derecho administrativo y sus principios terminaron encontrando su fuente jurídica primaria y más importante en la propia Constitución, en la cual ahora se encuentran regulaciones sobre la organización, funcionamiento y actividad de la Administración Pública como complejo orgánico integrada en los órganos del Poder Ejecutivo; sobre el ejercicio de la función administrativa, realizada aún por otros órganos del Estado distintos a la Administración; sobre las relaciones jurídicas que se establecen cotidianamente entre las personas jurídicas estatales cuyos órganos son los que expresan la voluntad de la Administración, y los administrados; sobre los fines públicos y colectivos que estas persiguen, situados por encima de los intereses particulares; sobre los poderes y prerrogativas de los cuales disponen para hacer prevalecer los intereses generales y colectivos frente a los intereses individuales, y además, de los límites impuestos por normas garantizadoras de los derechos y garantías de los administrados, incluso frente a la propia Administración.

En el mundo contemporáneo, en consecuencia, ese derecho administrativo que se ha incrustado en la Constitución,[5] es sin duda el propio de un derecho del Estado de derecho, y su desarrollo y efectividad debería estar condicionado por los valores democráticos que están a la base del mismo.

## II

Lo anterior implica, que a diferencia de otras ramas del derecho, por su vinculación con el Estado y el régimen político, el derecho administrativo no puede considerase como una rama políticamente neutra, y menos aún como un orden jurídico que haya adquirido esa relativa rigidez o estabilidad como el que podría encontrarse en otras ramas.

El derecho administrativo, aun conservando principios esenciales, inevitablemente tiene siempre un grado el dinamismo que lo hace estar en constante evolución, como consecuencia directa, precisamente, de la propia evolución del Estado, siempre necesitando adaptarse a los cambios que se operan en el ámbito social y político de cada sociedad, por lo que siempre terminan reflejando los condicionamientos políticos y sociales vigentes en un momento dado.[6] De

4 Véase Eduardo García de Enterría, *La Constitución como norma y el Tribunal Constitucional*, Madrid 1985.

5 Sobre el proceso de constitucionalización del derecho administrativo en Colombia y en Venezuela, véase Allan R. Brewer-Carías, "El proceso de constitucionalización del Derecho Administrativo en Colombia" en Juan Carlos Cassagne (Director), *Derecho Administrativo. Obra Colectiva en Homenaje al Prof. Miguel S. Marienhoff*, Buenos Aires 1998, pp. 157-172, y en *Revista de Derecho Público*, N° 55-56, Editorial Jurídica Venezolana, Caracas, julio-diciembre 1993, pp. 47-59; y "Algunos aspectos de proceso de constitucionalización del derecho administrativo en la Constitución de 1999" en *Los requisitos y vicios de los actos administrativos. V Jornadas Internacionales de Derecho Administrativo Allan Randolph Brewer-Carías, Caracas 1996*, Fundación Estudios de Derecho Administrativo (FUNEDA), Caracas 2000, pp. 23-37.

6 Véase Martín Bassols, "Sobre los principios originarios del derecho administrativo y su evolución", en *Libro homenaje al profesor Juan Galván Escutia*, Valencia, 1980, p. 57. Véase igualmente, Alejandro Nieto "La vocación del derecho

allí aquella gráfica expresión de Prosper Weil en el sentido de que el derecho administrativo sufre, permanentemente, de una "crisis de crecimiento,"[7] que en definitiva, nunca concluye, pues las transformaciones económicas y sociales del mundo no cesan, y con ellas las del Estado y del rol que cumple.

Pero si nos atenemos solamente a la conformación del andamiaje constitucional del Estado en el mundo contemporáneo occidental, como Estado de derecho, hay una constante subyacente en el condicionamiento del derecho administrativo, que son los principios democráticos que ahora le son esenciales a mismo,[8] como por ejemplo quedó plasmado en una aislada sentencia de la Sala Político Administrativa del Tribunal Supremo de Justicia de Venezuela de 2000, lamentablemente olvidada muy rápidamente, en la cual se afirmó que:

> "el derecho administrativo es ante y por sobre todo un derecho democrático y de la democracia, y su manifestación está íntimamente vinculada a la voluntad general (soberanía) de la cual emana."[9]

Ello debería ser así, y es cierto si nos quedamos solo en la denominación y definición formal del Estado que se inserta en las Constituciones, como por ejemplo sucede precisamente en Colombia y en Venezuela. En Colombia, el artículo 1 de la Constitución precisa que: "Colombia es un Estado social de derecho, organizado en forma de República unitaria, descentralizada, con autonomía de sus entidades territoriales, democrática, participativa y pluralista, fundada en el respeto de la dignidad humana, en el trabajo y la solidaridad de las personas que la integran y en la prevalencia del interés general." Igualmente en Venezuela, el artículo 2 de la Constitución indica que: "Venezuela se constituye en un Estado democrático y social de Derecho y de Justicia, que propugna como valores superiores de su ordenamiento jurídico y de su actuación, la vida, la libertad, la justicia, la igualdad, la solidaridad, la democracia, la responsabilidad social y, en general, la preeminencia de los derechos humanos, la ética y el pluralismo político."

Si nos atenemos a esas definiciones, mejores enunciados formales del Estado democrático en el texto de una Constitución, ciertamente es imposible encontrar como marco general del ordenamiento jurídico que debería ser aplicable al Estado, y que debería moldear el derecho administrativo. Sin embargo, ante esas definiciones, lo que corresponde es determinar si realmente, en los respectivos países, la práctica política del gobierno responde a esos principios, o si son simples enunciados floridos, y nada más, de un Estado nada democrático, como es el caso de Venezuela.

Es decir, ante los enunciados constitucionales que proclaman la democracia como régimen político, la tarea central es determinar cuán efectiva ha sido la vigencia real de estas normas y cómo ello ha permeado efectivamente en el derecho administrativo. Si nos atenemos a los enunciados, sin duda, el derecho administrativo en Venezuela, por ejemplo, debería ser ese derecho precisamente de un Estado democrático sometido al derecho, lo que implicaría la ineludible existencia de un pleno control judicial de la actividad administrativa, teniendo a su cargo la Administración, además de la misión general de gestionar el interés general y la satisfacción de las necesidades colectivas, la de garantizar el ejercicio de los derechos de los administrados, todo dentro de un marco legal general que asegure pluralismo e igualdad.

---

administrativo de nuestro tiempo", *Revista de Administración Pública,* N° 76, Madrid, Centro de Estudios Constitucionales 1975; también en *34 artículos seleccionados de la Revista de Administración Pública con ocasión de su centenario,* Madrid, 1983, pp. 880 y 881

7 Véase Prosper Weil, *El derecho administrativo,* Madrid, 1966, p. 31.

8 Véase Allan R. Brewer–Carías, "El Derecho a la democracia entre las nuevas tendencias del derecho administrativo como punto de equilibrio entre los poderes de la Administración y los derechos del Administrado," en *Revista Mexicana "Statum Rei Romanae" de Derecho Administrativo.* Homenaje al profesor Jorge Fernández Ruiz, Asociación Mexicana de Derecho Administrativo, Facultad de Derecho y Criminología de la Universidad Autónoma de Nuevo León, México, 2008, pp. 85–122; y "Prólogo: Sobre el derecho a la democracia y el control del poder", al libro de Asdrúbal Aguiar, *El derecho a la democracia. La democracia en el derecho y la jurisprudencia interamericanos. La libertad de expresión, piedra angular de la democracia,* Editorial Jurídica Venezolana, Caracas, 2008, pp. 19 ss.

9 Véase la sentencia N° 1028 del 9 de mayo de 2000 en *Revista de Derecho Público,* N° 82, Editorial Jurídica Venezolana, Caracas, 2000, p. 214. Véase también, sentencia de la misma Sala de 5 de octubre de 2006, N° 2189 (Caso: *Seguros Altamira, C.A. vs. Ministro de Finanzas*), en *Revista de Derecho Público,* N° 108, Editorial Jurídica Venezolana, Caracas, 2006, p 100

## III

Pero lamentablemente, ello no es necesariamente así en la actualidad, particularmente en Venezuela, ni lo fue en general desde que la figura del Estado de derecho surgió en la historia, hace doscientos años; período durante el cual fue cuando precisamente se desarrolló nuestra disciplina, sin que sin embargo pueda afirmarse que por ausencia de un régimen democrático, el derecho administrativo como rama del derecho no haya existido.

Al contrario, por ejemplo, y para sólo referirnos a un ejemplo que nos es muy cercano a los administrativistas latinoamericanos, allí está el ejemplo de desarrollo del derecho administrativo contemporáneo en España, que comenzó precisamente en ausencia de un régimen democrático, por el fenomenal impulso que le pudo dar el núcleo de profesores que se aglutinó en el viejo Instituto de Estudios Políticos que estaba inserto en la propia estructura del Estado autoritario, en torno a la *Revista de Administración Pública*, con Eduardo García de Enterría, Fernando Garrido Falla, José Luis Villar Palasí y Jesús González Pérez, entre otros. Y ello ocurrió en los años cincuenta del Siglo pasado, cuando España, lejos de la democracia, estaba en plena etapa del autoritarismo franquista, más de veinte años antes de la sanción de la Constitución de 1978. Fue incluso en aquélla época cuando se dictaron las muy importantes Leyes sobre el Régimen Jurídico de la Administración del Estado, y sobre Procedimientos Administrativos, que sin duda fueron, en el derecho positivo, la partida de nacimiento del derecho administrativo español contemporáneo para buscar garantizar el sometimiento del Estado al derecho.

No había democracia, pero sin duda, sí había derecho administrativo porque a pesar del autoritarismo, el régimen permitía la existencia de cierto equilibrio entre los poderes del Estado y los derechos ciudadanos; y a pesar de que no podía haber control sobre el comportamiento político del gobierno, algo de control contencioso administrativo si se permitía. Y para no irnos muy lejos, la raíz del derecho administrativo contemporáneo en Venezuela puede situarse en la rica jurisprudencia de la antigua Corte Federal que funcionó hasta 1961, contenida en múltiples sentencias que emanaron de dicho alto tribunal igualmente en la década de los cincuenta del siglo pasado, en plena dictadura militar que duró hasta 1958.[10] Tampoco había democracia, pero sin duda, en el marco de un régimen autoritario ya se estaban sentando las bases del derecho administrativo contemporáneo en Venezuela, como lo hemos conocido en las décadas pasadas, por la existencia al menos de principio, del antes mencionado equilibrio, por la existencia al menos del mencionado equilibrio.

Pero por supuesto, en aquél entonces no se trataba de un derecho administrativo de un Estado democrático de derecho, sino de un Estado autoritario con alguna sujeción al derecho. Es decir, en otros términos más generales, porque ejemplos como los indicados los podemos encontrar en la historia de nuestra disciplina de todos nuestros países, puede decirse que el sometimiento del Estado al derecho, que fue lo que originó el derecho administrativo desde comienzos del siglo XIX, no siempre tuvo el estrecho vínculo con la democracia, como régimen político, como hoy lo consideramos.

## IV

En realidad, el elemento esencial que caracteriza al derecho administrativo de un Estado democrático de derecho se encuentra cuando el derecho administrativo deja de ser un derecho exclusivamente del Estado, llamado a regular sólo su organización, su funcionamiento, sus poderes y sus prerrogativas, y pasa a ser realmente un derecho administrativo encargado de garantizar el punto de equilibrio antes mencionado que en una sociedad democrática tiene que existir entre los poderes del Estado y los derechos de los administrados. En el marco de un régimen autoritario, ese equilibrio por esencia no existe, o es muy débil o maleable, y por ello es que en dicho régimen el derecho administrativo no es un derecho democrático, aun cuando pretenda someter el Estado al derecho.

10 Véase Allan R. Brewer-Carías, *Las instituciones fundamentales del derecho administrativo y la jurisprudencia venezolanas*, Caracas 1964; y *Jurisprudencia de la Corte Suprema 1930-1974 y estudios de derecho administrativo*, Ediciones del Instituto de Derecho Público, Facultad de Derecho, Universidad Central de Venezuela, ocho volúmenes, Caracas 1975-1979.

Como también lo señaló la Sala Político Administrativa del Tribunal Supremo de Justicia de Venezuela en la misma lamentablemente olvidada sentencia N° 1028 de 9 de mayo de 2000,

> "El derecho administrativo se presenta dentro de un estado social de derecho como el punto de equilibrio entre el poder (entendido éste como el conjunto de atribuciones y potestades que tienen las instituciones y autoridades públicas, dentro del marco de la legalidad), y la libertad (entendida ésta como los derechos y garantías que tiene el ciudadano para convivir en paz, justicia y democracia)."[11]

Ello es precisamente lo que caracteriza al derecho administrativo en un orden democrático, que no es otra cosa que ser el instrumento para asegurar la sumisión del Estado al derecho pero con a la misión de garantizar el respeto a los derechos ciudadanos, en medio de una persistente lucha histórica por controlar el poder y contra las "inmunidades del poder,"[12] que es lo que ha caracterizado el devenir de nuestra disciplina. Ese equilibrio entre el poder y el ciudadano, siempre latente, pero débil al inicio, efectivamente se comenzó consolidar bien entrado el Siglo XX, luego de la segunda guerra mundial, cuando el derecho administrativo comenzó a ser un derecho regulador no sólo del Estado, sino de los derechos ciudadanos en un marco democrático.

Con ello se consolidó la concepción del derecho administrativo de las sociedades democráticas como el instrumento por excelencia para, por una parte garantizar la eficiencia de la acción administrativa y la prevalencia de los intereses generales y colectivos, y por la otra, para asegurar la protección del administrado frente a la Administración; con lo cual se superó aquella caracterización del derecho administrativo que advertía hace años Fernando Garrido Fallo, cuando nos indicaba que se nos presentaba como "un hipócrita personaje de doble faz," que encerraba una "oposición aparentemente irreductible" entre el conjunto de prerrogativas que posee y que "sitúan a la Administración en un plano de desigualdad y favor en sus relaciones con los particulares"; y el conjunto de derechos y garantías de estos, que lo llevaban a regular lo que llamó "la más acabada instrumentación técnica del Estado liberal."[13]

Ese juego dialéctico entre esos dos puntos extremos contrapuestos: por una parte, los poderes y las prerrogativas administrativas de la Administración, y por la otra, los derechos y las garantías de los administrados, es lo que permitió expresar a Marcel Waline, también hace unos buenos años, que por una parte se evite el inmovilismo y la impotencia de la Administración, y por la otra, se evite la tiranía.[14] La existencia o no del mencionado equilibrio, o la existencia de un acentuado desbalance o desequilibrio entre los dos extremos, es lo que resulta del modelo político en el cual se mueve y aplica el derecho administrativo. De allí, más democrático será el derecho administrativo solo si el equilibrio es acentuado; y menos democrático será si su regulación se limita sólo a satisfacer los requerimientos del Estado, ignorando o despreciando el otro extremo, es decir, el de las garantías y derechos ciudadanos.

El reto del derecho administrativo, por tanto, está en lograr y asegurar el equilibrio mencionado para lo cual es necesario que el Estado esté configurado no sólo como un Estado de derecho sino como un Estado democrático, lo cual sólo es posible si el mismo asegura efectivamente el control del ejercicio del poder. Sin dicho control, el derecho administrativo no pasa de ser un derecho del Poder Ejecutivo o de la Administración Pública, montado sobre un desequilibrio o desbalance, en el cual las prerrogativas y poderes de la Administración pudieran predominar en el contenido de su regulación.

## V

Pero para que el equilibrio se logre y sea efectivo, es evidente que no bastan las declaraciones formales en las Constituciones, ni que el derecho administrativo se haya llegado a constitucionalizar efectivamente, como ha ocurrido por ejemplo en Colombia y Venezuela. Las Cons-

11 Véase en *Revista de Derecho Público*, N° 82, Editorial Jurídica Venezolana, Caracas 2000, p. 214

12 Véase Eduardo García de Enterría, *La lucha contra las inmunidades de poder en el derecho administrativo*, Madrid 1983.

13 Véase Fernando Garrido Falla, "Sobre el derecho administrativo", en *Revista de Administración Pública*, N° 7, Instituto de Estudios Políticos, Madrid, 1952, p. 223

14 Véase Marcel Waline, *Droit administratif*, París, 1963, p. 4.

tituciones de nuestros dos países son ejemplos de dicho proceso, estando incluso imbuidas del mencionado postulado del equilibrio en la relación Administración-administrados, dando cabida a un conjunto de previsiones para asegurarlo, regulando la actuación de la Administración y protegiendo en paralelo los derechos e intereses de las personas, pero sin el sacrificio o menosprecio de los intereses particulares, a pesar de la prevalencia de los intereses generales o colectivos. En ellas incluso se insertan normas tan espectaculares como la que declara, en Colombia, al principio de la buena fe como principio fundamental, a cuyos postulados deben ceñirse "las actuaciones de los particulares y de las autoridades públicas," debiendo siempre presumírsela "en todas las gestiones que aquéllos adelanten ante éstas" (art. 83); y al principio de la libertad frente a la Administración (art. 84), que en materia de la actividad económica y la iniciativa privada se las declara como "libres, dentro de los límites del bien común", agregándose que "para su ejecución nadie podrá exigir permisos previos ni requisitos, sin autorización de ley" (art. 333).

La Constitución de Venezuela, por su lado, también está imbuida del mismo postulado del equilibrio en la relación Administración-administrado, destacándose por ejemplo la norma que al regular a la Administración Pública, declara que la misma "está al servicio de los ciudadanos, y se fundamenta en los principios de honestidad, participación, celeridad, eficacia, eficiencia, transparencia, rendición de cuenta y responsabilidad en el ejercicio de la función pública, con sometimiento pleno a la ley y al derecho" (art. 141); garantizándose igualmente a aquellos, el debido proceso, no sólo en las actuaciones judiciales sino en los procedimientos administrativos (art. 49). La Constitución también garantiza a los ciudadanos el derecho a ser informados oportuna y verazmente por la Administración Pública sobre el estado de las actuaciones en que estén directamente interesados, y a conocer las resoluciones definitivas que se adopten sobre el particular; e igualmente garantiza a los ciudadanos el acceso a los archivos y registros administrativos, sin perjuicio de los "límites aceptables dentro de una sociedad democrática" (Art. 143). Y además garantiza además, que los funcionarios públicos "están al servicio del Estado y no de parcialidad alguna", incluso disponiendo que "su nombramiento o remoción no podrán estar determinados por la afiliación u orientación política" (Art. 145). Finalmente la Constitución constitucionalizó a la jurisdicción contencioso administrativa, regulando incluso expresamente el control respecto del vicio de la "desviación de poder" (art. 295).

## VI

Pero es evidente que sea cual fuere la forma de redacción de la Constitución sobre la noción del Estado democrático de derecho y la extensión del proceso de constitucionalización del derecho administrativo, ello no es suficiente para que el equilibrio entre el poder del Estado y los derechos ciudadanos sea efectivo.

Es en realidad la práctica política del gobierno la que pondrá de manifiesto si un Estado conformado constitucionalmente como un Estado de derecho, realmente se conduce como tal en su funcionamiento y actuación, y si el derecho administrativo aplicado al mismo obedece o no efectivamente a parámetros democráticos. Basta estudiar el caso venezolano para constatar que el "Estado democrático y social de derecho y de justicia" y descentralizado tal como lo definen los artículos 2 y 4 de la Constitución, en la práctica política del gobierno autoritario que se apoderó de la República desde 1999,[15] no es tal, es decir, no es un Estado democrático, no es un Estado social, no es un Estado de derecho, no es un Estado de Justicia y no es un Estado descentralizado; y más bien es un Estado Totalitario que además de haber empobrecido aún más al país, no está realmente sometido al derecho, cuyas normas se ignoran y desprecian, o se mutan o amoldan a discreción por los gobernantes; todos los poderes están concentrados en el Ejecutivo, que han aniquilado a la democracia, han pervertido la participación y han concentrado todos los medios de comunicación; no está sometido a control judicial alguno, por la sumisión del Poder Judicial al Poder Ejecutivo; de todo lo cual se puede caracterizar más bien como un "Estado de la injusticia," todo lo cual afecta tremendamente al derecho administra-

15 Véase Allan R. Brewer-Carías, *Authoritarian Government vs. The Rule of Law, Lectures and Essays (1999-2014) on the Venezuelan Authoritarian Regime Established in Contempt of the Constitution*, Fundación de Derecho Público, Editorial Jurídica Venezolana, Caracas 2014.

tivo. En el mismo, además, el Juez Constitucional controlado ha sido el instrumento más letal para afianzar el autoritarismo.[16]

Y es que si algo es definitivo en esta perspectiva, es que el derecho administrativo no es, ni puede ser independiente de la actuación del gobierno, sea que del mismo resulte en un modelo político de Estado autoritario o de Estado democrático. Y para identificar dicho modelo por supuesto no podemos acudir a etiquetas o a definiciones constitucionales, sino a la práctica política del gobierno.

Un Estado autoritario será el resultado de la actuación de un gobierno autoritario, y en el mismo, lejos de haber un equilibrio entre los poderes de la Administración y los derechos de los particulares, lo que existe es más bien un marcado desequilibrio a favor del régimen de la Administración, con pocas posibilidades de garantía de los derechos de los particulares frente a su actividad.

En cambio, el equilibrio antes mencionado sólo tiene posibilidad de pleno desarrollo en Estados con gobiernos democráticos, donde la supremacía constitucional esté asegurada, la separación y distribución del Poder sea el principio medular de la organización del Estrado, donde el ejercicio del Poder Público pueda ser efectivamente controlado judicialmente y por los otros medios dispuestos en la Constitución, y donde los derechos de los ciudadanos sean garantizados por un Poder Judicial independiente y autónomo. Nada de ello se encuentra en los Estados con un régimen de gobierno autoritario, así sus gobernantes hayan podido haber sido electos, y se arropen con el lenguaje a veces florido de los textos constitucionales.

## VII

De todo lo anterior resulta evidente que cuando se habla de Estado democrático de derecho, y en el mismo, del derecho administrativo como derecho de la democracia, ésta tiene que existir real y efectivamente y no sólo en el papel de las Constituciones y de las leyes, sino en la práctica de la acción del gobierno que origine un sistema político en el cual además de todos los derechos y garantías constitucionales generalmente conocidos (políticos, individuales, sociales, económicos, culturales, ambientales), se garantice efectivamente el derecho ciudadano a la Constitución y a su supremacía constitucional, es decir el derecho ciudadano a la propia democracia,[17] y el derecho de poder ejercer el control sobre las actividades gubernamentales, que hasta cierto punto son tan políticos como los clásicos derechos al sufragio, al desempeño de cargos públicos, a asociarse en partidos políticos y, más recientemente, el derecho a la participación política.

Estos derechos que son nuevos sólo en su enunciado, derivan de la comprensión cabal de lo que significa un régimen democrático, que sólo es aquél donde concurren una serie de *elementos esenciales* que por lo demás se enumeran en la *Carta Democrática Interamericana* de 2001, y que son los derechos: 1) al respeto a los derechos humanos y las libertades fundamentales; 2) al acceso al poder y su ejercicio con sujeción al Estado de derecho; 3) a la celebración de elecciones periódicas, libres, justas y basadas en el sufragio universal y secreto, como expresión de la soberanía del pueblo; 4) al régimen plural de partidos y organizaciones políticas y 5) a la separación e independencia de los poderes públicos (art. 3).

No hay ni puede haber democracia si el ciudadano no tiene garantizado su derecho político a la efectividad de esos elementos esenciales, que es lo que permite en definitiva distinguir un Estado democrático de derecho de un Estado de régimen autoritario. En este, a pesar de todas sus etiquetas constitucionales, esos derechos o elementos esenciales no pueden ser garantizados, por la ausencia de controles al ejercicio del poder, aún cuando pueda tratarse de Estados en los cuales los gobiernos puedan haber tenido su origen en algún ejercicio electoral.

16 Véase Allan R. Brewer-Carías, "El juez constitucional al servicio del autoritarismo y la ilegítima mutación de la Constitución: el caso de la Sala Constitucional del Tribunal Supremo de Justicia de Venezuela (1999-2009)", en *Revista de Administración Pública*, N° 180, Madrid 2009, pp. 383-418.

17 Véase Allan R. Brewer–Carías, "Prólogo: Sobre el derecho a la democracia y el control del poder", al libro de Asdrúbal Aguiar, *El derecho a la democracia. La democracia en el derecho y la jurisprudencia interamericanos. La libertad de expresión, piedra angular de la democracia*, Editorial Jurídica Venezolana, Caracas 2008, pp. 19 ss.

Entre todos esos derechos políticos a la democracia, está por supuesto, el derecho a la separación de poderes, que implica el derecho a ejercer el control del poder. Ello además, es lo que permite que se puedan materializar otros derechos políticos del ciudadano en una sociedad democrática, identificados en la misma Carta Democrática Interamericana como *componentes fundamentales* de la democracia, como son los derechos a: 1) la transparencia de las actividades gubernamentales; 2) la probidad y la responsabilidad de los gobiernos en la gestión pública; 3) el respeto de los derechos sociales; 4) el respeto de la libertad de expresión y de prensa; 5) la subordinación constitucional de todas las instituciones del Estado a la autoridad civil legalmente constituida y 6) el respeto al Estado de derecho de todas las entidades y sectores de la sociedad (art. 4).

## VIII

Entre esos derechos se destaca el derecho a la separación de poderes, materializado en el derecho al control del poder, que es el fundamento del propio derecho administrativo en una sociedad democrática, pues es precisamente el elemento fundamental para garantizar el necesario equilibro mencionado entre los poderes y prerrogativas de la Administración del Estado y los derechos ciudadanos.

Para ello, por supuesto la condición esencial es que los poderes sean efectivamente autónomos e independientes, para lo cual, de nuevo, no bastan las declaraciones constitucionales y ni siquiera la sola existencia de elecciones, siendo demasiadas las experiencias en el mundo contemporáneo de toda suerte de tiranos que usaron el voto popular para acceder al poder, y que luego, mediante su ejercicio incontrolado, desmantelar la democracia y desarrollar gobiernos autoritarios, contrarios al pueblo, que acabaron con la propia democracia y con todos sus elementos,[18] comenzando por el irrespeto a los derechos humanos. Situación que por lo demás ha sido la de Venezuela, donde se ha arraigado un gobierno autoritario partiendo de elementos que se insertaron en la misma Constitución de 1999.[19]

En ella, en efecto, a pesar de establecerse una peta división del poder público en Legislativo, Ejecutivo, Judicial, Ciudadano y Electoral, se dispuso el germen de la concentración del poder en manos de la Asamblea Nacional y, consecuencialmente, del Poder Ejecutivo que la controla políticamente, con lo cual, progresivamente, los otros Poderes Públicos, y particularmente el Poder Judicial[20], el Poder Ciudadano y el Poder Electoral[21] han quedado sometidos a la voluntad del Ejecutivo. Por ello en noviembre de 1999, aún antes de que la Constitución se sometiera a referendo aprobatorio, advertí que si la Constitución se aprobaba, ello iba a implicar la implantación en Venezuela, de:

---

18 Véase Allan R. Brewer-Carías, *Dismantling Democracy. The Chávez Authoritarian Experiment*, Cambridge University Press, New York 2010.

19 Véase los comentarios críticos a la semilla autoritaria en la Constitución de 1999, en Allan R. Brewer–Carías, *Debate Constituyente (Aportes a la Asamblea Nacional Constituyente), Tomo III (18 octubre–30 noviembre 1999),* Fundación de Derecho Público–Editorial Jurídica Venezolana, Caracas, 1999, pp. 311–340; "Reflexiones críticas sobre la Constitución de Venezuela de 1999," en el libro de Diego Valadés, Miguel Carbonell (Coordinadores), *Constitucionalismo Iberoamericano del Siglo XXI*, Cámara de Diputados. LVII Legislatura, Universidad Nacional Autónoma de México, México 2000, pp. 171–193; en *Revista de Derecho Público*, N° 81, Editorial Jurídica Venezolana, Caracas, enero–marzo 2000, pp. 7–21; en *Revista Facultad de Derecho, Derechos y Valores*, Volumen III N° 5, Universidad Militar Nueva Granada, Santafé de Bogotá, D.C., Colombia, Julio 2000, pp. 9–26; y en el libro *La Constitución de 1999*, Biblioteca de la Academia de Ciencias Políticas y Sociales, Serie Eventos 14, Caracas, 2000, pp. 63–88.

20 Véase Allan R. Brewer–Carías, "La progresiva y sistemática demolición de la autonomía en independencia del Poder Judicial en Venezuela (1999–2004)", en *XXX Jornadas J.M Domínguez Escovar, Estado de derecho, Administración de justicia y derechos humanos,* Instituto de Estudios Jurídicos del Estado Lara, Barquisimeto, 2005, pp. 33–174; y "La justicia sometida al poder [La ausencia de independencia y autonomía de los jueces en Venezuela por la interminable emergencia del Poder Judicial (1999–2006)]" en *Cuestiones Internacionales. Anuario Jurídico Villanueva 2007*, Centro Universitario Villanueva, Marcial Pons, Madrid, 2007, pp. 25–57.

21 Véase Allan R. Brewer–Carías, "El secuestro del Poder Electoral y la confiscación del derecho a la participación política mediante el referendo revocatorio presidencial: Venezuela 2000–2004,", en *Boletín Mexicano de Derecho Comparado*, Instituto de Investigaciones Jurídicas, Universidad Nacional Autónoma de México, N° 112. México, enero–abril 2005 pp. 11–73; *La Sala Constitucional versus el Estado Democrático de Derecho. El secuestro del poder electoral y de la Sala Electoral del Tribunal Supremo y la confiscación del derecho a la participación política*, Los Libros de El Nacional, Colección Ares, Caracas, 2004, 172 pp.

"un esquema institucional concebido para el autoritarismo derivado de la combinación del centralismo del Estado, el presidencialismo exacerbado, la democracia de partidos, la concentración de poder en la Asamblea y el militarismo, que constituye el elemento central diseñado para la organización del poder del Estado."[22].

Ha sido todo este sistema de ausencia de autonomía y de independencia de los poderes del Estado respecto del Ejecutivo Nacional, lo que ha eliminado toda posibilidad real de asegurar un equilibrio entre el poder de la Administración del Estado y los derechos ciudadanos, siendo difícil por tanto poder identificar a la Administración Pública como entidad al servicio de estos, los cuales lamentablemente ahora sólo pueden entrar en relación con la misma en dos formas: por una parte, los que son privilegiados del poder, como consecuencia de la pertenencia política al régimen o a su partido único, con todas las prebendas y parcialidades de parte de los funcionarios; y por otra parte, los que como marginados del poder acuden a la Administración por necesidad ciudadana, a rogar las más elementales actuaciones públicas, como es por ejemplo solicitar autorizaciones, licencias, permisos o habilitaciones, las cuales no siempre son atendidas y más bien tratadas como si lo que se estuviera requiriendo fueran favores y no derechos o el cumplimiento de obligaciones públicas. En ambas situaciones, lamentablemente, el equilibrio entre poderes del Estado y derechos ciudadanos de los administrados ha desaparecido, sin que existan elementos de control para restablecerlo: se privilegia y se margina, como producto de una discriminación política antes nunca vista, sin posibilidad alguna de control.

En ese marco, el derecho administrativo formalmente concebido para la democracia, en la práctica pasó a ser un instrumento más del autoritarismo, habiendo incluso la jurisdicción contencioso administrativo cesado de ser el instrumento para asegurar el control jurisdiccional de la Administración y de sus actuaciones administrativas. Ello, en particular, se evidenció abiertamente desde 2003 con la lamentable destitución *in limine* de los magistrados de la Corte Primera de lo Contencioso Administrativa con ocasión de un proceso contencioso administrativo de nulidad y amparo iniciado el 17 de julio de 2003 a solicitud de la Federación Médica Venezolana en contra los actos del Alcalde Metropolitano de Caracas, del Ministro de Salud y del Colegio de Médicos del Distrito Metropolitano de Caracas, por la contratación indiscriminada de médicos extranjeros no licenciados para ejercer la medicina en el país; todo en violación de la Ley de Ejercicio de la Medicina, para atender el desarrollo de un importante programa asistencial de salud en los barrios de Caracas.

En ese caso, la Federación Médica Venezolana consideró que la actuación pública era discriminatoria y violatoria de los derechos de los médicos venezolanos (derecho al trabajo, entre otros) a ejercer su profesión médica, al permitir a médicos extranjeros ejercerla sin cumplir con las condiciones establecidas en la Ley. Por ello la federación intentó la acción de nulidad y amparo, en representación de los derechos colectivos de los médicos venezolanos, solicitando su protección.[23] Un mes después, el 21 de agosto de 2003, la Corte Primera dictó una medida cautelar de amparo considerando que había suficientes elementos en el caso que hacían presumir la violación del derecho a la igualdad ante la ley de los médicos venezolanos, ordenando la suspensión temporal del programa de contratación de médicos cubanos, y ordenando al Colegio de Médicos del Distrito metropolitano sustituir los médicos cubanos ya contratados sin licencia por médicos venezolanos o médicos extranjeros con licencia para ejercer la profesión en Venezuela.[24]

La respuesta gubernamental a esta decisión preliminar de carácter cautelar, que tocaba un programa social muy sensible para el gobierno, fue el anuncio público del Ministro de Salud, del Alcalde metropolitano y del propio Presidente de la República en el sentido de que la me-

22 Documento de 30 de noviembre de 1999. *V.* en Allan R. Brewer–Carías, *Debate Constituyente (Aportes a la Asamblea Nacional Constituyente)*, Tomo III, Fundación de Derecho Público, Editorial Jurídica Venezolana, Caracas, 1999, p. 339.

23 Véase Claudia Nikken, "El caso "Barrio Adentro": La Corte Primera de lo Contencioso Administrativo ante la Sala Constitucional del Tribunal Supremo de Justicia o el avocamiento como medio de amparo de derechos e intereses colectivos y difusos," en *Revista de Derecho Público*, N° 93-96, Editorial Jurídica Venezolana, Caracas, 2003, pp. 5 ss.

24 Véase la decisión de 21 de agosto de 2003 en *Revista de Derecho Público*, N° 93-96, Editorial Jurídica Venezolana, Caracas, 2003, pp. 445 ss.

dida cautelar dictada no iba a ser acatada en forma alguna;[25] anuncios que fueron seguidos de varias decisiones gubernamentales:

La Sala Constitucional del Tribunal Supremo de Justicia, controlada por el Ejecutivo, adoptó la decisión de avocarse al caso decidido por la Corte Primera de lo Contencioso Administrativo, y usurpando competencias en la materia, declaró la nulidad del amparo cautelar decidido por esta. A ello siguió que un grupo de agentes de la policía política (DISIP) allanó la sede de la Corte Primera, después de detener a un escribiente o alguacil de la misma por motivos fútiles; el Presidente de la República, entre otras expresiones usadas, se refirió al Presidente de la Corte Primera como "un bandido;"[26] y unas semanas después, la Comisión Especial Judicial del Tribunal Supremo de Justicia, sin fundamento legal alguno, destituyó a los cinco magistrados de la Corte Primera, la cual fue intervenida.[27] A pesar de la protesta de los Colegios de Abogados del país e incluso de la Comisión Internacional de Juristas;[28] el hecho es que la Corte Primera permaneció cerrada sin jueces por más de diez meses,[29] tiempo durante el cual simplemente no hubo justicia contencioso administrativa en el país.

Esa fue la respuesta gubernamental a un amparo cautelar dictado por el juez contencioso administrativo competente respecto de un programa gubernamental sensible; respuesta que fue dada y ejecutada a través de órganos judiciales controlados políticamente. Ello, por supuesto, lamentablemente significó no sólo que los jueces que fueron luego nombrados para reemplazar a los destituidos comenzaron a entender cómo debían comportarse en el futuro frente al poder; sino que condujo a la abstención progresiva de todo control contencioso administrativa de las acciones gubernamentales. La Jurisdicción contencioso administrativa en Venezuela, de raigambre y jerarquía constitucional, simplemente hoy no existe en la práctica.

Y para que quedara claro, la demanda que intentaron los jueces contencioso administrativo destituidos ante la Comisión Interamericana de Derechos Humanos por violación a sus garantías constitucionales judiciales, a pesar de que fue decidida por la Corte Interamericana de Derechos Humanos, en 2008, condenando al Estado,[30] de nada sirvió sino para que la Sala Constitucional del Tribunal Supremo, en sentencia N° 1.939 de 12 de diciembre de 2008,[31] citando como precedente una sentencia del Tribunal Superior Militar del Perú de 2002, declarara la sentencia del tribunal internacional como "inejecutable" en Venezuela, solicitando al Ejecutivo que denunciara la Convención Americana de Derechos Humanos que supuestamente había usurpado los poderes del Tribunal Supremo, lo que el Ejecutivo cumplió cabalmente en 2011.

Este caso emblemático, por supuesto, contrasta con las previsiones de la Constitución de 1999, en la cual se encuentra una de las declaraciones de derechos más completas de América Latina, y sobre su protección por medio de la acción de amparo, así como previsiones expresas sobre la Jurisdicción Constitucional y la Jurisdicción Contencioso Administrativa difícilmente contenidas con tanto detalle en otros textos constitucionales.[32] Ello, por otra parte, lo que muestra es que para que exista control de la actuación del Estado no bastan declaraciones formales en la Constitución, sino que es indispensable que el Poder Judicial sea autónomo e indepen-

25 El Presidente de la República dijo: "*Váyanse con su decisión no sé para donde, la cumplirán ustedes en su casa si quieren…*", en el programa de TV *Aló Presidente*, nº 161, 24 de Agosto de 2003.

26 Discurso público, 20 septiembre de 2003.

27 Véase la información en *El Nacional*, Caracas, Noviembre 5, 2003, p. A2. En la misma página el Presidente destituido de la Corte Primera dijo: "*La justicia venezolana vive un momento tenebroso, pues el tribunal que constituye un último resquicio de esperanza ha sido clausurado*".

28 Véase en *El Nacional*, Caracas, Octubre 12, 2003, p. A–5; y *El Nacional*, Caracas, Noviembre 18,2004, p. A–6.

29 Véase en *El Nacional*, Caracas, Octubre 24, 2003, p. A–2; y *El Nacional*, Caracas, Julio 16, 2004, p. A–6.

30 Véase sentencia de la Corte Interamericana de 5 de agosto de 2008, Caso *Apitz Barbera y otros ("Corte Primera de lo Contencioso Administrativo") vs. Venezuela,* Excepción Preliminar, Fondo, Reparaciones y Costas, Serie C N° 182, en www.corteidh.or.cr

31 Véase sentencia de la Sala Constitucional, sentencia No 1.939 de 18 de diciembre de 2008 (Caso *Abogados Gustavo Álvarez Arias y otros*), en http://www.tsj.gov.ve/decisiones/scon/Diciembre/1939-181208-2008-08-1572.html

32 Véase Allan R. Brewer-Carías, **"Sobre la justicia constitucional y la justicia contencioso administrativo. A 35 años del inicio de la configuración de los procesos y procedimientos constitucionales y contencioso administrativos (1976-2011),"** en *El contencioso administrativo y los procesos constitucionales* (Directores Allan R. Brewer Carías y Víctor Rafael Hernández Mendible), Colección Estudios Jurídicos N° 92, Editorial Jurídica Venezolana, Caracas, 2011, pp. 19-74.

diente, y esté fuera del alcance del Poder Ejecutivo. Al contrario, cuando el Poder Judicial está controlado por el Poder Ejecutivo, como lo muestra el caso citado, las declaraciones constitucionales de derechos se convierten en letra muerta, y el derecho administrativo no puede servir para garantizar ningún equilibrio entre poderes del Estado y derechos ciudadanos, convirtiéndose solo en un instrumento más del autoritarismo.

## IX

De todo lo anterior resulta, por tanto, que para que exista democracia como régimen político en un Estado constitucional y democrático de derecho, y para que exista un derecho administrativo que garantice el equilibrio entre el oder del Estado y los derechos ciudadanos, no son suficientes las declaraciones contenidas en los textos constitucionales que por ejemplo, como es el caso en Venezuela, hablen y regulen el derecho al sufragio y la participación política; la división o separación horizontal del Poder Público, y su distribución vertical o territorial del poder público, de manera que los diversos poderes del Estado puedan limitarse mutuamente; así como tampoco bastan las declaraciones que se refieran a la posibilidad de los ciudadanos de controlar el poder del Estado, mediante elecciones libres y justas que garanticen la alternabilidad republicana; mediante un sistema de partidos que permita el libre juego del pluralismo democrático; mediante la libre manifestación y expresión del pensamiento y de la información que movilice la opinión pública; o mediante el ejercicio de recursos judiciales ante jueces independientes que permitan asegurar la vigencia de los derechos humanos y el sometimiento del Estado al derecho.

Tampoco bastan las declaraciones constitucionales sobre la "democracia participativa y protagónica" o la descentralización del Estado; así como tampoco la declaración extensa de derechos humanos. Tampoco es suficiente que se haya producido un completo proceso de constitucionalización del derecho administrativo, insertando en la Constitución todos sus principios más esenciales.

Además de todas esas declaraciones, es necesaria que haya un gobierno democrático y que la práctica política democrática asegure efectivamente la posibilidad de controlar el poder, como única forma de garantizar la vigencia del Estado de derecho, y el ejercicio real de los derechos humanos; y que el derecho administrativo pueda consolidarse como un régimen jurídico de la Administración que disponga el equilibrio entre los poderes del Estado y los derechos de los administrados.

Lamentablemente, en Venezuela, después de las cuatro décadas de práctica democrática que vivió el país entre 1959 y 1999, durante estos últimos tres lustros, a partir de 1999 hasta la fecha, en fraude continuo a la Constitución efectuado por el Legislador y por el Tribunal Supremo de Justicia, guiados por el Poder Ejecutivo, a pesar de las excelentes normas constitucionales que están insertas en el Texto fundamental derivadas del proceso de constitucionalización del derecho administrativo, se ha venido estructurando un Estado Totalitario en contra de las mismas, que ha aniquilado toda posibilidad real de control del ejercicio del poder y, en definitiva, el derecho mismo de los ciudadanos a la democracia.[33]

Y con ello, toda posibilidad de que el derecho administrativo sea ese derecho que asegure el equilibrio entre los poderes del Estado y los derechos ciudadanos que el Estado democrático de derecho exige convirtiéndose en un derecho administrativo al servicio exclusivo de la Administración y de los funcionarios, donde no hay campo para reclamo o control, sino sólo para el acatamiento sin discusión.

En ese marco, por tanto, de nada vale el proceso de constitucionalización del derecho administrativo, que en la práctica es letra muerta, todo lo cual nos evidencia precisamente la importancia del modelo político en la conformación de nuestra disciplina.

San José, 16 de marzo de 2015.

33 Véase Allan R. Brewer-Carías, *Estado Totalitario y desprecio a la Ley. La desconstitucionalización, desjuridificación, desjudicialización y des democratización de Venezuela*, Editorial Jurídica Venezolana, Caracas 2015.

# SEGUNDA PARTE
# DERECHO CONSTITUCIONAL

## VIII

## DEMOCRACIA Y DESCENTRALIZACIÓN POLÍTICA

## (2001)

**Texto ampliado de la conferencia sobre *Democracia y descentralización* en la Mesa sobre Las insuficiencias de la democracia y los retos presentes, Instituto Interamericano de Derechos Humanos, San José, Costa Rica, 15 de marzo de 2001.**

### INTRODUCCIÓN

La descentralización política del Estado contemporáneo es, ante todo, como lo indica el calificativo, un proceso de carácter político que implica y exige la distribución territorial del Poder Público, entre entidades políticas dotadas de autonomía y gobierno propio.

Responde, así, a uno de los grandes aportes al constitucionalismo moderno tanto de la Revolución norteamericana iniciada en 1776, como de la Revolución francesa iniciada en 1789; y que fue el principio de la distribución vertical o territorial del Poder Público. Ello caracterizó la formación de los Estados Unidos de Norteamérica como Estado Federal, producto directo de la autonomía y del asambleísmo que caracterizó la formación de las Colonias norteamericanas[1]; y también caracterizó al Municipalismo, consecuencia directa de la abolición de cartas y privilegios locales a raíz de la Revolución en Francia, imponiéndose el principio de la erección al rango de municipalidad de toda "villa, burgo, parroquia o comunidad campesina" que sembró de 44.000 comunas el territorio francés[2].

Dos siglos después, aquellos inventos del constitucionalismo moderno, el federalismo y el municipalismo, son los que de nuevo, están condicionando la organización política de los Estados contemporáneos occidentales.

La distribución territorial del Poder, por tanto, en el mundo contemporáneo democráticos se ha desarrollado, invariablemente, en dos niveles: un nivel territorial intermedio, de Estados en las Federaciones o de Regiones o Departamentos políticos autónomos en los viejos Estados Unitarios; y un nivel territorial inferior, local, de municipalidades autónomas, en todo el territorio de los Estados.

Este fenómeno de la distribución territorial del Poder, en esos dos niveles, sin embargo, tiene ahora una motivación concreta; es el producto o la consecuencia directa de la necesidad de perfeccionar el sistema democrático, para hacerlo más participativo, de manera que llegue al ciudadano y a sus organizaciones primarias. Para ello no hay otra fórmula que no sea acercarles el Poder, ponerlo cerca del hombre y de sus organizaciones comunales, lo cual exige su distribución territorial.

En el momento actual, por tanto, no se trata de la sola necesidad, obvia por lo demás, de que la actuación del Estado nacional centralizado tenga que llegar a toda la geografía de un país, cuya

---

1 Véase, en general, Allan R. Brewer-Carías, *Reflexiones sobre la Revolución Americana (1776) y la Revolución Francesa (1789) y sus aportes al Constitucionalismo Moderno*, EJV, Caracas, 1992.

2 *Ídem*, p. 204 y ss.

búsqueda fue lo que caracterizó la política de las actuaciones públicas en los Estados europeos hasta la segunda mitad del Siglo pasado, y que dio origen a los esquemas de planificación regional, de ordenación del territorio y de regionalización económico-administrativa, que no dejaron nunca de ser actuaciones nacionales en el territorio, y que tanta influencia tuvieron en todo el mundo[3].

Ahora se trata de un proceso político que exige y está exigiendo que el Poder Público se distribuya y que, incluso, competencias del Poder Nacional se transfieran a nuevos centros de poder, configurados como entidades político-territoriales nuevas, en las regiones o departamentos; o viejas, en los clásicos Estados "federados" de las Federaciones. Además, la descentralización como fenómeno básicamente político, que responde a la necesidad de búsqueda de más acentuados niveles de autonomía en las sociedades modernas, incluso se ha expresado en algunos países, como Colombia, en el reconocimiento de autonomías político-territoriales distintas a las clásicas del Estado contemporáneo, como ha sucedido con los territorios indígenas.

Estas entidades político territoriales federales o regionales y municipales, por supuesto, y eso es lo que caracteriza el proceso contemporáneo, tienen que tener gobiernos democráticos; de lo contrario, no tendría sentido la fragmentación del Poder que exige la descentralización.

En definitiva, la descentralización, como proceso político contemporáneo, es un producto de la democratización política, al punto de que sin democracia como régimen político, no cabe hablar ni es posible la descentralización política. Por ello, no hay ni puede haber autocracias descentralizadas. En éstas, lo que puede haber son mecanismos de descentralización funcional del Poder Nacional, incluso de carácter territorial (Corporaciones nacionales de desarrollo regional), pero no de transferencia de poderes a entidades político territoriales autónomas, que son incompatibles con las autocracias. Por ello, la descentralización política es rechazada por los sistemas políticos montados sobre esquemas de concentración del poder propios de los "nuevos" autoritarismos seudo democráticos que comienzan a aparecer en América Latina, como sucedió recientemente en el Perú y como sucede actualmente en Venezuela.

La democratización política, al contrario, en los países occidentales con democracias consolidadas, lo que muestra es un proceso inverso, de desparramamiento del Poder Público en el territorio, en la forma de Estados Federales, de Estados Regionales o de Estados Unitarios Descentralizados, con autonomías político-territoriales intermedias y con la municipalización de todo el territorio.

## I.- LA DESCENTRALIZACIÓN POLÍTICA EN EL MUNDO CONTEMPORÁNEO

### 1. *La universalización del fenómeno*

En la actualidad, independientemente de la forma del Estado que se haya adoptado históricamente, puede decirse que en el mundo occidental democrático, el Estado contemporáneo es un Estado descentralizado o en vías de descentralización; es decir, un Estado en el cual las fuerzas centrífugas en la distribución territorial del Poder Público, están más activas que las fuerzas centrípetas[4].

Después del proceso de consolidación definitiva del Estado Nacional Centralizado hasta la Segunda Guerra Mundial, la consolidación y perfeccionamiento de la democracia en la segunda mitad del siglo pasado, puede decirse que ha estado presionando tanto sobre los viejos Estados Unitarios como sobre las viejas Federaciones centralizadas, provocando o forzando por una efectiva distribución del Poder Público en el territorio.

Así, los viejos Estados Unitarios han venido evolucionando progresivamente dando paso en su seno a instancias o niveles político-territoriales intermedios, con el carácter de regiones políticas, con autoridades propias electas y autonomía que, en algunos casos, como medio de distribución vertical del Poder Público, van más allá y han sido más efectivas que el esquema ideal del Estado Federal.

---

3 Véase, en general, Allan R. Brewer-Carías, «Regionalization in Economic Matters in Comparative Law» en *Rapports Généraux au IX Congrés International de Droit Comparé, Teheran 1974,* Bruxelles 1977, pp. 669-696

4 Véase Allan R. Brewer-Carías, "El proceso de descentralización política en América Latina: La perspectiva Federal" en *Revista Iberoamericana de Administración Pública,* N° 1, INAP, Madrid, 1998, pp. 69 a 96.

Los Estados Federales, por su parte, cada uno con su modalidad centralizante, si algo los caracteriza actualmente, es la tendencia a profundizar el federalismo para llenar de contenido el esquema de distribución del poder que teóricamente pueden permitir.

En esta forma, los Estados Unitarios y las Federaciones se han venido descentralizando, de manera que en la actualidad, como hemos señalado, resulta inútil la vieja y clásica división bipartita entre Estado Unitario y Estado Federal, la cual no sirve para calificar la forma real del Estado contemporáneo, caracterizado por adopción de nuevas formas de descentralización política. De allí, incluso, la nueva denominación de Estado Regional que se ha acuñado particularmente en Europa, para calificar la descentralización política de los viejos Estados Unitarios[5], en algunos casos, incluso, constitucionalmente configurados como "Estados Unitarios Descentralizados" (Colombia).

Pero por supuesto, hablar de descentralización política del Estado contemporáneo exige adaptar el esquema de distribución del Poder que exista en cada Estado a las exigencias de la democratización contemporánea, para que efectivamente sea una forma de distribución vertical del Poder. Ello exige, en todo caso, el refuerzo de los niveles intermedios del Poder, por lo que el proceso de descentralización política en la actualidad no puede reducirse al solo municipalismo o refuerzo del Poder Municipal, sino al fortalecimiento o creación de esos niveles intermedios.

La descentralización política, por tanto, implica por una parte la municipalización, pero además, la creación de niveles intermedios de gobierno que permitan realmente acercar el Municipio al ciudadano.

### 2.- *La descentralización política como proceso de la Municipalización*

En efecto, los Municipios, las Municipalidades, las Comunas, o en general, los gobiernos locales, siempre han existido en la organización de los Estados; son tan viejos como los Estados mismos; han coexistido con las autocracias; y han funcionado independientemente del régimen político imperante.

En una forma u otra, los municipios, comunas o gobiernos locales siempre han gozado de autonomía, aún cuando no siempre han sido gobernados por representantes electos ni han sido realmente parte de la distribución territorial del Poder. El municipalismo, sin duda, es parte del proceso de descentralización política, lo que en muchos casos ha implicado redotar de autonomía a los viejos Municipios o Comunas, eliminando el control de tutela que sobre ellos ejercía el Poder Central. Un claro ejemplo de ello en el constitucionalismo contemporáneo, fue la Ley de Libertad de las Comunas sancionada en Francia a comienzos de la década de los ochenta del siglo pasado, como parte importante de las reformas iniciadas por el Presidente Mitterand.

Pero sin embargo, para que el Municipio sea la escuela de la libertad y de la democracia, como lo descubrió Alexis de Tocqueville cuando ilustró a Europa sobre *La Democracia en América,* por sobre todo tiene que estar cerca del ciudadano. Un Municipio lejos de las comunidades y vecindades, como es en general el Municipio en nuestros países latinoamericanos, materialmente no sirve para nada, ni para la participación política ni para la gestión eficiente de los asuntos locales.

Acaso nos hemos preguntado, ¿por qué, realmente, las democracias consolidadas de Occidente son tales democracias, donde la participación del ciudadano en la gestión de los intereses locales forma parte de la cotidianidad de la vida democrática? Todas las democracias tienen ciclos electorales, donde se vota con regularidad y tienen sistemas institucionales que son propios del Estado de Derecho. Pero unos países son más democráticos que otros. Y la respuesta del por qué esto es así, está en la municipalización o, si se quiere, en la efectiva fragmentación de las instituciones locales.

Para darnos cuenta de ello, basta hacer algunas comparaciones. Venezuela, con casi un millón de kilómetros cuadrados de superficie, cerca de 24 millones de habitantes, tiene sólo 336

5 Véase Allan R. Brewer-Carías, "La Descentralización Territorial: Autonomía Territorial y Regionalización Político", en *Revista de Estudios de la Vida Local,* N° 218, Madrid 1983, pp. 209-232.

Municipios. Francia, en cambio, con la mitad de dicha superficie y 58 millones de habitantes, tiene 36.400 Municipios o Comunas; es decir, cien veces más. Pero lo importante no es el número de municipios de un país, sino la relación entre la autoridad local y el número de habitantes. En tanto que en Venezuela es de 66.000 habitantes por Municipio, en Francia, en cambio es de 1.593 habitantes por Municipio, es decir, cuarenta veces menos.

Cualquier revisión de esta relación que se haga en los países democráticos, da cifras sorprendentes, sobre todo cuando las comparamos con las nuestras en América Latina. España tiene 8.027 Municipios con un promedio de población de 4.817 habitantes; en Bélgica hay 2.590 Municipios, con una población media de 3.600 habitantes; en un Estado tan pequeño como Luxemburgo hay 118 Municipios, con una población promedio de 2.700 habitantes. Los 8.086 Municipios de Italia tienen un promedio de 7.049 habitantes. En Suiza hay 3.079 Municipios con un promedio de población de 2.319; y en Alemania hay 16.098 Municipios con un promedio de población de 5.094.

En Europa continental, además, debe destacarse que los Municipios de menos de 2000 habitantes representan un porcentaje elevadísimo en relación con los muy poblados por ejemplo, el 40% en Italia y el 89% en Francia.

En nuestro continente Americano, a pesar de tener territorios casi iguales de casi 10 millones de kilómetros cuadrados, pero con densidad de población muy disímil, en Canadá hay 5.000 Municipios, con 6.000 habitantes de promedio, pero en los EEUU hay 39.000 Municipios, con igual promedio de 6.744 habitantes por Municipio.

En contraste, en nuestros países de América Latina el panorama es diferente: en Brasil, por ejemplo, hay 5.000 Municipios con un promedio de 31.800 habitantes; en Colombia hay 1.033 Municipios, con un promedio de 35.818 habitantes. En cambio, en Argentina hay 600 Municipios con 58.333 habitantes, y como dijimos, en Venezuela hay sólo 338 Municipios con 66.667 habitantes por Municipio.

Ahora bien, la clave de la democracia de participación está, precisamente, en acercar el Poder al ciudadano, para que pueda efectivamente participar. Por ello, en nuestros países, mientras la autoridad local está tan alejada del ciudadano, no llegaremos a ser efectiva y cotidianamente democráticos.

La gran reforma democrática en nuestros países, por tanto, está en la Municipalización, pero sin uniformismo, pues no podemos multiplicar al gran Municipio burocratizado de las áreas urbanas y trasladarlo a las rurales. La diferenciación de regímenes municipales es una de las primeras necesidades de la vida local.

En todo caso, mientras más se municipalice un país, y se transfieran poder y competencias propias de la vida local a las pequeñas organizaciones primarias autogestionadas, más necesaria entonces será la estructuración de poderes descentralizados a niveles intermedios entre el Poder Central y el Municipio. Hay una relación directa y paralela entre la descentralización local y la descentralización nacional a niveles intermedios.

Por ello, la descentralización política que está signando al Estado contemporáneo en este comienzo del siglo XXI, no puede, en ningún caso, reducirse al sólo municipalismo; sino además, con un la autonomización de nuevos niveles territoriales intermedios de carácter regional o con el reforzamiento de los viejos niveles territoriales de las Federaciones centralizadas. En tal sentido, por ejemplo, el proceso de descentralización fundado en la sola municipalización de actividades, como es el caso de Chile, no puede identificarse con el proceso de descentralización política generalizado del mundo contemporáneo, caracterizado además de por el reforzamiento de las autonomías municipales, básicamente, por la estructuración o reforzamiento de niveles políticos territoriales intermedios entre el Estado Nacional y los gobiernos locales, que en las Federaciones son los Estados federados.

Lo cierto, en todo caso, es que la descentralización o transferencia territorial del Poder enfocado sólo hacia los Municipios, subestimando los niveles territoriales intermedios, puede provocar y de hecho ha provocado frustración en relación a las expectativas del proceso, centrado en mayor participación democrática y mayor eficiencia en la gestión pública. No en vano, tanto en Europa como en Latinoamérica, una de las banderas preferidas de las autocracias ha sido, necesariamente, un supuesto respaldo y reforzamiento del Poder Municipal; y en las Federaciones, uno de los instrumentos más utilizados para minimizar el poder de los Estados federados, ha sido el sólo reforzamiento del Poder Municipal.

### 3.- *La indispensable necesidad de estructurar gobiernos democráticos en los niveles intermedios producto de la descentralización política*

Ahora bien, los niveles territoriales intermedios que caracterizan el proceso de descentralización contemporánea, como se dijo, ante todo tienen que ser niveles políticos de gobierno, configurado por autoridades y representantes electos de carácter democrático. En las Federaciones, sin duda, ello implica la elección directa y popular de los Gobernadores de los Estados federados y de sus Asambleas Legislativas. Por eso la Federación venezolana sólo comenzó a ser totalmente democrática, a partir de 1989, cuando por primera vez en el siglo XX se comenzaron a elegir los Gobernadores de Estado[6].

En todo caso, nada tiene que ver con el proceso de descentralización política, el establecimiento de las regiones administrativas basadas en la creación de Corporaciones nacionales de desarrollo para cada región, incluso buscando crear Consejos Regionales de Gobernadores, como sucedió en Venezuela en los años setenta[7], o sucede con los denominados "Gobiernos Regionales" en Chile, que si bien se han establecido en niveles intermedios del territorio, de gobiernos sólo tienen el nombre, pues en realidad no son más que delegaciones más o menos desconcentradas del gobierno nacional en las regiones, y que recuerdan el proceso de regionalización económica y administrativa ensayado en muchos países en la década de los sesenta y de los setenta, inspirados en la experiencia de Francia. Ese proceso de regionalización económica y administrativa, en realidad, fue y es una manifestación más del centralismo.

También es el supuesto de la inejecución del artículo 197 de la Constitución Política del Perú de 1993 que disponen que las "Regiones tienen autonomía política, económica y administrativa en los asuntos de su competencia", la Disposición Transitoria Décimo Tercera de dicha Constitución dispuso que mientras se constituyeran las Regiones, se consolidaban unos Consejos Transitorios de Administración Regional. Sin embargo, la Ley Marco de Descentralización (Ley Nº 26.922 de 02-02-98), a pesar de haber montado el proceso de regionalización en el ámbito territorial de los Departamentos, no ejecutó la Constitución y refrendó los Consejos Transitorios de Administración Regional como "organismos públicos descentralizados del Ministerio de la Presidencia" atribuyendo la designación de las autoridades de los mismos al Presidente del Consejo de Ministro y al Ministro de la Presidencia, con lo cual se afectó el derecho ciudadano a la elección de las autoridades regionales, y se despojó a la regionalización de las características de la descentralización política.

En todo caso, si bien lo que caracteriza al proceso de descentralización política contemporáneo, es la estructuración de niveles político territoriales intermedios de gobierno electos popularmente en la organización del Estado, no existen ni pueden existir reglas o recetas uniformes aplicables a todos los países. Cada país, cada territorio, tiene su configuración regional que ha contribuido a su organización política peculiar, y ello ha de tomarse en cuenta para emprender cualquier iniciativa descentralizadora.

### 4.- *La descentralización política como fenómeno del mundo contemporáneo*

En todo caso, nuestros países de América Latina, muchos inmersos ahora en procesos de descentralización, no están descubriendo nada nuevo. En realidad, están experimentando la misma crisis derivada de la consolidación de la democracia por la que han pasado todos los Estados occidentales después de la Segunda Guerra Mundial.

6 Véase *Informe sobre la Descentralización en Venezuela 1993, Memoria del Dr. Allan R. Brewer-Carías, Ministro de Estado para la Descentralización,* Caracas 1994.

7 Véase Allan R. Brewer-Carías y Norma Izquierdo Corser, *Estudios sobre la Regionalización en Venezuela,* Caracas 1977.

En efecto, puede decirse que si el proceso de descentralización política es el signo más característico de las transformaciones del Estado en nuestros días, ello es producto precisamente de la democratización contemporánea; es, en definitiva, el fruto más destacado del afianzamiento de la democracia en todos los países occidentales.

La madurez política de las sociedades democráticas, por otra parte, ha provocado una toma creciente de conciencia sobre la necesidad de la participación política como derecho, no sólo indirectamente a través de representantes electos, sino directamente, mediante iniciativas, consultas populares, y otros mecanismos. Ese derecho a la "participación política", sólo se puede concretar, precisamente, a partir de los niveles locales e intermedios del Estado, producto de la descentralización del poder, donde se suelen afectar más inmediatamente los intereses ciudadanos. Hablar de democracia participativa como se está pregonando en América Latina por algunos liderazgos autoritarios sin una política de descentralización del Poder es simplemente, un contrasentido.

Puede decirse que en todos los países Europeos, como consecuencia de la reimplantación y desarrollo de la democracia, para asegurar su sobrevivencia y establecer canales de participación política, ha seguido un proceso de descentralización política. Eso sucedió con los viejos Estados Unitarios que sobre la base de estructurar regiones políticas, se han venido organizando territorialmente en forma descentralizada, dando incluso, origen a una nueva forma de Estado, la del Estado Regional, en algunos casos, incluso, más descentralizado que las viejas Federaciones. Así ha sucedido con España, al surgir como país democrático después del franquismo, como un Estado de Comunidades Autónomas; y con las Regiones Políticas que se han establecido en Italia, Francia, Bélgica y Portugal, por ejemplo. La reforma constitucional en Inglaterra, también ha conducido a la creación o reaparición de parlamentos regionales, como en Escocia y Gales, mediante la *devolution* o descentralización política, que ha formado parte importante de la política del Primer Ministro Blair. En cuanto a las viejas Federaciones, estas han sido recompuestas o reforzadas redistribuyéndose el Poder hacia los Estados miembros o cantones, como ha sucedido en Alemania o Suiza. Lo mismo puede decirse del federalismo norteamericano o canadiense y, en general, de las nuevas fórmulas de distribución del Poder Público en las federaciones. De ello resulta, por supuesto, que el proceso de descentralización política no puede identificarse con el solo federalismo. En la actualidad, como indicamos, hay Estados Unitarios descentralizados como España y Colombia, que incluso son relativamente más descentralizados políticamente, que muchas viejas Federaciones, como Venezuela y otras de América Latina, ahora en proceso de descentralizarse[8].

En todo caso, lo importante a destacar aquí es que este proceso de descentralización que está llevándose a cabo, en una u otra forma, en todos los países de América Latina, también está condicionado y es producto de la democratización generalizada de nuestros países, como consecuencia del afianzamiento del régimen democrático y, además, como condición necesaria para que perdure y sobreviva.

El debate sobre la descentralización en América Latina por ello, en definitiva, es un debate sobre la democracia y sobre el fin de más de un siglo de centralismo, que si bien contribuyó a la consolidación de los Estados Nacionales y a la implantación de la propia democracia por los partidos organizados bajo el esquema del centralismo democrático, hoy es el principal elemento que está conspirando contra la propia democracia y que impide la efectividad de las tareas del sector público.

## II.- LA DESCENTRALIZACIÓN COMO PIEZA ESENCIAL DE LA REFORMA DEL ESTADO CONTEMPORÁNEO

### 1.- *La descentralización política como programa prioritario de la reforma del Estado con las exigencias de privatización y desregulación*

Sin duda, puede decirse que además de la crisis de la democracia, ha sido el Estado omnipresente, planificador, regulador, de control, de fomento, de servicios públicos y empresario, que se consolidó después de la Segunda Guerra Mundial el que también ha entrado en crisis.

8 Véase en general Allan R. Brewer-Carías, "La Descentralización Territorial: Autonomía Territorial y Regionalización Política", *loc. cit.*

Por ello el clamor por la Reforma del Estado que en las últimas cuatro décadas ha tocado a todos los Estados contemporáneos, la cual precisamente ha sido provocada por esas crisis que han afectado a todos los Estados tradicionales, recargados de tareas y actividades, al margen y sobrepuesto a la sociedad civil, sin participación o con participación marginal de la misma en el manejo de los asuntos públicos; inmersos en toda suerte de regulaciones y controles que progresivamente se han convertido en fines en sí mismos, manejados por una burocracia cada vez más separada de la sociedad con burócratas de doble personalidad y discurso que han aniquilado las iniciativas privadas; y sobrecargados de empresas de todo tipo y de tal magnitud y extensión que han provocado el olvido o marginamiento de los servicios públicos y funciones más elementales de toda organización política como son la justicia, la seguridad personal, la salud, la educación y la provisión de infraestructura[9].

En algunos casos, incluso, por la peculiar situación económica de algunos países como Venezuela, la crisis ha afectado profundamente al Estado distribuidor de la riqueza propia proveniente del ingreso petrolero, que todo lo proveía, dejando al descubierto, cuando este disminuyó por la caída de los precios del petróleo, que ni siquiera el Estado había sido redistribuidor de riqueza alguna, pues nadie materialmente contribuía vía impuestos, con el ingreso fiscal, que sólo provenía de la explotación de un bien del dominio público como era el petróleo. La crisis es de tal magnitud, que en ese caso, el Estado tiene que comenzar por el principio de toda organización política, que es crear la conciencia y el estatus del ciudadano contribuyente, en sustitución del habitante becado o subsidiado por el Estado.

La descentralización política, como proceso contemporáneo, por tanto, es una pieza esencial de la reforma del Estado –más motivada por las exigencias de la democratización que por la necesidad de lograr mayor efectividad y eficiencia del Estado en los asuntos públicos–, que por lo demás, está acompañada actualmente de otras piezas básicas como son la privatización y la desregulación o desburocratización. Se trata de tres políticas independientes, con motivaciones diferentes pero de carácter coincidente en las últimas décadas: la primera, la descentralización, como consecuencia y exigencia de la democratización de las sociedades contemporáneas; la segunda, la privatización, como consecuencia de la crisis del Estado empresario e interventor en todos los aspectos de la vida económica y social, y como exigencia de la redefinición de sus tareas y funciones esenciales y específicas; y la tercera, la desregulación o desburocratización, como consecuencia del fracaso del sector público por atender directamente todas las demandas sociales y como exigencia de liberación de las iniciativas privadas.

### 2.- *La descentralización política como instrumento para el fortalecimiento del Estado Nacional*

Todos estos procesos políticos que en líneas generales caracterizan el proceso de reforma del Estado, al contrario de lo que pareciera a primera vista, lejos de significar un debilitamiento del Estado, tienden a su reforzamiento, deslastrándolo de tareas y funciones que no le corresponden ni tiene que asumir, y permitiendo, al contrario, que pueda ocuparse de lo que sí le corresponde efectivamente.

En particular, el Estado, al desarrollar una política de descentralización, transfiriendo poder y competencias hacia niveles intermedios de gobierno territorial y las que corresponda, hacia los gobiernos locales, lejos de debilitarse, se fortalece, no sólo porque puede concentrar su actividad como Estado Nacional, a lo que tiene que ser verdaderamente de ese nivel nacional, sino porque pueden cumplirse las tareas públicas que le son propias, más eficientemente y con más presencia, en los niveles intermedios y locales de gobierno. Un Estado Nacional sobrecargado y sobrepasado en sus posibilidades, lejos de debilitarse con la descentralización política, logra su fortalecimiento al poder reconducir sus esfuerzos a atender los asuntos nacionales y poder prestar más eficientemente los servicios y tareas esenciales mediante su transferencia a los niveles político territoriales intermedios o locales.

9 Véase en general Allan R. Brewer-Carías, "Los problemas de la Administración Pública y la capacidad de acción del Estado en América Latina", en Manfred Molds y Josef Thesing (de), *El Estado en América Latina* CIEDLA, Buenos Aires, pp. 175-248.

Pero por supuesto, el fortalecimiento del Estado como consecuencia de la descentralización política, no tiene que entenderse como un proceso en el cual se persiga necesariamente retener todo el Poder en el Estado, en perjuicio de la sociedad civil. Por ello, junto con la descentralización del Poder hacia niveles políticos intermedios y locales, la democratización del Poder y del Estado también implica la transferencia de determinados roles y funciones a la sociedad civil.

### 3.- *La distribución territorial de competencias públicas*

La descentralización política, como hemos dicho, como proceso de reforma del Estado, implica la necesaria distribución vertical del Poder Público, mediante la transferencia de competencias de los niveles centrales nacionales o federales de gobierno hacia los niveles intermedios de la organización político territorial e, incluso, hacia los niveles municipales. En este sentido es que también es una pieza esencial de la reforma del Estado.

Sin embargo, y ello es evidente, en los procesos de distribución vertical del poder, incluso cuando como en los sistemas federales se establecen cláusulas residuales de competencias a favor de los Estados Federados, no todas las competencias públicas pueden o deben descentralizarse. Por supuesto, en los sistemas federales, en la lucha entre las fuerzas centrífugas y las fuerzas centrípetas, estas han encontrado cláusulas constitucionales que han contrarrestado la cláusula residual, para concentrar en el nivel federal-nacional determinados poderes, como sucedió con la cláusula de comercio y la teoría de los poderes implícitos en los Estados Unidos de América. Con nombres parecidos, en todas las federaciones, sobre todo en materias económicas, determinadas cláusulas han llevado a la supremacía de los niveles federales siempre basado en poderes implícitos o que, como dice la Constitución de Venezuela, por "su índole o naturaleza"[10] tienen que ser conducidas a nivel nacional-federal.

En todo caso, aún con la correcta depuración de la a veces excesiva concentración de poder a nivel nacional o federal, y aún bajo el principio del carácter residual de las competencias de los niveles político territoriales inferiores, lo cierto es que no todo es descentralizable en la organización territorial del Estado.

En la determinación del ámbito de la descentralización, por supuesto, ninguna lista o receta universal puede formularse; sin embargo, en la situación actual de los países de América Latina, por ejemplo, agobiados como están por una inmensa deuda externa y enfrascados en un proceso de apertura económica de mercado y privatización, es evidente que todo lo que concierne o afecte la política macro-económica tiene y debe permanecer a nivel nacional o federal. En cambio, la descentralización de todas las competencias o actividades que no tienen que ser nacionales tiene por objeto, precisamente, que el Estado nacional pueda asumir la conducción política del mismo, incluso en los aspectos de la política macro-económica.

En este sentido, por ejemplo, en los países de América Latina se ha planteado el problema de la posibilidad y alcance del endeudamiento de las entidades descentralizadas, siendo la conclusión, que esa política, en ningún caso debería ser decidida descentralizadamente, por lo que el endeudamiento por parte de las entidades políticas descentralizadas debe ser limitado y sólo autorizado nacionalmente, pues de lo contrario, por sus efectos nocivos, incontrolados y dispersos, podría conspirar contra la propia descentralización. Es evidente que la política de descentralización, como toda política pública, tiene en sí misma semillas que son contrarias a la misma, por lo que tienen que tomarse previsiones para asegurar que no sea "autodestructiva". Una de esas previsiones es, precisamente, la limitación del endeudamiento local sobre todo cuando aún no se ha producido en muchos países, una autonomía tributaria efectiva de los entes regionales y locales.

### 4.- *La descentralización política y los recursos financieros y tributarios*

La descentralización política, como se señaló, por sobre todo, es una política de distribución vertical del Poder Público, que implica transferencia de competencias y atribuciones que se han concentrado en el nivel central nacional o federal de gobierno, hacia los niveles interme-

10 Artículo 156, ord. 33, Constitución de 1999.

dios de gobierno, incluso hacia los Municipios. Es, por tanto, una política centrada en la transferencia de poderes, competencias, atribuciones y facultades y con ello, de medios para el cumplimiento de tales actividades o funciones, como son los recursos financieros, el personal y los bienes afectados a su ejecución. En particular, los recursos financieros, que nunca son suficientes en las políticas públicas, si bien son importantes, no pueden ser el único objetivo de la descentralización, pues en definitiva, se trata de medios y no de un fin en sí mismo de dicha política.

En contraste, no hay que olvidar que muchos planteamientos descentralizadores provenientes de los niveles intermedios de gobierno territorial se han centrado, más en la necesidad de más recursos que en la sustancia de las competencias a ser transferidas, haciendo énfasis en que lo que necesitan son más recursos y menos problemas. De allí la inconveniencia de definir una política de descentralización basada en un porcentaje atado y progresivo de transferencia de recursos presupuestarios, por ejemplo, el llamado en Venezuela "Situado Constitucional"[11], hacia los Estados, sin atender a las competencias efectivamente transferidas; lo que, además, constituye una atadura presupuestaria a veces incompatible con los ajustes macro económicos, por la rigidez de los apartados presupuestarios.

Ello ha provocado, en muchos casos, un desdoblamiento del gasto público, pues muchas transferencias de recursos no conllevan transferencias de funciones y tareas, que no llegan a salir de los niveles nacionales de gobierno. Así, la descentralización de recursos, lejos de disminuir el gasto público, lo ha aumentado, por la no disminución del volumen del gasto nacional. Por ello, como una pieza esencial del proceso de distribución vertical del poder que conlleva la descentralización política, debe hacerse énfasis en la descentralización de cometidos y funciones estatales, de manera que la descentralización de recursos se haga en función de aquellos. Así se configuró en sus inicios, por ejemplo, el Fondo Intergubernamental para la Descentralización en Venezuela a comienzos de la década de los noventa.

En todo caso, un proceso de descentralización política exige, por sobre todo, como parte de la distribución vertical del poder, la distribución territorial del poder tributario, particularmente atribuyendo a los niveles político-territoriales intermedios poder tributario originario, de manera que los órganos representativos de la región del Estado federado sean los que voten los impuestos correspondientes.

Un proceso de descentralización política no puede avanzar efectivamente en un esquema financiero de paternalismo de parte del Estado Nacional, y de dependencia financiera respecto de éste, de las entidades políticas intermedias y locales. Por ello, la descentralización política no puede fundarse en sólo transferencias de recursos financieros nacionales hacia las entidades territoriales descentralizadas, sino que al contrario, exige el desarrollo de capacidad tributaria propia en esos niveles de manera que los gobiernos regionales y locales decidan democráticamente la carga impositiva requerida.

La descentralización del poder tributario exige, por supuesto, una reordenación del mismo de manera de compatibilizar los impuestos que necesariamente deben ser nacionales con los impuestos regionales y locales, tendiendo a localizar los impuestos al consumo en el nivel intermedio, y previendo fórmulas de compensación para regiones o territorios con menor desarrollo.

En todo caso, lo que debe descartarse como fórmula permanente de financiamiento a la descentralización del Poder Público, mediante la transferencia de competencias del nivel nacional de gobierno hacia los niveles intermedios y locales de gobierno, es la de los llamados Fondos Nacionales para la descentralización que, en el mediano plazo, lo que pueden es convertirse en instrumentos para acentuar al centralismo.

### *5.- El impacto de la descentralización en las relaciones de Poder*

Siendo la descentralización política, en esencia, un proceso de distribución vertical del Poder Público, en el mismo participan, además del Estado Nacional o Federal, los niveles polí-

11 Artículo 167,4, Constitución de 1999.

tico-territoriales intermedios o los Estados Federados y los Municipios, siendo cada uno titular de una rama del mismo Poder Público: el Poder Nacional o Federal, el Poder Estadal (en las Federaciones) o Regional, y el Poder Municipal.

La distribución territorial del Poder implica, entonces, un nuevo enfoque relativo a las necesarias e indispensables relaciones intergubernamentales, entre los distintos niveles del Poder Público, pues los mismos deben coparticipar en la conducción de los asuntos públicos. El asunto ya se ha planteado en la redistribución del poder en las Federaciones europeas, con las fórmulas de federalismo de cooperación, cooperativo, de colaboración o compartido; y en todo caso, exige superar todo esquema basado en la simple coordinación nacional que, fundamentalmente, es paternalista.

El problema de las relaciones entre diversos niveles territoriales de gobierno que coparticipan en el Poder Público, no es de simple coordinación, sino de mecanismos intergubernamentales. No es que el nivel nacional debe simplemente "coordinar" la acción de los entes territoriales menores, sino que debe coparticipar con estos en la conducción de los asuntos públicos, mediante relaciones intergubernamentales, que exigen nuevas fórmulas de cooperación, conciliación y de negociación.

En tal sentido, y volviendo a la fórmula de los Fondos Nacionales para la descentralización como esquema de financiamiento al proceso de transferencia de competencias, el manejo de los mismos, en todo caso, requeriría de fórmulas institucionales basadas en instancias de negociación intergubernamentales. De lo contrario, si son gerenciados nacionalmente con criterios de coordinación, el riesgo de convertirse en instrumentos para una mayor centralización es evidente.

Las fórmulas intergubernamentales, por supuesto, son más complicadas administrativamente hablando, pues requieren negociar y conciliar intereses distintos de varios niveles de gobierno. La tentación de caer en esquemas centralistas para decidir, partiendo de los solos criterios gerenciales para la toma de decisiones, por tanto, siempre estará presente y con ello la imposición de las prioridades nacionales sobre las regionales y locales.

## CONCLUSIÓN

De todo lo anteriormente señalado, puede concluirse señalando que la descentralización política, como proceso de distribución territorial del Poder, es un proceso de reforma del Estado provocada por las exigencias de la democratización que consiste en el perfeccionamiento de la forma del Estado, de manera que sea canal efectivo de esa distribución territorial del poder y de la participación ciudadana. Como lo indica el artículo 158 de la Constitución de 1999:

> *Art. 158.-* La descentralización, como política nacional, debe profundizar la democracia, acercando el poder a la población y creando mejores condiciones, tanto para el ejercicio de la democracia como para la preparación eficaz y eficiente de los cometidos estatales".

Por supuesto, como proceso político, la descentralización política es un proceso de lucha por el Poder. De allí el riesgo de la descentralización, que implica posibilidades de perdidas de áreas de poder en beneficio de las comunidades pero en perjuicio de los partidos centralizantes. En todo caso, sin embargo, la descentralización no puede dejarse a la conducción de las solas fuerzas centrífugas, sino que por sobre todo debe convertirse en una política nacional; pues el que se descentraliza es el Poder Nacional.

En efecto, es cierto que la verdadera descentralización política no se impone desde arriba, sino que se exige desde abajo y se negocia. Sin embargo, en Estados altamente centralizados, el proceso de descentralización del Poder no puede quedar a la deriva de las políticas del gobierno nacional de turno, ni de las solas exigencias políticas regionales y locales, sino que requiere de una voluntad y compromiso políticos del Estado Nacional por descentralizarse. Es decir, la política de descentralización tiene que ser una política nacional, enmarcada en las reformas políticas del Estado. No por azar, por ello, en las experiencias recientes de descentralización de Estados Unitarios, como la de España y Francia, el gobierno nacional asumió el compromiso como política nacional, entre otros aspectos, además de con la aprobación de las leyes nacionales necesarias para la transferencia de poderes, con la designación de miembros del gobierno con rango de Ministro, para conducir el proceso. Así sucedió a fines de los setenta, por ejemplo, con el nombramiento de un Ministro para la Administración Territorial y luego para las Administraciones Públicas en España, y a comienzos de los ochenta, con la designación del Ministro del Interior y de la Descentralización en Francia. Así sucedió también, en algunas Federaciones como en Venezuela donde en 1993 se designó un Ministro de Estado para la Descentralización como miembro del Gabinete Ejecutivo.

La descentralización política de un Estado, por otra parte, requiere de múltiples reformas institucionales y administrativas que exigen recomponer las Administraciones Públicas, lo cual sólo podría lograrse con el decidido apoyo del gobierno nacional.

Sin embargo, aún cuando el proceso de descentralización política requiera indispensablemente la formulación de una política nacional de descentralización de mediano y largo plazo –como toda reforma institucional–, y con apoyo sostenido del gobierno nacional, a toda costa debe montarse sobre mecanismos intergubernamentales de manera de hacer participar en el diseño e implementación del proceso a los diversos niveles territoriales de gobierno.

Si al contrario, esto no se logra, se corre el riesgo de una política formulada exclusivamente desde el centro, sin tener en cuenta las particularidades y diferencias entre las diversas entidades político-territoriales del nivel intermedio y locales, con el grave riesgo del uniformismo atrofiante y de la consecuente inoperancia. Así ha sucedido, por ejemplo, con muchas reformas municipales concebidas bajo la influencia de los problemas del gran municipio urbano, y que resultan totalmente inaplicables en los municipios rurales que, en general, son la mayoría en todo el mundo.

La descentralización política como proceso, por tanto, indispensablemente requiere de una política nacional con la que esté comprometido el Estado Nacional (Congreso y gobierno nacional); pero su diseño e implementación en ningún caso puede quedar en manos de los solos niveles nacionales, sino que requiere de instancias intergubernamentales de conciliación y negociación. Ello no es tarea fácil pues, en general, quienes han detentado todo el poder, –como ha sucedido en los Estados Unitarios y en los Estados Federales Centralizados–, no suelen estar dispuestos a compartirlo, como sucede en la actualidad con los partidos políticos centralizados que han manejado muchos de nuestros Estados Unitarios o Federales.

La descentralización política exige, por tanto, un cambio de mentalidad de manera que se entienda que en el Estado no sólo debe existir un sólo gobierno nacional, sino que el gobierno del Estado está conformado además de por el gobierno nacional, por el gobierno de los territorios intermedios (Estados federados) y por los gobiernos locales. Si esto no se entiende, lo que habrá será una caricatura de descentralización y el riesgo inminente de la pérdida de la democracia por ausencia de mecanismos de participación política, que sólo fórmulas descentralizadas pueden procurar.

# IX

# LOS ACTOS DE GOBIERNO, LA UNIVERSALIDAD DEL CONTROL JURISDICCIONAL DE CONSTITUCIONALIDAD, Y LOS PROBLEMAS DE LA POLITIZACIÓN DE LA JURISDICCIÓN CONSTITUCIONAL EN VENEZUELA

**(2012)**

**Texto ampliado de la conferencia dictada en el *Seminario de derecho comparado sobre separación de poderes del Estado y la "Political Questions Doctrine" en los Estados Unidos de América*, organizado por Sala Constitucional de la Corte Suprema de Justicia en cooperación con Duquesne University (Pittsburgh), San José, Costa Rica, 28 y 29 de marzo de 2012.**

## I.- LOS ACTOS DE GOBIERNO, LOS ACTOS POLÍTICOS, LAS POLITICAL QUESTIONS Y EL TEMA DE SU CONTROL JURISDICCIONAL

En el derecho constitucional europeo y latinoamericano, particularmente el desarrollado en la primera mitad del siglo pasado, se elaboró la doctrina del acto de gobierno o acto político para identificar una serie de actos estatales considerados como no justiciables, es decir, no sometidos a control judicial, y particularmente al control de la jurisdicción contencioso administrativa que era el único control judicial que existía en ausencia de algún sistema efectivo de control de constitucionalidad de los actos estatales.

Con dicha doctrina de los actos de gobierno *(acte de gouvernement)* o acto políticos *(atto politico o atto di potere politico)* se buscaba entonces identificar ciertos actos estatales del Poder Ejecutivo, considerados a veces erróneamente como actos administrativos, y que escapaban al control de la jurisdicción contencioso-administrativa.[1]

Con ese fin, en Francia se configuró una doctrina jurisprudencial que identificó dichos actos de gobierno basada en el llamado "móvil político"que havía causado los actos, criterio que por su imprecisión fue rápidamente abandonado,[2] conduciendo a la progresiva elaboración una "lista" de dichos actos del Poder Ejecutivo inmunes al control contencioso administrativo que comprendía los dictados en sus relaciones con otros Poderes Públicos, principalmente con el Legislador, que escapaban a todo control jurisdiccional.[3] De acuerdo con ello, la "lista" de los actos de gobierno se redujo a los actos del Ejecutivo en sus relaciones con el Parlamento y en sus relaciones internacionales; a ciertos actos ejecutivos derivados del ejercicio del poder de gracia; y a determinados actos ejecutivos de orden excepcional (urgencia, emergencia, estado de sitio) con sus secuelas en materia de orden público.

---

1 Para un estudio comparativo de la doctrina del acto de gobierno, en su concepción más tradicional, véase Julio A. Prat, "Contribución al estudio del acto de gobierno," en *Revista de la Facultad de Derecho .v Ciencias Sociales*, Año IX, N° 4. Montevideo 1958. pp. 815 a 871; y José Luis Carro y Fernández-Valmayor, "La doctrina del acto político," en *Revista de Administración Pública*, N° 53, Madrid 1967, pp. 73 a 130. Véase en general sobre el tema, Allan R. Brewer-Carías, "Comentarios sobre la doctrina del acto de gobierno, del acto político, del acto de Estado y de las cuestiones políticas como motivo de inmunidad jurisdiccional de los Estados en sus Tribunales nacionales," en *Revista de Derecho Público*, N° 26, Editorial Jurídica Venezolana, Caracas, abril-junio 1986, pp. 65-68.

2 Véase, por ejemplo, los artículos de Chapus, "L'acte de gouvernement, monstre ou victime," en *Cronique Dalloz*, rec. 15-1-1958, p. 2; Virally, "L'introuvable acte de gouvernement," en *Revue de Droit Public et de la Science Politique*, Paris 1952, p. 317.

3 Véase R. Capitant, "De la nature des actes de gouvernments," en *Etudes Juridiques offertes a Julliot de la Morandiere*, París 1964, pp. 99 ss.

La misma doctrina se siguió en Italia, con el llamado *atto político* pero con un origen distinto, basada no en la jurisprudencia sino en el derecho positivo, al disponerse en la Ley que estableció el Consejo de Estado a fines del siglo XIX y que reguló la jurisdicción contencioso-administrativa, la exclusión del recurso de nulidad contra los actos emanados del gobierno en el ejercicio del Poder político que, por tanto, adquirían una configuración distinta a los actos administrativos.[4] Ello condujo, igualmente a la elaboración jurisprudencial de una lista de actos excluidos de control que abarcó los actos dictados por el Ejecutivo en sus relaciones internacionales; en sus relaciones con el Parlamento; en ejercicio de una delegación legislativa, o en relación a la seguridad interior y exterior, con lo que se buscó dejarlos inmunes frente a una eventual acción de los particulares que pudiera paralizar sus efectos.[5]

En la misma orientación del sistema italiano, la doctrina del acto político se desarrolló en Portugal, donde igualmente en la Ley Orgánica del Supremo Tribunal Administrativo de 1956 se consideró explícitamente no susceptibles de recurso contencioso administrativo de anulación a "los actos de gobierno de contenido esencialmente político."[6]

Igualmente en España, en la Ley de la Jurisdicción Contencioso-Administrativa de 1956, en un esfuerzo mayor de precisión de esta doctrina, al excluir a los "actos políticos del Gobierno" del control de la jurisdicción contencioso-administrativa, se enumeraron como tales aquellos "que afecten a la defensa del territorio nacional, las relaciones internacionales, seguridad interior del Estado y mando y organización militar."[7]

En cuanto al sistema germánico, el tema de los actos de gobierno también se planteó, al discutirse la cláusula general de competencia de la jurisdicción contencioso-administrativa, y excluirse de la misma los actos de naturaleza política que tuvieran por objeto la salvaguarda de la seguridad y la existencia misma del Estado.[8]

En todos estos sistemas continentales, por tanto, se elaboró una noción de acto de gobierno apuntando a identificar actos del Poder Ejecutivo del Estado, sustancialmente distintos al acto administrativo o en otros casos, como una especie de éstos, pero con la característica común de que gozaban de inmunidad jurisdiccional, en el sentido de que los mismos no podían ser impugnados fundamentalmente ante la jurisdicción contencioso-administrativa. En ausencia de sistemas de control de constitucionalidad de los actos estatales, los que sólo se desarrollaron en la segunda mitad del siglo pasado, la esencia de la doctrina del acto de gobierno condujo a la no justiciabilidad de los mismos por la jurisdicción contencioso administrativa, como una especie de excepción al principio de legalidad. El, por supuesto, desde las últimas décadas del siglo pasado fue objeto de muchas críticas, todas tendientes a reducir su inmunidad jurisdiccional,[9] particularmente por el desarrollo en todos los países europeos de la jurisdicción constitucional atribuida a Tribunales o Cortes Constitucionales.

---

4 Véase sobre la definición del acto administrativo, Allan R. Brewer-Carías, "El problema de la definición del acto administrativo," en *Libro Homenaje al Doctor Eloy Lares Martínez*, Tomo I, Facultad de Ciencias Jurídicas y Políticas, Universidad Central de Venezuela, Caracas 1984, pp. 25-78.

5 Véase en particular Enrico Guicciardi, "L'Atto político," en *Archivio di diritto publico,* Vol. II, Padua 1937, pp. 265 a 486; Guglielmo Roehrssen, "L'atto di Potere Político e la Sua Sindi- cabilitá in sede Giudiziaria," en *Rivista de diritto públio,* Vol. I, 1936, pp. 557 a 588; y más recientemente el completo estudio de Cheli, *Atto político e funzione d'indirizzo político,* Milán 1961.

6 Véase Alfonso Rodríguez Queiro, "Actos de Governo e contencioso de anulaçao," en *Estudios en Homenaje al Profesor López Rodó,* Madrid 1972, Vol. II, pp. 101 ss.

7 Véase Aurelio Guaita, "Los actos políticos o de gobierno en el derecho español," en *Revista del Instituto de Derecho Comparado,* N° 4, 1955, pp. 74 ss.; L. Sánchez Agesta, "Concepto jurídico de acto político,"' en *Homenaje a Pérez Serrano,* Madrid 1959, Tomo I, pp. 183 ss.

8 Véase Apelt, "L'acte de gouvernement en France et en Allemagne," en *Livre jubilaire du Conseil d'Etat,* Paris, p. 647 ss.

9 Véase en general, Eduardo García de Enterría, *La lucha contra las inmunidades de poder* (Poderes discrecionales, poderes de gobierno, poderes normativos), Madrid 1979, pp. 50 ss.; Jacques Puisoye, "Pour une conception plus restrictive de la notion d'acte de gouvernement," en *L'Actualité Juridique,* N° 4, 20-4-1965, pp. 211. Algunos visionarios, sin embargo, como Gastón Jèze afirmaba, refiriéndose a la sustracción del control judicial de los actos de gobierno que "[…] a primera vista esta situación –que se halla en absoluta contradicción con las ideas modernas– parece un escándalo intolerable y uno se asombra de que haya existido hasta nuestros días. En verdad, es injustificable: es razón de Estado, es decir, la arbitrariedad, bajo el pretexto de oportunidad política […]." Véase Gastón Jèze. *Los Principios Generales del Derecho Administrativo.* Tomo I, Depalma, Buenos Aires, 1948, p. 413-416, citado en la sentencia N° 2208 de 28 de noviembre de 2007 (Caso *Antonio José Varela y Elaine Antonieta Calatrava Armas vs. Proyecto de Reforma de la Constitución de la República Bolivariana de Venezuela*), en *Revista de Derecho Público*, N° 112, Caracas 2007, pp. 601-606

La idea misma de la existencia de ciertos actos estatales que gozan de inmunidad jurisdiccional, también se desarrolló en los Estados Unidos de América con la doctrina de las *political questions* establecida por la jurisprudencia de la Suprema Corte de Justicia, para identificar algunos actos de órganos del Estado no susceptibles de control jurisdiccional. Estos casos han sido definidos como actos dictados por el Ejecutivo "en cumplimiento de funciones políticas, como son la conducción de las relaciones diplomáticas del país, la confección de tratados, el comando y reducción de las fuerzas armadas, así como las relaciones entre el Ejecutivo y el Legislativo."[10]

El tratamiento jurisprudencial de estos actos calificados como *political questions,* por supuesto, también dio origen a la elaboración de una lista,[11] en la cual se destacan los actos adoptados por el Ejecutivo que pueden tener repercusiones exteriores, que conllevan como la dijo la Suprema Corte en *Ware* v. *Hylton* (1796) "consideraciones de política, consideraciones de extrema magnitud, y ciertamente completamente fuera de la competencia para poder examinarlos y decidirlos por parte una corte de justicia."[12] Las decisiones relativas a las relaciones exteriores, por tanto, como lo dijo el Juez Jackson en *Chicago and Southern Air Lines* v. *Waterman Steamship Co.* (1948):

> "Están enteramente confinadas por nuestra constitución a los departamentos políticos del gobierno... Son decisiones de un tipo respecto del cual los órganos judiciales no tienen ni aptitud, ni facilidad ni responsabilidad y las cuales desde siempre se han considerado que pertenecen al dominio de los poderes políticos no sujetos a intrusión o examen judicial."[13]

Se destaca así, la célebre decisión *United State ex. reí Knauff* v. *Shaughnessy* (1950) en la cual la Corte Suprema sostuvo que la decisión del Poder Ejecutivo relativa a la expulsión de un extranjero no estaba sujeta a control jurisdiccional, pues se consideró que se trataba de un poder inherente al Poder Ejecutivo, por lo que no correspondía a Tribunal alguno –salvo autorización expresa de la ley– de anular tal decisión de la rama política del gobierno;"[14] y la decisión *Chicago and Southern Air Lines v. Waterman* (1949) en la cual la Corte Suprema confirmó la declinación de competencia de los tribunales en el conocimiento de actos de la *Civil Aeronautics Board* relativos a las licencias de aeronavegación, si éstas tenían efectos fuera de los Estados Unidos, pues ellos podían tener influencia sobre las relaciones exteriores de la Nación.[15]

Estos actos calificados como *political questions,* por supuesto, también han dado origen a una lista de actos, básicamente relacionados con el principio de separación de poderes y particularmente con las "relaciones entre el poder judicial y las ramas coordinadas del gobierno federal,"[16] entre los cuales se destacan aquellos actos adoptados por el Ejecutivo que pueden tener repercusiones exteriores,

Aún cuando desarrollada básicamente en el campo de las relaciones exteriores, la Suprema Corte ha considerado también ciertos materias relativas al gobierno de asuntos interiores como cuestiones políticas, y por tanto como no justiciables; como la decisión la de si un Estado debe tener la forma republicana de gobierno, lo que en el caso *Luther* v. *Borden* (1849) se consideró una "decisión vinculante respecto de cualquier otro departamento del gobierno, y no puede ser cuestionada ante un tribunal judicial."[17]

---

10 *Véase Goodnow, Droit Administranf des Etats Unis, p. 52.*

11 Véase la que indica Bernard Schwartz, *Le Droit Administratif Américain,* Paris 1952, p. 151.

12 *Ware v. Hylton,* 3 Dallas, 199 (1796)

13 *Chicago and Southern Air Lines v. Waterman Steamship Co.,* 333 US 103 (1948) p. 111.

14 Véase en Bernard Schwartz, *Le Droit Administratif Américain,* Paris 1952, p. 152

15 Véase en Bernard Schwartz, *Le Droit Administratif Américain,* Paris 1952, p. 152.

16 *Baker v. Carr,* 369 US 186 (1962). Véase el texto en David M. O'Brien, *Constitutional Law and Politics. Civil Rights and Civil Liberties,* Vol One, W.W.Norton &Co., New York, pp. 145-157. Véanse los comentarios en Erwin Chemerinsky, *Constitutional Law. Principles and Politics,* Aspen Publishers, New York, 2006, p. 131.

17 *Luther v. Borden,* 48 US (7 Howard), 1 (1849). Véanse los comentarios en Erwin Chemerinsky, *Constitutional Law. Principles and Politics,* Aspen Publishers, New York, 2006, p. 135

En todo caso, y aún cuando en la jurisprudencia del Supremo Tribunal se haya llegado a identificar una "lista" de las cuestiones políticas que la Corte ha considerado como no justiciables, la última responsabilidad en determinarlas le corresponde a la Suprema Corte. Como la misma Corte lo ha dicho en *Baker* v. *Carr* (1962):

> "Decidir si un asunto ha sido asignado en alguna medida por la Constitución a otra rama del gobierno, o si la acción de dicha rama excede cualquier autoridad que se le haya conferido, es en si misma una cuestión de ejercicio delicado en material de interpretación constitucional, y es la responsabilidad de esta Corte como intérprete último de la Constitución..."[18]

Del ejercicio de esta función ha resultado la elaboración de una "lista" de las cuestiones políticas que escapan al control judicial de la Suprema Corte, y que abarcan cuestiones como, por ejemplo, las relativas a la forma republicana de gobierno de un Estado;[19] al reconocimiento de estados y gobiernos extranjeros, y a las decisiones de establecer o terminar relaciones diplomáticas;[20] a las fechas de inicio y cesación de hostilidades militares;[21] a los procedimientos internos del Senado y de la Cámara de Representantes de los Estados Unidos (*interna corporis*);[22] a la determinación de la forma de celebración de los acuerdos internacionales (tratado, acuerdo ejecutivo, o legislación ordinaria);[23] a la terminación de tratados;[24] a la validez de las ratificaciones estatales de propuestas de reforma constitucional;[25] y al uso de un referéndum para dejar sin efecto un plan de rediseño de distritos parlamentarios aprobado por la legislatura estatal.[26]

Así como la doctrina del derecho continental de los actos de gobierno tuvo influencia en el desarrollo de los sistemas de control judicial en buena parte de los países de América latina, en el único país donde tuvo influencia la doctrina Norteamericana de las *political questions* es en Argentina, donde precisamente tuvo su mayor influencia el sistema Norteamericano del *judicial review*, es decir, el sistema de control de constitucionalidad exclusivamente difuso. Se desarrolló así en Argentina la doctrina de los "actos de gobierno" o de los "actos políticos" como actos exentos de control judicial de constitucionalidad por los jueces, incluyéndose entre los mismos: la declaración de estado de sitio; la declaración de la intervención federal de una provincial; la declaración de uso público a los efectos expropiatorios; la declaración de Guerra; la declaración de emergencia para aprobar ciertos impuestos; los actos relativos a las relaciones exteriores; el reconocimiento de nuevos estados extranjeros o nuevos gobiernos de estados extranjeros; y la expulsión de extranjeros; que se dictaban en general, en ejercicio de poderes políticos otorgados directa y exclusivamente en la Constitución.[27]

Como puede observarse de la doctrina continental del acto de gobierno o acto político, y de la doctrina norteamericana de las *political questions*, en todos esos supuestos, la base común radica en la identificación de ciertos actos estatales, sea que se los considere o no como actos administrativos, que gozan de inmunidad jurisdiccional en cuanto a que no están sometidos al control de los propios Tribunales del Estado, incluso, los contencioso-administrativos.

---

18 *Baker v. Carr*, 369 US 186 (1962).

19 *Ídem.*

20 *Goldwater v. Carter*, 444 U.S. 996 (1979). Véase el texto en David M. O'Brien, *Constitutional Law and Politics. Civil Rights and Civil Liberties*, Vol One, W.W.Norton &Co., New York, pp. 157-161

21 *Commercial Trust Co. v. Miller*, 262 U.S. 51 (1923).

22 *Powell v. McCormack*, 395 U.S. 486 (1969); *Nixon v. United States*, 506 U.S. 224 (1993).

23 *Dames & Moore v. Regan*, 453 U.S. 654 (1981).

24 *Goldwater v. Carter*, 444 U.S. 996 (1979). Véanse los comentarios en Erwin Chemerinsky, *Constitutional Law. Principles and Politics*, Aspen Publishers, New York, 2006, pp. 141, 142

25 *Coleman v. Miller*, 307 U.S. 433 (1939).

26 *Bush v. Gore*, 531 U.S. 98, 121 St.Ct. 525 (2000).

27 Véase A. E. Ghigliani, *Del control jurisdiccional de constitucionalidad*, Buenos Aires 1952, p. 85; H. Quiroga Lavie, *Derecho constitucional*, Buenos Aires 1978,., p. 482; Lozada, *Derecho Constitucional Argentino*, Buenos Aires 1972, Vol. I, p. 343..

## II.- LOS ACTOS DE GOBIERNO, SU DISTINCIÓN CON LOS ACTOS ADMINISTRATIVOS, Y EL PRINCIPIO DE LA UNIVERSALIDAD DEL CONTROL JURISDICCIONAL

En todo caso, como es sabido, fuera del caso Argentino, en el resto de los países latinoamericanos, aparte de la adopción en muchos de ellos desde el siglo XIX del mismo método difuso de control de constitucionalidad, durante la segunda mitad del siglo XX se desarrollaron sistemas de justicia constitucional mediante la adopción del método de control concentrado de la constitucionalidad, en algunas veces dando origen a sistemas exclusivamente concentrados a cargo de un tribunal constitucional, y en otros casos, a sistemas mixtos o integrales de control, pero en todo caso, donde el principio aplicable ha sido en general el de la universalidad del control judicial de la constitucionalidad que no admite actos estatales excluidos de control.[28] Ello condujo, en dichos países a la eliminación de la doctrina de los actos de gobierno como actos excluidos de control judicial, como sucedió en Venezuela al configurarse el sistema de justicia constitucional como un sistema mixto o integral[29] con una amplitud considerable,[30] conforme al cual ningún acto del Estado puede escapar del control jurisdiccional de la constitucionalidad y legalidad.

Sin embargo, antes de la consolidación de dichos sistemas de control, la doctrina de los actos de gobierno tuvo influencia en los países latinoamericanos, como sucedió incluso en Venezuela, donde hasta 1965 se aplicó para identificar actos ejecutivos que escapaban de control judicial. Así, en una sentencia, afortunadamente aislada de la antigua Corte Suprema de Justicia en Corte Plena de 29 de abril de 1965, en forma evidentemente contraria a la Constitución, se señaló que:

> "en lo relativo a los actos que el Presidente de la República está facultado para realizar en ejercicio de sus atribuciones constitucionales, un atento examen de las mismas conduce a la conclusión de que determinadas actuaciones presidenciales en cualquiera de los dos caracteres de Jefe del Ejecutivo Nacional o Jefe del Estado Venezolano asignados a aquél por el artículo 181 de la Constitución, están excluidos de control jurisdiccional de constitucionalidad en atención a que por su propia esencia son actos de índole *eminentemente política o actos de gobierno,* o de índole discrecional; situaciones en que no cabe aplicar a los motivos determinantes de la actuación el expresado control constitucional. Entre tales actos encuéntranse según el artículo 190 de la Constitución Nacional los siguientes: Fijar el contingente .de las Fuerzas Armadas Nacionales; convocar al Congreso a sesiones extraordinarias y reunir en Convención a algunos o a todos los gobernantes de la entidades federales."[31]

Esta decisión de la Corte, a pesar de que fue aislada, como lo dijimos hace décadas, abrió innecesariamente "una brecha inadmisible en el control jurisdiccional de la constitucionalidad

28 Véase para una aproximación comparada a los sistemas de justicia constitucional Allan R. Brewer-Carías, *Judicial Review in Comparative Law*, Cambridge University Press, Cambridge 1989; "La jurisdicción constitucional en América Latina," en Domingo García Belaúnde-Francisco Fernández Segado (Coordinadores), *La jurisdicción constitucional en Iberoamérica*, Dykinson S.L. (Madrid), Editorial Jurídica Venezolana (Caracas), Ediciones Jurídicas (Lima), Editorial Jurídica E. Esteva (Uruguay), Madrid 1997, pp. 117-161; "Ensayo de síntesis comparativa sobre el régimen del amparo en la legislación latinoamericana," en *Revista Iberoamericana de Derecho Procesal Constitucional,* N° 9 enero-junio 2008, Editorial Porrúa, Instituto Iberoamericano de Derecho Procesal Constitucional, México 2008, pp. 311-321

29 Véase *Allan R. Brewer-Carías, El sistema mixto o integral de control de la constitucionalidad en Colombia y Venezuela*, Universidad Externado de Colombia y Pontificia Universidad Javeriana, Bogotá 1995; "El sistema mixto o integral de control de la constitucionalidad en Colombia y Venezuela," en G. J. Bidart Campos y J. F. Palomino Manchego (Coordinadores*), Jurisdicción Militar y Constitución en Iberoamérica, Libro Homenaje a Domingo García Belaúnde*, Instituto Iberoamericano de Derecho Constitucional (Sección Peruana), Lima 1997, pp. 483-560 y en *Anuario de Derecho Constitucional Latinoamericano*, Fundación Konrad Adenauer, Medellín-Colombia 1996, pp. 163-246.

30 Véase *Allan R. Brewer-Carías, La justicia constitucional (Procesos y procedimientos constitucionales)*, Editorial Porrúa, Instituto Mexicano de Derecho procesal Constitucional, México 2007; *El sistema de justicia constitucional en la Constitución de 1999 (Comentarios sobre su desarrollo jurisprudencial y su explicación, a veces errada, en la Exposición de Motivos)*, Editorial Jurídica Venezolana, Caracas 2000; "La justicia constitucional en la Constitución venezolana de 1999," en *Derecho Procesal Constitucional*, Colegio de Secretarios de la Suprema Corte de Justicia de la Nación, A.C., Tomo III, Editorial Porrúa, México 2003, pp. 2091-2122.

31 Véase el texto en la edición de la Imprenta Nacional, Caracas 1965, pp. 9-11; y en Allan R. Brewer-Carías, *El control de la constitucionalidad de los actos estatales*, Editorial Jurídica Venezolana, Caracas it. pp. 110-111.

de los actos estatales,"[32] la cual ocurrió afortunadamente sin mayores consecuencias doctrinales ni judiciales, cerrándose desde hace años por la propia jurisprudencia misma de la Corte Suprema.

Como hemos dicho, la consolidación de los sistemas de justicia constitucional en América Latina en las últimas décadas, particularmente con la adopción del método de control concentrado de la constitucionalidad, en forma exclusiva o combinado con el control difuso, donde no se admite que haya actos excluidos de control, puede decirse que puso fin a la "doctrina" de los actos de gobierno para identificar actos ejecutivos supuestamente inmunes a control judicial. Al contrario, el desarrollo en paralelo de la Jurisdicción Constitucional y de la Jurisdicción Contencioso Administrativa, condujo al principio contrapuesto e la universalidad del control judicial.

Ello no significa, sin embargo, por ejemplo en Venezuela la eliminación de una "noción de acto de gobierno" con el objeto de diferenciar determinados actos del Ejecutivo, en particular, de los actos administrativos; pero no con el objeto de construir una "doctrina" para excluir esos actos de gobierno del control de la constitucionalidad que ejerce el Tribunal Supremo de Justicia (Sala Constitucional) como Jurisdicción Constitucional, sino para identificar, dentro de los actos del Ejecutivo aquellos que son dictados en ejecución directa de normas y atribuciones constitucionales, siguiendo, sin duda, criterios de la vieja doctrina europea,[33] a los efectos precisamente de precisar su control judicial por parte del Juez Constitucional.

Ello condujo a identificar en Venezuela a un tipo de acto estatal que por ser dictado en ejecución directa de la Constitución, sólo puede ser controlado jurisdiccionalmente por razones de inconstitucionalidad ante la Sala Constitucional del Tribunal Supremo de Justicia (art. 336.4 Constitución); lo que significa que la noción misma de acto de gobierno condicionada por el principio de la formación del derecho por grados,[34] y nada tiene que ver con una pretendida inmunidad jurisdiccional de los mismos.[35] Ello condujo además, a diferenciarlos de los actos administrativos como actos del Ejecutivo dictados en ejecución directa e inmediata de la legislación y sólo en ejecución indirecta y mediata de la Constitución. Es decir, ambos actos, como todos los actos estatales, son susceptibles de ser controlados judicialmente para verificar su conformidad con el derecho, correspondiendo el conocimiento de la impugnación de los mismos a Jurisdicciones distintas.[36] Así, de acuerdo con en el artículo 259 de la Constitución, la competencia para conocer de las acciones de nulidad por ilegalidad e inconstitucionalidad de los actos administrativos corresponde a la Jurisdicción Contencioso Administrativa, lo que repite el artículo 9.1 de la Ley Orgánica de la Jurisdicción Contencioso Administrativa de 2010;[37] y de acuerdo con la última parte del artículo 334 de la Constitución, corresponde exclusivamente a la Sala Constitucional del Tribunal Supremo de Justicia como Jurisdicción Constitucional, declarar la nulidad de las leyes y demás actos de los órganos que ejercen el Poder Público

---

32 Véase Allan R. Brewer-Carías, *El control de ¡a constitucionalidad...*, cit. p. 114.

33 Véase R. Carré de Malberg, *Contribution a la Théorie générale de l'Etat,* Vol. I, París 1920, pp. 523 ss.; Duguit, *Manuel de Droit Constitutional,* París 1918, pp. 110 ss.

34 Sobre el principio de la formación del derecho por grados (pirámide de Kelsen) véase Hans Kelsen, *Teoría General del Estado*, trad. Luis Legaz Lacambra, Editora Nacional, México, 1954, p. 325; Adolf Merkl, *Teoría General del Derecho Administrativo,* Madrid, 1935, pp. 7-62. Véase también H. Kelsen, "La garantie juridictionnelle de la Constitution (La Justice constitutionnelle)," en *Revue du droit public et de la science politique en France et a l'étranger,* París 1928, pp. 197-257; Allan R. Brewer-Carías, *Derecho Administrativo,* Tomo I, Ediciones de la Facultad de Derecho, Caracas, 1975, pp. 373 ss.; *Evolución Histórica del Estado,* Tomo VI *de Instituciones Políticas y Constitucionales*, Universidad Católica del Táchira, Editorial Jurídica Venezolana, Caracas, San Cristóbal 1996, pp. 107-117; *Los Principios fundamentales del derecho público (Constitucional y Administrativo)*, Editorial Jurídica venezolana, Caracas 2005, pp. 19 ss.

35 *Véase lo expresado en Allan R. Brewer-Carías, Las Instituciones Fundamentales del Derecho Administrativo y la Jurisprudencia Venezolana, Caracas 1964, pp. 323 a 326; y Allan R. Bre- wer-Carías, El control de la Constitucionalidad de los actos estatales, Caracas 1977, pp. 84 ss. y 108 ss.*

36 Véase en general Allan R. Brewer-Carías, y Víctor Herández Mendible (Directores), *El contencioso administrativo y los procesos constitucionales,* Colección Estudios Jurídicos N° 92, Editorial Jurídica Venezolana, Caracas 2011.

37 Véase la Ley Orgánica en *Gaceta Oficial* N° 39.451 de 22-6-2010. Véanse los comentarios en Allan R. Brewer-Carías, y Víctor Herández Mendible, *Ley Orgánica de la Jurisdicción Contencioso Administrativa*, Editorial Jurídica Venezolana, Caracas 2010.

dictados en ejecución directa e inmediata de esta Constitución, como son los actos de gobierno, o que tengan rango de ley, cuando colidan con aquella, lo que se repite en el artículo 336 de la Constitución y en el artículo 25 de la Ley Orgánica del Tribunal Supremo de Justicia de 2010.[38] Como lo ha afirmado la Sala Constitucional en 2007, la exclusividad atribuida a la Jurisdicción Constitucional esta referida:

> "a la nulidad de actos dictados en ejecución directa e inmediata de la Constitución, de lo cual emerge de forma indubitable, que el criterio acogido por el Constituyente para definir las competencias de la Sala Constitucional, atiende al rango de las actuaciones objeto de control, esto es, que dichas actuaciones tienen una relación directa con la Constitución que es el cuerpo normativo de más alta jerarquía dentro del ordenamiento jurídico en un Estado de Derecho contemporáneo."[39]

De acuerdo con estas normas, por tanto, los actos administrativos se impugnan ante la Jurisdicción Contencioso Administrativa por razones de ilegalidad e inconstitucionalidad; y los actos de gobierno se impugnan exclusivamente ante la jurisdicción constitucional por razones de inconstitucionalidad.

Lo anterior sobre la noción de actos de gobierno controlables por la Jurisdicción Constitucional, se precisó en una sentencia relativamente reciente de la Sala Constitucional del Tribunal Supremo de Justicia, N° 1368 dictada en 13 de agosto de 2008 (Caso: *Pedro Numa Salas Bustillos, Impugnación Decreto de Indulto*),[40] dictada con ocasión de conocer de la impugnación de un decreto presidencial de otorgamiento de un indulto, que había sido formulada veinticuatro años antes, en 1984, en la cual se precisó el tema de la universalidad del control judicial de la conformidad con el derecho de los actos estatales (constitucionalidad y legalidad), y la distinción entre los actos administrativos y los actos de gobierno, con referencias al principio de la separación de poderes; todo siguiendo los principios tradicionales de la jurisprudencia anterior configurada durante las décadas del régimen democrático de finales del siglo pasado.[41]

El caso que originó la sentencia fue el siguiente: en 1984, el Fiscal General de la República interpuso ante la Sala Político Administrativa de la antigua Corte Suprema de Justicia, conforme a sus competencias contencioso administrativas, una acción de nulidad por razones de inconstitucionalidad e ilegalidad contra un decreto presidencial (Decreto N° 2.387 del 29 de diciembre de 1983) mediante el cual se le había concedido indulto a un ciudadano (Pedro Numa Salas Bustillos); considerando que dicho Decreto presidencial "constituye un acto administrativo, que se encuentra viciado de inmotivación, abuso de poder y desviación de poder."

La demanda fue admitida en el mismo año 1984, pero sólo fue diecisiete años después, en 2001 y ya en vigencia la nueva Constitución de 1999, cuando la Sala Político Administrativa declinó la competencia para conocer de la demanda en la Sala Constitucional del Tribunal Supremo. Pasaron otros cuatro años más hasta cuando en 2005 la Sala Constitucional aceptó formalmente la declinatoria de la competencia, dictando sentencia después de haber transcurrido otros tres años, el 13 de agosto de 2008. Es decir, para resolver un tema relativamente sencillo en materia de derecho público, el Tribunal supremo se demoró catorce largos años.!!

A los efectos de decidir, la Sala comenzó por analizar la institución del indulto y su naturaleza jurídica y, en particular "si el mismo es susceptible de ser fiscalizado por los órganos del Poder Judicial," partiendo de la premisa de que el "indulto constituye un **acto político o de gobierno**, cuyo dictado se realiza en ejecución directa e inmediata de la Constitución," por el Presidente de la República, "en el contexto de su función de dirección política de la sociedad"

38 Véase la Ley Orgánica en *Gaceta Oficial* N° 39.483 de 9-8-2010. Véanse los comentarios en Allan R. Brewer-Carías, y Víctor Herández Mendible, *Ley Orgánica del Tribunal Supremo de Justicia*, Editorial Jurídica Venezolana, Caracas 2010.

39 Véase sentencia N° 2208 de 28 de noviembre de 2007, Caso Antonio José Varela y Elaine Antonieta Calatrava Armas vs. Proyecto de Reforma de la Constitución de la República Bolivariana de Venezuela, en *Revista de Derecho Público*, Editorial Jurídica Venezolana, N° 112, Caracas 2007, pp. 601-606

40 Véase en http://www.tsj.gov.ve/decisiones/scon/Agosto/1368-130808-01-2503.htm

41 Véase Allan R. Brewer-Carías, *Los Principios fundamentales del derecho público (Constitucional y Administrativo)*, Editorial Jurídica Venezolana, Caracas 2005.

y en uso de la atribución que le confiere el artículo 23.19 de la Constitución de 1999 (Art. 190.21 de la Constitución de 1961).

Se trata, por tanto, dijo la Sala, de "un acto que se emite en el ejercicio de una función eminentemente política [que] de ninguna forma puede ser concebido como una manifestación de la actividad administrativa estatal," (destacado de la Sala) y que si bien es dictado por el Presidente de la República, que "es la cabeza del Poder Ejecutivo Nacional y, por ende, de la Administración Pública Nacional," en este caso, el mismo "actúa en función de gobierno y no en función administrativa."

La Sala consideró que en el universo de los actos enumerados en el artículo 236 de la Constitución hay "una amplia gama de actos, algunos de los cuales se corresponden con el ejercicio de la función administrativa, y otros con la motorización de la función de gobierno." Sin embargo, para definir la función de gobierno, como si por lo visto no había estudio alguno en el país que tratara el tema, la Sala recurrió a un autor español, considerando que la misma "puede ser entendida como una actividad de dirección suprema de la sociedad,"[42] precisando, sin embargo, que "en sentido estricto, es susceptible de ser definida como aquella actividad mediante la cual se ejerce la dirección del gobierno nacional."

La Sala, además, precisó que el indulto, siendo un acto de "naturaleza esencialmente política," implica "una intervención del Poder Ejecutivo en la esfera de actividades propias del Poder Judicial" cumpliendo importantes funciones para coadyuvar "en la atenuación –con base en la equidad–, de las durezas excesivas de la ley penal;" para servir "como mecanismo de reparación de los errores judiciales que no pueden ser reparados a través de los recursos previstos en el ordenamiento jurídico;" o para facilitar "la resocialización del procesado o penado."

Rechazada la calificación del indulto como acto administrativo y precisada su naturaleza como acto de gobierno dictado en ejecución directa de la Constitución, la Sala pasó a analizar "la posibilidad de que el contenido del indulto pueda ser controlado por los órganos de la jurisdicción constitucional," afirmando de entrada que:

> "debe precisarse que el único aspecto de aquél susceptible de control judicial, es el referido a los **motivos** que impulsan al Presidente de la República a conceder tal derecho de gracia, lo cual obedece, en palabras de García Mahamut, a que el reconocimiento y garantía de un contenido material propio de la función de dirección política del Poder Ejecutivo, se traduce en el reconocimiento de un área de actuación reservada a aquél con características distintas de las correspondientes a las áreas de actuación derivadas de otras funciones, como sería, por ejemplo, la administrativa (García Mahamut, Rosario, *El indulto,* Editorial *Marcial Pons,* Madrid-Barcelona 2004, p. 195)." (Destacado de la Sala)

Este párrafo de la sentencia, sin duda es contradictorio, pues la última parte del mismo a lo que conduce es a afirmar que los motivos, al contrario de lo indicado al inicio, serían el único aspecto que **no** es susceptible de control. Parecería, por tanto, que habría un error de tipeo, y un "no" desapareció del párrafo el cual parece referirse a que precisamente los motivos son el único aspecto no susceptible de control judicial, lo que además se afirma más adelante en la sentencia al concluir en su primera parte que "Visto entonces que los motivos que impulsan la concesión del indulto no son controlables judicialmente…" la Sala pasó entonces sólo verificar si el mismo "a ha cumplido con los requisitos formales necesarios para su legitimidad constitucional."

Ello se confirma, además, con la afirmación que se hace en el párrafo siguiente de que "no obstante lo anterior, existen otros casos en que el indulto, como cualquier acto del poder público, sí será susceptible de ser fiscalizado por el Poder Judicial, ello con base en el principio de universalidad del control de todos los actos y actuaciones del Poder Público, el cual implica el pleno control de los actos políticos o de gobierno (entre los cuales se encuentra el indulto)" (énfasis nuestro). Ese control judicial sobre los actos de gobierno lo resumió la Sala así:

42 La cita es de Miguel Caminal Badia, *Manual de Ciencia Política,* Segunda edición, Editorial T*ecnos,* Madrid 1999, p. 58

"En efecto, los aspectos formales de validez y competencia del decreto de indulto sí pueden ser objeto control judicial, entre los cuales se ubican la exigencia de que dicho acto sea emitido por el Presidente de la República, así como también que esté refrendado por el Vicepresidente o Vicepresidenta y por el Ministro o Ministra correspondiente (tal como lo ordena el segundo aparte del artículo 236 de la Constitución). Otros aspectos del indulto que también pueden ser revisados judicialmente, están vinculados al respeto de ciertas prohibiciones establecidas en el propio Texto Constitucional, al momento de la concesión del indulto, como es el caso del artículo 29 de la Constitución de la República Bolivariana de Venezuela, en el cual se prohíbe el otorgamiento de indultos en casos de delitos de lesa humanidad, violaciones graves de los derechos humanos y crímenes de guerra."

La consecuencia de ello, por tanto, en criterio de la Sala Constitucional es que "en caso que el indulto sea concedido con inobservancia de algunos de estos requisitos o prohibiciones," el mismo "podrá ser sometido indudablemente al control judicial, en sede de jurisdicción constitucional, toda vez que se trataría de quebrantamientos de normas constitucionales, imputables a un acto dictado en ejecución directa de la Constitución por un órgano del Poder Ejecutivo Nacional."

## III.-LA NOCIÓN DE ACTO DE GOBIERNO COMO ACTO DE EJECUCIÓN DIRECTA E INMEDIATA DE LA CONSTITUCIÓN

De lo anterior concluyó la Sala Constitucional, con razón, que el decreto de indulto "constituye un acto de gobierno -y no un acto administrativo– que implica el ejercicio de un derecho de gracia, y que por ende se haya dentro de un ámbito de discrecionalidad política," siendo en todo caso como acto dictado en ejecución directa e inmediata de la Constitución, controlable por la Jurisdicción Constitucional.

En este sentido, ya la antigua Corte Suprema de Justicia en Sala Político Administrativa, en sentencia de 21 de noviembre de 1988 había precisado la noción del acto de gobierno, como un acto ejecutivo dictado en ejecución directa de la Constitución y no de la ley ordinaria, distinguiéndolos así de los actos administrativos, en la forma siguiente:

> "Permanecen todavía incólumes los principios sentados por la Corte –a los que se refieren los apoderados del Consejo, pero aplicándolos inexactamente al caso de autos– respecto de los "actos de gobierno", especie jurídica que, en razón de su superior jerarquía, derivada del hecho de que son producidos en ejecución directa e inmediata de la Constitución y no de la ley ordinaria, ha sido excluida hasta ahora, por la propia Corte, de la totalidad del control jurisdiccional de constitucionalidad, "en atención –como ella misma ha expresado– a que por su propia esencia son actos de índole eminentemente política o actos de gobierno, o de índole discrecional; situaciones en que no cabe aplicar a los motivos determinantes de la actuación el expresado control constitucional".
>
> Los principios jurisprudenciales alegados por los defensores de la actuación del Consejo en la Resolución recurrida, permanecen, en efecto, aún vigentes (a más de la comentada decisión del 29-04-65, en Corte Plena, véase la de 28-06-83: CENADICA, dictada en SPA); mas, no son aplicables al caso de autos como ellos lo pretenden, sino –insiste la Sala– sólo a las actuaciones emanadas de la cúspide del Poder Ejecutivo en función de gobierno, es decir, a los denominados por la doctrina "actos de gobierno", emitidos justa y precisamente en ejecución directa e inmediata de la Constitución; y no a los producidos, como los de autos, por una administración –la electoral en el caso– que ejecutó, de manera directa e inmediata, normas de rango inferior al de la Carta Magna, a saber: las de la Ley Orgánica del Sufragio. Así se declara."[43]

43 Véase en *Revista de Derecho Público*, N° 36, Caracas, 1988, pp. 62 ss.

De acuerdo con esta categorización, entonces entre los actos de gobierno que puede dictar el Presidente de la República, estarían, por ejemplo, la concesión de indultos (art. 236.19); los actos relativos a la dirección de las relaciones exteriores de la República (art. 236.4); la adopción de decisiones como Comandante en Jefe de las Fuerzas Armadas, como el fijar el contingente de las mismas y promover sus oficiales (art. 236.5 y 236.6); la declaratoria de los estados de excepción y el decretar la restricción de garantías (art. 236.7); la convocatoria a la Asamblea Nacional a sesiones extraordinarias (art. 236.9); y la disolución de la Asamblea Nacional en caso de que se produzcan tres votos de censura contra el Vicepresidente (arts. 236.21 y 240).

En esta forma, como se ha dicho desde el inicio, la noción del acto de gobierno en Venezuela ha sido delineada básicamente con base en un criterio estrictamente formal, conforme al principio de la formación del derecho por grados, como acto dictado por el Presidente de la República, en ejecución directa e inmediata de la Constitución, pero agregando, sin embargo, que se trata de actos dictados en ejercicio de la función política.[44] No se trata, por tanto, de actos administrativos que siempre son de rango sublegal, ni de actos en cuyo dictado el Presidente deba someterse a normas legislativas. Como actos dictados en ejercicio de atribuciones constitucionales por el Presidente de la República, el Poder Legislativo no puede regular la forma o manera de sus dictados, pues incurriría en una usurpación de funciones.

Pero aún no siendo actos administrativos, como se ha dicho, no se trata de actos estatales excluidos de control. Al contrario, como se ha dicho, como hemos dicho, en Venezuela prevalece el principio de la universalidad del control, como lo reiteró la sala Constitucional en la sentencia N° 2208 de 28 de noviembre de 2007 (Caso *Antonio José Varela y Elaine Antonieta Calatrava Armas vs. Proyecto de Reforma de la Constitución de la República Bolivariana de Venezuela*),[45] al considerarlo "como uno de sus paradigmas fundamentales para la materialización de un "*Estado democrático y social de Derecho y de Justicia*" –Artículo 2 de la Constitución–. En la sentencia, sin embargo, la Sala Constitucional, para precisar dicho principio, como si en Venezuela quizás nunca se hubiera escrito sobre ello, recurrió a autores extranjeros (Acosta Sánchez, José. *Formación de la Constitución y Jurisdicción Constitucional, Fundamentos de la Democracia Constitucional,* Tecnos, Madrid, 1998, p. 347). En todo caso, en la sentencia, la Sala Constitucional reiteró su criterio expresado en la sentencia N° 1815 de 24 de mayo de 2004, en la cual expuso:

> "(...) la existencia de los actos de gobierno no es discutida: son todos aquellos en los que se manifiesta la dirección política del Estado por parte del Presidente de la República, haciendo para ello uso de poderes que le otorga directamente el Texto Fundamental. Tampoco es discutido el control judicial sobre esos actos, y de hecho el Máximo Tribunal ha conocido de demandas dirigidas contra uno de los actos en los que el Jefe del Estado y del Gobierno da muestras de la considerable amplitud de sus poderes: la limitación de los derechos o de las garantías constitucionales, a través de decretos de suspensión de garantías.
>
> Sería un despropósito, y así lo entiende esta Sala, que los actos del Presidente de la República queden excluidos del control, si ellos causan efectos jurídicos. De esta manera, los actos de gobierno no son sólo actos políticos; son más que eso: son jurídicos también (...)"[46]

## IV.- EL PRINCIPIO DE LA SEPARACIÓN DE PODERES COMO BASE PARA EL CONTROL DEL PODER Y SU DISTORSIÓN POR LA JURISDICCIÓN CONSTITUCIONAL

Ahora bien, el tema de la justicia constitucional y del control judicial de la constitucionalidad de los actos estatales, incluyendo los actos de gobierno, de manera que prevalezca el principio de la universalidad del control y no haya actos excluidos de revisión judicial, por

44 Véase Allan R. Brewer-Carías, *Las Instituciones Fundamentales del Derecho Administrativo y la Jurisprudencia Venezolana*, Caracas, 1964, pp. 26, 108 y 323 ss. y *Derecho Administrativo,* Tomo I, Caracas 1975, *cit.*, pp. 391 ss.

45 Véase en *Revista de Derecho Público*, N° 112, Editorial Jurídica Venezolana, Caracas 2007, pp. 601-606.

46 Véase en http://www.tsj.gov.ve/decisiones/scon/Agosto/1815-240804-04-0414.htm . Citada en la sentencia N° 2208 de 28 de noviembre de 2007 (Caso *Antonio José Varela y Elaine Antonieta Calatrava Armas vs. Proyecto de Reforma de la Constitución de la República Bolivariana de Venezuela*), en *Revista de Derecho Público*, N° 112, Editorial Jurídica Venezolana, Caracas 2007, pp. 601-606.

supuesto está íntimamente vinculado al principio de la separación de poderes como elemento esencial de la democracia, y al de la autonomía e independencia del poder judicial, particularmente, del órgano que ejerce la Jurisdicción Constitucional.

Es decir, un Estado en el cual el Tribunal Supremo de Justicia o el Tribunal Constitucional carece de autonomía e independencia, y está sometido a los dictados de la Asamblea Nacional o del Poder Ejecutivo siendo un instrumento más para la ejecución de la política diseñada por estos, no puede calificarse como un Estado de derecho. Es el caso lamentable de Venezuela, donde el Tribunal Supremo de Justicia en lugar de ser el garante del Estado de derecho y de contribuir al afianzamiento de la democracia, ha sido el instrumento más artero utilizado por quienes ejercen el poder político para afianzar el autoritarismo, desmantelar la democracia como régimen político y acabar con el Estado de derecho.[47]

En este contexto, por tanto, en Venezuela, no es que haya actos del Poder Ejecutivo que escapen al control de la Jurisdicción Constitucional, que no los hay, sino que el problema está en que el Tribunal Constitucional con sus acciones y abstenciones, se ha convertido en un brazo del gobierno para la ejecución de políticas autoritarias.

En particular con su abstención de ejercer el control de constitucionalidad para asegurar el balance y contrapeso entre los poderes, y con su acción para asegurar la ejecución de políticas gubernamentales, lo que la Sala Constitucional ha hecho es afectar el principio de la separación de poderes que se había considerado siempre como uno de los principios fundamentales del ordenamiento constitucional,[48] el cual, además de disponer la base de la organización del Estado, es el instrumento por excelencia para asegurar el control del poder a los efectos de garantizar la libertad, la vigencia de los derechos humanos y el funcionamiento mismo de la democracia.

Este principio, sin embargo ha venido siendo desmantelado por la propia Sala Político Administrativa del Tribunal Supremo, al pretender reducirlo a un simple principio de organización, buscando quitarle su base garantizadora de la libertad y la democracia. Así, desde 2004, la Sala Constitucional ha afirmado que el principio de la separación de poderes "no es un principio ideológico, propio de la democracia liberal, sino un principio técnico del cual depende la vigencia de la seguridad jurídica como valor fundante del derecho." [49] Con esta reducción de la separación de poderes a ser un principio meramente "técnico"se ha pretendido ignorar su valor esencial precisamente como principio de la ideología de la democracia liberal, que lo considera esencial para la existencia de la propia democracia y la libertad. Esa afirmación de la Sala Constitucional, en todo caso, no fue una afirmación inocente, sino que fue el comienzo de un viraje anti democrático de la jurisprudencia, que llevó a la misma Sala Constitucional a afirmar despectivamente en sentencia Nº 1049 de 23 de julio de 2009,[50] que "la llamada división, distinción o separación de poderes fue, al igual que la teoría de los derechos fundamentales de libertad, un instrumento de la doctrina liberal del Estado mínimo," concebido no como "un mero instrumento de organización de los órganos del Poder Público, sino un modo mediante el cual se pretendía asegurar que el Estado se mantuviera limitado a la protección de los intereses individualistas de la clase dirigente."

---

47 Véase Allan R. Brewer-Carías, "El rol del Tribunal Supremo de Justicia en Venezuela, en el marco de la ausencia de separación de poderes, producto del régimen autoritario,"en *Segundo Congreso Colombiano de Derecho Procesal Constitucional, Bogotá D.C., 16 de marzo de 2011*, Centro Colombiano de Derecho Procesal Constitucional, Universidad Católica de Colombia, Bogotá de Bogotá 2011, pp. 85-111

48 Véase por ejemplo, la sentencia de la Sala Constitucional N° 1368 dictada en 13 de agosto de 2008, en Véase en http://www.tsj.gov.ve/decisiones/scon/Agosto/1368-130808-01-2503.htm. Véase además, Véase en general, Manuel García Pelayo, "La división de poderes y la Constitución Venezolana de 1961," en *Libro Homenaje a Rafael Caldera: Estudios sobre la Constitución*, Tomo III, Facultad de Ciencias Jurídicas y Políticas, Universidad Central de Venezuela, Caracas 1979, pp. 1403 y 1420; Hildegard Rondón de Sansó, "La separación de los poderes en Venezuela," en *Libro Homenaje a Rafael Caldera: Estudios sobre la Constitución*, Tomo III, Facultad de Ciencias Jurídicas y Políticas, Universidad Central de Venezuela, Caracas 1979, pp. 1369-1403. Por nuestra parte, véase Allan R. Brewer-Carías, *Los Principios fundamentales del derecho público (Constitucional y Administrativo)*, Editorial Jurídica venezolana, Caracas 2005, pp. 67 ss

49 *Ídem*: Sentencia Nº 3098 de la Sala Constitucional (Caso: *nulidad artículos Ley Orgánica de la Justicia de Paz*) de 13-12-2004, en *Gaceta Oficial* Nº 38.120 de 02-02-2005

50 Véase en http://www.tsj.gov.ve/decisiones/scon/Julio/1049-23709-2009-04-2233.html

"Descubrió" así la Sala Constitucional, aún cuando distorsionándolo, el verdadero sentido de la separación de poderes, no sólo como mero instrumento de organización del Estado, sino como principio esencial de la democracia, la propia del Estado de derecho, para garantizar los derechos y libertades fundamentales, aún cuando por supuesto no sólo de "intereses individualistas de la clase dirigente" como con sesgo ideológico la confina el Tribunal Supremo.

Al contrario, la separación de poderes no se reduce ni se puede reducir a ser un tema de orden jurídico e instrumental para disponer la organización del Estado o para identificar los actos estatales, sino que es además, por supuesto, un tema de orden político constitucional, considerado en el mundo contemporáneo como uno de los elementos esenciales de la democracia.

Esta, en efecto, no es sólo elección y contiendas electorales, sino un sistema político de interrelación y alianza global entre los gobernados que eligen y los gobernantes electos, dispuesto para garantizar, además, la vigencia de los derechos fundamentales y por sobre todo el control del poder,[51] pues en definitiva, sólo controlando al Poder es que puede haber elecciones libres y justas, así como efectiva representatividad; sólo controlando al poder es que puede haber pluralismo político; sólo controlando al Poder es que podría haber efectiva participación democrática en la gestión de los asuntos públicos; sólo controlando al Poder es que puede haber transparencia administrativa en el ejercicio del gobierno, así como rendición de cuentas por parte de los gobernantes; sólo controlando el Poder es que se puede asegurar un gobierno sometido a la Constitución y las leyes, es decir, un Estado de derecho y la garantía del principio de legalidad; sólo controlando el Poder es que puede haber un efectivo acceso a la justicia de manera que ésta pueda funcionar con efectiva autonomía e independencia; y en fin, sólo controlando al Poder es que puede haber real y efectiva garantía de respeto a los derechos humanos. De lo anterior resulta, por tanto, que sólo cuando existe un sistema de control efectivo del poder es que puede haber democracia, y sólo en esta es que los ciudadanos pueden encontrar asegurados sus derechos debidamente equilibrados con los poderes Públicos.

No es difícil, por tanto, que ha sido precisamente por la ausencia de una efectiva separación de poderes Venezuela, que la democracia haya sido tan afectada en la última década, período en le cual se ha producido un proceso continuo y sistemático de desmantelamiento de la democracia,[52] mediante el proceso paralelo de concentración del poder, y que ha conducido, entre otro aspectos graves, al desmantelamiento de la autonomía e independencia del poder judicial en su conjunto,[53] y en particular, al control político por parte del Ejecutivo nacional

---

51 Véase Allan R. Brewer-Carías, "Los problemas del control del poder y el autoritarismo en Venezuela," en Peter Häberle y Diego García Belaúnde (Coordinadores), *El control del poder. Homenaje a Diego Valadés*, Instituto de Investigaciones Jurídicas, Universidad Nacional Autónoma de México, Tomo I, México 2011, pp. 159-188; "Sobre los elementos de la democracia como régimen político: representación y control del poder," en *Revista Jurídica Digital IUREced*, Edición 01, Trimestre 1, 2010-2011, en http://www.megaupload.com/?d=ZN9Y2W1R ; "Democracia: sus elementos y componentes esenciales y el control del poder," en Nuria González Martín (Compiladora*), Grandes temas para un observatorio electoral ciudadano, Tomo I, Democracia: retos y fundamentos*, Instituto Electoral del Distrito Federal, México 2007, pp. 171-220; "Los problemas de la gobernabilidad democrática en Venezuela: el autoritarismo constitucional y la concentración y centralización del poder," en Diego Valadés (Coord.), *Gobernabilidad y constitucionalismo en América Latina*, Universidad Nacional Autónoma de México, México 2005, pp. 73-96

52 Véase Allan R. Brewer-Carías, *Dismantling Democracy. The Chávez Authoritarian Experiment*, Cambridge University Press, New York 2010

53 Véase, *en general*, Allan R. Brewer-Carías, "La progresiva y sistemática demolición de la autonomía e independencia del Poder Judicial en Venezuela (1999-2004)," en *XXX Jornadas J.M Dominguez Escovar, Estado de Derecho, Administración de Justicia y Derechos Humanos*, Instituto de Estudios Jurídicos del Estado Lara, Barquisimeto 2005, pp. 33-174; Allan R. Brewer-Carías, "El constitucionalismo y la emergencia en Venezuela: entre la emergencia formal y la emergencia anormal del Poder Judicial," en Allan R. Brewer-Carías, *Estudios Sobre el Estado Constitucional (2005-2006)*, Editorial Jurídica Venezolana, Caracas 2007, pp. 245-269; y Allan R. Brewer-Carías "La justicia sometida al poder. La ausencia de independencia y autonomía de los jueces en Venezuela por la interminable emergencia del Poder Judicial (1999-2006)," en *Cuestiones Internacionales. Anuario Jurídico Villanueva 2007,* Centro Universitario Villanueva, Marcial Pons, Madrid 2007, pp. 25-57, *disponible en* www.allanbrewercarias.com, (Biblioteca Virtual, II.4. Artículos y Estudios N° 550, 2007) pp. 1-37. Véase también Allan R. Brewer-Carías, *Historia Constitucional de Venezuela*, Editorial Alfa, Tomo II, Caracas 2008, pp. 402-454.

del Tribunal Supremo y de su Sala Constitucional, los cuales han sido puestos al servicio del autoritarismo,[54] afectando su rol de garantes de la Constitución y de los derecho humanos.[55]

La propia Comisión Interamericana de Derechos Humanos ha destacado la gravedad del problema, al punto de que en su *Informe Anual de 2009*, después de analizar la situación de los derechos humanos en Venezuela y el deterioro institucional que ha sufrido el país, apuntó que todo ello "indica la ausencia de la debida separación e independencia entre las ramas del gobierno en Venezuela."[56]

Esa situación general es, por otra parte, la que permite entender que haya sido la Presidenta de la Sala Constitucional del Tribunal Supremo de Venezuela, quien haya afirmado a la prensa en diciembre de 2009, simplemente que "la división de poderes debilita al Estado,' y que "hay que reformarla."[57]

Y quizás ello lo hizo para respaldar lo que ya un año antes, en agosto de 2008, había afirmado el propio Presidente de la República al referirse a un gran grupo de decretos leyes que había dictado conforme a una habilitación legislativa ilimitada que había recibido, implementando por lo demás, en forma inconstitucional la reforma constitucional que había sido rechazada por el pueblo en referendo de diciembre de 2007. El Presidente llegó a decir simplemente: "*Yo soy la Ley. Yo soy el Estado,*"[58] repitiendo así las mismas frases que ya había dicho en 2001, aún cuando con un pequeño giro –entonces dijo "*La Ley soy yo. El Estado soy yo*"[59]–, al referirse también en aquella oportunidad a la sanción inconsulta de cerca de 50 decretos leyes violando la Constitución.

Esas frases, como sabemos, se atribuyeron en 1661 a Luis XIV para calificar el gobierno absoluto de la Monarquía, cuando a la muerte del cardenal Gulio Raimondo Mazarino, el Rey mismo asumió el gobierno sin nombrar un sustituto como ministro de Estado. Pero la verdad histórica, lo que hace aún más grotescas las afirmaciones del Presidente venezolano, es que ni siquiera Luis XIV llegó realmente a expresar esas frases que buscaban sólo resumir su decisión de gobernar sin el apoyo de un primer ministro.[60] Por ello, oírlas de boca de Jefe de Estado de nuestros tiempos, es suficiente para entender la trágica situación institucional de Venezuela,

---

54 Véase Allan R. Brewer-Carías, "El rol del Tribunal Supremo de Justicia en Venezuela, en el marco de la ausencia de separación de poderes, producto del régimen autoritario,"en *Segundo Congreso Colombiano de Derecho Procesal Constitucional, Bogotá D.C., 16 de marzo de 2011*, Centro Colombiano de Derecho Procesal Constitucional, Universidad Católica de Colombia, Bogotá de Bogotá 2011, pp. 85-111; "El juez constitucional al servicio del autoritarismo y la ilegítima mutación de la Constitución: el caso de la Sala Constitucional del Tribunal Supremo de Justicia de Venezuela (1999-2009)," en *Revista de Administración Pública*, N° 180, Madrid 2009, pp. 383-418, y en *IUSTEL, Revista General de Derecho Administrativo*, N° 21, junio 2009, Madrid, ISSN-1696-9650; y "Los problemas del control del poder y el autoritarismo en Venezuela," en Peter Häberle y Diego García Belaúnde (Coordinadores), *El control del poder. Homenaje a Diego Valadés*, Instituto de Investigaciones Jurídicas, Universidad Nacional Autónoma de México, Tomo I, México 2011, pp. 159-188.

55 Véase Allan R. Brewer-Carías, "El proceso constitucional de amparo en Venezuela: su universalidad y su inefectividad en el régimen autoritario," en *Horizontes Contemporáneos del Derecho Procesal Constitucional. Liber Amicorum Néstor Pedro Sagüés*, Centro de Estudios Constitucionales del Tribunal Constitucional, Lima 2011, Tomo II, pp 219-261.

56 Véase IACHR, *2009 Annual Report*, para. 472, en http://www.cidh.oas.org/annualrep/ 2009eng/Chap.IV.f.eng.htm. El Presidente de la Comisión, Felipe González, dijo en abril de 2010: "Venezuela es una democracia que tiene graves limitaciones, porque la democracia implica el funcionamiento del principio de separación de poderes, y un Poder Judicial libre de factores políticos;" véase en Juan Francisco Alonso, "Últimas medidas judiciales certifican informe de la CIDH," en *El Universal*, 4 de abril de 2010, en http://universo.eluniversal.com/2010/04/04/pol_art_ultimas-medidas-jud_1815569.shtml.

57 Véase en Juan Francisco Alonso, "La división de poderes debilita al estado. La presidenta del TSJ [Luisa Estela Morales] afirma que la Constitución hay que reformarla," *El Universal*, Caracas 5 de diciembre de 2009, en http://www.eluniversal.com/2009/12/05/pol_art_morales:-la-divisio_1683109.shtml. Véase la exposición completa de la presidenta del Tribunal Supremo en http://www.tsj.gov.ve/informacion/notasde prensa/notasdeprensa.asp?codigo=7342

58 Expresión del Presidente Hugo Chávez Frías, el 28 de agosto de 2008. Ver en Gustavo Coronel, *Las Armas de Coronel*, 15 de octubre de 2008: http://lasarmasdecoronel.blogspot.com/2008/10/yo-soy-la-leyyo-soy-el-estado.html

59 *Véase* en *El Universal*, Caracas 4–12–01, pp. 1,1 and 2,1. Es también lo único que puede explicar, que un Jefe de Estado en 2009 pueda calificar a "la democracia representativa, la división de poderes y el gobierno alternativo" como doctrinas que "envenenan la mente de las masas." Véase la reseña sobre "Hugo Chávez seeks to cach them young," *The Economist*, 22-28 de Agosto de 2009, p. 33.

60 Véase Yves Guchet, *Histoire Constitutionnelle Française (1789–1958)*, Ed. Erasme, Paris 1990, p.8.

precisamente caracterizada por la completa ausencia de separación de poderes, de independencia y autonomía del Poder Judicial y, en consecuencia, de gobierno democrático.[61]

## V.- EL CONTROL POLÍTICO DE LA JURISDICCIÓN CONSTITUCIONAL Y LA POLITIZACIÓN DE LA JUSTICIA CONSTITUCIONAL

La consecuencia de todo ello ha sido el control político del Tribunal Supremo de Justicia por parte del Ejecutivo, [62] el cual ha controlado el nombramiento de sus Magistrados, [63] y a través del mismo, que gobierna el Poder Judicial en su conjunto, la perdida de la autonomía e independencia de este.[64] Todo ello, agravado con la lamentable actuación de la Sala Constitucional como instrumento del autoritarismo, incluso como vehículo utilizado por el gobierno para secuestrar y tomar control político directo de otras ramas del Poder Público.

Así sucedió, por ejemplo, con el Poder Electoral que en Venezuela se concibe como uno de los Poderes del Estado en el sistema de penta división del Poder que establece la Constitución (Poderes ejecutivo, legislativo, judicial, electoral y ciudadano). Esto comenzó en 2002, después de la sanción de la Ley Orgánica del Poder Electoral,[65] cuando la Sala Constitucional, al declarar sin lugar un recurso de inconstitucionalidad que había ejercido el propio Presidente de la República contra una Disposición Transitoria de dicha Ley Orgánica, en un *obiter dictum* consideró que dicha Ley era "inaplicable" al entonces en funciones Consejo Nacional Electoral en materia de quórum para decidir, impidiéndosele entonces a dicho órgano poder tomar decisión alguna, al considerar que debía hacerlo con una mayoría calificada de 4/5 que no estaba prevista en la Ley (la cual disponía la mayoría de 3/5). Para ello, la Sala "revivió" una previsión que estaba en el derogado Estatuto Electoral transitorio que se había dictado en 2000 sólo

---

61 Véase el resumen de esta situación en Teodoro Petkoff, "Election and Political Power. Challenges for the Opposition," en *ReVista. Harvard Review of Latin America*, David Rockefeller Center for Latin American Studies, Harvard University, Fall 2008, pp. 12. Véase además, Allan R. Brewer-Carías, "Los problemas de la gobernabilidad democrática en Venezuela: el autoritarismo constitucional y la concentración y centralización del poder," en Diego Valadés (Coord.), *Gobernabilidad y constitucionalismo en América Latina*, Universidad Nacional Autónoma de México, México 2005, pp. 73-96.

62 Véase en general Allan R. Brewer-Carías, "El autoritarismo establecido en fraude a la Constitución y a la democracia y su formalización en Venezuela mediante la reforma constitucional. (De cómo en un país democrático se ha utilizado el sistema eleccionario para minar la democracia y establecer un régimen autoritario de supuesta "dictadura de la democracia" que se pretende regularizar mediante la reforma constitucional)," en el libro *Temas constitucionales. Planteamientos ante una Reforma,* Fundación de Estudios de Derecho Administrativo, FUNEDA, Caracas 2007, pp. 13-74; "La demolición del Estado de Derecho en Venezuela Reforma Constitucional y fraude a la Constitución (1999-2009)," en *El Cronista del Estado Social y Democrático de Derecho*, N° 6, Editorial Iustel, Madrid 2009, pp. 52-61

63 Ello se evidenció en el nombramiento de los Magistrados del Tribunal Supremo en un proceso que fue completamente controlado por el Presidente de la República, dado su control de la Asamblea, como lo reconoció públicamente el Presidente de la Comisión Parlamentaria para la selección de los Magistrados, al punto de afirmar públicamente en 2004, además, que "En el grupo de postulados no hay nadie que vaya actuar contra nosotros." Declaró a la prensa: "Si bien los diputados tenemos la potestad de esta escogencia, el Presidente de la República fue consultado y su opinión fue tomada muy en cuenta." Añadió: "Vamos a estar claros, nosotros no nos vamos a meter autogoles. En la lista había gente de la oposición que cumplen con todos los requisitos. La oposición hubiera podido usarlos para llegar a un acuerdo en las últimas sesiones, pero no quisieron. Así que nosotros no lo vamos a hacer por ellos. En el grupo de postulados no hay nadie que vaya actuar contra nosotros." Véase *El Nacional*, Caracas, 13 de diciembre de 2004. La Comisión Interamericana de Derechos Humanos sugirió en su Informe a la Asamblea General de la OEA para 2004 que "estas normas de la Ley Orgánica del Tribunal Supremo de Justicia habrían facilitado que el Poder Ejecutivo manipulara el proceso de elección de magistrados llevado a cabo durante 2004." Véase Comisión Interamericana de Derechos Humanos, *Informe sobre Venezuela 2004*, párrafo 180.

64 Véase, *en general*, Allan R. Brewer-Carías, "La progresiva y sistemática demolición de la autonomía e independencia del Poder Judicial en Venezuela (1999-2004)," en *XXX Jornadas J.M Dominguez Escovar, Estado de Derecho, Administración de Justicia y Derechos Humanos*, Instituto de Estudios Jurídicos del Estado Lara, Barquisimeto 2005, pp. 33-174; Allan R. Brewer-Carías, "El constitucionalismo y la emergencia en Venezuela: entre la emergencia formal y la emergencia anormal del Poder Judicial," en Allan R. Brewer-Carías, *Estudios Sobre el Estado Constitucional (2005-2006)*, Editorial Jurídica Venezolana, Caracas 2007, pp. 245-269; y Allan R. Brewer-Carías, "La justicia sometida al poder. La ausencia de independencia y autonomía de los jueces en Venezuela por la interminable emergencia del Poder Judicial (1999-2006)," en *Cuestiones Internacionales. Anuario Jurídico Villanueva 2007,* Centro Universitario Villanueva, Marcial Pons, Madrid 2007, pp. 25-57, *disponible en* www.allanbrewercarias.com, (Biblioteca Virtual, II.4. Artículos y Estudios N° 550, 2007) pp. 1-37. Véase también Allan R. Brewer-Carías, *Historia Constitucional de Venezuela*, Editorial Alfa, Tomo II, Caracas 2008, pp. 402-454.

65 Véase en *Gaceta Oficial* N° 37.573 de 19-11-2002

para regir las elecciones de ese año, y que ya estaba inefectivo.[66] Con ello, por la composición de entonces del Consejo Nacional Electoral, la Sala Constitucional impidió que dicho órgano funcionara y entre otras tareas, que pudiera, por ejemplo, darle curso a la iniciativa popular de más de tres millones de firmas de convocar un referendo consultivo sobre la revocación del mandato del Presidente de la República.

En todo caso, ello significó, en la práctica, la parálisis total y absoluta del Poder Electoral, lo que se consolidó por decisión de otra Sala del Tribunal Supremo, la Sala Electoral, primero, impidiendo que uno de los miembros del Consejo pudiese votar,[67] y segundo, anulando la convocatoria que había hecho el Consejo para un referendo consultivo sobre la revocación del mandato del Presidente.[68]

La respuesta popular a estas decisiones, sin embargo, fue una nueva iniciativa popular respaldada por tres millones y medio de firmas para la convocatoria de un nuevo referendo revocatorio del mandato del Presidente de la República, para cuya realización resultaba indispensable designar los nuevos miembros del Consejo Nacional Electoral. La bancada oficialista en la Asamblea Nacional no pudo hacer por si sola dichas designaciones, pues en aquél entonces no controlaba la mayoría de los 2/3 de los diputados que se requerían para ello, por lo que ante la imposibilidad o negativa de llegar a acuerdos con la oposición, y ante la perspectiva de que no se nombraran los miembros del Consejo Nacional Electoral, la vía que se utilizó para lograrlo, bajo el total control del gobierno, fue que la Sala Constitucional lo hiciera.

Para ello, se utilizó la vía de decidir un recurso de inconstitucionalidad contra la omisión legislativa en hacer las designaciones, que se había intentado, de manera que al decidir el recurso, la Sala, en lugar de exhortar a la Asamblea Nacional para que hiciera los nombramientos como correspondía, procedió a hacerlo directamente, usurpando la función del Legislador, y peor aún, sin cumplir con las condiciones constitucionales requeridas para hacer los nombramientos.[69] Con esta decisión, la Sala Constitucional le aseguró al gobierno el completo control del Consejo Nacional Electoral, secuestrando a la vez el derecho ciudadano a la participación política, y permitiendo al partido de gobierno manipular los resultados electorales.

En el contexto de esta sujeción política, la Sala Constitucional del Tribunal Supremo desde 2000, por otra parte, lejos de actuar como guardián de la Constitución, ha sido el instrumento más importante del gobierno autoritario para mutar ilegítimamente la Constitución,[70] impo-

66 Véase Sentencia N° 2747 de 7 de noviembre de 2002 (Exp. 02-2736)

67 Véase Sentencia N° 3 de 22 de enero de 2003 (Caso: *Darío Vivas y otros*). Véase en Allan R. Brewer-Carías, "El secuestro del Poder Electoral y de la Sala Electoral del Tribunal Supremo y la confiscación del derecho a la participación política mediante el referendo revocatorio presidencial: Venezuela: 2000-2004," en *Revista Costarricense de Derecho Constitucional*, Tomo V, Instituto Costarricense de Derecho Constitucional, Editorial Investigaciones Jurídicas S.A., San José 2004, pp. 167-312

68 Véase Sentencia N° 32 de 19 de marzo de 2003 (Caso: *Darío Vivas y otros*). Véase Allan R. Brewer-Carías, en "El secuestro del Poder Electoral y la confiscación del derecho a la participación política mediante el referendo revocatorio presidencial: Venezuela 2000-2004," en *Revista Jurídica del Perú*, Año LIV N° 55, Lima, marzo-abril 2004, pp. 353-396.

69 Sentencia N° 2073 de 4 de agosto de 2003 (Caso: *Hermánn Escarrá Malaver y oros*); y sentencia N° 2341 del 25 de agosto de 2003 (Caso: *Hemann Escarrá y otros*). Véase en Allan R. Brewer-Carías, "El secuestro del poder electoral y la confiscación del derecho a la participación política mediante el referendo revocatorio presidencial: Venezuela 2000-2004," en *Stvdi Vrbinati, Rivista tgrimestrale di Scienze Giuridiche, Politiche ed Economiche*, Año LXXI – 2003/04 Nuova Serie A – N. 55,3, Università degli studi di Urbino, pp.379-436

70 Véase en general sobre el tema, Allan R. Brewer-Carías, "El juez constitucional al servicio del autoritarismo y la ilegítima mutación de la Constitución: el caso de la Sala Constitucional del Tribunal Supremo de Justicia de Venezuela (1999-2009)," en *Revista de Administración Pública*, N° 180, Madrid 2009, pp. 383-418; "La fraudulenta mutación de la Constitución en Venezuela, o de cómo el juez constitucional usurpa el poder constituyente originario," en *Anuario de Derecho Público*, Centro de Estudios de Derecho Público de la Universidad Monteávila, Año 2, Caracas 2009, pp. 23-65; "La ilegítima mutación de la Constitución por el juez constitucional y la demolición del Estado de derecho en Venezuela," en *Revista de Derecho Político*, N° 75-76, Homenaje a Manuel García Pelayo, Universidad Nacional de Educación a Distancia, Madrid, 2009, pp. 289-325; "El juez constitucional al servicio del autoritarismo y la ilegítima mutación de la Constitución: el caso de la Sala Constitucional del Tribunal Supremo de Justicia de Venezuela (1999-2009)," en *IUSTEL, Revista General de Derecho Administrativo*, N° 21, junio 2009, Madrid, ISSN-1696-9650.

niendo interpretaciones inconstitucionales,[71] no sólo sobre sus propios poderes de control,[72] sino en materias sustantivas, sin estar sometida a control alguno.[73]

En este aspecto, uno de los instrumentos más letales utilizados para distorsionar la Constitución ha sido la "invención" de una acción directa para la interpretación abstracta de la Constitución, que es un medio procesal constitucional creado por la propia Sala Constitucional sin fundamento en la Constitución y sin antecedentes en el derecho comparado.[74] Mediante este recurso, que puede ser interpuesto por cualquier persona con un mínimo interés, y también, muy convenientemente por el Abogado del Estado que está sujeto al Presidente (Procurador General de la República), la Sala Constitucional ha venido "reformando" en forma ilegítima la Constitución, e incluso ha venido implementando también en una forma ilegítima, las reformas constitucionales que propuso el Presidente en 2007 y que fueron rechazadas por el pueblo mediante referéndum.

La primera de todas las mutaciones constitucionales en el tiempo, realizada por la Sala Constitucional del Tribunal Supremo fue cuando decidió la acción de inconstitucionalidad interpuesta contra el Decreto de Transición del Poder Público dictado por la Asamblea Constituyente al margen de la voluntad popular, nombrando a los propios Magistrados del nuevo Tribunal Supremo de Justicia, quienes en lugar de inhibirse, pasaron a decidir en causa propia, apresuradamente, considerando el Decreto impugnado como "un acto de rango y naturaleza constitucional,"[75] y aceptando la existencia, no de uno, sino de dos regímenes constitucionales paralelos: uno aprobado por el pueblo y contenido en la Constitución de 1999; y otro, impuesto al pueblo por la Asamblea Constituyente, dictado con posterioridad a la aprobación popular de la Constitución. Con ello, el Tribunal Supremo abrió un largo e interminable periodo de inestabilidad e inseguridad constitucional que aún continúa once años después, socavando lo poco que queda de las ruinas del Estado de derecho.

Muchos casos pueden ilustrar este inconstitucional proceso de mutación constitucional, aún cuando sólo podré referirme a algunos de ellos. Por ejemplo, ocurrió con el cambio de sentido que se hizo respecto del artículo 72 de la Constitución que regula el referendo revocatorio de mandatos de todos los cargos de elección popular. Dicha norma dispone que la revocatoria del mandato de funcionarios electos solicitada por iniciativa popular, se produce cuando en el referendo respectivo que se realice un número "*igual o mayor del número de electores* que eligieron al funcionario" vota a favor de la revocación.[76] Sin embargo, en una forma claramente

71 Véase Allan R. Brewer-Carías, *Crónica sobre la "In" Justicia Constitucional. La Sala Constitucional y el autoritarismo en Venezuela*, Editorial Jurídica Venezolana, Caracas 2007.

72 La Sala Constitucional ha venido asumiendo y auto-atribuyéndose competencias no previstas en la Constitución, no sólo en materia de interpretación constitucional al crearse el recurso autónomo de interpretación abstracta de la Constitución, sino en relación con los poderes de revisión constitucional de cualquier sentencia dictada por cualquier tribunal, incluso por las otras Salas del Tribunal Supremo de Justicia; con los amplísimos poderes de avocamiento en cualquier causa; con los supuestos poderes de actuación de oficio no autorizados en la Constitución; con los poderes de solución de conflictos entre las Salas; con los poderes de control constitucional de las omisiones del Legislador; con la restricción del poder de los jueces de ejercer el control difuso de la constitucionalidad de las leyes; y con la asunción del monopolio de interpretar los casos de prevalencia en el orden interno de los tratados internacionales en materia de derechos humanos. Véase además, en *Crónica sobre La "In" Justicia Constitucional. La Sala Constitucional y el autoritarismo en Venezuela*, Colección Instituto de Derecho Público, Universidad Central de Venezuela, N° 2, Caracas 2007

73 Véase Allan R. Brewer-Carías, "*Quis Custodiet ipsos Custodes*: De la interpretación constitucional a la inconstitucionalidad de la interpretación," en *VIII Congreso Nacional de Derecho Constitucional*, Fondo Editorial and Colegio de Abogados de Arequipa, Arequipa, Peru, 2005, 463-89; y *Crónica de la "In" Justicia constitucional: La Sala constitucional y el autoritarismo en Venezuela*, Ëditorial Jurídica Venezolana, Caracas 2007, 11-44, 47-79.

74 Véase Sentencia N° 1077 de la Sala Constitucional de 22-09-00, caso: *Servio Tulio León Briceño*. Véase en *Revista de Derecho Público*, N° 83, Caracas, 2000, pp. 247 ss. Este criterio fue luego ratificado en sentencias de fecha 09-11-00 (N° 1347), 21-11-00 (N° 1387), y 05-04-01 (N° 457), entre otras. Véase Allan R. Brewer-Carías, "Le recours d'interprétation abstrait de la Constitution au Venezuela", en *Le renouveau du droit constitutionnel, Mélanges en l'honneur de Louis Favoreu*, Dalloz, Paris, 2007, pp. 61-70

75 Véase sentencia N° 4 de fecha 26 de enero de 2000, caso: *Eduardo García*, en *Revista de Derecho Público*, N° 81, Editorial Jurídica Venezolana, Caracas 2000, pp. 93 ss.

76 Sentencia N° 2750 de 21 de octubre de 2003, Caso: *Carlos Enrique Herrera Mendoza, (Interpretación del artículo 72 de la Constitución (Exp. 03-1989). Sentencia* N° 1139 de 5 de junio de 2002 (Caso: *Sergio Omar Calderón Duque y William*

inconstitucional, en 2003, la Sala Constitucional convirtió dicho referendo "revocatorio" en un referendo "ratificatorio," al considerar que la revocación no se producía a pesar de que igual o mayor del número de electores que los que eligieron al funcionario votaran por la revocación, si en el referendo se depositaban más votos en contra de la revocación que a favor de la misma, en cuyo caso consideró la Sala que el funcionario antes que salir del cargo "debería seguir" en el mismo, "aunque votasen en su contra el número suficiente de personas para revocarle el mandato."[77]

Esta ilegitima mutación de la Constitución tuvo por supuesto un claro propósito, que fue el impedir que el mandato al Presidente de República, Hugo Chávez fuera revocado en 2004. Este había sido electo en agosto de 2000 con 3.757.774 votos, y el referendo revocatorio de 2004, votaron por la revocación de su mandato 3.989.008 electores, por lo que constitucionalmente su mandato había quedado revocado automáticamente, *ex constitutione*. Sin embargo, como "por la no revocación" supuestamente habrían votado 5.800.629 de electores, el Consejo Nacional Electoral, conforme a la doctrina hecha a la medida del caso por la Sala Constitucional, decidió "ratificar" al Presidente de la República en su cargo hasta 2007.[78] Así, ilegítimamente, un referendo revocatorio fue transformado en un referendo ratificatorio o en un plebiscito que no existe en la Constitución.[79]

Otras mutaciones constitucionales ilegítimas no menos importantes han ocurrido en materia de protección de derechos humanos, también mediante sendas sentencias de la Sala Constitucional. En una de ellas, por ejemplo, la Sala Constitucional eliminó el rango supraconstitucional de los tratados internacionales en materia de derechos humanos establecido en el artículo 23 de la Constitución cuando contienen previsiones más favorables a su ejercicio que las establecidas en el derecho interno, al reservarse, a sí misma, la exclusiva competencia para decidir en la materia. Con esta mutación, además, la Sala implementó ilegítimamente una de las reformas constitucionales que había propuesto el Presidente en 2007 y que había sido rechazada por el pueblo.[80]

En otra decisión, a pesar de que el mismo artículo 23 de la Constitución dispone que los tratados internacionales en materia de derechos humanos son "de aplicación inmediata y directa por los tribunales y demás órganos del Poder Público," la misma Sala Constitucional, al contrario, les negó tal potestad a los tribunales, reservándose en forma exclusiva tal competencia, violando el texto constitucional.[81]

En otros casos, la mutación constitucional ha ocurrido respecto de previsiones fundamentales de la Constitución que fueron concebidas como principios pétreos, como sucedió por ejemplo con el principio de la alternabilidad republicana. Pues bien, la Sala Constitucional, simplemente, en forma deliberada, confundió el principio de "gobierno alternativo" con el principio de "gobierno electivo," ambos previstos en el artículo 6 de la Constitución, considerándolos como supuestamente sinónimos, cuando en realidad el primero apunta a evitar el continuismo o la permanencia en el poder por una misma persona, y el segundo apunta a asegurar la elección de los gobernantes. La Sala Constitucional, sin embargo, al confundir los conceptos, afirmó que la alternabilidad "lo que exige es que el pueblo como titular de la soberanía

*Dávila Barrios)* Véase en *Revista de Derecho Público*, N° 89-92, Editorial Jurídica Venezolana, Caracas 2002, p. 171. Criterio seguido en la sentencia N° 137 de 13-02-2003 (Caso: *Freddy Lepage Scribani y otros*) (Exp. 03-0287).

77 Sentencia N° 2750 de 21 de octubre de 2003 (Caso: *Carlos E. Herrera Mendoza, Interpretación del artículo 72 de la Constitución*), Véase *El Nacional*, Caracas, 28-08-2004, pp. A-1 y A-2

78 Véase en *El Nacional*, Caracas, 28-08-2004, pp. A-1 y A-2

79 Véase Allan R. Brewer-Carías, "La Sala Constitucional vs. el derecho ciudadano a la revocatoria de mandatos populares: de cómo un referendo revocatorio fue inconstitucionalmente convertido en un "referendo ratificatorio," en *Crónica sobre la "In" Justicia Constitucional. La Sala Constitucional y el autoritarismo en Venezuela*, Editorial Jurídica Venezolana, Caracas 2007, 349-78.

80 Véase sentencia N° 1.939 de 18 de diciembre de 2008 (Caso *Gustavo Álvarez Arias y otros*) Véase en http://www.tsj.gov.ve/decisiones/scon/Diciembre/1939-181208-2008-08-1572.html

81 Véase sentencia N° 1492 de 15 de julio de 2003 (Caso: *Impugnación de diversos artículos del Código Penal* Véase en *Revista de Derecho Público*, N° 93-96, Editorial Jurídica Venezolana, Caracas 2003, pp. 135 ss..

tenga la posibilidad periódica de escoger sus mandatarios o representantes" que es el principio de gobierno electivo, indicando además, que el principio "sólo se infringiría si se impide esta posibilidad al evitar o no realizar las elecciones."[82]

Con esta mutación constitucional que simplemente eliminaba el sentido de la alternabilidad, el Tribunal Supremo despejó el camino para que, en fraude a la Constitución, en febrero de 2009 se pudiera votar una Enmienda Constitucional para modificar un principio pétreo de la Constitución, lo que ocurrió sólo días después de dictada la sentencia. De ello resultó la previsión, en la Constitución, del principio contrario a la alternabilidad, que es el de la posibilidad de la reelección continua o ilimitada de cargos electivos.[83]

La ilegitimidad de las mutaciones constitucionales impuestas por la Sala Constitucional ha llegado incluso al extremo de cohonestar la realización de reformas constitucionales en forma contraria a la Constitución, y de implementarlas luego que las mismas fueron rechazadas por el pueblo mediante referendo.

En efecto, en 2007, el Presidente de la República propuso ante la Asamblea Nacional una reforma constitucional tendiente a consolidar formalmente en el texto mismo de la Constitución, un Estado socialista, centralizado, militarista y policial.[84] La reforma fue sancionada por la Asamblea Nacional violando la propia Constitución que solo permite que reformas constitucionales sustantivas de ese tipo sean aprobadas mediante la convocatoria de una Asamblea Constituyente. Ante las múltiples impugnaciones efectuadas contra la forma de proceder para reformar la Constitución, la respuesta de la sala Constitucional fue las demandas intentadas simplemente eran "improponibles,"[85] burlando así el derecho a la supremacía constitucional.

En este caso, sin embargo, fue el pueblo el cual rechazó la fraudulenta reforma constitucional mediante referendo del 2 de diciembre de 2007, propuesta por el Presidente; pero para nada, pues la voluntad popular ha sido sistemáticamente burlada, pues el gobierno, en un nuevo y continuo fraude a la misma ha venido implementando las rechazadas reformas constitucionales mediante legislación ordinaria y decretos leyes delegados inconstitucionalmente sancionados, y que el Tribunal Supremo se ha abstenido de controlar.[86]

Así ocurrió, por ejemplo, mediante varios de los Decretos Leyes dictados en ejecución de la Ley habilitante de febrero de 2007,[87] tendientes, por ejemplo, a establecer la planificación

---

82 Véase la sentencia N° 53, de la Sala Constitucional de 2 de febrero de 2009 (Caso: *Interpretación de los artículos 340,6 y 345 de la Constitución*), en http:/www.tsj.gov.ve/decisions/scon/Febrero/53-3209-2009-08-1610.html y en *Revista de Derecho Público* 117, Editorial Jurídica venezolana, Caracas 2009, 205-211

83 Véase Allan R. Brewer-Carías, "El Juez Constitucional vs. La alternabilidad republicana (La reelección continua e indefinida)," en *Revista de Derecho Público* 117, Editorial Jurídica venezolana, Caracas 2009, 205-211

84 Véase Allan R. Brewer-Carías, *Hacia la consolidación de un Estado Socialista, Centralizado, Policial Y Militarista. Comentarios sobre el sentido y alcance de las propuestas de reforma constitucional 2007,* Colección Textos Legislativos, N° 42, Editorial Jurídica Venezolana, Caracas 2007; *La reforma constitucional de 2007* (Comentarios al Proyecto inconstitucionalmente sancionado por la Asamblea Nacional el 2 de noviembre de 2007), Colección Textos Legislativos, No.43, Editorial Jurídica Venezolana, Caracas 2007.

85 Véase el estudio de las respectivas sentencias en Allan R. Brewer-Carías, "El juez constitucional vs. la supremacía constitucional. O de cómo la Jurisdicción Constitucional en Venezuela renunció a controlar la constitucionalidad del procedimiento seguido para la "reforma constitucional" sancionada por la Asamblea Nacional el 2 de noviembre de 2007, antes de que fuera rechazada por el pueblo en el referendo del 2 de diciembre de 2007," en *Revista de Derecho Público*, núm. 112, Caracas, Editorial Jurídica Venezolana, 2007, pp. 661-694

86 Véanse los trabajos de Lolymar Hernández Camargo, "Límites del poder ejecutivo en el ejercicio de la habilitación legislativa: Imposibilidad de establecer el contenido de la reforma constitucional rechazada vía habilitación legislativa," en *Revista de Derecho Público*, N° 115 *(Estudios sobre los Decretos Leyes),* Editorial Jurídica venezolana, Caracas 2008, pp. 51 ss.; Jorge Kiriakidis, "Breves reflexiones en torno a los 26 Decretos-Ley de Julio-Agosto de 2008, y la consulta popular refrendaría de diciembre de 2007," *Ídem,* pp. 57 ss.; y José Vicente Haro García, Los recientes intentos de reforma constitucional o de cómo se está tratando de establecer una dictadura socialista con apariencia de legalidad (A propósito del proyecto de reforma constitucional de 2007 y los 26 decretos leyes del 31 de julio de 2008 que tratan de imponerla)," *Ídem*, pp. 63 ss

87 *Gaceta Oficial* 38.617 de 1° de febrero de 2007

centralizada,[88] implementar las bases del Estado Socialista y del sistema económico socialista,[89] y transformar la Fuerza Armada en una Fuerza Armada Bolivariana con una Milicia no prevista en la Constitución,[90] todo lo cual había sido rechazado el pueblo.

También ha ocurrido mediante leyes, como por ejemplo, la dictada para regular el Distrito Capital como una entidad territorial totalmente dependiente del Poder Nacional,[91] reviviéndose el desaparecido "Distrito Federal" de 1864, contrariando abiertamente la Constitución que lo regula como una entidad con autonomía política. Lamentablemente para el Estado de derecho, el Presidente ha estado absolutamente seguro de que la sumisa Sala Constitucional que controla, jamás ejercerá el control de constitucionalidad sobre esos textos inconstitucionales.

Además, como se dijo, dicho control político sobre el Tribunal Supremo, ha permitido que sea a través del mismo que muchas de las reformas constitucionales rechazadas por el pueblo en el referendo de 2007 hayan sido "implementadas" mediante mutaciones constitucionales dispuestas al interpretar la Constitución.

Así sucedió, por ejemplo, con el cambio operado por la vía de la interpretación de la Constitución, sobre las bases constitucionales del Estado federal, incidiendo en la distribución territorial del poder público, para implementar en fraude a la voluntad popular reformas constitucionales que fueron rechazadas por el pueblo. Ocurrió en 2008 mediante una sentencia dictada muy convenientemente, a solicitud del Abogado del Estado que como dije en Venezuela es un funcionario dependiente del Poder Ejecutivo (Procurador General de la República), con lo cual se transformó una competencia "exclusiva" de los Estados de la federación para la conservación, administración y aprovechamiento de autopistas y carreteras nacionales y de puertos y aeropuertos comerciales, en una competencia "concurrente" con el Poder Nacional y así permitir su centralización e intervención,[92] modificando el contenido de la norma constitucional. Con esta "interpretación constitucional," la Sala Constitucional usurpó la voluntad popular, obligando además a la Asamblea Nacional a dictar una legislación contraria a la Constitución,[93] lo que efectivamente hizo, entre otras, mediante la reforma en marzo de 2009, de la Ley Orgánica de Descentralización, Delimitación y Transferencia de Competencias del Poder Público,[94] a los efectos de eliminar las competencias exclusivas de los Estados. En esta forma, un nuevo fraude a la Constitución y a la voluntad popular que había rechazado dicha reforma constitucional en 2007, se consumó con la participación diligente del Tribunal Supremo de Justicia.[95]

Todo este proceso de control político sobre el Tribunal Supremo de Justicia se ha agravado a partir de diciembre de 2010, al producirse lo que puede denominarse como el asalto final al Tribunal Supremo de Justicia y su sometimiento al control total por parte del Poder Ejecutivo. En efecto, en septiembre de 2010 tuvieron lugar en Venezuela las elecciones legislativas, las cuales el Presidente de la República y sus seguidores plantearon como una suerte de plebiscito sobre su propio mandato y el modelo socialista de Estado que ha venido proponiendo e implementando ilegítimamente. En las mismas efectivamente el Presidente perdió el "plebiscito," al

88 Véase por ejemplo, Allan R. Brewer-Carías, "Comentarios sobre la inconstitucional creación de la Comisión Central de Planificación, centralizada y obligatoria,"en *Revista de Derecho Público*, N° 110, (abril-junio 2007), Editorial Jurídica Venezolana, Caracas 2007, pp. 79-89

89 Por ejemplo, Ley Orgánica de Seguridad y Soberanía Agroalimentaria, y Ley para el fomento y desarrollo de la economía popular, *Gaceta Oficial* N° 5.890 Extraordinaria de 31 julio de 2008.

90 Véase Ley sobre la Ley Orgánica de la Fuerza Armada Nacional, *Gaceta Oficial* con fecha 31 de julio de 2008.

91 *Gaceta Oficial* N° 39.156 de 13 de abril de 2009.

92 Véase sentencia de la Sala Constitucional , n° 565 de 15 de abril de 2008, caso Procuradora General de la República, recurso de interpretación del artículo 164.10 de la Constitución de 1999 de fecha 15 de Abril de 2008, en http://www.tsj.gov.ve/decisiones/scon/Abril/565-150408-07-1108.htm

93 De ello resulta según la sentencia: "la necesaria revisión general de la Ley Orgánica de Descentralización, Delimitación y Transferencia de Competencias del Poder Público, Ley General de Puertos y la Ley de Aeronáutica Civil, sin perjuicio de la necesaria consideración de otros textos legales para adecuar su contenido a la vigente interpretación."

94 *Gaceta Oficial* N° 39 140 del 17 de marzo de 2009

95 Véase Allan R. Brewer-Carías, "La Sala Constitucional como poder constituyente: la modificación de la forma federal del estado y del sistema constitucional de división territorial del poder público," en *Revista de Derecho Público*, N° 114, (abril-junio 2008), Editorial Jurídica Venezolana, Caracas 2008, pp. 247-262

haber obtenido menos de la mitad del voto popular, lo que no impidió que por el sistema de escrutinio establecido en la ley de los procesos Electorales, los diputados oficialistas terminaron controlando la Asamblea. El gobierno en todo caso quedó como minoría en el país, y en todo caso perdió la mayoría calificada que antes tenía en la Asamblea. Esto, en cualquier democracia, hubiera conducido a implementar la elemental regla de que para gobernar hay que compartir el ejercicio del poder, en el caso del gobierno autoritario que existe en Venezuela, lo que el Gobierno anunció fue lo contrario, indicando no habría dialogo alguno con la oposición, amenazando incluso con aprobar durante los dos meses que faltan hasta que la nueva Asamblea Nacional tomase posesión en enero de 2011, leyes inconstitucionales tendientes a implementar fraudulentamente los restantes aspectos de la rechazada reforma constitucional de 2007.

Y así efectivamente ocurrió el 21 de diciembre de 2010, cuando la Asamblea Nacional materializó la amenaza que se había anunciado de implementar un llamado "Poder Popular" para ser ejercido por un "Estado Comunal" montado, en paralelo, al Estado Constitucional, sobre la base de unas Comunas y unos Consejos Comunales no previstos en la Constitución y que son controlados desde el Poder Central. Y todo ello, en fraude a la Constitución y a la voluntad popular que en 2007 había rechazado las reformas constitucionales que en tal sentido se habían propuesto, y que en septiembre de 2010 en las elecciones parlamentarias, igualmente el pueblo había se había manifestado rechazando las políticas socialistas propuestas por el Presidente de la República.

Sin embargo, a pesar de ello, como se dijo, la deslegitimada Asamblea Nacional precedente procedió a sancionar de un conjunto de Leyes Orgánicas, mediante las cuales se ha terminado de definir, al margen de la Constitución, el marco normativo de un nuevo Estado *paralelo al Estado Constitucional,* que no es otra cosa que un Estado Socialista, Centralizado, Militarista y Policial denominado "Estado Comunal." Dichas Leyes Orgánicas en efecto, fueron las del Poder Popular, de las Comunas, del Sistema Económico Comunal, de Planificación Pública y Comunal y de Contraloría Social.[96] Además, en el mismo marco de estructuración del Estado Comunal montado sobre el Poder Popular, igualmente en diciembre de 2010 se reformó la Ley Orgánica del Poder Público Municipal eliminándose las Juntas parroquiales, y se reformó las Leyes de los Consejos Estadales de Planificación y Coordinación de Políticas Públicas, y de los Consejos Locales de Planificación Pública.[97] Dichas leyes han sido impugnadas por violar la Constitución y el derecho de participación de los ciudadanos en el proceso de su formación, pero frente a ello el Tribunal Supremo de Justicia solo tiene silencio.

La deslegitimada Asamblea Nacional, además, también sancionó en diciembre de 2010 una Ley habilitante autorizando al Presidente de la República para por vía de legislación delegada, dictar leyes en todas las materias imaginables, incluso de carácter orgánico, vaciando así de hecho por un período de 18 meses, hasta 2012, a la nueva Asamblea Nacional que se instaló en enero de 2011 de materias sobre las cuales poder legislar.

Es decir, contra todos los principios constitucionales que se refieren al Poder legislativo en el mundo moderno, una Legislatura que estaba concluyendo su mandato legisló sobre todo lo imaginable en materia de reforma del Estado, comprometiendo la nueva Legislatura, y además, delegó en el Presidente todas las materias imaginables, vaciando de hecho a la nueva Legislatura de su poder de legislar. Y frente a ello, a pesar de todas las impugnaciones, de parte del Tribunal Supremo sólo ha habido silencio, lo que se ha asegurado, además, con el completo control político que se ha materializado respecto del mismo, igualmente en diciembre de 2010, al elegirse nuevos Magistrados por la Asamblea Nacional, arrebatándole tal decisión que en tal sentido correspondía ser adoptada por la nueva Legislatura.

En efecto, el abuso de poder en el control político del Tribunal Supremo se ha completado al proceder, la Asamblea Nacional, a hacer el nombramiento de nuevos Magistrados del Tribunal Supremo, a pesar de que no podía hacerlo de acuerdo con el texto de la reforma de Ley Orgá-

96 Véase en *Gaceta Oficial* Nº 6.011 Extra. de 21-12-2010.
97 Véase en *Gaceta Oficial* Nº 6.015 Extra. de 30-12-2010

nica del Tribunal Supremo que la Asamblea había sancionado en el mismo año 2010;[98] nombramiento que correspondía a la nueva Asamblea Nacional que se instaló en enero de 2011, y por tanto, con la participación de los diputados de oposición.

Para lograr este fraude, y en vista de la imposibilidad que había de volver a reformar formalmente para ello la Ley Orgánica del Tribunal Supremo, a lo que se procedió fue a realizar una "reforma" de la Ley Orgánica del Tribunal Supremo sin "reformarla" formalmente las vías regulares, mediante la "reimpresión" del texto de la Ley Orgánica en la *Gaceta Oficial* por un supuesto error material de copia del texto legal, lo que se materializó sólo cuatro días después de que se efectuara la elección de los nuevos diputados a la Asamblea como consecuencia de lo cual la bancada oficialista carecía de la mayoría calificada para hacer los nombramientos.[99]

El artículo 70 de la Ley Orgánica del Tribunal Supremo dispone, en efecto, que el plazo para presentar las candidaturas a Magistrados del Tribunal ante el Comité de Postulaciones Judiciales no debe ser *"menor de treinta días continuos,"* lo que implicaba que la Legislatura que concluía no alcanzaba a hacer los nombramientos; redacción que se cambió gracias a un "aviso" del Secretario de la Asamblea Nacional, en el cual indicó que en lugar de la palabra "menor" la palabra supuestamente correcta de la norma es la antónima, es decir, "mayor" en el sentido de que la norma debía decir lo contrario, que el plazo *"no será mayor de treinta días continuos."*

En esta forma, con un cambio de palabras, de "menor" a "mayor," un plazo mínimo se convirtió en un plazo máximo, con la clara intención de reducir los plazos para recibir las postulaciones y proceder a la inmediata designación de los nuevos Magistrados, precisamente antes de que se instalara la nueva Asamblea Nacional en enero de 2011.[100] Así se cambia ahora el texto de las leyes en Venezuela, sin reformarlas formalmente; simplemente reimprimiendo el texto en la *Gaceta Oficial*, sin que haya institución judicial alguna que controle el desaguisado.

Con esa "reforma" legal, la Asamblea Nacional integrada por diputados que ya para ese momento no representaban la voluntad mayoritaria del pueblo, procedió entonces a materializar el asalto final al Tribunal Supremo, y llenarlo de Magistrados miembros del partido político oficial y que, además, para el momento de su elección, incluso eran de los parlamentarios que estaban terminando su mandato por efecto de la elección parlamentaria, y que por tanto, no cumplían con las condiciones para ser Magistrados que establece la Constitución.[101]

De todo lo que hemos expuesto, después de cuatro décadas de práctica democrática que tuvo Venezuela entre 1959 y 1999, durante algo más de una década entre 1999 y 2011, en fraude

98 Véase en *Gaceta Oficial* N° 39.522, de 1 de octubre de 2010. Véase los comentarios en Allan R. Brewer-Carías y Víctor Hernández Mendible, *Ley Orgánica del Tribunal Supremo de Justicia de 2010*, Editorial Jurídica Venezolana, Caracas 2010.

99 Véase *Gaceta Oficial* No. *Gaceta Oficial* N° 39.522, de 1 de octubre de 2010

100 Véanse los comentarios de Víctor Hernández Mendible, "Sobre la nueva reimpresión por "supuestos errores" materiales de la LOTSJ en la *Gaceta Oficial* N° 39.522, de 1 de octubre de 2010," y Antonio Silva Aranguren, "Tras el rastro del engaño, en la web de la Asamblea Nacional," publicados en el *Addendum* al libro de Allan R. Brewer-Carías y Víctor Hernández Mendible, *Ley Orgánica del Tribunal Supremo de Justicia de 2010*, Editorial Jurídica Venezolana, Caracas 2010.

101 Como lo señaló la ex Magistrada de la antigua Corte Suprema de Justicia, Hildegard Rondón de Sansó: "El mayor de los riesgos que plantea para el Estado la desacertada actuación de la Asamblea Nacional en la reciente designación de los Magistrados del Tribunal Supremo de Justicia, no está solo en la carencia, en la mayoría de los designados de los requisitos constitucionales, sino el haber llevado a la cúspide del Poder Judicial la decisiva influencia de un sector del Poder Legislativo, ya que para diferentes Salas, fueron elegidos cinco parlamentarios." Destacó además la profesora Sansó que "todo un sector fundamental del poder del Estado, va a estar en manos de un pequeño grupo de sujetos que no son juristas, sino políticos de profesión, y a quienes corresponderá, entre otras funciones el control de los actos normativos;" agregando que "Lo más grave es que los designantes, ni un solo momento se percataron de que estaban nombrando a los jueces máximos del sistema jurídico venezolano que, como tales, tenían que ser los más aptos, y de reconocido prestigio como lo exige la Constitución." Concluyó reconociendo entre "los graves errores" que incidieron sobre la elección, el hecho de: "la configuración del Comité de Postulaciones Judiciales, al cual la Constitución creó como un organismo neutro, representante de los "diferentes sectores de la sociedad" (Art. 271), pero la Ley Orgánica del Tribunal Supremo de Justicia, lo convirtió en forma inconstitucional, en un apéndice del Poder Legislativo. La consecuencia de este grave error era inevitable: los electores eligieron a sus propios colegas, considerando que hacerlo era lo más natural de este mundo y, ejemplo de ello fueron los bochornosos aplausos con que se festejara cada nombramiento." Véase Hildegard Rondón de Sansó, **"*Obiter Dicta*. En torno a una elección," en *La Voce d'Italia*, 14-12-2010.**

continuo a la Constitución efectuado por el Legislador y por el Tribunal Supremo de Justicia, guiados por el Poder Ejecutivo, a pesar de las excelentes normas constitucionales de las cuales dispone el país, se ha venido estructurando un Estado autoritario en contra de las mismas, que ha aniquilado toda posibilidad de control del ejercicio del poder y, en definitiva, el derecho mismo de los ciudadanos a la democracia. Además, se ha venido implementando fraudulentamente la reforma constitucional rechazada de 2007, mediante decretos leyes dictados en 2008, y además, mediante las leyes emanadas de la Asamblea Nacional en diciembre de 2010 sobre el Poder Popular y el Estado Comunal, en las cuales se ha regulado un Estado Socialista y un sistema económico comunista por el cual nadie ha votado en el país.

En este contexto, por tanto, son evidentes las catastróficas consecuencias que para el Estado de derecho y para la democracia en Venezuela ha tenido la conducta del Tribunal Supremo de Justicia, que con su acción y omisión ha terminado siendo el artífice de la masacre institucional que Venezuela ha sufrido impunemente. Ello se confirma, por lo demás, con lo expresado en el discurso de apertura del Año Judicial el 5 de febrero de 2011 pronunciado, como Orador de Orden, por Magistrado de la Sala Electoral del Tribunal Supremo, Fernando Vargas, en el cual destacó que "el Poder Judicial venezolano está en el deber de dar su aporte para la eficaz ejecución, en el ámbito de su competencia, de la Política de Estado que adelanta el gobierno nacional" en el sentido de desarrollar "una acción deliberada y planificada para conducir un socialismo bolivariano y democrático," y que "la materialización del aporte que debe dar el Poder Judicial para colaborar con el desarrollo de una política socialista, conforme a la Constitución y la leyes, viene dado por la conducta profesional de jueces, secretarios, alguaciles y personal auxiliar," agregando que:

> "Así como en el pasado, bajo el imperio de las constituciones liberales que rigieron el llamado estado de derecho, la Corte de Casación, la Corte Federal y de Casación o la Corte Suprema de Justicia y demás tribunales, se consagraban a la defensa de las estructuras liberal-democráticas y combatían con sus sentencias a quienes pretendían subvertir ese orden en cualquiera de las competencias ya fuese penal, laboral o civil, de la misma manera este Tribunal Supremo de Justicia y el resto de los tribunales de la República, deben aplicar severamente las leyes para sancionar conductas o reconducir causas que vayan en desmedro de la construcción del Socialismo Bolivariano y Democrático."[102]

De lo que hemos expuesto anteriormente, queda claro cual ha sido la razón del rol asumido por el Tribunal Supremo en Venezuela, y que no es otra que la destrucción del "llamado Estado de derecho" y "de las estructuras liberales-democráticas." De ello resulta, entonces que el tema central en esta materia en Venezuela, no es que haya cuestiones políticas no justiciable, que no las hay; ni que haya una judicialización de la política, sino de un Tribunal constitucional que en si mismo se declara como un instrumento para la implementación de la política antidemocrática del gobierno, es decir, de la destrucción del Estado democrático y social de derecho, lo que en si mismo es la negación de la justicia constitucional.

San José, 29 de marzo de 2012.

102 Véase la Nota de Prensa oficial difundida por el Tribunal Supremo. Véase en http://www.tsj.gov.ve/informacion/notasdeprensa/notasdeprensa.asp?codigo=8239

## X

# EL PRINCIPIO DE LA SEPARACIÓN DE PODERES COMO ELEMENTO ESENCIAL DE LA DEMOCRACIA Y DE LA LIBERTAD, Y SU DEMOLICIÓN EN VENEZUELA MEDIANTE LA SUJECIÓN POLÍTICA DEL TRIBUNAL SUPREMO DE JUSTICIA

## (2012)

**Texto publicado en *Revista Iberoamericana de Derecho Administrativo. Homenaje a Luciano Parejo Alfonso*, Año 12, N° 12, Asociación e Instituto Iberoamericano de Derecho Administrativo Prof. Jesús González Pérez, San José, Costa Rica 2012, pp. 31-43.**

## INTRODUCCIÓN

Puede decirse que fue en el proceso constituyente de Cádiz desarrollado a partir de 1810 y que culminó con la sanción de la Constitución de marzo de 1812, cuando en Europa, de adoptó el principio de la separación de poderes como base del constitucionalismo, después de su implantación por la revolución francesa y su inclusión en la Declaración de los Derechos del Hombre y del Ciudadano de 1789, en cuyo artículo XVI, –y siempre es bueno recordarlo,– se afirmó que "Toda sociedad en la cual la garantía de los derechos no esté asegurada, ni la separación de poderes determinada, no tiene Constitución."

El principio, con los aportes adicionales de la Revolución norteamericana de 1776, se erigió así en uno de los principios fundamentales del constitucionalismo moderno, habiéndose adoptado en Cádiz, el mismo día de la instalación de las Cortes Generales en la Isla de León el 24 de septiembre de 1810, con diputados que formaron un solo cuerpo de 207 diputados,[1] abandonando la antigua división en estamentos. El primero de los decretos de la nueva asamblea (Decreto N° 1) fue para declarar "nula, de ningún valor ni efecto la cesión de la Corona que se dice hecha en favor de Napoleón," reconociendo a Fernando VII como rey;[2] en el cual además, "no conviniendo queden reunidos el Poder Legislativo, el Ejecutivo y el Judiciario," las Cortes Generales adoptaron formalmente el principio de la separación de poderes, reservándose el Poder Legislativo, y atribuyendo al Consejo de Regencia el ejercicio del Poder Ejecutivo.[3]

Con esta disposición, España ingresó en las corrientes del constitucionalismo moderno, en paralelo a lo que también ocurría a partir de ese mismo año en las provincias de Venezuela,[4] al declarar su independencia de España y adoptar también el principio de la separación de

1 Véase en Rafael M. de Labra y Martínez, *Los presidentes americanos de las Cortes de Cádiz*, Madrid 1912 (Reedición Congreso de Diputados), Madrid, p. 31

2 Véase J. F. Blanco y R. Azpúrua, *Documentos para la Historia de la Vida Pública del Libertador de Colombia, Perú y Bolivia. Puestos por orden cronológico y con adiciones y notas que la ilustran*, La Opinión Nacional, Vol. III, Caracas 1877, Edición facsimilar: Ediciones de la Presidencia de la República, Caracas 1977, 1983, Tomo II, pp. 657

3 Véase en Eduardo Roca Roca, *América en el Ordenamiento Jurídico de las Cortes de Cádiz*, Granada 1986, p. 193.

4 Véase en general Allan R. Brewer-Carías, *Reflexiones sobre la revolución americana (1776) y la revolución francesa (1789) y sus aportes al constitucionalismo moderno*, Caracas, 1991. Una segunda edición ampliada de este libro se publicó como *Reflexiones sobre la revolución norteamericana (1776), la revolución francesa (1789) i la revolución hispanoamericana (1810-1830) y sus aportes al constitucionalismo moderno*, Serie Derecho Administrativo N° 2, Universidad Externado de Colombia, Editorial Jurídica Venezolana, Bogotá 2008

Poderes. Fue así, que una vez electo el Congreso general de las provincias de Venezuela, el mismo día de su instalación el 5 de marzo de 1811, al sustituir el Congreso a la Junta Suprema de Caracas, se adoptó el principio de la separación de poderes para organizar el nuevo gobierno, reservándose el Congreso el Poder legislativo, designando a tres ciudadanos para ejercer el Poder Ejecutivo Nacional, turnándose en la presidencia por períodos semanales, y constituyendo, además, una Alta Corte de Justicia.

El principio, por supuesto, se recogió luego en la Constitución de Cádiz de 18 de marzo de 1812, al distribuir las potestades estatales así: la potestad de hacer las leyes se atribuyó a las Cortes con el Rey (art. 15); la potestad de hacer ejecutar las leyes, al Rey (art. 16); y la potestad de aplicar las leyes, a los tribunales (art. 17). En la Constitución Federal de los Estados de Venezuela del 21 de diciembre de 1811,[5] sancionada unos meses antes que la de Cádiz, también se adoptó el principio pero con enunciados aún más firmes. Así, en el preámbulo o Preliminar de la Constitución se indicó que

> El ejercicio de esta autoridad confiada a la Confederación no podrá jamás hallarse reunido en sus diversas funciones. El Poder Supremo debe estar dividido en Legislativo, Ejecutivo y Judicial, y confiado a distintos Cuerpos independientes entre sí y en sus respectivas facultades.

Además, el artículo 189 se insistió en el principio al disponer que:

> Los tres Departamentos esenciales del Gobierno, a saber: el Legislativo, el Ejecutivo y el Judicial, es preciso que se conserven tan separados e independientes el uno del otro cuanto lo exija la naturaleza de un gobierno libre, lo que es conveniente con la cadena de conexión que liga toda fábrica de la Constitución en un modo indisoluble de Amistad y Unión

La fuente directa de inspiración de la adopción del principio en el constitucionalismo moderno en todo caso fueron lar reflexiones del barón de Montesquieu sobre la Constitución inglesa del siglo XVII, al afirmar que "Es una experiencia eterna que todo hombre que tiene poder, tiende a abusar de él; y lo hace, hasta que encuentra límites", de lo que dedujo su famoso postulado de que "para que no se pueda abusar del poder es necesario que por la disposición de las cosas, el poder limite al poder."[6] Y fue de esta apreciación física que se derivó, precisamente, el principio de la separación de poderes que establecieron todas las Constituciones que se formularon después de las revoluciones norteamericana y francesa, comenzando por la venezolana de 1811 y la española de 1812, convirtiéndose, no sólo en uno de los pilares fundamentales del constitucionalismo moderno, sino además, uno se los principios esenciales de la democracia, y con ella, de la libertad.[7] También, por supuesto, se configuró como un instrumento para la organización formal del Estado, no debiendo dicho carácter instrumental, opacar su importancia política vinculada a la garantía de la democracia y de la libertad ciudadana.

## I.- LA SEPARACIÓN DE PODERES PARA LA ORGANIZACIÓN DEL ESTADO

En este aspecto instrumental de organización del Estado, la Constitución venezolana de 1999 puede decirse que se convirtió en un punto de referencia en el constitucionalismo contemporáneo al haber superado la clásica división tripartita del Poder Público y haber adoptado un

5 Véase el texto en Allan R. Brewer-Carías *Las Constituciones de Venezuela,* Madrid, 1985, pp. 181 a 205. Además, en *La Constitución Federal de Venezuela de 1811 y documentos afines,* Biblioteca de la Academia Nacional de la Historia, Caracas 1959, pp.

6 *De l'Espirit des Lois* (ed. G. Tunc), Paris 1949, Vol. I, Libro XI, Cáp. IV, pp.162-163.

7 Véase en general, Manuel García Pelayo, "La división de poderes y la Constitución Venezolana de 1961", en *Libro Homenaje a Rafael Caldera: Estudios sobre la Constitución,* Tomo III, Facultad de Ciencias Jurídicas y Políticas, Universidad Central de Venezuela, Caracas 1979, pp. 1403 y 1420; Hildegard Rondón de Sansó, "La separación de los poderes en Venezuela", en *Libro Homenaje a Rafael Caldera: Estudios sobre la Constitución,* Tomo III, Facultad de Ciencias Jurídicas y Políticas, Universidad Central de Venezuela, Caracas 1979, pp. 1369-1403. Por nuestra parte, véase Allan R. Brewer-Carías, *Los Principios fundamentales del derecho público (Constitucional y Administrativo)*, Editorial Jurídica venezolana, Caracas 2005, pp. 67 ss.

novedoso sistema de separación orgánica del Poder[8] al distribuirlo en cinco Poderes, al agregar a los tres tradicionales (Legislativo, Ejecutivo y Judicial), dos nuevos, el Poder Ciudadano (que comprende los órganos con autonomía funcional que existen en forma variada en todos los países, en nuestro caso, el Ministerio Público, el defensor del Pueblo y la Contraloría general de la República) y el Poder Electoral que comprende los órganos encargados de llevar adelante los procesos electorales (Consejo Nacional Electoral). Estos cinco conjuntos orgánicos en el texto de la Constitución se encuentran separados, son autónomos e independientes entre sí, y cada uno de ellos tiene sus competencias constitucionales y legales específicas. Y son las relaciones que se establecen entre los mismos a los efectos de la conducción política de la sociedad, que en la Constitución se configuró un sistema presidencial de gobierno, pero con una desmedida sujeción y distorsión parlamentaria, que hace que si el Presidente no controla políticamente la Asamblea el sistema de gobierno simplemente no puede funcionar.[9]

En todo caso, en cuanto a la separación de poderes, la configuración del principio en la Constitución como instrumento de organización del Estado responde a cierto grado de flexibilidad, tal como lo señaló la antigua Corte Suprema de Justicia en el sentido de que "si bien cada uno de ellos tiene definida su propia esfera de acción: el Legislativo, para dictar la ley, reformarla y revocarla; el Ejecutivo, para ejecutarla y velar por su cumplimiento; y el Judicial, para interpretarla, y darle aplicación en los conflictos surgidos, la demarcación de la línea divisoria entre ellos no es excluyente, ya que en muchos casos esos poderes ejercen funciones de naturaleza distinta de las que privativamente le están atribuidas."[10] El principio, ciertamente, impide a unos órganos invadir las competencias propias de otro,[11] pero no les impide ejercer funciones de naturaleza similar a las de otros órganos. Por ello, la misma antigua Corte Suprema, en sentencia posterior, fue aún más clara y terminante al señalar que "lejos de ser absoluto" el principio de la separación tiene un "carácter complementario" de manera que los diversos órganos del Estado, aparte de sus funciones propias "realizan eventualmente actos de índole distinta a las que por su naturaleza les incumbe," de manera que en definitiva "la división de poderes no coincide plenamente con la separación de funciones."[12]

Conforme a ello, por tanto, desde el punto de vista instrumental, la separación de poderes se entiende en el sistema venezolano, en *primer lugar*, como una separación orgánica entre los órganos de cada rama del Poder Público; y en *segundo lugar*, como una asignación de funciones propias a cada uno de dichos órganos; pero nunca como una separación de funciones atribuidas con carácter exclusivo a los diversos órganos. En otras palabras, mediante este principio se reserva a ciertos órganos el ejercer una función en una forma determinada (funciones propias),

---

8 Conforme lo ha señalado la sentencia N° 3098 de la Sala Constitucional (Caso: *nulidad artículos Ley Orgánica de la Justicia de Paz*) de 13-12-2004, la "redistribución orgánica del Poder Público" que establece la Constitución obedece, "según la Exposición de Motivos de la Constitución de 1999, a la necesidad de otorgar independencia y autonomía funcional a los órganos que están encargados de desarrollar determinadas competencias, especialmente las de ejecución de "*procesos electorales, así como el de la función contralora y la defensa de los derechos humanos*". Véase en *Gaceta Oficial* N° 38.120 de 02-02-2005.

9 Quizás por ello en la Exposición de Motivos de la Constitución se calificó el sistema de gobierno en la Constitución, en nuestro criterio incorrectamente como un "sistema semipresidencial." Véase en Allan R. Brewer-Carías, *La Constitución de 1999. Derecho Constitucional Venezolano*, Editorial Jurídica Venezolana, Caracas 2004, Tomo I, pp. 437 ss., y Tomo II, p. 1146.

10 Véase la sentencia de la antigua Corte Federal de 19-6-53 en *Gaceta Forense*, N° 1, Caracas 1953, p. 77. En otra sentencia, al referirse a las funciones estatales, la Corte las diferenció así: "No realiza una función creadora dentro del ordenamiento jurídico, que es la función legislativa, ni conoce ni decide acerca de las pretensiones que una parte esgrime frente a la otra, que es la función judicial; sino que es sujeto de derecho, titular de intereses, agente propio de la *función administrativa*". Véase Sentencia de 18-7-63 de la antigua Corte Suprema de Justicia en Sala Político Administrativa, en *Gaceta Forense*, N° 41, Caracas 1963, p. 116.

11 *Cfr.* Sentencia de la antigua Corte Federal y de Casación en Corte Plena de 26-5-51 en *Gaceta Forense*, N° 8, Caracas 1952, p. 114 y *Sentencia* de la antigua Corte Suprema de Justicia en Corte Plena de 12-6-68 en publicación del Senado de la República, 1968, p. 201.

12 Esta doctrina fue establecida en Sentencia de la antigua Corte Suprema de Justicia en Sala Político Administrativa de 18-7-63 en *Gaceta Forense* N° 41, Caracas 1963, pp. 116 y 117, y ratificados por la misma Corte y Sala en Sentencias de 27-5-68 en *Gaceta Forense* N° 60, Caracas 1969, pp. 115 a 118, y de 9-7-69 en *Gaceta Forense* N° 65, Caracas 1969, pp. 70 a 74.

lo que no excluye la posibilidad de que otros órganos ejerzan esa función en otra forma. Por tanto, de acuerdo con lo establecido en el artículo 136 de la Constitución, la asignación de funciones propias a los órganos que ejercen los Poderes Públicos, no implica que cada uno de los órganos del Estado siempre tenga el ejercicio exclusivo de alguna función estatal específica.[13] Bajo esta aproximación al principio fue que la Sala Constitucional del Tribunal Supremo en sentencia N° 3098 del 13 de diciembre de 2004 (Caso: *Nulidad de artículos de la Ley Orgánica de la Justicia de Paz*), consideró que el principio "no es un principio ideológico, propio de la democracia liberal, sino un principio técnico del cual depende la vigencia de la seguridad jurídica como valor fundante del derecho."[14]

Ello, por supuesto, constituyó un grave error, pues la Sala se limitó a considerar el principio en su función instrumental de organización, ignorando su valor esencial precisamente como principio de la ideología de la democracia liberal, que lo considera esencial para la existencia de la propia democracia y la libertad. Sin duda, la afirmación de la Sala en 2004 era el comienzo de un viraje anti democrático al afirmar despectivamente en sentencia N° 1049 de 23 de julio de 2009,[15] que "*la llamada* división, distinción o separación de poderes fue, al igual que la teoría de los derechos fundamentales de libertad, un instrumento de la doctrina liberal del Estado mínimo," con lo cual comenzó a cuestionar la validez de los mismos principios del constitucionalismo democrático, señalando que el mismo no fue concebido como "un mero instrumento de organización de los órganos del Poder Público, sino un modo mediante el cual se pretendía asegurar que el Estado se mantuviera limitado a la protección de los intereses individualistas de la clase dirigente."[16]

Descubrió así la Sala Constitucional, aún cuando distorsionándolo, el verdadero sentido de la separación de poderes, no sólo como mero instrumento de organización del Estado, sino como principio esencial de la democracia, la propia del Estado de derecho, para garantizar los derechos y libertades fundamentales, aún cuando por supuesto no sólo de "intereses individualistas de la clase dirigente" como con sesgo ideológico distorsionante la confina el Tribunal Supremo.

En todo caso, con este elemento "ideológico" inserto en la jurisprudencia, la Sala luego comenzó a referirse al principio como "*la llamada* división, distribución o separación de poderes," reafirmando su carácter instrumental en cuanto a que "no supone una distribución homogénea, exclusiva o excluyente, o no en todos los casos, de tareas, potestades o técnicas entre los conglomerados de órganos del Poder Público," en el sentido de que "la Constitución de 1999 no refleja una estructura organizativa en la que la distribución de tareas entre los distintos Poderes corra paralela a una asignación de potestades homogéneas, exclusivas o excluyentes entre los mismos."[17]

## II.- SIGNIFICADO CONTEMPORÁNEO DEL PRINCIPIO DE LA SEPARACIÓN DE PODERES: EL CONTROL DEL PODER

Pero fue la propia Sala Constitucional, quizás sin advertirlo, la que destacó, así hubiese sido parcialmente, el que es el aspecto esencial del principio de la separación de poderes, no limitado a ser un principio instrumental para la organización del Estado, sino a ser el principio más importante para la configuración de un régimen político como democrático, propio del Estado de derecho garante de los derechos y libertades, montado sobre la idea del control del poder. En sentencia N° 2208 de 28 de noviembre de 2007, la sala Constitucional en efecto consideró en la más pura ortodoxia liberal que la separación de poderes:

13 Véase Allan R. Brewer-Carías, *Los Principios fundamentales del derecho público (Constitucional y Administrativo)*, Editorial Jurídica Venezolana, Caracas 2005, pp. 67 ss.

14 Sentencia N° 3098 de la Sala Constitucional (Caso: *nulidad artículos Ley Orgánica de la Justicia de Paz*) de 13-12-2004, en *Gaceta Oficial* N° 38.120 de 02-02-2005

15 Véase en http://www.tsj.gov.ve/decisiones/scon/Julio/1049-23709-2009-04-2233.html

16 Véase en http://www.tsj.gov.ve/decisiones/scon/Julio/1049-23709-2009-04-2233.html

17 Véase en http://www.tsj.gov.ve/decisiones/scon/Julio/1049-23709-2009-04-2233.html

"comporta la noción de control del ejercicio del Poder Público entre sus órganos, para asegurar la sujeción del obrar público a reglas y principios del derecho y, evidencia que el referido principio tiene carácter instrumental, en tanto está destinado a hacer efectiva la sujeción de los órganos del Poder Público al bloque de la constitucionalidad."[18]

La instrumentalidad mencionada por la Sala Constitucional en este caso al referirse al principio de la separación de poderes, ya no es sólo la referida a la organización de los poderes del Estado, sino a su carácter como fundamento para el control del poder, y particularmente, para el control judicial de la constitucionalidad y legalidad de los actos del Estado.

Sin embargo, siendo este enfoque de la primera importancia, pues conduce al principio de la universalidad del control judicial de los actos estatales, debe advertirse que el mismo no se agota en el control judicial, pues lo que comporta es básicamente un control político, para evitar, como lo decía Montesquieu, que el magistrado que tiene poder pueda abusar de él, para lo cual deben imponérsele límites, de manera que mediante la distribución del poder, "el poder limite al poder "y se evite que "se pueda abusar del poder."

Por ello es que el tema de la separación de poderes no se reduce a ser un tema de orden jurídico e instrumental para disponer la organización del Estado o para identificar los actos estatales, sino que es además, por supuesto, un tema de orden político constitucional, considerado en el mundo contemporáneo como uno de los elementos esenciales de la democracia.

Esta, en efecto, no es sólo elección y contiendas electorales, sino un sistema político de interrelación y alianza global entre los gobernados que eligen y los gobernantes electos, dispuesto para garantizar, por una parte, primero, que los representantes sean elegidos por el pueblo, y que puedan gobernar representándolo; segundo, que el ciudadano además, pueda tener efectiva participación política no limitada a la sola elección periódica; tercero, por sobre todo, un sistema donde el ser humano tiene primacía con él, su dignidad, sus derechos y sus libertades; cuarto, que el ejercicio del poder esté sometido a control efectivo, de manera que los gobernantes y gestores públicos sean controlados, rindan cuenta de su gestión y pueda hacérselos responsables; y quinto, como condición para todas esas garantías, que la organización del Estado esté realmente estructurada conforme a un sistema de separación de poderes, con la esencial garantía de su independencia y autonomía, particularmente del poder judicial.[19]

La Carta Democrática Interamericana de 2001, que es quizás uno de los instrumentos internacionales más importantes del mundo contemporáneo –aún cuando lamentablemente en desuso– en este sentido fue absolutamente precisa al enumerar dentro de los *elementos esenciales* de la democracia: primero, el respeto a los derechos humanos y las libertades fundamentales; segundo, el acceso al poder y su ejercicio con sujeción al Estado de derecho; tercero, la celebración de elecciones periódicas, libres, justas y basadas en el sufragio universal y secreto, como expresión de la soberanía del pueblo; cuarto, el régimen plural de partidos y organizaciones políticas, y quinto, la separación e independencia de los poderes públicos (art. 3).

Concebida la democracia conforme a estos elementos esenciales, la misma Carta Democrática los complementa con la exigencia de unos componentes esenciales de la misma, todos vinculados al control del poder, que son la transparencia de las actividades gubernamentales,

18 Caso *Antonio José Varela y Elaine Antonieta Calatrava Armas vs. Proyecto de Reforma de la Constitución de la República Bolivariana de Venezuela*, citada en la sentencia, en *Revista de Derecho Público*, N° 112, Editorial Jurídica Venezolana, Caracas 2007, pp. 601-606.

19 Véase Allan R. Brewer-Carías, "Los problemas del control del poder y el autoritarismo en Venezuela", en Peter Häberle y Diego García Belaúnde (Coordinadores), *El control del poder. Homenaje a Diego Valadés,* Instituto de Investigaciones Jurídicas, Universidad Nacional Autónoma de México, Tomo I, México 2011, pp. 159-188; "Sobre los elementos de la democracia como régimen político: representación y control del poder," en *Revista Jurídica Digital IUREced*, Edición 01, Trimestre 1, 2010-2011, en http://www.megaupload.com/?d=ZN9Y2W1R ; "Democracia: sus elementos y componentes esenciales y el control del poder", Grandes temas para un observatorio electoral ciudadano, Tomo I, Democracia: retos y fundamentos, *(Compiladora Nuria González Martín)*, Instituto Electoral del Distrito Federal, México 2007, pp. 171-220; "Los problemas de la gobernabilidad democrática en Venezuela: el autoritarismo constitucional y la concentración y centralización del poder" en Diego Valadés (Coord.), *Gobernabilidad y constitucionalismo en América Latina*, Universidad Nacional Autónoma de México, México 2005, pp. 73-96

la probidad y la responsabilidad de los gobiernos en la gestión pública; el respeto de los derechos sociales y de la libertad de expresión y de prensa; la subordinación constitucional de todas las instituciones del Estado, incluyendo el componente militar, a la autoridad civil legalmente constituida, y el respeto al Estado de derecho por todas las entidades y sectores de la sociedad (Art. 4).

Por todo ello es que el principio de la separación de poderes es tan importante para la democracia pues, en definitiva, del mismo dependen todos los demás elementos y componentes esenciales de la misma. En efecto, en definitiva, sólo controlando al Poder es que puede haber elecciones libres y justas, así como efectiva representatividad; sólo controlando al poder es que puede haber pluralismo político; sólo controlando al Poder es que podría haber efectiva participación democrática en la gestión de los asuntos públicos; sólo controlando al Poder es que puede haber transparencia administrativa en el ejercicio del gobierno, así como rendición de cuentas por parte de los gobernantes; sólo controlando el Poder es que se puede asegurar un gobierno sometido a la Constitución y las leyes, es decir, un Estado de derecho y la garantía del principio de legalidad; sólo controlando el Poder es que puede haber un efectivo acceso a la justicia de manera que ésta pueda funcionar con efectiva autonomía e independencia; y en fin, sólo controlando al Poder es que puede haber real y efectiva garantía de respeto a los derechos humanos. De lo anterior resulta, por tanto, que sólo cuando existe un sistema de control efectivo del poder es que puede haber democracia, y sólo en esta es que los ciudadanos pueden encontrar asegurados sus derechos debidamente equilibrados con los poderes Públicos.

No es difícil, por tanto, que ha sido precisamente por la ausencia de una efectiva separación de poderes Venezuela, que la democracia haya sido tan afectada en la última década, período en le cual se ha producido un proceso continuo y sistemático de desmantelamiento de la democracia,[20] mediante el proceso paralelo de concentración del poder, y que ha conducido, entre otro aspectos graves, al desmantelamiento de la autonomía e independencia del poder judicial en su conjunto,[21] y en particular, al control político por parte del Ejecutivo nacional del Tribunal Supremo y de su Sala Constitucional, los cuales han sido puestos al servicio del autoritarismo,[22] afectando su rol de garantes de la Constitución y de los derecho humanos.[23]

La propia Comisión Interamericana de Derechos Humanos ha destacado la gravedad del problema, al punto de que en su *Informe Anual de 2009*, después de analizar la situación de los derechos humanos en Venezuela y el deterioro institucional que ha sufrido el país, apuntó que

20 Véase Allan R. Brewer-Carías, *Dismantling Democracy. The Chávez Authoritarian Experiment*, Cambridge University Press, New York 2010

21 Véase, *en general*, Allan R. Brewer-Carías, "La progresiva y sistemática demolición de la autonomía e independencia del Poder Judicial en Venezuela (1999-2004)," en *XXX Jornadas J.M Dominguez Escovar, Estado de Derecho, Administración de Justicia y Derechos Humanos*, Instituto de Estudios Jurídicos del Estado Lara, Barquisimeto 2005, pp. 33-174; Allan R. Brewer-Carías, "El constitucionalismo y la emergencia en Venezuela: entre la emergencia formal y la emergencia anormal del Poder Judicial" en Allan R. Brewer-Carías, *Estudios Sobre el Estado Constitucional (2005-2006)*, Editorial Jurídica Venezolana, Caracas 2007, pp. 245-269; y Allan R. Brewer-Carías "La justicia sometida al poder. La ausencia de independencia y autonomía de los jueces en Venezuela por la interminable emergencia del Poder Judicial (1999-2006)" en *Cuestiones Internacionales. Anuario Jurídico Villanueva 2007,* Centro Universitario Villanueva, Marcial Pons, Madrid 2007, pp. 25-57, *disponible en* www.allanbrewercarias.com, (Biblioteca Virtual, II.4. Artículos y Estudios N° 550, 2007) pp. 1-37. Véase también Allan R. Brewer-Carías, *Historia Constitucional de Venezuela*, Editorial Alfa, Tomo II, Caracas 2008, pp. 402-454.

22 Véase Allan R. Brewer-Carías, "El rol del Tribunal Supremo de Justicia en Venezuela, en el marco de la ausencia de separación de poderes, producto del régimen autoritario,"en *Segundo Congreso Colombiano de Derecho Procesal Constitucional, Bogotá D.C., 16 de marzo de 2011*, Centro Colombiano de Derecho Procesal Constitucional, Universidad Católica de Colombia, Bogotá de Bogotá 2011, pp. 85-111; "El juez constitucional al servicio del autoritarismo y la ilegítima mutación de la Constitución: el caso de la Sala Constitucional del Tribunal Supremo de Justicia de Venezuela (1999-2009)," en *Revista de Administración Pública*, N° 180, Madrid 2009, pp. 383-418, y en *IUSTEL, Revista General de Derecho Administrativo*, N° 21, junio 2009, Madrid, ISSN-1696-9650; y "Los problemas del control del poder y el autoritarismo en Venezuela", en Peter Häberle y Diego García Belaúnde (Coordinadores), *El control del poder. Homenaje a Diego Valadés,* Instituto de Investigaciones Jurídicas, Universidad Nacional Autónoma de México, Tomo I, México 2011, pp. 159-188.

23 Véase Allan R. Brewer-Carías, "El proceso constitucional de amparo en Venezuela: su universalidad y su inefectividad en el régimen autoritario," en *Horizontes Contemporáneos del Derecho Procesal Constitucional. Liber Amicorum Néstor Pedro Sagüés,* Centro de Estudios Constitucionales del Tribunal Constitucional, Lima 2011, Tomo II, pp 219-261.

todo ello "indica la ausencia de la debida separación e independencia entre las ramas del gobierno en Venezuela."[24]

Esa situación general es, por otra parte, la que permite entender que haya sido la Presidenta de la Sala Constitucional del Tribunal Supremo de Venezuela, quien haya afirmado a la prensa en diciembre de 2009, simplemente que "la división de poderes debilita al Estado,' y que "hay que reformarla."[25]

Y quizás ello lo hizo para respaldar lo que ya un año antes, en agosto de 2008, había afirmado el propio Presidente de la República al referirse a un gran grupo de decretos leyes dictados conforme a una habilitación legislativa ilimitada, implementando por lo demás, en forma inconstitucional la reforma constitucional que había sido rechazada por el pueblo en referendo de diciembre de 2007, diciendo simplemente: "*Yo soy la Ley. Yo soy el Estado,*"[26] repitiendo así las mismas frases que ya había dicho en 2001, aún cuando con un pequeño giro –entonces dijo "*La Ley soy yo. El Estado soy yo*"[27]–, al referirse también en aquella oportunidad a la sanción inconsulta de cerca de 50 decretos leyes violando la Constitución. Esas frases, como sabemos, se atribuyeron en 1661 a Luis XIV para calificar el gobierno absoluto de la Monarquía, cuando a la muerte del cardenal Gulio Raimondo Mazarino, el Rey mismo asumió el gobierno sin nombrar un sustituto como ministro de Estado. Pero la verdad histórica, lo que hace aún más grotescas las afirmaciones del Presidente venezolano, es que ni siquiera Luis XIV llegó realmente a expresar esas frases que buscaban sólo resumir su decisión de gobernar sin el apoyo de un primer ministro.[28] Por ello, oírlas de boca de Jefe de Estado de nuestros tiempos, es suficiente para entender la trágica situación institucional de Venezuela, precisamente caracterizada por la completa ausencia de separación de poderes, de independencia y autonomía del Poder Judicial y, en consecuencia, de gobierno democrático.[29]

## III.- EL PROGRESIVO PROCESO DE ASEGURAMIENTO DEL CONTROL POLÍTICO SOBRE TRIBUNAL SUPREMO DE JUSTICIA

Al contrario de lo afirmado por la Presidenta del Tribunal Supremo, el principio de la separación de poderes habría que reforzarlo, no para debilitar al Estado, sino para garantizar la democracia, los derechos humanos y las libertades. Sin embargo, que sea la Presidenta del Tribunal Supremo quien afirme lo contrario, lo que evidencia es que ya a finales de 2009, el sometimiento de dicho Tribunal al control político por parte del Ejecutivo se había completado en Venezuela, habiendo sido convertido en un instrumento para el afianzamiento del autoritarismo.

Por ello el Estado venezolano, lamentablemente, a pesar de todo el lenguaje florido de la Constitución, no puede calificarse como un Estado democrático y social de derecho, denominación que se niega a cualquier Estado en el cual el Tribunal Supremo carezca de autonomía e in-

24 Véase IACHR, *2009 Annual Report*, para. 472, en http://www.cidh.oas.org/annualrep/ 2009eng/Chap.IV.f.eng.htm. El Presidente de la Comisioó, Felipe González, dijo en abril de 2010: "Venezuela es una democracia que tiene graves limitaciones, porque la democracia implica el funcionamiento del principio de separación de poderes, y un Poder Judicial libre de factores políticos." Véase en Juan Francisco Alonso, "Últimas medidas judiciales certifican informe de la CIDH," en *El Universal*, Apr. 4, 2010. Available at http://universo.eluniversal.com/2010/04/04/pol_art_ultimas-medidas-jud_1815569.shtml.

25 Véase en Juan Francisco Alonso, "La división de poderes debilita al estado. La presidenta del TSJ [Luisa Estela Morales] afirma que la Constitución hay que reformarla," *El Universal*, Caracas 5 de diciembre de 2009, en http://www.eluniversal.com/2009/12/05/pol_art_morales:-la-divisio_1683109.shtml. Véase la exposición completa de la presidenta del Tribunal Supremo en http://www.tsj.gov.ve/informacion/notasde prensa/notasdeprensa.asp?codigo=7342

26 Expresión del Presidente Hugo Chávezs Frís, el 28 de agosto de 2008. Ver en Gustavo Coronel, *Las Armas de Coronel*, 15 de octubre de 2008: http://lasarmasdecoronel.blogspot.com/2008/10/yo-soy-la-leyyo-soy-el-estado.html

27 *Véase* en *El Universal*, Caracas 4–12–01, pp. 1,1 and 2,1. Es también lo único que puede explicar, que un Jefe de Estado en 2009 pueda calificar a "la democracia representativa, la división de poderes y el gobierno alternativo" como doctrinas que "envenenan la mente de las masas." Véase la reseña sobre "Hugo Chávez seeks to cach them young," *The Economist*, 22-28 Agosto 2009, p. 33.

28 Véase Yves Guchet, *Histoire Constitutionnelle Française (1789–1958)*, Ed. Erasme, Paris 1990, p.8.

29 Véase el resumen de esta situación en Teodoro Petkoff, "Election and Political Power. Challenges for the Opposition", en *ReVista. Harvard Review of Latin America*, David Rockefeller Center for Latin American Studies, Harvard University, Fall 2008, pp. 12. Véase además, Allan R. Brewer-Carías, "Los problemas de la gobernabilidad democrática en Venezuela: el autoritarismo constitucional y la concentración y centralización del poder," en Diego Valadés (Coord.), *Gobernabilidad y constitucionalismo en América Latina*, Universidad Nacional Autónoma de México, México 2005, pp. 73-96.

dependencia, y esté sometido a los dictados de los otros poderes del Estado como la Asamblea Nacional o del Poder Ejecutivo. Simplemente, no puede haber Estado de derecho en un país en el cual el Tribunal Supremo, al estar controlado políticamente, se convierta en un instrumento más para la ejecución de la política diseñada por los otros poderes. Y lamentablemente este es el caso de Venezuela, donde el Tribunal Supremo de Justicia en lugar de ser el garante del Estado de derecho y de contribuir al afianzamiento de la democracia y las libertades, ha sido el instrumento más artero utilizado por quienes ejercen el poder político para afianzar el autoritarismo, desmantelar la democracia como régimen político, y acabar con el propio Estado de derecho,[30] habiéndose convertido en un brazo del gobierno para la ejecución de políticas autoritarias..

Este proceso de control político sobre el Tribunal Supremo desarrollado en la última década en Venezuela, tiene su origen remoto en 1998 y 1999 cuando el Presidente de la República comenzó a ejercer su indebida presión sobre la entonces Corte Suprema de Justicia para que decidiera permitiendo la realización de un referendo consultivo para elegir una Asamblea Constituyente que no estaba prevista en la Constitución, con lo cual, luego de unas ambiguas decisiones dictadas en enero de 1999, se abrió el camino para el proceso constituyente.[31]

La Asamblea Constituyente que resultó electa de aquél proceso, lamentablemente, fue la que inició el proceso de demolición de las instituciones judiciales y del Estado de derecho,[32] con la intervención expresa del Poder Judicial,[33] siendo el resultado, luego de una larga década, que el país se encuentra sometido a un gobierno autoritario donde si bien ha habido elecciones, sin embargo, no está asegurado el respeto de los derechos humanos y de las libertades fundamentales; ni la existencia de un régimen plural de partidos y organizaciones políticas; ni la separación e independencia de los poderes públicos; ni la transparencia de las actividades gubernamentales; ni la probidad y responsabilidad en la gestión pública; ni la libertad de expresión y de prensa; y ni siquiera, la subordinación de las instituciones del Estado a la autoridad civil, pues lo que existe en definitiva es un régimen militar. Y todo ello, lamentablemente, con el consentimiento y complicidad de la antigua Corte Suprema la cual avaló la creación por la Asamblea de una Comisión de Emergencia Judicial que afectaba sus funciones, llegando la Corte incluso a nombrar a uno de sus propios Magistrados como miembro de la misma.[34] Esa Comisión aún cuando con otro nombre, continuó en funcionamiento en violación de la Constitución hasta 2011.

---

30 Véase Allan R. Brewer-Carías, "El rol del Tribunal Supremo de Justicia en Venezuela, en el marco de la ausencia de separación de poderes, producto del régimen autoritario,"en *Segundo Congreso Colombiano de Derecho Procesal Constitucional, Bogotá D.C., 16 de marzo de 2011*, Centro Colombiano de Derecho Procesal Constitucional, Universidad Católica de Colombia, Bogotá de Bogotá 2011, pp. 85-111

31 Véase el texto de las sentencias en Allan R. Brewer–Carías, *Poder Constituyente Originario y Asamblea Nacional Constituyente,* Editorial Jurídica Venezolana, Caracas 1998, pp. 25 a 53; y véanse los comentarios a dichas sentencias en ese mismo libro, pp. 55 a 114 y en Allan R. Brewer–Carías, *Asamblea Constituyente y Ordenamiento Constitucional, Academia de Ciencias Políticas y Sociales, Caracas 1998,* pp. 153 a 228. Igualmente en *Revista de Derecho Público*, N° 77–80, Editorial Jurídica Venezolana, Caracas 1999, pp. 56 y ss. y 68 y ss. Véase Allan R. Brewer–Carías, "La configuración judicial del proceso constituyente o de cómo el guardián de la Constitución abrió el camino para su violación y para su propia extinción", en *Revista de Derecho Público*, N° 77–80, Editorial Jurídica Venezolana, Caracas 1999, pp. 453 y ss.; y *Golpe de Estado y proceso constituyente en Venezuela*, UNAM, México, 2001, pp. 60 y ss.

32 Véase en general Allan R. Brewer-Carías, "El autoritarismo establecido en fraude a la Constitución y a la democracia y su formalización en "Venezuela mediante la reforma constitucional. (De cómo en un país democrático se ha utilizado el sistema eleccionario para minar la democracia y establecer un régimen autoritario de supuesta "dictadura de la democracia" que se pretende regularizar mediante la reforma constitucional)" en el libro *Temas constitucionales. Planteamientos ante una Reforma,* Fundación de Estudios de Derecho Administrativo, FUNEDA, Caracas 2007, pp. 13-74; "La demolición del Estado de Derecho en Venezuela Reforma Constitucional y fraude a la Constitución (1999-2009)," en *El Cronista del Estado Social y Democrático de Derecho*, N° 6, Editorial Iustel, Madrid 2009, pp. 52-61

33 El 19 de agosto de 1999, la Asamblea Nacional Constituyente resolvió declarar "al Poder Judicial en emergencia," *Gaceta Oficial* N° 36.772 de 25–08–99 reimpreso en *Gaceta Oficial* N° 36.782 de 08–09–99. Véase en Allan R. Brewer–Carías, *Debate Constituyente,* tomo I, *op. cit.*, p. 57 a 73; y en *Gaceta Constituyente (Diario de Debates), Agosto–Septiembre de 1999, cit,* Sesión de 18–08–99, N° 10, pp. 17 a 22. Véase el texto del Decreto en *Gaceta Oficial* N° 36.782 de 08–09–99.

34 Acuerdo de la Suprema de Justicia de 23 de agosto de 1999. Véanse nuestros comentarios sobre el Acuerdo en Allan R. Brewer–Carías, *Debate Constituyente,* tomo I, *op. cit.*, pp. 141 y ss. Véanse además, los comentarios de Lolymar Hernández Camargo, *La Teoría del Poder Constituyente, cit,* pp. 75 y ss.

Todos estos actos de la Asamblea Constituyente fueron sin embargo impugnados ante la mencionada ya completamente sometida Corte Suprema, la cual en otra altamente criticada decisión dictada el 14 de octubre de 1999,[35] avaló la constitucionalidad de los mismos reconociendo supuestos poderes "supra-constitucionales" de la Asamblea. Era, sin duda, la única forma que tenía la Corte Suprema para justificar la inconstitucional intervención de los Poderes Públicos, decisión por lo cual habría de pagar un muy alto precio, como fue el de su propia existencia. Con esas decisiones, en realidad la Corte Suprema había firmado su propia sentencia de muerte, desapareciendo del panorama institucional dos meses después, como la primera de las víctimas del gobierno autoritario al cual había ayudado a apoderarse del poder.[36]

Luego vino el nombramiento de los magistrados del nuevo Tribunal Supremo de Justicia que efectuó la propia Asamblea Constituyente en diciembre de 1999, al dictar el mencionado régimen transitorio del Poder Público al margen de la Constitución, respecto del cual la propia Sala Constitucional nombrada en el mismo, consideró que no estaba sometido ni a la nueva ni a la vieja Constitución,[37] resultando en una especie de régimen "para-constitucional" que pasó a formar parte del "bloque de la constitucionalidad," a pesar de que nunca fue aprobado por el pueblo.[38]

Luego, en 2000, la Asamblea Nacional, en lugar de legislar para regularizar el nombramiento de los Magistrados que habían sido designados en diciembre de 1999 en forma "provisional," dictó una ley "Ley Especial" tendiente a su ratificación o designación,[39] que por inconstitucional fue impugnada por la Defensora del Pueblo, por violar el derecho a la participación política de los ciudadanos;[40] acción que nunca se decidió. La Sala Constitucional, sin embargo, por vía cautelar decidió en su propia causa , resolviendo que la Constitución no les era aplicable porque supuestamente ellos no iban a ser "designados" sino que lo que iban era a ser "ratificados," forjándose así una grotesca burla a la Constitución.[41] En esa forma se produjo el nombramiento y ratificación de los Magistrados del Tribunal Supremo de Justicia en 2000, con una integración precariamente equilibrada con marcada influencia política, que lo tornó inefectivo en el control de la constitucionalidad de los actos ejecutivos. Ello se evidenció en la abstención total del Tribunal Supremo en el ejercicio del control de constitucionalidad, por ejemplo, de los casi 50 decretos leyes dictados en noviembre de 2001 con base en una ley habilitante sancionada en 2000, excediendo los términos de la delegación legislativa y violando el derecho a la participación de los ciudadanos en el proceso de elaboración y discusión de las leyes.[42]

Luego vino la sanción de la Ley Orgánica del Tribunal Supremo de Justicia de 2004[43] la cual no sólo incidió sobre la estabilidad de los Magistrados, abriendo la posibilidad para su destitución por mayoría absoluta de los diputados en lugar de la mayoría calificada exigida en

35 Véase sentencia en el Caso: *Impugnación del Decreto de Regulación de las Funciones del Poder Legislativo*, en *Revista de Derecho Público*, N° 77–80, Editorial Jurídica Venezolana, Caracas 1999, pp. 111 y ss.

36 Véase el "Decreto de Transición del Poder Público" en *Gaceta Oficial* N° 36.859 de 29–12–99.

37 Véase sentencia N° 6 de fecha 27 de enero de 2000, en *Revista de Derecho Público*, N° 81, (enero-marzo), Editorial Jurídica Venezolana, Caracas, 2000, pp. 81 y ss.

38 Véase sentencia de 28 de marzo de 2000, *caso: Allan R. Brewer-Carías y otros*, en *Revista de Derecho Público*, N° 81, (enero-marzo), Editorial Jurídica Venezolana, Caracas, 2000, p. 86.

39 *Gaceta Oficial* N° 37.077 del 14 de noviembre de 2000.

40 Véase *El Universal*, Caracas, 14 de diciembre de 2000, pp. 1-2.

41 Véase Tribunal Supremo de Justicia, Sala Constitucional, Decisión del 12-12-2000 en *Revista de Derecho Público*, N° 84, Editorial Jurídica Venezolana, Caracas, 2000, p. 109. Véanse comentarios en Allan R. Brewer-Carías, "La participación ciudadana en la designación de los titulares de los órganos no electos de los Poderes Públicos en Venezuela y sus vicisitudes políticas" en *Revista Iberoamericana de Derecho Público y Administrativo*, Año 5, N° 5-2005, San José, Costa Rica 2005, pp. 76-95, *disponible en* www.allanbrewercarias.com, (Biblioteca Virtual, II.4. Artículos y Estudios N° 469, 2005) pp. 1-48.

42 Véase Allan R. Brewer-Carías, "Apreciación general sobre los vicios de inconstitucionalidad que afectan los Decretos Leyes Habilitados" en *Ley Habilitante del 13-11-2000 y sus Decretos Leyes*, Academia de Ciencias Políticas y Sociales, Serie Eventos N° 17, Caracas 2002, pp. 63-103.

43 Véase *Gaceta Oficial* N° 37.942 del 20 de mayo de 2004. Para los comentarios sobre esta ley, véase, *en general*, Allan R. Brewer-Carías, *Ley Orgánica del Tribunal Supremo de Justicia. Procesos y Procedimientos Constitucionales y Contencioso-Administrativos*, Caracas, 2004.

la Constitución, sino también en su designación, elevándose su número de 20 a 32 distorsionándose las condiciones constitucionales para el nombramiento. Dicha Ley, como lo consideró la Comisión Interamericana de Derechos Humanos en su *Informe Anual de 2004,* careció "de las salvaguardas necesarias para impedir que otras ramas del Poder Público pudieran minar la independencia del Tribunal."[44] Y ello se evidenció en el nombramiento de los Magistrados en un proceso que fue completamente controlado por el Presidente de la República, dado su control de la Asamblea, como lo reconoció públicamente el Presidente de la Comisión Parlamentaria para la selección de los Magistrados, al punto de afirmar públicamente en 2004, además, que "En el grupo de postulados no hay nadie que vaya actuar contra nosotros."[45]

Ha sido esa configuración del Tribunal Supremo, altamente politizada y sujeta a los deseos del Presidente, lo que ha permitido la completa eliminación de la autonomía del Poder Judicial, y por ende, de la separación de poderes, permitiendo al gobierno ejercer un control absoluto sobre el Tribunal y en particular, sobre su Sala Constitucional. Ello ha llegado al punto, por ejemplo, de que en algún caso en el cual el Tribunal dictó una absurda sentencia "reformando" la Ley de Impuesto sobre la Renta,[46] el Presidente la criticó, pero no por su absurdo contenido, sino porque se hubiese dictado sin consultar previamente al "líder de la Revolución," advirtiendo a los tribunales que eso de decidir sin que se le consultaran los asuntos, podía considerarse "traición al Pueblo" o a "la Revolución."[47]

Y ha sido mediante el control ejercido sobre del Tribunal Supremo, que en Venezuela es el órgano encargado del gobierno y administración del sistema judicial, que el gobierno ha ejercido un control político sobre la universalidad de las instituciones judiciales, con la cooperación hasta 2011 de la Comisión de Reorganización del Poder Judicial, legitimizada por el propio Tribunal Supremo, con lo que se hicieron completamente inaplicables las magníficas previsiones constitucionales que buscaban garantizar la independencia y autonomía de los jueces.[48] El

44 Véase IACHR, *2004 Annual Report* (Follow-Up Report on Compliance by the State of Venezuela with the Recommendations made by the IACHR in its Report on the Situation of Human Rights in Venezuela [2003]), para. 174. Available at http://www.cidh.oas.org/annualrep/2004eng/chap.5b.htm

45 Declaró a la prensa: ""Si bien los diputados tenemos la potestad de esta escogencia, el Presidente de la República fue consultado y su opinión fue tomada muy en cuenta." Añadió: "Vamos a estar claros, nosotros no nos vamos a meter autogoles. En la lista había gente de la oposición que cumplen con todos los requisitos. La oposición hubiera podido usarlos para llegar a un acuerdo en las últimas sesiones, pero no quisieron. Así que nosotros no lo vamos a hacer por ellos. En el grupo de postulados no hay nadie que vaya actuar contra nosotros.“ Véase *El Nacional*, Caracas, 13 de diciembre de 2004. La Comisión Interamericana de Derechos Humanos sugirió en su Informe a la Asamblea General de la OEA para 2004 que "estas normas de la Ley Orgánica del Tribunal Supremo de Justicia habrían facilitado que el Poder Ejecutivo manipulara el proceso de elección de magistrados llevado a cabo durante 2004." Véase Comisión Interamericana de Derechos Humanos, *Informe sobre Venezuela 2004*, párrafo 180.

46 Tribunal Supremo de Justicia, Sala Constitucional, Decisión N° 301 del 27 de febrero de 2007 (Caso: *Adriana Vigilanza y Carlos A. Vecchio*) (Exp. N° 01-2862) en Gaceta Oficial N° 38.635 del 1 de marzo de 2007. Véanse comentarios en Allan R. Brewer-Carías, "El juez constitucional en Venezuela como legislador positivo de oficio en materia tributaria" en *Revista de Derecho Público N° 109*, Editorial Jurídica Venezolana, Caracas 2007, pp. 193-212, *disponible en* www.allan-brewercarias.com, (Biblioteca Virtual, II.4. Artículos y Estudios N° 508, 2007) pp. 1-36; y Allan R. Brewer-Carías, "De cómo la Jurisdicción constitucional en Venezuela, no sólo legisla de oficio, sino subrepticiamente modifica las reformas legales que "sanciona", a espaldas de las partes en el proceso: el caso de la aclaratoria de la sentencia de Reforma de la Ley de Impuesto sobre la Renta de 2007" en *Revista de Derecho Público N° 114*, Editorial Jurídica Venezolana, Caracas 2008, pp. 267-276, disponible en http://www.brewercarias.com/Content/449725d9-f1cb-474b-8ab2-41efb849fea8/Content/II.4.575.pdf.

47 "Muchas veces llegan, viene el Gobierno Nacional Revolucionario y quiere tomar una decisión contra algo por ejemplo que tiene que ver o que tiene que pasar por decisiones judiciales y ellos empiezan a moverse en contrario a la sombra, y muchas veces logran neutralizar decisiones de la Revolución a través de un juez, o de un tribunal, o hasta en el mismísimo Tribunal Supremo de Justicia, a espaldas del líder de la Revolución, actuando por dentro contra la Revolución. Eso es, repito, traición al pueblo, traición a la Revolución.." Discurso en el Primer Encuentro con Propulsores del Partido Socialista Unido de Venezuela desde el teatro Teresa Carreño, 24 de marzo de 2007, disponible en http://www.minci.gob.ve/alocuciones/4/13788/primer_encuentro_con.html, p. 45.

48 Véase, *en general*, Allan R. Brewer-Carías, "La progresiva y sistemática demolición de la autonomía e independencia del Poder Judicial en Venezuela (1999-2004)" en *XXX Jornadas J.M Dominguez Escovar, Estado de Derecho, Administración de Justicia y Derechos Humanos*, Instituto de Estudios Jurídicos del Estado Lara, Barquisimeto 2005, pp. 33-174; Allan R. Brewer-Carías, "El constitucionalismo y la emergencia en Venezuela: entre la emergencia formal y la emergencia anormal del Poder Judicial" en Allan R. Brewer-Carías, *Estudios Sobre el Estado Constitucional (2005-2006)*, Editorial

resultado ha sido que diez años después, el Poder Judicial en Venezuela está casi exclusivamente compuesto por jueces temporales y provisorios, sin estabilidad alguna, lo que llevó a la Comisión Interamericana de Derechos Humanos desde 2003[49] ha advertir sobre esta situación irregular, de manera que todavía en su *Informe Anual de 2008,* la calificaba como un "problema endémico" que expone a los jueces a su destitución discrecional, llamando la atención sobre el "permanente estado de emergencia al cual están sometidos los jueces."[50]

La "transitoria" Comisión de Reorganización del Poder Judicial que existió hasta 2011, bajo el amparo del propio Tribunal Supremo, literalmente "depuró" la judicatura de jueces que no estaban en línea con el régimen autoritario, como lo reconoció la propia Sala Constitucional,[51] removiendo discrecionalmente jueces que dictaron decisiones que no complacían al Ejecutivo. Esto llevó a la Comisión Interamericanas de Derechos Humanos a decir, en el mismo *Informe Anual* de 2009, que "en Venezuela los jueces y fiscales no gozan de la garantía de permanencia en su cargo necesaria para asegurar su independencia en relación con los cambios de políticas gubernamentales."[52]

Hay muchos casos emblemáticos que muestran esta lamentable tragedia institucional, como el de la destitución en 2003 de los jueces de la Corte Primera de lo Contencioso Administrativo por dictar una medida cautelar suspendiendo la ejecución de un programa de contratación pública de médicos extranjeros sin licencia, para programas sociales de atención médica; medida que se dictó a solicitud del Colegio de Médicos de Caracas que alegaba discriminación contra los médicos licenciados."[53] El caso fue incluso llevado ante la Corte Interamericana de Derechos Humanos, la cual dictó sentencia en 2008 condenando al Estado venezolano por la violación de las garantías judiciales de los Magistrados,[54] pero la respuesta de la Sala Constitucional del Tribunal Supremo a dicha decisión, a solicitud del Procurador General de la República, fue simplemente declarar que las decisiones de la Corte Interamericana de Derechos Humanos son "inejecutables" en Venezuela.[55] Tan simple como eso, mostrando la total subordinación de las instituciones judiciales respecto de las políticas, deseos y dictados del Presidente de la República.

Jurídica Venezolana, Caracas 2007, pp. 245-269; y Allan R. Brewer-Carías "La justicia sometida al poder. La ausencia de independencia y autonomía de los jueces en Venezuela por la interminable emergencia del Poder Judicial (1999-2006)" en *Cuestiones Internacionales. Anuario Jurídico Villanueva 2007,* Centro Universitario Villanueva, Marcial Pons, Madrid 2007, pp. 25-57, *disponible en* www.allanbrewercarias.com, (Biblioteca Virtual, II.4. Artículos y Estudios N° 550, 2007) pp. 1-37. Véase también Allan R. Brewer-Carías, *Historia Constitucional de Venezuela*, Editorial Alfa, Tomo II, Caracas 2008, pp. 402-454.

49 Un juez provisorio es un juez designado mediante un concurso público. Un juez temporal es un juez designado para cumplir una tarea específica o por un periodo específico de tiempo. En 2003, la Comisión Interamericana de Derechos Humanos indicó que había sido: "informada que sólo 250 jueces han sido designados por concurso de oposición de conformidad a la normativa constitucional. De un total de 1772 cargos de jueces en Venezuela, el Tribunal Supremo de Justicia reporta que solo 183 son titulares, 1331 son provisorios y 258 son temporales." *Reporte sobre la Situación de Derechos Humanos en Venezuela*; OAS/Ser.L/V/II.118. doc.4rev.2; 29 de diciembre de 2003, par. 174, *disponible en* http://www.cidh.oas.org/countryrep/Venezuela2003eng/toc.htm. La Comisión también agregó que "un aspecto vinculado a la autonomía e independencia del Poder Judicial es el relativo al carácter provisorio de los jueces en el sistema judicial de Venezuela. Actualmente, la información proporcionada por las distintas fuentes indica que más del 80% de los jueces venezolanos son 'provisionales.'" *Id.*, par. 161.

50 Véase *Annual Report 2008* (OEA/Ser.L/V/II.134. Doc. 5 rev. 1. 25 febrero 2009), para. 39

51 Decision N° 1.939 (Dec. 18, 2008) (Case: *Abogados Gustavo Álvarez Arias y otros*), in which the Constitutonal Chamber decided the nonenforceability of the decision of the Inter American Court of Human Rights of Aug. 5, 2008 (Case: *Apitz Barbera y otros ["Corte Primera de lo Contencioso Administrativo"] vs. Venezuela [Corte IDH],* Case: *Apitz Barbera y otros ["Corte Primera de lo Contencioso Administrativo"] vs. Venezuela*, Sentencia de 5 de agosto de 2008, Serie C, N° 182.

52 Véase *Informe Anual de 2009*, paragrafo 480, en http://www.cidh.oas.org/annualrep/2009eng/Chap.IV.f.eng.htm

53 Véase Claudia Nikken, "El caso "Barrio Adentro": La Corte Primera de lo Contencioso Administrativo ante la Sala Constitucional del Tribunal Supremo de Justicia o el avocamiento como medio de amparo de derechos e intereses colectivos y difusos, "en *Revista de Derecho Público*, N° 93-96, Editorial Jurídica Venezolana, Caracas, 2003, pp. 5 y ss.

54 Véase sentencia de la Corte Interamericana de 5 de agosto de 2008 Caso *Apitz Barbera y otros ("Corte Primera de lo Contencioso Administrativo") vs. Venezuela,* en www.corteidh.or.cr . Excepción Preliminar, Fondo, Reparaciones y Costas, Serie C N° 182;

55 Véase sentencia de la Sala Constitucional, sentencia N° 1.939 de 18 de diciembre de 2008 (Caso *Abogados Gustavo Álvarez Arias y otros*), en http://www.tsj.gov.ve/decisiones/scon/Diciembre/1939-181208-2008-08-1572.html

En diciembre de 2009 tuvo lugar otro asombroso caso, que fue la detención policial arbitraria de una juez penal (María Lourdes Afiuni Mora) por habérsele ocurrido ordenar, conforme a sus atribuciones y siguiendo las recomendaciones del Grupo de Trabajo de las Naciones Unidas sobre Detenciones Arbitrarias, la excarcelación de un individuo investigado por delitos financieros a los efectos de que fuese enjuiciado en libertad como lo garantiza la Constitución. El mismo día de la decisión, el Presidente de la República pidió públicamente la detención de la juez, exigiendo que se le aplicara la pena máxima de 30 años establecida en Venezuela para crímenes horrendos y graves. La juez fue efectivamente detenida por la policía ese mismo día, y todavía permanece en detención, sin que se haya desarrollado juicio efectivo alguno contra ella. El mismo Grupo de Expertos de Naciones Unidas consideró estos hechos como "un golpe del Presidente Hugo Chávez contra la independencia de los jueces y abogados" solicitando la "inmediata liberación de la juez" concluyendo que "las represalias ejercidas sobre jueces y abogados por el ejercicio de sus funciones garantizadas constitucionalmente creando un clima de temor, solo sirve para minar el Estado de derecho y obstruir la justicia."[56]

El hecho es que en Venezuela ningún juez puede adoptar una decisión que pueda afectar las políticas gubernamentales, los deseos del Presidente, los intereses del Estado o la voluntad de los funcionarios públicos, por lo que por ejemplo, la Jurisdicción Contencioso Administrativa ha dejado de tener efectividad e importancia.[57] Por ello, la Comisión Interamericana de Derechos Humanos después de describir con preocupación en su *Informe Anual de 2009* que en muchos casos, "los jueces son removidos inmediatamente después de adoptar decisiones judiciales en casos con impactos políticos importantes," concluyó señalando que "la falta de independencia judicial y de autonomía en relación con el poder político es, en opinión de la Comisión el punto más débil de la democracia venezolana."[58]

## IV.- EL TRIBUNAL SUPREMO DE JUSTICIA COMO INSTRUMENTO PARA EL CONTROL POLÍTICO DE OTROS PODERES DEL ESTADO

En la pequeña muestra del rol jugado por el Tribunal Supremo de Justicia en el proceso de desmantelamiento del Estado de derecho en Venezuela, debe mencionarse cómo la Sala Constitucional ha sido el vehículo utilizado por el gobierno para secuestrar y tomar control directo de otras ramas del Poder Publico.

Así sucedió con el Poder Electoral que en Venezuela se concibe como uno de los poderes del Estado en la penta división de poderes que establece la Constitución (Poderes ejecutivo, legislativo, judicial, electoral y ciudadano). Esto comenzó en 2002, después de la sanción de la Ley Orgánica del Poder Electoral,[59] cuando la Sala Constitucional, al declarar sin lugar un recurso de inconstitucionalidad que había ejercido el propio Presidente de la República contra una Disposición Transitoria de dicha Ley Orgánica, en un *obiter dictum* consideró que dicha Ley era "inaplicable" al entonces en funciones Consejo Nacional Electoral en materia de quórum para decidir, impidiéndosele entonces a dicho órgano poder tomar decisión alguna, al considerar que debía hacerlo con una mayoría calificada de 4/5 que no estaba prevista en la Ley (la cual disponía la mayoría de 3/5). Para ello, la Sala "revivió" una previsión que estaba en el derogado Estatuto Electoral transitorio que se había dictado en 2000 sólo para regir las elecciones de ese año, y que ya estaba inefectivo.[60] Con ello, por la composición de entonces del Consejo Nacional Electoral, la Sala Constitucional impidió que dicho órgano funcionara y entre otras tareas, que pudiera, por ejemplo, darle curso a la iniciativa popular de más de tres millones de

---

56 Véase en at http://www.unog.ch/unog/website/ news_media.nsf/%28httpNewsByYear_en%29/93687E8429BD53A1C12 5768E00529DB6?OpenDocument&cntxt=B35C3&cookielang=fr . En Octubre 14, 2010, el mismo Grupo de Trabajo de la ONU solicitó formalmente al Gobierno venezolano que la Juez fuse "sometida a un juicio apegado al debido proceso y bajo el derecho de la libertad provisional". Véase en El Universa, 14 de Octiubre de 2010, en http://www.eluniversal.com/2010/10/14/pol_ava_instancia-de-la-onu_14A4608051.shtml

57 Véase Antonio Canova González, *La realidad del contencioso administrativo venezolano (Un llamado de atención frente a las desoladoras estadísticas de la Sala Político Administrativa en 2007 y primer semestre de 2008)*, *cit.*, p. 14.

58 Véase en ICHR, *Annual Report 2009*, para. 483. Available at http://www.cidh.oas.org/annualrep/2009eng/Chap.IV.f.eng.htm

59 Véase en *Gaceta Oficial* N° 37.573 de 19-11-2002

60 Véase Sentencia N° 2747 de 7 de noviembre de 2002 (Exp. 02-2736)

firmas de convocar un referendo consultivo sobre la revocación del mandato del Presidente de la República.

En todo caso, ello significó, en la práctica, la parálisis total y absoluta del Poder Electoral, lo que se consolidó por decisión de otra Sala del Tribunal Supremo, la Sala Electoral, primero, impidiendo que uno de los miembros del Consejo pudiese votar,[61] y segundo, anulando la convocatoria que había hecho el Consejo para un referendo consultivo sobre la revocación del mandato del Presidente.[62]

La respuesta popular a estas decisiones, sin embargo, fue una nueva iniciativa popular respaldada por tres millones y medio de firmas para la convocatoria de un nuevo referendo revocatorio del mandato del Presidente de la República, para cuya realización resultaba indispensable designar los nuevos miembros del Consejo Nacional Electoral. La bancada oficialista en la Asamblea Nacional no pudo hacer por si sola dichas designaciones, pues en aquél entonces no controlaba la mayoría de los 2/3 de los diputados que se requerían para ello, por lo que ante la imposibilidad o negativa de llegar a acuerdos con la oposición, y ante la perspectiva de que no se nombraran los miembros del Consejo Nacional Electoral, la vía que se utilizó para lograrlo, bajo el total control del gobierno, fue que la Sala Constitucional lo hiciera.

Para ello, se utilizó la vía de decidir un recurso de inconstitucionalidad contra la omisión legislativa en hacer las designaciones, que se había intentado, de manera que al decidir el recurso, la Sala, en lugar de exhortar a la Asamblea Nacional para que hiciera los nombramientos como correspondía, procedió a hacerlo directamente, usurpando la función del Legislador, y peor aún, sin cumplir con las condiciones constitucionales requeridas para hacer los nombramientos.[63] Con esta decisión, la Sala Constitucional le aseguró al gobierno el completo control del Consejo Nacional Electoral, secuestrando a la vez el derecho ciudadano a la participación política, y permitiendo al partido de gobierno manipular los resultados electorales.

La consecuencia de todo ello ha sido que las elecciones que se han celebrado en Venezuela durante la última década, han sido organizadas por una rama del Poder Público supuestamente independiente pero tácticamente controlada por el gobierno, totalmente parcializada. Esa es la única explicación que se puede dar, por ejemplo, al hecho de que aún hoy día se desconozca cuál fue el resultado oficial de la votación efectuada en el referendo aprobatorio de 2007 mediante el cual se rechazó la reforma constitucional propuesta por el Presidente de la República. Ello es igualmente lo que explica que se pudiera sancionar la Ley Orgánica de los Procesos Electorales en 2008, para materialmente, en fraude a la Constitución, eliminar la representación proporcional en la elección de los diputados a la Asamblea nacional, al punto de que en las pasadas elecciones legislativas de septiembre de 2010, con una votación inferior al cincuenta por ciento de los votos, el partido oficial obtuvo casi los 2/3 de diputados a la Asamblea Nacional.

En este contexto de sujeción política, la Sala Constitucional del Tribunal Supremo desde 2000, por otra parte, lejos de actuar como guardián de la Constitución, ha sido el instrumento más importante del gobierno autoritario para mutar ilegítimamente la Constitución,[64] impo-

61 Véase Sentencia N° 3 de 22 de enero de 2003 (Caso: *Darío Vivas y otros*). Véase en Allan R. Brewer-Carías, "El secuestro del Poder Electoral y de la Sala Electoral del Tribunal Supremo y la confiscación del derecho a la participación política mediante el referendo revocatorio presidencial: Venezuela: 2000-2004" en *Revista Costarricense de Derecho Constitucional*, Tomo V, Instituto Costarricense de Derecho Constitucional, Editorial Investigaciones Jurídicas S.A., San José 2004, pp. 167-312

62 Véase Sentencia N° 32 de 19 de marzo de 2003 (Caso: *Darío Vivas y otros*). Véase Allan R. Brewer-Carías, en "El secuestro del Poder Electoral y la confiscación del derecho a la participación política mediante el referendo revocatorio presidencial: Venezuela 2000-2004" en *Revista Jurídica del Perú*, Año LIV N° 55, Lima, marzo-abril 2004, pp. 353-396.

63 Sentencia N° 2073 de 4 de agosto de 2003 (Caso: *Hermánn Escarrá Malaver y oros*); y sentencia N° 2341 del 25 de agosto de 2003 (Caso: *Hemann Escarrá y otros*). Véase en Allan R. Brewer-Carías, "El secuestro del poder electoral y la conficación del derecho a la participación política mediante el referendo revocatorio presidencial: Venezuela 2000-2004", en *Stvdi Vrbinati, Rivista tgrimestrale di Scienze Giuridiche, Politiche ed Economiche*, Año LXXI – 2003/04 Nuova Serie A – N. 55,3, Università degli studi di Urbino, pp.379-436

64 Véase en general sobre el tema, Allan R. Brewer-Carías, "El juez constitucional al servicio del autoritarismo y la ilegítima mutación de la Constitución: el caso de la Sala Constitucional del Tribunal Supremo de Justicia de Venezuela (1999-2009)", en *Revista de Administración Pública*, N° 180, Madrid 2009, pp. 383-418; "La fraudulenta mutación de

niendo interpretaciones inconstitucionales,[65] no sólo sobre sus propios poderes de control,[66] sino en materias sustantivas, sin estar sometida a control alguno.[67]

## V.- EL ASALTO FINAL AL TRIBUNAL SUPREMO DE JUSTICIA Y SU SOMETIMIENTO AL CONTROL TOTAL POR PARTE DEL PODER EJECUTIVO EN DICIEMBRE DE 2010

En septiembre de 2010 tuvieron lugar en Venezuela las elecciones legislativas, en las cuales, a pesar de haber obtenido menos de la mitad del voto popular, los diputados oficialistas terminaron controlando la Asamblea. La oposición obtuvo sin embargo, la mayoría del voto popular, siendo el efecto directo de dichas elecciones, que el Presidente de la República y sus seguidores habían planteado como una suerte de plebiscito sobre su propio mandato y su modelo socialista, que efectivamente el Presidente perdió el "plebiscito," con lo cual el gobierno quedó como minoría en el país, a pesar de los esfuerzos que hizo el Consejo Nacional Electoral por maquillar los resultados electorales y mostrarlos como una suerte de empate, tratando de minimizar la importancia del hecho de que la oposición hubiera ganado el voto popular. Lo cierto, en todo caso, es que el gobierno perdió la mayoría calificada que antes tenía en la Asamblea.

Sin embargo, después de una década de demolición del Estado de derecho mediante el control de las diferentes ramas del Poder Público, la pérdida de la mayoría del voto popular por parte del Gobierno que en cualquier democracia hubiera conducido a implementar la elemental regla de que para gobernar hay que compartir el ejercicio del poder, en el caso del gobierno autoritario que existe en Venezuela, lo que el Gobierno anunció fue lo contrario, indicando no habría dialogo alguno con la oposición, amenazando incluso con aprobar durante los dos meses que faltan hasta que la nueva Asamblea Nacional tomase posesión en enero de 2011, leyes inconstitucionales tendientes a implementar fraudulentamente los restantes aspectos de la rechazada reforma constitucional de 2007.

Y así efectivamente ocurrió el 21 de diciembre de 2010, cuando la Asamblea Nacional materializó la amenaza que se había anunciado de implementar un llamado "Poder Popular" para ser ejercido por un "Estado Comunal" montado, en paralelo, al Estado Constitucional, sobre la base de unas Comunas y unos Consejos Comunales no previstos en la Constitución y que son controlados desde el Poder Central. Y todo ello, en fraude a la Constitución y a la voluntad popular que en 2007 había rechazado las reformas constitucionales que en tal sentido se habían propuesto, y que en septiembre de 2010 en las elecciones parlamentarias, igualmente el pueblo había se había manifestado rechazando las políticas socialistas propuestas por el Presidente de la República.

---

la Constitución en Venezuela, o de cómo el juez constitucional usurpa el poder constituyente originario,", en *Anuario de Derecho Público*, Centro de Estudios de Derecho Público de la Universidad Monteávila, Año 2, Caracas 2009, pp. 23-65; "La ilegítima mutación de la Constitución por el juez constitucional y la demolición del Estado de derecho en Venezuela.," *Revista de Derecho Político*, N° 75-76, Homenaje a Manuel García Pelayo, Universidad Nacional de Educación a Distancia, Madrid, 2009, pp. 289-325; "El juez constitucional al servicio del autoritarismo y la ilegítima mutación de la Constitución: el caso de la Sala Constitucional del Tribunal Supremo de Justicia de Venezuela (1999-2009)", en *IUSTEL, Revista General de Derecho Administrativo*, N° 21, junio 2009, Madrid, ISSN-1696-9650.

65 Véase Allan R. Brewer-Carías, "*Crónica sobre la "In" Justicia Constitucional. La Sala Constitucional y el autoritarismo en Venezuela*, Editorial Jurídica Venezolana, Caracas 2007.

66 La Sala Constitucional ha venido asumiendo y auto-atribuyéndose competencias no previstas en la Constitución, no sólo en materia de interpretación constitucional al crearse el recurso autónomo de interpretación abstracta de la Constitución, sino en relación con los poderes de revisión constitucional de cualquier sentencia dictada por cualquier tribunal, incluso por las otras Salas del Tribunal Supremo de Justicia; con los amplísimos poderes de avocamiento en cualquier causa; con los supuestos poderes de actuación de oficio no autorizados en la Constitución; con los poderes de solución de conflictos entre las Salas; con los poderes de control constitucional de las omisiones del Legislador; con la restricción del poder de los jueces de ejercer el control difuso de la constitucionalidad de las leyes; y con la asunción del monopolio de interpretar los casos de prevalencia en el orden interno de los tratados internacionales en materia de derechos humanos. Véase además, en *Crónica sobre La "In" Justicia Constitucional. La Sala Constitucional y el autoritarismo en Venezuela*, Colección Instituto de Derecho Público, Universidad Central de Venezuela, N° 2, Caracas 2007

67 Véase Allan R. Brewer-Carías, "*Quis Custodiet ipsos Custodes*: De la interpretación constitucional a la inconstitucionalidad de la interpretación," en *VIII Congreso Nacional de Derecho Constitucional*, Fondo Editorial and Colegio de Abogados de Arequipa, Arequipa, Peru, 2005, 463-89; y *Crónica de la "In"Justicia constitucional: La Sala constitucional y el autoritarismo en Venezuela*, Ëditorial Jurídica Venezolana, Caracas 2007, 11-44, 47-79.

Sin embargo, a pesar de ello, como se dijo, la deslegitimada Asamblea Nacional precedente procedió a sancionar de un conjunto de Leyes Orgánicas, mediante las cuales se ha terminado de definir, al margen de la Constitución, el marco normativo de un nuevo Estado *paralelo al Estado Constitucional*, que no es otra cosa que un Estado Socialista, Centralizado, Militarista y Policial denominado "Estado Comunal." Dichas Leyes Orgánicas en efecto, fueron las del Poder Popular,[68] de las Comunas,[69] del Sistema Económico Comunal,[70] de Planificación Pública y Comunal[71] y de Contraloría Social.[72] Además, en el mismo marco de estructuración del Estado Comunal montado sobre el Poder Popular, igualmente en diciembre de 2010 se reformó la Ley Orgánica del Poder Público Municipal[73] eliminándose las Juntas parroquiales, y se reformó las Leyes de los Consejos Estadales de Planificación y Coordinación de Políticas Públicas,[74] y de los Consejos Locales de Planificación Pública.[75] Dichas leyes han sido impugnadas por violar la Constitución y el derecho de participación de los ciudadanos en el proceso de su formación, pero frente a ello el Tribunal Supremo de Justicia solo tiene silencio.

La deslegitimada Asamblea Nacional, además, también sancionó en diciembre de 2010 una Ley habilitante autorizando al Presidente de la República para por vía de legislación delegada, dictar leyes en todas las materias imaginables, incluso de carácter orgánico, vaciando así de hecho por un período de 18 meses, hasta 2012, a la nueva Asamblea Nacional que se instaló en enero de 2011 de materias sobre las cuales poder legislar.

Es decir, contra todos los principios constitucionales que se refieren al Poder legislativo en el mundo moderno, una Legislatura que estaba concluyendo su mandato legisló sobre todo lo imaginable en materia de reforma del Estado, comprometiendo la nueva Legislatura, y además, delegó en el Presidente todas las materias imaginables, vaciando de hecho a la nueva Legislatura de su poder de legislar. Y frente a ello, a pesar de todas las impugnaciones, de parte del Tribunal Supremo sólo ha habido silencio, lo que se ha asegurado, además, con el completo control político que se ha materializado respecto del mismo, igualmente en diciembre de 2010, al elegirse nuevos Magistrados por la Asamblea Nacional, arrebatándole tal decisión que en tal sentido correspondía ser adoptada por la nueva Legislatura.

En efecto, el abuso de poder en el control político del Tribunal Supremo se ha completado al proceder, la Asamblea Nacional, a hacer el nombramiento de nuevos Magistrados del Tribunal Supremo, a pesar de que no podía hacerlo de acuerdo con el texto de la reforma de Ley Orgánica del Tribunal Supremo que la Asamblea había sancionado en el mismo año 2010;[76] nombramiento que correspondía a la nueva Asamblea Nacional que se instaló en enero de 2011, y por tanto, con la participación de los diputados de oposición.

Para lograr este fraude, y en vista de la imposibilidad que había de volver a reformar formalmente para ello la Ley Orgánica del Tribunal Supremo, a lo que se procedió fue a realizar

---

68 Véase en *Gaceta Oficial* N° 6.011 Extra. de 21-12-2010. La Sala Constitucional mediante sentencia N° 1329 de 16-12-2009 declaró la constitucionalidad del carácter orgánico de esta Ley.

69 Véase en *Gaceta Oficial* N° 6.011 Extra. de 21-12-2010. La Sala Constitucional mediante sentencia N° 1330 de 17-12-2010 declaró la constitucionalidad del carácter orgánico de esta Ley. Véase en http://www.tsj.gov.ve/decisiones/scon/Diciembre/1330-171210-2010-10-1436.html

70 Véase en *Gaceta Oficial* N° 6.011 Extra. de 21-12-2010. La Sala Constitucional mediante sentencia N° 1329 de 16-12-2010 declaró la constitucionalidad del carácter orgánico de esta Ley. Véase en http://www.tsj.gov.ve/decisiones/scon/Diciembre/1329-161210-2010-10-1434.html

71 Véase en *Gaceta Oficial* N° 6.011 Extra. de 21-12-2010. La Sala Constitucional mediante sentencia N° 1326 de 16-12-2009 declaró la constitucionalidad del carácter orgánico de esta Ley.

72 Véase en *Gaceta Oficial* N° 6.011 Extra. de 21-12-2010. La Sala Constitucional mediante sentencia N° 1329 de 16-12-2010 declaró la constitucionalidad del carácter orgánico de esta Ley. Véase en http://www.tsj.gov.ve/decisiones/scon/Diciembre/%201328-161210-2010-10-1437.html

73 Véase en *Gaceta Oficial* N° 6.015 Extra. de 28-12-2010.

74 Véase en *Gaceta Oficial* N° 6.015 Extra. de 30-12-2010

75 Véase en *Gaceta Oficial* N° 6.015 Extra. de 30-12-2010

76 Véase en *Gaceta Oficial* N° 39.522, de 1 de octubre de 2010. Véase los comentarios en Allan R. Brewer-Carías y Víctor Hernández Mendible, *Ley Orgánica del Tribunal Supremo de Justicia de 2010*, Editorial Jurídica Venezolana, Caracas 2010.

una "reforma" de la Ley Orgánica del Tribunal Supremo sin "reformarla" formalmente las vías regulares, mediante la "reimpresión" del texto de la Ley Orgánica en la *Gaceta Oficial* por un supuesto error material de copia del texto legal, lo que se materializó sólo cuatro días después de que se efectuara la elección de los nuevos diputados a la Asamblea como consecuencia de lo cual la bancada oficialista carecía de la mayoría calificada para hacer los nombramientos.[77]

El artículo 70 de la Ley Orgánica del Tribunal Supremo dispone, en efecto, que el plazo para presentar las candidaturas a Magistrados del Tribunal ante el Comité de Postulaciones Judiciales no debe ser "*menor de treinta días continuos,*" lo que implicaba que la Legislatura que concluía no alcanzaba a hacer los nombramientos; redacción que se cambió gracias a un "aviso" del Secretario de la Asamblea Nacional, en el cual indicó que en lugar de la palabra "menor" la palabra supuestamente correcta de la norma es la antónima, es decir, "mayor" en el sentido de que la norma debía decir lo contrario, que el plazo "*no será mayor de treinta días continuos.*"

En esta forma, con un cambio de palabras, de "menor" a "mayor," un plazo mínimo se convirtió en un plazo máximo, con la clara intención de reducir los plazos para recibir las postulaciones y proceder a la inmediata designación de los nuevos Magistrados, precisamente antes de que se instalara la nueva Asamblea Nacional en enero de 2011.[78] Así se cambia ahora el texto de las leyes en Venezuela, sin reformarlas formalmente; simplemente reimprimiendo el texto en la *Gaceta Oficial*, sin que haya institución judicial alguna que controle el desaguisado.

Con esa "reforma" legal, la Asamblea Nacional integrada por diputados que ya para ese momento no representaban la voluntad mayoritaria del pueblo, procedió entonces a materializar el asalto final al Tribunal Supremo, y llenarlo de Magistrados miembros del partido político oficial y que, además, para el momento de su elección, incluso eran de los parlamentarios que estaban terminando su mandato por efecto de la elección parlamentaria, y que por tanto, no cumplían con las condiciones para ser Magistrados que establece la Constitución.

Como lo señaló la ex Magistrada de la antigua Corte Suprema de Justicia, Hildegard Rondón de Sansó,

> "El mayor de los riesgos que plantea para el Estado la desacertada actuación de la Asamblea Nacional en la reciente designación de los Magistrados del Tribunal Supremo de Justicia, no está solo en la carencia, en la mayoría de los designados de los requisitos constitucionales, sino el haber llevado a la cúspide del Poder Judicial la decisiva influencia de un sector del Poder Legislativo, ya que para diferentes Salas, fueron elegidos cinco parlamentarios."[79]

Destacó además la profesora Sansó que "todo un sector fundamental del poder del Estado, va a estar en manos de un pequeño grupo de sujetos que no son juristas, sino políticos de profesión, y a quienes corresponderá, entre otras funciones el control de los actos normativos;" agregando que "Lo más grave es que los designantes, ni un solo momento se percataron de que estaban nombrando a los jueces máximos del sistema jurídico venezolano que, como tales, tenían que ser los más aptos, y de reconocido prestigio como lo exige la Constitución."

Concluyó reconociendo entre "los graves errores" que incidieron sobre la elección, el hecho de:

> "la configuración del Comité de Postulaciones Judiciales, al cual la Constitución creó como un organismo neutro, representante de los "diferentes sectores de la sociedad" (Art. 271), pero la Ley Orgánica del Tribunal Supremo de Justicia, lo convirtió en forma inconstitucional, en un apéndice del Poder Legislativo. La consecuencia de este grave error era

---

77 Véase *Gaceta Oficial* No.*Gaceta Oficial* N° 39.522, de 1 de octubre de 2010

78 Véanse los comentarios de Víctor Hernández Mendible, "Sobre la nueva reimpresión por "supuestos errores" materiales de la LOTSJ en la *Gaceta Oficial* N° 39.522, de 1 de octubre de 2010," y Antonio Silva Aranguren, "Tras el rastro del engaño, en la web de la Asamblea Nacional," publicados en el *Addendum* al libro **de** Allan R. Brewer-Carías y Víctor Hernández Mendible**,** *Ley Orgánica del Tribunal Supremo de Justicia de 2010*, Editorial Jurídica Venezolana, Caracas 2010.

79 En Hildegard Rondón de Sansó, **"***Obiter Dicta***. En torno a una elección," en** *La Voce d'Italia*, **14-12-2010.**

inevitable: los electores eligieron a sus propios colegas, considerando que hacerlo era lo más natural de este mundo y, ejemplo de ello fueron los bochornosos aplausos con que se festejara cada nombramiento."[80]

Como puede apreciarse de todo lo anteriormente expuesto, lamentablemente, la génesis de la Constitución de 1999 estuvo signada por el fraude constitucional cometido con la convocatoria de la Asamblea Nacional Constituyente, a lo que siguió otro fraude cometido por la misma Asamblea al violentar el orden jurídico y dar un golpe de Estado, tanto contra la Constitución de 1961, cuya interpretación le había dado origen, como contra su producto final que fue la Constitución de 1999.[81]

La evolución posterior ha estado también signada, por una parte, por el fraude a la Constitución tanto en el desarrollo de la rechazada reforma constitucional de 2007, como de la aprobada "enmienda constitucional" de 1999, y por la otra, por el falseamiento o ilegítima mutación de la Constitución, en fraude a la voluntad popular, obra de una Sala Constitucional controlada por el Poder Ejecutivo, que ha estado al servicio del autoritarismo.

En esta forma, después de cuatro décadas de práctica democrática que tuvo Venezuela entre 1959 y 1999, durante algo más de una década entre 1999 y 2011, en fraude continuo a la Constitución efectuado por el Legislador y por el Tribunal Supremo de Justicia, guiados por el Poder Ejecutivo, a pesar de las excelentes normas constitucionales de las cuales dispone el país, se ha venido estructurando un Estado autoritario en contra de las mismas, que ha aniquilado toda posibilidad de control del ejercicio del poder y, en definitiva, el derecho mismo de los ciudadanos a la democracia. Además, se ha venido implementando fraudulentamente la reforma constitucional rechazada de 2007, mediante decretos leyes dictados en 2008, y además, mediante las leyes emanadas de la Asamblea Nacional en diciembre de 2010 sobre el Poder Popular y el Estado Comunal, en las cuales se ha regulado un Estado Socialista y un sistema económico comunista por el cual nadie ha votado en el país.

En este contexto, por tanto, son evidentes las catastróficas consecuencias que para el Estado de derecho y para la democracia en Venezuela ha tenido la conducta del Tribunal Supremo de Justicia, que con su acción y omisión ha terminado siendo el artífice de la masacre institucional que Venezuela ha sufrido impunemente.

Ello se confirma, por lo demás, con lo expresado en el discurso de apertura del Año Judicial el 5 de febrero de 2011 pronunciado, como Orador de Orden, por Magistrado de la Sala Electoral del Tribunal Supremo, Fernando Vargas, en el cual destacó que "el Poder Judicial venezolano está en el deber de dar su aporte para la eficaz ejecución, en el ámbito de su competencia, de la Política de Estado que adelanta el gobierno nacional" en el sentido de desarrollar "una acción deliberada y planificada para conducir un socialismo bolivariano y democrático," y que "la materialización del aporte que debe dar el Poder Judicial para colaborar con el desarrollo de una política socialista, conforme a la Constitución y la leyes, viene dado por la conducta profesional de jueces, secretarios, alguaciles y personal auxiliar," agregando que:

> "Así como en el pasado, bajo el imperio de las constituciones liberales que rigieron el llamado estado de derecho, la Corte de Casación, la Corte Federal y de Casación o la Corte Suprema de Justicia y demás tribunales, se consagraban a la defensa de las estructuras liberal-democráticas y combatían con sus sentencias a quienes pretendían subvertir ese orden en cualquiera de las competencias ya fuese penal, laboral o civil, de la misma manera este Tribunal Supremo de Justicia y el resto de los tribunales de la República, deben aplicar

80 *Ídem*

81 Véase Allan R. Brewer-Carías, *Reforma constitucional y fraude a la Constitución (1999-2009)*, Academia de Ciencias Políticas y Sociales, Caracas 2009; "Reforma Constitucional y fraude a la Constitución: el caso de Venezuela 1999-2009," en Pedro Rubén Torres Estrada y Michael Núñez Torres (Coordinadores), *La reforma constitucional. Sus implicaciones jurídicas y políticas en el contexto comparado*, Cátedra Estado de Derecho, Editorial Porrúa, México 2010, pp. 421-533; "La demolición del Estado de Derecho en Venezuela Reforma Constitucional y fraude a la Constitución (1999-2009)," en *El Cronista del Estado Social y Democrático de Derecho*, N° 6, Editorial Iustel, Madrid 2009, pp. 52-61.

severamente las leyes para sancionar conductas o reconducir causas que vayan en desmedro de la construcción del Socialismo Bolivariano y Democrático."[82]

Queda claro, por tanto, cual ha sido la razón del rol asumido por el Tribunal Supremo en Venezuela, como queda evidenciado de lo que hemos reseñado anteriormente, y que no es otra que como se ha anunciado en la apertura del Año Judicial de 2011, la destrucción del "llamado estado de derecho" y "de las estructuras liberales-democráticas," con el objeto de la "construcción del Socialismo Bolivariano y Democrático."

New York, julio de 2012.

82 Véase la Nota de Prensa oficial difundida por el Tribunal Supremo. Véase en http://www.tsj.gov.ve/informacion/notasdeprensa/notasdeprensa.asp?codigo=8239

# XI

# LA LEGITIMIDAD DEMOCRÁTICA DE LA ELECCIÓN POPULAR Y SEPARACIÓN DE PODERES COMO INVARIABLES PARADIGMAS DEL CONSTITUCIONALISMO MODERNO

## (2016)

**Texto publicado como "Democracia, elección popular y separación de poderes. Paradigmas invariables del constitucionalismo moderno ," en la *Revista Iberoamericano de Derecho Público y Administrativo*, Instituto Profesor Jesús González Pérez, N° 15, San José Costa Rica 2016.**

## INTRODUCCIÓN

Entre los paradigmas más esenciales del constitucionalismo moderno que surgieron de la Revolución de independencia de los Estados Unidos de América (1776), de la Revolución Francesa (1789), y de la Revolución Hispanoamérica (1810),[1] que han guiado el desarrollo del derecho constitucional a partir de comienzos del siglo XIX y que sin duda, lo continuarán siendo en el siglo XXI, está el de la legitimidad democrática de la elección popular de los gobernantes y el de la separación de poderes como instrumento de control del ejercicio del Poder y de garantía de la libertad formulados, ambos ratificados y reformulados por los países del Continente americano en la *Carta Democrática Interamericana* de 11 de septiembre de 2001, adoptada apenas iniciado el Siglo.[2]

El primero de esos paradigmas, el de la elección democrática representativa de los gobernantes es tan fundamental, que es el que permite garantizar la efectiva vigencia de todos los otros paradigmas del constitucionalismo moderno, razón por la cual al definirse en la *Carta Democrática Interamericana* los elementos esenciales de la democracia, además de la elección, se precisó que comprenden el respeto a los derechos humanos y las libertades fundamentales; el acceso al poder y su ejercicio con sujeción al Estado de derecho; la existencia de un régimen plural de partidos y organizaciones políticas, y la separación e independencia de los poderes públicos (art. 3). De ello resulta por tanto que la democracia no se agota en ese primer elemento esencial de la misma, es decir, en la necesaria elección popular de los representantes, pues dicho elemento está imbricado con los otros, siendo todos ellos interdependientes, de manera que las fallas, carencias, o ausencia de cualquiera de ellos, afecta directamente la propia vigencia de los demás, y de la propia democracia.

---

1 Véase Allan R. Brewer-Carías, *Reflexiones sobre la Revolución americana (1776) y la Revolución francesa (1789) y sus aportes al constitucionalismo moderno*, (Cuadernos de la Cátedra Allan R. Brewer-Carías, de Derecho Administrativo, Universidad Católica Andrés Bello, N° 1, Editorial Jurídica Venezolana, Caracas 1992. Una segunda edición ampliada fue publicada con el título: *Reflexiones sobre la Revolución Americana (1776), la Revolución Francesa (1789) y la Revolución Hispanoamericana (1810-1830) y sus aportes al constitucionalismo moderno*, Serie de Derecho Administrativo N° 2, Universidad Externado de Colombia, Bogotá 2008.

2 La Carta fue adoptada en Lima por la Organización de los Estados Americanos, coincidencialmente el mismo día en que ocurrieron los ataques terroristas en Nueva York y Washington. Véase en http://www.oas.org/charter/docs_es/resolucion1_es.htm. Véase mis primeros comentarios sobre la misma en Allan R. Brewer-Carías, *La Crisis de la democracia venezolana. La Carta Democrática Interamericana y los sucesos de abril de 2002*, Los Libros de El Nacional, Colección Ares, Caracas 2002.

Ello implica, además, cuando se consideran globalmente todos esos elementos de la democracia, que todos ellos dependen del primero de los mencionados elementos que es la efectiva elección popular de los gobernantes, y a la vez, del último de los mismos que es la efectiva existencia y operatividad de un sistema de separación e independencia de los órganos que ejercen los Poderes Públicos. Ambos elementos, la elección popular y la separación de poderes, son los que puede permitir controlar el poder del Estado y de los gobernantes mediante el aseguramiento efectivo del acceso a una justicia independiente y autónoma.

Y ello es así, porque en definitiva, sin la efectiva vigencia de un sistema de órganos del Estado con titulares electos, montado sobre el principio de la separación e independencia de los poderes públicos, y entre ellos, del poder judicial, que pueda permitir el control del ejercicio del poder, en la práctica no podría haber elecciones libres y justas, ni efectiva representatividad democrática; no podría haber pluralismo político, ni efectiva participación democrática en la gestión de los asuntos públicos; no podría haber real y efectiva garantía del respeto de los derechos humanos y de las libertades fundamentales; y no podría asegurarse que el acceso al poder y su ejercicio se hagan con sujeción al Estado de derecho, es decir, que realmente exista y funciones un gobierno sometido a la Constitución y a las leyes.[3]

Igualmente, sin la efectiva vigencia de un sistema de separación e independencia de los poderes públicos que permita el control de los mismos, ninguno de los componentes esenciales de la democracia a los que alude la misma *Carta Democrática Interamericana* podría llegar a tener efectiva aplicación, es decir, no podría haber posibilidad real de exigir la transparencia y probidad de las actividades gubernamentales, y la responsabilidad de los gobernantes en la gestión pública; no habría forma de garantizar el efectivo respeto de los derechos sociales, ni la libertad de expresión y de prensa; no se podría asegurar la subordinación de todas las autoridades del Estado, incluyendo la militar, a las instituciones civiles del Estado; en definitiva, no se podría asegurar el respeto al Estado de derecho.

De lo anterior resulta, por tanto, que sólo cuando en un Estado exista un sistema de efectiva elección popular de sus gobernantes, y un efectivo sistema de separación de poderes que permita la posibilidad real de que el poder pueda ser controlado, es que puede haber democracia, y sólo en esta es que los ciudadanos pueden encontrar asegurados sus derechos.

Lamentablemente, sin embargo, estos paradigmas elementales no siempre se han garantizado en nuestros países y tenemos un ejemplo contemporáneo desarrollado en pleno siglo XXI precisamente a partir de la adopción de la *Carta Democrática Interamericana,* que es el caso de Venezuela, donde durante los últimos quince años, a la vista de todos los países de América Latina, la democracia ha sido progresivamente demolida, dándose inicio al proceso en 1999 cuando un grupo de militares y de civiles a su servicio, asaltaron el poder y se apoderaron de la conducción del Estado.[4] A partir de entonces, trastocaron el régimen de Estado democrático y social de derecho y de justicia que tanto había costado establecer desde 1958 cuando se instauró el régimen democrático,[5] imponiendo en su lugar un Estado Totalitario,[6] manejado por una burocracia que ha destruidos los valores y principios de la democracia y del Estado de derecho, utilizando para ello en parte instrumentos de la propia democracia.

En el futuro, sin embargo, por más destrucción que se haya hecho de la democracia, Venezuela tendrá que pasar por un proceso de su reconstrucción, para lo cual el país tendrá que pasar por un período y proceso de transición que desmonte el autoritarismo, con consensos

3 Véase Allan R. Brewer-Carías, *Constitución, democracia y control del poder*, (Prólogo de Fortunato González Cruz), Centro Iberoamericano de Estudios Provinciales y Locales (CIEPROL), Consejo de Publicaciones/Universidad de Los Andes/Editorial Jurídica Venezolana. Mérida, octubre 2004.

4 Véase Allan R. Brewer-Carías, *Dismantling Democracy. The Chávez Authoritarian Experiment*, Cambridge University Press, New York 2010.

5 Véase Manuel Rachadell, *Evolución del Estado venezolano 1958-2015. De la conciliación de intereses al populismo autoritario,* Editorial Jurídica Venezolana, Caracas 2015.

6 Véase Allan R. Brewer-Carías, *Estado totalitario y desprecio a la ley. La desconstitucionalización, desjuridificación, desjudicialización y desdemocratización de Venezuela*, Fundación de Derecho Público, Editorial Jurídica Venezolana, segunda edición (Con prólogo de José Ignacio Hernández), Caracas 2015.

forzados por la manifestación de la voluntad popular, a los efectos de rescatar el primero de los paradigmas del derecho constitucional de nuestro tiempo que es el de la legitimidad democrática de los gobernantes, mediante su elección popular en el marco de los principios de la democracia representativa, en un sistema de separación de poderes, que es lo que puede permitir el control del poder. Ello implica la libre y trasparente posibilidad de elección popular de todos los altos titulares de los poderes públicos.

Por más elemental que ello sea, hay que recordarlo, para poder sentar las bases de la transición hacia la democracia, esa elección popular en el caso de Venezuela, debe efectuarse en el futuro: *primero*, mediante una elección popular directa por lo que se refiere a los titulares de los Poderes Ejecutivo y Legislativo, en elecciones "periódicas, libres, justas y basadas en el sufragio universal y secreto," como expresión de la soberanía del pueblo; y *segundo*, mediante una elección popular indirecta, por lo que se refiere a titulares de los otros poderes públicos (Poder Judicial, Poder Ciudadano y Poder Electoral), por la Asamblea Nacional como Cuerpo elector de segundo grado que es, con las garantías de participación política que establece la Constitución.

No hay otra forma de reconstruir la democracia que no sea revalorizando la democracia representativa, y enterrando definitivamente las pretensiones autoritarias de sustituirla por una supuesta "democracia participativa,"[7] que se materializaron en el vano intento del mal llamado "nuevo constitucionalismo,"[8] tal como fue aplicado en Venezuela desde 1999 y fue además seguido en Ecuador y Bolivia, y que condujo a la destrucción de la democracia en sí misma, mediante la consolidación de un régimen autoritario sin control,[9] apelando a demagogias plebiscitarias sin legitimidad electoral alguna, utilizando para ello los propios instrumentos de la democracia.

Ello es lo que explica el abismo que existe en Venezuela, como ha sucedido en muchos otros países en otros tiempos, entre lo expresado en el texto constitucional, en este caso, la Constitución sancionada en diciembre de 1999 con excelsas declaraciones sobre el "Estado democrático y social de derecho y de justicia," y la práctica política del gobierno durante todo el tiempo de su vigencia, que ha conducido a la situación actual de deterioro político de la democracia caracterizada, precisamente, por la antítesis a todo lo que dice la Constitución, es decir, por una parte, la ausencia de una efectiva representatividad electoral y popular de los gobernantes; y por la otra, la ausencia de un efectivo sistema de separación de poderes entre los órganos del Estado, habiéndose logrado con ello la destrucción del Estado de derecho y de la democracia misma.[10]

---

7 Véase Allan R. Brewer-Carías, "La necesaria revalorización de la democracia representativa ante los peligros del discurso autoritario sobre una supuesta "democracia participativa" sin representación," en *Derecho Electoral de Latinoamérica. Memoria del II Congreso Iberoamericano de Derecho*, Bogotá, 31 agosto-1 septiembre 2011, Consejo Superior de la Judicatura, ISBN 978-958-8331-93-5, Bogotá 2013, pp. 457-482.

8 Como bien lo ha expresado Roberto Gargarella, el llamado "nuevo constitucionalismo latinoamericano" lo que ha hecho es reproducir "las viejas estructuras autoritarias que recibimos en legado de los siglos XVIII y XIX," no habiendo en forma alguna "proyecto democrático y de avanzada bajo organizaciones de poder concentradas en Ejecutivos o monarcas, que representan la negación política de la democracia que declaman." Por ello, respecto de dicho "nuevo constitucionalismo," ha denunciado acertadamente "un modo errado de pensar el constitucionalismo, que después de más de doscientos años de práctica no ha aprendido a reconocer lo obvio, esto es, que el poder concentrado (político, económico) no puede sino resistir la puesta en práctica de los derechos nuevos, porque ella promete socavar también el poder de quienes hoy gobiernan discrecionalmente, bajo el control de nadie." Véase Roberto Gargarella, "El "nuevo constitucionalismo latinoamericano. Los recientes textos fundamentales tienen elementos autoritarios propios del siglo XIX," en *El País. Opinión*, 20 de agosto de 2014, en http://elpais.com/elpais/2014/07/31/opinion/1406816088_091940.html

9 Véase Allan R. Brewer-Carías, "Los problemas del control del poder y el autoritarismo en Venezuela", en Peter Häberle y Diego García Belaúnde (Coordinadores), *El control del poder. Homenaje a Diego Valadés*, Instituto de Investigaciones Jurídicas, Universidad Nacional Autónoma de México, Tomo I, México 2011, pp. 159-188

10 Véase Allan R. Brewer-Carías, "La demolición del Estado de derecho y la destrucción de la democracia en Venezuela (1999-2009)," en José Reynoso Núñez y Herminio Sánchez de la Barquera y Arroyo (Coordinadores), *La democracia en su contexto. Estudios en homenaje a Dieter Nohlen en su septuagésimo aniversario*, Instituto de Investigaciones Jurídicas, Universidad Nacional Autónoma de México, México 2009, pp. 477-517.

Ello, en la práctica, ha convertido a la Constitución en una gran mentira, por su inaplicación, deformación y mutación en fraude a su propio texto,[11] dando pie a la consolidación de un Estado totalitario que desprecia al derecho y a la ley, y que permite a los gobernantes conducir al país mediante la mentira como política de Estado;[12] en decir, dando lugar a la existencia de un Estado sin Constitución.[13]

## I.- EL PARADIGMA DE LA EFECTIVA ELECCIÓN POPULAR LIBRE Y TRASPARENTE DE LOS GOBERNANTES Y SU NECESARIA VIGENCIA

En efecto, para asegurar la democracia, y en ella, un sistema de separación de poderes montado sobre la independencia y autonomía de los mismos, las Constituciones, incluyendo la de Venezuela de 1999, establecen el principio de que todos los titulares de los poderes públicos deben ser electos popularmente, siendo esta exigencia lo primero que hay que comenzar a aplicar cuando se inicie el necesario proceso de transición hacia la democracia.

Para ello no hay que hacer reforma alguna de la Constitución, sino en realidad aplicar su texto, pues ello deriva del principio declarado en el mismo de que el pueblo ejerce la soberanía "indirectamente" mediante el sufragio por los órganos que ejercen el Poder Público (art. 5), que es como se puede asegurar el derecho de los ciudadanos de participar libremente en los asuntos públicos por medio de representantes elegidos (art. 62), en unos casos, a través de votaciones libres, universales, directas y secretas (art. 63); y en otros, a través de elecciones indirectas, de segundo grado.

La *elección popular directa* por el pueblo de sus representantes, con voto universal y secreto, por ejemplo, está establecida, primero, en el artículo 228 de la Constitución respecto de la elección mediante "votación universal, directa y secreta" del titular del Poder Ejecutivo, es decir, del Presidente de la República; y segundo, en el artículo 186 de la misma Constitución respecto de la elección de los titulares del Poder Legislativo, es decir, los diputados a la Asamblea Nacional, al exigir una "votación universal, directa, personificada y secreta con representación proporcional."

Ello implica que nadie que no haya sido electo por votación popular directa y secreta puede ejercer el cargo de Presidente de la República o el cargo de diputado, de cuya titularidad quienes hayan sido electos democráticamente solo pueden ser despojados mediante revocación popular del mandato por iniciativa popular (art. 72). En una democracia, por tanto, no debería ocurrir que se revoque el mandato de un funcionario, como por ejemplo ocurrió efectivamente en 2004 respecto del mandato del Presidente H. Chávez, que fue revocado, y sin embargo siguió ejerciendo el cargo porque un Consejo Nacional Electoral sometido al Poder Ejecutivo, con el auxilio de la Sala Constitucional del Tribunal Supremo también sometida al mismo, transformaron inconstitucionalmente el referendo revocatorio en un "referendo ratificatorio."[14] En una democracia tampoco debería ocurrir, como sucedió en 2014 en Venezuela, que violando

11 Véase Allan R. Brewer-Carías, *Reforma constitucional y fraude a la Constitución (1999-2009)*, Academia de Ciencias Políticas y Sociales, Caracas 2009; "¿Reforma constitucional o mutación constitucional?: La experiencia venezolana." en *Revista de Derecho Público*, N° 137 (Primer Trimestre 2014, Editorial Jurídica Venezolana, Caracas 2014, pp. 19-65; Jesús María Alvarado Andrade, quien considera que el problema es que no hay Constitución en el país, y la mentira es precisamente sostener que existe una, en "Aproximación a la tensión Constitución y libertad en Venezuela" en *Revista de Derecho Público*, N° 123, Editorial Jurídica Venezolana, Caracas, 2010, pp. 17-43.

12 Véase Allan R. Brewer-Carías, *La mentira como política de estado. Crónica de una crisis política permanente. Venezuela 1999-2015* (Prólogo de Manuel Rachadell), Colección Estudios Políticos, N° 10, Editorial Jurídica Venezolana, Caracas 2015.

13 Tal como lo ha analizado Manuel Rachadell, *Evolución del Estado venezolano 1958-2015. De la conciliación de intereses al populismo autoritario*, Colección Estudios Políticos, N° 11, Editorial Jurídica Venezolana, Caracas 2015, pp. 237 ss.

14 Véase Allan R. Brewer-Carías, "La Sala Constitucional vs. el derecho ciudadano a la revocatoria de mandatos populares: de cómo un referendo revocatorio fue inconstitucionalmente convertido en un "referendo ratificatorio," en el libro *Crónica sobre la "in" justicia constitucional. La Sala Constitucional y el autoritarismo en Venezuela*, Colección Instituto de Derecho Público, Universidad Central de Venezuela, N° 2, Caracas 2007, pp. 349-378

la soberanía popular fuera la Sala Constitucional la que revocó el mandato popular de una diputada, usurpando la voluntad popular, violando abiertamente la Constitución.[15]

Tampoco debería ocurrir en una democracia que se "designe" para ejercer la titularidad del Poder Ejecutivo a un funcionario sin legitimidad democrática que haya sido producto de la elección popular directa, tal como también ocurrió en Venezuela en enero de 2013, cuando la Sala Constitucional del Tribunal Supremo de Justicia invistió como Presidente de la República al Sr. Nicolás Maduro, quien no había sido electo popularmente en forma directa para ningún cargo, pues era Vicepresidente ejecutivo designado por nombramiento, quien ejerció ilegítimamente dicho cargo.[16]

Todo ello tiene su origen en el control total que en Venezuela, desde 2004, el Poder Ejecutivo ha ejercido sobre el Poder Electoral. Este último, como una rama más del Poder Público, conforme a la Constitución tiene la competencia para organizar, administrar, dirigir y vigilar todos los actos relativos a la elección de los cargos de representación popular de los poderes públicos (art. 136); para lo cual sus órganos deberían regirse por el principio de independencia orgánica y autonomía funcional (art. 294), que es lo único que podría permitir garantizar "la igualdad, confiabilidad, imparcialidad, transparencia y eficiencia de los procesos electorales, así como la aplicación de la personificación del sufragio y la representación proporcional"(art. 293, in fine).

Todo ello, sin embargo, en la Venezuela de los últimos tres lustros ha sido sistemáticamente burlado con el secuestro progresivo del Poder Electoral por parte del Poder Ejecutivo,[17] usando el control político que ha ejercicio a través del partido oficial de gobierno sobre la Asamblea Nacional y sobre la Sala Constitucional del Tribunal Supremo de Justicia.[18] En efecto, esa acción se logró eliminando totalmente la posibilidad efectiva de participación ciudadana en la elección de sus titulares,[19] lo que originó un Poder Electoral totalmente carente de independencia, y que ha funcionado como una especie de "agencia electoral" del partido oficial de gobierno. Ese Poder Electoral ha sido el que durante los últimos quince años ha conducido los "procesos electorales" que se han efectuado en el país, pero sin que en los mismos haya habido garantía alguna de igualdad, de confiabilidad, de imparcialidad, de transparencia y de eficiencia de los procesos electorales, ni efectiva aplicación, ni de la personificación del sufragio, y mucho menos de la representación proporcional;[20] sino muy por el contrario, procesos electorales cuestionados y cuestionables, pero a la vez sin posibilidad de ser controlados debido a la sumisión del Tribunal Supremo de Justicia al poder político, como ocurrió en 2014.[21]

---

15 Véase Allan R. Brewer-Carías, "La revocación del mandato popular de una diputada a la Asamblea Nacional por la Sala Constitucional del Tribunal Supremo de oficio, sin juicio ni proceso alguno (El caso de la Diputada María Corina Machado)," en *Revista de Derecho Público,* N° 137 (Primer Trimestre 2014, Editorial Jurídica Venezolana, Caracas 2014, pp. 165-189

16 Véase Allan R. Brewer-Carías, "Crónica sobre la anunciada sentencia de la Sala Constitucional del Tribunal Supremo de 9 de enero de 2013 mediante la cual se conculcó el derecho ciudadano a la democracia y se legitimó la usurpación de la autoridad en golpe a la Constitución," en Asdrúbal Aguiar (Compilador), *El Golpe de Enero en Venezuela (Documentos y testimonios para la historia),* Editorial Jurídica Venezolana, Caracas 2013, pp. 133-148

17 Véase Allan R. Brewer-Carías, "El secuestro del Poder Electoral y la confiscación del derecho a la participación política mediante el referendo revocatorio presidencial: Venezuela 2000-2004," en Juan Pérez Royo, Joaquín Pablo Urías Martínez, Manuel Carrasco Durán, Editores), *Derecho Constitucional para el Siglo XXI. Actas del Congreso Iberoamericano de Derecho Constitucional,* Tomo I, Thomson-Aranzadi, Madrid 2006, pp. 1081-1126

18 Véase Allan R. Brewer-Carías, "La Sala Constitucional vs. el Estado Democrático de derecho: el secuestro del Poder Electoral, *Crónica sobre la "in" justicia constitucional. La Sala Constitucional y el autoritarismo en Venezuela,* Colección Instituto de Derecho Público, Universidad Central de Venezuela, N° 2, Caracas 2007, pp. 197-230.

19 Véase Allan R. Brewer-Carías, "La participación ciudadana en la designación de los titulares de los órganos no electos de los Poderes Públicos en Venezuela y sus vicisitudes políticas", en *Revista Iberoamericana de Derecho Público y Administrativo,* Año 5, N° 5-2005, San José, Costa Rica 2005, pp. 76-95

20 Véase Allan R. Brewer-Carías, "El juez constitucional vs. el derecho al sufragio mediante la representación proporcional," *Crónica sobre la "in" justicia constitucional. La Sala Constitucional y el autoritarismo en Venezuela,* Colección Instituto de Derecho Público, Universidad Central de Venezuela, N° 2, Caracas 2007, pp. 337-348

21 La última manifestación fue la sistemática declaratoria de inadmisibilidad de todas las demandas de impugnación de la supuesta elección de Nicolás Maduro como Presidente de la República en 2013. Véase Allan R. Brewer-Carías, "Crónica sobre las vicisitudes de la impugnación de la elección presidencial de 14 de abril de 2013 ante la Sala Electoral, el avoca-

Por otra parte, en cuanto a la *elección popular indirecta* que se establece en la Constitución en el sentido de elección popular de *segundo grado*, la misma debería regir para la elección de todos los titulares de los otros órganos del Poder Público en Venezuela distintos de los que conforman el Poder Ejecutivo y el Poder Legislativo; es decir, *primero*, del Poder Judicial, referido a los Magistrados del Tribunal Supremo de Justicia (art. 264, 265); *segundo*, del Poder Ciudadano, es decir, del Contralor General de la República, del Fiscal General de la República y del Defensor del Pueblo (art. 279); y *tercero*, del Poder Electoral, es decir, de los Rectores del Consejo Nacional Electoral (art. 296); correspondiendo dicha elección popular única y exclusivamente a una mayoría calificada de los diputados a la Asamblea Nacional, que en esos casos no actúa como cuerpo legislador sino como "cuerpo elector" o "cuerpo electoral" de segundo grado

En estos casos de elección popular indirecta, la Constitución venezolana buscó asegurar una máxima representatividad democrática al exigir el voto de una mayoría calificada de las 2/3 partes de los diputados para la elección; y a la vez, una máxima participación democrática, al exigir que los candidatos a los Poderes Públicos a ser electos por la Asamblea Nacional actuando como cuerpo elector, solo pueden ser postulados o nominados por sendos "Comités de Postulaciones" regulados constitucionalmente para ser integrados únicamente y exclusivamente "por representantes de los diversos sectores de la sociedad" (Comité de Postulaciones Judiciales, art. 270; Comité de Evaluación de Postulaciones del Poder Ciudadano, art. 279; y Comité de Postulaciones Electorales art. 295).

Todo ello implica que nadie que no haya sido electo por votación popular indirecta por la mayoría calificada de diputados con la participación ciudadana en esa forma establecida en la Constitución, podría en Venezuela ejercer el cargo de Rector del Consejo Nacional Electoral, de Contralor General de la República, de Fiscal General de la República, de Defensor del Pueblo y de Magistrado del Tribunal Supremo de Justicia, quienes solo pueden perder su investidura por decisión del cuerpo elector de diputados con la misma mayoría calificada.

Sin embargo, en franco contraste con todas esas previsiones constitucionales, las mismas han sido sistemáticamente ignoradas y violadas en la práctica política y legislativa venezolana en los últimos quince años, de manera que en cuanto a la legitimidad democrática de la elección popular indirecta, desde 2000, la exigencia constitucional de la máxima participación ciudadana ha sido sistemáticamente violada, al haberse integrado por la Asamblea Nacional a los Comités de Postulaciones para la nominación de los candidatos, por una mayoría de diputados, los cuales por esencia no son "representantes" de los diversos sectores de la sociedad civil, que es lo que exige la Constitución.[22] Ello se estableció así inconstitucionalmente en la Ley Especial para la Designación de los Titulares de los Poderes Públicos de 2000,[23] y se repitió en las Leyes Orgánicas del Poder Electoral,[24] del Poder Ciudadano[25] y del Tribunal Supremo de

miento de las causas por la Sala Constitucional, y la ilegítima declaratoria de la "legitimidad" de la elección de Nicolás Maduro mediante una "Nota de prensa" del Tribunal Supremo," en Asdrúbal Aguiar (Compilador), *El Golpe de Enero en Venezuela (Documentos y testimonios para la historia)*, Editorial Jurídica Venezolana, Caracas 2013, pp. 297-314; y "El Juez Constitucional y la ilegítima declaración, mediante una "nota de prensa," de la "legitimidad" de la elección presidencial del 14 de abril de 2013," en *Revista de Derecho Público*, N° 135 (julio-septiembre 2013), Editorial Jurídica Venezolana, Caracas 2013, pp. 205-216. Véase además en Allan R. Brewer-Carías, *El golpe a la democracia dado por la Sala Constitucional (De cómo la Sala Constitucional del Tribunal Supremo de Justicia de Venezuela impuso un gobierno sin legitimidad democrática, revocó mandatos populares de diputada y alcaldes, impidió el derecho a ser electo, restringió el derecho a manifestar, y eliminó el derecho a la participación política, todo en contra de la Constitución)*, Colección Estudios Políticos N° 8, Editorial Jurídica venezolana, segunda edición, (Con prólogo de Francisco Fernández Segado), Caracas 2015, pp. 55 a 132.

22 Véase los comentarios sobre la inconstitucional práctica legislativa reguladora de los Comités de Postulaciones integradas, cada uno, con una mayoría de diputados, convirtiéndolas en simples "comisiones parlamentarias ampliadas," en Allan R. Brewer-Carías, "La participación ciudadana en la designación de los titulares de los órganos no electos de los Poderes Públicos en Venezuela y sus vicisitudes políticas", en *Revista Iberoamericana de Derecho Público y Administrativo*, Año 5, N° 5-2005, San José, Costa Rica 2005, pp. 76-95.

23 *Gaceta Oficial* N° 37.077 de 14 de noviembre de 2000. La impugnación por inconstitucional de dicha Ley en 2000, hay que recordarlo, le costó el cargo a la primera Defensora del Pueblo que había electo la Asamblea Constituyente en 1999.

24 *Gaceta Oficial* N° 37.573 de 19 de noviembre de 2002.

25 *Gaceta Oficial* N° 37.310 de 25 de octubre de 2001.

Justicia sancionadas a partir de 2004, donde quedaron configurados los mencionados Comités como simples "comisiones parlamentarias ampliadas," totalmente controladas por la fracción mayoritaria oficialista de la Asamblea Nacional. La consecuencia ha sido que todas las elecciones o designaciones de los titulares de los Poderes Electoral, Ciudadano y Judicial durante los últimos quince años, han sido hechas sin que se haya respetado la garantía constitucional de la participación ciudadana mediante unos Comités de Postulaciones integrados únicamente por representantes de los diversos sectores de la sociedad.

Adicionalmente, en cuanto a la misma legitimidad democrática de la elección popular indirecta, la exigencia constitucional de la máxima representatividad democrática también ha sido sistemáticamente violada.

En primer lugar, mediante la designación, en 2014 y en 2015, de los magistrados del Tribunal Supremo de Justicia, del Contralor General de la República, del Fiscal General de la República y del Defensor del Pueblo, por una simple mayoría de votos de los diputados de la Asamblea Nacional (actuando como órgano legislativo), usurpando el carácter de cuerpo electoral de segundo grado que sólo puede ejercer una mayoría calificada de las 2/3 partes de los diputados.[26]

Y en segundo lugar, mediante la designación de los miembros del Consejo Nacional Electoral, tanto en 2004[27] como en 2014,[28] por la Sala Constitucional del Tribunal Supremo, usurpando el carácter de cuerpo electoral que solo pueden tener los diputados de la Asamblea Nacional actuando mediante el voto de las 2/3 partes de los mismos .

En esta forma, durante los últimos quince años en Venezuela se han violado sistemáticamente las previsiones constitucionales establecidas para garantizar la elección popular democrática de los titulares de los Poderes Públicos, en este caso, de los Poderes Electoral, Ciudadano y Judicial, y así poder garantizar su independencia y autonomía que solo puede lograrse asegurándose la elección popular indirecta de segundo grado con máxima representatividad y máxima participación democráticas. Lo contrario es lo que ha ocurrido en Venezuela, habiendo resultado la conformación de unos Poderes Públicos totalmente controlados por el Poder político que ejerce el gobierno mediante el control partidista de una mayoría simple de diputados de la Asamblea Nacional, habiendo quedado integrados los Poderes Electoral, Ciudadano y Judicial con militantes y seguidores del partido de gobierno.

De lo anterior resulta, por tanto, que la única posibilidad que existe de restituir la democracia en Venezuela tiene que pasar por el restablecimiento del elemento esencial de la democracia que es el de la elección popular de los gobernantes mediante elecciones libres y trasparentes, controladas por órganos independientes y autónomos –que sigue siendo uno de los paradigmas de siempre del derecho constitucional contemporáneo–, lo que exige el respeto de las

---

26 Véase Allan R. Brewer-Carías, "El golpe de Estado dado en diciembre de 2014 en Venezuela con la inconstitucional designación de las altas autoridades del Poder Público," en *El Cronista del Estado Social y Democrático de Derecho*, N° 52, Madrid 2015, pp. 18-33; José Ignacio Hernández, "La designación del Poder Ciudadano: fraude a la Constitución en 6 actos;" en *Prodavinci*, 22 de diciembre, 2014, en http://prodavinci.com/blogs/la-designacion-del-poder-ciudadano-fraude-a-la-constitucion-en-6-actos-por-jose-i-hernandez/;

27 Véase sentencia de la Sala Constitucional del Tribunal Supremo N° 2073 de 4 de agosto de 2003 (Caso: *Hermánn Escarrá Malaver y oros*), en http://historico.tsj.gov.ve/decisiones/scon/agosto/2073-040803-03-1254%20Y%201308.HTM; y sentencia N° 2341 del 25 de agosto de 2003 (Caso: *Hermánn Escarrá M. y otros) en* Véase en http://historico.tsj.gov.ve/decisiones/scon/agosto/PODER%20ELEC-TORAL.HTM . Véanse los comentarios en Allan R. Brewer-Carías, "El control de la constitucionalidad de la omisión legislativa y la sustitución del Legislador por el Juez Constitucional: el caso del nombramiento de los titulares del Poder Electoral en Venezuela," en *Revista Iberoamericana de Derecho Procesal Constitucional*, N° 10 Julio-Diciembre 2008, Editorial Porrúa, Instituto Iberoamericano de Derecho Procesal Constitucional, México 2008, pp. 271-286.

28 Véase sentencia de la Sala Constitucional del Tribunal Supremo N° 1865 de 26 de diciembre de 2014, en La sentencia inicialmente la consulté en http://www.tsj.gob.ve/decisiones/scon/diciembre/173497-1865-261214-2014-14-1343.HTML Posteriormente sólo estuvo disponible en http://historico.tsj.gov.ve/decisiones/scon/diciembre/173497-1865-261214-2014-14-1343.HTML. Véase Allan R. Brewer-Carías, "El golpe de Estado dado en diciembre de 2014 en Venezuela con la inconstitucional designación de las altas autoridades del Poder Público," en *El Cronista del Estado Social y Democrático de Derecho*, N° 52, Madrid 2015, pp. 18-33

garantías democráticas representativa y participativa establecidas en la Constitución, para asegurar su independencia y autonomía, comenzando por el Poder Electoral de modo que pueda asegurarse con imparcialidad, el desarrollo de elecciones libres y justas.

La transición hacia la democracia que necesariamente tendrá que ocurrir en Venezuela, por tanto, deberá comenzar por el control democrático de la mayoría de la Asamblea Nacional, que es el órgano político de mayor importancia en el marco de la Constitución, a los efectos, *primero*, de rescatar la función legislativa, la cual durante los últimos quince años ha sido inconvenientemente delegada en el Poder Ejecutivo; *segundo*, de controlar política y administrativamente al Poder Ejecutivo, que ha gobernado sin control alguno; y *tercero* de realizar conforme a la Constitución el proceso de la elección y remoción popular de los titulares de los Poderes Públicos Judicial, Ciudadano y Electoral, garantizando la participación ciudadano conforme a la Constitución.

Por lo anterior, es claro, por tanto, que por ahora, solo cuando las fuerzas democráticas controlen políticamente mediante elección popular la mayoría calificada de la Asamblea Nacional, es que se podrá originar un proceso de transición hacia la democracia, y comenzar a desmantelarse el Estado totalitario que la ha destruido.

## II.- EL PARADIGMA DEL PRINCIPIO DE LA SEPARACIÓN DE PODERES

La efectiva elección popular democrática de los representantes del pueblo, por otra parte, es la única que puede garantizar el restablecimiento de otro de los paradigmas de siempre del derecho constitucional que es el principio de la separación de poderes, que también ha sido progresivamente demolido en Venezuela,[29] abandonándose incluso el largo tratamiento jurisprudencial que siempre tuvo como fundamento del ordenamiento constitucional.[30]

En efecto, tan dicho paradigma es válido, que puede decirse que no puede haber democracia sin separación de poderes, habiendo sido dicho principio el fundamento ideológico del Estado liberal inserto el todas las Constituciones hispanoamericanas desde 1811, incluida en su versión contemporánea en la Constitución venezolana de 1999,[31] el cual debería originar en los términos de la misma, unos órganos independientes y autónomos entre sí, para el ejercicio de las diversas ramas del Poder Público: Legislativa, Ejecutiva, Judicial, Ciudadana y Electoral.

Recordemos además que la Constitución venezolana de 1999 adoptó un novedoso sistema de una *penta* separación orgánica del Poder Público Nacional, al dividirlo, no entre tres Poderes, sino entre cinco, agregando a los tradicionales Poderes Legislativo, Ejecutivo y Judicial, dos nuevos, los Poderes Ciudadano y Electoral, correspondiendo entonces su ejercicio a cinco complejos orgánicos diferenciados y separados, que son, respectivamente, (i) la Asamblea Nacional; (ii) el Presidente, sus Ministros y el resto de los órganos del denominado "Ejecutivo Nacional"; (iii) el Tribunal Supremo de Justicia y los demás tribunales de la República, así como la Dirección Ejecutiva de la Magistratura y los otros órganos de gobierno y administración del Poder Judicial (Art. 267); (iv) el Ministerio Público o Fiscalía General de la República (Art. 284), la Contraloría General de la República (Art. 267) y la Defensoría del Pueblo (Art. 280); y (v) el Consejo Nacional Electoral, sus Comisiones y Juntas (Art. 293). Estos cinco conjuntos orgánicos conforme a la Constitución se deberían encontrar separados, autónomos e independientes entre sí, y cada uno de ellos con sus competencias constitucionales y legales específicas.[32]

---

29 Véase Gustavo Tarre Briceño, *Solo el Poder detiene al Poder. La Teoría de la Separación de Poderes y su aplicación en Venezuela*, Editorial Jurídica Venezolana, Caracas 2014.

30 Véase Allan R. Brewer-Carías, *Los Principios fundamentales del derecho público (Constitucional y Administrativo)*, Editorial Jurídica Venezolana, Caracas 2005, pp. 67 ss. Véase por ejemplo, la Sala Constitucional del Tribunal Supremo en la sentencia N° 1368 de 13 de agosto de 2008, en http://www.tsj.gov.ve/decisiones/scon/Agosto/1368-130808-01-2503.htm.

31 Véase en general, Manuel García Pelayo, "La división de poderes y la Constitución Venezolana de 1961," en *Libro Homenaje a Rafael Caldera: Estudios sobre la Constitución*, Tomo III, Facultad de Ciencias Jurídicas y Políticas, Universidad Central de Venezuela, Caracas 1979, pp. 1403 y 1420; Hildegard Rondón de Sansó, "La separación de los poderes en Venezuela," en *Libro Homenaje a Rafael Caldera: Estudios sobre la Constitución*, Tomo III, Facultad de Ciencias Jurídicas y Políticas, Universidad Central de Venezuela, Caracas 1979, pp. 1369-1403.

32 Conforme lo ha señalado la sentencia N° 3098 de la Sala Constitucional (Caso: *nulidad artículos Ley Orgánica de la Justicia de Paz*) de 13-12-2004, la "redistribución orgánica del Poder Público" que establece la Constitución obedece, "según la Exposición de Motivos de la Constitución de 1999, a la necesidad de otorgar independencia y autonomía funcional a

Por tanto, de acuerdo con lo establecido en el artículo 136 de la Constitución, la separación de poderes y la asignación de funciones propias a los órganos que ejercen los Poderes Públicos,[33] se establece como lo dijo el Tribunal Supremo del país en alguna ocasión, a los efectos de garantizar el "control del ejercicio del Poder Público entre sus órganos, para asegurar la sujeción del obrar público a reglas y principios del derecho y, evidencia que el referido principio tiene carácter instrumental, en tanto está destinado a hacer efectiva la sujeción de los órganos del Poder Público al bloque de la constitucionalidad."[34]

De ello deriva que el principio, por tanto, no es un simple principio de organización al que se le pueda quitar su base garantista de la libertad, de los derechos fundamentales y de la democracia, que es el objetivo del sistema de control. Sin embargo, en su afán de "desideologizar" el principio de separación de poderes, desde 2004 la Sala Constitucional del Tribunal Supremo, lamentablemente sometida al poder político, ha afirmado que el mismo "no es un principio ideológico, propio de la democracia liberal, sino un principio técnico del cual depende la vigencia de la seguridad jurídica como valor fundante del derecho,"[35] pretendiendo ignorar su valor esencial, precisamente como principio de la ideología de la democracia liberal, que lo considera esencial para la existencia de la propia democracia y la libertad.

Esa afirmación de la Sala Constitucional, en todo caso, no fue una afirmación inocente, sino que fue el comienzo de un viraje anti democrático de la jurisprudencia constitucional que llevó a la Sala, cinco años después, a afirmar despectivamente en sentencia N° 1049 de 23 de julio de 2009,[36] que *"la llamada* división, distinción o separación de poderes fue, al igual que la teoría de los derechos fundamentales de libertad, un instrumento de la doctrina liberal del Estado mínimo," concebido no como "un mero instrumento de organización de los órganos del Poder Público, sino un modo mediante el cual se pretendía asegurar que el Estado se mantuviera limitado a la protección de los intereses individualistas de la clase dirigente."

Descubrió así la Sala Constitucional, aun cuando distorsionándolo, el verdadero sentido de la separación de poderes, no sólo como mero instrumento de organización del Estado, sino como principio esencial de la democracia, la propia del Estado de derecho, para garantizar los derechos y libertades fundamentales, aun cuando por supuesto no sólo de "intereses individualistas de la clase dirigente" como con sesgo ideológico la confina el Tribunal Supremo.

Con este elemento "desideologizante" inserto en la jurisprudencia, en la cual incluso se calificó al principio como un principio "conservador,"[37] la Sala Constitucional del Tribunal Supremo de Venezuela luego comenzó a referirse al mismo con mero carácter instrumental argumentando que ciertamente "no supone una distribución homogénea, exclusiva o excluyente, o no en todos los casos, de tareas, potestades o técnicas entre los conglomerados de órganos del Poder Público," en el sentido de que "la Constitución de 1999 no refleja una estructura organizativa en la que la distribución de tareas entre los distintos Poderes corra paralela a una asignación de potestades homogéneas, exclusivas o excluyentes entre los mismos."[38]

Lo cierto, en todo caso, es que a pesar de la instrumentalidad mencionada, el principio de la separación para la organización de los poderes del Estado es por sobre todo el fundamento para el control del poder, y particularmente, para el control judicial de la constitucionalidad y legalidad de los actos del Estado, a los efectos de que el magistrado que tiene poder no pueda abusar de él, para lo cual deben imponérsele límites, de manera que mediante la distribución

los órganos que están encargados de desarrollar determinadas competencias, especialmente las de ejecución de "*procesos electorales, así como el de la función contralora y la defensa de los derechos humanos*". Véase en *Gaceta Oficial* N° 38.120 de 02-02-2005.

33 Véase Allan R. Brewer-Carías, *Los Principios fundamentales del derecho público (Constitucional y Administrativo)*, Editorial Jurídica Venezolana, Caracas 2005, pp. 67 ss.

34 Véase sentencia N° 2208 de 28 de noviembre de 2007 (Caso *Antonio José Varela y Elaine Antonieta Calatrava Armas vs. Proyecto de Reforma de la Constitución de la República Bolivariana de Venezuela*), citada en la sentencia, en *Revista de Derecho Público*, N° 112, Editorial Jurídica Venezolana, Caracas 2007, pp. 601-606.

35 *Ídem*: Sentencia N° 3098 de la Sala Constitucional (Caso: *nulidad artículos Ley Orgánica de la Justicia de Paz*) de 14-12-2004, en *Gaceta Oficial* N° 38.120 de 02-02-2005.

36 Véase en http://www.tsj.gov.ve/decisiones/scon/Julio/1049-23709-2009-04-2233.html.

37 Véase sentencia de la Sala Constitucional N° 1683 de 4 de noviembre de 2008 (Caso: *Defensoría del Pueblo*), en *Revista de Derecho Público*, N° 116, Editorial Jurídica Venezolana, Caracas 2008, pp. 222 ss.

38 Véase en http://www.tsj.gov.ve/decisiones/scon/Julio/1049-23709-2009-04-2233.html.

del poder, "el poder limite al poder" y se evite que "se pueda abusar del poder;" en definitiva, como uno de los paradigmas o elementos esenciales de la democracia para garantizar el control del poder.[39]

Por todo ello es que el principio de la separación de poderes es tan importante para la democracia pues en definitiva, del mismo dependen todos los demás elementos y componentes esenciales de la misma, ya que sólo controlando al Poder es que puede haber elecciones libres y justas, así como efectiva representatividad; sólo controlando al Poder es que puede haber pluralismo político; sólo controlando al Poder es que podría haber efectiva participación democrática en la gestión de los asuntos públicos; sólo controlando al Poder es que puede haber transparencia administrativa en el ejercicio del gobierno, así como rendición de cuentas por parte de los gobernantes; sólo controlando el Poder es que se puede asegurar un gobierno sometido a la Constitución y las leyes, es decir, un Estado de derecho y la garantía del principio de legalidad; sólo controlando el Poder es que puede haber un efectivo acceso a la justicia de manera que ésta pueda funcionar con efectiva autonomía e independencia; y en fin, sólo controlando al Poder es que puede haber real y efectiva garantía de respeto a los derechos humanos. De lo anterior resulta, por tanto, que sólo cuando existe un sistema de control efectivo del Poder es que puede haber democracia, y sólo en esta es que los ciudadanos pueden encontrar asegurados sus derechos debidamente equilibrados con los Poderes Públicos.

No es difícil por tanto entender que ha sido precisamente por la ausencia de una efectiva separación de poderes que en Venezuela la democracia haya sido tan afectada en los tres últimos lustros, período en el cual se ha producido un proceso continuo y sistemático de desmantelamiento de la misma, en paralelo con un proceso de concentración del poder, y que ha conducido, entre otro aspectos graves, al desmantelamiento de la autonomía e independencia del Poder Judicial en su conjunto,[40] y en particular, al control político por parte del Ejecutivo Nacional del Tribunal Supremo y de su Sala Constitucional, los cuales han sido puestos al servicio del autoritarismo,[41] afectando su rol de garantes de la Constitución y de los derecho humanos.[42]

39 Véase Allan R. Brewer-Carías, "Los problemas del control del poder y el autoritarismo en Venezuela," en Peter Häberle y Diego García Belaúnde (Coordinadores), *El control del poder. Homenaje a Diego Valadés,* Instituto de Investigaciones Jurídicas, Universidad Nacional Autónoma de México, Tomo I, México 2011, pp. 159-188; "Sobre los elementos de la democracia como régimen político: representación y control del poder," en *Revista Jurídica Digital IUREced*, Edición 01, Trimestre 1, 2010-2011, en http://www.megaupload.com/?d=ZN9Y2W1R; "Democracia: sus elementos y componentes esenciales y el control del poder," en *Grandes temas para un observatorio electoral ciudadano, Tomo I, Democracia: retos y fundamentos, (Compiladora Nuria González Martín),* Instituto Electoral del Distrito Federal, México 2007, pp. 171-220; "Los problemas de la gobernabilidad democrática en Venezuela: el autoritarismo constitucional y la concentración y centralización del poder," en Diego Valadés (Coord.), *Gobernabilidad y constitucionalismo en América Latina*, Universidad Nacional Autónoma de México, México 2005, pp. 73-96.

40 Véase, *en general*, Allan R. Brewer-Carías, "La progresiva y sistemática demolición de la autonomía e independencia del Poder Judicial en Venezuela (1999-2004)," en *XXX Jornadas J.M Domínguez Escovar, Estado de Derecho, Administración de Justicia y Derechos Humanos*, Instituto de Estudios Jurídicos del Estado Lara, Barquisimeto 2005, pp. 33-174; Allan R. Brewer-Carías, "El constitucionalismo y la emergencia en Venezuela: entre la emergencia formal y la emergencia anormal del Poder Judicial," en Allan R. Brewer-Carías, *Estudios Sobre el Estado Constitucional (2005-2006)*, Editorial Jurídica Venezolana, Caracas 2007, pp. 245-269; y Allan R. Brewer-Carías "La justicia sometida al poder. La ausencia de independencia y autonomía de los jueces en Venezuela por la interminable emergencia del Poder Judicial (1999-2006),"en *Cuestiones Internacionales. Anuario Jurídico Villanueva 2007,* Centro Universitario Villanueva, Marcial Pons, Madrid 2007, pp. 25-57, *disponible en* www.allanbrewercarias.com, (Biblioteca Virtual, II.4. Artículos y Estudios N° 550, 2007) pp. 1-37. Véase también Allan R. Brewer-Carías, *Historia Constitucional de Venezuela*, Editorial Alfa, Tomo II, Caracas 2008, pp. 402-454.

41 Véase Allan R. Brewer-Carías, "El rol del Tribunal Supremo de Justicia en Venezuela, en el marco de la ausencia de separación de poderes, producto del régimen autoritario," en *Segundo Congreso Colombiano de Derecho Procesal Constitucional, Bogotá D.C., 16 de marzo de 2011*, Centro Colombiano de Derecho Procesal Constitucional, Universidad Católica de Colombia, Bogotá de Bogotá 2011, pp. 85-111; "El juez constitucional al servicio del autoritarismo y la ilegítima mutación de la Constitución: el caso de la Sala Constitucional del Tribunal Supremo de Justicia de Venezuela (1999-2009)," en *Revista de Administración Pública*, N° 180, Madrid 2009, pp. 383-418, y en *IUSTEL, Revista General de Derecho Administrativo*, N° 21, junio 2009, Madrid, ISSN-1696-9650; y "Los problemas del control del poder y el autoritarismo en Venezuela," en Peter Häberle y Diego García Belaúnde (Coordinadores), *El control del poder. Homenaje a Diego Valadés,* Instituto de Investigaciones Jurídicas, Universidad Nacional Autónoma de México, Tomo I, México 2011, pp. 159-188.

42 Véase Allan R. Brewer-Carías, "El proceso constitucional de amparo en Venezuela: su universalidad y su inefectividad en el régimen autoritario," en *Horizontes Contemporáneos del Derecho Procesal Constitucional. Liber Amicorum Néstor*

Por ello, incluso, la Comisión Interamericana de Derechos Humanos en su *Informe Anual de 2009*, después de analizar la situación de los derechos humanos y de deterioro institucional en el país, llegó a afirmar que ello "indica la ausencia de la debida separación e independencia entre las ramas del gobierno en Venezuela;"[43] situación que explica la absurda afirmación ese mismo año de 2009, formulada por la entonces Presidenta del Tribunal Supremo de Venezuela, en el sentido de que "la división de poderes debilita al Estado," y que "hay que reformarla."[44]

En ese contexto, por supuesto, la Sala Constitucional del Tribunal Supremo de Justicia, como Jurisdicción Constitucional, durante los tres últimos lustros dejó de ser en Venezuela el garante último de la supremacía constitucional, dado el sometimiento al poder que ha sufrido, convirtiéndose al contrario en un mero agente ejecutor de las políticas públicas. Ello se confirmó, por ejemplo, con lo expresado en el discurso de "apertura del Año Judicial" pronunciado el 5 de febrero de 2011 por un Magistrado de la Sala Electoral del Tribunal Supremo, en el cual destacó que "el Poder Judicial venezolano está en el deber de dar su aporte para la eficaz ejecución, en el ámbito de su competencia, de la Política de Estado que adelanta el gobierno nacional" en el sentido de desarrollar "una acción deliberada y planificada para conducir un socialismo bolivariano y democrático," y que "la materialización del aporte que debe dar el Poder Judicial para colaborar con el desarrollo de una política socialista, conforme a la Constitución y la leyes, viene dado por la conducta profesional de jueces, secretarios, alguaciles y personal auxiliar."[45]

Con ello quedó claro cuál ha sido la razón del rol asumido por el Tribunal Supremo de Justicia, y que como se anunció en dicha apertura del Año Judicial de 2011, no es otro que la destrucción del "llamado estado de derecho" y "de las estructuras liberales-democráticas," con el objeto de la "construcción del Socialismo Bolivariano y Democrático."

En esta forma la Jurisdicción Constitucional controlada por el poder político, no sólo ha dejado de ser la garante de la supremacía de la Constitución, sino que se ha convertido en agente activo de mutaciones constitucionales ilegítimas, por ejemplo, para cambiar la forma federal del Estado,[46] o para desmontar el bloque de la constitucionalidad, al reservarse la decisión sobre la aplicación preferente de los tratados internacionales en materia de derechos humanos[47] e incluso, para implementar las reformas constitucionales que fueron rechazadas por el pueblo mediante referendo en 2007 mediante interpretaciones constitucionales vinculantes.[48] Y ade-

*Pedro Sagüés*, Centro de Estudios Constitucionales del Tribunal Constitucional, Lima 2011, Tomo II, pp. 219-261.

43 Véase IACHR, *2009 Annual Report*, para. 472, en http://www.cidh.oas.org/annualrep/ 2009eng/Chap.IV.f.eng.htm. El Presidente de la Comisión, Felipe González, dijo en abril de 2010: "Venezuela es una democracia que tiene graves limitaciones, porque la democracia implica el funcionamiento del principio de separación de poderes, y un Poder Judicial libre de factores políticos." Véase en Juan Francisco Alonso, "Últimas medidas judiciales certifican informe de la CIDH," en *El Universal*, Apr. 4, 2010. Available at http://universo.eluniversal.com/2010/04/04/pol_art_ultimas-medidas-jud_1815569.shtml.

44 Véase en Juan Francisco Alonso, "La división de poderes debilita al estado. La presidenta del TSJ [Luisa Estela Morales] afirma que la Constitución hay que reformarla," *El Universal*, Caracas 5 de diciembre de 2009, en http://www.eluniversal.com/2009/12/05/pol_art_morales:-la-divisio_1683109.shtml. Véase la exposición completa de la presidenta del Tribunal Supremo en http://www.tsj.gov.ve/informacion/notasde prensa/notasdeprensa.asp?codigo=7342

45 El Magistrado Fernando Vargas, quien fue el Orador de Orden, además agregó que ""Así como en el pasado, bajo el imperio de las constituciones liberales que rigieron el llamado estado de derecho, la Corte de Casación, la Corte Federal y de Casación o la Corte Suprema de Justicia y demás tribunales, se consagraban a la defensa de las estructuras liberal-democráticas y combatían con sus sentencias a quienes pretendían subvertir ese orden en cualquiera de las competencias ya fuese penal, laboral o civil, de la misma manera este Tribunal Supremo de Justicia y el resto de los tribunales de la República, deben aplicar severamente las leyes para sancionar conductas o reconducir causas que vayan en desmedro de la construcción del Socialismo Bolivariano y Democrático." Véase la Nota de Prensa oficial difundida por el Tribunal Supremo. Véase en http://www.tsj.gov.ve/informacion/notasdeprensa/notasdeprensa.asp?codigo=8239.

46 Véase Allan R. Brewer-Carías, "La Sala Constitucional como poder constituyente: la modificación de la forma federal del estado y del sistema constitucional de división territorial del poder público, en *Revista de Derecho Público*, N° 114, Editorial Jurídica Venezolana, Caracas 2008, pp. 247-262.

47 Véase Allan R. Brewer-Carías, "El juez constitucional vs. La justicia internacional en materia de derechos humanos," en *Revista de Derecho Público*, N° 116, (julio-septiembre 2008), Editorial Jurídica Venezolana, Caracas 2008, pp. 249-26.

48 Véase en general sobre estas mutaciones constitucionales lo que hemos expresado en Allan R. Brewer-Carías, "El juez constitucional al servicio del autoritarismo y la ilegítima mutación de la Constitución: el caso de la Sala Constitucional del Tribunal Supremo de Justicia de Venezuela (1999-2009)", en *Revista de Administración Pública*, N° 180, Madrid 2009, pp. 383-418; "La fraudulenta mutación de la Constitución en Venezuela, o de cómo el juez constitucional usurpa el poder

más, fue precisamente la Sala Constitucional del Tribunal Supremo de Venezuela, el vehículo utilizado por los otros poderes del Estado para secuestrar y tomar control directo de otras ramas del Poder Público.

Así sucedió por ejemplo con el Poder Electoral, en 2002, después de la sanción de la Ley Orgánica del Poder Electoral,[49] cuando la Sala Constitucional, al declarar sin lugar un recurso de inconstitucionalidad que había ejercido el propio Presidente de la República contra una Disposición Transitoria de dicha Ley Orgánica, en un *obiter dictum* consideró que dicha Ley era "inaplicable" al entonces en funciones Consejo Nacional Electoral en materia de quórum para decidir, impidiéndosele en consecuencia a dicho órgano poder tomar decisión alguna al considerar que debía hacerlo con una mayoría calificada de 4/5 que no estaba prevista en la Ley (la cual disponía la mayoría de 3/5). Para ello, la Sala "revivió" una previsión que estaba en un derogado Estatuto Electoral transitorio que se había dictado en 2000 sólo para regir las elecciones de ese año, y que ya estaba inefectivo.[50] Con ello, por la composición de entonces del Consejo Nacional Electoral, la Sala Constitucional impidió que dicho órgano pudiera funcionar y que por ejemplo pudiera darle curso a la iniciativa popular de más de tres millones de firmas que se produjo para convocar un referendo consultivo sobre la revocación del mandato del Presidente de la República.

En todo caso, ello significó en la práctica la parálisis total y absoluta del Poder Electoral, lo que se consolidó por decisión de otra Sala del Tribunal Supremo, la Sala Electoral, primero, impidiendo que uno de los miembros del Consejo pudiese votar,[51] y segundo, anulando la convocatoria que había hecho el Consejo para un referendo consultivo sobre la revocación del mandato del Presidente.[52]

La respuesta del pueblo a estas decisiones, sin embargo, fue una nueva iniciativa popular respaldada por tres millones y medio de firmas para la convocatoria de un nuevo referendo revocatorio del mandato del Presidente de la República, para cuya realización resultaba indispensable designar los nuevos miembros del Consejo Nacional Electoral. La bancada oficialista en la Asamblea Nacional no pudo hacer por si sola dichas designaciones, pues en aquél entonces no controlaba la mayoría de los 2/3 de los diputados que se requerían para ello, por lo que ante la imposibilidad o negativa de llegar a acuerdos con la oposición, y ante la perspectiva de que no se nombraran los miembros del Consejo Nacional Electoral, la vía que se utilizó para lograrlo, bajo el total control del gobierno, fue que la Sala Constitucional lo hiciera.

Para ello se utilizó la vía de decidir un recurso de inconstitucionalidad que se había intentado contra la omisión legislativa en hacer las designaciones, de manera que al decidir el recurso, la Sala, en lugar de exhortar a la Asamblea Nacional para que hiciera los nombramientos como correspondía, procedió a hacerlo directamente usurpando la función del Cuerpo Electoral de segundo grado del Parlamento, y peor aún, sin cumplir con las condiciones constitucionales requeridas para hacer las elecciones.[53] Con esta decisión, la Sala Constitucional le aseguró al

constituyente originario.", en *Anuario de Derecho Público*, Centro de Estudios de Derecho Público de la Universidad Monteávila, Año 2, Caracas 2009, pp. 23-65; "La ilegítima mutación de la Constitución por el juez constitucional y la demolición del Estado de derecho en Venezuela.," *Revista de Derecho Político*, N° 75-76, Homenaje a Manuel García Pelayo, Universidad Nacional de Educación a Distancia, Madrid, 2009, pp. 291-325; "El juez constitucional al servicio del autoritarismo y la ilegítima mutación de la Constitución: el caso de la Sala Constitucional del Tribunal Supremo de Justicia de Venezuela (1999-2009)", en *IUSTEL, Revista General de Derecho Administrativo*, N° 21, junio 2009, Madrid, ISSN-1696-9650.

49 Véase en *Gaceta Oficial* N° 37.573 de 19-11a-2002.

50 Véase Sentencia N° 2747 de 7 de noviembre de 2002 (Exp. 02-2736).

51 Véase Sentencia N° 3 de 22 de enero de 2003 (Caso: *Darío Vivas y otros*). Véase en Allan R. Brewer-Carías, "El secuestro del Poder Electoral y de la Sala Electoral del Tribunal Supremo y la confiscación del derecho a la participación política mediante el referendo revocatorio presidencial: Venezuela: 2000-2004," en *Revista Costarricense de Derecho Constitucional*, Tomo V, Instituto Costarricense de Derecho Constitucional, Editorial Investigaciones Jurídicas S.A., San José 2004, pp. 167-312.

52 Véase Sentencia N° 32 de 19 de marzo de 2003 (Caso: *Darío Vivas y otros*). Véase Allan R. Brewer-Carías, en "El secuestro del Poder Electoral y la confiscación del derecho a la participación política mediante el referendo revocatorio presidencial: Venezuela 2000-2004," en *Revista Jurídica del Perú*, Año LIV N° 55, Lima, marzo-abril 2004, pp. 353-396.

53 Véase sentencia N° 2073 de 4 de agosto de 2003 (Caso: *Hermánn Escarrá Malaver y oros*); y sentencia N° 2341 del 25 de

gobierno venezolano el completo control del Consejo Nacional Electoral, secuestrando a la vez el derecho ciudadano a la participación política, y permitiendo al partido de gobierno manipular los resultados electorales.

La consecuencia de todo ello fue, como se ha indicado anteriormente, que las elecciones que se han celebrado en Venezuela durante la última década han sido organizadas por una rama del Poder Público supuestamente independiente pero tácticamente controlada por el gobierno, totalmente parcializada. Esa es la única explicación que se puede dar, por ejemplo, al hecho de que hasta el presente se desconozca cuál fue el resultado oficial de la votación efectuada en el referendo que rechazó la reforma constitucional propuesta por el Presidente de la República en 2007. Ello es igualmente lo que explica que se pudiera sancionar la Ley Orgánica de los Procesos Electorales en 2008, para materialmente, en fraude a la Constitución, eliminar la representación proporcional en la elección de los diputados a la Asamblea Nacional, al punto de que en las elecciones legislativas de septiembre de 2010, con una votación inferior al cincuenta por ciento de los votos, el partido oficial obtuvo casi los 2/3 de diputados a la Asamblea Nacional.

En definitiva, el principio de la separación de poderes, como paradigma y principio fundamental del ordenamiento constitucional, no es ni puede ser considerado solamente como un principio técnico de organización del Estado para solamente asegurar el adecuado ejercicio de las diversas funciones estatales por parte de los diversos órganos que ejercen el Poder Público. Al contrario, tiene que ser considerado como un principio esencial de la configuración del Estado constitucional y democrático de derecho, el cual sin duda tiene un carácter ideológico vinculado al liberalismo democrático, concebido para asegurar el sistema de control y limitación del poder que le es esencial, para asegurar la libertad y la vigencia de los derechos fundamentales mediante la limitación y control del poder.

De todo lo anterior también resulta, por tanto, que la única posibilidad que existe de restablecer la democracia en Venezuela, tiene que pasar también por el restablecimiento de este otro paradigma del derecho constitucional y elemento esencial de la democracia, que además de la elección popular de los gobernantes, es la efectiva existencia del principio de separación de los poderes públicos que como órganos independientes y autónomos se puedan controlar entre sí.

Para ello, es decir, para restablecer la separación de poderes, igualmente, la transición hacia la democracia que se requerirá en Venezuela, también tiene que comenzar por el control democrático de la mayoría de la Asamblea Nacional, para asegurar la elección y remoción popular de los titulares de los Poderes Públicos Judicial, Ciudadano y Electoral, garantizando la participación ciudadano conforme a la Constitución; y además, controle políticamente al gobierno. Ello confirma que solo cuando las fuerzas democráticas controlen políticamente mediante elección popular la mayoría calificada de la Asamblea Nacional es que se podrá originar un proceso de transición hacia la democracia, y comenzar a desmantelarse el Estado totalitario que la ha destruido.

## III.- SOBRE EL DERECHO CIUDADANO A LA RESISTENCIA Y DESOBEDIENCIA CIVIL FRENTE A LA VIOLACIÓN DE LOS PARADIGMAS DEL DERECHO CONSTITUCIONAL DEMOCRÁTICO

El desmantelamiento de la democracia, y en particular, de los paradigmas constitucionales fundamentales, es decir, la elección popular de los gobernantes y la separación de poderes, como se ha dicho, lo que ha producido en un país como Venezuela es un Estado totalitario conducido por autoridades ilegítimas, que no tienen legitimidad democrática, por lo que frente a ello, el pueblo tiene derecho a rebelarse utilizando los medios que para ello le reconoce la propia Constitución.

---

agosto de 2003 (Caso: *Hermann Escarrá y otros*). Véase en Allan R. Brewer-Carías, "El secuestro del poder electoral y la confiscación del derecho a la participación política mediante el referendo revocatorio presidencial: Venezuela 2000-2004," en *Stvdi Vrbinati, Rivista trimestrale di Scienze Giuridiche, Politiche ed Economiche*, Año LXXI –2003/04 Nuova Serie A – N. 55,3, Università degli studi di Urbino, pp. 379-436.

En efecto, el gobierno de fuerza que desde 1999 se apoderó del Estado en Venezuela, y que edificó el Estado totalitario demoliendo las instituciones democráticas, conculcando las libertades y negando los derechos de las personas, sometiendo a la sociedad a un terrorismo de Estado guiado por una ideología de odio y exterminio, con asesinatos, confiscaciones, caos económico, desabastecimiento, hambre y corrupción, definida ésta incluso como política de Estado, resultó claro que ya no puede ser cambiado sino por un acto de fuerza popular como manifestación del ejercicio de la soberanía popular a través de la votación. Ello, fue precisamente lo que ocurrió con las elecciones parlamentarias de diciembre de 2015, las cuales la sociedad civil y política convirtieron en la práctica, en una manifestación de fuerza popular, de resistencia frente al régimen autoritario, para desplazarlo del poder; y por eso la oposición obtuvo la masiva votación que le dio el control de la mayor"la calificada en la Asamblea nacional que se instaló en enero de 2016.

Así como el régimen autoritario se impuso en Venezuela con la fuerza de una votación en 1999, y por ello ha prevalecido sobre todos; por ahora, solo por la fuerza de otras votaciones es que el pueblo puede desalojar a esos dirigentes del poder, ejerciendo su soberanía y manifestándola como ha comenzado a suceder mediante la elección de la nueva Asamblea Nacional, como acto tendiente a desconocer el régimen ilegítimo que gobierna desde 1999, que ha contrariado los valores, principios y garantías democráticos establecidos en la Constitución, y ha menoscabado los derechos humanos.

No hay otra alternativa en democracia para lograr desalojar dicho régimen del poder, que no sea por esa fuerza que sólo puede manifestarla el pueblo, como titular de la soberanía, mediante una votación. Es decir, esa fuerza no debería derivar de algún pronunciamiento aislado de cúpulas militares, ni de pactos o negociaciones entre personas, ni de un ejercicio electoral aislado como si se tratase de designar algunos representantes más en una contienda democrática normal, sino de un proceso electoral producto del ejercicio directo de la soberanía expresado como un rechazo absoluto al régimen autoritario de manera que todos los demócratas, del gobierno y la oposición, oigan el clamor popular y divisen definitivamente el abismo al cual se está precipitando al país. En definitiva, solo el pueblo es quien puede manifestarse para evitar la confrontación entre hermanos a la cual un régimen como el que se instaló en Venezuela ha querido llevar al país, y que de llegar a darse tendría efectos aún más devastadores. Con el control de la nueva Asamblea Nacional hay que obligar a quienes han destruido al Estado y minado a la sociedad a llegar a un pacto o acuerdo, para prevenir una guerra, evitando a toda costa que se llegue al mismo pacto pero como una forma de armisticio, para poner fin a la misma.

En definitiva, es el pueblo, como depositario de la soberanía y del poder constituyente originario, el único que a través de sus representantes electos en una Asamblea Nacional podría articular la necesaria reconciliación nacional de todos los venezolanos, y reflejarla en la reconstrucción del Estado social y democrático de derecho, descentralizado y de justicia por el que ha estado clamando el país, en sustitución del Estado totalitario actual, devolviéndole a los venezolanos su derecho a vivir en paz, y superar la aberrante situación de miedo y terror a la cual nos ha sometido el régimen, al definir como política de Estado, incluso el uso de la violencia física e institucional.

Por otra parte, solo el pueblo que ha manifestado su voluntad a través de la elección de la nueva Asamblea Nacional puede exigir y lograr que se desmonte el monopolio de la esperanza que ilegítimamente ha asumido y controlado el Estado, materializado en las dádivas y subsidios degradantes con los cuales el gobierno ha engañado al pueblo, obligando a las personas a ser más pobres y en todo caso dependiente de una burocracia ineficiente, arrebatándole a los ciudadanos su propia esperanza para que basadas en el trabajo y los valores esenciales de una sociedad democrática, puedan ser artífices de su propio destino.

Además, solo el pueblo, mediante una iniciativa popular de esta naturaleza, es el que puede además comenzar a desmontar la situación de miedo y terror, a la cual también como política del régimen totalitario se ha sometido a la población, para lo cual al amparo de la impunidad, definida también como política de Estado, éste incluso ha renunciado al monopolio de las armas, permitiendo que grupos de sectores de la población, aterroricen, amedrenten y asesinen impunemente a otros.

Se trató en definitiva, de considerar a la elección parlamentaria como una forma de manifestación de fuerza popular en ejercicio del derecho ciudadano de resistencia a la opresión que se garantiza en el último de los artículos de la Constitución de Venezuela de 1999, que dispone que:

> *Artículo 350.*- El pueblo de Venezuela, fiel a su tradición republicana, a su lucha por la independencia, la paz y la libertad, desconocerá cualquier régimen, legislación o autoridad que contraríe los valores, principios y garantías democráticos o menoscabe los derechos humanos.

Esta norma, en efecto, consagra el derecho constitucional a la desobediencia civil y a la resistencia contra regímenes políticos ilegítimos, la legislación que se sancione y cualquier autoridad que sea inconstitucional o que actúen en contra de la Constitución o que menoscabe los derechos humanos que la misma declara. Es el derecho ciudadano a que no se vulnere la Constitución que establece los valores, principios y garantías democráticos, y a que se asegure le supremacía de la misma, particularmente cuando la Jurisdicción Constitucional no la garantiza, como es el caso de Venezuela, por estar controlada políticamente. En definitiva, es el derecho a procurar que se restablezca el orden constitucional violado.

El derecho a la resistencia a la opresión, por tanto, deriva del derecho ciudadano a la supremacía constitucional, y su ejercicio encuentra justificación cuando los mecanismos institucionales del Estado dispuestos para garantizar dicha supremacía no funcionan. Es en ese contexto, en nuestro criterio, que los ciudadanos deben ejercer su derecho a desobedecer y resistir todo régimen que contraríe el valor fundamental de vivir en paz, los valores democráticos y el respeto a los derechos humanos.[54]

Por tanto, ante la violación de la Constitución por las autoridades constituidas, en un Estado como en Venezuela en la actualidad, donde no hay garantía de que los órganos del Poder Público que ejercen sus funciones constitucionales de balance, contrapeso y control, y en particular, donde el sistema de justicia constitucional no funciona por habérselo puesto al servicio del autoritarismo; particularmente cuando el régimen autoritario ha tenido su origen en elecciones, así hayan sido fraudulentas, sin duda se plantea el dilema o conflicto democrático y constitucional que tiene que condicionar la conducta de los ciudadano, entre rechazar, desobedecer o resistir frente a leyes y autoridades ilegítimas, inconstitucionales e injustas; u obedecerlas de acuerdo con la obligación constitucional, acatándolas y cumpliéndolas. Este es el meollo del ejercicio del derecho a la desobediencia civil y a la resistencia frente a la opresión, que deriva del artículo 350 de la Constitución y que corresponde con razón a toda persona, individualmente o en grupo, para garantizar la resistencia a cumplir y acatar leyes que son ilegítimas, inconstitucionales e injustas.[55]

---

54 En efecto, a pesar de que los ciudadanos de cualquier Estado, como integrantes de una sociedad regulada por leyes, tienen el deber de obediencia a las mismas, ello no excluye que el Estado tenga, a la vez, la obligación de garantizar el goce y ejercicio irrenunciable, indivisible e interdependiente de los derechos de las personas, conforme al principio de la progresividad y sin discriminación, por lo que el respeto y garantía de los derechos humanos son obligatorios para los órganos que ejercen el Poder Público. Además, la Constitución de 1999 declara expresamente como nulos todos los actos dictados en ejercicio del Poder Público que violen o menoscaben los derechos que la misma garantiza (art. 25), haciendo responsables en lo penal, civil y administrativo a los funcionarios públicos que ordenen o ejecuten esos actos violatorios.

55 Sobre la desobediencia civil y el artículo 350 de la Constitución, véase: María L. Álvarez Chamosa y Paola A. A. Yrady, "La desobediencia civil como mecanismo de participación ciudadana", en *Revista de Derecho Constitucional,* N° 7 (Enero-Junio). Editorial Sherwood, Caracas, 2003, pp. 7-21; Andrés A. Mezgravis, "¿Qué es la desobediencia civil?", en *Revista de Derecho Constitucional,* N° 7 (enero-junio), Editorial Sherwood,Caracas, 2003, pp. 189-191; Marie Picard de Orsini, "Consideraciones acerca de la desobediencia civil como instrumento de la democracia", en *El Derecho Público a comienzos del siglo XXI. Estudios homenaje al Profesor Allan R. Brewer-Carías,* Tomo I, Instituto de Derecho Público, UCV, Civitas Ediciones, Madrid, 2003, pp. 535-551; y Eloisa Avellaneda y Luis Salamanca, "El artículo 350 de la Constitución: derecho de rebelión, derecho resistencia o derecho a la desobediencia civil", en *El Derecho Público a comienzos del siglo XXI. Estudios homenaje al Profesor Allan R. Brewer-Carías,* Tomo I, Instituto de Derecho Público, UCV, Civitas Ediciones, Madrid, 2003, pp. 553-583. Véase además, lo que hemos expuesto en Allan R. Brewer-Carías, *La Constitución de 1999. Derecho Constitucional Venezolano.* Editorial Jurídica Venezolana, Caracas 2004, Tomo I, pp. 133 ss.

La norma tiene su origen remoto en los planteamientos de John Locke (derecho a la insurrección),[56] que incluso tuvieron consagración en el último de los artículos de la Declaración de los Derechos del Hombre y del Ciudadano de la Constitución Francesa de 1793,[57] y que condujo incluso a la inclusión del derecho a la rebelión contra los gobiernos de fuerza en el artículo 333 de la Constitución venezolana de 1999, cuando establece el deber de "todo ciudadano investido o no de autoridad, de colaborar en el restablecimiento de la efectiva vigencia de la Constitución," si la misma perdiera "su vigencia o dejare de observarse por acto de fuerza o porque fuere derogada por cualquier otro medio distinto al previsto en ella."[58]

Pero frente a leyes inconstitucionales, ilegítimas e injustas dictadas por los órganos del Poder Público, que a la vez son considerados ilegítimos, en realidad, no se está en presencia de este deber-derecho a la rebelión, sino del derecho a la resistencia y del derecho a la desobediencia civil, en particular por la ausencia de efectivo control judicial de la constitucionalidad o de la garantía de la justicia constitucional por estar la Jurisdicción Constitucional controlada por el Poder político, que tiene que colocarse en la balanza de la conducta ciudadana junto con el deber constitucional de la obediencia a las leyes.

El tema central en esta materia, por supuesto, es la determinación de cuándo desaparece la obligación de la obediencia a las leyes y cuándo se reemplaza por la también obligación-derecho de desobedecerlas, y esto ocurre, en general, cuando la ley es injusta; cuando es ilegítima, porque por ejemplo emana de un órgano que tiene un origen ilegítimo o que no tiene poder para legislar, o cuando es nula, por violar la Constitución; y no hay un sistema de justicia constitucional que funcione.

La actitud del ciudadano en esta situación de derecho a la desobediencia de la ley, como manifestación del derecho a resistencia, puede expresarse de diversas formas y entre ellas, individualmente mediante la objeción de conciencia,[59] y también individual o colectivamente mediante la desobediencia civil, y la resistencia pasiva o activa, todas como manifestaciones cívicas no violentas,[60] aun cuando las últimas se diferencian de la desobediencia civil en cuanto

56 Véase John Locke, *Two Treaties of Government* (ed. P. Laslett), Cambridge 1967, p. 211.

57 *Art. 35.* Cuando el gobierno viole los derechos del pueblo, la insurrección es, para el pueblo y para cada porción del pueblo, el más sagrado de los derechos y el más indispensable de los deberes.

58 Es el único caso en el cual una Constitución pacifista como la de Venezuela de 1999, admite que pueda haber un acto de fuerza para reaccionar contra un régimen que por la fuerza haya irrumpido contra la Constitución. Sobre ello, ha señalado la Sala Constitucional en sentencia N° 24 de 22 de enero de 2003 (Caso: *Interpretación del artículo 350 de la Constitución*) que: "El derecho de resistencia a la opresión o a la tiranía, como es el caso de los regímenes de fuerza surgidos del pronunciamiento militar, que nacen y actúan con absoluta arbitrariedad, está reconocido en el artículo 333 de la Constitución, cuya redacción es casi idéntica al artículo 250 de la Carta de 1961. Esta disposición está vinculada, asimismo, con el artículo 138 *eiusdem*, que declara que "Toda autoridad usurpada es ineficaz y sus actos son nulos." El derecho a la restauración democrática (defensa del régimen constitucional) contemplado en el artículo 333, es un mecanismo legítimo de desobediencia civil que comporta la resistencia a un régimen usurpador y no constitucional." Véase en *Revista de Derecho Público*, N° 93-96, Editorial Jurídica Venezolana, Caracas 2003, pp. 126-127.

59 La objeción de conciencia es una conducta individual; de carácter omisivo, en el sentido que consiste en no hacer lo que se ordena; en forma pública; pacífica; parcial, porque está dirigida al cambio de una norma; y de orden pasivo, porque la resistencia a la norma y el derecho de incumplirla se hace con conciencia de aceptar las consecuencias o sanciones que se imponen por la violación. El derecho a la objeción de conciencia está regulado –mal regulado– en el artículo 61 de la Constitución de Venezuela, que establece que "la objeción de conciencia no puede invocarse para eludir el cumplimiento de la ley o impedir a otros su cumplimiento o el ejercicio de sus derechos," cuando en realidad, lo que debió decir es que no puede invocarse para eludir la aplicación de las sanciones derivadas del incumplimiento de la ley. De lo contrario, no sería tal derecho.

60 Por otra parte, en cuanto a la resistencia pasiva, como la definió el propio Mahatma Gandhi "es un método que consiste en salvaguardar los derechos mediante la aceptación del sufrimiento" lo que es "lo contrario de la resistencia mediante las armas" (M. K. Gandhi, *La Civilización occidental y nuestra Independencia*, Buenos Aires, 1959, p. 84 y ss.). Consiste en la negativa a obedecer los dictados de la ley, aceptando la sanción punitiva que resulta de la desobediencia, pero con la certidumbre de no estar obligado a obedecer la ley que desaprueba la conciencia (*Ídem*, pp. 85-86). En la misma línea se ubica la resistencia activa, la cual también es una conducta no sólo contra la parte perceptiva de una Ley sino contra su parte punitiva; y no sólo de carácter individual sino muchas veces colectiva, como por ejemplo, la conducta comisiva de *hacer lo que la ley prohíbe* y, además, buscando eludir la pena. En todo caso, es de carácter público y parcial. La resistencia activa se materializó, por ejemplo, en los movimientos por la integración racial que liderizó Martín Luther King en la década de los cincuenta.( El movimiento por los derechos civiles liderado, entre otros, por M. L. King, se desarrolló a partir de la sentencia de la Corte Suprema de los Estados Unidos, *Brown vs. Topeka Bord of Education,* 1954).

a que esta es fundamentalmente una manifestación colectiva, que lo que persigue de inmediato es demostrar públicamente la injusticia, la ilegitimidad o la inconstitucionalidad de la ley o de un régimen o una autoridad, con el fin de inducir, por ejemplo, al legislador a reformarla o al régimen o a la autoridad a transformarse.[61]

La desobediencia civil, por ello, es una acción que se justifica o que debe considerarse licita, debida e incluso, tolerada, a diferencia de cualquier otra trasgresión o violación de la ley, pues lo que persigue es el restablecimiento de la justicia, de la legitimidad o de la constitucionalidad, mediante una reforma legal o una trasformación política. Por ello, la desobediencia civil no se considera destructiva sino innovativa, y quienes la asumen no consideran que realizan un acto de trasgresión del deber ciudadano de cumplir la ley, sino que lo que cumplen es con el deber ciudadano de velar porque los regímenes políticos sean democráticos o porque las leyes sean justas, legítimas y acorde con la Constitución.[62] La desobediencia civil, por tanto, es una actitud propia de los buenos ciudadanos.

El efecto demostrativo de la desobediencia civil exige, en todo caso, su carácter colectivo y publicitado al máximo;[63] de lo contrario, sería una desobediencia común, que por lo general es secreta, como la que hace el evasor de impuestos. La desobediencia civil, por tanto, tiene que ser expuesta al público, evidenciando que el deber que tiene todo ciudadano de cumplir la ley, sólo puede existir cuando el legislador respete la obligación de sancionar leyes justas y constitucionales.

La desobediencia civil, así, a pesar de que pueda ser considerada formalmente como una acción que se aparta de la ley, es sin embargo legítima, colectiva, pública y pacífica, es decir, no violenta, que tiene su fundamento, precisamente, como decía Norberto Bobbio[64] en "principios éticos superiores para obtener un cambio de las leyes" o en los valores que establece el artículo 350 de la Constitución venezolana, cuando se considere que el régimen, la legislación o la autoridad contraríe los valores, principios y garantías democráticos o menoscabe los derechos humanos; y el conflicto no pueda ser resuelto por la Jurisdicción Constitucional.[65]

Por ello, en Venezuela, la desobediencia civil no sólo es un tema de filosofía política, sino de derecho constitucional, pues es la propia Constitución la que consagra expresamente el derecho ciudadano a la desobediencia civil, incluso más allá de la sola resistencia a la ley. Las condiciones para el ejercicio del derecho a la desobediencia civil y resistencia a la opresión en aplicación, por ejemplo, del antes mencionado artículo 350 de la Constitución, en nuestro criterio,[66] serían las siguientes:

61 La expresión desobediencia civil comenzó a difundirse en los Estados Unidos luego del clásico ensayo de Henry David Thoreau, *Civil Disobedience,* 1849. Véase las referencias en Norberto Bobbio, "Desobediencia Civil" en Norberto Bobbio y Nicola Matteucci (directores). *Diccionario de Política,* 1982, Vol. I, p. 535.

62 A finales de 2001, en Venezuela se dieron dos manifestaciones colectivas que puede considerarse que encuadran en la desobediencia civil: en primer lugar, con la realización del proceso electoral del directorio de la Conferencia de Trabajadores de Venezuela, a pesar de que el Consejo Nacional Electoral había ordenado que no se realizaron dichas elecciones y había dicho que desconocería a la directiva electa; *El Universal,* Caracas, 17-08-01, p. 1-6; en segundo lugar, con la realización de la elección de los jueces de paz en diversos Municipios, entre ellos Chacao, organizada por las autoridades municipales a pesar de la posición en contra del Consejo Nacional Electoral que reclamaba para si la organización de esas elecciones y desconociendo la medida cautelar en contra adoptada por el Tribunal Supremo de Justicia.

63 Un típico ejemplo en Venezuela del carácter demostrativo de ruptura contra un ordenamiento, fue la ruptura en público de la *Gaceta Oficial* que contenía la Ley de Tierras y Desarrollo Rural, por el Presidente de la Federación de Ganaderos, Dr. José Luis Vetancourt, noviembre 2001; y la ruptura de la boleta electoral en el referendo sindical de diciembre de 2000 por Carlos Melo, *El Universal,* Caracas, 04-12-00, p. 1-8.

64 Véase Norberto Bobbio, "Desobediencia Civil" en Norberto Bobbio y Nicola Matteucci (directores). *Diccionario de Política,* 1982, Vol. I, pp. 533 ss.

65 Como lo ha resumido Juan Ignacio Ugartemedia Eceizabarrena en la primera frase de su libro sobre el tema, la desobediencia civil "es un fenómeno que se configura como una forma peculiar de protesta contra determinadas actuaciones del poder público llevada a cabo por motivos de justicia." Véase Juan Ignacio Ugartemedia Eceizabarrena, *La desobediencia civil en el Estado constitucional democrático*, Marcial Pons, Madrid 1999, p. 15.

66 Así lo expresamos a comienzos de 2002, en la conferencia sobre "Democracia y desobediencia civil (La democracia venezolana a la luz de la Carta Democrática Interamericana)"dictada en las "Jornadas Día de los Derechos Civiles. El ABC de la No violencia activa y de la desobediencia civil,"organizada por la Asociación Civil Queremos Elegir, en la Cámara de Industriales de Venezuela. Caracas, 26 de enero 2002, disponible en http://allanbrewercarias.com/

En *primer lugar*, se establece como un derecho constitucional del "pueblo de Venezuela", es decir, se trata de un derecho de ejercicio colectivo y, consecuencialmente, público. No se puede justificar en esta norma, cualquier violación individual de una ley.

En *segundo lugar*, es un derecho basado en la tradición republicana del pueblo, su lucha por la independencia, la paz y la libertad. Se trata, por tanto, de un derecho ciudadano democrático, de carácter pacífico y no violento. No se pueden justificar en esta norma, acciones violentas que son incompatibles con los principios constitucionales que rigen al Estado, a la sociedad y al ordenamiento jurídico.

En *tercer lugar*, el derecho colectivo a la desobediencia civil ("desconocerá", dice la norma) surge cuando el régimen, la legislación o la autoridad, primero, "contraríe los valores, principios y garantías democráticas"; y segundo, "menoscabe los derechos humanos".

En *cuarto lugar*, la desobediencia civil que tiene su fundamento en el artículo 350 de la Constitución, como derecho ciudadano colectivo, de ejercicio público y pacífico, se puede plantear no sólo respecto de la legislación, sino de "cualquier régimen... o autoridad" que, como se dijo, contraríe los valores, principios y garantías democráticos o menoscabe los derechos humanos.

Este derecho constitucional del pueblo, se establece, por tanto, no sólo frente a las leyes (legislación) ilegítimas, sino frente a cualquier régimen o autoridad que contraríe los valores, principios y garantías democráticas o menoscabe los derechos humanos, lo que lo amplía considerablemente respecto del tradicional ámbito político institucional de la misma conocido en la ciencia política, que la reduce a la desobediencia de las leyes para lograr su reforma.

La desobediencia civil en la Constitución venezolana, por tanto, no sólo tiene el efecto demostrativo de buscar la reforma de leyes injustas, ilegítimas o inconstitucionales, sino de buscar cambiar el régimen o la autoridad que contraríe los valores, principios y garantías democráticos establecidos en la Constitución o los definidos en la *Carta Democrática Interamericana*; o que menosprecie los derechos humanos enumerados en la Constitución y en los tratados, pactos y convenciones relativas a derechos humanos suscritos y ratificados por Venezuela, los cuales tienen jerarquía constitucional y prevalecen en el orden interno en la medida en que contengan normas sobre su goce y ejercicio más favorables a las establecidas en la Constitución y en las leyes (art. 23).

En todo caso, tratándose de un derecho constitucional colectivo del pueblo de Venezuela, la desobediencia civil tiene que ser motorizada por las organizaciones sociales, por los organismos de la sociedad civil, por los sectores de la sociedad, y por los partidos políticos, es decir, por toda organización que sea de carácter no estatal. He aquí el gran valor y poder de la sociedad civil organizada, esa que está fuera del alcance del Estado.[67] La sociedad civil así, es la esfera de las relaciones entre individuos, entre grupos y entre sectores de la sociedad, que en todo caso se desarrollan fuera de las relaciones de poder que caracterizan a las instituciones estatales. En este ámbito de la sociedad civil, en consecuencia, entre otras están las organizaciones con fines políticos (partidos políticos); las organizaciones religiosas; las organizaciones sociales; las organizaciones ambientales; las organizaciones comunitarias y vecinales; las organizaciones

---

Content/449725d9-f1cb-474b-8ab2-41efb849fea2/Content/I.1.844.pdf; y en el documento "*Aide Memoire, febrero 2002. La democracia venezolana a la luz de la Carta Democrática Interamericana*," disponible en http://allanbrewercarias.com/Content/449725d9-f1cb-474b-8ab2-41efb849fea3/Content/I,%202,%2021.%20La%20democracia%20venezolana%20a%20la%20luz%20de%20la%20Carta%20Democratica%20Interamericana%20_02-02-_SIN%20PIE%20DE%20PAGINA.pdf Véase igualmente, Allan R. Brewer-Carías, *La Crisis de la democracia venezolana (la carta democrática Interamericana y los sucesos de abril de 2002)*, Ediciones El Nacional, Caracas 2002, pp. 39 ss; y *La Constitución de 1999. Derecho Constitucional Venezolano*. Editorial Jurídica Venezolana, Caracas 2004, Tomo I, pp. 133 ss.

67 El pueblo organizado es la sociedad civil y esta es la organización que se contrapone al Estado. Como lo ha dicho la Sala Constitucional en sentencia Nº 1395 de 21 de noviembre de 2000 (Caso: *Gobernación del Estado Mérida y otras vs. Ministerio de Finanzas*), "la sociedad civil es diferente al Estado y a los entes que lo componen (Estados, Municipios, Institutos Autónomos, Fundaciones Públicas, Sociedades con capital de los Poderes Públicos, etc). En consecuencia, el Estado no puede formar parte, bajo ninguna forma directa o indirecta, de la sociedad civil. Fundaciones, Asociaciones, Sociedades o grupos, totalmente financiados por el Estado, así sean de carácter privado, no pueden representarla, a menos que demuestren que en su dirección y actividades no tiene ninguna influencia el Estado." Véase en *Revista de Derecho Público*, Nº 84, Editorial Jurídica Venezolana, Caracas 2000, p. 315 ss.

educativas y culturales; las organizaciones para la información (medios de comunicación) y las organizaciones económicas y cooperativas que el Estado, por otra parte, tiene la obligación constitucional de respetar y proteger e, incluso, de estimular, facilitar y promover (arts. 52, 57, 59, 67, 100, 106, 108, 112, 118, 127, 184 y 308). En definitiva, conforme a la sentencia de la Sala Electoral del Tribunal Supremo de Justicia N° 30 del 28 de marzo de 2001 (Caso: *Víctor Maldonado vs. Ministerio de la Familia*) la llamada 'sociedad civil', debe ser entendida "como la organización democrática de la sociedad, *no estatal*, política, religiosa o militar, que busca fines públicos coincidentes con los del Estado."[68] Sin embargo, no debe dejar de mencionarse que la doctrina autoritaria de la Sala Constitucional de Venezuela ha llegado al absurdo de negarle a los partidos políticos ser parte de la sociedad civil,[69] y aún más, a la negación de la diferenciación entre sociedad civil y el Estado, llegando a considerar alguno de sus magistrados que "todos los ciudadanos y demás integrantes del cuerpo social están dentro del Estado."[70]

Aparte, de estas afirmaciones y tendencias restrictivas y totalitarias, lo cierto es que frente al derecho a la desobediencia civil y a la resistencia a la opresión, son las organizaciones de la

---

68 Véase en *Revista de Derecho Público*, N° 85-88, Editorial Jurídica Venezolana, Caracas 2001, pp. 338-343. Sin embargo, respecto de las organizaciones de la sociedad civil, la Sala Constitucional en Venezuela le ha dado una interpretación restrictiva al término, expresando en la sentencia N° 1050 de 23 de agosto de 2000 (Caso: *Ruth Capriles y otros vs. Consejo Nacional Electoral*), que "mientras la ley no cree los mecanismos para determinar quiénes pueden representar a la sociedad civil en general o a sectores de ella en particular, y en cuáles condiciones ejercer tal representación, no puede admitirse como legítimos representantes de la sociedad civil, de la ciudadanía, etc., a grupos de personas que por iniciativa propia se adjudiquen tal representación, sin que se conozca cuál es su respaldo en la sociedad ni sus intereses; y sin que pueda controlarse a qué intereses responden: económicos, políticos, supranacionales, nacionales o internacionales." (Véase en *Revista de Derecho Público*, N° 83,Editorial Jurídica Venezolana, Caracas 2000, pp. 182-184). La Sala, por tanto, a pesar de que reiteró el principio de que las normas constitucionales sobre participación ciudadana tienen aplicación inmediata, a pesar de que no tengan desarrollo legislativo, "ello no se extiende a cualquier grupo que se auto-proclame representante de la sociedad civil, y que sin llenar requisito legal alguno, pretenda, sin proporcionar prueba de su legitimidad, más allá del uso de los medios de comunicación para proyectarse públicamente, obrar por ante la Sala Constitucional, sin ni siquiera poder demostrar su legitimación en ese sentido;" concluyendo con la siguiente afirmación reductiva del derecho a la participación: "La función pública se haría caótica, si cualquier asociación o grupo de personas, arrogándose la representación de la ciudadanía o de la sociedad civil, pretendiere fuese consultada antes de la toma de cualquier decisión; o exigiere de los poderes del Poder Público la entrega de documentos, datos o informaciones sin que la ley los faculte para ello; o quisiera ingresar a dependencias del Estado a indagar sobre lo que allá acontece sin que ninguna disposición legal se lo permita. Tal situación caótica se acentuaría si estos entes mediante el uso de los medios de comunicación tratasen de formar matrices de opinión pública favorables a sus pretensiones cuando ellas carecen de fundamento legal. De allí, que se hace impretermitible, para el desarrollo de los derechos de tales organizaciones ciudadanas, que la ley establezca los requisitos y condiciones a cumplir para que puedan ser considerados representantes de la sociedad civil y de la ciudadanía." (Véase en *Revista de Derecho Público*, N° 83, Editorial Jurídica Venezolana, Caracas 2000, p. 182 ss. ).

69 En efecto, en forma contradictoria, en la mencionada sentencia N° 1395 de 21 de noviembre de 2000 (Caso: *Gobernación del Estado Mérida y otras vs. Ministerio de Finanzas*), la Sala Constitucional le negó a los partidos políticos el ser parte de la sociedad civil, indicando: "Que estando el Estado conformado por ciudadanos que pertenecen a fuerzas políticas, la sociedad civil tiene que ser diferente a esas fuerzas, cuyos exponentes son los partidos o grupos políticos. Consecuencia de ello, es que las organizaciones políticas no conforman la sociedad civil, sino la sociedad política cuyos espacios están delimitados por la Constitución y las leyes. Por lo tanto, todo tipo de participación partidista en personas jurídicas, desnaturaliza su condición de organizaciones representativas de la sociedad civil. La sociedad civil la forman los organismos e instituciones netamente privados, mientras que la sociedad política es el dominio directo que se expresa en el Estado y en el gobierno jurídico, en el cual contribuyen los partidos en un régimen democrático." Véase en *Revista de Derecho Público*, N° 84, Editorial Jurídica Venezolana, Caracas 2000, p. 315 ss.

70 En efecto en la Sala Constitucional del Tribunal Supremo de Justicia, en 2012, los criterios apuntaban hacia otra dirección completamente autoritaria. Eso es lo que se desprende, al menos, de lo que expuso el magistrado Arcadio Delgado Rosales en el acto de apertura del Año Judicial en enero de 2012. Allí expuso, basándose nada menos que en Carl Schmitt, que: "... debemos advertir desde el inicio que la sociedad como condición existencial del Estado es una sola y la insistencia en pretender excluir o distinguir de la globalidad a "ciudadanos" integrantes de la "sociedad civil" es una construcción ideológica liberal, en la cual hay reminiscencias censitarias, de desprecio a las clases populares y de odio al Estado como unidad política que, como veremos más adelante, es concebido como una amenaza latente contra la concepción individualista. Por tanto, rechazamos la escisión de la totalidad social (sociedad civil/sociedad militar; sociedad civil/sociedad política) y, en consecuencia, la pretendida división entre actores e interacciones sociales al interior del sistema político y los actores e interacciones al "exterior" del mismo. Todos los ciudadanos y demás integrantes del cuerpo social están dentro del Estado y, como tales, son actores sociales y, potencialmente, políticos". Esta afirmación no sólo demuestra el desconocimiento de la Constitución en donde se evidencia y describe precisamente la separación entre relaciones entre sectores de la sociedad y relaciones de la sociedad para con el Estado, sino además evidencia el desconocimiento de sentencias antes referidas, proponiendo una fórmula clásica de los movimientos totalitarios, en los cuales el individuo se instrumentaliza al servicio del Estado, eliminando la distinción Estado /sociedad, lo cual es violatorio de los derechos humanos . *Cfr.* Arcadio Delgado Rosales, "Reflexiones sobre el sistema político y el Estado Social" en Sesión solemne. Apertura Actividades Judiciales. Discurso de Orden, Tribunal Supremo de Justicia, Caracas, 2012. http://www.tsj.gov.ve/informacion/miscelaneas/DiscursoMagADR.pdf.

sociedad civil, incluyendo los partidos políticos,[71] las que precisamente en nombre del pueblo pueden motorizar la reacción contra las leyes injustas o inconstitucionales y, en última instancia, ejercer el derecho a la desobediencia civil que regula la Constitución, también, contra el régimen o la autoridad que contraríe los valores, principios y garantías democráticas o menoscabe los derechos humanos.

Y lo cierto es que a pesar de los diversos esfuerzos restrictivos del juez constitucional en Venezuela para reducir el ejercicio del derecho a la desobediencia civil y a la resistencia frente a la opresión, el mismo ha adquirido cada vez más importancia, porque en ausencia de una justicia constitucional efectiva[72] que asegure la tutela judicial efectiva de los derechos, dichos derechos no sólo se puede ejercer constitucionalmente ante leyes inconstitucionales como muchas de las que se han dictadas en Venezuela en la última década mediante decretos leyes,[73] sino ante el régimen y autoridad que el país padece, que cada vez más contradice los valores, principios y garantías democráticas y menoscaba los derechos humanos. Por ello, incluso más que un derecho a la desobediencia civil, comenzamos a estar en presencia de un deber ciudadano que debe cumplirse para salvaguardar nuestra democracia y proteger nuestros derechos.

Y ello debe ocurrir incluso conforme a la interpretación constitucional vinculante y restrictiva del artículo 350 de la Constitución que fue adoptada por la Sala Constitucional del Tribunal Supremo de Justicia de Venezuela, al decidir un recurso de interpretación ejercido a conveniencia del poder,[74] mediante sentencia Nº 24 de 22 de enero de 2003 (Caso: *Interpretación del artículo 350 de la Constitución*)[75] enmarcó y restringió el ejercicio del derecho ciudadano a la desobediencia civil y a la resistencia a la opresión, vaciando materialmente de contenido la norma del artículo 350 de la Constitución, y reduciéndolo a su ejercicio solo mediante votaciones populares. Lo importante, al menos en diciembre de 2015, fue precisamente que la sociedad civil y los partidos políticos convirtieron la elección de los diputados a la Asamblea Nacional, en un acto de resistencia colectiva frente a la opresión.

La Sala Constitucional, en efecto, en relación con la expresión "pueblo" contenida en la norma del artículo 350, como titular del derecho a la resistencia y a la desobediencia civil, que

---

71 Por ejemplo, la sociedad civil organizada, por ejemplo, realizó una muy importante movilización contra el Decreto 1011 de 04-10-00 que contiene el Reglamento del Ejercicio de la Profesión Docente (*G.O.* Nº 5496 *Extra.* de 31-10-00), en el cual se reguló a los Supervisores Itinerantes Nacionales, a los efectos de realizar "supervisiones integrales en todos los planteles establecidos a nivel nacional". Como consecuencia de esas supervisiones de cada plantel, esos supervisores podían recomendar la intervención del plantel y la suspensión de los miembros de sus cueros directivos (art. 32,6). La movilización fue contra la posibilidad de aplicación de esta norma respecto de los planteles privados. Véase, en particular, *El Universal,* Caracas, 07-12-00, p. 1-9; 12-12-00, p. 1-12; 13-12-00, p. 1-9; 14-12-00, pp. 1-6, 1-10; 15-12-00, p. 1-2; 17-12-00, p. 1-8; 18-12-00, p. 1-6; 19-12-00, p. 1-10 y 20-12-00, p. 1-2. El Ministro de Educación, a pesar de haber señalado que el Decreto si se aplicaba a la educación privada, *El Universal,* Caracas, 12-12-00, p. 1-12, luego señaló que no se aplicaba, *El Universal,* Caracas, 18-12-00, p. 1-6. Pretendió el Ministro "aclarar" esto en un "reglamento del reglamento", totalmente improcedente, *El Universal,* Caracas, 12-12-00, p. 1-8. El Decreto fue impugnado ante el Tribunal Supremo, *El Universal,* Caracas, 22-12-00, p. 1-2, cuya Sala Constitucional un año después (19-12-01) decidió sin lugar la acción aclarando el contenido del Decreto, *El Nacional,* Caracas, 20-12-01, p. C-2, en virtud de la "reglamentación" realizada por el Ministerio mediante Resolución, en el cual subsanó las fallas del Decreto, *El Nacional,* Caracas, 27-12-01, p. 1-4. Otra movilización de la sociedad civil organizada que debe destacarse fue la realizada en caracas, el 11 de abril de 2002 exigiendo la renuncia del Presidente de la República. Véase sobre la misma y los sucesos políticos derivados en Allan R. Brewer-Carías, *La Crisis de la democracia venezolana (La Carta Democrática Interamericana y los sucesos de abril de 2002)*, Ediciones El Nacional, Caracas 2002.

72 Véase Allan R. Brewer-Carías, *Crónica sobre la "In" Justicia Constitucional. La Sala Constitucional y el autoritarismo en Venezuela.* Colección Instituto de Derecho Público, Universidad Central de Venezuela, Nº 2, Caracas, 2007, 702 pp.

73 Véase por ejemplo, sobre los dictados en 2000, en Allan R. Brewer-Carías, "Apreciación general sobre los vicios de inconstitucionalidad que afectan los Decretos Leyes Habilitados," en *Ley Habilitante del 13-11-2000 y sus Decretos Leyes*, Academia de Ciencias Políticas y Sociales, Serie Eventos Nº 17. Caracas 2002, pp. 63-103; y sobre los dictados en 2008, los trabajos publicados en *Revista de Derecho Público*, Nº 115 *(Estudios sobre los Decretos Leyes)*, Editorial Jurídica Venezolana. Caracas, 2009.

74 Véase sobre este recurso de interpretación, que con frecuencia se ha ejercido con objeto completamente desligado de algún caso concreto o controversia constitucional, el cual fue "creado" por la propia Sala Constitucional sin fundamento en la Constitución, lo que hemos expuesto en Allan R. Brewer-Carías, "*Quis Custodiet Ipsos Custodes*: De la interpretación constitucional a la inconstitucionalidad de la interpretación," en *VIII Congreso Nacional de derecho Constitucional, Perú,* Fondo Editorial 2005, Colegio de Abogados de Arequipa, Arequipa, septiembre 2005, pp. 463-489; y en *Revista de Derecho Público*, Nº 105, Editorial Jurídica Venezolana, Caracas 2006, pp. 7-27.; y en "Le recours d'interprétation abstrait de la Constitution au Vénézuéla", en *Le renouveau du droit constitutionnel, Mélanges en l'honneur de Louis Favoreu,* Dalloz, Paris, 2007, pp. 61-70.

75 Véase en *Revista de Derecho Público*, Nº 93-96, Editorial Jurídica Venezolana, Caracas 2003, pp. 126-127.

es de ejercicio colectivo, interpretó que "debe vincularse al principio de la soberanía popular que el Constituyente ha incorporado al artículo 5 del texto fundamental," agregando que "el sentido que debe asignarse al pueblo de Venezuela es el conjunto de las personas del país y no una parcialidad de la población, una clase social o un pequeño poblado, y menos individualidades." De allí, la Sala concluyó señalando que "en la medida en que la soberanía reside de manera fraccionada en todos los individuos que componen la comunidad política general que sirve de condición existencial del Estado Nacional, siendo cada uno de ellos titular de una porción o alícuota de esta soberanía, tienen el derecho y el deber de oponerse al régimen, legislación o autoridad que resulte del ejercicio del poder constituyente originario que contraríe principios y garantías democráticos o menoscabe los derechos humanos; y así se decide."

De ello, resultó, en definitiva, que la Sala Constitucional venezolana redujo el ejercicio del derecho a la desobediencia civil y a la resistencia a la opresión en un ejercicio de la soberanía por el pueblo, lo que apunta a que en general sólo podría ejercerse mediante el sufragio popular, indicando en la misma sentencia Nº 24 de 22 de enero de 2003 que el desconocimiento al cual alude la norma del artículo 350, sólo "puede manifestarse constitucionalmente mediante los diversos mecanismos para la participación ciudadana contenidos en la Carta Fundamental, en particular los de naturaleza política, preceptuados en el artículo 70, a saber: "la elección de cargos públicos, el referendo, la consulta popular, la revocación del mandato, las iniciativas legislativa, constitucional y constituyente, el cabildo abierto y la asamblea de ciudadanos y ciudadanas."[76]

Pues bien, y precisamente por esa interpretación restrictiva del derecho a la resistencia y a la desobediencia civil frente a un régimen como el venezolano actual, junto con la legislación que el gobierno ha dictado y la autoridad que ejerce, que es contraria a los valores, principios y garantías democráticos y que ha menoscabado los derechos humanos; dicho derecho debe ejercerse como tal, utilizando por ahora la vía del sufragio, es decir, de las elecciones que se realicen en el país, como por ejemplo ocurrió en la votación para la elección de los diputados a la Asamblea Nacional, que se realizaron el 6 de diciembre de 2015, en cuya campaña las organizaciones civiles y políticas democráticas participaron pero en definitiva planteando la elección, no para votar en determinados circuitos electorales uno que otro o muchos diputados, sino como un acto de manifestación de fuerza de la voluntad popular,[77] tanto para resistir al régimen autoritario y desobedecer sus ejecutorias, como para buscar barrerlo del ejercicio del poder, mediante el control que se logró de la mayoría calificada de la Asamblea Nacional.[78]

---

76 Por ello, la Sala Constitucional, en la citada sentencia Nº 24 de 22 de enero de 2003, al interpretar la norma del mencionado artículo 350, primero, aclaró, que la misma al ser aislada no debía conducir "a conclusiones peligrosas para la estabilidad política e institucional del país, ni para propiciar la anarquía;" y luego, contra el "argumento del artículo 350 para justificar el 'desconocimiento' a los órganos del poder público democráticamente electos," ello lo consideró "impertinente" "de conformidad con el ordenamiento constitucional vigente," advirtiendo que: "se ha pretendido utilizar esta disposición como justificación del 'derecho de resistencia' o 'derecho de rebelión' contra un gobierno violatorio de los derechos humanos o del régimen democrático, cuando su sola ubicación en el texto Constitucional indica que ese no es el sentido que el constituyente asigna a esta disposición." Véase en *Revista de Derecho Público*, Nº 93-96, Editorial Jurídica Venezolana, Caracas 2003, pp. 128-130.

77 Como lo indicó Oswaldo Álvarez Paz, al referirse a las elecciones parlamentarias de diciembre de 2015, "Ellas forman parte de lo que está por venir, pero es útil recordar que la verdadera naturaleza del problema de Venezuela no es electoral sino existencial, de valores y principios muy erosionados por los bárbaros que controlan al régimen. Cada día crece el descontento, el rechazo profundo de una población hastiada de tanta ineficiencia y corrupción. Está en el ambiente. El cambio no puede esperar más. Se trata de algo más que obtener unas cuantas diputaciones adicionales en diciembre. Hablamos de la reconstrucción democrática de un país en ruinas. Los caminos están a la vista," en Oswaldo Álvarez Paz, "El final está próximo," en *El Nacional*, 22 de septiembre de 2015, en http://alvarezpaz.blogspot.com/.

78 Como lo planteó Leopoldo López en la carta que dirigió a los venezolanos al ser condenado injustamente a prisión el 10 de septiembre de 2015: "Para que Venezuela salga adelante debemos cambiar el sistema. Pero para que eso suceda debemos quitarle el poder a la élite corrupta que nos gobierna. El próximo 6 de diciembre tenemos una excelente oportunidad para avanzar en esa dirección. Ese día, con irreverencia, con revire democrático, salgamos con toda nuestra fuerza a votar y a defender en todos y cada uno de los centros electorales y en la propia calle, la voluntad de cambio que de manera arrolladora la inmensa mayoría de los venezolanos vamos a expresar en las urnas." Véase el texto en "Lea aquí la carta de Leopoldo López a los venezolanos emitida desde Ramo Verde," Caracas 11 de septiembre de 2015, en http://prodavinci.com/2015/09/11/actualidad/lea-aqui-la-carta-de-leopoldo-lopez-a-los-venezolanos-emitida-desde-ramo-verde/ Véase igualmente en: http://www.el-nacional.com/politica/Lee-Leopoldo-Lopez-publicada-sentencia_0_700130144.html; y en *The New York Times*, New York, September 25, 2015, p. A35.

Para ello, por supuesto, fue esencial la unidad de la oposición, pues como lo demostró Beatriz Magaloni, la "unidad de la oposición y la amenaza creíble de masiva desobediencia civil, hace más difícil a los autócratas poder robar las elecciones," pues además, "si hay una masiva revolución contra el fraude, los militares puede que en cambio se cambien de lado, permitiendo que la democracia emerja."[79]

Y así poder entrar definitivamente en un proceso que debe de ser de transición a la democracia, y que ha de montarse sobre los dos principios fundamentales o paradigmas de siempre del derecho constitucional de los Estados democráticos que se han mencionado antes: la elección popular directa o indirecta de todos los titulares de los Poderes Públicos, y la separación y autonomía e independencia de todos los poderes públicos, sin lo cual no puede haber democracia. En esa tarea, sin duda, para garantizar esa transición, es que ha comenzado a actuar la nueva Asamblea Nacional, teniendo que enfrentar toda suerte de reacción por parte de quienes controlan el Estado autoritario y se resisten en reconocer que perdieron el supuesto apoyo popular que decían tener; reacción que han comenzado a recibir los diputados de la Asamblea Nacional, nada menos que de parte de la Sala Constitucional del Tribunal Supremo que se ha convertido en el principal agente del autoritarismo.[80] Por ello el gobierno se resiste incluso a buscar consensos,[81] y aún, lamentablemente, las Fuerzas Armadas no muestran claramente el compromiso que deberían asumir como rol fundamental en una sociedad democrática, como institución no deliberante y apolítica, de velar por la estabilidad de las instituciones democráticas, respetando la Constitución y las leyes cuyo acatamiento debe estar siempre por encima de cualquier otra obligación.

Por todo ello, no parece que pasará mucho tiempo para el forzado consenso para la transición democrática, sin que se inicie un proceso constituyente por la misma iniciativa popular, como nueva manifestación de fuerza soberana, para realizar la tarea institucional que quedó pendiente desde 1999,[82] que fue la de establecer efectivamente un Estado democrático y social de derecho, federal y descentralizado políticamente, basado en la distribución vertical del Poder Público en los tres niveles territoriales de gobierno, con representantes electos mediante sufragio universal directo y secreto, para asegurar la participación política de los ciudadanos en los asuntos públicos.

New York, marzo de 2015.

---

79 Véase Beatriz Magaloni, Stanford University, "The Game of Electoral Fraud and the ousting of Authoritarian Rule," en *American Journal of Political Science*, Vol. 54, N° 3, July 2010, p. 763.

80 Véase sobre las actuaciones de la Sala Constitucional en diciembre de 2015 y enero de 216, en Allan R. Brewer-Carías, "El ataque de la Sala Constitucional contra la Asamblea Nacional y su necesaria e ineludible reacción. De cómo la Sala Constitucional del Tribunal Supremo pretendió privar a la Asamblea Nacional de sus poderes constitucionales para controlar sus propios actos, y reducir inconstitucionalmente sus potestades de control político sobre el gobierno y la administración pública; y la reacción de la Asamblea Nacional contra a la sentencia N° 9 de 1-3-2016, en http://www.allanbrewercarias.com/Content/449725d9-f1cb-474b-8ab2-41efb849fea3/Content/Brewer.%20El%20ataque%20Sala%20Constitucional%20v.%20Asamblea%20Nacional.%20SentNo.%209%201-3-2016).pdf.

81 Como lo observó Luis Ugalde S.J., "para que se dé el proceso de la transición hacia la democracia en Venezuela es necesario llegar a un consenso entre el Gobierno y la oposición." Como el país va a seguir empeorando, agregó: "No hay ninguna otra fórmula ni externa ni interna, sino crear un consenso más amplio con aquellos que, hasta hoy, yo he considerado bandidos. A eso se llega porque cada día estamos peor y se va a sentir la presión por todos lados. Va a haber un clamor. Aquí estamos cerca del clamor y, por su parte, la oposición tiene que aceptar lo mismo."[...] "Tiene que haber una visión de transición y que ambas partes se sacrifiquen por algo que vale la pena", puntualizó. [...] "El problema no es si la oposición acepta, sino si el Gobierno acepta y para eso hay que obligar", aseveró. Las afirmaciones fueron expresadas en La mesa del editor de Analítica.com, 22 de junio de 2015, concluyendo la reseña del evento indicando que "Los penalistas señalaron que el Gobierno no va a dialogar porque le guste dialogar, ya que va contra todos sus principios, pero la realidad del día a día, la desesperación de la gente y las elecciones van a obligar a que se dé este paso hacia un consenso y un Gobierno de transición, sin embargo, Ugalde señaló que la transición no será ninguna estrella del Gobierno, ni de la oposición porque las negociaciones son odiosas." Véase en "Luis Ugalde: Es necesario un consenso para la transición en Venezuela," *analitica.com*, 22 de junio de 2015, en http://www.analitica.com/actualidad/actualidad-nacional/ugalde-es-necesario-un-consenso-para-la-transicion-en-venezuela/.

82 Véase Allan R. Brewer-Carías, "Propuesta sobre la forma federal del Estado en la nueva Constitución: Nuevo federalismo y nuevo municipalismo," (6 -9-1999) y "Propuesta sobre la regulación del principio democrático representativo y participativo," en *Debate Constituyente, (Aportes a la Asamblea Nacional Constituyente)*, Tomo I (8 agosto-8 septiembre), Fundación de Derecho Público, Editorial Jurídica Venezolana, Caracas 1999, pp. 183-199; y "Razones del voto NO en el referéndum sobre la Constitución" (30-11-1999) en *Debate Constituyente, (Aportes a la Asamblea Nacional Constituyente)*, Tomo III (18 octubre-30 Noviembre), Fundación de Derecho Público, Editorial Jurídica Venezolana, Caracas 1999, pp. 313-340.

# XII

# LA CONSTITUCIÓN COMO PROMESA INCUMPLIDA: EL CASO DE VENEZUELA

## (2017)

**Texto de la conferencia dictada en las *Jornadas en Homenaje al profesor Rubén Hernández*, Universidad de Costa Rica, Instituto Interamericano de Derechos Humanos, Aula Interamericana, San José, Costa Rica, 25 de abril 2017.**

Una Constitución, como pacto político, es ante todo una promesa para ser cumplida por los gobernantes.[1] Por ello, con razón, se la califica siempre como "norma suprema,"[2] de lo cual deriva –aun cuando no se diga expresamente en su texto– lo que es el derecho ciudadano más importante en una sociedad democrática, que es el derecho a la Constitución, a su supremacía, a su rigidez y a su imperatividad,[3] es decir, el derecho a que la promesa que contiene el texto fundamental no pierda vigencia, ni sea violada; el derecho a que la misma no sea modificada o reformada sino mediante los procedimientos previstos en su propio texto; y además, el derecho a que los destinatarios de la promesa, los ciudadanos y gobernantes la cumplan, y a la vez puedan exigir el control de la constitucionalidad de todos los actos del Estado que sean contrarios a la misma.[4]

En Venezuela, conforme a esos principios, en 1999 y como consecuencia de un proceso constituyente que llevó a cabo una Asamblea Nacional Constituyente mal conformada y peor estructurada,[5] –lo que en mi criterio fue precisamente el origen remoto de todo el colapso posterior– , se sancionó una Constitución con la promesa de conformar un "Estado Democrático y Social de derecho y de Justicia, con forma Federal y descentralizada,[6] sobre la base de tres

1 Véase Allan R. Brewer-Carías, *Reflexiones sobre la Revolución Americana (1776), la Revolución Francesa (1789) y la Revolución Hispanoamericana (1810-1830) y sus aportes al constitucionalismo moderno*, Colección Derecho Administrativo No. 2, Universidad Externado de Colombia, Bogotá 2008.

2 Como se expresa en el artículo 7 de la Constitución de Venezuela de 1999. Me correspondió proponer en la Asamblea Nacional Constituyente de 1999 la consagración expresa del principio de supremacía en los artículos 7 y 334. Véase Allan R. Brewer-Carías, *Debate Constituyente, (Aportes a la Asamblea Nacional Constituyente)*, Tomo II, (9 septiembre-17 octubre 1999), Fundación de Derecho Público-Editorial Jurídica Venezolana, Caracas, 1999, p. 24.

3 Al tema me he referido en diversos trabajos, y entre ellos, en el libro Allan R. Brewer-Carías, *Mecanismos nacionales de protección de los derechos humanos (Garantías judiciales de los derechos humanos en el derecho constitucional comparado latinoamericano)*, Instituto Interamericano de Derechos Humanos, San José, 2005, pp. 74 ss.; y "Sobre las nuevas tendencias del derecho constitucional: del reconocimiento del derecho a la Constitución y del derecho a la democracia", en *VNIVERSITAS, Revista de Ciencias Jurídicas (Homenaje a Luis Carlos Galán Sarmiento)*, Pontificia Universidad Javeriana, facultad de Ciencias Jurídicas, No. 119, Bogotá 2009, pp. 93-111

4 Como lo visualizó Alexander Hamilton en *El Federalista* (1788) en los inicios del constitucionalismo moderno: "Una Constitución es, de hecho, y así debe ser vista por los jueces, como ley fundamental, por tanto, corresponde a ellos establecer su significado así como el de cualquier acto proveniente del cuerpo legislativo Si se produce una situación irreconocible entre los dos, por supuesto, aquel que tiene una superior validez es el que debe prevalecer; en otras palabras, la Constitución debe prevalecer sobre las leyes, *así como la intención del pueblo debe prevalecer sobre la intención de sus agentes,*" en *The Federalist* (ed. por B.F. Wrigth), Cambridge, Mass. 1961, pp. 491-493.

5 Véase Allan R. Brewer-Carías, *Golpe de Estado y proceso constituyente en Venezuela*, Universidad nacional Autónoma de México, México 2002.

6 Véase el estudio de la Constitución en cuanto a la regulación de este modelo de Estado Constitucional en Allan R. Brewer-Carías, *La Constitución de 1999. Derecho Constitucional venezolano*, 2 tomos, Caracas 2004.

pilares político-constitucionales, ninguno de los cuales se ha estructurado realmente: *primero*, un sistema de control del poder mediante su separación horizontal y su distribución vertical; *segundo*, un sistema político de gobierno democrático, de democracia representativa y participativa, que asegurase la legitimidad democrática de la elección de los titulares de los órganos del Poder Público; y *tercero*, un sistema económico de economía mixta conforme a principios de justicia social, basado en el principio de la libertad como opuesto al de economía dirigida,[7] con la participación de la iniciativa privada y del propio Estado como promotor del desarrollo económico y regulador de la actividad económica. Nada de ello se ha desarrollado en Venezuela, y más bien lo que se ha impuesto es todo lo contrario: un agobiante centralismo de Estado y un sistema de concentración del poder; el desconocimiento de la representatividad y negación de la participación políticas ; y un estatismo y capitalismo de Estado extremos.

Yo mismo contribuí a la redacción de aquella Constitución como miembro independiente que fui de la Asamblea Nacional, –formando parte, junto con otros tres constituyentes, de una muy exigua minoría opositora de cuatro constituyentes en una Asamblea de más de ciento cincuenta miembros totalmente dominada por los seguidores del entonces Presidente Hugo Chávez–; y sé, de primera mano, no solo lo que se prometió sino que transcurridos ya más de tres lustros desde que la Constitución se sancionó , nada de lo que se prometió en su texto en favor del establecimiento de ese Estado democrático y social de derecho y de Justicia se ha cumplido, pudiendo considerársela como la muestra más vívida en el constitucionalismo contemporáneo, de una Constitución que ha sido violada y vulnerada desde antes incluso de que fuera publicada.

Lamentablemente, en los años transcurridos, lo que sí se desarrolló de la Constitución fueron los aspectos autoritarios que contenía, encubiertos en los floridos textos de las promesas que ofreció, y que fue lo que me llevó en el proceso del referendo aprobatorio de la Constitución de diciembre de 1999 a liderar el Voto NO porque, como lo dije entonces –cito–:

> "en cuanto a la *Constitución política* en el Proyecto de Constitución, cuando se analiza globalmente, ... pone en evidencia un esquema institucional para el autoritarismo, que deriva de la combinación del centralismo de Estado, del presidencialismo exacerbado, de la partidocracia y del militarismo que constituyen los elementos centrales diseñados para la organización del Poder del Estado."[8]

Eso lo dije hace 17 años. Entonces nadie me creyó, y lamentablemente eso fue lo que se desarrolló, de manera que no pasó una semana después de aprobada la Constitución para que comenzara a ser descaradamente violada por el régimen, antes incluso de que se publicara, al decretarse por la propia Asamblea Constituyente, a pesar de que ya había concluido sus funciones, un "Régimen Transitorio" no aprobado por el pueblo y que de hecho dio origen a otra constitución paralela que duró varios lustros, contraria a las promesas, y destinada a asegurar que la aprobada por el pueblo no se pudiera cumplir, en lo que entonces califiqué como un golpe de Estado constituyente.[9]

7 Véase sobre la Constitución Económica, lo que hemos expuesto en Allan R. Brewer-Carías, *La Constitución de 1999. Derecho Constitucional Venezolano*, Tomo II, Editorial Jurídica venezolana, Caracas 2004 pp. 53 ss; y en "Reflexiones sobre la Constitución Económica" en *Estudios sobre la Constitución Española. Homenaje al Profesor Eduardo García de Enterría*, Madrid, 1991, pp. 3.839 a 3.853. Véase, además, Henrique Meier, "La Constitución económica", en *Revista de Derecho Corporativo*, Vol. 1, N° 1. Caracas, 2001, pp. 9-74; Dagmar Albornoz, "Constitución económica, régimen tributario y tutela judicial efectiva", en *Revista de Derecho Constitucional*, N° 5 (julio-diciembre), Editorial Sherwood, Caracas, 2001, pp. 7-20; Ana C. Núñez Machado, "Los principios económicos de la Constitución de 1999", en *Revista de Derecho Constitucional*, N° 6 (enero-diciembre), Editorial Sherwood, Caracas, 2002, pp. 129-140; Claudia Briceño Aranguren y Ana C. Núñez Machado, "Aspectos económicos de la nueva Constitución", en *Comentarios a la Constitución de la República Bolivariana de Venezuela*, Vadell Hermanos, Editores, Caracas, 2000, pp. 177 y ss.

8 Véase Allan R. Brewer-Carías, "Razones del voto NO en el referendo aprobatorio de la Constitución," en *Debate Constituyente (Labor en la Asamblea Nacional Constituyente)*, Tomo III, Fundación de Derecho Público, Editorial Jurídica Venezolana, Caracas 2000.

9 Véase Allan R. Brewer-Carías, *Golpe de Estado y proceso constituyente en Venezuela*, Universidad nacional Autónoma de México, México 2002. A ello se sumaron diversas "modificaciones" o "reformas" al texto introducidas con ocasión de "correcciones de estilo" para su publicación lo que ocurrió el 30 de diciembre de 1999. Véase Allan R. Brewer-Carías, "Comentarios sobre la ilegítima "Exposición de Motivos" de la Constitución de 1999 relativa al sistema de justicia constitucional", en la *Revista de Derecho Constitucional*, N° 2, Enero-Junio 2000, Caracas 2000, pp. 47-59

Ese fue el origen de un régimen constitucional que en definitiva fue establecido para no ser cumplido, que se configuró institucionalmente como una gran mentira, en particular por lo que se refirió al establecimiento de un régimen político democrático representativo y participativo, lo que nunca ocurrió; al establecimiento de un Estado democrático de derecho y de justicia, el cual tampoco nunca se estructuró; a la consolidación de un Estado federal descentralizado, lo cual al contrario se abandonó; y al establecimiento de un Estado social, que no pasó de ser una vana ilusión propagandista, habiendo solo adquirido la deformada faz de un Estado populista para, en definitiva, empobrecer y hacer dependiente a toda la población de una burocracia gigante e ineficiente, que lo que ha asegurado es que hoy toda la población, y no solo las personas de menos recursos, sufran las mismas carestías.

Nada me extrañó, por tanto, haberme topado con un reportaje publicado el año pasado, de los de tantos que hemos leído todos, publicado en el *The Washington Post* con el sugestivo título: "Nunca ha habido un país que debió haber sido tan rico, pero terminó siendo tan pobre," en el cual se reseñaba la terrible situación del país después de más de quince años de una supuesta "revolución bonita," que en nombre de un fraudulento "Socialismo del Siglo XXI," convirtió a Venezuela en un "Estado fallido," o, como el periodista lo indicó en esa ocasión, convertido en:

> "un Estado gansteril que no sabe cómo hacer nada, salvo vender drogas o robarse dinero a sí mismo," que ha sido convertido "en lo que sería la respuesta a la pregunta de qué sucedería cuando un cartel de drogas iletrado se apodera de un país."

Citando al Fondo Monetario Internacional y a Transparencia Internacional, en el reportaje se resumió además la trágica situación del país que ya no es posible ocultar más tras la propaganda oficial y la de sus corifeos, en el sentido de que lamentablemente Venezuela ha llegado a tener la "economía con peor crecimiento y la peor rata de inflación del mundo;[10] ha ocupado el segundo lugar con la peor rata de crímenes y de mortalidad infantil en hospitales públicos," siendo el país que en el último lustro ha tenido la mayor devaluación de su moneda en el mundo. El país además se ubica en el noveno lugar de los más corruptos del mundo, solo superado por Somalia, Corea del Norte, Afganistán, Sudan, Angola, Libia e Iraq. A ello hay que agregar que hemos logrado el desarrollo de una burocracia tan monumental, que se iguala en número de funcionarios a los que integran la Administración Federal de los Estados Unidos.[11] El país tiene además el récord de ser el que ocupa el primer lugar en el índice de miseria del mundo,[12] habiéndose llegado a implementar incluso desde hace tiempo, sistemas de racionamientos para los bienes de consumo, sólo vistos en Cuba,[13]

10 Véase la información en http://www.infobae.com/2014/04/24/1559615-en-un-ano-la-inflacion-oficial-venezuela-llego-al-60-ciento

11 Véase la información de la Office of Personal Management, en http://www.opm.gov/policy-data-oversight/data-analysis-documentation/federal-employment-reports/historical-tables/total-government-employment-since-1962/

12 Venezuela tiene el "ignominioso" primer lugar en el Índice de miseria del mundo. Véase el Informe de Steve H. Hanke, "Measury Misery arround the World," publicado en mayo 2104, en *Global Asia*, en http://www.cato.org/publications/commentary/measuring-misery-around-world Véase igualmente *Índice Mundial de Miseria*, 2014, en http://www.razon.com.mx/spip.php?ar-ticle215150; y en http://vallartaopina.net/2014/05/23/en-indice-mundial-de-miseria-venezuela-ocupa-primer-lugar/

13 El 23 de agosto de 2014: "El Superintendente de Precios en Venezuela, Andrés Eloy Méndez, informó que todo establecimiento comercial estará controlado por las máquinas captahuellas. El control será extendido más allá de los alimentos y las medicinas. Méndez dijo que antes del 30 de noviembre deberá estar instalado en todo el país el sistema que contempla máquinas captahuellas para registrar el control de las compras que hacen los consumidores. Adelantó cuáles serán algunos de los rubros que serán controlados." Véase el reportaje "Gobierno de Venezuela impone racionamiento de productos," en *Queen's Latino*, 23 de agosto de 2014, en http://www.queenslatino.com/racionamiento-de-todo-en-venezuela/." Información ratificada por el Presidente de la República. Véase la información: "Captahuellas' para hacer mercado en Venezuela comenzaría en 2015," en El Tiempo, Bogotá, 23 de agosto de 2014, en http://www.eltiempo.com/mundo/latinoamerica/captahuellas-para-hacer-mercado-en-venezuela-comenzaria-en-2015/14419076. Sobre esto, la Nota de Opinión del diario *Tal Cual* del 22 de agosto de 2014, con el título "Racionamiento," expresa : "Si se entiende bien lo que nos ha avisado el superintendente de precios justos, por ahí viene rodando el establecimiento de cupos para la adquisición de artículos de primera necesidad, alimentos en particular.[…] Es, pues, un sistema de racionamiento, pero en lugar de una cartilla, como en Cuba, los avances tecnológicos (y los dólares) permiten apelar a mecanismos tan sofisticados como el del sistema biométrico." Véase en *Tal Cual*, 22-8-2014, en http://www.talcualdigital.com/Movil/visor.aspx?id=106710. La propuesta ya se había anunciado desde junio de 2013., "Venezuela instaurará en Venezuela la cartilla de razonamiento al mejor

y en Corea del Norte;[14] siendo además, la sociedad con el más alto riesgo de América Latina.[15]

Esa es la hazaña o el milagro de la política destructiva del gobierno durante los pasados quince años, que tanto va a costar superar en el futuro,[16] razón por la cual se ha hablado con razón de que la política de Estado en Venezuela ha sido la de "una fábrica de pobres,"[17] conducida además, por un "Estado inepto, secuestrado por una élite gubernamental de burocracia corrupta, que niega todos los derechos sociales y económicos constitucionales, y que manipula la ignorancia y pobreza de las clases sociales menos favorecidas."[18]

Por ello concluía el reportaje del *The Washington Post*, constatando cómo en el país que tiene "las más grandes reservas petroleras del mundo," lo que ocurrió fue "un completo colapso económico y social," en cuya explicación no hay que buscar "misterio alguno," pues de lo que se trató fue de "un desastre hecho por el hombre," es decir, consecuencia de una política gubernamental destructiva, diseñada para ello."[19]

Pero estando entre constitucionalistas, y en un acto en sentido homenaje a nuestro querido amigo Rubén Hernández Valle, sumándome al mismo, quiero referirme específicamente esta tarde a algunos de nuestros temas jurídicos, y en particular a los que llevaron al país al total colapso institucional en el cual se encuentra, por el descarado incumplimiento de las promesas constitucionales por el establecimiento de un Estado democrático y social de derecho y de justicia, que debía estar montado sobre la base de un sistema de separación de poderes y de control recíproco entre los mismos. En esta materia, los enunciados de la Constitución no fueron más que una máscara para el establecimiento, en su lugar, de un Estado Totalitario, de concentración y centralización total del poder, donde por supuesto ninguno de los elementos esenciales y de los componentes fundamentales de la democracia se ha asegurado.[20]

---

estilo cubano," en ABC. es Internacional, 4 de junio de-2013, en http://www.abc.es/internacional/20130603/abci-maduro-cartilla-racionamiento-201306032115.html.

14 Por ello, en el *The Wall Street Jornal* del 23 de octubre de 2014, se indicaba que "Entre el agravamiento de la escases, Venezuela recientemente recibió una extraordinaria y dudosa distinción, y es que alcanzó el rango de Corea del Norte y de Cuba en el racionamiento de comida para sus ciudadanos," refiriéndose a la imposición del sistema de "capta-huellas" digitales en ciertos establecimientos, para el control de la venta de productos. Véase el reportaje de Sara Schaffer Muñoz, "Despite Riches, Venezuela Starts Food rations," en *The Wall Street Journal*, New York, 23 de octubre de 2014, p. A15.

15 Véase en http://www.elmundo.com.ve/noticias/actualidad/noticias/infografia-riesgo-pais-de-venezuela-cerro-el-201.aspx

16 Pedro Carmona Estanga resumió la hazaña económica del régimen explicando que: "Por desgracia para el país, a lo largo de estos 16 años se han dilapidado unos US$ 1,5 billones que no volverán, de los cuales no quedan sino la destrucción del aparato productivo, el deterioro de la calidad de vida, de la infraestructura, de la institucionalidad, y distorsiones macroeconómicas y actitudinales en la población de una profundidad tal, que costará sudor y sangre superar a las generaciones venideras. Esa es la hazaña histórica lograda y cacareada por el régimen." Véase Pedro Carmona Estanga, "La destrucción de Venezuela: hazaña histórica," 19 de octubre de 2014, en http://pcarmonae.blogspot.com/2014/10/la-destruccion-de-venezuela-hazana.html

17 En tal sentido, Brian Fincheltub, destacó que "Las misiones se convirtieron en fábrica de personas dependientes, sin ninguna estabilidad, que confiaban su subsistencia exclusivamente al Estado. Nunca hubo interés de sacar a la gente de la pobreza porque como reconoció el propio ministro Héctor Rodríguez, se "volverían escuálidos". Es decir, se volverían independientes y eso es peligrosísimo para un sistema cuya principal estrategia es el control." Véase Brian Fincheltub, "Fabrica de pobres," en *El Nacional*, Caracas, 5 de junio de 2014, en http://www.el-nacional.com/opinion/Fabrica-pobres_0_421757946.html

18 Por ello, con razón se ha dicho que "Si Venezuela fuera un Estado Social, no habría neonatos fallecidos por condiciones infecciosas en hospitales públicos. Si Venezuela fuera un Estado Social, toda persona tendría un empleo asegurado o se ejerce-ría plenamente la libertad de empresa y de comercio. Si Venezuela fuera un Estado Social no exhibiríamos deshonrosamente las tasas de homicidios más altas del mundo. Si Venezuela fuera un Estado Social no estaría desaparecida la cabilla y el cemento y las cementeras intervenidas estarían produciendo al máximo de su capacidad instalada. Si Venezuela fuera un Estado Social todos los establecimientos de víveres y artículos de primera necesidad estarían abarrotados en sus anaqueles. Si Venezuela fuera un Estado Social las escuelas no tendrían los techos llenos de filtraciones, estarían dotadas de materiales suficientes para la enseñanza-aprendizaje y los maestros y profesores serían el mejor personal pagado del país. Si Venezuela fuera un Estado Social no habría discriminación por razones políticas e ideológicas para tener acceso a cualquier servicio, beneficios y auxilios públicos y bienes de primera necesidad. Si Venezuela fuera un Estado Social el problema de la basura permanente en las grandes ciudades ya estaría resuelto con los métodos más modernos, actualizados y pertinentes a la protección ambiental." Véase Isaac Villamizar, "Cuál Estado Social?," en *La Nación*, San Cristóbal, 7 de octubre de 2014, en http://www.lanacion.com.ve/columnas/opinion/cual-estado-social/

19 Véase Matt.O'Brein, "There has never been a country that should have been so rich but ended up this poor," *The Washington Post*, Washington, May 19, 2016, en https://www.washingtonpost.com/news/wonk/wp/2016/05/19/there-has-never-been-a-country-that-should-have-been-so-rich-but-ended-up-this-poor/

20 Véase Allan R. Brewer-Carías, *Estado totalitario y desprecio a la ley. La desconstitucionalización, desjuridificación, desjudicialización y desdemocratización de Venezuela*, Fundación de Derecho Público, Editorial Jurídica Venezolana, 2014.

Para que exista un Estado democrático, por sobre todo, y hay que recordarlo una y otra vez, el mismo tiene que estar montado sobre el principio elemental de siempre de la separación e independencia de los poderes públicos, que asegure que el ejercicio del poder esté sometido a control, particularmente al que debe ejercer una Justicia autónoma e independiente. Solo así se puede llegar a hablar de un "Estado de justicia" como el que prometió la Constitución; y de un sistema que asegure el equilibro entre los poderes y prerrogativas de la Administración del Estado y los derechos de los ciudadanos, que está a la base del derecho administrativo mismo.[21]

Es decir, sin separación de poderes y sin un sistema de control del poder, ninguno de los elementos y componentes esenciales de la democracia puede asegurarse, es decir, sin separación y control del poder, simplemente no puede haber verdaderas elecciones libres, justas y confiables; no puede haber pluralismo político, ni acceso al poder conforme a la Constitución; no puede haber efectiva participación en la gestión de los asuntos públicos, ni transparencia administrativa en el ejercicio del gobierno, ni rendición de cuentas por parte de los gobernantes; no puede haber sumisión efectiva del gobierno a la Constitución y las leyes, así como subordinación de los militares al gobierno civil; no puede haber efectivo acceso a la justicia; ni puede haber real y efectiva garantía de respeto a los derechos humanos, incluyendo la libertad de expresión y los derechos sociales.[22]

A pesar de todas las promesas de la Constitución, nada de ello se ha podido lograr en Venezuela, y al contrario, todo el poder se ha concentrado en las manos del Poder Ejecutivo al cual todos los otros Poderes Públicos están sometidos, particularmente el Tribunal Supremo de Justicia y el órgano electoral, y hasta 2015, también la Asamblea Nacional. Se habituó tanto el régimen a ejercer el control absoluto del poder, que a pesar de que en diciembre de 2015 se eligió una nueva Asamblea Nacional mayoritariamente controlada en forma incluso calificada por la oposición al gobierno autoritario, durante todo el año 2016 y en lo que va del corriente año, lo que hemos visto ha sido el desarrollo de una política de Estado para privar progresivamente a la representación popular de todas sus competencias y funciones, lo que se ha ejecutado gracias a una perversa colusión entre el Poder Ejecutivo y el Juez Constitucional.

Primero fue por la acción de la Asamblea nacional que terminaba sus funciones, la cual en los últimos días de su período sancionó más de 30 leyes despojando de competencias a la nueva Asamblea, y además procedió a designar inconstitucionalmente a nuevos magistrados del Tribunal Supremo, todos militantes del partido de gobierno.

Con esa nueva composición, el cual, casi siempre a solicitud del propio Poder Ejecutivo, luego correspondió seguir la tarea al Tribunal Supremo y después del triunfo electoral de la oposición, ha despojado a la Asamblea Nacional de todas sus potestades y funciones mediante una serie interminable de desafueros judiciales. Y todo comenzó apenas fue electa la nueva Asamblea Nacional antes de que iniciara sus sesiones, con una sentencia cautelar dictada el último día de diciembre de 2015 por la Sala Electoral del Tribunal Supremo, al recibir una demanda de nulidad de la elección de 4 diputados en la región del amazonas (Estado Amazonas), suspendiendo la proclamación que por lo demás, ya se había efectuado de dichos diputados, buscando cercenarle de esa manera la mayoría calificada que obtuvo la oposición democrática.

A ello, se sumó posteriormente la Sala Constitucional del Tribunal Supremo la cual durante todo el año 2016, hasta el presente, mediante una unas cuarentas sentencias, ha declarado la inconstitucionalidad de materialmente todas –sí, todas– las leyes sancionadas por la Asamblea Nacional; reformó el Reglamento Interior y de Debates de la Asamblea para someter la función de legislar de la Asamblea Nacional a la obtención de un Visto Bueno previo del Poder

21 Véase sobre el tema Gustavo Tarre Briceño, *Solo el poder detiene al poder, La teoría de la separación de los poderes y su aplicación en Venezuela*, Colección Estudios Jurídicos N° 102, Editorial Jurídica Venezolana, Caracas 2014; y Jesús María Alvarado Andrade, "División del Poder y Principio de Subsidiariedad. El Ideal Político del Estado de Derecho como base para la Libertad y prosperidad material" en Luis Alfonso herrera Orellana (Coord.), *Enfoques Actuales sobre Derecho y Libertad en Venezuela*, Academia de Ciencias Políticas y Sociales, Caracas, 2013, pp. 131-185.

22 Véase Allan R. Brewer-Carías, "Prólogo" al libro de Gustavo Tarre Briceño, *Solo el poder detiene al poder, La teoría de la separación de los poderes y su aplicación en Venezuela*, Colección Estudios Jurídicos N° 102, Editorial Jurídica Venezolana, Caracas 2014, pp. 13-49.

Ejecutivo; eliminó las funciones de control político de la Asamblea Nacional sobre el gobierno y la Administración Pública, imponiendo el visto bueno previo del Vicepresidente ejecutivo para poder interpelar a un Ministro, con preguntas que solo pueden ser formuladas por escrito, eliminando además, tanto la posibilidad de que la Asamblea para improbar los estados de excepción que se decreten, como la posibilidad de aprobar votos de censura a los Ministros, habiendo incluso resuelto que el Presidente de la República debía presentar su Memoria anual, no ante la Asamblea Nacional como constitucionalmente corresponde, sino ante a propia Sala Constitucional. Ésta, además, eliminó la función legislativa en materia de presupuesto, convirtiendo la Ley de Presupuesto en un mero e inconstitucional decreto ejecutivo para ser presentado por el Presidente de la República ante la Sala Constitucional y no ante la Asamblea Nacional como corresponde constitucionalmente.

La Sala Constitucional eliminó además la potestad de la Asamblea Nacional incluso para como órgano deliberante, emitir opiniones políticas como resultado de sus debates, habiendo anulado todos los Acuerdos de importancia política que la misma ha adoptado; eliminó la potestad de la Asamblea Nacional de revisar sus propios actos y de poder revocarlos, como fue el caso respecto de la viciada elección de los magistrados al Tribunal Supremo efectuada en diciembre de 2015; y finalmente, eliminó la potestad de legislar de la Asamblea Nacional en el marco de un inconstitucional y permanente estado de emergencia que se prorroga cada tres meses, sin control parlamentario alguno y con el solo visto bueno del Juez Constitucional.[23]

Es decir, el Poder Legislativo representado por la Asamblea Nacional ha sido totalmente neutralizado y vaciado de poderes y funciones, al punto de que mediante una reciente sentencia de enero de este año, con base en un supuesto desacato a la decisión primigenia mencionada de suspender cautelarmente la proclamación de cuatro diputados ya proclamados, la misma Sala Constitucional del Tribunal Supremo dispuso la cesación definitiva, de hecho, de la Asamblea Nacional en el cumplimiento de sus funciones constitucionales como órgano que integra a los represenes del pueblo. Para ello, mediante sentencia Nº 2 de 11 de enero de 2017,[24] anuló el acto de instalación de la Asamblea para su segundo período anual, y resolvió que:

> "Cualquier actuación de la Asamblea Nacional y de cualquier órgano o individuo en contra de lo aquí decidido será nula y carente de toda validez y eficacia jurídica, sin menoscabo de la responsabilidad a que hubiere lugar."

Esa decisión fue ratificada en otras sentencias de la misma fecha Nº 3 de 11 de enero de 2017, [25] y posteriormente, en sentencia Nº 7 de 26 de enero de 2017 en la cual, en este último caso, después de declarar inadmisible una acción de amparo que había sido intentada, y una vez terminado por tanto el juicio, sin embargo, de pasada, en un *Obiter Dictum* que se incluyó en dicha sentencia, la Sala le cercenó definitivamente al pueblo su derecho más elemental en un Estado de derecho, que es el de ejercer la soberanía mediante sus representantes, procediendo a declarar nulas de nulidad absoluta e inconstitucionales todas las actuaciones pasadas y futuras de la Asamblea Nacional, dando inicio al procedimiento para proceder a enjuiciar a los diputados de la Asamblea por desacato, revocarle su mandato popular y encarcelarlos.[26]

Todo este desaguisado constitucional que no ha sido más que un golpe de Estado continuado, puede decirse que culminó el mes pasado, en marzo de 2017, con la adopción por parte de la Sala Constitucional de dos sentencias vergonzantes desde el punto de vista constitucional, la Nº 155 de 27 de marzo de 2017,[27] y la Nº 156 de fecha 29 de marzo de

23 Véase el estudio de todas esas sentencias en Allan R. Brewer-Carías, *Dictadura judicial y perversión del Estado de Derecho*, Segunda Edición, (Presentaciones de Asdrúbal Aguiar, José Ignacio Hernández y Jesús María Alvarado), Nº 13, Editorial Jurídica Venezolana International, 2016; edición española: Editorial IUSTEL, Madrid 2017.

24 Véase en http://historico.tsj.gob.ve/decisiones/scon/enero/194891-02-11117-2017-17-0001.HTML

25 http://historico.tsj.gob.ve/decisiones/scon/enero/194892-03-11117-2017-17-0002.HTML

26 Véase en historico.tsj.gob.ve/decisiones/scon/enero/195578-07-26117-2017-17-0010.HTML.

27 Véase sentencia Nº 155 de 27 de marzo de 2017, en http://historico.tsj.gob.ve/decisiones/scon/marzo/197285-155-28317-2017-17-0323.HTML. Véase los comentarios a dicha sentencia en Allan. Brewer-Carías: "La consolidación de la dictadura judicial: la Sala Constitucional, en un juicio sin proceso, usurpó todos los poderes del Estado, decretó inconstitucionalmente un estado de excepción y eliminó la inmunidad parlamentaria (sentencia no. 156 de la Sala

2017,[28] que han sido bien publicitadas, mediante las cuales el Juez Constitucional usurpó todos los poderes del Estado, ordenó al Presidente ejercer ciertas funciones en materia de relaciones internacionales, decretó inconstitucionalmente un estado de excepción, eliminó la inmunidad parlamentaria, asumió de pleno derecho todas las competencias parlamentarias de la Asamblea Nacional y delegó poderes legislativos que no tiene, sin límites, en el Presidente, ordenándole reformar leyes y Códigos a su arbitrio, y entre ellos el Código Penal y el Código Orgánico Procesal Penal.

Estas famosas sentencias que fueron celebradas por el Presidente de la República como "sentencias históricas,"[29] sin embargo, fueron condenadas en forma generalizada tanto en el país como en el ámbito internacional.

En el ámbito internacional, entre tantas manifestaciones importantísimas de solidaridad democrática, basta mencionar la del Secretario General de la OEA, Dr. Luis Almagro, quien sobre las sentencias dijo que "despojar de las inmunidades parlamentarias a los diputados de la Asamblea Nacional y al asumir el Poder Legislativo en forma completamente inconstitucional son los últimos golpes con los que el régimen subvierte el orden constitucional del país y termina con la democracia.".[30] Y en el ámbito nacional, además de muchas otras manifestaciones de rechazo, no puedo dejar de mencionar la sorpresiva declaración de la Fiscal General de la República, quién a pesar de haber sido el instrumento del régimen durante los dos últimos lustros para perseguir y criminalizar la disidencia, el día 31 de marzo de 2017 llegó a expresar que de dichas sentencias se evidenciaban "varias violaciones del orden constitucional y el desconocimiento del modelo de Estado consagrado en nuestra Constitución," considerando que ello constituía "una ruptura del orden constitucional."[31]

Lo más grave en torno a estas sentencias fue que con ocasión de esta extraña manifestación de disidencia de la Fiscal General en el interior del régimen, el Presidente de la República lo que interpretó fue que lo que había ocurrido había sido un supuesto "impase" que había que "dirimir" y para ello convocó a una reunión de un llamado Consejo para la Defensa de la Nación. Dicho consejo consultivo, el mismo día de la declaración de la Fiscal, decidió "exhortar" al Tribunal Supremo de Justicia para que cometiera abiertamente una ilegalidad, es decir, para que procediera "a revisar las decisiones 155 y 156 con el propósito de mantener la estabilidad constitucional y el equilibrio de poderes mediante los recursos contemplados en el ordenamiento jurídico venezolano,"[32] cuando es bien sabido que un juez no puede nunca, en ninguna parte del mundo, reformar ni revocar sus sentencias.

Sin embargo el Juez Constitucional en Venezuela, que se cree todopoderoso y por supuesto no tiene quien lo controle, si lo hizo, y al día siguiente, 1 de abril de 2017, atendiendo sumiso el

Constitucional), 29 de Marzo de 2017, en http://diarioconstitucional.cl/noticias/actualidad-internacional/2017/03/31/opinion-acerca-de-la-usurpacion-de-funciones-por-el-tribunal-supremo-de-venezuela-y-la-consolidacion-de-una-dictadura-judicial/

28 Véase la sentencia N° 156 de 29 de marzo de 2017 en http://historico.tsj.gob.ve/decisiones/scon/marzo/197364-156-29317-2017-17-0325.HTML. Véase los comentarios a dicha sentencia en Allan. Brewer-Carías: "El reparto de despojos: la usurpación definitiva de las funciones de la Asamblea Nacional por la Sala Constitucional del Tribunal Supremo de Justicia al asumir el poder absoluto del Estado (sentencia no. 156 de la Sala Constitucional), 30 de marzo de 2017, en http://diarioconstitucional.cl/noticias/actualidad-internacional/2017/03/31/opinion-acerca-de-la-usurpacion-de-funciones-por-el-tribunal-supremo-de-venezuela-y-la-consolidacion-de-una-dictadura-judicial/

29 Véase la reseña: "Nicolás Maduro: El TSJ ha dictado una sentencia histórica. Durante el Consejo de Ministros, el jefe de Estado señaló que además pedirá sugerencias a la Procuraduría General de la República para cumplir con las órdenes dictadas por el máximo órgano judicial," en El nacional, 28 de marzo de 2017, en http://www.el-nacional.com/noticias/gobierno/nicolas-maduro-tsj-dictado-una-sentencia-historica_87784

30 Véase: "Almagro denuncia auto-golpe de Estado del gobierno contra Asamblea Nacional," El nacional, 30 de marzo de 2017, en http://www.el-nacional.com/noticias/mundo/almagro-denuncia-auto-golpe-estado-del-gobierno-contra-asamblea-nacional_88094

31 Véase el texto en la reseña "Fiscal General de Venezuela, Luisa Ortega Díaz, dice que sentencias del Tribunal Supremo sobre la Asamblea Nacional violan el orden constitucional," en Redacción BBC Mundo, *BBC Mundo*, 31 de marzo de 2017, en http://www.bbc.com/mundo/noticias-america-latina-39459905 Véase el video del acto en https://www.youtube.com/watch?v=GohPIrveXFE .

32 Véase su texto en "Consejo de Defensa Nacional exhorta al TSJ a revisar sentencias 155 y 156 // #MonitorProDaVinci,'1 de abril de 2017, en http://prodavinci.com/2017/04/01/actualidad/consejo-de-defensa-nacional-exhorta-al-tsj-a-revisar-sentencias-155-y-156-monitorprodavinci/

exhorto del Poder Ejecutivo, procedió a reformar y revocar parcialmente las sentencias Nos 156 y 157 mediante sentencias Nos. 157[33] y 158[34] que fueron publicadas el 4 de abril de 2017, todo en violación de los principios más elementales del debido proceso.

De todo este proceso que no es más que la consolidación de una dictadura judicial, el resultado hoy es que de los cinco poderes públicos que conforman la separación de poderes en Venezuela (Ejecutivo, Legislativo, Judicial, Ciudadano y Electoral), si bien el único con autonomía frente al Poder Ejecutivo desde enero de 2016 es la Asamblea Nacional, sin embargo, como consecuencia del golpe de Estado continuado que ha dado el Poder Ejecutivo en colusión con el Poder Judicial, dicho Poder Legislativo ha sido materialmente paralizado y sus miembros diputados despojados de su inmunidad parlamentaria, estando a punto de que se le revoque ilegítimamente su mandato por supuesto desacato judicial. El resto de los Poderes Públicos, en cambio, cuyos titulares fueron designados por la antigua Asamblea Nacional sin cumplir con lo pautado en la Constitución, quedaron todos como dependientes de Ejecutivo habiendo abandonado sus poderes de control.

Así, durante 17 años, por ejemplo, la Contraloría General de la República dejó de ejercer control fiscal alguno sobre la Administración Pública, razón por la cual, entre otros factores, el país está hoy ubicado en el primer lugar del índice de corrupción en el mundo, según las cifras a que antes me referí difundidas por Transparencia Internacional.[35]

El Defensor del Pueblo, desde cuando la primera persona designada para ocupar el cargo en 2000 fue removida del mismo por haber intentado un recurso judicial contra la Ley que violaba el derecho colectivo a la participación política para la nominación de los altos titulares de los Poderes Públicos,[36] dicho órgano abandonó toda idea de defensa de derechos humanos, convirtiéndose en el órgano oficial para avalar la violación de los mismos por parte de las autoridades del Estado,[37] como precisamente ha quedado evidenciado con la abstención del actual Defensor ante la brutal represión al derecho a manifestar de la cual el mundo entero ha

33 Véase en http://historico.tsj.gob.ve/decisiones/scon/abril/197399-157-1417-2017-17-0323.HTML. Véase sobre esta sentencia los comentarios en Allan R. Brewer-Carías, "La nueva farsa del Juez Constitucional controlado: la inconstitucional y falsa "corrección" de la usurpación de funciones legislativas por parte de la Sala Constitucional del Tribunal Supremo (sentencias Nos. 157 y 158 de 1 de abril de 2017), New York 4 de abril, 2017, en http://allanbrewercarias.net/site/wp-content/uploads/2017/04/151.-doc.-Brewer-Nueva-farsa-del-Juez-Constitucional.-Falsa-correcci%C3%B3n.-Sentencias-Sala-Constit.-157-y-158-.-4-4-2017.pdf:

34 Véase en http://Historico.Tsj.Gob.Ve/Decisiones/Scon/Abril/197400-158-1417-2017-17-0325.Html Véase sobre esta sentencia los comentarios en Allan R. Brewer-Carías, "La nueva farsa del Juez Constitucional controlado: la inconstitucional y falsa "corrección" de la usurpación de funciones legislativas por parte de la Sala Constitucional del Tribunal Supremo (sentencias Nos. 157 y 158 de 1 de abril de 2017), New York 4 de abril, 2017, en http://allanbrewercarias.net/site/wp-content/uploads/2017/04/151.-doc.-Brewer-Nueva-farsa-del-Juez-Constitucional.-Falsa-correcci%C3%B3n.-Sentencias-Sala-Constit.-157-y-158-.-4-4-2017.pdf:

35 Véase el Informe de la ONG alemana, Transparencia Internacional de 2013, en el reportaje: "Aseguran que Venezuela es el país más corrupto de Latinoamérica,", en El Universal, Caracas 3 de diciembre de 2013, en http://www.eluniversal.com/nacional-y-politica/131203/aseguran-que-venezuela-es-el-pais-mas-corrupto-de-latinoamerica. Igualmente véase el reportaje en BBC Mundo, "Transparencia Internacional: Venezuela y Haití, los que se ven más corruptos de A. Latina," 3 de diciembre de 2013, en http://www.bbc.co.uk/mundo/ultimas_noti-cias/2013/12/131203_ultnot_transparencia_corrupcion_lp.shtml. Véase al respecto, Román José Duque Corredor, "Corrupción y democracia en América Latina. Casos emblemáticos de corrupción en Venezuela," en *Revista Electrónica de Derecho Administrativo*, Universidad Monteávila, 2014.

36 Véase los comentarios en Allan R. Brewer-Carías, "La participación ciudadana en la designación de los titulares de los órganos no electos de los Poderes Públicos en Venezuela y sus vicisitudes políticas", en *Revista Iberoamericana de Derecho Público y Administrativo*, Año 5, Nº 5-2005, San José, Costa Rica 2005, pp. 76-95.

37 Por ejemplo, ante la crisis de la salud denunciada por la Academia Nacional de Medicina en agosto de 2014, reclamando la declaratoria de emergencia del sector, la respuesta de la Defensora del Pueblo fue simplemente que en Venezuela no había tal crisis. Véase el reportaje: "Defensora del Pueblo Gabriela Ramírez afirma que en Venezuela no existe ninguna crisis en el sector salud," en *Noticias Venezuela*, 20 agosto de 2014, en http://noticiasvene-zuela.info/2014/08/defensora-del-pueblo-gabriela-ramirez-afirma-que-en-venezuela-no-existe-ninguna-crisis-en-el-sector-salud/ ; y el reportaje: "Gabriela Ramírez, Defensora del Pueblo: Es desproporcionada petición de emergencia humanitaria en el sector salud," en El Universal, Caracas 20 de agosto de 2014, en http://m.eluniversal.com/nacional-y-politica/140820/es-desproporcionada-peticion-de-emergencia-humanitaria-en-el-sector-sa. Por ello, con razón, el Editorial del diario *El Nacional* del 22 de agosto de 2014, se tituló: "A quien defiende la defensora?" Véase en http://www.el-nacional.com/opinion/editorial/defiende-defensora_19_46874-3123.html.

sido testigo. Hoy incluso aparece en la prensa una declaración pública expresada anoche, de su propio hijo, estudiante de derecho, quién ha sufrido en carne propia la represión y ha visto morir a un compañero a manos de los represores, reclamándole a su padre, y exigiéndole que cumpla con su deber.[38]

El Ministerio Público que ejerce la Fiscalía General de la República, en lugar de haber sido la parte de buena fe en los procesos penales, ha sido efectivamente el principal instrumento para asegurar la impunidad en el país, y la persecución política,[39] y ello, insisto, a pesar de que como dije, hace unos días descubriera que las sentencias de la Sala Constitucional significaron una ruptura del orden democrático, y que ayer mismo, luego de lustros de silencio, haya también descubierto que "aún en un estado de excepción debe respetarse el debido proceso."[40]

Además, está el Poder Electoral, a cargo del Consejo Nacional Electoral, que ha terminado de ser una especie de agencia electoral del propio gobierno, integrado por militantes del partido oficial en violación abierta de la Constitución, habiendo dejado de ser el árbitro independiente en las elecciones. Este Poder, en todo caso, desde 2004 quedó totalmente secuestrado por el Poder Ejecutivo, al ser sus jerarcas nombrados por el Tribunal Supremo de Justicia conforme a las instrucciones del primero, usurpando las funciones que corresponden a la Asamblea Nacional.[41]

En ese marco de incumplimiento de la promesa de establecer un Estado democrático con órganos sometidos a control, en todo caso, lo más grave en Venezuela ha sido el efecto devastador que ha tenido para todas las instituciones el control político que se ejerce sobre el Poder Judicial, pues si un Poder Judicial está controlado por el Ejecutivo o el Legislativo, por más separados que incluso éstos puedan estar, no existe el principio de la separación de poderes, y en consecuencia, no se puede hablar de Estado de derecho.

Y esa es la situación en Venezuela, donde desde 1999, por obra inicial de la misma Asamblea Nacional Constituyente se comenzó a integrar el Tribunal Supremo de Justicia con magistrados controlados para asegurar su sujeción al Poder Ejecutivo. Además, como al Tribunal se le atribuyó el gobierno y administración de la Justicia (que antes estaba en manos de un Consejo de la Judicatura con autonomía funcional que se eliminó), a través del mismo se ha politizado absolutamente toda la Judicatura.

Las promesas constitucionales sobre la independencia y autonomía del Poder Judicial, por tanto, todas, absolutamente todas fueron violadas: Durante diecisiete años, en Venezuela no se han respetado las condiciones constitucionales para la elección de los Magistrados del Tribunal Supremo, ni se ha respetado la exigencia de una mayoría calificada de votos en la Asamblea requerida para ello, ni la participación ciudadana requerida en la nominación de candidatos.

Jamás se han celebrado los concursos públicos de oposición para la elección de los jueces como lo prevé la Constitución para que ingresen a la carrera judicial, que materialmente no existe;[42] y

38 Véase la reseña "Ese, pude haber sido yo", dice el hijo del Defensor del Pueblo al condenar la "brutal represión," en *CNN en español*, 27 de abril de 2017, en http://cnnespanol.cnn.com/2017/04/27/hijo-del-defensor-del-pueblo-tarek-william-saab-condena-la-represion-en-venezuela/.

39 Como se destacó en el Informe de la Comisión Internacional de Juristas sobre *Fortalecimiento del Estado de Derecho en Venezuela*, publicado en Ginebra en marzo de 2014, el "Ministerio Público sin garantías de independencia e imparcialidad de los demás poderes públicos y de los actores políticos," quedando los fiscales "vulnerables a presiones externas y sujetos órdenes superiores." Véase en http://icj.wpengine.netdna-cdn.com/wp-content/uploads/2014/06/VENEZUELA-Informe-A4-elec.pdf

40 Véase el reportaje: "Ortega Díaz: Hasta en un estado de excepción debe respetarse el debido proceso" donde además "pidió respeto para quienes piensen distinto."En El nacional, Caracas 26 de abril de 2017.

41 Véase Allan R. Brewer–Carías, "El secuestro del Poder Electoral y la confiscación del derecho a la participación política mediante el referendo revocatorio presidencial: Venezuela 2000–2004,", en *Boletín Mexicano de Derecho Comparado*, Instituto de Investigaciones Jurídicas, Universidad Nacional Autónoma de México, Nº 112. México, enero–abril 2005 pp. 11–73; *La Sala Constitucional versus el Estado Democrático de Derecho. El secuestro del poder electoral y de la Sala Electoral del Tribunal Supremo y la confiscación del derecho a la participación política*, Los Libros de El Nacional, Colección Ares, Caracas, 2004, 172 pp.

42 Como lo destacó la misma Comisión Internacional de Juristas, en un *Informe* de marzo de 2014, que resume todo lo que en el país se ha venido denunciando en la materia, al dar "cuenta de la falta de independencia de la justicia en Venezuela," se destaca que "el Poder Judicial ha sido integrado desde el Tribunal Supremo de Justicia (TSJ) con criterios predomi-

jamás se ha establecido la jurisdicción disciplinaria independiente para garantizar la estabilidad de los jueces.

Al contrario, desde 1999 la Asamblea Nacional Constituyente intervino el Poder Judicial[43] creando una Comisión ad hoc ratificada bajo el ilegítimo régimen transitorio emitido después de la aprobación popular de la Constitución, mediante la cual los jueces fueron y siguen siendo destituidos a mansalva y masivamente, sin garantías al debido proceso, con la consecuencia de que la Judicatura se llenó de jueces temporales y provisionales,[44] sin garantía de estabilidad; quedando la destitución de los mismos al arbitrio de una Comisión ad hoc del Tribunal Supremo de Justicia, todo ello con el aval del mismo.

Y en cuanto a la Jurisdicción Disciplinaria Judicial que fue una de las principales promesas de la Constitución, la misma no fue sino otra mentira, al punto de que la que al fin se creó en 2011, se la estableció como dependiente de la Asamblea Nacional, es decir, sujeta al control político. Por ello, cuando el Gobierno perdió la mayoría parlamentaria, en una de las leyes aprobadas a la carrera unos días después, se puso dicha Jurisdicción bajo el control de Tribunal Supremo controlado políticamente.[45]

Para cualquiera que estudie las Constituciones contemporáneas, estoy seguro que no va a encontrar ninguna otra Constitución en el mundo contemporáneo, con un conjunto de promesas constitucionales como las insertas en la Constitución venezolana de 1999 destinadas a asegurar la independencia y autonomía de los poderes y en particular del Judicial. Y por ello, también estoy seguro que sufrirá una gran desilusión cuando contrastado el texto constitucionalidad con la realidad, no pueda sino concluir que lamentablemente, todas no fueron más que declaraciones formuladas para no ser cumplidas, dando como resultado la trágica dependencia del Poder Judicial sometido como está en su conjunto, a los designios y político por parte del Poder Ejecutivo,[46] funcionando como instrumento al servicio del gobierno del Estado y de su política autoritaria; tal cual como aquellos jueces del horror del régimen nazi.

Y la observación no ha sido solo de nosotros. La Comisión Internacional de Juristas de Ginebra, por ejemplo, en 2014 concluyó considerando que:

> "Un sistema de justicia que carece de independencia, como lo es el venezolano, es comprobadamente ineficiente para cumplir con sus funciones propias. En este sentido en Venezuela, [...] el poder judicial, precisamente por estar sujeto a presiones externas, no

nantemente políticos en su designación. La mayoría de los jueces son "provisionales" y vulnerables a presiones políticas externas, ya que son de libre nombramiento y de remoción discrecional por una Comisión Judicial del propio Tribunal Supremo, la cual, a su vez, tiene una marcada tendencia partidista." Véase en http://icj.wpengine.netdna-cdn.com/wp-content/uploads/2014/06/VENEZUELA-Informe-A4-elec.pdf

43 Véase nuestro voto salvado a la intervención del Poder Judicial por la Asamblea Nacional Constituyente en Allan R. Brewer–Carías, *Debate Constituyente, (Aportes a la Asamblea Nacional Constituyente)*, Tomo I, (8 agosto–8 septiembre), Caracas 1999; y las críticas formuladas a ese proceso en Allan R. Brewer–Carías, *Golpe de Estado y proceso constituyente en Venezuela,* Universidad Nacional Autónoma de México, México, 2002

44 En el *Informe Especial* de la Comisión sobre Venezuela correspondiente al año 2003, la misma también expresó, que "un aspecto vinculado a la autonomía e independencia del Poder Judicial es el relativo al carácter provisorio de los jueces en el sistema judicial de Venezuela. Actualmente, la información proporcionada por las distintas fuentes indica que más del 80% de los jueces venezolanos son "provisionales". *Informe sobre la Situación de los Derechos Humanos en Venezuela 2003, cit.* párr. 161

45 Solo fue, luego de que el gobierno perdió la mayoría en la Asamblea Nacional, que la saliente Asamblea en unas ilegítimas sesiones extraordinarias celebradas en diciembre de 2015, reformó la Ley del Código de Ética del Juez, pero para quitarle a la nueva Asamblea la competencia para nombrar dichos jueces (que por supuesto nunca debo tener), y pasarlos al Tribunal Supremo. Véase en *Gaceta Oficial* No. No. 6204 Extra de 30 de diciembre de 2015.

46 Véase Allan R. Brewer–Carías, "La progresiva y sistemática demolición de la autonomía en independencia del Poder Judicial en Venezuela (1999–2004)", en *XXX Jornadas J.M Domínguez Escovar, Estado de derecho, Administración de justicia y derechos humanos,* Instituto de Estudios Jurídicos del Estado Lara, Barquisimeto, 2005, pp. 33–174; y "La justicia sometida al poder [La ausencia de independencia y autonomía de los jueces en Venezuela por la interminable emergencia del Poder Judicial (1999–2006)]" en *Cuestiones Internacionales. Anuario Jurídico Villanueva 2007,* Centro Universitario Villanueva, Marcial Pons, Madrid, 2007, pp. 25–57; "La demolición de las instituciones judiciales y la destrucción de la democracia: La experiencia venezolana," en *Instituciones Judiciales y Democracia. Reflexiones con ocasión del Bicentenario de la Independencia y del Centenario del Acto Legislativo 3 de 1910,* Consejo de Estado, Sala de Consulta y Servicio Civil, Bogotá 2012, pp. 230-254..

cumple su función de proteger a las personas frente a los abusos del poder sino que por el contrario, en no pocos casos es utilizado como mecanismo de persecución contra opositores y disidentes o simples críticos del proceso político, incluidos dirigentes de partidos, defensores de derechos humanos, dirigentes campesinos y sindicales, y estudiantes."[47]

Por ello, no son de extrañar, decisiones que recientemente han adoptado Tribunales constitucionales en diversos países, - con toda vergüenza para Venezuela - entre ellos, el Tribunal Supremo de Costa Rica, negando por ejemplo solicitudes de extradición formuladas por el Estado venezolano por considerar que los posibles extraditables de concretarse la extradición, no tendrían aseguradas las garantía de debido proceso en el país.[48]

Con todo esto, la promesa constitucional de la separación de poderes y sobre todo, de la autonomía e independencia del Poder Judicial, quedó incumplida, siendo por tanto las previsiones constitucionales en Venezuela una gran mentira, habiendo el Poder Judicial abandonado su función fundamental de servir de instrumento de control y de balance respecto de las actividades de los otros órganos del Estado para asegurar su sometimiento a la Constitución y a la ley; y a la vez, habiendo materialmente desaparecido el derecho ciudadano a la tutela judicial efectiva y a controlar el poder.

La ausencia de separación de poderes y ese sometimiento del Poder Judicial al poder político, ha tenido por supuesto consecuencias más catastróficas en materia de Justicia Constitucional, tema al cual nuestro homenajeado, profesor Hernández Valle la ha dedicado tantas horas de estudio. Estoy por ello seguro, que como lo que he resumido no es ciencia ficción, habrá quedado horrorizado al saber que el Juez Constitucional mediante interpretaciones constitucionales dadas a la carta conforme le ha apetecido en cada caso al Poder Ejecutivo, mediante mutaciones a la Constitución hechas a mansalva y a su arbitrio, o al haberse abstenido estratégicamente de controlar la constitucionalidad de los actos estatales contrarios a la Constitución para cohonestar las inconstitucionalidades, se ha convertido en el principal agente del régimen autoritario. Y más horrorizado quedará al constatar, junto conmigo, cómo en los últimos siete años ,el régimen a través de un proceso de desconstitucionalización progresivo del Estado,[49] ha llegado construir en el país, un Estado paralelo al Estado Constitucional, por supuesto al margen de la Constitución, denominado "Estado del Poder Popular" o "Estado Comunal" por el que nadie ha votado, y que más bien fue rechazado mediante referendo en 2007, con el propósito de suplantar la democracia representativa y el propio Estado democrático y social de derecho previsto en la Constitución, eliminando además la forma federal del Estado y desmunicipalizándo[50] el territorio; y todo ello, ante la completa abstención y pasividad cómplice del Juez Constitucional.

Por todo esto, luego de 17 años de desgobierno autoritario en Venezuela, no queda otra conclusión institucional a la que podamos llegar, que no sea que transcurridos más de tres lustros después de haberse convocado la Asamblea Nacional Constituyente de 1999 supuestamente para refundar la República, no solo dicho proceso fue un soberano fracaso; sino que lo

47 Véase en http://icj.wpengine.netdna-cdn.com/wp-content/uploads/2014/06/VENEZUELA-Informe-A4-elec.pdf

48 Véase Allan R. Brewer-Carías, "Las Cortes Supremas de Costa Rica, Brasil y Chile condenan la falta de garantías judiciales en Venezuela. De cómo, ante la ceguera de los gobiernos de la región y la abstención de la Corte Interamericana de Derechos Humanos, han sido las Cortes Supremas de estos países las que con base en la jurisdicción universal de protección de los derechos humanos, han comenzado a juzgar la falta de autonomía e independencia del Poder Judicial en Venezuela, dictando medidas de protección a favor de ciudadanos venezolanos contra el Estado venezolano," en *Revista de Derecho Público*, Nº 143-144, (julio- diciembre 2015, Editorial Jurídica Venezolana, Caracas 2015, pp. 495-500.

49 Véase Allan R. Brewer-Carías, *Estado totalitario y desprecio a la Ley. La desconstitucionalización, desjuridificación, desjudicialización y desdemocratización de Venezuela*, Fundación de Derecho Público, Editorial Jurídica Venezolana, 2014, 532 pp.; segunda edición, (Con prólogo de José Ignacio Hernández), Caracas 2015, 542 pp

50 Véase Allan R. Brewer-Carías, "**El inicio de la desmunicipalización en Venezuela: La organización del Poder Popular para eliminar la descentralización, la democracia representativa y la participación a nivel local", en** *AIDA, Opera Prima de Derecho Administrativo. Revista de la Asociación Internacional de Derecho Administrativo*, Universidad Nacional Autónoma de México, Facultad de Estudios Superiores de Acatlán, Coordinación de Postgrado, Instituto Internacional de Derecho Administrativo "Agustín Gordillo", Asociación Internacional de Derecho Administrativo, México, 2007, pp. 49 a 67

que se aprobó fue una gran mentira, ni más ni menos que una máscara para justificar el asalto al poder y dar un golpe de Estado constituyente, y violar todas las promesas insertas en la Constitución.

En ese momento el país, ciertamente, pasaba por una severa crisis política provocada sobre todo por el deterioro que mostraba el sistema de partidos tradicionales, que habían dejado un tremendo vacío, situación en la cual el país se pudo encandilar con el primer aprendiz de brujo que apareció por el lugar, como una especie degradada del Melquíades de los *Cien Años de Soledad* de Gabriel García Márquez, prometiendo que todo iba a cambiar, cuando todos querían que todo cambiase, y que para ello debía acabarse con la vieja política.

Sin embargo, como suele ocurrir con los deslumbramientos, y como ya ha ocurrido en otras partes de nuestra América, la consecuencia fue que no pasó lo que se quería que pasara. La Asamblea Nacional Constituyente comenzó removiendo las viejas estructuras, pero como lo denuncié al concluir sus sesiones en 2000, lamentablemente terminó legando, junto con la intervención antidemocrática de los poderes constituidos, un muy florido texto de una Constitución que no se iba a aplicar, que era de mentira, como en efecto ocurrió, pero que prometía estructurar un Estado democrático y social de derecho y de justicia, federal y descentralizado que era lo que los venezolanos esperaban; dejando además sembradas, aquí y allá, en ciertos artículos, semillas autoritarias.

El resultado de aquél proceso político tan importante en el cual el país fijó todas sus esperanzas de cambio, visto ahora retrospectivamente, fue que seducido por cantos de sirena, el país cayó inmisericordemente en manos de una secta antidemocrática que asaltó el poder a mansalva, a la vista de todos, cumpliendo, sí, con la promesa de acabar con la vieja política de los partidos tradicionales, pero no para edificar una nueva democracia en su sustitución, sino para acabar en fraude a la Constitución con la propia democracia, utilizando sus propios instrumentos, y con ello demoler y machacar institucionalmente el país.[51]

En ese contexto, lamentablemente, la Constitución se convirtió en un conjunto normativo maleable por absolutamente todos los poderes públicos, cuyas normas, una vez abandonada su rigidez, han tenido en la práctica la vigencia y el alcance que dichos órganos han dispuesto mediante inconstitucionales leyes ordinarias y decretos leyes que el Juez Constitucional se niega a juzgar y controlar, e incluso, para mayor tragedia, con la participación activa del mismo, como antes dije, mediante sentencias de interpretación constitucional todas hechas a la medida, o mediante mutaciones ilegítimas para "garantizar" que dichas actuaciones inconstitucionales no serán controladas.

Contra todas esas prácticas autoritarias, y contra un Juez Constitucional que dejó de ser el instrumento de control de la inconstitucionalidad, renunciando a ser el sustituto la rebelión del pueblo para proteger su Constitución fue, entre otras razones, que el pueblo venezolano efectivamente se rebeló el 6 de diciembre de 2015, votando masivamente en las elecciones parlamentarias, llegando a controlar la Asamblea Nacional.

Esa manifestación fue la opción popular para por la vía electoral procurar exigir que se produjera un cambio de régimen político, pues fue un voto contra el autoritarismo. Pero lamentablemente, dicha vía se cerró por el régimen autoritario, no sólo castrando a la Asamblea Nacional de absolutamente todos sus poderes, sino impidiendo que otras fórmulas de manifestación del voto popular se pudieran manifestar. Y así ocurrió con la postergación injustificada e inconstitucional de las elecciones regionales de Gobernadores y Alcaldes que constitucionalmente debieron haberse realizado el año pasado, y con la obstaculización hasta su eliminación de la realización del referendo revocatorio presidencial al cual tiene derecho el pueblo.

El panorama que tenemos por delante los venezolanos, por tanto, es ciertamente negro, y bien negro. Sin embargo, como todo el mundo lo ha constatado, el pueblo en Venezuela de nuevo ha comenzado a expresar su voluntad, si bien no mediante el sufragio cuyo ejercicio se

51 Véase. Allan R. Brewer-Carías, *La ruina de la democracia. Algunas consecuencias. Venezuela 2015*, Editorial Jurídica Venezolana, Caracas 2015.

le niega, sí mediante la masiva movilización popular de protesta generalizada que hemos estado viendo en las últimas semanas, las cuales, a pesar de la brutal represión desatada contra manifestantes pacíficas inermes que son asesinados por fuerzas oficiales de represión y bandas criminales protegidas por el Estado, nos dan la esperanza de que podamos volver a ver de nuevo florecer la democracia en el país, y que eventualmente se permita a la representación de la voluntad popular rescatar su rol constitucional.

Afortunadamente, en un mundo globalizado, así sea tardíamente, ha sido de primera importancia que al fin se haya comenzado a manifestar el franco apoyo de la comunidad internacional en favor del proceso democrático del país, en lo cual el rol fundamental, hay que reconocerlo, lo ha tenido el Secretario General de la OEA Dr. Luis Almagro,[52] a quien todos los venezolanos tenemos que agradecer.

Y las amenazas proferidas ayer mismo por el régimen de sacar a Venezuela de la Organización de Estados Americanos, como si la representación popular encarnada en la Asamblea Nacional no tuviese que intervenir en una decisión de tanta trascendencia, no es otra cosa sino un desesperado estertor más de un régimen que se sabe en estado terminal.

Cuándo y cómo vendrá el último estertor, es lo que todos estamos por ver.

San José, 27 de abril de 2017.

52 Véase *La Crisis de la democracia en Venezuela, la OEA y la Carta Democrática Interamericana. Documentos de Luis Almagro*, Iniciativa Democrática de España y las Américas (IDEA), Editorial Jurídica Venezolana International, 2016.

# XIII

# LAS CORTES SUPREMAS DE COSTA RICA, BRASIL Y CHILE CONDENAN LA FALTA DE GARANTÍAS JUDICIALES EN VENEZUELA

## (2015)

**De cómo, ante la ceguera de los gobiernos de la región y la abstención de la Corte Interamericana de Derechos Humanos, han sido las Cortes Supremas de estos países las que con base en la jurisdicción universal de protección de los derechos humanos, han comenzado a juzgar la falta de autonomía e independencia del Poder Judicial en Venezuela, dictando medidas de protección a favor de ciudadanos venezolanos contra el Estado venezolano**

**Texto publicado en *Revista de Derecho Público*, N° 143-144, (julio-diciembre 2015, Editorial Jurídica Venezolana, Caracas 2015, pp. 495-500.**

Durante el año 2015, ante la pasividad de los gobiernos de la región de confrontar políticamente el totalitarismo que se ha desarrollado en Venezuela en negación de la democracia y de los derechos humanos, y ante el temor de la Corte Interamericana de Derechos Humanos de condenar directa y abiertamente la ausencia de autonomía e independencia del Poder Judicial en el país, se ha producido un hecho excepcional e inédito en la historia de la democracia en el Continente, poniéndose en funcionamiento la jurisdicción universal de protección de los derechos fundamentales, al haber sido tres tribunales supremos extranjeros, los de Costa Rica, de Brasil y de Chile, los que sin temor ni ambigüedades han condenado la situación de ausencia total de garantías del debido proceso en Venezuela, protegido y amparado en consecuencia, desde sus respectivas jurisdicciones y países a ciudadanos venezolanos en contra del Estado Venezolano.

## I

La primera decisión que se dictó fue por la Sala Constitucional (Sala IV) de la Corte Suprema de Costa Rica, de fecha 31 de julio de 2015 al decidir un proceso de *hábeas corpus* (Exp: N° 15-008391-0007-CO; Res. N° 2015-011568)[1] o amparo a la libertad personal, en la cual ordenó la libertad plena de un ciudadano venezolano detenido pendiente una solicitud de extradición, realizando un grave enjuiciamiento de la catastrófica situación del Poder Judicial venezolano, considerado por la mayoría de sus magistrados, simplemente como *carente de garantías mínimas de un sistema de justicia objetivo e imparcial,*" es decir, de autonomía e independencia, estimando que por ello nadie podría esperar poder ser juzgado gozando de garantía judicial alguna, incluso por delitos comunes como era el caso estafa).

1 Véase el texto de la sentencia en http://jurisprudencia.poder-judicial.go.cr/SCIJ_PJ/busqueda/ jurisprudencia/jur_Documento.aspx?param1=Ficha_Sentencia&nValor1=1&nValor2=644651&str TipM=T&strDirSel=directo&_r=1. Véase la noticia de prensa sobre dicha sentencia en http://www. nacion.com/sucesos/poder-judicial/Sala-IV-extradicion-cuestiona-Venezuela_0_1504049615.html

Al poner en libertad al detenido y negar su extradición, los magistrados de la Corte Suprema de Costa Rica apreciaron que:

> "El amparado no enfrenta condiciones satisfactorias que aseguren que el Estado venezolano posee las condiciones para asegurar que ciudadano sometido a este proceso de extradición, enfrenta una acción represiva que responda a garantías básicas como la independencia de jueces y fiscales, que tenga la tutela debida del Derecho Internacional de los Derechos Humanos, al haber denunciado la Convención Americana de Derechos Humanos. *No hay debido proceso si juzgan jueces nombrados sin estabilidad, si acusan fiscales provisionales, sin garantías que aseguren su independencia en tutela de los derechos fundamentales y la vigencia de un juicio justo. La división de poderes que es la condición política básica que sustenta el propio enjuiciamiento penal, no existe bajo los supuestos que he reseñado.* No hay condiciones elementales que aseguren el equilibrio, la ponderación y los controles que requiere la actividad represiva del estado, razón por la que agrego estos argumentos para considerar que la privación de libertad bajo el mandato y voluntad del estado requirente, no es legítima en este caso, sino que contiene elementos que me demuestran que no hay condiciones institucionales que aseguren la defensa efectiva y los derechos fundamentales del amparado."

Es decir, los magistrados de la Corte Suprema de Costa Rica, al estimar que "entre las condiciones esenciales para la tutela de la libertad personal, está, *la necesidad de que exista un sistema de justicia independiente que garantice la objetividad e imparcialidad de los jueces, condición sin la cual sería nugatoria la defensa de la libertad frente al ejercicio del poder punitivo del Estado,"* y constatar la situación del Poder Judicial venezolano, consideraron que no podían enviar al detenido a Venezuela pues allí ni iba a tener las garantías de defensa básicas de toda democracia una vez extraditado."

Los Magistrados de la Corte Suprema de Costa Rica, además, destacaron para proteger la libertad del detenido, que al haber Venezuela denunciado la Convención Americana sobre Derechos Humanos, ello originaba que el Estado venezolano presentaba entonces "serias debilidades jurídico-políticas para asegurarle al amparado un enjuiciamiento que cumpla con las garantías básicas de un debido proceso, conforme a las normas constitucionales y el derecho internacional de los derechos humanos;" considerando que dicha denuncia "constituye una *amenaza grave al respeto efectivo de los derechos fundamentales."* De allí concluyeron los Magistrados: *"Enviar a un ciudadano a un país que ha denunciado una Convención que tutela de derechos fundamentales, no brinda la confianza suficiente para admitir que el ciudadano que se entrega a otra jurisdicción, será tratado conforme a las garantías básicas que merece cualquier ciudadano, no importa su nacionalidad."*

Concluyeron los magistrados de Costa Rica además, apreciando que en la catastrófica situación del Poder Judicial en Venezuela, con el sesenta y seis por ciento de la totalidad de los jueces de carácter provisorio

> *"jueces provisionales, no aseguran, de ninguna forma, la independencia de la judicatura, lo que incide directamente en la vigencia de las garantías del debido proceso para el amparado cuando se remita a Venezuela.* Esta independencia de los jueces es una garantía fundamental para asegurar la vigencia de un estado constitucional y los derechos fundamentales de la persona sometida a enjuiciamiento. *Si no hay independencia de los jueces, las garantías básicas de los ciudadanos, se debilitan y el poder represivo se convierte en un instrumento descontrolado."*

En definitiva para negar la extradición solicitada y proteger al detenido, poniéndolo en libertad, los magistrados de la Sala Constitucional de Costa Rica expresaron que *"Un sistema de justicia que carece de independencia, como lo es el venezolano, es comprobadamente ineficiente para cumplir con sus funciones propias,"* por lo que *"el poder judicial, precisamente por estar sujeto a presiones externas, no cumple su función de proteger a las personas frente a los abusos del poder* sino que por el contrario, en no pocos casos es utilizado como mecanismo de persecución contra opositores y disidentes o simples críticos del proceso político, incluidos dirigentes de partidos, defensores de derechos humanos, dirigentes campesinos y sindicales, y estudiantes."

## II

A la sentencia de la Corte Suprema de Justicia de Costa Rica, le siguió la sentencia de noviembre de 2015 del Supremo Tribunal Federal (STF) de Brasil,[2] dictada igualmente en un proceso de extradición de un venezolano que había sido iniciado por Venezuela, en la cual se le concedió al detenido el beneficio de libertad condicional, "por temer que no tenga derecho a un juicio imparcial en su país en caso de una probable extradición."

El Supremo Tribunal del Brasil, en el caso, con una línea argumental similar a la que se desarrolló en la sentencia de la Corte Suprema de Costa Rica, informó en Comunicado sobre lo que había expresado el magistrado instructor del proceso, en relación a que:

> "la cooperación penal internacional cede, y *siempre debe ceder, a la necesidad de protección de los derechos más básicos de la persona humana, entre los cuales el derecho a ser juzgado, en el Estado solicitante (de la extradición), por un juez exento e imparcial, y bajo el escudo del debido proceso legal.*"

Destacando además, el mismo magistrado relator del proceso, "que considera grave la decisión de Venezuela de renunciar a la Convención Americana de Derechos Humanos en 2012, lo que, en su opinión, indica un retroceso en el trato de asuntos básicos de los derechos de los ciudadanos."

Es decir, por la falta de garantías judiciales en Venezuela que puedan asegurar a un enjuiciado un juicio justo e imparcial, agrava por la denuncia que hizo Venezuela hizo de la Convención Americana de Derechos Humanos, el Tribunal Supremo de Brasil protegió al venezolano detenido, negando la extradición a Venezuela y ordenando su libertad condicional.

## III

La última manifestación del desarrollo de la jurisdicción universal en materia de protección de derechos humanos, ha sido la sentencia dictada por la Corte Suprema de Chile el 18 de noviembre de 2015,[3] mediante la cual dicha Corte declaró con lugar un "recurso de protección," que es equivalente a la acción de amparo de Venezuela o a la acción de tutela de Colombia, que había sido presentado en ese país a favor de los venezolanos Leopoldo López y Daniel Ceballos, detenidos en los penales de Ramo Verde y Guárico, en Caracas, poniendo así en funcionamiento la "jurisdicción internacional de derechos humanos," argumentando para ello que:

> "resulta visible que operan en este caso todos los requisitos exigibles para que actúe la jurisdicción universal protectora de los derechos humanos antes mencionada, desde que *los tribunales de la República Bolivariana de Venezuela no aparecen actuando con suficiencia en la protección de los derechos de sus ciudadanos ya individualizados; y hasta se podría sostener con al menos cierta connivencia con los propósitos políticos del gobierno local.* Del mismo modo, la jurisdicción y competencia que esta Corte se atribuye, proviene de una fuente reconocida del derecho internacional, como son los tratados ya anotados y el *ius cogens* sustrato de toda la normativa mundial; y, en tercer término, que la legislación de Chile se encuentra en completa armonía con el señalado derecho internacional."[4]

---

2 Véase la reseña de la sentencia en: "Brasil otorga libertad a venezolano por dudar de imparcialidad de la justicia en Venezuela," en *lapatilla.com*, 11 de noviembre de 2015, en http:// www.lapatilla.com/site/2015/11/11/brasil-otorga-libertad-a-venezolano-por-dudar-de-imparcialidad-de-la-justicia-en-venezuela/

3 Véase la reseña de la sentencia en: "Corte Suprema acoge recurso de protección de venezolanos Leopoldo López y Daniel Ceballos detenidos en penales de Caracas," en http://www.pjud. cl/web/guest/noticias-del-poder-judicial/-/asset_publisher/kV6Vdm3zNEWt/content/corte-suprema-acoge-recurso-de-proteccion-de-venezolanos-leopoldo-lopez-y-daniel-ceballos-detenidos-en-penales-de-caracas/

4 El Defensor del Pueblo de Venezuela calificó la declaración de la Corte Suprema de Chile como "insólita y grosera" aseverando que la sentencia contra Leopoldo López "no se encuentra en el margen de la Ley de un país soberano como Venezuela."Véase: "Saab: Decisión de la Corte chilena sobre López y Ceballos es insólita y grosera," en NOBITOTAL, 20 de noviembre de 2015, en http://notitotal.com/2015/11/20/saab-decision-de-la-corte-chilena-sobre-lopez-y-ceballos-es-insolita-y-grosera/. Por su parte, el Tribunal Supremo de Venezuela, mediante Comunicado, rechazó "la ofensa a la institucionalidad, a la democracia y a la soberanía de nuestro país, al situar infundadas afirmaciones, al margen de la verdad y del Derecho Internacional," indicando que la sentencia de la Corte Suprema de Chile "carece de validez y es absolutamente

Para decidir, la Corte Suprema Chilena acudió al derecho comparado, haciendo referencia incluso al caso decidido en Inglaterra en contra de Augusto Pinochet, indicando que:

> "en el recurso y luego en estrados, se han citado varios casos de jurisdicción universal, entre ellos el llamado "Caso *Pinochet*", en que España requirió de Inglaterra la detención de un ciudadano chileno, ex presidente del país, invocando precisamente dicha jurisdicción. Aunque el primer país ha venido revirtiendo su normativa local para atenuar su reconocimiento a dicha jurisdicción, lo cierto es que la legislación vigente a esa época sostenía la universalidad irrestricta de la misma, aceptación que sin mengua sostiene todavía el segundo país y la mayor parte del mundo occidental. La cámara de los Lores inglesa (actual tribunal supremo) ha llegado a sostener que la Convención que prohíbe la tortura posibilita la aplicación de la jurisdicción universal en todos los Estados partes; y que su contenido, trasciende incluso la inmunidad tradicional de los ex jefes de Estado. En igual sentido pueden citarse el caso argentino de "Adolfo Scilingo" (2005), el guatemalteco conocido como el Caso "Genocidio en Guatemala" (1999) y el tibetano "Genocidio en el Tíbet" (2005).

De todo ello, la Corte aceptó el principio de que:

> "La jurisdicción universal, que permite el juzgamiento criminal y en varios casos el civil, especialmente en materia de derecho de familia y derecho comercial, y *aunque no existan precedentes objetivos en materia de protección por vía cautelar de los derechos esenciales de la persona humana, con mayor razón deberá admitirse que es posible la dictación de medidas precautorias que tiendan a hacer efectivos tales derechos y los procedimientos judiciales que los apliquen."*

Con base en esta aproximación universal en materia de protección de derechos humanos, la Corte Suprema de Chile consideró que "la jurisdicción universal tiene reconocimiento en el Derecho Chileno" queda manifestada en el orden procesal interno de Chile en "el recurso de protección de los derechos esenciales reconocidos en nuestra Constitución que le otorgue eficacia y concreción," razón por la cual, en el caso, que se había originado con motivo de un recurso de protección del derecho a la vida que se había intentado a favor de Leopoldo López y de Ceballos, teniendo en cuenta en particular que el artículo 19 de la Constitución de Chile "asegura *a todas las personas" (sin distinguir su nacionalidad o ubicación geográfica,* en su número 1°, "El derecho a la vida y a la integridad física y psíquica de la persona."

La Corte Suprema, además, invocó el artículo 20 de la Constitución chilena que consagra la posibilidad para todo aquél *–tampoco distingue su nacionalidad o ubicación geográfica–* "que por causa de actos u omisiones arbitrarios o ilegales sufra privación, perturbación o amenaza en el legítimo ejercicio de los derechos y garantías establecidos en el artículo 19, Números 1...", de recurrir de protección, por sí mismo o "por cualquiera a su nombre", a la Corte de Apelaciones respectiva...".

De ello dedujo la Corte, que "como la Constitución no definió lo que debe entenderse por "corte respectiva," dado que en el caso existía "una garantía constitucional que cautelar, como es el derecho a la vida de los ciudadanos venezolanos Leopoldo López y Daniel Ceballos, habiéndose establecido suficientemente y en el marco de lo exigible en esta clase de procedimientos el acto de amenaza denunciado; y considerándose razonable estimarlo como arbitrario por las razones antes anotadas," consideró forzoso declarara con lugar el recurso de protección intentado, disponiendo:

> "como medida de cautela de la garantía constitucional del derecho a la vida los citados ciudadanos, la medida de requerir, a través del Gobierno de Chile, a la Comisión de Derechos Humanos de la OEA, representada por su Presidente o un delegatario suyo debi-

inejecutable en el orden internacional e interno por violentar principios y normas universales del Derecho Internacional. "Para fundamentar su rechazo, la Presidenta del Tribunal Supremo de Venezuela "Recordó que los tribunales en el país actúan cabalmente y preservando los derechos humanos, por lo que Venezuela se constituye en un verdadero Estado garantista de la esfera de los derechos ciudadanos." Agregó que el Poder Judicial honra su misión de preservar la soberanía por lo que nunca. Véase el texto enhttp://www.tsj.gob.ve/-/poder-judicial-venezolano-condena-decision-injerencista-de-la-corte-supre ma-de-chile damente autorizado, para que se constituya en el Estado de Venezuela, ciudad de Caracas, cárcel militar Ramo Verde y cárcel común de Guárico o donde se encuentren privados de libertad a la fecha de la Visita y constate el estado de salud y de privación de libertad de ambos protegidos, recoja sus impresiones y evacue un informe a la Asamblea General de la Organización de Estados Americanos respecto del cumplimiento de los tratados internacionales sobre la materia, a fin de que este organismo adopte todas las medidas aconsejables a la adecuada protección de sus derechos esenciales, respecto a lo cual se informará a esta Corte Suprema chilena."

En realidad, como resulta de la lectura del fallo, la protección concedida se limitó a exigir del gobierno de Chile que requiriera a la a la Comisión Interamericana de Derechos Humanos de la OEA, para que ésta viaje en Visita a Caracas, Venezuela, y se constituya en las cárceles donde López y Ceballos se encuentran privados de libertad de manera que "constate el estado de salud y de privación de libertad de ambos protegidos, recoja sus impresiones y evacue un informe a la Asamblea General de la Organización de Estados Americanos respecto del cumplimiento de los tratados internacionales sobre la materia," para que con base en ello, la OEA adopte todas las medidas aconsejables a la adecuada protección de sus derechos esenciales, y se informe a la Corte Suprema chilena.

En consecuencia, la orden judicial en realidad está dirigida al gobierno del Estado de Chile, que es el que tiene que requerir a la Comisión Interamericana de Derechos Humanos que proceda en la forma que se indica en la sentencia.

El gobierno de Chile está obligado a acatar la decisión de su tribunal supremo, y deberá realizar sus mejores oficios internacionales por que se produzca la Visita de la Comisión Interamericana a Venezuela. Pero bien se sabe en el Continente, que Venezuela viene rechazando sistemáticamente las Visitas de la Comisión, a cual acusa de parcial,[5] por lo que en este caso parecería que ocurrirá lo mismo. Está en manos del Estado de Chile, por tanto, seguir con sus gestiones internacionales para acatar la sentencia de su tribunal supremo, para lo cual deberá solicitar a la Asamblea General de la OEA se pronuncie sobre el irrespeto de los principios democráticos en Venezuela, para lo cual solo tiene que invocar la Carta Democrática Interamericana.

5 En octubre de 2015 el Gobierno de Venezuela volvió a rechazar toda Visita de la Comisión Interamericana de Derechos Humanos. Véase por ejemplo: "Venezuela vuelve a rechazar una visita de la CIDH. El gobierno de Maduro calificó a la Comisión Interamericana de Derechos Humanos (CIDH) de parcial," en *La Tercera*, 19 de octubre de 2015, en http://www.latercera.com/noti cia/mundo/2015/10/678-652044-9-venezuela-vuelve-a-rechazar-una-visita-de-la-cidh.shtmlu

# TERCERA PARTE
# RÉGIMEN DE ELECCIONES Y DE LOS PARTIDOS POLÍTICOS

## XIV

## LA NULIDAD DE LOS ACTOS ELECTORALES. UNA PERSPECTIVA CONSTITUCIONAL COMPARADA

**(1989)**

**Texto de la conferencia sobre la *Nulidad de las Elecciones. Perspectivas constitucionales*, que dicten en el III Curso Interamericano de Elección, CAPEL, Instituto Interamericano de Derechos Humanos, San José, Costa Rica, 18 de octubre de 1989. El texto fue publicado en el libro: *Transición democrática en América Latina: reflexiones sobre el debate actual, Memoria III Curso Anual Interamericano de Elecciones*, Instituto Interamericano de Derechos Humanos, Costa Rica, San José 1990, pp. 89-137.**

### I.- INTRODUCCIÓN

En el marco de los derechos políticos, el derecho a la participación política implica la existencia de elecciones libres y éstas significan que ellas no deben ser fraudulentas, por lo que sólo cuando hay elecciones libres no fraudulentas es que puede hablarse de democracia. Ahora bien, precisamente para garantizar que las elecciones sean un medio de actualizar el derecho a la participación política, de carácter libre y representativas propio de un régimen democrático, es que se estructuran los sistemas jurídicos electorales. En otras palabras, un sistema jurídico electoral es la garantía que en cada país se establece para asegurar la participación política de manera que el resultado buscado esté acorde con la voluntad popular.

Ahora bien, la garantía del ejercicio de los derechos políticos, entre ellos el derecho al sufragio, exige entre otros los siguientes elementos: en primer lugar, la juridicidad de los propios sistemas electorales, es decir, un régimen electoral formal; en segundo lugar, un sistema de sanciones para las violaciones electorales y entre ellas, la nulidad como garantía frente a la violación de la legalidad electoral; y en tercer lugar, como consecuencia de los dos elementos anteriores (régimen jurídico y régimen de sanciones y de nulidad) tiene que haber la posibilidad de control judicial del proceso electoral y de las actuaciones de los organismos electorales.

En efecto, desde una perspectiva constitucional, en un Estado de Derecho, la garantía jurídica última y más importante de toda actuación del Estado, es el control judicial para poder adecuar al Derecho todos los actos del Estado, es decir, la posibilidad que tienen los ciudadanos de someter a control judicial los actos estatales que contraríen o vulneren la Constitución y las leyes, los cuales se consideran, por tanto, inválidos o nulos. Estado de Derecho y control judicial son los dos elementos centrales, en los Estados contemporáneos, para garantizar el sometimiento a la ley y para garantizar la supremacía de la Constitución, conforme a un principio que es más que tradicional en América Latina.

En materia electoral, esa garantía jurídica del Estado de Derecho referido a las elecciones está, en primer lugar, en el establecimiento de un régimen de sanciones, y en particular, en la consideración como nulos y por tanto, sin valor (inválidos), ni efectos (ineficaces) de los actos electorales que contraríen el principio de la legalidad electoral. Es lo que H. Kelsen denominó, hace ya más de sesenta años, al referirse al control jurisdiccional de la constitucionalidad, la *garantía objetiva* de las normas o del orden jurídico, la que implica sancionar con nulidad lo que sea contrario a esas normas o en general, al orden jurídico.

Pero además de esa garantía objetiva, en segundo lugar, tiene que haber la otra garantía jurídica de la legalidad electoral, que es la garantía judicial, es decir la posibilidad para los ciudadanos de someter los actos electorales a revisión judicial, para que sean, básicamente, los órganos del Poder Judicial, los que constaten y declaren esas nulidades y, como consecuencia, anulen los actos contrarios a la legalidad electoral.

En consecuencia, nulidad de elecciones y control judicial constituyen un binomio indisoluble en cualquier Estado sometido a Derecho, en el cual se designen los representantes del pueblo mediante sufragio.

Este, por supuesto, es el planteamiento a nivel de principios constitucionales, ya que al confrontar esos principios con los diversos regímenes electorales concretos y los variados sistemas de protección y de garantía establecidos en los diversos países, evidentemente que nos encontraremos con múltiples soluciones. No hay, por tanto, ni podría haberla, una fórmula única válida en general, por lo que el tratamiento del tema de la nulidad de elecciones, bajo una perspectiva constitucional o del derecho constitucional, exige, necesariamente, una aproximación comparativa, es decir, hacer un análisis de derecho electoral comparado, única forma de poder enmarcar dentro de un sistema las múltiples y diversas soluciones que existen en América Latina, que sin duda, configuran un museo viviente de fórmulas de nulidad de elecciones y de control de las mismas.

Por tanto, y conforme al enfoque comparativo que hemos escogido, vamos a exponer el tema que se nos ha solicitado dividiendo la exposición en dos partes: En una primera parte, analizaremos, en general, las causas de nulidad en los procesos electorales, particularmente cuando estas causas de nulidad afectan los resultados electorales; y en segundo lugar, analizaremos los diversos regímenes conforme a los cuales se regulan los órganos estatales encargados de conocer y decidir sobre la nulidad de los actos de las elecciones, donde estudiaremos, además, los diversos medios de control judicial que existen en relación a estas declaraciones de nulidad de los actos electorales. En esta forma entonces, estudiaremos comparativa y separadamente, las causas de nulidad en materia electoral, los órganos encargados de declarar estas nulidades y los sistemas de control judicial que se establecen para verificar la conformidad con el derecho y con la Constitución de las decisiones sobre nulidad electoral.

## II.- LAS CAUSAS DE NULIDAD EN LOS REGÍMENES ELECTORALES

En cuanto al primer punto, relativo a las causas de nulidad en los regímenes de elecciones, hay que partir del principio de que la nulidad es la garantía de la legalidad electoral, en el sentido de que es la sanción a una violación a la misma. Pero por supuesto, en materia electoral, como en cualquier otro campo del derecho público, no toda violación de una norma legal, o en general, de la legalidad electoral, produce los mismos efectos. En otras palabras, no toda ilegalidad electoral produce la nulidad de los mismos actos en un proceso electoral. Por tanto, puede decirse que hay grados en las ilegalidades, en cuanto a sus efectos y consecuencias, por lo que los efectos de las diversas nulidades que puedan resultar de esas ilegalidades son distintos.

En términos generales, cuando se analiza comparativamente la legislación electoral de América Latina, pueden encontrarse *cuatro* causas de nulidad, según los actos electorales que puedan resultar afectados con estas sanciones: puede haber una nulidad general de un proceso electoral; puede tratarse de la nulidad de una elección; puede existir la nulidad de una votación, o puede resultar la nulidad de un voto, y en cada caso, tienen efectos distintos. Cuatro supuestos podemos entonces distinguir: en primer lugar, la nulidad del voto; en segundo lugar, la nulidad de una votación; en tercer lugar, la nulidad de una elección, y, en cuarto lugar, la nulidad general de unas elecciones, como la que se ha pronunciado recientemente en Panamá.

Nuestra intención es analizar estos cuatro aspectos en términos generales desde el punto de vista comparado, empezando por las nulidades menos graves en cuanto a sus efectos, para poder terminar con las más graves.

### 1.- *La nulidad del voto*

Puede decirse que todas las legislaciones electorales establecen diversos supuestos en los cuales el voto, individualmente considerado, se estima que es nulo, sanción que se establece cuando el voto no se considera legítimo o se considera que no cumple la función que tiene de servir para indicar la voluntad del votante, de escoger.

#### A) Causas de nulidad del voto

En estos supuestos, las legislaciones electorales establecen y distinguen múltiples supuestos en los cuales se produce la nulidad del voto; que se pueden agrupar en general, en dos casos relativos a la ilegitimidad del voto y a la inexistencia del voto.

*a) La ilegitimidad del voto*

Los supuestos de ilegitimidad del voto comprenden todos aquellos casos en los cuales quede afectada la forma de votar, por falsedad de las boletas de votación que se presume, por ejemplo cuando la boleta no tenga el sello de la mesa de votación o cuando las boletas están mutiladas (Art. 135, Ley Venezuela).

*b) La inexistencia del voto*

Por su parte, los supuestos de inexistencia del voto comprenden todos aquellos casos en los cuales no se pueda deducir cuál es la voluntad del votante, sea porque las boletas de votación no están marcadas (voto en blanco) o porque tienen más de una marca respecto a más de un candidato o lista (por ejemplo, Art. 135, Ley Venezuela).

#### B) Efectos

En general, todas las legislaciones electorales establecen casos similares de nulidad por ilegitimidad o por imposibilidad de que el voto cumpla su función de escogencia o de manifestación de la voluntad de escogencia.

En todos esos casos se establece la nulidad del voto, tratándose, sin embargo, de una nulidad que sólo puede apreciarse en el momento de la votación general, correspondiendo a la mesa de votación, junta receptora de votos o casilla (según los múltiples nombres que tienen en el ordenamiento jurídico latinoamericano), la competencia para apreciar y declarar esa nulidad. Normalmente, la decisión se adopta con total autonomía, sin apelación o revisión, porque se trata de un juicio de la mesa o de la casilla que, en definitiva, forma parte del acto de votación y de escrutinio. En estos casos, la mesa o casilla es soberana en la apreciación de estas nulidades y de establecerlas en el acto de escrutinio.

Por supuesto, esta nulidad, en principio, sólo afecta el voto individual de un elector particular, en sí mismo, y en principio no afecta la votación como tal, es decir, no afecta el conjunto de la manifestación de voluntad política de la mesa o de la casilla. En principio, tampoco afecta la elección que resulte del acto de votación.

Algunas legislaciones, sin embargo, establecen supuestos en los cuales la nulidad de los votos individuales puede afectar algo más que la sola votación individual. Por ejemplo, en la legislación brasileña se establece que si la nulidad de votos individuales afecta a más de la mitad de los votos de todo el país en las elecciones presidenciales, del Estado en las elecciones federales o del Municipio en las elecciones municipales, debe realizarse una nueva elección (Art. 224 Ley Brasil). Por supuesto, es un supuesto difícil de que ocurra, por ejemplo, en las elecciones presidenciales, pues para que éstas puedan ser afectadas resultaría necesario una gran cantidad de nulidades de votos individuales para poder llevar a que la nulidad de éstos, en cada mesa, en todo el país, sume más de la mitad de los votos. En esos casos, por tanto, la nulidad de los votos sí podría afectar la elección y, en ese caso, las elecciones, debiéndose proceder a realizar una nueva elección.

Un principio similar está vigente en Uruguay donde se establece que si las dos terceras partes de los votos son nulos o en blanco (inexistencia de voto), en ese caso puede quedar afectada la elección, y debe procederse a realizar una nueva votación (Art. 290).

Pero aparte de esos casos, el principio, en materia de nulidad del voto, es que sólo afecta el acto individual de votación del votante o elector.

### 2.- *La nulidad de una votación*

El segundo supuesto de nulidad en materia electoral, es la nulidad de una votación, que en este caso afecta no el voto individual de un elector, sino la votación en una mesa electoral, casilla electoral, o junta receptora de votos.

En este caso, si se analiza comparativamente la legislación latinoamericana, también pueden encontrarse múltiples causas de nulidad, con regulaciones detalladas y explicitación de causales en forma a veces muy extensa. Sin embargo, si se hace un esfuerzo de síntesis, se podrían agrupar esas causas de nulidad de la votación en una mesa o casilla en cuatro grandes grupos: la ilegitimidad de la mesa electoral; la ilegitimidad del acto de votación; la ilegitimidad del acto de escrutinio; y la ilegitimidad de las actas de escrutinio.

#### A) Causales de nulidad de una votación

##### *a) La ilegitimidad de la mesa, casilla o junta electoral*

El primer caso de nulidad de la votación deriva de la ilegitimidad de la mesa, casilla electoral o junta receptora de votos. Las legislaciones, en este sentido, establecen múltiples supuestos en las cuales se presume ilegítima la mesa, afectándose la votación realizada, por ejemplo, cuando la mesa se ha instalado en lugar distinto al señalado, sin causa justificada (México, Venezuela, Brasil), o cuando se ha constituido ilegalmente (Venezuela).

##### *b) La ilegitimidad del acto de votación en la mesa respectiva*

El segundo caso de nulidad de la votación, deriva de la ilegitimidad del acto mismo de votación realizado en la mesa, casilla o junta, estando regulados en las legislaciones electorales múltiples supuestos, por ejemplo: cuando el registro electoral de la mesa aparezca que es falso o apócrifo, o falsos o apócrifos los elementos que hayan servido para su formación (Colombia); cuando la votación se hubiera practicado en días distintos a los señalados por los organismos electorales o en locales distintos a los determinados por la autoridad electoral (Brasil, Venezuela); cuando se hubiere producido una apertura tardía o una clausura anticipada del acto de votación en la mesa, privándose maliciosamente a los electores del derecho de votar (Argentina); cuando se hubiere ejercido por la mesa actos de coacción contra los electores de manera tal que los hubiesen obligado a abstenerse de votar, o a votar en contra de su voluntad (Venezuela) o en general, cuando la mesa haya realizado actos que hubiesen impedido el ejercicio del sufragio con las garantías legales (Venezuela); cuando se hubiere ejercido violencia sobre los miembros de la mesa o casilla durante el curso de la votación, al extremo de haberse alterado el resultado de la votación (Venezuela); cuando aparezca evidente la comisión de falsedad, coacción, violencia o amenaza ejercida sobre los miembros de la mesa o junta o sobre los ciudadanos durante la realización del proceso electoral (Guatemala, Nicaragua, México, Brasil); cuando se hubiese cometido cualquier otro acto que razonablemente pueda haber alterado el resultado de la votación (Guatemala); cuando la bolsa, caja o urna que contiene los votos hubiese sido violada (Guatemala); o cuando hubieren votado un número de sufragantes mayor al del establecido en el registro electoral (en un 10% en el caso de México).

##### *c) La ilegitimidad del acto de escrutinio de la mesa*

El tercer supuesto de la nulidad de la votación en la mesa, casilla o junta concierne a la ilegitimidad del acto de escrutinio. En efecto, la votación en sí puede haber sido legítima, y legítima la constitución de la mesa, pero el acto de escrutinio final puede haber estado viciado de ilegitimidad, en cuyo caso puede afectar la votación. También aquí se distinguen varios supuestos en la legislación electoral comparada: cuando se haya ejercido violencia contra los escrutinios o destruidos o mezclados con otras, las papeletas de votación, o éstas se hayan destruido por causa de violencia (Colombia); cuando se haya ejercido violencia sobre los miembros de la mesa de realización del escrutinio, al extremo de haberse afectado el resultado de la votación (Venezuela); cuando hubiese mediado error grave o dolo manifiesto en la computación de votos, que modifique sustancialmente el resultado de la votación (México); cuando el número de sufragantes consignados en el acta difiera en 5 sobres o más el número de sobres utilizados (Argentina); o cuando, en general, los votos emitidos en la elección se computen en violación del sistema electoral (Colombia).

*d) La ilegitimidad de las actas de votación y escrutinios de mesa*

Por último, el cuarto supuesto que puede distinguirse en la legislación latinoamericana sobre causas de nulidad de la votación de una mesa, casilla o junta se refiere a la ilegitimidad de las actas de votación de la mesa que se produce, por ejemplo: cuando la preparación de las actas de escrutinios de votos se hubiere realizado por personas no autorizadas por la ley o fuera de los lugares o términos establecidos por los organismos electorales (Venezuela); cuando se produzca una alteración manifiesta y comprobada de las actas (Venezuela) o se produzca la destrucción de todos los ejemplares de las actas, de manera que se le reste su valor informativo (Argentina); cuando aparezca que las actas han sufrido alteración sustancial en lo escrito, después de firmadas por los miembros de la junta (Colombia); o en fin, cuando simplemente no hubiese acta de votación de la mesa o certificado de escrutinio firmado por las autoridades competentes (Argentina).

Debe tenerse en cuenta que el acta de votación o escrutinio, es el documento esencial del acto de votación, pues es el que refleja dicho acto que, una vez realizado, es irrepetible. Por tanto, sin acta, no existe acto de votación, ya que es un requisito de validez *ad solemnitaten* de éste. De allí que las legislaciones electorales con frecuencia, consideren al material electoral (boletas o papeletas de votación) una vez efectuado el escrutinio, como material de desecho (Venezuela).

**B) Efectos de la nulidad de una votación**

Ahora bien, en los casos de nulidad de la votación de una mesa, casilla o junta receptora de votos, en principio, ello sólo afecta esa votación concreta de la mesa, casilla o junta receptora de votos, y por tanto, no afecta la elección o el proceso electoral. El efecto inmediato de la nulidad de una votación, como lo regula la legislación de Colombia (Art. 226), es que deben excluirse los votos de esa mesa, junta o casilla del cómputo general de los votos emitidos.

Sin embargo, puede darse el supuesto de que la nulidad de una votación en una mesa, puede tener influencia en la elección por lo que, en general, casi todas las leyes establecen el principio, formulado tanto en forma positiva como negativa, de que si la nulidad de la votación en una mesa tiene influencia sobre el resultado general de la elección, se requeriría una nueva votación. Por ejemplo, la ley venezolana establece el principio en forma negativa: *No habrá lugar a nuevas elecciones si se evidencia que la nueva votación (en la mesa en concreto) no tendría influencias sobre el resultado general* (Art. 181). En el caso de Brasil se establece que debe haber una nueva elección si las votaciones anuladas pueden alterar el resultado de la elección, (Art. 212). En Nicaragua, se establece que declarada la nulidad de una votación en una junta, debe convocarse a una nueva elección, si las votaciones son determinantes para el resultado de la elección.

En estos supuestos, incluso, es muy común que en las legislaciones se establezcan presunciones para determinar cuándo debe considerarse determinante la nulidad de la votación en una mesa respecto de una elección. Por ejemplo, legislaciones, como la de Argentina (Art. 117) y Guatemala (Art. 235), establecen como presunción, que si la nulidad de las votaciones afecta a más de la mitad de las mesas o casillas, entonces, ello automáticamente afecta la elección, y por tanto, es necesario convocar una nueva elección. Agrega la Ley de Guatemala que también debe declararse la nulidad de la elección efectuada en un Municipio, si más de la mitad de las Juntas receptoras de votos en dicho Municipio hubieran sufrido actos de destrucción y sabotaje antes, durante o después de la elección (Art. 235), en cuyo caso debe procederse a efectuar una nueva convocatoria. En la legislación de Brasil, la presunción respecto de los efectos de la nulidad de la votación en mesas en cuanto a que puede afectar la elección, se establece cuando dicha nulidad afecte más de la mitad de los votos (Art. 224), en cuyo caso debe procederse a una nueva elección.

Otro supuesto, en el cual se prevé un porcentaje menor, es el previsto en la legislación de México donde se establece que cuando hubiese motivos de nulidad de Casillas que se declaren existen en un 20% de las secciones electorales de un distrito, y sean determinantes para el resultado de la elección, debe también convocarse a nueva elección (Art. 337). En el caso de Honduras, se establece que en los casos de error o fraude en el cómputo de los votos, si ello decidiere el resultado de la elección, también debe procederse a realizar una nueva convocatoria (Art 205).

En todos esos casos, por tanto, cuando existe una presunción de afectación de la elección o de que la nulidad de una votación tienen influencia determinante en la elección, la nulidad de las votaciones de mesa, o casilla electoral, trae como consecuencia la nulidad de la elección y la convocatoria a una nueva elección.

### 3.- *La nulidad de una elección*

El tercer supuesto de nulidades, en materia electoral, además de la nulidad del voto y de la nulidad de la votación, es el de la nulidad de la elección. Por ejemplo, en casos de elecciones uninominales, la nulidad de la elección del Presidente de la República, de un Gobernador de entidades descentralizadas o de un Alcalde, y en caso de elección de representantes, de diputados, senadores o miembros de Concejos Municipales.

#### A) Causas de nulidad

En la legislación de América Latina, entre las muchas regulaciones existentes, se pueden identificar cuatro causas de nulidad de una elección: primero, como consecuencia de la nulidad de votaciones; segundo, por razones de inelegibilidad o ilegitimidad de la elección: tercero, cuando la elección no ha estado revestida de las garantías necesarias; y cuarto, en caso de fraude.

*a) La consecuencia de la nulidad de votaciones*

Este es el supuesto de nulidad de votaciones que ya se ha mencionado, en los casos en los cuales ésta sea determinante para la elección de un candidato. Hemos señalado la previsión de las legislaciones de Guatemala y Argentina, que establecen la nulidad de una elección en caso de que se haya declarado la nulidad de votaciones en más de la mitad de las mesas electorales. En Brasil, ello sucede cuando la nulidad de las votaciones en mesas afecte a más de la mitad de los votos. En México, la nulidad de una elección puede resultar aún cuando sólo se anule el 20% de las secciones electorales, si ello es determinante para el resultado de la elección.

A estos supuestos debe agregarse la previsión de la legislación de Uruguay, conforme a la cual la nulidad de una elección puede resultar cuando se anulan votaciones de una o más circunscripciones que en conjunto afecten un tercio de la votación nacional (Art. 290).

*b) La ilegitimidad de la elección (inelegibilidades)*

El segundo supuesto de nulidad de una elección se deriva de la ilegitimidad de la misma, cuando ha resultado electa una persona que no reúne las condiciones de elegibilidad. Se trata, por tanto, de la ilegitimidad de la elección por razones de inelegibilidad, que se regula en casi todas las legislaciones. En algunos casos, se establece, en general, que la nulidad de la elección procede *cuando un candidato no reúna las condiciones constitucionales o legales para el desempeño del cargo, fuere inelegible o tuviere impedimento para ser elegido* (Colombia, Art. 218); y más escuetamente en otras legislaciones, se establece que dicha nulidad procede cuando el candidato no reúna los requisitos de elegibilidad (México, Art. 337) o cuando no reúna las cualidades que exija la Ley (Honduras, Art. 205).

También se regula el supuesto de nulidad de elección, por homonimia, en caso de error de hecho, *cuando la elección recaiga por error de nombres en persona distinta del candidato salvo que pueda interpretarse claramente la voluntad del electorado* (Honduras Art. 205).

Por último, también se ubican como un caso de ilegitimidad de la elección, los supuestos en los cuales el candidato respectivo hubiere falseado los requisitos legales (Venezuela, Art. 193; Nicaragua, Art. 132).

*c) La elección realizada sin las garantías debidas*

Un tercer caso de nulidad de la elección, distinto al de la ausencia de condiciones de elegibilidad o que resulte como consecuencia de la nulidad de votaciones en mesas, es el caso de elecciones realizadas sin las garantías debidas, particularmente, en caso de violencia. En efecto, en general, puede considerarse como una causa de nulidad de cualquier acto jurídico, los supuestos en los cuales el consentimiento esté viciado como resultado de la violencia ejercida, sobre quien lo manifiesta. En términos similares, este principio también debe aplicarse a la manifestación de voluntad electoral, la cual estaría viciada cuando hubiere violencia generalizada en el proceso electoral que afecte una elección.

Ahora bien, los casos de regulación general de violencia como forma de afectar una elección no son frecuentes en la legislación de América Latina, y como ejemplo característico deben destacarse las legislaciones de México y de Panamá. El Código de México habla de la nulidad de la elección cuando exista *violencia generalizada en un Distrito* (Art. 337). Al hablarse de violencia generalizada, por supuesto, aquí estamos en presencia de un concepto jurídico indeterminado que, en nuestro criterio, no da origen a discrecionalidad, es decir, la apreciación de que debe considerarse *violencia generalizada* no es propia del ejercido de un poder discrecional, sino de aplicación de la técnica de los llamados conceptos jurídicos indeterminados que exigen precisión, por parte del órgano que toma la decisión, del supuesto de hecho previsto en la norma, con su adecuada calificación, la prueba para tomar una decisión, y su adecuación al fin perseguido en la norma.

En la legislación de Panamá también se encuentra una norma dentro de la misma línea de previsión de la violencia como causa de nulidad de una elección, pero en forma algo más precisa o determinada que en la legislación mexicana. En efecto, el artículo 290 de la Ley Panameña establece que puede haber declaratoria de nulidad de una elección *cuando hayan ocurrido actos de violencia o coacción suficientes para alterar el resultado de la elección, o ésta se hubiese realizado sin las garantías requeridas.*

Por otra parte, en cuanto a elecciones realizadas sin las garantías requeridas la legislación mexicana es más precisa que la de Panamá, al prever como causal de nulidad de la elección (Art. 337), cuando se hayan cometido violaciones sustanciales en la jornada electoral y se demuestre que las mismas son determinantes en el resultado de la elección, considerándose como *violaciones sustanciales*, la realización de escrutinios en lugares que no llenen las condiciones señaladas o en lugares distintos a los señalados; la recepción de la votación en fecha distinta a la señalada, o la recepción de la votación por personas distintas a las autorizadas. Asimismo, el Código Mexicano prevé como causal de nulidad de una elección, los casos en los cuales, en un 20% de las secciones electorales de un distrito uninominal, se hubiere impedido el acceso a las casillas a los representantes de partidos políticos y candidatos, ose los hubiere expulsado sin causa justificada; o no se hubiesen instalado las casillas y las votaciones no hubiesen sido recibidas (Art. 337).

*d) La elección fraudulenta*

Por último, el cuarto supuesto de nulidad de una elección, es el supuesto de elección fraudulenta. Así, en general, en Venezuela se establece la nulidad de la elección *por haber mediado fraude, cohecho, soborno violencia en las inscripciones, votaciones y escrutinios*; y en El Salvador, se establece la misma nulidad cuando por fraude, coacción o violencias de las autoridades civiles o militares, miembros de los organismos electorales o partidos políticos se hubiere hecho variar el resultado de la elección (Art. 256).

### B) Efectos de la nulidad

Por supuesto, en todos estos casos de nulidad de una elección, la consecuencia general, si se trata de una elección unipersonal, es la convocatoria y realización de una nueva elección. En caso de una elección por listas, sin embargo, no siempre y en todos los casos debe realizarse una nueva elección. En efecto, por ejemplo, en caso de que se trate de una nulidad por ilegitimidad, ello afecta al candidato que no reúna los requisitos de elegibilidad, subiendo en orden el candidato siguiente de la lista (México, Art. 339).

### 4.- *La nulidad total de las elecciones*

El último caso de nulidad, además de la nulidad del voto, de la votación y de la elección es el de la nulidad general de las elecciones. No es frecuente encontrar en la legislación de América Latina una regulación formal de este último supuesto de nulidad, porque en general, no es imaginable que ello pueda llegar a producirse. Políticamente repugna una situación de este tipo, y quizás, por ello, la ausencia de regulaciones específicas.

Dos ejemplos, sin embargo, pueden citarse de regulaciones relativas a esta causa de nulidad general de la elección por ilegitimidad del proceso electoral o por violencia generalizada, en cuyo caso debe procederse siempre a efectuarse en una nueva elección.

### A) La ilegitimidad del proceso electoral

Un primer supuesto de nulidad es el provocado por la ilegitimidad del proceso electoral en sí mismo. Por ejemplo, en el caso de la legislación de Venezuela, se establece como causa de nulidad de la totalidad de las elecciones la celebración de ellas sin la convocatoria previa por el Consejo Supremo Electoral (Art. 174). En igual sentido se establece en el Código Electoral de Panamá (Art. 289). En el caso de El Salvador se establece la nulidad cuando las elecciones se hubiesen realizado *en día distinto al de la convocatoria* (Art. 256). En estos casos, como se dijo, habría ilegitimidad del proceso electoral y ello conduciría, como lo establece expresamente la legislación venezolana, a la necesidad de convocatoria a nuevas elecciones (art. 181).

### B) Las elecciones sin garantías

El otro supuesto de nulidad general de elección, además de la ilegitimidad del proceso, es el supuesto regulado en la legislación de Panamá, para los casos en los cuales *hayan ocurrido actos de violencia o coacción suficientes para alterar el resultado de las elecciones, o estas se hayan realizado sin las garantías requeridas* (Art. 290). En este caso, establece la ley de Panamá que el Tribunal Electoral declarará la nulidad de las elecciones en su totalidad, debiendo convocarse, por supuesto, las nuevas elecciones.

## III.-LOS ÓRGANOS COMPETENTES PARA DECLARAR LA NULIDAD DE LOS ACTOS ELECTORALES Y LA REVISIÓN DE SUS DECISIONES

Ala variedad de supuestos de nulidad en los regímenes electorales, se corresponde asimismo una variedad de soluciones en cuanto a los órganos a los cuales corresponde declarar las nulidades respectivas y a los sistemas de revisión de sus decisiones, por lo que puede decirse que en América Latina no existe una solución uniforme.

En algunos casos excepcionales, el poder para pronunciar la nulidad de una elección se atribuye al máximo órgano judicial ordinario (Corte Suprema) o a órganos políticos (Congreso). En la mayoría de los casos, dicho poder se atribuye a los órganos de rango constitucional con autonomía funcional, especialmente establecidos para controlar y realizar los procesos electorales, y que se han venido desarrollando en el constitucionalismo latinoamericano, algunos con naturaleza judicial, otros con naturaleza administrativa.

En todo caso, puede decirse que una de las garantías fundamentales de la pulcritud y legalidad de las elecciones en la legislación latinoamericana, ha sido precisamente la estructuración de estos órganos con autonomía funcional, que no dependen de los clásicos órganos del Poder Público (Legislativo, Ejecutivo y Judicial), dentro de la misma orientación constitucional que llevó hace décadas, a la creación de las Contralorías Generales, del Ministerio Público y de los Consejos de la Magistratura o Judicatura. Estos órganos constitucionales, por supuesto, aún cuando no dependan de los tres clásicos poderes, forman parte del Estado. De allí que desde el punto de vista constitucional no se entienda la expresión doctrinal recogida en la reciente sentencia de la Corte Suprema de Justicia de Panamá, dictada al declarar sin lugar una acción popular ejercida contra la decisión del Tribunal Electoral de anular las elecciones de mayo de 1989, según la cual el mencionado *organismo electoral no forma parte del Estado, porque no es una función propia de ninguno de sus tres poderes.* Esta expresión realmente, no tiene sentido, pues la característica del constitucionalismo contemporáneo, es precisamente, la ruptura de la clásica trilogía de poderes, con la aparición de estos órganos constitucionales autónomos.

Pues bien, como antes indicamos, la legislación electoral de América Latina asigna en general a estos órganos electorales con autonomía funcional, el poder de declarar la nulidad de una elección o en general de las elecciones. Excepcionalmente, sin embargo, el Poder se atribuye o a un órgano político representativo (el Congreso) o a los órganos judiciales ordinarios.

Vamos a analizar a continuación, comparativamente, estos tres supuestos de declaratoria de nulidad de elecciones por órganos políticos, por órganos constitucionales con funciones electorales y por órganos judiciales ordinarios, con la advertencia de que sólo haremos referencia a los tres últimos supuestos de nulidad antes mencionados: nulidad de votación en una mesa, de una elección y nulidad general de las elecciones, ya que el primero de los supuestos indicados, es decir, la nulidad del voto corresponde ser declarada, en general a la mesa, casilla o junta receptora de votos en el momento de la realización del acto electoral o al efectuar el escrutinio. Luego estudiaremos los sistemas de revisión judicial de los actos respectivos adoptados por dichos órganos en materia de nulidad de elecciones.

## *1.- Los órganos con competencia para declarar la nulidad de actos electorales*

### A) La decisión de nulidad a cargo de órganos políticos

En el primer supuesto, es decir, cuando la nulidad de una elección se encomienda a un órgano político, puede decirse que ello responde a la más pura tradición parlamentaria europea, donde sólo los órganos políticos eran los jueces de la elección de sus propios miembros. Esta había sido la tradición inglesa aún cuando, posteriormente, el juzgamiento de la elección se atribuye a la Alta Corte de Justicia. En cambio, en muchos países de régimen y tradición parlamentaria, como Italia, por ejemplo, son las Cámaras las que juzgan la elección de sus miembros. Es el caso además, de Alemania Federal, donde también es el Bundestad quien juzga la elección de sus miembros. Este sistema, sin embargo, no es común en América Latina; más bien podríamos decir que es excepcional, precisamente porque los sistemas de gobierno no son parlamentarios sino presidenciales. A pesar de ello, en todo caso, pueden identificarse como sistemas de declaración de nulidad por un órgano político, los sistemas de Paraguay y México, países situados en dos extremos geográficos y con tradición política y jurídica distinta.

En Paraguay expresamente se establece (Art. 101) que a las Cámaras de Senadores y Diputados les corresponde, en exclusividad juzgar la validez o nulidad de la elección de sus miembros, correspondiéndoles, además, el estudio final y aprobación de las actas de la elección presidencial.

En el caso de México se establece expresamente en la Constitución (Reforma del 86-87) el principio que *cada Cámara calificará las elecciones de sus miembros y resolverá las dudas que hubiese sobre ellas* (Art. 60). En consecuencia el Código Electoral de México establece expresamente que únicamente podrá ser declarada la nulidad de votaciones en Mesas (Arts. 336, 337 y 338) por el Colegio Electoral que califica la elección. En el caso de elecciones para Senadores y Diputados, ese Colegio Electoral de la Cámara de Diputados y de la Cámara del Senado está formado por los diputados o los senadores presuntos electos, a los cuales se ha dado la constancia de haber sido electos por mayoría. Se trata, por tanto, de un sistema de control político de nulidad de las elecciones.

Debe destacarse que en la Reforma Constitucional Mexicana de 1977, se había atribuido esta facultad a la Suprema Corte de Justicia mediante un recurso para verificar la legalidad de las elecciones, lo cual se consideró inconveniente, pues se estimó que no debía mezclarse a la Suprema Corte de Justicia en la controversia política, ya que el cuestionamiento de urna elección, por supuesto, además de un problema jurídico, genera inevitablemente es una controversia política. Por ello, ese principio de la posibilidad de la Suprema Corte de juzgar y verificar la legalidad de una elección, se eliminó en la reforma constitucional de 1987, estableciéndose el sistema de la autocalificación por el órgano político, de la elección de sus propios miembros. En ese sentido llama mucho la atención leer la Exposición de Motivos de esa Reforma Constitucional, y encontrar expresiones decimonónicas, de interpretación extrema de la separación de poderes, para justificarla. En efecto, en la exposición del Presidente de la Madrid a la Cámara de Diputados presentando la reforma en noviembre de 1986, al ubicar la tradición del sistema de autocalificación en la Constitución española de Cádiz de 1812, señaló:

> *El sistema de autocalificación ha estado vigente y se ha entendido como una verdadera garantía para el Poder Legislativo, ya que con sus propios miembros quienes determinan cuáles de ellos deberán ocupar los curules. El principio de la separación de poderes, recogido en nuestra Constitución, no puede permitir que para su integración, el Poder Legislativo quede sujeto a las determinaciones de otros poderes encargados de atender funciones separadas y distintas (léase Poder Judicial) de acuerdo con el Estado de Derecho que nos rige. Dejar la calificación del proceso de su integración a un órgano distinto al integrado por los miembros del propio cuerpo colegiado sería, además, lesionar la independencia en la que este poder tiene su origen y vulnerar al electorado que representa.*

Es decir, el Presidente de México acudió al principio de la separación de poderes para justificar el control político de la elección de senadores y diputados, pero con base en manifestaciones extremas, que si bien se siguieron al momento de la Revolución Francesa, luego cambiaron en la evolución del Estado contemporáneo.

Con base en ello, destacó el Presidente que *uno de los aspectos que más controversias ha producido entre juristas y publicistas, en la historia reciente de nuestras instituciones políticas, ha sido el asignar a la Suprema Corte de Justicia facultades en asuntos electorales en virtud del recurso de reclamación establecido en la reforma de 1977.* Por ello, propuso su derogación *para sustraer a la Suprema Corte del debate y de la controversia política,* lo que era suficiente en nuestro criterio, para justificar la reforma desde el punto de vista de la conveniencia política, sin necesidad de acudir a una interpretación extrema de la separación de poderes. El Presidente, sin embargo, insistió en este principio al señalar que:

> *atendiendo al principio de la división de poderes y en congruencia con el sistema de autocalificación, los Colegios Electorales de cada Cámara serán la última instancia en la calificación de las elecciones y sus resoluciones tendrán carácter definitivo e inatacables. En efecto, asignar a los Colegios Electorales de las propias Cámaras el carácter de órganos decisorios, en última instancia, en la calificación de sus propias elecciones es la única propuesta congruente con la división de poderes y con la representación encomendada a dichas Cámaras.*

La reforma constitucional de 1987, además previó la creación de un órgano constitucional con el nombre de Tribunal Contencioso Electoral, para conocer de un recurso de queja para obtener la declaración de nulidad de la elección en un distrito o de la votación emitida en una o varias casillas, pero no para la anulación de una elección que, como se dijo, se atribuyó exclusiva y únicamente a los Colegios Electorales de cada Cámara.

### B) La declaración de nulidad a cargo de órganos constitucionales electorales

Como señalamos anteriormente, una característica del régimen electoral de América Latina, ha sido la creación de órganos constitucionales, con autonomía funcional, a los cuales se ha atribuido el control y realización de los procesos electorales, sin que sobre los mismos tengan injerencia los órganos del Poder Ejecutivo o del Poder Legislativo. En general, es a estos órganos electorales, a los cuales se atribuye competencia y poder, para declarar nulidades en los procesos de elecciones, no teniendo los mismos, sin embargo, la misma naturaleza: en algunos casos se los ha creado como órganos administrativos, en el sentido de que forman parte de la organización administrativa del Estado (aún cuando no dependen jerárquicamente del Poder Ejecutivo), en otros casos, han sido creados como órganos judiciales (Tribunales o Cortes).

*a) La declaración de nulidad a cargo de órganos electorales administrativos*

En este primer supuesto puede ubicarse el caso del Consejo Supremo Electoral de Nicaragua, el Consejo Central de Elecciones de El Salvador, y del Jurado Nacional de Elecciones de Perú. Estos órganos, creados con autonomía funcional, tienen competencia para anular actos electorales conforme a las respectivas leyes, sin que exista recurso alguno contra sus decisiones, es decir, sin que éstas puedan ser objeto de revisión judicial, salvo la vía de amparo.

En nuestro criterio, si bien ello evidencia la voluntad de dotar al órgano electoral de autonomía, en el Estado de Derecho siempre debería quedar abierto el control judicial de constitucionalidad o legalidad de esas decisiones, al menos mediante el recurso de amparo, como sucede en Perú y El Salvador.

En otros casos de órganos electorales de naturaleza administrativa, con autonomía funcional, como es el caso de la Corte Electoral de Colombia (a pesar de su nombre de Corte) y del Consejo Supremo Electoral de Venezuela, la legislación no le atribuye competencia para declarar la nulidad de elecciones, sino que ello se atribuye a los órganos judiciales contencioso-administrativos o a la Corte Suprema; quedando en todo caso y siempre los actos de los mencionados órganos electorales, sometidos a control judicial por los Tribunales mencionados.

*b) La declaración de nulidad a cargo de órganos electorales jurisdiccionales*

El esquema más generalizado en América Latina, en materia de organización electoral es el de la creación de órganos electorales con naturaleza y funciones jurisdiccionales para la realización, vigilancia y control de los procesos electorales, los cuales además cumplen también funciones administrativas electorales en un marco de autonomía. En algunos casos estos órganos electorales están enmarcados dentro del Poder Judicial, pero puede decirse que en la mayoría de los casos son autónomos, por el rango constitucional que tienen.

A estos órganos electorales jurisdiccionales, en general, se les asigna la competencia para declarar la nulidad de actos electorales, en general, sin que dichas decisiones puedan ser objeto de revisión, salvo por lo que se refiere, en algunos casos, a la revisión constitucional.

*i.- Decisiones sin revisión en otra instancia judicial*

En este supuesto puede ubicarse el caso del Tribunal Supremo de Elecciones, de Costa Rica, el cual decide en última instancia siendo imposible recurso alguno contra sus decisiones; el caso de la Corte Nacional Electoral de Bolivia también decide en última instancia, siendo sus fallos irrevisables por la Cámara; el caso del Tribunal Superior Electoral de Ecuador; el caso de la Corte Electoral de Uruguay, que decide en última instancia, siendo el único juez de las elecciones; y el caso del Tribunal Calificador de Elecciones de Chile, cuyas decisiones no tienen revisión. En igual sentido, en los casos de anulación de una votación en un Distrito o Mesas o Casillas, las decisiones del Tribunal Contencioso Electoral de México no tienen revisión, ni siquiera por vía de amparo.

*ii.- Decisiones revisables sólo en vía de control de constitucionalidad*

En otros casos, el poder de decidir la nulidad de actos electorales también se atribuye a órganos electorales, con carácter jurisdiccional, pero admitiéndose la revisión de sus decisiones por vía de control de la constitucionalidad, sobre lo cual insistiremos más adelante.

A los efectos de completar el esquema en este supuesto de revisión judicial no ordinaria sino por vía de control de constitucionalidad, está el caso de Panamá, donde se prevé que las decisiones del Tribunal Electoral son irrevisables, salvo por la vía de la acción de inconstitucionalidad que además es de carácter popular; en Honduras y Guatemala las decisiones del Tribunal Nacional de Elecciones y del Tribunal Supremo Electoral no tienen recurso, salvo el recurso de amparo, y en Argentina, las decisiones de la Cámara Nacional Electoral también son irrevisables por vía ordinaria, y sólo procede contra sus decisiones, el recurso extraordinario de inconstitucionalidad que es el mecanismo de revisión judicial difuso de la inconstitucionalidad. Similar es el caso de Brasil, donde también existe un control difuso de la constitucionalidad que permite acudir ante el Tribunal Supremo por la vía de control de constitucionalidad, por lo que se establece expresamente en el Código Electoral, que las decisiones del Tribunal Superior Electoral, si bien son en principio irrecurribles, de las mismas puede sin embargo acudirse al Supremo Tribunal Federal cuando la decisión del Tribunal Electoral se ha basado en una apreciación de inconstitucionalidad de una ley o un acto, o ha sido denegatorio de una vía de protección constitucional (amparo o mandato de seguranza).

*c) La declaración de nulidad a cargo de órganos judiciales*

Además de los sistemas que atribuyen el poder de declarar la nulidad de actos electorales a órganos políticos y a órganos constitucionales electorales, en América Latina también existen sistemas conforme a los cuales se atribuye tal función a órganos del Poder Judicial. Es el caso de Venezuela, donde sólo la Corte Suprema de Justicia puede conocer de la nulidad de los actos del Consejo Supremo Electoral y en general, de actos electorales; y de Colombia, donde tal atribución se asigna a los órganos de la jurisdicción contencioso-administrativa y en particular al Consejo de Estado.

En efecto, en Colombia, la Corte Electoral a pesar de su denominación, no tiene funciones judiciales, y se trata de un organismo administrativo, el cual no tiene competencia para declarar la nulidad de una elección, y cuyas decisiones, en todo caso, son controlables por vía de ilegalidad por los Tribunales Contencioso-Administrativos. La competencia para declarar la nulidad de una elección, en Colombia, se atribuye precisamente a los Tribunales Administrativos y en particular, al Consejo de Estado, debiendo destacarse que este es el único país de América Latina que ha seguido el esquema francés de dualidad de jurisdicciones.

Se destaca, así, la previsión del Código Contencioso Administrativo de Colombia, que atribuye a los Tribunales administrativos la competencia para la declaración de nulidad de una elección, requeridos mediante acción popular, cuando el candidato no reúna las condiciones constitucionales o legales para el desempeño del cargo, fuere inelegible o tuviere impedimentos para ser elegido (Art. 228); decisión que, como en todo caso contencioso-administrativo, tiene efectos *erga omnes.*

En el caso de Venezuela, en el mismo sentido, el Consejo Supremo Electoral, aún cuando es un organismo que goza de autonomía funcional, es de carácter administrativo y no tiene competencia legal para declarar la nulidad de una elección ni de las elecciones. Esta atribución se asigna en la Ley Orgánica del Sufragio, a la Corte Suprema de Justicia en Sala Político Administrativa.

La Corte Suprema, así, es competente tanto para declarar la nulidad de la totalidad de las elecciones cuando se celebren sin la convocatoria previa del Consejo Supremo Electoral ajustada a los términos establecidos en la Ley (Art. 174), como de una elección en particular, por ilegitimidad de la elección, en los casos en los cuales el candidato electo no reúne las condiciones de elegibilidad. La acción para intentar este recurso de nulidad, es una acción popular, legitimándose expresamente a los organismos electorales, los partidos políticos y todo ciudadano mayor de 21 años inscrito en el Registro Electoral Permanente y residenciado en la Circunscripción electoral respectiva. En el caso de nulidad por ilegitimidad de la elección, incluso, la acción puede intentarse en cualquier tiempo. Declarada la nulidad de una elección, el Consejo Supremo Electoral debe convocar a una nueva elección.

### C) La ausencia de supuestos de declaración de nulidad a cargo de Tribunales Constitucionales

Debe señalarse, por último, que en materia de nulidad de actos electorales, no existe en América Latina el sistema de atribución de la competencia a Tribunales Constitucionales, como sucede en algunos países europeos, a los cuales se ha asignado la función electoral y la de declarar la nulidad de elecciones. El primero de los Tribunales Constitucionales europeos, que se creó después de la Primera Guerra Mundial, fue el de Austria, creación influenciada, sin duda, por Hans Kelsen quien incluso fue miembro del mismo. Dentro de las funciones iniciales que se atribuyeron al Tribunal, además del control de la constitucionalidad, estuvo el control de las elecciones, pudiendo dicho Tribunal conocer de acciones contra la elección del Presidente de la Federación, de los representantes ante las Asambleas, y de los funcionarios de los Lander o de las Municipalidades. Asimismo, se atribuyó al Tribunal, desde el inicio, competencia para conocer de acciones contra los resultados de referéndum relativos a la aprobación de leyes.

En todo caso, el más acabado ejemplo de los sistemas europeos de control jurisdiccional de elecciones, sin duda, es el sistema francés, cuyo Consejo Constitucional, entidad que si bien tiene atribuida sólo el control preventivo o previo de la constitucionalidad de las leyes, en cambio, tiene el mayor cúmulo de competencias en materia de control electoral, actuando como un verdadero tribunal electoral en relación a las elecciones parlamentarias y presidenciales y en relación a los *referéndum.*

En cuanto a las elecciones parlamentarias, el Consejo Constitucional puede verificar la regularidad de las elecciones de Senadores y Diputados, pudiendo anular una elección, modificar los resultados y declarar otro candidato como electo, atribuyéndose la acción a cualquier elector en la circunscripción respectiva, ejercitable en un lapso de 10 días, debiendo la decisión adoptarse previa audiencia del candidato cuestionado. En cuanto a las elecciones presidenciales, el Consejo Constitucional, no sólo puede revisar la regularidad de la elección, sino que puede vigilar la regularidad del proceso electoral. En todo caso, cuestionada la elección presidencial por los Prefectos, el Consejo Constitucional puede adoptar y proclamar el resultado final. Además, este Consejo puede, de oficio, anular la elección cuando sean evidentes las irregularidades que puedan afectar la sinceridad de una elección y el resultado final, en cuyo caso el Gobierno debe fijar oportunidad para una nueva elección.

En todo caso, el Consejo Constitucional francés puede participar en el proceso electoral cuando el Gobierno considere necesario reemplazar el procedimiento ordinario de conteo de votos, centralizando el proceso en París.

Por último, en materia de *referéndum,* el Consejo Constitucional tiene una máxima intervención: tiene que ser consultado previamente respecto a su organización; debe supervisar tanto la operación del *referéndum* como el conteo final de los votos; debe proclamar el resultado y en caso de disputa sobre el *referéndum* a requerimiento de cualquier elector, examina y decide los reclamos.

Ahora bien, a pesar de que ala América Latina se ha trasladado la figura europea de los Tribunales Constitucionales, no se han seguido los modelos de control electoral existente en los mismos. Así, encontramos Cortes Constitucionales en Guatemala y Chile, y en el Perú y Ecuador, Tribunales de Garantías Constitucionales. Sin embargo, a ninguno de esos Tribunales Constitucionales se les ha atribuido funciones de control electoral, como las tienen los modelos europeos.

### 2.- *La revisión judicial de las decisiones que declaran la nulidad de los actos electorales*

La garantía fundamental del Estado de Derecho, es decir, del Estado sometido al derecho, es la posibilidad que deben tener, en todo caso, los órganos judiciales (o en genérico, jurisdiccionales) de controlar la legalidad y constitucionalidad de los actos de todos los órganos estatales. De allí que el esquema más acabado del Estado de Derecho es aquél en el cual, además de la revisión judicial de la sentencias o actos judiciales, exista un control de la constitucionalidad de las leyes, un control contencioso-administrativo de los actos de la Administración, y mecanismos judiciales de amparo o *habeas corpus* para proteger los derechos fundamentales.

En materia electoral, por tanto, el Estado de Derecho debe implicar que toda decisión sobre nulidad de elecciones o actos electorales, en algún momento, debe ser sometida a revisión judicial, sea porque la decisión en sí misma sólo la puedan adoptar los Tribunales; sea porque adoptada por otros órganos estatales, pueda ser sometida a revisión judicial, fundamentalmente por razones de inconstitucionalidad.

Ahora bien, al establecer el esquema de los órganos encargados de la declaratoria de nulidad de elecciones hemos destacado, en forma dispersa, la existencia o no de mecanismos de revisión judicial de las decisiones que inciden en la nulidad de actos electorales. Queremos ahora recoger esas nociones, sistematizándolas en esta parte de nuestra exposición, y una conclusión surge de inmediato en el panorama que la legislación de América Latina en la materia, y es que el establecimiento de sistemas de control judicial tampoco es, en absoluto, uniforme.

En efecto, la interpretación del esquema del Estado de Derecho ha tenido efectos distintos en cada país, de acuerdo a su propia tradición y a su propia forma de estructurar sus medios de control, por lo que dan una muestra muy variada, según la naturaleza de los órganos a los cuales se encomienda la declaratoria de la nulidad de los actos electorales, admitiéndose, sin embargo, en general, algún sistema de control o intervención judicial. Son excepcionales, por tanto, los sistemas que i no admiten control judicial de las decisiones sobre nulidad de elecciones.

Deben distinguirse, por tanto, tres supuestos: sistemas en los cuales no se admite revisión ni intervención judicial en materia de nulidad de actos de las elecciones; sistemas en los cuales la declaratoria de nulidad se atribuye a órganos jurisdiccionales con o sin revisión judicial ulterior; y sistemas en los cuales se admite la revisión judicial de las decisiones sobre nulidad de actos electorales, atribuidas éstas, a órganos electorales administrativos.

### A) Sistemas en los cuales no se admite revisión ni intervención judicial

En efecto, puede decirse que en general, sólo en los casos en los cuales la declaratoria de nulidad de una elección se encomienda a un órgano político –lo que de por sí, como hemos dicho, es excepcional– tampoco se admite control judicial alguno. Es el caso de México y Paraguay, donde, correspondiendo la decisión a las Cámaras en Paraguay y a los Consejos Electorales de las Cámaras en México, las decisiones de dichos cuerpos son irrevisables, no existiendo control judicial alguno sobre esas decisiones políticas, ni siquiera por la vía de la acción de amparo.

Contrasta en cambio, la situación existente en países con control político sobre las elecciones en el continente europeo, como es el caso de Alemania Federal. Hemos señalado que en Alemania, el control y la nulidad de elecciones la declara el propio Bundestad, por lo que es el propio órgano político-representativo el que juzga la nulidad de la elección de sus miembros. Sin embargo, en Alemania, donde también existe un Tribunal Constitucional, esas decisiones del órgano político de declaratoria de nulidad de elecciones, están sometidas a control jurisdiccional por la vía de control de constitucionalidad. Así, expresamente se establece la posibilidad de un recurso contra las decisiones de la Asamblea sobre la invalidez de una elección. En Austria, en cambio, como hemos visto, la decisión de declarar la nulidad de la elección directamente es competencia del Tribunal Constitucional. En esa forma, incluso cuando la declaratoria de nulidad se atribuye a un órgano político, siempre hay un recurso jurisdiccional de control de la constitucionalidad, lo que muestra el cerramiento del principio del control judicial propio del Estado de Derecho.

Sin embargo, no encontramos ese mismo principio en los dos ejemplos del control político de América Latina (Panamá y México), debiendo destacarse incluso que llama la atención no encontrar ese control judicial de las decisiones de los órganos políticos en México, país que tiene la mayor tradición en materia de recurso de amparo de los derechos fundamentales. Expresamente la legislación de amparo excluye la posibilidad de ejercer un recurso de amparo contra las decisiones del órgano político al cual corresponde juzgar, en definitiva, la elección de sus miembros.

Por otra parte, y también en una forma absolutamente excepcional en América Latina, otro país que atribuye el poder de declarar la nulidad de una elección a un órgano no judicial, sin que exista control judicial, es Nicaragua, donde el Consejo Supremo Electoral, puede tomar dichas decisiones sin que exista recurso alguno contra las mismas (Art. 173).

**B) Sistemas en los cuales la decisión de nulidad corresponde a órganos judiciales ordinarios**

El segundo supuesto que puede identificarse en América Latina en materia de declaratoria de nulidad de elecciones, corresponde a los sistemas en los cuales la declaratoria de nulidad de elecciones se atribuye a órganos judiciales ordinarios, es decir, no especializados para el manejo de los procesos electorales. Es el caso de Venezuela, con los poderes atribuidos a la Corte Suprema de Justicia y el caso de Colombia, con los poderes atribuidos al Consejo de Estado y a los Tribunales Administrativos, para declarar la nulidad de una elección o de las elecciones.

*a) La decisión por órganos judiciales supremos*

En el caso de Venezuela, en efecto, la decisión sobre la nulidad de una votación, de una elección o de las elecciones en general, se atribuyen, directamente, a la Corte Suprema de Justicia en Sala Político Administrativa. Por tanto, sólo este Supremo órgano judicial tiene, en Venezuela, la competencia para declarar la nulidad de una votación, de una elección o de las elecciones. Además, como órgano que ejerce la jurisdicción contencioso-administrativa, la Corte Suprema es competente para conocer de los recursos de nulidad contra los actos administrativos emanados del Consejo Supremo Electoral. Por supuesto, tratándose de decisiones del máximo Tribunal de la República, sus sentencias no tienen recurso alguno.

*b) La decisión por órganos jurisdiccionales contencioso administrativos*

En otros casos, como es el de Colombia, la decisión sobre la nulidad de una elección se atribuye a los órganos de la jurisdicción contencioso-administrativa, es decir, a los Tribunales Administrativos y al Consejo de Estado. En este último caso, también, tratándose de la decisión del máximo órgano de la jurisdicción, las decisiones del Consejo de Estado no pueden ser objeto de recurso alguno.

**C) Sistemas en los cuales las decisiones de nulidad de una elección se atribuyen a órganos electorales jurisdiccionales**

En tercer lugar, otro sistema de declaración de nulidad de elecciones, es el atribuido a órganos jurisdiccionales electorales, distinguiéndose dos casos, según que la decisión adoptada tenga o no una revisión judicial ulterior.

*a) La decisión por órganos jurisdiccionales electorales sin revisión judicial ulterior*

En un primer supuesto, la decisión sobre nulidad de una elección se atribuye al órgano jurisdiccional electoral, en general, de rango constitucional, pero sin que puedan ser sometidas sus decisiones a recurso judicial alguno, ni siquiera de control de constitucionalidad o amparo.

Es el caso de Costa Rica, donde las decisiones del Tribunal Supremo de Elecciones no pueden ser recurridas en forma alguna; de Bolivia, donde las decisiones de la Corte Nacional Electoral son irrevisables; del Uruguay, donde la Corte Electoral estatuye en última instancia; de Chile, cuyo Tribunal Calificador de Elecciones decide sin recurso alguno; y de Ecuador, donde las decisiones del Tribunal Superior Electoral no son revisables. En este supuesto también debe ubicarse el caso del Tribunal Contencioso Electoral de México cuyas decisiones en materia de nulidad de votaciones no son revisables, ni siquiera por vía de amparo.

*b) La decisión por órganos jurisdiccionales electorales con posibilidad de revisión judicial constitucional*

Un segundo supuesto que puede identificarse en América Latina, también muy generalizado, es el que atribuye la decisión sobre nulidad de una elección al órgano jurisdiccional electoral, pero estableciendo expresamente la posibilidad de control judicial de constitucionalidad de las decisiones, sea mediante el recurso de amparo o mediante control difuso o concentrado de constitucionalidad.

*i.- Revisión mediante acción de amparo*

En esta forma, en primer lugar se admite el ejercicio de una acción de amparo ante las respectivas Cortes Supremas de Justicia, contra las decisiones del Tribunal Nacional de Elecciones de Honduras (Art. 204) y del Tribunal Supremo Electoral de Guatemala (Art. 248), en caso de declaratoria de nulidad de una elección, cuando se denuncie la violación de derechos fundamentales.

*ii.- Revisión mediante recurso extraordinario de inconstitucionalidad*

En segundo lugar, puede haber una revisión judicial de inconstitucionalidad de las decisiones de los órganos electorales jurisdiccionales, en los sistemas donde se admite el control difuso de inconstitucionalidad de las leyes, como en Argentina y Brasil, pudiendo ejercerse un recurso extraordinario por ante el Tribunal Supremo. Así, en Argentina, contra las decisiones de la Cámara Nacional Electoral que resuelvan cuestiones de constitucionalidad, puede ejercerse el recurso extraordinario de inconstitucionalidad ante la Corte Suprema de la Nación. En el caso de Brasil, contra las decisiones del Tribunal Supremo Electoral, en las cuales se resuelvan cuestiones de inconstitucionalidad, invalidez de leyes o actos contrarios a la Constitución o se deniegue un *habeas corpus* o un mandato de seguranza, se puede ejercer un recurso por ante el Supremo Tribunal Federal.

*iii.- Revisión mediante acción popular de inconstitucionalidad*

Pero en tercer lugar, también existen supuestos en el ordenamiento latinoamericano, en los cuales se permite el ejercicio del control de la constitucionalidad de las decisiones del órgano jurisdiccional electoral en materia de nulidad de elecciones, por vía de acción. Es el caso de Panamá, donde se establece que las decisiones del Tribunal Electoral, incluyendo las que declaren la nulidad de las elecciones, son definitivas, irrevocables y obligatorias y por tanto, sólo recurribles ante el mismo Tribunal, exceptuándose lo referente al recurso de inconstitucionalidad (Art. 137). Por tanto, esas decisiones del Tribunal Electoral pueden ser objeto de una acción popular de inconstitucionalidad que se ejerce por ante la Corte Suprema de Justicia.

En todos estos casos, por tanto, encontramos la previsión en el ordenamiento jurídico de órganos jurisdiccionales electorales, muchos de ellos con rango constitucional y autonomía funcional, lo que significa que sus decisiones son irrevisables por vía ordinaria. Sin embargo, se establece como garantía última del Estado de Derecho el control por parte de la justicia constitucional, en sus diversas modalidades: amparo y control, tanto difuso como concentrado, de la constitucionalidad.

### D) Sistemas en los cuáles la decisión de nulidad corresponde a órganos administrativos electorales con posibilidad de revisión judicial

Por último, también dentro del marco del Estado de Derecho, en algunos casos si bien la decisión sobre nulidad de una elección se atribuye a un órgano electoral de naturaleza administrativa, se prevé expresamente la posibilidad de revisión judicial, en vía constitucional, contra la misma. Es el caso de Perú, donde si bien se establece que contra las decisiones de la Junta Nacional Electoral no cabe acción judicial alguna, se han entendido –aún bajo discusión– que ello no excluye la acción de amparo. En el mismo sentido, en el caso de El Salvador, las decisiones del Consejo Central de Elecciones pueden ser objeto de una acción de amparo ejercida por ante la Corte Suprema, en caso de violaciones constitucionales.

## IV.- A MANERA DE CONCLUSIÓN: EL CASO DE LA NULIDAD DE LAS ELECCIONES DE PANAMÁ DE MAYO DE 1989

El panorama comparativo que hemos formulado anteriormente permite apreciar, en general, una variedad de sistemas electorales que si bien no son uniformes, contienen en una forma u otra soluciones tendientes a garantizar el Estado de Derecho. El sistema de nulidades de votos, votación, elección y elecciones según los casos, es sin duda, una garantía para el logro de la legitimidad de un proceso electoral. En igual sentido lo es la atribución de la potestad para declarar la nulidad de las elecciones sea a un órgano judicial directamente, o a un órgano electoral con autonomía funcional, y en todo caso, independiente tanto del Poder Legislativo como del Poder Ejecutivo. Por último, la garantía del Estado de Derecho se completa, cuando la decisión sobre nulidad de elecciones, en caso de que no sea adoptada directamente por el máximo órgano judicial de un país, puede ser objeto de revisión judicial, particularmente, por la vía de inconstitucionalidad. En general, los sistemas latinoamericanos, como hemos visto, salvo excepciones, se ajustan al mencionado esquema de garantías.

En todo caso, debe destacarse que si bien las decisiones sobre nulidad de votos, que corresponden a la mesa, casilla o junta receptora pueden considerarse como un asunto normal en un proceso electoral, no lo son las decisiones sobre nulidad de una votación en mesa, y menos de una elección o de las elecciones en general. Particularmente, en los dos últimos casos, el asunto reviste una importancia política, que en nuestros países, incluso podría desdibujar las propias garantías establecidas en el ordenamiento jurídico y hacer que sea precisa y paradójicamente, la utilización de las garantías del sistema, la que sirva para conspirar contra el resultado de una elección, particularmente cuando no está afianzado el sistema democrático y de libertades públicas. Esto fue precisamente lo que ocurrió en Panamá, respecto del reciente proceso electoral de 7 de mayo de 1989, el cual fue declarado nulo por el Tribunal Electoral, sin que las garantías jurídicas establecidas pudieran poner en funcionamiento un control judicial autónomo.

A manera de conclusión de esta exposición sobre la nulidad de elecciones en los sistemas jurídicos latinoamericanos, hemos pensado que debemos hacer referencia al proceso panameño, pues en nuestra historia política reciente es absolutamente excepcional encontrar un caso de declaratoria general de la nulidad de las elecciones de un país.

### 1.- *El ordenamiento aplicable*

De acuerdo con el Código Electoral de Panamá, el Tribunal Electoral se establece como un órgano estatal autónomo al cual se atribuye competencia para *interpretar y aplicar privativamente la legislación electoral* (Art. 136); y como consecuencia se le atribuye, como hemos señalado, competencia para declarar la nulidad de las elecciones en su totalidad *cuando hayan ocurrido actos de violencia o coacción suficientes para alterar el resultado de las elecciones o éstas se hayan realizado sin las garantías requeridas* (Art. 290); pudiendo dicha declaratoria *ser decretada de oficio por el Tribunal Electoral o a petición de un partido o candidato afectado, formulada dentro de los 3 días siguientes a la celebración de las elecciones* (Art. 219). En todo caso, de acuerdo al Código Electoral, las decisiones del Tribunal Electoral únicamente son recurribles ante él mismo y una vez cumplidos los trámites de ley son definitivas, irrevocables y obligatorias, exceptuándose únicamente *lo referente al recurso de inconstitucionalidad* (Art. 137), en el sentido de que pueden sus decisiones ser objeto de una acción popular por razones de inconstitucionalidad por ante la Corte Suprema de Justicia.

### 2.- *El Decreto N° 58 de 10-5-89 sobre nulidad de las elecciones*

Pues bien, con base en estas normas, el Tribunal Electoral dictó el Decreto N° 58 de 10 de mayo de 1989, en el cual declaró *la nulidad de las elecciones celebradas el 7 de mayo de 1989 en su totalidad en todos los niveles de los cargos de Elección Popular previstos para ser proclamados en las mismas* (Art. 1), para lo cual se basó en el siguiente *considerando:*

> *Que el Tribunal Electoral convocó al pueblo panameño a elecciones populares a celebrarse el día 7 de mayo de 1989 a objeto de elegir Presidente, Vicepresidentes de la República, Legisladores, Representantes de Corregimientos y Concejales.*
>
> *Que estas elecciones fueron organizadas en medio de la más aguda crisis fiscal y económica que sufre la República de Panamá con el ánimo de brindar al pueblo panameño la oportunidad*

*de producir la renovación de sus principales órganos de gobierno dentro de la legalidad y para demostrar al mundo la voluntad de actuar dentro del marco de la democracia, a pesar de que el ejercicio electoral significó un enorme sacrificio económico y una distracción de esfuerzos ante los constantes ataques del agresor.*

*Que terminadas las votaciones a las 5.00 de la tarde, se produjeron hechos que aún persisten y los cuales han alterado de manera significativa el resultado final de las elecciones en todo el país.*

*Que el desarrollo normal de las elecciones fue alterado por la acción obstruccionista de muchos extranjeros llamados por fuerzas políticas nacionales o foráneas sin gozar de una invitación del Tribunal Electoral, cuyo evidente propósito era el de avalar la tesis del fraude electoral, proclamada al mundo por las autoridades norteamericanas desde fecha muy anterior a las elecciones.*

*Que la relación sucinta de estos hechos, según se desprende de los informes recibidos por el Tribunal Electoral, de los Coordinadores, Inspectores Electorales y funcionarios responsables de la Dirección General de Organización Electoral, así como de las Juntas Escrutadoras y Proclamadoras dan cuenta de la constante sustracción de las boletas en los recintos electorales, compra de votos por parte de los partidos políticos y, especialmente, la falta de actas y otros documentos que hacen absolutamente imposible la proclamación de cualquiera de los candidatos.*

*Que de conformidad con el artículo 136 de la Constitución Política y los artículos 290y 291 del Código Electoral, el Tribunal Electoral podrá declarar de oficio la nulidad de las elecciones.*

*Que todas y cada una de las anteriores consideraciones, conducen a este Tribunal a concluir, en vista de todos los hechos y circunstancias anotadas, que la medida adoptada contribuirá a devolver la tranquilidad al país y proteger la vida y bienes de todos los habitantes en el territorio nacional.*

Ahora bien, declarada la nulidad de la totalidad de las elecciones, el Tribunal Electoral no procedió a convocar nuevas elecciones, sino que se limitó a formular una exhortación general para preservar el orden constitucional y legal, contenido en el artículo 2 del Decreto, del siguiente tenor:

*Artículo Segundo: Se ordena enviar a todos los órganos del Estado, Ejecutivo, Legislativo y Judicial, copias del informe a que se refiere lo aquí dispuesto, a fin de que se promuevan las medidas constitucionales y legales tendientes a preservar el orden constitucional y legal de la República.*

Contra esta decisión del Tribunal Electoral, y conforme a la garantía judicial que consagra el ordenamiento jurídico panameño, se ejercieron dos acciones de inconstitucionalidad por ante la Corte Suprema de Justicia, las cuales sin embargo, fueron declaradas sin lugar, considerándose que el Decreto N° 58 no sea inconstitucional.

### 3.- *Primera acción de inconstitucionalidad y la sentencia del 22 de junio de 1989*

La primera acción de inconstitucionalidad contra el Decreto N° 58 fue ejercida por el Lie. Ernesto Cedeño Alvarado, alegándose violación del artículo 32 de la Constitución Política según el cual

*Nadie será juzgado sino por autoridad competente y conforme a los trámites legales, ni más de una vez por la misma causa penal, policiva o disciplinaria.*

En la doctrina y jurisprudencia de Panamá se ha entendido que dicha norma consagra la *garantía del debido proceso,* la cual estimó el recurrente había sido violada en virtud de que el Tribunal Electoral había aplicado erróneamente el artículo 290 del Código Electoral, pues al prescribir dicha norma como causal de nulidad de los comicios el haber existido *violencia o coacción suficientes para alterar el resultado de las elecciones,* el Tribunal Electoral para decidir *no estableció exactamente el total de las Actas desaparecidas* y mal podía *argumentarse que ha existido prueba suficiente para alterar el resultado de los comicios, y por otro lado, al no haberse concluido el conteo de votos, no se ha podido determinar a ciencia cierta si el número de votantes registrados en las actas extraviadas, sean los suficientes para cambiar el resultado de las elecciones...*

La Corte Suprema de Justicia decidió el recurso por sentencia de 22 de junio de 1989, declarando, al contrario de lo solicitado, que

> *el artículo 1 del Decreto N° 58 del 10 de mayo de 1989 dictado por el Tribunal Electoral no vulnera el artículo 32 ni ningún otro de la Constitución Política de la República y por tanto no es inconstitucional.*

Para llegar a esta conclusión, la Corte en primer lugar estableció la competencia del Tribunal Electoral para dictar el Decreto, analizando el carácter autónomo del Tribunal Electoral conforme al artículo 136 de la Constitución Política, el cual le atribuye competencia para aplicar privativamente la Ley Electoral. Concluyó la Corte Suprema su apreciación en relación a este punto afirmando que

> *no existe duda en tomo a la autonomía y facultad privativa del Tribunal Electoral para dictar los actos concernientes al proceso eleccionario; de aquí que no puedan tales facultades ser tachadas de inconstitucionalidad.*

Entre las competencias que se atribuyen al Tribunal Electoral, apreció la Corte Suprema, las facultades contenidas en los artículos 290 y 291 de la Ley Electoral, concluyendo que efectivamente dicho Tribunal sí tiene la competencia para decretar la nulidad de elecciones, incluso de oficio.

Sobre lo anterior, es claro que conforme al ordenamiento constitucional y legal de Panamá, el Tribunal Electoral sí tenía competencia para dictar el acto impugnado, lo cual por lo demás no era materia de discusión en el recurso ya que el recurrente no lo fundamentó en el cuestionamiento de la competencia del Tribunal Electoral, sino en la errada aplicación por éste del artículo 290 de la Ley y la consecuente violación del debido proceso. Por ello la Corte Suprema, en su fallo hizo la siguiente observación:

> *Pareciera alegar el recurrente en su escrito, que los Magistrados del Tribunal Electoral para llegar a la decisión de anular las elecciones dejaron de cumplir con algunas disposiciones del Código Electoral, y señala entre otras los artículos 269, 270,303 y 305, pero si éste fuese el argumento, distorsiona entonces el demandante el objetivo final de su pretensión, pues es evidente que no puede atacarse a través de un recurso de inconstitucionalidad la ilegalidad de un acto. Debe el letrado recurrente, tener presente que en la acción de inconstitucionalidad, sólo puede confrontarse el acto con la norma constitucional.*

Era evidente la argumentación de la Corte Suprema, en considerar que en la justicia constitucional sólo pueden formularse cuestiones de constitucionalidad y no de ilegabilidad. En todo caso, la Corte en su sentencia, entró a considerar si en la emisión del Decreto N° 58, el Tribunal Electoral había violado el artículo 32 de la Constitución, sentando el criterio de que el principio del debido proceso que consagra esa norma, sólo rige en los *procesos* propiamente dichos que *se* desarrollan ante los órganos judiciales, y no exigiéndose ni en la ley ni en la Constitución que para que el Tribunal Electoral tome su decisión se desarrolle un *proceso jurisdiccional,* no podría violarse dicha norma.

La Corte en definitiva señaló que *debido proceso legal* es una expresión relativa a *un procedimiento conclusivo de un proceso legal cumplido por un órgano con facultad de juzgar,* y que en cambio, la decisión del Tribunal Electoral de anular las elecciones, *no es el resultado de ninguna acción de juzgamiento* considerando que dicha decisión *en forma alguna constituye un acto jurisdiccional y por ende no puede sostenerse la violación del debido proceso.*

En resumen, la Corte señaló *que en este tipo de acto no existe proceso jurídicamente hablando, por tanto, no puede violarse lo que no existe,* razón por la cual declaró que el Decreto N° 58 *no vulnera el artículo 32 ni ningún otro de la Constitución Política de la República, y por tanto, no es inconstitucional.*

Ante todo llama la atención, de esta sentencia, la expresión de la Corte Suprema de que el Decreto N° 58 no viola ningún otro artículo de la Constitución, sin que ello se hubiese alegado y sin que ello se hubiese argumentado. El recurrente sólo planteó la violación del artículo

32 de la Constitución, y ello fue lo que analizó la Corte en su sentencia, razón por la cual puede considerarse contraria a toda técnica judicial, una declaración *ultra* y *extra petita* como la señalada.

En cuanto al fondo de la decisión, algunas observaciones pueden formularse. En primer lugar, si bien la violación constitucional nos parece bien identificada, el fundamento del recurso fue mal formulado. El recurrente no argumentó suficientemente la violación, por ejemplo, del derecho a la defensa que debió respetarse incluso, en una actuación de oficio como la que originó el Decreto impugnado. Esta deficiencia del recurso, al menos de la parte del mismo que analiza la sentencia, puede haber contribuido a la emisión de la misma en sentido desfavorable.

En segundo lugar, nos parece fuera de toda duda, que el Tribunal Electoral panameño es un órgano con funciones jurisdiccionales o *de juzgamiento* como se lo niega la Corte, y más aún en un caso como éste de declaración de nulidad de elecciones, en el cual están directamente interesados no sólo los diversos partidos políticos, sino los candidatos a todos los cargos electivos y los electores en general. En esa decisión, sin duda, existía una controversia o contención que debía ser juzgada, y ello, siempre, garantizándose los principios del debido proceso, y sobre todo del derecho a la defensa, que fue el más vulnerado. Por lo demás, no se debe olvidar que el principio del debido proceso y sus garantías, es un principio constitucional que no sólo debe respetarse en los procesos judiciales, sino incluso en los procedimientos administrativos como ya ha sido reconocido y aceptado en todos los países de régimen administrativo, por lo que con mucho mayor razón debía respetarse en un procedimiento como el de nulidad general de unas elecciones. Destaquemos, como ejemplo, la legislación de El Salvador en la materia que rige que presentada una petición sobre nulidad de actos electorales, debe notificarse de la misma a los representantes de los partidos políticos para que presenten pruebas y en general, ejerzan su derecho a la defensa (Art. 257).

### *4.- Segunda acción de inconstitucionalidad y la sentencia del 13 de julio de 1989*

La segunda acción de inconstitucionalidad contra el Decreto 58 fue ejercida por el Partido Republicano Democrático, alegándose violación de los artículos 17,136 y 176 de la Constitución, pues con el Derecho impugnado no se garantizó el ejercicio del derecho al Sufragio, al ni siquiera disponerse, por ejemplo, la realización de nuevas elecciones. En su argumentación el recurrente, sin embargo, planteó lo que en nuestro criterio, era el *quid* del problema jurídico debatido, en el sentido de que el Tribunal Electoral ejerció su atribución en forma arbitraria, sin analizar las circunstancias de hecho que conforme a la Ley podían justificar la adopción de la decisión de declarar la nulidad de las elecciones. Ello lo captó precisamente el Procurador de la Administración quien en sus alegatos insistió en que

> *...lo atinente a la apreciación de las circunstancias de hecho que llevaron al Tribunal Electoral a anular las citadas elecciones, es algo que corresponde a la competencia de dicho Tribunal y que, en manera alguna, puede la Corte entrar a valorar en los procesos en que se impugna un acto por inconstitucional, puesto que ello implicaría sustituir al primero en el ejercicio de una función pública que la Constitución y la ley le confiere en forma privativa.*

Más adelante, en su escrito ante la Corte Suprema, el Procurador de la Administración insistió en su argumento:

> *...el Tribunal (Electoral) se fundó en razones de hecho y de derecho que, en criterio de sus miembros, ameritaban la anulación de las citadas elecciones, por lo cual la medida no puede calificarse de inconstitucional. No es oficio de la Corte, en este tipo de proceso, practicar pruebas para esclarecer si los hechos que le sirvieron de base a la medida existieron o no, pues que conforme al artículo 2557 del Código Judicial, debe limitarse a confrontar el acto acusado con las razones constitucionales...*

A ello respondió el recurrente, en nuestro criterio con razón, que si bien la Corte Suprema no podía actuar como Tribunal de Segunda Instancia,

> *no obstante, al resolver un recurso de inconstitucionalidad debe analizar si la actuación del Tribunal se enmarca dentro de las pautas que establece nuestra ley fundamental. Para ello, tiene*

*que examinar tanto los hechos como el fundamental derecho invocado, pues de lo contrario no tendría razón de ser el recurso de inconstitucionalidad.*

Ello era evidente, y resulta de una frase del escrito de respuesta del recurrente:

> *La Ley Electoral confiere al Tribunal Electoral la potestad privativa de decretar la nulidad de las elecciones, de oficio o a petición de parte, y crea el procedimiento a seguir para tomar tal decisión. Una decisión de tal trascendencia, que afecta la vigencia de la democracia y la vida institucional de la República, no puede ser dictada, so pena de incurrir en injuria contra el derecho, si no se da la investigación previa, plasmada en un proceso.*

En definitiva, una decisión como la adoptada no podía ser arbitraria, ni podía ser producto de una supuesta discrecionalidad. Los artículos 289 y 290 de la Ley no confieren al Tribunal Electoral un poder para actuar *ad libidum*, sino al contrario, sometido a las exigencias de esas normas en cuanto a la prueba de los hechos, la calificación de los hechos, y su congruencia con la finalidad de la norma. Nada de ello ocurrió, y el Tribunal sin pruebas ni apreciaciones racionales y razonables, arbitrariamente, anuló las elecciones. Sin embargo, el argumento del recurrente y la defensa del Procurador, antes reseñados, si bien centraban el debate en su punto preciso (actuación arbitraria o discrecional del Tribunal), sin indicarlo expresamente, lo desviaron de nuevo al terreno del respeto del principio del debido proceso. Por ello, en definitiva, la sentencia de la Corte en este caso, sin tocar para nada el fondo del asunto, se limitó a decidir que como 20 días antes, la propia Corte había sentenciado señalando que el Decreto impugnado no *vulnera el artículo 32 de la Constitución Política de la República y por tanto no es inconstitucional, siendo sus decisiones finales, definitivas y obligatorias, se inhibe de pronunciarse al respecto, toda vez que existe una sentencia en el Decreto N° 58 aludido y previa, que tiene el carácter de definitiva.*

Así, la Corte Suprema de Justicia de Panamá, lamentablemente para la historia de la justicia constitucional latinoamericana, formalizó la arbitrariedad y la «institucionalizó. De ello, ahora resulta que quienes no estiman que la garantía del Estado de Derecho es el control judicial, podrán deducir que éste es el que conspira contra aquél.

# XV

# REGULACIÓN JURÍDICA DE LOS PARTIDOS POLÍTICOS EN VENEZUELA (2004)

**Documento elaborado para el Instituto *Internacional para la Democracia y la Asistencia Electoral,* San José, Costa Rica.**

## A) EVOLUCIÓN HISTÓRICA DE LA LEGISLACIÓN SOBRE PARTIDOS POLÍTICOS

El sistema de partidos políticos en Venezuela comenzó realmente a estructurarse como tal, con posterioridad a 1945, aún cuando sus antecedentes remotos hay que situarlos en los movimientos estudiantiles de 1928, y sus antecedentes próximos, en las organizaciones políticas que comenzaron a surgir entre 1936 y 1945, durante el período de transición que se abrió con posterioridad a la muerte del Presidente Juan Vicente Gómez, en 1935. Su constitución se realizó con base en el derecho de asociación que se estableció en todas las Constituciones.

Es cierto que el esquema tradicional en América Latina, de partidos liberales y conservadores, también se había desarrollado en Venezuela durante la segunda mitad del siglo XIX, pero precisamente fue totalmente eliminado de la faz política de Venezuela, al concluir el predominio de la política regional, federalista y caudillista, mediante la acción integradora del gobierno autocrático de Juan Vicente Gómez. El único reducto político fuera de las tendencias gubernamentales y de protestas que pude existir durante el primer tercio de este siglo, se concentró materialmente en los movimientos estudiantiles, los cuales, sobre todo en la década de los veinte hasta la muerte de Gómez, tuvieron el monopolio de la acción política opositora. La reacción política de la autocracia, no sólo fue directa en cuanto a la represión desatada, particularmente contra los participantes en los movimientos estudiantiles de 1928, sino que provocó una reforma constitucional que iba a legalizar la represión político-ideológica hasta 1945; la reforma constitucional de 1929, entre otros objetivos, estableció el de "prohibir la propaganda del comunismo"[1], la cual permaneció, ampliada, no sólo en la Constitución de 1936[2], sino que condicionó la vida de las nacientes organizaciones políticas hasta 1945[3].

1 Así se dispuso en el artículo 32, ordinal 6, de la Constitución de 1929 como limitación a la libertad de pensamiento: "Queda también *prohibida* la propaganda del comunismo". Bajo la vigencia de la Constitución de 1931, la cual contenía una norma similar, se dictó meses antes de la promulgación de la Constitución de 1936, la Ley para garantizar el orden público y el ejercicio de los derechos individuales, cuyo artículo 33 establecía lo siguiente: "El que públicamente de palabra, por escrito o por impreso, por medio de la radiodifusión, dibujos, carteles, mítines u otros medios de publicidad, o haciendo uso de algún servicio público, haga propaganda a favor de la abolición de la propiedad privada, lucha de clases, incitación de los obreros contra los patronos, extinción de la familia, desconocimiento de la ley, dictadura del proletariado; así como las demás doctrinas o métodos que abarquen el ideal comunista, anarquista o terrorista, serán penados con prisión de uno a tres años. Si como consecuencia de la propaganda llegaran a verificarse hechos delictuosos o desórdenes públicos, la pena será de dos a seis años". Esta ley, denominada "Ley Lara", en virtud de haber sido su redactor el Ministro del Interior de la época, doctor Alejandro Lara, estuvo vigente hasta 1945. Véase la decisión de la Corte Federal y de Casación de 4-3-41 (M. 1942, pp. 130-136) sobre esta limitación en Allan R. Brewer-Carías, *Jurisprudencia de la Corte Suprema,* 1930-1974 y *Estudios de Derecho Administrativo,* Tomo I (El ordenamiento constitucional del Estado), Caracas, 1975, pp. 110 y ss. En cuanto al texto de las Constituciones de Venezuela, véase en Allan R.Brewer-Carías, *Las Constituciones de Venezuela,* Caracas 1997.

2 El famoso inciso VI del artículo 32 de la Constitución de 1936 estableció lo siguiente: "Se consideran contrarias a la independencia, a la forma política y a la paz social de la Nación, las doctrinas comunistas y anarquistas, y los que las proclamen, propaguen o practiquen serían considerados como traidores a la Patria y castigados conforme a las leyes".

3 La reforma constitucional de 1945, realizada al final del gobierno de Medina, eliminó la prohibición constitucional que tenía la izquierda para actuar políticamente en Venezuela.

Con la muerte de Gómez, en todo caso, puede decirse que cesó el monopolio de la acción política que asumieron los grupos estudiantiles, y la liberación política parcialmente iniciada por el gobierno de E. López Contreras y consolidada por el gobierno de I. Medina Angarita, dio lugar a la constitución, entre 1936 y 1945, de diecisiete partidos políticos, la mayoría de los cuales tuvieron como fundadores y participantes a los miembros de la Federación Venezolana de Estudiantes (FVE), entidad a la cual había correspondido motorizar los movimientos estudiantiles de 1928. La "generación del 28", por tanto, asumió la lucha política y el monopolio de los partidos en 1936, y de la larga lucha entre los gobiernos de transición y los partidos generalmente de izquierda, sólo llegaron a traspasar los acontecimientos de la Revolución de Octubre de 1945, los partidos Acción Democrática (AD), que asumió el poder, y el Partido Comunista de Venezuela (PCV), pues el Partido Unión Republicana Democrática se constituyó en 1946 como oposición de la izquierda democrática al partido AD[4]. Los líderes de estos partidos, con Rómulo Betancourt a la cabeza, indudablemente que fueron factores fundamentales en la consolidación del régimen democrático. En 1936, al separarse de la Federación Venezolana de Estudiantes otro núcleo estudiantil, se constituyó la Unión Nacional de Estudiantes (UNE), opositora de la línea política de la izquierda originada por aquélla, dando lugar posteriormente a la constitución del Partido Acción Electoral (AE), el cual después de 1945 se convertiría en el Comité de Organización Política Electoral Independiente (COPEI), de orientación demócrata o socialcristiana, cuyos líderes con Rafael Caldera a la cabeza también fueron factores fundamentales en la consolidación del régimen democrático en Venezuela.

El año 1945 marca, sin embargo, el punto de partida institucional del ciclo histórico-político del país, basado en el régimen democrático-representativo de democracia centralista que entró en crisis a partir de la década de los noventa. Esa etapa se inició con la reforma constitucional de 1945 que eliminó las limitaciones político-ideológicas que habían obstruido los intentos de actuación político-partidista desde 1936[5], y con la promulgación del Decreto N° 217 del 15 de marzo de 1946 de la Junta Revolucionaria de Gobierno la cual sucedió al Presidente Medina en el poder, mediante el cual se establecieron las libertades públicas y garantías políticas que condicionaron buena parte de la evolución democrática posterior[6].

La misma Junta Revolucionaria de Gobierno, en la misma fecha y mediante Decreto N° 216 dictó un Estatuto Electoral para la elección de una Asamblea Constituyente en 1945, estableciendo por primera vez el sufragio universal, directo y secreto, y un mecanismo de escrutinio de representación proporcional. Con las elecciones realizadas en 1946, puede decirse que se inició en Venezuela la configuración del sistema electoral y del sistema de partidos[7] contemporáneos, que dieron origen al sistema de Estado centralizado de democracia de partidos. El 19 de septiembre de 1947 se dictó el Estatuto Electoral, que fue el antecedente remoto de todas las Leyes electorales posteriores.

4 Para un estudio de los antecedentes de los principales partidos políticos venezolanos. Véase Manuel Vicente Magallanes, *Partidos Políticos Venezolanos,* Caracas, 1960; Rafael Gallegos Ortiz, *La Historia Política de Venezuela de Cipriano Castro a Pérez Jiménez,* Caracas, 1960, y el trabajo de Manuel Vicente Magallanes, ampliación y reedición del citado. *Los Partidos Políticos en la Evolución Histórica Venezolana,* Caracas, 1973.

5 La Constitución de 5 de enero de 1945, sin embargo, sólo tuvo una vigencia de 6 meses, pues el 18 de octubre de ese año, la Junta Revolucionaria de Gobierno la derogó.

6 Este Decreto estableció, entre otros derechos: "1) El derecho de sufragio para todos los venezolanos mayores de dieciocho años, con las: solas excepciones establecidas en el Estatuto Electoral y, en consecuencia, pueden formar parte de los partidos o asociaciones políticas y tienen derecho sin distinción de sexo, al ejercicio de cargos públicos, salvo que por disposiciones especiales se reclamen condiciones o cualidades particulares".

7 Para el estudio de la evolución y configuración del sistema de partidos políticos en Venezuela a partir de 1945, H. Njaim et al, *El sistema político venezolano*, Caracas, 1975, pp. 175 y ss; J.C. Rey, "El sistema de partidos venezolanos", *Revista Politeia*, N° 1, Instituto de Estudios Políticos, Caracas, 1972, pp. 185 y ss.; y S.A. Bonomo, *Sociología Electoral en Venezuela. Un estudio sobre Caracas*, Buenos Aires, 1973, pp. 21 y ss. J. E. Oviedo, *Historia e Ideología de los Demócratas Cristianos en Venezuela,* Caracas, 1969Allan R. Brewer-Carías, *Cambio Político y Reforma del Estado en Venezuela,* Madrid 1975, capítulos 10 y ss. Véase, además, John Martz, *Acción Democrática: Evolution of a moderm political party of Venezuela,* Princeton, 1966; Robert J. Alexander, *The Venezuelan Democratic Revolution*, New Jersey, 1964; J. Bernard y otros, *Tableau des Parties Polotiques en Amerique du Sud,* Cahiers de la Fondation Nationales des Sciences Politiques, N° 171, París, 1969, pp. 365 a 402 (trabajo de Leslie F. Manigat, libro editado en inglés; Jean Pierre Bernard y otros *Guide to the Political Parties of South America*, 1973, pp. 517 y ss.; Boris Bunimov Parra, *Introducción a la Sociología Electoral Venezolana,* Caracas 1973.

Con posterioridad, en 1948 se produjo el golpe de Estado contra el Presidente Rómulo Gallegos, quedando el poder bajo régimen militar que duró hasta 1958. Durante ese período se dictó el Decreto Nº 120 de 18 de abril de 1951, en el cual sin embargo, se reguló la constitución de los partidos políticos. El artículo 1º del citado Decreto establecía que podían funcionar en el territorio de la República partidos y organizaciones políticas integradas por ciudadanos venezolanos en pleno ejercicio de sus derechos políticos y siempre que cumplieran con las formalidades que se establecían en el mismo. Se establecía, así, que quienes aspirasen a constituir partidos u organizaciones políticas, debían presentar ante la primera autoridad civil de la jurisdicción correspondiente una solicitud por duplicado, anexa a la cual debían enviar los documentos siguientes: Copia del Acta constitutiva de la organización, con la firma de todos los asistentes a la reunión; y Un ejemplar del Programa y otro de los Estatutos que definieran las bases, finalidades y orientación del Partido o agrupación política[8].

Ahora bien, fue la Constitución de 1961 la primera en regular en forma expresa a los partidos políticos, al establecer el derecho de todos los venezolanos aptos para el voto "de asociarse en partidos políticos para participar, por métodos democráticos, en la orientación de la política nacional (Art. 114). La Constitución, además, dispuso que "el legislador reglamentará la constitución y actividad de los partidos políticos con el fin de asegurar su carácter democrático y garantizar su igualdad ante la ley".

En ejecución de esa norma fue que en 1964 se sancionó la Ley de Partidos Políticos, Reuniones Públicas y Manifestaciones de 15 de diciembre de 1964[9], la cual continúa vigente.

En la Constitución de 1999, si bien se eliminó la expresión "partidos políticos", se reguló el derecho político de los ciudadanos "de asociarse con fines políticos, mediante métodos democráticos de organización, funcionamiento y dirección" (Art. 67).

## B) UBICACIÓN DEL TEMA DE PARTIDOS POLÍTICOS DENTRO DE LA LEGISLACIÓN

### ✓ Constitución de 1999

Como se dijo, en el artículo 67 de la Constitución de 1999[10], el tema de los partidos políticos se regula dentro del derecho político de asociación con fines políticos lícitos. Además, en el artículo 293,6, destinado a regular las competencias del Poder Electoral, se le atribuye competencia para organizar las elecciones de las organizaciones con fines políticos en los términos que señale la ley; y en el Artículo 293,8 también se atribuye al Poder Electoral la función de organizar la inscripción y registro de las organizaciones con fines políticos y velar porque cumplan las disposiciones sobre su régimen previstas en la Constitución.

### ✓ Ley de Partidos Políticos, Reuniones Públicas y Manifestaciones (1964), Ley Orgánica del Sufragio y Participación Política (1998)

En la Ley de Partidos Políticos, Reuniones Públicas y Manifestaciones de 15 de diciembre de 1964, se estableció el régimen de constitución, funcionamiento y extinción de los partidos políticos.

En la Ley Orgánica del Sufragio y Participación Política de 1998[11] también se establecen regulaciones relativas a los partidos políticos al establecerse el derecho a postular candidatos a las elecciones (Arts. 130 y ss); a participar en las campañas electorales (Arts. 196 y ss); y sobre el financiamiento en las campañas electorales (Arts. 201 y ss).

---

8 Véase los comentarios de la antigua Corte Suprema de Justicia en Sala Político Administrativa, sobre ese Decreto, en sentencia de 29 de abril de 1963, en Allan R. Brewer-Carías, *Jurisprudencia de la Corte Suprema 1930-1974 y Estudios de Derecho Administrativo*, Caracas, 1975, Tomo I, pp. 561 y ss.

9 Véase en *Gaceta Oficial* Nº 27.725 de 30-04-1965.

10 Véase en *Gaceta Oficial* Nº 5453 de 24-03-2000. Véase en general, Allan R. Brewer-Carías, *La Constitución de 1999*, Caracas 2000.

11 Véase en Gaceta Extraordinaria Nº 5.233 del 28 de mayo de 1998.

✓ **Leyes especiales: Ley Orgánica del Poder Electoral**

La Ley Orgánica del Poder Electoral[12] al regular detalladamente la organización y funcionamiento del Poder Electoral, desarrolla las previsiones de la Constitución en relación con el registro de los partidos políticos (Art. 68) y a la intervención del Consejo Nacional Electoral en la organización de las elecciones internas de los partidos (Art. 69).

## C) OTROS PODERES U ÓRGANOS DEL ESTADO QUE PUEDEN RESOLVER SOBRE EL TEMA

✓ **El Poder Electoral**

La Constitución de 1999 estableció una separación pentapartita del Poder Público, al disponer que "El Poder Público Nacional se divide en Legislativo, Ejecutivo, Judicial, Ciudadano y Electoral" (Art. 136), creando entonces al Poder Electoral cuyo ejercicio se atribuyó al Consejo Nacional Electoral como ente rector; el cual además, tiene como organismos subordinados al mismo, a la Junta Electoral Nacional, a la Comisión de Registro Civil y Electoral y a la Comisión de Participación Política y Financiamiento (Art. 292)[13].

Este órgano y sus atribuciones se estudiará más adelante. Interesa destacar aquí, sin embargo, que la Constitución ha atribuido al Poder Electoral Consejo amplias potestades normativas, en particular, la función de "Reglamentar las leyes electorales y resolver las dudas y vacíos que éstas susciten o contengan"(Art. 293,1).

✓ **La Sala Electoral del Tribunal Supremo de Justicia**

La Constitución de 1999 creó además, en el Tribunal Supremo de Justicia, una Sala Electoral (Art. 262) a la cual le atribuyó la jurisdicción contencioso-electoral (Art. 297), la cual se configura como una jurisdicción contencioso-administrativa especializada en materia electoral.

Sobre ello la Sala Electoral ha señalado:

> En materia electoral, la Ley Orgánica del Sufragio y Participación Política ha establecido un sistema de revisión de los actos en sede judicial, determinado por el recurso contencioso electoral dispuesto como *"un medio breve, sumario y eficaz para impugnar los actos, las actuaciones y las omisiones del Consejo Nacional Electoral y para restablecer las situaciones jurídicas subjetivas lesionadas por éste, en relación a la constitución, funcionamiento y cancelación de organizaciones políticas, al registro electoral, a los procesos electorales y a los referendos"* (artículo 235), que sin duda presenta características que determinan su especialidad ante el sistema contencioso administrativo general. En efecto, uno de los rasgos característicos del contencioso electoral, como ha destacado esta Sala en diversos fallos, es el relativo a la sumariedad, pues su tramitación se lleva a cabo en lapsos mucho más breves que los dispuestos para la tramitación del recurso de nulidad contra actos de efectos particulares en la Ley Orgánica de la Corte Suprema de Justicia. Es un medio de impugnación que se ha dispuesto para cumplir una doble finalidad, por una parte, el control de la legalidad de la actividad administrativa de naturaleza electoral y por otra, el restablecimiento de situaciones jurídicas subjetivas lesionadas por ella.
>
> La especialidad del recurso contencioso electoral viene igualmente determinada por la legitimación que se exige para su interposición, pues el artículo 236 de la Ley Orgánica del Sufragio y Participación Política la consagra de una manera bastante amplia, al incluir como eventuales accionantes al máximo órgano electoral, a los partidos políticos, a los grupos de electores y a toda persona que tenga interés en ello, expresión ésta última que evidencia que el legislador no calificó el interés requerido para intentar el recurso, como sí lo hace la Ley Orgánica de la Corte Suprema de Justicia, de lo que puede deducirse que basta que el accionante tenga un simple interés para que se le admita como legitimado[14].

---

12 *Gaceta Oficial* N° 37.573 del 19 de noviembre de 2002

13 Ley Orgánica del Poder Electoral, *G.O.* N° 37.573 de 19-11-2002

14 Sentencia N° 49 de la Sala Electoral del Tribunal Supremo de Justicia de 08-05-2001 Caso: *Comité Ejecutivo de la Federación Campesina de Venezuela vs. Flavio Yustiz y otros.*

## D) PARTIDOS POLÍTICOS

✓ **Concepto: en la Constitución; en la ley; en la jurisprudencia**

- ***En la Constitución y la jurisprudencia***

Como se ha dicho, la Constitución de 1999 no estableció un derecho, como el previsto en el artículo 114 de la Constitución de 1961, de los ciudadanos a asociarse en partidos políticos. La previsión constitucional en la materia, ahora es más amplia, pues el artículo 67 regula el derecho de los ciudadanos de asociarse con fines políticos, mediante métodos democráticos de organización, funcionamiento y dirección, sin siquiera utilizar la expresión "partido político"[15].

Se establece así, el derecho de asociación política que puede manifestarse a través de otros instrumentos que no sean partidos políticos. El esquema de la Constitución de 1961, por tanto, puede decirse que en esta materia el texto constitucional sufrió un cambio radical, tal como lo destacó la Sala Electoral del Tribunal Supremo de Justicia en la sentencia Nº 71 de 23 de junio de 2000:

> En efecto, entre las tendencias más notables que inspiran esta Carta Magna se encuentra la de ampliar el ámbito de participación de la sociedad civil en la gestión pública mucho más allá de los mecanismos tradicionales limitados al sufragio activo y pasivo, y también rebasando la tendencia hasta ese entonces, de encauzar toda forma de actividad política mediante los partidos políticos, debido a que resultaba notoria la pérdida progresiva de la representación de los ciudadanos que ostentaban las organizaciones políticas tradicionales durante la vigencia del sistema constitucional recientemente derogado, situación ésta que motivó la necesidad de buscar un diseño constitucional alternativo, el que quedó reflejado en una nueva concepción de la participación política en la Constitución de la República Bolivariana de Venezuela.
>
> En este orden de razonamiento, cabe advertir que del Diario de Debates de la Asamblea Nacional Constituyente que recoge la sesión correspondiente al 24 de octubre de 1999, fecha en que tuvo lugar la primera discusión en plenaria de los proyectos de disposiciones presentados en relación con los Derechos Políticos, y que dieron lugar a los actuales artículos 62 y 67, se desprende claramente la intención de superar el esquema de la llamada "partidocracia", pasando de una democracia representativa a una participativa y protagónica, cuando los Constituyentes señalan por ejemplo que: "...La esencia de esta Constituyente se transforma cuando asumimos que el ciudadano y la ciudadana tengan la libre participación y decisión en el hecho político. La estructura de la participación política en Venezuela fue reducida a un pequeño circuito de partidos que deslegitimaron la voluntad popular...". Esta idea también está presente en la Exposición de Motivos del nuevo texto constitucional, en la cual se señala, refiriéndose a la nueva concepción que inspira la normativa correspondiente a los derechos políticos: "...Esta regulación responde a una sentida aspiración de la sociedad civil organizada que pugna por cambiar la cultura política generada por tantas décadas de paternalismo estatal y del dominio de las cúpulas partidistas que mediatizaron el desarrollo de los valores democráticos. De esta manera, la participación no queda limitada a los procesos electorales, ya que se reconoce la necesidad de la intención del pueblo en los procesos de formación, formulación y ejecución de las políticas públicas, lo cual redundaría en la superación de los déficit de gobernabilidad que han afectado nuestro sistema político debido a la carencia de sintonía entre el Estado y la sociedad..."[16].

El cambio, incluso, condujo a la denominada despartidización de los organismos electorales, tal como lo destacó la Sala Constitucional en la misma sentencia antes citada:

> Atendiendo a los postulados ideológicos que inspiraron la nueva concepción de la participación ciudadana, la novísima Ley Fundamental contempló una serie de reglas or-

15 Véase Roberto V. Pastor y Rubén Martínez Dalmau, "La configuración de los partidos políticos en la Constitución venezolana", en *Revista de Derecho Constitucional,* Nº 4 (enero-julio), Editorial Sherwood, Caracas, 2001, pp. 375-389.

16 Véase en *Revista de Derecho Público*, Nº 82 (abril-junio), Editorial Jurídica Venezolana, Caracas, 2000, pp. 236 y ss.

ganizativas y funcionales para los órganos del Poder Electoral, entre ellas, la despartidización de los mismos. Y no podía ser de otra manera, ya que el esquema del "equilibrio" o del juego de contrapesos entre las diversas organizaciones políticas, mediante el cual pretendía el sistema constitucional de 1961 garantizar la autonomía e imparcialidad de los órganos electorales, respondía a la anterior tesis acerca de la participación ciudadana materializada fundamentalmente a través de la mediación de las organizaciones políticas. Luego, habiendo cambiado ese esquema, necesariamente debía cambiar también el basamento orgánico y organizativo de los órganos encargados de ejercer la función electoral. Y a tal fin se le dio rango constitucional a dos nuevos Poderes, el Ciudadano (Capítulo IV del Título V) y el Electoral (Capítulo V del mismo Título), evolucionando entonces de la mera existencia de "órganos con autonomía funcional", a verdaderas ramas del Poder Público, que lógicamente no pueden considerarse como expresión de las organizaciones políticas existentes en un momento dado, sino como la concreción, bajo la investidura de la potestad pública, de la voluntad popular en las funciones de control y electoral, respectivamente.

Sin embargo, es necesario subrayar que esta nueva tesis constitucional sobre los mecanismos de participación ciudadana, así como la consagración de la despartidización del Poder Electoral, no comporta la necesaria exclusión de todo tipo de mecanismo de participación de los partidos políticos en el proceso electoral, como expresó esta Sala en la aludida sentencia dictada en el procedimiento de Amparo Constitucional intentado conjuntamente con el presente recurso de nulidad, sino que conduce a la instauración de un nuevo balance en la relación Electorado-Partidos Políticos-Poder Electoral. No se trata pues, de establecer un antagonismo entre los elementos de esta relación, sino de extender el ámbito de participación ciudadana, que en los últimos años estuvo monopolizado por los partidos políticos, mediante el establecimiento de diversas modalidades –no exclusivas ni excluyentes– que permitan al ciudadano participar efectivamente en la gestión pública de diversas maneras. Por ello se establecen como medios de participación política, además del sufragio activo y pasivo, una serie de mecanismos, algunos ya ensayados en el ordenamiento jurídico venezolano, y otros novedosos (consulta popular, revocación del mandato, las iniciativas legislativas ampliadas con relación a la Constitución de 1961, así como las iniciativas constitucional y constituyente, el cabildo abierto, etc)[17].

- ***En la Ley de Partidos Políticos***

Por su parte, en cuanto a Ley de Partidos Políticos, Reuniones Públicas y Manifestaciones de 15 de diciembre de 1964, la misma define a los partidos políticos como aquellas "agrupaciones de carácter permanente, cuyos miembros convienen en asociarse para participar, por medios lícitos, en la vida política del país, de acuerdo con programas y estatutos libremente acordados por ellos"[18]. Varios elementos se destacan de esta definición: en primer lugar la permanencia; para que una asociación con fines lícitos pueda considerarse como partido político ha de tener carácter permanente y estar constituido con ese mismo carácter. En segundo lugar, los fines lícitos de la asociación han de ser el participar, por medios lícitos, en la vida política del país, es decir, han de ser fines políticos. Es necesario destacar, por otra parte, que es imprescindible la utilización de medios lícitos para la realización de los fines (art. 70)[19].

En *primer lugar*, la ley exige el carácter permanente de la asociación política para que se la pueda considerar como partido político. Por tanto, las agrupaciones transitorias no se consideran partidos políticos, ni podrán obtener la inscripción de funcionamiento. Esto produce, por otra parte, que cuando un partido político ha dejado de participar en las elecciones en dos

17 *Ídem*, pp. 238 y ss. Véase asimismo, la sentencia de la Sala Electoral N° 10 de 25-02-2000, *Revista de Derecho Público*, N° 81 (enero-marzo), Editorial Jurídica Venezolana, Caracas, 2000, pp. 170 y ss.

18 Artículo 2° de la Ley de Partidos Políticos. Respecto a la naturaleza de los partidos políticos, véase el Dictamen de la Procuraduría General de la República, de fecha 15 de noviembre de 1962, publicado en los *Dictámenes de la Procuraduría General de la República*, 1962, Caracas, 1963, pp. 43 y 53.

19 Sobre el tema, véase Allan R. Brewer-Carías, "Los partidos políticos en el derecho venezolano", en *Revista del Ministerio de Justicia*, N° 61, Caracas, 1964.

períodos constitucionales sucesivos, la inscripción respectiva se cancelará por el Consejo Nacional Electoral[20].

En *segundo lugar,* la Ley precisa la finalidad de los partidos políticos al señalar que deben "participar en la vida política del país"[21].

Por tanto, la inscripción de los partidos políticos se debe cancelar por el Consejo Nacional Electoral, cuando hayan dejado de participar en las elecciones, en dos períodos constitucionales sucesivos[22] pues el legislador ha entendido que la forma de participar en la vida política del país y en la orientación de la política nacional[23], es la de participar en las elecciones por la orientación del sufragio[24].

Por otra parte, y por cuanto se trata de participar en la vida política del *país,* la ley ha establecido que los partidos políticos deben expresar en su acta constitutiva "que no suscribirán pactos que los obliguen a subordinar su actuación a directivas provenientes de entidades o asociaciones extranjeras"[25], pues, ello vendría a desnaturalizar la esencia de la República de Venezuela como Estado independiente. Sin embargo, en el mismo artículo 6° de la Ley se establece, que "en ningún caso esta disposición implicará prohibición para que los partidos participen en reuniones políticas internacionales y suscriban declaraciones o acuerdos, siempre que no atonten contra la soberanía o la independencia de la nación o propicien el cambio por la violencia de las instituciones nacionales o el derrocamiento de las autoridades legítimamente constituidas".

En tercer lugar, la Ley ,en su artículo 2° establece que los partidos políticos, para perseguir sus fines políticos, deben utilizar medios lícitos, permitidos por el ordenamiento jurídico venezolano, y especialmente, entre los medios lícitos, los "métodos democráticos[26].

Por tanto, los partidos políticos deberían establecer en la declaración de principios o en sus programas el compromiso de perseguir siempre sus objetivos a través de métodos democráticos, acatar la manifestación de la soberanía popular y respetar el carácter institucional y apolítico de las Fuerzas Armadas Nacionales[27].

Como consecuencia de estos métodos democráticos que deben utilizar los partidos políticos para alcanzar sus propósitos, ellos deben garantizar asimismo en sus estatutos, "los métodos democráticos en su orientación y acción política, así como la apertura de afiliación sin discriminación de raza, sexo, credo o condición social[28]; y asegurarán a sus afiliados la participación directa o representativa en el gobierno del partido y en la fiscalización de su actuación"[29].

Por otra parte, y como consecuencia de los métodos democráticos que deben utilizar los partidos políticos, es obligación de los mismos el "no mantener directa ni indirectamente, ni como órgano propio ni como entidad complementaria o subsidiaria, milicias o formaciones con organización militar o paramilitar, aunque ello no comporte el uso de armas, ni a permitir uniformes, símbolos o consignas, que proclamen o inviten a la violencia", tal como lo consagra el artículo 25, ordinal 3° de la Ley.

20 Artículo 27, letra "c" de la Ley de Partidos Políticos.

21 Artículo 2° de la Ley de Partidos Políticos.

22 Artículo 27, letra "c" de la Ley de Partidos Políticos.

23 Artículo 2° de la Ley de Partidos Políticos. Artículo 115 de la Constitución.

24 Artículo 4° de la Constitución.

25 Artículo 6° de la Ley de Partidos Políticos.

26 Artículo 67 de la Constitución. Sobre la utilización de métodos democráticos por parte de los partidos políticos, véase el criterio de la Procuraduría General de la República en dictamen de 15 de noviembre de 1962, publicado en *Dictámenes de la ^Procuraduría General de la República* 1962, Caracas, 1963, pp. 41 y ss.

27 Artículo 4° de la Ley de Partidos. En este sentido y respecto a las Fuerzas Armadas, el artículo 132 de la Constitución señala que "forman una institución *apolítica* obediente y no deliberante, organizada por el Estado para asegurar la defensa nacional, la estabilidad de las instituciones democráticas y el respeto a la Constitución y a las leyes, cuyo acatamiento estará siempre por encima de cualquier otra obligación".

28 Artículo 61 de la Constitución.

29 Artículo 5° de la Ley de Partidos Políticos.

- ***Naturaleza jurídica: en la Constitución; en la ley; en la jurisprudencia***

El rango constitucional de la consagración de los partidos políticos como instrumentos a través de los cuales los ciudadanos pueden participar en la orientación de la política nacional, llevó incluso a la antigua Corte Suprema de Justicia, siguiendo una doctrina sentada por el antiguo Consejo Supremo Electoral en 1970, a considerar a los partidos políticos desde el punto de vista histórico, sociológico y de la ciencia política, como "asociaciones políticas", "asociaciones de derecho público", o "entes jurídicos de derecho público"[30], considerando, por tanto, que le correspondía a cualquier ciudadano el derecho de denunciar ante el Consejo Nacional Electoral, las infracciones en que a su juicio hubiera podido incurrir un partido determinado y, en consecuencia, que correspondía a dicho Consejo, en virtud de sus atribuciones, velar por que se cumplieran las exigencias legales en cuanto a la constitución y funcionamiento de los partidos políticos[31].

Los partidos políticos, en todo caso, no son personas jurídicas de derecho público que por ello, pudieran considerarse que ejercen alguna cuota parte del Poder Público en virtud de descentralización legal, pues aparte del papel que la Constitución les asigna a las organizaciones con fines políticos a los efectos de canalizar la participación de los ciudadanos en la orientación política nacional, ni la Constitución ni ley alguna le atribuyen el ejercicio de poder público o de prerrogativa pública alguna, como al contrario sucede en otros sistemas políticos, como ocurrió en los Estados corporativos o fascistas que funcionaron en Europa hasta la Segunda Guerra Mundial, o en el esquema de los Estados de partido único, en los cuales la Constitución configura al partido como un órgano del Estado, como sucedió en la Constitución de la antigua Unión de Repúblicas Socialistas Soviéticas.

Por otra parte, es claro que si se tratara de personas jurídicas de derecho público, las personas que estuvieran al servicio de todos los partidos políticos estarían incursas en la prohibición de contratar con otras personas jurídicas de derecho público, como lo establece el artículo 145 de la Constitución, cuyo contenido, evidentemente no puede referirse a los partidos políticos.

Como consecuencia, los partidos políticos en el régimen constitucional y legal venezolano, tienen que considerarse como personas jurídicas de derecho privado de las que el artículo 19, ordinal 3º del Código Civil califica como "corporaciones", las cuales en virtud del papel político que la Constitución y la Ley de Partidos Políticos les asigna, están sometidos al control del Consejo Nacional Electoral, pero no resultando de ello, de manera alguna, que puedan dictar por sí mismos actos administrativos pues no ejercen prerrogativa pública alguna. Así lo resolvió la Corte Primera de lo Contencioso Administrativo en sentencia de 26 de agosto de 1989, al señalar lo siguiente:

> Como se observa, ni la previsión constitucional ni la definición misma que da de Partidos Políticos nuestro derecho positivo, en modo alguno permite configurarlos como personas jurídicas de derecho público.
>
> En efecto, de acuerdo a los índices de publicidad antes mencionados, los partidos políticos ni forman parte de la estructura de la administración pública, ni han sido creados por actos de poder público. Por lo que respecta al disfrute de prerrogativas, no existe disposición alguna en la ley que se las haya acordado. Tampoco nos 'encontramos frente al supuesto de personas jurídicas de derecho privado, a las cuales el legislador las haya habilitado para dictar actos administrativos, como ocurre excepcionalmente en el supuesto previsto en el artículo 92 de la Ley Orgánica de la Contraloría General de la República, por lo que respecta a las fundaciones y empresas del Estado las cuales, no obstante tratarse, por su forma, de personas jurídicas de derecho privado, se encuentran habilitados expresamente para dictar las decisiones correspondientes en materia de averiguaciones administrativas. Tal prerrogativa, en virtud del carácter aislado no es susceptible de convertirlas en personas de derecho público.

30 Sentencia de la Sala Político Administrativa de la antigua Corte Suprema de Justicia de 30-01-73, en *Gaceta Oficial* Nº 30112 de 26-05-73).

31 Sentencia de la Sala Político Administrativa de la antigua Corte Suprema de Justicia de 30-01-73, *Gaceta Oficial* Nº 30112 de 26-05-73).

Todo lo anterior lleva a esta Corte a la conclusión de que los Partidos Políticos, no obstante la muy importante y decisiva participación en la vida pública del país, son personas jurídicas de derecho privado, cuyos actos no son susceptibles de ser calificados como actos administrativos. Cualquier divergencia que surja con motivo de una decisión del partido político o de uno de sus órganos, y la cual dé lugar al menoscabo de los derechos o intereses de un particular, debe ser sometida a la consideración del Consejo Supremo Electoral de conformidad con las previsiones correspondientes establecidas en la Ley de Partidos Políticos. En consecuencia, el acto administrativo será, precisamente, la decisión que al respecto adopte el Consejo Supremo Electoral y éste sería el acto impugnable por la vía del contencioso administrativo, sujeto al control judicial de constitucionalidad y de legalidad por la Sala Político-Administrativa de la Corte Suprema de Justicia

Esta Corte debe entonces concluir que los partidos políticos no son personas jurídicas de derecho público, ni pueden considerarse que ejercen potestades de poder público, pues el papel que la Constitución les asigna a los efectos de canalizar la participación de los ciudadanos en la orientación política nacional no es susceptible de calificar de prerrogativa lo que simplemente es una función, aunque sí, de gran relevancia para el desarrollo de la vida pública del país.

Por las razones expuestas, al no poder calificarse como actos administrativos los impugnados ante esta instancia jurisdiccional, por tratarse de un acto emanado de un partido político, esta Corte debe declarar improcedente el recurso contencioso administrativo de anulación intentado ya que sólo contra los actos administrativos procede el ejercicio del mencionado recurso, y así se decide[32].

- ***Constitución y / o formación de los partidos políticos: libertad amplia; restricciones; regulaciones especiales***

El régimen de formación y constitución de los partidos políticos tanto nacionales como regionales, está establecido en la a Ley de Partidos Políticos, Reuniones Públicas y Manifestaciones de 1964, estableciéndose una amplia libertad para ello.

El trámite inicial previsto en la Ley es que los grupos de *ciudadanos* que deseen constituir un partido político deberán participarlo a la autoridad civil del Distrito o Departamento con indicación de las oficinas locales que establecerán, en cuyos frentes y en forma visible para el público, colocarán un aviso o placa indicativa del nombre provisional con que actúan. Así lo establece el artículo 8° de la Ley. En todo caso, serán clausurados los locales de asociaciones o grupos políticos que funcionen sin haber cumplido con los requisitos antes señalados.

La Ley, por otra parte, permite el funcionamiento provisional de asociaciones de *ciudadanos* que postulen candidatos durante los procesos electorales conforme al artículo de la Ley Orgánica del Sufragio, mientras dure el proceso electoral, y los autoriza en el mismo artículo 8° para que tengan y organicen locales y oficinas como los partidos políticos, previo el cumplimiento de los requisitos exigidos para el funcionamiento provisional de los partidos políticos, visto anteriormente.

A los fines de la regulación sobre la constitución definitiva de los partidos políticos, la vigente Ley de Partidos Políticos, Reuniones Públicas y Manifestaciones establece dos tipos de organizaciones: los partidos políticos nacionales y los partidos políticos regionales, cuyos requisitos de constitución se analizan más adelante.

Por otra parte, de acuerdo con la misma Ley, los partidos políticos deben adoptar una denominación distinta de la de otros partidos políticos debidamente registrados. Dicha denominación no podrá incluir nombres de personas ni de iglesias, ni ser contraria a la igualdad social y jurídica, ni expresiva de antagonismo hacia naciones extranjeras, ni en forma alguna parecerse o tener relación gráfica o fonética con los símbolos de la Patria o con emblemas religiosos. Por su parte, la Ley Orgánica del Sufragio y Participación Política también precisa que

32 Véase en *Revista de Derecho Público* N° 39, Caracas 1989. pp. 149-151

desde su inscripción, los partidos políticos deben indicar al Consejo Nacional Electoral, el color, combinación de colores o símbolos que deseen para distinguir sus postulaciones (Art. 134)

Además, los partidos políticos deberán dar cuenta al Consejo Nacional Electoral, dentro de los 10 días siguientes, de toda determinación que cambie la denominación del partido, que por otra parte, sólo puede hacerse conforme a las reglas antes enunciadas[33].

Además de las obligaciones derivadas de la propia naturaleza y definición legal de los partidos políticos antes analizadas, y de las otras referidas al financiamiento de los mismos que se analizarán más adelante, el artículo 25 de la Ley establece que son obligaciones de los mismos las siguientes:

1.- Adecuar su conducta a la declaración de principios, acta constitutiva, programa de acción política y estatutos debidamente registrados.

2.- Enviar copia al organismo electoral correspondiente de las modificaciones introducidas en los documentos mencionados anteriormente.

3.- No mantener directa ni indirectamente, ni como órgano propio ni como entidad complementaria o subsidiaria, milicias o formaciones con organización militar o paramilitar, aunque ello no comporte el uso de armas, ni a permitir uniformes, símbolos o consignas que proclamen o inviten a la violencia.

Dentro del Consejo Nacional Electoral, conforme al artículo 68 de la Ley Orgánica del Poder Electoral corresponden a la Oficina Nacional de Participación Política, las siguientes funciones:

1.- Formar, organizar y actualizar el registro de las organizaciones con fines políticos, grupo de electores, agrupaciones de ciudadanas y ciudadanos, de conformidad con lo establecido en la ley.

2.- Tramitar las solicitudes de constitución, renovación y cancelación de organizaciones con fines políticos, la determinación de sus autoridades legítimas y sus denominaciones provisionales, colores y símbolos de conformidad con la ley.

## E) REQUISITOS PARA LA CONSTITUCIÓN/ FORMACIÓN DE LOS PARTIDOS POLÍTICOS A NIVEL REGIONAL.

### *i. La solicitud de inscripción*

Los partidos políticos regionales se constituirán mediante su inscripción en el registro que al efecto llevará el Consejo Nacional Electoral.

Las solicitudes de inscripción deben ir acompañadas de los siguientes documentos[34].

1.- Nómina de integrantes del partido en número no inferior al 0,5 por ciento de la población inscrita en el registro electoral de la respectiva Entidad. La nómina especificará sus nombres y apellidos, edad, domicilio y Cédula de Identidad.

Los integrantes del partido que aparezca en esta nómina deberán estar domiciliados en la respectiva entidad.

2.- Manifestación de voluntad de los integrantes del partido de pertenecer a él[35].

3.- Tres ejemplares de su declaración de principios, de su acta constitutiva, de su programa de acción política y de sus estatutos. Uno de estos ejemplares se archivará en el expediente del Consejo Supremo Electoral, otro se enviará al Ministerio de Relaciones Interiores y el tercero será remitido a la Gobernación correspondiente.

---

33 Artículo 7° de la Ley de Partidos Políticos.

34 Artículo 10 de la Ley de Partidos Políticos.

35 Estos dos primeros requisitos no tienen que cumplirse, sin embargo, por "los grupos de ciudadanos que hubieren presentado planchas de candidatos en las últimas elecciones regionales o nacionales, según el caso, y hubieren obtenido el 3 por ciento de los votos emitidos..., pero deberán someterse a los demás requisitos para la constitución de partidos políticos".

4.- Descripción y dibujo de los símbolos y emblemas del partido.

5.- Indicación de los supremos organismos del partido, personas que los integran y los cargos que dentro de ellos desempeñan.

La solicitud de inscripción podrá ser tramitada por los interesados directamente ante el Consejo Supremo Electoral o por intermedio de la Gobernación de la respectiva entidad. En todo caso, los directivos del partido deberán autorizar con su firma todos los documentos requeridos para la constitución del partido enumerados anteriormente, de acuerdo con sus disposiciones estatutarias.

*ii. La publicación y la impugnación de nombres*

El Consejo Nacional Electoral al recibir la solicitud de inscripción, deberá entregar constancia de ello a los interesados y ordenará su publicación en la *Gaceta Oficial* de la República y en la Gaceta de la entidad correspondiente, dentro de los cinco (5) días siguientes.

Cuando la solicitud se haga a través de la Gobernación regional, la Secretaría de Gobierno cumplirá con la tramitación establecida y hará la publicación en la Gaceta del Estado en el mismo plazo antes señalado, remitiendo los recaudos al Consejo Nacional Electoral, con excepción de la nómina de militantes del partido. El Consejo Nacional Electoral podrá designar delegados, al recibir la información de que se ha solicitado el registro de un partido regional, para que supervise o tome a su cargo la tramitación de los recaudos.

En la publicación de la solicitud a que se ha hecho referencia, se expresará el *derecho* de cualquier *ciudadano* para revisar, en la Secretaría de Gobierno de la respectiva entidad, la nómina de los integrantes del partido y para impugnar el uso indebido de algún nombre[36]. A estos efectos cuando la solicitud de inscripción se ha hecho directamente ante el Consejo Nacional Electoral, éste remitirá a la Gobernación correspondiente la nómina de los integrantes del partido.

La impugnación de nombres la oirá, comprobará y certificará el Consejo Nacional Electoral a través de sus delegados o del Secretario de Gobierno, con la simple confrontación de su Cédula de Identidad[37].

*iii. La devolución de la solicitud*

Una vez transcurridos treinta (30) días a contar de la fecha de la publicación, la Gobernación respectiva debe enviar al Consejo Nacional Electoral la nómina con las observaciones o impugnaciones que se le hubieren hecho.

El Consejo Nacional Electoral, si no se han cumplido todos los extremos legales, devolverá la solicitud, haciendo constar por escrito los reparos formulados, siempre que no se trate de una negativa de la inscripción. Los interesados, dentro de los diez días siguientes, podrán presentar los nuevos recaudos necesarios para formalizar la solicitud y el Consejo resolverá dentro de los diez días después de haber recibido respuesta a los reparos formulados. Así lo establece el artículo 12 de la Ley.

*iv. La objeción del Ministerio de Relaciones Interiores*

Tal como lo indica el artículo 14 de la Ley de Partidos Políticos, Reuniones Públicas y Manifestaciones, el Ministerio de Relaciones Interiores podrá objetar la solicitud de inscripción de cualquier partido ante el Consejo Nacional Electoral, indicando las razones en que se fundamenta.

36 Se trata de la protección específica del nombre como uno de los derechos-de la personalidad. Es de destacar, por otra parte, que la Ley de Partidos Políticos no consagra otra forma de oposición a la inscripción de partidos regionales, salvo esta de la oposición, al usó de algún nombre. Al contrario, en la constitución de partidos políticos nacionales se admite la oposición a la inscripción de los mismos por cualquier motivo. No se comprenden los motivos por los cuales se estableció este distinto régimen en materia de oposición a la inscripción de partidos políticos.

37 Los servicios de la Oficina Nacional de Identificación, creada por Ley Orgánica de Identificación, deben atender cualquier requerimiento que le sea hecho a los fines del cumplimiento de la disposición del artículo 12 de la Ley.

Si fueran rechazadas las objeciones por el Consejo Nacional Electoral, el Ejecutivo Nacional, por órgano de la Procuraduría General de la República, podría recurrir contra ese acto por ante la Sala Electoral del Tribunal Supremo de Justicia, la cual decidirá en la forma y dentro de los lapsos establecidos para la negativa de inscripción, que veremos más adelante.

*v. La inscripción*

Si los interesados han cumplido con todos los requisitos legales, y no ha habido objeción del Ejecutivo Nacional o si la habido ha sido rechazada definitivamente, el Consejo Nacional Electoral, dentro de los quince días siguientes al recibo de la solicitud y sus recaudos, luego de transcurridos los treinta días siguientes a las publicaciones, procederá a inscribir al partido en su registro.

Hecha la inscripción del partido, el Consejo Nacional Electoral debe comunicar su decisión a los interesados y publicarla en la *Garceta Oficial* de la República y en la Gaceta de la entidad correspondiente, dentro de los cinco días siguientes[38].

Conforme lo establece el artículo 21 de la Ley, desde la fecha de la publicación de su registro, el partido político adquirirá personería jurídica y podrá actuar, a los fines de sus objetivos políticos, en todo el territorio de la entidad regional respectiva.

*vi. La negativa de inscripción*

La decisión del Consejo Nacional Electoral puede ser también denegatoria de la solicitud y, por tanto, de negativa de la inscripción solicitada. Cuando así sea, esta decisión también debe ser notificada a los interesados y publicada en la *Gaceta Oficial* de la República y en la Gaceta de la entidad correspondiente, dentro de los cinco días siguientes. En todo caso, en la decisión de negativa de la inscripción, se expresarán las razones que para ello tuvo el Consejo Nacional Electoral[39], es decir, debe tratarse de un acto administrativo motivado[40].

De este acto administrativo decisorio de negativa de inscripción, se podrá recurrir dentro de los quince días siguientes a la publicación en la *Gaceta Oficial,* por ante la Sala Electoral del Tribunal Supremo de Justicia.

La Sala Electoral deberá decidir en la décima quinta (15) audiencia siguiente al recibo de las actuaciones, pudiendo, tanto el Consejo Nacional Electoral como los interesados, promover y evacuar los alegatos y pruebas que estimen procedentes, dentro de las diez (10) primeras audiencias de aquel lapso.

Cuando la decisión de la Sala Electoral sea revocatoria de la del Consejo Nacional Electoral, éste debe proceder a inscribir al partido dentro de los tres días siguientes a la decisión de la Sala Electoral[41].

*vii. La renovación de la nómina*

Los partidos políticos regionales deben renovar, en el curso del año en que comience cada período constitucional, su nómina de inscritos en el porcentaje del cinco por ciento (0,5%) en la forma señalada para su constitución[42].

## F) REQUISITOS PARA LA CONSTITUCIÓN/ FORMACIÓN DE PARTIDOS A NIVEL NACIONAL

*viii. La solicitud de inscripción*

Los partidos políticos nacionales se constituirán mediante su inscripción en el registro que al efecto llevará el Consejo Nacional Electoral.

38 Artículo 12 y 13 de la Ley de Partidos Políticos.

39 Artículo 13 de la Ley de Partidos Políticos.

40 Sobre la motivación de los actos administrativos, véase el artículo 99 de la Ley Orgánica de Procedimientos Administrativos.

41 Artículo 15 de la Ley de Partidos Políticos.

42 Artículo 26 de la Ley de Partidos Políticos.

Las solicitudes de inscripción deberán ir acompañadas de los siguientes documentos:[43]

1.- Dos ejemplares de su acta constitutiva, de su declaración de principios, de su programa de acción política y de sus estatutos. Uno de estos ejemplares se archivará en el respectivo expediente del Consejo Nacional Electoral y él otro será remitido al Ministerio de Relaciones Interiores.

 Cuando se trate de partidos políticos regionales que hubieren acordado su fusión para constituir una organización nacional, así se expresará en la respectiva Acta Constitutiva, acompañándose copia fehaciente del voluntario consentimiento expresado por cada una de las organizaciones regionales, de acuerdo con sus Estatutos, para convertirse en Partido Nacional[44].

2.- Debe acompañarse además, constancia auténtica de que el partido ha sido constituido por lo menos en doce (12) de las entidades regionales, conforme a las normas y procedimientos a que se ha hecho referencia anteriormente. En este sentido, y a los efectos de la solicitud de inscripción *regional* conforme al artículo 10 de la Ley, el partido en trámite de organización nacional, podrá presentar los referidos recaudos ahí solicitados al partido nacional, agregando las correspondientes disposiciones transitorias para su actuación regional mientras se cumplen aquellos trámites[45].

3.- En tercer lugar, debe presentarse con la solicitud, la descripción y dibujo de los símbolos y emblemas del partido.

4.- Por último debe acompañarse la indicación de los organismos nacionales de dirección, las personas que los integran y los cargos que dentro de ellos desempeñan.

Los Directores del partido deben autorizar con su firma las actuaciones precedentes, de acuerdo con las disposiciones estatutarias respectivas.

### *ix. La publicación y la oposición*

El Consejo Nacional Electoral, al recibir la solicitud de inscripción entregará constancia de ello a los interesados y ordenará su publicación en la *Gaceta Oficial*, dentro de los cinco días siguientes. En dicha publicación se expresará el derecho de cualquier *ciudadano* a impugnar la solicitud de inscripción.

Los ciudadanos tendrán treinta días, contados a partir de la publicación de la solicitud para oponerse a la inscripción del partido, y tendrán, si así lo hacen, veinte días para presentar las pruebas y alegatos que consideren pertinentes. El Consejo Nacional Electoral debe decidir dentro de los diez días siguientes.

En todo caso, de la decisión del Consejo Nacional Electoral, los que hubiesen hecho oposición o los promotores del partido, podrán recurrir por ante la Sala Electoral del Tribunal Supremo de Justicia, dentro de los diez días siguientes a la fecha de la decisión. La Sala Electoral deberá decidir en la décima quinta audiencia siguiente al recibo de las actuaciones, pudiendo el Consejo Nacional Electoral, como los interesados, promover y evacuar los alegatos y pruebas que estimen procedentes dentro de las diez primeras audiencias de aquel plazo[46].

### *x. La objeción del Ministerio de Relaciones Interiores*

Al igual de lo que regula la ley respecto a los partidos regionales, el artículo 20 de la misma establece que el Ministerio de Relaciones Interiores podrá objetar la solicitud de inscripción de cualquier partido nacional ante el Consejo Nacional Electoral, indicando las razones en que se fundamente de acuerdo con lo prescrito en la ley. Si las objeciones fueren rechazadas, el Ejecutivo Nacional, por órgano del Procurador General de la República, podrá recurrir por

43 Artículo 16 de la Ley de Partidos Políticos.
44 Artículo 17 de la Ley de Partidos Políticos.
45 Artículo 11 de la Ley de Partidos Políticos.
46 Artículo 18 de la Ley de Partidos Políticos.

ante la Sala Electoral del Tribunal Supremo de Justicia, en la forma y dentro de los lapsos que analizamos anteriormente[47].

*xi. La inscripción*

Transcurridos treinta días a contar de la fecha de la publicación de la solicitud de inscripción del partido político nacional, si no se hubiere formulado oposición razonada ni objeción por parte del Ministerio de Relaciones Interiores y si el Consejo Nacional Electoral considerare que han sido llenados los requisitos legales, procederá a inscribir al partido en su registro dentro de los cinco días siguientes al vencimiento de aquel plazo[48].

Una vez hecha la inscripción del partido, el Consejo Nacional Electoral debe proceder a comunicarla a los interesados y a publicarla en la *Gaceta Oficial* dentro del lapso de cinco días[49]. Desde la fecha de la publicación de su registro, el partido político nacional adquirirá personería jurídica y podrá actuar, a los fines de sus objetivos políticos, en toda la República.

*xii. La negativa de inscripción*

Sin embargo, también la decisión del Consejo Nacional Electoral puede ser en sentido negativo cuando considere que no se han cumplido los requisitos legales de inscripción. La decisión denegatoria de la solicitud debe también publicarse en la *Gaceta Oficial* y comunicarse a los interesados. De acuerdo al artículo 19 de la Ley, el Consejo Nacional Electoral debe expresar las razones que tuvo para negar la inscripción. Se trata de la necesaria motivación del acto administrativo denegatorio.

Contrariamente a lo estipulado expresamente en materia de negativa de inscripción de partidos políticos regionales[50], la ley no reguló en forma expresa la impugnación por ante la Sala Electoral del Tribunal Supremo de Justicia del acto administrativo denegatorio de inscripción de partidos políticos nacionales. Sin embargo, consideremos que el artículo 15 de la Ley ya analizado, es perfectamente aplicable por vía analógica, a los partidos políticos nacionales.

*xiii. La constitución de seccionales regionales*

En caso de partidos políticos nacionales la ley regula expresamente la constitución de seccionales regionales. En efecto, la ley vigente somete la constitución de seccionales regionales, en las entidades donde no se hubiera constituido con anterioridad a su inscripción en el registro del Consejo Nacional Electoral, al cumplimiento de lo establecido en los numerales 3, 4 y 5 del artículo 10 de la misma, referido a la constitución de partidos políticos regionales, que ya hemos analizado.

En todo caso, la representación de las seccionales, mientras quedan definitivamente constituidas, corresponde a las autoridades partidistas nacionales.

*xiv. La renovación de la nómina*

Los partidos políticos nacionales también deben renovar, en el curso del año en que comience cada período constitucional, su nómina de inscritos en el porcentaje del cinco por ciento (0,5%) en la forma señalada para la constitución de los partidos regionales anteriormente analizada. Sin embargo, los partidos que hubieran obtenido en las elecciones nacionales correspondientes, el uno por ciento (1%) de los votos emitidos sólo tendrán que presentar una constancia de la votación que obtuvieron, debidamente certificada, por el respectivo organismo electoral[51].

## G) ESTRUCTURA INTERNA DE LOS PARTIDOS

La estructura interna de los partidos políticos no está regulada ni definida en la Ley de Partidos Políticos. Esa materia corresponde ser regulada en los estatutos de los propios partidos.

47 Artículos 18 y 20 de la Ley de Partidos Políticos.
48 Artículo 18 de la Ley de Partidos Políticos.
49 Artículo 19 de la Ley de Partidos Políticos.
50 Artículo 15 de la Ley de Partidos Políticos.
51 Artículo 26 de la Ley de Partidos Políticos.

Sin embargo, los partidos políticos están obligados conforme al artículo 25,6 de la Ley de Partidos Políticos a participar por escrito al Consejo Nacional Electoral, en cada oportunidad, los nombres de las personas que integren los supremos órganos directivos del partido y los cargos que dentro de ellos desempeñen. En los Estados y en el Distrito Capital, esta participación debe hacerse ante la Gobernación respectiva, la cual debe remitir copia al Consejo Nacional Electoral.

Como consecuencia de esta participación, en caso de conflicto entre directivas paralelas que puedan designar por facciones distintas dentro de los partidos políticos, el Consejo Nacional Electoral tiene competencia para determinar cual de las directivas, a su juicio y conforme a los Estatutos del partido es la que reconoce como tal. Esta decisión puede ser impugnada por vía de recurso contencioso-electoral ante la Sala Electoral del Tribunal Supremo.

## H) DEMOCRACIA INTERNA, DERECHO DE PARTICIPACIÓN

La Constitución establece que en todo caso, las asociaciones políticas deben seguir métodos democráticos no sólo en su organización sino en su funcionamiento y dirección. Para asegurar su democratización interna, el artículo 67 de la Constitución precisa que tanto los titulares de sus órganos de dirección como los candidatos de los partidos y asociaciones políticas a los diversos cargos de elección popular, deben ser "seleccionados en elecciones internas con la participación de sus integrantes".

En tal sentido, la Sala Electoral del Tribunal Supremo de Justicia en sentencia Nº 38 del 28 de abril de 2000 (Caso: *Arsenio Henríquez y otro vs. Movimiento al Socialismo (MAS)*, estableció el siguiente criterio:

> En tal sentido, se observa que la Constitución de la República Bolivariana de Venezuela orientada por uno de los principios que la informan, como lo es la participación protagónica de los ciudadanos en los asuntos públicos, consagró el derecho a la asociación en organizaciones con fines políticos, cuya estructura debe garantizar métodos democráticos de organización, funcionamiento y dirección. A tal fin las organizaciones políticas que se crearen deberán incluir en su ordenamiento interno aquellas normas que desarrollen y garanticen el cumplimiento de este mandato, de igual modo, las ya existentes, tienen el deber ineludible de adaptar sus reglamentos y estatutos a esta exigencia constitucional, en caso de que los dictados con anterioridad a la entrada en vigencia de la Constitución, no garanticen el derecho constitucional referido, y la participación de sus integrantes en su organización y funcionamiento. Ello, con el apoyo del recién creado Poder Electoral que tiene a su cargo, por mandato constitucional, garantizar la participación de los ciudadanos, a través de procesos comiciales transparentes, imparciales, eficientes y confiables, que se celebren, entre otros, en las mismas organizaciones con fines políticos.
>
> Los partidos políticos han de tener, entonces, necesariamente un carácter democrático, la actividad del partido en todo momento debe garantizar, preservar y desarrollar los principios democráticos contenidos en la Constitución, desechando cualquier conducta o práctica que distorsione el carácter democrático exigido por ella, debiendo abstenerse de cualquier método que vulnere las formas establecidas para acceder, ejercer y participar en el sistema político venezolano. Tales principios deben estar garantizados en su seno, es decir, dichas, organizaciones deben asegurar a sus afiliados la participación directa o representativa en el gobierno del partido.
>
> Así pues, en atención al derecho consagrado en el artículo 67 de la Constitución y, con el objeto de respetar los principios democráticos y dar cumplimiento a lo dispuesto en el referido artículo, en cuanto a que los "*organismos de dirección y sus candidatos o candidatas a cargos de elección popular serán seleccionados o seleccionadas en elecciones internas con la participación de sus integrantes*", los partidos políticos pueden dictar la normativa pertinente que regule esa forma de elección. El nuevo esquema impone a estos organismos, en el ejercicio de tal facultad, el recato y prudencia necesaria que garantice que la voluntad de sus respectivos colectivos se exprese en forma diáfana, evitando con ello la tenta-

ción de convertirse en instrumentos confiscatorios de la expresión o voluntad popular, en consecuencia, los candidatos deben ser seleccionados de conformidad con el proceso eleccionario interno instaurado en el que participen sus integrantes[52].

En todo caso, a fin de garantizar la organización interna democrática de los partidos políticos, el artículo 293, ordinal 6 de la Constitución ha atribuido al Poder Electoral la función de organizar las elecciones de las organizaciones con fines políticos en los términos que señale la Ley.

## I.- TRATAMIENTO DEL TEMA DE GÉNERO

En la Constitución de 1999, a pesar de que toda ella está redactada respetándose en todos sus artículos la referencia expresa al género femenino, al configurarse el principio de la igualdad en términos absolutos (Art. 21), se eliminó toda posibilidad de que en la legislación se pudiera establecer un tratamiento especial al género femenino mediante, por ejemplo, la regulación de cuotas de participación en las asambleas o cuotas en las listas de candidatos. Por ello fue que precisamente, con base en la norma del artículo 21 de la Constitución, que la Sala Electoral del Tribunal Supremo de Justicia en sentencia Nº 52 de 19 de mayo de 2000 (Caso: *Sonia Sgambatti vs. Consejo Nacional Electoral*) consideró como tácitamente derogado el artículo 144 de la Ley Orgánica del Sufragio y Participación Política que establecía la llamada "cuota electoral femenina", con base en los siguientes argumentos:

> El citado artículo 144 de la Ley Orgánica del Sufragio y Participación Política impone a los partidos y grupos de electores la obligación de conformar la postulación de sus listas a los cuerpos deliberantes, con un porcentaje que represente como mínimo el treinta por ciento (30%) de los candidatos postulados, lo cual a entender de esta Sala revela una ostensible contradicción con el artículo 21 de la Constitución de la República Bolivariana de Venezuela; en efecto el principio de igualdad opera en dos planos diferentes: frente al legislador (igualdad en la Ley) y en aplicación de la Ley. En el primer caso la preservación de la igualdad en la Ley impide que se puedan configurar los supuestos de hecho de la norma de modo tal que se dé trato distinto a las personas que, desde todos los puntos de vista legítimamente adoptables, se encuentren en la misma situación, por lo que cuando el legislador en uso de su potestad actúa en forma contraria al criterio antes referido, es decir, configura el presupuesto de hecho de la norma creando una mejor posición para una persona o grupo de personas, y dotándolo de esta manera de un régimen jurídico más favorable que el de otros, incurre en una infracción de principio de igualdad por parte del legislador.
>
> En efecto, el análisis del artículo 144 de la Ley Orgánica del Sufragio y Participación Política, pone en evidencia que el legislador creó, basado en la situación en la que se encontraba para ese momento la mujer, una situación más favorable para éstas en la integración de las listas que deben ser presentadas para la elección de los cuerpos deliberantes con la finalidad de materializar en la práctica el principio de igualdad recogido en la Constitución de 1961.
>
> Ahora bien, advierte esta Sala, que si bien dicho dispositivo pudo ser congruente, o estar en sintonía con la Constitución de 1961, no es posible afirmar lo mismo cuando se confronta con la Constitución de 1999, ya que no ha sido esa la intención plasmada en nuestra Carta Magna, por cuanto la situación en la que se encuentra la sociedad venezolana ha variado notablemente, motivo por el cual se estableció plena igualdad entre el hombre y la mujer, al dotársele de los mismos derechos incluyendo políticos, y colocándolos en el mismo plano de igualdad, esto es identidad de condiciones y oportunidades para ejercer derechos especialmente atinentes a los cargos de elección popular, sin que exista norma alguna que restrinja, limite o menoscabe el ejercicio de estos derechos de las mujeres. Mas aún, reconoce ambos géneros indistintamente, en cada uno de las normas referidas a cargos públicos (véase en este sentido el Título IV de la Constitución de la República Bolivariana de Venezuela relativo al Poder Público).

---

52 Véase en *Revista de Derecho Público,* Nº 82 (abril-junio), Editorial Jurídica Venezolana, Caracas, 2000, pp. 333 y ss.

En consonancia con los argumentos antes expuestos, considera esta Sala oportuno destacar que es un hecho notorio que el sexo masculino milita en mayor número en las agrupaciones políticas que las mujeres, y que la militancia política en todas las sociedades y en todos los tiempos siempre ha estado reducida a una proporción mínima de población, y los liderazgos que resultan en la misma son producto del trabajo político perseverante de los integrantes de las asociaciones con fines políticos, los cuales militan voluntariamente en sus agrupaciones independientemente de su sexo. Muy por el contrario, no se debe a limitaciones establecidas al sexo femenino, ni mucho menos a la serie de tareas hogareñas a las que el sexo femenino pudiera encontrarse obligado. (Véase en este sentido sentencia de la Corte Suprema de Justicia en Pleno, del 28 de mayo de 1998, caso *Enrique Yespica Allup*).

Aunado a lo anterior, resulta procedente señalar que el Artículo 67 de la Constitución de la República Bolivariana de Venezuela establece que: *"Todos los ciudadanos y ciudadanas tienen el derecho a asociarse, mediante métodos democráticos de organización, funcionamiento y dirección. Sus organismos de dirección y sus candidatos o candidatas a cargos de elección popular serán seleccionados o seleccionadas en elecciones internas con participación de sus integrantes..."* de lo cual se desprende que la selección de los postulados por cada organización con fines políticos se realizará mediante mecanismos democráticos, y con total prescindencia del sexo al que pertenecen.

De lo expuesto se desprende que el artículo 144 de la Ley Orgánica del Sufragio y Participación Política ha quedado derogado, por no guardar correspondencia con lo establecido en torno al derecho a la igualdad y no discriminación en el texto constitucional, en virtud de la norma derogatoria única ejusdem, configurándose una inconstitucionalidad sobrevenida y así se decide[53].

## J) FINANCIAMIENTO DE LOS PARTIDOS POLÍTICOS

### *Prohibición del financiamiento público*

Contrariamente a lo que se regulaba en la legislación electoral preconstitucional, el artículo 67 de la Constitución expresamente prohíbe el financiamiento de las asociaciones con fines políticos con fondos provenientes del Estado. Se cambió así, radicalmente, el régimen de financiamiento a los partidos políticos previsto en la Ley Orgánica del Sufragio y Participación Política, mediante el cual se buscaba mayor equilibrio y equidad para la participación electoral, evitando los desequilibrios y perversiones que podría producir el solo financiamiento privado, por el narco financiamiento, por ejemplo, y el eventual financiamiento público indirecto sólo para los partidos de gobierno[54]. Se abandonó así, la tendencia inversa que predomina en el derecho comparado.

Incluso, para evitar cualquier financiamiento público indirecto, no sólo la Constitución establece expresamente que los funcionarios públicos están al servicio del Estado y no de parcialidad política alguna (Art. 145); sino que las direcciones de las asociaciones con fines políticos no pueden contratar con entidades del sector público (Art. 67). El primer principio, sin embargo, desde que se publicó la Constitución, ha sido sistemáticamente vulnerado al ejercer el Presidente de la República, algunos de sus Ministros y otros altos funcionarios de la Administración Pública, y el Presidente de la Asamblea Nacional, los principales cargos directivos del partido de gobierno.

### *Financiamiento privado y su control*

En todo caso, el mismo artículo 67 de la Constitución remite a la ley para regular lo concerniente al financiamiento y las contribuciones privadas de las organizaciones con fines políticos,

53 Véase en *Revista de Derecho Público*, N° 82, (abril-junio), Editorial Jurídica Venezolana, Caracas 2000, pp. 255 y 256

54 Véase en general sobre el tema, Allan R. Brewer-Carías, "Consideraciones sobre el financiamiento de los partidos políticos en Venezuela" en *Financiamiento y democratización interna de partidos políticos. Memora del IV Curso Anual Interamericano de Elecciones*, San José, Costa Rica, 1991, pp. 121 a 139. Véase nuestra propuesta en relación con este artículo en Allan R. Brewer-Carías, *Debate Constituyente*, Tomo II, *op. cit.*, p. 128.

y los mecanismos de control que aseguren la pulcritud en el origen y manejo de las mismas. Así mismo la ley debe regular las campañas políticas y electorales, su duración y límites de gastos, propendiendo a su democratización.

La Ley de Partidos Políticos, en esta materia, establece como restricción general en el artículo 25,4 que los partidos no pueden "aceptar donaciones o subsidios de las entidades públicas, tengan o no carácter autónomo; de las compañías extranjeras o con casa matriz en el extranjero; de empresas concesionarias de obras públicas; de cualquier servicio o de bienes de propiedad del Estado, de Estados extranjeros o de organizaciones políticas extranjeras[55].

La Ley Orgánica del Sufragio y Participación Política, por su parte, en la materia, prohíbe a las organizaciones políticas y candidatos electorales a recibir contribuciones anónimas (Art. 202)

A los efectos del control, la Ley de Partidos Políticos dispone que los partidos deben llevar una documentación contable en la que consten los ingresos y la inversión de los recursos del partido. Estos libros de contabilidad y sus respectivos comprobantes deben ser conservados durante cinco (5) años, por lo menos, contados a partir del último asiento de cada uno de ellos (Art. 25,5).

Ahora bien, el control del financiamiento de los partidos políticos corresponde al Consejo Nacional Electoral a cuyo efecto, el artículo 33,25 de la Ley Orgánica del Poder Electoral le atribuye competencia para "Velar por el cumplimiento de las disposiciones del ordenamiento jurídico en relación con el origen y manejo de los fondos de las organizaciones con fines políticos"; y a la Comisión de Participación Política y Financiamiento la cual conforme al artículo 66 de la misma Ley tiene las siguientes funciones:

3.- Vigilar por el cumplimiento de las disposiciones constitucionales y legales en relación con los fondos y el financiamiento de las campañas electorales de las organizaciones con fines políticos, grupos de electores, asociaciones de ciudadanas o ciudadanos, y de las candidatas o los candidatos por iniciativa propia.

4.- Investigar el origen y destino de los recursos económicos utilizados en las campañas electorales de las organizaciones con fines políticos, grupo de electores, asociaciones de ciudadanas o ciudadanos y de las candidatas o candidatos postuladas o postulados por iniciativa propia, de conformidad con lo establecido en la ley.

Adicionalmente el artículo 69 de la Ley Orgánica del Poder Electoral atribuye a la Dirección Nacional de Financiamiento las siguientes funciones:

1.- Sustanciar las investigaciones que le delegue la Comisión de Financiamiento y Participación Política sobre el origen y destino de los recursos económicos destinados a las campañas electorales de las organizaciones con fines políticos, grupo de electores y de las candidatas o candidatos postuladas o postulados por iniciativa propia, de conformidad con lo establecido en la ley.

2.- Sustanciar las investigaciones que le delegue la Comisión de Financiamiento y Participación Política relacionadas con el origen y destino de los gastos de los fondos de financiamiento de las organizaciones con fines políticos, grupos de electores y de las candidatas o candidatos postuladas o postulados por iniciativa propia, de conformidad con lo establecido en la ley.

3.- Recibir, organizar y archivar los recaudos sobre el origen de los fondos y el financiamiento de las campañas electorales de las organizaciones con fines políticos, grupos de electores, asociaciones de ciudadanas o ciudadanos y de las candidatas o candidatos postuladas o postulados por iniciativa propia.

55 Ello con el fin de evitar en todo momento que los partidos políticos suscriban pactos que los obliguen a subordinar su actuación a directivas provenientes de entidades o asociaciones extranjeras como lo prohíbe el artículo 6° de la Ley de Partidos Políticos.

✓ **Sanciones**

La Ley Orgánica del Sufragio y Participación Política establece como falta electoral, penada con multa, al "candidato que no presente informe sobre sus ingresos y gastos de campaña electoral ante el Consejo Nacional Electoral en los términos establecidos en la ley (Art. 254,13). La misma Ley regula como delito penado con prisión de 2 a 3 años, al responsable de los partidos políticos o grupos de electores, así como al candidato que reciba contribuciones o financiamiento de forma anónima (Art. 258,3).

## K) COALICIONES; FUSIONES; ALIANZAS

La Ley Orgánica del Sufragio y Participación Política establece una amplia libertad de alianzas políticas entre las organizaciones políticas, con motivo de la postulación de candidatos. Considera la Ley que existe alianza cuando dos o más organizaciones políticas presenten idénticas postulaciones En el caso de elecciones de organismos deliberantes, "las postulaciones son idénticas cuando están conformadas por las mismas personas y en el mismo orden" (Art. 9)

La consecuencia de las alianzas es que conforme a la ley, sólo en el caso de las dichas alianzas, se sumarán los votos que otorgan los candidatos postulados por diversas organizaciones políticas, en la circunscripción correspondiente.

## L) EXTINCIÓN/ CANCELACIÓN DE LOS PARTIDOS POLÍTICOS: CAUSAS

### *xv. La cancelación del registro de los partidos políticos*

Diversas causales de cancelación del registro de los partidos políticos establece la Ley de Partidos Políticos en su artículo 27. Ellas son:

1.- Por solicitud del propio partido, conforme a sus estatutos.

2.- Como consecuencia de su incorporación a otro partido o de su fusión con éste.

3.- Cuando haya dejado de participar en las elecciones, en dos períodos, constitucionales sucesivos.

4.- Cuando se compruebe que ha obtenido su inscripción en fraude a la ley, o ha dejado de cumplir los requisitos en ella señalados, o su actuación no estuviese ajustada a las normas legales. En esta causal puede incluirse el incumplimiento de las obligaciones de los partidos políticos antes vistas.

En caso de producirse alguna de las causales de cancelación del registro de un partido político el Consejo Nacional Electoral podrá hacerlo, actuando de oficio o a petición del Ministerio de Relaciones Interiores y de Justicia, del Ministerio Público o de otro partido[56].

En todo caso ninguna revocatoria podrá acordarla el Consejo Nacional Electoral sin la previa citación del partido afectado[57] en las personas que ejerzan su representación de conformidad con sus estatutos, quienes podrán oponerse a la cancelación, promoviendo y evacuando las pruebas conducentes y exponiendo por escrito los alegatos que estimen procedentes.

Establece el artículo 27 de la ley que todo ese procedimiento debe cumplirse dentro del término de treinta días computados a partir de la citación del partido afectado. Si transcurre este término sin que haya habido oposición quedará definitivamente cancelado el registro y se publicará la decisión en la *Gaceta Oficial.*

Si, por el contrario, hubiere habido oposición de la decisión recaída podrá recurrirse ante la Sala Electoral del Tribunal Supremo de Justicia en la forma que se indicó al examinar la negativa de inscripción, y en tanto no recaiga sentencia definitivamente firme el partido podrá continuar sus actividades ordinarias.

56 Artículo 27 de la Ley de Partidos Políticos.

57 Lo que constituye la necesaria garantía del procedimiento administrativo configurada por la audiencia del interesado regulada en el artículo 48 de la Ley Orgánica de Procedimientos Administrativos.

En todo caso, el Consejo Nacional Electoral debe publicar en la *Gaceta Oficial* y en los demás órganos de publicidad que crea necesarios el respectivo asiento de cancelación del partido, excepto cuando lo fuera por sentencia del Tribunal Supremo de Justicia[58], en cuyo caso ésta cuidará de su aplicación[59].

### *xvi. La disolución de los partidos políticos*

La Ley de Partidos Políticos no sólo regula la cancelación del registro como medio de extinción de los partidos, sino que prevé la disolución de los mismos.

En efecto, la disolución está prevista respecto a los partidos políticos que de manera sistemática propugnen o desarrollen actividades contra el orden constitucional.

En estos casos corresponde a la Sala Electoral del Tribunal Supremo de Justicia, a instancia del Poder Ejecutivo Nacional, conocer y decidir sobre la disolución del partido de referencia[60].

## M) OTRAS FORMAS DE PARTICIPACIÓN POLÍTICA

La Constitución de 1999 establece en su artículo 70, con carácter general, que son "medios de participación y protagonismo del pueblo en ejercicio de su soberanía, en lo político: la elección de cargos públicos, el referendo, la consulta popular, la revocación del mandato, las iniciativas legislativa, constitucional y constituyente, el cabildo abierto y la asamblea de ciudadanos cuyas decisiones serán de carácter vinculante, entre otros; y en lo social y económico: las instancias de atención ciudadana, la autogestión, la cogestión, las cooperativas en todas sus formas incluyendo las de carácter financiero, las cajas de ahorro, la empresa comunitaria y demás formas asociativas guiadas por los valores de la mutua cooperación y la solidaridad". La ley, concluye la norma, debe establecer las condiciones para el efectivo funcionamiento de los medios de participación previstos en dicho artículo[61].

En cuanto al derecho de los ciudadanos de asociarse con fines políticos, mediante métodos democráticos de organización, funcionamiento y dirección, el artículo 67 de la Constitución, como se ha señalado, no sólo reguló a los partidos políticos sino en general a las organizaciones con fines políticos[62]. Además, ni los partidos políticos ni, en general, las asociaciones con fines políticos tienen el monopolio de la presentación de candidaturas para las elecciones, pues incluso, el mismo artículo 67 de la Constitución dispone que tanto los ciudadanos, por iniciativa propia, y las asociaciones con fines políticos, tienen derecho a concurrir a los procesos electorales postulando candidatos.

Ahora bien, conforme al artículo 130 de la Ley Orgánica del Sufragio y Participación Política cuya normativa es preconstitucional (1998), las postulaciones de candidatos para las elecciones reguladas en dicha Ley, sólo podrán efectuarse por los partidos políticos constituidos conforme a las previsiones de la Ley de Partidos Políticos, Reuniones Públicas y Manifestaciones, y por los grupos de electores. Estos son "agrupaciones de ciudadanos con derecho al voto, constituidos para realizar postulaciones en determinadas elecciones" Estos grupos de lectores pueden ser nacionales, regionales y municipales y deben ser autorizados conforme al procedimiento de inscripción que ha determinado el Consejo Nacional Electoral en el Reglamento General de Elecciones (Art. 132).

---

58 Artículo 28 de la Ley de Partidos Políticos.

59 Artículo 120 de la Ley Orgánica de la Corte Suprema de Justicia.

60 Artículo 29 de la Ley de Partidos Políticos. Si se tiene en cuenta la disposición que consagra la cancelación de los partidos políticos que se ha analizado y que consagra como casual de cancelación el hecho de que la actuación del partido político "no estuviese ajustada a las normas legales", no se comprende la razón de ser esta norma del artículo 29 de la Ley, ya que las actividades que de manera sistemática tiendan contra el orden constitucional, constituyen actividades "no ajustadas a las normas legales" y, por tanto, los partidos que las desarrollen, quedan sujetos a cancelación.
Esta disposición parece estar destinada, sin embargo, a la "institucionalización" de un procedimiento utilizado por el Ejecutivo Nacional para lograr la "inhabilitación" de partidos políticos por parte del Tribunal Supremo de Justicia. El caso concreto fue decidido por la antigua Corte Suprema de Justicia en sentencia de 3 de octubre de 1963, en *G.O.* N° 27.262 de 3-10-63.

61 *Ley Orgánica del Sufragio y la Participación Política*, (*G.O.* N° 5.233 Extra de 28-05-1998).

62 *Ley de Partidos Políticos, Reuniones Públicas y Manifestaciones*, (*G.O.* N° 27.725 de 30-04-1965).

En todo caso, para constituir un grupo de electores, la solicitud respectiva debe estar suscrita por un número no menor de 5 ciudadanos inscritos en el Registro Electoral, los cuales deben acompañar las manifestaciones de voluntad de postular, firmadas por un número de electores inscritos en dicho Registro, equivalente a cinco milésimas de los electores de la circunscripción de que se trate (Art. 132).

## N) ÓRGANO DEL ESTADO ENCARGADO DE LLEVAR EL CONTROL DE LAS ORGANIZACIONES POLÍTICAS: EL PODER ELECTORAL

La Constitución de 1999, avanzando en la tradicional separación tripartita del Poder Público entre Legislativo, Ejecutivo y Judicial, estableció en su artículo 136, una separación pentapartita del Poder Público, al disponer que "El Poder Público Nacional se divide en Legislativo, Ejecutivo, Judicial, Ciudadano y Electoral".

Se creó así el Poder Electoral cuyo ejercicio se atribuyó al Consejo Nacional Electoral como ente rector; teniendo como organismos subordinados a éste, la Junta Electoral Nacional, la Comisión de Registro Civil y Electoral y la Comisión de Participación Política y Financiamiento, con la organización y el funcionamiento que establezca la ley orgánica respectiva (Art. 292)[63].

### *Atribuciones*

De acuerdo con el artículo 293 de la Constitución, el Poder Electoral tiene por funciones:

1.- Reglamentar las leyes electorales y resolver las dudas y vacíos que éstas susciten o contengan.

2.- Formular su presupuesto, el cual tramitará directamente ante la Asamblea Nacional y administrará autónomamente.

3.- Dictar directivas vinculantes en materia de financiamiento y publicidad político electorales y aplicar sanciones cuando no sean acatadas.

4.- Declarar la nulidad total o parcial de las elecciones.

5.- La organización, administración, dirección y vigilancia de todos los actos relativos a la elección de los cargos de representación popular de los poderes públicos, así como de los referendos.

6.- Organizar las elecciones de sindicatos, gremios profesionales y organizaciones con fines políticos en los términos que señale la ley. Así mismo, podrán organizar procesos electorales de otras organizaciones de la sociedad civil a solicitud de éstas, o por orden de la Sala Electoral del Tribunal Supremo de Justicia. Las corporaciones, entidades y organizaciones aquí referidas cubrirán los costos de sus procesos eleccionarios.

7.- Mantener, organizar, dirigir y supervisar el Registro Civil y Electoral.

8.- Organizar la inscripción y registro de las organizaciones con fines políticos y velar porque éstas cumplan las disposiciones sobre su régimen establecidas en la Constitución y en la ley. En especial, decidirá sobre las solicitudes de constitución, renovación y cancelación de organizaciones con fines políticos, la determinación de sus autoridades legítimas y sus denominaciones provisionales, colores y símbolos.

9.- Controlar, regular e investigar los fondos de financiamiento de las organizaciones con fines políticos.

### *Designación*

De acuerdo con el artículo 295 de la Constitución, los integrantes del Consejo Nacional Electoral deben ser designados por la Asamblea Nacional con el voto de las dos terceras partes de sus integrantes. Sin embargo, la amplia discrecionalidad que antes tenía la Asamblea Nacional para hacer las designaciones fue específicamente limitada en la Constitución, en dos sentidos:

---

63 Ley Orgánica del Poder Electoral, *G.O.* N° 37.573 de 19-11-2002

En primer lugar, al establecerse un Comité de Postulaciones Electorales de candidatos o candidatas a integrantes del Consejo Nacional Electoral el cual dice la Constitución "estará integrado por representantes de los diferentes sectores de la sociedad, de conformidad con lo que establezca la ley". La Ley del Poder Electoral, sin embargo, ha establecido un Comité de Postulaciones integrado por una mayoría de Diputados a la Asamblea Nacional apartándose así de lo dispuesto en la Constitución que refiere a un Comité integrado exclusivamente por representantes de diversos sectores de la sociedad.

En segundo lugar, la Constitución también ha limitado la discrecionalidad de la Asamblea Nacional, al disponer directamente (Art. 296) cómo ha de estar integrado el Consejo Nacional Electoral: por cinco personas no vinculadas a organizaciones con fines políticos; tres de ellas serán postuladas por la sociedad civil, una por las Facultades de ciencias jurídicas y políticas de las Universidades Nacionales y una por el Poder Ciudadano. Los integrantes postulados por la sociedad civil deben tener seis suplentes, y cada designado por las Universidades y el Poder Ciudadano deben tener dos suplentes, respectivamente.

En cuanto a la Junta Nacional Electoral, la Comisión de Registro Civil y Electoral y la Comisión de Participación Política y Financiamiento, dichos órganos deben ser presididos, cada uno, por integrante postulados por la sociedad civil.

Los integrantes del Consejo Nacional Electoral duran siete años en sus funciones y deben ser elegidos por separado: los tres postulados por la sociedad civil al inicio de cada período de la Asamblea Nacional, y los otros dos a la mitad del mismo.

***Independencia, autonomía y despartidización***

De acuerdo con el artículo 293 de la Constitución, los órganos del Poder Electoral deben garantizar la igualdad, confiabilidad, imparcialidad, transparencia y eficiencia de los procesos electorales, así como la aplicación de la personalización del sufragio y la representación proporcional; a cuyo efecto, conforme al artículo 294 del mismo Texto, se rigen por los principios de independencia orgánica, autonomía funcional y presupuestaria, despartidización de los organismos electorales, imparcialidad y participación ciudadana; descentralización de la administración electoral, transparencia y celeridad del acto de votación y escrutinios.

En cuanto a la independencia, sin embargo, la propia Constitución estableció el germen de su debilitamiento al permitir que "los integrantes del Consejo Nacional Electoral serán removidos por la Asamblea Nacional, previo pronunciamiento del Tribunal Supremo de Justicia" (Art. 296). Con ello, se abrió la posibilidad del control político sobre el órgano electoral, aún cuando la Ley Orgánica del Poder Electoral haya previsto (Art. 32) sólo dos causales de remoción: "1. Quedar sujeto a interdicción o inhabilitación política; 2. Adscribirse directa o indirectamente a organizaciones con fines políticos". Esto reafirma, por otra parte, el principio de la despartidización del Poder Electoral.

En efecto, la Constitución de 1999, se redactó con una marcada tendencia anti-partidos, no sólo al desaparecer de su texto la misma expresión "partido político", sino entre otras previsiones, al expresamente la "despartidización" de los organismos electorales, en contraste con la regulación anterior, conforme a la cual la mayoría de los integrantes del Consejo Nacional Electoral, eran designados por el anterior Congreso de representantes postulados por los partidos políticos de. Sobre el sentido de la despartidización, la Sala Electoral del Tribunal Supremo de Justicia ha señalado:

> También es preciso indicar que la aludida participación no colide, en criterio de esta Sala, con el principio de despartidización de los organismos electorales, contemplado en el 294 de la Constitución, el cual evidencia la clara voluntad constituyente de excluir de los órganos del Poder Electoral a los partidos políticos, en el sentido de no permitir una inmediación orgánica con esos órganos que comporte el ejercicio de poderes jurídicos o fácticos por los partidos, tal como aparecía consagrado en el artículo 113 de la Constitución de 1961, que establecía la integración de los órganos electorales, condicionándola exclusivamente a que ninguno ellos tuviera preeminencia en su conformación. De allí

pues, que resulte armonizable el principio de despartidización de los organismos electorales, con el principio de participación en los mismos contemplado en el citado artículo 70 constitucional, entendida ésta únicamente como facultad de vigilancia sobre los actos fundamentales del proceso electoral (postulación, admisión de candidatos, cronograma, votaciones, escrutinios, proclamación y cualquier otro que considere como tal el Consejo Nacional Electoral). Por tanto, corresponde al máximo órgano electoral establecer esos actos, y las modalidades de participación de los partidos políticos en cada uno de ellos (asistencia a reuniones del Cuerpo, asistencia a comisiones técnicas, etc, siempre con facultad para formular observaciones que deberán ser recogidas en las actas correspondientes), bien mediante un acto particular o general, pudiendo darle a esas modalidades de participación la denominación que considere más conveniente. En todo caso lo que debe destacar esta Sala es que la armonización de los principios constitucionales antes mencionados en la organización y funcionamiento de los organismos electorales tiene como finalidad esencial garantizar la participación, en los términos antes indicados, de las organizaciones con fines políticos, así como de los otros actores de los procesos electorales, verbigracia los ciudadanos que participen en los mismos por iniciativa propia[64].

La Ley Orgánica del Poder Electoral, sin embargo, reguló una forma de participación de los partidos políticos mediante la designación de representantes ante uno de sus Consejos. A tal efecto, el artículo 35 dispone que el Consejo Nacional Electoral debe convocar, al inicio de cada período de la Asamblea Nacional, a las cuatro (4) organizaciones con fines políticos con mayor votación por lista en la última elección a la Asamblea Nacional, para que designen un representante ante el Consejo de Participación Política. Las demás organizaciones con fines políticos que no estuvieren dentro de las cuatro (4) organizaciones con fines políticos anteriormente nombradas, designarán a un representante. La designación, así como la remoción de la o el representante y su sustitución, es potestad de cada una de las organizaciones con fines políticos.

### *xvii. El control específico sobre los partidos políticos*

El artículo 33 de la La Ley Orgánica del Poder Electoral, atribuye además al Consejo Nacional Electoral en, relación con los partidos políticos, la siguiente competencia:

1.- Organizar, administrar, supervisar y vigilar los actos relativos a los procesos electorales, de referendo y los comicios para elegir funcionarias o funcionarios cuyo mandato haya sido revocado, en el ámbito nacional, regional, municipal y parroquial.

2.- Organizar las elecciones de sindicatos, respetado su autonomía e independencia, con observancia de los tratados internacionales suscritos por la República Bolivariana de Venezuela sobre la materia, suministrándoles el apoyo técnico y logístico correspondiente. Igualmente, las elecciones de gremios profesionales, y organizaciones con fines políticos; y de la sociedad civil; en este último caso, cuando así lo soliciten o cuando se ordene por sentencia definitivamente firme de la Sala Electoral del Tribunal Supremo de Justicia.

13.- Acreditar ante los organismos electorales subalternos los testigos de las organizaciones con fines políticos, grupo de electores, asociaciones de ciudadanas y ciudadanos y de las candidatas y candidatos que se postulen por iniciativa propia.

21.- Garantizar el cumplimiento de las disposiciones constitucionales, legales y estatutarias referidas a la conformación y democratización del funcionamiento de las organizaciones con fines políticos.

24.- Velar por el cumplimiento de las disposiciones del ordenamiento jurídico en relación con el funcionamiento de las campañas electorales de las organizaciones con fines políticos, grupo de electores, agrupación de ciudadanas o ciudadanos y de las personas que se postulen por iniciativa propia.

---

64 Sentencia de la Sala Electoral del Tribunal Supremo de Justicia N° 10 de 25-02-2000 Caso: *Apertura a la Participación Ciudadana (APERTURA) y otros vs. Consejo Nacional Electoral.*

25.- Velar por el cumplimiento de las disposiciones del ordenamiento jurídico en relación con el origen y manejo de los fondos de las organizaciones con fines políticos.

Adicionalmente, conforme a la orientación de la Constitución, el artículo 64 de la Ley Orgánica del Poder Electoral regula a la Comisión de Participación Política y Financiamiento, como el órgano a cuyo cargo está promover la participación ciudadana en los asuntos públicos; de la formación, organización y actualización del registro de inscripciones de organizaciones con fines políticos, velando por el cumplimiento de los principios de democratización. Esta Comisión, además es la que controla, regula e investiga los fondos de las agrupaciones con fines políticos, y el financiamiento de las campañas electorales de los mismos, de los grupos de electores, de las asociaciones de los ciudadanos, y de los ciudadanos que se postulen a cargos de elección popular por iniciativa propia.

El artículo 66 de la Ley le atribuye a la Comisión de Participación Política y Financiamiento las siguientes funciones:

1.- Organizar la inscripción y registro de las organizaciones con fines políticos, de los grupos de electoras y electores, de las asociaciones de las ciudadanas y los ciudadanos, y vigilar porque éstas cumplan las disposiciones constitucionales y legales sobre su régimen de democratización, organización y dirección.

2.- Crear los mecanismos que propicien la participación de las ciudadanas y ciudadanos, en los procesos electorales, referendos y otras consultas populares.

3.- Vigilar por el cumplimiento de las disposiciones constitucionales y legales en relación con los fondos y el financiamiento de las campañas electorales de las organizaciones con fines políticos, grupos de electores, asociaciones de ciudadanas o ciudadanos, y de las candidatas o los candidatos por iniciativa propia.

4.- Investigar el origen y destino de los recursos económicos utilizados en las campañas electorales de las organizaciones con fines políticos, grupo de electores, asociaciones de ciudadanas o ciudadanos y de las candidatas o candidatos postuladas o postulados por iniciativa propia, de conformidad con lo establecido en la ley.

## Ñ) AFILIACIÓN A ORGANIZACIONES INTERNACIONALES

La afiliación de los partidos políticos a organizaciones internacionales no está regulada en la ley. Por tanto, al no estar prohibidas, es posible que los partidos políticos y demás asociaciones con fines políticos se puedan afiliar a organizaciones internacionales.

## O) EVALUACIÓN

**Cómo ha repercutido la legislación comentada en los partidos políticos y dentro de la organización política en general?. Dentro del desarrollo democrático?. Consecuencias prácticas.**

Las regulaciones sobre los partidos políticos antes analizadas, si bien atrasadas para los cambios operados en el mundo democrático desde 1964, han contribuído decididamente, por su carácter liberal, al desarrollo de los mismos, a la promoción de la participación política y al desarrollo democrático.

## P) REFORMAS PLANTEADAS EN LA ACTUALIDAD Y TENDENCIA.

**Criterio acerca de la mejora o evolución.**

En la actualidad, ante todo se impone la reforma de todas las leyes preconstitucionales para adaptarlas a las nuevas regulaciones de la Constitución de 1999. Después de su entrada en vigencia, sólo se ha dictado la Ley Orgánica del Poder Electoral. Están por ser reformadas, por tanto, la Ley de Partidos Políticos, Manifestaciones y Reuniones Públicas (1964) y la Ley Orgánica del Sufragio y Participación Política (última reforma 1998).'

## XVI

## SOBRE EL SISTEMA ELECTORAL CUBANO

## (1997)

**Texto de la exposición hecha al comentar la Ponencia del profesor Fernando Cañizares, en el *Seminario sobre elecciones y derechos humanos en Cuba y América Latina*, realizado en el Capitolio de La Habana, copatrocinado por la Unión Nacional de Juristas de Cuba (UNJC) y el Instituto Interamericano de Derechos Humanos (IIDH), el 24 de noviembre de 1997. El texto fue publicado en el libro: *Seminario sobre Elecciones y Derechos Humanos en Cuba y América, 24-25 de Noviembre de 1997, Centro Capitolio de La Habana*, Unión Nacional de Juristas de Cuba, Instituto Interamericano de Derechos Humanos (IIDH), Agencia Sueca de Cooperación Internacional para el Desarrollo (ASDI), San José, Costa Rica 1998, pp. 273-286.**

Comienzo agradeciendo de nuevo al Instituto Interamericano de Derechos Humanos y a la Unión Nacional de Juristas de Cuba, la invitación que me formularon para participar en este seminario sobre elecciones y derechos humanos en Cuba y América Latina, iniciativa que deriva de reuniones anteriores que hemos tenido y, particularmente, del Seminario que se realizó ya hace año y tanto. Pido excusas por no haber podido estar ayer con ustedes, pero no podía salir de Caracas sino hasta la noche y fue anoche que pude llegar a La Habana.

Me han solicitado, hacer algunos comentarios a la ponencia del Prof. Cañizares Abeledo y yo diría, en general, sobre el sistema electoral cubano, visto desde fuera de Cuba, por supuesto; y, por supuesto, también, con todo el riesgo de errores y de apreciaciones que uno pueda tener; en relación a las cuales, de entrada, les pido excusas.

### I.- CARACTERÍSTICAS GENERALES DEL SISTEMA CUBANO

El sistema electoral cubano –como se decía esta mañana– es un subsistema de un sistema político establecido en la Constitución de Cuba, el cual, a grandes rasgos, estaría guiado por estos tres elementos:

En primer lugar, por un sistema de preeminencia del Estado, de economía de Estado, donde incluso los derechos fundamentales de las personas están condicionadas por los fines del Estado, lo que deriva de las normas de la Constitución.

En segundo lugar, por un sistema de gobierno poder único, donde rige la unicidad del Poder Público, el Poder Popular, básicamente situado en la Asamblea Nacional del Poder Popular y todos los otros órganos de poder que, en una forma u otra, derivan de la Asamblea Nacional del Poder Popular.

En tercer lugar, por un sistema de partido único, el Partido Comunista, tal como está consagrado en la propia Constitución, como la fuerza dirigente superior de la sociedad y del Estado, que organiza y orienta los esfuerzos comunes.

Ese sistema político, por supuesto, deriva de una serie de condicionamientos históricos y fue establecido como consecuencia de una Revolución. Por eso, su peculiaridad, que ya hemos constatado en otras oportunidades y que, evidentemente, se constata también con el sistema electoral. Como lo ha destacado en su ponencia el Prof. Cañizares, se puede considerar como un sistema único en el conjunto de los sistemas políticos contemporáneos.

## II.- LA TRANSFORMACIÓN DE LOS SISTEMAS POLÍTICOS

Ahora, bien, al analizar un sistema político, lo primero que tenemos que tener claro en mi criterio, es que ningún sistema político es eterno, pétreo, definitivo; al contrario, siempre está en transformación y, en ciertas ocasiones, esas exigencias de cambio se agudizan, históricamente, en momentos cuando se producen cambios o exigencias de cambio en el liderazgo que, en general, están vinculados a los cambios generacionales.

Aquí yo puedo hablar de mi país. Comentaba a medio día al Profesor Ramón de la Cruz, que ayer había aparecido publicado un artículo mío en una edición aniversaria de un diario de Caracas, que había titulado "La crisis terminal del sistema político venezolano". El sistema político venezolano, tal como se instauró a partir de los años 40 y se consolidó a partir de 1958, está en crisis, porque está en crisis el proyecto político, la generación que lo concibió y lo condujo. Está en crisis porque estamos a la puerta de un cambio generacional inevitable que no termina de ocurrir, y por eso la crisis de los partidos. Incluso, históricamente, hasta podemos decir que estamos sufriendo en Venezuela, a fin de siglo, la misma crisis que sufrimos en los años 40; la misma crisis que sufrimos a finales del siglo pasado; la misma crisis que sufrimos a mitad de siglo pasado y que, en cada caso, para buscar las soluciones a la crisis, la dirigencia no fue capaz de entenderla, asumirla y cambiar el sistema, de lo que se sucedieron rupturas violentas, como ocurrió a mitad el siglo pasado, a fines del siglo pasado, a mitades de este siglo. Ojalá no ocurran en el futuro. En todo caso, ha sido la incomprensión del liderazgo lo que provocó esas crisis y la que está provocando esa situación actual de crisis que ha llevado, como se comentaba esta mañana, a que frente a partidos otrora poderosos, hoy aparezcan candidaturas presidenciales para la próxima elección del año que viene, extrapartido, porque ya en definitiva nadie cree en el liderazgo de los propios partidos.

Los sistemas políticos necesariamente tienen que transformarse y el liderazgo debe asumir esas transformaciones. Por eso, creo que, también, el sistema electoral cubano es perfectible y retomo aquí la frase final de la ponencia del Prof. Cañizares: su convencimiento de "la necesidad del perfeccionamiento sistemático y constante del sistema electoral cubano, con el propósito de crear las formas cada vez más apropiadas de participación ciudadana en las tareas y decisiones concretas en el Gobierno y la Administración del Estado".

Yo creo que estos es lo importante en un Seminario y de una conversación de este tipo. Analizar un sistema, y criticarlo, incluso, no implica que lo que se quiera sea destruir el sistema por lo que no hay que ver, en toda disidencia, un intento de destrucción. La idea es perfeccionarlo y aprender, por que no, de las experiencias de los otros países de América Latina, los vicios, los problemas, y las crisis que hemos tenido, con todas las realidades históricas propias que cada país también ha tenido. Por eso repito lo que decía hace más de un año en alguna reflexión, aquí mismo: cada uno de nuestros países puede proclamar que su sistema es único, porque cada uno resulta en sus instituciones y de un condicionamiento histórico concreto; lo que no los hace, de manera alguna, inmodificables.

Lo que sí es cierto es que la democracia, la representatividad de la voluntad popular, la participación ciudadana en el ejercicio del Poder, no son monopolio del sistema cubano. No es que solamente existen aquí y no exista en el resto del universo. Y con el perdón de todos ustedes, estimo que es una visión equivocada pensar que todo el resto del mundo está equivocado y que sólo uno tiene la razón o que sólo nosotros tenemos la razón. En realidad nadie tiene la razón ni la verdad absolutas. Por supuesto, algunas veces sí hay que proclamarla, sobre todo cuando se hace una Revolución en el que el que hace la Revolución tiene que hacerla pensando y proclamando que es él único que tiene la razón. Pero las Revoluciones también evolucionan y tienen que evolucionar y, entonces, comienza a perderse el monopolio aparente de la razón y de la verdad absoluta, y empieza o surge la necesidad, sin duda, de perfeccionar los sistemas. Creo que el sistema cubano ha sufrido un proceso de transformación, ha ido perfeccionándose y creo que debe seguir perfeccionándose en el futuro y algunas experiencias comparadas pueden ser útiles.

## III.- LAS REFORMAS AL SISTEMA ELECTORAL CUBANO

Yo creo que después de 40 años de la Revolución, se han producido cambios y deben haber otros cambios. Vale la pena, al menos como un observador de fuera, destacar la importancia de las reformas del año 1992, que fueron de perfeccionamiento del sistema electoral.

### 1.- *El voto directo*

Por ejemplo, la gran reforma, la más importante en mi criterio, se produjo, con la instauración del *voto directo* en la elección de los Delegados a las Asambleas Provinciales y de los Diputados a la Asamblea Nacional del Poder Popular Carta 71 y 135 de la Constitución. Es decir, la eliminación del voto de segundo grado o la votación indirecta.

Posiblemente, antes de 1992 se pensaba que este era el único sistema admisible, pero quedó demostrado por las consideraciones del propio Partido Comunista antes de las reformas, y por las propuestas de reforma, que había que ir hacia la apertura del sistema mediante el establecimiento de un voto directo y reducir, un poco, el carácter de las Asambleas Municipales del Poder Popular que, antes de 1992, sin duda, eran los grandes electores porque, en definitiva, elegían los delegados a las Asambleas Provinciales y los Diputados a la Asamblea Nacional del Poder Popular. Ello restringía, en mi criterio, las opciones electorales quedaban condicionadas desde el inicio, las cuales se abrieron con una posibilidad de voto directo. Esa fue una reforma donde se perfeccionó el sistema, en mi criterio, al establecerse expresamente incluso en la Constitución, en los artículos 71 y 135, el voto directo para la elección de los delegados a las Asambleas Provinciales y diputados a la Asamblea Nacional.

### 2.- *El voto secreto*

En la reforma constitucional además del voto directo, también se consagró el principio del *voto secreto* que se repite en los artículos 71, 131 y 135. Sin embargo, para un observador externo este principio del voto secreto, encuentra, hay alguna distorsión en el propio sistema, y en su conformación, no tanto en la Constitución, sino en la ley y en la práctica. Esta distorsión deriva del sistema del conformación de las candidaturas que se discutió esta mañana. El Prof. Cañizares lo ha expuesto, en el cual se establece una razón importante de la participación popular. Pero ante el principio del voto secreto, pienso que hay distorsión en el sistema de selección de las candidaturas, desde el momento en que se establece un *voto público* para la nominación de los candidatos a las Asambleas de base de electores. Luego, incluso –y eso lo dice expresamente el artículo 83 en la ley electoral– una vez que vienen las nominaciones, debe haber una votación para la nominación de los candidatos en las Asambleas Municipales del Poder Popular a *mano alzada* –es la expresión que usa la ley– que también es voto público.

De manera que en el sistema hay un principio de voto público, no en la elección, pero sí en todo el mecanismo previo para la determinación de las candidaturas. En ese proceso, a pesar de las reformas del 92, noto que las Asambleas Municipales del Poder Popular siguen siendo el eje central del proceso porque son las que, en definitiva, conforman, aprueban y presentan las candidaturas para las elecciones de los Diputados a la Asamblea Nacional del Poder Popular y los Delegados a las Asambleas Provinciales. En esta forma, estas siguen teniendo aquí un poder fundamental e, incluso, con el principio que también retengo de las reformas del 92, que lleva a que hasta el 50% de los delegados de las Asambleas Municipales pueden ir a las candidaturas a las Asambleas Provinciales y Nacionales, aún cuando antes era la totalidad. En este aspecto se puede apreciar un área de perfeccionamiento en relación con el voto público para elegir candidatos que luego condiciona, en definitiva, todo el proceso electoral, y distorsiona el sistema de voto secreto, del cual habla la Constitución.

## IV.- SISTEMA ELECTORAL Y DEMOCRACIA

El sistema electoral regulado en la ley y la Constitución cubana, por supuesto, obedece a normas que actualizan principios de democracia directa y de participación ciudadana, tal y como hemos constatado en las discusiones de esta mañana y en la descripción del Prof. Cañizares, pero, evidentemente, todo sin pluralismo. Visto desde fuera existe el principio del partido único, como fuerza dirigente superior aún cuando después de la reforma constitucional del 92, ciertas restricciones se incorporaron a la actuación del Partido Comunista, al establecer la presidencia de las Asambleas Populares de electores a cargo de la Confederación de Trabajadores de Venezuela, en lugar del Partido, con lo cual se busca impedir que el partido único se convierta en un partido electoral.

Otro elemento que también se percibe de la reforma de la ley electoral de 1992, creo muy importante, fue el hecho de no exigirse a los electos juramento en cuanto al acatamiento del papel dirigente que desempeña el Partido Comunista. Ello eliminó y entiendo, y se conserva el juramento pero al cumplimiento de la Constitución y las leyes, aún cuando por supuesto, la Constitución refiere al papel Partido.

De todo ello, hay principios de democracia directa y de participación, pero no de pluralismo político. El Prof. Cañizares incluso, sobre el tema del pluralismo político, nos ha dicho que hay que "negarlo rotundamente" que es "inadmisible" en el sistema electoral cubano, inclusive lo califica en su exposición, como una "falsedad histórica".

Ahora, en el mundo moderno los partidos constituyen una realidad, hay sistemas democráticos que se rigen por el pluralismo político y creo que de ello algo podemos aprender. Incluso, y vale la pena citarlo, la Séptima Cumbre Iberoamericana de Jefes de Estado y de Gobierno de principios de este mes, trae aspectos de importancia suscrita por todos los Presidentes y jefes de Estado que asistieron a la Cumbre, incluyendo a Fidel Castro. Por ejemplo dice:

> "Declaramos estar convencidos de que la democracia es no sólo un sistema de gobierno, sino también una forma de vida a la que los valores éticos dan consistencia y perdurabilidad". La tolerancia, la capacidad de valorar y aceptar el pluralismo, el derecho a la libre expresión y al debate público, el respeto, la promoción y la protección de los derechos humanos, la aplicación de las reglas de convivencia civilizada establecidas por la ley, la validez del diálogo en la solución de los conflictos, la transparencia y la responsabilidad en la gestión pública, son principios jurídicos de la práctica democrática que debemos fortalecer y promover dentro de los efectivos programas y estrategias nacionales de formación ciudadana".

En otra parte la Declaración dice sobre el tema electoral justamente:

> "Se coincide en que la consolidación del sistema democrático en Iberoamérica debe propugnar la mayor credibilidad en su funcionamiento, resaltando el papel esencial que las agrupaciones y partidos políticos, así como los gobiernos, cumplen en el desarrollo de la vida democrática. Se reafirma que el desarrollo del sistema político democrático, a través de las figuras de la representación y de la participación, implican necesariamente el aporte de las agrupaciones y partidos políticos, en concordancia con la vigencia de los valores de libertad, igualdad, bienestar, orden y justicia. Una de las cualidades más sobresalientes de la democracia es la participación popular en todos los ámbitos de la vida social...
>
> "La tarea de los partidos no se agota en el acto comicial. Su función también debe servir como canal de comunicación recíproca entre los órganos del Estado y la sociedad, y promover la participación ciudadana. Se reitera que es necesario que las agrupaciones y los partidos refuercen la definición de sus programas, modernicen sus organizaciones y establezcan modalidades transparentes de funcionamiento."

Pienso, por tanto, que el pluralismo es una realidad histórica, existe, y mucho podemos sacar como experiencia de su funcionamiento y de sus fallas en otros países. Venezuela, por ejemplo, sufre en este momento una crisis política que ya señalaba anteriormente, que es una crisis de los partidos. No es que se plantee que hay que eliminar los partidos, porque los partidos son, en mi criterio, esenciales para la democracia en nuestros países. Pero hay una crisis del liderazgo de esos partidos, de la forma en que operaron el sistema político; es una crisis del

Estado de Partidos, más que de los partidos en sí mismos y de la forma en que manejaron el poder. De manera que, por supuesto, hay que aprender de las experiencias de América Latina.

Lo que está planteado, por tanto, en nuestros países es el perfeccionamiento del sistema político-constitucional, de manera que se garanticen efectivamente los derechos individuales, sociales y económicos y se asegure el derecho de asociarse en partidos políticos para actualizar el derecho a competir en las elecciones, poniendo los límites que sean necesarios para evitar los vicios. La idea de los partidos está básicamente en el derecho a la competitividad electoral, que está vinculado además, al derecho a expresar las opiniones políticas sin interferencias, a buscar libremente información, y a enviar información. Y eso lleva, por supuesto, en sistemas con algún grado de pluralismo, a campañas electorales con todos los problemas que tienen, porque también hemos estado criticando los sistemas de campañas electorales en toda América Latina. En este sentido, CAPEL ha realizado una labor fundamental en el tema del control del financiamiento a las campañas electorales y de los vicios de las campañas. La otra opción es la no existencia de mecanismos de competitividad; y allí hay que ver qué es peor en un sistema como el que existe en el resto de los países de América Latina.

## V.- LA PERFECTIBILIDAD DE LOS SISTEMAS ELECTORALES

Lo importante, en todo caso, en nuestros países, y en eso estamos enfrascados, y asimismo debe suceder en Cuba, es pensar que el sistema es perfectible, como lo ha sido. Creo que la línea que se inició en 1992, de abrir la elección directa y, eliminar los mecanismos de intermediación que existían con la elección indirecta, son vías que deben continuarse y algo podemos aprender de otros países.

El tema del pluralismo, aún cuando no implique ir de inmediato a sistemas de partidos políticos organizados, competitivos, lo que implicaría una reforma de la Constitución, si puede llegar a opciones electorales que puedan desembocar en candidaturas, que puedan formularse no necesariamente dentro del sistema. Cuando leía la Exposición del profesor Cañizares, me encontraba como si aquí existiese una especie de tubo; en Venezuela hablamos de "elección entubada" para elecciones sindicales o de gremios. No sé la operatividad práctica de la norma y por eso pido excusas si estoy equivocado, pero cuando uno lee, de fuera, todo el sistema de la selección de las candidaturas en Cuba, uno se imagina "un tubo" que comienza en esa selección inicial y luego todo sigue una línea muy directa, sin ningún tipo de opciones. De manera que, sin caer en competitividad de partidos o de varios partidos, sí podría ir eliminándose, entre otras cosas, quizás la publicidad del voto que era muy utilizada en América Latina en el siglo pasado. La publicidad del voto para elegir candidaturas se podría ir perfeccionando como se hizo antes, con el voto directo.

Por supuesto hay muchos aspectos de perfectibilidad del sistema electoral que, como señalaba al inicio, es parte de un sistema político. Ya lo hablábamos también en el Seminario pasado y que tienen que ver con lo que en el resto de América Latina –y ese fue uno de los temas de la Cumbre de Presidentes– se denomina el modelo del Estado de Derecho. El profesor Cañizares nos dice en su Ponencia que esa es la concepción –insisto en sus palabras– "más peligrosa por embriagante, de todo el arsenal político y jurídico de la burguesía". Es decir, de nuevo, parecería que se piensa que el resto del Universo está equivocado y que la verdad absoluta es el Estado Socialista en el esquema de la Constitución cubana. Yo creo que también ahí, Uds. deben evolucionar. La concepción del Estado de Derecho tiene doscientos años, pero tiene cosas positivas. Nosotros seguimos en el resto de América Latina, sobre todo frente a lo que se ha sufrido con motivo de las autocracias militaristas que han conculcado los derechos fundamentales, defendiendo al Estado de Derecho como un sistema político estatal dentro del cual hay sistemas electorales. Es una concepción esencial en Venezuela, sin la menor duda, y pienso que en el resto de los países de América Latina donde existe primacía de los derechos fundamentales aún cuando no siempre se respeten. Pero es la lucha permanente que tenemos, de buscar la limitación al poder –porque desde Montesquieu, el poder ilimitado tiende a ser abusivo–, particularmente a través de su distribución. De allí, los sistemas constitucionales de separación de poderes; por eso los sistemas de descentralización política del Poder hacia niveles territoriales autónomos. Todo eso contrasta, por supuesto, con el concepto del Poder único o de la unicidad del Poder.

El principio de la limitación al Poder lleva, sin duda a desarrollar mecanismos de control del Poder, por ejemplo, de control judicial. De allí todos los sistemas de justicia constitucional y de control de constitucionalidad, que en el caso de Cuba, choca con el sistema de Poder único, porque es la Asamblea Nacional la que controla la constitucionalidad y no hay ningún mecanismo alterno.

Al contrario, el modelo de control judicial de la constitucionalidad, con sus problemas, y con sus fallas, es por el cual estamos luchando en todos los países de América Latina, con toda la experiencia que hemos tenido de fallas en nuestro sistema político.

Por eso, insisto, en el resto de América Latina estamos, y hemos estado en los últimos 40 años en un proceso de perfeccionamiento, de búsqueda incesante del perfeccionamiento de los sistemas políticos. Pienso que esa idea del perfeccionamiento también debe guiar la sociedad cubana, sobre todo en momentos históricos como el que se está viviendo en Cuba, con un período ya importante que ha transcurrido después de la Revolución y que, quizás como en todos los países, cuando pasa un período de este tipo, comienzan a buscarse mecanismos de transformación que el sistema tiene que generarlos en sí mismo.

Ese es el gran reto que, por ejemplo, tenemos en Venezuela. Si el sistema actual de liderazgo no genera el mecanismo de cambio, corre el riesgo de derrumbarse el sistema. Ese es el reto planteado, y eso se logra a través del perfeccionamiento político.

De nuevo muchas gracias por la oportunidad que he tenido de compartir esta mesa con el profesor Cañizares y de haber podido comentar algunas de sus exposiciones.

# CUARTA PARTE
# JUSTICIA CONSTITUCIONAL

## XVII
## LEGITIMACIÓN ANTE LA JURISDICCIÓN CONSTITUCIONAL (2002-2003)

**Este texto es el resultado de varias reflexiones sobre el tema de la legitimación ante la Jurisdicción Constitucional que efectué en diversas ocasiones en San José, entre 2002 y 2004, iniciando con la conferencia sobre *Principios sobre la legitimación activa para activar la justicia constitucional en Venezuela*, que di en el Seminario sobre Derechos Humanos y Justicia Constitucional en Homenaje a Rodolfo Piza Escalante, Sala Constitucional, Corte Suprema de Justicia de Costa Rica, San José, 4 de diciembre de 2002, cuyo texto fue publicado en el libro: *Memorias del Seminario de Justicia Constitucional y Derechos Humanos. Homenaje al Dr. Rodolfo Piza E.* (diciembre 2002), Corte Interamericana de Derechos Humanos, Sala Constitucional República de Costa Rica, Instituto de Derecho Constitucional Costarricense, San José, Costa Rica, 2003, pp. 67-137. Con posterioridad, publiqué otro trabajo sobre "Aspectos de la legitimación activa ante la jurisdicción constitucional en Venezuela" en el libro: *Justicia, libertad y derechos humanos. Ensayos en homenaje a Rodolfo E. Piza Escalante*, Tomo II, Instituto Interamericano de Derechos Humanos, San José, Costa Rica 2003, pp. 715-747; y finalmente preparé la Ponencia sobre la "Legitimación activa y pasiva ante la Jurisdicción Constitucional," para el *II Encuentro de Derecho Procesal Constitucional Iberoamericano*, y *Seminario de Justicia Constitucional*, que se realizó en la Sala Constitucional Corte Suprema de Justicia, San José, 8-9 de Julio de 2004, que es el texto que aquí se publica.**

### INTRODUCCIÓN

El sistema de justicia constitucional en Venezuela puede considerarse que es de carácter mixto o integral, pues combina el denominado método difuso de control de la constitucionalidad de las leyes, como poder-deber de todos los jueces al decidir casos concretos, de desaplicar leyes que consideren contrarias a la Constitución, aplicando ésta preferentemente; con el denominado método concentrado de control de la constitucionalidad de las leyes y demás actos de rango y valor similar, como atribución ejercida, con poderes anulatorios, exclusivamente por la Sala constitucional del Tribunal Supremo de Justicia.[1]

El primer método de control de constitucionalidad, cuya consagración expresa en el ordenamiento jurídico se remonta a 1897[2], está ahora expresamente consagrado en el artículo 334 de la Constitución de 1999[3], que establece:

> *Art. 334*. En caso de incompatibilidad entre esta Constitución y una Ley u otra norma jurídica, se aplicarán las disposiciones constitucionales, correspondiendo a los Tribunales en cualquier causa, aún de oficio, decidir lo conducente.

1 Véase Allan R. Brewer-Carías, *El sistema mixto e integral de control de la constitucionalidad en Colombia y Venezuela*, Bogotá 1995; *El sistema de justicia constitucional en la Constitución de 1999*, Caracas, 2000.

2 Art. 20 del Código de Procedimiento Civil de 1897.

3 Véase en general Allan R. Brewer-Carías, *La Constitución de 1999. Derecho Constitucional Venezolano*, Caracas, 2004.

El segundo método de control de la constitucionalidad, el control concentrado que también tiene su antecedente en el Siglo XIX, se atribuye sólo y exclusivamente a la Sala Constitucional del Tribunal Supremo de Justicia, que se ha configurado como la Jurisdicción Constitucional (Arts. 266,1; 334 y 336 de la Constitución) con competencia en las siguientes materias:

En *primer lugar,* conforme a una tradición que se remonta a 1858 [4], el artículo 334 de la Constitución de 1999 precisó el régimen del control concentrado de la constitucionalidad de las leyes, en la siguiente forma:

> Corresponde exclusivamente a la Sala Constitucional del Tribunal Supremo de Justicia como jurisdicción constitucional, declarar la nulidad de las leyes y demás actos de los órganos que ejercen el Poder Público dictados en ejecución directa e inmediata de la Constitución o que tengan rango de ley.

Conforme a esta norma, cuando la Sala Constitucional del Tribunal Supremo, como Jurisdicción Constitucional, es requerida mediante una *acción popular,* como ha sido la tradición venezolana[5], tiene las siguientes atribuciones de control concentrado de la constitucionalidad de determinados actos estatales, con poderes anulatorios, previstas en el artículo 336:

1.- Declarar la nulidad total o parcial de las *leyes nacionales* y demás actos con rango *de ley* de la Asamblea Nacional que colidan con esta Constitución.

2.- Declarar la nulidad total o parcial de las *Constituciones* y *leyes estadales*, de las *ordenanzas municipales* y demás actos de los cuerpos deliberantes de los Estados y Municipios dictados en *ejecución directa e inmediata* de la Constitución y que colidan con ésta.

3.- Declarar la nulidad total o parcial de los *actos con rango de ley* dictados por el Ejecutivo Nacional que colidan con esta Constitución.

4.- Declarar la nulidad total o parcial de los *actos en ejecución directa e inmediata* de la Constitución, dictados por cualquier otro órgano estatal en ejercicio del Poder Público.

El artículo 5° de la Ley Orgánica del Tribunal Supremo de Justicia de 2004[6], ha regulado estas atribuciones de la Sala Constitucional, al atribuirle poderes para:

> (Párrafo 6°). Declarar la nulidad total o parcial de las leyes nacionales y demás actos con rango de ley de la Asamblea Nacional, que colidan con la Constitución de la República Bolivariana de Venezuela, mediante el ejercicio del control concentrado de la constitucionalidad. La sentencia que declare la nulidad total o parcial deberá publicarse en la Gaceta Oficial de la República Bolivariana de Venezuela, determinando expresamente sus efectos en el tiempo;
>
> (Párrafo 7°) Declarar la nulidad total o parcial de las Constituciones y leyes estadales, de las ordenanzas municipales y demás actos de los cuerpos deliberantes de los Estados, Municipios y del Distrito Capital, dictados en ejecución directa e inmediata de la Constitución y que colidan con ella, mediante el ejercicio del control concentrado de la constitucionalidad. La sentencia que declare la nulidad total o parcial deberá publicarse en la Gaceta Oficial de la República Bolivariana de Venezuela y en la Gaceta Oficial Estadal o Municipal que corresponda, determinando expresamente sus efectos en el tiempo;
>
> (Párrafo 8°) Declarar la nulidad total o parcial de los actos con rango de ley dictados por el Ejecutivo Nacional, que colidan con la Constitución de la República Bolivariana de Venezuela, mediante el ejercicio del control concentrado de la constitucionalidad. La sentencia que declare la nulidad total o parcial deberá publicarse en la Gaceta Oficial de la República Bolivariana de Venezuela;

---

4 Véase Allan R. Brewer-Carías, *La Justicia Constitucional, Instituciones Políticas y Constitucionales,* Tomo VI, Caracas, 1996, pp. 131 y ss.

5 Véase Allan R. Brewer-Carías, *ídem*, pp. 137 y ss.

6 *Gaceta Oficial* N° 37942 de 19-05-2004.

> (Párrafo 9°) Declarar la nulidad total o parcial de los actos dictados por cualquier órgano en ejercicio del Poder Público, en ejecución directa e inmediata de la Constitución de la República Bolivariana de Venezuela, cuando colidan con ésta y que no sean reputables como actos de rango legal.

Antes de la entrada en vigencia de la Constitución de 1999, la Jurisdicción Constitucional había siempre correspondido a la Corte Suprema de Justicia en Sala Plena[7]; por eso, una de las novedades de la Constitución de 1999 fue la creación de la Sala Constitucional del Tribunal Supremo de Justicia (art. 262), a la cual se le ha atribuido la Jurisdicción Constitucional (art. 266, ord. 1°), consistente en la potestad anulatoria de las leyes y demás actos de igual rango y jerarquía o dictados en ejecución directa e inmediata de la Constitución, y el ejercicio de otras competencias en materia de justicia constitucional enumeradas en el artículo 336.

Como sucede en la casi totalidad de las Jurisdicciones Constitucionales que muestra el derecho comparado[8], por supuesto que se trata de una Jurisdicción que se caracteriza única y exclusivamente por *el objeto* de control: sólo se refiere a los actos estatales dictados en ejecución directa e inmediata de la Constitución (donde se incluyen las leyes) y a ningún otro; por lo que *no es* una Jurisdicción que se pueda caracterizar por el *motivo* de control (inconstitucionalidad).

En otras palabras, lo que se atribuye a la Sala Constitucional no es el control concentrado de la constitucionalidad *de todos los actos estatales,* sino sólo de *determinados y específicos actos estatales:* los dictados por los órganos que ejercen el Poder Público denominados leyes o que tengan rango legal o los dictados en ejecución directa e inmediata de la Constitución.

Como Sala del Tribunal Supremo de Justicia, al igual que todas las otras Salas que lo componen, la Sala Constitucional tiene la misión de

> Garantizar la supremacía y efectividad de las normas y principios constitucionales: será el máximo y último intérprete de la Constitución y velará por su uniforme interpretación y aplicación (art. 335, primer aparte).

Esto corrobora que conforme al sistema venezolano, al corresponder la justicia constitucional a todos los Tribunales de la República, todos tienen la potestad de interpretar la Constitución. Lo único que diferencia la interpretación constitucional que haga la Sala Constitucional del Tribunal Supremo, particularmente cuando ejerce el control concentrado de la constitucionalidad de las leyes, de la que hagan las otras Salas del mismo y los demás Tribunales de la República, es que aquella puede ser vinculante y esta no. Ese es el sentido del segundo aparte del artículo 335 de la Constitución al señalar que:

> Las interpretaciones que establezca la Sala Constitucional sobre el contenido o alcance de las normas constitucionales son vinculantes para las otras Salas del Tribunal Supremo y demás tribunales de la República.

Esta norma, además, debe interpretarse en su propio contexto: el carácter vinculante no puede recaer sobre cualquier frase o razonamiento interpretativo que contenga una sentencia de la Sala Constitucional. Al contrario, se requiere de una interpretación expresa de la Sala "sobre el contenido o alcance de las normas constitucionales y principios constitucionales". Es decir, lo vinculante es la "interpretación constitucional" (de alguna norma o principio constitucional) y no cualquier interpretación normativa. Por tanto, no tiene carácter vinculante la interpretación que pueda hacer la Sala Constitucional de alguna ley o de cualquier norma de rango legal o reglamentario.

Ahora bien, nuestro interés en las presentes notas, preparadas es analizar las reglas relativas a la legitimación activa que se requiere para actuar ante la actuación de la Jurisdicción Constitucional, los cuales estudiaremos de acuerdo a las diversas acciones, recursos o solicitudes que se pueden formular ante la Sala Constitucional para el control de la constitucionalidad.

7 Véase Allan R. Brewer-Carías, *ídem*, pp. 131 y ss.

8 Véase Allan R. Brewer-Carías, *Judicial Review in Comparative Law*, Cambrigde 1989, pp. 190 y ss. Este estudio fue recogido posteriormente en Allan R. Brewer-Carías, *Études de Droit Public Comparé*, Bruylant, Bruxelles, 2002.

## I.- LA ACCIÓN POPULAR DE INCONSTITUCIONALIDAD

En relación con el "control concentrado de la constitucionalidad" de las leyes y demás actos estatales de rango legal o dictados en ejecución directa de la Constitución, que ejerce la Sala Constitucional como Jurisdicción Constitucional, el artículo 5, párrafo 3º de la Ley Orgánica del Tribunal Supremo de Justicia de 2004 dispone que:

> Sólo corresponderá a la Sala Constitucional en los términos previstos en esta Ley, la cual no podrá conocerlo incidentalmente en otras causas, sino únicamente cuando medie *un recurso popular de inconstitucionalidad*, en cuyo caso no privará el principio dispositivo, pudiendo la Sala suplir, de oficio, las deficiencias o técnicas del recurrente sobre las disposiciones expresamente denunciadas por éste, por tratarse de un asunto de orden público. Los efectos de dicha sentencia serán de aplicación general, y se publicará en la Gaceta Oficial de la República Bolivariana de Venezuela, y en la Gaceta Oficial del Estado o Municipio según corresponda.

Lo más importante a destacar comparativamente del sistema venezolano de control concentrado de la constitucionalidad, es que la legitimación activa para intentar las acciones corresponde a cualquier persona, configurándose la acción, como una *actio populares.* Por ello, el artículo 21, párrafo 9º de la Ley Orgánica del Tribunal Supremo de Justicia, ha establecido que la legitimación activa para ejercer la acción de inconstitucionalidad, corresponde a:

> Toda persona natural o jurídica, que sea afectada en sus derechos o intereses por una ley, reglamento, ordenanza u otro acto administrativo de efectos generales emanado de alguno de los órganos del Poder Público Nacional, Estadal o Municipal.

Conforme a esta norma, por tanto, todo habitante del país con plena capacidad jurídica puede intentar el recurso de inconstitucionalidad. La Ley Orgánica acoge, por tanto, la doctrina de la acción popular en cuanto a que legitima para intentar el recurso no sólo a los ciudadanos sino a "toda persona natural o jurídica"[9].

Sin embargo, en cuanto a la popularidad de la acción, la Ley Orgánica establece una restricción: se necesitaría además, que el acto impugnado, en alguna forma afecte los "derechos o intereses" del recurrente[10]. Esta precisión del artículo 21, párrafo 9º de la Ley Orgánica (equivalente al artículo 112 de la derogada: Ley Orgánica de la Corte Suprema de Justicia de 1976) podría considerarse que, en cierta forma, restringiría la popularidad de la acción a sus límites razonables: exige la lesión de los derechos o intereses del recurrente, pero puede, por supuesto tratarse de un simple interés, aun cuando específico. Por ejemplo, si se tratase de una ley de un Estado, al menos se requeriría ser residente de dicho Estado o tener bienes o intereses en el mismo, de manera que la ley impugnada pueda lesionar los intereses del recurrente, y éste pueda tener un simple interés en la constitucionalidad de la ley. Si por ejemplo, se trata de la impugnación de una Ordenanza Municipal se exigiría, al menos, que el recurrente fuera residente del Municipio respectivo o, por ejemplo, tuviera bienes en él, de manera que sus derechos o su simple interés pudieran ser lesionados.

Si se tratase de una ley nacional en cambio, en principio, cualquier habitante del país, con capacidad jurídica, podría impugnar la ley pues su interés simple en la constitucionalidad estaría lesionado por la ley inconstitucional. Sin embargo, aún en estos casos, algunas limitaciones a la legitimación activa podrían surgir: si se tratase, por ejemplo, de la impugnación de una ley que estableciera una discriminación respecto a las mujeres, violatoria de la Constitución por discriminatoria, la acción, en principio, no podría ser intentada sino por una mujer[11]. La Ley Orgánica, sin quitarle la popularidad de la acción, puede considerarse que la restringe al grado de que exista una lesión potencial al interés del recurrente, por su residencia, por su condición o por la situación de sus bienes.

9 Véase Allan R. Brewer-Carías, *La Justicia Constitucional, Instituciones Políticas y Constitucionales,* Tomo VI, pp. 144 y ss.

10 *Cfr.* Allan R. Brewer-Carías, *Las garantías constitucionales de los derechos del hombre,* Caracas, 1976, p. 53.

11 Véase en contrario la sentencia de la Corte Suprema de Justicia en Sala Plena de anulación del art. 970 del Código de Comercio, en *Jurisprudencia de Ramírez y Garay*, 1er. semestre, 1964, p. 599, *cit.*, por Humberto J. La Roche, *El control jurisdiccional de la constitucionalidad en Venezuela y Estados Unidos,* Maracaibo, 1972, p. 100.

En este sentido, la antigua Corte Suprema de Justicia en Corte Plena, con motivo de la impugnación por vía de acción popular del Código Orgánico Tributario, había apreciado la legitimación del accionante en su condición de contribuyente así:

> Tal como se alega en la demanda, la accionante –persona jurídica constituida– aparece con el interés legítimo que exige el artículo 112 de la Ley de la Corte para demandar la nulidad de disposiciones del Código Orgánico Tributario que es un acto legislativo de efectos generales, por cuanto es contribuyente de impuesto sobre la renta que solicitó reintegro, y por eso le conciernen las normas del Código Orgánico Tributario, en especial las que son objeto de la nulidad demandada en este caso"[12].

En todo caso, las dudas acerca de la extensión de la restricción a la popularidad de la acción[13] fueron dilucidadas por la antigua Corte Suprema de Justicia, la cual había considerado que la exigencia del artículo 112 de la Ley Orgánica en el sentido de que la ley impugnada afecte los derechos e intereses del accionante, no significa que la acción popular se hubiera eliminado, ni que se hubiese establecido una especial exigencia de legitimación activa para solicitar de la Corte Suprema el ejercicio del control de la constitucionalidad. El objetivo de la acción popular, dijo la Corte, es la "defensa objetiva de la majestad de la Constitución y de su supremacía", y si es cierto que la Ley Orgánica de la Corte Suprema requiere que el accionante sea afectado "en sus derechos e intereses", esta expresión debe interpretarse en forma "rigurosamente restrictiva"[14]. Con base en ello, la antigua Corte Suprema de Justicia, llegó a la conclusión de que:

> Cuando una persona ejerce el recurso de inconstitucionalidad en los términos del artículo 112 de su ley, *debe presumirse,* al menos relativamente, que el acto recurrido en alguna forma afecta los derechos o intereses del recurrente en su condición de ciudadano venezolano, salvo que del contexto del recurso aparezca manifiestamente lo contrario, o que el mismo fuere declarado inadmisible conforme al artículo 115 de la ley de la Corte[15].

Más recientemente, la Sala Constitucional del Tribunal Supremo de Justicia en sentencia Nº 1077 de 22-08-01, ha puntualizado sobre la legitimación activa en la acción popular, lo siguiente:

> Por otra parte, existe en nuestro ordenamiento la acción popular de inconstitucionalidad, donde cualquier persona capaz procesalmente tiene interés procesal y jurídico para proponerla, sin necesidad de un hecho histórico concreto que lesione la esfera jurídica privada del accionante. Es el actor un tutor de la constitucionalidad y esa tutela le da el interés para actuar, haya sufrido o no un daño proveniente de la inconstitucionalidad de una ley. Este tipo de acciones populares es excepcional[16].

En todo caso, igual legitimación activa se plantea respecto al coadyuvante en el recurso: intentada una acción popular, cualquier persona que pueda ser lesionada en sus derechos e intereses puede coadyuvar en la impugnación o en la defensa del acto recurrido, siempre que reúna las mismas condiciones del recurrente. Tal como lo precisaba la derogada Ley Orgánica de la Corte Suprema de Justicia:

> *Artículo 137.-* Sólo podrán hacerse parte en los procedimientos a que se refieren las secciones Segunda y Tercera de este Capítulo, las personas que reúnan las mismas condiciones exigidas para el accionante o recurrente[17].

---

12 Véase la sentencia de 15-10-85 en *Revista de Derecho Público,* Nº 25, EJV, Caracas, 1986, p. 110.

13 Véase L. H. Farías Mata, "¿Eliminada la Acción Popular del Derecho Positivo Venezolano?", en *Revista de Derecho Público,* Nº 11, EJV, Caracas, 1982, pp. 5-18.

14 Sentencia de la Corte en Pleno de 30-06-82, en *Revista de Derecho Público,* Nº 11, EJV, Caracas, 1982, p. 138.

15 *Ídem.* De acuerdo a este criterio, por tanto, como lo ha dicho la Corte Suprema en Sala Plena, la acción popular en definitiva "puede ser ejercida por cualquier ciudadano plenamente capaz". Sentencia de 19-11-85, en *Revista de Derecho Público,* Nº 25, EJV, Caracas, 1986, p. 131.

16 Caso: *Servio Tulio León Briceño.*

17 Esta norma desapareció en la vigente Ley Orgánica del Tribunal Supremo de Justicia.

## II.- EL CONTROL PREVENTIVO DE LA CONSTITUCIONALIDAD DE CIERTOS ACTOS ESTATALES

En el sistema de justicia constitucional tradicional en Venezuela, el único supuesto que podía considerarse como un mecanismo de control preventivo de la constitucionalidad de los actos estatales con rango de ley o dictados en ejecución directa o inmediata de la Constitución, era cuando la Corte Suprema de Justicia conocía de la inconstitucionalidad de una ley sancionada y aún no promulgada, con motivo y como secuela del ejercicio de un veto presidencial a la misma[18].

Ahora, la Constitución de 1999 ha introducido la figura del control preventivo de la constitucionalidad en forma expresa respecto de los tratados internacionales y respecto de las leyes orgánicas, y ha desligado el control de la constitucionalidad por iniciativa del Presidente de la República, del veto presidencial a las leyes.

### 1.- *El control de la constitucionalidad de los tratados internacionales*

En *primer lugar,* está el control previo de la constitucionalidad que está previsto en el artículo 336, ordinal 5° de la Constitución en relación con los *tratados internacionales,* al atribuir a la Sala Constitucional competencia para:

> 5.- Verificar, a solicitud del Presidente o Presidenta de la República o de la Asamblea Nacional, la conformidad *con* la Constitución *de* los tratados internacionales suscritos por la República antes de su ratificación.

Lo importante a destacar respecto de esta norma (que se recoge en el artículo 5, párrafo 10° de la Ley Orgánica) es que incorporó al sistema de justicia constitucional en Venezuela una figura que tuvo su origen en los sistemas constitucionales europeos, como el francés y el español, y que existe en Colombia[19], el cual permite el control de la constitucionalidad de un tratado internacional suscrito por la República antes de su ratificación y de su aprobación por ley, de ser necesario, y evitar, en esos casos, la impugnación posterior de la ley aprobatoria del tratado ante el Tribunal Supremo.

Ahora bien, en relación con la norma constitucional que regula este control preventivo de constitucionalidad, debe destacarse lo siguiente:

*Primero,* la legitimación activa para la solicitud de control preventivo por parte del Tribunal Supremo, corresponde al Presidente de la República o a la Asamblea Nacional. No puede interpretarse que la norma atribuya la iniciativa sólo al Presidente *de la* Asamblea Nacional. Este no tiene la iniciativa, sino que la decisión es de la Asamblea. Lo contrario sería contradictorio con el carácter colegiado de la Asamblea.

Esto implica, en todo caso, que no puede ejercerse una acción popular para que el Tribunal Supremo realice esta verificación constitucional.

*Segundo,* lo que el Tribunal Supremo en Sala Constitucional debe verificar es "la conformidad con la Constitución de los tratados internacionales suscritos por la República antes de su ratificación". Puede tratarse de cualquier tratado internacional, sea que para su validez se requiera o no de ley aprobatoria; incluso, aún cuando no requiera ley aprobatoria, la Asamblea Nacional podría solicitar este control de constitucionalidad.

*Tercero,* se destaca que la solicitud de control debe formularse antes de la ratificación del Tratado. Por tanto, después de su suscripción por el Ejecutivo Nacional, antes de su ratificación, la solicitud de control puede formularse.

Por último, debe señalarse que de acuerdo con la Constitución, esta solicitud de control tiene por objeto verificar la conformidad del Tratado Constitucional con la Constitución; por lo que si el tratado no resulta conforme con la Constitución, entonces no puede ser ratificado. De

18 Véase Allan R. Brewer-Carías, *La Justicia Constitucional, Instituciones Políticas y Constitucionales,* Tomo VI, *op. cit.* pp. 134 y ss.

19 Véase Allan R. Brewer-Carías, *Ídem,* p. 590.

ello puede resultar, en todo caso, una iniciativa de reforma constitucional para entonces adaptar la Constitución al Tratado. Esto, por lo demás, fue lo que ocurrió en Europa, por ejemplo, en Francia y en España, luego de suscribirse el Tratado de Maastrich de 1992 de la Unión Europea, que fue sometido a control constitucional ante el Consejo Constitucional francés y el Tribunal Constitucional español, los cuales lo consideraron contrario a las respectivas Constituciones, habiéndose entonces producido, en ambos países, la reforma de sus Constituciones, para adaptarlas al Tratado de la Unión Europea y así poder ratificarlo[20].

Es evidente, en todo caso, que si la Sala Constitucional considera en su decisión que el Tratado Internacional es conforme con la Constitución, entonces no podría posteriormente ejercerse contra la ley aprobatoria del Tratado una acción popular de inconstitucionalidad.

Un mecanismo de control de constitucionalidad de este tipo, en todo caso, es muy importante en procesos de integración económica regional, pues en la práctica llevaría a la ratificación de los Tratados respectivos sólo después de la verificación de su constitucionalidad por el Tribunal Supremo y evitar, así, la impugnación posterior de la ley aprobatoria de los Tratados, como ocurrió en Venezuela en los casos de los Tratados relativos al Acuerdo de Integración de la ahora Comunidad Andina[21].

**2.- *El control preventivo de la constitucionalidad de las leyes orgánicas***

El *segundo* mecanismo de control preventivo de constitucionalidad, es el previsto en el artículo 203 de la Constitución, conforme al cual, la Sala Constitucional debe pronunciarse, antes de su promulgación, sobre la constitucionalidad del carácter orgánico de las *leyes orgánicas* que así hayan sido calificadas por la Asamblea Nacional.

Debe señalarse, que el artículo 203 de la Constitución, define las leyes orgánicas en cinco sentidos:

En *primer lugar,* las que así denomina la Constitución, y esto ocurre en los siguientes casos: Ley Orgánica de Fronteras (art. 15), Ley Orgánica de División Territorial (art. 16), Ley Orgánica de la Fuerza Armada Nacional (art. 41), Ley Orgánica del Sistema de Seguridad Social (art. 86), Ley Orgánica para la Ordenación del Territorio (art. 128), Ley Orgánica que establece los límites a los emolumentos de los funcionarios públicos (art. 147), Ley Orgánica de Régimen Municipal (art. 169), Ley Orgánica que regule los Distritos Metropolitanos (arts. 171, 172), Ley Orgánica que regule la inelegibilidad de funcionarios (art. 189), Ley Orgánica de reserva al Estado de actividades, industria o servicios (art. 302), Ley Orgánica del Consejo de Defensa de la Nación (art. 323), Ley Orgánica que regule el recurso de revisión de las sentencias de amparo y de control difuso de la constitucionalidad (art. 336), Ley Orgánica de los Estados de Excepción (art. 338 y Disposición Transitoria Tercera, 2), Ley Orgánica sobre refugiados y asilados (Disposición Transitoria Cuarta, 2), Ley Orgánica sobre Defensa Pública (Disposición Transitoria Cuarta, 5), Ley Orgánica de Educación (Disposición Transitoria Sexta), Ley Orgánica de Pueblos Indígenas (Disposición Transitoria Séptima), Ley Orgánica del Trabajo (Disposición Transitoria Cuarta, 3), y Ley Orgánica Procesal del Trabajo (Disposición Transitoria Cuarta, 4) y Código Orgánico Tributario (Disposición Transitoria Quinta).

En *segundo lugar,* también son leyes orgánicas las que se dictan para organizar los poderes públicos como son: Ley Orgánica de la Administración Pública –Poder Ejecutivo–, (art. 236, ord. 20); Ley Orgánica de la Procuraduría General de la República (art. 247), Ley Orgánica del Poder Judicial, Ley Orgánica del Tribunal Supremo de Justicia (art. 262); Ley Orgánica del Poder Electoral (art. 292 y Disposición Transitoria Octava); Ley Orgánica del Poder Ciudadano, comprendidas la Ley Orgánica de la Contraloría General de la República, Ley Orgánica de la Fiscalía General de la República –Ministerio Público–, y Ley Orgánica de la Defensoría del

20 Véase en general Allan R. Brewer-Carías, *Implicaciones constitucionales de los procesos de integración regional,* Caracas, 1998, pp. 75 y ss.

21 Véase la sentencia de la Corte Suprema de Justicia de 10-07-90 y los comentarios en Allan R. Brewer-Carías, "El control de la constitucionalidad de las leyes aprobatorias de Tratados Internacionales y la cuestión constitucional de la integración latinoamericana", *Revista de Derecho Público,* N° 44, EJV, Caracas, 1990, pp. 225 a 229.

Pueblo (Disposición Transitoria Novena); Ley Orgánica de Régimen Municipal –Poder Municipal– (art. 169 y Disposición Transitoria Primera) y Ley Orgánica que regule los Consejos Legislativos Estadales (art. 162).

En *tercer lugar,* también son leyes orgánicas, aquellas destinadas a "desarrollar los derechos constitucionales", lo que abre un inmenso campo para tal categoría, ya que ello implica que todas las leyes que se dicten para desarrollar el contenido de los artículos 19 a 129 deben ser leyes orgánicas.

En *cuarto lugar,* también son leyes orgánicas "las que sirvan de marco normativo a otras leyes". Tal es el caso, por ejemplo, del Código Orgánico Tributario que debe servir de marco a las leyes tributarias específicas o de la Ley Orgánica sobre la Administración Financiera del Estado que debe servir de marco normativo a las leyes anuales o plurianuales de presupuesto, o las leyes específicas de operaciones de crédito público.

Por último, y en *quinto lugar,* también son leyes orgánicas aquellas que así sean calificadas, como orgánicas, por la Asamblea Nacional, (supuesto que no comprende los cuatro casos anteriores) al admitirse el proyecto por el voto de las 2/3 partes de los integrantes presentes antes de iniciarse la discusión del respectivo proyecto de ley.

Son estas leyes que la Asamblea Nacional haya calificado expresamente de orgánicas, y no comprendidas en la enumeración anterior, las que el Presidente de la Asamblea o el Presidente de la República debe remitir, *automáticamente,* antes de su promulgación, a la Sala Constitucional del Tribunal Supremo de Justicia, para que se pronuncie acerca de la constitucionalidad de ese carácter orgánico.

Puede decirse, entonces, que en este caso, no existe una legitimación activa atribuida a un órgano o persona específica para requerir este control, sino que el mismo debe ejercerse de manera automática, para lo cual, la Asamblea Nacional está obligada a remitir la ley sancionada a la Sala Constitucional. Adicionalmente debe señalarse que la Sala Constitucional ha admitido que en los casos de delegación legislativa al Presidente de la República, y éste al dictar el Decreto-Ley lo califique como de carácter orgánico, debe también remitirlo a la Sala Constitucional para que ésta verifique la constitucionalidad del calificativo de orgánico[22].

En todo caso, la Sala Constitucional debe decidir la cuestión en el término de diez (10) días contados a partir de la fecha de recibo de la comunicación; y si la Sala declara que la ley no es orgánica, entonces esta perderá ese carácter.

### 3.- *El control de la constitucionalidad de leyes sancionadas antes de su promulgación*

El *tercero* de los mecanismos de control preventivo de la constitucionalidad es el previsto en el artículo 214 de la Constitución, en los casos en los que así lo solicite el Presidente de la República, en el lapso que tiene para promulgar las leyes. Conforme a esa norma, la Sala Constitucional debe pronunciarse sobre la inconstitucionalidad de una ley o de algunos de sus artículos, a solicitud del Presidente de la República, antes de la promulgación de la ley. El Presidente de la República, por tanto, es el que tiene la legitimación activa para requerir, en este caso, el control de constitucionalidad[23].

Se regula, así, un control de la constitucionalidad de las leyes sancionadas y no promulgadas, que se ha desvinculado del llamado "veto presidencial" a las leyes, que siempre implica su devolución a la Asamblea Nacional.

En efecto, en Venezuela se ha regulado tradicionalmente el veto presidencial a las leyes, ahora regulado en el artículo 214 de la Constitución, de manera que una vez que una Ley se ha sancionado, el Presidente de la Asamblea Nacional debe remitirla al Presidente de la República para su promulgación. El Presidente, dentro del lapso de diez (10) días que tiene para la

22 Véase sentencia N° 1716 de 20-09-01, Decreto-Ley Orgánica de los Espacios Acuáticos e Insulares (Decreto N° 1437 de 30-08-01).

23 La Sala Constitucional ha considerado que se trata de una legitimación activa exclusiva del Presidente de la República. Véase sentencia N° 194 de 15-02-2001.

promulgación, con acuerdo del Consejo de Ministros, puede solicitar a la Asamblea Nacional, mediante exposición razonada, que modifique alguna de las disposiciones de la ley o levante la sanción a toda ley o parte de ella. En esos casos, la Asamblea debe decidir acerca de los aspectos planteados por el Presidente por mayoría absoluta de los diputados presentes y le remitirá la ley para su promulgación. En este caso, el Presidente debe proceder a promulgar la ley dentro de los cinco (5) días siguientes a su recibo, sin poder formular nuevas observaciones ante la Asamblea.

En la Constitución de 1961, sin embargo, se disponía que cuando el veto presidencial se hubiese fundado en la inconstitucionalidad de la ley, entonces, dentro del término que tenía para promulgar la ley luego de su devolución al Congreso, podía acudir a la Corte Suprema de Justicia, solicitando su decisión acerca de la inconstitucionalidad de la misma. Este sistema de control preventivo estaba ligado al veto presidencial y debía pasar primero por la devolución de la ley al Congreso, con base en argumentos de inconstitucionalidad (art. 173).

En la Constitución de 1999, sin embargo, este sistema se cambió radicalmente, y el artículo 214, si bien regula el veto presidencial, luego, en párrafo aparte, establece lo siguiente:

> Cuando el Presidente o Presidenta de la República considere que la ley o alguno de sus artículos es inconstitucional solicitarán el pronunciamiento de la Sala Constitucional del Tribunal Supremo de Justicia, en el lapso de diez días que tiene para promulgar la misma. El Tribunal Supremo de Justicia decidirá en el término de quince días contados desde el recibo de la comunicación del Presidente o Presidenta de la República. Si el Tribunal negare la inconstitucionalidad invocada o no decidiere en el lapso anterior, el Presidente o Presidenta de la República promulgará la ley dentro de los cinco días siguientes a la decisión del Tribunal o al vencimiento de dicho lapso.

Conforme a esta norma, la posibilidad de que el Presidente de la República someta al pronunciamiento del Tribunal Supremo de Justicia la inconstitucionalidad de una ley sancionada que se le haya enviado para su promulgación, no está ligada al veto presidencial ante la Asamblea, sino que en el lapso de diez (10) días que tiene para su promulgación, puede dirigirse directamente al Tribunal Supremo, sin necesidad de devolverla previamente a la Asamblea Nacional.

## III.-EL CONTROL DE CONSTITUCIONALIDAD OBLIGATORIO RESPECTO DE LOS DECRETOS DE ESTADO DE EXCEPCIÓN

De acuerdo con el artículo 339 de la Constitución, el Decreto que declare el Estado de Excepción debe, en todo caso, ser remitido por el Presidente de la República a la Sala Constitucional del Tribunal Supremo, para que se pronuncie sobre su inconstitucionalidad. Por ello, el artículo 336 le atribuye a la Sala, competencia expresa para:

> 6.- Revisar, en todo caso, *aun de oficio*, la constitucionalidad de los decretos que declaren estados de excepción dictados por el Presidente o Presidenta de la República.

Sobre este supuesto de control de constitucionalidad (que recoge la Ley Orgánica en su artículo 5°, párrafo 11°), la "Exposición de Motivos" de la Constitución, indicó que:

> En lo que se refiere a la protección de los derechos humanos, la Sala Constitucional tendrá importantes funciones. En primer lugar, con el objeto de reforzar la protección de los derechos humanos reconocidos y garantizados expresa o implícitamente en la Constitución, se acoge un mecanismo consagrado en alguna Constitución de América Latina, en virtud del cual la Sala Constitucional debe, en todos los casos y aun de oficio, controlar la constitucionalidad de los decretos que declaren estado de excepción. Esta será la única competencia que podrá ejercer de oficio la Sala Constitucional y ello por tratarse de la protección de los derechos humanos, razón por la cual se ha previsto expresamente en texto constitucional.

En efecto, esta atribución de control de constitucionalidad obligatorio, constituye otra novedad introducida por la Constitución de 1999, conforme al antecedente de Colombia (art. 241, ord. 7). En Venezuela se ha agregado, sin embargo, la posibilidad de ejercicio de esta atribución por la Sala, *de oficio*. Se trata, en efecto, del único supuesto constitucional en el cual la Sala puede actuar de *ex officio*, una vez que el Decreto se haya publicado en Gaceta Oficial.

En ejercicio de este control, la Sala Constitucional puede pronunciarse no sólo sobre la constitucionalidad de los decretos que declaren el estado de excepción, sino sobre la constitucionalidad del contenido de los mismos conforme a lo dispuesto en los artículos 337 y siguientes de la Constitución. En particular, la Sala debe verificar, al decretarse el estado de excepción y restringirse alguna garantía constitucional, si el decreto contiene, por ejemplo, efectivamente, la necesaria *regulación* "del ejercicio del derecho cuya garantía se restringe" (art. 339).

## IV.- EL CONTROL ABSTRACTO DE CONSTITUCIONALIDAD CON MOTIVO DEL CONTROL DIFUSO DE CONSTITUCIONALIDAD DE LAS LEYES EFECTUADO POR OTRAS SALAS DEL TRIBUNAL SUPREMO

Como se ha dicho, una de las formas específicas para el ejercicio de la justicia constitucional, es la posibilidad que tiene todo juez de la República de ser juez de la constitucionalidad de las leyes. Se trata del método denominado de control difuso de la constitucionalidad de leyes que existe en Venezuela desde el siglo XIX[24], regulado en el artículo 20 del Código de Procedimiento Civil, que establece que:

> *Artículo 20.-* Cuando la ley vigente, cuya aplicación se pida, colidiere con alguna disposición constitucional, los jueces aplicarán ésta con preferencia.

El principio del control difuso, más recientemente, se recogió en el artículo 19 del Código Orgánico Procesal Penal, con este texto:

> *Artículo 19.-* Control de la Constitucionalidad. Corresponde a los jueces velar por la incolumidad de la Constitución de la República. Cuando la ley cuya aplicación se pida colidiere con ella, los tribunales deberán atenerse a la norma constitucional.

A los efectos de consolidar constitucionalmente el método de control difuso de la constitucionalidad de las leyes, como ha ocurrido por ejemplo, en otros países como Colombia, desde 1910 (art. 4); Guatemala, en 1965 (art. 204); Bolivia, en 1994 (art. 228); Honduras, en 1982 (art. 315) y Perú, en 1993 (art. 138); propusimos incorporar a la Constitución una disposición similar[25], que terminó siendo ubicada, también a propuesta nuestra[26], en el artículo 334 constitucional, antes citado.

En esta forma, el método de control difuso de la constitucionalidad adquirió en nuestro país rango constitucional, el cual, incluso, puede ser ejercido *de oficio* por los tribunales[27], incluyendo, por supuesto, las diversas Salas del Supremo Tribunal.

Pero la Sala Constitucional, sin embargo, puede decirse que ha pretendido limitar el ámbito del poder de los jueces de desaplicar normas que estimen inconstitucionales, al cercenarles la potestad que necesariamente deben tener para interpretar las normas constitucionales en relación con las leyes que deben aplicar en los casos concretos que decidan. Así, en la sentencia Nº 833 de 15 de mayo de 2001 (Caso: *Instituto Autónomo Policía Municipal de Chacao vs. Corte Primera de lo Contencioso Administrativo*), la Sala, interpretó el artículo 334 de la Constitución, y estableció "con carácter vinculante... en qué consiste el control difuso, y en qué consiste el control concentrado de la Constitución"; y al preguntarse ¿si en ejercicio del control difuso un juez puede interpretar los principios constitucionales, y en base a ellos, suspender la aplicación de una norma?, señaló:

---

24 Véase Allan R. Brewer-Carías, *Judicial Review in Comparative Law*, *op. cit.*, pp. 127 y ss.; Allan R. Brewer-Carías, *La Justicia Constitucional*, Tomo VI, *Instituciones Políticas y Constitucionales*, *op. cit.*, Caracas, 1996, pp. 86 y ss.

25 Véase nuestras propuestas respecto del artículo 7 en Allan R. Brewer-Carías, *Debate Constituyente*, Tomo II, *op. cit.*, pp. 24 y 34; *Cfr.* la apreciación de José Vicente Haro, "La justicia constitucional...", *loc. cit.*, p. 159-160.

26 Véase Allan R. Brewer-Carías, *Debate Constituyente (Aportes a la Asamblea Nacional Constituyente)*, Tomo III, (18 Octubre-30 Noviembre 1999), Fundación de Derecho Público-Editorial Jurídica Venezolana, Caracas, 1999, pp. 94 a 105.

27 Esta ha sido una de las características del sistema venezolano. Véase Allan R. Brewer-Carías, *La Justicia Constitucional*, Tomo VI, *Instituciones Políticas y Constitucionales*, *op. cit.*, p. 101.

Fuera de la Sala Constitucional, debido a las facultades que le otorga el artículo 335 de la Constitución vigente, con su carácter de máximo y última intérprete de la Constitución y unificador de su interpretación y aplicación, no pueden los jueces desaplicar o inaplicar normas, fundándose en principios constitucionales o interpretaciones muto propio que de ellas hagan, ya que el artículo 334 comentado no expresa que según los principios constitucionales, se adelante tal control difuso. Esta es función de los jueces que ejercen el control concentrado, con una modalidad para el derecho venezolano, cual es que sólo la interpretación constitucional que jurisdiccionalmente haga esta Sala, es vinculante para cualquier juez, así esté autorizado para realizar control concentrado.

Ahora bien, dichas consideraciones limitativas del control difuso de la constitucionalidad, también están dirigidas a las otras Salas del Tribunal Supremo que lo pretendan ejercer; agregándose una nueva limitación en la Ley Orgánica del Tribunal Supremo, al imponerse la obligación a las Salas del Tribunal Supremo de informar la Sala Constitucional sobre las decisiones que adopten en materia de control difuso, a los efectos de que esta resuelva en abstracto sobre la inconstitucionalidad de la ley respectiva. En efecto, en el artículo 5°, párrafo primero, ordinal 22 de la Ley Orgánica se atribuyó a la Sala Constitucional competencia para efectuar "examen abstracto y general sobre la constitucionalidad de una norma previamente desaplicada mediante control difuso de la constitucionalidad por una Sala del Tribunal Supremo de Justicia, absteniéndose de conocer sobre el mérito y fundamento de la sentencia pasada con fuerza de cosa juzgada"; a cuyo efecto, en el artículo 5°, párrafo 5°, se dispuso que:

> De conformidad con el numeral 22 de este artículo, cuando cualquiera de las Salas del Tribunal Supremo de Justicia haga uso del control difuso de la constitucionalidad, únicamente para un caso concreto, deberá informar a la Sala Constitucional sobre los fundamentos y alcances de la desaplicación adoptada para que ésta proceda a efectuar un examen abstracto sobre la constitucionalidad de la norma en cuestión, absteniéndose de revisar el mérito y alcance de la sentencia dictada por la otra Sala, la cual seguirá conservando fuerza de cosa juzgada. En caso que el examen abstracto de la norma comporte la declaratoria total o parcial de su nulidad por inconstitucional, la sentencia de la Sala Constitucional deberá publicarse en la Gaceta Oficial de la República Bolivariana de Venezuela y en la Gaceta Oficial del Estado o Municipio, de ser el caso.

## V.- EL CONTROL DE CONSTITUCIONALIDAD DE LAS LEYES POR OMISIÓN

Otra institución novedosa en materia de justicia constitucional que establece la Constitución de 1999, es el denominado control de la constitucionalidad de las omisiones de actuación de los órganos legislativos[28]. En tal sentido, el artículo 336 de la Constitución atribuyó a la Sala Constitucional, competencia para:

> 7.- Declarar la inconstitucionalidad de las omisiones del poder legislativo municipal, estadal o nacional, cuando hayan dejado de dictar las normas o medidas indispensables para garantizar el cumplimiento de la Constitución, o las hayan dictado en forma incompleta, y establecer el plazo y, de ser necesario, los lineamientos de su corrección.

La Ley Orgánica del Tribunal Supremo de Justicia ha regulado este poder de control de constitucionalidad, en el artículo 5°, así:

> (Párrafo 12°). Declarar la inconstitucionalidad de las omisiones del Poder Legislativo Municipal, Estadal o Nacional cuando haya dejado de dictar las normas o medidas indispensables para garantizar el cumplimiento de la Constitución de la República Bolivariana de Venezuela, o las haya dictado en forma incompleta, y establecer el plazo y, de ser necesario, los lineamientos generales esenciales para su corrección, sin que ello implique usurpación de funciones de otro órgano del Poder Público, o extralimitación de atribuciones;

28 Es una institución que tiene su origen en el sistema portugués, véase Allan R. Brewer-Carías, *Judicial Review in Comparative Law, op. cit.*, p. 269.

(Párrafo 13°) Declarar la inconstitucionalidad de las omisiones de cualquiera de los órganos que ejerzan el Poder Público de rango nacional, respecto a obligaciones o deberes establecidos directamente por la Constitución de la República Bolivariana de Venezuela.

Estas normas consagran una amplísima potestad atribuida a la Sala Constitucional y que supera el inicial antecedente portugués. En efecto, en el supuesto de la Constitución Portuguesa, la legitimación para requerir el ejercicio de esta potestad de control de constitucionalidad la tenían el Presidente de la República, el Ombudsman o los Presidentes de las Regiones Autónomas[29]; en cambio, en el texto de la Constitución de 1999 no se establece condicionamiento alguno a la legitimación, por lo que tratándose de omisiones normativas[30], el mecanismo para impulsar su control puede recibir el mismo tratamiento de una *acción popular*, es decir, bastaría el simple interés en la constitucionalidad para intentar la acción.

## VI.-LA RESOLUCIÓN DE CONTROVERSIAS CONSTITUCIONALES ENTRE LOS ÓRGANOS DEL PODER PÚBLICO

El Tribunal Supremo, en Sala Constitucional, también tiene competencia, conforme al artículo 336, para:

> 9.- Dirimir las controversias constitucionales que se susciten entre cualesquiera de los órganos del Poder Público.

Sobre esta competencia (que recoge el artículo 5°, párrafo 15° de la Ley Orgánica), la "Exposición de Motivos" de la Constitución precisó lo siguiente:

> La Constitución establece como competencia de la Sala Constitucional resolver las controversias constitucionales que se susciten entre cualesquiera de los órganos que ejercen el Poder Público. Al respecto, destacan dos elementos esenciales: en primer lugar, que se trata de controversias entre cualesquiera de los órganos que la Constitución prevé en la distribución horizontal o vertical del Poder Publico y, en segundo lugar, que deben tratarse de controversias constitucionales, es decir, de aquellas cuya decisión depende del examen, interpretación y aplicación de normas constitucionales, tales como las que se refieren al reparto competencial entre los diferentes órganos del Estado, especialmente, las que distribuyen el poder en los niveles nacional, estadal y municipal.
>
> De esta forma, todas aquellas controversias constitucionales entre la República y alguno de los Estados o Municipios, es decir, entre el poder central y el descentralizado territorialmente, serán resueltas por la Sala Constitucional dentro del procedimiento que se establecerá en la ley orgánica respectiva. En todo caso, esta atribución tiene por objeto que la Sala Constitucional como garante y máximo defensor de los principios consagrados en el Texto Fundamental ajuste la actuación de los órganos que ejercen el Poder Público, al cauce constitucional.

De lo anterior resulta que esta competencia de la Sala Constitucional, como Jurisdicción Constitucional, tiene por objeto resolver los conflictos constitucionales que se planteen entre los órganos que ejercen el Poder Público, tanto en su distribución vertical (República, Estados y Municipios), como en su división horizontal a nivel nacional (Poder Legislativo, Poder Ejecutivo, Poder Judicial, Poder Ciudadano, Poder Electoral) y a nivel estadal y municipal (Poder Legislativo y Poder Ejecutivo).

Es decir, se trata de la resolución de controversias sobre atribuciones *constitucionales* entre los órganos que ejercen del Poder Público; que son distintas a las controversias administrativas que se puedan suscitar entre la República, los Estados, Municipios u otro ente público, las que compete ser resueltas por la Sala Político-Administrativa del Tribunal Supremo de Justicia (art. 266, ord. 4°), como Jurisdicción Contencioso-Administrativa.

---

29 Véase Allan R. Brewer-Carías, *Judicial Review in Comparative Law, op. cit.*, p. 269.

30 O como lo ha calificado la Sala Constitucional: "Silencio legislativo y el funcionamiento anormal legislativo". Sentencia N° 1819 de 08-08-2000 de la Sala Político-Administrativa, caso: *René Molina vs. Comisión Legislativa Nacional.*

Esto exige distinguir, por supuesto, las controversias constitucionales de las controversias administrativas. Esto lo ha precisado el Tribunal Supremo de Justicia, al señalar que para identificar la controversia constitucional, es necesario

> Que los sujetos entre los cuales se presente la misma, sean aquellos que tienen asignada, en forma expresa, atribuciones para tales actuaciones o normas en el propio texto constitucional, esto es, instituciones supremas del Estado, cuya regulación orgánica se contiene en el propio texto constitucional, a diferencia de otras, en las que la configuración institucional concreta se refiere al legislador ordinario;

y en sentido contrario:

> No estaremos en presencia de la controversia constitucional a que se refiere la norma bajo examen, cuando las partes en la misma no poseen el carácter de órganos el Poder Público, con atribuciones consagradas en el texto Constitucional, lo cual excluye no sólo a particulares, sino también a funcionarios vicarios o quienes no posean el carácter de órganos, aun cuando por virtud de norma expresa tengan atribuidas funciones públicas o sean autoridad pública.[31]

En todo caso, la legitimación activa para intentar un recurso a los efectos de dirimir controversias constitucionales, corresponde a los órganos del Poder Público que sean parte en la controversia. Como fue precisado en un Voto Salvado a la sentencia Nº 7 de la Sala Constitucional de 01-02-2000:

> La legitimación para interponer esta solicitud está restringida a los titulares de los órganos susceptibles de entrar en conflicto; y en ningún caso ha sido concebida esta vía en la jurisdicción constitucional para dirimir controversias intersubjetivas entre particulares, ni entre éstos y los órganos públicos, para los cuales el ordenamiento jurídico ha establecido distintas vías judiciales, dentro de las que se encuentra la acción de amparo.[32]

## VII.- EL RECURSO DE INTERPRETACIÓN CONSTITUCIONAL

Debe mencionarse, además, entre las competencias de la Sala Constitucional como Jurisdicción Constitucional, la atribución que tiene para conocer de recursos abstractos de interpretación de la Constitución, que ha creado la propia Sala Constitucional de la interpretación que le ha dado al artículo 335 de la Constitución, que atribuye al Tribunal Supremo el carácter de ser "máximo y último intérprete de la Constitución".

En efecto, con anterioridad a la entrada en vigencia de la Constitución de 1999, el artículo 42, ordinal 24 de la Ley Orgánica de la Corte Suprema de Justicia atribuía competencia a la Sala Político Administrativa de la Corte Suprema para interpretar los "textos legales, en los casos previstos en la Ley". En esa misma tradición, la Constitución de 1999 estableció como competencia del Tribunal Supremo de Justicia, el "conocer de los recursos de interpretación sobre el contenido y alcance de los textos legales", pero "en los términos contemplados en la ley" (artículo 266, ordinal 6º), atribución que debe ser ejercida "por las diversas Salas conforme a lo previsto en esta Constitución y en la ley" (único aparte, artículo 266 C). Por tanto, mientras se dicte una nueva ley que regule las funciones del máximo tribunal, la Sala Político Administrativa es la que debe seguir conociendo de este especial recurso de interpretación de textos legales, de conformidad con la Ley Orgánica de la Corte Suprema de Justicia.

Ahora bien, a pesar de que el ordenamiento jurídico venezolano sólo regula este recurso de interpretación de textos legales, sin embargo, la Sala Constitucional ha creado un recurso autónomo de interpretación de las normas constitucionales, no previsto constitucional ni legalmente, basándose para ello en el artículo 26 de la Constitución que consagra el derecho de acceso a la justicia, del cual dedujo que si bien dicha acción no está prevista en el ordenamiento jurídico, tampoco está prohibida y, por lo tanto,

31 Sentencia de la Sala Político Administrativa Nº 1819 de 08-08-2000, caso: *René Molina vs. Comisión Legislativa Nacional.*

32 Voto Salvado del Magistrado Héctor Peña Torrelles, caso: *José Amando Mejía y otros.*

Cualquiera con interés jurídico puede solicitar la interpretación de la ley conforme a las previsiones legales, y también la interpretación de la Constitución, para así obtener una sentencia de mera certeza sobre el alcance y contenido de las normas constitucionales; acción que sería de igual naturaleza que la de interpretación de la ley[33].

La Sala, para llegar a tal conclusión, adujo que:

> Para acceder a la justicia se requiere que el accionante tenga interés jurídico y que su pretensión esté fundada en derecho y, por tanto, no se encuentre prohibida por ley, o no sea contraria a derecho. No es necesario que existan normas que contemplen expresamente la posibilidad de incoar una acción con la pretensión que por medio de ella se ventila, bastando para ello que exista una situación semejante a las prevenidas en la ley, para la obtención de sentencias declarativas de mera certeza, de condena, o constitutivas. Este es el resultado de la expansión natural de la juridicidad.

De ello concluyó la Sala Constitucional que "no requieren los ciudadano de leyes que contemplen, en particular, el recurso de interpretación constitucional, para interponerlo"[34].

Ahora bien, en cuanto a la legitimación activa para intentar este recurso de interpretación constitucional, la Sala Constitucional estimó que el recurrente debe tener un interés particular en el sentido de que

> Como persona pública o privada debe invocar un interés jurídico actual, legítimo, fundado en una situación jurídica concreta y específica en que se encuentra, y que requiere necesariamente de la interpretación de normas constitucionales aplicables a la situación, a fin de que cese la incertidumbre que impide el desarrollo y efectos de dicha situación jurídica.

La Sala precisó que se "está ante una acción con legitimación restringida, aunque los efectos del fallo sean generales". Por ello, la Sala señaló que "puede declarar inadmisible un recurso de interpretación que no persiga los fines antes mencionados, o que se refiere al supuesto de colisión de leyes con la Constitución, ya que ello origina otra clase de recurso".

En la antes mencionada sentencia N° 1077 de 22-09-01, la Sala Constitucional reiteró su criterio sobre la legitimación activa para intentar el recurso de interpretación señalando que el recurrente debe tener un "interés jurídico personal y directo", el cual es:

> Necesario para incoar una acción de interpretación de ley, el que también se requiere para el ejercicio del recurso de interpretación de la Constitución, ya que se trata de acciones declarativas de mera certeza que tienen en común que no anulan, y que buscan en efecto semejante. En estos casos coincide el interés particular con el interés constitucional.
>
> La finalidad de tal acción de interpretación constitucional sería una declaración de certeza sobre los alcances y el contenido de una norma constitucional, y formaría un sector de la participación ciudadana, que podría hacerse incluso como paso previo a la acción de inconstitucionalidad, ya que la interpretación constitucional podría despejar dudas y ambigüedades sobre la supuesta colisión. Se trata de una tutela preventiva.

Agregando más adelante:

> La petición de interpretación puede resultar inadmisible, si ella no expresa con precisión en qué consiste la oscuridad, ambigüedad o contradicción entre las normas del texto constitucional, o en una de ellas en particular; o sobre la naturaleza y alcance de los principios aplicables; o sobre las situaciones contradictorias o ambiguas surgidas entre la Constitución y las normas del régimen transitorio o del régimen constituyente[35].

---

33 Sentencia N° 1077 de la Sala Constitucional de 22-09-00, caso: *Servio Tulio León Briceño*. Véase en *Revista de Derecho Público*, N° 83, Caracas, 2000, pp. 247 y ss.

34 Este criterio fue luego ratificado en sentencias de fecha 09-11-00 (N° 1347), 21-11-00 (N° 1387), y 05-04-01 (N° 457), entre otras.

35 Caso: *Servicio Tulio León Briceño*, en *Revista de Derecho Público*, N° 83, Caracas, 2000, pp. 247 y ss.

Adicionalmente, en otra sentencia, Nº 1029 de 13-06-2001, la Sala Constitucional atemperó el rigorismo de declarar inadmisible el recurso si no precisaba el contenido de la acción, ya que señaló que:

> La solicitud deberá expresar: 1.- Los datos concernientes a la identificación del accionante y de su representante judicial; 2.- Dirección, teléfono y demás elementos de ubicación de los órganos involucrados; 3.- Descripción narrativa del acto material y demás circunstancias que motiven la acción.

En cuanto a los motivos del recurso, la Sala expresó que el recurso de interpretación tiene como objeto resolver:

> Cuál es el alcance de una norma constitucional o de los principios que lo informan, cuando los mismo no surgen claros del propio texto de la Carta Fundamental; o de explicar el contenido de una norma contradictoria, oscura o ambigua; o del reconocimiento, alcance y contenido, de principios constitucionales.

Debe indicarse, además, que en sentencia Nº 1347, de fecha 09-11-2000, la Sala Constitucional delimitó el carácter vinculante de las interpretaciones establecidas con motivo de decidir los recursos de interpretación, señalando que:

> Las interpretaciones de esta Sala Constitucional, en general, o las dictadas en vía de recurso interpretativo, se entenderán vinculantes respecto al núcleo del caso estudiado, todo ello en un sentido de límite mínimo, y no de frontera intraspasable por una jurisprudencia de valores oriunda de la propia Sala, de las demás Salas o del universo de los tribunales de instancia.

## VIII.- EL RECURSO DE REVISIÓN DE SENTENCIAS EN MATERIA CONSTITUCIONAL

Por último, el artículo 336 de la Constitución en el texto publicado el 30-12-99 atribuía a la Sala Constitucional, competencia para:

> 10.- Revisar las sentencias *definitivamente firmes* de amparo constitucional y de control de constitucionalidad de leyes o normas jurídicas dictadas por los tribunales de la República, en los términos establecidos por la ley orgánica respectiva.

Sobre esta norma (recogida en el artículo 5º párrafo 16º de la Ley Orgánica), debe señalarse que se trata de una competencia excepcional para que la Sala Constitucional pueda revisar, a su juicio y discreción, mediante un recurso extraordinario[36] que se puede ejercer contra sentencias de *última instancia* dictadas por los tribunales de la República (excluido, en nuestro criterio –pero no en el de la Sala Constitucional–, el Tribunal Supremo y sus Salas) en materia de amparo constitucional o dictadas en ejercicio del método difuso de control de la constitucionalidad de las leyes.

En todo caso, la potestad revisora de la Sala es de ejercicio discrecional, como lo propusimos a la Asamblea Nacional Constituyente[37], a los efectos evitar que se pudiera abrir un recurso de obligatoria admisión y decisión por la Sala, contra todas las sentencias referidas, lo cual sería imposible de manejar por la magnitud de casos. De allí la discrecionalidad que debe tener la Sala Constitucional para escoger los casos en los cuales juzga conveniente conocer del recurso de revisión. En definitiva, como lo ha señalado la Sala Constitucional en su sentencia Nº 727 de 8 de abril de 2003, la norma constitucional "no dispone, de manera alguna, la creación de una tercera instancia en los procesos cuyas decisiones son sometidas a revisión. El precepto consti-

---

36 Véase en general, José V. Haro G., "El mecanismo extraordinario de revisión de sentencias definitivamente firmes de amparo y control difuso de la constitucionalidad previsto en el artículo 336, numeral 10 de la Constitución", en *Revista de Derecho Constitucional*, Nº 3 (julio-diciembre), Editorial Sherwood, Caracas, 2000, pp. 231-266; Adán Febres Cordero, "La revisión constitucional", en *Nuevos estudios de derecho procesal, Libro Homenaje a José Andrés Fuenmayor,* Vol. I, Tribunal Supremo de Justicia, Colección Libros Homenaje, Nº 8, Caracas, 2002 pp. 489 a 508.

37 En cierta forma, el recurso es similar al denominado *writ of cerciorari* del sistema norteamericano. Véase Allan R. Brewer-Carías, *Judicial Review in Comparative Law*, *op. cit.*, p. 141; Véase los comentarios de Jesús María Casal, *Constitución y Justicia Constitucional*, *op. cit.* p. 92.

tucional que se refirió lo que incorpora es una potestad estrictamente excepcional y facultativa para la Sala Constitucional que, como tal, debe ejercerse con la máxima prudencia en cuanto a la admisión y procedencia de recursos de revisión de sentencias definitivamente firmes"[38].

En la propuesta que formulamos ante la Asamblea Nacional Constituyente el 31 de octubre de 1999 sobre el control difuso de la constitucionalidad de las leyes, consideramos que en la Constitución:

> también debería atribuirse a la Sala Constitucional una competencia para conocer de un recurso extraordinario de revisión que pueda intentarse contra las sentencias de *última instancia* en las cuales se resuelvan cuestiones constitucionales relativas a las leyes, de conocimiento discrecional por la Sala. En esta forma, en materia de cuestiones de constitucionalidad, la Sala Constitucional de la Suprema Corte, a su juicio, podría tener la última palabra en estas materias y en los casos en los que estime necesario estatuir con fuerza de precedente y uniformizar la jurisprudencia[39].

Ahora bien, ante la ausencia de legislación reguladora de la Jurisdicción Constitucional, ha sido la Sala Constitucional la que ha construido sucesivamente, mediante su labor interpretativa, los contornos del recurso extraordinario de revisión y el alcance de su potestad revisora. Ya a finales de 2000, como consecuencia de las sentencias Nos. 1, 2, 44 y 714 de ese mismo año, la Sala resumía el conjunto de reglas o condiciones que debía presentar una sentencia para que procediera dicho recurso, así:

> 1º) La sentencia que se pretenda someter a revisión debe haber cumplido con la doble instancia, bien sea por la vía de la apelación o de la consulta, por lo cual no debe entenderse como una nueva instancia.
>
> 2º) La revisión constitucional se admitirá sólo a los fines de preservar la uniformidad de la interpretación de normas y principios constitucionales o cuando exista una deliberada violación de preceptos de ese rango, lo cual será analizado por la Sala Constitucional, siendo siempre facultativo de ésta su procedencia.
>
> 3º) Como corolario de lo anterior, a diferencia de la consulta, el recurso de revisión constitucional no procede *ipso iure,* ya que éste depende de la iniciativa de un particular, y no de la del juez que dictó la decisión, a menos que la propia Sala Constitucional de oficio así lo acuerde, tomando en cuenta siempre la finalidad del recurso[40].

Posteriormente, mediante sentencia Nº 93 de 6 de febrero de 2001(Caso: *Olimpia Tours and Travel vs. Corporación de Turismo de Venezuela*), la Sala comenzó a ampliar su propia competencia revisora, agregando como objeto de revisión otras sentencias distintas a las dictadas en materia de amparo o de control difuso de constitucionalidad, afirmando su potestad para revisar lo siguiente:

---

38 Caso: *Revisión de la sentencia dictada por la Sala Electoral en fecha 21 de noviembre de 2002*), en *Revista de Derecho Público*, Nº 93-96, Editorial Jurídica Venezolana, Caracas, 2003 (En prensa).

39 Véase Allan R. Brewer-Carías, *Debate Constituyente,* Tomo III, *op. cit.*, p. 105. Por tanto, es totalmente incorrecta la apreciación que hizo José Vicente Haro al señalar que del debate en la Asamblea haya quedado"suficientemente claro que ese mecanismo de revisión debe ser ejercido respecto de las sentencias de última instancia o "definitivamente firmes" dictadas por los jueces de la República en materia de amparo o control difuso de la constitucionalidad". Véase José Vicente Haro, "La justicia constitucional..." *loc. cit.* p. 170. Esta confusión de Haro entre estos dos conceptos, creyendo que son equivalentes, quizás lo llevó a participar en la "corrección" del texto constitucional y agregar la mencionada frase. Lo que si queda claro de todo esto es que la utilización, en la "Exposición", de la frase "definitivamente firme" (que aparece por primera vez en la "versión" de la Constitución publicada el 24-03-2000), pone en evidencia que dicha "Exposición" no se "decretó" el 30-01-2000 como lo dice su texto, pues para esa fecha la expresión no estaba en el texto publicado de la Constitución el 30-12-1999. La "extraña coincidencia" más bien sugiere que la "Exposición" se elaboró posteriormente en algún momento previo al 24-03-2000, coincidiendo con la ilegítima "corrección" de la Constitución". La "coincidencia" también se aprecia de los conceptos emitidos por José Vicente Haro, "La justicia constitucional...", *loc. cit.*, pp. 171 y 189.

40 Véase sentencia de 02-11-2000 (Caso: *Roderick A. Muñoz P. vs. Juzgado de los Municipios Carache, Candelaria y José Felipe Márquez Cañizales de la Circunscripción Judicial del Estado Trujillo*) en *Revista de Derecho Público*, Nº 84, (octubre-diciembre), Editorial Jurídica Venezolana, Caracas, 2000, p. 367.

1.- Las sentencias definitivamente firmes de amparo constitucional de cualquier carácter, dictadas por las demás Salas del Tribunal Supremo de Justicia y por cualquier juzgado o tribunal del país.

2.- Las sentencias definitivamente firmes de control expreso de constitucionalidad de leyes o normas jurídicas por los tribunales de la República o las demás Salas del Tribunal Supremo de Justicia.

3.- Las sentencias definitivamente firmes que hayan sido dictadas por las demás Salas de este Tribunal o por los demás tribunales o juzgados del país apartándose u obviando expresa o tácitamente alguna interpretación de la Constitución contenida en alguna sentencia dictada por esta Sala con anterioridad al fallo impugnado, realizando un errado control de constitucionalidad al aplicar indebidamente la norma constitucional.

4.- Las sentencias definitivamente firmes que hayan sido dictadas por las demás Salas de este Tribunal o por los demás tribunales o juzgados del país que de manera evidente hayan incurrido, según el criterio de la Sala, en un error grotesco en cuanto a la interpretación de la Constitución o que sencillamente hayan obviado por completo la interpretación de la norma constitucional. En estos casos hay también un errado control constitucional[41].

La Sala Constitucional, por otra parte, en sentencia Nº 727 de 8 de abril de 2003 continuó precisando las sentencias que pueden ser objeto del recurso extraordinario de revisión, así:

Entre los fallos que, según ha señalado reiteradamente la jurisprudencia de la Sala, pueden ser objeto de revisión, se encuentran (i) Las sentencias de amparo constitucional; (ii) Las sentencias de control expreso de constitucionalidad de leyes o normas jurídicas fundamentadas en un errado control de constitucionalidad. (iii) Las sentencias que de manera evidente hayan incurrido, según el criterio de la Sala, en un error grotesco en cuanto a la interpretación de la Constitución o que sencillamente hayan obviado por completo la interpretación de la norma constitucional y (iv) Las sentencias que hayan sido dictadas por las demás Salas de este Tribunal o por los demás juzgados del país apartándose u obviando, expresa o tácitamente, alguna interpretación de la Constitución que contenga alguna sentencia de esta Sala con anterioridad al fallo que sea impugnado[42].

En esta forma, la Sala Constitucional amplió el ámbito de su potestad constitucional revisora de sentencias dictadas en juicios de amparo o con motivo de control difuso de la constitucionalidad, y la amplió abarcando otras sentencias, incluso las dictadas por las otras Salas del Tribunal Supremo, lo que constituye una limitación no autorizada en la Constitución al derecho a la cosa juzgada, con importantes repercusiones en el ámbito de la seguridad jurídica y del Estado de derecho. La Sala Constitucional en efecto, luego de analizar la garantía del debido proceso en relación con la revisión extraordinaria de sentencias definitivamente firmes, en sentencia Nº 93 de 6 de febrero de 2001 (Caso: *Olimpia Tours and Travel vs. Corporación de Turismo de Venezuela*), extendió su potestad revisora en relación con sentencias que –por supuesto a juicio de la propia Sala– "se aparten del criterio interpretativo de la norma constitucional que haya previamente establecido la Sala", argumentando como sigue:

Ahora bien, ¿puede esta Sala, de conformidad con lo establecido en la Constitución, revisar las sentencias definitivamente firmes diferentes a las establecidas en el numeral 10 del artículo 336 de la Constitución que contraríen el criterio interpretativo que esta Sala posee de la Constitución?

Es necesario en este aspecto interpretar lo establecido en el artículo 335 de la Constitución, el cual textualmente indica:

41 Véase en *Revista de Derecho Público*, Nº 85-88, Editorial Jurídica Venezolana, Caracas, 2001, pp. 414-415.

42 Caso: *Revisión de la sentencia dictada por la Sala Electoral en fecha 21 de noviembre de 2002*, en *Revista de Derecho Público*, Nº 93-96, Editorial Jurídica Venezolana, Caracas, 2003 (En prensa).

*El Tribunal Supremo de Justicia garantizará la supremacía y efectividad de las normas y principios constitucionales; será el máximo y último intérprete de la Constitución y velará por su uniforme interpretación y aplicación.*

*Las interpretaciones que establezca la Sala Constitucional sobre el contenido o alcance de las normas y principios constitucionales son vinculantes para las otras Salas del Tribunal Supremo de Justicia y demás tribunales de la República".* (Subrayado nuestro)

De acuerdo con la norma transcrita, no existe duda alguna de que esta Sala posee la máxima potestad de interpretación de la Constitución y que sus decisiones son vinculantes para las otras Salas del Tribunal Supremo de Justicia y los demás tribunales de la República. Así las cosas, las demás Salas del Tribunal Supremo de Justicia y los demás tribunales y juzgados de la República están obligados a decidir con base en el criterio interpretativo que esta Sala tenga de las normas constitucionales.

El hecho de que el Tribunal Supremo de Justicia o los demás tribunales de la República cometan errores graves y grotescos en cuanto a la interpretación de la Constitución o no acojan las interpretaciones ya establecidas por esta Sala, implica, además de una violación e irrespeto a la Constitución, una distorsión a la certeza jurídica y, por lo tanto, un quebrantamiento del Estado de Derecho. Por ello, la norma contenida en el artículo 335 de la Constitución establece un control concentrado de la constitucionalidad por parte de esta Sala en lo que respecta a la unificación de criterio relativa a la interpretación de la Constitución.

El Texto Fundamental le otorga pues a la Sala Constitucional una potestad única y suprema en cuanto a la interpretación de la Constitución. Dicha potestad tiene por objeto tal como lo señala la autora española Ana Aba Catoira, el "*...preservar la unidad del Texto Constitucional, de donde deriva la necesidad de coherencia o ausencia de contradicciones en los preceptos constitucionales...*". Asimismo, señala la misma autora como principios de interpretación "*...el principio de la función integradora que cumple la Constitución al ser instrumento de cohesión o unión y, por último, el principio de la fuerza normativa de la Constitución en cuanto que norma jurídica suprema del ordenamiento que actúa como límite*". (*V. Ob. Cit,* p. 241).

Ahora bien, ¿cómo puede esta Sala ejercer esa potestad máxima de interpretación de la Constitución y unificar el criterio interpretativo de los preceptos constitucionales, si no posee mecanismos extraordinarios de revisión sobre todas las instancias del Poder Judicial incluyendo las demás Salas en aquellos casos que la interpretación de la Constitución no se adapte al criterio de esta Sala? Es definitivamente incongruente con la norma constitucional contenida en el artículo 335 antes citado que, habiendo otorgado la Constitución a esta Sala el carácter de máximo intérprete de los preceptos constitucionales en los términos antes señalados, y habiendo establecido el Texto Fundamental el carácter vinculante de tales decisiones, no pueda esta Sala de oficio o a solicitud de la parte afectada por una decisión de alguna otra Sala del Tribunal Supremo de Justicia o de algún tribunal o juzgado de la República, revisar la sentencia que contraríe una interpretación de algún precepto constitucional previamente establecido o que según esta Sala erróneamente interprete la norma constitucional.

De conformidad con lo anterior, sería inútil la función integradora y de mantenimiento de la coherencia o ausencia de contradicciones en los preceptos constitucionales ejercida por esta Sala, si ésta no poseyera la suficiente potestad para imponer el carácter vinculante de sus interpretaciones establecido expresamente en el artículo 335 de la Constitución o que no pudiera revisar sentencias donde es evidente y grotesca la errónea interpretación.

En el mismo sentido, la norma constitucional referida sería inútil si los tribunales de la República o las demás Salas del Tribunal Supremo de Justicia, en ejercicio del control difuso de la constitucionalidad establecido en el artículo 334 de la Constitución, no pudieren corregir decisiones que se aparten del criterio interpretativo establecido por la

> Sala Constitucional. Es, más bien, imperativo para todos los tribunales del país así como para las demás Salas del Tribunal Supremo de Justicia, en ejercicio del control difuso de la constitucionalidad establecido en el artículo 334 de la Constitución de la República Bolivariana de Venezuela, revocar en segunda instancia aquellas decisiones que se aparten de alguna interpretación que esta Sala haya realizado de las normas constitucionales.
>
> Es pues evidente, que la Constitución de la República Bolivariana de Venezuela estableció una fórmula para cohesionar la interpretación de la norma constitucional, y, en tal sentido, el Texto Fundamental designó a la Sala Constitucional como el ente con la máxima potestad para delimitar el criterio interpretativo de la Constitución y hacerlo vinculante para los demás tribunales de la República y las demás Salas del Tribunal Supremo de Justicia. Por ello, la Sala Constitucional posee discrecionalmente la potestad coercitiva otorgada por la Constitución para imponer su criterio de interpretación de la Constitución, cuando así lo considere en defensa de una aplicación coherente y unificada de la Carta Magna, evitando así que existan criterios dispersos sobre las interpretaciones de la norma constitucional que distorsionen el sistema jurídico creando incertidumbre e inseguridad en el mismo.
>
> Por consiguiente, esta Sala considera que la propia Constitución le ha otorgado la potestad de corregir las decisiones contrarias a las interpretaciones preestablecidas por la propia Sala o que considere la Sala acogen un criterio donde es evidente el error en la interpretación de las normas constitucionales. Esto tiene el propósito de imponer la potestad constitucional de la Sala Constitucional de actuar como "máximo y último intérprete de la Constitución". Se desprende entonces del artículo 335 de la Constitución de la República Bolivariana de Venezuela, que esta norma establece expresamente la potestad de revisión extraordinaria de sentencias definitivamente firmes que se aparten de la interpretación que de manera uniforme debe imponer esta Sala.
>
> Posee entonces potestad esta Sala para revisar tanto las sentencias definitivamente firmes expresamente establecidas en el numeral 10 del artículo 336 contra aquellas, tal como se dejó sentado anteriormente, así como las sentencias definitivamente firmes que se aparten del criterio interpretativo de la norma constitucional que haya previamente establecido esta Sala, lo que en el fondo no es más que una concepción errada del juzgador al realizar el control de la constitucionalidad, y así se declara[43].

Esta doctrina, por lo demás, particularmente en relación con la revisión de sentencias de las otras Salas del Tribunal Supremo de Justicia, fue recogida por la Ley Orgánica del Tribunal Supremo, al disponer en el artículo 5°, párrafo 4°, la potestad de la sala para:

> Revisar las sentencias dictadas por una de las Salas, cuando se denuncie fundadamente la violación de principios jurídicos fundamentales contenidos en la Constitución de la República Bolivariana de Venezuela, Tratados, Pactos o Convenios Internacionales suscritos y ratificados válidamente por la República, o que haya sido dictada como consecuencia de un error inexcusable, dolo, cohecho o prevaricación; asimismo podrá avocarse al conocimiento de una causa determinada, cuando se presuma fundadamente la violación de principios jurídicos fundamentales contenidos en la Constitución de la República Bolivariana de Venezuela, Tratados, Pactos o Convenios Internacionales suscritos y ratificados válidamente por la República, aun cuando por razón de la materia y en virtud de la ley, la competencia le esté atribuida a otra Sala.

## IX.- EL RECURSO DE LA VIGENCIA DE LAS LEYES MEDIANTE EL RECURSO DE COLISIÓN

Conforme a una tradicional competencia que tenía la antigua Corte Suprema de Justicia (art. 215, ord. 5° de la Constitución de 1961), el artículo 336 de la Constitución de 1999 le atribuye al Tribunal Supremo competencia para:

43 *Ídem*. pp. 412-414.

*8*.- Resolver las colisiones que existan entre diversas disposiciones legales y declarar cuál de éstas debe prevalecer.

Este mecanismo de control, antes que un control abstracto de constitucionalidad, es un control respecto de la vigencia de la ley en casos de derogación tácita. Es un control de constitucionalidad en cuanto a la determinación de cual es la ley vigente en aplicación del artículo 218 de la Constitución que dispone que "las leyes se derogan por otras leyes"; pero a la vez, como lo ha señalado la Sala Constitucional, "no se puede pretender que a través de este mecanismo se resuelvan cuestiones de inconstitucionalidad"[44].

En efecto, en los casos en los cuales se dicte una ley que contraríe las disposiciones de otra ley, sin que contenga una derogación expresa, si la derogación tácita no es evidente pueden plantearse situaciones en las cuales las dos leyes pueden considerarse aplicables. En estos supuestos, el Tribunal Supremo debe resolver la colisión que pueda existir entre dos disposiciones legales que intentan regular el mismo supuesto en forma diferente por lo que las mismas se encontrarían en conflicto[45], y declarar cuál de ellas debe prevalecer, lo que implica considerar como derogada la que no prevalece.

Sobre este recurso, la Sala Constitucional ha ratificado la doctrina jurisprudencial que había sentado la Sala Plena de la antigua Corte Suprema de Justicia en sentencia de 31 de octubre de 1995 (Caso: *Alí José Venturini B.*), la cual transcribió en sentencia N° 265 de 25 de abril de 2000, en la cual se dispuso:

> Desde el punto de vista del derecho adjetivo, el fallo señaló:
>
> 1.- La Corte conoce del mismo a instancia de parte interesada, tal como lo prevé el artículo 82 de la Ley Orgánica de la Corte Suprema de Justicia. (…).
>
> 2.- Se trata de un verdadero y propio recurso, en el sentido de que se solicita a la Corte se dirima un conflicto planteado por la preexistencia de normas que aparentemente coliden.
>
> 3.- No existe un procedimiento expresamente previsto, (...) por lo cual rige para su decisión lo previsto en el artículo 102 de la Ley Orgánica de la Corte Suprema de Justicia.

## CONCLUSIÓN

Para poder determinar las reglas de legitimación activa para plantear cuestiones de constitucionalidad en vía judicial, por supuesto, es preciso determinar previamente, cual es el sistema de justicia constitucional que existe.

Cuando se trata de países en los cuales, en líneas generales, se ha adoptado el método difuso o el método concentrado de control de constitucionalidad, el régimen de la legitimación activa, complejo siempre, obedece sin embargo a unas líneas básicas. Por ejemplo, en sistemas que siguen la tradición del como el norteamericano, montados básicamente sobre el método difuso de control de constitucionalidad, la regla básica de legitimación activa para plantear las cuestiones de inconstitucionalidad en un juicio concreto, es que la misma corresponde, en principio, a las partes en el proceso, las cuales, además de tener tal situación de partes, deben tener interés personal en solución de la cuestión constitucional[46].

En cuanto a los sistemas dominados por el método concentrado de control de constitucionalidad, las reglas de la legitimación activa para plantear cuestiones de constitucionalidad ante la jurisdicción constitucional, varían enormemente de un país a otro y de acuerdo al recurso o acción que se presente ante la jurisdicción constitucional.

---

44 Véase sentencia N° 265 de 25-04-2000 en *Revista de Derecho Público*, N° 82, (abril-junio), Editorial Jurídica Venezolana, Caracas, 2000, p. 146.

45 Véase sentencia N° 356 de 11-05-2000 en *Revista de Derecho Público*, N° 82, (abril-junio), Editorial Jurídica Venezolana, Caracas, 2000, p. 147.

46 Véase Allan R. Brewer-Carías, *Judicial Review in Comparative Law*, *cit.*, p. 144.

Hemos analizado el tema en Venezuela, en cuanto al método concentrado de control de la constitucionalidad, que corresponde a la Sala Constitucional del Tribunal Supremo de Justicia, como Jurisdicción Constitucional. Esas reglas relativas en resumen, son las siguientes:

1.- En cuanto a la legitimación activa para intentar las acciones directas de inconstitucionalidad ante la Sala Constitucional, de manera que esta pueda ejercer su competencia exclusiva para declarar la nulidad de las leyes y demás actos de similar jerarquía por razones de inconstitucionalidad, corresponde a cualquier persona, con un simple interés en la legalidad. Se trata, por tanto, de una *actio popularis* para el control de la constitucionalidad de las leyes.

2.- En cuanto al control preventivo de la constitucionalidad de los Tratados Internacionales, la legitimación activa para someter la cuestión de constitucionalidad ante la Sala Constitucional, corresponde al Presidente de la República o a la Asamblea Nacional. En el caso de las leyes orgánicas, el control preventivo de la constitucionalidad por la Sala Constitucional se debe realizar en forma automática y obligatoria, debiendo el Presidente de la Asamblea remitir la ley orgánica sancionada a la Sala Constitucional. En cuanto al control preventivo de la constitucionalidad de leyes sancionadas por la Asamblea Nacional, pero aún no promulgadas, la legitimación activa para su conocimiento por la Sala Constitucional corresponde al Presidente de la República.

3.- En cuanto a los Decretos que declaren estados de excepción, los mismos deben ser sometidos a control de la constitucionalidad por la Sala Constitucional, también en forma obligatoria. El Presidente de la República, al dictarlos, debe enviarlos a la misma. Sin embargo, en este caso, la Sala Constitucional tiene atribuida expresamente la potestad de revisar *ex officio* la constitucionalidad de dichos Decretos, lo cual puede hacer desde que se publiquen en la Gaceta Oficial.

4.- La sala Constitucional puede realizar el control abstracto de la constitucionalidad de las leyes que hayan sido desaplicadas por las otras Salas del Tribunal Supremo mediante el control difuso de la constitucionalidad. La Sala respectiva está obligada a notificar a la sala Constitucional de la decisión correspondiente.

5.- La Sala Constitucional del Tribunal Supremo de Justicia tiene, además, la competencia para declarar la inconstitucionalidad de la omisión de los cuerpos legislativos nacional, estadales o municipales en dictar las normas necesarias para el cumplimiento de la Constitución. La acción de inconstitucionalidad por omisión de actos legislativos, en nuestro criterio, debe seguir las mismas reglas de la legitimación de la acción de inconstitucionalidad de las leyes, como acción popular, por lo que corresponde a todos, bastando un simple interés en la constitucionalidad.

6.- La Sala Constitucional también tiene competencia para conocer y resolver las controversias constitucionales que se planteen entre los diversos órganos que ejercen el Poder Público, que resultan tanto de la división vertical del Poder (República, Estados o Municipios) como de la separación horizontal del Poder (Legislativo, Ejecutivo, Judicial, Ciudadano, Electoral). En estos casos, la legitimación para plantear la controversia constitucional, corresponde a los titulares de dichos órganos.

7.- En cuanto al ejercicio del recurso de interpretación constitucional que se puede intentar ante la Sala Constitucional, la legitimación para ello la tienen las personas que aleguen un interés jurídico actual y legítimo fundado en una situación jurídica concreta que requiera de la interpretación constitucional para que cese la incertidumbre que impide su desarrollo.

8.- Mediante el recurso de revisión, la Sala Constitucional puede conocer del recurso extraordinario de revisión contra sentencias de amparo o dictadas en ejercicio del control difuso de la constitucionalidad, o que sean contrarias a principios constitucionales o interpretaciones constitucionales establecidas por la sala Constitucional. En estos casos, la legitimación activa deberá corresponder a las partes en el proceso respectivo.

Hemos señalado que el sistema venezolano de justicia constitucional es de carácter mixto o integral por lo que en materia de la legitimación activa para ejercer el control de constitucionalidad por otras vías distintas al método concentrado, se pueden identificar las siguientes reglas relativas a la legitimación activa:

1.- Para ejercer el control de constitucionalidad de las leyes mediante el método difuso, la legitimación para plantear la cuestión de constitucionalidad en el proceso concreto corresponde a las partes en el mismo, incluso cuando actúen en representación de intereses difusos y colectivos. Los jueces en Venezuela, también tienen el poder-deber de poder plantearse *ex officio,* ellos mismos en el proceso, cuestiones de constitucionalidad para resolver el caso concreto. Adicionalmente, el Ministerio Público y el Defensor del Pueblo, conforme a sus competencias, pueden plantear cuestiones de constitucionalidad en los procesos en los cuales intervienen.

2.- En Venezuela se establece, en general, en el artículo 27 de la Constitución, el derecho de toda persona a ser amparado judicialmente en el goce y ejercicio de sus derechos y garantías constitucionales, aún de aquellos inherentes a la persona que no figuren expresamente en la Constitución o en los instrumentos internacionales sobre derechos humanos. El juicio de *amparo* también es una vía judicial de control de constitucionalidad, debiendo intentarse la acción de amparo por el titular del derecho o garantía constitucional lesionado, quien es la persona que en principio tiene la legitimación necesaria para ello. La acción de amparo también puede intentarse por cualquier agraviado en representación de derechos constitucionales difusos o colectivos, como lo garantiza el artículo 26 de la Constitución, así como por el Defensor del Pueblo en representación de los mismos.

3.- En el ámbito del control judicial de constitucionalidad e ilegalidad contra los Reglamentos y demás actos administrativos generales o individuales, corresponde a los tribunales que conforman la Jurisdicción Contencioso Administrativa, declarar la nulidad de los mismos por dichas razones de inconstitucionalidad o ilegalidad. La legitimación activa para intentar la acción de nulidad contra los actos administrativos de carácter normativo, corresponde a cualquier persona bastando el simple interés en la legalidad para estar legitimado. Se trata, por tanto, también en este caso, de una acción popular. En los casos de actos administrativos de efectos particulares, conforme al artículo 21, párrafo 9º de la ley Orgánica del Tribunal Supremo de Justicia, la legitimación para intentar la acción de nulidad contra los mismos por razones de inconstitucionalidad o de ilegalidad, corresponde a las personas que tengan que tengan interés personal, legítimo y directo en impugnar el acto administrativo. El Fiscal General de la República y demás funcionarios a quienes las leyes les atribuyen tal facultad, también pueden solicitar la nulidad del acto, cuando éste afecte un interés general.

Junio 2004.

## XVIII
## EL ROL DE LOS TRIBUNALES CONSTITUCIONALES
## (2006)

**Texto preparado para la conferencia sobre *"Nuevas reflexiones sobre el papel de los tribunales constitucionales en la consolidación del Estado democrático de derecho: defensa de la Constitución, control del poder y protección de los derechos humanos"* para el *Encuentro de Presidentes de Cortes Supremas y Tribunales Constitucionales de Centro América y República Dominicana, celebrado en* Corte Suprema de Justicia, San José, Costa Rica, febrero de 2006.**

### I.- SOBRE EL ESTADO DEMOCRÁTICO DE DERECHO

El Estado democrático de derecho en el mundo contemporáneo, puede decirse que está construido sobre cuatro elementos fundamentales: en primer lugar, la existencia de una Constitución como norma suprema, directamente aplicable a los particulares; en segundo lugar, la democracia como régimen político, que tiene por objeto asegurar el gobierno del pueblo como titular de la soberanía, sea en forma indirecta a través de representantes, o bien mediante instrumentos para su ejercicio directo; en tercer lugar, el goce y ejercicio de los derechos humanos, como fin esencial del orden político; y en cuarto lugar, el control del poder, como sistema político constitucional, que tiene por objeto impedir el abuso de quienes ejercen el poder estatal. Los cuatro elementos están interrelacionados, de manera que ninguno puede existir aisladamente y sin que exista el otro: no puede haber efectiva supremacía constitucional, verdadera democracia ni efectivo goce y protección de los derechos humanos si no hay control del poder; y sólo en democracia es que se concibe el sistema de derechos humanos, la posibilidad de controlar el poder y garantizar efectivamente la supremacía de la Constitución.

En otras palabras, para que pueda existir y funcionar efectivamente la democracia y se pueda asegurar realmente la protección de los derechos humanos y la supremacía constitucional, se requiere de un marco constitucional que establezca y permita el control del poder, de manera que los diversos poderes del Estado puedan limitarse mutuamente, y mediante su división y distribución, el poder pueda frenar al poder. Sólo en un sistema donde exista el control del poder puede haber garantía esencial de todos los valores de la propia democracia, como el respeto a la voluntad popular, la vigencia de los derechos humanos, el pluralismo político, la alternabilidad republicana o el Estado de derecho.

Precisamente por ello, en ese instrumento internacional excepcionalísimo como es la *Carta Democrática Interamericana* adoptada en la Asamblea General de la Organización de Estados Americanos, en Lima, el 11 de septiembre de 2001, se enumeraron en su artículo 3, como elementos esenciales de la democracia representativa, además del respeto a los derechos humanos y las libertades fundamentales; además del acceso al poder y su ejercicio con sujeción al Estado de derecho; además de la celebración de elecciones periódicas, libres, justas y basadas en el sufragio universal y secreto, como expresión de la soberanía del pueblo; y además del régimen plural de partidos y organizaciones políticas; la necesaria existencia –dice– de "la separación e independencia de los poderes públicos". Además, la misma *Carta* definió en su artículo 4°, como componentes fundamentales del ejercicio de la democracia, la transparencia de las actividades gubernamentales, la probidad, la responsabilidad de los gobiernos en la gestión pública, y el respeto por los derechos sociales y la libertad de expresión y de prensa. Además, se declaró que son igualmente fundamentales para la democracia la subordinación constitucional de todas las instituciones del Estado a la autoridad civil legalmente constituida y el respeto al Estado de derecho de todas las entidades y sectores de la sociedad. La democracia, por tanto, es mucho más que las solas elecciones y votaciones.

Sin embargo, entre todos esos elementos y componentes esenciales de la democracia, sin duda, el que se refiere a la separación e independencia de los Poderes Públicos es precisamente el que permite estructurar un verdadero régimen democrático, permite asegurar la supremacía de la Constitución y permite la efectiva vigencia de los derechos humanos[1].

No olvidemos que en nuestros países, desde hace mucho tiempo y con todos los altos y bajos de su efectividad, hemos tenido instituciones que han buscado asegurar el respeto a los derechos humanos, la sujeción del poder al derecho, elecciones más o menos regulares y libres y un régimen plural de partidos. Pero si nuestras democracias no terminan de arraigar, es porque nos ha faltado implantar efectivamente el último de los elementos mencionados en la Carta Democrática Interamericana, el de la efectiva "separación e independencia de los poderes"; es decir, el orden constitucional que debe existir en toda democracia para controlar y limitar el poder, y que hace posible la misma gobernabilidad de la democracia, y en particular, lograr una efectiva representación política; la posibilidad real de participación política del ciudadano; un buen gobierno que sea transparente y responsable, la garantía de los derechos humanos y la vigencia efectiva del Estado de derecho.

Porque sin control del poder no sólo la democracia no es gobernable, sino que no pueden tener efectiva vigencia todos los otros factores esenciales de la democracia antes mencionados, pues sólo controlando al Poder es que puede haber elecciones completamente libres y justas, es decir, puede haber representatividad efectiva; sólo controlando al poder es que puede haber pluralismo político; sólo controlando al Poder es que puede haber efectiva participación democrática; sólo controlando al Poder es que se puede asegurar una efectiva transparencia en su ejercicio, con exigencia de la rendición de cuentas por los gobernantes; sólo controlando el Poder es que se puede asegurar un buen gobierno sometido al respeto de la Constitución y del Estado de derecho; sólo controlando el Poder es que puede haber un efectivo acceso a la justicia; y sólo controlando al Poder es que puede haber real y efectiva garantía de respeto a los derechos humanos.

Al contrario demasiada concentración y centralización del poder, si no hay controles efectivos sobre los gobernantes, y peor aún, si estos tienen o creen tener apoyo popular, conduce al autoritarismo y, en definitiva, a la tiranía. Y esa es la historia de la humanidad durante el Siglo pasado, que nos ha mostrado precisamente a tiranos que usaron el voto de la mayoría para acceder al poder y desde allí aplicaron el autoritarismo para acabar con la propia democracia y con todos sus elementos, comenzando por los derechos humanos.

Desde los inicios del constitucionalismo moderno, además, estos principios quedaron plasmados en la misma Declaración francesa de los Derechos del Hombre y del Ciudadano de 1789, cuando proclamó que "toda sociedad en la cual la garantía de los derechos no esté asegurada, ni la separación de poderes determinada, no tiene Constitución" (art. XVI). Constitución, separación de poderes, respeto a los derechos humanos, y más modernamente, la democracia, han sido y continúan siendo los signos más arraigados, y no necesariamente desarrollados en la práctica, del constitucionalismo contemporáneo propios del Estado de derecho.

## II.- EL CONTROL DEL PODER Y LOS TRIBUNALES CONSTITUCIONALES

Ahora bien, una pieza esencial de este proceso relativo al control del poder, la constituye el control judicial de la constitucionalidad de los actos estatales, que permite particularmente el

1 Véase sobre la Carta Democrática Interamericana y la crisis de la democracia en Venezuela, Allan R. Brewer-Carías, *La crisis de la democracia venezolana. La Carta Democrática Interamericana y los sucesos de abril de 2002*, Ediciones El Nacional, Caracas 2002. pp. 137 y ss. Este libro puede consultarse en la *página web:* allanbrewercarias.com (Publicaciones 2002).

control de la constitucionalidad de las leyes, y que garantiza la protección judicial de los derechos humanos. De allí la progresiva consolidación de los tribunales constitucionales en el mundo contemporáneo, precisamente como la pieza más importante para el control del poder, para garantizar la supremacía de la Constitución, asegurar la democracia y servir de instrumentos para asegurar y proteger el efectivo goce y respeto de los derechos humanos.

Me refiero a los tribunales con competencia en cuestiones constitucionales, sea que se trate de tribunales creados como tribunales constitucionales, o sea que se trata de los tribunales ordinarios cuando ejercen competencias constitucionales.

En el primer caso están los tribunales constitucionales creados específicamente para ejercer en exclusiva la jurisdicción constitucional. Así sucede por ejemplo, primero, con los Tribunales y Cortes Constitucionales que se han establecido dentro o fuera del Poder Judicial, como ha sucedido en Guatemala, Chile, Perú, Ecuador, Colombia y Bolivia; segundo, con las Salas Constitucionales establecidas dentro de las Cortes Supremas de Justicia, sea con potestad decisoria propia como las Salas Constitucionales de Costa Rica, El Salvador, Paraguay y Venezuela; o con potestad decisoria limitada por la regla de la unanimidad, como sucede en el caso de la Sala Constitucional de Honduras; y tercero, con las Cortes Supremas de Justicia que ejercen la jurisdicción constitucional, sea teniendo una Sala Constitucional como entidad ponente, como sucede en Nicaragua, o ejerciendo sus competencias en Pleno, compartidas con las competencias de casación, como sucede en Brasil, Panamá, Uruguay, México.

En segundo caso, también se pueden considerar como tribunales constitucionales, los tribunales ordinarios cuando ejercen el control difuso de la constitucionalidad de las leyes, como sucede por ejemplo en Argentina, Brasil, Perú, Colombia y Venezuela; o cuando conocen de las acciones de amparo, como sucede en casi todos los países suramericanos.

En todos esos supuestos, el rol de los tribunales constitucionales es garantizar la Constitución y su supremacía[2], y a través de ella, la democracia, el control del poder y la vigencia de los derechos humanos. Los ciudadanos en un Estado democrático de derecho, tienen en efecto un derecho constitucional a que se preserve la supremacía de la Constitución, pues ello es la garantía de su propio derecho a la democracia, a que se controle el abuso del poder y a que los otros derechos constitucionales tengan vigencia.

## III.- EL DERECHO CIUDADANO A LA SUPREMACÍA CONSTITUCIONAL

En efecto, si partimos del supuesto de que la Constitución es manifestación de la voluntad del pueblo que debe prevalecer sobre la voluntad de los órganos constituidos, el primer y principal derecho constitucional que los ciudadanos tienen en un Estado de derecho, es *el derecho a dicha supremacía,* es decir, al respeto de la propia voluntad popular expresada en la Constitución. Nada se ganaría con señalar que la Constitución, como manifestación de la soberanía del pueblo, debe prevalecer sobre la de los órganos del Estado, si no existiere el derecho de los integrantes del pueblo de exigir el respeto de esa Constitución.

El constitucionalismo moderno, por tanto, en nuestro criterio, está montado no sólo en el principio de la supremacía constitucional, sino en el Principio de que, como secuela del anterior, también existe *un derecho del ciudadano a esa supremacía*[3], que se concreta, conforme al principio de la separación y control del poder, en *un derecho fundamental a la tutela judicial de la supremacía constitucional.*

En esta forma, el desarrollo de la justicia constitucional en sus dos vertientes, como protección de la parte orgánica de la Constitución, o como protección de su parte dogmática, es decir, de los derechos y libertades constitucionales, en definitiva no es más que la manifestación de

---

2 Véase Allan R. Brewer-Carías, "La Justicia Constitucional", *Revista Jurídica del Perú,* N° 3, 1995, Trujillo, Perú, pp. 121 a 160.

3 Véase Allan R. Brewer-Carías, "El amparo a los derechos y libertades constitucionales (una aproximación comparativa)" en *La protección jurídica del ciudadano. Estudios en Homenaje al Profesor Jesús González Pérez,* Madrid 1993, Tomo III, pp. 2.696 y 2.697

la garantía constitucional del derecho fundamental del ciudadano al respecto de la supremacía constitucional, es decir, a la tutela judicial efectiva de dicha supremacía.

Este derecho fundamental, así, se concreta tanto en un derecho al control jurisdiccional de la constitucionalidad de los actos estatales, sea mediante sistemas de justicia constitucional concentrados o difusos, y en un derecho al amparo judicial de los demás derechos fundamentales de las personas, sea mediante acciones o recursos de amparo u otros medios judiciales de protección inmediata de los mismos. La consecuencia de este derecho fundamental, sin duda, implica el poder atribuido a los jueces de asegurar la supremacía constitucional, sea declarando la nulidad de los actos contrarios a la Constitución, sea restableciendo los derechos fundamentales vulnerados por acciones ilegítimas, tanto de los órganos del Estado como de los particulares.

Tratándose de un derecho fundamental de los ciudadanos, el de asegurar la supremacía constitucional mediante la tutela judicial de la misma, es evidente que sólo la Constitución podría limitar dicho derecho, es decir, sería incompatible con la idea del derecho fundamental de la supremacía constitucional que se postula, cualquier limitación legal a la misma, sea manifestada en actos estatales excluidos del control judicial de constitucionalidad; sea en derechos constitucionales cuya violación no fuera amparable en forma inmediata. La supremacía constitucional es una noción absoluta, que no admite excepciones, por lo que el derecho constitucional a su aseguramiento tampoco puede admitir excepciones, salvo por supuesto, las que establezca la propia Constitución.

De lo anterior resulta que, en definitiva, en el derecho constitucional contemporáneo, los tribunales constitucionales se han estructurado como una garantía adjetiva al derecho fundamental de los ciudadanos a la supremacía constitucional.

En cierta forma, como lo ha señalado Silvia Snowiss en su análisis histórico sobre los orígenes de la justicia constitucional de Norteamérica, ésta tuvo su origen como mecanismo sustitutivo de la revolución[4]. Recuérdese que en la propia Declaración de Derechos que precedió la Constitución o forma de Gobierno de Virginia de 29 de junio de 1776, se declaró como derecho colectivo el "que corresponde a la mayoría", como "derecho indudable, inalienable e irrevocable" de "reformar, alterar y abolir" cualquier gobierno establecido en forma "inadecuada o contraria" a los propósitos establecidos en la Declaración (III).

Ello significa que si los ciudadanos tienen derecho a la supremacía constitucional, como pueblo soberano, cualquier violación de la Constitución podría dar lugar a la revocatoria del mandato a los representantes o a su sustitución por otros, en aplicación del derecho a la resistencia o a la revuelta que defendía John Locke[5]. En caso de opresión de los derechos o de abuso o usurpación, la revolución era la solución o la vía de solución de conflictos por parte del pueblo. Pues bien, y precisamente como sustituto de la misma, sin embargo, se considera que surgió el poder atribuido a los tribunales constitucionales para dirimir los conflictos constitucionales entre los poderes constituidos o entre estos y el pueblo. Esa es, precisamente, la tarea de los tribunales constitucionales, quedando configurada la justicia constitucional como la principal garantía al derecho ciudadano a la supremacía constitucional.

## IV.- LA GARANTÍA DE LA CONSTITUCIÓN Y LOS TRIBUNALES CONSTITUCIONALES

Por tanto, la existencia misma de los tribunales constitucionales como instrumentos para la consolidación del Estado de derecho, deriva de la idea misma de Constitución como norma suprema y positiva, directamente aplicada a gobernantes y gobernados.

Como lo señaló Mauro Cappelletti, la Constitución considerada "no como una simple pauta de carácter político, moral o filosófico, sino como una ley verdadera, positiva y obligante,

4 Véase Silvia Snowiss, *Judicial Review and the Law of the Constitution*, Yale University Press 1990, p. 113.

5 Véase John Locke, *Two Treatises of Government* (ed. Peter Laslett), Cambridge UK, 1967, pp. 221 y ss.

con un carácter supremo y más permanente que la legislación positiva ordinaria"[6]. O como lo puntualizó Eduardo García de Enterría, como normas jurídicas efectivas, que prevalecen en el proceso político, en la vida social y económica del país, y que sustentan la validez a todo el orden jurídico[7]. En este sentido, la Constitución como ley suprema, real y efectiva, contiene normas directamente aplicables tanto a los órganos del Estado como a los individuos.

Este fue el concepto adoptado en los Estados Unidos de América desde los inicios del constitucionalismo, y en los países de América Latina, desde el siglo pasado. Fue el concepto adoptado en Europa después de la Revolución francesa, y que, abandonado durante el siglo XIX, fue redescubierto en el Siglo XX, particularmente después de la Segunda Guerra Mundial. Es el mismo sentido normativo que se desprende de la decisión de la Corte Suprema norteamericana, en el caso *Trop vs Dulles*, 1958, en la cual, en relación al carácter normativo de la Constitución, estableció lo siguiente:

> "Las disposiciones de la Constitución no son adagios trillados ni contraseñas vacías. Son principios vitales y vivos que autorizan y limitan los poderes gubernamentales de nuestra Nación. Son normas de Gobierno. Cuando se cuestiona ante este Tribunal la constitucionalidad da una ley del Congreso, debemos aplicar dichas normas. De lo contrario, los términos de la Constitución se convertirían en poco más que buenas intenciones"[8].

Por ello, en los sistemas jurídicos contemporáneos, las Constituciones no son aquellas "buenas intenciones" ni esos "adagios trillados" a que se refería tal decisión; al contrario, su contenido tienen un carácter normativo que rige tanto respecto de los órganos del Estado como de los individuos.

Este principio rige ahora, incluso, en Francia, donde anteriormente, en el sistema constitucional tradicional instaurado por las Leyes constitucionales de 1875, debido a la inexistencia de la Declaración de los Derechos del Hombre y del Ciudadano en el texto de la Constitución[9], sus disposiciones fueron consideradas como no directamente aplicables a los individuos. Sin embargo, tras varias decisiones del Consejo Constitucional adoptadas en los años setenta del Siglo pasado, el "bloque de la constitucionalidad"[10] fue ampliado para incluir en el mismo a la Declaración de los Derechos del Hombre y del Ciudadano de 1789, a los Preámbulos de las Constituciones de 1946 y 1958, y a los principios fundamentales reconocidos por las leyes de la República[11]. Esto llevó a Jean Rivero a afirmar, con respecto a la creación del derecho por los tribunales constitucionales, que con las decisiones del Consejo Constitucional basadas en "la Constitución y en particular en su Preámbulo", se había producido "una revolución":

> "He allí, de una sola vez, la Declaración de 1789, el Preámbulo de 1946, los principios fundamentales reconocidos por las leyes de la República, integrados a la Constitución francesa, aun cuando la Constituyente no lo quiso. La Constitución francesa duplicó de tamaño por simple voluntad del Consejo Constitucional"[12].

Este carácter normativo de la Constitución en relación a los órganos del Estado y a los individuos, y su aplicación por los tribunales, también han provocado cambios en relación a las

6 M. Cappelletti, *Judicial Review of Legislation and its Legitimacy. Recent Developments.* General Report. International Association of Legal Sciences. Uppsala, 1984 (mimeo), p. 20; también publicado como "Rapport général" en L. Favoreu y J.A. Jolowicz (ed). *Le contrôle juridictionnel des lois Légitimité, effectivité et développements récents,* París, 1986, pp. 285-300.

7 E. García de Enterría, *La Constitución como norma y el Tribunal constitucional,* Madrid, 1985, p. 33, 39, 66, 71, 177 y 187.

8 356 US 86 (1958).

9 J. Rivero, *Les libertés publiques,* vol. 1, París, 1973, p. 70.

10 L. Favoreu, «Le principe de constitutionalité. Essai de définition d'après la jurisprudence du Conseil constitutionnel» en *Recueil d'études en l'honneur de Charles Eisenmann,* París, 1977, p. 33.

11 L. Favoreu, *Le contrôle juridictionnel des lois et sa légitimité. Développements récents en Europe occidentale,* Association Internationale des Sciences Juridiques, Colloque d'Uppsala, 1984 (mineo), p. 8; publicado en L. Favoreu y J. A. Jolowicz, *Le contrôle juridictionnel des lois..., cit.* pp. 17 y sgts.

12 J. Rivero, «Rapport de Synthèse» in L. Favoreu (ed), *Cours Constitutionnelles Européennes et Droit Fondamental,* Aix-en-Provence, 1982, p. 520.

llamadas "normas programáticas" de la Constitución, las cuales tradicionalmente habían sido consideradas como normas sólo directamente aplicables al Legislador[13]. Por el contrario, el carácter normativo de la Constitución como tendencia esencial del constitucionalismo contemporáneo, tiende a la superación del carácter programático atribuido a algunas normas constitucionales, y a imponer su ejecución por los tribunales como normas directamente aplicables a los individuos, dejando ser consideradas sólo como aquellas "buenas intenciones".

Por otra parte, en el derecho constitucional contemporáneo, los tribunales constitucionales existen, no sólo porque existe una Constitución como norma verdaderamente aplicable por los tribunales, sino además, porque la misma tiene efectiva supremacía sobre el orden jurídico en su conjunto, en el sentido de que prevalece frente a todas las normas, actos y principios de derecho contenidos en un sistema jurídico determinado. Esta supremacía de la Constitución sobre las demás fuentes del derecho y, en particular, sobre los actos del Parlamento, implica que la Constitución es la ley suprema que determina los valores supremos del orden jurídico, y que, desde esa posición de supremacía, puede ser tomada como parámetro para determinar la validez de las demás normas jurídicas del sistema.

Esta concepción de la Constitución como ley suprema también se la debemos, sin duda, al constitucionalismo norteamericano, constituyendo no sólo una de sus grandes contribuciones a la historia universal del derecho, sino el fundamento de la noción misma de la justicia constitucional. Esta concepción surgió de la integración de la tradición del derecho natural en la versión de John Locke y Edward Coke, de la "ley de leyes", "ley inmutable", es decir, *lex legum, lex aeterna y lex immutabile,* con la forma jurídica concreta plasmada en los Pactos y Cartas de las Colonias americanas, que luego fue formalizada como ley fundamental, en un documento solemne, precisamente aquél que iba a darse a conocer bajo el nombre de "Constitución"[14]. En esa forma, en la Constitución de los Estados Unidos de 1787 se adoptó el concepto de la supremacía de la Constitución sobre la legislación de los Estados; es decir, al principio según el cual la Constitución es la ley suprema del país, que deben aplicar los jueces a pesar de cualquier disposición contraria en las Constituciones o Leyes de los Estados miembros, lo cual se consagró en la Constitución como la "Cláusula de supremacía"[15].

Debe señalarse, sin embargo, que en su artículo I, sección 9, la Constitución norteamericana había impuesto algunas limitaciones al Congreso[16], habiendo sido concebida, además, en 1789, tanto la primera Enmienda a la Constitución, como las otras nueve dirigidas a configurar una Declaración de derechos y garantías individuales *(Bill of rights),* como una limitación al Poder Legislativo.

En todo caso, la "Cláusula de supremacía", las limitaciones constitucionales impuestas al Congreso por la Constitución y el poder conferido a la Corte Suprema para "resolver cualquier causa, en derecho y equidad, derivada de esta Constitución" (artículo III, sección 2), junto con los antecedentes de la "ley suprema" del sistema constitucional británico, fueron las que llevaron a la adopción formal de la doctrina de la supremacía constitucional y en consecuencia, del control judicial de la constitucionalidad[17].

---

13 E. García de Enterría, *op. cit.*, pp. 37, 69. *Cfr.* P. Biscaretti di Ruffia y S. Rozmaryn, *La Constitution comme loi fondamental dans les Etats de l'Europe Occidentale et dans les Etats Socialistes*, Torino, 1966, p. 39.

14 E.S. Corwin, *The "Higher Law" Background of American Constitutional Law,* N. Y., 1955 (reimpreso en *Harvard Law Review,* Vol. XLII, 1928-1929, pp. 149-185 y 365-409).

15 Artículo VI, parágrafo 2do. de la Constitución: "Esta Constitución y las Leyes de los Estados Unidos que se sancionen conforme a ella, y todos los Tratados firmados o por firmar bajo la autoridad de los Estados Unidos, conformarán la Ley Suprema de la Nación; y los Jueces de cada Estado estarán subordinados a ella, independientemente de cualquier disposición contraria de las Leyes de cualquier Estado".

16 Por ejemplo: "El privilegio del autor de *Habeas Corpus* no se suspenderá, salvo cuando así lo requiera la seguridad pública en los casos de rebelión o invasión". No se dictará Ley alguna de efectos individuales o expost facto" (numerales 2 y 3).

17 Véase Silvia Snowiss, *Judicial Review..., cit.,* pp. 90 y ss.

Ese control se estableció por primera vez en relación a las leyes federales, en el famoso caso *Marbury vs Madison* de 1803[18], en el cual el principio de la supremacía de la Constitución fue el argumento principal para el ejercicio de tal poder de control judicial de la constitucionalidad de las leyes por parte de la Corte Suprema.

En efecto, el Chief Justice Marshall, buscando determinar si de conformidad con la Constitución, la Corte Suprema podía ejercer la autoridad que le había sido conferida por la Ley Judicial de 1789, de dictar *writs of mandamus* a los empleados públicos, y considerando que ello "no estaba previsto en la Constitución", decidió "investigar la posibilidad de que una jurisdicción así conferida pudiera ejercerse"; para ello, desarrolló la doctrina de la supremacía de la Constitución basándose en la pregunta de si "un acto incompatible con la Constitución podía o no llegar a convertirse en ley de la Nación?".

Con miras a responder esta pregunta siguió un razonamiento lógico, estableciendo, en primer lugar, el principio de la supremacía de la Constitución. Inició su argumentación aceptando la idea de un "derecho original" del pueblo a fijar los principios que han de regir "su futuro gobierno", como "la base sobre la cual se ha erigido todo el sistema norteamericano". En su opinión, este derecho original de adoptar tales principios "fundamentales" y "permanentes" representaba una tarea considerable, de tal manera que no debía "repetirse frecuentemente".

Esta "voluntad original y suprema", decía, "organiza el gobierno..., confiere a diferentes departamentos sus poderes respectivos... (y) fija ciertas limitaciones que dichos departamentos no pueden sobrepasar". Consideró que el Gobierno de los Estados Unidos era del tipo en el que "los poderes de la Legislatura están definidos y limitados" y fue precisamente, para que "estas limitaciones no puedan ser mal interpretadas u olvidadas", por lo que se adoptó una Constitución escrita con aquellos principios fundamentales y permanentes.

Luego, el juez Marshall se preguntó:

> "¿Para qué fin están limitados los poderes, y para qué fin tal limitación se pone por escrito si dichos límites pudieran ser transgredidos, en cualquier momento, por aquellos a quienes se busca restringir? La distinción entre un gobierno con poderes limitados y otro con poderes ilimitados desaparece, si esos límites no obligan a los individuos sobre quienes se imponen, y si los actos prohibidos y aquellos permitidos tienen la misma obligatoriedad".

La alternativa, según el, como proposición demasiado evidente para ser cuestionada, era la siguiente, o:

> "que la Constitución controla cualquier acto legislativo incompatible con ella; o que el poder legislativo puede modificar la Constitución mediante un acto ordinario";

en relación a lo cual explicaba:

> "En esta alternativa no hay término medio. O la Constitución es una ley suprema soberana, que no puede ser modificada por medios ordinarios, o está en el mismo nivel que los actos legislativos ordinarios y, al igual que éstos, puede ser modificada cuando le plazca a la legislatura.
>
> Si la primera parte de la alternativa es cierta, entonces un acto legislativo contrario a la Constitución no es una ley; si la última parte es cierta, entonces las constituciones escritas no son sino intentos absurdos por parte del pueblo de limitar un poder por naturaleza ilimitable".

---

18 5. U.S. (1 Cranch), 137; 2 L. Ed 60 (1803). Con relación a este caso véase en general E. S. Corwin, *The Doctrine of judicial review. Its legal and historical basis and other Essays*, Princeton, 1914, pp. 1 y 78. El caso que provocó la decisión puede resumirse así: El Presidente John Adams, justo antes de finalizar su período, había nombrado a William Marbury como Juez de Paz. El nuevo Presidente, Thomas Jefferson, no quería a Marbury en el ejercicio del cargo, y ordenó al Secretario de Estado, James Madison, que no le diera el nombramiento. Marbury pidió a la Corte Suprema una orden o mandamiento judicial requiriendo del Secretario de Estado le otorgara el nombramiento. En la decisión, y aun cuando el *Chief Justice* John Marshall considerara que se había tratado injustamente a Marbury, desechó el caso al considerar que la Corte Suprema no tenía competencia para ordenar actuaciones a un órgano del Poder Ejecutivo, a pesar de que la Ley Judicial la autorizaba para ello, considerando que al así hacerlo la ley estaba en contradicción con la Constitución.

Por supuesto, su conclusión fue que la Constitución era "la ley suprema y soberana de la Nación", principio que consideraba "como uno de los principios fundamentales de nuestra sociedad". En consecuencia, aceptó el postulado según el cual "un acto de la legislatura incompatible con la Constitución es nulo", considerando como "la esencia misma del deber judicial", el determinar las normas que rigen el caso, cuando una ley está en oposición a la Constitución. En estos casos, concluyó, "la Constitución es superior a cualquier acto ordinario de la legislatura; la Constitución, y no tales actos ordinarios, deben regir el caso al que ambos se aplican". Lo contrario, significaría otorgar "a la legislatura una omnipotencia real y práctica...; significaría lo mismo que prescribir limitaciones y declarar que estas pueden ser transgredidas a voluntad... lo que, en conjunto, socavaría el fundamento mismo de todas las Constituciones escritas".

Después de este caso, el principio de supremacía de la Constitución, en el sentido de que prevalece sobre cualquier otra ley incompatible con ella, se convirtió en una de las principales características del constitucionalismo moderno y, por supuesto, de la posibilidad misma del control judicial de la constitucionalidad de las leyes.

Esa doctrina de la supremacía de la Constitución y del control jurisdiccional de la constitucionalidad, fue seguida posteriormente en toda América Latina desde el Siglo XIX, pero en contraste, sólo se abrió camino en Europa, después de la Primera Guerra Mundial, principalmente a través del sistema constitucional concebido por Hans Kelsen para su país, reflejado en la Constitución austriaca de 1920, así como en la Constitución checoslovaca del mismo año. Años más tarde, después de la Segunda Guerra Mundial, el sistema austriaco de supremacía constitucional y tribunales o cortes constitucionales fue adoptado por Alemania e Italia para luego, por su influencia, extenderse a otros sistemas constitucionales europeos, como sucedió en España y Portugal; y más recientemente en todos los países de Europa oriental.

Como le señaló hace algunos años Louis Favoreu, fue durante las últimas décadas del siglo XX cuando Europa volvió a "descubrir" la Constitución como una ley suprema, que coloca algunos valores fundamentales de la sociedad fuera del alcance de mayorías parlamentarias ocasionales o temporales, transfiriendo el tradicional carácter sagrado de los actos del Parlamento a la Constitución. De allí que la Constitución haya sido "rejuridificada" en el sentido de que se le considera ahora como una ley fundamental directamente ejecutable por los jueces y aplicable a los individuos[19].

La situación en América Latina, en todo caso, siempre fue distinta. Bajo la inspiración del constitucionalismo americano, el principio de la supremacía constitucional y de la justicia constitucional se arraigó en nuestros países desde el siglo XIX, habiendo pasado a configurarse como uno de los principios clásicos del constitucionalismo latinoamericano, por cuya consolidación seguimos luchando en nuestros países.

## V.- EL ACTIVISMO DE LOS TRIBUNALES CONSTITUCIONALES Y LOS VALORES Y PRINCIPIOS CONSTITUCIONALES

Otro aspecto que debe mencionarse sobre el papel de los tribunales constitucionales, es que su misión no se limita a garantizar la supremacía del texto formal de las normas constitucionales escritas, sino también de los principios y valores no escritos de la Constitución escrita. En otras palabras, el control jurisdiccional de la constitucionalidad de las leyes no solo se ejercerse en relación a las normas incluidas en los artículos escritos de la Constitución, sino con relación a normas no escritas, que se infieren del texto de la Constitución y de su espíritu[20].

En los Estados Unidos de América esto ha sido ampliamente discutido, al analizarse el problema del papel activo de la Corte Suprema, en especial, en cuanto a la protección de los derechos humanos; y del debate ha surgido el llamado modelo no-interpretativo, que ha permitido a los jueces ir más allá de las referencias literales a la Constitución y aplicar normas que no se encuentran en el marco del documento escrito, pero que forman parte de los valores fundamentales y permanentes de una sociedad determinada y de su sistema político.

19 L. Favoreu, *Le contrôle juridictionnel des lois et sa légitimité. Développements récents en Europe occidentale, doc. cit.*, p. 23.

20 L. Favoreu, «Rapport général Introductif» en L. Favoreu (ed.), *Cours Constitutionnelles... cit.*, p. 45.

Por ello, por ejemplo, a pesar de que ni la Constitución de 1787 ni las Enmiendas de 1789 consagraban el principio de igualdad y que la Enmienda XIV (1868) sólo establecía la Cláusula de Protección Igual[21], la llamada Corte Warren pudo adoptar en la década de los cincuenta del siglo pasado las conocidas decisiones que condujeron a eliminar la discriminación racial y permitir la protección de minorías tradicionalmente excluidas, particularmente a partir de la conocida sentencia en el caso *Brown vs Board of Education of Topeka* de 1954[22].

En este mismo ámbito de la protección de los derechos fundamentales, también debe destacarse el papel del Consejo Constitucional francés, en los casos en los cuales controló la conformidad de la legislación con los "principios generales" o con las "tradiciones republicanas" no definidas, vagas y no escritas, "encontradas" por el Consejo Constitucional y definidos como de rango jurídico superior[23]. En este sentido, también puede decirse que fue a partir de la década de los sesenta cuando la actitud del Consejo Constitucional francés cambió radicalmente, particularmente a partir de la importante decisión adoptada el 16 de julio de 1971[24] con respecto a la libertad de asociación, y al valor jurídico positivo dado al Preámbulo de la Constitución de 1958, con todas sus consecuencias[25], configurándose así, lo que Louis Favoreu llamó el "bloque de la constitucionalidad"[26].

En efecto, el Preámbulo de la Constitución francesa de 1958 establece que:

> "El pueblo francés proclama solemnemente su subordinación a los Derechos del Hombre y a los principios de soberanía nacional tal como están definidos por la Declaración de 1789, confirmados y completados por el Preámbulo de la Constitución de 1946".

Este Preámbulo de la Constitución, hasta 1971, había sido considerado por el propio Consejo Constitucional como un mero principio de orientación para la interpretación constitucional; habiendo considerado que su competencia estaba "estrictamente limitada" por el texto constitucional[27]. Esta actitud, sin embargo, cambió con la mencionada decisión del Consejo Constitucional del 16 de julio de 1971, cuando resolvió que una nueva ley, al establecer un procedimiento previo de controles judiciales para que una asociación pudiera tener capacidad jurídica, era contraria a la Constitución. Esa ley, en realidad, era una reforma a la Ley de 1910 referida a las Asociaciones sin fines de lucro, que había sido introducida por el Gobierno a la consideración de la Asamblea Nacional en 1970. El Consejo Constitucional la consideró inconstitucional[28] partiendo del argumento siguiente:

La Constitución de 1958, a través del Preámbulo de la Constitución de 1946, se refería a los "principios fundamentales reconocidos por las leyes de la República" entre los cuales debe mencionar el principio de libertad de asociación. De acuerdo con este principio, las asociaciones pueden constituirse libremente y pueden desarrollar sus actividades públicamente, con la única condición de hacer una declaración previa, cuya validez no podía ser sometida

21 *Cfr.* E. García de Enterría, *op. cit.*, pp. 216-217. Véase también R. Berger, *Government by Judiciary. The Transformation of the fourteen Amendment,* 1977.

22 Véase en particular *Brown vs Board of Education of Topeka,* 347 U.S. 483 (1954).

23 M. Cappelletti, "El formidable problema del control judicial y la contribución del análisis comparado", *Revista de estudios políticos*, 13, Madrid 1980, p. 69 ("The Mighty Problem" of Judicial Review and the Contribution of Comparative Analysis, in *Southern California Law Review*, 1980, p. 409).

24 Véase en L. Favoreu y L. Philip, *Les grandes décisions du Conseil Constitutionnel,* París 1984, pp. 222-237

25 L. Favoreu, «Rapport général Introductif», en L. Favoreu (ed) *Cours Constitutionnelles. ... cit.*, pp. 45-46

26 L. Favoreu, «Le principe de la constitutionalité. Essai de définition d'après la jurisprudence du Conseil Constitutionnel», en *Recueil d'études en l'honneur de Charles Eisenmann*, Paris 1977, p. 34.

27 L. Hamon, «Contrôle de Constitutionalité et protection des droits individuels. A propos de trois décisions récentes du Conseil Constitutionnel», *Recueil Dalloz Sirey 1974,* Chronique XVI, p. 85.

28 Véase la decisión del Consejo Constitucional en L. Favoreu y J. Philip, *Les grandes décisions du Conseil Constitutionnel, cit.*, p. 222. Véase los comentarios de la decisión del 16 de julio de 1971 en J. Rivero, "Note", *L'Actualité Juridique. Droit Administratif,* 1971, p. 537; J. Rivero «Principes fondamentaux par les lois de la République; une nouvelle catégorie constitutionnelle?», *Dalloz 1974, Chroniques,* p. 265; J. E. Bardsley, «The Constitutional Council and Constitutional Liberties in France», *The American Journal of Comparative Law Journal,* 20 (3), 1972, p. 43; y B. Nicolas, «Fundamental Rights and Judicial Review in France», *Public Law Journal,* 1978, p. 83.

a una intervención previa por parte de autoridades administrativas o judiciales. El Consejo Constitucional decidió que las limitaciones impuestas a las asociaciones por la nueva ley que establecían un control judicial previo a la mencionada declaración, eran inconstitucionales. Por ello, Jean Rivero afirmó que:

> "La libertad de asociación, la cual no está expresamente consagrada ni por la Declaración ni por "los principios particularmente necesarios en nuestro tiempo", pero que ha recibido su status de una Ley del 1° de julio de 1901, se la ha reconocido, por la decisión citada (del Consejo Constitucional), come dotada de un carácter constitucional, y ello no solamente como principio, sino incluso, en relación con las modalidades de su ejercicio"[29].

El impacto de esta decisión fue resumido por Barry Nicholas, señalando que:

> "Marcó un cambio inequívoco con respecto a la tradición constitucional de la supremacía de la ley. Declaró, por sobre todo, que incluso del ámbito reservado a la legislación por el artículo 30 de la Constitución, había principios fundamentales que el Parlamento no podía alterar ni infringir. Y sobre todo, declaró que aquellos principios fundamentales se encontraban no solamente en la misma Constitución sino también en su Preámbulo, y a través del mismo, en el Preámbulo de 1946 (y presumiblemente, también en la Declaración de 1789)"[30].

La decisión del 16 de julio de 1971 acerca de la libertad de asociación, puede considerarse como un ejemplo de la voluntad creativa del Consejo Constitucional para determinar los derechos fundamentales, aun cuando para ello tenía que basar su decisión en el Preámbulo de la Constitución de 1958, y a través de éste, en el Preámbulo de la Constitución de 1946, considerado como uno de los "principios fundamentales reconocidos por las leyes de la República". Por lo tanto, con el fin de establecer un derecho fundamental o una libertad como "principio fundamental", el Consejo Constitucional se basó en una ley específica existente, particularmente, en relación con la libertad de asociación, como era la Ley del 1° de julio de 1901 que la reconocía.

Sin embargo, en otros casos[31], como sucedió con el derecho a la defensa, el Consejo Constitucional, para deducirlo, no se basó en la existencia de una ley en particular, sino en "los principios fundamentales reconocidos por las leyes de la República". En efecto, en la decisión de 1920 de enero de 1981[32], el Consejo Constitucional también cambió radicalmente la situación previa con respecto al derecho a la defensa, el cual era considerado por el Consejo de Estado, simplemente como un principio general del derecho"[33]. Al contrario, luego de la decisión de 1981, el Consejo Constitucional lo reconoció como parte de los "principios y valores de rango constitucional", expresión empleada por el Consejo Constitucional para "designar de manera genérica todas las normas que tienen rango constitucional, sin estar incluidas en el texto de la Constitución"[34].

Por todo lo anterior, en la actualidad, en Francia, como consecuencia de la ampliación del principio de constitucionalidad, la "conformidad con la Constitución" no se entiende estrictamente como la conformidad con una disposición expresa de la Constitución. Al contrario, desde los años setenta, la noción de norma constitucional que puede servir de norma de referencia para el control jurisdiccional de la constitucionalidad se entiende, cada vez más, en sentido más amplio, incluyendo disposiciones y principios que están fuera del texto expreso

---

29 J. Rivero, «Les garanties constitutionnelles des Droits de l'Homme en Droit français», *IX Joumées Juridiques Franco-Latino-américaines,* Bayonne, 21-23 mai, 1976 (mimeo), p. 11.

30 B. Nicholas, *loc. cit.,* p. 89.

31 Las decisiones del 8 de noviembre de 1976; del 2 de diciembre de 1976; del 19 de enero de 1981; del 20 de enero de 1981. *Cfr.* las citas en F. Luchaire, «Procédures et Techniques de Protection des Droits Fondamentaux. Conseil Constitutionnel Français», en L. Favoreu (ed), *Cours Constitutionnelles Européennes. .. cit.,* pp. 69, 70, 83.

32 L. Favoreu y L. Philip, *Les grandes décisions.... cit.,* pp. 490, 517.

33 *Cfr.* D. G. Lavroff, "El Consejo Constitucional Francés y la Garantía de las libertades públicas", *Revista Española de Derecho Constitucional,* N° 1 (3), 1981, pp. 54-55; L. Favoreu y L. Philip, *Les grandes décisions... cit,* p. 213

34 L. Favoreu, «Les décisions du Conseil Constitutionnel dans l'affaire desnationalisations», *Revue du Droit Public et de la Science Politique en France et à l'étranger,* T. XCVIII, N° 2, París 1982, p. 401

constitucional, y en particular, contenidos en la Declaración de 1789 en los Preámbulos de las Constituciones de 1946 y 1958, en los principios fundamentales reconocidos por las leyes de la República y en los principios generales con valor constitucional[35].

En este caso, evidentemente, el problema básico que tienen los tribunales constitucionales deriva del grado de claridad del texto constitucional, y consecuentemente, de la factibilidad del ejercicio del control jurisdiccional de la constitucionalidad de las leyes, con respecto a nociones que a veces son vagas, imprecisas o indeterminadas contenidas en los artículos constitucionales y en la necesidad de que el juez constitucional pueda adaptar el texto de la Constitución, con el fin de garantizar su efectividad y supremacía.

No hay que olvidar que en las Constituciones contemporáneas, respecto de las declaraciones de derechos fundamentales, algunas veces están redactadas de manera sintética, vaga y elusiva; sus normas a veces se expresan en conceptos indeterminados como libertad, orden público, democracia, justicia, dignidad, igualdad, función social o interés público[36], todo lo cual tiene que conducir a los jueces a ejercer un papel de interpretación muy activo, de lo que se ha dado en llamar las "ambigüedades preciosas"[37] de las Constituciones.

En todo caso, estas expresiones vagas e imprecisas de las Constituciones siempre expresan algunos conceptos o valores relacionados con los fundamentos generales de una sociedad determinada y su sistema político; por tanto, tiene que ser en relación con éstos últimos, que el juez constitucional debe desempeñar su papel creativo, y determinar el sentido exacto del concepto. Estas expresiones, llamadas "conceptos jurídicos indeterminados" o "nociones jurídicas imprecisas"[38] las cuales están incluidas en las Constituciones, principalmente por su carácter general, son las que los tribunales constitucionales deben explicar e identificar; y mediante un proceso interpretativo, fijar sus fronteras para lo cual debe tomar en cuenta, sobre todo, los valores supremos que derivan de la Constitución y que, generalmente, se encuentran en el Preámbulo o en los primeros artículos del Texto.

La posición de los tribunales constitucionales frente a la Constitución no es, pues, muy diferente de la que cualquier juez tiene normalmente ante las leyes, las cuales deben ser interpretadas; y así como los jueces no deben sustituir al Legislador deduciendo conceptos contrarios a lo que está escrito en la ley, tampoco pueden interpretar la Constitución de manera tal que lleguen a deducir conceptos que vayan en contra del texto constitucional y de sus valores fundamentales[39].

Sin embargo, los tribunales constitucionales siempre tienen un deber adicional al juez ordinario: deben defender la Constitución y, en especial, los valores que en un momento dado, estuvieron en la base de su sanción. Por esta razón, el juez constitucional, en su proceso interpretativo, debe adaptar la Constitución a los valores de la sociedad y del sistema político, con miras, precisamente, a "mantener viva la Constitución"[40]. Para este fin, no cabe la menor duda que para controlar la constitucionalidad de la legislación, debe desarrollar una actividad creativa de manera de permitir la aplicación moderna y efectiva de Constituciones que, por ejemplo, fueron escritas en el Siglo XIX e incluso en el Siglo XX.

35 L. Favoreu, «L'application directe et l'effet indirect des normes constitutionnelles», *French Report to the XI International Congress of Comparative Law, Caracas,* 1982 (mimeo), p. 4

36 M. Cappelletti, «Nécessité et légitimité de la justice constitutionnelle» en L. Favoreu (ed) *Cours Constitutionnelles Européennes et Droits fondamentaux,* París, 1982, p. 474..

37 "Si bien es cierto que la precisión ocupa un sitial de honor en la redacción de una decisión gubernamental, no es menos cierto que se vuelve mortal en una Constitución que se quiere permanezca como un cuerpo viviente". S.M. Hfstedles, "In the name of Justice", *Stanford Lawyers,* 14 (1), 1979, pp. 3-4, citado por M. Cappellett, "Nécessité et légitimité...", *loc. cit.,* p. 474. Véase las referencias en E. García de Enterría, *op. cit.,* p. 229; y en L. Favoreu, «Le contrôle juridictionnel des lois et sa légitimité.. .» *doc. cit.,* p. 32.

38 F. Sainz Moreno, *Conceptos jurídicos, interpretación y discrecionalidad administrativa,* Madrid, 1976; E. García de Enterría, *La lucha contra las inmunidades de poder en el Derecho Administrativo,* Madrid, 1980, p. 32.

39 F. Luchaire, «Procédures et techniques.. .», *loc. cit.,* p. 83.

40 M. Cappelletti, "El formidable problema del control judicial y la contribución del análisis comparado", *Revista de estudios políticos,* 13, Madrid 1980, p. 78.

En este sentido, la Constitución no puede ser considerada como un documento estático. Por el contrario, siempre debe adaptarse a la evolución de las necesidades e instituciones sociales. Y precisamente, en este proceso de adaptación de la Constitución, el papel de los tribunales constitucionales ha sido de vital importancia, como lo ha demostrado la Corte Suprema norteamericana, al dictar las mencionadas importantes decisiones en relación con la discriminación racial en el sistema educativo.

Al referirse a la Enmienda XIV, por ejemplo, el *Chief Justice Warren* de la Corte Suprema, declaró en el caso *Brow vs. Board of Education of Topeka,* en 1954, que:

> "Al enfocar este problema no podemos regresarnos a 1868 cuando se adoptó la Enmienda, y ni siquiera a 1896 cuando sé decidió el caso *Plessy vs. Ferguson.* Debemos examinar la educación pública a la luz de su desarrollo completo y del lugar que ocupa actualmente en la vida americana, en toda la Nación. Solamente de esta manera puede determinarse si la segregación en las escuelas públicas priva a los demandantes de una protección igual de las leyes".

Tal afirmación lo llevó a concluir, señalando lo siguiente:

> "Que en el campo de la educación pública la doctrina "separados pero iguales" no tiene lugar. Establecimientos educacionales separados son intrínsicamente desiguales. Por ello, sostenemos que los demandantes así como otros en situación similar de quienes han intentado las acciones son, debido a la segregación de la que se quejan, privados de una protección igual por parte de las leyes, garantizada por la Enmienda XIV"[41].

En el mismo sentido, esta adaptación de la Constitución por el juez constitucional quedó demostrada en Francia por el Consejo Constitucional, en el conocido caso de las Nacionalizaciones en 1982; en el cual se aplicó el artículo relativo al derecho de propiedad contenido en la Declaración de los Derechos del Hombre y del Ciudadano en 1789, y consecuentemente, se declaró el derecho de propiedad con rango constitucional. En su decisión del 16 de enero de 1982[42], aun cuando el artículo de la Declaración de 1789 relativo al derecho de propiedad fue considerado obsoleto, estimándose que su interpretación no podía realizarse sino en un sentido radicalmente diferente al que tenía en 1789[43], el Consejo Constitucional declaró que:

> "Considerando que, si posteriormente a 1789 y hasta nuestros días, las finalidades y las condiciones de ejercicio del derecho de propiedad han experimentado una evolución caracterizada a la vez por una notable extensión de su campo de aplicación a dominios individuales nuevos, y por limitaciones exigidas por el interés general, los principios mismos enunciados por la Declaración de los Derechos del Hombre tienen pleno valor constitucional, tanto en lo que concierne al carácter fundamental del derecho de propiedad cuya conservación constituye uno de los objetivos de la sociedad política, y que está colocado en el mismo nivel que la libertad, la seguridad y la resistencia a la opresión, como en lo que concierne a las garantías otorgadas a los titulares de este derecho y las prerrogativas del poder público..."[44].

En esta forma, el Consejo Constitucional no sólo "creó" un derecho fundamental constitucional al asignar rango y valor constitucional a la Declaración de 1789, sino que también adaptó el "sagrado" y absoluto derecho de propiedad consagrado hace doscientos años, al derecho limitado y limitable de nuestros tiempos, aun cuando su preservación lo llevó a declarar inconstitucionales algunos de los artículos de la Ley de Nacionalización.

De lo anteriormente señalado resulta claro que en todos los sistemas constitucionales dotados de Constituciones escritas, para que las Constituciones sean vistas como leyes supremas cuyas normas deben prevalecer sobre cualquier otra en el ordenamiento jurídico, el principio de la supremacía de la Constitución no sólo se aplica a sus artículos escritos sino también a las

41 347 U.S. 483 (1954).

42 Véase L. Favoreu y L. Philip, *Les grandes décisions..., cit.,* pp. 525-562

43 L. Favoreu, «Le contrôle juridictionnel des lois et sa légitimité..., *doc. cit.,* p. 3.2.

44 L. Favoreu y L. Philip, *Les grandes décisions..., cit.,* p. 526. *Cfr.* L. Favoreu, «Les décisions du Conseil Constitutionnel dan l'affaire des nationalisations», *loc. cit.,* p. 406.

normas no escritas que pueden deducirse por los jueces constitucionales del Texto Fundamental, como parte de los valores supremos que se encuentran en el fundamento de una sociedad determinada y de su sistema político.

En todo caso, el principio de supremacía de la Constitución quedaría como letra muerta si el sistema constitucional no brindase un conjunto completo de garantías constitucionales, para darle efectividad. Una de estas garantías es, precisamente, la justicia constitucional, es decir, los poderes otorgados a los jueces, tanto ordinarios como especiales, para controlar la constitucionalidad de las leyes y de todos los demás actos del Estado.

## VI.- LA APLICACIÓN POR LOS TRIBUNALES CONSTITUCIONALES DE LAS CLÁUSULAS CONSTITUCIONALES ABIERTAS PARA LA AMPLIACIÓN DE LOS DERECHOS HUMANOS PROTEGIBLES

En este proceso de garantizar la supremacía de la Constitución, y mediante ella, la efectiva vigencia de los derechos humanos, los tribunales constitucionales de América Latina, por ejemplo, han tenido que recurrir no sólo a los principios y valores establecidos o derivados del texto de las Constituciones, sino a lo que se dispone en los tratados internacionales sobre derechos humanos, de manera que una de las características más destacadas del derecho de los derechos humanos en América Latina, es el de la progresiva aplicación por los tribunales constitucionales, de los instrumentos internacionales de derechos humanos a los efectos de su protección en el orden interno. Ello es consecuencia, por supuesto, del carácter meramente declarativo de las declaraciones constitucionales de derechos humanos, en las cuales, en definitiva, sólo se reconoce la existencia de los mismos, los cuales son considerados en las Constituciones y en los propios tratados internacionales como derechos inherentes a la persona humana.

Esta aplicación de los tratados y convenciones internacionales de derechos humanos en el ámbito interno de los países de América Latina, puede decirse que se ha desarrollado en las últimas décadas, a través de varias técnicas interpretativas.

En primer lugar, se destaca la técnica de las llamadas cláusulas abiertas sobre derechos humanos incorporadas en las Constituciones latinoamericanas, la cual tiene su origen remoto en la Enmienda IX de la Constitución de los Estados Unidos de América (1791), que dispuso que "La enumeración de ciertos derechos en la Constitución no debe construirse como la negación o desecho de otros que el pueblo conserva". Con ello se buscaba confirmar que la lista de los derechos constitucionales no termina en aquellos expresamente declarados y enumerados en los textos constitucionales.

Esta técnica, enriquecida en el constitucionalismo latinoamericano, ha permitido considerar como derechos humanos todos los otros inherentes a la persona humana, e incluso, aquellos declarados en los instrumentos internacionales sobre derechos humanos, con lo que se ha permitido la aplicación de los tratados internacionales sobre derechos humanos en el orden interno.

En este aspecto, se puede decir que casi todas las Constituciones de América Latina, con sólo escasas excepciones (Cuba, Chile, México y Panamá), contienen cláusulas abiertas conforme a las cuales expresamente se dispone que la declaración o enunciación de los derechos contenida en la Constitución, no debe ser entendida como la negación de otros no enumerados en el texto constitucional, que son "inherentes a la persona humana" o "a la dignidad humana". Cláusulas de este tipo se encuentran, por ejemplo, en las Constituciones Argentina (Artículo 33), Bolivia (Artículo 33), Colombia (Artículo 94), Costa Rica (Artículo 74), Ecuador (Artículo 19), Guatemala (Artículo 44), Honduras (Artículo 63), Paraguay (Artículo 45), Perú (Artículo 3), República Dominicana (Artículo 2), Uruguay (Artículo 72) y Venezuela (Artículo 22); incluso, en algunos casos, con remisión expresa a los tratados internacionales, como sucede en Colombia (Artículo 44); Nicaragua (Artículo 46); Brasil (Artículo 5,2) y Venezuela (Artículo 22).

La Constitución de Costa Rica, hace mención a que la enunciación de los derechos y beneficios contenidos en la misma no excluye otros "que se deriven del principio cristiano de justicia social" (Artículo 74); expresión que entendemos debe interpretarse en el sentido occidental de la noción de dignidad humana y justicia social; y en otras Constituciones, las cláusulas abiertas se refieren a la soberanía popular y a la forma republicana de gobierno, haciendo énfasis en relación con los derechos políticos que con los inherentes a la persona humana, tal como ocurre en Argentina (Artículo 13), Bolivia (Artículo 35), Uruguay (Artículo 72) y Honduras (Artículo 63)

Ahora bien, en relación con el significado de estos "derechos inherentes a la persona humana" indicados en estas cláusulas abiertas de derechos, por ejemplo, la antigua Corte Suprema de Justicia de Venezuela, en una sentencia de 31 de enero de 1991, señaló lo siguiente:

> "Tales derechos inherentes de la persona humana son derechos naturales, universales, que tienen su origen y son consecuencia directa de las relaciones de solidaridad entre los hombres, de la necesidad del desarrollo individual de los seres humanos y de la protección del medio ambiente".

En consecuencia, la misma Corte concluyó disponiendo que:

> "Dichos derechos comúnmente están contemplados en Declaraciones Universales y en textos nacionales o supranacionales y su naturaleza y contenido como derechos humanos no debe permitir duda alguna por ser ellos de la esencia misma del ser y, por ende, de obligatorio respeto y protección"[45].

Pero en relación con estas cláusulas abiertas, sin duda, la identificación de los derechos constitucionales no enumerados en el texto de las constituciones pero que son inherentes a la persona humana, ha sido muchas veces posible por los tribunales internacionales, mediante el recurso a lo dispuesto en los instrumentos internacionales. Así sucedió, por ejemplo, en Venezuela, donde en la década de los ochenta del siglo pasado, la antigua Corte Suprema de Justicia de Venezuela, como tribunal constitucional anuló diversas disposiciones legales basando su decisión en la violación de los derechos establecidos en la Convención Americana de Derechos Humanos, considerados de acuerdo con lo establecido en el artículo 50 de la Constitución (equivalente al articulo 22 de la Constitución de 1999), como "derechos inherentes a la persona humana".

Así ocurrió, por ejemplo, en 1996, cuando la antigua Corte Suprema de Justicia, al decidir la acción popular de inconstitucionalidad que se había intentado contra la Ley de División Político Territorial del Estado Amazonas, por no haberse respetado los derechos de participación política de las comunidades indígenas, decidió que siendo dicho Estado de la federación uno mayormente poblado por dichas comunidades indígenas, la sanción de dicha Ley sin previamente haberse oído la opinión de las mismas, mediante consulta popular, significó la violación del derecho constitucional a la participación política. Aún cuando dicho derecho no estaba expresamente enumerado en la Constitución de 1961, la Corte fundamentó su decisión en la cláusula abierta del artículo 50 constitucional (equivalente al artículo 22 de la Constitución de 1999), considerando el derecho a la participación política era un derecho inherente a la persona humana, como "principio general de rango constitucional en una sociedad democrática"; agregando, en relación al caso decidido, que "por ser un derecho de las minorías" (los indígenas, en el presente caso), era susceptibles "de la tutela judicial conforme al artículo 50 *ejusdem*, los grandes tratados y convenciones internacionales sobre los derechos humanos y las leyes nacionales y estadales". En dicha sentencia del 5 de diciembre de 1996, la Corte señaló que:

> "En el presente caso no se demostró el cumplimiento cabal de la normativa en cuanto a la participación ciudadana, restándole al acto impugnado la legitimación originaria conferida por la consulta popular. Alegan los oponentes al recurso intentado que fueron consultados los órganos oficiales, como el Ministerio del Ambiente y de los Recursos Na-

45 Caso: *Anselmo Natale*. Consultada en original. Véase el texto en Carlos Ayala Corao, "La jerarquía de los instrumentos internacionales sobre derechos humanos", en *El nuevo derecho constitucional latinoamericano*, IV Congreso venezolano de Derecho constitucional, Vol. II, Caracas 1996, y *La jerarquía constitucional de los tratados sobre derechos humanos y sus consecuencias*, México, 2003..

turales Renovables y el Servicio Autónomo Ambiental de Amazonas y se recibieron observaciones de diferentes organizaciones indígenas, asimismo, antes de la promulgación de la Ley, el Gobernador explicó a la Organización Regional de Pueblo Indígenas las razones de la Ley. Estima la Corte que este procedimiento constituye una expresión tímida e insignificante del derechos constitucional de participación ciudadana en la formación de la ley. Tal participación debe manifestarse antes y durante la actividad legislativa y no tan solo en el momento de su promulgación por parte del Gobernador del Estado. Por otra parte, el hecho que se consultaron los referidos organismos nacionales (actuación idónea) no exime la obligatoriedad de cumplimiento de la consulta popular sobre todo en una materia en la cual está involucrada: el régimen de excepción de las comunidades indígenas (de rango constitucional) el carácter multiétnico y pluricultural, la biodiversidad, la cultura, religión y lengua propia de las comunidades indígenas, el derecho a la tierra que respecto a dichas comunidades es de interés social e inalienable, en definitiva, la organización municipal (como lo es el acto impugnado) constitutivo del marco institucional de tales realidades preexistentes, permanentes y objetivas. La participación es un fenómeno de la vida democrática, que al manifestarse antes de dictarse la norma, instruye a la autoridad sobre los intereses legítimos y necesidades de la comunidad y produce, a posteriori, consecuencias positivas, que se revelan en el respaldo democrático de su aplicación"[46].

Y al analizar en concreto la Ley de División Territorial del Estado Amazonas, la Corte estimó que en la formación de la misma:

> "Con la cual se modifican las condiciones económicas y sociales de la región, se cambia el entorno vital del individuo, se establecen los municipios y sus límites, se modifica la normativa jurídica (consecuencia de la mencionada división), se cambia el entorno vital del individuo, se establecen los municipios y sus límites, se modifica la normativa jurídica (consecuencia de la mencionada división), se afecta la tenencia de las tierras, se ordena el territorio bajo un nuevo régimen, se cambia la vida cotidiana voluntad de los mismos indígenas. Más aún, su participación debe ser considerada con especial atención, en vista de que los indígenas constituyen uno de los grupos sociales más expuestos a la violación de sus derechos humanos, por sus condiciones socio-económicas, culturales y aislamiento, por cuanto en su hábitat intervienen intereses distintos y a veces contrarios a los legítimos derechos de la población autóctona, porque, lamentablemente, la historia de la humanidad, evidencia un largo y triste padecer de las minorías, en algunos casos por el desconocimiento de sus legítimos derechos, en otros, por la cultura del odio y el perjuicio. Es entonces, en este contexto, que los derechos humanos de los indígenas, cobran mayor fortaleza y esta Corte así lo reconoce expresamente. Asimismo, precisa el alto tribunal, que la lesión de los derechos humanos de las minorías no les atañe sólo a esas comunidades sino a la nación entera, en virtud de la solidaridad y protección de los intereses superiores del gentilicio venezolano (artículos 57 y 51 de la Carta Magna)" [47].

De acuerdo con esta decisión, la antigua Corte Suprema venezolana decidió que en el caso sometido a su consideración, había ocurrido una violación a los derechos constitucionales de las minorías establecidos en la Constitución y en los tratados y convenciones internacionales, en particular, al derecho a la participación política en el proceso de elaboración de leyes, debido a la ausencia de consulta popular a las comunidades indígenas, como consecuencia de lo cual, declaró la nulidad de la ley estadal impugnada.

El año siguiente, en 1997, la antigua Corte Suprema dictó otra importante decisión, en este caso anulando una ley nacional, la llamada Ley de Vagos y Maleantes, por considerarla inconstitucional, basándose de nuevo en el "proceso de constitucionalización de los derechos humanos de acuerdo con el artículo 50 de la Constitución", y considerando que dicha ley "vul-

46 Caso: Antonio Guzmán, Lucas Omashi y otros, en *Revista de Derecho Público*, N° 67-68, Editorial Jurídica venezolana, Caracas, 1996, pp. 176 ff.

47 Ídem.

nera *ipso jure,* Convenciones Internacionales y Tratados, sobre los derechos del hombre, en la medida en que dichos instrumentos adquieren jerarquía constitucional"[48].

En efecto, en su sentencia del 6 de noviembre de 1997, la antigua Corte Suprema consideró a la ley impugnada como infamante, al permitir detenciones ejecutivas o administrativas de personas consideradas como vagos o maleantes, sin garantía alguna del debido proceso, basando su decisión en el artículo 5 de la Declaración Universal de los Derechos Humanos y en la Convención Americana sobre Derechos Humanos, la cual "se ha incorporado a nuestro Derecho Interno como norma ejecutiva y ejecutable reforzada por la jurisprudencia, la cual le ha dado el carácter de parámetro de constitucionalidad. Ello entraña la incorporación a nuestro ordenamiento jurídico interno del régimen previsto en convenciones internacionales"[49].

La Corte consideró que la ley impugnada era inconstitucional en virtud de que omitía las garantías de un juicio justo establecidas en los artículo 7 y 8 de la Convención Americana y en los artículos 0 y 14 del Pacto Internacional de Derechos Civiles y Políticos, y porque además era discriminatoria, violando el artículo 24 de la misma Convención Americana, cuyo texto íntegro se transcribió en la sentencia. La Corte se refirió en su decisión anulatoria, además, a la existencia de:

> "Informes de instituciones defensoras de los Derechos Humanos. Dichos documentos censuran abiertamente la ley venezolana sobre vagos y maleantes. Son muchas las recomendaciones orientadas a poner fin a su vigencia. Conviene observar que se ha exhortado al Gobierno venezolano a adoptar e implementar una serie de recomendaciones, a los efectos de reducir las violaciones a los derechos humanos, derivadas de la aplicación de la Ley sobre Vagos y Maleantes. Sobre todo se he hablado de la necesidad de impulsar la discusión de Ley de Protección a la Seguridad Ciudadana, que supuestamente se encontraba en ese proceso"[50].

Más recientemente, en relación con las dudas que se habían planteado, en 1998, en varios recursos de interpretación, sobre la posibilidad de que el Presidente electo de la República convocara un referéndum consultivo para resolver sobre la convocatoria a una Asamblea Constituyente que no estaba regulada en la Constitución de 1961, como mecanismo para la reforma constitucional, la antigua Corte Suprema de Justicia en Sala Político Administrativa dictó sendas decisiones de 19 de enero de 1999, admitiendo la posibilidad de que se convocara dicho referéndum consultivo, fundamentando su decisión en el derecho a la participación política de los ciudadanos, para lo cual se fundamentó, de nuevo, en el artículo 50 de la Constitución de 1961, conforme al cual consideró tal derecho como uno derecho implícito y no enumerado, inherente a la persona humana.

La Corte entonces consideró al referéndum como un derecho inherente a la persona humana, decidiendo lo siguiente:

> "Ello es aplicable, no sólo desde el punto de vista metodológico sino también ontológicamente, ya que si se considerara que el derecho al referendo constitucional depende de la reforma de la Constitución vigente, el mismo estaría supeditado a la voluntad del poder constituido, lo que pondría a éste por encima del poder soberano. La falta de tal derecho en la Carta Fundamental tiene que interpretarse como laguna de la Constitución, pues no podría admitirse que el poder soberano haya renunciado *ab initio* al ejercicio de un poder que es obra de su propia decisión política"[51].

La conclusión de la decisión de la Corte Suprema fue que no era necesario que se reformara previamente la Constitución a los efectos de reconocer como un derecho constitucional el referéndum o la consulta popular sobre la convocatoria a una Asamblea Constituyente, con lo que se abrió la posibilidad judicial de convocar la Asamblea nacional Constituyente sin previsión

48 Véase en *Revista de Derecho Público* N° 71-72, Editorial Jurídica Venezolana, Caracas, 1997, pp. 177 y ss.

49 Ídem.

50 Ídem. .

51 Véase en *Revista de Derecho Público,* N° 77-80, Editorial Jurídica Venezolana, Caracas 1999, p. 67

constitucional expresa[52], con todas las consecuencias institucionales que ello produjo y continúa produciendo[53].

## VII.-LA PROGRESIVA PROSCRIPCIÓN POR LOS TRIBUNALES CONSTITUCIONALES DE LAS CLÁUSULAS PROGRAMÁTICAS EN MATERIA DE DERECHOS HUMANOS

La segunda técnica interpretativa que ha conducido a los tribunales constitucionales a aplicar en el ámbito interno a los tratados internacionales para identificar derechos constitucionales no desarrollados en los textos constitucionales, deriva de la aplicación de las llamadas cláusulas complementarias de las cláusulas abiertas, conforme a las cuales todos los derechos constitucionales son directamente aplicables, independientemente de su regulación legislativa o desarrollo mediante leyes reglamentarias, lo que ha permitido la aplicación directa de aquellos.

Esta técnica, deriva de las normas constitucionales contenidas en muchas Constituciones como por ejemplo Argentina, Bolivia, Ecuador, Paraguay y Venezuela) conforme a las cuales "la falta de ley reglamentaria de los derechos enumerados en los Textos no menoscaba el ejercicio de los mismos", en el sentido de que no es necesario que se dicte legislación reglamentaria alguna para el ejercicio de los derechos constitucionales. Este principio, que responde al de la aplicación directa de la Constitución en materia de derechos humanos, excluye el concepto tradicional derivado de las llamadas cláusulas "programáticas" configuradas en el constitucionalismo de hace unas décadas, particularmente en relación con los derechos sociales, tendientes a impedir su ejercicio hasta que no se produjese su regulación legal, en la cual se debía precisar las modalidades de su ejercicio y de su justiciabilidad.

Estas cláusulas abiertas, por ejemplo, en el caso de Venezuela, fueron las que permitieron a los tribunales constitucionales reconocer y reforzar el mismo derecho constitucional al amparo, invocándose además lo dispuesto en la Convención Americana. En efecto, en el artículo 49 de la Constitución de 1961 se regulaba el derecho de amparo en la siguiente forma:

> *Artículo 49.-* Los Tribunales ampararán a todo habitante de la República en el goce y ejercicio de los derechos y garantías que la Constitución establece, en conformidad con la ley.
>
> El procedimiento será breve y sumario, y el juez competente tendrá potestad para establecer inmediatamente la situación jurídica infringida.

La redacción de esta norma, sin embargo, hasta la década de los ochenta había sido interpretada por los tribunales de instancia en el sentido de considerar que la admisibilidad de la acción de amparo estaba condicionada a que previamente se dictara la legislación correspondiente; y ello, en particular, debido al hecho de que la propia Constitución había regulado expresamente, en forma transitoria y mientras se dictaba dicha legislación, el procedimiento para el amparo a la libertad personal o habeas corpus, precisamente, "a fin de no dejar en suspenso su eficacia hasta la promulgación de la ley respectiva". (Disposición Transitoria Quinta).

De esta regulación transitoria los tribunales interpretaron que, en consecuencia, la intención del constituyente en la redacción del artículo 49 de la Constitución era establecer como condición para la admisibilidad de las acciones de amparo, el que se dictase previamente la legislación que las regulara, incluyendo la regulación sobre la competencia judicial y el procedimiento. De otra forma, no se encontraba justificación la mencionada regulación transitoria del amparo a la libertad personal (habeas corpus)[54].

---

52 Véase los comentarios en Allan R. Brewer-Carias, "La configuración judicial del proceso constituyente o de cómo el guardián de la Constitución abrió el camino para su violación y para su propia extinción", en *Revista de Derecho Público*, N° 77-80, Editorial Jurídica Venezolana, Caracas 1999, pp. 453 y ss.

53 Véase Allan R. Brewer-Carías, *Golpe de Estado y proceso constituyente en Venezuela*, Instituto de Investigaciones Jurídicas, UNAM, México 2002

54 See Allan R. Brewer-Carías, *Instituciones Políticas y Constitucionales*, Tomo V, Derecho y Acción de Amparo, Caracas, 1998 pp. 111 y ss.

Fue por ello que, incluso, la antigua Corte Suprema de Justicia, en 1970, en relación con la acción de amparo, llegó a considerar que el mencionado artículo 49 de la Constitución era una norma de las llamadas "programáticas", en el sentido de que no eran directamente aplicables, siendo necesario que se dictara previamente la legislación reglamentaria a los efectos de que se pudiera ejercer la acción de amparo prevista en la norma. La antigua Corte, en sentencia de 14 de diciembre de 1970, sobre el artículo 49 citado, señaló que:

> "No es una norma directa e inmediatamente aplicable por los jueces, sino un precepto programático, solo parcialmente reglamentado para la fecha en que la Constitución fue promulgada, y dirigido particularmente al Congreso, que es el órgano al cual compete la reglamentación para las garantías constitucionales... Tal es la interpretación que da la Corte al artículo 49 al analizar sus previsiones aisladamente con el fin de desentrañar la mente del constituyente del lenguaje usado por éste para expresar su voluntad. Pero esta interpretación gramatical se robustece con la observación adicional de que el constituyente se habrías abstenido de regular el procedimiento de habeas corpus, si hubiera considerado que para hacer efectivo el amparo bastaba lo dicho en el artículo 49 respecto del procedimiento, no siendo indispensable su reglamentación legal para determinar el fuero competente y el modo de proceder"[55].

Esta interpretación constitucional, negando la posibilidad del ejercicio de la acción de amparo sin que antes se dictara la legislación correspondiente, comenzó a cambiar en 1977 y 1978, precisamente después que se sancionaron las leyes aprobatorias de la Convención Americana de Derechos Humanos de 1969 y del Pacto Internacional de Derechos Civiles y Políticos, en los cuales se regulaba, en particular, la acción de amparo como un medio judicial simple y rápido para la específica protección de los derechos constitucionales.

En consecuencia, contrariamente a lo que había resuelto e interpretado con anterioridad la antigua Corte Suprema –lo que para entonces afortunadamente no tenía carácter vinculante–, los tribunales de instancia a partir de 1982 comenzaron a admitir el ejercicio de acciones de amparo, pero fundamentando su decisiones directamente en la Convención Americana de Derechos Humanos[56]. Ello condujo finalmente a que la propia antigua Corte Suprema cambiara su anterior criterio y aplicando la cláusula complementaria a la cláusula abierta sobre los derechos humanos inherentes a la persona humana, particularmente en cuanto a la no necesidad de leyes reglamentarias previas para poder ejercer dichos derechos, admitió la posibilidad de ejercicio de la acción de amparo"[57]. Con posterioridad, en 1988, se sancionó la Ley Orgánica de Amparo sobre derechos y garantías constitucionales[58], con la cual se abrió definitivamente el camino para la utilización de este recurso judicial para la protección de los derechos humanos, particularmente debido a la ineficacia de los medios judiciales ordinarios para asegurar tal protección. Sin embargo, antes de que entrara en vigencia la Ley Orgánica, fue mediante la interpretación constitucional de la cláusula abierta y la aplicación de las convenciones internacionales que la acción de amparo se aceptó en Venezuela.

## VIII.- LA CONSTITUCIONALIZACIÓN DE LOS INSTRUMENTOS INTERNACIONALES SOBRE DERECHOS HUMANOS Y SU APLICACIÓN POR LOS TRIBUNALES CONSTITUCIONALES

La tercera técnica interpretativa que ha permitido a los tribunales constitucionales la aplicación directa de los tratados internacionales en materia de derechos humanos, ampliando

---

55 Véase el texto en *Gaceta Forense*, N° 70, Caracas, 1970, pp. 179 y ss; y en Allan R. Brewer-Carías, "La reciente evolución jurisprudencial en relación a la admisibilidad del recurso de amparo", en *Revista de Derecho Público,* N° 19, Editorial Jurídica Venezolana, Caracas, 1984, pp. 207 y ss.

56 Sentencia de 20 de octubre de 1983. Véase las referencias en Allan R. Brewer-Carías, "La reciente evolución jurisprudencial en relación con la admisibilidad del recurso de amparo", *Revista de Derecho Público*, N° 19, Editorial Jurídica Venezolana, Caracas, 1984, pp. 211

57 Véase en *Revista de Derecho Público*, N° 11, Editorial Jurídica Venezolana, Caracas 1983, pp. 167-170

58 Gaceta Oficial N° 33891 de 220-01-1988. Véase en general sobre dicha Ley, Allan R. Brewer-Carías y Carlos Ayala Corao, *Ley Orgánica de Amparo sobre derechos y garantías constitucionales*, Caracas, 1988.

progresivamente el elenco de los derechos humanos protegidos en las Constituciones, deriva del propio texto de las Constituciones, por el reconocimiento expreso de determinado rango normativo a los referidos tratados, sea supra constitucional, constitucional, supra legal o legal.[59]. Este proceso se inició, particularmente, después de la adopción, en 1966, de los Pactos Internacionales de Derechos Civiles y Políticos y de Derechos Económicos, Sociales y Culturales de Naciones Unidas (en vigor desde 1976); y en 1969, de la Convención Americana de Derechos Humanos (en vigor desde 1979).

En primer lugar, ciertas Constituciones latinoamericanas han otorgado rango supra constitucional a los derechos declarados en instrumentos internacionales, en particular, en los tratados ratificados por los Estados. Ello ha implicado otorgar a las regulaciones internacionales un rango superior a las mismas normas constitucionales, las cuales deben prevalecer sobre las mismas.

Es el caso de la Constitución de Guatemala, en cuyo artículo 46 se establece el principio general de la preeminencia del derecho internacional, al disponer que "Se establece el principio general de que en materia de derechos humanos, los tratados y convenciones aceptados y ratificados por Guatemala, tienen preeminencia sobre el derecho interno", dentro del cual debe incluirse además de las leyes, la Constitución misma. Con fundamento en esta prevalencia de los tratados internacionales, la Corte Constitucional de Guatemala ha decidido en sus sentencias aplicar la Convención Americana de Derechos Humanos, como fue el caso decidido con motivo de una acción de amparo ejercida en relación con la libertad de expresión del pensamiento y el derecho de rectificación.

En la sentencia de 27 de mayo de 1997, en efecto, la Corte Constitucional resolvió una acción de amparo presentada por una persona buscando protección judicial en relación con las noticias publicadas en dos periódicos que se referían a la ella como formando parte de una banda de criminales. El accionante solicitó a la Corte que se respetara su derecho a exigir rectificación de las noticias por parte de los periódicos; y aún cuando el derecho constitucional a la rectificación y respuesta en casos de noticias en periódicos que afecten el honor, reputación o vida privada de las personas no estaba expresamente establecido en la Constitución Guatemalteca, la Corte Constitucional aplicó directamente los artículos 11, 13 y 14 de la Convención Americana que garantiza el derecho de las personas afectadas por informaciones o noticias publicadas en periódicos, a la rectificación o respuesta "por el mismo órgano de difusión", considerando tales previsiones como formando parte del ordenamiento constitucional de Guatemala[60].

En Honduras, el artículo 16 de la Constitución también dispone que todos los tratados suscritos con otros Estados (y no sólo los relativos a derechos humanos) forman parte del derecho interno; y el artículo 18 del mismo texto establece que en caso de conflicto entre las leyes y los tratados, estos tienen preeminencia sobre aquellas. Adicionalmente, la Constitución de Honduras admite la posibilidad de que se puedan incluso ratificar tratados internacionales contrarios a lo dispuesto en la Constitución, en cuyo caso aquellos deben aprobarse conforme al procedimiento para la reforma constitucional (Artículo 17). Una regulación similar se establece en el artículo 53 de la Constitución del Perú.

En Colombia, la Constitución también ha establecido una previsión similar a las de las Constituciones de Guatemala y Honduras, al establecer en el artículo 93 que: "Los tratados y convenios internacionales ratificados por el Congreso, que reconocen los derechos humanos y

59 En relación con esta clasificación general, véase: Rodolfo E. Piza R., *Derecho internacional de los derechos humanos: La Convención Americana*, San José 1989; y Carlos Ayala Corao, "La jerarquía de los instrumentos internacionales sobre derechos humanos", en *El nuevo derecho constitucional latinoamericano*, IV Congreso venezolano de Derecho constitucional, Vol. II, Caracas 1996 y *La jerarquía constitucional de los tratados sobre derechos humanos y sus consecuencias*, México, 2003; Humberto Henderson, "Los tratados internacionales de derechos humanos en el orden interno: la importancia del principio *pro homine*", en *Revista IIDH*, Instituto Interamericano de Derechos Humanos, N° 39, San José 2004, pp. 71 y ss. Véase también, Allan R. Brewer-Carías, *Mecanismos nacionales de protección de los derechos humanos*, Instituto Internacional de Derechos Humanos, San José, 2004, pp. 62 y ss.

60 Véase en *Iudicum et Vita, Jurisprudencia nacional de América Latina en Derechos Humanos*, N° 5, Instituto Interamericano de Derechos Humanos, San José, Costa Rica, Diciembre 1997, pp. 45 y ss.

que prohíben su limitación en los estados de excepción, prevalecen en el orden interno". En este caso, por "derecho interno" también debe entenderse como comprendiendo no solo las leyes sino la Constitución misma. La norma ha permitido a la Corte Constitucional, aplicar directamente los tratados internacionales en materia de derechos humanos para la solución de casos. Así sucedió, por ejemplo, con la decisión N° T-447/95 de la Corte Constitucional de 23 de octubre de 1995, en la cual se reconoció como derecho inherente a la persona humana el derecho de toda persona a la identidad, para lo cual la Corte se fundamentó en lo establecido en los tratados y convenios internacionales, respecto de los cuales la Corte reconoció su rango supra constitucional y supra legal.

En dicho caso, al decidir, la Corte Constitucional comenzó por referirse a una decisión previa de la anterior Corte Suprema de Justicia, en la cual se había determinado el valor supra legal de los tratados, señalando lo siguiente:

> "A partir de 1928 la jurisprudencia de la Corte Suprema de Justicia otorgó un valor prevalente a los tratados Internacionales sobre el ordenamiento jurídico legal. Normas estas últimas de naturaleza internacional, que por voluntad del Estado Colombiano entraron a formar parte del ordenamiento jurídico con carácter supra legal. Estableciéndose así la fuerza coercitiva de preceptos a los cuales el Estado firmante, tiene el deber de garantizar su plena efectividad. Valor supra legal expresamente contenido en el artículo 93 de la Constitución política de Colombia y que también tenían pleno valor supra legal, como lo reconoció la Corte Suprema de Justicia: "Agregase a ello –continúa– que esa superioridad ha sostenido como doctrina invariable que "es principio de Derecho Público, que la Constitución y los Tratados Públicos son la ley suprema del país y sus disposiciones prevalecen sobre las simplemente legales que les sean contrarias aunque fuesen posteriores" (cursivas no originales)[61].

En la misma decisión, la Corte Constitucional se refirió además al rango supra constitucional de los tratados en materia de derechos humanos, lo que implica la obligación del Estado de garantizar el efectivo ejercicio de los derechos humanos, con fundamento en los artículos 2.2 del Pacto Internacional de Derechos Civiles y Políticos, y en el artículo 2 de la Convención Americana de Derechos Humanos. La Corte, en efecto, resolvió que:

> "La Convención Interamericana y los pactos de Derechos Humanos de las Naciones Unidas señalan que es deber de los Estados no sólo respetar los derechos civiles y políticos sino, además, garantizar, sin discriminación alguna, su libre y pleno goce a toda persona sujeta a su jurisdicción (Convención Interamericana art. 1°; Pacto de derechos civiles y políticos art. 2° ord. 1°). Por ello, estos pactos, que han sido todos ratificados por Colombia y por ende prevalecen en el orden interno (Constitución Política, art. 93), señalan que los Estados Partes se comprometen a adoptar, con arreglo a sus procedimientos constitucionales, "*las medidas legislativas o de otro carácter que fuesen necesarias para hacer efectivos* (cursivas no originales)" los derechos humanos (Convención Interamericana art. 2°; Pacto de Derechos Civiles art. 2° ord. 2°). Ahora bien, la Corte Constitucional, en acuerdo con una doctrina muy autorizada en este campo, considera que entre las medidas "de otro carácter" deben incluirse las sentencias de los jueces, y muy particularmente las decisiones de esta Corporación, pues la rama judicial es uno de los órganos del Estado colombiano, y éste se ha comprometido a tomar las medidas que sean necesarias para hacer efectivos los derechos de las personas".... Es pues legítimo que los jueces, y en particular la Corte Constitucional, integren a la normatividad, al momento de tomar sus decisiones, los derechos reconocidos en la Constitución y en los Pactos"[62].

Con fundamento en lo anterior, la Corte Suprema consideró que el artículo 29,c de la Convención Americana de Derechos Humanos prohibía que se interpretasen sus disposiciones de

---

61 Véase en *Derechos Fundamentales e interpretación Constitucional, (Ensayos-Jurisprudencia)*, Comisión Andina de Juristas, Lima, 1997; y en Carlos Ayala Corao, "Recepción de la jurisprudencia internacional sobre derechos humanos por la jurisprudencia constitucional" en *Revista del Tribunal Constitucional*, N° 6, Sucre, Bolivia, Nov. 2004, pp. 275 y ss.

62 Ídem.

manera de excluir otros derechos y garantías inherentes a la persona humana, dando un sentido muy amplio a la interpretación de los derechos, concluyendo su decisión señalando que:

> "El derecho a la identidad como derecho inherente a la persona humana para la época de ocurridos los hechos estaba plenamente garantizado, por cuanto la fuerza vinculante de pactos internacionales así lo determinaba al igual que la consagración del derecho a la dignidad y el libre desarrollo de la personalidad"[63].

Hasta cierto punto, la Constitución de Venezuela de 1999 también puede ubicarse en este primer sistema que permite la aplicación directa de los tratados internacionales en el orden interno, al otorgarle jerarquía supra constitucional a los derechos humanos declarados en dichos tratados internacionales cuando contengan previsiones más favorables. El artículo 23 de dicho texto constitucional, en efecto, dispone lo siguiente:

> *Artículo 23.*- Los tratados, pactos y convenciones relativos a derechos humanos, suscritos y ratificados por Venezuela, tienen jerarquía constitucional y prevalecen en el orden interno, en la medida en que contengan normas sobre su goce y ejercicio más favorables a las establecidas en esta Constitución y en las leyes de la República, y son de aplicación inmediata y directa por los tribunales y demás órganos del Poder Público.

Al establecer esta norma que los derechos humanos declarados en los tratados, pactos y convenciones internacionales prevalecen respecto de las normas del orden jurídico interno si contienen disposiciones más favorables al goce y ejercicio de dichos derechos, se está refiriendo no sólo a lo que está establecido en las leyes, sino a lo dispuesto en la propia Constitución, otorgándole en consecuencia rango supra constitucional a dichos derechos declarados en instrumentos internacionales.

Este artículo de la Constitución venezolana, sin duda, es uno de los más importantes en materia de derechos humanos[64], no sólo por establecer el mencionado rango supra constitucional a los derechos declarados en tratados internacionales, sino por establecer la aplicación inmediata y directa de dichos tratados por los tribunales y demás autoridades del país. Su inclusión en la Constitución, sin duda, fue un avance significativo en la construcción del esquema de protección de los derechos humanos.

Sin embargo, desafortunadamente, esta clara disposición constitucional ha sido interpretada por la Sala Constitucional del Tribunal Supremo de Justicia, en una forma abiertamente contraria tanto a su texto como a lo que fue la intención del constituyente. En efecto, en la sentencia N° 1492 del 7 de julio de 2003, al decidir una acción popular de inconstitucionalidad intentada contra varias normas del Código Penal contentivas de normas llamadas "leyes de desacato" por violación de relativas a la libertad de expresión y, en particular, de lo dispuesto en tratados y convenciones internacionales, la Sala Constitucional de dicho Tribunal Supremo, resolvió en la siguiente forma:

En primer lugar, la Sala comenzó señalando que el artículo 23 de la Constitución contiene dos elementos claves: En primer lugar, indicó respecto de los derechos referidos en la normas, que "se trata de derechos humanos aplicables a las personas naturales"; y en segundo lugar, que el artículo constitucional "se refiere a normas que establezcan derechos, no a fallos o dictámenes de instituciones, resoluciones de organismos, etc., prescritos en los Tratados, sino sólo a normas creativas de derechos humanos"; agregando que se "se trata de una prevalencia de las normas que conforman los Tratados, Pactos y Convenios (términos que son sinónimos) relativos a derechos humanos, pero no de los informes u opiniones de organismos internacionales, que pretendan interpretar el alcance de las normas de los instrumentos internacionales"[65].

---

63 Ídem

64 La incorporación de este artículo en el texto de la Constitución, se hizo a propuesta nuestra. Véase Allan R. Brewer-Carías, *Debate Constituyente, (Aportes a la Asamblea Nacional Constituyente)*, Fundación de Derecho Público, Caracas 1999, pp. 88 y ss y 111 y ss.

65 Véase en *Revista de Derecho Público,* N° 93-96, Editorial Jurídica Venezolana, Caracas 2003, pp. 136 y ss.

La Sala Constitucional luego concluyó señalando que del artículo 23 de la Constitución, es claro que:

> "La jerarquía constitucional de los Tratados, Pactos y Convenios se refiere a sus normas, las cuales, al integrarse a la Constitución vigente, el único capaz de interpretarlas, con miras al Derecho Venezolano, es el juez constitucional, conforme al artículo 335 de la vigente Constitución, en especial, al intérprete nato de la Constitución de 1999, y, que es la Sala Constitucional, y así se declara".

Y más adelante insistió en señalar que:

> "Al incorporarse las normas sustantivas sobre derechos humanos, contenidas en los Convenios, Pactos y Tratados Internacionales a la jerarquía constitucional, el máximo y último intérprete de ellas, a los efectos del derecho interno es esta Sala Constitucional, que determina el contenido y alcance de las normas y principios constitucionales (artículo 335 constitucional), entre las cuales se encuentran las de los Tratados, Pactos y Convenciones suscritos y ratificados legalmente por Venezuela, relativos a derechos humanos"[66].

Con fundamento en esta proposición, la Sala Constitucional concluyó su decisión señalando que "es la Sala Constitucional quien determina cuáles normas sobre derechos humanos de esos tratados, pactos y convenios, prevalecen en el orden interno; al igual que cuáles derechos humanos no contemplados en los citados instrumentos internacionales tienen vigencia en Venezuela"; concluyendo de la siguiente manera:

> "Esta competencia de la Sala Constitucional en la materia, que emana de la Carta Fundamental, no puede quedar disminuida por normas de carácter adjetivo contenidas en Tratados ni en otros textos Internacionales sobre Derechos Humanos suscritos por el país, que permitan a los Estados partes del Tratado consultar a organismos internacionales acerca de la interpretación de los derechos referidos en la Convención o Pacto, como se establece en el artículo 64 de la Ley Aprobatoria de la Convención Americana sobre Derechos Humanos, Pacto de San José, ya que, de ello ser posible, se estaría ante una forma de enmienda constitucional en esta materia, sin que se cumplan los trámites para ello, al disminuir la competencia de la Sala Constitucional y trasladarla a entes multinacionales o transnacionales (internacionales), quienes harían interpretaciones vinculantes"[67].

La Sala Constitucional concluyó su decisión fundamentándose en los principios de soberanía, argumentado que las decisiones de los tribunales internacionales pueden ser aplicados en Venezuela sólo cuando estén conformes con lo que dispone la Constitución. En consecuencia, el rango supra constitucional de los tratados cuando establezcan regulaciones más favorables en relación con el goce y ejercicio de los derechos humanos, puede considerarse que fue eliminado de un solo golpe por la Sala Constitucional, al asumir el monopolio absoluto de la interpretación constitucional, lo que de acuerdo con la Constitución no solo corresponde a dicha Sala.

En todo caso, el principal problema en relación con este criterio restrictivo de la Sala Constitucional en relación con la interpretación del valor de las decisiones de los organismos internacionales, es que la misma fue dictada como una interpretación vinculante de la Constitución, limitando así el poder general de los jueces al ejercer el control difuso de la constitucionalidad, de poder aplicar directamente y dar prevalencia en el orden interno a las normas de la Convención Americana.

La interpretación restrictiva, por otra parte, se adoptó en una decisión de la Sala Constitucional que fue dictada para negarle todo valor o rango constitucional a las "recomendaciones" de la Comisión Interamericana de Derechos Humanos, rechazando en consecuencia a considerar que los artículos impugnados del Código Penal limitativos de la libertad de expresión del pensamiento en relación con funcionarios públicos, eran inconstitucionales por contrariar las recomendaciones de la Comisión Interamericana, que el accionante había argumentado que eran obligatorias para el país.

---

66 Ídem.

67 Véase en *Revista de Derecho Público*, N° 93-96, Editorial Jurídica Venezolana, Caracas 2003, pp. 136 y ss.

La Sala Constitucional venezolana, al contrario, consideró que de acuerdo con la Convención Americana, la Comisión puede formular "recomendaciones" a los gobiernos a los efectos de que adopten en su derecho interno medidas progresivas a favor de los derechos humanos, al igual que tomen provisiones para promover el respeto de los derechos (art. 41,b) considerando que:

> "Si lo recomendado debe adaptarse a la Constitución y a las leyes de los Estados, es porque ello no tiene naturaleza obligatoria, ya que las leyes internas o la Constitución podrían colidir con las recomendaciones. Por ello, el articulado de la Convención nada dice sobre el carácter obligatorio de la recomendación, lo que contrasta con la competencia y funciones del otro órgano: la Corte, la cual –según el artículo 62 de la Convención– puede emitir interpretaciones obligatorias sobre la Convención siempre que los Estados partes se la pidan, lo que significa que se allanan a dicho dictamen.
>
> Si la Corte tiene tal facultad, y no la Comisión, es forzoso concluir que las recomendaciones de ésta, no tienen el carácter de los dictámenes de aquélla y, por ello, la Sala, para el derecho interno, declara que las recomendaciones de la Comisión Interamericana de Derechos Humanos, no son obligatorias.
>
> Ahora bien, a juicio de esta Sala, las recomendaciones de la Comisión como tales, deben ser ponderadas en lo posible por los Estados miembros. Estos deben adaptar su legislación a las recomendaciones, siempre que ellas no colidan con las normas constitucionales, pero para esta adaptación no existe un término señalado y, mientras ella se practica, las leyes vigentes que no colidan con la Constitución o, según los tribunales venezolanos, con los derechos humanos contemplados en las Convenciones Internacionales, siguen siendo aplicables hasta que sean declaradas inconstitucionales o derogadas por otras leyes"[68].

En definitiva, la Sala Constitucional venezolana concluyó resolviendo que las recomendaciones de la Comisión en relación con las leyes de desacato, solo eran puntos de vista de la Comisión sin efectos imperativos u obligatorios, es decir, manifestaciones de alerta dirigida a los Estados para que en el futuro derogasen o reformasen dichas leyes a los efectos de su adaptación al derecho internacional. Lamentablemente, la Sala Constitucional se olvidó tomar en cuenta lo que los Estados están obligados a hacer en relación con las recomendaciones, que es adoptar las medidas para adaptar su derecho interno a la Convención; medidas que por supuesto no se agotan con la sola derogación o reforma de leyes, siendo una de dichas medidas, precisamente, la interpretación judicial que podía y debía ser dada por el juez constitucional conforme a las recomendaciones, que fue lo que la Sala Constitucional venezolana eludió hacer.

Al contrario, en la misma materia, en la Argentina, por ejemplo, luego de que la Comisión Interamericana de Derechos Humanos considerara que las leyes de amnistía (*Punto Final y Obediencia Debida*) dictadas en ese país, así como las medidas de perdón aprobadas por el gobierno en relación con los crímenes cometidos por la dictadura militar eran contrarias a la Convención Americana, los tribunales comenzaron a considerar tales leyes como inconstitucionales por violar el derecho internacional siguiendo lo recomendado por las instancias internacionales[69].

En todo caso, la Sala Constitucional de Venezuela, en la antes mencionada sentencia, al contrario concluyó su aproximación restrictiva señalando que

> "Una interpretación diferente es otorgarle a la Comisión un carácter supranacional que debilita la soberanía de los Estados miembros, y que –como ya lo apuntó la Sala– lo prohíbe la Constitución vigente.
>
> Consecuente con lo señalado, la Sala no considera que tengan carácter vinculante, las recomendaciones del Informe Anual de la Comisión Interamericana de los Derechos

68 Véase en *Revista de Derecho Público*, N° 93-96, Editorial Jurídica Venezolana, Caracas 2003, p. 141

69 Sentencia de 4-03-2001, Juzgado Federal N° 4, caso Pobrete Hlaczik, citado en Kathryn Sikkink, "The transnacional dimension of judicialization of politics in Latin America", en Rachel Sieder et al (ed), *The Judicalization of Politics in Latin America,* Palgrave Macmillan, New York, 2005, pp. 274, 290

Humanos, correspondiente al año 1994 invocado por el recurrente. Dicho Informe hace recomendaciones a los Estados Miembros de la Organización de los Estados Americanos para derogar o reformar las leyes, para armonizar sus legislaciones con los tratados en materia de derechos humanos, como lo es la Convención Americana sobre Derechos Humanos, Pacto San José de Costa Rica; por lo que el Informe con recomendaciones no pasa de ser esto: un grupo de recomendaciones que los Estados acatarán o no, pero que, con respecto a esta Sala, no es vinculante, y así se declara[70].

La verdad, sin embargo, es que después de la sentencia de la Sala Constitucional de Venezuela, el Código Penal fue efectivamente reformado, pero no en relación con las normas que encajan dentro de las llamadas "leyes de desacato" no se produjo adaptación alguna.

De nuevo, en contraste con esta desatención del Estado a las recomendaciones de la Comisión Interamericana, se encuentra en cambio el caso de Argentina, donde en 1995, el Congreso decidió en relación con las mismas materias pero derogando las normas que establecían los mismos delitos sobre "leyes de desacato", precisamente en cumplimiento de las recomendaciones de la Comisión Interamericana en la materia[71]

La mencionada aproximación restrictiva de la Sala Constitucional del Tribunal Supremo de Justicia de Venezuela en relación con el valor en el derecho interno de las decisiones de la Comisión Interamericana de Derechos Humanos, en todo caso, ya había sido adoptada con anterioridad por la misma Sala Constitucional en una sentencia de 17 de mayo de 2000, en la cual objetó los poderes cuasi-jurisdiccionales de la Comisión Interamericana de Derechos Humanos. El caso, referido a la *Revista Exceso*, fue el siguiente:

El director y una periodista de dicha Revista intentaron una acción de amparo constitucional contra una sentencia de un tribunal penal dictada en un proceso por difamación e injuria contra ellos, pidiendo protección a su derecho a la libre expresión del pensamiento y a la libertad de información. Ante la falta de decisión de la acción de amparo, los accionantes acudieron ante la Comisión Interamericana denunciando el mal funcionamiento del sistema judicial venezolano, solicitando protección internacional contra el Estado venezolano por violación al derecho a la libre expresión del pensamiento y al debido proceso, así como contra las amenazas judiciales penales contra el director y la periodista de la Revista. La Comisión Interamericana, en el caso, adoptó algunas medidas preventivas de protección.

La Sala Constitucional, en su momento, al decidir sobre la acción de amparo intentada, consideró que este caso efectivamente se habían violado los derecho de los accionantes al debido proceso, pero no así su libertad de información; y en relación con las medidas cautelares adoptadas por la Comisión Interamericana, las calificó de inaceptables, señalando que:

> "Igualmente considera inaceptable la instancia de la Comisión Interamericana de Derechos Humanos de la Organización de los Estados Americanos en el sentido de solicitar la adopción de medidas que implican una crasa intromisión en las funciones de los órganos jurisdiccionales del país, como la suspensión del procedimiento judicial en contra de los accionantes, medidas que sólo pueden tomar los jueces en ejercicio de su competencia e independencia jurisdiccional, según lo disponen la Carta Fundamental y las leyes de la República Bolivariana de Venezuela, aparte lo previsto en el artículo 46, aparte b) de la Convención Americana de Derechos Humanos o Pacto de San José (Costa Rica), que dispone que la petición sobre denuncias o quejas de violación de dicha Convención por un Estado parte, requerirá que "se haya interpuesto y agotado los recursos

70 Sentencia N° 1942 de 15 de Julio de 2003, en *Revista de Derecho Público,* N° 93-96, Editorial Jurídica Venezolana, Caracas 2003, pp. 136 y ss.

71 Caso Verbistky, Informe N° 22/94 de la Comisión de 20-09-1994, caso 11.012 (Argentina). Véase los comentarios de Antonio Cancado Trindade, "Libertad de expresión y derecho a la información en los planos internacional y nacional", en *Iudicum et Vita, Jurisprudencia nacional de América Latina en Derechos Humanos*, N° 5, Instituto Interamericano de Derechos Humanos, San José, Costa Rica, Diciembre 1997, pp. 194-195. Véase el "Informe sobre la compatibilidad entre las leyes de desacato y la Convención Americana sobre Derechos Humanos de 17 de febrero de 1995", en *Estudios Básicos de derechos Humanos*, Vol. X, Instituto Interamericano de Derechos Humanos., San José 2000, pp. 303 y ss..

de jurisdicción interna, conforme a los principios del derecho internacional generalmente reconocidos", lo cual fue pretermitido en el caso de autos, por no haber ocurrido retardo judicial imputable a esta Sala según lo indicado en la parte narrativa de este fallo"[72].

Esta desafortunada decisión puede considerarse como contraria al artículo 31 de la Constitución de Venezuela, que consagra expresamente el derecho constitucional de toda persona de poder acudir ante los organismos internacionales de derechos humanos como la Comisión Interamericana, solicitando amparo respecto de sus derechos violados. Por tanto, es difícil imaginar cómo es que este derecho constitucional se podría ejercer, si es la misma Sala Constitucional la que ha rechazado la jurisdicción de la Comisión Interamericana.

En contraste con esta reacción de la Sala Constitucional venezolana, en otros países como Costa Rica, la situación es la contraria, donde la Sala Constitucional de la Corte Suprema en su sentencia N° 2313-95, fundamentó su decisión declarando la inconstitucionalidad del artículo 22 de la Ley Orgánica del Colegio de Periodistas que establecía la colegiación obligatoria de los mismos al Colegio de Periodistas para poder ejercer dicha profesión, precisamente en lo que previamente había resuelto la Corte Interamericana de Derechos Humanos en la *Opinión Consultiva No OC-5* de 1985[73], señalando que:

> "...si la Corte Interamericana de Derechos Humanos es el órgano natural para interpretar la Convención Americana sobre Derechos Humanos (Pacto de San José de Costa Rica), la fuerza de su decisión al interpretar la Convención y enjuiciar las leyes nacionales a la luz de esta normativa, ya sea en caso contencioso o en una mera consulta, tendrán –de principio– el mismo valor de la norma interpretada"[74].

Por ello, la Sala concluyó en el caso concreto, que como Costa Rica había sido el país que había requerido la Opinión Consultiva:

> "Cuando la Corte Interamericana de Derechos Humanos, en su OC-05-85 unánimemente resolvió que la colegiación obligatoria de periodistas contenida en la Ley N° 4420, en cuanto impide el acceso de las personas al uso de los medios de comunicación, es incompatible con el artículo 13 de la Convención Americana sobre Derechos Humanos, no puede menos que obligar al país que puso en marcha mecanismos complejos y costosos del sistema interamericano de protección de los derechos humanos".

Por lo demás, debe indicarse que conforme a la jurisprudencia de la Sala Constitucional de la Corte Suprema de Costa Rica, el sistema constitucional de ese país pienso que también puede ubicarse entre los que otorgan rango supra constitucional a los tratados en materia de derechos humanos, si contienen normas más favorables en la materia. Así, en la mencionada sentencia N° 2313-95, la Sala precisó lo siguiente:

> "Sobre esto debe agregarse que en tratándose de instrumentos internacionales de Derechos Humanos vigentes en el país, no se aplica lo dispuesto por el artículo 7 de

72 Caso Faitha M.Nahmens L. y Ben Ami Fihman Z. (*Revista Exceso*), Exp. N° 00-0216, Sentencia N° 386 de 17-5-2000.. Consultada en original. Véase en Carlos Ayala Corao, "Recepción de la jurisprudencia internacional sobre derechos humanos por la jurisprudencia constitucional" en *Revista del Tribunal Constitucional*, N° 6, Sucre, Bolivia, Nov. 2004, pp. 275 y ss

73 Opinión Consultiva N° OC-5/85 de 13 de noviembre de 1985. *La colegiación obligatoria de periodistas (arts. 13 y 29 Convención Americana sobre Derechos Humanos). En la misma, la Corte Interamericana fue de la opinión:* "que la colegiación obligatoria de los periodistas, en cuanto impida el acceso de cualquier persona al uso pleno de los medios de comunicación social como vehículo para expresarse o para transmitir información, es incompatible con el artículo 13 de la Convención Americana sobre Derechos Humanos"; y "que la Ley N° 4420 de 22 de septiembre de 1969, Ley Orgánica del Colegio de Periodistas de Costa Rica, objeto de la presente consulta, en cuanto impide a ciertas personas el pertenecer al Colegio de Periodistas y, por consiguiente, el uso –pleno– de los medios de comunicación social como vehículo para expresarse y transmitir información, es incompatible con el artículo 13 de la Convención Americana sobre Derechos Humanos".

74 Sentencia N° 2312-05 de 09-05-1995. Consultada en original. Citada además en Rodolfo Piza R., *La justicia constitucional en Costa Rica,* San José 1995; y en Carlos Ayala Corao, "Recepción de la jurisprudencia internacional sobre derechos humanos por la jurisprudencia constitucional" en *Revista del Tribunal Constitucional*, N° 6, Sucre, Bolivia, Nov. 2004, pp. 275 y ss

la Constitución Política, ya que el 48 Constitucional tiene norma especial para los que se refieren a derechos humanos, otorgándoles una fuerza normativa del propio nivel constitucional. Al punto de que, como lo ha reconocido la jurisprudencia de esta Sala, los instrumentos de Derechos Humanos vigentes en Costa Rica, tienen no solamente un valor similar a la Constitución Política, sino que en la medida en que otorguen mayores derechos o garantías a las personas, priman por sobre la Constitución (vid. sentencia N° 3435-92 y su aclaración, N° 5759-93)".

Por ello, en la misma sentencia de la Sala Constitucional costarricense, al precisar su competencia para ejercer el control de constitucionalidad de normas, precisó que:

> "La Sala Constitucional no solamente declara violaciones a derechos constitucionales, sino a todo el universo de derechos fundamentales contenidos en los instrumentos internacionales de derechos humanos vigentes en el país. Desde ese punto de vista, el reconocimiento por la Sala Constitucional de la normativa de la Convención Americana de Derechos Humanos, en la forma en que la interpretó la Corte Interamericana de Derechos Humanos en su Opinión Consultiva N° OC-05-85, resulta natural y absolutamente consecuente con su amplia competencia. De tal manera, sin necesidad de un pronunciamiento duplicado, fundado en los mismos argumentos de esa opinión, la Sala estima que es claro para Costa Rica que la normativa de la Ley N° 4420... es ilegítima y atenta contra el derecho a la información, en el amplio sentido que lo desarrolla el artículo 13 del Pacto de San José de Costa Rica, tanto como de los artículos 28 y 29 de la Constitución Política".

Ahora bien, volviendo al caso de Venezuela, antes de que se adoptara la interpretación restrictiva de la Sala Constitucional antes referida, debe decirse que muchos tribunales inferiores en otras materias aplicaron la Convención Americana de Derechos Humanos, declarando la prevalencia de sus normas en relación con normas constitucionales y legales.

Fue el caso, por ejemplo, del derecho a la revisión judicial de sentencias, o derecho a la segunda instancia o derecho de apelación. En efecto, en la derogada Ley Orgánica de la Corte Suprema de Justicia de 1976, al regular transitoriamente los tribunales de la jurisdicción contencioso administrativa[75], se dispuso que en los casos de impugnación de algunos actos administrativos como los emanados de institutos autónomos o Administraciones desconcentradas o independientes, la competencia para decidir de la acción correspondía en única instancia a la Corte Primera de lo Contencioso Administrativa, sin apelación ante la Sala Político Administrativa de la Corte Suprema.

La Constitución de 1999 solo reguló como derecho constitucional el derecho de apelación en materia de juicios penales a favor de la persona declarada culpable (art. 40,1); por lo que en otros casos, como el mencionado de los juicios contencioso administrativos, no existía una garantía constitucional expresa a la apelación, por lo que en los casos de las decisiones de la Corte Primera de lo Contencioso, conociendo en única instancia, la apelación había sido siempre declarada inadmisible.

Después de la entrada en vigencia de la Constitución de 1999, sin embargo, en algunos casos se ejercieron recursos de apelación contra decisiones de la Corte Primera de lo Contencioso Administrativa para ante la Sala Político Administrativa del Tribunal Supremo, alegándose la inconstitucionalidad de la norma de la Ley Orgánica que limitaba el derecho de apelación en ciertos casos. Como consecuencia de ello, en algunos casos los tribunales contencioso administrativos, en ejercicio del control difuso de constitucionalidad, admitieron la apelación basándose en el derecho de apelar las decisiones judiciales ante el tribunal superior que se establece en el artículo 8,2,h de la Convención Americana de Derechos Humanos, la cual se consideró como formando parte del derecho constitucional interno del país. El tema finalmente también llegó a decisión por la Sala Constitucional del Tribunal Supremo, la cual en una decisión N° 87 del 13 de marzo de 2000, resolvió lo siguiente:

---

75 Véase los comentarios en Allan R. Brewer-Carías y Josefina Calcaño de Temeltas, *Ley Orgánica de la Corte Suprema de Justicia*, Editorial Jurídica Venezolana, Caracas 1978.

"Puesta en relación esta norma con la disposición prevista en el artículo 49, numeral 1, de la Constitución de la República, en la cual el derecho a recurrir del fallo se atribuye únicamente a la persona declarada culpable, y se autoriza el establecimiento de excepciones al citado derecho, cabe interpretar que la norma de la convención es más favorable al goce y ejercicio del citado derecho, puesto que consagra el derecho de toda persona a ser oída, no sólo en la sustanciación de cualquier acusación, penal, sino también en la determinación de sus derechos y obligaciones de orden civil, laboral, fiscal o de cualquier otro carácter, establece el derecho a recurrir del fallo, sin excepción alguna; le atribuye la naturaleza de garantía mínima; otorga su titularidad a toda persona, con independencia de su condición en el proceso; y establece que el titular del citado derecho ha de ser tratado bajo el principio de igualdad plena.

Puesta en relación esta norma en referencia con la disposición prevista en el último aparte del artículo 185 de la Ley Orgánica de la Corte Suprema de Justicia, cabe interpretar que esta última es incompatible con aquélla, puesto que niega, en términos absolutos, el derecho que la convención consagra, siendo que el ordenamiento constitucional no atribuye a la Corte Primera de lo Contencioso Administrativo el rango de tribunal supremo"[76].

Con fundamente en lo antes mencionado, la Sala Constitucional concluyó su decisión, señalando que:

"reconoce y declara, con fundamento en la disposición prevista en el artículo 23 de la Constitución de la República, que el artículo 8, numerales 1 y 2 (literal h), de la Convención Americana sobre Derechos Humanos, forma parte del ordenamiento constitucional de Venezuela; que las disposiciones que contiene, declaratorias del derecho a recurrir del fallo, son más favorables, en lo que concierne al goce y ejercicio del citado derecho, que la prevista en el artículo 49, numeral 1, de dicha Constitución; y que son de aplicación inmediata y directa por los tribunales y demás órganos del Poder Público"[77].

La Sala Constitucional incluso resolvió el caso estableciendo una interpretación obligatoria, que exigía la re-redacción de la Ley Orgánica, disponiendo lo siguiente:

"En consecuencia, visto que el último aparte, primer párrafo, del artículo 185 de la Ley Orgánica de la Corte Suprema de Justicia, dispone lo siguiente: "Contra las decisiones que dicto dicho Tribunal en los asuntos señalados en los ordinales 1 al 4 de este artículo no se oirá recurso alguno"; visto que la citada disposición es incompatible con las contenidas en el artículo 8, numerales 1 y 2 (literal h), de la Convención Americana sobre Derechos Humanos, las cuales están provistas de jerarquía constitucional y son de aplicación preferente; visto que el segundo aparte del artículo 334 de la Constitución de la República establece lo siguiente: "En caso de incompatibilidad entre esta Constitución y una ley u otra norma jurídica, se aplicarán las disposiciones constitucionales, correspondiendo a los tribunales en cualquier causa, aun de oficio, decidir lo conducente", ésta Sala acuerda dejar sin aplicación la disposición transcrita, contenida en el último aparte, primer párrafo, del artículo 185 de la Ley Orgánica en referencia, debiendo aplicarse en su lugar, en el caso de la sentencia que se pronuncie, de ser el caso, sobre el recurso contencioso administrativo de anulación interpuesto por la parte actora ante la Corte Primera de lo Contencioso Administrativo (expediente N° 99-22167), la disposición prevista en el último aparte, segundo párrafo, del artículo 185 eiusdem, y la cual es del tenor siguiente: 'Contra las sentencias definitivas que dicte el mismo Tribunal ... podrá interponerse apelación dentro del término de cinco días, ante la Corte Suprema de Justicia (rectius: Tribunal Supremo de Justicia)'. Así se decide"[78].

76 Caso: C.A. Electricidad del Centro (Elecentro) y otra vs. Superintendencia para la Promoción y Protección de la Libre Competencia. (Procompetencia), en *Revista de Derecho Público*, N° 81, Editorial Jurídica Venezolana, Caracas 2000, pp. 157 y ss

77 Ídem, p. 157

78 Ídem. p. 158.

Pero en segundo lugar, otro de los mecanismos para que se produzca la aplicación directa de los tratados sobre derechos humanos en el orden interno, es el derivado del otorgamiento de rango constitucional a los mismos, con lo cual adquieren igual jerarquía que la Constitución. En este grupo se pueden distinguir dos tipos de regímenes constitucionales: los que confieren rango constitucional a todos los instrumentos internacionales sobre derechos humanos, o los que sólo otorgan dicho a un determinado grupo de tratados enumerados en las Constituciones.

En el primer grupo se destaca el caso de la Constitución del Perú de 1979, derogada en 1994, en cuyo artículo 105 se establecía que "los preceptos contenidos en los tratados sobre derechos humanos, tienen jerarquía constitucional" y en consecuencia, "no pueden ser modificados excepto mediante el procedimiento vigente para la reforma de la Constitución".

En el segundo grupo se puede ubicar la Constitución de Argentina, en la cual se otorga a un importante grupo de tratados y declaraciones internacionales que estaban vigentes en 1994, específicamente enumerados en el artículo 75.22 de la Constitución, una jerarquía superior a las leyes, es decir, rango constitucional:

> "La Declaración Americana de los Derechos y Deberes del Hombre; la Declaración Universal de Derechos Humanos; la Convención Americana sobre Derechos Humanos; el Pacto Internacional de Derechos Económicos, Sociales y Culturales; el Pacto Internacional de Derechos Civiles y Políticos y su Protocolo Facultativo; la Convención sobre la Prevención y la Sanción del Delito de Genocidio; la Convención Internacional sobre la Eliminación de todas las Formas de Discriminación Racial; la Convención sobre la Eliminación de todas las Formas de Discriminación contra la Mujer; la Convención contra la Tortura y otros Tratos o Penas Crueles, Inhumanos o Degradantes; la Convención sobre los Derechos del Niño".

De acuerdo con esta previsión constitucional, la Corte Suprema de Justicia de la Nación ha aplicado la Convención Americana de Derechos Humanos, dando prevalencia a sus previsiones en relación con las leyes, como sucedió respecto de normas del Código de Procedimiento Penal, también en relación con el derecho de apelación. Al contrario de lo que se establece en la Convención Americana, dicho Código excluía el derecho de apelación respecto de algunas decisiones judiciales de acuerdo a la cuantía de la pena. La Corte Suprema de la Nación declaró la invalidez por inconstitucionalidad de dichas normas limitativas de la apelación, aplicando precisamente el artículo 8,1,h de la Convención Americana que garantiza, como se ha dicho, el derecho de apelar las decisiones judiciales por ante un tribunal superior"[79].

Por otra parte, también en Argentina, los tribunales han considerado las decisiones de la Comisión Interamericana y de la Corte Interamericana como obligatorias, incluso antes de que los tratados internacionales de derechos humanos fueran constitucionalizados en la reforma constitucional de 1994. En una sentencia de 7 de julio de 1992, la Corte Suprema aplicó la *Opinión Consultiva OC-7/86*[80] de la Corte Interamericana, señalando que: "la interpretación del Pacto debe, además guiarse por la jurisprudencia de la Corte Interamericana de Derechos Humanos, uno de cuyos objetivos es la interpretación del Pacto de san José (Estatuto, artículo 1)"[81].

En 1995, la misma Corte Suprema de Argentina consideró que debido al reconocimiento por el Estado de la jurisdicción de la Corte Interamericana para resolver casos de interpretación

79 Sentencia de 04-04- 1995, Caso Giroldi, H.D. y otros. Véase en Aida Kemelmajer de Caqrlucci and maria Gabriela Abalos de Mosso, "Grandes líneas directrices de la jurisprudencia argentina sobre material constitucional durante el año 1995", en *Anuario de Derecho Constitucional latinoamericano 1996*, Fundación Konrad Adenauer, Bogotá, 1996, pp. 517 y ss.; y en Carlos Ayala Corao, "Recepción de la jurisprudencia internacional sobre derechos humanos por la jurisprudencia constitucional" en *Revista del Tribunal Constitucional*, N° 6, Sucre, Bolivia, Nov. 2004, pp. 275 y ss.

80 Opinión Consultiva OC-7/86 de 29 de agosto de 1986. *Exigibilidad del derecho de rectificación o respuesta (arts. 14.1, 1.1 y 2 de la Convención Americana sobre Derechos Humanos).*

81 Sentencia caso Miguel A. Ekmkdjiam, Gerardo Sofivic y otros, en Ariel E. Dulitzky, "La aplicación de los tratados sobre derechos humanos por los tribunales locales: un estudio comparado" en *La aplicación de los tratados sobre derechos Humanos por los tribunales locales*, Centro de Estudios Legales y Sociales, Buenos Aires, 1997; y en Carlos Ayala Corao, "Recepción de la jurisprudencia internacional sobre derechos humanos por la jurisprudencia constitucional" en *Revista del Tribunal Constitucional*, N° 6, Sucre, Bolivia, Nov. 2004, pp. 275 y ss

y aplicación de la Convención Americana, sus decisiones "deben servir de guía para la interpretación de los preceptos convencionales"[82]. En otras decisiones, la Corte Suprema revocó decisiones de tribunales inferiores por considerar que las interpretaciones que las sustentaban eran incompatibles con la doctrina de la Comisión Interamericana de Derechos Humanos[83].

Debe mencionarse, por otra parte, que en el caso de Panamá, a pesar de que no se indica en el texto Constitucional expresamente, el rango constitucional de los tratados, de la jurisprudencia de la Corte Suprema ello puede deducirse, al considerar que cualquier violación a un tratado internacional es una violación del artículo 4 de la Constitución. En efecto, la Constitución de Panamá sólo dispone que "La República de Panamá acata las normas del Derecho Internacional" (art. 4); ello, sin embargo, ha permitido a la Corte Suprema de Justicia, considerar como una violación constitucional la violación a normas de tratados internacionales. En una sentencia del 12 de marzo de 1990, en efecto, se declaró la inconstitucionalidad de un decreto ejecutivo que establecía un condicionamiento arbitrario de carácter global al ejercicio de las libertades de expresión y de prensa, para lo cual la Corte Suprema estableció que:

> "Con ese proceder se viola el artículo 4 de la carta magna, que obliga al acatamiento de las normas de Derecho internacional por parte de las autoridades nacionales. En el caso bajo examen, tal como lo señala el recurrente, se trata de la violación del pacto Internacional de Derechos Civiles y Políticos y de la Convención Americana sobre Derechos humanos, aprobados por las leyes 14 de 1976 y 15 de 1977, respectivamente, convenios que rechazan el establecimiento de la censura previa al ejercicio de las libertades de expresión y de prensa, en tanto que derechos humanos fundamentales"[84]

En tercer lugar, la aplicación en el orden interno de los tratados y convenios internacionales de derechos humanos, se ha logrado en los casos en los cuales las Constituciones han atribuido rango supra legal a los tratados y convenciones internacionales en general, incluyendo los relativos a derechos humanos. En estos sistemas, los tratados están sujetos a la Constitución pero prevalecen sobre lo dispuesto en las leyes.

Esta fue la modalidad que se siguió por ejemplo en las Constituciones de Alemania (artículo 25), Italia (artículo 10) y Francia (artículo 55), y América Latina, es la solución adoptada en la Constitución de Costa Rica (reforma de 1968), en la cual se dispuso que:

> "Los tratados públicos, los convenios internacionales y los concordatos, debidamente aprobados por la Asamblea Legislativa, tendrán desde su promulgación o desde el día que ellos designen, autoridad superior a las leyes" (Artículo 7).

Como antes se dijo, sin embargo, la jurisprudencia de la Sala Constitucional de Costa Rica le ha otorgado a los tratados internacionales en materia de derechos humanos, rango constitucional e incluso supra constitucional de contener disposiciones más favorables al ejercicio de los mismos. La Sala Constitucional, también en relación con el derecho de apelación, ha aplicado directamente la Convención Americana de Derechos Humanos con prevalencia sobre las leyes, al considerar que las normas "legales que contradigan [un tratado] deban tenerse simplemente por derogadas, en virtud precisamente del rango superior del tratado"[85]. En esta forma, al considerar que el artículo 8.2 de la Convención Americana de Derechos Humanos "reconoce como derecho fundamental de todo ser humano, imputado en una causa penal por delito, el de recurrir del fallo" la Sala consideró que el artículo 472 del Código de Procedimien-

82 Sentencia caso H Giroldi/ recurso de casación, 17-04-1995. Véase en *Jurisprudencia Argentina*, Vol. 1995-III, p. 571; y en Carlos Ayala Corao, "Recepción de la jurisprudencia internacional sobre derechos humanos por la jurisprudencia constitucional" en *Revista del Tribunal Constitucional*, N° 6, Sucre, Bolivia, Nov. 2004, pp. 275 y ss

83 Caso Bramajo, September 12, 1996. Véase en *Jurisprudencia Argentina*, Nov. 20, 1996; y en Carlos Ayala Corao, "Recepción de la jurisprudencia internacional sobre derechos humanos por la jurisprudencia constitucional" en *Revista del Tribunal Constitucional*, N° 6, Sucre, Bolivia, Nov. 2004, pp. 275 y ss

84 Véase en *Iudicum et Vita, Jurisprudencia nacional de América Latina en Derechos Humanos*, N° 5, Instituto Interamericano de Derechos Humanos, San José, Costa Rica, Diciembre 1997 pp. 80-82

85 Sentencia 282-90, caso violación del artículo 8.2 de la Convención Americana por el derogado artículo 472 del Código de Procedimientos Penales. Consultada en original.

tos Penales que limitaban el ejercicio del recurso de casación debían tenerse "por no puestas" y entender "que el recurso de casación a que ahí se alude está legalmente otorgado a favor del reo condenado a cualquier pena en sentencia dictada en una causa panal por delito".

La Sala Constitucional, en una sentencia posterior N° 719-90 declaró con lugar el recurso de inconstitucionalidad intentado contra el artículo 474 del Código de Procedimientos Penales, anulándolo y considerando en consecuencia, como "no puestas las limitaciones al derecho a recurrir en casación a favor del imputado contra la sentencia penal por delito, establecidas en el artículo". Para ello, la Sala partió de la consideración de que:

> "Lo único que, obviamente, impone la Convención Americana es la posibilidad de recurso ante un Tribunal Superior contra la sentencia penal por delito, de manera que al declararse inconstitucionales las limitaciones impuestas por el artículo 474 incisos 1) y 2) del Código de Procedimientos Penales, los requerimientos del artículo 8.2 inciso h) de la Convención estarían satisfechos, con la sola salvedad de que el de casación no fuera el recurso ante juez o tribunal superior, en los términos de dicha norma internacional"[86].

Se destaca, sin embargo, que en otra sentencia N° 1054-94, la Sala Constitucional declaró sin lugar la impugnación por inconstitucionalidad del artículo 426 del Código de Procedimientos Penales, por las mismas razones antes señaladas de negativa del recurso en materia de contravenciones y no de delitos, por considerar que en su jurisprudencia, lo que ha establecido la Sala con claridad es "que la citada Convención Americana establece la doble instancia como derecho fundamental de todo ser humano, imputado en una causa penal por delito, de recurrir del fallo ante un superior, y no indistintamente en todas las materias"[87].

Ahora bien, en cuanto al rango supra legal de los tratados y su prevalencia respecto de las leyes en caso de conflicto, en sentido similar, el artículo 144 de la Constitución de El Salvador dispone que: "Los tratados internacionales celebrados por El Salvador con otros estados o con organismos internacionales, constituyen leyes de la República al entrar en vigencia, conforme a las disposiciones del mismo tratado y de esta Constitución" agregando que "La ley no podrá modificar o derogar lo acordado en un tratado vigente para El Salvador" y que "En caso de conflicto entre el tratado y la ley, prevalecerá el tratado".

De acuerdo con estas previsiones, la Sala Constitucional de la Corte Suprema de Justicia de El Salvador también ha aplicado los tratados internacionales en materia de derechos humanos, decidiendo casos en los que ha considerado que las regulaciones internacionales prevalecen sobre la legislación interna. Es el caso de la sentencia de 17 de noviembre de 1994, dictada en un proceso en el cual un tribunal penal decidió la detención preventiva de un antiguo comandante de las fuerzas armadas irregulares, en un juicio que se le seguía por el delito de difamación. La Sala decidió que "para la adecuada comprensión de las instituciones de la detención provisional en nuestro sistema, debemos tener en cuenta además con fundamento en el artículo 144 de la Constitución, los tratados internacionales ratificados por El Salvador"[88]; en consecuencia, pasó a analizar el artículo 11,1 de la Declaración Universal de Derechos Humanos y el artículo 9,3 del Pacto Internacional de Derechos Civiles y Políticos que se refieren al derecho a la presunción de inocencia y al carácter excepcional de la detención preventiva, la cual no debe considerarse como la regla general. La Sala Constitucional también analizó el artículo XXVI de la Declaración Americana de Derechos Humano, que también se refiere a la presunción de inocencia, y a los artículos 7,2 y 8,2 de la Convención Americana de Derechos Humanos los cuales regulan los derechos de las personas en relación con las detenciones, particularmente el principio *nulla pena sine lege*. Conforme a todo ese análisis del derecho internacional de los derechos humanos, la Sala concluyó señalando que "Es en ese contexto –constitucional e internacional– que se ha de encuadrar el examen de la detención provisional, por cuanto tales normas, dada su superior ubicación en la jerarquía normativa, obligan a su cumplimiento"[89]

86 Consultada en original.

87 Ídem.

88 Véase en *Iudicum et Vita, Jurisprudencia nacional de América Latina en Derechos Humanos*, N° 5, Instituto Interamericano de Derechos Humanos, San José, Costa Rica, Diciembre 1997, p. 157

89 Idem, p. 157

En consecuencia, y fundamentándose en las regulaciones internacionales en relación con la detención preventiva y los derechos de las personas, la Sala concluyó que "ésta no puede nunca constituir la regla general de los procesos penales –circunstancia además expresamente prohibida en el artículo 9,3 del Pacto Internacional de Derechos Civiles y Políticos– por lo que la misma , no puede funcionar automáticamente"[90], porque no puede entenderse como una sanción anticipada. Al contrario, a los efectos de decretar la detención, el juez en cada caso necesita evaluar las circunstancias sobre la necesidad y conveniencia de la privación de la libertad para proteger el interés público fundamental.

Con fundamento en lo anterior, la Sala Constitucional concluyó en relación con el caso que como en el mismo se había decidido la detención provisional, y "no se consignó justificación alguna para dicha orden, esta deviene en inconstitucional"[91].

En otra sentencia de la Sala Constitucional de la Corte Suprema de El Salvador de 13 de junio de 1995, la Sala declaró la inconstitucionalidad de una Ordenanza municipal que había establecido restricciones al ejercicio del derecho de reunión y manifestación, fundamentándose en lo dispuesto en los artículos 15 de la Convención Americana de Derechos Humanos y 21 del Pacto Internacional de Derechos Civiles y Políticos, conforme a los cuales las limitaciones a dichos derechos sólo podía establecerse por ley. A tal efecto, la Sala partió de la consideración de que "Los tratados internacionales vigentes en nuestro país, con supremacía respecto de las leyes secundarias, entre ellas, el Código Municipal, reconocen la libertad de reunión y manifestación pública y establecen que este derecho solo podrá estar sujeto a limitaciones o restricciones previstas por la LEY, que sean necesarias en una sociedad democrática", la cual "tiene que se emitida por la Asamblea Legislativa observando el formalismo" establecido en la Constitución; y además dispuso la Sala, que dicha ley, de acuerdo con el artículo XXVIII la Declaración Americana de Derechos Humanos solo puede establecer limitaciones sujetas al "principio de razonabilidad de manera que "sea intrínsecamente justa: es decir, que debe responder a ciertas pautas de valor suficientes, o sea dar el contenido material de justicia consagrado en la Constitución" Concluyó la Sala en el caso concreto, declarando la inconstitucionalidad solicitada, al considerar que:

> "Ninguno de estos componentes encontramos en el instrumento cuya inconstitucionalidad se demanda: es decir, que se trata de un caso típico de abuso de autoridad, pues no solo se entra en reglar el ejercicio de un derecho constitucional sin autorización bastante, sino que usurpa una función reservada al legislador".

La Constitución de México, al referirse a los tratados internacionales, puede considerarse como la que en América Latina que sigue más de cerca el texto de la Constitución Norteamericana, a disponer:

> *Artículo 133.-* Esta Constitución, las leyes del Congreso de la Unión que emanen de ella y todos los Tratados que estén de acuerdo con la misma, celebrados y que se celebren por el Presidente de la República, con aprobación del Senado, serán la Ley Suprema de toda la Unión. Los jueces de cada Estado se arreglarán a dicha Constitución, leyes y tratados, a pesar de las disposiciones en contrario que pueda haber en las Constituciones o leyes de los Estados.

Se trata de la misma llamada cláusula de supremacía, conforme a la cual, tradicionalmente se había considerado que los tratados tenían la misma jerarquía normativa que las leyes. Así lo decidió la Suprema Corte de la Nación en sentencia de Pleno C/92, de 30 de junio de 1992, al señalar que ocupando las leyes y los tratados internacionales, el mismo "rango inmediatamente inferior a la Constitución en la jerarquía de las normas en el orden jurídico mexicano", un

> "tratado internacional no puede ser criterio para determinar la constitucionalidad de una ley ni viceversa. Por ello, la Ley de las Cámaras de Comercio y de las de Indus-

90 Idem, p. 158

91 Idem, p. 158

tria no puede ser considerara inconstitucional por contrariar lo dispuesto en un tratado internacional."[92]

Pero este criterio ha sido abandonado por la propia Suprema Corte, en una sentencia de revisión de amparo N° 1475/98, en la cual, al interpretarse el artículo 133 constitucional conforme a la Convención de Viena sobre Derecho de los Tratados de 1969, se determinó que en virtud de que "los compromisos internacionales son asumidos por el Estado mexicano en su conjunto y comprometen a todas sus autoridades frente a la comunidad internacional" los tratados internacionales "se ubican jerárquicamente por encima de las leyes federales y, en un segundo plano, respecto de la Constitución Federal", adquiriendo entonces rango supra legal[93].

En este grupo de países que otorga rango supra legal a los tratados en materia de derechos humanos también se puede ubicar el caso de Paraguay. La Constitución contiene una cláusula de supremacía similar a la mexicana, con el siguiente texto:

> *Artículo 137.-* De la supremacía de la Constitución. La ley suprema de la República es la Constitución. Esta, los tratados, convenios y acuerdos internacionales aprobados y ratificados, las leyes dictadas por el Congreso y otras disposiciones jurídicas de inferior jerarquía, sancionadas en consecuencia, integran el derecho positivo nacional en el orden de prelación enunciado.

Dicha cláusula, sin embargo, tiene la peculiaridad de indicar el orden de prelación de las fuentes, por lo que los tratados si bien están por debajo de la Constitución, están por encima de las leyes. Además, esta norma se complementa con el artículo 141 de la misma Constitución que dispone que "los tratados internacionales válidamente celebrados, aprobados por ley del Congreso, y cuyos instrumentos de ratificación fueran canjeados o depositados, forman parte del ordenamiento legal interno con la jerarquía que determina el Artículo 137".

Conforme a estas previsiones, por ejemplo, el Tribunal de Apelaciones en lo Criminal, Primera Sala de Paraguay, en sentencia de 10 de junio de 1996, revocó una sentencia de un tribunal inferior que había dictado una condena por el delito de difamación en el cual el querellante era una persona política y pública, argumentando que "en una sociedad democrática los políticos están más expuestos a la crítica de la ciudadanía", por lo que "en ningún caso el interés de los particulares primará sobre el interés público", invocando para la sentencia revocatoria, las normas constitucionales pertinentes así como el artículo 13 de la Convención Americana de Derechos Humanos[94].

En cuarto lugar, en relación con la jerarquía de los tratados internacionales sobre derechos humanos en el ámbito interno y su aplicación por los tribunales, otro sistema que quizás es el más común, es el de la atribución a los mismos del mismo rango que las leyes. Es el sistema clásico del constitucionalismo moderno, generalizado según lo que dispuso la Constitución de los Estados Unidos en su artículo VI. 2:

> Esta Constitución y las leyes de los Estados Unidos que deben sancionarse conforme a la misma; y todos los tratados suscritos o que deban suscribirse bajo la autoridad de los Estados Unidos, serán la suprema ley del país; y los jueces en cada Estado se sujetarán a la misma, aún cuando exista algo en contrario en la Constitución o leyes de los Estados.

En estos sistemas, en consecuencia, los tratados son parte de la legislación del país, teniendo entonces el mismo rango que las leyes. Están sujetos a la Constitución, y en su aplicación en relación con las leyes se rigen por los principios de la ley posterior y de la ley especial a los efectos de su prevalencia o efectos derogatorios.

---

92 Tesis P. C/92, publicada en la *Gaceta del Semanario Judicial de la Federación*, N° 60, diciembre de 1992, p. 27.

93 Véase la referencia en Guadalupe barrena y Carlos Montemayor "Incorporación del derecho internacional en la Constitución mexicana", *Derechos Humanos. Memoria del IV Congreso Nacional de Derecho Constitucional*, Vol. III, Instituto de Investigaciones Jurídicas, UNAM, México 2001; y en Humberto Henderson, "Los tratados internacionales de derechos humanos en el orden interno: la importancia del principio *pro homine*", en *Revista IIDH*, Instituto Interamericano de Derechos Humanos, N° 39, San José 2004, p. 82, nota 15.

94 Véase en *Iudicum et Vita, Jurisprudencia nacional de América Latina en Derechos Humanos*, N° 5, Instituto Interamericano de Derechos Humanos, San José, Costa Rica, Diciembre 1997 pp. 82-86.

En el caso de Uruguay, el artículo 6 de la Constitución sólo hace referencia a los tratados internacionales a los efectos de indicar que se debe proponer "la cláusula de que todas las diferencias que surjan entre las partes contratantes, serán decididas por el arbitraje u otros medios pacíficos"; no haciendo referencia alguna ni a la jerarquía en el derecho interno ni al tema de los derechos humanos. Ello, sin embargo, no ha sido impedimento para que la Corte Suprema de Justicia, por ejemplo, en la sentencia de 23 de octubre de 1996, al resolver sobre una excepción de inconstitucionalidad opuesta por el Ministerio Público contra normas de la Ley de Prensa que permiten ser juzgado en libertad por delitos de prensa, fundamentara su argumento en lo dispuesto en tratados internacionales, para desestimar la excepción. El caso concreto trató sobre un delito de imprenta por críticas formuladas al Presidente del Paraguay, en el cual el denunciante fue el Embajador del Paraguay en el Uruguay. El Ministerio Público denunció violaciones al principio de igualdad contenidas en normas constitucionales y en los artículos 7 de la Declaración Americana de Derechos Humanos y 24 de la Convención Americana de Derechos Humanos. La Corte Suprema para decidir analizó extensivamente el derecho humano a la libre expresión del pensamiento haciendo referencia, precisamente, al artículo 19 del Pacto Internacional de Derechos Civiles y Políticos y el artículo 13.1 de la Convención Americana de Derechos Humanos; a la Opinión Consultiva OC-5 sobre incompatibilidad del derecho a la libre expresión del pensamiento y la colegiación obligatoria de los periodistas; y al derecho a la presunción de inocencia "consagrado expresamente, en todo caso, en las Convenciones y Declaraciones internacionales a las que ha adherido el país o que de otro modo le obligan (Declaración Universal de los Derechos del Hombre, art. 11; Pacto Internacional de Derechos Civiles y Políticos, art. 14.4 y Convención Americana de Derechos Humanos, art. 8.2..), lo que permitía al querellado en el caso, el ser juzgado en libertad[95].

El sistema constitucional de la República Dominicana también puede ubicarse en este grupo constitucional, donde los tratados tienen el mismo rango que las leyes. Por ello, y precisamente por el hecho de que la República Dominicana es uno de los pocos países de América Latina que no tiene consagrado en el texto constitucional el recurso o acción de amparo como medio judicial de protección de los derechos humanos, la Corte Suprema aplicó la Convención Americana de Derechos Humanos para admitir jurisprudencialmente la acción o recurso de amparo.

En efecto, el artículo 3 de la Constitución de la República Dominicana establece que "La República Dominicana reconoce y aplica las normas del Derecho Internacional general y americano en la medida en que sus poderes públicos las hayan adoptado". Conforme a ello, en 1977 el Congreso aprobó la Convención Americana de Derechos Humanos, en cuyos artículo 8,2 y 25,1 se regulan los principios generales del debido proceso y, en particular, la acción o recurso de amparo para la protección de los derechos humanos declarados en la Convención, en las Constituciones y en las leyes de los Estados miembros.

De acuerdo con estas previsiones, si bien era cierto que la Constitución no regulaba expresamente la acción o recurso de amparo, el mismo estaba consagrado en la Convención Americana, por lo que dicho recurso podía ejercerse por toda persona en protección de sus derechos. El problema, sin embargo, radicaba en la ausencia de las reglas de procedimiento relativas al amparo, incluyendo la ausencia de normas legales atributivas de competencia judiciales para conocer de la acción. Ello explica por qué hasta 1999 no se habían intentado acciones de amparo.

Ese año, sin embargo, una empresa privada, la empresa *Productos Avon S.A.*, intentó un recurso de amparo ante la Corte Suprema contra una sentencia dictada por un juzgado con competencia en materia laboral, alegando violación de derechos constitucionales, y fue dicha acción la que originó la admisibilidad jurisprudencial de la acción de amparo en la República Dominicana sin que hubiera disposición constitucional o legal sobre la misma.

95 Véase en *Iudicum et Vita, Jurisprudencia nacional de América Latina en Derechos Humanos*, N° 5, Instituto Interamericano de Derechos Humanos, San José, Costa Rica, Diciembre 1997 pp. 72-79.

En efecto, la Corte Suprema en su sentencia del 24 de febrero de 1999, admitió la acción de amparo intentada por la mencionada empresa *Avon*, declarando al amparo como "una institución de derecho positivo" y prescribiendo en la decisión las reglas básicas de procedimiento para el ejercicio de tales acciones de amparo[96]. El caso se desarrolló como sigue:

1.- La empresa demandante alegó que la decisión judicial del tribunal laboral había violado su derecho a ser juzgado por el juez natural, a cuyo efecto solicitó a la Corte Suprema que: primero, declarara en su sentencia que el amparo debía considerarse como una institución dominicana de derecho público; y segundo, que la Corte Suprema, de acuerdo con las disposiciones de la Ley Orgánica Judicial que le atribuye a la Corte el poder de resolver sobre el procedimiento aplicable en caso de que no exista uno legalmente prescrito, disponiendo las normas respectivas, que en consecuencia estableciera dichas normas en relación con los recursos de amparo. Adicionalmente, el recurrente solicitó a la Corte que dictara una medida cautelar suspendiendo los efectos de la sentencia laboral impugnada mientras durase el juicio de amparo.

2.- La Corte Suprema, a los efectos de decidir, estableció el criterio que los tratados internacionales invocados por el recurrente, particularmente los artículos 8 y 25,1 de la Convención Americana de Derechos Humanos, eran parte del derecho interno de la República Dominicana, y tenían la finalidad de garantizar la protección judicial de los derechos fundamentales reconocidos en la Constitución, en la ley y en la indicada Convención, contra todo acto violatorio de dichos derechos, cometido por cualquier persona actuando o no en el ejercicio de funciones públicas, por lo que incluso se admitía contra actuaciones de particulares. En este aspecto, la Corte Suprema resolvió que:

> "Contrariamente a como ha sido juzgado en el sentido de que los actos violatorios tendrían que provenir de personas no investidas con funciones judiciales o que no actúen en el ejercicio de esas funciones, el recurso de amparo, como mecanismo protector de la libertad individual en sus diversos aspectos, no debe ser excluido como remedio procesal específico para solucionar situaciones creadas por personas investidas de funciones judiciales ya que, al expresar el artículo 25.1 de la Convención, que el recurso de amparo está abierto a favor de toda persona contra actos que violes sus derechos fundamentales, "aún cuando tal violación sea cometida por personas que actúen en ejercicio de sus funciones oficiales", evidentemente incluye entre éstas a las funciones judiciales ".

Igualmente, la Corte resolvió que la vía del amparo:

> "Queda abierta contra todo acto u omisión de los particulares o de los órganos o agentes de la administración pública, incluido la omisión o el acto administrativo, no jurisdiccional. Del poder judicial, si lleva cualquiera de ellos una lesión, restricción o alteración, a un derecho constitucionalmente protegido"[97]

En relación con este tema, la decisión de la Corte Suprema de la República Dominicana puede considerarse como muy importante en virtud de admitir claramente que la acción de amparo también procede contra particulares, siguiendo en tal sentido la concepción amplia del amparo iniciada en Argentina y que se sigue en Uruguay, Chile, Perú, Bolivia y Venezuela. La concepción restringida, en cambio, que excluye el amparo contra particulares, es la que se sigue en México, Brasil, Panamá, El Salvador y Nicaragua.

La decisión de la Corte Suprema de la República Dominicana también siguió la concepción amplia del amparo, al admitirlo contra decisiones judiciales, tal como está aceptada en la Con-

96 Véase en Véase en *Iudicum et Vita, Jurisprudencia nacional de América Latina en Derechos Humanos*, N° 7, Tomo I, Instituto Interamericano de Derechos Humanos, San José, Costa Rica, Diciembre 2000 p. 329 y ss. Véanse los comentarios a dicha sentencia en Allan R. Brewer-Carías, "La admisión jurisprudencial de la acción de amparo en ausencia de regulación constitucional o legal en la República Dominicana", ídem, pp. 334 y ss; y en *Revista IIDH*, Instituto Interamericano de Derechos Humanos, San José, 2000.

97 Ídem. p. 332

vención Americana, y en contra de la tendencia observada en otros países latinoamericanos que excluyen la acción de amparo contra sentencias o decisiones judiciales, como es el caso de Argentina, Uruguay, Costa Rica, Panamá, El Salvador, Honduras y Nicaragua. En Colombia, el decreto de 1999, regulador de la acción de tutela también admitió la acción de amparo contra decisiones judiciales, pero la Corte Constitucional rápidamente anuló el artículo 40 que lo consagraba, considerando que violaba el derecho a la cosa juzgada de las decisiones judiciales definitivas[98]. Sin embargo, posteriormente, la tutela fue admitida contra decisiones judiciales fundamentándose en el control de la vía de hecho judicial como instrumento para enfrentar y someter la arbitrariedad judicial[99].

3. En relación con la decisión de la Corte Suprema de la República Dominicana, adicionalmente decidió que incluso en ausencia de reglas de procedimiento respecto del trámite del recurso de amparo, contrariamente a lo que sucedía con el recurso habeas corpus que en cambio si disponía de una regulación legal que establecía el juez competente y el procedimiento respectivo; tratándose el amparo de un medio judicial simple, rápido y efectivo para la protección de todos los otros derechos constitucionales distintos a los protegidos mediante el habeas corpus, ningún juez podría rechazar su admisión aduciendo la ausencia de regulación legal. A tales efectos, la Corte Suprema, conforme se establece en el artículo 29,2 de la Ley Orgánica Judicial, y a los efectos de evitar la confusión que podría ocasionar la ausencia de reglas de procedimiento, invocó su potestad de establecerlas, resolviendo en definitiva:

> "Declarar que el recurso de amparo previsto en el artículo 25,1 de la Convención Americana de Derechos Humanos DE SAN José, Costa Rica, del 22 de noviembre de 1969, es una institución de derecho positivo dominicano, por haber sido adoptada y aprobada por el Congreso Nacional, mediante Resolución N° 739 del 25 de diciembre de 1977, de conformidad con el artículo 3, de la Constitución de la República"[100].

Como consecuencia, la Corte Suprema pasó a resolver los problemas prácticos que podría originar la aceptación del amparo, estableciendo las reglas de procedimiento, así: primero, determinando que la competencia para conocer en materia de amparo corresponde a los tribunales de primera instancia en el lugar donde se haya producido la acción u omisión cuestionada; y segundo, estableciendo las reglas de procedimiento, en sentido similar a las dispuestas en los artículos 101 y siguientes de la ley N° 834 de 1978, agregando algunas referencias respecto de los plazos para intentar la acción ante los tribunales, de la audiencia que debe tener lugar para decidir, de los plazos para decidir y del lapso de apelación.

La Corte Suprema, finalmente, a los efectos de evitar los abusos que podría producir la admisión del amparo, recordó que dicho recurso no debía entenderse como la introducción de una tercera instancia en los procesos judiciales[101].

Esta sentencia de la Corte Suprema de la República Dominicana, adoptada en ausencia de regulaciones constitucionales y legales sobre la acción de amparo, admitiendo este medio judicial de protección de los derechos humanos de acuerdo con lo establecido en la Convención Americana de derechos Humanos, sin duda, es una de las más importantes sentencias de dicha Corte en la materia, no sólo en relación con la admisibilidad de la acción de amparo[102], sino en cuanto a la aplicabilidad directa en el orden interno de las disposiciones de la Convención Americana de Derechos Humanos.

---

98 Sentencia C.543 de 24 septiembre de 1992. Véase en Manuel José Cepeda Espinosa, *Derecho Constitucional Jurisprudencia*, Legis, Bogotá 2001, p. 1009 y ss.

99 Sentencia T-213 de 13 de mayo de 1994. Ídem, p. 1022 y ss

100 Ídem. p. 333

101 Véase en *Iudicum et Vita, Jurisprudencia nacional de América Latina en Derechos Humanos*, N° 7, Tomo I, Instituto Interamericano de Derechos Humanos, San José, Costa Rica, Diciembre 2000 p. 329 y ss. Véanse los comentarios a dicha sentencia en Allan R. Brewer-Carías, "La admisión jurisprudencial de la acción de amparo en ausencia de regulación constitucional o legal en la República Dominicana", ídem, pp. 334 ff.

102 Ídem, p. 334 ff.

## IX.- LOS PRINCIPIOS DE INTERPRETACIÓN CONSTITUCIONAL SOBRE DERECHOS HUMANOS Y LA APLICACIÓN DE LOS TRATADOS INTERNACIONALES

Por último, otra técnica interpretativa que ha permitido la ampliación por los tribunales constitucionales del elenco de derechos humanos, más allá de los declarados en las Constituciones, recurriendo a lo establecido en los instrumentos internacionales, en ausencia del otorgamiento de rango normativo alguno a los mismos también deriva de las regulaciones establecidas en las propias Constituciones, por ejemplo, al disponer que los derechos enumerados deben interpretarse de acuerdo con lo establecido en los instrumentos internacionales; mediante la incorporación en los preámbulos o declaraciones generales de las Constituciones de referencias a las declaraciones universales de derecho humanos; o mediante la regulación del principio de la progresividad en la interpretación de los derechos humanos.

En primer lugar, algunas Constituciones, por ejemplo, expresamente disponen como principio que la interpretación de sus normas relativas a derechos humanos debe hacerse de atendiendo a lo establecido en los instrumentos internacionales sobre la materia. Esta fue la técnica seguida por la Constitución de España (Artículo 10,2) y Portugal (Artículo 16,2) y en América Latina en la que sigue la Constitución de Colombia de 1991, cuyo artículo 93 dispone que "Los derechos y deberes consagrados en esta Carta, se interpretarán de conformidad con los tratados internacionales sobre derechos humanos ratificados por Colombia".

De acuerdo con esta previsión constitucional, los órganos del Estado y no solo los tribunales, están obligados a interpretar las regulaciones constitucionales sobre derechos humanos de conformidad con lo dispuesto en los tratados internacionales sobre la materia; siendo el resultado de ello, tanto el reconocimiento de los derechos declarados en dichos tratados como teniendo igual rango y valor constitucional que los derechos declarados en la Constitución misma como su aplicabilidad directa en el ámbito interno, ya que aquellos son los que deben guiar la interpretación de estos.

Esta técnica interpretativa, en todo caso, ha sido utilizada frecuentemente por los tribunales en Colombia al interpretar el ámbito y extensión de los derechos constitucionales, como fue el caso de la sentencia de la Corte Constitucional de 22 de febrero de 1996, dictada con motivo de decidir la impugnación por inconstitucionalidad de la ley de destinada a regular las trasmisiones de televisión, que el impugnante consideró contraria al derecho constitucional a informar. La Corte Constitucional, en la sentencia, comenzó su argumento señalando que:

> "La validez interna de una norma consagrada por el legislador no solamente está supeditada a la adecuación de su preceptiva a os postulados y mandatos constitucionales, sino que también depende del acatamiento de los compromisos internacionales de Colombia, pactados en tratados públicos aprobados por el Congreso y ratificados por el Jefe del Estado de acuerdo con la Constitución (artículos 9; 159 numeral 16; 189, numeral 2 y 226).
>
> La conformidad de la legislación interna con los tratados internacionales y con las obligaciones contraídas por el Estado colombiano con otros Estados o con entidades supranacionales es exigida con mayor rigor por la Constitución Política cuando se trata de la aplicación y el ejercicio de los derechos fundamentales, según resulta con nitidez meridiana del artículo 93 de la carta Política, a cuyo tenor los tratados y convenios internacionales que hubiere aprobado el Congreso y ratificado el Ejecutivo, mediante los cuales se reconocen los derechos humanos y en los que se prohíbe su limitación en los estados de excepción, prevalecen en el orden interno".
>
> La norma constitucional declara sin rodeos que los derechos y deberes consagrados en el Estatuto Fundamental se interpretarán de conformidad con los tratados internacionales sobre derechos humanos ratificados por Colombia"[103]

103 Véase en *Iudicum et Vita, Jurisprudencia nacional de América Latina en Derechos Humanos*, N° 5, Instituto Interamericano de Derechos Humanos, San José, Costa Rica, Diciembre 1997 pp. 34-35.

Con fundamento en lo anterior, la Corte Constitucional luego pasó a referirse a la libertad de expresión del pensamiento y al derecho constitucional a informar de acuerdo con lo establecido en el artículo 19,2 del Pacto Internacional de Derechos Civiles y Políticos y en el artículo 13,2 de la Convención Americana de Derechos Humanos, particularmente en relación con la universalidad del ejercicio de tales derechos, "sin consideraciones de fronteras"; concluyendo que:

> "Prohibir en el territorio nacional se instalen o pongan en funcionamiento estaciones terrenas destinadas a la captación y posterior difusión, transmisión o distribución de señales de satélites, bien que su procedencia sea nacional o internacional, implicaría flagrante vulneración del derecho a la información, que cobija a toda persona en los términos del artículo 20 de la Constitución"[104].

Una segunda técnica interpretativa que conduce a la aplicación de los tratados internacionales en el orden interno, adquiriendo además rango constitucional, resulta de las declaraciones generales contenidas en los Preámbulos de los textos constitucionales en los cuales se hace referencia a las declaraciones internacionales de derechos humanos o a los derechos humanos como valor universal.

En esta forma, muchos de los Preámbulos de las Constituciones dictadas después de la Segunda Guerra Mundial, hacen referencia a los derechos humanos y en particular a las declaraciones internacionales, como valores fundamentales de la sociedad. El ejemplo más clásico es el de la Constitución francesa de 1958 en la cual, sin que en su texto se haya incorporado una declaración de derechos humanos, se establece la siguiente declaración general contenida en el Preámbulo:

> El Pueblo Francés proclama solemnemente su dedicación a los Derechos del Hombre y a los principios de soberanía nacional definidos en la Declaración de 1789, reafirmados y complementados en el Preámbulo de la Constitución de 1946.

Con fundamento en esta declaración, como antes se ha dicho, el Consejo Constitucional francés extendió el bloque de la constitucionalidad[105], atribuyendo rango y valor constitucional a los derechos humanos consagrados en la Declaración de los Derechos del Hombre y del Ciudadano de 1789[106], con lo cual, al decir de Jean Riveró, "La Constitución francesa doblo su volumen con la sola voluntad del Consejo Constitucional"[107].

En América Latina, muchas Constituciones también contienen declaraciones generales en las cuales se definen los propósitos de la organización política y de la sanción de la propia Constitución, estableciendo una orientación general para la actuación de los órganos del Estado en relación con el respeto y garantía de los derechos humanos. Por ejemplo, la Constitución de Venezuela declara que dicho texto se ha sancionado con el fin de que se "asegure el derecho a la vida, al trabajo, a la cultura, a la educación, a la justicia social y a la igualdad sin discriminación ni subordinación alguna", promoviendo "la garantía universal e indivisible de los derechos humanos".

La Constitución de Guatemala, por su parte, también expresa en su Preámbulo que dicho texto se ha dictado "afirmando la primacía de la persona humana como sujeto y fin del orden social" y "decididos a impulsar la plena vigencia de los Derechos Humanos dentro de un orden institucional estable, permanente y popular, donde gobernados y gobernantes procedan con absoluto apego al derecho".

Siendo en estos casos, el objetivo general de las Constituciones, el garantizar, promover e impulsar el efectivo goce y ejercicio de los derechos humanos referidos en el contexto univer-

---

104 Ídem, p. 37

105 Véase L. Favoreu, «Le principe de constitutionalité. Essai de définition d'après la jurisprudence du Conseil constitutionnel", en *Recueil d'études en l'honneur de Charles Eisenmann*, Paris 1977, p. 33.

106 Véase Allan R. Brewer-Carías, *Judicial Review in Comparative Law*, Cambridge University Press, 1989.

107 Véase J. Rivero, «Rapport de Synthèse" en L. Favoreu (ed.), *Cours constitutionnelles européennes et droit fondamentaux*, Aix-en-Provence 1982, p. 520.

sal, los derechos incorporados en las declaraciones y tratados internacionales poden ser considerados o interpretados como teniendo el mismo rango y valor de los que se han incorporado en el texto de las declaraciones constitucionales.

Otras Constituciones contienen declaraciones de principio similares, aún cuando no el sus preámbulos, sino en el propio texto constitucional, al regularse aspectos específicos del funcionamiento de los órganos del Estado, imponiéndoseles como obligación, por ejemplo, el garantizar efectivamente el derecho de todas las personas para el goce y ejercicio de sus derechos constitucionales. En estos casos, al establecerse como obligación estatal el necesario respeto a los derechos humanos o el garantizar que puedan ser efectivamente ejercidos, ello se ha interpretado como reconociendo el valor universal de los derechos, y su rango constitucional, aún cuando no estén en el texto constitucional.

Es el caso de la Constitución de Chile, en la cual, en la reforma de 1989, se incorporó una declaración general en la cual se reconoció que el ejercicio de la soberanía está limitado por "el respeto a los derechos esenciales que emanan de la naturaleza humana", prescribiendo además, como un "deber de los órganos del Estado respetar y promover tales derechos, garantizados por esta Constitución, así como por los tratados internacionales ratificados por Chile y que se encuentren vigentes" (art. 5). En consecuencia, si es un deber de los órganos del Estado el respetar y promover los derechos humanos que están garantizados en los tratados internacionales, dichos derechos adquieren igual rango y valor constitucional que el de los derechos constitucionales enumerados en el texto fundamental. Incluso la referencia constitucional a los "derechos esenciales que emanan de la naturaleza humana" permite y exige que no solo los declarados en el texto constitucional tengan el carácter de derechos constitucionales, sino los enumerados en los tratados internacionales, e incluso, por ejemplo, que también tengan tal carácter aquellos no enumerados en texto expreso pero que sean esenciales a la naturaleza humana.

La Constitución de Ecuador también prescribe en su artículo 16, en el misma orientación, que "El más alto deber del Estado consiste en respetar y hacer respetar los derechos humanos que garantiza esta Constitución", garantizando el Estado "a todos sus habitantes, sin discriminación alguna, el libre y eficaz ejercicio y el goce de los derechos humanos establecidos en esta Constitución y en las declaraciones, pactos, convenios y más instrumentos internacionales vigentes"; obligándose el Estado, además, a adoptar "mediante planes y programas permanentes y periódicos, medidas para el efectivo goce de estos derechos" (Art. 17).

En consecuencia, en estos casos, las obligaciones del Estado se refieren no solo a garantizar el ejercicio de los derechos enumerados en la Constitución, sino en los instrumentos internacionales, los cuales por tanto puede considerarse que adquieren el mismo rango y valor que aquellos.

En este sentido, también debe hacerse especial referencia a la Constitución de Nicaragua, en la cual se incorporó una declaración general en el artículo 46, conforme a la cual, en el territorio nacional, toda persona goza no solo "de la protección estatal y del reconocimiento de los derechos inherentes a la persona humana, del irrestricto respeto, promoción y protección de los derechos humanos" sino además, de la protección del Estado respecto "de la plena vigencia de los derechos consignados en la Declaración Universal de los Derechos Humanos; en la Declaración Americana de Derechos y Deberes del Hombre, en el Pacto Internacional de Derechos Económicos, Sociales y Culturales, en el Pacto Internacional de Derechos Civiles y Políticos de la Organización de las Naciones Unidas y en la Convención Americana de Derechos Humanos de la Organización de Estados Americanos".

En este caso, la referencia constitucional a ciertos tratados internacionales de derechos humanos, dada la dinámica internacional en la material, debe entenderse como una enumeración no restrictiva, particularmente por la referencia previa a los derechos inherentes a la persona humana.

Ahora bien, con fundamento en este artículo 46 de la Constitución de Nicaragua, y alegándose la violación de derechos consagrados en tratados internacionales, por tanto, se han impugnado leyes por inconstitucionalidad, como fue el caso de la Ley General sobre los medios de la Comunicación Social (Ley. N° 57) de 1989. En la sentencia respectiva de la Corte Suprema de Justicia de Nicaragua de fecha 22 de agosto de 1989, si bien se declaró sin lugar el amparo por inconstitucionalidad que se había intentado, para resolver la Corte consideró extensivamente las violaciones denunciadas no sólo respecto de artículos constitucionales como el artículo 46, sino a través del mismo, de normas de la Declaración Universal de Derechos Humanos, del Pacto Internacional de Derechos Civiles y Políticos y de la Convención Americana de Derechos Humanos[108].

Finalmente, también debe hacerse mención a la Constitución de Brasil, en la cual se proclamó que el Estado en sus relaciones internacionales se rige por el principio de la prevalencia de los derechos humanos (Artículo 4,III); y se indicó que como el Estado es un Estado democrático de derecho, tiene como uno de sus fundamentos la dignidad de la persona humana (Artículo I, III). En relación con los derechos humanos, en particular, el artículo 5,2 de la Constitución dispone que "los derechos y garantías establecidos en esta Constitución no excluye otros que pueden resultar del régimen y de los principios por ella adoptados, o de los tratados internacionales en que la República Federativa del Brasil sea parte"(Art. 5,2).

Este artículo también se ha interpretado, en la misma línea general de las otras Constituciones latinoamericanas, como un mecanismo para reconocer en el orden interno, el rango y valor de los derechos humanos declarados en los instrumentos internacionales, que por ello, pueden tener aplicación directa por los tribunales[109].

Por ultimo, también debe hacerse mención al principio de la progresividad como mecanismo de interpretación de los derechos humanos, mediante el cual, como cuestión de principio no se puede admitir una interpretarse o aplicación de una norma relativa a derechos humanos que resulte en una disminución de su goce, ejercicio y protección efectivos; y además, que en caso de que existan varias previsiones reguladoras de derechos, la que debe aplicarse con prelación es la que disponga la regulación más favorable[110]. Tal como lo había resuelto la antigua Corte Suprema de Justicia de Venezuela, "el principio jurídico de progresividad envuelve la necesidad de aplicar con preferencia la norma más favorable a los derechos humanos, sea de Derecho Constitucional, de Derecho Internacional o de derecho ordinario"[111]. En consecuencia, la interpretación de las leyes relativas a derechos humanos siempre debe guiarse por el principio de progresividad, en el sentido de que siempre debe resultar una interpretación más protectiva en relación con los mismos.

El principio de la progresividad, por otra parte, se incorporó expresamente en el texto constitucional de Venezuela 1999, en cuyo artículo 19 se dispone que el Estado garantiza a toda persona "el goce y ejercicio irrenunciable, indivisible e interdependiente de los derechos humanos...conforme al principio de progresividad y sin discriminación alguna".

Ahora bien, en relación con este principio de progresividad, en particular en cuanto su implicancia respecto de la aplicación preferente de la norma que contenga regulaciones más

108 Véase el texto de la sentencia en *Iudicum et Vita, Jurisprudencia nacional de América Latina en Derechos Humanos*, N° 5, Instituto Interamericano de Derechos Humanos, San José, Costa Rica, Diciembre 1997, pp. 128-140. Véanse los comentarios de Antonio Cancado Trindade, "Libertad de expresión y derecho a la información en los planos internacional y nacional", Ídem, p. 194.

109 Antonio Cancado Trindade ha considerado que la con estas normas, la Constitución de Brasil le otorga a los tratados de derechos humanos, naturaleza constitucional, inmediatamente exigibles en el derecho interno. Véase, *Directo internacional e directo interno: Sua Interacão dos dereitos humanos*, San José, 1996 citado por Humberto Henderson, "Los tratados internacionales de derechos humanos en el orden interno: la importancia del principio *pro homine*", en *Revista IIDH*, Instituto Interamericano de Derechos Humanos, N° 39, San José 2004, p. 78, nota 12.

110 Véase Pedro Nikken, *La protección internacional de los derechos humanos. Su desarrollo progresivo*, Instituto Interamericano de Derechos Humanos, Ed. Civitas, Madrid, 1987

111 Sentencia de 30-07-1996, en *Revista de Derecho Público*, N° 67-68, Editorial Jurídica Venezolana, Caracas 1996, p. 170

favorables al ejercicio del derecho (*favor libertatis*), en una importante sentencia de amparo dictada por la antigua Corte Suprema de Justicia de Venezuela de 3 de diciembre de 1990, dicho supremo tribunal lo aplicó al referirse a los derechos de la mujer embarazada.

En efecto, el caso se trató de una funcionaria pública que durante su embarazo, fue despedida de su cargo sin causa justificada. Para la fecha, la Ley del Trabajo no establecía derecho alguno de la mujer embarazada a no ser despedida de su cargo sin causa justificada, lo que sin embargo si estaba regulado en el Convenio Nº 103 de la Organización Internacional del Trabajo y en la Convención eliminando toda forma de discriminación contra la mujer. En cuanto a la normativa constitucional, el artículo 74 de la Constitución de 1961 solo contenía una previsión general relativa al derecho de protección de la maternidad.

La Corte Suprema, sin embargo, en el caso concreto, después de analizar la protección solicitada por la funcionaria despedida, que le impedía gozar de su derecho al descanso pre y post natal, declaró con lugar la acción de amparo que había sido intentada, resolviendo que:

> "El derecho a la inamovilidad en el trabajo de la mujer embarazada y el derecho a disfrutar del descanso pre y post natal constituyen derechos inherentes a la persona humana los cuales se constitucionalizan de conformidad con el artículo 50 de nuestro Texto Fundamental, según el cual "la enunciación de los derechos y garantías contenidos en esta Constitución no debe entenderse como negación de otros que, siendo inherentes de la persona humana, no figuren expresamente en ella. La falta de ley reglamentaria de estos derechos no menoscaba el ejercicio de los mismos".
>
> De modo que de toda esta normativa de carácter Supranacional, y en particular el mandato contenido en el artículo 74 de la Constitución, consagra la protección de la maternidad y de la mujer trabajadora, materializando tal protección a través de la consagración de la inamovilidad en el trabajo de la mujer embarazada y el derecho a disfrutar del descanso pre y post-natal".
>
> Con fundamento en tan claras y terminantes disposiciones, esta Corte considera que cualquier intento del patrono o empleador de cercenar el derecho a ;la inamovilidad en el trabajo de la mujer embarazada sin que medie causal de despido por de retiro por razones disciplinarias y al no permitir el disfrute del derecho al descanso pre y post natal, constituye una evidente y flagrante violación al principio constitucional consagrado en los artículos 74 y 93 de la Constitución"[112]

En este caso, por tanto, el principio interpretativo de la progresividad condujo a la aplicación directa por los tribunales de las normas internacionales más favorables en materia de derechos humanos.

Otras Constituciones como la de Ecuador, no sólo establecen el principio de que "los derechos y garantías determinados en esta Constitución y en los instrumentos internacionales vigentes, serán directa e inmediatamente aplicables por y ante cualquier juez, tribunal o autoridad", sino que se dispone expresamente la progresividad como principio de interpretación, al prescribir que "en materia de derechos y garantías constitucionales, se estará a la interpretación que más favorezca su efectiva vigencia".

Este principio de la progresividad en la interpretación de los derechos humanos que incluso ha sido regulado en la Convención Americana de Derechos Humanos (Artículo 25), puede decirse que equivale al también denominado principio pro *homine*, el cual ha sido definido como "un criterio hermenéutico que informa todo el derecho de los derechos humanos, en virtud del cual se debe acudir a la norma más amplia, o a la interpretación más extensiva, cuando se trate de reconocer derechos protegidos"; y que implica que en materia de derechos

112 Caso: Mariela Morales de Jiménez. Véase en *Revista de Derecho Público*, Nº 45, Editorial Jurídica Venezolana, Caracas, 1991, pp. 84-85. Véanse las referencias en la sentencia de 30-07-1996 en *Revista de Derecho Público*, Nº 97-98, Editorial Jurídica Venezolana, Caracas 1996, p 170.

humanos, la interpretación "estará siempre a favor del hombre"(*pro homine*)"[113]. El principio se ha deducido como incorporado en las Constituciones, como las ya mencionadas de Chile y Perú, cuando precisan como fin esencial del Estado el respeto de los derechos humanos. Era el caso de la Constitución del Perú de 1993, en la cual se disponía que "la defensa de la persona humana y el respeto de su dignidad son el fin de la sociedad y del Estado"(art. 1); y es el caso de la Constitución de Chile en la cual se dispone como "deber de los órganos del Estado respetar y promover tales derechos, garantizados por esta Constitución, así como por los tratados internacionales ratificados por Chile y que se encuentren vigentes" (art. 5)[114].

Como lo ha precisado Henderson, el principio *pro homine* tiene varias formas de aplicación, entre las que se destacan: en primer lugar, en los casos en los cuales esta en juego la aplicación de varias normas relativas a derechos humanos, debe aplicarse aquella que contenga protecciones mejores o más favorables para el individuo; en segundo lugar, en casos en los cuales se está en presencia de una sucesión de normas, debe entenderse que la norma posterior no deroga la anterior si esta consagra protecciones mejores o mayores que deben conservarse para las personas; y en tercer lugar, cuando se trate de la aplicación de una norma, debe siempre interpretarse en la forma que mejor tutele a la persona[115].

New York, 2006.

---

113 Véase Mónica Pinto, "El principio *pro homine*. Criterio hermenéutico y pautas para la regulación de los derechos humanos", en *La aplicación de los tratados sobre derechos Humanos por los tribunales locales*, Centro de Estudios Legales y Sociales, Buenos Aires, 1997, p. 163. Véase además, Humberto Henderson, "Los tratados internacionales de derechos humanos en el orden interno: la importancia del principio *pro homine*", en *Revista IIDH, Instituto Interamericano de Derechos Humanos*, N° 39, San José 2004, p. 92.

114 Véase Iván Bazán Chacón, "Aplicación del derecho internacional en la judicialización de violaciones de derechos humanos" en *Para hacer justicia. Reflexiones en torno a la judicialización de casos de violaciones de derechos humanos*, Coordinadora Nacional de Derechos Humanos, Lima, 2004, p. 27; Humberto Henderson, "Los tratados internacionales de derechos humanos en el orden interno: la importancia del principio *pro homine*", en *Revista IIDH, Instituto Interamericano de Derechos Humanos*, N° 39, San José 2004, p. 89, nota 27.

115 Véase Humberto Henderson, "Los tratados internacionales de derechos humanos en el orden interno: la importancia del principio *pro homine*", en *Revista IIDH, Instituto Interamericano de Derechos Humanos*, N° 39, San José 2004, pp. 92-96.

# XIX

# EL ROL DEL JUEZ CONSTITUCIONAL EN LA DESTRUCCIÓN DEL ESTADO DE DERECHO EN VENEZUELA Y EL GOLPE DE ESTADO EN VENEZUELA DE MARZO DE 2017

## (2017)

**Texto ampliado de la conferencia dictada en la *Cátedra de Derecho Constitucional*, Facultad de Derecho, Universidad de Costa Rica, San José, 25 de abril de 2017. El texto fue publicado con el título: "La utilización de la Jurisdicción Constitucional para socavar la democracia," el libro: *Derecho Constitucional Contemporáneo. Homenaje al profesor Rubén Hernández Valle*, Editorial Investigaciones Jurídicas, San José Costa Rica, 2015, pp. 865-896.**

El derecho más importante que pueda tener un ciudadano en una sociedad democrática, aun cuando nunca se encuentra enumerado en los textos constitucionales, es el *derecho a la Constitución*, es decir, el derecho a su supremacía, de manera que sea cumplida por todos; el derecho a su rigidez, de manera que solo pueda ser reformada mediante los mecanismos en ella establecidos; y el derecho a su imperatividad, es decir, que obligue por igual a funcionarios e individuos[1] Y como derivado del derecho a la Constitución, los ciudadanos también tienen entre los derechos políticos, así no estén tampoco comúnmente enumerados, además del derecho al sufragio, a ocupar cargos públicos o a manifestar, el derecho a la democracia y el derecho a la separación de poderes.

Todo ello implica, además de ese derecho ciudadano a que el texto fundamental no pierda vigencia, ni sea violado, ni sea modificado o reformado sino mediante los procedimientos previstos en su propio texto; el también derecho de los ciudadanos, de poder controlar la constitucionalidad de todos los actos del Estado que sean contrarios a la misma.[2]

La secuela de todos estos derechos es el establecimiento en la estructura del Estado de Derecho, de sistemas de Justicia Constitucional, sea mediante Tribunales Constitucionales o con la atribución de la Jurisdicción Constitucional a las Cortes Supremas, precisamente con el objeto de asegurar la vigencia de dicho derecho a la Constitución con todas sus secuelas.

En ese contexto, ante todo, los Jueces Constitucionales, cualquiera sea se conformación, a pesar de todo el poder del cual disponen, por supuesto que también están sometidos a la Constitución, siendo inconcebible que los mismos, como garantes de la Constitución puedan llegar a violarla, y menos aún podría pensarse que puedan llegar a ser el instrumento del autoritarismo para demoler el Estado de derecho.

---

1 Véase Allan R. Brewer-Carías, "Sobre las nuevas tendencias del derecho constitucional: del reconocimiento del derecho a la Constitución y del derecho a la democracia", en *VNIVERSITAS, Revista de Ciencias Jurídicas (Homenaje a Luis Carlos Galán Sarmiento)*, Pontificia Universidad Javeriana, facultad de Ciencias Jurídicas, N° 119, Bogotá 2009, pp. 93-111

2 Como lo visualizó Alexander Hamilton en *El Federalista* (1788) en los inicios del constitucionalismo moderno: "Una Constitución es, de hecho, y así debe ser vista por los jueces, como ley fundamental, por tanto, corresponde a ellos establecer su significado así como el de cualquier acto proveniente del cuerpo legislativo Si se produce una situación irreconocible entre los dos, por supuesto, aquel que tiene una superior validez es el que debe prevalecer; en otras palabras, la Constitución debe prevalecer sobre las leyes, *así como la intención del pueblo debe prevalecer sobre la intención de sus agentes*," en *The Federalist* (ed. por B.F. Wrigth), Cambridge, Mass. 1961, pp. 491-493.

Sin embargo, ese es el riesgo que se corre con los Jueces Constitucionales, que como no tienen quien los controle, pueden abandonar su tarea fundamental de garantizar la vigencia de la Constitución, y pasar a ser los responsables de su violación..

De allí que en definitiva, la única garantía que puede concebirse para que los Jueces Constitucionales no desvíen su función, está invariablemente en el su integración y en los métodos de selección de sus magistrados. De allí la validez que siempre tienen las apreciaciones de Alexis de Tocqueville, cuando estudiando la democracia en América, analizó específicamente a la Corte Suprema de los Estados Unidos y el "inmenso poder político"[3] que tenía y tiene, como contralor de la constitucionalidad, al punto de considerar que era "el más importante poder político de los Estados Unidos,"[4] pues en definitiva "no había cuestión política en los Estados Unidos que tarde o temprano no se convirtiera en una cuestión judicial."[5]

Por ello, consideró de Tocqueville, que en los poderes de la Corte Suprema "continuamente descansa la paz, la prosperidad y la propia existencia de la Unión", agregando que:

> "Sin [los Jueces de la Corte Suprema] la Constitución sería letra muerta; es ante ellos que apela el Ejecutivo cuando resiste las invasiones del órgano legislativo; el legislador para defenderse contra los as altos del Ejecutivo; la Unión para hacer que los Estados le obedezcan; los Estados para rechazar las exageradas pretensiones de la Unión; el interés público contra el interés privado; el espíritu de conservación contra la inestabilidad democrática."[6]

La consecuencia de lo anterior, aplicado a cualquier Juez Constitucional, es que todo el mecanismo de balance y contrapesos del sistema de separación de poderes descansa en última instancia en los mismos. Por ello, el tema de la elección de los jueces que deben integrar esos altos tribunales es vital para el funcionamiento del sistema democrático y del Estado de derecho, y no teniendo el guardián de la Constitución nadie que lo controle, como lo observo George Jellinek la única garantía de que no se desviarán de su misión, descansa en la "conciencia moral.";[7] Como lo observó Alexis de Tocqueville, en su observación sobre el sistema constitucional norteamericano:

> "los jueces federales no sólo deben ser buenos ciudadanos y hombres con la información e integridad indispensable en todo magistrado, sino que deben ser hombres de Estado, sabios para distinguir los signos de los tiempos, que no tengan miedo para sobrepasar con coraje los obstáculos que puedan, y que sepan separase de la corriente cuando amenace con doblegarlos.
>
> El Presidente, quien ejerce poderes limitados, puede errar sin causar granes daños al Estado. El Congreso puede decidir en forma inapropiada sin destruir la unión, porque el cuerpo electoral en el cual el Congreso se origina, puede obligarlo a retractarse en sus decisiones cambiando sus miembros. Pero si la Corte Suprema en algún momento está integrada por hombres imprudentes o malos, la Unión puede ser sumida en la anarquía o la guerra civil."[8]

En el mismo sentido, Alexander Hamilton, en la discusión sobre el texto de la Constitución norteamericana advirtió sobre "la autoridad de la propuesta Corte Suprema de los Estados Unidos," y particularmente de sus:

---

3 Véase Alexis De Tocqueville, *Democracy in America* (Ed. by J.P. Mayer and M. Lerner), The Fontana Library, London, 1968, p. 122, 124.

4 *Ibíd.*, p. 120.

5 *Ibíd.*, p. 184.

6 *Ibíd.*, p. 185.

7 Véase George Jellinek, *Ein Verfassungsgerichtshof fur Österreich*, Alfred Holder, Vienna 1885, citado por Francisco Fernandez Segado, "Algunas reflexiones generales en torno a los efectos de las sentencias de inconstitucionalidad y a la relatividad de ciertas fórmulas estereotipadas vinculadas a ellas," en *Anuario Iberoamericano de Justicia Constitucional*, Centro de Estudios Políticos y Constitucionales, N° 12, 2008, Madrid 2008, p. 196.

8 Véase Alexis de Tocqueville, *Democracy in America*, ch. 8, "The Federal Constitution," traduc. Henry Reeve, revisada y corregida, 1899, http://xroads.virginia.edu/HYPER/ DETOC/1_ch08.htm Véase también, Jorge Carpizo, *El Tribunal Constitucional y sus límites*, Grijley, Lima 2009, pp. 46–48.

"poderes para interpretar las leyes conforme al espíritu de la Constitución, lo que habilita a la Corte a moldearlas en cualquier forma que pueda considerar apropiada, especialmente porque sus decisiones no serán en forma alguna sometidas a revisión o corrección por parte del órgano legislativo."

Hamilton concluyó entonces, afirmando que:

"Las legislaturas de varios Estados, pueden en cualquier momento rectificar mediante ley las objetables decisiones de sus respectivas cortes. Pero los errores y usurpaciones de la Corte Suprema de los Estados Unidos serán incontrolables e irremediables."[9]

Esto es lo que hay que tener en mente, particularmente en regímenes democráticos en relación con los Jueces Constitucionales, respecto de los cuales, no teniendo quien los controle, pueden llegar a convertirse en legisladores o peor aún, en constituyentes, y en la penumbra de los límites entre interpretación y jurisdicción normativa puedan incluso llegar a "transformar el guardián de la Constitución en soberano."[10]

Pues bien en ese marco de peligros, en la práctica, el principal legado del régimen autoritario que se instaló en Venezuela a partir de 1999, obra de tres lustros de violaciones constitucionales, ha sido el sometimiento progresivo de todo el Poder Judicial, y particularmente del Juez Constitucional (Sala Constitucional del Tribunal Supremo), al control por parte del Poder Ejecutivo, llegando convertirlo en el instrumento más artero contra el Estad de derecho y el régimen democrático, habiendo sido convertido en un agente al servicio del autoritarismo.

Y así, a través de interpretaciones constitucionales a la carta, a solicitud del Poder Ejecutivo; a través de mutaciones constitucionales ilegítimas y al haberse abstenido estratégicamente de controlar las inconstitucionalidades del Ejecutivo, el Juez Constitucional ha sido el instrumento para desconstitucionalizar al país y para acabar con el principio de la separación de poderes, habiendo sido particularmente en el último año y medio el instrumento para terminar de acabar con lo que quedaba de democracia, que era la representación popular encarnada en la Asamblea nacional, la cual ha sido materialmente eliminada.

En efecto, después de tres lustros de control por parte del Poder ejecutivo de todos los Poderes del Estado, particularmente a través del control político de la Asamblea nacional, en diciembre de 2015, con ocasión de la elección de los diputados a la Asamblea Nacional, la oposición democrática pasó a controlar la mayoría calificada en la Asamblea Nacional, en lo que sin duda fue una rebelión popular a través del sufragio. Sin embargo, antes de que la nueva Asamblea pudiera iniciar sus sesiones en enero de 2016, por una parte, la vieja Asamblea que estaba terminado sancionó en solo dos días de diciembre de 2015 (28 y 29), y en plenas fiestas navideñas, más de 30 leyes de las que se solo enteró el país cuando salieron publicadas;[11] todas con el propósito de vaciar de los poderes que mediante leyes se otorgaban a la Asamblea nacional, y así evitar que la nueva Asamblea los ejerciera.

Y luego de esto, vino la labor del Juez Constitucional de neutralizar y cercenarle a la Asamblea Nacional, en colusión con el Poder Ejecutivo, el resto de sus poderes como representación popular, lo que ocurrió durante todo el año 2016.

El Tribunal Supremo en efecto, casi siempre a solicitud del Poder Ejecutivo, ha despojado a la Asamblea de todas sus potestades y funciones. Primero, el último día de diciembre de 2015, la Sala Electoral del Tribunal Supremo decidió suspender la proclamación de varios diputados de la Asamblea Nacional electos el 6 de diciembre de 2015 (Estado Amazonas), cercenándole de esa manera la mayoría calificada que obtuvo la oposición democrática; y a la Sala Constitucional en particular, durante todo el año 2016, mediante una treintena de sentencias, declaró la

9 Véase Alexander Hamilton, N° 81 of *The Federalist*, "The Judiciary Continued, and the Distribution of the Judiciary Authority"; Clinton Rossiter (Ed.), *The Federalist Papers*, Penguin Books, New York 2003, pp. 480.

10 Véase Francisco Fernández Segado, "Algunas reflexiones generales en torno a los efectos de las sentencias de inconstitucionalidad y a la relatividad de ciertas fórmulas estereotipadas vinculadas a ellas," *Anuario Iberoamericano de Justicia Constitucional*, Centro de Estudios Políticos y Constitucionales, N° 12, 2008, Madrid 2008, p. 161.

11 Véase por ejemplo *Gaceta Oficial* N° **40.819 de diciembre de 2015.**

inconstitucionalidad de materialmente todas las leyes sancionadas por la Asamblea Nacional desde que se instaló en enero de 2016; sometió la función de legislar de la Asamblea Nacional a la obtención de un Visto Bueno del Poder Ejecutivo; eliminó las funciones de control político de la Asamblea Nacional sobre el gobierno y la Administración Pública, imponiendo el visto bueno previo del Vicepresidente ejecutivo para poder interpelar a un Ministro, con preguntas solo formuladas por escrito, eliminando tanto la posibilidad de para improbar los estados de excepción que se decreten, como la posibilidad de aprobar votos de censura a los Ministros, habiendo incluso resuelto que el Presidente de la República presentara su Memoria anual, no ante la Asamblea como constitucionalmente corresponde, sino ante a propia Sala Constitucional; eliminó la función legislativa en materia de presupuesto, convirtiendo la Ley de Presupuesto en un decreto ejecutivo para ser presentado ante la Sala Constitucional y no ante la Asamblea Nacional como corresponde constitucionalmente; eliminó la potestad de la Asamblea de emitir opiniones políticas como resultado de sus deliberaciones, anulando los Acuerdos que se han adoptado; eliminó la potestad de la Asamblea de revisar sus propios actos y de poder revocarlos, como fue el caso respecto de la elección viciada de los magistrados al Tribunal Supremo; y finalmente eliminó la potestad de legislar de la Asamblea nacional en el marco de un inconstitucional y permanente estado de emergencia que se prorroga cada tres meses, sin control parlamentario y con el solo visto bueno del Juez Constitucional.[12]

Es decir, el Poder Legislativo representado por la Asamblea ha sido totalmente neutralizado, al punto de que mediante sentencia de enero de este año, con base en un supuesto desacato a la decisión primigenia mencionada de suspender cautelarmente la proclamación de cuatro diputados ( lo que a lo sumo lo que podría originar sería la aplicación de sanciones de multas), la misma Sala Constitucional del Tribunal Supremo dispuso la cesación definitiva, de hecho, de la Asamblea Nacional en el cumplimiento de sus funciones constitucionales como órgano que integra a los representes del pueblo, declarando, mediante sentencia N° 2 de 11 de enero de 2017,[13] en la cual anuló el acto de instalación de la Asamblea para su segundo período anual a partir de enero de 2017, que:

> "Cualquier actuación de la Asamblea Nacional y de cualquier órgano o individuo en contra de lo aquí decidido será nula y carente de toda validez y eficacia jurídica, sin menoscabo de la responsabilidad a que hubiere lugar."

Esa decisión fue ratificada en otra sentencia de la misma fecha N° 3 de 11 de enero de 2017, [14] y posteriormente, en sentencia N° 7 de 26 de enero de 2017 en la cual, al declarar inadmisible una acción de amparo intentada, de pasada, en un *Obiter Dictum* que se incluyó en dicha sentencia, la Sala le cercenó definitivamente al pueblo su derecho más elementar en un Estado de derecho, que es el de ejercer la soberanía mediante sus representantes, procediendo a declarar nulas de nulidad absoluta e inconstitucionales todas las actuaciones de la Asamblea Nacional, dando inicio al procedimiento para proceder a enjuiciar a los diputados de la Asamblea por desacato, revocarle su mandato popular y encarcelarlos.[15]

Es decir, de los cinco poderes públicos que debían estar separados, si bien el único que adquirió autonomía frente al Poder Ejecutivo en enero de 2016 fue la Asamblea Nacional, por el golpe de Estado que el Poder Ejecutivo en colusión con el Poder Judicial han dado, hoy está materialmente paralizado y sus miembros diputados a puntos de que se le revoque ilegítimamente su mandato; y en cambio, los otros Poderes Públicos, cuyos titulares fueron designados por la antigua Asamblea Nacional sin cumplir con la Constitución, quedaron todos como dependientes de Ejecutivo habiendo abandonado sus poderes de control.

---

12 Véase el estudio de todas esas sentencias en Allan R. Brewer-Carías, *Dictadura judicial y perversión del Estado de Derecho*, Segunda Edición, (Presentaciones de Asdrúbal Aguiar, José Ignacio Hernández y Jesús María Alvarado), N° 13, Editorial Jurídica Venezolana International, 2016; edición española: Editorial IUSTEL, Madrid 2017.

13 Véase en http://historico.tsj.gob.ve/decisiones/scon/enero/194891-02-11117-2017-17-0001.HTML

14 http://historico.tsj.gob.ve/decisiones/scon/enero/194892-03-11117-2017-17-0002.HTML

15 Véase en historico.tsj.gob.ve/decisiones/scon/enero/195578-07-26117-2017-17-0010.HTML.

Todo este desaguisado constitucional que ha sido un proceso de golpe de Estado, puede decirse que ha culminado el pasado marzo de 2017, con la adopción por parte de la Sala Constitucional de sendas sentencias mediante las cuales usurpó todos los poderes del Estado, decretó inconstitucionalmente un estado de excepción, eliminó la inmunidad parlamentaria, asumió todas las competencias parlamentarias de la Asamblea nacional y delegó poderes legislativos que no tiene en el Presidente de la República.

La primera de las sentencias fue la Nº 155 de 27 de marzo de 2017, mediante la cual, en un juicio de nulidad sin proceso, y por tanto, sin contradictorio, violando las reglas más elementales del debido proceso y desarrollado solo durante tres días, la Sala Constitucional anuló el *Acuerdo de la Asamblea Nacional sobre la Reactivación del Proceso de Aplicación de la Carta Interamericana de la OEA, como mecanismo de resolución pacífica de conflictos para restituir el orden constitucional en Venezuela,*[16] que había sido sancionado seis días antes, el 21 de marzo de 2017, con la única finalidad de apoyar, instar o exhortar a que se adoptasen las medidas previstas en los compromisos internacionales de la República como los derivados de la Carta Democrática Interamericana, y nada más.

Se trató por tanto, de un juicio *express* de nulidad intentado contra una manifestación o expresión de la opinión política de la Asamblea, desarrollado en solo tres días hábiles, en el cual el impugnante alegó que había sido adoptado "en franco desacato y desconocimiento de lo que había sido ordenado por la Sala Electoral del Tribunal Supremo N° 260 de fecha 30 de diciembre de 2015, confirmado por las sentencias de la Sala Constitucional N° 808 del 2 de septiembre de 2016, y N° 948 del 15 de noviembre de 2016, que declararon nulas las actuaciones de la Asamblea al haber incorporado a sus sesiones a los diputados cuya proclamación había sido "suspendida" en diciembre de 2015, acusándolos incluso de "Traición a la patria."

La Sala Constitucional procedió a declarar el juicio como de mero derecho, sin abrir un contradictorio, violando así el derecho a la defensa y al debido proceso, considerado por la propia sala, como absoluto e "inviolable" en todo estado y grado de la causa como dice la Constitución, y que no admite excepciones ni limitaciones;[17] ni puede "ser suspendido en el ámbito de un estado de derecho, por cuanto configura una de las bases sobre las cuales tal concepto se erige."[18]

Pero haciendo caso omiso a eso, la Sala, a pesar de que identificó en la sentencia al "pueblo" como "agravado directo", pasó de inmediato a decidir sin siquiera oírlo a través de sus representantes, anulando el Acuerdo parlamentario impugnado considerando que en el caso se evidenciaba supuestamente "una clara intención" de los diputados " de mantenerse en franco choque con la Constitución," desacatando en forma permanente las sentencias dictadas por la Sala Electoral y la Sala Constitucional, en lo que consideró constituían "actos de "Traición a la Patria." Estos solos argumentos evidenciaban sin duda, que el asunto decidido *no era de mero derecho,* y menos aun cuando para decidir la Sala se basó en *información sobre los hechos* que acaecieron en sesión de la Asamblea Nacional según fueron se reseñados en la página web oficial de la Asamblea Nacional[19] que se transcribió en la sentencia, concluyendo que tales

16 Véase sentencia Nº 155 de 27 de marzo de 2017, en http://historico.tsj.gob.ve/decisiones/scon/marzo/197285-155-28317-2017-17-0323.HTML. Véase los comentarios a dicha sentencia en Allan. Brewer-Carías: "La consolidación de la dictadura judicial: la Sala Constitucional, en un juicio sin proceso, usurpó todos los poderes del Estado, decretó inconstitucionalmente un estado de excepción y eliminó la inmunidad parlamentaria (sentencia no. 156 de la Sala Constitucional), 29 de Marzo de 2017, en http://diarioconstitucional.cl/noticias/actualidad-internacional/2017/03/31/opinion-acerca-de-la-usurpacion-de-funciones-por-el-tribunal-supremo-de-venezuela-y-la-consolidacion-de-una-dictadura-judicial/

17 Por ello, por ejemplo, la Corte Primera de lo Contencioso Administrativo, en sentencia 15-8-97 (Caso: *Telecomunicaciones Movilnet, C.A. vs. Comisión Nacional de Telecomunicaciones (CONATEL)* señaló que. "resulta inconcebible en un Estado de Derecho, la imposición de sanciones, medidas prohibitivas o en el general, cualquier tipo de limitación o restricción a la esfera subjetiva de los administrados, sin que se de oportunidad alguna de ejercicio de la debida defensa". Véase en *Revista de Derecho Público,* Nº 71-72, Caracas 1997, pp. 154-163.

18 Así lo estableció la Sala Político Administrativa de la antigua Corte Suprema de Justicia, en sentencia Nº 572 de 18-8-97. (Caso: *Aerolíneas Venezolanas, S.A. (AVENSA) vs. República (Ministerio de Transporte y Comunicaciones*).

19 Véase en http://www.asambleanacional.gob.ve/noticia/show/id/17508

hechos constituían "ilícitos constitucionales," que no identificó, pasando sin más, es decir, sin motivación real alguna, a:

> "anular el acto impugnado que adolece *del vicio de inconstitucionalidad antes examinado* (sic) y, asimismo, ordenar se tomen medidas de alcance normativo *erga omnes*, a fin de propender a la estabilidad de la institucionalidad republicana. Así se decide."

En esa forma, concluyó mediante sentencia definitiva el juicio de nulidad que se había iniciado.

Pero no quedó allí la actuación de la Sala en la bizarra "Justicia Constitucional" venezolana sino que a renglón seguido, concluido el juicio, la Sala procedió, de oficio en contra de su Ley Orgánica,[20] violando el principio dispositivo que exige instancia de parte, a ordenar el inicio de un nuevo juicio de "control innominado de la constitucionalidad," respecto de "otras acciones e, incluso, omisiones" adoptadas por la Asamblea "luego de dictado el acto declarado nulo" en la sentencia, supuestamente "para garantizar los derechos irrenunciables de la Nación y de las venezolanas, los fines del Estado y la tutela de la justicia, la independencia y soberanía nacional." Dicho nuevo juicio debía iniciarse en el futuro con copia del expediente del juicio de nulidad que se concluyó con la sentencia.

Sin embargo, después de concluir el juicio de nulidad que originó la sentencia de anulación, que fue una sentencia definitiva, y después de ordenar que se iniciase de oficio un nuevo juicio, que debía comenzar con el expediente del juicio fenecido, la Sala Constitucional, antes de que el mismo se iniciara, procedió además, a dictar una serie de "medidas cautelares," las cuales por esencia solo pueden dictarse en el curso de un proceso, pero nunca en una situación de ausencia de juicio, como en este caso, luego de que el juicio de nulidad había terminado y el nuevo juicio que se ordenó iniciar de oficio, no había comenzado. Dichas medidas cautelares fueron, no exhortaciones, sino "ordenes" dirigidas al Presidente de la República así:

Primero, orden para que ejerciera "las medidas internacionales que estime pertinentes y necesarias para salvaguardar el orden constitucional," y evaluar "el comportamiento de las organizaciones internacionales a las cuales pertenece la República," cuando solo corresponde al Presidente conforma a la Constitución dirigir las relaciones internacionales, sin interferencia de otros órganos salvo en la forma pautada en la Constitución.

Segundo, órdenes para que el Presidente ejerciera, como si la sentencia fuera un decreto de estado de excepción, para tomar "las medidas civiles, económicas, militares, penales, administrativas, políticas, jurídicas y sociales que estime pertinentes y necesarias para evitar un estado de conmoción," sin límite alguno, y por tanto, materialmente suspendiendo *sine díe* las garantías constitucionales que quedaron así a merced de lo que el Presidente considerase "pertinente y necesario."

Tercero, ordenes al Presidente, también inconstitucional, para que revisase "la legislación sustantiva y adjetiva (incluyendo la Ley Orgánica contra la Delincuencia Organizada y Financiamiento al Terrorismo, la Ley Contra la Corrupción, el Código Penal, el Código Orgánico Procesal Penal y el Código de Justicia Militar –pues pudieran estar cometiéndose delitos de naturaleza militar–)" para supuestamente poder "conjurar los graves riesgos que amenazan la estabilidad democrática, la convivencia pacífica y los derechos de las venezolanos."

Con esta orden, la Sala Constitucional también violó abiertamente la Constitución al atribuir al Poder Ejecutivo una función que es privativa de la Asamblea Nacional que es la de legislar establecida en el artículo 187.1 de la Constitución; constituyendo la sentencia una usurpación de autoridad.

Finalmente la Sala Constitucional, en su sentencia, desconoció de paso la inmunidad parlamentaria de los diputados, declarando que la misma solo amparaba "los actos desplegados

20 Sobre esta materia véase Allan R. Brewer-Carías, "Régimen y alcance de la actuación judicial de oficio en materia de justicia constitucional en Venezuela", en *Revista IURIDICA*, N° 4, Centro de Investigaciones Jurídicas Dr. Aníbal Rueda, Universidad Arturo Michelena, Valencia, julio-diciembre 2006, pp. 13-40

por los diputados en ejercicio de sus atribuciones constitucionales" considerando que ello no era "compatible con la situación actual de desacato en la que se encuentra la Asamblea Nacional," no pudiendo alegarse la inmunidad ante lo que calificó de "ilícitos constitucionales y penales (flagrantes)"

Al día siguiente de la emisión de la sentencia N° 155 de 27 de marzo de 2017 que declaró la nulidad del Acuerdo de la Asamblea sobre la vigencia de la Carta Democrática Interamericana, el 28 de marzo de 2017, se intentó ante la Sala Constitucional una demanda de interpretación "constitucional" que fue resuelta intentado el día siguiente mediante sentencia N° 156 de fecha 29 de marzo de 2017,[21] en un proceso que duró *un solo día,* sin duda, en el tiempo más corto de un juicio en toda la historia de la Justicia Constitucional en Venezuela.

La demanda de interpretación fue intentada por representantes de una empresa del Estado del sector de hidrocarburos requiriéndole a la Sala determinara el contenido y alcance del artículo 187.24 de la Constitución en el cual se dispone que *"Corresponde a la Asamblea Nacional: 24. Todo lo demás que le señalen esta Constitución y la ley,"* – norma por supuesto con nada oscuro o ambiguo que requiera interpretación; siendo en realidad el principal objetivo de la demanda que la Sala "interpretara" lo establecido en el artículo 33 de la Ley Orgánica de Hidrocarburos que exige la aprobación previa de la Asamblea Nacional para que el Poder Ejecutivo pueda proceder a constituir empresas mixtas para la explotación petrolera; particularmente como lo alegaron los demandantes "ante la actuación de desacato en la que se encuentra la Asamblea Nacional," buscando que la Sala determinara "qué debería hacerse ante tal situación, respecto de la regla aludida, para permitir el funcionamiento del Estado y del sistema delineado en aquella ley (la Ley de Hidrocarburos)."

Conforme a la Constitución (art. 266.6 ) y a la Ley Orgánica del Tribunal Supremo de Justicia, la Sala Constitucional tiene asignada competencia para conocer de demandas de interpretación de normas constitucionales, correspondiendo en general a las otras Salas la competencia para conocer de recursos de interpretación de las leyes, y particularmente a la Sala Político Administrativa (contencioso administrativo), conocer de los recursos de interpretación de las leyes administrativas como la Ley Orgánica de Hidrocarburos.[22]

A pesar de la incompetencia, la Sala Constitucional pasó de inmediato a resolver que el asunto planteado también era de mero derecho y que debía ser resuelto en un día, particularmente "en atención a la gravedad y urgencia de los señalamientos que subyacen (sic) en la solicitud de nulidad (sic) presentada, los cuales se vinculan a la actual situación existente en la República, con incidencia directa en todo el Pueblo venezolano."

Sin hacer referente a los "señalamientos "subyacentes" que nadie conoció que motivaron la demanda, la Sala lo que hizo fue considerar que era "público, notorio y comunicacional que la situación de desacato por parte de la Asamblea Nacional se mantiene de forma ininterrumpida hasta la presente fecha," recordando para ello todas las sentencias dictadas anteriormente, en particular las sentencias de la Sala Electoral N° 260 del 30 de diciembre de 2015, N° 1 del 11 de enero de 2016, y N° 108 del 1° de agosto de 2016 en relación con las medidas cautelares de suspensión de la proclamación de tres diputados por el Estado Amazonas, considerando que "se encuentran viciados de nulidad absoluta y por tanto resultan inexistentes aquellas decisiones dictadas por la Asamblea Nacional a partir de la incorporación de los mencionados ciudadanos," como la propia Sala Constitucional lo había resuelto en sentencias anteriores Particularmente en sentencias Nos. 808 y 810, de fechas 2 y 21 de septiembre de 2016, respectivamente;

21 Véase la sentencia N° 156 de 29 de marzo de 2017 en http://historico.tsj.gob.ve/decisiones/scon/marzo/197364-156-29317-2017-17-0325.HTML. Véase los comentarios a dicha sentencia en Allan. Brewer-Carías: "El reparto de despojos: la usurpación definitiva de las funciones de la Asamblea Nacional por la Sala Constitucional del Tribunal Supremo de Justicia al asumir el poder absoluto del Estado (sentencia no. 156 de la Sala Constitucional), 30 de marzo de 2017, en http://diarioconstitucional.cl/noticias/actualidad-internacional/2017/03/31/opinion-acerca-de-la-usurpacion-de-funciones-por-el-tribunal-supremo-de-venezuela-y-la-consolidacion-de-una-dictadura-judicial/

22 Así lo estableció la propia Sala Constitucional al rechazar, por ejemplo, un recurso de interpretación de la Ley de Promoción y Protección de Inversiones. Véase sentencia N° 609 de 9 de abril de 2007, en http://historico.tsj.gob.ve/decisiones/scon/abril/609-090407-07-0187.HTM.

Nº 952 del 21 de noviembre de 2016, Nos. 1012, 1013, 1014 de 25 de noviembre de 2016 y N° 1 del 6 de enero de 2017).

De todo ello, la Sala concluyó ratificando que la actuación desplegada por la Asamblea Nacional, en contravención a lo dispuesto en dichos fallos, originaba "la nulidad de cualquier acto emanado de dicho órgano parlamentario, en contumacia y rebeldía" lo que se traducía "en la nulidad absoluta de dichos actos así emanados, junto a los derivados de los mismos," todo lo cual "*incapacita al Poder Legislativo para ejercer sus atribuciones constitucionales de control político de gestión,*" citando al efecto lo resuelto en otras sentencias Nº 3 de 14 de enero 2016, y Nº 9 del 1 de marzo de 2016.[23]

Con esto la Sala en definitiva, al declarar lo que calificó como una situación de "omisión Inconstitucional parlamentaria," conforme al artículo 336.7 de la Constitución sobre el control de las omisiones legislativas, en lugar de aplicar dicha norma que exige a la Sala que una vez que se declare la omisión debe fijarle un plazo al ente omiso para que cumpla la acción omitida, "y, de ser necesario, los lineamientos de su corrección," o de imponer una multa a los diputados en desacato como lo prevé la ley Orgánica del Tribunal Supremo de Justicia, lo que hizo fue, sin más, en una evidente usurpación de funciones legislativas, que hace nulas sus propias actuaciones, decidir "*asumir de pleno derecho*" el "*ejercicio de la atribución constitucional contenida en el artículo 187, numeral 24" de la Constitución,*" que establece, como antes se dijo, que:

> "*Corresponde a la Asamblea Nacional: 24. Todo lo demás que le señalen esta Constitución y la ley.*"

Es decir, de un plumazo, como de la nada, la Sala Constitucional del Tribunal Supremo de Justicia, como Jurisdicción Constitucional, *decidió asumir, in toto, de pleno derecho, todas las competencias de la Asamblea Nacional,* usurpando el Poder Legislativo, consolidando un golpe de Estado, que hace nulos todos sus actos conforme al artículo 138 de la Constitución.

Y fue entonces con base en esa usurpación de funciones, que la sala luego pasó a interpretar, no el artículo 187.24 de la Constitución, sino el artículo 33 de la Ley Orgánica de Hidrocarburos "carácter vinculante y valor *erga omnes*." disponiendo en su sentencia definitiva del juicio de interpretación lo siguiente:

*Primero,* que a pesar del texto mismo de dicha Ley, sin embargo "no existe impedimento alguno para que el Ejecutivo Nacional constituya empresas mixtas en el espíritu que establece el artículo 33 de la Ley Orgánica de Hidrocarburos," pero con la diferencia en relación con lo que dispone dicha norma, que en lugar de tener que solicitarse la aprobación previa de la Asamblea Nacional, el Ejecutivo Nacional lo que debía hacer era "*informar a esta Sala* de todas las circunstancias pertinentes a dicha constitución," debiendo igualmente informarse a la Sala sobre cualquier modificación posterior.

*Segundo,* que como consecuencia de esta "interpretación," la Sala "prohibió" a la Asamblea Nacional que "actuando *de facto,*" pueda hacer alguna modificación a "las condiciones propuestas ni pretender el establecimiento de otras condiciones."

*Tercero,* que al no poder la Asamblea Legislar, la Sala Constitucional como si detentara el poder absoluto del Estado, en el marco del "estado de excepción," le "atribuyó" al Poder Ejecutivo la potestad de legislar en las materias de la Ley de Hidrocarburos, pudiendo "reformar" el artículo 33 de la misma.

*Y cuarto,* finalmente, la Sala Constitucional, de forma general advirtió, de nuevo en el marco de los supuestos poderes absolutos que decidió asumir, que:

> "mientras persista la situación de desacato y de invalidez de las actuaciones de la Asamblea Nacional, esta Sala Constitucional garantizará que las competencias parla-

23 Véase también sobre esas sentencias los comentarios en: Allan R. Brewer-Carías, *Dictadura Judicial y perversión del Estado de derecho*, Segunda Edición, (Presentaciones de Asdrúbal Aguiar, José Ignacio Hernández y Jesús María Alvarado), Nº 13, Editorial Jurídica Venezolana International, 2016. Edición española: Editorial IUSTEL, Madrid 2017

mentarias sean ejercidas directamente por esta Sala o por el órgano que ella disponga, para velar por el Estado de Derecho."

Es decir, en este caso, sin referencia alguna a la materia de hidrocarburos, la Sala Constitucional ratificó, irónicamente que "para velar por el Estado de Derecho" cuyos remanentes cimientos fueron pulverizados con la misma sentencia, que todas las competencias que la Constitución y las leyes atribuyen a la Asamblea Nacional, serán ejercidas directamente por la Sala Constitucional; y que además, la Sala puede delegar en "el órgano que ella disponga," auto-atribuyéndose la potestad de disponer de las funciones legislativas de la Asamblea, como si se tratase de un reparto de despojos.

Con la sentencia N° 155 de 27 de marzo de 2017, y particularmente con la sentencia Nº 156 de 29 de marzo de 2017 que fue celebrada por el Presidente de la República como una "sentencia histórica,"[24] sin la menor duda en Venezuela se produjo un golpe de Estado, lo cual fue condenado en forma generalizada tanto en el país como en el ámbito internacional.

En el ámbito internacional, de ellas dijo el Secretario General de la OEA, Dr. Luis Almagro, que, al "despojar de las inmunidades parlamentarias a los diputados de la Asamblea Nacional y de asumir el Poder Legislativo en forma completamente inconstitucional son los últimos golpes con que el régimen subvierte el orden constitucional del país y termina con la democracia."[25]

En el ámbito nacional, además de muchas otras manifestaciones de rechazo, se destaca la de la Fiscal General de la República quien expresó sorpresivamente el día 31 de marzo de 2017, que de dichas sentencias se evidenciaban "varias violaciones del orden constitucional y desconocimiento del modelo de Estado consagrado en nuestra Constitución," considerando que ello constituía "una ruptura del orden constitucional." La Fiscal incluso hizo un llamado a "**la reflexión para que se tomen caminos democráticos, que respetando la Carta Magna, propiciemos un ambiente de respeto** y rescate de la pluralidad," y que se debata "de forma democrática" y se "respeten las diferencias."[26]

Esta extraña manifestación de disidencia, de una funcionaria que desde la Fiscalía ha perseguido sistemáticamente durante casi quince años a todos los disidentes en el país, fue considerada por el Presidente de la República como un "impase" que había que "dirimir" para lo cual convocó la reunión de un consejo consultivo llamado Consejo para la Defensa de la Nación, en el cual luego de declararse que en Venezuela "tenemos poderes independientes,"[27] contradictoriamente decidió "exhortar" al Tribunal Supremo de Justicia para que cometiera abiertamente una ilegalidad, es decir, procediera:

> "a revisar las decisiones 155 y 156 con el propósito de mantener la estabilidad constitucional y el equilibrio de poderes mediante los recursos contemplados en el ordenamiento jurídico venezolano."[28]

---

24 Véase la reseña: "Nicolás Maduro: El TSJ ha dictado una sentencia histórica. Durante el Consejo de Ministros, el jefe de Estado señaló que además pedirá sugerencias a la Procuraduría General de la República para cumplir con las órdenes dictadas por el máximo órgano judicial," en El nacional, 28 de marzo de 2017, en http://www.el-nacional.com/noticias/gobierno/nicolas-maduro-tsj-dictado-una-sentencia-historica_87784

25 Véase: "Almagro denuncia auto-golpe de Estado del gobierno contra Asamblea Nacional," El nacional, 30 de marzo de 2017, en http://www.el-nacional.com/noticias/mundo/almagro-denuncia-auto-golpe-estado-del-gobierno-contra-asamblea-nacional_88094

26 Véase el texto en la reseña "Fiscal General de Venezuela, Luisa Ortega Díaz, dice que sentencias del Tribunal Supremo sobre la Asamblea Nacional violan el orden constitucional," en RedacciónBBC Mundo, *BBC Mundo*, 31 de marzo de 2017, en http://www.bbc.com/mundo/noticias-america-latina-39459905 Véase el video del acto en https://www.youtube.com/watch?v=GohPIrveXFE .

27 Véase la reseña "Maduro, tras instalar Consejo de Defensa de la Nación: Tengo fe de que se harán las aclaratorias necesarias," Noticiero digital, 31 Marzo, 2017, en http://www.noticierodigital.com/2017/03/maduro-tengo-fe-absoluta-de-que-este-consejo-hara-las-aclaratorias-necesarias/

28 Véase su texto en "Consejo de Defensa Nacional exhorta al TSJ a revisar sentencias 155 y 156 // #MonitorProDaVinci,'1 de abril de 2017, en http://prodavinci.com/2017/04/01/actualidad/consejo-de-defensa-nacional-exhorta-al-tsj-a-revisar-sentencias-155-y-156-monitorprodavinci/

Tal exhortación, obviamente, era contraria a lo dispuesto, en el artículo 252, del Código de Procedimiento Civil que prescribe categóricamente que "después de pronunciada la sentencia definitiva o la interlocutoria sujeta a apelación, no podrá revocarla ni reformarla el Tribunal que la haya pronunciado," Sin embargo, la exhortación fue acatada de inmediato por la Sala Constitucional, la cual en la madrugada del día 1 de abril de 2017, hizo montar en la página web del Tribunal Supremo la información de que se habían dictado dos nuevas sentencias, las N° 158 y 158, mediante las cuales se modificaban las anteriores que habían sido cuestionadas. Las sentencias no fueron publicadas sino unos días después, pero en el ínterin, el día 1 de abril de 2017 el Tribunal Supremo emitió un "Comunicado" anunciaba que atendiendo "al exhorto del Consejo de Defensa," la Sala Constitucional había procedido "a revisar las sentencias," afirmando- contrariamente a lo que dice el texto de las mismas que el máximo tribunal del país "no disolvió o anuló la Asamblea Nacional ni la despojó de sus atribuciones con las decisiones tomadas el 28 y 29 de marzo."[29]

Sobre ello, como si se tratase de un juego inocente, el Sr. Maduro, Presidente de la República, afirmó que después de haber enfrentado "una situación compleja" informaba que "en pocas horas, activando los mecanismos de la Constitución, fue superada exitosamente la controversia que surgió entre dos poderes," comentando que:

> "me tocó como Jefe de Estado actuar. Actué rápido, sin dilación, sin demoras y ya en la madrugada de hoy 1 de abril habíamos superado absolutamente la controversia que había surgido".[30]

Por supuesto, ninguna "controversia constitucional" se había producido, pues de lo que se trataba era de la ruptura del orden constitucional, decretado por la Sala Constitucional del Tribunal Supremo de Justicia, razón por la cual el Presidente de la Asamblea Nacional expresó que: "el TSJ ya dio un golpe de Estado que no pueden corregir. Aún si anularan la sentencia, ya cometieron el golpe," demostrando el anuncio de la revisión de las sentencias "que en Venezuela no hay separación de poderes."[31]

En todo caso, conforme al anuncio del Tribunal Supremo, acatando el exhorto del Poder Ejecutivo, la Sala Constitucional dictó las sentencias Nos. 157[32] y 158[33] de fecha 1 de abril de 2017 procediendo a reformar sus anteriores sentencias, todo en violación de los principios más elementales del debido proceso, o como lo expresó un destacado profesor venezolano, en "fraude procesal por falseamiento de la verdad, la adulteración del proceso, y fraude a la ley,"[34] pero irónicamente invocando como motivación fundamental, la "garantía de la tutela judicial efectiva consagrada en el artículo 26 constitucional."

---

29 Véase "TSJ al país: No despojamos al Parlamento de sus atribuciones," *El Nacional* 1 de abril de 2017, en http://www.el-nacional.com/noticias/politica/tsj-pais-despojamos-parlamento-sus-atribuciones_88473

30 Véase la reseña: "Maduro: Actué rápido y pudimos superar exitosamente la controversia entre el TSJ y el MP," en *Noticiero Digital*, 1 de abril de 2017, en http://www.noticierodigital.com/2017/04/maduro-actue-rapido-y-pudimos-superar-exitosamente-la-controversia-entre-el-tsj-y-el-mp/

31 "Diputados afirman que "rectificación" del TSJ no borra golpe de Estado", en http://www.el-nacional.com/noticias/politica/diputados-afirman-que-rectificacion-del-tsj-borra-golpe-estado_88511

32 Véase en http://historico.tsj.gob.ve/decisiones/scon/abril/197399-157-1417-2017-17-0323.HTML. Véase sobre esta sentencia los comentarios en Allan R. Brewer-Carías, "La nueva farsa del Juez Constitucional controlado: la inconstitucional y falsa "corrección" de la usurpación de funciones legislativas por parte de la Sala Constitucional del Tribunal Supremo (sentencias Nos. 157 y 158 de 1 de abril de 2017), New York 4 de abril, 2017, en http://allanbrewercarias.net/site/wp-content/uploads/2017/04/151.-doc.-Brewer-Nueva-farsa-del-Juez-Constitucional.-Falsa-correcci%C3%B3n.-Sentencias-Sala-Constit.-157-y-158-.-4-4-2017.pdf:

33 Véase en http://Historico.Tsj.Gob.Ve/Decisiones/Scon/Abril/197400-158-1417-2017-17-0325.Html Véase sobre esta sentencia los comentarios en Allan R. Brewer-Carías, "La nueva farsa del Juez Constitucional controlado: la inconstitucional y falsa "corrección" de la usurpación de funciones legislativas por parte de la Sala Constitucional del Tribunal Supremo (sentencias Nos. 157 y 158 de 1 de abril de 2017), New York 4 de abril, 2017, en http://allanbrewercarias.net/site/wp-content/uploads/2017/04/151.-doc.-Brewer-Nueva-farsa-del-Juez-Constitucional.-Falsa-correcci%C3%B3n.-Sentencias-Sala-Constit.-157-y-158-.-4-4-2017.pdf:

34 Véase Román José Duque Corredor, "Fraude procesal de los magistrados de la Sala Constitucional," 4 de abril de 2017, en http://justiciayecologiaintegral.blogspot.com/2017/04/fraude-procesal-de-los-magistrados-de.html?spref=fb&m=1

Y dicha "reforma" de sentencias la hizo la Sala "con base en el artículo 252 del Código de Procedimiento Civil," en el cual al contrario de lo que hizo la Sala, la misma no puede revisar ni reformar sus sentencias, y la aclaratoria de las mismas que puede pedirse siempre requiere instancia de parte en el proceso concreto un pudiendo el juez jamás actuar de oficio.

Por tanto, violando y contrariando el texto mismo de la norma procesal invocada, la Sala Constitucional procedió de oficio, no a "aclarar" nada que fuera dudoso de las sentencias anteriores, sino a revisar, corregir y revocarlas parcialmente, lo que por lo demás, no se admite en ninguna parte del mundo.

Y así, en primer lugar dictó la sentencia N° 157 de 1 de abril de 2017, para con la excusa de "aclarar," proceder de oficio a reformar y revocar parcialmente la sentencia definitiva N° 155 de 27 de marzo de 2017 de anulación del Acuerdo adoptado por la Asamblea Nacional el 21 de marzo de 2017 en relación con la aplicación de la Carta Interamericana de la OEA.

La ilegal reforma de la sentencia, que careció totalmente de motivación, fue pretender argumentar que las inconstitucionales medidas cautelares sin proceso que había dictado en dicha sentencia, en realidad supuestamente las había dictado dentro del "proceso de control innominado de la constitucionalidad respecto de desconocidos actos estatales, que había resuelto ilegalmente "iniciar de oficio," pero que no se inició con la sentencia, sino que debía iniciarse, como se indicó expresamente en la sentencia, con copia certificada de la misma luego de dictada, en expediente separado.

En cuanto a la ilegal revocación parcial de la sentencia mediante la cual la Sala había desconocido la inmunidad parlamentaria de los diputados, y había decretado un estado de excepción, ordenando al Presidente de la República a tomar todas las medidas de cualquier naturaleza que estimase pertinentes y necesarias, entre ellas, legislar, respecto de toda "la legislación sustantiva y adjetiva, mediante la sentencia N° 157, la Sala se fundamentó para emitirla solo en el "exhortó" que el Tribunal Supremo había recibido del Consejo para la Defensa de la Nación para su revisión, procediendo a referirse a la violación de la inmunidad parlamentaria, indicando que ello había sido solo un "señalamiento aislado en la motiva" de la sentencia "mas no en su dispositiva." Luego, sin más, pasó la Sala a "aclarar" falsamente y de oficio la sentencia N° 155, olvidándose que había sido una sentencia definitiva," indicando que lo decidido en ella supuestamente obedecía a medidas cautelares dictadas por esta Sala, lo cual era falso, pasando a "revocar" la "delegación" legislativa hecha a favor del Presidente de la República, y lo dispuesto en cuanto a la inmunidad parlamentaria," todo lo cual está expresamente prohibido en el Código de procedimiento Civil.

Por lo que se refiere a la sentencia definitiva N° 156 de 29 de marzo de 2017 dictada al concluir un juicio de "interpretación constitucional," mediante la cual "con carácter vinculante y valor *erga omnes* "declaró la Omisión Inconstitucional parlamentaria por parte de la Asamblea Nacional, disponiendo que sobre la base del estado de excepción, el Jefe de Estado podía modificar la ley Orgánica de Hidrocarburos, y la propia Sala Constitucional asumió de pleno derecho todas las "competencias parlamentarias" pudiendo delegarlas en otro "órgano que ella disponga;" la Sala Constitucional atendiendo al exhorto del Consejo de la defensa de la Nación, mediante la sentencia N° 158 de 1 de abril de 2017, procedió igualmente a reformarla, mutando la naturaleza definitiva de la misma para transformarla en una "medida cautelar;" y a revocarla parcialmente, sin motivación alguna, en cuanto a la usurpación que había efectuado de las competencias de la Asamblea Nacional.

La Sala en efecto, afirmó falsamente en su sentencia N° 158, que la usurpación de las competencias parlamentarias que había decretado en la sentencia N° 156 había solo algo que "*advirtió cautelarmente*," cuando ello procesalmente era imposible dado el carácter definitivo de la sentencia que puso fin al juicio de interpretación, que la Sala calificó como vinculante, *erga omnes*. Es elemental que una sentencia definitiva no puede contener medidas cautelares, y menos que se transforme ex post la sentencia definitiva en medida cautelar como si el juicio en el cual se dictó no hubiese fenecido.

Luego de esta falsa afirmación, la Sala procedió sin motivación alguna, basada solo en la exhortación del Consejo de Defensa de la Nación, a retractarse y revocar lo que había decidido, diciendo que lo que decidió no lo decidió, "aclarando" falsamente y de oficio, que lo que había decidido tenía "*naturaleza cautelar*", y, en todo caso, que la "*Sala no ha dictado una decisión de fondo* que resuelva la omisión," calificando lo resuelto en la sentencia N° 158 como "parte complementaria de la sentencia N° 156 del 29 de marzo de 2017."

En todo caso, la ilegal e inconstitucional modificación y revocación parcial de las sentencias N° 155 y 156, mediante las sentencias 157 y 158, por la presión-exhorto que ejerció el Consejo de Defensa de la Nación, y para pretender "aclarar" ante el mundo que supuestamente se había dado marcha atrás al golpe de Estado cometido, en realidad no cambió nada.

Se trató de una revocación ilegal parcial, que dejó incólumes todas las otras decisiones contenidas en las sentencias N° 155 y 156, y entre ellas la ratificación de que la Asamblea Nacional no puede ejercer sus funciones constitucionales por encontrarse en "desacato"

Por ello, en relación con las sentencias Nos. 157 y 158 de la Sala Constitucional, el Consejo Permanente de la Organización de Estados Americanos en su Resolución CP/RES. 1078 (2108/17) del 3 de abril de 2017, declaró que:

> "Las decisiones del Tribunal Supremo de Venezuela de suspender los poderes de la Asamblea Nacional y de arrogárselos a sí mismo son incompatibles con la práctica democrática y constituyen una violación del orden constitucional de la República Bolivariana de Venezuela [y que]. A pesar de la reciente revisión de algunos elementos de dichas decisiones, es esencial que el Gobierno de Venezuela asegure la plena restauración del orden democrático;"[35]

En todo caso, a pesar de que la Sala Constitucional del Tribunal Supremo desde hace más de tres lustro viene cometiendo acciones de este tipo, con estas últimas sentencias la misma logró concientizar todo el mundo, dentro y fuera del país, del grado de deslegitimación al cual ha llegado, con su actuación impune en contra de la Constitución y del orden democrático.

San José, 25 de abril de 2017.

35 Véase en http://www.oas.org/es/centro_noticias/comunicado_prensa.asp?sCodigo=C-022/17

# XX

# LA JURISDICCIÓN CONSTITUCIONAL EN EL CONTEXTO DEMOCRÁTICO LATINOAMERICANO: EL DILEMA ENTRE EL DERECHO A LA DEMOCRACIA Y REELECCIÓN PRESIDENCIAL

**(2019)**

**Texto de la conferencia dictada en *Seminario del Trigésimo Aniversario de la creación de la Sala Constitucional de la Corte Suprema de Justicia*, San José, 5-27 de septiembre de 2019.**

Quiero comenzar agradeciendo la invitación que me ha formulado la Sala Constitucional del Tribunal Supremo, por intermedio de su magistrado presidente Castillo Víquez, y de mi apreciado amigo el Letrado Olman Rodríguez, para participar en este evento conmemorativo del trigésimo aniversario de la creación de este tribunal constitucional en Costa Rica, que tanto ha aportado al desarrollo de la justicia constitucional no solo en este país, sino en América.

Y el agradecimiento es doble. Por una parte, por el honor que me han hecho al invitarme a participar en este evento conmemorativo, y por la otra, a la vida misma, que afortunadamente me ha sido larga y fructífera, lo suficiente para haber podido regresar a esta Sala Constitucional, precisamente treinta años después de cuando vine aquí por primera vez, en mayo de 1990, como invitado para participar en *Mesa Redonda de los Magistrados de la Sala Constitucional de la Corte Suprema de Costa Rica,* organizada recién constituida la Sala, en aquél momento a requerimiento de mi querido y recordado amigo Rodolfo Pisa Escalante.

En aquella oportunidad, el 2 de mayo de 1990, expuse sobre los "Aspectos relevantes de la justicia constitucional en la Ley N° 7135 de la Jurisdicción Constitucional de 11 de octubre de 1989" que venía de sancionarse, habiendo centrado buena parte de mi exposición, no solo a destacar los aspectos medulares del sistema de justicia constitucional concentrada que venía de consolidarse con dicha Ley, atribuyéndole a la Sala Constitucional el monopolio de declarar la inconstitucionalidad de las leyes, sino dentro del mismo sistema, en referirme específicamente a la acción de amparo, y a los problemas de su concentración total en la Sala Constitucional. En cuanto a la posibilidad de desarrollar el método difuso de justicia constitucional que había tenido su asidero, aún cuando nunca ensayado, en la vieja Ley Orgánicas del Poder Judicial, ya había sido descartada en la misma reforma constitucional que dio origen a la Sala Constitucional.

## *Supremacía constitucional y Jurisdicción constitucional*

En ese contexto constitucional y legal, mis comentarios de entonces se centraron específicamente en analizar temas procesales, referidos a las acciones, consultas y recursos que conforme la Constitución y la Ley de la Jurisdicción Constitucional se podían intentar ante la Sala para asegurar la supremacía de la Constitución, asegurándose en Costa Rica, aun cuando con carácter concentrado, la misma garantía judicial de la supremacía constitucional y de la limitación de los poderes de los órganos del Estado por la Constitución, que tuvo su origen en la doctrina jurisprudencial establecida desde finales del Siglo XVIII en los Estados Unidos, partiendo entre otros de lo resuelto por el Juez William Paterson en una de las más viejas decisiones de la Corte Suprema de los Estados Unidos de América sobre la materia, en el caso *Vanhorne's Lessee v. Dorrance* (1795) referido a la supremacía constitucional y a la nulidad de los actos estadales contrarios a la Constitución, afirmando en relación con las leyes estadales, el principio de que:

"... si un acto legislativo se opone a un principio constitucional el primero debe dejarse de lado y rechazarse por repugnante. Sostengo que es una posición clara y sonora que, en tales casos, es un deber de todo tribunal el adherirse a la Constitución y declarar tal acto nulo y sin valor."[1]

El principio jurisprudencial, de la supremacía constitucional y el control judicial de la constitucionalidad de las leyes de los estados de la federación norteamericana, en todo caso, puede decirse que tuvo su fundamento constitucional,[2] en la llamada "Cláusula de Supremacía" (artículo VI, Sección 2) de la Constitución de los Estados Unidos de 1787, en la cual se dispuso que:

"Esta Constitución, y las leyes de los Estados Unidos que se expidan con arreglo a ella, y todos los Tratados celebrados o que se celebren bajo la autoridad de los Estados Unidos, serán la suprema Ley del país y los jueces de cada Estado estarán obligados a observarlos, a pesar de cualquier cosa en contrario, que se encuentre en la Constitución o las leyes de cualquier Estado".

En todo caso, ese fue el mismo principio que ocho años después, desarrolló la propia Corte Suprema de los Estados Unidos, pero al confrontar, no las leyes de los estados sino las leyes federales y la Constitución, llevando al Juez John Marshall, en el conocido caso *Marbury vs Madison,* resuelto por la Corte Suprema de los Estados Unidos en 1803, a establecer as bases generales del sistema de justicia constitucional, para lo cual se preguntó, sobre el principio de supremacía constitucional:

"¿Con qué propósito se limitan los poderes y dichas limitaciones se establecen por escrito [en la Constitución], si esos límites, en cualquier momento, pueden ser traspasados por aquellos a quienes debían supuestamente limitar? [Respondiendo:]La diferencia entre un gobierno con poderes limitados y uno con poderes ilimitados deja de existir, cuando las limitaciones no obligan a las personas sobre las cuales se imponen y cuando los actos prohibidos y los permitidos son de igual obligatoriedad."[3]

Es decir, en definitiva, nada se lograría con tener una Constitución como ley suprema estableciendo derechos fundamentales y límites a los poderes del Estado, si no se asegura que la misma debe prevalecer, en caso de conflicto entre una ley y la Constitución, considerándose a tal efecto como un deber de todo juez el poder decidir cuál entre las dos debe ser la norma que ha de aplicar en un caso concreto. Es decir, como en definitiva lo estableció por el Juez Marshall en el mismo caso *Marbury v. Madison* (1803):

"Aquellos que aplican las normas a casos particulares, deben necesariamente exponer e interpretar aquella regla, de manera que, si una Ley se encuentra en oposición a la Constitución, la Corte debe determinar cuál de las reglas en conflicto debe regir el caso."

Concluyendo con la afirmación rotunda de que:

"Esta es la real esencia del deber judicial. Sí, en consecuencia, los tribunales deben ver la Constitución, y la Constitución es superior a cualquier acto ordinario de la Legislatura, es la Constitución, y no tal acto ordinario, la que debe regir el caso al cual ambas se aplican."[4]

1 *Vanhorne's Lessec v. Dorrance*, 2 Dallas 304 (1795). *Véase* el texto S.I. Kutler (ed), *The Supreme Court and the Constitution, Readings in American Constitutional History*, N.Y. 1984, p. 8. Véase los comentarios sobre la ecisión en el caso *Vanhorne's Lessee v. Dorrance, 1776* en Allan R. Brewer-Carías, *Judicial Review in Comparative Law,* Cambridge University Press, Cambridge 1989

2 Véase en particular A. Hamilton, *The Federalist* (ed. B. F. Wright), Cambridge Mass. 1961, *letter* Nº 78, pp. 491–493. Véanse, además, los comentarios de Alexis de Tocqueville, *Democracy in America* (ed. J. P. Mayer and M. Lerner), London, 1968, vol. I, p. 120.

3 *Marbury vs. Madison*, 5. U.S. (1 Cranch) 137; 2 L, Ed. 60 (1803). Véase el texto en R. A. Rossum and G. A. Tarr, *American Constitutional Law, Cases and Interpretation*, Nueva York 1983, p. 70. Véanse los comentarios sobre la decisión en el caso *Masbury v. Madison,* 1803 en Allan R. Brewer-Carías, *Judicial Review in Comparative Law,* Cambridge University Press, Cambridge 1989

4 *Idem*

La Cláusula de supremacía de la Constitución de los Estados Unidos, combinada con la doctrina del caso *Malbury vs. Madison*, es lo que explica que en la primera Constitución dictada en el mundo hispanoamericano que fue la Constitución federal de los Estados de Venezuela de 1811, se expresara ya en forma general en su artículo 227, el principio de que:

> "La presente Constitución, las leyes que en consecuencia se expidan para ejecutarla y todos los Tratados que se concluyan bajo la autoridad del Gobierno de la Unión serán la Ley Suprema del Estado en toda la extensión de la Confederación, y las autoridades y habitantes de las Provincias estarán obligados a obedecerlas y observarlas religiosamente sin excusa ni pretexto alguno; *pero las leyes que se expidieren contra el tenor de ella no tendrán ningún valor,* sino cuando hubieren llenado las condiciones requeridas para una justa y legítima revisión y sanción".

Se recogió, así, no solo el principio de la supremacía, sino más importante aún, la doctrina de la garantía objetiva de la Constitución, al sancionar con la nulidad absoluta a las leyes contrarias a la misma, agregando que las mismas "no tendrán ningún valor." Es decir, como lo afirmó el Juez Marshall en la sentencia:

> "No cabe la menor duda de que todos los que tienen una Constitución escrita y estable la consideran como la ley fundamental y suprema de la nación, y por consiguiente, para estos gobiernos, un acto legislativo contrario a la Constitución es nulo."[5]

Ello, incluso, se estableció todavía más expresamente en la misma Constitución venezolana de 1811 en relación a los derechos fundamentales al establecer el último de los artículos del Capítulo relativo a los derechos del hombre de la misma Constitución, que para precaver toda transgresión a los derechos declarados se los declaró "exentos y fuera del alcance del Poder general ordinario del gobierno" agregando que "toda ley contraria a ella que se expida por la legislatura federal, o por las provincias *será absolutamente nula y de ningún valor"* (art. 199).

***Los métodos de la justicia constitucional***

Allí, en todo caso, está el origen de los sistemas de justicia constitucional en el Continente, independientemente de que a lo largo de los últimos doscientos años se haya desarrollado conforme a dos vertientes según los órganos judiciales del Estado a los cuales se encomienda se ejercicio, que pueden ser todos o los tribunales de un país o solo uno de ellos, como la Corte Suprema o un Tribunal Constitucional, lo que he originado la clásica y siempre útil distinción entre el método difuso y método concentrado de control de constitucionalidad.[6]

El primero, el método difuso, es el que surgió en el constitucionalismo norteamericano como el poder general de todos los jueces en los casos concretos sometidos a su conocimiento, de velar por la supremacía constitucional frente a las leyes, pudiendo desaplicarlas y considerarlas nulas y sin valor, aplicando preferentemente la Constitución. Este método difuso fue el que se desarrolló desde comienzos del siglo XIX, en Argentina, donde ha permanecido como el único método de justicia constitucional que se aplica, habiéndose desarrollado también en otros países como Brasil, Colombia, Guatemala, Perú, Nicaragua, Venezuela y República Dominicana.

Éste en efecto, se caracteriza por la atribución de la justicia constitucional a un solo órgano del Estado, que puede ser la Corte Suprema de Justicia o un tribunal constitucional especializado. En el primer supuesto, puede tratarse de una competencia atribuida a la Corte Suprema de Justicia en Pleno como es el caso de Panamá, Paraguay, Brasil, Nicaragua, México, o a una Sala Constitucional de la misma, como sucede en Costa Rica, El Salvador, Honduras y Venezuela. En el segundo supuesto, se trata de una competencia atribuida a una Corte o Tribunal Constitucional especialmente creado para ejercer la justicia constitucional, como son los que existen en Bolivia, Chile, Colombia, Ecuador, Guatemala, Perú y República Dominicana.[7]

---

5 *Ídem.*

6 Véase Allan R. Brewer-Caeías, *Judicial Review in Comparative Law*, Cambridge University Press, Cambridge 1978; *La Justicia Constitucional (Procesos y Procedimientos Constitucionales)*, Editorial Porrúa/ Instituto Mexicano de Derecho Procesal Constitucional, México 2007,

7 *Véase* Allan R. Brewer–Carías, *Judicial Review..., cit.*, pp. 182 y ss., *El control concentrado de la constitucionalidad de las leyes,* Editorial Jurídica Venezolana, Caracas 1994, pp. 127 y ss.

Dentro de todos esos sistemas, el sistema puede ser exclusivamente concentrado como es el caso por ejemplo de Bolivia, Costa Rica, Chile, Paraguay y Panamá, correspondiendo la justicia constitucional en el caso de Costa Rica a la Sala Constitucional como Jurisdicción Constitucional, con el carácter común de ser "intérprete supremo de la Constitución," según el calificativo que por ejemplo le atribuyó la Ley Orgánica que creó el Tribunal Constitucional en España;[8] o de "comisario del poder constituyente, encargado de defender la Constitución y de velar por que todos los órganos constitucionales conserven su estricta calidad de poderes constituidos," como lo entendió Eduardo García de Enterría;[9] siendo además, en ese contexto, el instrumento por excelencia para garantizar la vigencia de los derechos fundamentales.

***La Justicia Constitucional como garantía de los derechos ciudadanos a la supremacía de la Constitución y a la democracia***

Este último aspecto elemental del rol de la Justicia Constitucional como garantía de los derechos fundamentales, debe en todo caso enfatizarse, pues en el mundo contemporáneo, por la importancia que ha tenido la progresiva ampliación del contenido de las declaraciones de los mismos tanto en el ámbito interno como en el ámbito internacional a través de Tratados y Convenciones, integrados junto con las Constituciones en el denominado bloque de constitucionalidad; además de los ya clásicos derechos civiles, políticos, sociales, culturales, económicos, ambientales y de los pueblos indígenas, establecidos con la característica de justiciables,[10] en el mundo contemporáneo se han venido desarrollando bajo el signo de la progresividad, nuevos de derechos colectivos de los ciudadanos vinculados con los más esenciales principios clásicos del constitucionalismo, como son la idea misma de Constitución como norma suprema y el régimen político democrático, que tiende a consolidarse a pesar de que no hayan dejado de aparecer regímenes autoritarios constituidos, precisamente, en fraude a la Constitución y a la democracia.

Ello ha conducido, sobre todo en el ámbito de los derechos políticos, que además de ellos clásicos derechos constitucionales individualizados como el derecho a votar y a ser electo, se pueda identificar el derecho ciudadano a la Constitución, y además, el derecho ciudadano a la democracia.

En primer lugar, está el *derecho a la Constitución,*[11] considerada esta como ley suprema producto de la voluntad del pueblo expresada como pacto de la sociedad, y que tienen los ciudadanos a los efectos de velar porque la misma se respete y se mantenga en vigencia conforme a la voluntad popular que la adoptó. Por ello podemos hablar, en este caso, de un derecho fundamental de los ciudadanos a la supremacía de la Constitución,[12] el cual por supuesto es justiciable, y para ello es que se constituyen los tribunales constitucionales.

Si bien el derecho a la supremacía constitucional como derecho fundamental puede ser nuevo en su conceptualización, su esencia se estableció desde los orígenes del constituciona-

---

8 Art. 1. Ley Orgánica del Tribunal constitucional. Oct. 1979, *Boletín Oficial del Estado,* N° 239.

9 Véase E. García de Enterría, *La Constitución como norma y el Tribunal constitucional,* Madrid, 1985, p. 198.

10 Véase sobre esto, Allan R. Brewer-Carías, *Mecanismos nacionales de protección de los derechos humanos (Garantías judiciales de los derechos humanos en el derecho constitucional comparado latinoamericano),* Instituto Interamericano de Derechos Humanos, San José, 2005, pp. 61 ss.

11 Véase Allan R. Brewer-Carías, "Sobre las nuevas tendencias del derecho constitucional: del reconocimiento del derecho a la Constitución y del derecho a la democracia", en *VNIVERSITAS, Revista de Ciencias Jurídicas (Homenaje a Luis Carlos Galán Sarmiento)*, Pontificia Universidad Javeriana, facultad de Ciencias Jurídicas, N° 119, Bogotá 2009, pp. 93-111; y "Algo sobre las nuevas tendencias del derecho constitucional: el reconocimiento del derecho a la Constitución y del derecho a la democracia," en Sergio J. Cuarezma Terán y Rafael Luciano Pichardo (Directores), *Nuevas tendencias del derecho constitucional y el derecho procesal constitucional*, Instituto de Estudios e Investigación Jurídica (INEJ), Managua 2011, pp. 73-94.

12 Al tema me he referido en diversos trabajos, y entre ellos, en el libro Allan R. Brewer-Carías, *Mecanismos nacionales de protección de los derechos humanos (Garantías judiciales de los derechos humanos en el derecho constitucional comparado latinoamericano),* Instituto Interamericano de Derechos Humanos, San José, 2005, pp. 74 ss. Debo recordar aquí, que el tema lo discutí en múltiples ocasiones con mi entrañable amigo Rodolfo Piza Escalante, quien fue Juez de la Corte Interamericana de Derechos Humanos y Magistrado de la importante Sala Constitucional de la Corte Suprema de Costa Rica.

lismo, como se evidencia de la elaboración que hizo Alexander Hamilton en *El Federalista*, en 1788, por cuando al referirse al papel de los jueces como intérpretes de la ley, señalando:

> "Una Constitución es, de hecho, y así debe ser vista por los jueces, como ley fundamental, por tanto, corresponde a ellos establecer su significado así como el de cualquier acto proveniente del cuerpo legislativo Si se produce una situación irreconocible entre los dos, por supuesto, aquel que tiene una superior validez es el que debe prevalecer; en otras palabras, la Constitución debe prevalecer sobre las leyes, así como la intención del pueblo debe prevalecer sobre la intención de sus agentes"[13].

De esta afirmación, deriva, además del fundamento de la Justicia Constitucional, el fundamento mismo del derecho ciudadano a que la voluntad popular expresada en la Constitución sea respetada por quienes gobiernan, quienes en su gestión no pueden pretender hacer prevalecer su voluntad frente a la voluntad popular del pueblo expresada en la Constitución.

Además, por ello, el mismo Hamilton, al desarrollar el principio del poder de los jueces para declarar la nulidad de los actos legislativos contrarios a la Constitución, y argumentar que ello no significaba dar superioridad del Poder Judicial sobre el Legislador, señaló que ello:

> "Lo único que supone es que el poder del pueblo es superior a ambos; y que en los casos en que la voluntad del legislador declarada en las leyes, esté en oposición con la del pueblo declarada en la Constitución, los Jueces deben estar condicionados por la última, antes que por las primeras".

Concluyó Hamilton señalando que:

> "Ningún acto legislativo contrario a la Constitución puede ser válido. Negar esto, significaría afirmar que el subalterno es más importante que el principal; que el sirviente está por encima de sus patrones; que los representantes del pueblo son superiores al pueblo mismo".

De estas proposiciones de Hamilton lo que más nos interesa destacar aquí, aparte del poder de la Corte Suprema de los Estados Unidos de ejercer el control judicial review), es la idea misma antes expuesta de que en virtud de que la Constitución es manifestación de la voluntad del pueblo, el principal derecho constitucional de los ciudadanos es el *derecho a dicha Constitución y a su supremacía*, es decir, al respecto de la propia voluntad popular expresada en ella. Nada se ganaría con decir que la Constitución como manifestación de la voluntad del pueblo, es ley suprema que debe prevalecer sobre la de todos los órganos del Estado y sobre la actuación de los individuos, si no existiese el derecho de los integrantes del pueblo, es decir, de los ciudadanos a dicha supremacía y, además, a exigir el respeto de esa Constitución, lo que se traduce en el derecho a la tutela judicial efectiva de la propia Constitución; derecho que se refiere tanto a la parte orgánica de la Constitución como a la parte dogmática, para cuya preservación se establecen un conjunto de garantías, entre ellas la acción de amparo.

Ese derecho implica, además, en cuanto a la parte orgánica de la Constitución, el derecho ciudadano a la separación de poderes y el derecho a la distribución territorial del poder o a la autonomía de las instituciones político territoriales; y en cuanto a la parte dogmática, el derecho a la efectividad y goce de los derechos constitucionales mediante las garantías establecidas en la Constitución.

De todo lo anterior resulta entonces que en el constitucionalismo contemporáneo propio del Estado Constitucional y democrático de derecho, es posible identificar el mencionado derecho ciudadano a la Constitución, que a la vez, como hemos visto, se desdobla en el derecho ciudadano a la supremacía constitucional, el derecho ciudadano a la tutela efectiva de la Constitución, el derecho ciudadano al amparo a los derechos y garantías constitucionales, y el derecho ciudadano a la desobediencia civil e incluso, a la rebelión frente a rupturas ilegítimas de la Constitución.

---

13 *The Federalist* (ed. por B.F. Wrigth), Cambridge, Mass. 1961, pp. 491-493.

Allí no cabe, por supuesto, ningún derecho de controlar "la constitucionalidad de la Constitución," como se realizó por los Tribunales Constitucionales en Nicaragua (2009), en Honduras (2015) y en Bolivia (2017), como se comenta más adelante, los cuales manipulando el "bloque de constitucionalidad" hicieron prevalecer el derecho político individual a ser electo sobre el derecho político colectivo a la alternabilidad democrática, inventándose un supuesto "derecho político a la reelección" que no existe como tal en una sociedad democrática.

Al contrario de lo que ocurrió en esos Tribunales constitucionales, por ejemplo, el Tribunal Constitucional de la República Dominicana en sentencia de 6 de septiembre de 2018,[14] al declarar la inadmisibilidad de una acción de inconstitucionalidad ejercida contra una Disposición Transitoria de la propia Constitución de 2015 que limitaba específica y temporalmente la reelección presidencial (Disposición Transitoria vigésima),[15] advirtió que "solo pueden ser cuestionados vía la acción de inconstitucionalidad las leyes, los decretos, reglamentos, resoluciones y ordenanzas, normas y textos infraconstitucionales, o sea colocados jerárquicamente por debajo de la Constitución," no procediendo en forma alguna contra disposiciones "integradas al cuerpo de la Constitución;" decidiendo en consecuencia que "el contenido de la Constitución es inimpugnable por medio de demandas de garantías o mediante el ejercicio de procedimientos constitucionales" (par. 9.12). Es decir, el Tribunal Constitucional de la República Dominicana fue contundente en esta materia al decidir, de la lectura del artículo 267 de la Constitución que regula la acción de inconstitucionalidad, que:

> "resulta la imposibilidad de que cualquier órgano distinto a la Asamblea Nacional Revisora modifique la Constitución, pues permitir que el Tribunal Constitucional o cualquier órgano del Estado modifique o anule alguna disposición de la Constitución sería usurpar el Poder Constituyente, atentar contra el orden constitucional y democrático perpetrándose un golpe a la Constitución" (par. 9.13).

En definitiva, como lo ratificó el Tribunal en la misma sentencia:

> "ningún órgano constituido, sea autoridad judicial o de otro poder público, puede reformar la Constitución sin intervención del órgano constituyente. Esta es una garantía esencial a la vigencia del Estado social y democrático de derecho, uno de cuyos pilares es la Supremacía de la Constitución y el respeto d a la soberanía popular" (par. 9.15).

Pero, en segundo lugar, además del derecho a la Constitución, en las nuevas tendencias del derecho constitucional derivado igualmente de la propia concepción de dicho Estado democrático de derecho, también puede identificarse el *derecho a la democracia,*[16] de lo que resulta que ésta debe ser considerada, no sólo como un régimen político determinado, sino como un derecho ciudadano colectivo, trayendo como consecuencia que los derechos políticos hayan dejado de estar reducidos a los que generalmente se habían establecido expresamente en las Constituciones, como son los clásicos derecho al sufragio, al desempeño de cargos públicos, a asociarse en partidos políticos y, más recientemente, a la participación política.

Además de esos derechos, en efecto, en el mundo contemporáneo ya podemos hablar de otros derechos políticos que se derivan del régimen democrático, como es el mencionado derecho ciudadano a la democracia, o a un régimen político en el cual se garanticen sus *elementos esenciales* tal como fueron enumerados por la *Carta Democrática Interamericana* de la OEA 2001, que también forma parte del bloque de constitucionalidad -aún cuando en general no se mencione y que son, además del derecho al respeto a los derechos humanos y las libertades fundamentales, los siguientes derechos políticos colectivos: el derecho de acceso al poder y su ejercicio con sujeción al Estado de derecho; el derecho a la celebración de elecciones periódi-

14 Nº TC/0352/18.

15 Véase sobre los argumentos relativos a la "inconstitucionalidad" de dicha disposición, por discriminatoria en Julio Cury, "El Transitorio es discriminatorio," en *Listín Diario*, 5 de junio de 2019, en https://listindiario.com/la-republica/2019/06/05/568565/el-transitorio-es-discriminatorio

16 Véase Allan R. Brewer-Carías, "Prólogo: Sobre el derecho a la democracia y el control del poder", al libro de Asdrúbal Aguiar, *El derecho a la democracia. La democracia en el derecho y la jurisprudencia interamericanos. La libertad de expresión, piedra angular de la democracia*, Editorial Jurídica Venezolana, Caracas 2008, pp. 19 ss. .

cas, libres, justas y basadas en el sufragio universal y secreto, como expresión de la soberanía del pueblo; el derecho al funcionamiento de un régimen plural de partidos y organizaciones políticas y el derecho a la separación e independencia de los poderes públicos (art. 3). A ellos se agregan, conforme a la propia Carta Democrática Interamericana, además del derecho al respeto de los derechos sociales y del derecho el respeto de la libertad de expresión y de prensa, otros derechos políticos colectivos, como son el derecho a la transparencia de las actividades gubernamentales; el derecho a la probidad y la responsabilidad de los gobiernos en la gestión pública; el derecho a la subordinación constitucional de todas las instituciones del Estado a la autoridad civil legalmente constituida; y el derecho al respeto al Estado de derecho de todas las entidades y sectores de la sociedad (art. 4), lo que implica en definitiva el derecho ciudadano al control del ejercicio del poder.

Por ello es que precisamente en el mundo contemporáneo, la democracia no sólo se define como el gobierno del pueblo mediante representantes elegidos, sino además y por sobre todo, como un gobierno sometido a controles, y no solo por parte del Poder mismo conforme al principio de la separación de los poderes del Estado, sino por parte del pueblo mismo, es decir, de los ciudadanos, individual y colectivamente considerados, y precisamente a ello es que tienen derecho los ciudadanos cuando hablamos del derecho a la democracia.

Todos esos nuevos derechos políticos colectivos a la democracia, por supuesto también se han desarrollado en las Constituciones con la posibilidad, por supuesto, de ser también derechos justiciables.

***La Justicia constitucional y la garantía de los principios democráticos***

En efecto, más allá de solo garantizar la supremacía constitucional, es evidente que en un Estado de derecho, el tribunal constitucional tiene también por misión velar por la vigencia de los principios del Estado de derecho, tal como lo explicó que Manuel García Pelayo, al considerar al tribunal constitucional como "un órgano constitucional destinado a dar plena existencia al Estado de derecho y a asegurar la vigencia de la distribución de poderes establecida por la Constitución."[17] Es decir, un órgano constitucional actuando como máximo y último intérprete de la Constitución, para garantizar no solo su supremacía y efectividad, sino la vigencia de los principios constitucionales que rigen la organización política de la sociedad, entre los cuales están, precisamente, los que conforman un Estado de derecho, que son, entre otros, el principio de la soberanía popular, el principio democrático representativo, el principio de la alternabilidad del gobierno, el principio de la separación de poderes, el principio del ejercicio del poder sometido a controles, el principio del pluralismo político, el principio de la primacía de la dignidad humana y de garantía de los derechos del hombre, el principio de la responsabilidad del Estado y de los gobernantes, y el principio de la subordinación de todas las instituciones del Estado a la autoridad civil legalmente constituida.

Esos principios democráticos, son tan viejos en el constitucionalismo moderno, como el principio mismo del control de constitucionalidad, correspondiendo precisamente a los órganos de la Jurisdicción Constitucional, en el Estado de derecho, resguardar, proteger y garantizarlos, y muy particularmente el principio democrático representativo, es decir, que los titulares de los órganos del Estado y en particular del gobierno se elijan conforme a un sistema electoral que garantice el ejercicio de los derechos políticos, entre ellos el derecho a votar y a ser electo, para la elección legítima de los representantes del pueblo, y que los mismos ejerzan sus funciones conforme a lo estipulado en la Constitución, respetando los principios democráticos antes mencionados, como el de la alternabilidad republicana.

No olvidemos que el constitucionalismo moderno la democracia como régimen político republicano de gobierno representativo, puede decirse que se formuló en la práctica a partir de 1776, en lo que luego serían los Estados Unidos de América, precisamente cuando hubo la necesidad de idear para el nuevo mundo, una nueva alternativa de gobierno frente al único cono-

17 Véase M. García Pelayo, "El Status del Tribunal constitucional," en *Revista Española de Derecho Constitucional*, Nº 1, Madrid, 1981, p. 15.

cido hasta entonces y durante las centurias anteriores, que era el de las Monarquías absolutas hereditarias, donde no cabía para nada la alternabilidad en el gobierno. Para esa sustitución, recordemos también el importante papel que tuvieron los escritos de Thomas Paine, sin duda, el ideólogo más importante de la independencia norteamericana.

Cuando en enero de 1776 Paine se pronunció por la separación de las Colonias norteamericanas de la Monarquía británica, y formuló por primera vez en las mismas la idea de la independencia, lo hizo dejando claro que el nuevo régimen político a establecer no podía ser el de la "locura del Gobierno hereditario de los reyes," o de "la absurdidad de la sucesión hereditaria," la cual consideró en su obra *Common Sense*, como "un insulto y una imposición sobre la posteridad, porque siendo todos los hombres iguales en su origen, ninguno por su nacimiento pudo tener un derecho para establecer para siempre su misma familia con una perpetua preferencia sobre todas las demás."[18]

La propuesta de Paine que apuntaba a lo que es la esencia del principio de la alternancia en el poder, que luego plasmó en muchos de sus escritos, partió de la idea simple de lo que en 1795 llamó la división primaria de los formas de gobierno, que era: primero, el gobierno republicano por elección de representantes, y segundo, el gobierno de sucesión hereditaria; considerando que había sido precisamente dicha división el origen de las revoluciones que se sucedieron durante los últimas décadas del siglo XVIII en los Estados Unidos y en Francia, basadas en el conflicto entre "el sistema representativo fundado sobre los derechos del pueblo; y el sistema hereditario fundado en la usurpación,"[19] no solo el formado con Monarcas de sangre, sino incluso el establecido por dictadores citando nada menos que a su perseguidor, Maximillien Robespierre, actuando en representación de la Convención; considerando en definitiva al "sistema representativo como la invención de mundo moderno."[20]

Y así, precisamente, se forjaron los regímenes republicanos basados en la elección y representación, es decir, gobiernos representativos regidos por el principio de la alternancia en el poder, como contrapuestos al régimen de gobierno hereditario, caracterizado por la permanencia en el poder de los gobernantes, considerando Paine, simplemente, que no tenía "derecho de existir."[21]

En ese contexto de gobiernos republicanos representativos se formaron por tanto todas las democracias occidentales, y en cuanto a los sistemas de gobiernos presidenciales, estos se establecieron sobre la base de dos derechos políticos: primero, el derecho colectivo del pueblo a la democracia y a la representación; y segundo, los derechos políticos individuales de los ciudadanos a elegir sus representantes y a ser electos.

Y así, progresivamente se fue estableciendo el principio de la igualdad en el voto, sin exclusiones discriminatorias, de manera que nadie fuera excluido del derecho a votar ni nadie fuera excluido de su derecho a ser electo, por razones de raza, sexo, clase o condición social, por ejemplo; pero velando que el derecho a ser electo no significara entronización en el ejercicio del poder, razón por la cual se sujetó al principio de la alternabilidad republicana.

### *La democracia, entre los derechos políticos individuales a elegir y ser electo, y el derecho colectivo a la alternabilidad republicana*

Es decir, frente esos dos derechos políticos individuales que son pilares de la democracia, como son el derecho a votar y a ser electo, está el otro derecho colectivo a la democracia misma, es decir, a que la sociedad esté regida por un régimen democrático basado en la representación, de manera que el pueblo pueda variar la representación sin constreñimientos políticos.

18 Véase Manuel García de Sena, *La independencia de Costa Firme justificada por Thomas Paine treinta años ha*, (1811), edición conmemorativa del Bicentenario de la Constitución de los Estados Unidos de América, (Estudio preliminar de Pedro Grases), Ministerio de Relaciones Exteriores Caracas 1987, pp. 83-84.

19 Véase en *Thomas Pain Reader* (Ed. Michael Foot and Isaac Kramnick), Penguin Books, 1987, p. 453

20 Ídem, p. 454

21 Ídem, p. 454

Bajo ese contexto, por tanto, a nadie se le ha ocurrido la idea de decir que limitar el derecho individual de una persona a elegir solo mediante votación universal, directa y secreta, proscribiendo toda forma de voto basada en alguna representación corporativa, sectorial o fascista, pudiera ser una limitación odiosa e intolerable al derecho individual a elegir. Al contrario, esa limitación es necesaria pues con ella se resguarda el derecho de todos los ciudadanos a ser representados globalmente, como pueblo, que es una de las manifestaciones del derecho colectivo a la democracia.

E igualmente, a nadie se le había ocurrido la idea de decir que limitar el derecho de una persona a ser reelecto, por ejemplo, para ejercer el cargo de presidente de la República, reduciendo la posibilidad por ejemplo a solo dos períodos, pudiera ser una limitación odiosa e intolerable al derecho individual a ser electo, basado en el inaceptable argumento de que pudiera existir un supuesto "derecho humano a la reelección."[22] Al contrario, ese derecho no existe y esa limitación es necesaria pues con ella se garantiza el derecho colectivo de todos los ciudadanos a estar representados conforme a las exigencias cambiantes de una sociedad, como pueblo, y evitar que los electos en democracia se puedan convertir en especie de nuevos "monarcas" supuestamente electos, perpetuándose en el poder.

De allí el principio indisoluble que forma parte del derecho a la democracia que es el de la alternabilidad democrática, como signo esencial de su funcionamiento, lo que implicó que desde el inicio de la democracia moderna, en particular en los Estados Unidos, se hubiese adoptado la convención política de que el presidente de los Estados Unidos no debía ejercer el cargo sido durante dos períodos consecutivos, la cual fue sentada por George Washington, Thomas Jefferson, James Madison y James Monroe. El único presidente que no respetó la convención fue Franklin D. Roosevelt, a mitades del siglo pasado, quien ejerció la Presidencia durante tres periodos en plena guerra mundial y fue electo incluso para un cuarto período, pero murió al poco tiempo (1945). De esa experiencia resultó la propuesta formulada por el Congreso en 1947, de aprobar la Vigesimosegunda Enmienda a la Constitución, ratificada en 1951, en la cual se dispone expresamente que "Ninguna persona podrá ser elegida para el cargo de presidente más de dos veces."

En el mundo latinoamericano, este principio de la alternabilidad republicana o de la alternancia en el gobierno[23] para evitar el entronizamiento por vía de sufragio de alguna especie de "monarcas" en el poder y, al contrario, asegurar el derecho colectivo del pueblo a la democracia representativa, puede decirse que se estableció desde el mismo inicio de la República.

Así, en la primera Constitución de ámbito nacional que se sancionó en la América Hispana, que fue la Constitución Federal de los Estados de Venezuela del 21 de diciembre de 1811, se incorporó al constitucionalismo venezolano e hispanoamericano el principio de la alternabilidad republicana al preverse en su artículo 188, lo siguiente:

> "*Artículo 188*.- Una dilatada continuación en los principales funcionarios del Poder Ejecutivo es peligrosa a la libertad, y esta circunstancia reclama poderosamente una rotación periódica entre los miembros del referido Departamento para asegurarla."

---

22 Por ello, A. Mejía Rivera y Rafael Jerez Moreno, han titulado su comentario a la sentencia de Honduras "La reelección presidencial en Honduras, la sentencia espuria y la falacia de un derecho humano," en el libro *La reelección presidencial en Centroamérica: ¿Un derecho absoluto?*, (Coordinador Joaquín A. Mejía R., y con trabajos de Víctor Orozco S. Gonzalo Carrión Salvador Lulio Marenco Contreras Rafael Jerez Moreno Matilde Guadalupe Hernández Carlos Rafael Urquilla Bonilla Alfredo Ortega Gisela de León Ana Marcia Aguiluz), Editorial Diakonia, Honduras, 2018. Por su parte, -, Roberto Viciano Pastor y Gabriel Moreno González, con razón, al estudiar las sentencias de diversos tribunales constitucionales de América Latina se plantean el tema haciendo referencia al "pretendido «derecho humano» a la reelección o la utilización torticera del control de convencionalidad," en "Cuando los jueces declaran inconstitucional la Constitución: la reelección presidencial en América Latina a la luz de las últimas decisiones de las cortes constitucionales," en *Anuario Iberoamericano de Derecho Constitucional*, Centro de Estudios Políticos y Constitucionales, N° 22, Madrid 2018, pp. 165-198, disponible en https://recyt.fecyt.es/index.php/AIJC/article/view/69137 y en https://doi.org/10.18042/cepc/aijc.22.06.

23 Las expresiones "alternativo" o "alternabilidad" cuando se refieren a cargos en ejercicio del poder , conforme al *Diccionario de la Real Academia Española*, significa que las personas deben *turnarse sucesivamente* en los mismos o que éstos deben desempeñarse por turnos.

Es decir, desde el inicio del constitucionalismo latinoamericano se incorporó el principio de que debía haber una rotación periódica en los titulares del Poder Ejecutivo, considerándose, con razón, que la dilatada continuidad en el ejercicio de sus funciones era peligrosa a la libertad, pues no era otra cosa que el equivalente a un "monarca" con derecho a sucesión propia.

Pocos años después, Simón Bolívar, al terminar el proceso de liberación de los territorios de Venezuela y proceder a la reconstitución del Estado devastado por la guerra, lo expuso de presentación del proyecto de Constitución al Congreso de 1819, reunido en Angostura, expresando que:

> "...La continuación de la autoridad en un mismo individuo frecuentemente ha sido el término de los gobiernos democráticos. Las repetidas elecciones son esenciales en los sistemas populares, porque nada es tan peligroso como dejar permanecer largo tiempo en un mismo ciudadano el poder. El pueblo se acostumbra a obedecerle y él se acostumbra a mandarlo; de donde se origina la usurpación y la tiranía. ... nuestros ciudadanos deben temer con sobrada justicia que el mismo Magistrado, que los ha mandado mucho tiempo, los mande perpetuamente."[24].

Conforme a ello, el principio se recogió en el texto de la Constitución de 1819 al preverse límites a la reelección respecto del presidente de la República, indicándose en el artículo 3, sección primera del Título 7°, que "la duración del presidente será de cuatro años, y no podrá ser reelegido más de una vez sin intermisión."

Con ello se inició entonces la tradición de establecer en las Constituciones latinoamericanas límites a la reelección presidencial, los cuales se recogieron en el artículo 107 de la Constitución de Colombia de 1821.

En la Constitución venezolana de 1830, sancionada una vez reconstituido el Estado de Venezuela al disolverse la Gran Colombia, el principio enunciado en la Constitución de 1811 y formulado por el Libertador, se incorporó expresamente en forma directa como cláusula pétrea, al establecerse que:

> "*Artículo 6.*- El Gobierno de Venezuela *es y será siempre* republicano, popular, representativo, responsable y *alternativo.*"

El mismo principio se incorporó en la Constitución de Colombia de 1832 preveía, en su artículo 12, disponiendo que el gobierno por ella instituido era *"republicano, popular, representativo, electivo, alternativo y responsable."*

En todo caso, en Venezuela, este texto se recogió posteriormente en casi todos los 26 textos constitucionales posteriores que ha tendido Venezuela en toda su historia constitucional,[25] y se conservó en la Constitución de 1999 (art 6), habiendo sido considerado por la Sala Electoral del Tribunal Supremo de Justicia de Venezuela en sentencia n° 51 de 18 de marzo de 2002, como un "principio general y presupuesto democrático," indicando que el mismo significa "el ejercicio sucesivo de un cargo por personas distintas, pertenezcan o no a un mismo partido."

Por tanto, en nuestro criterio, entre los principios democráticos que debe preservar el Juez Constitucional está, sin duda, ese principio de la alternabilidad republicana, como expresión del derecho colectivo de los ciudadanos a la democracia, tendiente a asegurar que las personas

24 Véase en Simón Bolívar, *Escritos Fundamentales*, Caracas, 1982.

25 Véase el texto de todas las Constituciones en Allan R. Brewer-Carías, *Las Constituciones de Venezuela*, 2 vols., Academia de Ciencias Políticas y Sociales, Caracas 2008. Véase además, Allan R. Brewer-Carías, *Historia Constitucional de Venezuela*, 2 vols., Editorial Alfa, Caracas 2008. En la historia constitucional del país, en realidad, la prohibición de la reelección presidencial inmediata solamente dejó de establecerse en las Constituciones de los gobiernos autoritarios: en la efímera Constitución de 1857; en las Constituciones de Juan Vicente Gómez de 1914, 1922, 1925, 1928, 1929 y 1931, y en la Constitución de Marcos Pérez Jiménez de 1953. La prohibición, en cambio, respecto del presidente de la República, en el período democrático iniciado en 1958 fue más amplia y se extendió en la Constitución de 1961 a los dos períodos siguientes (10 años). La flexibilización del principio, en cambio, se produjo en la Constitución de 1999, en la cual se permitió la posibilidad de reelección presidencial de inmediato y por una sola vez, para un nuevo período. Conforme a ella, ya se reeligió al Presidente Chávez en 2006, y a pesar de que fue sancionada por una Asamblea Nacional Constituyente enteramente controlada por él, diez años después el mismo Presidente ya reelecto, es quien propuso reformarla

no se perpetúen en el ejercicio del poder, y que se asegure la participación en el ejercicio del poder de todos; o en otros términos, que se asegure la alternancia en el poder de diversas personas, así sean del mismo grupo político, y se evite la permanencia indefinida en el ejercicio del poder de determinadas personas.

***El ejemplo de la Corte Constitucional de Colombia: la prevalencia del principio de la alternación en el ejercicio del poder ante la reelección presidencial (2010)***

Este principio de la alternabilidad democrática, denominado en Colombia como el principio "de la alternación en el ejercicio del poder público," fue uno de los que condujo a la Corte Constitucional a declarar la inconstitucionalidad de la Ley N° 1354 de 2009, una vez que fue sometida a control de constitucionalidad automático, por medio de la cual se había convocado a un referendo constitucional para someter a consideración del pueblo un proyecto de reforma constitucional, puntual, del inciso primero del artículo 197, que regula la reelección presidencial, con el objeto de permitir una segunda reelección del Presidente de la República, agregando a la norma que "Quien haya sido elegido a la Presidencia de la República por dos períodos constitucionales, podrá ser elegido únicamente para otro período."

La decisión de la Corte Constitucional se adoptó mediante la sentencia N° C-141/10 de 26 de febrero de 2010,[26] en la cual la misma, para decidir, comenzó por recordar la evolución del tema de la reelección presidencial en el constitucionalismo reciente, a partir de la Constitución de 1991, en la cual se había establecido inicialmente el principio de la prohibición de la reelección presidencial (art. 260).

Dicha norma fue modificada por Acto Legislativo 02 de 2004, en el cual se estableció la posibilidad de reelección presidencial inmediata, cuya constitucionalidad fue revisada por la Corte Constitucional, habiendo la misma concluido mediante la sentencia N° C-1040 de 2005, que la misma no se configuraba como una sustitución de la Constitución, pues:

> "permitir la reelección presidencial –por una sola vez y acompañada de una ley estatutaria para garantizar los derechos de la oposición y la equidad en la campaña presidencial– es una reforma que no sustituye la Constitución de 1991 por una opuesta o integralmente diferente."

Precisando, además, la misma sentencia, que con la reforma se había "preservado la alternación en el poder al haberse limitado *a una sola vez* la posibilidad de reelección."

Frente a la reforma propuesta con Ley N° 1354 de 2009 que, como se dijo, tenía por objetivo autorizar la reelección presidencial por dos períodos constitucionales, lo que implicaba la posibilidad de que un ciudadano pudiera ejercer la Presidencia de la República durante doce (12) años, correspondientes a tres períodos constitucionales de cuatro años; la Corte Constitucional procedió de nuevo a confrontar dicha ley con los elementos definitorios de la Constitución de 1991 que pudieran implicar una "sustitución constitucional," es decir, procedió a determinar "si la Ley N° 1354 de 2009 al proponer una reforma constitucional consistente en la posibilidad de una segunda reelección presidencial sustituye el principio de alternación en el poder político. Y ello lo hizo, partiendo del contexto del Estado republicano democrático y participativo regulado en la Constitución, montado sobre el principio de separación de poderes y sobre el principio de la alternación en el ejercicio del poder. En ese contexto, para enfatizar el carácter republicano del gobierno, la Corte Constitucional acentuó su diferencia con la forma monárquica, al indicar que:

> "lo que distingue a la república es el énfasis puesto en la legitimidad derivada de las elecciones, la importancia concedida al carácter periódico y disputado de los comicios, junto con la temporalidad del jefe del Estado y la garantía del derecho político a concurrir a la justa electoral, con el fin de elegirlo en condiciones de igualdad. La forma republicana procura así que el ejercicio temporal de la suprema magistratura permita, cada tanto, la postulación de varios ciudadanos con idéntica oportunidad, así como la intervención del

26 Sentencia N° C-141/10.

cuerpo electoral integrado por todos los ciudadanos que, al efecto, se encuentran dotados de igual derecho para escoger al candidato de sus preferencias."

Para evaluar si la reforma propuesta significaba una sustitución constitucional, que alteraba los fundamentos constitucionales del Estado, la Corte Constitucional evaluó las consecuencias de la segunda reelección inmediata en relación con todos los otros poderes públicos, concluyendo por ejemplo, específicamente, con la consideración de la "pérdida de autonomía e independencia de la rama judicial del poder público y de ciertos organismos autónomos e independientes," así como en la "conformación del órgano legislativo, lo que, en definitiva, altera el equilibrio de poderes diseñado por la Constitución de 1991."

Pero en particular, la Corte Constitucional, en su sentencia, hizo especial referencia al tema de la segunda reelección y el principio de alternación en el ejercicio del poder, como principio democrático esencial, conforme al cual los representantes "no son elegidos por un plazo indefinido o para que se perpetúen en el ejercicio del poder, sino que periódicamente han de llevarse a cabo elecciones para proveer sus plazas." Por tanto, dijo la Corte, "la idea misma de representación va ligada por lo tanto a los períodos fijos y a las elecciones periódicas," de modo que la alternación en el ejercicio del poder "cobra una doble dimensión: (i) como eje del esquema democrático y (ii) como límite al poder político," de manera que "en una democracia toda autoridad es rotatoria," no existiendo "cargos de elección popular vitalicios, pues para todos ellos, sin importar su rango, se establece un término fijo señalado por la Constitución o la Ley."

Sobre el principio de la alternación, como "elemento o componente esencial del modelo democrático," la Corte Constitucional indicó que mediante el mismo se busca garantizar "la posibilidad de que distintos partidos o corrientes ideológicas accedan al ejercicio del poder, es decir, las elecciones periódicas y los períodos fijos son, a su vez, una de las garantías del principio del pluralismo político," entrañando *dos nociones básicas, que son la igualdad política y la libertad política," precisando en todo caso, que el mismo* "como elemento definitorio de la Constitución de 1991 no necesariamente implica la prohibición de la reelección respecto de todos los cargos públicos."

En el caso de la reforma, dijo la Corte Constitucional, era cierto que la Ley 1354 de 2009 "no propone la reelección presidencial indefinida, sino solamente para un tercer período consecutivo, de manera tal que también fija un límite absoluto al término del ejercicio del poder por parte del Presidente de la República, sólo que ahora este podría ser hasta de doce años," considerando, en ese caso que "en esa medida la sustitución de la Constitución radicaría en la potencial extensión del mandato presidencial, el cual se prolongaría mediante la posibilidad de dos reelecciones." Para llegar a esta conclusión, la Corte considero concluyente la sentencia de la misma Corte Constitucional N° C-1040 de 2005, "en la cual se sostuvo textualmente que la reelección inmediata *por una sola vez* no configuraba una sustitución del principio de alternación en el ejercicio del poder, elemento esencial de la Constitución de 1991 y, por lo tanto, en sentido contrario, la posibilidad de una segunda reelección inmediata sí constituye quebrantamiento de este principio."

Y esa fue, en definitiva, la conclusión de la Corte Constitucional, considerando que:

> "un tercer período en el ejercicio del poder, que fuera el resultado de una segunda reelección presidencial, desvirtuaría el principio de alternación, ya que mantendría en el poder a una persona e impondría la reproducción de una misma tendencia política e ideológica durante un lapso mayor al que es juzgado razonable de acuerdo con las reglas de funcionamiento de un régimen presidencial típico y al que el propio constituyente colombiano estableció, tanto en la versión original de la Carta de 1991, como en la reforma válidamente introducida mediante el Acto Legislativo N° 02 de 2004."

De todo lo anterior, concluyó la Corte Constitucional considerando que inexorablemente "la segunda reelección y el tercer período consiguiente implican un quebrantamiento de la Constitución y que esa rotura sustituye varios de los ejes definitorios de la Constitución de 1991 que tienen que ver con la estructura institucional acogida por el Constituyente y con los derechos, principios y valores que, según la concepción plasmada en la Carta, son el soporte de esa estructura que, siendo en sí misma valiosa, adquiere la plenitud de su sentido cuando los sirve de manera efectiva," declarando e definitiva que "la Ley N° 1354 de 2009 que busca hacer posible una reforma constitucional que la instituya vulnera la Carta y debe ser declarada inconstitucional," como en efecto lo hizo en la sentencia declarando "*inexequible* en su totalidad la Ley N° 1354 de 2009.

En todo caso, luego de que la Corte decidió que la reelección para dos períodos presidenciales, no significaba una sustitución del sistema constitucional, pero en cambio si lo significaba para tres períodos, el presidente Alvaro Uribe no pudo plantear su candidatura. Lo siguió en la presidencia el presidente Santos, quien estuvo por dos períodos. En todo caso, durante su mandato, en 2015, el artículo 197 constitucional fue de nuevo reformado, volviéndose al espíritu de la Constitución de 1999, al establecerse de nuevo la prohibición absoluta de la reelección presidencial, con una previsión de que la misma solo podría ser reformada en el futuro referendo de iniciativa popular o asamblea constituyente.[27]

***El contraste de la Corte Constitucional de Ecuador, ignorando el principio de la alternancia en el ejercicio del poder ante la reelección presidencial (2014)***

El tema de la reelección presidencial también fue objeto de una enmienda constitucional en Ecuador, sancionada por la Asamblea Nacional, mediante la cual, entre otras normas, se reformó la previsión de la Constitución (art. 144) que establecía la sola posibilidad de la reelección presidencial por una sola vez, proponiendo que se sustituyera por otra previendo, simplemente, la reelección ilimitada.

Buena parte de las enmiendas constitucionales propuestas fueron objeto de acciones de inconstitucionalidad ante la Corte Constitucional, planteando los recurrentes que, con las mismas, se alteraban elementos fundamentales del Estado, cuya reforma no podía constitucionalmente hacerse mediante el mecanismo de enmienda constitucional.

La Corte Constitucional resolvió las acciones de inconstitucionalidad mediante sentencia N° 001-14- RC 31 de octubre de 2014,[28] declarándolas sin lugar, centrando su argumentación por lo que se refiere al tema de la reelección residencial, precisamente refiriéndose al tema de la "democracia y la alternancia como elemento constitutivo del Estado," concluyendo, sin embargo, con un resultado diametralmente opuesto al decidido por la Corte Constitucional de Colombia, antes comentado, ignorando el derecho a la democracia y a todos sus componentes esenciales.

Para llegar a esta conclusión, la Corte Constitucional de Ecuador definió la democracia, con una miopía, asombrosa, descartando que fuera una regla constitucional, sino como un valor o principio, que referida al Estado lo único que implicaba es "la participación de los ciudadanos en la adopción de las decisiones, mecanismos de participación que se articulan en torno a generar justamente 'la más amplia participación posible'," a cuyo efecto, a decir de la Corte, "la Constitución ecuatoriana, en su artículo 95 desarrolla un amplio concepto de democracia participativa, dejando atrás la concepción formal de la democracia meramente representativa."

Con base en esta premisa errada y simplista, la Corte Constitucional del Ecuador precisó que "los procesos de elección y reelección de autoridades públicas se circunscriben a un ejercicio de la democracia directa dentro de un Estado constitucional," en el cual el pueblo es libre de elegir y reelegirá os gobernantes "como manifestación de la confianza del electorado en el desempeño de sus funciones;" procesos donde "el elemento central de la participación es el principio de igualdad" tanto para ejercer el derecho de elegir" como el derecho a ser electo. En ese contexto del derecho a la "participación de la ciudadanía en todos los asuntos de interés público" (art. 9%), la Corte consideró que "la posibilidad de candidatearse afianza la participa-

27 La Corte Constitucional revisó la constitucionalidad de la reforma mediante sentencia N° C-230/16 de 11 de mayo de 2016. Véase en http://www.corteconstitucional.gov.co/relatoria/2016/C-230-16.htm

28 Veáse en https://especiales.elcomercio.com/documentos/2014/11/Sentencia_Corte.pdf

ción ciudadana, puesto que las autoridades que ejercen la facultad de ser reelectos por más de una vez deberán someterse a la transparencia de legitimidad a través de un proceso eleccionario democrático en el que el pueblo decidirá su reelección o no."

En ese contexto, por tanto, el principio de la alternancia según la Corte Constitucional no tenía valor alguno, y menos cuando el carácter "alternativo" del gobierno que se estableció en la historia constitucional del Ecuador (art. 1, Constitución de 1998), fue expresamente eliminado en la Constitución de 2009, aparte de que según la Corte en dicha norma "no se establecía que la alternancia formase parte de los elementos del Estado," son que era solo "una característica de la forma de gobierno establecida."

De allí la conclusión de la Corte en el sentido de que "la actual Constitución ecuatoriana del año 2008 no reconoce a la alternancia como un elemento de la forma de gobierno;" o en otras palabras, la Constitución "no consideró a la alternancia como un elemento que forme parte de la estructura fundamental, el carácter o elementos constitutivos del Estado, ni tampoco como una característica esencial de la forma de gobierno."

Sin embargo, terminó la Corte afirmando que si bien la alternancia no se encuentra dentro de los elementos constitutivos del Estado, ello "no significa que haya desaparecido del régimen democrático ecuatoriano," pues la misma es en definitiva, "el resultado del derecho constitucional de participación de elegir." Así, la Corte Constitucional redujo el principio de la alternabilidad al principio electivo, como fraudulentamente lo hizo la Sala Constitucional de Venezuela, en la sentencia que dictó en la materia en 2009, y que se comenta más adelante.

De todo ello, la Corte concluyó con que "la propuesta de modificaciones del texto constitucional no altera la estructura fundamental, o el carácter o elementos constitutivos del Estado," aceptando que era procedente sancionar las mismas mediante el procedimiento de la Enmienda, declarando entonces sin lugar las acciones de nulidad por inconstitucionalidad.

En todo caso, el Presidente Lenin Moreno quien sustituyó a Rafael Correa en la presidencia sometió el tema de la reelección a referendo en 2018, habiéndose aprobado una reforma constitucional estableciendo la posibilidad de reelección de todos los funcionarios, pero solo por una sola vez.

Ahora bien, lo resuelto por la Corte Constitucional de Ecuador, en contraste con lo resuelto por la Corte Constitucional de Colombia, frente a la reelección presidencial en un caso ignorando el principio democrático de la alternabilidad, la alternancia o la alternación en el ejercicio del poder, y en el otro dándole todo valor y prevalencia sobre el derecho individual a votar o a ser electo o a la reelección, por supuesto, toca el meollo de uno de los temas actualmente más debatidos relativos a la democracia contemporánea en América Latina, y es el relativo a la reelección presidencial, que ha buscado resolverse teniendo en cuenta, dentro del bloque de constitucionalidad, solo los derechos individuales de los ciudadanos a elegir y a ser electos, ignorándose la existencia, frente a esos derechos, del derecho colectivo del pueblo a la democracia, y en ella, a la alternancia en el ejercicio del poder.

Ello debe exigir al intérprete constitucional, la necesidad de ponderar y determinar la necesaria prevalencia que pueda existir entre unos y otros derechos, y en particular entre el ejercicio de unos derechos individuales y el de un derecho colectivo.

Sin embargo, al contrario, entre las soluciones judiciales que se observan en los países de América Latina, desde que se planteó la discusión ante la Sala Constitucional de Costa Rica en 2003, las soluciones judiciales al dilema planteado con las pretensiones de continuismo en el poder mediante la consagración de la reelección presidencial, no se ha hecho poniendo en la balanza, por una parte, el derecho colectivo a la democracia y a la alternancia en el poder, y por la otra, los derechos individuales a elegir y ser electo; sino que se ha hecho considerando solo estos derechos políticos individuales en el marco del mal uso del "bloque de constitucionalidad" llegándose al absurdo de hacer prevalecer unas normas sobre otras, en desmedro del derecho a la democracia.

Esto ha ocurrido en decisiones de varios tribunales constitucionales de América latina,[29] cuyas sentencias son precisamente a las cuales quiero referirme en esta exposición. Me específicamente a las dictadas por los Tribunales constitucionales de Venezuela, Nicaragua, Honduras y Bolivia.

***El caso de Costa Rica, o de cómo el Tribunal Constitucional evadió la discusión sobre el supuesto derecho político a la reelección (2003)***

En primer lugar, debemos hacer mención a la sentencia dictada por Sala Constitucional de la Corte Suprema de Costa Rica, de 4 de abril de 2003,[30] en un juicio iniciado mediante una acción de inconstitucionalidad que se intentó contra la reforma constitucional del artículo 132.1 de la Constitución Política, en la cual se alegó no sólo que en el procedimiento de reforma se había violentado lo dispuesto en el artículo 195 de la Constitución Política, sino que la prohibición impuesta en la reforma a los expresidentes de la República de volver a ocupar la primera magistratura, se consideraba inconstitucional, pues con ello se le suprimían sus derechos a elegir y a ser electo. Además, se estimó que con la reforma impugnada se violentaban los artículos 1, 2, 23 y el 24 de la Convención Americana sobre Derechos Humanos y los derechos de libertad de elegir y de ser elegidos, así como la democracia electoral, llegándose a argumentar que la prohibición a la reelección violentaba:

> "no solo el fuero humano de ser elegido en condiciones de igualdad –discriminándolos por haber ejercido antes la presidencia de la república–, sino el de todos los costarricenses de votar en elecciones periódicas que garanticen la libre expresión de la voluntad de los electores, en este caso, la libre voluntad de reelegir a un expresidente de la república en condiciones de igualdad."

Dos motivos de inconstitucionalidad fueron entonces los que se plantearon ante la Sala Constitucional: uno de forma, por no haberse seguido el procedimiento constitucional prescrito para aprobar una reforma a la Constitución; y otro de fondo, por considerar que la reforma sancionada violaba derechos garantizados en la Constitución y en la Convención Americana de Derechos humanos.

Sobre lo segundo, la Procuraduría General de la República argumentó en el proceso, con toda razón, que la Ley de la Jurisdicción Constitucional no estableció expresamente la posibilidad de que la Sala pudiera conocer de acciones de inconstitucionalidad contra el contenido de la Constitución Política, como lo decidió también en la antes mencionada sentencia el Tribunal Constitucional de república Dominicana en 2018, considerando que los Tribunales Constitucionales deben estar subordinados a la Constitución, no pudiendo sustituir la voluntad de un pueblo, "quien la delega en una Asamblea Constituyente o en la Asamblea Legislativa que actúa conforme al artículo 195." Agregó, además, la Procuraduría, que la Sala nunca había declarado "la inconstitucionalidad de una norma de la Constitución tomando como parámetro de constitucionalidad los instrumentos internacionales vigentes en el país," considerando, además, con razón, que "la prohibición de la reelección no viola principios esenciales del Estado de derecho."

La Sala Constitucional, en su sentencia,[31] declaró su propia competencia para conocer de la acción de "la inconstitucionalidad de la reforma constitucional aquí impugnada," es decir, "de la reforma del artículo 132 inciso 1), de la Constitución Política de 1949, realizada mediante ley

---

29 Véase entre otros trabajos: Ernesto Cárdenas y Federico Corredor, "El juez constitucional y la reelección presidencial en América Latina," en *Revista de Economía Institucional*, vol. 20, Nº 38, primer semestre/2018, pp. 45-70.; en http://www.scielo.org.co/pdf/rei/v20n38/0124-5996-rei-20-38-00045.pdf; y el libro *La reelección presidencial en Centroamérica: ¿Un derecho absoluto?*, (Coordinador Joaquín A. Mejía R., y con trabajos de Víctor Orozco S. Gonzalo Carrión Salvador Lulio Marenco Contreras Rafael Jerez Moreno Matilde Guadalupe Hernández Carlos Rafael Urquilla Bonilla Alfredo Ortega Gisela de León Ana Marcia Aguiluz), Editorial Diakonia, Honduras, 2018

30 Exp. O2-005494-0007-CO

31 La sentencia se dictó bajo la Ponencia de la magistrada Ana Virginia Calzada Miranda. La Sala estuvo integrada por: Luis Fernando Solano C.(Presidente), Luis Paulino Mora M., Carlos M. Arguedas R., Ana Virginia Calzada M., Adrián Vargas B., Gilbert Armijo S., y Ernesto Jinesta L.

N° 4349 del 11 de julio de 1969," que restringió la posibilidad de la reelección presidencial; en su carácter de órgano constitucional "encargado de garantizar la supremacía de las normas y principios constitucionales y tutelar los derechos y garantías fundamentales."

Para decidir, la Sala Constitucional pasó revista al tema de la reelección presidencial en la historia de Costa Rica, destacando cómo, desde el inicio, y al contrario del caso antes mencionado de Venezuela, las Asambleas Constituyentes mostraron una clara tendencia a reconocer el derecho de reelección a aquellas personas que ejercieran el Poder Ejecutivo. Ello fue así hasta la reforma constitucional de 1949, en la cual se estableció un límite temporal a la reelección presidencial para los que "hubieran servido la Presidencia en cualquier lapso dentro de los ocho años anteriores al período para cuyo ejercicio se verificare la elección (artículo 132 inciso 1). En todos los casos, las regulaciones constitucionales las habían adoptado Asambleas Constituyente, siendo la reforma adoptada mediante la Ley N° 4349 de 11 de julio de 1969, que fue la impugnada, la única vez en la cual la reelección se reguló por la Legislatura, estableciéndose la posibilidad de "la reelección por una sola vez, a todas aquellas personas que en ese momento, ostentaban la condición de expresidentes."

La Sala, por otra parte, se refirió al "derecho de elección, como derecho político," al cual consideró como "un derecho fundamental," agregando que históricamente, conforme a la Constitución Política de 1949, "fue la voluntad popular a través de la Constituyente, la que dispuso que existiera la reelección presidencial, con el fin de garantizarse el pueblo el efectivo derecho de elección;" y haciendo referencia a la Convención Americana de Derechos Humanos (artículo 23), en particular al derecho de los ciudadanos a "votar y ser elegidos," con la posibilidad de que se establezcan por ley limitaciones solo "por razones de edad, nacionalidad, residencia, idioma, instrucción, capacidad civil o mental, o condena, por juez competente, en proceso penal." La sala, de allí, concluyó con la afirmación de que:

> "La reelección, según se desprende de la voluntad popular suscrita históricamente, establece la posibilidad para el ciudadano de elegir <u>libremente</u> a sus gobernantes, por lo que al reformarse la Constitución en detrimento de la soberanía del pueblo, y en desgaste de sus derechos fundamentales, lo que se produjo en este caso fue la imposición de más limitaciones que las ya existentes en razón de edad, nacionalidad, residencia, idioma, instrucción, capacidad civil o mental, o condena."

Con base en esta premisa, la Sala consideró que "de resultar inconstitucional la forma en que la Asamblea Legislativa suprimió este derecho, implicaría que su restauración deba sujetarse al procedimiento correspondiente," pasando a analizar la forma cómo se sancionó la reforma constitucional por la Asamblea Legislativa, de lo cual concluyó con la afirmación de que:

> "la Asamblea Legislativa carece de competencia para hacer una reforma parcial que afecte los derechos fundamentales y las decisiones políticas fundamentales, por el procedimiento establecido en el artículo 195 de la Constitución Política. La Asamblea Nacional Constituyente estableció en el numeral 132 de la Constitución regulaciones a los derechos políticos de quienes aspiren al cargo de presidente o vicepresidente de la República. En el caso que nos ocupa en esta decisión judicial, el inciso 1) prohibía la reelección únicamente para aquellos que hubieren ejercido la Presidencia en cualquier lapso dentro de los ocho años anteriores al período para cuyo ejercicio se verificare la elección. La reforma operada por Ley N° 4349 prohibió en forma total la reelección presidencial, afectando negativamente derechos políticos de los ciudadanos y al actuar así, la Asamblea Legislativa, en ejercicio del Poder Constituyente de reforma parcial, excedió los límites de su competencia."

De ello, la Sala concluyó su sentencia decidiendo que una reforma constitucional mediante la cual se limite un derecho político dado por el constituyente originario, como era el relativo a la reelección presidencial, debía hacerse "a través del mecanismo de reforma general previsto en el artículo 196 constitucional," considerando en consecuencia que "la reforma al artículo 132 de la Constitución Política, operada mediante la Ley N° 4349, se produjo una violación al procedimiento previsto según lo señalado," declarándola nula.

Debe precisarse que la Sala, en su decisión, aun cuando en la motiva se pronunció por considerar el "derecho a la reelección" como un derecho político "fundamental," en la resolutoria no se pronunció sobre el fondo de lo que era el debate constitucional en materia de reelección presidencial, en el marco del principio democrático, que exige optar, ante limitaciones impuestas a la reelección, entre la protección de los derechos individuales de los ciudadanos a elegir y ser electos, y el derecho colectivo a la alternabilidad republicana en el gobierno, el cual, sin embargo, ni se mencionó.

Aclaró, en todo caso, la Sala que, con especial fundamento en el principio democrático, en realidad:

> "lo revisado por este Tribunal es el procedimiento mediante el cual se produjo la reforma constitucional aquí impugnada, no sobre la conveniencia del instituto de reelección presidencial, por cuanto tal decisión es una competencia que le corresponde en forma exclusiva al poder constituyente originario."

El tema central de la discusión sobre la existencia o no de un supuesto derecho a la reelección, o de la prevalencia de la aplicación en esta materia de la Convención Americana sobre Derechos Humanos en relación con la Constitución, que se planteó en los alegatos ante la Sala, sin embargo no fueron considerados por la misma, limitándose la sentencia a anular la previsión mencionada del artículo 132 de la Constitución que prohibía la reelección, por no ajustársela reforma al procedimiento previsto en la Constitución, con lo cual, en todo caso se abrió la posibilidad para permitir de nuevo la elección de Óscar Arias para otro mandato (2006-2010).

***El caso de Venezuela, o de cómo el tribunal constitucional desconoció el principio pétreo a la alternabilidad republicana (2009)***

En Venezuela, como se ha dicho, desde 1811 se estableció el principio democrático republicano de la alternabilidad en el gobierno, a cuyo efecto, a través de toda la historia del país, en las Constituciones se estableció la prohibición de la reelección presidencial inmediata, lo cual sin embargo, tuvo escasas excepciones, que fueron insertadas en las Constituciones sancionadas en los gobiernos autoritarios, como fue el caso de la efímera Constitución de 1857; de las Constituciones de Juan Vicente Gómez de 1914, 1922, 1925, 1928, 1929 y 1931, y de la Constitución de Marcos Pérez Jiménez de 1953.[32]

La prohibición de la reelección inmediata, en cambio, respecto del presidente de la República, fue más amplia en el período democrático iniciado en 1958, habiéndose extendido en la Constitución de 1961 a los dos períodos siguientes (10 años).

La Constitución de 1999, por su parte, flexibilizó el principio de la alternabilidad, habiendo sido la única en la historia constitucional que permitió la posibilidad de reelección presidencial de inmediato aun cuando limitándola por una sola vez, para un nuevo período constitucional. En consecuencia, fue conforme a la Constitución que en 2006 se reeligió a Hugo Chávez para un segundo período; quien al año siguiente, en 2007, fue quien propuso reformar la Constitución, para eliminar de su texto el principio de la alternabilidad republicana y en cambio establecer el principio de la reelección indefinida, a los efectos de perpetuarse en el poder, como era su proyecto.[33]

Como se dijo, sin embargo, el principio de la alternabilidad del gobierno, desde el mismo inicio de la República fue establecido como un principio de carácter pétreo. La Constitución dice: "El gobierno es y será siempre alternativo" (art. 6), buscándose evitar el continuismo o a la permanencia en el poder por una misma persona; principio que solo podría ser modificado mediante el mecanismo de una Asamblea Nacional Constituyente. Dicho principio, por su-

32 Véase Allan R. Brewer-carías, *Las Constituciones de Venezuela,* 2 vols, Academia de Ciencias Políticas y Sociales, Caracas 2008. Véase igualmente, Allan R. Brewer-Carías, *Historia Constitucional de Venezuela*, 2 vols., Editorial Alfa, Caracas 2008

33 Véase sobre la propuesta de reforma constitucional de 2007 los comentarios en Allan R. Brewer-Carías, *La reforma constitucional de 2007 (Comentarios al proyecto inconstitucionalmente sancionado por la Asamblea Nacional el 2 de noviembre de 2007),* Colección Textos Legislativos, N° 43, Editorial Jurídica Venezolana, Caracas 2007.

puesto, no se puede confundir con el principio del gobierno "electivo" o el más general principio "democrático" que el mismo artículo 6 de la Constitución establece, pues una cosa es poder elegir a los gobernantes, y otra cosa es el principio de alternabilidad que impide poder escoger al mismo gobernante ilimitadamente.[34]

La Sala Constitucional del Tribunal Supremo, sin embargo, a comienzos de 2009, y luego de que el pueblo mediante referendo de diciembre de 2007 rechazara el proyecto de reforma constitucional que pretendía eliminar el principio de la alternabilidad republicana estableciendo la reelección indefinida del presidente de la República, para "facilitar" la posibilidad de reformar el principio mediante una "Enmienda constitucional" para eliminar la alternabilidad republicana; mediante sentencia N° 53 de 3 de febrero de 2009 procedió a "interpretar" el artículo 6 de la Constitución afirmando, en contra de su texto, que el principio de la alternabilidad "lo que exige es que el pueblo como titular de la soberanía tenga la posibilidad periódica de escoger sus mandatarios o representantes," confundiendo fraudulentamente "gobierno alternativo" con "gobierno electivo." Por ello, fue falso lo que afirmó la Sala Constitucional en la misma sentencia en relación con el principio de la alternabilidad, el sentido de que "sólo se infringiría el mismo si se impide esta posibilidad al evitar o no realizar las elecciones."

Con su sentencia, la Sala Constitucional lo que hizo fue mutar ilegítimamente el texto de la Constitución pues, al contrario de lo que afirmó, la eliminación de la causal de inelegibilidad para el ser electo para cargos públicos derivada de su ejercicio previo por parte de cualquier ciudadano, sí trastocaba el principio de alternabilidad en el ejercicio del poder.

Se insiste, lo argumentado por la Sala Constitucional se refirió al principio de gobierno "electivo" que en los términos del mismo artículo 6 de la Constitución, es el que implica que "el electorado, como actor fundamental del proceso democrático, acuda a procesos comiciales periódicamente en los que compitan, en igualdad de condiciones, las diversas opciones políticas que integran el cuerpo social;" pero no al principio de gobierno "alternativo" que implica que no se pueda elegir indefinidamente una misma persona para el mismo cargo, así haya hecho un "buen gobierno."

El principio de la alternabilidad, para evitar el continuismo en el poder, precisamente implica la limitación que el pueblo, como poder constituyente originario, se impuso a sí mismo, en cuanto a la "oportunidad de decidir entre recompensar a quienes estime como sus mejores gobernantes, o bien renovar completamente las estructuras del poder cuando su desempeño haya sido pobre." Esa "oportunidad" quedó reducida en la Constitución a la posibilidad de una sola reelección de inmediato, por una sola vez para un período inmediato. Por tanto, establecer la reelección continúa como se pretendía con la reforma constitucional de 2007, sí alteraba el principio fundamental del gobierno "alternativo", que es distinto del principio del gobierno "electivo," necesitándose para su reforma, dada la formulación pétrea del artículo 6 de la Constitución (es y será siempre), no de alguna modificación constitucional por los procedimientos de Enmienda ni de Reforma Constitucional, sino solo mediante la convocatoria de una Asamblea Nacional Constituyente.

La Sala Constitucional, sin embargo, con su sentencia N° 53 de 03-02-2009, una vez más al servicio del autoritarismo,[35] lo que hizo fue mutar la Constitución a través de una interpretación, modificando ilegítimamente el sentido del principio del gobierno 'alternativo" que el pueblo dispuso al aprobar mediante referendo la Constitución de 1999, que siempre debía regir sus gobiernos, y que el mismo pueblo ratificó en 2007 al rechazar, también mediante referendo, la reforma constitucional que pretendía introducir la reelección presidencial indefinida.

34 Véase sobre el principio de la alternabilidad republicana en Venezuela, en Allan R. Brewer-Carías, "El Juez Constitucional vs. la alternabilidad Republicana.(La reelección continua e indefinida)," en *Revista de Derecho Público*, N° 117, Editorial Jurídica Venezolana, Caracas 2009, pp. 205 ss.; y en *Analitica.com, 2019*, en http://www.analitica.com/va/politica/opinion/6273405.asp

35 Véase Allan R. Brewer-Carías, "El Juez Constitucional al servicio del autoritarismo y la ilegítima mutación de la Constitución: el caso de la Sala Constitucional del Tribunal Supremo de Justicia de Venezuela (1999-2009)", en *Revista de Administración Pública*, N° 180, Madrid 2009, pp. 383-418.

La inconstitucional sentencia, en todo caso, lo que implicó fue que se despejara fraudulentamente el camino para que el régimen autoritario pudiera someter a referendo en el mismo año 2009, una Enmienda Constitucional para borrar del texto el principio pétreo de la prohibición de reelección indefinida, que conforme a la Constitución solo podía modificarse mediante la convocatoria a una Asamblea Nacional Constituyente. En definitiva, la Enmienda se aprobó, en fraude a la Constitución y a la voluntad popular, quedando totalmente eliminado en Venezuela el principio de la alternabilidad republicana.[36]

***El caso de Nicaragua o de cómo el tribunal constitucional declaró "inconstitucional" normas de la Constitución (2009)***

Al contrario de lo que sucedió en República Dominicana en 2018, donde como hemos comentado, el Tribunal Constitucional se negó a conocer de una acción que pretendía se declarara inconstitucional una disposición que limitaba la reelección presidencial contenida en la propia Constitución, en Nicaragua, nueve años antes había ocurrido lo contrario.

En efecto, la Sala Constitucional de la Corte Suprema de Justicia, mediante sentencia de N° 504 del 19 de octubre de 2009,[37] a pesar de la prohibición constitucional expresa que prohibía la reelección, al decidir una acción de amparo constitucional que se había intentado contra una decisión del Consejo Supremo Electoral rechazando la presentación de diversas candidaturas por parte de ex funcionarios que buscaban precisamente la reelección prohibida en sus cargos, en la materia, resolvió para permitirla, proceder pura y simplemente a "reformar" o "mutar" la Constitución, declarando inconstitucional la norma constitucional que prohibía dicha reelección presidencial, y en consecuencia declarándola inaplicable.[38]

En efecto, el artículo 147.a de la Constitución entonces vigente en 2009 establecía que:

> "No podrá ser candidato a presidente ni vicepresidente de la República: a) El que ejerciere o hubiere ejercido en propiedad la Presidencia de la República en cualquier tiempo del período en que se efectúa la elección para el período siguiente, ni el que la hubiere ejercido por dos períodos presidenciales."

Se trataba, como resulta del propio texto, de una prohibición constitucional clara y diáfana prohibiendo la reelección presidencial, que no podría ser cambiada o reformada sino mediante los mecanismos de reforma constitucional.

Sin embargo, no ocurrió así, habiendo sido en este caso, el Juez Constitucional el que decidió mutar la Constitución al conocer de un proceso que, además, estaba prohibido en la legislación.

En efecto, el caso que originó esta sentencia, se inició con la decisión adoptada por el Consejo Supremo Electoral de Nicaragua, de rechazar la petición que diversos candidatos en procesos electorales le habían formulado unos días antes de la sentencia, solicitando que se admitieran sus postulaciones para la reelección, argumentando, para ello, que el Consejo les debía aplicar el principio de igualdad a todos los funcionarios públicos en materia electoral, ignorando las previsiones constitucionales.

El Consejo Supremo Electoral, por supuesto, con base en la mencionada norma constitucional, rechazó las solicitudes que se le formularon, fundamentándose en todo caso en el argumento final de que el organismo carecía de competencia para resolver sobre tales materias.

---

36 Véase los comentarios a la Enmienda de 2009 en Allan R. Brewer-Carías, *Reforma constitucional y fraude a la Constitución (1999-2009)*, Academia de Ciencias Políticas y Sociales, Caracas 2009.

37 Véase sobre el caso de Nicaragua: Iván Escobar Fornos, "Relaciones y tensiones de la Justicia Constitucional con los poderes del Estado: crisis permanente (Democracia, gobernabilidad y el Tribunal Constitucional)," en *Anuario Iberoamericano de Justicia Constitucional*, N° 15, Centro de Estudios Políticos y Constitucionales, Madrid 2011, pp. 67-137.

38 Véase lo que expusimos en Allan R. Brewer-Carías, *La patología de la Justicia Constitucional*, Editorial Jurídica Venezolana, Caracas 2014, pp. 197-199; y en *Los jueces constitucionales. controlando el poder o controlados por el poder. Algunos casos notorios y recientes (Estados Unidos, Nicaragua, Bolivia, Paraguay, Reino Unido, Suráfrica, Venezuela, Honduras, República Dominicana, El Salvador, Colombia, Perú, Costa Rica, Chile, Brasil)*, Segunda edición corregida y aumentada, Colección Biblioteca de Derecho, Ediciones Olejnik, Buenos Aires, 2018.

Las decisiones del Consejo Supremo Electoral en Nicaragua, conforme a la legislación vigente son definitivas, y contra las mismas, de conformidad con el artículo 52.5 de la Ley de Amparo, no procede acción de amparo, por lo que al intentarse acciones de amparo contra las decisiones de rechazo de las solicitudes para reelección, la Sala Constitucional debió haberlas declarado inadmisibles.

Sin embargo, a pesar de esta restricción legal, la Sala Constitucional del Tribunal Supremo de Justicia entró a conocer de la acción de amparo propuesta, procediendo a decidir, en definitiva, que la referida norma constitucional que prohibía expresamente la reelección presidencial era "inaplicable," por considerarla violatoria del principio de la igualdad, con lo cual no sólo entro a juzgar la "inconstitucionalidad" de la Constitución, lo que es un despropósito, sino que decidió, en forma totalmente ilegítima, mutar la Constitución, eliminando así del texto fundamental la rígida prohibición constitucional establecida en relación con la reelección presidencial.[39]

Con posterioridad, la decisión de la Sala Constitucional fue ratificada por la Corte Plena de la Corte Suprema de Justicia, en sentencia del 30 de septiembre de 2010, con el objeto de darle efectos *erga omnes* a la decisión.

En esta forma, como consecuencia de la sentencia de la Sala Constitucional del 19 de octubre de 2009 dictada sólo cuatro días después de que se habían presentado las postulaciones iniciales ante el Consejo Supremo Electoral, en Nicaragua se cambió la Constitución sin haberse seguido los procedimientos de revisión de la misma, permitiéndose en consecuencia la posibilidad de reelección presidencial del presidente Daniel Ortega.

Para ello, la Sala consideró que la norma del artículo 147.4.a y 147.b de la Constitución violaba el derecho a la igualdad, el derecho al sufragio y el derecho a la personalidad consagrados en los artículos, 27, 47, 48, 50 y 51 de la Constitución, entre otros, declarando en consecuencia que la norma era inconstitucional en la parte antes mencionada.[40]

La sentencia consideró en efecto, que el derecho a la igualdad podía considerarse violado porque el artículo 147 contenía una "interdicción electoral solo para el presidente" lo cual consideró la Sala que "representa un trato desigual, cuando como queda claro hay igualdad de condiciones...". Afirmó además la Sala Constitucional

> "que los principios constitucionales que informan nuestra Constitución Política en su Preámbulo y Parte Dogmática, prevalecen sobre el resto de Disposiciones Constitucionales que conforman nuestra Constitución Política...".

De seguidas, la Sala Constitucional, además de referirse a los "principios constitucionales" que informan los derechos fundamentales, hizo mención a:

> "la Soberanía, al igual que la igualdad, la unidad centroamericana, la independencia, la autodeterminación, la paz social, el bien común, la libertad, la justicia, el respeto a la dignidad de la persona humana, el pluralismo político, social y étnico, la cooperación internacional, el respeto a la libre autodeterminación de los pueblos."

---

39 Véase Sergio J. Cuarezma Terán and Francisco Enríquez Cabistán, *Nicaragua National Report*, XVIII International Congress of Comparative Law, Washington, July 2010, p. 43; Allan R. Brewer-Carías, *Constitutional Courts as Positive Legislators*, Cambridge University Press, New York 2011, p. 101.

40 Véase el comentario a la sentencia, el Dr. Iván Escobar Fornos, Magistrado de la Corte Suprema de Justicia de Nicaragua, quien indicó que: "Se ha considerado que ésta no es una interpretación [de la Constitución] como se pretende sino más bien una derogación de la prohibición de la reelección antes señalada". Véase Iván Escobar Fornos, "Relaciones y tensiones de la Justicia Constitucional con los poderes del Estado: crisis permanente (Democracia, gobernabilidad y el Tribunal Constitucional)" *ob. cit.*, pp. 67-137; y en Ensayo presentado por el autor ante la Mesa Redonda Jurídica Internacional organizada por la Fundación Alexandre Guzmán y el Instituto de Pesquisa de Relaciones Internacionales (del ITAMARATI, Brasil), Septiembre, 2010, p. 33; citado en el documento de presentado por Renaldy J. Gutiérrez, *Estado de Derecho, Misión de la Federación Interamericana de Abogados (Las Experiencias de Nicaragua y El Salvador), ¿Justicia Constitucional o Activismo Judicial?*, presentado en el Seminario de derecho comparado sobre separación de poderes del Estado y la "Political Questions Doctrine" en los Estados Unidos de América, organizado por Sala Constitucional de la Corte Suprema de Justicia en cooperación con Duquesne University (Pittsburh), San José, Costa Rica, 28 y 29 de marzo de 2012.

Con base en ello, la Sala Constitucional concluyó afirmando, sin mucha ilación, que los miembros del Consejo Supremo Electoral no podían:

> "negarse a cumplir con la voluntad del pueblo soberano, de elegir y ser elegido de manera directa como sus representantes a los ciudadanos que crean conveniente, aplicando de manera inescrutable [sic] los principios fundamentales de igualdad, libertad y soberanía, de no ser así ocurriría una muerte política para los recurrentes, violando también el derecho al reconocimiento de la personalidad y capacidad jurídica... y el reconocimiento de los derechos inherentes a la persona humana consignados en las Declaraciones Universales de Derechos Humanos..."

De ello concluyó la Sala afirmando que la decisión accionada en amparo, del Consejo Supremo Electoral del 16 de octubre de 2009, transgredía:

> "los ya referidos principios constitucionales de los ciudadanos nicaragüenses, por lo cual resulta falta de motivación y congruencia, violando el derecho de petición y a obtener una resolución fundada en derecho; en consecuencia, debe ampararse a los recurrentes."

La consecuencia de todos estos argumentos, fue entonces la decisión de la Sala Constitucional de "declarar la inaplicabilidad del Art. 147 de la Constitución, "únicamente en la parte relativa a la prohibición de la reelección presidencial," por existir "una antinomia constitucional con respecto a "los principios constitucionales antes referidos."

Es decir, la Sala Constitucional de la Corte Suprema en Nicaragua en una forma por demás bizarra, declaró la inconstitucionalidad de una norma constitucional, con lo cual mutó la Constitución, permitiendo así la reelección presidencial en dicho país en particular del presidente Daniel Ortega, que era el propósito buscado, lo que se materializó en las elecciones generales de noviembre de 2011, y luego, en las elecciones de 2016.[41]

***El caso de Honduras o de cómo el tribunal constitucional desaplicó la Constitución ignorando la existencia del derecho colectivo a la alternabilidad***

En Honduras se siguió el ejemplo de Nicaragua, aun cuando después de antecedentes tortuosos y de previsiones constitucionales más severas.[42]

En efecto, la Constitución de Honduras, vigente en 2009, podía considerarse como uno de los pocos textos constitucionales latinoamericanos que establecía mecanismos relativamente sencillos para su reforma, excluyendo la intervención del pueblo en el procedimiento de reforma, permitiendo en su artículo 373 la adopción de las reformas constitucionales por el Congreso, como poder constituyente derivado, mediante el voto de los dos tercios de la totalidad de sus miembros; las cuales, además, debían ser ratificadas por la subsiguiente legislatura ordinaria, por igual número de votos.

Esta forma relativamente sencilla del procedimiento de reforma constitucional, sin embargo, puede decirse que tenía su contrapartida en la inclusión, en la misma Constitución, de una importante cláusula pétrea referida a diversos aspectos constitucionales sustantivos que no podían reformarse en la forma prevista en la misma.

En efecto, el artículo 374 de la Constitución disponía que no podían ser reformados mediante el mencionado procedimiento de reforma constitucional, "los artículos constitucionales que se refieren a la forma de gobierno, al territorio nacional, al período presidencial, a la prohibición para ser nuevamente presidente de la República, el ciudadano que lo haya desempeñado bajo cualquier título y referente a quienes no pueden ser presidente de la República por el período subsiguiente."[43]

41 Véase los comentarios en Allan R. Brewer-Carías, *Los jueces constitucionales: controlando al poder o controlados por el poder Algunos casos recientes*, Editorial Jurídica Venezolana, Caracas 2017, pp. 406 ss.

42 Véase Allan R. Brewer-Carías, *Reforma Constitucional, Asamblea Constituyente, y control Judicial: Honduras (2009), Ecuador (2007) Y Venezuela (1999)*, Serie Derecho Administrativo Nº 7, Universidad Externado de Colombia, Bogotá 2009.

43 Una norma de este tipo, como se dijo, no es frecuente en América Latina, y quizás es sólo comparable con las previsiones de la Constitución de Guatemala donde también se establece en el artículo 281 de la Constitución que "en ningún caso

La Constitución de Honduras, por otra parte, preveía expresamente la consecuencia de la violación de estas normas constitucionales, por ejemplo, en materia de limitación a la reelección presidencial (artículo 239 que disponía que "el ciudadano que haya desempeñado la titularidad del Poder Ejecutivo no podrá ser Presidente o Designado"), al disponer que "*El que quebrante esta disposición o proponga su reforma*, así como aquellos que *lo apoyen directa o indirectamente*, cesarán de inmediato en el desempeño de sus respectivos cargos, y quedarán inhabilitados por diez años para el ejercicio de toda función pública."

Además, el artículo 4 de la misma Constitución de Honduras, después de declarar que "la forma de gobierno es republicana, democrática y representativa" agregaba que "la alternabilidad en el ejercicio de la Presidencia de la República es obligatoria," disponiendo que "La infracción de esta norma constituye delito de traición a la Patria," llegando tan lejos como prever en su artículo 42.5 como una de las causales de la pérdida de "la calidad de ciudadano", el hecho de "incitar, promover o apoyar el continuismo o la reelección del Presidente de la República."

Ese fue el contexto jurídico constitucional de la alternabilidad republicana concebida, al igual a como está en la Constitución de Venezuela, como principio pétreo, que el entonces presidente José Manuel Zelaya comenzó a plantear en 2009 la posibilidad de proceder a convocar una Asamblea Nacional Constituyente como mecanismo de reforma constitucional no previsto ni regulado en la Constitución (entre otros aspectos para incluir la reelección indefinida del Presidente de la República). Zelaya, en es forma, sin duda, trató de seguir los pasos diseñados en el precedente que se había desarrollado en Venezuela en 1999, y que luego se siguió en Ecuador y Bolivia, basado en interpretaciones constitucionales tortuosas, [44-45] fundamentadas un supuesto principio de "nuevo constitucionalismo" que despreciaba la supremacía de la Constitución.[46]

El intento de reformar la Constitución mediante la dicha convocatoria de una Asamblea Nacional Constituyente fue, en definitiva, bloqueada por decisión del Juzgado de Letras de lo Contencioso Administrativo de Tegucigalpa,, el cual como tribunal contencioso administrativo asumió su función, y procedió a controlar la constitucionalidad y legalidad de las actuaciones del presidente de la República, llegando, mediante sentencia de 27 de mayo de 2009, a suspender los efectos de los actos ejecutivos dictados con tal propósito, en particular, el decreto ejecutivo N° PCM-05-2009 de 23 de marzo de 2009, en el cual se había ordenado realizar una "amplia consulta popular" para que la ciudadanía hondureña pudiera expresar libremente su acuerdo o no con " *la convocatoria a una Asamblea Nacional Constituyente que apruebe una nueva Constitución Política.*"[47]

---

podrán reformarse los artículos 140 (independencia del Estado y al sistema de gobierno), 141 (soberanía popular), 165, inciso g) (desconocimiento del mandato del Presidente después de vencido su período constitucional), 186 (prohibiciones para optar a cargos de Presidente y Vicepresidente) y 187 (prohibición de reelección), ni en forma alguna toda cuestión que se refiera a la forma republicana de gobierno, al principio de no reelección para el ejercicio de la Presidencia de la República, ni restársele efectividad o vigencia a los artículos que estatuyen alternabilidad en el ejercicio de la Presidencia de la República, así como tampoco dejárseles en suspenso o de cualquier otra manera de variar o modificar su contenido." Véase Allan R. Brewer-Carías, "Modelos de revisión constitucional en América Latina", en *Boletín de la Academia de Ciencias Políticas y Sociales*, enero-diciembre 2003, N° 141, Caracas 2004. pp. 115-156; y en Walter Carnota y Patricio Marianello (Directores), *Derechos Fundamentales, Derecho Constitucional y Procesal Constitucional,* Editorial San Marcos, Lima 2008, pp. 210-251

44 Véase Allan R. Brewer-Carías, *Golpe de Estado y proceso constituyente en Venezuela*,-Universidad nacional Autónoma de México, 2012.

45 Véase Allan R. Brewer-Carías, "La configuración judicial del proceso constituyente o de cómo el guardián de la Constitución abrió el camino para su violación y para su propia extinción", en *Revista de Derecho Público*, N° 78-80, Editorial Jurídica Venezolana, Caracas 1999, pp. 55-73.

46 Véase Allan R. Brewer-carías, *El "nuevo constitucionalismo latinoamericano" y la destrucción del Estado democrático por el juez constitucional. El caso de Venezuela*, Colección Biblioteca de Derecho Constitucional, Ediciones Olejnik, Madrid, Buenos Aires, 2018.

47 Véase en Allan R. Brewer-Carías, *Reforma Constitucional, Asamblea Constituyente, y control Judicial: Honduras (2009), Ecuador (2007) Y Venezuela (1999),* Serie Derecho Administrativo N° 7, Universidad Externado de Colombia, Bogotá 2009

El día anterior a la sentencia, sin embargo, es decir, el 26 de mayo de 2009, el Presidente de la República en Consejo de Ministros emitió un "nuevo" Decreto Ejecutivo N° PCM-19-2009, que solo fue publicado un mes después (25 de Junio de 2009, N° 31.945), mediante el cual se decidió anular y dejar "sin ningún valor y efecto" el Decreto N° PCM-05-2009 que ordenaba la consulta popular, a partir de su emisión; y lugar de la misma, mediante un nuevo Decreto N° PCM-20-2009 dictado el mismo día 26 de mayo de 2009, el Presidente dispuso que se realizase, no una consulta popular, sino "*una encuesta nacional de opinión*," en este caso para que el pueblo decidiera directamente "*la convocatoria a una Asamblea Nacional Constituyente.*"[48]

El mismo día del anuncio presidencial del decreto N° PCM-27-2009, el 29 de mayo de 2009, los abogados del Ministerio Público que actuaban como parte demandante en el proceso contencioso administrativo, solicitaron aclaratoria de la sentencia interlocutoria de suspensión de efectos que se había dictado, y el Juez Titular, ante la evidente "reedición" del acto suspendido, mediante sentencia de 27 de mayo del 2009 acordó que la suspensión de efectos ya decidida, se extendía a cualquier otro acto administrativo "así como cualquier cambio de denominación en el procedimiento de consulta o interrogatorio, que implique evadir el cumplimiento de la sentencia interlocutoria que se aclara."

Contra las decisiones del Juzgado de Letras de lo Contenciosos Administrativo, el Presidente de la República en su condición de Titular del Poder Ejecutivo intentó una bizarra acción de amparo por ante la Corte de Apelaciones de lo Contencioso Administrativo en Tegucigalpa, la cual mediante sentencia de 16 de junio de 2009, consideró que siendo el proceso contencioso administrativo desarrollado ante el Juzgado de Letras, un proceso en el cual las partes eran el Ministerio Público como demandante, y el Estado de Honduras como demandado, la acción de amparo que pudiera intentarse contra las decisiones dictadas en el proceso sólo podían ser interpuestas por las partes interesadas en el mismo; de lo que concluyó resolviendo que:

> "siendo el demandado, el Estado de Honduras, resulta obvio que quien interpone el amparo [el presidente de la República] carece de legitimación para ejercer la presente acción, puesto que constitucionalmente el representante legal del Estado es la Procuraduría General de la República, quien no ha interpuesto recurso alguno y por ende ha consentido la sentencia y la aclaración recurrida."

El Juzgado contencioso administrativo cumplió con conminar en tres oportunidades al presidente de la República a cumplir con el fallo dictado, pero la respuesta del presidente fue desacatar las decisiones judiciales y anunciar que procedería con la encuesta convocada. Ello provocó la emisión de una nueva sentencia día 24 de junio de 2009, ordenando a las Fuerzas Armadas de Honduras, por medio del Jefe del Estado Mayor Conjunto, "el *inmediato decomiso* de toda la documentación y material necesario y relacionado con la encuesta de opinión que el Poder Ejecutivo, en *abierta violación a la orden emanada de este Juzgado*, pretende realizar el día domingo 28 de junio de dos mil nueve." El Jefe del Estado Mayor Conjunto de las Fuerzas Armadas, al acatar la decisión judicial, fue destituido de su cargo por el presidente de la República.

Contra ello, dicho Jefe del Estado mayor y el Fiscal Especial para la Defensa de la Constitución, actuando a favor de *los intereses generales de la sociedad y del orden jurídico constitucional*, interpusieron sendos recursos de amparo contra la resolución presidencial mencionada por ante la Sala Constitucional de la Corte Suprema de Justicia (Registro Nos. 881 y 883-09), la cual luego de acumular los recursos, y el 25 de junio de 2009 decidió suspender de manera "provisional del acto reclamado," ordenando el "inmediato cumplimiento a lo ordenado" en la providencia que se ordenó comunicar al Presidente de la República.

Éste desacató públicamente y de nuevo las decisiones judiciales, lo que motivó que el Fiscal General de la República, "en representación de los más altos intereses generales de la Sociedad Hondureña," compareciera ante la Corte Suprema de Justicia, formulando requerimiento fiscal en contra del presidente de la República José Manuel Zelaya Rosales, a acusándolo como responsable, a título de autor, de los delitos contra la forma de gobierno, traición a la patria,

48 Ídem.

abuso de autoridad y usurpación de funciones, en perjuicio de la administración pública y el Estado de Honduras; solicitando se librase contra él orden de captura, para que luego de que se le comunicasen los hechos que se le imputaban, se le recibiera su declaración de imputado, se le suspendiera en el ejercicio del cargo, y se autorizase allanamiento de morada. Solicitaron, además, que la Corte Suprema instruyera a las Fuerzas Armadas de Honduras a través del Jefe del Estado Mayor Conjunto, la facultad de hacer que se cumplieran los mandatos judiciales y procedieran hacer efectiva la orden de captura del acusado Presidente.

De allí en adelante la historia es conocida: El día 28 de junio de 2009, en efecto, la orden judicial no fue ejecutada tal como se ordenó por la Corte Suprema, y el presidente Zelaya después de haber sido detenido en su residencia durante la noche conforme a lo ordenado en la orden judicial, sin embargo, fue ilegalmente extrañado del país y un avión se lo trasladó a Costa Rica, esto último, indudablemente, en violación de lo previsto en los artículos 81 y 102 de la Constitución.[49]

Pero en el espíritu de la diatriba política que quedó de aquellos incidentes, el tema de la prohibición constitucional sobre la reelección presidencial quedó políticamente pendiente, de manera que seis años después volvió a plantearse, pero esta vez mediante acciones de inconstitucionalidad contra los artículos 239 y 42.5 de la Constitución, y contra el artículo 330 del Código Penal intentadas ante la Sala Constitucional del Tribunal Supremo de Justicia, por un grupo de diputados y un expresidente (Rafael Leonardo Callejas Romero), solicitando de la Sala que declarase la inconstitucionalidad e inaplicabilidad de dichas normas a los recurrentes, por considerar que las mismas violaban derechos y garantías constitucionales, entre ellas, la libertad de expresión, el debido proceso, el derecho a la igualdad, el derecho a ser electo y a la libre representación, a la libre participación en condiciones de igualdad en justas presidenciales garantizados en la Constitución, la Declaración Universal de Derechos Humanos, la Convención Americana sobre Derechos Humanos y el Pacto Internacional de Derechos Civiles y Políticos. No se mencionó, sin embargo, la muy importante Carta Democrática Interamericana la cal fue ignorada en el proceso.

Se trataba, de nuevo, del absurdo de pretender que un Juez Constitucional decidiera sobre la inconstitucionalidad de la propia Constitución, lo que efectivamente ocurrió.

La Sala Constitucional, en efecto, decidió las acciones propuestas mediante sentencia de 22 de abril de 2015,[50] para lo cual comenzó por declarar su propia competencia para "resolver sobre las acciones contra la constitucionalidad de la norma fundamental, en caso de colisionar esta con otra de igual rango y contenido esencial," pudiendo "derogar" dicha norma; así como sobre las acciones de inconstitucionalidad que se intenten contra las leyes como el Código Penal.

En cuanto a la primera de estas "competencias" la Sala consideró que si bien no tenía competencia para reformar la Constitución, partiendo de la supuesta existencia de un ´bloque de constitucionalidad y de convencionalidad," estimó que en el caso planteado, "aun tratándose de normas originarias," era supuestamente evidente "la colisión entre derechos fundamentales inherentes a la persona humana también contenidos en la propia Constitución, y la infracción de principios y normas internacionales de derechos humanos, por lo que las normas impugnadas pierden su aplicabilidad, evidenciando a contradicción entre principios constitucionales disímiles o entre principios constitucionales y normas también constitucionales." Ello, a juicio de la Sala, obligaba a Juez Constitucional a interpretar la Constitución y a "escoger una interpretación sobre otra e incluso a aplicar una norma sobre otra o a desaplicar alguna" lo que no implicaba, –dijo– desligarse de la norma sino escoger y aplicar la que corresponde. Para ello, en todo caso, la Sala solo consideró los derechos políticos individuales a elegir y a ser electo,

---

49 *Ídem*

50 Véase en http://www.poderjudicial.gob.hn/Documents/FalloSCONS23042015.pdf Véase por ejemplo, los comentarios de Alvaro Albornoz, "Análisis de la sentencia de la Sala de lo Constitucional de Honduras que elimina artículos constitucionales pétreos y establece la reelección presidencial indefinida," en *Eléutera*, 1 de mmayo de 2009, en http://www.eleutera.org/analisis-del-fallo-que-elimina-articulos-constitucionales-petreos-y-establece-la-reeleccion-presidencial-indefinida/

pero ignoró totalmente toda consideración sobre el derecho político colectivo a la democracia y a la alternabilidad republicana, que sin duda inspiraba la norma pétrea de la Constitución que se impugnó.

La sala, en efecto resolvió, que la misma, en el caso:

> "Ha debido escoger entre varias normas la libertad de expresión, los derechos políticos y la libertad de creencias o conciencia frente a la norma que permite la reelección; haciéndolo así, porque todos ellos tienen el mismo rango y vigencias constitucionales; y como consecuencia procede la inaplicabilidad de las normas contenidas en los artículos 42, numeral 5 y 239 de la Constitución, por cuanto restringen derechos y garantías de igual rango constitucional, existiendo incompatibilidad con otros derechos fundamentales estipulados en la misma Constitución y en los tratados, convenciones y pactos internacionales sobre derechos manos suscritos y ratificados por el Estado hondureño, como ha quedado plenamente motivado."

La consecuencia de ello fue entonces la declaración por la Sala Constitucional de la inconstitucionalidad de las previsiones de los artículos 239 y 42.5 de la Constitución, declarándolos inaplicables, extendiendo su decisión a declarar igualmente inaplicables los artículos 4 (último párrafo) y 374 de la misma Constitución sobre la restricción a la reelección presidencial.

En cuanto al artículo 330 del Código Penal, la Sala Constitucional declaró su inconstitucionalidad por los mismos argumentos, afirmando que no solo estaba viciado por contener una sanción penal desproporcionada y contraria a la razonabilidad, sin "contraviene la libertad de expresión" garantizada en la Constitución y en la Declaración Universal de los Derechos Humanos, la Convención Americana sobre Derechos Humanos y el Pacto Internacional de Derechos Civiles y Políticos.

Así, a la Sala Constitucional de la Corte Suprema de Justicia de Honduras, se limitó a ponderar entre derechos políticos individuales a elegir y ser electo, sin tomar en cuenta el derecho político colectivo que debe prevalecer sobre ambos, como es el derecho del pueblo a la alternabilidad republicana en el gobierno, el cual justifica las limitaciones a la reelección; procediendo por la vía de conocer de una absurda "acción de inconstitucionalidad contra normas constitucionales," a reformar inconstitucionalmente la Constitución, para permitir la reelección presidencial.

Como se resumió en el diario *El País* en 2017:

> "Las ambiciones de reelección que al expresidente Manuel Zelaya le costaron el cargo en Honduras, expulsado por un golpe de Estado en 2009, las repite casi sin oposición ni escándalo internacional el actual mandatario, Juan Orlando Hernández. Con el camino despejado por la Sala Constitucional, la cual controla, el Tribunal Electoral aprobó en diciembre su candidatura para un segundo mandato."[51]

***El caso de Bolivia y el supuesto "derecho humano a la reelección" presidencial (2015)***

El mismo tema de la reelección presidencial se planteó en Bolivia, donde el presidente Evo Morales pretendió, en 2015, mediante referendo, introducir el principio de la reelección indefinida para perpetuarse en el poder y eliminar la restricción que establecía la Constitución que limitaba el ejercicio de cargos electivos a solo dos períodos, pretensión que fue rechazada por el pueblo mediante referéndum.[52]

Ante el rechazo popular de la pretensión presidencial, de nuevo, Tribunal Constitucional Plurinacional salió presto a resolver la pretensión de Morales, y en la misma orientación de lo decidido por la Sala Constitucional de la Corte Suprema de Honduras, procedió a desarrollar

51 Véase el reportaje de Carlos Salinas, "El presidente de Honduras busca una polémica reelección. El Tribunal Electoral aprobó en diciembre la candidatura de Hernández para un segundo mandato," en El País, 8 de febrero de 2017, en https://elpais.com/internacional/2017/02/07/america/1486507036_256528.html

52 Véase la reseña "Bolivia dice "No" en referendo a otra reelección de Evo Morales," en *BBCMundo*, 24 de febrero de 2016, en http://www.bbc.com/mundo/noticias/2016/02/160223_bolivia_evo_morales_referendo_resultado_ep

un absurdo proceso, declarando inconstitucionales las normas de la propia Constitución, e ignorando el derecho del pueblo a la democracia, y a la alternabilidad republicana. Ello lo hizo mediante sentencia N° 84 dictada el 28 de noviembre de 2017, decidiendo el derecho de una sola persona a ser reelecto cuantas veces quisiera tenía prevalencia frente el derecho de todo un pueblo a la alternabilidad republicana, no solo inserto en la Constitución, sino expresado formalmente por el pueblo en el referendo mencionado.[53]

El proceso constitucional que se siguió ante el Tribunal Constitucional Plurinacional, en efecto, se inició mediante una "acción de inconstitucionalidad abstracta" interpuesta por un grupo de diputados a la Asamblea Legislativa Plurinacional; quienes demandaron:

*Primero,* la inconstitucionalidad de los artículos de la Ley de Régimen Electoral (Ley N° 026 de 30 de julio de 2010), en los cuales, *siguiendo lo pautado en la Constitución,* se dispone que el Presidente, Vicepresidente (art. 52), los Gobernadores (art. **64), los Asambleístas Departamentales (art.** 65), los Alcaldes (art. 71), y los Concejales (art. 72), "podrán ser reelectas o reelectos de manera continua por una sola vez," alegando que los mismos supuestamente eran contrarios a los artículos 26 y 28 de la Constitución Política del Estado en concordancia con los artículos 13, 256 y 410.11 de dicha Norma Suprema; y de los artículos 1.1, 23, 24 y 29 de la Convención Americana sobre Derechos Humanos (CADH)); artículos que en definitiva lo que establecen es el derecho a ser electo, sin discriminaciones. Se ignoró, sin embargo, en esta enumeración de instrumentos internacionales, lo dispuesto en la Carta Democrática Interamericana sobre el derecho a la democracia.

El argumento formulado ante el Tribunal, en todo caso, era falaz, pues los artículos mencionados de la Ley de Régimen Electoral que establecen la limitación de la reelección solo por una sola vez, son copia fiel y exacta de lo que dispone la Constitución en sus artículos 156,168, 285.11 y 288, por lo que no podían ser inconstitucionales, pues primero habría que demandar la "inconstitucionalidad de la Constitución," que es lo que veladamente quisieron hacer al formular su segundo petitorio.

Por ello, *segundo,* los demandantes no solicitaron de entrada la declaratoria de inconstitucionalidad de dichos artículos 156,168, 285.11 y 288 de la Constitución, que eran los que establecían la limitación democrática de que los titulares de cargos electivos no podían ser reelectos de manera continua sino una sola vez, sino que lo que solicitaron del Tribunal junto con una acción de inconstitucionalidad de artículos de una Ley, fue como en el caso de Honduras, antes analizado, que se declarara "la inaplicabilidad de los arts. 156,168, 285.11 y 288 de la CPE respecto a la limitación de la reelección por una sola vez de manera continua" por considerar que con ello existiría una "contradicción intra-constitucional de los arts. 26 y 28 de la misma Norma Suprema y por contradecir convencionalmente los arts. 1.1, 23, 24 y 29 de la citada CADH, concordante con los arts. 13, 133, 256 y 410.11 de la CPE," es decir, por supuestamente ser contrarias al derecho al sufragio pasivo, previsto en dichas normas.

Sin embargo, *tercero,* después de esa solicitud de "inaplicabilidad" de las normas constitucionales, los solicitantes terminaron demandando al Tribunal que declarara "la inconstitucionalidad" de las mismas normas contenidas en los artículos 156, 168, 285, y 288 de la Constitución que limitan la reelección "de manera continua por una sola vez."

Los motivos de la acción, como se indicó, básicamente fueron los siguientes:

1.- Que la Constitución incorpora a los Tratados y Convenios internacionales en materia de derechos humanos y normas de derecho comunitario en el bloque de la Constitu-

53 Véase Allan R. Brewer-Carías, "Las nuevas "monarquías hereditarias" latinoamericanas, la democracia como disfraz y la reelección indefinida de los gobernantes. El caso de la sentencia 084 del Tribunal Constitucional Plurinacional de Bolivia de 28 de noviembre de 2017, 2 diciembre de 2017, en http://allanbrewercarias.net/site/wp-content/uploads/2017/12/180.-Brewer.doc-Sentencia-No.-84-Bolivia-y-las-nuevas-monarquias.pdf. Véase además, Roberto Viciano Pastor y Gabriel Moreno González, "Cuando los jueces declaran inconstitucional la Constitución: la reelección presidencial en América Latina a la luz de las últimas decisiones de las cortes constitucionales," en *Anuario Iberoamericano de Derecho Constitucional,* Centro de Estudios Políticos y Constitucionales, N° 22, Madrid 2018, pp. 165-198, en https://doi.org/10.18042/cepc/aijc.22.06

cionalidad (art. 411.11), cediendo en el artículo 256.1 su jerarquía a favor de ellos, al indicar que dichos Tratados y Convenios internacionales cuando declaren derechos más favorables a los contenidos en la Constitución, se aplicarán de manera preferente sobre ésta.

2.- La Constitución agrega además en sus artículos 13.IV y 256, que los derechos y deberes consagrados en la misma se deben interpretar de conformidad con los tratados internacionales de derechos humanos ratificados por Bolivia, cuando éstos prevean normas más favorables.

3.- La Convención Americana sobre Derechos Humanos de 22 de noviembre de 1969, aprobada y ratificada por Bolivia mediante Ley 1430 de 11 de febrero de 1993, dispone en su artículo 23 que los derechos políticos contenidos en su texto, no pueden ser reglamentados sino "exclusivamente" por razones de edad, nacionalidad, residencia, idioma, instrucción, capacidad civil o mental, o condena por juez competente, en proceso penal, criterios que los impugnantes consideraron que constituyen *'numerus clausus'*.

4.- Que la Constitución por una parte reconoce los derechos políticos de los ciudadanos, entre ellos el de ser electos (arts. 26, 28), y por la otra, como una "paradoja," limita el ejercicio de dicho derecho al establecer que los electos a cargos electivos, solo pueden ser reelectos por una sola vez de manera continua (lo que repite la Ley de Régimen Electoral), limitación que no está establecida en la Convención Americana sobre Derechos Humanos.

5.- Que de ello resulta que la Convención "claramente enuncia derechos más amplios e irrestrictos, por lo que el Tribunal Constitucional Plurinacional debe efectuar una interpretación conforme a los arts. 13, 256 y 410.11 y de la CPE; y, 1.1, 23, 24 y 29 de la CADH," particularmente de acuerdo al art. 256 de la Constitución, que obliga al Estado a aplicar los tratados e instrumentos internacionales, de manera preferente a la Constitución.

6.- Que como consecuencia, el Tribunal en este caso, debería aplicar de forma preferente los artículos 26 de la Constitución; y, 1.1, 23, 24 y 29 de la Convención Americana, "por encima" de los arts. 156, 168 y 285.11 y 288 de la Constitución, "debido a que vulneran derechos fundamentales dentro del ordenamiento jurídico boliviano y derechos humanos en el ámbito del derecho internacional," resultando de todo ello que al "contradecirse con otras normas constitucionales," "no sólo son inconstitucionales, sino también inconvencionales, pues lesionan y niegan mejores derechos políticos contenidos en el "Pacto de San José de Costa Rica."

7.- Que por todo ello, además, los artículos 156, 168, 285.11 y 288 de la Constitución según los impugnantes "se contraponen" con otros artículos 26, 28, 256 y 410.11 de la propia Constitución al restringir el goce del derecho a ser electo como derecho político y reconocido además en la Convención Americana (arts. 1.1, 23, 24 y 29); vulnerando de manera "inconstitucional e inconvencional" derechos humanos más favorables, constitucionalizando disposiciones completamente discriminatorias para el goce efectivo de los derechos humanos, poniendo límite sin justificación alguna al goce de los derechos políticos para que todos los ciudadanos puedan ser reelectos como autoridades de representación popular, mientras el soberano así lo desee;" pues "quien elige es el soberano a través del voto, en consecuencia no se puede limitar la 'participación' y posibilidad de ser electo.

8.- Que al establecerse la restricción en la Constitución, "el Estado boliviano incumplió compromisos al disponer constitucionalmente normas que deniegan el ejercicio de derechos," de lo que resulta que "los artículos de la Norma Suprema señalados, al establecer la limitación de la reelección por una sola vez de manera continua, restringen derechos humanos, como son los derechos políticos y al confrontarse con los arts. 1.1, 23, 24 y 29 de la CADH se constituyen en inconvencionales."

De todo lo anterior, según lo resumió el Tribunal Constitucional, los accionantes demandaron la inconstitucionalidad de las previsiones de los artículos 52, 64, 65, 71, 72, de la Ley del Régimen Electoral en las que se dispone conforme lo prevén los artículos 156, 168, y 285 de la Constitución, que los electos en cargos electivos solo "podrán ser reelectas o reelectos de manera continua por una sola vez;" por "ser presuntamente contrarios a los artículos 26 y 28 de la Constitución, concordantes con los artículos 13, 256 y 410.11 de la misma Constitución y los arts. 1.1, 23, 24 y 29 de la Convención Americana; y además demandaron "la inaplicabilidad de los mencionados artículos 156, 168, 285.11 y 288 de la CPE, respecto a la limitación de reelección por una sola vez de manera continua, alegando la misma contrariedad con las normas mencionadas.

A los efectos de decidir, el Tribunal reafirmó su competencia para velar por la supremacía de la Constitución Política y ejercer "el control "normativo de constitucionalidad," en particular, al conocer de las acciones de inconstitucionalidad, que "son de puro derecho y tienen por objeto *declarar la inconstitucionalidad de toda norma jurídica incluida en una Ley, decreto o cualquier género de resolución no judicial* que sea contraria a la Constitución Política del Estado," a instancia de las autoridades públicas señaladas en el artículos 73 y 74 del Código Procesal Constitucional, entre quienes están los miembros de la Asamblea Legislativa Plurinacional.

Dicho control de constitucionalidad, como lo insistió el Tribunal es para verificar "*la compatibilidad o incompatibilidad de las disposiciones legales impugnadas con las normas de la Constitución Política del Estado,*" reconociéndose como parte del llamado bloque de constitucionalidad a los Tratados Internacionales de derechos humanos, "como normas de rango constitucional," lo que "no solo implica su reconocimiento de su jerarquía constitucional," sino su "aplicación preferente cuando garanticen de mejor manera la vigencia de los derechos humanos" (art. 256 Constitución); y además, de acuerdo con los artículos 13.IV y 256 de la Constitución), su interpretación de acuerdo a lo que determinen los tratados internacionales que en materia de derechos humanos hayan sido ratificados por Bolivia.

Pero además, con base en lo anterior, el Tribunal Constitucional se refirió al **control de convencionalidad que le corresponde conforme a la Convención Americana, incluso "**respecto de la mismísima Constitución Política del Estado, así como de las leyes, decretos, reglamentos y demás resoluciones," en relación con la misma; de manera que si de dicha "contrastación se advierte la existencia de incompatibilidad entre las normas de la Constitución y demás disposiciones infraconstitucionales con los términos de dicha Convención, corresponde igualmente la aplicación **preferente de una norma favorable sobre otra;" control de** *convencionalidad que el Tribunal Constitucional Plurinacional boliviano además, "debe efectuar "no como una potestad,* ***sino como un deber"*** *dentro la acción de inconstitucionalidad abstracta" de la cual esté conociendo.*[54]

*Con base en lo anterior, y a lo establecido en el artículo 256.1 de la Constitución, fue que entonces el Tribunal Constitucional ignorando la existencia de la Carta Democrática Interamericana y de las previsiones sobre el derecho a la democracia en ella establecidas, procedió a considerar que* un tratado en materia de derechos humanos que declara derechos más favorables a los contenidos en la Constitución, "debe ser aplicado con preferencia a ésta," considerando que con ello estaba habilitado:

> "a examinar el fondo de la pretensión planteada y verificar si los arts. 156, 168, 285.11 y 288 de la CPE restringen los derechos establecidos en el art. 23 del "Pacto de San José de Costa Rica", ratificado por Bolivia a través de la Ley N° 1430 de 11 de febrero de 1993."

Después de analizar el régimen de los derecho políticos en la Constitución de Bolivia, conforme a la jurisprudencia del propio Tribunal, en particular ´"la facultad que tiene toda

54 Como lo expresaron Roberto Viciano Pastor y Gabriel Moreno González, en este caso, de lo que se trató fue "del control de convencionalidad utilizado torticeramente por el Tribunal Constitucional de Bolivia," en "Roberto Viciano Pastor y Gabriel Moreno González, "Cuando los jueces declaran inconstitucional la Constitución: la reelección presidencial en América Latina a la luz de las últimas decisiones de las cortes constitucionales," en *Anuario Iberoamericano de Derecho Constitucional*, Centro de Estudios Políticos y Constitucionales, N° 22, Madrid 2018, pp. 165-198, en https://doi.org/10.18042/cepc/aijc.22.06

persona, sin distinción alguna, de elegir y ser elegido; y, como resultado del proceso eleccionario, acceder a ejercer la función pública por decisión popular de los votantes;" y las previsiones de la Convención Americana de Derechos Humanos en la materia, el Tribunal recordó lo expresado en una sentencia de 2012 (SCP 0112/2012 de 27 de abril), sobre las eventuales "antinomias" o "contradicciones" entre normas del Texto Constitucional como una suerte de preceptos "constitucionales inconstitucionales," respecto de las cuales el Tribunal decidió que le correspondía al mismo resolverlas "invariablemente a favor de las ***normas constitucionales-principios,*** dada la primacía interpretativa absoluta de los principios sobre las demás normas de la Constitución."

La colisión entre preceptos constitucionales, a juicio del Tribunal, ponía en evidencia "la existencia de diferentes clases de normas dentro de la Constitución y la distinta gradación jerárquica y validez que tienen cada una de ellas," lo que obligaba al Juez Constitucional a determinar cuál es la norma que puede considerarse de rango superior y cuál era la que debía considerarse como "inconstitucional al interior de la propia Constitución." Ello lo consideró el Tribunal Constitucional como una competencia propia o "facultad extendida," para poder realizar:

> "el control de constitucionalidad de las propias normas constitucionales, cuidando que en todo su entramado, no existan normas disonantes con los valores supremos, principios fundamentales derechos y garantías que consagra el orden constitucional, garantizando armonía y coherencia en sus términos."

Para ejercer su competencia en esta materia, el Tribunal entonces estableció una delicadísima distinción entre *normas constitucionales principios* y *normas constitucionales reglas*, considerando precisamente que las primeras prevalecen sobre las segundas; pudiendo en definitiva ejercer el control de constitucionalidad sobre las últimas en relación con las primeras.

Y así fue que procedió en este caso cuando analizó las normas de la Constitución que establecen las restricciones democráticas para la reelección de los cargos electivos, solo por una vez consecutiva, afirmando de entrada sin mayor argumentación que:

> "los arts. 156, 168, 285 y 288 de la CPE, al establecer simple y llanamente el tiempo de mandato que rige para cada una de las autoridades que regulan sus preceptos y determinar la posibilidad de que pueden ser reelectas o reelectos por una sola vez de manera continua; no cabe duda de que se constituyen en ***normas constitucionales-reglas."***

Es decir, el Tribunal, para determinar la *norma constitucional-principios,* en este caso, solo atendió al derecho político individual de los ciudadanos a ser electos y a ejercer cargos electivos, conforme se regula en los artículos 26, 28 y 144.11 de la Constitución, los que sin duda "constituyen un elemento preponderante para el fortalecimiento y la realización del principio democrático," y que:

> "implica la posibilidad de presentarse como una opción para participar en la vida política estatal, desempeñando los cargos o funciones de carácter público; y, el derecho a participar en el poder público o ejercer la función pública, lo que significa que la persona previo cumplimiento de los requisitos previstos por el ordenamiento jurídico sea admitida para participar activamente en los cargos públicos, en plena igualdad de condiciones entre varones y mujeres."

De ello, el Tribunal Constitucional dedujo, que no cabía duda en que el artículo 26 de la Constitución:

> "al consagrar derechos fundamentales y establecer principios constitucionales vinculados a la participación política y al ejercicio democrático, se constituye en una ***norma constitucional-principio,*** puesto que resguarda los principios democráticos y de soberanía popular, los cuales se materializan en la conformación de los órganos de poder a través del voto, dejando que sea el soberano quien en última instancia decida a través del sufragio quiénes serán sus gobernantes."

Sin embargo, el Tribunal Constitucional ignoró otras previsiones de la Constitución que también consagran *normas constitucionales principio* derivadas del *principio democrático*, y en particular, del derecho del pueblo en su conjunto a la democracia, como derecho colectivo, y a su funcionamiento plural y alternativo, incluso en el marco de instrumentos internacionales que el Tribunal ignoró completamente, de los cuales forma parte Bolivia, como la Carta Democrática Interamericana.

Bajo el ángulo miope que guió el razonamiento del Tribunal, el mismo, al analizar el contenido de los artículos 156, 168, 285.11 y 288 de la Constitución, no entendió el significado democrático del principio de la alternabilidad republicana que reflejado en dichas normas, que debían considerarse como *normas constitucionales principio*, establecían la restricción a la reelección de los electos en cargos elécticos, y evitar el entronizamiento antidemocrático de los gobernantes en el poder; y, al contrario procedió a considerar, no la regulación de aspecto sustancial de la alternabilidad democrática en dichas normas, sino que las mismas lo que regulaban eran "aspectos bien puntuales," como el período de los mandatos y la reelección limitada a una sola vez de manera continua; considerando erradamente entonces que las previsiones solo contenían

> "regulaciones precisas y específicas, vinculadas con cuestiones de carácter fáctico, como ser el periodo de mandato de determinadas autoridades del Estado, la posibilidad de su reelección y el número de veces que es posible hacerlo, reglas que como rasgo característico pueden ser aplicadas por vía de subsunción, a diferencia de los principios que lo son aplicados a través de ponderación, por lo que es posible afirmar que los indicados artículos de la Norma Suprema, se constituyen en **normas constitucionales-regla."**

No entendió el Tribunal Constitucional el sentido de *norma constitucional-principio* que tienen las previsiones constitucionales que limitan la reelección de los funcionarios electos, como garantía del principio democrático que, conforme a los principios de la Carta Democrática Interamericana, es mucho más que la sola elección de gobernantes.

Por ello, la miopía del Tribunal en considerar las importantes previsiones de los artículos 156, 168, 285.11 y 288 de la Constitución de Bolivia, como simples ***normas constitucionales-reglas*** al consagrar las limitaciones a la reelección "por una sola vez de manera continua," cuando se trataba en realidad de *normas constitucionales-principios* derivadas del principio democrático de la alternabilidad republicana, llevó erradamente al Tribunal Constitucional a considerar con toda simpleza, que dichas normas supuestamente contradecían o se oponían a lo que establecen los artículos 26 y 28 de la misma Constitución, **que fueron consideradas como las únicas *normas constitucionales-principios*.** En realidad, el Tribunal Constitucional no entendió o no quiso entender que la limitación o restricción impuesta en el goce y ejercicio de los derechos políticos a ser electo y ejercer funciones públicas respecto de la reelección, no es otra cosa que una consecuencia de la necesidad de preservación del principio democrático mediante la garantía de la alternabilidad republicana evitando que los gobernantes se puedan perpetuar en el poder.

En consecuencia, en realidad no había ninguna contradicción o antinomia entre los artículos 156, 168, 285.11 y 288 de la Constitución, **que *no eran normas constitucionales-reglas* sino *normas constitucionales-principios*, tanto como son las de los artículos** 26 y 28 de la misma, **y éstas, pues contra lo que dijo el Tribunal,** "en la parte de aquéllas que limitan la reelección a una sola vez de manera continua de las autoridades," precisamente contenían ***normas constitucionales-principios***, razón por la cual no fue más que un error inexcusable, o un olvido, haber resuelto la supuesta "antinomia" en favor "de las ***normas constitucionales-principios* que establecen el derecho individual a ser electo,** determinando su **aplicación preferente** frente a las **supuestas *normas constitucionales reglas* que en realidad no eran tales sino *normas constitucionales-principios* garantes del principio democrático de la alternabilidad.**

Por otra parte, el supuesto control de convencionalidad ejercido por el Tribunal Constitucional respecto de las propias normas constitucionales de la Constitución de Bolivia, con base en lo dispuesto en el artículo 23 de la Convención Americana en relación con las restricciones al derecho pasivo al sufragio, es decir, el derecho a ser electo y a ocupar cargos públicos, fue errado en cuanto a la previsión de que el ejercicio de dicho derecho, solo puede "ser reglamentado por la Ley **exclusivamente** por razones de edad, nacionalidad, residencia, idioma, instrucción, capacidad civil o mental, o condena, por juez competente, en proceso penal," que la Comisión Interamericana de Derechos Humanos, ha considerado como *"limitaciones **numerus clausus.**"*

***De entrada, hay que observar que la limitación a la restricción a los derechos que regula la Convención solo se refiere a las que puedan reglamentarse mediante Ley, y la propia Corte Interamericana ha precisado que por Ley ha de entenderse el acto que emana del cuerpo legislativo electo popularmente. La Convención no se refiere a las restricciones que puedan estar establecidas en la Constitución misma de los Estados, como serían, por ejemplo, las derivadas del régimen de limitaciones a la reelección para la preservación del principio democrático y asegurar la alternancia democrática.***

Y en el caso de Bolivia, es claro que las previsiones sobre la limitación a la reelección solo por una vez y en forma continua, no tienen su fuente en la ley sino en la Constitución y si están previstas en la Ley de Régimen Electoral es solo porque con la misma se está ejecutando lo que prevé la Constitución.

Fue falsa, por tanto, la afirmación del Tribunal Constitucional de que conforme a la Convención Americana "ninguna norma de derecho interno de los Estados Parte, podría ampliar las restricciones a estos derechos, estableciendo otras causales diferentes a las expresamente señaladas en la Convención Americana sobre Derechos Humanos." No es cierta la afirmación, pues la Convención es clara en establecer que la limitación a la restricción a los derechos políticos solo está dirigida a las reglamentaciones legales y no a las previstas en la Constitución,[55] y menos a aquellas que tienen por propósito preservar el principio democrático y cuidar a los Estados de los gobernantes que se perpetúan en el poder y escogen a sus propios sucesores, y que son limitaciones constitucionales que derivan precisamente de la preservación "de la forma democrática representativa de gobierno."

Por tanto, como bien lo expresó el mismo Tribunal, la Convención lo único que estableció fueron unas "causales por las que se autoriza al *legislador* a reglamentar el ejercicio de los derechos políticos, estableciendo restricciones y limitaciones," lo que implica que en el caso de "la prohibición de ser reelecto y/o el número de veces en que ello sería posible," no podría establecerse por el Legislador exclusivamente. En cambio, si la restricción es establecida por el Constituyente en el texto de la Constitución, la restricción convencional no se aplica. Por ello las "tres condiciones necesarias desarrolladas por la Comisión" para el establecimiento de las restricciones al ejercicio del derecho a ser electo, que son que debe: "1) ser prescrita por la ley; 2) ser necesaria para la seguridad de todos y guardar relación con las demandas justas de una sociedad democrática; 3) su aplicación se ciña estrictamente a las circunstancias específicas enunciadas en el artículo 32.2, y ser proporcional y razonable a fin de lograr esos objetivos."

O como lo ha expresado la Comisión Interamericana en criterio que cita el Tribunal Constitucional: "la *restricción debe encontrase prevista en una ley, no ser discriminatoria, basarse en criterios razonables, atender a un propósito útil y oportuno que la torne necesaria para satisfacer un interés público imperativo, y ser proporcional a ese objetivo."*

Es falso, por tanto, que el artículo 23 de la Convención Americana "en relación a los arts. 156, 168, 285.11 y 288 de la Constitución **declare derechos más favorables," al no restringir directamente la reelección de quienes hayan sido electos para cuerpos representativos; así como es falso que dichos artículos constitucionales al restringir la reelección** "por una sola vez de manera continua" (arts. 156 y 168) o "de manera continua por una sola vez" (arts. 285 y 288), establezcan restricción o limitación que mermen o disminuyan el derecho individual a ser electo, que debe ceder al derecho del pueblo a la democracia y al principio alternativo del gobierno. Dichas normas, en efecto, "anulan toda posibilidad de ejercicio del derecho a la participación política y a ser elegido en elecciones periódicas y auténticas que proclama la

55 Sobre el sentido de la regulación del derecho a ser electo en la Convención Americana véase lo que hemos expuesto en Allan R. Brewer-Carías, "El derecho político de los ciudadanos a ser electos para cargos de representación popular y el alcance de su exclusión judicial en un régimen democrático (O de cómo la Contraloría General de la República de Venezuela incurre en inconstitucionalidad e inconvencionalidad al imponer sanciones administrativas de inhabilitación política a los ciudadanos), en *Revista Elementos de Juicio*, Año V, Tomo 17, Bogotá 2012, pp. 65-104

Convención" a quienes ya han sido electos y busquen la reelección para más de un período constitucional, pero para preservar el principio democrático que es un valor superior conforme a lo que se establece en la Constitución y no en una Ley aislada, sin sustento constitucional.

Por tanto, erró el Tribunal Constitucional al pretender ejercer un "control de convencionalidad" declarando:

> "la aplicación preferente de la norma convencional indicada por sobre los señalados artículos de la Constitución Política del Estado, en la parte de su texto que limitan la reelección de las y los asambleístas del Órgano Legislativo, de la Presidenta o Presidente y de la Vicepresidenta y Vicepresidente del Estado, de las máximas autoridades ejecutivas de los gobiernos autónomos y de los integrantes de los Concejos y Asambleas de dichos Gobiernos, "a una sola vez de manera continua", en estricta observancia del mandato contenido en el art. 256.1 de la CPE."

Ello, por lo demás, no implica ningún "trato discriminatorio" como en cambio sí ocurriría si en una Ley se excluyese del derecho a ser electo a una persona o grupo de personas, por ejemplo, por su raza, credo, condición social o situación económica. Pero una restricción al ejercicio de un derecho individual político de una persona, que busca la preservación del principio democrático, es decir, del derecho de todo el pueblo a la democracia, prevista no en una Ley sino en la Constitución, no puede considerarse en forma alguna como discriminatoria, pues "se sustenta precisamente, en una justificación objetiva y razonable," como es asegurar que los gobernantes no se perpetúen en el poder pisoteando el derecho a la alternabilidad republicana, que el Tribunal no quiso ver.

Por último, teniendo las previsiones de los artículos 52, 64,65, 71, y de la Ley de Régimen Electoral su fundamento en lo previsto en las normas contenidas en los artículos 156, 168, 285.11 y 288 de la Constitución, que son las que establecen las restricciones a la **reelección por una sola vez de manera continua,** en forma alguna podían declarase inconstitucionales y menos, como lo expresó el Tribunal "bajo los fundamentos desarrollados en el presente fallo constitucional."

El Tribunal Constitucional Plurinacional de Bolivia, y en esto nadie puede llamarse a engaño, ignorando los principios democráticos más elementales, dictó un fallo, abusando del "control de convencionalidad," con el único propósito de asegurarle a una sola persona, el Sr. Evo Morales, la posibilidad de poder perpetuarse en el poder.

El control de convencionalidad cuando se ejerce en el ámbito interno, es para reforzar los derechos fundamentales mediante el principio de progresividad,[56] y, por supuesto, no para asegurarle a una persona individualmente considerada, ignorando el derecho ciudadano a la democracia, que pueda reelegirse cuantas veces quiera, a pesar de estar ello prohibido en la Constitución, y lograrlo de manos de un Juez Constitucional, sin reformar la Constitución, solamente pretendiendo que aplica preferentemente la Convención Americana de Derechos Humanos, ignorando en paralelo el alcance del derecho ciudadano a la democracia[57] y por supuesto, ignorando lo dispuesto en la Carta Democrática Interamericana de septiembre de 2001.

---

56 Véase sobre el control de convencionalidad lo que hemos expuesto en Allan R. Brewer-Carías, "El **control de convencionalidad, su conceptualización y su necesario deslinde respecto del control de constitucionalidad"," en *Liber Amicorum*** *en honor al Dr. Juan Manuel Pellerano Gómez*, Santo Domingo, República Dominicana, 2013; y "Algo más sobre el marco conceptual del control de convencionalidad a la luz de la jurisprudencia de la Corte Interamericana de Derechos Humanos," en Jorge Fernández Ruiz (Coordinador), *Libro homenaje a la jurista Victoria Adato Green*, Universidad Nacional Autónoma de México-Facultad de Derecho, México, 2013 pp. 67-94

57 Véase Allan R. Brewer-Carías, "Prólogo: Sobre el derecho a la democracia y el control del poder", al libro de Asdrúbal Aguiar, *El derecho a la democracia. La democracia en el derecho y la jurisprudencia interamericanos. La libertad de expresión, piedra angular de la democracia*, Editorial Jurídica Venezolana, Caracas 2008, pp. 19 ss.; "Sobre las nuevas tendencias del derecho constitucional: del reconocimiento del derecho a la Constitución y del derecho a la democracia", en *VNIVERSITAS, Revista de Ciencias Jurídicas (Homenaje a Luis Carlos Galán Sarmiento)*, Pontificia Universidad Javeriana, facultad de Ciencias Jurídicas, N° 119, Bogotá 2009, pp. 93-111; y "Algo sobre las nuevas tendencias del derecho constitucional: el reconocimiento del derecho a la constitución y del derecho a la democracia," en Sergio J. Cuarezma Terán y Rafael Luciano Pichardo (Directores), *Nuevas tendencias del derecho constitucional y el derecho procesal constitucional*, Instituto de Estudios e Investigación Jurídica (INEJ), Managua 2011, pp. 73-94.

### *Reflexión final*

De las decisiones antes comentadas, y en particular de las adoptadas por los tribunales constitucionales de Nicaragua, Honduras y Bolivia, lo más importante a destacar es el más absoluto desconocimiento de que los derechos políticos en el mundo democrático contemporáneo han comenzado a dejar de estar reducidos a los derechos políticos individuales que generalmente se han establecido expresamente en las Constituciones, como son los clásicos derecho a elegir y a ser elegido, al desempeño de cargos públicos, a asociarse en partidos políticos y, más recientemente, a la participación política; y en la actualidad abarcan derechos políticos colectivos, del pueblo en su conjunto, como el propio derecho a la democracia, a la separación de poderes o a la alternabilidad republicana de la alternancia en el ejercicio en el poder.

Es decir, en el mundo contemporáneo, además de los clásicos derechos políticos individuales, hoy también debe hablarse de todos los derechos políticos colectivos que se derivan de los principios del régimen democrático, es decir, derechos del pueblo a que se estructure un régimen político en el cual se garanticen sus *elementos y componentes esenciales* de la democracia, tal como fueron enumerados por la *Carta Democrática Interamericana* de la OEA 2001.

En democracia, sin duda, los ciudadanos como pueblo tienen unos derecho colectivos a todos esos elementos esenciales, que existen además de todos los otros derechos políticos individualizados, configurándose dichos derechos como derechos colectivo de todos, lo que implica por ejemplo, el derecho ciudadano de carácter colectivo a la separación de poderes, al Estado de derecho, al pluralismo político y a la alternabilidad republicana, que en definitiva son todos derechos destinados a garantizar el control efectivo del ejercicio del poder por parte de los gobernantes, y a través de ellos, del Estado.

Un derecho a la democracia, por supuesto, sólo puede configurarse en un Estados con un régimen democrático y de derecho, siendo inconcebible en los Estados con regímenes autoritarios donde, precisamente, los anteriormente mencionados elementos esenciales no pueden estar garantizados por la ausencia de alternancia o de controles respecto del ejercicio del poder, aun cuando pueda tratarse de Estados en los cuales, en fraude a la Constitución y a la propia democracia, los gobiernos puedan haber tenido su origen en algún ejercicio electoral.

No hay que olvidar que "Es una experiencia eterna –como hace varias centurias lo enseñó Charles Louis de Secondat, Barón de Montesquieu– que todo hombre que tiene poder, tiende a abusar de él; y lo hace, hasta que encuentra límites", de lo que dedujo su famoso postulado de que "para que no se pueda abusar del poder es necesario que por la disposición de las cosas, el poder limite al poder"[58].

De esta apreciación física fue que se derivó, precisamente, el principio y derecho colectivo del pueblo a la separación de poderes que establecieron todas las Constituciones que se formularon después de las revoluciones norteamericana y francesa, convirtiéndose no sólo en uno de los pilares fundamentales del constitucionalismo moderno, sino además, de la propia democracia tanto como régimen político como derecho ciudadano para asegurar que quienes sean electos para gobernar y ejercer el poder estatal en representación del pueblo, no abusen del mismo, ni se perpetúen en el poder.

Doscientos años después, pero con su origen en aquellos postulados, en el orden constitucional interno de los Estados democráticos de derecho es posible entonces identificar un derecho a la democracia conformado por los antes mencionados derechos a los *elementos y componentes fundamentales,* enumerados también en la misma *Carta Democrática Interamericana,* y que en una democracia, tienen el más importante y mayor valor y rango constitucional, como *normas constitucionales-principio,* entre los cuales está el derecho a la alternabilidad republicana, como derecho colectivo de todos los ciudadanos derivado del derecho a la democracia, y que tiene que prevalecer sobre el derecho individual de una persona a ser electa, de manera de evi-

58 Véase Charles Louis de Secondat, Barón de Montesquieu, *De l'Espirit des Lois* I, (ed. G. Tunc), Paris 1949, Libro XI, Cáp. IV, PP 162-163.

tar que se consolide el establecimiento de una suerte de "nuevas monarquías," como la que los tribunales constitucionales han querido regularizar en Nicaragua, Honduras o en Bolivia en las sentencias antes comenzadas, aplicando indebida e inapropiadamente un "control de convencionalidad" sobre las propias normas de la Constitución, pero ignorando las previsiones de la carta democrática Interamericana.

Y además, pretendiendo argumentar que el derecho a elegir y ser electo da origen a un supuesto "derecho a la reelección," que como bien lo argumentó la Comisión de Venecia, el "análisis de los tratados internacionales, las constituciones nacionales y las decisiones judiciales muestra que la reelección no se concibe como un derecho humano."[59]

New York, 31 de mayo de 2019.

59 Véase Comisión Europea para la democracia a través del derecho (Comisión De Venecia), *Informe sobre los límites a la reelección Parte I – Presidentes,* Aprobado por la Comisión de Venecia en su 114ª Sesión Plenaria (Venecia, 16 y 17 de marzo de 2018), Estrasburgo 20 de marzo de 10`6, Estudio Nº 908/2017, Par. 81, 86.

# QUINTA PARTE
# DERECHO DE LOS DERECHOS HUMANOS

## XXI

## FUNDAMENTO DE LOS DERECHOS HUMANOS Y LA CONSTITUCIÓN CUBANA

## (1997)

**Este texto es el de mis comentarios a las exposiciones de los profesores cubanos Julio Fernández Bulté, José Pereza Chapeau y Miguel Alfonso Martínez. sobre el tema de los "Fundamentos de los derechos humanos y la Constitución cubana, " en el** ***Seminario sobre Derechos Humanos La Habana, 30-31 mayo, 1º junio 1996*****, organizado por el Instituto Interamericano de Derechos Humanos y la Unión Nacional de Juristas de Cuba, Capitolio de La Habana, 31 de mayo de 1996. El texto fue publicado en el libro:** ***Seminario sobre Derechos Humanos La Habana, 30-31 mayo, 1º junio 1996*****, Instituto Interamericano de Derechos Humanos, Unión Nacional de Juristas de Cuba, San José, 1997.**

### INTRODUCCIÓN

Comienzo agradeciendo al Sr. Roberto Cuéllar su presentación, y al IIDH y a la UNJC por haberme invitado a participar en este importante seminario sobre derechos humanos. Se me ha pedido comentar las intervenciones de los profesores cubanos, Prof. Julio Fernández Bulté, Prof. José Pereza Chapeau y Prof. Miguel Alfonso Martínez. Asimismo, la ponencia Ramón de la Cruz Ochoa, que circula entre nosotros, y que todos tenemos.

Quiero referirme, para iniciar, a un punto común que encontré en todas las intervenciones de esta mañana. Julio Fernández Bulté nos indicaba que la Constitución Cubana respondía a un lenguaje particular, particularizado, derivado de un proceso revolucionario con una carga fundamentalista, a veces; nihilista, otras veces, que él nos mencionó. José Pereza, por su parte, planteaba como premisa el que la sociedad cubana y su Constitución eran, por supuesto, totalmente diferentes al resto de la humanidad y con una serie de condicionantes muy específicos, entre ellos, la defensa frente a Estados Unidos, como una carga histórica en este país, y la necesidad que hubo, en un momento determinado, de acudir al modelo de los países donde existían lo que él señalaba como el socialismo real. A la vez, Miguel Alfonso Fernández insistía en que la Constitución Cubana respondía a cánones distintos a la democracia tradicional. Y de allí la pregunta que él mismo se formulaba, como cuestionamiento general que se hacen muchos analistas en relación a Cuba, de si es posible, en una sociedad como la cubana, con la Constitución particularizada de Cuba, hablar de derechos humanos y de protección a los derechos humanos.

Por otra parte, también para iniciar, debemos tener en cuenta las intervenciones que hemos escuchado durante estos dos días de los participantes en el seminario. Puede decirse que, en general, ha habido un discurso justificativo, por una parte, defensivo por otra parte. Sin embargo, nadie está pidiendo justificaciones, ni nadie está atacando, y yo creo que eso es una cosa que los cubanos, los intelectuales cubanos y los profesores cubanos, tienen que tener claro como discurso.

Todas las Constituciones son particularizadas, no hay ninguna Constitución que sea igual a ninguna otra, y todas, como pactos políticos, responden a unas realidades concretas de cada país. De manera que no es nada nuevo, ni una cosa extraña, que Cuba tenga una Constitución producto de estos condicionantes. Aquí ocurrió una revolución y esa revolución produjo un nuevo orden jurídico, y la Constitución es el resultado de ese nuevo orden jurídico. Y bueno, ¿qué es lo extraño? ¿cuál es el problema?. Eso ha sido lo normal en toda la historia de la humanidad. Y lo normal es también que, además, esas Constituciones, producto de esos cambios que en algún momento de la historia de esos países se han dado, luego hayan progresado, mejorado y, como lo decía el Prof. Alfonso Martínez, no hay Estado en el que no se puedan pensar en mejoras de sus instituciones.

Eso es lo natural en los Estados y, particularmente, en el régimen de protección de los derechos humanos. Y en relación a esto, por supuesto, todos los profesores cubanos intervinientes insistieron en que hay una lucha permanente por conseguir esos derechos, por perfeccionarlos, por protegerlos; y eso existe aquí, y en todos los países del mundo desde que hace 200 años, cuando comenzaron a consolidarse en el Constitucionalismo Moderno, el conjunto de instituciones que hoy caracterizan a todos los países, independientemente de su régimen político.

Por otra parte, el tema general lo han tratado haciendo referencia a derechos y garantías, sin que haya habido el deslinde necesario entre estos dos conceptos que debe hacerse.

## I.- LOS DERECHOS HUMANOS COMO SITUACIONES JURÍDICAS DE PODER DEL HOMBRE EN TODA SOCIEDAD Y LAS OBLIGACIONES DEL ESTADO

Lo que es claro es que en toda sociedad, incluyendo a la cubana, desde siempre, aún en el inicio de la Revolución, los hombre tienen situaciones jurídicas de poder y de deber. No se concibe una sociedad sin estas interrelaciones de poder y de deber de cualquier naturaleza que sean, de cualquier ámbito que sean, reguladas en sus Constituciones o en su legislación. Situaciones de poder, en el sentido de poder hacer, gozar, disponer, disfrutar y tener; o situaciones de deber, en el sentido de respetar, de dar, de prestar, de abstenerse, de no molestar.

Dentro de las situaciones de poder están los derechos, y dentro de los derechos están los derechos humanos que, en definitiva, en un ordenamiento jurídico, cualquiera que sea, son situaciones de poder que son consustanciales con la naturaleza humana, con la calidad del ser humano, con la calidad de hombre y que todos los hombres quieren o tienen que tener por igual, independientemente si son antes o después de las Constituciones.

Si son inherentes a la persona humana, cualquiera que sea la aproximación que se tenga, lo cierto es que no se concibe el hombre en nuestras sociedades contemporáneas, en cualquier parte, si no tiene determinados derechos que son consustanciales con su naturaleza.

### 1.- *Las situaciones de poder y de deber*

Estos derechos humanos requieren siempre de una nota de alteridad; es decir, para que pueda haber un derecho, tiene que haber un sujeto activo, y este sujeto activo tiene que tener, en frente, un sujeto pasivo. No pueden haber derechos que no tengan un obligado por delante, es decir, tiene que haber un titular del derecho y, en frente, tiene que haber un sujeto pasivo con una obligación de dar o de prestar o de abstenerse de molestar.

Estas relaciones se plantean entre las personas; normalmente entre las personas naturales o los hombres frente a otras personas. Sin embargo, por supuesto, dentro del campo de los derechos humanos, el sujeto pasivo no siempre es otra persona jurídica o natural cualquiera, sino que, básicamente, es una persona particularizada, que también la calificamos como persona desde el punto de vista jurídico, que es el Estado.

Esto lo destacaba el Dr. Pedro Nikken en su exposición del primer día, al señalar como la construcción de los derechos humanos se realizó mediante la elaboración de situaciones de poder del hombre frente al Estado, que es el obligado. Y con dos clases de obligación: obligaciones negativas y obligaciones positivas.

A veces, el derecho humano, la situación del poder del hombre frente al Estado, conlleva una obligación negativa de este, una obligación de abstención, de omisión, de no lesionar, de no extinguir un derecho, de no privar a alguien de su derecho, en fin, de no molestar a una persona en el ejercicio de sus derechos.

En otros casos, la obligación del Estado es una obligación positiva, de prestación, de dar, de hacer; de allí el tema en el derecho administrativo, de los servicios públicos, que no son otra cosa que situaciones de deber del Estado, que implican prestaciones hacia los particulares.

De manera que el tema de los derechos humanos es un tema que se ha construido básicamente frente al Estado, por lo que, incluso, la enumeración de los derechos, así como los de garantías de los derechos, se han formulado teniendo al Estado como el sujeto pasivo, o como el sujeto obligado; y ello aun cuando ya se reconozca, sin la menor duda, que las personas jurídicas-morales son también titulares de derechos y no solo frente al Estado, sino frente a particulares. Por ello, incluso, los mecanismos tradicionales de garantías, como las acciones judiciales inmediatas y efectivas de protección, como la acción de amparo, se planten no solo frente al Estado sino también entre particulares, lo cual es aceptado, en el momento actual, en casi todos los países.

**2.- *La enumeración constitucional de los derechos y su universalización progresiva***

Desde que la enumeración de derechos de las personas ingresó al constitucionalismo moderno con la Constitución de Virginia en 1776, y se incorporó al mismo la regulación de los derechos, se ha ido en un proceso de progresiva universalización de los derechos. En esta forma, desde aquellos primeros derechos sobre los que hablaba el Dr. Pedro Nikken el primer día, donde no sólo están los derechos individuales, llamados civiles y políticos, y luego los sociales y económicos, hemos entrado en los derechos que se califican como de tercera generación, que son, por ejemplo, el derecho al desarrollo, el derecho a la paz, el derecho a la preservación del medio ambiente, el derecho a un medio ambiente sano, el derecho a la protección del patrimonio cultural, el derecho a ser informado, o el derecho a la intimidad.

Estos derechos podemos denominarlos como queramos; podemos estar o no de acuerdo que estos son derechos civiles y políticos o que no haya que clasificarlos; que son derechos económicos y sociales, o de tercera generación, o como se quiera. En esto no hay ningún tipo de carta o regla; lo cierto es que hay una enumeración de derechos que colocan a las personas en situación de poder, que muchas veces implica su ejercicio, en libertad, frente al Estado, que debe abstenerse de interferir y debe proteger esos derechos; o que colocan al ciudadano, o al particular, frente al Estado estando este obligado a prestar un servicio para garantizar el ejercicio de determinado derecho, de manera que satisfaga las necesidades de las personas.

Hay, por tanto, una progresividad en el ámbito de estos derechos y hoy, en el mundo, se plantea un gran elenco de los mismos. Si uno analiza la Constitución Cubana, la enumeración de estos derechos no está muy lejos de lo que es cualquier cartilla general de derechos en cualquier parte del mundo; encontramos allí, independientemente que se quiera o no calificarlos, derechos individuales, derechos políticos, derechos económicos, derechos sociales, y en alguna forma, las bases para la enumeración de derechos de la tercera generación.

Si hay un elemento que falta en la Constitución Cubana es la cláusula abierta de los derechos; no se dice expresamente que además de los derechos que se enumeran en el texto, no sólo en el capítulo VII, sino a todo lo largo de la Constitución, hay otros derechos que son inherentes a la persona humana. Esta cláusula en el caso de Venezuela, por ejemplo, ha permitido, además de toda la enumeración de los derechos que están en la Constitución, que se hayan podido incorporar al ordenamiento jurídico, con rango constitucional con base en dicho artículo 50 de la Constitución, todos los otros derechos inherentes a la persona humana que están en los tratados y convenios internacionales. En este sentido, dicho artículo 50 de la Constitución Venezolana establece que la enumeración de los derechos contenida en el título que los precisa, no significa que no existan otros inherentes a la persona humana no enumerados en el texto, de manera que la falta de normas reglamentarias de los mismos, no impide de ninguna forma su ejercicio, con lo cual se abrió una amplia posibilidad de incorporar nuevos derechos a la protección constitucional.

En todo caso, de la propia Constitución Cubana algunos principios del Capítulo I de las normas referidas a las obligaciones del Estado, donde se habla del desarrollo de la personalidad, por ejemplo, o donde se habla de elementos vinculados a la dignidad de la persona, podrían permitir incorporar vinculados al ordenamiento, otros derechos aún cuando no sean de los enumerados en el texto. Por supuesto, requerirían de una consagración que perfectamente podría ser establecida en una ley y no necesariamente en una reforma constitucional.

### 3.- *La enumeración y la efectividad de los derechos*

De todos modos, y frente a los comentarios de los profesores cubanos de esta mañana, el problema constitucional en esta materia no es el de la enumeración de los derechos; sino el de la efectividad del ejercicio de esos derechos. No bastan las declaraciones de derechos para que estos sean efectivos; la historia de América Latina lo demuestra.

La primera declaración de derechos en América Latina fue la Declaración de Derechos del Pueblo de 1811 adoptada en el Congreso de Venezuela, y no necesariamente por el hecho de haber tenido nuestro país casi 200 años de historia de declaraciones de derechos, estos han tenido siempre efectividad en nuestra historia política.

No bastan por tanto, las declaraciones; el problema es asegurar su efectiva vigencia. En Inglaterra no hay declaraciones de derechos ni nada que se le parezca. La única vez en que Inglaterra se ha aproximado a que pueda existir una declaración de derechos, ha sido con motivo de la Unión Europea y la aplicación de la Convención Europea de los Derechos del Hombre. Pero antes de esto, en Inglaterra no existía, porque no hay Constitución, declaración de derechos alguna. Por supuesto, ello no significa que no haya habido efectividad de los derechos; como lo señalan los ingleses, los derechos son más que efectivos a través, de su aplicación por los jueces; los derechos son lo que los jueces digan y lo han venido diciendo desde hace ya varios siglos, por lo que no es necesario que aparezcan enumerados en una Constitución para que tengan vigencia.

### 4.- *Derechos y régimen democrático*

Por otra parte, otro punto dentro del esquema cubano y su Constitución, es el principio de que los derechos humanos sólo pueden existir en un régimen democrático. Ello, ciertamente, se aplica también en Cuba, pues la democracia no es un esquema universal único, que sólo tiene una concepción.

El régimen establecido en la Constitución, de acuerdo a sus características propias y sin perjuicio de que pueda y tenga que ir mejorando, como tienen que mejorar todos los regímenes democráticos actualmente, permite establecer que hay una base democrática en la Constitución para asegurar estos derechos, porque definitivamente, sólo en la democracia, como régimen que instala y debe instalar al hombre dentro de una convivencia política organizada, en situación de poder acorde con su dignidad humana y con su persona sobre la base de libertad y goce de su derecho, es que puede haber derechos humanos.

Si ese sistema se establece y es efectivo, habrá derechos humanos sin necesidad de que estemos hablando de la democracia liberal-burgués. Por ejemplo, me llamó mucho la atención en el documento del Prof. Ochoa, quien lamentablemente no pudo participar en el Seminario, por estar fuera de Cuba, que de las 30 páginas, que tiene, 25 están dedicadas a discutir la democracia liberal-norteamericana. Ese, en realidad, no es el tema; aquí estamos hablando de lo que sucede en Cuba, y creo que tenemos que tratar de seguir analizando las instituciones que ustedes tienen aquí, y como mejorarlas.

### 5.- *Los derechos humanos en la Constitución Cubana*

Si se analiza la Constitución Cubana, allí se encuentra una enumeración, en una forma u otra, de un gran elenco de derechos. Por ejemplo, en cuanto a los *derechos individuales-civiles*, en el texto constitucional está consagrado el derecho a la seguridad personal, (art. 58), el derecho a la igualdad; (art. 41 a 44), la libertad de palabra y de prensa (art. 53) con determinadas limitaciones, excesivas en nuestro criterio pero quizás justificadas en algún momento por la propia Revolución; la libertad de conciencia y religión, a la cual se destinan no uno, sino dos artículos, (art. 8 y 55); la inviolabilidad del domicilio (art. 56); la inviolabilidad de la correspondencia (art. 57); el derecho al debido proceso (art., 59); el derecho a la defensa (art. 59); el derecho de petición (art. 63), distinto al derecho de queja como señalaba el Prof. Peraza; y el derecho de asociación (art. 54).

Hay, sin embargo, algunas carencias esenciales en cuanto a la expresión enumerativa de los derechos. Por ejemplo, el derecho a la vida no está indicado expresamente. Sin embargo, a nadie se le podría ocurrir pensar que podría haber una sociedad donde no exista el derecho a la vida; es la esencia de toda organización social, pero no está indicado expresamente. La libertad de circulación, por ejemplo, tampoco está expresada en la Constitución. Es una carencia, sin duda, pero me imagino que debe haber normas legales que se refieran al tema.

Los *derechos políticos* están consagrados, con sus particularismos, en lo que se refiere al derecho de reunión; al derecho de manifestación (art. 54); y al derecho a intervenir en la dirección del Estado (art. 131), directamente o través de los representantes. Para ello se han previsto unos principios de elección de los representantes (art. 133), aún cuando dentro de una estructura política muy particular del sistema cubano, como lo es la estructura centralizada del poder, de unicidad del poder, la cual sin duda, hacia futuro, tendrá que ir siendo superada como producto del propio perfeccionamiento de la Revolución y de la propia democracia, que va a exigir más participación; y para participar efectivamente el poder tiene que acercarse más al ciudadano. No se puede participar cuando el poder está arriba, eso es imposible; la participación, en definitiva, exige que el poder llegue al ciudadano.

No voy a entrar en el tema de la descentralización, que es la consecuencia de la posibilidad de participación. Eso sería un tema para otro seminario. Yo tuve el privilegio de participar en 1993 en el Gobierno de Venezuela como Ministro de Estado para la Descentralización y tuve a mi cargo impulsar la política de descentralización en un país donde, como decía el Dr. Nikken esta mañana, si bien no hay un partido único ha habido un sistema de partidos centralizados, quizás con el mismo esquema stalinista de organización que pueda existir en partidos únicos de los regímenes socialistas. Y ese sistema, por el propio ejercicio de la democracia, comienza ahora a ceder para que pueda ejercerse el poder efectivamente en niveles territoriales inferiores, en un esquema de descentralización políticas.

En cuanto a los *derechos sociales,* en la Constitución Cubana hay también una larga enumeración que ya ha sido mencionada por los expositores esta mañana. En el capítulo VII, pero también en otros artículos dispersos en el Texto, se consagran los derechos sociales, pero no como situaciones de poder de los ciudadanos, sino como situaciones de deber del Estado, de garantizar la educación (art. 51 y 52), la protección de la familia, de los menores, del matrimonio (art. 35), y la protección de la seguridad y la asistencia social (art. 50). Aparte de los derechos a la educación y el derecho a la salud (art. 50), hay otros derechos labores (art. 45 y 46). En todo caso, Cuba es el país que ha ratificado más convenios de la OIT; sin embargo, el derecho a la sindicalización, y el derecho a la huelga, tan importante en otros países, en determinados momentos históricos, aquí no tienen la connotación que puedan tener los otros derechos labores que están en la propia Constitución.

Por otra parte, en la propia Constitución hay base suficiente para otros derechos, como el derecho de propiedad, con sus limitaciones (art. 21). Además se han establecido los derechos al desarrollo derivados de obligaciones del Estado (art. 9), como el derecho a vivir y a vivir mejor que tiene todo ser humano. Por ejemplo, el Estado garantiza que no haya persona incapacitada que no tenga medios decorosos de subsistencia (art. 9), es decir, se consagra la idea de que debe haber medios de subsistencia, por ejemplo de los niños, en el caso concreto, alimentación, vestido, vivienda. Estos principios se pueden ir perfeccionando para la construcción de derechos al desarrollo.

Así se indica en el artículo 16, por ejemplo, que el Estado organiza la actividad económica y en otra parte se indica la necesidad de la promoción del desenvolvimiento de la persona humana y de su dignidad. Son también principios que están vinculados al tema de la dignidad de la persona humana y a su desenvolvimiento como vinculados al derecho al desarrollo.

## II.- LAS GARANTÍAS DE LOS DERECHOS HUMANOS

Pero señalábamos que enumerar derechos, sea en una forma vaga o imprecisa, o en forma precisa, no resuelve el tema de los derechos humanos. El esfuerzo tiene que centrarse en las garantías de los derechos humanos, es decir, en aquellos mecanismos y medios para hacer efectivos estos derechos, en los instrumentos para asegurar estos derechos, para asegurar su ejercicio y para proteger los derechos.

Ahí es que está el nudo del tema de los derechos humanos, es decir, cómo hacer que los sujetos pasivos de la relación entre el sujeto activo y pasivo, entre ellos el Estado, básicamente, cumplan con su obligación de abstenerse o de prestar o dar, según el tipo de obligación positiva o negativa que tiene; cómo lograr para que se abstenga de lesionar, de dañar, de impedir frente a obligaciones de abstención, o cómo lograr que el Estado realice la obligación positiva en el sentido de las prestaciones materiales, o de servicio de salud, etc.

Estas garantías, por supuesto, tienen la más importante connotación en relación a la efectividad de los derechos. Sin embargo, debemos destacar que particularmente esta mañana, las discusiones sólo se centraron en la enumeración de derechos; y con motivo de una discusión, muy parcialmente en su efectividad, al plantearse el tema de la queja, y del derecho de petición. Destaco la institución de la queja que podría convertirse en un mecanismo de protección de los derechos.

En todo caso, nos interesa precisar las garantías de los derechos humanos y determinar si se puede construir el sistema de garantías en la propia Constitución Cubana.

### 1.- *La garantía de la reserva legal*

La primera y más importante garantía de los derechos que se enumeran en una Constitución es la que se denomina en los sistemas constitucionales, cualquiera que sean, como la garantía de la reserva legal. Ello está establecido en el propio texto de la Constitución Cubana en el sentido de que, consagrado un derecho en la Constitución, el límite, la limitación, la restricción a ese derecho sólo debe ser establecido por ley formal, emanada del órgano legislativo de cada país. Y en Cuba, en efecto, en la enumeración constitucional de derechos se remite a la ley, para el establecimiento de restricciones o limitaciones.

Esta garantía de la reserva legal es fundamental y tiene su base en la propia Constitución. Por supuesto, hacen falta datos en la Constitución que podrían perfeccionar el sistema: en otros países esta reserva legal se va indicando en la regulación de cada derecho y en relación a algunos de ellos, la ley incluso no puede ni siquiera intervenir. En el caso de Venezuela, por ejemplo, en la Constitución se garantiza el derecho a la vida, la vida es inviolable (art. 58), por lo que no hay ley que valga para limitarla, y que la haga algo violable. En relación a este derecho no hay posibilidad de intervención legislativa. El poder tiene un límite que establece la propia Constitución.

Aparte de esta excepción, en otros casos que se reflejan perfectamente la Constitución Cubana, en la enumeración de los derechos, siempre está presente la reserva legal. Pero en relación a esto, surge el tema del límite o de la limitabilidad de los derechos. Es una discusión que aquí se ha planteado con motivo del artículo 62, por ejemplo, y se plantea en todos los países. ¿Hasta dónde es que el legislador tiene poder para limitar o restringir los derechos?. ¿Hasta dónde puede limitarlos?, ¿Cuál es el límite que tiene el legislador para restringir o regular los derechos acordes con el principio de la reserva legal?.

Los parámetros de este poder son siempre dos: el motivo de la restricción sólo puede ser el orden público o el derecho de los demás, porque cada quien tiene situaciones de poder, pero el ejercicio de situaciones de poder por cada quien no puede significar lesión a la situación de poder de los demás.

De manera que el derecho de los demás es una fuente de limitación a los derechos constitucionales; y de eso se trata el grueso de la legislación en cualquier país. Se trata siempre de precisar hasta donde llega el derecho de cada quien y hasta donde se lo limita para que no lesione el derecho de los demás.

La otra fuente de limitación es el orden público y social. Esos son los principios que en el caso de la Constitución Cubana están contenidos en el famoso artículo 62, que establece además otra fuente de limitaciones vinculadas a la protección de los principios de la Revolución. ¿Hasta dónde esto puede llegar?. Ello sólo debe ser establecido por ley y no por decisión ejecutiva que no sea de rango legal. Sin embargo, en la forma de regulación esta norma se aparta del principio de la garantía de la reserva legal, pues el artículo no menciona a la ley. Dice: "ninguna de las libertades puede ser ejercida contra lo establecido en la Constitución y las leyes ni contra la existencia y los fines del Estado Socialista, ni contra la decisión del pueblo cubano de construir el socialismo o el comunismo". Esto, en principio, debería estar enumerado en una ley que diga cuando se pueda transgredir este límite. De lo contrario, podemos caer en el riesgo de la irrazonabilidad en el establecimiento de sanciones, por lo que habría que ir, quizás, a la construcción del principio de la razonabilidad como límite a la posibilidad de estas restricciones. Razonabilidad es proscripción de la arbitrariedad y eso también forma parte de cualquier sistema jurídico en el mundo contemporáneo. Se puede privar de la libertad a un homicida y ponerlo en la cárcel, pero es irrazonable impedir que en la cárcel profese su culto, o impedir a una persona que se comunique con otra. Entonces, la razonabilidad tiene que ser un principio a establecerse o ha desarrollarse en estos casos.

### 2.- *La garantía de la responsabilidad*

Además de la reserva legal, que es la primera y más importante garantía constitucional de los derechos, cuya construcción es perfectamente posible dentro del esquema cubano, está la garantía de la responsabilidad también prevista en la Constitución. Expresamente el artículo 26 de la Constitución Cubana se refiere a la responsabilidad del Estado y de los órganos, por los daños que causen en actuaciones contrarias a la Constitución y a las leyes.

Esta es la segunda gran garantía de los derechos, el que los daños causados por la violaciones sean reparados; es decir, que toda persona que sufriera un daño o perjuicio causado indebidamente por funcionarios o agentes del Estado con motivo de haber ejercido sus funciones, tiene el derecho de reclamar y obtener reparación.

La efectividad de esta garantía, por supuesto, es otro tema; y ese es un problema legal. ¿Tenemos realmente efectividad de poder exigir estas reparaciones?. ¿Se demanda diariamente al Estado y a los funcionarios por este tipo responsabilidad derivada de la violación de derechos y por los daños causados indebidamente a los derechos de las personas?.

### 3.- *La garantía judicial de los derechos*

La tercera gran garantía de los derechos constitucionales en cualquier sistema donde se construya la teoría de los derechos fundamentales de los derechos humanos, es la garantía judicial.

De eso se trata el Poder Judicial, básicamente como el instrumento para permitir el efectivo ejercicio de los derechos para que se puedan defender los derechos. Se trata de los mecanismos para poder exigir a quien está obligado, a cumplir su obligación de prestar, de dar o de abstenerse, o de reparar los daños causados.

La tutela judicial es en definitiva, la garantía de los derechos. Pueden haber todas las enumeraciones constitucionales de derechos que se quiera; puede haber el principio de la responsabilidad; puede haber el principio de la reserva legal; pero si no tenemos el mecanismo judicial para exigir el cumplimiento de esa situación de deber frente a la situación de poder de los ciudadanos, estamos fallos en el sistema de garantía.

En el caso de la Constitución Cubana, algunos principios se pueden construir en este campo: el de la reserva legal; el de la responsabilidad; y el principio de la independencia de los jueces, que sólo deben depender de la ley. Sin embargo, leyendo la Constitución uno se encuentra con normas donde se le atribuye al Consejo de Estado la posibilidad de instruir a los jueces y donde los jueces están subordinados a la Asamblea (art. 75,c). Estas normas confunden en relación de hasta dónde llega la autonomía, la independencia y la sumisión de los jueces, sólo a ley, y si puede haber instrucciones dadas por órganos del poder único, pero que no son órganos judiciales.

En todo caso, el principio de la garantía judicial de los derechos constitucionales, se ha desarrollado en otros países desde que se habla de derechos frente al Estado, empezando por los instrumentos de hábeas corpus.

En la Constitución Cubana, sin embargo, no aparece directamente la posibilidad de un medio de tutela efectivo, rápido, eficaz para la protección de los derechos constitucionales. Pero el hecho de que no estén expresamente previstos en la Constitución, sin embargo, no implica que no se pueda y deban establecer.

En alguna forma limitada, en la Ley del Procedimiento Penal (art. 467), existe el hábeas corpus para la protección de la libertad personal. Por ello, en una ley podría establecerse el mecanismo de la acción de amparo para la protección de todo el resto o algunos otros derechos. Es un problema de desarrollo legal; por lo que no se requiere que la acción este prevista en la Constitución. Hay suficientes experiencia en el mundo de habla hispana sobre los mecanismos de protección a través del amparo, que podrían perfectamente ser útiles ejemplos de cómo ha sido efectivo este mecanismo de protección establecido en hoy en toda América Latina.

En el Código de Procedimiento Civil, si no me equivoco, también se regula el amparo a la posesión. Ello corresponde a los interdictos, que son mecanismos de protección a la posesión previstos en todos los Códigos Civiles de todo el mundo. Pero el amparo o la tutela como mecanismo de protección inmediata, efectiva, a través de un recurso, del ejercicio de los derechos, es un tema que, como está el hábeas corpus en la ley de procedimiento penal, podría ser objeto de una regulación en una legislación. Estos son elementos de mejora en cuanto a la efectividad de los derechos que, a estas alturas de la evolución del proceso revolucionario y legislativo cubano, valdría la pena de comenzar a planteárnoslo en Cuba.

En efecto, el tema de la efectividad de los medios judiciales para la protección de los derechos es algo que debe llamar la atención. Hay en Cuba mecanismos contenciosos-administrativos para poder impugnar actos de los funcionarios y de los órganos públicos, pero según he leído en algunos trabajos publicados en Cuba, materialmente están limitados a los actos administrativos emanados de la Oficina de Administración de Viviendas y no son efectivos en otros campos. Sin embargo, el tema del contencioso-administrativo, como mecanismo de protección de derechos frente a los actos administrativos, es un mecanismo que también ha sido efectivo en otros países y que valdría la pena tomar en cuenta para futuras reformas en Cuba.

Aparte está el tema que ya se ha mencionado de la queja, también como mecanismo de protección (art. 63) sin que aún haya sido objeto de desarrollo legislativo. Incluso he leído alguna propuesta de que el recurso de queja podría convertirse en una especie de acción de amparo a ser intentada por el Fiscal o por los particulares. En esta forma, vía la queja, que ya está prevista en la Constitución, se la podría convertir en una acción de amparo lo cual es perfectamente posible. En todo caso creo que hay que hacer un gran esfuerzo para ir tomando conciencia de la necesidad de estos mecanismos de protección judicial.

Otros mecanismos de protección judicial de la Constitución, y de la supremacía de la Constitución, están ausentes del sistema constitucional cubano, por el concepto de unicidad del poder. Entre ellos, el control de constitucionalidad de las leyes a cargo de un órgano judicial, que existió aquí décadas antes de la Revolución, como en todo el resto de los países de América Latina. Una vez que se adoptó el esquema de la unicidad del poder, es el órgano político-supremo el que controla. Por tanto, el control que existe, es el previsto en el artículo 75, literal c, de la Constitución que le atribuye a la propia Asamblea el control constitucional de los actos del Poder. Dice, son atribuciones de la Asamblea, "decidir acerca de la constitucionalidad de las leyes, decretos-leyes, decretos y demás disposiciones en general". No he podido consultar el desarrollo legislativo de este mecanismo de control, si es que existe.

Sin embargo, debe señalarse que ese fue el origen en el siglo pasado de los sistemas de control de constitucionalidad de las leyes en América Latina: la primera acción popular que se estableció en América de Sur fue en Colombia, donde a mitades del siglo pasado se estableció un control por el Congreso, o sea por el órgano representativo. No se cómo está establecido aquí, ¿se trata de una acción? ¿Se le da al ciudadano la posibilidad de acudir a la Asamblea y pedir la declaratoria de la inconstitucionalidad de una ley?. ¿Es sólo iniciativa del Fiscal?. ¿Existe algún procedimiento para ejercer este control de constitucionalidad? .

Aún cuando sea de carácter político y no jurisdiccional, este sistema de control podría abrir un vía importante de garantía, de nuevo, mediante algún órgano, en este caso el poder político, que pueda controlar la constitucionalidad de actos legislativos del Estado.

Otro aspecto relativo a la efectividad de las garantías está relacionado con el derecho de petición tan viejo como la ley de hábeas corpus inglesa. Sin embargo, el derecho de petición no se completa sin la obligación de dar respuesta es decir, con el derecho a obtener oportuna respuesta. Se habla de la obligación de responder en un lapso de 60 días y me pregunto ¿cuál es el efecto del transcurso de los 60 días en otros países?. Se establece en general la garantía del silencio en el sentido de que si a los 60 días no se responde, el silencio es positivo –se da lo que se ha pedido– o es negativo –se niega lo que pidió–. Ello abre la vía de protección judicial. Estos son aspectos que legislativamente también pueden irse regulando como mecanismos de garantías en el caso del derecho de petición y a obtener oportuna respuesta.

Otro aspecto que debe destacarse dentro de este esquema de la efectividad de las garantías, es la regulación de los poderes del Fiscal (art,. 127). Entiendo que sus decisiones no son vinculantes y, por tanto, es un elemento limitante en cuanto a la efectividad que puede tener para ejercer sus funciones. En todo caso, si se le atribuyesen poderes para poder ejercer la acción de un recurso de queja o que se le regulen poderes vinculantes en relación al control de la legalidad que pueda ejercer, ello podría también ser un mecanismo adicional de efectividad de los derechos.

## CONCLUSIÓN

Pienso, por tanto, que la Constitución Cubana, con toda su carga particularizada inicial, originó un régimen jurídico propio que pienso que los cubanos no tienen que estar, y me excusan que les haga esta apreciación, justificando permanentemente. Ello me recuerda la doctrina inicial del derecho administrativo cuando comenzó a surgir frente al derecho civil. Entonces todos lo que escribían sobre derecho administrativo, tenían que comenzar por justificarlo para distinguirlo del derecho civil y buscar su autonomía.

Yo creo que ese es un esfuerzo que ya no tiene que hacerse: ustedes tienen un orden jurídico originado de una Constitución, producto de una Revolución. Están en un proceso de transformación, que es lo normal en cualquier sociedad; no se está descubriendo la pólvora por el hecho de que uno esté cambiando instituciones. Esto es totalmente lógico; ningún sistema político aguanta sin transformarse, ni cambiarse. Un sistema no aguanta sin transformarse más de una generación. La historia de la humanidad lo demuestra, en todas partes.

Si me preguntan sobre los ciclos históricos políticos en mi país, ellos no han durado más de 45 años. El lapso de una generación (33 años) más algún sucesor. Y han cambiando necesariamente, porque los respectivos proyectos políticos se ejecutaron por los actores y sus sucesores, y si estos no entienden que el cambio es inevitable y piensan que pueda seguir estática una situación de hace 30 o 40 años atrás, el riesgo es que se derrumbe el sistema.

La historia política de Venezuela ha sido una historia de derrumbes por la incomprensión del liderazgo de entender lo que hicieron, de evaluar su propia obra y entender que para que permanezca, tiene que perfeccionarse. Y así pasó en las tres grandes rupturas del sistema político venezolano a mitad del siglo pasado, a finales del siglo pasado y a mitad de este siglo. Ahora estamos de nuevo en las puertas de un cambio, y si el liderazgo no entiende, definitivamente que tiene que ir a otro campo de acción, con un nuevo liderazgo, con un nuevo proyecto político, que sea democrático; si no lo entienden, corremos el riesgo de perder la propia democracia.

Esto pasa en todas partes. Más años, menos años, estos ciclos se cumplen y hay que saber interpretarlos. De manera que el proceso de cambio, el proceso de mejoramiento, de transformación desde el punto de vista constitucional, es absolutamente necesario e inevitable en todos los países.

Pienso que hay suficientes elementos en la Constitución Cubana para que, incluso por vía legislativa, se hagan muchas reformas y mejoras y que se logre mayor efectividad en la protección de los derechos. Como en todos los países, el empeño permanente, como se decía esta mañana, es que los derechos y las garantías que la Constitución establece, sean más efectivos, se protejan más adecuadamente y puedan ejercerse con mayor libertad.

Muchas gracias.

## XXII

## CONSIDERACIONES SOBRE EL DERECHO A LA VIDA PRIVADA Y A LA INTIMIDAD ECONÓMICA Y A SU PROTECCIÓN

**(1994)**

**Texto publicado en el libro: *La Corte y el Sistema Interamericano de Derechos Humanos*, Corte Interamericana de Derechos Humanos, San José, Costa Rica 1994, pp. 53-66.**

En Venezuela, con motivo de la crisis financiera que se manifestó en forma dramática a comienzos de 1994, las Cámaras Legislativas sancionaron la Ley Especial de Protección a los Depositantes y de Regulación de Emergencias en las Instituciones Financieras (publicada en ***Gaceta Oficial*** Nº 35.418 de 10 de marzo de 1994) en la cual, entre otras regulaciones su artículo 31, único aparte estableció que:

> "Es requisito para desempeñarse como miembro de las juntas directivas de los bancos y otras instituciones financieras, administradores, auditores externos, comisarios e interventores financieros, presentar ante la Superintendencia de Bancos y otras Instituciones Financieras, en los términos y plazos que ésta establezca, ***una declaración*** jurada de patrimonio."

A tal efecto, la Superintendencia de Bancos dictó una Resolución Nº 031-94 de 23 de marzo de 1994[1] estableciendo los términos que debe contener dicha declaración jurada de patrimonio, y un plazo de 90 días a partir de su publicación para ser presentada.

Esta norma, puede considerarse que constituye una violación del derecho constitucional a la vida privada y a la intimidad, de los obligados, que encuentra su consagración en el artículo 59 de la Constitución venezolana que consagra el derecho a la protección de la vida privada; en el artículo 43 de la misma Constitución que consagra el derecho al libre desenvolvimiento de la personalidad; y en el artículo 50 de dicho texto, que protege en general, los derechos inherentes a la persona humana.

### I.- EL DERECHO A LA INTIMIDAD COMO DERECHO A LA VIDA PRIVADA

Estas normas constitucionales, en efecto establecen lo siguiente:

> "*Artículo 59.*- Toda persona tiene ***derecho a ser protegida*** contra los perjuicios a su honor, reputación o ***vida privada***".

> "*Artículo 43.*- Todos tienen ***derecho*** al libre desenvolvimiento de su ***personalidad,*** sin más limitaciones que las que derivan del derecho de los demás y del orden público y social".

> "*Artículo 50.*- La enumeración de los ***derechos*** y garantías contenidas en esta Constitución no debe entenderse como negación de otros que, siendo inherentes a la ***persona humana,*** no figuren expresamente en ellas.

1 *Gaceta Oficial* Nº 35.435 de 7 de abril de 1994.

La falta de ley reglamentaria de estos ***derechos*** no menoscaba el ejercicio de los mismos."

El derecho a la intimidad, que tiene su consagración en estas normas constitucionales, también se ha consagrado en las declaraciones internacionales de derechos humanos y en los pactos y acuerdos internacionales relativos a los mismos y que son Ley de la República.

En el plano internacional este derecho, inherente a la vida privada, fue prontamente proclamado por la ONU y la OEA en 1948. En efecto, la Declaración Universal de Derechos Humanos adoptada el 10 de diciembre de 1948 por la Asamblea General de la Organización de Naciones Unidas, estableció:

> "*Artículo 12*.- Nadie será objeto de ***injerencias arbitrarias*** en su vida privada, su familia, su domicilio o su correspondencia, ni de ataques en su honra o a su reputación. Toda persona tiene ***derecho a la protección*** de la Ley contra tales injerencias o ataques".

Por su parte, la Declaración Americana de los Derechos y Deberes del Hombre adoptadas meses antes, en el mismo año 1948, por la IX Conferencia Internacional Americana celebrada en Bogotá, expresa:

> "*Artículo V*.- Toda persona tiene derecho a la protección de la ley contra los ataques abusivos a su honra, a su reputación y a su vida privada y familiar".

Adicionalmente, el Pacto Internacional de Derechos Civiles y Políticos, aprobado por la Asamblea General de la ONU el 16 de diciembre de 1966, y aprobado por Ley en Venezuela, [2] establece lo siguiente:

> "*Artículo 17*.- 1. Nadie será objeto de ***injerencias arbitrarias*** o ilegales en su vida privada, su familia, su domicilio o su correspondencia, ni de ataques ilegales a su honra y reputación.
>
> 2. Toda persona tiene ***derecho a la protección*** de la ley contra esas inherencias o esos ataques."

Por último, en el ámbito internacional, la ***Convención Americana sobre Derechos Humanos*** (Pacto de San José) adoptada por la Conferencia Especializada Interamericana sobre Derechos Humanos el 22 de noviembre de 1969, y aprobada por Ley en nuestro país, [3] establece lo siguiente:

> "*Artículo 11*.- 1. Toda persona tiene derecho al respeto de su honra y al reconocimiento de su dignidad.
>
> 2. Nadie puede ser objeto de injerencias arbitrarias o abusivas en su vida privada, en la de su familia, en su domicilio o en su correspondencia, ni de ataques ilegales a su honra o reputación.
>
> 3. Toda persona tiene derecho a la protección de la Ley contra esas injerencias o esos ataques".

Estas normas internacionales tienen rango constitucional en virtud de lo establecido en el artículo 50 de la Constitución, consagran por tanto el derecho de toda persona a la protección de su vida privada, ya que no se produzcan injerencias arbitrarias o abusivas en la misma. Como derecho inherente a la persona humana, ha devenido en el derecho a la vida privada y a la intimidad, como parte esencial de ella.

Como todo derecho constitucional, el mismo implica que todos los órganos del Estado, incluyendo al Legislador, así como los particulares, deben abstenerse de realizar injerencias arbitrarias o abusivas en la vida privada y la intimidad de las personas; y que al contrario, los órganos del Estado están obligados a proteger ese derecho. La supremacía constitucional que

2 Publicada en *Gaceta Oficial* N° 2146 Extraordinario de 28 de enero de 1978.

3 Publicada en *Gaceta Oficial* N° 31.256 de 14 de junio de 1977.

es el fundamento de nuestro sistema jurídico implica que no sólo los tribunales y los órganos ejecutivos están sometidos a la Constitución , sino que también el Legislador debe respetar sus normas. En consecuencia, por más poder legislativo que ejerza el Congreso no puede lesionar los derechos constitucionales y está obligado a respetarlos; y en relación al derecho a la vida privada y a la intimidad, las Cámaras Legislativas están obligadas a proteger esos derechos y a impedir que se puedan realizar injerencias abusivas o arbitrarias en la vida privada o la intimidad de las personas.

En el caso del artículo 31 de la Ley Especial antes citada, en cambio, al exigir que las personas que ejerzan determinadas posiciones en bancos y demás instituciones financieras, presenten a la Superintendencia de Bancos una "declaración jurada de patrimonio", lejos de proteger el derecho constitucional de todos a la vida privada y a la intimidad, han sido las propias Cámaras Legislativas las que mediante una Ley, han previsto una injerencia completamente arbitraria y abusiva en la vida privada e intimidad de esas personas, lo que hace esa norma inconstitucional.

En efecto, la intimidad (***intimus***) responde a la idea de lo más interno o recóndito de la vida privada o de la interioridad de la persona. Es lo que le pertenece exclusivamente, como secreto o reservado y que se manifiesta, incluso, en un derecho a la soledad (***ius solitudinis***) o a ser dejado tranquilo (***to be let alone***).

Debe señalarse que la primera mención al derecho a la intimidad la hicieron S.D. Warren y L. B. Brandeis (este último fue, décadas después, juez y "***Chief Justice***" de la Corte Suprema de los Estados Unidos) en un artículo publicado en 1890, en el cual popularizaron el ***right to privacy*** como el ***right to be let alone*** (el derecho a estar solo o a ser dejado tranquilo)[4] La expresión e identificación del derecho a la intimidad, corresponde en italiano al "*diritto alla riservalezza*" (derecho a la reserva); en portugués, al "*dereitto de estar só*"[5] y en francés, a la "*liberté de la vie privé*"[6].

Este derecho a la intimidad de la vida privada ha adquirido cada vez más importancia debido a los avances de la tecnología y de la informática, que han venido permitiendo una mayor posibilidad de penetración en la vida privada, sin consentimiento de las personas. Antes se escuchaba a través de las paredes, los susurros; ahora se puede escuchar y gravar por micrófonos direccionales situados a larga distancia, fotografiar de noche a una persona, o registrar sus imágenes a larga distancia. Los avances de la informática, además, colocan los datos e informaciones relativas a las personas al alcance de muchos. Todo ello ha originado mayores posibilidades de penetraciones ilegítimas en la intimidad de las personas, que es necesario prevenir y proteger[7] Ello por supuesto, ha planteado en forma aguda el dilema y conflicto entre el derecho a la intimidad y el derecho a la información, habiendo pasado el fiel de la balanza de uno a otro lado, dando a veces prioridad a la información y otras a la intimidad.[8]

En todo caso, el derecho a la vida privada y a la intimidad, reconocido en el artículo 59 de la Constitución de Venezuela, en concordancia con lo previsto en sus artículos 43 y 50, y en las antes mencionadas Convenciones Internacionales sobre Derechos Humanos que han sido aprobadas por ley de la República, es el derecho de toda persona a un ámbito o reducto de lo propio o suyo, que está vedado a que otros penetren, y que no puede ser objeto de injerencias

4 Véase S.D. Warren y L.B. Brandeis, "The right to privacy (The implicit made explicit)", en *Harvard Law Review*, Vol IV, Nº 5, 1890.

5 Véase Paulo José da Costa Junior, *O Direitto de estar só,* Sao Paulo, 1970).

6 Véase R. Kayser, *La protection de la vie privé*, París, 1990, p. 58; André Roux, *La protection de la vie privée dans les rapports entre l'Etat et les particuliers*, París, 1983.

7 Véase Fulgencio Madrid Conesa, *Derecho a la intimidad, informática y Estado de Derecho*, Valencia, España 1984; Pablo Lucas Murillo de La Cueva, *Informática y protección de datos personales*, Madrid 1993; Fermín Morales Prats, *La tutela penal de las intimidad: privacy e informática*, Barcelona 1984; Rafael Velásquez Bautista, *Protección jurídica de datos personales automatizados*, Madrid 1993; Pablo Lucas Murillo de La Cueva, *El derecho a la autodeterminación informativa*, Madrid 1990.

8 *Véase* entre otros, Xavier O' Callaghan, *Libertad de expresión y sus límites: honor, intimidad e imagen*, Madrid 1991; Luis García San Miguel (ed), *Estudios sobre el derecho a la intimidad*, Madrid 1992.

arbitrarias o abusivas, ni por parte del Estado ni de otras personas. Como lo ha señalado J.M. de Pisón Cavero, la intimidad "hace alusión siempre a algo que es cercano al individuo, ya sea porque le es próximo o porque es algo propio, interno al mismo, que surge de él y que proyecta su entorno. Suele hablarse, por ello, –agrega– de la existencia de una esfera individual, de una vida privada, en la que sólo cada persona es quién para decidir lo que le afecta, sin tener que tolerar ningún tipo de intromisiones".[9]

En sentido similar, G. Duby ha señalado en relación a la intimidad que es "un área particular netamente delimitada, asignada a esa parte de la existencia que todos los idiomas denominan como privada, una zona de inmunidad ofrecida al repliegue, al retiro, donde uno puede abandonar las armas y las defensas de las que conviene hallarse provisto cuando se aventura al espacio público, donde uno se distiende, donde uno se encuentra a gusto, "en zapatillas", libre del caparazón con que nos mostramos y protegemos hacia el exterior".[10]

El derecho a la intimidad de la vida privada, además, no sólo tiene una connotación negativa para impedir cualquier tipo de información referente a la persona o penetración e injerencia arbitraria o abusiva en la vida privada; sino también una connotación positiva, que implica el derecho de controlar los datos referidos a la propia persona que han salido de la esfera privada para insertarse en los archivos públicos. De allí la consagración en Brasil y Colombia de la acción de ***habeas data***[11] para asegurar el conocimiento de las informaciones relativas a las personas y la rectificación y corrección de los archivos y registros.

Ahora bien, este derecho a la vida privada y a la intimidad consagrado en la Constitución, implica el derecho de todos a ser protegida contra las intromisiones o injerencias arbitrarias o abusivas en el ámbito de la vida privada, que pertenece en forma exclusiva al individuo, por lo que como hemos dicho, no sólo las autoridades administrativas están obligadas a respetarlo, sino también las Cámaras Legislativas. La Constitución, en efecto, se aplica por la Ley de su Supremacía, a todos los órganos del Estado.

Por tanto, la ley no puede en forma alguna autorizar u obligar a que se efectúen injerencias abusivas y arbitrarias en la intimidad de las personas, por lo que el artículo 31, único aparte de la Ley Especial, viola el derecho a la intimidad y a la vida privada de todas aquellas personas que sean miembros de las juntas directivas de los bancos y otras instituciones financieras, administradores, auditores externos, comisarios e interventores, al exigirles presentar ante la Superintendencia de Bancos y otras instituciones financieras, una declaración jurada de su patrimonio.

## II.- EL DERECHO A LA INTIMIDAD ECONÓMICA Y SUS LIMITACIONES

La exigencia de esta declaración jurada de patrimonio, en efecto, no sólo viola el derecho a la intimidad, sino que es discriminatoria e irrazonable pues afecta innecesaria, abusiva y arbitrariamente uno de los aspectos del derecho a la intimidad de la vida privada, que es el derecho a la intimidad económica. En efecto, el derecho a la intimidad o de la vida privada, como lo señala André Roux, no sólo exige la protección de la vida familiar, de la identidad, de la propia imagen, de las conversaciones, y de la salud de las personas, sino también del patrimonio y de los ingresos, los cuales son "considerados como elementos de la vida privada".[12] En sentido similar, Nicolás Nogueroles Peiró ha señalado que la intimidad personal y familiar también comprende la intimidad personal económica, agregando que "entender lo contrario sería establecer una restricción en un derecho fundamental que la propia Constitución ha configurado de modo mucho más amplio".[13]

---

9 Véase J.M. de Pisón Cavero, *El derecho a la intimidad en la jurisprudencia constitucional*, Madrid 1993, p. 27.

10 Véase G. Duby, en el "Prefacio" al libro de Ph. Aries y G. Duby, *Historia de la vida Privada*, Madrid 1987, Vol. I, pág. 10.

11 Véase las referencias en Allan R. Brewer-Carías, *El amparo a los derechos y garantías constitucionales (una aproximación comparativa)*, Caracas 1993, págs. 50 y 88.

12 Véase André Roux, *La protection de la vie privée dans les rapports entre l'Etat et les particuliers*, París 1983, págs. 10 y 11.

13 Véase Nicolás Nogueroles Peiró, "La intimidad económica en la doctrina del Tribunal Constitucional", *Revista Española de Derecho Administrativo*, N° 52, Madrid octubre-diciembre 1986, pág. 567.

Este ***derecho a la intimidad económica,*** como parte del derecho a la intimidad de la vida privada, que hace que la información sobre la situación patrimonial de la persona, le pertenezca en forma exclusiva, formando parte de su ámbito secreto y personal, ha sido reconocido, incluso, por el Tribunal Constitucional español en la sentencia número 110/84, el cual ha precisado que sólo cede cuando constitucionalmente está legitimada una injerencia en el mismo. En el caso concreto que se decidió en esa sentencia, frente a la solicitud de la Administración Tributaria formulada a una persona para que presentara todos sus estados de cuentas bancarias, y la oposición de esa persona de entregarlas alegando en vía de amparo el derecho a la intimidad económica, el Tribunal Constitucional español concluyó que en ese caso concreto, la solicitud no violaba el derecho a la intimidad, pues la consagración legal de esa potestad de la Administración Tributaria estaba destinada a proteger un bien también de rango constitucional, que era la distribución equitativa de las contribuciones a los gastos públicos. En tal sentido se consideró que el requerimiento de la Autoridad Tributaria, con fines tributarios de inspección, no violaba el derecho a la intimidad, pues no constituía una injerencia arbitraria ni abusiva en el mismo.[14]

En esta sentencia, el reconocimiento del derecho a la intimidad económica fue implícito, al admitirse que su penetración por motivos de investigación tributaria era admisible, cuando se trataba del cumplimiento de una potestad constitucional (potestad tributaria), a los efectos de hacer cumplir un deber constitucional como el de todos a contribuir con las cargas públicas, según su capacidad económica.

Posteriormente, el Tribunal Constitucional español al reiterar lo antes dicho en forma implícita, en un auto N° 642/1986 de 23 de julio de 1986 lo señaló en forma expresa:

> "si no hay duda de que, en principio, los datos relativos a la situación económica de una persona, y entre ellas, los que tienen su reflejo en las distintas operaciones bancarias en las que figura como titular, ***entran dentro de la intimidad económica constitucionalmente protegida,*** no puede haberla tampoco en que la Administración está habilitada, también desde el plano constitucional para exigir determinados datos relativos a la situación económica de los contribuyentes".[15]

Debe señalarse, por otra parte, que incluso en aquellos casos en los cuales el derecho a la intimidad respecto al patrimonio de una persona debe ceder ante los requerimientos de la autoridad fiscal, ello nunca implica un derecho de los funcionarios fiscales de inmiscuirse, indiscriminadamente, en la globalidad del patrimonio de los contribuyentes. Al contrario, esa potestad fiscal de exigir informaciones de carácter económico de los contribuyentes, como lo afirma André Roux, está limitada a aspectos que "sean útiles con vista al establecimiento del impuesto concreto o a la puesta en evidencia de algún fraude fiscal".[16] (Este autor cita, incluso, decisiones del Consejo de Estado francés de 26-10-42 y 18-12-64 en las cuales dicho Tribunal ha establecido límites al tipo de documentos que puede exigir la autoridad fiscal de los contribuyentes, definiendo restrictivamente la noción misma de lo que debe considerarse «documento contable».[17]

14 Véase el texto de la sentencia 110/1984 del 26-11-84 del Tribunal Constitucional español, en Javier Puyol Montero y Mª. Flor Generoso Hermoso, *Manual Práctico de la Doctrina Constitucional en materia de derecho al honor, a la intimidad y derecho de rectificación*, Madrid, 1991, pp. 103 a 124. Véanse los comentarios a dicha sentencia en J.M. Pinsón Cavero, *El derecho a la intimidad en la jurisprudencia constitucional*, Madrid 1993, p. 176 a 182; L.M. Alonso González, *Información Tributaria versus intimidad personal y secreto profesional*, Madrid 1992, pp. 23 a 29; y Nicolás Nogueroles Peiró, "*La intimidad económica en la doctrina del Tribunal Constitucional*", *Revista Española de Derecho Administrativo*, Madrid, N° 52, oct-dic 1986, pp. 559 a 584.

15 Véase en el texto de este auto en Javier Puyol Montero y Mª Flor Generoso Hermoso, *Manual Práctico de Doctrina Constitucional en materia de derecho al honor, a la intimidad y derecho de rectificación*, Madrid 1991, págs. 404 a 418; Véase los comentarios a dicha decisión en Nicolás Nogueroles Peiró, "La intimidad económica en la doctrina del Tribunal constitucional", en *Revista Española de Derecho Administrativo*, N° 52, Madrid oct-dic. 1986, pág. 583.

16 Véase André Roux, *La protection de la via privée dans les rapports entre l'Etat et les particuliers*, París 1983, pp. 57 y 58.

17 *op. cit.*, p. 58.

Aplicados estos principios, en general, puede señalarse que el derecho a la intimidad y a la vida privada en materia económica, sólo cede, cuando se trata de satisfacer derechos o bienes constitucionales, en cuyo caso no puede hablarse de injerencia arbitraria o abusiva, pues su consagración tiene rango constitucional. Por ejemplo, el deber de todos de contribuir con los gastos públicos previsto en el artículo 56 de la Constitución venezolana conforme a su capacidad económica (art. 223 de la misma Constitución); o el derecho de todos a la protección de la salud (artículo 76 de la misma Constitución), cuyo aseguramiento puede incluso conducir a realizar visitas sanitarias, que constituyen una excepción a la inviolabilidad del hogar doméstico (artículo 62 de la misma Constitución), que es uno de los aspectos mas clásicos del derecho a la intimidad (lo ejemplifica la célebre expresión «***My home is my castle***»), podrían dar origen a la previsión de injerencias razonables –nunca arbitrarias o abusivas– en la intimidad de las personas.

En base a ello, el derecho a la intimidad económica puede ser legítimamente limitado cuando se trata de asegurar el cumplimiento del deber constitucional de todos a contribuir con los gastos públicos (artículo 56), y el carácter distributivo de las cargas fiscales según la capacidad económica de los contribuyentes (artículo 223). Estas son limitaciones «razonables» que tienen rango constitucional. Por ello, incluso, el Código Orgánico Tributario de Venezuela para proteger la intimidad, declara reservado para la Administración Fiscal las informaciones obtenidas con esos fines de los contribuyentes en la siguiente forma:

> "*Artículo 120.*- Las informaciones y documentos que la Administración Tributaria obtenga de los contribuyentes, responsables y terceros, por cualquier medio, tendrán carácter reservado.
>
> Sólo serán comunicadas a la autoridad jurisdiccional, mediante orden de ésta, o de oficio, cuando fuere legalmente procedente.
>
> También podrán ser comunicadas en los demás casos que establezcan las leyes."
>
> El secreto o carácter reservado de la información a que se refiere este artículo no impide que la Administración Tributaria, pueda delegar tareas de recaudación, cobro, administración, levantamiento de estadísticas, procesamiento de datos e información en organismos o empresas especializadas, siempre que éstos acuerden con la Administración Tributaria los medios necesarios para mantener el secreto y reserva previstos en este artículo y se obliguen a no divulgar, reproducir o utilizar la información obtenida".

En todo caso, el carácter del derecho a la intimidad como derecho inherente a las personas es de tal naturaleza, que no toda restricción al mismo es admisible, ni siquiera cuando se trata de proteger un bien constitucional o asegurar el cumplimiento de un deber constitucional.

## III.-LA INTIMIDAD ECONÓMICA Y LOS DERECHOS DE LA PERSONALIDAD

Recuérdese, por sobre todo, que el derecho a la intimidad tiene su fundamento constitucional, además de en el artículo 59 de la Constitución venezolana, también en el artículo 43 de dicho Texto Fundamental, que garantiza el derecho al libre desenvolvimiento de la personalidad, esencia de la libertad. En definitiva, el derecho a la intimidad y a la vida privada debe considerarse como un derecho de la personalidad, o como lo señaló el Tribunal Constitucional Español, "forma parte de los bienes de la personalidad que pertenecen al ámbito de la vida privada.[18] Incluso, el derecho a la intimidad se ha considerado como uno de los que permiten al ser humano el pleno desarrollo o desenvolvimiento de su personalidad.[19]

En todo caso, la vinculación entre el derecho al libre desenvolvimiento de la personalidad previsto en la Constitución de Venezuela en el artículo 43 y el derecho a la intimidad y a la vida

18 Sentencia N° 170/1987 de 30-10-87, véase la referencia en J.M. Pisón Cavero, *El derecho a la intimidad en la jurisprudencia constitucional*, Madrid 1993, p. 93. Sobre el derecho a la intimidad como derecho a la personalidad véase: F. Herrero-Tejedor, *Honor, Intimidad y propia imagen*, Madrid 1994, p. 51; L. García San Miguel (ed), *Estudios sobre el derecho a la intimidad*, Madrid 1992; E. Giannotti, *A tutela constitucional da intimidade*, Río de Janeiro, 1987, pp. 8, 35, 56 y 57.

19 Véase Pierre Kayser, *La protection de la vie privé*, París 1990, p. 9.).

privada previsto en el artículo 59 del mismo texto, es tan estrecha que en países como Alemania, cuya Ley Fundamental de 1949 sólo previó el primero (art. 2, parágrafo 1°: "Todos tienen derecho al libre desenvolvimiento de su personalidad, siempre que no atente contra el derecho de otros, el orden constitucional o la ley moral"), sin embargo, del mismo, el Tribunal Federal Constitucional ha derivado la protección constitucional del derecho a la intimidad y a la vida privada.[20]

Ahora bien, al considerarse el derecho a la intimidad como una condición necesaria para el libre desenvolvimiento de la personalidad, y en sí mismo, uno de los derechos de la personalidad, toda limitación al mismo, como a la libertad en general, no sólo debe ser expresa sino además razonable, lógica y adecuada en relación al fin constitucional perseguido, respetando la proporcionalidad y concordancia práctica, asegurando la confidencialidad respecto de quienes acceden a la información obtenida, y no invadiendo el contenido esencial del derecho. En tal sentido, una restricción legitimada por la protección constitucional de la cosa pública que concierne e interesa a todos es, por ejemplo, la exigencia de la declaración jurada de patrimonio a los funcionarios públicos, para controlar los gastos públicos y el enriquecimiento ilícito, prevista en la Ley Orgánica de Salvaguarda del Patrimonio Público de Venezuela.

En el caso del único aparte del artículo 31 de la Ley Especial que analizamos, en cambio, se está en presencia de una penetración o injerencia no autorizada constitucionalmente, en el derecho a la intimidad económica de las personas, de manera discriminatoria y arbitraria, por irrazonable.

En efecto, ninguna norma constitucional en Venezuela erige en bien constitucional la supuesta protección del sistema financiero, de manera que pueda ceder el derecho a la intimidad de las personas ante la Administración financiera del Estado. En este caso, no existe una limitación al derecho a la intimidad que esté avalada por alguna norma constitucional. Caso distinto es cuanto se proteja la seguridad o la salud colectiva de las personas, como es el caso de las leyes en materia de prevención y castigo de delitos sobre sustancias estupefacientes y psicotrópicas. Pero en este caso relativo al manejo del sistema financiero, la penetración que regula la ley, completamente irrazonable, en la intimidad de las personas, la hace ilegítima, arbitraria y abusiva, máxime cuando no se garantiza reserva o secreto respecto de las informaciones obtenidas, lo cual viola el artículo 59 de la Constitución, pues no protege la vida privada de las personas en su aspecto económico.

Por otra parte, esta exigencia único aparte del artículo 31 de la Ley Especial es discriminatoria y viola el artículo 61 de la Constitución, pues sólo permite la injerencia en la intimidad económica de un grupo de personas, en su perjuicio y no de otras, siendo que esencialmente no hay diferencia alguna, entre las actividades que se realizan por las empresas de seguros e incluso, por las que realizan actividades de intermediación en el mercado de capitales. Es discriminatorio, por tanto, e inconstitucional permitir la injerencia en la intimidad económica de unas personas y no de otras que se dedican al mismo tipo de actividad.

Por último, la restricción que el único aparte del artículo 31 de la Ley Especial establece al exigir la declaración jurada de patrimonio es abusiva y arbitraria por irrazonable, desproporcionada y sin sentido. A nada conduce, en efecto, exigir la referida declaración jurada de patrimonio, pues ello no tiene efecto alguno sobre el patrimonio de las personas afectadas ni sobre las solvencias de las instituciones financieras. La Ley no limita en forma alguna el que esas personas puedan aumentar o disminuir su patrimonio, por lo que la exigencia no tienen sentido, siendo irrazonable. En cambio, por ejemplo, en el caso de la misma exigencia prevista en la citada Ley Orgánica de Salvaguarda del Patrimonio Público ello tiene un objetivo preciso: evitar el enriquecimiento ilícito mediante la confrontación de dos declaraciones de patrimonio que se deben realizar: al tomar posesión y al cesar en el cargo público. Esta tiene sentido, además, debido a la dedicación a tiempo exclusivo de los funcionarios públicos (salvo las excepciones constitucionales) y el régimen de incompatibilidades regulado por la ley.

20 Véase Pierre Kayser, *La protection de la vie privé*, París, 1990, pp. 64 ss.

## IV.- LA "RAZONABILIDAD" DE LAS LEYES Y LAS INJERENCIAS PÚBLICAS EN LA INTIMIDAD ECONÓMICA

Las leyes, ante todo, tienen que ser razonables, por lo que toda irrazonabilidad de ellas equivale a arbitrariedad y abuso de poder.[21] Ello es precisamente lo que ha ocurrido con la exigencia del único aparte del artículo 31 de la Ley Especial que consagra una forma arbitraria y abusiva de injerencia en la intimidad económica de los funcionarios y empleados de banco, violando no sólo la Constitución, sino las señaladas Convenciones Internacionales sobre Derechos Humanos.

Debe destacarse, por otra parte, que este principio y exigencia de la razonabilidad de las limitaciones legales al derecho a la intimidad y al respeto a la vida privada, ha sido el criterio impuesto por la Corte Europea de los Derechos Humanos y por el Consejo Constitucional francés.

La Corte Europea, en efecto, al aplicar el artículo 8, parágrafo 1° de la Convención Europea de Derechos Humanos que declara que "Toda persona tiene derecho al respeto de su vida privada y familiar, de su domicilio y de su correspondencia", ha desarrollado el criterio de que las limitaciones que los Estados, mediante Ley, pueden establecer a este derecho, deben ser justificada, y ser necesarias, en una sociedad democrática, conforme al fin perseguido por la Ley en cuestión[22] Se destaca, así, la sentencia de la Corte Europea de los Derechos Humanos en el caso ***Olsson*** de 24-3-1988, sobre la injerencia de una autoridad pública de Suecia en el ejercicio del derecho al respecto de la vida familiar, que la Corte consideró como no siendo necesaria en una sociedad democrática, pues implicaba medidas que no se podían considerar como fundadas en razones pertinentes, suficientes y proporcionales al fin legítimo que se perseguía.[23]

Por su parte, el Consejo Constitucional francés declaró no conforme con la Constitución una ley que otorgaba a los oficiales de policía judicial y a sus agentes el poder de proceder a realizar visitas en todos los vehículos y su contenido, con la sola condición de que se encontraran en la vía pública, y que la visita se efectuase en presencia del propietario o conductor, considerando que atentaba contra la libertad individual y el derecho al respecto de la vida privada[24] , pues había sido concebida en sentido demasiado general e imprecisa que podía conducir a situaciones arbitrarias o abusivas.

En el caso del único aparte del artículo 31 de la Ley Especial, al exigirse la declaración jurada de patrimonio a los empleados de los bancos e instituciones financieras, precisamente, estamos en presencia de una injerencia injustificada, innecesaria, ilógica e irrazonable en la intimidad y vida privada de las personas, no necesarias en nuestra sociedad democrática, para lograr proteger a los depositantes en los bancos e instituciones financieras, que es uno de los fines principales que se persiguen con la ley. Por ello, por irrazonable, la mencionada norma es inconstitucional. El hecho de que se formule la declaración jurada de patrimonio por los directores, administradores y funcionarios de bancos e instituciones financieras, en efecto, no tiene ningún efecto, pues no hay obligación alguna de mantener, aumentar o disminuir el patrimonio de los mismos, y no tiene ningún efecto jurídico el que éste aumente o disminuya. Es una exigencia inútil, y por ello, una injerencia arbitraria e irrazonable en la intimidad de las personas, que hace dicha norma inconstitucional por violar el derecho constitucional de las personas a las cuales se dirige a ser protegidas contra las injerencias arbitrarias y abusivas en su vida privada y en su intimidad.

---

21 Véase Juan Francisco Linares, *Razonabilidad de las leyes*, Buenos Aires, 1970.

22 Véase por ejemplo, la decisión en el caso *Leander* de 26-03-1987 sobre las informaciones en los registros de policía relativas a la vida privada del accionante, en Pierre Kayser, *La protection de la vie privé*, París 1990, pág. 17 y siguientes; en la misma obra, véanse las referencias en relación al mismo criterio de la ilegitimidad de las injerencias en la intimidad cuando ello no es necesario, en una sociedad democrática, con el fin perseguido por la ley, respecto de la decisión de la Corte Europea en el caso *BHOR y W contra el Reino Unido* de 8-7-1987, p. 28.

23 Véase la referencia, igualmente, en Pierre Kayser, *La protection de la vie privé, cit.*, pp. 29 y 30.

24 Véase las referencias a la decisión N° 76-75 DC del 12-1-77 del Consejo Constitucional en L. Favoreu "Le Conseil Constitutionnel et la protection de la liberté individuelle et de la vie privé" en *Etudes Pierre Kayser*, Vol I, p. 411.

# XXIII

# COMENTARIOS SOBRE DERECHO AL DESARROLLO

## (1997)

**Texto de la conferencia sobre "Comentarios sobre el derecho al desarrollo" en *Seminario sobre Derechos Humanos*, organizado por el Instituto Interamericano de Derechos Humanos y Unión Nacional de Juristas de Cuba, y celebrado en *La Habana, 1° de junio de 1996*, San José, 1997, pp. 191-202. Publicado en el libro: *Seminario sobre Derechos Humanos La Habana, 30-31 mayo, 1° junio 1996*, Instituto Interamericano de Derechos Humanos, Unión Nacional de Juristas de Cuba, San José, 1997, pp. 191-202.**

## INTRODUCCIÓN

La progresividad de la protección de los derechos humanos podríamos decir que se ha manifestado en dos direcciones: por una parte, en el tránsito de las protecciones del derecho interno de los países, hacia el derecho internacional; es decir, del derecho interno hacia la internacionalización. Este fue el proceso durante del siglo pasado y este siglo: los derechos fundamentales fueron los derechos internos y sólo durante este siglo y particularmente después de la Segunda Guerra Mundial, comienza su internacionalización.

Pero a la vez, y paralelamente, esta progresividad se manifiesta en la ampliación del contenido de los derechos, que ha dado origen a lo que ya se ha comentado el día de ayer, y que es tema conocido como el de las sucesivas generaciones de derechos humanos.

## I.- LA PROGRESIVIDAD DE LOS DERECHOS HUMANOS

La *primera generación* es la propia del constitucionalismo clásico del Estado Moderno, que surge de la Revolución Francesa, de la Revolución Americana y de la Revolución Latinoamericana. Es el concepto de los derechos humanos del siglo pasado, reducido básicamente a los derechos individuales y a los derechos políticos. Es, si se quiere, el derecho del Estado liberal-burgués de derecho, como se le conoce en el campo del derecho constitucional, y que caracterizó a los Estados durante todo el siglo pasado.

La *segunda generación* de derechos es propia de este siglo y surge a partir de movimientos revolucionarios y sociales que se producen en la segunda década, que se reflejan en la Constitución de Weimar, la Constitución Mexicana y la Constitución Soviética, y en nuestro mundo de habla hispana más de una década después, en la Constitución de la Primera República Española. Estos textos marcan un tránsito del Estado liberal-tradicional de derecho hacia el Estado social de derecho, hacia el Estado de bienestar, o hacia el Estado socialista, con todas las vertientes, donde se le da un énfasis a los derechos económicos y sociales. Esta segunda generación, por tanto, además de los derechos políticos y civiles, es la de los derechos económicos y sociales. Además, se transforman los derechos tradicionales individuales, como el derecho de propiedad, al que se le asigna al menos una función social; y la libertad económica aparece como limitada frente a la consagración ilimitada y absoluta del siglo pasado. Luego viene la ampliación de los derechos laborales, y la consagración del derecho a la salud, a la educación, y a la cultura, como derechos fundamentales.

Ese proceso de protección progresiva es el que ha dado origen en el mundo contemporáneo, en las últimas décadas, a esta llamada *tercera generación* de los derechos, que además de los derechos políticos, de los derechos individuales, de los derechos económicos y sociales, incorpora nuevos derechos derivados de necesidades de la vida humana, que demandan más bienes y más calidad de servicios, y que se han manifestado, incluso, en los textos constitucionales, y en su consagración, también, en el campo internacional.

Han surgido así, el derecho a la paz, que incluso se consagra en forma expresa en la última Constitución Colombiana; el derecho a la preservación del medio ambiente; el derecho a un medio ambiente sano; el derecho a la protección de los recursos naturales; y el derecho a la protección del patrimonio cultural y del patrimonio artístico. Entre esos derechos de la tercera generación, está precisamente el tema que da el título a esta sesión de esta mañana, relativa al derecho al desarrollo, que se inscribe justamente en esa progresividad.

Debe señalarse además, que en esta tercera generación, también se ha producido el perfeccionamiento de otros derechos previos, como por ejemplo, el derecho a ser informado, frente a la tradicional libertad de información; el derecho del ciudadano a ser informado en forma veraz; el derecho a la rectificación y a la respuesta; el derecho a la intimidad, más allá de la protección de la honra y reputación, como derecho a la preservación de una parte propia de la persona que no puede ser penetrada por el Estado ni por los particulares, y que tiene gran importancia en el mundo actual, sobre todo con el avance de la informática, del archivo de datos relativo a la personas y la necesidad de preservar la intimidad frente al propio avance de la ciencia de la información.

## II.- EL DERECHO AL DESARROLLO: DE DERECHO COLECTIVO A DERECHO HUMANO

Ahora bien, en cuanto al derecho al desarrollo, en sí mismo, este se configuró inicialmente como un conjunto de normas destinadas a regular un objetivo fundamental de las naciones subdesarrolladas: la búsqueda de la superación del atraso. En esta forma, la idea de derecho al desarrollo surge con un perfil ideológico. Es el signo de la noción en la década de los setenta: un derecho al servicio de los países subdesarrollados y un sistema de protección prácticamente de carácter internacional.

Con el derecho al desarrollo se da una progresividad inversa que con los otros derechos: estos derechos nacen como derechos internos de los países y se internacionalizan. En caso del derecho al desarrollo, su origen realmente es en el campo internacional y se produce una progresividad hacia la consagración también en los derechos internos, como derecho del ciudadano y no solo de los Estados.

En esta forma, inicialmente el derecho al desarrollo se configuró como un conjunto de normas de carácter internacional, un derecho de las comunidades políticas, un derecho de los Estados, un derecho de los pueblos sometidos a dominación extranjera o económica, o colonial. En ese sentido, su origen está signado por el colectivismo; es decir, surge como un derecho colectivo, no como un derecho de la persona, no como un derecho del hombre.

Eso provoca, en la década de los setenta, que se haga descansar el peso del derecho del desarrollo, en la sociedad internacional, y de ahí todas las propuestas que en su momento se formulan sobre el "nuevo orden internacional" y que desemboca, incluso, en una Carta de Derechos y Deberes Económicos de los Estados en 1974. En esta forma, el derecho al desarrollo surge, sin la menor duda, con una carga economicista en relación al crecimiento y al desarrollo económico de los Estados. También se le concibe, en ese momento, como un derecho interno, pero de las colectividades en relación al Estado Nacional; como un derecho de las provincias, de las regiones, de los municipios frente al Estado Nacional, hacia su propio desarrollo.

En la década de los ochenta se produce un cambio fundamental en la concepción del derecho al desarrollo. Además de como un derecho colectivo, se lo configura progresivamente como un derecho de la persona humana, como un derecho humano, que va más allá, por tanto, del crecimiento económico de los Estados. Se lo concibe así, como un derecho de todo hombre a vivir, y a vivir mejor, a aspirar a una existencia libre y digna e, insisto, cada vez mejor. Esto se plasma por primera vez en la Carta Africana de los Derechos Humanos y de los Pueblos de 1981, donde se afirma que todos los pueblos tienen derecho a su desarrollo económico, social y cultural (art. 22). También en las Naciones Unidas, en el año 1986, se adopta una Declaración sobre el Derecho al Desarrollo donde se coloca a la persona humana como sujeto central del desarrollo, y se lo califica expresamente como un derecho humano, como una derecho inalienable de todos los seres humanos, y además, de todos los pueblos, con lo cual el derecho al desarrollo, de ser inicialmente un derecho colectivo, se convierte también en un derecho del hombre, de la persona.

En esta forma, en el caso del derecho al desarrollo también se da la misma relación de sujeto activo-sujeto pasivo, que se da en todos los derechos: los sujetos activos, los beneficiarios, son los pueblos y el hombre como tal; y los sujetos pasivos son los responsables de su realización; es decir, los Estados, las organizaciones políticas, pero, también, sin duda, el propio hombre, el propio ser humano.

## III.- EL DERECHO AL DESARROLLO Y EL PROCESO DE DESARROLLO

El derecho al desarrollo está vinculado, por supuesto, a la propia idea del desarrollo, que no se reduce sólo al crecimiento económico, sino que abarca la erradicación de la pobreza y la satisfacción de las necesidades básicas del ser humano. Por tanto, más allá del criterio económico, se incorporan elementos que tienen relación con la salud, con la nutrición, con la vivienda, con la educación; es decir, con la idea, que también adquiere carta de naturaleza en el mundo contemporáneo en los años ochenta, del desarrollo sustentable, el desarrollo sostenido, que incluso está incorporado en la propia Constitución Cubana.

En efecto, si uno analiza la Constitución de Cuba se encuentra todos los elementos básicos que configuran este derecho al desarrollo, establecido básicamente como un derecho colectivo, sin la connotación de derecho humano que empieza a adquirir en la actualidad y regulándose sólo el sujeto pasivo, el obligado, el Estado. Así, si se lee con cuidado el artículo 9 de la Constitución Cubana, y además, los artículos 21 y 27, se encuentran los elementos centrales que configuran el derecho al desarrollo como derecho humano, además de como derecho colectivo. "El Estado garantiza –dice la Constitución–, la libertad y la dignidad plena del hombre, el desarrollo integral de su personalidad, garantiza oportunidad para obtener empleo, medios decorosos de subsistencia para los incapacitados, escuela, alimentación, vestido para los niños; oportunidad de estudio, acceso al estudio y trabajo por la búsqueda la vivienda confortable". Luego al hablar de la actividad económica que organiza, dirige y controla el Estado, establece que ello es "para satisfacer cada vez mejor las necesidades materiales y culturales de la sociedad y los ciudadanos, promover el desenvolvimiento de la persona humana y de su dignidad".

Y luego en el artículo 27 cuando se refiere al medio ambiente y a los recursos naturales como objeto de protección por parte del Estado, "reconoce –dice la Constitución– su extrema vinculación con el desarrollo económico y social-sostenible". Se trata del mismo concepto que en ese momento (1992) se empieza a acuñar en el mundo internacional en la Conferencia de Río, y dice "reconoce la estrecha vinculación con el desarrollo económico y social sostenible para ser más racional la vida humana y asegurar la supervivencia, el bienestar, la seguridad de las generaciones actuales y futuras". Esas son las diversas expresiones que están en estos tres artículos de la Constitución, (9, 16 y 27) que, en definitiva, configuran el derecho al desarrollo, como se ha venido configurando, o precisando, en el campo internacional.

## IV.- CONTENIDO DEL DERECHO AL DESARROLLO VINCULADO A LOS OTROS DERECHOS HUMANOS

Sin embargo, es evidente que promover el desarrollo no puede ni debe significar en el mundo actual, imponer a los pueblos y a los individuos un modelo de vida. Cada pueblo debe escoger su modelo de vida; por eso, el derecho a la autodeterminación. En todo caso, siempre con este tema del desarrollo hay un riesgo, y es que la búsqueda del desarrollo pueda constituirse en una forma de opresión, o de destrucción de otros derechos. Esa es una de las grandes discusiones y grandes dilemas que se ha planteado con este tema del derecho al desarrollo.

Por ello, la necesaria vinculación que tiene que haber entre el derecho al desarrollo y todos los otros derechos humanos. Así como el derecho al desarrollo se configura como un derecho del hombre, también todos los otros derechos siguen siendo derechos del hombre. Y esto apunta hacia un tema que ayer todos los expositores cubanos señalaban en nuestro seminario, el tema de la indivisibilidad y el tema de la interdependencia entre los diversos derechos, que se destacó también en la Declaración de las Naciones Unidas de 1986, sobre el Derecho al Desarrollo al señalar que a fin de promover el desarrollo, debía darse igual atención y urgente consideración a la realización también de los derechos civiles, económicos, culturales y sociales, y que, en definitiva, la observancia de ciertos derechos humanos no puede significar la negación de otros.

Esto, por supuesto, lleva al centro de una gran discusión de dos décadas atrás, entre el bloque de países socialistas, en general, y el bloque occidental no socialista, en el sentido de que algunos decían que había que desarrollar los derechos económicos y sociales sin importar los derechos individuales y políticos; y los otros hacían énfasis en los derechos políticos e individuales en el mundo occidental y no en los derechos económicos y sociales. Esta discusión tuvo su origen en un conflicto general, en un momento determinado, de carácter ideológico, pero hoy no tiene ninguna justificación.

Algo que tenemos que apuntar es a la indivisibilidad e interdependencia de los derechos, de manera que el hecho de buscar el desarrollo no significa conculcar otros derechos; y que el hecho de que se busque asegurar derechos individuales y políticos, no significa que pueda tenerse actitud pasiva en relación a los derechos económicos y sociales. Hay, por tanto, la idea de que son indivisibles el derecho al desarrollo con los otros derechos, de los cuales son interdependientes. Esto ya es una constante en todas las declaraciones internacionales sobre el tema del derecho al desarrollo, y que van más allá de la sola idea del crecimiento económico.

Más recientemente, la Conferencia de Río de 1992 adoptó la Declaración del Medio Ambiente y Desarrollo, (y ahí hubo una interrelación entre la Constitución Cubana 1992 y la propia Declaración de Río) que estableció en su tercer principio que el derecho al desarrollo debe ejercerse en forma tal, que responda equitativamente a las necesidades de desarrollo y ambientales de las generaciones presentes y futuras. Esa es materialmente la misma expresión que encontramos en el artículo 27 de la Constitución Cubana.

## V.- EL DERECHO AL DESARROLLO Y EL DESARROLLO HUMANO

En la Conferencia de Río se prestó especial atención a lo que allí se denominó los grupos vulnerables; que en cada país exigen una mayor atención en la consideración de este tema. Se trata de los pobres de las zonas urbanas y rurales, de las poblaciones indígenas, de los niños, de las mujeres, de los ancianos, de los desprovistos de hogar, de los que padecen enfermedades terminales, de los incapacitados. Todos son grupos vulnerables que requieren de una particular atención a los afectos de que también se pueda asegurar esta satisfacción de las necesidades básicas del ser humano que corresponden a todo ser humano. Por eso, se han vinculado estas exigencias, a la alimentación, a la preservación de la salud, a la obtención de vivienda adecuada y a la educación.

En esa Declaración de Río del año 1992 sobre Medio Ambiente y Desarrollo, en todo caso, se precisó la idea del derecho al desarrollo colocando al ser humano en el centro de la preocupación en relación al desarrollo sustentable, que debe ejercerse, como se señaló y lo dice la Constitución Cubana: "en forma tal que responda equitativamente a las necesidades de las generaciones presentes pero también de las futuras"; y centra toda la atención de esta idea del derecho al desarrollo en la necesidad de erradicar la pobreza como tarea esencial de los Estados y de los pueblos, y requisito indispensable para ese desarrollo sustentable, para el mejoramiento, en definitiva, del nivel de vida de la mayoría de los pueblos.

Estas mismas ideas del desarrollo sustentable se recogieron en la Conferencia de Viena de 1993, que fue la segunda Conferencia Mundial de Derechos Humanos, donde también se hizo mención especial al derecho sustentable, al derecho de todo persona a un nivel de vida adecuado, para su salud y bienestar, incluido allí la alimentación, la vivienda, atención a la salud y los servicios sociales necesarios para ello.

Esta vinculación del derecho al desarrollo con la persona, con el hombre, y poniendo al hombre en el centro de sus preocupaciones, ha llevado a la vinculación entre el derecho al desarrollo, como derecho humano, y el concepto de desarrollo humano.

Esa idea del desarrollo ha sido preocupación fundamental de las Naciones Unidas y del Programa de las Naciones Unidas para el Desarrollo (PNUD). Estoy seguro, que quien va a hablar a continuación esta mañana, el ex-Ministro de Planificación de Cuba, tendrá mayor precisión en este tema en relación a todo el esfuerzo del PNUD para determinar el crecimiento de los países, de colocar índices más allá de los estadísticos económicos y del producto nacional bruto, estableciendo progresivamente otros índices para poder determinar el desarrollo. Han sido los llamados índices de desarrollo humano, particularmente la longevidad, es decir, la esperanza de vida; el conocimiento derivado de la educación; y el ingreso vinculado al nivel de vida adecuado, de manera que, se entiende que, estos elementos proporcionan una medición más global del progreso humano, que no se reduce a meras cifras de carácter económico.

Y esta idea ha sido progresivamente incorporada en los informes del PNUD a partir de 1990, de manera que se han agregado nuevos índices para la determinación de este desarrollo humano, entre los cuales está la libertad política, la libertad de expresión y, fundamentalmente, la protección ambiental, también influenciada por la Conferencia de Río del Medio Ambiente y otros elementos que ya están inclusive en uso de los economistas. Hace unas décadas decir a un economista que el acceso a la justicia o, la administración de justicia efectiva, era un elemento fundamental del desarrollo, era casi una herejía. Hemos oído, recientemente, sin embargo, al Profesor North, Premio Nobel de Economía insistir en que, aparte de todos los índices económicos, el tema institucional empieza a adquirir una importancia fundamental, entre ellos, el acceso a la justicia y la participación. De manera que el desarrollo y todo lo que indica el desarrollo humano, no sólo es tarea del Estado y de las comunidades políticas, sino que requiere cada vez más de la participación para poder incorporar a toda la población en los objetivos de la organización política.

En todo caso, en los últimos años se han venido incorporando nuevos conceptos, y en el momento actual puede decirse que la lucha contra la pobreza es uno de los elementos centrales. La pobreza no sólo es la negación del desarrollo sustentable, sino la propia negación u obstáculo a la propia participación, porque en situación de pobreza no puede, en definitiva, haber participación efectiva.

## CONCLUSIÓN

Nos encontramos, por tanto, actualmente, en un momento en el cual la propia idea del derecho al desarrollo, de carácter colectivo y de carácter individual humano, ha hecho revalorizar los propios derechos económicos, sociales y políticos, particularmente el propio Pacto Internacional de Derechos Económicos, Sociales y Culturales. Allí encontramos, de nuevo, ideas que están vinculadas con lo que se acuña hoy como derecho al desarrollo. El artículo 11 de aquel Pacto es claro: "los Estados reconocen el derecho de toda persona a un nivel de vida adecuado para si y su familia, incluyendo alimentación, vestido, vivienda adecuada y continuas mejoras de las condiciones de la existencia".

Estas son las expresiones que estaban en el Pacto Internacional de los Derechos Económicos, Sociales y Culturales y que se revalorizan con la idea manejada en los organismos internacionales sobre derecho al desarrollo, que ha seguido manejándose en otras Conferencias internacionales. Las últimas: la Conferencia de Población y Desarrollo de 1994, la Cumbre Mundial de Desarrollo Social de 1995, y la propia Conferencia Mundial de la Mujer de 1995. En todas estas Conferencias internacionales el tema del desarrollo planteó las necesidades humanas básicas, la capacitación de las personas, la búsqueda de una protección más efectiva y eficaz de los derechos económicos, sociales y culturales vinculadas a esa idea del desarrollo sustentable que apunta hacia la erradicación de la pobreza.

Todos estos son conceptos que hoy están a la orden del día, desprovistos de las discusiones iniciales de carácter ideológico que confrontaban derechos. Quedó entonces superada la tesis que propugnaba la satisfacción de unos derechos y otros no; ahora, con la interrelación, el objetivo es que todos son derechos del hombre y todos deben ser objeto de consecución y protección por parte del Estado.

## XXIV

## ALGUNOS ASPECTOS DEL DERECHO A LA SALUD EN LAS CONSTITUCIONES LATINOAMERICANAS Y LOS PROBLEMAS DE SU JUSTICIABILIDAD. (UNA APROXIMACIÓN PRELIMINAR)

**(2004)**

**Texto de la conferencia sobre** ***La protección constitucional de los derechos económicos, sociales y culturales en los países americanos: análisis comparado. El derecho a la salud en las Constituciones Latinoamericanas y su justiciabilidad*****, en el XII Curso Interdisciplinario en Derechos Humanos, Derechos Económicos, Sociales y Culturales, Instituto Interamericano de Derechos Humanos, San José, Costa Rica, 24 de agosto de 2004.**

Las declaraciones constitucionales de los derechos humanos, si bien constituyen un medio efectivo de protección a los mismos, puede decirse que no son suficientes para hacer efectivo su goce y disfrute. Siempre resulta necesaria la previsión expresa de garantías constitucionales, particularmente las de carácter judicial, para que las personas puedan asegurar el respeto de los derechos frente a violaciones de los mismos.

Estas garantías judiciales han sido tradicionalmente establecidas en América latina respecto de la libertad e integridad personales, protegidas en general mediante las acciones de hábeas corpus. En cuanto a los demás derechos constitucionales, durante las últimas décadas se han venido estableciendo y desarrollando como medios internos de protección judicial, las acciones de amparo, de tutela o de protección, las cuales han sido medios efectivos de protección de los derechos individuales y de muchos derechos económicos, sociales y culturales.

Sin embargo, en algunos países se ha planteado la discusión sobre la posibilidad o no de la justiciabilidad de algunos derechos sociales, como el derecho a la salud, y la posibilidad del logro de su protección mediante la acción de amparo, tutela o protección. Por supuesto, dicho posibilidad depende, en primer lugar, de la forma de la declaración constitucional de los derechos; en segundo lugar, de la amplitud como se haya establecido la acción de amparo; y en tercer lugar, de la jurisprudencia que se haya producido en cada caso. Las presentes notas tienen por objeto introducir el tema, particularmente en relación con el derecho constitucional a la salud o a la protección de la salud, con ocasión de algunas sentencias recientes dictadas por algunos de los tribunales constitucionales de América Latina.

### PRIMERA PARTE: EL DERECHO A LA SALUD EN LAS CONSTITUCIONES LATINOAMERICANAS

### I.- LA SALUD COMO BIEN PÚBLICO

Como lo indica la Constitución de El Salvador, "la salud de los habitantes de la República constituye un bien público" (Art. 65). En sentido similar se regula en la Constitución de Guatemala (Art. 95); y por ello, ambas Constituciones establecen que el Estado y las personas están obligados a velar por su conservación y restablecimiento

## II.- EL DERECHO A LA SALUD Y EL DERECHO A LA PROTECCIÓN DE LA SALUD

Ahora bien, aparte de las declaraciones generales de orden constitucional como las indicadas, en la generalidad de las Constituciones de América Latina se establece expresamente, dentro de los derechos fundamentales o constitucionales de las personas, "el derecho a la salud" (Bolivia, Art. 7,a; Brasil, Art. 6 y 196; Ecuador Art. 46; Nicaragua, Art. 59); Venezuela, Art. 84). Este derecho fundamental corresponde a todas las personas "por igual" como lo precisa la Constitución de Nicaragua (Art. 59); y lo reafirma la Constitución de Guatemala, al prescribir que "el goce de la salud es derecho fundamental del ser humano, sin discriminación alguna" (Art. 93).

Ahora bien, esta fórmula constitucional del "derecho a la salud", en realidad también constituye una declaración de principios relativos al compromiso del Estado y de la sociedad entera en relación con la persona humana, la cual difícilmente podría identificarse "literalmente" con un verdadero "derecho constitucional", ya que tal formulación o declaración carece del principio de la alteridad. En realidad, nadie puede estar obligado a asegurarle la salud al ser humano; así como nadie puede tener derecho a no enfermarse.

Sin embargo, puede decirse que con esta fórmula lo que se está estableciendo en las Constituciones es el derecho de todas las personas a que su salud sea protegida; es decir, el derecho constitucional, en realidad, es el derecho a la protección de la salud por parte del Estado, al cual le corresponde como obligación, que también corresponde a la sociedad entera, de velar por el mantenimiento y recuperación de la salud de las personas.

Por eso, otras Constituciones latinoamericanas declaran, con más precisión, "el derecho a la protección de la salud" (Honduras, Art. 145); o se refieren más precisamente al derecho de todas las personas "a la protección de la salud" (Chile Art. 19,9; México, Art. 4; Perú, Art. 7); a que "se atienda y proteja su salud" (Cuba, Art. 50); o a que se les garantice "a todas las personas el acceso a los servicios de promoción, protección y recuperación de la salud." (Colombia, Art. 49). En Panamá, incluso, el artículo 105 de la Constitución dispone que:

> El individuo, como parte de la comunidad, tiene derecho a la promoción, protección, conservación, restitución y rehabilitación de la salud y la obligación de conservarla, entendida ésta como el completo bienestar físico, mental y social.

En algunos casos, como sucede en la Constitución de Venezuela, puede decirse que se mezclan ambas formulaciones, al disponer en su artículo 83 que "La salud es un derecho social fundamental" agregando además que "Todas las personas tienen derecho a la protección de la salud". Igual sucede en el artículo 68 de la Constitución de Paraguay, en el cual bajo el acápite de "derecho a la salud", lo que se establece es que "El Estado protegerá y promoverá la salud como derecho fundamental de la persona y en interés de la comunidad".

## III.- EL DERECHO DE ACCESO A LOS MEDIOS DE PROTECCIÓN DE LA SALUD Y LA GRATUIDAD DE LOS PROGRAMAS Y SERVICIOS PÚBLICOS DE SALUD

Sólo algunas Constituciones establecen, además del derecho a la protección de la salud, algunas normas que aseguren el derecho de acceso libre e igualitario y en algunos casos, gratuito, a los servicios públicos de salud.

Es el caso de la Constitución de Chile, la cual dispone que "el Estado protege el libre e igualitario acceso a las acciones de promoción, protección y recuperación de la salud y de rehabilitación del individuo" (Art. 19,9). En la Constitución de Cuba, el artículo 50 dispone que el Estado garantiza el derecho de las personas a que se atienda y proteja su salud "con la prestación de la asistencia médica y hospitalaria gratuita".

En el caso de la Constitución de Chile, en la misma se distingue entre programas y servicios públicos de salud, disponiéndose que "los programas y acciones de salud pública serán gratuitos para todos"; y, en cambio, "los servicios públicos de atención médica, lo serán para las personas que los necesiten" (Art. 43). La Constitución establece, además, que incluso, "por ningún motivo se negará la atención de emergencia en los establecimientos públicos o privados" (Art. 43). En sentido similar, la Constitución de Paraguay dispone que "Nadie será privado de asistencia pública para prevenir o tratar enfermedades, pestes o plagas, y de socorro en los casos de catástrofes y de accidentes" (Art. 68)

En la Constitución de El Salvador, se dispuso que el Estado debe dar "asistencia gratuita a los enfermos que carezcan de recursos, y a los habitantes en general, cuando el tratamiento constituya un medio eficaz para prevenir la diseminación de una enfermedad transmisible" (Art. 66); y en Uruguay, la Constitución dispone que "El Estado proporcionará gratuitamente los medios de prevención y de asistencia tan sólo a los indigentes o carentes de recursos suficientes" (Art. 44).

En otros casos, se remite a la ley para señalar "los términos en los cuales la atención básica para todos los habitantes será gratuita y obligatoria" (Colombia, art. 49); o para la definición de "las bases y modalidades para el acceso a los servicios de salud (México, Art. 4).

## IV.- LAS OBLIGACIONES DERIVADAS DEL DERECHO A LA SALUD

### 1.- *Las obligaciones generales de las personas*

La salud, en todo caso, sea que se la considere como bien público o como derecho fundamental, origina obligaciones tanto para las personas en general como para el Estado.

En efecto, en la Constitución del no sólo establece el derecho de todos a la protección de su salud y a la protección del "del medio familiar y de la comunidad, sino "el deber de contribuir a su promoción y defensa" (art. 7). En la misma línea regulatoria, en la Constitución de Honduras se establece que "Es deber de todos participar en la promoción y preservación de la salud personal y de la comunidad (Art. 145); y la Constitución de establece que "todos los habitantes tienen el deber de cuidar su salud, así como el de asistirse en caso de enfermedad" (Art. 44). La Constitución de Colombia igualmente establece en su artículo 49, que "toda persona tiene el deber de procurar el cuidado integral de su salud y la de su comunidad".

Igualmente, en Venezuela, el artículo 83 de la Constitución consagra el deber de todas las personas de participar activamente en la promoción y defensa de la salud, y de cumplir con las medidas sanitarias y de saneamiento que establezca la ley, de conformidad con los tratados y convenios internacionales suscritos y ratificados por la República. En el mismo sentido, el artículo 68 de la Constitución del Paraguay dispone que "Toda persona está obligada a someterse a las medidas sanitarias que establezca la ley, dentro del respeto a la dignidad humana"; y en Nicaragua se establece que "Los ciudadanos tienen la obligación de acatar las medidas sanitarias que se determinen"(Art. 59).

En El Salvador, la Constitución establece que toda persona está obligada a someterse a tratamiento, cuando el mismo "constituya un medio eficaz para prevenir la diseminación de una enfermedad transmisible" (Art. 66).

### 2.- *Las obligaciones a cargo del Estado: políticas públicas y las actividades de prestación*

La consecuencia de la existencia en las Constituciones de un derecho ciudadano a la protección de la salud, es la previsión de un conjunto de obligaciones impuestas al Estado para satisfacer dicho derecho, las cuales también se establecen expresamente en las Constituciones, como por ejemplo, en la Constitución de Panamá en la cual se dispone que "Es función esencial del Estado velar por la salud de la población de la República" (Art. 105).

La Constitución de Guatemala, por su parte, dispone:

> *ARTICULO 94.- Obligación del Estado, sobre salud y asistencia social.* El Estado velará por la salud y la asistencia social de todos los habitantes. Desarrollará, a través de sus instituciones, acciones de prevención, promoción, recuperación, rehabilitación, coordinación y las complementarias pertinentes a fin de procurarles el más completo bienestar físico, mental y social.

En la Constitución de Venezuela, luego de declararse que la salud es un derecho social fundamental, se lo precisa como "obligación del Estado, que lo garantizará como parte del derecho a la vida. El Estado promoverá y desarrollará políticas orientadas a elevar la calidad de vida, el bienestar colectivo y el acceso a los servicios" (Art. 83). En la Constitución de Honduras, el artículo 145 dispone que "el Estado conservará el medio ambiente adecuado para proteger la salud de las personas".

Por su parte, la Constitución de Cuba (Art. 50) dispone que el Estado garantiza el derecho de las personas a que se atienda y proteja su salud:

- con la prestación de la asistencia médica y hospitalaria gratuita, mediante la red de instalaciones de servicio médico rural, de los policlínicos, hospitales, centros profilácticos y de tratamiento especializado;
- con la prestación de asistencia estomatológica gratuita;
- con el desarrollo de los planes de divulgación sanitaria y de educación para la salud, exámenes médicos periódicos, vacunación general y otras medidas preventivas de las enfermedades. En estos planes y actividades coopera toda la población a través de las organizaciones de masas y sociales.

En Ecuador, el artículo 42 de la Constitución prescribe que el Estado garantiza el derecho a la salud, su promoción y protección:

> [P]or medio del desarrollo de la seguridad alimentaria, la provisión de agua potable y saneamiento básico, el fomento de ambientes saludables en lo familiar, laboral y comunitario, y la posibilidad de acceso permanente e ininterrumpido a servicios de salud, conforme a los principios de equidad, universalidad, solidaridad, calidad y eficiencia (Art. 42).

El artículo 106 de la Constitución de Panamá dispone que en materia de salud, corresponde primordialmente al Estado, el desarrollo de las siguientes actividades, integrando las funciones de prevención, curación y rehabilitación:

1.- Desarrollar una política nacional de alimentación y nutrición que asegure un óptimo estado nutricional para toda la población, al promover la disponibilidad, el consumo y el aprovechamiento biológico de los alimentos adecuados.

2.- Capacitar al individuo y a los grupos sociales, mediante acciones educativas, que difundan el conocimiento de los deberes y derechos individuales y colectivos en materia de salud personal y ambiental.

3.- Proteger la salud de la madre, del niño y del adolescente, garantizando una atención integral durante el proceso de gestación, lactancia, crecimiento y desarrollo en la niñez y adolescencia.

4.- Combatir las enfermedades transmisibles mediante el saneamiento ambiental, el desarrollo de la disponibilidad de agua potable y adoptar medidas de inmunización, profilaxis y tratamiento, proporcionadas colectivamente e individualmente, a toda la población.

5.- Crear, de acuerdo con las necesidades de cada región, establecimientos en los cuales se presten servicios de salud integral y suministren medicamentos a toda la población. Estos servicios de salud y medicamentos serán proporcionados gratuitamente a quienes carezcan de recursos económicos.

6.- Regular y vigilar el cumplimiento de las condiciones de salud y la seguridad que deban reunir los lugares de trabajo, estableciendo una política nacional de medicina e higiene industrial y laboral.

En Bolivia, el Estado "tiene la obligación de defender el capital humano protegiendo la salud de la población; asegurará la continuidad de sus medios de subsistencia y rehabilitación de las personas inutilizadas; propenderá asimismo al mejoramiento de las condiciones de vida del grupo familiar" (Art. 158.I). La Constitución del Perú precisa que "el Estado determina la política nacional de salud" correspondiendo al Poder Ejecutivo normar y supervisar su aplicación" (Art. 9). En sentido similar, la Constitución de El Salvador prescribe que "El Estado determinará la política nacional de salud y controlará y supervisará su aplicación" (Art. 65).

En el caso de Nicaragua, el artículo 59 de la Constitución establece que el Estado establecerá las condiciones básicas para su promoción, protección, recuperación y rehabilitación, correspondiendo "al Estado dirigir y organizar los programas, servicios y acciones de salud y promover la participación popular en defensa de la misma".

En Brasil, el Estado tiene el deber de garantizar la salud como derecho de todos, "mediante políticas sociales y económicas que tiendan a la reducción del riesgo de enfermedad y de otros riesgos y al acceso universal e igualitario a las acciones y servicios para su promoción, protección y recuperación"(Art. 196).

En Ecuador, el Estado debe promover "la cultura por la salud y la vida, con énfasis en la educación alimentaria y nutricional de madres y niños, y en la salud sexual y reproductiva, mediante la participación de la sociedad y la colaboración de los medios de comunicación social (Art. 43). A tal efecto, el Estado debe formular "la política nacional de salud y vigilará su aplicación; controlará el funcionamiento de las entidades del sector; reconocerá, respetará y promoverá el desarrollo de las medicinas tradicional y alternativa, cuyo ejercicio será regulado por la ley, e impulsará el avance científico-tecnológico en el área de la salud, con sujeción a principios bioéticos. Adoptará programas tendientes a eliminar el alcoholismo y otras toxicomanías (Art. 44).

## V.- LOS SERVICIOS PÚBLICOS Y PRIVADOS DE SALUD Y LA POTESTAD REGULADORA DEL ESTADO

La protección de la salud puede considerarse, por tanto, en general, como una obligación del Estado, lo que no excluye que los particulares también puedan prestar servicios de protección a la salud, sometidos a las regulaciones estadales. A tal efecto se regula, en la Constitución de Chile que "cada persona tendrá el derecho a elegir el sistema de salud al que desee acogerse, sea éste estatal o privado" (Art. 19).

En las Constituciones Latinoamericanas existe, por tanto, en general, la libre iniciativa privada para la prestación de los servicios de salud, lo cual, sin embargo, sólo la Constitución de Brasil la regula expresamente al establece el principio de que "La asistencia sanitaria es libre para iniciativa privada", a cuyo efecto el artículo 199 establece el régimen general así:

1°. Las instituciones privadas podrán participar de forma complementaria del sistema único de salud, según las directrices de este mediante contrato de derecho público o convenio, teniendo preferencia las entidades filantrópicas y las que no tengan fines lucrativos.

2°. Esta prohibido el destino de recursos públicos para auxilio o subvenciones a las instituciones privadas con fines lucrativos.

3°. Está prohibida la participación directa o indirecta de empresas o capital extranjero en la asistencia sanitaria en el País, salvo en los casos previstos en ley.

4°. La ley dispondrá sobre las condiciones y los requisitos que faciliten la extracción de órganos, tejidos y sustancias humanas para fines de transplante, investigación y tratamiento, así como la extracción, procesamiento y transfusión de sangre, prohibiéndose todo tipo de comercialización.

En todo caso, la consecuencia de las obligaciones impuestas al Estado para garantizar el derecho a la protección de la salud, sea que se presten los servicios de atención a la salud por los entes públicos o por los particulares, es la atribución reguladora que se asigna al Estado. Como lo indica el artículo 85 de la Constitución de Venezuela: "El Estado regulará las instituciones públicas y privadas de salud" (Art. 85); o lo indica la Constitución de Chile en su artículo 19, en el cual, además de disponer que corresponde al Estado "la coordinación y control de las acciones relacionadas con la salud", precisa que:

> Es deber preferente del Estado garantizar la ejecución de las acciones de salud, sea que se presten a través de instituciones públicas o privadas, en la forma y condiciones que determine la ley, la que podrá establecer cotizaciones obligatorias.

En el artículo 44 de la Constitución de Uruguay, se establece que: "El Estado legislará en todas las cuestiones relacionadas con la salud e higiene públicas, procurando el perfeccionamiento físico, moral y social de todos los habitantes del país".

En Honduras, la Constitución dispone que:

> *Artículo 146.-* Corresponde al Estado por medio de sus dependencias y de los organismos constituidos de conformidad con la Ley, la regulación, supervisión y control de los productos alimenticios, químicos, farmacéuticos y biológicos.

Además, se atribuye al Estado la potestad "supervisar las actividades privadas de salud conforme a la ley" (Art. 149).

En el caso del Brasil, el artículo 197 de la Constitución dispone que siendo de relevancia pública las acciones y servicios de salud, "corresponde al Poder Público disponer, en los términos de la ley, sobre su regulación, fiscalización y control, debiendo ejecutarse directamente o a través de terceros y, también, por persona física o jurídica de derecho privado" (Art. 197).

La potestad regulatoria del Estado se refiere, en consecuencia, tanto al sector público de salud como a las entidades privadas prestadoras de servicios de salud. Así lo regula expresamente la Constitución de Colombia cuyo artículo 49 dispone como potestad estatal:

> También, establecer las políticas para la prestación de servicios de salud por entidades privadas, y ejercer su vigilancia y control. Así mismo, establecer las competencias de la nación, las entidades territoriales y los particulares, y determinar los aportes a su cargo en los términos y condiciones señalados en la ley.

## VI.- LOS SERVICIOS PÚBLICOS DE SALUD

### 1.- *El carácter de servicio público de los servicios públicos de salud*

Ahora bien, la consecuencia del establecimiento en la Constitución de obligaciones prestacionales a cargo del Estado para satisfacer el derecho ciudadano a la protección de la saluda, configura dichas actividades estatales como un servicio público. Como lo indica expresamente la Constitución de Colombia: "la atención de la salud y el saneamiento ambiental son servicios públicos a cargo del Estado" (Art. 49). En la Constitución de Bolivia redispone que "El servicio y la asistencia sociales son funciones del Estado" siendo las normas relativas a la salud pública "de carácter coercitivo y obligatorio" (art. 164).

### 2.- *La organización de los servicios públicos de salud*

En la mayoría de las Constituciones latinoamericanas establecen principios generales sobre la organización de los servicios públicos de salud, configurándolos como integrados en un sistema nacional o único de salud.

### A) EL SISTEMA NACIONAL DE SALUD

La noción de "servicio nacional de salud" se encuentra en varias Constituciones, pero en algunas, comprendiendo los servicios públicos y privados; y en otras, refiriéndose sólo a los servicios públicos.

En efecto, en Chile, la Constitución dispone que "El Estado organizará un sistema nacional de salud, que se integrará con las entidades públicas, autónomas, privadas y comunitarias del sector". Dicho sistema debe funcionar "de manera descentralizada, desconcentrada y participativa" (Art. 45). En el caso del Paraguay, la Constitución también prescribe que "se promoverá un sistema nacional de salud que ejecute acciones sanitarias integradas, con políticas que posibiliten la concertación, la coordinación y la complementación de programas y recursos del sector público y privado" (Art. 69).

Ahora bien, en cuanto al financiamiento de las entidades públicas del sistema nacional de salud, en Chile debe provenir de "aportes obligatorios, suficientes y oportunos del Presupuesto General del Estado, de personas que ocupen sus servicios y que tengan capacidad de contribución económica y de otras fuentes que señale la ley" (Art. 46). La asignación fiscal para salud pública en Chile, se debe incrementar anualmente en el mismo porcentaje en que aumenten los ingresos corrientes totales del presupuesto del gobierno central; no debiendo haber reducciones presupuestarias en esta materia (Art. 46).

En el caso de la Constitución de Venezuela, la misma establece expresamente en su artículo 84, que "para garantizar el derecho a la salud, el Estado creará, ejercerá la rectoría y gestionará un sistema público nacional de salud, de carácter intersectorial, descentralizado y participativo, integrado al sistema de seguridad social, regido por los principios de gratuidad, universalidad, integralidad, equidad, integración social y solidaridad". Este sistema, se lo califica de "público" por lo que en el mismo no están integradas las entidades privadas prestadoras de servicios de salud

Agrega la norma que:

> El sistema público nacional de salud dará prioridad a la promoción de la salud y a la prevención de las enfermedades, garantizando tratamiento oportuno y rehabilitación de calidad. Los bienes y servicios públicos de salud son propiedad del Estado y no podrán ser privatizados. La comunidad organizada tiene el derecho y el deber de participar en la toma de decisiones sobre la planificación, ejecución y control de la política específica en las instituciones públicas de salud.

En cuanto al financiamiento del sistema público nacional de salud, el artículo 85 de la Constitución dispone que ello "es obligación del Estado, que integrará los recursos fiscales, las cotizaciones obligatorias de la seguridad social y cualquier otra fuente de financiamiento que determine la ley". Además, el Estado debe garantizar "un presupuesto para la salud que per mita cumplir con los objetivos de la política sanitaria" y en coordinación con las universidades y los centros de investigación, se promoverá y desarrollará una política nacional de formación de profesionales, técnicos y técnicas y una industria nacional de producción de insumos para la salud" (Art. 85).

## B) EL SISTEMA ÚNICO DE SALUD

En otras Constituciones como la de Brasil, en lugar de servicio nacional de salud, se regula un sistema único de salud. Así, el artículo 198 de dicho texto dispone que "As ações e serviços públicos de saúde integram uma rede regionalizada e hierarquizada e constituem um sistema único" (Art. 198), organizado de acuerdo con las siguientes directrices:

I - descentralização, com direção única em cada esfera de governo;

II - atendimento integral, com prioridade para as atividades preventivas, sem prejuízo dos serviços assistenciais;

III - participação da comunidade.

Este sistema único de salud debe ser financiado con recursos del presupuesto de seguridad social de la Unión, de los Estados, del Distrito Federal y de los Municipios, además de otras fuentes.

## C) LA DESCENTRALIZACIÓN DE LOS SERVICIOS DE SALUD

En varias Constituciones se hace mención a la necesidad de organizar los servicios públicos de salud en forma descentralizada. Tal es el caso de Colombia, donde la Constitución establece en su artículo 49 no sólo que corresponde al Estado "organizar, dirigir y reglamentar la prestación de servicios de salud a los habitantes y de saneamiento ambiental conforme a los principios de eficiencia, universalidad y solidaridad sino que "los servicios de salud se organizarán en forma descentralizada, por niveles de atención y con participación de la comunidad".

En el caso de la Constitución del Perú, se dispone que el Estado es responsable de diseñar la política de salud y conducirla en forma plural y descentralizadora para facilitar a todos el acceso equitativo a los servicios de salud (Art. 9).

## D) OTROS PRINCIPIOS DE ORGANIZACIÓN

Otras Constituciones son menos explícitas en cuanto a la organización de los servicios públicos de salud. Por ejemplo, la Constitución de Honduras prescribe en su artículo 149 que "el Poder Ejecutivo por medio del Ministerio de Salud Pública y Asistencia Social, coordinará todas las actividades públicas de los organismos centralizados y descentralizados de dicho sector, mediante un plan nacional de salud, en el cual se dará prioridad a los grupos más necesitados" En El Salvador , la Constitución dispone que un Consejo Superior de Salud Pública es el que debe velar por la salud del pueblo, integrado por igual número de representantes de los gremios médico, odontológico, químico-farmacéutico y médico veterinario (Art. 68).

# SEGUNDA PARTE:

# LA JUSTICIABILIDAD DE LOS DERECHOS Y GARANTÍAS CONSTITUCIONALES (INCLUÍDOS LOS DERECHOS SOCIALES) MEDIANTE LA ACCIÓN DE AMPARO, DE TUTELA O DE PROTECCIÓN

La protección constitucional de los derechos y libertades públicas se ha garantizado en América Latina, en general, mediante la consagración en las Constituciones de dos acciones o recursos específicos: la acción de hábeas corpus para la protección de la libertad e integridad personales y la acción de amparo, de tutela o de protección para los demás derechos constitucionales. En otros sistemas constitucionales, como el de Venezuela, la acción de amparo es de carácter universal, protegiéndose con la misma, también, las libertad e integridad personales.

Sin embargo, lo que interesa ahora precisar, es si todos los derechos y garantías constitucionales están protegidos mediante las acciones de amparo, protección o tutela; o sólo algunos de ellos.

## I.- EL AMPARO A TODOS LOS DERECHOS Y GARANTÍAS CONSTITUCIONALES

En primer lugar, se destacan los sistemas constitucionales, que son la mayoría, en los cuales se prevén constitucionalmente medios judiciales de protección de *todos* los derechos y garantías constitucionales, sea mediante la acción de amparo o distinguiendo el amparo del hábeas corpus. En estos sistemas constitucionales, nada debería impedir, por ejemplo, la justiciabilidad del derecho a la salud o a la protección de la salud.

### 1.- *La acción de amparo como medio de protección de todos los derechos y garantías constitucionales (incluyendo la seguridad y libertad personal)*

Algunos sistemas constitucionales han concebido el amparo como un mecanismo de protección de todos los derechos y garantías constitucionales, incluyendo la seguridad y libertad personales, en el sentido de que no distinguen la acción de amparo de la de habeas corpus. Es el caso de Venezuela, donde la acción de amparo se configura además, como un medio de protección del goce y ejercicio de absolutamente todos los derechos y garantías que la Constitución establece, aún de aquellos inherentes a la persona que no figuren expresamente en la Constitución o en los instrumentos internacionales sobre derechos humanos (Art. 27). Ello lo confirma el artículo 1°, de la Ley Orgánica de Amparo sobre Derechos y Garantías Constitucionales, que regula el derecho de amparo para la protección de "el goce y el ejercicio de los derechos y garantías constitucionales, aun de aquellos derechos fundamentales de la persona humana que no figuren expresamente en la Constitución.

Por tanto, en Venezuela, el derecho de amparo constituye un medio de protección de todos los derechos y garantías que la Constitución establece, incluyendo la libertad y seguridad personales; y de incluso aquellos derechos fundamentales que no estén expresamente enunciados en normas constitucionales o en los instrumentos internacionales sobre derechos humanos, pero que sean derechos inherentes a la persona.

### 2.- *La protección de todos los derechos y garantías constitucionales mediante las acciones de amparo y de hábeas corpus*

En otros sistemas constitucionales, si bien se garantiza la protección de todos los derechos y garantías constitucionales, sin excepción, ello se logra mediante *dos instituciones procesales diferenciadas:* la acción o recurso de amparo y la acción o recurso de *hábeas corpus.* Es el caso de la gran mayoría de los países de América Latina, destinándose la acción de amparo para la protección de absolutamente todos los derechos y garantías constitucionales, salvo la libertad e integridad personales, la cual es justiciable mediante la acción de hábeas corpus. En efecto:

En Costa Rica, el artículo 48 de la Constitución dispone que toda persona tiene derecho al recurso de amparo para mantener o restablecer el goce de "los otros derechos consagrados en esta Constitución, así como de los de carácter fundamental, establecidos en los instrumentos internacionales sobre derechos humanos, aplicables a la República". Esta norma se desarrolla en la Ley de la Jurisdicción Constitucional de 1989, en la cual se le atribuye a la Sala Constitucional de la Corte Suprema de Justicia la potestad de garantizar, mediante el recurso de amparo, "los derechos y libertades consagrados por la Constitución Política y los derechos humanos reconocidos por el Derecho Internacional vigente en Costa Rica" (art. 2,a).

En Argentina, de acuerdo con el artículo 43 de la Constitución, toda persona puede interponer acción expedita y rápida de amparo, siempre que no exista otro medio judicial más idóneo, "contra todo acto u omisión de autoridades públicas o de particulares, que en forma actual o inminente lesione, restrinja, altere o amenace, con arbitrariedad o ilegalidad manifiesta, derechos y garantías reconocidos por esta Constitución, un tratado o una ley". En cuanto a la acción de amparo, de acuerdo con el artículo 1° de la Ley N° 16.986 de 1966, ésta es "admisible contra todo acto u omisión de autoridad pública que, en forma actual o inminente lesione, restrinja, altere o amenace, con arbitrariedad o ilegalidad manifiesta, los derechos o garantías explícita o implícitamente reconocidas por la Constitución Nacional".

En sentido similar, el artículo 1° de la Ley 16.011 de 1988 de Uruguay establece que cualquier persona física o jurídica, pública o privada, puede deducir la acción de amparo contra todo acto, omisión o hecho de las autoridades estatales o paraestatales, así como de particulares que, en forma actual o inminente, a su juicio, lesione, restrinja, altere o amenace con ilegitimidad manifiesta, cualquiera de sus derechos y libertades reconocidos expresa o implícitamente por la Constitución (art. 72).

En el Paraguay, el artículo 134 de la Constitución garantiza a toda persona que por un acto u omisión, manifiestamente ilegítimo, de una autoridad o de un particular, "se considere lesionada gravemente, o en peligro inminente de serlo en derechos o garantías consagradas en esta Constitución o en la ley" y que debido a la urgencia del caso no pudiera remediarse por la vía ordinaria, la posibilidad de promover amparo ante el magistrado competente, quien tendrá facultad para salvaguardar el derecho o garantía o para restablecer inmediatamente la situación jurídica infringida.

En el Perú, el artículo 200,2 de la Constitución también establece como garantía constitucional la acción de amparo, la cual procede contra el hecho u omisión, por parte de cualquier autoridad, funcionario o persona, "que vulnera o amenaza los demás derechos reconocidos por la Constitución". El Código Procesal Constitucional dictado mediante Ley Nº 28237 de 2004 ha ratificado que el procedimiento constitucional de amparo (además del de hábeas corpus y de hábeas data) tienen por finalidad proteger los derechos constitucionales, reponiendo las cosas al estado anterior a la violación o amenaza de violación de un derecho constitucional (Art. 1); procediendo dicha acción cuando "se amenace o viole los derechos constitucionales por acción u omisión de actos de cumplimiento obligatorio, por parte de cualquier autoridad, funcionario o persona" (Art. 2).

Adicionalmente, el mismo Código Procesal Constitucional precisa en el artículo 37, que el amparo procede en defensa de los siguientes derechos:

1.- De igualdad y de no ser discriminado por razón de origen, sexo, raza, orientación sexual, religión, opinión, condición económica. Social, idioma o de cualquier otra índole;

2.- Del ejercicio público de cualquier confesión religiosa;

3.- De información, opinión y expresión;

4.- A la libertad de contratación;

5.- A la creación artística, intelectual y científica;

6.- A la inviolabilidad y secreto de los papeles privados y de las comunicaciones;

7.- De reunión;

8.- Del honor, intimidad, voz, imagen y rectificación;

9.- De asociación;

10.- Al trabajo;

11.- De sindicación, negociación colectiva y huelga;

12.- De propiedad y herencia;

13.- De petición ante la autoridad competente;

14.- De participación individual o colectiva en la vida política del país;

15.- A la nacionalidad;

16.- De tutela judicial efectiva;

17.- A la educación, así como al derecho de los padres de escoger el centro de educación y participar en el proceso educativo de sus hijos;

18.- De impartir educación dentro de los principios constitucionales;

19.- A la seguridad social;

20.- De la remuneración y pensión;

21.- De la libertad de cátedra.

22.- De acceso a los medios de comunicación social en los términos del artículo 35 de la Constitución; y

23.- De gozar de un ambiente equilibrado y adecuado al desarrollo de la vida;

24.- A la salud; y

25.- Los demás que la Constitución reconoce.

Se destaca de esta enumeración, que la legislación del Perú es la única de América Latina que a partir del Código de 2004, en forma expresa prevé la acción de amparo para la defensa del derecho a la salud.

En la Constitución de Guatemala también se establece el doble sistema de protección de los derechos fundamentales mediante una acción de exhibición personal (*hábeas corpus*) y una acción de amparo. En cuanto a esta última, el artículo 265 instituye el amparo con el fin de proteger a las personas "contra las amenazas de violaciones a sus derechos o para restaurar el imperio de los mismos cuando la violación hubiere ocurrido". Agrega además, dicha norma que "no hay ámbito que no sea susceptible de amparo, y procederá siempre que los actos, resoluciones, disposiciones o leyes de autoridad lleven implícitos una amenaza, restricción o violación a los derechos que la Constitución y las leyes garantizan". Por su parte, la Ley de Amparo, Exhibición Personal y de Constitucionalidad de 1986, precisó en su artículo 10, que la acción de amparo procede contra "toda situación que sea susceptible de un riesgo, una amenaza, restricción o violación a los derechos que la Constitución y las leyes de la República de Guatemala reconocen, ya sea que dicha situación provenga de personas y entidades de derecho público o entidades de derecho privado".

En El Salvador, la Constitución en su artículo 247 le garantiza a toda persona el poder pedir amparo ante la Sala de lo Constitucional de la Corte Suprema de Justicia "por violación de los derechos que otorga la presente Constitución". De acuerdo a la Ley de Procedimientos Constitucionales, el amparo puede ser pedido por toda persona por violación de los derechos que le otorga la Constitución Política (arts. 3 y 12). Y procede contra toda clase de acciones u omisiones de cualquier autoridad, funcionario del Estado o de sus organismos descentralizados (art. 12).

La Constitución de Bolivia establece en su artículo 19,I que fuera del recurso de "habeas corpus",se establece el recurso de amparo contra los actos ilegales o las omisiones indebidas de los funcionarios o particulares "que restrinjan, supriman o amenacen restringir o suprimir los derechos y garantías de las personas reconocidos por esta Constitución y las leyes". Es de destacar, de esta norma, la consagración del recurso de amparo no sólo contra las violaciones o amenazas de violación de los derechos y garantías "constitucionales", sino contra los derechos y garantías reconocidos por las leyes, lo que le da una amplitud poco usual al ámbito de protección de los derechos y garantías.

La Constitución de Honduras de 1982 también establece la protección de todos los derechos y garantías constitucionales mediante dos "garantías constitucionales": el *hábeas corpus* y el amparo. En cuanto a esta última, el artículo 183 de la Constitución dispone que el Estado reconoce la garantía de amparo, por lo cual toda persona agraviada o cualquiera otra en nombre de ésta, tiene derecho a interponer recurso de amparo para que se "le mantenga o restituya en el goce o disfrute de los derechos o garantías que la Constitución establece". Para desarrollar estas acciones constitucionales se había dictado la Ley de Amparo de 1936, sustituida en 2004 por la Ley sobre Justicia Constitucional, la cual regula tanto la acción de amparo como la de *hábeas corpus*.

De acuerdo con el artículo 188 de la Constitución de Nicaragua, además del recurso de hábeas corpus, se establece el recurso de amparo en contra de toda disposición, acto o resolución y en general en contra de cada acción u omisión de cualquier funcionario, autoridad o agente de los mismos "que viole o trate de violar los derechos y garantías consagrados en la Constitución Política". Por su parte, la Ley de Amparo de 1988, regula la acción de amparo que puede intentar toda persona natural o jurídica a quien perjudique o este en inminente peligro de ser perjudicada por toda disposición, acto o resolución, y en general, toda acción u omisión de cualquier funcionario, autoridad o agente de los mismos, "que viole o trate de violar los derechos y garantías consagrados en la Constitución Política" (art. 23).

En el caso de Brasil, todos los derechos y libertades garantizados por la Constitución pueden ser objeto de protección o amparo, a través de cuatro acciones específicas: *hábeas corpus, mandado de segurança, hábeas data y mandado de injunçao.* En cuanto segundo, el artículo 5, LXIX dispone que "se concede el mandato de segurança para proteger derecho líquido y cierto", no amparado por *hábeas corpus o hábeas data,* cuando el responsable por ilegalidad o abuso de poder fuera una autoridad pública o agente de persona jurídica en ejercicio de atribuciones del Poder Público.

## II.- EL AMPARO SÓLO RESPECTO DE CIERTOS DERECHOS Y LIBERTADES CONSTITUCIONALES (FUNDAMENTALES)

En otros sistemas constitucionales, los medios de protección constitucional de derechos y libertades, sólo están establecidos en el ordenamiento constitucional respecto a ciertos derechos y garantías, que se consideran como *fundamentales*. Es la situación en general del recurso de amparo en algunos países europeos, y de algunos de los sistemas latinoamericanos, como el de Chile y Colombia.

En efecto, en la Constitución de Chile, el sistema de protección de derechos y libertades constitucionales también está compuesto por dos acciones: en primer lugar, la acción de *hábeas corpus,* destinada a proteger a todo individuo que se hallare arrestado, detenido o preso con infracción de la Constitución; y en segundo lugar, por el recurso de protección, el cual sólo está destinado a amparar determinados derechos constitucionales.

En cuanto al recurso de protección, el mismo está consagrado en el artículo 20 de la Constitución, el cual establece:

> *Artículo 20.-* El que por causa de actos u omisiones arbitrarios o ilegales sufra privación, perturbación o amenaza en el legítimo ejercicio de los derechos y garantías establecidos en el artículo 19, números 1°, 2°, 3° inciso cuarto, 4°, 5°, 6°, 9° inciso final, 11°, 12°, 13°, 15°, 16° en la relativo a la libertad de trabajo y el derecho a su libre elección y libre contratación, y a lo establecido en el inciso cuarto 19°, 21°, 22°, 23°, 24° y 25° podrá ocurrir por sí o por cualquiera a su nombre, a la Corte de Apelaciones respectiva, la que adoptará de inmediato las providencias que juzgue necesarias para restablecer el imperio del derecho y asegurar la debida protección del afectado, sin perjuicio de los demás derechos que pueda hacer valer ante la autoridad o las tribunales correspondientes.
>
> Procederá, también, el recurso de protección en el caso del N° 8 del artículo 19, cuando el derecho a vivir en un medio ambiente libre de contaminación sea afectado por un acto arbitrario o ilegal imputable a una autoridad a persona determinada.

Conforme a esta enumeración, entonces sólo encuentran protección constitucional mediante el "recurso de protección" los siguientes derechos y libertades constitucionales:

1.- El derecho a la vida y a la integridad física y psíquica (19,1).

2.- La igualdad ante la ley (19,2).

3.- El derecho a ser juzgado por sus jueces naturales (19,3).

4.- El derecho al respeto a la vida privada y pública y a la honra de la persona y su familia (19,4).

5.- La inviolabilidad del hogar y de toda forma de comunicación privada (19,5)

6.- La libertad de conciencia y de cultos (19,6).

7.- El derecho a elegir el sistema de salud (art. 19,9 in *fine*).

8.- La libertad de enseñanza (19,11).

9.- La libertad de emitir opinión y la de informar (19,12).

10.- El derecho de reunión (19,13).

11.- El derecho de asociación (19,15).

12.- La libertad de trabajo, y el derecho a su libre elección y contratación (19,16).

13.- El derecho de sindicación (19,19).

14.- La libertad económica (19,21).

15.- El derecho a la no discriminación (19,22).

16.- La libertad de adquisición de propiedad (19,23).

17.- El derecho de propiedad (19,24).

18.- El derecho de autor (19,25).

19.- El derecho a vivir en un medio ambiente libre de contaminación (20).

Fuera de estos derechos y libertades constitucionales, los otros derechos consagrados en la Constitución, no encuentran medios de protección específicos, sino que su amparo corresponde a los tribunales ordinarios por las vías judiciales ordinarias.

En cuanto a los derechos vinculados con la protección de la salud, la posibilidad de utilizar el recurso de protección constitucional en Chile, está reducido al derecho a "elegir el sistema de salud" regulado en el artículo 19, numeral 9º, inciso final, quedando excluidos los otros derechos. En efecto, dicha norma dispone lo siguiente:

> *Artículo 19*.- La Constitución asegura a todas las personas:
>
> 9º El derecho a la protección de la salud.
>
> El Estado protege el libre e igualitario acceso a las acciones de promoción, protección y recuperación de la salud y de rehabilitación del individuo.
>
> Le corresponderá, asimismo, la coordinación y control de las acciones relacionadas con la salud.
>
> Es deber preferente del Estado garantizar la ejecución de las acciones de salud, sea que se presten a través de instituciones públicas o privadas, en la forma y condiciones que determine la ley, la que podrá establecer cotizaciones obligatorias.
>
> Cada persona tendrá el derecho a elegir el sistema de salud al que desee acogerse, sea éste estatal o privado.

En el sistema de la Constitución de Colombia también se establecen dos medios de protección general de los derechos constitucionales fundamentales: el *hábeas corpus* y la acción de tutela. Esta última se la concibe en el artículo 86 de la Constitución, para la protección inmediata de los "derechos constitucionales fundamentales", por lo que en el contexto del Título II de la Constitución, se debe determinar si todos los derechos allí establecidos son "derechos fundamentales" susceptibles de protección mediante la acción de amparo.

La respuesta, en principio es negativa, pues el Título II de la Constitución, al referirse a "los derechos, las garantías y los deberes", los regula en varios Capítulos así: Capítulo 1.- De los Derechos fundamentales; Capítulo 2.- De los derechos sociales, económicos y culturales; Capítulo 3.- De los derechos colectivos y del ambiente. De esta enumeración resultaría que, en principio, sólo los derechos enumerados en el Capítulo 1 (arts. 11 a 41) serían "derechos fundamentales", por lo que en principio, sólo esos derechos constitucionales fundamentales serían susceptibles de la "acción de tutela", quedando excluidos de este medio de protección los otros derechos constitucionales.

Por otra parte, en el artículo 85 de la Constitución, se precisa cuáles de los "derechos fundamentales", son de "aplicación inmediata", lo cual, en principio, implicaría que sólo en relación a ellos procedería el ejercicio de la acción de tutela. Estos derechos "de aplicación inmediata", y por tanto, susceptibles de protección constitucional vía la acción de tutela, serían los siguientes:

1.- Derecho a la vida (art. 11).

2.- Derecho a no ser desaparecido, no ser sometido a torturas o tratos inhumanos o degradantes (art. 12).

3.- Derecho a la igualdad (art. 13).

4.- Derecho a la personalidad (art. 14)

5.- Derecho a la intimidad (art. 15).

6.- Derecho al libre desarrollo de la personalidad (art. 16).

7.- Prohibición de la esclavitud, servidumbre y trata de seres humanos (art. 17).

8.- Libertad de conciencia (art. 18).

9.- Libertad de cultos (art. 19).

10.- Libertad de expresión (art. 20).

11.- Derecho a la honra (art. 21).

12.- Derecho de petición (art. 22).

13.- Libertad de circulación (art. 24).

14.- Derecho al ejercicio de profesiones (art. 26).

15.- Libertad de enseñanza (art. 27).

16.- Libertad personal (art. 28).

17.- Derecho al debido proceso y a la defensa (art. 29)

18.- Derecho al *hábeas corpus* (art. 30).

19.- Derecho a revisar las decisiones judiciales (art. 31).

20.- Derecho a no declarar contra sí mismo (art. 33).

21.- Prohibición de penas de destierro, perpetuas y confiscatorias (art. 34).

22.- Derecho de reunión (art. 37).

23.- Derecho de participación política y al sufragio (art. 40).

Fuera de estos derechos y libertades constitucionales, los otros derechos constitucionales no encontrarían protección constitucional a través de la "acción de tutela", salvo que se trate de un derecho no señalado expresamente en la Constitución como fundamental, pero cuya naturaleza permita su tutela para casos concretos, en cuyo caso la Corte Constitucional debe dar prelación en la revisión de esas decisiones (Art. 2, Decreto 2.591 de 1991). Debe señalarse, además, que el Decreto N° 306 del 19-02-92 por el cual se reglamentó el Decreto 2.591 de 1991 aclara expresamente que:

> *Artículo* 2.- De conformidad con el artículo 1 del Decreto 2.591 de 1991, la acción de tutela protege exclusivamente los derechos constitucionales fundamentales, y por lo tanto, no puede ser utilizado para hacer respetar derechos que sólo tienen rango legal o para hacer cumplir las leyes, los decretos, los reglamentos o cualquiera otra norma de rango inferior".

## TERCERA PARTE:

## EL AMPARO, TUTELA O PROTECCIÓN DEL DERECHO A LA SALUD Y SUS VICISITUDES EN LA JURISPRUDENCIA CONSTITUCIONAL

En los países en los cuales se establece la acción de amparo con carácter universal, en el sentido de que mediante la misma son protegibles o justiciables todos los derechos y garantías constitucionales, sin excepción, toda violación del derecho a la salud o más precisamente a la protección de la salud puede ser objeto de una acción de amparo. Sin embargo, la jurisprudencia constitucional no ha sido siempre consecuente en esta materia.

En términos generales y tomando en cuenta algunas decisiones del Tribunal Constitucional del Perú, de la Corte Constitucional de Colombia, de la Sala Constitucional del Tribunal Supremo de Justicia de Venezuela y de la Sala Constitucional de la Corte Suprema de Justicia de Costa Rica, se podrían distinguir, por ejemplo, cuatro orientaciones generales: primera, de amplia protección, en los casos en los cuales exista una relación jurídica concreta entre el solicitante y en ente público agraviante, como podría ser la derivada de la seguridad social sobre la base de la cotización individual; segunda, también de amplia protección, al vincularse el derecho a la salud con el derecho de la vida; tercera, igualmente de amplia protección, al considerarse el carácter no programático del derecho a la salud; y cuarta, de limitación a la protección cuando se trate de imponer al Estado obligaciones generales de proveer servicios de atención a la salud.

## I.- EL AMPARO AL DERECHO A LA SALUD EN LOS CASOS DE SITUACIONES JURÍDICAS Y OBLIGACIONES PRESTACIONALES CONCRETAS (VENEZUELA)

En efecto, la Sala Constitucional del Tribunal Supremo de Justicia de Venezuela, en sentencia Nº 487 de 6 de abril de 2001 (Caso: *Glenda López y otros vs. Instituto Venezolano de los Seguros Sociales*) había señalado que el derecho a la salud o a la protección de la salud, "como parte integrante del derecho a la vida, ha sido consagrado en nuestra Carta Magna como un derecho social fundamental (y no como simples *"determinaciones de fines de estado"*), cuya satisfacción corresponde principalmente al Estado, cuyos órganos desarrollan su actividad orientados por la elevación (progresiva) de la calidad de vida de los ciudadanos y, en definitiva, al bienestar colectivo"

Ello implica, al decir de la Sala, que "el derecho a la salud, no se agota en la simple atención física de una enfermedad a determinada persona, sino que el mismo se extiende la atención idónea para salvaguardar la integridad mental, social, ambiental, etcétera, de las personas e incluso de las comunidades como entes colectivos imperfectos, en tanto que no están dotadas de un estatuto jurídico especial que les brinde personería en sentido propio".

En el caso concreto debatido, se alegó que la violación al derecho a la salud (y la amenaza al derecho a la vida) por parte de una unidad del instituto Venezolano de los Seguros Sociales, que es la "estructura administrativa" establecida por el Estado "capaz de atender los requerimientos constitucionales antes esbozados" y con la obligación de "brindar atención médica integral a sus afiliados", consistió en

> la omisión de entrega regular y permanente... de los medicamentos prescritos por especialistas del Hospital Domingo Luciani adscrito al referido instituto, a favor de los solicitantes del amparo, y la negación de la cobertura a practicar a éstos, la realización de exámenes médicos especializados, destinados a contribuir en el eficaz tratamiento del VIH/SIDA...

La Sala señaló además lo siguiente, luego de dar por comprobado el hecho violatorio alegado:

> Ciertamente, no podría esta Sala objetar que la conducta omisiva del ente accionado, puso en peligro la salud de los mencionados agraviados e incluso sus vidas, al (i) no administrar regularmente el tratamiento médico prescrito por los especialistas del Hospital Domingo Luciani y destinado a salvaguardar la integridad física de los actores, y (ii) no incluir en su cobertura la realización de exámenes médicos que optimizaban dicho tratamiento, conduciendo a su vez a la vulneración del derecho a la seguridad social, toda vez que los agraviados gozan del carácter de afiliados al sistema de seguridad social; motivos por los cuales, en este particular, debe esta Sala confirmar el fallo impugnado en apelación por el Instituto Venezolano de los Seguros Sociales. Así se declara[25].

## II.- EL AMPARO AL DERECHO A LA SALUD COMO CONSECUENCIA DEL DERECHO A LA VIDA (COLOMBIA, COSTA RICA)

La Constitución de Colombia no incluye dentro de los derechos fundamentales tutelables mediante la acción de amparo o tutela, al derecho a la protección de la salud, por lo que la Corte Constitucional ha construido la posibilidad de su tutela, al vincularlo al derecho a la vida.

En efecto, en sentencia N° T-484/92 (Ref. Expediente N° 2130) Caso: *Alonso Muñoz Ceballos*, de 11 de agosto de 1992, dictada al conocer un recurso extraordinario de revisión de una sen-

25 Véase en *Revista de Derecho Público*, Nº 85-88, Editorial Jurídica Venezolana, Caracas 2001, pp. 139-141.

tencia dictada en una acción de tutela ejercida contra un caso contra el Instituto de los Seguros Sociales, para que se atendiera al recurrente en todos los servicios médicos que venia utilizando, quien alegó que había adquirido la enfermedad (HIV positivo), cuando se encontraba amparado por el Seguro Social; sentencia que había ordenado al Instituto de Seguros Sociales, que continuase prestándola recurrente los servicios médico-asistenciales a que había tenido acceso hasta la fecha.

La Corte Constitucional, para decidir, constató que "La salud es uno de aquellos bienes que por su carácter inherente a la existencia digna de los hombres, se encuentra protegido, especialmente en las personas que por su condición económica, "física"o mental, se hallen en circunstancias de debilidad manifiesta (art. 13 C.N.)"; derecho que "busca el aseguramiento del fundamental derecho a la vida (art. 11 C.N.), por lo cual, su naturaleza asistencial impone un tratamiento prioritario y preferencial por parte del poder público y el legislador, con miras a su protección efectiva". La Corte, además, al vincular el derecho a la salud con el derecho a la vida, señaló:

> El derecho a la salud conforma, en su naturaleza jurídica, un conjunto de elementos que pueden agruparse en dos grandes bloques: el primero, que lo identifica como un predicado inmediato del derecho a la vida, de manera que atentar contra la salud de las personas equivale a atentar contra su propia vida, de allí que, conductas que atenten contra el medio ambiente sano (inc. 1o. art. 49 C.N.), se tratan de manera concurrente con los problemas de la salud; fuera de que el reconocimiento del Derecho a la Salud prohíbe las conductas que las personas desarrollen, con dolo o culpa, que causen daño a otro, imponiendo a los infractores las responsabilidades penales y civiles de acuerdo con las circunstancias. Por estos aspectos, el derecho a la salud resulta un derecho fundamental. El segundo bloque de elementos, sitúa el derecho a la salud con un carácter asistencial, ubicado en las referencias funcionales del denominado Estado Social de Derecho, en razón de que su reconocimiento impone acciones concretas, en desarrollo de predicados legislativos, a fin de prestar el servicio público correspondiente, para asegurar el goce no sólo de los servicios de asistencia médica, sino también los derechos hospitalario, de laboratorio y farmacéuticos. La frontera entre el derecho a la salud como fundamental y como asistencial es imprecisa y sobre todo cambiante, según las circunstancias de cada caso (art. 13 C.N.), pero en principio, puede afirmarse que el derecho a la salud es fundamental cuando está relacionado con la protección a la vida.

Con base en los anteriores criterios, en relación con el caso concreto del accionante afectado por grave enfermedad, (SIDA), que venía disfrutando de los servicios de salud que presta el Instituto de los Seguros Sociales, la Corte lo consideró situado en "una circunstancia de reconocimiento particular a su derecho a la salud, de cuya atención depende la conservación de su fundamental derecho", ratificando lo que había sido resuelto en la sentencia de amparo sometida a revisión.

En sentido similar, la Sala Constitucional de la Corte Suprema de Costa Rica en sentencia N° 2003-08377 de 8 de agosto de 2003 (Exp. N° 03-007020-0007-CO) (Caso: Tania González Valle) al decidir un recurso de amparo interpuesto por el de Defensor de los Habitantes, a favor de la agraviada, contra el Comité Central de Farmacoterapia de la Caja Costarricense de Seguro Social que había denegado el tratamiento que le había sido solicitado por el Jefe del Servicio de Genética y Metabolismo del Hospital Nacional de Niños, con diagnóstico clínico de enfermedad de Gaucher tipo 1, alegando que dicha denegación lesionaba "el derecho a la vida y a la salud de la menor", quien requería el medicamento imiglucerasa en las condiciones que su médico señalaba "para mantener su vida"; la Sala hizo un recuento del desarrollo que le había dado al tema del derecho a la vida en sentencias precedentes y, con él, del derecho a la salud, señalando que "la Constitución Política en su artículo 21 establece que la vida humana es inviolable y a partir de ahí se ha derivado el derecho a la salud que tiene todo ciudadano, siendo en definitiva al Estado a quien le corresponde velar por la salud pública impidiendo que se atente contra ella." (N° 5130-94 de las 17:33 hrs. del 7 de septiembre de 1994).

Agregó la Sala Constitucional que "la preponderancia de la vida y de la salud, como valores supremos de las personas, está presente y señalada como de obligada tutela para el Estado, no sólo en la Constitución Política, sino también en diversos instrumentos internacionales suscritos por el país", citando al efecto el Artículo 3 de la Declaración Universal de Derechos Humanos; el Artículo 4 de la Convención Americana sobre Derechos Humanos; el Artículo 1 de la Declaración Americana de los Derechos y Deberes del Hombre; el Artículo 6 del Pacto Internacional de Derechos Civiles y Políticos; el Artículo 12 del Pacto Internacional de Derechos Económicos, Sociales y Culturales; y los Artículos 14 y 26 de la Convención Sobre los Derechos del Niño (Ley N° 7184 del 18 de julio de 1990).

Dadas las responsabilidades del Estado derivadas de esas normas, la Sala Constitucional pasó a analizar la misión y funciones de la Caja Costarricense de Seguro Social citando la sentencia 1997-05934 de las 18:39 horas del 23 de septiembre de 1997, en la cual "se consideró que la denegatoria de la Caja Costarricense de Seguro Social a suministrar a los pacientes de Sida la terapia antirretroviral, lesionaba sus derechos fundamentales". Partiendo de esa premisa, la Sala procedió a analizar el caso concreto de la amparada Tania González Valle, quedando probado de las actas del expediente que si no recibía el tratamiento prescrito, moriría. Sobre los argumentos de la Caja, de orden financiero, la Sala señaló:

> Este Tribunal es consciente de que los recursos económicos del sistema de seguridad social son escasos, sin embargo considera que el desafío principal que la Caja Costarricense de Seguro Social enfrenta en esta etapa de su desarrollo institucional, en el que se han logrado para Costa Rica estándares de calidad de vida y salud comparables a los de los países desarrollados, radica en optimizar el manejo de los recursos disponibles, disminuir costos administrativos, para que los recursos del sistema de seguro de salud sean invertidos eficientemente. La Sala aprecia que el medicamento prescrito a la amparada es ciertamente muy oneroso, sin embargo, en atención a las características excepcionales de la enfermedad que sufre, que es letal y dado que se ha descartado que sus padres tengan la posibilidad de colaborar en la adquisición de los medicamentos mediante estudios de trabajo social, con fundamento en los artículos 21 y 173 de la Constitución Política y 24 y 26 de la Convención de los Derechos del Niño procede declarar con lugar el recurso. La estimación del recurso implica que la Caja Costarricense de Seguro Social debe suministrar de inmediato a Tania González Valle el medicamento "Cerezyme" (Imuglucerase) en los términos prescritos por su médico tratante.

## III.- EL DERECHO A LA SALUD Y SU PROTECCIÓN CONSTITUCIONAL COMO DERECHO SOCIAL NO PROGRAMÁTICO (PERÚ)

El Tribunal Constitucional del Perú también se ha pronunciado sobre la protección del derecho a la salud, mediante sentencia (EEXP. N° 2945-2003-AA/TC) dictada en el Caso: *Azanca Alhelí Meza García,* el día 20 de abril de 2004, con motivo de conocer de un recurso extraordinario contra una sentencia de amparo de la Corte Superior de Justicia de Lima, que había declarado parcialmente con lugar una acción de amparo interpuesta contra el Estado peruano (Ministerio de Salud), solicitando que se le otorgase a la recurrente, "atención médica integral en su condición de paciente con VIH/SIDA ...mediante la provisión constante de medicamentos necesarios para el tratamiento del VIH/SIDA, así como la realización de los exámenes periódicos y pruebas de CD4 y carga viral que el médico tratante disponga".

A los efectos de decidir, el Tribunal Constitucional comenzó analizando el tema de los derechos protegidos por la acción de amparo, señalando que si bien "el derecho a la salud no se encuentra contemplado entre los derechos fundamentales establecidos en el artículo 2° de la Constitución, sino más bien se lo reconoce en el capítulo de los derechos económicos y sociales a que se refieren los artículos 7° y 9° de la Constitución", el Tribunal, "al igual que nuestro similar colombiano, considera que cuando la vulneración del derecho a la salud compromete otros derechos fundamentales, como el derecho a la vida, la integridad física o el libre desarrollo de la personalidad, tal derecho adquiere carácter de derecho fundamental y, por tanto, su afectación merece protección vía la acción de amparo *(STC N° T- 499 Corte Constitucional de Colombia").*

No obstante, el Tribunal estimó que debía pronunciarse sobre la naturaleza de los derechos económicos y sociales, como es el caso del derecho a la salud, así como la obligación del Estado en materia asistencial, partiendo del supuesto de que el Estado está configurado en la Constitución como un Estado social y democrático de derecho, "en el cual se requiere la configuración de dos aspectos básicos: la existencia de condiciones materiales mínimas para alcanzar sus presupuestos, y la identificación del Estado con los fines de su contenido social", agregando que:.

> 9.- Este mínimo vital busca garantizar la igualdad de oportunidades en todo nivel social, así como neutralizar las situaciones discriminatorias y violatorias de la dignidad del hombre; por ello, el logro de estas condiciones materiales mínimas de existencia debe motivar la intervención del Estado y la sociedad de manera conjunta para la consecución de este fin.
>
> 10.-Es ahí donde se hace necesaria la exigencia de los derechos sociales y económicos, también llamados derechos prestacionales, como la seguridad social, salud pública, vivienda, educación y demás servicios públicos, pues ellos representan los fines sociales del Estado a través de los cuales el individuo puede lograr su plena autodeterminación.
>
> Debe entenderse, empero, que cuando se habla de *exigencia,* nos referimos al derecho de requerir que el Estado adopte las medidas adecuadas para el logro de fines sociales, pues no en todos los casos los derechos sociales son por sí mismos jurídicamente sancionables, al ser necesario el soporte presupuestal para su ejecución.
>
> Ahora bien, denominase comúnmente derechos sociales a las facultades tuitivas dirigidas a favorecer a aquellos grupos humanos con características accidentales diferenciadas con relación a otros por factores culturales, o que se encuentran en situación de desventaja por razones económico-sociales, es decir, con una posición o ubicación depreciada en sus estándares de vida, no acordes con la dignidad humana...

Sin embargo, el Tribunal Constitucional precisó que no se trata "de meras normas programáticas de *eficacia mediata,* como tradicionalmente se ha señalado para diferenciarlos de los denominados derechos civiles y políticos de *eficacia inmediata,* pues justamente su mínima satisfacción representa una garantía indispensable para el goce de los derechos civiles y políticos. De este modo, sin educación, salud y calidad de vida digna en general, mal podría hablarse de libertad e igualdad social, lo que hace que tanto el legislador como la administración de justicia deban pensar en el reconocimiento de los mismos en forma conjunta e interdependiente". Agregó, además, el Tribunal que:

> 12.-Si bien es cierto que la efectividad de los derechos sociales requiere un mínimo de actuación del Estado a través del establecimiento de servicios públicos, así como de la sociedad mediante la contribución de impuestos, ya que toda política social necesita de una ejecución presupuestal, también lo es que estos derivan en obligaciones concretas por cumplir, por lo que los Estados deben adoptar medidas constantes y eficaces para lograr progresivamente la plena efectividad de los mismos en igualdad de condiciones para la totalidad de la población.

En esta forma, agregó el Tribunal, que "los derechos sociales deben interpretarse como verdaderas garantías del ciudadano frente al Estado dentro de una visión que busca revalorar la eficacia jurídica de los mandatos constitucionales y, por ende, la vigencia de la Constitución"; por lo que "el reconocimiento de estos derechos implica, entonces, superar su concepción programática, perfeccionando los mandatos sociales de la Constitución, así como la obligación del Estado, en la cual se impongan metas cuantificables para garantizar la vigencia del derecho". De acuerdo con el criterio del Tribunal, "esta nueva visión de los derechos sociales permite reconocer, en su contenido esencial, principios como la solidaridad y el respeto a la dignidad de la persona, los que, a su vez, constituyen pilares fundamentales del Estado social de derecho".

Entonces, luego de analizar detenidamente el principio de solidaridad y con el conjunto de deberes que implica para todos los integrantes de una colectividad; y el principio de dignidad de la persona, el Tribunal consideró "erróneo el argumento de la defensa del Estado cuando señala que el derecho a la salud y la política nacional de salud constituyen normas programáticas que representan un plan de acción para el Estado, más que un derecho concreto"; y además, consideró ingenuo, "sostener que los derechos sociales se reducen a un vínculo de responsabilidad política entre el constituyente y el legislador" lo cual sería una "distorsión evidente en cuanto al sentido y coherencia que debe mantener la Constitución". En una sociedad democrática y justa, señaló el Tribunal, "la responsabilidad por la atención de los más necesitados no recae solamente en el Estado, sino en cada uno de los individuos en calidad de contribuyentes sociales".

Ahora bien, en relación con el derecho a la salud y su relación inseparable con el derecho a la vida, el Tribunal precisó que de acuerdo con la Constitución "la defensa de la persona humana y el respeto a su dignidad...supone la vigencia irrestricta del derecho a la vida", de manera que "el ejercicio de cualquier derecho, prerrogativa, facultad o poder no tiene sentido o deviene inútil ante la inexistencia de vida física de un titular al cual puedan serle reconocidos".

Ahora, en particular, en relación con el derecho a la salud, el Tribunal señaló:

28.-La salud es derecho fundamental por su relación inseparable con el derecho a la vida, y la vinculación entre ambos derechos es irresoluble, ya que la presencia de una enfermedad o patología puede conducirnos a la muerte o, en todo caso, desmejorar la calidad de la vida. Entonces, es evidente la necesidad de proceder a las acciones encaminadas a instrumentalizar las medidas dirigidas a cuidar la vida, lo que supone el tratamiento orientado a atacar las manifestaciones de cualquier enfermedad para impedir su desarrollo o morigerar sus efectos, tratando, en lo posible, de facilitar los medios que al enfermo le permitan desenvolver su propia personalidad dentro de su medio social.

El derecho a la salud comprende la facultad que tiene todo ser humano de mantener la normalidad orgánica funcional, tanto física como mental, y de restablecerse cuando se presente una perturbación en la estabilidad orgánica y funcional de su ser, lo que implica, por tanto, una acción de conservación y otra de restablecimiento; acciones que el Estado debe proteger tratando de que todas las personas, cada día, tengan una mejor calidad de vida, para lo cual debe invertir en la modernización y fortalecimiento de todas las instituciones encargadas de la prestación del servicio de salud, debiendo adoptar políticas, planes y programas en ese sentido...

30.-La salud puede ser entendida como el funcionamiento armónico del organismo tanto del aspecto físico como psicológico del ser humano. Es evidente que, como tal, constituye una condición indispensable para el desarrollo y medio fundamental para alcanzar el bienestar individual y colectivo.

Así, la salud implica el gozo del normal desarrollo funcional de nuestro organismo, lo que ha motivado que la Organización Mundial de la Salud (OMS) estime que dicho concepto no se limita a asociarlo con la ausencia de enfermedad, sino con el reconocimiento de una condición física mental saludable.

El artículo 7 de la Constitución, cuando hace referencia al derecho a la protección de la salud, reconoce el derecho de la persona de alcanzar y preservar un estado de plenitud física y psíquica. Por ende, tiene el derecho de que se le asignen medidas sanitarias y sociales relativas a la alimentación, vestido, vivienda y asistencia médica, correspondiente al nivel que lo permiten los recursos públicos y la solidaridad de la comunidad.

Dicho derecho debe ser abordado en tres perspectivas, a saber: la salud de cada persona en particular, dentro de un contexto familiar y comunitario.

Por lo expuesto, los servicios públicos de salud cobran vital importancia en una sociedad, pues de ellos depende no solo el logro de mejores niveles de vida de las personas, sino que incluso en la eficiencia de su prestación está en juego la vida y la integridad de los pacientes.

En el caso concreto, el Tribunal consideró que, en el caso de la recurrente, su grave estado de salud llega a comprometer inminentemente su propia vida...

Luego pasó a considerar el Tribunal el tema de la justiciabilidad de los derechos sociales, como la salud pública, señalando que "no pueden ser exigidos de la misma manera en todos los casos, pues no se trata de prestaciones específicas, en tanto dependen de la ejecución presupuestal para el cumplimiento de lo exigido, lo contrario supondría que cada individuo podría exigir judicialmente al Estado un puesto de trabajo o una prestación específica de vivienda o salud en cualquier momento"; concluyendo con que:

33.-En consecuencia, la exigencia judicial de un derecho social dependerá de factores tales como la gravedad y razonabilidad del caso, su vinculación o afectación de otros derechos y la disponibilidad presupuestal del Estado, siempre y cuando puedan comprobarse acciones concretas de su parte para la ejecución de políticas sociales.

El Tribunal consideró, en todo caso, que como jueces constitucionales, y "sin entrar a cuestionar la política de salud, *per se*", debían analizar "la actuación del Estado en el presente caso, al haberse alegado la afectación de derechos de la demandante que ponen en riesgo su propia vida"; agregando que:

Si bien es cierto que en el caso de países en desarrollo, como el nuestro, resulta difícil exigir una atención y ejecución inmediata de las políticas sociales para la totalidad de la población, este Tribunal reitera que tal justificación es válida solo cuando se observen concretas acciones del Estado para el logro de resultados; de lo contrario, esta falta de atención devendría en situaciones de inconstitucionalidad por omisión.

El Tribunal luego pasó a analizar el tema de la ejecución presupuestal en el caso de derechos sociales, económicos y culturales como inversión estatal considerando que si bien "es responsabilidad del Estado priorizar la recaudación y la distribución presupuestal en este tipo de planes"; la ejecución presupuestal en las políticas sociales debía dejar de verse "como un mero gasto y se piense, más bien, en inversión social en aras del cumplimiento de un fin comunitario". El Tribunal analizó además, la inversión social en casos de atención de la persona ya infectada con VIH/SIDA, y consideró que en general "los derechos sociales, como es el caso de la salud pública, no representan prestaciones específicas por sí mismas, pues dependen de la disponibilidad de medios con que cuente el Estado, lo que, sin embargo, de ninguna manera puede justificar la inacción prolongada...ya que ello devendría en una omisión constitucional". Ello lo llevó a concluir, "concediendo protección jurídica a un derecho social, como lo es el derecho a la salud, pues en este caso en particular se han presentado las condiciones que así lo ameritan"; pronunciamiento que se fundamentó no solo "por la afectación potencial del derecho fundamental a la vida, sino por *razones fundadas* en la propia legislación de la materia que ha dispuesto los cauces para la máxima protección de los enfermos de SIDA"

## IV.- LA DENEGACIÓN DEL AMPARO RESPECTO DE POLÍTICAS GENERALES EN MATERIA DE SALUD Y EL TEMA PRESUPUESTARIO (VENEZUELA)

En Venezuela, mediante sentencia No. 1002 de 26 de mayo de 2004 (Caso: *Federación Médica Venezolana*), la Sala Constitucional matizó sus previas posiciones protectivas en materia de salud, al declarar sin lugar una acción de amparo interpuesta por la Federación Médica Venezolana, "en defensa de los derechos e intereses difusos de la sociedad generalmente considerada, y en particular del gremio médico" a la salud (Artículos 83, 84 y 85), contra la "conducta omisiva" del Ministerio de Salud y Desarrollo Social y del Instituto Venezolano de los Seguros Sociales, en asegurar que se procediera "a prestar en forma eficiente servicio de salud a la población, en todo el ámbito del territorio nacional, mediante la dotación oportuna de los insumos, equipos, acondicionamiento de locales y demás elementos requeridos para la prestación eficiente de tal servicio".

Para rechazar el amparo, la Sala Constitucional comenzó estableciendo una distinción que desde el punto de vista de la garantía judicial es constitucionalmente inexistente, "entre los derechos civiles y políticos, y los de tercera generación", en la forma siguiente:

La dicotomía entre los derechos civiles y políticos, y los derechos económicos, sociales y culturales fue establecida desde los trabajos preparatorios de los dos Pactos de Naciones Unidas, y sobre todo, en la decisión tomada por la Asamblea General en 1951 de elaborar no uno, sino dos instrumentos que tratasen, respectivamente, las dos categorías de derechos como una expresión de la idea que los derechos civiles y políticos eran derechos susceptibles de aplicación inmediata –por requerir obligaciones de abstención por parte del Estado–, mientras que los derechos económicos, sociales y culturales eran implementados por reglas susceptibles de aplicación progresiva –por implicar obligaciones positivas–, criterio que igualmente fue recogido en la Carta Social Europea –en cuyo proceso de negociación se tenía la convicción de que sería difícil garantizar la aplicación de los derechos económicos, sociales y culturales mediante un control judicial–, y en la Convención Americana sobre Derechos Humanos.

Luego dijo la Sala:

Reconsiderada la supuesta diferencia entre derechos económicos, sociales y culturales, y derechos civiles y políticos, la Conferencia de Derechos Humanos de Teherán (1968) proclamó la indivisibilidad de los derechos humanos, afirmando que la plena realización de los derechos civiles y políticos era imposible sin el goce de los derechos económicos, sociales y culturales, postura que fue avalada por la Asamblea General de la Organización de las Naciones Unidas, según la Resolución 32/130.

A continuación señaló la Sala que "conforme al texto de la indicada Resolución, entre las dos categorías de derechos no puede haber más que complementariedad, nunca antinomia" de manera que "los llamados derechos de solidaridad interactúan con los derechos civiles y políticos"; agregando que "sin embargo, esa afirmación, certera por demás, no alejó para aquél entonces, ni ahora, todas las incertidumbres del debate *sobre la distinción entre el rol de los Estados* en materia de derechos económicos, sociales y culturales y los límites a establecer a sus acciones en lo que concierne a los derechos civiles y políticos...pues está aún en plena discusión *la diferencia del grado de exigibilidad de las obligaciones que de esos derechos se derivan frente al Estado,* para muestra la gran prudencia de los países cuando se trata de asumir obligaciones más amplias que no están seguros de tener capacidad real para cumplirlas". Agregó, además, la Sala:

> Esta circunstancia ha centrado la discusión en la búsqueda de una protección más eficaz de los derechos económicos, sociales y culturales, lo que indica que la Sala no está ante un debate superado, ni mucho menos ante una problemática que cuente con soluciones que agoten la discusión –la profusa doctrina que existe al respecto puede dar cuenta de ello–. El hecho de que existan algunos derechos económicos, sociales y culturales que se caracterizan por requerir, al igual que los derechos civiles y políticos, obligaciones de abstención por parte del Estado, sólo permite hacer, hasta ahora, una única afirmación irrebatible: *la diferencia existe, solo que ya no en el plano normativo sino en el procesal u operacional porque no es absoluta.*

Esa "dificultad operacional o procesal de los derechos económicos, sociales y culturales" se explica según la Sala Constitucional, "porque su implementación confronta la crisis del endeudamiento y el consecuente empobrecimiento de los países (especialmente los Latinoamericanos), pues la realización de los mismos depende de los recursos existentes, comprometiéndose los Estados sólo a disponer los medios para alcanzar objetivos progresivos". Sin embargo, aclaró la Sala sobre la previsión de la Constitución de 1999, lo siguiente:

> En ese estado de las cosas el constituyente de 1999 no se conformó con incorporar en la Carta Magna la cláusula de Estado democrático y social de Derecho y de Justicia (artículo 2), sino que también estableció como derechos fundamentales los derechos económicos, sociales y culturales que, conjuntamente con el valor normativo de la Constitución, exigen de la Sala un esfuerzo teórico, claro está, no definitivo, para compaginar esas dos caras ineludibles de tales derechos. La solución que se dé, más allá de ser de contenido jurídico, debe contar con una gran carga de sensatez y ser producto de un esfuerzo hermenéutico

tendente a extraer la máxima operatividad de los preceptos que conforman nuestra Constitución económica, social y cultural, en virtud que, de obviarse eso, tacharía de demagógica cualquier decisión que se dicte al respecto al ser fallos por definición inejecutables.

Con base en ello, la Sala, inexplicablemente pareció revivir la existencia de la teoría de las cláusulas programáticas en materia de derechos sociales, al señalar lo siguiente:

> Atendiendo a ello se debe señalar que el Estado Social de Derecho es el Estado de la procura existencial, su meta es satisfacer las necesidades básicas de los individuos distribuyendo bienes y servicios que permitan el logro de un standard de vida elevado, colocando en permanente realización y perfeccionamiento el desenvolvimiento económico y social de sus ciudadanos.
>
> Según esto, la cláusula de Estado Social de Derecho es suficiente para que el Estado, a través de su estructura administrativa, esté en constante desarrollo de un programa económico, social o cultural y concilie los intereses de la sociedad, porque esa es, precisamente, su razón de ser. Por ende, desde la cláusula no existen derechos, lo que impide afirmar que ellos, por sí mismos, estén en la esfera subjetiva del ciudadano, la aspiración de satisfacer las necesidades básicas de los individuos constituye un principio orientador de la actividad administrativa, aquello que identifica a un Estado como Social de Derecho, por lo que tales programas son elementos condicionadores del fin de la actividad, califica, por así decirlo, qué debe ser entendido como interés público.

Ahora bien, luego de afirmar lo anterior, la Sala sin embargo reflexionó sobre la justiciabilidad mediante el amparo de esos derechos sociales en la Constitución de 1999, señalando que:

> Al contraste de esto, al menos en la Constitución de 1999, se estipula simultáneamente como derechos fundamentales los derechos económicos, sociales y culturales, lo que implica, de por sí, consecuencias muy específicas: entre ellas, que le es aplicable –en principio– la tutela mediante amparo porque nuestro Texto Fundamental, a diferencia de otros ordenamientos, no discrimina esa garantía para cierta clase de derechos, y su vinculación inmediata, ya que en nuestro ordenamiento la Carta Magna contiene un valor normativo que pregona su exigencia automática, desconociendo lo que la doctrina denomina derechos programáticos.
>
> Por tanto, al tener en esos términos los derechos económicos, sociales y culturales rango de derechos fundamentales, gozan, indiscutiblemente, de tutela jurisdiccional, pues, en caso contrario, no se estaría ante un derecho sino ante una aspiración de valor moral.

Pero a renglón seguido, la Sala construyó la negación a dicha justiciabilidad de los derechos sociales, señalando que "el asunto es determinar *cuándo se está exigiendo el cumplimiento de un derecho económico, social o cultural, y cuándo se está exigiendo que la Administración cumpla con la cláusula de Estado Social de Derecho,* ya que en uno u otro caso las formas de exigencias son totalmente distintas, diferenciación que pasa, necesariamente, por el reconocimiento del valor político de la actividad estatal destinada a satisfacer la procura existencial, y por la definición del núcleo esencial de cada uno de los derechos en juego". La Sala pasó así, a establecer la falta de justiciabilidad de los derechos sociales, señalando que sólo estaban sujetos a un control político, a cuyo efecto agregó:

> En el primer caso se debe empezar por afirmar que *la política,* ciertamente, preponderantemente se manifiesta en actos, pero también se concreta en ejecución, diseño, planificación, evaluación y seguimiento de las líneas de gobierno y del gasto público, lo que quiere decir que la política no se agota con el actuar jurídico. En aquel entendido los actos sí son controlables por los órganos jurisdiccionales, *pero sólo en sus elementos jurídicos* (conformidad a derecho de una actuación específica, no general o abstracta). Los criterios de oportunidad y conveniencia escapan del control del juez, así como también escapan, por ejemplo, los elementos políticos de los actos administrativos o de gobierno, o las razones de oportunidad y conveniencia de las leyes (Vid. Sent. N° 1393/2001 SC/TSJ) . De lo con-

trario se vulneraría la libertad con la que debe contar el Estado para adoptar y aplicar las políticas que considere más eficaces para la consecución de sus fines (entre los que está las garantías de goce y disfrute de los derechos prestacionales), lo que explica que *el único control sobre tales aspectos sea, en principio –ya se verá que esa exclusividad posee algunas matizaciones–, el político a través de los diferentes medios de participación que la Constitución y las leyes establecen* (la ciudadanía, durante el ejercicio de la función gubernativa y administrativa, ante la evidente incapacidad de la Administración de planificar de forma eficaz y eficiente su actividad para satisfacer la procura existencial, retirará la confianza que mediante el sufragio le otorgó a sus representantes, como muestra de un proceso de deslegitimación de los actores).

Al hacer las anteriores afirmaciones, sin embargo, la Sala aclaró que:

> "en modo alguno implica reivindicar la tesis de los actos excluidos, teoría superada con argumentos tan contundentes que sería ocioso tratar de reproducirlos en esta sentencia, pues lo que se pretende es recalcar *la imposibilidad del juez de entrar a cuestionar la oportunidad y conveniencia de la administración, del gobierno o de la legislación, o la imposibilidad material o técnica que en ocasiones existe de hacer efectivos, esto es, ejecutables, los fallos que ordenan el cumplimiento de determinadas obligaciones*, no de negar el derecho de acción de los ciudadanos...
>
> No obstante, en la actuación política, el Estado goza de una libertad de configuración propia que no puede ser sustituida legítimamente por el Poder Judicial. La tiene como consecuencia del cumplimiento de sus funciones constitucionales, como producto de la naturaleza de su función, esto es, como una derivación del principio de división de poderes que estatuye un ámbito reservado para cada Poder que excluye la sustitución de voluntades, y que en la relación Gobierno-Poder Judicial impide que el control jurisdiccional sea la medida de la suficiencia de la carga prestacional.
>
> Por ende, la libertad de configuración política hace que ese control judicial, mientras no se afecte un derecho, no exista; sin embargo, que el Poder Judicial no pueda controlar la legitimidad de las políticas y, simultáneamente, esté habilitado para controlar la juridicidad del actuar estatal no puede asumirse como contradictorio...

La Sala pasó luego a citar la doctrina jurisprudencial del Tribunal Constitucional español y del Tribunal Constitucional Federal alemán, sobre la ausencia de justiciabilidad de los actos de gobierno o de orden político, generalizó concluyendo que:

> [Las] políticas, en principio, estén exentas de control judicial [pero] no por eso escapan a un control, sólo que el que le es aplicable es el político que también está dispuesto constitucionalmente. Los órganos que ejercen el Poder Público obran bajo su propia responsabilidad, que puede ser cuestionada en el plano político, lo que significa que son susceptibles de sufrir la desautorización sobre el modo de ejercicio de la gestión política, pero ese proceso de deslegitimación no puede ser calificado por el Poder Judicial, salvo que se trate de establecer la responsabilidad administrativa por los daños producidos como consecuencia de la actuación que se juzga política y dejando al margen, así mismo, que un derecho fundamental sea afectado por esa decisión, lo que al final, por cierto, deja de ser un control sobre los elementos políticos del acto para pasar a ser un control sobre los elementos jurídicos del mismo...

Según las ideas expresadas en los párrafos anteriores la Sala Constitucional concluyó:

> [Hasta] ahora, que: a) los derechos económicos, sociales y culturales gozan, como cualquier derecho, de tutela jurisdiccional; b) para saber cuándo se está en presencia de uno de esos derechos debe existir un relación jurídica perfectamente definida donde la lesión de los mismos provenga de una modificación de la esfera jurídica del ciudadano o de un colectivo; c) la actividad estatal destinada a satisfacer la procura existencial es una actividad de gran contenido político; d) que esa actividad puede traducirse bien en actos o bien

en políticas; e) que esos actos pueden ser objeto de control jurisdiccional en sus elementos jurídicos, no en los políticos; f) que las políticas no son objeto, en principio, de control jurisdiccional sino de control político; g) que esa imposibilidad del juez no puede ser entendida como una negación del derecho de acción de los ciudadanos.

Pero después de excluir el control judicial de amparo respecto de los derechos sociales, reduciendo la protección de los mismos a un control político, la Sala Constitucional pretendió, sin lograrlo, aclarar la situación derivada de "esa imposibilidad de control jurisdiccional sobre las políticas" formulando las siguientes matizaciones:

> La labor judicial consiste, esencialmente, en señalar transgresiones. El Poder Judicial no puede sustituir al Legislativo o Ejecutivo en la formulación de políticas sociales, como una manifestación del principio de división de poderes, que, de quebrantarse, conduciría a un gobierno de los jueces. Ese carácter cognitivo de la jurisdicción sugiere una rigurosa *actio finium regundorum* entre Poder Judicial y Poder Político, como fundamento de su clásica separación: aquello que el Poder Judicial no puede hacer por motivo, justamente, de su naturaleza cognitiva; pero también de aquello que, debido a esa naturaleza, puede hacer, esto es, señalar cuáles políticas conducirían a un desmejoramiento de los derechos.
>
> Partiendo de tal premisa y como quiera que la realización de las políticas económicas, sociales y culturales depende de los recursos existentes, el Poder Judicial posee la facultad de controlar, en sentido positivo, que el Estado haya utilizado el máximo de los recursos disponibles teniendo en cuenta su estado económico –lo que incluye medidas legislativas–, y, en sentido negativo, la ausencia absoluta de políticas económicas, sociales o culturales (pues vacían el núcleo esencial de los derechos respectivos), así como aquellas políticas que se dirijan, abiertamente, al menoscabo de la situación jurídica que tutela los derechos económicos, sociales o culturales, supuestos que colocan en cabeza del Estado la carga probatoria, así como también implica, con respecto al primero, un análisis de la distribución del gasto social.
>
> En lo que respecta a los mecanismos de control la Sala, haciendo uso de su intención de no exponer agotadoramente el tema, prefiere, por ahora, limitarse a señalar que siendo que el amparo constitucional es de naturaleza restablecedora, la posibilidad de controlar jurisdiccionalmente las políticas económicas, sociales y culturales no abarca esta garantía constitucional, pero sí quiere destacar que ese control se corresponde completamente con la naturaleza de las funciones que, por mandato constitucional, le han sido asignadas al Defensor del Pueblo.

Pero al pretender definir "a quién se le controla las políticas destinadas, por lo menos en lo que a este caso toca, a garantizar un sistema de salud acorde, es decir, qué órgano es el controlado"; la Sala Constitucional concluyó señalando que:

> según nuestro enunciado constitucional, el derecho a la salud es un derecho que debe ser garantizado por el Estado; por lo que se hace necesario concebir a éste no sólo como el ente político territorial nacional, sino como aquella unidad política a la que los ciudadanos, mediante el pacto social, le ha otorgado potestades para que satisfaga la procura existencial, esto es, cualquier ente político territorial. Tal situación es lo que la doctrina patria ha denominado como las competencias concurrentes: aquellas que corresponde ser satisfechas, dada su naturaleza, no sólo por la República, sino también por los Estados, los Distritos Metropolitanos y los Municipios, dentro del ámbito de su capacidad económica, de allí que el cumplimiento de tal derecho debe exigirse tanto a los órganos nacionales como a todos aquellos que, en atención a su ámbito competencial, tengan como función la satisfacción del derecho constitucional en referencia, indistintamente del ente político territorial al cual pertenece.

Ahora bien, al analizar la pretensión formulada por la Federación Médica Venezolana sobre "la insuficiente dotación de los insumos, equipos médicos y mantenimiento de la infraestructura hospitalaria a nivel Nacional, y en general todo lo relacionado con la salud (...)", pretendiendo que se ordenase "la remisión de los recursos económicos a los centros hospitalarios, así como la inmediata asignación, ejecución y entrega del presupuesto para la adquisición de los insumos, dotación médica, equipos y materiales instrumentales a los hospitales y ambulatorios del país", la Sala terminó señalando que:

> [La] cuantía de los presupuestos, su distribución y la consignación de las cantidades necesarias para que los servicios de sus respectivas competencias estén dotados de los medios personales, financieros y materiales que posibiliten una prestación eficiente, es una actividad netamente política, tal como lo señalara, inclusive, la otrora Corte Suprema de Justicia en Pleno, el 20 de mayo de 1997 (caso: *Procurador General de la República vs Acuerdo del Congreso de la República*), naturaleza que la condiciona como una actividad eminentemente abstracta y constitutiva y, por tanto, imposible de ser objeto de amparo constitucional destinado, como se sabe, al restablecimiento de situaciones jurídicas (concretas) infringidas, de allí que se declare no ha lugar en derecho el amparo ejercido. Así se decide.

En definitiva, con esta sentencia, la Sala Constitucional trató de enmendar, sin lograrlo, la contundente negativa a la justiciabilidad del derecho a la salud que la propia Sala había dejado plasmada en el acta de la audiencia constitucional del caso, celebrada el 20 de abril de 2004, en la cual señaló que "los derechos sociales o de tercera generación poseen una estructura muy específica en contraposición a los de primera o segunda generación, que amerita ciertas diferenciaciones para precisar sobre qué recae, en tales derechos, la tutela jurisdiccional"; precisando que:

> [Tales] derechos, por sí mismos, no están en la esfera subjetiva del ciudadano ya que, ad initio, constituyen principios orientadores de la actividad administrativa, son el sustrato de la cláusula de Estado Social Democrático de Derecho y de justicia, y por esa circunstancia son elementos definidores del fin, es decir, califican, por así decirlo, qué debe ser considerado como interés público.
>
> Al ser ello así, la exigencia desde este punto de vista de los derechos de tercera generación mediante amparo no es posible, la única forma de ejercer un control sobre su incumplimiento es el control político. La ciudadanía, ante la evidente incapacidad de la Administración de planificar de forma eficaz y eficiente su actividad para satisfacer tales, retirará la confianza que mediante el sufragio le otorgó a sus representantes, como muestra de un proceso de deslegitimación de los actores.

Caracas, agosto 2004.

# XXV

# LA INCOMPETENCIA DE LA ADMINISTRACIÓN CONTRALORA PARA RESTRINGIR EL DERECHO POLÍTICO A SER ELECTO

## (2011-2015)

**Este texto es el preparado para mi intervención sobre "La potestad sancionatoria de la Contraloría General de la República: Vinculación entre responsabilidad y nulidad de actos ilegales; imposición de sanciones a funcionarios de elección popular; potestad sancionatoria y control jurisdiccional," en el *Conversatorio realizado en la Contraloría General de la República*, Contraloría General de la República, San José, Costa Rica, 17 de marzo de 2015. Una versión temprana de este texto fue publicado con el título "La incompetencia de la administración contralora para dictar actos administrativos de inhabilitación política restrictiva del derecho a ser electo y ocupar cargos públicos (La protección del derecho a ser electo por la Corte Interamericana de Derechos Humanos en 2011, y su violación por la Sala Constitucional del Tribunal Supremo al declarar la sentencia de la Corte Interamericana como "inejecutable," en la obra colectiva coordinada por Jaime Rodríguez Arana, *El Derecho Administrativo en Perspectiva. Libro Homenaje a José Luis Meilán Gil*, La Coruña 2011.**

## INTRODUCCIÓN

El derecho a ser electo para cargos representativos es uno de los derechos políticos más esenciales en una sociedad democrática, que tiene todo ciudadano hábil políticamente, es decir, no sujeto a interdicción civil o a inhabilitación política, pudiendo sólo ser excluidos de su ejercicio sólo aquellos que pierden su ciudadanía, lo que sólo puede ocurrir mediante decisión judicial, o quienes hayan sido objeto de una decisión adoptada por los tribunales de justicia en procesos generalmente penales, en los cuales esté garantizado el debido proceso, en los cuales su imponga la pena de inhabilitación política.

Son incompatibles con una sociedad democrática, por tanto, las inhabilitaciones políticas impuestas a los ciudadanos por autoridades administrativas, es decir, por órganos del Estado que no sean tribunales judiciales y menos aún cuando son impuestas en procedimientos administrativos en los que no se respeten las debidas garantías del debido proceso. Lo contrario significaría que estaría en manos del gobierno de turno excluir a ciudadanos de su derecho a ser electos para cargos representativos, lesionándose así el desarrollo de una democracia pluralista, pues se podría excluir de su derecho a la participación política, al antojo gubernamental, a los miembros de la oposición democrática.

Este derecho ha sido violado en Venezuela por la Contraloría General de la República, la cual al dictar autos de responsabilidad administrativa, aplicando el artículo 105 de la ley Orgánica de la Contraloría General de la República y del Sistema Nacional de Control Fiscal, imponiendo la "pena" de inhabilitación política a ex funcionarios que han sido sancionados, restringiéndoles su derecho político al sufragio pasivo que sólo puede ser restringido, acorde con la Constitución (art. 65) y la Convención Americana de Derechos Humanos (art. 32.2), mediante sentencia judicial que imponga una condena penal. Es decir, en estos primeros años del siglo XXI, una de las armas políticas más arteras contra la representatividad democrática que ha utilizado el régimen autoritario instalado en el país en fraude a la Constitución y a la democracia, ha sido recurrir al expediente de la inhabilitación política impuesta mediante decisiones administrativas dictadas por el Contralor General de la República, a determinados candidatos, generalmente de la oposición para excluirlos del ejercicio democrático, y por tanto, de la posibilidad de ser electos para cargos representativos.

Ello es completamente inconstitucional e inconvencional, pues el derecho a ser electo en Venezuela es un derecho político que sólo puede restringirse de acuerdo con la Constitución de 1999 y con la Convención Americana de Derechos Humanos, mediante sentencia judicial dictada en un proceso penal conforme a las normas del Código Orgánico Procesal Penal, cuando un juez impone a un condenado la pena de inhabilitación política, que es siempre una pena accesoria a la pena principal de prisión o presidio.

En esta materia, sin embargo, la Sala Constitucional, como juez constitucional, en franca violación de la Constitución, resolvió en sentencia Nº 1265/2008 dictada el 5 de agosto de 2008,[1] (caso *Ziomara Del Socorro Lucena Guédez vs. Contralor General de la República*) que el artículo 105 de la Ley Orgánica de la Contraloría no era violatorio de la Constitución ni de la Convención Americana de Derechos Humanos, admitiendo que mediante ley se podían establecer sanciones administrativas de inhabilitación política contra ex funcionarios impidiéndoles ejercer su derecho político a ser electos, como era el caso de las decisiones dictadas por la Contraloría General de la República.

El tema fue llevado por la Comisión Interamericana de Derechos Humanos ante la Corte Interamericana de Derechos Humanos, la cual mediante sentencia dictada en el 1° de septiembre de 2011 (caso *Leopoldo López vs. Estado de Venezuela*), al contrario, consideró que conforme a la Convención Americana de Derechos Humanos (art. 32.2) la restricción al derecho pasivo al sufragio (derecho a ser elegido) sólo puede establecerse mediante imposición de condena dictada mediante sentencia judicial, con las debidas garantías del debido proceso, condenando en dicho caso al Estado venezolano por violación de dicho derecho en perjuicio del Sr. López, ordenando la revocatoria de las decisiones de la Contraloría General de la República y de otros órganos del Estado que le impedían ejercer su derecho político a ser electo por la inhabilitación política que le había sido impuesta administrativamente.

Ello, sin embargo fue truncado pues la Sala Constitucional del Tribunal Supremo de Justicia, al conocer de una "acción innominada de control de constitucionalidad" de la sentencia de la Corte Interamericana interpuesta por el Procurador General de la República, como abogado del Estado, en sentencia N° 1547 (Caso *Estado Venezolano vs. Corte Interamericana de Derechos Humanos*) de fecha 17 de octubre de 2011,[2] decidió declarar la sentencia de la Corte Interamericana como "inejecutable" en Venezuela, ratificando la violación al derecho constitucional del Sr. López que le impide ejercer su derecho a ser electo y ejercer funciones públicas representativas.

Estos comentarios van destinados a analizar esta bizarra situación de violación de derechos políticos por parte de órganos administrativos y judiciales del Estado, incluyendo la Sala Constitucional del Tribunal Supremo, y de formal desconocimiento de las sentencias dictadas por le Corte Interamericana de Derechos Humanos, al declararlas "inejecutables" en el país. Antes analizaremos el sistema de derechos políticos en el ordenamiento constitucional venezolano y en la Convención Americana de Derechos Humanos, y sus posibles restricciones.

## I.- LOS DERECHOS POLÍTICOS EN EL SISTEMA CONSTITUCIONAL VENEZOLANO

### *1.- El régimen de los derechos políticos en la Constitución y en la Convención Americana de Derechos Humanos*

En efecto, la Constitución venezolana de 1999, en el Capítulo sobre la "Ciudadanía" dispone expresamente que los derechos políticos corresponden a los ciudadanos, es decir, a los

1 Véase en http://www.tsj.gov.ve:80/decisiones/scon/Agosto/1265-050808-05-1853.htm

2 Véase en http://www.tsj.gov.ve/decisiones/scon/Octubre/1547-171011-2011-11-1130.htmll

venezolanos que no estén sujetos a inhabilitación política ni a interdicción civil, y en las condiciones de edad previstas en Constitución (art. 39), agregando como principio general que su ejercicio "sólo puede ser suspendido por sentencia judicial firme en los casos que determine la ley" (art. 42).[3]

Esos derechos políticos de los ciudadanos, todos vinculados al principio democrático, que están enumerados en la Constitución de 1999, son los siguientes: (i) el derecho a la participación política en los asuntos públicos, directamente o por medio de sus representantes elegidos (art. 62) por los medios establecidos en el artículo 70; (ii) el derecho de concurrir a los procesos electorales postulando candidatos o candidatas (art. 67); (iii) el derecho a votar en referendos consultivos, revocatorios, aprobatorios y abrogados (arts. 71 a 74); (iv) el derecho a votar para elegir representantes populares (art. 63, 64); (v) el derecho a ser electo, del cual se excluye en la Constitución a quienes hubiesen sido condenados judicialmente por delitos cometidos durante el ejercicio de sus funciones y otros que afecten el patrimonio público (art. 63, 65); (vi) el derecho de exigir que los representantes electos rindan cuentas públicas, transparentes y periódicas sobre su gestión, de acuerdo con el programa presentado (art. 66); (vii) el derecho de asociarse con fines políticos, mediante métodos democráticos (art; 67); (viii) el derecho a manifestar, pacíficamente y sin armas (art. 68); y (ix) el derecho a no ser extraditado (art. 69). También puede considerarse como derecho político, aún cuando no enumerado en forma expresa, (x) el derecho a ejercer funciones públicas no electivas en condiciones de igualdad, lo que deriva del derecho a la participación política (arts. 62, 70)y a la igualdad y no discriminación (art. 21).[4]

Por su parte, la Convención Americana de Derechos Humanos, en su artículo 23.1 distingue y garantiza los siguientes derechos políticos a las personas, los cuales conforme al artículo 23 de la Constitución venezolana, tienen jerarquía constitucional en el país: (i) el derecho de participar en la dirección de los asuntos públicos; (ii) el derecho de votar en las elecciones para elegir representantes; (iii) el derecho de votar en las votaciones dispuestas para expresar la voluntad de los ciudadanos; (iv) el derecho de ser elegidos en sufragio universal y secreto para desempeñar cargos de representación popular; y (v) el derecho de tener acceso en condiciones de igualdad a las funciones públicas para desempeñar cargos administrativos.

Entre todos estos derechos políticos se pueden establecerse muchas distinciones, pero una básica entre ellos, es la que deriva de su vinculación esencial o no al principio democrático representativo. Así, todos los que se enumeran expresamente en la Constitución de 1999 como propios de la ciudadanía y los cuatro primeros enumerados en la Convención Americana, están sin duda estrechamente vinculados al principio democrático, siendo manifestación concreta del ejercicio de los derechos de participación política por los ciudadanos vinculados con la democracia participativa y representativa, en particular, los derechos de votar, de elegir representantes y de ser electos como representante popular. En cambio, el último de los derechos enumerados en la Convención Americana (artículo 23.1.c), que también se puede considerar que deriva de las previsiones constitucionales, de tener acceso en condiciones de igualdad a las funciones públicas para desempeñar cargos administrativos, no necesariamente tiene vínculo esencial con el principio democrático, pues se trata del derecho a acceder a las funciones públicas y ejercer cargos públicos no electivos.

Esta distinción tiene particular importancia a la hora de determinar la posibilidad y el ámbito de las restricciones al ejercicio de los derechos pues en el caso de todos los derechos políticos enumerados en la Constitución de 1999 y los cuatro primeros derechos enumerados en la Convención Americana, las restricciones implican, en definitiva, una restricción al principio democrático; y, en cambio, en el último de los derechos enumerados en la Convención Americana, y que se deduce de las previsiones de la Constitución venezolana, las restricciones

3 Véase en general sobre el régimen de los derechos políticos en el proyecto de Constitución, nuestra propuesta sobre "Principios generales sobre derechos políticos" y "Derecho a la participación política," en Allan R. Brewer-Carías, *Debate Constituyente (Aportes a la Asamblea Nacional Constituyente), Tomo II (9 septiembre-17 octubre 1999)*, Fundación de Derecho Público-Editorial Jurídica Venezolana, Caracas 1999, pp. 119-142

4 Véase el comentario sobre todos estos derechos políticos en Allan R. Brewer-Carías, *La Constitución de 1999. Derecho Constitucional Venezolano*, Editorial Jurídica Venezolana, Caracas 2004, Tomo I.

que puedan establecerse al ejercicio de cargos públicos no afectan en su esencia el principio democrático.

Esta distinción en importante, sobre todo cuando se enfoca específicamente el derecho político a ejercer cargos públicos *de elección popular* regulado en los artículos 63 y 65 de la Constitución y en el artículo 23.1.b de la Convención Americana, y el derecho político de tener *acceso en condiciones de igualdad para ejercer cargos públicos no electivos*, mediante nombramiento administrativo, regulado en el artículo 23.1.c de la misma Convención Americana, y que encuentra su fundamento en los artículos 61 y 21 de la Constitución.

### 2.- *Las limitaciones y restricciones constitucionales al ejercicio de los derechos políticos*

Ahora bien, en general, en Venezuela, el ejercicio y oportunidades de los derechos políticos de los ciudadanos, conforme a los artículos 63 y siguientes de la Constitución, es una materia de reserva constitucional, en el sentido de que la Constitución es la que puede establecer las restricciones y limitaciones a los mismos, no pudiendo el legislador establecer limitaciones no autorizadas en la Constitución

Y es así cómo en primer lugar, es la propia Constitución la que establece que el ejercicio de los derechos políticos está sometido a ciertas "condiciones de edad" que ella misma dispone directamente, y que en materia del ejercicio del derecho al sufragio, en cuanto al derecho a votar y a elegir, corresponde a los mayores de 18 años (art. 64); y en cuanto al derecho a ser electo, corresponde así: para ser electo Gobernador de un Estado se requiere ser mayor de 25 años (art. 160); para ser electo diputado a la Asamblea Nacional y legislador estadal, se requiere ser mayor de 21 años (arts. 188 y 162); para ser electo Alcalde se requiere ser mayor de 25 años (art. 174) y para ser electo Presidente de la República se requiere ser mayor de 30 años (arts. 227 y 238).

En segundo lugar, es también la propia Constitución la que dispone determinadas restricciones en cuanto al derecho a ser electo, estableciendo condiciones relativas a la nacionalidad, al disponer en el artículo 41 que sólo los "venezolanos por nacimiento y sin otra nacionalidad," son los que pueden ser electos para los cargos de Presidente de la República, y de Gobernadores y Alcaldes de los Estados y Municipios fronterizos.

En tercer lugar, la Constitución también dispone como limitación al derecho de los venezolanos por naturalización a ser electos diputados a la Asamblea Nacional, Gobernador y Alcaldes de Estados y Municipios no fronterizos, que deben tener domicilio con residencia ininterrumpida en Venezuela por un tiempo no menor de quince años y cumplir los requisitos de aptitud que se prevean en la ley (art. 41).

En cuarto lugar, la Constitución también dispone en su artículo 198, específicamente respecto del derecho a ser electo diputado que los diputados a la Asamblea Nacional cuyo mandato fuere revocado, no pueden "optar a cargos de elección popular en el siguiente período."

En quinto lugar, y aparte de las condiciones de edad, nacionalidad, residencia y de revocación de mandato antes referidas, la propia Constitución establece que sólo pueden ser excluidos del ejercicio de los derechos políticos quienes hayan sido declarados entredichos lo que en Venezuela puede ocurrir, conforme a las previsiones de la legislación civil, solo mediante sentencia judicial dictada en un proceso de interdicción civil; así como quienes hayan sido declarados inhabilitados políticamente, lo que en Venezuela ocurrir, conforme a las previsiones de la legislación penal, mediante condena judicial penal que la establezca como pena accesoria a una pena principal, en un proceso penal (art. 64); y, en general, a quienes hubiesen sido condenados "por delitos cometidos durante el ejercicio de sus funciones y otros que afecten el patrimonio público" (art. 65).

En este sentido, en cuanto a la interdicción civil, la misma está regulada en el artículo 393 del Código Civil al establecer que: "El mayor de edad y el menor emancipado que se encuentren en estado habitual de defecto intelectual que los haga incapaces de proveer a sus propios intereses, serán sometidos a interdicción, aunque tengan intervalos lúcidos."

En cuanto a la inhabilitación política, la regula el Código Penal como pena en su artículo 24, estableciendo que "no podrá imponerse como pena principal, sino como accesoria a las de presidio o prisión y produce como efecto la privación de los cargos o empleos públicos o políticos que tengan el penado y la incapacidad, durante la condena, para obtener otros y para el goce del derecho activo y pasivo del sufragio. También perderá toda dignidad o condecoración oficial que se le haya conferido, sin poder obtener las mismas ni ninguna otra durante el propio tiempo."

En cuanto a la inhabilitación política por condena por delitos cometidos durante el ejercicio de sus funciones, y otros que afecten el patrimonio público, dentro del tiempo que fije la ley, a partir del cumplimiento de la condena de acuerdo con la gravedad del delito que prevé la Constitución, la Ley contra la Corrupción de 2003[5] ha dispuesto en su artículo 96, que el funcionario público "que haya sido condenado por cualesquiera de los delitos establecidos en la presente Ley, quedará inhabilitado para el ejercicio de la función pública y, por tanto, no podrá optar a cargo de elección popular o a cargo público alguno, a partir del cumplimiento de la condena y hasta por cinco (5) años," lo cual "será determinado por el juez, de acuerdo con la gravedad del delito, en la sentencia definitiva que se pronuncie sobre el mismo."

Estas son, en definitiva, las únicas restricciones y exclusiones permitidas en la Constitución respecto del ejercicio de los derechos políticos en Venezuela, en particular, del derecho a ser electo, por lo cual es completamente inconstitucional la previsión contenida en el artículo 52 de la Ley de Nacionalidad y Ciudadanía de 2004,[6] en el cual se estableció, como causales "de suspensión del ejercicio de la ciudadanía," que es la condición para el ejercicio de todos los derechos políticos, además de "la inhabilitación política y la interdicción civil" que son las únicas establecidas en la Constitución, las otras siguientes "causales:" "1. La aceptación de funciones políticas u honores de otro Estado; 2. La prestación de servicios militares a otro Estado, sin la previa autorización de la Asamblea Nacional; y 3. La ofensa a los símbolos patrios y las demás que establezcan la Constitución de la República Bolivariana de Venezuela y las leyes." Estas previsiones, se insiste, son completamente inconstitucionales, por más que el artículo 55 de la misma Ley garantice que la supuesta "decisión" que se adopte para suspender la ciudadanía corresponde ser dictada a la autoridad judicial, al disponer que el ejercicio de la ciudadanía o de alguno de los derechos políticos "sólo puede suspenderse por sentencia judicial firme". Ello es correcto, pero sólo en los casos de inhabilitación política o interdicción civil.[7]

Como se dijo, la Constitución venezolana sólo enumera como derechos políticos, los antes indicados, todos vinculados esencialmente al principio democrático, no enumerándose entre ellos en forma expresa, el derecho a acceder y ejercer en condiciones de igualdad funciones públicas no electivas, es decir, mediante nombramiento o designación, el cual, sin embargo, es evidente que también corresponde a los ciudadanos por el derecho que tienen a la participación política y a la igualdad y no discriminación.

Sobre el ejercicio de este derecho, por otra parte, la propia Constitución establece restricciones y limitaciones basadas en la edad, al disponer que para ejercer los cargos de Magistrado del Tribunal Supremo de Justicia (art. 263), Procurador General de la República (art. 249) y al Fiscal General de la República (art. 284) se requiere ser mayor de 35 años; para ejercer los cargos de Vicepresidente de la República (arts. 227 y 238), de Defensor del Pueblo (art. 280) y Contralor General de la República (art. 288) se requiere ser mayor de 30 años; y para ejercer el cargo de Ministro se requiere ser mayor de 25 años (art. 244).

La Constitución también establece restricciones para el ejercicio de cargos públicos no electivos por razón de nacionalidad, al disponer en el artículo 41 que sólo los "venezolanos por

5 Véase en *Gaceta Oficial* N° 5.637 Extraordinario del 7 de abril de 2003)

6 Véase en *Gaceta Oficial* N° 37.971 de 01-07-2004

7 Sobre estas inconstitucionalidades en la Ley de Nacionalidad y Ciudadanía véase lo que hemos expuesto en Allan R. Brewer-Carías, *Régimen Legal de Nacionalidad, Ciudadanía Y Extranjería. Ley de Nacionalidad y Ciudadanía. Ley de Extranjería y Migración. Ley Orgánica sobre Refugiados y Asilados*, Editorial Jurídica Venezolana, Caracas 2005, pp. 46 ss.

nacimiento y sin otra nacionalidad," son los que pueden ejercer los cargos de Vicepresidente Ejecutivo, Presidente y Vicepresidentes de la Asamblea Nacional, Magistrados del Tribunal Supremo de Justicia, Presidente del Consejo Nacional Electoral, Procurador General de la República, Contralor General de la República, Fiscal General de la República, Defensor del Pueblo, Ministros de los despachos relacionados con la seguridad de la Nación, finanzas, energía y minas, educación; Gobernadores y Alcaldes de los Estados y Municipios fronterizos y aquellos contemplados en la Ley Orgánica de la Fuerza Armada Nacional.

En cuanto a las condiciones de residencia, el mismo artículo 41 de la Constitución dispone que para ejercer los cargos de Ministro, Gobernadores y Alcaldes de Estados y Municipios no fronterizos, se exige respecto de los venezolanos por naturalización que deben tener domicilio con residencia ininterrumpida en Venezuela no menor de quince años y cumplir los requisitos de aptitud previstos en la ley.

### 3.- *La reglamentación al ejercicio y oportunidades de ejercicio de los derechos políticos en la Convención Americana*

En cuanto a la Convención Americana de Derechos Humanos, los derechos políticos que en ella se enuncian, tal como lo precisa el artículo 23.2 de la misma, solo pueden ser reglamentados o restringidos mediante ley ("la ley puede reglamentar"), y "exclusivamente por razones de edad, nacionalidad, residencia, idioma, instrucción, capacidad civil o mental, o condena, por un juez competente, en proceso penal."

De esta norma resulta, en consecuencia, que las limitaciones (reglamentación) al ejercicio y oportunidades de ejercicio de los derechos políticos sólo pueden establecerse en un Estado en la siguiente forma:

Primero, mediante ley, es decir, mediante el acto normativo que emane del cuerpo representativo del pueblo, integrado por representantes electos mediante sufragio universal y secreto, y que se define en el artículo 202 de la Constitución venezolana como "el acto sancionado por la Asamblea Nacional como cuerpo legislador." Sin embargo, como hemos indicado, en Venezuela es sólo la Constitución la que puede establecer esas restricciones, al disponer que el ejercicio de los derechos políticos corresponde a los venezolanos, "salvo las excepciones establecidas en esta Constitución" (art. 40), y las basadas en "las condiciones de edad previstas en esta Constitución" (art. 39), excluyendo además expresamente del ejercicio de los derechos políticos a quienes hubiesen sido condenados "por delitos cometidos durante el ejercicio de sus funciones y otros que afecten el patrimonio público"(art. 65), y a quienes estuviesen sujetos a interdicción civil o inhabilitación política (art. 64).

Segundo, conforme a la Convención Americana, las restricciones a los derechos políticos sólo se pueden establecer basadas en los siguientes motivos indicados taxativamente en la Convención: 1) edad, 2) nacionalidad; 3) residencia; 4) idioma; 5) instrucción; 6) capacidad civil o mental; o 7) condena, por juez competente, en proceso penal. En relación con estos diferentes motivos de limitaciones que deben siempre ser establecidas por ley, debe señalarse que si bien los primeros seis enumerados en el artículo 23.2 de la Convención Americana no presentan mayor dificultad en la determinación de su alcance respecto de todos los derechos políticos enumerados en el artículo 23.1 de la misma Convención Americana, particularmente en cuanto a la distinción apuntada sobre su vinculación esencial o no del derecho político en concreto al principio democrático representativo, no sucede lo mismo respecto del último de los motivos mencionados ("condena, por juez competente, en proceso penal"), el cual puede tener un tratamiento distinto según se trate de la elección popular para ejercer un cargo público o del acceso a una función pública mediante nombramiento administrativo.

A tal efecto, y en particular, refiriéndonos exclusivamente a dos de los derechos políticos establecidos en el artículo 23.1 de la Convención, el derecho de los ciudadanos a ser elegidos mediante sufragio para desempeñar cargos de elección popular (establecido también en el artículo 63 de la Constitución) y el derecho de los ciudadanos de tener acceso a las funciones públicas para desempeñar cargos administrativos, la interpretación del alcance de los motivos para su restricción mediante ley consistentes en las razones de "edad, nacionalidad, residencia, idioma, instrucción, capacidad civil o mental" puede decirse que no presenta mayor dificultad, ni amerita hacer la distinción en cuanto al origen del cargo público de que se trate, si de carácter electivo o de nombramiento administrativo, pues en general tienen el mismo tratamiento respecto de los dos derechos.

La Constitución y la ley, en efecto, en los diferentes Estados establecen una determinada "edad" para ser electo como representante o para ser nombrado funcionario público, inclusive en forma variable según el cargo electivo o el cargo administrativo de que se trate. En diversos artículos de la Constitución venezolana, como se ha dicho, se establecen edades diferentes para ser electo y para ocupar cargos. En las leyes en otros países se prevé asimismo límites de edad para ocupar cargos públicos.

La "nacionalidad" del país en cuestión se requiere en la ley, en general, tanto para ser electo como para ser funcionario público, excluyéndose a los extranjeros del ejercicio de dichos derechos. En Venezuela es la Constitución la que exige tener la ciudadanía y por ende la nacionalidad venezolana, para ejercer los derechos políticos.

Ciertas condiciones de "residencia" son requeridas en general por la ley para la elección para cargos de representación popular, generalmente en las elecciones locales.

En algunos casos de países signados por el multiculturalismo se podría incluso exigir el hablar determinado "idioma" o lengua para ser electo o para ejercer un cargo público.

Particularmente para el ejercicio de funciones públicas en ciertos cargos administrativos o judiciales, la ley requiere de determinado grado de "instrucción" o de títulos profesionales.

Finalmente en cuanto a la "capacidad civil o mental," se trata, en general, de un asunto relativo a la capacidad regulada en la legislación civil, consistente por ejemplo en la figura de la interdicción civil que sólo puede ser declarada judicialmente para la realización de actos de la vida civil, lo cual se extiende en común a la inhabilitación para el desempeño de cargos de elección popular o cargos administrativos.

Sin embargo, en el caso del último de los motivos que conforme a la Convención la ley podría regular para restringir el derecho a ser electo para cargos de representación popular, consistente en "condena, por juez competente, en proceso penal," dada la precisión del lenguaje utilizado por la Convención Americana, sin duda resulta necesario distinguir el origen del cargo público respecto del cual se trate, en el sentido de si es electivo o de nombramiento o designación.

En efecto, en el caso de la restricción al ejercicio de los derechos políticos para ser electo representante popular o para el ejercicio de funciones públicas y que la misma consista en la inhabilitación para el ejercicio del derecho, la misma, conforme lo exige la Convención, sólo puede ser establecida mediante ley en relación con los ciudadanos como resultado de una "condena" impuesta a los mismos, la cual conforme a la previsión expresa de la Convención sólo puede consistir en una sanción pronunciada en un "proceso penal" mediante decisión que debe emanar de un "juez competente."

En consecuencia, conforme al texto de la Convención Americana, para que un Estado pueda llegar a imponerle a una persona una sanción que lo inhabilite para ser elegido o para tener acceso a las funciones públicas, la misma debe estar prevista en una ley y debe ser siempre adoptada como una decisión de condena, que sea decidida por un juez penal competente, y mediante un proceso penal. Esta es precisamente la situación en Venezuela, donde es la Constitución la que dispone que solo quedan excluidos del ejercicio del derecho a ser electo los venezolanos sujetos a interdicción civil o inhabilitación política, lo que en el ordenamiento solo puede disponerse mediante sentencia judicial, y en general, los condenados por delitos cometidos durante el ejercicio de sus funciones y otros que afecten el patrimonio público (arts. 64 y 65).

## II.- LAS RESTRICCIONES AL EJERCICIO DE LOS DERECHOS POLÍTICOS

### *1.- Las restricciones conforme al principio democrático*

En todo caso, en relación con este motivo de restricción de los derechos políticos, particularmente respecto del derecho a ser elegido para cargos de elección popular y del derecho de acceder a funciones públicas para ejercer cargos público mediante nombramiento o designación, el alance de la misma y de su implementación, puede variar según la distinción antes mencionada derivada de si el derecho se vincula esencialmente al principio democrático o no.

En el primer caso, en nuestro criterio, la interpretación de la Convención Americana tiene que ser restrictiva, siendo el principio democrático esencial a la misma, entre otras razones, por una parte, por haberse dictado la Convención para consolidar "*dentro del cuadro de las instituciones democráticas,*" como lo indica en el primero de los "Considerandos," "un régimen de libertad personal y de justicia social, fundado en el respeto de los derechos esenciales del hombre;" y por otra parte, dado la vigencia de la Carta Democrática Interamericana que considera como un elemento esencial a la democracia la garantía y respeto a los derechos humanos (art. 4).

Es decir, las restricciones que impliquen inhabilitación política y que puedan imponerse al ejercicio de derechos políticos, cuando impliquen restricciones al principio democrático y sean establecidas por ley respecto del derecho a ser electo para cargos representativos mediante sufragio (derecho a ser elegido), deben ser objeto de interpretación restrictiva; pudiendo en cambio, las restricciones al ejercicio de derechos políticos que no impliquen restricción al principio democrático, ser objeto de interpretación amplia.

Esto sucede precisamente cuando se interpreta la última parte del artículo 23.2 de la Convención en cuanto al motivo de restricción al ejercicio de derechos políticos basado en "condena, por juez competente, en proceso penal." Para eliminarle a un ciudadano sus derechos democráticos, consistentes por ejemplo, en el derecho a elegir representantes populares o a ser elegido representante del pueblo, que son de la esencia de la democracia representativa, sin duda, en nuestro criterio, la previsión del artículo 23.2 debe interpretarse restrictivamente en el estricto sentido de las palabras usadas en el mismo según la conexión de ellas entre si, de manera que es necesario que se produzca una "condena" judicial que debe ser pronunciada por un "juez competente, en un proceso penal."

No es posible eliminarle a un ciudadano el ejercicio de los derechos políticos más esenciales a la democracia representativa como son el derecho ciudadano a elegir o a ser elegido para cargos representativos de la voluntad popular, mediante un acto que no sea una sentencia judicial penal, como podría ser, por ejemplo, un acto administrativo imponiendo una sanción administrativa, dictado por un funcionario que no es parte del Poder Judicial, es decir, que no es un "juez" y que para dictarlo no ha seguido un proceso penal que es el regulado en los Códigos reguladores del Proceso Penal.

Conforme a la Convención Americana, la restricción al principio democrático de elegir y ser electo es un asunto exclusivo del Poder Judicial, que sólo puede adoptarse por un "juez penal competente," mediante un "proceso penal," en el cual se "condene" a un ciudadano por delitos o faltas regulados y tipificados en el Código Penal o en leyes penales especiales, y que impliquen o conlleven la inhabilitación política del condenado.

Este es, por lo demás, el caso de la legislación venezolana, donde como se ha dicho, la inhabilitación política está efectivamente prevista en el Código Penal como una pena accesoria a una pena principal (presidio o prisión), que se impone como consecuencia de una condena penal (art. 13 y 16), que sólo se puede dictar e imponer por un juez penal, que además de tener que ser el juez competente tiene que ser un juez profesional que es el único que puede conocer de las fases del proceso penal conforme al artículo 104 del Código Orgánico Procesal Penal, en un proceso penal desarrollado conforme a las previsiones de dicho Código. Dicha pena accesoria de inhabilitación política, que "no podrá imponerse como pena principal sino como accesoria a las de presidio y prisión," produce "como efecto, la privación de los cargos o empleos públicos o políticos que tenga el penado y la incapacidad, durante la condena, para obtener otros y para el goce del derecho activo y pasivo del sufragio" (art. 24).

Es decir, conforme a dicho Código Orgánico Procesal Penal, en Venezuela, y conforme a las previsiones de la Convención Americana, nadie puede ser condenado penalmente y a nadie se le puede imponer una pena, "sin un juicio previo, oral y público, realizado, sin dilaciones indebidas, ante un juez imparcial," conforme a las disposiciones de dicho Código, "y con salvaguarda de todos los derechos y garantías del debido proceso, consagrados en la Constitución de la República, las leyes, los tratados, convenios y acuerdos internacionales suscritos por la República" (art. 1), correspondiendo en todo caso, a "los tribunales juzgar y hacer ejecutar lo juzgado" (art. 2), y en los términos del artículo 7 del mismo Código, y correspondiendo "exclusivamente" "a los jueces y tribunales ordinarios o especializados establecidos por las leyes, con anterioridad al hecho objeto del proceso," "la potestad de aplicar la ley en los procesos penales."

La consecuencia de todo ello, es que la inhabilitación política que puede afectar a un ciudadano para ejercer su derecho político a ser electo, en cualquier ordenamiento, es efectivamente una "inhabilitación política," que sólo puede pronunciarse conforme a las modalidades previstas en los diversos ordenamientos, mediante un juicio político como el que existe en muchos países o mediante una sentencia judicial penal como es el caso de Venezuela, de manera de asegurar la vigencia de los artículos 42 y 65 de la Constitución donde se garantiza que la perdida de la ciudadanía, que implica el ejercicio de los derechos políticos como los vinculados al principio democrático, solo puede ocurrir por "sentencia judicial firme," y que los únicos que no pueden optar a cargos de elección popular por un tiempo que debe fijar la ley, son quienes han sido condenados por delitos cometidos durante el ejercicio de funciones públicas que afecten el patrimonio público.

Es rigurosamente falso, por tanto, lo ha afirmado por la Sala Constitucional del Tribunal Supremo de Venezuela en sentencia N° 1265 de 5 de agosto de 2008, en el sentido de que el artículo 65 de la Constitución, al disponer que "no podrán optar a cargo alguno de elección popular quienes hayan sido condenados o condenadas por delitos cometidos durante el ejercicio de sus funciones," supuestamente

> "no excluye la posibilidad de que tal inhabilitación pueda ser establecida, bien por un órgano administrativo *stricto sensu* o por un órgano con autonomía funcional, como es, en este caso, la Contraloría General de la República;"
>
> agregando además, erradamente, que:
>
> "la norma, si bien plantea que la prohibición de optar a un cargo público surge como consecuencia de una condena judicial por la comisión de un delito, tampoco impide que tal prohibición pueda tener un origen distinto; la norma sólo plantea una hipótesis, no niega otros supuestos análogos."[8]

Al afirmar esto, la Sala Constitucional olvidó su propia afirmación expresada unos años antes en la sentencia N° 2444 de 20 de octubre de 2004 (caso: *Tulio Rafael Gudiño Chiraspo*) en el sentido de que:

> "en materia de ejercicio de derechos, en este caso políticos, muy vinculados al carácter participativo del gobierno del Estado venezolano, las excepciones y/o restricciones son de derecho constitucional estricto y nuestra Constitución sólo dispone de dos medios para terminar anticipadamente el mandato o representación (salvo, por supuesto, la muerte o la renuncia). Estos son: el enjuiciamiento por delitos comunes o políticos –artículo 266– y la revocatoria del mandato –artículo 72–, una de las innovaciones de la nueva Carta Magna que confiere, precisamente, el carácter participativo a nuestra democracia."[9]

---

8 Véase en http://www.tsj.gov.ve:80/decisiones/scon/Agosto/1265-050808-05-1853.htm

9 Véase en http://www.tsj.gov.ve/decisiones/scon/Octubre/2444-201004-04-0425%20.htm

El mismo razonamiento de derecho constitucional estricto que se aplica a los casos de terminación de mandatos de elección popular, por supuesto se aplica a los casos de inhabilitación para el ejercicio del derecho político a ser electo, de la esencia del régimen democrático.

### 2.- *Las restricciones al ejercicio del derecho político de acceder a cargos públicos no electivos o de nombramiento*

En el segundo caso de motivos de restricción de los derechos políticos, particularmente en relación con el derecho de acceder a funciones públicas para ejercer cargos públicos *no electivos*, mediante nombramiento o designación, el alcance de la norma de la Convención Americana y de su implementación ha sido interpretada en muchos países en una forma menos estricta que la antes mencionada, por no estar en juego el ejercicio de un derecho esencial a la democracia como sería el derecho activo y pasivo al sufragio, este último, ante órganos representativos del pueblo.

En efecto, en los casos del ejercicio de un derecho político que se ejerce ante la Administración Pública en sentido lato, mediante nombramiento o designación administrativos, sin vínculo con el principio democrático representativo e incluso independientemente del régimen democrático que pueda existir, se ha flexibilizado la aplicación del motivo de restricción a su ejercicio basado en "condena, por juez competente, en proceso penal," es decir, en cuanto a la necesaria exigencia en la Convención Americana de una decisión judicial de "condena," pronunciada por un "juez competente" en lo penal, en un "proceso penal," habiendo establecido las leyes, que determinados órganos administrativos como los órganos de control fiscal (Contralorías Generales), mediante un procedimiento administrativo en el cual se garantice plenamente el debido proceso, podrían dictar sanciones administrativas de inhabilitación política para hacer cesar a un funcionario en su cargo o para que un ex funcionario pudiera acceder a funciones públicas, las cuales, incluso, cuando el funcionario está ejerciendo su cargo, es una sanción administrativa accesoria a la principal de destitución.

En estos casos es que podría decirse que pudieran existir espacios no judiciales que permiten imponer medidas administrativas sancionatorias que incluyen la inhabilitación para ejercer cargos públicos, pero nunca podrían implicar (i) la destitución del representante electo por la naturaleza popular de la investidura pues de lo contrario, tal como lo ha dicho la Sala Constitucional del Tribunal Supremo de Justicia en la antes mencionada sentencia N° 2444 de 20 de octubre de 2004 (caso: *Tulio Rafael Gudiño Chiraspo*), colidiría "con la normativa constitucional que estatuye que tales cargos pueden ser objeto de referendo revocatorio";[10] ni (ii) podría implicar la inhabilitación de un ciudadano para ser elegido mediante sufragio, pues lesionaría el principio democrático representativo.

Se trata, como lo dijo la Sala Constitucional del Tribunal Supremo de Justicia en sentencia N° 1266 de 6 de agosto de 2008 (caso: Acciones de nulidad contra el artículo 105 de la Ley Orgánica de la Contraloría General de la República), refiriéndose a Venezuela, del ejercicio de una potestad sancionadora atribuida al Contralor General de la República que está "referida al ámbito administrativo: es decir, que no es una sanción política" pues la misma "se ciñe a la función administrativa vista la naturaleza jurídica de la Contraloría General de la República."[11]

Por ello es totalmente errada y contradictoria la afirmación de la misma Sala Constitucional, en la misma sentencia últimamente citada, de que la sanción de inhabilitación impuesta por la Contraloría "surte efectos para el desempeño de la función administrativa, indistintamente de cuál sea el origen; esto es por concurso, designación o elección popular," y de que "esta inhabilitación dictada por la Contraloría "se extiende a toda función administrativa, incluso las que derivan del cargo de elección popular."

Aparte de que la Sala Constitucional no definió qué entiende por "función administrativa" se olvidó mencionar que los funcionarios electos popularmente, ante todo, cumplen una "función política" como es representar al pueblo y conducir el gobierno de una entidad política en la organización territorial del Estado.

---

10 Véase en http://www.tsj.gov.ve/decisiones/scon/Octubre/2444-201004-04-0425%20.htm

11 Véase en http://www.tsj.gov.ve/decisiones/scon/Agosto/1266-060808-06-0494.htm

En todo caso, para ambas circunstancias, tanto para la elección de cargos de representación como para la remoción de los representantes electos de sus cargos, rige la misma apreciación que la Sala Constitucional hizo en la citada sentencia N° 2444 de 20 de octubre de 2004 (caso: *Tulio Rafael Gudiño Chiraspo*), aún cuando solo se haya referido a la destitución del funcionario, al señalar que dado que la destitución y la suspensión de un funcionario de un cargo de elección popular coliden con la normativa constitucional refería al referendo revocatorio de mandatos:

> "siendo ello así, al igual que con los cargos que tienen un régimen especial para la destitución, es ese el mecanismo para cuestionar la legitimidad de la actuación del representante popular, y las sanciones que sin duda alguna se le pudieran imponer con ocasión a ilícitos administrativos, civiles o disciplinarios, según el caso, encuentran su límite en esa circunstancia, sólo desvirtuable con ocasión al establecimiento de una responsabilidad penal."[12]

Y lo mismo sucede con el derecho a ser elegido, que es un derecho político que tiene todo ciudadano, solo desvirtuable con ocasión al establecimiento de una responsabilidad penal que implique la aplicación de la pena accesoria de inhabilitación política sólo con ocasión de penas principales de prisión o presidio.

### 3.- *La importancia del respeto a la voluntad popular en una sociedad democrática respecto de cargos electivos*

El principio democrático representativo, por otra parte, impone la necesidad de respetar la voluntad popular, de manera que un funcionario electo no puede ser removido salvo por la voluntad popular expresada para revocarle el mandato, cuando ello esté previsto en las Constituciones, o salvo mediante un juicio político que esté igualmente regulado expresamente en las Constituciones con todas las garantías del debido proceso.

El mandato del pueblo al elegir un funcionario, en cambio, nunca puede ser revocado mediante un acto administrativo, así emane de un órgano de control fiscal. Y el mismo principio aplica a la elección del representante popular, en el sentido de que es el pueblo quién decide a quien elegir mediante su voto, lo que sólo puede ser impedido por el juez penal cuando mediante condena dictada en proceso penal inhabilita a un ciudadano para ser electo para ejercer cargos de representación popular, por lo que no puede corresponder a la decisión de un funcionario administrativo el determinar quien puede o no ser electo para cargos representativos.

Es decir, conforme a la Constitución de Venezuela, solo se puede excluir del ejercicio de los derechos políticos que corresponden a los ciudadanos (y el derecho a participar como candidato en las elecciones es uno de ellos –derecho pasivo al sufragio–), a quienes estén sujetos a inhabilitación política o a interdicción civil (art. 39 de la Constitución), y ello solo puede ocurrir mediante sentencia firme, es decir, decisión judicial dictada en un proceso penal en la que se imponga al condenado la pena de inhabilitación política (que sólo se concibe en Venezuela como una pena accesoria a la pena principal en materia penal) conforme al Código Penal, o (ii) decisión judicial dictada en un proceso civil en el cual se declare entredicha a la persona (interdicción civil) conforme al Código Civil.

## III.-LAS LIMITACIONES ADMINISTRATIVAS RESPECTO DEL EJERCICIO DE CARGOS PÚBLICOS DE NOMBRAMIENTO EN EL MARCO DEL RÉGIMEN DE LA ADMINISTRACIÓN PÚBLICA Y LA SANCIÓN ADMINISTRATIVA DE INHABILITACIÓN

La situación es distinta cuando se trata del derecho al ejercicio de cargos públicos mediante nombramiento. Todos los ciudadanos tienen derecho a acceder a los mismos en iguales condiciones, siendo el término de su ejercicio materia de orden administrativa, de manera que los funcionarios públicos pueden ser destituidos por las causales que establezca la Ley, mediante actos administrativos disciplinarios, incluso como consecuencia de medidas de control fiscal. Para ello se prevé en el artículo 144 de la Constitución que corresponde a la ley establecer el Estatuto de la función pública mediante normas sobre el ingreso, ascenso, traslado, suspensión

12 Véase en http://www.tsj.gov.ve/decisiones/scon/Octubre/2444-201004-04-0425%20.htm

y retiro de los funcionarios de la Administración Pública, y proveer su incorporación a la seguridad social.[13]

### 1.- *Las funciones de la Contraloría General de la República*

La tradición en Venezuela con motivo de las facultades de la Contraloría General de la República de declarar la responsabilidad o culpabilidad administrativa de un funcionario público, después de establecerse en la Ley de Carrera Administrativa de 1971 que ello era una causal de "destitución" del funcionario público afectado, que como sanción disciplinaria debía imponerse por el funcionario competente (generalmente el superior jerárquico del mismo),[14] condujo a que en la reforma de la Ley Orgánica de la Contraloría General de la República de 1975 se previera que además de la destitución, el auto de responsabilidad administrativa, podía ser acompañado de una decisión imponiendo al funcionario destituido la "inhabilitación para el ejercicio de la función pública" durante un período determinado (art. 84), como sanción disciplinaria accesoria, nunca principal.

Es decir, a la decisión de la Contraloría General declarando la responsabilidad administrativa, le debían seguir unas sanciones administrativas destinadas a ser aplicadas única y exclusivamente a funcionarios públicos nombrados en el ámbito regulado por la Ley de Carrera Administrativa de 1971, que son los que se pueden "destituir," siendo la inhabilitación para el ejercicio de la función pública" originalmente concebida como una sanción accesoria a la "destitución."

La responsabilidad o culpabilidad administrativa se podía declarar respecto de personas que ejercieran cargos de elección popular, pero como los mismos no podían ser "destituidos" administrativamente, no se previó en la Ley en forma alguna que se pudiera dictar respecto de ellos medida alguna que pudiera implicar suspensión o remoción de su cargo electivo, por ser el mismo fruto de la voluntad popular, y menos que se pudiera decidir la inhabilitación para ejercer en el futuro, así fuera temporalmente, su derecho a ser electo representante mediante sufragio.

La reforma de la Ley Orgánica de la Contraloría General de la República de 1984 en lo que se refiere a su artículo 84, sin eliminar el carácter accesorio que tiene la sanción de inhabilitación para el ejercicio de funciones públicas respecto de la sanción de destitución, aplicable sólo a los funcionarios de nombramiento o designación (no electos), teniendo en cuenta que muchas veces la decisión de responsabilidad administrativa en realidad se dictaba mucho tiempo después de que el funcionario hubiese sido removido de su cargo o hubiese renunciado al mismo, lo que no extinguía su responsabilidad, tuvo por objeto única y exclusivamente agregar que dicha sanción de inhabilitación podía ser aplicada excepcionalmente "aún cuando el declarado responsable se haya separado de la función pública" correspondiendo siempre la aplicación de la sanción al máximo jerarca administrativo del organismo del Estado donde ocurrieron los hechos.

Es decir, se trata de sanciones administrativas, aplicadas en el campo de la función pública administrativa, integrada por funcionarios nombrados o designados (no electos), que correspondían ser dictadas por el superior jerárquico del órgano de la Administración Pública correspondiente, y que nunca podían implicar ni la "destitución" de funcionarios electos, ni su inhabilitación política.

---

13 Ley del Estatuto de la Función Pública, *Gaceta Oficial* N° 37.522 de 06-09-2002.

14 La causal de destitución de funcionarios públicos como sanción disciplinaria, como consecuencia de los autos de culpabilidad administrativa dictado por la Contraloría General de la República, se propuso inicialmente en el *Proyecto de Ley sobre Funcionarios Públicos* que elaboramos en la Comisión de Administración Pública en 1970 (Véase en http://allanbrewercarias.com/Content/449725d9-f1cb-474b-8ab2-41efb849fea3/Content/I,%202,%205.%20%20Proyecto%20de%20Ley%20sobre%20Funcionarios%20Públcios%20CAP%201970.doc).pdf ), lo cual fue acogido en la Ley de Carrera Administrativa de 1971, artículo 62.5. Véase lo expuesto en Allan R. Brewer-Carías, *El Estatuto de los Funcionarios Públicos en la Ley de carrera Administrativa, Comisión de Administración Pública*, Caracas 1971, pp. 108 ss. y 117. Véase en http://allanbrewercarias.com/Content/449725d9-f1cb-474b-8ab2-41efb849fea5/Content/II.1.15.pdf

El fundamento y sentido de dicha normativa puede decirse que se siguió en la Ley Orgánica de la Contraloría General de la República de 1995, en el sentido de referirse a las sanciones administrativas a funcionarios públicos designados o nombrados parte de la función pública administrativa (no electa), con solo dos variaciones:

La primera, incorporada al artículo 121 de la Ley Orgánica, que atribuyó al Contralor General de la República la potestad para imponer directamente, como consecuencia de su decisión de responsabilidad administrativa, sanciones pecuniarias de multa.

Y la segunda, incorporada en el artículo 122 de la Ley Orgánica, en la cual luego de ratificar que la sanción de "destitución" como consecuencia del auto de responsabilidad administrativa debe imponerse por la máxima autoridad jerárquica como lo preveía desde el inicio la Ley de Carrera Administrativa, agregó que dicha autoridad jerárquica "o la propia Contraloría" podían "imponer, además, la inhabilitación para el ejercicio de la función pública" por un período determinado.

De ello resultaba, que la sanción disciplinaria de inhabilitación para el ejercicio de cargos públicos, seguía siendo accesoria a la sanción disciplinaria destitución, previéndose sin embargo, como excepción, que también se podía imponer aún cuando el declarado responsable se hubiese separado del cargo.

Esta disposición fue nuevamente reformada en 2001, habiéndose seguido en la Ley Orgánica de la Contraloría General de la República (art. 105), la misma fundamentación de principio de considerar a la sanción disciplinaria de inhabilitación para el ejercicio de cargos como accesoria a la sanción disciplinaria de "destitución" y, por tanto, aplicable sólo a funcionarios administrativos (no electos) con dos nuevas variantes:

La primera, que al Contralor General de la República se le atribuyó directamente "de manera exclusiva y excluyente, la potestad de decidir la "destitución" del funcionario responsable (potestad que hasta esa reforma correspondía al superior jerárquico de la Administración correspondiente conforme a la ley de carrera Administrativa), dejándose en manos del superior jerárquico respectivo solo la "ejecución" de la decisión.

La segunda, además de imponer la sanción de destitución, se atribuye al Contralor General, en general y adicionalmente ("e imponer" dice la norma), la potestad de imponer al funcionario destituido "la inhabilitación para el ejercicio de funciones públicas" por un tiempo determinado. Esta sanción sigue siendo concebida en la Ley Orgánica de 2001 como sanción disciplinaria accesoria a la sanción disciplinaria de destitución, y exclusivamente destinada a ser aplicada a funcionarios de nombramiento o designación, es decir, que ejerzan cargos públicos mediante designación o nombramiento por las autoridades administrativas (no electos por voto popular).

A tal efecto se especifica en la norma, siendo esta la tercera variante de la misma, que las máximas autoridades de los organismos sujetos a control, "antes de proceder a la designación de cualquier funcionario público, están obligados a consultar el registro de inhabilitados" que lleva la Contraloría; indicándose que "toda designación realizada al margen de esta norma será nula." Ello evidencia la intención de la norma al regular la inhabilitación para el ejercicio de cargos, de referirse exclusivamente a funcionarios de designación o nombramiento

De lo anterior resulta, que desde el origen del artículo 84 en la ley Orgánica de la Contraloría de 1975 hasta la norma del artículo 105 de la Ley Orgánica de la Contraloría de 2001, la intención del Legislador que se deriva del propio texto de las normas, ha sido siempre prever la sanción de inhabilitación para ejercer cargos públicos como una sanción administrativa disciplinaria aplicable sólo y exclusivamente *a funcionarios de nombramiento o designación* en la función pública (nunca de funcionarios electos), que son los que pueden ser "destituidos;" y además, siempre como una sanción administrativa disciplinaria accesoria a la sanción disciplinaria administrativa principal, que es precisamente la destitución, pudiendo sin embargo aplicarse excepcionalmente, sin implicar destitución en aquellos casos en los cuales, para el momento en que se dicta el auto de responsabilidad administrativa, ya el funcionario haya renunciado o haya sido removido.

Por tanto, no hay fundamento ni constitucional ni legal alguno en Venezuela para que se pueda considerar que el ejercicio de un derecho político esencial al principio democrático representativo como es el derecho a ser elegido para cargos de representación popular pueda ser suspendido por decisión administrativa de la Contraloría General de la República, que no tiene competencia para imponer la sanción de inhabilitación política que sólo pueden imponer los jueces penales competentes, mediante una condena penal resultado de un proceso penal, estando referida la potestad sancionatoria atribuida a la Contraloría General de la República conforme a la Ley Orgánica que rige sus funciones en materia de inhabilitación para ejercer cargos públicos, a aquellos funcionarios públicos de la Administración que pueden ser "destituidos," que son sólo los que pueden ser designados o nombrados por otras autoridades administrativas, lo que es completamente inaplicable a los funcionarios electos por sufragio universal y secreto como representantes populares.

### 2.- *La ausencia de imparcialidad de la Contraloría General de la República en los procedimientos administrativos de imposición de sanciones de inhabilitación a los funcionarios públicos*

Pero en el supuesto negado de que se pudiera considerar que una instancia no judicial, es decir, de orden administrativo o de control fiscal, como podría ser la Contraloría General de la República de Venezuela (que no es un "juez competente"), pudiera ser competente para imponer la sanción administrativa (que no es una "condena") de inhabilitación política para impedirle a un ciudadano poder ejercer su derecho político a ser elegido, mediante un acto administrativo dictado como resultado de un procedimiento administrativo (que no es un "proceso penal") –supuesto que negamos jurídicamente en Venezuela–, la condición esencial para que ello pudiera llegarse a admitir –circunstancia que insistimos, negamos– sería que dicho procedimiento administrativo desarrollado ante la Contraloría General de la República se ajustara a las garantías judiciales del debido proceso que están establecidas en el artículo 8 de la Convención Americana, y ello, simplemente, es imposible.

En efecto, como se ha dicho, entre las garantías judiciales que establece la Convención Americana que configuran el derecho al debido proceso, están no solo la necesidad de un tribunal preexistente con autonomía e independencia, que decida con imparcialidad y con competencia para decidir, sino que el proceso que se desarrolle ante el mismo, se realice conforme a las normas de procedimiento establecidas en las leyes, respetándose el principio de la igualdad entre las partes, asegurándose la estabilidad de las actuaciones procesales, la cosa juzgada y la efectividad de lo decidido. Como lo ha detallado Héctor Faúndez Ledezma:

> "La garantía de este derecho, en cuanto eminentemente procesal, requiere de la satisfacción de ciertas condiciones previas al proceso mismo, especialmente en lo que se refiere a las características que debe presentar el tribunal; sin la satisfacción de esos requisitos mínimos, previos a la iniciación de cualquier proceso, éste nunca podría llegar a ser justo y equitativo. En segundo lugar, y en lo que se refiere al proceso como tal, este derecho debe estar basado en ciertos principios básicos, o en algunas normas generales que permitan determinar su contenido y alcance, junto con la naturaleza y características de las garantías específicas que van a derivar de los principios antes referidos, y que están diseñadas para asegurar la justicia y rectitud del proceso. En tercer término, hay que examinar las condiciones que debe tener el proceso mismo, y sin cuya concurrencia éste no podría ser justo. Por último –en lo concierne estrictamente a la determinación de acusaciones penales–, es necesario estudiar, con cierto detenimiento, cada una de las garantías específicas que benefician al acusado, así como el alcance y las circunstancias en que ellas resultan aplicables.
>
> Por otra parte, en cuanto instrumento para asegurar no sólo la justicia del proceso sino también la de su resultado, como ya se ha indicado precedentemente, este derecho está íntimamente relacionado con el cumplimiento de ciertas condiciones en cuanto se refiere a

la naturaleza de la legislación substantiva que se va a aplicar, la cual también podría afectar la rectitud y equidad del resultado del proceso, aún antes de que éste se inicie; sin embargo, tales garantías, aunque estrechamente vinculadas al derecho a un juicio justo, son objeto de un derecho diferente (la prohibición de leyes penales ex post facto, o la garantía del principio de legalidad) y, en consecuencia, desde un punto de vista formal, estas condiciones no son consideradas como parte integrante del derecho a un juicio justo (en sentido estricto), en cuanto éste tiene un carácter eminentemente procesal."[15]

Por todo ello, podemos decir que es imposible que el procedimiento administrativo desarrollado ante la Contraloría General de la República para imponer la sanción administrativa a una persona, de inhabilitación política para el ejercicio su derecho a ser elegido como representante popular mediante sufragio universal y secreto, no se ajusta a las garantías judiciales del debido proceso que están establecidas en el artículo 8 de la Convención Americana, al menos por las siguientes razones.

En primer lugar, es imposible porque ante un órgano administrativo que ejerce funciones administrativas de control en una relación directa que se establece entre la Administración controladora que investiga, y un funcionario investigado, donde la Administración es esencialmente "juez" y "parte" en el procedimiento; aún cuando se le garantizara al funcionario investigado, efectivamente, su derecho a la defensa, nunca podría haber algo equivalente un "juicio justo" o a un "proceso equitativo," también llamado derecho al "debido proceso," o derecho a un "proceso regular," o identificado en el artículo 8 de la Convención Americana como conjunto de "garantías judiciales," que apuntan a identificar el "conjunto de normas plasmadas en el derecho positivo y cuyo propósito es, precisamente, garantizar la justicia, equidad, y rectitud, de los procedimientos judiciales en que pueda verse involucrada una persona;"[16] teniendo en cuenta además, su carácter instrumental para que, como lo ha señalado Héctor Faúndez, pueda servir de garantía para el ejercicio y disfrute de otros derechos, al afirmar que

> "Efectivamente, una decisión judicial injusta o arbitraria –además de constituir en sí misma una violación de un derecho humano– puede constituir la herramienta adecuada para justificar, legitimar, o amparar, la privación previa de otros derechos humanos (tales como la vida, la libertad personal, la libertad de expresión, el derecho al trabajo, etc.), o la lesión de otros intereses jurídicamente protegidos, distintos de los derechos humanos (como, por ejemplo, la privación de la propiedad); además, aún cuando tales violaciones no hayan sido directamente cometidas por el poder judicial, éste se puede hacer cómplice de las mismas mediante la adopción de decisiones que –por apartarse de los principios y normas de un proceso regular– resultan injustas y constituyen el sello mediante el cual se procura lograr la impunidad de tales atropellos y abusos de poder."[17]

Respecto de este derecho al debido proceso, como lo explicó la sentencia Nº 157 de 17 de febrero de 2000 de la Sala Político Administrativa del Tribunal Supremo de Justicia de Venezuela, (Caso: *Juan C. Pareja P. vs. MRI*):

> "Se trata de un derecho complejo que encierra dentro de sí, un conjunto de garantías que se traducen en una diversidad de derechos para el procesado, entre los que figuran, el derecho a acceder a la justicia, el derecho a ser oído, el derecho a la articulación de un proceso debido, derecho de acceso a los recursos legalmente establecidos, derecho a un tribunal competente, independiente e imparcial, derecho a obtener una resolución de fondo fundada en derecho, derecho a un proceso sin dilaciones indebidas, derecho a la ejecución de las sentencias, entre otros, que se vienen configurando a través de la jurisprudencia. Todos estos derechos se desprenden de la interpretación de los ocho ordinales que consagra el artículo 49 de la Carta Fundamental."

---

15 Véase Héctor Faúndez Ledezma, *Administración de Justicia y Derecho Internacional de los Derechos Humanos (El derecho a un juicio justo)*, Caracas 1992, pp. 222-223.

16 Ídem, pp. 211 y 212.

17 *Ídem,*, pp. 212 y 213.

Tanto la doctrina como la jurisprudencia comparada han precisado, que este derecho no debe configurarse aisladamente, sino vincularse a otros derechos fundamentales como lo son, el derecho a la tutela efectiva y el derecho al respeto de la dignidad de la persona humana...

El artículo 49 del Texto Fundamental vigente consagra que el debido proceso es un derecho aplicable a todas las actuaciones judiciales y administrativas, disposición que tiene su fundamento en el principio de igualdad ante la ley, dado que el debido proceso significa que ambas partes en el procedimiento administrativo, como en el proceso judicial, deben tener igualdad de oportunidades, tanto en la defensa de sus respectivos derechos como en la producción de las pruebas destinadas a acreditarlos."[18]

Por ello, en los procedimientos administrativos en los cuales por lo general no hay dos partes en contienda, es decir, en la terminología de la Sala Constitucional, donde no haya unas "ambas partes" con igualdad de oportunidades para su defensa y producción de pruebas, y donde, al contrario, lo que hay es por una parte, una "parte" administrativa que investiga y decide con todo el poder del Estado, y por la otra, un administrado sujeto a investigación, pero donde la primera parte es la que resuelve el asunto, es decir, es el "juez y parte", nunca podría estar garantizado plenamente el derecho al debido proceso o a las "garantías judiciales," razón por la cual, mediante esos procedimientos no se puede decidir respecto del funcionario o parte investigado, la pérdida de un derecho constitucional como el derecho a ser electo, lo que sólo podría corresponder en exclusiva a los tribunales de justicia, los cuales deben ser conducidos pos jueces independientes e imparciales encargados de dirimir los conflictos entre partes en el proceso, en plano de igualdad. Ello incluso, se concibe así, al menos teóricamente, en el proceso penal acusatorio, donde una de las partes es siempre Fiscalía General de la República que investiga, imputa y acusa, y la otra parte es el acusado, correspondiendo a ambas partes dirimir el conflicto ante un juez penal competente, independiente e imparcial, que debe asegurar la igualdad de oportunidades de ambas partes. Por ello, sería imposible que se pudiera llegar a hablar de existencia de debido proceso o de garantías judiciales en el proceso penal acusatorio, si en el mismo, el Fiscal del Ministerio Público fuera quien además de tener a su cargo la realización de la investigación penal contra una persona, así como la tarea de formularle la imputación y acusación sobre la comisión de delitos, fuera luego el llamado a decidir el proceso penal. Ello sería, para decir lo menos, aberrante desde el punto de vista jurídico.

Pues lo mismo puede decirse del procedimiento administrativo de investigación o averiguación administrativa establecido en la Ley Orgánica de la Contraloría General de la República para determinar la responsabilidad administrativa de los investigados e inhabilitar políticamente a los funcionarios, donde la Administración contralora es quien investiga y formula cargos y además es quien decide, imponiendo sanciones al investigado declarado culpable administrativo. Si sólo se tratara de imposición de multas administrativas e, incluso, de decidir la destitución del cargo, que son competencias esenciales de la Administración respecto de sus funcionarios, podría admitirse que el sancionado tendría recursos judiciales para su defensa; sin embargo, cuando se trata de decisiones administrativas adoptadas sin la garantía esencial del tribunal independiente e imparcial, o su equivalente, mediante las cuales se prive a un ciudadano de un derecho político como el derecho a ser electo que la Constitución le garantiza, la violación a sus garantía judiciales es aberrante, como sucede precisamente cuando se aplica el artículo 105 de la Ley Orgánica de la Contraloría General de la república tendiente a privarle a un funcionario uno de sus derechos de la ciudadanía como es el derecho a ser electo en sufragio directo y secreto para ocupar cargos de representación de la voluntad popular.

No es posible que se pueda concebir que mediante un procedimiento administrativo conducido por una Administración de control fiscal pueda despojarse a un ciudadano de un derecho político, cuando quien decide el procedimiento es la misma entidad que investiga y declara la responsabilidad del funcionario. La autoridad decisora, en ese caso, nunca podría llegar a considerarse como equivalente a nada que se parezca a un juez independiente e imparcial; al

18 Véase en *Revista de Derecho Público*, N° 81, (enero-marzo), Editorial Jurídica Venezolana, Caracas 2000, p. 135.

contrario, es una autoridad decisora que es esencialmente parcializada en el sentido que resulta de su propia "investigación."

### 3.- *Las sanciones administrativas de inhabilitación administrativa impuestas por la Contraloría General de la República no se dictan en ejercicio de funciones jurisdiccionales*

Pero en segundo lugar, también es imposible que el procedimiento administrativo desarrollado ante la Contraloría General de la República conforme al artículo 105 de la ley Orgánica tendiente a despojar a un funcionario de su derecho político a ser electo por el pueblo, se pueda llegar a considerar que se pueda ajustar a las garantías judiciales del debido proceso que están establecidas en el artículo 8 de la Convención Americana, pues la Contraloría, en esos casos, actúa como un órgano administrativo de control, ejerciendo una función netamente de control, y en ningún caso equiparable a la "función jurisdiccional," que siempre implica la existencia de al menos dos partes que son ajenas a la entidad decisora, y en relación con las cuales ésta decide el asunto asegurando la igualdad de las partes.

En efecto, en Venezuela, entre las funciones del Estado y de sus órganos, además de la función normativa y de la función política, se distinguen las funciones jurisdiccionales, de control y administrativa.[19] Cuando los órganos del Estado ejercen la función jurisdiccional, conocen, deciden o resuelven controversias entre dos o más pretensiones, es decir, controversias en las cuales una parte esgrime pretensiones frente a otra. El ejercicio de la función jurisdiccional se ha atribuido como función propia a los tribunales de la República, pero sin ser ello una atribución exclusiva y excluyente, pues ciertamente otros órganos estatales pueden ejercer la función jurisdiccional.

En efecto, muchos órganos administrativos realizan funciones jurisdiccionales cuando sus autoridades deciden controversias entre partes declarando el derecho aplicable en un caso concreto dentro de los límites de su competencia,[20]por lo que puede decirse que la función jurisdiccional, si bien es una "función propia" de los órganos judiciales, no es una función privativa y exclusiva de ellos, pues otros órganos estatales también la ejercen. Es decir, el "ejercicio de la jurisdicción [no está] supeditada a la jurisdicción ejercida por el poder judicial"[21]. Sin embargo, lo que sí es una función privativa y exclusiva de los tribunales es el ejercicio de la función jurisdiccional a través de un proceso (Art. 257) en una forma determinada: con fuerza de verdad legal, mediante actos denominados sentencias, que es la única forma como se pueden afectar o eliminar o suspender derechos constitucionales de las personas. Sólo los tribunales pueden resolver controversias y declarar el derecho en un caso concreto, con fuerza de verdad legal, por lo que sólo los órganos del Poder judicial pueden desarrollar la "función judicial" (función jurisdiccional ejercida por los tribunales). Los demás órganos del Estado que realizan funciones jurisdiccionales lo hacen a través de actos administrativos condicionados por la legislación.

Los órganos de la Contraloría General de la República, en ese sentido, nunca –léase bien– nunca podrían ejercer una función jurisdiccional, pues nunca, en ninguno de los procedimientos que establece su Ley Orgánica conocen, deciden o resuelven controversias entre dos o más pretensiones que corresponden a dos o más administrados o funcionarios, es decir, controversias en las cuales una parte esgrime pretensiones frente a otra, y la entidad decisora es en principio imparcial.

Al contrario, en los procedimientos que se desarrollan ante la Contraloría General de la República, esta lo que ejerce es una función de control al vigilar, supervisar y velar por la regularidad del ejercicio de las actividades realizadas por los funcionarios y administrados en relación con el manejo de fondos públicos.

---

19 Véase Allan R. Brewer-Carías, *Principios Generales del Derecho Público*, Editorial Jurídica Venezolana, Caracas 2005, pp 73 ss.

20 Véase, sentencias de la antigua Corte Suprema de Justicia en Sala Política Administrativa de 18-7-63, en *Gaceta Forense* N° 41, Caracas 1963, pp. 116 y 117; de 27-5-68, en *Gaceta Forense* N° 60, Caracas 1969, pp. 115 y 118; y de 9-7-69, en *Gaceta Forense* N° 65, Caracas 1969, pp. 70 y ss.

21 Véase sentencia de 05-10-2000 (caso *Héctor Luis Quintero)*, citada en sentencia N° 3098 de la Sala Constitucional (Caso: *nulidad artículos Ley Orgánica de la Justicia de Paz*) de 13-12-2004, en *Gaceta Oficial* N° 38.120 de 02-02-2005.

En fin, reiterando, la Contraloría General de la República, nunca podría ser considerado como equivalente a un "juez imparcial e independiente" en el procedimiento desarrollado para determinar la responsabilidad administrativa de los funcionarios públicos (arts. 95 ss), pues en realidad, en el mismo, es un órgano de investigación administrativa (art. 77), actor y director del procedimiento, que lo inicia cuando considere que surgen elementos de convicción o prueba que pudieran dar lugar a la declaratoria de responsabilidad administrativa o a la imposición de multas (art. 96), lo que hace mediante auto motivado que se debe notificar a los interesados, según lo previsto en la Ley Orgánica de Procedimientos Administrativos (art. 96), es decir, como lo hace cualquier otro funcionario de la Administración Pública que el procedimiento administrativo siempre es juez y parte; procedimiento en el cual es la propia Contraloría quien imputa a un funcionario de determinados hechos que investiga (art. 79) que el propio órgano decide. Como órgano de investigación o averiguación administrativa, no tiene ni puede tener nada de imparcialidad en los procedimientos que inicia ni de independencia en el ejercicio de su función investigadora.

### 4.- *La ausencia de efectiva autonomía de la Contraloría General de la República en el régimen autoritario venezolano, dada la ausencia de separación de poderes*

En tercer lugar, tampoco es posible que el procedimiento administrativo desarrollado ante la Contraloría General de la República conforme al artículo 105 de la ley Orgánica tendiente a despojar a un funcionario de su derecho político a ser electo por el pueblo, se pueda llegar a considerar que se pueda ajustar a las garantías judiciales del debido proceso, pues en ningún caso la Contraloría General de la República se puede considerar que sea un órgano efectivamente autónomo e independiente de los otros Poderes del Estado, en particular, del Poder Ejecutivo. Al contrario, en la práctica del sistema de separación orgánica de poderes en Venezuela, aún cuando se haya incluido a la Contraloría dentro del llamado Poder Ciudadano que forma parte de la penta división del Poder Público que regula la Constitución, el sistema de tal separación de poderes se ha desdibujado en Venezuela, estando todos los poderes del Estado al servicio del Poder Ejecutivo.[22] Ello se confirma, por lo demás, con la declaración de la Presidenta del Tribunal Supremo de Justicia dada en diciembre de 2009, proponiendo una reforma a la Constitución de 1999 para definitivamente eliminar el principio de la separación de poderes el cual que "debilitaba al Estado" siendo uno de los aspectos de la Constitución que contradecía la implementación del proyecto político del régimen.[23]

El desprecio al principio, por lo demás, ya ha sido objeto de decisiones de la propia Sala Constitucional, como la adoptada mediante sentencia N° 1049 de 23 de julio de 2009 en la cual ha considerado que "la llamada división, distinción o separación de poderes fue, al igual que la

22 Sólo así se entiende porqué el Presidente de la república en Venezuela puede llegar a decir, por ejemplo, al referirse a los decretos leyes que dictó en agosto de 2008 implementando la rechazada reforma constitucional de 2007, simplemente: "*Yo soy la Ley. Yo soy el Estado*," repitiendo las mismas frases que ya había dicho en 2001, aún cuando con un pequeño giro (entonces dijo "*La Ley soy yo. El Estado soy yo*" (Véase en *El Universal*, Caracas 12 de abril de 2001, pp. 1,1 y 2,1). Es también lo único que puede explicar, que un Jefe de Estado en 2009 pueda calificar a "la democracia representativa, la división de poderes y el gobierno alternativo" como doctrinas que "envenenan la mente de las masas" (Véase la reseña sobre "Hugo Chávez Seeks To Cach Them Young," *The Economist*, 22-28 de Agosto de 2009, p. 33). Lass mencionadas expresiones las utilizó el Presidente al referirse también a la legislación delegada que había sancionado violando la Constitución y que la Sala Constitucional se ha abstenido de controlar. Esas frases, como sabemos, se atribuyeron en 1661 a Luis XIV para calificar el gobierno absoluto de la Monarquía, cuando a la muerte del cardenal Gulio Raimondo Mazarino, el Rey asumió el gobierno sin nombrar un sustituto como ministro de Estado; pero la verdad histórica es que incluso Luis XIV nunca llegó a expresar esas frases (Véase Yves Guchet, *Histoire Constitutionnelle Française (1789-1958)*, Ed. Erasme, Paris 1990, p. 8). Por ello, oírlas de boca de Jefe de Estado de nuestros tiempos, es suficiente para entender la trágica situación institucional de Venezuela, precisamente caracterizada por la completa ausencia de separación de poderes, de independencia y autonomía del Poder Judicial y, en consecuencia, de gobierno democrático. Véase el resumen de esta situación en Teodoro Petkoff, "Election and Political Power. Challenges for the Opposition", en *Revista. Harvard Review of Latin America*, David Rockefeller Center for Latin American Studies, Harvard University, Fall 2008, pp. 12. Véase además, Allan R. Brewer-Carías, Dismantling Democracy, Cambridge University Press, New York, 2010.

23 Véase la reseña de Juan Francisco Alonso en relación con las declaraciones de Luisa Estela Morales, "Morales: 'La división de poderes debilita al estado.' La presidenta del TSJ afirma que la Constitución hay que reformarla," en *El Universal*, Caracas 5 de diciembre de 2009. Véase lo expuesto por dicha funcionaria en http://www.tsj.gov.ve/informacion/notasdeprensa/notasdeprensa.asp?codigo=7342.

teoría de los derechos fundamentales de libertad, un instrumento de la doctrina liberal del Estado mínimo" y "un modo mediante el cual se pretendía asegurar que el Estado se mantuviera limitado a la protección de los intereses individualistas de la clase dirigente."[24]

En ese contexto de un régimen político autoritario, donde el principio de la separación de poderes no es más que un eufemismo, es imposible considerar que la Contraloría General de la República pueda llegar siquiera a actuar como órgano independiente y autónomo del Poder Ejecutivo, razón por la cual nunca el procedimiento administrativo que se desarrolla en dicho organismo para determinar la responsabilidad administrativa de los funcionarios e imponerle sanciones como la inhabilitación para ejercer su derecho político a ser electos mediante sufragio como representantes populares, pueda llegar a considerarse que se desarrolla en alguna forma "similar" a un proceso en el cual se aseguren las garantías judiciales del funcionario investigado.

### 5.- *La ausencia de garantías del debido proceso en el procedimiento administrativo desarrollado ante la Contraloría General de la República para imponer sanciones administrativas de inhabilitación a los funcionarios públicos*

Por último, en cuarto lugar, tampoco es posible que el procedimiento administrativo desarrollado ante la Contraloría General de la República conforme al artículo 105 de la ley Orgánica tendiente a despojar a un funcionario de su derecho político a ser electo por el pueblo, se pueda llegar a considerar que se pueda ajustar a las garantías judiciales del debido proceso indicadas en el artículo 8 de la Convención Americana, porque en el mismo, tal como está regulado en los artículos 96 y siguientes de la ley Orgánica, no se respetan ni aseguran los múltiples derechos que derivan de dichas garantías judiciales.

En efecto, como lo ha indicado la Sala Constitucional del Tribunal Supremo en sentencia N° 80 de 1 de febrero de 2001 (Caso: *Impugnación de los artículos 197 del Código de Procedimiento Civil y 18 de la Ley Orgánica del Poder Judicial)* al referirse al artículo 49 que establece el derecho al debido proceso en Venezuela:

> "La referida norma constitucional, recoge a lo largo de su articulado, la concepción que respecto al contenido y alcance del derecho al debido proceso ha precisado la doctrina más calificada, y según la cual el derecho al debido proceso constituye un conjunto de garantías, que amparan al ciudadano, y entre las cuales se mencionan las del ser oído, la presunción de inocencia, el acceso a la justicia y a los recursos legalmente establecidos, la articulación de un proceso debido, la de obtener una resolución de fondo con fundamento en derecho, la de ser juzgado por un tribunal competente, imparcial e independiente, la de un proceso sin dilaciones indebidas y por supuesto, la de ejecución de las sentencias que se dicten en tales procesos. Ya la jurisprudencia y la doctrina habían entendido, que el derecho al debido proceso debe aplicarse y respetarse en cualquier estado y grado en que se encuentre la causa, sea ésta judicial o administrativa, pues dicha afirmación parte del principio de igualdad frente a la ley, y que en materia procedimental representa igualdad de oportunidades para las partes intervinientes en el proceso de que se trate, a objeto de realizar –en igualdad de condiciones y dentro de los lapsos legalmente establecidos– todas aquellas actuaciones tendientes a la defensa de sus derechos e intereses."

Por otra parte, en particular, en relación con el proceso penal o sancionatorio en general, la Sala Político Administrativa del mismo Tribunal Supremo de Justicia ha precisado las siguientes garantías derivadas del debido proceso: el derecho al Juez natural (numeral 4 del artículo 49); el derecho a la presunción de inocencia (numeral 2 del artículo 49); el derecho a la defensa y a ser informado de los cargos formulados (numeral 1 del artículo 49); el derecho a ser oído (numeral 3 del artículo 49); el derecho a un proceso sin dilaciones indebidas (numeral 8 del artículo 49); el derecho a utilizar los medios de prueba pertinentes para su defensa (numeral 1 del artículo 49); el derecho a no confesarse culpable y no declarar contra sí misma (numeral 5 del artículo 49); y el derecho a la tutela judicial efectiva de los derechos e intereses del procesado (artículo 26 de la Constitución).

---

24 Véase en http://www.tsj.gov.ve/decisiones/scon/Julio/1049-23709-2009-04-2233.html

En cuanto a las garantía judiciales establecidas en el artículo 8 de la Convención Americana, las mismas se refieren, además de la existencia de un juez competente, independiente e imparcial, las siguientes: derecho a ser oído, con las debidas garantías y dentro de un plazo razonable, (art. 8.1); derecho a la presunción de inocencia mientras no se establezca legalmente su culpabilidad (art. 8.2); derecho a ser asistido gratuitamente por el traductor o intérprete (art. 8.2.a); derecho a recibir comunicación previa y detallada de los cargos formulados (art. 8.2.b); derecho de disponer del tiempo y de los medios adecuados para la preparación de su defensa (art. 8.2.c); derecho del inculpado de defenderse personalmente o de ser asistido por un defensor de su elección y de comunicarse libre y privadamente con su defensor (art. 8.2.d); derecho irrenunciable de ser asistido por un defensor proporcionado por el Estado, remunerado o no según la legislación interna, si el inculpado no se defendiere por sí mismo ni nombrare defensor dentro del plazo establecido por la ley (art. 8.2.e); derecho de la defensa de interrogar a los testigos presentes en el organismo y de obtener la comparecencia, como testigos o peritos, de otras personas que puedan arrojar luz sobre los hechos (art. 8.2.f); derecho a no ser obligado a declarar contra sí mismo ni a declararse culpable (art. 8.2.g); y derecho de recurrir de la decisión ante un órgano superior (art. 8.2.h); la garantía de que la confesión del inculpado no puede ser válida si es hecha bajo coacción (art. 8.3); la garantía del non bis in ídem (art. 8.4); y el derecho a que el proceso penal sea público (art. 8.5).

Ahora bien si se confrontan estas garantías con las previsiones de los artículos 95 y siguientes de la Ley Orgánica de la Contraloría General de la República que establece el procedimiento para la formulación de reparos, la declaratoria de la responsabilidad administrativa y la imposición de multas (art. 95), se observa que en el mismo se prevé lo siguiente:

1.- La iniciación del procedimiento de oficio, por denuncia o a solicitud de algún organismo si el organismo considera que hay elementos de convicción o prueba que pudiere dar lugar a para la formulación de reparos, la declaratoria de la responsabilidad administrativa y la imposición de multas (arts. 96 y 97);

2.- La notificación a los interesados del auto de apertura del procedimiento en el cual deben describirse los hechos imputados, identificarse los sujetos presuntamente responsables e indicarse los correspondientes elementos probatorios y las razones que comprometen, presumiblemente, su responsabilidad (art. 98);

3.- La disposición de un término de 15 días hábiles siguientes a la fecha de notificación del auto de apertura, para que los interesados puedan indicar la prueba (cualquier medio de prueba no prohibido legalmente)que a su juicio desvirtúen los elementos de prueba o convicción que motivaron el inicio del procedimiento (arts. 99 y 100);

4.- La realización a los 15 días siguientes de vencido el plazo anterior, de una audiencia oral y pública ante la Contraloría para que los interesados presenten los argumentos que consideren les asisten para la mejor defensa de sus intereses (art. 101);

5.- La decisión el mismo día, o a más tardar el día siguiente, en forma oral y pública, sobre si se formula el reparo, se declara la responsabilidad administrativa, se impone la multa, se absuelve de dichas responsabilidades, o se pronuncia el sobreseimiento (art. 103);

6.- La atribución al Contralor General de la República para que con posterioridad "de manera exclusiva y excluyente, sin que medie ningún otro procedimiento," pueda acordar en atención a la entidad del ilícito cometido:

"la suspensión del ejercicio del cargo sin goce de sueldo por un período no mayor de veinticuatro (24) meses o la destitución del declarado responsable, cuya ejecución quedará a cargo de la máxima autoridad; e imponer, atendiendo la gravedad de la irregularidad cometida, su inhabilitación para el ejercicio de funciones públicas hasta por un máximo de quince (15) años, en cuyo caso deberá remitir la información pertinente a la dependencia responsable de la administración de los recursos humanos del ente u organismo en el que ocurrieron los hechos para que realice los trámites pertinentes"(art. 105).

7.- La posibilidad de que el interesado pueda ejercer un recurso de reconsideración sin efectos suspensivos ante la misma autoridad que dictó el acto (arts. 107, 110);

8.- La posibilidad de que el interesado pueda ejercer un recurso de nulidad contencioso administrativo (arts. 108, 110); y

9.- La previsión final de que el procedimiento antes mencionado no impide el ejercicio inmediato de las acciones civiles y penales a que hubiere lugar ante los tribunales competentes "y los procesos seguirán su curso sin que pueda alegarse excepción alguna por la falta de cumplimiento de requisitos o formalidades exigidas por esta Ley"(art. 111).

Estas previsiones de procedimiento administrativo, por supuesto, examinadas en si mismas y aún cuando no se realicen por un órgano que pueda considerarse equivalente a un juez competente imparcial e independiente, no responden a los estándares de las garantías judiciales establecidas en la Convención Americana. Entre otros aspectos, en el procedimiento previsto en la Ley Orgánica de la Contraloría General de la República:

1.- No se garantiza el derecho a ser oído "dentro de un plazo razonable" en la sustanciación de la imputación en contra del funcionario (art. 8.1, Convención). La imputación se formula al notificársele un auto de apertura del procedimiento dándosele al funcionario sólo 15 días hábiles para aportar pruebas y defenderse (art. 99, Ley Orgánica) , nada menos que frente a la perspectiva de poder perder su derecho político a ser elegido para cargos de representación popular por un período de hasta 15 años !!;

2.- No se garantiza la presunción de inocencia del imputado hasta que se establezca legalmente su culpabilidad (art. 8.2, Convención), ya que iniciado el procedimiento y antes de que siquiera se notifique al imputado sobre el inicio del procedimiento, puede ser demandado por los mismos hechos no probados y los cuales no han podido haber sido desvirtuados, ante los tribunales civiles y penales (art. 111, Ley Orgánica);

3.- No se garantiza al imputado del "tiempo y de los medios adecuados para la preparación de su defensa" (art. 8.2.c), ya que como se dijo, los 15 día hábiles para indicar la prueba que presentarán en el acto público (art. 99, Ley Orgánica) son totalmente insuficientes para poder preparar una adecuada defensa sobre todo ante la perspectiva de sanciones administrativa tan draconianas como las establecidas en la Ley;

4.- No se garantiza al imputado su "derecho irrenunciable" de ser asistido por un defensor proporcionado por el Estado (art. 8.2.e, Convención);

5.- No se garantiza el derecho del imputado de interrogar testigos (art. 8.2.f, Convención);

6.- No se garantiza la segunda instancia administrativa, es decir el derecho de recurrir la decisión ante un superior jerárquico (art. 8.2.h); y si bien se prevé la posibilidad de intentar una acción de nulidad ante la jurisdicción contencioso administrativa, se niega el derecho del recurrente a solicitar la suspensión temporal de las sanciones mientras dure el juicio de nulidad (art. 110); y

7.- Finalmente se niega el derecho de toda persona de reclamar contra las violaciones de la Ley, al indicarse que intentadas acciones civiles y penales contra el imputado aún antes de que se lo haya declarado culpable o responsable administrativamente, sin embargo, se le niega toda posibilidad de que "pueda alegarse excepción alguna por falta de cumplimiento de requisitos o formalidades exigidas por esta Ley" (art. 111), lo que es la negación de la garantía de la tutela judicial efectiva y del control de legalidad de las actuaciones administrativas.

### 6.- La ausencia de garantía del derecho a la defensa en el procedimiento administrativo que se desarrolla ante la Contraloría General de la República para inhabilitar administrativamente a los funcionarios públicos

En particular en relación con las mencionadas garantías vinculadas al derecho a la defensa el artículo 8 de la Convención Americana y en particular el artículo 49.1 de la Constitución de Venezuela los establecen como derechos inviolables en todo estado y grado de la investigación y del proceso, en particular, el derecho de toda persona a ser notificada de los cargos por los cuales se la investiga, de acceder a las pruebas y de disponer del tiempo y de los medios adecuados para ejercer su defensa. El derecho a la defensa, como lo dijo hace varias décadas Michael Stassinopoulos, "es tan viejo como el mundo";[25] y es quizás el derecho más esencial inherente a la persona humana. Por ello nunca está demás recordar su formulación jurisprudencial histórica en el famoso caso decidido en 1723 por una Corte inglesa (*Caso Dr. Bentley*), en el cual el juez Fortescue, al referirse al mismo como un principio de *natural justice,* señaló:

> "La objeción por falta de citación o notificación jamás puede ser superada. Las leyes de Dios y de los hombres, ambas, dan a las partes una oportunidad para ejercer su defensa. Recuerdo haber oído que se observó en un ocasión, que incluso Dios mismo no llegó a dictar sentencia respecto a Adam, sin antes haberlo llamado a defenderse: "Adam (dijo Dios) ¿dónde estás?. ¿Has comido del árbol respecto del cual te ordené que no debías comer? y la misma pregunta se la formuló a Eva."[26]

Sobre el derecho a la defensa, de indudable rango constitucional, la antigua Corte Suprema de Justicia de Venezuela, en Sala Político Administrativa, ha señalado que el mismo:

> "debe ser considerado no sólo como la oportunidad para el ciudadano encausado o presunto infractor de hacer oír sus alegatos, sino como el derecho de exigir del Estado el cumplimiento previo a la imposición de toda sanción, de un conjunto de actos o procedimientos destinados a permitirle conocer con precisión los hechos que se le imputan y las disposiciones legales aplicables a los mismos, hacer oportunamente alegatos en su descargo y promover y evacuar pruebas que obren en su favor. Esta perspectiva del derecho a la defensa es equiparable a lo que en otros Estados ha sido llamado como el principio del "debido proceso."[27]

Ha agregado la Corte Suprema, además que el derecho a la defensa:

> "constituye una garantía inherente a la persona humana, y es, en consecuencia, aplicable en cualquier clase de procedimientos que puedan derivar en una condena."[28]

El derecho a la defensa, en todo caso, ha sido amplio y tradicionalmente analizado por la jurisprudencia del Tribunal Supremo así como por la de la antigua Corte Suprema de Justicia de Venezuela, considerándose como "garantía que exige el respeto al principio esencial de contradicción, conforme al cual, las partes enfrentadas, en condiciones de igualdad, deben disponer de mecanismos suficientes que les permitan alegar y probar las circunstancias tendientes al reconocimiento de sus intereses, necesariamente, una sola de ellas resulte ganancioso". (Sentencia N° 1166 de 29 de junio de 2001, Ponente Magistrado Jesús Eduardo Cabrera Romero, Caso: *Alejandro Moreno vs. Sociedad Mercantil Auto Escape Los Arales, S.R.L.)*[29]

---

25 Véase *Le droit a la défense devant les autorités administratives,* París 1976, p. 50

26 Véase la cita en S.H. Bailey, C.A. Cross y JF. Garner, *Cases and materials in administrative Law,* London 1977, pp. 348 a 351.

27 Sentencia de 17-11-83, en *Revista de Derecho Público,* N° 16, Editorial Jurídica Venezolana, Caracas 1983, p. 151.

28 Sentencia de la Sala Político Administrativa de 23-10-86, *Revista de Derecho Público,* N° 28, Editorial Jurídica Venezolana, Caracas 1986, pp. 88 y 89.

29 Esto ya lo había sentado la sentencia N° 3682 de 19 de diciembre de 1999, la Sala Político Administrativa de la antigua Corte Suprema de Justicia al destacar que el reconocimiento constitucional del derecho a la defensa se extiende a todas las relaciones de naturaleza jurídica que ocurren en la vida cotidiana, y con especial relevancia, en aquellas situaciones en las cuales los derechos de los particulares son afectados por una autoridad pública o privada; de manera que el derecho constitucional impone que en todo procedimiento tanto administrativo como judicial, "se asegure un equilibrio y una igualdad entre las partes intervinientes, garantizándole el derecho a ser oída, a desvirtuar lo imputado o a probar lo contrario a lo

El derecho a la defensa, como garantía del debido proceso, por tanto, no puede ser desconocido ni siquiera por el legislador,[30] como lo ha hecho en la Ley Orgánica de la Contraloría General de la República tal como antes se ha indicado. Así en efecto se ha expresado la misma Sala Constitucional en sentencia No 321 de 22 de febrero de 2002, con Ponencia del Magistrado Jesús Eduardo Cabrera Romero (Caso: *Papeles Nacionales Flamingo, C.A. vs. Dirección de Hacienda del Municipio Guacara del Estado Carabobo)* en la que indicó que las limitaciones al derecho de defensa en cuanto derecho fundamental, derivan por sí mismas del texto constitucional, y si el Legislador amplía el espectro de tales limitaciones, las mismas devienen en ilegítimas, señalando lo siguiente:

> "Debe observarse que tanto el artículo 68 de la abrogada Constitución, como el 49.1 de la vigente, facultan a la ley para que regule el derecho a la defensa, regulación que se ve atendida por el ordenamiento adjetivo. Ello en modo alguno quiere significar que sea disponible para el legislador el contenido del mencionado derecho, pues éste se halla claramente delimitado en las mencionadas disposiciones; si no que por el contrario, implica un mandato al órgano legislativo de asegurar la consagración de mecanismos que aseguren el ejercicio del derecho de defensa de los justiciables, no sólo en sede jurisdiccional, incluso en la gubernativa, en los términos previstos por la Carta Magna. De esta forma, las limitaciones al derecho de defensa en cuanto derecho fundamental derivan por sí mismas del texto constitucional, y si el Legislador amplía el espectro de tales limitaciones, las mismas devienen en ilegítimas; esto es, la sola previsión legal de restricciones al ejercicio del derecho de defensa no justifica las mismas, sino en la medida que obedezcan al aludido mandato constitucional.
>
> El derecho a la defensa, por tanto, es un derecho constitucional absoluto, "inviolable" en todo estado y grado de la causa dice la Constitución, el cual corresponde a toda persona, sin distingo alguno si se trata de una persona natural o jurídica, por lo que no admite excepciones ni limitaciones[31]. Dicho derecho "es un derecho, fundamental que nuestra Constitución protege y que es de tal naturaleza, que no puede ser suspendido en el ámbito de un estado de derecho, por cuanto configura una de las bases sobre las cuales tal concepto se erige"[32].

Todas las Salas del Tribunal Supremo han reafirmado el derecho a la defensa como inviolable. Así, por ejemplo, la Sala de Casación Civil en sentencia Nº 39 de 26 de abril de 1995 (Caso: *A.C. Expresos Nus vs. Otros),* ha señalado sobre "el sagrado derecho a la defensa" es un "derecho fundamental cuyo ejercicio debe garantizar el Juez porque ello redunda en la seguridad jurídica que es el soporte de nuestro estado de derecho; más cuando la causa sometida a su conocimiento se dirige a obtener el reconocimiento y posterior protección de los derechos con rango constitucional." Este derecho, ha agregado la Sala, "es principio absoluto de nuestro sistema en cualquier procedimiento o proceso y en cualquier estado y grado de la causa." [33] En otra sentencia Nº 160 de 2 de junio de 1998, la Sala de casación Civil reiteró dicho derecho ha "entenderse como la posibilidad cierta de obtener justicia del tribunal competente en el menor

sostenido por el funcionario en el curso del procedimiento". Véase en *Revista de Derecho Público,* Nº 79-80, Editorial Jurídica Venezolana, Caracas 1999.

30 Por ello, ha sido por la prevalencia del derecho a la defensa que la Sala Constitucional, siguiendo la doctrina constitucional establecida por la antigua Corte Suprema de Justicia, ha desaplicado por ejemplo normas que consagran el principio *solve et repete* como condición para acceder a la justicia contencioso–administrativa, por considerarlas inconstitucionales. Véase Sentencia Nº 321 de 22 de febrero de 2002 (Caso: *Papeles Nacionales Flamingo, C.A. vs. Dirección de Hacienda del Municipio Guacara del Estado Carabobo* Véase en *Revista de Derecho Público*, Nº 89-92, Editorial Jurídica Venezolana, Caracas 2002.

31 Por ello, por ejemplo, la Corte Primera de lo Contencioso Administrativo, en sentencia 15-8-97 (Caso: *Telecomunicaciones Movilnet, C.A. vs. Comisión Nacional de Telecomunicaciones (CONATEL*) señaló que. "resulta inconcebible en un Estado de Derecho, la imposición de sanciones, medidas prohibitivas o en el general, cualquier tipo de limitación o restricción a la esfera subjetiva de los administrados, sin que se de oportunidad alguna de ejercicio de la debida defensa". Véase en *Revista de Derecho Público,* Nº 71-72, Editorial Jurídica Venezolana, Caracas 1997, pp. 154-163.

32 Así lo estableció la Sala Político Administrativa de la antigua Corte Suprema de Justicia, en sentencia Nº 572 de 18-8-97. (Caso: *Aerolíneas Venezolanas, S.A. (AVENSA) vs. República (Ministerio de Transporte y Comunicaciones*).

33 Véase en *Jurisprudencia Pierre Tapia,* N° 4, Caracas, abril 1995, pp. 9-12

tiempo posible, previa realización, en la forma y oportunidad prescrita por la ley, de aquellos actos procesales encaminados a hacer efectivos los derechos de la persona" agregando que, por tanto, no es admisible "que alguien sea condenado si antes no ha sido citado, oído y vencido en proceso judicial seguido ante un juez competente, pues en tal caso se estaría ante una violación del principio del debido proceso."[34]

Por su parte la Sala de Casación Penal de la antigua Corte Suprema de Justicia en sentencia de 26 de junio de 1996, sostuvo que:

> "El derecho a la defensa debe ser considerado no sólo como la oportunidad para el ciudadano o presunto infractor de hacer oír sus alegatos, sino como el derecho de exigir del Estado e cumplimiento previo a la imposición de toda sanción de un conjunto de actos o procedimientos destinados o permitirle conocer con precisión los hechos que se le imputan, las disposiciones legales aplicables a los mismos, hacer oportunamente alegatos en su descargo y promover y evacuar pruebas que obren en su favor. Esta perspectiva del derecho de defensa es equiparable a lo que en otros estados de derecho ha sido llamado como principio del debido proceso."[35]

La Corte Plena de la antigua Corte Suprema de Justicia, por su parte, en sentencia de 30 de julio de 1996, enmarcó el derecho a la defensa dentro del derecho de los derechos humanos, protegido además en el ámbito de los instrumentos internacionales sobre derechos humanos, conforme al principio de la progresividad, señalando lo siguiente:

> "Por ello, la Constitución de la República estatuye que la defensa pueda ser propuesta en todo momento, "en todo estado y grado del proceso", aún antes, entendiéndose por proceso, según Calamandrei, "el conjunto de operaciones metodológicas estampadas en la ley con el fin de llegar a la justicia". Y la justicia la imparte el Estado. En el caso concreto que se estudia, a través de este Alto Tribunal. El fin que se persigue es mantener el orden jurídico.
>
> Así mismo, debe anotar la Corte que en materia de Derechos Humanos, el principio jurídico de progresividad envuelve la necesidad de aplicar con preferencia la norma más favorable a los derechos humanos, sea de Derecho Constitucional, de Derecho Internacional o de derecho ordinario. Esta doctrina de interpenetración jurídica fue acogida en sentencia de 3 de diciembre de 1990 por la Sala Político-Administrativa, en un caso sobre derechos laborales, conforme a estos términos:
>
> '...Igualmente debe señalarse que el derecho a la inamovilidad en el trabajo de la mujer embarazada y el derecho a disfrutar del descanso pre y post-natal constituyen derechos inherentes a la persona humana los cuales se constitucionalizan, de conformidad con el artículo 50 de nuestro Texto Fundamental. Según el cual "la enunciación de los derechos y garantías contenido en esta Constitución no debe entenderse como negación de otros que, siendo inherentes a la persona humana, no figuren expresamente en ella. La falta de ley reglamentaria de estos derechos no menoscaba el ejercicio de los mismos...'"
>
> Desde el punto de vista internacional, considera este Alto Tribunal que importa fortalecer la interpretación sobre esta materia, señalando la normativa existente.
>
> Así, entre otros, el artículo 8 letra b) de la Convención Americana de Derechos Humanos (Pacto de San José de Costa Rica), establece lo siguiente:
>
> "Toda persona tiene derecho a ser oída, con las debidas garantías y dentro de un plazo razonable por un Juez o Tribunal competentes, independiente e imparcial establecido con anterioridad por la ley, en la sustanciación de cualquier acusación penal formulada contra ella, o para la determinación de sus derechos y obligaciones de orden civil, laboral, fiscal o de cualquier carácter".

34 Véase en *Jurisprudencia Pierre Tapia*, N° 6, junio 1998, pp. 34-37

35 Véase en *Jurisprudencia Pierre Tapia*, N° 6, Caracas, junio 1996

De la misma manera, el Pacto Internacional de los Derechos Civiles y Políticos, garantiza a toda persona el derecho a ser juzgado por sus jueces naturales, mediante proceso legal y justo, en el cual se aseguren en forma transparente todos sus derechos.

Esta normativa rige en plenitud dentro del país. Al efecto y tal como se indicó anteriormente, el artículo 50 de la Constitución de la República consagra la vigencia de los derechos implícitos conforme a la cual:

"La enunciación de los derechos y garantías contenidas en esta Constitución no debe entenderse como negación de otros que, siendo inherentes a la persona humana no figuran expresamente en ella".

A ello se agrega que las reproducidas disposiciones de tipo internacional se encuentran incorporadas al ordenamiento jurídico interno, conforme a lo previsto en el artículo 128 de la Constitución de la República.[36]

Pero además, con ocasión de la entrada en vigencia de la Constitución de 1999, la nueva Sala Constitucional del Tribunal Supremo de Justicia, particularmente en sentencias con Ponencias del Magistrado Jesús Eduardo Cabrera Romero, ha insistido en el carácter absoluto e inviolable del derecho a la defensa. Así, por ejemplo, en sentencia N° 97 de 15 de marzo de 2000 (Caso: *Agropecuaria Los Tres Rebeldes, C.A. vs. Juzgado de Primera Instancia en lo Civil, Mercantil, Tránsito, Trabajo, Agrario, Penal, de Salvaguarda del Patrimonio Público de la Circunscripción Judicial del Estado Barinas*), la Sala señaló:

"Se denomina debido proceso a aquél proceso que reúna las garantías indispensables para que exista una tutela judicial efectiva. Es a esta noción a la que alude el artículo 49 de la Constitución de la República Bolivariana de Venezuela, cuando expresa que el debido proceso se aplicará a todas las actuaciones judiciales y administrativas.

Pero la norma constitucional no establece una clase determinada de proceso, sino la necesidad de que cualquiera sea la vía procesal escogida para la defensa de los derechos o intereses legítimos, las leyes procesales deben garantizar la existencia de un procedimiento que asegure el derecho de defensa de la parte y la posibilidad de una tutela judicial efectiva.

De la existencia de un proceso debido se desprende la posibilidad de que las partes puedan hacer uso de los medios o recursos previstos en el ordenamiento para la defensa de sus derechos e intereses. En consecuencia, siempre que de la inobservancia de las reglas procesales surja la imposibilidad para las partes de hacer uso de los mecanismos que garantizan el derecho a ser oído en el juicio, se producirá indefensión y la violación de la garantía de un debido proceso y el derecho de defensa de las partes."[37]

Es decir, en definitiva, el procedimiento administrativo previsto en la Ley Orgánica de la Contraloría General de la República para la declaración de la responsabilidad administrativa de los funcionarios públicos, imponerles multas, destituirlos de sus cargos e imponerles la sanción administrativa de inhabilitación política para ejercer su derechos ciudadano a ser electo para cargos de elección popular por un período hasta de 15 años, a pesar de la previsión de la notificación, de cargos, un breve lapso para presentar pruebas, de una audiencia pública y oral, y de recursos judiciales, no reúne la condición esencial del debido proceso pues no se adapta a los estándares establecidos en materia de garantía judiciales en el artículo 8 de la Convención Americana, aparte de que la Contraloría General de la República en si misma, no pueda ser considerada como equivalente a un juez "imparcial" (artículo 8.1 de la Convención), y menos aún, cuando en Venezuela existe un control político de todos los Poderes Públicos –incluido el "Poder Moral"– por parte del Poder Ejecutivo y del Poder Legislativo dada la inexistencia de separación de poderes, tampoco puede considerarse como equivalente a un juez "independiente" (artículo 8.1 de la Convención).

Ello es suficiente para considerar que en el procedimiento seguido ante la Contraloría, aparte de que no es ni siquiera sustancialmente jurisdiccional, sino administrativo, no se en-

36 Véase en *Revista de Derecho Público,* N° 67-68, Editorial Jurídica Venezolana, Caracas, 1996, pp. 169-171.

37 Véase en *Revista de Derecho Público,* N° 82, Editorial Jurídica Venezolana, Caracas, 2000.

cuentra garantizado las bases esenciales de un debido proceso que pueda permitir que en un procedimiento administrativo se restringa el ejercicio de derechos políticos esenciales al régimen democrático.

## IV.-LA PROTECCIÓN DEL EJERCICIO DEL DERECHO POLÍTICO AL SUFRAGIO PASIVO POR PARTE DE LA CORTE INTERAMERICANA DE DERECHOS HUMANOS (CASO *LEOPOLDO LÓPEZ VS. ESTADO VENEZOLANO*, SEPTIEMBRE 2011)

La Contraloría General de la República, con ocasión de diversas averiguaciones administrativas abiertas contra el Sr. Leopoldo López Mendoza, quien había sido Alcalde de uno de los Municipios de la capital de la República (Chacao), de conformidad con el artículo 105 de la Ley Orgánica de la Contraloría, le impuso diversas sanciones administrativas, y entre ellas la de inhabilitación para el ejercicio de cargos públicos, afectándole su derecho constitucional a ser electo para cargos de elección popular.

Luego de que la Sala Constitucional del Tribunal Supremo declarara sin lugar la denuncia de colisión del artículo 105 de la Ley Orgánica de la Contraloría con la Constitución y la Convención Americana de Derechos Humanos, en la sentencia antes mencionada N° 1265/2008 dictada el 5 de agosto de 2008,[38] (caso *Ziomara Del Socorro Lucena Guédez vs. Contralor General de la República*), el Sr. López presentó denuncia de violación de diversos de sus derechos fundamentales ante la Comisión Interamericana de Derechos Humanos, y esta posteriormente presentó formal demanda contra el Estado Venezolano, denunciando la violación, entre otros, del derecho de ser elegido del Sr. Leopoldo López, que estimó le había sido infringido por la Contraloría General de la República al imponerle sanciones de inhabilitación en aplicación del artículo 105 de la Ley Orgánica de la Contraloría, y con ocasión de un procedimiento administrativo de averiguaciones administrativas, las cuales le habían impedido a dicho ciudadano registrar su candidatura para cargos de elección popular.

La Corte Interamericana de Derechos Humanos, con fecha 1 de septiembre de 2011 dictó sentencia (caso *López Mendoza vs. Venezuela*) (Fondo, Reparaciones y Costas), en la cual, entre las múltiples violaciones denunciadas, se refirió específicamente a la violación del derecho político a ser electo, para lo cual pasó a determinar "si las sanciones de inhabilitación impuestas al señor López Mendoza por decisión de un órgano administrativo y la consiguiente imposibilidad de que registrara su candidatura para cargos de elección popular" eran o no compatibles con la Convención Americana de derechos Humanos" (Párr. 104).

A tal efecto, la Corte Interamericana constató que el artículo 23.1 de la Convención establece que todos los ciudadanos deben gozar de los siguientes derechos y oportunidades, los cuales deben ser garantizados por el Estado en condiciones de igualdad:

"i) a la participación en la dirección de los asuntos públicos, directamente o por representantes libremente elegidos;

ii) a votar y a ser elegido en elecciones periódicas auténticas, realizadas por sufragio universal e igual y por voto secreto que garantice la libre expresión de los electores, y

iii) a acceder a las funciones públicas de su país"(Párr. 106).

Estos derechos, como todos los que consagra la Convención, es bueno recordarlo, al decir de la Sala Constitucional del Tribunal Supremo de Venezuela, conforman:

> *"una declaración de principios, derechos y deberes de corte clásico que da preeminencia a los derechos individuales, civiles y políticos dentro de un régimen de democracia formal. Obviamente, como tal, es un texto que contiene una enumeración de libertades de corte liberal que son valiosas para garantizar un régimen que se oponga a las dictaduras que han azotado nuestros países iberoamericanos desde su independencia."*[39]

38 Véase en http://www.tsj.gov.ve:80/decisiones/scon/Agosto/1265-050808-05-1853.htm

39 Véase sentencia N° 1265/2008 dictada el 5 de agosto de 2008, en http://www.tsj.gov.ve:80/decisiones/scon/Agosto/1265-050808-05-1853.htm. La Sala, sin embargo, en la misma sentencia se lamentaba que en la Convención no había "norma alguna sobre derechos sociales (solo hay una declaración de principios acerca de su desarrollo progresivo en el

Por otra parte, la Corte Interamericana precisó que en artículo 23.2 de la Convención es el que determina cuáles son las causales que permiten restringir los derechos antes indicados reconocidos en el artículo 23.1, así como, en su caso, los requisitos que deben cumplirse para que proceda tal restricción.

Ahora bien, en el caso sometido a su consideración, que se refería "a una restricción impuesta por vía de sanción," la CIDH consideró que debería tratarse de una "condena, por juez competente, en proceso penal," estimando que en el caso:

> "ninguno de esos requisitos se ha cumplido, pues el órgano que impuso dichas sanciones no era un "juez competente", no hubo "condena" y las sanciones no se aplicaron como resultado de un "proceso penal," en el que tendrían que haberse respetado las garantías judiciales consagradas en el artículo 8 de la Convención Americana" (Párr. 107).

La Corte Interamericana, en su decisión, reiteró su criterio de que "el ejercicio efectivo de los derechos políticos constituye un fin en sí mismo y, a la vez, un medio fundamental que las sociedades democráticas tienen para garantizar los demás derechos humanos previstos en la Convención (*Cfr. Caso Castañeda Gutman, supra* nota 209, párr. 143) y que sus titulares, es decir, los ciudadanos, no sólo deben gozar de derechos, sino también de "oportunidades;" término este último que implica, al decir de la Corte Interamericana, "la obligación de garantizar con medidas positivas que toda persona que formalmente sea titular de derechos políticos tenga la oportunidad real para ejercerlos" (*Cfr. Caso Yatama, supra* nota 209, párr. 195). En el caso decidido en la sentencia, la Corte Interamericana precisamente consideró que "si bien el señor López Mendoza ha podido ejercer otros derechos políticos, está plenamente probado que se le ha privado del sufragio pasivo, es decir, del derecho a ser elegido" (Párr. 108).

Fue en virtud e los anteriores argumentos que la Corte Interamericana determinó que el Estado venezolano violó los artículos 23.1.b y 23.2 en relación con el artículo 1.1 de la Convención Americana, en perjuicio de Leopoldo López Mendoza (Párr. 109), concluyendo que:

> "el Estado es responsable por la violación del derecho a ser elegido, establecido en los artículos 23.1.b y 23.2, en relación con la obligación de respetar y garantizar los derechos, establecida en el artículo 1.1 de la Convención Americana sobre Derechos Humanos, en perjuicio del señor López Mendoza, en los términos del párrafo 109 de la presente Sentencia" (Párr. 249).

Por otra parte, la Comisión Interamericana había solicitado la Corte Interamericana que se ordenase al Estado el adoptar las medidas necesarias para reestablecer los derechos políticos del señor Leopoldo López Mendoza (Párr. 214), sobre lo cual, sus representantes solicitaron la restitución plena en el ejercicio de su "derecho político a ser electo" según el artículo 23 de la Convención, a fin de poder presentarse "como candidato en las elecciones que se celebren en la República Bolivariana de Venezuela," solicitando además, que se dejasen sin efecto "las decisiones de inhabilitación dictadas por la Contraloría General de la República y por las distintas ramas del Poder Público Nacional "en el marco de las inhabilitaciones políticas administrativas;" y que se requiriera al Estado que el Consejo Nacional Electoral permitiera la su inscripción y postulación electoral para cualquier proceso de elecciones a celebrarse en Venezuela (Párr. 214).

Sobre esto, y en virtud de considerar que en el case se habían violado los artículos 23.1.b, 23.2 y 8.1, en relación con los artículos 1.1 y 2 de la Convención Americana (*supra* párrs. 109, 149, 205 y 206), la CIDH declaró que:

> "el Estado, a través de los órganos competentes, y particularmente del Consejo Nacional Electoral (CNE), debe asegurar que las sanciones de inhabilitación no constituyan impedimento para la postulación del señor López Mendoza en el evento de que desee inscribirse como candidato en procesos electorales a celebrarse con posterioridad a la emisión de la presente Sentencia (Párr. 217).

---

artículo 26), ni tampoco tiene previsión sobre un modelo distinto al demócrata liberal, como lo es la democracia participativa, ni contempla un tipo de Estado que en lugar de construir sus instituciones en torno al individuo, privilegie la sociedad en su conjunto, dando lugar a un Estado social de derecho y de justicia." *Ídem*

Consecuencialmente, la CIDH declaró que el Estado debía "dejar sin efecto las Resoluciones Nos. 01-00-000206 de 24 de agosto de 2005 y 01-00-000235 de 26 de septiembre de 2005 emitidas por el Contralor General de la República (*supra* párrs. 58 y 81), mediante las cuales se declaró la inhabilitación para el ejercicio de funciones públicas del señor López Mendoza por un período de 3 y 6 años, respectivamente" (Párr. 218), concluyendo en la parte final del fallo, con las siguientes dos disposiciones:

> "2. El Estado, a través de los órganos competentes, y particularmente del Consejo Nacional Electoral (CNE), debe asegurar que las sanciones de inhabilitación no constituyan impedimento para la postulación del señor López Mendoza en el evento de que desee inscribirse como candidato en procesos electorales a celebrarse con posterioridad a la emisión de la presente Sentencia, en los términos del párrafo 217 del presente Fallo;"

> "3. El Estado debe dejar sin efecto las Resoluciones Nos. 01-00-000206 de 24 de agosto de 2005 y 01-00-000235 de 26 de septiembre de 2005 emitidas por el Contralor General de la República, en los términos del párrafo 218 del presente Fallo."

## V.- EL CONTROL DE CONSTITUCIONALIDAD EJERCIDO POR LA SALA CONSTITUCIONAL RESPECTO DE LA SENTENCIA DE LA CORTE INTERAMERICANA DE DERECHOS HUMANOS DE 1° DE SEPTIEMBRE DE 2011 (*CASO LEOPOLDO LÓPEZ VS. VENEZUELA*) Y SU DECLARACIÓN COMO "INEJECUTABLE" EN VENEZUELA MEDIANTE SENTENCIA N° 1547 DE 17 DE OCTUBRE DE 2011 (CASO *ESTADO VENEZOLANO VS. CORTE INTERAMERICANA DE DERECHOS HUMANOS*).

Contra la antes mencionada sentencia dictada por la Corte Interamericana de Derechos Humanos el 1 de septiembre de 2011, el día 26 de septiembre de 2011, el Procurador General de la República actuando en representación del Estado Venezolano, interpuso ante la Sala Constitucional del Tribunal Supremo de Justicia lo que denominó una "acción innominada de control de constitucionalidad," que la Sala sin competencia alguna para ello, y en franca violación de la Constitución, pasó a conocer de inmediato, decidiéndola en sólo veinte días, mediante sentencia N° 1547 (Caso *Estado Venezolano vs. Corte Interamericana de Derechos Humanos*) de fecha 17 de octubre de 2011.[40]

### *1.- Las competencias de la Sala Constitucional del Tribunal Supremo*

Una de las características fundamentales de la Justicia Constitucional, o del derecho procesal constitucional contemporáneo, es que los Tribunales, como garantes de la Constitución, no sólo tienen que estar sometidos, como todos los órganos del Estado, a las propias previsiones de la Constitución, sino que deben ejercer sus competencias ceñidos a las competencias establecidas en la misma o en las leyes, cuando a ellas remita la Constitución para la determinación de la competencia.

En particular, la competencia de la Jurisdicción Constitucional en materia de control concentrado de la constitucionalidad siempre ha sido considerada como de derecho estricto que tiene que estar establecida expresamente en la Constitución, y no puede ser deducida por vía de interpretación. Es decir, la Jurisdicción Constitucional no puede ser creadora de su propia competencia, pues ello desquiciaría los cimientos del Estado de derecho, convirtiendo al juez constitucional en poder constituyente.[41]

En el caso de Venezuela, la Sala Constitucional del Tribunal Supremo, como Jurisdicción Constitucional, tiene asignadas las competencias que se enumeran en el artículo 336 de la Constitución y en el artículo 25 de la Ley Orgánica del Tribunal Supremo de Justicia de 2010, no estando prevista en ninguna de esas normas una supuesta competencia para someter a control de constitucionalidad, mediante el ejercicio ante ella de una acción e incluso de oficio, de las sentencias de la Corte Interamericana de Derechos Humanos. Aparte de que ello sería con-

40 Véase en http://www.tsj.gov.ve/decisiones/scon/Octubre/1547-171011-2011-11-1130.htmll

41 Véase en general, ,Allan R. Brewer-Carías, *Constitutional Courts as Positive Legislators in Comparative Law*, Cambridge University Press, New York 2011.

trario a la Convención Americana de Derechos Humanos, que es de obligatorio cumplimiento mientras el Estado no la denuncie, es contrario al propio texto de la Constitución venezolana que en su artículo 31 prevé como obligación del propio Estado el adoptar, conforme a los procedimientos establecidos en la Constitución y en la ley, "las medidas que sean necesarias para dar cumplimiento a las decisiones emanadas de los órganos internacionales" de protección de derechos humanos.

Sin embargo, como se dijo, la Sala Constitucional del Tribunal Supremo de Justicia mediante sentencia N° 1547 de fecha 17 de octubre de 2011 (Caso *Estado Venezolano vs. Corte Interamericana de Derechos Humanos*),[42] procedió al conocer de una "acción innominada de control de constitucionalidad" contra la mencionada sentencia de la Corte Interamericana de Derechos Humanos.

### 2.- *Sobre la "acción innominada de control de constitucionalidad" de las sentencias de la Corte Interamericana de Derechos Humanos y su trámite*

Para ello, el Procurador General de la República, al intentar la acción, justificó la supuesta competencia de la Sala Constitucional en su carácter de "garante de la supremacía y efectividad de las normas y principios constitucionales" (Arts. 266.1, 334, 335 y 336 de la Constitución, el artículo 32 de la Ley Orgánica del Tribunal Supremo de Justicia), considerando básicamente que la República, ante una decisión de la Corte Interamericana de Derechos Humanos, no podía dejar de realizar "el examen de constitucionalidad en cuanto a la aplicación de los fallos dictados por esa Corte y sus efectos en el país," considerando en general que las decisiones de dicha Corte Interamericana sólo pueden tener "ejecutoriedad en Venezuela," en la medida "el contenido de las mismas cumplan el examen de constitucionalidad y no menoscaben en forma alguna directa o indirectamente el Texto Constitucional;" es decir, que dichas decisiones "para tener ejecución en Venezuela deben estar conformes con el Texto Fundamental."

Luego de analizar la sentencia de la Corte Interamericana, y referirse al carácter de los derechos políticos como limitables; y a la competencia de la Contraloría General de la República, conforme al artículo 105 de su Ley Orgánica para garantizar una "Administración recta, honesta, transparente en el manejo de los asuntos públicos, dotada de eficiencia y eficacia en la actividad administrativa en general, y especialmente en los servicios públicos" y para imponer "la sanción de suspensión, destitución e inhabilitación para el ejercicio de funciones públicas;" considerar que lo que le Contraloría le había impuesto al Sr. Leopoldo López había sido una "inhabilitación administrativa" y no una inhabilitación política que se "corresponde con las sanciones que pueden ser impuestas por un juez penal, como pena accesoria a la de presidio (artículo 13 del Código Penal;)" que las decisiones adoptadas por la Corte Interamericana con ordenes dirigidas a órganos del Estado "se traduce en una injerencia en las funciones propias de los poderes públicos," estimando que la Corte Interamericana no puede "valerse o considerarse instancias superiores ni magnánimas a las autoridades nacionales, con lo cual pretendan obviar y desconocer el ordenamiento jurídico interno, todo ello en razón de supuestamente ser los garantes plenos y omnipotentes de los derechos humanos en el hemisferio americano": y en fin, estimar que la sentencia de la Corte Interamericana de Derechos Humanos desconocía "la lucha del Estado venezolano contra la corrupción y la aplicación de la Convención Interamericana contra la Corrupción, ratificada por Venezuela el 2 de junio de 1997 y la Convención de las Naciones Unidas contra la Corrupción, ratificada el 2 de febrero de 2009;" el Procurador General de la República consideró que la mencionada sentencia de la Corte Interamericana transgredía el ordenamiento jurídico venezolano, pues desconocía

> "la supremacía de la Constitución y su obligatoria sujeción, violentando el principio de autonomía de los poderes públicos, dado que la misma desconoce abiertamente los procedimientos y actos legalmente dictados por órganos legítimamente constituidos, para el establecimiento de medidas y sanciones contra aquellas actuaciones desplegadas por la Contraloría General de la República que contraríen el principio y postulado esencial de su

42 Véase en http://www.tsj.gov.ve/decisiones/scon/Octubre/1547-171011-2011-11-1130.htmll

deber como órgano contralor, que tienen como fin último garantizar la ética como principio fundamental en el ejercicio de las funciones públicas".

Como consecuencia de ello, el Procurador General de la República solicitó de la Sala Constitucional que admitiera lo que llamó la "acción innominada de control de constitucionalidad", a los efectos de que la Sala declarase "inejecutable e inconstitucional la sentencia de la Corte Interamericana de Derechos Humanos del 1 de septiembre de 2011."

Sobre esta "nueva" acción propuesta por el Procurador para el control de constitucionalidad de sentencias dictadas en contra del Estado por la Corte Interamericana, la Sala Constitucional aclaró en su sentencia que el Procurador no pretendía que se declarase "la nulidad" ni de la Convención Americana de Derechos Humanos ni del fallo de la Corte Interamericana de Derechos Humanos, aclarando por ello, la propia Sala que, por tanto, la "acción innominada intentada" no era un "recurso de nulidad como mecanismo de control concentrado de la constitucionalidad" el cual consideró la Sala que no resultaba el idóneo.

La Sala, por otra parte, también descartó que se tratase de una acción de "colisión de leyes,"

> "pues de lo que se trata es de una presunta controversia entre la Constitución y la ejecución de una decisión dictada por un organismo internacional fundamentada en normas contenidas en una Convención de rango constitucional, lo que excede los límites de ese especial recurso, pues la presunta colisión estaría situada en el plano de dos normas de rango constitucional."

Luego de descartar esas hipótesis de acciones de nulidad o de colisión de leyes, y precisar que de lo que se trataba con la acción intentada era determinar la "controversia entre la Constitución y la ejecución de una decisión dictada por un organismo internacional," concluyó, en definitiva, que de lo que se trataba era de una acción mediante la cual se pretendía:

> "ejercer un "control innominado de constitucionalidad", por existir una aparente antinomia entre la Constitución de la República Bolivariana de Venezuela, la Convención Interamericana de Derechos Humanos, la Convención Americana contra la Corrupción y la Convención de las Naciones Unidas contra la Corrupción, producto de la pretendida ejecución del fallo dictado el 1 de septiembre de 2011, por la Corte Interamericana de Derechos Humanos (CIDH), que condenó a la República Bolivariana de Venezuela a la habilitación para ejercer cargos públicos al ciudadano Leopoldo López Mendoza."

Es bien sabido en el mundo de la justicia constitucional, que el juez constitucional como todo órgano del Estado está, ante todo, sometido a la Constitución, por lo que debe ceñirse a ella no sólo en la emisión de sus sentencias, sino en el ejercicio de sus propias competencias. Para que el juez constitucional sea garante de la Constitución tiene que ejercer las competencias que la Constitución le atribuye, pues de lo contrario si ejerciera competencias distintas estaría actuando como Poder Constituyente, modificando la propia Constitución, en violación a la misma. Eso es precisamente lo que ha ocurrido en este caso, al "inventar" la Sala Constitucional una nueva acción para el control de constitucionalidad, siguiendo la orientación que ya ha sentado en otros casos, como cuando "inventó" la acción autónoma y directa de interpretación abstracta de la Constitución mediante sentencia N° 1077 de 22 de septiembre de 2000 (Caso: *Servio Tulio León*)[43] que por lo demás cita con frecuencia en su sentencia. En aquella ocasión y en esta la Sala Constitucional actuó como poder constituyente al margen de la Constitución.[44]

Ahora bien, en el caso concreto, identificado el objeto de la acción "innominada" que intentó el Estado Venezolano ante la Sala Constitucional, la misma consideró que le correspondía en "su condición de último interprete de la Constitución," realizar "el debido control de esas

43 Véase en *Revista de Derecho Público*, N° 83, Editorial Jurídica Venezolana, Caracas 2000, pp. 247 ss.

44 Véase Daniela Urosa M, Maggi, *La Sala Constitucional del Tribunal Supremo de Justicia como Legislador Positivo*, Academia de Ciencias Políticas y Sociales, Serie Estudios N° 96, Caracas 2011. Véase nuestro "Prólogo" a dicho libro, "Los tribunales constitucionales como legisladores positivos. Una aproximación comparativa," pp. 9-70. Véase en general, Allan R. Brewer-Carías, *Constitutional Courts as Positive Legislators in Comparative Law*, Cambridge University Press, New York 2011.

normas de rango constitucional" y ponderar "si con la ejecución del fallo de la CIDH se verifica tal confrontación."

Para determinar el "alcance" de esta "acción de control constitucional" la Sala Constitucional recordó, por otra parte, que ya lo había hecho en anterior oportunidad, al "conocer sobre la conformidad constitucional del fallo de la Corte Interamericana de Derechos Humanos (CIDH) –Caso: *Corte Primera de lo Contencioso Administrativo*–,"[45] en la cual "asumió la competencia con base en la sentencia Nº 1077/2000 y según lo dispuesto en el cardinal 23 del artículo 5 de la Ley Orgánica del Tribunal Supremo de Justicia de 2004."[46]

Ahora bien, en virtud de que esta previsión legal atributiva de competencia desapareció de la nueva ley orgánica del Tribunal Supremo de Justicia de 2010, lo que significaba que "la argumentación de la Sala Constitucional para asumir la competencia para conocer de la conformidad constitucional de un fallo dictado por la Corte Interamericana de Derechos Humanos," había "sufrido un cambio" al no estar incluido en contenido de dicha previsión atributiva de competencia en el articulo 25 de la nueva Ley Orgánica, la Sala, en ausencia de una previsión legal expresa que contemplase "esta modalidad de control concentrado de la constitucionalidad," la Sala pasó a

> "invocar la sentencia N° 1077/2000, la cual sí prevé esta razón de procedencia de interpretación constitucional, a los efectos de determinar el alcance e inteligencia de la ejecución de una decisión dictada por un organismo internacional con base en un tratado de jerarquía constitucional, ante la presunta antinomia entre la Convención Interamericana de Derechos Humanos y la Constitución Nacional."

Debe recordarse que la mencionada sentencia "invocada" N° 1077/2000, fue la dictada en 22 de septiembre de 2000 (Caso *Servio Tulio León Briceño*) en la cual, la Sala, sin competencia constitucional ni legal alguna, y sólo como resultado de la función interpretativa que el artículo 335 de la Constitución le atribuye, "inventó" la existencia de un recurso autónomo de interpretación abstracta de la Constitución.[47]

Por ello, la Sala ahora hace la "invocación" a dicha sentencia, pasando luego comentar la competencia establecida en el artículo 335 de la Constitución, la cual en realidad, es una competencia que se atribuye al todo el Tribunal Supremo de Justicia, en todas sus Salas –y no sólo a la Sala Constitucional– , que es la competencia general de garantizar "la supremacía y efectividad de las normas y principios constitucionales," para lo cual el Tribunal Supremo en su totalidad –y no sólo la Sala Constitucional– se lo define como "el máximo y último intérprete de la Constitución" correspondiéndole velar "por su uniforme interpretación y aplicación."

De manera que recordando la "invención" de ese recurso autónomo de interpretación abstracta de la Constitución, la Sala pasó a constatar, sin embargo, que el Legislador había eliminado la previsión antes indicada establecida en el artículo 5.23 de la Ley Orgánica del Tribunal Supremo de Justicia de 2004 que la Sala también había "invocado" para decidir el caso mencionado de la inejecución de la sentencia de la Corte Interamericana condenando al

45 Véase en *Revista de Derecho Público,* N° 116, Editorial Jurídica venezolana, Caracas 2008, pp. 88 ss.

46 En dicha norma de la Ley de 2004 se disponía como competencia de la Sala: "*Conocer de las controversias que pudieran suscitarse con motivo de la interpretación y ejecución de los Tratados, Convenios o Acuerdos Internacionales suscritos y ratificados por la República. La sentencia dictada deberá ajustarse a los principios de justicia internacionalmente reconocidos y será de obligatorio cumplimiento por parte del Estado venezolano*".

47 Véase sobre esta sentencia los comentarios en Marianella Villegas Salazar, "*Comentarios sobre el recurso de interpretación constitucional en la jurisprudencia de la Sala Constitucional,*" en *Revista de Derecho Público,* N° 84, Editorial Jurídica Venezolana, Caracas 2000, pp. 417 ss.; y Allan R. Brewer-Carías, "Le recours d'interprétation abstrait de la Constitution au Vénézuéla", en *Le renouveau du droit constitutionnel, Mélanges en l'honneur de Louis Favoreu,* Dalloz, Paris, 2007, pp. 61-70, y "*Quis Custodiet Ipsos Custodes*: De la interpretación constitucional a la inconstitucionalidad de la interpretación," en *Revista de Derecho Público,* N° 105, Editorial Jurídica Venezolana, Caracas 2006, pp. 7-27, y en *VIII Congreso Nacional de derecho Constitucional, Perú,* Fondo Editorial 2005, Colegio de Abogados de Arequipa, Arequipa, septiembre 2005, pp. 463-489. Este último trabajo fue también recogido en el libro Allan R. Brewer-Carías, *Crónica sobre la "In" Justicia Constitucional. La Sala Constitucional y el autoritarismo en Venezuela,* Colección Instituto de Derecho Público. Universidad Central de Venezuela, N° 2, Editorial Jurídica Venezolana, Caracas 2007, pp. 47-79.

Estado por violación de los derechos de los magistrados de la Corte Primera de lo Contencioso Administrativo; y desconocido esa expresa voluntad del Legislador de eliminar dicha norma del ordenamiento jurídico, pasó a constatar que el propio Legislador no había "dictado las normas adjetivas que permitan la adecuada implementación de las *"decisiones emanadas de los órganos internacionales"* de conformidad con lo previsto en el artículo 31 constitucional (en su único aparte)," afirmando entonces *de oficio*, que:

> "el Estado (y, en concreto, la Asamblea Nacional) ha incurrido en una omisión *"de dictar las normas o medidas indispensables para garantizar el cumplimiento de esta Constitución..."*, a tenor de lo previsto en el artículo 336.7 ***eiusdem*** en concordancia con lo pautado en la Disposición Transitoria Sexta del mismo texto fundamental."

Es decir, la Sala Constitucional, no sólo desconoció la voluntad del Legislador en eliminar una norma del ordenamiento jurídico, sino que calificó dicha decisión como una "omisión de la Asamblea Nacional de dictar las normas necesarias para dar cumplimiento a las decisiones de los organismos internacionales y/o para resolver las controversias que podrían presentarse en su ejecución," siendo la consecuencia de ello, la declaratoria de la Sala de asumir la competencia, que ni la Constitución ni la ley le atribuyen:

> "para verificar la conformidad constitucional del fallo emitido por la Corte Interamericana de Derechos Humanos, control constitucional que implica lógicamente un "control de convencionalidad" (o de confrontación entre normas internas y tratados integrantes del sistema constitucional venezolano), lo cual debe realizar en esta oportunidad esta Sala Constitucional, incluso de oficio; y así se decide."

En esta forma quedó formalizada por voluntad de la Sala, la "invención" de una modalidad de control de constitucionalidad, que puede tener su origen en una acción pero que la Sala declara que también puede ejercer *de oficio*. No es esta, sin embargo, la primera vez que la Sala Constitucional muta la Constitución específicamente en materia de justicia constitucional.[48]

En cuanto a la "acción" intentada por el Procurador en este caso, la admitió pura y simplemente, pasando a establecer que como no se trataba de una "demanda" de interpretación de normas o principios del sistema constitucional (artículo 25.17 de la Ley Orgánica del Tribunal Supremo de Justicia), "sino de una modalidad innominada de control concentrado que requiere de la interpretación para determinar la conformidad constitucional de un fallo", la Sala, con fundamento en el artículo 98 de la Ley Orgánica del Tribunal Supremo de Justicia, en concordancia con el párrafo primero del artículo 145 *eiusdem*, determinó que "al tratarse de una cuestión de mero derecho," la causa no requería de sustanciación, ignorando incluso el escrito presentado por el Sr. López, entrando a decidir la causa "sin trámite y sin fijar audiencia oral para escuchar a los interesados ya que no requiere el examen de ningún hecho," incluso, "omitiéndose asimismo la notificación a la Fiscalía General de la República, la Defensoría del Pueblo y los terceros interesados," todo ello, a juicio de la sala, "en razón de la necesidad de impartir celeridad al pronunciamiento por la inminencia de procesos de naturaleza electoral, los cuales podrían ser afectados por la exigencia de ejecución de la sentencia objeto de análisis."

Quedó en esta forma "formalizada" en la jurisprudencia de la Sala Constitucional en Venezuela, actuando como Jurisdicción Constitucional, y sin tener competencia constitucional alguna para ello, la existencia de una "acción innominada de control de constitucionalidad" destinada a ejercerse contra las sentencias de la Corte Interamericana de Derechos Humanos. Es decir, el Estado venezolano, con esta sentencia, estableció un control de las sentencias que la Corte Interamericana pueda dictar contra el mismo, condenándolo por violación de derechos humanos, cuya ejecución en relación con el Estado condenado, queda a su sola voluntad, de-

48 Véase Allan R. Brewer-Carías, "La ilegítima mutación de la constitución por el juez constitucional: la inconstitucional ampliación y modificación de su propia competencia en materia de control de constitucionalidad. Trabajo elaborado para el *Libro Homenaje a Josefina Calcaño de Temeltas*. Fundación de Estudios de Derecho Administrativo (FUNEDA), Caracas 2009, pp. 319-362; "La ilegítima mutación de la Constitución por el juez constitucional y la demolición del Estado de derecho en Venezuela.," en *Revista de Derecho Político*, N° 75-76, Homenaje a Manuel García Pelayo, Universidad Nacional de Educación a Distancia, Madrid, 2009, pp. 291-325.

terminada por su Tribunal Supremo de Justicia a su propia solicitud a través del Procurador General de la República. Se trata, en definitiva, de un absurdo sistema de justicia en el cual el condenado en una decisión judicial es quien determina si la condena que se le ha impuesto es o no ejecutable. Eso es la antítesis de la justicia.

**3.- *El tema de la jerarquía constitucional de los tratados sobre derechos humanos, la negación del poder de los jueces a decidir su aplicación preferente, y el monopolio del control de constitucionalidad asumido por la Sala respecto de las decisiones de la Corte Interamericana.***

La Sala Constitucional pasó entonces, en las "motivaciones para decidir," a analizar la sentencia de la Corte Interamericana de Derechos Humanos de 1 de septiembre de 2011, en la cual declaró responsable internacionalmente al Estado "por haber presuntamente vulnerado el derecho político a ser elegido (sufragio pasivo) del ciudadano Leopoldo López Mendoza con base en unas sanciones de inhabilitación de tres (3) y seis (6) años para el ejercicio de funciones públicas que le fueron impuestas por el Contralor General de la República;" y en la cual la Corte Interamericana resolvió el caso "mediante la aplicación de lo dispuesto por el artículo 23 de la Convención Americana, porque se trata de sanciones que impusieron una restricción al derecho a ser elegido, sin ajustarse a los requisitos aplicables de conformidad con el párrafo 2 del mismo, relacionado con *"una condena, por juez competente, en proceso penal"* (destacado de la Sala).

Ahora bien, entre los primeros párrafos de la sentencia de la Corte Interamericana, la Sala Constitucional destacó el siguiente sobre el rango constitucional y la fuerza obligatoria de los Convenios internacionales en materia de derechos humanos el derecho interno, como lo indica el artículo 23 de la Constitución,[49] y la obligación de los jueces de ejercer el control de convencionalidad para asegurar su aplicación, en el cual la Corte Interamericana dijo:

> "Pero cuando un Estado es parte de un tratado internacional como la Convención Americana, todos sus órganos, incluidos sus jueces y demás órganos vinculados a la administración de justicia, también están sometidos a aquél, lo cual les obliga a velar para que los efectos de las disposiciones de la Convención no se vean mermadas por la aplicación de normas contrarias a su objeto y fin. Los jueces y órganos vinculados a la administración de justicia en todos sus niveles están en la obligación de ejercer *ex officio* un ´control de convencionalidad`, entre las normas internas y la Convención Americana, en el marco de sus respectivas competencias y de las regulaciones procesales correspondientes. En esta tarea, los jueces y órganos vinculados a la administración de justicia deben tener en cuenta no solamente el tratado, sino también la interpretación que del mismo ha hecho la Corte Interamericana, intérprete última de la Convención Americana." (destacado nuestro)

Esta última afirmación de la Corte Interamericana, que copió la Sala Constitucional en su sentencia, sin embargo, en la misma fue abiertamente contradicha cuestionando la Sala cualquier valor o jerarquía constitucional que conforme al artículo 23 de la Constitución puedan tener las propias sentencias de la Corte Interamericana.

En efecto, sobre el tema de la jerarquía constitucional de los tratados internacionales en materia de derechos humanos conforme a la mencionada norma del artículo 23 de la Constitución, la Sala Constitucional acudió a lo que ya había decidido anteriormente en su sentencia N° 1942 de 15 de julio de 2003 (Caso: *Impugnación artículos del Código Penal sobre leyes de desacato*),[50]

49 ***Artículo 23.-*** Los tratados, pactos y convenciones relativos a derechos humanos, suscritos y ratificados por Venezuela, tienen jerarquía constitucional y prevalecen en el orden interno, en la medida en que contengan normas sobre su goce y ejercicio más favorables a las establecidas en esta Constitución y en las leyes de la República, y son de aplicación inmediata y directa por los tribunales y demás órganos del Poder Público. Véase sobre esta norma Allan R. Brewer-Carías, "Nuevas reflexiones sobre el papel de los tribunales constitucionales en la consolidación del Estado democrático de derecho: defensa de la Constitución, control del poder y protección de los derechos humanos," en *Anuario de Derecho Constitucional Latinoamericano*, 13er año, Tomo I, Programa Estado de Derecho para Latinoamérica, Fundación Konrad Adenauer, Montevideo 2007, pp. 63 a 119

50 Véase en *Revista de Derecho Público*, N° 93-96, Editorial Jurídica Venezolana, Caracas 2003, pp. 136 ss.

en la cual había precisado que el artículo 23 constitucional, "se refiere a normas que establezcan derechos, *no a fallos o dictámenes de instituciones, resoluciones de organismos, etc., prescritos en los Tratados*, (destacado de la Sala) sino sólo a normas creativas de derechos humanos," es decir,

> "que se trata de una prevalencia de las normas que conforman los Tratados, Pactos y Convenios (términos que son sinónimos) relativos a derechos humanos, pero no de los informes u opiniones de organismos internacionales, que pretendan interpretar el alcance de las normas de los instrumentos internacionales, ya que el artículo 23 constitucional es claro: la jerarquía constitucional de los Tratados, Pactos y Convenios se refiere a sus normas, las cuales, al integrarse a la Constitución vigente, el único capaz de interpretarlas, con miras al Derecho Venezolano, es el juez constitucional, conforme al artículo 335 de la vigente Constitución, en especial, al intérprete nato de la Constitución de 1999, y, que es la Sala Constitucional, y así se declara. (....)

De lo anterior resulta entonces la afirmación de la Sala de que es ella la que tiene el monopolio en la materia de aplicación en el derecho interno de los tratados internacionales mencionados, contradiciendo el texto del artículo 23 de la Constitución que dispone que dichos tratados "son de aplicación inmediata y directa por los tribunales y demás órganos del Poder Público," afirmando, al contrario, que ella es la única instancia judicial llamada a determinar "*cuáles normas sobre derechos humanos de esos tratados, pactos y convenios, prevalecen en el orden interno;" competencia esta última que supuestamente emanaría "de la Carta Fundamental"* – sin decir de cuál norma – afirmando que la misma *"no puede quedar disminuida por normas de carácter adjetivo contenidas en Tratados ni en otros textos Internacionales sobre Derechos Humanos* suscritos por el país" *(destacados de la Sala).* De lo contrario, llegó a afirmar la Sala en dicha sentencia, "se estaría ante una forma de enmienda constitucional en esta materia, sin que se cumplan los trámites para ello, al disminuir la competencia de la Sala Constitucional y trasladarla a entes multinacionales o transnacionales (internacionales), quienes harían interpretaciones vinculantes."

En definitiva, la Sala Constitucional decidió que las sentencias de los tribunales internacionales sobre derechos humanos no eran de aplicación inmediata en Venezuela, sino que a sus decisiones sólo "*se les dará cumplimiento en el país, conforme a lo que establezcan la Constitución y las leyes, siempre que ellas no contraríen lo establecido en el artículo 7 de la vigente Constitución*," concluyendo que "a pesar del respeto del Poder Judicial hacia los fallos o dictámenes de esos organismos, éstos no pueden violar la Constitución de la República Bolivariana de Venezuela, así como no pueden infringir la normativa de los Tratados y Convenios, que rigen esos amparos u otras decisiones"; es decir, que si la Corte Interamericana, por ejemplo, *"amparara a alguien violando derechos humanos de grupos o personas dentro del país, tal decisión tendría que ser rechazada aunque emane de organismos internacionales protectores de los derechos humanos"* (subrayados de la Sala).

Por tanto, no existe órgano jurisdiccional alguno por encima del Tribunal Supremo de Justicia, y si existiera, por ejemplo, en materia de integración económica regional o de derechos humanos, sus decisiones "*no pueden menoscabar la soberanía del país, ni los derechos fundamentales de la República*" (subrayados de la Sala), es decir, en forma alguna pueden contradecir las normas constitucionales venezolanas, pues de lo contrario "carecen de aplicación en el país" Así lo declaró la Sala.

### *4.- La reiteración de la negación del carácter supra-constitucional de los tratados sobre derechos humanos si contienen normas sobre su goce y ejercicio más favorables a las establecidas en la Constitución*

Ahora, sobre la prevalencia en el orden interno de la Convención Americana sobre Derechos Humanos como tratado multilateral que tiene jerarquía constitucional, afirmó la Sala que ello es solo, conforme al artículo 23 de nuestro texto fundamental, "*en la medida en que contengan normas sobre su goce y ejercicio más favorables*" a las establecidas en la Constitución; pasando entonces a juzgar sobre la constitucionalidad de la sentencia de la Corte Interamericana, comenzando por "determinar el alcance" del fallo "y su obligatoriedad."

Observó para ello la Sala que en dicho fallo se consideró como su "punto central":

> "la presunta violación del derecho a ser elegido del ciudadano Leopoldo López, infringiendo el artículo 23 de la Convención Americana, en vista de que esta disposición exige en su párrafo 2 que la sanción de inhabilitación solo puede fundarse en una condena dictada por un juez competente, en un proceso penal."

Para analizar esta decisión, la Sala Constitucional comenzó por reiterar lo que antes había decidido en la sentencia N° 1939/2008 (caso: Magistrados de la Corte Primera de lo Contencioso Administrativo)[51] en el sentido de que la protección internacional que deriva de la Convención Americana es "coadyuvante o complementaria de la que ofrece el derecho interno de los Estados americanos," es decir, que la Corte Interamericana "no puede pretender excluir o desconocer el ordenamiento constitucional interno" que goza de supremacía.

La Sala, además, indicó que el artículo 23 de la Constitución antes citado, contrariando su expreso contenido según el cual "prevalecen en el orden interno" – incluyendo la Constitución–, "en la medida en que contengan normas sobre su goce y ejercicio más favorables a las establecidas en esta Constitución," indicó que:

> "no otorga a los tratados internacionales sobre derechos humanos rango '*supraconstitucional,*' por lo que, en caso de antinomia o contradicción entre una disposición de la Carta Fundamental y una norma de un pacto internacional, correspondería al Poder Judicial determinar cuál sería la aplicable, tomando en consideración tanto lo dispuesto en la citada norma como en la jurisprudencia de esta Sala Constitucional del Tribunal Supremo de Justicia, atendiendo al contenido de los artículos 7, 266.6, 334, 335, 336.11 *eiusdem* y el fallo número 1077/2000 de esta Sala."[52]

### 5.- *La interpretación de la Constitución conforme al proyecto político del gobierno y el rechazo a los valores universales sobre derechos humanos*

Adicionalmente la Sala se refirió a otro fallo anterior, N° 1309/2001, en el cual había considerado que "el derecho es una teoría normativa puesta al servicio de la política que subyace tras el proyecto axiológico de la Constitución," de manera que la interpretación constitucional debe comprometerse "con la mejor teoría política que subyace tras el sistema que se interpreta o se integra y con la moralidad institucional que le sirve de base axiológica (*interpretatio favor Constitutione*)." Por supuesto, dicha "política que subyace tras el proyecto axiológico de la Constitución" o la "teoría política que subyace" tras el sistema que le sirve de "base axiológica," no es la que resulta de la Constitución propia del "Estado democrático social de derecho y de justicia," que está montado sobre un sistema político de separación de poderes, democracia representativa y libertad económica, sino el que ha venido definiendo el gobierno contra la Constitución y que ha encontrado eco en las decisiones de la propia Sala, como propia de un Estado centralizado, que niega la representatividad, montado sobre una supuesta democracia participativa controlada y de carácter socialista,[53] declarando la Sala que los estándares que se

---

51 Véase en *Revista de Derecho Público*, N° 116, Editorial Jurídica venezolana, Caracas 2008, pp. 88 ss. Véase sobre esa sentencia Allan R. Brewer-Carías, "El juez constitucional vs. La justicia internacional en materia de derechos humanos," en *Revista de Derecho Público*, N° 116, (julio-septiembre 2008), Editorial Jurídica Venezolana, Caracas 2008, pp. 249-260; y "La interrelación entre los Tribunales Constitucionales de América Latina y la Corte Interamericana de Derechos Humanos, y la cuestión de la inejecutabilidad de sus decisiones en Venezuela," en Armin von Bogdandy, Flavia Piovesan y Mariela Morales Antonorzi (Coodinadores), *Direitos Humanos, Democracia e Integracao Jurídica na América do Sul*, umen Juris Editora, Río de Janeiro 2010, pp. 661-701

52 Se refiere de nuevo la Sala a la sentencia de 22 de septiembre de 2000 (Caso *Servio Tulio León Briceño*), en *Revista de Derecho Público*, N° 83, Editorial Jurídica Venezolana, Caracas 2000, pp. 247 ss.

53 En los últimos años puede decirse que es la doctrina política socialista, la cual, por supuesto, no está en ninguna parte de la Constitución, y cuya inclusión en la Constitución fue rechazada por el pueblo en 2007. (Véase Allan R. Brewer-Carías, "La reforma constitucional en Venezuela de 2007 y su rechazo por el poder constituyente originario," en José Ma. Serna de la Garza (Coordinador), *Procesos Constituyentes contemporáneos en América latina. Tendencias y perspectivas*, Universidad Nacional Autónoma de México, México 2009, pp. 407-449). La Sala Constitucional, incluso, ha construido la tesis de que la Constitución de 1999 ahora "privilegia los intereses colectivos sobre los particulares o individuales,"habiendo supuestamente cambiado "el modelo de Estado liberal por un Estado social de derecho y de justicia" (sentencia de 5 de agosto de 2008, N° 1265/2008, http://www.tsj.gov.ve:80/decisiones/scon/Agosto/1265-050808-05-1853.htm) cuando ello no es cierto, pues el Estado social de derecho ya estaba en la Constitución de 1961.

adopten para tal interpretación constitucional "*deben ser compatibles con el proyecto político de la Constitución"- que la Sala no deja de llamar como el del "Estado Democrático y Social de Derecho y de Justicia," precisando que:*

> *"no deben afectar la vigencia de dicho proyecto con elecciones interpretativas ideológicas que privilegien los derechos individuales a ultranza o que acojan la primacía del orden jurídico internacional sobre el derecho nacional en detrimento de la soberanía del Estado."* (subrayados de la Sala)

Concluyó así, la sentencia, que *"no puede ponerse un sistema de principios supuestamente absoluto y suprahistórico por encima de la Constitución,"* siendo inaceptables las teorías que pretenden limitar "*so pretexto de valideces universales, la soberanía y la autodeterminación nacional*" (Subrayados de la Sala).

De allí concluyó la Sala reiterando lo que ya había ya decidido en la sentencia de 5 de agosto de 2008, N° 1265/2008[54] (Caso: ----) en el sentido de que en caso de evidenciarse una contradicción entre la Constitución y una convención o tratado internacional, *"deben prevalecer las normas constitucionales que privilegien el interés general y el bien común, debiendo aplicarse las disposiciones que privilegien los intereses colectivos…(…) sobre los intereses particulares…"*

En el fallo de la Sala Constitucional, la misma también hizo referencia a otro fallo anterior la sentencia No 1309/2001, donde se había referido al mismo tema de la interpretación constitucional condicionada "ideológicamente" que debe realizarse conforme a "mejor teoría política que subyace tras el proyecto axiológico de la Constitución" ya que la misma, como derecho, está "puesta al servicio de una política," no debiendo la interpretación verse afectada por "*elecciones interpretativas ideológicas que privilegian los derechos individuales a ultranza o que acojan la primacía del orden jurídico internacional sobre el Derecho Nacional en detrimento de la soberanía del Estado*." De ello concluyó la Sala que " *la opción por la primacía del Derecho Internacional es un tributo a la interpretación globalizante y hegemónica del racionalismo individualista" siendo "la* nueva teoría" el "combate por la supremacía del orden social valorativo que sirve de fundamento a la Constitución;" afirmando que en todo caso, "el carácter dominante de la Constitución en el *proceso interpretativo no puede servir de pretexto para vulnerar los principios axiológicos en los cuales descansa el Estado Constitucional venezolano"* (Subrayados de la Sala).

EN la sentencia N° 1309/2001 la Sala también había afirmado que "el ordenamiento jurídico conforme a la Constitución significa, en consecuencia, salvaguardar a la Constitución misma de toda desviación de principios y de todo apartamiento del proyecto que ella encarna por voluntad del pueblo," procediendo a rechazar todo "sistema de principios supuestamente absoluto y suprahistórico, por encima de la Constitución," y que la interpretación pueda llegar "a contrariar la teoría política propia que sustenta.". Por ello, la Sala negó la validez universal de los derechos humanos, es decir, negó "cualquier teoría propia que postule derechos o fines absolutos," o cualquier *"vinculación ideológica con teorías que puedan limitar, so pretexto de valideces universales, la soberanía y la autodeterminación nacional"*(Subrayado de la Sala).

### 6.- *El análisis del tema de fondo sobre el tema de las inhabilitaciones políticas impuestas por autoridades administrativas y rechazo al principio de que las mismas puedan ser sólo pueden ser impuestas por decisión judicial*

Con base en lo anterior, al entrar a considerar el "punto central" de la sentencia de la Corte Interamericana sobre la violación del derecho a ser elegido del ciudadano Leopoldo López, por la inhabilitación administrativa dictada en su contra conforme al artículo 105 de la Ley Orgánica de la Contraloría General de la República y del Sistema Nacional de Control Fiscal, la Sala pasó a referirse a su propia sentencia antes mencionada, la N° 1265/2008 dictada el 5 de agosto de 2008,[55] cuando al decidir sobre una denuncia de inconstitucionalidad de dicha norma por violentar precisamente lo dispuesto en al artículo 23.2 de la Convención Americana, observó que conforme a dicha norma, se admite la "´reglamentación` de los derechos políticos median-

54 Véase en http://www.tsj.gov.ve:80/decisiones/scon/Agosto/1265-050808-05-1853.htm

55 Véase en http://www.tsj.gov.ve:80/decisiones/scon/Agosto/1265-050808-05-1853.htm

te ley, incluso en atención a razones de "condena, por juez competente, en proceso penal," no aludiendo la misma "a restricción en el ejercicio de estos derechos, sino a su reglamentación," destacando, sin embargo, que de una manera general, el artículo 30 de la Convención Americana "admite la posibilidad de restricción, siempre que se haga conforme a leyes que se dictaren por razones de interés general y con el propósito para el cual han sido establecidas." Concluyó la Sala que es posible, de conformidad con la Convención Americana "restringir derechos y libertades, siempre que sea mediante ley, en atención a razones de interés general, seguridad de todos y a las justas exigencias del bien común."

Ahora, al resolver la posible antinomia entre el artículo 23.2 de la Convención Interamericana y la Constitución, la Sala señaló que "la prevalencia del tratado internacional no es absoluta ni automática" siendo sólo posible si el mismo cuando se refiere a derechos humanos, contenga "normas más favorables a las de la Constitución," pasando a preguntarse la propia Sala sobre cuál debían ser los valores que debían tener presente "para determinar cuándo debe considerarse que esa disposición convencional es más ´favorable` que la normativa constitucional interna," siendo su respuesta los supuestos valores derivados del proyecto político subyacente en la Constitución ates mencionado.

De ello concluyó sobre el fondo del tema resuelto por la Corte Interamericana que "la restricción de los derechos humanos puede hacerse conforme a las leyes que se dicten por razones de interés general, por la seguridad de los demás integrantes de la sociedad y por las justas exigencias del bien común," no pudiendo el artículo 23.2 de la Convención Americana "ser invocado aisladamente, con base en el artículo 23 de la Constitución Nacional, contra las competencias y atribuciones de un Poder Público Nacional, como lo es el Poder Ciudadano o Moral." En la citada sentencia N° 1265/2008 dictada el 5 de agosto de 2008, la Sala entonces concluyó que:

> "En concreto, es inadmisible la pretensión de aplicación absoluta y descontextualizada, con carácter suprahistórico, de una norma integrante de una Convención Internacional contra la prevención, investigación y sanción de hechos que atenten contra la ética pública y la moral administrativa (artículo 271 constitucional) y las atribuciones expresamente atribuidas por el Constituyente a la Contraloría General de la República de ejercer la vigilancia y fiscalización de los ingresos, gastos y bienes públicos (art. 289.1 *eiusdem*); y de fiscalizar órganos del sector público, practicar fiscalizaciones, disponer el inicio de investigaciones sobre irregularidades contra el patrimonio público, e ´imponer los reparos y aplicar las sanciones administrativas a que haya lugar de conformidad con la ley` (art. 289.3 *eiusdem*). En tal sentido, deben prevalecer las normas constitucionales que privilegian el interés general y el bien común, debiendo aplicarse las disposiciones que privilegian los intereses colectivos involucrados en la lucha contra la corrupción sobre los intereses particulares de los involucrados en los ilícitos administrativos; y así se decide".

Finalmente, después de copiar in extenso el Voto concurrente del Magistrado Diego García-Sayán a la sentencia de la Corte Interamericana, la Sala Constitucional indicó pura y simplemente que "aunque coincide casi en su totalidad con el enfoque alternativo del Magistrado García-Sayán, no puede compartir, por los argumentos vertidos en los fallos referidos *supra*, la conclusión de que la sanción de inhabilitación solo puede ser impuesta por una "autoridad judicial."

Sobre este punto, que es precisamente, el tema decidendum en la sentencia de la Corte Interamericana, la Sala Constitucional se refirió de nuevo a su sentencia N° 1265/2008, en la cual resolvió que en Venezuela, "en atención a la prevención, investigación y sanción de los hechos que atenten contra la ética pública y la moral administrativa (art. 274 Constitución), el Poder Ciudadano está autorizado para ejercer un poder **sancionador sustancialmente análogo al derecho penal**, incluyendo sanciones como las accesorias del artículo 105, cuyo objetivo es la protección del orden social general," (destacado nuestro); llegando a afirmar que *"la ´incapacitación para ejercer diversos empleos`, lo cual podría jurídicamente derivarse de una sentencia, pero* *también de una sanción administrativa*" (subrayado de la Sala), concluyendo entonces con su afirmación infundada y falsa de que el artículo 65 del Constitución al señalar que:

> "no podrán optar a cargo alguno de elección popular quienes hayan sido condenados o condenadas por delitos cometidos durante el ejercicio de sus funciones, [...] no excluye la posibilidad de que tal inhabilitación pueda ser establecida, bien por un órgano administrativo *stricto sensu* o por un órgano con autonomía funcional, como es, en este caso, la Contraloría General de la República."

Ello, por supuesto, es totalmente errado, pues la restricción constitucional al ejercicio de derechos políticos es de interpretación estricta. Es por tanto errado señalar como lo hizo la Sala para llegar a esta conclusión que como la norma "plantea que la prohibición de optar a un cargo público surge como consecuencia de una condena judicial por la comisión de un delito," supuestamente ello no "impide que tal prohibición pueda tener un origen distinto." Ello es errado, pues de lo contrario no habría sido necesario establecer la restricción en la norma constitucional, siendo también errada la conclusión de que la norma sólo habría planteado "una hipótesis," y por tanto "no niega otros supuestos análogos." Esto es contrario al principio de que las restricciones a los derechos políticos establecidas en la Constitución, son sólo las establecidas en la Constitución, cuando es la propia Constitución la que **no ha dejado** la materia a la regulación del legislador.

Por tanto, es errada la conclusión de la Sala en el sentido de que supuestamente tratándose de un asunto de "política legislativa," sea al legislador al cual correspondería asignarle orientación al *ius puniendi* del Estado, de manera que "negar esta posibilidad significaría limitar al órgano legislativo en su poder autonómico de legislar en las materias de interés nacional, según lo prescribe el artículo 187, cardinal 1, en concordancia con el 152, cardinal 32 del Texto Fundamental."[56]

Al contrario, la política legislativa para el desarrollo del *ius puniendi* tiene que estar enmarcada en la Constitución, cuando sea la Constitución la que remita al legislador para ello. Sin embargo, cuando la Constitución establece que la restricción al ejercicio de un derecho político como el derecho al sufragio pasivo sólo puede limitarse por condena penal mediante decisión judicial ello implica sólo eso, no pudiendo el legislador establecer otras restricciones que sean impuestas por autoridades administrativas.

### 7.- *La ponderación entre la Convención Americana y otros tratados internacionales como los relativos a la lucha contra la corrupción*

Por otra parte, la Sala destacó que la Convención Americana no es el único tratado suscrito por Venezuela relativo a derechos humanos y, en consecuencia, de rango constitucional a tenor de lo previsto en el artículo 23 de la Constitución Nacional, que debe ser tomado en consideración para resolver sobre la ejecución del fallo de la Corte Interamericana, haciendo alusión específicamente a la Convención Interamericana contra la Corrupción de 1996, que obliga a los Estados Americanos a tomar las medidas apropiadas contra las personas que cometan actos de corrupción en el ejercicio de las funciones públicas o específicamente vinculados con dicho ejercicio, "**sin exigir que tales medidas sean necesariamente jurisdiccionales**." (destacado nuestro), concluyendo de las normas de esta Convención, que los "mecanismos modernos para prevenir, detectar, sancionar y erradicar las prácticas corruptas" (subrayado de la Sala) que deben desarrollar los Estados, a juicio de la Sala, "deben ser entendidos **como aquellos que se apartan y diferencian de los tradicionales, que exigen una sentencia penal firme por la comisión de un delito,**" "sin que se pueda concluir del contenido de dicha disposición que las conductas cuestionadas deban ser **necesariamente objeto de condena judicial**" (destacados nuestro). La Sala enumeró, así en su sentencia los órganos encargados en los diversos países de

56 La Sala adicionalmente citó en su sentencia *N° 1260 del 11 de junio de 2002 (caso: Víctor Manuel Hernández y otro contra el artículo 38, parágrafo Segundo, 52, y 54 de la Ley para Promover y Proteger el Ejercicio de la Libre Competencia) en relación con el jus puniendi y la supuesta diferencia entre el derecho administrativo sancionador y el derecho pena, concluyendo que entre ambos " no existen diferencias de tipo material, sino que la gran diferencia es relativa al ámbito normativo."*

la ejecución de la Convención, generalmente de orden administrativos, siendo ello atribuido en Venezuela, como "autoridad central," al Consejo Moral Republicano constituido por la Contraloría General de la República, la Fiscalía General de la República y la Defensoría del Pueblo.

En la sentencia la Sala también hizo referencia a la Convención de las Naciones Unidas contra la Corrupción" suscrita en 2003, donde se hace referencia a la obligación de los Estados de "*procurar evaluar periódicamente los instrumentos jurídicos y las medidas administrativas pertinentes a fin de determinar si son adecuadas para combatir la corrupción*" (subrayado de la sala). Concluyendo que "no existe limitación alguna a que se trate *exclusivamente de tribunales,*" destacando que conforme al artículo 30.7 de dicha Convención se establece "la posibilidad *de inhabilitar* "por mandamiento judicial *u otro medio apropiado y por un periodo determinado por su derecho interno*" a los sujetos de corrupción" (subrayado del fallo); y que la previsión de sanciones distintas a las judiciales se reitera en las Disposiciones Finales de la misma Convención (Capítulo VIII, artículo 65).

De todo ello, la Sala Constitucional en su sentencia N° 1547 (Caso *Estado Venezolano vs. Corte Interamericana de Derechos Humanos*) de fecha 17 de octubre de 2011, concluyó que:

> "aun si se pretendiera otorgar un sentido literal y restrictivo al artículo 23 de la Convención Interamericana, impidiendo la inhabilitación de un ciudadano para el ejercicio de cargos públicos por razones de corrupción, limitando la posibilidad de sanción a una sentencia judicial; podemos advertir que tal Tratado no es el único que forma parte integrante del sistema constitucional venezolano según el artículo 23 de nuestra Carta Fundamental. La prevalencia de las normas que privilegien el interés general y el bien común sobre los intereses particulares dentro de un Estado social de derecho y de justicia obligan al Estado venezolano y a sus instituciones a aplicar preferentemente las Convenciones Interamericana y de la ONU contra la corrupción y las propias normas constitucionales internas, que reconocen a la Contraloría general de la República como un órgano integrante de un Poder Público (Poder Ciudadano) competente para la aplicación de sanciones de naturaleza administrativa, como lo es la inhabilitación para el ejercicio de cargos públicos por hechos de corrupción en perjuicio de los intereses colectivos y difusos del pueblo venezolano."

Sin embargo, ante este pronunciamiento dictado con motivo de ejercer el control de constitucionalidad de la sentencia de la Corte Interamericana, la Sala Constitucional se apresuró a afirmar, que

> "no se trata de interpretar el contenido y alcance de la sentencia de la Corte Interamericana de Derechos Humanos, ni de desconocer el tratado válidamente suscrito por la República que la sustenta o eludir el compromiso de ejecutar las decisiones según lo dispone el artículo 68 de la Convención Interamericana de Derechos Humanos,"

No, de eso no se trata, sino que de lo que se trata es:

> "de aplicar un estándar mínimo de adecuación del fallo al orden constitucional interno, lo cual ha sucedido en otros casos y ejercer un "control de convencionalidad" respecto de normas consagradas en otros tratados internacionales válidamente ratificados por Venezuela, que no fueron analizados por la sentencia de la Corte Interamericana de Derechos Humanos del 1 de septiembre de 2011, como lo son las consagradas en la Convención Interamericana contra la Corrupción y la Convención de las Naciones Unidas contra la Corrupción.

Y ha sido precisamente ello, lo que supuestamente habría "obligado" a la Sala Constitucional "a ponderar un conjunto de derechos situados en el mismo plano constitucional y concluir en que debe prevalecer la lucha contra la corrupción como mecanismo de respeto de la ética en el ejercicio de cargos públicos, enmarcada en los valores esenciales de un Estado democrático, social, de derecho y de justicia," y decidir indicando que "no puede ejercerse una interpretación aislada y exclusiva de la Convención Americana de Derechos Humanos sin que con ello se desconozca el "*corpus juris del Derecho Internacional de los Derechos Humanos,*" a los que ha aludido la propia Corte Interamericana en la sentencia del 24 de noviembre de 2004, caso: Trabajadores Cesados del Congreso vs. Perú, sus Opiniones Consultivas de la CIDH N° OC-16/99 y N° OC-17/2002.

### *8.- La denuncia de usurpación respecto de la Corte Interamericanas y la inejecución de su sentencia*

Finalmente la Sala Constitucional acusó a la Corte Interamericana de Derechos Humanos de persistir:

> "en desviar la teleología de la Convención Americana y sus propias competencias, emitiendo órdenes directas a órganos del Poder Público venezolano (Asamblea Nacional y Consejo Nacional Electoral), usurpando funciones cual si fuera una potencia colonial y pretendiendo imponer a un país soberano e independiente criterios políticos e ideológicos absolutamente incompatibles con nuestro sistema constitucional."

De lo cual concluyó declarando:

> "inejecutable el fallo de la Corte Interamericana de Derechos Humanos, de fecha 1 de septiembre de 2011, en el que se condenó al Estado Venezolano, a través *"de los órganos competentes, y particularmente del Consejo Nacional Electoral (CNE),"* a asegurar *"que las sanciones de inhabilitación no constituyan impedimento para la postulación del señor López Mendoza en el evento de que desee inscribirse como candidato en procesos electorales"*; anuló las Resoluciones del 24 de agosto de 2005 y 26 de septiembre de 2005, dictadas por el Contralor General de la República, por las que inhabilitaron al referido ciudadano al ejercicio de funciones públicas por el período de 3 y 6 años, respectivamente; se condenó a la República Bolivariana de Venezuela al pago de costas y a las adecuación del artículo 105 de la Ley Orgánica de la Contraloría General de la República y el Sistema Nacional de Control Fiscal."

Es decir, la Sala resolvió que la sentencia de la Corte Interamericana en su conjunto, es inejecutable en Venezuela, con la advertencia –cínica, por lo demás–, de que, sin embargo:

> "la inhabilitación administrativa impuesta al ciudadano Leopoldo López Mendoza no le ha impedido, ni le impide ejercer los derechos políticos consagrados en la Constitución. En tal sentido, como todo ciudadano, goza del derecho de sufragio activo (artículo 63); del derecho a la rendición de cuentas (artículo 66); derecho de asociación política (el ciudadano López Mendoza no solo ha ejercido tal derecho, sino que ha sido promotor y/o fundador de asociaciones y partidos políticos); derecho de manifestación pacífica (el ciudadano López Mendoza ha ejercido ampliamente este derecho, incluyendo actos de proselitismo político); así como, el derecho a utilizar ampliamente los medios de participación y protagonismo del pueblo en ejercicio de su soberanía (artículo 70), incluyendo las distintas modalidades de participación "referendaria", contempladas en los artículos 71 al 74 eiusdem, en su condición de elector."

Se destaca, sin embargo, que la Sala Constitucional no mencionó en esta enumeración de "los derechos políticos consagrados en la Constitución" ni el derecho pasivo al sufragio (el derecho a ser electo para cargos públicos), ni el derecho a ejercer cargos públicos, que son precisamente los que le impide ejercer la decisión de la Contraloría General de la república violando lo previsto en la Convención Americana y en la propia Constitución, procedió a "aclarar" lo que no requería aclaratoria, en el sentido de que:

> "la inhabilitación administrativa difiere de la inhabilitación política, en tanto y en cuanto la primera de ellas sólo está dirigida a impedir temporalmente el ejercicio de la función pública, como un mecanismo de garantía de la ética pública y no le impide participar en cualquier evento político que se realice al interior de su partido o que convoque la llamada Mesa de la Unidad Democrática."

Ello no requería "aclararse" pues es bien evidente que las decisiones de la Contraloría o del Estado a través de cualquiera de sus órganos no le puede impedir a un ciudadano poder participar en los eventos políticos internos de las asociaciones políticas o a las cuales pertenezca o en eventos por estas convocados, de manera que la "aclaratoria" no es más que una deliberada expresión de confusión por parte de la Sala; y más aún con la frase final de la decisión que adoptó (dispositivo N° 2), luego de declarar inejecutable la sentencia de la Corte Interamericana en el sentido decidir que:

> "2) La Sala declara que el ciudadano Leopoldo López Mendoza goza de los derechos políticos consagrados en la Constitución de la República Bolivariana de Venezuela, por tratarse solo de una inhabilitación administrativa y no política."

Sin embargo, como se dijo, antes había enumerado la Sala en forma expresa cuáles eran los derechos políticos que el Sr. López podía ejercer estando vigente la inhabilitación política que le había impuesto la Contraloría, refiriéndose la Sala expresamente sólo a el "derecho de sufragio activo (artículo 63); del derecho a la rendición de cuentas (artículo 66); derecho de asociación política '[...]; derecho de manifestación pacífica [...]; derecho a utilizar ampliamente los medios de participación y protagonismo del pueblo en ejercicio de su soberanía (artículo 70)," y derecho "de participación "referendaria" (artículos 71 al 74) "en su condición de elector." La Sala, por tanto se cuidó de no indicar que el Sr. López podía ejercer su derecho político al sufragio pasivo, derecho a ser electo y a ejercer cargos públicos electivos, que fueron precisamente los restringidos inconstitucionalmente por la Contraloría General de la República.

## VI.- LA INTERPRETACIÓN Y ACLARACIÓN DE LA SENTENCIA, *EX POST FACTO* Y EXTRA PROCESO, MEDIANTE "COMUNICADO DE PRENSA" POR PARTE DE LA PRESIDENTA DE LA SALA CONSTITUCIONAL

Sin embargo, el mismo día en el cual se publicó la sentencia de la sala Constitucional, la presidenta del Tribunal Supremo de Justicia y de dicha Sala, expresó mediante un "Comunicado de Prensa"[57] un criterio distinto al que se había expuesto en la sentencia, agregando mayor confusión sobre sus efectos, y en particular sobre los derechos políticos que supuestamente podía ejercer el Sr. López.

Dicha Presidente del Tribunal Supremo, en efecto, comenzó por expresar al referirse a la sentencia de la Sala Constitucional "que declaró inejecutable el fallo de la Corte Interamericana de Derechos Humanos" que había condenado al Estado venezolano, primero, que "los convenios suscritos por la República Bolivariana de Venezuela no pueden tener carácter supra constitucional, pues sus disposiciones deben ajustarse y enmarcarse en los postulados de la Carta Magna;" y que "Venezuela no puede retroceder en los avances que ha logrado en la lucha contra la corrupción," asegurando entre otras cosas, "que **las sanciones de inhabilitación no constituyan impedimento para la postulación de Leopoldo López Mendoza en eventos electorales**" (destacado nuestro).

Ahora bien, frente a esta afirmación de que las sanciones de inhabilitación "no constituyan impedimento para la postulación en eventos electorales," la pregunta elemental es cómo puede, en efecto, pensarse que alguien pueda tener derecho a postularse para la elección de un cargo electivo de representación popular, sin tener derecho a poder ejercer dicho cargo porque se lo impide la Contraloría General de la República? Lo que ha dicho la Sra. Presidenta de la Sala Constitucional, ni más ni menos es como decir, que una persona inhabilitada para ejercer cargos públicos, sin embargo, puede postularse para ser electo para un cargo público, pero una vez electo no puede ejercer dicho cargo para el cual fue electo !!

La postulación a un cargo de elección popular no es sino la primera fase del ejercicio del derecho pasivo al sufragio que implica además de la postulación, el derecho a ser elegido, y en caso de que así ocurra, el derecho a ejercer el cargo para el cual fue elegido. De resto, no es más que una cómica situación la informa la Sra. Presidenta del Tribunal Supremo: que una persona inhabilitada para ejercer cargos públicos por la Contraloría, puede postularse para cargos de

57 Véase Nota de Prensa del Tribunal Supremo: "Es inejecutable que Venezuela retroceda en sus avances en la lucha contra la corrupción" Afirmó la presidenta del TSJ; magistrada Luisa Estella Morales Lamuño, autor Redacción TSJ, Fecha de publicación 17/10/2011. Véase en http://www.tsj.gov.ve/informacion/notasdeprensa/notasdeprensa.asp?codigo=8848

elección popular, y por tanto, con la posibilidad de salir electo, pero para nada, pues no puede ejercer el cargo porque ha sido inhabilitado.

Expresó en efecto, la Sra. Presidenta del Tribunal Supremo que:

> "del análisis realizado por la Sala Constitucional el ciudadano López Mendoza goza **de todos** sus derechos políticos, por lo que puede elegir **y ser elegido** en los eventos electorales en los que decida participar."

Y reiteró que "la Constitución de la República Bolivariana de Venezuela es profundamente garantista, y que salvaguarda los derechos políticos de la ciudadanía" precisando que "Leopoldo López Mendoza **sí goza de todos sus derechos políticos**, tal como lo expresa el dictamen (*sic*)."

Ello es por supuesto, totalmente falso, y lo que pone en evidencia, para ser benevolentes, es que, por lo visto, la Presidenta no leyó lo que efectivamente dijo en la sentencia que firmó, pues la misma no incluyó –inconstitucionalmente por lo demás– en su contenido y enumeración de los derechos políticos que podía ejercer el Sr. López, al derecho a ser elegido (derecho pasivo al sufragio); es decir, se cuidó de decidir que el Sr. López **no gozaba de todos sus derechos políticos.**

Sin embargo, teniendo en cuenta la "interpretación" que hace la Sra. Presidenta del Tribunal Supremo de la sentencia, la conclusión es que se trata de una modificación, *ex post facto,* introducida mediante un "Comunicado de Prensa" a la sentencia dictada, indicando que el Sr. López **si puede ejercer su derecho pasivo al sufragio y si puede "ser elegido,"** pero aclarando a renglón seguido que una vez que resultare electo, si fuese el caso, respecto al ejercicio del cargo para el cual resultare electo, ello sería una "situación futura derivada de tal participación" que "no estuvo en el análisis de la Sala, ya que no puede pronunciarse sobre hechos que no han ocurrido." Por lo que, si todo ello sucede, ya está "avisado" el Sr. López de lo que le va a pasar. Más clara no puede ser esta modificación al fallo dictada por la Presidencia del Tribunal Supremo en el "Comunicado de Prensa;" y como la Sala se atribuye el poder de ejercer de oficio este control de constitucionalidad de las sentencias de la Corte Interamericana, nadie le tendrá que requerir su futura y anunciada acción.

Crear mayor y deliberada confusión, es realmente imposible,[58] al punto de que en el diario *El Mundo* de España del día 18 de octubre de 2011, la noticia se titula así: "*El Supremo venezolano permite que Leopoldo López sea candidato en 2012,*" precisándose sin embargo, en los subtítulos que: *"El Tribunal aclara que el opositor sí puede presentarse a las elecciones; Lo que se ha rechazado es el fallo de la Corte Interamericana que condenaba al Estado por la 'inhabilitación' para ejercer cargos públicos de López; Por lo tanto, López puede ser candidato pero no se sabe si podrá ejercer; El Tribunal dijo que aplicar* aquel fallo infringiría las leyes nacionales."[59] En la nota de prensa publicada en este Diario se afirma que:

> "El Tribunal Supremo venezolano (TSJ) **aclaró** este lunes que la decisión de la Sala Constitucional de declarar no ejecutable un fallo de la Corte Interamericana de Derechos Humanos a favor de Leopoldo López no impide al político opositor presentar su candidatura a las elecciones presidenciales."

---

58 Según se reseña en **la patilla.com**, la Contralora General de la República, en medio de la confusión, declaró el día 18 de octubre de 2011, que "el líder opositor Leopoldo López, uno de los aspirantes a ser candidato en las elecciones presidenciales del 7 de octubre del próximo año, no puede desempeñar ningún cargo público hasta 2014. No puede desempeñar cargos públicos, ni por elección, nombramiento, contrato ni designación. ¿El cargo de alcalde, de concejal, de presidente, de gobernador es un cargo público o no? Sí lo es, entonces (López) no puede desempeñar esos cargos públicos dijo Adelina González, Contralora General en funciones. En declaraciones a la televisión estatal, González descartó el supuesto "limbo" en el que quedó López luego de que la presidenta del Tribunal Supremo de Justicia (TSJ), Luisa Estella Morales, indicara que López se podía postular a las elecciones aunque evitando pronunciarse sobre qué ocurriría en caso de ser elegido. Véase "Según la Contralora si López se postula sería "un fraude a la Ley," en http://www.lapatilla.com/site/2011/10/18/segun-la-contralora-si-lopez-se-postula-seria-un-fraude-a-la-ley/

59 Véase en http://www.elmundo.es/america/2011/10/17/venezuela/1318884331.html

La presidenta del TSJ de Venezuela, Luisa Estella Morales, señaló que López se puede postular, pero el fallo de Corte Interamericana (CorteIDH), que obliga a suspender la inhabilitación administrativa del político para ejercer cargo público, es "inejecutable" porque no se pueden anular las decisiones de la Contraloría.

"Leopoldo López tiene pleno derecho a elegir y ser electo, puede concurrir ante el Consejo Nacional Electoral inscribirse y participar en cualquier elección que se realice (...) libremente puede hacerlo", aclaró Estella en una conferencia de prensa.

No obstante, subrayó que "son inejecutables en primer lugar la nulidad de las resoluciones administrativas de la Contraloría y también "la nulidad de los actos administrativos por los cuales se inhabilitó administrativamente al ciudadano Leopoldo López."

Preguntada sobre la posibilidad de que López fuera elegido en los comicios para la Presidencia, convocados para el 7 de octubre de 2012, Morales se excusó de pronunciarse "acerca de situaciones futuras."

"Llegará el momento de que si eso ocurriese tendríamos que pronunciarnos, pero en este momento es ciertamente una posición incierta y futura sobre la cual la Sala no podría pronunciarse," señaló"

Con esta "aclaratoria" a la decisión adoptada mediante declaraciones públicas dadas por la Presidenta del Tribunal Supremo de Justicia, lo que ha hecho el Tribunal Supremo es consolidar la incertidumbre y el desconcierto político en el país, dejando vigente la sanción de inhabilitación política que dictó la Contraloría General de la República contra el Sr. Leopoldo López y en lo que resulta una especie de crónica de una inhabilitación política anunciada, para lo cual ha impuesto el siguiente itinerario a desarrollarse en este caso entre 2011 y 2012:

*Primero*, en el texto de la sentencia, declara que entre los derechos políticos que enumera expresamente como los que puede ejercer el Sr. López **no está el derecho pasivo al sufragio, es decir, el derecho a ser electo**;

*Segundo*, sin embargo, en la "aclaratoria" a la sentencia que ha sido "dictada" por la Presidenta del Tribunal Supremo, la misma declara que el Sr. López **sí se puede postular para cargos electivos y tiene derecho a ser electo,** lo que por si genera incertidumbre sobre si efectivamente goza o no tal derecho conforme a la sentencia de la Sala;

*Tercero*, lo anterior le plantea al Sr. López la **disyuntiva de participar o no en el proceso –elecciones primarias– para la selección del candidato presidencial** de oposición, pero con la certeza de que si no lo hace ello sería por su propia voluntad y no porque se lo hubiese "impuesto" la Sala;

*Cuarto*, si llegase a salir electo en las elecciones primarias, ello le plantearía una **nueva disyuntiva de postularse o no como candidato presidencial en la elección presidencial**, pero si no lo hace ello también sería por su propia voluntad y no porque se lo hubiese impuesto la Sala; y

*Quinto*, si llegase a ganar la elección presidencial, la posibilidad de que pudiera ejercer el cargo para el cual fue electo quedaría entonces en manos del Tribunal Supremo de Justicia, el cual, en ese momento, y sólo en ese momento se pronunciaría sobre lo que al dictar su sentencia consideró como una "situación incierta y futura."

Es decir, el futuro político del país no dependería en este caso de la voluntad del pueblo soberano, sino de la decisión de un Tribunal Supremo que además de usurpar el poder constituyente, y rebelarse contra las decisiones del tribunal internacional encargado de la protección de los derechos humanos en América, se reserva el derecho de anular o no la voluntad popular de acuerdo con las circunstancias que se presenten en el futuro.

Nueva York, Octubre 2011.

## XXVI

# DERECHO A LA REVOCACIÓN DE MANDATOS POPULARES Y SU DISTORSIÓN POR EL JUEZ CONSTITUCIONAL. DE CÓMO UN REFERENDO REVOCATORIO FUE INCONSTITUCIONALMENTE CONVERTIDO EN UN "REFERENDO RATIFICATORIO"

**(2007)**

**Este texto es el de la Ponencia sobre *La Sala Constitucional vs. El derecho ciudadano a la revocatoria de mandatos populares (o de cómo un referéndum revocatorio fue inconstitucionalmente convertido en un referéndum "ratificatorio")*, presentada al Seminario sobre experiencias de referéndum, Tribunal Supremo de Elecciones de Costa Rica, International IDEA, San José, 20-21 de agosto de 2007.**

## I.- EL GOBIERNO DE MANDATOS REVOCABLES

El artículo 6 de la Constitución de 1999 establece que el gobierno de la República y de las entidades políticas que la componen, es decir, básicamente, de los Estados y de los Municipios, "es y será siempre democrático, participativo, electivo, descentralizado, alternativo, responsable, pluralista y *de mandatos revocables*".

Debe recordarse que el calificativo del gobierno como "representativo", que siempre había estado en todas las Constituciones de los Siglos XIX y XX, fue deliberadamente eliminado de la Constitución en 1999 con base en un discurso político supuestamente de carácter "participativo"[1]; y, en cambio, se estableció la revocación de los mandatos de elección popular como de la esencia del sistema de gobierno de Venezuela y, además, como un derecho ciudadano. Por ello, el artículo 62 de la Constitución establece el derecho de los ciudadanos a participar libremente en los asuntos públicos, directamente o por medio de sus representantes elegidos; el artículo 70 de la Constitución enumera los "medios de participación y protagonismo del pueblo en ejercicio de su soberanía, en lo político: la elección de cargos públicos, el referendo, la consulta popular, *la revocación del mandato*, las iniciativas legislativa, constitucional y constituyente, el cabildo abierto y la asamblea de ciudadanos cuyas decisiones serán de carácter vinculante, entre otros"; y el artículo 72 antes citado, regula específicamente el referendo revocatorio de mandatos de iniciativa popular.

Adicionalmente, el artículo 198 de la Constitución establece cuáles son los efectos de la revocatoria del mandato de los diputados a la Asamblea Nacional, disponiendo que aquellos cuyo mandato fuese revocado no pueden optar a cargos de elección popular en el siguiente período; y el artículo 233 enumera como causa de falta absoluta del Presidente de la República "la revocación popular de su mandato".

La revocatoria del mandato de los representantes electos, por tanto, conforme lo ha establecido la sala Electoral del tribunal Supremo de Justicia, es un mecanismo constitucional de "participación política del soberano en los asuntos que le conciernen", que exige al juez interpretar el ordenamiento jurídico, adaptando sus normas "a los valores, principios y reglas que

---

1 *V.* nuestro voto salvado en relación con esta norma en Allan R. Brewer-Carías, *Debate Constituyente, (Aportes a la Asamblea Nacional Constituyente)*, Tomo III, Caracas 1999, pp. 237 y 252.

pauta el nuevo Texto Fundamental, que resulta ser la guía orientadora en toda labor hermenéutica progresiva y ajustada a los nuevos valores de nuestro ordenamiento"[2].

## II.- LA PETICIÓN POPULAR PARA LA REALIZACIÓN DEL REFERENDO REVOCATORIO DE MANDATOS DE ELECCIÓN POPULAR

En coincidencia con lo dispuesto en el artículo 70 de la Constitución, que identifica como uno de los medios de participación en lo político a "la revocación del mandato"; el artículo 72 de la Constitución regula el mecanismo del referendo revocatorio de mandatos de elección popular, disponiendo que en virtud de que todos los cargos y magistraturas de elección popular son revocables (art. 6), transcurrida la mitad del período para el cual fue elegido un funcionario, un número no menor del 20% de los electores inscritos en la correspondiente circunscripción electoral al momento de formular la solicitud, puede solicitar la convocatoria de un referendo para revocar dicho mandato.

En ausencia de una normativa legal que desarrollara el texto del artículo 72 de la Constitución, el Consejo Nacional Electoral en septiembre de 2003, con motivo de rechazar una solicitud de referendo revocatorio del mandato del Presidente de la República ("El Firmazo"), mediante Resolución N° 030912-461 de fecha 12 de septiembre de 2003, resumió lo que consideró era la doctrina de la Sala Constitucional[3] sobre los requisitos mínimos de orden formal que se requerían para ejercer el *derecho constitucional al referendo revocatorio*, los cuales pueden ser resumidos como sigue:

a) Está sujeto a un límite de naturaleza temporal como es, sin duda, que el derecho al referendo revocatorio sólo puede ejercerse una vez que haya transcurrido la mitad del período del funcionario cuya revocación se persigue;

b) Entre los requisitos formales de la solicitud, como formas esenciales que se deben cumplir inexorablemente, como "imprescindibles", está la exigencia de que la petición o solicitud de revocación exprese con precisión "el nombre y apellido del funcionario cuestionado y el cargo para el cual fue elegido popularmente, con indicación de la fecha de toma de posesión efectiva del mismo";

c) Teniendo el referendo revocatorio como único origen la *iniciativa popular*, el derecho al referendo revocatorio tiene como titulares a los ciudadanos integrantes del cuerpo electoral, por lo que la solicitud debe ir acompañada, "de los nombres y apellidos, números de cédula de identidad y las firmas respectivas", para que sean verificadas por el Consejo Nacional Electoral, el cual debe constatar, a través de la Comisión de Registro Civil y Electoral, "la debida inscripción de los electores y electoras que figuran como solicitantes de la revocación del mandato en el Registro Electoral de la correspondiente circunscripción, pues, es éste el único organismo autorizado para verificar tales datos";

d) La solicitud debe formularse ante el Consejo Nacional Electoral;

e) La actividad del Consejo Nacional Electoral se ciñe a verificar las reglas del artículo 72 de la Constitución, con lo cual tiene prohibido cualquier "margen de discrecionalidad que autorice al Consejo Nacional Electoral a emitir pronunciamiento alguno sobre el mérito o conveniencia de la solicitud"; y

f) El Consejo Nacional Electoral no puede "establecer –en las normativas de carácter sub legal que dicte– nuevas condiciones para la procedencia de la revocación del mandato, no contempladas en el marco constitucional vigente".

---

2 *V.* la sentencia de la Sala Electoral del Tribunal Supremo de Justicia, N° 170 de 22 de diciembre de 2000 (Caso: *Club Social Layalina)*, en *Revista de Derecho Público,* N° 84 (octubre-diciembre), Editorial Jurídica Venezolana, Caracas, 2000, pp. 49 y ss.

3 Sentada en la sentencia N° 1139 de 05-06-2002 (Caso: *Sergio Omar Calderón y William Dávila*), *Revista de Derecho Público*, N° 89-92, Editorial Jurídica Venezolana, Caracas 2002, pp. 164 y ss.

La materia, sin embargo, fue regulada días después por el mismo Consejo Nacional Electoral en la Resolución N° 030925-465 de 25 de septiembre de 2003, mediante la cual se dictaron las "Normas para Regular los Procesos de Referendos Revocatorios de Mandatos de Cargos de Elección Popular"[4], en las cuales, en nuestro criterio, se vulneró el derecho a la participación política consagrado en la Constitución, pues antes que facilitar su ejercicio, establecieron trabas y requisitos que afectaron su ejercicio y lo limitaron más allá de lo permitido en la Constitución.

Estas limitaciones afectaron el ejercicio del derecho de petición de los electores, pues sin fundamento constitucional alguno, establecieron entre otras cosas, que las firmas en respaldo de la petición de los referendos sólo podían estamparse en un formulario preestablecido en papel especial diseñado por el Consejo Nacional Electoral; que las dichas firmas sólo se podían estampar en unos lugares precisos y en un plazo de sólo unos días preestablecidos, eliminándose además, el derecho de aquellos ciudadanos que estuviesen fuera del país de poder respaldar con su firma la petición. Posteriormente, en forma sobrevenida, con motivo de la presentación de una solicitud de revocatoria de mandato del Presidente de la República ("El Reafirmazo"), el Consejo Nacional Electoral estableció en una nueva Resolución[5], requisitos formales adicionales, como el que la inscripción de los datos de los solicitantes debían ser escritos de puño y letra de cada uno de ellos, lo que llevó al cuestionamiento de un número considerable de peticiones ("Los Reparos")[6].

Es de advertir que la manifestación de voluntad de respaldo a una solicitud de referendo revocatorio es un derecho constitucional que todos los ciudadanos tienen a la participación política, el cual no puede restringirse ni siquiera por ley, por lo que menos aún puede restringirse mediante actos reglamentarios, como el contenido en la mencionada Resolución. Así lo había afirmado la Sala Constitucional del Tribunal Supremo de Justicia en sentencia N° 321 de 22-02-2002, en la cual señaló que las limitaciones a los derechos constitucionales "derivan por sí mismas del texto constitucional, y si el legislador amplía el espectro de tales limitaciones, las mismas devienen en ilegítimas". Por tanto, la condición de ciudadano y el ejercicio de los derechos políticos de los mismos no pueden restringirse a sólo unos días; y esa condición no se pierde, en forma alguna, por encontrarse la persona fuera del país.

## III.- LA ILEGÍTIMA TRANSFORMACIÓN POR LA SALA CONSTITUCIONAL, DEL REFERENDO REVOCATORIO DE MANDATOS EN UN REFERENDO DE "RATIFICACIÓN" DE MANDATOS

Como antes se ha señalado, en el artículo 72 de la Constitución se establece que para que un referendo revocatorio sea válido, no sólo se requiere que al menos el 20% de los electores inscritos en la circunscripción de que se trate solicite la convocatoria a referendo; sino que, al menos, participe en el referendo un 25% de los electores inscritos.

Como lo ha dicho la Sala Constitucional del Tribunal Supremo de Justicia, en sentencia N° 2750 de 21 de octubre de 2003, con estos porcentajes mínimos para solicitar el referendo y para que pueda tomarse en cuenta el resultado del mismo, un referendo revocatorio "aunque hubiera sido convocado correctamente, no tendrá valor alguno si existe escasa participación"; lo que tiene por objeto "evitar que pueda ser revocado el mandato de un funcionario electo con base en el resultado de un referendo con alta abstención".

En cuanto a los votos necesarios para que se produzca la revocatoria del mandato, la Sala Constitucional en la misma sentencia señaló:

---

4 *G.O.* N° 37.784 del 26 de septiembre de 2003.

5 Resolución N° 040302-131 del Consejo Nacional Electoral de 2 de marzo de 2004.

6 Del total de 3.467.050 firmas o peticiones presentadas, fueron objetadas 876.017 firmas aproximadamente. La antes indicada, que estableció en forma sobrevenida los señalados requisitos, fue impugnada ante la Sala Electoral del Tribunal Supremo, la cual la anuló; pero la Sala Constitucional del mismo Tribunal Supremo, a su vez, al conocer de un recurso de revisión y de una posterior solicitud de avocamiento al conocimiento de la causa, la admitió y anuló la sentencia de la Sala Electoral. Se produjo, así, el secuestro de la Sala Electoral y la confiscación del derecho a la participación política de los ciudadanos. *V.* Allan R. Brewer-Carías, *La Sala Electoral vs. El Estado democrático de derecho (El secuestro del Poder Electoral y de la Sala Electoral del Tribunal Supremo y la confiscación del derecho a la participación política)*, Ediciones El Nacional, Caracas, 2004. *V.* este trabajo en la Tercera Parte de este libro, páginas 197 y ss.

"El artículo 72 también dispone que sólo se revocará el mandato del funcionario *si votan a favor* de ello al menos una cantidad de personas igual al número de quienes lo eligieron en su momento, como una manera de impedir que funcionarios que alcanzaron su puesto con altos porcentajes de apoyo popular puedan perderlo por simple mayoría"[7].

En consecuencia, a los efectos de que se produzca la revocatoria del mandato, se requiere, en *primer lugar,* que se produzca un quórum de asistencia consistente en que concurran al referendo un número de electores igual o superior al 25% de aquellos que estén inscritos en el registro civil y electoral. Sobre esto, la Sala Constitucional en la antes referida sentencia N° 1139 de 5 de junio de 2002 (Caso: *Sergio Omar Calderón Duque y William Dávila Barrios)* ha interpretado:

"Que el quórum mínimo de participación efectiva en el referéndum revocatorio, debe estar representado necesariamente -por lo menos-, por el 25% de los electores inscritos en el Registro Electoral de la circunscripción correspondiente para el momento de la celebración de los comicios referendarios"[8].

En *segundo lugar,* se requiere que voten a favor de tal revocatoria un número de electores inscritos en el Registro Electoral para el momento de la celebración del referendo, igual o mayor de los que eligieron al funcionario. En el caso del referendo revocatorio del mandato del Presidente de la República ocurrido el 15 de agosto de 2004 bastaba, para la revocatoria del mismo, que votaran a favor de tal revocatoria un número de electores igual o mayor a 3.757.774, que había sido el número de votantes que lo habían elegido en agosto de 2000.

Sobre ello, la Sala Constitucional precisó en la misma sentencia N° 1139 de 5 de junio de 2002 (Caso: *Sergio Omar Calderón y William Dávila*) que:

"La revocación del mandato no es producto de la arbitrariedad, sino una consecuencia lógica que se deriva del principio de soberanía popular, pues, por ser el pueblo soberano, puede ejercer el poder con la finalidad de dejar sin efecto el mandato de sus representantes elegidos popularmente, que han dejado de merecerles confianza, por haberse desempañado en el ejercicio de sus funciones de forma inconveniente o contraria a los intereses populares o del Estado en general, quienes quedan entonces sometidos a la decisión del cuerpo electoral.

Siendo así las cosas, considera la Sala que el requerimiento del constituyente de 1999, cuando estableció en el segundo aparte del artículo 72, determinadas condiciones cuantitativas para que se considere revocado el mandato del funcionario electo, tiene como propósito demostrar fehacientemente la veracidad de los resultados obtenidos en el referéndum revocatorio ejecutado, de manera que no haya duda sobre la pérdida tan grave de popularidad del funcionario que deviene en ilegítimo, y la desaprobación de su gestión, por lo que resulta lógico que se exija que su revocación se produzca en virtud de la misma cantidad de votos, e incluso uno más, de los que previamente lo favorecieron cuando quedó investido del cargo público que ejercía, siempre que un quórum mínimo considerable de electores inscritos en el Registro Electoral hayan concurrido a desaprobar la gestión del mandatario cuestionado.

Según los planteamientos anteriores, interpreta la Sala que el quórum mínimo de participación efectiva en el referéndum revocatorio, debe estar representado necesariamente -por lo menos-, por el 25% de los electores inscritos en el Registro Electoral de la circunscripción correspondiente para el momento de la celebración de los comicios refrendarios, y además, que la votación favorable a la revocación debe ser igual o mayor que la que el funcionario

7 Caso: *Carlos E. Herrera Mendoza, Interpretación del artículo 72 de la Constitución,* en *Revista de Derecho Público,* N° 93-96, Editorial Jurídica Venezolana, Caracas 2003.

8 En *Revista de Derecho Público,* N° 89-92, Editorial Jurídica Venezolana, Caracas 2002, pp. 165 y ss. Este criterio fue rectificado en la sentencia N° 137 de 13-02-2003 (Caso: *Freddy Lepage y otros*), en *Revista de Derecho Público,* N° 93-96, Editorial Jurídica Venezolana, Caracas 2003.

obtuvo cuando fue electo, sin que puedan someterse tales condiciones numéricas a procesos de ajuste o de proporción alguno".

En consecuencia, conforme a esta doctrina jurisprudencial de la Sala Constitucional y a la expresa disposición constitucional, se produce la revocación de un mandato de elección popular como consecuencia de un referendo revocatorio, cuando "la votación favorable a la revocación [sea] igual o mayor que la que el funcionario obtuvo cuando fue electo". Y nada más.

Se trata de un referendo revocatorio de mandatos de elección popular y no de un referendo "ratificatorio" de tales mandatos, el cual no existe en el texto constitucional. Este no regula plebiscito alguno, sino un referendo revocatorio de mandatos; y precisamente por ello, nada indica la Constitución para el caso de que si bien voten a favor de la revocatoria de un mandato un número de electores superior al número de votos que obtuvo el funcionario cuando fue electo, paralelamente, en dicha votación refrendaria se pronunciaren por la no revocación, un número mayor de votos. Ello podría ocurrir, pero la Constitución no le atribuye a ese hecho efecto jurídico constitucional alguno, limitándose a regular los efectos revocatorios del referendo, y nada más.: basta que la votación a favor de la revocación del mandato sea igual o mayor que la que el funcionario obtuvo cuando fue electo, para que quede el mandato revocado. Y ello es así, incluso a pesar de que el Registro Electoral haya variado con el transcurso del tiempo.

Sin embargo, de manera evidentemente inconstitucional, en las *Normas para regular los procesos de Referendos Revocatorias de mandatos de Elección Popular* dictadas por el Consejo Nacional Electoral mediante acto administrativo de 25 de septiembre de 2003[9], si bien se estableció que se considera revocado el mandato "si el número de votos a favor de la revocatoria es igual o superior al número de los electores que eligieron al funcionario", se agregó la frase: "***y no resulte inferior al número de electores que votaron en contra de la revocatoria***" (Art. 60). Con este agregado, en una norma contenida en un acto administrativo que por tanto es de rango sublegal, se restringió el derecho ciudadano a la revocatoria de mandatos populares, al establecerse un elemento que no está en la Constitución relativo al los efectos del voto por la "no revocación". Con ello se pretendió trastocar la naturaleza "revocatoria" del referendo que regula el artículo 72 de la Constitución, y se lo quiso convertir en un referendo "ratificatorio" de mandatos de elección popular.

Lo inaudito de este fraude constitucional, es que dicho criterio luego sería avalado por la propia Sala Constitucional del Tribunal Supremo en una frase contenida en la sentencia N° 2750 de 21 de octubre de 2003 (Caso: *Carlos E. Herrera Mendoza, Interpretación del artículo 72 de la Constitución*), en la cual señaló que:

> "Se trata de una especie de relegitimación del funcionario y en ese proceso democrático de mayorías, incluso, si en el referendo obtuviese más votos la opción de su permanencia, debería seguir en él, aunque voten en su contra el número suficiente de personas para revocarle el mandato"[10].

Se trataba, en efecto, de una simple "apreciación" de la Sala Constitucional, sobre un criterio de que el funcionario revocado constitucionalmente, sin embargo, en esa circunstancia "debería" permanecer en el cargo. En el texto de la sentencia, además, nada se dijo de que se tratara de una "interpretación vinculante" de la Constitución.

En un referendo revocatorio no puede haber votos "por la permanencia" del funcionario en el cargo; lo que hay son votos por la revocatoria o por la no revocatoria del mandato; es decir, hay votos SI o votos N° Los votos por la no revocatoria del mandato son votos negativos (NO); y un voto negativo "por la no revocatoria" del mandato no puede ser convertido en un voto positivo (SI) "por la permanencia" del funcionario en su cargo o por la "ratificación del mandato". Ello sería cambiar la naturaleza del referendo revocatorio, lo que efectivamente ocurrió en Venezuela en agosto de 2004.

9 Resolución N° 030925-465 de 25-09-2003.

10 En *Revista de Derecho Público*, N° 93-96, Editorial Jurídica Venezolana, Caracas 2003 (en prensa).

En efecto, en esa frase de la sentencia antes citada, la Sala Constitucional cambió la naturaleza de la revocación del mandato, y lo convirtió en un mecanismo para "relegitimar" o para "ratificar" mandatos de elección popular, cuando ello no fue la intención del Constituyente. Lo que la Constitución regula es la revocatoria popular de mandatos, y para ello, lo único que exige en materia de votación es que un número "igual o mayor de electores que eligieron al funcionario hubieren votado a favor de la revocación".

Es tan evidente que la citada sentencia modificó la Constitución, que con ocasión de la realización del referendo revocatorio del mandato del Presidente de la República que se efectuó el 15 de agosto de 2004, e independientemente de las denuncias que se formularon en relación a los manejos fraudulentos que acompañaron el proceso de votación, y que se formularon ante el Consejo Nacional Electoral, este órgano, mediante Resolución N° 040826-1118 de 26 de agosto de 2004, no sólo dio los datos definitivos de la votación efectuada en el referendo revocatorio, sino que acordó "ratificar" al Presidente de la República en su cargo en "acto solemne", hasta la terminación del período constitucional en enero de 2007.

En efecto, en la *página web* del Consejo Nacional Electoral del día 27 de agosto de 2004, apareció la siguiente nota en la cual se informaba que:

> "El Presidente del Consejo Nacional Electoral, Francisco Carrasquero López, se dirigió al país en cadena nacional para anunciar las cifras definitivas y oficiales del evento electoral celebrado el pasado 15 de agosto, ***las cuales dan como ratificado en su cargo al Presidente de la República,*** Hugo Rafael Chávez Frías, con un total de 5 millones 800 mil 629 votos a favor de la opción "No"
>
> En la contienda electoral participaron 9 millones 815 mil 631 electores, de los cuales 3.989.008 se inclinaron por la opción "Sí" para revocar el mandato del Presidente Chávez. La totalización arrojó que la opción "No" alcanzó el 59,25% de los votos, mientras el "Sí" logró el 40,74% del total general, y la abstención fue del 30,02%.
>
> Vale destacar que para estos comicios el Registro Electoral se incrementó significativamente, alcanzando un universo de 14.027.607 de electores con derecho a sufragar en el RR.
>
> Con base en la expresión de la voluntad popular, el Consejo Nacional Electoral, este viernes 27 de agosto, ratificará en la Presidencia de la República Bolivariana de Venezuela a Hugo Chávez Frías, quien culminará su período constitucional en el año 2006".

De la información contenida en dicha nota, resultaba claro que los electores que votaron por la revocatoria del mandato del Presidente, que fueron 3.989.008, constituían un número mayor que el de los electores que en su momento habían elegido al Presidente, que fueron 3.757.774, lo que conforme al texto expreso del artículo 72 de la Constitución bastaba para que se considerara revocado el mandato. Sin embargo, en la misma nota, y al contrario de lo que se establecía en la Constitución, se consideraba que con la referida votación el Presidente de la República habría sido "ratificado" en su cargo.

Además, siguiendo la orientación de esta nota, el Consejo Nacional Electoral en la mencionada Resolución N° 040826-1118 de 26 de agosto de 2004, resolvió "publicar los resultados de la totalización de actas de escrutinio correspondiente al referendo revocatorio presidencial, celebrado el 15 de agosto de 2004"; siendo su texto leído en el acto solemne efectuado en la sede de dicho organismo el día 27 de agosto de 2004. En dicha Resolución, que sólo fue publicada días después en *Gaceta Electoral* del 30 de agosto de 2004[11], el Consejo Nacional Electoral publicó "los resultados de la totalización de Actas de Escrutinio correspondientes al referendo revocatorio presidencial celebrado el 15 de agosto de 2004", indicando que los votos por la opción SI, es decir, por la revocatoria del mandato del Presidente de la República fueron de 3.989.008 votos; y que los votos por la opción NO fueron de 5.800.629 votos. El Presidente de la República, como se dijo, había sido electo en agosto de 2000 con 3.757.774 votos, por lo que conforme al artículo 72 de la Constitución su mandato había quedado revocado.

11 *Gaceta Electoral* N° 210 de 30-08-2004.

Sin embargo, el Consejo Nacional Electoral en la mencionada Resolución de 26 de agosto de 2004, señaló que vistos los resultados de la votación señalados,

> "[Con] con fundamento en el artículo 20 de las Normas para la Totalización y Proclamación de los Resultados del Referendo Revocatorio Presidencial del 15 de agosto de 2004 y *especialmente, **con atención a lo dispuesto en la doctrina vinculante con el artículo 72 de la Constitución** de la República establecida por la Sala Constitucional del Tribunal Supremo de Justicia en su sentencia de fecha 21 de octubre de 2001,* el Consejo Nacional Electoral *hace constar que el mandato* popular del ciudadano Hugo Rafael Chávez Frías, titular de la cédula de identidad N° 4.258.228, como Presidente de la República de la República, ***ha sido ratificado** por el pueblo venezolano en la jornada electoral del 15 de agosto pasado y, por consiguiente, el mencionado ciudadano tiene derecho a ocupar y ejercer el señalado cargo público, hasta la culminación del actual período constitucional"*.

Con esta Resolución, puede decirse que se consolidó el fraude constitucional que había ido configurándose, al trastocarse una "revocación de mandato" en una supuesta "ratificación de mandato" de un funcionario que había quedado constitucionalmente revocado.

Además, la propia Asamblea Nacional participó en la configuración del fraude constitucional, y en la misma fecha 27 de agosto de 2004 realizó una sesión solemne para entregarle al Presidente de la República, un "Acuerdo de la Asamblea Nacional *sobre ratificación* del Presidente de la República", en uno de cuyos Considerandos se afirmó:

> "Que el resultado del proceso refrendario ha expresado de manera clara e inequívoca *la ratificación del mandato* del Presidente Constitucional Hugo Chávez Frías, representando una incuestionable victoria democrática de la voluntad mayoritaria del pueblo heroico del Libertador Simón Bolívar, en el esfuerzo colectivo para consolidar y profundizar la revolución democrática, pacífica, la justicia social y la autodeterminación nacional, proceso y proyecto político comprometido con el logro de los fines y propósitos contenidos en la Constitución de la República Bolivariana de Venezuela".

## IV.- LOS EFECTOS DE LA REVOCATORIA DEL MANDATO

Pero el trastrocamiento del sentido de la revocación de mandatos en la Constitución, tanto por la Sala Constitucional del Tribunal Supremo como por el Consejo Nacional Electoral, no sólo ha ocurrido al cambiarse la naturaleza "revocatoria" del referendo por una supuesta "ratificación" de mandatos; sino que además se ha evidenciado por las imprecisiones interpretativas de la mencionada Sala Constitucional del Tribunal Supremo.

En efecto, en caso de que se produzca la revocatoria del mandato de un funcionario electo, los efectos de tal revocatoria es que debe procederse de inmediato a cubrir la falta absoluta conforme a lo dispuesto en la Constitución y en la Ley. Si se trata de un Diputado a la Asamblea Nacional, debería realizarse una nueva elección, pero la Sala Constitucional ha determinado que lo sustituye su suplente por el resto del período[12]. En caso de que no existan suplentes, por supuesto que debería efectuarse una nueva elección.

En relación con el Presidente de la República, la forma de proceder para cubrir la falta absoluta que se produciría con la revocación del mandato, conforme al artículo 233, varía según que ésta ocurra durante los primeros cuatro años de los seis del período constitucional o durante los dos últimos: En el primer caso, debe procederse a una nueva elección presidencial para que quien resulte electo *complete* el período constitucional por los dos años restantes; y en el segundo caso, el Vicepresidente Ejecutivo es quien debe asumir la Presidencia hasta completar dicho período.

Ahora bien, la revocación del mandato de cargos de elección popular, sin duda, confronta claramente dos derechos constitucionales. Por una parte, el derecho individual de cada ciudadano a ser postulado como candidato y ser electo popularmente para cargos o mandatos

12 Sentencia de 05-06-2003 (Caso: *Sergio Omar Calderón Duque y William Dávila*).

representativos; y por la otra, el derecho colectivo de los ciudadanos a revocar el mandato de aquellos a quienes el pueblo eligió.

El juez constitucional y, en general, el interprete, por tanto, al momento de considerar los efectos de la revocatoria del mandato, tiene que poner en la balanza judicial ambos derechos, y determinar cuál tiene mayor valor en caso de conflicto o duda. En una democracia puramente representativa, quizás el derecho del representante podría privar; pero en una democracia que además de ser representativa, la participación popular como derecho constitucional tiene un valor preponderante, sin duda que el derecho colectivo del pueblo soberano de revocar el mandato de los elegidos tiene que tener un mayor valor.

Esto tiene particular importancia en cuanto a los efectos de la revocación del mandato. Este es un acto político del pueblo a rechazo de un funcionario, desalojándolo del ejercicio de su cargo; razón por la cual, como sanción popular que es, ello tendría que impedir que el funcionario revocado pueda presentarse de nuevo como candidato al mismo cargo en las elecciones subsiguientes para completar el período constitucional que le habría sido truncado por el pueblo.

Ahora bien, en cuanto a los efectos de la revocatoria de los mandatos, en lo que se refiere a la revocación del mandato de los diputados a la Asamblea Nacional, la Constitución es explícita en cuanto a la determinación de los efectos de la revocatoria, al señalar expresamente que el diputado revocado "no podrá optar a cargos de elección popular en el siguiente período" (art. 198). Sin embargo, nada indica la Constitución sobre los efectos de la revocación del mandato en el caso del Presidente de la República y de los otros funcionarios electos, como son los Legisladores miembros de los Consejos Legislativos estadales, los Concejales miembros de Concejos Municipales, o los Gobernadores y Alcaldes. En estos casos, sin embargo, lo cierto es que el intérprete tiene que considerar la existencia de los dos derechos constitucionales antes señalados y que se encontrarían confrontados. Por una parte, el derecho político colectivo de los ciudadanos a revocarle el mandato a los funcionarios de elección popular, incluido el Presidente de la República; y por la otra, el derecho político individual de éste a ser electo; conflicto en el cual la balanza se tendría que inclinar, sin duda, a favor del derecho político colectivo de los ciudadanos a revocarle el mandato, lo que acarrearía lógicamente que el funcionario revocado no podría presentarse como candidato en la elección que resultara necesario hacer para que un "nuevo Presidente" complete el período constitucional correspondiente[13]. De lo contrario se estaría configurando otro fraude a la Constitución.

## V.- LA INCERTIDUMBRE CONSTRUIDA POR LA SALA CONSTITUCIONAL PARA ELIMINAR EL CARÁCTER DEL GOBIERNO COMO DE MANDATOS REVOCABLES

La Sala Constitucional del Tribunal Supremo de Justicia, sin duda, es la llamada a resolver el conflicto entre los dos derechos antes indicados; y acorde con los valores y principios constitucionales, descartar la posibilidad de que un Presidente de la República cuyo mandato haya sido revocado, pudiera ser candidato en la elección que debiera realizarse como consecuencia de la revocatoria de su mandato. Estas nuevas votaciones deberían tener por objeto elegir a un nuevo Presidente para completar el mandato del revocado, dándole primacía al derecho político colectivo de los ciudadanos a la revocación del mismo, como manifestación de la democracia de participación consagrada en la Constitución, y del gobierno de mandatos revocables que ella establece[14].

Lamentablemente, sin embargo, la Sala Constitucional, en esta materia, no sólo no ha sido el máxime interprete de la Constitución acorde con sus valores y principios, sino que más bien ha sido complaciente con el Poder, lo que ha quedado en clara evidencia a través de sus sucesivas decisiones en la materia.

13 *V.* las declaraciones de Allan R. Brewer-Carías, "El derecho de los ciudadanos a revocar priva sobre la candidatura de Chávez", dadas al periodista Edgar López, *El Nacional*, Caracas 11-06-2004, pp. A-1 y A-4.

14 Nótese que la Constitución de 1999 sustituyó el calificativo de "gobierno representativo" que contenía el artículo 3 de la Constitución de 1961 por el de "gobierno de mandatos revocables" que contiene el artículo 6, equivalente, en la Constitución de 1999.

En efecto, dado el silencio de la Constitución, la Sala Constitucional comenzó estableciendo en su sentencia N° 2404 de 28 de agosto de 2003 (Caso: *Exssel Alí Betancourt Orozco, Interpretación del artículo 72 de la Constitución*), que en el supuesto de la revocatoria del mandato del Presidente de la República, en la elección del nuevo Presidente:

"Evidentemente no podría participar dicho funcionario (revocado), pues cualquier falta absoluta del Presidente implica la separación del cargo y la consecuente sustitución del mismo. Lo contrario supondría una amenaza de fraude a la soberanía popular"[15].

El texto de esta sentencia, sin embargo, fue desconocido posteriormente por la propia Sala Constitucional del Tribunal Supremo, de manera por demás insólita: Su contenido fue publicado por el Tribunal Supremo incluso hacia los medios de comunicación, pero no llegó a ser publicada en la *página web* del Tribunal Supremo. La Sala Constitucional, en una inusual "Aclaratoria" emitida de oficio en fecha 1° de septiembre de 2003, *desconoció lo expresado en el fallo*, considerando el tema como no decidido. El texto de la "Aclaratoria", sin embargo, luego da haber sido incorporada en la *página web* del Tribunal Supremo, fue posteriormente eliminado de la misma, y tiene el tenor siguiente:

"*ACLARATORIA*; El 28 de agosto de 2003 esta Sala Constitucional, en el expediente N° 03-0763, pronunció sentencia N° 2404, en la que declaró inadmisible el recurso de interpretación que interpuso el ciudadano EXSSEL ALÍ BETANCOURT OROZCO, en relación con el artículo 72 de la Constitución de la República Bolivariana de Venezuela.

Como se observa que en el texto de dicha decisión aparecen expresiones que erróneamente pudieran entenderse como una definitiva interpretación de la norma constitucional que se mencionó (art. 72) en el punto que requirió el solicitante, la Sala de oficio aclara y decide que, por cuanto la pretensión del actor fue declarada inadmisible, los alcances de dicho fallo N° 2404 quedan estrictamente limitados y sujetos al pronunciamiento de inadmisibilidad, sin que, en consecuencia, puedan extenderse a otros aspectos de cualquier naturaleza que pudieran extraerse de la redacción del mismo, máxime cuando, equivocadamente, se invocan pronunciamientos precedentes que la Sala no ha hecho. Por otra parte, ante esta misma Sala cursa expediente N° 02-3215 (solicitud hecha por el ciudadano Estaban Gerbasi), cuyo ponente es el Magistrado Dr. José Manuel Delgado Ocando, en el que corresponderá a la Sala Constitucional la decisión sobre si un funcionario de elección popular, a quien le sea revocado el mandato, podrá participar o no en un inmediato y nuevo comicio. Sépase, pues, que sólo en la oportunidad cuando recaiga sentencia que expresamente decida la interpretación del asunto que se refirió habrá certeza sobre el punto"[16].

En las actas procesales del expediente, en todo caso, la única referencia que quedó relativa a este espinoso asunto, es un "Auto" de la Sala Constitucional del mismo día, 1° de septiembre de 2003, ordenando abrir una averiguación penal para establecer responsabilidades sobre el contenido de la sentencia que supuestamente no se correspondía con el texto del fallo que habían aprobado los Magistrados. Todo este incidente, que originó la apertura de una investigación criminal inusitada, la cual por supuesto, no ha concluido y seguramente concluirá en nada, fue calificado, con razón, como una polémica "con características escandalosas"[17].

Con el desconocimiento de su decisión por la propia Sala Constitucional, quedó abierta entonces la cuestión jurídica aún por resolver, sobre si un Presidente de la República revocado podría presentarse como candidato en la elección subsiguiente: No sólo la que debía efectuarse para completar el período constitucional si es revocado después de cumplir tres años de mandato pero antes de que se cumplan cuatro del período presidencial; sino en la elección para el

15 *V.* la reseña del periodista Edgar López, *El Nacional*, Caracas, 04-01-2004, p. A-2

16 El texto ha sido tomado de la cita que hizo el Magistrado Antonio J. García García en su *voto salvado* a la sentencia N° 1173 de 15-06-2004 (Caso: *Esteban Gerbasi*).

17 *V.* la reseña de Edgar López, *El Nacional*, Caracas, 04-01-2004, p. A-2.

período constitucional subsiguiente. El asunto, como se dijo, no esta resuelto expresamente en la Constitución, como sí lo esta respecto de la revocación de los mandatos de los diputados a la Asamblea Nacional[18].

Posteriormente, el 10 de junio de 2004 ya se reseñaba sobre la existencia de una ponencia de sentencia que circulaba en la Sala Constitucional, de interpretación del artículo 72 de la Constitución, y que aparentemente no resolvía la duda que había quedado con el texto de la sentencia N° 2042 de 28-08-2003, (Caso *Exssel Alí Bentancourt Orozco*), que había sido desconocido por la propia Sala Constitucional[19].

Y así, conforme a ese anuncio, días después, la Sala Constitucional dictaría la sentencia N° 1173 de 15 de junio de 2004 (Caso: *Esteban Grebasi*) con motivo de la solicitud de interpretación del artículo 72 de la Constitución, en virtud de la duda razonable que el recurrente había alegado "consistente en saber si un funcionario cuyo mandato le fuere revocado con base en el citado artículo 72 puede optar a algún cargo de elección popular durante el siguiente período correspondiente". El recurrente también había argumentado que la "prohibición de postulación a cargos de elección popular prevista en el artículo 198 de la Carta Magna" debía "entenderse comprendida dentro del alcance del artículo ... ya que resulta contrario a la razón y, en consecuencia, a toda regla lógica, que un funcionario cuyo mandato ha sido revocado por el propio pueblo que lo eligió opte inmediatamente a un cargo (al) que debe ser también elegido"; considerando que un funcionario, al serle revocado su mandato con fundamento en el mecanismo previsto en el artículo 72 de la Carta Magna, "pierde el derecho a ser elegido al mismo cargo del cual le ha sido revocado por mandato popular".

La Sala Constitucional, para decidir, delimitó el ámbito de la solicitud en relación a "la duda existente en el ánimo del solicitante al interponer la presente acción de interpretación constitucional ...en saber si el Presidente de la República, dado el caso que se le revocara su mandato de conformidad con el mecanismo de participación política previsto en el artículo 72 de la Constitución de la República Bolivariana de Venezuela, le sería aplicable la inhabilitación prevista en el artículo 198 *eiusdem*, respecto de los Diputados a la Asamblea Nacional"; pasando entonces a decidir interpretando "las disposiciones constitucionales en concordancia con el resto de la Carta Magna, considerada ésta *in totum*".

La Sala Constitucional, después de argumentar sobre las técnicas de interpretación constitucional, recordó la "restricción para el empleo de la interpretación modificativa, contenida en el aforismo romano *favorabilia amplianda, odiosa restringenda*, según el cual las disposiciones de carácter prohibitivo deben ser interpretadas restrictivamente y aquéllas favorables a las libertades consagradas en el ordenamiento deben serlo extensivamente", concluyendo que la interpretación en materia de derechos humanos debe "siempre hacerse conforme al principio de preeminencia de los derechos humanos, el cual, junto con los pactos internacionales suscritos y ratificados por Venezuela relativos a la materia, forma parte del bloque de la constitucionalidad".

A continuación la Sala Constitucional analizó el artículo 233 de la Constitución, y estableció que la revocatoria del mandato otorgado al Presidente de la República, conforme al mecanismo previsto en el artículo 72 de la Carta Magna, generaría una falta absoluta de dicho funcionario, la cual debía ser cubierta de los modos siguientes:

"a) Si la revocatoria del mandato opera antes de concluido el cuarto año de su período constitucional (en el caso del corriente, de conformidad con lo señalado por esta Sala

18 El artículo 198 dispone que los diputados cuyo mandato fuera revocado no pueden optar a cargos de lección popular en el siguiente período.

19 *V.* la reseña de Edgard López en El Nacional, Caracas 10-06-2004; *V.* los comentarios en Allan R. Brewer-Carías, *La Sala Constitucional vs. El Estado democrático de derecho (El secuestro del Poder Electoral y de la sala Electoral del Tribunal Supremo y la confiscación del derecho a la participación política)*, Caracas 2004, pp. 58-59. *V.* este trabajo en la Tercera Parte de este libro, páginas 197 y ss.

en sus sentencias núms. 457/2001 y 759/2001, del 5 de abril y 16 de mayo de 2001, respectivamente, casos: Francisco Encinas Verde y otros, y Willian Lara, en su orden; antes del 19 de agosto de 2004), tal falta sería cubierta por un nuevo Presidente de la República, resultante de una nueva elección universal, directa y secreta a realizarse dentro de los treinta (30) días consecutivos siguientes a la revocatoria, al cual correspondería concluir el período en curso; y

b) En el caso de que la revocatoria se produzca durante los últimos dos años del período constitucional (en el caso del presente período presidencial, si se produjera con posterioridad al 19 de agosto de 2004), la falta sería cubierta por el Vicepresidente Ejecutivo o Vicepresidenta Ejecutiva, quien asumiría la Presidencia de la República hasta completar dicho período".

Luego de estos razonamientos, la Sala fue concluyente al afirmar que:

"Visto lo anterior, esta Sala observa que la revocatoria popular del mandato del Presidente de la República, de conformidad con los artículos 72 y 233 de la Constitución de la República Bolivariana de Venezuela, acarrea su falta absoluta en el *cargo y, por ende, su separación definitiva del mismo por el período correspondiente* (subrayado nuestro)".

Pero en relación con los alegatos del solicitante en cuanto a la aplicación al Presidente de la República del artículo 198 de la Carta Magna, relativo a la restricción a los Diputados de la Asamblea Nacional para postularse a cargos de elección popular en el período siguiente a la revocatoria popular de su mandato, la Sala Constitucional juzgó "que de ser cierta tal afirmación constituiría una limitación al ejercicio de un derecho fundamental, cual es, el derecho a la participación del Presidente de la República (*cfr.* sentencia de la Sala Plena de la extinta Corte Suprema de Justicia del 5 de diciembre de 1996, Caso: *Ley de División Político-Territorial del Estado Amazonas*), en una de sus vertientes, el derecho de postulación, consagrado en el último párrafo del artículo 67 de la Carta Magna"; estimando además, que "dicha restricción no se encuentra en la Constitución ni en ley alguna, y pertinente es señalar que la Convención Americana sobre Derechos Humanos, suscrita y ratificada por Venezuela (*Gaceta Oficial* N° 31.256 del 14 de junio de 1977), la cual, de conformidad con el artículo 23 de la Constitución, es de aplicación preferente cuando contenga disposiciones sobre el goce y ejercicio de los derechos humanos más favorables a las establecidas en el ordenamiento interno, y son de aplicación inmediata y directa por los tribunales y demás órganos del Poder Público". Por todo ello, la Sala concluyó su sentencia resolviendo que:

"Sobre la base de la anterior motivación y en atención al principio constitucional de preeminencia de los derechos fundamentales establecido en el artículo 2 de la Carta Magna, esta Sala Constitucional del Tribunal Supremo de Justicia declara que la restricción contenida en el artículo 198 de la Constitución de la República Bolivariana de Venezuela, según la cual los Diputados a la Asamblea Nacional, cuyo mandato fuere revocado de conformidad con el mecanismo previsto en el artículo 72 *eiusdem*, no podrán optar a cargos de elección popular en el siguiente período, no es aplicable al Presidente de la República, y así se decide".

Olvidó la Sala, sin embargo, que en el caso concreto de la revocatoria del mandato del Presidente de la República estaban en juego dos derechos constitucionales y no sólo uno de ellos: la Sala razonó con base en el solo derecho político individual del Presidente de la República a ser postulado y a ser electo; pero para ello se había olvidado que existía otro derecho constitucional en juego, el derecho político colectivo de los ciudadanos a revocarle el mandato al Presidente de la República, el cual debía privar sobre el primero.

Además, la Sala olvidó analizar el artículo 230 de la Constitución que establece que el período presidencial es de seis años, pudiendo el Presidente "ser reelegido, *de inmediato* y por una sola vez, *para un nuevo período*". Olvidó la Sala considerar que para que un Presidente de la

República pueda ser reelecto, tiene que haber completado su período presidencial para poder ser electo "de inmediato y por una sola vez, para un nuevo período". Si un Presidente no termina su mandato, porque renunció o porque fue revocado, tendría entonces una imposibilidad de ser reelecto "de inmediato". Por lo que en caso de revocarse el mandato del Presidente de la República, en forma alguna podría ser candidato en la elección para el próximo período presidencial.

Mucho menos, por supuesto, podría ser candidato un Presidente revocado antes de cumplirse los cuatro primeros años de su mandato, en la elección subsiguiente para elegir un "nuevo Presidente" para completar el resto del período del Presidente revocado. Como lo dijo la propia Sala Constitucional en su sentencia: La revocatoria del mandato "acarrea su falta absoluta en el cargo y, por ende, su separación definitiva del mismo por el período correspondiente", por lo cual no puede pretender ser electo por el resto de dicho período en el cual fue revocado.

Pero ello no había sido resuelto expresamente, por lo que una vez se prolongó la incertidumbre sobre la posibilidad –absurda– que podía deducirse en forma indirecta, de que un Presidente revocado al no aplicársele la restricción del artículo 198 de la Constitución, pudiera ser candidato y electo en las elecciones presidenciales para el próximo período constitucional. Continuó existiendo la supuesta "duda" sobre si el Presidente revocado antes de cumplirse los primeros cuatro años de su mandato, podía presentarse a la elección para elegir un "nuevo Presidente" que completara el resto del período presidencial.

La antes mencionada sentencia N° 1173 de la Sala Constitucional tuvo dos votos salvados de los Magistrados Antonio J. García García y Rondón Haaz.

El Magistrado Antonio J. García García consideró que los planteamientos de la sentencia de la Sala "confunden los efectos de la revocatoria de mandato de los Diputados a la Asamblea Nacional y del Presidente de la República, en virtud del error en que se incurrió en la elaboración de una de sus premisas", considerando que:

> "[la] Sala, en ejercicio de una interpretación sistemática de la Constitución, debió pronunciarse con claridad sobre cada uno de los supuestos que la solicitud de interpretación encierra. Particularmente, frente a la actual realidad política y electoral que vive el país, se estima importante la definitiva posición de la Sala respecto a la posibilidad de que el Presidente de la República que sea revocado por vía de referendo, intervenga pasivamente en el proceso electoral convocado tanto para proveer –por el resto del período– la vacante producida por la revocatoria del mandato, como para escoger a un nuevo Presidente por el período constitucional siguiente, pues, si bien expresamente se resolvió, como ya se indicó, el último escenario mencionado, quien suscribe observa que, aún cuando resultara obvia la consecuencia lógica de la revocatoria del mandato, nada se dice sobre el impedimento que tendría dicho funcionario para ser candidato en el otro escenario planteado, esto es, en las elecciones a realizarse dentro de los treinta (30) días consecutivos siguientes a la eventual remoción del Presidente por vía de referendo revocatorio, cuando la mayoría sentenciadora señaló que *"la revocatoria popular del mandato del Presidente de la República, de conformidad con los artículos 72 y 233 de la Constitución de la República Bolivariana de Venezuela, acarrea su falta absoluta en el cargo y, por ende, su separación definitiva del mismo por el período correspondiente".*

En caso de revocatoria del mandado, como falta absoluta del Presidente de la República, el Magistrado García consideró que:

> "[una] interpretación armónica de la Constitución y de la institución de la figura del revocatorio, nos permitiría decir que el constituyente exige la elección de un nuevo Presidente, sin la posibilidad de que el funcionario revocado pueda medirse en ese proceso electoral convocado para suplir la falta absoluta, de manera que, lógicamente, debe entenderse que la afirmación que se ha hecho en el fallo que antecede con respecto a que la restricción contenida en el artículo 198 eiusdem no es aplicable al Presidente de la República, sólo

conduce a concluir que quien haya sido revocado en el cargo de Presidente de la República podrá optar para ser nuevamente elegido por un período constitucional distinto al que no concluyó por la voluntad popular expresada en el referendo revocatorio.

Resultaría un contrasentido que un funcionario al que se le revocó el mandato pueda presentarse como candidato en la elección que se convoque para proveer la vacante causada por la sanción que los electores le propinaron, improbando su gestión, dado que la propia Constitución, en su artículo 233, determina que 'el nuevo Presidente' asumirá sus funciones para completar el período, lo que indica claramente que se trata de otro Presidente, pues cualquier falta absoluta implica la separación categórica del funcionario y la consiguiente sustitución personal del mismo. Pretender un efecto contrario significaría una amenaza de fraude a la soberanía de la voluntad popular que, expresada por vía de referendo revocatorio, ha interrumpido el desempeño de un cargo de elección popular, bien por motivos de legitimidad, cuando ha dejado de merecerles su confianza, o bien por resultar inconveniente o inoportuna para los intereses del país la gestión que en el ejercicio del mismo realiza su titular.

Siendo ello así, la inhabilitación natural producida por la revocatoria popular que excluye la aspiración del Presidente removido para culminar el período correspondiente, no podría asimilarse a la inhabilitación a que se refiere el artículo 198 de la Constitución, ya que, según dispone el propio texto constitucional, la forma de cubrir la falta absoluta de los Diputados a la Asamblea Nacional cuyo mandato sea revocado es distinta a la que se preceptúa para proveer la vacante al cargo de Presidente de la República, dada la ausencia en este último caso de un suplente que, junto con el principal, haya sido también elegido popularmente".

Concluyó el Magistrado García su voto salvado señalando que:

"[una] interpretación integrada de las normas constitucionales lleva a concluir que, independientemente de la falta de prohibición expresa que inhabilite al Presidente de la República removido, para optar a cargos de elección popular, el efecto práctico del referendo revocatorio no puede ser otro que una nueva elección para completar el período presidencial, en la cual no puede participar quien ha sido revocado. Sostener un criterio distinto, bajo el argumento del derecho a ser elegido y el consecuente derecho a postularse que tiene toda persona en cabeza del revocado, dejaría completamente sin efecto la finalidad esencial de todo proceso revocatorio, cual es la sanción política de separarlo del ejercicio del cargo e inhabilitarlo para ello por el período por el cual fue elegido. En definitiva, se irrespetaría con ello la voluntad popular manifestada en el referendo correspondiente".

Por su parte, el Magistrado Rondón Haaz, en particular destacó que la sentencia no daba respuesta a la duda que expresó el solicitante de la interpretación en cuanto a la posibilidad de participación del Presidente de la República, a quien se le hubiere revocado el mandato, en la elección *inmediata* a que se refiere el artículo 233 de la Constitución de la República Bolivariana de Venezuela como fórmula para la cobertura de falta absoluta que tal revocatoria produce. Agregó el Magistrado que:

"Más allá del error del solicitante respecto a la posibilidad, que la Sala descartó, de extensión de la inhabilitación a que se contrae el artículo 198 de la Constitución a funcionarios distintos a los que éste se refiere, la Sala ha debido agotar la interpretación que se le requirió para la resolución, de una vez y en forma integral, de las dudas interpretativas que han generado las disposiciones constitucionales en cuestión y que se reflejan en un grueso número de solicitudes de interpretación de las mismas que cursan en sus archivos".

Pero lamentablemente, la línea de acción de la mayoría de la Sala Constitucional en esta materia parecía ser más bien no agotar la interpretación de las normas constitucionales sino, al contrario, mantener siempre alguna incertidumbre para tener un hilo de poder permanente.

Ello se evidenció de la sentencia N° 1378 del 22 de julio de 2004 (Caso: *Braulio Jatar Alonso y otros*), dictada días después, con motivo de un recurso de interpretación interpuesto precisamente sobre el artículo 233 de la Constitución, el cual fue declarado sin lugar[20], perdiéndose la oportunidad que tenía la Sala de interpretar definitivamente su contenido.

Ahora bien, en cuanto a la sentencia N° 1173, y por lo que respecta al Voto Salvado del Magistrado Rondón Haaz, luego de concordar con la opinión del Magistrado García García, señaló que:

> "[Cuando] la Carta Magna exige la elección de <u>un nuevo Presidente</u>, impide la posibilidad de que el funcionario cuyo mandato hubiere sido revocado pueda participar como candidato en el proceso electoral que se convoque para que supla su propia falta absoluta. Y es que, además de que la simple lógica repudia que un funcionario al que se le hubiere revocado el mandato pudiera presentarse como candidato en la elección que se convocase para la provisión de la vacante que habría causado la improbación de su gestión por el electorado, la propia norma constitucional determina que, en esto oportunidad (elección inmediata) deberá elegirse a un <u>nuevo Presidente</u> que <u>completará</u> el período del Presidente saliente.
>
> Por otra parte, la pretensión de lo contrario, con cualquier fundamento (como podría ser el derecho al sufragio pasivo y a postulación de aquel cuyo mandato hubiere sido revocado), enervaría la finalidad de todo proceso revocatorio, cual es, como apuntó el Magistrado García García, la sanción política al funcionario en cuestión, que comporta, además de la separación del ejercicio del cargo, la inhabilitación para su ejercicio por el período por el cual fue elegido, en abierto fraude a la voluntad popular".

En todo caso, las dudas que habían quedado de la interpretación constitucional que había efectuado la Sala Constitucional, hechas incluso antes de que la sentencia se conociera, dada la divulgación del contenido de la ponencia respectiva[21] fueron inmediatamente advertidas[22]; razón por la cual el solicitante de la interpretación anunció que solicitaría la aclaratoria de la sentencia[23]. La sentencia, en realidad, se había limitado a señalar que el texto del artículo 198 de la Constitución que contiene una restricción respecto de los diputados revocados, no se podía aplicar al Presidente de la República, lo que era de lógica interpretativa constitucional elemental; pero dejaba sin resolver lo esencial: *Primero,* si el Presidente revocado podía presentarse como candidato en la elección que dentro del mes siguiente debía efectuarse para elegir un "nuevo Presidente" que concluyera el período constitucional para el cual había sido electo el Presidente revocado; y *segundo,* si el Presidente revocado, quien por ello no habría completado su período presidencial, podía presentarse como candidato a la nueva elección presidencial para el próximo período presidencial, una vez completado por un nuevo Presidente el período del cual hubiera sido revocado.

En cuanto a la elección presidencial para elegir a un nuevo Presidente para completar el período constitucional del Presidente revocado, la sentencia sí dijo que la revocación del

20 La Sala Constitucional, en efecto, se limitó a interpretar el término de los dos últimos años del período presidencial iniciado en 2000, así: "Así las cosas, es claro que en la decisión parcialmente transcrita, la Sala sentenció que el actual período presidencial, cuya duración es de seis (6) años de acuerdo con el artículo 230 constitucional, culmina el 19 de agosto de 2006, pero que el actual Presidente de la República –o quien desempeñe conforme a la Constitución dicho cargo en caso de falta absoluta de aquél– seguirá ocupando dicho cargo hasta la fecha de inicio del primer año del siguiente período constitucional, esto es, hasta el 10 de enero de 2007, para ajustar la realidad electoral del órgano Presidencia de la República a la exigencia del Texto Constitucional sin que sea menester para ello efectuar una enmienda del artículo 231 de la vigente Constitución; en tal sentido, del contenido de la sentencia examinada se desprende de manera indubitable que los (2) dos últimos años del actual período presidencial, iniciado el día 19 de agosto de 2000, comienzan el día 19 de agosto de 2004, sin que para declarar tal situación cronológica sea necesario realizar una interpretación de la norma contenida en el artículo 233 de la Norma Fundamental, o efectuar una interpretación de las normas incluidas en los artículos 230 y 231 *eiusdem*, adicional o complementaria a la hecha en la decisión n° 457/2001, del 5 de abril, caso*: Francisco Encinas Verde y otros".*

21 *V.* la reseña de Edgar López, en *El Nacional*, Caracas 10-06-2004, p. A-6.

22 *V.* la opinión de Hermann Escarrá en *El Nacional*, Caracas, 10-06-2004, p. A-6.

23 *V.* en *El Nacional*, Caracas 16-06-2004, p. A-2; *El Nacional*, Caracas 17-06-2004, p. A-2; 4.

mandato del Presidente de la república "acarrea su falta absoluta en el cargo y, por ende, su separación definitiva del mismo por el período correspondiente", lo que significa que no podría el Presidente pretender presentarse como candidato para ser electo y terminar el período constitucional del cual habría sido popularmente revocado.

Pero el propio Presidente de la República, cuyo mandato se había solicitado fuera revocado en la votación que se efectuó el día 15 de agosto de 2004, antes de esa fecha, el día 8 de julio de 2004 desde Puerto Iguazú, donde había asistido como invitado a la XXVI Cumbre del Mercado Común del Sur, se encargaría de "aclararle" a quien quisiera oír o leer, que si llegaba a perder el referendo revocatorio, entregaría la Presidencia "porque al mes siguiente estaré peleando nuevamente por la Presidencia"[24]. Lamentablemente, esta "aclaratoria" afectaba la que se había solicitado a la Sala Constitucional, particularmente por las simultáneas declaraciones del Presidente del Tribunal Supremo y de la Sala Constitucional, Iván Rincón, dadas con toda diligencia, y que aparecieron publicadas en la prensa al día siguiente, cuyo contenido permitía pensar que el mandado ya estaba hecho.

En efecto, por encima de cualquier duda que pudiera existir, el Presidente del Tribunal Supremo de Justicia y de la Sala Constitucional, en declaraciones publicadas en la prensa el 10 de julio de 2004, ratificaría lo que el Presidente de la República había anunciado la víspera. Dicho Magistrado declaró que ya existía una ponencia de sentencia de "aclaratoria" de la sentencia N° 1173 de la Sala Constitucional, elaborada por el Magistrado Delgado Ocando, cuyo texto dijo que ya conocía, pero había que esperar que la vieran los otros Magistrados, y sin rubor alguno y sin recordar que los jueces no pueden adelantar opinión sobre fallos no publicados, indicó que la confusión que existía en la materia se debía a:

> "[Las] declaraciones encontradas de los famosos juristas que siempre están desglosando sentencias y leyes, olvidándose de lo que aprendieron en las Universidades, de las investigaciones que han hecho y de lo que saben... juristas que pertenecen a las famosas Academias de Caracas..."[25]

Agregando que:

> "La sentencia es muy clara y tiene solo una lectura...La sentencia dice: Señores, los derechos consagrados en la Constitución son iguales para todos, salvo en casos de excepciones establecidas en la misma Carta Magna, en las leyes o en los Tratados Internacionales.
>
> En materia de derechos constitucionales, las restricciones tienen que estar expresamente establecidas en leyes formales, como se desprende de la Convención Americana sobre Derechos Humanos y de la resolución de la Comisión Interamericana de Derechos Humanos, con las cuales se nos amenaza constantemente.
>
> Nosotros, lo que decimos es que la Constitución establece expresamente la imposibilidad de que un diputado al que se le haya revocado su mandato, opte a cargos de elección popular en el siguiente período, pero no indica nada respecto de los alcaldes, los gobernadores y el Presidente de la República. Terminamos diciendo que no puede haber restricciones si no están en ley o en la Constitución
>
> La gente lo que pregunta es: pero ¿Chávez puede participar? Señores, no hay restricciones si no están en la Constitución o en la ley y ahora nosotros tenemos que responder en la

24 *V. El Nacional*, Caracas 9-06-2004.

25 Pedro Llorens, sobre esta frase del Magistrado, señaló que "no es capaz de redactar una sentencia medianamente correcta y se limita a leer las que elaboran los otros", en "El hacedor de sentencias", *El Nacional*, Caracas 11-07-2004, p. A-9. Por su parte, el profesor José Muci Abraham, ex Presidente de la Academia de Ciencias Políticas y Sociales, dijo: "Los vendedores de sentencias despotrican de los juristas que orgullosamente pertenecemos 'a las famosas academias de Caracas'. El complejo de provincialismo le sale por los poros. Los punza el dolor de sentirse inferiores y de haberse destacado sólo a expensas de servir los intereses de los poderosos, por una dádiva compensatoria de su servilismo. ¿Han pensado esos bufones del foro, que con su torcida interpretación exponen al país a una contienda de impredecibles consecuencias? ¿Han meditado sobre los efectos de constreñir insensatamente a un pueblo a que vuelva a los comicios para enfrentar de nuevo al gobernante proscrito 30 días antes?, en "Supina ignorancia del supremo", *El Nacional*, Caracas, 14-07-22004, p. A-9.

aclaratoria si Hugo Chávez Frías puede participar o no en caso de que le sea revocado el mandato"[26].

El Magistrado, al dar dichas declaraciones, no sólo olvidó su condición de tal Magistrado, sino que olvidó de nuevo que lo que estaba en juego en este caso judicial, no solo era el ejercicio de un derecho político individual del Presidente revocado de postularse y ser electo; sino el derecho político colectivo de los ciudadanos a revocarle el mandato a los representantes electos. La Sala Constitucional no podía resolver la cuestión tomando en cuenta el sólo derecho individual del Presidente e ignorando el derecho político colectivo de los ciudadanos. Al hacer tal afirmación, en todo caso, el Magistrado había ignorado que el gobierno en Venezuela "es de mandatos revocables" (Art. 6 de la Constitución); y había olvidado que al menos tenía que ponderar ambos derechos en la balanza de la justicia, y establecer por qué uno privaría sobre el otro.

El abogado Gerbasi, quien había sido el recurrente en el recurso de interpretación, el día 13 de julio de 2004 no tuvo otra alternativa que recusar al Magistrado Presidente de la Sala Constitucional, por haber adelantado opinión sobre la anunciada "aclaratoria" de la sentencia[27]; pero al día siguiente, el 14 de julio de 2004, el propio Magistrado Iván Rincón, Presidente del Juzgado de Sustanciación (además de ser Presidente de la Sala Constitucional y del propio Tribunal Supremo), declararía sin lugar la recusación por considerarla extemporánea, ya que después de dictarse sentencia definitiva no habría recusación, y en el caso concreto se trataba de una aclaratoria de una sentencia. Argumentó además el Magistrado que las declaraciones que aparecieron en la nota del periodista Edgar López en el diario *El Nacional*, supuestamente eran "el producto de interpretación que realizó el periodista y no una trascripción exacta" de lo que había expresado en la entrevista; a lo cual respondió el periodista Edgar López, en la "Nota del redactor" que publicó, que "Es inútil aclarar que en el texto publicado no hay interpretación ni inexactitud que pudiera alterar el sentido de lo dicho por el presidente del TSJ... La grabación no permitirá a nadie mentir"[28].

En definitiva, la Sala Constitucional del Tribunal Supremo, a pesar de haber tenido en sus manos la posibilidad de resolver la interpretación constitucional de los artículos 72, 230 y 233 de la Constitución antes de la realización del referendo revocatorio del mandato del Presidente de la República, el cual finalmente se efectuó el 15 de agosto de 2004 a solicitud popular conforme al artículo 72 de la Constitución[29]; sin embargo, no lo hizo y continuaron las dudas que existían sobre dos aspectos esenciales en esta materia de los efectos de un referendo revocatorio de mandato presidencial: Primero, si el Presidente cuyo mandato era revocado podía presentarse como candidato y ser electo como "nuevo Presidente", en las elecciones que debían convocarse dentro del mes siguiente a su revocación para completar los dos años restantes (2004-2006) del período constitucional presidencial (que había iniciado en 2000 y culminaba en 2006) del cual había sido revocado; y segundo, si un Presidente revocado podía presentarse como candidato a la "reelección", en las elecciones presidenciales que debían realizarse a finales de 2006, para el período constitucional presidencial subsiguiente (2007-2013).

La duda interpretativa continuó, y el órgano constitucional llamado a interpretar la Constitución y a aclarar las dudas, lo que había hecho era prolongar la incertidumbre, con el objeto, sin duda, de seguir ejerciendo el poder último de decisión en la materia.

El Presidente de la República, antes de que se realizara el acto de votación del referendo sobre la revocatoria de su mandato el 15 de agosto de 2004, en todo caso, sobre el primer aspec-

26 *V.* en la entrevista con Edgard López, *El Nacional*, Caracas 10-07-2004, p. A-2.

27 Gerbasi dijo a la prensa: "Después de un año y seis meses que no contestaron el recurso de interpretación, solicitamos una aclaratoria. Chávez le dejó una orden expresa a Rincón desde Argentina", *El Nacional*, Caracas, 11-07-2004, p. A-7. *V.* además, *El Nacional*, 14-07-2004, p. A-6.

28 *V.* en *El Nacional*, Caracas 15-07-2004, p. A-4

29 Sobre las vicisitudes para dicha convocatoria *V.* Allan R. Brewer-Carías, *La Sala Constitucional vs. El Estado democrático de derecho (El secuestro del Poder Electoral y de la sala Electoral del Tribunal Supremo y la confiscación del derecho a la participación política)*, Ediciones El Nacional, Caracas, 2004. *V.* este trabajo en la Tercera Parte de este libro, páginas 197 y ss.

to que había quedado constitucionalmente sin resolver, ya se había anticipado a los posibles acontecimientos y había anunciado públicamente que en caso de ser revocado su mandato, el Vicepresidente Ejecutivo quedaría encargado de la Presidencia de la República y él, "al mes siguiente ya sería candidato a la Presidencia de la República otra vez"[30].

Sin embargo, no tuvo oportunidad de violentar la Constitución, pues se le había adelantado el Consejo Nacional Electoral, el cual, como se ha dicho, el 26 de agosto de 2004, sin competencia constitucional alguna, decidiría "ratificar" al Presidente de la República en su cargo, dado que según las cifras de votación que anunció, a pesar de que había suficientes votos para que constitucionalmente hubiera quedado revocado el mandato (más de los que había sacado cuando fue electo), sin embargo, habría habido más votos por la no revocación de su mandato.

30 *V. El Nacional*, Caracas 06-08-2004, p. A-6. La misma declaración la formuló ante los corresponsales extranjeros el 12-08-2004. *V. El Nacional*, Caracas, 13-08-2004, p. A-4

# SEXTA PARTE
# PROTECCIÓN DE LOS DERECHOS HUMANOS

## XXVII

## LA APLICACIÓN DE LOS TRATADOS INTERNACIONALES SOBRE DERECHOS HUMANOS EN EL ORDEN INTERNO DE LOS PAÍSES DE AMÉRICA LATINA

## (2007)

**Texto del trabajo publicado en la *Revista IIDH*, Instituto Interamericano de Derechos Humanos, N° 46, San José 2007. Para su elaboración partimos del texto de la Ponencia preparada para el *Congreso Venezolano de Derecho Constitucional*. Mérida, Venezuela; y de las ideas expuestas en el documento preparado para el Curso sobre *El sistema interamericano de protección de los derechos humanos y su repercusión en los órdenes jurídicos nacionales*, organizado por la Corte Suprema de Justicia de la Nación de México y la Corte Interamericana de Derechos Humanos, México, marzo de 2006.**

Una de las características más destacadas del derecho de los derechos humanos en América Latina, sin duda, es el de la progresiva aplicación por los tribunales nacionales y en particular por los tribunales constitucionales, de los instrumentos internacionales de derechos humanos a los efectos de su protección en el orden interno. Ello es consecuencia, por supuesto, del carácter meramente declarativo de las declaraciones constitucionales de derechos humanos, en las cuales, en definitiva, sólo se reconoce la existencia de los mismos, los cuales son considerados en las Constituciones y en los propios tratados internacionales como derechos inherentes a la persona humana.

Esta aplicación de los tratados y convenciones internacionales de derechos humanos en el ámbito interno de los países de América Latina, puede decirse que se ha desarrollado en las últimas décadas, a través de las siguientes cinco técnicas: *en primer lugar*, mediante la progresiva incorporación en las Constituciones de las cláusulas abiertas de derechos humanos, sobre derechos inherentes a la persona humana; *en segundo lugar*, mediante la aplicación inmediata de las previsiones constitucionales sobre derechos humanos, sin necesidad de reglamentación legislativa, con base en lo regulado en instrumentos internacionales; *en tercer lugar*, mediante la constitucionalización progresiva de los instrumentos internacionales sobre derechos humanos, con la consecuente aplicación directa en el orden interno; y *en cuarto lugar*, mediante la inserción en las Constituciones de reglas de interpretación constitucional de los derechos, sea de acuerdo con lo establecido en tratados internacionales o con lo declarado en los instrumentos internacionales, o conforme al principio de la progresividad en la aplicación e interpretación de los derechos humanos, permitiendo la aplicación de las normas más favorables contenidas en tratados o convenciones internacionales.

## I.- LAS CLÁUSULAS ABIERTAS SOBRE DERECHOS HUMANOS Y LA APLICACIÓN DE LOS INSTRUMENTOS INTERNACIONAL EN EL ÁMBITO INTERNO

La inclusión de cláusulas abiertas sobre derechos humanos en las Constituciones latinoamericanas, sin duda tiene su origen remoto en el texto de la Enmienda IX de la Constitución de los Estados Unidos de América (1791), en la cual se dispuso que "La enumeración de ciertos derechos en la Constitución no debe construirse como la negación o desecho de otros que el pueblo conserva". Con ello se buscaba confirmar que la lista de los derechos constitucionales no termina en aquellos expresamente declarados en los textos constitucionales.

Esta técnica, enriquecida en el constitucionalismo latinoamericano, ha permitido considerar como derechos humanos todos los otros inherentes a la persona humana, e incluso, aquellos declarados en los instrumentos internacionales sobre derechos humanos, con lo que se ha permitido la aplicación de los tratados internacionales sobre derechos humanos en el orden interno.

En este aspecto, se puede decir que casi todas las Constituciones de América Latina, con sólo escasas excepciones (Cuba, Chile, México y Panamá), contienen cláusulas abiertas conforme a las cuales expresamente se dispone que la declaración o enunciación de los derechos contenida en la Constitución, no debe ser entendida como la negación de otros no enumerados en el texto constitucional, que son inherentes a la persona humana o a la dignidad humana. Cláusulas de este tipo se encuentran, por ejemplo, en las Constituciones Argentina (Artículo 33), Bolivia (Artículo 33), Colombia (Artículo 94), Costa Rica (Artículo 74), Ecuador (Artículo 19), Guatemala (Artículo 44), Honduras (Artículo 63), Nicaragua (Artículo 46), Paraguay (Artículo 45), Perú (Artículo 3), Uruguay (Artículo 72) y Venezuela (Artículo 22).

En efecto, por ejemplo, en la Constitución de Ecuador se indica que "Los derechos y garantías señalados en esta Constitución y en los instrumentos internacionales, no excluyen otros que se deriven de la naturaleza de la persona y que son necesarios para su pleno desenvolvimiento moral y material" (Artículo 19). Esta provisión se complementa, además, con el artículo 18 de la misma Constitución, en el cual se indica que los derechos y garantías establecidos en la misma y en los tratados internacionales son directamente aplicables por y ante cualquier tribunal o autoridad; y que la ausencia de leyes reglamentarias de los mismos no puede alegarse para justificar su violación o la ignorancia de los derechos declarados en la Constitución, o para rechazar las acciones de protección de los mismos o para negar el reconocimiento de tales derechos.

En Nicaragua, la Constitución es más detallada en relación con la referencia a los instrumentos internacionales, resultando a la vez relativamente más limitativa, cuando el artículo 46 establece:

> Articulo 46.- En el territorio nacional toda persona goza de la protección estatal y del reconocimiento de los derechos inherentes a la persona humana, del irrestricto respeto, promoción y protección de los derechos humanos, y de la plena vigencia de los derechos consignados en la Declaración Universal de los Derechos Humanos; en la Declaración Americana de Derechos y Deberes del Hombre, en el Pacto Internacional de Derechos Económicos, Sociales y Culturales, en el Pacto Internacional de Derechos Civiles y Políticos de la Organización de las Naciones Unidas y en la Convención Americana de Derechos Humanos de la Organización de Estados Americanos.

En otros casos, como sucede con la Constitución de Brasil, la cláusula abierta, sin hacer mención a los derechos inherentes a la persona humana, indica que la enumeración de los derechos y garantías en la Constitución no excluye otros "derivados del régimen y de los principios por ella adoptados, o de los tratados internacionales en que sea parte la República federativa de Brasil (Artículo 5,2). Sin embargo, de acuerdo con la mayoría de los instrumentos internacionales, los derechos enumerados en los mismos son considerados como atributos del hombre y, en consecuencia, puede decirse al aplicarse esta cláusula, los efectos son los mismos que lo antes indicado.

Otras Constituciones latinoamericanas también contienen cláusulas abiertas, también permitiendo la extensión de los derechos humanos declarados en el texto de la Constitución, aún cuando sin embargo, con un ámbito más reducido en relación con los ejemplos antes mencionados.

Es el caso de la Constitución de Costa Rica, en la cual se indica que la enunciación de los derechos y beneficios contenidos en la misma no excluye otros "que se deriven del principio cristiano de justicia social" (Artículo 74); expresión que, sin embargo, debería interpretarse en el sentido occidental de la noción de dignidad humana y justicia social.

En otras Constituciones, las cláusulas abiertas se refieren a la soberanía popular y a la forma republicana de gobierno, haciendo más énfasis en relación con los derechos políticos que con los inherentes a la persona humana, tal como ocurre en Argentina, donde la Constitución establece:

> *Artículo 13.-* Las declaraciones, derechos y garantías que enumera la Constitución, no serán entendidos como negación de otros derechos y garantías no enumerados; pero que nacen del principio de la soberanía del pueblo y de la forma republicana de gobierno".

Una regulación casi exacta está contenida en el artículo 35 de la Constitución de Bolivia.

Además, en otras Constituciones se hace referencia, además de a los derechos derivados de la forma republicana y del carácter representativo del gobierno, a los derivados de la dignidad del hombre. Es el caso de la Constitución de Uruguay cuyo artículo 72 establece que "La enumeración de derechos, deberes y garantías hecha por la Constitución, no excluye los otros que son inherentes a la personalidad humana o se derivan de la forma republicana de gobierno". También en Perú, el artículo 3 de la Constitución se refiere a que la enumeración de los derechos establecidos en la misma "no excluye los demás que la Constitución garantiza, ni otros de naturaleza análoga o que se fundan en la dignidad del hombre, o en los principios de soberanía del pueblo, del Estado democrático de derecho y de la forma republicana de gobierno".

Igualmente en Honduras, el artículo 63 de la Constitución dispone que:

> Las declaraciones, derechos y garantías que enumera esta Constitución, no serán entendidos como negación de otras declaraciones, derechos y garantías no especificadas, que nacen de la soberanía, de la forma republicana, democrática y representativa de gobierno y de la dignidad del hombre.

En el caso de la República Dominicana puede decirse que la Constitución es menos expresiva, indicando solamente que la lista de derechos establecida en ella (Artículos 8 y 9) "no es limitativa y, por consiguiente, no excluye otros derechos y deberes de igual naturaleza." (Artículo 10).

Ahora bien, en relación con el significado de estos derechos inherentes a la persona humana indicados en estas cláusulas abiertas de derechos, la antigua Corte Suprema de Justicia de Venezuela, en una sentencia de 31 de enero de 1991, señaló lo siguiente:

> "Tales derechos inherentes de la persona humana son derechos naturales, universales, que tienen su origen y son consecuencia directa de las relaciones de solidaridad entre los hombres, de la necesidad del desarrollo individual de los seres humanos y de la protección del medio ambiente".

En consecuencia, la misma Corte concluyó disponiendo que:

> "Dichos derechos comúnmente están contemplados en Declaraciones Universales y en textos nacionales o supranacionales y su naturaleza y contenido como derechos humanos no debe permitir duda alguna por ser ellos de la esencia misma del ser y, por ende, de obligatorio respeto y protección"[1].

1 Caso: *Anselmo Natale*. Consultada en original. Véase el texto en Carlos Ayala Corao, "La jerarquía de los instrumentos internacionales sobre derechos humanos", en *El nuevo derecho constitucional latinoamericano*, IV Congreso venezolano de Derecho constitucional, Vol. II, Caracas 1996, y *La jerarquía constitucional de los tratados sobre derechos humanos y sus consecuencias*, México, 2003..

Precisamente, de acuerdo con ello, el artículo 22 de la Constitución de Venezuela, siguiendo la tradición establecida en la Constitución de 1961 (Artículo 50), establece que:

> "La enunciación de los derechos y garantías contenidos en esta Constitución y en los instrumentos internacionales sobre derechos humanos no debe entenderse como negación de otros que, siendo inherentes a la persona, no figuren expresamente en ellos. La falta de ley reglamentaria de estos derechos no menoscaba el ejercicio de los mismos".

Este artículo, como el artículo 94 de la Constitución de Colombia de 1991 y el artículo 44 de la Constitución de Guatemala, también se refiere a los derechos "inherentes a la persona humana", incorporando, en consecuencia, la noción de "derechos naturales" en el sentido de derechos del hombre que preceden al Estado y a las mismas Constituciones. La Constitución del Paraguay, incluso, se refiere en el mismos sentido a los "derechos inherentes a la personalidad humana" (artículo 45).

Pero en el caso de la las Constituciones de Colombia y Venezuela, como en otras antes indicadas, la cláusula abierta permite la identificación de derechos inherentes a la persona humana, no sólo refiriéndose a los no enumerados en el texto de las Constituciones, sino incluso a los no enumerados en los instrumentos internacionales, ampliando considerablemente el ámbito de los mismos. Estas cláusulas han sido las que han permitido a los tribunales nacionales poder identificar como derechos inherentes a la persona humana, no expresamente regulados en las Constituciones, a los declarados en los instrumentos internacionales. Esta es, precisamente, la primera técnica que ha conducido a la aplicación directa de los tratados internacionales sobre derechos humanos por los tribunales nacionales en el orden interno.

Tal fue el caso de la antigua Corte Suprema de Justicia de Venezuela, la cual desde la década de los ochenta, estando en vigencia la Constitución de 1961, en ejercicio de sus poderes de control directo de la constitucionalidad de las leyes, anuló diversas disposiciones legales basando su decisión en la violación de los derechos establecidos en la Convención Americana de Derechos Humanos, considerados de acuerdo con lo establecido en el artículo 50 de la Constitución (equivalente al articulo 22 de la Constitución de 1999), como derechos inherentes a la persona humana. En otros casos, la antigua Corte Suprema decidió sobre el ejercicio directo de derechos constitucionales que antaño se habían considerado como de regulación programática, basándose también el los instrumentos internacionales.

En efecto, en 1996, la antigua Corte Suprema de Justicia, al decidir la acción popular de inconstitucionalidad que se había intentado contra la Ley de División Político Territorial del Estado Amazonas, por no haberse respetado los derechos de participación política de las comunidades indígenas, decidió que siendo dicho Estado de la federación uno mayormente poblado por dichas comunidades indígenas, la sanción de dicha Ley sin previamente haberse oído la opinión de las mismas, mediante consulta popular, significó la violación del derecho constitucional a la participación política.

Aún cuando dicho derecho no estaba expresamente enumerado en la Constitución de 1961, la Corte fundamentó su decisión en la cláusula abierta del artículo 50 constitucional (equivalente al artículo 22 de la Constitución de 1999), considerando el derecho a la participación política era un derecho inherente a la persona humana, como "principio general de rango constitucional en una sociedad democrática"; agregando, en relación al caso decidido, que "por ser un derecho de las minorías" (los indígenas, en el presente caso), era susceptibles "de la tutela judicial conforme al artículo 50 *ejusdem*, los grandes tratados y convenciones internacionales sobre los derechos humanos y las leyes nacionales y estadales". En dicha sentencia del 5 de diciembre de 1996, la Corte señaló que:

> "En el presente caso no se demostró el cumplimiento cabal de la normativa en cuanto a la participación ciudadana, restándole al acto impugnado la legitimación originaria conferida por la consulta popular. Alegan los oponentes al recurso intentado que fueron consultados los órganos oficiales, como el Ministerio del Ambiente y de los Recursos Na-

turales Renovables y el Servicio Autónomo Ambiental de Amazonas y se recibieron observaciones de diferentes organizaciones indígenas, asimismo, antes de la promulgación de la Ley, el Gobernador explicó a la Organización Regional de Pueblo Indígenas las razones de la Ley. Estima la Corte que este procedimiento constituye una expresión tímida e insignificante del derechos constitucional de participación ciudadana en la formación de la ley. Tal participación debe manifestarse antes y durante la actividad legislativa y no tan solo en el momento de su promulgación por parte del Gobernador del Estado. Por otra parte, el hecho que se consultaron los referidos organismos nacionales (actuación idónea) no exime la obligatoriedad de cumplimiento de la consulta popular sobre todo en una materia en la cual está involucrada: el régimen de excepción de las comunidades indígenas (de rango constitucional) el carácter multiétnico y pluricultural, la biodiversidad, la cultura, religión y lengua propia de las comunidades indígenas, el derecho a la tierra que respecto a dichas comunidades es de interés social e inalienable, en definitiva, la organización municipal (como lo es el acto impugnado) constitutivo del marco institucional de tales realidades preexistentes, permanentes y objetivas. La participación es un fenómeno de la vida democrática, que al manifestarse antes de dictarse la norma, instruye a la autoridad sobre los intereses legítimos y necesidades de la comunidad y produce, a posteriori, consecuencias positivas, que se revelan en el respaldo democrático de su aplicación"[2].

Y al analizar en concreto la Ley de División Territorial del Estado Amazonas, la Corte estimó que en la formación de la misma:

> "Con la cual se modifican las condiciones económicas y sociales de la región, se cambia el entorno vital del individuo, se establecen los municipios y sus límites, se modifica la normativa jurídica (consecuencia de la mencionada división), se cambia el entorno vital del individuo, se establecen los municipios y sus límites, se modifica la normativa jurídica (consecuencia de la mencionada división), se afecta la tenencia de las tierras, se ordena el territorio bajo un nuevo régimen, se cambia la vida cotidiana voluntad de los mismos indígenas. Más aún, su participación debe ser considerada con especial atención, en vista de que los indígenas constituyen uno de los grupos sociales más expuestos a la violación de sus derechos humanos, por sus condiciones socio-económicas, culturales y aislamiento, por cuanto en su hábitat intervienen intereses distintos y a veces contrarios a los legítimos derechos de la población autóctona, porque, lamentablemente, la historia de la humanidad, evidencia un largo y triste padecer de las minorías, en algunos casos por el desconocimiento de sus legítimos derechos, en otros, por la cultura del odio y el perjuicio. Es entonces, en este contexto, que los derechos humanos de los indígenas, cobran mayor fortaleza y esta Corte así lo reconoce expresamente. Asimismo, precisa el alto tribunal, que la lesión de los derechos humanos de las minorías no les atañe sólo a esas comunidades sino a la nación entera, en virtud de la solidaridad y protección de los intereses superiores del gentilicio venezolano (artículos 57 y 51 de la Carta Magna)"[3].

De acuerdo con esta decisión, la antigua Corte Suprema venezolana decidió que en el caso sometido a su consideración, había ocurrido una violación a los derechos constitucionales de las minorías establecidos en la Constitución y en los tratados y convenciones internacionales, en particular, al derecho a la participación política en el proceso de elaboración de leyes, debido a la ausencia de consulta popular a las comunidades indígenas, como consecuencia de lo cual, declaró la nulidad de la ley estadal impugnada.

El año siguiente, en 1997, la antigua Corte Suprema dictó otra importante decisión, en este caso anulando una ley nacional, la llamada Ley de Vagos y Maleantes, por considerarla inconstitucional, basándose de nuevo en el "proceso de constitucionalización de los derechos humanos de acuerdo con el artículo 50 de la Constitución", y considerando que dicha ley "vul-

---

2 Caso: Antonio Guzmán, Lucas Omashi y otros, en *Revista de Derecho Público*, N° 67-68, Editorial Jurídica venezolana, Caracas, 1996, pp. 176 ff.

3 Ídem.

nera *ipso jure*, Convenciones Internacionales y Tratados, sobre los derechos del hombre, en la medida en que dichos instrumentos adquieren jerarquía constitucional"[4].

En efecto, en su sentencia del 6 de noviembre de 1997, la antigua Corte Suprema consideró a la ley impugnada como infamante, al permitir detenciones ejecutivas o administrativas de personas consideradas como vagos o maleantes, sin garantía alguna del debido proceso, basando su decisión en el artículo 5 de la Declaración Universal de los Derechos Humanos y en la Convención Americana sobre Derechos Humanos, la cual "se ha incorporado a nuestro Derecho Interno como norma ejecutiva y ejecutable reforzada por la jurisprudencia, la cual le ha dado el carácter de parámetro de constitucionalidad. Ello entraña la incorporación a nuestro ordenamiento jurídico interno del régimen previsto en convenciones internacionales"[5].

La Corte consideró que la ley impugnada era inconstitucional en virtud de que omitía las garantías de un juicio justo establecidas en los artículo 7 y 8 de la Convención Americana y en los artículos 0 y 14 del Pacto Internacional de Derechos Civiles y Políticos, y porque además era discriminatoria, violando el artículo 24 de la misma Convención Americana, cuyo texto íntegro se transcribió en la sentencia. La Corte se refirió en su decisión anulatoria, además, a la existencia de:

> "Informes de instituciones defensoras de los Derechos Humanos. Dichos documentos censuran abiertamente la ley venezolana sobre vagos y maleantes. Son muchas las recomendaciones orientadas a poner fin a su vigencia. Conviene observar que se ha exhortado al Gobierno venezolano a adoptar e implementar una serie de recomendaciones, a los efectos de reducir las violaciones a los derechos humanos, derivadas de la aplicación de la Ley sobre Vagos y Maleantes. Sobre todo se he hablado de la necesidad de impulsar la discusión de Ley de Protección a la Seguridad Ciudadana, que supuestamente se encontraba en ese proceso"[6].

Más recientemente, en relación con las dudas que se habían planteado, en 1998, en varios recursos de interpretación, sobre la posibilidad de que el Presidente electo de la República convocara un referéndum consultivo para resolver sobre la convocatoria a una Asamblea Constituyente que no estaba regulada en la Constitución de 1961, como mecanismo para la reforma constitucional, la antigua Corte Suprema de Justicia en Sala Político Administrativa dictó sendas decisiones de 19 de enero de 1999, admitiendo la posibilidad de que se convocara dicho referéndum consultivo, fundamentando su decisión en el derecho a la participación política de los ciudadanos, para lo cual se fundamentó, de nuevo, en el artículo 50 de la Constitución, conforme al cual consideró tal derecho como uno derecho implícito y no enumerado, inherente a la persona humana.

La Corte entonces consideró al referéndum como un derecho inherente a la persona humana, decidiendo lo siguiente:

> "Ello es aplicable, no sólo desde el punto de vista metodológico sino también ontológicamente, ya que si se considerara que el derecho al referendo constitucional depende de la reforma de la Constitución vigente, el mismo estaría supeditado a la voluntad del poder constituido, lo que pondría a éste por encima del poder soberano. La falta de tal derecho en la Carta Fundamental tiene que interpretarse como laguna de la Constitución, pues no podría admitirse que el poder soberano haya renunciado *ab initio* al ejercicio de un poder que es obra de su propia decisión política"[7].

La conclusión de la decisión de la Corte Suprema fue que no era necesario que se reformara previamente la Constitución a los efectos de reconocer como un derecho constitucional el referéndum o la consulta popular sobre la convocatoria a una Asamblea Constituyente, con lo que se abrió la posibilidad judicial de convocar la Asamblea nacional Constituyente sin previsión

4 Véase en *Revista de Derecho Público* N° 71-72, Editorial Jurídica Venezolana, Caracas, 1997, pp. 177 y ss.

5 Ídem.

6 Ídem. .

7 Véase en *Revista de Derecho Público,* N° 7-80, Editorial Jurídica Venezolana, Caracas 1999, p. 67

constitucional expresa[8], con todas las consecuencias institucionales que ello produjo y continúa produciendo[9].

## II.- LA APLICACIÓN INMEDIATA DE LOS DERECHOS CONSAGRADOS EN TRATADOS INTERNACIONALES, COMO DERECHOS CONSTITUCIONALES, AÚN EN AUSENCIA DE LEYES REGLAMENTARIAS

Por otra parte, en relación con la aplicación en el ámbito interno de los tratados internacionales sobre derechos humanos, también debe hacerse referencia a las cláusulas complementarias de las cláusulas abiertas, conforme a las cuales los derechos constitucionales son directamente aplicables, independientemente de su regulación legislativa o desarrollo mediante leyes reglamentarias, lo que ha permitido la aplicación directa de aquellos.

En este sentido, por ejemplo, la Constitución de Venezuela de 1961 disponía en el mismo artículo 50 antes citado (en sentido similar a lo establecido en el artículo 22 de la Constitución de 1999), que "la falta de ley reglamentaria de estos derechos (los derechos inherentes a la persona humana) no menoscaba el ejercicio de los mismos", en el sentido de que no es necesario que se dicte legislación reglamentaria alguna para el ejercicio de los derechos constitucionales, tal como se indica en muchas otras Constituciones (Argentina, Bolivia, Paraguay, Venezuela, Ecuador).

Este principio, por supuesto, responde al de la aplicación directa de la Constitución en materia de derechos humanos, lo que excluye el concepto tradicional derivado de las llamadas cláusulas "programáticas" configuradas en el constitucionalismo de hace unas décadas, particularmente en relación con los derechos sociales, tendientes a impedir su ejercicio hasta que no se produjese su regulación legal, en la cual se debía precisar las modalidades de su ejercicio y de su justiciabilidad.

Estas cláusulas abiertas, por ejemplo, han permitido reconocer y reforzar el derecho constitucional al amparo, invocándose además lo dispuesto en la Convención Americana, como sucedió en Venezuela, superándose la clásica noción de las normas "programáticas". En efecto, fue la cláusula abierta del artículo 50 de la Constitución de 1961 (ahora artículo 22 de la Constitución de 1999), la que sirvió de base para admitir el ejercicio de la acción de amparo en Venezuela, la cual había sido inicialmente consagrada en el artículo 49 de la Constitución de 1961, en la siguiente forma:

> *Artículo 49.*- Los Tribunales ampararán a todo habitante de la República en el goce y ejercicio de los derechos y garantías que la Constitución establece, en conformidad con la ley.
>
> El procedimiento será breve y sumario, y el juez competente tendrá potestad para establecer inmediatamente la situación jurídica infringida.

La redacción de esta norma, sin embargo, hasta la década de los ochenta fue interpretada por los tribunales de instancia en el sentido de considerar que la admisibilidad de la acción de amparo estaba condicionada a que previamente se dictara la legislación correspondiente; y ello, en particular, debido al hecho de que la propia Constitución había regulado expresamente, en forma transitoria y mientras se dictaba dicha legislación, el procedimiento para el amparo a la libertad personal o habeas corpus, precisamente, "a fin de no dejar en suspenso su eficacia hasta la promulgación de la ley respectiva". (Disposición Transitoria Quinta).

De esta regulación transitoria los tribunales interpretaron que, en consecuencia, la intención del constituyente en la redacción del artículo 49 de la Constitución era establecer como condición para la admisibilidad de las acciones de amparo, el que se dictase previamente la le-

---

8 Véase los comentarios en Allan R. Brewer-Carias, "La configuración judicial del proceso constituyente o de cómo el guardián de la Constitución abrió el camino para su violación y para su propia extinción", en *Revista de Derecho Público,* N° 77-80, Editorial Jurídica Venezolana, Caracas 1999, pp. 453 y ss.

9 Véase Allan R. Brewer-Carías, *Golpe de Estado y proceso constituyente en Venezuela,* Instituto de Investigaciones Jurídicas, UNAM, México 2002

gislación que las regulara, incluyendo la regulación sobre la competencia judicial y el procedimiento. De otra forma, no se encontraba justificación para la regulación transitoria del amparo a la libertad personal (habeas corpus). Es decir, esta interpretación encontraba su sustento en el hecho de que en la propia Constitución solo se había previsto en forma excepcional y transitoria sobre el procedimiento y competencia para la admisibilidad inmediata de la acción de habeas corpus (amparo a la libertad personal)[10].

Fue por ello que, incluso, la antigua Corte Suprema de Justicia, en 1970, en relación con la acción de amparo, consideró que el mencionado artículo 49 de la Constitución era una norma de las llamadas "programáticas", en el sentido de que no eran directamente aplicables, siendo necesario que se dictara previamente la legislación reglamentaria a los efectos de que se pudiera ejercer la acción de amparo prevista en la norma. La antigua Corte, en sentencia de 14 de diciembre de 1970, sobre el artículo 49 citado, señaló que:

> "No es una norma directa e inmediatamente aplicable por los jueces, sino un precepto programático, solo parcialmente reglamentado para la fecha en que la Constitución fue promulgada, y dirigido particularmente al Congreso, que es el órgano al cual compete la reglamentación para las garantías constitucionales... Tal es la interpretación que da la Corte al artículo 49 al analizar sus previsiones aisladamente con el fin de desentrañar la mente del constituyente del lenguaje usado por éste para expresar su voluntad. Pero esta interpretación gramatical se robustece con la observación adicional de que el constituyente se habrías abstenido de regular el procedimiento de habeas corpus, si hubiera considerado que para hacer efectivo el amparo bastaba lo dicho en el artículo 49 respecto del procedimiento, no siendo indispensable su reglamentación legal para determinar el fuero competente y el modo de proceder"[11].

Esta interpretación constitucional, negando la posibilidad del ejercicio de la acción de amparo sin que antes se dictara la legislación correspondiente, comenzó a cambiar en 1977 y 1978, precisamente después que se sancionaron las leyes aprobatorias de la Convención Americana de Derechos Humanos de 1969 y del Pacto Internacional de Derechos Civiles y Políticos, en los cuales se regulaba, en particular, la acción de amparo como un medio judicial simple y rápido para la específica protección de los derechos constitucionales.

En consecuencia, contrariamente a lo que había resuelto e interpretado con anterioridad la antigua Corte Suprema –lo que para entonces no tenía carácter vinculante–, los tribunales de instancia, a partir de 1982 comenzaron a admitir el ejercicio de acciones de amparo, pero fundamentando su decisiones directamente en la Convención Americana de Derechos Humanos[12]. Ello condujo finalmente a la propia antigua Corte Suprema a cambiar su anterior criterio y aplicando la cláusula abierta sobre los derechos humanos inherentes a la persona humana, particularmente en cuanto a la no necesidad de leyes reglamentarias previas para poder ejercer dichos derechos, admitió la posibilidad de ejercicio de la acción de amparo. Así, en una decisión del 20 de octubre de 1983, la antigua Corte Suprema admitió la posibilidad de que se pudieran ejercer acciones de amparo para la protección de los derechos constitucionales sin necesidad de la correspondiente ley reglamentaria, no sin antes advertir que:

> "Al admitir la posibilidad del ejercicio actual del recurso de amparo, no puede la Corte dejar de advertir que los Tribunales de la república deben hacer un uso prudente y racional de la norma contenida en el artículo 49 de la Constitución, tratando de suplir por medio de la analogía y demás instrumentos de interpretación de los que provee el sistema jurídico venezolano, la lamentable ausencia de una ley reglamentaria de la materia"[13].

---

10 See Allan R. Brewer-Carías, *Instituciones Políticas y Constitucionales*, Tomo V, Derecho y Acción de Amparo, Caracas, 1998 pp. 111 y ss.

11 Véase el texto en *Gaceta Forense*, N° 70, Caracas, 1970, pp. 179 y ss; y en Allan R. Brewer-Carías, "La reciente evolución jurisprudencial en relación a la admisibilidad del recurso de amparo", en *Revista de Derecho Público*, N° 19, Editorial Jurídica Venezolana, Caracas, 1984, pp. 207 y ss.

12 Véase las referencias en Allan R. Brewer-Carías, "La reciente evolución jurisprudencial en relación con la admisibilidad del recurso de amparo", *Revista de Derecho Público*, N° 19, Editorial Jurídica Venezolana, Caracas, 1984, pp. 211

13 Véase en *Revista de Derecho Público*, No 11, Editorial Jurídica Venezolana, Caracas 1983, pp. 167-170

Con posterioridad, en 1988, se sancionó la Ley Orgánica de Amparo sobre derechos y garantías constitucionales[14], con la cual se abrió definitivamente el camino para la utilización de este recurso judicial para la protección de los derechos humanos, particularmente debido a la ineficacia de los medios judiciales ordinarios para asegurar tal protección. Sin embargo, antes de que entrara en vigencia la Ley Orgánica, fue mediante la interpretación constitucional de la cláusula abierta y la aplicación de las convenciones internacionales que la acción de amparo se aceptó en Venezuela.

## III.- LA APLICACIÓN DE LOS TRATADOS INTERNACIONALES SOBRE DERECHOS HUMANOS EN EL ORDEN INTERNO, EN VIRTUD DE LA CONSTITUCIONALIZACIÓN DE SUS REGULACIONES

La declaración y protección de los derechos humanos hasta la Segunda Guerra Mundial, puede decirse que había sido un tema exclusivamente del derecho constitucional interno. Durante el Siglo XIX y la primera mitad del Siglo XX, por tanto, en relación con los derechos humanos, puede decirse que lo que hubo fue un proceso de constitucionalización de los mismos, incluso ampliándose sucesivamente en las denominadas "generaciones" de derechos.

Esta primera etapa en la protección de los derechos humanos fue seguida de una segunda etapa, de internacionalización de la constitucionalización de los mismos, precisamente después de la Segunda Guerra Mundial, con la aprobación en 1948, en las Naciones Unidas y luego en la Organización de Estados Americanos de las Declaraciones Universal y Americana de derechos humanos, así como con la sucesiva aprobación de tratados multilaterales en la materia. Sin duda, fueron las diabólicas y aberrantes violaciones de derechos humanos que quedaron en evidencia al terminar la Segunda Guerra mundial las que provocaron tal reacción internacional, buscando asegurar la protección mundial de los derechos humanos en el futuro, al haberse tomado conciencia de que la sola protección nacional no había resultado suficiente.

Para tal fin, incluso, una reformulación del concepto mismo de soberanía fue necesaria a los efectos de permitir y aceptar la imposición de los tratados internacionales en relación con el orden legal interno de los países, al punto de que como resultado de nuevos compromisos internacionales destinados a preservar la paz, el derecho internacional progresivamente ha venido imponiendo límites al propio derecho constitucional.

De allí que no sea sorpresivo que haya sido después de la Segunda Guerra mundial, cuando comenzara el proceso de internacionalización de los derechos humanos, como se dijo, con la adopción, en 1948, tanto de la Declaración Americana de los Derechos y Deberes del Hombre de la Organización de Estados Americanos, como de la Declaración Universal de los Derechos Humanos de las Naciones Unidas. Dichas declaraciones fueron seguidas, dos años después, con la adopción del primer tratado multilateral en la materia, en 1950, la Convención Europea de Derechos Humanos que entró en vigor en 1953.

Este proceso de consolidación de la internacionalización de los derechos humanos se consolidó en 1966, con la adopción de los Pactos Internacionales de Derechos Civiles y Políticos y de Derechos Económicos, Sociales y Culturales de Naciones Unidas, en vigoro desde 1976; y en 1969, con la adopción de la Convención Americana de Derechos Humanos, que entró en vigor en 1979. Esta última ha sido ratificada por todos los países latinoamericanos, los cuales han reconocido la jurisdicción de la Corte Interamericana de Derechos Humanos. El único país americano que no firmó la Convención fue Canadá, y en cuanto a los Estados Unidos, si bien firmó la Convención en la Secretaría General de la OEA en junio de 1977, aún no la ha ratificado.

De todos estos instrumentos internacionales sobre derechos humanos, como se ha dicho, puede apreciarse claramente que siguiendo el proceso inicial de constitucionalización de los derechos humanos que se produjo antes de la Segunda Guerra Mundial, consistente en la progresiva ampliación de las declaraciones constitucionales, a partir de la finalización de dicha

14 Gaceta Oficial N° 33891 de 220-01-1988. Véase en general sobre dicha Ley, Allan R. Brewer-Carías y Carlos Ayala Corao, *Ley Orgánica de Amparo sobre derechos y garantías constitucionales*, Caracas, 1988.

guerra se produjo una segunda fase, caracterizada por la internacionalización de dicha constitucionalización, mediante la adopción de las declaraciones y tratados internacionales en la materia.

Sin embargo, en tiempos más recientes, el mundo ha sido testigo de una tercera fase en el proceso de protección de los derechos humanos, caracterizada por un nuevo proceso de constitucionalización, pero ahora de la internacionalización de los derechos humanos, que se ha desarrollado precisamente por la incorporación al derecho constitucional interno de los sistemas internacionales de protección de los derechos humanos.

Este proceso se puede caracterizar, primero, por la progresiva tendencia a otorgarle determinado rango constitucional o legal en el orden interno a las declaraciones o tratados internacionales sobre derechos humanos, es decir, estableciendo en el texto de las Constituciones mismas el valor que debe darse a tales declaraciones y tratados en relación con las normas constitucionales y legales relativas a derechos humanos, incluso estableciendo cual norma debe prevalecer en caso de conflicto. Y también, estableciendo en las Constituciones, criterios de interpretación constitucional de acuerdo con lo establecido en las regulaciones internacionales. En ambos casos ello ha permitido también la aplicación de los tratados y convenios internacionales en materia de derechos humanos, directamente por los tribunales internos.

En todo caso, esta es una materia que tiene que estar regulada expresamente en los textos constitucionales, sea otorgando un determinado rango a los tratados internacionales, o estableciendo en las Constituciones las reglas de interpretación constitucional en materia de derechos humanos en relación con los instrumentos internacionales referidos a los mismos. Son esas previsiones constitucionales las que han permitido, precisamente, la aplicación de dichos instrumentos internacionales por los tribunales nacionales en el derecho interno

## IV.- LA APLICACIÓN DE LOS INSTRUMENTOS INTERNACIONALES DE DERECHOS HUMANOS EN EL ÁMBITO INTERNO COMO CONSECUENCIA DEL RANGO Y VALOR OTORGADO A LOS MISMOS EN EL DERECHO INTERNO

En algunas Constituciones latinoamericanas, el tema del valor normativo y rango de los instrumentos internacionales en materia de derechos humanos y por tanto de su aplicabilidad en le orden interno, ha sido resuelto expresamente en cuatro diferentes formas al otorgarse a dichos instrumentos rango supra constitucional, constitucional, supra legal o simplemente rango legal[15].

### 1.- *El rango supra constitucional de los tratados internacionales en materia de derechos humanos su aplicabilidad inmediata y preferente*

En primer lugar, ciertas Constituciones latinoamericanas han otorgado rango supra constitucional a los derechos declarados en instrumentos internacionales, en particular, en los tratados ratificados por los Estados. Ello ha implicado otorgar a las regulaciones internacionales un rango superior a las mismas normas constitucionales, las cuales deben prevalecer sobre las mismas.

Es el caso de la Constitución de Guatemala, en cuyo artículo 46 se establece el principio general de la preeminencia del derecho internacional, al disponer que "Se establece el principio general de que en materia de derechos humanos, los tratados y convenciones aceptados y ratificados por Guatemala, tienen preeminencia sobre el derecho interno", dentro del cual debe incluirse además de las leyes, la Constitución misma. Con fundamento en esta prevalencia de los tratados internacionales, la Corte Constitucional de Guatemala ha decidido en sus sentencias aplicar la Convención Americana de Derechos Humanos, como fue el caso decidido con

15 En relación con esta clasificación general, véase: Rodolfo E. Piza R., *Derecho internacional de los derechos humanos: La Convención Americana*, San José 1989; y Carlos Ayala Corao, "La jerarquía de los instrumentos internacionales sobre derechos humanos", en *El nuevo derecho constitucional latinoamericano*, IV Congreso venezolano de Derecho constitucional, Vol. II, Caracas 1996 y *La jerarquía constitucional de los tratados sobre derechos humanos y sus consecuencias*, México, 2003; Humberto Henderson, "Los tratados internacionales de derechos humanos en el orden interno: la importancia del principio *pro homine*", en *Revista IIDH*, Instituto Interamericano de Derechos Humanos, N° 39, San José 2004, pp. 71 y ss. Véase también, Allan R. Brewer-Carías, *Mecanismos nacionales de protección de los derechos humanos*, Instituto Internacional de Derechos Humanos, San José, 2004, pp.62 y ss.

motivo de una acción de amparo ejercida en relación con la libertad de expresión del pensamiento y el derecho de rectificación. En la sentencia de 27 de mayo de 1997, en efecto, la Corte Constitucional resolvió una acción de amparo presentada por una persona buscando protección judicial en relación con las noticias publicadas en dos periódicos que se referían a la ella como formando parte de una banda de criminales. El accionante solicitó a la Corte que se respetara su derecho a exigir rectificación de las noticias por parte de los periódicos; y aún cuando el derecho constitucional a la rectificación y respuesta en casos de noticias en periódicos que afecten el honor, reputación o vida privada de las personas no estaba expresamente establecido en la Constitución Guatemalteca, la Corte Constitucional aplicó directamente los artículos 11, 13 y 14 de la Convención Americana que garantiza el derecho de las personas afectadas por informaciones o noticias publicadas en periódicos, a la rectificación o respuesta "por el mismo órgano de difusión", considerando tales previsiones como formando parte del ordenamiento constitucional de Guatemala[16].

En Honduras, el artículo 16 de la Constitución también dispone que todos los tratados suscritos con otros Estados (y no sólo los relativos a derechos humanos) forman parte del derecho interno; y el artículo 18 del mismo texto establece que en caso de conflicto entre las leyes y los tratados, estos tienen preeminencia sobre aquellas. Adicionalmente, la Constitución de Honduras admite la posibilidad de que se puedan incluso ratificar tratados internacionales contrarios a lo dispuesto en la Constitución, en cuyo caso aquellos deben aprobarse conforme al procedimiento para la reforma constitucional (Artículo 17). Una regulación similar se establece en el artículo 53 de la Constitución del Perú.

En Colombia, la Constitución también ha establecido una previsión similar a las de las Constituciones de Guatemala y Honduras, al establecer en el artículo 93 que: "Los tratados y convenios internacionales ratificados por el Congreso, que reconocen los derechos humanos y que prohíben su limitación en los estados de excepción, prevalecen en el orden interno". En este caso, por "derecho interno" también debe entenderse como comprendiendo no solo las leyes sino la Constitución misma. La norma ha permitido a la Corte Constitucional, aplicar directamente los tratados internacionales en materia de derechos humanos para la solución de casos. Así sucedió, por ejemplo, con la decisión N° T-447/95 de la Corte Constitucional de 23 de octubre de 1995, en la cual se reconoció como derecho inherente a la persona humana el derecho de toda persona a la identidad, para lo cual la Corte se fundamentó en lo establecido en los tratados y convenios internacionales, respecto de los cuales la Corte reconoció su rango supra constitucional y supra legal.

En dicho caso, al decidir, la Corte Constitucional comenzó por referirse a una decisión previa de la anterior Corte Suprema de Justicia, en la cual se había determinado el valor supra legal de los tratados, señalando lo siguiente:

> "A partir de 1928 la jurisprudencia de la Corte Suprema de Justicia otorgó un valor prevalente a los tratados Internacionales sobre el ordenamiento jurídico legal. Normas estas últimas de naturaleza internacional, que por voluntad del Estado Colombiano entraron a formar parte del ordenamiento jurídico con carácter supra legal. Estableciéndose así la fuerza coercitiva de preceptos a los cuales el Estado firmante, tiene el deber de garantizar su plena efectividad. Valor supra legal expresamente contenido en el artículo 93 de la Constitución política de Colombia y que también tenían pleno valor supra legal, como lo reconoció la Corte Suprema de Justicia: "Agregase a ello –continúa– que esa superioridad ha sostenido como doctrina invariable que *"es principio de Derecho Público, que la Constitución y los Tratados Públicos son la ley suprema del país y sus disposiciones prevalecen sobre las simplemente legales que les sean contrarias aunque fuesen posteriores"* (cursivas no originales)[17].

16 Véase en *Iudicum et Vita, Jurisprudencia nacional de América Latina en Derechos Humanos*, N° 5, Instituto Interamericano de Derechos Humanos, San José, Costa Rica, Diciembre 1997, pp. 45 y ss.

17 Véase en *Derechos Fundamentales e interpretación Constitucional, (Ensayos-Jurisprudencia)*, Comisión Andina de Juristas, Lima, 1997; y en Carlos Ayala Corao, "Recepción de la jurisprudencia internacional sobre derechos humanos por la jurisprudencia constitucional" en *Revista del Tribunal Constitucional*, N° 6, Sucre, Bolivia, Nov. 2004, pp. 275 y ss.

En la misma decisión, la Corte Constitucional se refirió además al rango supra constitucional de los tratados en materia de derechos humanos, lo que implica la obligación del Estado de garantizar el efectivo ejercicio de los derechos humanos, con fundamento en los artículos 2.2 del Pacto Internacional de Derechos Civiles y Políticos, y en el artículo 2 de la Convención Americana de Derechos Humanos. La Corte, en efecto, resolvió que:

> "La Convención Interamericana y los pactos de Derechos Humanos de las Naciones Unidas señalan que es deber de los Estados no sólo respetar los derechos civiles y políticos sino, además, garantizar, sin discriminación alguna, su libre y pleno goce a toda persona sujeta a su jurisdicción (Convención Interamericana art. 1°; Pacto de derechos civiles y políticos art. 2° ord. 1°). Por ello, estos pactos, que han sido todos ratificados por Colombia y por ende prevalecen en el orden interno (Constitución Política, art. 93), señalan que los Estados Partes se comprometen a adoptar, con arreglo a sus procedimientos constitucionales, *"las medidas legislativas o de otro carácter que fuesen necesarias para hacer efectivos* (cursivas no originales)" los derechos humanos (Convención Interamericana art. 2°; Pacto de Derechos Civiles art. 2° ord. 2°). Ahora bien, la Corte Constitucional, en acuerdo con una doctrina muy autorizada en este campo, considera que entre las medidas "de otro carácter" deben incluirse las sentencias de los jueces, y muy particularmente las decisiones de esta Corporación, pues la rama judicial es uno de los órganos del Estado colombiano, y éste se ha comprometido a tomar las medidas que sean necesarias para hacer efectivos los derechos de las personas".... Es pues legítimo que los jueces, y en particular la Corte Constitucional, integren a la normatividad, al momento de tomar sus decisiones, los derechos reconocidos en la Constitución y en los Pactos"[18].

Con fundamento en lo anterior, la Corte Suprema consideró que el artículo 29,c de la Convención Americana de Derechos Humanos prohibía que se interpretasen sus disposiciones de manera de excluir otros derechos y garantías inherentes a la persona humana, dando un sentido muy amplio a la interpretación de los derechos, concluyendo su decisión señalando que:

> "El derecho a la identidad como derecho inherente a la persona humana para la época de ocurridos los hechos estaba plenamente garantizado, por cuanto la fuerza vinculante de pactos internacionales así lo determinaba al igual que la consagración del derecho a la dignidad y el libre desarrollo de la personalidad"[19].

Hasta cierto punto, la Constitución de Venezuela de 1999 también puede ubicarse en este primer sistema que permite la aplicación directa de los tratados internacionales en el orden interno, al otorgarle jerarquía supra constitucional a los derechos humanos declarados en dichos tratados internacionales cuando contengan previsiones más favorables. El artículo 23 de dicho texto constitucional, en efecto, dispone lo siguiente:

> *Artículo* 23.- Los tratados, pactos y convenciones relativos a derechos humanos, suscritos y ratificados por Venezuela, tienen jerarquía constitucional y prevalecen en el orden interno, en la medida en que contengan normas sobre su goce y ejercicio más favorables a las establecidas en esta Constitución y en las leyes de la República, y son de aplicación inmediata y directa por los tribunales y demás órganos del Poder Público.

Al establecer esta norma que los derechos humanos declarados en los tratados, pactos y convenciones internacionales prevalecen respecto de las normas del orden jurídico interno si contienen disposiciones más favorables al goce y ejercicio de dichos derechos, se está refiriendo no sólo a lo que está establecido en las leyes, sino a lo dispuesto en la propia Constitución, otorgándole en consecuencia rango supra constitucional a dichos derechos declarados en instrumentos internacionales.

Este artículo de la Constitución venezolana, sin duda, es uno de los más importantes en materia de derechos humanos[20], no sólo por establecer el mencionado rango supra constitu-

18 Ídem.

19 Ídem

20 La incorporación de este artículo en el texto de la Constitución, se hizo a propuesta nuestra. Véase Allan R. Brewer-Carías, *Debate Constituyente, (Aportes a la Asamblea Nacional Constituyente)*, Fundación de Derecho Público, Caracas 1999, pp. 88 y ss y 111 y ss.

cional a los derechos declarados en tratados internacionales, sino por establecer la aplicación inmediata y directa de dichos tratados por los tribunales y demás autoridades del país. Su inclusión en la Constitución, sin duda, fue un avance significativo en la construcción del esquema de protección de los derechos humanos.

Sin embargo, desafortunadamente, esta clara disposición constitucional ha sido interpretada por la Sala Constitucional del Tribunal Supremo de Justicia, en una forma abiertamente contraria tanto a su texto como a lo que fue la intención del constituyente. En efecto, en la sentencia N° 1492 del 7 de julio de 2003, al decidir una acción popular de inconstitucionalidad intentada contra varias normas del Código Penal contentivas de normas llamadas "leyes de desacato" por violación de relativas a la libertad de expresión y, en particular, de lo dispuesto en tratados y convenciones internacionales, la Sala Constitucional de dicho Tribunal Supremo, resolvió en la siguiente forma:

En primer lugar, la Sala comenzó señalando que el artículo 23 de la Constitución contiene dos elementos claves: En primer lugar, indicó respecto de los derechos referidos en la normas, que "se trata de derechos humanos aplicables a las personas naturales"; y en segundo lugar, que el artículo constitucional "se refiere a normas que establezcan derechos, no a fallos o dictámenes de instituciones, resoluciones de organismos, etc., prescritos en los Tratados, sino sólo a normas creativas de derechos humanos"; agregando que "se trata de una prevalencia de las normas que conforman los Tratados, Pactos y Convenios (términos que son sinónimos) relativos a derechos humanos, pero no de los informes u opiniones de organismos internacionales, que pretendan interpretar el alcance de las normas de los instrumentos internacionales"[21].

La Sala Constitucional luego concluyó señalando que del artículo 23 de la Constitución, es claro que:

> "La jerarquía constitucional de los Tratados, Pactos y Convenios se refiere a sus normas, las cuales, al integrarse a la Constitución vigente, el único capaz de interpretarlas, con miras al Derecho Venezolano, es el juez constitucional, conforme al artículo 335 de la vigente Constitución, en especial, al intérprete nato de la Constitución de 1999, y, que es la Sala Constitucional, y así se declara".

Y más adelante insistió en señalar que:

> "Al incorporarse las normas sustantivas sobre derechos humanos, contenidas en los Convenios, Pactos y Tratados Internacionales a la jerarquía constitucional, el máximo y último intérprete de ellas, a los efectos del derecho interno es esta Sala Constitucional, que determina el contenido y alcance de las normas y principios constitucionales (artículo 335 constitucional), entre las cuales se encuentran las de los Tratados, Pactos y Convenciones suscritos y ratificados legalmente por Venezuela, relativos a derechos humanos"[22].

Con fundamento en esta proposición, la Sala Constitucional concluyó su decisión señalando que "es la Sala Constitucional quien determina cuáles normas sobre derechos humanos de esos tratados, pactos y convenios, prevalecen en el orden interno; al igual que cuáles derechos humanos no contemplados en los citados instrumentos internacionales tienen vigencia en Venezuela"; concluyendo de la siguiente manera:

> "Esta competencia de la Sala Constitucional en la materia, que emana de la Carta Fundamental, no puede quedar disminuida por normas de carácter adjetivo contenidas en Tratados ni en otros textos Internacionales sobre Derechos Humanos suscritos por el país, que permitan a los Estados partes del Tratado consultar a organismos internacionales acerca de la interpretación de los derechos referidos en la Convención o Pacto, como se establece en el artículo 64 de la Ley Aprobatoria de la Convención Americana sobre Derechos Humanos, Pacto de San José, ya que, de ello ser posible, se estaría ante una forma de enmienda constitucional en esta materia, sin que se cumplan los trámites para ello,

21 Véase en *Revista de Derecho Público*, N° 93-96, Editorial Jurídica Venezolana, Caracas 2003, pp. 136 y ss.
22 Ídem.

al disminuir la competencia de la Sala Constitucional y trasladarla a entes multinacionales o transnacionales (internacionales), quienes harían interpretaciones vinculantes"[23].

La Sala Constitucional concluyó su decisión fundamentándose en los principios de soberanía, argumentado que las decisiones de los tribunales internacionales pueden ser aplicados en Venezuela sólo cuando estén conformes con lo que dispone la Constitución. En consecuencia, el rango supra constitucional de los tratados cuando establezcan regulaciones más favorables en relación con el goce y ejercicio de los derechos humanos, puede considerarse que fue eliminado de un solo golpe por la Sala Constitucional, al asumir el monopolio absoluto de la interpretación constitucional, lo que de acuerdo con la Constitución no solo corresponde a dicha Sala.

En todo caso, el principal problema en relación con este criterio restrictivo de la Sala Constitucional en relación con la interpretación del valor de las decisiones de los organismos internacionales, es que la misma fue dictada como una interpretación vinculante de la Constitución, limitando así el poder general de los jueces al ejercer el control difuso de la constitucionalidad, de poder aplicar directamente y dar prevalencia en el orden interno a las normas de la Convención Americana.

La interpretación restrictiva, por otra parte, se adoptó en una decisión de la Sala Constitucional que fue dictada para negarle todo valor o rango constitucional a las "recomendaciones" de la Comisión Interamericana de Derechos Humanos, rechazando en consecuencia a considerar que los artículos impugnados del Código Penal limitativos de la libertad de expresión del pensamiento en relación con funcionarios públicos, eran inconstitucionales por contrariar las recomendaciones de la Comisión Interamericana, que el accionante había argumentado que eran obligatorias para el país.

La Sala Constitucional, al contrario, consideró que de acuerdo con la Convención Americana, la Comisión puede formular "recomendaciones" a los gobiernos a los efectos de que adopten en su derecho interno medidas progresivas a favor de los derechos humanos, al igual que tomen provisiones para promover el respeto de los derechos (art. 41,b) considerando que:

> "Si lo recomendado debe adaptarse a la Constitución y a las leyes de los Estados, es porque ello no tiene naturaleza obligatoria, ya que las leyes internas o la Constitución podrían colidir con las recomendaciones. Por ello, el articulado de la Convención nada dice sobre el carácter obligatorio de la recomendación, lo que contrasta con la competencia y funciones del otro órgano: la Corte, la cual –según el artículo 62 de la Convención– puede emitir interpretaciones obligatorias sobre la Convención siempre que los Estados partes se la pidan, lo que significa que se allanan a dicho dictamen.
>
> Si la Corte tiene tal facultad, y no la Comisión, es forzoso concluir que las recomendaciones de ésta, no tienen el carácter de los dictámenes de aquélla y, por ello, la Sala, para el derecho interno, declara que las recomendaciones de la Comisión Interamericana de Derechos Humanos, no son obligatorias.
>
> Ahora bien, a juicio de esta Sala, las recomendaciones de la Comisión como tales, deben ser ponderadas en lo posible por los Estados miembros. Estos deben adaptar su legislación a las recomendaciones, siempre que ellas no colidan con las normas constitucionales, pero para esta adaptación no existe un término señalado y, mientras ella se practica, las leyes vigentes que no colidan con la Constitución o, según los tribunales venezolanos, con los derechos humanos contemplados en las Convenciones Internacionales, siguen siendo aplicables hasta que sean declaradas inconstitucionales o derogadas por otras leyes"[24].

En definitiva, la Sala concluyó resolviendo que las recomendaciones de la Comisión en relación con las leyes de desacato, solo eran puntos de vista de la Comisión sin efectos imperativos u obligatorios, es decir, manifestaciones de alerta dirigida a los Estados para que en el

---

23 Véase en *Revista de Derecho Público,* N° 93-96, Editorial Jurídica Venezolana, Caracas 2003, pp. 136 y ss.
24 Véase en *Revista de Derecho Público,* N° 93-96, Editorial Jurídica Venezolana, Caracas 2003, p. 141.

futuro derogasen o reformasen dichas leyes a los efectos de su adaptación al derecho internacional. Lamentablemente, la Sala Constitucional se olvidó tomar en cuenta lo que los Estados están obligados a hacer en relación con las recomendaciones, que es adoptar las medidas para adaptar su derecho interno a la Convención; medidas que por supuesto no se agotan con la sola derogación o reforma de leyes, siendo una de dichas medidas, precisamente, la interpretación judicial que podía y debía ser dada por el juez constitucional conforme a las recomendaciones, que fue lo que la Sala Constitucional venezolana eludió hacer.

Al contrario, en la misma materia, en la Argentina, por ejemplo, luego de que la Comisión Interamericana de Derechos Humanos considerara que las leyes de amnistía (*Punto Final y Obediencia Debida*) dictadas en ese país, así como las medidas de perdón aprobadas por el gobierno en relación con los crímenes cometidos por la dictadura militar eran contrarias a la Convención Americana, los tribunales comenzaron a considerar tales leyes como inconstitucionales por violar el derecho internacional siguiendo lo recomendado por las instancias internacionales[25].

En todo caso, la Sala Constitucional de Venezuela, en la antes mencionada sentencia, al contrario concluyó su aproximación restrictiva señalando que

> "Una interpretación diferente es otorgarle a la Comisión un carácter supranacional que debilita la soberanía de los Estados miembros, y que –como ya lo apuntó la Sala– lo prohíbe la Constitución vigente.
>
> Consecuente con lo señalado, la Sala no considera que tengan carácter vinculante, las recomendaciones del Informe Anual de la Comisión Interamericana de los Derechos Humanos, correspondiente al año 1994 invocado por el recurrente. Dicho Informe hace recomendaciones a los Estados Miembros de la Organización de los Estados Americanos para derogar o reformar las leyes, para armonizar sus legislaciones con los tratados en materia de derechos humanos, como lo es la Convención Americana sobre Derechos Humanos, Pacto San José de Costa Rica; por lo que el Informe con recomendaciones no pasa de ser esto: un grupo de recomendaciones que los Estados acatarán o no, pero que, con respecto a esta Sala, no es vinculante, y así se declara[26].

La verdad, sin embargo, es que después de la sentencia de la Sala Constitucional de Venezuela, el Código Penal fue efectivamente reformado, pero no en relación con las normas que encajan dentro de las llamadas "leyes de desacato" no se produjo adaptación alguna.

De nuevo, en contraste con esta desatención del Estado a las recomendaciones de la Comisión Interamericana, se encuentra en cambio el caso de Argentina, donde en 1995, el Congreso decidió en relación con las mismas materias pero derogando las normas que establecían los mismos delitos sobre "leyes de desacato", precisamente en cumplimiento de las recomendaciones de la Comisión Interamericana en la materia[27]

La mencionada aproximación restrictiva de la Sala Constitucional del Tribunal Supremo de Justicia de Venezuela en relación con el valor en el derecho interno de las decisiones de la Comisión Interamericana de Derechos Humanos, en todo caso, ya había sido adoptada con anterioridad por la misma Sala Constitucional en una sentencia de 17 de mayo de 2000, en la cual objetó los poderes cuasi-jurisdiccionales de la Comisión Interamericana de Derechos Humanos. El caso, referido a la *Revista Exceso*, fue el siguiente:

25 Sentencia de 4-03-2001, Juzgado Federal N° 4, caso Pobrete Hlaczik, citado en Kathryn Sikkink, "The transnacional dimensión of judicialization of politics in Latin America", en Rachel Sieder et al (ed), *The Judicalization of Politics in Latin America*, Palgrave Macmillan, New York, 2005, pp. 274, 290

26 Sentencia N° 1942 de 15 de Julio de 2003, en *Revista de Derecho Público*, N° 93-96, Editorial Jurídica Venezolana, Caracas 2003, pp. 136 y ss.

27 Caso Verbistky, Informe N° 22/94 de la Comisión de 20-09-1994, caso 11.012 (Argentina). Véase los comentarios de Antonio Cancado Trindade, "Libertad de expresión y derecho a la información en los planos internacional y nacional", en *Iudicum et Vita, Jurisprudencia nacional de América Latina en Derechos Humanos*, N° 5, Instituto Interamericano de Derechos Humanos, San José, Costa Rica, Diciembre 1997, pp. 194-195. Véase el "Informe sobre la compatibilidad entre las leyes de desacato y la Convención Americana sobre Derechos Humanos de 17 de febrero de 1995", en *Estudios Básicos de derechos Humanos*, Vol. X, Instituto Interamericano de Derechos Humanos., San José 2000.

El director y una periodista de dicha Revista intentaron una acción de amparo constitucional contra una sentencia de un tribunal penal dictada en un proceso por difamación e injuria contra ellos, pidiendo protección a su derecho a la libre expresión del pensamiento y a la libertad de información. Ante la falta de decisión de la acción de amparo, los accionantes acudieron ante la Comisión Interamericana denunciando el mal funcionamiento del sistema judicial venezolano, solicitando protección internacional contra el Estado venezolano por violación al derecho a la libre expresión del pensamiento y al debido proceso, así como contra las amenazas judiciales penales contra el director y la periodista de la Revista. La Comisión Interamericana, en el caso, adoptó algunas medidas preventivas de protección.

La Sala Constitucional, en su momento, al decidir sobre la acción de amparo intentada, consideró que este caso efectivamente se habían violado los derecho de los accionantes al debido proceso, pero no así su libertad de información; y en relación con las medidas cautelares adoptadas por la Comisión Interamericana, las calificó de inaceptables, señalando que:

> "Igualmente considera inaceptable la instancia de la Comisión Interamericana de Derechos Humanos de la Organización de los Estados Americanos en el sentido de solicitar la adopción de medidas que implican una crasa intromisión en las funciones de los órganos jurisdiccionales del país, como la suspensión del procedimiento judicial en contra de los accionantes, medidas que sólo pueden tomar los jueces en ejercicio de su competencia e independencia jurisdiccional, según lo disponen la Carta Fundamental y las leyes de la República Bolivariana de Venezuela, aparte lo previsto en el artículo 46, aparte b) de la Convención Americana de Derechos Humanos o Pacto de San José (Costa Rica), que dispone que la petición sobre denuncias o quejas de violación de dicha Convención por un Estado parte, requerirá que "se haya interpuesto y agotado los recursos de jurisdicción interna, conforme a los principios del derecho internacional generalmente reconocidos", lo cual fue pretermitido en el caso de autos, por no haber ocurrido retardo judicial imputable a esta Sala según lo indicado en la parte narrativa de este fallo"[28].

Esta desafortunada decisión puede considerarse como contraria al artículo 31 de la Constitución de Venezuela, que consagra expresamente el derecho constitucional de toda persona de poder acudir ante los organismos internacionales de derechos humanos como la Comisión Interamericana, solicitando amparo respecto de sus derechos violados. Por tanto, es difícil imaginar cómo es que este derecho constitucional se podría ejercer, si es la misma Sala Constitucional la que ha rechazado la jurisdicción de la Comisión Interamericana.

En contraste con esta reacción de la Sala Constitucional venezolana, en otros países la situación es la contraria, como es el caso de Costa Rica, donde la Sala Constitucional de la Corte Suprema en su sentencia N° 2313-95, fundamentó su decisión declarando la inconstitucionalidad del artículo 22 de la Ley Orgánica del Colegio de Periodistas que establecía la colegiación obligatoria de los mismos al Colegio de Periodistas para poder ejercer dicha profesión, en lo que previamente había resuelto la Corte Interamericana de Derechos Humanos en la *Opinión Consultiva N° OC-5* de 1985[29], señalando que: "...si la Corte Interamericana de Derechos Humanos es el órgano natural para interpretar la Convención Americana sobre Derechos Humanos (Pacto de San José de Costa Rica), la fuerza de su decisión al interpretar la Convención y enjui-

28 Caso Faitha M.Nahmens L. y Ben Ami Fihman Z. (*Revista Exceso*), Exp. N° 00-0216, Sentencia N° 386 de 17-5-2000.. Consultada en original. Véase en Carlos Ayala Corao, "Recepción de la jurisprudencia internacional sobre derechos humanos por la jurisprudencia constitucional" en *Revista del Tribunal Constitucional*, N° 6, Sucre, Bolivia, Nov. 2004, pp. 275 y ss.

29 Opinión Consultiva N° OC-5/85 de 13 de noviembre de 1985. *La colegiación obligatoria de periodistas (arts. 13 y 29 Convención Americana sobre Derechos Humanos). En la misma, la Corte Interamericana fue de la opinión:* "que la colegiación obligatoria de los periodistas, en cuanto impida el acceso de cualquier persona al uso pleno de los medios de comunicación social como vehículo para expresarse o para transmitir información, es incompatible con el artículo 13 de la Convención Americana sobre Derechos Humanos"; y "que la Ley N° 4420 de 22 de septiembre de 1969, Ley Orgánica del Colegio de Periodistas de Costa Rica, objeto de la presente consulta, en cuanto impide a ciertas personas el pertenecer al Colegio de Periodistas y, por consiguiente, el uso –pleno– de los medios de comunicación social como vehículo para expresarse y transmitir información, es incompatible con el artículo 13 de la Convención Americana sobre Derechos Humanos".

ciar las leyes nacionales a la luz de esta normativa, ya sea en caso contencioso o en una mera consulta, tendrán –de principio– el mismo valor de la norma interpretada"[30]. Por ello, la Sala concluyó en el caso concreto, que como Costa Rica había sido el país que había requerido la Opinión Consultiva:

> "Cuando la Corte Interamericana de Derechos Humanos, en su OC-05-85 unánimemente resolvió que la colegiación obligatoria de periodistas contenida en la Ley N° 4420, en cuanto impide el acceso de las personas al uso de los medios de comunicación, es incompatible con el artículo 13 de la Convención Americana sobre Derechos Humanos, no puede menos que obligar al país que puso en marcha mecanismos complejos y costosos del sistema interamericano de protección de los derechos humanos".

Por lo demás, debe indicarse que conforme a la jurisprudencia de la Sala Constitucional de la Corte Suprema de Costa Rica, el sistema constitucional de ese país también puede ubicarse entre los que otorgan rango supra constitucional a los tratados en materia de derechos humanos, si contienen normas más favorables en la materia. Así, en la mencionada sentencia N° 2313-95, la Sala precisó lo siguiente:

> "Sobre esto debe agregarse que en tratándose de instrumentos internacionales de Derechos Humanos vigentes en el país, no se aplica lo dispuesto por el artículo 7 de la Constitución Política, ya que el 48 Constitucional tiene norma especial para los que se refieren a derechos humanos, otorgándoles una fuerza normativa del propio nivel constitucional. Al punto de que, como lo ha reconocido la jurisprudencia de esta Sala, los instrumentos de Derechos Humanos vigentes en Costa Rica, tienen no solamente un valor similar a la Constitución Política, sino que en la medida en que otorguen mayores derechos o garantías a las personas, priman por sobre la Constitución (vid. sentencia N° 3435-92 y su aclaración, N° 5759-93)".

Por ello, en la misma sentencia de la Sala Constitucional, al precisar su competencia para ejercer el control de constitucionalidad de normas, precisó que:

> "La Sala Constitucional no solamente declara violaciones a derechos constitucionales, sino a todo el universo de derechos fundamentales contenidos en los instrumentos internacionales de derechos humanos vigentes en el país. Desde ese punto de vista, el reconocimiento por la Sala Constitucional de la normativa de la Convención Americana de Derechos Humanos, en la forma en que la interpretó la Corte Interamericana de Derechos Humanos en su Opinión Consultiva OC-05-85, resulta natural y absolutamente consecuente con su amplia competencia. De tal manera, sin necesidad de un pronunciamiento duplicado, fundado en los mismos argumentos de esa opinión, la Sala estima que es claro para Costa Rica que la normativa de la Ley N° 4420... es ilegítima y atenta contra el derecho a la información, en el amplio sentido que lo desarrolla el artículo 13 del Pacto de San José de Costa Rica, tanto como de los artículos 28 y 29 de la Constitución Política".

Ahora bien, volviendo al caso de Venezuela, antes de que se adoptara la interpretación restrictiva de la Sala Constitucional antes referida, debe decirse que muchos tribunales inferiores en otras materias aplicaron la Convención Americana de Derechos Humanos, declarando la prevalencia de sus normas en relación con normas constitucionales y legales.

Fue el caso, por ejemplo, del derecho a la revisión judicial de sentencias, o derecho a la segunda instancia o derecho de apelación. En efecto, la Ley Orgánica de la Corte Suprema de Justicia de 1976, al regular transitoriamente los tribunales de la jurisdicción contencioso administrativa[31], dispuso que en los casos de impugnación de algunos actos administrativos como

30 Sentencia N° 2312-05 de 09-05-1995. Consultada en original. Citada además en Rodolfo Piza R., *La justicia constitucional en Costa Rica,* San José 1995; y en Carlos Ayala Corao, "Recepción de la jurisprudencia internacional sobre derechos humanos por la jurisprudencia constitucional" en *Revista del Tribunal Constitucional,* N° 6, Sucre, Bolivia, Nov. 2004, pp. 275 y ss

31 Véase los comentarios en Allan R. Brewer-Carías y Josefina Calcaño de Temeltas, *Ley Orgánica de la Corte Suprema de Justicia,* Editorial Jurídica Venezolana, Caracas 1978.

los emanados de institutos autónomos o Administraciones desconcentradas o independientes, la competencia para decidir de la acción correspondía en única instancia a la Corte Primera de lo Contencioso Administrativa, sin apelación ante la Sala Político Administrativa de la Corte Suprema.

La Constitución de 1999 solo reguló como derecho constitucional el derecho de apelación en materia de juicios penales a favor de la persona declarada culpable (art. 40,1); por lo que en otros casos, como el mencionado de los juicios contencioso administrativos, no existe una garantía constitucional expresa a la apelación, por lo que en los casos de las decisiones de la Corte Primera de lo Contencioso, conociendo en única instancia, la apelación había sido siempre declarada inadmisible.

Después de la entrada en vigencia de la Constitución de 1999, sin embargo, en algunos casos se ejercieron recursos de apelación contra decisiones de la Corte Primera de lo Contencioso Administrativa para ante la Sala Político Administrativa del Tribunal Supremo, alegándose la inconstitucionalidad de la norma de la Ley Orgánica que limitaba el derecho de apelación en ciertos casos. Como consecuencia de ello, en algunos casos los tribunales contencioso administrativos, en ejercicio del control difuso de constitucionalidad, admitieron la apelación basándose en el derecho de apelar las decisiones judiciales ante el tribunal superior que se establece en el artículo 8,2,h de la Convención Americana de Derechos Humanos, la cual se consideró como formando parte del derecho constitucional interno del país. El tema finalmente también llegó a decisión por la Sala Constitucional del Tribunal Supremo, la cual en una decisión N° 87 del 13 de marzo de 2000, resolvió lo siguiente:

> "Puesta en relación esta norma con la disposición prevista en el artículo 49, numeral 1, de la Constitución de la República, en la cual el derecho a recurrir del fallo se atribuye únicamente a la persona declarada culpable, y se autoriza el establecimiento de excepciones al citado derecho, cabe interpretar que la norma de la convención es más favorable al goce y ejercicio del citado derecho, puesto que consagra el derecho de toda persona a ser oída, no sólo en la sustanciación de cualquier acusación, penal, sino también en la determinación de sus derechos y obligaciones de orden civil, laboral, fiscal o de cualquier otro carácter, establece el derecho a recurrir del fallo, sin excepción alguna; le atribuye la naturaleza de garantía mínima; otorga su titularidad a toda persona, con independencia de su condición en el proceso; y establece que el titular del citado derecho ha de ser tratado bajo el principio de igualdad plena.
>
> Puesta en relación esta norma en referencia con la disposición prevista en el último aparte del artículo 185 de la Ley Orgánica de la Corte Suprema de Justicia, cabe interpretar que esta última es incompatible con aquélla, puesto que niega, en términos absolutos, el derecho que la convención consagra, siendo que el ordenamiento constitucional no atribuye a la Corte Primera de lo Contencioso Administrativo el rango de tribunal supremo" [32].

Con fundamente en lo antes mencionado, la Sala Constitucional concluyó su decisión, señalando que:

> "reconoce y declara, con fundamento en la disposición prevista en el artículo 23 de la Constitución de la República, que el artículo 8, numerales 1 y 2 (literal h), de la Convención Americana sobre Derechos Humanos, forma parte del ordenamiento constitucional de Venezuela; que las disposiciones que contiene, declaratorias del derecho a recurrir del fallo, son más favorables, en lo que concierne al goce y ejercicio del citado derecho, que la prevista en el artículo 49, numeral 1, de dicha Constitución; y que son de aplicación inmediata y directa por los tribunales y demás órganos del Poder Público"[33].

---

32 Caso: C.A. Electricidad del Centro (Elecentro) y otra vs. Superintendencia para la Promoción y Protección de la Libre Competencia. (Procompetencia), en *Revista de Derecho Público*, N° 81, Editorial Jurídica Venezolana, Caracas 2000, pp. 157 y ss

33 Ídem, p. 157

La Sala Constitucional incluso resolvió el caso estableciendo una interpretación obligatoria, que exigía la redacción de la Ley Orgánica, disponiendo lo siguiente:

> "En consecuencia, visto que el último aparte, primer párrafo, del artículo 185 de la Ley Orgánica de la Corte Suprema de Justicia, dispone lo siguiente: "Contra las decisiones que dicto dicho Tribunal en los asuntos señalados en los ordinales 1 al 4 de este artículo no se oirá recurso alguno"; visto que la citada disposición es incompatible con las contenidas en el artículo 8, numerales 1 y 2 (literal h), de la Convención Americana sobre Derechos Humanos, las cuales están provistas de jerarquía constitucional y son de aplicación preferente; visto que el segundo aparte del artículo 334 de la Constitución de la República establece lo siguiente: "En caso de incompatibilidad entre esta Constitución y una ley u otra norma jurídica, se aplicarán las disposiciones constitucionales, correspondiendo a los tribunales en cualquier causa, aun de oficio, decidir lo conducente", ésta Sala acuerda dejar sin aplicación la disposición transcrita, contenida en el último aparte, primer párrafo, del artículo 185 de la Ley Orgánica en referencia, debiendo aplicarse en su lugar, en el caso de la sentencia que se pronuncie, de ser el caso, sobre el recurso contencioso administrativo de anulación interpuesto por la parte actora ante la Corte Primera de lo Contencioso Administrativo (expediente N° 99-22167), la disposición prevista en el último aparte, segundo párrafo, del artículo 185 eiusdem, y la cual es del tenor siguiente: 'Contra las sentencias definitivas que dicte el mismo Tribunal ... podrá interponerse apelación dentro del término de cinco días, ante la Corte Suprema de Justicia (rectius: Tribunal Supremo de Justicia)'. Así se decide"[34].

### 2.- *La aplicación directa de los instrumentos internacionales de derechos humanos debido a su rango constitucional*

Pero en segundo lugar, otro de los mecanismos para que se produzca la aplicación directa de los tratados sobre derechos humanos en el orden interno, es el derivado del otorgamiento de rango constitucional a los mismos, con lo cual adquieren igual jerarquía que la Constitución.

En este grupo se pueden distinguir dos tipos de regímenes constitucionales: los que confieren rango constitucional a todos los instrumentos internacionales sobre derechos humanos, o los que sólo otorgan dicho a un determinado grupo de tratados enumerados en las Constituciones.

En el primer grupo se destaca el caso de la Constitución del Perú de 1979, derogada en 1994, en cuyo artículo 105 se establecía que "los preceptos contenidos en los tratados sobre derechos humanos, tienen jerarquía constitucional" y en consecuencia, "no pueden ser modificados excepto mediante el procedimiento vigente para la reforma de la Constitución".

En el segundo grupo se puede ubicar la Constitución de Argentina, en la cual se otorga a un importante grupo de tratados y declaraciones internacionales que estaban vigentes en 1994, específicamente enumerados en el artículo 75.22 de la Constitución, una jerarquía superior a las leyes, es decir, rango constitucional:

> "La Declaración Americana de los Derechos y Deberes del Hombre; la Declaración Universal de Derechos Humanos; la Convención Americana sobre Derechos Humanos; el Pacto Internacional de Derechos Económicos, Sociales y Culturales; el Pacto Internacional de Derechos Civiles y Políticos y su Protocolo Facultativo; la Convención sobre la Prevención y la Sanción del Delito de Genocidio; la Convención Internacional sobre la Eliminación de todas las Formas de Discriminación Racial; la Convención sobre la Eliminación de todas las Formas de Discriminación contra la Mujer; la Convención contra la Tortura y otros Tratos o Penas Crueles, Inhumanos o Degradantes; la Convención sobre los Derechos del Niño".

Estos instrumentos internacionales conforme se indica en el texto constitucional "en las condiciones de su vigencia, tienen jerarquía constitucional, no derogan artículo alguno de la primera parte de esta Constitución y deben entenderse complementarios de los derechos y

34 Ídem. p. 158.

garantías por ella reconocidos". Aparte de ello, el mismo artículo precisa que "solo podrán ser denunciados, en su caso, por el Poder Ejecutivo nacional, previa aprobación de las dos terceras partes de la totalidad de los miembros de cada Cámara".

En relación con los otros tratados en materia de derechos humanos diferentes a los enumerados en el artículo 75,22, la Constitución estableció que "luego de ser aprobados por el Congreso, requerirán del voto de las dos terceras partes de la totalidad de los miembros de cada Cámara para gozar de la jerarquía constitucional".

De acuerdo con todas estas previsiones constitucionales, la Corte Suprema de Justicia de la Nación ha aplicado la Convención Americana de Derechos Humanos, dando prevalencia a sus previsiones en relación con las leyes, como sucedió respecto del Código de Procedimiento Penal. Al contrario de lo que se establece en la Convención Americana, dicho Código excluía el derecho de apelación respecto de algunas decisiones judiciales de acuerdo a la cuantía de la pena. La Corte Suprema de la Nación declaró la invalidez por inconstitucionalidad de dichas normas limitativas de la apelación, aplicando precisamente el artículo 8,1,h de la Convención Americana que garantiza, como se ha dicho, el derecho de apelar las decisiones judiciales por ante un tribunal superior"[35].

Por otra parte, también en Argentina, los tribunales han considerado las decisiones de la Comisión Interamericana y de la Corte Interamericana como obligatorias, incluso antes de que los tratados internacionales de derechos humanos fueran constitucionalizados en la reforma constitucional de 1994. En una sentencia de 7 de julio de 1992, la Corte Suprema aplicó la *Opinión Consultiva OC-7/86*[36] de la Corte Interamericana, señalando que: "la interpretación del Pacto debe, además guiarse por la jurisprudencia de la Corte Interamericana de Derechos Humanos, uno de cuyos objetivos es la interpretación del Pacto de san José (Estatuto, artículo 1)"[37].

En 1995, la misma Corte Suprema de Argentina consideró que debido al reconocimiento por el Estado de la jurisdicción de la Corte Interamericana para resolver casos de interpretación y aplicación de la Convención Americana, sus decisiones "deben servir de guía para la interpretación de los preceptos convencionales"[38]. En otras decisiones, la Corte Suprema revocó decisiones de tribunales inferiores por considerar que las interpretaciones que las sustentaban eran incompatibles con la doctrina de la Comisión Interamericana de Derechos Humanos[39].

Debe mencionarse, por otra parte, que en el caso de Panamá, a pesar de que no se indica en el texto Constitucional expresamente, el rango constitucional de los tratados, de la jurisprudencia de la Corte Suprema ello puede deducirse, al considerar que cualquier violación a un tratado internacional es una violación del artículo 4 de la Constitución.

En efecto, la Constitución de Panamá sólo dispone que "La República de Panamá acata las normas del Derecho Internacional" (art. 4); ello, sin embargo, ha permitido a la Corte Suprema de Justicia, considerar como una violación constitucional la violación a normas de tratados internacionales. En una sentencia del 12 de marzo de 1990, en efecto, se declaró la inconstitu-

35 Sentencia de 04-04- 1995, Caso Giroldi, H.D. y otros. Véase en Aida Kemelmajer de Caqrlucci and maria Gabriela Abalos de Mosso, "Grandes líneas directrices de la jurisprudencia argentina sobre material constitucional durante el año 1995", en *Anuario de Derecho Constitucional latinoamericano 1996*, Fundación Konrad Adenauer, Bogotá, 1996, pp. 517 y ss.; y en Carlos Ayala Corao, "Recepción de la jurisprudencia internacional sobre derechos humanos por la jurisprudencia constitucional" en *Revista del Tribunal Constitucional*, N° 6, Sucre, Bolivia, Nov. 2004, pp. 275 y ss.

36 Opinión Consultiva N° OC-7/86 de 29 de agosto de 1986. *Exigibilidad del derecho de rectificación o respuesta (arts. 14.1, 1.1 y 2 de la Convención Americana sobre Derechos Humanos).*

37 Sentencia caso Miguel A. Ekmkdjiam, Gerardo Sofivic y otros, en Ariel E. Dulitzky, "La aplicación de los tratados sobre derechos humanos por los tribunales locales: un estudio comparado" en *La aplicación de los tratados sobre derechos Humanos por los tribunales locales*, Centro de Estudios Legales y Sociales, Buenos Aires, 1997; y en Carlos Ayala Corao, "Recepción de la jurisprudencia internacional sobre derechos humanos por la jurisprudencia constitucional" en *Revista del Tribunal Constitucional*, N° 6, Sucre, Bolivia, Nov. 2004, pp. 275 y ss

38 Sentencia caso H Giroldi/ recurso de casación, 17-04-1995. Véase en *Jurisprudencia Argentina*, Vol. 1995-III, p. 571; y en Carlos Ayala Corao, "Recepción de la jurisprudencia internacional sobre derechos humanos por la jurisprudencia constitucional" en *Revista del Tribunal Constitucional*, N° 6, Sucre, Bolivia, Nov. 2004, pp. 275 y ss

39 Caso Bramajo, September 12, 1996. Véase en *Jurisprudencia Argentina*, Nov. 20, 1996; y en Carlos Ayala Corao, "Recepción de la jurisprudencia internacional sobre derechos humanos por la jurisprudencia constitucional" en *Revista del Tribunal Constitucional*, N° 6, Sucre, Bolivia, Nov. 2004, pp. 275 y ss

cionalidad de un decreto ejecutivo que establecía un condicionamiento arbitrario de carácter global al ejercicio de las libertades de expresión y de prensa, para lo cual la Corte Suprema estableció que:

> "Con ese proceder se viola el artículo 4 de la carta magna, que obliga al acatamiento de las normas de Derecho internacional por parte de las autoridades nacionales. En el caso bajo examen, tal como lo señala el recurrente, se trata de la violación del pacto Internacional de Derechos Civiles y Políticos y de la Convención Americana sobre Derechos zhu-8manos, aprobados por las leyes 14 de 1976 y 15 de 1977, respectivamente, convenios que rechazan el establecimiento de la censura previa al ejercicio de las libertades de expresión y de prensa, en tanto que derechos humanos fundamentales"[40]

### 3.- *La aplicación de los instrumentos internacionales de derechos humanos en el orden interno dado su rango y valor supra legal*

En tercer lugar, la aplicación en el orden interno de los tratados y convenios internacionales de derechos humanos, se ha logrado en los casos en los cuales las Constituciones han atribuido rango supra legal a los tratados y convenciones internacionales en general, incluyendo los relativos a derechos humanos. En estos sistemas, los tratados están sujetos a la Constitución pero prevalecen sobre lo dispuesto en las leyes.

Esta fue la modalidad que se siguió por ejemplo en las Constituciones de Alemania (artículo 25), Italia (artículo 10) y Francia (artículo 55), y América Latina, es la solución adoptada en la Constitución de Costa Rica (reforma de 1968), en la cual se dispone que: "Los tratados públicos, los convenios internacionales y los concordatos, debidamente aprobados por la Asamblea Legislativa, tendrán desde su promulgación o desde el día que ellos designen, autoridad superior a las leyes (Artículo 7). Como antes se dijo, sin embargo, la jurisprudencia de la Sala Constitucional le ha otorgado a los tratados internacionales en materia de derechos humanos, rango constitucional e incluso supra constitucional de contener disposiciones más favorables al ejercicio de los mismos.

La Sala Constitucional de la Corte Suprema de Costa Rica , en todo caso, ha aplicado directamente la Convención Americana de Derechos Humanos, con prevalencia sobre las leyes, al considerar que las normas "legales que contradigan [un tratado] deban tenerse simplemente por derogadas, en virtud precisamente del rango superior del tratado"[41]. En esta forma, al considerar que el artículo 8.2 de la Convención americana "reconoce como derecho fundamental de todo ser humano, imputado en una causa penal por delito, el de recurrir del fallo" la Sala consideró que el artículo 472 del Código de Procedimientos Penales que limitaban el ejercicio del recurso de casación debían tenerse "por no puestas" y entender "que el recurso de casación a que ahí se alude está legalmente otorgado a favor del reo condenado a cualquier pena en sentencia dictada en una causa panal por delito". La Sala Constitucional, en una sentencia posterior N° 719-90 declaró con lugar el recurso de inconstitucionalidad intentado contra el artículo 474 del Código de Procedimientos Penales, anulándolo y considerando en consecuencia, como "no puestas las limitaciones al derecho a recurrir en casación a favor del imputado contra la sentencia penal por delito, establecidas en el artículo". Para ello, la Sala partió de la consideración de que:

> "Lo único que, obviamente, impone la Convención Americana es la posibilidad de recurso ante un Tribunal Superior contra la sentencia penal por delito, de manera que al declararse inconstitucionales las limitaciones impuestas por el artículo 474 incisos 1) y 2) del Código de Procedimientos Penales, los requerimientos del artículo 8.2 inciso h) de la Convención estarían satisfechos, con la sola salvedad de que el de casación no fuera el recurso ante juez o tribunal superior, en los términos de dicha norma internacional"[42].

40 Véase en *Iudicum et Vita, Jurisprudencia nacional de América Latina en Derechos Humanos*, N° 5, Instituto Interamericano de Derechos Humanos, San José, Costa Rica, Diciembre 1997 pp. 80-82

41 Sentencia N° 282-90, caso violación del artículo 8.2 de la Convención Americana por el derogado artículo 472 del Código de Procedimientos Penales. Consultada en original.

42 Consultada en original.

Se destaca, sin embargo, que en otra sentencia N° 1054-94, la Sala Constitucional declaró sin lugar la impugnación por inconstitucionalidad del artículo 426 del Código de Procedimientos Penales, por las mismas razones antes señaladas de negativa del recurso en materia de contravenciones y no de delitos, por considerar que en su jurisprudencia, lo que ha establecido la Sala con claridad es "que la citada Convención Americana establece la doble instancia como derecho fundamental de todo ser humano, imputado en una causa penal por delito, de recurrir del fallo ante un superior, y no indistintamente en todas las materias"[43].

Ahora bien, en cuanto al rango supra legal de los tratados y su prevalencia respecto de las leyes en caso de conflicto, en sentido similar, el artículo 144 de la Constitución de El Salvador dispone que: "Los tratados internacionales celebrados por El Salvador con otros estados o con organismos internacionales, constituyen leyes de la República al entrar en vigencia, conforme a las disposiciones del mismo tratado y de esta Constitución" agregando que "La ley no podrá modificar o derogar lo acordado en un tratado vigente para El Salvador" y que "En caso de conflicto entre el tratado y la ley, prevalecerá el tratado".

De acuerdo con estas previsiones, la Sala Constitucional de la Corte Suprema de Justicia de El Salvador también ha aplicado los tratados internacionales en materia de derechos humanos, decidiendo casos en los que ha considerado que las regulaciones internacionales prevalecen sobre la legislación interna. Es el caso de la sentencia de 17 de noviembre de 1994, dictada en un proceso en el cual un tribunal penal decidió la detención preventiva de un antiguo comandante de las fuerzas armadas irregulares, en un juicio que se le seguía por el delito de difamación. La Sala decidió que "para la adecuada comprensión de las instituciones de la detención provisional en nuestro sistema, debemos tener en cuenta además con fundamento en el artículo 144 de la Constitución, los tratados internacionales ratificados por El Salvador"[44]; en consecuencia, pasó a analizar el artículo 11,1 de la Declaración Universal de Derechos Humanos y el artículo 9,3 del Pacto Internacional de Derechos Civiles y Políticos que se refieren al derecho a la presunción de inocencia y al carácter excepcional de la detención preventiva, la cual no debe considerarse como la regla general. La Sala Constitucional también analizó el artículo XXVI de la Declaración Americana de Derechos Humano, que también se refiere a la presunción de inocencia, y a los artículos 7,2 y 8,2 de la Convención Americana de Derechos Humanos los cuales regulan los derechos de las personas en relación con las detenciones, particularmente el principio *nulla pena sine lege*. Conforme a todo ese análisis del derecho internacional de los derechos humanos, la Sala concluyó señalando que "Es en ese contexto –constitucional e internacional– que se ha de encuadrar el examen de la detención provisional, por cuanto tales normas, dada su superior ubicación en la jerarquía normativa, obligan a su cumplimiento"[45]

En consecuencia, y fundamentándose en las regulaciones internacionales en relación con la detención preventiva y los derechos de las personas, la Sala concluyó que "ésta no puede nunca constituir la regla general de los procesos penales –circunstancia además expresamente prohibida en el artículo 9,3 del Pacto Internacional de Derechos Civiles y Políticos– por lo que la misma , no puede funcionar automáticamente"[46], porque no puede entenderse como una sanción anticipada. Al contrario, a los efectos de decretar la detención, el juez en cada caso necesita evaluar las circunstancias sobre la necesidad y conveniencia de la privación de la libertad para proteger el interés público fundamental.

Con fundamento en lo anterior, la Sala Constitucional concluyó en relación con el caso que como en el mismo se había decidido la detención provisional, y "no se consignó justificación alguna para dicha orden, esta deviene en inconstitucional"[47].

En otra sentencia de la Sala Constitucional de la Corte Suprema de El Salvador de 13 de junio de 1995, la Sala declaró la inconstitucionalidad de una Ordenanza municipal que había

43 Ídem.

44 Véase en *Iudicum et Vita, Jurisprudencia nacional de América Latina en Derechos Humanos*, N° 5, Instituto Interamericano de Derechos Humanos, San José, Costa Rica, Diciembre 1997, p. 157

45 Idem, p. 157

46 Idem, p. 158

47 Idem, p. 158

establecido restricciones al ejercicio del derecho de reunión y manifestación, fundamentándose en lo dispuesto en los artículos 15 de la Convención Americana de Derechos Humanos y 21 del Pacto Internacional de Derechos Civiles y Políticos, conforme a los cuales las limitaciones a dichos derechos sólo podía establecerse por ley. A tal efecto, la Sala partió de la consideración de que "Los tratados internacionales vigentes en nuestro país, con supremacía respecto de las leyes secundarias, entre ellas, el Código Municipal, reconocen la libertad de reunión y manifestación pública y establecen que este derecho solo podrá estar sujeto a limitaciones o restricciones previstas por la LEY, que sean necesarias en una sociedad democrática", la cual "tiene que se emitida por la Asamblea Legislativa observando el formalismo" establecido en la Constitución; y además dispuso la Sala, que dicha ley, de acuerdo con el artículo XXVIII la Declaración Americana de Derechos Humanos solo puede establecer limitaciones sujetas al "principio de razonabilidad de manera que "sea intrínsecamente justa: es decir, que debe responder a ciertas pautas de valor suficientes, o sea dar el contenido material de justicia consagrado en la Constitución" Concluyó la Sala en el caso concreto, declarando la inconstitucionalidad solicitada, al considerar que:

> "Ninguno de estos componentes encontramos en el instrumento cuya inconstitucionalidad se demanda: es decir, que se trata de un caso típico de abuso de autoridad, pues no solo se entra en reglar el ejercicio de un derecho constitucional sin autorización bastante, sino que usurpa una función reservada al legislador".

La Constitución de México, al referirse a los tratados internacionales, puede considerarse como la que en América Latina que sigue más de cerca el texto de la Constitución Norteamericana, a disponer:

> *Artículo 133*.- Esta Constitución, las leyes del Congreso de la Unión que emanen de ella y todos los Tratados que estén de acuerdo con la misma, celebrados y que se celebren por el Presidente de la República, con aprobación del Senado, serán la Ley Suprema de toda la Unión. Los jueces de cada Estado se arreglarán a dicha Constitución, leyes y tratados, a pesar de las disposiciones en contrario que pueda haber en las Constituciones o leyes de los Estados.

Se trata de la misma llamada cláusula de supremacía, conforme a la cual, tradicionalmente se había considerado que los tratados tenían el mismo rango que las leyes. Así lo decidió la Suprema Corte de la Nación en sentencia de Pleno C/92, de 30 de junio de 1992, al señalar que ocupando las leyes y los tratados internacionales, el mismo "rango inmediatamente inferior a la Constitución en la jerarquía de las normas en el orden jurídico mexicano", un

> "tratado internacional no puede ser criterio para determinar la constitucionalidad de una ley ni viceversa. Por ello, la Ley de las Cámaras de Comercio y de las de Industria no puede ser considerara inconstitucional por contrariar lo dispuesto en un tratado internacional."[48]

Pero este criterio ha sido abandonado por la propia Suprema Corte, en una sentencia de revisión de amparo N° 1475/98, en la cual, al interpretarse el artículo 133 constitucional conforme a la Convención de Viena sobre Derecho de los Tratados de 1969, se determinó que en virtud de que "los compromisos internacionales son asumidos por el Estado mexicano en su conjunto y comprometen a todas sus autoridades frente a la comunidad internacional" los tratados internacionales "se ubican jerárquicamente por encima de las leyes federales y, en un segundo plano, respecto de la Constitución Federal", adquiriendo entonces rango supra legal[49].

---

48 Tesis P. C/92, publicada en la *Gaceta del Semanario Judicial de la Federación*, N° 60, diciembre de 1992, p. 27.

49 Véase la referencia en Guadalupe barrena y Carlos Montemayor "Incorporación del derecho internacional en la Constitución mexicana", *Derechos Humanos. Memoria del IV Congreso Nacional de Derecho Constitucional*, Vol. III, Instituto de Investigaciones Jurídicas, UNAM, México 2001; y en Humberto Henderson, "Los tratados internacionales de derechos humanos en el orden interno: la importancia del principio *pro homine*", en *Revista IIDH*, Instituto Interamericano de Derechos Humanos, N° 39, San José 2004, p. 82, nota 15.

En este grupo de países que otorga rango supra legal a los tratados en materia de derechos humanos también se puede ubicar el caso de Paraguay. La Constitución contiene una cláusula de supremacía similar a la mexicana, con el siguiente texto:

> *Artículo 137.-* De la supremacía de la Constitución. La ley suprema de la República es la Constitución. Esta, los tratados, convenios y acuerdos internacionales aprobados y ratificados, las leyes dictadas por el Congreso y otras disposiciones jurídicas de inferior jerarquía, sancionadas en consecuencia, integran el derecho positivo nacional en el orden de prelación enunciado.

Dicha cláusula, sin embargo, tiene la peculiaridad de indicar el orden de prelación de las fuentes, por lo que los tratados si bien están por debajo de la Constitución, están por encima de las leyes. Además, esta norma se complementa con el artículo 141 de la misma Constitución que dispone que "los tratados internacionales válidamente celebrados, aprobados por ley del Congreso, y cuyos instrumentos de ratificación fueran canjeados o depositados, forman parte del ordenamiento legal interno con la jerarquía que determina el Artículo 137".

Conforme a estas previsiones, por ejemplo, el Tribunal de Apelaciones en lo Criminal, Primera Sala de Paraguay, en sentencia de 10 de junio de 1996, revocó una sentencia de un tribunal inferior que había dictado una condena por el delito de difamación en el cual el querellante era una persona política y pública, argumentando que "en una sociedad democrática los políticos están más expuestos a la crítica de la ciudadanía", por lo que "en ningún caso el interés de los particulares primará sobre el interés público", invocando para la sentencia revocatoria, las normas constitucionales pertinentes así como el artículo 13 de la Convención Americana de Derechos Humanos[50]

### 4.- *El rango legal de los tratados internacionales sobre derechos humanos y su aplicación en el ámbito interno*

En cuarto lugar, en relación con la jerarquía de los tratados internacionales sobre derechos humanos en el ámbito interno y su aplicación por los tribunales, otro sistema que quizás el más común, es el de la atribución a los mismos del mismo rango que las leyes. Es el sistema clásico del constitucionalismo moderno, generalizado según lo que dispuso la Constitución de los Estados Unidos en su artículo VI. 2:

> Esta Constitución y las leyes de los Estados Unidos que deben sancionarse conforme a la misma; y todos los tratados suscritos o que deban suscribirse bajo la autoridad de los Estados Unidos, serán la suprema ley del país; y los jueces en cada Estado se sujetarán a la misma, aún cuando exista algo en contrario en la Constitución o leyes de los Estados.

En estos sistemas, en consecuencia, los tratados son parte de la legislación del país, teniendo entonces el mismo rango que las leyes. Están sujetos a la Constitución, y en su aplicación en relación con las leyes se rigen por los principios de la ley posterior y de la ley especial a los efectos de su prevalencia o efectos derogatorios.

En el caso de Uruguay, el artículo 6 de la Constitución sólo hace referencia a los tratados internacionales a los efectos de indicar que se debe proponer "la cláusula de que todas las diferencias que surjan entre las partes contratantes, serán decididas por el arbitraje u otros medios pacíficos"; no haciendo referencia alguna ni a la jerarquía en el derecho interno ni al tema de los derechos humanos. Ello, sin embargo, no ha sido impedimento para que la Corte Suprema de Justicia, por ejemplo, en la sentencia de 23 de octubre de 1996, al resolver sobre una excepción de inconstitucionalidad opuesta por el Ministerio Público contra normas de la Ley de Prensa que permiten ser juzgado en libertad por delitos de prensa, fundamentara su argumento en lo dispuesto en tratados internacionales, para desestimar la excepción. El caso concreto trató sobre un delito de imprenta por críticas formuladas al Presidente del Paraguay, en el cual el denunciante fue el Embajador del Paraguay en el Uruguay. El Ministerio Público denunció

50 Véase en *Iudicum et Vita, Jurisprudencia nacional de América Latina en Derechos Humanos*, N° 5, Instituto Interamericano de Derechos Humanos, San José, Costa Rica, Diciembre 1997 pp. 82-86.

violaciones al principio de igualdad contenidas en normas constitucionales y en los artículos 7 de la Declaración Americana de Derechos Humanos y 24 de la Convención Americana de Derechos Humanos. La Corte Suprema para decidir analizó extensivamente el derecho humano a la libre expresión del pensamiento haciendo referencia, precisamente, al artículo 19 del Pacto Internacional de Derechos Civiles y Políticos y el artículo 13.1 de la Convención Americana de Derechos Humanos; a la Opinión Consultiva OC-5 sobre incompatibilidad del derecho a la libre expresión del pensamiento y la colegiación obligatoria de los periodistas; y al derecho a la presunción de inocencia "consagrado expresamente, en todo caso, en las Convenciones y Declaraciones internacionales a las que ha adherido el país o que de otro modo le obligan (Declaración Universal de los Derechos del Hombre, art. 11; Pacto Internacional de Derechos Civiles y Políticos, art. 14.4 y Convención Americana de Derechos Humanos, art. 8.2..), lo que permitía al querellado en el caso, el ser juzgado en libertad[51].

El sistema constitucional de la República Dominicana también puede ubicarse en este grupo constitucional, donde los tratados tienen el mismo rango que las leyes. Por ello, y precisamente por el hecho de que la República Dominicana es uno de los pocos países de América Latina que no tiene consagrado en el texto constitucional el recurso o acción de amparo como medio judicial de protección de los derechos humanos, la Corte Suprema aplicó la Convención Americana de Derechos Humanos para admitir jurisprudencialmente la acción o recurso de amparo.

En efecto, el artículo 3 de la Constitución de la República Dominicana establece que "La República Dominicana reconoce y aplica las normas del Derecho Internacional general y americano en la medida en que sus poderes públicos las hayan adoptado". Conforme a ello, en 1977 el Congreso aprobó la Convención Americana de Derechos Humanos, en cuyos artículo 8,2 y 25,1 se regulan los principios generales del debido proceso y, en particular, la acción o recurso de amparo para la protección de los derechos humanos declarados en la Convención, en las Constituciones y en las leyes de los Estados miembros.

De acuerdo con estas previsiones, si bien era cierto que la Constitución no regulaba expresamente la acción o recurso de amparo, el mismo estaba consagrado en la Convención Americana, por lo que dicho recurso podía ejercerse por toda persona en protección de sus derechos. El problema, sin embargo, radicaba en la ausencia de las reglas de procedimiento relativas al amparo, incluyendo la ausencia de normas legales atributivas de competencia judiciales para conocer de la acción. Ello explica por qué hasta 1999 no se habían intentado acciones de amparo.

Ese año, sin embargo, una empresa privada, la empresa *Productos Avon S.A.*, intentó un recurso de amparo ante la Corte Suprema contra una sentencia dictada por un juzgado con competencia en materia laboral, alegando violación de derechos constitucionales, y fue dicha acción la que originó la admisibilidad jurisprudencial de la acción de amparo en la República Dominicana sin que hubiera disposición constitucional o legal sobre la misma.

En efecto, la Corte Suprema en su sentencia del 24 de febrero de 1999, admitió la acción de amparo intentada por la mencionada empresa *Avon*, declarando al amparo como "una institución de derecho positivo" y prescribiendo en la decisión las reglas básicas de procedimiento para el ejercicio de tales acciones de amparo[52]. El caso se desarrolló como sigue:

1.- La empresa demandante alegó que la decisión judicial del tribunal laboral había violado su derecho a ser juzgado por el juez natural, a cuyo efecto solicitó a la Corte Suprema que: primero, declarara en su sentencia que el amparo debía considerarse como una institución

51 Véase en *Iudicum et Vita, Jurisprudencia nacional de América Latina en Derechos Humanos*, N° 5, Instituto Interamericano de Derechos Humanos, San José, Costa Rica, Diciembre 1997 pp. 72-79.

52 Véase en Véase en *Iudicum et Vita, Jurisprudencia nacional de América Latina en Derechos Humanos*, N° 7, Tomo I, Instituto Interamericano de Derechos Humanos, San José, Costa Rica, Diciembre 2000 p. 329 y ss. Véanse los comentarios a dicha sentencia en Allan R. Brewer-Carías, "La admisión jurisprudencial de la acción de amparo en ausencia de regulación constitucional o legal en la República Dominicana", ídem, pp. 334 y ss; y en *Revista IIDH*, Instituto Interamericano de Derechos Humanos, San José, 2000.

dominicana de derecho público; y segundo, que la Corte Suprema, de acuerdo con las disposiciones de la Ley Orgánica Judicial que le atribuye a la Corte el poder de resolver sobre el procedimiento aplicable en caso de que no exista uno legalmente prescrito, disponiendo las normas respectivas, que en consecuencia estableciera dichas normas en relación con los recursos de amparo. Adicionalmente, el recurrente solicitó a la Corte que dictara una medida cautelar suspendiendo los efectos de la sentencia laboral impugnada mientras durase el juicio de amparo.

2.- La Corte Suprema, a los efectos de decidir, estableció el criterio que los tratados internacionales invocados por el recurrente, particularmente los artículos 8 y 25,1 de la Convención Americana de Derechos Humanos, eran parte del derecho interno de la República Dominicana, y tenían la finalidad de garantizar la protección judicial de los derechos fundamentales reconocidos en la Constitución, en la ley y en la indicada Convención, contra todo acto violatorio de dichos derechos, cometido por cualquier persona actuando o no en el ejercicio de funciones públicas, por lo que incluso se admitía contra actuaciones de particulares. En este aspecto, la Corte Suprema resolvió que:

> "Contrariamente a como ha sido juzgado en el sentido de que los actos violatorios tendrían que provenir de personas no investidas con funciones judiciales o que no actúen en el ejercicio de esas funciones, el recurso de amparo, como mecanismo protector de la libertad individual en sus diversos aspectos, no debe ser excluido como remedio procesal específico para solucionar situaciones creadas por personas investidas de funciones judiciales ya que, al expresar el artículo 25.1 de la Convención, que el recurso de amparo está abierto a favor de toda persona contra actos que violes sus derechos fundamentales, "aún cuando tal violación sea cometida por personas que actúen en ejercicio de sus funciones oficiales", evidentemente incluye entre éstas a las funciones judiciales ".

Igualmente, la Corte resolvió que la vía del amparo:

> "Queda abierta contra todo acto u omisión de los particulares o de los órganos o agentes de la administración pública, incluido la omisión o el acto administrativo, no jurisdiccional. Del poder judicial, si lleva cualquiera de ellos una lesión, restricción o alteración, a un derecho constitucionalmente protegido"[53]

En relación con este tema, la decisión de la Corte Suprema de la República Dominicana puede considerarse como muy importante en virtud de admitir claramente que la acción de amparo también procede contra particulares, siguiendo en tal sentido la concepción amplia del amparo iniciada en Argentina y que se sigue en Uruguay, Chile, Perú, Bolivia y Venezuela. La concepción restringida, en cambio, que excluye el amparo contra particulares, es la que se sigue en México, Brasil, Panamá, El Salvador y Nicaragua.

La decisión de la Corte Suprema de la República Dominicana también siguió la concepción amplia del amparo, al admitirlo contra decisiones judiciales, tal como está aceptada en la Convención Americana, y en contra de la tendencia observada en otros países latinoamericanos que excluyen la acción de amparo contra sentencias o decisiones judiciales, como es el caso de Argentina, Uruguay, Costa Rica, Panamá, El Salvador, Honduras y Nicaragua. En Colombia, el decreto de 1999, regulador de la acción de tutela también admitió la acción de amparo contra decisiones judiciales, pero la Corte Constitucional rápidamente anuló el artículo 40 que lo consagraba, considerando que violaba el derecho a la cosa juzgada de las decisiones judiciales definitivas[54]. Sin embargo, posteriormente, la tutela fue admitida contra decisiones judiciales fundamentándose en el control de la vía de hecho judicial como instrumento para enfrentar y someter la arbitrariedad judicial [55]

3.- En relación con la decisión de la Corte Suprema de la República Dominicana, adicionalmente decidió que incluso en ausencia de reglas de procedimiento respecto del trámite del

53 Ídem. p. 332

54 Sentencia C.543 de 24 septiembre de 1992. Véase en Manuel José Cepeda Espinosa, *Derecho Constitucional Jurisprudencia*, Legis, Bogotá 2001, p. 1009 y ss.

55 Sentencia T-213 de 13 de mayo de 1994. Ídem, p. 1022 y ss

recurso de amparo, contrariamente a lo que sucedía con el recurso habeas corpus que en cambio si disponía de una regulación legal que establecía el juez competente y el procedimiento respectivo; tratándose el amparo de un medio judicial simple, rápido y efectivo para la protección de todos los otros derechos constitucionales distintos a los protegidos mediante el habeas corpus, ningún juez podría rechazar su admisión aduciendo la ausencia de regulación legal. A tales efectos, la Corte Suprema, conforme se establece en el artículo 29,2 de la Ley Orgánica Judicial, y a los efectos de evitar la confusión que podría ocasionar la ausencia de reglas de procedimiento, invocó su potestad de establecerlas, resolviendo en definitiva:

> "Declarar que el recurso de amparo previsto en el artículo 25,1 de la Convención Americana de Derechos Humanos DE SAN José, Costa Rica, del 22 de noviembre de 1969, es una institución de derecho positivo dominicano, por haber sido adoptada y aprobada por el Congreso Nacional, mediante Resolución N° 739 del 25 de diciembre de 1977, de conformidad con el artículo 3, de la Constitución de la República"[56].

Como consecuencia, la Corte Suprema pasó a resolver los problemas prácticos que podría originar la aceptación del amparo, estableciendo las reglas de procedimiento, así: primero, determinando que la competencia para conocer en materia de amparo corresponde a los tribunales de primera instancia en el lugar donde se haya producido la acción u omisión cuestionada; y segundo, estableciendo las reglas de procedimiento, en sentido similar a las dispuestas en los artículos 101 y siguientes de la ley N° 834 de 1978, agregando algunas referencias respecto de los plazos para intentar la acción ante los tribunales, de la audiencia que debe tener lugar para decidir, de los plazos para decidir y del lapso de apelación.

La Corte Suprema, finalmente, a los efectos de evitar los abusos que podría producir la admisión del amparo, recordó que dicho recurso no debía entenderse como la introducción de una tercera instancia en los procesos judiciales[57].

Esta sentencia de la Corte Suprema de la República Dominicana, adoptada en ausencia de regulaciones constitucionales y legales sobre la acción de amparo, admitiendo este medio judicial de protección de los derechos humanos de acuerdo con lo establecido en la Convención Americana de derechos Humanos, sin duda, es una de las más importantes sentencias de dicha Corte en la materia, no sólo en relación con la admisibilidad de la acción de amparo[58], sino en cuanto a la aplicabilidad directa en el orden interno de las disposiciones de la Convención Americana de Derechos Humanos.

## V.- LA APLICACIÓN EN EL ÁMBITO INTERNO DE LOS INSTRUMENTOS INTERNACIONALES DE DERECHOS HUMANOS EN VIRTUD DE REGLAS CONSTITUCIONALES DE INTERPRETACIÓN DE LOS DERECHOS

En los supuestos anteriormente analizados, nos hemos referido a la aplicación de los instrumentos internacionales sobre derechos humanos en el orden interno como consecuencia del otorgamiento a los mismos, en las Constituciones, de un determinado rango supra constitucional, constitucional, supra legal o legal en relación con la Constitución y las leyes.

Sin embargo, en ausencia de tales previsiones constitucionales, los tratados y convenciones internacionales pueden también adquirir rango constitucional y aplicarse directamente en los Estados en virtud de diferentes reglas de interpretación constitucional. En otras palabras, los derechos declarados en los tratados internacionales también pueden considerarse derechos constitucionales en virtud de otras técnicas o regulaciones establecidas en las propias Constituciones, como las siguientes: en primer lugar, mediante la previsión expresa de que la inter-

56 Ídem. p. 333

57 Véase en *Iudicum et Vita, Jurisprudencia nacional de América Latina en Derechos Humanos*, N° 7, Tomo I, Instituto Interamericano de Derechos Humanos, San José, Costa Rica, Diciembre 2000 p. 329 y ss. Véanse los comentarios a dicha sentencia en Allan R. Brewer-Carías, "La admisión jurisprudencial de la acción de amparo en ausencia de regulación constitucional o legal en la República Dominicana", ídem, pp. 334 ff.

58 Ídem, p. 334 ff.

pretación de los derechos declarados en la Constitución, deben interpretarse de acuerdo con lo establecido en los instrumentos internacionales; en segundo lugar, mediante la incorporación en los preámbulos o declaraciones generales de las Constituciones de referencias a las declaraciones universales de derecho humanos; y en tercer lugar, mediante la regulación del principio de la progresividad en la interpretación de los derechos humanos.

### 1.- *La interpretación de los derechos constitucionales de acuerdo con los instrumentos internacionales*

En primer lugar, algunas Constituciones expresamente disponen como principio, que la interpretación de sus normas relativas a derechos humanos debe hacerse de atendiendo a lo establecido en los instrumentos internacionales sobre la materia. Esta es la técnica seguida por la Constitución de España, en cuyo artículo 10,2 se dispone que:

> *Artículo 10,2.*- Las normas relativas a los derechos fundamentales y a las libertades que la Constitución reconoce se interpretarán de conformidad con la Declaración Universal de Derechos Humanos y los tratados y acuerdos internacionales sobre las mismas materias ratificados por España

En sentido similar, la Constitución de Portugal dispone lo siguiente:

> *Artículo 16,2.*- Las previsiones de la Constitución y de las leyes relativas a derechos fundamentales deben ser leídas e interpretadas en armonía con la Declaración Universal de Derechos Humanos.

Esta norma interpretativa sobre derechos humanos inserta en estas dos Constituciones, sin duda influyó en la redacción de la Constitución de Colombia de 1991, cuyo artículo 93 dispone que "Los derechos y deberes consagrados en esta Carta, se interpretarán de conformidad con los tratados internacionales sobre derechos humanos ratificados por Colombia".

De acuerdo con esta previsión constitucional, los órganos del Estado y no solo los tribunales, están obligados a interpretar las regulaciones constitucionales sobre derechos humanos de conformidad con lo dispuesto en los tratados internacionales sobre la materia; siendo el resultado de ello, tanto el reconocimiento de los derechos declarados en dichos tratados como teniendo igual rango y valor constitucional que los derechos declarados en la Constitución misma como su aplicabilidad directa en el ámbito interno, ya que aquellos son los que deben guiar la interpretación de estos.

Esta técnica interpretativa, en todo caso, ha sido utilizada frecuentemente por los tribunales en Colombia al interpretar el ámbito y extensión de los derechos constitucionales, como fue el caso de la sentencia de la Corte Constitucional de 22 de febrero de 1996, dictada con motivo de decidir la impugnación por inconstitucionalidad de la ley de destinada a regular las trasmisiones de televisión, que el impugnante consideró contraria al derecho constitucional a informar. La Corte Constitucional, en la sentencia, comenzó su argumento señalando que:

> "La validez interna de una norma consagrada por el legislador no solamente está supeditada a la adecuación de su preceptiva a os postulados y mandatos constitucionales, sino que también depende del acatamiento de los compromisos internacionales de Colombia, pactados en tratados públicos aprobados por el Congreso y ratificados por el Jefe del Estado de acuerdo con la Constitución (artículos 9; 159 numeral 16; 189, numeral 2 y 226).
>
> La conformidad de la legislación interna con los tratados internacionales y con las obligaciones contraídas por el Estado colombiano con otros Estados o con entidades supranacionales es exigida con mayor rigor por la Constitución Política cuando se trata de la aplicación y el ejercicio de los derechos fundamentales, según resulta con nitidez meridiana del artículo 93 de la carta Política, a cuyo tenor los tratados y convenios internacionales que hubiere aprobado el Congreso y ratificado el Ejecutivo, mediante los cuales se reconocen los derechos humanos y en los que se prohíbe su limitación en los estados de excepción, prevalecen en el orden interno".

La norma constitucional declara sin rodeos que los derechos y deberes consagrados en el Estatuto Fundamental se interpretarán de conformidad con los tratados internacionales sobre derechos humanos ratificados por Colombia"[59]

Con fundamento en lo anterior, la Corte Constitucional luego pasó a referirse a la libertad de expresión del pensamiento y al derecho constitucional a informar de acuerdo con lo establecido en el artículo 19,2 del Pacto Internacional de Derechos Civiles y Políticos y en el artículo 13,2 de la Convención Americana de Derechos Humanos, particularmente en relación con la universalidad del ejercicio de tales derechos, "sin consideraciones de fronteras"; concluyendo que:

"Prohibir en el territorio nacional se instalen o pongan en funcionamiento estaciones terrenas destinadas a la captación y posterior difusión, transmisión o distribución de señales de satélites, bien que su procedencia sea nacional o internacional, implicaría flagrante vulneración del derecho a la información, que cobija a toda persona en los términos del artículo 20 de la Constitución"[60].

### 2.- *Las referencias constitucionales generales a las declaraciones universales de derechos humanos.*

Una segunda técnica interpretativa que conduce a la aplicación de los tratados internacionales en el orden interno, adquiriendo además rango constitucional, resulta de las declaraciones generales contenidas en los Preámbulos de los textos constitucionales en los cuales se hace referencia a las declaraciones internacionales de derechos humanos o a los derechos humanos como valor universal.

En esta forma, muchos de los Preámbulos de las Constituciones dictadas después de la Segunda Guerra Mundial, hacen referencia a los derechos humanos y en particular a las declaraciones internacionales, como valores fundamentales de la sociedad. El ejemplo más clásico es el de la Constitución francesa de 1958 en la cual, sin que en su texto se haya incorporado una declaración de derechos humanos, se establece la siguiente declaración general contenida en el Preámbulo:

El Pueblo Francés proclama solemnemente su dedicación a los Derechos del Hombre y a los principios de soberanía nacional definidos en la Declaración de 1789, reafirmados y complementados en el Preámbulo de la Constitución de 1946.

Con fundamento en esta declaración, el Consejo Constitucional francés ha extendido el bloque de la constitucionalidad[61], atribuyendo rango y valor constitucional a los derechos humanos consagrados en la Declaración de los Derechos del Hombre y del Ciudadano de 1789[62]. Como lo dijo el profesor Rivero, ello contribuyó a que "de un soplo, la Declaración de 1789, el Preámbulo de la Constitución de 1946 y los principios fundamentales reconocidos por las leyes de la República, hayan sido integrados en la Constitución francesa, incluso si el Constituyente no lo quiso. La Constitución francesa, así, doblo su volumen con la sola voluntad del Consejo Constitucional"[63].

En América Latina, muchas Constituciones también contienen declaraciones generales en las cuales se definen los propósitos de la organización política y de la sanción de la propia Constitución, estableciendo una orientación general para la actuación de los órganos del Estado en relación con el respeto y garantía de los derechos humanos. Por ejemplo, la Constitución de Venezuela declara que dicho texto se ha sancionado con el fin de que se "asegure el derecho

59 Véase en *Iudicum et Vita, Jurisprudencia nacional de América Latina en Derechos Humanos*, N° 5, Instituto Interamericano de Derechos Humanos, San José, Costa Rica, Diciembre 1997 pp. 34-35.

60 Ídem, p. 37

61 Véase L. Favoreu, «Le principe de constitutionalité. Essai de définition d'après la jurisprudence du Conseil constitutionnel", en *Recueil d'études en l'honneur de Charles Eisenmann*, Paris 1977, p. 33.

62 Véase Allan R. Brewer-Carías, *Judicial Review in Comparative Law*, Cambridge University Press, 1989.

63 Véase J. Rivero, «Rapport de Synthèse" en L. Favoreu (ed.), *Cours constitutionnelles européennes et droit fondamentaux*, Aix-en-Provence 1982, p. 520.

a la vida, al trabajo, a la cultura, a la educación, a la justicia social y a la igualdad sin discriminación ni subordinación alguna", promoviendo "la garantía universal e indivisible de los derechos humanos".

La Constitución de Guatemala, por su parte, también expresa en su Preámbulo que dicho texto se ha dictado "afirmando la primacía de la persona humana como sujeto y fin del orden social" y "decididos a impulsar la plena vigencia de los Derechos Humanos dentro de un orden institucional estable, permanente y popular, donde gobernados y gobernantes procedan con absoluto apego al derecho".

Siendo en estos casos, el objetivo general de las Constituciones, el garantizar, promover e impulsar el efectivo goce y ejercicio de los derechos humanos referidos en el contexto universal, los derechos incorporados en las declaraciones y tratados internacionales poden ser considerados o interpretados como teniendo el mismo rango y valor de los que se han incorporado en el texto de las declaraciones constitucionales.

Otras Constituciones contienen declaraciones de principio similares, aún cuando no el sus preámbulos, sino en el propio texto constitucional, al regularse aspectos específicos del funcionamiento de los órganos del Estado, imponiéndoseles como obligación, por ejemplo, el garantizar efectivamente el derecho de todas las personas para el goce y ejercicio de sus derechos constitucionales. En estos casos, al establecerse como obligación estatal el necesario respeto a los derechos humanos o el garantizar que puedan ser efectivamente ejercidos, ello se ha interpretado como reconociendo el valor universal de los derechos, y su rango constitucional, aún cuando no estén en el texto constitucional.

Es el caso de la Constitución de Chile, en la cual, en la reforma de 1989, se incorporó una declaración general en la cual se reconoció que el ejercicio de la soberanía está limitado por "el respeto a los derechos esenciales que emanan de la naturaleza humana", prescribiendo además, como un "deber de los órganos del Estado respetar y promover tales derechos, garantizados por esta Constitución, así como por los tratados internacionales ratificados por Chile y que se encuentren vigentes" (art. 5). En consecuencia, si es un deber de los órganos del Estado el respetar y promover los derechos humanos que están garantizados en los tratados internacionales, dichos derechos adquieren igual rango y valor constitucional que el de los derechos constitucionales enumerados en el texto fundamental. Incluso la referencia constitucional a los "derechos esenciales que emanan de la naturaleza humana" permite y exige que no solo los declarados en el texto constitucional tengan el carácter de derechos constitucionales, sino los enumerados en los tratados internacionales, e incluso, por ejemplo, que también tengan tal carácter aquellos no enumerados en texto expreso pero que sean esenciales a la naturaleza humana.

La Constitución de Ecuador también prescribe en su artículo 16, en el misma orientación, que "El más alto deber del Estado consiste en respetar y hacer respetar los derechos humanos que garantiza esta Constitución", garantizando el Estado "a todos sus habitantes, sin discriminación alguna, el libre y eficaz ejercicio y el goce de los derechos humanos establecidos en esta Constitución y en las declaraciones, pactos, convenios y más instrumentos internacionales vigentes"; obligándose el Estado, además, a adoptar "mediante planes y programas permanentes y periódicos, medidas para el efectivo goce de estos derechos" (Art. 17).

En consecuencia, en estos casos, las obligaciones del Estado se refieren no solo a garantizar el ejercicio de los derechos enumerados en la Constitución, sino en los instrumentos internacionales, los cuales por tanto puede considerarse que adquieren el mismo rango y valor que aquellos.

En este sentido, también debe hacerse especial referencia a la Constitución de Nicaragua, en la cual se incorporó una declaración general en el artículo 46, conforme a la cual, en el territorio nacional, toda persona goza no solo "de la protección estatal y del reconocimiento de los derechos inherentes a la persona humana, del irrestricto respeto, promoción y protección de los derechos humanos" sino además, de la protección del Estado respecto "de la plena vigencia de los derechos consignados en la Declaración Universal de los Derechos Humanos; en la Declaración Americana de Derechos y Deberes del Hombre, en el Pacto Internacional de Derechos Económicos, Sociales y Culturales, en el Pacto Internacional de Derechos Civiles y Políticos de la Organización de las Naciones Unidas y en la Convención Americana de Derechos Humanos de la Organización de Estados Americanos".

En este caso, la referencia constitucional a ciertos tratados internacionales de derechos humanos, dada la dinámica internacional en la material, debe entenderse como una enumeración no restrictiva, particularmente por la referencia previa a los derechos inherentes a la persona humana.

Ahora bien, con fundamento en este artículo 46 de la Constitución de Nicaragua, y alegándose la violación de derechos consagrados en tratados internacionales, por tanto, se han impugnado leyes por inconstitucionalidad, como fue el caso de la Ley General sobre los medios de la Comunicación Social (Ley N° 57) de 1989. En la sentencia respectiva de la Corte Suprema de Justicia de Nicaragua de fecha 22 de agosto de 1989, si bien se declaró sin lugar el amparo por inconstitucionalidad que se había intentado, para resolver la Corte consideró extensivamente las violaciones denunciadas no sólo respecto de artículos constitucionales como el artículo 46, sino a través del mismo, de normas de la Declaración Universal de Derechos Humanos, del Pacto Internacional de Derechos Civiles y Políticos y de la Convención Americana de Derechos Humanos[64].

Finalmente, también debe hacerse mención a la Constitución de Brasil, en la cual se proclamó que el Estado en sus relaciones internacionales se rige por el principio de la prevalencia de los derechos humanos (Artículo 4,III); y se indicó que como el Estado es un Estado democrático de derecho, tiene como uno de sus fundamentos la dignidad de la persona humana (Artículo I, III). En relación con los derechos humanos, en particular, el artículo 5,2 de la Constitución dispone que "los derechos y garantías establecidos en esta Constitución no excluye otros que pueden resultar del régimen y de los principios por ella adoptados, o de los tratados internacionales en que la República Federativa del Brasil sea parte"(Art. 5,2).

Este artículo también se ha interpretado, en la misma línea general de las otras Constituciones latinoamericanas, como un mecanismo para reconocer en el orden interno, el rango y valor de los derechos humanos declarados en los instrumentos internacionales, que por ello, pueden tener aplicación directa por los tribunales[65].

### 3.- *La interpretación de los derechos humanos conforme al principio de la progresividad*

Por ultimo, también debe hacerse mención al principio de la progresividad como mecanismo de interpretación de los derechos humanos, mediante el cual, como cuestión de principio no se puede admitir una interpretarse o aplicación de una norma relativa a derechos humanos que resulte en una disminución de su goce, ejercicio y protección efectivos; y además, que en caso de que existan varias previsiones reguladoras de derechos, la que debe aplicarse con prelación es la que disponga la regulación más favorable[66]. Tal como lo había resuelto la antigua Corte Suprema de Justicia de Venezuela, "el principio jurídico de progresividad envuelve la necesidad de aplicar con preferencia la norma más favorable a los derechos humanos, sea de Derecho Constitucional, de Derecho Internacional o de derecho ordinario"[67]. En consecuen-

64 Véase el texto de la sentencia en *Iudicum et Vita, Jurisprudencia nacional de América Latina en Derechos Humanos*, N° 5, Instituto Interamericano de Derechos Humanos, San José, Costa Rica, Diciembre 1997, pp. 128-140. Véanse los comentarios de Antonio Cancado Trindade, "Libertad de expresión y derecho a la información en los planos internacional y nacional", Ídem, p. 194.

65 Antonio Cancado Trindade ha considerado que la con estas normas, la Constitución de Brasil le otorga a los tratados de derechos humanos, naturaleza constitucional, inmediatamente exigibles en el derecho interno. Véase, *Directo internacional e directo interno: Sua Interacão dos dereitos humanos*, San José, 1996 citado por Humberto Henderson, "Los tratados internacionales de derechos humanos en el orden interno: la importancia del principio *pro homine*", en *Revista IIDH*, Instituto Interamericano de Derechos Humanos, N° 39, San José 2004, p. 78, nota 12.

66 Véase Pedro Nikken, *La protección internacional de los derechos humanos. Su desarrollo progresivo*, Instituto Interamericano de Derechos Humanos, Ed. Civitas, Madrid, 1987

67 Sentencia de 30-07-1996, en *Revista de Derecho Público*, N° 67-68, Editorial Jurídica Venezolana, Caracas 1996, p. 170

cia, la interpretación de las leyes relativas a derechos humanos siempre debe guiarse por el principio de progresividad, en el sentido de que siempre debe resultar una interpretación más protectiva en relación con los mismos.

El principio de la progresividad, por otra parte, se incorporó expresamente en el texto constitucional de Venezuela 1999, en cuyo artículo 19 se dispone que el Estado garantiza a toda persona "el goce y ejercicio irrenunciable, indivisible e interdependiente de los derechos humanos...conforme al principio de progresividad y sin discriminación alguna".

Ahora bien, en relación con este principio de progresividad, en particular en cuanto su implicancia respecto de la aplicación preferente de la norma que contenga regulaciones más favorables al ejercicio del derecho (*favor libertatis*), en una importante sentencia de amparo dictada por la antigua Corte Suprema de Justicia de Venezuela de 3 de diciembre de 1990, dicho supremo tribunal lo aplicó al referirse a los derechos de la mujer embarazada.

En efecto, el caso se trató de una funcionaria pública que durante su embarazo, fue despedida de su cargo sin causa justificada. Para la fecha, la Ley del Trabajo no establecía derecho alguno de la mujer embarazada a no ser despedida de su cargo sin causa justificada, lo que sin embargo si estaba regulado en el Convenio No, 103 de la Organización Internacional del Trabajo y en la Convención eliminando toda forma de discriminación contra la mujer. En cuanto a la normativa constitucional, el artículo 74 de la Constitución de 1961 solo contenía una previsión general relativa al derecho de protección de la maternidad.

La Corte Suprema, sin embargo, en el caso concreto, después de analizar la protección solicitada por la funcionaria despedida, que le impedía gozar de su derecho al descanso pre y post natal, declaró con lugar la acción de amparo que había sido intentada, resolviendo que:

> "El derecho a la inamovilidad en el trabajo de la mujer embarazada y el derecho a disfrutar del descanso pre y post natal constituyen derechos inherentes a la persona humana los cuales se constitucionalizan de conformidad con el artículo 50 de nuestro Texto Fundamental, según el cual "la enunciación de los derechos y garantías contenidos en esta Constitución no debe entenderse como negación de otros que, siendo inherentes de la persona humana, no figuren expresamente en ella. La falta de ley reglamentaria de estos derechos no menoscaba el ejercicio de los mismos".
>
> De modo que de toda esta normativa de carácter Supranacional, y en particular el mandato contenido en el artículo 74 de la Constitución, consagra la protección de la maternidad y de la mujer trabajadora, materializando tal protección a través de la consagración de la inamovilidad en el trabajo de la mujer embarazada y el derecho a disfrutar del descanso pre y post-natal".
>
> Con fundamento en tan claras y terminantes disposiciones, esta Corte considera que cualquier intento del patrono o empleador de cercenar el derecho a ;la inamovilidad en el trabajo de la mujer embarazada sin que medie causal de despido por de retiro por razones disciplinarias y al no permitir el disfrute del derecho al descanso pre y post natal, constituye una evidente y flagrante violación al principio constitucional consagrado en los artículos 74 y 93 de la Constitución"[68]

En este caso, por tanto, el principio interpretativo de la progresividad condujo a la aplicación directa por los tribunales de las normas internacionales más favorables en materia de derechos humanos.

Otras Constituciones como la de Ecuador, no sólo establecen el principio de que "los derechos y garantías determinados en esta Constitución y en los instrumentos internacionales vigentes, serán directa e inmediatamente aplicables por y ante cualquier juez, tribunal o autoridad", sino que se dispone expresamente la progresividad como principio de interpretación,

68 Caso: Mariela Morales de Jiménez. Véase en *Revista de Derecho Público*, N° 45, Editorial Jurídica Venezolana, Caracas, 1991, pp. 84-85. Véanse las referencias en la sentencia de 30-07-1996 en *Revista de Derecho Público*, N° 97-98, Editorial Jurídica Venezolana, Caracas 1996, p 170.

al prescribir que "en materia de derechos y garantías constitucionales, se estará a la interpretación que más favorezca su efectiva vigencia".

Este principio de la progresividad en la interpretación de los derechos humanos puede decirse que equivale al también denominado principio pro *homine*, el cual ha sido definido como "un criterio hermenéutico que informa todo el derecho de los derechos humanos, en virtud del cual se debe acudir a la norma más amplia, o a la interpretación más extensiva, cuando se trate de reconocer derechos protegidos"; y que implica que en materia de derechos humanos, la interpretación "estará siempre a favor del hombre"(*pro homine*)"[69]. El principio se ha deducido como incorporado en las Constituciones, como las ya mencionadas de Chile y Perú, cuando precisan como fin esencial del Estado el respeto de los derechos humanos. Era el caso de la Constitución del Perú de 1993, en la cual se disponía que "la defensa de la persona humana y el respeto de su dignidad son el fin de la sociedad y del Estado"(art. 1); y es el caso de la Constitución de Chile en la cual se dispone como "deber de los órganos del Estado respetar y promover tales derechos, garantizados por esta Constitución, así como por los tratados internacionales ratificados por Chile y que se encuentren vigentes" (art. 5)[70].

Como lo ha precisado Henderson, el principio *pro homine* tiene varias formas de aplicación, entre las que se destacan: en primer lugar, en los casos en los cuales esta en juego la aplicación de varias normas relativas a derechos humanos, debe aplicarse aquella que contenga protecciones mejores o más favorables para el individuo; en segundo lugar, en casos en los cuales se está en presencia de una sucesión de normas, debe entenderse que la norma posterior no deroga la anterior si esta consagra protecciones mejores o mayores que deben conservarse para las personas; y en tercer lugar, cuando se trate de la aplicación de una norma, debe siempre interpretarse en la forma que mejor tutele a la persona[71].

Por último, en relación con el principio de la progresividad en materia de derechos humanos, también debe hacerse mención a su incorporación en la Convención Americana de Derechos Humanos, al disponerse en su artículo 29, las siguientes normas sobre interpretación, de manera que ninguna disposición de la Convención puede ser interpretada en el sentido de:

a) permitir a alguno de los Estados Partes, grupo o persona, suprimir el goce y ejercicio de los derechos y libertades reconocidos en la Convención o limitarlos en mayor medida que la prevista en ella;

b) limitar el goce y ejercicio de cualquier derecho o libertad que pueda estar reconocido de acuerdo con las leyes de cualquiera de los Estados Partes o de acuerdo con otra convención en que sea parte uno de dichos Estados;

c) excluir otros derechos y garantías que son inherentes al ser humano o que se derivan de la forma democrática representativa de gobierno, y

d) excluir o limitar el efecto que puedan producir la Declaración Americana de Derechos y Deberes del Hombre y otros actos internacionales de la misma naturaleza.

New York, enero 2006.

---

69 Véase Mónica Pinto, "El principio *pro homine*. Criterio hermenéutico y pautas para la regulación de los derechos humanos", en *La aplicación de los tratados sobre derechos Humanos por los tribunales locales*, Centro de Estudios Legales y Sociales, Buenos Aires, 1997, p. 163. Véase además, Humberto Henderson, "Los tratados internacionales de derechos humanos en el orden interno: la importancia del principio *pro homine*", en *Revista IIDH, Instituto Interamericano de Derechos Humanos*, N° 39, San José 2004, p. 92.

70 Véase Iván Bazán Chacón, "Aplicación del derecho internacional en la judicialización de violaciones de derechos humanos" en *Para hacer justicia. Reflexiones en torno a la judicialización de casos de violaciones de derechos humanos*, Coordinadora Nacional de Derechos Humanos, Lima, 2004, p.27; Humberto Henderson, "Los tratados internacionales de derechos humanos en el orden interno: la importancia del principio *pro homine*", en *Revista IIDH, Instituto Interamericano de Derechos Humanos*, N° 39, San José 2004, p. 89, nota 27.

71 Véase Humberto Henderson, "Los tratados internacionales de derechos humanos en el orden interno: la importancia del principio *pro homine*", en *Revista IIDH, Instituto Interamericano de Derechos Humanos*, N° 39, San José 2004, pp. 92-96.

## XXVIII

## ESTRATEGIAS PARA LA UTILIZACIÓN DESDE LA PERSPECTIVA CONSTITUCIONAL DEL SISTEMA DE PROTECCIÓN INTERNACIONAL DE DERECHOS HUMANOS

**(2002)**

**Texto de la conferencia sobre "Estrategias para la utilización desde la perspectiva constitucional del sistema de protección internacional de derechos humanos," en el *Primer Congreso Interamericano de Defensorías Públicas*, Instituto Interamericano de Derechos Humanos, San José, Costa Rica, 25 de octubre de 2002. El texto fue publicado en la *Revista Defensa Pública, Memoria del Primer Congreso Interamericano de Defensorías Públicas*, octubre 2003, San José, Costa Rica, 2003, pp. 147-160.**

Si algo caracteriza el régimen de los derechos humanos en el mundo contemporáneo es que ya no puede estructurarse bajo la perspectiva de una sola rama del derecho, particularmente del derecho internacional publico o del derecho constitucional.

Al contrario, en la época actual, esta materia exige un enfoque jurídico multidisciplinario, en el cual se tienen que relacionar y se imbrican estrechamente todas las ramas del derecho que tienen como objeto común la regulación de las relaciones jurídicas entre los ciudadanos y el Estado y, particularmente, el derecho administrativo, el derecho constitucional y el derecho internacional. De allí, incluso, el título que se le ha dado a esta conferencia por los organizadores de este Primer Congreso: *Estrategias para la utilización, desde la perspectiva constitucional, del sistema de protección internacional de derechos humanos*, que busca, precisamente, que tracemos una inter relación entre el derecho constitucional y el derecho internacional en materia de derechos humanos.

Por supuesto, en la evolución del régimen de los derechos humanos se pueden distinguir diversas etapas que han estado marcadas, precisamente, por esta inter relación y la preponderancia en el mismo de una u otra de esas ramas del derecho. Así, en una primera etapa inicial, puede decirse que el régimen de los derechos humanos derivó exclusivamente de un proceso de constitucionalización de los mismos, etapa que fue seguida por otra intermedia de internacionalización de la constitucionalización de los derechos humanos, llegando finalmente, a una etapa posterior, que es la actual, de constitucionalización de la internacionalización de los derechos humanos.

En efecto, en los inicios del constitucionalismo moderno, el tema de los derechos humanos fue una pieza esencial para la formulación de los principios de dicho constitucionalismo, precisamente como resultado de las declaraciones de los derechos del hombre que comenzaron a formularse y a adquirir rango constitucional. Primero, fueron las contenidas en las Constituciones de las colonias inglesas de Norteamérica a partir de 1776; segundo, la contenida en la Declaración Francesa de los Derechos del Hombre y del Ciudadano a partir de 1789 y tercero, las contenidas en las declaraciones hispanoamericanas sobre los derechos de los ciudadanos a partir de la Declaración de los Derechos del Pueblo adoptada por el Congreso General de las Provincias de Venezuela de 1811.

Estas declaraciones fueron fundamentales, incluso, para la formulación de otros principios esenciales del constitucionalismo moderno, como el de la idea misma de una Constitución como norma suprema y rígida, con el derecho a su supremacía e inmutabilidad y su garantía objetiva; y el principio de la separación de poderes; principios que, incluso, fueron incorporados expresamente en el texto de las mismas declaraciones. Recordemos solamente el texto de la Declaración Francesa, que estableció que en una sociedad en la que no está asegurada la garantía de los derechos ni determinada la separación de los poderes, no tiene Constitución (Art. 16).

Tal Declaración, además, comenzaba señalando que "El fin de toda asociación política es la conservación de los derechos naturales e imprescriptibles del hombre", los cuales inicialmente se redujeron a la libertad, la igualdad ante la ley, la seguridad personal y la propiedad privada. Ese puede decirse que fue el ámbito de los derechos humanos en una primera etapa del régimen de los mismos, cuando eran objeto exclusivo de regulación por el derecho constitucional, y así fue hasta la primera mitad del Siglo XX, cuando se produjo una considerable ampliación en cuanto al ámbito de los mismos. Ello ocurrió con motivo de los postulados que se incorporaron en las Constituciones de Querétaro, en México, de 1917 y de Weimar, en Alemania, de 1919, con las cuales comenzó el proceso de constitucionalización de los derechos sociales y se formuló, además, el principio de la función social de los derechos económicos, particularmente del derecho de propiedad. Posteriormente se produjo, además, la ampliación de los derechos políticos en función del afianzamiento de la propia democracia, desembocando en el derecho a la participación política.

La Segunda Guerra Mundial y los horrores que la provocaron, que luego pusieron al descubierto las más aberrantes violaciones a los derechos humanos nunca imaginadas, condujeron a la búsqueda de un necesario ámbito universal en la lucha por la protección de los mismos, imponiéndose además, la consecuente y progresiva recomposición del concepto mismo de soberanía, clave en la configuración del derecho constitucional de la época.

El derecho internacional, así, comenzó a jugar un rol significativo en el establecimiento de límites al propio derecho constitucional, con motivo de los nuevos principios y compromisos internacionales que se fueron conformando para asegurar la paz. Por ello, no es de extrañar que de esa guerra surgió, precisamente, el proceso de internacionalización de los derechos humanos con la adopción tanto de la Declaración Americana de los Derechos y Deberes del Hombre por la Organización de Estados Americanos, como de la Declaración Universal de los Derechos Humanos por la Organización de las Naciones Unidas, ambas en 1948 y, en 1950, con la adopción de la Convención Europea de Derechos Humanos. Ese proceso se consolidó en las décadas de los sesenta y setenta, con la adopción del Pacto Internacional de Derechos Civiles y Políticos y del Pacto Internacional de Derechos Económicos, Sociales y Culturales en el ámbito de las Naciones Unidas y, en 1969, de la Convención Americana sobre Derechos Humanos en el ámbito interamericano.

También fue a partir del fin de la Segunda Guerra Mundial cuando se inició en Europa el proceso de integración económica regional con la suscripción del Tratado de Roma de 1950, el cual, cincuenta años después ha desembocado en esa extraordinaria construcción jurídica que es la Unión Europea; así como en los otros procesos de integración económica regional, que han ubicado a la soberanía de los Estados en un ámbito constitucional distinto al que estuvo cuando sirvió de base para el nacimiento de los Estados nacionales.

En esta forma, a la constitucionalización inicial de los derechos humanos, siguió una segunda etapa marcada por el proceso de la internacionalización de los mismos. Su desarrollo, como instrumento de protección de tales derechos, ha sido lo que ha originado la tercera etapa en la protección en la cual nos encontramos actualmente, la cual es la de la constitucionalización de la internacionalización de los derechos humanos, que ha sido provocada, precisamente, por la introducción en los derechos internos de los sistemas internacionales de protección.

Es a este proceso, precisamente, al cual queremos dedicar estas reflexiones, al analizar las estrategias para la utilización, desde la perspectiva constitucional, del sistema de protección internacional de los derechos humanos.

Esas estrategias, desde el punto de vista jurídico, en términos generales inciden sobre aspectos tanto de derecho sustantivo como de derecho adjetivo de los derechos humanos. Entre los aspectos sustantivos del régimen de los derechos humanos que pueden considerarse como una estrategia para la utilización, desde la perspectiva del derecho constitucional, del sistema de protección internacional de los derechos humanos, se encuentra el de la jerarquía que deben tener en el ámbito interno las declaraciones internacionales sobre derechos humanos que además de establecerse como obligaciones de los Estados, deben estar al alcance directo de los ciudadanos. Esta jerarquía puede estar regulada expresamente en las Constituciones o puede derivar de técnicas interpretativas constitucionales en cada país.

En cuanto a los aspectos adjetivos del régimen de los derechos humanos que también pueden configurarse como una estrategia para la utilización, desde la perspectiva del derecho constitucional, del sistema de protección internacional de los derechos humanos, está el de la necesaria globalización y ampliación de las garantías judiciales de protección de los derechos humanos, particularmente, del derecho de amparo a la luz de las orientaciones de la Convención Americana sobre Derechos Humanos. Al análisis de estas dos estrategias es que queremos dedicar estas reflexiones.

## I.- LA JERARQUÍA DE LOS INSTRUMENTOS INTERNACIONALES SOBRE DERECHOS HUMANOS EN EL DERECHO INTERNO

Para que el derecho internacional de los derechos humanos sea un efectivo instrumento de protección de los mismos en el ámbito interno, de manera que pueda ser utilizado directamente por los ciudadanos, la primera estrategia de derecho sustantivo que debe adoptarse es la relativa al otorgamiento de un adecuado rango normativo en el derecho interno a los instrumentos internacionales. Éste, por supuesto, es un tema de derecho constitucional, pues en definitiva son las Constituciones en cada país, las que deben establecer el rango normativo de los derechos humanos establecidos en tales instrumentos. En definitiva, son dichas Constituciones las llamadas a establecer cuál norma –la internacional o la interna– debe prevalecer en caso de conflicto entre las mismas.

Las soluciones constitucionales a esta primera estrategia derivan no sólo de la consagración expresa de dicho rango normativo en el texto de las Constituciones, sino de la estructuración del mismo con base en la interpretación constitucional. Nos referiremos a estas dos soluciones separadamente.

### 1.- *El rango normativo de los instrumentos internacionales de derechos humanos establecido expresamente en las Constituciones*

En muchas Constituciones latinoamericanas, el tema del rango constitucional de los instrumentos internacionales de derechos humanos ha sido resuelto expresamente, pudiendo distinguirse cuatro regímenes normativos, según que se les haya otorgado rango supra constitucional, rango constitucional, rango supra legal o solamente rango legal.

#### A) El rango supra constitucional de los instrumentos internacionales sobre derechos humanos

En *primer lugar*, algunas Constituciones han establecido expresamente el rango supra constitucional de los derechos humanos establecidos en instrumentos internacionales; es decir, un rango superior al de las propias normas constitucionales, prevaleciendo, por tanto, en relación con las mismas.

Tal es el caso, por ejemplo, de la Constitución de Guatemala, en cuyo artículo 46 "Se establece el principio general de que en materia de derechos humanos, los tratados y convenciones aceptados y ratificados por Guatemala, tienen preeminencia sobre el derecho interno", concepto éste, de derecho interno, que no sólo comprende a las leyes sino a la propia Constitución.

En Colombia, la Constitución ha establecido una disposición similar, al disponer el artículo 93 que "Los tratados y convenios internacionales ratificados por el Congreso, que reconocen los derechos humanos y que prohíben su limitación en los estados de excepción, prevalecen en el orden interno"; y orden interno, también, en nuestro criterio, como antes indicamos, no sólo es el establecido en las leyes sino en la propia Constitución.

En cierta forma, también podría ubicarse en este primer sistema de jerarquía supra constitucional de los derechos humanos establecidos en instrumentos internacionales, el caso reciente de la Constitución de Venezuela de 1999, en cuyo artículo 23 se dispone que "Los tratados, pactos y convenciones relativos a derechos humanos, suscritos y ratificados por Venezuela, tienen jerarquía constitucional y prevalecen en el orden interno, en la medida en que contengan norma sobre su goce y ejercicio más favorable a las establecidas por esta Constitución y la Ley de la República, y son de aplicación inmediata y directa por los tribunales y demás órganos del Poder Público".

Al señalar esta Constitución que los derechos humanos establecidos en los instrumentos internacionales prevalecen en el orden interno, es decir, el establecido en la propia Constitución y en las leyes, cuando prevean condiciones de goce y ejercicio más favorable, sin duda le está otorgando rango supra constitucional a dichos derechos.

**B) El rango constitucional de los instrumentos internacionales sobre derechos humanos**

En *segundo lugar*, un grupo de Constituciones ha atribuido expresamente rango constitucional, a los instrumentos internacionales sobre derechos humanos, es decir, los derechos humanos establecidos en los mismos tienen la misma jerarquía constitucional que los establecidos en el texto fundamental.

Dos tipos de regímenes constitucionales pueden distinguirse en este grupo: las constituciones que dan rango constitucional a todos los instrumentos internacionales de derechos humanos, y las constituciones que otorgan tal rango, sólo a un grupo de instrumentos enumerados expresamente en la Constitución.

En el *primer tipo* se ubicaba, por ejemplo, la Constitución de Perú de 1979, derogada en 1994, cuando establecía en su artículo 105 que "Los preceptos contenidos en los tratados relativos a derechos humanos, tienen jerarquía constitucional", de manera que "No pueden ser modificados sino por el procedimiento que rige para la reforma de la Constitución".

En el *segundo tipo,* se ubica la Constitución de Argentina de 1994 que le otorga una jerarquía "superior a las leyes", es decir, rango constitucional, a un grupo de tratados y declaraciones vigentes para ese entonces que enumera taxativamente el artículo 75, 22 de la Constitución, entre los cuales están la Declaración Americana, la Convención Americana y los Pactos Internacionales, además de otros instrumentos internacionales que se especifican relativos al delito de genocidio, o sobre discriminación racial y discriminación contra la mujer, sobre la tortura y otros tratos o penas crueles, inhumanas y degradantes y sobre derechos del niño.

En cuanto a los demás tratados sobre derechos humanos, la Constitución estableció que pueden gozar de tal jerarquía constitucional, siempre que sean aprobadas por una mayoría calificada de las 2/3 partes de la totalidad de los miembros del Senado y de la Cámara de Diputados.

**C) El rango supra legal de los instrumentos internacionales sobre derechos humanos**

En *tercer lugar*, en otras Constituciones latinoamericanas, se ha establecido expresamente el rango supra legal, pero sometidos a la Constitución, de los tratados y convenciones internacionales en general, comprendidos los relativos a derechos humanos, en el sentido de que prevalecen sobre las Leyes, pero sin rango constitucional.

Esta es la solución de la Constitución de Costa Rica, la cual dispone que "Los tratados públicos, los convenios internacionales y los concordatos debidamente aprobados por la Asamblea Legislativa, tendrán desde su promulgación o desde el día que ellos designen, autoridad superior a las leyes" (art. 7).

En el caso de Honduras se llega a una conclusión similar, aún cuando la prevalencia se regule en general respecto de los tratados internacionales y no específicamente respecto de los relativos a derechos humanos. En efecto, conforme al artículo 16 de la Constitución, los tratados internacionales en general, comprendidos los relativos a derechos humanos, forman parte del derecho interno y prevalecen sobre las leyes, en caso de conflicto (Art. 18). La Constitución, además, dispone que en caso de que un tratado internacional afecte una disposición constitucional, el mismo debe ser aprobado mediante el procedimiento de reforma constitucional antes de su ratificación (Art. 17).

En sentido similar, el artículo 144 de la Constitución de El Salvador dispone el rango legal de los tratados y su prevalencia respecto de las leyes en caso de conflicto, al disponer que "Los tratados internacionales celebrados por El Salvador con otros Estados o con organismos internacionales, constituyen leyes de la República al entrar en vigencia, conforme a las disposiciones del mismo tratado y de esta Constitución", agregando la norma que "La ley no podrá modificar o derogar lo acordado en un tratado vigente para El Salvador" y que "En caso de conflictos entre el tratado y la Ley, prevalecerá el tratado".

**D) El rango legal de los instrumentos internacionales sobre derechos humanos**

Por último, en cuarto lugar, en cuanto a la jerarquía normativa de los instrumentos internacionales sobre derechos humanos, están los sistemas constitucionales que le atribuyen en general a los tratados internacionales igual jerarquía que a las leyes.

Este es el sistema más difundido en el derecho constitucional contemporáneo, y sigue la orientación iniciada por la Constitución de los Estados Unidos de América (art. VI. 2). En esta línea regulatoria está la Constitución de México (Art. 133) y la Constitución de Ecuador (Art. 137).

En estos sistemas, por tanto, los tratados tienen el mismo rango normativo que las leyes, están sometidos a la Constitución y en su aplicación en relación con las leyes rigen los principios de ley posterior y ley especial para los efectos derogatorios que puedan tener.

**2.- *El valor normativo constitucional de los instrumentos internacionales con independencia de la jerarquía de estos en el orden interno***

Ahora bien, en ausencia de una regulación constitucional expresa sobre la jerarquía normativa en el orden interno de los instrumentos internacionales sobre derechos humanos, estos derechos enumerados en los mismos pueden adquirir valor constitucional mediante técnicas interpretativas diversas de orden constitucional, lo que permite configurar una segunda estrategia de orden sustantivo para la utilización desde la perspectiva constitucional, del sistema interamericano de derechos humanos.

En efecto, la tendencia más general en el constitucionalismo contemporáneo, es la de otorgarle a los derechos humanos consagrados en los instrumentos internacionales, el mismo rango y valor de los establecidos en las Constituciones, de manera que todos son considerados como derechos constitucionales. Ello se ha logrado mediante técnicas, incluso, en algunos casos, expresamente previstas en ella.

**A) La exigencia expresa de la interpretación de la Constitución de conformidad con los tratados internacionales**

Algunas Constituciones, en efecto, establecen expresamente una norma orientadora para la interpretación de los derechos humanos declarados en el texto fundamental, exigiendo que la misma debe realizarse en armonía o de conformidad con los tratados internacionales en la materia. El ejemplo más relevante en este caso es el de la Constitución de Colombia, cuyo artículo 93 establece expresamente que "Los derechos y deberes consagrados en esta Carta, se interpretarán de conformidad con los tratados internacionales sobre derechos humanos ratificados por Colombia".

En esta forma, en el propio texto constitucional se establece la obligación expresa para todos los órganos del Estado y no sólo para los tribunales, de interpretar las normas constitucionales reguladoras de los derechos humanos de acuerdo con lo regulado en los tratados internacionales sobre la materia. La consecuencia de ello es, por tanto, el reconocimiento implícito del mismo rango y valor de derechos constitucionales a los establecidos en los tratados internacionales, que son los que deben guiar la interpretación de los primeros.

Esta norma de la Constitución de Colombia, sin duda, tiene como antecedentes los textos de las Constituciones de España (art. 10,2) y Portugal (art. 16,2), las cuales además, se refieren en particular, a la Declaración Universal de los Derechos Humanos, cuyo contenido es el parámetro para la interpretación de las normas constitucionales sobre derechos humanos.

### B) La interpretación constitucional de las declaraciones generales sobre los fines de la sanción de la Constitución vinculados a los derechos humanos

Otra forma de atribuir el mismo rango constitucional a los derechos consagrados en instrumentos constitucionales deriva de la interpretación constitucional que debe hacerse de las declaraciones generales relativas a los derechos humanos, y que generalmente se ubican en los preámbulos de las Constituciones.

En efecto, en muchos preámbulos constitucionales, se establece como fin del propio texto constitucional e, incluso, del Estado, al asegurar la plena vigencia de los derechos humanos. Tal es el caso de la Constitución de Guatemala, en cuyo preámbulo se establece expresamente como finalidad del texto constitucional, "Impulsar la plena vigencia de los derechos humanos dentro de un orden institucional estable, permanente y popular, donde gobernados y gobernantes procedan con absoluto apego al derecho".

Siendo, en este caso, por tanto, finalidad de la propia sanción de la Constitución el impulsar la plena vigencia de los derechos humanos, éstos en su contexto universal adquieren el mismo valor que los declarados expresamente en la Constitución. A ello debe tender la interpretación constitucional de estas declaraciones generales.

### C) La interpretación de las obligaciones constitucionales del Estado en relación con los derechos humanos

Otras Constituciones, en las normas destinadas a regular las declaraciones de derechos humanos, establecen expresamente obligaciones para los diversos órganos del Estado en relación con el aseguramiento de la efectividad en el goce y disfrute de tales derechos por las personas. En estos casos, al constituir una obligación del Estado el respeto de los derechos humanos o el velar por su efectivo ejercicio, los mismos, en general, adquieren rango y valor constitucional así no estén enumerados expresamente en las declaraciones constitucionales.

Tal es el caso de la Constitución de Chile, en cuya reforma de 1989 se incorporó una declaración conforme a la cual se dejó expresamente reconocido que el ejercicio de la soberanía está limitada por "El respeto a los derechos esenciales establecidos en la naturaleza humana", estableciéndose además, como "Deber de los órganos del Estado respetar y promover tales derechos garantizados por esta Constitución, así como por los tratados internacionales ratificados por Chile y que se encuentren vigentes". En consecuencia, si se trata de una obligación del Estado la de respetar y promover los derechos humanos garantizados por los tratados internacionales, los mismos adquieren el mismo valor y rango de los derechos constitucionales enumerados expresamente en el texto fundamental. Además, la referencia a los "derechos esenciales establecidos en la naturaleza humana" permite y exige identificar como tales, no sólo a los enumerados expresamente en la Constitución, sino a los establecidos en los tratados internacionales e incluso más allá, a los que sean de la esencia de la naturaleza humana.

En sentido similar se regula en la Constitución de Ecuador, la cual también establece como una obligación del Estado, el garantizar "A todos los individuos, hombres o mujeres que se hallen sujetos a su jurisdicción, el libre y eficaz ejercicio y goce de los derechos civiles, políticos, económicos, sociales y culturales enunciados en las declaraciones, pactos, convenios y demás instrumentos internacionales vigentes". La obligación del Estado, por tanto, no sólo se refiere a garantizar el ejercicio y goce de los derechos enumerados en la Constitución, sino todos los enumerados en los instrumentos internacionales, los cuales en consecuencia adquieren rango y valor de derechos constitucionales.

También debe destacarse, en el mismo sentido, la declaración contenida en la Constitución de Nicaragua en la cual se establece la declaración general de que toda persona no sólo "Goza de la protección estatal y del reconocimiento de los derechos inherentes a la persona humana y del irrestricto respeto, promoción y protección de los derechos humanos", sino de "La plena vigencia de los derechos consagrados en la Declaración Universal de Derechos Humanos, en la Declaración Americana de Derechos y Deberes del Hombre; en el Pacto Internacional de Derechos Económicos, Sociales y Culturales y en el Pacto Internacional de Derechos Civiles y Políticos de la Organización de Naciones Unidas y en la Convención Americana de Derechos Humanos de la Organización de Estados Americanos".

En este caso, la enumeración que hace la Constitución de ciertos instrumentos internacionales no puede sino interpretarse como una enunciación no taxativa, dadas las declaraciones procedentes sobre los derechos humanos en general y los inherentes a la persona humana.

**D) La interpretación de las cláusulas enumerativas de derechos humanos**

Por último, la consagración expresa en las Constituciones de cláusulas meramente enunciativas sobre derechos humanos conduce a considerar que los derechos constitucionales no se agotan en los enumerados expresamente en la declaración constitucional, sino que también se consideran como tales derechos constitucionales todos los otros inherentes a la persona humana, o los declarados en instrumentos internacionales. En esta forma, también, los derechos humanos establecidos en los instrumentos internacionales pasan a integrarse dentro de los derechos constitucionales con su mismo valor y rango, como una estrategia para utilización desde la perspectiva constitucional, del sistema interamericano de protección de los derechos humanos.

En el ámbito latinoamericano debe destacarse la Constitución de Venezuela de 1999 la cual recogió, ampliándola, la cláusula enunciativa que establecía la Constitución anterior de 1961 (Art. 50), en la cual se dispone que "La enunciación de los derechos y garantías contenidos en esta Constitución y en los instrumentos internacionales sobre derechos humanos no debe entenderse como negación de otros que, siendo inherentes a la persona humana, no figuren expresamente en ellos" (Art. 22).

La norma remite a los derechos inherentes a la persona humana, lo que incorpora nociones del derecho natural en el sentido de que los derechos humanos preceden al Estado y a las propias Constituciones; y además, permite ubicarlos más allá de los enumerados no sólo en la Constitución, sino en los instrumentos internacionales sobre derechos humanos, lo que amplia considerablemente su ámbito. El antecedente de esta norma de la Constitución venezolana en cuanto a la referencia a los derechos enunciados en los instrumentos internacionales, sin duda, se encuentra en la Constitución de Colombia de 1992.

En otros casos, como la Constitución de Brasil, la cláusula enunciativa sin hacer referencia a los derechos inherentes a la persona humana, permite identificar como derechos constitucionales y por tanto, de igual rango y valor a los enumerados en la Constitución "adoptados por la Constitución o de los tratados internacionales en que la República Federativa de Brasil sea parte" (art. 5,2). Sin embargo, de acuerdo con la mayoría de los instrumentos internacionales, los derechos enumerados en los mismos se consideran como atributos de la persona humana, razón por la cual el efecto de aplicación de esta cláusula enunciativa viene a ser el mismo.

En definitiva, como lo señaló la antigua Corte Suprema de Justicia de Venezuela en una sentencia de 31 de enero de 1991 (*Caso Anselmo Natale*), los "Derechos inherentes de la persona humana son derechos naturales, universales, que tienen su origen y son consecuencia directa de las relaciones de solidaridad entre los hombres, de la necesidad del desarrollo institucional de los seres humanos y de la protección del medio ambiente". De allí, la misma Corte concluyó señalando que "Dichos derechos comúnmente están contemplados en Declaraciones Universales y en textos nacionales o supranacionales y su naturaleza y contenido como derechos humanos no debe permitir duda alguna por ser ellos de la esencia misma del ser y, por ende, de obligatorio respeto y protección".

Otras Constituciones establecen la cláusula enunciativa con menor ámbito, pero igualmente permiten una ampliación de los derechos humanos enumerados en el texto constitucional. Por ejemplo, en la Constitución de Costa Rica, se hace referencia a los derechos inherentes o que deriven del principio cristiano de la justicia social (art. 74), en el mismo sentido de la dignidad de la persona humana. En otras Constituciones se hace referencia a la soberanía del pueblo y la forma republicana de gobierno, con lo cual en la enunciación se hace énfasis en el tema de los derechos políticos, como sucede en Argentina (art. 33) y Bolivia (art. 35). Otras Constituciones hacen referencia a los derechos que deriven tanto de la forma republicana y de la forma representativa de gobierno, como de la dignidad del hombre, como sucede en Uruguay (art. 72) y Honduras (art. 63), de lo que resulta una ampliación enorme de esta cláusula de enunciación de derechos. Puede decirse, en todo caso, que este es un signo muy característico del constitucionalismo latinoamericano, los que lo distingue, sobre todo, del constitucionalismo europeo.

Por supuesto, la enunciación de derechos abiertos en las Constituciones implica que la falta de reglamentación, de los mismos, por ley, no puede ser invocada para negar ni menoscabar el ejercicio de los derechos por las personas, como lo expresan muchas de nuestras Constituciones (Paraguay, Venezuela).

## II.- LA AMPLIACIÓN Y UNIVERSALIZACIÓN DEL DERECHO DE AMPARO EN EL DERECHO INTERNO CONFORME A LA ORIENTACIÓN DE LA CONVENCIÓN AMERICANA SOBRE DERECHOS HUMANOS

Pero para que el derecho internacional de los derechos humanos sea un efectivo instrumento de protección de los mismos en el ámbito interno, además de las estrategias de derecho sustantivo, resulta por supuesto esencial la estrategia de derecho adjetivo, de manera de hacer efectiva la garantía de los derechos declarados tanto en los textos constitucionales como en los instrumentos internacionales.

### 1.- *El derecho de amparo como institución latinoamericana e interamericana: constitucionalización e internacionalización*

En efecto, aparte de las garantías genéricas de carácter judicial de los derechos fundamentales, en América Latina desde el siglo XIX se han venido desarrollando un conjunto de garantías judiciales específicas expresamente destinadas a la protección de los derechos constitucionales, como es la institución del amparo, de la tutela, de la protección constitucional o del mandado de segurança. Esta garantía judicial, aun cuando con denominaciones diversas, puede decirse que es una institución latinoamericana, que se desarrolló en nuestros países y que existe en casi todos ellos.

En efecto, además del hábeas corpus como mecanismo de protección de la libertad personal, las Constituciones de casi todos los países de América Latina han regulado el recurso o la acción de amparo, en general para la protección de todos los otros derechos constitucionales e, incluso, en algunos países, de la propia libertad personal. Sólo como un ejemplo de regulación constitucional puede mencionarse la disposición de una de las más recientes Constituciones latinoamericanas, la venezolana de 1999, en cuyo artículo 27 se establece ampliamente el derecho de amparo, al señalar que "Toda persona tiene derecho a ser amparada por los tribunales en el goce y ejercicio de los derechos y garantías constitucionales, aun de aquellos inherentes a la persona que no figuren expresamente en esta Constitución o en los instrumentos internacionales sobre derechos humanos".

Pero además, no debemos dejar de recordar que en las últimas décadas, varias Constituciones han incorporado a los mecanismos de protección de los derechos, además del amparo y del hábeas corpus, la acción de hábeas data, como un medio específico de protección de los derechos de las personas frente a los archivos y frente a los bancos de datos que lleva el Estado.

Por ejemplo, en las Constituciones de Argentina (Art. 96), Brasil (Art. 5, LXXII), Ecuador (Art. 30), Paraguay (Art. 135), Perú (Art. 208,3) y Venezuela (Art. 28), expresamente se ha establecido como una acción de las personas para tomar conocimiento de los datos que sobre ellas puede haber en los archivos públicos o en los bancos de datos públicos y privados, configurándose incluso como una acción para exigir la rectificación, la confidencialidad, la actualización o la supresión de determinados datos que puedan estar en esos archivos y que violen los derechos y garantías de las personas.

Todos estos mecanismos de protección, los latinoamericanos sin duda los podemos reivindicar como de origen latinoamericano, sin tener que estar buscando antecedentes, que no hay, en los regímenes históricos europeos.

Además de ser una institución propia del derecho constitucional latinoamericano, a partir de su consagración en la Convención Americana sobre Derechos Humanos, puede decirse que ahora también es de carácter interamericano, establecida como la garantía por excelencia de los derechos humanos, tanto de los regulados en las Constituciones y otras normas del derecho interno, como los enumerados en las declaraciones internacionales. Aquí también podemos apreciar el mismo proceso de constitucionalización, de internacionalización de la constitucionalización, y de constitucionalización de la internacionalización en la protección de los derechos humanos antes reseñada.

En la actualidad, por tanto, el derecho de amparo establecido en la Convención Americana no sólo es una garantía judicial establecida para la protección de las personas que se puede ejercer directamente, sino que también se configura como una obligación internacional impuesta a los Estados de asegurarles a las personas esos recursos efectivos de protección de sus derechos, al punto de que si falta consagración en el derecho interno constituye una trasgresión de la Convención. La Corte Interamericana de Derechos Humanos, incluso, ha señalado en una Opinión Consultiva (OC-9/87, sec. 24) que para que el recurso exista "No basta con que esté previsto por la Constitución o la ley o con que sea formalmente admisible, sino que se requiere que sea realmente idóneo para establecer si se ha incurrido en una violación a los derechos humanos y prever lo necesario para remediarla".

En la actualidad, por tanto, puede considerarse que la definición contenida en la Convención Americana constituye el parámetro más adecuado y bien importante sobre este mecanismo efectivo de protección, que es el amparo, al punto de que se ha estimado que constituye un "estándar mínimo común" que los Estados deben cumplir. Precisamente, a los efectos de lograr ese cumplimiento es que también deben diseñarse estrategias para, desde la perspectiva constitucional, utilizar el sistema de protección internacional de derechos humanos.

### 2- *El sentido de la regulación sobre el amparo en la Convención Americana y las estrategias para su constitucionalización*

El artículo 25 de la Convención, en efecto, precisa que toda persona tiene derecho a un recurso sencillo y rápido o a cualquier otro recurso efectivo ante los jueces o tribunales competentes, que la amparen contra actos que violen sus derechos fundamentales reconocidos en la Constitución, en las leyes y en la propia Convención Americana.

De esta norma, que sigue la misma línea de redacción del Pacto Internacional de los Derechos Civiles y Políticos el cual utiliza el mismo lenguaje, se derivan los contornos que debería tener esta acción de protección de los derechos fundamentales en el derecho interno y que exigen estrategias de constitucionalización en diversos países, cuyas Constituciones establecen lo que podría considerarse como restricciones al ejercicio del derecho de amparo.

En *primer lugar*, en la Convención Americana se concibe al amparo como un derecho fundamental, es decir, como un derecho en sí mismo. Se indica que toda persona "tiene derecho" a un recurso; no es que toda persona sólo tiene una garantía adjetiva concretizada en un recurso o a una acción de amparo, tutela o protección, sino que toda persona tiene derecho a la protección judicial.

Por ello, en realidad, estamos es en presencia de un derecho fundamental de carácter constitucional de las personas, a tener a su disposición un medio judicial efectivo, rápido y eficaz de protección.

En *segundo lugar*, debe destacarse que la Convención regula un derecho que se le garantiza a "toda persona", es decir, sin distingo de ningún tipo: personas naturales, personas jurídicas, nacionales, extranjeras, hábiles, no hábiles, de derecho publico o de derecho privado; es decir, toda persona, en el sentido más universal.

En *tercer lugar*, los mecanismos judiciales de protección a los que se refiere la Convención Americana pueden ser variados. La Convención habla de un medio efectivo, rápido, sencillo, que puede ser de cualquier clase. Por ello, en realidad, puede ser cualquier medio judicial, y no necesariamente una sola y única acción de protección o de amparo, es decir, la Convención no necesariamente se refiere a un solo medio adjetivo, sino que puede y debe tratarse de un conjunto de medios de protección, que puede implicar incluso, la posibilidad de utilizar los medios judiciales ordinarios, como por ejemplo sucede con los *writs* en el derecho angloamericano.

En *cuarto lugar*, la Convención señala que la acción puede interponerse ante cualquier tribunal competente, de lo que resulta que la intención de la Convención es que no se trata de un solo tribunal competente. Ello, por supuesto, se debe regular en el ordenamiento interno, pero el fundamento de la regulación de la Convención es que ésta sea esencialmente la función del Poder Judicial, como sucede por ejemplo, en los sistemas anglo-americanos, donde el amparo existe sin que se lo denomine como tal. En esos sistemas, cotidianamente los jueces dictan órdenes o decisiones de *mandamus, injunctions y prohibitions*, es decir, todos los tipos de decisiones judiciales que equivalen al amparo en América Latina. Sin embargo, esto es parte de la cotidianidad de la acción del juez, sin que tenga una característica adjetiva especial.

En *quinto lugar*, conforme a la Convención, este derecho a un medio efectivo de protección ante los tribunales se establece para la protección de todos los derechos constitucionales que estén en la Constitución, en la ley, en la propia Convención o que sean inherentes a la persona humana, por lo que también son protegibles todos los establecidos en los instrumentos internacionales. Por ello, aquí adquieren todo su valor las cláusulas enunciativas de los derechos, que los protegen aun cuando no estén enumerados en los textos, pero que siendo inherentes a la persona humana, a la dignidad de la persona humana, son objeto de protección constitucional.

Además, en sexto lugar, la protección que regula la Convención, es contra cualquier acto, omisión, hecho o actuación que viole los derechos y, por supuesto, también que amenace violarlos, porque no hay que esperar la violación para poder acudir al medio de protección. Es decir, este medio de protección tiene que poder existir antes de que la violación se produzca, frente a la amenaza efectiva de la violación y, por supuesto, frente a toda violación o amenaza de violación provenga de quien sea. Es decir, no debe haber acto ni actuación alguna excluidas del amparo, así emane de los particulares o de los poderes públicos, en cualquier forma, sea una ley, un acto administrativo, una sentencia, una vía de hecho, una actuación u una omisión.

Ese es, en realidad, el parámetro de la Convención Americana, y es ese el que debe prevalecer en los derechos internos, donde hay que realizar un gran esfuerzo, como estrategia de derecho adjetivo, para la utilización desde la perspectiva constitucional, de dicho sistema de protección internacional de derechos humanos. En consecuencia, teniendo en cuenta este parámetro de universalización del amparo que consagra la Convención Americana, debe realizarse un enorme esfuerzo en el ámbito interno para superar el lamentable proceso de restricción constitucional o legislativa que en algunos aspectos ha sufrido la institución del amparo; que teniendo una concepción amplísima en el texto de la Convención Americana, en general, ha sido restringida en muchos casos.

**A) La necesidad de ampliar la protección constitucional mediante otros medios judiciales de protección**

El *primer esfuerzo* que debe desarrollarse, a los efectos de asegurar la efectividad de la protección constitucional, es el tendiente a la desadjetivización de la institución del amparo, en el sentido de reafirmar su carácter sustantivo, como derecho constitucional en sí mismo.

En efecto, puede decirse que en la mayoría de los ordenamientos internos, el amparo no se ha previsto como un derecho constitucional y se ha configurado o convertido en una acción judicial, es decir, en un medio o remedio adjetivo específico; es decir, se ha reducido a una acción o a un medio judicial específico, sea recurso de protección, sea acción de tutela, sea acción de amparo o hábeas corpus o hábeas data.

En realidad, la universalidad de los medios judiciales es la que tendría que prevalecer para la protección efectiva y rápida de todos los derechos como por ejemplo, insistimos, sucede en países donde no se regula específicamente una "acción de amparo", como en Inglaterra, en Francia, o en Italia; pero donde si bien no existe un medio judicial que se llame "acción de amparo", sin embargo, existen mecanismos adecuados para la protección efectiva de los derechos en cualquier proceso. En algunos países de América Latina, conforme a la orientación de la Convención Americana e, inclusive, con antelación a la adopción de la Convención, al amparo se lo concibe como un derecho constitucional, y ha sido desarrollado con estas características, como es el caso de México y de Venezuela e, incluso, en nuestro criterio, también es el caso de Colombia.

**B) La necesidad de ampliar la protección constitucional en relación con las personas protegibles (legitimación activa)**

Una *segunda estrategia* que debe desarrollarse en América Latina para la utilización en el ámbito constitucional interno del sistema de protección de derechos humanos, es la tendiente a ampliar la legitimación activa para utilizar los medios judiciales de garantía, es decir, respecto de quienes son las personas protegidas.

En general puede decirse que el amparo se ha concebido como un medio de protección de carácter personalísimo, que beneficia al reclamante, y cuyos efectos en principio no se extienden a terceros.

Esta tendencia plantea, en primer lugar, el problema de la protección de los derechos colectivos, cuya iniciativa de protección se atribuye a los Defensores del Pueblo o de los Derechos Humanos. Es necesario definir una estrategia para poder permitir que las propias colectividades puedan ejercer la acción de protección, cuando se trate de violación de derechos constitucionales colectivos. Por otra parte, cada vez con más frecuencia, dentro de los mecanismos para asegurar el acceso a la justicia, están los diseñados para la protección de los intereses difusos, sobre todo en relación con los derechos de tercera generación, como el derecho a la protección del medio ambiente. En esta materia, la legitimación tiene que irse construyendo, y permitir que personas interesadas puedan actuar en representación de intereses difusos, cuando se trate de derechos constitucionales cuya violación afecte a toda la colectividad. En algunas Constituciones como la venezolana de 1999, incluso, ya está fuera de toda duda la posibilidad del ejercicio de la acción de amparo para la protección de derechos colectivos y difusos, lo cual ha sido ampliamente desarrollado por la jurisprudencia.

Otro aspecto relativo a la legitimación activa en materia de amparo es la indicación que contiene la Convención Americana de que la acción de amparo la tiene toda persona, lo que implica que también pueden ser accionantes, las personas de derecho público que también puede considerarse que tienen derechos constitucionales, como el derecho a la igualdad, el derecho al debido proceso o el derecho a la defensa. Por ello, las entidades públicas pueden ser perfectamente titulares de la acción, por lo cual el tema del amparo no se plantea sólo frente al Estado, sino que pueden ser los entes públicos los que exijan la protección constitucional.

Incluso, en algunos países puede considerarse que existe un amparo constitucional de garantías constitucionales de carácter político territorial, que procede cuando las Constituciones garantizan, por ejemplo, la autonomía de las entidades territoriales, como la municipal. En estos casos, se establece una "garantía constitucional", por lo que no habiendo en las Constituciones nada que reduzca el amparo sólo a los derechos de los hombres, también los derechos y garantías constitucionales establecidas en los textos respecto de la autonomía territorial, puede ser objeto de una acción de protección, por ejemplo, de un Estado de la Federación contra leyes federales, lo cual por ejemplo, se ha admitido en México. En cambio, esta situación se ha planteado en Venezuela donde se ha discutido ante los Tribunales, formulándose la protección constitucional de la garantía a la autonomía municipal como objeto de una acción de amparo; habiendo sido lamentablemente rechazada la protección por la Sala Constitucional en una interpretación restrictiva inadmisible.

### C) La necesidad de ampliar la protección constitucional en relación con los derechos protegidos

El *tercer aspecto* de la estrategia para la utilización, desde la perspectiva constitucional, del sistema de protección internacional de derechos humanos, se refiere al tema los derechos protegibles. De acuerdo con la Convención Americana todos los derechos son protegibles mediante las acciones de amparo: los derechos constitucionales de los hombres, de las personas morales e, incluso, de las personas institucionales de carácter constitucional.

Entre estos derechos constitucionales se encuentran tanto los declarados en el texto de las Constituciones, en la ley, en la Convención Americana y otros instrumentos internacionales, y los que son inherentes a la persona humana. Como lo ha precisado la Corte Interamericana de Derechos Humanos en una Opinión Consultiva (OC-8/87) al analizar el artículo 25,1 de la Convención, señaló que dicho texto: "Es una disposición de carácter general que recoge la institución procesal del amparo, entendido como el procedimiento judicial sencillo y breve que tiene por objeto la tutela de todos los derechos reconocidos por las Constituciones y leyes de los Estados Partes y por la Convención ".

Conforme al sistema interamericano, por tanto, el elenco de los derechos es completo para su protección. Sin embargo, en algunos casos, quizás por la influencia del modelo europeo de acción de amparo, particularmente el regulado en Alemania y en España, se ha reducido el objeto protegido en cuanto a los derechos protegibles sólo respecto de ciertos derechos enumerados en el texto constitucional. Así se constata, por ejemplo, en la Constitución alemana, donde sólo se admite la acción de amparo en relación con lo que en ella se denominan como "derechos fundamentales", los cuales constituyen una especie del género derechos constitucionales. En España también se enumeran, expresamente, cuáles son los derechos que pueden ser protegidos por la acción de amparo.

Nada de esto puede derivarse de la Convención Americana ni de la generalidad de las Constituciones de América Latina, en los cuales todos los derechos son amparables. Por ello puede considerarse que aquellas Constituciones que establecen un elenco determinado de derechos protegibles mediante la acción de amparo, son incompatibles con las obligaciones internacionales que a esos Estados impone la Convención.

En definitiva, la Convención Americana no permite la exclusión de la protección constitucional mediante el amparo de determinados derechos constitucionales, o en otras palabras, no permite que el amparo se reduzca a la protección de sólo determinados derechos declarados en una Constitución. En consecuencia, sistemas como los regulados en los textos constitucionales de Chile y de Colombia pueden considerarse como incompatibles con la Convención Americana: en el caso de Chile, donde la Constitución enumera cuáles son los derechos objeto de la acción de protección, y en el caso de Colombia, cuya Constitución también trae una enumeración respecto de los "derechos fundamentales" objeto de la tutela, quizás por influencia europea. Sin embargo, afortunadamente, los tribunales de la República han venido corrigiendo esta restricción a través de una interpretación constitucional, de manera que en la actualidad, casi no hay derecho constitucional que no pueda ser tutelable, como se denomina en Colombia.

En contraste con estos casos de previsiones constitucionales restrictivas sobre los derechos constitucionales que pueden ser objeto de protección mediante la acción de amparo, de tutela o de protección, deben destacarse otros sistemas constitucionales que expresamente establecen dentro de los derechos protegibles, no sólo todos los derechos constitucionales, sino además los declarados en el sistema de protección internacional. Es el caso, por ejemplo, de la Constitución de Costa Rica, que enumera entre los derechos objeto de protección mediante el amparo a los derechos "de carácter fundamental establecidos en los instrumentos internacionales sobre derechos humanos, aplicables a la República.

En sentido aun más amplio, la Constitución de Venezuela de 1999 precisa en forma expresa que el derecho de amparo comprende la protección de los "derechos y garantías constitucionales, aun de aquéllos inherentes a la persona que no figuren expresamente en esta Constitución o en los instrumentos internacionales sobre derechos humanos", lo que debe interpretarse, que no sólo son objeto de protección los derechos y garantías constitucionales y los enumerados en los instrumentos internacionales de derechos humanos, sino todos aquéllos inherentes a la persona humana, aun cuando no esté expresamente enumerados en la propia Constitución o en los instrumentos internacionales.

### D) La necesidad de ampliar el ámbito de la competencia judicial para la protección constitucional

El *cuarto aspecto* de la estrategia para la utilización, desde la perspectiva constitucional, del sistema de protección internacional de derechos humanos, se refiere a la necesidad de ampliar la competencia judicial para asegurar la protección de los derechos humanos, acorde con la intención de lo que establece la Convención Americana.

En efecto, conforme a la Convención, la competencia en materia de amparo, conforme a la tradición latinoamericana, debe ser de la esencia del Poder Judicial, en el sentido de que debe ser una competencia de "los tribunales", de todos y no sólo de uno de ellos, lo que en cambio es característico del modelo europeo, particularmente en Alemania y en España, donde la competencia en materia de amparo se atribuye a un solo Tribunal que es el Tribunal Constitucional.

Lamentablemente, sin embargo, en algunos países de América Latina también se ha operado esta reducción en cuanto a la competencia judicial para la protección constitucional mediante el amparo, al asignarla a un solo tribunal, particularmente a las Cortes Supremas. Es el caso de Panamá, Costa Rica, El Salvador y Nicaragua donde sólo la Corte Suprema es competente para conocer de la acción de amparo. La aplicación de la Convención Americana debería conducir a configurar una estrategia de orden adjetivo para precisamente ampliar la competencia judicial, como por ejemplo, se ha propuesto recientemente en Honduras, en el Proyecto de Ley sobre la Justicia Constitucional que ha elaborado la propia Sala Constitucional de la Corte Suprema de Justicia.

En todo caso, salvo los casos mencionados, en todos los otros países de América Latina, la competencia judicial en materia de amparo tiene una característica difusa, en el sentido de que es un poder que se atribuye, en general, a los tribunales de primera instancia o a los tribunales de circuito, pero no se concentra en un solo órgano. La concentración en un solo órgano del conocimiento del amparo, como una acción específica, en definitiva, lo que hace es restringir el acceso a la justicia para la efectiva protección de los derechos.

### E) La necesidad de ampliar la protección constitucional en relación con los agraviantes (la legitimación pasiva)

El *quinto aspecto* de la estrategia para la utilización, desde la perspectiva constitucional, del sistema de protección internacional de derechos humanos, se refiere a la necesidad de la ampliación progresiva de la legitimación pasiva en materia de amparo, es decir, en la determinación de las personas contra quienes se puede intentar la acción de amparo, lo cual no encuentra restricción alguna en la Convención Americana.

Debe recordarse, por supuesto, que en su origen la acción de protección de amparo o de tutela se la concibió siempre como un mecanismo de protección frente al Estado, precisamente porque los derechos humanos se concibieron inicialmente frente al Estado, y como limite a la actuación de los entes públicos. Sin embargo, la universalización progresiva de los derechos humanos, como inherentes a la persona humana con independencia de quien debe respetarlos, ha venido ampliando el ámbito de su protección, admitiéndose que el amparo pueda intentarse, también, contra los particulares. Es decir, conforme con la Convención Americana, que no hace distingos, el amparo no sólo procede frente a la lesión a los derechos humanos que puede provenir de los entes públicos, sino también de los otros particulares.

En esta forma, puede decirse que en América Latina se admite en una forma amplia la acción de amparo contra los particulares, tendencia que se inició en América Latina, concretamente en Argentina a partir de los años 50, donde por vía pretoriana se admitió la posibilidad del ejercicio de la acción de amparo contra particulares. Esta situación contrasta con lo que sucede en Europa, donde el amparo sólo se ejerce, básicamente, contra los poderes públicos.

Sin embargo, alguna restricción a este principio de la universalidad característico de América Latina, se puede detectar en la actualidad a los efectos de plantear su reforma o perfeccionamiento, precisamente como parte de una estrategia, desde la perspectiva constitucional, del sistema de protección internacional. Se destaca en este sentido, la reducción de la posibilidad de la acción de amparo contra particulares que se ha operado en algunos países, al establecerse que procede pero sólo respecto a ciertos particulares, como son aquellos que actúan por delegación ejerciendo funciones públicas, o que cumplen algún tipo de prerrogativa, o tienen una posición de dominio, por ejemplo, en la prestación de servicios públicos como son las empresas concesionarias. En este sentido, legislaciones como las de Costa Rica, Guatemala y Colombia, admiten que se pueda intentar acción de amparo pero sólo contra esos determinados particulares.

Otros países simplemente excluyen totalmente la posibilidad del ejercicio de la acción de amparo contra particulares, siguiendo el modelo europeo, como es el caso de México, Brasil, Panamá, El Salvador y Nicaragua; situación que en nuestro criterio, se aparta de la orientación de la Convención Americana.

### F) La necesidad de ampliar la protección constitucional en relación con todas las entidades y actos estatales

Un *sexto aspecto* de la estrategia para la utilización, desde la perspectiva constitucional, del sistema de protección internacional de derechos humanos, se refiere a la necesidad de la ampliación de la protección constitucional frente a las actuaciones del Estado.

En efecto, puede señalarse que otro ámbito de reducción del amparo que contrasta con la universalidad que deriva de la Convención Americana, se refiere a los actos del Poder Público que puedan ser objeto de la acción de amparo. Conforme a la Convención Americana y a la configuración universal de la acción de amparo, no puede ni debe existir ningún acto del Estado que escape de su ámbito. Si el amparo es un medio judicial de protección de los derechos, lo es y tiene que serlo frente a cualquier acción pública; por lo que no se concibe que frente a esta característica universal del amparo, pueda haber determinadas actividades del Estado que queden excluidas a la posibilidad del ejercicio de una acción de amparo.

Sin embargo, en América Latina puede detectarse una lamentable tendencia a exclusiones, frente a las cuales debe definirse una estrategia constitucional para su eliminación. Estas exclusiones se han operado en diversos aspectos. En primer lugar, se destaca la tendencia a excluir del amparo a los actos de ciertas autoridades públicas. Es el caso, por ejemplo, de los organismos electorales, cuyos actos, en algunos países como Perú, Costa Rica y Uruguay, se excluyen expresamente de la acción de amparo. En otros casos, por ejemplo, en el mismo Perú, se prevé una exclusión del ámbito de protección constitucional del amparo respecto a los actos del Consejo Nacional de la Judicatura.

En *segundo lugar*, también se destaca otra tendencia a excluir del ámbito de protección mediante la acción de amparo a ciertos actos estatales, lo que se ha planteado particularmente en relación con las leyes y las decisiones judiciales. Algunos países, como por ejemplo, Perú, Colombia, Brasil y Uruguay, excluyen la posibilidad de ejercer la acción de amparo contra leyes, es decir, contra normas. En otros, en cambio, como en México, donde tiene su inicio el amparo contra normas y en Venezuela, se admite ampliamente el ejercicio de la acción de amparo contra leyes, como una especie de control difuso de la constitucionalidad por vía de acción, aun cuando en algunos casos exigiéndose el carácter auto aplicativo de la norma.

En otros casos, la restricción se ha establecido en materia de amparo contra decisiones judiciales. Sin embargo, también el juez, al dictar su sentencia, puede lesionar un derecho constitucional; y en todo caso, ningún juez tiene poder para, en su sentencia, violar un derecho constitucional. Por tanto, también contra las sentencias debe admitirse la acción de amparo, la cual no se excluye en la Convención Americana y es admitida en muchos países de América Latina. En otros, en cambio, se excluye expresamente la acción de amparo contra sentencias, como es el caso de Argentina, Uruguay, Costa Rica, Panamá, El Salvador, Honduras y Nicaragua. En otros países, como en Colombia, si bien se incorporó expresamente en el Decreto-Ley reglamentario de la acción de tutela su procedencia contra sentencias, en una desafortunada sentencia de la Corte Constitucional de 1992, se anuló el artículo del Decreto Ley que regulaba la acción de tutela contra sentencias. Sin embargo, posteriormente, la labor tanto de la propia Corte Constitucional como de la Corte Suprema, el Consejo de Estado y de los tribunales de instancia, a pesar de la anulación de la norma, ha sido progresiva en admitir, por vía de interpretación, la acción de tutela contra sentencias arbitrarias.

## APRECIACIÓN FINAL

De todo lo anteriormente señalado, podemos concluir que las estrategias, tanto de derecho sustantivo como de derecho adjetivo de los derechos humanos, para la utilización desde la perspectiva constitucional del sistema de protección internacional de los derechos humanos, sin duda, están actualmente marcadas por las características de la etapa actual del régimen de los derechos humanos en la cual nos encontramos en América latina, de constitucionalización de la internacionalización del mismo. Ello implica, por una parte, como hemos señalado, desde el punto de vista del derecho subjetivo, que en el ámbito interno, las declaraciones internacionales sobre derechos humanos, además de establecerse como obligaciones de los Estados, deben estar al alcance directo de los ciudadanos. Ello conlleva a que deben tener una jerarquía en el derecho interno que permita su aplicabilidad directa, la cual puede estar regulada expresamente en las Constituciones o puede derivar de técnicas interpretativas constitucionales en cada país.

En cuanto a los aspectos adjetivos del régimen de los derechos humanos que también pueden configurarse como una estrategia para la utilización, desde la perspectiva del derecho constitucional, del sistema de protección internacional de los derechos humanos, está el de la necesaria globalización y ampliación de las garantías judiciales de protección de los derechos humanos, particularmente, del derecho de amparo a la luz de las orientaciones de la Convención Americana sobre Derechos Humanos. En esta forma, concebido como está el derecho y la acción de amparo en la Convención Americana como una institución de protección universal, la misma, por tanto, no puede ni debe admitir exclusiones de ningún tipo, de manera que nadie debería poder escapar a la protección constitucional del amparo o tutela y ningún acto del Estado podría quedar excluido de la acción de amparo.

Nueva York, octubre de 2002.

# XXIX

## MECANISMOS NACIONALES DE PROTECCIÓN DE LOS DERECHOS HUMANOS (GARANTÍAS JUDICIALES DE LOS DERECHOS HUMANOS EN EL DERECHO CONSTITUCIONAL COMPARADO LATINOAMERICANO)

**(1988-2004)**

**El texto de esta parte es el resultado de reflexiones realizadas sobre el tema en San José, Costa Rica con ocasión de las conferencias que dicté en el Curso Interdisciplinario de Derechos Humanos, del Instituto Interamericano sobre Derechos Humanos, entre 1988 y 2004. En particular, sobre *El Sistema Nacional de Protección de Derechos Humanos*, en el VI Curso Interdisciplinario de Derechos Humanos, el 18 de agosto de 1988; sobre los *Requisitos Constitucionales mínimos para la protección de los Derechos Humanos* en el XII Curso Interdisciplinario de los Derechos Humanos, el 21 de julio de 1994; sobre la *Protección de los Derechos Humanos en el ámbito interno a finales de Siglo*, en el XVI Curso Interdisciplinario de Derechos Humanos el 16 de junio de 1998; sobre *La Protección Nacional de los Derechos Humanos*, en el XVIII Curso Interdisciplinario en Derechos Humanos, el 1 de agosto de 2000; y sobre *Los mecanismos internos de protección de los Derechos Humanos*, en el XIX Curso Interdisciplinario de Derechos Humanos el 20 de junio de 2001 y en el XX Curso Interdisciplinario en Derechos Humanos: Educación en Derechos Humanos (Rodolfo E. Piza Escalante), el 24 de julio de 2002; sobre en *Mecanismos nacionales de protección de los Derechos Humanos. Justicia Constitucional*, en el XXI Curso Interdisciplinario en Derechos Humanos: Justicia y Seguridad, el 25 de junio de 2003; y sobre *Mecanismos internos de protección de los derechos humanos en el ámbito interamericano*, dictada en el XXIII Curso Interdisciplinario en Derechos Humanos Democracia, derechos políticos y participación ciudadana, el 22 de julio de 2005. El texto final de todas esas reflexiones se publicó como: *Mecanismos Nacionales de Protección de los Derechos Humanos. (Garantías judiciales de los derechos humanos en el derecho constitucional comparado latinoamericano)*, Instituto Interamericano de Derechos Humanos, San José, 2004, que es el texto que aquí se publica.**

### NOTA EXPLICATIVA

*El origen de este libro está en la preparación de las conferencias que a lo largo de los últimos años, me ha correspondido dictar en el prestigioso Curso Interdisciplinario en Derechos Humanos, que desde 1982 ha venido organizando tan exitosamente el Instituto Interamericano de Derechos Humanos con sede en San José, Costa Rica.*

*La honrosa invitación que los organizadores del Curso me han formulado desde 1988 para, en diversas ediciones del mismo, dictar la Conferencia sobre los mecanismos nacionales de protección de los derechos humanos o sobre la protección constitucional de los derechos humanos en el ámbito interno, en contraste con los mecanismos de protección internacional de los derechos humanos en lo cual se hace más énfasis en el Curso; me obligaron progresivamente a darle una aproximación comparativa al tema, de manera de tratar de mostrar, sistemáticamente, los diversos mecanismos e instituciones de protección de los derechos humanos en los diversos regímenes constitucionales de los países latinoamericanos.*

*El resultado de ese esfuerzo fue en definitiva, la elaboración en aproximaciones sucesivas de este libro sobre las garantías constitucionales de los derechos humanos en el derecho comparado latinoamericano, tema sobre el cual nos hemos ocupado desde hace años, aún cuando en otros contextos*[1].

*Con todo gusto, atendiendo la solicitud del Instituto, ahora he elaborado esta obra para que sirva de material de apoyo a los alumnos del Curso. Su intención, por tanto, es básicamente didáctica y divulgativa, pues sin duda, el principal escollo que sigue existiendo para la efectiva protección de los derechos humanos en el ámbito interno de nuestros países, muchas veces es el desconocimiento de los instrumentos y garantías que las Constituciones ofrecen para ello.*

*Pero una cosa es lo que formalmente está establecido en los textos constitucionales, y otra cosa es su efectiva vigencia y la eficacia práctica de su aplicación. El contraste en muchos países es evidente; pero para poder confrontar el marco jurídico constitucional con la realidad de su aplicación, en todo caso, es indispensable conocer con precisión el primero. Sólo así se puede luchar y hacer esfuerzos por su efectiva aplicación.*

*Además, para que las garantías de los derechos humanos puedan ser efectivas, es indispensable que exista un régimen democrático que funciones dentro del marco de un Estado de derecho. Las autocracias y los regímenes autoritarios simplemente no entienden sobre derechos humanos o los entienden sólo para conculcar las libertades.*

*Este libro, en todo caso, es un homenaje al Instituto, al cual he estado vinculados durante los últimos 20 años, desde 1984, y a todos directores y profesionales, quienes con tanta dedicación han dedicado su trabajo y su vida al servicio de la educación y promoción de los derechos humanos en América Latina.*

*Caracas, octubre 2004.*

## INTRODUCCIÓN

Si algo caracterizó al constitucionalismo latinoamericano de la segunda mitad del Siglo pasado, fue la progresiva institucionalización de mecanismos nacionales de protección de los derechos humanos mediante su efectiva constitucionalización. Ello, en definitiva, es la muestra más explícita de los esfuerzos por la consolidación del Estado de derecho en nuestros países, cuyos postulados se formularon para sustituir al Estado absoluto, precisamente para asegurar la garantía y la protección de los derechos y libertades públicas ciudadanas. Progresivamente, incluso, las propias Constituciones contemporáneas como sucede por ejemplo con la de Colombia y Venezuela, expresamente "definen" al Estado como tal "Estado de derecho", además, incluso, como "democrático, social y de justicia".

1 Véase nuestros trabajos: **1)** *Judicial Review in Comparative Law,* (Prólogo de J. A. Jolowicz), Cambridge Studies in International and Comparative Law. New Series, Cambridge University Press, Cambridge 1989, 406 pp. Se trata de una versión abreviada del curso que dictamos en el LL.M. de la Facultad de Derecho de la Universidad de Cambridge, Inglaterra, en 1985-1986, cuyo texto completo se ha publicado en nuestro libro: *Études de droit public comparé,* Academie Internationale de Droit Comparé (Prólogo de Roland Drago), Ed. Bruylant, Bruxelles, pp. 525-934. En dicho libro (pp. 935-1167), además, también se publicó el curso que dictamos sobre **2)** *La justice constitutonelle et le pouvoir judiciaire,* en el IV Cours internacional de justice constitucional, organizado por el recordado amigo Louis Favoreu en la Universidad de Aix-Marseille, Aix-en-Provence, en 1992. Véanse además, nuestros estudios: **3)** *El amparo a los derechos y libertades constitucionales. Una aproximación comparativa,* Cuadernos de la Cátedra Allan R. Brewer-Carías de Derecho Público, N° 1, Universidad Católica del Táchira, San Cristóbal 1993, 138 pp; publicado también por el Instituto Interamericano de Derechos Humanos (Curso Interdisciplinario), San José, Costa Rica, 1993, (mimeo), 120 pp., y en la obra colectiva *La protección jurídica del ciudadano. Estudios en Homenaje al Profesor Jesús González Pérez,* Tomo 3, Editorial Civitas, Madrid 1993, pp. 2.695-2.748; **4)** *El control concentrado de la constitucionalidad de las leyes. Estudio de derecho comparado,* Cuadernos de la Cátedra Allan R. Brewer-Carías de Derecho Público, N° 2, Universidad Católica del Táchira, Editorial Jurídica Venezolana, Caracas-San Cristóbal 1994, 179 pp.; publicado también en *Homenaje a Carlos Restrepo Piedrahita. Simposio Internacional sobre Derecho del Estado,* Universidad Externado de Colombia, Tomo II, Bogotá 1993, pp. 705-846; **5)** "La jurisdicción constitucional en América Latina" en Domingo García Belaúnde-Francisco Fernández Segado (Coordinadores), *La jurisdicción constitucional en Iberoamérica,* Dykinson S.L. (Madrid), Editorial Jurídica Venezolana (Caracas), Ediciones Jurídicas (Lima), Editorial Jurídica E. Esteva (Uruguay), Madrid 1997, pp. 117-161; y **6)** "Hacia el fortalecimiento de las instituciones de protección de los derechos humanos en el ámbito interno", en *Presente y Futuro de los Derechos Humanos,* Ensayos en honor a Fernando Volio Jiménez, Instituto Interamericano de Derechos Humanos, San José, Costa Rica, enero 1998, pp. 3-31; publicado también en el libro *Material de Apoyo. XVIII Curso Interdisciplinario en Derechos Humanos,* Instituto Interamericano de Derechos Humanos, San José, Costa Rica, Agosto 2000.

Ese concepto de Estado de derecho, que a pesar de todos los altibajos y fallas históricas, con todos los problemas que la práctica política muestra sobre su efectividad, e incluso, a pesar de los aires de autoritarismos que recurrentemente soplan en nuestra América, se ha venido consolidando y es el desiderátum en todos nuestros países, cuyo origen se sitúa en la serie de principios cruciales que se cristalizaron en las tres grandes revoluciones de hace dos siglos: la Revolución norte-americana, la Revolución francesa y la Revolución latinoamericana. Esta última también debe mencionarse expresamente, pues lamentablemente y con mucha frecuencia, incluso los propios latinoamericanos nos olvidamos de ella, a pesar de que fue precisamente en su ámbito a comienzos del siglo XIX, donde cristalizaron, en conjunto, todos los aportes al constitucionalismo moderno[2] de las dos primeras.

Por ello puede decirse que incluso, fue en nuestros países donde por primera vez se concretizó formalmente en el constitucionalismo moderno el modelo del Estado de derecho que se había ido formulando tanto en Francia como en los Estados Unidos. La simbiosis de todos los principios de dicho modelo se produjo precisamente en Latinoamérica, razón por la cual, al recogerse en nuestro Continente en conjunto, tenemos que reivindicarlo como parte del patrimonio histórico, cultural y político de nuestros países.

El modelo, en todo caso, particularmente después de la Segunda Guerra Mundial, puede decirse que fue concebido para controlar al Estado y proteger los derechos humanos, siendo además consustancial a la democracia como régimen político. Esta, por tanto, es mucho más que el sólo ejercicio del derecho al sufragio; es mucho más que elecciones o votaciones.

Ahora bien, este Estado democrático de derecho, que es quizás el producto más acabado del constitucionalismo moderno, puede decirse que está estructurado sobre cuatro principios cruciales[3]:

En *primer lugar,* el principio de la limitación y control del Poder, que es la base del Estado de derecho con el objeto de garantizar la libertad y de la democracia misma. Este principio es el que distingue el Estado de derecho del Estado absoluto. Esta limitación se expresó en las Constituciones modernas mediante la distribución del poder para que, como lo decía el barón de Montesquieu, el poder límite al poder[4], lo que se logra al dividirlo, distribuirlo y separarlo. De allí han surgido los dos grandes esquemas de organización del Estado: el primero basado en la *distribución vertical del poder* que ha dado origen a los sistemas políticos de Estados descentralizados, al federalismo y municipalismo y a los nuevos esquemas de Estados regionales. Lo cierto, en todo caso, es que la descentralización del poder está consustancialmente unida a la democracia, de manera que puede decirse que no hay verdaderas democracias que sean centralizadas, como tampoco hay, ni ha habido autocracias descentralizadas. Además, sólo en sistemas de gobierno descentralizados, que acercan el poder al ciudadano, es que puede haber efectiva y real participación política. El segundo sistema de organización del Estado está basado en la separación horizontal del poder o separación orgánica de poderes producto directo, también, de aquellas dos Revoluciones, y que es garantía del control del ejercicio del poder y del desarrollo democrático. La concentración del poder, por tanto, al igual que su centralización, es esencialmente antidemocrática. Puede haber incluso cinco poderes del Estado en lugar de la trilogía clásica, como sucede en la Constitución de Venezuela[5], pero si no son efectiva-

2 Allan R. BREWER-CARÍAS, *Reflexiones sobre la Revolución Americana (1776) y de la Revolución Francesa (1789) y sus aportes al constitucionalismo moderno,* Cuadernos de la Cátedra Allan Brewer-Carías de Derecho Público, Universidad Católica Andrés Bello, Editorial Jurídica Venezolana, Caracas 1992. El texto de este libro puede consultarse en la página web allanbrewercarias.com (Publicaciones-Libros 1996)

3 Allan R. BREWER-CARÍAS, *Evolución Histórica del Estado.* Tomo I, *Instituciones Políticas y Constitucionales*, Universidad católica del Táchira, Editorial Jurídica Venezolana, Caracas-San Cristóbal 1996, pp. 47 a 256.

4 "Es una experiencia eterna que todo hombre que tiene poder tiende a abusar de él; y lo hace hasta que encuentra límites... Para que no se pueda abusar del poder es necesario que por la disposición de las cosas, el poder limite al poder", Carlos Secondat, Barón de MONTESQUIEU, *De l'Espirit des lois,* (ed. G. TUNC) Paris 1949, Vol. I, Libro XI, Cap. 4, pp. 162-163.

5 El artículo 136 de la Constitución de 1999, establece la división del Poder Público en Legislativo, Ejecutivo, Judicial y Electoral. Véase los comentarios en Allan R. BREWER-CARÍAS, *La Constitución de 1999. Derecho Constitucional Venezolano,* Tomo I, Editorial Jurídica Venezolana, Caracas 2004, pp. 437 y ss.

mente autónomos e independientes, lo que pueden servir es para consolidad autoritarismos en lugar de la democracia.

En *segundo lugar*, el principio de la legitimidad popular del Poder derivado del traslado que con las Revoluciones del Siglo XVIII se produjo de la soberanía, la cual pasó de manos del Monarca Absoluto al pueblo. Después de las Revoluciones norteamericana y francesa, la soberanía en efecto pasó a residir en el pueblo, quien la ejerce indirectamente mediante representantes elegidos o directamente, mediante mecanismos de democracia directa, como los referendos. Por residir la soberanía en el pueblo, los titulares de los órganos del Poder Público, como representantes del pueblo, deben tener legitimidad democrática, la cual proviene de la representación. Por ello, la democracia representativa es y seguirá siendo un pilar fundamental del funcionamiento del Estado de Derecho, la cual además, debe servir para asegurar la efectiva participación ciudadana mediante la distribución territorial del poder de manera de acercarlo al ciudadano. No hay contraposición alguna entre democracia representativa y la llamada "democracia participativa", ni puede invocarse esta última como sustituto de la primera. La democracia representativa es la que puede asegurar el ejercicio del derecho político a la participación, a cuyo efecto es la distribución del Poder acercándolo al ciudadano, lo que puede hacer realidad dicha participación como manifestación cotidiana de la vida democrática. Además, sin duda, la democracia representativa se puede complementar con la introducción constitucional de instrumentos de democracia directa, como los referendos.

En *tercer lugar,* el principio de la legalidad, es decir, el postulado conforme al cual todos los órganos del Estado deben estar y actuar sometidos al derecho, es decir, a la Constitución y a la ley. Este, justamente, es el otro elemento diferenciador del Estado de derecho en relación con el Estado absoluto, en el cual el Monarca no estaba sometido a ley superior alguna. En el Estado de derecho, en cambio, y como aporte también de las tres Revoluciones mencionadas, el principio de la legalidad conlleva la idea misma de la Constitución como ley suprema, a la cual tienen que someterse todos los órganos del Estado, incluyendo el Parlamento. Fue precisamente contra la soberanía del Parlamento inglés que se produjo la Revolución Americana; y fue contra la soberanía parlamentaria que en las Constituciones de los países europeos después de la Segunda Guerra Mundial, se incorporaron por primera vez en los textos constitucionales, las declaraciones efectivas de derechos humanos.

No debe olvidarse que antes de la Segunda Guerra Mundial y a pesar de la Declaración francesa de los Derechos del Hombre y del Ciudadano en 1789, en Europa no había declaraciones similares sobre derechos humanos a las que desde 1811 se conocen en América Latina[6]. Debe recordarse incluso, que en España, sólo fue en 1978, con motivo de la última Constitución democrática, cuando se incorporó al texto fundamental una declaración de derechos. Con estas declaraciones de derechos de rango constitucional en Europa, las mismas adquirieron ese rango supremo que las impone incluso a los Parlamentos, los cuales en el universo constitucional dejaron ser soberanos. Quedaría a salvo la excepción de principio en estas materias constitucionales, del sistema británico, donde no hay Constitución escrita y, por tanto, lo único soberano sigue siendo el Parlamento y lo que el Parlamento diga; pero ahora con las restricciones derivadas de las regulaciones de la Unión Europea precisamente en materia de derechos humanos.

En *cuarto lugar*, está el principio declarativo mismo de los derechos humanos y de su garantía de rango constitucional. Por ello, el Estado no sólo se ha construido sobre el principio de la limitación al poder para asegurar la libertad y sobre el principio de la legalidad y del respeto de la Constitución; sino además, sobre el principio de la declaración o del reconocimiento de los derechos fundamentales y de su garantía con rango constitucional.

En todo caso, todas las Constituciones del mundo en los últimos doscientos años, en una forma u otra, más tarde ó más temprano, han venido adoptando estos principios constitucionales y, progresivamente, han venido consolidando mecanismos internos de protección de los

6 La primera de estas declaraciones en América Latina fue la "Declaración de los Derechos del Pueblo", adoptada por la sección de Caracas del Congreso General de las Provincias de Venezuela, el 1-5-1811. Véase en Allan R. BREWER-CARÍAS, *Las Constituciones de Venezuela,* Caracas 1997, pp. 279-281.

derechos humanos. Además, ello se ha producido conforme al mismo principio que reconoció la Declaración francesa de 1789, la cual interpretada doscientos años después, sigue siendo válida en el sentido de que "toda sociedad en la cual no está asegurada la garantía de los derechos, ni determinada la separación de los poderes, no tiene Constitución" (art. 16); es decir, no es un Estado de derecho.

Por ello, hoy día puede todavía afirmarse que la esencia misma de la Constitución, como texto de organización política, siempre radica en la limitación al poder por su división, distribución y separación, y en la declaración de los derechos fundamentales, garantizados por la Constitución.

Ahora bien, partiendo de estos cuatro principios básicos del Estado de derecho, el presente estudio tiene por objeto analizar los mecanismos nacionales que se han venido estableciendo y consolidando para la protección de los derechos humanos, lo que haremos estudiando separadamente: en *primer lugar*, al proceso de universalización o ampliación progresiva de las declaraciones de derechos; en *segundo lugar*, la constitucionalización de la internacionalización de los derechos humanos; en *tercer lugar*, al fortalecimiento de las acciones judiciales específicas de protección de los derechos humanos y libertades públicas; en *cuarto lugar*, el desarrollo de los sistemas de justicia constitucional o de control de la constitucionalidad de las leyes; en *quinto lugar*, la introducción progresiva, en tiempo reciente, de garantías institucionales de los derechos fundamentales a través de nuevos órganos estatales especializados para la defensa de los derechos humanos; y en *sexto lugar*, la necesaria consolidación de los elementos de la democracia representativa como condición indispensable para el funcionamiento de los mecanismos nacionales de protección de los derechos humanos.

En América Latina, este proceso de fortalecimiento de los mecanismos internos de protección de los derechos humanos además de constituir la expresión de la voluntad del soberano (el pueblo) expresada en las Constituciones, obedece también al cumplimiento de obligaciones internacionales de los Estados establecidas entre otros instrumentos, en la Convención Americana de Derechos Humanos. No se olvide que conforme al artículo 1 de la misma, los Estados Partes tienen el compromiso de respetar los derechos y libertades reconocidos en la Convención, y además, tienen la obligación de garantizar su libre y pleno ejercicio; y que el artículo 2 de la misma Convención, obliga a los mismos Estados Parte a adoptar las medidas legislativas necesarias para garantizar y hacer efectivos tales derechos y libertades. Por ello, la Corte Interamericana de Derechos Humanos, en la sentencia del *Caso: Velásquez Rodríguez* de 1988, precisó que entre las obligaciones institucionales de los Estados de dictar todas las medidas necesarias para asegurar la efectiva vigencia de los derechos humanos, están:

> [T]odas aquéllas de carácter jurídico, político, administrativo y cultural que promuevan la salvaguarda de los derechos humanos y que aseguren que las eventuales violaciones a los mismos sean efectivamente consideradas y tratadas como un hecho ilícito que, como tal, es susceptible de acarrear sanciones para quien las cometa[7]

En consecuencia, la implementación de los mecanismos internos de protección de los derechos humanos en América latina, constituye una obligación internacional exigible de los Estados Parte de la Convención Interamericana.

Este libro tiene por objeto, precisamente, analizar comparativamente los mecanismos internos de protección de los derechos humanos en América latina, lo que haremos, lo que haremos analizando separadamente los siguientes aspectos: *en primer lugar*, la progresiva universalización y ampliación de las declaraciones constitucionales de derechos y garantías; *en segundo lugar*, el fenómeno de constitucionalización de la internacionalización de los derechos humanos que se ha venido produciendo en las últimas décadas; *en tercer lugar*, el fortalecimiento y desarrollo de las garantías judiciales de protección de los derechos humanos, en particular, las acciones de hábeas corpus, amparo y hábeas data; *en cuarto lugar*, el fortalecimiento y desarrollo

7 Corte Interamericana de Derechos Humanos, *Caso Velásquez Rodríguez, Sentencia de 29 de julio de 1988*, Serie C. N° 4, San José, Costa Rica, párrafo 175.

de los sistemas de justicia constitucional, en particular, con la estructuración de Jurisdicciones Constitucionales; *en quinto lugar,* el desarrollo constitucional de las garantías institucionales de los derechos humanos, con las figuras de los defensores del pueblo o de los derechos humanos; y *en sexto lugar,* la consolidación del régimen democrático como condición para la efectividad de los mecanismos nacionales de protección de los derechos humanos, en particular, en relación con la *Carta Democrática Interamericana* adoptada por la Organización de Estados Americanos en septiembre de 2001.

## PRIMERA PARTE
## LA UNIVERSALIZACIÓN Y AMPLIACIÓN DE LAS DECLARACIONES DE DERECHOS

El primer mecanismo interno de protección de los derechos humanos, sin duda, es la declaración expresa de los mismos en los textos constitucionales, como situaciones jurídicas de poder; proceso que se ha venido universalizando y ampliando.

Desde el punto de vista estrictamente jurídico, en efecto, esos derechos humanos, como todos los derechos, constituyen situaciones jurídicas de poder que tienen las personas. Debe recordarse que en toda sociedad, todas las personas, siempre interrelacionadas entre sí, generalmente están en dos tipos de situaciones jurídicas: situaciones jurídicas de poder o situaciones jurídicas de deber. En unos casos, las personas pueden y tienen derecho a hacer, a gozar, a disfrutar o a disponer de determinados bienes (situaciones de poder); pero en otros casos, las mismas personas están obligadas a respetar, a abstenerse, a prestar o dar determinados bienes (situaciones de deber). No se concibe una sociedad donde no existan esas interrelaciones.

Ahora bien, dentro de las situaciones de poder, están los denominados derechos subjetivos, y entre estos los derechos humanos, que constituyen situaciones de poder consustanciales a la naturaleza humana, a la calidad del ser humano, y que tienen todos los hombres por igual. Esos, que son esenciales a toda sociedad de hombres, son precisamente los que progresivamente se han venido declarando en los textos constitucionales en todo el mundo.

Este proceso de la universalización y ampliación de las declaraciones constitucionales de los derechos humanos la queremos analizar, haciendo referencia a tres aspectos fundamentales: en *primer lugar,* la ampliación nacional que han venido experimentando las declaraciones de derechos; en un *segundo lugar,* el carácter enunciativo de las declaraciones de los derechos y, por tanto, la incorporación progresiva en las Constituciones de un *numerus apertus* de derechos, no limitados a los que los textos constitucionales enumeran taxativamente; y en *tercer lugar,* el principio de la alteridad, como característica de la regulación de los derechos, a los efectos de garantizar su justiciabilidad.

### I.- LA AMPLIACIÓN NACIONAL DE LAS DECLARACIONES DE DERECHOS Y GARANTÍAS

El primer aspecto que debe mencionarse en cuanto las declaraciones de derechos, se refiere a la progresiva ampliación que las mismas han venido experimentando en el texto expreso de las Constituciones de los países en el mundo contemporáneo.

En efecto, conforme a la Declaración Universal de los Derechos del Hombre y del Ciudadano de 1789, "El fin de toda asociación política es la conservación de los derechos naturales e imprescriptibles del hombre". Sin embargo, esos derechos en ese entonces se redujeron a la libertad, a la igualdad ante la ley, a la seguridad personal y a la propiedad privada. Puede decirse que ese era el ámbito de los derechos humanos en una primera etapa del régimen de los mismos, es decir, cuando los derechos individuales y libertades eran el objeto exclusivo de regulación por el derecho constitucional. A esa pequeña lista de derechos en los textos constitucionales se fueron luego agregando otros, como por ejemplo, la libertad personal, la seguridad individual, la integridad personal, la libertad de expresión, la libertad de culto, la libertad de tránsito, la libertad de industria y comercio, la libertad de trabajo, la libertad de asociación, el derecho de reunión, la libertad de enseñanza, el derecho al honor y a la reputación, la inviolabilidad del hogar domestico, la propiedad privada; lista a la cual se agregaron los derechos políticos al sufragio, a la constitución de partidos políticos y a manifestar. Esta fue la orientación general hasta la primera mitad del Siglo XX, cuando se produjo una considerable ampliación en cuanto al ámbito de los derechos humanos.

Ello ocurrió con motivo de los postulados que se incorporaron en las Constituciones de Querétaro, en México, de 1917 y de Weimar, en Alemania, de 1919, con las cuales puede decirse que comenzó el proceso de constitucionalización de los derechos sociales tales como por ejemplo, los derechos a la educación, a la salud, al trabajo, a la sindicalización y a la huelga, a la seguridad social. Además, se formuló el principio de la función social de los derechos económicos, particularmente del derecho de propiedad; y se comenzó a configurar el derecho al debido proceso con sus garantías, entre ellas, el derecho a la defensa. Posteriormente se produjo la ampliación de los derechos políticos en función del afianzamiento de la propia democracia, desembocando en el derecho a la participación política.

En esta forma, en el mundo contemporáneo puede decirse que se ha producido un tránsito en las declaraciones de derechos humanos, desde los derechos de la llamada primera generación del constitucionalismo clásico reducidos a los derechos individuales, que más bien son libertades con su peculiar tratamiento; hacia los derechos de una segunda generación, de carácter económico, sociales y cultural, los cuales conllevan más bien obligaciones prestacionales a cargo del Estado. Además, progresivamente se han venido incorporando los derechos de la llamada tercera generación, donde se ubican el derecho de los pueblos y de las personas al desarrollo, a una determinada calidad de vida, a la protección del medio ambiente, a gozar de un patrimonio cultural e, incluso, el derecho a la paz, como incluso ha sido consagrado expresamente en la Constitución de Colombia de 1991, los cuales han venido caracterizando el constitucionalismo latinoamericano.

Además, las últimas décadas han sido testigo de la ampliación progresiva de las garantías constitucionales de todos esos derechos declarados en los Textos constitucionales, entre las cuales se destacan las de la libertad, la irretroactividad de la ley, la nulidad de los actos estatales violatorios de los derechos (garantía objetiva), la responsabilidad de los funcionarios por las violaciones, el acceso a la justicia, el debido proceso y el derecho a la tutela judicial efectiva. En fin, el principio de la reserva legal, que determina que sólo la ley formal (emanada de los parlamentos) puede limitar o restringir el ejercicio de los derechos, con lo que queda excluida toda posibilidad de limitar los derechos humanos mediante decretos-leyes ejecutivos dictados en virtud de delegaciones legislativas.

Esta ampliación progresiva de derechos se ha plasmado, en nuestro Continente, entre otras, en tres Constituciones recientes que se pueden citar como ejemplos de una enumeración extensísima de derechos, como es el caso inicialmente de la Constitución de Brasil (1988), y luego, de las Constituciones de Colombia (1991) y de Venezuela (1999). Dichas Constituciones destinan una gran cantidad de artículos a la enumeración y regulación de los derechos individuales, políticos, económicos, sociales, educacionales, culturales, ambientales, de los pueblos indígenas, y muchos de los de la tercera generación.

Para evidenciar este proceso, podría destacarse *como ejemplo,* por ser de las más recientes, el aporte que ha significado al constitucionalismo de los derechos humanos las previsiones de la reciente Constitución de Venezuela de 1999[8], que es la última de las Constituciones sancionadas por una Asamblea Constituyente en América Latina. Este texto destina su Título IV a regular los deberes, derechos humanos y garantías (arts. 19 a 135), los cuales el Estado debe garantizar a toda persona conforme al principio de progresividad y sin discriminación alguna (art. 19).

8 Véase los comentarios sobre el tema de los derechos en Allan R. BREWER-CARÍAS, *La Constitución de 1999. Derecho Constitucional Venezolano,* Editorial Jurídica Venezolana, Caracas 2004, Tomo I, pp. 550 y ss. y Tomo II, pp. 767 y ss. Véanse nuestras propuestas sobre la regulación de los derechos humanos en la Asamblea Nacional Constituyente de 1999, en Allan R. BREWER-CARÍAS, *Debate Constituyente (Aportes a la Asamblea Nacional Constituyente)*, Tomo II, Fundación de Derecho Público, Editorial Jurídica Venezolana, Caracas 1999, pp. 43 a 153.

**1.- *Las garantías constitucionales de los derechos***

En la Constitución Venezolana ante todo, se puede distinguir un conjunto de regulaciones muy importantes, relativas a las garantías constitucionales de los derechos humanos, es decir, a los instrumentos que permitirían hacer efectivo el ejercicio de los derechos. En tal sentido, se regulan ampliamente las garantías de la libertad (art. 20); de la irretroactividad de la ley (art. 24); de la nulidad de los actos violatorios de derecho y de la responsabilidad de los funcionarios (art. 25); y de la igualdad ante la ley (art. 21). Además, se regula la garantía judicial con el derecho de acceso a la justicia que tiene toda persona para hacer valer sus derechos e intereses, incluso los colectivos o difusos, a la tutela efectiva de los mismos y a obtener con prontitud la decisión correspondiente (art. 26). La Constitución regula, además, la garantía de protección inmediata de los derechos mediante recursos efectivos: el derecho y la acción de amparo, la acción de amparo a la libertad personal o de hábeas corpus y la acción de habeas data (art. 27).

Por otra parte, también se regula expresamente, además del derecho de acceso a la justicia, la más importante de las garantías constitucionales, la del debido proceso, es decir, que la justicia se imparta conforme a las normas establecidas en la Constitución y las leyes. Esta garantía se ha establecido detalladamente en el artículo 49 que exige que "el debido proceso se aplicará a todas las actuaciones judiciales y administrativas", regulándose las siguientes garantías en forma específica: el derecho a la defensa; la presunción de inocencia; el derecho a ser oído; el derecho al ser juzgado por su juez natural, que debe ser competente, independiente e imparcial; las garantías de la confesión; el principio *nullum crimen nulla poena sine lege;* el principio *non bis in ídem* y la garantía de la responsabilidad estatal por errores o retardos judiciales.

Sin embargo, entre las garantías constitucionales de los derechos humanos, sin duda, la más importante es la garantía de la reserva legal, es decir, que las limitaciones y restricciones a los derechos sólo puedan establecerse mediante ley formal. De allí la remisión que los artículos relativos a los derechos constitucionales hacen a la ley. Pero ley, en los términos de la garantía constitucional, sólo puede ser el acto emanado de la Asamblea Nacional actuando como cuerpo legislador (art. 202). Este es el único acto que puede restringir o limitar las garantías constitucionales, como lo indica el artículo 30 de la Convención Americana sobre Derechos Humanos de acuerdo con la interpretación de la Corte Interamericana de Derechos Humanos (Opinión Consultiva Nº 6).

Frente a ello debe destacarse la potencial violación de esta garantía en el propio texto constitucional venezolano, al regular la figura de la "delegación legislativa" al Presidente de la República, mediante las llamadas "leyes habilitantes" (art. 203), para que pueda dictar actos con rango y valor de ley en cualquier materia (art. 236, ord. 8), lo cual contrasta con lo que establecía la Constitución de 1961, conforme a la cual sólo podían dictarse en materias económicas y financieras (art. 190, ord. 8).

Esto, lamentablemente, incluso ante un elenco tan importante de derechos y garantías, ha abierto la vía constitucional para la violación de la reserva legal que, como se dijo, es la garantía constitucional más importante en relación con la efectiva vigencia y ejercicio de aquellos.

Por último, entre las garantías constitucionales, en el artículo 29 de la Constitución se estableció expresamente la obligación del Estado de investigar y sancionar legalmente los delitos contra los derechos humanos cometidos por sus autoridades, y en el artículo 30 se estableció la obligación del Estado de indemnizar integralmente a las víctimas de violaciones a los derechos humanos que le sean imputables, incluido el pago de daños y perjuicios. El Estado, además, debe proteger a las víctimas de delitos comunes y debe procurar que los culpables reparen los daños causados.

**2.- *Los derechos y libertades individuales***

El Capítulo III del Título III de la Constitución venezolana, además, se destina a regular "los derechos civiles", los que en realidad, en castellano y conforme a la tradición constitucional venezolana, son los *derechos individuales*. Se regula, así, el derecho a la vida como inviolable, estableciéndose la prohibición de la pena de muerte (art. 43). Este derecho ha sido además, reforzado, obligándose al Estado a proteger "la vida de las personas que se encuentren privadas de su libertad, prestando el servicio militar o civil, o sometidas a su autoridad en cualquier otra forma".

La Constitución, además, reguló expresamente el derecho al nombre (art. 56). Igualmente, reguló el derecho a la inviolabilidad de la libertad personal (art. 44), estableciendo garantías frente a los arrestos o detenciones, a la defensa y a no estar incomunicado; y en relación con el límite personal de las penas, la necesaria identificación de la autoridad; la excarcelación (Art. 44), la protección frente a la esclavitud o servidumbre (Art. 54) y la prohibición de la desaparición forzosa de personas (art. 45).

Se reguló, también detalladamente, el derecho a la integridad personal (art. 46), con los siguientes derechos: el derecho a no ser sometido a torturas o penas degradantes; el derecho de los detenidos al respeto a la dignidad humana; el derecho a decidir sobre experimentos y tratamientos; y la responsabilidad de los funcionarios.

Adicionalmente, el texto constitucional, conforme a la tradición de los textos anteriores, consagró la inviolabilidad del hogar doméstico (art. 47); la inviolabilidad de las comunicaciones privadas (art. 48); la libertad de tránsito (art. 50); el derecho de petición y a la oportuna respuesta (art. 51); y el derecho de asociación (art. 52). Este último derecho sin embargo, encuentra limitaciones de rango constitucional, respecto de los jueces, a quienes se prohíbe asociarse (art. 256); y en cuanto a la inherencia del Estado en las elecciones de los gremios profesionales, que deben ser organizadas por el Consejo Nacional Electoral, como órgano del Poder Público (Poder Electoral) (art. 293,6).

En relación con los derechos individuales, la Constitución garantiza, además, el derecho de reunión (art. 53); el derecho a la libre expresión del pensamiento (art. 57); y el derecho a la información "oportuna, veraz e imparcial", así como el derecho de réplica y rectificación cuando se vean afectados directamente por informaciones inexactas o agraviantes (art. 58). Además, encuentran regulación expresa la libertad religiosa (art. 59); el derecho a la protección del honor y la intimidad (art. 60); el derecho a la libertad de conciencia (art. 61); el derecho de protección por parte del Estado (art. 55).

### 3.- *Los derechos sociales*

En el campo de los derechos sociales y de las familias, la Constitución de 1999 contiene extensas y complejas declaraciones, muchas de las cuales no guardan relación con el principio de la alteridad. En efecto, la Constitución atribuye al Estado innumerables obligaciones, en cuyo cumplimiento, en gran parte, se margina la participación de la sociedad, resultando un esquema que globalmente considerado es altamente paternalista y estatista.

En efecto, por una parte la Constitución reguló una serie de derechos sociales que pueden denominarse como derechos de protección, y que se refieren a las familias (art. 75); a la maternidad y paternidad (art. 76); al matrimonio "entre un hombre y una mujer", (art. 77); a los niños y adolescentes (art. 78); a los jóvenes (art. 79); a los ancianos (art. 80); y a los discapacitados (art. 81); regulándose expresamente en el artículo 101, la obligación para los medios televisivos de incorporar subtítulos y traducción a la lengua de señas para las personas con problemas auditivos.

La Constitución reguló, además, expresamente, el derecho a la vivienda (art. 82), como una declaración; y el derecho a la salud y a su protección (art. 83), imponiendo al Estado la "obligación de crear, ejercer la rectoría y gestionar un "sistema público nacional de salud", de carácter intersectorial, descentralizado y participativo, integrado al sistema de seguridad social, regido por los principios de gratuidad, universalidad, integridad, equidad, integración social y solidaridad (art. 84).

Es decir, el servicio de salud se concibe constitucionalmente como integrado al sistema de seguridad social (como un subsistema) y se lo concibe como gratuito y universal, lo que no guarda relación alguna con el sistema de seguridad social que se establece para los afiliados o asegurados. Se establece, además, con rango constitucional, que los bienes y servicios públicos de salud son propiedad del Estado y no pueden ser privatizados. Por último, se establece el principio de que la comunidad organizada tiene el derecho y el deber de participar en la toma de decisiones sobre la planificación, ejecución y control de la política específica en las instituciones públicas de salud (art. 84).

En el artículo 85 de la Constitución se establece como una obligación del Estado, el financiamiento del sistema público de salud, que debe integrar los recursos fiscales, las cotizaciones obligatorias de la seguridad social y cualquier otra fuente de financiamiento que determine la ley. El Estado, además, debe garantizar un presupuesto para la salud que permita cumplir con los objetivos de la política sanitaria. Finalmente, el mencionado artículo 85, termina su normación indicando que el Estado "regulara las instituciones públicas y privadas de salud", tratándose de la única norma en la cual se nombra a las instituciones privadas de salud, pero como objeto de regulación.

En cuanto al derecho a la seguridad social, el artículo 86 de la Constitución lo regula "como servicio público de carácter no lucrativo, que garantice la salud y asegure protección en contingencias de maternidad, paternidad, enfermedad, invalidez, enfermedades catastróficas, discapacidad, necesidades especiales, riesgos laborales, pérdida de empleo, desempleo, vejez, viudedad, orfandad, vivienda, cargas derivadas de la vida familiar y cualquier otra circunstancia de previsión social".

En el mismo Capítulo relativo a los derechos sociales y de la familia, la Constitución de 1999, en la misma orientación de la anterior Constitución de 1961, incorporó el conjunto de derechos laborales al texto constitucional, pero esta vez ampliándolos y rigidizándolos aún mas, llevando a rango constitucional muchos derechos que por su naturaleza podrían ser de rango legal. Se reguló, así, expresamente, el derecho y el deber de trabajar (art. 87); la igualdad en el trabajo (art. 88); la protección estatal al trabajo (art. 89); la jornada laboral y el derecho al descanso (art. 90); el derecho al salario (art. 91); el derecho a prestaciones sociales (art. 92); el derecho a la estabilidad laboral (art. 93); las responsabilidades laborales (art. 94); el derecho a la sindicalización (art. 95); el derecho a la contratación colectiva (art. 96); y el derecho a la huelga (art. 97).

Sobre el derecho a la sindicalización, debe destacarse la injerencia del Estado en el funcionamiento de los sindicatos, al establecer el artículo 293,6 de la Constitución la competencia del Consejo Nacional Electoral, que es un órgano del Poder Público (Poder Electoral), para "organizar las elecciones de los sindicatos y gremios profesionales". En consecuencia, en Venezuela, los sindicatos no son libres de organizar la elección de sus autoridades y representantes, sino que las mismas deben ser organizadas por el Estado.

Por otra parte, la Constitución en el Capítulo VI del Título III, consagró una serie de derechos relativos a la cultura, tales como la libertad y la creación cultural y la propiedad intelectual (art. 98); los valores de la cultura y la protección del patrimonio cultural (art. 99); la protección de la cultura popular (art. 100) y a la información cultural (art. 101), estableciendo que el Estado debe garantizar la emisión, recepción y circulación de la información cultural. A tal efecto, se impone a los medios de comunicación el deber de coadyuvar a la difusión de los valores de la tradición popular y la obra de los artistas, escritores, compositores, cineastas, científicos y demás creadores y creadoras culturales del país.

En cuanto al derecho a la educación, el artículo 102 de la Constitución comienza estableciendo, en general, que "la educación es un derecho humano y un deber social fundamental, es democrática, gratuita y obligatoria". La consecuencia de lo anterior es la previsión del mismo artículo 102, que impone al Estado la obligación de asumir la educación como "función indeclinable" y de máximo interés en todos sus niveles y modalidades y como instrumento del conocimiento científico, humanístico y tecnológico al servicio de la sociedad. En consecuencia, constitucionalmente se declara a la educación como un servicio público, precisándose, sin embargo, que "el Estado estimulará y protegerá la educación privada que se imparta de acuerdo con los principios contenidos en esta Constitución y en las Leyes".

Se regula, además, el derecho a la educación integral, la gratuidad de la educación pública; y el carácter obligatorio de la educación en todos sus niveles, desde el maternal hasta el nivel medio diversificado. En cuanto a la educación impartida en las instituciones del Estado, se la declara gratuita hasta el pregrado universitario (art. 103). Además, se establece el régimen de los educadores (art. 104); el derecho a educar (art. 106); y la educación ambiental y cívica, así como la historia y geografía de Venezuela (art. 107). En el artículo 108, se precisa, además, que los medios de comunicación social, públicos y privados, deben contribuir a la formación ciudadana. En la Constitución de 1999, además, se constitucionalizó el principio de la autonomía universitaria (art. 109); se reguló el régimen de las profesiones liberales (art. 105); el régimen de la ciencia y la tecnología (art. 110); y el derecho al deporte (art. 111).

***4.- Los derechos ambientales***

En la Constitución de 1999 también constituye una novedad la regulación de los derechos relativos la medio ambiente, estableciéndose normas destinadas a regular el derecho y deber de gozar y mantener un ambiente sano (art. 127); la política de ordenación territorial (art. 128); los estudios de impacto ambiental y el régimen de los desechos tóxicos; y las cláusulas contractuales ambientales obligatorias (art. 129).

***5.- Los derechos de los pueblos indígenas***

Otra de las innovaciones de la Constitución de 1999, fue la incorporación de Capítulo VIII contentivo de un conjunto de normas sobre los derechos de los pueblos indígenas, respecto de los cuales sólo había una escueta norma de protección en la anterior Constitución de 1961 (art. 77). En tal sentido se reconoce constitucionalmente "la existencia de los pueblos y comunidades indígenas, su organización social, política y económica, sus culturas, usos y costumbres, idiomas y religiones, así como su hábitat y derechos originarios sobre las tierras que ancestral y tradicionalmente ocupan y que son necesarias para desarrollar y garantizar sus formas de vida" (art. 119). El peligro que podría derivarse de esta regulación a los efectos de la integridad territorial, se buscó neutralizarlo en la misma Constitución al precisar que "los pueblos indígenas, como culturas de raíces ancestrales, forman parte de la Nación, del Estado y del pueblo venezolano como único, soberano e indivisible", no pudiéndose interpretar el término "pueblo" en el sentido que se le da en el derecho internacional (art. 126).

La Constitución, además, destinó un conjunto de normas relativas al aprovechamiento de los recursos naturales en los hábitat indígenas (art. 120); a los valores culturales indígenas (art. 121); al derecho de los pueblos indígenas a una salud integral (art. 122); al derecho de los pueblos indígenas a mantener y promover sus propias prácticas económicas (art. 123); y a la propiedad intelectual colectiva de los conocimientos, tecnológicas e innovaciones de los pueblos indígenas (art. 124). Por último, el artículo 125 de la Constitución consagra el derecho de los pueblos indígenas a la participación política; garantizando el artículo 186 de la Constitución, "la representación indígena en la Asamblea Nacional y en los cuerpos deliberantes de las entidades federales y locales con población indígena, conforme a la ley".

***6.- Los derechos económicos***

Por otra parte, en la Constitución de 1999 se incorporó el Capítulo VII que enumera los *derechos económicos* de las personas, en la siguiente forma: por una parte la libertad económica (art. 112); y por la otra el derecho de propiedad y la expropiación (art. 115). Esta norma sigue la orientación del constitucionalismo venezolano, aún cuando deben destacarse algunas variaciones en relación con su equivalente en la anterior Constitución de 1961 (art. 99), que son las siguientes: *primero,* no se estableció que la propiedad privada tiene una función social que cumplir, como lo indicaba la Constitución de 1961; *segundo,* en la nueva Constitución se enumeraron los atributos del derecho de propiedad (uso, goce y disposición) lo que antes era materia de rango legal (art. 545 del Código Civil); y *tercero,* en cuanto a la expropiación, se exige en el nuevo texto constitucional que el pago de la justa indemnización sea "oportuno". En esa forma, en general, la norma garantiza con mayor fuerza el derecho de propiedad.

La Constitución, además, prohíbe que se decreten o ejecuten confiscaciones de bienes salvo en los casos permitidos por la propia Constitución y, en particular, por vía de excepción, mediante sentencia firme, respecto de los bienes de personas naturales o jurídicas, nacionales o extranjeras, responsables de delitos cometidos contra el patrimonio público, o de quienes se hayan enriquecido ilícitamente al amparo del Poder Público y los provenientes de las actividades comerciales, financieras o cualesquiera otras vinculadas al tráfico ilícito de sustancias psicotrópicas y estupefacientes (art. 116 y 271).

Por otra parte, la Constitución de 1999, destina el Título VI a regular es sistema socio económico, y entre su normativa, debe mencionarse el artículo 307 que declara al régimen latifundista como contrario al interés social, y remite al legislador para disponer lo conducente en materia tributaria para gravar las tierras ociosas y establecer las medidas necesarias para su transformación en unidades económicas productivas, rescatando igualmente las tierras de vocación agrícola.

Por otra parte, esa misma norma establece el derecho de los campesinos y demás productores agropecuarios a la propiedad de la tierra, en los casos y formas especificados por la ley respectiva. Esto implica el establecimiento de obligaciones constitucionales al Estado para proteger y promover las formas asociativas y particulares de propiedad para garantizar la producción agrícola, y para velar por la ordenación sustentable de las tierras de vocación agrícola con el objeto de asegurar su potencial agroalimentario.

Excepcionalmente dispone el mismo artículo constitucional, que el legislador creará contribuciones parafiscales con el fin de facilitar fondos para financiamiento, investigación, asistencia técnica, transferencia tecnológica y otras actividades que promuevan la productividad y la competitividad del sector agrícola.

Otra innovación constitucional en materia económica es el derecho que regula el artículo 117, de todas las personas a disponer de bienes y servicios de calidad, así como a una información adecuada y no engañosa sobre el contenido y características de los productos y servicios que consumen, a la libertad de elección y a un trato equitativo y digno.

## II.- EL SENTIDO DE LAS DECLARACIONES DE DERECHOS Y LAS CLÁUSULAS ABIERTAS

### 1.- *El carácter declarativo*

Lo que es importante señalar es que desde el punto de vista jurídico, sea que las declaraciones de derechos estén incorporados en normas internacionales, sea que se hayan incorporado al derecho interno y que formen parte de las Constituciones, no son declaraciones constitutivas de los mismos, sino como lo dice su propia denominación, tienen carácter declarativo, es decir, reconocen los derechos. En consecuencia, ni las Constituciones ni las Convenciones Internacionales los crean o establecen, sino que los admiten como inherentes a la persona humana.

### 2.- *Las cláusulas abiertas*

Bajo este ángulo, el aspecto más importante del proceso de fortalecimiento de las instituciones de protección de los derechos en América Latina ha sido la incorporación progresiva y continua en las Constituciones, de la cláusula enunciativa de los derechos de las personas que proviene, también, de la influencia del sistema constitucional norteamericano.

Esta consagración expresa en las Constituciones de cláusulas meramente enunciativas sobre derechos humanos conduce a considerar que los derechos constitucionales no se agotan en los enumerados expresamente en la declaración constitucional, sino que también se consideran como tales derechos constitucionales todos los otros inherentes a la persona humana, o los declarados en instrumentos internacionales. En esta forma, también, los derechos humanos establecidos en los instrumentos internacionales pasan a integrarse dentro de los derechos constitucionales con su mismo valor y rango, como una estrategia para la utilización desde la perspectiva constitucional, del sistema interamericano de protección de los derechos humanos.

En esta forma podemos decir que, incluso, todas las Constituciones de América Latina, con muy pocas excepciones (Cuba, Chile, México y Panamá), contienen una cláusula enunciativa de los derechos, conforme a la cual se indica expresamente que la declaración y enunciación de los derechos que se hace en los textos constitucionales, no se puede entender como negación de otros que no estando enumerados en ellos, son inherentes a la persona humana o a la dignidad de la persona humana. Cláusulas de este tipo se encuentran, por ejemplo en las Constituciones de Argentina (art. 33), Bolivia (art. 33), Colombia (art. 94), Costa Rica (Art. 74), Ecuador (art. 19), Guatemala (art. 44), Honduras (art. 63), Nicaragua (art. 46), Paraguay (art. 45), Perú (art. 3), Uruguay (art. 72) y Venezuela (art. 22). En la República Dominicana, la Constitución es más general indicando que la enumeración constitucional (arts. 8 y 9) "no es limitativa, y por consiguiente, no excluye otros derechos y deberes de igual naturaleza" (art. 10).

En el artículo 22 de la Constitución de Venezuela de 1999, por ejemplo, siguiendo la tradición constitucional anterior, se establece expresamente que "la enunciación de los derechos y garantías contenidos en esta Constitución y en los instrumentos internacionales sobre derechos humanos no debe entenderse como negación de otros que, siendo inherentes a la persona humana, no figuren expresamente en ellos" (art. 22).

Esta norma, al igual que las antes mencionadas de otras Constituciones remite a los derechos inherentes a la persona humana, lo que incorpora nociones del derecho natural en el sentido de que los derechos humanos preceden al Estado y a las propias Constituciones; y además, permite ubicarlos más allá de los enumerados no sólo en la Constitución, sino en los instrumentos internacionales sobre derechos humanos, lo que amplia considerablemente su ámbito. El antecedente de esta norma de la Constitución venezolana en cuanto a la referencia a los derechos enunciados en los instrumentos internacionales, sin duda, se encuentra en la Constitución de Colombia de 1992 (art. 94). En sentido similar en la Constitución de Ecuador se indica que "Los derechos y garantías señalados en esta Constitución y en los instrumentos internacionales, no excluyen otros que se deriven de la naturaleza de la persona y que son necesarios para su pleno desenvolvimiento moral y material (art. 19). En Nicaragua, la Constitución en más detallada en cuanto a la enumeración de los instrumentos internacionales y, por tanto, más limitativa, al precisar el artículo 46 que:

> *Artículo 46.-* En el territorio nacional toda persona goza de la protección estatal y del reconocimiento de los derechos inherentes a la persona humana, del irrestricto respeto, promoción y protección de los derechos humanos, y de la plena vigencia de los derechos consignados en la Declaración Universal de los Derechos Humanos; en la Declaración Americana de Derechos y Deberes del Hombre, en el Pacto Internacional de Derechos Económicos, Sociales y Culturales, en el Pacto Internacional de Derechos Civiles y Políticos de la Organización de las Naciones Unidas; y en la Convención Americana de Derechos Humanos de la Organización de Estados Americanos.

En otros casos, como la Constitución de Brasil, la cláusula enunciativa, sin hacer referencia a los derechos inherentes a la persona humana, permite identificar como derechos constitucionales y por tanto, de igual rango y valor a los enumerados en la Constitución "adoptados por la Constitución o de los tratados internacionales en que la República Federativa de Brasil sea parte" (art. 5,2). Sin embargo, de acuerdo con la mayoría de los instrumentos internacionales, los derechos enumerados en los mismos se consideran como atributos de la persona humana, razón por la cual el efecto de aplicación de esta cláusula enunciativa viene a ser el mismo.

En definitiva, como lo señaló la antigua Corte Suprema de Justicia de Venezuela en una sentencia de 31 de enero de 1991 (Caso *Anselmo Natale*), los:

> Derechos inherentes de la persona humana son derechos naturales, universales, que tienen su origen y son consecuencia directa de las relaciones de solidaridad entre los hombres, de la necesidad del desarrollo institucional de los seres humanos y de la pro-

tección del medio ambiente". De allí, la misma Corte concluyó señalando que "Dichos derechos comúnmente están contemplados en Declaraciones Universales y en textos nacionales o supranacionales y su naturaleza y contenido como derechos humanos no debe permitir duda alguna por ser ellos de la esencia misma del ser y, por ende, de obligatorio respeto y protección".

Otras Constituciones establecen la cláusula enunciativa con menor ámbito, pero igualmente permiten una ampliación de los derechos humanos enumerados en el texto constitucional. Por ejemplo, en la Constitución de Costa Rica se hace referencia a los derechos inherentes o que deriven del principio cristiano de la justicia social (art. 74), en el mismo sentido de la dignidad de la persona humana.

En otras Constituciones, las cláusulas enunciativas abiertas sobre los derechos humanos hacen referencia a la soberanía del pueblo y la forma republicana de gobierno, con lo cual en la enunciación se hace más énfasis en el tema de los derechos políticos (que nacen del principio de la soberanía del pueblo y de la forma republicana de gobierno), más que en los derechos inherentes a la persona humana, como sucede en Argentina (art. 33) y Bolivia (art. 35).

Otras Constituciones hacen referencia a los derechos que deriven tanto de la forma republicana y de la forma representativa de gobierno, como de la dignidad del hombre, como sucede en Uruguay (art. 72: "no excluye los otros que son inherentes a la personalidad humana o se derivan de la forma republicana de gobierno), Perú (art. 3: "no excluye los demás que la Constitución garantiza, ni otros de naturaleza análoga o que se fundan en la dignidad del hombre, o en los principios de soberanía del pueblo, del Estado democrático de derecho y de la forma republicana de gobierno") y Honduras (art. 63 "no serán entendidos como negación de otras declaraciones, derechos y garantías no especificadas, que nacen de la soberanía, de la forma republicana, democrática y representativa de Gobierno y de la dignidad del hombre"), de lo que resulta una ampliación enorme de esta cláusula de enunciación de derechos. Puede decirse, en todo caso, que este es un signo muy característico del constitucionalismo latinoamericano, los que lo distingue, sobre todo, del constitucionalismo europeo.

Por supuesto, la enunciación de derechos abiertos en las Constituciones implica que la falta de reglamentación de los mismos por ley, no puede ser invocada para negar ni menoscabar el ejercicio de los derechos por las personas, como lo expresan muchas de nuestras Constituciones (Argentina. Bolivia, Paraguay, Venezuela, Ecuador). Se trata, por supuesto, del principio de la aplicación directa de la Constitución en materia de derechos humanos, lo que excluye la tradicional concepción de las llamadas "cláusulas programáticas" que en el constitucionalismo de hace algunas décadas se construyó, particularmente en materia de derechos sociales, que impedían su ejercicio hasta que fueran regulados legalmente y que impedían su justiciabilidad. En tal sentido, la Constitución de Ecuador es precisa al señalar:

> *Artículo 18.*- Los derechos y garantías determinados en esta Constitución, y en los instrumentos internacionales vigentes, serán directa e inmediatamente aplicables por y ante cualquier juez, tribunal o autoridad …
>
> No podrá alegarse falta de ley para justificar la violación o desconocimiento de los derechos establecidos en esta Constitución, para desechar la acción por esos hechos, o para negar el reconocimiento de tales derechos.

### 3.- *La garantía objetiva*

Una consecuencia jurídica fundamental en el ámbito de la protección de los derechos que deriva de las declaraciones de derechos incorporadas en los textos fundamentales, incluso en la forma enunciativa, es la llamada garantía objetiva de la Constitución, conforme a la cual, los actos estatales que violen los derechos constitucionales son nulos. El principio, que para el constitucionalismo europeo contemporáneo lo descubrió Hans Kelsen[9]; puede decirse que

9 Véase Hans Kelsen, «La garantie jurisdictionnelle de la Constitution (La justice constitutionnelle)», *Revue du droit public et de la science politique en France et à l'étranger,* Paris 1928, p. 250.

en el constitucionalismo latinoamericano está incorporado en los textos de las Constituciones desde principios del siglo XIX, como sucedió en la Constitución de Venezuela de 1811.

Este principio implica, como se dijo, que toda decisión del Estado contraria a los derechos fundamentales establecidos en la Constitución es nula, con lo cual la garantía objetiva del propio texto constitucional deriva del mismo, declarando *expressis verbis* la nulidad de lo que sea contrario a los derechos. En tal sentido, por ejemplo, en el artículo 25 de la Constitución venezolana de 1999, se dispone que "todo acto dictado en ejercicio del Poder Público que viole o menoscabe los derechos garantizados por esta Constitución y la Ley es nulo; y los funcionarios públicos que lo ordenen o ejecuten incurren en responsabilidad penal, civil y administrativa, según los casos, sin que les sirvan de excusa órdenes superiores".

En el caso particular del Perú, en el artículo 31 se enumera el derecho de los ciudadanos a participar en los asuntos públicos mediante referéndum; iniciativa legislativa; remoción o revocación de autoridades y demanda de rendición de cuentas; al derecho de ser elegidos y de elegir libremente a sus representantes; al derecho de los vecinos de participar en el gobierno municipal de su jurisdicción; y al derecho al voto; agregándose que "es nulo y punible todo acto que prohíba o limite al ciudadano el ejercicio de sus derechos".

### 4.- *El ámbito de las limitaciones a los derechos*

Por otra parte, debe mencionarse que la enunciación constitucional de derechos, con toda la ampliación que hemos indicado, incluso con el señalado carácter enunciativo, se ha establecido, en paralelo, con la precisión del ámbito de las limitaciones a los derechos. Es cierto que hay derechos absolutos, es decir, derechos no limitables o inviolables, como por ejemplo el derecho a la vida, el derecho a no ser torturado, el derecho a no sufrir penas infamantes o el derecho a la defensa. Pero fuera de estos existe el principio de la limitabilidad de los derechos y libertades, los cuales siempre tienen como frontera tanto el derecho de los demás como el orden público y social, porque, en definitiva, los derechos se ejercen en sociedad y tienen una pluralidad de titulares. Ello exige, por tanto, conciliar el ejercicio de los derechos, por todos, de manera que ello no signifique, en particular, la violación del derecho de los demás y, en general, del orden público y social.

Por supuesto, este principio puede conducir a situaciones extremas como la que lamentablemente todavía queda en alguna Constitución latinoamericana, como es el caso de la Constitución cubana, que deja abierto un campo "ilimitado" de limitaciones a los derechos fundadas en la conservación de unos principios que sólo el Poder puede determinar, con lo cual se hacen nugatorios los derechos. En tal sentido, el artículo 62 de la Constitución de Cuba dispone que: "Ninguna de las libertades reconocidas a los ciudadanos puede ser ejercida contra lo establecido en la Constitución y las leyes, ni contra la existencia y fines del Estado socialista, ni contra la decisión del pueblo cubano de construir el socialismo y el comunismo. La infracción de este principio es punible".

En general, salvo este caso, la limitación a los derechos que permiten las Constituciones está vinculada a las exigencias del orden público y social y al ejercicio de los derechos por demás.

Todo esto plantea en el campo jurídico, algunos temas importantes en relación con el ejercicio de los derechos. En primer lugar, que toda limitación tiene una garantía fundamental que es la reserva legal, de manera que sólo por ley formal como acto que emana del cuerpo legislativo electo, es que pueden establecerse esas limitaciones, sea fundadas en el derecho de los demás o en el orden público y social.

En esta materia, en Venezuela, como antes hemos dicho, a pesar de los avances que contiene la nueva Constitución, por ejemplo, en la enumeración de los derechos individuales y en la constitucionalización de los Tratados Internacionales sobre derechos humanos a los cuales se les prescribió aplicación preferente cuando sean más favorables; consideramos que contiene un aspecto negativo específico, como la grave y potencial lesión a la garantía de la reserva legal que abre respecto de los derechos constitucionales, al establecer la delegación legislativa al Presidente de la República en forma amplia (art. 302).

En segundo lugar, que en la búsqueda progresiva del balance que debe existir entre los distintos derechos, éste debe ser de tal naturaleza que el ejercicio de un derecho no implique que se conculquen otros derechos. Por eso, el principio de la indivisibilidad e interdependencia en el goce y ejercicio de los derechos. Este es un tema que, por supuesto, no es totalmente resoluble con la sola previsión de textos constitucionales, y que sólo la aplicación progresiva de los textos por un Poder Judicial efectivo y eficiente, es lo que puede ir clarificando cuándo debe primar el ejercicio de un derecho sobre otro. Ha habido muchos casos judiciales, por ejemplo y sobre todo en relación con la libertad de expresión, que han determinado hasta dónde la libertad de expresión puede significar, por ejemplo, conculcar los derechos del niño; o hasta dónde la libertad de expresión puede incidir sobre el derecho a la intimidad. En estos casos el juez es el que debe determinar qué derecho priva en un momento concreto o en qué circunstancias debe darse primacía a los derechos del niño, por ejemplo, como ha sucedido en casos judiciales en Venezuela, en relación con el derecho a la libertad de expresión del pensamiento[10].

En esta labor de interpretación, por supuesto, los principios de progresividad, de interdependencia, de razonabilidad, *favor libertatis*, del núcleo esencial de los derechos, entre otros, son fundamentales para garantizar su ejercicio.

## III.- EL PRINCIPIO DE LA ALTERIDAD

Ahora bien, cuando se analiza el tema de los derechos y libertades, debe tenerse en cuenta que estos, como derechos constitucionales, desde el punto jurídico constituyen básicamente como se dijo, situaciones jurídicas de poder que los individuos tienen en la sociedad, y que siempre tienen que tener una relación de alteridad con situaciones jurídicas de deber, que otros individuos tienen en la misma sociedad.

Por tanto, no hay sociedad que se conciba sin que existan situaciones de poder que son correlativas con situaciones de deber entre los sujetos que actúan en ella; es decir, no se concibe la sociedad sin esta interrelación entre sujetos en situación jurídica de poder de hacer, gozar, disfrutar o tener, y otros sujetos en situación jurídica de deber, de respetar, de abstenerse, de prestar o de dar; de manera que, siempre habrá una relación derecho-obligación o, en general, poder-deber.

Los derechos humanos, desde el punto de vista jurídico, son situaciones jurídicas de poder que son consustanciales a la naturaleza humana o a la calidad de ser humano, en definitiva, a la calidad de hombre y que tienen todos los hombres por igual; pero en cuyo régimen y en su declaración, por supuesto, el principio de la alteridad tiene que estar siempre presente. Así, si hay un sujeto activo o un titular del derecho, siempre tiene que haber alguien con una obligación (sujeto pasivo) frente a ese derecho, es decir, alguien obligado a cumplir determinadas actividades para satisfacer el goce de esos determinados derechos; de manera que, no hay derecho sin obligación.

No puede haber, en consecuencia, por ejemplo, un derecho humano "a no enfermarse". Ese es un deseo, un declaración política pero no un derecho, porque frente a ese sueño no existe alteridad, es decir, no hay nadie que pueda estar obligado a asegurar a las personas que no se enfermen.

En el caso de Venezuela, por ejemplo, ante la amplísima y excelente enumeración de los derechos humanos que contiene la Constitución, uno de los problemas que surgen de ella es la confusión entre las buenas intenciones, los derechos constitucionales y la ilusión o frustración que puede derivar de la imposibilidad de satisfacer algunos derechos sociales; en virtud de la consagración de supuestos derechos que no pueden originar obligaciones u obligados, por imposibilidad conceptual.

10 Véase por ejemplo, Allan R. Brewer-Carías et al, *La libertad de expresión amenazada*, Instituto Interamericano de Derechos Humanos, Editorial Jurídica venezolana, Caracas 2001.

Así sucede, con varios de los derechos y garantías sociales, tal y como se consagraron en la Constitución, cuya satisfacción literal es simplemente imposible. Constituyen, más bien, excelentes declaraciones de principio y de intención de indiscutible carácter teleológico, pero difícilmente pueden concebirse como "derechos" por no poder existir un sujeto con obligación de satisfacerlos. Es el caso, por ejemplo, del "derecho a la salud", que se consagra como "un derecho social fundamental obligación del Estado, que lo garantizará como parte del derecho a la vida" (art. 83). Lo cierto es que es imposible que alguien garantice la salud de nadie y que constitucionalmente se puede consagrar el "derecho a la salud". Ello equivaldría, como se dijo, a consagrar en la Constitución el derecho a no enfermarse, lo cual es imposible pues nadie puede garantizar a otra persona que no se va a enfermar.

Las formulas constitucionales en esta materia, sin embargo, son bien similares en América Latina. En algunos casos se declara la salud como bien público: como lo indica la Constitución de El Salvador, "la salud de los habitantes de la República constituye un bien público" (Art. 65). En sentido similar se regula en la Constitución de Guatemala (Art. 95); y por ello, ambas Constituciones establecen que el Estado y las personas están obligados a velar por su conservación y restablecimiento

Pero aparte de estas declaraciones generales de orden constitucional, en la generalidad de las Constituciones de América Latina se establece expresamente, dentro de los derechos fundamentales o constitucionales de las personas, "el derecho a la salud" (Bolivia, Art. 7,a; Brasil, Art. 6 y 196; Ecuador Art. 42; Nicaragua, Art. 59; Venezuela, Art. 84). Este derecho fundamental corresponde a todas las personas "por igual" como lo precisa la Constitución de Nicaragua (Art. 59); y lo reafirma la Constitución de Guatemala, al prescribir que "el goce de la salud es derecho fundamental del ser humano, sin discriminación alguna" (Art. 93).

Ahora bien, esta fórmula constitucional del "derecho a la salud", como se ha dicho, en realidad también constituye una declaración de principios relativos al compromiso del Estado y de la sociedad entera en relación con la persona humana, la cual difícilmente podría identificarse "literalmente" con un verdadero "derecho constitucional", ya que tal formulación o declaración carece del principio de la alteridad.

Sin embargo, puede decirse que con esta fórmula lo que se está estableciendo en las Constituciones en realidad es el derecho de todas las personas a que su salud sea protegida; es decir, el derecho constitucional, en realidad, es el derecho a la protección de la salud por parte del Estado, al cual le corresponde como obligación, que también corresponde a la sociedad entera, de velar por el mantenimiento y recuperación de la salud de las personas.

Por eso, otras Constituciones latinoamericanas declaran, con más precisión, "el derecho a la protección de la salud" (Honduras, Art. 145); o se refieren más precisamente al derecho de todas las personas "a la protección de la salud" (Chile Art. 19,9; México, Art. 4; Perú, Art. 7); a que "se atienda y proteja su salud" (Cuba, Art. 50); o a que se les garantice "a todas las personas el acceso a los servicios de promoción, protección y recuperación de la salud." (Colombia, Art. 49). En Panamá, incluso, el artículo 105 de la Constitución dispone que:

> El individuo, como parte de la comunidad, tiene derecho a la promoción, protección, conservación, restitución y rehabilitación de la salud y la obligación de conservarla, entendida ésta como el completo bienestar físico, mental y social.

En algunos casos, como sucede en la señalada Constitución de Venezuela, puede decirse que se mezclan ambas formulaciones, al disponer en su artículo 83 que "La salud es un derecho social fundamental" agregando además que "Todas las personas tienen derecho a la protección de la salud". Igual sucede en el artículo 68 de la Constitución de Paraguay, en el cual bajo el acápite de "derecho a la salud", lo que se establece es que "El Estado protegerá y promoverá la salud como derecho fundamental de la persona y en interés de la comunidad".

Otro caso que puede destacarse como ejemplo, en esta relación entre declaraciones constitucionales y derechos, es el derecho que se consagra en la Constitución de Venezuela a favor de "toda persona a una vivienda adecuada, segura, cómoda, higiénica, con servicios básicos esenciales que incluyan un hábitat que humanice las relaciones familiares, vecinales y comunitarias" (art. 82). Este "derecho", tal como está consagrado, es de imposible satisfacción. Se trata, más bien, de una declaración de principios o de intención, bellamente estructurada, que no puede conducir a identificar a un obligado a satisfacerla, y menos al Estado. Se confundieron, en esta materia, las buenas intenciones y las declaraciones sociales con derechos y obligaciones constitucionales, que originan otro tipo de relaciones jurídicas, incluso con derecho de ser amparados constitucionalmente. De la norma, en todo caso, lo que deriva como obligación del Estado es a proveer a todos, de los medios y condiciones necesarias para tener esa vivienda.

En todo caso, en la concepción inicial de la formulación de las declaraciones de derechos, el obligado era el Estado; es decir, inicialmente los derechos se formularon frente al Estado, de manera que siempre el sujeto activo era el hombre, el ciudadano, y el sujeto pasivo, el obligado, era el Estado. Esta concepción inicial de la formulación de los derechos, incluso, llevó a que los mecanismos de protección de los mismos (amparo o tutela), en su concepción inicial, fueran mecanismos de protección *frente al Estado.*

Por supuesto, esto varió posteriormente porque la relación de alteridad cambió, en el sentido de que el sujeto pasivo en los derechos no sólo es el Estado. Éste lo sigue siendo, pero no en forma exclusiva, pues progresivamente el campo del sujeto pasivo se ha universalizado, existiendo en la actualidad obligaciones, es decir, situaciones de deber en el campo de los derechos que corresponden, por supuesto, a los particulares, es decir, que corresponden a todos, incluso a las colectividades, a las comunidades y hasta a la comunidad internacional. Tal es el caso del derecho al desarrollo, como derecho que, incluso, no es sólo del hombre en particular sino de los pueblos y de las comunidades. Por ello, los obligados son algo más que los Estados, entrando en el campo de la comunidad internacional.

Por otra parte, si se presta atención al principio de la alteridad, es decir, a la relación entre situaciones de poder y situaciones de deber, se puede constatar que las situaciones de deber, es decir, del sujeto pasivo, no siempre son las mismas. Muchas veces las situaciones de deber se configuran como situaciones de prestación (obligación positiva); es decir, como obligaciones de prestar, de dar, o de hacer. Cuando se está, por ejemplo, en el campo de los derechos sociales, como el derecho a la educación o el derecho a la protección de la salud, el Estado está obligado a prestar un servicio (servicio público), es decir, está obligado a realizar una actividad positiva. Desde el punto del sujeto activo, ahí se esta, desde la perspectiva jurídica, en presencia de "derechos" en sentido estricto.

En otros campos se está en presencia de derechos fundamentales que son más bien "libertades", porque la situación del sujeto pasivo, por ejemplo del mismo Estado, no se corresponde con obligación alguna de hacer o de dar, sino que la obligación es básicamente de no hacer; es una obligación de abstención, de no molestar, de no lesionar, de no extinguir, de no privar. Por tanto, desde el punto estrictamente jurídico, más que derechos, estas son libertades. Por ejemplo, la libertad de tránsito implica más la situación de deber de que no se impida la circulación; la libertad o el derecho a la libre expresión del pensamiento implica la situación de deber del Estado de no molestar, de no censurar, de no impedir la libre expresión.

Lo anterior, en relación con el tema de las situaciones de poder y de deber y de su alteridad, conduce a distinguir claramente entre libertades y derechos cuando la situación del sujeto obligado no es, en el caso de las libertades, una obligación de dar o de hacer, sino más bien de no hacer, de abstenerse. En cambio en los derechos propiamente dichos, sí hay una obligación de prestar, como sucede, por ejemplo, en general, en los servicios públicos y, particularmente, en los de carácter social (salud, educación).

## SEGUNDA PARTE

## LA CONSTITUCIONALIZACIÓN DE LA INTERNACIONALIZACIÓN DE LOS DERECHOS HUMANOS

En la evolución de los mecanismos nacionales de protección de los derechos humanos se pueden distinguir diversas etapas marcadas por un proceso inicial de constitucionalización de los mismos mediante su declaración en las Constituciones, como antes se ha señalado; etapa que luego de la intermedia de internacionalización de la constitucionalización de los mismos, ha llegado finalmente a una etapa posterior, que es la actual, de constitucionalización de la internacionalización de los derechos humanos.

En efecto, puede decirse que fue después de la Segunda Guerra Mundial y de los horrores que se produjeron, los cuales pusieron al descubierto las más aberrantes violaciones a los derechos humanos nunca imaginadas; cuando comenzó la búsqueda de un necesario ámbito universal en la lucha por la protección de los mismos, para lo cual se impuso además, la consecuente y progresiva recomposición del concepto mismo de soberanía, clave en la configuración del derecho constitucional de la época.

Fue así como el derecho internacional comenzó a jugar un rol significativo en el establecimiento de límites al propio derecho constitucional, con motivo de los nuevos principios y compromisos internacionales que se fueron conformando para asegurar la paz. Por ello no es de extrañar que de esa guerra surgió, precisamente, el proceso de internacionalización de los derechos humanos, con la adopción tanto de la Declaración Americana de los Derechos y Deberes del Hombre por la Organización de Estados Americanos, como de la Declaración Universal de los Derechos Humanos por la Organización de las Naciones Unidas, ambas en 1948; y, en 1950, con la adopción de la Convención Europea de Derechos Humanos. Ese proceso se consolidó en las décadas de los sesenta y setenta, con la adopción del Pacto Internacional de Derechos Civiles y Políticos y del Pacto Internacional de Derechos Económicos, Sociales y Culturales en el ámbito de las Naciones Unidas y, en 1969, de la Convención Americana sobre Derechos Humanos en el ámbito interamericano.

En esta forma, a la constitucionalización inicial de los derechos humanos marcada por las declaraciones nacionales, siguió una segunda etapa marcada por el proceso de la internacionalización de los mismos. Su desarrollo, como instrumento de protección de tales derechos, ha sido lo que ha originado la tercera etapa de la protección, en la cual nos encontramos actualmente, la cual es la de la constitucionalización de la internacionalización de los derechos humanos, que ha sido provocada, precisamente, por la introducción en los derechos internos, de los sistemas internacionales de protección.

Este proceso se ha manifestado en primer lugar, con el otorgamiento de un determinado rango normativo en el derecho interno a los instrumentos internacionales, es decir, con la precisión, en las Constituciones, del valor que debe tener tanto la norma internacional como la del derecho interno en relación con los derechos humanos, determinando cual es la que debe prevalecer en caso de conflicto entre las mismas.

Las soluciones constitucionales en este respecto derivan no sólo de la consagración expresa de dicho rango normativo en el texto de las Constituciones, sino de la estructuración del mismo con base en la interpretación constitucional. Nos referiremos a estas dos soluciones separadamente.

## I.- EL RANGO NORMATIVO DE LOS INSTRUMENTOS INTERNACIONALES DE DERECHOS HUMANOS ESTABLECIDO EXPRESAMENTE EN LAS CONSTITUCIONES

En muchas Constituciones latinoamericanas el tema del rango constitucional de los instrumentos internacionales sobre derechos humanos ha sido resuelto expresamente, pudiendo distinguirse cuatro regímenes normativos según que se les haya otorgado rango supra constitucional, rango constitucional, rango supra legal o solamente rango legal[11].

11 Véase en general sobre esta clasificación lo expuesto por Rodolfo E. PIZA R., *Derecho internacional de los derechos humanos: La Convención Americana*, San José 1989; y por Carlos AYALA CORAO, *La jerarquía constitucional de los tratados sobre derechos humanos y sus consecuencias*, México, 2003.

**1.- *El rango supra constitucional de los instrumentos internacionales sobre derechos humanos***

En *primer lugar*, algunas Constituciones han establecido expresamente el rango supra constitucional de los derechos humanos declarados en instrumentos internacionales. Ello implica darle a la normativa internacional un rango superior en relación con las propias normas constitucionales, prevaleciendo, por tanto, en relación con lo dispuesto en ellas.

Tal es el caso, por ejemplo, de la Constitución de Guatemala, en cuyo artículo 46 se establece el principio general de que en materia de derechos humanos, los tratados y convenciones aceptados y ratificados por Guatemala, tienen preeminencia sobre el derecho interno, concepto éste que en nuestro criterio, no sólo comprende a las leyes sino a la propia Constitución.

En Colombia, la Constitución ha establecido una disposición similar, al disponer el artículo 93 que: "Los tratados y convenios internacionales ratificados por el Congreso, que reconocen los derechos humanos y que prohíben su limitación en los estados de excepción, prevalecen en el orden interno"; y orden interno, también, en nuestro criterio, como antes indicamos, no sólo es el establecido en las leyes sino en la propia Constitución.

En cierta forma, también podría ubicarse en este primer sistema de jerarquía supra constitucional de los derechos humanos establecidos en instrumentos internacionales, el caso de la Constitución de Venezuela de 1999, en cuyo artículo 23 se dispone que:

> Los tratados, pactos y convenciones relativos a derechos humanos, suscritos y ratificados por Venezuela, tienen jerarquía constitucional y prevalecen en el orden interno, en la medida en que contengan norma sobre su goce y ejercicio más favorable a las establecidas por esta Constitución y la ley de la República, y son de aplicación inmediata y directa por los tribunales y demás órganos del Poder Público.

Al señalar esta Constitución que los derechos humanos establecidos en los instrumentos internacionales prevalecen en el orden interno, es decir, el establecido en la propia Constitución y en las leyes, cuando prevean condiciones de goce y ejercicio más favorable, sin duda le está otorgando rango supra constitucional a dichos derechos.

**2.- *El rango constitucional de los instrumentos internacionales sobre derechos humanos***

En *segundo lugar*, un grupo de Constituciones ha atribuido expresamente rango constitucional a los instrumentos internacionales sobre derechos humanos, es decir, los derechos humanos establecidos en los mismos tienen la misma jerarquía constitucional que los establecidos en el texto fundamental.

Dos tipos de regímenes constitucionales pueden distinguirse en este grupo: las Constituciones que confieren rango constitucional a todos los instrumentos internacionales de derechos humanos, y las Constituciones que otorgan tal rango, sólo a un grupo de instrumentos enumerados expresamente en la Constitución.

En el *primer tipo* se ubicaba, por ejemplo, la Constitución de Perú de 1979, derogada en 1994, cuando establecía en su artículo 105 que "Los preceptos contenidos en los tratados relativos a derechos humanos, tienen jerarquía constitucional", de manera que "No pueden ser modificados sino por el procedimiento que rige para la reforma de la Constitución".

En el *segundo tipo* se ubica la Constitución de Argentina de 1994 que le otorga una "jerarquía superior a las leyes", es decir, rango constitucional, a un grupo de tratados y declaraciones vigentes para ese entonces que enumera taxativamente el artículo 75, 22 de la Constitución, indicando los siguientes: "La Declaración Americana de los Derechos y Deberes del Hombre; la Declaración Universal de Derechos Humanos; la Convención Americana sobre Derechos Humanos; el Pacto Internacional de Derechos Económicos, Sociales y Culturales; el Pacto Internacional de Derechos Civiles y Políticos y su Protocolo Facultativo; la Convención sobre la Prevención y la Sanción del Delito de Genocidio; la Convención Internacional sobre la Eliminación de todas las Formas de Discriminación Racial; la Convención sobre la Eliminación de todas las

Formas de Discriminación contra la Mujer; la Convención contra la Tortura y otros Tratos o Penas Crueles, Inhumanos o Degradantes; la Convención sobre los Derechos del Niño". Estos instrumentos, "en las condiciones de su vigencia, tienen jerarquía constitucional, no derogan artículo alguno de la primera parte de esta Constitución y deben entenderse complementarios de los derechos y garantías por ella reconocidos". Además, "solo podrán ser denunciados, en su caso, por el Poder Ejecutivo nacional, previa aprobación de las dos terceras partes de la totalidad de los miembros de cada Cámara".

En cuanto a los demás tratados sobre derechos humanos, la Constitución estableció que pueden gozar de tal jerarquía constitucional, siempre que sean aprobados por una mayoría calificada de las 2/3 partes de la totalidad de los miembros del Senado y de la Cámara de Diputados.

### 3.- *El rango supra legal de los instrumentos internacionales sobre derechos humanos*

En *tercer lugar*, en otras Constituciones latinoamericanas se ha establecido expresamente el rango supra legal de los tratados y convenciones internacionales en general, comprendidos los relativos a derechos humanos. En estos sistemas, los tratados están sometidos a la Constitución, pero prevalecen sobre las Leyes.

Esta es la solución de la Constitución de Costa Rica, la cual dispone que "Los tratados públicos, los convenios internacionales y los concordatos debidamente aprobados por la Asamblea Legislativa, tendrán desde su promulgación o desde el día que ellos designen, autoridad superior a las leyes" (art. 7).

En el caso de Honduras se llega a una conclusión similar, aún cuando la prevalencia se regule en general respecto de los tratados internacionales y no específicamente respecto de los relativos a derechos humanos. En efecto, conforme al artículo 18 de la Constitución, los tratados internacionales en general, comprendidos los relativos a derechos humanos, forman parte del derecho interno y prevalecen sobre las leyes en caso de conflicto. La Constitución, además, dispone que en caso de que un tratado internacional afecte una disposición constitucional, el mismo debe ser aprobado mediante el procedimiento de reforma constitucional antes de su ratificación (art. 17).

En sentido similar, el artículo 144 de la Constitución de El Salvador dispone el rango legal de los tratados y su prevalencia respecto de las leyes en caso de conflicto, al disponer que "Los tratados internacionales celebrados por El Salvador con otros Estados o con organismos internacionales, constituyen leyes de la República al entrar en vigencia, conforme a las disposiciones del mismo tratado y de esta Constitución", agregando la norma que "La ley no podrá modificar o derogar lo acordado en un tratado vigente para El Salvador" y que "En caso de conflictos entre el tratado y la Ley, prevalecerá el tratado".

### 4.- *El rango legal de los instrumentos internacionales sobre derechos humanos*

Por último, en cuarto lugar, en cuanto a la jerarquía normativa de los instrumentos internacionales sobre derechos humanos, están los sistemas constitucionales que le atribuyen en general a los tratados internacionales igual jerarquía que a las leyes.

Este es el sistema más difundido en el derecho constitucional contemporáneo, y sigue la orientación iniciada por la Constitución de los Estados Unidos de América (art. VI. 2).

En estos sistemas, por tanto, los tratados tienen el mismo rango normativo que las leyes, están sometidos a la Constitución y en su aplicación en relación con las leyes rigen los principios de ley posterior y ley especial para los efectos derogatorios que puedan tener.

## II.- EL VALOR NORMATIVO CONSTITUCIONAL DE LOS INSTRUMENTOS INTERNACIONALES CON INDEPENDENCIA DE LA JERARQUÍA DE ESTOS EN EL ORDEN INTERNO

Ahora bien, en ausencia de una regulación constitucional expresa relativa a la jerarquía normativa en el orden interno de los instrumentos internacionales sobre derechos humanos, los mismos pueden adquirir valor constitucional mediante técnicas interpretativas diversas de orden constitucional, en relación con el sistema interamericano de derechos humanos.

En efecto, la tendencia más general en el constitucionalismo contemporáneo ha sido la de otorgarle a los derechos humanos consagrados en los instrumentos internacionales el mismo rango y valor de los establecidos en las Constituciones, de manera que todos son considerados como derechos constitucionales. Ello se ha logrado mediante técnicas, incluso, en algunos casos, expresamente previstas en las Constituciones.

### 1.- *La exigencia expresa de la interpretación de la Constitución de conformidad con los tratados internacionales*

Algunas Constituciones, en efecto, establecen expresamente una norma orientadora para la interpretación de los derechos humanos declarados en el texto fundamental, exigiendo que la misma debe realizarse en armonía o de conformidad con los tratados internacionales en la materia. El ejemplo más relevante en este caso es el de la Constitución de Colombia, cuyo artículo 93 establece expresamente que

> *Artículo 93*.- Los derechos y deberes consagrados en esta Carta, se interpretarán de conformidad con los tratados internacionales sobre derechos humanos ratificados por Colombia.

En esta forma, en el propio texto constitucional se establece la obligación expresa para todos los órganos del Estado y no sólo para los tribunales, de interpretar las normas constitucionales reguladoras de los derechos humanos de acuerdo con lo establecido en los tratados internacionales sobre la materia. La consecuencia de ello es, por tanto, el reconocimiento implícito del mismo rango y valor de derechos constitucionales a los establecidos en los tratados internacionales, que son los que deben guiar la interpretación de los primeros.

Esta norma de la Constitución de Colombia, sin duda, tiene como antecedentes los textos de las Constituciones de España (art. 10,2) y Portugal (art. 16,2), las cuales además, se refieren en particular, a la Declaración Universal de los Derechos Humanos, cuyo contenido es el parámetro para la interpretación de las normas constitucionales sobre derechos humanos.

### 2.- *La interpretación constitucional de las declaraciones generales sobre los fines de la sanción de la Constitución vinculados a los derechos humanos*

Otra forma de atribuir el mismo rango constitucional a los derechos consagrados en instrumentos constitucionales deriva de la interpretación constitucional que debe hacerse de las declaraciones generales relativas a los derechos humanos, y que generalmente se ubican en los preámbulos de las Constituciones.

En efecto, en muchos Preámbulos constitucionales, se establece como fin del propio texto constitucional e, incluso, del Estado, al asegurar la plena vigencia de los derechos humanos. Tal es el caso de la Constitución de Guatemala, en cuyo preámbulo se establece expresamente como finalidad del texto constitucional, "Impulsar la plena vigencia de los derechos humanos dentro de un orden institucional estable, permanente y popular, donde gobernados y gobernantes procedan con absoluto apego al derecho".

Siendo, en este caso, por tanto, finalidad de la propia sanción de la Constitución el impulsar la plena vigencia de los derechos humanos, éstos en su contexto universal adquieren el mismo valor que los declarados expresamente en la Constitución. A ello debe tender la interpretación constitucional de estas declaraciones generales.

### 3.- *La interpretación de las obligaciones constitucionales del Estado en relación con los derechos humanos*

Otras Constituciones, en las normas destinadas a regular las declaraciones de derechos humanos, establecen expresamente obligaciones para los diversos órganos del Estado en relación con el aseguramiento de la efectividad en el goce y disfrute de tales derechos. En estos casos, al constituir una obligación del Estado el respeto de los derechos humanos o el velar por su efectivo ejercicio, los mismos, en general, adquieren rango y valor constitucional así no estén enumerados expresamente en las declaraciones constitucionales.

Tal es el caso de la Constitución de Chile, en cuya reforma de 1989 se incorporó una declaración conforme a la cual se dejó expresamente reconocido que el ejercicio de la soberanía está limitada por "El respeto a los derechos esenciales establecidos en la naturaleza humana", estableciéndose además, como "Deber de los órganos del Estado respetar y promover tales derechos garantizados por esta Constitución, así como por los tratados internacionales ratificados por Chile y que se encuentren vigentes". En consecuencia, si se trata de una obligación del Estado la de respetar y promover los derechos humanos garantizados por los tratados internacionales, los mismos adquieren el mismo valor y rango de los derechos constitucionales enumerados expresamente en el texto fundamental. Además, la referencia a los "derechos esenciales establecidos en la naturaleza humana" permite y exige identificar como tales, no sólo a los enumerados expresamente en la Constitución, sino a los establecidos en los tratados internacionales e, incluso, más allá, a los que sean de la esencia de la naturaleza humana.

En sentido similar se regula en la Constitución de Ecuador, la cual también establece como una obligación del Estado, "respetar y hacer respetar los derechos humanos que garantiza esta Constitución" (Art. 16); y garantizar "a todos sus habitantes, sin discriminación alguna, el libre y eficaz ejercicio y el goce de los derechos humanos establecidos en esta Constitución y en las declaraciones, pactos, convenios y más instrumentos internacionales vigentes".

La obligación del Estado, por tanto, no sólo se refiere a garantizar el ejercicio y goce de los derechos enumerados en la Constitución, sino de todos los enumerados en los instrumentos internacionales, los cuales en consecuencia adquieren rango y valor de derechos constitucionales.

También debe destacarse en el mismo sentido, la declaración contenida en la Constitución de Nicaragua en la cual se establece la declaración general de que toda persona no sólo "Goza de la protección estatal y del reconocimiento de los derechos inherentes a la persona humana y del irrestricto respeto, promoción y protección de los derechos humanos", sino de "La plena vigencia de los derechos consagrados en la Declaración Universal de Derechos Humanos, en la Declaración Americana de Derechos y Deberes del Hombre; en el Pacto Internacional de Derechos Económicos, Sociales y Culturales y en el Pacto Internacional de Derechos Civiles y Políticos de la Organización de Naciones Unidas y en la Convención Americana de Derechos Humanos de la Organización de Estados Americanos".

En este caso, la enumeración que hace la Constitución de ciertos instrumentos internacionales no puede sino interpretarse como una enunciación no taxativa, dadas las declaraciones procedentes sobre los derechos humanos en general y los inherentes a la persona humana.

### 4.- *El principio de la interpretación progresiva*

El principio de la progresividad está regulado expresamente, por ejemplo, en la Constitución de Venezuela, al disponer en su artículo 19 que el goce y ejercicio de los derechos humanos lo debe garantizar el Estado a toda persona, "conforme al principio de progresividad y sin discriminación alguna". Sin embargo, algunas Constituciones, además, lo establecen expresamente como principio de interpretación, como sucede en Ecuador, donde el artículo 18 del texto fundamental dispone que "en materia de derechos y garantías constitucionales se estará a la interpretación que más favorezca su efectiva vigencia".

## TERCERA PARTE

## EL FORTALECIMIENTO Y DESARROLLO DE LAS GARANTÍAS JUDICIALES DE LOS DERECHOS CONSTITUCIONALES

De nada serviría una declaración de derechos como las que hemos tenido durante casi doscientos años en América Latina, si no existiera un conjunto de garantías judiciales de los mismos. Igualmente, de nada serviría la inserción de los derechos en las Constituciones, si no existiera un derecho ciudadano fundamental a su supremacía que puede ser exigible ante los tribunales.

En efecto, la idea del Estado de Derecho está indisolublemente unida a la idea de la Constitución como norma fundamental y suprema, que debe prevalecer sobre toda norma o acto estatal. Ese fue el gran y principal aporte de la revolución norteamericana al constitucionalismo moderno, y su desarrollo progresivo ha sido el fundamento de los sistemas de justicia constitucional en el mundo contemporáneo, en particular, los destinados a la protección y amparo de los derechos y libertades consagrados en las Constituciones.

Esta idea de la supremacía constitucional, es decir, de la Constitución como norma fundamental y suprema, puede decirse que fue doctrinalmente elaborada por primera vez en Norteamérica, en 1788, por *El Federalista*,[12] al referirse al papel de los jueces como intérpretes de la ley, señalando:

> Una Constitución es, de hecho, y así debe ser vista por los jueces, como ley fundamental, por tanto, corresponde a ellos establecer su significado así como el de cualquier acto proveniente del cuerpo legislativo Si se produce una situación irreconocible entre los dos, por supuesto, aquel que tiene una superior validez es el que debe prevalecer; en otras palabras, la Constitución debe prevalecer sobre las leyes, así como la intención del pueblo debe prevalecer sobre la intención de sus agentes.

Además, Hamilton, al desarrollar el principio del poder de los jueces de declarar la nulidad de los actos legislativos contrarios a la Constitución, y argumentar que ello no significaba dar superioridad del Poder Judicial sobre el Legislador, señaló que ello:

> Lo único que supone es *que el poder del pueblo es superior a ambos; y* que en los casos en que la voluntad del legislador declarada en las leyes, esté en *oposición con la del pueblo declarada en la Constitución,* los Jueces deben estar condicionados por la última, antes que por las primeras.

Concluía Hamilton señalando que:

> Ningún acto legislativo contrario a la Constitución puede ser válido. Negar esto, significaría afirmar que el subalterno es más importante que el principal; que el sirviente está por encima de sus patrones; *que los representantes del pueblo son superiores al pueblo mismo.*

De estas proposiciones de Hamilton nos interesa destacar más que el principio relativo al poder de la Corte Suprema de los Estados Unidos para declarar como nulas y sin valor las leyes estadales y federales contrarias a la Constitución[13], *la idea misma de que siendo la Constitución manifestación de la voluntad del pueblo, el principal derecho constitucional que los ciudadanos pueden tener, es el derecho a dicha supremacía, es decir, al respecto de la propia voluntad expresada en la Constitución.* Nada se ganaría con señalar que la Constitución, como manifestación de la voluntad del pueblo, debe prevalecer sobre la de los órganos del Estado y sobre la actuación de los individuos, si no existiere el derecho de los integrantes del pueblo de exigir el respeto de esa Constitución.

Por ello, una de las más recientes Constituciones latinoamericanas, que es la de Colombia, consagra expresamente el principio de la supremacía constitucional, así:

> Artículo 4.- La Constitución es norma de normas. En todo caso de incompatibilidad entre la Constitución y la Ley u otra norma jurídica, se aplicarán las disposiciones constitucionales. . . ".

En igual sentido la Constitución de Venezuela de 1999 establece que "La Constitución es la norma suprema y el fundamento del ordenamiento jurídico" (art. 7).

Ello implica, además, que en ambos países la consagración del derecho constitucional fundamental ciudadano a la tutela de dicha supremacía, sea mediante el control difuso de la cons-

12 *The Federalist* (ed. por B.F. Wrigth), Cambridge, Mass. 1961, pp. 491-493.

13 Véase los célebres casos *Vanhorne's Lessee v. Dorrance, 1776- y Masbury v. Madison,* 1803 citados en Allan R. BREWER-CARÍAS, *Judicial Review in Comparative Law,* Cambridge 1989.

titucionalidad (art. 4, Colombia; art. 334, Venezuela) o mediante el control concentrado de la constitucionalidad por la Corte Constitucional colombiana (art. 214) o por la Sala Constitucional del Tribunal Supremo de Justicia en Venezuela (art. 336); sea mediante el ejercicio de las acciones de *hábeas corpus* o de amparo o de tutela de los derechos constitucionales fundamentales (arts. 30 y 86, Colombia; art. 27, Venezuela).

El constitucionalismo moderno, por tanto, en nuestro criterio, está montado no sólo sobre el principio de la supremacía constitucional, sino sobre la idea, como secuela del anterior principio, de que existe *un derecho del ciudadano a esa supremacía,* que se concreta, conforme al principio de la separación de poderes, en *un derecho fundamental a la tutela judicial de la supremacía constitucional,* tanto respecto de la parte orgánica de la Constitución como respecto de su parte dogmática, para cuya preservación se establecen un conjunto de garantías.

Anteriormente hemos mencionado algunas de esas garantías, como la garantía objetiva que declara como nulos los actos contrarios a la Constitución; o la garantía de la reserva legal a los efectos del establecimiento de las limitaciones a los derechos, que no pueden establecerse por cualquier autoridad sino por ley formal. Además, está la garantía de la responsabilidad, por supuesto, que deriva de que todo acto contrario a los derechos constitucionales genera responsabilidad respecto de quien lo ejecute.

Además de todas las anteriores mencionadas garantías, por supuesto, la garantía fundamental de los derechos constitucionales es justamente la posibilidad de acudir ante los órganos judiciales para que estos aseguren que los derechos se hagan efectivos. Por tanto, la garantía fundamental de los derechos constitucionales es la garantía judicial porque, en definitiva, el sistema judicial en cualquier país se establece precisamente para la protección de los derechos y garantías. Esto lo regulan, incluso, casi todas las Constituciones cuando se refieren al Poder Judicial o el derecho de acceder a la justicia, para la protección de los derechos y garantías. En esta forma, el sistema judicial es la garantía fundamental de los derechos humanos, pudiéndose distinguir tres tipos de garantías judiciales: las garantías genéricas y las garantías específicas, que se desdoblan en la institución del amparo y en los otros mecanismos de la justicia constitucional.

## I.- LAS GARANTÍAS GENÉRICAS DE PROTECCIÓN DE LOS DERECHOS HUMANOS

### 1.- *El derecho de acceso a la justicia y a la tutela efectiva de los derechos e intereses*

En todos los sistemas judiciales constitucionales, el derecho ciudadano más clásico es el derecho de acceso a la justicia, es decir, el derecho de obtener la tutela judicial de los derechos e intereses de las personas. Para ello es que, fundamentalmente, se organizan los sistemas judiciales o tribunalicios. Por tanto, la garantía genérica judicial de los derechos fundamentales es, justamente, la organización del sistema judicial, porque su función esencial es la protección de los derechos y libertades. Sin embargo, en América Latina, en general, a pesar de las declaraciones constitucionales, hemos tenido y tenemos una situación bastante sombría sobre la efectividad del Poder Judicial en su conjunto, como mecanismo eficaz y justo de protección de los derechos fundamentales.

En Venezuela, por ejemplo, la nueva Constitución declara el Estado como "Estado democrático y social de derecho *y de justicia*", indicándose entre los valores superiores del ordenamiento jurídico y de la actuación del Estado, la justicia (art. 2). A tal efecto, se precisa en forma expresa que "El Estado garantizará la justicia gratuita, accesible, imparcial, idónea, transparente, autónoma, independiente, responsable, equitativa y expedita, sin dilaciones indebidas, sin formalismos o reposiciones inútiles" (art. 26).

Sin embargo, a pesar de declaraciones constitucionales como esta, el Poder Judicial, en general, se nos muestra en casi todos nuestros países como incapaz de asegurar la resolución eficiente de los conflictos, de manera que se respeten los derechos de los individuos y se proteja los derechos fundamentales. No siempre la justicia es eficaz y rápida; al contrario, es lenta, y la lentitud en materia judicial conduce a lo contrario, es decir, a la injusticia.

Por ello, el primero y principal de los problemas del Estado de derecho en América Latina es el del funcionamiento de los sistemas judiciales. Esto ha llevado a que, incluso, los organismos internacionales multilaterales en los últimos años se hayan interesado por el tema de la reforma judicial, lo cual constituye una novedad frente a lo que hace algunos años eran los programas de asistencia multilateral. En los programas de asistencia multilateral, por tanto, se han venido incorporando componentes institucionales, entre los cuales se destaca el problema del Poder Judicial como un componente esencial para el desarrollo de nuestros países.

En la actualidad, por tanto, se plantea en todos los países de América Latina el reto de reconvertir al Poder Judicial y hacerlo efectivamente independiente; en definitiva, para hacer realidad la previsión de todas las Constituciones relativas a la autonomía e independencia del Poder Judicial. Esta que es la piedra angular del Estado de derecho, en el sentido de que el juez debe actuar sólo sometido a la ley, sin la influencia de los factores externos al Poder Judicial, sea de los otros Poderes Públicos, sea de factores políticos. Como lo establece la Constitución Venezolana de 1999, en el sentido de que con la finalidad de garantizar la imparcialidad y la independencia en el ejercicio de sus funciones, los funcionarios que conforman el sistema judicial "no pueden llevar a acabo activismo político partidista, gremial, sindical o de índole semejante, ni realizar actividades privadas lucrativas incompatibles con su función, ni por si ni por interpósita persona, ni ejercer ninguna otra función pública a excepción de actividades educativas" (art. 256).

Pero además de la independencia sustantiva, el Juez debe gozar de independencia personal en su actuación, lo que tiene que ver con su estabilidad como funcionario, con el régimen disciplinario, con la inamovilidad en el cargo y con el régimen de los nombramientos. En tal sentido, por ejemplo, la nueva Constitución venezolana ha establecido, con carácter general, el régimen de ingreso a la carrera administrativa y el ascenso "por concursos de oposición públicos que aseguren la idoneidad y excelencia", garantizándose la participación ciudadana en el procedimiento de selección y designación de jueces". La consecuencia es que estos no pueden ser removidos o suspendidos de sus cargos sino mediante el procedimiento legal (art. 255).

Aparte de esto, además de lograr la independencia, el reto es asegurar la efectiva administración de justicia, es decir, lograr que los casos judiciales se decidan, y que no se produzcan las acumulaciones de casos rezagados, tan característica de América Latina y que originan la justicia lenta e injusta, que tenemos en general. Para eso, reformas como las que están en curso en muchos de nuestros países sobre el tema de los procedimientos son esenciales; pues dichos procedimientos fueron concebidos en otras épocas y hoy sirven para la dilación, la obstrucción, la lentitud y, en definitiva, para que no se resuelvan las causas.

En consecuencia, el tema de la reforma procesal es un tema general de la reforma judicial, que ha conducido en muchos países, incluso, a buscar mecanismos alternos para la solución de disputas y de conflicto. En este sentido, se destaca el desarrollo de los sistemas de conciliación y de arbitramento que ha llevado, incluso, a que en algunos países se haya hablado de la "privatización de la justicia", para garantizar el derecho de los particulares de acudir a medios de arbitramento o de solución de conflictos, sin tener que acudir a los órganos judiciales ordinarios. En tal sentido, inclusive, no debe olvidarse que la Ley del Régimen de la Administración de Justicia de la República de Colombia, (Colombia, Venezuela y Ecuador) de 1824 declaraba como un derecho constitucional y fundamental de los ciudadanos, el poder resolver sus conflictos por la vía del arbitramento, estableciendo incluso, la obligación, antes de acudir a la vía judicial ordinaria, de tratar de resolver las causas por la vía de arbitramento o de la conciliación.

Ahora se busca volver a estos mecanismos que, se insiste, funcionan adecuadamente en muchos países pero que en otros, simplemente no funcionan como mecanismos alternos de la administración de justicia. Se destaca, en tal sentido, la previsión en la Constitución de Venezuela de 1999, en el sentido de que la ley "debe promover el arbitraje, la conciliación, la mediación y cualesquiera otros medios alternativos para la solución de conflictos" (art. 258).

Por último, en este tema de la administración de justicia, el tema del acceso a la misma es otro de los grandes problemas relativos a la protección constitucional de los derechos en nuestros países. Tenemos consagrado en las Constituciones el derecho al acceso de la justicia y el derecho a la tutela judicial efectiva. Así se prevé, expresamente, por ejemplo, en la Constitución de Venezuela de 1999: "Toda persona tiene derechos de acceso a los órganos de administración de justicia para hacer valer sus derechos e intereses, incluso colectivos o difusos; a la tutela efectiva de los mismos y a obtener con prontitud la decisión correspondiente" (art. 26); agregándose en la Constitución que "el proceso constituye un instrumento fundamental para la realización de la justicia", para lo cual "las leyes procesales establecerán la simplificación, uniformidad y eficacia de los trámites y adoptarán un procedimiento breve, oral y público" de manera que "no se sacrificará la justicia por la omisión de formalidades no esenciales" (art. 257).

Mucho más precisa es la fórmula de la Constitución española de 1978, la cual dispone:

> *Artículo 24.1.*- Todas las personas tienen el derecho a obtener la tutela efectiva de los jueces y tribunales en el ejercicio de sus derechos e intereses legítimos, sin que, en ningún caso, pueda producirse indefensión.

Ahora bien, aun sin estar consagrado expresamente en los textos constitucionales, este derecho de acceso a la justicia para la protección de los derechos e intereses de las personas -incluyendo los de rango constitucional-, es esencial a todos los sistemas constitucionales contemporáneos, y en muchos casos, es el que garantiza el derecho de amparo a los derechos y libertades constitucionales, sin que en el ordenamiento jurídico se hayan establecido medios procesales específicos o tribunales especiales tendientes a garantizar tal protección.

Sin embargo, no se tiene realmente asegurado el acceso a la justicia de todos, y grandes capas de la población, simplemente ignora que existen mecanismos de tutela judicial, porque no tienen posibilidad de acceder a ellos para la solución de los conflictos, por lo costoso y complicado que es. Además, el Estado no ha sabido establecer adecuados mecanismos de asistencia judicial que desde hace muchas décadas se conocen y han sido desarrollados en los países europeos, pero que en nuestros países no hemos sido capaces de establecer, para permitir a todos la posibilidad de acceder a los órganos judiciales.

Por supuesto, en nuestros países, el deterioro del Poder Judicial es un deterioro de muchas décadas, de muchas generaciones, sobre lo cual incluso, hay crónicas desde siglo XIX. En Venezuela, por ejemplo, esas crónicas muestran la situación del deterioro del Poder Judicial que, cambiando la fecha, podrían perfectamente aplicarse a estos años en los cuales estamos viviendo.

Sin embargo, el programa de reforma del Poder Judicial, siendo el tema más importante para la efectiva protección interna de los derechos constitucionales, es de todos modos un tema que requiere ejecución por un largo plazo. El cambio sistemático del Poder Judicial y de la forma de administrar justicia, no es una tarea ni siquiera de una generación, sino de varias generaciones, siempre que se tenga conciencia de la necesidad de establecer estos mecanismos y de que se inicie su reforma.

### 2.- *El amparo a través de los medios judiciales ordinarios*

Los ordenamientos jurídicos procesales, además, establecen mecanismos adjetivos que pueden servir de amparo a los derechos de las personas dentro del procedimiento civil ordinario. Es el caso, por ejemplo, de los writs del sistema de derecho angloamericano; de las medidas de urgencia del sistema francés e italiano, entre otros; y, en general, de las medidas cautelares.

En inglés, *"writ"*, que viene de *"written"* (escrito), si bien procesalmente es el acto introductivo de la instancia[14], en la práctica, sobre todo desde el ángulo de los estudios comparados, significa la orden o mandamiento emanado de una autoridad judicial en ejercicio de sus funciones públicas, dirigida a quien está obligado a cumplir la ley, sea una autoridad o una persona natural o jurídica. Pues bien, desde la Carta Magna, los *writs* desempeñan en el derecho inglés un papel esencial de protección de los derechos fundamentales de las personas, pues son los mecanismos judiciales ordinarios utilizados para ello.

14 Véase J. A. JOLOWICZ y otros, *Droit Anglais*, París 1986, p. 145.

Entre los *writs* más importantes utilizados en el derecho angloamericano, por supuesto está el *writ of habeas corpus,* para la protección de la libertad y seguridad personales; el *mandamus,* que es el *writ* del *common law,* consistente en el mandamiento u orden dirigido a una autoridad para que realice determinado acto al cual está obligado legalmente; el *writ of prohibition,* utilizado como instrumento de corrección de actuaciones judiciales para impedir que órganos judiciales inferiores actúen fuera de su competencia, usado también en materia de incompetencias de autoridades administrativas; el *writ quo warrante,* especie de acción popular intentada en nombre del interés colectivo, para salvaguarda pública contra los abusos o ilegalidades cometidos en ejercicio de funciones públicas; *el writ of error,* tendiente en el derecho norteamericano a la revisión de cualquier acto de autoridad judicial por motivos de inconstitucionalidad; y *el writ of injunction,* que tiene por objeto impedir o asegurar que se practique o ejecute determinado acto en beneficio del titular de un derecho subjetivo para impedir que se le cause un daño irreparable"[15].

En el derecho francés no existen mecanismos judiciales especiales para la protección de los derechos y garantías constitucionales, sino que en general, son las jurisdicciones ordinarias judiciales y administrativas las encargadas de proteger y amparar los derechos a través de los medios ordinarios.

Entre estos medios ordinarios de protección judicial de los derechos y libertades constitucionales, además de los derechos de cualquier otra naturaleza, está la institución denominada del *"référé"* consagrada en el Código de Procedimiento Civil, y que le permite al juez judicial adoptar decisiones (órdenes o prohibiciones) en casos de urgencia para la protección de dichos derechos.

El artículo 809 del Código mencionado, en efecto, autoriza al juez para que pueda, "incluso en presencia de una oposición seria, prescribir en *référé* las medidas conservativas o de restablecimiento que se impongan, sea para prevenir un daño inminente, sea para hacer cesar un trastorno manifiestamente ilícito". Agrega la norma que "en los casos en que la existencia de la obligación no sea seriamente objetable, puede acordar una provisión al acreedor u ordenar la ejecución de la obligación, incluso si se trata de una obligación de hacer".

Con base en esta facultad, el juez no sólo tiene poderes cautelares sino que tiene poderes para resolver un conflicto en casos de urgencia, con poderes restitutorios para prevenir un daño inminente (medidas conservativas) o en caso de trastorno manifiestamente ilícito. Con fundamento en esta facultad judicial, una muy amplia jurisprudencia ha puesto en evidencia la utilización de este medio procesal como instrumento para la protección inmediata de derechos y libertades constitucionales en materias tales como la protección al honor y a la propia imagen[16]. La característica de la decisión judicial, en todo caso, es que es de carácter provisional, en el sentido de que no tiene en lo principal autoridad de cosa juzgada, por lo que no afecta la facultad de los jueces del fondo para conocer con autoridad plena sobre el asunto. La provisionalidad, sin embargo, puede producir efectos permanentes si la parte agraviada no intenta otra acción de fondo.

En el sistema italiano, en el cual a pesar de que existe una Corte Constitucional, no se estableció un recurso de amparo similar al de los sistemas alemán o español, sin embargo, en el Código de Procedimiento Civil puede identificarse un procedimiento ordinario de urgencia que al igual que los *writs* de los sistemas angloamericanos y del *référé* francés, podría servir de medio efectivo de protección de los derechos y libertades constitucionales. Se trata de un procedimiento regulado en el artículo 700 del Código de Procedimiento Civil italiano que establece:

> Fuera de los casos regulados en las secciones precedentes de este capítulo, quien tenga motivo fundado para temer que durante el tiempo necesario para hacer valer su derecho en vía ordinaria éste se halle amenazado por un perjuicio inminente e irrepara-

---

15 Véase, por ejemplo, Diomar ACKEL FILHO, *Writs Constitucionais,* Sao Paulo, 1988, pp. 8-10.

16 R. LINDON, "Le juge des référés et la presse", *Dalloz 1985,* Chroniques, 61. Véase los comentarios en Enrique PAILLAS, *El recurso de protección ante el derecho comparado,* Santiago de Chile, 1990, pp. 19-26.

ble, puede solicitar por escrito al juez las providencias de urgencia que, según las circunstancias parezcan más idóneas para asegurar provisionalmente los efectos de la decisión sobre el fondo.

Si bien este procedimiento ha sido de uso escaso y esporádico, en materia de derechos constitucionales ha sido utilizado, entre otros, para la protección del derecho al nombre y a la propia imagen[17].

Por último, debe mencionarse la progresividad que se ha venido observando en materia de protección de los derechos humanos, mediante la aplicación en los procesos ordinarios e incluso contencioso administrativos, del régimen de las medidas cautelares innominadas, cada vez más amplio.

Así, a título de ejemplo, puede mencionarse que en el Código de Procedimiento Civil de Venezuela (Arts. 585 y 588, Parágrafo primero), además de regular las medidas preventivas tradicionales ( embargo por ejemplo), dispone que cuando exista riesgo manifiesto de que quede ilusoria la ejecución del fallo y siempre que se acompañe prueba que constituya presunción grave de esta circunstancia y del derecho que se reclama, "el Tribunal podrá acordar las providencias cautelares que considere adecuadas, cuando hubiere fundado temor de que una de las partes pueda causar lesiones graves o de difícil reparación al derecho de la otra. En estos casos, para evitar el daño, el Tribunal puede autorizar o prohibir la ejecución de determinados actos, y adoptar las providencias que tengan por objeto hacer cesar la continuidad de la lesión". Con una disposición de esta naturaleza, los poderes del juez ordinario son amplísimos para la protección de los derechos constitucionales.

## II.- LAS GARANTÍAS JUDICIALES ESPECÍFICAS DE LOS DERECHOS FUNDAMENTALES: EL DERECHO DE AMPARO

### 1.- *El amparo: una institución latinoamericana*

Aparte de las garantías genéricas de carácter judicial de los derechos fundamentales, en América Latina desde el siglo XIX se han venido desarrollando un conjunto de garantías judiciales específicas, expresamente destinadas a la protección de los derechos constitucionales, tal como es la institución del amparo, de la tutela, de la protección constitucional o del mandado de segurança[18].

Esta garantía judicial, aun cuando con denominaciones diversas, puede decirse que es una institución latinoamericana que se desarrolló en nuestros países y que existe en casi todos ellos, incluso en ausencia de previsiones expresas[19].

En efecto, además del hábeas corpus como mecanismo de protección de la libertad personal, las Constituciones de casi todos los países de América Latina han regulado el recurso o la acción de amparo, en general, para la protección de todos los otros derechos constitucionales e, incluso, en algunos países de la propia libertad personal. Sólo como un ejemplo de regulación constitucional puede mencionarse las disposiciones de dos recientes Constituciones latinoamericanas, como la reforma de la argentina de 1994 y la venezolana de 1999. En el artículo 43 de la Constitución de Argentina, en efecto, se establece la acción de amparo en la forma siguiente:

> *Artículo 43.*- Toda persona puede interponer acción expedita y rápida de amparo, siempre que no exista otro medio judicial más idóneo, contra todo acto u omisión de autoridades públicas o de particulares, que en forma actual o inminente lesione, restrinja, altere o amenace, con arbitrariedad o ilegalidad manifiesta, derechos y garantías reco-

17 Véase O. SATTA, *Diritto proccesuale civile,* Padova, 1957, p. 589.

18 Véase en general Allan R. BREWER-CARÍAS, *El amparo a los derechos y garantías constitucionales (una aproximación comparativa),* Caracas 1993.

19 Como es el caso de la República Dominicana. Véase, Juan DE LA ROSA, *El recurso de amparo. Estudio Comparativo. Su aplicación en la República Dominicana*, Santo Domingo 2001; Allan R. BREWER-CARÍAS, "La admisión jurisprudencial de la acción de amparo, en ausencia de regulación constitucional o legal en la República Dominicana» en ***Revista IIDH***, Instituto Interamericano de Derechos Humanos, N° 29, San José, enero-junio 1999, pp. 95-102; y en ***Iudicium et vita, Jurisprudencia en Derechos Humanos***, N° 7, Edición Especial, Tomo I, Instituto Interamericano de Derechos Humanos, San José, 2000, pp. 334-341

nocidos por esta Constitución, un tratado o una ley. En el caso, el juez podrá declarar la inconstitucionalidad de la norma en que se funde el acto u omisión lesiva. Podrán interponer esta acción contra cualquier forma de discriminación y en lo relativo a los derechos que protegen al ambiente, a la competencia, al usuario y al consumidor, así como a los derechos de incidencia colectiva en general, el afectado, el defensor del pueblo y las asociaciones que propendan a esos fines, registradas conforme a la ley, la que determinará los requisitos y formas de su organización. Toda persona podrá interponer esta acción para tomar conocimiento de los datos a ella referidos y de su finalidad, que consten en registros o bancos de datos públicos, o los privados destinados a proveer informes, y en caso de falsedad o discriminación, para exigir la supresión, rectificación, confidencialidad o actualización de aquellos, No podrá afectarse el secreto de las fuentes de información periodística. Cuando el derecho lesionado, restringido, alterado o amenazado fuera la libertad física, o en caso de agravamiento ilegítimo en la forma o condiciones de detención, o en el de desaparición forzada de personas, la acción de hábeas corpus podrá ser interpuesta por el afectado o por cualquiera en su favor y el juez resolverá de inmediato, aun durante la vigencia del estado de sitio.

Por su parte, en el artículo 27 de la Constitución de Venezuela se establece el derecho de amparo, al señalar que

> *Artículo 27.*- Toda persona tiene derecho a ser amparada por los tribunales en el goce y ejercicio de los derechos y garantías constitucionales, aun de aquellos inherentes a la persona que no figuren expresamente en esta Constitución o en los instrumentos internacionales sobre derechos humanos.
>
> El procedimiento de la acción de amparo constitucional será oral, público, breve, gratuito y no sujeto a formalidad, y la autoridad judicial competente tendrá potestad para restablecer inmediatamente la situación jurídica infringida o la situación que más se asemeje a ella. Todo tiempo será hábil y el tribunal lo tramitará con preferencia a cualquier otro asunto.
>
> La acción de amparo a la libertad o seguridad podrá ser interpuesta por cualquier persona, y el detenido o detenida será puesto bajo la custodia del tribunal de manera inmediata, sin dilación alguna.
>
> El ejercicio de este derecho no puede ser afectado, en modo alguno, por la declaración del estado de excepción o de la restricción de garantías constitucionales.

Por otra parte, la mayoría de las Constituciones latinoamericanas han regulado la acción de *habeas corpus* en forma separada respecto de la acción de amparo, como por ejemplo, sucede en la Constitución de Bolivia, en cuyo artículo 18 se establece:

> *Artículo 18.* I. Toda persona que creyere estar indebida o ilegalmente perseguida, detenida, procesada o presa podrá ocurrir, por sí o por cualquiera a su nombre, con poder notariado o sin él, ante la Corte Superior del Distrito o ante cualquier Juez de Partido, a elección suya, en demanda de que se guarden las formalidades legales. En los lugares donde no hubieren Juez de Partido la demanda podrá interponerse ante un Juez Instructor.
>
> II. La autoridad judicial señalará de inmediato día y hora de audiencia pública, disponiendo que el actor sea conducido a su presencia. Con dicha orden se practicará citación personal o por cédula en la oficina de la autoridad demandada, orden que será obedecida sin observación ni excusa, tanto por aquella cuanto por los encargados de las cárceles o lugares de detención sin que éstos, una vez citados, puedan desobedecer arguyendo orden superior.
>
> III. En ningún caso podrá suspenderse la audiencia. Instruida de los antecedentes, la autoridad judicial dictará sentencia en la misma audiencia ordenando la libertad, haciendo que se reparen los defectos legales o poniendo al demandante a disposición del juez competente. El fallo deberá ejecutarse en el acto. La decisión que se pronuncie se elevará

en revisión, de oficio, ante el Tribunal Constitucional, en el plazo de veinticuatro horas, sin que por ello se suspenda la ejecución del fallo.

IV. Si el demandado después de asistir a la audiencia la abandona antes de escuchar la sentencia, ésta será notificada válidamente en estrados. Si no concurriere, la audiencia se llevará a efecto en su rebeldía y, oída la exposición del actor o su representante, se dictará sentencia.

V. Los funcionarios públicos o personas particulares que resistan las decisiones judiciales, en los casos previstos por este artículo, serán remitidos por orden de la autoridad que conoció del "habeas corpus", ante el Juez en lo Penal para su juzgamiento como reos de atentado contra las garantías constitucionales.

VI. La autoridad judicial que no procediera conforme a lo dispuesto por este artículo quedará sujeta a sanción con arreglo el artículo 123°, atribución 3ª de esta Constitución.

Pero además, no debemos dejar de recordar que en las últimas décadas varias Constituciones han incorporado a los mecanismos de protección de los derechos, además del amparo y del hábeas corpus, la acción de *hábeas data*, como un medio específico de protección de los derechos de las personas frente a los archivos y frente a los bancos de datos que lleva el Estado. Por ejemplo, en las Constituciones de Argentina (art. 96), Brasil (art. 5, LXXII), Ecuador (art. 30), Paraguay (art. 135) y Perú (art. 208,3). La más reciente de las Constituciones de América Latina, la de Venezuela, resume la tendencia constitucional en esta materia al disponer en el artículo 28 lo siguiente.

*Artículo 28.*- Toda persona tiene derecho de acceder a la información y a los datos que sobre sí misma o sobre sus bienes consten en registros oficiales o privados, con las excepciones que establezca la ley, así como de conocer el uso que se haga de los mismos y su finalidad, y a solicitar ante el tribunal competente la actualización, la rectificación o la destrucción de aquellos, si fuesen erróneos o afectasen ilegítimamente sus derechos. Igualmente, podrá acceder a documentos de cualquier naturaleza que contengan información cuyo conocimiento sea de interés para comunidades o grupos de personas. Queda a salvo el secreto de las fuentes de información periodística y de otras profesiones que determine la ley.

Todos estos mecanismos de protección, pueden reivindicarse, sin duda, como de origen latinoamericano, sin tener que estar buscando antecedentes, que no los hay, en los regímenes históricos europeos.

Además de ser una institución propia del derecho constitucional latinoamericano, a partir de su consagración en la Convención Americana sobre Derechos Humanos, puede decirse que ahora también es de carácter interamericano, establecida como la garantía por excelencia de los derechos humanos, tanto de los regulados en las Constituciones y otras normas del derecho interno, como los enumerados en las declaraciones internacionales. Aquí también podemos apreciar el mismo proceso de constitucionalización, de internacionalización de la constitucionalización, y de constitucionalización de la internacionalización en la protección de los derechos humanos antes reseñada.

En la actualidad, por tanto, el derecho de amparo establecido en la Convención Americana no sólo es una garantía judicial establecida para la protección de las personas que se puede ejercer directamente, sino que también se configura como una obligación internacional impuesta a los Estados de asegurarles a las personas esos recursos efectivos de protección de sus derechos, al punto de que su falta de consagración en el derecho interno constituye una trasgresión de la Convención. La Corte Interamericana de Derechos Humanos, incluso, ha señalado en una Opinión Consultiva (OC-9/87, sec. 24) que para que el recurso exista "No basta con que esté previsto por la Constitución o la ley o con que sea formalmente admisible, sino que se requiere que sea realmente idóneo para establecer si se ha incurrido en una violación a los derechos humanos y prever lo necesario para remediarla".

En la actualidad, por tanto, puede considerarse que la definición sobre el amparo contenida en la Convención Americana constituye el parámetro más adecuado y bien importante sobre este mecanismo efectivo de protección, al punto de que se ha estimado que constituye un "estándar mínimo común" que los Estados deben cumplir. Precisamente a los efectos de lograr ese cumplimiento es que también deben diseñarse estrategias para, desde la perspectiva constitucional, utilizar el sistema de protección internacional de derechos humanos.

### 2.- *El sentido de la regulación sobre el amparo en la Convención Americana*

El artículo 25 de la Convención, en efecto, precisa que toda persona tiene derecho a un recurso sencillo y rápido o a cualquier otro recurso efectivo ante los jueces o tribunales competentes, que la amparen contra actos que violen sus derechos fundamentales reconocidos en la Constitución, en las leyes y en la propia Convención Americana.

De esta norma, que sigue la misma línea de redacción y lenguaje del Pacto Internacional de los Derechos Civiles y Políticos, se derivan los contornos que debería tener esta acción de protección de los derechos fundamentales en el derecho interno[20] y que exigen estrategias de constitucionalización en diversos países, cuyas Constituciones establecen lo que podría considerarse como restricciones al ejercicio del derecho de amparo.

En *primer lugar*, en la Convención Americana se concibe al amparo como un derecho fundamental, es decir, como un derecho en sí mismo. Se indica que toda persona "tiene derecho" a un recurso, lo que no significa que toda persona sólo tenga una garantía adjetiva concretizada en un solo recurso o a una acción de amparo, tutela o protección, sino que toda persona tiene derecho a la protección o amparo judicial.

Por ello, en realidad, estamos en presencia de un derecho fundamental de carácter constitucional de las personas, a tener a su disposición un medio judicial efectivo, rápido y eficaz de protección.

En *segundo lugar* debe destacarse que la Convención regula un derecho que se le garantiza a "toda persona", es decir, sin distingo de ningún tipo: personas naturales, personas jurídicas, nacionales, extranjeras, hábiles, no hábiles, de derecho público o de derecho privado; es decir, toda persona, en el sentido más amplio.

En *tercer lugar*, los mecanismos judiciales de protección a los que se refiere la Convención Americana pueden ser variados. La Convención habla de un medio efectivo, rápido, sencillo, que puede ser de cualquier clase. Por ello, en realidad, puede ser cualquier medio judicial, y no necesariamente una sola y única acción de protección o de amparo, es decir, la Convención no necesariamente se refiere a un solo medio adjetivo, sino que puede y debe tratarse de un conjunto de medios de protección, que puede implicar incluso, la posibilidad de utilizar los medios judiciales ordinarios, como por ejemplo sucede con los *writs* en el derecho angloamericano.

En *cuarto lugar*, la Convención señala que la acción puede interponerse ante los tribunales competentes, de lo que resulta que la intención de la Convención es que no se trata de un solo tribunal competente. Ello, por supuesto, se debe regular en el ordenamiento interno, pero el fundamento de la regulación de la Convención es que ésta sea esencialmente la función del Poder Judicial, como también sucede por ejemplo en los sistemas anglo-americanos, donde el amparo existe sin que se lo denomine como tal. En esos sistemas, cotidianamente los jueces dictan órdenes o decisiones de *mandamus*, *injunctions* y *prohibitions*, es decir, todos los tipos de decisiones judiciales que equivalen al amparo en América Latina. Sin embargo, esto es parte de la cotidianidad de la acción del juez, sin que tenga una característica adjetiva especial.

En *quinto lugar*, conforme a la Convención, este derecho a un medio efectivo de protección ante los tribunales se establece para la protección de todos los derechos constitucionales que

20 Véase Allan R. BREWER-CARÍAS, "El amparo en América Latina: La universalización del Régimen de la Convención Americana sobre los Derechos Humanos y la necesidad de superar las restricciones nacionales" en *Ética y Jurisprudencia*, 1/2003, Enero-Diciembre, Universidad Valle del Momboy, Facultad de Ciencias Jurídicas y Políticas, Centro de Estudios Jurídicos "Cristóbal Mendoza", Valera, Estado Trujillo, 2004, pp. 9-34.

estén en la Constitución, en la ley, en la propia Convención o que sean inherentes a la persona humana, por lo que también son protegibles todos los establecidos en los instrumentos internacionales. Por ello, aquí adquieren todo su valor las cláusulas enunciativas de los derechos, que los protegen aun cuando no estén enumerados en los textos, pero que siendo inherentes a la persona humana, a la dignidad de la persona humana, son objeto de protección constitucional.

Además, en *sexto lugar*, la protección que regula la Convención, es contra cualquier acto, omisión, hecho o actuación que viole los derechos y, por supuesto, también que amenace violarlos, porque no hay que esperar la violación para poder acudir al medio de protección. Es decir, este medio de protección tiene que poder existir antes de que la violación se produzca, frente a la amenaza efectiva de la violación y, por supuesto, frente a toda violación o amenaza de violación provenga de quien sea. Es decir, no debe haber acto ni actuación alguna excluidas del amparo, así emane de los particulares o de los poderes públicos en cualquier forma, sea una ley, un acto administrativo, una sentencia, una vía de hecho, una actuación o una omisión.

Ese es, en realidad, el parámetro que establece la Convención Americana, y es ese el que debe prevalecer en los derechos internos, donde hay que realizar un gran esfuerzo, como estrategia de derecho adjetivo, para la utilización desde la perspectiva constitucional de dicho sistema de protección internacional de derechos humanos. En consecuencia, teniendo en cuenta este parámetro de universalización del amparo que consagra la Convención Americana, debe realizarse un enorme esfuerzo en el ámbito interno para superar el lamentable proceso de restricción constitucional o legislativa que en algunos aspectos ha sufrido la institución del amparo. En efecto, si bien es cierto que el amparo tiene una concepción amplísima en el texto de la Convención Americana, en general, ha sido restringida en muchos casos.

### 3.- *La necesidad de ampliar la protección constitucional mediante otros medios judiciales de protección*

El primer esfuerzo que debe desarrollarse, a los efectos de asegurar la efectividad de la protección constitucional, es el tendiente a la desadjetivizacion de la institución del amparo, en el sentido de reafirmar su carácter sustantivo, como derecho constitucional en sí mismo.

En efecto, puede decirse que en la mayoría de los ordenamientos internos, el amparo no se ha previsto como un derecho constitucional y se ha configurado o convertido más bien en una acción judicial. En otras palabras, el amparo se ha convertido en un medio o remedio adjetivo específico, sea recurso de protección, sea acción de tutela, sea acción de amparo o hábeas corpus o hábeas data.

En realidad, la universalidad de los medios judiciales es la que tendría que prevalecer para la protección efectiva y rápida de todos los derechos, como por ejemplo, insistimos, sucede en países donde no se regula específicamente una "acción de amparo", como lo es en Inglaterra, en Francia, o en Italia; pero donde si bien no existe un medio judicial que se llame "acción de amparo", sin embargo, existen mecanismos adecuados para la protección efectiva de los derechos en cualquier proceso. En algunos países de América Latina, conforme a la orientación de la Convención Americana e, inclusive, con antelación a la adopción de la Convención, al amparo se lo concibe como un derecho constitucional, y ha sido desarrollado con estas características, como es el caso de México y de Venezuela e, incluso, en nuestro criterio, también es el caso de Colombia.

### 4.- *La necesidad de ampliar la protección constitucional en relación con las personas protegibles (legitimación activa)*

Una segunda estrategia que debe desarrollarse en América Latina para la utilización en el ámbito constitucional interno del sistema de protección de derechos humanos, es la tendiente a ampliar la legitimación activa para utilizar los medios judiciales de garantía, es decir, respecto de quienes son las personas protegidas.

En general puede decirse que el amparo se ha concebido como un medio de protección de carácter personalísimo, que beneficia al reclamante, y cuyos efectos en principio no se extienden a terceros.

Esta tendencia plantea, en primer lugar, el problema de la protección de los derechos colectivos, cuya iniciativa de protección se atribuye a los Defensores del Pueblo o de los Derechos Humanos. Es necesario definir una estrategia para poder permitir que las propias colectividades puedan ejercer la acción de amparo, cuando se trate de violación de derechos constitucionales colectivos. Por otra parte, cada vez con más frecuencia, dentro de los mecanismos para asegurar el acceso a la justicia, están los diseñados para la protección de los intereses difusos, sobre todo en relación con los derechos de tercera generación, como el derecho a la protección del medio ambiente.

En esta materia, la legitimación tiene que irse construyendo, y permitir que personas interesadas puedan actuar en representación de intereses difusos, cuando se trate de derechos constitucionales cuya violación afecte a toda la colectividad. En algunas Constituciones como la venezolana de 1999, incluso, ya está fuera de toda duda la posibilidad del ejercicio de la acción de amparo para la protección de derechos colectivos y difusos, lo cual ha sido ampliamente desarrollado por la jurisprudencia. Incluso, además, algunas leyes han previsto expresamente esta protección, como sucede con la Ley Orgánica para la Protección del Niño y del Adolescente, donde su regula un "recurso de protección" que se puede ejercer por ante el Tribunal de Protección al Niño y al Adolescente "contra hechos, actos u omisiones de particulares, órganos e instituciones públicas y privadas que amenacen o violen derechos colectivos o difusos de los niños y adolescentes" (arts. 177,5 y 318).

Otro aspecto relativo a la legitimación activa en materia de amparo es la indicación que contiene la Convención Americana de que la acción de amparo la tiene toda persona. Ello implica que también pueden ser accionantes, las personas de derecho público las cuales igualmente también pueden considerarse que tienen derechos constitucionales, como el derecho a la igualdad, el derecho al debido proceso o el derecho a la defensa. Por ello, las entidades públicas pueden ser perfectamente titulares de la acción, por lo cual el tema del amparo no se plantea sólo frente al Estado, sino que pueden ser los entes públicos los que exijan la protección constitucional.

Incluso, en algunos países puede considerarse que existe un amparo constitucional de garantías constitucionales de carácter político territorial, que procede cuando las Constituciones garantizan, por ejemplo, la autonomía de las entidades territoriales, como la municipal. En estos casos, se establece una "garantía constitucional", por lo que no habiendo en las Constituciones nada que reduzca el amparo sólo a los derechos de los hombres, también los derechos y garantías constitucionales establecidas en los textos respecto de la autonomía territorial, puede ser objeto de una acción de protección, por ejemplo, de un Estado de la Federación contra leyes federales, lo cual por ejemplo, se ha admitido en México. En cambio, esta situación se ha planteado en Venezuela donde se ha discutido ante los Tribunales, formulándose la protección constitucional de la garantía a la autonomía municipal como objeto de una acción de amparo; habiendo sido lamentablemente rechazada la protección por la Sala Constitucional en una interpretación restrictiva censurable[21].

### 5.- *La necesidad de ampliar la protección constitucional en relación con los derechos protegidos*

El tercer aspecto de la estrategia para la utilización desde la perspectiva constitucional, del sistema de protección internacional de derechos humanos, se refiere al tema los derechos protegibles. De acuerdo con la Convención Americana todos los derechos son protegibles mediante las acciones de amparo: los derechos constitucionales de los hombres, de las personas morales e, incluso, de las personas institucionales de carácter constitucional.

Entre estos derechos constitucionales se encuentran tanto los declarados en el texto de las Constituciones, en las leyes, en la Convención Americana y otros instrumentos internacionales, y los que son inherentes a la persona humana. Como lo ha precisado la Corte Interamericana

21 Véase la sentencia N° 1395 de 21-11-2000 (Caso: *Gobernación del Estado Mérida y otros vs. Ministerio de Finanzas*), en *Revista de Derecho Público*, N° 84, (octubre-diciembre), Editorial Jurídica Venezolana, Caracas, 2000, pp. 317 y ss.,

de Derechos Humanos en una *Opinión Consultiva* (OC-8/87) al analizar el artículo 25,1 de la Convención, donde señaló que dicho texto: "Es una disposición de carácter general que recoge la institución procesal del amparo, entendido como el procedimiento judicial sencillo y breve que tiene por objeto la tutela de todos los derechos reconocidos por las Constituciones y leyes de los Estados Partes y por la Convención".

Conforme al sistema interamericano, por tanto, el elenco de los derechos es completo para su protección. Sin embargo, en algunos casos, quizás por la influencia del modelo europeo de acción de amparo, particularmente el regulado en Alemania y en España, se ha reducido el objeto protegido en cuanto a los derechos protegibles sólo respecto de ciertos derechos enumerados en el texto constitucional. Por ejemplo, la Constitución alemana, donde sólo se admite la acción de amparo en relación con lo que en ella se denominan como "derechos fundamentales", los cuales constituyen una especie del género derechos constitucionales. En España, también se enumeran expresamente cuáles son los derechos que pueden ser protegidos por la acción de amparo.

Nada de esto puede derivarse de la Convención Americana ni de la generalidad de las Constituciones de América Latina, en los cuales todos los derechos son amparables. Por ello puede considerarse que aquellas Constituciones que establecen un elenco determinado de derechos protegibles mediante la acción de amparo, son incompatibles con las obligaciones internacionales que a esos Estados impone la Convención.

En definitiva, la Convención Americana no permite la exclusión de la protección constitucional mediante el amparo de determinados derechos constitucionales, o en otras palabras, no permite que el amparo se reduzca a la protección sólo respecto de determinados derechos declarados en una Constitución. En consecuencia, sistemas como los regulados en los textos constitucionales de Chile y de Colombia pueden considerarse como incompatibles con la Convención Americana. En efecto, en el caso de Chile, Constitución enumera cuáles son los derechos objeto de la acción de protección (art. 20), y en el caso de Colombia, la Constitución también trae una enumeración respecto de los "derechos fundamentales" objeto de la tutela (art. 86), quizás por influencia europea. Sin embargo, afortunadamente, los tribunales de Colombia han venido corrigiendo esta restricción a través de una interpretación constitucional, de manera que en la actualidad, por la interrelación, universalidad, integralidad, indivisibilidad e interdependencia de los derechos, casi no hay derecho constitucional que no pueda ser tutelable.

En contraste con estos casos de previsiones constitucionales restrictivas sobre los derechos constitucionales que pueden ser objeto de protección mediante la acción de amparo, de tutela o de protección, deben destacarse otros sistemas constitucionales que expresamente establecen dentro de los derechos protegibles, no sólo todos los derechos constitucionales, sino además los declarados en el sistema de protección internacional. Es el caso, por ejemplo, de la Constitución de Costa Rica, que enumera entre los derechos objeto de protección mediante el amparo a los derechos "de carácter fundamental establecidos en los instrumentos internacionales sobre derechos humanos, aplicables a la República" (art. 48).

En sentido aun más amplio, la Constitución de Venezuela de 1999 precisa en forma expresa que el derecho de amparo comprende la protección de los "derechos y garantías constitucionales, aun de aquéllos inherentes a la persona que no figuren expresamente en esta Constitución o en los instrumentos internacionales sobre derechos humanos" (art. 27), lo que debe interpretarse, que no sólo son objeto de protección los derechos y garantías constitucionales y los enumerados en los instrumentos internacionales de derechos humanos, sino todos aquéllos inherentes a la persona humana, aun cuando no estén expresamente enumerados en la propia Constitución o en los instrumentos internacionales.

### 6.- *La necesidad de ampliar el ámbito de la competencia judicial para la protección constitucional*

El cuarto aspecto de la estrategia para la utilización, desde la perspectiva constitucional, del sistema de protección internacional de derechos humanos, se refiere a la necesidad de ampliar la competencia judicial para asegurar la protección de los derechos humanos, acorde con la intención de lo que establece la Convención Americana.

En efecto, conforme a la Convención y a la tradición latinoamericana, la competencia en materia de amparo debe ser de la esencia del Poder Judicial, en el sentido de que debe ser una competencia de "los tribunales", de todos y no sólo de uno de ellos; lo cual, en cambio, es lo característico del modelo europeo, particularmente en Alemania y en España, donde la competencia en materia de amparo se atribuye a un solo Tribunal que es el Tribunal Constitucional.

Lamentablemente, sin embargo, en algunos países de América Latina también se ha operado esta reducción en cuanto a la competencia judicial para la protección constitucional mediante el amparo, al asignarla a un solo tribunal, particularmente a las Cortes Supremas. Es el caso de la Corte Suprema de Justicia de Panamá, y de la Salas Constitucionales de la Corte Suprema de Costa Rica, El Salvador y Nicaragua donde tienen la competencia exclusiva para conocer de la acción de amparo. La aplicación de la Convención Americana debería conducir a configurar una estrategia de orden adjetivo para precisamente ampliar la competencia judicial, como por ejemplo se ha aprobado en 2004 en Honduras, con la Ley sobre la Justicia Constitucional cuyo proyecto fue elaborado por la propia Sala Constitucional de la Corte Suprema de Justicia.

En todo caso, salvo los casos mencionados, en todos los otros países de América Latina la competencia judicial en materia de amparo tiene una característica difusa, en el sentido de que es un poder que se atribuye, en general, a los tribunales de primera instancia o a los tribunales de circuito, pero no se concentra en un solo órgano. La concentración del conocimiento del amparo en un solo órgano judicial, como una acción específica, en definitiva, lo que hace es restringir el acceso a la justicia para la efectiva protección de los derechos.

### 7.- *La necesidad de ampliar la protección constitucional en relación con los agraviantes (la legitimación pasiva)*

El quinto aspecto de la estrategia para la utilización, desde la perspectiva constitucional, del sistema de protección internacional de derechos humanos, se refiere a la necesidad de la ampliación progresiva de la legitimación pasiva en materia de amparo; es decir, en la determinación de las personas contra quienes se puede intentar la acción de amparo, lo cual no encuentra restricción alguna en la Convención Americana.

Debe recordarse, por supuesto, que en su origen la acción de protección de amparo o de tutela se la concibió siempre como un mecanismo de protección frente al Estado, precisamente porque los derechos humanos se concibieron inicialmente frente al Estado, y como límite a la actuación de los entes públicos. Sin embargo, la universalización progresiva de los derechos humanos como inherentes a la persona humana con independencia de quien debe respetarlos, ha venido ampliando el ámbito de su protección, admitiéndose que el amparo pueda intentarse también contra los particulares. Es decir, conforme con la Convención Americana, que no hace distingos, el amparo no sólo procede frente a la lesión a los derechos humanos que puede provenir de los entes públicos, sino también de los particulares.

En esta forma, puede decirse que en América Latina se admite en una forma amplia la acción de amparo contra los particulares, siguiendo una tendencia que se inició en América Latina, concretamente en Argentina a partir de los años cincuenta, donde por vía pretoriana se admitió la posibilidad del ejercicio de la acción de amparo contra particulares. Esta situación contrasta con lo que sucede en Europa, donde el amparo sólo se ejerce básicamente, contra los poderes públicos.

Sin embargo, alguna restricción a este principio de la universalidad característico de América Latina, se puede detectar en la actualidad en algunos de nuestros países a los efectos de plantear su reforma o perfeccionamiento, precisamente como parte de una estrategia, desde la perspectiva constitucional del sistema de protección internacional. Se destaca en este sentido la reducción de la posibilidad de la acción de amparo contra particulares que se ha operado en algunos países, al establecerse que procede pero sólo respecto a ciertos particulares, como son aquellos que actúan por delegación ejerciendo funciones públicas, o que cumplen algún tipo de prerrogativa, o tienen una posición de dominio, por ejemplo, en la prestación de servicios públicos, como son las empresas concesionarias. Es el caso, por ejemplo, de Costa Rica, Guatemala y Colombia..

Otros países simplemente excluyen totalmente la posibilidad del ejercicio de la acción de amparo contra particulares, siguiendo el modelo europeo, como es el caso de México, Brasil, Panamá, El Salvador y Nicaragua; situación que en nuestro criterio, se aparta de la orientación de la Convención Americana.

### *8.- La necesidad de ampliar la protección constitucional en relación con todas las entidades y actos estatales*

Un sexto aspecto de la estrategia para la utilización, desde la perspectiva constitucional del sistema de protección internacional de derechos humanos, se refiere a la necesidad de la ampliación de la protección constitucional frente a las propias actuaciones del Estado.

En efecto, puede señalarse que otro ámbito de reducción del amparo que contrasta con la universalidad que deriva de la Convención Americana, se refiere a los actos del Poder Público que puedan ser objeto de la acción de amparo. Conforme a la Convención Americana y a la configuración universal de la acción de amparo, no puede ni debe existir ningún acto del Estado que escape de su ámbito. Si el amparo es un medio judicial de protección de los derechos, lo es y tiene que serlo frente a cualquier acción pública; por lo que no se concibe que frente a esta característica universal del amparo, pueda haber determinadas actividades del Estado que queden excluidas a la posibilidad del ejercicio de una acción de amparo.

Sin embargo, en América Latina puede detectarse una lamentable tendencia a exclusiones, frente a las cuales debe definirse una estrategia constitucional para su eliminación. Estas exclusiones se han operado en diversos aspectos. En primer lugar, se destaca la tendencia a excluir del amparo a los actos de ciertas autoridades públicas. Es el caso, por ejemplo, de los organismos electorales, cuyos actos, en algunos países como Perú, Costa Rica y Uruguay, se excluyen expresamente de la acción de amparo. En otros casos, por ejemplo, en el mismo Perú, se prevé una exclusión del ámbito de protección constitucional del amparo respecto a los actos del Consejo Nacional de la Judicatura.

En segundo lugar, también se destaca otra tendencia a excluir del ámbito de protección de la acción de amparo a ciertos actos estatales, lo que se ha planteado particularmente en relación con las leyes y las decisiones judiciales. Algunos países, como por ejemplo, Colombia, Brasil y Uruguay, excluyen la posibilidad de ejercer la acción de amparo contra leyes, es decir, contra normas. En otros, en cambio, como en México, donde tiene su inicio el amparo contra normas y en Venezuela, se admite ampliamente el ejercicio de la acción de amparo contra leyes, como una especie de control difuso de la constitucionalidad por vía de acción, aun cuando en algunos casos exigiéndose el carácter auto aplicativo de la norma.

En otros casos, la restricción se ha establecido en materia de amparo contra decisiones judiciales. Sin embargo, también el juez al dictar su sentencia, puede lesionar un derecho constitucional; y en todo caso, ningún juez tiene poder para violar un derecho constitucional en su sentencia. Por tanto, también contra las sentencias debe admitirse la acción de amparo, la cual no se excluye en la Convención Americana y es admitida en muchos países de América Latina. En otros en cambio, se excluye expresamente la acción de amparo contra sentencias, como es el caso de Argentina, Uruguay, Costa Rica, Panamá, El Salvador y Nicaragua. En otros países, como en Colombia, si bien se incorporó expresamente en el Decreto-Ley reglamentario de la acción de tutela su procedencia contra sentencias, en una desafortunada sentencia de la Corte Constitucional de 1992, se anuló el artículo del Decreto Ley que regulaba la acción de tutela contra sentencias. Sin embargo, posteriormente, la labor tanto de la propia Corte Constitucional como de la Corte Suprema, del Consejo de Estado y de los tribunales de instancia, a pesar de la anulación de la norma, ha sido progresiva en admitir por vía de interpretación, la acción de tutela contra sentencias arbitrarias.

## III.- APROXIMACIÓN COMPARATIVA AL ESTUDIO DEL RECURSO O ACCIÓN DE AMPARO EN AMÉRICA LATINA

### 1.- *Introducción*

Como se ha dicho, el desarrollo de la justicia constitucional en sus dos vertientes, como protección de la parte orgánica de la Constitución, o como protección de su parte dogmática, es decir, de los derechos y libertades constitucionales en definitiva, no es más que la manifestación de la garantía del derecho constitucional del ciudadano al respecto de la supremacía constitucional, es decir, a la tutela judicial efectiva de dicha supremacía.

Este derecho fundamental, así, se concreta ante todo, en un derecho al control judicial de la constitucionalidad de los actos estatales; sea mediante sistemas de justicia constitucional concentrados o difusos, respecto de la conformidad de las leyes y demás actos legislativos o ejecutivos de ejecución directa de la Constitución (actos de gobierno) a dicho texto; sea mediante el control por la jurisdicción contencioso-administrativa de la conformidad con el derecho (constitucionalidad y legalidad) de los actos administrativos; sea mediante el control del sometimiento de las sentencias y demás decisiones judiciales al derecho a través de las vías ordinarias (apelaciones) o extraordinarias (casación) de recursos judiciales.

Pero además, este derecho fundamental a la tutela judicial efectiva de la supremacía constitucional se concreta también, en un *derecho al amparo judicial de los derechos y libertades constitucionales* de las personas, sea mediante acciones o recursos judiciales ordinarios, o mediante acciones o recursos particulares de amparo u otros medios judiciales de protección inmediata de los mismos[22]. La consecuencia de este derecho fundamental, sin duda, implica el poder-deber atribuido a los jueces de asegurar la supremacía constitucional, sea declarando la nulidad de los actos contrarios a la Constitución, sea restableciendo los derechos y libertades constitucionales vulnerados por acciones ilegítimas, tanto de los órganos del Estado como los particulares.

Tratándose de un derecho fundamental de las personas el de asegurar la supremacía constitucional mediante la tutela judicial de la misma, es evidente, que sólo la Constitución podría limitar dicho derecho. Es decir, sería incompatible con la idea del derecho fundamental a la supremacía constitucional que hemos propuesto, cualquier limitación legal a la misma, sea manifestada en actos estatales excluidos de control judicial de constitucionalidad, sea en derechos constitucionales cuya violación no fuera amparable en forma inmediata. La supremacía constitucional es una noción absoluta, que no admite excepciones, por lo que el derecho constitucional a su aseguramiento tampoco puede admitir excepciones, salvo por supuesto, lo que establezca la propia Constitución.

Nuestra intención, en esta parte, es realizar una aproximación comparativa al estudio de las garantías constitucionales al derecho de amparo de los derechos y libertades constitucionales, partiendo de la premisa de que en casi todos los ordenamientos jurídicos en cuyas Constituciones se consagran derechos y libertades, los textos fundamentales también establecen un amplio elenco de garantías encaminadas a hacer efectivos y salvaguardar tales derechos[23]. Esta es, sin duda, una característica esencial del constitucionalismo democrático contemporáneo, en cuya base permanece con todo vigor la tajante afirmación del artículo 16 de la Declaración de los Derechos del Hombre y del Ciudadano de 1789:

> Toda sociedad en la cual la garantía de los derechos no está asegurada... carece de Constitución.

Por supuesto, los mecanismos para la tutela de los derechos y libertades constitucionales varían, pero todos derivan del derecho ciudadano a la supremacía constitucional y al respeto a los derechos y libertades consagrados en el texto fundamental.

---

22 Véase en general Juan VEGA GÓMEZ y Edgar CORZO SOSA (Coordinadores), *Instrumentos de tutela y justicia constitucional. Memoria del VII Congreso Iberoamericano de Derecho Constitucional*, Instituto de Investigaciones Jurídicas UNAM, México 2002.

23 Véase Allan R. BREWER-CARÍAS, *El amparo a los derechos y garantías constitucionales (Una aproximación comparativa)*, Editorial Jurídica Venezolana, Caracas 1993.

Un estudio comparado de los principales sistemas judiciales de amparo o tutela a los derechos fundamentales, podría orientarse estudiando entre otros aspectos varias cuestiones fundamentales: en primer lugar, la naturaleza del amparo en el sentido de determinar si el amparo se consagra como un derecho constitucional o sólo como una garantía constitucional; en segundo lugar, el ámbito del amparo, en el sentido de establecer si con los medios particulares de amparo judicial se protegen todos los derechos y libertades constitucionales o sólo algunos de ellos; en tercer lugar, determinar quiénes son los titulares del derecho o garantía de amparo; y en cuarto lugar, precisar si todas las actuaciones públicas o privadas que vulneran los derechos y libertades constitucionales permiten ejercer las acciones o recursos de amparo, o algunas de aquellas están excluidas de los medios judiciales particulares de protección[24].

**2.- *Naturaleza del amparo***

Ante todo debe señalarse que la gran clasificación de los sistemas de protección de los derechos y garantías constitucionales que muestra el derecho comparado, conduce a distinguir dos sistemas judiciales de amparo, según que el amparo de los derechos y garantías constitucionales se conciba como un *derecho constitucional* en sí mismo, garantizado a su vez en múltiples formas; o como una *garantía constitucional* específica que especialmente se concreta en una o varias acciones o recursos de amparo particularizados.

La Constitución de Colombia, por ejemplo, al consagrar la "acción de tutela" de los derechos constitucionales fundamentales, opta definitivamente por la primera de las modalidades señaladas, la cual legislativamente debió ser desarrollada como un derecho constitucional a la tutela, que debía concretarse en múltiples garantías judiciales, incluyendo la "acción de tutela" autónoma; como sucede en los sistemas mexicano y venezolano.

**A) El amparo como un derecho constitucional: la protección constitucional mediante los medios judiciales ordinarios y además mediante una acción específica**

En primer lugar, el amparo a los derechos y libertades constitucionales puede estar concebido en los sistemas constitucionales, *como un derecho constitucional de los ciudadanos, derivado del derecho a la supremacía de la Constitución y a obtener protección judicial respecto de dichos derechos y libertades por todos los tribunales.* Estos medios de protección judicial pueden ser los medios judiciales *ordinarios,* o puede tratarse de medios judiciales *específicos* de amparo inmediato.

En estos casos, por tanto, el amparo se ha regulado como un derecho constitucional, dando origen por tanto, no a una sola garantía (acción o recurso) de amparo, sino a *múltiples vías judiciales tanto ordinarias como específicas de protección de los derechos y libertades constitucionales,* que van más allá de la protección que se pueda obtener a través de las vías ordinarias. Es el caso de México y Venezuela, y es el supuesto en el cual, en nuestro criterio, se alinea la Constitución de Colombia de 1991.

a) *El juicio de amparo mexicano*

En el artículo 25 del Acta de Reformas Constitucionales de 1847, se introdujo en México *el derecho de todos los habitantes de la República a ser amparados por los tribunales* de la Federación en los derechos que les otorgaba la Constitución, contra todo ataque de parte de los Poderes Ejecutivo y Legislativo, en cuyo caso se estableció que los tribunales federales sólo debían dar protección en el caso concreto, sin hacer declaraciones generales sobre el acto en cuestión. Se introdujo, así, la figura del amparo constitucional como un derecho constitucional de todos a la protección de los derechos y libertades constitucionales, cuyo desarrollo posterior ha moldeado el llamado "juicio de amparo"[25], compleja institución procesal que al menos comprende

24 Véase las diversas leyes relativas a la acción de amparo y al hábeas corpus en América Latina en Allan R. BREWER-CARÍAS, *Derecho y Acción de Amparo, Tomo V, Instituciones Políticas y Constitucionales*, Editorial Jurídica Venezolana, Caracas 1998, pp. 425 y ss.

25 Véase H. Fix Zamudio, *El juicio de amparo*, México 1964; *Ensayos sobre el Derecho de Amparo*, México, 1993; Eduardo FERRER MAC-GREGOR, *La acción constitucional de amparo en México y España, Estudio de Derecho Comparado*, 2ª edición, Edit. Porrúa, México D.F. 2000; Ignacio BURGOA O., *El juicio de amparo*, Vigésima octava edición, Editorial Porrúa S.A., México 1991.

cinco diferentes medios de protección judicial y de control de constitucionalidad. La institución está regulada en una extensa norma constitucional que es el artículo 107, en la cual se precisa que las controversias que se susciten por leyes o actos de la autoridad que violen las garantías individuales; por leyes o actos de la autoridad federal que vulneren o restrinjan la soberanía de los Estados o la esfera de competencia del Distrito Federal; y por leyes o actos de las autoridades de los Estados o del Distrito Federal que invadan la esfera de la autoridad federal (art. 103), se deben sujetar a los procedimientos y formas del orden jurídico que determine la ley, de acuerdo con las bases que establece la norma constitucional, entre las que se destaca la exigencia de que la sentencia de amparo "será siempre tal, que sólo se ocupe de individuos particulares, limitándose a ampararlos y protegerlos en el caso especial sobre el que verse la queja, sin hacer una declaración general respecto de la ley o acto que la motivare..."

Ahora bien, a la mencionada norma constitucional y de acuerdo a la Ley de Amparo mexicana, y tal como lo ha sistematizado Héctor Fix Zamudio, el juicio de amparo comprende los siguientes procesos:

En primer lugar, el "amparo de la libertad", en el cual el juicio de amparo se configura como un medio judicial de protección de los derechos constitucionales. En este aspecto, el juicio de amparo es equivalente al mandamiento de *hábeas corpus* cuando persigue la protección de la libertad personal, pero puede servir también de medio de protección de otros derechos constitucionales establecidos en los artículos 1 al 29 del Texto Fundamental, cuando resultaren violados por un acto de autoridad.

El segundo aspecto del juicio de amparo es que también procede contra sentencias y decisiones judiciales, cuando se alegue que el juez ha aplicado incorrectamente los dispositivos legales, resultando el llamado "amparo judicial" o "amparo casación". Es decir, se trata de un recurso judicial muy similar a los recursos extraordinarios de casación que regulan los Códigos de Procedimiento Civil en la mayoría de los países de derecho civil, para controlar la legalidad de las decisiones judiciales.

El tercer aspecto del juicio de amparo es el denominado "amparo administrativo" mediante el cual se desarrollan los recursos contencioso-administrativos contra los actos administrativos violatorios de la Constitución o de las leyes.

El cuarto aspecto del juicio de amparo es el denominado "amparo social agrario", establecido especialmente para tutelar los derechos individuales y colectivos de los campesinos sujetos al régimen de la reforma agraria, particularmente referidos a la propiedad rural.

Finalmente el último aspecto del juicio de amparo es el "amparo contra leyes", el cual puede utilizarse para impugnar directamente, por vía de acción, las leyes que violen la Constitución, directamente, sin que se requiera ningún acto administrativo o judicial de aplicación de la misma, razón por la cual procede contra las leyes autoaplicativas.

De lo anterior resulta que en el caso mexicano, el amparo no se reduce a una sola garantía judicial (acción o recurso) para la protección de los derechos constitucionales, sino a una variada gama de procesos judiciales que lo configuran más como un derecho constitucional que como una garantía específica.

b) *El derecho de amparo en* Venezuela

Como lo advirtió en 1970 el propio Héctor Fix Zamudio, la Constitución venezolana de 1961, al incorporar a su texto el artículo 49 que regulaba el *derecho de amparo,* "consagró definitivamente el derecho de amparo como instrumento procesal para proteger todos los derechos fundamentales de la persona humana consagrados constitucionalmente", en lo que calificó como "uno de los aciertos más destacados en la avanzada Carta Fundamental de 1961"[26].

En efecto, el gran aporte del texto constitucional venezolano de 1961, concepción que sigue el artículo 27 de la Constitución de 1999, en relación a la protección de los derechos fundamen-

26 Véase Héctor FIX ZAMUDIO, "Algunos aspectos comparativos del derecho de amparo en México y Venezuela", *Libro Homenaje a la Memoria de Lorenzo Herrera Mendoza,* UCV, Caracas, 1970, Tomo II, pp. 333-390.

tales, ha sido la consagración del amparo *como un derecho fundamental* más y no sólo como una única garantía adjetiva del resto de los derechos constitucionales[27]. Es decir, la Constitución de Venezuela no consagró solamente una "acción de amparo" para proteger los derechos constitucionales, sino que lo que previó fue '"un derecho constitucional al amparo" con la consecuente obligación de todos los Tribunales de amparar a los habitantes de la República en el goce de los derechos y garantías consagrados en la Constitución, o que sin estar enumerados en el texto, sean inherentes a la persona humana.

La Ley Orgánica de Amparo sobre Derechos y Garantías Constitucionales, en vigencia a partir del 22 de enero de 1988[28], al regular y consagrar la *acción de amparo* de todos los derechos y libertades constitucionales, incluso para la protección de la libertad y seguridad personales (art. 38), reconoció expresamente que el ejercicio del derecho de amparo no se agota ni se contrae exclusivamente a dicho medio procesal, sino que puede ejercerse *también* a través de otras acciones o recursos establecidos en el ordenamiento jurídico. Así, en el artículo 3 se establece la posibilidad de formular la pretensión de amparo contra leyes junto con la acción popular de inconstitucionalidad de las leyes ante la Corte Suprema de Justicia; en el artículo 5 se establece expresamente que la pretensión de amparo contra actos administrativos y contra las conductas omisivas de la Administración puede formularse conjuntamente con los recursos contencioso-administrativos; y el artículo 6, ordinal 5°, al establecer las causales de inadmisibilidad de la acción de amparo, reconoce implícitamente que se puede formular la pretensión de amparo mediante otras "vías jurídicas ordinarias" o "medios judiciales preexistentes", en los cuales puede "alegarse la violación o amenaza de violación de un derecho o garantía constitucional".

Por supuesto para que estas vías judiciales sirvan de medio de amparo constitucional, el legislador ha perfeccionado sus mecanismos de protección: por ejemplo, en la acción de inconstitucionalidad de las leyes, cuando ésta se fundamente en la violación de un derecho o garantía constitucional, en virtud de la nulidad absoluta que ello implica, se ha previsto en la Ley Orgánica la potestad de la Corte Suprema de *suspender los efectos de la Ley impugnada* respecto del caso concreto mientras se decide el recurso (art. 3°); en el recurso de casación, cuando la denuncia contra la sentencia recurrida consista en el alegato de la violación por la misma de un derecho o garantía constitucional, la Sala de Casación debe acogerse al procedimiento y lapsos expeditos establecidos en la Ley Orgánica de Amparo (art. 6, ord. 5°) teniendo en todo caso el recurso efectos suspensivos de la sentencia; y en el recurso contencioso-administrativo, cuando el motivo del mismo sea la violación de un derecho constitucional por el acto recurrido, se ha eliminado la exigencia de agotamiento de la vía administrativa y del lapso de caducidad, dada la nulidad absoluta alegada, y se permite al juez recurrir en forma más expedita a los procedimientos de urgencia y abreviación de lapsos, así como a la suspensión de efectos del acto recurrido (arts. 5 y 6, ord. 5°).

En esta forma el derecho de amparo como protección judicial, establecido en el artículo 27 de la Constitución de 1999, antes citado, puede decirse que presenta unas peculiaridades que lo hacen diferente a la mayoría de las instituciones similares de protección de los derechos y garantías constitucionales establecidas en el mundo contemporáneo, tanto en Europa, como en América Latina[29].

Conforme a esta norma constitucional, en consecuencia, puede afirmarse que en Venezuela el amparo se consagra como *un derecho* de los habitantes del país, de exigir ante todos los Tribunales, según su competencia, y de acuerdo a lo que la ley establece, la protección y el ase-

27 Véase Héctor FIX-ZAMUDIO, "La teoría de Allan R. Brewer-Carías sobre el derecho de amparo latinoamericano y el juicio de amparo mexicano" en *El Derecho Público a comienzos del Siglo XXI. Libro Homenaje al profesor Allan R. Brewer-Carías*, Tomo I, Instituto de Derecho Público, Editorial Civitas, Madrid 2003, pp. 1125 y ss

28 Véase en *Gaceta Oficial* N° 33.891 de 22 de enero de 1988. Véase Allan R. BREWER-CARÍAS y Carlos M. AYALA CORAO, *Ley Orgánica de Amparo sobre Derechos y Garantías Constitucionales*, Caracas, 1988. Véase además Allan R. BREWER-CARÍAS, *El derecho y la acción de amparo, Tomo V, Instituciones Políticas y Constitucionales*, Editorial Jurídica venezolana, Caracas 1998, pp. 163 y ss.

29 Véase en general H. FIX ZAMUDIO, *La protección procesal de los derechos humanos ante las jurisdicciones nacionales*, Madrid, 1982, pp. 366.

guramiento del goce y ejercicio de todos los derechos y garantías que la Constitución establece o que sean inherentes a la persona humana, frente a cualquier perturbación, provenga ésta de entes públicos o de particulares, mediante un procedimiento que debe ser breve y sumario, y permitir al juez restablecer inmediatamente la situación jurídica infringida.

La Constitución, por tanto, no establece "una" acción o recurso de amparo, como un particular medio de protección judicial, sino un derecho de amparo o "derecho a ser amparado", como derecho fundamental que se puede materializar, y de hecho se materializa, a través de una *"acción autónoma de amparo"*[30] que en principio se puede ejercer ante cualquier Tribunal de Primera Instancia con competencia afín al derecho constitucional violado, pero que en caso de no existir tal Tribunal en la localidad respectiva, puede ejercerse ante cualquier juzgado o tribunal, sea cual sea su jerarquía (art. 7).

Por ello, el artículo 1° de la Ley Orgánica de Amparo sobre Derechos y Garantías Constitucionales, establece lo siguiente:

> Toda persona natural habitante de la República o persona jurídica domiciliada en ésta, podrá solicitar ante los Tribunales competentes el amparo previsto en el artículo 49 de la Constitución, para el goce y el ejercicio de los derechos y garantías constitucionales, aun de aquellos derechos fundamentales de la persona humana que no figuren expresamente en la Constitución, con el propósito de que se restablezca inmediatamente la situación jurídica infringida o la situación que más se asemeje a ella.
>
> La garantía de la libertad personal que regula el *hábeas corpus* constitucional, se regirá por esta Ley.

Al consagrarse así el derecho ciudadano a ser amparado, en nuestro criterio, el sistema venezolano se acoge al sentido de la previsión del artículo 25,1 de la Convención Americana sobre Derechos Humanos de 1977[31].

c) *El derecho de tutela en* Colombia

La Constitución de Colombia de 1991, en nuestro criterio, puede decirse que se alinea en la orientación de los sistemas mexicano y venezolano de amparo, al regular no sólo una "acción de tutela" específica, para la protección de los derechos constitucionales fundamentales, sino además, establece un derecho a la tutela judicial de dichos derechos que se ejerce o puede ejercerse mediante otros variados medios procesales de protección de los derechos y libertades.

En efecto, el Capítulo 4 del Título II de la Constitución (De los Derechos, las Garantías y los Deberes), se refiere a la "protección y aplicación de los derechos", y en él se consagra la "acción de tutela", en la siguiente forma:

> *Artículo 86*.- Toda persona tendrá acción de tutela para reclamar ante los jueces, en todo momento y lugar, mediante un procedimiento preferente y sumario, por sí misma

30 Véase Allan R. BREWER-CARÍAS, "El derecho de amparo y la acción de amparo", *Revista de Derecho Público,* N° 22, Editorial Jurídica Venezolana, Caracas, 1985, pp. 51 y ss.

31 Véase en general, sobre la acción de amparo en Venezuela: Gustavo BRICEÑO V., *Comentarios a la Ley de Amparo,* Editorial Kinesis, Caracas 1991; José Luís CASTILLO MARCANO et al., *El amparo constitucional y la tutela cautelar en la justicia administrativa,* Fundación Estudios de Derecho Administrativo (FUNEDA), Caracas 2000; Rafael J. CHAVERO GAZDIK, *El nuevo régimen del amparo constitucional en Venezuela,* Editorial Sherwood, Caracas 2001; Rafael J. CHAVERO GAZDIK, *La acción de amparo contra decisiones judiciales*, Fundación Estudios de Derecho Administrativo (FUNEDA)-Editorial Jurídica Venezolana, Caracas 1997; *El amparo constitucional en Venezuela (Doctrina, Jurisprudencia, Legislación)*, Tomo I, Instituto de Estudios Jurídicos del Estado Lara, Colegio de Abogados del Estado Lara, Diario de Tribunales 1987; *El amparo constitucional en Venezuela (Doctrina, Jurisprudencia, Legislación)*, Tomo II, Instituto de Estudios Jurídicos del Estado Lara, Colegio de Abogados del Estado Lara, Diario de Tribunales 1987; Gustavo José LINARES BENZO, *El proceso de amparo en Venezuela*, Editorial Jurídica Venezolana, Caracas 1993; Gustavo José LINARES BENZO, *El Proceso de Amparo*, Universidad Central de Venezuela, Facultad de Ciencias Jurídicas y Políticas, Caracas 1999; Otto MARÍN GÓMEZ, *La protección procesal de las garantías constitucionales de Venezuela. Amparo y Hábeas Corpus*, Universidad Central de Venezuela, Ediciones de la Biblioteca, Colección Ciencias Jurídicas y Políticas VI, Caracas 1983; Nicolás VEGAS ROLANDO, *El amparo constitucional y jurisprudencias*, Ediciones Librerías Destino, Caracas 1991; Francisco José UTRERA y Luís A. ORTIZ ÁLVAREZ, *El amparo constitucional contra sentencias,* Editorial Torino, Caracas 1997; Hildegard RONDÓN DE SANSÓ, *Amparo Constitucional*, Caracas 1988; Hildegard RONDÓN DE SANSÓ, *La acción de amparo contra los poderes públicos*, Editorial Arte, Caracas 1994.

o por quien actúe a su nombre, la protección inmediata de sus derechos constitucionales fundamentales, cuando quiera que éstos resulten vulnerados o amenazados por la acción o la omisión de cualquier autoridad pública.

La protección consistirá en una orden para que aquél respecto de quien se solicita tutela, actúe o se abstenga de hacerlo. El fallo, que será de inmediato cumplimiento, podrá impugnarse ante el juez competente y, en todo caso, éste lo remitirá a la Corte Constitucional para su eventual revisión.

Esta acción sólo procederá cuando el afectado no disponga de otro medio de defensa judicial, salvo que aquélla se utilice como mecanismo transitorio para evitar un perjuicio irremediable.

En ningún caso podrán transcurrir más de diez días entre la solicitud de tutela y su resolución.

La ley establecerá los casos en los que la acción de tutela procede contra particulares encargados de la prestación de un servicio público o cuya conducta afecte grave y directamente el interés colectivo, o respecto de quienes el solicitante se halle en estado de subordinación o indefensión.

Sin embargo, dicha acción de tutela, en nuestro criterio, no se concibe como la única vía judicial posible para la protección de los derechos constitucionales pues, en primer lugar, la misma sólo procede "cuando el afectado no disponga de otro medio de defensa judicial", (art. 86), es decir, "mediante un procedimiento preferente y sumario", lo que implica que el legislador puede consagrar variadas vías de tutela judicial de los derechos constitucionales.

Pero en segundo lugar, la Constitución expresamente señala que además de la acción de tutela, la ley debe establecer los demás recursos, las acciones y los procedimientos necesarios para que puedan propugnar por la integridad del orden jurídico y por la protección de sus derechos individuales, de grupo o colectivos, frente a la acción u omisión de las autoridades públicas.

En tercer lugar, y específicamente sobre los derechos e intereses colectivos, el artículo 88 de la Constitución dispone:

*Artículo 88.*- La ley regulará las acciones populares para la protección de los derechos e intereses colectivos, relacionados con el patrimonio, el espacio, la seguridad y la salubridad públicos, la moral administrativa, el ambiente, la libre competencia económica y otros de similar naturaleza que se definen en ella.

En consecuencia, en nuestro criterio, en la Constitución de Colombia de 1991 se ha regulado el amparo a los derechos constitucionales, como un derecho a la tutela judicial de dichos derechos que se materializa, sea mediante el ejercicio de la acción de tutela, sea mediante el ejercicio de otras acciones o recursos que el legislador puede establecer[32].

Por ello, entre las causales de improcedencia de la tutela, el Decreto Nº 2.591 de 1991, que reglamenta la acción de tutela, establece que ésta no procede "cuando existan otros recursos o medios de defensa judiciales, salvo que aquélla se utilice como mecanismo transitorio para

32 Véase en general sobre la tutela en Colombia, Jorge ARENAS SALAZAR, *La Tutela Una acción humanitaria,* 1ª edición 1992, Ediciones Librería Doctrina y Ley, Santa Fe de Bogotá D.C., Colombia 1992; Manuel José CEPEDA, *La Tutela Materiales y Reflexiones sobre su significado*, Presidencia de la República, Consejería para el desarrollo de la Constitución, Imprenta Nacional de Colombia, Bogotá D.C. 1992; Oscar José DUEÑAS RUIZ, *Acción de Tutela, Su esencia en la práctica, 50 respuestas básicas*, Corte Suprema, Consejo de Estado, Legislación, Ediciones Librería del Profesional, Santa Fe de Bogotá D.C., Colombia 1992; Federico GONZÁLEZ CAMPOS, *La Tutela Interpretación doctrinaria y jurisprudencial*, 2ª edición, Ediciones Jurídicas Gustavo Ibáñez, Santa Fe de Bogotá D.C., Colombia 1994; Manuel José CEPEDA, *Las Carta de Derechos. Su interpretación y sus implicaciones*, Temis Presidencia de la República Consejería para el Desarrollo de la Constitución, Santa Fe de Bogotá, Colombia 1993; Juan Manuel CHARRY U., *La acción de tutela,* Editorial Temis, Santa Fe de Bogotá 1992; Herán Alejandro OLANO CORREA et al., *Acción de Tutela (Práctica Forense y Jurisprudencia)*, 2ª edición 1994, Tunja-Boyacá-Colombia 1994;Carlos Augusto PATIÑO BELTRÁN, *Acciones de Tutela cumplimiento populares y de grupo. Guía Práctica*, Editorial Leyer, Bogotá D.C., Colombia 2000; *Pensamiento Jurídico. La Acción de Tutela, Revista de Teoría del Derecho y Análisis Jurídico* Nº 7, Universidad Nacional de Colombia, Facultad de Derecho, Ciencias Políticas y Sociales, Santa Fe de Bogotá D.C. 1997..

evitar un perjuicio irremediable", entendiéndose "por irremediable el perjuicio que sólo pueda ser reparado en su integridad mediante una indemnización" (art. 6,1).

Por tanto, de acuerdo con el artículo 8 del Decreto N° 2.591, "aun cuando el afectado disponga de otros medios de defensa judicial, la acción de tutela procederá cuando se utilice como mecanismo transitorio para evitar un perjuicio irremediable". También prescribe esa norma que "cuando se utilice como mecanismo transitorio para evitar un daño irreparable, la acción de tutela también podrá ejercerse conjuntamente con la acción de nulidad y de las demás procedentes ante la jurisdicción de lo contencioso-administrativo. En estos casos, el juez, si lo estima procedente, podrá ordenar que no se aplique el acto particular respecto de la situación jurídica concreta cuya protección se solicita, mientras dure el proceso".

La acción de tutela en Colombia también podía ejercerse conjuntamente con los recursos judiciales ordinarios. En tal sentido, el artículo 40 del Decreto N° 2.591 de 1991, al regular la tutela contra actos judiciales, prescribió que "cuando el derecho invocado sea el debido proceso, la tutela deberá imponerse conjuntamente con el recurso procedente", es decir, en principio, con el de apelación.

Además, el artículo 40 del Decreto precisó lo siguiente:

> Quien hubiere interpuesto un recurso, o disponga de medios de defensa judicial, podrá solicitar también la tutela si ésta es utilizada como mecanismo transitorio para evitar un perjuicio irremediable. También podrá hacerlo quien, en el caso concreto, careciere de otro mecanismo de defensa judicial, siempre y cuando la acción sea interpuesta dentro de los sesenta días siguientes a la firmeza de la providencia que hubiere puesto fin al proceso.

Este artículo 40 del Decreto, sin embargo, fue anulado por la Corte Constitucional mediante sentencia del 1° de octubre de 1992, por considerarlo inconstitucional, pues conforme al criterio de la Corte, en Colombia no procede la tutela contra las providencias judiciales[33].

**B) El amparo como una garantía jurisdiccional específica (acción o recurso) para la protección de los derechos y libertades constitucionales**

En la mayoría de los sistemas occidentales, el amparo se ha regulado constitucionalmente, en particular, como una específica garantía jurisdiccional para la protección de los derechos y libertades constitucionales, mediante el establecimiento de un recurso o acción destinado a tal fin. En algunos supuestos se trata de un específico medio de protección judicial que se ejerce ante un solo tribunal; en otros casos se trata de una o varias acciones o recursos que se intentan ante la jurisdicción ordinaria.

En todo caso, es claro que aun así no se trata de la única vía de protección de los derechos constitucionales, dado que los jueces ordinarios tienen siempre y esencialmente tal función por las vías ordinarias de acciones y recursos.

a) *El amparo como una acción o recurso que se ejerce ante un solo tribunal*

Quizás la figura más generalizada del amparo en Europa, como medio de protección jurisdiccional de los derechos y garantías constitucionales, la constituye el establecimiento en el ordenamiento constitucional de una sola acción o recurso que se intenta ante un solo Tribunal especializado en materia de justicia constitucional. Es el caso de las acciones o recursos de amparo establecidos en Alemania[34], Austria[35] y España[36]. Este sistema también se sigue en América

33 Véase la sentencia en *Derecho Colombiano*, Bogotá 1992, pp. 471 a 499.

34 Véase por todos I. V. MUNCH. "El recurso de amparo constitucional como instrumento jurídico y político en la República Federal de Alemania", *Revista de Estudios Políticos*, N° 7, Madrid, 1979, pp. 269-289; Klaus SCHLAICH, "El Tribunal constitucional alemán", en L. FAVOREU et al., *Tribunales Constitucionales Europeos Derechos Fundamentales*, Madrid, 1984, pp. 133-232.

35 Véase por todos F. ERMACORA, "El Tribunal Constitucional Austríaco" en el *Tribunal Constitucional*, Dirección General de lo Contencioso del Estado, Instituto de Estudios Fiscales, Madrid, 1981, Tomo I, pp. 409-459.

36 Véase por todos Joan Oliver ARAUJO, *El recurso de amparo*, Palma de Mallorca, 1986; Antonio MOYA GARRIDO, *El recurso de amparo según la doctrina del Tribunal Constitucional*, Barcelona, 1983; José L. CASCAJO CASTRO y

latina, al establecerse la competencia única y exclusiva para conocer de la acción de amparo, sea de la Corte Suprema de Justicia como órgano supremo de la vía judicial o de su Sala Constitucional. Es el caso de Costa Rica, El Salvador y Nicaragua.

### a) El recurso de amparo en Costa Rica

La reforma constitucional de Costa Rica de 1989, estableció expresamente el derecho de toda persona tanto al recurso de hábeas corpus para garantizar su libertad e integridad personales, como al recurso de amparo para mantener o restablecer el goce de los otros derechos consagrados en el Texto Fundamental, así como los de carácter fundamental establecidos en los instrumentos internacionales sobre derechos humanos, aplicables a la República (art. 48).

Ambos recursos son de competencia de la Sala Constitucional de la Corte Suprema de Justicia (art. 10), y se encuentran regulados en la Ley de la Jurisdicción Constitucional de 1989[37].

El recurso de amparo, conforme a esta Ley, en particular procede contra toda disposición, acuerdo o resolución y en general, contra toda acción, omisión o simple actuación material no fundada en un acto administrativo eficaz, de los servicios y órganos públicos que hayan violado, violen o amenacen violar cualquiera de aquellos derechos (art. 29). Sin embargo, la Ley excluye el amparo contra las leyes u otras disposiciones normativas, salvo cuando se impugnen conjuntamente con actos de aplicación individual de aquéllas o cuando se trate de normas de acción automática, de manera que sus preceptos resulten obligatorios inmediatamente por su sola promulgación. También excluye el amparo contra las resoluciones y actuaciones jurisdiccionales del Poder Judicial, contra los actos que realicen las autoridades administrativas al ejecutar decisiones judiciales, y contra los actos o disposiciones del Tribunal Supremo de Elecciones en materia electoral (art. 30).

La Ley de Costa Rica, además, regula la acción de amparo contra acciones u omisiones de sujetos de derecho privado, pero sólo cuando éstos actúen o deban actuar en ejercicio de funciones o potestades públicas, o se encuentren, de derecho o de hecho, en una posición de poder frente a la cual los remedios jurisdiccionales comunes resulten claramente insuficientes y tardíos para garantizar los derechos o libertades fundamentales consagrados en la Constitución y los derechos humanos reconocidos por el Derecho Internacional vigente en Costa Rica (art. 59).

Adicionalmente, la misma Ley de la Jurisdicción Constitucional regula específicamente el recurso de amparo para garantizar el derecho de rectificación o respuesta a toda persona afectada por informaciones inexactas o agraviantes emitidas en su perjuicio por medios de difusión que se dirijan al público en general, para consecuentemente efectuar por el mismo órgano de difusión su rectificación o respuesta. A tal efecto la Ley regula un procedimiento específico (art. 66 y ss.).

El recurso de amparo de Costa Rica, por tanto, se configura como un medio judicial de protección constitucional contra las actuaciones de la Administración Pública, contra las actuaciones de particulares pero cuando actúan en ejercicio del Poder Público, y contra leyes o actos normativos autoaplicativos, que se ejerce directamente ante la Sala Constitucional de la Corte Suprema de Justicia contra el servidor o el titular del órgano o representante de la entidad que aparezca como presunto autor del agravio, sin que sea necesario el ejercicio de ningún recurso administrativo previo para interponerlo.

### b) El amparo en El Salvador

De acuerdo con el artículo 247 de la Constitución de El Salvador:

> *Artículo 247.*- Toda persona puede pedir amparo ante la Sala de lo Constitucional de la Corte Suprema de Justicia por violación de los derechos que otorga la presente Constitución.

---

Vicente Gimeno SENDRA, *El recurso de amparo,* Madrid, 1985; Antonio CANO MATA, *El recurso de amparo,* Madrid, 1983.

37 Véase en general, Rubén HERNÁNDEZ VALLE, *La tutela de los derechos fundamentales*, Editorial Juricentro, San José 1990.

> El habeas corpus puede pedirse ante la Sala de lo Constitucional de la Corte Suprema de Justicia o ante las Cámaras de Segunda Instancia que no residen en la capital. La resolución de la Cámara que denegare la libertad del favorecido podrá ser objeto de revisión, a solicitud del interesado por la Sala de lo Constitucional de la Corte Suprema de Justicia.

Por tanto, la Constitución de El Salvador de 1983, reformada muchas veces (1991-2004), dentro de las atribuciones de la Corte Suprema de Justicia establece la de "conocer de los procesos de amparo" (art. 182,1). Por ello, la Ley de Procedimientos Constitucionales de 1960, reformada en 1977, 1985 y 1997, dentro de la misma orientación de "amparo concentrado" establece que:

> *Artículo 3.*- Toda persona puede pedir amparo ante la Sala de lo Constitucional de la Corte Suprema de Justicia por violación de los derechos que le otorga la Constitución.

**c) El amparo en Nicaragua**

La Constitución de Nicaragua de 1986, reformada en 1995 y 2000 establece en su artículo 45 que "las personas cuyos derechos constitucionales hayan sido violados o estén en peligro de serlo, pueden interponer el recurso de exhibición personal o de amparo, según el caso y de acuerdo con la Ley de Amparo".

En consecuencia, la Constitución estableció el recurso de amparo en contra de toda disposición, acto o resolución y en general en contra de cada acción u omisión de cualquier funcionario, autoridad o agente de los mismos que viole o trate de violar los derechos y garantías consagrados en la Constitución Política (art. 188); y el recurso de exhibición personal en favor de aquellos, cuya libertad, integridad física y seguridad, sean violadas o estén en peligro de serlo (art. 189). Adicionalmente atribuyó competencia exclusiva para conocer del mismo a la Corte Suprema de Justicia (art. 164,3).

En sentido similar, la Ley de Amparo de Nicaragua de 1988, establece que la Corte Suprema de Justicia es el tribunal competente para conocer el recurso de amparo hasta su resolución definitiva (art. 25), correspondiendo, sin embargo, a los Tribunales de Apelaciones respectivos o a las Salas de los mismos, conocer de las primeras actuaciones hasta la suspensión del acto inclusive (art. 25).

b) *El amparo como una acción o recurso pero ejercido ante una globalidad de Tribunales*

En la mayoría de los sistemas latinoamericanos cuyas Constituciones consagran el amparo como una garantía judicial específica para la protección de los derechos y libertades constitucionales, el conocimiento de las acciones o recursos no se concentra en un solo Tribunal, sino que su conocimiento y decisión se atribuyen a una globalidad de Tribunales. Así sucede por ejemplo, en Argentina, Perú, Uruguay, Chile, Brasil, Colombia, Guatemala, Panamá, El Salvador, Bolivia y Honduras. También sucede en Venezuela con la "acción de amparo" autónoma.

**a) El recurso de amparo en Argentina**

El recurso de hábeas corpus en Argentina no estaba establecido en la Constitución, y sólo fue incorporado al Texto Fundamental en la reforma de 1949, aun cuando luego fue dejada sin efecto en 1955. En la reforma constitucional de 1994, como se ha dicho, se volvió a establecer la acción de amparo (art. 43).

Ahora bien, en 1984, por Ley 23.098 el Congreso, al interpretar el artículo 18 de la Constitución que establece la garantía de no ser arrestado sino en virtud de orden escrita de la autoridad competente, reglamentó el hábeas corpus para la protección de la libertad física o corporal ante las detenciones ilegales y arbitrarias[38].

En cuanto a los demás derechos constitucionales, en ausencia de previsión legal, la Jurisprudencia de la Corte Suprema de la Nación había rechazado la aplicación del hábeas corpus

38 Véase, Néstor Pedro SAGÜES, *Derecho Procesal Constitucional. Hábeas Corpus*, Tomo 4, 2ª ed., Editorial Astrea, Buenos Aires 1988.

para lograr su protección judicial. Sin embargo, a raíz de la resolución de los casos Angel Siri y Samuel Kot en 1957 y 1958, la Corte Suprema de la Nación produjo la creación jurisprudencial del amparo de los derechos constitucionales, dejando sentados los criterios de que el amparo procedía para tutelar los derechos constitucionales, con excepción de la libertad física protegida por el hábeas corpus; que no podía ser obstáculo a la aplicación del amparo su falta de reglamentación procesal, aplicándose en cuanto fuera posible el trámite del hábeas corpus; que el amparo protegía no sólo contra actos de los órganos del Poder Público sino de los particulares; y que procedía no obstante la existencia de una vía procesal ordinaria, si el trámite de ésta podía producir un daño grave e irreparable[39].

La labor jurisprudencial se completó con la promulgación de la Ley 16.986[40] sobre la acción de amparo de 1966 que regula sólo la acción de amparo contra actos del Estado, teniendo los particulares acceso al amparo frente a los particulares mediante las previsiones del Código Procesal Civil y Comercial de la Nación (arts. 32,1, inciso 2º y 498)[41].

En esta forma, de acuerdo con el artículo 1º de la Ley 16.986:

> La acción de amparo será admisible contra todo acto u omisión de autoridad pública que, en forma actual o inminente, lesione, restrinja, altere o amenace, con arbitrariedad o ilegalidad manifiesta, los derechos o garantías explícita o implícitamente reconocidos por la Constitución Nacional, con excepción de la libertad individual tutelada por el *hábeas corpus*.

Se trata, por tanto, de una acción que se intenta ante cualquier juez de Primera Instancia con jurisdicción en el lugar en que el acto se exteriorice o tuviere o pudiere tener efectos, para la protección de todos los derechos y libertades constitucionales (incluso implícitamente reconocidos en la Constitución) contra las actuaciones u omisiones de las autoridades públicas, excepto las decisiones o actos emanados del Poder Judicial y las Leyes.

Para intentar la acción de amparo es necesario agotar los recursos o remedios judiciales o administrativos que permitan obtener la protección del derecho o garantía constitucional de que se trate, pues si éstos existen, el amparo es inadmisible, salvo que ellos no sean hábiles para reparar el agravio y el tránsito por los mismos pueda ocasionar un daño grave e irreparable. De allí que se considere al amparo como una vía excepcional. En la actualidad, la institución del amparo se ha regulado en la Constitución argentina, con ocasión de la reforma constitucional de 1994 (art. 43), en forma amplísima, siguiendo la orientación de las previsiones de la Convención Americana sobre Derechos Humanos, habiéndose desarrollado, además, la acción de hábeas data[42].

### b) El recurso de amparo en el Perú

La Constitución peruana de 1979 estableció en su artículo 295 las siguientes "garantías constitucionales":

> *Artículo 295*.- La acción u omisión por parte de cualquier autoridad, funcionario o persona que vulnera o amenaza la libertad individual, da lugar a la acción de *hábeas corpus*.

---

39 Véase por todos Susana ALBANESE, *Garantías Judiciales. Algunos requisitos del debido proceso legal en el derecho internacional de los derechos humanos*, Ediar S.A. Editora, Comercial, Industrial y Financiera, Buenos Aires 2000; José Luís LAZZARINI, *El juicio de amparo*, 2ª ed., Buenos Aires 1988; Augusto M. MORILLO et al., *El amparo. Régimen procesal*, 3ª edición, Librería Editora Platense SRL, La Plata 1998, 430 pp.; Néstor Pedro SAGÜES, Pedro *Derecho Procesal Constitucional. Acción de Amparo*, Tomo 3, 2ª ed., Editorial Astrea, Buenos Aires 1988; Alí Joaquín SALGADO, *Juicio de amparo y acción de inconstitucionalidad*, Editorial Astrea, Buenos Aires 1987.

40 Véase, por todos, José Luis LAZZARINI, *El juicio de amparo*, Buenos Aires, 1987; Néstor Pedro SAGÜÉS, *Derecho Procesal Constitucional. Acción de Amparo*, Buenos Aires, 1988.

41 J. L. LAZZARINI, *op. cit.*, p. 229.

42 Véase Juan F. ARMAGNAGUE et al., *Derecho a la información, hábeas data e Internet*, Ediciones La Roca, Buenos Aires 2002; Miguel Ángel EKMEKDJIAN et al., *Hábeas Data. El derecho a la intimidad frente a la revolución informática*, Edic. Depalma, Buenos Aires 1998; Osvaldo Alfredo GOZAÍNI, *Derecho Procesal Constitucional, Hábeas Data. Protección de datos personales. Ley 25.326 y reglamentación (decreto 1558/2001)*, Rubinzal-Culzoni Editores, Santa Fe, Argentina 2002

La acción de amparo cautela los demás derechos reconocidos por la Constitución que sean vulnerados o amenazados por cualquier autoridad, funcionario o persona".

Se consagró así, la acción de amparo como una garantía constitucional para la protección de todos los derechos y libertades reconocidos por la Constitución con excepción de la libertad individual (cuyo medio de protección judicial es la acción de *hábeas corpus*), cuando sean vulnerados por actos de autoridades públicas o particulares.

Estas disposiciones fueron recogidas en el texto de la Constitución de 1993, reformada en 1995, 2000 y 2002, en su artículo 200, en el cual se incorporó como garantía constitucional, además, la acción de habeas data, así:

1.- La Acción de Habeas Córpus, que procede contra el hecho u omisión, por parte de cualquier autoridad, funcionario o persona, que vulnera o amenaza la libertad individual o los derechos constitucionales conexos.

2.- La Acción de Amparo, que procede contra el hecho u omisión, por parte de cualquier autoridad, funcionario o persona, que vulnera o amenaza los demás derechos reconocidos por la Constitución, con excepción de los señalados en el inciso siguiente. No procede contra normas legales ni contra resoluciones judiciales, emanadas de procedimiento regular.

3.- La Acción de Hábeas Data, que procede contra el hecho u omisión, por parte de cualquier autoridad, funcionario o persona, que vulnera o amenaza los derechos a que se refiere el artículo 2° incisos 5 y 6 de la Constitución.

De acuerdo con el Código Procesal Constitucional dictado por Ley N° 28.237 de 2004, que derogó entre otras, a la Ley N° 23.506 de *Hábeas Corpus y* Amparo de 1982, y a la Ley N° 25.398 de 1991[43] que complementaba la anterior, la acción de amparo se intenta ante el Juez civil del lugar donde se afectó el derecho o donde tiene domicilio el afectado o donde domicilia el autor de la infracción (art. 51). De acuerdo a dicho Código, el amparo sólo procede cuando se hayan agotado las vías previas (arts. 5,4; 45). Sin embargo, en caso de duda sobre el agotamiento de la vía previa, el Código exige que se prefiera dar trámite a la demanda de amparo (art. 45).

### c) La acción de amparo en Uruguay

La acción de amparo en Uruguay, a pesar de las declaraciones generales contenidas en los artículos 7,72 y 332 de la Constitución de 1966, se reguló en forma expresa en la Ley N° 16.011 de 1988, en la cual se estableció lo siguiente:

*Artículo 1.-* Cualquier persona física o jurídica, pública o privada, podrá deducir la acción de ampara contra todo acto, omisión o hecho de las autoridades estatales o paraestatales, así como de particulares que, en forma actual e inminente, a su juicio, lesione, restrinja, altere o amenace, con ilegitimidad manifiesta, cualquiera de sus derechos y libertades reconocidos expresa o implícitamente por la Constitución (art. 72), con excepción de los casos en que proceda la interposición del recurso de *hábeas corpus*.

Se estableció así la acción de amparo para la protección de todos los derechos y libertades constitucionales, que se puede ejercer ante todos los jueces letrados de Primera Instancia de la materia que corresponda al acto, hecho u omisión impugnados y del lugar en que éstos produzcan sus efectos (art. 3) no sólo contra actos lesivos de los órganos del Poder Público, sino contra actos de los particulares[44].

La Ley N° 16.011, sin embargo, excluyó de la acción de amparo los actos jurisdiccionales, cualquiera sea su naturaleza y el órgano del que emanen; los actos de la Corte Electoral cual-

---

43 Véase Samuel B. ABAD YUPANQUI et al., *Código Procesal Constitucional*, Ed. Palestra, Lima 2004. Véase por todos, Alberto BOREA ODRIA, *Las garantías constitucionales: Habeas Corpus y Amparo*, Libros Peruanos S.A., Lima 1992; Alberto BOREA DRÍA, *El amparo y el Hábeas Corpus en el Perú de Hoy*, Lima, 1985. .

44 Véase por todos Luís Alberto VIERA et al., *Ley de Amparo. Comentarios, Texto Legal y Antecedentes legislativos a su sanción. Jurisprudencia sobre el amparo*, 2ª ed., Ediciones IDEA, Montevideo 1993; Miguel Ángel SEMINO, "Comentarios sobre la acción de amparo en el Derecha uruguayo", en *Boletín de la Comisión Andina de Jurista*, N° 27, Lima, 1986,

quiera sea su naturaleza, y las leyes y los decretos de los gobiernos departamentales que tengan fuerza de Ley en su jurisdicción (art. 1°)

Esta acción de amparo en el sistema uruguayo, sólo procede cuando no existan otros medios judiciales o administrativos que permitan obtener el mismo resultado de protección o amparo, o cuando, si existieren fueren, por las circunstancias, claramente ineficaces para la protección del derecho.

**d) El "recurso de protección" en Chile**

La Constitución de Chile de 1980, con antecedentes en el Acta Constitucional N° 3 (Decreto-Ley N° 1.552) de 1976, estableció el recurso de protección de ciertos derechos y libertades constitucionales, que puede intentarse ante las Cortes de Apelaciones, las cuales están legalmente autorizadas para adoptar de inmediato las providencias que juzguen necesarias para restablecer el imperio del derecho y asegurar la debida protección del afectado, sin perjuicio de los demás derechos que pueda hacer valer ante la autoridad o los Tribunales correspondientes (art. 20)[45].

En particular, el artículo 20 de la Constitución dispone:

> *Artículo 20*.- El que por causa de actos u omisiones arbitrarios o ilegales, sufra privación, perturbación o amenaza en el legítimo ejercicio de los derechos y garantías establecidos en el artículo 19, números 1°, 2°, 3° inciso cuarto, 4°, 5°, 6°, 9° inciso final, 11°, 12°, 13°, 15°, 16° en lo relativo a la libertad de trabajo y al derecho a su libre elección y libre contratación, y a lo establecido en el inciso cuarto, 19°, 21°, 22°, 23°, 24° y 25° podrá ocurrir por sí o por cualquiera a su nombre, a la Corte de Apelaciones respectiva, la que adoptará de inmediato las providencias que juzgue necesarias para restablecer el imperio del derecho y asegurar la debida protección del afectado, sin perjuicio de los demás derechos que pueda hacer valer ante la autoridad o los tribunales correspondientes.
>
> Procederá también, el recurso de protección en el caso del número. 8° del artículo 19, cuando el derecho a vivir en un medio ambiente libre de contaminación sea afectado por un acto arbitrario e ilegal imputable a una autoridad o persona determinada.

Además, en materia de protección de la libertad y seguridad personales, conforme al artículo 21 de la Constitución, todo individuo que se hallare arrestado, detenido o preso con infracción de lo dispuesto en la Constitución o en las leyes, puede ocurrir por sí, o por cualquiera a su nombre, a la magistratura que señale la ley, a fin de que ésta ordene se guarden las formalidades legales y adopte de inmediato las providencias que juzgue necesarias para restablecer el imperio del derecho y asegurar la debida protección del afectado. Esa magistratura puede ordenar que el individuo sea traído a su presencia y su decreto debe ser precisamente obedecido por todos los encargados de las cárceles o lugares de detención. Instruida de los antecedentes, debe decretar su libertad inmediata o debe hacer que se reparen los defectos legales o pondrá al individuo a disposición del juez competente, procediendo en todo breve y sumariamente, y corrigiendo por sí esos defectos o dando cuenta a quien corresponda para que los corrija.

El mismo recurso, y en igual forma, puede ser deducido en favor de toda persona que ilegalmente sufra cualquiera otra privación, perturbación o amenaza en su derecho a la libertad personal y seguridad individual. En estos casos, la respectiva magistratura debe dictar las medidas antes indicadas que estime conducentes para restablecer el imperio del derecho y asegurar la debida protección del afectado.

45 Véase por todos, Pedro ABERASTURY et al., *Acciones constitucionales de amparo y protección: realidad y prospectiva en Chile y América Latina*, Editorial Universidad de Talca, Talca 2000, Chile; Juan Manuel ERRAZURIZ GATICA el al., *Aspectos procesales del recurso de protección*, Editorial Jurídica de Chile, Santiago de Chile 1989; Sergio LIRA HERRERA, *El recurso de protección. Naturaleza Jurídica, Doctrina, Jurisprudencia, Derecho Comparado*, Editorial Jurídica de Chile, Santiago de Chile 1990; Enrique PAILLAS, *El recurso de protección ante el derecho comparado*, Editorial Jurídica de Chile, Santiago de Chile 1990.

### e) Las acciones de protección constitucional en Brasil

En la Constitución de Brasil, desde 1934, se había establecido expresamente el *mandado de segurança,* como una acción específica de protección de los derechos y libertades constitucionales, con excepción de la libertad personal, que era protegida mediante el recurso de *hábeas corpus.*

En la nueva Constitución de Brasil de 1988, el elenco de garantías constitucionales fue ampliado en forma destacada, pues además del *mandado de segurança y* del recurso de *hábeas corpus,* se establecieron dos nuevas acciones de protección de los derechos y libertades constitucionales: el *mandado de injunçao* y el *habeas data*[46].

En efecto, en primer lugar, el hábeas corpus se regula en el artículo 5, LXVIII de la Constitución al establecerse que procede siempre que alguien sufra o se sienta amenazado de sufrir violencia o coacción en su libertad de locomoción, por ilegalidad o abuso de poder.

La libertad de locomoción declarada en el artículo 5, XV de la Constitución es el derecho de cualquier persona de entrar, permanecer y salir con sus bienes del territorio nacional; en definitiva es el *ius ambulandi,* esencia de la libertad personal, por lo que el *hábeas corpus* procede contra las detenciones arbitrarias o ilegales. La acción se intenta en principio ante los Tribunales de Primera Instancia Criminal, pero pueden conocer de la acción los Tribunales de Apelación e incluso el Supremo Tribunal Federal, si la acción se intenta contra el Tribunal de Primera Instancia o contra el Tribunal de Apelación, respectivamente.

La segunda acción de protección prevista de la Constitución de Brasil es el *mandado de segurança* individual o colectivo. El mandado de *segurança* se concede en el artículo 5, LXIX para proteger derechos determinados y ciertos, no amparados por el hábeas corpus o hábeas data, cuando el responsable de la ilegalidad o abuso de poder fuese una autoridad pública o un agente de una persona jurídica en ejercicio de atribuciones del Poder Público. Este recurso, que puede intentarse ante todos los tribunales según su competencia, sin embargo, no es admisible de acuerdo a la ley cuando existan recursos administrativos que puedan ejercerse contra el acto en cuestión, o si se trata de decisiones judiciales, cuando existan recursos previstos en las leyes procesales mediante los cuales pueda corregirse el acto. Tampoco se admite el mandado de *segurança* contra las leyes, incluso de carácter autoaplicativo.

La Constitución de 1988 también introdujo una novedad al regular el mandado de *segurança* colectivo, el cual puede ser ejercido por los partidos políticos con representación en el Congreso Nacional o por organizaciones sindicales, entidades de clases o asociaciones legalmente constituidas y en funcionamiento por lo menos durante un año, en defensa de los intereses de sus miembros o asociados (art. 5, LXX). Se trata de un medio procesal de protección de intereses colectivos (no difusos), ejercido por los entes representativos de los mismos, ante todos los tribunales, según su competencia, en sentido similar a la competencia en el mandado de *segurança* individual.

En tercer lugar, la Constitución de Brasil de 1988, estableció un nuevo medio procesal de protección de los derechos y libertades constitucionales, denominado el *mandado de injunçao,* que se concede conforme al artículo 5, LXXI, siempre que por falta de norma reglamentaria se torne en inviable el ejercicio de los derechos y libertades constitucionales y de las prerrogativas inherentes a la nacionalidad, a la soberanía del pueblo o a la ciudadanía. Esta acción tiene por objeto, frente a la omisión legislativa o reglamentaria, obtener la orden de un juez en la cual impone una obligación de hacer o de cumplir un determinado acto, cuya violación constituye un atentado a un derecho.

---

46 Véase por todos José Alfonso DA SILVA, *Mandado de injunçao e habeas data,* Sao Paulo, 1989; Dimar ACKEL FILHO, *Writs Constitutionais,* Sao Paulo, 1988; Nagib SLAIBI FILHO, *Anotaçoes a Constituiçao de 1988,* Río de Janeiro, 1989; Celso AGRÍCOLA BARBI, *Do Mandado de Segurança,* 7ª edição, Revista, aumentada e actualizada de acordo com o Código de Processo Civil de 1973 e legislação posterior, Editora Forense, Río de Janeiro 1993; J. CRETELLA JÚNIOR, *Comentários à ley do mandado de segurança (de acordo com a constituição de 5 de outubro de 1988,* 5ª edição, Editora Forense, Rió de Janeiro 1992.

Si la omisión normativa es atribuible a las más altas autoridades de la República, el Tribunal competente es el Supremo Tribunal Federal; en otros casos, son competentes los Tribunales Superiores de justicia. En todo caso, mediante el *mandado de injunçao* el juez respectivo no legisla sino solamente ordena o manda que se conceda el derecho establecido en la Constitución, y cuya falta de reglamentación hace inviable su ejercicio.

Por último, en cuarto lugar, la Constitución de 1988 estableció otra nueva acción de protección de los derechos constitucionales, denominada *hábeas data,* que el artículo 5, LXXII concede, primero, para asegurar el conocimiento de informaciones relativas a la persona recurrente que consten en registros o banco de datos de entidades gubernamentales o de carácter público; y segundo, para la rectificación de datos, cuando no se pueda lograr mediante procesos judiciales o administrativos. El hábeas data se configura entonces como una acción constitucional destinada a garantizar tres aspectos: el derecho de acceso a los registros oficiales; el derecho de rectificación de los mismos, y el derecho de corrección de dichos registros, informatizados o no, que se intenta ante todos los tribunales, según su competencia, incluso ante el Supremo Tribunal Federal.

### f) La "acción de amparo" en Venezuela como vía judicial autónoma

Hemos señalado que, en Venezuela, el derecho de amparo previsto en la Constitución de 1961 y recogido en la de 1999, conforme a la Ley Orgánica de 1988 permite lograr la adecuada protección de los derechos y garantías constitucionales, además a través de otras vías judiciales, mediante una "acción de amparo" autónoma, la cual, por supuesto, aparece en el ordenamiento como absolutamente diferenciada de la acción o recursos de inconstitucionalidad de las leyes, del recurso de casación y de las acciones contencioso-administrativas. En este caso, la acción de amparo se nos presenta como una acción mucho más amplia, de protección de absolutamente todos los derechos y garantías constitucionales, incluyendo, como hemos señalado, el goce y ejercicio de la libertad personal, o derecho de *"hábeas corpus"*, regulado en detalle en la Ley Orgánica[47].

Ahora bien, una de las características de esta acción judicial autónoma de amparo, es que no presupone el que se hayan agotado vías judiciales previas para poder intentarse, lo que hace que la acción de amparo en Venezuela se diferencie del recurso de amparo que se ha desarrollado en Europa, y particularmente, en Alemania y España. En estos países, en realidad el recurso de amparo, de hecho, es un auténtico "recurso" que se intenta, en principio, contra decisiones judiciales. En Alemania, el recurso de amparo constitucional que se intenta ante el Tribunal Constitucional Federal, exige el agotamiento previo de la vía judicial ordinaria, por lo que, en definitiva, se traduce en un recurso contra una decisión judicial respectiva, aun cuando como se ha dicho, excepcionalmente procede una acción directa de amparo en ciertos casos específicos y respecto a un número muy limitado de derechos constitucionales. En España, el recurso de amparo que se intenta ante el Tribunal Constitucional, también exige el agotamiento previo de las vías judiciales y, particularmente, si se trata de un amparo en relación a actividades administrativas, en definitiva se requiere siempre el agotamiento previo de la vía judicial contencioso-administrativa. Por eso, en España, el recurso de amparo en definitiva se configura como un recurso revisor de sentencias de los Tribunales Contencioso-Administrativos.

En el caso venezolano, en cambio, la acción autónoma de amparo no exige el agotamiento previo de las vías judiciales ni se configura, por tanto, como un recurso extraordinario contra sentencias judiciales. Se trata, de una acción judicial autónoma que sólo procede cuando no se opte por otros recursos o acciones judiciales que permitan mediante procedimientos breves y sumarios, obtener amparo y protección de los derechos y el restablecimiento inmediato de los mismos (art. 6, ord. 5º). En materia de amparo contra actos administrativos o conductas omisivas de la Administración, la acción procede cuanto la vía contencioso-administrativa no sea un medio efectivo de protección constitucional. En estos casos, no es que la acción de am-

47 Véase Allan R. BREWER-CARÍAS y Carlos M. AYALA CORAO, *Ley Orgánica de Amparo a los Derechos y Garantías Constitucionales*, Caracas, 1988; Hildegard RONDÓN DE SANSÓ, *Amparo Constitucional*, 1991.

paro requiere el agotamiento previo del recurso contencioso administrativo de anulación cuando la violación del derecho constitucional la produce un acto administrativo, sino que el recurso contencioso-administrativo puede ser en sí mismo el medio de amparo. Por ello, en el caso de actos administrativos, cuando el recurso contencioso-administrativo no sirva efectivamente como medio de amparo dadas las particulares circunstancias del caso concreto, procede la acción autónoma de amparo (art. 5).

Por otra parte, debe señalarse que el derecho de amparo, de acuerdo a la Constitución y la Ley Orgánica, se puede ejercer ante "los tribunales" en conformidad con la Ley, por lo que de acuerdo a la Ley Orgánica de Amparo, la competencia para conocer de la acción autónoma de amparo se atribuye en principio, a los Tribunales de Primera Instancia.

En efecto, de acuerdo con el artículo 7° de la Ley Orgánica:

> Son competentes para conocer de la acción de amparo, los Tribunales de Primera Instancia que lo sean en la materia afín con la naturaleza del derecho o de las garantías constitucionales violados o amenazados de violación, en la jurisdicción correspondiente al lugar donde ocurriere el hecho, acto u omisión que motivaren la solicitud de amparo...
>
> Del amparo de la libertad y seguridad personales conocerán los Tribunales de Primera Instancia en lo Penal, conforme al procedimiento establecido en esta Ley.

La Ley agrega en su artículo 9° que:

> Cuando los hechos, actos u omisiones constitutivos de la violación o amenaza de violación del derecho o de la garantía constitucional se produzcan en lugar donde no funcionen Tribunales de Primera Instancia, se interpondrá la acción de amparo ante cualquier Juez de la localidad, quien decidirá conforme a lo establecido en esta Ley. Dentro de las 24 horas siguientes a la adopción de la decisión, el Juez la enviará en consulta al Tribunal de Primera Instancia competente.

En ciertos casos, sin embargo, la acción autónoma de amparo sólo puede intentarse ante la Sala Constitucional del Tribunal Supremo de Justicia, que conoce en única instancia en los casos de que la violación o amenaza de violación de los derechos constitucionales provenga de cualquier hecho, acto u omisión del Presidente de la República, de los Ministros, del Consejo Nacional Electoral y demás organismos electorales del país, del Fiscal General de la República, del Procurador General de la República o del Contralor General de la República (art. 8) o del Defensor del Pueblo.

### g) La "acción de tutela" en Colombia como vía judicial autónoma

Hemos señalado que, en nuestro criterio, el sistema adoptado por la Constitución de Colombia de 1991, para la protección constitucional de los derechos fundamentales, es el de consagrar un *derecho constitucional a la tutela* judicial de dichos derechos, a través de múltiples vías judiciales y también, mediante el ejercicio de una específica "acción de tutela" que se regula en el artículo 86 de la Constitución, antes citado, y que se puede ejercer también ante una globalidad de Tribunales.

Así resulta de la expresión del artículo 86 de la Constitución, al consagrarse el derecho de toda persona a ejercer la acción de tutela para la protección de los derechos constitucionales fundamentales por "ante los Jueces". Por ello, en el Decreto 2.591 de 1991 se atribuye competencia "para conocer de la acción de tutela, a prevención, los jueces o tribunales con jurisdicción en el lugar donde ocurriere la violación o la amenaza que motivaren la presentación de la solicitud" (Art. 37). Por otra parte, el mismo artículo 86 de la Constitución establece que el fallo que se dicte con motivo del ejercicio de la acción de amparo, "podrá impugnarse ante juez competente y, en todo caso, éste lo remitirá a la Corte Constitucional para su eventual revisión". De acuerdo al Decreto 2.591 de 1991, en todo caso, si no ha habido apelación, los fallos deben ser enviados a la Corte Constitucional (art. 31). La Corte tiene poder discrecional para determinar las sentencias de tutela que habrán de ser revisadas (art. 33).

Se consagra así, el principio de la "bi-instancia" del proceso judicial de la acción de tutela, con la posibilidad de una revisión "eventual" por parte de la Corte Constitucional, en los casos y con las exigencias que se establecen en el Decreto 2.591 que regula la acción.

Por otra parte, debe advertirse que en el caso de la acción de tutela de los derechos constitucionales fundamentales en Colombia, la Constitución no exige que se agoten previamente las acciones o recursos judiciales, aun cuando se establece expresamente que sólo procede "cuando el afectado no disponga de otro medio de defensa judicial" y aun en ese caso, se admite la acción de tutela "como mecanismo transitorio para evitar un perjuicio irremediable" (art. 86).

**h) El "amparo" en Guatemala**

En la Constitución de Guatemala de 1985 se instituyó el "amparo" con el fin de proteger a las personas contra las amenazas de violaciones a sus derechos o para restaurar el imperio de los mismos cuando la violación hubiere ocurrido. La Constitución agregó que "no hay ámbito que no sea susceptible de amparo, y procederá siempre que los actos, resoluciones, disposiciones o leyes de autoridad lleven implícitos una amenaza, restricción o violación a los derechos que la Constitución y las leyes garantizan" (art. 265).

El artículo 263 de la Constitución reguló además el derecho a la exhibición personal, para quien se encuentre ilegalmente preso, detenido o cohibido de cualquier otro modo del goce de su libertad individual, amenazado de la pérdida de ella, o sufriere vejámenes, aun cuando su prisión o detención fuere fundada en ley. En esos casos, tiene derecho a pedir su inmediata exhibición ante los tribunales de justicia, ya sea con el fin de que se le restituya o garantice su libertad, se hagan cesar los vejámenes o termine la coacción a que estuviere sujeto. Si el tribunal decretare la libertad de la persona ilegalmente recluida, ésta quedará libre en el mismo acto y lugar.

Cuando así se solicite o el juez o tribunal lo juzgue pertinente, la exhibición reclamada se debe practicar en el lugar donde se encuentre el detenido, sin previo aviso ni notificación. En todo caso, es ineludible la exhibición personal del detenido en cuyo favor se hubiere solicitado.

Conforme a los artículos 11 y siguientes de la Ley de Amparo, Exhibición Personal y de Constitucionalidad, de 1986 (Decreto 1-86), la competencia para conocer del amparo se atribuyó a todos los Tribunales, así:

1.- A la Corte Constitucional, en única instancia, en los amparos interpuestos en contra del Congreso de la República, la Corte Suprema de Justicia, el Presidente y el Vicepresidente de la República (art. 11).

2.- A la Corte Suprema de Justicia, en los amparos en contra del Tribunal Supremo Electoral; los Ministros de Estado o Viceministros cuando actúen como Encargados del Despacho; las Salas de la Corte de Apelaciones, Cortes Marciales, Tribunales de Segunda Instancia de Cuentas y de lo Contenciosa Administrativo; el Procurador General de la Nación; el Procurador de los Derechos Humanos; la Junta Monetaria; los Embajadores o Jefes de Misión Diplomática guatemaltecos acreditados en el extranjero; y el Consejo Nacional de Desarrollo Urbano y Rural.

3.- A la *Corte de Apelaciones* en sus Salas del orden común, en sus respectivas jurisdicciones, los amparos contra: los Viceministros de Estado y los Directores Generales; los funcionarios judiciales de cualquier fuero o ramo que conozcan en primera instancia; los alcaldes y corporaciones municipales de las cabeceras departamentales; el Jefe de la Contraloría General de Cuentas; los gerentes, jefes o presidentes de las entidades descentralizadas o autónomas del Estado o sus cuerpos directivos, consejos o juntas rectoras de toda clase; el Director General del Registro de Ciudadanas; las asambleas generales y juntas directivas de los colegios profesionales; las asambleas generales y órganos de dirección de los partidos políticos; los cónsules o encargados de consulados guatemaltecos en el exterior; los consejas regionales o departamentales de desarrollo urbano y rural, y los gobernadores.

4.- *Los Jueces de primera instancia* del orden común, en sus respectivas jurisdicciones, los amparos en contra de: los administradores de rentas; los jueces menores; los jefes y demás empleados de policía; los alcaldes y corporaciones municipales no comprendidos en el artículo anterior; los demás funcionarios, autoridades y empleados de cualquier fuero o ramo no especificados en los artículos anteriores; y las entidades de derecho privado.

### i) El recurso de amparo en Panamá

De acuerdo con el artículo 50 de la Constitución panameña de 1972, reformada en 1978, 1983 y 1994, "Toda persona contra la cual se expida o se ejecute, por cualquier servidor público, una orden de hacer o de no hacer, que viole los derechos y garantías que esta Constitución consagra, tendrá derecho a que la orden sea revocada a petición suya o de cualquier persona". De acuerdo con la misma norma, "el recurso de amparo de garantías constitucionales, se tramitará mediante procedimiento sumario y será de competencia de los tribunales judiciales"[48].

Además, el artículo 23 de la Constitución, todo individuo detenido fuera de los casos y la forma que prescriben la Constitución y la Ley, debe ser puesto en libertad a petición suya o de otra persona, mediante el recurso de habeas corpus que puede ser interpuesto inmediatamente después de la detención y sin consideración a la pena aplicable. El recurso se debe tramitar con prelación a otros casos pendientes mediante procedimiento sumarísimo, sin que el trámite pueda ser suspendido por razón de horas o días inhábiles.

Conforme con el artículo 2.606 del Código Judicial, son competentes para conocer de la demanda de amparo:

1.- El Pleno de la Corte Suprema de Justicia por actos que procedan de autoridades o funcionarios con mando y jurisdicción en toda la República o en dos o más provincias.

2.- Los Tribunales Superiores de Distrito Judicial que conozcan de los asuntos civiles cuando se trate de actos que procedan de servidores públicos con mando y jurisdicción en una Provincia; y

3.- Los Jueces de Circuito que conozcan de los asuntos civiles cuando se trate de servidores públicos con mandato y jurisdicción en un distrito a parte de él.

### j) El recurso de amparo en Bolivia

El artículo 19 de la Constitución en Bolivia de 1994, reformada en 2004, establece el recurso de amparo contra todos los actos ilegales o las omisiones indebidas de los funcionarios o particulares que restrinjan, supriman o amenacen restringir o suprimir los derechos y garantías de la persona reconocidos por la Constitución y las leyes. Este recurso de amparo se debe interponer por la persona que se creyere agraviada o por otra a su nombre con poder suficiente -salvo lo dispuesto en el artículo 129 de la Constitución-, ante las Cortes Superiores en las capitales de Departamento o ante los Jueces de Partido en las provincias, tramitándoselo en forma sumarísima. El Ministerio Público también puede interponer de oficio este recurso cuando no lo hiciere o no pudiere hacerlo la persona afectada.

En estos casos, la autoridad o la persona demandada debe ser citada a objeto de que preste información y presente, en su caso, los actuados concernientes al hecho denunciado, en el plazo máximo de cuarenta y ocho horas. La resolución final se debe pronunciar en audiencia pública inmediatamente de recibida la información del denunciado y, a falta de ella, se debe hacer sobre la base de prueba que ofrezca el recurrente. La autoridad judicial debe examinar la competencia del funcionario o los actos del particular y, encontrando cierta y efectiva la denuncia, debe conceder el amparo solicitado siempre que no hubiere otro medio o recurso legal para la protección inmediata de los derechos y garantías restringidos, suprimidos y amenazados, elevando de oficio su resolución ante el Tribunal Constitucional para su revisión, en el plazo de 24 horas.

---

48 Véase Lao SANTIZO P., *Acotaciones al amparo de garantías constitucionales panameño*, Editorial Jurídica Sanvas, San José, Costa Rica 1987.

La norma constitucional ha sido desarrollada por la Ley 1.836 de 1998 sobre Ley del Tribunal Constitucional, que precisa que el amparo constitucional precede "contra toda resolución, acto u omisión indebida de autoridad o funcionario, siempre que no hubiere otro medio o recurso pata la protección inmediata de los derechos y garantías, así como contra todo acto u omisión indebida de persona o grupo de personas particulares que restrinjan, supriman o amenacen restringir o suprimir los derechos o garantías reconocidos por la Constitución Política del estado y las leyes" (Art. 94). El Tribunal Constitucional tiene competencia para revisar las sentencias de amparo (Art. 102,V).

**k) La acción de amparo en Honduras**

De acuerdo con el artículo 183 de la Constitución, en Honduras el Estado reconoce la garantía de amparo; en consecuencia, toda persona agraviada o cualquiera otra en nombre de ésta, tiene derecho a interponer recurso de amparo para que se le mantenga o restituya en el goce o disfrute de los derechos o garantías que la Constitución establece; y para que se declare en casos concretos que una ley, resolución, acto o hecho de autoridad, no obliga al recurrente ni es aplicable por contravenir, disminuir o tergiversar cualesquiera de los derechos reconocidos por esta Constitución.

Además, conforme al artículo 182, el Estado reconoce la garantía de Habeas Corpus o de Exhibición Personal, y en consecuencia, toda persona agraviada o cualquiera otra en nombre de ésta tiene derecho a promoverla cuando se encuentre ilegalmente presa, detenida o cohibida de cualquier modo en el goce de su libertad individual; y cuando en su detención o prisión legal se apliquen al detenido o preso, tormentos, torturas, vejámenes, exacción ilegal y toda coacción, restricción o molestia innecesaria para su seguridad individual o para el orden de la prisión.

Estas acciones estaban reguladas en la Ley de Amparo de 1936, la cual ha sido derogada por la Ley sobre la Justicia Constitucional de 2004, en la cual se destacan las siguientes regulaciones:

En cuanto al objeto de la acción de amparo y conforme con las orientaciones de la Convención Americana de Derechos Humanos (art. 25), se permite su ejercicio contra los hechos, actos, omisiones o amenazas de cualesquiera de los Poderes del Estado, incluyendo las entidades descentralizadas, desconcentradas, corporaciones municipales e instituciones autónomas; las sostenidas con fondos públicos y las que actúen por delegación de algún órgano del Estado en virtud de concesión, de contrato u otra resolución válida (art. 41).

La competencia para conocer de la acción de amparo corresponde tanto a la Sala de lo Constitucional (amparo contra actos de los altos funcionarios públicos y contra sentencias de las Cortes de Apelaciones y acción de habeas data) de la Corte Suprema de Justicia como a las Cortes de Apelaciones (amparo contra sentencias de jueces departamentales, seccionales, de ejecución y de paz y contra actos de funcionarios departamentales o seccionales) y a los Juzgados de Letras (amparo contra sentencias de jueces superiores y contra actos de funcionarios municipales y locales) (art. 9 al 11). En materia de hábeas corpus, la competencia se atribuye a todos los tribunales (art. 9 al 11) en relación con los derechos a la libertad personal y a la integridad física (art. 13).

En materia de amparo, las características más importantes de las regulaciones de la Ley, son las siguientes:

En cuanto a los derechos protegidos, conforme a la orientación de la Convención Americana, están los reconocidos en la Constitución y en los Tratados, convenciones y otros instrumentos internacionales sobre derechos humanos (art. 40,1).

En cuanto a la legitimación activa, la acción de amparo puede ser ejercida por cualquier persona sin distingo, sea natural o jurídica, y también la puede intentar cualquier persona en representación del agraviado (art. 43).

En cuanto a la legitimación pasiva, como se dijo, el amparo procede contra actos de cualquier autoridad, como los normativos, las sentencias o actos administrativos y también contra los hechos omisiones o amenazas de violación (arts. 13 y 40). También procede el amparo contra particulares, aún cuando en forma limitada, respeto de instituciones sostenidas con fondos públicos y las que actúen por delegación de algún órgano del Estado en virtud de concesión, de contrato u otra resolución válida (art. 41).

En cuanto a las formalidades de la acción, las mismas se regulan expresamente (art. 48), debiendo devolverse el escrito al accionante cuando tuviese deficiencias de redacción (art. 49). La tramitación del amparo, por otra parte, debe hacerse con prelación a cualquier otro asunto, con excepción de los casos de exhibición personal (art. 50).

La Ley establece una importante innovación en cuanto a las medidas cautelares, las cuales se consagran con gran amplitud (art. 56), y no sólo se concretan a la suspensión de efectos del acto impugnado, como se regulaba anteriormente. En consecuencia, la medida cautelar puede consistir en ordenes de hacer o de deshacer, o en prohibiciones consistentes en ordenes de no hacer.

Se establece en la Ley un procedimiento de dos instancias y en todo caso, una consulta obligatoria de las sentencias de los jueces de letras departamentales o seccionales por parte de la Corte de Apelaciones (art. 67). En cuanto a las sentencias de primera instancia de las Cortes de Apelaciones en materia de amparo, también se establece la consulta obligatoria por ante la Sala Constitucional de la Corte Suprema (art. 67).

En cuanto a las sentencias de las Cortes de Apelaciones dictadas en segunda instancia, la ley prevé la posibilidad de ejercicio de un recurso de revisión extraordinario (petición de estudio) por ante la Sala Constitucional (art. 67), el cual es de conocimiento discrecional, a juicio de la Sala.

### l) La acción de amparo en Ecuador

De acuerdo con el artículo 95 de la Constitución de Ecuador de 1998, cualquier persona, por sus propios derechos o como representante legitimado de una colectividad, puede proponer una acción de amparo ante el órgano de la Función Judicial designado por la ley. Mediante esta acción, que se debe tramitar en forma preferente y sumaria, se debe requerir la adopción de medidas urgentes destinadas a cesar, evitar la comisión o remediar inmediatamente las consecuencias de un acto u omisión ilegítimos de una autoridad pública, que viole o pueda violar cualquier derecho consagrado en la Constitución o en un tratado o convenio internacional vigente, y que, de modo inminente, amenace con causar un daño grave. También puede interponerse la acción si el acto o la omisión hubieren sido realizados por personas que presten servicios públicos o actúen por delegación o concesión de una autoridad pública.

La Constitución también precisa que las decisiones judiciales adoptadas en un proceso no son susceptibles de acción de amparo.

También se puede presentar acción de amparo contra los particulares, cuando su conducta afecte grave y directamente un interés comunitario, colectivo o un derecho difuso.

Para la acción de amparo no puede haber inhibición del juez que deba conocerla y todos los días serán hábiles. El juez debe convocar de inmediato a las partes, para oírlas en audiencia pública dentro de las veinticuatro horas subsiguientes y, en la misma providencia, de existir fundamento, debe ordenar la suspensión de cualquier acto que pueda traducirse en violación de un derecho.

Dentro de las 48 horas siguientes, el juez debe dictar la resolución, la cual se debe cumplir de inmediato, sin perjuicio de que tal resolución pueda ser apelada para su confirmación o revocatoria, para ante el Tribunal Constitucional. Para asegurar el cumplimiento del amparo, el juez puede adoptar las medidas que considere pertinentes, e incluso acudir a la ayuda de la fuerza pública. Las normas procesales que se opongan a la acción de amparo no podrán ser aplicables, así como tampoco las disposiciones que tiendan a retardar su ágil despacho.

La Constitución regula, además, extensivamente las acciones de habeas corpus y habeas data, así:

*Artículo 93.*- Toda persona que crea estar ilegalmente privada de su libertad, podrá acogerse al hábeas corpus. Ejercerá este derecho por sí o por interpuesta persona, sin necesidad de mandato escrito, ante el alcalde bajo cuya jurisdicción se encuentre, o ante quien haga sus veces. La autoridad municipal, en el plazo de veinticuatro horas contadas a partir de la recepción de la solicitud, ordenará que el recurrente sea conducido inmediatamente a su presencia, y se exhiba la orden de privación de libertad. Su mandato será obedecido sin observación ni excusa, por los encargados del centro de rehabilitación o del lugar de detención.

El alcalde dictará su resolución dentro de las veinticuatro horas siguientes. Dispondrá la inmediata libertad del reclamante si el detenido no fuere presentado, si no se exhibiere la orden, si ésta no cumpliere los requisitos legales, si se hubiere incurrido en vicios de procedimiento en la detención o, si se hubiere justificado el fundamento del recurso.

Si el alcalde no tramitare el recurso, será civil y penalmente responsable, de conformidad con la ley.

El funcionario o empleado que no acate la orden o la resolución será inmediatamente destituido de su cargo o empleo sin más trámite, por el alcalde, quien comunicará tal decisión a la Contraloría General del Estado y a la autoridad que deba nombrar su reemplazo.

El funcionario o empleado destituido, luego de haber puesto en libertad al detenido, podrá reclamar por su destitución ante los órganos competentes de la Función Judicial, dentro de los ocho días siguientes a aquel en que fue notificado.

*Artículo 94.*- Toda persona tendrá derecho a acceder a los documentos, bancos de datos e informes que sobre sí misma, o sobre sus bienes, consten en entidades públicas o privadas, así como a conocer el uso que se haga de ellos y su propósito.

Podrá solicitar ante el funcionario respectivo, la actualización de los datos o su rectificación, eliminación o anulación, si fueren erróneos o afectaren ilegítimamente sus derechos.

Si la falta de atención causare perjuicio, el afectado podrá demandar indemnización.

La ley establecerá un procedimiento especial para acceder a los datos personales que consten en los archivos relacionados con la defensa nacional.

**m) La acción de amparo en Paraguay**

La Constitución de Paraguay de 1992 también regula expresamente como garantías constitucionales, además de la acción de amparo, la acción de habeas corpus[49] y de la acción de habeas data.

En cuanto al amparo, el artículo 134 dispone que:

*Artículo 134.*- Del Amparo. Toda persona que por un acto u omisión, manifiestamente ilegítimo, de una autoridad o de un particular, se considere lesionada gravemente, o en peligro inminente de serlo en derechos o garantías consagradas en esta Constitución o en la ley, y que debido a la urgencia del caso no pudiera remediarse por la vía ordinaria, puede promover amparo ante el magistrado competente. El procedimiento será breve, sumario, gratuito, y de acción popular para los casos previstos en la ley.

El magistrado tendrá facultad para salvaguardar el derecho o garantía, o para restablecer inmediatamente la situación jurídica infringida.

49 Véase Evelio FERNÁNDEZ ARÉVALOS, *Habeas Corpus Régimen Constitucional y legal en el Paraguay*, Intercontinental Editora, Asunción, Paraguay 2000.

Si se tratara de una cuestión electoral, o relativa a organizaciones políticas, será competente la justicia electoral.

El Amparo no podrá promoverse en la tramitación de causas judiciales, ni contra actos de órganos judiciales, ni en el proceso de formación, sanción y promulgación de las leyes.

La ley reglamentará el respectivo procedimiento. Las sentencias recaídas en el Amparo no causarán estado.

En cuanto al habeas corpus, el artículo 133 de la Constitución dispone que esta garantía puede ser interpuesto por el afectado, por sí o por interpósita persona, sin necesidad de poder por cualquier medio fehaciente, y ante cualquier Juez de Primera Instancia de la circunscripción judicial respectiva. Esta garantía del *Hábeas Corpus* puede ser:

1.- Preventivo: en virtud del cual toda persona, en trance inminente de ser privada ilegalmente de su libertad física, podrá recabar el examen de la legitimidad de las circunstancias que, a criterio del afectado, amenacen su libertad, así como una orden de cesación de dichas restricciones.

2.- Reparador: en virtud del cual toda persona que se hallase ilegalmente privada de su libertad puede recabar la rectificación de las circunstancias del caso. El magistrado ordenará la comparecencia del detenido, con un informe del agente público o privado que lo detuvo, dentro de las veinticuatro horas de radicada la petición. Si el requerido no lo hiciese así, el Juez se constituirá en el sitio en el que se halle recluida la persona, y en dicho lugar hará juicio de méritos y dispondrá su inmediata libertad, igual que si se hubiere cumplido con la presentación del detenido y se haya radicado el informe. Si no existiesen motivos legales que autoricen la privación de su libertad, la dispondrá de inmediato; si hubiese orden escrita de autoridad judicial, remitirá los antecedentes a quien dispuso la detención.

3.- Genérico: en virtud del cual se podrán demandar rectificación de circunstancias que, no estando contempladas en los dos casos anteriores, restrinjan la libertad o amenacen la seguridad personal. Asimismo, esta garantía podrá interponerse en casos de violencia física, psíquica o moral que agraven las condiciones de personas legalmente privadas de su libertad.

La Constitución remite a la ley para reglamentar las diversas modalidades del hábeas corpus, las cuales proceden incluso, durante el Estado de Excepción. El procedimiento debe ser breve, sumario y gratuito, pudiendo ser iniciado de oficio.

Por último, en cuanto al habeas data, la Constitución dispone:

*Artículo 135*.- Del Hábeas Data. Toda persona puede acceder a la información y a los datos que sobre si misma, o sobre sus bienes, obren en registros oficiales o privados de carácter público, así como conocer el uso que se haga de los mismos y de su finalidad. Podrá solicitar ante el magistrado competente la actualización, la rectificación o la destrucción de aquellos, si fuesen erróneos o afectaran ilegítimamente sus derechos.

Sobre la competencia y la responsabilidad de los magistrados, el artículo 136 dispone que ningún magistrado judicial que tenga competencia, puede negarse a entender en las acciones o recursos antes mencionados; si lo hiciese injustificadamente, será enjuiciado y, en su caso, removido. En las decisiones que dicte, el magistrado judicial debe pronunciarse también sobre las responsabilidades en que hubieran incurrido las autoridades por obra del proceder ilegítimo y, de mediar circunstancias que *prima facie* evidencien la perpetración de delito, ordenará la detención o suspensión de los responsables, así como toda medida cautelar que sea procedente para la mayor efectividad de dichas responsabilidades. Asimismo, si tuviese competencia, debe instruir el sumario, pertinente y dar intervención al Ministerio Público; si no la tuviese, debe pasar los antecedentes al magistrado competente par su prosecución.

3.- *Los derechos y libertades protegidos*

La protección constitucional de los derechos y libertades públicas, mediante acciones o recursos de amparo, en algunos casos se refiere a todos los derechos y libertades constitucionales y en otros, sólo abarca algunos de ellos.

Así, el derecho comparado muestra una gama de sistemas de protección o amparo constitucional que van del extremo de proteger todos los derechos y libertades constitucionales, o sólo algunos de dichos derechos constitucionales, denominados derechos fundamentales.

**A) El amparo a todos los derechos y garantías constitucionales**

En primer lugar, se destacan los sistemas de protección de todos los derechos y garantías constitucionales, sea mediante el amparo o distinguiendo el amparo del hábeas corpus.

a) *El amparo a todos los derechos y garantías constitucionales incluyendo la seguridad y libertad personal: el caso de Venezuela*

Algunos sistemas constitucionales han concebido el amparo como un mecanismo de protección de todos los derechos y garantías constitucionales, incluyendo la seguridad y libertad personales.

Es el caso de Venezuela, donde la acción de amparo se configura como un medio de protección del goce y ejercicio de absolutamente todos los derechos y garantías que la Constitución establece; para corroborar esta afirmación basta recordar que el artículo 27 que regula el derecho de amparo, está ubicado en el Capítulo I que contiene las "Disposiciones Generales" del Título III, que se refiere a los "Derechos Humanos y Garantías Constitucionales", teniendo en cuenta que posteriormente, en los capítulos restantes, se regulan separadamente de los deberes, la nacionalidad, los derechos civiles, los derechos sociales y de la familia, los derechos culturales y educativos, los derechos económicos, los derechos ambientales, los derechos de los pueblos indígenas y los derechos políticos.

Por esta ubicación de la norma en las Disposiciones Generales citadas, la Ley Orgánica ha sido explícita al señalar que el derecho de amparo procede para la protección de:

> El goce y el ejercicio de los derechos y garantías constitucionales, aun de aquellos derechos fundamentales de la persona humana que no figuren expresamente en la Constitución (art. 1º).

Por tanto, no es posible sostener que en Venezuela el derecho de amparo se pueda traducir en un medio de protección sólo de ciertos derechos, sino al contrario, de todos los derechos y garantías que la Constitución establece, incluyendo la libertad y seguridad personales. La acción *de hábeas corpus,* en Venezuela, por tanto, es una acción de amparo a la libertad y seguridad personales regulada en la misma Ley Orgánica de Amparo[50].

Esto llevó al Legislador a considerar que mediante el derecho de amparo no sólo se protegen *todos* los derechos y garantías enumeradas en la Constitución, en los artículos 19 a 129, sino, por supuesto, aquéllas que se establecen *indirectamente* en otras normas constitucionales, por ejemplo, con motivo de regulación de deberes, como el de contribuir con los gastos públicos (art. 133). Así, es el caso de la garantía de que los entes públicos no les exijan a las personas naturales y jurídicas el pago de impuestos y contribuciones que no se hayan establecido en ley formal, conforme al artículo 317 de la Constitución, y de la garantía de que el Estado no establezca ni exija el pago de impuestos en servicio personal.

Pero adicionalmente, el derecho de amparo previsto en el artículo 27 de la Constitución también se refiere a aquellos derechos fundamentales que no estén expresamente enunciados en normas constitucionales, pero que sean derechos inherentes a la persona que no figuren expresamente en la Constitución o en los instrumentos internacionales sobre derechos humanos y, en este sentido el texto del antes citado artículo 22 de la Constitución adquiere todo su valor.

50 Véase Rutilio MENDOZA, *La efectividad del Habeas Corpus en Venezuela,* Fundación Konrad Adenauer, Caracas 1995.

Por tanto, la acción de amparo protege también todos los derechos inherentes a la persona humana que no figuran expresamente en el texto, no siendo, por supuesto, necesaria una ley que reglamente estos derechos para que se pueda garantizar su ejercicio. Con motivo de la declaración del artículo 22, por supuesto, adquiere una enorme importancia el elenco de los derechos del hombre que se enuncian en las Declaraciones Universales de los derechos del hombre e, incluso, en las Convenciones Internacionales formales que regulan los derechos humanos, como la Convención Americana de los Derechos Humanos o los Pactos Internacionales de los Derechos Civiles y Políticos, y Económicos y Sociales que, además, son Ley de la República, porque han sido aprobados por leyes especiales por el Congreso[51].

b) *El amparo a todos los derechos y garantías constitucionales mediante las acciones de amparo y de hábeas corpus*

En otros sistemas constitucionales latinoamericanos, sin duda la mayoría, si bien se garantiza la protección de todos los derechos y garantías constitucionales, sin excepción, ello se logra mediante *dos instituciones procesales diferenciadas:* la acción o recurso de amparo y la acción o recurso de *hábeas corpus.* Es el caso de Argentina, Costa Rica, Uruguay, Perú, El Salvador, Nicaragua, Brasil, Guatemala, Honduras, Ecuador, Paraguay. Ya nos hemos referido a la normativa constitucional en la mayoría de ellos, por lo que a continuación analizaremos algunos de los desarrollos legislativos en la materia.

**a) Costa Rica**

En Costa Rica, el artículo 48 de la Constitución es absolutamente claro al disponer:

> *Artículo 48.-* Toda persona tiene derecho al recurso de *hábeas corpus* para garantizar su libertad o integridad personales, y al recurso de amparo para mantener o restablecer el goce de los otros derechos consagrados en esta Constitución, así como de los de carácter fundamental establecidos en los instrumentos internacionales sobre derechos humanos, aplicables a la República . . . ".

Esta norma se desarrolla en la Ley de la Jurisdicción Constitucional de 1989, en la cual se le atribuye a la Sala Constitucional de la Corte Suprema de Justicia "garantizar, mediante los recursos de *hábeas corpus y* de amparo, los derechos y libertades consagrados por la Constitución Política y los derechos humanos reconocidos por el Derecho Internacional vigente en Costa Rica" (art. 2,a).

**b) Argentina**

En Argentina, la protección de los derechos y libertades constitucionales está garantizada mediante el procedimiento de *hábeas corpus* y la acción de amparo, regulados legalmente. En cuanto al procedimiento de amparo, la Ley N° 23.098 de 1984 establece que procede cuando se denuncie un acto u omisión de una autoridad pública que implique: 1. Limitación o amenaza actual de la libertad ambulatoria sin orden escrita de autoridad competente; 2. Agravación ilegítima de la forma y condiciones en que se cumple la privación de la libertad sin perjuicio de las facultades propias del juez del proceso si lo hubiere (art. 3).

En cuanto a la acción de amparo, de acuerdo con el artículo 1° de la Ley N° 16.986 de 1966, ésta

> será admisible contra todo acto u omisión de autoridad pública que, en forma actual o inminente lesione, restrinja, altere o amenace, con arbitrariedad o ilegalidad manifiesta, los derechos o garantías explícita o implícitamente reconocidas por la Constitución Nacional, con excepción de la libertad individual tutelada por el *hábeas corpus.*

**c) Uruguay**

En sentido similar, la Ley 16.011 de 1988 de Uruguay establece:

51 Véase en *Gacetas Oficiales* N° 31.256 de 14-6-77 y N° 2.146 Extraordinario de 28-1-78..

*Artículo 1.-* Cualquier persona física o jurídica, pública o privada, podrá deducir la acción de amparo contra todo acto, omisión o hecho de las autoridades estatales o paraestatales, así como de particulares que, en forma actual o inminente, a su juicio, lesione, restrinja, altere o amenace con ilegitimidad manifiesta, cualquiera de sus derechos y libertades reconocidos expresa o implícitamente por la Constitución (art. 72), con excepción de los casos en que proceda la interposición del recurso de *hábeas corpus.*

**d) Perú**

En el sistema constitucional del Perú, se encuentra una situación similar de protección de todos los derechos y libertades constitucionales mediante tres instrumentos procesales: la acción de *hábeas corpus,* la acción de amparo y la de *hábeas data,* enumeradas en el artículo 200 de la Constitución.

Conforme al Código Procesal Constitucional (Ley N° 28.237 de 2004), que derogó la Ley N° 23.506, son derechos protegidos conforme al artículo 25, los siguientes:

*Artículo 25.-* Derechos protegidos. Procede el hábeas corpus ante la acción u omisión que amenace o vulnere los siguientes derechos que, enunciativamente, conforman la libertad individual:

1.- La integridad personal y el derecho a no ser sometido a tortura o tratos inhumanos o humillantes, ni violentado para obtener declaraciones.

2.- El derecho a no ser obligado a prestar juramento ni compelido a declarar o reconocer culpabilidad contra si mismo, contra su cónyuge, o sus parientes dentro del cuarto grado de consanguinidad o segundo de afinidad.

3.- El derecho a no ser exiliado o desterrado o confinado sino por sentencia firme.

4.- El derecho a no ser expatriado ni separado del lugar de su residencia sino por mandato judicial o por aplicación de la Ley de Extranjería.

5.- El derecho del extranjero, a quien se ha concedido asilo político, de no ser expulsado del país cuyo gobierno la persigue, o en ningún caso si peligrase su libertad o seguridad por el hecho de ser expulsado.

6.- El derecho de los nacionales o de los extranjeros residentes de ingresar, transitar o salir del territorio nacional, salvo mandato judicial o aplicación de la Ley de Extranjería o de Sanidad.

7.- El derecho a no ser detenido sino por mandato escrito y motivado del Juez, o por las autoridades policiales en el caso de flagrante delito; o si ha sido detenido, a ser puesto dentro de las 24 horas o en el término de la distancia, a disposición del Juzgado que corresponda, de acuerdo al acápite "f" del inciso 24 del artículo 2° de la Constitución así como de las excepciones que en él se consignan.

8.- El derecho de decidir voluntariamente prestar el servicio militar, conforme a la ley de la materia.

9.- El derecho a no ser detenido por deudas.

10.- El derecho a no ser privado del documento nacional de identidad, así como de obtener el pasaporte o su renovación dentro o fuera de la República.

11.- El derecho a no ser incomunicado, sino en los casos establecidos por el literal "g" del inciso 24 del artículo 2° de la Constitución.

12.- El derecho a ser asistido por un abogado defensor libremente elegido desde que se es citado o detenido por la autoridad policial u otra, sin excepción.

13.- El derecho a retirar la vigilancia del domicilio y a suspender el seguimiento policial, cuando resulten arbitrarios o injustificados.

14.- El derecho a la excarcelación de un procesado o condenado, cuya libertad haya sido delirada por un juez.

15.- El derecho a que se observe el trámite correspondiente cuando se trate del procesamiento o detención de las personas, a que se refiere el artículo 99 de la Constitución.

16.- El derecho a no ser objeto de una desaparición forzosa.

17.- El derecho del detenido o recluso a no ser objeto de un tratamiento carente de razonabilidad y proporcionalidad, respecto de la forma y condiciones en que cumple el mandato de detención o la pena.

La norma agrega, que "también procede el hábeas corpus en defensa de los derechos constitucionales conexos con la libertad individual, especialmente cuando se trata del debido proceso y la inviolabilidad del domicilio".

En cuanto a la acción de amparo, de acuerdo al artículo 37 del Código, ésta procede en defensa de los siguientes derechos:

1.- De igualdad y de no ser discriminado por razón de origen, sexo, raza, orientación sexual, religión, opinión, condición económica, social, idioma, o cualquier otra índole.

2.- Del ejercicio público de cualquier confesión religiosa.

3.- De información, opinión y expresión.

4.- De la libre contratación.

5.- De la creación artística, intelectual y científica.

6.- De la inviolabilidad y secreto de los documentos privados y de las comunicaciones.

7.- De reunión.

8.- De honor, intimidad, voz, imagen y rectificación de informaciones inexactas o agraviantes.

9.- De asociación.

10.- Al trabajo.

11.- De sindicación, negociación colectiva y huelga.

12.- De propiedad y herencia.

13.- De petición ante la autoridad competente.

14.- De participación individual o colectiva en la vida política del país.

15.- De la nacionalidad.

16.- De tutela procesal efectiva.

17.- A la educación, así como el derecho de los padres de escoger el centro de educación y participar en el proceso educativo de sus hijos.

18.- De impartir educación dentro de los principios constitucionales.

19.- A la seguridad social.

20.- A la remuneración y a la pensión.

21.- A la libertad de cátedra.

22.- De acceso a los medios de comunicación social en los términos del artículo 35° de la Constitución.

22.- De gozar de un ambiente equilibrado y adecuado al desarrollo de la vida.

23.- A la Salud; y

24.- Los demás que la Constitución reconoce.

El artículo 38 del Código agrega, que "no procede el amparo en defensa de un derecho que carece de sustento constitucional directo por que no está referido a los aspectos constitucionales protegidos del mismo".

**e) Guatemala**

En la Constitución de Guatemala de 1985 también se establece el doble sistema de protección de los derechos fundamentales, mediante una acción de exhibición personal (*hábeas corpus*) y una acción de amparo.

En efecto, en el artículo 263 de la Constitución se establece respecto del derecho de exhibición personal lo siguiente:

> Quien se encuentre ilegalmente preso, detenido o cohibido de cualquier modo del goce de su libertad individual, amenazado de la pérdida de ella o sufriere vejámenes aun cuando su prisión o detención fuere fundada en ley, tiene derecho a pedir su inmediata exhibición ante los tribunales de justicia, ya sea con el fin de que se le restituya o garantice su libertad, se hagan cesar los vejámenes o termine la coacción a que estuviere sujeto.
>
> Si el tribunal decretare la libertad de la persona ilegalmente recluida, ésta quedará libre en el mismo acto y lugar.
>
> Cuando así se solicite o el juez o tribunal lo juzgue pertinente, la exhibición reclamada se practicará en el lugar donde se encuentre el detenido, sin previo aviso o notificación.
>
> Es ineludible la exhibición personal del detenido en cuyo favor se hubiere solicitado.

Además, en la Ley de Amparo, Exhibición Personal y de Constitucionalidad de 1986, se reguló el recurso orientado a proteger la libertad y seguridad de las personas asignándose competencia a los diversos tribunales del país desde los de Primera Instancia hasta la Corte Suprema de Justicia (art. 83).

En cuanto al recurso de amparo, como se señaló, este también está regulado en la Constitución[52] y desarrollado en la mencionada Ley de 1986, en cuyo artículo 10 se precisó su procedencia así:

> *Artículo 10.- Procedencia del amparo.* La procedencia del amparo se extiende a toda situación que sea susceptible de un riesgo, una amenaza, restricción o violación a los derechos que la Constitución y las leyes de la República de Guatemala reconocen, ya sea que dicha situación provenga de personas y entidades de derecho público o entidades de derecho privado.

En consecuencia, toda persona tiene derecho a pedir amparo, entre otros en los siguientes casos:

a) Para que se le mantenga o restituya en el goce de los derechos y garantías que establece la Constitución o cualquiera otra ley.

b) Para que se declare en casos concretos que una ley, un reglamento, una resolución o acto de autoridad, no obligan al recurrente por contravenir o restringir cualesquiera de los derechos garantizadas por la Constitución o reconocidos por cualquiera otra ley.

---

52 Véase Jorge MARIO GARCÍA LA GUARDIA, "La Constitución y su defensa en Guatemala", en el libro editado por la UNAM, *La Constitución y su defensa*, México, 1984, pp. 717-719; y *La Constitución Guatemalteca de 1985*, México, 1992.

c) Para que en casos concretos se declare que una disposición a resolución no meramente legislativa del Congreso de la República, no le es aplicable al recurrente por violar un derecho constitucional.

d) Cuando la autoridad de cualquier jurisdicción dicte reglamento, acuerdo o resolución de cualquier naturaleza, con abuso de poder o excediéndose de sus facultades legales, o cuando carezca de ellas o bien las ejerza en forma tal que el agravio que se causare a pueda causarse no sea reparable por otro medio legal de defensa.

e) Cuando en actuaciones administrativas se exijan al afectado el cumplimiento de requisitos, diligencias o actividades no razonables a ilegales, o cuando no hubiere medio o recurso de efecto suspensivo.

f) Cuando las peticiones y trámites ante autoridades administrativas no sean resueltas en el término que la ley establece, o de no haber tal término, en el de treinta días, una vez agotado el procedimiento correspondiente; así como cuando las peticiones no sean admitidas para su trámite.

g) En materia política, cuando se vulneren derechos reconocidos por la ley o por los estatutos de las organizaciones políticas. Sin embargo, en materia puramente electoral, el análisis y examen del tribunal se concretará al aspecto jurídico, dando por sentadas las cuestiones de hecho que se tuvieron por probadas en el recurso de revisión.

h) En los asuntos de los órdenes judicial y administrativo, que tuvieren establecidos en la ley procedimientos y recursos, por cuyo medio puedan ventilarse adecuadamente de conformidad con el principio jurídico del debido proceso, si después de haber hecho uso el interesado de los recursos establecidos por la ley, subsiste la amenaza, restricción o violación a los derechos que la Constitución y las leyes garantizan.

#### f) El Salvador

En El Salvador, conforme se mencionó, los artículos 11 y 247 de la Constitución regulan las acciones de hábeas corpus y amparo, que se pueden intentar ante la Sala de lo Constitucional de la Corte Suprema de Justicia en el caso de la acción de amparo; o ante la Sala de lo Constitucional de la Corte Suprema de Justicia o ante las Cámaras de Segunda Instancia que no residen en la capital, en caso de habeas corpus. En este caso, la resolución de la Cámara que denegare la libertad del favorecido podrá ser objeto de revisión, a solicitud del interesado por la Sala de lo Constitucional de la Corte Suprema de Justicia.

La Ley de Procedimientos Constitucionales, regula estos procesos constitucionales, y en cuanto a la exhibición personal, el artículo 4 dispone:

> *Artículo 4.-* Cuando la violación del derecho consista en restricción ilegal de la libertad individual, cometida por cualquier autoridad o individuo, la persona agraviada tiene derecho al *hábeas corpus* ante la Corte Suprema de Justicia o Cámaras de Segunda Instancia que no residan en la capital.

Más adelante la propia Ley dispone en su artículo 40 que:

> *Artículo 40.-* En todos los casos, sean cuales fueren, en que exista prisión, encierro, custodia a restricción que no esté autorizado por la Ley, o que sea ejercido de un modo o de un grado no autorizado por la misma, la parte agraviada tiene derecho a ser protegida por el auto de exhibición de la persona.

#### g) Bolivia

La Constitución de Bolivia de 1995 también establece como medios de protección de todos los derechos y garantías constitucionales, la acción de amparo y la acción de *hábeas corpus*[53].

53 Véase Sergio GONZÁLEZ MALABIA, La Institución de hábeas corpus en el ordenamiento jurídico boliviano, Editorial El País, Santa Cruz de la Sierra 2002.

El artículo 18 de la Constitución consagra la acción de *hábeas corpus* así:

> *Artículo 18.-* Toda persona que creyere estar indebida o ilegalmente perseguida, detenida, procesada o presa podrá ocurrir, por sí o por cualquiera a su nombre, con poder notariado o sin él, ante la Corte Superior del Distrito o ante cualquier Juez de Partido, a elección suya, en demanda de que se guarden las formalidades legales. En los lugares donde no hubiere Juez de Partido la demanda podrá interponerse ante un Juez Instructor. . . .

Por su parte, el artículo 19 de la Constitución agrega:

> *Artículo 19.-* Fuera del recurso de *hábeas corpus* a que se refiere el artículo anterior, se establece el recurso de amparo contra los actos ilegales o las omisiones indebidas de los funcionarios o particulares que restrinjan, supriman o amenacen restringir o suprimir los derechos y garantías de la persona reconocidos por esta Constitución y las Leyes....

Es de destacar que la Constitución de Bolivia no sólo consagra el recurso de amparo contra las violaciones o amenazas de violación de los derechos y garantías constitucionales sino contra los derechos y garantías reconocidos por las leyes, lo que le da una amplitud poco usual al ámbito de protección de los derechos y garantías.

#### h) Honduras

La Constitución de Honduras de 1982 también establece la protección de todos los derechos y garantías constitucionales mediante dos "garantías constitucionales": el *hábeas corpus* y el amparo.

Conforme al artículo 182 de la Constitución:

> *Artículo 182.-* El Estado reconoce la garantía de hábeas corpus o de exhibición personal. En consecuencia, toda persona agraviada o cualquiera otra a nombre de ésta tiene derecho a promoverla:
>
> 1.- Cuando se encuentre ilegalmente presa, detenida o cohibida de cualquier modo en el goce de su libertad individual, y,
>
> 2.- Cuando en su detención o prisión ilegal, se apliquen al detenido o preso, tormentos, torturas, vejámenes, exacción ilegal y toda coacción, restricción o molestia innecesaria para su seguridad individual o para el orden de la prisión....

En cuanto a la garantía de amparo, el artículo 183 de la Constitución dispone:

> *Artículo 183.-* El Estado reconoce la garantía de amparo.

En consecuencia toda persona agraviada o cualquiera otra en nombre de ésta, tiene derecho a interponer recurso de amparo:

> 1.- Para que se le mantenga o restituya en el goce o disfrute de los derechos o garantías que la Constitución establece; y
>
> 2.- Para que se declare en casos concretos que una ley, resolución, acto u hecho de autoridad, no obliga al recurrente ni es aplicable, por contravenir, disminuir o tergiversar cualesquiera de los derechos reconocidos por esta Constitución.

Para desarrollar estas acciones constitucionales se ha sancionado la Ley sobre Justicia Constitucional, que derogó la Ley de Amparo de 1936.

#### i) Nicaragua

De acuerdo con el artículo 45 de la Constitución de Nicaragua de 1986:

> *Artículo 45.-* Las personas cuyos derechos constitucionales hayan sido violadas o estén en peligro de serlo, pueden interponer el recurso de exhibición personal o de amparo, según el caso y de acuerdo con la Ley de Amparo.

Además, los artículos 188 y 189 de la Constitución establecen lo siguiente:

> *Artículo 189.-* Se establece el recurso de exhibición personal en favor de aquél acto o resolución y en general en contra de toda acción u omisión de cualquier funcionario, autoridad o agente de los mismos que viole o trate de violar los derechos y garantías consagrados en la Constitución Política.
>
> *Artículo 189.-* Se establece el recurso de exhibición personal en favor de aquellos cuya libertad, integridad física y seguridad, sean violados o estén en peligro de serlo.

Por su parte, la Ley de Amparo de 1988, regula la acción de amparo que puede intentar toda persona natural o jurídica a quien perjudique o este en inminente peligro de ser perjudicada por toda disposición, acto o resolución, y en general, toda acción u omisión de cualquier funcionario, autoridad o agente de los mismos, que viole o trate de violar los derechos y garantías consagrados en la Constitución Política (art. 23).

En cuanto al recurso de exhibición personal, puede intentarse por cualquier habitante de la República, contra el funcionario o autoridad responsable, representante o funcionario de la entidad o institución que ordene la violación o la cometa; en contra del agente ejecutor, o en contra todos, y en contra del particular que restrinja la libertad personal (art. 53).

c) *El amparo a todos los derechos y garantías constitucionales mediante varias acciones de protección constitucional: el caso de Brasil*

Como se ha señalado, en Brasil, todos los derechos y libertades garantizados por la Constitución pueden ser objeto de protección o amparo, a través de cuatro acciones específicas: *hábeas corpus, mandado de segurança, hábeas data y mandado de injunçao.*

Estos cuatro medios judiciales de protección están expresamente establecidos en la Constitución de 1988, en la siguiente forma.

En cuanto al *hábeas corpus,* el artículo 5, LXVIII dispone que:

> Se concede el *hábeas corpus* siempre que alguien sufra a se encuentre amenazado de sufrir violencia o coacción en su libertad de locomoción por ilegalidad o abuso de poder.

El artículo 5, LXIX prevé el *mandado de segurança individual* en esta forma.

> Se concede el mandato de segurança para proteger derecho líquido y cierto, no amparado por *hábeas corpus o hábeas data,* cuando el responsable por ilegalidad o abuso de poder fuera una autoridad pública o agente de persona jurídica en ejercicio de atribuciones del Poder Público.

En cuanto al *mandado de segurança colectivo,* el artículo 5, LXX de la Constitución establece:

> El mandato de segurança colectivo puede ser intentado por:
>
> a) Un partido político con representación en el Congreso Nacional;
>
> b) Una organización sindical, entidad de clase o asociación legalmente constituida y en funcionamiento de al menos un año, en defensa de los intereses de sus miembros o asociados.

En cuanto al *mandado de injunçao,* el artículo 5, LXXI de la Constitución dispone:

> Concédese el mandado de injunçao siempre que la falta de norma reglamentaria torne inviable el ejercicio de los derechos y libertades constitucionales y de las prerrogativas inherentes a la nacionalidad, a la soberanía y a la ciudadanía.

Por último, el artículo 5, LXXII de la Constitución regula el há*beas* data así:

> Concédese el *hábeas data:*
>
> a) Para asegurar el conocimiento de informaciones relativas a la persona recurrente, constantes en registros o bancos de datos de entidades gubernamentales o de carácter público.

b) Para la rectificación de datos, cuando no se prefiera hacerlo por procesos breves, judicial o administrativos.

**B) El amparo a ciertos derechos y libertades constitucionales**

En otros sistemas jurídicos, los medios de protección constitucional de derechos y libertades, sólo están establecidos en el ordenamiento constitucional respecto a ciertos derechos y garantías, que se consideran como *fundamentales*. Es la situación en general del recurso de amparo en algunos países europeos (Alemania y España), y de alguno de los sistemas latinoamericanos, como el de Chile y Colombia.

a) *El recurso de protección en Chile limitado a ciertos derechos y libertades constitucionales*

En la Constitución de Chile, el sistema de protección de derechos y libertades constitucionales está compuesto por dos acciones: en primer lugar, la acción de *hábeas corpus,* destinada a proteger a todo individuo que se hallare arrestado, detenido o preso con infracción de la Constitución; y en segundo lugar, por el recurso de protección, el cual sólo está destinado a amparar determinados derechos constitucionales.

En cuanto a la acción de *hábeas corpus,* el artículo 21 de la Constitución establece lo siguiente:

> *Artículo 21.*- Todo individuo que se hallase arrestado, detenido o preso con infracción de lo dispuesta en la Constitución o en las leyes, podrá ocurrir por sí, o por cualquiera a su nombre, a la magistratura que señale la ley, a fin de que ésta ordene que se guarden las formalidades legales y adopte de inmediato las providencias que juzgue necesarias para restablecer el imperio del derecho y asegurar la debida protección del afectado.
>
> Esa magistratura podrá ordenar que el individuo sea traído a su presencia y su decreto será precisamente obedecido por todos los encargados de las cárceles o lugares de detención. Instruida de los antecedentes, decretará su libertad inmediata o hará que se reparen los defectos legales o pondrá al individuo a disposición del juez competente, procediendo en todo breve y sumariamente, y corrigiendo por sí esos defectos o dando cuenta a quien corresponda para que los corrija.
>
> El mismo recurso, y en igual forma, podrá ser deducido en favor de toda persona que ilegalmente sufra cualquiera otra privación, perturbación o amenaza en su derecho a la libertad personal y seguridad individual. La respectiva magistratura dictará en tal caso las medidas indicadas en los incisos anteriores que estime conducentes para restablecer el imperio del derecho y asegurar la debida protección del afectado.

En cuanto al recurso de protección, el mismo está consagrado en el artículo 20 de la Constitución, el cual establece:

> *Artículo 20.*- El que por causa de actos u omisiones arbitrarios o ilegales sufra privación, perturbación o amenaza en el legítimo ejercicio de los derechos y garantías establecidos en el artículo 19, números 1°, 2°, 3° inciso cuarto, 4°, 5°, 6°, 9° inciso final, 11°, 12°, 13°, 15°, 16° en la relativo a la libertad de trabajo y el derecho a su libre elección y libre contratación, y a lo establecido en el inciso cuarto 19°, 21°, 22°, 23°, 24° y 25° podrá ocurrir por sí o por cualquiera a su nombre, a la Corte de Apelaciones respectiva, la que adoptará de inmediato las providencias que juzgue necesarias para restablecer el imperio del derecho y asegurar la debida protección del afectado, sin perjuicio de los demás derechos que pueda hacer valer ante la autoridad o las tribunales correspondientes.
>
> Procederá, también, el recurso de protección en el caso del N° 8 del artículo 19, cuando el derecho a vivir en un medio ambiente libre de contaminación sea afectado por un acto arbitrario o ilegal imputable a una autoridad a persona determinada.

Conforme a esta enumeración, entonces sólo encuentran protección los siguientes derechos y libertades constitucionales:

1.- El derecho a la vida y a la integridad física y psíquica (19,1).

2.- La igualdad ante la ley (19,2).

3.- El derecho a ser juzgado por sus jueces naturales (19,3).

4.- El derecho al respeto a la vida privada y pública y a la honra de la persona y su familia (19,4).

5.- La inviolabilidad del hogar y de toda forma de comunicación privada (19,5)

6.- La libertad de conciencia y de cultos (19,6).

7.- El derecho a elegir el sistema de salud (art. 19,9 in *fine*).

8.- La libertad de enseñanza (19,11).

9.- La libertad de emitir opinión y la de informar (19,12).

10.- El derecho de reunión (19,13).

11.- El derecho de asociación (19,15).

12.- La libertad de trabajo, y el derecho a su libre elección y contratación (19,16).

13.- El derecho de sindicación (19,19).

14.- La libertad económica (19,21).

15.- El derecho a la no discriminación (19,22).

16.- La libertad de adquisición de propiedad (19,23).

17.- El derecho de propiedad (19,24).

18.- El derecho de autor (19,25).

19.- El derecho a vivir en un medio ambiente libre de contaminación (20).

Fuera de estos derechos y libertades constitucionales, los otros derechos consagrados en la Constitución, no encuentran medios de protección específicos, sino que su amparo corresponde a los tribunales ordinarios por las vías judiciales ordinarias.

b) El *sistema colombiano: la tutela de ciertos derechos constitucionales fundamentales mediante el hábeas corpus y la acción de tutela*

En el sistema de la Constitución de Colombia, en primer lugar, también se establecen dos medios de protección general de los derechos constitucionales fundamentales: el *hábeas corpus* y la acción de tutela.

En cuanto al hábeas corpus[54], como medio de protección constitucional de la libertad, se establece en el artículo 30 del Texto Fundamental, así:

> *Artículo* 30.- Quien estuviera privado de su libertad y creyere estarlo ilegalmente, tiene derecho a invocar ante cualquier autoridad judicial, en todo tiempo, por sí o por interpuesta persona, el *hábeas corpus,* el cual debe resolverse en el término de treinta y seis horas.

Por su parte, la acción de tutela se la concibe en el artículo 86 de la Constitución, para la protección inmediata de los "derechos constitucionales fundamentales", por lo que en el contexto del Título II de la Constitución, se debe determinar si todos los derechos allí establecidos son "derechos fundamentales" susceptibles de protección mediante la acción de amparo. La respuesta, en principio es negativa, pues el Título II de la Constitución, al referirse a "los derechos, las garantías y los deberes", los regula en varios Capítulos así: Capítulo 1.- De los Derechos fundamentales; Capítulo 2.- De los derechos sociales, económicos y culturales; Capítulo

54 Véase Álvaro TRUJILLO RANGO, Medidas de Aseguramiento y Habeas Corpus, 1ª ed., Editora Jurídica de Colombia, Medellín 1990.

3.- De los derechos colectivos y del ambiente. De esta enumeración resultaría que, en principio, sólo los derechos enumerados en el Capítulo 1 (arts. 11 a 41) serían "derechos fundamentales", por lo que en principio, sólo esos derechos constitucionales fundamentales serían susceptibles de la "acción de tutela", quedando excluidos de este medio de protección los otros derechos constitucionales.

Por otra parte, en el artículo 85 de la Constitución, se precisa cuáles de los "derechos fundamentales", son de "aplicación inmediata", lo cual, en principio, implicaría que sólo en relación a ellos procedería el ejercicio de la acción de tutela. Estos derechos "de aplicación inmediata", y por tanto, susceptibles de protección constitucional vía la acción de tutela, son los siguientes:

1.- Derecho a la vida (art. 11).

2.- Derecho a no ser desaparecido, no ser sometido a torturas o tratos inhumanos o degradantes (art. 12).

3.- Derecho a la igualdad (art. 13).

4.- Derecho a la personalidad (art. 14)

5.- Derecho a la intimidad (art. 15).

6.- Derecho al libre desarrollo de la personalidad (art. 16).

7.- Prohibición de la esclavitud, servidumbre y trata de seres humanos (art. 17).

8.- Libertad de conciencia (art. 18).

9.- Libertad de cultos (art. 19).

10.- Libertad de expresión (art. 20).

11.- Derecho a la honra (art. 21).

12.- Derecho de petición (art. 22).

13.- Libertad de circulación (art. 24).

14.- Derecho al ejercicio de profesiones (art. 26).

15.- Libertad de enseñanza (art. 27).

16.- Libertad personal (art. 28).

17.- Derecho al debido proceso y a la defensa (art. 29)

18.- Derecho al *hábeas corpus* (art. 30).

19.- Derecho a revisar las decisiones judiciales (art. 31).

20.- Derecho a no declarar contra sí mismo (art. 33).

21.- Prohibición de penas de destierro, perpetuas y confiscatorias (art. 34).

22.- Derecho de reunión (art. 37).

23.- Derecho de participación política y al sufragio (art. 40).

Fuera de estos derechos y libertades constitucionales, los otros derechos constitucionales no encuentran protección constitucional a través de la "acción de tutela", salvo que se trate de un derecho no señalado expresamente en la Constitución como fundamental, pero cuya naturaleza permita su tutela para casos concretos, en cuyo caso la Corte Constitucional debe dar prelación en la revisión de esas decisiones (art. 2, Decreto 2.591 de 1991). La Corte Constitucional, en todo caso, ha jugado un papel fundamental en la ampliación de la protección mediante la tutela, a derechos no definidos como fundamentales, como el derecho a la salud, pero interdependientes con otros como le derecho a la vida. Debe señalarse, además, que el Decreto N° 306 del 19-02-92 por el cual se reglamenta el Decreto 2.591 de 1991 aclara expresamente que:

*Artículo* 2.- De conformidad con el artículo 1 del Decreto 2.591 de 1991, la acción de tutela protege exclusivamente los derechos constitucionales fundamentales, y por lo tanto, no puede ser utilizado para hacer respetar derechos que sólo tienen rango legal o para hacer cumplir las leyes, los decretos, los reglamentos o cualquiera otra norma de rango inferior".

Debe destacarse, por otra parte, que en cuanto al artículo 15 de la Constitución, en dicha norma se consagra como acción de tutela un recurso de *hábeas data* en el sentido de que establece expresamente el derecho de todas las personas a conocer, actualizar y rectificar las informaciones que se hayan recogido sobre ellas en bancos de datos y en archivos de entidades públicas y privadas.

### 4.- *Personas protegidas*

#### A) Las personas naturales y las morales

En general, puede señalarse que todas las personas naturales o morales pueden hacer uso de los recursos o acciones de amparo establecidos en los ordenamientos constitucionales, para la protección de los derechos y libertades.

Por supuesto, hay ciertos derechos y libertades que sólo corresponden, como derechos humanos, a las personas naturales nacionales o extranjeras (el derecho a la vida o a la seguridad y libertad personales, por ejemplo), y cuya protección sólo podría pedirse por el agraviado o en su nombre.

Pero evidentemente, en cuanto a los derechos constitucionales que puedan corresponder a personas morales (la libertad económica, o la propiedad, por ejemplo) éstas tienen la legitimación activa necesaria para pedir protección.

En el caso de Venezuela, hemos dicho, el amparo corresponde a todos para proteger el goce y ejercicio de los derechos y garantías constitucionales y, por tanto, no sólo protege a los titulares de los mismos cuando se trate de personas naturales, sino también cuando se trate de personas morales, pues además, los derechos que la Constitución establece no sólo son derechos de las personas naturales sino que muchos también se garantizan respecto de las personas morales. Lo único que exige la Ley Orgánica para el logro de la protección en estos casos es que las personas morales estén domiciliadas en el país (art. 1), lo cual, sin embargo, ha sido interpretado en sentido amplio por la jurisprudencia.

En el caso de la Constitución de Colombia, en cuanto a la acción de tutela, dado que se reserva su ejercicio para la protección de los derechos fundamentales de aplicación inmediata, en principio las personas protegidas por esa acción son las personas naturales. Las personas jurídicas, sin embargo, podrían ejercer la acción de tutela para la protección de derechos como el de petición (art. 22), al debido proceso y a la defensa (art. 29), a la revisión de las decisiones judiciales (art. 31), y a la prohibición de penas perpetuas y confiscatorias (art. 34).

#### B) Las personas de derecho público

En todo caso, el principal tema de interés comparativo, en este aspecto, es el determinar si las personas de derecho público pueden ser titulares de derechos constitucionales protegibles por la vía de acciones de amparo.

En Alemania, por ejemplo, se admite que el recurso de amparo constitucional puede ser intentado por ante el Tribunal Constitucional Federal por los Municipios o las agrupaciones municipales alegando que su derecho a la autonomía administrativa reconocido en la Ley Fundamental (art. 28-2) les ha sido violado por una disposición legislativa. En caso de que las violaciones sean causadas por leyes de los *Lander,* el recurso debe interponerse ante el Tribunal Constitucional del respectivo *Lander.* Una situación similar, aun cuando discutida, se encuentra en Austria con el recurso constitucional. En todo caso, no se trataría de un amparo a los derechos fundamentales sino de la específica garantía de la autonomía de los entes locales.

En España, doctrinalmente se considera procedente la posibilidad del ejercicio del recurso de amparo por personas jurídicas de derecho público cuando se trate de violaciones de derechos fundamentales que también tienen garantizados, como sería el derecho a la igualdad ante la Ley o a obtener tutela judicial efectiva[55].

En Argentina, procediendo el amparo contra particulares, doctrinalmente se considera que las personas jurídicas de derecho público también podrían intentar la acción de amparo para la protección de sus derechos constitucionales[56]. En cambio, en aquellos sistemas como el de Brasil, donde el *mandado de segurança* sólo se da contra el Estado y no contra los particulares, se sostiene que éste no podría ejercerse por personas de derecho público[57].

En el caso de México, también doctrinalmente se sostiene que la Federación y los Estados miembros tienen titularidad para accionar en amparo en casos de invasión de soberanías, es decir, para retener a cada autoridad en el ámbito de su competencia. Aquí no se trataría de protección de derechos fundamentales, sino de la distribución vertical de competencia y de la autonomía territorial de los entes públicos[58].

En Venezuela, hemos sostenido que los entes territoriales tienen la garantía constitucional a la autonomía que les reconoce y garantiza la Constitución, por lo que las violaciones de la misma podrían dar lugar al ejercicio de la acción de amparo.

En efecto, la Constitución, al establecer el sistema de distribución del Poder Público propio de la forma federal, establece como consecuencia una serie de potestades y competencias constitucionales de los entes territoriales. A nivel municipal, sin duda, los Municipios tienen la garantía constitucional a su autonomía, por lo que las violaciones a dicha autonomía, además de poder ser impugnadas por vía de acción de inconstitucionalidad, podrían dar origen a la protección constitucional por vía del amparo.

En este sentido, en 1997, varios Municipios del país intentaron una acción de inconstitucionalidad contra la Ley Nacional que fija los límites de los emolumentos de los altos funcionarios estadales y municipales de 1997, a la cual acumularon una acción de amparo para la protección de la autonomía constitucional lesionada por la Ley. Lamentablemente, la entonces Corte Suprema de Justicia negó la protección del amparo en estos casos, lo que ha sido confirmado en una forma incomprensiblemente restrictiva por la Sala Constitucional.

En el caso de los Estados miembros, éstos también tienen garantizada su autonomía e igualdad en la Constitución (Art. 168), a cuyo efecto, el texto fundamental consagra diversos poderes y potestades constitucionales de esas entidades territoriales, entre las cuales está la de participar en el situado constitucional, es decir, en la partida de Presupuesto nacional destinada a ser distribuida entre los Estados (como ingreso de éstos) en cuyo reparto cuenta la población del Estado.

Estos derechos constitucionales de los Estados podrían verse violados o amenazados de violación, por ejemplo, si la población atribuida a los mismos fuese ilegítimamente modificada por las autoridades del Censo.

En el caso de Colombia, en cuanto a la acción de tutela, dada su reducción de los derechos fundamentales de aplicación inmediata, las entidades públicas podrían ejercerla, en casos excepcionales, como por ejemplo, la violación al derecho a la defensa y al debido proceso (art. 29).

### 5.- *Los motivos de protección*

La protección constitucional que puede pretenderse mediante el amparo judicial tiene siempre como motivo una acción u omisión lesiva a los derechos constitucionales. De allí que interesa estudiar comparativamente en relación a estos motivos del amparo, la causa inmediata de la lesión al derecho, la cual puede provenir tanto de autoridades públicas como de los particulares.

55 Véase Joan Oliver ARAUJO, *op. cit.*, pp. 290-292.

56 Véase José Luis LAZZARINI, *op. cit.*, pp. 266-267.

57 *Ídem.*, p. 268.

58 Germán J. BIDART CAMPOS, *Derecho de Amparo*, Buenos Aires, 1961.

En efecto, la causa de la lesión a los derechos y libertades constitucionales amparables constitucionalmente, en general e históricamente, se había concebido como garantía frente al Estado, y contra las actuaciones ilegítimas y arbitrarias de las autoridades y funcionarios públicos. Sin embargo, progresivamente y en especial después de la famosa sentencia de la Corte Suprema de la Nación Argentina, en el caso *Samuel Kot* de 1958, se ha admitido el amparo frente a actos de particulares.

Sin embargo, no todos los sistemas constitucionales admiten este supuesto y. en general, puede decirse que el amparo sigue siendo una garantía sólo frente a las acciones u omisiones de las autoridades públicas.

### A) El amparo frente a particulares

#### a) *Sistemas que lo admiten en general*

##### a) Argentina

En el mencionado caso *Samuel Kot,* la Corte Suprema de la Nación Argentina admitió el amparo contra actos de particulares, sosteniendo como lo afirma Lazzarini, que "nada hay en la letra ni el espíritu de la Constitución que permita afirmar que la protección de los derechos constitucionales está circunscrita a los ataques que provengan sólo del Estado, puesto que, sostuvo el Alto Tribunal, lo que se tiene principalmente en vista, no es tanto el origen de la lesión a los derechos constitucionales como éstos en sí mismos, pues no se atiende a los agresores como a los derechos agredidos"[59].

En todo caso, a partir de dicho caso, la Corte Suprema de la Nación y en general los Tribunales de Argentina han venido admitiendo en forma reiterada y uniforme la procedencia del amparo contra actos de particulares.

La Ley Nº 16.986 de 1966 de Argentina, sin embargo, como hemos dicho, sólo regula el amparo contra actos del Estado, es decir, "contra todo acto u omisión de autoridad pública" (art. 1), por lo que el amparo contra actos de particulares se obtiene en virtud de lo previsto en los artículos 321, numeral 2 y 498 del Código Procesal Civil y Comercial de la Nación.

##### b) Venezuela

En otros países, como Venezuela, la acción de amparo contra actos de los particulares, además de contra las acciones u omisiones de las autoridades públicas, está expresamente prevista en las leyes respectivas. Así la Ley Orgánica de Amparo sobre Derechos y Garantías Constitucionales de 1988 establece que

> Procede contra cualquier hecho, acto u omisión de los órganos del Poder Público Nacional, Estadal o Municipal. También procede contra el hecho, acto u omisión originados por ciudadanos, personas jurídicas, grupos u organizaciones privadas que hayan violado, violen o amenacen violar cualquiera de las garantías o derechos amparados por esta Ley (art. 2).

##### c) Uruguay

En sentido similar, la Ley Nº 16.011 de Amparo de 1988, de Uruguay, admite en general la acción de amparo contra todo acto, omisión o hecho de las autoridades estatales o paraestatales, *así como de particulares* que, en forma actual o inminente, a su juicio, lesione, restrinja altere o amenace, con ilegitimidad manifiesta cualquiera de los derechos y libertades reconocidos expresa o implícitamente por la Constitución (art. 1).

Por tanto, en Venezuela y en Uruguay, la protección que puede otorgar el juez de amparo al goce y ejercicio de los derechos y libertades constitucionales, no sólo se plantea frente a acciones públicas que puedan perturbar el goce y ejercicio de los derechos, sino también frente a las perturbaciones que puedan provenir de otros particulares o individuos o personas morales. En esta materia, la Constitución no distingue, por lo que la Ley admite la acción de amparo frente a actuaciones que provengan de particulares.

---

59 Véase J. L. LAZZARINI, *op. cit.*, p. 228.

**d) Chile**

La acción de protección en Chile se regula en la Constitución para proteger ciertos derechos y libertades constitucionales contra actos u omisiones arbitrarios o ilegales que produzcan perturbación o amenaza en el legítimo ejercicio de los mismos (art. 20), sin hacer distingo alguno respecto del origen de las acciones. Por ello, se admite que el recurso de protección se puede interponer indistintamente contra actos u omisiones de la autoridad o funcionarios públicos o de algún particular.

**e) Perú**

En el caso del Perú también se admite la acción de amparo contra actos de particulares, a cuyo efecto la Constitución prevé que la acción de amparo cautela los demás derechos reconocidos por la Constitución (con excepción de la libertad individual amparable mediante la acción de *hábeas corpus*) que sean vulnerados o amenazados por "cualquier autoridad, funcionario o *persona*" (art. 200). Ello lo corrobora el artículo 2 del Código Procesal Constitucional.

**f) Bolivia**

En Bolivia, la Constitución consagra con toda amplitud la posibilidad del ejercicio del recurso de amparo "contra los actos ilegales o las omisiones indebidas de los funcionarios o *particulares* que restrinjan, supriman o amenacen restringir o suprimir los derechos y garantías de la persona reconocidos por esta Constitución y las leyes" (art. 19).

b) *Sistemas que lo admiten restrictivamente*

**a) Costa Rica**

En otros sistemas constitucionales se admite el amparo contra actos de particulares, pero sólo si éstos se encuentran cumpliendo actos de autoridad. Tal es el caso de Costa Rica, donde si bien la Constitución no distingue (Art. 48), la Ley de la Jurisdicción Constitucional restringe el amparo contra sujetos de derecho privado, en la siguiente forma:

> *Artículo 57.*- El recurso de amparo también se concederá contra acciones u omisiones de sujetos de derecho privado, cuando éstos actúen o deban actuar en ejercicio de funciones o potestades públicas, o se encuentren de derecho o de hecho, en una posición de poder frente a la cual los remedios jurisdiccionales comunes resulten claramente insuficientes o tardíos para garantizar los derechos y libertades a que se refiere el artículo 2, inciso a) de esta Ley (es decir, los derechos y libertades consagrados por la Constitución Política y los derechos humanos reconocidos por el Derecho Internacional vigente en Costa Rica).

**b) Guatemala**

En Guatemala también procede el recurso de amparo contra actos de particulares, pero sólo en determinados casos, conforme se regula en la ley. Así es como en el artículo 9 de la Ley de Amparo, Exhibición Personal y de Constitucionalidad se establece que podrá también recurrirse en amparo contra entidades sostenidas con fondos del Estado, creadas por Ley o concesión; o las que actúen por delegación de los órganos del Estado, en virtud de contrato, concesión o conforme a otro régimen semejante.

Agrega además el artículo 9 de la Ley, que asimismo, podrá solicitarse amparo contra entidades a las que debe ingresarse por mandato legal y otras reconocidas por Ley, tales como partidos políticos, asociaciones, sociedades, sindicatos, cooperativas y otras semejantes.

**c) Colombia**

En este mismo sentido se enmarca la Constitución de Colombia, la cual regula la acción de tutela, básicamente, como un medio de protección contra "la acción o la omisión de cualquier autoridad pública". Sin embargo, la parte final del artículo 86 de la Constitución remite a la Ley en cuanto al ejercicio de la acción de tutela contra particulares en la forma siguiente:

La Ley establecerá los casos en los que la acción de tutela procede contra particulares encargados de la prestación de un servicio público o cuya conducta afecte grave y directamente el interés colectivo o respecto de quienes el solicitante se halle en estado de subordinación o indefensión.

En tal sentido, el Decreto N° 2.591 de 1991 (art. 42) en cuanto a la acción de tutela contra las acciones u omisiones de particulares, establece que procederá en los siguientes casos:

1.- Cuando aquel contra quien se hubiere hecho la solicitud esté encargado de la prestación del servicio público de educación para proteger los derechos consagrados en los artículos 13, 15, 16, 18, 19, 20, 23, 27, 29, 37 y 38 de la Constitución.

2.- Cuando aquel contra quien se hubiere hecho la solicitud esté encargado de la prestación del servido público de salud para proteger los derechos a la vida, a la intimidad, a la igualdad y a la autonomía.

3.- Cuando aquel contra quien se hubiere hecho la solicitud esté encargado de la prestación de servicios públicos domiciliarios.

4.- Cuando la solicitud fuere dirigida contra una organización privada, contra quien la controle efectivamente o fuere el beneficiario real de la situación que motivó la acción, siempre y cuando el solicitante tenga una relación de subordinación o indefensión con tal organización.

5.- Cuando aquel contra quien se hubiere hecho la solicitud viole o amenace violar el artículo 17 de la Constitución.

6.- Cuando la entidad privada sea aquella contra quien se hubiere hecho la solicitud en ejercicio del *hábeas data,* de conformidad con lo establecido en el artículo 15 de la Constitución.

7.- Cuando se solicite rectificación de informaciones inexactas o erróneas. En este caso se deberá anexar la transcripción de la información o la copia de la publicación y de la rectificación solicitada que no fue publicada en condiciones que aseguren en eficacia de la misma.

8.- Cuando el particular actúe o deba actuar en ejercicio de funciones públicas en cuyo caso se aplicará el mismo régimen que a las autoridades públicas.

9.- Cuando la solicitud sea para tutelar la vida o la integridad de quien se encuentre en situación de subordinación o indefensión respeto del particular contra el cual se interpuso la acción. Se presume la indefensión del menor que solicita la tutela.

c) *Sistemas que excluyen el amparo frente a actividades u omisiones de particulares*

Otros sistemas constitucionales de protección de los derechos y garantías, regulan la acción de amparo para proteger a las personas frente al Estado y los entes que lo componen, excluyéndose la acción respecto de las acciones u omisiones de los particulares.

**a) México**

La limitación del ejercicio de la acción de amparo sólo contra actos de los poderes públicos se encuentra también en algunos sistemas latinoamericanos. Es el caso de México, donde el juicio de amparo no procede en ningún caso contra las violaciones causadas por actos de los particulares, ya que en ese país también la protección constitucional mediante el juicio de amparo se reserva exclusivamente frente a los poderes públicos.

**b) Brasil**

En igual sentido, la Constitución del Brasil al regular el *mandado de segurança* precisa que procede para proteger los derechos y libertades constitucionales "cuando el responsable de la ilegalidad o abuso de poder fuese una autoridad pública o un agente de persona jurídica en ejercicio de atribuciones del Poder Público", lo que excluye este recurso de protección frente a las acciones de los particulares.

**c) Panamá**

En el caso de Panamá, el artículo 50 de la Constitución es preciso al consagrar el recurso de amparo sólo contra órdenes expedidas o ejecutadas por servidores públicos, lo que excluye la posibilidad de ejercicio de amparo contra acciones emanadas de particulares. Por ello, conforme al artículo 2.608 del Código Judicial, sólo los funcionarios públicos pueden considerarse como demandados en la tramitación de la acción de amparo.

**d) El Salvador**

De acuerdo con el artículo 12 de la Ley de Procedimientos Constitucionales de El Salvador,

> La acción de amparo procede contra toda clase de acciones u omisiones de cualquier autoridad, funcionario del Estado o de sus organismos descentralizados, que viole aquellos derechos (los que otorga la Constitución Política) u obstaculicen su ejercicio.

De esta enunciación resulta, por tanto, excluida la acción de amparo contra particulares. Sin embargo, conforme al artículo 4º de la Ley, el derecho de *hábeas corpus* puede ejercerse contra cualquier "individuo" (además de cualquier autoridad), en los casos de restricción ilegal de la libertad individual.

**e) Nicaragua**

En Nicaragua, el recurso de amparo sólo es admisible contra el funcionario, autoridad o agente de los mismos que por su acción u omisión viole o trate de violar los derechos y garantías consagrados en la Constitución Política (art. 23 Ley de Amparo de 1988). Sin embargo, en cuanto al recurso de exhibición personal, el mismo puede ser interpuesto contra el particular que restrinja la libertad personal (arts. 53 y 74 y siguientes, Ley de Amparo de 1988).

**B) El amparo frente a acciones u omisiones estatales**

Ahora bien, si bien el amparo contra actos de particulares no siempre es admitido en el derecho comparado, al contrario, los medios judiciales especiales de protección de los derechos y libertades constitucionales siempre se regulan y conceden contra las acciones u omisiones provenientes de autoridades y funcionarios públicos.

Sin embargo, no hay uniformidad en cuanto a la admisión del amparo respecto de todos los actos estatales, pues en algunos casos se excluye respecto a las leyes o a los actos judiciales, limitándose su admisibilidad contra los actos administrativos y las vías de hecho de las autoridades administrativas, como es el caso de Austria.

En el caso de México y Venezuela, por ejemplo, el amparo procede contra todas las actuaciones estatales, sin distinción ni limitación. Así, en el sistema venezolano de derecho de amparo regulado en la Constitución de 1999 y en la Ley Orgánica de Amparo, en el caso de protección frente a perturbaciones provenientes de autoridades públicas, ésta procede frente a toda actuación pública, es decir, frente a todos los actos estatales y ante los actos materiales, omisiones y vías de hecho de las autoridades públicas (art. 5).

Por tanto, la acción de amparo procede contra toda actuación de la Administración, aun cuando no se configure como un acto administrativo y no abra la vía contencioso-administrativa; es decir, procede, por ejemplo, contra las actuaciones materiales de la Administración; contra sus vías de hecho; contra la abstención de actuar o cumplir con una obligación; contra omisiones, en fin, contra toda forma de actuación de la Administración e, incluso, por supuesto, contra determinados actos como los de trámite, cuando no puedan ser impugnados por la vía contencioso-administrativa. Pero además, procede también contra actos legislativos, de gobierno, y judiciales (sentencias).

En nuestro criterio, dentro de esta misma orientación se enmarca la Constitución de Colombia, la cual prevé la acción de tutela para la protección de los derechos fundamentales que resulten vulnerados o amenazados por la acción o la omisión de *cualquier autoridad pública,* sin distinguir si se trata de la autoridad legislativa, judicial o administrativa.

En particular, el artículo 5º del Decreto Nº 2.591 de Colombia de 1991, que reglamenta la tutela, precisa que la acción de tutela procede "contra toda acción u omisión de las autoridades públicas, que haya violado, viole o amenace violar cualesquiera de los derechos de que trata el artículo 2º" del mencionado Decreto. Se aclara además, que "la procedencia de la tutela en ningún caso está sujeta a que la acción de la autoridad se haya manifestado en un acto jurídico escrito".

### C) El amparo contra leyes y demás actos normativos

a) *Sistemas que lo admiten*

#### a) La acción de amparo contra leyes en Venezuela

De acuerdo al artículo 3 de la Ley Orgánica de Amparo sobre Derechos y Garantías Constitucionales:

> También es procedente la acción de amparo cuando la violación o amenaza de violación deriven de una norma que colida con la Constitución. En este caso, la providencia judicial que resuelva la acción interpuesta deberá apreciar la inaplicación de la norma impugnada y el Juez informará a la Corte Suprema de Justicia acerca de la respectiva decisión.

Quizás de las instituciones más novedosas que trae la Ley Orgánica es esta denominada "amparo contra normas" que viene a perfeccionar y completar el sistema de control de la constitucionalidad de las leyes.

En efecto, en el sistema venezolano, el control de la constitucionalidad de las leyes se ha considerado, comparativamente hablando, como un control mixto o integral, en el cual conviven el *control concentrado* de la constitucionalidad que se ejerce por la sala Constitucional del Tribunal Supremo de Justicia por vía de *acción popular, y* conforme a la cual la Sala tiene poderes para anular *erga omnes* la ley *impugnada;* y el *control difuso* de la constitucionalidad, conforme al cual y de acuerdo al artículo 334 de la Constitución y al artículo 20 del Código de Procedimiento Civil, cualquier juez tiene poder para juzgar de oficio o a petición de parte al decidir cualquier proceso, la constitucionalidad de una ley e inaplicarla en el caso concreto, con efectos *inter partes.*

A este sistema mixto o integral de control de la constitucionalidad de las leyes y demás actos normativos, como ya se ha dicho, la Ley Orgánica de Amparo viene a agregar un tercer sistema de control, que en ciertos aspectos se puede asimilar al denominado en México "amparo contra leyes" y que permite el ejercicio del control de la constitucionalidad de las leyes por los jueces de amparo, cuando conozcan de una acción de amparo ejercida contra la Ley o acto normativo que en forma directa e inmediata viole o amenace violar un derecho fundamental, y que por tanto colida con la Constitución. En estos casos, la decisión del juez, en la acción de amparo, debe apreciar la inaplicación de la norma respecto de la cual se solicita amparo. Debe destacarse, por otra parte, que la ley habla impropiamente de "norma impugnada", pero en realidad, si la norma fuera "impugnada", la decisión judicial tendría que ser de anulación de la misma, lo cual no compete al juez de amparo, pues ello está en principio reservado a la Sala Constitucional del Tribunal Supremo. Por tanto, en la acción de amparo regulada en el artículo 3º no se "impugna" la ley o acto normativo, sino que se solicita amparo respecto de los efectos del mismo, cuando viole o amenace violar un derecho constitucional.

La decisión del juez de amparo, en estos casos, no es una decisión de anulación de la ley o acto normativo, sino que se limita a ser una decisión de protección, con efectos *inter partes,* es decir, en relación al accionante, en el sentido de que la misma lo que hace es declarar que para éste la norma es inaceptable.

Pero debe agregarse en relación al control de la constitucionalidad de las leyes, que la Ley Orgánica, además de prever el amparo contra leyes, permite ejercer la acción de amparo (más propiamente, la pretensión de amparo) conjuntamente con la acción popular de inconstitucionalidad de las leyes por ante la Sala Constitucional.

En efecto, el mismo artículo 3 de la Ley Orgánica establece lo siguiente:

> La acción de amparo también podrá ejercerse conjuntamente con la acción popular de inconstitucionalidad de las leyes y demás actos estatales normativos, en cuyo caso, la Corte Suprema de Justicia, si lo estima procedente para la protección constitucional, podrá suspender la aplicación de la norma respecto de la situación jurídica concreta cuya violación se alega mientras dure el juicio de nulidad.

Como se observa, en estos casos, la Ley Orgánica ha establecido una innovación fundamental y que consiste en permitir a la Sala, contrariamente a lo que había sido la tradición jurisprudencial, el suspender los efectos de la ley o acto normativo impugnado respecto de su aplicabilidad al accionante, cuando lo juzgue necesario para la protección constitucional, mientras dure el juicio de nulidad. Hasta la entrada en vigencia de la Ley, en los juicios de nulidad de los actos estatales, la antigua Corte Suprema había negado sistemáticamente la posibilidad de suspender los efectos de los actos normativos, habiendo reducido su potestad de suspensión de efectos en juicio, respecto de los actos administrativos de efectos particulares, lo cual luego fue recogido en su Ley Orgánica (art. 136).

### b) El juicio de amparo contra leyes en México

El juicio de amparo en México procede, en primer lugar, contra las leyes y actos normativos contrarios a la Constitución, dando lugar a un medio judicial de control de la constitucionalidad de las leyes que puede ejercerse en forma directa contra las mismas, sin que se requiera acto administrativo o judicial alguno de ejecución o aplicación de la ley. Se ejerce ante las Cortes de Distrito, siendo el agraviante en estos casos, los órganos supremos del Estado que intervinieron en el proceso de formación de la ley, es decir, el Congreso de la Unión o las legislaturas de los Estados que sancionaron la Ley; el Presidente de la República o los Gobernadores de los Estados que pusieron el ejecútese a la Ley y los Secretarios Ejecutivos que la refrendaron y ordenaron su promulgación. En estos casos, las decisiones de las Cortes Federales de Distrito son revisables por la Corte Suprema de Justicia.

En esta forma, el amparo contra leyes en México, como señalamos, es un medio directo de control de la constitucionalidad de las mismas, aun cuando no planteada en forma abstracta, ya que el accionante debe haber sido lesionado directamente por la norma, sin necesidad de que exista otro acto estatal de ejecución de dicha ley. Por ello, el objeto del amparo contra leyes lo constituyen leyes que con su sola puesta en vigencia puedan causar un perjuicio directo y personal al accionante. Por ello, en relación a las leyes autoaplicativas, la acción debe intentarse dentro de los 30 días siguientes a su puesta en vigencia o dentro de los 15 días siguientes a la emisión del primer acto de ejecución de la ley.

En la decisión judicial correspondiente, el juez no puede formular declaraciones generales respecto de la Ley, pues la misma, destinada a proteger a los particulares, sólo puede tener efectos *inter partes*. Además, en México las decisiones en amparo contra leyes no tienen fuerza obligatoria respecto de otros tribunales salvo que éstas adquieran el carácter de "jurisprudencia", lo que sucede cuando la Corte Suprema de Justicia o las Cortes de Circuito adoptan cinco decisiones en el mismo sentido.

En todo caso, el juez de amparo tiene la potestad de suspender la aplicación de los efectos del acto normativo respecto del accionante.

### c) El amparo contra leyes en Guatemala

En Guatemala, el amparo procede para que se declare en casos concretos que una ley, un reglamento, una resolución o acto de autoridad no obligan al recurrente, por contravenir o restringir cualesquiera de los derechos garantizados por la Constitución o reconocidos por cualquier Ley (art. 10, literal b, Ley de Amparo, Exhibición Personal y de Constitucionalidad de 1986; art. 80, ordinal 30 de la Ley).

En estos casos, la decisión judicial de amparo deja en suspenso en cuanto al reclamante, la Ley, el reglamento, la resolución o el acto impugnados, y en su caso, el restablecimiento de la situación jurídica afectada o el cese de la medida (art. 49,a de la Ley).

**d) El recurso de amparo contra leyes en Honduras**

La Constitución de Honduras de 1982, establece expresamente la posibilidad del ejercicio de la acción de amparo contra las leyes. Así, el artículo 183 de dicho Texto Fundamental establece que toda persona agraviada tienen derecho a interponer recursos de amparo para que se declare en casos concretos que una Ley no obliga al recurrente, ni le es aplicable por contravenir, disminuir o tergiversar cualesquiera de los derechos reconocidos por la Constitución (art. 183, ord. 2°).

**e) El recurso de amparo contra leyes en Costa, Rica y su conversión**

En el caso de Costa Rica se establece en el artículo 30 de la Ley de la Jurisdicción Constitucional que el amparo no procede:

> Contra leyes u otras disposiciones normativas, salvo cuando se impugnen con actos de aplicación individual de aquéllas, o cuando se trate de normas de acción automática, de manera que sus preceptos resulten obligatorios inmediatamente por su sola promulgación, sin necesidad de otras normas o actos que los desarrollen o los hagan aplicables al perjudicado.

Por tanto, el amparo contra leyes o actos normativos autoaplicativos es admisible en Costa Rica, como ya lo ha resuelto la Sala Constitucional.

Debe observarse que en el caso de Costa Rica, la interposición del amparo no suspende los efectos de las leyes o normas cuestionadas, pero sí la aplicación de ellas al recurrente, así como la de los actos concretos impugnados (art. 41).

En todo caso, impugnada una ley o norma en amparo, de acuerdo a la Ley de la Jurisdicción Constitucional, el Presidente de la Sala Constitucional debe suspender, sin más trámite, el recurso y otorgará al recurrente un término de 15 días hábiles para que formalice la acción de inconstitucionalidad contra aquéllas, obligando así a convertir el amparo contra leyes en una acción de inconstitucionalidad.

b) *La exclusión de las leyes del ámbito de amparo*

En otros sistemas, al contrario, expresamente se excluye la posibilidad del ejercicio de una acción de amparo contra las leyes.

**a) Argentina**

Es el caso de Argentina, donde la acción de amparo no procede contra las leyes, pues en relación a las mismas lo que procede es el ejercicio del control difuso de la constitucionalidad de las mismas en el caso concreto donde se plantee la cuestión de inconstitucionalidad. Por supuesto, en una decisión de amparo contra actos concretos, el juez respectivo puede apreciar la inconstitucionalidad de una norma, pero en ese caso, no se trataría realmente, de un amparo contra normas.

**b) Brasil**

En sentido similar, en Brasil está excluido el ejercicio del mand*ado de segurança* contra leyes, no admitiéndose el amparo si la disposición legal no se ha aplicado mediante un acto administrativo, pues en todo caso, sería contra dicho acto que podría ejercerse la acción de protección.

**c) Uruguay**

En Uruguay, la Ley N° 16.011 de 1988 establece que la acción de amparo no procederá en ningún caso "contra leyes y los decretos de los Gobiernos Departamentales que tengan fuerza de leyes en su jurisdicción" (art. 1,c).

**d) Colombia**

En Colombia, a pesar de que la Constitución no distingue, el Decreto Nº 2.591 de 1991, dentro de las causales de improcedencia de la tutela (art. 6) ha establecido que no procede: "cuando se trate de actos de carácter general, impersonal y abstracto" (ord. 5).

Las leyes son, por excelencia, actos de carácter general, impersonal y abstracto, razón por la cual conforme a ese artículo no procedería la acción de tutela contra las normas.

**e) Perú**

Hasta la entrada en vigencia de la Constitución de 1993, de acuerdo con el artículo 3 de la Ley N° 23.506 de Perú,

> Las acciones de garantía proceden aun en el caso que la violación o amenaza se base en una norma que sea incompatible con la Constitución. En este supuesto, la inaplicación de la norma se apreciará en el mismo procedimiento.

Se establecía así, un medio de control de la constitucionalidad de las leyes, vía recurso de amparo, paralelo al control concentrado de inconstitucionalidad de las leyes que ejercía el Tribunal de Garantías Constitucionales (art. 298 y ss. de la Constitución) y el control difuso de constitucionalidad que establecía en el artículo 236 de la Constitución.

La Constitución de 1993, sin embargo, prohibió expresamente la acción de amparo contra normas legales (Art. 200,2).

**D) El amparo contra actos y hechos administrativos y contra conductas omisivas de la Administración**

En general, todos los sistemas constitucionales que regulan la institución del amparo, admiten la acción de amparo contra los actos y hechos administrativos, así como contra las conductas omisivas de la Administración.

Algunas leyes, sin embargo, regulan con más detalles el tema, como sucede en Venezuela. En efecto, de acuerdo al artículo 5 de la Ley Orgánica de Amparo:

> La acción de amparo procede contra todo acto administrativo, actuaciones materiales, vías de hecho, abstenciones u omisiones que violen o amenacen violar un derecho o garantía constitucionales, cuando no exista un medio procesal breve, sumario y eficaz, acorde con la protección constitucional.

Por tanto, la acción de amparo procede también contra actos administrativos o contra conductas omisivas de la Administración que violen o amenacen violar un derecho o garantía constitucionales, pero siempre que no exista "un medio procesal breve, sumario y eficaz, acorde con la protección constitucional". En consecuencia, si dicho medio existe, no procedería la acción de amparo; y es la propia Ley Orgánica la que se ocupa de prever dicho "medio procesal breve, sumario y efectivo, acorde con la protección constitucional". Ese medio es el recurso contencioso-administrativo de anulación, siempre que exista en la localidad un Tribunal con competencia contencioso-administrativa, y el mismo sea un medio efectivo y real de protección.

En estos casos, prevé la Ley que la acción de amparo puede ejercerse contra actos administrativos de efectos particulares o contra abstenciones o negativas de la Administración, ante el Juez Contencioso-Administrativo competente, si lo hubiere en la localidad, "conjuntamente con el recurso contencioso administrativo de anulación de actos administrativos o contra las conductas omisivas, respectivamente, que se ejerza". En estos casos agrega el artículo 5 de la Ley Orgánica, el juez, en forma breve, sumaria, efectiva, si lo considera procedente para la protección constitucional, suspenderá los efectos del acto recurrido como garantía de dicho derecho constitucional violado, mientras dure el juicio[60].

60 El artículo hacía referencia al artículo 22 de la Ley Orgánica de Amparo, el cual sin embargo, fue anulado por sentencia de la Corte Suprema de Justicia en Corte Plena de 21-5-96; Véase en Allan R. BREWER-CARÍAS, *Acción y Derecho de Amparo*, Tomo V, *Instituciones Políticas y Constitucionales*, Editorial Jurídica Venezolana, Caracas 1996, pp. 392 y ss. .

Por último, para garantizar que este recurso contencioso-administrativo de anulación y amparo, sea un medio procesal breve, sumario y efectivo, acorde con la protección constitucional, el Parágrafo Único del artículo 5 de la Ley Orgánica precisa que:

> Cuando se ejerza la acción de amparo contra actos administrativos conjuntamente con el recurso contencioso-administrativo que se fundamente en la violación de un derecho constitucional, el ejercicio del recurso procederá en cualquier tiempo, aun después de transcurridos los lapsos de caducidad previstos en la Ley; y no será necesario el agotamiento previo de la vía administrativa.

Por tanto, un acto administrativo violatorio de un derecho o garantía constitucional, puede ser impugnado en vía contencioso-administrativa en cualquier tiempo, siempre que se acompañe al recurso de anulación una pretensión de amparo; y contra dicho acto sólo puede ejercerse la acción de amparo si ya han transcurrido más de seis meses de dictado (art. 6, ord. 4°) si se ejerce conjuntamente con el recurso contencioso-administrativo de anulación.

En Colombia, hemos señalado que la acción de tutela también puede ejercerse conjuntamente con el recurso contencioso-administrativo de nulidad. En este caso, señala el artículo 8 del Decreto N° 2.591 de 1991 que:

> Cuando se utilice la acción de tutela como mecanismo transitorio para evitar un daño irreparable, la acción de tutela también podrá ejercerse con la acción de nulidad y de las demás procedentes ante la jurisdicción contencioso-administrativa. En estos casos, el juez si lo estima procedente podrá ordenar que no se aplique el acto particular respecto de la situación jurídica concreta cuya protección se solicita, mientras dura el proceso.

### E) El amparo contra sentencias y demás actos judiciales

En contraste con la admisión generalizada del amparo contra las actuaciones de la Administración, la situación no es uniforme en relación al amparo contra sentencias y demás actos judiciales, pues en algunos países expresamente se excluye la posibilidad de la acción de amparo contra sentencias.

a) *La admisibilidad de la acción de amparo contra actos judiciales*

#### a) El amparo contra sentencias en Venezuela

La acción de amparo contra sentencias se admite ampliamente en diversos países. En efecto, de acuerdo al artículo 4 de la Ley Orgánica de Amparo de Venezuela:

> Igualmente procede la acción de amparo cuando un Tribunal de la República, actuando fuera de su competencia, dicte una resolución o sentencia u ordene un acto que lesione un derecho constitucional.

De esta norma podría interpretarse, ante todo, que si la decisión judicial violatoria de un derecho constitucional se dicta por un Juez actuando *dentro* de su competencia (por la materia o por el territorio), no procedería la acción autónoma de amparo, sino que la pretensión de amparo debería ejercerse conjuntamente con el recurso de apelación o el recurso de casación que corresponda. Ello es lo que resulta de la interpretación más directa de la norma, con el objeto de salvaguardar los medios ordinarios y extraordinarios de revisión de decisiones judiciales, que en estos casos tendrían efectos suspensivos, y por tanto, de protección constitucional inmediata.

Sin embargo, el problema de interpretación ha sido resuelto por la jurisprudencia al acoger la doctrina más acorde con la protección constitucional que consagra la Ley Orgánica, considerando en general que ningún tribunal tiene competencia para lesionar ilegítimamente, derechos o garantías constitucionales, procediendo la acción de amparo contra sentencias en caso de violación de derechos y libertades constitucionales, incluso contra sentencias dictadas en juicios de amparo.

En todo caso, en el supuesto regulado en el artículo 4 de la Ley y con el objeto de salvaguardar las jerarquías judiciales de revisión, se establece expresamente que:

La acción de amparo debe interponerse por ante un Tribunal Superior al que emitió el pronunciamiento, quien decidirá en forma breve, sumaria y efectiva.

Por último, debe mencionarse que expresamente la Ley excluye el ejercicio de la acción de amparo cuando se trate de decisiones emanadas del Tribunal Supremo de Justicia" (art. 6, ord. 6°), lo que tiene su explicación en la garantía institucional que prevé el artículo 1° del Tribunal Supremo de Justicia al señalar que siendo dicho Tribunal "el más alto Tribunal de la República, contra sus decisiones en cualquiera de sus Salas no se oirá, ni admitirá recurso o acción alguno".

**b) El amparo contra decisiones judiciales en el Perú**

En Perú, la Constitución excluye la acción de amparo contra "resoluciones judiciales emanadas de un procedimiento regular" (art. 200,2); y el Código Procesal Constitucional precisa, en su artículo 4°, que:

> El amparo procede respecto de resoluciones judiciales firmes dictadas con manifiesto agravio a la tutela procesal efectiva, que comprende el acceso a la justicia y el debido proceso...

**c) El amparo contra decisiones judiciales en México**

En México, el juicio de amparo encuentra su mayor aplicación cuando se ejerce contra las sentencias y demás decisiones judiciales. En estos casos, que originan el llamado "amparo casación", sin embargo, el juicio de amparo sólo procede contra sentencias definitivas respecto de las cuales no proceda ningún recurso ordinario por el que puedan ser modificadas y reformadas, en cuyo caso, se promueve ante la Suprema Corte de Justicia o ante el Tribunal colegiado de Circuito que corresponda.

**d) El amparo en los asuntos judiciales en Guatemala**

En Guatemala, conforme al artículo 10, letra h de la Ley de Amparo, Exhibición Personal y Constitucionalidad de 1896, toda persona tiene derecho a pedir amparo en los asuntos de orden judicial que tuvieren establecidos en la Ley, procedimientos y recursos, por cuyo medio puedan ventilarse adecuadamente de conformidad con el principio jurídico del debido proceso, si después de haber hecho uso el interesado de los recursos establecidos por la Ley, subsiste la amenaza, restricción o violación a los derechos que la Constitución y las leyes garantizan.

**e) El amparo contra decisiones judiciales en Honduras**

En Honduras, la Ley sobre la Justicia Constitucional de 2004, siguiendo la orientación de la Ley de Amparo de 1936, establece la posibilidad general de amparo contra decisiones judiciales al regular la competencia judicial para conocer de la acción. Así, la Corte Suprema de Justicia es competente para conocer de las violaciones cometidas por las Cortes de Apelaciones y por el Tribunal Superior de Cuentas (art 9,3), y las Cortes de Apelaciones son competentes para conocer de las violaciones cometidas por los Jueces Departamentales o Seccionales y por los de Paz (art. 10,2,a).

**f) El mandado de segurança contra actos judiciales en Brasil**

En Brasil, el *mandado de segurança* en principio no procede contra actos judiciales respecto de los cuales sea posible ejercer un recurso con efectos suspensivos o correctivos, por lo que puede concederse el amparo contra dichos actos, cuando no exista recurso alguno contra los mismos y sea imposible corregirlos.

b) *La exclusión de las sentencias del ámbito de amparo*

**a) Argentina**

En otros países, las decisiones judiciales quedan fuera del ámbito de la acción de amparo. Es el caso de Argentina, cuya Ley N° 16.986 de 1966 expresamente señala que el amparo no será admisible cuando "el acto impugnado emana de un órgano del Poder Judicial" (art. 2,b).

#### b) Uruguay

En igual sentido, la Ley N° 16.011 de 1988 de Uruguay establece que la acción de amparo no procederá en ningún caso "contra los actos jurisdiccionales, cualquiera sea su naturaleza y el órgano del que emanen". Aclara el artículo 2,A de la Ley que:

> Por lo que se refiere a los actos emanados de los órganos del Poder Judicial, se entiende por actos jurisdiccionales, además de las sentencias, a todos los actos dictados por los jueces en el curso de los procesos contenciosos.

En particular, en Uruguay también se excluyen especialmente del amparo, "los actos de la Corte Electoral, cualquiera sea su naturaleza" (art. 1,b).

#### c) Costa Rica

En Costa Rica, la Ley de la Jurisdicción Constitucional expresamente prescribe que no procede el amparo "contra las resoluciones y actuaciones jurisdiccionales del Poder Judicial" (art. 30,b) y en particular, que tampoco procede "contra los actos o disposiciones del Tribunal Supremo de Elecciones en materia electoral" (art. 30,d).

#### d) Panamá

En Panamá, si bien la Constitución consagra el derecho de amparo contra toda orden de hacer o de no hacer que viole los derechos y garantías consagrados en su texto que expida o ejecute cualquier servidor público (art. 50), el Código Judicial, al regular la acción expresamente señala que "la acción de amparo de garantías no procede contra las decisiones jurisdiccionales" (art. 2.607).

#### e) El Salvador

En igual forma, debe señalarse que en El Salvador, expresamente, la Ley de Procedimientos Constitucionales establece que:

> *Artículo 13.*- El juicio de amparo es improcedente en asuntos judiciales puramente civiles, comerciales o laborales, y respecto de sentencias definitivas ejecutariadas en material penal.

#### f) Honduras

La Ley sobre Justicia Constitucional, en su artículo 45, ordinales 2 y 6, establece como causales de la inadmisibilidad de la acción de amparo:

> 2.- Contra las resoluciones dictadas en los juicios de amparo.
>
> 6.- En los asuntos judiciales puramente civiles, con respecto a las partes que intervengan o hubieren intervenido en ellos y a los terceros que tuvieren expeditos recursos o acciones legales en el mismo juicio, y contra las sentencias definitivas, ejecutoriadas, en causa criminal.

#### g) Nicaragua

Por último, debe indicarse que también en Nicaragua, la Ley de Amparo de 1988 establece expresamente que no procede el recurso de amparo "contra las resoluciones de los funcionarios judiciales en asuntos de su competencia" (art. 51, ord. 1°).

#### h) El amparo contra sentencias en Colombia y su inconstitucionalidad

En Colombia, el Decreto N° 2.591 de 1991, en virtud de que la Constitución no la excluía, también estableció la posibilidad de ejercicio de la acción de tutela contra los actos judiciales, aun cuando de manera restrictiva, al regularse en el artículo 40 la competencia especial para conocer la acción. Esta norma, en efecto, estableció lo siguiente:

> *Artículo 40.*- Cuando las sentencias y demás providencias judiciales que pongan término a un proceso, proferidas por los jueces superiores, los tribunales, la Corte Suprema

de Justicia y el Consejo de Estado, amenacen a vulneren un derecho fundamental, será competente para conocer la acción de tutela el superior jerárquico correspondiente...

*Parágrafo Primero:* La acción de tutela contra tales providencias judiciales sólo procederá cuando la lesión del derecho sea consecuencia directa de éstas por deducirse de manera manifiesta y directa de su parte resolutiva, se hubieren agotado todos los recursos en vía judicial y no exista otro mecanismo idóneo para reclamar la protección del derecho vulnerado o amenazado.

Sin embargo, agregó la norma que "cuando el derecho invocado sea el debido proceso, la tutela deberá interponerse conjuntamente con el recurso procedente", es decir, en principio, conjuntamente con el recurso de apelación.

Por último, el mismo artículo 40 del Decreto Nº 2.591 de 1991, estableció expresamente que "no procederá la tutela contra fallos de tutela" (art. 40, parágrafo 4º).

A pesar de esta admisibilidad legal de la tutela contra sentencias, debe señalarse como antes observamos, que la Corte Constitucional, declaró inexequible, es decir, nulo el antes mencionado artículo 40 del Decreto 2.591, mediante sentencia C-543 de 1º de octubre de 1992, limitándose así la tutela contra decisiones judiciales, por considerarlo contrario al principio de la intangibilidad de la cosa juzgada.

## CUARTA PARTE

## EL FORTALECIMIENTO Y DESARROLLO DE LOS SISTEMAS DE JUSTICIA CONSTITUCIONAL

La segunda de las garantías judiciales específicas, también de arraigo latinoamericano, aparte del amparo o tutela, es la garantía del control de la constitucionalidad de las leyes y que protege todo el texto de la Constitución, además de los derechos constitucionales garantizados en ella[61]. En este aspecto, América Latina también puede mostrar al mundo y al derecho constitucional contemporáneo un modelo de justicia constitucional mucho más antiguo que el modelo que Hans Kelsen concibió en 1920, en Europa, al establecer en la Constitución austriaca y luego en la Checoslovaca, la figura del Tribunal Constitucional[62]. Muchas décadas antes de las concepciones de Kelsen, la garantía efectiva de la Constitución y la garantía judicial de la supremacía de la Constitución se habían establecido en América Latina, donde en muchos países existe incluso una acción popular de inconstitucionalidad establecida, por ejemplo, desde 1858, como es el caso de Venezuela.

Lo fundamental es que el proceso de constitucionalización de la justicia, e incluso, de la Jurisdicción Constitucional tan característico de América Latina[63], ha sido consustancial al cons-

61 Véase en general, Allan R. BREWER-CARÍAS, *El control concentrado de la constitucionalidad de las leyes (Estudio de derecho comparado)*, Caracas 1994.

62 Véase Hans KELSEN, «La garantie jurisdictionnelle de la Constitution (La justice constitutionnelle)», *Revue du droit public et de la science politique en France et à l'étranger*, Paris 1928, p. 250.

63 Véase en general, Francisco EGUIGUREN PRAELI, *Los Tribunales Constitucionales en Latinoamérica: una visión comparativa*, Fundación Honrad Adenauer, CIEDLA. Centro Interdisciplinario de Estudios sobre el Desarrollo Latinoamericano, Buenos Aires, Argentina 2000; Francisco FERNÁNDEZ SEGADO, *La jurisdicción constitucional en América Latina. Evolución y problemática desde la independencia hasta 1979*, CEDECU Serie Conferencias Nº 1, Montevideo 2000; José PALOMINO MANCHEGO, Los orígenes de los Treibunales Constitucionales en Iberoamérica 1931-1978, Cuadernos de la Asociación Peruana de Derecho Constitucional, Lima, 2003; Eduardo FERRER MAC-GREGOR, (Coordinador), *Derecho Procesal Constitucional. Colegio de Secretarios de la Suprema Corte de Justicia de la Nación, A.C.*, 2ª ed. Editorial Porrúa, México 2001; Eduardo FERRER MAC-GREGOR, *Los Tribunales Constitucionales en Iberoamérica, FIUNDAp. Colegio de Secretarios de la Suprema Corte de Justicia de la Nación*, México 2002; Héctor FIX ZAMUDIO, *Veinticinco años de evolución de la justicia constitucional 1940-1965*, UNAM Instituto de Investigaciones Jurídicas, México 1968; Eduardo FERRER MAC-GREGOR et al., (Coordinadores), *Justicia Constitucional Local*, Fundación Universitaria de Derecho, Administración y Política, FUNDAp, Santiago de Querétaro, México 2003; Héctor FIX-ZAMUDIO, *Los tribunales constitucionales y los derechos humanos*, UNAM, 1ª ed., México D.F. 1980; Domingo GARCÍA BELAÚNDE y Francisco FERNÁNDEZ SEGADO (Coordinadores), *La jurisdicción constitucional en Iberoamerica*, Editorial Dykinson S.L., Madrid 1997; Norbert LÖSING, *La jurisdiccionalidad constitucional en Latinoamérica*, Fundación Honrad Adenauer-Editorial Dyckinson, Madrid 2002; *La jurisdicción constitucional en Ibe-*

titucionalismo moderno. En América Latina, nuestros constituyentes, desde el siglo XIX tomaron del constitucionalismo norteamericano el control difuso de la constitucionalidad de las leyes, como uno de los principios fundamentales, el cual se fue incorporando progresivamente en muchas Constituciones como una institución de protección autóctona de América Latina, en paralelo al establecimiento, también desde el siglo pasado, de la acción directa de inconstitucionalidad para conocimiento por parte de un Tribunal Supremo. En esta forma, dentro de este proceso de garantías judiciales específicas de la Constitución y de los derechos que en ella están contenidos, se destacan los sistemas de control de constitucionalidad de las leyes[64].

En primer lugar, se destaca el control de constitucionalidad de las leyes inspirado en el constitucionalismo norteamericano que, por deducción, se estableció en la famosa sentencia *Marbury vs. Madison*[65] de 1803 de la Corte Suprema de los Estados Unidos. Pocas décadas después, dicho sistema de control difuso de la constitucionalidad se adoptó en América Latina, también por vía pretoriana. Fue el caso, por ejemplo, de Argentina y Brasil donde se siguió exactamente el modelo norteamericano.

Sin embargo, luego se incorporó a los propios textos constitucionales, siendo así una institución típicamente latinoamericana el hecho de que la Constitución establezca que cualquier juez, en el conocimiento de cualquier causa, puede decidir no aplicar al caso concreto que debe decidir, una ley que juzgue inconstitucional, aplicando preferentemente el texto constitucional. Esto no es sólo consecuencia de una deducción del principio de la supremacía constitucional, sino de una norma expresa en Constituciones o en leyes, adoptadas desde el siglo pasado, como es el caso de Colombia (1910) y Venezuela (1897). En textos expresos, en esos países se establece y permite a todo juez que al decidir un caso concreto, inclusive de oficio –esto lo distingue el sistema norteamericano–, puede resolver no aplicar una ley si considera que viola la Constitución o un derecho constitucional, declarándola así inconstitucional, por supuesto, con efectos en relación con el caso concreto. Este es el sistema de control de la constitucionalidad que existe desde el siglo XIX en Argentina, Uruguay, Paraguay, Brasil, Colombia, Venezuela, Honduras y Guatemala, el cual mezclado con otro sistema o aisladamente, tradicionalmente ha sido el sistema de control de constitucionalidad característico de América Latina.

Paralelamente al sistema difuso de control, también han tenido gran arraigo en América Latina, los sistemas de control concentrado de constitucionalidad de las leyes, que se han establecido desde el siglo XIX, conforme al cual se ha atribuido a las Cortes Supremas de muchos de nuestros países, por ejemplo, Venezuela, Costa Rica, El Salvador, Honduras, México, Nicaragua, Panamá, Brasil, la competencia para conocer de las acciones de inconstitucionalidad de las leyes, con poderes anulatorios.

Las Cortes Supremas han sido así, en América Latina, la Jurisdicción Constitucional por excelencia. Y si bien en otros países, por influencia europea, a partir de la década de los sesenta, se han creado Tribunales Constitucionales, la experiencia ha demostrado que no es necesario crear un Tribunal Constitucional a la usanza europea, para tener una Jurisdicción Constitucional con los mismos poderes.

---

*roamérica. II Coloquio Iberoamericano de Derecho Constitucional.* Universidad Externado de Colombia, Bogotá 1984; *Justicia Constitucional Comparada*, Instituto de Investigaciones Jurídicas, Centro de Estudios Constitucionales México Centroamérica, UNAM, México 1993; *La Constitución y su defensa*, UNAM, México 1984; Francisco RÉGIS FROTA ARAÚJO, *Derecho Constitucional y control de constitucionalidad en Latinoamérica*, UFC, Casa de José de Alencar, Programa Editorial, Fortaleza-Ceará-Brasil 2000; *Revista Argentina de Derecho Constitucional*, Año II 2001, Número 3, EDIAR, Buenos Aires 2001; *Una mirada a los Tribunales Constitucionales. Las Experiencias Recientes*, Serie: Lecturas Constitucionales Andinas Nº 4, Comisión Andina de Juristas, Honrad Adenauer, Lima, Perú 1995; Juan VEGA GÓMEZ y Edgar CORZO SOSA, (Coordinadores), *Tribunales y justicia constitucional. Memoria del VII Congreso Iberoamericano de Derecho Constitucional*, Instituto de Investigaciones Jurídicas UNAM, México 2002; Humberto NOGUEIRA ALCALÁ, *La Justicia y los Tribunales Constitucionales de Sudaméra en la alborada del Siglo XXI* (en prensa), Santiago de Chile, 2004.. Véase además la *Revista Iberoamericanma de Derecho Procesal Constitucional*, Instituto Iberoamericano de Derecho Procesal Constitucional, Ed. Porrúa, Nos. 1 y 2, 2004.

64 Véase en general Allan R. BREWER-CARÍAS, *Judicial Review in Comparative Law*, Cambridge 1989; Allan R. BEWER-CARÍAS, *Justicia Constitucional*, Tomo VI de Instituciones Políticas y Constitucionales, Caracas, 1996.

65 5 U.S. (I Cr.) 137,177 (1803). Véase Laurence H. TRIBE, *American Constitutional Law*, New York 2000, pp. 207 y ss.

En todo caso, la idea de un Tribunal Constitucional, como se dijo, como institución aparte de la Corte Suprema de Justicia, también ha tenido acogida en América Latina, de manera que paralelamente a las Cortes Supremas que actúan como tribunales constitucionales, progresivamente desde la Constitución de Guatemala de los años 60, y luego en Bolivia, Colombia, Chile, Ecuador y Perú, se han venido creando Tribunales Constitucionales especiales, aparte de la Corte Suprema de Justicia, para resolver sólo las cuestiones de constitucionalidad.

En algunos casos, en países como Colombia, se había creado una Sala Constitucional de la Corte Suprema que luego dio origen a la Corte Constitucional. Salas Constitucionales de la Corte Suprema también existen en Costa Rica, con una función muy activa, y en Honduras y El Salvador.

## I.- LA SUPREMACÍA DE LA CONSTITUCIÓN Y SU GARANTÍA

Ahora bien, una de las principales características del constitucionalismo latinoamericano, donde puede decirse que se desarrolló por primera vez el constitucionalismo moderno que surgió de las Revoluciones Americana (1776) y Francesa (1789), es el concepto de Constitución como realidad normativa, que prevalece en el proceso político, en la vida social y económica de cada país, como ley suprema, real y efectiva, que contiene normas directamente aplicables tanto a los órganos del Estado como a los individuos. Este fue el concepto adoptado en los Estados Unidos de América desde finales del Siglo XVIII, y en los países de América Latina desde comienzos del Siglo pasado. Fue el concepto adoptado en Europa después de la Revolución Francesa y que, abandonado durante el Siglo pasado, fue redescubierto en este Siglo, particularmente después de la Segunda Guerra Mundial.

Por tanto, la situación constitucional en América Latina siempre fue distinta a la situación *europea* del Siglo pasado y de la primera mitad de este Siglo. Bajo la inspiración del constitucionalismo norteamericano, el principio de la supremacía constitucional y de la justicia constitucional se ha arraigado en nuestros países, habiendo pasado a configurarse como uno de los principios clásicos del constitucionalismo latinoamericano.

En esta forma, por ejemplo, el sistema constitucional venezolano al concebirse en 1811, se basó en el principio de la supremacía constitucional, siendo la Constitución considerada como un cuerpo normativo que no sólo organizaba el ejercicio del Poder Público, sino que también declaraba los derechos fundamentales de los ciudadanos, previendo expresamente la garantía objetiva de la Constitución al declarar como nulas y sin ningún valor, las leyes y demás actos estatales que fuesen contrarios a sus normas y, particularmente, a las declarativas de los derechos del hombre.

La previsión en texto expreso del mismo principio de la supremacía constitucional, en contraste con la situación en los Estados Unidos de América donde fue el resultado de una deducción lógica por la jurisprudencia de la Corte Suprema, en América Latina puede decirse que en la actualidad es común. Así se establece, por ejemplo, en la Constitución de Bolivia cuando declara que "La Constitución Política del Estado es la ley suprema del ordenamiento jurídico nacional" (art. 228); en la Constitución de Colombia al señalar que "La Constitución es norma de normas" (art. 4); y en la Constitución de Venezuela al establecer que "La Constitución es la norma suprema y fundamento del ordenamiento jurídico" (art. 7). La Constitución de Ecuador, en esta materia, puede considerarse como las más explícita y detallada al establecer incluso la garantía objetiva de la Constitución, así:

> *Artículo* 272.- La Constitución prevalece sobre cualquier otra norma legal. Las disposiciones de leyes orgánicas y ordinarias, decretos-leyes, decretos, estatutos, ordenanzas, reglamentos, resoluciones y otros actos de los poderes públicos, deberán mantener conformidad con sus disposiciones y no tendrán valor si, de algún modo, estuvieren en contradicción con ella o alteraren sus prescripciones.
>
> Si hubiere conflicto entre normas de distinta jerarquía, las cortes, tribunales, jueces y autoridades administrativas lo resolverán, mediante la aplicación de la norma jerárquicamente superior.

Ahora bien, este principio de la supremacía de la Constitución y de su garantía objetiva, inevitablemente condujo a que en América Latina, desde el Siglo pasado, comenzara a desarrollarse un sistema de control judicial de la constitucionalidad de los actos del Estado, es decir, de justicia constitucional, tanto de carácter difuso como de carácter concentrado.

En efecto, como consecuencia de este principio de la supremacía constitucional, y en forma similar a la deducción pretoriana del caso *Marbury vs. Madison* (1803) de la Corte Suprema de los Estados Unidos de América, la Suprema Corte de la Nación Argentina en el caso *Sojo* de 1887, por motivos de fondo similares, admitió el método de control difuso de la constitucionalidad de las leyes, que continúa vigente en la actualidad, y que paralela y posteriormente fue adoptado, además, en casi todos los países latinoamericanos.

En sentido similar y también como consecuencia del principio de la supremacía constitucional, la Constitución Venezolana de 1858, consagró en su artículo 113, un método de control concentrado de la constitucionalidad de las leyes provinciales en relación a la Constitución nacional, mediante acción popular, el cual fue ampliado, a partir de 1893, en relación a todas las leyes nacionales y demás actos de ejecución directa de la Constitución. Un método concentrado de control de constitucionalidad a principios de este Siglo (1910) fue luego adoptado en Colombia, y en sentido similar existe en la actualidad, en muchos países latinoamericanos ejercido por las Cortes Supremas, por Salas Constitucionales de las mismas o por Tribunales o Cortes Constitucionales especialmente creadas en las últimas décadas.

En América Latina, por tanto, desde el Siglo XIX se tuvo conciencia que el principio de la supremacía de la Constitución, desde el punto de vista jurídico, es imperfecto e inoperante si no se establecen las garantías judiciales que la protejan ante los actos inconstitucionales del Estado o de cualquier ruptura del ordenamiento constitucional. Estos sistemas de control judicial de la constitucionalidad de las leyes, por supuesto, pudieron desarrollarse en los países de América Latina, porque en ellos no se adoptó el criterio europeo extremo de la separación de poderes que consideraba, particularmente durante el Siglo pasado y la primera mitad de este Siglo, que cualquier sistema de control judicial de la constitucionalidad de las leyes era atentatorio contra el principio de la soberanía del Parlamento, que se basaba en la preeminencia del Legislador sobre los demás poderes del Estado. Esta concepción se apoyaba en la idea de que el Parlamento estaba compuesto por representantes del pueblo, quienes como tales, en el seno de un régimen democrático representativo, representaban al Soberano y lo sustituían. En este sentido, se consideraba inadmisible toda intervención de otra instancia constitucional cualquiera con miras a limitar la autonomía del órgano representativo supremo del Estado, razón por la cual el control de la constitucionalidad de las leyes sólo podía ser ejercido por ese mismo órgano.

En América Latina, en cambio, bajo la influencia de los principios de la Revolución Norteamericana, siempre se ha entendido que el control de la constitucionalidad de las leyes, en un sistema flexible de separación de poderes, debía ser ejercido por los órganos del Poder Judicial, fuera por todos los tribunales de un país determinado, por la Corte Suprema de Justicia del país, o por un Tribunal Constitucional especialmente creado con ese fin.

En efecto, en el primer caso, como se dijo, cuando todos los tribunales de un país determinado tienen la facultad de juzgar la constitucionalidad de las leyes, se está en presencia del denominado método difuso de control de la constitucionalidad, calificado también como "sistema americano" porque se adoptó en los Estados Unidos de América, particularmente después del famoso caso *Marbury vs. Madison* decidido por la Corte Suprema en 1803. Este es el método que se aplica, por ejemplo, en Argentina, Brasil, Bolivia, Colombia, Guatemala, Honduras, Ecuador, Perú, México, y Venezuela.

Pero además del método difuso, en América Latina también tiene una larga tradición el método concentrado de justicia constitucional, conforme al cual la facultad anulatoria de control de la constitucionalidad de las leyes y de otros actos del Estado producidos en ejecución directa de la Constitución, se atribuye a un solo órgano del Estado que actúe como Jurisdicción

Constitucional, sea la Corte Suprema de Justicia o un Tribunal o Corte Constitucional especialmente creado para ese fin, generalmente formando parte del Poder Judicial. Este sistema de control también se conoce como el "sistema austriaco" porque en 1920 se adoptó en Austria, o como "modelo europeo", cuando el poder de control se atribuye a un Tribunal o Corte Constitucional particularmente ubicado fuera del Poder Judicial.

En todo caso, el sistema se denomina concentrado por oposición al sistema difuso, porque la facultad de control de la constitucionalidad de ciertos actos del Estado, particularmente las leyes, sólo se confiere a un órgano constitucional que puede ser la Corte Suprema de Justicia de un país o a un Tribunal Constitucional especialmente creado, que puede o no estar integrado dentro de la organización del Poder Judicial.

Por supuesto, no existe un único sistema de justicia constitucional para garantizar y defender la Constitución, así como tampoco puede existir un sistema ideal que pueda aplicarse a todos los países. En el derecho constitucional contemporáneo cada país ha desarrollado su propio sistema, habiendo sido el método difuso atribuido a todos los órganos del Poder Judicial, iniciado en Norteamérica, el que más influencia ha tenido en países tanto de la familia jurídica romana como del *common law*. El sistema concentrado, por otra parte, si bien se inició en América Latina desde el Siglo pasado, su más importante desarrollo reciente ha sido en Europa después de la Segunda Guerra Mundial.

En muchos países, además, se ha adoptado una mezcla de los sistemas antes mencionados, el difuso y el concentrado, con miras a permitir que ambos tipos de control funcionen al mismo tiempo. Este es el caso de Bolivia, Colombia, Guatemala, Honduras, Ecuador, Perú, México y Venezuela, donde todos los tribunales tienen la facultad de juzgar la constitucionalidad de las leyes, y por consiguiente, pueden decidir en forma autónoma su inaplicabilidad a un caso concreto; y paralelamente, la Corte Suprema de Justicia o un Tribunal Constitucional tienen la atribución exclusiva de declarar la nulidad de las leyes inconstitucionales, generalmente con efectos *erga omnes*.

## II.- EL MÉTODO DIFUSO DE CONTROL DE LA CONSTITUCIONALIDAD

### 1.- *Antecedentes y fundamento constitucional*

El control de la constitucionalidad de las leyes, cuando se atribuye a todos los jueces cualquiera que sea su rango y jerarquía, como se dijo, da lugar a lo que se ha denominado el control difuso de la constitucionalidad de las leyes, el cual tiene su origen en los principios del constitucionalismo norteamericano y que se extendió, en especial durante el Siglo pasado, a casi todos los países latinoamericanos.

De acuerdo con el método difuso, la facultad de declarar la inconstitucionalidad de las leyes se atribuye a todos los jueces de un país determinado, pues si la Constitución es la ley suprema del país y si se reconoce el principio de su supremacía, la Constitución se impone a cualquier otra ley que le sea incoherente. En consecuencia, las leyes que violan la Constitución o que, de una u otra manera, sean contrarias a sus normas, principios o valores, son nulas y no pueden ser aplicadas por los jueces, quienes deben darle prioridad a la Constitución. Como lo afirmó el juez Marshall, en el caso *Marbury vs. Madison* en 1803, todos los jueces y todos los tribunales deben decidir sobre los casos concretos que les son sometidos "de conformidad con la Constitución, desistiendo de la ley inconstitucional" lo que constituye "la verdadera esencia del deber judicial". Sin embargo, en este sistema de control de la constitucionalidad, este papel le corresponde a todos los tribunales y no a uno en particular, y no debe considerarse sólo como un poder, sino como un deber que les está impuesto para decidir sobre la conformidad de las leyes con la Constitución, inaplicándolas cuando sean contrarias a sus normas.

La esencia del método difuso de control de constitucionalidad, por supuesto, como se dijo, radica en la noción de supremacía constitucional y en su efectiva garantía, en el sentido de que si hay actos que coliden con la Constitución, ellos son nulos y como tales tienen que ser considerados por los Tribunales, los cuales son, precisamente, los llamados a aplicar las leyes.

En consecuencia, el primer aspecto que muestra la racionalidad del método difuso de control de constitucionalidad, como garantía objetiva de la Constitución, es el principio de la nulidad de los actos estatales y, particularmente de las leyes que colidan con la Constitución, lo que significa que un acto estatal nulo no puede producir efectos, y no necesitaría de ningún otro acto estatal posterior para quitarle su calidad usurpada de acto estatal. Al contrario, si otro acto estatal fuera necesario para ello, entonces la garantía no sería la nulidad del acto, sino su anulabilidad.

En conclusión, en el método difuso de control de la constitucionalidad, el deber de todos los jueces es el de examinar la constitucionalidad de las leyes que deban aplicar en el caso concreto, y declarar cuando ello sea necesario, que una ley particular no debe ser aplicada a la decisión de un proceso específico que el juez esté conociendo, en razón de que es inconstitucional, la cual, por tanto, debe considerarse nula y sin valor, para la resolución del caso.

Lo anterior conduce al aspecto central de la racionalidad de este método de control de la constitucionalidad, el cual es que el poder para declarar la inconstitucionalidad de la legislación es atribuido a todos los jueces de un país determinado, y no sólo una Corte o Tribunal en particular. Pero en su origen, la particularidad del sistema norteamericano estuvo en que dicho poder de todos los tribunales no estaba expresamente previsto en la Constitución, aún cuando se derivaba del conjunto del sistema constitucional. En el mismo sentido se desarrolló el sistema en Argentina, como creación pretoriana de la Suprema Corte de la Nación.

Sin embargo, en contraste con los sistemas norteamericano y argentino, en los demás países latinoamericanos el poder de control difuso de la constitucionalidad de las leyes por parte de todos los jueces se ha establecido expresamente de forma general, como una norma de derecho positivo.

Así, por ejemplo, desde 1910, la Constitución colombiana prevé que:

> La Constitución es la norma de normas. En caso de incompatibilidad entre la Constitución y la ley o cualquier otra norma jurídica, se aplicarán las disposiciones constitucionales (art. 4 C. 1991).

En el mismo sentido, desde 1897, el Código de Procedimiento Civil venezolano establece que:

> Cuando la ley vigente cuya aplicación se requiera está en contradicción con cualquiera de las disposiciones constitucionales, los jueces aplicarán preferiblemente esta última. (art. 20).

El principio se ha constitucionalizado en Venezuela al regularse en el texto de la Constitución de 1999, así:

> *Artículo 334*.- Todos los jueces o juezas de la República, en el ámbito de sus competencias y conforme a lo previsto en esta Constitución y en la ley, están en la obligación de asegurar la integridad de esta Constitución.
>
> En caso de incompatibilidad entre esta Constitución y una ley u otra norma jurídica, se aplicarán las disposiciones constitucionales, correspondiendo a los tribunales en cualquier causa, aún de oficio, decidir lo conducente...

También en Guatemala, desde 1965, la Constitución estableció expresamente el principio que conserva el artículo 266 de la Constitución de 1985, que establece:

> *Artículo 266*.- Inconstitucionalidad de las leyes en casos concretos. En casos concretos, en todo proceso de cualquier competencia o jurisdicción, en cualquier instancia y en casación y hasta antes de dictarse sentencia, las partes podrán plantear como acción, excepción o incidente, la inconstitucionalidad total o parcial de una ley. El tribunal deberá pronunciarse al respecto.

En El Salvador, la Constitución de 1983 establece:

> *Artículo 185.*- Dentro de la potestad de administrar justicia, corresponde a los tribunales, en los casos en que tengan que pronunciar sentencia, declarar la inaplicabilidad de cualquier ley o disposición de los otros órganos, contraria a los preceptos constitucionales.

En sentido similar, la Constitución Política de Bolivia de 1994, establece que:

> *Artículo 228.*- La Constitución Política del Estado es la ley suprema del ordenamiento jurídico nacional. Los tribunales, jueces y autoridades la aplicarán con preferencia a las leyes, y éstas con preferencia a cualesquiera otras resoluciones.

También la Constitución de la República de Honduras dispone:

> *Artículo 315.*- En caso de incompatibilidad entre una norma constitucional y una legal ordinaria, el Juez aplicará la primera.
>
> Igualmente aplicará la norma legal sobre toda otra norma subalterna.

En cuanto a la Constitución Política del Perú de 1993, la misma dispone:

> *Artículo 138.*- La potestad de administrar justicia emana del pueblo y se ejerce por el Poder Judicial a través de sus órganos jerárquicos con arreglo a la Constitución y a las leyes.
>
> En todo proceso, de existir incompatibilidad entre una norma constitucional y una norma legal, los jueces prefieren la primera. Igualmente, prefieren la norma legal sobre toda otra norma de rango inferior.

Por último, en Ecuador, la Constitución de 1998 estableció el método difuso de control de constitucionalidad así:

> *Artículo 273.*- Las cortes, tribunales, jueces y autoridades administrativas tendrán la obligación de aplicar las normas de la Constitución que sean pertinentes, aunque la parte interesada no las invoque expresamente.
>
> *Artículo 274.*- Cualquier juez o tribunal, en las causas que conozca, podrá declarar inaplicable, de oficio o a petición de parte, un precepto jurídico contrario a las normas de la Constitución o de los tratados y convenios internacionales, sin perjuicio de fallar sobre el asunto controvertido...

## 2.- *La expansión del método difuso de justicia constitucional hacia América Latina*

Hacia la mitad del Siglo XIX, el sistema norteamericano de control de la constitucionalidad de las leyes puede decirse que influenció la mayor parte de los sistemas latinoamericanos, los cuales terminaron adoptándolo de una u otra forma (Argentina 1860; México 1857; Venezuela 1858; Brasil 1890; República Dominicana 1844; Colombia 1850). Algunos, incluso se orientaron hacia un sistema mixto o integral, sea agregándole al método difuso el método concentrado del control de la constitucionalidad tal como es el caso en Brasil o México, o adoptando el sistema mixto o integral desde el principio, como fue el caso de Venezuela, Colombia, Guatemala y Perú. En cambio, el sistema argentino sigue siendo el más parecido al modelo norteamericano, exclusivamente difuso.

En efecto, en lo que respecta a Argentina[66], la Constitución de la República de 1860 establecía, con una terminología muy parecida a la de la Constitución norteamericana, los principios

66 Véase en general, Germán BIDART CAMPOS, *La Corte Suprema, Tribunal de garantías Constitucionales*, Ediar Buenos Aires, 1984; Néstor Pedro SAGÜES, *Derecho Procesal Constitucional. Recurso Extraordinario*, 2 Tomos, 2ª ed., Editorial Astrea, Buenos Aires 1989; María Mercedes SERRA, *Procesos y recursos constitucionales*, Ediciones Depalma, Buenos Aires 1992; Alberto B. BIANCHI, *Control de constitucionalidad. El proceso y la jurisdicción constitucionales*, Universidad Austral, Editorial Ábaco de Rodolfo Depalma, Buenos Aires 1992; Alberto B. BIANCHI, *Las acciones de clase. Una solución a los problemas procesales de la legitimación colectiva a gran escala,* Fundación de Derecho Constitucional José Manuel de Estrada, Editorial Ábaco de Rodolfo Depalma, Buenos Aires 2001; Jorge Reinaldo VANOSSI, Jorge Reinaldo, *Aspectos del recurso extraordinario de inconstitucionalidad*, publicaciones de la Asociación de Abogados de Buenos Aires, Abeledo-Perrot, Buenos Aires 1966; Ricardo HARO, *El control de constitucionalidad,* Ed. Zavalía, Buenos Aires 2003..

de la supremacía constitucional y el papel que correspondía del Poder Judicial, pero no incluyó norma expresa alguna que confiriera poderes de control de la constitucionalidad de las leyes a la Corte Suprema o a otros Tribunales. Por ello, como sucedió en los Estados Unidos de América, el control de la constitucionalidad también fue una creación de la Suprema Corte, en el caso *Sojo* (1887) relativo a la inconstitucionalidad de una ley que buscaba ampliar la jurisdicción derivada de la Corte Suprema.

En cuanto al sistema brasilero de control de la constitucionalidad, al igual que el sistema argentino, se trata de uno de los sistemas latinoamericanos más cercanos al modelo norteamericano. Sin embargo, a partir de la Constitución de 1934, puede considerarse como un sistema mixto después de la previsión de una acción directa de inconstitucionalidad, que puede ser intentada ante el Tribunal Supremo Federal con el fin de impugnar una ley[67].

En cuanto al método difuso, éste fue expresamente previsto desde la Constitución de 1891, al atribuirse al Tribunal Supremo Federal competencia para juzgar, mediante recursos extraordinarios, los casos decididos en última instancia por otros tribunales u otros jueces, en primer lugar, cuando las decisiones cuestionadas estén en contradicción con una disposición de la Constitución o nieguen una ley federal o un tratado; en segundo lugar, cuando declaran la inconstitucionalidad de un tratado o de una ley federal, y en tercer lugar, cuando estimen que una ley u otro acto de un gobierno local es contrario a la Constitución o a una ley federal válida (art. 102, III Constitución). Esta norma establece, de esta manera, el método difuso de control de la constitucionalidad, así como la facultad del Tribunal Supremo Federal para intervenir en cualquier procedimiento relativo a la constitucionalidad de las leyes. El artículo 97 de la Constitución de 1988 establece, además, que en general, "solamente por el voto de la mayoría absoluta de sus miembros o de los miembros del respectivo órgano especial podrán los Tribunales declarar la inconstitucionalidad de una ley o de un acto normativo del poder público".

En cuanto a México, la Constitución de 1847, igualmente bajo la influencia del sistema de control de la constitucionalidad norteamericano, adoptó el método difuso al atribuir a los tribunales federales el deber de "proteger" los derechos y las libertades enumerados en la Constitución contra cualquier acción de los poderes ejecutivo y legislativo de los Estados miembros o de la Federación. El sistema adquirió perfiles propios en la Constitución de 1857, que creó esa institución jurisdiccional única conocida como *juicio de amparo*, regulada en la actualidad en las disposiciones del texto constitucional de acuerdo a las pautas determinadas desde la Constitución de 1917.

Por otra parte, debe señalarse que el juicio de amparo es una institución compleja que comprende por lo menos cinco acciones y procedimientos judiciales diferentes: el amparo libertad (habeas corpus), el amparo judicial (casación), el amparo administrativo (contencioso-administrativo), el amparo agrario y el amparo contra leyes. Entre estos cinco aspectos o contenidos del juicio de amparo, únicamente el último podría considerarse como un medio particular de protección judicial de la Constitución y de control de la constitucionalidad de los actos legislativos, compartiendo algunos puntos comunes con el sistema difuso de control de la constitucionalidad.

En todo caso, en el juicio de amparo, el control judicial de la constitucionalidad de la legislación tiene un carácter incidental con respecto a un procedimiento judicial concreto en el que se plantea la cuestión constitucional, lo que origina el uso del recurso de amparo contra la decisión judicial que aplica la ley anticonstitucional. Este recurso de amparo se intenta contra la "autoridad pública" que dictó el acto cuestionado: el juez que dictó la sentencia; la autoridad administrativa que produjo el acto administrativo; o las autoridades legislativas que sancionaron la ley objeto del amparo contra leyes. Este aspecto pone de manifiesto otra diferencia sustancial en lo que se refiere a las partes involucradas entre el sistema mexicano y el método difuso general, pues en el sistema difuso general, las partes en el juicio donde se plantea la cuestión constitucional siguen siendo las mismas del proceso.

---

67 Véase en general, Oscar DIAS CORRÊA, *O Supremo Tribunal Federal, Corte Constitucional do Brasil*, Editora Forense, Río de Janeiro 1987; José Alfredo DE OLIVEIRA CARACHO, *Processo constitucional*, Editora Forense, Río de Janeiro 1984

Ahora bien, en cuanto al "amparo contra leyes", su particularidad reside en el hecho de que se trata de un procedimiento iniciado mediante una acción directa intentada por un demandante ante un Tribunal Federal de Distrito contra una ley particular, siendo la parte acusada el órgano legislativo que la produjo, el Presidente de la República o los Gobernadores de Estado que la promulgaron, y los Secretarios de Estado quienes la refrendaron y ordenaron su publicación. En estos casos, las decisiones judiciales de los Tribunales federales o de Distrito pueden ser objeto de una revisión por parte de la Corte Suprema de Justicia.

En esta forma, el amparo contra leyes en México ha sido considerado como una "acción directa" contra una ley no siendo necesaria para su ejercicio la existencia de un acto administrativo concreto o de una decisión judicial que la aplique. Sin embargo, dado que la cuestión constitucional planteada no puede ser abstracta, sólo las leyes que afectan directamente al demandante, sin necesidad alguna de otro acto del Estado inmediato o posterior, pueden ser objeto de esta acción. Así pues, el objeto de la acción son las leyes auto-aplicativas, es decir, aquellas que, por su contenido causan un perjuicio directo y personal al demandante. Por ello, en principio, la acción de amparo contra leyes debe plantearse ante los tribunales en un plazo de 30 días a partir de su publicación, y la decisión judicial respectiva, por supuesto, como en todo sistema difuso de control de constitucionalidad, tiene efectos *inter partes*.

Debe señalarse, en todo caso, que mediante la reforma constitucional de diciembre de 1994, en México se estableció la acción directa de inconstitucionalidad contra las leyes y demás normas de carácter general que se ejerce ante la Suprema Corte de Justicia, con lo cual México ha pasado a formar parte de los países con un sistema mixto o integral de control de la constitucionalidad, que combina el método difuso con el concentrado.

La Constitución de Colombia de 1991, como se dijo, siguiendo la tradición establecida a partir de la reforma constitucional de 1910, y que se había plasmado en la Ley 57 de 1887, de efímera vigencia, establece en su artículo 4 el principio de la supremacía de la Constitución y la base del sistema de control difuso de la constitucionalidad de las leyes y demás actos normativos. Este sistema de control se ejerce en paralelo al control concentrado atribuido a la Corte Constitucional la cual conoce de la inconstitucionalidad de las leyes mediante acción popular.

En Venezuela, también existe un sistema mixto o integral de control de la constitucionalidad[68], al combinarse el control concentrado que ejerce la Corte Suprema de Justicia mediante acción popular creado en 1858, con el control difuso, previsto desde 1897 en el Código de Procedimiento Civil, y recogido expresamente en el artículo 334 de la Constitución de 1999.

También conforme al modelo norteamericano y basado en el principio de la supremacía de la Constitución, la Constitución guatemalteca desde 1921, ha consagrado la facultad de los tribunales para declarar, en sus decisiones, la inaplicabilidad de cualquier ley o disposición de los demás poderes del Estado, cuando sean contrarios a las normas contenidas en la Constitución de la República (art 93, c. Constitución de 1921). Esta facultad de los Tribunales, que se configura como un poder difuso de control judicial, se mantuvo en todos los textos constitucionales hasta que la Constitución de 1965 añadió, al sistema difuso, un poder concentrado de control de la constitucionalidad conferido a un Tribunal Constitucional especialmente creado para ese fin, habiendo sido el primero de estos Tribunales creado en América Latina. Por lo tanto, desde 1965, el sistema guatemalteco de control judicial también puede considerarse como un sistema mixto o integral.

Finalmente, también existe un sistema mixto de control de la constitucionalidad en el Perú, desde la Constitución de 1979, donde se sentaron las bases del método difuso de justicia constitucional y, además, según el modelo español, se creó un Tribunal de Garantías Constitucionales dotado de poderes concentrados de control de la constitucionalidad, que la reforma de la Constitución de 1993, ha convertido en Tribunal Constitucional. Este Tribunal Constitucional es el único de su tipo, en América Latina, ubicado fuera del Poder Judicial.

---

68 Véase Allan R. BREWER-CARÍAS, *El sistema mixto o integral de control de constitucionalidad en Colombia y Venezuela*, Universidad Externado de Colombia (Temas de Derecho Público N° 39) y Pontificia Universidad Javeriana (Quaestiones Juridicae N° 5), Bogotá 1995.

### 3.- *El carácter incidental del método difuso y los poderes ex-officio de los jueces*

El deber de todos los tribunales que deriva del método difuso de control de la constitucionalidad de las leyes, lo que implica el deber de dar preferencia a la Constitución y, en consecuencia, de desaplicar las leyes que consideren inconstitucionales, y por tanto, nulas y sin valor, implica que este deber judicial sólo puede ser cumplido *incidenter tantum;* es decir, en un proceso concreto del cual el juez esté conociendo, y donde la inconstitucionalidad de la ley o norma no es ni el objeto de dicho proceso ni el asunto principal del mismo.

En consecuencia, para que se pueda ejercer el control difuso de la constitucionalidad de las leyes, siempre tiene que existir un proceso ante un Tribunal en cualquier materia, por lo que siempre es un sistema incidental de control, en el sentido de que la cuestión de inconstitucionalidad de una ley y su inaplicabilidad, debe plantearse en un caso o proceso concreto (*"cases or controversies"* como lo ha precisado la jurisprudencia norteamericana), cualquiera sea su naturaleza, en el cual la aplicación o no de una norma concreta es considerada por el Juez como relevante para la decisión del caso. En consecuencia, en el método difuso de control de constitucionalidad, el objeto principal del proceso y de la decisión judicial no es la consideración abstracta de la constitucionalidad o inconstitucionalidad de la ley o su aplicabilidad o inaplicabilidad, sino mas bien, la decisión de un caso concreto de carácter civil, penal, administrativo, mercantil, laboral, etc.

Ahora bien, si se trata de un deber de los jueces el aplicar la Constitución en un caso concreto y desaplicar, para su decisión, la ley que consideren inconstitucional, los jueces deberían poder considerar *de oficio* las cuestiones de constitucionalidad, a pesar de que ninguna de las partes en el proceso las haya planteado. De hecho, esta es la consecuencia directa de la garantía objetiva de la Constitución cuando se establece la nulidad de las leyes que le sean contrarias, y lo que, además, produce como consecuencia la reserva dada a los jueces para considerar la nulidad y la inaplicabilidad de una norma en un caso concreto. Por supuesto, en el caso de que la cuestión constitucional se formule por una parte en el proceso, efectivamente debe tratarse de una parte con la legitimación necesaria para actuar como tal, y con el interés requerido para plantear la inaplicabilidad de la ley inconstitucional en el caso concreto.

Debe advertirse, sin embargo, que aún cuando este aspecto de la racionalidad del método difuso de control de la constitucionalidad es seguido en países como Venezuela y Ecuador, donde incluso se establece en los propios textos constitucionales (arts. 334 y 274, respectivamente), en general, las normas procesales de la mayoría de los países prohíben a los Tribunales considerar de oficio, al decidir un caso concreto, cualquier cuestión, incluso las cuestiones de inconstitucionalidad. En tal sentido en Brasil, al igual que en Argentina y Guatemala, conforme al modelo norteamericano, los jueces no tienen el poder de juzgar *ex officio* la constitucionalidad de las leyes, la cual debe ser alegada como una excepción o defensa por una de las partes en el procedimiento.

En el caso de Colombia, si bien el texto de la Constitución no excluye los eventuales poderes *ex officio* que puedan tener los jueces para decidir solos, y sin que se lo requiera una parte, desaplicar una determinada ley, se ha entendido que lo que se establece en la Constitución es una "excepción de inconstitucionalidad", en el sentido de que, en todo caso, la cuestión constitucional debe plantearse por una de las partes en el proceso mediante una excepción relativa a la aplicabilidad de una ley; parte que debe tener un interés personal y directo en la no aplicación de la ley en el caso concreto.

### 4.- *Los efectos de las decisiones en materia de control difuso de la constitucionalidad*

Otro aspecto de la racionalidad del método difuso de control de constitucionalidad se refiere a los efectos de la decisión que adopten los Tribunales en relación a la constitucionalidad o aplicabilidad de la ley en un caso concreto; y este aspecto de los efectos de la decisión judicial se relaciona con dos preguntas: primero, ¿a quién afecta la decisión?, y segundo, ¿cuándo comienza a surtir efectos?

### A) Los efectos inter partes de las decisiones

En relación al primer interrogante, la racionalidad del método difuso es que la decisión adoptada por el Juez sólo tiene efectos en relación a las partes en el proceso concreto en la cual aquella se adopta. En otras palabras, en el método difuso de control de constitucionalidad, la decisión adoptada en un caso sobre la inconstitucionalidad e inaplicabilidad de la ley, sólo tiene efectos *in casu et inter partes,* es decir, en relación al caso concreto y exclusivamente en relación a las partes que han participado en el proceso, por lo que no puede ser aplicada a otros particulares. Esta es la consecuencia directa del antes mencionado aspecto relativo al carácter incidental del método difuso de control de constitucionalidad. La Constitución de Ecuador, en esta materia, es la única que establece expresamente estos efectos *inter partes* de la sentencia que se dicte, al disponer que en los casos de ejercicio del método difuso de control de constitucionalidad, la "declaración no tendrá fuerza obligatoria sino en las causas en que se pronuncie" (art. 274).

En consecuencia, si una ley es considerada inconstitucional en una decisión judicial, esto no significa que dicha ley haya sido invalidada y que no sea efectiva y aplicable en otros casos. Sólo significa que en cuanto concierne a ese proceso particular y a las partes que en él intervinieron, en el cual el Juez decidió la inaplicabilidad de la Ley, ésta debe considerarse inconstitucional, nula y sin valor, sin que ello tenga ningún efecto en relación a otros procesos, otros jueces y otros particulares.

### B) Los efectos declarativos de las decisiones judiciales

Por otra parte, los efectos *inter partes* de la decisión judicial adoptada conforme al método de control difuso de control de la constitucionalidad, están directamente relacionados con otras cuestiones concernientes también a los efectos de la decisión, pero en el tiempo; es decir, respecto de cuándo comienza a ser efectiva la declaración de inconstitucionalidad y, por supuesto, también en relación a la nulidad como garantía de la Constitución.

Cuando un Juez decide sobre la constitucionalidad de una ley, y la declara inconstitucional e inaplicable a un caso concreto, es porque la considera nula y sin valor, tal cual como si nunca hubiera existido. Por ello, la decisión tiene efectos declarativos: declara que una ley es inconstitucional y consecuentemente que ha sido inconstitucional desde que se dictó. Así, la ley cuya inaplicabilidad se decida por ser contraria a la Constitución, debe ser considerada por el Juez como si nunca hubiera tenido validez y como si siempre hubiese sido nula y sin valor. Por ello es que se dice que la decisión del Juez, de carácter declarativa, tiene efectos *ex tunc, pro praeterito* o de carácter retroactivo, en el sentido de que dichos efectos se retrotraen al momento en el cual la norma considerada inconstitucional fue promulgada. El acto legislativo declarado inconstitucional por un Juez conforme al método difuso de control de constitucionalidad, por tanto, es considerado, *ab initio* como nulo y sin valor, por lo que no es anulado por el Juez sino que éste sólo lo considera como nulo.

Por tanto, en estos casos de control constitucional difuso, los jueces no pueden anular la ley sino considerarla inconstitucional, no pudiendo los efectos de su decisión extenderse o generalizarse a otros casos o sujetos. Por el contrario, tal como sucede en todos los sistemas con control judicial difuso, el Tribunal debe limitarse a decidir la no aplicación de la ley inconstitucional en el caso concreto, por supuesto, sólo cuando ello resulta pertinente para la resolución del caso. Por ello, la ley que ha sido inaplicada en un caso concreto, sigue vigente, y otros jueces pueden seguir aplicándola. Inclusive, el juez que decide no aplicar la ley en un caso concreto, podría cambiar de opinión en un juicio posterior.

### 5.- *Las variadas soluciones al problema de la ausencia de uniformidad de` decisiones judiciales que provoca el sistema difuso*

Una cuestión central en relación al método difuso de control de la constitucionalidad de las leyes es la relativa a los efectos prácticos que puede tener su adopción, particularmente en cuanto a la ausencia de unidad de decisiones, de manera que para evitar la incertidumbre del orden legal y las posibles contradicciones en relación a la aplicabilidad de las leyes, se han establecido correcciones a estos efectos declarativos e *inter partes* de las decisiones, a través de la doctrina *stare decisis* o mediante regulaciones de derecho positivo, cuando las decisiones se adoptan por la Corte Suprema de Justicia de un país.

En efecto, en ausencia de método alguno de control de la constitucionalidad en Europa, antes de los años veinte y con el marco tradicional del principio de la separación de poderes basado en la soberanía del Legislador, la supremacía de la Ley y la desconfianza en los tribunales como órganos de control de la acción legislativa, una de las críticas fundamentales formuladas al método difuso de control de la constitucionalidad fue, no sólo la ausencia de uniformidad de las decisiones de control, sino también la incertidumbre que podía derivarse de las eventuales decisiones contradictorias que podían dictarse en la materia.

En realidad, estos problemas existen en todos los países que han adoptado el método difuso, no pudiendo considerarse como esencialmente peculiares a los países con tradición de derecho romano que lo hayan adoptado. Además, si bien es cierto que la doctrina *stare decisis* en los países del *common law* es una corrección a los problemas anotados, la misma no es absoluta, pues no todos los casos en los cuales los tribunales inferiores decidan cuestiones de constitucionalidad, por ejemplo, en los Estados Unidos de Norteamérica, llegan a la Corte Suprema, la cual decide discrecionalmente los casos que conoce (*writ of certiorary*).

Por otra parte, y aún cuando la doctrina *stare decisis,* tal como es conocida en los países del *common law,* no se aplica en general en países con sistemas jurídicos de la tradición del derecho romano; aquellos en los cuales se ha establecido un método difuso de control de constitucionalidad han adoptado, paralelamente, sus propios correctivos a los problemas planteados, con efectos similares. Por ejemplo, en México, el artículo 94 de la Constitución remite a la ley para la fijación de los términos "en que sea obligatoria la jurisprudencia que establezcan los tribunales del Poder Judicial de la Federación sobre interpretación de la Constitución, leyes y reglamentos federales o locales y tratados internacionales celebrados por el Estado mexicano, así como los requisitos para su interrupción y modificación". Por ello, la Ley de Amparo establece los casos en los cuales las decisiones de la Corte Suprema e, incluso, de las Cortes de Circuito, deben considerarse como precedentes obligatorios, lo que sucede sólo cuando se hayan dictado cinco decisiones consecutivas, que no sean interrumpidas por alguna decisión incompatible, con el mismo efecto.

Los efectos de esta "jurisprudencia", parcialmente han sido considerados como equivalentes a los que resultan del principio *stare decisis.* Incluso, en el sistema de amparo mexicano, el llamado "amparo contra leyes" ha sido desarrollado también como una acción extraordinaria de inconstitucionalidad de leyes auto-aplicativas, que afecten directamente derechos de un individuo, y que pueden ser impugnadas ante las Cortes Federales, permitiéndoles juzgar la inconstitucionalidad de la ley sin relación alguna con un proceso concreto.

En sentido similar, en Argentina y Brasil (art. 102,III,a), países que también siguen de cerca el modelo norteamericano en el sentido del poder otorgado a todos los tribunales de decidir no aplicar las leyes basados en consideraciones constitucionales, se ha establecido la institución procesal denominada "recurso extraordinario de inconstitucionalidad" que puede formularse ante la Corte Suprema contra decisiones judiciales adoptadas en última instancia en las cuales se considera una Ley federal como inconstitucional e inaplicable al caso concreto. En estos casos, la decisión adoptada por la Corte Suprema tiene efectos *in casu et inter partes,* pero siendo dictada por el Tribunal Supremo, tiene de hecho efectos obligatorios respecto de los tribunales inferiores.

En el caso de Venezuela, la Constitución de 1999 estableció expresamente un recurso extraordinario de revisión al atribuir a la Sala Constitucional del Tribunal Supremo de Justicia competencia para "Revisar las sentencias definitivamente firmes de amparo constitucional y de control de constitucionalidad de leyes o normas jurídicas dictadas por los tribunales de la República, en los términos establecidos por la ley orgánica respectiva" (art. 336,10). El artículo

335 de la Constitución agrega que "las interpretaciones que establezca la Sala Constitucional sobre el contenido y alcance de las normas y principios constitucionales son vinculantes para las otras Salas del Tribunal Supremo de Justicia y demás tribunales de la República".

Finalmente, en los otros países con tradición de derecho romano donde se ha adoptado el método difuso de control de la constitucionalidad, debe tenerse en cuenta, particularmente en materia de casación, el valor de las decisiones de la Sala de Casación de la Corte Suprema para los Tribunales de instancia. En Venezuela, por ejemplo, el Código de Procedimiento Civil establece que "los jueces de instancia procurarán acoger la doctrina de casación establecida en los casos análogos, para defender la integridad de la legislación y la uniformidad de la jurisprudencia" (art. 321).

Pero en los casos en que los asuntos no lleguen a la Sala de Casación, los países de tradición de derecho romano con método difuso de control de constitucionalidad, también han establecido correctivos a los problemas originados por la incertidumbre y conflictividad de decisiones judiciales, mediante el establecimiento de un sistema mixto o integral de control de constitucionalidad, que combina el método difuso con el método concentrado. En América Latina este es el caso de Bolivia, Colombia, Guatemala, Honduras, Perú, Venezuela, y recientemente de México, donde paralelamente al método difuso de control de constitucionalidad expresamente previsto en el derecho positivo, también existe el método concentrado de control de constitucionalidad, que autoriza a la Corte Suprema de Justicia o a la Corte Constitucional para anular formalmente las leyes inconstitucionales, con efectos *erga omnes,* cuando es requerida mediante el ejercicio de una acción que incluso puede ser *actio popularis,* como en Colombia y Venezuela, es decir, que puede ser interpuesta por cualquier persona.

En el caso de Ecuador, en cambio, el artículo 274 de la Constitución prevé expresamente un remedio para la uniformización de las decisiones sobre inconstitucionalidad, al disponer que sin perjuicio de los efectos *inter partes* de la decisión que adopte el juez, tribunal o sala respectiva, estos deben presentar un informe sobre la declaratoria de inconstitucionalidad ante el Tribunal Constitucional, para que éste "resuelva con carácter general y obligatorio".

En consecuencia, en estos países, paralelamente al poder atribuido a cualquier tribunal para considerar en un caso concreto una ley como inconstitucional y desaplicarla, la Corte Suprema de Justicia o la Corte Constitucional tiene el poder de anular con efectos generales las leyes impugnadas por inconstitucionales.

En consecuencia, en el mismo sentido en que se ha desarrollado la doctrina *stare decisis* en los países con sistemas jurídicos del *common law* para resolver los problemas de incertidumbre y posible conflictividad entre las decisiones judiciales adoptadas por los diferentes tribunales en materia de inconstitucionalidad de las leyes que un método difuso puede originar; también los países con sistemas jurídicos de tradición de derecho romano que han adoptado el mismo método, han desarrollado diversos mecanismos legales particulares para prevenir los efectos negativos originados por los mencionados problemas, sea otorgando carácter obligatorio a los precedentes, sea asignando los poderes necesarios a una Corte Suprema o a un Tribunal Constitucional para declarar la inconstitucionalidad de las leyes, con carácter general y efectos obligatorios.

Los eventuales problemas originados por la aplicación del método difuso de control de constitucionalidad de las leyes, en consecuencia, son comunes a todos los países que lo han adoptado, sea que pertenezcan a sistemas jurídicos con tradición de derecho romano o de *common law,* por lo que la adopción del método difuso no puede conducir, en sí mismo, a considerarlo como incompatible con los sistemas jurídicos de derecho romano, por el solo hecho que no exista en ellos la regla del *stare decisis*. Ello lo desmiente el caso de América Latina.

## III.- EL MÉTODO CONCENTRADO DE CONTROL DE LA CONSTITUCIONALIDAD

### 1.- *Fundamento constitucional y antecedentes*

Contrariamente al método difuso, el método concentrado de control de la constitucionalidad se caracteriza por el hecho de que el ordenamiento constitucional confiere a *un solo órgano estatal* el poder de actuar como juez constitucional, generalmente respecto de ciertos actos estatales (leyes o actos de similar rango dictados en ejecución directa de la Constitución), con potestad para anularlos. Excepcionalmente, en algunos casos, como sucede en Panamá, el control de la constitucionalidad que ejerce la Corte Suprema de Justicia no sólo se refiere a las leyes y demás actos de rango legal, sino materialmente a todos los actos estatales, lo que lo hace único en el mundo[69].

Este método concentrado de control puede ser *exclusivamente* concentrado como sucede en Panamá, Uruguay, Costa Rica o Paraguay, o puede estar establecido en forma combinada con el método difuso de control, como sucede en Colombia, El Salvador, Honduras, Venezuela, Guatemala, Brasil, México, Perú y Bolivia.

Ahora bien, el órgano estatal dotado del privilegio de ser el único juez constitucional de las leyes en el sistema concentrado de control de la constitucionalidad, puede ser la Corte Suprema de Justicia ubicada en la cúspide de la jerarquía judicial de un país, como es el caso de Costa Rica, Honduras, El Salvador, México y Venezuela; o una Corte o Tribunal Constitucional creado especialmente por la Constitución, dentro o fuera de la jerarquía judicial para actuar como único juez constitucional, como es el caso de Colombia, Chile, Perú, Guatemala, Ecuador y Bolivia. En ambos casos, estos órganos tienen en común el ejercicio de una actividad jurisdiccional, como jueces constitucionales.

Por ello, el sistema concentrado de control de la constitucionalidad, aun cuando sea generalmente similar al "modelo europeo" de Tribunales constitucionales especiales, no implica necesariamente la existencia de un Tribunal Constitucional especial, concebido constitucionalmente fuera del Poder Judicial. La experiencia latinoamericana de control concentrado de la constitucionalidad así lo demuestra, pues en general, han sido las Cortes Supremas de Justicia las que lo han ejercido, incluso mediante una Sala Constitucional (Costa Rica, Venezuela, Honduras, El Salvador); y en los casos en los cuales se ha atribuido a Tribunales Constitucionales el ejercicio del control, estos están dentro del Poder Judicial (Guatemala, Colombia, Ecuador y Bolivia) con la excepción de los casos de Chile y del Perú, cuyas Constituciones regularon a los Tribunales Constitucionales fuera del Poder Judicial.

A diferencia del método difuso de control de la constitucionalidad de las leyes, el método concentrado, al tener el juez constitucional potestades anulatorias, evidentemente que no puede desarrollarse como consecuencia de la labor pretoriana de los jueces, sino que debe ser expresamente establecido, *expressis verbis,* por normas constitucionales. En esta forma, la Constitución, como Ley suprema de un país, es el único texto que puede limitar los poderes y deberes generales de los tribunales para decidir la ley aplicable en cada caso; y es la única habilitada para atribuir dichos poderes y deberes con potestades anulatorias, en lo referente a ciertos actos del Estado, a ciertos órganos constitucionales, sea la Corte Suprema o una Corte o Tribunal Constitucional.

En tal sentido, el control concentrado de la constitucionalidad de las leyes se estableció por primera vez en América Latina, en Venezuela, en la Constitución de 1858, al atribuirse a la Corte Suprema de Justicia competencia para conocer de la *acción popular* de inconstitucionalidad de los actos de las Legislaturas Provinciales, precisándose en el artículo 113, ordinal 8º la competencia de la Corte para:

> Declarar la nulidad de los actos legislativos sancionados por las Legislaturas Provinciales, *a petición de cualquier ciudadano,* cuando sean contrarios a la Constitución.

Esta atribución de la Corte Suprema, a partir de la Constitución de 1893, se amplió respecto de todas las leyes, decretos y resoluciones inconstitucionales (art. 110, ord. 8º).

69 Véase Allan R. BREWER-CARÍAS, "El sistema panameño de control concentrado de constitucionalidad en el Derecho Comparado" en *El Nuevo Derecho Constitucional Latinoamericano, IV Congreso Venezolano de Derecho Constitucional,* Volumen II, Fundación Konrad Adenauer, Asociación Venezolana de Derecho Constitucional, Caracas, 1996, pp. 889-974.

En el caso de Colombia, la competencia de la Corte Suprema de Justicia en materia de control de constitucionalidad se estableció por primera vez en la Constitución de 1886, respecto de los actos legislativos, en forma limitada y preventiva cuando hubiesen sido objetados por el Gobierno (arts. 88, 90 y 151, ord. 4°). Posteriormente, mediante el Acto Legislativo N° 3 de 31 de octubre de 1910 (reformatorio de la Constitución Nacional), el sistema concentrado colombiano de justicia constitucional adquirió plena consagración, al establecerse en el artículo 41, la *acción popular* de inconstitucionalidad, al atribuirse a la Corte Suprema de Justicia como "guardián de la integridad de la Constitución", competencia para:

> Decidir definitivamente sobre la exequibilidad de los actos legislativos que hayan sido objetados como inconstitucionales por el Gobierno, o sobre todas las leyes o decretos acusados ante ella *por cualquier ciudadano* como inconstitucionales, previa audiencia del Procurador General de la Nación.

La *acción popular* de inconstitucionalidad de las leyes, por tanto, tiene su antecedente en la Constitución venezolana de 1858 y en la Constitución colombiana de 1910; países en los cuales, como se ha visto, además, se previó el control difuso de la constitucionalidad de las leyes, consagrándoselo formalmente en Venezuela a partir de 1897 y en Colombia, en un breve período en 1887 y luego, a partir de 1910; configurándose así un sistema mixto o integral de control de la constitucionalidad, al cual se han ido orientando progresivamente los sistemas latinoamericanos. Este es el caso, por ejemplo, además de Venezuela y Colombia, de Brasil, Perú, El Salvador y Guatemala y más recientemente, de México. No obstante, algunos sistemas de América Latina, como el de Panamá, Uruguay, y Paraguay han permanecido exclusivamente concentrados, países donde sólo la Corte Suprema de Justicia tiene una jurisdicción exclusiva y original para declarar la inconstitucionalidad de las leyes.

Debe destacarse, sin embargo, que la modalidad del método concentrado de control de la constitucionalidad basado en la creación de un órgano constitucional especial, una Corte o un Tribunal para actuar como juez constitucional dotado del poder original y exclusivo para anular las leyes y otros actos de rango y efectos similares, ha marcado la evolución de la justicia constitucional en las últimas décadas en América Latina. Bajo la influencia del modelo europeo, pero de una manera incompleta, el sistema se ha implantado en Guatemala, en la década de los sesenta, y en Chile hacia principios de los años 70, con la creación de sendos Tribunales Constitucionales. Luego apareció en Ecuador y Perú donde fueron creados Tribunales de Garantías Constitucionales convertidos recientemente en Tribunales Constitucionales. En 1991, la Constitución de Colombia, estableció una Corte Constitucional, al igual que sucedió en Bolivia, en 1994.

### 2.- *La diversa configuración del método concentrado de justicia constitucional: exclusivo o combinado con el método difuso*

Como se ha señalado anteriormente, la esencia de todo sistema de control de la constitucionalidad de las leyes es la noción de supremacía de la Constitución, de manera que si la Constitución es la ley suprema de un país y, por lo tanto, prevalece ante todas las demás leyes, entonces un acto del Estado que contradiga la Constitución no puede constituir una norma efectiva; al contrario, debe considerarse nulo.

Ahora bien, el principal elemento que aclara la diferencia entre los dos grandes métodos de control de la constitucionalidad (difuso y concentrado) no es una posible distinta concepción de la Constitución y de su supremacía, sino más bien, el tipo de garantía adoptado en el sistema constitucional para preservar dicha supremacía: la nulidad o la anulabilidad del acto inconstitucional. En esta forma, la nulidad de los actos inconstitucionales del Estado es la garantía de la Constitución que conduce al sistema difuso de control de la constitucionalidad; en cambio, la anulabilidad es, precisamente, la que conduce al método concentrado de control de la constitucionalidad de las leyes.

Contrariamente a la nulidad de los actos del Estado, la anulabilidad de dichos actos, cuando se considera como una garantía objetiva de la Constitución, significa que el acto del Estado, aún irregular o inconstitucional, una vez producido por una institución pública debe considerarse como un acto válido y efectivo hasta que el órgano que lo produjo lo derogue o revoque, o hasta que se decida su anulación por otro órgano del Estado con poderes constitucionales para ello. Este es, precisamente, el caso del método concentrado de control de la constitucionalidad, en el cual la Constitución confiere el poder para anular, con efectos generales, algunos actos inconstitucionales del Estado, a un solo órgano constitucional, sea éste la Corte Suprema existente o un órgano creado especialmente dentro o fuera del Poder Judicial, con funciones jurisdiccionales que le permiten actuar como juez constitucional.

En todo caso, en los sistemas constitucionales que adoptan el método concentrado de control de la constitucionalidad, el deber de todos los jueces y tribunales consiste en examinar la constitucionalidad de los actos del Estado. Sin embargo, cuando el acto cuestionado es una ley u otro acto inmediatamente subordinado o de ejecución directa de la Constitución, los tribunales ordinarios no pueden juzgar su inconstitucionalidad, puesto que dicho poder está reservado a un Tribunal Constitucional especial o a la Corte Suprema de un país determinado, el cual puede anular el acto.

Ahora bien, el poder de declarar la nulidad por inconstitucionalidad de las leyes y demás actos de ejecución directa de la Constitución, como se dijo, puede ser ejercido por la Corte Suprema de Justicia en forma exclusiva o por la propia Corte Suprema o un Tribunal Constitucional en un sistema mixto o integral, que además del control concentrado admite el control difuso de la constitucionalidad. En América Latina el control concentrado se ha configurado en esas dos formas. Además, existe una tercera forma de control concentrado que ejercen en forma paralela y exclusiva tanto la Corte Suprema de Justicia como un Tribunal Constitucional.

### A) El control judicial concentrado de la constitucionalidad de las leyes ejercido exclusivamente por la Corte Suprema de Justicia o por una Sala Constitucional de la misma

El control judicial concentrado de la constitucionalidad de las leyes se ha configurado en primer lugar, en algunos países de América Latina, como una atribución exclusiva de las Cortes Supremas de Justicia en pleno o de una Sala Constitucional especializada de la misma. Por tanto, puede decirse que en América Latina no existe ningún caso de un Tribunal o Corte Constitucional con el poder exclusivo de actuar como único juez de la constitucionalidad.

En algunos supuestos, como se dijo, la Constitución atribuye a la Corte Suprema el carácter de único juez de la constitucionalidad de las leyes. Es el caso de Uruguay, Panamá, Nicaragua y República Dominicana.

En efecto, el artículo 188,1 de la Constitución de Panamá le otorga a la Corte Suprema de Justicia el poder exclusivo de proteger la integridad de la Constitución y controlar la constitucionalidad de la legislación a través de dos métodos: mediante el ejercicio de una acción directa, o mediante el planteamiento de una cuestión de constitucionalidad de carácter incidental, formulada por un órgano estatal inferior que tenga competencia para impartir justicia[70]. En ambos casos de control, la decisión de la Corte Suprema es de efectos generales, y obligatoria, y no está sujeta a ningún tipo de control. Dicha norma, en efecto, establece lo siguiente:

> *Artículo 203.*- La Corte Suprema de Justicia tendrá, entre sus atribuciones constitucionales y legales, las siguientes:
>
> 1.- La guarda de la integridad de la Constitución para lo cual la Corte en pleno conocerá y decidirá, con audiencia del Procurador General de la Nación o del Procurador de la Administración, sobre la inconstitucionalidad de la Leyes, decretos, acuerdos, resoluciones y demás actos que por razones de fondo o de forma impugne ante ella cualquier persona. Cuando en un proceso público el funcionario encargado de impartir justicia advirtiere o se lo advirtiere alguna de las partes que la disposición legal o reglamentaria aplicable al caso es inconstitucional, someterá la

70 Véase en general, Boris BARRIOS GONZÁLEZ, *Derecho Procesal Constitucional*, 2ª edición actualizada, Editorial Portobelo, Biblioteca de Autores Panameños 21, Panamá 2002

cuestión al conocimiento del pleno de la Corte, salvo que la disposición haya sido objeto de pronunciamiento por parte de ésta, y continuará el curso del negocio hasta colocarlo en estado de decidir.

Las partes sólo podrán formular tales advertencias una vez por instancia.

En el sistema de Uruguay, la Constitución de 1989 atribuye a la Corte Suprema de Justicia la jurisdicción exclusiva y originaria (art. 257) para declarar la inconstitucionalidad de las leyes y otros actos del Estado que tengan fuerza de ley, con fundamento tanto en razones substantivas como formales (art. 256). La Corte también conoce de los asuntos de inconstitucionalidad, sea mediante una acción que sólo pueden ejercer los interesados lesionados en su "interés directo, personal y legítimo" (art. 258), sea mediante una incidencia planteada por vía de excepción en cualquier proceso ordinario. En este caso, conforme lo establece el artículo 258, 2, "se suspenderán los procedimientos, elevándose las actuaciones a la Suprema Corte de Justicia". Conforme al mismo artículo 258, el Juez o Tribunal que entendiere en cualquier procedimiento judicial, o el Tribunal de lo Contencioso-Administrativo, en su caso, también pueden solicitar de oficio a la Corte Suprema la declaración de inconstitucionalidad de una ley y su inaplicabilidad, antes de dictar resolución. En todos estos casos, y a diferencia del sistema panameño, las decisiones de la Corte Suprema sobre cuestiones de constitucionalidad se refieren, exclusivamente, al caso concreto, teniendo, por tanto, efectos sólo en los procedimientos en los que fueron adoptados (art. 259).

En el caso de Nicaragua[71] el artículo 164 de la Constitución atribuye a la Corte Suprema de Justicia competencia para conocer y resolver: los recursos de amparo por violación de los derechos establecidos en la Constitución, de acuerdo a la Ley de Amparo (ord. 3); los recursos por inconstitucionalidad de la ley (ord. 4); los conflictos de competencia y constitucionalidad entre los poderes del Estado (ord. 12); y los conflictos de constitucionalidad, entre el gobierno central y los gobiernos municipales y de las regiones autónomas de la Costa Atlántica (ord. 13). En materia de control concentrado de la constitucionalidad, además, el artículo 187 estableció el recurso por inconstitucionalidad contra toda ley, decreto o reglamento que se oponga a lo prescrito por la Constitución Política, el cual puede ser interpuesto por cualquier ciudadano; es decir, como acción popular.

En la República Dominicana, conforme al artículo 67 de la Constitución, corresponde exclusivamente a la Suprema Corte de Justicia, conocer en única instancia de la constitucionalidad de las leyes, a instancias del Poder Ejecutivo, de uno de los Presidentes de las Cámaras del Congreso Nacional o de parte interesada.

En otros países, el poder exclusivo de actuar como juez constitucional se ha atribuido en particular a una Sala Constitucional de la Corte Suprema de Justicia. Es el caso de Paraguay, Costa Rica y El Salvador.

En efecto, de manera similar al modelo uruguayo, en Paraguay, la Constitución de 1992 ha mantenido el sistema de control concentrado de la constitucionalidad, atribuyendo exclusivamente a la Sala Constitucional de la Corte Suprema de Justicia la competencia para decidir las acciones o excepciones que se planteen en cualquier instancia (en cuyo caso se deben elevar los antecedentes a la Corte) con el fin de declarar la inconstitucionalidad e inaplicabilidad de las normas jurídicas (leyes y otros instrumentos normativos) contrarias al texto fundamental, y además, para anular las resoluciones judiciales (sentencias definitivas o interlocutorias) que resulten contrarias a la constitución, "en la forma y con los alcances establecidos en esta Constitución y en la ley" (arts. 160, 260).

De acuerdo con el artículo 260 de la Constitución, el procedimiento puede iniciarse por acción ante la Sala Constitucional o por vía de excepción en cualquier instancia. En ambos casos, la decisión de la Corte Suprema sólo se refiere a cada caso concreto, y el fallo sólo tiene efecto con relación a ese caso.

71 Véase en general, Julio Ramón GARCÍA VÍLCHEZ, *El Control Constitucional en Nicaragua*, Corte Suprema de Justicia, Managua 2000

En la Constitución de El Salvador (art. 174), y particularmente a raíz de las reformas de 1991-1992, se ha previsto que la Corte Suprema de Justicia tiene una Sala de lo Constitucional, a la cual corresponde conocer y resolver las demandas de inconstitucionalidad de las leyes, decretos y reglamentos, los procesos de amparo, el *habeas corpus*, y las controversias entre los órganos Legislativos y Ejecutivos.

Por último, como consecuencia de la reforma constitucional de 1989, en Costa Rica también se creó una Sala Constitucional en la Corte Suprema de Justicia, que está encargada de declarar exclusivamente la inconstitucionalidad de las normas, independientemente de su naturaleza, así como de los actos de derecho público, a excepción de los actos jurisdiccionales del Poder Judicial y de la declaratoria de elección que haga el Tribunal Supremo de Elecciones (art. 10). Por consiguiente, en Costa Rica se estableció un sistema concentrado de control judicial de la constitucionalidad de las leyes atribuido exclusivamente a la Sala Constitucional de la Corte Suprema de Justicia[72], a la cual, además se le atribuyó competencia para dirimir los conflictos de competencia entre los Poderes del Estado, incluido el Tribunal Supremo de Elecciones, así como con las demás entidades y órganos que indique la ley; y conocer de las consultas sobre proyectos de reforma constitucional, de aprobación de convenios o tratados internacionales y de otros proyectos de ley, según se disponga en la ley.

La Sala Constitucional, conforme a la Ley de la Jurisdicción Constitucional de 1990, puede ejercer el control de la constitucionalidad mediante cuatro medios distintos: la acción de inconstitucionalidad, las consultas legislativas, las consultas judiciales y la vía preventiva. En el primer caso, se trata del ejercicio de la acción de inconstitucionalidad contra las leyes y otras disposiciones generales, a través de dos procedimientos: la vía incidental y la vía de acción principal o directa. La decisión de la Sala Constitucional que declare la acción con lugar, anula la ley y tiene efectos *erga omnes*.

Según la Constitución y la Ley de la Jurisdicción Constitucional, el segundo medio a través del cual la Sala Constitucional puede ejercer su poder de control judicial concentrado de la constitucionalidad, es el de las consultas que le puede formular la Asamblea Legislativa durante la discusión de las reformas constitucionales, de la aprobación de acuerdos o tratados internacionales y de proyectos de reforma de la Ley de la Jurisdicción Constitucional; y además de proyectos de leyes ordinarias en discusión en la Asamblea, a petición de por lo menos diez diputados. En todos estos casos se trata de un medio de control de la constitucionalidad de tipo preventivo, puesto que la decisión de la Sala Constitucional se adopta antes de la sanción de la Ley, siendo de naturaleza obligatoria. En estos casos, la decisión interpretativa de la Sala Constitucional tiene carácter obligatorio y efectos de cosa juzgada.

El último medio de control de la constitucionalidad de las leyes previsto en Costa Rica se refiere al veto presidencial formulado respecto de leyes sancionadas pero no promulgadas, por razones de inconstitucionalidad, de conformidad con el artículo 125 de la Constitución. En esos casos de ejercicio del veto, si la Asamblea no acepta las objeciones constitucionales formuladas por el Presidente, el asunto debe ser sometido a la Sala Constitucional, suspendiéndose la promulgación de la ley.

### B) El control judicial concentrado de la constitucionalidad de las leyes ejercido por la Corte Suprema, una Sala Constitucional de la misma o por un Tribunal Constitucional en un sistema mixto o integral de control (concentrado y difuso)

El segundo tipo de control judicial concentrado de la constitucionalidad de las leyes atribuido a las Cortes Supremas de Justicia o a los Tribunales Constitucionales se encuentra en

72 Véase en general, Rubén HERNÁNDEZ VALLE, *El control de la constitucionalidad de las leyes*, Ediciones Juricentro, San José, Costa Rica 1978; Anarella BERTOLINI et al., *La jurisdicción constitucional y su influencia el estado de derecho*, Editorial Universidad Estatal a Distancia (EUNED), San José, Costa Rica 1996; Rodolfo E. PIZA ESCALANTE, *La Justicia Constitucional en Costa Rica. Primera Conferencia de Tribunales Constitucionales de Iberoamérica, Portugal y España*, Lisboa, Portugal, 10-13 octubre de 1995; *La jurisdicción constitucional. Seminario sobre Justicia Constitucional. III Aniversario de la Creación de la Sala Constitucional*, Editorial Juricentro, San José 1993; Carlos José GUTIÉRREZ et al, *La Jurisdicción Constitucio nal y su influencia en el Estado de Derecho*, San José, Costa Rica 1999.

aquellos países que han adoptado un sistema mixto o integral de control de la constitucionalidad, en el que funcionan, paralelamente, el control difuso y el control concentrado.

a) *El control concentrado de la constitucionalidad de las leyes atribuido a la Corte Suprema de Justicia en un sistema mixto o integral de control*

En Brasil y México, países que cuentan con un sistema difuso de control de la constitucionalidad, también se ha atribuido a la Corte Suprema de Justicia el ejercicio del control concentrado de la constitucionalidad de las leyes.

La Constitución de Brasil, desde 1934 instauró un sistema de control concentrado de la constitucionalidad de las leyes que corresponde al Tribunal Supremo Federal, el cual se perfeccionó definitivamente en la Constitución de 1988 (art. 102). Este control concentrado de la constitucionalidad se desarrolla a través de una acción de inconstitucionalidad, que puede ser de tres tipos: la acción de intervención, la acción genérica y la acción por omisión de los poderes públicos.

La acción de intervención directa fue establecida inicialmente en la Constitución de 1934 para proteger los principios constitucionales federales (gobierno republicano, independencia y armonía de los poderes, carácter temporal de los mandatos electorales, imposibilidad de un segundo mandato sucesivo de los Gobernadores, autonomía municipal, rendición de cuentas administrativas y garantías del Poder Judicial) frente a la legislación que pueden dictar los Estados miembros. En estos casos, la Constitución previó la posibilidad de que el Gobierno federal, mediante esta acción, intervenga en los Estados miembros para asegurar la observancia de dichos principios.

Además de la acción de intervención directa, la Constitución de 1946 también previó una acción directa de inconstitucionalidad, llamada "genérica" de protección de la Constitución, la cual es de dos tipos: por un lado, la que se intenta por ante el Tribunal Supremo Federal para controlar la constitucionalidad de las leyes o actos normativos federales o estadales (art. 102, I, a); y por el otro, la acción que se intenta por ante la Corte Suprema de cada Estado, con el fin de obtener una declaración de inconstitucionalidad de las leyes y actos normativos de los Estados o Municipios, pero en relación con las Constituciones de los Estados miembros. En estos casos, la acción sólo pueden intentarla determinados funcionarios o entidades expresamente legitimadas, conforme se enumera en el artículo 103:

*Artículo 103.* Pueden interponer la acción de inconstitucionalidad;

I. el Presidente de la República;

II. la Mesa del Senado Federal;

III. la Mesa de la Cámara de Diputados;

IV. la Mesa de la Asamblea Legislativa;

V. el Gobernador del Estado;

VI. el Procurador General de la República;

VII. el Consejo Federal de la Orden de los Abogados de Brasil;

VIII. los partidos políticos con representación en el Congreso Nacional;

IX. las Confederaciones Sindicales o entidades de clase de ámbito nacional.

El control de la constitucionalidad también puede ser ejercido por el Tribunal Supremo Federal, a través de la acción de inconstitucionalidad por omisión, institución adoptada en la Constitución de 1988, sin duda, bajo la inspiración del sistema de control de la constitucionalidad existente en Portugal. El objetivo de esta acción es verificar los casos en los cuales no se han emitido las leyes o actos ejecutivos requeridos para hacer que las normas constitucionales sean plenamente aplicables. Conforme al artículo 103,2 de la Constitución, una vez declarada la inconstitucionalidad por omisión de una medida destinada a dar efectividad a una norma Constitucional, se debe comunicar al Poder competente para la adopción de la providencias necesarias y, tratándose de órgano administrativo, para que se haga en 30 días.

En México, mediante la reforma constitucional de 1994 se incorporó un aparte al artículo 105, el cual trata de la competencia de la Suprema Corte de Justicia asignándole atribuciones para conocer de los conflictos entre los poderes territoriales del Estado federal y, particularmente, de las acciones de inconstitucionalidad que tengan por objeto plantear la posible contradicción entre una norma de carácter general y la Constitución, con excepción de las que se refieran a la materia electoral. La acción sólo pueden intentarla determinados funcionarios y representantes, y la decisión de la Corte tiene efectos generales de invalidez de la ley inconstitucional.

En efecto, conforme al artículo 105,I, en materia de controversias constitucionales, la Corte Suprema de Justicia y con excepción de las que se refieran a la materia electoral, tiene competencia para conocer de las que se susciten entre:

a) La Federación y un Estado o el Distrito Federal;

b) La Federación y un municipio;

c) El Poder Ejecutivo y el Congreso de la Unión; aquel y cualquiera de las Cámaras de éste o, en su caso, la Comisión Permanente, sean como órganos federales o del Distrito Federal;

d) Un Estado y otro;

e) Un Estado y el Distrito Federal;

f) El Distrito Federal y un Municipio;

g) Dos Municipios de diversos estados;

h) Dos Poderes de un mismo estado, sobre la constitucionalidad de sus actos o disposiciones generales;

i) Un Estado y uno de sus Municipios sobre la constitucionalidad de sus actos o disposiciones generales;

j) Un Estado y un Municipio de otro Estado, sobre la constitucionalidad de sus actos o disposiciones generales, y

k) Dos órganos de gobierno del Distrito Federal, sobre la constitucionalidad de sus actos o disposiciones generales.

Cuando las controversias versen sobre disposiciones generales de los Estados o de los Municipios impugnadas por los Estados, o en los casos a que se refieren los incisos c), h) y k) antes indicados, si la resolución de la Suprema Corte de Justicia las declara inválidas, dicha resolución tendrá efectos generales cuando hubiera sido aprobada por una mayoría de por lo menos ocho votos. En los demás casos, las resoluciones de la Suprema Corte de Justicia tienen efectos únicamente respecto de las partes en la controversia.

En cuanto a las acciones de inconstitucionalidad que tengan por objeto plantear la posible contradicción entre una norma de carácter general y la Constitución, conforme al artículo 105, II, las mismas pueden ejercitarse, dentro de los 30 días naturales siguientes a la fecha de publicación de la norma, exclusivamente por:

a) El equivalente al treinta y tres por ciento de los integrantes de la Cámara de Diputados del Congreso de la Unión, en contra de leyes federales o del Distrito Federal expedidas por el Congreso de la Unión;

b) El equivalente al treinta y tres por ciento de los integrantes del Senado, en contra de leyes federales o del Distrito Federal expedidas por el Congreso de la Unión o de tratados internacionales celebrados por el Estado Mexicano;

c) El Procurador General de la República, en contra de leyes de carácter federal, estatal y del Distrito Federal, así como de tratados internacionales celebrados por el Estado Mexicano;

d) El equivalente al treinta y tres por ciento de los integrantes de alguno de los órganos legislativos estatales, en contra de leyes expedidas por el propio órgano, y

e) El equivalente al treinta y tres por ciento de los integrantes de la Asamblea de representantes del Distrito Federal, en contra de leyes expedidas por la propia Asamblea, y

f) Los partidos políticos con registro ante el Instituto Federal Electoral, por conducto de sus dirigentes nacionales, en contra de leyes electorales federales o locales y los partidos políticos con registro estatal, a través de sus dirigencias, exclusivamente en contra de leyes electorales expedidas por el órgano legislativo del estado que les otorgó el registro.

En estos casos de acciones de inconstitucionalidad, las resoluciones de la Suprema Corte de Justicia sólo pueden declarar la invalidez de las normas impugnadas, siempre que fueren aprobadas por una mayoría de cuando menos ocho votos.

b) *El control judicial de la constitucionalidad de las leyes ejercido por una Sala Constitucional del Tribunal Supremo, en un sistema mixto o integral de control*

En otros casos, el control concentrado de constitucionalidad (adicional y en paralelo al control difuso) se ha atribuido a una Sala de lo Constitucional de la Corte o Tribunal Supremo. Es el caso de Venezuela, El Salvador y Honduras.

En Venezuela, la Constitución de 1999 creó la Sala Constitucional del Tribunal Supremo de Justicia, y le atribuyó el ejercicio del control concentrado de la constitucionalidad de las leyes, antes atribuido a la Sala Plena de la Corte Suprema de Justicia[73]. En tal sentido, el artículo 334 de la Constitución establece que corresponde exclusivamente a la Sala Constitucional del Tribunal Supremo de Justicia como Jurisdicción Constitucional (arts. 266,1 y 334), declarar la nulidad de las leyes y demás actos de los órganos que ejercen el Poder Público dictados en ejecución directa e inmediata de la Constitución o que tengan rango de ley, cuando colidan con aquella. A tal efecto, el artículo 336 de la Constitución enumera las siguientes atribuciones de la Sala Constitucional del Tribunal Supremo de Justicia:

1.- Declarar la nulidad total o parcial de las leyes nacionales y demás actos con rango de ley de la Asamblea Nacional, que colidan con esta Constitución.

2.- Declarar la nulidad total o parcial de las Constituciones y leyes estadales, de las ordenanzas municipales y demás actos de los cuerpos deliberantes de los Estados y Municipios dictados en ejecución directa e inmediata de esta Constitución y que colidan con ella.

3.- Declarar la nulidad total o parcial de los actos con rango de ley dictados por el Ejecutivo Nacional, que colidan con esta Constitución.

4.- Declarar la nulidad total o parcial de los actos en ejecución directa e inmediata de esta Constitución, dictados por cualquier otro órgano estatal en ejercicio del Poder Público, cuando colidan con ésta.

73 Véase en general, José Guillermo ANDUEZA ACUÑA, *La jurisdicción constitucional en el derecho venezolano,* Publicaciones del Instituto de Derecho Público N° 5, Facultad de Derecho, Universidad Central de Venezuela, Caracas 1974; Humberto BRICEÑO LEÓN, *La acción de inconstitucionalidad en Venezuela,* Colección Estudios Jurídicos N° 47, Editorial Jurídica Venezolana, Caracas 1989; Jesús María CASAL, *Constitución y Justicia Constitucional. Los fundamentos de justicia constitucional en la nueva Carta Magna,* Universidad Católica Andrés Bello, Caracas 2001; Humberto J. LA ROCHE, *El control jurisdiccional de la constitucionalidad en Venezuela y Estados Unidos,* Universidad del Zulia, Facultad de Derecho, Maracaibo 1972; Orlando TOVAR TAMAYO, *La Jurisdicción Constitucional,* Biblioteca de la Academia de Ciencias Políticas y Sociales, Serie Estudios N° 10, Caracas 1983; Allan R. BREWER-CARIAS, *La Justicia Constitucional,* Tomo VI, *Instituciones Políticas y Constitucionales,* Universidad Católica Andrés bello, Editorial Jurídica Venezolana, Caracas 1996.

5.- Verificar, a solicitud del Presidente o Presidenta de la República o de la Asamblea Nacional, la conformidad con esta Constitución de los tratados internacionales suscritos por la República antes de su ratificación.

6.- Revisar, en todo caso, aun de oficio, la constitucionalidad de los decretos que declaren estados de excepción dictados por el Presidente o Presidenta de la República.

7.- Declarar la inconstitucionalidad de las omisiones del poder legislativo municipal, estadal o nacional cuando haya dejado de dictar las normas o medidas indispensables para garantizar el cumplimiento de esta Constitución, o las haya dictado en forma incompleta, y establecer el plazo y, de ser necesario, los lineamientos de su corrección.

8.- Resolver las colisiones que existan entre diversas disposiciones legales y declarar cuál debe prevalecer.

9.- Dirimir las controversias constitucionales que se susciten entre cualesquiera de los órganos del Poder Público.

10.- Revisar las sentencias definitivamente firmes de amparo constitucional y de control de constitucionalidad de leyes o normas jurídicas dictadas por los Tribunales de la República, en los términos establecidos por la ley orgánica respectiva.

En contraste con otros sistemas constitucionales, en Venezuela, la acción de inconstitucionalidad corresponde *a todo habitante del país,* de manera que se trata de una acción popular. Es decir, la Constitución prevé un control judicial concentrado de la constitucionalidad de todos los actos del Estado, con excepción de los actos judiciales y actos administrativos, para los cuales prevé medios específicos de control de la legalidad y constitucionalidad: el recurso de casación, la apelación y el recurso contencioso administrativo. La decisión anulatoria de las leyes y demás actos de rango legal, en todo caso, tiene efectos generales, *erga omnes.*

Además, el control concentrado de la constitucionalidad de las leyes puede ejercerse en forma preventiva, respecto de las leyes sancionadas aún no promulgadas, cuando el Presidente de la República solicite al Tribunal Supremo la verificación de su constitucionalidad antes de promulgarlas (art. 214).

En Honduras, la reforma constitucional de 2000 también ha establecido un sistema de control de la constitucionalidad de carácter concentrado, respecto de las leyes tanto por razón de forma como de contenido, atribuido en forma originaria y exclusiva a la Sala de lo Constitucional de la Corte Suprema de Justicia (art. 188)[74]. En este caso, y en contraste con la acción popular venezolana, la declaración de inconstitucionalidad de una ley y su inaplicabilidad, podrá solicitarse, por quien se considere lesionado en su interés directo, personal y legítimo (art. 185). Dicha solicitud puede formularse por vía de acción por ante la Corte Suprema de Justicia; o por vía de excepción, que se puede oponer en cualquier procedimiento judicial. La Constitución también establece que cualquier Juez o Tribunal que conozca en cualquier procedimiento judicial, puede solicitar de oficio la declaración de inconstitucionalidad de una ley y su inaplicabilidad antes de dictar resolución. Tanto en este caso, como en el de la excepción de inconstitucionalidad, los procedimientos deben suspenderse, elevándose las actuaciones a la Corte Suprema de Justicia.

Las sentencias de la Sala deben se adoptadas por voto unánime y, de lo contrario, deben someterse a la Corte Plena. En los casos de las sentencias en que se declare la inconstitucionalidad de una norma, las mismas son de ejecución inmediata y tienen efectos generales y, por tanto derogan la norma inconstitucional, debiendo comunicarse al Congreso Nacional, para que la hará publicar en el Diario Oficial *La Gaceta* (art. 316).

Debe señalarse, además, que de acuerdo con el artículo 183, ordinal 2° de la Constitución de Honduras, también procede el amparo contra leyes, para que se declare en casos concre-

74 Véase en general, Edmundo ORELLANA, *La Justicia Constitucional en Honduras,* Colección Cuadernos Jurídicos, Universidad Nacional Autónoma de Honduras, Editorial Universitaria, Tegucigalpa, Honduras 1993.

tos que la Ley no obliga ni es aplicable al recurrente por contravenir, disminuir o tergiversar cualquiera de los derechos reconocidos por la Constitución. Por otra parte, la Sala de lo Constitucional también tiene competencia para dirimir los conflictos entre los Poderes del Estado, incluido el Tribunal Nacional de Elecciones (art. 316).

En 2004, el Congreso sancionó la Ley sobre la Justicia Constitucional, en la cual se regularon, entre otros aspectos, las competencias de la Sala Constitucional como Jurisdicción Constitucional[75]

En el caso de El Salvador, la Constitución de 1983 creó la Sala de lo Constitucional de la Corte Suprema de Justicia (art. 174), a la cual corresponde conocer y resolver las demandas de inconstitucionalidad de las leyes, decretos y reglamentos, los procesos de amparo, el habeas corpus, las controversias entre el Órgano Legislativo y el Órgano Ejecutivo (art. 138 y 182,7). La Sala de lo Constitucional esta integrada por cinco Magistrados designados por la Asamblea Legislativa, y su Presidente, elegido por la misma, es el Presidente de la Corte Suprema de Justicia y del Órgano Judicial. Conforme al artículo 183 de la Constitución, la Corte Suprema de Justicia por medio de la Sala de lo Constitucional es el único tribunal competente para declarar la inconstitucionalidad de las leyes, decretos y reglamentos, en su forma y contenido, de un modo general y obligatorio, y puede hacerlo a petición de cualquier ciudadano. En El Salvador se estableció, en esta forma, como en Colombia y Venezuela, una acción popular de inconstitucionalidad.

b) *El control judicial de la constitucionalidad de las leyes ejercido por Tribunales Constitucionales en un sistema mixto o integral de control*

El control judicial concentrado de la constitucionalidad de las leyes en países que cuentan con el método difuso, también se ha atribuido a Tribunales Constitucionales especialmente creados en las Constituciones con este fin, en general integrados al Poder Judicial.

Este sistema ha sido adoptado en numerosos países de América Latina, bajo la influencia europea, particularmente en Colombia, Guatemala, Bolivia, Perú y Ecuador.

La Constitución de Colombia de 1991 atribuyó a la Corte Constitucional, el carácter de "guardián de la integridad y supremacía de la Constitución", que antes tenía la Corte Suprema de Justicia. Esta Corte Constitucional tiene a su cargo, entonces, el ejercicio del control concentrado de la constitucionalidad de las leyes y demás actos estatales de similar rango[76]. A tal efecto, conforme al artículo 241, debe cumplir las siguientes funciones:

1.- Decidir sobre las demandas de inconstitucionalidad que promuevan los ciudadanos contra los actos reformatorios de la Constitución, cualquiera que sea su origen, sólo por vicios de procedimiento en su formación.

2.- Decidir, con anterioridad al pronunciamiento popular, sobre la constitucionalidad de la convocatoria a un referendo o a una asamblea constituyente para reformar la Constitución, sólo por vicios de procedimiento en su formación.

---

75 Véase Allan R. BREWER-CARÍAS, Jorge Mario GARCÍA LA GUARDIA y NESTOR PEDRO SAGÜES, *El sistema de justicia constitucional en Honduras,* Instituto Interamericano de Derechos Humanos, San José Costa Rica (en prensa), 2004.,

76 Véase en general, Juan Manuel CHARRY U., *Justicia Constitucional, Derecho Comparado y Colombiano,* Colección Bibliográfica Banco de la República, Santa Fe de Bogotá D.C. 1993;Sandra MORELLI RICO, *La Corte Constitucional ¿Un legislador complementario?,* Temas de Derecho Público N° 45, Instituto de Estudios Constitucionales Carlos Restrepo Piedrahita, Universidad Externado de Colombia, Bogotá 1997; Javier TOBO RODRÍGUEZ, *La Corte Constitucional y el control de constitucionalidad en Colombia,* Ediciones Jurídicas Gustavo Ibáñez , Santa Fe de Bogotá, D.C. 1996; Luís Fernando TOCORA, *Control Constitucional y Derechos Humanos,* Ediciones Librería del Profesional, Santa Fe de Bogotá, Colombia 1992; Ernesto REY CANTOR, *Derecho Procesal Constitucional. Derecho Constitucional Procesal. Derechos Humanos Procesales,* Brevarios Jurídicos N° 9, Ediciones Ciencia y Derecho, Santa Fe de Bogotá 2001; Luís Carlos SÁCHICA, *El control de constitucionalidad,* Monografías Jurídicas 9, 2ª edición, Editorial Temis Librería, Bogotá-Colombia 1980; Luís Carlos SÁCHICA, *La Corte Constitucional y su jurisdicción,* Editorial Temis S.A., Santa Fe de Bogotá, Colombia 1993; *Jurisdicción Constitucional de Colombia La Corte Constitucional 1992-2000 Realidades y Perspectivas,* Consejo Superior de la Judicatura-Sala Administrativa, Escuela Judicial "Rodrigo Lara Bonilla", Fundación Honrad Adenauer, Imprenta Nacional de Colombia, Bogotá D.C. 2001.

3.- Decidir sobre la constitucionalidad de los referendos sobre leyes y de las consultas populares y plebiscitos del orden nacional. Estos últimos sólo por vicios de procedimiento en su convocatoria y realización.

4.- Decidir sobre las demandas de inconstitucionalidad que presenten los ciudadanos contra las leyes, tanto por su contenido material como por vicios de procedimiento en su formación.

5.- Decidir sobre las demandas de inconstitucionalidad que presentaren los ciudadanos contra los decretos con fuerza de ley dictados por el gobierno con fundamento en los artículos 150 numeral 10 y 341 de la Constitución, por su contenido material o por vicios de procedimiento en su formación.

6.- Decidir sobre las excusas de que trata el artículo 137 de la Constitución.

7.- Decidir definitivamente sobre la constitucionalidad de los decretos legislativos que dicte el gobierno con fundamento en los artículos 212, 213 y 215 de la Constitución.

8.- Decidir definitivamente sobre la constitucionalidad de los proyectos de ley que hayan sido objetados por el gobierno como inconstitucionales, y de los proyectos de leyes estatutarias, tanto por su contenido material como por vicios de procedimiento en su formación.

9.- Revisar, en la forma que determine la ley, las decisiones judiciales relacionadas con la acción de tutela de los derechos constitucionales.

10.- Decidir definitivamente sobre la exequibilidad de los tratados internacionales y de las leyes que los aprueben. Con tal fin, el gobierno los remitirá a la Corte, dentro de los seis días siguientes a la sanción de la ley. Cualquier ciudadano podrá intervenir para defender o impugnar su constitucionalidad. Si la Corte los declara constitucionales, el gobierno podrá efectuar el canje de notas; en caso contrario no serán ratificados. Cuando una o varias normas de un tratado multilateral sean declaradas inexequibles por la Corte Constitucional, el presidente de la república sólo podrá manifestar el consentimiento formulando la correspondiente reserva.

La legitimación activa para intentar las acciones públicas antes indicadas corresponde en Colombia a de inconstitución cualquier ciudadano (art. 242,1) quien además puede intervenir como impugnador o defensor de las normas sometidas a control en los procesos promovidos por otros, así como en aquellos para los cuales no existe acción pública.

Como indicado, la Corte Constitucional, además, ejerce un control preventivo de la constitucionalidad, respecto de las leyes cuya promulgación ha sido vetada por el Presidente de la República por razones de inconstitucionalidad. Además, este control preventivo de la constitucionalidad se prevé como obligatorio en ciertos casos como la emisión de decretos de emergencia o de leyes aprobatorias de tratados.

En todo caso en que la Corte anule por inconstitucionalidad un acto legislativo, esta decisión tiene efectos *erga omnes* y hace tránsito a cosa juzgada constitucional (art. 243), siendo su contenido obligatorio para todos, de forma tal que con posterioridad no puede presentarse otra acción de inconstitucionalidad contra el mismo acto.

En Guatemala, a partir de la Constitución de 1965, en forma paralela al método difuso también se instauró un sistema concentrado de control judicial de la constitucionalidad de las leyes, atribuido a una Corte Constitucional creada para tal fin, siendo el primer país latinoamericano en haber creado un Tribunal Constitucional, conforme al modelo europeo[77]. La función esencial

77 Véase en general, Jorge Mario GARCÍA LA GUARDIA, *La defensa de la Constitución*, Facultad de Ciencias Jurídicas y Sociales, Universidad de San Carlos de Guatemala, Instituto de Investigaciones Jurídicas Universidad Nacional Autónoma de México, México 1983; Adolfo GONZÁLEZ RODAS, *La Corte de Constitucionalidad de Guatemala*, Cuadernos Constitucionales México Centroamérica N° 1, Universidad Nacional Autónoma de México, Corte de Constitucionalidad de Guatemala, México 1992; Mynor PINTO ACEVEDO, *La jurisdicción constitucional en Guatemala*, Corte de Constitucionalidad de Guatemala, Guatemala 1995.

de dicho Tribunal, conforme al artículo 268, es la defensa del orden constitucional, para cuyo fin actúa como tribunal colegiado con independencia de los demás organismos del Estado. De acuerdo con el artículo 267, relativo a la "Inconstitucionalidad de las leyes de carácter general", por tanto, las acciones en contra de leyes, reglamentos o disposiciones de carácter general que contengan vicio parcial o total de inconstitucionalidad, se deben plantear directamente ante el Tribunal o Corte de Constitucionalidad.

De acuerdo con la Constitución de 1985, los poderes de control de la constitucionalidad son ejercidos por la Corte Constitucional cuando se ejerce un recurso de inconstitucionalidad, concebido como una acción directa, que puede ser ejercida contra "las leyes y disposiciones de carácter general, objetadas parcial o totalmente de inconstitucionalidad" (art. 272), sólo por determinados funcionarios y autoridades, teniendo la decisión de la Corte efectos generales. Además, la Corte es competente para emitir opinión sobre la constitucionalidad de los tratados, convenios y proyecto de ley, a solicitud de cualquiera de los organismos del Estado, y para emitir opinión sobre la inconstitucionalidad de las leyes vetadas por el Ejecutivo alegando inconstitucionalidad.

Un elemento importante del procedimiento que se sigue ante la Corte Constitucional en Guatemala, es el hecho de que los efectos de la ley o del acto ejecutivo impugnado pueden ser suspendidos provisionalmente por la Corte durante el curso del proceso, cuando la inconstitucionalidad sea notoria y pueda causar gravamen irreparable. Ésta decisión de suspender los efectos de la ley o del acto ejecutivo tiene consecuencias generales, de carácter *erga omnes* y debe ser publicada en el *Diario Oficial*.

Por otra parte, mediante la reforma constitucional de 1994, en Bolivia también se creó un Tribunal Constitucional independiente y sometido sólo a la Constitución (art. 119) con poder para ejercer el control concentrado de la constitucionalidad de las leyes (art. 116, IV), método que coexiste con el método difuso de control de constitucionalidad[78]. El Tribunal Constitucional, conforme al artículo 119, VII, tiene atribución para conocer y resolver:

1ª En única instancia, los asuntos de puro derecho sobre la inconstitucionalidad de leyes, decretos y cualquier género de resoluciones no judiciales. Si la acción es de carácter abstracto o remedial, sólo podrán interponerla el Presidente de la República, o cualquier Senador o Diputado, el Fiscal General de la República o el Defensor del Pueblo;

2ª Los conflictos de competencias y controversias entre los Poderes Públicos, la Corte Nacional Electoral, los departamentos y los municipios;

3ª Las impugnaciones del Poder Ejecutivo a las resoluciones camarales, prefecturales y municipales;

4ª Los recursos contra tributos, impuestos, tasas, patentes, derechos o contribuciones creados, modificados o suprimidos en contravención a lo dispuesto en esta Constitución;

5ª Los recursos contra resoluciones del Poder Legislativo o una de sus Cámaras, cuando tales resoluciones afecten a uno o más derechos o garantías concretas, cualesquiera sean las personas afectadas;

6ª Los recursos directos de nulidad interpuestos en resguardo del artículo 31° de esta Constitución.

7ª La revisión de los recursos de amparo constitucional y "Hábeas Corpus";

8ª Absolver las consultas del Presidente de la República, el Presidente del Honorable Congreso Nacional y el Presidente de la Corte Suprema de Justicia, sobre la cons-

78 Véase en general, José Antonio RIVERA SANTIVÁÑEZ, Jurisdicción Constitucional. Procesos Constitucionales en Bolivia, Grupo Ed. Fipus, Cochabamba, Boívia 2004; Francisco FERNÁNDEZ SEGADO, *La jurisdicción constitucional en Bolivia. La Ley número 1836, del 1° de abril de 1998 del Tribunal Constitucional*, Cuadernos Constitucionales México-Centroamérica N° 40, Universidad Nacional Autónoma de México, Corte de Constitucionalidad de Guatemala, México 2002.

titucionalidad de proyectos de ley, decretos o resoluciones, o de leyes, decretos o resoluciones aplicables a un caso concreto. La opinión del Tribunal Constitucional es obligatoria para el órgano que efectúa la consulta;

9ª La constitucionalidad de tratados o convenios con gobiernos extranjeros u organismos internacionales;

10ª Las demandas respecto a procedimientos en la reforma de la Constitución.

La sentencia que declara la inconstitucionalidad de una ley, decreto o cualquier género de resolución no judicial, hace inaplicable la norma impugnada y surte plenos efectos respecto a todos. Sin embargo, la sentencia que se refiera a un derecho subjetivo controvertido, se limitará a declarar su inaplicabilidad al caso concreto (art. 121,II). Salvo que la sentencia disponga otra cosa, la vigencia de la norma en las partes no afectadas por la inconstitucionalidad, subsiste; y en ningún caso afecta a sentencias anteriores que tengan calidad de cosa juzgada.

La Constitución del Perú de 1979, había establecido las bases de un sistema difuso de control de la constitucionalidad y además, había creado el Tribunal de Garantías Constitucionales, con poderes concentrados de control de la constitucionalidad según el modelo español. En la reforma constitucional de 1993 se eliminó el Tribunal de Garantías Constitucionales y se estableció, en su lugar, un Tribunal Constitucional como órgano de control de la Constitución, autónomo e independiente (art. 201)[79].

Este Tribunal Constitucional ha sido creado como el "órgano de control de la Constitución" y tiene a su cargo conocer de la acción de inconstitucionalidad la cual sólo pueden ejercer, conforme al artículo 203:

1.- El Presidente de la República;

2.- El Fiscal de la Nación;

3.- El Defensor del Pueblo;

4.- El veinticinco por ciento del número legal de congresistas;

5.- Cinco mil ciudadanos con firmas comprobadas por el Jurado Nacional de Elecciones. Si la norma es una ordenanza municipal, está facultado para impugnarla el uno por ciento de los ciudadanos del respectivo ámbito territorial, siempre que este porcentaje no exceda del número de firmas anteriormente señalado.

6.- Los presidentes de Región con acuerdo del Consejo de Coordinación Regional o los alcaldes provinciales con acuerdo de su Concejo, en materias de su competencia.

7.- Los colegios profesionales en materias de su especialidad.

Conforme al artículo 204 de la Constitución, la sentencia del Tribunal que declare la inconstitucionalidad de una norma se debe publicar en el Diario Oficial, y al día siguiente de la publicación, dicha norma queda sin efecto.

El Tribunal Constitucional también tiene competencia para conocer los conflictos de competencia, o de atribuciones asignadas por la Constitución (art. 202,3).

En Ecuador, con motivo de las reformas constitucionales de 1995, se estableció definitivamente el método concentrado de control de la constitucionalidad de las leyes a cargo de un Tribunal Constitucional, que funciona en paralelo con el método difuso[80]. En esta forma, el Tribunal Constitucional tiene competencia conforme al artículo 276 de la Constitución de 1998, para:

---

79 Véase en general, Domingo GARCÍA BELAÚNDE, *De La Jurisdicción Constitucional al Derecho Procesal Constitucional*, 4ª ed., Editora Jurídica Grijley, Lima 2003; Domingo GARCÍA BELAÚNDE, *Derecho Procesal Constitucional*, Editorial Temis, Bogotá, Colombia 2001; Víctor Julio ORTECHO VILLENA, *Jurisdicción y Procesos Constitucionales. Hábeas Corpus y Amparo, Hábeas Data, Acción Popular, Acción de Cumplimiento, Inconstitucionalidad*, Editorial Roldhas, 6ª ed., Lima 2002; Elvito RODRÍGUEZ DOMÍNGUEZ, *Derecho Procesal Constitucional*, Grijley, LKima 1999; Samuel B. Abad Yupanqui,et al., *Código Procesal Constitucional*, Ed. Palestra, Lima 2004.

80 Véase en general, Hernán SALGADO PESANTES, *Manual de Justicia Constitucional Ecuatoriana*, Fortalecimiento de la Justicia Constitucional en el Ecuador Serie 5, Corporación Editora Nacional, Quito 2004.

1.- Conocer y resolver las demandas de inconstitucionalidad, de fondo o de forma, que se presenten sobre leyes orgánicas y ordinarias, decretos-leyes, decretos, ordenanzas; estatutos, reglamentos y resoluciones, emitidos por órganos de las instituciones del Estado, y suspender total o parcialmente sus efectos.

2.- Conocer y resolver sobre la inconstitucionalidad de los actos administrativos de toda autoridad pública. La declaratoria de inconstitucionalidad conlleva la revocatoria del acto, sin perjuicio de que el órgano administrativo adopte las medidas necesarias para preservar el respeto a las normas constitucionales.

3.- Conocer las resoluciones que denieguen el hábeas corpus, el hábeas data y el amparo, y los casos de apelación previstos en la acción de amparo.

4.- Dictaminar sobre las objeciones de inconstitucionalidad que haya hecho el Presidente de la República, en el proceso de formación de las leyes.

5.- Dictaminar de conformidad con la Constitución, tratados o convenios internacionales previo a su aprobación por el Congreso Nacional.

6.- Dirimir conflictos de competencia o de atribuciones asignadas por la Constitución.

La legitimación para ejercer los diversos recursos y acciones, conforme al artículo 277 es como sigue: El Presidente de la República, en los casos previstos en el número 1 del art. 276; el Congreso Nacional, previa resolución de la mayoría de sus miembros, en los casos previstos en los números 1 y 2 del mismo artículo; la Corte Suprema de Justicia, previa resolución del Tribunal en Pleno, en los casos descritos en los números 1 y 2 del mismo artículo; los consejos provinciales o los concejos municipales, en los casos señalados en el número 2 del mismo artículo; 1000 ciudadanos en goce de derechos políticos, o cualquier persona previo informe favorable del Defensor del Pueblo sobre su procedencia, en los casos de los números 1 y 2 del mismo artículo; el Presidente de la República pedirá el dictamen establecido en los números 4 y 5 del mismo artículo; la dirimencia prevista en el número 6 del mismo artículo, podrá ser solicitada por el Presidente de la República, por el Congreso Nacional, por la Corte Suprema de Justicia, los consejos provinciales o los concejos municipales; y la atribución a que se refiere el número 3 del mismo artículo, será ejercida a solicitud de las partes o del Defensor del Pueblo.

Las decisiones del Tribunal Constitucional de declaratoria de inconstitucionalidad causan ejecutoria y deben publicarse en el Registro Oficial, por lo que desde la fecha de la publicación entran en vigencia, dejando sin efecto la disposición y el acto declarado inconstitucional (art. 278).

Por último, debe indicarse que de las decisiones que adopten las Salas de la Corte Suprema de Justicia o los tribunales de última instancia en ejercicio de sus poderes de control difuso de la constitucionalidad de las leyes, dichos órganos judiciales deben presentar un informe al Tribunal Constitucional para que éste resuelva con carácter general.

### C) El control judicial concentrado de la constitucionalidad de las leyes ejercido en forma exclusiva y paralela por la Corte Suprema de Justicia y un Tribunal Constitucional

En América Latina, además, debe destacarse el caso de Chile donde el sistema concentrado de control de la constitucionalidad está conferido en forma exclusiva a dos órganos judiciales separados: a la Corte Suprema de Justicia, a través de una vía incidental y, al Tribunal Constitucional, a través de una acción directa[81].

En efecto, a partir de la reforma constitucional de 1925, se autorizó a la Corte Suprema de Justicia para declarar sea de oficio o a petición de parte, la inaplicabilidad de una ley en vigor a un caso concreto por razones de inconstitucionalidad. En esta forma, la Constitución instauró un sistema concentrado de control de la constitucionalidad de carácter incidental por ante la

81 Véase en general, Juan Colombo Campbell, *Derecho Procesal Constitucional*, Tribunal Constitucional de Chile, Santiago de Chile, julio 2004. Enrique SILVA CIMMA, *El Tribunal Constitucional de Chile 1971-1973)*, Colección Estudios Jurídicos Nº 3, Editorial Jurídica Venezolana, Caracas 1977.

Corte Suprema de Justicia, por medio de una institución llamada "recurso de inaplicación de las leyes". En tal sentido el artículo 80 de la Constitución dispone que:

> *Artículo 80.-* La Corte Suprema, de oficio o a petición de parte, en las materias de que conozcan, o que le fueren sometidas en recurso interpuesto en cualquier gestión que se siga ante otro tribunal, podrá declarar inaplicable para esos casos particulares todo precepto legal contrario a la Constitución. Este recurso podrá deducirse en cualquier estado de la gestión, pudiendo ordenar la Corte la suspensión del procedimiento

Sin embargo, en vista de que este sistema de control de la constitucionalidad no solucionaba los conflictos constitucionales surgidos entre los órganos del Estado, originados en cuestiones de inconstitucionalidad de las leyes y de otras normas con fuerza equivalente, mediante la reforma constitucional del 21 de enero de 1970 se creó un Tribunal Constitucional con una serie de funciones referentes al control de la constitucionalidad y a la solución de conflictos de atribuciones entre los órganos del Estado. Este Tribunal fue disuelto en 1973, y posteriormente, restablecido a través de los artículos 81 y 83 de la Constitución de 1980.

El Tribunal Constitucional chileno tiene, entre sus atribuciones, conforme al artículo 82 de la Constitución,

1º Ejercer el control de la constitucionalidad de las leyes orgánicas constitucionales antes de su promulgación y de las leyes que interpreten algún precepto de la Constitución;

2º Resolver las cuestiones sobre constitucionalidad que se susciten durante la tramitación de los proyectos de ley o de reforma constitucional y de los tratados sometidos a la aprobación del Congreso;

4º Resolver las cuestiones que se susciten sobre constitucionalidad con relación a la convocatoria a un plebiscito, sin perjuicio de las atribuciones que correspondan al Tribunal Calificador de Elecciones;

5º Resolver los reclamos en caso de que el Presidente de la República no promulgue una ley cuando deba hacerlo, promulgue un texto diverso del que constitucionalmente corresponda o dicte un decreto inconstitucional;

6º Resolver sobre la constitucionalidad de un decreto o resolución del Presidente de la República que la Contraloría haya representado por estimarlo inconstitucional, cuando sea requerido por el Presidente en conformidad al artículo 88.

En cuanto a la legitimación activa para el ejercicio del control de constitucionalidad en artículo 82 de la Constitución dispone que en el caso del numeral 1, la Cámara de origen es la que debe enviar al Tribunal Constitucional el proyecto respectivo dentro de los cinco días siguientes a aquel en que quede totalmente tramitado por el Congreso.

En el caso del numeral 2, el Tribunal sólo puede conocer de la materia a requerimiento del Presidente de la República, de cualquiera de las Cámaras o de una cuarta parte de sus miembros en ejercicio, siempre que sea formulado antes de la promulgación de la ley.

En el caso del numeral 4, la cuestión puede promoverse a requerimiento del Senado o de la Cámara de Diputados, dentro de diez días contados desde la fecha de publicación del decreto que fije el día de la consulta plebiscitaria.

En los casos del numeral 5, la cuestión puede promoverse por cualquiera de las Cámaras o por una cuarta parte de sus miembros en ejercicio, dentro de los treinta días siguientes a la publicación o notificación del texto impugnado o dentro de los sesenta días siguientes a la fecha en que el Presidente de la República debió efectuar la promulgación de la ley. Si el Tribunal acogiere el reclamo debe promulgar en su fallo la ley que no lo haya sido o rectificará la promulgación incorrecta.

En el caso del numeral 9, el Tribunal sólo puede conocer de la materia a requerimiento de la Cámara de Diputados o de la cuarta parte de sus miembros en ejercicio.

Además del control preventivo de la constitucionalidad de la legislación, en Chile, el Tribunal Constitucional tiene atribuidos poderes de control de la constitucionalidad con carácter *a posteriori*, pero sólo respecto a los decretos con fuerza de ley (art. 82,3), es decir, a los decretos emitidos por el Presidente de la República en razón de los poderes delegados por el Congreso, así como de los poderes presidenciales relativos a la promulgación de las leyes. En esta forma, el control constitucional sustantivo de la legislación por el Tribunal Constitucional en Chile no procede contra las leyes una vez que éstas han entrado en vigencia, sino sólo contra los decretos del Ejecutivo con fuerza de ley.

En el caso del numeral 3, la cuestión puede ser planteada por el Presidente de la República dentro del plazo de diez días cuando la Contraloría rechace por inconstitucional un decreto con fuerza de ley. También podrá ser promovida por cualquiera de las Cámaras o por una cuarta parte de sus miembros en ejercicio en caso de que la Contraloría hubiere tomado razón de un decreto con fuerza de ley que se impugne de inconstitucional. Este requerimiento debe efectuarse dentro del plazo de treinta días, contado desde la publicación del respectivo decreto con fuerza de ley.

Por otra parte, como se indicó, el Tribunal Constitucional puede ejercer el control de la constitucionalidad *a posteriori* sobre leyes pero únicamente con respecto a las formalidades relativas a su promulgación a cargo del Presidente de la República, a petición de las Cámaras del Congreso, en casos en que el Presidente de la República no promulgue una ley estando obligado a ello, o cuando promulgue un texto distinto del que haya sido objeto del procedimiento de formación de las leyes.

### 3.- *El carácter previo o posterior del control concentrado de la constitucionalidad de las leyes*

El sistema de control concentrado de la constitucionalidad puede tener un carácter previo o posterior, o ambos, según que los órganos encargados de ejercer su poder jurisdiccional de control lo hagan antes de que la Ley entre en vigencia, es decir, antes de su promulgación, o una vez en vigencia. Por ello se distingue el control *a priori* del control *a posteriori* de la constitucionalidad de las leyes.

Puede decirse que lo característico del método concentrado de control de la constitucionalidad, es el control posterior, que permite anular actos estatales efectivos pero inconstitucionales y, en América Latina, este se combina en muchos casos, con un control *a priori* generalmente a instancias del Presidente de la República cuando veta una ley.

Sin embargo, algunos sistemas de control concentrado sólo prevén un control previo de la constitucionalidad de las leyes, es decir, respecto de proyectos de leyes sancionadas, antes de su promulgación, como sucede en Chile.

#### A) El control preventivo de la constitucionalidad de las leyes combinado con el control posterior

En Colombia, Venezuela, Ecuador, Panamá, Cosa Rica y Bolivia en paralelo al control concentrado de la constitucionalidad de las leyes promulgadas ejercido por la propia Corte Suprema de Justicia o un Tribunal Constitucional, también existe un control preventivo, entre otros caso, el que puede resultar, de las objeciones formuladas por el Presidente de la República, al vetar las leyes por razones de inconstitucionalidad.

En efecto, en Colombia, a partir de 1886, en Venezuela, a partir de la reforma constitucional de 1945 y en Ecuador a partir de la Reforma Constitucional de 1955, las Constituciones establecieron expresamente la posibilidad de un control preventivo de la constitucionalidad de las leyes nacionales, incluyendo las leyes de aprobación de tratados internacionales y de contratos de interés público, correspondiendo su ejercicio a la Corte Suprema de Justicia o a la Corte o Tribunal Constitucional a petición del Presidente de la República, como consecuencia de su poder de veto respecto de leyes sancionadas por las Cámaras Legislativas. En el caso de Colombia cuando una ley es objeto de un veto por causa de inconstitucionalidad, si las Cámaras

Legislativas insisten en su promulgación, el Presidente de la República debe enviar el proyecto de ley a la Corte Constitucional la cual debe decidir en un lapso de seis días.

Sin embargo, en Colombia, además del control previo por la vía del veto presidencial a las leyes, la Constitución prevé dos casos de ejercicio de control previo obligatorio de la constitucionalidad por parte de la Corte Constitucional. En efecto, en primer lugar, el artículo 241,7, prevé que los decretos legislativos que emanen del Presidente de la República como consecuencia de un estado de sitio, declarado por causa de una guerra, crisis interna, o cuando el orden económico y social del país esté gravemente alterado (arts. 213, 214 y 215), deben ser sometidos en forma obligatoria a control de la constitucionalidad, para lo cual, al día siguiente de su promulgación, el Presidente de la República debe remitir estos decretos a la Corte Constitucional, a la cual corresponde decidir "definitivamente sobre su constitucionalidad" (art. 121). Cualquier ciudadano, puede intervenir en el procedimiento de revisión de los mencionados Decretos Legislativos, para defender o impugnar la constitucionalidad de los mismos (art. 37, Decreto 2067).

La Constitución también prevé en su artículo 241,10, que la Corte Constitucional debe decidir definitivamente sobre la inconstitucionalidad de los Tratados internacionales y de las Leyes que los aprueben, a cuyo efecto, el Gobierno debe remitirlos a la Corte dentro de los 6 días siguientes a la sanción de la Ley. En el procedimiento, igualmente, cualquier ciudadano puede intervenir para defender o impugnar la constitucionalidad del Tratado o la Ley. Sólo si la Corte los declara constitucionales, el gobierno puede efectuar el canje de notas; en caso contrario, no serán ratificados.

Por último, aún cuando no se trate de leyes, también se prevé un control previo obligatorio de la constitucionalidad respecto de la convocatoria a un Referendo o a una Asamblea Constituyente para reformar la Constitución, y sólo por vicios de procedimiento en su formación, antes al pronunciamiento popular respectivo (art. 241, ord. 2°); así como de los referendos sobre leyes y de las consultas populares y plebiscitos del orden nacional, sólo por vicios de procedimiento en su convocatoria y realización (art. 241, ord. 3°).

En Venezuela, como se ha dicho, la Constitución prevé un control previo de la constitucionalidad de los Tratados internacionales al atribuir a la Sala Constitucional competencia para verificar a solicitud del Presidente de la República o de la Asamblea Nacional, la conformidad con la Constitución de los tratados internacionales suscritos por la República antes de su ratificación (art. 336, 5). El artículo 203 de la Constitución atribuye a la misma Sala Constitucional, además, competencia para pronunciarse acerca de la constitucionalidad del carácter orgánico de las leyes que la Asamblea nacional haya calificado de orgánicas, las cuales al ser sancionadas deben ser remitidas a la Sala antes de su promulgación. Por último, la Sala Constitucional también puede ejercer el control preventivo de la constitucionalidad de las leyes cuando el Presidente de la República al recibirla para su promulgación y en el término que tiene para ello (10 días), considere que la ley o alguno de sus artículos son inconstitucionales y la someta a la Sala Constitucional (Art. 214).

En Panamá, también se ha previsto un control concentrado *a priori* de la constitucionalidad cuando el Presidente de la República objetare un proyecto de ley adoptada por la Asamblea Legislativa, cuando se le envía para su promulgación por razones de inconstitucionalidad, y la Asamblea insista en su adopción. En este caso, corresponde a la Corte Suprema de Justicia decidir sobre su inconstitucionalidad, de manera que si el fallo de la Corte declara el proyecto de ley como constitucional, el Ejecutivo debe sancionarlo y hacerlo promulgar. El mismo principio se aplica a los proyectos de reforma constitucional.

En Costa Rica, además de conocer de las cuestiones de constitucionalidad de leyes no promulgadas como consecuencia del veto presidencial, la Sala Constitucional de la Corte Suprema de Justicia tiene competencia para conocer de la inconstitucionalidad de los proyectos de ley como consecuencia de las consultas que le formule la Asamblea Legislativa en el caso de reformas constitucionales o Ley aprobatoria de Tratados Internacionales, o de reforma de la Ley de la Jurisdicción Constitucional.

En el caso de Bolivia, el control previo de la constitucionalidad no se regula como consecuencia del poder presidencial de veto de la legislación, sino que en general, la Constitución atribuye al Tribunal Constitucional competencia para absolver las consultas del Presidente de la República, el Presidente del Congreso Nacional y el Presidente de la Corte Suprema de Justicia, sobre la constitucionalidad de proyectos de ley, decretos o resoluciones aplicables a un caso concreto (art. 120, literal h). En estos casos, la opinión del Tribunal Constitucional es obligatoria.

**B) El control preventivo de la constitucionalidad de las leyes como único método de control concentrado**

En Chile, si bien el Tribunal Constitucional tiene competencia para resolver *a posteriori* cuestiones de constitucionalidad respecto de los decretos ejecutivos que tengan fuerza de ley; en cuanto a las leyes, estas sólo pueden ser objeto de un control preventivo, es decir, antes de su promulgación. En tal sentido, el artículo 82 de la Constitución, atribuye al Tribunal Constitucional competencia para juzgar, antes de su promulgación, la constitucionalidad de las leyes orgánicas o las que interpretan preceptos de la Constitución. El Tribunal está igualmente autorizado, para ejercer el control preventivo sobre toda cuestión que surja durante la discusión de los proyectos de ley, de los proyectos de reforma de la Constitución y de las leyes aprobatorias de los Tratados Internacionales sometidos a la sanción del Congreso.

En todos estos casos, como en el modelo francés, el control preventivo ejercido por el Tribunal Constitucional puede ser obligatorio o ejercido a petición de parte. En el caso de las leyes orgánicas constitucionales y de las leyes que interpretan una disposición constitucional, el control preventivo realizado por el Tribunal es obligatorio, a cuyo efecto el Presidente de la Cámara debe enviarle los textos dentro de los cinco días siguientes a su sanción. Dicho control preventivo, incluso, no sólo es obligatorio, sino que el Tribunal puede ejercerlo de oficio, no siendo el procedimiento, en estos casos, de carácter contencioso. Si en su decisión el Tribunal considera inconstitucional una o varias disposiciones del texto impugnado, debe enviarlo nuevamente a la Cámara correspondiente, cuyo Presidente, a su vez lo debe enviar al Presidente de la República a los efectos de su promulgación, con excepción de las disposiciones consideradas inconstitucionales.

En el caso de proyectos de enmienda constitucional o de los tratados internacionales, el ejercicio del control preventivo por el Tribunal Constitucional sólo es posible si antes de la sanción del texto y durante la discusión del proyecto, se le formula una petición por el Presidente de la República, por una de las Cámaras del Congreso o por una cuarta parte de sus miembros. Por ello, esta petición no tiene efectos suspensivos sobre el procedimiento legislativo y la acción interpuesta por ante el Tribunal es de carácter contenciosa, razón por la cual, en estos casos, el Tribunal debe notificar a los órganos constitucionales interesados y escuchar sus argumentos.

En todo caso, la decisión del Tribunal que considere inconstitucionales las disposiciones de un proyecto de ley o de un tratado, impide su promulgación.

**4.- *El carácter principal o incidental del control concentrado de la constitucionalidad***

El control concentrado de la constitucionalidad de las leyes puede tener un carácter principal o incidental, o ambos a la vez, según que los asuntos lleguen a la Jurisdicción Constitucional mediante el ejercicio de una acción o mediante remisión por parte de un Tribunal.

En casi todos los países en los cuales el control concentrado se ha establecido en forma exclusiva, como sucede en Panamá, Uruguay y Paraguay, donde sólo la Corte Suprema de Justicia puede actuar como juez constitucional, el sistema concentrado es a la vez principal e incidental. En cambio, en aquellos países en los cuales existe un sistema mixto o integral de control de la constitucionalidad, donde se combina el método difuso con el método concentrado, el control concentrado de la constitucionalidad de las leyes es siempre de carácter principal, siendo en general, incompatible con el mismo, el método incidental. Así sucede por ejemplo, en Colombia, Venezuela, Bolivia, Perú, Ecuador, Guatemala y México. La excepción a esta regla es el caso de Honduras.

### A) El carácter principal e incidental del método concentrado en los sistemas exclusivamente concentrados de control de constitucionalidad

En Panamá, Uruguay, y Paraguay, donde sólo existe el método concentrado y exclusivo de control de la constitucionalidad, como se dijo, éste es, a la vez, principal e incidental.

En estos países, en efecto, un aspecto esencial de la racionalidad del método concentrado de control de la constitucionalidad de las leyes, en el cual el poder para anularlas se confiere a la Corte Suprema de Justicia, es que la cuestión constitucional puede alcanzar a la Corte, en primer lugar, de manera directa o principal mediante una acción ejercida contra la ley o el acto estatal concreto, la cual o sólo se concede a quien tenga interés personal y legítimo como sucede en Uruguay o Paraguay, o se atribuye a todos los ciudadanos como es el caso de Panamá donde existe la acción popular; y en segundo lugar, de manera incidental, cuando la cuestión constitucional se plantea en un tribunal inferior con motivo de un juicio particular y concreto. En este caso, el juez debe remitir su decisión a la Corte Suprema de Justicia para luego poder adoptar la resolución final del caso, en conformidad con la decisión tomada por la Corte. Este sistema exclusivamente concentrado de control de la constitucionalidad que se ejerce por vía principal y por vía incidental, es el propio del modelo europeo.

En todo caso, en el sistema exclusivamente concentrado, cuando se ejerce el control por vía principal, la cuestión constitucional relativa a una ley u otro acto estatal es "la cuestión principal" y única del juicio iniciado mediante acción directa que puede ser interpuesta por ante la Corte Suprema, tanto por los ciudadanos mediante una *actio popularis* o regida por reglas de legitimación particulares. En los supuestos en los cuales la cuestión constitucional se formule de manera incidental, la misma puede ser planteada ante un tribunal ordinario o puede formularse *ex officio* por el tribunal. Este tribunal es, entonces, el único que puede remitir la cuestión constitucional ante la Corte Suprema de Justicia, en cuyo caso debe suspender la decisión del caso concreto hasta que la cuestión constitucional haya sido resuelta por ésta, siendo su decisión obligatoria.

En efecto, en Panamá la acción directa está concebida como una *acción popular* que puede ser interpuesta por ante la Corte Suprema por cualquier persona con el fin de denunciar la inconstitucionalidad de las leyes, decretos, decisiones o actos, fundada tanto en cuestiones substantivas como de carácter formal. Por otra parte, la Constitución de Panamá estipula que cuando un juez, durante un procedimiento judicial ordinario, observe, *ex-officio* o a instancia de una de las partes, la inconstitucionalidad de normas legales o ejecutivas aplicables al caso, debe someter la cuestión de constitucionalidad a la Corte Suprema; pudiendo el tribunal seguir el procedimiento principal sólo hasta el nivel de decisión.

En Uruguay, de acuerdo con la Constitución, la declaración de inconstitucionalidad de una ley y su inaplicación al caso concreto puede ser solicitada ante la Corte Suprema de Justicia por todos aquellos que estimen que sus intereses personales y legítimos han sido lesionados por la misma. En consecuencia, en Uruguay, la acción de inconstitucionalidad está sometida a una condición general de legitimación, similar a la que existe en materia de control contencioso administrativo. La cuestión constitucional también puede ser sometida a la Corte Suprema de manera incidental mediante remisión del asunto por un tribunal inferior, sea que éste actúe *ex officio*, sea como consecuencia de una excepción presentada por cualquier parte en el proceso concreto. En este caso, el juez debe enviar a la Corte Suprema un resumen de la cuestión, pudiendo seguir el procedimiento hasta el nivel de decisión. Una vez que la Corte Suprema haya decidido, el tribunal tiene que tomar su propia decisión, de conformidad con lo que la aquélla decida (arts. 258, 259).

En Costa Rica, en principio la acción de inconstitucionalidad sólo puede intentarse por el Contralor General de la República, el Procurador General de la República, el Ministerio Público y el Defensor del Pueblo. Sin embargo, la acción también puede ejercerse de forma directa, cuando no exista, según la naturaleza del caso, ninguna lesión individual y directa o cuando se trate de la defensa de los intereses difusos o de intereses de la colectividad en general. En este caso, la acción se ejerce contra las normas o leyes auto-aplicativas, que no requieren para su ejecución de actos del Estado interpuestos, en cuyo caso, no es necesario que exista un asunto anterior pendiente para que pueda interponerse la acción. Tampoco es necesario invocar un interés individual; pues se trata de la defensa de intereses difusos o colectivos. Por ello, puede considerarse que en estos casos, la acción de inconstitucionalidad posee un cierto carácter de acción popular.

La vía incidental, que tiene como objetivo solicitar la decisión de la Sala Constitucional de la Corte Suprema de Justicia en materia de constitucionalidad, puede ser utilizada por cualquier persona que sea parte de un procedimiento en curso ante los tribunales, incluso en caso de *habeas corpus* o *amparo*, o ante la Administración, en un procedimiento administrativo que tenga por objeto agotar la vía administrativa. En este último caso, es necesario invocar la cuestión de inconstitucionalidad de la ley, como medio razonable de protección de los derechos o intereses que se consideren afectados. En estos casos de vía incidental, la acción se presenta directamente ante la Sala Constitucional, y su novedad reside en el hecho de que es posible plantearla, no sólo cuando se trata de un asunto de inconstitucionalidad formulado en un procedimiento judicial, sino también en un procedimiento administrativo. En esta forma, y por razones de economía procesal, para que se pueda ejercer la acción de inconstitucionalidad, no es necesario agotar previamente el procedimiento administrativo y llegar a los tribunales.

Conforme al artículo 120 de la Ley de la Jurisdicción Constitucional de Costa Rica, todos los jueces de la República pueden así mismo formular a la Sala Constitucional una consulta de constitucionalidad, cuando duden de la constitucionalidad de una norma o acto que deban aplicar, o de una acción u omisión que deban juzgar en un caso que les sea sometido. En estos casos, el juez que formule la consulta debe elaborar una resolución donde debe indicar las normas cuestionadas y las razones de las dudas del tribunal con respecto a su validez o interpretación constitucionales. En estos casos, el procedimiento judicial debe suspenderse hasta que la Sala Constitucional haya evacuado la consulta.

**B) El carácter principal e incidental del método concentrado en los sistemas mixtos o integrales de control de constitucionalidad**

En Honduras, a pesar de que paralelamente al método difuso de control de constitucionalidad, en la reforma constitucional de 2000 se estableció la competencia de la Sala de lo Constitucional de la Corte Suprema de Justicia para ejercer el control concentrado de la constitucionalidad, se previó expresamente primero, que la competencia para declarar la inconstitucionalidad de una ley y su inaplicabilidad, puede ser solicitada por quien se considere lesionado en su interés directo, personal y legítimo (art. 185); y segundo, que la solicitud se puede formular mediante una acción intentada directamente ante la Corte Suprema de Justicia, o por vía incidental en cualquier procedimiento judicial, como excepción que una parte oponga o de oficio por el Tribunal que conozca del asunto. En este caso de la vía incidental, el procedimiento debe suspenderse al elevarse las actuaciones a la Corte Suprema de Justicia.

**C) El carácter exclusivamente principal del método concentrado en los sistemas mixtos o integrales de control de la constitucionalidad**

En los demás sistemas mixtos o integrales de control de la constitucionalidad, donde a la vez existe un control difuso y concentrado de la constitucionalidad, este último sólo se ejerce por vía principal, mediante el ejercicio de una acción o demanda de inconstitucionalidad. Esta acción también puede ser una acción popular, o sometida a condiciones particulares de legitimación.

a) *La acción popular*

En Colombia y Venezuela, con sistemas de control mixtos o integrales donde el método concentrado se ejerce combinado con el método difuso de control de constitucionalidad, el ejercicio del método concentrado de control de la constitucionalidad por vía principal, se ejerce mediante una *acción popular*. Esta, se ejerce directamente por cualquier persona y en cualquier tiempo contra las leyes, pudiendo considerarse como el instrumento más acabado de control de la constitucionalidad de las leyes. Sin embargo, su existencia no es frecuente, pues lo normal es que se limite el ejercicio de la acción directa a determinados funcionarios u órganos del Estado (Presidente del Gobierno, Ministerio Público, miembros del Parlamento), para acceder a los Tribunales Constitucionales, como sucede en Europa; o se exija una legitimación activa determinada (interés personal, directo) en caso de que se permita el ejercicio de la acción a los particulares, como sucede en Uruguay, Honduras y Paraguay.

En Panamá, también se ha establecido la *acción popular* como medio procesal para acceder a la Jurisdicción Constitucional de la Corte Suprema de Justicia. La diferencia, en todo caso, entre el sistema panameño y el de Venezuela y Colombia, radica en el objeto del control que es más amplio en Panamá, donde no sólo las leyes y demás actos estatales de rango o valor similar pueden ser impugnados por inconstitucionalidad mediante la acción popular, sino todos los actos estatales; y en que el sistema panameño de control es exclusivamente concentrado, en tanto que el colombiano y el venezolano es mixto o integral.

Debe señalarse, en todo caso, que además de los casos de Colombia, Venezuela y Panamá, también puede identificarse una acción popular de inconstitucionalidad tanto en El Salvador como en Nicaragua.

En efecto, el artículo 96 de la Constitución de 1950 de El Salvador, cuyo texto recoge el artículo 183 de la Constitución de 1992, establece la competencia de la Corte Suprema de Justicia, por medio de la Sala de lo Constitucional, como "único tribunal competente para declarar la inconstitucionalidad de las leyes, decretos y reglamentos, en su forma y contenido, de un modo general y obligatorio, y podrá hacerlo *a petición de cualquier ciudadano*". Por su parte, el artículo 187 de la Constitución de Nicaragua de 1995, establece "el recurso por inconstitucionalidad contra toda ley, decreto o reglamento que se oponga a lo prescrito por la Constitución política, el *cual podrá ser instaurado por cualquier ciudadano*".

Se observa, en todo caso, que una pequeña diferencia podría identificarse en cuanto a la legitimación amplia de la *acción popular*: en Venezuela se otorga a cualquier persona, al igual que en Panamá; en cambio en El Salvador y Nicaragua al igual que en Colombia, se confiere a los ciudadanos, es decir, a quienes gozan de derechos políticos en los respectivos países. Por ello, en Colombia, los extranjeros y los nacionales menores de 18 años no pueden ejercer la acción popular lo que no sucede en Venezuela, donde la legitimación es más amplia y se refiere a cualquier persona, aún cuando no sea nacional o no goce de los derechos políticos.

En otros países, si bien la legitimación para ejercer la acción de inconstitucionalidad está sometida a algunas restricciones, en definitiva podría identificarse una acción popular de inconstitucionalidad, como es el caso de Guatemala y Ecuador. En Guatemala la Constitución de 1985, reguló los poderes de control de la constitucionalidad ejercidos por la Corte Constitucional, cuando se ejerce un recurso de inconstitucionalidad, concebido como una acción directa (art. 272,a) que puede ser interpuesta contra "las leyes y disposiciones de carácter general, objetadas parcial o totalmente de inconstitucionalidad" (arts. 267 y 272,a). Conforme a la Ley de Amparo, Exhibición personal y de constitucionalidad de 1986, tienen legitimación para plantear la inconstitucionalidad de leyes, reglamentos o disposiciones de carácter general, la Junta Directiva del Colegio de Abogados, el Ministerio Público, el Procurador de Derechos Humanos y "cualquier persona con el auxilio de tres abogados colegiados activos" (art. 134).

En el caso de Ecuador, la Constitución de 1998 si bien atribuye legitimación para intentar la demanda de inconstitucionalidad de las leyes y demás actos de similar rango a diversos funcionarios, en definitiva el Tribunal Constitucional puede conocer de las mismas a petición de mil ciudadanos o de cualquier persona, previo informe favorable del Defensor del Pueblo sobre la procedencia, lo que en definitiva equivale a una acción popular (art. 277,5).

b) *La legitimación específica para el ejercicio de la acción de inconstitucionalidad*

Salvo los casos de previsión de una acción popular, el ejercicio del control concentrado de la constitucionalidad de las leyes, está sometido a condiciones de legitimación específicas, generalmente reservándose la acción a determinados funcionarios públicos.

En efecto, en Brasil, para que el Tribunal Supremo Federal controle la constitucionalidad de las leyes y otros actos normativos, la acción federal de inconstitucionalidad puede ser intentada no solamente por el Procurador General de la República, como estaba dispuesto antes de 1988, sino también por el Presidente de la República, el Presidente del Senado, el Presidente de la Cámara de Diputados o el Presidente de las Asambleas Legislativas de los Estados miembros. Por otra parte, esta acción también puede ser interpuesta por el Gobernador de un Estado miembro, por el Consejo Federal de la Orden de los Abogados, por los partidos políticos representados en el Parlamento, por una confederación sindical o por una entidad gremial nacional.

En cuanto a la acción de inconstitucionalidad genérica de los Estados, ésta se interpone por ante las Cortes Supremas de los Estados para juzgar la constitucionalidad de las leyes o actos normativos de los Estados o municipios, con respecto a la Constitución de los Estados miembros. Puede ser interpuesta por el Gobernador del Estado, por la Asamblea Legislativa del Estado, por el Procurador General del Estado, por el Consejo de Abogados del Estado, por las entidades sindicales o gremiales a nivel del Estado o del municipio, siempre y cuando tengan algún interés jurídico en el caso, o por los partidos políticos representados en la Asamblea Legislativa del Estado o, si se trata de un acto normativo emitido por un municipio, por la Cámara correspondiente.

En el caso de México, de acuerdo con el artículo 105 de la Constitución, la acción de inconstitucionalidad puede ser interpuesta sólo por: a) El equivalente al treinta y tres por ciento de los integrantes de la Cámara de Diputados del Congreso de la Unión, en contra de leyes federales o del Distrito Federal expedidas por el Congreso de la Unión; b) El equivalente al treinta y tres por ciento de los integrantes del Senado, en contra de leyes federales o del Distrito Federal expedidas por el Congreso de la Unión o de tratados internacionales celebrados por el Estado Mexicano; c) El Procurador General de la República, en contra de leyes de carácter federal, estatal y del Distrito Federal, así como de tratados internacionales celebrados por el Estado Mexicano; d) El equivalente al treinta tres por ciento de los integrantes de alguno de los órganos legislativos estatales, en contra de leyes expedidas por el propio órgano, y e) El equivalente al treinta y tres por ciento de los integrantes de la Asamblea de Representantes del Distrito Federal, en contra de leyes expedidas por la propia Asamblea.

En Perú, las partes legitimadas para intentar la demanda de inconstitucionalidad de las leyes conforme a la Constitución y al artículo 99 del Código Procesal Constitucional son el Presidente de la República, el Fiscal General de la Nación, el Defensor del Pueblo, veinticinco por ciento del número legal de congresistas, los Presidentes de Región y los Alcaldes, los Colegios Profesionales o cincuenta mil ciudadanos mediante una petición, cuyas firmas deben ser certificadas por el Jurado Nacional de Elecciones.

En Guatemala, conforme a la Ley de Amparo, Exhibición personal y de constitucionalidad de 1986, tienen legitimación para plantear la inconstitucionalidad de leyes, reglamentos o disposiciones de carácter general, la Junta Directiva del Colegio de Abogados, el Ministerio Público, el Procurador de Derechos Humanos y "cualquier persona con el auxilio de tres abogados colegiados activos". Este último convierte el recurso, materialmente, en una acción popular de inconstitucionalidad, como la que existe en Colombia, Panamá y Venezuela.

En sentido similar, en Ecuador, la Constitución de 1998 si bien establece una legitimación precisa para ejercer algunas demandas de inconstitucionalidad que pueden intentar el Presidente de la República, el Congreso Nacional, la Corte Suprema de Justicia, los Concejos Provinciales y Municipales y mil ciudadanos previo informe favorable del Defensor del Pueblo (Art. 277).

### 5.- *El poder de iniciativa del control concentrado de la constitucionalidad y la limitación a los poderes del juez constitucional*

#### A) La ausencia de iniciativa del juez constitucional y los casos de control de oficio

Como viene de señalarse, en general, la cuestión de constitucionalidad referente a la validez de una ley en los sistemas concentrados de control, se plantea normalmente ante la Corte

Suprema o la Corte Constitucional mediante el ejercicio de una acción o por remisión de un tribunal inferior. En ambos casos, el juez constitucional, no tiene iniciativa propia para actuar.

En esta forma, en la Jurisdicción Constitucional en general se aplica el principio *nemo judex sine actore*, pero una vez que la cuestión constitucional ha llegado a la Corte como consecuencia de una acción o de su remisión por parte de un tribunal inferior, el principio *in judex judicet ultra petitum partis* ya no es operante. Esto significa que la Corte Suprema o la Corte Constitucional, como juez constitucional, una vez requerida su actuación por un accionante o por un medio incidental, en general tiene poderes de oficio para considerar cuestiones de constitucionalidad distintas a las que han sido planteadas.

Por otra parte, en los casos de control concentrado de la constitucionalidad por vía incidental, el juez ordinario no sólo debe actuar a instancia de parte, sino que en general tiene poderes *ex-officio* para plantear la cuestión constitucional. Así sucede en Honduras y Uruguay.

En Venezuela, en los casos de control de la constitucionalidad de los decretos que declaren estados de excepción dictados por el Presidente o Presidenta de la República, la Sala Constitucional puede revisar, en todo caso, aun de oficio, la constitucionalidad de los mismos (art. 336,6).

### B) La iniciativa de control de la constitucionalidad de los jueces ordinarios en el método incidental del sistema concentrado de control de la constitucionalidad

En el caso del método incidental de control concentrado de la constitucionalidad, conforme al cual los tribunales inferiores deben remitir la cuestión constitucional al juez constitucional, estos no siempre están vinculados por lo que invoquen las partes o el Fiscal, de manera que cuando consideran el caso particular, pueden plantear la cuestión constitucional de oficio y transmitirla a la Corte Suprema para que ésta decida. Así sucede en Panamá, Uruguay, Honduras y Costa Rica.

Esta es una consecuencia del principio de supremacía de la Constitución y del deber de los jueces de aplicar la ley. Por tanto, aun en los sistema concentrados exclusivos de control de la constitucionalidad, en los cuales la Constitución prohíbe a los tribunales ordinarios actuar como jueces constitucionales en cuanto a las leyes y demás actos reglamentarios, esto no quiere decir que en caso de que estos consideren inconstitucional una disposición legal o reglamentaria aplicable a la decisión de un caso concreto, no tengan el poder para plantear la cuestión constitucional y no puedan transmitirla al juez constitucional. Lo contrario significaría una ruptura con el principio de la supremacía de la Constitución y con el papel de los jueces en la aplicación de la ley.

En el caso de Honduras, se destaca, la doble posibilidad que tienen los jueces ordinarios en materia constitucional: tienen la potestad de desaplicar la ley al caso concreto si la consideran inconstitucional; o pueden plantear aún de oficio, la cuestión incidental de constitucionalidad ante la Sala Constitucional de la Corte Suprema de Justicia.

### C) Los poderes inquisitivos del juez constitucional

Debe señalarse, por último, que en los casos de control concentrado de la constitucionalidad de las leyes ejercido por vía principal, la Corte Suprema de Justicia o el Tribunal Constitucional no pueden estar condicionados sólo por los motivos o vicios de inconstitucionalidad aducidos por el accionante, por lo que en general se admite el poder de control de oficio, respecto de otros motivos de inconstitucionalidad distintos a los invocados por el accionante. Así sucede en Panamá, Colombia y Venezuela.

El control de la constitucionalidad también puede abarcar otros preceptos de la ley respectiva no impugnados, si tienen conexión con el o los artículos cuestionados en la acción. Así sucede en Costa Rica, Venezuela y Panamá.

Por otra parte, la vida de la acción de inconstitucionalidad no siempre depende de la voluntad del accionante por lo que en algunos casos, a pesar de que este pueda desistir de la misma, la Corte tiene el poder de seguir conociendo del proceso. Así sucede en Venezuela y Colombia.

### 6.- *Los efectos de las decisiones en materia de control concentrado de la constitucionalidad*

El último aspecto de la racionalidad del método concentrado de control de la constitucionalidad se refiere a los efectos de las decisiones dictadas por la Corte Suprema o por la Corte Constitucional relativas a la inconstitucionalidad de la ley, sea respecto a los destinatarios de la decisión, sea respecto al tiempo.

#### A) Efectos en cuanto a los destinatarios

El control concentrado de la constitucionalidad, en general, implica la atribución a un solo órgano estatal de la potestad anulatoria respecto de las leyes inconstitucionales, por lo que en general, los efectos de la decisión anulatoria son *erga omnes*. Sin embargo, en algunos sistemas concentrados de control, los efectos son *inter partes*, respecto del recurrente, aún cuando ello es excepcional.

a) *Los efectos erga omnes de la decisión anulatoria*

En lo que se refiere a quienes afecta la decisión del juez constitucional, la racionalidad del sistema concentrado de control de la constitucionalidad implica que la decisión dictada por la Corte Suprema o por la Corte Constitucional, actuando como juez constitucional, tiene efectos generales, *erga omnes*. Este es el valor de las sentencias anulatorias por inconstitucionalidad de la Corte Suprema de Justicia en Venezuela, México, Costa Rica, Brasil, Honduras, El Salvador y Panamá, y de la Corte o Tribunal Constitucional en Colombia (Art. 243), Guatemala, Perú, Ecuador y Bolivia (Art. 121, II), siguiendo, en este sentido, la situación general en el derecho comparado.

Esto sucede cuando el control de la constitucionalidad se ejerce mediante una acción directa interpuesta por ante la Corte Constitucional o la Corte Suprema, sin conexión con algún caso concreto contencioso. En estos casos, cuando se interpone una acción directa por ante un juez constitucional, la relación procesal no se establece entre un demandante y un demandado, sino más bien, fundamentalmente, entre un recurrente y una ley o acto estatal cuya constitucionalidad está cuestionada. En este caso, el objeto de la decisión acerca de la constitucionalidad de la ley es su anulación, y los efectos de la decisión son necesariamente *erga omnes*. Nunca deberían ser *inter partes*, particularmente debido a la ausencia de las partes propiamente dichas, en el procedimiento.

Por otra parte, en el sistema concentrado exclusivo de control de la constitucionalidad, iniciado por el método incidental, como sucede en Panamá, cuando se plantea una cuestión constitucional referente a una ley en un procedimiento concreto y el tribunal inferior la remite a la Corte Suprema para que sea objeto de una decisión, dicha decisión también debe adoptarse con base en aspectos de derecho y no con respecto a los hechos, por lo que también tiene efectos *erga omnes*, es decir, no limitados al juicio concreto en el que se planteó la cuestión constitucional ni a las partes del mismo.

En el caso de Chile, donde en general el control de constitucionalidad de las leyes es *a priori*, el artículo 83 de la constitución establece que las disposiciones que el Tribunal Constitucional declare inconstitucionales no podrán convertirse en ley en el proyecto o decreto con fuerza de ley de que se trate. En los casos de control a posteriori de la constitucionalidad de los decretos presidenciales, sin embargo, se establece que el decreto supremo impugnado quedará sin efecto de pleno derecho, con el solo mérito de la sentencia del Tribunal que acoja el reclamo (art. 82, 5, 12). Por otra parte, precisa la misma norma que una vez resuelto por el Tribunal que un precepto legal determinado es constitucional, la Corte Suprema no puede declararlo inaplicable por el mismo vicio que fue materia de la sentencia.

b) *Los efectos inter partes de la decisión declaratoria de la inconstitucionalidad*

En contraste con los efectos *erga omnes* de las decisiones anulatorias de leyes por inconstitucionales que, como regla general tienen las que dictan los Tribunales Constitucionales o las Cortes Supremas cuando ejercen el control concentrado de la constitucionalidad, puede decirse que en todos los países en los cuales la acción o excepción de inconstitucionalidad sólo puede ser ejercida por quien alegue un interés personal y directo, como sucede en Uruguay y Paraguay, los efectos de las decisiones que adopte el juez constitucional sólo afectan al accionante o a las partes en el proceso; es decir, tienen efectos *inter partes.*

**B) Efectos de las decisiones de inconstitucionalidad en el tiempo**

El principio general en cuanto a los efectos temporales de las decisiones adoptadas en materia de control concentrado de la constitucionalidad de las leyes, es que si estas tienen efectos generales, *erga omnes*, dado su carácter anulatorio, entonces sólo tienen efectos constitutivos, *ex nunc, pro futuro*; es decir, no tienen efectos retroactivos.

Esta es la solución general del derecho comparado y la que existe en Panamá, Brasil, México, Colombia, Guatemala, Bolivia, Venezuela y Perú. En Ecuador, incluso, el artículo 278 de la Constitución precisa que la declaratoria de inconstitucionalidad "no tendrá efecto retroactivo".

Las decisiones anulatorias por inconstitucionalidad, por tanto, no tienen efectos retroactivos, aún cuando excepcionalmente podrían tenerlos en protección de derechos constitucionales. Así se establece en la Constitución de México, al precisar que en los casos de controversias constitucionales y de inconstitucionalidad de las leyes, la declaración de invalidez de las resoluciones respectivas "no tendrá efectos retroactivos, salvo en materia penal, en la que regirán los principios generales y disposiciones legales aplicables de esta materia" (art. 105, III). Así lo repite el artículo 45 de la Ley mexicana reguladora de la acción de inconstitucionalidad de 1995.

En este sentido, el artículo 204 de la Constitución del Perú establece "No tiene efecto retroactivo la sentencia del Tribunal que declara inconstitucional, en todo o en parte, una norma legal". El Código Procesal Constitucional sin embargo, luego de precisar que las decisiones anulatorias no tienen efectos retroactivos, establece en el caso de que se declare la inconstitucionalidad de normas tributarias, que el Tribunal puede determinar de manera expresa en la sentencia los efectos de la decisión en el tiempo (art. 81). Además, el Código precisa que las sentencias declarativas de inconstitucionalidad no conceden derecho a reabrir procesos concluidos en los que se hayan aplicado las normas declaradas inconstitucionales, salvo en las materias previstas en el segundo párrafo del artículo 103° (materia penal) y último párrafo del artículo 74° de la Constitución (materia tributaria) (art. 83).

En sentido similar, en Colombia, el Decreto N° 2067 de 1991 regulador de la Jurisdicción Constitucional había establecido que:

> Los fallos de la Corte sólo tendrán efecto hacia el futuro, salvo para garantizar el principio de favorabilidad en materia penal, policiva y disciplinaria y en el caso previsto en el artículo 149 de la Constitución.

Esta norma, sin embargo, fue declarada nula por inconstitucionalidad por la Corte Constitucional por sentencia N° C-103/93 por considerarse que ello corresponde decidirlo a la propia Corte Constitucional y no es materia del legislador.

Puede decirse, que por ello, en Venezuela, aún cuando rige el principio general señalado, la Ley Orgánica del Tribunal Supremo de Justicia de 2004, al igual que la derogada Ley Orgánica la Corte Suprema de 1976, no resolvió el asunto en forma expresa, sino que se limitó a señalar que la Corte debe determinar "los efectos de su decisión en el tiempo" (art. 5, párrafo 1°, numerales 5 y 7). Sin embargo, para precisar los efectos de las sentencias que anulan una ley por inconstitucionalidad, debe recordarse que en Venezuela existe un sistema mixto o integral de control de la constitucionalidad, lo que implica el funcionamiento de dos sistemas de justicia constitucional en paralelo: por un lado, el sistema difuso, ejercido por todos los jueces, y por otro, el sistema concentrado, ejercido por la Sala Constitucional del Tribunal Supremo. Por consiguiente, no deben confundirse los efectos de las decisiones en materia de control de la constitucionalidad en uno y otro método.

En efecto, en relación a los casos de control difuso de la constitucionalidad, está claro que la decisión judicial de no aplicar una ley inconstitucional, incluso si tiene sólo y exclusivamente efectos *inter partes*, equivale a una decisión simplemente declarativa, con efectos retroactivos, *pro praeterito* o *ex tunc*. Al ejercer este control difuso, el juez no anula la ley, sino que declara o constata únicamente una inconstitucionalidad preexistente; de forma que ignora la existencia de la ley (es decir, que la considera inexistente) y no la aplica en el caso concreto que corresponde el conocimiento del juez.

Ahora bien, los efectos del control difuso de la constitucionalidad de las leyes son completamente diferentes de los efectos producidos por el ejercicio del control concentrado de la constitucionalidad, cuando la Sala Constitucional declara la nulidad de una ley por inconstitucionalidad. En esos casos, cuando la Sala Constitucional en el ejercicio de sus atribuciones previstas en el artículo 336 la Constitución venezolana, "declara la nulidad" de la ley, es decir anula la ley, ésta, en principio, es válida y efectiva hasta que se publique la sentencia de la Corte, habiendo producido todos sus efectos a pesar de su inconstitucionalidad, en virtud de la presunción de la constitucionalidad de las leyes.

Como el control de la constitucionalidad de las leyes atribuida a la Sala Constitucional por el artículo 336 de la Constitución es un control concentrado, ejercido mediante acción popular, resulta claro que la sentencia que anula la ley tiene efectos constitutivos, por lo que los efectos de la anulación de la ley por inconstitucionalidad, al no existir una norma expresa constitucional o legal que disponga la solución, sólo pueden producirse *erga omnes* pero hacia el futuro, es decir, que las sentencias son, en principio, constitutivas, *pro futuro* y con efectos *ex nunc*, que no pueden referirse al pasado (no pueden ser retroactivas). Se puede afirmar que ese es el criterio que sigue no sólo la doctrina venezolana, sino también, en general, la jurisprudencia de la antigua Corte Suprema de Justicia.

En todo caso, como se dijo a partir de 1976, la Ley Orgánica de la Corte Suprema de Justicia atribuyó a la antigua Corte el poder de determinar "los efectos de su decisión en el tiempo". Por consiguiente, la Corte podía corregir los efectos desfavorables que podría acarrear el efecto *ex nunc* de sus decisiones, particularmente en el campo de los derechos y garantías constitucionales, y podría atribuir a sus sentencias efectos retroactivos, *pro praeterito, ex tunc*.

Por tanto, en general, las sentencias anulatorias de inconstitucionalidad en los sistemas concentrados de control tienen efectos constitutivos (no declarativos), es decir, *ex nunc* y *pro futuro*, y por tanto, no tienen efectos retroactivos. La excepción a esta regla, sin embargo, la constituye el sistema de Costa Rica, cuya Ley de la Jurisdicción Constitucional establece el principio contrario, es decir, que los efectos de la declaración de inconstitucionalidad y anulación de la ley por parte de la Sala Constitucional son *ex tunc* y, por consiguiente, declarativos y retroactivos, salvo en lo referente a los derechos adquiridos de buena fe (art. 91) o respecto de situaciones consolidadas por prescripción, caducidad o en virtud de una sentencia judicial.

En Guatemala, en general los efectos de la decisión de la Corte Constitucional son *ex-nunc*; pero si la Corte ha decidido la suspensión provisional de los efectos de una ley durante el proceso, la decisión final tiene efectos *ex tunc*, de forma retroactiva, pero sólo hasta la fecha de la decisión de suspensión de los efectos de la ley cuestionada.

### 7.- *El control de la constitucionalidad de la omisión*

Bajo la influencia de la Constitución de Portugal, la Constitución de Brasil estableció el control de constitucionalidad de la omisión del Legislador[82] en dictar las leyes requeridas para la aplicación de la Constitución, particularmente para hacer efectivos los derechos fundamentales.

82 Véase en general SAGÜÉS-BIDART CAMPOS-FERNÁNDEZ SEGADO-MI-RANDA-FERNÁNDEZ RODRÍGUEZ-BAZÁN, *Inconstitucionalidad por omisión*, Editorial Temis S.A., Santa Fe de Bogotá, Colombia 1997.

En el supuesto de la Constitución portuguesa, la legitimación para requerir el ejercicio de esta potestad de control de constitucionalidad sin embargo, sólo la tenían el Presidente de la República, el Ombudsman o los Presidentes de las Regiones Autónomas[83]. En Brasil se sigue una orientación similar. Conforme al artículo 103, pueden interponer la acción de inconstitucionalidad: el Presidente de la República; la Mesa del Senado Federal; la Mesa de la Cámara de Diputados; la Mesa de la Asamblea Legislativa; el Gobernador del Estado; el Procurador General de la República; el Consejo Federal de la Orden de los Abogados de Brasil; los partidos políticos con representación en el Congreso Nacional; y las Confederaciones Sindicales o entidades de clase de ámbito nacional. Agregando la norma que:

> "2°.- Declarada la inconstitucionalidad por omisión de una medida destinada a dar efectividad a una norma Constitucional, se comunicará al Poder Competente para la adopción de la providencias necesarias y, tratándose de órgano administrativo, para que se haga en treinta días".

En cambio, en la Constitución de Venezuela de 1999 no se establece condicionamiento alguno a la legitimación, por lo que tratándose de omisiones normativas[84], el mecanismo para impulsar su control puede recibir el mismo tratamiento de una *acción popular*, es decir, bastaría el simple interés en la constitucionalidad para intentar la acción. A tal efecto, el artículo 336 de la Constitución atribuyó a la Sala Constitucional, competencia para:

> 7.- Declarar la inconstitucionalidad de las omisiones del poder legislativo municipal, estadal o nacional, cuando hayan dejado de dictar las normas o medidas indispensables para garantizar el cumplimiento de la Constitución, o las hayan dictado en forma incompleta, y establecer el plazo y, de ser necesario, los lineamientos de su corrección.

## QUINTA PARTE

## EL DESARROLLO CONSTITUCIONAL DE LAS GARANTÍAS INSTITUCIONALES DE LOS DERECHOS HUMANOS: EL DEFENSOR DEL PUEBLO O DE LOS DERECHOS

Dentro de los mecanismos de fortalecimiento de los medios de protección de los derechos fundamentales, aparte del tema de la ampliación y universalización de las declaraciones de derechos y del tema de las garantías judiciales y de su expansión o restricción, debe destacarse la situación más reciente América Latina, respecto del desarrollo de garantías institucionales de los derechos humanos derivada de la creación de la institución de los Defensores del Pueblo o de los Defensores de Derechos Humanos, que progresivamente se han ido incorporando en muchas de nuestras Constituciones. Se trata de la idea de que en los sistemas constitucionales debe preverse la existencia de un alto funcionario del Estado, cuya misión esencial es la de velar por la efectiva vigencia de los derechos y garantías constitucionales.

En las últimas décadas esta figura comienza a ser tradicional en el constitucionalismo de América Latina. En efecto en la antigua Constitución de Venezuela de 1961, se incorporó dicha figura pero vinculada al Ministerio Público, atribuyéndose expresamente al Fiscal General de la República, la misión de velar por la vigencia y respeto de los derechos y libertades públicas. Sin embargo, dicha tarea no fue lo efectiva que podía haber sido, habiéndose hiperdesarrollado las otras tareas del Ministerio Público, en relación con las de la específica protección de los derechos humanos.

En contraste, el progresivo desarrollo del constitucionalismo latinoamericano en las últimas décadas ha tendido hacia la creación de una institución aparte del Ministerio Público para velar por la vigencia de los derechos humanos, dotada de autonomía funcional y de nombramiento parlamentario. En esta forma, actualmente tenemos el ejemplo de muchas Constituciones de América Latina, donde se consagra expresamente la figura del Defensor del Pueblo, del Defensor de los Derechos Humanos y, en otros casos, incluso sin previsión constitucional,

83 Véase Allan R. Brewer-Carías, *Judicial Review in Comparative Law, op. cit.*, p. 269.

84 O como lo ha calificado la Sala Constitucional: "Silencio legislativo y el funcionamiento anormal legislativo". Sentencia N° 1819 de 08-08-2000 de la Sala Político-Administrativa, caso: *René Molina vs. Comisión Legislativa Nacional.*

como en Costa Rica, donde por ley se ha creado una figura similar. La tendencia también se siguió en la Constitución venezolana de 1999, separándose del Ministerio Público la protección institucional de los derechos humanos, tarea que se asignó al Defensor del Pueblo.

En todos esos casos, esta institución tiene una distinción respecto de lo que podría ser el modelo original que es el del Ombudsman escandinavo, el cual fue concebido como mecanismo parlamentario de protección de los derechos frente a la Administración, producto en cierta forma de la lucha entre el Ejecutivo y el Parlamento, lo que obligó a este último a establecer un Comisionado Parlamentario para vigilar la Administración del Estado. Sin embargo, en el caso de la institución latinoamericana, ya no se trata de un Ombudsman con la característica inicial, sino de un órgano con autonomía funcional que aun cuando es de nombramiento parlamentario, no está sometido al Parlamento ni responde a instrucciones parlamentarias. Tiene, por tanto, independencia frente a los Poderes del Estado en general y con lapso de duración generalmente coincidente con el período constitucional. Tiene, además, una característica importante en América Latina, y es que goza de legitimación para intentar acciones de protección de carácter procesal, es decir, acciones de amparo o acciones de inconstitucionalidad.

## I.- EL DEFENSOR DE LOS DERECHOS HUMANOS COMO COMISIONADO PARLAMENTARIO

En algunos países de América Latina puede decirse que la figura del defensor de los derechos humanos sigue el modelo europeo de comisionado parlamentario, aún cuando no necesariamente en relación con la Administración Pública.

### 1.- *El Defensor del Pueblo en Argentina para la protección de los derechos ante la Administración Pública*

En el caso de la Constitución de Argentina (art. 86), el Defensor del Pueblo es un defensor frente a la Administración, que tiene por objeto la protección de los derecho humanos ante hechos, actos u omisiones de la administración pública y el control del ejercicio de las funciones administrativas públicas.

En efecto, en el Título referido al Poder Legislativo, el artículo 86 regula al Defensor del Pueblo como "órgano independiente instituido en el ámbito del Congreso de la Nación, que actuara con plena autonomía funcional, sin recibir instrucciones de ninguna autoridad. Su misión es la defensa y protección de los derechos humanos y demás derechos, garantías e intereses tutelados en esta Constitución y las leyes, ante hechos, actos u omisiones de la Administración; y el control del ejercicio de las funciones administrativas publicas".

El defensor del Pueblo es no sólo designado por el Congreso con el voto de las dos terceras partes de los miembros presentes de cada una de las Cámaras, sino que también puede ser removido en la misma forma. Goza de las inmunidades y privilegios de los legisladores; durará en su cargo cinco años, pudiendo ser nuevamente designado por una sola vez; y tiene legitimación procesal.

### 2.- *El Defensor del Pueblo en Paraguay para la defensa general de los derechos humanos*

En el Paraguay, la Constitución (art. 276) al Defensor del Pueblo como un "comisionado parlamentario cuyas funciones son la defensa de los derechos humanos, la canalización de reclamos populares y la protección de los intereses comunitarios". Agrega la norma la precisión de que "en ningún caso tendrá función judicial ni competencia ejecutiva".

Conforme se establece en el artículo 277 dicho funcionario goza de autonomía e inamovilidad; es nombrado por mayoría de dos tercios de la Cámara de Diputados, de una terna propuesta por el Senado, y dura 5 años en sus funciones, coincidentes con el período del Congreso; y puede ser reelecto. Además, puede ser removido por mal desempeño de sus funciones, con el procedimiento del juicio político establecido en esta Constitución.

El artículo 279 establece los siguientes deberes y atribuciones del Defensor del Pueblo:

1.- Recibir e investigar denuncias, quejas y reclamos contra violaciones de los derechos humanos y otros hechos que establecen esta Constitución y la ley.

2.- Requerir de las autoridades en sus diversos niveles, incluyendo los de los órganos policiales y los de seguridad en general, información para el mejor ejercicio de sus funciones, sin que pueda oponérsele reserva alguna. Podrá acceder a los sitios donde se denuncie la comisión de tales hechos. Es también de su competencia actuar de oficio;

3.- Emitir censura pública por actos o comportamientos contrarios a los derechos humanos;

4. Informar anualmente de sus gestiones a las Cámaras del Congreso;

5.- Elaborar y divulgar informes sobre la situación de los derechos humanos que, a su juicio, requieran pronta atención pública.

### 3.- *El Procurador de los Derechos Humanos en Guatemala para la defensa general de los derechos humanos*

En Guatemala, como parte de las garantías constitucionales y defensa del orden constitucional, el artículo 273 de la Constitución regula a la Comisión de Derechos Humanos y al Procurador de la Comisión, cuya designación corresponde al Congreso de la República.

La Comisión está formada por un diputado por cada partido político representado en el correspondiente período. Le corresponde a esta Comisión proponer al Congreso tres candidatos para la elección de un Procurador, que debe reunir las calidades de los magistrados de la Corte Suprema de Justicia y goza de las mismas inmunidades y prerrogativas de los diputados al Congreso. Ejerce su cargo por un período de 5 años,

El Procurador de los Derechos Humanos, por tanto, "es un comisionado del Congreso de la República para la defensa de los Derechos Humanos que la Constitución garantiza"; a cuyo efecto tiene "facultades de supervisar la administración (art. 274). El artículo 275 le define al Procurador de los Derechos Humanos, las siguientes atribuciones:

> Promover el buen funcionamiento y la agilización de la gestión administrativa gubernamental, en materia de Derechos Humanos;
>
> Investigar y denunciar comportamientos administrativos lesivos a los intereses de las personas;
>
> Investigar toda clase de denuncias que le sean planteadas por cualquier persona, sobre violaciones a los Derechos Humanos;
>
> Recomendar privada o públicamente a los funcionarios la modificación de un comportamiento administrativo objetado;
>
> Emitir censura pública por actos o comportamientos en contra de los derechos constitucionales;
>
> Promover acciones o recursos, judiciales o administrativos, en los casos en que sea procedente.

## II.- EL DEFENSOR DE LOS DERECHOS HUMANOS COMO PARTE DEL MINISTERIO PÚBLICO

La mayoría de las Constituciones latinoamericanas que regulan la figura del Defensor del Pueblo o del Procurador para Defensa de los Derechos Humanos, no especifican en forma alguna que la tarea de protección se deba ejercer en relación con la administración del Estado o al Poder Ejecutivo, sino frente a la universalidad de actores que puedan atentar contra los derechos humanos. Es el caso de las Constituciones de Colombia, Ecuador, El Salvador y Paraguay, aún cuando en algunos países como en Colombia y El Salvador, el Defensor de los Derechos Humanos o Derechos del Pueblo se vincula al Ministerio Público.

### 1.- *El Defensor del Pueblo en Colombia*

En efecto, en Colombia, dentro de los organismos de control y en particular, dentro del Ministerio Público, el artículo 281, regula al Defensor del Pueblo como formando parte del ministerio público, órgano que debe ejercer sus funciones bajo la suprema dirección del Procurador General de la Nación.

Este funcionario, elegido por la Cámara de Representantes para un período de cuatro años de terna elaborada por el presidente de la República, conforme se indica en el artículo 282 del texto constitucional, debe velar por la promoción, el ejercicio y la divulgación de los derechos humanos, para lo cual debe ejercer las siguientes funciones:

1.- Orientar e instruir a los habitantes del territorio nacional y a los colombianos en el exterior en el ejercicio y defensa de sus derechos ante las autoridades competentes o entidades de carácter privado.

2.- Divulgar los derechos humanos y recomendar las políticas para su enseñanza.

3.- Invocar el derecho de habeas corpus e interponer las acciones de tutela, sin perjuicio del derecho que asiste a los interesados.

4.- Organizar y dirigir la defensoría pública en los términos que señale la ley.

5.- Interponer acciones populares en asuntos relacionados con su competencia.

6.- Presentar proyectos de ley sobre materias relativas a su competencia.

7.- Rendir informes al Congreso sobre el cumplimiento de sus funciones.

### 2.- *El Procurador para la Defensa de los Derechos Humanos en El Salvador*

En El Salvador, igualmente, el Procurador para la Defensa de los Derechos Humanos integra el Ministerio Público junto con el Fiscal General de la República y el Procurador General de la República (Art. 191). Todos estos funcionarios, conforme al artículo 192 de la Constitución, son elegidos por la Asamblea Legislativa por mayoría cualificada de los dos tercios de Diputados electos, y duran 3 años en el ejercicio de sus cargos pudiendo ser reelegidos. Se prevé, además la posibilidad de su "destitución solamente procederá por causas legales, con el voto de los dos tercios de los Diputados electos".

El artículo 194,I de la Constitución atribuye al Procurador para la Defensa de los Derechos Humanos las siguientes funciones:

1º Velar por el respeto y la garantía a los Derechos Humanos;

2º Investigar, de oficio o por denuncia que hubiere recibido, casos de violaciones a los derechos Humanos;

3º Asistir a las presuntas víctimas de violaciones a los Derechos Humanos;

4º Promover recursos judiciales o administrativos para la protección de los Derechos Humanos;

5º Vigilar la situación de las personas privadas de su libertad. Será notificado de todo arresto y cuidará que sean respetados los límites legales de la detención administrativa;

6º Practicar inspecciones, donde lo estime necesario, en orden a asegurar el respeto a los Derechos Humanos;

7º Supervisar la actuación de la administración pública frente a las personas;

8º Promover reformar ante los Órganos del Estado para el progreso de los Derechos Humanos;

9º Emitir opiniones sobre proyectos de leyes que afecten el ejercicio de los Derechos Humanos;

10° Promover y proponer las medidas que estime necesarias en orden a prevenir violaciones a los Derechos Humanos;

11° Formular conclusiones y recomendaciones pública o privadamente;

12° Elaborar y publicar informes;

13° Desarrollar un programa permanente de actividades de promoción sobre el conocimiento y respeto de los Derechos Humanos.

## III.- EL DEFENSOR DE LOS DERECHOS HUMANOS COMO ÓRGANO CONSTITUCIONAL CON AUTONOMÍA FUNCIONAL

En otros países, los órganos de protección de los derechos humanos están configurados constitucionalmente como órganos constitucionales, con autonomía funcional, sin vinculación con algún otro órgano constitucional o Poder del Estado.

Es el caso de Ecuador, cuya Constitución, es su artículo 96 regula al Defensor del Pueblo, con jurisdicción nacional, "para promover o patrocinar el hábeas corpus y la acción de amparo de las personas que lo requieran; defender y excitar la observancia de los derechos fundamentales que esta Constitución garantiza; observar la calidad de los servicios públicos y ejercer las demás funciones que le asigne la ley".

El Defensor del Pueblo, quien debe reunir los mismos requisitos exigidos para ser magistrado de la Corte Suprema de Justicia; es elegido por el Congreso Nacional de fuera de su seno, con el voto favorable de las dos terceras partes de sus miembros, luego de haber escuchado a las organizaciones de derechos humanos legalmente reconocidas. Es designado para desempeñar sus funciones durante cinco años, puede ser reelegido por una sola vez, y debe rendir informe anual de labores al Congreso Nacional.

El Defensor del Pueblo, conforme a la Constitución, tiene "independencia y autonomía económica y administrativa" y goza de fuero e inmunidad en los términos que señale la ley.

En México, la Constitución dispone en su artículo 102,B que el Congreso de la Unión y las legislaturas de las entidades federativas, en el ámbito de sus respectivas competencias, debe establecer organismos de protección de los derechos humanos que ampara el orden jurídico mexicano, los que deben conocer de quejas en contra de actos u omisiones de naturaleza administrativa provenientes de cualquier autoridad o servidor público, con excepción de los del Poder Judicial de la Federación, que violen estos derechos. Estos organismos deben formular recomendaciones públicas, no vinculantes y denuncias y quejas ante las autoridades respectivas; y no son competentes "tratándose de asuntos electorales, laborales y jurisdiccionales".

En el caso del organismo establecido el Congreso de la Unión se denomina Comisión Nacional de Derechos Humanos; y cuenta con autonomía de gestión y presupuestaria, personalidad jurídica y patrimonio propios.

En Bolivia, la Constitución destina un título a regular la "Defensa de la Sociedad", y en el mismo, el artículo 127, a normar el Defensor del Pueblo, como órgano que "vela por la vigencia y el cumplimiento de los derechos y garantías de las personas en relación a la actividad administrativa de todo el sector público. Asimismo, vela por la defensa, promoción y divulgación de los derechos humanos".

El Defensor del Pueblo "no recibe instrucciones de los poderes públicos", y conforme al artículo 128 de la Constitución es elegido por dos tercios de votos de los miembros presentes del Congreso Nacional; no puede ser enjuiciado, perseguido ni detenido por causa del ejercicio de sus funciones, salvo la comisión de delitos, en cuyo caso se debe aplicar el procedimiento previsto en el artículo 118°, atribución 6ª de esta Constitución; y desempeña sus funciones por un período de 5 años y puede ser reelecto por una sola vez. El cargo de Defensor del Pueblo es incompatible con el desempeño de cualquier otra actividad pública, o privada remunerada a excepción de la docencia universitaria.

El artículo 129 asigna al Defensor del Pueblo, la facultad de interponer los recursos de inconstitucionalidad, directo de nulidad, amparo y hábeas corpus, sin necesidad de mandato. A tal efecto, se le garantiza "acceso libre a los centros de detención, reclusión e internación".

En el Perú, la Constitución en su artículo 161 regula a la Defensoría del Pueblo como un órgano es autónomo. Su titular, el Defensor del Pueblo es elegido y removido por el Congreso con el voto de dos tercios de su número legal; y goza de la misma inmunidad y de las mismas prerrogativas de los congresistas. Dura 5 años en ejercicio de sus funciones y no está sujeto a mandato imperativo.

Conforme al artículo 162, corresponde a la Defensoría del Pueblo defender los derechos constitucionales y fundamentales de la persona y de la comunidad; y supervisar el cumplimiento de los deberes de la administración estatal y la prestación de los servicios públicos a la ciudadanía.

En Nicaragua, la Constitución se limita a establecer como competencia de la Asamblea Nacional, en nombramiento del Procurador para la Defensa de los Derechos Humanos, remitiendo a la ley la regulación de su funcionamiento (Art. 138,30)

## IV.- EL DEFENSOR DEL PUEBLO COMO PARTE DE LA DIVISIÓN DEL PODER PÚBLICO

Por último, debe mencionarse el caso de Venezuela, cuya Constitución de 1999, creó la figura del Defensor del Pueblo, como órgano del Poder Ciudadano, que es uno de los cinco órganos del Poder Público Nacional, el cual, el artículo 136 divide en "Legislativo, Ejecutivo, Judicial, Ciudadano y Electoral". En consecuencia, conforme a esta penta división del Poder Público, el Defensor del Pueblo, junto con el Fiscal General de la República y el Contralor General de la República, integran el Poder Ciudadano.

La garantía constitucional de Defensor del Pueblo expresamente se regula en el artículo 282 de la Constitución, al disponer que "gozará de inmunidad en el ejercicio de sus funciones y, por lo tanto, no podrá ser perseguido, detenido, ni enjuiciado por actos relacionados con el ejercicio de sus funciones".

Conforme al artículo 280 de la Constitución, el Defensor del Pueblo "tiene a su cargo la promoción, defensa y vigilancia de los derechos y garantías establecidos en esta Constitución y en los tratados internacionales sobre derechos humano, además de los intereses legítimos, colectivos o difusos de los ciudadanos". Para el cumplimiento de tal misión, el artículo 281 asigna al Defensor del Pueblo, las siguientes atribuciones

1.- Velar por el efectivo respeto y garantía de los derechos humanos consagrados en esta Constitución y en los tratados, convenios y acuerdos internacionales sobre derechos humanos ratificados por la República, investigando de oficio o a instancia de parte las denuncias que lleguen a su conocimiento.

2.- Velar por el correcto funcionamiento de los servicios públicos, amparar y proteger los derechos e intereses legítimos, colectivos y difusos de las personas, contra las arbitrariedades, desviaciones de poder y errores cometidos en la prestación de los mismos, interponiendo cuando fuere procedente las acciones necesarias para exigir al Estado el resarcimiento a los administrados de los daños y perjuicios que les sean ocasionados con motivo del funcionamiento de los servicios públicos.

3.- Interponer las acciones de inconstitucionalidad, amparo, habeas corpus, hábeas data y las demás acciones o recursos necesarios para ejercer las atribuciones señaladas en los numerales anteriores, cuando fuere procedente de conformidad con la ley.

4.- Instar al Fiscal General de la República para que intente las acciones o recursos a que hubiere lugar contra los funcionarios públicos o funcionarias públicas, responsables de la violación o menoscabo de los derechos humanos.

5.- Solicitar al Consejo Moral Republicano que adopte las medidas a que hubiere lugar respecto de los funcionarios públicos o funcionarias públicas responsables por la violación o menoscabo de los derechos humanos.

6.- Solicitar ante el órgano competente la aplicación de los correctivos y las sanciones a que hubiere lugar por la violación de los derechos del público consumidor y usuario, de conformidad con la ley.

7.- Presentar ante los órganos legislativos municipales, estadales o nacionales, proyectos de ley u otras iniciativas para la protección progresiva de los derechos humanos.

8.- Velar por los derechos de los pueblos indígenas y ejercer las acciones necesarias para su garantía y efectiva protección.

9.- Visitar e inspeccionar las dependencias y establecimientos de los órganos del Estado, a fin de prevenir o proteger los derechos humanos.

10.- Formular ante los órganos correspondientes las recomendaciones y observaciones necesarias para la mejor protección de los derechos humanos, para lo cual desarrollará mecanismos de comunicación permanente con órganos públicos o privados, nacionales e internacionales, de protección y defensa de los derechos humanos.

11.- Promover y ejecutar políticas para la difusión y efectiva protección de los derechos humanos.

## SEXTA PARTE

## LA CONSOLIDACIÓN DEL RÉGIMEN DEMOCRÁTICO COMO CONDICIÓN PARA LA EFECTIVIDAD DE LOS MECANISMOS NACIONALES DE PROTECCIÓN DE LOS DERECHOS HUMANOS

La posibilidad de utilización efectiva de los mecanismos nacionales de protección de los derechos humanos, sin duda, depende de la efectiva consolidación del régimen democrático. Así como puede decirse que no existe democracia donde no haya una garantía efectiva de los derechos humanos, también debe señalarse que estos no pueden ser efectivamente garantizados sino en un régimen democrático.

Pero sobre la democracia, debe señalarse que si bien la elección de representantes es y seguirá siendo una pieza esencial de la misma, la sola elección popular de los gobernantes no es suficiente para que pueda decirse que existe un régimen democrático representativo, como más de un autócrata ha proclamado sacrificando los otros elementos esenciales de la democracia. No se olvide que, por ejemplo, los líderes fascistas de la primera mitad del Siglo pasado llegaron al poder y consolidaron su régimen totalitario con el voto popular; y que muchos de los autócratas que todavía actúan en el mundo, de tanto en cuanto se hace elegir mediante una votación popular en cuyo proceso no hay libertad de postulación de candidatos ni pluralismo político.

La democracia es mucho más que la sola elección popular de los gobernantes, que siempre tiene que ser mediante elecciones periódicas, libres y basadas en el sufragio universal y secreto como expresión de la soberanía popular; y apunta a un régimen político donde, además, se respeten los derechos humanos; se acceda al poder con sujeción al Estado de derecho, y aquél se ejerza conforme al mismo; exista un régimen plural de partidos y organizaciones políticas; y la separación e independencia de los poderes esté asegurada.

### I.- LA CARTA DEMOCRÁTICA INTERAMERICANA

En este sentido, y para comprender bien qué debe entenderse por régimen democrático, en América Latina tiene la más grande importancia la *Carta Democrática Interamericana* adoptada por la Asamblea General de la Organización de Estados Americanos, en sus sesiones extraordinarias celebradas en Lima, Perú, el 11 de septiembre de 2001, el mismo día de los ataques terroristas en Nueva York y Washington, en la cual no sólo se consideró que "los pueblos de América tienen *derecho a la democracia* y sus gobiernos la obligación de promoverla y defenderla" (art. 1), sino que además, se formularon los siguientes postulados fundamentales respecto de este régimen político:

*Primero*, que el ejercicio efectivo de la democracia representativa es la base del Estado de derecho y de los regímenes constitucionales de los Estados americanos (art. 2).

*Segundo*, que la democracia representativa se refuerza y profundiza con la participación permanente, ética y responsable de la ciudadanía en un marco de legalidad, conforme al respectivo orden constitucional (art. 2); y

*Tercero*, que son elementos esenciales de la democracia representativa, entre otros, los siguientes:

a) El respeto a los derechos humanos y las libertades fundamentales;

b) El acceso al poder y su ejercicio con sujeción al Estado de derecho;

c) La celebración de elecciones periódicas, libres, justas y basadas en el sufragio universal y secreto, como expresión de la soberanía del pueblo;

d) El régimen plural de partidos y organizaciones políticas; y

e) La separación e independencia de los poderes públicos.

Lo más destacado de esta documento, quizás el más importante que se haya adoptado jamás por una comunidad internacional sobre el régimen político democrático, es la superación de la ecuación simplista antes mencionada que en algunos ámbitos nacionales e internacionales, según la conveniencia del momento e interés singular del intérprete, ha tendido a identificar a la democracia con el sólo origen electivo de los representantes. La democracia exige elecciones; pero es mucho más que ello; y en tal sentido, la Carta Democrática, en cierta forma, para formular los elementos esenciales de la democracia, recoge los cuatro principios sobre los cuales, como señalamos en la Introducción a este libro, está montado el Estado democrático de derecho: principio de la limitación y control del poder, principio de la legitimidad democrática, principio de la legalidad y principio declarativo y garantista de los derechos humanos.

Por tanto, con una declaración como la contenida en el texto de la Carta Democrática, se replantea el más importante y esencial de los debates políticos en América Latina, aún vigente en estos comienzos del siglo XXI, y que no es otro que el de la propia democracia y su efectiva gobernabilidad; pues, sin duda, hay demasiadas voces que están planteando que hay que sustituirla por un régimen político autoritario, militarista e impositivo, fundamentado en la centralización y la concentración del Poder, amparado en una ilusoria participación que no es tal, sino simple populismo sometido, como supuestamente sustitutiva de la representación.

Por la importancia que tienen los postulados de la democracia establecidos en la Carta Democrática para la posibilidad misma del ejercicio de los mecanismos nacionales de protección de los derechos humanos, estimamos necesario, a continuación, glosar su contenido. La Carta está dividida en seis capítulos, en los cuales se desarrollaron los siguientes aspectos: la democracia y el sistema interamericano; la democracia y los derechos humanos; la democracia, el desarrollo integral y el combate a la pobreza; el fortalecimiento y preservación de la institucionalidad democrática; la democracia y las misiones de observación electoral; y promoción de la cultura democrática.

## II.- LA DEMOCRACIA Y EL SISTEMA INTERAMERICANO

### 1.- *El derecho a la democracia*

El artículo 1º de la Carta reconoce y declara que los pueblos de América tienen derecho a la democracia y sus gobiernos la obligación de promoverla y defenderla, considerando a la democracia como esencial para el desarrollo social, político y económico de los pueblos de América.

#### 2.- *La reafirmación de la democracia representativa y de la participación política*

El ejercicio efectivo de la democracia representativa conforme al artículo 2 de la Carta, se considera la base del Estado de derecho y los regímenes constitucionales de los Estados Miembros de la Organización de los Estados Americanos.

La democracia representativa, por otra parte, se refuerza y profundiza con la participación permanente, ética y responsable de la ciudadanía en un marco de legalidad conforme al respectivo orden constitucional.

#### 3.- *Los elementos esenciales de la democracia representativa*

El artículo 3 de la Carta enumera como elementos esenciales de la democracia representativa, entre otros, los siguientes: 1) el respeto a los derechos humanos y las libertades fundamentales; 2) el acceso al poder y su ejercicio con sujeción al estado de derecho; 3) la celebración de elecciones periódicas, libres, justas y basadas en el sufragio universal y secreto como expresión de la soberanía del pueblo; 4) el régimen plural de partidos y organizaciones políticas; y 5) la separación e independencia de los poderes públicos.

#### 4.- *Los componentes fundamentales del ejercicio de la democracia*

Son componentes fundamentales del ejercicio de la democracia tal como los enumera el artículo 4º de la Carta, 1) la transparencia de las actividades gubernamentales, 2) la probidad, 3) la responsabilidad de los gobiernos en la gestión pública, 4) el respeto por los derechos sociales y 5) la libertad de expresión y de prensa.

Además, se declara que son igualmente fundamentales para la democracia la subordinación constitucional de todas las instituciones del Estado a la autoridad civil legalmente constituida y el respeto al estado de derecho de todas las entidades y sectores de la sociedad.

#### 5.- *Los partidos políticos y su financiamiento*

El artículo 5º de la Carta considera el fortalecimiento de los partidos y de otras organizaciones políticas como prioritario para la democracia. Agrega, además, que se deberá prestar atención especial a la problemática derivada de los altos costos de las campañas electorales y al establecimiento de un régimen equilibrado y transparente de financiación de sus actividades.

#### 6.- *La participación política*

El artículo 6º de la Carta declara como un derecho y una responsabilidad la participación de la ciudadanía en las decisiones relativas a su propio desarrollo, considerándola también como una condición necesaria para el pleno y efectivo ejercicio de la democracia. Este se fortalece con la Promoción y fomento de las diversas formas de participación.

### III.- LA DEMOCRACIA Y LOS DERECHOS HUMANOS

#### 1.- *La democracia y el ejercicio de los derechos y libertades*

La democracia como lo precisa el artículo 7 de la Carta, es indispensable para el ejercicio efectivo de las libertades fundamentales y los derechos humanos, en su carácter universal, indivisible e interdependiente, consagrados en las respectivas constituciones de los Estados y en los instrumentos interamericanos e internacionales de derechos humanos.

#### 2.- *El derecho de las personas a denunciar violaciones de derechos humanos ante los organismos internacionales*

El artículo 8 de la Carta consagra el derecho de cualquier persona o grupo de personas que consideren que sus derechos humanos han sido violados para interponer denuncias o peticiones ante el sistema interamericano de promoción y protección de los derechos humanos conforme a los procedimientos establecidos en el mismo.

A tal efecto la Carta constituye una reafirmación de la intención de los Estados Miembros de la OEA de fortalecer el sistema interamericano de protección de los derechos humanos para la consolidación de la democracia en el Hemisferio.

**3.- *La proscripción de la discriminación***

En particular, el artículo 9 de la Carta considera que contribuyen al fortalecimiento de la democracia y la participación ciudadana, la eliminación de toda forma de discriminación, especialmente la discriminación de género, étnica y racial, y de las diversas formas de intolerancia, así como la promoción y protección de los derechos humanos de los pueblos indígenas y los migrantes y el respeto a la diversidad étnica, cultural y religiosa en las Américas.

**4.- *La democracia y los derechos laborales***

Además, la Carta precisa que la promoción y el fortalecimiento de la democracia requieren el ejercicio pleno y eficaz de los derechos de los trabajadores y la aplicación de normas laborales básicas, tal como están consagradas en la Declaración de la Organización Internacional del Trabajo (OIT) relativa a los Principios y Derechos Fundamentales en el Trabajo y su Seguimiento, adoptada en 1998, así como en otras convenciones básicas afines de la OIT (art. 10), lo que se completa con la declaración de que la democracia se fortalece con el mejoramiento de las condiciones laborales y la calidad de vida de los trabajadores del Hemisferio.

## IV.-DEMOCRACIA, EL DESARROLLO INTEGRAL Y EL COMBATE A LA POBREZA

**1.- *La democracia y el desarrollo económico***

El artículo 11 de la Carta considera y declara que la democracia y el desarrollo económico y social son interdependientes y se refuerzan mutuamente.

**2.- *La democracia y los problemas sociales***

La pobreza, el analfabetismo y los bajos niveles de desarrollo humano son considerados por el artículo 12 de la Carta, como factores que inciden negativamente en la consolidación de la democracia. En consecuencia, con la Carta los Estados Miembros de la OEA se comprometen a adoptar y ejecutar todas las acciones necesarias para la creación de empleo productivo, la reducción de la pobreza y la erradicación de la pobreza extrema, teniendo en cuenta las diferentes realidades y condiciones económicas de los países del Hemisferio.

Este compromiso común frente a los problemas del desarrollo y la pobreza, también destaca la importancia de mantener los equilibrios macroeconómicos y el imperativo de fortalecer la cohesión social y la democracia.

**3.- *La democracia y el crecimiento económico***

El artículo 13 de la Carta declara que la promoción y observancia de los derechos económicos, sociales y culturales son consustanciales al desarrollo integral, al crecimiento económico con equidad y a la consolidación de la democracia en los Estados del Hemisferio.

**4.- *El rol de la OEA en materia de desarrollo***

En el artículo 14 de la Carta los Estados Miembros acuerdan examinar periódicamente las acciones adoptadas y ejecutadas por la Organización encaminadas a fomentar el diálogo, la cooperación para el desarrollo integral y el combate a la pobreza en el Hemisferio, y tomar las medidas oportunas para promover estos objetivos.

**5.- *La democracia y el medio ambiente***

Dispone el artículo 15 de la Carta, que el ejercicio de la democracia facilita la preservación y el manejo adecuado del medio ambiente. Por ello, se considera como esencial que los Estados del Hemisferio implementen políticas y estrategias de protección del medio ambiente, respetando los diversos tratados y convenciones, para lograr un desarrollo sostenible en beneficio de las futuras generaciones.

**6.- *La democracia y la educación***

El artículo 16 de la Carta, por su parte, considera a la educación como clave para fortalecer las instituciones democráticas, promover el desarrollo del potencial humano y el alivio de la pobreza, y fomentar un mayor entendimiento entre los pueblos. Para lograr estas metas la norma establece que es esencial que una educación de calidad esté al alcance de todos, incluyendo a las niñas y las mujeres, los habitantes de las zonas rurales y las personas que pertenecen a las minorías.

## V.- EL FORTALECIMIENTO Y LA PRESERVACIÓN DE LA INSTITUCIONALIDAD DEMOCRÁTICA

### 1.- *La solicitud de asistencia a la OEA*

El artículo 17 de la Carta dispone que cuando el gobierno de un Estado Miembro considere que está en riesgo su proceso político institucional democrático o su legítimo ejercicio del poder, puede recurrir al Secretario General o al Consejo Permanente a fin de solicitar asistencia para el fortalecimiento y preservación de la institucionalidad democrática.

### 2.- *Las visitas de la OEA*

Cuando en un Estado Miembro se produzcan situaciones que pudieran afectar el desarrollo del proceso político institucional democrático o el legítimo ejercicio del poder, conforme al artículo 18 de la Carta, el Secretario General o el Consejo Permanente pueden, con el consentimiento previo del gobierno afectado, disponer visitas y otras gestiones con la finalidad de hacer un análisis de la situación. En tal caso, el Secretario General debe elevar un informe al Consejo Permanente, y éste debe realizar una apreciación colectiva de la situación y, en caso necesario, puede adoptar decisiones dirigidas a la preservación de la institucionalidad democrática y su fortalecimiento.

### 3.- *Efectos de la ruptura del orden democrático o la alteración del orden constitucional en un Estado Miembro*

El artículo 19 de la Carta dispone que conforme a los principios de la Carta de la OEA y con sujeción a sus normas, y en concordancia con la cláusula democrática contenida en la Declaración de la ciudad de Quebec, la ruptura del orden democrático o una alteración del orden constitucional que afecte gravemente el orden democrático en un Estado Miembro constituye, mientras persista, un obstáculo insuperable para la participación de su gobierno en las sesiones de la Asamblea General, de la Reunión de Consulta, de los Consejos de la Organización y de las conferencias especializadas, de las comisiones, grupos de trabajo y demás órganos de la Organización.

### 4.- *Las iniciativas en caso de alteración del orden constitucional en un Estado*

Conforme al artículo 20 de la Carta, en caso de que en un Estado Miembro se produzca una alteración del orden constitucional que afecte gravemente su orden democrático, cualquier Estado Miembro o el Secretario General puede solicitar la convocatoria inmediata del Consejo Permanente para realizar una apreciación colectiva de la situación y adoptar las decisiones que estime conveniente.

El Consejo Permanente, según la situación, puede disponer la realización de las gestiones diplomáticas necesarias, incluidos los buenos oficios, para promover la normalización de la institucionalidad democrática.

Si las gestiones diplomáticas resultaren infructuosas o si la urgencia del caso lo aconsejare, el Consejo Permanente debe convocar de inmediato un período extraordinario de sesiones de la Asamblea General para que ésta adopte las decisiones que estime apropiadas, incluyendo gestiones diplomáticas, conforme a la Carta de la Organización, el derecho internacional y las disposiciones de la presente Carta Democrática.

Durante el proceso se realizarán las gestiones diplomáticas necesarias, incluidos los buenos oficios, para promover la normalización de la institucionalidad democrática.

### 5.- *La consecuencia de la ruptura del orden democrático constatada por la Asamblea General: la suspensión de los derechos de participación en la OEA*

El artículo 21 de la Carta dispone que cuando la Asamblea General, convocada a un período extraordinario de sesiones, constate que se ha producido la ruptura del orden democrático en un Estado Miembro y que las gestiones diplomáticas han sido infructuosas, conforme a la Carta de la OEA debe tomar la decisión de suspender a dicho Estado Miembro del ejercicio de su derecho de participación en la OEA con el voto afirmativo de los dos tercios de los Estados Miembros. En tal caso, la suspensión entrará en vigor de inmediato. Adoptada la decisión de suspender a un gobierno, la Organización debe mantener sus gestiones diplomáticas para el restablecimiento de la democracia en el Estado Miembro afectado.

Sin embargo, el Estado Miembro que hubiera sido objeto de suspensión debe continuar observando el cumplimiento de sus obligaciones como miembro de la Organización, en particular en materia de derechos humanos.

### 6.- *El levantamiento de la suspensión*

Una vez superada la situación que motivó la suspensión, conforme se establece en el artículo 22 de la Carta, cualquier Estado Miembro o el Secretario General puede proponer a la Asamblea General el levantamiento de la suspensión, la cual puede adoptar la decisión por el voto de los dos tercios de los Estados Miembros, de acuerdo con la Carta de la OEA.

## VI.- LA DEMOCRACIA Y LAS MISIONES DE OBSERVACIÓN ELECTORAL

### 1.- *Los procesos electorales y la asistencia internacional*

El artículo 23 de la Carta declara que los Estados Miembros son los responsables de organizar, llevar a cabo y garantizar procesos electorales libres y justos. Precisa la norma, sin embargo, que los Estados Miembros, en ejercicio de su soberanía, pueden solicitar a la OEA asesoramiento o asistencia para el fortalecimiento y desarrollo de sus instituciones y procesos electorales, incluido el envío de misiones preliminares para ese propósito.

### 2.- *Las misiones internacionales de observación electoral*

Las misiones de observación electoral, conforme al artículo 24 de la Carta, se deben llevar a cabo por solicitud del Estado Miembro interesado. Con tal finalidad, el gobierno de dicho Estado y el Secretario General deben celebrar un convenio que determine el alcance y la cobertura de la misión de observación electoral de que se trate, en cuyo caso, el Estado Miembro debe garantizar las condiciones de seguridad, libre acceso a la información y amplia cooperación con la misión de observación electoral.

Las misiones de observación electoral se deben realizar de conformidad con los principios y normas de la OEA. La Organización debe asegurar la eficacia e independencia de estas misiones, para lo cual se las debe dotar de los recursos necesarios. Dichas misiones se deben realizar de forma objetiva, imparcial y transparente, y con la capacidad técnica apropiada.

Las misiones de observación electoral deben presentar oportunamente al Consejo Permanente, a través de la Secretaría General, los informes sobre sus actividades.

### 3.- *La información de las condiciones para la realización de elecciones libres y justas*

Las misiones de observación electoral, conforme al artículo 25 de la Carta, deben informar al Consejo Permanente, a través de la Secretaría General, si no existiesen las condiciones necesarias para la realización de elecciones libres y justas. En tal caso, la OEA puede enviar, con el acuerdo del Estado interesado, misiones especiales a fin de contribuir a crear o mejorar dichas condiciones.

## VII.- LA PROMOCIÓN DE LA CULTURA DEMOCRÁTICA

### 1.- *Obligaciones de la OEA*

Conforme al artículo 26 de la Carta, la OEA continuará desarrollando programas y actividades dirigidos a promover los principios y prácticas democráticas y fortalecer la cultura democrática en el Hemisferio, considerando que la democracia es un sistema de vida fundado en la libertad y el mejoramiento económico, social y cultural de los pueblos. La OEA debe mantener consultas y cooperación continua con los Estados Miembros, tomando en cuenta los aportes de organizaciones de la sociedad civil que trabajen en esos ámbitos.

### 2.- *Contenido de los programas*

Los programas y actividades, conforme al artículo 27 de la Carta, se deben dirigir a promover la gobernabilidad, la buena gestión, los valores democráticos y el fortalecimiento de la institucionalidad política y de las organizaciones de la sociedad civil. Se debe prestar atención especial al desarrollo de programas y actividades para la educación de la niñez y la juventud como forma de asegurar la permanencia de los valores democráticos, incluidas la libertad y la justicia social.

### 3.- *La participación de la mujer*

Los Estados, conforme al artículo 28 de la Carta, deben promover la plena e igualitaria participación de la mujer en las estructuras políticas de sus respectivos países como elemento fundamental para la promoción y ejercicio de la cultura democrática.

* * *

Hasta aquí, el contenido de la Carta Democrática Interamericana.

Como puede apreciarse, es un documento de primera importancia en la definición de los valores esenciales y componentes fundamentales de la democracia en América Latina, que compromete a todos los Estados Miembros de la OEA, y sirve para la protección del orden democrático y constitucional en los mismos. Para ello, sin embargo, tiene que cambiarse la percepción sobre la democracia, como un régimen que es mucho más que elecciones, no sólo en los Estados miembros sino en la Organización en si misma.

Por ejemplo, puede decirse que precisamente, que el último de los elementos esenciales mencionados en la *Carta Democrática* como consustanciales a la democracia (art. 3), que se refiere a la separación e independencia de los poderes del Estado, es el que en nuestro criterio apunta a identificar un verdadero régimen democrático, para que, incluso, los otros factores que la deben caracterizar puedan ser efectivos, entre ellos, la posibilidad misma de elecciones libres y el ejercicio y protección de los derechos humanos.

Ese elemento que se identifica como "separación e independencia de los poderes", no es otro que el orden institucional que tiene que existir en toda democracia para controlar y limitar el Poder del Estado. Por ello precisamente, una autocracia se caracteriza, al contrario, por la ausencia de mecanismos institucionales destinados a controlar dicho Poder, y porque el poder del Estado no esté efectivamente separado y distribuido de manera que el poder pueda frenar al poder

Por tanto, sin control institucional del Poder del Estado no hay ni puede haber democracia, pues de este elemento, en definitiva, dependen todos los otros elementos esenciales de la democracia. Sólo controlando al Poder es que puede haber elecciones libres y justas; sólo controlando al Poder es que puede haber efectivo respeto a la Constitución y vigencia del Estado de derecho; sólo controlando al Poder es que puede haber pluralismo político; sólo controlando al Poder es que puede haber garantía de respeto a los derechos humanos y posibilidad efectiva de implementación de los mecanismos nacionales de protección de los mismos; y sólo controlando el Poder es que puede haber participación política.

En todo caso, un sistema institucional para controlar el ejercicio del poder político, implica, ineludiblemente, su distribución o separación, por lo que demasiada concentración del Poder, si no hay controles efectivos sobre los gobernantes, y peor aún, si estos tienen o creen tener apoyo popular, conduce al autoritarismo y, en definitiva, a la tiranía. No debe olvidarse que la historia de la humanidad durante el Siglo pasado nos enseña, precisamente, cómo tiranos usaron el voto de la mayoría para acceder al poder y desde allí aplicaron el autoritarismo para acabar con la democracia y todos sus elementos, comenzando por los derechos humanos.

# XXX

# FORTALECIMIENTO DE LAS INSTITUCIONES DE PROTECCIÓN DE LOS DERECHOS HUMANOS

## (1997-1998)

**Este texto tiene su origen en la conferencia que dicté sobre el tema *Hacia el Fortalecimiento de las Instituciones de Protección de los Derechos Humanos en el Ámbito Interno*, en el XV Curso Interdisciplinario sobre Derechos Humanos, Instituto Interamericano de los Derechos Humanos, San José de Costa Rica, 24 de junio de 1997; y en el XIX Curso Interdisciplinario de Derechos Humano, Instituto Interamericano de Derechos Humanos, San José, Costa Rica, 20 de Junio de 2001. Fue reproducido como *Material de Apoyo, XVIII Curso Interdisciplinario en Derechos Humanos*, Instituto Interamericano de Derechos Humanos, San José, Costa Rica, Agosto 2000; y en el libro: *Presente y Futuro de los Derechos Humanos, Ensayos en honor a Fernando Volio Jiménez*, Instituto Interamericano de Derechos Humanos, San José, Costa Rica, enero 1998, pp. 3-31.**

## INTRODUCCIÓN

Si algo caracterizó al constitucionalismo latinoamericano de la segunda mitad del Siglo pasado fue el progresivo proceso de fortalecimiento de las instituciones de protección de los derechos humanos en el ámbito interno y su constitucionalización. Ello, en definitiva, es la muestra más explícita de los esfuerzos por la consolidación del Estado de derecho en nuestros países, concepto que, por lo demás, históricamente se montó en sustitución del Estado absoluto, precisamente para la garantía y la protección de los derechos y libertades públicas.

Ese Estado de derecho, por otra parte, derivó de una serie de principios cruciales que se cristalizaron en las tres grandes revoluciones de hace dos siglos: la Revolución norte-americana, la Revolución francesa y la Revolución latinoamericana, la cual hay que mencionar, pues lamentablemente, y con mucha frecuencia, los propios latinoamericanos nos olvidamos de ella, a pesar de que fue precisamente en su ámbito, a comienzos del siglo XIX, donde cristalizó todo el aporte de las dos primeras, al constitucionalismo moderno[1].

Por ello puede decirse, incluso, que fue en nuestros países donde por primera vez se concretó formalmente, en el constitucionalismo moderno, todo el modelo del Estado de derecho que se había ido formulando, tanto en Francia como en los Estados Unidos. La simbiosis de todos los principios de dicho modelo se produjo, precisamente, en latinoamerica donde se recogieron, en conjunto, los aportes de aquellas dos Revoluciones.

Esos principios cruciales pueden ser reducidos a tres[2].

En *primer lugar*, el principio de la limitación al Poder, que es la base del Estado de derecho con el objeto de garantizar la libertad. Eso es lo que distingue al Estado de derecho del Estado

---

1 Allan R. Brewer-Carías, *Reflexiones sobre la Revolución Americana (1776) y de la Revolución Francesa (1789) y sus aportes al constitucionalismo moderno*, Caracas 1992.

2 Allan R. Brewer-Carías, *Evolución Histórica del Estado. Instituciones Políticas y Constitucionales*, Tomo I, Caracas 1996, pp. 47 a 256.

absoluto. Esta limitación se concretó en las Constituciones modernas mediante la distribución del poder para que, como lo decía Montesquieu, el poder limite al poder[3], lo que se logra al distribuirlo y al separarlo. De allí han surgido los dos grandes esquemas de organización del Estado basados, por una parte, en la distribución vertical del poder, que dio origen a los sistemas de Estados descentralizados, al federalismo o a los nuevos esquemas de Estados regionales; y por la otra, en la separación horizontal del poder o separación orgánica de poderes, producto directo, también, de aquellas dos Revoluciones.

El *segundo* de los principios es el de la legalidad, es decir, el principio conforme al cual todos los órganos del Estado deben estar y actuar sometidos a la ley. Este, justamente, es el otro elemento diferenciador del Estado de derecho con el Estado absoluto, en el cual el Monarca no estaba sometido a ley superior alguna.

Además, dentro del principio de la legalidad, como aporte de las tres Revoluciones mencionadas, está la idea misma de la Constitución como ley suprema, a la cual tienen que someterse todos los órganos del Estado, incluyendo el Parlamento. Fue precisamente contra la soberanía del parlamento inglés que se produjo la Revolución Americana; y fue contra la soberanía parlamentaria como en las Constituciones de los países europeos después de la Segunda Guerra Mundial, se incorporaron por primera vez en los textos constitucionales, declaraciones efectivas de derechos humanos.

Bien sabemos que antes de la Segunda Guerra Mundial y a pesar de la Declaración francesa en 1789, en Europa no había declaraciones similares a las que desde 1811 se conocen en Latinoamérica sobre derechos humanos[4]. Recuérdese incluso, que en España, sólo fue en 1978, con motivo de la última Constitución democrática cuando se incorporó al texto fundamental una declaración de derechos. Con estas declaraciones de derechos de rango constitucional, en Europa, las mismas adquirieron ese rango supremo que las impone, incluso, a los Parlamentos, los cuales en el universo constitucional dejaron ser soberanos. Queda a salvo, por supuesto, la excepción de siempre en estas materias constitucionales, respecto al sistema británico, donde no hay Constitución escrita y, por tanto, lo único soberano sigue siendo el Parlamento y lo que el Parlamento diga.

El *tercero* de los principios del Estado de derecho que se montó para la protección de los derechos fundamentales, es justamente el de la declaración de estos derechos. Por ello, el Estado no sólo se ha construido sobre el principio de la limitación al poder para asegurar la libertad y sobre el principio de la legalidad y del respeto de la Constitución; sino, además, sobre el principio de la declaración o del reconocimiento de los derechos fundamentales con rango constitucional.

Todas las Constituciones del mundo en los últimos doscientos años, en una forma u otra, más tarde ó más temprano, han venido adoptando estos principios constitucionales y, progresivamente, han venido consolidando en el orden interno mecanismos de perfeccionamiento y fortalecimiento de instituciones destinadas a la protección de los derechos humanos.

Además, ello se ha producido respondiendo al mismo principio que reconoció la Declaración francesa de los derechos del hombre y del ciudadano de 1789, la cual, interpretada, doscientos años después sigue siendo válida, en el sentido de que "toda sociedad en la cual no está asegurada la garantía de los derechos, ni determinada la separación de los poderes, no tiene Constitución" (art. 16).

Por ello, hoy día puede todavía afirmarse que la esencia misma de la Constitución, como texto de organización política, siempre radica en la limitación al poder por su separación y en la declaración de los derechos fundamentales, garantizados por la propia sociedad.

3 "Es una experiencia eterna que todo hombre que tiene poder tiende a abusar de él; y lo hace hasta que encuentra límites… Para que no se pueda abusar del poder es necesario que por la disposición de las cosas, el poder limite al poder", Carlos Secondat, Barón de Montesquieu, *De l'Espirit des lois,* ( ed. G. Tunc) Paris 1949, Vol. I, Libro XI, Cap. 4, pp. 162-163.

4 La primera de estas declaraciones en América Latina fue la "Declaración de los Derechos del Pueblo", adoptada por la sección de Caracas del Congreso General de las Provincias de Venezuela, el 1-5-1811. Véase en Allan R. Brewer-Carías, *Las Constituciones de Venezuela,* Caracas 1997, pp. 279-281.

Ahora bien, partiendo de estos tres principios del Estado de derecho, nos referiremos al tema del fortalecimiento de las instituciones de protección de los derechos humanos en el ámbito interno, para lo cual trataremos los siguientes tres aspectos: en primer lugar, al proceso de universalización o ampliación progresiva de las declaraciones de derechos; en segundo lugar, al fortalecimiento de las garantías judiciales de protección de los derechos y libertades públicas, y, en tercer lugar, la introducción progresiva, en tiempo reciente, de garantías institucionales de los derechos fundamentales.

## I.- LAS UNIVERSALIZACIÓN Y AMPLIACIÓN DE LAS DECLARACIONES DE DERECHOS

Ante todo debe destacarse el fenómeno de la universalización y ampliación de las declaraciones de derechos, el cual puede analizarse, haciendo referencia a cuatro aspectos: en *primer lugar*, la ampliación nacional que han venido experimentando las declaraciones de derechos; en un *segundo lugar*, la constitucionalización de la internacionalización de las declaraciones de derechos; un *tercer lugar*, como corolario de lo anterior, el carácter enunciativo de los derechos y, por tanto, la incorporación progresiva en las Constituciones en un *numerus apertus* de derechos, no limitados a los que los textos constitucionales enumeran taxativamente; y en *cuarto lugar*, la alteridad, como característica de la regulación de los derechos.

### 1.- *La ampliación nacional de las declaraciones de derechos y garantías*

En efecto, el primer aspecto que debe mencionarse en cuanto las declaraciones de derechos, se refiere a la progresiva ampliación que las mismas han tenido en el mundo contemporáneo, en las respectivas Constituciones.

En efecto, se debe destacar ante todo el tránsito que se ha producido en las declaraciones desde los derechos de la primera generación del constitucionalismo clásico, reducidos a los derechos individuales, que más bien son libertades con su peculiar tratamiento; hacia los derechos de una segunda generación, de carácter económicos y sociales, en los cuales hay más bien obligaciones prestacionales del Estado; y el paso a la incorporación en las declaraciones de derechos, de los de la tercera generación, donde se ubican los derechos al desarrollo; a una determinada calidad de vida; a la protección del medio ambiente; a gozar de un patrimonio cultural; e incluso, a la paz, como recientemente ha sido consagrado expresamente en la Constitución de Colombia, y que van caracterizando el constitucionalismo latinoamericano.

Esta ampliación progresiva de derechos se ha plasmado, en nuestro continente, en tres grandes ejemplos de una enumeración extensísima de derechos, como es el caso, inicialmente, de la Constitución de Brasil, y luego, de las Constituciones de Colombia y de Venezuela, la cuales destinan muchos artículos a la regulación de los derechos individuales, políticos, económicos, sociales y de los de la tercera generación.

Debe destacarse, en este sentido, como ejemplo, el aporte que ha significado al constitucionalismo de los derechos humanos, las previsiones de la reciente Constitución de Venezuela de 1999[5], que es la última de las Constituciones sancionadas en América Latina, que destina su Título IV a regular los deberes, derechos humanos y garantías (arts. 19 a 128), los cuales el Estado debe garantizar a toda persona conforme al principio de progresividad y sin discriminación alguna (art. 19).

En la Constitución Venezolana además, se pueden distinguir un conjunto de regulaciones muy importantes, relativas a las garantías constitucionales de los derechos humanos, es decir, a los instrumentos que permiten hacer efectivo el ejercicio de los derechos. En tal sentido, se regula ampliamente las garantía de la libertad (art. 20); de la irretroactividad de la ley (art. 24); de la nulidad de los actos violatorios de derecho y de la responsabilidad de los funcionarios (art. 25); de la igualdad ante la ley (art. 21); y la de orden judicial con el derecho de acceso a la justicia que tiene toda persona para hacer valer sus derechos e intereses, incluso los colectivos o difusos, a la tutela efectiva de los mismos y a obtener con prontitud la decisión correspondiente

5 Véase Allan R. Brewer-Carías, *La Constitución de 1999*, 3ª edición, Caracas 2001.

(art. 26). La Constitución regula, además, la garantía de protección inmediata de los derechos mediante recursos efectivos: el derecho y la acción de amparo y la acción de habeas data (art. 27).

Por otra parte, también se regula expresamente la más importante de las garantías constitucionales, además del acceso a la justicia, la cual es que ésta se imparta de acuerdo con las normas establecidas en la Constitución y las leyes, es decir, en el curso de un debido proceso. Este se ha establecido detalladamente en el artículo 49 que exige que "el debido proceso se aplicará a todas las actuaciones judiciales y administrativas", regulándose las siguientes garantías en forma específica: el derecho a la defensa; la presunción de inocencia; el derecho a ser oído; el derecho al ser juzgado por su juez natural, que debe ser competente, independiente e imparcial; las garantías de la confesión; el principio *nullum crimen nulla poena sine lege*; el principio *non bis in idem* y la garantía de la responsabilidad estatal por errores o retardos judiciales.

Pero entre las garantías constitucionales de los derechos humanos, sin duda, la más importante es la garantía de la reserva legal, es decir, que las limitaciones y restricciones a los derechos sólo puedan establecerse mediante ley formal. De allí la remisión que los artículos relativos a los derechos constitucionales hacen a la ley. Pero ley, en los términos de la garantía constitucional, sólo puede ser el acto emanado de la Asamblea Nacional actuando como cuerpo legislador (art. 202). Este es el único acto que puede restringir o limitar las garantías constitucionales, como lo indica el artículo 30 de la Convención Americana sobre Derechos Humanos.

Frente a ello debe destacarse la potencial violación de esta garantía en el propio texto constitucional venezolano, al regular la figura de la "delegación legislativa" al Presidente de la República, mediante las llamadas "leyes habilitantes" (art. 203), para que pueda dictar actos con rango y valor de ley en cualquier materia (art. 236, ord. 8), lo cual contrasta con lo que establecía la Constitución de 1961, conforme a la cual sólo podían dictarse en materias económicas y financieras (art. 190, ord. 8).

Esto, lamentablemente, incluso ante un elenco tan importante de derechos y garantías, puede abrir la vía constitucional para la violación de la reserva legal que, como se dijo, es la garantía constitucional más importante en relación con la efectiva vigencia y ejercicio de aquellos.

Por último, entre las garantías constitucionales, en el artículo 29 de la Constitución se estableció expresamente la obligación del Estado de investigar y sancionar legalmente los delitos contra los derechos humanos cometidos por sus autoridades, y en el artículo 30 se estableció la obligación del Estado de indemnizar integralmente a las víctimas de violaciones a los derechos humanos que le sean imputables, incluido el pago de daños y perjuicios. El Estado, además, debe proteger a las víctimas de delitos comunes y debe procurar que los culpables reparen los daños causados.

El Capítulo IV del Título III de la Constitución venezolana, además, se destina a regular "los derechos civiles", los que, en realidad, en castellano y conforme a la tradición constitucional venezolana, son los *derechos individuales.* Se regula, así el derecho a la vida, como inviolable, con la prohibición de que se pueda establecer la pena de muerte (art. 43). Este derecho ha sido además, reforzado, obligándose al Estado a proteger "la vida de las personas que se encuentren privadas de su libertad, prestando el servicio militar o civil, o sometidas a su autoridad en cualquier otra forma".

La Constitución, además, reguló expresamente el derecho al nombre (art. 56); y el derecho a la inviolabilidad de la libertad personal (art. 44), con derechos y garantías en relación con el arresto o detención; la defensa y a no estar incomunicado; el límite personal de las penas; la identificación de la autoridad; la excarcelación; la protección frente a la esclavitud o servidumbre y la prohibición de la desaparición forzosa de personas (art. 45).

Se reguló, además, detalladamente, el derecho a la integridad personal (art. 46), con los siguientes derechos: el derecho a no ser sometido a torturas o penas degradantes; el derecho de los detenidos al respeto a la dignidad humana; el derecho a decidir sobre experimentos y tratamientos; y la responsabilidad de los funcionarios.

Adicionalmente, el texto constitucional, conforme a la tradición de los textos anteriores, consagró la inviolabilidad del hogar doméstico (art. 47); la inviolabilidad de las comunicaciones privadas (art. 48); la libertad de tránsito (art. 50); el derecho de petición y a la oportuna respuesta (art. 51); y el derecho de asociación (art. 52). Este último derecho sin embargo, encuentra limitaciones de rango constitucional, (art. 256) respecto de los jueces, a quienes se prohíbe asociarse; y en cuanto a la inherencia del Estado en las elecciones de los gremios profesionales, que deben ser organizadas por el Consejo Supremo Electoral, como órgano del Poder Público (Poder Electoral) (art. 294,6).

En relación con los derechos individuales, la Constitución garantiza, además, el derecho de reunión (art. 53); el derecho a la libre expresión del pensamiento (art. 57); y el derecho a la información "oportuna, veraz e imparcial", así como el derecho de réplica y rectificación cuando se vean afectados directamente por informaciones inexactas o agraviantes (art. 58). Además, encuentran regulación expresa la libertad religiosa (art. 59); el derecho a la protección del honor y la intimidad (art. 60); el derecho a la libertad de conciencia (art. 61); el derecho de protección por parte del Estado (art. 55).

En el campo de los derechos sociales y de las familias, la Constitución de 1999 contiene extensas y complejas declaraciones, muchas de las cuales no guardan relación con el principio de la alteridad, que atribuyen al Estado innumerables obligaciones y que, en gran parte, marginan a la sociedad civil, resultando un esquema que globalmente considerado es altamente paternalista.

En efecto, por una parte la Constitución reguló una serie de derechos sociales que pueden denominarse como derechos de protección, y que se refieren a de las familias (art. 75); a la maternidad (art. 76); al matrimonio "entre un hombre y una mujer", (art. 77); a los niños (art. 78) y a los jóvenes (art. 79); a los ancianos (art. 80); y a los discapacitados (art. 81); regulándose expresamente en el artículo 101, la obligación para los medios televisivos de incorporar subtítulos y traducción a la lengua de señas para las personas con problemas auditivos.

La Constitución reguló, además, expresamente, el derecho a la vivienda (art. 82), como una declaración; y el derecho a la salud y a su protección (art. 83), imponiendo al Estado la "obligación de crear, ejercer la rectoría y gestionar un "sistema público nacional de salud", de carácter intersectorial, descentralizado y participativo, integrado al sistema de seguridad social, regido por los principios de gratuidad, universalidad, integralidad, equidad, integración social y solidaridad (art. 84).

Es decir, el servicio de salud se concibe constitucionalmente como integrado al sistema de seguridad social (como un subsistema) y se lo concibe como gratuito y universal, lo que no guarda relación alguna con el sistema de seguridad social que se establece para los afiliados o asegurados. Se establece, además, con rango constitucional, que los bienes y servicios públicos de salud son propiedad del Estado y no pueden ser privatizados. Por último, se establece el principio de que la comunidad organizada tiene el derecho y el deber de participar en la toma de decisiones sobre la planificación, ejecución y control de la política específica en las instituciones públicas de salud.

En el artículo 85 de la Constitución se establece que es una obligación del Estado el financiamiento del sistema público de salud, que debe integrar los recursos fiscales, las cotizaciones obligatorias de la seguridad social y cualquier otra fuente de financiamiento que determine la ley. El Estado, además, debe garantizar un presupuesto para la salud que permita cumplir con los objetivos de la política sanitaria. Finalmente, el artículo 85 termina su normación indicando que el Estado "regulara las instituciones públicas y privadas de salud", en la única norma en la que se nombra a las instituciones privadas de salud, pero como objeto de regulación.

En cuanto al derecho a la seguridad social, el artículo 86 de la Constitución lo regula "como servicio público de carácter no lucrativo, que garantice la salud y asegure protección en contingencias de maternidad, paternidad, enfermedad, invalidez, enfermedades catastróficas, discapacidad, necesidades especiales, riesgos laborales, pérdida de empleo, desempleo, vejez, viudedad, orfandad, vivienda, cargas derivadas de la vida familiar y cualquier otra circunstancia de previsión social".

En el mismo Capítulo relativo a los derechos sociales y de la familia, la Constitución de 1999, en la misma orientación de la anterior Constitución de 1961, incorporó el conjunto de derechos laborales al texto constitucional, pero esta vez ampliándolos y rigidizándolos aún mas, llevando a rango constitucional muchos derechos que por su naturaleza podrían ser de rango legal. Se reguló, así, expresamente, el derecho y el deber de trabajar (art. 87); la igualdad en el trabajo (art. 88); la protección estatal al trabajo (art. 89); la jornada laboral y el derecho al descanso (art. 90); el derecho al salario (art. 91); el derecho a prestaciones sociales (art. 92); el derecho a la estabilidad laboral (art. 93); las responsabilidades laborales; el derecho a la sindicalización (art. 95); el derecho a la contratación colectiva (art. 96); y el derecho a la huelga (art. 97).

Sobre el derecho a la sindicalización, debe destacarse la injerencia del Estado en el funcionamiento de los sindicatos, al establecer el artículo 294,6 de la Constitución la competencia del Consejo Nacional Electoral, que es un órgano del Poder Público (Poder Electoral), para "organizar las elecciones de los sindicatos y gremios profesionales". En consecuencia, en Venezuela, los sindicatos no son libres de organizar la elección de sus autoridades y representantes, sino que las mismas deben ser organizadas por el Estado.

La Constitución, además, consagró una serie de derechos relativos a la cultura, como la libertad y la creación cultural y la propiedad intelectual (art. 98); los valores de la cultura y la protección del patrimonio cultural (art. 99); la protección de la cultura popular (art. 100) y a la información cultural (art. 101), estableciendo que el Estado debe garantizar la emisión, recepción y circulación de la información cultural. A tal efecto, se impone a los medios de comunicación el deber de coadyuvar a la difusión de los valores de la tradición popular y la obra de los artistas, escritores, compositores, cineastas, científicos y demás creadores y creadoras culturales del país.

En cuanto al derecho a la educación, el artículo 102 de la Constitución comienza estableciendo, en general, que "la educación es un derecho humano y un deber social fundamental, es democrática, gratuita y obligatoria". La consecuencia de lo anterior es la previsión del mismo artículo 102, que impone al Estado la obligación de asumir la educación como "función indeclinable" y de máximo interés en todos sus niveles y modalidades, y como instrumento del conocimiento científico, humanístico y tecnológico al servicio de la sociedad. En consecuencia, constitucionalmente se declara a la educación como un servicio público; precisándose, sin embargo, que "el Estado estimulará y protegerá la educación privada que se imparta de acuerdo con los principios contenidos en esta Constitución y en las Leyes".

Se regula, además, el derecho a la educación integral, la gratuidad de la educación pública; y el carácter obligatorio de la educación en todos sus niveles, desde el maternal hasta el nivel medio diversificado. En cuanto a la educación impartida en las instituciones del Estado, se la declara gratuita hasta el pregrado universitario (art. 103). Además, se establece el régimen de los educadores; (art. 104); el derecho a educar (art. 106); y la educación ambiental e histórica (art. 107). En el artículo 108, se precisa, además, que los medios de comunicación social, públicos y privados, deben contribuir a la formación ciudadana. En la Constitución de 1999, además, se constitucionalizó el principio de la autonomía universitaria (art. 109); se reguló el régimen de las profesiones liberales (art. 105); el régimen de la ciencia y la tecnología (art. 110); y el derecho al deporte (art. 111).

En la Constitución de 1999 también constituye una novedad la regulación de los derechos relativos a los derechos ambientales, destinando normas a regular el derecho al ambiente (art. 127); la política de ordenación territorial (art. 128); los estudios de impacto ambiental y el régimen de los desechos tóxicos; y las cláusulas contractuales ambientales obligatorias (art. 129).

Otra de las innovaciones de la Constitución de 1999, fue la incorporación de un conjunto de normas sobre los derechos de los pueblos indígenas, respecto de los cuales sólo había una escueta norma de protección en la anterior Constitución de 1961 (art. 77), a cuyo efecto se reconoce constitucionalmente "la existencia de los pueblos y comunidades indígenas, su organización social, política y económica, sus culturas, usos y costumbres, idiomas y religiones, así como su hábitat y derechos originarios sobre las tierras que ancestral y tradicionalmente ocupan y que son necesarias para desarrollar y garantizar sus formas de vida" (art. 119).

El peligro que podría derivarse de esta regulación a los efectos de la integridad territorial, se buscó neutralizar en la misma Constitución al precisar que "los pueblos indígenas, como culturas de raíces ancestrales, forman parte de la Nación, del Estado y del pueblo venezolano como único, soberano e indivisible", no pudiéndose interpretar el término "pueblo" en el sentido que se le da en el derecho internacional (art. 126).

La Constitución, además, destinó un conjunto de normas relativas al aprovechamiento de los recursos naturales en los hábitat indígenas (art. 12); a los valores culturales indígenas (art. 121); al derecho de los pueblos indígenas a una salud integral (art. 122); al derecho de los pueblos indígenas a mantener y promover sus propias prácticas económicas (art. 123); y a la propiedad intelectual colectiva de los conocimientos, tecnológicas e innovaciones de los pueblos indígenas (art. 124). Por último, el artículo 125 de la Constitución consagra el derecho de los pueblos indígenas a la participación política; garantizando el artículo 182 de la Constitución, "la representación indígena en la Asamblea Nacional y en los cuerpos deliberantes de las entidades federales y locales con población indígena, conforme a la ley".

Por otra parte, en la Constitución de 1999 se incorporó un Capítulo que enumera los *derechos económicos* de las personas, en la siguiente forma: por una parte la libertad económica (art. 112); y por la otra el derecho de propiedad y la expropiación (art. 115). Esta norma sigue la orientación del constitucionalismo venezolano, aún cuando deben destacarse algunas variaciones en relación con su equivalente en la anterior Constitución de 1961 (art. 99), que son las siguientes: *primero,* no se establece que la propiedad privada tiene una función social que cumplir, como lo indicaba la Constitución de 1961; *segundo,* en la nueva Constitución se enumeran los atributos del derecho de propiedad (uso, goce y disposición) lo que era materia de rango legal (art. 545 del Código Civil); y *tercero,* en cuanto a la expropiación, se exige en el nuevo texto constitucional que el pago de la justa indemnización sea "oportuno". En esa forma, en general, la norma garantiza con mayor fuerza el derecho de propiedad.

La Constitución, además, prohíbe que se decreten o ejecuten confiscaciones de bienes salvo en los casos permitidos por la propia Constitución y, en particular, por vía de excepción, mediante sentencia firme, respecto de los bienes de personas naturales o jurídicas, nacionales o extranjeras, responsables de delitos cometidos contra el patrimonio público, o de quienes se hayan enriquecido ilícitamente al amparo del Poder Público y los provenientes de las actividades comerciales, financieras o cualesquiera otras vinculadas al tráfico ilícito de sustancias psicotrópicas y estupefacientes (art. 116 y 271).

El artículo 307 de la Constitución declara al régimen latifundista como contrario al interés social, y remite al legislador para disponer lo conducente en materia tributaria para gravar las tierras ociosas y establecer las medidas necesarias para su transformación en unidades económicas productivas, rescatando igualmente las tierras de vocación agrícola.

Por otra parte, la norma establece el derecho de los campesinos y demás productores agropecuarios a la propiedad de la tierra, en los casos y formas especificados por la ley respectiva. Esto implica el establecimiento de obligaciones constitucionales al Estado para proteger y promover las formas asociativas y particulares de propiedad para garantizar la producción agrícola, y para velar por la ordenación sustentable de las tierras de vocación agrícola con el objeto de asegurar su potencial agroalimentario.

Excepcionalmente dispone el mismo artículo constitucional, que el legislador creará contribuciones parafiscales con el fin de facilitar fondos para financiamiento, investigación, asistencia técnica, transferencia tecnológica y otras actividades que promuevan la productividad y la competitividad del sector agrícola.

Una innovación constitucional en materia económica es el derecho que regula el artículo 117, de todas las personas a disponer de bienes y servicios de calidad, así como a una información adecuada y no engañosa sobre el contenido y características de los productos y servicios que consumen, a la libertad de elección y a un trato equitativo y digno.

**2.-** ***La constitucionalización de la internacionalización de los derechos humanos***

Por supuesto, la ampliación progresiva de las declaraciones de los derechos en el derecho interno ha conducido a la incorporación al régimen constitucional de los países, de los derechos declarados internacionalmente, sobre todo en los Pactos Internacionales de las Naciones Unidas y en la Convención Americana de Derechos Humanos.

En este sentido, una de las grandes innovaciones de la reciente Constitución venezolana de 1999 ha sido el otorgarle rango constitucional a los Tratados internacionales sobre derechos humanos, siguiendo los antecedentes de la Constitución del Perú de 1979 (art. 105), y de la Constitución Argentina de 1994 (art. 75). En tal sentido, en Venezuela se incorporó un artículo en el cual se declara que "los tratados, pactos y convenciones relativos a derechos humanos, suscritos y ratificados por Venezuela, tienen jerarquía constitucional y prevalecen en el orden interno, en la medida en que contengan normas sobre su goce y ejercicio más favorable a las establecidas en esta Constitución y en las leyes de la República, y son de aplicación inmediata y directos por los tribunales y demás órganos del Poder Público" (art. 23).

De esta norma se destaca lo siguiente: *primero*, la jerarquía constitucional que se le otorga a los tratados, pactos y convenciones sobre derechos humanos ratificados por la República; *segundo*, la aplicación prevalente de los mismos en relación con la propia Constitución y las leyes, si establecen normas más favorables respecto del goce y ejercicio de los derechos; y *tercero*, la aplicación inmediata y directa de los instrumentos internacionales por los jueces y demás órganos que ejercen el Poder Público.

**3.-** ***El sentido de las declaraciones de derechos***

Lo que es importante señalar es que, desde el punto de vista jurídico sea que las declaraciones de derechos estén incorporados en normas internacionales, sea que se hayan incorporado al derecho interno y que formen parte de las Constituciones, no son declaraciones constitutivas de los mismos sino, como lo dice su propia denominación, tienen carácter declarativo, de reconocimiento de derechos. En consecuencia, ni las Constituciones las Convenciones internacionales los crean o establecen, sino que los reconocen como inherentes a la persona humana.

Bajo este ángulo, el aspecto más importante del fortalecimiento de las instituciones de protección de los derechos en América Latina ha sido la incorporación progresiva y continua en las Constituciones, de la cláusula enunciativa de los derechos de las personas que proviene, también, de la influencia del sistema constitucional norteamericano. En esta forma podemos decir que, incluso, todas las Constituciones de América Latina, con muy pocas excepciones, (Cuba, Chile, México y Panamá), contienen una cláusula enunciativa de los derechos, conforme a la cual se indica expresamente que la declaración y enunciación de los derechos que se hace en los textos constitucionales, no se puede entender como negación de otros que no estando enumerados en ellos, son inherentes a la persona humana o a la dignidad de la persona humana. Cláusulas de este tipo se encuentran, por ejemplo en las Constituciones de Colombia (art. 94), Guatemala (art. 44), Paraguay (art. 45) y Venezuela (art. 22).

En el artículo 22 de la Constitución de Venezuela de 1999, por ejemplo, siguiendo la tradición constitucional anterior, se establece expresamente que "la enunciación de los derechos y garantías contenidos en esta Constitución y en los instrumentos internacionales sobre derechos humanos no debe entenderse como negación de otros que, siendo inherentes a la persona humana, no figuren expresamente en ellos" (art. 22).

Incluso, en la Constitución de Costa Rica se hace referencia a los derechos inherentes o que deriven del principio cristiano de la justicia social (art. 74), en el mismo sentido de la dignidad de la persona humana. En otras Constituciones se hace referencia a la soberanía del pueblo y la forma republicana de gobierno, con lo cual en la enunciación se hace énfasis en el tema de los derechos políticos, como sucede en Argentina (art. 33) y Bolivia (art. 35). Otras Constituciones hacen referencia a los derechos que deriven tanto de la forma republicana y de la forma representativa de gobierno, como de la dignidad del hombre, como sucede en Uruguay (art. 72) y Honduras (art. 63), de lo que resulta una ampliación enorme de esta cláusula de enunciación de derechos. Puede decirse, en todo caso, que este es un signo muy característico del constitucionalismo latinoamericano, los que lo distingue, sobre todo, del constitucionalismo europeo.

Por supuesto, la enunciación de derechos abiertos en las Constituciones, implica que la falta de reglamentación, por ley, de los mismos, no puede ser invocada para negar ni menoscabar el ejercicio de los derechos por las personas, como lo expresan muchas de nuestras Constituciones (Paraguay, Venezuela).

Ahora bien, una consecuencia jurídica fundamental en el ámbito de la protección de los derechos que deriva de la declaración de derechos, incorporadas en los textos fundamentales, incluso en esta forma enunciativa, es la llamada garantía objetiva de la Constitución; principio que para el constitucionalismo europeo contemporáneo descubrió Hans Kelsen[6], pero que en el constitucionalismo latinoamericano está incorporado en nuestras Constituciones, desde principios del siglo XIX como sucedió en la Constitución de Venezuela de 1811.

Este principio implica que toda decisión del Estado contraria a los derechos fundamentales establecidos en la Constitución es nula, con lo cual la garantía objetiva del propio texto constitucional deriva del mismo, declarando *expressis verbis* la nulidad de lo que sea contrario a los derechos; principio que tiene una larguísima tradición en el constitucionalismo latinoamericano. En tal sentido, por ejemplo, en el artículo 25 de la Constitución venezolana de 1999, se dispone que "todo acto dictado en ejercicio del Poder Público que viole o menoscabe los derechos garantizados por esta Constitución y la Ley es nulo; y los funcionarios públicos que lo ordenen o ejecuten incurren en responsabilidad penal, civil y administrativa, según los casos, sin que les sirvan de excusa órdenes superiores".

Por último debe mencionarse que esta enunciación de derechos, con toda la ampliación que hemos indicado, incluso con el señalado carácter enunciativo, se ha establecido, en paralelo, con la precisión del ámbito de las limitaciones a los derechos. Es cierto que hay derechos absolutos, es decir, derechos no limitables, como por ejemplo el derecho a la vida, el derecho a no ser torturado o el derecho a no sufrir penas infamantes; pero fuera de estos existe el principio de la limitabilidad de los derechos y libertades, que siempre tienen como frontera tanto el derecho de los demás como el orden público y social, porque, en definitiva, los derechos se ejercen en sociedad y tienen una pluralidad de titulares. Ello exige, por tanto, conciliar el ejercicio de los derechos, por todos, de manera que ello no signifique, en particular, la violación del derecho de los demás y, en general, del orden público y social.

Por supuesto, este principio puede conducir a situaciones extremas como la que lamentablemente todavía queda en alguna Constitución latinoamericana, como es el caso de la Constitución cubana, que deja abierto un campo "ilimitado" de limitaciones a los derechos fundadas en la conservación de unos principios que sólo el poder puede determinar, con lo cual se hacen nugatorios los derechos. Pero salvo este caso, en general, la limitación a los derechos que permiten las Constituciones está vinculada a las exigencias del orden público y social y al ejercicio de los derechos por demás.

Todo esto plantea, en el campo jurídico, algunos temas importantes en relación al ejercicio de los derechos. En primer lugar, que toda limitación tiene una garantía fundamental que es la reserva legal, de manera que sólo por ley formal como acto que emana del cuerpo legislativo electo, es que pueden establecerse esas limitaciones, sea fundadas en el derecho de los demás o en el orden público y social. En esta materia, en Venezuela, como antes hemos dicho, a pesar de los avances que contiene la nueva Constitución, por ejemplo, en la enumeración de los dere-

6 Véase Hans Kelsen, «La garantie jurisdictionnelle de la Constitutionn (La justice constitutionnelle)», *Revue du droit public et de la science politique en France et à l'étranger,* Paris 1928, p. 250.

chos individuales y en la constitucionalización, con rango constitucional de los Tratados internacionales sobre derechos humanos a los cuales se les prescribió aplicación preferente cuando sean más favorables; consideramos que contiene un aspecto negativo específico, como la grave y potencial lesión a la garantía de la reserva legal que abre respecto de los derechos constitucionales, al regular la delegación legislativa al Presidente de la República en forma amplia.

En segundo lugar, que en la búsqueda progresiva del balance que debe existir entre los distintos derechos, este debe ser de tal naturaleza que el ejercicio de un derecho no implique que se conculquen otros derechos. Por eso el principio de la indivisibilidad e interdependencia en el goce y ejercicio de los derechos. Este es un tema, por supuesto, que no es totalmente resoluble a nivel de textos constitucionales, y que sólo la aplicación progresiva de los textos por un Poder Judicial efectivo y eficiente, es lo que puede ir clarificando cuándo debe primar el ejercicio de un derecho sobre otro. Ha habido muchos casos judiciales, por ejemplo y sobre todo en relación con la libertad de expresión, que han determinado hasta dónde la libertad de expresión puede significar, por ejemplo, conculcar los derechos del niño; o hasta dónde la libertad de expresión puede incidir sobre el derecho a la intimidad. En estos casos el juez es el que debe determinar qué derecho priva en un momento concreto o en qué circunstancias debe darse primacía a los derechos del niño, por ejemplo, como ha sucedido en casos judiciales en Venezuela, en relación al derecho a la libertad de expresión del pensamiento.

### 4.- *El principio de la alteridad*

Ahora bien, cuando se analiza el tema de los derechos y libertades, debe tenerse en cuenta que estos, como derechos constitucionales, desde el punto jurídico constituyen básicamente situaciones jurídicas de poder que los individuos tienen en la sociedad y que siempre tienen alteridad con situaciones jurídicas de deber, que otros individuos tienen en la misma sociedad.

Por tanto, no hay sociedad que se conciba sin que existan situaciones de poder que son correlativas con situaciones de deber entre los sujetos que actúan en ella; es decir, no se concibe la sociedad sin esta interrelación entre sujetos en situación jurídica de poder de hacer, gozar, disfrutar o tener, y otros sujetos en situación jurídica de deber, de respetar, de abstenerse, de prestar o de dar, de manera que, siempre habrá una relación derecho-obligación o, en general, poder-deber.

Los derechos humanos, en definitiva, desde el punto de vista jurídico, son situaciones jurídicas de poder que son consustanciales a la naturaleza humana o a la calidad de ser humano, en definitiva, a la calidad de hombre y que tienen todos los hombres por igual; pero en cuyo régimen y en su declaración, por supuesto, el principio de la alteridad tiene que estar siempre presente. Así, si hay un sujeto activo o un titular del derecho, siempre tiene que haber alguien con una obligación (sujeto pasivo) frente a ese derecho; es decir, alguien obligado a cumplir determinadas actividades para satisfacer el goce de esos determinados derechos; de manera que, no hay derecho sin obligación.

No puede haber, en consecuencia, por ejemplo, un derecho humano "a no enfermarse"; ese es un deseo, pero no un derecho, porque frente a ese sueño no existe alteridad, es decir, no hay nadie que pueda estar obligado a asegurar a las personas que no se enfermen.

En el caso de Venezuela, por ejemplo, ante la amplísima y excelente enumeración de los derechos humanos que contiene la Constitución, el principal problema que surge de ella es la confusión entre las buenas intenciones y los derechos constitucionales y el engaño que pueden derivar de la imposibilidad de satisfacer algunos derechos sociales; en virtud de la consagración de supuestos derechos que no pueden originar obligaciones u obligados, por imposibilidad conceptual.

Así sucede, por ejemplo, con varios de los derechos y garantías sociales, tal y como se consagraron en la Constitución, cuya satisfacción es simplemente imposible. Constituyen, más bien, excelentes declaraciones de principio y de intención de indiscutible carácter teleológico, pero difícilmente pueden concebirse como "derechos" por no poder existir un sujeto con obligación de satisfacerlos. Es el caso, por ejemplo, del "derecho a la salud", que se consagra como "un derecho social fundamental obligación del Estado, que lo garantizará como parte del derecho a la vida" (art. 83). Lo cierto es que es imposible que alguien garantice la salud de nadie y que constitucionalmente se puede consagrar el "derecho a la salud". Ello equivaldría, como se dijo, a consagrar en la Constitución el derecho a no enfermarse, lo cual es imposible pues nadie puede garantizar a otra persona que no se va a enfermar.

En realidad, el derecho que se puede consagrar en materia de salud, como derecho constitucional, es el derecho a la protección de la salud, lo que comporta la obligación del Estado de velar por dicha protección, estableciendo servicios públicos de medicina preventiva y curativa. De resto, regular el "derecho a la salud", por imposibilidad de la alteridad, es una ilusión.

Lo mismo podría señalarse, por ejemplo, del derecho que se consagra en la Constitución de Venezuela a favor de "toda persona a una vivienda adecuada, segura, cómoda, higiénica, con servicios básicos esenciales que incluyan un hábitat que humanice las relaciones familiares, vecinales y comunitarias" (art. 82). Este "derecho", como está consagrado, es de imposible satisfacción; se trata, más bien, de una declaración de principios o de intención, bellamente estructurada, que no puede conducir a identificar a un obligado a satisfacerla, y menos al Estado. Se confundieron, en esta materia, las buenas intenciones y las declaraciones sociales con derechos y obligaciones constitucionales, que originan otro tipo de relaciones jurídicas, incluso con derecho de ser amparados constitucionalmente.

En todo caso, en la concepción inicial de la formulación de las declaraciones de derechos, el obligado era el Estado; es decir, inicialmente los derechos se formularon frente al Estado, de manera que siempre el sujeto activo era el hombre, el ciudadano, y el sujeto pasivo, el obligado, era el Estado. Esta concepción inicial de la formulación de los derechos, incluso, llevó a que los mecanismos de protección de los mismos (amparo o tutela), en su concepción también inicial, fueran mecanismos de protección *frente al Estado*.

Por supuesto, esto varió porque la relación de alteridad cambió; en el sentido de que el sujeto pasivo en los derechos no sólo es el Estado. Este lo sigue siendo, pero no en forma exclusiva, pues progresivamente, el campo del sujeto pasivo se ha universalizado, existiendo en la actualidad obligaciones, es decir, situaciones de deber en el campo de los derechos que corresponden, por supuesto, a los particulares, es decir, que corresponden a todos, que corresponden incluso a las colectividades, a las comunidades; y hasta a la comunidad internacional. Tal es el caso del derecho al desarrollo, como derecho que, incluso, no es sólo del hombre en particular sino de los pueblos y de las comunidades. Por ello, los obligados son algo más que los Estados, entrando en el campo de la comunidad internacional.

Por otra parte, si se presta atención al principio de la alteridad, es decir, a la relación entre situaciones de poder y situaciones de deber, se puede constatar que las situaciones de deber, es decir, del sujeto pasivo, no siempre son las mismas. Muchas veces las situaciones de deber se configuran como situaciones de prestación (obligación positiva); es decir, como obligaciones de prestar, de dar, o de hacer. Cuando se está, por ejemplo, en el campo de los derechos sociales, como el derecho a la educación o el derecho a la protección de la salud, el Estado está obligado a prestar un servicio; está obligado a realizar una actividad positiva. Desde el punto del sujeto activo, ahí se esta, desde la perspectiva jurídica, en presencia de "derechos" en sentido estricto.

En otros campos se está en presencia de derechos fundamentales que son más bien "libertades", porque la situación del sujeto pasivo, por ejemplo del mismo Estado, no se corresponde con obligación alguna de hacer o de dar, sino que la obligación es, básicamente, de no hacer; es una obligación de abstención, de no molestar, de no lesionar, de no extinguir, de no privar. Por tanto, estos, desde el punto estrictamente jurídico, más que derechos, son libertades. Por ejemplo, la libertad de tránsito implica más la situación de deber de que no se impida la circulación; la libertad o el derecho a la libre expresión del pensamiento implica la situación de deber del Estado de no molestar, de no censurar, de no impedir la expresión libre.

Lo anterior, en relación con el tema de las situaciones de poder y de deber y de su alteridad, conduce a distinguir claramente entre libertades y derechos cuando la situación del sujeto obligado no es, en el caso de las libertades, una obligación de dar o de hacer, sino más bien de no hacer, de abstenerse. En cambio en los derechos propiamente dichos, sí hay una obligación de prestar, como sucede, por ejemplo, en general, en los servicios públicos y, particularmente, en los de carácter social (salud, educación).

## II.- EL FORTALECIMIENTO Y DESARROLLO DE LAS GARANTÍAS JUDICIALES DE LOS DERECHOS CONSTITUCIONALES

El segundo aspecto que queríamos tratar se refiere al fortalecimiento y desarrollo de las garantías judiciales de los derechos. En efecto, de nada serviría una declaración de derechos, como las que hemos tenido durante casi doscientos años en América Latina, si no existiesen un conjunto de garantías judiciales de esos derechos.

Anteriormente hemos mencionado algunas de esas garantías, como la garantía objetiva que declara como nulos los actos contrarios a la Constitución; o la garantía de la reserva legal, a los efectos del establecimiento de las limitaciones a los derechos, que no pueden establecerse por cualquier autoridad sino por ley formal. Además está la garantía de la responsabilidad, por supuesto, que deriva de que todo acto contrario a los derechos constitucionales genera responsabilidad respecto de quien lo ejecute.

Además de todas las anteriores mencionadas garantías, por supuesto, la garantía fundamental de los derechos constitucionales es justamente la posibilidad de acudir ante los órganos judiciales para que estos aseguren que los derechos se hagan efectivos. Por tanto, la garantía fundamental de los derechos constitucionales, es la garantía judicial porque, en definitiva, el sistema judicial en cualquier país se establece precisamente para la protección de los derechos y garantías. Esto lo regulan, incluso, casi todas las Constituciones cuando se refieren al Poder Judicial o el derecho de acceder a la justicia, para la protección de los derechos y garantías. En esta forma, el sistema judicial es la garantía fundamental de los derechos humanos, pudiéndose distinguir dos tipos de garantías judiciales: las garantías genéricas y las garantías específicas.

### 1.- *Las garantías genéricas de protección de los derechos humanos*

La garantía genérica judicial de los derechos fundamentales es, justamente, la organización del sistema judicial, porque su función esencial es la protección de los derechos y libertades. Sin embargo, en América Latina, en general, a pesar de las declaraciones constitucionales, hemos tenido y tenemos una situación bastante sombría sobre la efectividad del Poder Judicial en su conjunto, como mecanismo eficaz y justo de protección de los derechos fundamentales.

En Venezuela, por ejemplo, la nueva Constitución declara el Estado como "Estado democrático y social de derecho *y de justicia*", indicándose entre los valores superiores del ordenamiento jurídico y de la actuación del Estado, la justicia (art. 2). A tal efecto, se precisa en forma expresa que "El Estado garantizará la justicia gratuita, accesible, imparcial, idónea, transparente, autónoma, independiente, responsable, equitativa y expedita, sin dilaciones indebidas, sin formalismos o reposiciones inútiles" (art. 26).

Sin embargo, a pesar de declaraciones constitucionales como esta, el Poder Judicial, en general, se nos muestra en casi todos nuestros países como incapaz de asegurar la resolución eficiente de los conflictos, de manera que se respeten los derechos de los individuos y se proteja los derechos fundamentales. No siempre la justicia eficaz, ni rápida; al contrario, es lenta, y la lentitud en materia judicial conduce a lo contrario, es decir, a la injusticia.

Por ello, el primero y principal de los problemas del Estado de derecho en América Latina es el del funcionamiento de los sistemas judiciales. Esto ha llevado a que, incluso, los organismos internacionales multilaterales en los últimos años se hayan interesado por el tema de la reforma judicial, lo cual constituye una novedad frente a lo que hace algunos años eran los programas de asistencia multilateral. En los programas de asistencia multilateral, por tanto, se han venido incorporando componentes institucionales, entre los cuales se destaca el problema del Poder Judicial como un componente esencial para el desarrollo de nuestros países.

En la actualidad, por tanto, se plantea en todos los países de América Latina el reto de reconvertir al Poder Judicial y hacerlo efectivamente independiente; en definitiva, para hacer realidad la previsión de todas las Constituciones relativas a la autonomía e independencia del Poder Judicial. Esta que es la piedra angular del Estado de derecho, en el sentido de que el juez debe actuar sólo sometido a la ley, sin la influencia de los factores externos al Poder Judicial, sea de los otros Poderes Públicos, sea de factores políticos. Como lo establece la Constitución Venezolana de 1999, en el sentido de que con la finalidad de garantizar la imparcialidad y la independencia en el ejercicio de sus funciones, los funcionarios que conforman el sistema judicial "no pueden llevar a acabo activismo político partidista, gremial, sindical o de índole semejante, ni realizar actividades privadas lucrativas incompatibles con su función, ni por si ni por interpósita persona, ni ejercer ninguna otra función pública a excepción de actividades educativas" (art. 256).

Pero además de la independencia sustantiva, el Juez debe gozar de independencia personal en su actuación, lo que tiene que ver con su estabilidad como funcionario, con el régimen disciplinario, con la inamovilidad en el cargo y con el régimen de los nombramientos. En tal sentido, por ejemplo, la nueva Constitución venezolana ha establecido, con carácter general, el régimen de ingreso a la carrera administrativa y el ascenso "por concursos de oposición públicos que aseguren la idoneidad y excelencia", garantizándose la participación ciudadana en el procedimiento de selección y designación de jueces". La consecuencia es que estos no pueden ser removidos o suspendidos de sus cargos sino mediante el procedimiento legal (art. 255).

Aparte de esto, además de lograr la independencia, el reto es asegurar la efectiva administración de justicia, es decir, lograr que los casos judiciales se decidan, y que no se produzcan las acumulaciones de casos rezagados, tan característica de América Latina y que originan la justicia lenta e injusta, que tenemos en general. Para eso, reformas como las que están en curso en muchos de nuestros países sobre el tema de los procedimientos, son esenciales; pues dichos procedimientos fueron concebidos en otras épocas y hoy sirven para la dilación, la obstrucción, la lentitud y, en definitiva, para que no se resuelvan las causas.

En consecuencia, el tema de la reforma procesal es un tema general de la reforma judicial, que ha conducido en muchos países, incluso, a buscar mecanismos alternos para la solución de disputas y de conflicto. En este sentido, se destaca el desarrollo de los sistemas de conciliación y de arbitramento que ha llevado, incluso, a que en algunos países se haya hablado de la "privatización de la justicia", para garantizar el derecho de los particulares de acudir a medios de arbitramento o de solución de conflictos, sin tener que acudir a los órganos judiciales ordinarios. En tal sentido, inclusive, no debe olvidarse que la Ley del Régimen de la Administración de Justicia de la República de Colombia, (Colombia, Venezuela y Ecuador) de 1824 declaraba como un derecho constitucional y fundamental de los ciudadanos, el poder resolver sus conflictos por la vía del arbitramento, estableciendo incluso, la obligación, antes de acudir a la vía judicial ordinaria, de tratar de resolver las causas por la vía de arbitramento o de la conciliación. Ahora buscamos volver a estos mecanismos que, insisto, funcionan adecuadamente en muchos países pero que en otros, simplemente no funcionan como mecanismos alternos de la administración de justicia. Se destaca, en tal sentido, la previsión en la Constitución de Venezuela de 1999, en el sentido de que la ley "debe promover el arbitraje, la conciliación, la ,mediación y cualesquiera otros medios alternativos para la solución de conflictos" (art. 258).

Por último, en este tema de la administración de justicia, el tema del acceso a la misma es otro de los grandes problemas relativos a la protección constitucional de los derechos en nuestros países. Tenemos consagrado en las Constituciones el derecho al acceso de la justicia; y el derecho a la tutela judicial efectiva. Así se prevé, expresamente, por ejemplo, en la Constitución de Venezuela de 1999: "Todo persona tiene derechos de acceso a los órganos de administración de justicia para hacer valer sus derechos e intereses, incluso colectivos o difusos; a la tutela efectiva de los mismos y a obtener con prontitud la decisión correspondiente" (art. 26); agregándose, en la Constitución, que "el proceso constituye un instrumento fundamental para la realización de la justicia", para lo cual "las leyes procesales establecerán la simplificación, uniformidad y eficacia de los trámites y adoptarán un procedimiento breve, oral y público" de manera que "no se sacrificará la justicia por la omisión de formalidades no esenciales" (art. 257).

Pero sin embargo, no tenemos realmente asegurado el acceso a la justicia de todos, y grandes capas de la población, simplemente, ignoran que existen mecanismos de tutela judicial porque no tienen posibilidad de acceder a ellos para la solución de los conflictos, por lo costoso y complicado que es; y porque el Estado no ha sabido establecer adecuados mecanismos de asistencia judicial, que se conocen y han sido desarrollados en los países europeos desde hace muchas décadas, pero que nosotros no hemos sido capaces de establecer, para permitir a todos la posibilidad de acceder a los órganos judiciales.

Por supuesto, en nuestros países, el deterioro del Poder Judicial es un deterioro de muchas décadas, de muchas generaciones, sobre lo cual incluso, hay crónicas desde siglo XIX. En Venezuela, por ejemplo, esas crónicas muestran la situación del deterioro del Poder Judicial que, cambiando la fecha, podrían perfectamente aplicarse a estos años en los cuales estamos viviendo.

Sin embargo, el programa de reforma del Poder Judicial, siendo el tema más importante para la efectiva protección interna de los derechos constitucionales, es de todos modos un tema que requiere ejecución por un largo plazo. El cambio sistemático del Poder Judicial y de la forma de administrar justicia, no es una tarea ni siquiera de una generación, sino de varias generaciones, siempre que se tenga conciencia de la necesidad de establecer estos mecanismos y de que se inicie su reforma.

### 2.- *Las garantías judiciales específicas de los derechos fundamentales*

Aparte de las garantías genéricas de los derechos fundamentales de carácter judicial, en América Latina se han venido desarrollando un conjunto de garantías judiciales específicas expresamente destinadas a la protección de los derechos constitucionales, como es la institución del amparo, de la tutela o de la protección constitucional; y además garantías judiciales específicas de protección de toda la Constitución, incluyendo los derechos, que en muchos países se han venido desarrollando, como son los sistemas control de la constitucionalidad e incluso de establecimiento de una Jurisdicción Constitucional.

Nos referimos rápidamente a estos dos mecanismos y al desarrollo que han tenido en las últimas décadas en nuestros países.

### A) El amparo a los derechos fundamentales

#### a) *Una institución latinoamericana*

En primer lugar debe destacarse a la institución del amparo constitucional, o la tutela[7], como se le llama en la Constitución colombiana o al recurso de protección, como lo califica la Constitución chilena, que son las dos Constituciones que le dan una denominación distinta al resto en todos nuestros países, donde se habla del amparo.

Puede decirse, incluso, que el amparo, como medio específico de protección de los derechos fundamentales, es una institución latinoamericana. A pesar de ello no faltan quienes tienden a buscarle antecedentes en Europa, particularmente en el derecho español antiguo; pero la verdad es que allí lo que podremos conseguir son antecedentes de la institución de protección a la libertad personal, como es el hábeas corpus, que sí tiene por supuesto antecedentes en la propia Carta Magna inglesa del Siglo XIII.

Pero la institución del amparo como mecanismo de protección específico de los derechos fundamentales, los latinoamericanos podemos reivindicarla como una institución propia, que se desarrolló en nuestros países y que existe en casi todos ellos. En efecto, además del hábeas corpus como mecanismo de protección de la libertad personal, en general se ha establecido para la protección de todos los otros derechos e, incluso, en algunos países, de la propia li-

7 Véase en general Allan R. Brewer-Carías, *El amparo a los derechos y garantías constitucionales (una aproximación comparativa)*, Caracas 1993.

bertad personal, el recurso o la acción de amparo o la acción de tutela. Como ejemplo, debe mencionarse la disposición del artículo 27 de la Constitución venezolana de 1999 que regula ampliamente el derecho de amparo, en la siguiente forma:

> *Artículo* 27.- Toda persona tiene derecho a ser amparada por los tribunales en el goce y ejercicio de los derechos y garantías constitucionales, aun de aquellos inherentes a la persona que no figuren expresamente en esta Constitución o en los instrumentos internacionales sobre derechos humanos.
>
> El procedimiento de la acción de amparo constitucional será oral, público, breve, gratuito y no sujeto a formalidad, y la autoridad judicial competente tendrá potestad para restablecer inmediatamente la situación jurídica infringida o la situación que más se asemeje a ella. Todo tiempo será hábil y el tribunal lo tramitará con preferencia a cualquier otro asunto.
>
> La acción de amparo a la libertad o seguridad podrá ser interpuesta por cualquier persona, y el detenido o detenida será puesto bajo la custodia del tribunal de manera inmediata, sin dilación alguna.
>
> El ejercicio de este derecho no puede ser afectado, en modo alguno, por la declaración del estado de excepción o de la restricción de garantías constitucionales.

Pero además, en las últimas décadas varias Constituciones han incorporado a los mecanismos de protección de los derechos, además del amparo y del hábeas corpus, la acción de hábeas data, como un mecanismo específico de protección de las personas frente a los archivos y frente a los bancos de datos que lleva el Estado. En las Constituciones de Argentina (art. 96), Brasil (art. 5, LXXII), Ecuador (art. 30), Paraguay (art. 135) y Perú (art. 208,3), expresamente se ha establecido como una acción de las personas para tomar conocimiento de los datos que sobre ellas puede haber en los archivos públicos o en los bancos de datos públicos y privados, configurándose incluso como una acción para exigir la rectificación, la confidencialidad, la actualización o la supresión de determinados datos que puedan estar en esos archivos y que violen los derechos y garantías de las personas.

La más reciente de las Constituciones de América Latina, la de Venezuela, resume la tendencia constitucional en esta materia al disponer en el artículo 28 lo siguiente.

> *Artículo 28*.- Toda persona tiene derecho de acceder a la información y a los datos que sobre sí misma o sobre sus bienes consten en registros oficiales o privados, con las excepciones que establezca la ley, así como de conocer el uso que se haga de los mismos y su finalidad, y a solicitar ante el tribunal competente la actualización, la rectificación o la destrucción de aquellos, si fuesen erróneos o afectasen ilegítimamente sus derechos. Igualmente, podrá acceder a documentos de cualquier naturaleza que contengan información cuyo conocimiento sea de interés para comunidades o grupos de personas. Queda a salvo el secreto de las fuentes de información periodística y de otras profesiones que determine la ley.

Todos estos, mecanismos de protección los latinoamericanos los podemos reivindicar como de origen latinoamericano.

b) *La definición del amparo en la Convención Americana*

Debe señalarse, en todo caso, que la Convención Americana sobre Derechos Humanos establece lo que puede considerarse como un parámetro adecuado y bien importante sobre este mecanismo efectivo de protección, que es el amparo. El artículo 25 de la Convención, en efecto, precisa que toda persona tiene derecho a un recurso sencillo y rápido o a cualquier otro recurso efectivo ante los jueces o tribunales competentes, que la amparen contra actos que violen sus derechos fundamentales reconocidos en la Constitución, en las leyes y en la propia Convención Americana.

De esta norma, que sigue la misma línea de redacción del Pacto Internacional de los Derechos Civiles y Políticos el cual también utiliza, más o menos, el mismo lenguaje, se derivan los contornos que debería tener esta acción de protección de los derechos fundamentales, en el derecho interno y que caracterizan la institución en países como Venezuela.

En primer lugar, se concibe al amparo como un derecho fundamental, es decir, como un derecho en sí mismo. Se indica que toda persona tiene derecho a un recurso; no es que toda persona sólo tiene una garantía adjetiva concretizada en un recurso o a una acción de protección, sino que toda persona tiene derecho a la protección judicial. Por ello, en realidad, estamos es en presencia de un derecho fundamental de carácter constitucional de las personas, a tener a su disposición un medio judicial efectivo, rápido y eficaz de protección. Además, la Convención habla de "toda persona", es decir, sin distingo de ningún tipo: personas naturales, personas jurídicas, nacionales, extranjeras, hábiles, no hábiles; es decir, toda persona, en el sentido más universal.

En segundo lugar, los mecanismos pueden ser variados. La Convención habla de un medio efectivo, rápido, sencillo, de cualquier clase. Por ello, en realidad, puede ser cualquier medio judicial, y no necesariamente una sola y única acción de protección o de amparo, es decir, no necesariamente se refiere a un solo medio adjetivo sino que puede ser un conjunto de medios de protección, como por ejemplo sucede en el derecho angloamericano (*writs*).

Además, la Convención señala que la acción puede interponerse ante cualquier tribunal competente, de lo que resulta que la intención de la Convención es que no se trata de un solo tribunal el competente. Ello, por supuesto, lo establece el ordenamiento interno, pero la idea es que esta sea esencialmente la función del Poder Judicial, como sucede por ejemplo, en Inglaterra, donde el amparo existe sin que se le llame "amparo". Allí todos los días los jueces dictan decisiones de *mandamus, injunctions, prohibitions*, órdenes, es decir, todos los tipos de decisiones judiciales que equivalen al amparo en América Latina. Sin embargo, esto es parte de la cotidianidad del juez, sin que tenga una característica adjetiva especial.

Por otra parte, en la Convención este derecho a un medio efectivo de protección ante los tribunales se establece para la protección de todos los derechos constitucionales que estén en la Constitución, en la ley, en la propia Convención o que sean inherentes a la persona humana. Por ello, aquí entra con todo su valor la cláusula enunciativa de los derechos, que los protege aun cuando no estén enumerados en los textos, pero que siendo inherentes a la persona humana, a la dignidad de la persona humana, son objeto de protección constitucional.

Además, la protección que regula la Convención, es contra cualquier acto, omisión, hecho o actuación que viole los derechos y, por supuesto, también que amenace violarlos, porque no hay que esperar la violación para poder acudir al medio de protección. Es decir, este medio de protección tiene que poder existir antes de que la violación se produzca, frente a la amenaza efectiva de la violación y, por supuesto, frente a toda violación o amenaza de violación de quien sea. Es decir, no hay acto ni actuación alguna excluidas del amparo, así emane de los particulares o de los poderes públicos, en cualquier forma, ley, acto administrativo, sentencia, vía de hecho, actuación u omisión. Ese es, en realidad, el parámetro de la Convención Americana.

### C) Los casos de reducción de la amplitud del amparo

Sin embargo, frente a este parámetro de universalización del amparo que consagra la Convención Americana, debe destacarse y constatarse, en América Latina, el lamentable proceso de restricción constitucional o legislativa del amparo; que teniendo una concepción amplísima en el texto de la Convención Americana, en general, en muchos casos ha sido restringida.

#### a) *La reducción respecto de los medios judiciales de protección*

En primer lugar, en muchos países se ha convertido el amparo, de un derecho constitucional que es, en una acción judicial, es decir, en un medio o remedio adjetivo específico; es decir, se ha reducido a una acción o a un medio judicial específico, sea recurso de protección, sea acción de tutela, sea acción de amparo o hábeas corpus o hábeas data. En realidad, la universalidad de los medios judiciales es la que tendría que prevalecer para la protección efectiva y rápida de todos los derechos como por ejemplo, insistimos, sucede en países donde no se conoce nada parecido a una "acción de amparo", como en Inglaterra, en Francia, o en Italia, donde si bien no existe un medio judicial que se llame "acción de amparo", sin embargo, hay mecanismos adecuados para la protección efectiva de los derechos en cualquier proceso. En algunos países de América Latina, si se concibe el amparo como un derecho y lo han desarrollado con estas características, como es el caso de México y de Venezuela e, incluso, en nuestro criterio, también es el caso de Colombia.

b) *La reducción respecto a la legitimación activa*

Una segunda reducción del ámbito del amparo, puede constatarse en la legitimación activa, respecto de quiénes son las personas protegidas.

En general, el amparo se ha concebido como un medio de protección de carácter personalísimo, que beneficia al reclamante, y cuyos efectos no se extienden a terceros. De allí se plantea el problema de la protección de los derechos colectivos, cuya iniciativa de protección se atribuye, en general al Defensor del Pueblo. Sin embargo, la duda se plantea respecto a si pueden las propias colectividades ejercer la acción de protección. Por otra parte, está por clarificarse cómo quedan los intereses difusos sobre todo cuando se habla de derechos de tercera generación, como el derecho a la protección del medio ambiente. En esta materia, la legitimación tiene que irse construyendo. En la Constitución venezolana de 1999, como se ha dicho, ya está fuera de toda duda la posibilidad del ejercicio de la acción de amparo para la protección de derechos colectivos y difusos, lo cual ha sido ampliamente desarrollado por la jurisprudencia.

Otro aspecto relativo a la legitimación es la indicación de que la acción de amparo la tiene toda persona, lo que implica que también pueden ser accionantes, las personas de derecho público que también tienen derechos constitucionales, como el derecho a la igualdad, el derecho al debido proceso, o el derecho a la defensa. Por ello, las entidades públicas pueden ser perfectamente titulares de la acción, por lo cual el tema del amparo no se plantea sólo frente al Estado, sino que pueden ser los entes públicos los que lo exijan.

Incluso, en algunos países puede considerarse que existe un amparo constitucional de garantías constitucionales de carácter político territorial, que procede cuando las Constituciones garantizan, por ejemplo, la autonomía municipal. En estos casos se establece una "garantía constitucional", por lo que no habiendo en las Constituciones nada que reduzca el amparo sólo a los derechos humanos, también los derechos constitucionales y garantías constitucionales establecidas en los textos respecto de la autonomía territorial puede ser objeto de una acción de protección, por ejemplo, de un Estado de la Federación contra leyes federales. Esta situación se ha planteado en Venezuela donde se ha discutido ante los Tribunales, sobre la protección constitucional de la garantía a la autonomía municipal, como objeto de una acción de amparo; habiendo sido rechazada la protección, desafortunadamente, por la Sala Constitucional.

c) *La reducción respecto a los derechos protegidos*

El tercer tema de reducción de la protección constitucional que a veces se encuentra, es la relativa a los derechos protegidos. De acuerdo a la Convención Americana todos los derechos son protegibles por la acción de amparo: los derechos del hombre (los derecho humanos), los derechos de las personas morales y los derechos, incluso, de las personas institucionales de carácter constitucional.

El elenco de los derechos es completo para su protección; sin embargo, en algunos casos, por la influencia del modelo europeo de acción de amparo, particularmente de Alemania y España, se ha reducido el objeto protegido en cuanto a los derechos protegidos sólo respecto a ciertos derechos enumerados en el texto constitucional. Así se constata, por ejemplo, en la Constitución alemana, donde sólo se admite la acción de amparo en relación con lo que en ella se denominan como "derechos fundamentales", que son una especie del género derechos constitucionales. En España también se enumeran, expresamente, cuales son los derechos que pueden ser protegidos por la acción de amparo. Nada de esto surge de la Convención Americana ni de la generalidad de las Constituciones de América Latina, donde todos los derechos son amparables.

Sin embargo, encontramos excepciones. Es el caso de Chile, donde la Constitución enumera cuales son los derechos objeto de la acción de protección, y es el caso de Colombia, cuya Constitución también trae una enumeración respecto de los "derechos fundamentales" objeto de la tutela, quizás por influencia europea. Sin embargo, afortunadamente, los tribunales de la República han venido corrigiendo esta restricción a través de una interpretación constitucional, de manera que en la actualidad, casi no hay derecho constitucional que no pueda ser tutelable, como se denomina en Colombia.

d) *La reducción respecto de la competencia judicial*

Otra reducción que se ha venido constatando en algunos países respecto de la protección constitucional, se refiere a la reducción de los tribunales competentes para amparar o para tutelar. Hemos señalado que es una función esencial del Poder Judicial el proteger los derechos fundamentales; en ello consiste el derecho a la tutela judicial efectiva y el derecho al acceso a la justicia; de manera que todos los tribunales tendrían que tener competencia para poder amparar y proteger los derechos fundamentales.

Sin embargo, en algunos países de América Latina hemos visto la reducción del amparo al asignarlo sólo como una competencia de un solo tribunal, particularmente de las Cortes Supremas. Es el caso de Panamá, Costa Rica, El Salvador y Nicaragua donde sólo la Corte Suprema es competente para conocer de la acción de amparo. Quizás también en estos casos por una influencia del modelo europeo –Alemania, España– que atribuye el conocimiento de la acción de amparo a un sólo Tribunal Constitucional.

Sin embargo, en todos los otros países de América Latina, la acción de amparo tiene una característica difusa, en el sentido de que es un poder que se atribuye, en general, a los tribunales de primera instancia o a los tribunales de circuito, pero no se concentra en un solo órgano. La concentración en un solo órgano del conocimiento del amparo, como una acción específica, en definitiva, lo que hace es restringir el acceso a la justicia para la efectiva protección de los derechos.

e) *La reducción respecto de la legitimación pasiva*

Otro ámbito de reducción se refiere a la legitimación pasiva, es decir, contra quien se puede intentar la acción de amparo. Por supuesto, en su origen, como señalamos, la acción de protección, de amparo o de tutela se la concibió siempre como un mecanismo de protección frente al Estado. Sin embargo, la universalización progresiva de la institución del amparo ha venido admitiendo que pueda intentarse, también, contra los particulares, en el sentido de que no sólo procede frente a la lesión a los derechos que puede provenir de los entes públicos, sino también de los otros particulares. En esta forma, en América Latina se admite amplísimamente la acción de amparo contra los particulares, lo que no sucede en Europa, donde el amparo sólo se ejerce, básicamente, contra los poderes públicos.

Sin embargo, alguna restricción a este principio de la universalidad, característico de América Latina, se puede detectar a los efectos de su reforma o perfeccionamiento. Por ejemplo, la reducción de la posibilidad de la acción de amparo contra particulares, sólo respecto a ciertos particulares, como son aquellos que actúan por delegación ejerciendo funciones públicas, o que cumplen algún tipo de prerrogativa, o tienen una posición de dominio, por ejemplo, en la prestación de servicios públicos como son las empresas concesionarias. En este sentido, legislaciones, como las de Costa Rica, Guatemala y Colombia, admiten que se pueda intentar acción de amparo sólo contra esos determinados particulares.

Otros países simplemente excluyen totalmente la posibilidad del ejercicio de la acción de amparo contra particulares, siguiendo el modelo europeo, como es el caso de México, Brasil, Panamá, El Salvador y Nicaragua.

Pero aparte de estos casos de reducción, el resto de los países de América Latina tiene una amplísima admisión del amparo contra particulares; lo cual por lo demás se inició en América Latina, concretamente en Argentina a partir de los años 50, donde por vía pretoriana se admitió la posibilidad del ejercicio de la acción de amparo contra particulares.

f) *Reducción respecto de ciertas entidades y actos estatales*

Otro ámbito de reducción del amparo que contrasta con la universalidad que deriva de la Convención Americana, se refiere a los actos del Poder Público que puedan ser objeto de amparo. Conforme a la Convención y a la configuración universal de la acción de amparo, no puede ni debe existir ningún acto del Estado que escape de su ámbito. Si el amparo es un medio judicial de protección de los derechos, lo es y tiene que serlo frente a cualquier acción pública; por lo que no se concibe que frente a esta característica universal del amparo, pueda haber determinadas actividades del Estado que queden excluidas a la posibilidad del ejercicio de una acción de amparo.

Sin embargo, en América Latina puede detectarse una lamentable tendencia a exclusiones. En primer lugar, a excluir del amparo los actos de ciertas autoridades públicas. El caso, por ejemplo, de los organismos electorales, cuyos actos en algunos países como Perú, Costa Rica y Uruguay, se excluyen expresamente de la acción de amparo. En otros casos, por ejemplo, en el mismo Perú, se prevé una exclusión respecto a los actos del Consejo Nacional de la Judicatura.

También, hay otra tendencia a excluir del amparo respecto de ciertos actos estatales, lo que se ha planteado particularmente en relación a las leyes y las decisiones judiciales. Algunos países, como por ejemplo, Perú, Colombia, Brasil y Uruguay, excluyen la posibilidad de ejercer la acción de amparo contra leyes, es decir, contra normas.

En otros, en cambio, como en México donde tiene su inicio el amparo contra normas y en Venezuela, se admite ampliamente el ejercicio de la acción de amparo contra leyes, como una especie de control difuso de la constitucionalidad por vía de acción, no sin dudas jurisprudenciales.

En otros casos, la restricción se ha establecido en materia de amparo contra decisiones judiciales. También el juez, al dictar su sentencia, puede lesionar un derecho constitucional; ningún juez tiene poder para, en su sentencia, violar un derecho constitucional. Por tanto, también contra las sentencias debe admitirse la acción de amparo, la cual se admite, en efecto, en muchos países de América Latina. En otros, en cambio, se excluye expresamente la acción de amparo contra sentencias, como es el caso de Argentina, Uruguay, Costa Rica, Panamá, El Salvador, Honduras y Nicaragua. En otros países, como en Colombia, si bien se incorporó expresamente en el Decreto-Ley reglamentario de la acción de tutela su procedencia contra sentencias, en una desafortunada sentencia de la Corte Constitucional de 1992 se anuló el artículo del Decreto Ley que regulaba la acción de tutela contra sentencia. Sin embargo, posteriormente, la labor tanto de la propia Corte Constitucional como de la Corte Suprema, el Consejo de Estado y de los tribunales de instancia, a pesar de la anulación de la norma, ha sido progresiva en admitir, por vía de interpretación, la acción de tutela contra sentencias arbitrarias.

En todo caso, concebido como está la acción de amparo en la Convención Americana, es una institución de regulación universal, que por tanto, no puede ni debe admitir exclusiones de ningún tipo: nadie debería poder escapar a la protección constitucional del amparo o tutela y ningún acto del Estado podría quedar excluido de la acción de amparo.

### B) La garantía judicial del control de la constitucionalidad

La segunda de las garantías judiciales específicas, también de arraigo latinoamericano, aparte del amparo o tutela, es la garantía del control de la constitucionalidad de las leyes y que protege todo el texto de la Constitución, además de los derechos constitucionales garantizados en ella[8].

América Latina también puede mostrar al mundo y al derecho constitucional contemporáneo un modelo de justicia constitucional mucho más antiguo que el modelo que inventó Hans Kelsen en 1920, en Europa, al establecer en la Constitución austriaca y luego en la Checoslovaca, la figura del Tribunal Constitucional. Muchas décadas antes de las concepciones de Kelsen,

8 Véase en general, Allan R. Brewer-Carías, *El control concentrado de la constitucionalidad de las leyes (Estudio de derecho comparado)*, Caracas 1994.

la garantía efectiva de la Constitución y la garantía judicial de la supremacía de la Constitución se habían establecido en América Latina, donde en muchos países existe incluso una acción popular de inconstitucionalidad establecida, por ejemplo, desde 1858, como es el caso de Venezuela.

Lo fundamental es que el proceso de constitucionalización de la justicia, e incluso, de la Jurisdicción Constitucional tan característico de América Latina, ha sido consustancial al constitucionalismo moderno. En América Latina, nuestros constituyentes, desde el siglo XIX tomaron del constitucionalismo norteamericano el control difuso de la constitucionalidad de las leyes, que es uno de los principios fundamentales de nuestro constitucionalismo, el cual se fue incorporando progresivamente en muchas Constituciones como una institución de protección autóctona de América Latina, en paralelo al establecimiento, también desde el siglo pasado, de la acción directa de inconstitucionalidad para conocimiento por parte de un Tribunal Supremo. En esta forma, dentro de este proceso de garantías judiciales específicas de la Constitución y de los derechos que en ella están contenidos, se destacan los sistemas de control de constitucionalidad de las leyes[9].

a) *El control difuso de la constitucionalidad como institución latinoamericana*

En primer lugar, se destaca el control de constitucionalidad de las leyes inspirado en el constitucionalismo norteamericano que, por deducción, se estableció en la famosa sentencia *Marbury* vs. *Madison* de 1803 de la Corte Suprema de los Estados Unidos. Pocas décadas después, dicho sistema de control difuso de la constitucionalidad se adoptó en América Latina, también por vía pretoriana. Fue el caso, por ejemplo, de Argentina y Brasil donde se siguió exactamente el modelo norteamericano.

Sin embargo, luego se incorporó a los propios textos constitucionales, siendo así una institución típicamente latinoamericana el hecho de que la Constitución establezca que cualquier juez, en el conocimiento de cualquier causa, puede decidir no aplicar al caso concreto que debe decidir, una ley que juzgue inconstitucional, aplicando preferentemente el texto constitucional. Esto no es sólo consecuencia de una deducción del principio de la supremacía constitucional, sino de una norma expresa en Constituciones o en leyes, adoptadas desde el siglo pasado, como es el caso de Colombia (1910) y Venezuela (1897). En textos expresos, en esos países se establece y permite a todo juez que al decidir un caso concreto, inclusive de oficio –esto lo distingue el sistema norteamericano–, puede resolver no aplicar una ley si considera que viola la Constitución o un derecho constitucional, declarándola así inconstitucional, por supuesto, con efectos en relación al caso concreto. Este es el sistema de control de la constitucionalidad que existe desde el siglo XIX en Argentina, Uruguay, Paraguay, Brasil, Colombia, Venezuela y Guatemala, el cual mezclado con otro sistema o aisladamente, tradicionalmente ha sido el sistema de control de constitucionalidad característico de América Latina.

Un ejemplo de este régimen constitucional se deriva de las normas de la Constitución de Venezuela de 1999, en la cual: en *primer lugar,* se declara expresamente que "la Constitución es la norma suprema y el fundamento del ordenamiento jurídico. Todas las personas y los órganos que ejercen el Poder Público están sujetos a esta Constitución" (art. 7); en *segundo lugar,* se precisa que "todos los jueces de la República, en el ámbito de sus competencias y conforme a lo previsto en esta Constitución y en la Ley, están en la obligación de asegurar la integridad de esta Constitución" (art. 334); y en *tercer lugar,* se indica que "en caso de incompatibilidad entre esta Constitución y una ley u otra norma jurídica, se aplicarán las disposiciones constitucionales, correspondiendo a los tribunales en cualquier causa, aún de oficio, decidir lo conducente" (art. 334).

b) *El control concentrado de la constitucionalidad por las Cortes Supremas o Tribunales Constitucionales*

Paralelamente al sistema difuso de control, también han tenido gran arraigo en América Latina, los sistemas de control concentrado de constitucionalidad de las leyes, que se han esta-

9 Véase en general Allan R. Brewer-Carías, *Judicial Review in Comparative Law,* Cambridge 1989.

blecido desde el siglo XIX, conforme al cual se ha atribuido a las Cortes Supremas de muchos de nuestros países, por ejemplo, Venezuela, Costa Rica, El Salvador, Honduras, México, Nicaragua, Panamá, Brasil, la competencia para conocer de las acciones de inconstitucionalidad de las leyes, con poderes anulatorios.

Las Cortes Supremas han sido así, en América Latina, la Jurisdicción Constitucional por excelencia. Y si bien en otros países, por influencia europea, a partir de la década de los sesenta, se han creado Tribunales Constitucionales, la experiencia ha demostrado que no es necesario crear un Tribunal Constitucional a la usanza europea, para tener una Jurisdicción Constitucional con los mismos poderes.

En todo caso, la idea de un Tribunal Constitucional, como se dijo, como institución aparte de la Corte Suprema de Justicia, también ha tenido acogida en América Latina, de manera que paralelamente a las Cortes Supremas que actúan como tribunales constitucionales, progresivamente desde la Constitución de Guatemala de los años 60, y luego en Bolivia, Colombia, Chile, Ecuador y Perú se han venido creando Tribunales Constitucionales especiales, aparte de la Corte Suprema de Justicia, para resolver sólo las cuestiones de constitucionalidad.

En algunos casos, en países como Colombia, se había creado una Sala Constitucional de la Corte Suprema que luego dio origen a la Corte Constitucional. Salas Constitucionales de la Corte Suprema también existen en Costa Rica, con una función muy activa, y en El Salvador. En Venezuela, la Constitución de 1999 creó una Sala Constitucional en el Tribunal Supremo a los efectos de agilizar los procesos constitucionales, estableciendo el artículo 334 que: "Corresponde exclusivamente a la Sala Constitucional del Tribunal Supremo de Justicia como jurisdicción constitucional, declarar la nulidad de las leyes y demás actos de los órganos que ejercen el Poder Público dictados en ejecución directa e inmediata de esta Constitución o que tenga rango de ley, cuando colidan con aquella".

La vía para que la Sala Constitucional del Tribunal Supremo de Venezuela ejerza el control de la constitucionalidad de las leyes con poderes anulatorios, es la acción popular que se estableció desde mitades del siglo XIX, previéndose en la Constitución de 1999, el carácter vinculante de las interpretaciones constitucionales que establezca la Sala así: "Las interpretaciones que establezca la Sala Constitucional sobre el contenido o alcance de las normas y principios constitucionales son vinculantes para las otras Salas del Tribunal Supremo de Justicia y demás Tribunales de la República" (art. 335).

Por otra parte, la Constitución de 1999, en su artículo 336, definió como competencia de la Sala Constitucional, las siguientes:

1.- Declarar la nulidad total o parcial de las leyes nacionales y demás actos con rango de ley de la Asamblea Nacional que colidan con esta Constitución.

2.- Declarar la nulidad total o parcial de las Constituciones y leyes estadales, de las ordenanzas municipales y demás actos de los cuerpos deliberantes de los Estados y Municipios dictados en ejecución directa e inmediata de la Constitución y que colidan con ésta.

3.- Declarar la nulidad total o parcial de los actos con rango de ley dictados por el Ejecutivo Nacional que colidan con esta Constitución.

4.- Declarar la nulidad total o parcial de los actos en ejecución directa e inmediata de la Constitución, dictados por cualquier otro órgano estatal en ejercicio del Poder Público.

5.- Verificar, a solicitud del Presidente de la República o de la Asamblea Nacional, la conformidad con esta Constitución de los tratados internacionales suscritos por la República antes de su ratificación.

6.- Revisar, en todo caso, aun de oficio, la constitucionalidad de los decretos que declaren estados de excepción dictados por el Presidente o Presidenta de la República.

7.- Declarar la inconstitucionalidad de las omisiones del poder legislativo municipal, estadal o nacional, cuando haya dejado de dictar las normas o medidas indispensables para garantizar el cumplimiento de la Constitución, o las haya dictado en forma incompleta, y establecer el plazo y, de ser necesario, los lineamientos de su corrección.

8.- Resolver las colisiones que existan entre diversas disposiciones legales y declarar cuál de éstas debe prevalecer.

9.- Dirimir las controversias constitucionales que se susciten entre cualesquiera de los órganos del Poder Público.

10.- Revisar las sentencias definitivamente firmes de amparo constitucional y de control de constitucionalidad de leyes o normas jurídicas dictadas por los tribunales de la República, en los términos establecidos por la ley orgánica respectiva.

## III.- EL DESARROLLO DE LAS GARANTÍAS INSTITUCIONALES DE LOS DERECHOS HUMANOS: EL DEFENSOR DEL PUEBLO O DE LOS DERECHOS

Por último y en tercer lugar, dentro de los mecanismos de fortalecimiento de los medios de protección de los derechos fundamentales, aparte del tema de la ampliación y universalización de las declaraciones de derechos y del tema de las garantías judiciales y de su expansión o restricción, debe destacarse la situación más reciente América Latina, respecto del desarrollo de garantías institucionales de los derechos humanos derivada de la creación de la institución de los Defensores del Pueblo o de los Defensores de Derechos Humanos, que progresivamente se han ido incorporando en muchas de nuestras Constituciones. Se trata de la idea de que en los sistemas constitucionales debe preverse la existencia de un alto funcionario del Estado, cuya misión esencial es la de velar por la efectiva vigencia de los derechos y garantías constitucionales.

En las últimas décadas esta figura comienza a ser tradicional en el constitucionalismo de América Latina. En efecto en la antigua Constitución de Venezuela de 1961, se incorporó dicha figura pero vinculada al Ministerio Público, atribuyéndose expresamente al Fiscal General de la República, la misión de velar por la vigencia y respeto de los derechos y libertades públicas. Sin embargo, dicha tarea no fue lo efectiva que podía haber sido, habiéndose hiperdesarrollado otras las tareas del Ministerio Público, en relación a las de específica protección de los derechos humanos.

En contraste, el progresivo desarrollo del constitucionalismo latinoamericano en las últimas décadas ha tendido hacia la creación de una institución aparte del Ministerio Público, para velar por la vigencia de los derechos humanos, dotada de autonomía funcional y de nombramiento parlamentario. En esta forma, actualmente tenemos el ejemplo de muchas Constituciones de América Latina, donde se consagra expresamente la figura del Defensor del Pueblo, del Defensor de los Derechos Humanos y, en otros casos, incluso sin previsión constitucional, como en Costa Rica, donde por ley se ha creado una figura similar. La tendencia también se siguió en la Constitución venezolana de 1999, separándose del Ministerio Público la protección institucional de los derechos humanos, tarea que se asignó al Defensor del Pueblo.

En todos esos casos, esta institución tiene una distinción respecto de lo que podría ser el modelo original que es el del Ombudsman escandinavo, el cual fue concebido como mecanismo parlamentario de protección de los derechos frente a la Administración, producto en cierta forma de la lucha entre el Ejecutivo y el Parlamento, lo que obligó a este último a establecer un Comisionado Parlamentario para vigilar la Administración del Estado. Sin embargo, en el caso de la institución latinoamericana, ya no se trata de un Ombudsman con la característica inicial, sino de un órgano con autonomía funcional que aun cuando es de nombramiento parlamentario, no está sometido al Parlamento ni responde a instrucciones parlamentarias. Tiene, por tanto, independencia frente a los Poderes del Estado en general y con lapso de duración generalmente coincidente con el período constitucional. Tiene, además, una característica importante en América Latina, y es que goza de legitimación para intentar acciones de protección de carácter procesal, es decir, acciones de amparo o acciones de inconstitucionalidad.

Sin embargo, en algunos países de América Latina puede decirse que sigue el modelo europeo vinculado a la Administración Pública. Es el caso de la Constitución de Argentina (art. 86), donde el Defensor del Pueblo es un Defensor frente a la Administración, que tiene por objeto la protección de los derecho humanos ante hechos, actos u omisiones de la administración pública y el control del ejercicio de las funciones administrativas públicas.

En el resto de los países donde se ha consagrado la figura del Defensor del Pueblo o del Procurador para Defensa de los Derechos Humanos, no se especifica en forma alguna que la tarea de protección se deba ejercer en relación con la administración del Estado o al Poder Ejecutivo, sino frente a la universalidad de actores que puedan atentar contra los derechos humanos. Es el caso de las Constituciones de Colombia, Ecuador, El Salvador y Paraguay, aún cuando en algunos países como en Colombia y El Salvador, el Defensor de los Derechos Humanos o Derechos del Pueblo se vincula al Ministerio Público. En otros casos, aún cuando independiente del Ministerio Público, el Defensor del Pueblo o Procurador de los Derechos Humanos, como sucede en Perú, Bolivia y Guatemala, además de la protección de los derechos en cualquier forma, tiene la tarea expresa de protegerlos frente a la Administración Pública, y de vigilar la actividad de esta.

En todo caso, como ejemplo de esta tendencia a institucionalizar un órgano independiente para la protección de los derechos humanos, debe destacarse la previsión de la Constitución Venezolana de 1999, que creó la figura del Defensor del Pueblo, como órgano del Poder Ciudadano, que es uno de los cinco órganos del Poder Público Nacional, el cual, el artículo 136 divide en "Legislativo, Ejecutivo, Judicial, Ciudadano y Electoral".

Conforme al artículo 380 de esta Constitución, el Defensor del Pueblo "tiene a su cargo la promoción, defensa y vigilancia de los derechos y garantías establecidos en esta Constitución y en los tratados internacionales sobre derechos humano, además de los intereses legítimos, colectivos o difusos de los ciudadanos". Para el cumplimiento de tal misión, el artículo 281 asigna al Defensor del Pueblo, las siguientes atribuciones

1.- Velar por el efectivo respeto y garantía de los derechos humanos consagrados en esta Constitución y en los tratados, convenios y acuerdos internacionales sobre derechos humanos ratificados por la República, investigando de oficio o a instancia de parte las denuncias que lleguen a su conocimiento.

2.- Velar por el correcto funcionamiento de los servicios públicos, amparar y proteger los derechos e intereses legítimos, colectivos y difusos de las personas, contra las arbitrariedades, desviaciones de poder y errores cometidos en la prestación de los mismos, interponiendo cuando fuere procedente las acciones necesarias para exigir al Estado el resarcimiento a los administrados de los daños y perjuicios que les sean ocasionados con motivo del funcionamiento de los servicios públicos.

3.- Interponer las acciones de inconstitucionalidad, amparo, habeas corpus, hábeas data y las demás acciones o recursos necesarios para ejercer las atribuciones señaladas en los numerales anteriores, cuando fuere procedente de conformidad con la ley.

4.- Instar al Fiscal General de la República para que intente las acciones o recursos a que hubiere lugar contra los funcionarios públicos o funcionarias públicas, responsables de la violación o menoscabo de los derechos humanos.

5.- Solicitar al Consejo Moral Republicano que adopte las medidas a que hubiere lugar respecto de los funcionarios públicos o funcionarias públicas responsables por la violación o menoscabo de los derechos humanos.

6.- Solicitar ante el órgano competente la aplicación de los correctivos y las sanciones a que hubiere lugar por la violación de los derechos del público consumidor y usuario, de conformidad con la ley.

7.- Presentar ante los órganos legislativos municipales, estadales o nacionales, proyectos de ley u otras iniciativas para la protección progresiva de los derechos humanos.

8.- Velar por los derechos de los pueblos indígenas y ejercer las acciones necesarias para su garantía y efectiva protección.

9.- Visitar e inspeccionar las dependencias y establecimientos de los órganos del Estado, a fin de prevenir o proteger los derechos humanos.

10.- Formular ante los órganos correspondientes las recomendaciones y observaciones necesarias para la mejor protección de los derechos humanos, para lo cual desarrollará mecanismos de comunicación permanente con órganos públicos o privados, nacionales e internacionales, de protección y defensa de los derechos humanos.

11.- Promover y ejecutar políticas para la difusión y efectiva protección de los derechos humanos.

La garantía constitucional de Defensor del Pueblo expresamente se regula en el artículo 282 de la Constitución, al disponer que "gozará de inmunidad en el ejercicio de sus funciones y, por lo tanto, no podrá ser perseguido, detenido, ni enjuiciado por actos relacionados con el ejercicio de sus funciones".

## APRECIACIÓN FINAL

Como puede apreciarse de todo este panorama de fortalecimiento de instituciones de protección a los derechos humanos, en el ámbito interno, América Latina, en general, muestra un elenco muy importante de instituciones de protección de los derechos humanos, muchas veces de carácter formal; muchas veces sin la efectividad que todos queremos; muchas veces sin que se hayan podido usar adecuadamente; pero que comparativamente, muestra también uno de los sistemas de protección de los derechos humanos más completos del mundo occidental.

El tema pendiente, por supuesto, es el de que no necesariamente la amplitud del modelo ha sido equivalente a la efectividad en su cumplimiento. Tampoco podemos negar que si analizamos las etapas históricas de nuestros países, en muchos casos han cumplido funciones fundamentales, a pesar de los vaivenes de los regímenes políticos.

En todo caso, siempre hemos pensado que uno de los grandes motivos de la inefectividad de los mecanismos de protección de los derechos humanos en nuestros países, ha sido precisamente el desconocimiento de su existencia, y de sus posibilidades; tanto por parte de los abogados, como de las personas que tienen a su cargo aplicar estos mecanismos. Muchos desconocen su existencia y toda la riqueza que tienen y que, comparativamente, ponen en evidencia que en otros países donde no están establecidos en forma expresa, sin embargo, los jueces han demostrado una mayor iniciativa o activismo que, a veces, nuestros jueces formales, inmersos en tantos códigos obsoletos, no llegan a entender.

Por eso, conferencias como las que se dan en este Curso Interdisciplinario de Derechos Humanos, con la participación de personas interesadas y vinculadas al tema y que, por supuesto, tienen a su cargo seguir difundiendo estos medios de protección, son de la primera importancia.

Por eso, de nuevo, como en otras oportunidades lo he hecho, debemos felicitar al Instituto Interamericano de Derechos Humanos por la iniciativa de Cursos de esta naturaleza y desear que la labor fundamental de educación, difusión y promoción de los derechos humanos que tiene a su cargo, también tenga la efectividad necesaria, precisamente a través de quienes tienen que aplicar o velar por la aplicación de esos derechos en el derecho interno.

San José, junio 2001.

# SÉPTIMA PARTE
# AMPARO CONSTITUCIONAL

## XXXI

## LA ACCIÓN DE AMPARO CONTRA LEYES Y DEMÁS ACTOS NORMATIVOS EN EL DERECHO VENEZOLANO

**(1998)**

**Texto del trabajo publicado en el *Liber Amicorum. Héctor Fix-Zamudio*, Volumen I, Secretaría de la Corte Interamericana de Derechos Humanos. San José, Costa Rica 1998, pp. 481-501**

### INTRODUCCIÓN

De acuerdo al artículo 3º de la Ley Orgánica de Amparo sobre Derechos y Garantías Constitucionales de 1988[1]

> "También es procedente la acción de amparo cuando la violación o amenaza de violación deriven de una norma que colida con la Constitución. En este caso, la providencia judicial que resuelva la acción interpuesta deberá apreciar la inaplicación de la norma impugnada y el Juez informará a la Corte Suprema de Justicia acerca de la respectiva decisión".

Quizás de las instituciones más novedosas que trae la Ley Orgánica se refiere a este denominado "amparo contra normas" que viene a perfeccionar y completar nuestro sistema de control de la constitucionalidad de las leyes en Venezuela.

En efecto, en el sistema venezolano, el control de la constitucionalidad de las leyes se ha considerado, comparativamente hablando, como un sistema de control mixto o integral[2], en el cual conviven el *control concentrado* de la constitucionalidad que se ejerce ante la Corte Suprema de Justicia por vía de acción popular, y conforme a la cual la Corte tiene poderes para anular, *erga omnes* la ley impugnada; y el *control difuso* de la constitucionalidad, conforme al cual y de acuerdo al artículo 20 del Código de Procedimiento Civil, cualquier juez tiene poder para juzgar de oficio o a petición de parte, al decidir cualquier proceso, la constitucionalidad de una ley e inaplicarla, en el caso concreto, con efectos *inter partes*.

A este sistema mixto de control de la constitucionalidad de las leyes y demás actos normativos, la Ley Orgánica de Amparo viene a agregar un tercer sistema de control, que en ciertos aspectos se puede asimilar al denominado en México "amparo contra leyes"[3] y que permite el ejercicio del control de la constitucionalidad de las leyes por los jueces, cuando conozcan

1 Véase en *Gaceta Oficial* N° 34.060 de 27-9-88

2 Véase Allan R. Brewer-Carías, *Estado de Derecho y Control Judicial*, Madrid, 1995; *Instituciones Políticas y Constitucionales, Tomo VI, Justicia Constitucional*, Caracas, 1996.

3 Véase Héctor Fix-Zamudio, "Algunos problemas que plantea el amparo contra leyes", *Boletín del Instituto de Derecho Comparado de México*, UNAM, N° 37, 1960, pp. 11 a 39.

de una acción de amparo ejercida contra una ley o un acto normativo que en forma directa e inmediata viole o amenace violar un derecho fundamental, y que por tanto, colida con la Constitución.

## II.- ALGUNOS ANTECEDENTES EN EL DERECHO COMPARADO

La institución fue inspirada en el amparo contra normas que establecía la ley peruana de amparo antes de la reforma de la Constitución de 1992[4], y que existe en Guatemala, Honduras y Costa Rica[5].

En Alemania también se admite el amparo contra leyes autoaplicativas, es decir, contra las normas que causan perjuicio al recurrente con motivo de su entrada en vigor, sin que sean necesarios actos concretos de aplicación[6]; y en España comienza a abrirse paso jurisprudencialmente la figura del amparo frente a leyes[7].

En todo caso, interesa precisar con algún detalle la situación de esta institución en el derecho comparado, para entender adecuadamente su regulación en Venezuela; para lo cual analizaremos los sistemas que admiten la acción de amparo contra leyes y lo que no la admiten[8].

### 1.- *Sistemas que admiten la acción de amparo contra leyes*

El juicio de amparo en México procede, en primer lugar, contra las leyes y actos normativos contrarios a la Constitución, dando lugar a un medio judicial de control de la constitucionalidad de las leyes que puede ejercerse en forma directa contra las mismas, sin que se requiera acto administrativo o judicial alguno de ejecución o aplicación de la ley. Se ejerce ante las Cortes de Distrito, siendo los agraviantes en estos casos, los órganos supremos del Estado que intervinieron en el proceso de formación de la ley, es decir, el Congreso de la Unión o las legislaturas de los Estados que sancionaron la Ley; el Presidente de la República o los Gobernadores de los Estados que pusieron el ejecútese a la Ley y los Secretarios Ejecutivos que la refrendaron y ordenaron su promulgación. En estos casos, las decisiones de las Cortes Federales de Distrito son revisables por la Corte Suprema de Justicia.

En esta forma, el amparo contra leyes en México, es un medio directo de control de la constitucionalidad de las mismas, aun cuando no planteada en forma abstracta, ya que el accionante debe haber sido lesionado directamente por la norma, sin necesidad de que exista otro acto estatal de ejecución de dicha ley. Por ello, el objeto del amparo contra leyes lo constituyen leyes que con su sola puesta en vigencia puedan causar un perjuicio directo y personal al accionante. Por ello, en relación a las leyes autoaplicativas, la acción debe intentarse dentro de los 30 días siguientes a su puesta en vigencia o dentro de los 15 días siguientes a la emisión del primer acto de ejecución de la ley.

En la decisión judicial correspondiente, el juez no puede formular declaraciones generales respecto de la Ley, pues la misma, destinada a proteger a los particulares, sólo puede tener efectos *inter partes*. Además, en México las decisiones en amparo contra leyes no tienen fuerza obligatoria respecto de otros tribunales salvo que éstas adquieran el carácter de "jurisprudencia", lo que sucede cuando la Corte Suprema de Justicia o las Cortes de Circuito adoptan cinco decisiones en el mismo sentido.

En todo caso, el juez de amparo tiene la potestad de suspender los efectos del acto normativo respecto del accionante.

---

4 Véase en general, Samuel B. Abad Yupanqui, "El amparo contra leyes" en *Comisión Andina de Juristas, Lecturas Constitucionales Andinas,* Nº 3 Lima, 1994, pp. 129 a 152.

5 Véase Allan R. Brewer-Carías, *El amparo a los derechos y garantías constitucionales.* (*Una aproximación comparativa*) Caracas, 1993 pp. 115 y sigts.

6 *Idem.*, p. 117.

7 Véase Ignacio Borrajo Iniesta, "Amparo frente a leyes", *Revista de Administración Pública,* Nº 98, Madrid, 1982, pp. 167 y sigt.

8 Véase Allan R. Brewer-Carías, *El amparo a los derechos y garantías constitucionales... cit.* pág. 110 y sigts.

En Guatemala, el amparo procede para que se declare en casos concretos que una ley, un reglamento, una resolución o acto de autoridad no obligan al recurrente, por contravenir o restringir cualesquiera de los derechos garantizados por la Constitución o reconocidos por cualquier Ley (Art. 10, literal b, Ley de Amparo, Exhibición Personal y de Constitucionalidad de 1986; Art. 80, ordinal 30 de la Ley).

En estos casos, la decisión judicial de amparo deja en suspenso en cuanto al reclamante, la Ley, el reglamento, la resolución o el acto impugnados, y en su caso, el restablecimiento de la situación jurídica afectada o el cese de la medida (Art. 49,a de la Ley).

La Constitución de Honduras de 1982, establece expresamente la posibilidad del ejercicio de la acción de amparo contra las leyes. Así, el artículo 183 de dicho Texto Fundamental establece que toda persona agraviada tienen derecho a interponer recursos de amparo para que se declare en casos concretos que una Ley no obliga al recurrente ni es aplicable por contravenir, disminuir o tergiversar cualesquiera de los derechos reconocidos por la Constitución (Art. 183, Ord. 2º).

En el caso de Costa Rica se establece en el artículo 30 de la Ley de la Jurisdicción Constitucional que el amparo no procede:

> "Contra leyes u otras disposiciones normativas, salvo cuando se impugnen con actos de aplicación individual de aquéllas, o cuando se trate de normas de acción automática, de manera que sus preceptos resulten obligatorios inmediatamente por su sola promulgación, sin necesidad de otras normas o actos que los desarrollen o los hagan aplicables al perjudicado".

Por tanto, el amparo contra leyes o actos normativos autoaplicativos es admisible en Costa Rica, como ya lo ha resuelto la Sala Constitucional de la Corte Suprema de Justicia.

Debe observarse que en el caso de Costa Rica, la interposición del amparo no suspende los efectos de las leyes o normas cuestionadas, pero sí la aplicación de ellas al recurrente, así como la de los actos concretos impugnados (Art. 41).

En todo caso, impugnada en amparo una ley o norma, de acuerdo a la Ley de la Jurisdicción Constitucional, el Presidente de la Sala Constitucional debe suspender, sin más trámite, el recurso y otorgará al recurrente un término de 15 días hábiles para que formalice la acción de inconstitucionalidad contra aquéllas.

**2.- *La exclusión de las leyes del ámbito de amparo***

En otros sistemas, en cambio, expresamente se excluye la acción de amparo contra las leyes. Es el caso de Argentina, donde la acción de amparo no procede contra las leyes, pues en relación a las mismas lo que procede es el ejercicio del control difuso de la constitucionalidad de las mismas en el caso concreto donde se plantee la cuestión de inconstitucionalidad. Por supuesto, en una decisión de amparo contra actos concretos, el juez respectivo puede apreciar la inconstitucionalidad de una norma, pero en ese caso, no se trataría realmente, de un amparo contra normas.

En sentido similar, en Brasil está excluido el ejercicio del mand*ado de segurança* contra leyes, no admitiéndose el amparo si la disposición legal no se ha aplicado mediante un acto administrativo, y en todo caso, es contra dicho acto que puede ejercerse la acción de protección.

En Uruguay, la Ley N° 16.011 de 1988 establece que la acción de amparo no procederá en ningún caso "contra leyes y los decretos de los Gobiernos Departamentales que tengan fuerza de leyes en su jurisdicción" (Art. 1,c).

En Colombia, a pesar de que la Constitución no distingue, el Decreto Nº 2.591 de 1991, dentro de las causales de improcedencia de la tutela (Art. 6) ha establecido que no procede: "5. Cuando se trate de actos de carácter general, impersonal y abstracto".

Las leyes son, por excelencia, actos de carácter general, impersonal y abstracto, razón por la cual conforme a ese artículo no procedería la acción de tutela contra las normas.

Debe señalarse, por último, que en el caso de España, la Ley del Tribunal Constitucional excluye implícitamente el recurso de amparo contra leyes al prever en el artículo 42 que sólo procede contra "las decisiones o actos sin valor de ley". Por tanto, ni siquiera procede el recurso de amparo en los casos de las leyes que lesionen directamente algún derecho fundamental tutelable.

Hasta la entrada en vigencia de la Constitución de 1993, de acuerdo con el artículo 3 de la Ley N° 23.506 de Perú,

> "Las acciones de garantía proceden aun en el caso que la violación o amenaza se base en una norma que sea incompatible con la Constitución. En este supuesto, la inaplicación de la norma se apreciará en el mismo procedimiento".

Se establecía así, un medio de control de la constitucionalidad de las leyes, vía recurso de amparo, paralelo al control concentrado de inconstitucionalidad de las leyes que ejercía el Tribunal de Garantías Constitucionales (Art. 298 y ss. de la Constitución) y el control difuso de constitucionalidad que establecía en el artículo 236 de la Constitución.

La Constitución de 1992, en cambio prohibió expresamente la acción de amparo contra normas legales.

## III.-NATURALEZA SUSPENSIVA DE LA ACCIÓN DE AMPARO CONTRA LEYES

En el caso de Venezuela, como se ha dicho, la Ley Orgánica de Amparo prevé expresamente la acción de amparo contra leyes, como una especie de control difuso de la constitucionalidad de las mismas por vía de acción.

En efecto, en el caso de la acción de amparo contra normas, la decisión del juez no es anulatoria, sino que sólo debe apreciar la inaplicación de la norma respecto de la cual se solicita amparo. Debe destacarse, por otra parte, que la Ley habla impropiamente de "norma impugnada", pues en realidad, si la norma fuera "impugnada", la decisión judicial tendría que ser de anulación de la misma, lo cual no compete al juez de amparo, pues ello está reservado a la Corte Suprema de Justicia o a los tribunales de la jurisdicción contencioso-administrativa. Por tanto, en la acción de amparo regulada en el artículo 3 de la Ley Orgánica, no se "impugna" la ley o acto normativo, sino que se solicita amparo respecto de los efectos del mismo, cuando viole o amenace violar un derecho constitucional.

La decisión del juez de amparo en estos casos, por tanto, no es una decisión de anulación de la ley o acto normativo, sino que se limita a ser una decisión de protección, con efectos *inter partes,* es decir, en relación al accionante, en el sentido de que la misma lo que hace es declarar que para éste, la norma es inaplicable. De acuerdo al artículo 3 de la Ley, cuando se faculta al juez de amparo para resolver de inmediato el "restablecer la situación jurídica infringida", en este caso equivale a la suspensión de efectos de la ley respecto del accionante, es decir, la no aplicabilidad de la misma al accionante.

Pero debe señalarse en relación al control de la constitucionalidad de las leyes, que la Ley Orgánica, además de prever el amparo contra leyes, permite ejercer la acción de amparo (más propiamente, la pretensión de amparo) conjuntamente con la acción popular de inconstitucionalidad de las leyes ante la Corte Suprema de Justicia.

En efecto, el mismo artículo 3° de la Ley Orgánica establece lo siguiente:

> "La acción de amparo también podrá ejercerse conjuntamente con la acción popular de inconstitucionalidad de las leyes y demás actos estatales normativos, en cuyo caso, la Corte Suprema de Justicia, si lo estima procedente para la protección constitucional, podrá suspender la aplicación de la norma respecto de la situación jurídica concreta cuya violación se alega, mientras dure el juicio de nulidad".

Como se observa, en estos casos la Ley Orgánica ha establecido una innovación fundamental y que consiste en permitir a la Corte, contrariamente a lo que había sido la tradición jurisprudencial, el suspender los efectos de la ley o acto normativo impugnado respecto de su aplicabilidad al accionante, cuando lo juzgue necesario para la protección constitucional, mientras dure el juicio de nulidad. Hasta la promulgación de la Ley Orgánica de Amparo en los juicios de nulidad de los actos estatales, la Corte Suprema había negado sistemáticamente la posibilidad de suspender los efectos de los actos normativos, habiendo reducido su potestad de suspensión de efectos en juicio, respecto de los actos administrativos de efectos particulares, lo cual luego fue recogido en su Ley Orgánica (Art. 136)[9].

Ahora bien, en cuanto a la acción autónoma de amparo contra normas previstas en el artículo 3º de la Ley Orgánica, como indicamos anteriormente, hemos sostenido que se trata de una *vía directa de control difuso* de la constitucionalidad de las leyes, que viene a completar el control difuso incidental que establece el artículo 20 del Código de Procedimiento Civil. Se trata de un control difuso pues permite a todo juez de amparo pronunciarse sobre la inconstitucionalidad de una ley por violación de derechos y garantías constitucionales; y es directo pues la cuestión constitucional no se plantea en un juicio en forma incidental, sino como objeto directo de una acción de amparo, teniendo la decisión, en todo caso, efectos *inter partes*[10].

## IV.- LA AMPLITUD DEL CONTROL EN LA LEY ORGÁNICA Y LA TENDENCIA RESTRICTIVA DE LA JURISPRUDENCIA

La Ley venezolana, por otra parte, no establece ningún límite respecto de la procedencia de la acción de amparo contra normas, en el sentido de que no proceda directamente contra la norma y se requiera siempre de actos de ejecución de la misma; y ello no podría ocurrir, pues no respondería a la lógica de la universalidad de la acción, particularmente cuando se fundamente en amenaza de violación. En realidad, desde que una norma se publica y la misma pueda violar un derecho constitucional; la amenaza de violación se materializa desde la misma publicación, sin necesidad de esperar su ejecución.

Sin embargo, a pesar de la claridad del artículo 3º de la Ley Orgánica de Amparo, la jurisprudencia reciente de la Sala Político Administrativa de la Corte Suprema ha venido imponiendo el criterio de que no procede la acción de amparo directamente contra normas, y que lo que procede, realmente, es la acción de amparo contra los actos de ejecución de la norma, que serían los lesivos. En efecto, en sentencia de 8-8-94, la Sala Político Administrativa al resolver un amparo en el caso de las declaraciones juradas de patrimonio exigidas a los administradores de bancos por la Ley de Emergencia Financiera de 1994, señaló lo siguiente:

> "La presente solicitud de amparo es ejercida de conformidad con el primer párrafo del artículo 3º de la Ley Orgánica de Amparo sobre Derechos y Garantías Constitucionales, por tanto, resulta necesario precisar los requisitos que reiteradamente la Sala ha exigido para la procedencia de esta específica modalidad de amparo constitucional.
>
> Al respecto, la jurisprudencia de este Alto Tribunal ha sostenido -luego de un análisis minucioso del texto del indicado artículo- que el objeto o la materia de la acción de amparo constitucional fundada en ese precepto es el acto de aplicación de una norma que colida con la Constitución, de manera que ésta actúa como la causa que da origen a la violación de derechos fundamentales, pero no como el agente mismo causante de la lesión, que se invoque.

Al respecto, en la decisión del 12-8-92, caso: Colegio de Abogados del Distrito Federal, se dejó establecido lo siguiente:

> "Obsérvese, en efecto, cómo al utilizar el legislador en el primer párrafo de la norma transcrita (se refiere al artículo 3º de la Ley Orgánica de Amparo) la expresión "también es procedente"; nos está remitiendo necesariamente -y de entenderlo de otra manera perdería dicho párrafo todo sentido- al contenido del inmediatamente precedente artículo 2, conforme al cual es objeto de la acción de amparo 'cualquier hecho, acto u omisión' que violen

9 Véase Allan R. Brewer-Carías, *Nuevas tendencias en el contencioso-administrativo en Venezuela*, Caracas, 1993, pág. 168.

10 Véase Allan R. Brewer-Carías, *Instituciones Políticas y Constitucionales, Tomo VI, La Justicia Constitucional, cit.* págs. 128 a 130.

o amenacen de violación inminente, garantías o derechos constitucionales protegidos por la Ley de Amparo. De manera que, entendidos y correlacionados ambos artículos 2), y primer párrafo del 3) en su cabal sentido, es necesario, para que pueda producirse pronunciamiento de admisibilidad o de fondo acerca de la solicitud de amparo en el caso del párrafo primero del artículo 3 de la Ley, el que se hayan producido hechos, actos u omisiones derivados de la vigencia de una normativa considerada por el juez como inconstitucional, y que éstos violen o amenacen de violación derechos o garantías del mismo rango. En tal caso, deberá el juez restablecer la situación jurídica infringida o amenazada de violación, pero por esos hechos, actos u omisiones violatorias de derechos o garantías supremas; y es por eso que: "En este caso la providencia judicial que resuelva la acción interpuesta deberá asimismo -previamente, acota la Sala *apreciar* la inaplicación de la norma que legalmente protege a aquellos, informando además a la Corte Suprema de Justicia el contenido del respectivo fallo de inaplicación, si ésta fuere lo decidido" (paréntesis añadidos).(Vid. sentencias de esta Sala Político-Administrativa del 19-11-92 y 20-7-93, casos: "Electrificación del Caroní" y "Profesores de la Unellez"; y de la Corte en Pleno del 5-5-93 y 2-12-93, casos: "Coopetravolta" y "Diputados de la Asamblea Legislativa del Estado Delta Amacuro".

La interpretación expuesta en relación con el artículo 3º de la Ley Orgánica de Amparo, mediante la cual se concluye que el acto presuntamente lesivo de derechos y garantías fundamentales que podría ser atacado por la vía extraordinaria del amparo no es el de carácter normativo contrario a la Carta Magna sino aquél que en la situación jurídica concreta del actor lo aplica o ejecuta –arrastrando entonces hasta el ámbito de éste el vicio de inconstitucionalidad–, resulta totalmente congruente con los principios que rigen la institución del amparo constitucional, ya que, a juicio de esta Sala, no es este medio judicial –el cual es esencialmente de condena– el apropiado para entrojar la constitucionalidad de un acto normativo que, debido a su carácter general, abstracto y de aplicación indefinida, se presenta –en principio– como incapaz de lesionar por sí solo y en forma inmediata como exigen los presupuestos de la acción de amparo, el goce y ejercicio de derechos subjetivos o intereses legítimos de un particular determinado.

Igualmente, en otros casos la concreción del acto de aplicación de la norma presuntamente violatoria de derechos o garantías fundamentales se ha producido efectivamente afectando a ciertos particulares, y sin embargo la acción de amparo es ejercida por éstos contra el acto normativo inconstitucional y no contra el referido acto de aplicación, en estos supuestos el juez –con la intención de dirigir siempre su acción en beneficio de los afectados– puede y debe trasladar los efectos de la inaplicación de la disposición violatoria de normas constitucionales al caso específico y concreto.

Justamente en este último orden de ideas se presenta el caso de autos, donde los representantes de los actores han intentado la acción de amparo constitucional en contra del único aparte del artículo 31 de la Ley Especial de Protección a los Depositantes y de Regulación de Emergencias en las Instituciones Financieras, la cual exige la presentación de una declaración jurada de patrimonio a todos los directores administradores, comisarios, auditores externos e interventores de los bancos y demás Instituciones Financieras, a pesar de haber dictado la Superintendencia de Bancos y otras Instituciones Financieras el respectivo acto de ejecución de la norma presuntamente violatoria de derechos fundamentales, a través de la Resolución Nº 031-94 del 23 de marzo de 1994, posteriormente derogada por la Nº 078-94 del 29 de junio del mismo año.

Por tanto, considera esta Sala Político-Administrativa aplicable al caso de autos, los efectos de la interposición de la acción de amparo constitucional en contra del acto de ejecución de la disposición contenida en el único aparte del artículo 31 de la Ley Especial de Protección a los Depositantes y de Regulación de Emergencias en las Instituciones Financieras, es decir, contra de la Resolución Nº 078-94 del 29 de junio de 1994, y así se declara.

Una interpretación contraria a la expuesta, además de perjudicar a los particulares afectados de supuestas violaciones constitucionales por imprecisiones de sus apoderados judiciales, atentaría contra el carácter inter partes de este medio procesal –por el cual sólo y únicamente pueden ser destinatarios de un mandamiento de amparo las personas intervinientes en el juicio– ya que si no se exigiera que el acto cuestionado incida negativamente en la esfera jurídica del accionante en forma específica y directa, una declaratoria favorable del juez implicaría afectar, mediante un proceso judicial breve y sumario, a toda una colectividad o a un grupo considerable de ella que, además de no haber intervenido en el juicio que lo afectara, posiblemente tenga intereses distintos y hasta opuesto a los del actor (*vid.* al respecto, decisiones de Sala del 06-08-87 y 13-08-92, casos: "Registro Automotor Permanente" y "Oscar Vila Masot"; y de la Corte en Pleno de fecha 14-01-93; caso "Hernán Gruber Odremán"). Así se declara"[11].

Este criterio de la Corte Suprema, en particular recogió la doctrina que la misma Sala Político Administrativa había sentado en sentencia de 24-5-93, al señalar en forma aún más terminante que:

"No parece existir duda, entonces, de que el artículo 3 de la Ley Orgánica de Amparo no contempla la posibilidad de interponer una acción de amparo directamente contra un acto normativo, sino contra el acto, hecho u omisión que tiene su origen en una disposición normativa, que a juicio del solicitante, es contraria a la Constitución y para lo cual, debido a la presunción de legitimidad y constitucionalidad de ésta, debe el juez previamente desaplicarla al caso concreto que se denuncia. Es obvio, por tanto, que el mencionado artículo de la Ley Orgánica de Amparo no consagra la posibilidad de interponer esta acción de protección constitucional contra una ley u otro acto normativo sino contra el acto de aplicación o ejecución de ésta, el cual en definitiva es el que, en el caso concreto, puede ocasionar una lesión particular de los derechos y garantías constitucionales de una persona determinada.

Esta interpretación ha sido reiterada por esta Sala Político-Administrativa en decisión de 19-11-92 (caso: Electrificación del Caroní, EDELCA, N° 54), donde textualmente se expresó que el amparo constitucional, ejercido conforme al artículo 3 de la Ley que lo rige, tiene "por objeto la protección de los derechos y garantías fundamentales menoscabados por los actos, hechos u omisiones derivados de la aplicación de una norma inconstitucional". En otras palabras, la Sala ha entendido que la norma impugnada por inconstitucionalidad obraría como causa, mientras que su aplicación, que constituye "la situación jurídica concreta cuya violación se alega" vendría a ser propiamente el objeto del amparo. Igualmente puede verse, para corroborar la anterior interpretación, la decisión de la Corte Suprema de Justicia, en Pleno, de 5-5-93, recaída en el caso Coopetravolta.

No obstante, aun cuando la propia Ley Orgánica de Amparo no consagra *expresamente* la interposición de este especial medio judicial contra leyes o actos normativos, no es posible sostener, debido a la amplitud de la consagración constitucional y legal de los posibles agentes perturbadores –como se señaló antes–, que de plano deba rechazarse una acción de amparo cuyo objeto sea, precisamente, un acto de esta naturaleza, por lo que es necesario verificar, por tanto, si un acto normativo o de efectos generales puede constituirse por sí mismo y directamente en lesivo de derechos y garantías subjetivas de los particulares. En otras palabras, el centro el problema no es una restricción en cuanto a los actos factibles de ser materia de una acción de amparo, ya que ésta puede interponerse contra cualquier acto –inclusive contra las leyes u otros normativos–, sino dilucidar la posibilidad de que éstos lesionen la órbita constitucional subjetiva particular en la forma requerida –anteriormente transcrita– para la procedencia del amparo constitucional"[12].

En esta forma, la Corte entró a considerar el tema de las leyes autoaplicativas y las que no lo son. Ello lo ha destacado la Corte Primera de lo Contencioso-Administrativa en sentencia de 18-11-93, así:

11 Véase el texto en Allan R. Brewer-Carías y Carlos Ayala Corao, *El derecho a la intimidad y a la vida privada y su protección frente a las injerencias abusivas o arbitrarias del Estado, Caracas,* 1995, pp. 214 a 216.

12 Véase en *Revista de Derecho Público*, N° 55-56, EJV, Caracas, 1993, pp. 287-288.

"Con respecto a la inmediatez de la amenaza constitucional, lo cual implica una lesión cierta e inminente, observa esta Corte que en el caso específico de los actos normativos la doctrina ha distinguido entre las denominadas normas autoaplicativas y las de aplicación mediata. En cuanto a las primeras, su sola promulgación implica una inmediata obligatoriedad para las personas a las cuales se encuentra destinada, por lo cual son de aplicación automática. Por el contrario, las normas de afectación mediata e indirecta requieren de un acto de ejecución posterior, en cuyo caso la simple promulgación no podría producir una violación constitucional"[13].

La Corte Suprema, sin embargo, en su sentencia de 24-5-93 antes citada, materialmente negó la posibilidad de leyes autoaplicativas e incluso de que la sola promulgación de una ley pueda resultar en una amenaza de violación de derechos constitucionales, al señalar:

"Este problema sobre la posibilidad de que una norma, por sí misma, cause un daño o lesione la esfera jurídica de un particular ha sido planteada por doctrina extranjera y patria, esta última con anterioridad a la promulgación, de la Ley Orgánica de Amparo sobre Derechos y Garantías Constitucionales, resultando criterio dispares. En efecto, mientras es aceptado perfectamente en algunos países (vgr. México y España) en otros resulta prácticamente imposible, por lo que, evidentemente, dependerá de las notas especiales de cada legislación, específicamente en relación a la forma o a las exigencias de éstas para la concreción de los daños.

En principio, una ley o acto normativo produce efectos hacia una colectividad imposible de determinar al momento de su formulación, de ahí los caracteres de generalidad y abstracción que le son inherentes ¡ asimismo su aplicación es indefinida, es decir, no están dirigidas a regular una situación determinada en el tiempo y espacio, sino –por igual y paralelamente– a todos los casos y situaciones que se adapten al supuesto de hecho previsto durante su vigencia. Entonces, son las leyes y normas –por definición– actos de efectos generales que afectan por igual un grupo indeterminado e indeterminable –y menos aún individualizado o individualizable– de personas...

En conclusión, es imposible que un verdadero acto normativo o de efectos generales pueda –por sí mismo y en forma directa– constituirse en lesivo, de la órbita constitucional de alguna situación concreta y determinada de un particular.

Sin embargo, sí resulta innegable que una norma inconstitucional puede, a las personas que están o estarán en el supuesto de hecho por ella previstos, constituirse en una amenaza de lesión de derechos o garantías fundamentales, por lo que es necesario recordar que esta acción, en los términos de la Ley Orgánica de Amparo, procede, además, contra determinadas amenazas: "aquella que sea inminente" artículo 2°).

El problema radica en verificar si un acto de efecto general, luego de haber concluido la jurisprudencia de Sala en la imposibilidad de que cause un daño particular a una persona, pueda constituir una amenaza válida para la procedencia de esta acción, para lo cual es necesario precisar cuál es –en los términos de la ley– el justo alcance y significado del vocablo: "amenaza inminente".

La Sala, al respecto, observa:

"Inminente", según el significado del diccionario, es algo "que amenaza o está para suceder prontamente". Como puede observarse, la anterior definición del diccionario no ayuda en lo absoluto en precisar los requisitos de la amenaza válida para la procedencia de la acción de amparo; sin embargo, interpretando la Ley Orgánica de Amparo en su contexto, encontramos que en el ordinal 2° del artículo 6 *ejusdem* se contempla prevista como causal de inadmisibilidad de la acción de amparo, "cuando la amenaza contra el derecho o la garantía constitucionales, *no sea inmediata, posible y realizable por el imputado"*.

13 Véase en *Revista de Derecho Público*, N° 55-56, EJV, Caracas, 1993, p. 285.

Debe concluirse en que son éstos los tres requisitos que la propia Ley Orgánica de Amparo obliga sean contenidos en una amenaza para que sea válida, para que sea "inminente", ya que de lo contrario la acción siempre debe ser declarada inadmisible por el juez, de plano e *in limine litis.*

De manera que sólo cuando la amenaza, es decir, el daño que prontamente va a concretarse, sea inmediata, posible y realizable por la persona a quien se le imputa, la acción de amparo podrá admitirse, tramitarse y, de ser el caso, declararse procedente. Estos requisitos indudablemente deben ser concurrentes, según puede inferirse de la conjunción copulativa "y", la cual los agrupa o reúne.

Establecido y sentado lo anterior, es necesario analizar si una ley o acto normativo de efectos generales puede convertirse, para la situación jurídica de un particular, en una amenaza de algún derecho o garantía constitucional en forma "posible, inmediata y realizable por el imputado"

Al respecto, es indudable que una norma que transgreda la Constitución puede lesionar a cualquiera de las personas que se encuentren en la situación jurídica por ella contemplada, por lo que el daño será "posible", cumpliéndose entonces con el primero de los requisitos exigidos en el transcrito ordinal 2° del artículo 6 de la Ley Orgánica de Amparo.

No obstante, nos encontramos con que de interponerse un amparo contra una norma –es decir, que el objeto de la acción sea la propia norma–, la concreción del posible daño alegado no será "inmediata", pues siempre sería necesario que la autoridad competente proceda a la ejecución o aplicación de ella para efectivamente lesionar al solicitante. En efecto, debemos concluir que el probable daño causado por una norma será siempre mediato o indirecto, por lo que necesitará ser aplicada en el caso concreto. De manera que la lesión se causará por medio o gracias a un acto de aplicación de esa disposición contraria a Derecho.

Igual sucede con el tercer requisito exigido por la ley; la amenaza, es decir, el daño probable e inminente, no será nunca realizable –vale decir, concretado– por el imputado. Ciertamente, de sostenerse que el amparo tiene por objeto una disposición cuya constitucionalidad es cuestionada, habría que aceptarse como agraviante al cuerpo deliberante o al funcionario público que la hubiere dictado, siendo éste el que se presentaría en el proceso de amparo en defensa de su acto. Puede observarse que en el caso de que ese posible daño llegue en realidad a concretarse, no sería –al menos generalmente– el cuerpo deliberante o el órgano público que lo dictó el que lo ejecutará, sino que sería más bien el funcionario para quien la aplicación de la norma es imperiosa en todos los casos en que un particular se encuentre dentro del supuesto de hecho por ella previsto.

En efecto, de entenderse que la norma es la materia de la acción de amparo, llegaríamos a la conclusión de que no podría ser el imputado (que sería la persona pública que dicta la norma cuya inconstitucionalidad se alega) quien llevaría a cabo la amenaza; sino que el daño probable será concretado o realizado en definitiva por una persona diferente (el que aplique al caso específico y concreto la disposición inconstitucional).

Puede entonces, luego de las consideraciones anteriores, descartarse la procedencia de la acción de amparo contra leyes u otros actos normativos, no sólo porque la Ley Orgánica de Amparo sobre Derechos y Garantías Constitucionales no prevé tal posibilidad sino porque, aún siendo posible la interposición de esta acción extraordinaria contra un acto normativo de efectos generales, deberá el juez declarar su inadmisibilidad por no reunir los requisitos exigidos en el ordinal 2, artículo 6 de la Ley Orgánica de Amparo, y así se declara, expresamente.

Considera necesario este Alto Tribunal, sin embargo, señalar que la conclusión anterior no significa la imposibilidad de prevenir la concreción del daño –objeción que pudiera plantearse a la tesis de que el amparo procede sólo cuando la norma inconstitucional sea aplicada–, ya que no necesariamente debe el inminente perjudicado esperar que efectivamente sea ejecutada la disposición normativa contraria a Derecho, porque bien podría éste, ante la amenaza que reúna los requisitos exigidos por la ley, solicitar el amparo de sus derechos fundamentales amenazados; sólo que la acción no estaría dirigida contra la norma sino, en todo caso, contra el funcionario que deberá aplicar ésta. En efecto, siendo inminente que a un particular le será aplicada, en una situación concreta y determinada, una disposición normativa que contraría alguno de los derechos o garantías de rango constitucional, podría éste solicitar del tribunal competente una prohibición al referido funcionario o persona para que en el caso concreto alegado se abstenga de aplicar la norma cuestionada y apreciada por el juez, previamente, como violatoria de los preceptos del Texto Fundamental"[14].

## V.- LA TERGIVERSACIÓN JURISPRUDENCIAL DEL AMPARO CONTRA LEYES

En nuestro criterio, con las decisiones antes señaladas, la Corte Suprema ha tergiversado la previsión legal, desnaturalizando una acción de amparo muy propia del ordenamiento jurídico venezolano, que debemos preservar[15].

En efecto, de acuerdo con el artículo 49 de la Constitución, el derecho de amparo, como derecho fundamental de las personas, se consagra en relación a cualquier hecho, acto u omisión de las autoridades públicas o de los particulares que violen o menoscaben los derechos constitucionales, sin distinción de ningún tipo.

Por ello, la Ley Orgánica de Amparo consagró la posibilidad de ejercicio de la acción de amparo contra cualquier hecho, acto u omisión de los particulares y de los funcionarios o respecto de estos últimos, contra los actos normativos (Leyes o Decretos-Leyes, por ejemplo), los actos administrativos (de efectos generales –reglamentos– o de efectos particulares) y las sentencias y demás actos judiciales. De allí el contenido de los artículos 3 a 5 de dicha Ley Orgánica que prevén, en forma expresa, la acción de amparo contra dichos actos estatales, sea ejercida en forma autónoma o conjuntamente con otras acciones.

En particular, en cuanto a la acción de amparo contra actos normativos, su previsión legal no puede ser objeto de duda. Además de establecer, el artículo 3° de la Ley, que junto con la acción popular de inconstitucionalidad puede formularse la pretensión de amparo constitucional; en su aparte establece que *"también es procedente la acción de amparo,* cuando la violación o amenaza de violación deriven de una norma que colida con la Constitución".

De entrada debe señalarse que la expresión "también es procedente" se incluyó en el encabezamiento del artículo para no dejar duda de que la acción de amparo procede contra normas directamente, cuando la violación o amenaza de violación de los derechos constitucionales, deriven de ellas. En este sentido, queda claro que la ley o el acto normativo del Estado también es un "acto" en sí mismo, por lo que "también es procedente" ejercer la acción de amparo contra los mismos. Este y no otro fue el sentido de la utilización de esta expresión en el artículo 3 de la Ley Orgánica de Amparo. Es necesario precisar esto por la distorsión que de esa expresión ha hecho la Corte Suprema de Justicia en las sentencias antes transcritas.

La acción de amparo contra leyes o normas, al adoptarse en nuestro país, ya tenía una larga experiencia en México y en el Perú, antes de la última reforma constitucional. Además, como se ha dicho, se había previsto en la Ley de la Jurisdicción Constitucional de Costa Rica. Es cierto que en esos casos siempre se ha planteado el tema de las leyes autoaplicativas, pero sólo para exigir que en los casos de aquellas leyes que no tienen efectos inmediatos y directos por su sola promulgación, el objeto de las acciones de amparo tiene que ser los actos de ejecución de las mismas. Ello, por supuesto, se plantea en los casos en los cuales la acción de amparo procede sólo contra violaciones de derechos constitucionales, pero no puede plantearse en los casos en los cuales, como en Venezuela, la acción de amparo procede contra las *amenazas* de violación. Las normas, desde el momento en que entran en vigencia y pueden aplicarse a un número

14 Véase en *Revista de Derecho Público,* Nos. 55-56, EJV, Caracas, 1993, pp. 288 a 290.
15 Véase los comentarios que hemos formulado en Allan R. Brewer-Carías y Carlos Ayala Corao, *El derecho a la intimidad..., cit.,* pp. 236 y sigts.

indeterminado e indeterminable de personas, una vez promulgadas, si son contrarias a un derecho constitucional, siempre, *per se* constituyen una amenaza de violación de tal derecho.

## VI.-EL TEMA DE LOS ACTOS DE EJECUCIÓN O APLICACIÓN DE LAS LEYES Y LA NEGACIÓN JURISPRUDENCIAL DEL AMPARO CONTRA LEYES

Ahora bien, en 1992, se dictó una importante sentencia por la Sala Político-Administrativa de la Corte Suprema (caso *Colegio de Abogados del Distrito Federal)* de 6-8-92, en la cual la Corte, con motivo de haberse avocado al conocimiento de un juicio de amparo contra normas intentado ante un Juzgado de Primera Instancia en lo Civil, anuló la sentencia dictada por éste, declarando improcedente la acción de amparo, porque el juez de instancia, conforme lo habían solicitado los accionantes, había decidido una acción de amparo para lo cual carecía de competencia –pues el juez competente en el caso era la Corte Primera de lo Contencioso-Administrativo– y además, había acordado la inaplicación in *genere* de un artículo de la Ley de Abogados, y en protección de los intereses difusos que subyacían de la pretensión de los accionantes, amparó "igualmente a todos los abogados miembros del Colegio de Abogados del Distrito Federal".

Para decidir, la Corte analizó la competencia de los órganos de la jurisdicción contencioso-administrativa para conocer de acciones de amparo contra actuaciones de los colegios profesionales; y además, analizó el contenido del artículo 3 de la Ley Orgánica de Amparo aplicándolo al caso concreto, señalando que era necesario:

> " . . . para que pueda producirse pronunciamiento de admisibilidad o de fondo acerca de la solicitud de amparo en el caso del párrafo primero del artículo 3 de la Ley, que se hayan producido hechos, actos u omisiones derivados de la vigencia de una normativa considerada por el juez como inconstitucional, y que éstos violen o amenacen de violación derechos o garantías del mismo rango. En tal caso, deberá el juez restablecer la situación jurídica infringida o amenazada de violación, pero por esos hechos actos u omisiones violatorios de derechos o garantías supremas; y es por eso que: "la providencia judicial que resuelva la acción interpuesta" deberá asimismo –previamente acota la Sala– *apreciar* la inaplicación de la norma que legalmente protege a aquellos, informando además a la Corte Suprema de Justicia el contenido del respectivo fallo de inaplicación, si ésta fuere lo decidido"[16].

De acuerdo a lo anterior, la Corte consideró que sólo en la forma señalada era posible entender el contenido de la norma, que permite al juez apreciar la inaplicación de la norma impugnada, al caso concreto sin efectos *erga omnes.* Analizando el caso concreto de la acción interpuesta, la Corte concluyó que su objeto, en realidad, eran un conjunto de actos de las autoridades electorales del Colegio de Abogados, y particularmente, "el acto de la convocatoria a elecciones emanado de los órganos respectivos del Colegio de Abogados del Distrito Federal" y no el artículo de la Ley de Abogados señalado como tal; por lo que en consecuencia, la competencia para conocer de la acción era la Corte Primera de lo Contencioso-Administrativo y no el Tribunal de Primera Instancia que la había decidido. Además, señaló la Corte que "aún de haber sido el competente, el juez de instancia se excedió en sus atribuciones al extender la medida de amparo a todos los abogados, desnaturalizando la acción que se libra entre partes con efectos sólo entre ellas, y no *erga omnes.* Por ello la Sala anuló el fallo del Tribunal de instancia.

En esta sentencia, en la materia específica de amparo contra normas, como se ha indicado, debe destacarse que la Corte estableció el criterio de que conforme al artículo 3 de la Ley Orgánica de Amparo, para la admisibilidad o para un pronunciamiento de fondo acerca de la solicitud de amparo contra normas, resultaba indispensable que "se hayan producido hechos, actos u omisiones derivados de la vigencia de una normativa considerada por el juez como inconstitucional, y que éstos violen o amenacen de violación derechos o garantías del mismo rango". Esto lo dedujo la Sala de la errada interpretación de la primera frase del artículo 3 de la Ley, la mencionada expresión "también es procedente", de la cual dedujo una supuesta remisión al contenido del artículo anterior (Art. 2) que define como objeto de la acción de amparo "cualquier hecho, acto u omisión" que viole o amenace de violación inminente, derechos o

16 Véase la cita en Allan R. Brewer-Carías y Carlos Ayala Corao, *El derecho a la intimidad...*, cit., p. 239.

garantías constitucionales. De ello dedujo la Sala que para que procediera un amparo contra normas era necesario que se hubieran "producido hechos, actos u omisiones derivados de la vigencia de una normativa considerada por el juez como inconstitucional, y que estos –actos, hechos u omisiones– violen o amenacen de violación derechos o garantías del mismo rango". En definitiva, sostuvo la Sala que lo que el juez podía restablecer era "la situación jurídica infringida o amenazada de violación por esos hechos, actos u omisiones violatorios de derechos o garantías supremas". La sentencia de la Sala, en realidad, apuntaba a un objetivo específico y era dejar claramente establecido que el juez de amparo contra normas, al ejercer su potestad de control, no podía suspender *in genere* los efectos de la norma, sino que lo que podía hacer era, conforme a la ley, "apreciar la inaplicación de la norma", por supuesto, al caso concreto y sólo con efectos *inter partes;* no teniendo poder alguno el juez de amparo para decidir la no aplicación en forma general e indefinidamente del acto normativo.

Ello, por supuesto, es así, y para llegar a esa conclusión la Sala no tenía por qué argumentar que la acción de amparo contra normas sólo procedía contra los hechos, actos u omisiones adoptados en ejecución de la norma, y no contra la norma en sí misma, como si la norma o ley en sí misma no fuera un "acto" estatal. De allí la apreciación de la Sala de que en los casos de amparo contra normas, la recurrida, es decir, la norma no es objeto del amparo, sino la causa o motivo en razón del cual los hechos, actos u omisiones resultan lesivos.

Posteriormente, como se señaló, en sentencia de la misma Sala de 24-5-93 (caso *Universidad Nacional Experimental de Los Llanos Ezequiel Zamora),* la Sala fue mucho más lejos en su tendencia restrictiva del amparo contra normas y pretendiendo fundamentarse en el precedente anterior, materialmente negó la existencia en Venezuela del amparo contra normas[17].

En efecto, en esta sentencia del 24-5-93 al conocer de una acción de amparo contra un Reglamento Ejecutivo, la Sala comenzó señalando que en su jurisprudencia, ella había concluido que en los casos del primer aparte del artículo 3 de la Ley Orgánica de Amparo, "el objeto o la materia de la acción de amparo constitucional *es el acto de aplicación* de una norma que colida con la Constitución, de manera que ésta actúe como la causa que da origen a la acción, pero no como el objeto de ella". Después de transcribir párrafos de la sentencia citada de 6-8-92 (caso *Colegio de Abogados...),* la Sala en esta sentencia del 24-5-93 concluyó señalando que supuestamente:

> "No parece existir dudas, entonces, de que el artículo 3 de la Ley Orgánica de Amparo *no contempla la posibilidad de interponer una acción de amparo directamente contra un acto normativo,* sino contra el acto, hecho u omisión que tiene su origen en una disposición normativa . . . ".

Agregó la sentencia que:

> "Es obvio, por tanto, que el mencionado artículo de la Ley Orgánica de Amparo *no consagra la* posibilidad *de interponer esta acción de protección constitucional contra una ley u otro acto normativo* sino contra el acto de aplicación o ejecución de éste, el cual en definitiva es el que, en el caso concreto, puede ocasionar una lesión particular de los derechos y garantías constitucionales de una persona determinada".

En realidad, basta leer el texto del artículo 3 de la Ley *para que resulte obvio lo contrario* de lo que afirma la Corte, es decir, que sí procede un amparo contra norma, no sólo cuando ésta sea autoaplicativa –y que por tanto, no requiere de actos de aplicación o ejecución para surtir efectos– sino cuando la norma simplemente sea una *amenaza* de violación de un derecho o garantía constitucional.

Para llegar a su conclusión errada, la Sala invocó una supuesta interpretación "reiterada" que había dado en unos decisiones anteriores de 19-11-92 (*caso Edelca*) *y* de 5-5-93 (*caso Coopetravolta),* conforme a la cual, se expresó que el amparo constitucional ejercido conforme al artículo 3 de la Ley Orgánica, tiene:

---

17 Véase en *Revista de Derecho Público* N° 55-56, EJV, Caracas, 1993, pp. 287-290

"por objeto la protección de los derechos y garantías fundamentales menoscabados por los actos, hechos u omisiones derivados de la aplicación de una norma impugnada por inconstitucionalidad obraría como causa, mientras que su aplicación, que constituye la situación jurídica concreta cuya violación se alega, vendría a ser propiamente el objeto del amparo".

La señalada sentencia del 24-5-93, en esta forma, rechazó la acción de amparo contra normas, en una forma evidentemente *contra legem,* particularmente cuando se trata de amenaza de violación de derechos por la norma, que no requerirían de actos de ejecución. Para salvar esta incongruencia, sin embargo, la Corte se contradijo en la sentencia, afirmando lo siguiente:

"no obstante, aun cuando la propia Ley Orgánica de Amparo *no consagra expresamente la interposición de este especial medio judicial contra leyes o actos normativos,* no es posible sostener, debido a la amplitud de la consagración constitucional y legal de los posibles agentes perturbadores –como se señaló antes–, que de *plano deba rechazarse una acción de amparo cuyo objeto sea, precisamente, un acto de esta naturaleza,* por lo que es necesario verificar, por tanto, si un acto normativo o de efectos generales puede constituirse por sí mismo y directamente en lesivo de derechos y garantías subjetivas de los particulares. En otras palabras, el centro del problema no es una restricción en cuanto a los actos factibles de ser materia de una acción de amparo, ya que ésta puede interponerse contra cualquier acto –inclusive contra las leyes u otros normativos–, sino dilucidar la posibilidad de que éstos lesionen la órbita constitucional subjetiva particular en la forma requerida –anteriormente transcrita– para la procedencia del amparo constitucional".

En la sentencia, luego de hacer referencia al derecho comparado y constatar que las leyes son actos de efectos generales que afectan por igual a un grupo indeterminado o indeterminable de personas, la Corte concluyó tajantemente afirmando que:

"En conclusión, *es imposible* que un verdadero acto normativo o de efectos generales pueda –por sí mismo y en forma directa, como se ha exigido debe ser la lesión atacable mediante el amparo– constituirse en lesivo de la órbita constitucional de alguna situación concreta y determinada de un particular".

Pero para resolver la incongruencia de esta afirmación con el texto de la Ley, la Corte agregó:

"Sin embargo, sí resulta innegable que una norma inconstitucional puede, a las personas que están o estarán en el supuesto de hecho por ella previstos, constituirse en una amenaza de lesión de derechos o garantías fundamentales, por lo que es necesario recordar que esta acción, en los términos de la Ley Orgánica de Amparo, procede, además, contra determinadas amenazas: "aquella que sea inminente" (artículo 2).

## VII.- EL AMPARO CONTRA NORMAS FRENTE A LA AMENAZA DE VIOLACIÓN DE DERECHO CONSTITUCIONALES Y LA RESTRICCIÓN JURISPRUDENCIAL

El problema radica en verificar si un acto de efecto general, luego de haber concluido la jurisprudencia de Sala en la imposibilidad de que cause un daño particular a una persona, puede constituir una *amenaza* válida para la procedencia de la acción de amparo, para lo cual es necesario precisar cuál es –en los términos de la Ley– el justo alcance y significado del vocablo "amenaza inminente".

La Corte, luego de analizar el sentido de la expresión *amenaza inminente,* pasó a analizar si una ley o acto normativo de efectos generales podía convertirse, para la situación jurídica de un particular, en una amenaza de algún derecho o garantía constitucional en forma "posible, inmediata y realizable por el imputado", señalando:

"Al respecto, es indudable que una norma que transgreda la Constitución puede lesionar a cualquiera de las personas que se encuentren en la situación jurídica por ella contemplada, por lo que el daño será "posible", cumpliéndose entonces con el primero de los requisitos exigidos en el transcrito ordinal 2° del artículo 6 de la Ley Orgánica de Amparo.

No obstante, nos encontramos con que de interponerse un amparo contra una norma –es decir, que el objeto de la acción sea la propia norma, la concreción del posible daño alegado no será "inmediata", pues siempre sería necesario que la autoridad competente proceda a la ejecución o aplicación de ella para efectivamente lesionar al solicitante. En efecto, debemos concluir que el probable daño causado por una norma será siempre mediato o indirecto, por lo que necesitará ser aplicada en el caso concreto. De manera que la lesión se causará por medio o gracias a un acto de aplicación de esa disposición contraria a Derecho.

Igual sucede con el tercer requisito exigido por la ley, la amenaza, es decir, el daño probable e inminente, no será nunca realizable –vale decir, concretado– por el imputado. Ciertamente, de sostenerse que el amparo tiene por objeto una disposición cuya constitucionalidad es cuestionada, habría que aceptarse como agraviante al cuerpo deliberante o al funcionario público que la hubiere dictado, siendo éste el que se presentaría en el proceso de amparo en defensa de su acto. Puede observarse que en caso de que ese posible daño llegue en realidad a concretarse, no sería –al menos generalmente– el cuerpo deliberante o el órgano público que lo dictó el que lo ejecutará, sino que sería más bien el funcionario para quien la aplicación de la norma es imperiosa en todos los casos en que un particular se encuentre dentro del supuesto de hecho por ella previsto.

En efecto, de entenderse que la norma es la materia de la acción de amparo, llegaríamos a la conclusión de que no podría ser el imputado (que sería la persona pública que dicta la norma cuya inconstitucionalidad se alega) quien llevaría a cabo la amenaza; sino que el daño probable será concretado o realizado en definitiva por una persona diferente (el que aplique el caso específico y concreto la disposición inconstitucional) ".

Después de lo anterior la Corte en la citada sentencia de 24-5-93, concluyó señalando que podía:

" . . . descartarse la procedencia de la acción de amparo contra leyes u otros actos normativos, no sólo porque la Ley Orgánica de Amparo sobre Derechos y Garantías Constitucionales no prevé tal posibilidad sino porque, aún siendo posible la interposición de esta acción extraordinaria contra un acto normativo de efectos generales, deberá el juez declarar su inadmisibilidad por no reunir los requisitos exigidos en el ordinal 2 artículo 6 de la Ley Orgánica de Amparo, y así se declara, expresamente".

Pero para no descartar la posibilidad de que una norma pudiera consistir en una *amenaza* de violación de un derecho constitucional, y que por tanto, fuera procedente el amparo, señaló:

"Considera necesario este Alto Tribunal, sin embargo, señalar que la conclusión anterior no significa la imposibilidad de prevenir la concreción del daño –objeción que pudiera plantearse a la tesis de que el amparo procede sólo cuando la norma inconstitucional sea aplicada–, ya que no necesariamente debe el inminente perjudicado esperar que efectivamente sea ejecutada la disposición normativa contraria a Derecho, porque bien podría éste, ante la amenaza que reúna los requisitos exigidos por la ley, solicitar el amparo de sus derechos fundamentales amenazados; sólo que la acción no estaría dirigida contra la norma sino, en todo caso, contra el funcionario que deberá aplicar ésta. En efecto, siendo inminente que a un particular le será aplicada, en una situación concreta y determinada, una disposición normativa que contraría alguno de los derechos o garantías de rango constitucional, podría ésta solicitar del tribunal competente una prohibición al referido funcionario o persona para que en el caso concreto alegado se abstenga de aplicar la norma cuestionada y apreciada por el juez, previamente, como violatoria de los preceptos del Texto Fundamental".

En el caso concreto de la acción de amparo constitucional interpuesta y declarada inadmisible en esta sentencia del 24-5-93, la misma tenía por objeto o materia el Reglamento de la Universidad Nacional Experimental de Los Llanos Occidentales, Ezequiel Zamora, dictado por el Presidente de la República en Consejo de Ministros, por lo que luego de observar la Sala la naturaleza general y abstracta de todas sus disposiciones, que se aplicarían indistintamente a todas las situaciones que se planteen durante su vigencia, declaró inadmisible la acción, de conformidad con el artículo 6, ordinal 2°, de la Ley Orgánica de Amparo.

La sentencia anterior del 24-5-93, fue adoptada por la Sala con el Voto Salvado de la Magistrado Cecilia Sosa Gómez, en el cual la Magistrado disidente si bien reconoció que la expresión de la sentencia, en cuanto al objeto de la acción de amparo sustentada en el artículo 3 de dicha Ley, "es el acto de aplicación de una norma que colida con la Constitución, de manera que ésta actúe como la causa que da origen a la acción, pero no como el objeto de ella"; (es lo que se desprende de la sentencia, *caso Colegio de Abogados del Distrito Federal* de fecha 6-8-92 dictada por la Sala, de la cual también disintió por otras razones), afirmó que:

> "es una frase que no puede sacarse del contexto y del sentido que en aquella oportunidad quiso dársele, cual es que la suspensión o inaplicación de la norma impugnada tenga efecto *erga, omnes y* por tanto la decisión de amparo deba dirigirse, de ser procedente, a la situación jurídica concreta cuya violación £e alega, y que en definitiva aprecie la inaplicación, de la norma al caso concreto".

Si lo anterior es lo que ha sentado la jurisprudencia, por lo demás juiciosamente, como lo señaló la Magistrado disidente, "Nada más alejado de la Ley de Amparo y en particular de la pretendida garantía de los derechos a través de dicha acción", que la Sala diga que "el mencionado artículo de la Ley Orgánica de Amparo no consagra la posibilidad de interponer esta acción de protección constitucional contra una ley u otro activo normativo *sino contra el acto de aplicación o ejecución de ésta";* agregando:

> "pues si el legislador hubiera querido decir lo que el párrafo anterior quiere que diga la norma, no habría consagrado el supuesto, pues el resultado de tal conclusión sería siempre la improcedencia del amparo por no ser una violación directa de la Constitución, o por el contrario de ser procedente, el amparo prosperaría contra el acto que individualiza la aplicación de la norma y nunca contra ella misma".

En definitiva, la Magistrada disidente en su Voto Salvado señaló:

> "La pregunta sería, cómo la jurisprudencia puede a través de la interpretación de cuerpos normativos negar lo que la ley expresamente consagra. Por tanto, la acción de amparo autónoma contra un acto normativo cuando se constituya por si mismo y directamente en lesivo para él o los solicitantes, *siempre* seria inadmisible para la Sala y este precedente nos lleva al absurdo de que sólo la amenaza inminente lo posibilitaría, y así lo razona en principio la sentencia, pero luego niega inclusive tal presupuesto, cuando afirma que puede ser posible, pero el daño no puede ser inmediato cuando el amparo sea contra norma "pues siempre sería necesario que la autoridad competente proceda a la ejecución o aplicación de ella para efectivamente lesionar al solicitante".

Concluyó la Magistrada disidente señalando que:

> "la sentencia incurre en una contradicción pues por una parte afirma que no significa la imposibilidad de prevenir la concreción del daño, pues no necesariamente debe el inminente perjudiciado esperar efectivamente sea ejecutada la disposición normativa contraria a derecho, y por otra parte, afirmar, cuando examina el caso concreto, por lo demás de manera exigua, que dada la naturaleza general y abstracta de todas las disposiciones, que se aplicarán indistintamente a todas las situaciones que se plantean durante su vigencia, procede a declarar la acción de amparo inadmisible".

Con esta sentencia, sin duda, la Corte comenzó a negar lo que la Ley Orgánica consagra, es decir, la admisibilidad de la acción de amparo contra normas; y decimos que comenzó a contrariar la ley, pues como lo expuso la Magistrada disidente de esa sentencia, la jurisprudencia citada en la sentencia, como precedente, no contenía pronunciamiento alguno en ese sentido. La sentencia, así, estableció el principio de la improcedencia de la acción de amparo contra normas, lo que contrariaba abiertamente la Ley.

Lamentablemente, en la sentencia mencionada del 8-8-94, la misma Sala Político-Administrativa, esta vez bajo la Ponencia de la Magistrada Cecilia Sosa Gómez, confirmó el criterio de la sentencia del 24-5-93, que ella misma había criticado abiertamente, aceptando el criterio opuesto. Como se puede observar de la sentencia de 8-8-94, la Corte, erradamente ratificó el criterio de que el objeto o materia de la acción de amparo contra normas fundadas en el artículo 3 de la Ley, "es el acto de aplicación de la norma que colida con la Constitución", pues "un acto normativo se presenta como incapaz de lesionar por sí solo y en forma inmediata los derechos constitucionales". De allí la conclusión errada de la Corte de que el verdadero acto lesivo contemplado en el artículo 3 de la Ley Orgánica "es aquél que ejecuta o aplica una norma viciada de inconstitucionalidad". Sin embargo, aquí también, para dejar a salvo la incongruencia, la Corte dejó abierta la posibilidad de ejercicio de la acción de amparo contra normas sólo en "determinadas circunstancias" en las que en forma evidente sea innecesario esperar un acto de ejecución de la norma para otorgar la protección constitucional y se evite anticipadamente la violación.

En la sentencia de 8-8-94 *(caso Declaración Jurada de Patrimonio)*, sin embargo, la Corte no declaró inadmisible la acción, como lo había hecho en la sentencia de 24-5-93, sino que entró a conocer del fondo afirmando que en los casos en que se intente la acción contra un acto normativo "el juez debe trasladar los efectos de la inaplicación al caso específico y concreto", y en esa forma, la Corte, en este caso, trasladó los efectos de la acción de amparo que intentamos contra el "aparte único" del artículo 31 de la Ley de Emergencia, a la Resolución de la Superintendencia de Bancos que fijó la forma y manera de presentación de la declaración jurada que aquélla establecía. La Corte, declaró con lugar el amparo solicitado, pero con una interpretación contraria al artículo 3 de la Ley Orgánica de Amparo. Por lo demás, la Corte trasladó los efectos de la inaplicación solicitada del artículo 31 de la Ley de Emergencia, a la Resolución de la Superintendencia de Bancos, luego de que "declara y acuerda la inaplicabilidad del artículo 31 de la Ley", que es lo que prevé el artículo 3 de la Ley Orgánica de Amparo, y lo que se había solicitado.

# XXXII

# SOBRE EL AMPARO CONSTITUCIONAL EN EL DERECHO COMPARADO

## (1991-1993)

**Este estudio es también producto de diversas y sucesivas reflexiones en Costa Rica, con ocasión de la preparación de conferencias que me correspondió dictar durante varios años entre 1991 y 1993. Su origen remoto está en la exposición que hice** *sobre "El derecho de amparo en América Latina y la acción de amparo en Costa Rica", en el Auditorio de la Corte Suprema de Justicia de Costa Rica, en San José, el 27 de mayo de 1991, en el marco del "Seminario de Justicia Constitucional" organizado por la Sala Constitucional de dicha Corte* **; y luego sobre el mismo tema, en la Mesa Redonda sobre La acción de amparo, Seminario sobre Justicia Constitucional, organizado por la Sala Constitucional, San José, Costa Rica, 29 de mayo de 1991 bajo la dirección del profesor Rodolfo Piza Escalante. El tema lo expuse posteriormente en la conferencia sobre** *El Amparo, Análisis comparativo* **en el XI Curso Interdisciplinario de Derechos Humanos, Instituto Interamericano de Derechos Humanos, San José, Costa Rica, 23 de agosto de 1993; y en la conferencia sobre** *Legislación en materia de amparo: Universalidad del amparo y la Convención Americana (art. 25)* **en la II Reunión del Comité Interparlamentario sobre Derechos Humanos, Instituto Interamericano de Derechos Humanos, Asamblea Legislativa, San José de Costa Rica, 25 de marzo de 1995. Para esta última ocasión el trabajo se publicó como folleto para el Curso con el título:** *El amparo a los derechos y libertades constitucionales. Una Aproximación Comparativa*, **San José, Costa Rica, 1993, (mimeo), 120 pp., y posteriormente fue reproducido en los** *Cuadernos de la Cátedra Allan R. Brewer-Carías de Derecho Público*, **N° 1, Universidad Católica del Táchira, San Cristóbal 1993, 138 pp. Este último texto es el que se reproduce a continuación.**

### NOTA EXPLICATIVA

*El presente estudio tiene su origen remoto en la preparación de la conferencia que dicté sobre "El derecho de amparo en América Latina y la acción de amparo en Costa Rica", en el Auditorio de la Corte Suprema de Justicia de Costa Rica, en San José, el 27 de mayo de 1991, en el marco del "Seminario de Justicia Constitucional" organizado por la Sala Constitucional de dicha Corte. Dicho evento tuvo por objeto analizar la Ley de la Jurisdicción Constitucional de ese país, de 1991, en la cual se había recién regulado, detalladamente, la acción de amparo atribuyéndose su conocimiento en forma exclusiva y concentrada a la mencionada Sala Constitucional.*

*Posteriormente, avancé sobre el mismo tema del análisis comparativo de la acción de amparo, al preparar la conferencia que dicté sobre "El amparo a los derechos y libertades constitucionales y la acción de tutela a los derechos fundamentales en Colombia: Una aproximación comparativa", el día 6 de noviembre de 1991, en Santa Fe de Bogotá, Colombia, en el marco del "Seminario Internacional sobre la Carta de Derechos; su interpretación y sus implicaciones". Dicho evento lo organizó la Consejería para el Desarrollo de la Constitución de la Presidencia de la República de Colombia, para analizar la acción de tutela recién instituida en la Constitución de 1991, que había elaborado la Asamblea Constituyente. Con ocasión de ese Seminario, una versión inicial de este estudio se publicó en la obra colectiva editada por Manuel José Cepeda, La Carta de Derechos. Su interpretación y sus implicaciones, Santa Fe de Bogotá, 1993, pp. 21 a 65.*

*Posteriormente, año y medio después, me correspondió dictar una conferencia en la Universidad Javeriana, en Santa Fe de Bogotá, el día 5 de mayo de 1993, organizada con motivo de mi visita a dicha ciudad al inaugurarse el Centro de Estudios Constitucionales "Carlos Restrepo Piedrahita" de la Universidad Externado de Colombia. Al preparar dicha conferencia sobre "El amparo a los derechos y libertades constitucionales en el derecho comparado", de nuevo analicé el tema con especial referencia a la acción de tutela y a la experiencia que se había acumulado en Colombia, con su aplicación desde la emisión del Decreto-Ley reglamentario de la misma, de 1991.*

*Por último, en el marco del "XI Curso Interamericano en Derechos Humanos" celebrado en San José de Costa Rica, en agosto de 1993, organizado por el Instituto Interamericano de Derechos Humanos, expuse de nuevo el tema en la conferencia dictada en la Universidad Nacional de Costa Rica, en un panel compartido con el Profesor Héctor Fix Zamudio sobre el tema general "Recursos Constitucionales y Defensa de los Derechos Humanos. Análisis Comparativo". Con ocasión de dicho Curso, el trabajo fue reproducido en forma limitada para ser entregado a los asistentes al mismo.*

*Posteriormente he completado el estudio, y nada mejor para dar inicio a esta serie de Cuadernos de la Cátedra de Derecho Público de la Universidad Católica del Táchira que esta publicación sobre un tema que ha adquirido tanta importancia en nuestro país, particularmente después de la promulgación de la Ley Orgánica de Amparo sobre Derechos y Garantías Constitucionales de 1988. Encuadrado comparativamente nuestro derecho de amparo y la acción autónoma de amparo que en ejercicio del mismo se ha desarrollado en Venezuela, podremos captar con mayor precisión, las bondades de esta* institución *fundamental para la protección de los derechos y garantías constitucionales.*

*El* iniciar *esta Colección es una oportunidad propicia para agradecer una vez mas, al Rector José del Rey Fajardo S.J. al entonces Decano de la Facultad de Ciencias Jurídicas y Políticas, Profesor* Luis Lar*go, y a demás autoridades de la Universidad Católica del Táchira el inmenso honor que me confirieran al darle mi nombre a la Cátedra Fundacional de Derecho Público. Ello me une aún mas con esta Casa de Estudios.*

*San Cristóbal, Septiembre de 1993.*

## INTRODUCCIÓN

La idea del Estado de Derecho está indisolublemente unida a la idea de la Constitución como norma fundamental y suprema, que debe prevalecer sobre toda otra norma o acto estatal. Ese fue el gran y principal aporte de la revolución norteamericana al constitucionalismo moderno, y su desarrollo progresivo ha sido el fundamento de los sistemas de justicia constitucional en el mundo contemporáneo, en particular, los destinados a la protección y amparo de los derechos y libertades consagrados en las Constituciones.

Esta idea de la supremacía constitucional, es decir, de la Constitución como norma fundamental y suprema, puede decirse que fue doctrinalmente elaborada por primera vez, en Norteamérica, en 1788, por Alexander Hamilton en *El Federalista*[1], al referirse al papel de los jueces como intérpretes de la ley, señalando:

> "Una Constitución es, de hecho, y así debe ser vista por los jueces, como una ley fundamental, por tanto, corresponde a ellos establecer su significado así como el de cualquier acto proveniente del cuerpo legislativo. Si se produce una situación irreconciliable entre los dos, por supuesto, aquél que tiene una superior validez es el que debe prevalecer; en otras palabras, la Constitución debe prevalecer sobre las leyes, así como *la intención del pueblo debe prevalecer sobre la intención de sus agentes.*"

Además, Hamilton, al desarrollar el principio del poder de los jueces de declarar la nulidad de los actos legislativos contrarios a la Constitución, y argumentar que ello no significaba dar superioridad del Poder Judicial sobre el Legislador, señaló que ello:

1 *The Federalist* (ed. por B. F. Wrigth), Cambridge, Mass 1961, p. 491-493.

"Lo único que supone es *que el poder del pueblo es superior a ambos*; y que en los casos en que la voluntad del legislador declarada en las leyes, este en *oposición con la del pueblo declarada en la Constitución*, los jueces deben estar condicionados por la última, antes que por las primeras".

Concluía Hamilton señalando que:

"Ningún acto legislativo contrario a la Constitución puede ser válido. Negar esto, significaría afirmar que el subalterno es más importante que el principal; que el sirviente está por encima de sus patrones; *que los representantes del pueblo son superiores al pueblo mismo*".

De estas proposiciones de Hamilton nos interesa destacar más que el principio, suficientemente comentado, del poder de la Corte Suprema de los Estados Unidos para declarar como nulas y sin valor las leyes estadales y federales contrarias a la Constitución[2], *la idea misma de que siendo la Constitución manifestación de la voluntad del pueblo, el principal derecho constitucional que los ciudadanos pueden tener, es el derecho a dicha supremacía, es decir, al respecto de la propia voluntad expresada en la Constitución*. Nada se ganaría con señalar que la Constitución, como manifestación de la voluntad del pueblo, debe prevalecer sobre la de los órganos del Estado y sobre la actuación de los individuos, si no existiere el derecho de los integrantes del pueblo de exigir el respeto de esa Constitución.

Por ello, la mas reciente de las Constituciones latinoamericanas, que es la de Colombia, consagra expresamente el principio de la supremacía constitucional, así:

"*Artículo 4°*.- La Constitución es norma de normas. En todo caso de incompatibilidad entre la Constitución y la Ley u otra norma jurídica, se aplicarán las disposiciones constitucionales...".

Ello implica, por supuesto, en el caso de Colombia, además, la consagración del derecho constitucional fundamental ciudadano a la tutela de dicha supremacía, sea mediante el control difuso de la constitucionalidad (art. 4) o mediante el control concentrado de la constitucionalidad por la Corte Constitucional (art. 241) y el Consejo de Estado (art. 237, ord. 2°); sea mediante el ejercicio de las acciones de hábeas corpus (art. 30) o de tutela de los derechos constitucionales fundamentales (art. 86).

El constitucionalismo moderno, por tanto, en nuestro criterio, está montado no sólo sobre el principio de la supremacía constitucional, sino sobre la idea, como secuela del anterior principio, de que existe *un derecho del ciudadano a esa supremacía*, que se concreta, conforme al principio de la separación de poderes, en *un derecho fundamental a la tutela judicial de la supremacía constitucional*, tanto respecto de la parte orgánica de la Constitución como respecto de su parte dogmática.

En esta forma, el desarrollo de la justicia constitucional en sus dos vertientes, como protección de la parte orgánica de la Constitución, o como protección de su parte dogmática, es decir, de los derechos y libertades constitucionales, en definitiva, no es más que la manifestación de la garantía constitucional del derecho constitucional del ciudadano al respecto de la supremacía constitucional, es decir, a la tutela judicial efectiva de dicha supremacía.

Este derecho fundamental, así, se concreta ante todo en un derecho al control judicial de la constitucionalidad de los actos estatales; sea mediante sistemas de justicia constitucional concentrados o difusos, respecto de la conformidad de las leyes y demás actos legislativos o ejecutivos de ejecución directa de la Constitución (actos de gobierno) a dicho texto; sea mediante el control por la jurisdicción contencioso-administrativa de la conformidad con el derecho (constitucionalidad y legalidad) de los actos administrativos; sea mediante el control del sometimiento de las sentencias y demás decisiones judiciales al derecho a través de las vías ordinarias (apelaciones) o extraordinarias (casación) de recursos judiciales.

2 Véase los célebres casos *Vanhorne's Lessee v. Dorrance*, 1795; y *Masbury v. Madison*, 1803.

Pero además, este derecho fundamental a la tutela judicial efectiva de la supremacía constitucional se concreta también, en *un derecho al amparo judicial de los derechos y libertades constitucionales* de las personas, sea mediante las acciones o recursos judiciales ordinarios, o mediante acciones o recursos particulares de amparo u otros medios judiciales de protección inmediata de los mismos. La consecuencia de este derecho fundamental, sin duda, implica el poder-deber atribuido a los jueces de asegurar la supremacía constitucional, sea declarando la nulidad de los actos contrarios a la Constitución, sea restableciendo los derechos y libertades constitucionales vulnerados por acciones ilegítimas, tanto de los órganos del Estado como los particulares.

Tratándose de un derecho fundamental de las personas el de asegurar la supremacía constitucional mediante la tutela judicial de la misma, es evidente, que sólo la Constitución podría limitar dicho derecho, es decir, *sería incompatible con la idea del derecho fundamental a la supremacía constitucional que postulamos, cualquier limitación legal a la misma*, sea manifestada en actos estatales excluidos de control judicial de constitucionalidad; sea en derechos constitucionales cuya violación no fuera amparable en forma inmediata. La supremacía constitucional es una noción absoluta, que no admite excepciones, por lo que el derecho constitucional a su aseguramiento tampoco puede admitir excepciones, salvo por supuesto, lo que establezca la propia Constitución.

Nuestra intención, en estas notas, es realizar una aproximación comparativa al estudio de las garantías constitucionales al derecho de amparo de los derechos y libertades constitucionales, partiendo de la premisa de que en casi todos los ordenamientos jurídicos en cuyas Constituciones se consagran derechos y libertades, los textos fundamentales también establecen un amplio elenco de garantías encaminadas a hacer efectivos y salvaguardar tales derechos. Esta es, sin duda, una característica esencial del constitucionalismo democrático contemporáneo, en cuya base permanece con todo vigor la tajante afirmación del artículo 16 de la Declaración de los Derechos del Hombre y del Ciudadano de 1789:

> "Toda sociedad en la cual la garantía de los derechos no está asegurada... carece de Constitución".

Por supuesto, los mecanismos para la tutela de los derechos y libertades constitucionales varían, pero todos derivan del derecho ciudadano a la supremacía constitucional y al respecto a los derechos y libertades consagrados en el texto fundamental.

Un estudio comparado de los principales sistemas judiciales de amparo o tutela a los derechos fundamentales, podría orientarse estudiando entre otros aspectos varias cuestiones fundamentales: en primer lugar, la naturaleza del amparo, en el sentido de determinar si el amparo se consagra como un derecho constitucional o sólo como una garantía constitucional; en segundo lugar, el ámbito del amparo, en el sentido de establecer si con los medios particulares de amparo judicial se protegen todos los derechos y libertades constitucionales o sólo algunos de ellos; en tercer lugar, determinar quienes son los titulares del derecho o garantía de amparo; y en cuarto lugar, precisar si todas las actuaciones públicas o privadas que vulneran los derechos y libertades constitucionales permiten ejercer las acciones o recursos de amparo, o algunas de aquellas están excluidas de los medios judiciales particulares de protección.

## PRIMERA PARTE

## LA NATURALEZA DEL AMPARO

Ante todo debe señalarse que la gran clasificación de los sistemas de protección de los derechos y garantías constitucionales que muestra el derecho comparado, conduce a distinguir los sistemas judiciales de amparo, según que el amparo a los derechos y garantías constitucionales se conciba *como un derecho constitucional* en si mismo, garantizado a su vez en múltiples formas; o *como una garantía constitucional* específica, que especialmente se concreta en una o varias acciones o recursos de amparo particularizados.

La Constitución de Colombia, en nuestro criterio, al consagrar la "acción de tutela" de los derechos constitucionales fundamentales, opta definitivamente por la primera de las modalidades señaladas de la naturaleza de la tutela, que legislativamente debería ser desarrollada como un derecho constitucional a la tutela, que debe concretarse en múltiples garantías judiciales, incluyendo la "acción de tutela" autónoma; en la misma línea de los sistemas mexicano y venezolano.

## I.- EL AMPARO COMO UN DERECHO CONSTITUCIONAL

En primer lugar, el amparo a los derechos y libertades constitucionales puede estar concebido en los sistemas constitucionales, *como un derecho constitucional de los ciudadanos, derivado del derecho a la supremacía de la Constitución, a obtener protección judicial a dichos derechos y libertades por todos los tribunales*. Estos medios de protección judicial pueden ser los medios judiciales *ordinarios*, o puede tratarse de medios judiciales *específicos* de amparo inmediato.

### *1.- El amparo a través de los medios judiciales ordinarios*

En todos los sistemas judiciales constitucionales, el derecho ciudadano mas clásico es el derecho de acceso a la justicia, es decir, el derecho de obtener la tutela judicial de los derechos e intereses de las personas. Para ello es que, fundamentalmente, se organizan los sistemas judiciales o tribunalicios.

La formulación de este derecho, incluso, en algunos casos es expresa. Por ejemplo, como lo establece la Constitución de Venezuela de 1961:

> "*Artículo 68.*- Todos pueden utilizar los órganos de la administración de justicia para la defensa de sus derechos e intereses, en los términos y condiciones establecidos por la Ley, la cual fijará normas que aseguren el ejercicio de este derecho a quienes no dispongan de medios suficientes".

Mucho más precisa es la fórmula de la Constitución española de 1978, la cual dispone:

> "*Artículo 24.1.*- Todas las personas tienen el derecho a obtener la tutela efectiva de los jueces y tribunales en el ejercicio de sus derechos e intereses legítimos, sin que, en ningún caso, pueda producirse indefensión".

Ahora bien, aún sin estar consagrado expresamente en los textos constitucionales, este derecho de acceso a la justicia para la protección de los derechos e intereses de las personas -incluyendo los de rango constitucional- es esencial a todos los sistemas constitucionales contemporáneos, y en muchos casos, es el que garantiza el derecho de amparo a los derechos y libertades constitucionales, sin que en el ordenamiento jurídico se hayan establecido medios procesales específicos o tribunales especiales tendientes a garantizar tal protección.

Es el caso, por ejemplo, de los sistemas de derecho angloamericanos y del sistema francés, entre otros.

#### A) Los "writs" angloamericanos

En inglés, la palabra "*writ*" que viene de "*written*" (escrito), si bien procesalmente es el acto introductivo de la instancia[3], en la práctica, sobre todo desde el ángulo de los estudios comparados, significa la orden o mandamiento emanado de una autoridad judicial en ejercicio de sus funciones públicas, y dirigida a quien está obligado a cumplir la ley, sea una autoridad o una persona natural o jurídica. Pues bien, desde la Carta Magna, los *writs* desempeñan en el derecho inglés un papel fundamental de protección de los derechos fundamentales de las personas, pues son los mecanismos judiciales ordinarios utilizados para ello.

Entre los *writs* más importantes utilizados en el derecho angloamericano, por supuesto está el *writ of habeas corpus*, para la protección de la libertad y seguridad personales; el *mandamus*, que es el *writ* del *common law*, consistente en el mandamiento u orden dirigido a una autoridad para que realice determinado acto al cual está obligado legalmente; el *writ of prohibition*, utilizado como instrumento de corrección de actuaciones judiciales para impedir que órganos judiciales inferiores actúen fuera de su competencia, usado también en materia de

3 Véase J. A. Jolowicz y otros, *Droit Anglais*, París 1986, p. 145.

incompetencias de autoridades administrativas; el *writ quo warrante*, especie de acción popular intentada en nombre del interés colectivo, para salvaguarda pública contra los abusos o ilegalidades cometidas en ejercicio de funciones públicas; el *writ of error*, tendiente en el derecho norteamericano, a la revisión de cualquier acto de autoridad judicial por motivos de inconstitucionalidad; y el *writ of injunction*, que tiene por objeto impedir o asegurar que se practique o ejecute determinado acto en beneficio del titular de un derecho subjetivo, para impedir que se le cause un daño irreparable.[4]

Mediante todos estos mecanismos judiciales ordinarios, en el derecho angloamericano se garantiza y ampara efectivamente los derechos y libertades constitucionales, sin que para ello haya sido necesario establecer mecanismos procesales específicos o tribunales especializados para la protección de dichos derechos.

**B) El "référé" francés**

En el derecho francés no existen mecanismos judiciales especiales para la protección de los derechos y garantías constitucionales, sino que en general, son las jurisdicciones ordinarias judicial y administrativas las encargadas de proteger y amparar los derechos a través de los medios ordinarios.

Entre estos medios ordinarios de protección judicial de los derechos y libertades constitucionales, además de los derechos de cualquier otra naturaleza, está la institución denominada del "*référé*" consagrada en el Código de Procedimiento Civil, y que le permite al juez judicial adoptar decisiones (órdenes o prohibiciones) en casos de urgencia para la protección de dichos derechos.

El artículo 809 del Código mencionado, en efecto, autoriza al juez para que siempre pueda, "incluso en presencia de una oposición seria, prescribir en *référé* las medidas conservativas o de restablecimiento que se impongan, sea para prevenir un daño inminente, sea para hacer cesar un trastorno manifiestamente ilícito". Agrega la norma que "en los casos en que la existencia de la obligación no sea seriamente objetable, puede acordar una provisión al acreedor u ordenar la ejecución de la obligación, incluso si se trata de una obligación de hacer".

En base a esta facultad, el juez no sólo tiene poderes cautelares sino que tiene poderes para resolver un conflicto en casos de urgencia, con poderes restitutorios para prevenir un daño inminente (medidas conservativas) o en caso de trastorno manifiestamente ilícito. En base a esta facultad judicial, una muy amplia jurisprudencia ha puesto en evidencia la utilización de este medio procesal como instrumento para la protección inmediata de derechos y libertades constitucionales en materias tales como la protección al honor y a la propia imagen[5]. La característica de la decisión judicial, en todo caso, es que es de carácter provisional, en el sentido de que no tiene en lo principal autoridad de cosa juzgada, por lo que no afecta la facultad de los jueces del fondo para conocer con autoridad plena de cosa juzgada sobre el asunto. La provisionalidad, sin embargo, puede producir efectos permanentes si la parte agraviada no intenta otra acción de fondo.

**C) El procedimiento especial de urgencia italiano**

En el sistema italiano, en el cual a pesar de que existe una Corte Constitucional, no se estableció un recurso de amparo similar al de los sistemas alemán o español, sin embargo, en el Código de Procedimiento Civil puede identificarse un procedimiento ordinario de urgencia que al igual que los *writs* de los sistemas angloamericanos y del *référé* francés, podría servir de medio efectivo de protección de los derechos y libertades constitucionales. Se trata de un procedimiento regulado en el artículo 700 del Código de Procedimiento Civil italiano que establece:

> "Fuera de los casos regulados en las secciones precedentes de este capítulo, quien tenga motivo fundado para temer que durante el tiempo necesario para hacer valer su

---

4 Véase, por ejemplo, Diomar Ackel Filho, *Writs Constitucionais*, Sao Paulo, 1988, pp. 8-10.

5 R. Lindon, «Le juge des référés et la presse», *Dalloz 1985*, Chozoniques, 61. Véase los comentarios en Enrique Paillas, *El recurso de protección ante el derecho comparado*, Santiago de Chile, 1990, pp. 19-26.

derecho en vía ordinaria éste se halle amenazado por un perjuicio inminente e irreparable, puede solicitar por escrito al juez las providencias de urgencia que, según las circunstancias parezcan más idóneas para asegurar provisionalmente los efectos de la decisión sobre el fondo".

Si bien este procedimiento ha sido de uso escaso y esporádico, en materia de derechos constitucionales ha sido utilizado, entre otros, para la protección del derecho al nombre y a la propia imagen.[6]

**2.- *El amparo como pretensión constitucional a través de múltiples medios judiciales ordinarios específicos de protección de los derechos y libertades***

En otros sistemas, particularmente latinoamericanos, el amparo se ha regulado como un derecho constitucional, dando origen por tanto, no a una sola garantía (acción o recurso) de amparo, sino a *múltiples vías judiciales tanto ordinarias como específicas de protección de los derechos y libertades constitucionales*, que van mas allá de la protección que se pueda obtener a través de las vías ordinarias. Es el caso de México y Venezuela, y es el supuesto en el cual, en nuestro criterio, se alinea la Constitución de Colombia de 1991.

**A) El juicio de amparo mexicano**

En el artículo 25 del Acta de Reformas Constitucionales de 1847, se introdujo en México *el derecho de todos los habitantes de la República a ser amparados por los tribunales* de la Federación en los derechos que le otorgaba la Constitución, contra todo ataque de parte de los poderes Ejecutivo y Legislativo, en cuyo caso, se estableció que los tribunales federales sólo debían dar protección en el caso concreto, sin hacer declaraciones generales sobre el acto en cuestión. Se introdujo, así, la figura del amparo constitucional como un derecho constitucional de todos a la protección de los derechos y libertades constitucionales, cuyo desarrollo posterior ha moldeado el llamado "juicio de amparo"[7], compleja institución procesal que al menos comprende cinco diferentes medios de protección judicial y de control de constitucionalidad.

En efecto, de acuerdo a la Ley de Amparo mexicana, y tal como lo ha sistematizado Héctor Fix Zamudio, el juicio de amparo comprende los siguientes procesos:

En primer lugar, el "amparo de la libertad", en el cual el juicio de amparo se configura como medio judicial de protección de los derechos constitucionales. En este aspecto, el juicio de amparo es equivalente al mandamiento de *hábeas corpus* cuando persigue la protección de la libertad personal, pero puede servir también de medio de protección de otros derechos constitucionales establecidos en los artículos 1 al 29 del Texto Fundamental, cuando resultaren violados por un acto de autoridad.

El segundo aspecto del juicio de amparo es que también procede contra sentencias y decisiones judiciales, cuando se alegue que el juez ha aplicado incorrectamente los dispositivos legales, resultando el llamado "amparo judicial" o "amparo casación", es decir, un recurso judicial muy similar a los recursos de casación que regulan los Códigos de Procedimiento Civil en la mayoría de los países de derecho civil, para controlar la legalidad de las decisiones judiciales.

El tercer aspecto del juicio de amparo es el denominado "amparo administrativo" mediante el cual se desarrollan los recursos contencioso-administrativos contra los actos administrativos violatorios de la Constitución o de las leyes.

El cuarto aspecto del juicio de amparo es el denominado "amparo social agrario" establecido especialmente para tutelar los derechos individuales y colectivos de los campesinos sujetos al régimen de la reforma agraria, particularmente referidos a la propiedad rural.

Finalmente el último aspecto del juicio de amparo es el "amparo contra leyes", el cual puede utilizarse para impugnar directamente, por vía de acción, las leyes que violen la Consti-

6 Satta, *Diritto processuale civile*, Padova, 1957, p. 589.

7 Ver por todos, H. Fix Zamudio, *El juicio de amparo*, México 1964; *Ensayos sobre el Derecho de Amparo*, México 1993.

tución, directamente, sin que se requiera ningún acto administrativo o judicial de aplicación de la misma, razón por la cual procede contra las leyes autoaplicativas.[8]

De lo anterior resulta que en el caso mexicano, el amparo no se reduce a una sola garantía judicial (acción o recurso) para la protección de los derechos constitucionales, sino a una variada gama de procesos judiciales que lo configuran más como un derecho constitucional, que como una garantía específica.

**B) El derecho de amparo en Venezuela**

Como lo advirtió en 1970 el propio Héctor Fix Zamudio, la Constitución Venezolana de 1961, al incorporar a su texto el artículo 49 que regula *el derecho de amparo* "consagró definitivamente el derecho de amparo como instrumento procesal para proteger todos los derechos fundamentales de la persona humana consagrados constitucionalmente", en lo que calificó como "uno de los aciertos más destacados en la avanzada Carta Fundamental de 1961".[9]

En efecto el gran aporte del texto constitucional venezolano en relación a la protección de los derechos fundamentales ha sido la consagración del amparo *como un derecho fundamental mas*, y no sólo como una única garantía adjetiva del resto de los derechos constitucionales. Es decir, la Constitución de Venezuela no consagró solamente una "acción de amparo" para proteger los derechos constitucionales, sino que lo que previó fue "un derecho constitucional al amparo" con la consecuente obligación de todos los Tribunales de amparar a los habitantes de la República en el goce y ejercicio de los derechos y garantías consagrados en la Constitución, o que sin estar enumerados en el texto, sean inherentes a la persona humana.

La Ley Orgánica de Amparo sobre Derechos y Garantías Constitucionales, en vigencia a partir del 22 de enero de 1988[10], al regular y consagrar la *acción de amparo* de todos los derechos y libertades constitucionales, incluso para la protección de la libertad y seguridad personales (art. 38), ha reconocido expresamente que el ejercicio del derecho de amparo no se agota ni se contrae exclusivamente a dicho medio procesal, sino que puede ejercerse *también* a través de otras acciones o recursos establecidos en el ordenamiento jurídico. Así, en el artículo 3 se establece la posibilidad de formular la pretensión de amparo contra leyes junto con la acción popular de inconstitucionalidad de las leyes ante la Corte Suprema de Justicia; en el artículo 5 se establece expresamente que la pretensión de amparo contra actos administrativos y contra las conductas omisivas de la Administración puede formularse conjuntamente con los recursos contencioso-administrativos; y el artículo 6, ordinal 5°, al establecer las causales de inadmisibilidad de la acción de amparo, reconoce implícitamente que se puede formular la pretensión de amparo mediante otras "vías jurídicas ordinarias" o "medios judiciales preexistentes", en los cuales puede "alegarse la violación o amenaza de violación de un derecho o garantía constitucional".

Por supuesto para que estas vías judiciales sirvan de medio de amparo constitucional, el legislador ha perfeccionado sus mecanismos de protección: por ejemplo, en la acción de inconstitucionalidad de las leyes, cuando ésta se base en la violación de un derecho o garantía constitucional, en virtud de la nulidad absoluta que ello implica, se ha previsto en la Ley Orgánica la potestad de la Corte Suprema de *suspender los efectos de la Ley impugnada* respecto del caso concreto mientras se decide el recurso (art. 3°); en el recurso de casación, cuando la denuncia contra la sentencia recurrida consista en el alegato de la violación por la misma de un derecho o garantía constitucional la Sala de Casación debe acogerse al procedimiento y lapsos expeditos establecidos en la Ley Orgánica de Amparo (art. 6, ord. 5°) teniendo en todo caso el recurso efectos suspensivos de la sentencia; y en el recurso contencioso-administrativo, cuando el motivo del mismo sea la violación de un derecho constitucional por el acto recurrido, se ha eliminado la exigencia de agotamiento de la vía administrativa y del lapso de caducidad, dada

8 Véase Héctor Fix Zamudio, "Algunos aspectos comparativos del derecho de amparo en México y Venezuela", *Libro Homenaje a la Memoria de Lorenzo Herrera Mendoza*, U.C.V., Caracas, 1970, Tomo II, pp. 333-390.

9 *Ídem.*

10 Véase en *Gaceta Oficial* No. 33.891 de 22 de enero de 1988. Véase Allan R. Brewer-Carías y Carlos M. Ayala Corao, *Ley Orgánica de Amparo sobre Derechos y Garantías Constitucionales,* Caracas 1988.

la nulidad absoluta alegada, y se permite al juez recurrir en forma más expedita a los procedimientos de urgencia y abreviación de lapsos, así como a la suspensión de efectos del acto recurrido (arts. 5 y 6, ord. 5°).

En esta forma, el derecho de amparo como protección judicial, establecido en la Constitución de 1961, presenta unas peculiaridades que lo hacen diferente a la mayoría de las instituciones similares de protección de los derechos y garantías constitucionales establecidas en el mundo contemporáneo, tanto en Europa, como en América Latina[11], cuando el artículo 49 de la Constitución, establece lo siguiente:

> "*Artículo 49.*- Los Tribunales ampararán a todo habitante de la República en el goce y ejercicio de los derechos y garantías que la Constitución establece, en conformidad con la Ley.
>
> El procedimiento será breve y sumario, y el juez competente tendrá potestad para restablecer inmediatamente la situación jurídica infringida".

Conforme a esta norma constitucional, en consecuencia, puede afirmarse que en Venezuela el amparo se consagra como *un derecho* de los habitantes del país, de exigir ante todos los Tribunales, según su competencia, y de acuerdo a lo que la ley establece, la protección y el aseguramiento del goce y ejercicio de todos los derechos y garantías que la Constitución establece o que sean inherentes a la persona humana, frente a cualquier perturbación, provenga ésta de entes públicos o de particulares, mediante un procedimiento que debe ser breve y sumario, y permitir al juez restablecer inmediatamente la situación jurídica infringida.

La Constitución, por tanto, no establece "una" acción o recurso de amparo, como un particular medio de protección judicial, sino un derecho de amparo o "derecho a ser amparado", como derecho fundamental que se puede materializar y de hecho se materializa, a través de diversas acciones y recursos judiciales, incluso a través de una *"acción autónoma de amparo"*[12] que en principio se puede ejercer ante cualquier Tribunal de Primera Instancia con competencia afín al derecho constitucional violado, pero que en caso de no existir tal Tribunal en la localidad respectiva, puede ejercerse ante cualquier juzgado o tribunal, sea cual sea su jerarquía (art. 7).

Por ello, el artículo 1° de la Ley Orgánica de Amparo sobre Derechos y Garantías Constitucionales, establece lo siguiente:

> "Toda persona natural habitante de la República o persona jurídica domiciliada en ésta, podrá solicitar ante los Tribunales competentes el amparo previsto en el artículo 49 de la Constitución, para el goce y el ejercicio de los derechos y garantías constitucionales, aun de aquellos derechos fundamentales de la persona humana que no figuren expresamente en la Constitución, con el propósito de que se restablezca inmediatamente la situación jurídica infringida o la situación que más se asemeje a ella.
>
> La garantía de la libertad personal que regula el *hábeas corpus* constitucional, se regirá por esta Ley".

Al consagrarse así el derecho ciudadano a ser amparado, en nuestro criterio, el sistema venezolano se acoge al sentido de la previsión del artículo 25,1 de la Convención Americana sobre Derechos Humanos de 1977, que dispone en materia de protección judicial, que:

> "Toda persona tiene derecho a un recurso sencillo y rápido o a cualquier otro recurso efectivo ante los jueces o tribunales competentes, que la ampare contra actos que violen sus derechos fundamentales reconocidos por la Constitución, la ley o la presente convención aun cuando tal violación sea cometida por personas que actúan en ejercicio de sus funciones.[13]

---

11 Véase en general H. Fix Zamudio, *La protección procesal de los derechos humanos ante las jurisdicciones nacionales*, Madrid, 1982, pp. 366.

12 Véase Allan R. Brewer-Carías, "El derecho de amparo y la acción de amparo", *Revista de Derecho Público*, N° 22, Caracas 1985, pp. 51 y sigts.

13 Véase la Ley aprobatoria en *Gaceta Oficial* N° 31.256 del 14.06.77.

### C) El derecho de tutela en Colombia

La Constitución de Colombia de 1991, en nuestro criterio, puede decirse que se alinea en la orientación de los sistemas mexicano y venezolano de amparo, al regular no sólo una "acción de tutela" específica, para la protección de los derechos constitucionales fundamentales, sino además de la misma, establecer un derecho a la tutela judicial de dichos derechos que se ejerce o puede ejercerse mediante otros variados medios procesales de protección de los derechos y libertades.

En efecto, el Capítulo 4 del Título II de la Constitución (De los Derechos, las Garantías y los Deberes) se refiere a la protección y aplicación de los derechos", y en el se consagra la "acción de tutela" (art. 86).

Sin embargo, dicha acción de tutela, en nuestro criterio, no se concibe como la única vía judicial posible para la protección de los derechos constitucionales pues, en primer lugar, la misma sólo procede "cuando el afectado no disponga de otro medio de defensa judicial", (art. 86), se entiende, "mediante un procedimiento preferente y sumario", lo que implica que el Legislador puede consagrar variadas vías de tutela judicial de los derechos constitucionales.

Pero en segundo lugar, la Constitución expresamente señala que:

> "*Artículo 86*.- Además de los consagrados en los artículos anteriores, la ley establecerá los demás recursos, las acciones, y los procedimientos necesarios para que puedan propugnar por la integridad del orden jurídico, y por la protección de sus derechos individuales, de grupo o colectivos, frente a la acción u omisión de las autoridades públicas".

En tercer lugar, y específicamente sobre los derechos e intereses colectivos, el artículo 88 de la Constitución dispone:

> "*Artículo 88*.- La ley regulará las acciones populares para la protección de los derechos e intereses colectivos, relacionados con el patrimonio, el espacio, la seguridad y la salubridad públicos, la moral administrativa, el ambiente, la libre competencia económica y otros de similar naturaleza que se definen en ella".

En consecuencia, en nuestro criterio, en la Constitución de Colombia de 1991 se ha regulado el amparo a los derechos constitucionales, como un derecho a la tutela judicial de dichos derechos que se ejerce, sea mediante el ejercicio de la acción de tutela, sea mediante el ejercicio de otras acciones o recursos que el legislador puede establecer.[14]

Por ello, entre las causales de improcedencia de la tutela, el Decreto Nº 2591 de 1991, que reglamenta la acción de tutela, establece que esta no procede "cuando existan otros recursos o medios de defensa judiciales, salvo que aquella se utilice como mecanismo transitorio para evitar un perjuicio irremediable" entendiéndose "por irremediable el perjuicio que sólo pueda ser reparado en su integridad mediante una indemnización" (art. 6,1).

Por tanto de acuerdo con el artículo 8 del Decreto Nº 2591, "aún cuando el afectado disponga de otros medios de defensa judicial, la acción de tutela procederá cuando se utilice como mecanismo transitorio para evitar un perjuicio irremediable". También prescribe esa norma que "cuando se utilice como mecanismo transitorio para evitar un daño irreparable, la acción de tutela también podrá ejercerse conjuntamente con la acción de nulidad y de las demás procedentes ante la jurisdicción de lo contencioso-administrativo. En estos casos, el juez, si lo estima procedente, podrá ordenar que no se aplique el acto particular respecto de la situación jurídica concreta cuya protección se solicita, mientras dure el proceso".

La acción de tutela en Colombia también podía ejercerse conjuntamente con los recursos judiciales ordinarios. En tal sentido, el artículo 40 del Decreto Nº 2591 de 1991, al regular la tutela contra actos judiciales, prescribió que "cuando el derecho invocado sea el debido proceso, la tutela deberá interponerse conjuntamente con el recurso procedente", es decir, en principio, con el de apelación.

---

14 Véase en general sobre la tutela en Colombia, Manuel José Cepeda, *La Tutela. Materiales y Reflexiones sobre su significado*, Bogotá 1992; J. M. Charry, *La acción de Tutela*, Bogotá 1992; Jorge Arenas Salazar, *La Tutela. Una acción humanitaria*, Bogotá 1992.

Además, el artículo 40 del Decreto precisó lo siguiente:

"Quien hubiere interpuesto un recurso, o disponga de medios de defensa judicial, podrá solicitar también la tutela si esta es utilizada como mecanismo transitorio para evitar un perjuicio irremediable. También podrá hacerlo quien, en el caso concreto, careciere de otro mecanismo de defensa judicial, siempre y cuando la acción sea interpuesta dentro de los sesenta días siguientes a la firmeza de la providencia que hubiere puesto fin al proceso".

Este artículo 40 del Decreto, sin embargo, ha sido anulado por la Corte Constitucional por sentencia del 1° de octubre de 1992, por considerarlo inconstitucional, pues conforme al criterio de la Corte, en Colombia no procede la tutela contra las providencias judiciales.[15]

## II.- EL AMPARO COMO UNA GARANTÍA JURISDICCIONAL ESPECÍFICA (ACCIÓN O RECURSO) PARA LA PROTECCIÓN DE LOS DERECHOS Y LIBERTADES CONSTITUCIONALES

En la mayoría de los sistemas occidentales, el amparo se ha regulado constitucionalmente, en particular, como una *específica garantía jurisdiccional para la protección de los derechos y libertades constitucionales*, mediante el establecimiento de un recurso o acción destinado a tal fin. En algunos supuestos se trata de un específico medio de protección judicial que se ejerce ante un sólo tribunal, en otros casos se trata de una o varias acciones o recursos que se intentan ante la jurisdicción ordinaria.

En todo caso, es claro que aun así, no se trata de la única vía de protección de los derechos constitucionales, dado que los jueces ordinarios tienen siempre y esencialmente tal función por las vías ordinarias de acciones y recursos.

### *1.- El amparo como una acción o recurso que se ejerce ante un solo tribunal*

Quizás la figura más generalizada del amparo en Europa, como medio de protección jurisdiccional de los derechos y garantías constitucionales, la constituye el establecimiento en el ordenamiento constitucional, de *una sola acción o recurso que se intenta ante un solo Tribunal,* sea especializado en materia de justicia constitucional, sea ante la Corte Suprema de Justicia respectiva.

#### A) El amparo a cargo de un Tribunal constitucional

Ante todo se destacan los sistemas europeos de protección de los derechos y libertades constitucionales, configurados en una garantía jurisdiccional específica que se intenta ante un Tribunal Constitucional integrado o no al Poder Judicial. Es el caso de las acciones o recursos de amparo establecidos en Alemania, Austria y España.

a) *El recurso de amparo constitucional (Verfassungsbeschwerde) alemán*

En la Ley Fundamental de Bonn, en la reforma constitucional de 1969, se constitucionalizó definitivamente el recurso de amparo constitucional como un instrumento tutelador de derechos y libertades constitucionales, que la Ley Reguladora del Tribunal Constitucional de 1951 había previsto legalmente.[16]

Se trata de un recurso de amparo constitucional para la protección de ciertos derechos y libertades constitucionales (los que se denominan *derechos fundamentales*), frente a lesiones causadas por los órganos del Poder Público que se intenta directamente ante el Tribunal Constitucional Federal, una vez agotados los recursos ordinarios que resulten procedentes. Es, por tanto, un recurso de carácter subsidiario, por lo que si la lesión al derecho fundamental puede ser reparada mediante algún procedimiento judicial ordinario, no procede intentar el recurso de amparo constitucional, sino después de agotados los mismos. Solamente en casos de interés

15 Véase la sentencia en *Derecho Colombiano*, 1992, Bogotá, pp. 471 a 499.

16 Véase por todos I.V. Munch, "El recurso de amparo constitucional como instrumento jurídico y político en la República Federal de Alemania", *Revista de Estudios Políticos*, No. 7, Madrid, 1979, pp. 269-289; Klaus Schlaich, "El Tribunal constitucional alemán", en L. Favoreu y otros, *Tribunales Constitucionales Europeos y Derechos Fundamentales*, Madrid 1984, pp. 167-186.

general y cuando se ocasiona al interesado un perjuicio grave e irreparable es que el recurso de amparo pierde su carácter subsidiario y el Tribunal Constitucional Federal puede entrar a conocer directamente del mismo.

b) *El recurso constitucional (Beschwerde) austríaco*

En la Constitución austríaca de 1920 se estableció el recurso constitucional, como instrumento procesal de protección a los derechos constitucionales, que se ejerce ante el Tribunal Constitucional, cuya Ley reguladora de 1953 lo desarrolló detalladamente.

La Constitución austríaca, sin embargo, no contiene una parte dogmática completa, por lo que existe dificultad en la identificación de los derechos constitucionales garantizados, los cuales son ciertos derechos que consagra directamente la Constitución y los reconocidos en las leyes constitucionales a las cuales remite el Texto Fundamental.[17]

El recurso constitucional procede sólo contra los actos administrativos locales y federales que violen los derechos constitucionales (no procediendo contra los actos legislativos ni judiciales), para lo cual se exige el agotamiento previo de los recursos administrativos que sean procedentes contra el acto impugnado.

c) *El recurso de amparo español*

La Constitución española de 1978, con antecedentes en la Constitución Republicana de 1931 (recurso de amparo de garantías individuales), estableció el recurso de amparo para la protección de ciertos derechos y libertades constitucionales (que se denominan *derechos fundamentales*).

Este recurso de amparo, regulado detalladamente en la Ley Orgánica del Tribunal Constitucional de 1979[18], y que se intenta ante el Tribunal Constitucional, está destinado a proteger dichos derechos fundamentales, solamente contra actos de los órganos del Poder Público, y en particular, contra las decisiones y actos sin valor de ley del Poder Legislativo; contra las disposiciones, actos jurídicos o vías de hecho de las autoridades ejecutivas-administrativas; contra las decisiones u omisiones judiciales y contra las resoluciones lesivas al derecho a la objeción de conciencia.

Se trata, en principio, más que de un recurso, de una acción, pero por el hecho de que en la mayoría de los casos (excepto cuando se intenta contra actos legislativos) es necesario agotar las vías previas de la jurisdicción ordinaria (incluso contencioso-administrativa), en definitiva y en la práctica, se configura como un recurso de revisión de decisiones judiciales, de carácter, por tanto, subsidiario.

### B) El amparo a cargo del órgano supremo de la vía judicial

En otros sistemas constitucionales, el amparo se establece como un recurso o acción que se ejerce ante un solo Tribunal, pero integrado al Poder Judicial, y en particular, ante el órgano judicial supremo. Es el caso de Suiza, Costa Rica, El Salvador y Nicaragua.

a) *El recurso de derecho público (Staatsrechtliche Beschwerde) suizo*

La Constitución suiza de 1874 consagró expresamente el recurso de derecho público que se intenta directamente ante el Tribunal Federal para la protección de los derechos y libertades constitucionales, contra actos administrativos, legislativos y judiciales exclusivamente de las *autoridades cantonales,* cuando violen o menoscaben algunos de dichos derechos, por lo cual resulta inadmisible contra los actos de las autoridades federales.[19]

17 Véase por todos F. Ermacora, "El Tribunal Constitucional Austríaco" en el *Tribunal Constitucional*, Dirección General de lo Contencioso del Estado, Instituto De Estudios Fiscales, Madrid 1981, Tomo I, pp. 409-459.

18 Véase por todos Joan Oliver Araujo, *El recurso de amparo*, Palme de Mallorca, 1986; Antonio Moya Garrido, *El recurso de amparo según la doctrina del Tribunal Constitucional*, Barcelona, 1983; José L. Cascajo Castro y Vicente Gimeno Sendra, *El recurso de amparo*, Madrid 1985; Antonio Cano Mata, *El recurso de amparo*, Madrid 1983.

19 Véase por todos E. Zellweger, "El Tribunal Federal Suizo en calidad de Tribunal Constitucional", *Revista de la Comisión Internacional de Juristas*, N° 7, 1966, pp. 114 y sigts.

En este caso, también para la interposición del recurso de derecho público ante el Tribunal Federal, es necesario agotar previamente los medios ordinarios de impugnación de los actos lesivos, lo que le da carácter subsidiario.

b) *El recurso de amparo en Costa Rica*

La reforma constitucional de Costa Rica de 1989 estableció expresamente el derecho de toda persona tanto al recurso de *hábeas corpus* para garantizar su libertad e integridad personales, como al recurso de amparo para mantener o restablecer el goce de los otros derechos consagrados en el Texto Fundamental, así como los de carácter fundamental establecidos en los instrumentos internacionales sobre derechos humanos, aplicables a la República.

Se trata de recursos ejercidos ante la Sala Constitucional, creada como Sala especializada de la Corte Suprema Justicia, y que se encuentran regulados en la Ley de la Jurisdicción Constitucional de 1989.[20]

El recurso de amparo, en particular, procede contra toda disposición, acuerdo o resolución y en general, contra toda acción, omisión o simple actuación material no fundada en un acto administrativo eficaz, de los servidores y órganos públicos que hayan violado, violen o amenacen violar cualquiera de aquellos derechos (art. 29). La Ley excluye el amparo, sin embargo, contra las leyes u otras disposiciones normativas, salvo cuando se impugnen conjuntamente con actos de aplicación individual de aquellas o cuando se trate de normas de acción automática, de manera que sus preceptos resulten obligatorios inmediatamente por su sola promulgación; contra las resoluciones y actuaciones jurisdiccionales del Poder Judicial, contra los actos que realicen las autoridades administrativas al ejecutar decisiones judiciales; y contra los actos o disposiciones del Tribunal Supremo de Elecciones en materia electoral (art. 30).

La Ley de Costa Rica, además, regula la acción de amparo contra acciones u omisiones de sujetos de derecho privado, pero sólo cuando éstos actúen o deban actuar en ejercicio de funciones o potestades públicas, o se encuentren, de derecho o de hecho, en una posición de poder frente a la cual los remedios jurisdiccionales comunes resulten claramente insuficientes y tardíos para garantizar los derechos o libertades fundamentales consagrados en la Constitución y los derechos humanos reconocidos por el Derecho Internacional vigente en Costa Rica (art. 59).

Adicionalmente, la misma Ley de la Jurisdicción Constitucional regula específicamente el recurso de amparo para garantizar el derecho de rectificación o respuesta a toda persona afectada por informaciones inexactas o agraviantes emitidas en su perjuicio por medios de difusión que se dirijan al público en general, para consecuentemente efectuar por el mismo órgano de difusión su rectificación o respuesta. A tal efecto la Ley regula un procedimiento específico (art. 66 y ss).

El recurso de amparo de Costa Rica, por tanto, se configura como un medio judicial de protección constitucional contra las actuaciones de la Administración Pública, contra las actuaciones de particulares pero cuando actúan en ejercicio del Poder Público, y contra leyes o actos normativos autoaplicativos, que se ejerce directamente ante la Sala Constitucional de la Corte Suprema de Justicia contra el servidor o el titular del órgano o representante de la entidad que aparezca como presunto autor del agravio, sin que sea necesario el ejercicio de ningún recurso administrativo previo para interponerlo.

c) *El amparo en El Salvador*

De acuerdo con la Constitución de El Salvador de 1983, reformada en 1991 y 1992, dentro de las atribuciones de la Corte Suprema de Justicia está el "conocer de los procesos de amparo" (art. 182, ord. 1°). Por ello, la Ley de Procedimientos Constitucionales de 1960, dentro de la misma orientación de "amparo concentrado" establece que

> "*Artículo 3*.- Toda persona puede pedir amparo ante la Corte Suprema de Justicia por violación de los derechos que le otorga la Constitución.

20 Véase en general, Rubén Hernández Valle, *La Tutela de los Derechos Fundamentales*, San José, 1990.

El conocimiento y fallo del juicio de amparo corresponde a la Sala de Amparo".

d) *El amparo en Nicaragua*

La Constitución de Nicaragua de 1986, no sólo establece el recurso de amparo para la protección de los derechos y garantías constitucionales (art. 188), sino que adicionalmente atribuye competencia exclusiva para conocer del mismo a la Corte Suprema de Justicia (art. 164, ord. 3º). Adicionalmente, la Ley de Amparo de Nicaragua de 1988, establece que la Corte Suprema de Justicia es el tribunal competente para conocer el recurso de amparo hasta su resolución definitiva (art. 25), correspondiendo, sin embargo, a los Tribunales de Apelaciones respectivos o a las Salas de los mismos conocer de las primeras actuaciones hasta la suspensión del acto inclusive (art. 25).

***2.- El amparo como una acción o recurso pero ejercido ante una globalidad de Tribunales***

En la mayoría de los sistemas latinoamericanos cuyas Constituciones consagran el amparo como una garantía judicial específica para la protección de los derechos y libertades constitucionales, el conocimiento de las acciones o recursos no se concentra en un solo Tribunal, sino que su conocimiento y decisión se atribuye a una globalidad de Tribunales. Así sucede por ejemplo, en Argentina, Perú, Uruguay, Chile, Brasil, Colombia, Guatemala, Panamá, El Salvador, Bolivia y Honduras. También sucede en Venezuela con la "acción de amparo" autónoma.

**A) El recurso de amparo en Argentina**

El recurso de *hábeas corpus* en Argentina no estaba establecido en la Constitución, y sólo fue incorporado al Texto Fundamental en la reforma de 1949, aun cuando luego dejada sin efecto en 1955. Sin embargo, en 1984, por Ley 23098 el Congreso, al interpretar el artículo 18 de la Constitución que establece la garantía de no ser arrestado sino en virtud de orden escrita de la autoridad competente, reglamentó el *hábeas corpus* para la protección de la libertad física o corporal ante las detenciones ilegales y arbitrarias.[21]

En cuanto a los demás derechos constitucionales, en ausencia de previsión legal, la jurisprudencia de la Corte Suprema de la Nación había rechazado la aplicación del *hábeas corpus* para lograr su protección judicial. Sin embargo, a raíz de la resolución de los casos *Angel Siri* y *Samuel Kot* en 1957 y 1958, la Corte Suprema de la Nación produjo la creación jurisprudencial del amparo de los derechos constitucionales, dejando sentado los criterios de que el amparo procedía para tutelar los derechos constitucionales, con excepción de la libertad física protegida por el *hábeas corpus*; que no podía ser obstáculo a la aplicación del amparo su falta de reglamentación procesal, aplicándose en cuanto fuera posible el trámite del *hábeas corpus*; que el amparo protegía no sólo contra actos de los órganos del Poder Público sino de los particulares; y que procedía no obstante la existencia de una vía procesal ordinaria, si el trámite de ésta podía producir un daño grave e irreparable.[22]

La labor jurisprudencial se completó con la promulgación de la Ley 16986 sobre la acción de amparo de 1966 que regula sólo la acción de amparo contra actos del Estado, teniendo los particulares acceso al amparo frente a los particulares mediante las previsiones del Código Procesal Civil y Comercial de la Nación (arts. 32,1, inciso 2 y 498).[23]

En esta forma, de acuerdo con el artículo 1º de la Ley 16986:

> "La acción de amparo será admisible contra todo acto u omisión de autoridad pública que, en forma actual o inminente, lesione, restrinja, altere o amenace, con arbitrariedad o ilegalidad manifiesta, los derechos o garantías explícita o implícitamente reconocidas por la Constitución Nacional, con excepción de la libertad individual tutelada por el hábeas corpus".

---

21 Véase, por todos, Néstor Sagüés, *Derecho Procesal Constitucional*, Hábeas Corpus, Buenos Aires 1988.

22 Véase, por todos, José Luis Lazzarini, *El juicio de amparo*, Buenos Aires 1987; Néstor Pedro Sagüés, *Derecho Procesal Constitucional. Acción de Amparo*, Buenos Aires 1988.

23 J.L. Lazzarini, *op. cit.*, p. 229.

Se trata, por tanto, de una acción que se intenta ante cualquier Juez de Primera Instancia con jurisdicción en el lugar en que el acto se exteriorice o tuviere o pudiere tener efectos, para la protección de todos los derechos y libertades constitucionales (incluso los implícitamente reconocidos en la Constitución) contra las actuaciones u omisiones de las autoridades públicas, excepto las decisiones o actos emanados del Poder Judicial, y las Leyes.

Para intentar la acción de amparo es necesario agotar los recursos o remedios judiciales o administrativos que permitan obtener la protección del derecho o garantía constitucional de que se trate, pues si estos existen, el amparo es inadmisible, salvo que ellos no sean hábiles para reparar el agravio y el tránsito por los mismos pueda ocasionar un daño grave e irreparable. De allí que se considere al amparo como una vía excepcional.

**B) El recurso de amparo en el Perú**

La Constitución peruana de 1979 estableció en su artículo 295 las siguientes "garantías constitucionales":

> "*Artículo 295.*- La acción u omisión por parte de cualquier autoridad, funcionario o persona que vulnera o amenaza la libertad individual, da lugar a la acción de *hábeas corpus.*
>
> La acción de amparo cautela los demás derechos reconocido por la Constitución que sean vulnerados o amenazados por cualquier autoridad, funcionario o persona".

Se consagró así, la acción de amparo como una garantía constitucional para la protección de todos los derechos y libertades reconocidos por la Constitución con excepción de la libertad individual (cuyo medio de protección judicial es la acción de *hábeas corpus*), cuando sean vulnerados por actos de autoridades públicas o de particulares.[24]

De acuerdo con la Ley Nº 23506 de Hábeas Corpus y Amparo de 1982, y la Ley 25398 de 1991 que complementa la anterior, la acción de amparo se intenta ante los Jueces de Primera Instancia en lo Civil del lugar donde se afectó el derecho o donde tiene domicilio el afectado o el autor de la infracción (art. 29), y sólo se excluye contra resoluciones judiciales "emanadas de un procedimiento regular" (art. 6, ord. 2º). De acuerdo a dicha Ley, el amparo sólo procede cuando se hayan agotado las vías previas (art. 27), de manera que cuando sea una actividad administrativa la que lesiona el derecho constitucional, han de agotarse los procedimientos administrativos respectivos. Sin embargo, si el agotamiento de la vía previa pudiera convertir la agresión en irreparable o si no se resuelve en los plazos fijados legalmente, dicho requisito de agotamiento de las vías previas no es exigible (art. 28).

**C) La acción de amparo en Uruguay**

La acción de amparo en Uruguay, a pesar de las declaraciones generales contenidas en los artículos 7,72 y 332 de la Constitución de 1966, se reguló en forma expresa en la Ley Nº 16011 de 1988, en la cual se estableció lo siguiente:

> "*Artículo 1º.*- Cualquier persona física o jurídica, pública o privada, podrá deducir la acción de amparo contra todo acto, omisión o hecho de las autoridades estatales o paraestatales, así como de particulares que, en forma actual e inminente, a su juicio, lesione, restrinja, altere o amenace, con ilegitimidad manifiesta, cualquiera de sus derechos y libertades reconocidos expresa o implícitamente por la Constitución (art. 72), con excepción de los casos en que proceda la interposición del recurso de *hábeas corpus*".

Se estableció así, la acción de amparo para la protección de todos los derechos y libertades constitucionales, que se puede ejercer ante todos los jueces letrados de Primera Instancia de la materia que corresponda al acto, hecho u omisión impugnados y del lugar en que estos produzcan sus efectos (art. 3), no sólo contra actos lesivos de los órganos del Poder Público, sino contra actos de los particulares.[25]

---

24 Véase, por todos, Alberto Borea Dría, *El amparo y el Hábeas Corpus en el Perú de Hoy*, Lima, 1985; y *Las Garantías Constitucionales: Hábeas Corpus y amparo*, Lima 1992.

25 Véase por todos Luis Alberto Viera, *La Ley de Amparo*, Montevideo 1989; Miguel Angel Semino, "Comentarios sobre la acción de amparo en el Derecho Uruguayo", en *Boletín de la Comisión Andina de Juristas*, Nº 27, Lima 1996, pp. 16 a 24.

La Ley N° 16011, sin embargo, excluyó de la acción de amparo los actos jurisdiccionales, cualquiera sea su naturaleza y el órgano del que emanen; los actos de la Corte Electoral cualquiera sea su naturaleza; y las leyes y los decretos de los gobiernos departamentales que tengan fuerza de Ley en su jurisdicción (art. 1°).

Esta acción de amparo en el sistema uruguayo, sólo procede cuando no existan otros medios judiciales o administrativos que permitan obtener el mismo resultado de protección o amparo, o cuando, si existieren fueren, por las circunstancias, claramente ineficaces para la protección del derecho.

### D) El recurso de protección en Chile

La Constitución de Chile de 1980, con antecedentes en el Acta Constitucional N° 3 (Decreto-Ley N° 1552) de 1976, estableció el recurso de protección de ciertos derechos y libertades constitucionales, que puede intentarse ante las Cortes de Apelaciones, las cuales están legalmente autorizadas para adoptar de inmediato las providencias que juzguen necesarias para restablecer el imperio del derecho y asegurar la debida protección del afectado, sin perjuicio de los demás derechos que pueda hacer valer ante la autoridad o los Tribunales correspondientes (art. 20).[26]

Este recurso de protección procede contra los actos u omisiones arbitrarios o ilegales que priven, perturben o amenacen en el legítimo ejercicio de algunos de los derechos y libertades establecidos en la Constitución; reservándose sin embargo, la acción de amparo en los casos de que un individuo se hallare arrestado, detenido o preso con infracción de lo dispuesto en la Constitución o en las leyes (art. 21).

### E) Las acciones de protección constitucional en Brasil

En la Constitución de Brasil, desde 1934, se había establecido expresamente el *mandado de segurança*, como una acción específica de protección de los derechos y libertades constitucionales, con excepción de la libertad personal, que era protegido mediante el recurso de *hábeas corpus*.

En la nueva Constitución de Brasil de 1988, el elenco de garantías constitucionales ha sido ampliado en forma destacada, pues además del *mandado de segurança* y del recurso de hábeas corpus, se han establecido dos nuevas acciones de protección de los derechos y libertades constitucionales: el *mandado de injunçao* y el *habeas data*.[27]

En efecto, en primer lugar, el *hábeas corpus* se regula en el artículo 5, LXVIII de la Constitución al establecerse que procede siempre que alguien sufra o se sienta amenazado de sufrir violencia o coacción en su libertad de locomoción, por ilegalidad o abuso de poder.

La libertad de locomoción declarada en el artículo 5, XV de la Constitución es el derecho de cualquier persona de entrar, permanecer y de salir con sus bienes del territorio nacional; en definitiva es el *ius ambulandi*, esencia de la libertad personal, por lo que el *hábeas corpus* procede contra las detenciones arbitrarias o ilegales. La acción se intenta en principio ante los Tribunales de Primera Instancia Criminal, pero pueden conocer de la acción los Tribunales de Apelación e incluso el Supremo Tribunal Federal, si la acción se intenta contra el Tribunal de Primera Instancia o contra el Tribunal de Apelación, respectivamente.

La segunda acción de protección prevista de la Constitución de Brasil es el *mandado de segurança* individual o colectivo. El *mandado de segurança* se concede en el artículo 5, LXIX para proteger derechos líquidos y ciertos, no amparados por el *hábeas corpus* o *hábeas data*, cuando el responsable de la ilegalidad o abuso de poder fuese una autoridad pública o un agente de una persona jurídica en ejercicio de atribuciones del Poder Público. Este recurso, que puede intentarse ante todos los tribunales según su competencia, sin embargo, no es admisible de acuerdo a la Ley cuando existan recursos administrativos que puedan ejercerse contra el acto

26 Véase por todos, Enrique Paillas, *El recurso de protección ante el Derecho Comparado*, Santiago de Chile, 1990; y Sergio Lira Herrera, *El Recurso de Protección*, Santiago de Chile 1990.

27 Véase por todos José Alfonso Da Silva, *Mandado de injunçao e habeas data*, Sao Paulo, 1989; Dimar Ackel Filho, *Writs Constitucionais*, Sao Paulo, 1988; Nagib Slaibi Filho, *Anotacoes a Constituicao de 1988*, Río de Janeiro, 1989.

en cuestión, o si se trata de decisiones judiciales, cuando existan recursos previstos en las leyes procesales mediante los cuales pueda corregirse el acto. Tampoco se admite el *mandado de segurança* contra las leyes, incluso de carácter autoaplicativas.

La Constitución de 1988 también introdujo una novedad al *regular* el *mandado de segurança colectivo*, el cual puede ser ejercido por los partidos políticos con representación en el Congreso Nacional; o por organizaciones sindicales, entidades de clases o asociaciones legalmente constituidas y en funcionamiento por lo menos durante un año, en defensa de los intereses de sus miembros o asociados (art. 5, LXX). Se trata de un medio procesal de protección de intereses colectivos (no difusos), ejercido por los entes representativos de los mismos, ante todos los tribunales, según su competencia, en sentido similar a la competencia en el *mandado de segurança* individual.

En tercer lugar, la Constitución de Brasil de 1988, estableció un nuevo medio procesal de protección de los derechos y libertades constitucionales, denominado el *mandado de injunçao*, que se concede conforme al artículo 5, LXXI, siempre que por falta de norma reglamentaria se torne en inviable el ejercicio de los derechos y libertades constitucionales y de las prerrogativas inherentes a la nacionalidad, a la soberanía del pueblo o a la ciudadanía. Esta acción tiene por objeto, frente a la omisión legislativa o reglamentaria, obtener la orden de un juez en la cual impone una obligación de hacer o de cumplir un determinado acto, cuya violación constituye un atentado a un derecho.

Si la omisión normativa es atribuible a las más altas autoridades de la República, el Tribunal competente es el Supremo Tribunal Federal; en otros casos, son competentes los Tribunales Superiores de justicia. En todo caso, mediante el *mandado de injunçao* el juez respectivo no legisla sino solamente ordena o manda que se conceda el derecho establecido en la Constitución, y cuya falta de reglamentación hace inviable su ejercicio.

Por último, en cuarto lugar, la Constitución de 1988 estableció otra nueva acción de protección de los derechos constitucionales, denominada *hábeas data*, que el artículo 5, LXXII concede, primero, para asegurar el conocimiento de informaciones relativas a la persona recurrente que consten en registros o banco de datos de entidades gubernamentales o de carácter público; y segundo, para la rectificación de datos, cuando no se pueda lograr mediante procesos judiciales o administrativos. El *hábeas data* se configura entonces como una acción constitucional destinada a garantizar tres aspectos: el derecho de acceso a los registros oficiales; el derecho de rectificación de los mismos; y el derecho de corrección de dichos registros, informatizados o no, que se intenta ante todos los tribunales, según su competencia, incluso ante el Supremo Tribunal Federal.

**F) La "acción de amparo" en Venezuela como vía judicial autónoma**

Hemos señalado que en Venezuela, el derecho de amparo previsto en la Constitución, conforme a la Ley Orgánica de 1988 permite lograr la adecuada protección de los derechos y garantías constitucionales, además a través de otras vías judiciales, mediante una "acción de amparo" autónoma, la cual, por supuesto, aparece en el ordenamiento como absolutamente diferenciada de la acción o recursos de inconstitucionalidad de las leyes, del recurso de casación y de las acciones contencioso-administrativas. En este caso, la acción de amparo se nos presenta como una acción mucho más amplia, de protección de absolutamente todos los derechos y garantías constitucionales, incluyendo, como hemos señalado, el goce y ejercicio de la libertad personal, que la Exposición de Motivos de la Constitución califica como "derecho de *hábeas corpus*", regulado transitoriamente en la Disposición Transitoria Quinta de la Constitución, y ahora regulado en detalle en la Ley Orgánica.[28]

Ahora bien, una de las características de esta acción judicial autónoma de amparo, es que *no presupone el que se hayan agotado vías judiciales previas para poder intentarse*, lo que hace que la acción de amparo en Venezuela se diferencie del recurso de amparo que se ha desarrollado

28 Véase Allan R. Brewer Carías y Carlos M. Ayala Corao, *Ley Orgánica de Amparo a los Derechos y Garantías Constitucionales*, Caracas 1988; Hildegard Rondón de Sansó, *Amparo Constitucional*, 1991.

en Europa y, particularmente, en Alemania y España. En estos países, en realidad, el recurso de amparo, de hecho, es un auténtico "recurso" que se intenta, en principio, contra decisiones judiciales. En Alemania, como hemos señalado, el recurso de amparo constitucional que se intenta ante el Tribunal Constitucional Federal, exige el agotamiento previo de la vía judicial ordinaria, por lo que, en definitiva, se traduce en un recurso contra una decisión judicial respectiva, aun cuando como se ha dicho, excepcionalmente procede una acción directa de amparo en ciertos casos específicos y respecto a un número muy limitado de derechos constitucionales. En España, el recurso de amparo que se intenta ante el Tribunal Constitucional, también exige el agotamiento previo de las vías judiciales y, particularmente, si se trata de un amparo en relación a actividades administrativas, en definitiva se requiere siempre el agotamiento previo a la vía judicial contencioso-administrativa. Por eso, en España, el recurso de amparo en definitiva se configura como un recurso revisor de sentencias de los Tribunales Contencioso-Administrativos.

En el caso venezolano, en cambio, la acción autónoma de amparo *no exige el agotamiento previo de las vías judiciales* ni se configura, por tanto, como un recurso extraordinario contra sentencias judiciales. Se trata, si, de una acción judicial autónoma que sólo procede cuando no se opte por otros recursos o acciones judiciales que permitan mediante procedimientos breves y sumarios, obtener amparo y protección de los derechos y el restablecimiento inmediato de los mismos (art. 6, ord. 5°) o en materia de amparo contra actos administrativos o conductas omisivas de la administración, cuanto la vía contencioso-administrativa no sea un medio efectivo de protección constitucional. En estos casos, no es que la acción de amparo requiere el agotamiento previo del recurso contencioso-administrativo de anulación cuando la violación del derecho constitucional la produce un acto administrativo, sino que el recurso contencioso-administrativo puede ser en sí mismo el medio de amparo. Por ello, en el caso de actos administrativos, cuando el recurso contencioso-administrativo no sirva efectivamente como medio de amparo dadas las particulares circunstancias del caso concreto, procede la acción autónoma de amparo (art. 5).

Por otra parte, debe señalarse que el derecho de amparo, de acuerdo a la Constitución y la Ley Orgánica, se puede ejercer ante "los tribunales" en conformidad con la Ley, por lo que de acuerdo a la Ley Orgánica de Amparo, la competencia para conocer de la acción autónoma de Amparo se atribuye en principio a los Tribunales de Primera Instancia.

En efecto, de acuerdo con el artículo 7° de la Ley Orgánica:

> "Son competentes para conocer de la acción de amparo, los Tribunales de Primera Instancia que lo sean en la materia afín con la naturaleza del derecho o de las garantías constitucionales violados o amenazados de violación, en la jurisdicción correspondiente al lugar donde ocurriere el hecho, acto u omisión que motivaren la solicitud de amparo...
>
> Del amparo de la libertad y seguridad personales conocerán los Tribunales de Primera Instancia en lo Penal, conforme al procedimiento establecido en esta Ley."

La Ley agrega, en su artículo 9°, que:

> "Cuando los hechos, actos u omisiones constitutivos de la violación o amenaza de violación del derecho o de la garantía constitucional se produzcan en lugar donde no funcionen Tribunales de Primera Instancia, se interpondrá la acción de amparo ante cualquier Juez de la localidad, quien decidirá conforme a lo establecido en esta Ley. Dentro de las 24 horas siguientes a la adopción de la decisión, el Juez la enviará en consulta al Tribunal de Primera Instancia competente".

En ciertos casos, sin embargo, la acción autónoma de amparo sólo puede intentarse ante la Corte Suprema de Justicia quien conoce en única instancia en los casos de que la violación o amenaza de violación de los derechos constitucionales provenga de hecho, acto u omisión del Presidente de la República, de los Ministros, del Fiscal General de la República, del Procurador General de la República o del Contralor General de la República (art. 8).

### G) La "acción de tutela" en Colombia como vía judicial autónoma

Hemos señalado que en nuestro criterio, el sistema adoptado por la Constitución de Colombia de 1991, para la protección constitucional de los derechos fundamentales, es el de consagrar *un derecho constitucional a la tutela* judicial de dichos derechos, a través de múltiples vías judiciales y también, mediante el ejercicio de una específica "acción de tutela" que se regula en el artículo 86 de la Constitución, así:

> "*Artículo 86*.- Toda persona tendrá acción de tutela para reclamar ante los jueces en todo momento y lugar, mediante un procedimiento preferente y sumario, por sí misma o por quien actúe a su nombre, la protección inmediata de sus derechos constitucionales fundamentales, cuando quiera que éstos resulten vulnerados o amenazados por la acción o la omisión de cualquier autoridad pública..."

Debe destacarse, ante todo, que esta acción de tutela autónoma, se puede ejercer ante una globalidad de Tribunales y no ante un solo Tribunal.

Así resulta de la expresión del artículo 86 de la Constitución, al consagrarse el derecho de toda persona a ejercer la acción de tutela para la protección de los derechos constitucionales fundamentales por "ante los jueces". Por ello, en el Decreto 2591 de 1991 se atribuye competencia "para conocer de la acción de tutela, a prevención, los jueces o tribunales con jurisdicción en el lugar donde ocurriere la violación o la amenaza que motivaren la presentación de la solicitud" (art. 37). Por otra parte, el mismo artículo 86 de la Constitución, establece que el fallo que se dicte con motivo del ejercicio de la acción de amparo, "podrá impugnarse ante juez competente y, en todo caso, éste lo remitirá a la Corte Constitucional para su eventual revisión". De acuerdo al Decreto 2591 de 1991, en todo caso, si no ha habido apelación, los fallos deben ser enviados a la Corte Constitucional (art. 31). La Corte tiene poder discrecional para determinar las sentencias de tutela que habrán de ser revisadas (art. 33).

Se consagra así, el principio de la "bi-instancia" del proceso judicial de la acción de tutela, con la posibilidad de una revisión "eventual" por parte de la Corte Constitucional, en los casos y con las exigencias que se establecen en el Decreto 2591 que regula la acción.

Por otra parte, debe advertirse que en el caso de la acción de tutela de los derechos constitucionales fundamentales en Colombia, la Constitución no exige que se agoten previamente las acciones o recursos judiciales, aún cuando se establece expresamente que sólo procede "cuando el afectado no disponga de otro medio de defensa judicial", y aún en ese caso, se admite la acción de tutela "como mecanismo transitorio para evitar un perjuicio irremediable" (art. 86).

### H) El "amparo" en Guatemala

En la Constitución de Guatemala de 1985 se instituyó el "amparo" con el fin de proteger a las personas contra las amenazas de violaciones a sus derechos o para restaurar el imperio de los mismos cuando la violación hubiere ocurrido. La Constitución agregó que "no hay ámbito que no sea susceptible de amparo, y procederá siempre que los actos, resoluciones, disposiciones o leyes de autoridad lleven implícitos una amenaza, restricción o violación a los derechos que la Constitución y las leyes garantizan" (art. 265).

Conforme a la Ley de Amparo, Exhibición personal y de constitucionalidad, de 1986, la competencia para conocer del amparo se atribuyó a todos los Tribunales, así:

1.- A la Corte Constitucional, en única instancia, en los amparos interpuestos en contra del Congreso de la República, la Corte Suprema de Justicia, el Presidente y el Vicepresidente de la República (art. 11).

2.- A la Corte Suprema de Justicia, en los amparos en contra del Tribunal Supremo Electoral; los Ministros de Estado o Viceministros cuando actúen como Encargados del Despacho; las Salas de la Corte de Apelaciones, Cortes Marciales, Tribunales de Segunda Instancia de Cuentas y de lo Contencioso Administrativo; el Procurador General de la Nación; el Procurador de los Derechos Humanos; la Junta Monetaria; los

Embajadores o Jefes de Misión Diplomática guatemaltecos acreditados en el extranjero; y el Consejo Nacional de Desarrollo Urbano y Rural.

3.- A la *Corte de Apelaciones* en sus Salas del orden común, en sus respectivas jurisdicciones, los amparos contra: los Viceministros de Estado y los Directores Generales; los funcionarios judiciales de cualquier fuero o ramo que conozcan en primera instancia; los alcaldes y corporaciones municipales de las cabeceras departamentales; el Jefe de la Contraloría General de Cuentas; los gerentes, jefes o presidentes de las entidades descentralizadas o autónomas del Estado o sus cuerpos directivos, consejos o juntas rectoras de toda clase; el Director General del Registro de Ciudadanos; las asambleas generales y juntas directivas de los colegios profesionales; las asambleas generales y órganos de dirección de los partidos políticos; los cónsules o encargados de consulados guatemalteco en el extranjero; los consejos regionales o departamentales de desarrollo urbano y rural, y los gobernadores.

4.- Los jueces *de primera instancia* del orden común, en sus respectivas jurisdicciones, los amparos contra de: los administradores de rentas; los jueces menores; los jefes y demás empleados de policía; los alcaldes y corporaciones municipales no comprendidos en el artículo anterior; los demás funcionarios, autoridades y empleados de cualquier fuero o ramo no especificados en los artículos anteriores; y las entidades de derecho privado.

### I) El recurso de amparo en Panamá

De acuerdo con el artículo 50 de la Constitución, en Panamá, "Toda persona contra la cual se expida o se ejecute, por cualquier servidor público, una orden de hacer o de no hacer, que viole los derechos y garantías que esta Constitución consagra, tendrá derechos a que la orden sea revocada a petición suya o de cualquier persona". De acuerdo con la misma norma, "El recurso de amparo de garantías constitucionales, se tramitará mediante procedimiento sumario y será de competencia de los tribunales judiciales".

De acuerdo con el artículo 2606 del Código Judicial, son competentes para conocer de la demanda de amparo:

1.- El Pleno de la Corte Suprema de Justicia por actos que procedan de autoridades o funcionarios con mando y jurisdicción en toda la República o en dos o más provincias.

2.- Los Tribunales Superiores de Distrito Judicial que conozcan de los asuntos civiles cuando se trate de actos que procedan de servidores públicos con mando y jurisdicción en una Provincia; y

3.- Los Jueces de Circuito que conozcan de los asuntos civiles cuando se trate de servidores públicos con mandato y jurisdicción en un distrito o parte de él.

### J) El recurso de amparo en Bolivia

De acuerdo con el artículo 19 de la Constitución en Bolivia, el recurso de amparo contra todos los actos ilegales o las omisiones indebidas de los funcionarios o particulares que restrinjan, supriman o amenacen restringir o suprimir los derechos y garantías de la persona reconocidos por la Constitución y las leyes, se interpone ante las Cortes Superiores en las capitales de Departamento y ante los Jueces de Partido en las provincias, tramitándoselo en forma sumarísima.

### *K)* La acción de amparo en Honduras

En el caso de Honduras, conforme a los artículos 4 a 10 de la Ley de Amparo de 1936, la acción de amparo para la protección de los derechos y garantías constitucionales, se intenta ante los Tribunales de Justicia, distribuyéndose la competencia en todos los niveles a la Corte Suprema de Justicia, a las Cortes de Apelaciones y a los Jueces de Letras Departamentales o Seccionales, según la jerarquía de las autoridades agraviantes.

En esta forma, se establece:

*"Artículo 5.-* La Corte Suprema de Justicia conocerá y resolverá:...

2.- De las violaciones cometidas por el Presidente y Comandante General de la República y por los Secretarios de Estado.

3.- De las violaciones cometidas por las Cortes de Apelaciones.

4.- De las violaciones que cometa el Tribunal Superior de Cuentas.

5.- De las violaciones cometidas por los empleados con jurisdicción general de la República.

Art. 6.- Las Cortes de Apelaciones, en su respectiva jurisdicción, conocerán y resolverán:

1.- De las violaciones cometidas por los Jueces Departamentales o Seccionales y por los de Paz, en los casos de jurisdicción preventiva.

2.- De las violaciones cometidas por los empleados departamentales o seccionales del orden político, administrativo o militar.

*Artículo 7.-* Los Jueces de Letras Departamentales o Seccionales, en sus respectivas jurisdicciones, conocerán y resolverán:

1.- De las violaciones ejecutadas por los inferiores en el orden jerárquico, según la materia.

2.- De las violaciones cometidas por las Municipalidades o algunos de sus miembros inclusive los Alcaldes de Policía y Alcaldes Auxiliares.

3.- De las violaciones ejecutadas por los empleados que no estén comprendidos en las disposiciones anteriores.

## SEGUNDA PARTE

## LOS DERECHOS Y LIBERTADES PROTEGIDOS

La protección constitucional de los derechos y libertades públicas, mediante acciones o recursos de amparo, en algunos casos se refiere a todos los derechos y libertades constitucionales y en otros, solo abarca algunos de ellos.

Así, el derecho comparado muestra una gama de sistemas de protección o amparo constitucional que van del extremo de proteger todos los derechos y libertades constitucionales, o sólo algunos de dichos derechos constitucionales, denominados, derechos fundamentales.

### I.- EL AMPARO A TODOS LOS DERECHOS Y GARANTÍAS CONSTITUCIONALES

En primer lugar, se destacan los sistemas de protección de todos los derechos y garantías constitucionales, sea mediante el amparo o distinguiendo el amparo del *hábeas corpus.*

#### 1.- *El amparo a todos los derechos y garantías constitucionales incluyendo la seguridad y libertad personal: el caso de Venezuela.*

Algunos sistemas constitucionales han concebido el amparo como un mecanismo de protección de todos los derechos y garantías constitucionales, incluyendo a la seguridad y libertad personal.

Es el caso de Venezuela donde la acción de amparo se configura como un medio de protección del goce y ejercicio de *absolutamente todos los derechos y garantías* que la Constitución establece, y para corroborar esta afirmación basta recordar que el artículo 49 que regula el derecho de amparo, está ubicado en el Capítulo I que contiene las "Disposiciones Generales" del Título III, que se refiere a los "Deberes, Derechos y Garantías Constitucionales", teniendo en cuenta que posteriormente, en los cinco capítulos restantes, se regulan separadamente los deberes, los derechos individuales, los derechos sociales, los derechos económicos y los derechos políticos.

Por esta ubicación de la norma en las Disposiciones Generales citadas, la Ley Orgánica ha sido explícita al señalar que el derecho de amparo procede para la protección de:

"el goce y el ejercicio de los derechos y garantías constitucionales, aún de aquellos derechos fundamentales de la persona humana que no figuren expresamente en la Constitución" (art. 1°).

Por tanto, no es posible sostener que en Venezuela el derecho de amparo se pueda traducir en un medio de protección sólo de ciertos derechos, sino al contrario, de todos los derechos y garantías que la Constitución establece incluyendo la libertad y seguridad personales. La acción de *hábeas corpus*, en Venezuela, por tanto, es una acción de amparo a la libertad y seguridad personales regulada en la misma Ley Orgánica de Amparo.

Esto llevó al Legislador a considerar que mediante el derecho de amparo no sólo se protegen *todos* los derechos y garantías enumeradas en la Constitución, en los artículos 43 a 116, sino por supuesto, aquellos que se establecen *indirectamente* en otras normas constitucionales. Por ejemplo, el derecho a que los entes públicos no les exijan a las personas naturales y jurídicas el pago de impuestos y contribuciones que no se hayan establecido en ley formal, conforme al artículo 224 de la Constitución, y el derecho a que el Estado no establezca ni exija el pago de impuestos en servicio personal, consagrado en el artículo 225 de la Constitución.

Pero adicionalmente, el derecho de amparo previsto en el artículo 49 de la Constitución también se refiere a aquellos derechos fundamentales que no estén expresamente enunciados en normas constitucionales, pero que sean derechos inherentes a la persona humana y, en este sentido, adquiere todo su valor el texto del artículo 50 de la Constitución, que establece lo siguiente:

"*Artículo 50.*- La enunciación de los derechos y garantías contenidas en la Constitución no debe entenderse como negación de otros que, siendo inherentes a la persona humana, no figuren expresamente en ella.

La falta de ley reglamentaria de estos derechos no menoscaba el ejercicio de los mismos".

Por tanto, la acción de amparo protege también todos estos derechos inherentes a la persona humana que no figuran expresamente en el texto, no siendo, por supuesto, necesaria una ley que reglamente estos derechos para que se pueda garantizar su ejercicio. Con motivo de este enunciado del artículo 50, por supuesto, adquiere una enorme importancia el elenco de los derechos del hombre que se enuncian en las Declaraciones Universales de los Derechos del Hombre e, incluso, en las Convenciones Internacionales formales que regulan los derechos humanos, como la Convención Americana de los Derechos Humanos o los Pactos Internacionales de los Derechos Civiles y Políticos, y Económicos y Sociales que, además, son Ley de la República, porque han sido aprobados por leyes especiales por el Congreso.[29]

### 2. *El amparo a todos los derechos y garantías constitucionales mediante las acciones de amparo y de hábeas corpus*

En otros sistemas constitucionales, si bien se garantiza la protección de todos los derechos y garantías constitucionales, sin excepción, ello se logra mediante *dos instituciones procesales diferenciadas:* la acción o recurso de amparo y la acción o recurso de *hábeas corpus*. Es el caso de Argentina, Costa Rica, Uruguay y Perú.

#### A) Costa Rica

En Costa Rica, el artículo 48 de la Constitución es absolutamente claro al disponer:

"*Artículo 48.*- Toda persona tiene derecho al recurso de hábeas corpus para garantizar su libertad o integridad personales, y al recurso de amparo para mantener o restablecer el goce de los otros derechos consagrados en esta Constitución, así como de los de carácter fundamental establecidos en los instrumentos internacionales sobre derechos humanos, aplicables a la República..."

29 Véase en *Gacetas Oficiales* N° 2146 Extraordinario de 28-1-78; y N° 31256 de 14-6-77.

Esta norma se desarrolla en la Ley de la Jurisdicción Constitucional de 1989, en la cual se le atribuye a la Sala Constitucional de la Corte Suprema de Justicia "garantizar, mediante los recursos de *hábeas corpus* y de amparo, los derechos y libertades consagrados por la Constitución Política y los derechos humanos reconocidos por el Derecho Internacional vigente en Costa Rica" (art. 2,a).

**B) Argentina**

En Argentina, la protección de los derechos y libertades constitucionales está garantizada mediante el procedimiento de *hábeas corpus* y la acción de amparo, regulados legalmente. En cuanto al procedimiento de amparo, la Ley N° 23098 de 1984 establece que procede cuando se denuncie un acto u omisión de una autoridad pública que implique: 1. Limitación o amenaza actual de la libertad ambulatoria sin orden escrita de autoridad competente; 2. Agravación ilegítima de la forma y condiciones en que se cumple la privación de la libertad sin perjuicio de las facultades propias del juez del proceso si lo hubiere (art. 3).

En cuanto a la acción de amparo, de acuerdo con el artículo 1° de la Ley N° 16986 de 1966, ésta:

> "será admisible contra todo acto u omisión de autoridad pública que, en forma actual o inminente lesione, restrinja, altere o amenace, con arbitrariedad o ilegalidad manifiesta, los derechos o garantías explícita o implícitamente reconocidas por la Constitución Nacional, con excepción de la libertad individual tutelada por el *hábeas corpus*".

**C) Uruguay**

En sentido similar, la Ley 16011 de 1988 de Uruguay establece:

> "*Artículo 1°*.- Cualquier persona física o jurídica, pública o privada, podrá deducir la acción de amparo contra todo acto, omisión o hecho de las autoridades estatales o para estatales, así como de particulares que, en forma actual o inminente, a su juicio, lesione, restrinja, altere o amenace con ilegitimidad manifiesta, cualquiera de sus derechos y libertades reconocidos expresa o implícitamente por la Constitución (art. 72), con excepción de los casos en que proceda la interposición del recurso de *hábeas corpus*".

**D) Perú**

En el sistema constitucional del *Perú*, se encuentra una situación similar de protección de todos los derechos y libertades constitucionales mediante dos instrumentos procesales: la acción de *hábeas corpus* y la acción de amparo.

En efecto, la Ley N° 23506 establece en su artículo 12°:

> "*Artículo 12*.- Se vulnera o amenaza la libertad individual y en consecuencia procede la acción de *hábeas corpus*, enunciativamente, en los siguientes casos:

1.- Guardar reserva sobre sus convicciones políticas, religiosas, filosóficas o de cualquier otra índole.

2.- De la libertad de conciencia y de creencia.

3.- El de no ser violentado para obtener declaraciones.

4.- El de no ser obligado a prestar juramento ni compelido a declarar o reconocer su culpabilidad en causa penal contra sí mismo ni contra su cónyuge, ni sus parientes dentro del cuarto grado de consanguinidad o segundo de afinidad.

5.- El de no ser exiliado o desterrado o confinado sino por sentencia firme.

6.- El de no ser expatriado ni separado del lugar de su residencia sino por mandato judicial o por aplicación de la Ley de Extranjería.

7.- El de no ser secuestrado.

8.- El del extranjero a quien se ha concedido asilo político de no ser expulsado al país cuyo Gobierno lo persigue, o en ningún caso si peligrase su libertad o seguridad por el hecho de ser expulsado.

9.- El de los nacionales o de los extranjeros residentes, de ingresar, transitar o salir del territorio nacional, salvo mandato judicial o aplicación de la Ley de Extranjería o de Sanidad.

10.- El de no ser detenido sino por mandato escrito y motivado del Juez, o por las autoridades policiales en el caso de flagrante delito; o el de no ser puesto el detenido, dentro de las 24 horas o en el término de la distancia, a disposición del Juzgado que corresponda, de acuerdo al acápite "g" del inciso 20) del artículo 2º de la Constitución así como de las excepciones que en él se consignan.

11.- El de no ser detenido por deudas, salvo los casos de obligaciones alimentarias.

12.- El de no ser privado del pasaporte, dentro o fuera de la República.

13.- El de no ser incomunicado, sino en caso indispensable para el esclarecimiento de un delito y en la forma y por el tiempo previsto por la ley, de acuerdo con el acápite "i" del inciso 20) del artículo 2º de la Constitución.

14.- El de ser asistido por un abogado defensor de su elección desde que es citado o detenido por la autoridad.

15.- El de hacer retirar las guardias puestas a un domicilio o suspender el seguimiento policial cuando ello atente contra la libertad individual.

16.- El de la excarcelación, en el caso de un detenido o procesado que haya sido amnistiado, indultado, sobreseído, absuelto o declarada prescrita la acción penal o la ejecución de la pena.

17.- El de que se observe el trámite correspondiente cuando se trate del procesamiento o detención de las personas, a que se refiere el artículo 183º de la Constitución".

En cuanto a la acción de amparo, de acuerdo al artículo 24 de la Ley, esta procede en defensa de los siguientes derechos:

1.- De la inviolabilidad de domicilio.

2.- De no ser discriminado en ninguna forma, por razón de sexo, raza, religión, opinión o idioma.

3.- Del ejercicio público de cualquier confesión religiosa, siempre que no ofenda la moral y buenas costumbres.

4.- De la libertad de prensa, información, comunicación y opinión, circulación o propalación por cualquier medio de comunicación.

5.- De la libertad de contratación.

6.- De la libertad de creación artística, intelectual y científica.

7.- De la inviolabilidad y secreto de los papeles privados y de las comunicaciones.

8.- De reunión.

9.- De asociación.

10.- De la libertad de trabajo.

11.- De sindicación.

12.- De propiedad y herencia.

13.- De petición ante la autoridad competente.

14.- De participación individual o colectiva en la vida política del país.

15.- De nacionalidad.

16.- De jurisdicción y proceso en los términos señalados en la letra "1" inciso 20), artículo 2 de la Constitución.

17.- De escoger el tipo y centro de educación.

18.- De impartir educación dentro de los principios constitucionales.

19.- A exoneraciones tributarias en favor de las universidades, centros educativos y culturales.

20.- De la libertad de cátedra.

21.- De acceso a los medios de comunicación social en los términos del artículo 70 de la Constitución; y

22.- A los demás derechos fundamentales que consagra la Constitución.

**E) Guatemala**

En la Constitución de Guatemala de 1985 también se establece el doble sistema de protección de los derechos fundamentales, mediante una acción de exhibición personal (*hábeas corpus)* y una acción de amparo.

En efecto en el artículo 263 de la Constitución se establece respecto del derecho de exhibición personal lo siguiente:

> "Quien se encuentre ilegalmente preso, detenido o cohibido de cualquier modo del goce de su libertad individual, amenazado de la pérdida de ella o sufriere vejámenes aun cuando su prisión o detención fuere fundada en ley, tiene derecho a pedir su inmediata exhibición ante los tribunales de justicia, ya sea con el fin de que se le restituya o garantice su libertad, se hagan cesar los vejámenes o termine la coacción a que se estuviere sujeto.
>
> Si el tribunal decretare la libertad de la persona ilegalmente recluida, esta quedará libre en el mismo acto y lugar.
>
> Cuando así se solicite o el juez o tribunal lo juzgue pertinente, la exhibición reclamada se practicará en el lugar donde se encuentre el detenido, sin previo aviso ni notificación.
>
> Es ineludible la exhibición personal del detenido en cuyo favor se hubiere solicitado".

Además, en la Ley de amparo, exhibición personal y de constitucionalidad, de 1986 se reguló el recurso orientado a proteger la libertad y seguridad de las personas asignándose competencia a los diversos tribunales del país desde los de Primera Instancia hasta la Corte Suprema de Justicia (art. 83).

En cuanto al recurso de amparo, como se señaló, este también está regulado en la Constitución[30] y desarrollado en la Ley de Amparo, exhibición personal y de constitucionalidad de 1986, en cuyo artículo 10 se precisó su procedencia así:

> "*Artículo 10.- Procedencia del amparo.* La procedencia del amparo se extiende a toda situación que sea susceptible de un riesgo, una amenaza, restricción o violación a los derechos que la Constitución y las leyes de la República de Guatemala reconocen, ya sea que dicha situación provenga de personas y entidades de derecho público o entidades de derecho privado.
>
> Toda persona tiene derecho a pedir amparo, entre otros casos:
>
> a) Para que se le mantenga o restituya en el goce de los derechos y garantías que establece la Constitución o cualquiera otra ley.

30 Véase Jorge Mario García La Guardia, "La Constitución y su defensa en Guatemala", en el libro editado por la UNAM, *La Constitución y su defensa*, México 1984, pp. 717-719.; *La Constitución Guatemalteca de 1985*, México 1992.

b) Para que se declare en casos concretos que una ley, un reglamento, una resolución o acto de autoridad, no obligan al recurrente por contravenir o restringir cualesquiera de los derechos garantizados por la Constitución o reconocidos por cualquiera otra ley.

c) Para que en casos concretos se declare que una disposición o resolución no meramente legislativa del Congreso de la República, no le es aplicable al recurrente por violar un derecho constitucional.

d) Cuando la autoridad de cualquier jurisdicción dicte reglamento, acuerdo o resolución de cualquier naturaleza, con abuso de poder o excediéndose de sus facultades legales, o cuando carezca de ellas o bien las ejerza en forma tal que el agravio que se causare o pueda causarse no sea reparable por otro medio legal de defensa.

e) Cuando en actuaciones administrativas se exijan al afectado el cumplimiento de requisitos, diligencias o actividades no razonables o ilegales, o cuando no hubiere medio o recurso de efecto suspensivo.

f) Cuando las peticiones y trámites ante autoridades administrativas nos sean resueltos en el término que la ley establece, o de no haber tal término, en el de treinta días, una vez agotado el procedimiento correspondiente; así como cuando las peticiones no sean admitidas para su trámite.

g) En materia política, cuando se vulneren derechos reconocidos por la ley o por los estatutos de las organizaciones políticas. Sin embargo, en materia puramente electoral, el análisis y examen del tribunal se concretará al aspecto jurídico, dando por sentadas las cuestiones de hecho que se tuvieron por probadas en el recurso de revisión.

h) En los asuntos de los órdenes judicial y administrativo, que tuvieren establecidos en la ley procedimientos y recursos, por cuyo medio puedan ventilarse adecuadamente de conformidad con el principio jurídico del debido proceso, si después de haber hecho uso el interesado de los recursos establecidos por la ley, subsiste la amenaza, restricción o violación a los derechos que la Constitución y las leyes garantizan".

**F) El Salvador**

De acuerdo a la Ley de Procedimientos Constitucionales, son procesos constitucionales, los siguientes (art. 1):

1.- El de inconstitucionalidad de las leyes, decretos y reglamentos;

2.- El de amparo; y

3.- El de exhibición personal.

En esta forma, los derechos que otorga la Constitución pueden ser protegidos mediante la acción de amparo y la de hábeas corpus. El amparo puede ser pedido por toda persona, ante la Corte Suprema de Justicia, por violación de los derechos que le otorga la Constitución Política (arts. 3 y 12). Procede contra toda clase de acciones u omisiones de cualquier autoridad, funcionario del Estado o de sus organismos descentralizados (art. 12).

En cuanto a la exhibición personal, el artículo 4 de la Ley de Procedimientos Constitucionales dispone:

"*Artículo 4*.- Cuando la violación del derecho consista en restricción ilegal de la libertad individual, cometida por cualquier autoridad o individuo, la persona agraviada tiene derecho al hábeas corpus ante la Corte Suprema de Justicia o Cámaras de Segunda Instancia que no residan en la capital."

Mas adelante la propia Ley dispone en su artículo 40 que:

"*Artículo 40*.- En todos los casos, sean cuales fueren, en que exista prisión, encierro, custodia o restricción que no esté autorizado por la Ley, o que sea ejercido de un modo o en un grado no autorizado por la misma, la parte agraviada tiene derecho a ser protegida por el auto de exhibición de la persona."

**G) Bolivia**

La Constitución de Bolivia de 1967 establece como medios de protección de todos los derechos y garantías constitucionales, la acción de amparo y la acción de hábeas corpus.

El artículo 18 de la Constitución consagra la acción de hábeas corpus así:

"*Artículo 18*.- Toda persona que creyere estar indebida o ilegalmente perseguida, detenida, procesada o presa podrá ocurrir, por sí o por cualquiera a su nombre, con poder notariado o sin él, ante la Corte Superior del Distrito o ante cualquier Juez de Partido, a elección suya, en demanda de que se guarden las formalidades legales. En los lugares donde no hubiere Juez de Partido la demanda podrá interponerse ante un Juez Instructor..."

Por su parte, el artículo 19 de la Constitución agrega

"*Artículo 19*.- Fuera del recurso de hábeas corpus a que se refiere el artículo anterior, se establece el recurso de amparo contra los actos ilegales o las omisiones indebidas de los funcionarios o particulares que restrinjan, supriman o amenacen restringir o suprimir los derechos y garantías de la persona reconocidos por esta Constitución y las Leyes..."

Es de destacar que la Constitución de Bolivia no sólo consagra el recurso de amparo contra las violaciones o amenazas de violación de los derechos y garantías constitucionales sino contra los derechos y garantías reconocidos por las leyes, lo que le da una amplitud poco usual al ámbito de protección de los derechos y garantías.

**H) Honduras**

La Constitución de Honduras de 1982 también establece la protección de todos los derechos y garantías constitucionales mediante dos "garantías constitucionales": el hábeas corpus y el amparo.

Conforme al artículo 182 de la Constitución:

"*Artículo 182*.- El Estado reconoce la garantía de hábeas corpus o de exhibición personal. En consecuencia, toda persona agraviada o cualquiera otra en nombre de ésta tiene derecho a promoverla:

1.- cuando se encuentre ilegalmente presa, detenida o cohibida de cualquier modo en el goce de su libertad individual, y,

2.- cuando en su detención o prisión ilegal, se apliquen al detenido o preso, tormentos, torturas, vejámenes, exacción ilegal y toda coacción, restricción o molestia innecesaria para su seguridad individual o para el orden de la prisión..."

En cuanto a la garantía de amparo, el artículo 183 de la Constitución dispone:

"*Artículo 183*.- El Estado reconoce la garantía de amparo.

En consecuencia toda persona agraviada o cualquiera otra en nombre de ésta, tiene derecho a interponer recurso de amparo:

1.- Para que se le mantenga o restituya en el goce o disfrute de los derechos o garantías que la Constitución establece;

2.- Para que se declare en casos concretos que una ley, resolución, acto u hecho de autoridad, no obliga al recurrente ni es aplicable por contravenir, disminuir o tergiversar cualesquiera de los derechos reconocidos por esta Constitución.

Para desarrollar estas acciones constitucionales se dictó la Ley de Amparo de 1936 la cual regula tanto la acción de amparo como la de hábeas corpus.

### I) Nicaragua

De acuerdo con el artículo 45 de la Constitución de Nicaragua de 1986,

"*Artículo 45*.- Las personas cuyos derechos constitucionales hayan sido violados o estén en peligro de serlo, pueden interponer el recurso de exhibición personal o de amparo, según el caso y de acuerdo con la Ley de Amparo."

Además, los artículos 188 y 189 de la Constitución establecen lo siguiente:

"*Artículo 188*.- Se establece el recurso de amparo en contra de toda disposición, acto o resolución y en general en contra de toda acción u omisión de cualquier funcionario, autoridad o agente de los mismos que viole o trate de violar los derechos y garantías consagrados en la Constitución Política.

*Artículo 189*.- Se establece el recurso de exhibición personal en favor de aquellos cuya libertad, integridad física y seguridad, sean violados o estén en peligro de serlo".

Por su parte, la Ley de Amparo de 1988, regula la acción de amparo que puede intentar toda persona natural o jurídica a quien perjudique o esté en inminente peligro de ser perjudicada por toda disposición, acto o resolución, y en general, toda acción u omisión de cualquier funcionario, autoridad o agente de los mismos, que viole o trate de violar los derechos y garantías consagrados en la Constitución Política (art. 23).

En cuanto al recurso de exhibición personal puede intentarse por cualquier habitante de la República, contra el funcionario o autoridad responsable, representante o funcionario de la entidad o institución que ordene la violación o cometa; en contra del agente ejecutor, o en contra de todos; y en contra del particular que restrinja la libertad personal (art. 53).

### 3.- *El amparo a todos los derechos y garantías constitucionales mediante varias acciones de protección constitucional: el caso de Brasil*

Como se ha señalado, en Brasil, todos los derechos y libertades garantizados por la Constitución pueden ser objeto de protección o amparo, a través de cuatro acciones específicas: el *hábeas corpus, mandado de segurança, hábeas data y mandato de injunçao.*

Estos cuatro medios judiciales de protección están expresamente establecidos en la nueva Constitución de 1988 en la siguiente forma.

En cuanto al *hábeas corpus*, el artículo 5, LXVIII dispone que:

"se concede el *hábeas corpus* siempre que alguien sufra o se encuentre amenazado de sufrir violencia o coacción en su libertad de locomoción por ilegalidad o abuso de poder".

El artículo 5, LXIX prevé el *mandado de segurança individual* en esta forma.

"Se concede el mandato de segurança para proteger derecho líquido y cierto, no amparado por *habeas corpus* o *habeas data*, cuando el responsable por ilegalidad o abuso de poder fuera una autoridad pública o agente de persona jurídica en ejercicio de atribuciones del Poder Público".

En cuanto al *mandado de segurança* colectivo, el artículo 5, LXX de la Constitución establece:

"El mandado de segurança colectivo puede ser intentado por:

a) Un partido político con representación en el Congreso Nacional;
b) Una organización sindical, entidad de clase o asociación legalmente constituida y en funcionamiento de al menos un año, en defensa de los intereses de sus miembros o asociados".

En cuanto al *mandado de injunçao*, el artículo 5, LXXI de la Constitución dispone:

"Concédese el mandado de injunçao siempre que la falta de norma reglamentaria torne inviable el ejercicio de los derechos y libertades constitucionales y de las prerrogativas inherentes a la nacionalidad a la soberanía y a la ciudadanía".

Por último el artículo 5, LXXII de la Constitución regula el *hábeas data* así:

"Concédese el *hábeas data*:

a) Para asegurar el conocimiento de informaciones relativas a la persona recurrente, constantes en registros o bancos de datos de entidades gubernamentales o de carácter público.

b) Para la rectificación de datos, cuando no se prefiera hacerlo por procesos breves, judicial o administrativos".

## II.- EL AMPARO A CIERTOS DERECHOS Y LIBERTADES CONSTITUCIONALES

En otros sistemas jurídicos, los medios de protección constitucional de derechos y libertades, sólo están establecidos en el ordenamiento constitucional respecto a ciertos derechos y garantías, que se consideran como fundamentales. Es la situación en general del recurso de amparo en algunos países europeos, y de alguno de los sistemas latinoamericanos, como el de Chile y Colombia.

### *1.- El recurso de amparo limitado a los "derechos fundamentales"*

#### A) Alemania

El recurso de amparo establecido en la Constitución de Bonn, que se intenta ante el Tribunal Constitucional Federal, sólo se destina a proteger determinados derechos y libertades constitucionales, denominados "derechos fundamentales" (*Grundrechte)*, enumerados en el Capítulo primero, artículos 1° al 19° de la misma y una serie de derechos equiparados a ellos que son los contemplados en los artículos 20-4, 33, 38, 101, 103 y 104 de la misma Ley Fundamental. En cuanto a los enumerados en el Capítulo Primero, se reconocen y son objeto de recurso de amparo los siguientes derechos:

> "dignidad del hombre (art. 1), libre desarrollo de la personalidad (art. 2-1), derecho a la vida y a la integridad física (art. 2-2), igualdad (art. 3), libertad ideológica y religiosa (art. 4-1), libertad de cultos (art. 4-2), derecho a la objeción de conciencia (art. 4-3 y art. 12-a-2), libertad de expresión e información (art. 5-1), libertad de enseñanza e investigación (art. 5-3), derecho al matrimonio, protección de la familia y no discriminación por razón de nacimiento extramatrimonial (art. 6), derecho a la educación (art. 7), libertad de reunión (art. 8), libertad de asociación (art. 9), inviolabilidad del secreto de las comunicaciones (art. 10), libertad de residencia y circulación (art. 11), derecho a escoger libremente la profesión y el lugar de trabajo (art. 12), inviolabilidad del domicilio (art. 13), derecho a la propiedad privada y a la herencia (art. 14), derecho a la nacionalidad alemana (art. 16-1), derecho de asilo político a los extranjeros (art. 16-2), derecho de petición (art. 17). A estos derechos fundamentales, deben agregarse, como ya hemos indicado, los derechos equiparados a ellos: derechos de resistencia contra quien quiera que actúe contra el orden constitucional (art. 20-4), igualdad de derechos y obligaciones de los alemanes en todos los Estados de la Federación (art. 33-1), derecho a acceder en pie de igualdad a los cargos públicos (art. 33-2), derecho electoral activo y pasivo (art. 38), prohibición de los tribunales de excepción y derecho al juez natural (art. 101), derecho a ser oído ante los tribunales (art. 103-1) *non bis in ídem* (art. 103-3), garantías jurídicas para los casos de privación de libertad (art. 104)".

#### *B.* España

En España, la Constitución de 1978, siguiendo la orientación de la Ley Fundamental de Bonn, también limita la protección constitucional mediante el recurso de amparo a ciertos derechos y libertades constitucionales, que son los reconocidos en el artículo 14, en la sección primera del capítulo segundo (arts. 15 a 20) y en el segundo apartado del artículo 30 del Texto Fundamental. Estos derechos y libertades constitucionales amparables en España son los siguientes:

- Igualdad ante la ley (art. 14).
- Derecho a la vida y a la integridad física y moral (art. 15).
- Libertad ideológica, religiosa y de culto (art. 16).
- Derecho a la libertad y seguridad personales (art. 17).
- Derecho al honor, a la intimidad personal y familiar y a la propia imagen (art. 18-1 y 18-4).
- Inviolabilidad del domicilio (art. 18-2)
- Secreto de las comunicaciones (art. 18-3).
- Derecho a elegir libremente la residencia, a circular por el territorio nacional, y a entrar y salir libremente de España (art. 19).
- Derecho a la libertad de expresión y a la difusión libre del pensamiento (art. 20-1-a).
- Derecho a la producción y creación literaria, artística, científica y técnica (art. 20-1-b).
- Libertad de cátedra (art. 20-1-c).
- Derecho a comunicar o recibir libremente información veraz por cualquier medio de difusión (art. 20-1-d).
- Derecho de reunión y manifestación (art. 21).
- Derecho de asociación (art. 22).
- Derecho a participar en los asuntos públicos (art. 23-1).
- Derecho de igualdad de acceso a las funciones y cargos públicos (art. 23-2).
- Derecho de obtener la tutela efectiva de los jueces y tribunales (art. 24-1).
- Derecho al juez ordinario predeterminado por la ley, a la defensa y a la asistencia de letrado, a ser informado de la acusación formulada, a un proceso público sin dilaciones indebidas y con todas las garantías a utilizar los medios de prueba pertinentes para su defensa, a no declarar contra sí mismo, a no confesarse culpable y a la presunción de inocencia (art. 24-2).
- Principio de legalidad penal (art. 25-1).
- Derecho de los reclusos a un trabajo remunerado y a los beneficios correspondientes de la seguridad social, al acceso a la cultura y al desarrollo integral de su personalidad (art. 25-2).
- Derecho a la educación y a la libertad de enseñanza (art. 27-1).
- Libertad de creación de centros docentes, dentro del respeto a los principios constitucionales (art. 27-6).
- Derecho a sindicarse libremente (art. 28-1).
- Derecho a la huelga (art. 28-2).
- Derecho de petición individual y colectiva (art. 29).
- Derecho a la objeción de conciencia (art. 30-2).

### 2. *El recurso de protección en Chile limitado a ciertos derechos y libertades constitucionales.*

En la Constitución de Chile, el sistema de protección de derechos y libertades constitucionales está compuesto por dos acciones: en primer lugar, la acción de *hábeas corpus* destinada a proteger a todo individuo que se hallare arrestado, detenido o preso con infracción de la Constitución; y en segundo lugar, por el recurso de protección el cual sólo está destinado a amparar determinados derechos constitucionales.

En cuanto a la acción de amparo, el artículo 21 de la Constitución establece lo siguiente:

> "*Artículo 21.*- Todo individuo que se hallase arrestado, detenido o preso con infracción de lo dispuesto en la Constitución o en las leyes, podrá ocurrir por sí, o por cualquiera a su nombre, a la magistratura que señale la ley, a fin de que ésta ordene que se guarden las formalidades legales y adopte de inmediato las providencias que juzgue necesarias para restablecer el imperio del derecho y asegurar la debida protección del afectado.
>
> Esa magistratura podrá ordenar que el individuo sea traído a su presencia y su decreto será precisamente obedecido por todos los encargados de las cárceles o lugares de detención. Instruida de los antecedentes, decretará su libertad inmediata o hará que se reparen los defectos legales o pondrá al individuo a disposición del juez competente, procediendo en todo breve y sumariamente, y corrigiendo por sí esos defectos o dando cuenta a quien corresponda para que los corrija.
>
> El mismo recurso, y en igual forma, podrá ser deducido en favor de toda persona que ilegalmente sufra cualquiera otra privación, perturbación o amenaza en su derecho a la libertad personal y seguridad individual. La respectiva magistratura dictará en tal caso las medidas indicadas en los incisos anteriores que estime conducentes para restablecer el imperio del derecho y asegurar la debida protección del afectado.

En cuanto al recurso de protección, el mismo está consagrado en el artículo 20 de la Constitución, el cual establece:

> "*Artículo 20.*- El que por causa de actos u omisiones arbitrarios o ilegales sufra privación, perturbación o amenaza en el legítimo ejercicio de los derechos y garantías establecidos en el artículo 19, números 1°, 2°, 3° inciso cuarto, 4°, 5°, 6°, 9° inciso final, 11°, 12°, 13°, 15°, 16° en lo relativo a la libertad de trabajo y al derecho a su libre elección y libre contratación, y a lo establecido en el inciso cuarto, 19°, 21°, 22°, 23°, 24° y 25° podrá ocurrir por sí o por cualquiera a su nombre, a la Corte de Apelaciones respectiva, la que adoptará de inmediato las providencias que juzgue necesarias para restablecer el imperio del derecho y asegurar la debida protección del afectado, sin perjuicio de los demás derechos que pueda hacer valer ante la autoridad o los tribunales correspondientes.
>
> Procederá, también, el recurso de protección en el caso del N° 8 del artículo 19, cuando el derecho a vivir en un medio ambiente libre de contaminación sea afectado por una acto arbitrario o ilegal imputable a una autoridad o persona determinada".
>
> Conforme a esta enumeración, entonces sólo encuentran protección los siguientes derechos y libertades constitucionales:
>
> 1.- El derecho a la vida y a la integridad física y psíquica (19,1).
>
> 2.- La igualdad ante la ley (19,2).
>
> 3.- El derecho a ser juzgado por sus jueces naturales (19,3).
>
> 4.- El derecho al respeto a la vida privada y pública y a la honra de la persona y su familia (19,4).
>
> 5.- La inviolabilidad del hogar y de toda forma de comunicación privada (19,5).
>
> 6.- La libertad de conciencia y de cultos (19,6).
>
> 7.- El derecho a elegir el sistema de salud (art. 19,9 in fine).
>
> 8.- La libertad de enseñanza (19,11).
>
> 9.- La libertad de emitir opinión y la de informar (19,12).

10.- El derecho de reunión (19,13).

11.- El derecho de asociación (19,15).

12.- La libertad de trabajo, y el derecho a su libre elección y contratación (19,16).

13.- El derecho de sindicación (19,19).

14.- La libertad económica (19,21).

15.- El derecho a la no discriminación (19,22).

16.- La libertad de adquisición de propiedad (19,23).

17.- El derecho de propiedad (19,24).

18.- El derecho de autor (19,25).

19.- El derecho a vivir en un medio ambiente libre de contaminación (20).

Fuera de estos derechos y libertades constitucionales, los otros derechos consagrados en la Constitución, no encuentran medios de protección específicos, sino que su amparo corresponde a los tribunales ordinarios por las vías judiciales ordinarias.

### *3.- El sistema colombiano: la tutela de ciertos derechos constitucionales fundamentales mediante el hábeas corpus y la acción de tutela*

En el sistema de la Constitución de Colombia, en primer lugar, se establecen dos medios de protección general de los derechos constitucionales fundamentales: el *hábeas corpus* y la acción de tutela.

En cuanto al *hábeas corpus*, como medio de protección constitucional de la libertad, se establece en el artículo 30 del Texto Fundamental, así:

> "*Artículo 30.*- Quien estuviera privado de su libertad y creyere estarlo ilegalmente, tiene derecho a invocar ante cualquier autoridad judicial, en todo tiempo, por sí o por interpuesta persona, el *Hábeas Corpus*, el cual debe resolverse en el término de treinta y seis horas".

Por su parte, la acción de tutela se la concibe en el artículo 86 de la Constitución, para la protección inmediata de los "derechos constitucionales fundamentales", por lo que en el contexto del Título II de la Constitución, se debe determinar si todos los derechos allí establecidos son "derechos fundamentales" susceptibles de protección mediante la acción de amparo. La respuesta, en principio es negativa, pues el Título II de la Constitución, al referirse a "los derechos, las garantías y los deberes", los regula en varios Capítulos así: Capítulo 1.- De los Derechos fundamentes; Capítulo 2.- De los derechos sociales, económico y culturales; Capítulo 3.- De los derechos colectivos y del ambiente". De esta enumeración resultaría que, en principio, sólo los derechos enumerados en el Capítulo 1 (arts. 11 a 41) serían "derechos fundamentales", por lo que en principio, sólo esos derechos constitucionales fundamentales serían susceptibles de la "acción de tutela", quedando excluidos de este medio de protección, los otros derechos constitucionales.

Por otra parte, en el artículo 85 de la Constitución, se precisa cuáles de los "derechos fundamentales", son de "aplicación inmediata", lo cual, en principio, implicaría que sólo en relación a ellos procedería el ejercicio de la acción de tutela. Estos derechos "de aplicación inmediata", y por tanto, susceptibles de protección constitucional vía la acción de tutela, son los siguientes:

1.- Derecho a la vida (art. 11)

2.- Derecho a no ser desaparecido, ni ser sometido a torturas o tratos inhumanos o degradantes (art. 12)

3.- Derecho a la igualdad (art. 13)

4.- Derecho a la personalidad (art. 14)

5.- Derecho a la intimidad (art. 15)

6.- Derecho al libre desarrollo de la personalidad (art. 16)

7.- Prohibición de la esclavitud, servidumbre y trata de seres humanos (art. 17)

8.- Libertad de conciencia (art. 18)

9.- Libertad de cultos (art. 19)

10.- Libertad de expresión (art. 20)

11.- Derecho a la honra (art. 21)

12.- Derecho de petición (art. 22)

13.- Libertad de circulación (art. 24)

14.- Derecho al ejercicio de profesiones (art. 26)

15.- Libertad de enseñanza (art. 27)

16.- Libertad personal (art. 28)

17.- Derecho al debido proceso y a la defensa (art. 29)

18.- Derecho al hábeas corpus (art. 30)

19.- Derecho a revisar las decisiones judiciales (art. 31)

20.- Derecho a no declarar contra sí mismo (art. 33)

21.- Prohibición de penas de destierro, perpetuas y confiscatorias (art. 34)

22.- Derecho de reunión (art. 37)

23.- Derecho de participación política y al sufragio (art. 40)

Fuera de estos derechos y libertades constitucionales, los otros derechos constitucionales no encuentran protección constitucional a través de la "acción de tutela", salvo que se trate de un derecho no señalado expresamente en la Constitución como fundamental, pero cuya naturaleza permita su tutela para casos concretos, en cuyo caso la Corte Constitucional debe dar prelación en la revisión de esas decisiones (art. 2, Decreto 2591 de 1991). Debe señalarse además que el Decreto N° 306 del 19.02.92 por el cual se reglamenta el Decreto 2591 de 1991 aclara expresamente que:

> "*Artículo* 2. De conformidad con el artículo 1 del Decreto 2591 de 1991 la acción de tutela protege exclusivamente los derechos constitucionales fundamentales, y por lo tanto, no puede ser utilizado para hacer respetar derechos que sólo tienen rango legal o para hacer cumplir las leyes, los decretos, los reglamentos o cualquiera otra norma de rango inferior".

Debe destacarse, por otra parte, que en cuanto al artículo 15 de la Constitución, en dicha norma se consagra como acción de tutela un recurso de *hábeas data* en el sentido de que establece expresamente el derecho de todas las personas:

> "a conocer, actualizar y rectificar las informaciones que se hayan recogido sobre ellas en bancos de datos y en archivos de entidades públicas y privadas".

## TERCERA PARTE

## PERSONAS PROTEGIDAS

### I.- LAS PERSONAS NATURALES Y LAS MORALES

En general, puede señalarse que todas las personas naturales o morales puede hacer uso de los recursos o acciones de amparo establecidos en los ordenamientos constitucionales, para la protección de los derechos y libertades.

Por supuesto, hay ciertos derechos y libertades que sólo corresponden, como derechos humanos, a las personas naturales nacionales o extranjeras (el derecho a la vida o a la seguridad y libertad personales, por ejemplo), y cuya protección sólo podría pedirse por el agraviado o en su nombre.

Pero evidentemente, en cuanto a los derechos constitucionales que puedan corresponder a personas morales (la libertad económica, o la propiedad, por ejemplo) éstas tienen la legitimación activa necesaria para pedir protección.

En el caso de Venezuela, hemos dicho, el amparo corresponde a *todos* para proteger el goce y ejercicio de los derechos y garantías constitucionales y, por tanto, no sólo protege a los titulares de los mismos cuando se trate de personas naturales, sino también cuando se trate de personas morales. Es indudable que por la amplitud con la cual consagra el derecho de amparo el artículo 49 de la Constitución, la expresión "todo habitante" no la interpretó la jurisprudencia ni el Legislador como referidas sólo a las personas naturales, sino que también se refiere, por supuesto, a todas las personas morales pues, además, los derechos que la Constitución establece no sólo son derechos de las personas naturales sino que muchos también se garantizan respecto de las personas morales. Lo único que exige la Ley Orgánica para el logro de la protección en estos casos es que las personas morales estén domiciliadas en el país (art. 2).

En el caso de la Constitución de Colombia, en cuanto a la acción de tutela, dado que se reserva su ejercicio para la protección de los derechos fundamentales de aplicación inmediata, en principio las personas protegidas por esa acción son las personas naturales. Las personas jurídicas, sin embargo, podrían ejercer la acción de tutela para la protección de derechos como el de petición (art. 22), al debido proceso y a la defensa (art. 29), a la revisión de las decisiones judiciales (art. 31), y a la prohibición de penas perpetuas y confiscatorias (art. 34).

## II.- LAS PERSONAS DE DERECHO PÚBLICO

En todo caso, el principal tema de interés comparativo, en este aspecto, es el determinar si las personas de derecho público pueden ser titulares de derechos constitucionales protegibles por la vía de acciones de amparo.

En Alemania, por ejemplo, se admite que el recurso de amparo constitucional puede ser intentado por ante el Tribunal Constitucional Federal por los Municipios o las agrupaciones municipales alegando que su derecho a la autonomía administrativa reconocido en la Ley Fundamental (art. 28-2), les ha sido violado por una disposición legislativa. En caso de que las violaciones sean causadas por leyes de los *Lander*, el recurso debe interponerse ante el Tribunal Constitucional del respectivo *Lander*. Una situación similar, aun cuando discutida, se encuentra en Austria con el recurso constitucional. En todo caso, no se trataría de un amparo a los derechos fundamentales sino de la específica garantía de la autonomía de los entes locales.

En España, doctrinalmente se considera procedente la posibilidad del ejercicio del recurso de amparo por personas jurídicas de derecho público, cuando se trate de violaciones de derechos fundamentales que también tienen garantizados, como sería el derecho a la igualdad ante la Ley o a obtener tutela judicial efectiva.[31]

En Argentina, procediendo el amparo contra particulares, doctrinalmente se considera que las personas jurídicas de derecho público podrían intentar la acción de amparo para la protección de sus derechos constitucionales[32]. En cambio, en aquellos sistemas como el de Brasil, donde el *mandado de segurança* sólo se da contra el Estado y no contra los particulares, se sostiene que éste no podría ejercerse por personas de derecho público.[33]

En el caso de México, también doctrinalmente se sostiene que la Federación y los Estados miembros tienen titularidad para accionar en amparo en casos de invasión de soberanías, es

31 Véase, Joan Oliver Araujo, *op. cit.*, pp. 290-292.

32 Véase José Luis Lazzarini, *op. cit.*, pp. 266-267.

33 *Ídem*, p. 268.

decir, para retener a cada autoridad en el ámbito de su competencia. Aquí no se trataría de protección de derechos fundamentales, sino de la distribución vertical de competencia y de la autonomía territorial de los entes públicos.[34]

En Venezuela, hemos sostenido que los entes territoriales tienen derecho constitucional a la autonomía que les reconoce y garantiza la Constitución, por lo que las violaciones de la misma podrían dar lugar al ejercicio de la acción de amparo.

En efecto, la Constitución, al establecer el sistema de distribución del Poder Público propio de la forma federal, establece como consecuencia una serie de derechos constitucionales de los entes territoriales. A nivel municipal, sin duda, los Municipios tienen derecho constitucional a su autonomía, por lo que las violaciones a dicha autonomía además de poder ser impugnadas por vía de acción de inconstitucionalidad, podrían dar origen a la protección constitucional por vía del amparo.

En el caso de los Estados miembros, estos también tienen garantizada su autonomía e igualdad en la Constitución (art. 16), a cuyo efecto, el texto fundamental consagra diversos derechos constitucionales de esas entidades territoriales. Podrían identificarse en este sentido, dos de esos derechos: el derecho de tener representación en el Senado y en la Cámara de Diputados, mediante representantes electos, en el segundo caso, con una base de población legalmente establecida; y el derecho a participar en el situado constitucional, es decir, en la partida del Presupuesto nacional destinada a ser distribuida entre los Estados (como ingreso de éstos) en cuyo reparto cuenta la población del Estado.

Estos derechos constitucionales de los Estados podrían verse violados o amenazados de violación, por ejemplo, si la población atribuida a los mismos fuese ilegítimamente modificada por las autoridades del Censo. En ese caso, ante la actuación censal ilegítima podría un Estado buscar amparo constitucional para que se restablezca su situación jurídico constitucional lesionadas. En un caso concreto similar en 1990, en Venezuela, se intentó una acción de amparo constitucional por el Gobernador de un Estado contra la actuación de la Oficina Central de Estadística e Informática, alegando que en el Nomenclador del Centro de 1990 se pretendía asignar al territorio y a la población de otro Estado, determinados centros poblados situados en el territorio del Estado accionante.[35]

En el caso de Colombia, en cuanto a la acción de tutela, dada su reducción a los derechos fundamentales de aplicación inmediata, las entidades públicas podrían ejercerla, en casos excepcionales, como por ejemplo, la violación al derecho a la defensa y al debido proceso (art. 29).

## CUARTA PARTE

## LOS MOTIVOS DE LA PROTECCIÓN

La protección constitucional que puede pretenderse mediante el amparo judicial tiene siempre como motivo una acción u omisión lesiva a los derechos constitucionales. De allí que interesa estudiar comparativamente en relación a estos motivos del amparo, la causa inmediata de la lesión al derecho, la cual puede provenir tanto de autoridades públicas como de los particulares.

En efecto, la causa de la lesión a los derechos y libertades constitucionales amparables constitucionalmente, en general e históricamente, se había situado en acciones u omisiones provenientes de autoridades públicas. Es decir, el amparo constitucional, como medio judicial de protección de los derechos y garantías constitucionales, se había concebido en general como garantía frente al Estado, y contra las actuaciones ilegítimas y arbitrarias de las autoridades y funcionarios públicos. Sin embargo, progresivamente y en especial después de la famosa sentencia de la Corte Suprema de la Nación Argentina, en el caso *Samuel Kot*, de *1958*, se ha admitido el amparo frente a actos de particulares.

34 Germán J. Bidart Campos, *Derecho de Amparo*, Buenos Aires 1961.

35 Acción de amparo constitucional intentada por el Gobernador del Estado Zulia contra el Director de la Oficina Central de Estadística e Informática de la Presidencia de la República, Corte Primera de lo Contencioso Administrativa, Caracas, noviembre 1990.

Sin embargo, no todos los sistemas constitucionales admiten este supuesto y en general, puede decirse que el amparo sigue siendo una garantía sólo frente a las acciones u omisiones de las autoridades públicas.

## I.- EL AMPARO FRENTE A PARTICULARES

### 1.- *Sistemas que lo admiten en general*

#### A) Argentina

En el mencionado caso *Samuel Kot*, la Corte Suprema de la Nación Argentina admitió el amparo contra actos de particulares, sosteniendo como lo afirma Lazzarini, que "nada hay en la letra ni el espíritu de la Constitución que permita afirmar que la protección de los derechos constitucionales está circunscrita a los ataques que provengan sólo del Estado, puesto que, sostuvo el Alto Tribunal, lo que se tiene principalmente en vista, no es tanto el origen de la lesión a los derechos constitucionales como éstos en si mismos, pues no se atiende a los agresores como a los derechos agredidos".[36]

En todo caso, a partir de dicho caso, la Corte Suprema de la Nación y en general los Tribunales de Argentina han venido admitiendo en forma reiterada y uniforme la procedencia del amparo contra actos de particulares.

La Ley Nº 16986 de 1966 de Argentina, sin embargo, como hemos dicho, sólo regula el amparo contra actos del Estado, es decir, "contra todo acto u omisión de autoridad pública" (art. 1), por lo que el amparo contra actos de particulares se obtiene en virtud de lo previsto en los artículos 321, numeral 2 y 498 del Código Procesal Civil y Comercial de la Nación.

#### B) Venezuela

En otros países, la acción de amparo contra actos de los particulares, además de contra las acciones u omisiones de las autoridades públicas, está expresamente prevista en las leyes respectivas. Es el caso de Venezuela, donde la Ley Orgánica de Amparo sobre Derechos y Garantías Constitucionales de 1988 establece que

> "procede contra cualquier hecho, acto u omisión de los órganos del Poder Público Nacional, Estadal o Municipal. También procede contra el hecho, acto u omisión originados por ciudadanos, personas jurídicas, grupos u organizaciones privadas que hayan violado, violen u amenacen violar cualquiera de las garantías o derechos amparados por esta Ley" (art. 2).

#### C) Uruguay

En sentido similar, la Ley Nº 16011 de Amparo de 1988, de Uruguay, admite en general la acción de amparo

> "contra todo acto, omisión o hecho de las autoridades estatales o paraestatales, *así como de particulares* que, en forma actual o inminente, a su juicio, lesione, restrinja, altere o amenace, con ilegitimidad manifiesta cualquiera de los derechos y libertades reconocidos expresa o implícitamente por la Constitución" (art. 1).

Por tanto, en Venezuela y en Uruguay, la protección que puede otorgar el juez de amparo al goce y ejercicio de los derechos y libertades constitucionales, no sólo se plantea frente a acciones públicas que puedan perturbar el goce y ejercicio de los derechos, sino también frente a las perturbaciones que puedan provenir de otros particulares o individuos o personas morales. En esta materia, la Constitución no distingue, por lo que la Ley admite la acción de amparo frente a actuaciones que provengan de particulares.

#### D) Chile

La acción de protección en Chile se regula en la Constitución para proteger ciertos derechos y libertades constitucionales contra actos u omisiones arbitrarios o ilegales que produzcan perturbación o amenaza en el legítimo ejercicio de los mismos (art. 20), sin hacer distingo algu-

---

36 Véase J. L. Lazzarini, *op. cit.*, p. 228.

no respecto del origen de las acciones. Por ello, se admite que el recurso de protección se puede interponer indistintamente contra actos u omisiones de la autoridad o funcionarios públicos o de algún particular.

**E) Perú**

En el caso del Perú también se admite la acción de amparo contra actos de particulares, al preverse en la Constitución que "la acción de amparo cautela los demás derechos reconocidos por la Constitución (con excepción de la libertad individual amparable mediante la acción de hábeas corpus) que sean vulnerados o amenazados por cualquier autoridad, funcionario o *persona"* (art. 295). Por ello, la Ley Nº 23506 de 1982 de Hábeas Corpus y Amparo se limita a señalar que las acciones de garantía "proceden en los casos en que se violen y amenacen los derechos constitucionales por acción, o por omisión, de actos de cumplimiento obligatorio" (art. 2).

**F) Bolivia**

En Bolivia, la Constitución consagra con toda amplitud la posibilidad del ejercicio del recurso de amparo "contra los actos ilegales o las omisiones indebidas de los funcionarios o *particulares* que restrinjan, supriman o amenacen restringir o suprimir los derechos y garantías de la persona reconocidos por esta Constitución y las leyes" (art. 19).

***2.- Sistemas que lo admiten restrictivamente***

**A) Costa Rica**

En otros sistemas constitucionales se admite el amparo contra actos de particulares, pero sólo si éstos se encuentran cumpliendo actos de autoridad. Tal es el caso de Costa Rica, donde si bien la Constitución no distingue (art. 48) la Ley de la Jurisdicción Constitucional restringe el amparo contra sujetos de derecho privado, en la siguiente forma:

> "*Artículo 57*.- El recurso de amparo también se concederá contra acciones u omisiones de sujetos de derecho privado, cuando éstos actúen o deban actuar en ejercicio de funciones o potestades públicas, o se encuentren de derecho o de hecho, en una posición de poder frente a la cual los remedios jurisdiccionales comunes resulten claramente insuficientes o tardíos para garantizar los derechos y libertades a que se refiere el artículo 2, inciso a) de esta Ley" (es decir, los derechos y libertades consagrados por la Constitución Política y los derechos humanos reconocidos por el Derecho Internacional vigente en Costa Rica)".

**B) Guatemala**

En Guatemala también procede el recurso de amparo contra actos de particulares pero sólo en determinados casos, conforme se regula en la ley. Así es como en el artículo 9 de la Ley de amparo, exhibición personal y de constitucionalidad se establece que podrá también recurrirse de amparo contra entidades sostenidas con fondos del Estado, creadas por Ley o concesión; o las que actúen por delegación de los órganos del Estado, en virtud de contrato, concesión o conforme a otro régimen semejante.

Agrega, además el artículo 9 de la Ley que asimismo podrá solicitarse amparo, contra entidades a las que debe ingresarse por mandato legal y otras reconocidas por Ley, tales como partidos políticos, asociaciones, sociedades, sindicatos, cooperativas y otras semejantes.

**C) Colombia**

En este mismo sentido se enmarca la Constitución de Colombia, la cual regula la acción de tutela, básicamente, como un medio de protección contra "la acción o la omisión de cualquier autoridad pública". Sin embargo, la parte final del artículo 86 de la Constitución remite a la Ley en cuanto al ejercicio de la acción de tutela contra particulares en la forma siguiente:

> "La Ley establecerá los casos en los que la acción de tutela procede contra particulares encargados de la prestación de un servicio público o cuya conducta afecte grave y directamente el interés colectivo o respecto de quienes el solicitante se halle en estado de subordinación o indefensión".

En tal sentido, el Decreto Nº 2591 de 1991 (art. 42) en cuanto a la acción de tutela contra las acciones u omisiones de particulares, establece que procederá en los siguientes casos:

1.- Cuando aquél contra quien se hubiere hecho la solicitud esté encargado de la prestación del servicio público de educación para proteger los derechos consagrados en los artículos 13, 15, 16, 18, 19, 20, 23, 27, 29, 37 y 38 de la Constitución.

2.- Cuando aquél contra quien se hubiere hecho la solicitud esté encargado de la prestación del servicio público de salud para proteger los derechos a la vida, a la intimidad, a la igualdad y a la autonomía.

3.- Cuando aquél contra quien se hubiere hecho la solicitud esté encargado de la prestación de servicios públicos domiciliarios.

4.- Cuando la solicitud fuere dirigida contra una organización privada, contra quien la controle efectivamente o fuere el beneficiario real de la situación que motivó la acción, siempre y cuando el solicitante tenga una relación de subordinación o indefensión con tal organización.

5.- Cuando aquél contra quien se hubiere hecho la solicitud viole o amenace violar el artículo 17 de la Constitución.

6.- Cuando la entidad privada sea aquella contra quien se hubiere hecho la solicitud en ejercicio del hábeas data, de conformidad con lo establecido en el artículo 15 de la Constitución.

7.- Cuando se solicite rectificación de informaciones inexactas o erróneas. En este caso se deberá anexar la transcripción de la información o la copia de la publicación y de la rectificación solicitada que no fue publicada en condiciones que aseguren en eficacia de la misma.

8.- Cuando el particular actúe o deba actuar en ejercicio de funciones públicas, en cuyo caso se aplicará el mismo régimen que a las autoridades públicas.

9.- Cuando la solicitud sea para tutelar la vida o la integridad de quien se encuentre en situación de subordinación o indefensión respecto del particular contra el cual se interpuso la acción. Se presume la indefensión del menor que solicita la tutela".

### 3.- *Sistema que excluyen el amparo frente a actividades u omisiones de particulares*

#### A) España

En España, a pesar de que la Constitución de 1978 no distingue (art. 53, ord. 2), la Ley Orgánica del Tribunal Constitucional limitó el ámbito del recurso de amparo frente a aquellas violaciones "originadas por disposiciones, actos jurídicos o simple vía de hecho *de los poderes públicos* del Estado, las comunidades autónomas y *demás entes públicos* de carácter territorial, corporativo o institucional, así como de sus funcionarios o agentes" (art. 42, ord. 2). Conforme a esta norma, por tanto, se ha interpretado en general que no procede amparo constitucional contra las actuaciones lesivas de los derechos fundamentales originados por actos de particulares. Sin embargo, la Jurisprudencia del Tribunal Constitucional en sentencias originadas por conflictos laborales entre particulares, ha acordado el amparo pero no directamente contra los agravios provenientes de acciones privadas, sino contra la sentencia respectiva del Tribunal laboral que resolvió el conflicto entre particulares, con lo que *indirectamente* se abre la vía del amparo contra acciones de particulares.[37]

#### B) Alemania y Austria

En Alemania, de acuerdo al artículo 93,1,4,a de la Ley Fundamental de Bonn y al artículo 90,1 de la Ley del Tribunal Constitucional Federal, el recurso de amparo constitucional sólo

37 Véase Joan Oliver Araujo, *op. cit.*, pp. 253-265. Antonio Cano Mata, *El recurso de amparo (Doctrina del Tribunal Constitucional)*, Madrid 1983, pp. 14-15.

procede contra lesiones causadas por un "poder público" en sus tres niveles clásicos (Federal, Lander, Municipios) por lo que no se plantea la posibilidad del ejercicio del recurso contra actos de particulares.

En Austria, el régimen limitativo es similar, en el sentido de que en ningún caso procede el recurso constitucional contra actos de particulares.

**C) México**

La limitación del ejercicio de la acción de amparo sólo contra actos de los poderes públicos se encuentra también en algunos sistemas latinoamericanos. Es el caso de México, donde el juicio de amparo no procede en ningún caso, contra las violaciones causadas por actos de los particulares ya que en ese país, también la protección constitucional mediante el juicio de amparo se reserva exclusivamente frente a los poderes públicos.

**D) Brasil**

En igual sentido, la Constitución del Brasil al regular el *mandado de segurança* precisa que procede para proteger los derechos y libertades constitucionales "cuando el responsable de la ilegalidad o abuso de poder fuese una autoridad pública o un agente de persona jurídica en ejercicio de atribuciones del Poder Público", lo que excluye este recurso de protección frente a las acciones de los particulares.

**E) Panamá**

En el caso de Panamá, el artículo 50 de la Constitución es preciso al consagrar el recurso de amparo sólo contra ordenes expedidas o ejecutadas por servidores públicos, lo que excluye la posibilidad de ejercicio del recurso de amparo contra acciones emanadas de particulares. Por ello, conforme al artículo 2608 del Código Judicial, sólo los funcionarios públicos pueden considerarse como demandados en la tramitación de la acción de amparo.

**F) El Salvador**

De acuerdo con el artículo 12 de la Ley de Procedimientos Constitucionales de El Salvador,

> "La acción de amparo procede contra todas clase de acciones u omisiones de cualquier autoridad, funcionario del Estado o de sus organismos descentralizados, que viole aquellos derechos (los que otorga la Constitución Política) u obstaculicen su ejercicio".

De esta enunciación resulta, por tanto, excluida la acción de amparo contra particulares. Sin embargo, conforme al artículo 4º de la Ley, el derecho de hábeas corpus puede ejercerse contra cualquier "individuo" (además de cualquier autoridad), en los casos de restricción ilegal de la libertad individual.

**G) Nicaragua**

En Nicaragua, el recurso de amparo sólo es admisible contra el funcionario, autoridad o agente de los mismos que por su acción u omisión, viole o trate de violar los derechos y garantías consagrados en la Constitución Política (art. 23 Ley de Amparo de 1988). Sin embargo, en cuanto al recurso de exhibición personal, el mismo puede ser interpuesto contra el particular que restrinja la libertad personal (arts. 53 y 74 y siguientes, Ley de Amparo de 1988).

## II.- EL AMPARO FRENTE A ACCIONES U OMISIONES ESTATALES

Si bien el amparo contra actos de particulares no siempre es admitido en el derecho comparado, al contrario, los medios judiciales especiales de protección de los derechos y libertades constitucionales siempre se regulan y conceden contra las acciones y omisiones provenientes de autoridades y funcionarios públicos.

Sin embargo, no hay uniformidad en cuanto a la admisión del amparo respecto de todos los actos estatales, pues en algunos casos se excluye respecto a las leyes o a los actos judiciales, limitándose su admisibilidad contra los actos administrativos y las vías de hecho de las autoridades administrativas como es el caso de Austria.

En el caso de México y Venezuela, por ejemplo, el amparo procede contra todas las actuaciones estatales, sin distinción ni limitación. Así, en el sistema venezolano de derecho de amparo regulado en la Constitución de 1961 y en la Ley Orgánica de Amparo, en el caso de protección frente a perturbaciones provenientes de autoridades públicas, esta procede frente a toda actuación pública, es decir, frente a todos los actos estatales y ante los actos materiales, omisiones y vías de hecho de las autoridades públicas (art. 5).

Por tanto, la acción de amparo procede contra toda actuación de la Administración, aún cuando no configure un acto administrativo y no abra la vía contencioso-administrativa, es decir, procede, por ejemplo, contra las actuaciones materiales de la Administración; contra sus vías de hecho; contra la abstención de actuar o cumplir una obligación; contra omisiones, en fin, contra toda forma de actuación de la Administración e, incluso, por supuesto, contra determinados actos como los de trámite, cuando no puedan ser impugnados por la vía contencioso-administrativa. Pero además, procede también contra actos legislativos, de gobierno, y judiciales (sentencias).

En nuestro criterio, dentro de esta misma orientación se enmarca la Constitución de Colombia, la cual prevé la acción de tutela para la protección de los derechos fundamentales que resulten vulnerados o amenazados por la acción o la omisión de *cualquier autoridad pública,* sin distinguir si se trata de la autoridad legislativa, judicial o administrativa.

En particular, el artículo 5º del Decreto Nº 2591 de 1991, que reglamenta la tutela precisa que la acción de tutela procede "contra toda acción u omisión de las autoridades públicas, que haya violado, viole o amenace violar cualesquiera de los derechos de que trata el artículo 2º" del mencionado Decreto. Se aclara además, que "la procedencia de la tutela en ningún caso está sujeta a que la acción de la autoridad se haya manifestado en un acto jurídico escrito".

## III.- EL AMPARO CONTRA LEYES Y DEMÁS ACTOS NORMATIVOS

### 1.- *Sistemas que lo admiten*

#### A) La acción de amparo contra leyes en Venezuela

De acuerdo al artículo 3 de la Ley Orgánica de Amparo sobre Derechos y Garantías Constitucionales:

> "También es procedente la acción de amparo cuando la violación o amenaza de violación deriven de una norma que colida con la Constitución. En este caso, la providencia judicial que resuelva la acción interpuesta deberá apreciar la inaplicación de la norma impugnada y el Juez informará a la Corte Suprema de Justicia acerca de la respectiva decisión".

Quizás de las instituciones más novedosas que trae la Ley Orgánica, es este denominado "amparo contra normas" que viene a perfeccionar y completar el sistema de control de la constitucionalidad de las leyes.

En efecto, en el sistema venezolano, el control de la constitucionalidad de las leyes se ha considerado, comparativamente hablando, como un control mixto, en el cual conviven el *control concentrado* de la constitucionalidad que se ejerce por la Corte Suprema de Justicia por vía de *acción popular,* y conforme a la cual la Corte tiene poderes para anular *erga omnes* la ley impugnada; y el *control difuso* de la constitucionalidad, conforme al cual y de acuerdo al artículo 20 del Código de Procedimiento Civil, cualquier juez tiene poder para juzgar de oficio o a petición de parte al decidir cualquier proceso, la constitucionalidad de una ley e inaplicarla en el caso concreto, con efectos *inter partes.*

A este sistema mixto de control de la constitucionalidad de las leyes y demás actos normativos, la Ley Orgánica de Amparo viene a agregar un tercer sistema de control, que en ciertos aspectos se puede asimilar al denominado en México "amparo contra leyes" y que permite el ejercicio del control de la constitucionalidad de las leyes por los jueces de amparo, cuando conozcan de una acción de amparo ejercida contra la Ley o acto normativo que en forma directa e inmediata viole o amenace violar un derecho fundamental, y que por tanto colida con la Constitución. En estos casos, la decisión del juez, en la acción de amparo, debe apreciar la inaplicación de la norma respecto de la cual se solicita amparo. Debe destacarse, por otra parte, que la ley habla impropiamente de "norma impugnada", pero en realidad, si la norma fuera "impugnada", la decisión judicial tendría que ser de anulación de la misma, lo cual no compete al juez de amparo, pues ello está reservado a la Corte Suprema de Justicia o a los Tribunales de la jurisdicción contencioso-administrativa. Por tanto, en la acción de amparo regulada en el artículo 3 no se "impugna" la ley o acto normativo, sino que se solicita amparo respecto de los efectos del mismo, cuando viole o amenace violar un derecho constitucional.

La decisión del juez de amparo, en estos casos, no es una decisión de anulación de la ley o acto normativo, sino que se limita a ser una decisión de protección, con efectos *inter partes*, es decir, en relación al accionante, en el sentido de que la misma lo que hace es declarar que para éste, la norma es inaplicable. De acuerdo al artículo 22 de la ley, cuando se faculta al juez de amparo para resolver de inmediato el "restablecer la situación jurídica infringida", en este caso equivale a la suspensión de efectos de la norma respecto del accionante, es decir, la no aplicabilidad de la misma al accionante.

Pero debe agregarse en relación al control de la constitucionalidad de las leyes, que la Ley Orgánica, además de prever el amparo contra leyes, permite ejercer la acción de amparo (más propiamente, la pretensión de amparo) conjuntamente con la acción popular de inconstitucionalidad de las leyes por ante la Corte Suprema de Justicia.

En efecto, el mismo artículo 3 de la Ley Orgánica establece lo siguiente:

> "La acción de amparo también podrá ejercerse conjuntamente con la acción popular de inconstitucionalidad de las leyes y demás actos estatales normativos, en cuyo caso, la Corte Suprema de Justicia, si lo estima procedente para la protección constitucional, podrá suspender la aplicación de la norma respecto de la situación jurídica concreta cuya violación se alega mientras dure el juicio de nulidad".

Como se observa, en estos casos, la Ley Orgánica ha establecido una innovación fundamental y que consiste en permitir a la Corte, contrariamente a lo que había sido la tradición jurisprudencial, el suspender los efectos de la ley o acto normativo impugnado respecto de su aplicabilidad al accionante, cuando lo juzgue necesario para la protección constitucional, mientras dure el juicio de nulidad. Hasta la entrada en vigencia de la Ley, en los juicios de nulidad de los actos estatales, la Corte Suprema había negado sistemáticamente la posibilidad de suspender los efectos de los actos normativos, habiendo reducido su potestad de suspensión de efectos en juicio, respecto de los actos administrativos de efectos particulares, lo cual luego fue recogido en su Ley Orgánica (art. 136).

### B) El juicio de amparo contra leyes en México

El juicio de amparo en México procede en primer lugar, contra las leyes y actos normativos contrarios a la Constitución, dando lugar a un medio judicial de control de la constitucionalidad de las leyes que puede ejercerse en forma directa contra las mismas, sin que se requiera acto administrativo o judicial alguno de ejecución o aplicación de la ley. Se ejerce ante las Cortes de Distrito, siendo el agraviante en estos casos, los órganos supremos del Estado que intervinieron en el proceso de formación de la ley, es decir, el Congreso de la Unión o las legislaturas de los Estados que sancionaron la Ley; el Presidente de la República o los Gobernadores de los Estados que pusieron el ejecútese a la Ley y los Secretarios Ejecutivos que la refrendaron y ordenaron su promulgación. En estos casos, las decisiones de las Cortes Federales de Distrito son revisables por la Corte Suprema de Justicia.

En esta forma, el amparo contra leyes en México, como señalamos, es un medio directo de control de la constitucionalidad de las mismas, aun cuando no planteada en forma abstracta, ya que el accionante debe haber sido lesionado directamente por la norma, sin necesidad de que exista otro acto estatal de ejecución de dicha ley. Por ello, el objeto del "amparo contra leyes" lo constituyen leyes que con su sola puesta en vigencia puedan causar un perjuicio directo y personal al accionante. Por ello, en relación a las leyes autoaplicativas, la acción debe intentarse dentro de los 30 días siguientes a su puesta en vigencia o dentro de los 15 días siguientes a la emisión del primer acto de ejecución de la ley.

En la decisión judicial correspondiente, el juez no puede formular declaraciones generales respecto de la Ley, pues la misma, destinada a proteger a los particulares, sólo puede tener efectos *inter partes*. Además, en México, las decisiones en amparo contra leyes no tienen fuerza obligatoria respecto de otros tribunales, salvo que estas adquieran el carácter de "jurisprudencia" lo que sucede cuando la Corte Suprema de Justicia o las Cortes de Circuito adoptan cinco decisiones en el mismo sentido.

En todo caso, el juez de amparo tiene la potestad de suspender los efectos del acto normativo respecto del accionante.

### C) El recurso de amparo contra leyes en el Perú

De acuerdo con el artículo 3 de la Ley N° 23506 de Perú,

> "Las acciones de garantía proceden aún en el caso que la violación o amenaza se basa en una norma que sea incompatible con la Constitución. En este supuesto, la inaplicación de la norma se apreciará en el mismo procedimiento".

Se establece así, un medio de control de la constitucionalidad de las leyes, vía recurso de amparo, paralelo al control concentrado de inconstitucionalidad de las leyes que ejerce el Tribunal de Garantías Constitucionales (art. 298 y sigts. de la Constitución) y al control difuso de constitucionalidad establecido en el artículo 236 de la Constitución.

En todo caso, si se trata de un amparo contra leyes, la decisión judicial respectiva no anula la ley, la cual queda en vigencia para todos los demás, y se limita a declarar a la ley como no aplicable para el reclamante.

### D) El amparo contra leyes en Guatemala

En Guatemala, el amparo procede para que se declare en casos concretos que una ley, un reglamento, una resolución o acto de autoridad no obligan al recurrente, por contravenir o restringir cualesquiera de los derechos garantizados por la Constitución o reconocidos por cualquier Ley (art. 10, literal b Ley de Amparo, Exhibición personal y de constitucionalidad de 1986 (art. 80, ordinal 30 de la Ley)

En estos casos, la decisión judicial de amparo deja en suspenso en cuanto al reclamante, la Ley, el reglamento, la resolución o el acto impugnados, y en su caso, el restablecimiento de la situación jurídica afectada o el cese de la medida (art. 49,a de la Ley).

### E) El recurso de amparo contra leyes en Honduras

La Constitución de Honduras de 1982, establece expresamente la posibilidad del ejercicio de la acción de amparo contra las leyes. Así, el artículo 183 de dicho Texto Fundamental establece que toda persona agraviada tienen derecho a interponer recurso de amparo para que se declare en casos concretos que una Ley no obliga al recurrente ni es aplicable por contravenir, disminuir o tergiversar cualesquiera de los derechos reconocidos por la Constitución (art. 183, ord. 2°).

### F) El recurso de amparo contra leyes en Costa Rica y su conversión.

En el caso de Costa Rica se establece en el artículo 30 de la Ley de la Jurisdicción Constitucional que el amparo no procede:

> "Contra leyes u otras disposiciones normativas, salvo cuando se impugnen con actos de aplicación individual de aquellas, o cuando se trate de normas de acción automática, de manera que sus preceptos resulten obligatorios inmediatamente por su sola promulgación, sin necesidad de otras normas o actos que los desarrollen o los hagan aplicables al perjudicado".

Por tanto, el amparo contra leyes o actos normativos autoaplicativos es admisible en Costa Rica, como ya lo ha resuelto la Sala Constitucional.

Debe observarse que en el caso de Costa Rica, la interposición del amparo no suspende los efectos de las leyes o normas cuestionadas, pero sí la aplicación de ellas al recurrente, así como la de los actos concretos impugnados (art. 41).

En todo caso, impugnada en amparo una ley u norma, de acuerdo a la Ley de la Jurisdicción Constitucional, el Presidente de la Sala Constitucional debe suspender, sin más trámite, el recurso y otorgará al recurrente un término de 15 días hábiles para que formalice la acción de inconstitucionalidad contra aquellas.

**G) Otros sistemas que admiten el amparo contra leyes autoaplicativas**

En Alemania, el recurso de amparo constitucional se admite contra las leyes autoaplicativas, es decir, las normas que causan perjuicio al recurrente con motivo de su entrada en vigor, sin que sean necesarios actos concretos de aplicación.

**2.- *La exclusión de las leyes del ámbito del amparo***

En otros sistemas, expresamente se excluye la acción de amparo contra las leyes.

**A) Argentina**

Es el caso de Argentina, donde la acción de amparo no procede contra las leyes, pues en relación a las mismas lo que procede es el ejercicio del control difuso de la constitucionalidad de las mismas en el caso concreto donde se plantee la cuestión de inconstitucionalidad. Por supuesto, en una decisión de amparo contra actos concretos, el juez respectivo puede apreciar la inconstitucionalidad de una norma, pero en ese caso, no se trataría realmente, de un amparo contra normas.

**B) Brasil**

En sentido similar, en Brasil está excluido el ejercicio del *mandado de segurança* contra leyes, no admitiéndose el amparo si la disposición legal no se ha aplicado mediante un acto administrativo, y en todo caso, es contra dicho acto que puede ejercerse la acción de protección.

**C) Uruguay**

En Uruguay, la Ley N° 16011 de 1988 establece que la acción de amparo no procederá en ningún caso "contra leyes y los decretos de los Gobiernos Departamentales que tengan fuerza de leyes en su jurisdicción" (art. 1,c).

**D) Colombia**

En Colombia, a pesar de que la Constitución no distingue, el Decreto N° 2591 de 1991, dentro de las causales de improcedencia de la tutela (art. 6) ha establecido que no procede:

> "5. Cuando se trate de actos de carácter general, impersonal y abstracto".

Las leyes son por excelencia, acto de carácter general impersonal y abstracto, razón por la cual conforme a ese artículo no procedería la acción de tutela contra las normas.

**E) España**

Debe señalarse, por último, que en el caso de España, la Ley del Tribunal Constitucional excluye implícitamente el recurso de amparo contra leyes al prever en el artículo 42 que sólo procede contra "las decisiones o actos sin valor de ley". Por tanto, ni siquiera procede el recurso de amparo en los casos de las leyes que lesionen directamente algún derecho fundamental tutelable.

## IV.- EL AMPARO CONTRA ACTOS Y HECHOS ADMINISTRATIVOS Y CONTRA CONDUCTAS OMISIVAS DE LA ADMINISTRACIÓN

En general, todos los sistemas constitucionales que regulan la institución del amparo, admiten la acción de amparo contra los actos y hechos administrativos, y contra las conductas omisivas de la Administración.

Algunas leyes, sin embargo, regulan con más detalles el tema, como sucede en Venezuela. En efecto, de acuerdo al artículo 5 de la Ley Orgánica:

> "La acción de amparo procede contra todo acto administrativo, actuaciones materiales, vías de hecho, abstenciones u omisiones que violen o amenacen violar un derecho o garantía constitucionales, cuando no exista un medio procesal breve, sumario y eficaz, acorde con la protección constitucional".

Por tanto, la acción de amparo procede también contra actos administrativos o contra conductas omisivas de la Administración que violen o amenacen violar un derecho o garantía constitucionales, pero siempre que no exista "un medio procesal breve, sumario y eficaz, acorde con la protección constitucional". En consecuencia, si dicho medio existe no procedería la acción de amparo; y es la propia Ley Orgánica la que se ocupa de prever dicho "medio procesal breve, sumario y efectivo, acorde con la protección constitucional", y ese es el recurso contencioso-administrativo de anulación, siempre que exista en la localidad un Tribunal con competencia contencioso-administrativa, y el mismo sea un medio efectivo y real de protección.

En estos casos, prevé la Ley que la acción de amparo puede ejercerse contra actos administrativos de efectos particulares o contra abstenciones o negativas de la Administración, ante el Juez Contencioso Administrativo competente, si lo hubiere en la localidad, "conjuntamente con el recurso contencioso-administrativo de anulación de actos administrativos o contra las conductas omisivas, respectivamente, que se ejerza". En estos casos agrega el artículo 5 de la Ley Orgánica, el Juez, "en forma breve, sumaria, efectiva y conforme a lo establecido en el artículo 22, si lo considera procedente para la protección constitucional, suspenderá los efectos del acto recurrido como garantía de dicho derecho constitucional violado, mientras dure el juicio".

Por último, para garantizar que este recurso contencioso-administrativo de anulación y amparo, sea un medio procesal breve, sumario y efectivo, acorde con la protección constitucional, el Parágrafo Único del artículo 5 de la Ley Orgánica precisa que:

> "Cuando se ejerza la acción de amparo contra actos administrativos conjuntamente con el recurso contencioso-administrativo que se fundamente en la violación de un derecho constitucional, el ejercicio del recurso procederá en cualquier tiempo, aun después de transcurridos los lapsos de caducidad previstos en la Ley; y no será necesario el agotamiento previo de la vía administrativa".

Por tanto, un acto administrativo violatorio de un derecho o garantía constitucional, puede ser impugnado en vía contencioso-administrativa en cualquier tiempo, siempre que se acompañe al recurso de anulación una pretensión de amparo; y contra dicho acto sólo puede ejercerse la acción de amparo si ya han transcurrido más de seis meses de dictado (art. 6, ord. 4) si se ejerce conjuntamente con el recurso contencioso-administrativo de anulación.

En Colombia, hemos señalado que la acción de tutela también puede ejercerse conjuntamente con el recurso contencioso-administrativo de nulidad. En este caso, señala el artículo 8 del Decreto Nº 2591 de 1991 que:

> "Cuando se utilice la acción de tutela como mecanismo transitorio para evitar un daño irreparable, la acción de tutela también podrá ejercerse con la acción de nulidad y de las demás procedentes ante la jurisdicción contencioso-administrativa. En estos casos, el juez si lo estima procedente podrá ordenar que no se aplique el acto particular respecto de la situación jurídica concreta cuya protección se solicita, mientras dura el proceso".

## V.- EL AMPARO CONTRA SENTENCIAS Y DEMÁS ACTOS JUDICIALES

En contraste con la admisión generalizada del amparo contra las actuaciones de la Administración, la situación no es uniforme en relación al amparo contra sentencias y demás actos judiciales, pues en algunos países expresamente se excluye la posibilidad de la acción de amparo contra sentencias.

### *1.- La admisibilidad de la acción de amparo contra actos judiciales*

#### A) El amparo contra sentencias en Venezuela

La acción de amparo contra sentencias se admite ampliamente en diversos países. En efecto, de acuerdo al artículo 4 de la Ley Orgánica de amparo de Venezuela:

> "Igualmente procede la acción de amparo cuando un Tribunal de la República, actuando fuera de su competencia, dicte una resolución o sentencia u ordene un acto que lesione un derecho constitucional".

De esta norma podría interpretarse, ante todo, que si la decisión judicial violatoria de un derecho constitucional se dicta por un Juez actuando *dentro* de su competencia (por la materia o por el territorio), no procedería la acción autónoma de amparo, sino que la pretensión de amparo debería ejercerse conjuntamente con el recurso de apelación o el recurso de casación que corresponda. Ello es lo que resulta de la interpretación más directa de la norma, con el objeto de salvaguardar los medios ordinarios y extraordinarios de revisión de decisiones judiciales, que en estos casos tendrían efectos suspensivos, y por tanto, de protección constitucional inmediata.

Sin embargo, el problema de interpretación ha sido resuelto por la jurisprudencia al acoger la doctrina más acorde con la protección constitucional que consagra la Ley Orgánica, considerando en general, que ningún tribunal tiene competencia para lesionar ilegítimamente, derechos o garantías constitucionales, procediendo la acción de amparo contra sentencias en caso de violación de derechos y libertades constitucionales; incluso contra sentencias dictadas en juicios de amparo.

En todo caso, en el supuesto regulado en el artículo 4 de la Ley y con el objeto de salvaguardar las jerarquías judiciales de revisión, se establece expresamente que:

> "La acción de amparo debe interponerse por ante un Tribunal Superior al que emitió el pronunciamiento, quien decidirá en forma breve, sumaria y efectiva".

Por último, debe mencionarse que expresamente la Ley excluye el ejercicio de la acción de amparo "cuando se trate de decisiones emanadas de la Corte Suprema de Justicia" (art. 6, ord. 6), lo que tiene su explicación en la garantía institucional que prevé el artículo 211 de la Constitución al señalar que siendo la Corte Suprema, "el más alto Tribunal de la República, contra sus decisiones no se oirá ni admitirá recurso alguno".

#### B) El amparo contra decisiones judiciales en el Perú

En Perú, la Ley N° 23506 establece expresamente que:

> "Las acciones de garantía también son pertinentes si una autoridad judicial, fuera de un procedimiento que es de su competencia, emite una resolución o cualquier disposición que lesione un derecho constitucional" (art. 5).

En relación a esta norma también se han planteado en el Perú problemas interpretativos respecto de la expresión "competencia", pues se podría concluir que si el juez actúa dentro de su competencia, no procedería el amparo así se lesione un derecho constitucional. La jurisprudencia, en todo caso, conforme a lo que el proyecto de ley establecía originalmente (donde no se empleaba la palabra competencia) ha resuelto que procede el amparo cuando un juez actúa fuera de un procedimiento, cualquiera que este sea, con independencia de que goce de competencia por razón de la materia, sede, cuantía, etc. Cuando el acto arbitrario se realice dentro de un procedimiento, sin embargo, no procedería la acción de amparo salvo que el procedimiento seguido no haya sido un procedimiento regular. Por ello, el artículo 6 de la ley prevé que no procede la acción de amparo "contra resolución judicial emanada de un procedimiento regular" (ord. 1).

### C) El amparo contra decisiones judiciales en México

En México, el juicio de amparo encuentra su mayor aplicación cuando se ejerce contra las sentencias y demás decisiones judiciales. En estos casos, que originan el llamado "amparo casación", sin embargo, el juicio de amparo sólo procede contra sentencias definitivas respecto de las cuales no proceda ningún recurso ordinario por el que puedan ser modificadas y reformadas, en cuyo caso, se promueve ante la Suprema Corte de Justicia o ante el Tribunal colegiado de Circuito que corresponda.

### D) El amparo en los asuntos judiciales en Guatemala

En Guatemala, conforme al artículo 10, letra h de la Ley de Amparo, Exhibición Personal y Constitucionalidad de 1986, toda persona tiene derecho a pedir amparo en los asuntos de orden judicial, que tuvieren establecidos en la Ley procedimientos y recursos, por cuyo medio puedan ventilarse adecuadamente de conformidad con el principio jurídico del debido proceso, si después de haber hecho uso el interesado de los recursos establecidos por la Ley, subsiste la amenaza, restricción o violación a los derechos que la Constitución y las leyes garantizan.

### E) El amparo contra decisiones judiciales en Honduras

En Honduras, la Ley de Amparo de 1936 establece la posibilidad general de amparo contra decisiones judiciales al regular la competencia judicial para conocer de la acción. Así, la Corte Suprema de Justicia es competente para conocer de las violaciones cometidas por las Cortes de Apelaciones y por el Tribunal Superior de Cuentas (art. 5, ords. 3º y 4º), y las Cortes de Apelaciones son competentes para conocer de las violaciones cometidas por los Jueces Departamentales o Seccionales y por los de Paz (art. 6, ord. 1º).

### F) El amparo contra sentencias en Colombia y su inconstitucionalidad

En Colombia, el Decreto Nº 2591 de 1991, estableció también la posibilidad de ejercicio de la acción de tutela contra los actos judiciales, aun cuando de manera restrictiva, al regularse en el artículo 40 la competencia especial para conocer la acción.

Esta norma, en efecto, estableció lo siguiente:

> "*Artículo 40.*- Cuando las sentencias y demás providencias judiciales que pongan término a un proceso, proferidas por los jueces superiores, los tribunales, la Corte Suprema de Justicia y el Consejo de Estado, amenacen o vulneren un derecho fundamental, será competente para conocer de la acción de tutela el superior jerárquico correspondiente...
>
> Parágrafo Primero: la acción de tutela contra tales providencias judiciales sólo procederá cuando la lesión del derecho sea consecuencia directa de estas por deducirse de manera manifiesta y directa de su parte resolutiva, se hubieren agotado todos los recursos en vía judicial y no exista otro mecanismo idóneo para reclamar la protección del derecho vulnerado o amenazado".

Sin embargo, agregó la norma que "cuando el derecho invocado sea el debido proceso, la tutela deberá interponerse conjuntamente con el recurso procedente", es decir, en principio, el de apelación.

Por último, el mismo artículo 40 del Decreto Nº 2591 de 1991, estableció expresamente que "no procederá la tutela contra fallos de tutela" (art. 40, Parágrafo 4º).

A pesar de esta admisibilidad legal de la tutela contra sentencias, debe señalarse como antes observamos, que la Corte Constitucional, declaró inexequible, es decir, nulo el antes mencionado artículo 40 del Decreto 2591, mediante sentencia C-543 de 1º de octubre de 1992, limitándose así la tutela contra decisiones judiciales, por considerarlo contrario al principio de la intangibilidad de la cosa juzgada.

**G) El mandado de segurança contra actos judiciales en Brasil**

En Brasil, el *mandado de segurança* en principio no procede contra actos judiciales respecto de los cuales sea posible ejercer un recurso con efectos suspensivos o correctivos, por lo que puede concederse el amparo contra dichos actos, cuando no exista recurso alguno contra los mismos y sea imposible corregirlos.

**H) El amparo contra sentencias en España**

Por último se destaca el caso de España, donde se puede interponer un recurso de amparo frente a violaciones de derechos fundamentales que tienen su origen inmediato y directo en un acto u omisión de un órgano judicial (art. 44 de la Ley del Tribunal Constitucional). Sin embargo, dentro de los requisitos de admisibilidad del amparo, se exige que en estos casos se hayan agotado previamente todos los recursos utilizables dentro de la vía judicial, y que la violación al derecho fundamental sea imputable de modo inmediato y directo a un órgano judicial con independencia de los hechos que dieron lugar al proceso en que aquella se produjo, y además, que en el proceso ordinario se haya invocado formalmente el derecho constitucional vulnerado (art. 44 *cit.*).

***2.- La exclusión de las sentencias del ámbito del amparo***

**A) Argentina**

En otros países, las decisiones judiciales quedan fuera del ámbito de la acción de amparo. Es el caso de Argentina, cuya Ley Nº 16986 de 1966 expresamente señala que el amparo no será admisible cuando "el acto impugnado emana de un órgano del Poder Judicial" (art. 2,b).

**B) Uruguay**

En igual sentido, la Ley Nº 16011 de 1988 de Uruguay establece que la acción de amparo no procederá en ningún caso "contra los actos jurisdiccionales, cualquiera sea su naturaleza y el órgano del que emanen". Aclara el artículo 2,A de la Ley que:

> "por lo que se refiere a los actos emanados de los órganos del Poder Judicial, se entiende por actos jurisdiccionales, además de las sentencias, a todos los actos dictados por los jueces en el curso de los procesos contenciosos".

En particular, en Uruguay también se excluyen especialmente del amparo, "los actos de la Corte Electoral, cualquiera sea su naturaleza" (art. 1,B).

**C) Costa Rica**

En Costa Rica, la Ley de la Jurisdicción Constitucional expresamente prescribe que no procede el amparo "contra las resoluciones y actuaciones jurisdiccionales del Poder Judicial" (art. 30,b) y en particular, quc tampoco procede "contra los actos o disposiciones del Tribunal Supremo de Elecciones en materia electoral" (art. 30,d).

**D) Panamá**

En Panamá, si bien la Constitución consagra el derecho de amparo contra toda orden de hacer o de no hacer que viole los derechos y garantías consagrados en su texto que expida o ejecute cualquier servidor público (art. 50); el Código Judicial, al regular la acción expresamente señala que "la acción de amparo de garantías no procede contra las decisiones jurisdiccionales" (art. 2607).

**E) El Salvador**

En igual forma, debe señalarse que en El Salvador, expresamente, la Ley de Procedimientos Constitucionales establece que:

"*Artículo 13*.- El juicio de amparo es improcedente en asuntos judiciales puramente civiles, comerciales o laborales, y respecto de sentencias definitivas ejecutoriadas en materia penal".

**F) Honduras**

La Ley de Amparo de Honduras de 1936 en su artículo 36, ordinales 1 y 2 establece como causales de la improcedencia del recurso de amparo:

1.- En los asuntos judiciales puramente civiles, con respecto a las partes que intervengan o hubieren intervenido en ellos y a los terceros que tuvieren expeditos recursos o acciones legales en el mismo juicio, y contra las sentencias definitivas, ejecutoriadas, en causa criminal.

2.- Contra las resoluciones dictadas en los juicios de amparo.

**G) Nicaragua**

Por último, debe indicarse que también en Nicaragua, la Ley de Amparo de 1988 establece expresamente que no procede el recurso de amparo "contra las resoluciones de los funcionarios judiciales en asuntos de su competencia" (art. 51, ord. 1).

# SÉPTIMA PARTE
# CONTROL DE CONVENCIONALIDAD

## XXXIII

## EL CONTROL DE CONVENCIONALIDAD, CON PARTICULAR REFERENCIA A LA GARANTÍA DEL DERECHO A LA PROTECCIÓN JUDICIAL MEDIANTE UN RECURSO SENCILLO, RÁPIDO Y EFECTIVO DE AMPARO DE LOS DERECHOS HUMANOS

## (2012)

**Texto preparado para la conferencia dictada en el seminario sobre *El control de convencionalidad y su aplicación* organizado por la Sala Constitucional de la Corte Suprema de Justicia de Costa Rica, San José, 27-28 de septiembre de 2012.**

### INTRODUCCIÓN

El derecho a la defensa puede decirse que encontró su formulación jurisprudencial histórica en el mundo moderno en el famoso caso *Dr. Bentley* decidido por una Corte inglesa en 1723, la cual resolvió que el Dr. Bentley, entonces *Chancellor* de la Universidad de Cambridge, no podía haber sido desprovisto de sus títulos o grados académicos sin habérsele informado previamente de los cargos formulados en su contra, y sin habérsele dado la oportunidad de responderlos.[1] Para ello, como es bien conocido, el Juez Fortescue consideró tal derecho como un principio de *natural justice* que todas las leyes de Dios y del mundo reconocían, rememorando incluso que Dios mismo cuando dictó su sentencia de expulsión de Adán del Paraíso luego de haberlo llamado antes para que hiciera su defensa.[2]. Por ello, Michael Stassionopoulos en su conocida tesis de grado precisamente sobre el derecho a la defensa, concluyó diciendo que dicho derecho en realidad era "tan viejo como el mundo"[3]

Algo similar podríamos decir del control de convencionalidad[4] que ha adquirido tanta notoriedad en los últimos años, el cual si bien no es tan viejo como el mundo, sí podemos considerar que es tan viejo como la vigencia misma de la Convención Americana sobre Derechos Humanos.[5]

---

1 Véase E.C.S. Wade y G. Godfrey Philips, *Constitutional and Administrative Law*, London, 1981, p. 599.

2 Véase *Dr. Bentley's case: The King v. The Chancellor, Ec, of Cambridge* (1723), Stra. 557. *Vid.* las referencias en *Cooper v. The Board of Works for Wandsworth District* (1863), 14.C.B. (n.s.) 180, en S. H. Bailey, C. A. Cross y J. F. Garner, *Cases and materials in Administrative Law*, London, 1977, pp. 348-351.

3 Véase Michael Stassinopoulos, *Le droit de la défense devant les autorités administratives*, París, 1976, p. 50.

4 Véase Ernesto Rey Cantor, *Control de Convencionalidad de las Leyes y Derechos Humanos*, México, Editorial Porrúa-Instituto Mexicano de Derecho Procesal Constitucional, 2008; Juan Carlos Hitters, "Control de constitucionalidad y control de convencionalidad. Comparación," en *Estudios Constitucionales*, Centro de Estudios Constitucionales de Chile, Universidad de Talca, Año 7, Nº 2, 2009, pp. 109-128; Susana Albanese (Coordinadora), El control de convencionalidad, Buenos Aireas, Ed. Ediar, 2008; Eduardo Ferrer Mac-Gregor, "El control difuso de convencionalidad en el Estado constitucional", en Fix-Zamudio, Héctor, y Valadés, Diego (Coordinadores), *Formación y perspectiva del Estado mexicano*, México, El Colegio Nacional-UNAM, 2010, pp. 151-188; Eduardo Ferrer Mac-Gregor, "Interpretación conforme y control difuso de convencionalidad el nuevo paradigma para el juez mexicano," en *Derechos Humanos: Un nuevo modelo constitucional*, México, UNAM-IIJ, 2011, pp. 339-429.

5 Véase en el mismo sentido, Karlos A. Castilla Juárez, "El controlmde nconvencionalidad. Un nuevo debate en México

Ese ha sido y es, precisamente, el control que usualmente ha realizado y realiza la Corte Interamericana de Derechos Humanos en sus sentencias, cuando al juzgar las violaciones a la Convención Americana sobre derechos Humanos cometidas por los actos u omisiones de los Estados, ha tenido que confrontar las normas de la misma con las previsiones del derecho interno, de manera que en los casos en los cuales ha encontrado que estas son contrarias o incompatibles con aquella, ha ordenando a los Estados realizar la corrección de la inconvencionalidad, por ejemplo modificando la norma cuestionada.[6]

Ese también ha sido el control que han ejercido y ejercen los jueces o tribunales nacionales cuando han juzgado la validez de los actos del Estado, al confrontarlos no sólo con la Constitución respectiva, sino con el elenco de derechos humanos y de obligaciones de los Estados contenidos en la Convención Americana, o al aplicar las decisiones vinculantes de la Corte Interamericana, decidiendo en consecuencia, conforme a sus competencias, la anulación de las normas nacionales o su desaplicación en el caso concreto.

En esta materia, en realidad, tanto a la Corte Interamericana como con los jueces nacionales puede decirse que les ocurrió algo similar a lo que se la atribuye a Jourdain, aquél personaje de la obra "El burgués gentilhombre" de Molière, quien al consultar al Filósofo en qué forma podía escribirle a una dama de quien estaba enamorado, que no fuera ni en prosa ni en verso, su interlocutor le explicó que sólo lo podía hacer en prosa o en verso, y nada más, frente a lo cual exclamó extrañado, "Mas de cuarenta años que hablo en prosa sin saberlo." Y así fue en nuestro mundo de los derechos humanos, donde tuvieron que pasar casi cuarenta años desde que la Convención fuera suscrita (1969) para que gracias a la importante conceptualización efectuada en 2003 por el juez Sergio García Ramírez de la Corte Interamericana de Derechos Humanos, se captara en sus propios contornos el control que la propia Corte y los jueces y tribunales nacionales venían ejerciendo con anterioridad.

En esta materia, por tanto, lo que realmente es nuevo, ha sido por una parte, la afortunada acuñación de un término como ha sido el de "control de convencionalidad,"[7] que Sergio García Ramírez propuso en su Voto razonado a la sentencia del caso *Myrna Mack Chang vs. Guatemala*, de 25 de noviembre de 2003;[8] y por la otra, la clarificación de que dicho control de convencionalidad se efectúa en dos vertientes, dimensiones o manifestaciones, por un lado a nivel internacional por la Corte Interamericana, y por el otro, en el orden interno de los países, por

a partir de la sentencia del caso Radilla pacheco," en Eduardo Ferrer Mac Gregor (Coordinador), *El control difuso de convencionalidad. Diálogo entre la Corte Interamericana de Derechos Humanos y los jueces nacionales), FUNDAp*, Querétaro, México 2012, pp. 83-84

6 Por ello, el juez Eduardo Ferrer Mac-Gregor ha señalado que el "control concentrado de convencionalidad" lo venía realizando la Corte IDH desde sus primeras sentencias, sometiendo a un examen de convencionalidad los actos y normas de los Estados en un caso particular." Véase su Voto razonado a la sentencia de la Corte Interamericana en el caso *Cabrera García y Montiel Flores vs. México* de 26 de noviembre de 2010 (Párr. 22), en http://www.corteidh.or.cr/docs/casos/articulos/seriec_220_esp.pdf . También ha dicho con razón que "el control de convencionalidad constituye la razón de ser de la Corte Interamericana."Véase en Eduardo Ferrer Mac Gregor, "Interpretación conforme y control difuso de convencionalidad. El nuevo paradigma para el juez mexicano,"en ," en Eduardo Ferrer Mac Gregor (Coordinador), *El control difuso de convencionalidad. Diálogo entre la Corte Interamericana de Derechos Humanos y los jueces nacionales), FUNDAp*, Querétaro, México 2012, p.132.

7 Como lo ha destacado Juan Carlos Hitters, "Claro está que cuando se utiliza la terminología de "control de convencionalidad", no se quiere decir que recién a partir del citado asunto la Corte IDH haya ejercido tal potestad, porque desde siempre el cuerpo hace una comparación entre ambos esquemas, destacando por supuesto la prioridad de la regla supranacional; lo que en verdad ha sucedido es que desde ese momento se utiliza tal fraseología." Véase Juan Carlos Hitters, "Control de constitucionalidad y control de convencionalidad. Comparación," en *Estudios Constitucionales*, Centro de Estudios Constitucionales de Chile, Universidad de Talca, Año 7, N° 2, 2009, pp. 109-128.

8 Véase Voto Concurrente Razonado del Juez Sergio García Ramírez a la sentencia en el caso *Myrna Mack Chang Vs. Guatemala*, de 25 de noviembre de 2003, Serie C N° 101, http://www.corteidh.or.cr/docs/casos/articulos/seriec_101_esp.pdf, donde se refirió al "'control de convencionalidad' que trae consigo la jurisdicción de la Corte internacional" (Párr. 27). Véase el comentario del propio Sergio garcía Ramírez sobre dicho voto y la evolución de su aporte al desarrollo de la noción en Sergio García Ramírez, "El control judicial interno de convencionalidad," en Eduardo Ferrer Mac Gregor (Coordinador), *El control difuso de convencionalidad. Diálogo entre la Corte Interamericana de Derechos Humanos y los jueces nacionales), FUNDAp*, Querétaro, México 2012, pp. 230 ss. Véase igualmente los comentarios a los criterios de García Ramírez en Karlos A. Castilla Juárez, "El control de convencionalidad. Un nuevo debate en México a partir de la sentencia del caso Radilla Pacheco," en Eduardo Ferrer Mac Gregor (Coordinador), *El control difuso de convencionalidad. Diálogo entre la Corte Interamericana de Derechos Humanos y los jueces nacionales), FUNDAp*, Querétaro, México 2012, pp. 87 ss.

los jueces y tribunales nacionales.[9] Estas dos vertientes, ha identificado Sergio García Ramírez distinguiendo entre "el control propio, original o externo de convencionalidad" que ejerce la Corte Interamericana, y el "control interno de convencionalidad" que ejercen los tribunales nacionales;[10] y Eduardo Ferrer Mac Gregor, distinguiendo entre el "control concentrado" de convencionalidad" que ejerce la Corte Interamericana, en sede internacional, y el "control difuso" de convencionalidad, a cargo de los jueces nacionales, en sede interna.[11]

Estas dos vertientes, en efecto, las detectó el propio Juez García Ramírez al año siguiente, en otro Voto razonado, esta vez a la sentencia del caso Caso *Tibi vs. Ecuador* de 7 de diciembre de 2004, cuando efectuó una comparación entre el control de constitucionalidad y el control de convencionalidad, considerando en cuanto a la función de la Corte Interamericana, que la misma se asemejaba a la de los tribunales constitucionales cuando juzgan la inconstitucionalidad de las leyes y demás actos normativos conforme a las reglas, principios y valores constitucionales; agregando que dicha Corte analiza los actos de los Estados que llegan a su conocimiento "en relación con normas, principios y valores de los tratados en los que funda su competencia contenciosa;" y que si bien "los tribunales constitucionales controlan la 'constitucionalidad', el tribunal internacional de derechos humanos resuelve acerca de la 'convencionalidad' de esos actos."[12]

Por otra parte, en cuanto al control de constitucionalidad que realizan los órganos jurisdiccionales internos, de acuerdo con lo expresado por el mismo García Ramírez, estos "procuran conformar la actividad del poder público –y, eventualmente, de otros agentes sociales– al orden que entraña el Estado de Derecho en una sociedad democrática," en cambio, "el tribunal interamericano, por su parte, pretende conformar esa actividad al orden internacional acogido en la Convención fundadora de la jurisdicción interamericana y aceptado por los Estados partes en ejercicio de su soberanía."[13]

A raíz de estas reflexiones quedó claro en el mundo internacional de los derechos humanos que bajo la misma denominación de "control de convencionalidad" se han venido ejerciendo dos tipos de controles, por dos tipos de órganos jurisdiccionales distintos ubicados en niveles diferentes, uno en el ámbito internacional y otros en el ámbito nacional, y con dos efectos jurídicos completamente distintos, lo que amerita realizar algunas puntualizaciones sobre uno y otro a los efectos de podernos centrar en el objeto específico de esta exposición que es sobre las perspectivas del control de convencionalidad en materia de amparo de los derechos fundamentales.[14]

---

9 Algunos autores, sin embargo, niegan que existan estas dos vertientes en el control de convencionalidad, argumentando que el mismo está reservado a la Corte Interamericana, negando la posibilidad de que los jueces y tribunales nacionales lleven a cabo dicho control. Karlos A. Castilla Juárez, "El control de convencionalidad. Un nuevo debate en México a partir de la sentencia del caso Radilla pacheco," en Eduardo Ferrer Mac Gregor (Coordinador), *El control difuso de convencionalidad. Diálogo entre la Corte Interamericana de Derechos Humanos y los jueces nacionales), FUNDAp,* Querétaro, México 2012, pp. 88 ss

10 Véase Sergio García Ramírez, "El control judicial interno de convencionalidad," en Eduardo Ferrer Mac Gregor (Coordinador), *El control difuso de convencionalidad. Diálogo entre la Corte Interamericana de Derechos Humanos y los jueces nacionales), FUNDAp,* Querétaro, México 2012, pp. 213..

11 Véase Eduardo Ferrer Mac Gregor, "Interpretación conforme y control difuso de convencionalidad. El nuevo paradigma para el juez mexicano,"en ," en Eduardo Ferrer Mac Gregor (Coordinador), *El control difuso de convencionalidad. Diálogo entre la Corte Interamericana de Derechos Humanos y los jueces nacionales), FUNDAp,* Querétaro, México 2012, p. 132.

12 Voto razonado del Juez Sergio García Ramírez a la sentencia en el caso *Tibi Vs. Ecuador*, Sentencia de 7 de septiembre de 2004, Serie C N° 114 (Párr. 3), en http://www.corteidh.or.cr/docs/casos/articulos/seriec_114_esp.pdf. Véanse los comentarios sobre las dos vertientes del control de convencionalidad en Victor Bazan y Claudio Nash (Editores), *Justicia Constitucional y derechos Fundamentales. El Control de Convencionalidad 2011*, Centro de Derechos Humanos Universidad de Chile, Konrad Adenauer Stiftung, 2011, pp. 24, 59; y Víctor Bazán, "Estimulando sinergias: de diálogos jurisporudenciales y control de convencionalidad," en Eduardo Ferrer Mac Gregor (Coordinador), *El control difuso de convencionalidad. Diálogo entre la Corte Interamericana de Derechos Humanos y los jueces nacionales), FUNDAp,* Querétaro, México 2012, pp. 14 ss.

13 Voto razonado del Juez Sergio García Ramírez a la sentencia en el caso *Tibi Vs. Ecuador*, Sentencia de 7 de septiembre de 2004, Serie C N° 114 (Párr. 4), en http://www.corteidh.or.cr/docs/casos/articulos/seriec_114_esp.pdf.

14 En cuanto a las leyes de reguladoras del amparo que se mencionan sólo con el nombre de cada país, son las siguientes: ARGENTINA. Ley N° 16.986. Acción de Amparo, 1966; BOLIVIA. Ley N° 1836. Ley del Tribunal Constitucional, 1998; BRAZIL. Lei N° 12.016 Mandado de Segurança, 2009; COLOMBIA. Decretos Ley N° 2591, 306 y 1382. Acción de Tutela, 2000; COSTA RICA. Ley N° 7135. Ley de la Jurisdicción Constitucional, 1989; ECUADOR.

## I.- LAS DOS VERTIENTES DEL CONTROL DE CONVENCIONALIDAD

En cuanto al control de convencionalidad ejercido por los jueces y tribunales nacionales, si bien desde hace décadas se había venía realizando en muchas jurisdicciones nacionales, fue luego de la conceptualización efectuada por el juez García Ramírez, y a partir de la sentencia de la Corte Interamericana en el caso *Almonacid Arellano y otros vs. Chile* de 26 de septiembre de 2006,[15] cuando el término se acuñó en la jurisprudencia para identificar el control que ejercen dichos jueces cuando frente a normas nacionales que deban aplicar a casos concretos de los cuales conozcan, le dan prevalencia a las previsiones de la Convención Americana cuando aquellas normas nacionales le sean contrarias. Este control ocurre, igualmente cuando los jueces nacionales aplican en el ámbito interno las sentencias vinculantes de la Corte Interamericana. Dicho control de convencionalidad, además, particularmente en países en los cuales la Convención tiene rango constitucional o forma parte del bloque de la constitucionalidad, los jueces nacionales pueden, según sus respectivas competencias, no sólo desaplicar sino incluso anular las normas internas contrarias a la Convención Americana.

En la citada sentencia *Almonacid Arellano y otros vs. Chile* de 26 de septiembre de 2006, en efecto, la Corte Interamericana, después de aceptar que "los jueces y tribunales internos están sujetos al imperio de la ley y, por ello, están obligados a aplicar las disposiciones vigentes en el ordenamiento jurídico" de cada país, consideró sin embargo, que cuando los Estados respectivos han ratificado la Convención Americana, en virtud de que los jueces están sometidos a ella, eso los "obliga a velar porque los efectos de las disposiciones de la Convención no se vean mermadas por la aplicación de leyes contrarias a su objeto y fin, y que desde un inicio carecen de efectos jurídicos."[16]

Partiendo de esa premisa, la Corte Interamericana concluyó con su conocida afirmación de que "el Poder Judicial debe ejercer una especie de 'control de convencionalidad' entre las normas jurídicas internas que aplican en los casos concretos y la Convención Americana sobre Derechos Humanos," agregando, incluso que en esa tarea "el Poder Judicial debe tener en cuenta no solamente el tratado, sino también la interpretación que del mismo ha hecho la Corte Interamericana, intérprete última de la Convención Americana".[17]

Este control de convencionalidad, sin embargo, como hemos dicho, a pesar de la novedosa denominación introducida en 2006, se había ejercido con anterioridad por los tribunales nacionales en América Latina. Ello ocurrió, por ejemplo, en Venezuela, antes de que se iniciara el régimen autoritario que a partir de 1999 asaltó y se apoderó del Estado, incluyendo el Tribunal Supremo de Justicia y todos los tribunales de la República; cuando en la década de los setenta, los tribunales de instancia comenzaron a aplicar preferentemente la Convención Americana en relación con previsiones del derecho interno pocos años después de que la misma hubiera comenzado a entrar en vigor, con lo cual, por ejemplo pudieron cambiar, la interpretación jurisprudencial restrictiva que había sentado la antigua Corte Suprema de Justicia en 1970, que conducía en la práctica a la inadmisibilidad de la acción de amparo.

---

Ley N° 000. RO/99. Ley de Control Constitucional, 1997; EL SALVADOR. Ley de Procedimientos Constitucionales, 1960; GUATEMALA. Decreto N° 1-86. Ley de Amparo. Exhibición personal y Constitucionalidad, 1986; HONDURAS. Ley sobre Justicia Constitucional, 2004; MÉXICO. Ley de Amparo, reglamentaria de los artículos 103 y 107 de la Constitución Política, 1936 (última reforma, 2011); NICARAGUA. Ley N° 49. Amparo, 1988; PANAMÁ. Código Judicial, Libro Cuarto: Instituciones de Garantía, 1999; PARAGUAY. Ley N° 1.337/88. Código Procesal Civil, Título II. El Juicio de Amparo, 1988; PERÚ. Ley N° 28.237. Código Procesal Constitucional, 2005; REPÚBLICA DOMINICANA. Ley Orgánica del Tribunal Constitucional y de los Procesos Constitucionales, 2011; URUGUAY. Ley N° 16.011. Acción de Amparo, 1988; VENEZUELA. Ley Orgánica de Amparo sobre Derechos y Garantías Constitucionales, 1988.

15 Véase sentencia en el caso *Almonacid Arellano y otros v Chile* de 26 de septiembre de 2006, en http://www.corteidh.or.cr/docs/casos/articulos/seriec_154_esp.pdf

16 *Ídem.*, Párr.124

17 Para llegar a esta conclusión, la Corte Interamericana precisó que dicho control "tiene sustento en el principio de la buena fe que opera en el Derecho Internacional, en el sentido que los Estados deben cumplir las obligaciones impuestas por ese Derecho de buena fe y sin poder invocar para su incumplimiento el derecho interno, regla que se encuentra recogida en el artículo 27 de la Convención de Viena sobre los Tratados." *Ídem.* Párr. 125.

El artículo 49 de la Constitución de 1961 entonces vigente, en efecto había establecido el derecho de todas las personas a ser amparadas por los tribunales "en el goce y ejercicio de los derechos y garantías que la Constitución establece, *en conformidad con la Ley,*" frase ésta última de la cual dedujo la Corte Suprema que el ejercicio de tal derecho había quedado supeditado a lo que la ley estableciera. Ello, además, era lo que se deducía del texto de la Exposición de Motivos del proyecto de Constitución, donde al justificar la inclusión de la Disposición Transitoria (Quinta) que reglamentaba provisionalmente el derecho de *hábeas corpus,* se indicó que ello había sido "a fin de no dejar en suspenso" la eficacia del artículo en materia de libertad personal hasta la promulgación de la ley respectiva;[18] ley que sólo se sancionó en 1988.[19] Ello implicó que en los primeros lustros de vigencia de la Constitución, con excepción de la libertad personal, los demás derechos y garantías constitucionales carecieron de un efectivo instrumento de protección judicial.

Lo anterior, sin embargo, no fue obstáculo para que hacia finales de la década de los sesenta, algunos jueces de instancia comenzaran a admitir acciones de amparo para proteger otras libertades o garantías distintas de la libertad individual,[20] aplicando para ello, el procedimiento previsto para el *hábeas corpus,* invocando incluso como antecedente la decisión del caso *Ángel Siri* de la Corte Suprema de Argentina dictada el 27 de diciembre de 1.957, en la cual, conforme al principio de la progresividad[21] se abrió el camino para la generalización de la acción de amparo.[22] Ello sin embargo fue contrariado por la Corte Suprema de Justicia a finales de 1970,[23] al considerar en relación con la Disposición Transitoria Quinta constitucional, que "la protección de cualquier otro derecho –establecido o no en la Constitución– queda excluida del campo de aplicación de esa norma, por ser evidente la intención del constituyente de limitar su alcance al caso expresamente previsto por ella", calificando las decisiones que se habían venido adoptadas por jueces de instancia en lo penal amparando otros derechos distintos a la libertad perso-

---

18 Véase, Exposición de Motivos del Proyecto de Constitución en *Revista de la Facultad de Derecho,* UCV, N° 21 Caracas, 1961, p. 381.

19 Véase Ley Orgánica de Amparo a los Derechos y Garantías Constitucionales en Gaceta Oficial No 34060 de 27 de septiembre de 1988. Sobre esta Ley véanse los comentarios de Allan R Brewer-carías y Carlos Ayala Corao, *Ley Orgánica de Amparo a los Derechos y Garantías Constitucionales*, Editorial Jurídica Venezolana, 6ª, ed., Caracas 2007.

20 Por sentencia del 13 de septiembre de 1968 del Juez Séptimo de Primera Instancia en lo Penal del Distrito Federal, confirmada por fallo de 4-10-68 de la Corte Superior Segunda en la Penal del Distrito Federal, se otorgó amparo a un ciudadano contra un acto administrativo que ordenó la detención de su automóvil en virtud de que el mismo no había sido importado regularmente al país. (Véase, R. Escala Zerpa, *Recurso de Amparo contra arbitrariedad de Funcionario Público,* Caracas, 1968). Asimismo, con fecha 14 de abril de 1989 otro Juez de Primera Instancia en lo Civil del Distrito Federal, acordó recurso de amparo, confirmado por decisión de 14 de julio de 1969 de la Corte Superior Segunda en lo Civil y Mercantil del Distrito Federal, contra un acto de la Policía Técnica Judicial que detuvo a un particular y se le obligó a reconocer como padre de un menor y a pagar una pensión alimentaria. Estas decisiones, tomadas de referencias contenidas en la publicación periódica *Síntesis Jurídica* (Escritorio Santana Mujica) fueron comentadas por dicha publicación en los siguientes términos: "Como un paso formativo del lento avance de nuestro país hacia un eficiente estado de derecho, ha de apuntarse las iniciales sentencias, derivadas de jueces penales y civiles, donde se derrota la tesis restrictiva, que se sostuvo inicialmente de que el amparo no era aplicable en el país, pese a su consagración en la Constitución porque carecía de reglamentación. Ahora se sostiene que cualquier juez es competente para conocer y decidir el amparo, que el fallo dictado no tiene consulta, que la ausencia de procedimiento no impide la procedencia del amparo, porque la Constitución dice: "la falta de la ley reglamentaria en estos derechos no menoscaba el ejercicio de los mismos". (Art. 50 CN), y se otorga ante cualquier acto público o privado, que desconozca, disminuya a menoscabe las garantías constitucionales". Véase además, Jesús R. Quintero "Recursos de Amparo, La cuestión central en dos sentencias y un voto salvado", en *Revista de la Facultad de Derecho,* N° 9, UCAB, Caracas, 1969-1970, pp. 157 a 206.

21 Véase lo expuesto en Allan R. Brewer-Carías. "La reciente evolución jurisprudencial en relación a la admisibilidad del recurso de amparo," en *Revista de Derecho Público,* N° 19, Caracas, 1984, pp. 207 ss.

22 Véase la referencia al caso *Ángel Siri* en José Luis Lazzarini, *El juicio de amparo,* La Ley, Buenos Aires, 1987, pp. 26 ss. y 373 ss.; Alí Joaquín Salgado, *Juicio de amparo y acción de inconstitucionalidad,* Ed. Astrea, Buenos Aires, 1987, pp. 5; Néstor Pedro Sagües, *Derecho Procesal Constitucional. Acción de Amparo,* Volumen 3, 2a Edición, Editorial Astrea, Buenos Aires, 1988, pp. 9 ss.

23 En la sentencia de la Corte Suprema de Justicia en Sala Político Administrativa de 11 de noviembre de 1970, en *Gaceta Oficial* N° 1.447, Extraordinaria de diciembre de 1970, pp. 27 y 28, ya se vislumbra la interpretación que posteriormente se adoptaría: "A diferencia de otras situaciones en relación a las cuales el Congreso, aún no ha determinado por Ley, cuál es el juez competente y el procedimiento a seguir a fin de obtener amparo judicial...".

nal, como una "extralimitación de atribuciones,"[24] y considerando al artículo 49 constitucional como de carácter programático, y por tanto, no aplicable directamente."[25]

A esa interpretación que había sido sentada en una sentencia aislada, la Sala Político Administrativa de la Corte Suprema de Justicia, incluso, le dio una aplicación general al dictar un "Acuerdo" de 24 de abril de 1972 conforme a las potestades reglamentarias que le otorgaba el artículo 138 de la Ley Orgánica del Poder Judicial, en el cual precisó que:

> "la competencia de los Tribunales de Primera Instancia y Superiores en lo Penal de la República, a que se refiere la Disposición Transitoria Quinta de la Constitución, se limita exclusivamente al conocimiento del recurso de *hábeas corpus* previsto en dicha norma; y que en consecuencia, toda decisión que no esté apoyada en la competencia específica de dichos Tribunales o que invada la atribuida por la Constitución y las Leyes, a otros órganos judiciales, constituye una usurpación o extralimitación de atribuciones."[26]

En esta forma quedó en general fuera de la competencia de los tribunales penales el poder conocer de acciones de amparo respecto de derechos cuyo conocimiento no formase parte de su competencia específica. Como el Acuerdo no consideró que fuera indispensable que para que una acción de amparo pudiera ser interpuesta ante otros tribunales fuera necesaria la sanción de una ley previa que regulara expresamente la acción, después de que Venezuela ratificó la Convención Americana sobre Derechos Humanos en 1977 (e igualmente, el Pacto Internacional de Derechos Económicos, Sociales y Culturales, en 1978, y el Pacto Internacional de Derechos Civiles y Políticos el mismo año 1978), los tribunales comenzaran a admitir acciones de amparo en virtud de la consagración en esos instrumentos internacionales (por ejemplo, el artículo 25.1 de la Convención Americana), del derecho de toda persona a un recurso sencillo y rápido o a cualquier otro recurso efectivo ante los Tribunales competentes que lo amparen contra actos que violen los derechos humanos.[27]

Fue con base en estos antecedentes, cuando pocos años después comenzó a modificarse la rigidez interpretativa que en materia de la admisibilidad de las acciones de amparo se había enunciado en 1970, lo que se produjo con una sentencia de un juzgado civil de instancia de 24 de noviembre de 1982 (*Caso Rondalera),28 en la cual se admitió una acción de amparo para la protección del derecho a la educación. Si bien al final en primera instancia se declaró sin lugar la acción, una*

24 Véase sentencia de la Corte Suprema de Justicia en Sala Político Administrativa de 14 de diciembre de 1970 en *Gaceta Oficial* N° 29.434 de 6 de febrero de 1971 pp. 219.984 y 219.985, y en *Gaceta Forense,* N° 70, 1970, pp. 179 ss. Esta decisión fue ratificada por sentencia de la misma Corte de 26 de abril de 1971 en *Gaceta Oficial* N° 1.478, Extraordinaria de julio de 1971, p. 31; y por Acuerdo de 24 de ABRIL DE 1972 en *Gaceta Oficial* N° 29.788 de 25 de abril de 1972, p. 222.865. El criterio de la Corte había sido también el de la Procuraduría General de la República. Véase, *Doctrina Procuraduría General de la República* 1970. Caracas 1971, pp. 37 ss.

25 La Corte dijo: "no es una norma directa e inmediatamente aplicable por los jueces, sino un precepto programático, sólo parcialmente reglamentada para la fecha en que la Constitución fue promulgada, y dirigido particularmente al Congreso, que es el órgano al cual compete la reglamentación de las garantías constitucionales, en conformidad con los artículos 136, ordinal 24, y 139 de la Constitución. Tal es la interpretación que da la Corte al artículo 49 al analizar sus previsiones aisladamente con el fin de desentrañar la mente del constituyente del lenguaje usado por éste para expresar su voluntad. Pero esta interpretación gramatical se robustece con la observación adicional de que el constituyente se habría abstenido de regular el procedimiento de *hábeas corpus,* si hubiera considerado que para hacer efectivo el amparo bastaba lo dicho en el artículo 49 respecto al procedimiento, no siendo indispensable su reglamentación legal para determinar el fuero competente y el modo de proceder". De consiguiente, agregó la Corte.: ""el constituyente supone la existencia de una ley anterior al hecho o acto que afecte el derecho cuya protección se solicite; que autorice a determinados jueces para obrar en el sentido que pretenda el actor; y que establezca un procedimiento adecuado a la finalidad que se persiga. Dado el número y variedad de las situaciones jurídicas, en que pueda estar comprometido un derecho o una garantía constitucional, era forzoso que el constituyente dejara al legislador ordinario la potestad de establecer las reglas conforme a las cuales los tribunales deben amparar el goce y ejercicio de los derechos y garantías constitucionales, teniendo en cuenta no sólo las previsiones ya existentes que es necesario apreciar para atribuir a un determinado tribunal el conocimiento de un asunto, y establecer el procedimiento a seguir en cada situación." Véase la sentencia de la Corte Suprema de Justicia en Sala Político Administrativa de 14 de diciembre de 1970 en *Gaceta Forense*, N° 70, Caracas 1970, pp. 179 ss.

26 Véase el texto en *Gaceta Oficial* N° 29.788 de 25 de abril de 1972. Véase, así mismo en la revista *Ministerio Público,* N° 19, Caracas 1972, pp. 105-107.

27 Véase en *Gaceta Oficial* N° 31.256 de 14 de junio de 1977 y N° 2.146 Extra, de 28 de enero de 1978.

28 Véase René Molina Galicia, *El Amparo a Rondalera,* Ediciones, Síntesis Jurídica, Caracas, 1984, p. 80.

*vez apelada la sentencia, el Juzgado Superior competente en cambio decretó el amparo solicitado mediante* sentencia de 10 de febrero de 1983,29 para lo cual, al referirse al problema de la competencia, señaló:

> "el mandato del Constituyente de amparar está dirigido a todos los Jueces, y que si bien la jurisprudencia de la Corte Suprema de Justicia ha definido la incompetencia de los Tribunales Penales para conocer de juicios de amparo distintos a las que tengan por objeto la privación o restricción de la libertad humana, pues de ellos corresponde conocer a la Jurisdicción Penal con exclusividad, persiste en cuanto al recurso de amparo la competencia genérica que establece el artículo 49 de la Constitución, lo que hace competente a dicho Tribunal, como tribunal civil para conocer en primer grado de este recurso de amparo que evidentemente pretende obtener la protección de un derecho civil como son el de educar, mediante el ejercicio de la actividad docente y el de recibir educación en plantel escogido por los padres"[30].

El Tribunal Superior, para llegar a esta conclusión, al referirse a la sentencia de la Corte Suprema de Justicia de 1970, puntualizó además, que después de 21 años de vigencia de la Constitución de 1961, y a pesar de que no se había "reglamentado *ese recurso efectivo, rápido y eficaz,* para desentrañar las violaciones," salvo el amparo de la libertad personal y las restricciones de que ella pueda ser objeto, mediante el *Hábeas Corpus, ya eran:*

> "leyes vigentes en Venezuela los Tratados Internacionales cuya normativa transcribimos en materia de derechos humanos, políticos, civiles y penales, la que nos lleva a la conclusión de que la situación jurídica en Venezuela no es la misma de 1970, y la jurisprudencia favorable a la admisión a la acción de amparo a nivel de instancia se ha incrementado con los problemas de competencia, por ser llevados a la jurisdicción penal, aun cuando se trate de materias civiles, por la experiencia que se reconoce a dicha jurisdicción en el manejo de *Hábeas Corpus*"[31].

Esta puede considerarse, en Venezuela, como el antecedente remoto del control de convencionalidad que permitió, con base en las disposiciones de la Convención Americana, que se generalizara la admisión de las acciones de amparo aún sin que se hubiese dictado la ley que la regulara; interpretación que fue luego acogida por la propia Corte Suprema de Justicia en Sala Político-Administrativa, al decidir sobre una acción de amparo que había sido intentada por un candidato presidencial contra una decisión del Consejo Supremo Electoral que limitaba el derecho a realizar propaganda electoral en condiciones de igualdad. Se trató del caso *Andrés Velázquez* decidido mediante sentencia de 20 de octubre de 1983,[32] en el cual se admitió la posibilidad del ejercicio de acciones de amparo para la protección de derechos distintos al de *hábeas corpus,* al considerar que el carácter programático del artículo 49 de la Constitución, había quedado superado "desde el momento en que por Ley se habían aprobado Convenciones Internacionales sobre derechos humanos que exigían la garantía del amparo."

Se admitió así la acción de amparo en Venezuela, con base en el control de convencionalidad que realizó la Corte Suprema, exigiéndole sin embargo a los tribunales de instancia que ejercieran la competencia en la materia con prudencia "tratando de suplir *por* medio de la analogía y demás instrumentos de interpretación de que los provee el sistema jurídico venezolano, la lamentable ausencia de una ley reglamentaria de la materia," precisando que debían conocer de los "recursos de amparo de acuerdo con la afinidad que con su competencia natural tengan los derechos que se pretendan vulnerados."[33]

---

29 *Idem,* pp. 106 a 169.

30 *Idem,* pp. 152 a 163.

31 *Ídem,* p. 149.

32 Véase en *Revista de Derecho Público,* N° 11, Editorial Jurídica Venezolana, Caracas 1983, pp. 169 y 170. Véase el comentario sobre esta sentencia del Magistrado ponente del fallo, René De Sola, "El Recurso de Amparo en Venezuela" en *Revista SIC,* N° 472, Caracas, febrero 1985, pp. 74 ss.

33 *Ídem,* p. 170.

Posteriormente, en forma más directa, e igualmente en materia de admisibilidad de la acción de amparo en ausencia de previsiones constitucionales y legales, mediante un control de convencionalidad y en aplicación de la Convención Americana, en 1999 se admitió la acción de amparo en la República Dominicana, donde hasta esa fecha no se había admitido por falta de reglas de procedimiento relativas al amparo, incluyendo normas legales atributivas de competencia judiciales para conocer de la acción. Se trató de la sentencia del caso *Productos Avon S.A* dictada por la Corte Suprema el 24 de febrero de 1999 con motivo de un amparo ejercido contra una decisión judicial por violación de derechos laborales, que admitió la acción en ausencia de disposiciones constitucionales o legales sobre la misma, prescribiendo incluso las normas de procedimiento aplicables,[34] declarando para tal fin que "el recurso de amparo previsto en el artículo 25,1 de la Convención Americana de Derechos Humanos de San José, Costa Rica, del 22 de noviembre de 1969, es una institución de derecho positivo dominicano, por haber sido adoptada y aprobada por el Congreso Nacional, mediante Resolución N° 739 del 25 de diciembre de 1977, de conformidad con el artículo 3, de la Constitución de la República."[35]

Esta sentencia de la Corte Suprema de la República Dominicana fue también un claro ejemplo de control de convencionalidad contra la omisión legislativa, admitiéndose la acción de amparo para la protección de los derechos humanos de acuerdo con lo establecido en la Convención Americana de Derechos Humanos.

Antes, sin embargo, la antigua Corte Suprema de Justicia de Venezuela, como Jurisdicción Constitucional, también había ejercido el control de convencionalidad al anular diversas disposiciones legales basando su decisión en la violación de los derechos establecidos en la Convención Americana de Derechos Humanos, considerados, de acuerdo con lo establecido en el artículo 50 de la Constitución de 1961 (equivalente al articulo 22 de la Constitución de 1999), como "derechos inherentes a la persona humana."[36]

Así ocurrió, por ejemplo, en 1996, cuando la antigua Corte Suprema de Justicia, al decidir la acción popular de inconstitucionalidad que se había intentado contra la Ley de División Político Territorial del Estado Amazonas por no haberse respetado los derechos de participación

34 El caso se desarrolló como sigue: 1. La empresa demandante alegó que la decisión judicial del tribunal laboral había violado su derecho a ser juzgado por el juez natural, a cuyo efecto solicitó a la Corte Suprema que: primero, declarara en su sentencia que el amparo debía considerarse como una institución dominicana de derecho público; y segundo, que la Corte Suprema, de acuerdo con las disposiciones de la Ley Orgánica Judicial que le atribuye a la Corte el poder de resolver sobre el procedimiento aplicable en caso de que no exista uno legalmente prescrito, disponiendo las normas respectivas, que en consecuencia estableciera dichas normas en relación con los recursos de amparo. Adicionalmente, el recurrente solicitó a la Corte que dictara una medida cautelar suspendiendo los efectos de la sentencia laboral impugnada mientras durase el juicio de amparo. 2. La Corte Suprema, a los efectos de decidir, estableció el criterio que los tratados internacionales invocados por el recurrente, particularmente los artículos 8 y 25,1 de la Convención Americana de Derechos Humanos, eran parte del derecho interno de la República Dominicana, y tenían la finalidad de garantizar la protección judicial de los derechos fundamentales reconocidos en la Constitución, en la ley y en la indicada Convención, contra todo acto violatorio de dichos derechos, cometido por cualquier persona actuando o no en el ejercicio de funciones públicas, por lo que incluso se admitía contra actuaciones de particulares. En este aspecto, la Corte Suprema resolvió que: "Contrariamente a como ha sido juzgado en el sentido de que los actos violatorios tendrían que provenir de personas no investidas con funciones judiciales o que no actúen en el ejercicio de esas funciones, el recurso de amparo, como mecanismo protector de la libertad individual en sus diversos aspectos, no debe ser excluido como remedio procesal específico para solucionar situaciones creadas por personas investidas de funciones judiciales ya que, al expresar el artículo25.1 de la Convención, que el recurso de amparo está abierto a favor de toda persona contra actos que violes sus derechos fundamentales, "aún cuando tal violación sea cometida por personas que actúen en ejercicio de sus funciones oficiales", evidentemente incluye entre éstas a las funciones judiciales ". Igualmente, la Corte resolvió que la vía del amparo: "Queda abierta contra todo acto u omisión de los particulares o de los órganos o agentes de la administración pública, incluido la omisión o el acto administrativo, no jurisdiccional. Del poder judicial, si lleva cualquiera de ellos una lesión, restricción o alteración, a un derecho constitucionalmente protegido. Véase en *Iudicum et Vita, Jurisprudencia nacional de América Latina en Derechos Humanos*, N° 7, Tomo I, Instituto Interamericano de Derechos Humanos, San José, Costa Rica, Diciembre 2000 p. 329 y ss. Véanse los comentarios a dicha sentencia en Allan R. Brewer-Carías, "La admisión jurisprudencial de la acción de amparo en ausencia de regulación constitucional o legal en la República Dominicana", *Ídem*, pp. 334 ss.; y en *Revista IIDH*, Instituto Interamericano de Derechos Humanos, San José 2000, pp. 95-102.

35 Véase en *Iudicum et Vita, Jurisprudencia nacional de América Latina en Derechos Humanos*, N° 7, Tomo I, Instituto Interamericano de Derechos Humanos, San José, Costa Rica, Diciembre 2000 p. 333

36 Véase Allan R. Brewer-Carías, "La interrelación entre los Tribunales Constitucionales de América Latina y la Corte Interamericana de Derechos Humanos, y la cuestión de la inejecutabilidad de sus decisiones en Venezuela," en Armin von Bogdandy, Flavia Piovesan y Mariela Morales Antonorzi (Coodinadores), *Direitos Humanos, Democracia e Integracao Jurídica na América do Sul*, Lumen Juris Editora, Río de Janeiro 2010, pp. 661-701

política de las comunidades indígenas que debieron haber sido consultadas, resolvió que siendo dicho Estado de la federación venezolana mayormente poblado por dichas comunidades, la sanción de dicha Ley sin previamente haberse oído la opinión de las mismas, mediante consulta popular, significó la violación del derecho constitucional a la participación política, el cual aún cuando no estaba expresamente enumerado en la Constitución de 1961, fue considerado como inherente a la persona humana, como un "principio general de rango constitucional en una sociedad democrática", aplicando la cláusula abierta del artículo 50 constitucional y además, la Convención Americana de derechos Humanos.[37] Para ello, la Corte decidió que en el caso había ocurrido una violación a los derechos constitucionales de las minorías establecidos en la Constitución y en los tratados y convenciones internacionales, en particular, al derecho a la participación política en el proceso de elaboración de leyes.

El año siguiente, en 1997, la misma antigua Corte Suprema de Venezuela dictó otra importante decisión, en este caso anulando una ley nacional, la llamada Ley de Vagos y Maleantes, por considerarla inconstitucional por violación de las garantías judiciales y al debido proceso, basándose de nuevo en el "proceso de constitucionalización de los derechos humanos de acuerdo con el artículo 50 de la Constitución", y considerando que dicha ley "vulnera *ipso jure*, Convenciones Internacionales y Tratados, sobre los derechos del hombre, en la medida en que dichos instrumentos adquieren jerarquía constitucional." La Corte en efecto, consideró a la ley impugnada como infamante, al permitir detenciones ejecutivas o administrativas de personas consideradas como vagos o maleantes sin garantía alguna del debido proceso, basando su decisión en el artículo 5 de la Declaración Universal de los Derechos Humanos y en la Convención Americana sobre Derechos Humanos, la cual consideró que "se ha incorporado a nuestro Derecho Interno como norma ejecutiva y ejecutable reforzada por la jurisprudencia, la cual le ha dado el carácter de parámetro de constitucionalidad. Ello entraña la incorporación a nuestro ordenamiento jurídico interno del régimen previsto en convenciones internacionales." La Corte consideró que la ley impugnada era inconstitucional en virtud de que omitía las garantías de un juicio justo establecidas en los artículo 7 y 8 de la Convención Americana y en los artículos 9 y 14 del Pacto Internacional de Derechos Civiles y Políticos, y porque además era discriminatoria, violando el artículo 24 de la misma Convención Americana, cuyo texto íntegro se transcribió en la sentencia.[38] Se trató, sin duda, de un ejemplo claro de control de convencionalidad ejercido por la jurisdicción Constitucional interna.

## II.- EL DESARROLLO CONCEPTUAL RECIENTE DEL CONTROL DE CONVENCIONALIDAD EN EL ORDEN INTERNO EN LA JURISPRUDENCIA DE LA CORTE INTERAMERICANA

En todo caso, esa tendencia de desarrollo del control de convencionalidad del orden normativo interno realizado por los jueces nacionales, como se dijo, fue la que encontró su definición conceptual expresa en la sentencia antes mencionada de la Corte Interamericana, dictada

37 Véase sentencia de 5 de diciembre de 1996, caso: *Antonio Guzmán, Lucas Omashi y otros*, en *Revista de Derecho Público*, Nº 67-68, Editorial Jurídica venezolana, Caracas 1996, pp. 176 ss. Véase sobre ello, Allan R. Brewer-Carías, "La interrelación entre los Tribunales Constitucionales de América Latina y la Corte Interamericana de Derechos Humanos, y la cuestión de la inejecutabilidad de sus decisiones en Venezuela," en Armin von Bogdandy, Flavia Piovesan y Mariela Morales Antonorzi (Coodinadores), *Direitos Humanos, Democracia e Integraçao Jurídica na América do Sul*, Lumen Juris Editora, Rió de Janeiro 2010, pp. 661-701; Carlos Ayala Corao, "El diálogo jurisprudencial entre los Tribunales internacionales de derechos humanos y los Tribunales constitucionales," Boris Barrios González (Coordinador), *Temas de Derecho Procesal Constitucional Latinoamericano*, Memorias I Congreso Panameño de Derecho Procesal Constitucional y III Congreso Internacional Proceso y Constitución, Panamá 2012, pp. 180-181

38 Véase sentencia de 6 de noviembre de 1997, en *Revista de Derecho Público* Nº 71-72, Editorial Jurídica Venezolana, Caracas 1997, pp. 177 y ss. Véase Allan R. Brewer-Carías, "La interrelación entre los Tribunales Constitucionales de América Latina y la Corte Interamericana de Derechos Humanos, y la cuestión de la inejecutabilidad de sus decisiones en Venezuela," en Armin von Bogdandy, Flavia Piovesan y Mariela Morales Antonorzi (Coodinadores), *Direitos Humanos, Democracia e Integracao Jurídica na América do Sul*, Lumen Juris Editora, Rió de Janeiro 2010, pp. 661-701.Carlos Ayala Corao, "El diálogo jurisprudencial entre los Tribunales internacionales de derechos humanos y los Tribunales constitucionales," en Boris Barrios González (Coordinador), *Temas de Derecho Procesal Constitucional Latinoamericano*, Memorias I Congreso panameño de Derecho Procesal Constitucional y III Congreso Internacional Proceso y Constitución, Panamá 2012, pp. 181-182

en el caso *Almonacid Arellano y otros vs. Chile* de 26 de septiembre de 2006, cuyo contenido ha sido reiterado en otras decisiones posteriores como por ejemplo, las dictadas en los casos.[39]

En el citado caso *Trabajadores Cesados del Congreso (Aguado Alfaro y otros) v. Perú* de 2006, en efecto, sobre el control de convencionalidad, la Corte Interamericana reiteró lo que antes había expuesto en el sentido de que:

> "Cuando un Estado ha ratificado un tratado internacional como la Convención Americana, sus jueces están sometidos a ella, lo que les obliga a velar porque el efecto útil de la Convención no se vea mermado o anulado por la aplicación de leyes contrarias a sus disposiciones, objeto y fin;"

Agregando que en esos casos,

> "los órganos del Poder Judicial deben ejercer no sólo un control de constitucionalidad, sino también de convencionalidad *ex officio*, entre las normas internas y la Convención Americana, evidentemente en el marco de sus respectivas competencias y de las regulaciones procesales pertinentes."[40]

De acuerdo con estas definiciones conceptuales el control de convencionalidad se concibe en el orden interno por la Corte Interamericana, como una tarea asignada básicamente al "Poder Judicial" en general, es decir, a los "jueces y tribunales internos" sin distinción alguna, e independientemente de las regulaciones que puedan existir en materia de control de constitucionalidad en cada país, siendo este quizás el dato de mayor interés a retener de dicha definición por las repercusiones que conlleva. Como lo dijo con toda precisión el juez Eduardo Ferrer Mac Gregor en su Voto razonado al caso *Cabrera García y Montiel Flores vs. México* de 2010, el control de convencionalidad en el ámbito interno "convierte al juez nacional en juez internacional: en un primer y auténtico guardián de la Convención Americana…Los jueces nacionales se convierten en los primeros intérpretes de la normatividad internacional."[41]

Por ello, como también lo expresó Ferrer Mac Gregor en su Voto razonado al mismo caso:

> "no existe duda de que el "control de convencionalidad" debe realizarse *por cualquier juez o tribunal que materialmente realice funciones jurisdiccionales*, incluyendo, por supuesto, a las Cortes, Salas o Tribunales Constitucionales, así como a las Cortes Supremas de Justicia y demás altas jurisdicciones de los veinticuatro países que han suscrito y ratificado o se han adherido a la Convención Americana sobre Derechos Humanos,32 y con mayor razón de los veintiún Estados que han reconocido la jurisdicción contenciosa de la Corte IDH, 33 de un total de treinta y cinco países que conforman la OEA." [42]

---

39 Véase por ejemplo, las sentencias en los casos *Trabajadores Cesados del Congreso (Aguado Alfaro y otros) v. Perú* de 24 de noviembre de 2006; *La Cantuta vs. Perú* de 29 de noviembre de 2006 (Párr. 173); *Boyce y otros vs. Barbados de* 20 de noviembre de 2007 (Párr. 78); *Fermín Ramírez y Raxcacó Reyes v. Guatemala*" de 9 de mayo de 2008, (Párr. 63); *Heliodoro Portugal vs. Panamá de* 12 de agosto de 2008 (Párr. 180); *Rosendo Radilla Pacheco vs. Estados Unidos Mexicanos de* 23 de noviembre de 2009 (Párr. 339); *Manuel Cepeda Vargas vs. Colombia de* 26 de mayo de 2010 (Párr. 208, nota 307); *Comunidad Indígena Xákmok Kásek vs. Paraguay* de 24 de agosto de 2010; *Fernández Ortega y Otros vs. México* 30 de agosto de 2010); *Rosendo Cantú y Otra vs. México de* 31 de agosto de 2010 (Párr. 219); *Ibsen Cárdenas e Ibsen Peña vs. Bolivia de* 1° de septiembre de 2010 (Párr. 202); *Vélez Loor vs. Panamá de* 23 de noviembre de 2010 (Párr. 287); *Gomes Lund y Otros (Guerrilha do Araguaia) vs. Brasil de* 24 de noviembre de 2010 (Párr. 106), y *Cabrera García y Montiel Flores vs. México* de 26 de noviembre de 2010 (Párr. 225).

40 Véase sentencia en el caso *Trabajadores Cesados del Congreso (Aguado Alfaro y otros) v. Perú* de de 24 de noviembre de 2006 (Párr. 128), en http://www.corteidh.or.cr/docs/casos/articulos/seriec_158_esp.pdf

41 Véase Eduardo Ferrer Mac-Gregor, Voto razonado a la sentencia de la Corte Interamericana en el caso *Cabrera García y Montiel Flores vs. México* de 26 de noviembre de 2010 (Párr. 24), en http://www.corteidh.or.cr/docs/casos/articulos/seriec_220_esp.pdf Véase en igual sentido, Eduardo Ferrer Mac Gregor, "Interpretación conforme y control difuso de convencionalidad. El nuevo paradigma para el juez mexicano,"en ," en Eduardo Ferrer Mac Gregor (Coordinador), *El control difuso de convencionalidad. Diálogo entre la Corte Interamericana de Derechos Humanos y los jueces nacionales), FUNDAp,* Querétaro, México 2012, p.141. Véase Néstor Pedro Sagües, "El 'control de convencionalidad' en el sistema interamericano y sus anticipos en el ámbito de los derechos económico-sociales. Concordancias y diferencias con el sistema europeo," en Eduardo Ferrer Mac Gregor (Coordinador), *El control difuso de convencionalidad. Diálogo entre la Corte Interamericana de Derechos Humanos y los jueces nacionales), FUNDAp,* Querétaro, México 2012, p. 428

42 Véase Eduardo Ferrer Mac-Gregor, Voto razonado a la sentencia de la Corte Interamericana en el caso *Cabrera García y Montiel Flores vs. México* de 26 de noviembre de 2010 (Párr. 20, 23), en http://www.corteidh.or.cr/docs/casos/articulos/seriec_220_esp.pdf . En el mismo Voto razonado, el juez Ferrer Mac-Gregor agregó que "la doctrina del "control difuso

Esto significa entonces que conforme a la doctrina de la Corte Interamericana, el control de convencionalidad corresponde ser ejercido en el ámbito interno por todos los jueces y tribunales, sin distingo, lo que implica:

En *primer lugar*, que se ejerce en las Jurisdicciones Constitucionales. Es decir, por una parte, por todos los Tribunales Constitucionales donde estos existan, estén estos ubicados dentro del Poder Judicial (Bolivia, Colombia, Ecuador, Guatemala, República Dominicana) o fuera del mismo (Chile, Perú), e independientemente de que ejerzan el control concentrado de constitucionalidad en forma exclusiva (Bolivia, Chile,) o combinado con el método difuso (Colombia, Ecuador, Guatemala, Perú, República Dominicana); y por la otra, a las Cortes Supremas de Justicia cuando estén configuradas como tal Jurisdicción Constitucional, sea que ejerzan el control concentrado a través de una Sala Constitucional (Costa Rica, El Salvador, Honduras, Paraguay, Venezuela) o en Pleno (Brasil, México, Nicaragua, Panamá, Uruguay), e independientemente de que ejerzan dicho control de constitucionalidad concentrado en forma exclusiva (Costa Rica, El Salvador, Honduras, Panamá. Paraguay y Uruguay) o combinado con el método difuso (Venezuela, Nicaragua,).

En *segundo lugar*, que corresponde a todos los jueces y tribunales (incluyendo las Cortes Supremas) que en el orden interno ejerzan un control difuso de la constitucionalidad, sea que se trate de la única forma de control de constitucionalidad existente en el país (Argentina) o que lo ejerzan en forma combinada con el método concentrado (Colombia, Ecuador, Guatemala, Perú, Nicaragua, México, República Dominicana y Venezuela).

Y en *cuarto lugar*, que corresponde a todos los jueces y tribunales aún cuando en el orden interno no tengan asignado el ejercicio del control difuso de constitucionalidad (Bolivia, Chile, Costa Rica, Panamá, Honduras, Paraguay, Uruguay), pues en definitiva, si bien se pueden establecer semejanzas entre el control de constitucionalidad y el control de convencionalidad,[43] se trata de dos procesos distintos, de manera que en ningún caso se puede considerar al control de convencionalidad como un control de constitucionalidad, particularmente porque cuando se ejerce en el orden interno, su fuente no se encuentra en la Constitución de los respectivos países, sino en la Convención Americana como integrante que es del bloque de la constitucionalidad.

Por otra parte, por lo que respecta al control de convencionalidad ejercido en el ámbito internacional por la Corte Interamericana, las sentencias nunca tienen efectos ni anulatorios ni invalidatorios como resultado del mismo, limitándose la Corte Interamericana a ordenar al Estado cuyas normas han infringido los derechos garantizados en la Convención, a adoptar las medidas necesarias para reformar sus normas internas para adecuar los preceptos legales a lo establecido en la Convención, incluso las de orden constitucionales,[44] como sucedió en casos decididos por la Corte Interamericana respecto de Chile y Trinidad,[45] y proceder a dejar sin efecto los actos Estatales lesivos.

---

de convencionalidad" establecida por la Corte IDH tiene como destinatarios *a todos los jueces nacionales*, que deben ejercer dicho "control" con independencia de su jerarquía, grado, cuantía o materia de competencia que la normatividad interna les otorgue." *Ídem*, Párr. 33. Véase igualmente en Eduardo Ferrer Mac Gregor, "Interpretación conforme y control difuso de convencionalidad. El nuevo paradigma para el juez mexicano," en Eduardo Ferrer Mac Gregor (Coordinador), *El control difuso de convencionalidad. Diálogo entre la Corte Interamericana de Derechos Humanos y los jueces nacionales), FUNDAp,* Querétaro, México 2012, p. 139

43 Véase Karlos A. Castilla Juárez, "El controlmde nconvencionalidad. Un nuevo debate en México a partir de la sentencia del caso Radilla pacheco," en Eduardo Ferrer Mac Gregor (Coordinador), *El control difuso de convencionalidad. Diálogo entre la Corte Interamericana de Derechos Humanos y los jueces nacionales), FUNDAp,* Querétaro, México 2012, p. 337.

44 Véase Néstor Sagüés, *El control de convencionalidad. En particular sobre las Constituciones Nacionales,* La Ley, 2009-B, p. 761; y Víctor Bazán y Claudio Nash (Editores), *Justicia Constitucional y derechos Fundamentales. El Control de Convencionalidad 2011,* Centro de Derechos Humanos Universidad de Chile, Konrad Adenauer Stiftung, 2011, pp. 33, 78; Humberto Noguera Alcalá, "Los desafíos del control de convencionalidad del *corpus iuris interamericano.* Para los tribunales nacionales, en especial, para los Tribunales Constitucionales," en Eduardo Ferrer Mac Gregor (Coordinador), *El control difuso de convencionalidad. Diálogo entre la Corte Interamericana de Derechos Humanos y los jueces nacionales), FUNDAp,* Querétaro, México 2012, p. 337.

45 Véase Ernesto Rey Cantor, "Controles de convencionalidad de las leyes,"en Eduardo Ferrer Mac Gregor (Coordinador), *El control difuso de convencionalidad. Diálogo entre la Corte Interamericana de Derechos Humanos y los jueces nacionales), FUNDAp,* Querétaro, México 2012, p. 412.

Esta adecuación, como lo destacó la Corte Interamericana en la sentencia del caso *Heliodoro Portugal vs. Panamá* de 12 de agosto de 2008, implica la adopción de medidas en dos vertientes, a saber:

> "i) la supresión de las normas y prácticas de cualquier naturaleza que entrañen violación a las garantías previstas en la Convención o que desconozcan los derechos allí reconocidos u obstaculicen su ejercicio; y ii) la expedición de normas y el desarrollo de prácticas conducentes a la efectiva observancia de dichas garantías."[46]

Esta obligación de los Estados puede implicar incluso la de adaptar y modificar la propia Constitución como se decidió por la Corte Interamericana en la sentencia del caso *La Ultima Tentación de Cristo* de 2001. En dicha sentencia, la Corte Interamericana entendió que "la responsabilidad internacional del Estado puede generarse por actos u omisiones de cualquier poder u órgano de éste, independientemente de su jerarquía, que violen la Convención Americana, considerando que en dicho caso, dicha responsabilidad internacional del Estado chileno "se generó en virtud de que el artículo 19 número 12 de la Constitución establece la censura previa en la producción cinematográfica y, por lo tanto, determina los actos de los Poderes Ejecutivo, Legislativo y Judicial." Fue en virtud de ello, que además de declarar la violación al derecho a la libertad de pensamiento y de expresión consagrado en el artículo 13 de la Convención Americana, en perjuicio de los señores Juan Pablo Olmedo Bustos y otros, decidió "que el Estado debe modificar su ordenamiento jurídico interno, en un plazo razonable, con el fin de suprimir la censura previa para permitir la exhibición de la película "La Última Tentación de Cristo", y debe rendir a la Corte Interamericana de Derechos Humanos, dentro de un plazo de seis meses a partir de la notificación de la presente Sentencia, un informe sobre las medidas tomadas a ese respecto."[47]

Otro ejemplo destacado que debe mencionarse fue la sentencia en el caso *Raxcacó Reyes Vs. Guatemala*, Sentencia de 15 de septiembre de 2005[48] en la cual la Corte Interamericana, consideró que una norma (art. 201) del Código Penal de Guatemala que permitía la pena de muerte en determinadas circunstancias, infringía la prohibición de privación arbitraria de la vida establecida en el artículo 4.1 y 4.2 de la Convención, razón por la cual ordenó al Estado guatemalteco que debía reformar el artículo 201 del Código Penal, que en la reforma el Estado "en ningún caso, ampliará el catálogo de delitos sancionados con la pena capital previsto con anterioridad a la ratificación de la Convención Americana," y que mientras ello ocurría el Estado debía "abstenerse de aplicar la pena de muerte y ejecutar a los condenados por el delito de plagio o secuestro exclusivamente."[49]

En sentido similar, en el caso *Cabrera García y Montiel Flores vs. México* de 26 de noviembre de 2010,[50] la Corte Interamericana al constatar que el Estado mexicano había violado el derecho a la protección judicial previsto en el artículo 25.1, en relación con el artículo 1.1 de la Convención Americana, declaró que el artículo 57 del Código de Justicia Militar era incompatible con la Convención Americana, ordenando al Estado "adoptar, en un plazo razonable, las reformas

---

46 Véase la sentencia en el caso *Heliodoro Portugal vs. Panamá*. Excepciones Preliminares, Fondo, Reparaciones y Costas. Sentencia de 12 de agosto de 2008. Serie C Nº 186 (Párr. 180-181), en http://www.corteidh.or.cr/docs/casos/articulos/seriec_186_esp.pdf. Véase el comentario en Juan Carlos Hitters, "Control de constitucionalidad y control de convencionalidad. Comparación," en *Estudios Constitucionales*, Centro de Estudios Constitucionales de Chile, Universidad de Talca, Año 7, Nº 2, 2009, pp. 109-128

47 Véase sentencia en el caso *"La Última Tentación de Cristo" [Olmedo Bustos y otros] Vs. Chile*, Sentencia de 5 de febrero de 2001, Serie C Nº 73 (Párr. 103.4), en http://www.corteidh.or.cr/docs/casos/articulos/Seriec_73_esp.pdf Igualmente se destaca la sentencia de la Corte Interamericana en en casoCaesar vc. Trinidad de 11 de marzo de 2005. Véase en comentario en Ernesto Rey Cantor, "Controles de convencionalidad de las leyes,"en Eduardo Ferrer Mac Gregor (Coordinador), *El control difuso de convencionalidad. Diálogo entre la Corte Interamericana de Derechos Humanos y los jueces nacionales), FUNDAp*, Querétaro, México 2012, pp. 412-413.

48 Véase sentencia en el caso *Raxcacó Reyes Vs. Guatemala*, Sentencia de 15 de septiembre de 2005, Serie C Nº 133, en http://www.corteidh.or.cr/docs/casos/articulos/seriec_133_esp.pdf

49 *Ídem*, Párr. 132..

50 La Corte citó en apoyo las sentencias dictadas en los casos *Radilla Pacheco vs. México* de 23 de noviembre de 2009, (Párr. 341 y 342) en http://www.corteidh.or.cr/docs/casos/articulos/seriec_209_esp.pdf ; *Fernández Ortega y otros. vs. México*, (Párr. 238 y 239), y *Rosendo Cantú y otra vs. México*, de 30 de agosto de 2012 (Párr. 221 y 222) en http://www.corteidh.or.cr/docs/casos/articulos/seriec_215_esp.pdf .

legislativas pertinentes para compatibilizar la citada disposición con los estándares internacionales en la materia y de la Convención Americana, de conformidad con lo establecido en esta Sentencia."[51]

Por todo ello, en mi criterio, el desarrollo del control de convencionalidad en la doctrina establecida por la Corte Interamericana, no supedita ni puede supeditar dicho control a la existencia de un determinado sistema de justicia constitucional que se pueda haberse desarrollado en cada país. Por ello consideramos, por ejemplo, que en los países en los cuales no existe un control difuso de la constitucionalidad, nada impide que los jueces y tribunales a los cuales se aplica directamente las previsiones de la Convención Americana, no puedan ejercer el control difuso de convencionalidad. Tal es el caso, por ejemplo, en los países en los cuales existen sistemas de justicia constitucional exclusivamente concentrados (Bolivia, Chile, Costa Rica, El Salvador, Honduras, Panamá. Paraguay y Uruguay), donde además de que las previsiones de la Convención Americana formen parte del bloque de constitucionalidad, las mismas obligan a todos los jueces y tribunales nacionales, siendo de aplicación directa por parte de todos ellos. Sin embargo, por ejemplo, en relación con Chile, a pesar de coincidir en que el control de convencionalidad es distinto al control de constitucionalidad, Humberto Noguera Alcalá, en definitiva hace depender uno de otro y considera que en dicho país, el control de convencionalidad sólo lo puede ejercer el órgano que ejerce el control de constitucionalidad que en ese caso es de carácter concentrado, que es el Tribunal Constitucional.[52] Al contrario Néstor Pedro Sagües, considera que todos los jueces en el ámbito interno deben ejercer el control de convencionalidad "que aunque no se encuentre habilitado para declarar la inconstitucionalidad, v.gr., a una regla del Código Civil, de todos modos tiene, en el máximo esfuerzo posible, que modularla y hacerla operar conforme y no contra, a la Constitución Local."[53]

En nuestro criterio, sin embargo, cuando afirmamos que todos los jueces nacionales tienen competencia para ejercer el control de convencionalidad, es para ejercerlo, de manera que aún en los países que tienen un sistema concentrado de control de constitucionalidad, y a pesar del control concentrado de constitucionalidad existente, todos los jueces y tribunales deben aplicar la Convención Americana y por ello están llamados a ejercer el control difuso de convencionalidad, lo que implica que en caso de incompatibilidad o conflicto entre una norma interna que deban aplicar para resolver un caso concreto y normas de la Convención Americana, deben dar preferencia a éstas y desaplicar las normas de derecho interno contrarias a la Convención. Dicho control de convencionalidad que los jueces deben ejercer, por supuesto, lo deben realizar, como lo precisó la Corte Interamericana, "en el marco de sus respectivas competencias y de las regulaciones procesales pertinentes." Ello es, de acuerdo con su competencia por la materia, el grado y el territorio que tengan en el ámbito interno, sin que en ello tenga ningún condicionante la competencia que puedan tener en materia de control de constitucionalidad, que es otra cosa.

Por tanto, no estamos de acuerdo que en materia de control de convencionalidad, se pueda afirmar, como lo hizo por ejemplo la Suprema Corte de México en sentencias de diciembre de 2011, en el sentido de que el ejercicio de este control difuso de convencionalidad "deberá adecuarse al modelo de control de constitucionalidad existente en nuestro país" o que "debe ser acorde con el modelo general de control establecido constitucionalmente."[54] La afirmación, por

---

51 Véase sentencia de la Corte Interamericana en el caso *Cabrera García y Montiel Flores vs. México* de 26 de noviembre de 2010 (Párr. 234), en http://www.corteidh.or.cr/docs/casos/articulos/seriec_220_esp.pdf

52 . Véase Humberto Noguera Alcalá, "Los desafíos del control de convencionalidad del *corpus iuris interamericano*. Para los tribunales nacionales, en especial, para los Tribunales Constitucionales," en Eduardo Ferrer Mac Gregor (Coordinador), *El control difuso de convencionalidad. Diálogo entre la Corte Interamericana de Derechos Humanos y los jueces nacionales), FUNDAp*, Querétaro, México 2012, pp. 354, 363.

53 . Véase Néstor Pedro Sagües, "El 'control de convencionalidad' en el sistema interamericano y sus anticipos en el ámbito de los derechos económico-sociales. Concordancias y diferencias con el sistema europeo," en Eduardo Ferrer Mac Gregor (Coordinador), *El control difuso de convencionalidad. Diálogo entre la Corte Interamericana de Derechos Humanos y los jueces nacionales), FUNDAp*, Querétaro, México 2012, p. 426.

54 Véase las sentencias en Alfonso Jaime Martínez Lazcano, "Control difuso de convencionalidad en México," en Boris Barrios González (Coordinador), *Temas de Derecho Procesal Constitucional Latinoamericano*, Memorias I Congreso

supuesto, no tiene mayores consecuencias si sólo se atiende a la situación en México, pues el sistema de justicia constitucional ha evolucionado hacia un sistema mixto o integral de control de constitucionalidad que existe en el presente, en el cual coexiste el control concentrado que ejerce la Suprema Corte, coexiste con el control difuso que ejercen los tribunales en general.

Sin embargo, una afirmación como la mencionada si tendría consecuencias en países como Panamá, Costa Rica o Chile, donde sólo existe un sistema de control concentrado de constitucionalidad que ejerce en exclusiva la Corte Suprema y no existe control difuso de constitucionalidad,[55] lo que podría llevar a la conclusión que los jueces en general no podrían ejercer el control de convencionalidad.[56] Esta ha sido también, por ejemplo, la conclusión a la que ha llegado el magistrado Jerónimo Mejía Edwards de la Corte Suprema de Panamá, al indicar también que el control de convencionalidad en el ámbito interno debe ejercerse "a la luz del sistema de constitucionalidad previsto en el país"[57] o "a la luz de las disposiciones internas que reglamentan el control de constitucionalidad de las leyes y demás actos del Estado,"[58] concluyendo que tratándose en el caso de Panamá de un sistema completamente concentrado de control de constitucionalidad, el control de convencionalidad solo puede ejercerse "a través de esos mecanismos que se efectúa el control de constitucionalidad" pudiendo los jueces en caso de encontrar una incompatibilidad entre una ley y la Convención Americana, solamente elevar la consulta respectiva ante la Corte Suprema de Justicia para que sea ésta la que ejerza el control de convencionalidad.[59]

En estos casos de países en los cuales no existe control difuso de la constitucionalidad de las leyes, el propio juez Eduardo Ferrer Mac Gregor, quién también ha contribuido al desarrollo conceptual de los contornos del control de convencionalidad en nuestros países, particularmente en su Voto razonado a la sentencia de la Corte Interamericana en el caso *Cabrera García y Montiel Flores v. México* de 26 de noviembre de 2010, ha estimado que en esos casos en los cuales el control de convencionalidad es ejercido por los jueces y tribunales en países en los cuales no existe control difuso de constitucionalidad, se trata de un control de "menor intensidad" quedando limitado el juez, en esos casos, a sólo producir "interpretaciones conformes" a la Convención, sin poder decidir sobre la inaplicabilidad de normas cuando son inconvencionales.[60]

---

panameño de Derecho Procesal Constitucional y III Congreso Internacional Proceso y Constitución, Panamá 2012, pp. 209- 210. Véase igualmente las referencias en Víctor Bazán y Claudio Nash (Editores), *Justicia Constitucional y derechos Fundamentales. El Control de Convencionalidad 2011*, Centro de Derechos Humanos Universidad de Chile, Konrad Adenauer Stiftung, 2011, pp. 41, 80.

55 Véase Allan R. Brewer-Carías, "El sistema panameño de justicia constitucional a la luz del Derecho Comparado," en *Revista Novum Ius*, Edicion N° 15°, Editada por los Miembros de la Asociación Nueva Generación Jurídica publicación estudiantil de la Facultad de Derecho y Ciencias Políticas de la Universidad de Panamá, Panamá, 2010. pp. 130-168

56 Como se señaló, así lo considera por ejemplo respecto de Chile, Véase Humberto Noguera Alcalá, "Los desafíos del control de convencionalidad del *corpus iuris interamericano*. Para los tribunales nacionales, en especial, para los Tribunales Constitucionales," en Eduardo Ferrer Mac Gregor (Coordinador), *El control difuso de convencionalidad. Diálogo entre la Corte Interamericana de Derechos Humanos y los jueces nacionales), FUNDAp*, Querétaro, México 2012, pp. 354, 363.

57 Véase Jerónimo Mejía Edwards, "Control de constitucionalidad y convencionalidad en Panamá," en Boris Barrios González (Coordinador), *Temas de Derecho Procesal Constitucional Latinoamericano*, Memorias I Congreso panameño de Derecho Procesal Constitucional y III Congreso Internacional Proceso y Constitución, Panamá 2012, pp. p. 258

58 *Ídem*, p. 261

59 *Ídem*, 261-263

60 Véase Eduardo Ferrer Mac Gregor, Voto razonado a la sentencia caso *Cabrera García y Montiel Flores vs. México* de 26 de noviembre de 2010 (Párr. 37), en http://www.corteidh.or.cr/docs/casos/articulos/seriec_220_esp.pdf El mismo juez Ferrer Mac Gregor ha agregado: "En caso de incompatibilidad absoluta, donde no exista "interpretación convencional" posible, si el juez carece de facultades para desaplicar la norma, se limitará a señalar la inconvencionalidad de la misma o, en su caso, "plantear la duda de inconvencionalidad" ante otros órganos jurisdiccionales competentes dentro del mismo sistema jurídico nacional que puedan ejercer el "control de convencionalidad" con mayor intensidad. Así, los órganos jurisdiccionales revisores tendrán que ejercer dicho "control" y desaplicar la norma o bien declarar la invalidez de la misma por resultar inconvencional (Párr. 39), *Ídem.* Véase igualmente en Eduardo Ferrer Mac Gregor, "Interpretación conforme y control difuso de convencionalidad. El nuevo paradigma para el juez mexicano," en Eduardo Ferrer Mac Gregor (Coordinador), *El control difuso de convencionalidad. Diálogo entre la Corte Interamericana de Derechos Humanos y los jueces nacionales), FUNDAp*, Querétaro, México 2012, pp. 110, 123, 147, 148

El razonamiento del juez Ferrer Mac Gregor parte de la interpretación de la frase de la jurisprudencia de la Corte Interamericana, según la cual el control de convencionalidad que deben ejercer todos los jueces de oficio, lo deben realizar "evidentemente en el marco de sus respectivas competencias y de las regulaciones procesales correspondientes,"[61] considerando sin embargo que la misma no puede interpretarse como "limitante para ejercer el "control difuso de convencionalidad," sino como una manera de "graduar" la intensidad del mismo;[62] concluyendo entonces con su apreciación de que "el grado de intensidad del "control difuso de convencionalidad" disminuye en aquellos sistemas donde no se permite el "control difuso de constitucionalidad" y, por consiguiente, no todos los jueces tienen la facultad de dejar de aplicar una ley al caso concreto."[63]

Estimamos, al contrario, que en relación con este control difuso de convencionalidad que ha definido la jurisprudencia de la Corte Interamericana para ser ejercido en el ámbito interno, "implica que todos los jueces, sin distinción, pueden ejercerlo,"[64] independientemente de que el sistema de justicia constitucional no admita el ejercicio del control difuso de constitucionalidad, por parte de los jueces ordinarios.[65]

Es sin duda útil hacer la comparación entre el sistema de control de constitucionalidad y el control de convencionalidad, como lo hizo en su momento el juez García Ramírez, pero en nuestro criterio, por ser distintos ambos controles,[66] ello no autoriza a hacer depender el funcionamiento del último respecto de lo que se establezca en el primero.

Por otra parte, de acuerdo con la doctrina de la Corte Interamericana, ese control difuso de convencionalidad lo deben ejercer todos los jueces, sin distinción, *de oficio*, lo que siempre ocurre, por supuesto, en el curso de un proceso que ha sido iniciado a instancia de parte.

Sobre ello, sin embargo, el magistrado Ernesto Jinesta de la Corte Suprema de Costa Rica ha considerado que con la sentencia de la Corte Interamericana en el caso *Trabajadores Cesados del Congreso v. Perú*,[67] se produjo:

---

61 Véase Eduardo Ferrer Mac Gregor, Voto razonado a la sentencia caso *Cabrera García y Montiel Flores vs. México* de 26 de noviembre de 2010 (Párr. 39), en http://www.corteidh.or.cr/docs/casos/articulos/seriec_220_esp.pdf. Véase igualmente en Eduardo Ferrer Mac Gregor, "Interpretación conforme y control difuso de convencionalidad. El nuevo paradigma para el juez mexicano," en Eduardo Ferrer Mac Gregor (Coordinador), *El control difuso de convencionalidad. Diálogo entre la Corte Interamericana de Derechos Humanos y los jueces nacionales), FUNDAp*, Querétaro, México 2012, pp. 147, 151. Véase también Claudio Nash Rojas, "Comentarios al trabajo de Víctor Bazán: 'El control de convencionalidad: incógnitas, desafíos y perspectivas," en Victor Bazan y Claudio Nash (Editores), *Justicia Constitucional y derechos Fundamentales. El Control de Convencionalidad 2011*, Centro de Derechos Humanos Universidad de Chile, Konrad Adenauer Stiftung, 2011, p. 65.

62 Véase Eduardo Ferrer Mac Gregor, Voto razonado a la sentencia caso *Cabrera García y Montiel Flores vs. México* de 26 de noviembre de 2010 (Párr. 35), en http://www.corteidh.or.cr/docs/casos/articulos/seriec_220_esp.pdf.

63 *Ídem*, Párr. 37. Véase también Aylín Ordóñez Reyna, "Apuntes a Él control de convencionalidad: incógnitas, desafíos y perspectivas,'" de Víctor Bazán, en Victor Bazán y Claudio Nash (Editores), *Justicia Constitucional y derechos Fundamentales. El Control de Convencionalidad 2011*, Centro de Derechos Humanos Universidad de Chile, Konrad Adenauer Stiftung, 2011, p. 80

64 Véase Alfonso Jaime Martínez Lazcano, "Control difuso de convencionalidad en México," en Boris Barrios González (Coordinador), *Temas de Derecho Procesal Constitucional Latinoamericano*, Memorias I Congreso panameño de Derecho Procesal Constitucional y III Congreso Internacional Proceso y Constitución, Panamá 2012, p 201

65 Véase las dudas y discusión sobre esta posibilidad de que todos los jueces ejerzan en el ámbito interno el control de convencionalidad aún cuando el sistema de control de constitucionalidad adoptado no los autorice a ejercer el control difuso de constitucionalidad, en Aylín Ordóñez reyna, "Apuntes a Él control de convencionalidad: incógnitas, desafíos y perspectivas' de Víctor Bazán, en Victor Bazan y Claudio Nash (Editores), *Justicia Constitucional y derechos Fundamentales. El Control de Convencionalidad 2011*, Centro de Derechos Humanos Universidad de Chile, Konrad Adenauer Stiftung, 2011, pp. 75, 76 81.

66 Véase Claudio Nash Rojas, "Comentarios al trabajo de Víctor Bazán: 'El control de convencionalidad: incógnitas, desafíos y perspectivas'," en Víctor Bazán y Claudio Nash (Editores), *Justicia Constitucional y derechos Fundamentales. El Control de Convencionalidad 2011*, Centro de Derechos Humanos Universidad de Chile, Konrad Adenauer Stiftung, 2011, p. 65

67 Véase sentencia en el caso *Trabajadores Cesados del Congreso (Aguado Alfaro y otros) v. Perú* de 24 de noviembre de 2006 (Párr. 128), en http://www.corteidh.or.cr/docs/casos/articulos/seriec_158_esp.pdf

"una modificación o reforma tácita de todas las legislaciones nacionales en materia de acciones de inconstitucionalidad, por cuanto, ahora el respectivo Tribunal o Sala, de oficio y aunque no haya sido solicitado por la parte que plantea la acción, debe efectuar el test de convencionalidad de la norma, disposición o acto interno o local." [68]

De ello concluyó el magistrado Jinesta que:

"en el Derecho Procesal Constitucional se da un salto parcial, a nivel interamericano, de un sistema dispositivo a uno parcialmente inquisitivo en materia de control de convencionalidad, por lo cual los Tribunales y Salas, so pena de hacer incurrir al Estado respectivo en responsabilidad internacional por omisión, deben efectuar, oficiosamente de convencionalidad, obviamente, todo dentro del marco de sus respectivas competencias y regulaciones procesales domésticas."[69]

Sin embargo, en realidad, la competencia de las Jurisdicciones Constitucionales para poder conocer de oficio, en el curso de un proceso ya incoado por una parte, de vicios de inconstitucionalidad no denunciados, o de los jueces de ejercer de oficio el control difuso de inconstitucionalidad no es nada nuevo en América latina, habiendo sido consagrado en muchos casos legalmente.[70] Por lo demás, la referencia que hizo en este sentido la Corte Interamericana en las sentencias citadas sobre este control de convencionalidad de oficio, en nuestro criterio no elimina el principio dispositivo que rige los procesos judiciales, significando que la actuación de oficio para ejercer el control de convencionalidad se tiene que producir siempre en el curso de un proceso iniciado a instancia de parte, aún cuando las partes no lo hayan planteado la cuestión de convencionalidad.

El tema, en todo caso, lo que plantea hacia el futuro como tema de discusión en esta materia, es la posibilidad o el deber, no ya sólo de los tribunales nacionales, sino de la propia Corte Interamericana de poder ejercer de oficio el control de convencionalidad, cuando en los procesos por violación de derechos de la Convención Americana de los cuales esté conociendo, evidencie *motu proprio* la existencia de violaciones respecto de otros derechos de la Convención aún cuando no hayan sido denunciadas por la víctima , y que resulten de las actas del expediente.

## III.-EL MARCO DEL DERECHO DE AMPARO EN LA CONVENCIÓN AMERICANA PARA EL EJERCICIO DEL CONTROL DE CONVENCIONALIDAD

Ahora bien, el control de convencionalidad, sea que se ejerza por la Corte Interamericana al juzgar las violaciones cometidas por los Estados a los derechos humanos consagrados en la Convención Americana, o sea que se ejerza por los jueces y tribunales nacionales cuando apliquen las normas de la Convención Americana para resolver denuncias sobre violaciones de los derechos consagrados en la misma, tiene siempre por objeto revisar las actuaciones de los órganos del Estado, incluidos los jueces, a la luz de la Convención Americana sobre Derechos Humanos, de sus Protocolos adicionales y de la propia jurisprudencia convencional sentada por la Corte Interamericana de manera de asegurar que las disposiciones de la Convención no se vean mermadas por la aplicación de leyes contrarias a su objeto y fin, de lo que resulta la obligación de hacer que aquellas prevalezcan sobre las normas del derecho interno.

Uno de esos derechos consagrados en la Convención Americana que requiere de atención permanente tanto por parte de la Corte Interamericana como de los jueces y tribunales nacionales, y que sin duda puede ser un campo propicio para el desarrollo del control de conven-

68 Véase Ernesto Jinesta L., "Control de convencionalidad ejercido por los Tribunales y Salas Constitucionales," en Eduardo Ferrer Mac-Gregor, (Coordinador), *El control difuso de convencionalidad. Diálogo entre la Corte Interamericana de derechos humanos y los jueces nacionales. En memoria del Ministro José de Jesús Gudiño Pelayo*, Funda, Querétaro, México 2012, p. 278

69 *Ídem.*

70 Véase por ejemplo, Allan R. Brewer-Carías, "Régimen y alcance de la actuación judicial de oficio en materia de justicia constitucional en Venezuela", en *Estudios Constitucionales. Revista Semestral del Centro de Estudios Constitucionales*, Año 4, N° 2, Universidad de Talca, Santiago, Chile 2006, pp. 221-250. Publicado en Crónica sobre la "In" Justicia Constitucional. La Sala Constitucional y el autoritarismo en Venezuela, Colección Instituto de Derecho Público. Universidad Central de Venezuela, N° 2, Editorial Jurídica Venezolana, Caracas 2007, pp. 129-159.

cionalidad, es el derecho de amparo respecto de los derechos humanos y garantías previstos en la Convención Americana, el cual, a pesar de la más que centenaria tradición de la que goza en América Latina, en muchos países aún no ha encontrado su cabal efectividad, al menos en los términos tan amplios como el marco del derecho a la protección judicial consagrado en la Convención Americana..

Como es sabido, el artículo 25.1 de la Convención dispone:

> "Toda persona tiene derecho a un recurso sencillo y rápido o a cualquier otro recurso efectivo ante los jueces o tribunales competentes, que la ampare contra actos que violen sus derechos fundamentales reconocidos por la Constitución, la ley o la presente Convención, aun cuando tal violación sea cometida por personas que actúen en ejercicio de sus funciones oficiales."

El derecho de amparo que encuentra su fundamento en esta norma no sólo es un derecho aplicable en todos los Estados miembros, sino que del mismo resulta la obligación internacional que les ha sido impuesta a los mismos con el objeto de asegurarle a todas las personas, no sólo la existencia sino la efectividad de ese recurso efectivo, sencillo y rápido para la protección de sus derechos. Para ello, la propia Convención dispuso que los Estados Partes se comprometen "a garantizar que la autoridad competente prevista por el sistema legal del Estado decidirá sobre los derechos de toda persona que interponga tal recurso" (artículo 25.2.a). Ello lo ha puntualizado la Corte Interamericana en innumerables sentencias al recordar:

> "El deber general del Estado de adecuar su derecho interno a las disposiciones de dicha Convención para garantizar los derechos en ella consagrados, establecido en el artículo 2, incluye la expedición de normas y el desarrollo de prácticas conducentes a la observancia efectiva de los derechos y libertades consagrados en la misma, así como la adopción de medidas para suprimir las normas y prácticas de cualquier naturaleza que entrañen una violación a las garantías previstas en la Convención. Este deber general del Estado Parte implica que las medidas de derecho interno han de ser efectivas (principio del *effet utile)*, para lo cual el Estado debe adaptar su actuación a la normativa de protección de la Convención."[71]

Ahora bien, es bien sabido que la Corte Interamericana de Derechos Humanos desde sus primeras Opiniones Consultivas identificó el recurso previsto en el artículo 25.1 de la Convención con la institución latinoamericana del amparo. Así lo expuso en su Opinión Consultiva OC-8/87 del 30 de enero de 1987, *El habeas corpus bajo suspensión de garantías (arts. 27.2, 25.1 y 7.6 Convención Americana sobre Derechos Humanos)*, señaló que el artículo 25.1 de la Convención era "una disposición de carácter general que recoge la institución del amparo, entendido como el procedimiento judicial sencillo y breve que tiene por objeto la tutela de todos los derechos reconocidos por las constituciones y las leyes de los Estados partes y por la Convención."[72] Y también en la Opinión Consultiva OC-9/87 del 6 de octubre de 1987, *Garantías judiciales en estados de emergencia (arts. 27.2, 25 y 8, Convención Americana sobre Derechos Humanos)*, donde la Corte precisó que "para que tal recurso exista, no basta con que esté previsto por la Constitución o la ley o con que sea formalmente admisible, sino que se requiere que sea realmente idóneo para establecer si se ha incurrido en una violación a los derechos humanos y proveer lo necesario para remediarla;" al punto de establecer que su falta de consagración en el derecho interno, es decir, "la inexistencia de un recurso efectivo contra las violaciones a los derechos reconocidos por la Convención constituye una transgresión de la misma por el Estado Parte en el cual semejante situación tenga lugar."[73]

---

71 Véase sentencia en el caso *Yatama Vs. Nicaragua* de 23 de Junio de 2005, (Párr. 170), en http://www.corteidh.or.cr/docs/casos/articulos/seriec_127_esp.pdf

72 Véase Opinión Consultiva OC-8/87, del 30 de enero de 1987, *El habeas corpus bajo suspensión de garantías (arts. 27.2, 25.1 y 7.6 Convención Americana sobre Derechos Humanos*, en http://www.corteidh.or.cr/docs/opiniones/seriea_08_esp.pdf

73 Véase Opinión Consultiva OC-9/87 del 6 de octubre de 1987, *Garantías judiciales en estados de emergencia (arts. 27.2, 25 y 8, Convención Americana sobre Derechos Humanos* (Párr. 24), en http://www.corteidh.or.cr/docs/opiniones/seriea_09_esp.pdf

Es bien sabido igualmente que en sus decisiones posteriores y luego de una larga evolución, la Corte Interamericana ha variado su interpretación, indicando que el artículo 25.1, al consagrar el derecho al recurso efectivo como derecho de amparo, lo hace en el sentido más amplio, de derecho humano a la "protección judicial" efectiva, incluyendo el derecho de acceso a la justicia, siguiendo la orientación fijada inicialmente por el juez Antonio Cançado Trindade en su Voto al caso *Genie Lacayo Vs. Nicaragua* de 29 de enero de 1997 cuando consideró que la norma era, no sólo uno de los pilares básicos de la Convención, sino "de todo el Estado de derecho en una sociedad democrática según el sentido de la Convención;"[74] concepto que se reiteró con posterioridad en la jurisprudencia de la Corte Interamericana a partir de la sentencia del caso *Castillo Páez vs. Perú* de 3 de noviembre de mismo año.[75]

En este contexto, por supuesto más amplio, el derecho de amparo no es más que una de las piezas de ese pilar básico de la democracia que es el derecho humano a la protección judicial, y no lo agota; de manera que la acción de amparo se subsume en dicho sistema de recursos judiciales rápidos, sencillos y eficaces (con el signo en este caso de la inmediatez de la protección por tratarse de derechos humanos) a los cuales las personas tienen derecho de acceder (acceso a la justicia) con las garantías del debido proceso que derivan del artículo 25.1 en conexión con el artículo 8 sobre garantías judiciales, los cuales en conjunto son los que constituyen el pilar de la democracia.[76] Como lo dijo la Corte Interamericana en la sentencia del caso de *La Masacre de las Dos Erres vs. Guatemala* de 24 de noviembre de 2009, luego de expresar que "el recurso de amparo por su naturaleza es el procedimiento judicial sencillo y breve que tiene por objeto la tutela de todos los derechos reconocidos por las constituciones y leyes de los Estados partes y por la Convención;" que "tal recurso *entra* en el ámbito del art. 25 de la Convención Americana, por lo cual tiene que cumplir con varias exigencias, entre las cuales se encuentra la idoneidad y la efectividad."[77]

La consecuencia de ello es que independientemente de que el artículo 25.1 de la Convención no se agote en una única acción de amparo, ni se lo considere ahora por la jurisprudencia de la Corte Interamericana solamente como la consagración de un recurso de amparo, lo cierto es que dicha norma al establecer el "derecho de amparo" como derecho humano, ha fijado los parámetros mínimos conforme a los cuales los Estados miembros deben cumplir la obligación de asegurarle a todas las personas no sólo la existencia sino la efectividad de ese o esos recursos efectivos, sencillos y rápidos para la protección de sus derechos, lo que debe asegurarse en particular cuando regulen y establezcan la "acción de amparo" para la protección de los derechos previstos en la Constitución y en la propia Convención.

Ese artículo 25.1 es, por tanto, en nuestro criterio, el marco que establece la Convención Americana conforme al cual tanto la Corte Interamericana como los jueces y tribunales nacionales, deben ejercer el control de convencionalidad en relación con los actos y decisiones de los Estados para asegurar el derecho de amparo para la protección de los derechos humanos, con el objeto de superar las restricciones nacionales a la institución del amparo que todavía persisten en muchos países. Así se deriva por ejemplo, de lo que la Corte Interamericana consideró como "el sentido de la protección otorgada por el artículo 25 de la Convención" consistente en:

---

74 Voto Disidente de Antonio Augusto Cançado Trindade en la sentencia del *Caso Genie Lacayo vs. Nicaragua* (*Solicitud de Revisión de la Sentencia de Fondo, Reparaciones y Costas)* de 13 de septiembre de 1997 (Párr. 18), en http://www.corteidh.or.cr/docs/casos/articulos/seriec_21_esp.pdf

75 Véase sentencia del caso *Castillo Páez vs. Perú* de 3 de noviembre de 1997 (Párr. 82), en http://www.corteidh.or.cr/docs/casos/articulos/seriec_34_esp.pdf.

76 Por ello, Anamari Garro Vargas considera que "no es lo mismo afirmar que el sistema de recursos judiciales eficaces es uno de los pilares de la Convención y del Estado de Derecho en un sistema democrático, que sostener que uno de esos pilares es un recurso sencillo y eficaz para proteger los derechos fundamentales." Véase Anamari Garro Vargas, *La improcedencia del recurso de amparo contra las resoluciones y actuaciones jurisdiccionales del Poder Judicial a la luz de la Constitución costarricense y del artículo 25 de la Convención Americana sobre Derechos Humanos*, Tesis para optar al grado de Doctor en Derecho, Universidad de los Andes, Santiago de Chile 2012 (Versión mimeografiada), p. 213.

77 Véase la sentencia del caso *La Masacre de las Dos Erres vs. Guatemala* de 24 de noviembre de 2009 C211/2009 (Párr. 107) en http://www.corteidh.or.cr/docs/casos/articulos/seriec_211_esp.pdf

"la posibilidad real de acceder a un recurso judicial para que la autoridad competente y capaz de emitir una decisión vinculante determine si ha habido o no una violación a algún derecho que la persona que reclama estima tener y que, en caso de ser encontrada una violación, el recurso sea útil para restituir al interesado en el goce de su derecho y repararlo."[78]

Por ello hemos sostenido que de dicha norma de la Convención, al consagrar el "derecho de amparo," no permite que se puedan establecer restricciones al mismo, lo que es particularmente importante cuando se trata de regular en el ámbito interno una "acción de amparo" para precisamente asegurar la protección de los derechos humanos, de cuyo ámbito, por tanto, no pueden quedar excluidos de protección determinados derechos, ni pueden determinados actos estatales quedar excluidos de control, ni pueden quedar personas que no estén protegidas, ni pueden quedar agraviantes que no puedan ser juzgados por sus violaciones mediante el recurso sencillo rápido y eficaz. Otra cosa, por supuesto, es que la regulación que exista en el derecho interno sobre el proceso de amparo, cuando se establece con una amplitud inusitada, convierta a la institución llamada a proteger los derechos humanos en una técnica procesal que en la práctica impida asegurar la protección efectiva, sencilla y rápida de los derechos.

Debe destacarse que la Corte Interamericana, en este aspecto, ha ejercido un importante control de convencionalidad en la sentencia del caso de *La Masacre de las Dos Erres vs. Guatemala* de 24 de noviembre de 2009, en la cual, a pesar de que estimó que en Guatemala el recurso de amparo era "adecuado para tutelar los derechos humanos de los individuos,"[79] observó sin embargo, que su "uso indebido," su "estructura actual" y las "disposiciones que lo regulaban," aunado a "la falta de debida diligencia y la tolerancia por parte de los tribunales al momento de tramitarlo, así como la falta de tutela judicial efectiva, han permitido el uso abusivo del amparo como práctica dilatoria en el proceso,"[80] de manera que "su uso indebido ha impedido su verdadera efectividad, al no haber permitido que produzca el resultado para el cual fue concebido."[81] La Corte, en dicho caso, constató además, que si bien al momento de dictar la sentencia el Estado había informado que estaba en curso de discusión una reforma a la Ley de Amparo, consideró que "aún no han sido removidos los obstáculos para que el amparo cumpla con los objetivos para los cuales ha sido creado."[82] De lo anterior, la Corte Interamericana concluyó su control de convencionalidad indicando que:

"De acuerdo a lo expuesto la Corte considera que, en el marco de la legislación vigente en Guatemala, en el presente caso el recurso de amparo se ha transformado en un medio para dilatar y entorpecer el proceso judicial y en un factor para la impunidad. En consecuencia, este Tribunal considera que en el presente caso el Estado violó los derechos a las garantías judiciales y a la protección judicial, que configuran el acceso a la justicia de las víctimas, reconocidos en los artículos 8.1 y 25.1 de la Convención, e incumplió con las disposiciones contenidas en los artículos 1.1 y 2 de la misma." [83] (Párr. 124)

En consecuencia, no sólo la deficiente regulación del amparo cuando es restrictiva, sino también cuando es excesivamente permisiva pueden hacer inefectiva, complicada y lenta la protección judicial, de lo cual en este caso de *La Masacre de las Dos Erres vs. Guatemala* la Corte consideró que en Guatemala el Estado también tenía el deber general de "adecuar su derecho interno a las disposiciones de la Convención Americana para garantizar los derechos en ella consagrados," considerando que precisamente en materia del recurso de amparo, "la expedición de normas y el desarrollo de prácticas conducentes a la efectiva observancia de dichas

78 Véase la sentencia en el caso *Jorge Castañeda Gutman vs. México* de 6 de agosto de 2008 (Párr. 100) en http://www.corteidh.or.cr/docs/casos/articulos/seriec_184_esp.pdf

79 Véase la sentencia del caso *La Masacre de las Dos Erres vs. Guatemala* de 24 de noviembre de 2009 C211/2009 (Párr. 121) en http://www.corteidh.or.cr/docs/casos/articulos/seriec_211_esp.pdf

80 *Ídem.* Párr. 120

81 *Ídem,* Párr. 121

82 *Ídem.* Párr. 123

83 *Ídem.* Párr. 124

garantías"[84] de manera que en el caso, incluso, las partes habían "coincidido en considerar abusivo el uso del recurso de amparo como práctica dilatoria."[85]

Pero regular adjetivamente la acción de amparo para hacerla real y efectivamente un medio rápido y sencillo de protección judicial de los derechos humanos, tarea que corresponde a los Estados en el marco de la regulación del artículo 25.1 de la Convención Americana, no puede conducir a restringir o limitar los aspectos sustantivos del instrumento de protección. Por ello no compartimos la expresión utilizada por la Corte Interamericana en otra sentencia dictada en el caso *Jorge Castañeda Gutman vs. México* de 6 de agosto de 2008, al aceptar que los Estados pueden establecer límites a la admisibilidad del "recurso de amparo," y estimar "que no es en si mismo incompatible con la Convención que un Estado limite el recurso de amparo a algunas materias."[86]

Ante todo, debe observarse que excluir del recurso de amparo en "algunas materias" no puede considerarse como un tema de "admisibilidad," pues no es un tema adjetivo. Excluir el derecho de amparo, por ejemplo, la protección de un derecho o el control de determinados actos estadales, son aspectos sustantivos que no admiten exclusión conforme al artículo 25.1 de la Convención Americana. Otra cosa distinta es la legitimidad que puedan tener los Estados para establecer condiciones adjetivas de admisibilidad de las acciones judiciales. Como lo ha dicho la Corte Interamericana en el caso *Trabajadores Cesados del Congreso (Aguado Alfaro y otros) v. Perú* de de 24 de noviembre de 2006, en el orden interno de los Estados, "pueden y deben establecerse presupuestos y criterios de admisibilidad de los recursos internos, de carácter judicial o de cualquier otra índole." [87] Sin embargo, ello no puede nunca significar la negación del propio derecho a la protección judicial o específicamente al amparo respecto de determinados derechos humanos o actos estatales que los violen.

En todo caso, la afirmación de la Corte Interamericana, aún cuando se refiera a limites a un "recurso de amparo," por ser formulada en relación con una norma de la Convención que lo que regula es el "derecho de amparo," la consideramos esencialmente contraria a la Convención; lo que por otro lado se confirma con la "aclaratoria" que la misma Corte hizo en la misma sentencia a renglón seguido de esa frase, indicando que la restricción que se pudiera establecer por los Estados no sería incompatible con la Convención "siempre y cuando provea otro recurso de similar naturaleza e igual alcance para aquellos derechos humanos que no sean de conocimiento de la autoridad judicial por medio del amparo."[88] Ello, lo que confirma es que no es posible restringir el derecho de amparo, pues si no está garantizado en las normas procesales que regulan una específica "acción de amparo" debe estar garantizado en otras normas adjetivas relativas a otros recursos, los cuales, si son "de similar naturaleza e igual alcance," son medios judiciales de amparo.

La aclaratoria de la Corte, en todo caso, a lo que obliga, al realizar el control de convencionalidad, al igual que obliga a los jueces y tribunales nacionales, es a que tienen que hacer el escrutinio de todo el orden procesal para determinar si restringida en la ley nacional la admisibilidad de una específica "acción de amparo," en el ordenamiento procesal del Estado se establece "otro recurso de similar naturaleza e igual alcance" para la protección del derecho, es decir, otro medio judicial de amparo. Por ello, precisamente, en el caso *Jorge Castañeda Gutman vs. México* de 6 de agosto de 2008, la Corte interamericana concluyó que para la protección del derecho político a ser electo, "dado que el recurso de amparo no resulta procedente en materia electoral," no habiendo en México otro recurso efectivo para la protección, consideró que el Estado no ofreció a la víctima "un recurso idóneo para reclamar la alegada violación de su de-

84 *Ídem*. Párr. 122

85 *Ídem*. Párr. 122

86 Véase sentencia en el caso *Jorge Castañeda Gutman vs. México* de 6 de agosto de 2008 (Párr. 92) en http://www.corteidh.or.cr/docs/casos/articulos/seriec_184_esp.pdf

87 Véase sentencia en el caso *Trabajadores Cesados del Congreso (Aguado Alfaro y otros) vs. Perú* de 24 de noviembre de 2006, Serie C Nº 158, (Párr. 126), en http://www.corteidh.or.cr/docs/casos/articulos/seriec_158_esp.pdf .

88 Véase sentencia en el caso *Jorge Castañeda Gutman vs. México* de 6 de agosto de 2008 (Párr. 92) en http://www.corteidh.or.cr/docs/casos/articulos/seriec_184_esp.pdf

recho político a ser elegido, y por tanto violó el artículo 25 de la CADH, en relación con el art. 1.1 del mismo instrumento."[89]

Le faltó a la Corte Interamericana en esta sentencia, sin embargo, completar el control de convencionalidad y ordenarle al Estado mexicano la reforma de la Ley de Amparo para que en ausencia de ese inexistente "otro recurso idóneo de protección" de los derechos electorales, procediera a eliminar la restricción de admisibilidad de la acción de amparo contra decisiones de autoridades en materia electoral. En esta materia la Corte Interamericana, en realidad, se limitó a recordar que "La obligación contenida en el artículo 2 de la Convención reconoce una norma consuetudinaria que prescribe que, cuando un Estado ha celebrado un convenio internacional, debe introducir en su derecho interno las modificaciones necesarias para asegurar la ejecución de las obligaciones internacionales asumidas."[90] Pero, sin embargo, se abstuvo en realidad de ejercer el control de convencionalidad.

Ahora bien, considerando entonces que el artículo 25 de la Convención Americana sobre Derechos Humanos, cuya redacción y lenguaje sigue los del Pacto Internacional de los Derechos Civiles y Políticos,[91] establece un derecho de amparo de los derechos humanos, sea mediante una acción de amparo o mediante otro recurso sencillo, rápido y eficaz para la protección de los mismos, es posible derivar de dicho artículo los contornos fundamentales que debe tener la institución de la acción de amparo, de tutela o de protección de los derechos fundamentales en los derechos internos, cuyo sentido[92] se puede conformar por los siguientes elementos:

En *primer* lugar, la Convención Americana concibe al amparo como un derecho fundamental[93] en si mismo y no sólo como una garantía adjetiva, en una concepción que, sin embargo, no se ha seguido generalmente en América Latina. En realidad sólo en Venezuela el amparo ha sido concebido en la Constitución como un derecho humano, más que como una sola garantía adjetiva.[94] Se indica en la Convención, en efecto, que toda persona "tiene derecho" a un recurso, lo que no significa que solamente tenga derecho a una específica garantía adjetiva que se concretiza en un solo recurso o en una acción de amparo, de tutela o de protección específica. El derecho se ha concebido más amplio, como derecho a la protección constitucional de los derechos o al amparo de los mismos. Por eso, en realidad, estamos en presencia de un derecho fundamental de rango internacional y constitucional de las personas, a tener a su disposición medios judiciales efectivos, rápidos y eficaces de protección. Y uno de ellos, es precisamente la acción de amparo, de tutela o de protección

Por ello, en *segundo* lugar, los mecanismos judiciales de protección de los derechos humanos a los que se refiere la Convención Americana pueden ser variados, y lo que deben ser

89 *Ídem*, Par 131

90 *Ídem*., Párr. 132

91 Véase Allan R. Brewer-Carías, "El derecho al debido proceso y el derecho de amparo en el proyecto de Constitución Europea", en Juan Pérez Royo, Joaquín Pablo Urías Martínez, Manuel Carrasco Durán, Editores), en *Derecho Constitucional para el Siglo XXI. Actas del Congreso Iberoamericano de Derecho Constitucional,* Tomo I, Thomson-Aranzadi, Madrid 2006, pp.2151-2162.

92 Véase Allan R. Brewer-Carías, *Mecanismos nacionales de proteccion de los derechos humanos (Garantías judiciales de los derechos humanos en el derecho constitucional comparado latinoamericano),* Instituto Interamericano de Derechos Humanos (IIDH), Costa Rica, San José 2005; *Constitutional Protection of Human Rights in Latin América. A Comparative Study of the Amparo Proceedings*, Cambridge University Press, New York, 2008; "El amparo en América Latina: La universalización del régimen de la Convención Americana sobre los Derechos Humanos y la necesidad de superar las restricciones nacionales", en *Ética y Jurisprudencia,* 1/2003, Enero-Diciembre, Universidad Valle del Momboy, Facultad de Ciencias Jurídicas y Políticas, Centro de Estudios Jurídicos "Cristóbal Mendoza", Valera, Estado Trujillo, 2004, pp. 9-34

93 Véase en general, Héctor Fix-Zamudio, Ensayos sobre el derecho de amparo, Porrúa, México 2003; y Héctor Fix-Zamudio and Eduardo Ferrer Mac-Gregor (Coordinadores), *El derecho de amparo en el mundo*, Porrúa, México 2006

94 Véase Allan R. Brewer-Carías, "El derecho de amparo y la acción de amparo", en *Revista de Derecho Público*, N° 22, Editorial Jurídica Venezolana, Caracas, abril-junio 1985, pp. 51-61; e *Instituciones Políticas y Constitucionales*, Vol V, Derecho y Acción de Amparo, Universidad Católica del Táchira - Editorial Jurídica Venezolana, Caracas - San Cristóbal 1998. Véase además, Héctor Fix Zamudio, "La teoría de Allan R. Brewer-Carías sobre el derecho de amparo latinoamericano y el juicio de amparo mexicano," en *El derecho público a comienzos del Siglo XXI. Estudios en homenaje al profesor Allan R. Brewer-Carías*, Ed. Civitas, Universidad Central de Venezuela, Madrid 2003, Tomo I, pp. 1125-1163.

es efectivos, rápidos y sencillos. Pueden ser de cualquier clase, a través de cualquier medio judicial y no necesariamente una sola y única acción de protección o de amparo. Es decir, la Convención no necesariamente se refiere a un solo medio adjetivo de protección, sino que puede y debe tratarse de un conjunto de medios de protección, lo que puede implicar, incluso, la posibilidad de utilizar los medios judiciales ordinarios cuando sean efectivos como recursos rápidos y sencillos de protección.

En *tercer* lugar, debe destacarse que la Convención regula un derecho que se le debe garantizar a "toda persona" sin distingo de ningún tipo, por lo que en el derecho interno corresponde a las personas naturales y jurídicas o morales; nacionales y extranjeras; hábiles y no hábiles; de derecho público y derecho privado. Es decir, corresponde a toda persona en el sentido más universal.

En *cuarto* lugar, la Convención señala que el medio judicial de protección o amparo puede interponerse ante los tribunales competentes, de manera que no se trata de un solo y único tribunal competente, sino de una función que esencialmente corresponde al Poder Judicial o a los órganos que ejercen la Jurisdicción Constitucional aún ubicados fuera del Poder Judicial.

En *quinto* lugar, conforme a la Convención, este derecho a un medio efectivo de protección ante los tribunales se establece para la protección de todos los derechos humanos que estén en la Constitución, en la ley, en la propia Convención Americana o que sin estar en texto expreso, sean inherentes a la persona humana, por lo que también son protegibles aquellos establecidos en los instrumentos internacionales. Por ello, aquí adquieren todo su valor las cláusulas enunciativas de los derechos, que los protegen aún cuando no estén enumerados en los textos, pero que siendo inherentes a la persona humana y a su dignidad, deban ser objeto de protección constitucional. La garantía del artículo 25.1, en todo caso, en el derecho interno, se refiere a la protección de los derechos constitucionales sin que quepa distinguir en estos, unos que sean "fundamentales" y otros que no lo son. La expresión "derechos fundamentales" en el artículo 25.1 de la Convención, en el ámbito interno, equivale a derechos constitucionales, o que integran el bloque de constitucionalidad.

En *sexto* lugar, la protección que regula la Convención es contra cualquier acto, omisión, hecho o actuación de cualquier autoridad que viole los derechos y, por supuesto, también, que amenace violarlos, porque no hay que esperar que la violación se produzca para poder acudir al medio judicial de protección. Es decir, este medio de protección tiene que poder existir antes de que la violación se produzca, frente a la amenaza efectiva de la violación y, por supuesto, frente a toda violación o amenaza de violación que provenga del Estado y de sus autoridades. Es decir, no puede ni debe haber acto ni actuación pública alguna excluida del amparo, en cualquier forma, sea una ley, un acto administrativo, una sentencia, una vía de hecho, una actuación o una omisión.

Y en *séptimo* lugar, la protección que consagra la Convención es también contra cualquier acto, omisión, hecho o actuación de los entes públicos y sus funcionarios o de los particulares, individuos o empresas de cualquier naturaleza, que violen o amenacen violar los derechos fundamentales.

Este es, en realidad, en nuestro criterio, el parámetro que establece la Convención Americana sobre el derecho de amparo, y es ese el que debería prevalecer en los derechos internos cuando se establece la acción o recurso de amparo, donde hay que realizar un importante esfuerzo de adaptación para superar el cuadro de restricciones constitucionales o legislativas que en algunos aspectos ha sufrido la institución del amparo; que teniendo una concepción tan amplia en el texto de la Convención Americana, en muchos casos ha sido restringida.

Por lo demás, no hay que olvidar que en la mayoría de los países latinoamericanos la Convención tiene rango constitucional o rango supra legal, e incluso, en algunos tiene rango supra constitucional[95], lo que implica la necesidad jurídica de que la legislación interna se adapte a

95 En relación a la clasificación de los sistemas constitucionales de acuerdo con el rango de los tratados internacionales, véase Rodolfo E. Piza R., *Derecho internacional de los derechos humanos: La Convención Americana*, San José 1989;

la misma. Además, la amplitud de la regulación de la Convención Americana sobre Derechos humanos, así como el proceso de constitucionalización de sus regulaciones que ha ocurrido en América Latina, plantean tanto a la propia Corte Interamericana como a los jueces y tribunales nacionales, en ejercicio del control de convencionalidad y en ausencia de reformas legales, el reto de procurar adaptar las previsiones de la legislación interna a las exigencias de la Convención, cuyo contenido constituye, en definitiva, un estándar mínimo común para todos los Estados.

Ello implica, si nos adentramos en las regulaciones de derecho interno de muchos de nuestros países, la necesidad, por ejemplo, de que se amplíe la protección constitucional de manera que la pueda acordar cualquier juez o tribunal y no sólo un Tribunal Constitucional o Sala Constitucional del Tribunal Supremo; mediante el ejercicio de todas las vías judiciales y no sólo a través de un sólo recurso o acción de amparo como sucede en la gran mayoría de los países; en relación con todas las personas y para la protección de absolutamente todos los derechos constitucionales, y no sólo algunos; y contra todo acto u omisión provenga de quién provenga, incluyendo de particulares, superando las restricciones que en este aspecto existen en muchos de nuestros países.

El reto del control de convencionalidad en esta materia de amparo, en particular, se plantea, en particular en los siguientes aspectos en los cuales la Convención no establece distinción alguna, y que aquí queremos analizar: en *primer lugar,* respecto del ámbito del derecho de amparo en los países latinoamericanos, en el sentido de asegurar que todos los derechos constitucionales o que integren el bloque de constitucionalidad encuentren protección; en *segundo lugar*, respecto del universo de las personas protegidas, de manera que el derecho de amparo proteja a toda persona agraviada en sus derechos humanos; en *tercer lugar*, respecto del universo de los agraviantes, es decir, de las personas que causen la violación, de manera de asegurar que el derecho de amparo se pueda ejercer en contra de todos los agraviantes, así sean particulares; en *cuarto lugar*, respecto del control de los actos lesivos de los derechos, de manera de amparar o asegurar la protección de los derechos contra todo acto lesivo de los mismos, cualquiera sea su naturaleza, incluyendo todos los actos lesivos estatales.

## IV.- EL TEMA DEL CONTROL DE CONVENCIONALIDAD PARA ASEGURAR EL DERECHO DE AMPARO RESPECTO DE TODOS LOS DERECHOS HUMANOS DE RANGO CONSTITUCIONAL (DERECHOS FUNDAMENTALES)

El primer aspecto que genera retos para el control de convencionalidad en relación con el artículo 25.1 de la Convención Americana es el tendiente a asegurar que el derecho de amparo se pueda ejercer para la protección de todos los derechos establecidos en la Convención y en las Constituciones, materia en la cual, en nuestro criterio, la Convención no establece distinción alguna.

El propósito de la Convención Americana fue declarar a nivel internacional americano un conjunto de derechos humanos para asegurar su protección general, los cuales también se denominan como derechos fundamentales; derechos que en el ámbito de los Estados Miembros de la Convención están integrados en los derechos constitucionales o en los que integran el bloque de la constitucionalidad, como los declarados en la Convención Americana que están fuera del alcance del legislador en el sentido que no pueden ser eliminados o disminuidos mediante leyes. No hay, en la Convención Americana una distinción entre los derechos humanos que enumera, entre derechos humanos "fundamentales" y otros que no lo son; en realidad todos son fundamentales, y todos gozan de la protección judicial prevista en el artículo 25.1 de

Carlos Ayala Corao, "La jerarquía de los instrumentos internacionales sobre derechos humanos", en *El nuevo derecho constitucional latinoamericano*, IV Congreso venezolano de Derecho constitucional, Vol. II, Caracas, 1996 y *La jerarquía constitucional de los tratados sobre derechos humanos y sus consecuencias*, México, 2003; Florentín Meléndez, *Instrumentos internacionales sobre derechos humanos aplicables a la administración de justicia. Estudio constitucional comparado*, Cámara de Diputados, México 2004, pp. 26 ss.; y Humberto Henderson, "Los tratados internacionales de derechos humanos en el orden interno: la importancia del principio *pro homine*", en *Revista IIDH, Instituto Interamericano de Derechos Humanos*, nº 39, San José 2004, pp. 71 y ss. Véase también, Allan R. Brewer-Carías, *Mecanismos nacionales de protección de los derechos humanos, Instituto Internacional de Derechos Humanos*, San José, 2004, pp. 62 ss.

la Convención. Y en cuanto a los países de América Latina, en general no hay diferencia sustantiva alguna entre derechos humanos, derechos fundamentales y derechos constitucionales, que son equivalentes, como resulta claramente, por ejemplo, del texto de una de las últimas Constituciones sancionadas en el Continente, como es la de la República Dominicana de 2010, donde todos los derechos constitucionales son derechos fundamentales (Artículo 37 y siguientes). Sólo en dos países, Colombia y Chile, se ha establecido una subcategoría de "derechos fundamentales" dentro de los derechos humanos o derechos constitucionales, de naturaleza eminentemente adjetiva, que serían sólo los que son susceptibles de protección judicial inmediata mediante la acción de tutela o de protección.

Dejando aparte esa disidencia, la importancia de las declaraciones constitucionales de derechos humanos en general en los otros países de América Latina es que en el ámbito interno le permiten al juez constitucional proceder de inmediato a asegurar su protección. Ello contrasta con otros sistemas, como el estadounidense, donde la escueta declaración constitucional de derechos hace a veces más laborioso procurar su protección constitucional, como ha ocurrido por ejemplo, con los derechos sociales, como los relativos a la educación o a la vivienda. En relación con el derecho de educación, por ejemplo, no es considerado en los Estados Unidos como un derecho "fundamental," razón por la cual la Corte Suprema en el caso *San Antonio Independent School District et al. v. Rodríguez et al.*, 411 U.S. 1; 93 S. Ct. 1278; 36 L. Ed. 2d 16; (1973), del 21 de marzo de 1.973, haya decidido que aunque la educación "es uno de los más importantes servicios prestados por el estado (como se declaró en *Brown v. Board of Education*), no está dentro de la limitada categoría de derechos reconocida por esta Corte como garantizada por la Constitución." En este caso, la Corte Suprema negó a dicho derecho la cualidad de "derecho fundamental", insistiendo que "la educación, no obstante su indiscutida importancia, no es un derecho al que se reconoce, explícita o implícitamente, protección por la constitución."

Al resolver el caso, la Corte Suprema se refirió a otra decisión emitida en el caso *Dandridge v. Williams*, 397 U.S. 471 (1970), donde tratando otras materias de asistencia social pública, la Corte sentenció que:

> "No es terreno de esta Corte el crear derechos constitucionales sustanciales a título de garantizar la igualdad de las leyes. De allí que la clave para descubrir si la educación es "fundamental" no se encontrará en comparaciones sobre la significación social relativa de la educación, con la subsistencia o la vivienda. Ni tampoco se encontrará al sopesar si la educación es tan importante como el derecho a movilizarse. Más bien, la respuesta yace en determinar si existe un derecho a la educación, explícita o implícitamente, garantizado por la Constitución."

En apoyo del antes mencionado caso *San Antonio Independent School District et al. v. Rodriguez et al.*, la Corte también se refirió a otro caso –*Lindsay v. Normet*, 405 U.S. 56 (1972)– dictado solo un año antes y en el cual reiteró firmemente "que la importancia social no es el determinante crítico para sujetar la legislación estadal a examen estricto," negando rango constitucional al derecho a tener una vivienda, disponiendo que sin denigrar de "la importancia de una vivienda decente, segura e higiénica," el hecho es que "la Constitución no dispone de medios judiciales para cada anomalía social o económica," siendo la materia de atribución legislativa y no judicial.

Por consiguiente, el elemento clave para que los derechos humanos sean materia de protección constitucional en el ámbito interno –también en los Estados Unidos– es su rango o reconocimiento constitucional que tengan como derechos, independientemente de la posibilidad que sean además regulados por las leyes. Esta es la situación general en América Latina, donde como se dijo, la acción de amparo se dispone para la protección de los derechos consagrados en las Constituciones y en las convenciones internacionales de derechos humanos que forman parte del bloque de constitucionalidad, independientemente de si además están regulados en las leyes.

El tema central, por tanto, en esta materia de la protección constitucional de los derechos es el relativo a cuáles son los derechos susceptibles de tal protección, siendo la regla general, como se ha dicho, que todos los derechos constitucionales deben y pueden ser protegidos sin excepción. Aún así, como también advertimos, esta regla encuentra disidencias en los casos de Chile y Colombia donde el alcance de la protección del amparo ha sido reducida a solo ciertos derechos constitucionales, los llamados "fundamentales" contrariando, sin duda, en mi criterio, la Convención Americana.

### 1.- *El amparo y hábeas corpus para la protección de todos los derechos constitucionales*

De acuerdo con la regla general, los derechos protegidos por la acción de amparo son los "derechos constitucionales", expresión que comprende, *primero*, los derechos expresamente declarados en la Constitución, cualquiera que sea la fórmula que se utilice; *segundo*, aquellos derechos que aun no siendo enumerados en las Constituciones son inherentes a los seres humanos; y *tercero*, aquellos derechos enumerados en los instrumentos internacionales de derechos humanos ratificados por el Estado. En palabras de las leyes de amparo de Argentina (art. 1) y de Uruguay (art. 72), la protección constitucional se refiere a los derechos y libertades "explícita o implícitamente reconocidas por la Constitución Nacional."

De manera que, por ejemplo, en el caso de Venezuela todos los derechos enumerados en el Título III de la Constitución –referido a los derechos humanos, garantías y deberes– son protegidos mediante la acción de amparo. Tales derechos son los derechos de ciudadanía, derechos civiles (o individuales), los derechos políticos, los derechos sociales y de las familias, los derechos culturales y educativos, los derechos económicos, los derechos ambientales y los derechos de los pueblos indígenas enumerados en los artículos 19 al 129. Adicionalmente, todo otro derecho y garantía constitucional derivado de otras disposiciones constitucionales también puede ser protegido aun cuando no esté incluido en el Título III como, por ejemplo, la garantía constitucional de independencia del poder judicial o la garantía constitucional de la legalidad del impuesto (los impuestos solo pueden ser fijados por ley).[96]

Respecto de los derechos protegidos y a través de las cláusulas abiertas de los derechos constitucionales, casi todos los países latinoamericanos han admitido la protección constitucional respecto de los derechos y garantías constitucionales no expresamente enumerados en la Constitución pero que pueden ser considerados inherentes a los seres humanos. Estas cláusulas abiertas, que han sido ampliamente aplicadas por los tribunales latinoamericanos, no quedando duda en relación con la posibilidad de que un derecho o garantía sea protegido constitucionalmente, tiene su directo antecedente en la Novena Enmienda de la Constitución de los Estados Unidos, la cual, sin embargo, allí solo se ha aplicado en pocas ocasiones. Por ejemplo, en el caso *Griswold v. Connecticut*, de 7 de junio de 1965 (1965, 381 U.S. 479; 85 S. Ct. 1678; 14 L. Ed. 2d 510), la Suprema Corte declaró que, aunque no estuviese expresamente mencionado en la Constitución, el derecho de privacidad marital debía ser considerado como un derecho constitucional, comprendido en el concepto de libertad y protegido constitucionalmente.

En contraste, sin embargo, como se dijo, casi todas las constituciones latinoamericanas, con excepción de Cuba, Chile, México y Panamá, contienen cláusulas abiertas de este tipo, enfatizando que la declaración o enunciación de derechos establecida en la Constitución no se entenderá como la negación de otros no establecidos ahí y que son inherentes al individuo o a su dignidad humana. Cláusulas de este tipo se encuentran en las constituciones de Argentina (art. 33), Bolivia (art. 13.II), Colombia (art. 94), Costa Rica (art. 74), Ecuador (art. 19), Guatemala (art. 44), Honduras (art. 63), Nicaragua (art. 46), Paraguay (art. 45), Perú (art. 3), Uruguay (art. 72) y Venezuela (art. 22).

La Constitución de la República Dominicana es menos expresiva, indicando solamente que la enumeración constitucional de los derechos "no tienen carácter limitativo y, por consiguiente, no excluyen otros derechos y garantías de igual naturaleza " (art. 74.1). La Constitución de Ecuador, por ejemplo, se refiere a que el reconocimiento de los derechos y garantías esta-

96 Véase Allan R. Brewer-Carías, *Instituciones Políticas y Constitucionales*, Vol. V, Derecho y Acción de Amparo, Universidad Católica del Táchira –Editorial Jurídica Venezolana, Caracas– San Cristóbal 1998, pp. 209 ss. Véase decisión de la Corte Primera de lo Contencioso-Administrativo, caso *Fecadove*, en Rafael Chavero G., *El nuevo régimen del amparo constitucional en Venezuela*, Ed. Sherwood, Caracas 2001, p. 157.

blecidos en la Constitución y en los instrumentos internacionales de derechos humanos, "no excluirá los demás derechos derivados de la dignidad de las personas, comunidades, pueblos y nacionalidades, que sean necesarios para su pleno desenvolvimiento. (art. 11.7).

En otros casos, como la Constitución de Brasil, la cláusula abierta, sin referirse a los derechos inherentes de las personas humanas, indica que la enumeración de derechos y garantías en la Constitución, no excluye otros derechos derivados del régimen y principios establecidos por la Constitución o por los tratados internacionales en los cuales la República Federativa de Brasil sea parte." (art. 5.2). La Constitución de Costa Rica se refiere a esos derechos "que se deriven del principio cristiano de justicia social" (art. 74), una expresión que puede interpretarse en el sentido de la dignidad humana y justicia social.

En otras Constituciones, en vez de referirse a derechos inherente a los seres humanos, las cláusulas abiertas se refieren a la soberanía del pueblo y a la forma republicana de gobierno y, por consiguiente, más énfasis se hace respecto de los derechos políticos que a los derechos inherentes de las personas humanas. Este es el caso de Argentina, donde el artículo 33 de la Constitución establece que "las declaraciones, derechos y garantías que enumera la Constitución, no serán entendidos como negación de otros derechos y garantías no enumerados; pero que nacen del principio de la soberanía del pueblo y de la forma republicana de gobierno." Una disposición similar está en la Constitución de Uruguay (art. 72); y en las del Perú (art. 3) y Honduras (art. 63), el texto se refiere a otros derechos de naturaleza análoga o que están fundamentados en la "dignidad del hombre o en la soberanía del pueblo, el imperio democrático de la ley y la forma republicana de gobierno."

En todos estos casos, la incorporación de cláusulas abiertas en la constitución respecto de los derechos humanos implica que la ausencia de regulaciones legales de dichos derechos no puede ser invocada para negar o menoscabar su ejercicio por el pueblo, como está expresado en muchas constituciones (Argentina, Bolivia, Paraguay, Venezuela y Ecuador).

Pero además de los derechos declarados en la Constitución y aquellos derivados de las cláusulas abiertas como inherentes a la persona humana, los derechos declarados en los tratados internacionales pueden también ser protegidos mediante la acción de amparo. Esto está también expresamente previsto en muchos países donde los derechos declarados en tratados internacionales se les ha conferido rango constitucional, como es el caso de Venezuela (Constitución, art. 23) y República Dominicana (art. 74.3). Asimismo en Costa Rica, por ejemplo, el artículo 48 de la Constitución es absolutamente claro cuando garantiza el derecho de toda persona a intentar acciones de amparo para mantener o restablecer el goce de todo otro derecho otorgado por la Constitución así como de aquellos de naturaleza fundamental establecidos en los instrumentos internacionales de derechos humanos vigentes en la República. En el mismo sentido está regulado en la Ley Orgánica de Garantías Jurisdiccionales y Control Constitucional de 2.009 de Ecuador que establece en su artículo 1 que "esta ley tiene por objeto regular la jurisdicción constitucional, con el fin de garantizar jurisdiccionalmente los derechos reconocidos en la Constitución y en los instrumentos internacionales de derechos humanos y de la naturaleza; y garantizar la eficacia y la supremacía constitucional."

Por consiguiente, el alcance de la protección constitucional del amparo en América Latina en general es muy amplio. Esto ha provocado que en algunos países –a fin de determinar el alcance de la protección constitucional del amparo y habeas corpus– las leyes especiales que regulan el amparo tiendan a ser exhaustivas al enumerar los derechos a ser protegidos, como es el caso de Perú, donde el Código Procesal Constitucional (Ley N° 28.237 de 2.004) expresamente enumera e identifica cuales son los derechos a ser protegidos mediante el amparo y el habeas corpus. Respecto de éste último, una lista extensa está dispuesta en el artículo 25 de la ley, añadiendo que "también procede el hábeas corpus en defensa de los derechos constitucionales conexos con la libertad individual, especialmente cuando se trata del debido proceso y la inviolabilidad del domicilio." Asimismo y respecto de la acción de amparo, el mismo código peruano de procedimiento constitucional incluye una larga lista de derechos (art. 37) a ser protegidos, incluyendo al final una referencia a todos "los demás que la Constitución reconoce", resolviendo los problemas que normalmente tiene la práctica de enumerar situaciones específicas en las leyes con el riesgo general de dejar asuntos por fuera.

La ley guatemalteca de amparo también tiende a agotar la enumeración de casos en que la acción de amparo puede intentarse[97], añadiendo asimismo que su admisión se extiende a cualquier situación que presente un riesgo, amenaza, restricción o violación de los derechos reconocidos por "la Constitución y las leyes de la República de Guatemala", sea que la situación sea causada por entidades o personas de derecho público o privado.

En todos estos casos, cuando se enumeran sin limitación los derechos constitucionales a ser protegidos mediante las acciones de amparo y habeas corpus y si no hay riesgo de dejar fuera derechos constitucionales a ser considerados como protegidos, indudablemente estas leyes son importantes instrumentos para la ejecución judicial de los derechos y para la interpretación jurisprudencial sobre el alcance de los derechos a ser protegidos.

**2.- *El problema del amparo y hábeas corpus para la protección de sólo algunos derechos constitucionales***

Aun cuando es verdad que el principio general es que solo los derechos constitucionales han de ser protegidos mediante el amparo y hábeas corpus, el hecho es que no todas las constituciones latinoamericanas garantizan esa protección constitucional para todos los derechos constitucionales.

Como ya se mencionó y en contraste con el general sentido protector latinoamericano, en el caso de Chile y Colombia, la acción específica de tutela y de protección de los derechos y libertades constitucionales está solamente establecida en la Constitución para proteger ciertos derechos y garantías. En estos casos, el alcance de la acción de amparo es uno restringido, el cual ha caracterizado, asimismo, los sistemas restrictivos seguidos en las constituciones alemana y española en relación con los recursos de amparo que están establecidos únicamente para la protección de los así llamados "derechos fundamentales".

En Chile, aparte de la acción de hábeas corpus establecida para proteger a cualquier individuo contra arrestos inconstitucionales, detenciones y encarcelamiento; el recurso de protección está establecido sólo para garantizar algunos derechos constitucionales enumerados en el artículo 19, numerales 1, 2, 3 (parágrafo 4o.), 4, 5, 6, 9 (parágrafo final), 11, 12, 13, 15, 16 de la constitución y en el cuarto párrafo y numerales 19, 21, 22, 23, 24 y 25 de la misma constitución.

La lista asimismo se refiere principalmente a derechos civiles o individuales, también incluyendo algunos derechos sociales, como el derecho a elegir un sistema de salud pública, la libertad para enseñar y trabajar y de afiliarse a sindicatos laborales; algunos derechos a la libertad económica y de propiedad; y el derecho a tener un ambiente descontaminado.

Aparte de todos estos derechos y libertades constitucionales, los otros derechos consagrados en la Constitución no tienen un medio específico de protección, estando su protección a cargo de los tribunales ordinarios a través de los procedimientos judiciales ordinarios.

En el caso de Colombia, además del hábeas corpus, la constitución también establece la acción de *tutela*, en el art. 86, para la protección inmediata de lo que se llaman "derechos constitucionales fundamentales".

En efecto, el Título II de la constitución se dedica a establecer "los derechos, garantías y deberes", enumerándolos en tres capítulos: el Capítulo 1 contiene la lista de "derechos fundamentales"; el Capítulo 2 enumera los derechos sociales, económicos y culturales; y el Capítulo 3 se refiere a los derechos colectivos y al ambiente sano.

De esta declaración constitucional de derechos resulta que solamente los tal llamados "derechos fundamentales" enumerados en el Capítulo 1 (art. 11 a 41) son los derechos constitucio-

97 Véase. Jorge Mario García La Guardia, "La Constitución y su defensa en Guatemala," en *La Constitución y su defensa*, Universidad Nacional Autónoma de México, México, 1984, pp. 717–719; y *La Constitución Guatemalteca de 1985*, México 1992.

nales que se pueden proteger por medio de la *acción de tutela*, y los demás quedan excluidos de ella, y protegidos sólo por los medios judiciales ordinarios.

Por otro lado, el artículo 85 de la Constitución también indica que entre estos "derechos fundamentales", los de "inmediata aplicación" son los protegidos por la acción de *tutela*. La lista también se refiere a los derechos civiles y políticos, y entre los derechos sociales, incluye la libertad de enseñanza. Otros derechos consagrados en otros artículos de la Constitución también se califican como derechos fundamentales, como los "derechos fundamentales" de los niños, enumerados en el art. 44 sobre la vida, la integridad física, la salud y la seguridad social.

Aparte de estos derechos constitucionales expresamente declarados como "derechos fundamentales", los demás derechos constitucionales no tienen protección constitucional por medio de la acción de *tutela* y serán protegidos por medio del proceso judicial ordinario.

No obstante esta norma limitante, incluso si un derecho no está expresamente señalado en la Constitución como "fundamental", la Corte Constitucional de Colombia, como supremo intérprete de la constitución, ha reconocido tal carácter a otros derechos, extendiendo la protección de la *tutela* a derechos no definidos como "fundamentales", pero considerados interdependientes con otros que tienen tal naturaleza, como el derecho a la vida.

Con respecto a esto, por ejemplo, en una de sus primeras sentencias (N° T-02 del 8 de mayo de 1992) emitida en un caso sobre derechos educativos, la Corte Constitucional sentenció que el criterio principal para identificar "derechos fundamentales" es "determinar si son o no derechos esenciales de los seres humanos", tarea que siempre debe realizar el juez de *tutela*, quien debe comenzar su sentencia analizando los primeros noventa y cuatro artículos de la constitución, y si es necesario, aplicando la cláusula abierta sobre derechos humanos inherentes a las personas humanas.

Estos artículos, interpretados por la Corte Constitucional en ejercicio del control de convencionalidad, es decir, a la luz de la Convención Americana sobre Derechos Humanos, han permitido a la Corte inferir lo que se pueden considerar derechos inalienables, inherentes y esenciales de los seres humanos, lo que hace que, de hecho, la lista de "derechos fundamentales" del Capítulo 1 del Título II de la constitución no sea exhaustiva de los "derechos fundamentales" y no excluya otros derechos de la posibilidad de ser considerados fundamentales y objetos de litigio por medio de la acción de *tutela*.[98]

Con la finalidad de identificar esos derechos fundamentales, la Corte Constitucional también ha aplicado el principio de "conexión" entre los derechos constitucionales, en particular sobre los derechos económicos, culturales y sociales, sentenciando que es posible aceptar la acción de *tutela* con respecto a esos derechos en casos en los que también haya ocurrido la violación de un derecho fundamental.

Por ejemplo, en la sentencia N° T-406 del 5 de junio de 1992, la Corte admitió una acción de *tutela* presentada en el caso de una inundación de un drenaje público, por la que el accionante reclamó la reivindicación del derecho a la salud pública, el derecho a un ambiente sano y a la salud de la población en general. Aunque la acción fue rechazada por el tribunal inferior al considerar que no estaban involucrados los derechos fundamentales, la Corte Constitucional la admitió al considerar que el derecho a un sistema de drenaje, en circunstancias en las que evidentemente quedaban afectados los derechos constitucionales fundamentales, tales como la dignidad humana, el derecho a la vida, o los derechos de los discapacitados, debía considerarse objeto de litigio por medio de la *tutela*. [99]

A través de este principio interpretativo de la conexión con los derechos fundamentales, de hecho los tribunales colombianos protegen casi todos los derechos constitucionales, incluso aquellos no enumerados como derechos fundamentales.

---

98 Véase. sentencia T-02 del 8 de mayo de 1992, en Manuel José Cepeda, *Derecho Constitucional Jurisprudencial. Las grandes decisiones de la Corte Constitucional*, Legis, Bogotá 2001, pp. 49–54.

99 Véase sentencia T-406 del 5 de junio de 1992, en *Ídem*, pp. 55–63.

## V.- EL TEMA DEL CONTROL DE CONVENCIONALIDAD PARA ASEGURAR EL DERECHO DE AMPARO RESPECTO DE TODA PERSONA AGRAVIADA EN SUS DERECHOS HUMANOS

Un segundo aspecto que también genera retos para el control de convencionalidad en relación con el artículo 25.1 de la Convención Americana, es asegurar que el derecho de amparo se pueda ejercer para la protección de los derechos establecidos en la Convención y en las Constituciones frente a las violaciones infringidas por parte de cualquier persona agraviada en sus derechos humanos, materia en la cual la Convención no establece distinción alguna.

En efecto, la Convención Americana y las Constituciones declaran derechos de las personas, respecto de las cuales, el reto de juez constitucional es garantizar su goce y ejercicio por ellas. Esto plantea el tema de la persona agraviada en los procesos de amparo, es decir, el tema de las personas que pueden ser accionantes, quejosos o peticionarios, es decir, en definitiva, de las personas que pueden ejercer el derecho de amparo mediante recursos rápidos, sencillos y eficaces acorde con la protección constitucional requerida.

En principio, por supuesto, esa capacidad o la legitimación procesal corresponde a las personas titulares del derecho constitucional que ha sido violado, situación que le da particular interés para intentar la acción de protección ante el tribunal competente. Por eso la acción de amparo se ha considerado en principio como una acción *in personam* por lo cual el accionante debe ser precisamente la persona agraviada.

En este sentido, por ejemplo, la Ley de Amparo nicaragüense prevé que sólo la parte agraviada puede intentar la acción de amparo, definiendo como tal a "toda persona natural o jurídica a quien perjudique o esté en inminente peligro de ser perjudicada por toda disposición, acto o resolución, y en general, toda acción u omisión de cualquier funcionario, autoridad o agente de los mismos" (art. 23).[100]

De acuerdo con el principio que se deriva de esta norma, conforme a los ordenamientos internos, todas las personas sin distingo alguno, que sean las titulares de derechos constitucionales, incluyendo a las personas jurídicas, tienen derecho a intentar acciones de amparo cuando los mismos han sido violados, de modo que las asociaciones, compañías, fundaciones o corporaciones también pueden intentar acciones de amparo,[101] por ejemplo, para proteger su derecho a la no discriminación, al debido proceso legal, a la defensa o a los derechos económicos o de propiedad, en cuyo caso, por supuesto, deben actuar a través de sus directores o representantes según sus estatutos (México, art. 8). Por ello, la jurisprudencia en Venezuela ha establecido que la acción de amparo no está restringida a proteger "derechos o garantías constitucionales a los derechos de las personas naturales," pues también las personas jurídicas son titulares de derechos fundamentales."[102]

Sin embargo, como es bien sabido, en cambio, que conforme a la Convención Americana, su objeto es la protección de los derechos humanos, en tanto que derechos de la persona humana, por lo que conforme al régimen general de las leyes de amparo en América Latina, todos los seres humanos, cuando sus derechos constitucionales son arbitraria o ilegítimamente agraviados o amenazados, pueden ejercer el derecho de amparo, y tienen la necesaria legitimación para intentar la acción de amparo.

100 En este mismo sentido, la Ley N° 437-06 que establecía el Recurso de Amparo de la República Dominicana disponía que "Cualquier persona física o moral, sin distinción de ninguna especie, tiene derecho a reclamar la protección de sus derechos individuales mediante la acción de amparo." (art. 2).

101 También es el caso de Colombia, donde la acción de tutela se estableció para la protección de los "derechos fundamentales" de aplicación inmediata, que incluyen los de las personas jurídicas, como el derecho de petición (art. 23), al debido proceso y a la defensa (art. 29) y a la revisión de decisiones judiciales (art. 31). En Ecuador, la legitimación activa de las personas jurídicas para intentar una acción de amparo fue negada por Marco Morales Tobar en "La acción de amparo y su procedimiento en el Ecuador," *Estudios Constitucionales. Revista del Centro de Estudios Constitucionales*, Año 1, N° 1, Universidad de Talca, Chile 2003, pp. 281–282. Así también en la República Dominicana, donde el juicio de amparo fue admitido por la Suprema Corte, incluso sin disposición constitucional o legal, precisamente en un caso presentado ante la Corte por una compañía comercial (*Productos Avon S.A.*). v. por ejemplo, Juan de la Rosa, *El recurso de amparo, Estudio Comparativo*, Santo Domingo 2001, p. 69.

102 Véase sentencia N° 1395 de 21 noviembre de 2000, caso *Estado Mérida y otros vs. Ministro de Finanzas*, en *Revista de Derecho Público*, N° 84, Editorial Jurídica Venezolana, Caracas 2000, pp. 315 ss. .

Por tanto, conforme al artículo 25.1 de la Convención Americana la expresión "personas" comprende a todas las personas naturales sin distinción, conforme al principio de igualdad y no discriminación. Dicha expresión, por lo demás, no equivale a la de "ciudadanos," que son aquellas personas naturales que por nacimiento o por naturalización son miembros de la comunidad política representada por el Estado, y que son las titulares de los derechos políticos. En relación con éstos, sin embargo, estas personas, como ciudadanos, serían las únicas que tendrían la legitimación necesaria para la protección de los mismos, como sería por ejemplo, el derecho al voto o a la participación en la política.

En materia de amparo, por tanto, estando el derecho garantizado a todas las personas, los extranjeros tienen en principio el mismo derecho general que los nacionales y tienen la necesaria legitimación para ejercer el derecho al amparo. Sin embargo, sólo en México se encuentra una excepción respecto a la titularidad del derecho de amparo, respecto de los extranjeros que por decisión del Presidente de la República, dictada conforme a la Constitución para su expulsión de extranjeros, los cuales históricamente no pueden ejercer el juicio de amparo.[103] Esta situación excepcional, sin duda, no es compatible con las previsiones de la Convención Americana.

En todo caso, con excepción de este caso particular, el principio general en América Latina es que toda persona lesionada tiene la legitimación *ad causam* para intentar la acción de amparo. Por ello, por ejemplo, en México, la Suprema Corte en ejercicio del control de convencionalidad declaró contrario al artículo 25.1 de la Convención Americana, el antiguo artículo 76 bis. II de la Ley de Amparo, el cual dejó de aplicarse, pues limitaba la protección que en el mismo se otorgaba solamente al reo, excluyendo a la víctima.[104]

Por ello, también, incluso respecto de leyes que formalmente restringen la legitimación activa en materia de amparo, las mismas han sido interpretadas conforme a la Convención Americana, es decir, en sentido amplio, como ocurrió por ejemplo respecto de la Ley Orgánica de Amparo sobre Derechos y Garantías Constitucionales de Venezuela, la cual prevé en su primer artículo que la acción de amparo puede intentarla "toda persona natural habitante de la República." La antigua Corte Suprema de Justicia, en ejercicio de su potestad de control difuso de constitucionalidad, declaró inconstitucional la referencia limitante de dicha norma ("habitantes de la República") sentenciando que cualquier persona, viva o no en el territorio de la República, cuyos derechos sean lesionados en Venezuela, tiene legitimación suficiente para intentar la acción de amparo.[105]

Debe mencionarse, por último, que incluso dentro de los parámetros de la Convención Americana, no todos los derechos humanos son exclusivamente individuales; siendo en algunos casos colectivos por naturaleza, en el sentido que corresponden a grupos de personas más o menos definidos, de modo que su violación no sólo lesiona los derechos personales de cada uno de los individuos que los disfrutan, sino también a todo el grupo de personas o colectividades a los que pertenecen esos individuos. En tales casos, entonces, la acción de amparo también puede intentarla el grupo o asociación de personas que representan a sus asociados, incluso aun cuando no tengan formalmente el carácter de "persona jurídica."[106]

---

103 Véase Eduardo Ferrer Mac-Gregor, La *acción constitucional de amparo en México y España*, Editorial Porrúa, México 2002, p. 230.

104 Tesis 2ª CXXXVII/202 y J.26/2003, *Semanario Judicial de la Federación y su gaceta* 9ª. Época Tomo XVI, noviembre de 2002, p. 449 y Tomo XVIII, agosto de 2003, p.175; citadas por Alfonso Jaime Martínez Lazcano, "Control difuso de convencionalidad en México," en Boris Barrios González (Coordinador), *Temas de Derecho Procesal Constitucional Latinoamericano*, Memorias I Congreso panameño de Derecho Procesal Constitucional y III Congreso Internacional Proceso y Constitución, Panamá 2012, pp. 209.

105 Véase sentencia de 13 de diciembre de 1994, caso *Jackroo Marine Limited*, en Rafael Chavero, *El Nuevo Régimen del Amparo Constitucional en Venezuela*, Caracas, 2001, pp. 98-99; y en Allan R. Brewer-Carías, *Instituciones Políticas y Constitucionales*, Vol. V, El derecho y la acción de Amparo, Universidad Católica del Táchira, Editorial Jurídica Venezolana, San Cristóbal-Caracas, 1998, p. 319.

106 Es por eso, que el Código Procesal Civil de Paraguay, por ejemplo, al definir la legitimación activa en materia de amparo, además de personas físicas o jurídicas, se refiere a partidos políticos debidamente registrados, entidades con personería gremial o profesional y sociedades o asociaciones que, sin investir el carácter de

En algunos casos, como en Venezuela, la Constitución establece expresamente como parte del derecho constitucional de todas las personas, el tener acceso a la justicia y el procurar la protección no sólo de los derechos personales sino también de los "colectivos" o "difusos" (art. 26). Los primeros han sido considerado como los referidos a un sector poblacional determinado (aunque no cuantificado) e identificable, conformado por un conjunto de personas como sería el caso grupos profesionales, grupos de vecinos o los gremios. En cuanto a los derechos difusos, son los que buscan asegurar en general un nivel de vida aceptable, de manera que al afectarlos se lesiona el nivel de vida de toda la comunidad o sociedad, como sucede con los daños al ambiente o a los consumidores.[107]

En esos casos, cualquier persona procesalmente capaz puede intentar la acción para impedir el daño a la población o a sectores de ella a la cual pertenece. Lo mismo se aplica, por ejemplo, en los casos de la acción de amparo interpuesta para la protección de derechos electorales, en cuyo caso, cualquier ciudadano invocando los derechos generales de los votantes, puede intentar la acción,[108] admitiéndose incluso en estos casos de intereses difusos o colectivos que la legitimación activa la puedan tener las asociaciones, sociedades, fundaciones, cámaras, sindicatos y demás entes colectivos, cuyo objeto sea la defensa de la sociedad,[109]

Estas acciones "colectivas" de amparo dirigidas a proteger derechos difusos, particularmente en materia de ambiente, han sido incluidos expresamente en las Constituciones en América Latina, como es el caso en Argentina, donde la Constitución prevé que la acción de amparo puede intentarlo "el afectado, el defensor del pueblo y las asociaciones que propendan a esos fines, registradas conforme a la ley" (art. 43) contra cualquier forma de discriminación y en lo relativo a los derechos que protegen al ambiente, a la competencia, al usuario y al consumidor, así como a los derechos de incidencia colectiva en general.[110] En Perú, el artículo 40 de Código Procesal Constitucional también autoriza a intentar la acción de amparo a cualquier persona "cuando se trate de amenaza o violación del derecho al medio ambiente u otros derechos difusos que gocen de reconocimiento constitucional, así como las entidades sin fines de lucro cuyo objeto sea la defensa de los referidos derechos". De forma similar en Brasil, la Constitución estableció un *mandado de securança* llamado *colectivo*, dirigido a la protección de derechos difusos o colectivos y a ser intentado por los partidos políticos con representación en el Congreso

personas jurídicas, no contrarían, según sus estatutos, el bien público (art. 568). En Argentina, la Ley de Amparo también prevé la legitimación activa para intentar acciones de amparo a estas asociaciones que, sin ser formalmente personas jurídicas, pueden justificar, según sus propios estatutos, que no se oponen al bien público (art. 5).

107 Véase sentencia N° 656 de la Sala Constitucional, del 30 de junio de 2000, caso *Defensor del Pueblo vs. Comisión Legislativa Nacional*, citada en sentencia N° 379 del 26 de febrero de 2.003, caso *Mireya Ripanti et vs. Presidente de Petróleos de Venezuela S.A. (PDVSA)*, en *Revista de Derecho Público*, N° 93–96, Editorial Jurídica Venezolana, Caracas 2003, pp. 152 ss.

108 En tales casos, la Sala incluso ha concedido medidas de precaución con efectos erga omnes "tanto para las personas naturales y organizaciones que han solicitado la protección de amparo constitucional como para todos los electores en su conjunto." Véase sentencia de la Sala Constitucional N° 483 del 29 de mayo de 2.000, caso *Queremos Elegir y otros*, en *Revista de Derecho Público*, N° 82, 2000, Editorial Jurídica Venezolana, pp. 489–491. En el mismo sentido, v. sentencia de la misma Sala N° 714 de 13 de julio de 2000, caso APRUM, en *Revista de Derecho Público*, N° 83, Editorial Jurídica Venezolana, Caracas 2000, pp. 319 ss.

109 Véase la referencia y comentarios en Rafael Chavero, *El nuevo régimen del amparo constitucional en Venezuela*, Caracas 2001, pp. 110–114.

110 Cuatro acciones colectivas específicas resultaron de este artículo: amparo contra cualquier forma de discriminación; amparo para la protección del ambiente; amparo para la protección de la libre competencia, y amparo para la protección de los derechos del usuario y del consumidor. Por eso, respecto de la discriminación, el objeto de este amparo no es la discriminación respecto de un individuo en particular sino respecto de un grupo de personas entre los cuales existe un nexo o tendencia común que da origen a la discriminación. Véase Joaquín Brage Camazano, *La jurisdicción constitucional de la libertad*, Editorial Porrúa, México 2005, pp. 94. Por otro lado, respecto a la protección del ambiente, se formaliza la tendencia que comenzó a consolidarse después de un caso de 1983 en el que se presentó un amparo para la protección del equilibrio ecológico para la protección de los delfines. La Corte Suprema aceptó en tal caso la posibilidad que cualquiera, individualmente o en representación de su familia, intentara una acción de amparo para la conservación del equilibrio ecológico debido al derecho de cualquier ser humano de proteger su hábitat. Véase Alí Joaquín Salgado, *Juicio de amparo y acción de inconstitucionalidad*, Astrea Buenos Aires, 1987, pp. 81–89. Sobre las asociaciones que pueden interponer demandas colectivas de amparo, la Corte Suprema de Argentina también ha considerado que no requieren registro formal. v. Sentencias N° 320:690, caso *Asociación Grandes Usuarios* y Sentencia N° 323:1339, caso *Asociación Benghalensis*. Véase las referencias en Joaquín Brage Camazano, *La jurisdicción constitucional de la libertad*, Editorial Porrúa, México 2005, pp. 92–93.

Nacional, los sindicatos, las instituciones colectivas o las asociaciones legalmente establecidas en defensa de los intereses de sus miembros y que deben haber estado funcionando al menos el año anterior (art. 5.69.2).[111]

En Ecuador, el artículo 9 de la Ley Orgánica de Garantías Jurisdiccionales y Control Constitucional permite directamente que la acción sea intentada por "cualquier persona, comunidad, pueblo, nacionalidad o colectivo, vulnerada o amenazada en uno o más de sus derechos constitucionales, quien actuará por sí misma o a través de representante o apoderado". El caso de Costa Rica debe también mencionarse, donde el amparo colectivo se ha sido admitido por la Sala Constitucional de la Corte Suprema en materia de ambiente, basándose en las disposiciones constitucionales que establecen el derecho de todos "a un ambiente sano y ecológicamente equilibrado" (art. 50), por lo que cualquier persona queda "legitimada para denunciar los actos que infrinjan tal derecho".[112]

Sin embargo, al contrario de la tendencia mencionada, que amplía la acción de amparo para la protección de derechos colectivos, en México el proceso de amparo sigue teniendo carácter esencialmente individual, basado en el interés personal y directo[113] del accionante. El único caso en el que, de cierta manera, el amparo protege intereses colectivos es aquel relacionado con el amparo para la protección de campesinos y de propietarios agrarios colectivos.[114]

También en Colombia, el principio general respecto a la acción de *tutela* es su carácter personal y privado, de modo que sólo puede ser presentada por el sujeto del derecho individual fundamental protegido por la constitución.[115] Esto no significa, sin embargo, que los derechos difusos o colectivos no estén protegidos, pues la Constitución ha regulado además de la acción de *tutela*, la "acción popular" o acción de grupo,[116] es decir, acciones colectivas que han resultado muy efectivas para la protección de los derechos civiles en casos de discriminación.

111 Además, desde 1985 se ha desarrollado en Brasil una "acción civil colectiva", con tendencias similares a las Acciones Colectivas de los Estados Unidos, muy ampliamente utilizadas para la protección de derechos de clases, como los consumidores, aunque limitando la legitimación activa a las entidades públicas (nacionales, estatales y municipales) y a las asociaciones. v. Antonio Gidi, Acciones de grupo y "amparo colectivo" en Brasil. La protección de derechos difusos, colectivos e individuales homogéneos, en Eduardo Ferrer Mac-Gregor (Coordinador), *Derecho Procesal Constitucional*, Colegio de Secretarios de la Suprema Corte de Justicia de la Nación, Editorial Porrúa, Tomo III, México 2003, pp. 2.538 ss.

112 Véase la referencia a la sentencia 1700-03, en Rubén Hernández Valle, *Derecho Procesal Constitucional*, Editorial Juricentro, San José 2001, pp. 239–240.

113 Véase Eduardo Ferrer Mac-Gregor, *Juicio de amparo e interés legítimo: la tutela de los derechos difusos y colectivos*, Editorial Porrúa, México 2003, p. 56.

114 Véase Eduardo Ferrer Mac-Gregor, *La acción constitucional de amparo en México y España*, Editorial Porrúa, México 2002, p. 233 ss.

115 Véase Juan Carlos Esguerra Portocarrero, *La protección constitucional del ciudadano*, Lexis, Bogotá 2005, p. 121. Por eso el artículo 6,3 de la Ley de Tutela expresamente dispone que la acción de tutela es inadmisible cuando los derechos que se busca proteger son "derechos colectivos, tales como la paz y los demás mencionados en el artículo 88 de la Constitución Política", en particular porque para tal propósito se estableció un medio judicial especial llamado "acciones populares". El artículo 6,3 de la Ley de Tutela añadió que lo anterior no impide que el titular de derechos amenazados o violados pueda intentar una acción de tutela en situaciones que comprometan intereses o derechos colectivos y el de sus propios derechos amenazados o violados, amenazados o violados, cuando se trata de prevenir un perjuicio irremediable.

116 Estas acciones populares son aquellas establecidas en la constitución para la protección de derechos e intereses relacionados con la propiedad pública, el espacio público, la seguridad y salud públicas, la moral administrativa, el ambiente, la libre competencia económica, y otros de naturaleza similar. Todos éstos son derechos difusos y para su protección, la Ley 472 de 1998 ha regulado estas acciones populares. Esta ley también regula otros tipos de acciones para la protección de derechos en casos de agravios sufridos por un número plural de personas. Sobre las acciones populares, éstas las puede intentar cualquier persona u Organización No Gubernamental, organizaciones populares o cívicas, entidades públicas con funciones contraloras cuando el agravio o amenaza no se originan debido a sus actividades, el Fiscal General, el Defensor del Pueblo, los fiscales distritales y municipales, y los alcaldes y funcionarios públicos que por sus funciones deben defender y proteger los derechos antes citados (art. 12). Sobre las acciones de grupo establecidas para la protección de una pluralidad de personas en caso de sufrir lesiones en sus derechos de modo colectivo, la Ley 472 de 1998 establece estas acciones con fines básicamente de indemnización y sólo pueden ser interpuestas por veinte individuos, actuando todos en su propio nombre. Por tanto, no son acciones dirigidas a proteger a toda la población o colectividad, sino sólo a una pluralidad de personas que tienen los mismos derechos y buscan su protección.

## VI.- EL TEMA DEL CONTROL DE CONVENCIONALIDAD PARA ASEGURAR EL DERECHO DE AMPARO DE LOS DERECHOS HUMANOS FRENTE A TODO AGRAVIANTE

Un tercer aspecto que genera un reto para el control de convencionalidad en relación con el artículo 25.1 de la Convención Americana es asegurar que el derecho de amparo se pueda ejercer para la protección de los derechos establecidos en la Convención y en las Constituciones frente a cualquier agraviante, cualquiera sea su condición, persona física o natural, privada o pública, materia en la cual la Convención Americana no establece distinción alguna. Es decir, la garantía de los derechos constitucionales implica que el derecho de amparo o de protección de los mismos que tiene toda persona, debe poder ejercerse sea quien fuere la persona que produce la violación o el daño.

Por ello se ha considerado que en el proceso de amparo, más importante que el autor del agravio es la lesión infligida a los derechos constitucionales, razón por la cual la doctrina argentina indica que "la acción de amparo tiende a enfocarse más en el acto lesivo, y sólo accesoriamente en su autor,"[117] en el sentido de que "la acción de amparo tiende más a restablecer el derecho constitucional lesionado que individualizar el autor de la violación."[118] Ello significa, por tanto, que cualquiera que sea el agraviante, la protección constitucional del amparo debe admitirse porque de lo que se trata es de restablecer la situación jurídica infringida. La consecuencia es por tanto, que el amparo tiene que proceder cualquiera que sea el agraviante, si su acción u omisión ha violado o amenazado violar un derecho constitucional, lo que tendría que implicar que no puede haber agraviantes de derechos humanos que no puedan ser sujetos de control por la vía de la protección del amparo.

El panorama en América Latina en este campo, sin embargo no es uniforme. Como es sabido, en general se admite el amparo contra lesiones a los derechos humanos cometidas por funcionarios públicos, y no siempre se admite contra las violaciones cometidas por particulares, lo que sin duda, es contrario a la Convención Americana, cuyo artículo 25.1 no distingue entre agraviantes ni excluye algunos del ámbito de la protección judicial, aún cuando el proceso de amparo haya sido originalmente establecido para proteger a los particulares contra el Estado. Esa tradición histórica, incluso, ha llevado a la misma Corte Interamericana a afirmar que "La salvaguarda de la persona frente al ejercicio arbitrario del poder público es el objetivo primordial de la protección internacional de los derechos humanos."[119] Es cierto, es el objetivo primordial, pero no el único, ni ello significa excluir el amparo contra particulares. Es cierto entonces, que en la tendencia inicial permanecen muchos países, como México; pero ello no ha impedido en otros países la posibilidad de que el proceso de amparo se admita para la protección de los derechos constitucionales contra acciones de otros individuos.

De esa evolución ha resultado que la situación actual sea la inversa de la inicial, de manera que en la mayoría de los países latinoamericanos está aceptada la admisión de la demanda de amparo ejercida contra particulares, como es el caso en Argentina, Bolivia,[120] Chile, la República Dominicana, Paraguay, Perú, Venezuela y Uruguay, así como, aunque de manera más

117 Véase Alí Joaquín Salgado, *Juicio de amparo y acción de inconstitucionalidad*, Astrea, Buenos Aires 1987, p. 92

118 Véase José Luis Lazzarini, *El juicio de amparo*, La Ley, Buenos Aires, 1987, p. 274. Es por esto que, en el caso principal argentino de *Ángel Siri* (en el cual la Corte Suprema en Argentina admitió la acción de amparo sin ninguna normativa legal al respecto), la corte protegió al propietario de un rotativo que fue clausurado por el gobierno, aun cuando en el expediente no había evidencia clara de cuál autoridad lo había clausurado ni los motivos de la decisión. *Ídem*, p. 276

119 Véase sentencias en los casos *Tibi Vs. Ecuador* de 7 de septiembre de 2004, Serie C N° 114 (Párr. 130), en http://www.corteidh.or.cr/docs/casos/articulos/seriec_114_esp.pdf ; *"Cinco Pensionistas" v. Perú*, de 28 de febrero de 2003. Serie C N° 98 (Párr. 126) en http://www.corteidh.or.cr/docs/casos/articulos/Seriec_98_esp.pdf ; *Tribunal Constitucional vs. Perú*, de 31 de enero de 2001 (Párr. 89) en http://www.corteidh.or.cr/docs/casos/articulos/Seriec_71_esp.pdf ; *Yatama Vs. Nicaragua* de 23 de Junio de 2005, (Párr. 167), en http://www.corteidh.or.cr/docs/casos/articulos/seriec_127_esp.pdf

120 Véase las variaciones que en la materia se produjeron en la jurisprudencia del Tribunal Constitucional de Bolivia, en José Antonio Ribera, "Justicia constitucional y derechos fundamentales en Bolivia. Avances y retrocesos," en Víctor Bazán y Claudio Nash (Editores), *Justicia Constitucional y derechos Fundamentales. El Control de Convencionalidad 2011*, Centro de Derechos Humanos Universidad de Chile, Konrad Adenauer Stiftung, 2011, pp. 103-105.

restringida, en Colombia, Costa Rica, Ecuador, Guatemala y Honduras. En cambio, solo en una minoría de países latinoamericanos la demanda de amparo permanece exclusivamente como un medio tutelar contra las autoridades, como ocurre en Brasil, El Salvador, Panamá, México y Nicaragua, lo que sin duda, contraría al artículo 25.1 de la Convención Americana.

Como antes se dijo, en Latinoamérica, solamente en Brasil, El Salvador, Panamá, México y Nicaragua la demanda de amparo permanece como un medio protector para ser intentado sólo contra el Estado, es decir, contra entidades y funcionarios públicos. Como se dijo, en otros países, además de las entidades y funcionarios públicos, la demanda de amparo puede interponerse contra particulares también.

Ahora bien, en cuanto a la acción de amparo contra entidades públicas, esta fue concebida en México para proteger a los particulares contra los agravios de sus garantías constitucionales cometidas por las "autoridades" (art. 103). Es por eso que en la acción de amparo mexicana, debe siempre existir una autoridad responsable;[121] requisito éste que ha sido desarrollado por la jurisprudencia al precisar que no todas las entidades públicas pueden ser consideradas "autoridades", sino solo aquellas que estén facultadas para tomar decisiones e imponerlas y ejecutarlas a los particulares mediante el uso del poder público coactivo.[122] De acuerdo con esta doctrina, los tribunales han rechazado la acción de amparo contra entidades públicas que han sido consideradas carentes de facultades de decisión, como son aquellas de naturaleza consultiva.[123]

De allí que, por ejemplo, muchas entidades descentralizadas como *Petróleos Mexicanos*, la Comisión Nacional de Electricidad, el Defensor de los Derechos Humanos de la UNAM y las universidades autónomas fueron inicialmente excluidas de la categoría de "autoridades".[124] No obstante, la acción de amparo ha sido progresivamente admitida contra algunas de esas entidades, basada en la posible facultad de decisión en algunos casos particulares.[125] Toda esta situación, sin embargo, no se ajusta al marco establecido en la Convención Americana y podría ser objeto de control de convencionalidad, para asegurar que proceda el amparo contra toda lesión al derecho constitucional así sea inflingida por servidores públicos que no se consideren como "autoridad."

En contraste con el tratamiento mexicano, en casi todos los países latinoamericanos, el término "autoridad" ha sido interpretado en sentido más amplio y como referido a cualquier entidad o funcionario público, independientemente de sus poderes o funciones.

En Argentina, por ejemplo, como lo establece la Ley de amparo, la acción puede intentarse contra "todo acto u omisión de autoridad pública" (art. 1), teniendo el término "autoridad pública"[126] un sentido amplio, incluyendo toda suerte de entidades o funcionarios públicos de

121 De acuerdo con ello, el artículo 11 de la ley de amparo señala que "Es autoridad responsable la que dicta, promulga, publica, ordena, ejecuta o trata de ejecutar la ley o el acto reclamado." Este artículo se ha interpretado en el sentido que las autoridades no son solo aquellas superiores que ordenan los actos, sino también aquellas subordinadas que las ejecutan o procuran ejecutarlas; siendo el amparo admitido contra cualquiera de éstas. Véase "Autoridades para efectos del juicio de amparo" (*Apéndice al Semanario Judicial de la Federación*, 1917–1988, Segunda parte, Tesis 300, p. 519). Véase la referencia en Eduardo Ferrer Mac-Gregor, *La acción constitucional de amparo en México y España. Estudio de derecho comparado*, Editorial Porrúa, México 2002, p. 254.

122 Como se definió en el caso Campos Otero Julia (1935), este término se entiende como "un órgano del Estado, investido legalmente de la facultad de decisión y del poder de mando necesario para imponer a los particulares sus propias determinaciones, o las que emanen de algún otro órgano del mismo Estado.". Véase la referencia en Eduardo Ferrer Mac-Gregor, *La acción constitucional de amparo en México y España. Estudio de derecho comparado*, Editorial Porrúa, México 2002, p. 253; y en Suprema Corte, *Jurisprudencia de la Suprema Corte*, Tesis 179, II, 360. Véase la referencia en Richard D. Baker, *Judicial Review in México. A Study of the Amparo Suit*, Texas University Press, Austin 1971, p. 94.

123 *Ídem*, p. 95.

124 Véanse las referencias a las decisiones judiciales en Eduardo Ferrer Mac-Gregor, *La acción constitucional de amparo en México y España. Estudio de derecho comparado,* Editorial Porrúa, México 2002, pp. 255–256.

125 *Ídem*, p. 257.

126 Hay que decir que la expresión "autoridad pública" del artículo 1 de la ley de amparo fue incluida debido a la intención del legislador de 1.964 de no regular el amparo contra particulares; lo que, sin embargo, ya estaba admitido por la Corte Suprema y luego expresamente regulado por el Código de Procedimiento Civil.

todas las ramas de gobierno. Por consiguiente, a pesar de algunas aisladas interpretaciones restrictivas,[127] la tendencia general en Argentina es entender "autoridad" en sentido amplio, incluyendo cualquier agente, empleado, funcionario público, magistrado de gobierno o cualquier funcionario actuando en tal condición, incluyendo individuos particulares cumpliendo funciones públicas, como los concesionarios de servicios públicos.[128]

En un sentido similar, en Bolivia, Colombia, El Salvador, Perú, Nicaragua, Uruguay y Venezuela, por ejemplo, también en sentido amplio, el término "autoridades públicas" se ha concebido con el propósito de conceder la protección del amparo frente a cualquier funcionario o entidad pública,[129] "sea de la categoría que sea y sean cuales sean las funciones que ejerza", como se dispone en la ley brasileña del *mandado de segurança* (art. 1). Por ello, algunas leyes de amparo, para disipar cualquier duda, son enumerativas e incluyen cualquier acto de cualquiera de las ramas del poder público e incluyen entidades desconcentradas, descentralizadas o autónomas, corporaciones municipales o aquellas financiadas con fondos públicos o aquellas operando por delegación del estado por vía de una concesión, contrato o resolución.[130]

Sin embargo, en materia de asegurar la protección constitucional contra las violaciones a los derechos humanos, independientemente de quién sea el agraviante, el aspecto más importante en el proceso de amparo en América Latina que constituye un ámbito propio para el ejercicio del control de convencionalidad, es que conforme al parámetro establecido por la Convención Americana, la demanda de amparo puede interponerse no solo contra las autoridades públicas sino también contra los particulares. En otras palabras, el derecho de las personas a ser amparadas mediante la acción de amparo como medio específico judicial de protección está concebido para la protección de todos los derechos y garantías constitucionales contra los daños y amenazas de violación a los mismos, independientemente de su autor, que puede ser una entidad pública, cualquier autoridades, individuos particulares o compañías o corporaciones privadas.

Es cierto, que la demanda de amparo, como medio judicial específico para la protección de los derechos y garantías constitucionales, como se dijo fue concebida originalmente para la protección de los particulares contra el Estado y sus funcionarios públicos. Sin embargo, progresivamente ha ido progresivamente siendo admitida contra personas, corporaciones e instituciones privadas cuyas actividades pueden también causar daños o amenazas de daños respecto de los derechos constitucionales de los demás.

Esto fue admitido por vez primera en Argentina, mediante la decisión de la Corte Suprema de Justicia de la Nación de 1.958, dictada en el caso *Samuel Kot*, en el cual decidió que "nada hay, ni en la letra ni en el espíritu de la Constitución, que permita afirmar que la protección de los llamados *derechos humanos* [...] esté circunscrita a los ataques que provengan sólo de la autoridad", siendo importante no solo el origen del daño a los derechos constitucionales sino también los derechos mismos, admitiendo por esta vía la demanda de amparo contra los particulares.[131]

127 En algunas ocasiones esta expresión ha sido interpretada también de modo restrictivo como en México, refiriéndose solo a funcionarios públicos con *imperium*, esto es, aquellos con poder para ordenar y declarar actos obligatorios y exigir el uso de la fuerza pública para ejecutarlos. Véase Néstor Pedro Sagüés, *Derecho procesal Constitucional*, Vol. 3, *Acción de amparo*, Editorial Astrea, Buenos Aires 1988, pp. 91–93; Joaquín Brague Camazano, *La Jurisdicción constitucional de la libertad (Teoría general, Argentina, México, Corte Interamericana de Derechos Humanos)*, Editorial Porrúa, México 2005, p. 97. José Luis Lazzarini, *El juicio de amparo*, Editorial La Ley, Buenos Aires 1987, pp. 208–209.

128 En algunos casos se ha considerado incluso que las actuaciones de una Asamblea Constituyente Provincial pueden ser impugnadas por vía de la acción de amparo. Véase Alí Joaquín Salgado, *Juicio de amparo y acción de inconstitucionalidad*, Editorial Astrea, Buenos Aires 1987, pp. 24–25.

129 Bolivia (art. 94), Colombia (art. 1), El Salvador (art. 12), Perú (art. 2), Nicaragua (art. 3), Uruguay (art. 2) and Venezuela (art. 2).

130 Guatemala (art. 9); Honduras (art. 41).

131 Véase José Luis Lazzarini, *El juicio de amparo*, La Ley, Buenos Aires 1987, p. 228; Joaquín Brage Camazano, *La jurisdicción constitucional de la libertad (Teoría general, Argentina, México, Corte Interamericana de derechos humanos)*, Editorial Porrúa, México 2005, p. 99; Néstor Pedro Sagüés, *Derecho procesal Constitucional*, Vol. 3, *Acción de amparo*, Editorial Astrea, Buenos Aires 1988, pp. 13, 512, 527 ss.

Después de esta decisión, el amparo contra personas particulares fue admitido seguidamente en muchos países latinoamericanos como en Bolivia, Chile, República Dominicana, Paraguay, Perú, Uruguay y Venezuela, y también en Colombia, Costa Rica, Ecuador, Guatemala y Honduras, donde la demanda de amparo puede ser incoada contra los actos u omisiones de individuos causantes de daños o riesgos a los derechos constitucionales de las demás personas, aunque no siempre con el mismo sentido.

En algunos países, la posibilidad del amparo contra particulares se mantiene inadmisible, como es el caso en México, donde la tutela constitucional de la demanda de amparo se estipula exclusivamente contra las autoridades.[132] También en Brasil, en relación con el *mandado de segurança,* la Constitución dispone su admisibilidad solo para proteger los derechos y libertades contra el estado y no contra personas individuales, "cuando el responsable de la ilegalidad o abuso de poder fuese la administración pública o el representante de una persona jurídica en el ejercicio de atribuciones del poder público", excluyendo así la demanda de la protección contra las acciones de los individuos particulares.[133] Disposiciones similares están previstas en la leyes de amparo de Panamá (Constitución, art. 50; Código Judicial, art. 2.608), El Salvador (art. 12) y Nicaragua (art. 23). Estas previsiones, sin duda, son contrarias a la Convención Americana y deberían ser objeto de control de convencionalidad.

En contraste y como ya se dijo, la demanda de amparo contra particulares es admisible en Argentina, estando el amparo contra particulares regulado en los artículos 321,2 y 498 del Código de Procedimiento Civil y Comercial.

En Venezuela, la demanda de amparo también es admisible contra actos de los particulares. La Ley Orgánica de Amparo de 1.988[134] dispone que la demanda de amparo "también procede contra el hecho, acto u omisión originados por ciudadanos, personas jurídicas, grupos u organizaciones privadas que hayan violado, violen o amenacen violar cualquiera de las garantías o derechos amparados por esta Ley." (art. 2).

De manera similar, la Ley 16.011 de amparo de Uruguay de 1.988 admite, en términos generales, la demanda de amparo "contra todo acto, omisión o hecho de las autoridades estatales o paraestatales, así como de particulares que en forma actual o inminente, a su juicio, lesione, restrinja, altere o amenace, con ilegitimidad manifiesta, cualquiera de sus derechos y libertades reconocidos expresa o implícitamente por la Constitución" (art. 1).[135] Una disposición similar está contenida en el Código Procesal Constitucional peruano (art. 2)[136] y en la constitución boliviana (art. 19).

También en Chile, aun sin una ley que estipule la acción para una tutela, se ha interpretado que la acción está establecida en la constitución a fin de proteger derechos y libertades constitucionales contra actos u omisiones arbitrarias o ilegítimas que perturben o amenacen dichos derechos y libertades (art. 20), sin distinción en cuanto al origen de la acción, siendo la misma admitida contra actos u omisiones de particulares.[137] Una interpretación similar también fue tomada por la Corte Suprema de la República Dominicana respecto de la admisibilidad del amparo contra particulares.[138]

---

132 Véase Eduardo Ferrer Mac-Gregor, *La acción constitucional de amparo en México y España. Estudio de derecho comparado*, Editorial Porrúa, México 2002, p, 251; Joaquín Brage Camazo, *La jurisdicción constitucional de la libertad (Teoría general, Argentina, México, Corte Interamericana de derechos humanos)*, Editorial Porrúa, México 2005, 184.

133 Véase Celso Agrícola Barbi, *Do mandado de segurança*, Editora Forense, Río de Janeiro 1993, p. 92.

134 Véase Allan R. Brewer-Carías, *Instituciones Políticas y Constitucionales*, Vol. V, *Derecho y Acción de Amparo,* Editorial Jurídica Venezolana, Caracas, 1998, pp. 96, 128; Rafael Chavero, *El nuevo régimen del amparo constitucional en Venezuela*, Editorial Sherwood, Caracas 2001.

135 Véase Luis Alberto Viera, *Ley de Amparo*, Ediciones Idea, Montevideo 1993, pp. 63, 157.

136 Véase Samuel B. Abad Yupanqui, *El proceso constitucional de amparo*, Gaceta Jurídica, Lima 2004, pp. 389 ss.

137 Véase Humberto Nogueira Alcalá, "El derecho de amparo o protección de los derechos humanos, fundamentales o esenciales en Chile: evolución y perspectivas," en Humberto Nogueira Alcalá (Editor), *Acciones constitucionales de amparo y protección: realidad y perspectivas en Chile y América Latina*, Editorial Universidad de Talca, Talca 2000, p. 41.

138 Véase Eduardo Jorge Prats, *Derecho Constitucional*, Vol. II, Gaceta Judicial, Santo Domingo 2005, p.390.

Otros países latinoamericanos, como Guatemala (art. 9), Colombia,[139] Costa Rica,[140] Ecuador[141] y Honduras solo admiten la acción de amparo contra particulares pero en forma restringida, en el sentido que solo puede ser interpuesta contra individuos o corporaciones que están en una posición de ascendencia con respecto a los ciudadanos o que de alguna manera ejercen funciones o actividades públicas o están prestando servicios públicos o de utilidad social.[142] Nada autoriza en la Convención Americana a dejar fuera de control en la protección judicial de los derechos humanos los agravios a los mismos cometidos por otros particulares no dotados de posición de poder o que por delegación realizan funciones públicas o presten servicios públicos. Por ello, esta restricción también puede considerarse un campo propicio para el control de convencionalidad.

## VII.-EL TEMA DEL CONTROL DE CONVENCIONALIDAD PARA ASEGURAR EL DERECHO DE AMPARO FRENTE A TODOS LOS ACTOS ESTATALES

Ahora bien, limitándonos a la protección judicial vía amparo contra los actos u omisiones de las autoridades públicas, otro aspecto que genera un gran reto para el control de convencionalidad en relación con el artículo 25.1 de la Convención Americana es asegurar que el derecho de amparo se pueda ejercer para la protección de los derechos establecidos en la Convención y en las Constituciones, contra todo acto u omisión lesivo de los mismos, cualquiera sea su naturaleza, materia en la cual la Convención no establece distinción alguna.

En efecto, en virtud de que originalmente la acción de amparo se estableció y desarrolló para la defensa de los derechos constitucionales frente a violaciones infringidas por el Estado y las autoridades, la parte agraviante más comúnmente regulada en las leyes relativas a amparo en Latinoamérica han sido, desde luego, las autoridades públicas o los funcionarios públicos cuando sus actos u omisiones (sean legislativos, ejecutivos o judiciales) violen a amenacen violar los derechos. Por ello, la Convención Americana, de Derechos Humanos por ejemplo, al regular el amparo, como protección judicial, le da una configuración universal de manera que no indica acto alguno del Estado que escape del ámbito del amparo. Si el amparo es un medio judicial de protección de los derechos fundamentales constitucionales, ello es y tiene que serlo frente a cualquier acción de cualquier ente público o funcionario público; por lo que no se concibe que frente a esta característica universal del amparo, pueda haber determinadas actividades del Estado que puedan quedar excluidas del ámbito de la protección constitucional. Es decir, conforme a la Convención Americana, todos los actos, vías de hecho y omisiones de las autoridades públicas pueden ser objeto de la acción de amparo, cuando mediante ellos se violen o amenacen derechos constitucionales, sea que emanen de autoridades legislativas, ejecutivas o judiciales.

Es en este sentido que, por ejemplo, la Ley de Amparo de Guatemala dispone el principio general de universalidad indicando que "no hay ámbito que no sea susceptible de amparo"

139 En Colombia donde la constitución expresamente remite a la ley para establecer "los casos en los que la acción de tutela procede contra particulares encargados de la prestación de un servicio público o cuya conducta afecte grave y directamente el interés colectivo, o respecto de quienes el solicitante se halle en estado de subordinación o indefensión." (art. 86).

140 Al respecto, la ley de la jurisdicción constitucional costarricense restringe el amparo contra particulares. Véase Rubén Hernández Valle, *Derecho Procesal Constitucional*, Editorial Juricentro, San José 2001, pp. 275, 281 ss. El artículo 57 establece: "El recurso de amparo también se concederá contra las acciones u omisiones de sujetos de Derecho Privado, cuando éstos actúen o deban actuar en ejercicio de funciones o potestades públicas, o se encuentren, de derecho o de hecho, en una posición de poder frente a la cual los remedios jurisdiccionales comunes resulten claramente insuficientes o tardíos para garantizar los derechos o libertades fundamentales a que se refiere el artículo 2, inciso a), de esta Ley."

141 En Ecuador, la acción de amparo está admitida contra entidades que, aun no siendo autoridades públicas, prestan servicios públicos por delegación o concesión y, en términos generales, contra particulares pero solo cuando sus actos u omisiones causen daños o riesgos a los derechos constitucionales y afecten de un modo grave y directo intereses comunes, colectivos o difusos (art. 95,3).

142 De manera similar a las enjunciones admitidas en los Estados Unidos contra corporaciones de servicios públicos. Véase por ejemplo, caso *Wiemer v. Louisville Water Co.*, 130 F. 251 (C.C.W.D. Ky. 1903), en John Bourdeau *et al*, "Injunctions," en Kevin Schroder, John Glenn and Maureen Placilla, *Corpus Juris Secundum*, Volume 43A, Thompson West, 2004, p. 182 ss.

siendo admisible contra cualesquiera "actos, resoluciones, disposiciones o leyes de autoridad [que] lleven implícitos una amenaza, restricción o violación a los derechos que la Constitución y las leyes garantizan." (art. 8).

Estos son en general los mismos términos utilizados en la Ley Orgánica de Amparo de Venezuela la cual establece que el recurso de amparo puede ser intentado "contra cualquier hecho, acto u omisión provenientes de los órganos del Poder Público Nacional, Estadal o Municipal" (poderes públicos) (art. 2); lo que significa que la tutela constitucional puede ser incoada contra cualquier acción pública, es decir, cualquier acto formal del Estado o cualquier acto sustantivo de hecho (vías de hecho) (art. 5); así como contra cualquier omisión de las entidades públicas. Es por esto también que los tribunales en Venezuela han decidido que "no puede existir ningún acto estatal que no sea susceptible de ser revisado por vía de amparo, entendiendo ésta, no como una forma de control jurisdiccional de la inconstitucionalidad de los actos estatales capaz de declarar su nulidad, sino –como se ha dicho– un remedio de protección de las libertades públicas cuyo objeto es restablecer su goce y disfrute, cuando alguna persona natural o jurídica, o grupo u organizaciones privadas, amenace vulnerarlas o las vulneren efectivamente" admitiendo, por lo tanto, que el recurso constitucional de amparo puede ser intentado aun contra actos excluidos del control constitucional cuando un daño o violación de derechos o garantías constitucionales haya sido alegado.[143]

No obstante este principio general de universalidad del amparo, pueden encontrarse una serie de excepciones en muchas leyes de amparo latinoamericanas en relación con algunos actos particulares y específicos del Estado o actividades que están expresamente excluidas de los procedimientos de amparo, sean de naturaleza legislativa, ejecutiva, administrativa o judicial, lo cual al ser contrario a la Convención Americana, constituyen un campo propicio para el control de convencionalidad.

### 1.- *Amparo contra actos legislativos*

En efecto, la primera cuestión en esta materia se refiere a la posibilidad de intentar acciones de amparo contra actos u omisiones legislativas cuando causan daños a los derechos constitucionales de las personas. Las violaciones en estos casos pueden ser causadas por leyes o por otras decisiones tomadas, por ejemplo, por comisiones parlamentarias.

#### A) El amparo contra decisiones de cuerpos parlamentarios y sus comisiones

En relación con actos de los Congresos o Asambleas y de las comisiones parlamentarias (incluyendo los consejos legislativos regionales o municipales) cuando lesionan derechos y garantías constitucionales, en principio, es posible impugnarlos mediante la acción de amparo

143 Véase sentencia de la antigua Corte Suprema de Justicia del 31 de enero de 1.991, caso *Anselmo Natale*, en *Revista de Derecho Público*, n ° 45, Editorial Jurídica Venezolana, Caracas 1991, p. 118; sentencia de la Corte Primera de lo Contencioso Administrativo de 18 de junio de 1992, en *Revista de Derecho Público*, n °46, Editorial Jurídica Venezolana, Caracas 1991, p. 125. De acuerdo con las cortes venezolanas, este carácter universal del amparo respecto de los actos u omisiones de las autoridades públicas implica que La lectura del artículo 2 de la Ley Orgánica de Amparo evidencia que no hay prácticamente ningún tipo de conducta, independientemente de su naturaleza o carácter, así como de los sujetos de los cuales provenga, del cual pueda predicarse que está excluido *per se* de su revisión por los jueces de amparo, a los efectos de determinar si vulnera o no algún derecho o garantía constitucional"; Decisión de la Corte Primera de lo Contencioso-Administrativo del 11 de noviembre de 1.993 en *Revista de Derecho Público*, nº 55–56, Editorial Jurídica Venezolana, Caracas, 1993, p. 284.. En otra sentencia del 13 de febrero de 1.992, la Corte Primera decidió: "Observa esta Corte que la característica esencial del régimen de amparo, tanto en la concepción constitucional como en su desarrollo legislativo, es su universalidad... por lo cual hace extensiva la protección que por tal medio otorga, a todos los sujetos (personas físicas o morales que se encuentran en el territorio de la nación) así como a todos los derechos constitucionalmente garantizados, e incluso aquéllos que sin estar expresamente previstos en el texto fundamental, son inherentes a la persona humana. Este es el punto de partida para entender el ámbito del amparo constitucional. Los únicos supuestos excluidos de su esfera son aquéllos que expresamente señala el artículo 6 de la Ley Orgánica de Amparo sobre Derechos y Garantías Constitucionales y, desde el punto de vista sustantivo, no hay limitaciones respecto a derechos o garantías específicas." Véase *Revista de Derecho Público*, nº 49, Editorial Jurídica Venezolana, Caracas 1992, pp. 120–121.

ante los tribunales competentes.[144] Esto ha sido expresamente admitido, por ejemplo, en Argentina[145], Costa Rica[146] y Venezuela.[147]

En contraste, en México, el artículo 73, VIII de la Ley de amparo expresamente excluye del recurso de amparo, las resoluciones y declaraciones del Congreso federal y sus Cámaras, así como las de los cuerpos legislativos estadales y sus comisiones respecto de la elección, suspensión o remoción de funcionarios públicos en casos donde las constituciones correspondientes les confieran el poder para resolver el asunto de una manera soberana o discrecional.[148] Las decisiones tomadas por la Cámara de Diputados o del Senado, en juicios políticos, que sean declaradas inatacables[149] (Constitución, art. 110) también están excluidas del recurso de amparo. Ello, sin duda, contraría la Convención Americana la cual no excluye acto lesivo alguno para asegurar la protección o amparo de los derechos humanos. Estas exclusiones por tanto, son campo propicio para el ejercicio de convencionalidad tanto por la Corte Interamericana como por los jueces y tribunales nacionales.

**B) El amparo contra las leyes**

Ahora bien, aparte de los actos de las comisiones o cuerpos legislativos, uno de los aspectos más importantes del procedimiento de amparo latinoamericano se refiere a la posibilidad de intentar la acción de amparo contra las leyes. Si bien es cierto que en algunos países está expresamente admitido como es el caso de Guatemala, Honduras, México y Venezuela; en la mayoría de los países latinoamericanos aún está expresamente excluido como es el caso en Argentina, Bolivia, Brasil, Colombia, Chile,[150] Costa Rica, República Dominicana, Ecuador, El Salvador,[151] Panamá, Perú, Paraguay, Nicaragua y Uruguay.

Con respecto a los países donde la acción de amparo es admitido contra las leyes, la interposición de la acción, por ejemplo en México y en Venezuela, está limitada a solo las leyes de aplicación directa (las que pueden lesionar los derechos constitucionales sin necesidad de ningún otro acto del Estado que la ejecute o aplique), o a los solos actos que aplican la ley en particular. Solamente en Guatemala y Honduras, es que el recurso de amparo es admitido directamente contra las leyes.

144 En los Estados Unidos, los actos del Concejo Municipal pueden ser impugnados mediante injunctions. Véase *Stuab v. City of Baxley*, 355 U.S. 313 (1958), en M. Glenn Abernathy and Barbara A. Perry, *Civil Liberties under the Constitution*, University of South Carolina Press, 1993, pp. 12–13.

145 En Argentina fue el caso de las interpelaciones parlamentarias desarrolladas en 1.984 en relación con los hechos ocurridos durante el gobierno de facto anterior, en el cual una comisión parlamentaria ordenó allanar la oficina de una firma de abogados y confiscar documentos. En las decisiones de la Corte Suprema de Justicia en el caso Klein en 1.984, sin cuestionar las facultades de las comisiones parlamentarias para hacer pesquisas, se sentenció que ellas no pueden, sin disposiciones legales formales, válidamente restringir los derechos individuales, en particular, allanar el domicilio personal de las personas y decomisar sus documentos personales. En el caso, por tanto, fue decidido que la orden solo podía tomarse basándose en disposiciones legales y no en la sola decisión de las comisiones y, eventualmente, fundados en una orden judicial. Véase los comentarios en la sentencia de Primera Instancia de 1.984 (1ª. InstCrimCorrFed, Juzg N° 3, 10-9-84, ED 110-653), en Néstor Pedro Sagüés, *Derecho procesal Constitucional*, Vol. 3, *Acción de amparo*, Editorial Astrea Buenos Aires 1988, pp. 95–97; Joaquín Brague Camazano, *La Jurisdicción constitucional de la libertad (Teoría general, Argentina, México, Corte Interamericana de Derechos Humanos)*, Editorial Porrúa, México 2005, p. 98; José Luis Lazzarini, *El juicio de amparo*, Editorial La Ley, Buenos Aires 1987, pp. 216–216.

146 Véase Rubén Hernández Valle, *Derecho Procesal Constitucional*, Editorial Juricentro, San José 2001, pp. 211–214.

147 En Venezuela, similarmente, la Corte Suprema, aun reconociendo la existencia de atribuciones exclusivas de los cuerpos legislativos, los cuales de acuerdo con la constitución de 1.961 (art. 159) no estaban sujetos al control jurisdiccional, admitió la protección del amparo contra ellas para la inmediata restauración de los derechos constitucionales lesionados del accionante; y admitió la acción de amparo contra actos legislativos. Sentencia de 31 de enero de 1.991 (caso *Anselmo Natale*). Véase en *Revista de Derecho Público*, n° 45, Editorial Jurídica Venezolana, Caracas 1991, p. 118.

148 Véase Richard D. Baker, *Judicial Review in México. A Study of the Amparo Suit*, Texas University Press, Austin 1971, p. 98.

149 Véase Eduardo Ferrer Mac-Gregor, *La acción constitucional de amparo en México y España. Estudio de derecho comparado*, Editorial Porrúa, México 2002, p. 378.

150 Véase Humberto Nogueira Alcalá, "El derecho de amparo o protección de los derechos humanos, fundamentales o esenciales en Chile: evolución y perspectivas," in Humberto Nogueira Alcalá (Editor), *Acciones constitucionales de amparo y protección: realidad y perspectivas en Chile y América Latina*, Editorial Universidad de Talca, Talca 2000, p. 45.

151 Véase Edmundo Orellana, *La Justicia Constitucional en Honduras*, Universidad Nacional Autónoma de Honduras, Editorial Universitaria, Tegucigalpa 1993, p. 102, nota 26.

En efecto, en México, el artículo 1,I de la Ley de amparo establece que el amparo puede intentarse contra leyes de aplicación directa o leyes auto-aplicables cuando causen un daño directo a las garantías constitucionales del accionante sin requerirse un acto judicial o administrativo adicional para su aplicación.[152] En tales casos, la acción se intenta directamente contra la ley dando lugar al control de constitucionalidad de la misma. Por ello el amparo contra las leyes en México está considerado como un medio judicial para el control constitucional directo de las mismas (aun cuando la acción no se intente en forma abstracta debido a que el accionante debe haber sido lesionado directamente y sin necesidad de otro acto adicional del Estado para la aplicación de la ley). Por el contrario, cuando la ley, por sí misma, no causa un daño directo y personal al accionante (porque no es de aplicación directa), la acción de amparo es inadmisible al menos que sea intentada contra los actos del Estado que aplican dicha ley a una persona especifica.[153]

En Venezuela, dado el carácter universal del sistema de control de constitucionalidad, consolidado en la Constitución de 1.999, puede decirse que una de las más destacadas innovaciones de la Ley de amparo de 1.988 fue la de establecer la acción directa de amparo contra las leyes y otros actos normativos, complementando el sistema general mixto de control constitucional.[154] Considerábamos que cuando se intentaba directamente la acción contra leyes, el propósito de la disposición legal era asegurar la inaplicabilidad de la ley al caso particular con efectos *inter partes*.[155]

Sin embargo, a pesar de las disposiciones de la ley de amparo, lo cierto es que la jurisprudencia del Tribunal Supremo rechazó tales acciones imponiendo la necesidad de intentarlas solo contra los actos del Estado dictados para aplicar las leyes y no directamente en contra de las mismas.[156] Sin embargo, la antigua Corte Suprema, en sus decisiones a partir de 1993, aún admitiendo la diferencia que existe entre las leyes de aplicación directa de aquellas que no lo son,[157] concluyó declarando la imposibilidad de que un acto normativo pueda lesionar directa

152 Véase *Garza Flores Hnos., Sucs.* case, 28 S.J. 1208 (1930). Véase la referencia en Richard D. Baker, *Judicial Review in México. A Study of the Amparo Suit*, Texas University Press, Austin 1971, p. 167. En estos casos la acción debe ser intentada dentro de los treinta días siguientes a su ejecución. En dichos casos, los demandados son las instituciones supremas del estado que intervinieron en la redacción de la ley, es decir, el Congreso de la Unión o las legislaturas de los estados que sancionaron la ley, el presidente de la república o estado, gobernadores que ordenaron su ejecución y las secretarías ejecutivas que la sancionaron y ordenaron su promulgación.

153 Como se dispone expresamente en el artículo 73,VI, el juicio de amparo es inadmisible "contra leyes, tratados y reglamentos que, por su sola vigencia, no causen perjuicio al quejoso, sino que se necesite un acto posterior de aplicación para que se origine tal perjuicio." En estos casos de leyes que no son de aplicación directa, la acción de amparo debe ser interpuesta dentro de los quince días siguientes a la producción del primer acto que las ejecute o aplique. Véase Eduardo Ferrer Mac-Gregor, *La acción constitucional de amparo en México y España. Estudio de derecho comparado*, Editorial Porrúa, México, 2002, p, 387. El principal aspecto a resaltar, desde luego, es la distinción entre leyes que son de aplicación directa de las leyes que no lo son. Siguiendo la doctrina asentada en el caso de Villera de Orellana, María de los Ángeles et al., aquellas son las que obligan inmediatamente y en cuyas disposiciones las personas a quienes aplica son clara e inequívocamente identificadas, siendo *ipso facto* sujetas a una obligación que implica el cumplimiento de actos no requeridos previamente, resultando en una modificación perjudicial de los derechos de la persona. Suprema Corte de Justicia, 123 S.J. 783 (1955). Véase comentarios en Richard D. Baker, *Judicial Review in México. A Study of the Amparo Suit*, Texas University Press, Austin 1971, p. 168–173.

154 De acuerdo con el artículo 3 de la ley de amparo, son dos las formas establecidas mediante las cuales puede conducirse una pretensión de amparo ante la corte competente: de una manera autónoma o ejercida en conjunto con la acción popular de inconstitucionalidad de las leyes. En el último caso, la pretensión de amparo está subordinada a la acción principal de control jurisdiccional, permitiendo a la corte solamente la posibilidad de suspender la aplicación de la ley mientras se resuelve la acción por inconstitucionalidad. Véase Allan R. Brewer-Carías, *Instituciones Políticas y Constitucionales*, Vol. V, *Derecho y Acción de Amparo*, Editorial Jurídica Venezolana, Caracas, 1998, pp. 227 ss.

155 Véase Allan R. Brewer-Carías, *Instituciones Políticas y Constitucionales*, Vol. V, *Derecho y Acción de Amparo*, Editorial Jurídica Venezolana, Caracas, 1998, pp. 224 ss.; Rafael Chavero, *El nuevo régimen del amparo constitucional en Venezuela*, Editorial Sherwood, Caracas 2001, pp. 553 ss.

156 Véase decisión del 24 de mayo de 1.993, la Sala Político-Administrativa de la Corte Suprema de Justicia, en *Revista de Derecho Público*, N° 55-56, Editorial Jurídica Venezolana, Caracas 1993, pp. 287–288.

157 Sentenciando que las leyes de aplicación directa imponen, con su promulgación, una inmediata obligación a las personas para quienes se dicta; y, por el contrario, aquellas leyes que no son de aplicación directa requieren de un acto para su aplicación, en cuyos casos su sola promulgación no puede producir una violación constitucional. Véase en Revista de Derecho. Público, N° 55-56, Editorial Jurídica Venezolana, Caracas 1993, p. 285

y efectivamente, por sí mismo, los derechos constitucionales de una persona. El tribunal también consideró que una ley, a los efectos de la acción de amparo no podría ser una amenaza a derechos constitucionales, en razón de que para intentar una acción de amparo, esta tiene que ser "inminente, posible y realizable", condiciones que se considera no se dan respecto de las leyes.

Ahora bien, en contraste con las normas mexicanas y venezolanas, respecto de las cuales, por contrariar la Convención Americana la cual no excluye acto alguno de la protección o amparo, podría ejercerse el control de convencionalidad; el amparo contra las leyes en Guatemala está previsto bajo la modalidad directa, estando la Corte de Constitucionalidad facultada "para que se declare en casos concretos que una ley, un reglamento, una resolución o acto de autoridad, no obligan al recurrente por contravenir o restringir cualesquiera de los derechos garantizados por la Constitución o reconocidos por cualquiera otra ley" (Ley de Amparo de Guatemala, art. 10,b). Esta misma facultad judicial, pero solo relativa a los reglamentos del poder ejecutivo, está establecida en Honduras (Ley sobre Justicia Constitucional, art. 41,b). En ambos casos, las sentencias en los procedimientos de amparo tienen el efecto de suspender la aplicación de la ley o reglamento del ejecutivo respecto del recurrente y, si fuese pertinente, el restablecimiento de la situación jurídica lesionada o la cesación de la medida (Ley de amparo, art. 49,a).[158]

Aparte de estos cuatro casos de México, Venezuela, Guatemala y Honduras, como se ha dicho, en los otros países latinoamericanos el amparo contra las leyes está expresamente excluido, siendo este, sin duda, como se dijo, un campo propicio para el control de convencionalidad.

En efecto, en Argentina, aun contando con la larga tradición del control de constitucionalidad de las leyes mediante la aplicación del método difuso de control, el amparo contra las leyes no se admite.[159] Sin embargo, si en el ejercicio de una acción de amparo contra actos del estado, se considera inconstitucional la ley en la cual el acto impugnado esté basado, el juez de amparo, mediante el método difuso de control de constitucionalidad, podría decidir acerca de la inaplicabilidad de la ley en ese caso.[160]

En Brasil, el *mandado de segurança* también está excluido contra las leyes o disposiciones legales cuando éstas no han sido aplicadas a través de actos administrativos.[161]

En Uruguay, en sentido similar, aun siendo un país con un sistema concentrado de control constitucional, el amparo contra las leyes está excluido en relación con las leyes y actos del Estado de similar rango (Ley N° 16.011, art. 1,c). En Uruguay, en efecto, el único medio para lograr la declaratoria de la inconstitucionalidad de una ley, es mediante el ejercicio de un recurso ante la Corte Suprema, la cual sólo puede decidir sobre la inconstitucionalidad con efectos limitados al caso concreto. En el caso de una acción de amparo donde se plantee la cuestión de inconstitucionalidad de una ley, la decisión del juez competente sólo tendría efectos suspensivos respecto de la aplicación de la ley en relación con el recurrente, quedando sujeta a la decisión de la Corte Suprema en cuanto a la inconstitucionalidad de la ley.[162] Por su parte, la ley reguladora del amparo en el Paraguay también dispone que cuando para una decisión en un procedimiento de amparo sea necesario determinar la constitucionalidad o inconstitucionalidad de una ley,

158 Véase Edmundo Orellana, *La justicia constitucional en Honduras*, Universidad Nacional Autónoma de Honduras, Tegucigalpa 1993, p. 102, nota 26.

159 Véase José Luis Lazzarini, *El juicio de amparo*, Editorial La Ley, Buenos Aires 1987, p. 214; Néstor Pedro Sagüés, *Derecho procesal Constitucional*, Vol. 3, "Acción de amparo," Editorial Astrea, Buenos Aires, 1988, p. 97.

160 En este respecto, el artículo 2,d de la Ley de amparo dispuso que la acción de amparo no es admisible "cuando la determinación de la eventual invalidez del acto requiriese [ ] la declaración de inconstitucionalidad de leyes [ ]". Esto se ha tomado como no vigente porque contradice el artículo 31 de la constitución (ley suprema de la nación). Véase Néstor Pedro Sagüés, *Derecho procesal Constitucional*, Vol. 3, *Acción de amparo*, Editorial Astrea Buenos Aires, 1988, p. 243–258. Adicionalmente, el artículo 43 de la Constitución de 1.994, que ahora rige la acción de amparo, ha expresamente resuelto la situación disponiendo que "En el caso, el juez podrá declarar la inconstitucionalidad de la norma en que se funde el acto u omisión lesiva."

161 Véase José Luis Lazzarini, *El juicio de amparo*, La Ley, Buenos Aires 1987, pp. 213–214.

162 Véase Luis Alberto Viera, *Ley de Amparo*, Ediciones Idea, Montevideo 1993, pp. 23.

el tribunal debe enviar los expedientes a la Sala Constitucional de la Corte Suprema a fin de decidir sobre su inconstitucionalidad. Esta incidencia no suspendería el procedimiento en el tribunal inferior, el cual debe continuarlo hasta antes de su decisión (art. 582).

En Costa Rica, la Ley de la Jurisdicción Constitucional también dispone la inadmisibilidad de la acción de amparo contra las leyes o contra otras disposiciones reglamentarias, con la excepción de cuando son impugnadas junto con los actos que las aplican individualmente, o cuando se relacionan con normas de aplicación directa o automática, sin necesidad de otras normas o actuaciones que las desarrollen o hagan aplicables al recurrente (Ley de la Jurisdicción Constitucional, art. 30,a). Sin embargo, en estos casos, el amparo contra la ley de aplicación directa no es directamente resuelto por la Sala Constitucional, sino que debe ser convertido en una acción de inconstitucionalidad de la ley impugnada.[163] En dichos casos, el presidente de la Sala Constitucional debe suspender el procedimiento de amparo y dar al recurrente, quince días para formalizar una acción directa de inconstitucionalidad contra la ley (Ley de la Jurisdicción Constitucional de Costa Rica, art. 48). Así que solo después que la ley es anulada por la Sala Constitucional, la acción de amparo será decidida.

En el Perú, de manera similar a la solución argentina y después de discusiones que surgieron conforme a la legislación anterior,[164] el Código Procesal Constitucional dispone que cuando se invoque la amenaza o violación de actos que tienen como sustento la aplicación de una norma incompatible con la Constitución, la sentencia que declare fundada la demanda dispondrá, además, la inaplicabilidad de la citada norma (art. 3). En este caso también, para decidir, el tribunal debe utilizar sus facultades de control jurisdiccional a través del método difuso.

También en Colombia, la acción de tutela está excluida respecto de todos los "actos de carácter general, impersonal y abstracto" (art. 6,5); y en Nicaragua, la acción de amparo no es admisible "en contra del proceso de formación de la ley desde la introducción de la correspondiente iniciativa hasta la publicación del texto definitivo (Ley de Amparo, art. 7)

### 2.- *El amparo contra las actuaciones ejecutivas y actos administrativos*

#### A) El amparo contra actos del Poder Ejecutivo

Con respecto a las autoridades del Poder Ejecutivo, el principio general es que la acción de aparo es admisible respecto de los actos administrativos, hechos u omisiones de los órganos e entidades públicas que integran la Administración Pública, en todos sus niveles (nacional, estadal y municipal), incluyendo las entidades descentralizadas, autónomas, independientes y desconcentradas. La acción de amparo, por supuesto, también procede contra los actos dictados por la cabeza del poder ejecutivo, es decir, por el Presidente de la República.

No obstante, en relación con actos administrativos y en general del Poder Ejecutivo, algunas restricciones específicas se han establecido en América latina, por ejemplo, en México, donde el acto presidencial específico de expulsión de un extranjero del territorio (art. 33)[165] no puede ser impugnado por medio de la acción de amparo y, en Uruguay, contra los reglamentos del ejecutivo.[166]

Con relación a los actos administrativos, como se dijo antes, todos los países latinoamericanos admiten la posibilidad de la interposición de acciones de amparo contra dichos actos; y, aun en algunos países, como en Venezuela, la Ley de amparo (art. 5) dispone la posibilidad de ejercer la acción de dos maneras: en forma autónoma o en conjunción con un recurso contencioso-administrativo de nulidad del acto en cuestión.[167] La diferencia principal entre las

163 Véase Rubén Hernández, *Derecho Procesal Constitucional*, Editorial Juricentro, San José 2001, pp. 45, 208–209, 245, 223.

164 Particularmente y respecto de las acciones de amparo contra leyes de aplicación directa, Véase Samuel B. Abad Yupanqui, *El proceso constitucional de amparo*, Gaceta Jurídica, Lima 2004, pp. 352-374.

165 Véase Eduardo Ferrer Mac-Gregor, *La acción constitucional de amparo en México y España. Estudio de derecho comparado*, Editorial Porrúa, México 2002, p. 377.

166 Véase Luis Alberto Viera, *Ley de Amparo*, Ediciones Idea, Montevideo, 1993, p. 99.

167 Respecto de la última, la antigua Corte Suprema de Justicia en sentencia de 10 de julio de 1.991 (caso *Tarjetas Banvenez*), aclaró que en dicho caso, la acción no es una acción principal sino subordinada a la acción principal al que se le ha

dos vías[168] está, primero, en la naturaleza del alegato: en el sentido de que en el primer caso, la violación alegada respecto del derecho constitucional debe ser una violación directa, inmediata y flagrante; en el segundo caso, lo que tiene que ser probado es la existencia de una grave presunción de la violación del derecho constitucional.

Y, segundo, hay también una diferencia en cuanto al objetivo general del procedimiento: en el primer caso, la sentencia pronunciada es una sentencia definitiva de tutela constitucional, de carácter restauradora; en el segundo caso, la sentencia sólo tiene carácter cautelar de suspensión de los efectos del acto impugnado, que queda sujeta a la decisión de la causa principal de nulidad.[169]

De manera similar a la solución venezolana, el artículo 8 de la Ley de tutela colombiana establece la posibilidad de interponer "la tutela como mecanismo transitorio" contra actos administrativos en conjunción con el recurso contencioso-administrativo de nulidad.

**B) La acción de amparo y las cuestiones políticas**

Un tema importante en relación al amparo contra actos del Poder Ejecutivo, es el relacionado con los llamados actos políticos o las llamadas cuestiones políticas, lo cual, sin embargo, en materia de control judicial, en América Latina solo es relevante en Argentina y Perú.

En efecto, de acuerdo con la doctrina que se originó en los Estados Unidos con relación al control jurisdiccional de constitucionalidad, siempre se ha considerado como exentos de control judicial a los actos de naturaleza política, todo ello, en el marco de la "separación de los poderes" y de las relaciones que deben existir "entre la rama judicial y las agencias coordinadas del gobierno federal".[170] En estos casos se considera que la Corte Suprema ha considerado que la solución de las controversias constitucionales corresponde a las ramas políticas del gobierno, quedando excluidos de control judicial. Esas cuestiones políticas, en general, son las relativas a las relaciones exteriores que impliquen definición de "política general, consideraciones de extrema magnitud y, ciertamente, por entero fuera de la competencia de una corte de justicia."[171]

adjuntado y está sujeta a la decisión final anulatoria de la decisión que tiene que ser dictada en la acción principal. Véase texto en la *Revista de Derecho Público*, N° 47, Editorial Jurídica Venezolana, Caracas, 1991, pp. 169–174 y comentarios en *Revista de Derecho Público*, N° 50, Editorial Jurídica Venezolana, Caracas 1992, pp. 183–184. Es por esto que en estos casos la pretensión del amparo (que debe estar fundamentada en una presunción grave de la violación del derecho constitucional) tiene un carácter preventivo y temporal que consiste en la suspensión de los efectos del acto administrativo impugnado mientras se produce la decisión final en el recurso de nulidad. Este carácter cautelar de la protección del amparo mientras se resuelve la acción está, por tanto, sujeto a la decisión final a ser dictada en el proceso contencioso-administrativo de nulidad contra el acto impugnado. Véase en *Revista de Derecho Público*, N° 47, Editorial Jurídica Venezolana, Caracas 1991, pp. 170–171.

168 La principal diferencia entre ambos procedimientos según la Corte Suprema de Justicia es que, en el primer caso del recurso autónomo de amparo contra actos administrativos, el recurrente debe alegar una violación directa, inmediata y flagrante del derecho constitucional, el cual por sí mismo evidencia la necesidad de la orden de amparo como medio definitivo para restaurar la situación jurídica lesionada. En el segundo caso y dada la naturaleza suspensiva de la orden de amparo, la cual solo tiende a detener temporalmente los efectos del acto lesivo hasta que el recurso contencioso-administrativo que confirme o anule dicho acto sea decidido, las violaciones inconstitucionales alegadas de disposiciones constitucionales pueden ser formuladas junto con las violaciones de disposiciones legales, o correspondientes a una ley, que desarrollan disposiciones constitucionales; y porque es un recurso de control constitucional contra actos administrativos que persiguen la nulidad de éstos, pueden también dichos recursos fundamentarse en textos legales. Lo que la corte no puede hacer en estos casos de acciones conjuntas con el fin de suspender los efectos del acto administrativo impugnado, es fundamentar su decisión solamente en las alegadas violaciones de la ley porque esto significaría anticipar la decisión final en el recurso principal (de control constitucional de nulidad). *Ídem*, pp. 171–172.

169 *Ídem*, p. 172. Véase t. respecto de la nulidad del artículo 22 de la ley orgánica de amparo, la decisión de la anterior Corte Suprema del 21 de mayo de 1.996 en Allan R. Brewer-Carías, *Instituciones Políticas y Constitucionales*, Vol. V, *Derecho y Acción de Amparo*, Editorial Jurídica Venezolana, Caracas 1996, pp. 392 ss.

170 Véase *Baker v. Carr*, 369 U.S. 186 (1962),en M. Glenn Abernathy and Barbara A. Perry, *Civil Liberties under the Constitution*, Sixth Edition, University of South Carolina Press, 1993, pp. 6–7.

171 Véase *Ware v. Hylton*, 3 Dallas, 199 (1796). Las decisiones sobre relaciones exteriores por lo tanto y como declaró el magistrado Jackson en *Chicago and Southern Air Lines v. Waterman Steamship Co.* (1948): "Están enteramente confinadas por nuestra constitución a los departamentos políticos del gobierno Son decisiones de una naturaleza para la que el poder judicial no tiene aptitudes, facilidades ni responsabilidad y que, desde mucho tiempo, ha sido considerada pertenencia del dominio del poder político, no sujeto a la intromisión o cuestionamiento judicial." *Chicago and Southern Air Lines v. Waterman Steamship Co.*, 333 US 103 (1948), p. 111. Aunque desarrollada principalmente para materias de asuntos

En todos estos casos, desde luego, aun cuando pueda elaborarse una lista de "cuestiones políticas" que no sean justiciables, la responsabilidad última en determinarlas corresponde a la Corte Suprema.[172]

Siguiendo esta doctrina, e igualmente sin ninguna base constitucional expresa, la Corte Suprema en Argentina y el Tribunal Constitucional en Perú[173] también han desarrollado la misma eximente para el control judicial y para el ejercicio de las acciones de amparo en materias políticas.

La excepción argentina se refiere principalmente a los denominados "actos de gobierno" o "actos políticos" referidos, por ejemplo, a las declaraciones de guerra y de estados de sitio; a las intervenciones del gobierno central en las provincias, a la "conveniencia pública" con fines de expropiación, a la emergencia para aprobar determinados tributos impositivos directos; y a los actos relativos a las relaciones exteriores como son el reconocimiento de nuevos Estados o gobiernos extranjeros, o la expulsión de extranjeros.[174] Todos estos actos son considerados en Argentina como asuntos de carácter político, que son dictados por los órganos políticos del Estado de acuerdo con las atribuciones que les han sido atribuidas exclusiva y directamente en la Constitución; razón por la cual se los considera fuera del ámbito de la acción de amparo.

En esta materia, también debe mencionarse en argentina, la restricción establecida en la Ley de amparo, al establecer la inadmisibilidad de la acción de amparo contra actos dictados en aplicación expresa de la Ley de Defensa Nacional (Ley Nº 16.970, art. 2,b).[175]

En el Perú, el tema de las cuestiones políticas en cierta forma se consideró en la sentencia de la Corte Interamericana donde se realizó el control de convencionalidad de la decisión adoptada por el Congreso en el Perú, mediante la cual se removió de sus cargos a los magistrados del Tribunal Constitucional, sin las debidas garantías de protección judicial. En efecto, en el conocido caso *Tribunal Constitucional vs. Perú*, de 31 de enero de 2001, la Corte Interamericana, luego de reiterar su criterio de que para que el Estado cumpla con lo dispuesto en el artículo 25.1 de la Convención, "no basta con que los recursos existan formalmente, sino que los mismos deben tener efectividad, es decir, debe brindarse a la persona la posibilidad real de interponer un recurso que sea sencillo y rápido,"[176] consideró que "la institución procesal del amparo reúne las características necesarias para la tutela efectiva de los derechos fundamentales, esto es, la de ser sencilla y breve[177]; pasando luego a explicar que "en lo que concierne al debido proceso legal," los actos del proceso de "destitución de los magistrados del Tribunal Constitucional seguido ante el Congreso, que se hallan sometidos a normas legales que deben ser puntualmente observadas," pueden ser recurribles en amparo, considerando sin embargo que el proceso de amparo "no implica valoración alguna sobre actos de carácter estrictamente político atribuidos por la Constitución al Poder Legislativo." [178]

---

exteriores, la Corte Suprema también ha considerado como *cuestiones políticas* determinadas materias relacionadas con el manejo de los asuntos interiores, los cuales son por lo tanto no enjuiciables jurisdiccionalmente; como, por ejemplo, la decisión de si un estado debe tener una forma republicana de gobierno y la cual en Luther v. Borden (1849) fue considerada una "decisión vinculante para cada uno de los departamentos del gobierno y que no podía ser cuestionada en un tribunal judicial." *Luther v. Borden* 48 U.S. (7 Howard), 1, (1849). *Ídem*, pp. 6–7.

172 Como dijo la corte en *Baker v. Carr* 369 U.S. 186 (1962): "Decidir si una materia ha sido, en cualquier medida, atribuida por la constitución a otra rama del gobierno o si la acción de esa rama excede la autoridad cualquiera que se le haya atribuido -dijo la corte, es en sí mismo un ejercicio delicado de interpretación constitucional y es responsabilidad de esta corte decidirlo como intérprete último de la constitución." *Ídem*, p. 6-7.

173 Véase Samuel B. Abad Yupanqui, *El proceso constitucional de amparo*, Gaceta Jurídica, Lima 2004, pp. 128 ss.

174 Para que esta excepción sea aplicada, se ha considerado que el acto impugnado debe en forma clara y exacta basarse en las disposiciones de dicha ley. Véase José Luis Lazzarini, *El juicio de amparo*, La Ley, Buenos Aires 1987, p. 190 ss.; Néstor Pedro Sagüés, *Derecho procesal Constitucional*, Vol. 3, "Acción de amparo," Editorial Astrea, Buenos Aires 1988, pp. 270 ss.; Alí Joaquín Salgado, *Juicio de amparo y acción de inconstitucionalidad*, Astrea, Buenos Aires 1987, p. 23.

175 Véase caso *Diario El Mundo c/ Gobierno nacional*, CNFed, Sala 1 ContAdm, 30 de abril de 1.974, JA, 23-1974-195. Véanse los comentarios en Néstor Pedro Sagüés, *Derecho procesal Constitucional*, Vol. 3, *Acción de amparo*, Editorial Astrea, Buenos Aires 1988, pp. 212–214.

176 Véase la sentencia en el caso *Tribunal Constitucional vs. Perú*, de 31 de enero de 2001 (Párr. 90) en http://www.corteidh.or.cr/docs/casos/articulos/Seriec_71_esp.pdf

177 *Ídem*, Párr. 91

178 *Ídem*, Párr. 94

La Corte Interamericana en el caso, analizó la decisión que había adoptado el propio Tribunal Constitucional peruano al decidir los recursos de amparo intentado por los magistrados destituidos considerando que "el ejercicio de la potestad de sanción, específicamente la de destitución de altos funcionarios, no puede ser abiertamente evaluada en sede jurisdiccional, pues constituye un acto privativo del Congreso de la República, equivalente a lo que en doctrina se denomina 'Political Questions' o cuestiones políticas no justiciables;" [179] destacando sin embargo, que el propio Tribunal había establecido que:

> "tal potestad no es ilimitada o absolutamente discrecional sino que se encuentra sometida a ciertos parámetros, uno de ellos y quizás el principal, el de su ejercicio conforme al principio de razonabilidad, pues no sería lógico ni menos justo, que la imposición de una medida de sanción, se adopte tras una situación de total incertidumbre o carencia de motivación. De allí que cuando existan casos en los que un acto de naturaleza política, como el que se cuestiona en la presente vía de amparo, denote una manifiesta transgresión de dicho principio y por extensión de otros como el del Estado Democrático de Derecho o el Debido Proceso Material, es un hecho inobjetable que este Colegiado sí puede evaluar su coherencia a la luz de la Constitución Política del Estado."[180]

En el caso, sin embargo, a pesar de que el Tribunal Constitucional estimó posible la revisión judicial de actos vinculados con un juicio político a efecto de evaluar si en aquéllos se había cumplido con las garantías propias del debido proceso legal, consideró que se habían respetado tales garantías, declarándose el recurso de amparo como infundado [181] la Corte Interamericana estimó "que el fracaso de los recursos interpuestos contra la decisión del Congreso que destituyó a los magistrados del Tribunal Constitucional" se debió a apreciaciones "no estrictamente jurídicas" afirmando que "la decisión de los amparos en el caso en análisis no se reunieron las exigencias de imparcialidad por parte del Tribunal que conoció los citados amparos" violándose el derecho a la protección judicial, en perjuicio de las víctimas.[182]

En todos estos casos de exclusión de la acción de amparo respecto de las actuaciones del Poder Ejecutivo que se consideren como cuestiones políticas, sin duda contrarias a los parámetros fijados en el artículo 25.1 de la Convención Americana para el derecho a la protección o amparo judicial, es también campo propicio para el ejercicio del control de convencionalidad.

### C) La acción de amparo y el funcionamiento de los servicios públicos

Finalmente y en relación con los actos administrativos, también en Argentina la Ley de amparo establece la inadmisibilidad de la acción de amparo en casos en los cuales la intervención judicial comprometa directa o indirectamente "la regularidad, continuidad y eficacia de la prestación de un servicio público, o el desenvolvimiento de actividades esenciales del Estado" (art. 2,c). La misma disposición se establece respecto de la acción de amparo en el Código de Procedimiento Civil de Paraguay (art. 565,c).

Dado la forma de redacción y la utilización de conceptos indeterminados (comprometer, directo, indirecto, regularidad, continuidad, eficacia, prestación, servicio público) y debido al hecho que cualquier actividad administrativa del Estado puede siempre relacionarse con un servicio público,[183] esta disposición ha sido altamente criticada en Argentina, considerando que con su aplicación materialmente sería difícil que un amparo se decida contra el Estado.[184] En todo caso la decisión final corresponde a los tribunales y si bien es verdad que en la práctica la excepción no ha sido casi nunca utilizada,[185] en algunas materias importantes sí se ha alegado.[186]

179 *Ídem*, Párr. 95
180 *Ídem*, Párr. 95
181 *Idem*, Párr. 95
182 *Idem*, Párrs. 96, 97
183 *Ídem*, pp. 226 ss.
184 Véase José Luis Lazzarini, *El juicio de amparo*, La Ley, Buenos Aires 1987, p. 231.
185 *Ídem*, p. 233; Néstor Pedro Sagüés, *Derecho procesal Constitucional*, Vol. 3, *Acción de amparo*, Editorial Astrea, Buenos Aires 1988, p. 228.
186 Pasó, por ejemplo, en las acciones de amparo interpuestas en 1.985 contra la decisión del Banco Central de la República suspendiendo, por algunos meses, el plazo de los pagos de depósitos en moneda extranjera. Aunque algunos tribunales

En todo caso, la exclusión de la acción de amparo en los mencionados casos de cuestiones políticas y de afectación de servicios públicos, en nuestro criterio, también resultan contrarias a lo dispuesto en el artículo 25.1 de la Convención Americana para el derecho a la protección o amparo judicial, constituyendo igualmente campo propicio para el ejercicio del control de convencionalidad.

### 3.- *El amparo contra las sentencias y actos judiciales*

En contraste con la admisión general de la acción de amparo contra actos administrativos y en general, contra los actos del Poder Ejecutivo, lo mismo no puede decirse respecto de las decisiones judiciales, las cuales en muchos casos se han excluido del ámbito de la acción de amparo. En otras palabras, si bien la acción de amparo está admitido en muchos países de América Latina contra los actos judiciales, en la mayoría de los países han sido expresamente excluidos y considerados inadmisibles, específicamente cuando las decisiones judiciales son pronunciadas en ejercicio del poder jurisdiccional,[187] lo que sin duda también se configura como un campo propicio para el control de convencionalidad por contrariar lo dispuesto en el artículo 25.1 de la Convención Americana, el cual no excluye acto estatal lesivo de derechos humanos alguno de la protección judicial.

Respecto de los países que admiten el recurso de amparo para la tutela de los derechos constitucionales contra decisiones judiciales, puede decirse que ello ha sido la tradición en México (el amparo casación);[188] admitiéndose además, en general, en Guatemala (art. 10,h), Honduras (art. 9,3 y 10,2,a), Panamá (art. 2.615),[189] Perú y Venezuela.

El principio general en estos casos, según lo dispone el Código Procesal Constitucional peruano, es que el amparo es admitido contra resoluciones judiciales firmes dictadas con manifiesto agravio a la tutela procesal efectiva, que comprende el acceso a la justicia y el debido proceso (art. 4).[190] En el caso de Venezuela, de manera similar a como estaba establecido en la legislación de Perú antes de la sanción del Código, el artículo 4 de la Ley de amparo dispone que en los casos de decisiones judiciales "procede la acción de amparo cuando un Tribunal de la República, actuando fuera de su competencia, dicte una resolución o sentencia u ordene un acto que lesione un derecho constitucional." Debido a que ningún tribunal puede tener facultad para ilegítimamente causar una lesión a los derechos y garantías constitucionales, el amparo contra decisiones judiciales es ampliamente admitido cuando la decisión de un tribunal lesiona directamente los derechos constitucionales del accionante, normalmente vinculados al debido proceso.

---

rechazaron las acciones de amparo en el asunto (v. CFed *BBlanca* case, 13 de agosto de 1.985, ED, 116-116, en Alí Joaquín Salgado, *Juicio de amparo y acción de inconstitucionalidad*, Editorial Astrea 1987, p. 51, note 59), en el caso *Peso*, la **Cámara Nacional de Apelaciones en lo Contencioso-Administrativo Federal de Buenos Aires decidió rechazar los argumentos que pedían el rechazo de la acción de amparo basados en el concepto de que el caso es uno relativo a un** "servicio público", **considerando que las actividades del Banco Central no posee los elementos para ser considerado un servicio público como tal. Véase** CNFedConAdm, Sala IV, 13 de junio de 1.985, ED, 114-231in Alí Joaquín Salgado, *Juicio de amparo y acción de inconstitucionalidad*, Editorial Astrea 1987, p. 50, nota 56. Algunos años mas tarde y respecto de una decisión similar del Banco Central de Venezuela sobre los impagos de los depósitos en moneda extranjera, en los casos referidos como *Corralito*, no hubo alegato alguno que considerara esas decisiones del Banco Central (que fueron tomadas en un estado nacional de emergencia económica) como actividades correspondientes a un servicio público. En tales casos, las acciones de amparo fueron admitidas y declaradas con lugar, pero con múltiples incidentes judiciales. Véase, por ejemplo, los casos Smith y San Luis, 2.002, en Antonio María Hernández, *Las emergencias y el orden constitucional*, Universidad Nacional Autónoma de México, México, 2003, pp. 71 ss., 119 ss. En dichos casos, las leyes y decretos de emergencia económica fueron declarados inconstitucionales.

187 Por consiguiente, los actos administrativos dictados por los tribunales pueden ser impugnados mediante el amparo. Véase, por ejemplo, en relación con Argentina a Néstor Pedro Sagüés, *Derecho procesal Constitucional*, Vol. 3, *Acción de amparo*, Editorial Astrea, Buenos Aires 1988, pp. 197 ss.

188 Véase Richard D. Baker, *Judicial Review in México. A Study of the Amparo Suit*, Texas University Press, Austin 1971, p. 98.

189 En este caso, sin ningún efecto suspensivo. Véase Boris Barrios González, *Derecho Procesal Constitucional*, Editorial Portobelo, Panamá 2.002, p. 159.

190 Véase Samuel B. Abad Yupanqui, *El proceso constitucional de amparo*, Gaceta Jurídica, Lima 2004, p. 326.

El caso de Colombia también debe mencionarse, especialmente debido al hecho que el artículo 40 del decreto Nº 2.591 de 1.991 que reguló la acción de tutela apenas sancionada la Constitución, admitió la acción de tutela contra decisiones judiciales, lo que por lo demás, no estaba excluido en la Constitución. Por consiguiente, el Decreto expresamente estableció la posibilidad de intentar la acción de *tutela* contra actos judiciales cuando éstos infligieran daños directos a los derechos fundamentales. En esos casos, la *tutela* debía ser interpuesta *junto con el recurso apropiado*, es decir, el recurso de apelación. No obstante esta admisibilidad establecida por una ley de la tutela contra decisiones judiciales, en 1992 fue declarada inconstitucional por la Corte Constitucional, la cual anuló la norma considerándola contraria al principio de intangibilidad de los efectos de la cosa juzgada.[191]

En esa forma fue eliminada en Colombia la acción de *tutela* contra las decisiones judiciales, pero no por mucho tiempo. Un año después de la decisión anulatoria de la Corte Constitucional, y luego de numerosas decisiones judiciales, la misma Corte Constitucional readmitió la acción de *tutela* contra las decisiones judiciales cuando constituyeren vías de hecho,[192] es decir, cuando fuesen pronunciadas como consecuencia de un ejercicio arbitrario de la función judicial, violando los derechos constitucionales del demandante.[193] De manera que, de acuerdo con esta doctrina, la cual es aplicable a casi todos los casos en que la acción de amparo es incoada contra decisiones judiciales, éstas, para que sean impugnadas por vía de la acción de tutela deben haber sido pronunciadas en violación grave y flagrante de las garantías al debido proceso legal, constituyéndose en una decisión ilegítima o arbitraria sin soporte legal ninguno.

Aparte de los casos antes mencionados, sin embargo, puede decirse que la tendencia general en los países de América Latina, es el rechazo de la acción de amparo contra las decisiones judiciales, como es el caso en Argentina (art. 2,b),[194] Bolivia (art. 96,3), Brasil (art. 5,II), Costa Rica (art. 30,b),[195] Chile,[196] República Dominicana (art. 3,a),[197] Ecuador,[198] Nicaragua (art. 51,b) Paraguay (art. 2,a) y Uruguay (art. 2,a).[199]

---

191 Véase Decisión C-543 del 1 de octubre de 1.992 en Manuel José Cepeda Espinosa, *Derecho Constitucional jurisprudencial. Las grandes decisiones de la Corte Constitucional*, Legis, Bogotá 2001, pp. 1009 ss.

192 Véase Decisión S-231 del 13 de mayo de 1.994, *Ídem*, pp. 1022 ss.

193 Véase Decisión US-1218 del 21 de noviembre de 2.001. Véase en Juan Carlos Esguerra, *La protección constitucional del ciudadano*, Legis, Bogotá 2004, p. 164. Véase Eduardo Cifuentes Muñoz, "Tutela contra sentencias (El caso colombiano)," en Humberto Nogueira Alcalá (Ed.), *Acciones constitucionales de amparo y protección: realidad y perspectivas en Chile y América Latina*, Editorial Universidad de Talca, Talca 2000, pp. 307 ss.

194 Véase Joaquín Brague Camazano, *La Jurisdicción constitucional de la libertad (Teoría general, Argentina, México, Corte Interamericana de Derechos Humanos)*, Editorial Porrúa, México 2005, p. 98. José Luis Lazzarini, *El juicio de amparo*, Editorial La Ley, Buenos Aires, 1987, pp. 218–223; Alí Joaquín Salgado, *Juicio de amparo y acción de inconstitucionalidad*, Astrea, Buenos Aires 1987, p. 46.

195 Véase Rubén Hernández Valle, *Derecho Procesal Constitucional*, Editorial Juricentro, San José 2001, pp. 45, 206, 223, 226. El único caso en el cual se ha planteado a nivel internacional la cuestión de la inconvencionalidad del artículo 31.b de la Ley de la Jurisdicción Constitucional costarricense fue declarado inadmisible por la Comisión Interamericana de Derechos Humanos porque el derecho que se había alegado como violado por el Estado no era un derecho establecido en la Convención Americana sino de orden interno (derecho a jubilación de un funcionario público). Véase el Informe 85/98. caso 11.417, *Gilbert Bernard Little vs. Costa Rica*, punto resolutivo 2. Véase la referencia en Anamari Garro,*La improcedencia del recurso de amparo contra las resoluciones y actuaciones jurisdiccionales del Poder Judicial a la luz de la Constitución costarricense y del artículo 25 de la Convención Americana sobre Derechos Humanos*, Tesis para optar al grado de Doctor en Derecho, Universidad de los Andes, Santiago de Chile 2012 (Versión mimeografiada), p. 271, Nota 983.

196 Véase Juan Manuel Errazuriz G. y Jorge Miguel Otero A., *Aspectos procesales del recurso de protección*, Editorial Jurídica de Chile, Santiago, 1989, p. 103. No obstante, algunos autores consideran que el recurso de tutela es admisible contra decisiones judiciales cuando son pronunciadas en forma arbitraria y en violación de los derechos al debido proceso. Véase Humberto Nogueira Alcalá, "El derecho de amparo o protección de los derechos humanos, fundamentales o esenciales en Chile: evolución y perspectivas," en Humberto Nogueira Alcalá (Editor), *Acciones constitucionales de amparo y protección: realidad y perspectivas en Chile y América Latina*, Editorial Universidad de Talca, Talca 2000, p. 45.

197 Véase Eduardo Jorge Prats, *Derecho Constitucional*, Vol. II, Gaceta Judicial, Santo Domingo 2005, p. 391.

198 Véase Hernán Salgado Pesantes, *Manual de Justicia Constitucional Ecuatoriana*, Corporación Editora Nacional, Quito 2004, p. 84.

199 Véase Luis Alberto Viera, *Ley de Amparo*, Ediciones Idea, Montevideo 1993, pp. 50, 97.

En El Salvador y Honduras la exclusión está limitada a los actos judiciales "puramente civiles, comerciales o laborales, y respecto de sentencias definitivas ejecutoriadas en materia penal." (El Salvador, art. 13; Honduras, art. 46.7). También, en Brasil el *mandado de segurança* está excluido contra decisiones judiciales cuando de acuerdo con las normas procesales, existe contra ellas un recurso judicial o cuando tales decisiones pueden ser modificadas por otros medios (art. 5,II).

El artículo 25.1 de la Convención Americana al garantizar el derecho de amparo o protección judicial lo estableció en forma general contra las violaciones por parte de los órganos del Estado de los derechos humanos, cualquiera que sea la fuente de la violación, amparo contra un específico acto estatal que viole los derechos, como son las sentencias y actos judiciales, sin duda, contraría la Convención, siendo igualmente campo propicio para el ejercicio del control de convencionalidad, por parte de la Corte Interamericana y de los jueces y tribunales nacionales.

Sin embargo, en esta materia, puede decirse que la Corte Interamericana dejó pasar la oportunidad de realizar el control de convencionalidad respecto de la inconvencional negación de la acción de amparo contra decisiones de los órganos judiciales en Ecuador. El tema se planteó específicamente en la sentencia del caso *Acosta Calderón vs. Ecuador* de 24 de junio de 2005, ante el alegato de los representantes de las víctimas de que en Ecuador, aún "con las reformas constitucionales de 1996 y 1998, el ejercicio de la garantía del amparo no se encuentra asegurado en concordancia con la norma del [artículo] 25 de la Convención, pues prohíbe de manera expresa que se interpongan acciones de amparo en contra de las providencias judiciales."[200] La Corte Interamericana, sin embargo, en lugar de entrar a realizar el control de convencionalidad en este importante aspecto, se limitó a señalar que no se pronunciaba sobre las alegaciones de los representantes pues "dichas reformas no se enmarcan dentro de los presupuestos del presente caso"[201]

El tema del amparo contra decisiones judiciales, en todo caso, requiere que el amparo esté configurado como un amparo difuso en el sentido de que los tribunales llamados a conocer de las acciones de amparo sean en general los de todo el orden judicial, de manera que el amparo se pueda intentar ante el juez superior a aquél que dicta el acto lesivo. En Venezuela, por ejemplo, el amparo se intenta en principio ante los jueces de primera instancia, por lo que los jueces competentes para conocer de la acción de amparo son los tribunales superiores. En sistemas de amparo concentrado en un solo tribunal, como es el caso de la Sala Constitucional del Tribunal Supremo de Justicia de Costa Rica, que es la que tiene competencia exclusiva para conocer de las acciones de amparo, sería prácticamente imposible implementar el amparo contra decisiones judiciales (en la actualidad excluida en la Ley de la jurisdicción Constitucional), pues de hacerse sin descentralizar el amparo colapsaría completamente la Sala Constitucional.

#### 4.- *El amparo contra actos de otros órganos constitucionales*

Aparte de lo actos de las ramas legislativa, ejecutiva y judicial, el principio de la separación de los poderes ha dado origen en el derecho constitucional latinoamericano contemporáneo a otros órganos del Estado independientes de dichas clásicas tres ramas del Poder Público. Este es el caso de los cuerpos u órganos electorales encargados de dirigir los procesos electorales; de las oficinas de Defensoría del Pueblo o de los Derechos Humanos; de las entidades fiscalizadoras o Contralorías Generales; y de los Consejos de la Judicatura o de la Magistratura establecidos para la dirección y administración de las cortes y tribunales.

Debido a que dichos órganos emanan actos estatales, los mismos, al igual que sus hechos y omisiones, pueden ser objeto de acciones de amparo cuando violen derechos constitucionales. No obstante, algunas excepciones también han sido establecidas para negar la admisibilidad de acciones de amparo, por ejemplo, contra los cuerpos electorales como sucede en

200 Véase sentencia del caso *Acosta Calderón vs. Ecuador de 24 de junio de* 2005, Serie C 129 (Párr. 87.f), en http://www.corteidh.or.cr/docs/casos/articulos/seriec_129_esp1.pdf

201 *Ídem*. Párr. 98

Costa Rica (art. 30,d),[202] México (art. 73,VII),[203] Nicaragua (art. 51,5), Panamá (art. 2.615),[204] y Uruguay (art. 1,b). Eta exclusión, igualmente, es campo propicio para el ejercicio del control de convencionalidad, para adecuar estas normas a la Convención Americana.

Ello por lo demás, fue lo que ocurrió en el Perú, respecto del artículo 5.8 del Código Procesal Constitucional que excluía la acción de amparo contra las decisiones del Juzgado Nacional de Elecciones. Esta norma fue objeto de control de convencionalidad por parte del Tribunal Constitucional el cual la anuló invocando el carácter vinculante de la jurisprudencia de la Corte Interamericana, incluidas sus opiniones consultivas.[205]

Sin embargo, en el Perú subsiste otra exclusión respecto de los recursos de amparo cuando se ejerzan contra actos del Consejo de la Magistratura mediante los cuales se destituya o ratifique a los jueces (art. 5,7) dictados en forma debidamente motivada y con previa audiencia del interesado.[206]

En esta materia, en todo caso, debe mencionarse el ejercicio del control de convencionalidad que ejerció la Corte Interamericana respecto de la exclusión del recurso de amparo o protección judicial efectiva contra actos de algunas autoridades electorales en Nicaragua. Se trata del caso *Yatama vs. Nicaragua* de 23 de junio de 2005, en el cual la Corte Interamericana, después de constatar que el Consejo Supremo Electoral de Nicaragua en un proceso electoral de 2000 no había respetado las garantías del debido proceso del partido Yatama al rechazarle la presentación de candidatos a las elecciones, afectando el derecho a la participación política de los candidatos (párr. 160-164), constató que el Estado había violado el derecho a la protección judicial o amparo establecido en el artículo 25.1 por impedirse en el orden interno la recurribilidad de los actos del Consejo Nacional Electoral. La Corte Interamericana consideró, en esencia, que "la inexistencia de recursos internos efectivos coloca a las personas en estado de indefensión" de manera que "la inexistencia de un recurso efectivo contra las violaciones de los derechos reconocidos por la Convención constituye una transgresión de la misma por el Estado Parte,"[207] para lo cual reiteró su doctrina de que la existencia de la garantía prevista en el artículo 25.1 de la Convención consistente en "la posibilidad real de interponer un recurso," en los términos de dicha norma, "constituye uno de los pilares básicos, no sólo de la Convención Americana, sino del propio Estado de Derecho en una sociedad democrática en el sentido de la Convención."[208]

Pasó luego la Corte Interamericana, al analizar la situación en Nicaragua, a constatar que de acuerdo con la Constitución Política, contra los actos del órgano de mayor jerarquía del Poder Electoral, el Consejo Supremo Electoral (artículo 129), "no habrá recurso alguno, ordinario ni extraordinario" (artículo 173.14), lo que recoge la Ley de Amparo al disponer que el recurso de amparo no procede "contra las resoluciones dictadas en materia electoral" (artículo 51.5), admitiéndose sólo conforme a la ley Electoral el recurso de amparo contra las "resoluciones definitivas que en materia de partidos políticos dicte el Consejo Supremo Electoral" (artículo

202 Véase Rubén Hernández Valle, *Derecho Procesal Constitucional*, Editorial Juricentro, San José 2001, pp. 228–229. Otras materias decididas por el Tribunal Supremo de Elecciones como nacionalidad, capacidad o estado civil son materias sujetas al control jurisdiccional mediante el amparo. Véase José Miguel Villalobos, "El recurso de amparo en Costa Rica," en Humberto Nogueira Alcalá (Editor), *Acciones constitucionales de amparo y protección: realidad y perspectivas en Chile y América Latina*, Editorial Universidad de Talca, Talca 2000, pp. 222–223.

203 Véase Eduardo Ferrer Mac-Gregor, *La acción constitucional de amparo en México y España. Estudio de derecho comparado*, Editorial Porrúa, México 2002, p. 378; Véase Richard D. Baker, *Judicial Review in México. A Study of the Amparo Suit*, Texas University Press, Austin 1971, pp. 98, 152.

204 Véase Boris Barrios González, *Derecho Procesal Constitucional*, Editorial Portobelo, Panamá 2002, p. 161.

205 Véase sentencia del Tribunal Constitucional del Perú de 19 de junio de 2007 dictada en el caso *Colegio de Abogados del Callao vs. Congreso de la República*, (00007-2007-PI/TC-19); citada por Carlos Ayala Corao, "El diálogo jurisprudencial entre los Tribunales internacionales de derechos humanos y los Tribunales constitucionales," Boris Barrios González (Coordinador), *Temas de Derecho Procesal Constitucional Latinoamericano*, Memorias I Congreso panameño de Derecho Procesal Constitucional y III Congreso Internacional Proceso y Constitución, Panamá 2012, p. 176. Antes De la anulación, sin embargo, la acción de amparo se admitía si la decisión del *Jurado Nacional de Elecciones* no tenía una naturaleza jurisdiccional o, teniéndola, violaba la efectiva protección judicial (el debido proceso). Véase Samuel B. Abad Yupanqui, *El proceso constitucional de amparo*, Gaceta Jurídica, Lima 2004, pp. 128, 421, 447

206 Véase Samuel B. Abad Yupanqui, *El proceso constitucional de amparo*, Gaceta Jurídica, Lima 2004, p. 126.

207 Véase sentencia en el caso *Yatama Vs. Nicaragua* de 23 de Junio de 2005 (Párr. 167, 168), en http://www.corteidh.or.cr/docs/casos/articulos/seriec_127_esp.pdf

208 *Ídem*, Párr. 169

76).[209]Por tanto, intentado como fue el caso sometido a su conocimiento un recurso de amparo contra una decisión del Consejo Supremo Electoral, la Sala de lo Constitucional de Nicaragua resolvió declararlo "improcedente *in limine litis* con fundamento en que no tenía competencia para conocer en materia electoral."[210]

En esta situación la Corte Interamericana comenzó por afirmar que si bien la Constitución de Nicaragua establecía la irrecurribilidad de las resoluciones del Consejo Supremo Electoral en materia electoral, ello no puede significar "que dicho Consejo no deba estar sometido a controles judiciales, como lo están los otros poderes del Estado;" afirmando, con razón, que "las exigencias derivadas del principio de independencia de los poderes del Estado no son incompatibles con la necesidad de consagrar recursos o mecanismos para proteger los derechos humanos."[211] De manera que, puntualizó la Corte, "independientemente de la regulación que cada Estado haga respecto del órgano supremo electoral, éste debe estar sujeto a algún control jurisdiccional que permita determinar si sus actos han sido adoptados al amparo de los derechos y garantías mínimas previstos en la Convención Americana, así como las establecidos en su propia legislación, lo cual no es incompatible con el respeto a las funciones que son propias de dicho órgano en materia electoral." De la carencia en ese caso, del recurso sencillo y rápido, tomando en cuenta las particularidades del procedimiento electoral, concluyó la Corte "que el Estado violó el derecho a la protección judicial consagrado en el artículo 25.1 de la Convención Americana, en perjuicio de los candidatos propuestos por Yatama para participar en las elecciones municipales de 2000, en relación con los artículos 1.1 y 2 de la misma."[212]

El control de convencionalidad efectuado por la Corte Interamericana ante la irrecurribilidad mediante la acción de amparo de los actos del Consejo Supremo Electoral, lo que consideró como una violación del artículo 25.1 de la Convención, en relación con los artículos 1.1 y 2 de la misma, condujo a la Corte a requerir del Estado:

> "que adopte, dentro de un plazo razonable, las medidas legislativas necesarias para establecer un recurso judicial sencillo, rápido y efectivo que permita controlar las decisiones del Consejo Supremo Electoral que afecten derechos humanos, tales como los derechos políticos, con observancia de las garantías legales y convencionales respectivas, y derogue las normas que impidan la interposición de ese recurso."[213]
>
> Debe mencionarse que en este aspecto, el juez Alejandro Montiel Argüello en un Voto Disidente de la misma sentencia, materialmente se limitó a constatar que la inconvencional exclusión de los "recursos de amparo en cuestiones electorales" en el ordenamiento jurídico de Nicaragua, ocurría "al igual que lo hacen las legislaciones de muchos otros países y también son muchos los países que al igual que Nicaragua excluyen del recurso de amparo las resoluciones judiciales por considerar que los recursos ordinarios son suficientes para garantizar los derechos humanos."[214]
>
> Ello, en lugar de legitimizar la restricción nicaragüense lo que pone en evidencia es que en esos otros países la normativa también es violatoria de la Convención Americana, debiendo corregirse mediante el control de convencionalidad

## REFLEXIONES FINALES

Entre todas las instituciones del derecho constitucional de América Latina, sin duda, el derecho o la acción de amparo[215] puede considerarse como la más característica de todas, al punto

209 *Ídem*, Párr. 171

210 *Ídem*, Párr. 172

211 *Ídem*, Párr. 174

212 *Ídem*, Párr. 175, 176.

213 *Ídem*, Párr. 254

214 *Ídem*, Voto Disidente, Párr. 7

215 Entre las denominaciones empleadas para la regulación de la institución de amparo en los países de América latina, se destacan las siguientes: *Amparo* (Guatemala), *Juicio de amparo,* (México), *Proceso de amparo* (El Salvador, Perú), *Acción de amparo* (Argentina, República Dominicana, Ecuador, Honduras, Paraguay, Uruguay y Venezuela), *Recurso de amparo* (Bolivia, Costa Rica, Nicaragua, y Panamá), *Acción de tutela* (Colombia), *Recurso de protección* (Chile), *Mandado de segurança* y *mandado de injunçao* (Brasil),

de que bien se la puede calificar como una institución propiamente latinoamericana,[216] la cual además, ha influido en su adopción en otras latitudes.[217]

Bien sabemos que fue inicialmente introducido en México en 1847, con el nombre de juicio de amparo, donde se reguló por primera vez, habiendo tenido su origen, de acuerdo con la opinión unánime de los autores mexicanos, en el sistema de control judicial de constitucionalidad (*Judicial Review*) de los Estados Unidos de América, tal como había sido descrito por Alexis de Tocqueville en su obra *La democracia en América*, escrita sólo unos años después del caso *Marbury v. Madison* U.S. (1 Cranch), 137; 2 L. Ed. 60 (1803).[218] Sin embargo, en su evolución posterior, el juicio de amparo mexicano, en una forma bien diferente al modelo norteamericano, se convirtió en la institución única y compleja de la actualidad, que sólo se encuentra en México,[219] en el sentido de que el carácter comprehensivo y único que tiene no se encuentra en ningún otro país de América Latina, lo que no ha impedido sin embargo, que sea precisamente el amparo mexicano el que más se conozca fuera de América Latina.

En todo caso, después de su introducción en México, durante el mismo Siglo XIX el proceso de amparo comenzó a extenderse por América Latina, dando origen en todos los países en general a una diferente y específica acción o recurso, y a un proceso, establecido exclusivamente para la protección de los derechos y libertades constitucionales, llegando en algunos casos a convertirse incluso en una institución procesal más protectiva que el amparo mexicano.[220] En esta forma, además del recurso de habeas corpus que se generalizó en casi todos los países, el amparo fue introducido durante la segunda mitad del Siglo XIX en las Constituciones de Guatemala (1879), El Salvador (1886) y Honduras (1894); y durante el siglo XX, en las Constituciones de Nicaragua (1911), Brasil (*mandado de segurança* 1934), Panamá (1941), Costa Rica (1946), Venezuela (1961), Bolivia, Paraguay, Ecuador (1967), Perú (1976), Chile (*recurso de protección*, 1976), Colombia (*acción de tutela*, 1991) y República Dominicana (2010). Como es sabido, desde 1957, y mediante precedentes judiciales, la acción de amparo había sido admitida en Argentina, habiendo sido regulada por Ley en 1966, y luego incorporada en la reforma constitucional de 1994.

En esta forma, en la actualidad en todos los países el amparo está regulado en expresas normas constitucionales; y en todos los países, excepto en Chile, el proceso de amparo está regulado en textos legislativos específicos.[221] Estas leyes, en algunos casos han sido específicamente sancionadas para regular la acción de amparo como sucede en Argentina, Brasil, Colombia, México, Nicaragua, Uruguay y Venezuela. En otros casos, la legislación dictada también contiene regulaciones en relación con otros medios judiciales de protección de la Constitución, como las acciones de inconstitucionalidad y las acciones de habeas corpus y habeas data, como es el caso Bolivia, Guatemala, Perú, Costa Rica, Ecuador, El Salvador, Honduras y República Dominicana. Sólo en Panamá y en Paraguay el proceso de amparo está regulado en un Capítulo especial en los respectivos Códigos de Procedimiento Civil o judicial.

216 Véase en general lo que hemos expuesto en Allan R. Brewer-Carías, *Constitucional Protection of Human Rights in Latin América. A Comparative Law Study on the amparo proceeding*, Cambridge University Press, New York, 2008.

217 La más reciente, por ejemplo en Filipinas, en la resolución de la Corte Suprema de ese país, "The Rule of the Writ of Amparo" dictadas en 2007. Véase Allan R. Brewer-Carías, "The Latin American Amparo Proceeding and the Writ of Amparo in The Philippines," en *City University of Hong Kong Law Review*, Volume 1:1 October 2009, pp 73–90

218 Véase Francisco Fernández Segado, "Los orígenes del control de la constitucionalidad y del juicio de amparo en el constitucionalismo mexicano de la primera mitad del siglo XIX. El impacto del Voto particular de don mariano Otero", en *Revista Iberoamericana de Derecho Procesal Constitucional*, nº 5, Instituto Iberoamericano de Derecho Procesal Constitucional, Ed. Porrúa, México 2006, pp. 67 ss.

219 Véase Héctor Fix-Zamudio, *Ensayos sobre el derecho de amparo*, Editorial Porrúa, México 2003

220 Véase Joaquín Brague Camazano, *La Jurisdicción constitucional de la libertad. Teoría general*, Argentina, *México, Corte Interamericana de Derechos Humanos*, Editorial Porrúa, México, 2005, pp. 156 ss.

221 Véase Allan R. Brewer-Carías, *Leyes de Amparo de América Latina* (Compilación y Estudio Preliminar), Instituto de Administración Pública de Jalisco y sus Municipios, Instituto de Administración Pública del Estado de México, Poder Judicial del Estado de México, Academia de Derecho Constitucional de la Confederación de Colegios y Asociaciones de Abogados de México,. Jalisco, 2009. 2 Vols. 419 pp. y 405 pp.

Sin embargo, y a pesar de toda esta expansión legislativa y tradición constitucional, en muchos aspectos y en muchos países la institución del amparo no se adapta a los parámetros del derecho humano a la protección judicial para amparar los derechos humanos tal como se recogió en el artículo 25.1 de la Convención Americana sobre derechos Humanos. El amparo, por tanto, siendo tan viejo casi como el mismo constitucionalismo latinoamericano,[222] todavía requiere de ajustes, los cuales se han venido realizando a nivel continental gracias precisamente al control de convencionalidad desarrollado por la Corte Interamericana de Derechos Humanos y por los jueces y tribunales nacionales en el orden interno con base a ese marco común que ha sido el citado artículo 25 de la Convención.

En términos generales, como hemos visto, los derechos constitucionales que pueden ser objeto de protección mediante el proceso constitucional de amparo son todos aquellos declarados en la Constitución y en la Convención Americana, o que se considere que tienen rango constitucional o forman parte del bloque de la constitucionalidad. En algunos países, incluso, se establece expresamente que mediante la acción de amparo también pueden protegerse los derechos declarados en los convenios internacionales (Argentina, Costa Rica, Ecuador y Venezuela) y en otros, los establecidos en leyes (Argentina, Bolivia, Guatemala y Paraguay). Sin embargo, alejándose de esa universalidad, excepcionalmente algunas Constituciones reducen el ámbito de protección del amparo respecto de algunos derechos calificados como "derechos fundamentales" declarados en la Constitución, como es el caso de Colombia y Chile. Esta es la tendencia que por lo demás se ha seguido en Alemania y España con el recurso de protección individual o recurso de amparo, establecidos para la sola protección de los "derechos fundamentales", y que más recientemente se ha seguido en la regulación del *writ of amparo* en Filipinas, para la protección sólo del derecho a la vida, la libertad y la seguridad.

Como la acción o recurso de amparo se ha establecido para la protección de los derechos constitucionales, independientemente de la persona o entidad que haya causado el agravio o violación del derecho, la lógica del sistema protectivo debería ser que el amparo proceda en cualquier caso de violación o amenaza, cualquiera haya sido el origen de la misma, sea un acto u omisión de una autoridad pública o de un particular. Sin embargo, también contrariando ese carácter universal, si bien todos los países de América Latina admiten la acción de amparo contra funcionarios y autoridades públicas –incluso, el amparo, en su origen, fue concebido como un medio de protección frente al Estado– , no todos los países admiten la posibilidad de ejercer la acción contra particulares agraviantes.

En cuanto a la acción de amparo contra acciones u omisiones lesivas provenientes de autoridades y funcionarios, si bien en la mayoría de los países se establece como un medio general de protección sin ningún tipo de distinciones como sucede en Bolivia, Colombia, El Salvador, Guatemala, Perú, Nicaragua, Uruguay y Venezuela; en México, en cambio, se limita la posibilidad de intentarla sólo contra autoridades que tengan el poder de decidir, de ejecutar o de imponer decisiones. En otros países se excluye la acción de amparo respecto de ciertas autoridades, como son los cuerpos electorales, tal como sucede en Costa Rica, México, Nicaragua, Panamá, Perú y Uruguay; o el Consejo de la Magistratura, como es el caso de Perú.

Ahora bien, excepto en los países en los cuales la acción de amparo sólo se admite contra autoridades, que son la minoría (Brasil, El Salvador, México, Nicaragua y Panamá), en el resto de los países latinoamericanos la acción de amparo se admite contra particulares, en algunos casos sin distinción de ningún tipo como sucede en Argentina, Bolivia, Chile, República Dominicana, Paraguay, Perú, Uruguay y Venezuela; y en otros casos, en forma restrictiva sólo respecto de ciertos individuos o empresas privadas concesionarias de servicios públicos, con poderes públicos delegados o que estén en ciertas situaciones de poder en relación con la colectividad, como es el caso de Colombia, Costa Rica, Ecuador, Guatemala y Honduras.

222 Véase Allan R. Brewer-Carías, "Ensayo de síntesis comparativa sobre el régimen del amparo en la legislación latinoamericana", en *Revista Iberoamericana de Derecho Procesal Constitucional*, N° 9 enero-junio 2008, Editorial Porrúa, Instituto Iberoamericano de Derecho Procesal Constitucional, México 2008, pp. 311-321.

En cuanto a la acción de amparo ejercida contra autoridades y funcionarios, el tratamiento de los actos estatales que pueden ser objeto de la acción de amparo tampoco es uniforme, en el sentido de que en muchos casos se establecen exclusiones puntuales, lo que también contraría el espíritu de universalidad del amparo. Por ejemplo, en cuanto a actos ejecutivos, en México se excluyen de la acción de amparo ciertos actos presidenciales, y en Uruguay se excluyen los reglamentos ejecutivos; en Argentina y Perú se excluyen de la acción de amparo los actos estatales en los cuales se decidan cuestiones políticas, y en Argentina, además, los actos relativos a la defensa nacional. Igualmente, en Argentina y en Paraguay se excluyen de la acción de amparo los actos que afecten el funcionamiento de los servicios públicos.

En cuanto a los actos legislativos, en México se excluyen de la acción de amparo ciertos actos del Congreso; y en cuanto al amparo contra leyes, la mayoría de los países lo excluyen, como sucede en Argentina, Bolivia, Brasil, Colombia, Costa Rica, Chile, Ecuador, El Salvador, Nicaragua, Perú, Panamá, Paraguay, República Dominicana y Uruguay. En realidad, el amparo contra leyes sólo se admite en Honduras, donde sólo se aplica el método concentrado de control de constitucionalidad de las leyes; y en Guatemala, México y Venezuela, que han adoptado el sistema mixto de control de constitucionalidad de las leyes.

En cuanto a los actos judiciales, también en la mayoría de los países de América Latina se excluye la acción de amparo contra los mismos, como es el caso de Argentina, Bolivia, Brasil, Costa Rica, Chile, Ecuador, El Salvador, Nicaragua, Paraguay, República Dominicana, y Uruguay. En otros países, sin embargo, se admite la acción de amparo contra sentencias, como sucede en Colombia, Guatemala, Honduras, México, Panamá, Perú y Venezuela; aún cuando en algunos de ellos se excluye expresamente respecto de decisiones de las Cortes Supremas (México, Panamá, Perú, Venezuela) o de las decisiones dictadas en los juicios de amparo (Honduras, México).

Todo este panorama lo que nos muestra es un campo muy amplio y propicio para el ejercicio del control de convencionalidad en nuestros países, para darle a la institución del amparo su dimensión universal, como en muchas sentencias lo ha venido realizando progresivamente la Corte Interamericana, y los propios jueces y tribunales nacionales. El camino está iniciado, como lo muestra el análisis que hemos efectuado, lo que no significa que no falte mucho por recorrer.

# XXXIV

# ALGUNOS ANTECEDENTES DE LA PROTECCIÓN DEL DERECHO CONVENCIONAL EN EL ÁMBITO INTERNO

**(2013)**

**Trabajo presentado para la Obra *Liber Amicorum Hernán Salgado Pesantes*, 2014. Para su redacción hemos partido del texto de la Ponencia presentada al IV Congreso Iberoamericano de Derecho Público y Administrativo, organizado por la *Asociación e Instituto Iberoamericano de Derecho Público y Administrativo, Prof. Jesús González Pérez; la Universidad Católica de Santiago de Guayaquil, y la Asociación Iberoamericana de Profesionales del Derecho Administrativo Jesús González Pérez, Capitulo – Ecuador,* Guayaquil, 22 al 25 de octubre de 2013. El texto fue publicado en la *Revista Iberoameriana de Derecho Público y Administrativo,* Asociación e Instituto Iberoamericano de Derecho Administrativo Prof. Jesús González Pérez, Colegio de Abogados de Costa Rica, Año 14, N° 14, N° 14, San José 2014, pp. 90-108.**

## I.- SOBRE EL CONTROL DE CONVENCIONALIDAD Y SUS VERTIENTES

La más importante manifestación de la vigencia del derecho convencional en el ámbito interno de los países, en particular del derivado de la Convención Americana de Derechos Humanos, está, sin duda, en lo que el Juez Sergio García Ramírez denominó en su Voto razonado a la sentencia del caso *Myrna Mack Chang vs. Guatemala*, de 25 de noviembre de 2003[1] como "control de convencionalidad,"[2] y cuyo ejercicio se desarrolla en dos vertientes: primero, por parte

1 Véase Voto Concurrente Razonado del Juez Sergio García Ramírez a la sentencia en el caso *Myrna Mack Chang Vs. Guatemala*, de 25 de noviembre de 2003, Serie C N° 101, http://www.corteidh.or.cr/docs/casos/articulos/seriec_101_esp.pdf, donde se refirió al "'control de convencionalidad' que trae consigo la jurisdicción de la Corte internacional" (Párr. 27). Véase el comentario del propio Sergio garcía Ramírez sobre dicho voto y la evolución de su aporte al desarrollo de la noción en Sergio García Ramírez, "El control judicial interno de convencionalidad," en Eduardo Ferrer Mac Gregor (Coordinador), *El control difuso de convencionalidad. Diálogo entre la Corte Interamericana de Derechos Humanos y los jueces nacionales), FUNDAp,* Querétaro, México 2012, pp. 230 ss. Véase igualmente los comentarios a los criterios de García Ramírez en Karlos A. Castilla Juárez, "El control de convencionalidad. Un nuevo debate en México a partir de la sentencia del caso Radilla Pacheco," en Eduardo Ferrer Mac Gregor (Coordinador), *El control difuso de convencionalidad. Diálogo entre la Corte Interamericana de Derechos Humanos y los jueces nacionales), FUNDAp,* Querétaro, México 2012, pp. 87 ss.

2 Véase Ernesto Rey Cantor, *Control de Convencionalidad de las Leyes y Derechos Humanos*, México, Editorial Porrúa-Instituto Mexicano de Derecho Procesal Constitucional, 2008; Juan Carlos Hitters, "Control de constitucionalidad y control de convencionalidad. Comparación," en *Estudios Constitucionales*, Centro de Estudios Constitucionales de Chile, Universidad de Talca, Año 7, N° 2, 2009, pp. 109-128; Susana Albanese (Coordinadora), El control de convencionalidad, Buenos Aireas, Ed. Ediar, 2008; Eduardo Ferrer Mac-Gregor, "El control difuso de convencionalidad en el Estado constitucional", en Fix-Zamudio, Héctor, y Valadés, Diego (Coordinadores), *Formación y perspectiva del Estado mexicano,* México, El Colegio Nacional-UNAM, 2010, pp. 151-188; Eduardo Ferrer Mac-Gregor, "Interpretación conforme y control difuso de convencionalidad el nuevo paradigma para el juez mexicano," en *Derechos Humanos: Un nuevo modelo constitucional*, México, UNAM-IIJ, 2011, pp. 339-429; Carlos Ayala Corao, *Del diálogo jurisprudencial al control de convencionalidad*, Editorial Jurídica venezolana, Caracas 2013, pp, 113 ss. Véase además, Jaime Orlando Santofimio y Allan R. Brewer-Carías, *Control de convencionalidad y responsabilidad del Estado*, Universidad Externado de Colombia, Bogotá 2013.

de la propia Corte Interamericana de Derechos Humanos, que lo ha aplicado desde siempre[3] al confrontar las acciones de los Estados con el elenco de derechos humanos y de obligaciones de los Estados contenidos en la Convención Americana; y segundo, por los jueces o tribunales nacionales cuando juzgan sobre la validez de los actos del Estado, al confrontarlos, no sólo con la Constitución respectiva, sino también con las previsiones de la Convención Americana, o al aplicar las decisiones vinculantes de la Corte Interamericana, decidiendo en consecuencia, conforme a sus competencias, por ejemplo, incluso, la anulación de las normas nacionales o su desaplicación en el caso concreto.[4]

Estas dos vertientes, en efecto, las detectó el propio Juez García Ramírez al año siguiente de la anterior sentencia, en otro Voto razonado, esta vez a la sentencia del caso Caso *Tibi vs. Ecuador* de 7 de diciembre de 2004, cuando efectuó una comparación entre el control de constitucionalidad y el control de convencionalidad, considerando en cuanto a la función de la Corte Interamericana, que la misma se asemejaba a la de los tribunales constitucionales cuando juzgan la inconstitucionalidad de las leyes y demás actos normativos conforme a las reglas, principios y valores constitucionales; agregando que dicha Corte analiza los actos de los Estados que llegan a su conocimiento "en relación con normas, principios y valores de los tratados en los que funda su competencia contenciosa;" y que si bien "los tribunales constitucionales controlan la 'constitucionalidad', el tribunal internacional de derechos humanos resuelve acerca de la 'convencionalidad' de esos actos."[5] Por otra parte, en cuanto al control de constitucionalidad que realizan los órganos jurisdiccionales internos, de acuerdo con lo expresado por el mismo García Ramírez, estos "procuran conformar la actividad del poder público –y, eventualmente, de otros agentes sociales– al orden que entraña el Estado de Derecho en una sociedad democrática," en cambio, "el tribunal interamericano, por su parte, pretende conformar esa actividad al orden internacional acogido en la Convención fundadora de la jurisdicción interamericana y aceptado por los Estados partes en ejercicio de su soberanía."[6]

---

3 Véase en el mismo sentido, Karlos A. Castilla Juárez, "El control de nconvencionalidad. Un nuevo debate en México a partir de la sentencia del caso Radilla pacheco," en Eduardo Ferrer Mac Gregor (Coordinador), *El control difuso de convencionalidad. Diálogo entre la Corte Interamericana de Derechos Humanos y los jueces nacionales), FUNDAp,* Querétaro, México 2012, pp. 83-84. Por ello, el juez Eduardo Ferrer Mac-Gregor ha señalado que el "control concentrado de convencionalidad" lo venía realizando la Corte IDH desde sus primeras sentencias, sometiendo a un examen de convencionalidad los actos y normas de los Estados en un caso particular." Véase su Voto razonado a la sentencia de la Corte Interamericana en el caso *Cabrera García y Montiel Flores vs. México* de 26 de noviembre de 2010 (Párr. 22), en http://www.corteidh.or.cr/docs/casos/articulos/seriec_220_esp.pdf . También ha dicho con razón que "el control de convencionalidad constituye la razón de ser de la Corte Interamericana."Véase en Eduardo Ferrer Mac Gregor, "Interpretación conforme y control difuso de convencionalidad. El nuevo paradigma para el juez mexicano,"en ," en Eduardo Ferrer Mac Gregor (Coordinador), *El control difuso de convencionalidad. Diálogo entre la Corte Interamericana de Derechos Humanos y los jueces nacionales), FUNDAp,* Querétaro, México 2012, p. 132

4 Algunos autores, sin embargo, niegan que existan estas dos vertientes en el control de convencionalidad, argumentando que el mismo está reservado a la Corte Interamericana, negando la posibilidad de que los jueces y tribunales nacionales lleven a cabo dicho control. Karlos A. Castilla Juárez, "El control de convencionalidad. Un nuevo debate en México a partir de la sentencia del caso Radilla pacheco," en Eduardo Ferrer Mac Gregor (Coordinador), *El control difuso de convencionalidad. Diálogo entre la Corte Interamericana de Derechos Humanos y los jueces nacionales), FUNDAp,* Querétaro, México 2012, pp. 88 ss. Sobre las dos vertientes véase Véase Sergio García Ramírez, "El control judicial interno de convencionalidad," en Eduardo Ferrer Mac Gregor (Coordinador), *El control difuso de convencionalidad. Diálogo entre la Corte Interamericana de Derechos Humanos y los jueces nacionales), FUNDAp,* Querétaro, México 2012, pp. 213; y Eduardo Ferrer Mac Gregor, "Interpretación conforme y control difuso de convencionalidad. El nuevo paradigma para el juez mexicano,"en ," en Eduardo Ferrer Mac Gregor (Coordinador), *El control difuso de convencionalidad. Diálogo entre la Corte Interamericana de Derechos Humanos y los jueces nacionales), FUNDAp,* Querétaro, México 2012, p.132.

5 Voto razonado del Juez Sergio García Ramírez a la sentencia en el caso *Tibi Vs. Ecuador*, Sentencia de 7 de septiembre de 2004, Serie C Nº 114 (Párr. 3), en http://www.corteidh.or.cr/docs/casos/articulos/seriec_114_esp.pdf. Véanse los comentarios sobre las dos vertientes del control de convencionalidad en Victor Bazan y Claudio Nash (Editores), *Justicia Constitucional y derechos Fundamentales. El Control de Convencionalidad 2011,* Centro de Derechos Humanos Universidad de Chile, Konrad Adenauer Stiftung, 2011, pp. 24, 59; y Víctor Bazán, "Estimulando sinergias: de diálogos jurisporudenciales y control de convencionalidad," en Eduardo Ferrer Mac Gregor (Coordinador), *El control difuso de convencionalidad. Diálogo entre la Corte Interamericana de Derechos Humanos y los jueces nacionales), FUNDAp,* Querétaro, México 2012, pp. 14 ss.

6 Voto razonado del Juez Sergio García Ramírez a la sentencia en el caso *Tibi Vs. Ecuador*, Sentencia de 7 de septiembre de 2004, Serie C Nº 114 (Párr. 4), en http://www.corteidh.or.cr/docs/casos/articulos/seriec_114_esp.pdf.

Ahora bien, en particular en relación con el control de convencionalidad ejercido por los jueces y tribunales nacionales, si bien desde hace décadas se había venía realizando en muchas jurisdicciones nacionales, fue luego de la conceptualización efectuada por el juez García Ramírez, y a partir de la sentencia de la Corte Interamericana en el caso *Almonacid Arellano y otros vs. Chile* de 26 de septiembre de 2006,[7] cuando el término se acuñó en la jurisprudencia para identificar el control que ejercen dichos jueces cuando frente a normas nacionales que deban aplicar a casos concretos de los cuales conozcan, le dan prevalencia a las previsiones de la Convención Americana cuando aquellas normas nacionales le sean contrarias. Este control ocurre, igualmente cuando los jueces nacionales aplican en el ámbito interno las sentencias vinculantes de la Corte Interamericana. Dicho control de convencionalidad, además, particularmente en países en los cuales la Convención tiene rango constitucional o forma parte del bloque de la constitucionalidad, los jueces nacionales pueden, según sus respectivas competencias, no sólo desaplicar sino incluso anular las normas internas contrarias a la Convención Americana.

En la citada sentencia *Almonacid Arellano y otros vs. Chile* de 26 de septiembre de 2006, en efecto, la Corte Interamericana, después de aceptar que "los jueces y tribunales internos están sujetos al imperio de la ley y, por ello, están obligados a aplicar las disposiciones vigentes en el ordenamiento jurídico" de cada país, consideró sin embargo, que cuando los Estados respectivos han ratificado la Convención Americana, en virtud de que los jueces están sometidos a ella, eso los "obliga a velar porque los efectos de las disposiciones de la Convención no se vean mermadas por la aplicación de leyes contrarias a su objeto y fin, y que desde un inicio carecen de efectos jurídicos."[8]

Partiendo de esa premisa, la Corte Interamericana concluyó con su conocida afirmación de que "el Poder Judicial debe ejercer una especie de 'control de convencionalidad' entre las normas jurídicas internas que aplican en los casos concretos y la Convención Americana sobre Derechos Humanos," agregando, incluso que en esa tarea "el Poder Judicial debe tener en cuenta no solamente el tratado, sino también la interpretación que del mismo ha hecho la Corte Interamericana, intérprete última de la Convención Americana"[9].

Este control de convencionalidad, sin embargo, como hemos dicho, a pesar de la novedosa denominación introducida en 2006, se había ejercido con anterioridad por los tribunales nacionales en América Latina en relación con muchos de los derechos garantizados en la Convención Americana.[10] Entre los antecedentes más destacados, en las páginas que siguen queremos referirnos a la protección, mediante control de convencionalidad, de sólo tres de los derechos garantizados en la Convención: el derecho a la protección judicial o amparo; el derecho a la participación política, y la garantía judicial del debido proceso y derecho a la revisión de los fallos, a los cuales nos referiremos a continuación específicamente.

## II.- APLICACIÓN DEL DERECHO CONVENCIONAL PARA LA PROTECCIÓN JUDICIAL DEL DERECHO DE AMPARO O A LA PROTECCIÓN JUDICIAL

Un primer campo de manifestación de control de convencionalidad en el ámbito interno que queremos destacar, es el relativo a la protección de la garantía de la protección judicial o del derecho de amparo, que se manifestó por ejemplo en Venezuela, una vez que entró en vigencia

7 Véase sentencia en el caso *Almonacid Arellano y otros v Chile* de 26 de septiembre de 2006, en http://www.corteidh.or.cr/docs/casos/articulos/seriec_154_esp.pdf

8 *Ídem.*, Párr. 124

9 Para llegar a esta conclusión, la Corte Interamericana precisó que dicho control "tiene sustento en el principio de la buena fe que opera en el Derecho Internacional, en el sentido que los Estados deben cumplir las obligaciones impuestas por ese Derecho de buena fe y sin poder invocar para su incumplimiento el derecho interno, regla que se encuentra recogida en el artículo 27 de la Convención de Viena sobre los Tratados." *Ídem.* Párr. 125.

10 Véase Allan R. Brewer-Carías, "La aplicación de los tratados internacionales sobre derechos humanos en el orden interno", en *Revista IIDH*, Instituto Interamericano de Derechos Humanos, N° 46, San José 2007, pp. 219-271; y "La aplicación de los tratados internacionales sobre derechos humanos en el orden interno. Estudio de derecho constitucional comparado latinoamericano," en *El sistema interamericano de protección de los derechos humanos y su repercusión en los órdenes jurídicos nacionales*, Poder Judicial de la Federación, Suprema Corte de Justicia de la Nación, México 2009, Libro Electrónico (ISBN 978-970-712-903-0).

la Convención americana sobre Derechos Humanos, y por supuesto, antes de que se iniciara el régimen autoritario que a partir de 1999 asaltó y se apoderó del Estado, incluyendo el Tribunal Supremo de Justicia y todos los tribunales de la República.

En efecto, en la década de los setenta, los tribunales de instancia comenzaron a aplicar preferentemente la Convención Americana en relación con previsiones del derecho interno pocos años después de que la misma hubiera comenzado a entrar en vigor, con lo cual, por ejemplo pudieron cambiar, la interpretación jurisprudencial restrictiva que había sentado la antigua Corte Suprema de Justicia en 1970, que conducía en la práctica a la inadmisibilidad de la acción de amparo.

El artículo 49 de la Constitución de 1961 entonces vigente, en efecto había establecido el derecho de todas las personas a ser amparadas por los tribunales "en el goce y ejercicio de los derechos y garantías que la Constitución establece, *en conformidad con la Ley,*" frase ésta última de la cual dedujo la Corte Suprema que el ejercicio de tal derecho había quedado supeditado a lo que la ley estableciera. Ello, además, era lo que se deducía del texto de la Exposición de Motivos del proyecto de Constitución, donde al justificar la inclusión de la Disposición Transitoria (Quinta) que reglamentaba provisionalmente el derecho de *hábeas corpus*, se indicó que ello había sido "a fin de no dejar en suspenso" la eficacia del artículo en materia de libertad personal hasta la promulgación de la ley respectiva;[11] ley que sólo se sancionó en 1988.[12] Ello implicó que en los primeros lustros de vigencia de la Constitución, con excepción de la libertad personal, los demás derechos y garantías constitucionales carecieron de un efectivo instrumento de protección judicial.

Lo anterior, sin embargo, no fue obstáculo para que hacia finales de la década de los sesenta, algunos jueces de instancia comenzaran a admitir acciones de amparo para proteger otras libertades o garantías distintas de la libertad individual,[13] aplicando para ello, el procedimiento previsto para el *hábeas corpus*, invocando incluso como antecedente la decisión del caso *Ángel Siri* de la Corte Suprema de Argentina dictada el 27 de diciembre de 1.957, en la cual, conforme al principio de la progresividad[14] se abrió el camino para la generalización de la acción de amparo.[15] Ello sin embargo fue contrariado por la Corte Suprema de Justicia a fina-

11 Véase, Exposición de Motivos del Proyecto de Constitución en *Revista de la Facultad de Derecho*, UCV, N° 21 Caracas, 1961, p. 381.

12 Véase Ley Orgánica de Amparo a los Derechos y Garantías Constitucionales en Gaceta Oficial N° 34060 de 27 de septiembre de 1988. Sobre esta Ley véanse los comentarios de Allan R Brewer-carías y Carlos Ayala Corao, *Ley Orgánica de Amparo a los Derechos y Garantías Constitucionales*, Editorial Jurídica Venezolana, 6ª, ed., Caracas 2007.

13 Por sentencia del 13 de septiembre de 1968 del Juez Séptimo de Primera Instancia en lo Penal del Distrito Federal, confirmada por fallo de 4-10-68 de la Corte Superior Segunda en la Penal del Distrito Federal, se otorgó amparo a un ciudadano contra un acto administrativo que ordenó la detención de su automóvil en virtud de que el mismo no había sido importado regularmente al país. (Véase, R. Escala Zerpa, *Recurso de Amparo contra arbitrariedad de Funcionario Público*, Caracas, 1968). Asimismo, con fecha 14 de abril de 1989 otro Juez de Primera Instancia en lo Civil del Distrito Federal, acordó recurso de amparo, confirmado por decisión de 14 de julio de 1969 de la Corte Superior Segunda en lo Civil y Mercantil del Distrito Federal, contra un acto de la Policía Técnica Judicial que detuvo a un particular y se le obligó a reconocer como padre de un menor y a pagar una pensión alimentaria. Estas decisiones, tomadas de referencias contenidas en la publicación periódica *Síntesis Jurídica* (Escritorio Santana Mujica) fueron comentadas por dicha publicación en los siguientes términos: "Como un paso formativo del lento avance de nuestro país hacia un eficiente estado de derecho, ha de apuntarse las iniciales sentencias, derivadas de jueces penales y civiles, donde se derrota la tesis restrictiva, que se sostuvo inicialmente de que el amparo no era aplicable en el país, pese a su consagración en la Constitución porque carecía de reglamentación. Ahora se sostiene que cualquier juez es competente para conocer y decidir el amparo, que el fallo dictado no tiene consulta, que la ausencia de procedimiento no impide la procedencia del amparo, porque la Constitución dice: "la falta de la ley reglamentaria en estos derechos no menoscaba el ejercicio de los mismos". (Art. 50 CN), y se otorga ante cualquier acto público o privado, que desconozca, disminuya a menoscabe las garantías constitucionales". Véase además, Jesús R. Quintero "Recursos de Amparo, La cuestión central en dos sentencias y un voto salvado", en *Revista de la Facultad de Derecho*, N° 9, UCAB, Caracas, 1969-1970, pp. 157 a 206.

14 Véase lo expuesto en Allan R. Brewer-Carías. "La reciente evolución jurisprudencial en relación a la admisibilidad del recurso de amparo," en *Revista de Derecho Público*, N° 19, Caracas, 1984, pp. 207 ss.

15 Véase la referencia al caso *Ángel Siri* en José Luis Lazzarini, *El juicio de amparo*, La Ley, Buenos Aires, 1987, pp. 26 ss. y 373 ss.; Alí Joaquín Salgado, *Juicio de amparo y acción de inconstitucionalidad*, Ed. Astrea, Buenos Aires, 1987, pp. 5; Néstor Pedro Sagües, *Derecho Procesal Constitucional. Acción de Amparo*, Volumen 3, 2a Edición, Editorial Astrea, Buenos Aires, 1988, pp. 9 ss.

les de 1970,[16] al considerar en relación con la Disposición Transitoria Quinta constitucional, que "la protección de cualquier otro derecho –establecido o no en la Constitución– queda excluida del campo de aplicación de esa norma, por ser evidente la intención del constituyente de limitar su alcance al caso expresamente previsto por ella", calificando las decisiones que se habían venido adoptadas por jueces de instancia en lo penal amparando otros derechos distintos a la libertad personal, como una "extralimitación de atribuciones,"[17] y considerando al artículo 49 constitucional como de carácter programático, y por tanto, no aplicable directamente.

La Corte, en efecto, en sentencia de la Sala Político Administrativa de 14 de diciembre de 1970, sobre dicha norma resolvió que:

> ´"No es una norma directa e inmediatamente aplicable por los jueces, sino un precepto programático, sólo parcialmente reglamentada para la fecha en que la Constitución fue promulgada, y dirigido particularmente al Congreso, que es el órgano al cual compete la reglamentación de las garantías constitucionales, en conformidad con los artículos 136, ordinal 24, y 139 de la Constitución. Tal es la interpretación que da la Corte al artículo 49 al analizar sus previsiones aisladamente con el fin de desentrañar la mente del constituyente del lenguaje usado por éste para expresar su voluntad. Pero esta interpretación gramatical se robustece con la observación adicional de que el constituyente se habría abstenido de regular el procedimiento de *hábeas corpus,* si hubiera considerado que para hacer efectivo el amparo bastaba lo dicho en el artículo 49 respecto al procedimiento, no siendo indispensable su reglamentación legal para determinar el fuero competente y el modo de proceder." [18].

De consiguiente, agregó la Corte.:

> "el constituyente supone la existencia de una ley anterior al hecho o acto que afecte el derecho cuya protección se solicite; que autorice a determinados jueces para obrar en el sentido que pretenda el actor; y que establezca un procedimiento adecuado a la finalidad que se persiga. Dado el número y variedad de las situaciones jurídicas, en que pueda estar comprometido un derecho o una garantía constitucional, era forzoso que el constituyente dejara al legislador ordinario la potestad de establecer las reglas conforme a las cuales los tribunales deben amparar el goce y ejercicio de los derechos y garantías constitucionales, teniendo en cuenta no sólo las previsiones ya existentes que es necesario apreciar para atribuir a un determinado tribunal el conocimiento de un asunto, y establecer el procedimiento a seguir en cada situación"[19].

A esa interpretación que había sido sentada en una sentencia aislada, la Sala Político Administrativa de la Corte Suprema de Justicia, incluso, le dio una aplicación general al dictar un "Acuerdo" de 24 de abril de 1972 conforme a las potestades reglamentarias que le otorgaba el artículo 138 de la Ley Orgánica del Poder Judicial, en el cual precisó que:

> "la competencia de los Tribunales de Primera Instancia y Superiores en lo Penal de la República, a que se refiere la Disposición Transitoria Quinta de la Constitución, se limita exclusivamente al conocimiento del recurso de *hábeas corpus* previsto en dicha norma; y que en consecuencia, toda decisión que no esté apoyada en la competencia específica de

---

16 En la sentencia de la Corte Suprema de Justicia en Sala Político Administrativa de 11 de noviembre de 1970, en *Gaceta Oficial* N° 1.447, Extraordinaria de diciembre de 1970, pp. 27 y 28, ya se vislumbra la interpretación que posteriormente se adoptaría: "A diferencia de otras situaciones en relación a las cuales el Congreso, aún no ha determinado por Ley, cuál es el juez competente y el procedimiento a seguir a fin de obtener amparo judicial...".

17 Véase sentencia de la Corte Suprema de Justicia en Sala Político Administrativa de 14 de diciembre de 1970 en *Gaceta Oficial* N° 29.434 de 6 de febrero de 1971 pp. 219.984 y 219.985, y en *Gaceta Forense,* N° 70, 1970, pp. 179 ss. Esta decisión fue ratificada por sentencia de la misma Corte de 26 de abril de 1971 en *Gaceta Oficial* N° 1.478, Extraordinaria de julio de 1971, p. 31; y por Acuerdo de 24 de ABRIL DE 1972 en *Gaceta Oficial* N° 29.788 de 25 de abril de 1972, p. 222.865. El criterio de la Corte había sido también el de la Procuraduría General de la República. Véase, *Doctrina Procuraduría General de la República* 1970. Caracas 1971, pp. 37 ss.

18 Véase la sentencia de la Corte Suprema de Justicia en Sala Político Administrativa de 14 de diciembre de 1970 en *Gaceta Forense*, N° 70, Caracas 1970, pp. 179 ss.

19 Ídem. .

dichos Tribunales o que invada la atribuida por la Constitución y las Leyes, a otros órganos judiciales, constituye una usurpación o extralimitación de atribuciones."[20]

En esta forma quedó en general fuera de la competencia de los tribunales penales el poder conocer de acciones de amparo respecto de derechos cuyo conocimiento no formase parte de su competencia específica. Como el Acuerdo no consideró que fuera indispensable que para que una acción de amparo pudiera ser interpuesta ante otros tribunales fuera necesaria la sanción de una ley previa que regulara expresamente la acción, después de que Venezuela ratificó la Convención Americana sobre Derechos Humanos en 1977 (e igualmente, el Pacto Internacional de Derechos Económicos, Sociales y Culturales, en 1978, y el Pacto Internacional de Derechos Civiles y Políticos el mismo año 1978), los tribunales comenzaran a admitir acciones de amparo en virtud de la consagración en esos instrumentos internacionales (por ejemplo, el artículo 25.1 de la Convención Americana), del derecho de toda persona a un recurso sencillo y rápido o a cualquier otro recurso efectivo ante los Tribunales competentes que lo amparen contra actos que violen los derechos humanos[21].

Fue con base en estos antecedentes, cuando pocos años después comenzó a modificarse la rigidez interpretativa que en materia de la admisibilidad de las acciones de amparo se había enunciado en 1970, lo que se produjo con una sentencia de un juzgado civil de instancia de 24 de noviembre de 1982 (Caso Rondalera),[22] en la cual se admitió una acción de amparo para la protección del derecho a la educación. Si bien al final en primera instancia se declaró sin lugar la acción, una vez apelada la sentencia, el Juzgado Superior competente en cambio decretó el amparo solicitado mediante sentencia de 10 de febrero de 1983,[23] para lo cual, al referirse al problema de la competencia, señaló:

> "el mandato del Constituyente de amparar está dirigido a todos los Jueces, y que si bien la jurisprudencia de la Corte Suprema de Justicia ha definido la incompetencia de los Tribunales Penales para conocer de juicios de amparo distintos a las que tengan por objeto la privación o restricción de la libertad humana, pues de ellos corresponde conocer a la Jurisdicción Penal con exclusividad, persiste en cuanto al recurso de amparo la competencia genérica que establece el artículo 49 de la Constitución, lo que hace competente a dicho Tribunal, como tribunal civil para conocer en primer grado de este recurso de amparo que evidentemente pretende obtener la protección de un derecho civil como son el de educar, mediante el ejercicio de la actividad docente y el de recibir educación en plantel escogido por los padres"[24].

El Tribunal Superior, para llegar a esta conclusión, al referirse a la sentencia de la Corte Suprema de Justicia de 1970, puntualizó además, que después de 21 años de vigencia de la Constitución de 1961, y a pesar de que no se había "reglamentado *ese recurso efectivo, rápido y eficaz,* para desentrañar las violaciones," salvo el amparo de la libertad personal y las restricciones de que ella pueda ser objeto, mediante el *Hábeas Corpus, ya eran:*

> "leyes vigentes en Venezuela los Tratados Internacionales cuya normativa transcribimos en materia de derechos humanos, políticos, civiles y penales, la que nos lleva a la conclusión de que la situación jurídica en Venezuela no es la misma de 1970, y la jurisprudencia favorable a la admisión a la acción de amparo a nivel de instancia se ha incrementado con los problemas de competencia, por ser llevados a la jurisdicción penal, aun cuando se trate de materias civiles, por la experiencia que se reconoce a dicha jurisdicción en el manejo de *Hábeas Corpus*"[25].

---

20 Véase el texto en *Gaceta Oficial* N° 29.788 de 25 de abril de 1972. Véase, así mismo en la revista *Ministerio Público,* N° 19, Caracas 1972, pp. 105-107.

21 Véase en *Gaceta Oficial* N° 31.256 de 14 de junio de 1977 y N° 2.146 Extra, de 28 de enero de 1978.

22 Véase René Molina Galicia, *El Amparo a Rondalera,* Ediciones, Síntesis Jurídica, Caracas, 1984, p. 80.

23 *Idem,* pp. 106 a 169.

24 *Idem,* pp. 152 a 163.

25 *Ídem,* p. 149.

Esta puede considerarse, en Venezuela, como el antecedente remoto del control de convencionalidad que permitió, con base en las disposiciones de la Convención Americana, que se generalizara la admisión de las acciones de amparo aún sin que se hubiese dictado la ley que la regulara; interpretación que fue luego acogida por la propia Corte Suprema de Justicia en Sala Político-Administrativa, al decidir sobre una acción de amparo que había sido intentada por un candidato presidencial contra una decisión del Consejo Supremo Electoral que limitaba el derecho a realizar propaganda electoral en condiciones de igualdad. Se trató del caso Andrés Velázquez decidido mediante sentencia de 20 de octubre de 1983,[26] en el cual se admitió la posibilidad del ejercicio de acciones de amparo para la protección de derechos distintos al de hábeas corpus, al considerar que el carácter programático del artículo 49 de la Constitución, había quedado superado "desde el momento en que por Ley se habían aprobado Convenciones Internacionales sobre derechos humanos que exigían la garantía del amparo."

Se admitió así la acción de amparo en Venezuela, con base en el control de convencionalidad que realizó la Corte Suprema, exigiéndole sin embargo a los tribunales de instancia que ejercieran la competencia en la materia con prudencia "tratando de suplir por medio de la analogía y demás instrumentos de interpretación de que los provee el sistema jurídico venezolano, la lamentable ausencia de una ley reglamentaria de la materia," precisando que debían conocer de los "recursos de amparo de acuerdo con la afinidad que con su competencia natural tengan los derechos que se pretendan vulnerados."[27]

Con posterioridad, en 1988, se sancionó la Ley Orgánica de Amparo sobre derechos y garantías constitucionales[28], con la cual se abrió definitivamente el camino para la utilización de este recurso judicial para la protección de los derechos humanos, particularmente debido a la ineficacia de los medios judiciales ordinarios para asegurar tal protección. Sin embargo, antes de que entrara en vigencia la Ley Orgánica, fue mediante la interpretación constitucional de la cláusula abierta y la aplicación de las convenciones internacionales que la acción de amparo se aceptó en Venezuela.

Posteriormente, en forma más directa, e igualmente en materia de admisibilidad de la acción de amparo en ausencia de previsiones constitucionales y legales, mediante un control de convencionalidad y en aplicación de la Convención Americana, en 1999 se admitió la acción de amparo en la República Dominicana, donde hasta esa fecha no se había admitido por falta de reglas de procedimiento relativas al amparo, incluyendo normas legales atributivas de competencia judiciales para conocer de la acción.

En efecto, el sistema constitucional de la República Dominicana también puede ubicarse en este grupo constitucional, donde los tratados tienen el mismo rango que las leyes. Por ello, y precisamente por el hecho de que la República Dominicana es uno de los pocos países de América Latina que no tiene consagrado en el texto constitucional el recurso o acción de amparo como medio judicial de protección de los derechos humanos, la Corte Suprema aplicó la Convención Americana de Derechos Humanos para admitir jurisprudencialmente la acción o recurso de amparo.

En efecto, el artículo 3 de la Constitución de la República Dominicana establece que "La República Dominicana reconoce y aplica las normas del Derecho Internacional general y americano en la medida en que sus poderes públicos las hayan adoptado". Conforme a ello, en 1977 el Congreso aprobó la Convención Americana de Derechos Humanos, en cuyos artículo 8,2 y 25,1 se regulan los principios generales del debido proceso y, en particular, la acción o recurso de amparo para la protección de los derechos humanos declarados en la Convención, en las Constituciones y en las leyes de los Estados miembros.

26 Véase en *Revista de Derecho Público,* N° 11, Editorial Jurídica Venezolana, Caracas 1983, pp. 169 y 170. Véase el comentario sobre esta sentencia del Magistrado ponente del fallo, René De Sola, "El Recurso de Amparo en Venezuela" en *Revista SIC,* N° 472, Caracas, febrero 1985, pp. 74 ss.

27 *Ídem,* p. 170.

28 Gaceta Oficial N° 33891 de 220-01-1988. Véase en general sobre dicha Ley, Allan R. Brewer-Carías y Carlos Ayala Corao, *Ley Orgánica de Amparo sobre derechos y garantías constitucionales*, Caracas, 1988.

De acuerdo con estas previsiones, si bien era cierto que la Constitución no regulaba expresamente la acción o recurso de amparo, el mismo estaba consagrado en la Convención Americana, por lo que dicho recurso podía ejercerse por toda persona en protección de sus derechos. El problema, sin embargo, radicaba en la ausencia de las reglas de procedimiento relativas al amparo, incluyendo la ausencia de normas legales atributivas de competencia judiciales para conocer de la acción, las cuales sólo se establecieron en la Ley de Amparo de 2006. Ello explica por qué hasta 1999 no se habían intentado acciones de amparo.

Ese año, sin embargo, una empresa privada, la empresa *Productos Avon S.A.*, intentó un recurso de amparo ante la Corte Suprema contra una sentencia dictada por un juzgado con competencia en materia laboral, alegando violación de derechos constitucionales, y fue dicha acción la que originó la admisibilidad jurisprudencial de la acción de amparo en la República Dominicana sin que hubiera disposición constitucional o legal sobre la misma.

En efecto, la Corte Suprema en su sentencia del 24 de febrero de 1999, admitió la acción de amparo intentada por la mencionada empresa *Avon*, declarando al amparo como "una institución de derecho positivo" y prescribiendo en la decisión las reglas básicas de procedimiento para el ejercicio de tales acciones de amparo[29]. El caso se desarrolló como sigue:

1.- La empresa demandante alegó que la decisión judicial del tribunal laboral había violado su derecho a ser juzgado por el juez natural, a cuyo efecto solicitó a la Corte Suprema que: primero, declarara en su sentencia que el amparo debía considerarse como una institución dominicana de derecho público; y segundo, que la Corte Suprema, de acuerdo con las disposiciones de la Ley Orgánica Judicial que le atribuye a la Corte el poder de resolver sobre el procedimiento aplicable en caso de que no exista uno legalmente prescrito, disponiendo las normas respectivas, que en consecuencia estableciera dichas normas en relación con los recursos de amparo. Adicionalmente, el recurrente solicitó a la Corte que dictara una medida cautelar suspendiendo los efectos de la sentencia laboral impugnada mientras durase el juicio de amparo.

2.- La Corte Suprema, a los efectos de decidir, estableció el criterio que los tratados internacionales invocados por el recurrente, particularmente los artículos 8 y 25,1 de la Convención Americana de Derechos Humanos, eran parte del derecho interno de la República Dominicana, y tenían la finalidad de garantizar la protección judicial de los derechos fundamentales reconocidos en la Constitución, en la ley y en la indicada Convención, contra todo acto violatorio de dichos derechos, cometido por cualquier persona actuando o no en el ejercicio de funciones públicas, por lo que incluso se admitía contra actuaciones de particulares. En este aspecto, la Corte Suprema resolvió que:

> "Contrariamente a como ha sido juzgado en el sentido de que los actos violatorios tendrían que provenir de personas no investidas con funciones judiciales o que no actúen en el ejercicio de esas funciones, el recurso de amparo, como mecanismo protector de la libertad individual en sus diversos aspectos, no debe ser excluido como remedio procesal específico para solucionar situaciones creadas por personas investidas de funciones judiciales ya que, al expresar el artículo 25.1 de la Convención, que el recurso de amparo está abierto a favor de toda persona contra actos que violes sus derechos fundamentales, "aún cuando tal violación sea cometida por personas que actúen en ejercicio de sus funciones oficiales", evidentemente incluye entre éstas a las funciones judiciales ".

Igualmente, la Corte resolvió que la vía del amparo:

> "Queda abierta contra todo acto u omisión de los particulares o de los órganos o agentes de la administración pública, incluido la omisión o el acto administrativo, no jurisdic-

29 Véase en Véase en *Iudicum et Vita, Jurisprudencia nacional de América Latina en Derechos Humanos*, N° 7, Tomo I, Instituto Interamericano de Derechos Humanos, San José, Costa Rica, Diciembre 2000 p. 329 y ss. Véanse los comentarios a dicha sentencia en Allan R. Brewer-Carías, "La admisión jurisprudencial de la acción de amparo en ausencia de regulación constitucional o legal en la República Dominicana", ídem, pp. 334 y ss; y en *Revista IIDH*, Instituto Interamericano de Derechos Humanos, San José, 2000.

cional. Del poder judicial, si lleva cualquiera de ellos una lesión, restricción o alteración, a un derecho constitucionalmente protegido"[30].

En relación con este tema, la decisión de la Corte Suprema de la República Dominicana puede considerarse como muy importante en virtud de admitir claramente que la acción de amparo también procede contra particulares, siguiendo en tal sentido la concepción amplia del amparo iniciada en Argentina y que se sigue en Uruguay, Chile, Perú, Bolivia y Venezuela. La concepción restringida, en cambio, que excluye el amparo contra particulares, es la que se sigue en México, Brasil, Panamá, El Salvador y Nicaragua.

La decisión de la Corte Suprema de la República Dominicana también siguió la concepción amplia del amparo, al admitirlo contra decisiones judiciales, tal como está aceptada en la Convención Americana, y en contra de la tendencia observada en otros países latinoamericanos que excluyen la acción de amparo contra sentencias o decisiones judiciales, como es el caso de Argentina, Uruguay, Costa Rica, Panamá, El Salvador, Honduras y Nicaragua. En la Ley de Amparo de 2006, sin embargo, se excluyeron los actos judiciales de la acción de amparo. En Colombia, el decreto de 1999, regulador de la acción de tutela también admitió la acción de amparo contra decisiones judiciales, pero la Corte Constitucional rápidamente anuló el artículo 40 que lo consagraba, considerando que violaba el derecho a la cosa juzgada de las decisiones judiciales definitivas[31]. Sin embargo, posteriormente, la tutela fue admitida contra decisiones judiciales fundamentándose en el control de la vía de hecho judicial como instrumento para enfrentar y someter la arbitrariedad judicial[32].

3. En relación con la decisión de la Corte Suprema de la República Dominicana de 1999, adicionalmente decidió que incluso en ausencia de reglas de procedimiento respecto del trámite del recurso de amparo, contrariamente a lo que sucedía con el recurso habeas corpus que en cambio si disponía de una regulación legal que establecía el juez competente y el procedimiento respectivo; tratándose el amparo de un medio judicial simple, rápido y efectivo para la protección de todos los otros derechos constitucionales distintos a los protegidos mediante el habeas corpus, ningún juez podría rechazar su admisión aduciendo la ausencia de regulación legal. A tales efectos, la Corte Suprema, conforme se establece en el artículo 29,2 de la Ley Orgánica Judicial, y a los efectos de evitar la confusión que podría ocasionar la ausencia de reglas de procedimiento, invocó su potestad de establecerlas, resolviendo en definitiva:

> "Declarar que el recurso de amparo previsto en el artículo 25,1 de la Convención Americana de Derechos Humanos DE SAN José, Costa Rica, del 22 de noviembre de 1969, es una institución de derecho positivo dominicano, por haber sido adoptada y aprobada por el Congreso Nacional, mediante Resolución N° 739 del 25 de diciembre de 1977, de conformidad con el artículo 3, de la Constitución de la República"[33].

Como consecuencia, la Corte Suprema pasó a resolver los problemas prácticos que podría originar la aceptación del amparo, estableciendo las reglas de procedimiento, así: primero, determinando que la competencia para conocer en materia de amparo corresponde a los tribunales de primera instancia en el lugar donde se haya producido la acción u omisión cuestionada; y segundo, estableciendo las reglas de procedimiento, en sentido similar a las dispuestas en los artículos 101 y siguientes de la Ley N° 834 de 1978, agregando algunas referencias respecto de los plazos para intentar la acción ante los tribunales, de la audiencia que debe tener lugar para decidir, de los plazos para decidir y del lapso de apelación.

La Corte Suprema, finalmente, a los efectos de evitar los abusos que podría producir la admisión del amparo, recordó que dicho recurso no debía entenderse como la introducción de una tercera instancia en los procesos judiciales[34].

30 Ídem. p. 332

31 Sentencia C.543 de 24 septiembre de 1992. Véase en Manuel José Cepeda Espinosa, *Derecho Constitucional Jurisprudencia*, Legis, Bogotá 2001, p. 1009 y ss.

32 Sentencia T-213 de 13 de mayo de 1994. Ídem, p. 1022 y ss

33 Ídem. p. 333

34 Véase en *Iudicum et Vita, Jurisprudencia nacional de América Latina en Derechos Humanos*, N° 7, Tomo I, Instituto Interamericano de Derechos Humanos, San José, Costa Rica, Diciembre 2000 p. 329 y ss. Véanse los comentarios a dicha

Esta sentencia de la Corte Suprema de la República Dominicana, adoptada en ausencia de regulaciones constitucionales y legales sobre la acción de amparo, admitiendo este medio judicial de protección de los derechos humanos de acuerdo con lo establecido en la Convención Americana de derechos Humanos, sin duda, fue una de las más importantes sentencias de dicha Corte en la materia, no sólo en relación con la admisibilidad de la acción de amparo[35], sino en cuanto a la aplicabilidad directa en el orden interno de las disposiciones de la Convención Americana de Derechos Humanos. La materia, como se dijo, luego se reguló en la Ley de Amparo de 2006.

## III.-APLICACIÓN DEL DERECHO CONVENCIONAL PARA LA PROTECCIÓN JUDICIAL DEL DERECHO A LA PARTICIPACIÓN POLÍTICA

Una segunda manifestación del control de convencionalidad en el ámbito interno, se manifestó también en Venezuela, por la antigua Corte Suprema de Justicia de Venezuela, actuando entonces como Jurisdicción Constitucional, al anular diversas disposiciones legales que consideró violaban derechos establecidos en la Convención Americana de Derechos Humanos, que de acuerdo con lo establecido en el artículo 50 de la Constitución de 1961 (equivalente al articulo 22 de la Constitución de 1999), fueron considerados como "derechos inherentes a la persona humana."[36] Dicha norma, en efecto establece el principio de que la enunciación de los derechos y garantías contenidos en la Constitución y en los instrumentos internacionales sobre derechos humanos "no debe entenderse como negación de otros que, siendo *inherentes a la persona*, no figuren expresamente en ellos," agregando que "la falta de ley reglamentaria de estos derechos no menoscaba el ejercicio de los mismos."

En relación con el significado de estos derechos inherentes a la persona humana la antigua Corte Suprema de Justicia de Venezuela, en una sentencia de 31 de enero de 1991, señaló lo siguiente:

> "Tales derechos inherentes de la persona humana son derechos naturales, universales, que tienen su origen y son consecuencia directa de las relaciones de solidaridad entre los hombres, de la necesidad del desarrollo individual de los seres humanos y de la protección del medio ambiente".

En consecuencia, la misma Corte concluyó disponiendo que:

> "Dichos derechos comúnmente están contemplados en Declaraciones Universales y en textos nacionales o supranacionales y su naturaleza y contenido como derechos humanos no debe permitir duda alguna por ser ellos de la esencia misma del ser y, por ende, de obligatorio respeto y protección"[37].

Ahora bien, en aplicación de esta doctrina, en 1996, la antigua Corte Suprema de Justicia, al decidir la acción popular de inconstitucionalidad que se había intentado contra la Ley de División Político Territorial del Estado Amazonas, por no haberse respetado los derechos de participación política de las comunidades indígenas, decidió que siendo dicho Estado de la federación uno mayormente poblado por dichas comunidades indígenas, la sanción de dicha Ley sin previamente haberse oído la opinión de las mismas, mediante consulta popular, significó la violación del derecho constitucional a la participación política.

---

sentencia en Allan R. Brewer-Carías, "La admisión jurisprudencial de la acción de amparo en ausencia de regulación constitucional o legal en la República Dominicana", ídem, pp. 334 ff.

35 Ídem, p. 334 ff.

36 Véase Allan R. Brewer-Carías, "La interrelación entre los Tribunales Constitucionales de América Latina y la Corte Interamericana de Derechos Humanos, y la cuestión de la inejecutabilidad de sus decisiones en Venezuela," en Armin von Bogdandy, Flavia Piovesan y Mariela Morales Antonorzi (Coodinadores), *Direitos Humanos, Democracia e Integracao Jurídica na América do Sul*, Lumen Juris Editora, Río de Janeiro 2010, pp. 661-701

37 Caso: *Anselmo Natale*. Consultada en original. Véase el texto en Carlos Ayala Corao, "La jerarquía de los instrumentos internacionales sobre derechos humanos," en *El nuevo derecho constitucional latinoamericano*, IV Congreso venezolano de Derecho constitucional, Vol. II, Caracas 1996, y *La jerarquía constitucional de los tratados sobre derechos humanos y sus consecuencias*, México, 2003..

Aún cuando dicho derecho no estaba expresamente enumerado en la Constitución de 1961, la Corte fundamentó su decisión en la cláusula abierta del artículo 50 constitucional (equivalente al artículo 22 de la Constitución de 1999), considerando que el derecho a la participación política era un derecho inherente a la persona humana, como "principio general de rango constitucional en una sociedad democrática"; agregando, en relación al caso decidido, que "por ser un derecho de las minorías" (los indígenas, en el presente caso), era susceptibles "de la tutela judicial conforme al artículo 50 *ejusdem*, los grandes tratados y convenciones internacionales sobre los derechos humanos y las leyes nacionales y estadales". En dicha sentencia del 5 de diciembre de 1996, la Corte señaló que:

> "En el presente caso no se demostró el cumplimiento cabal de la normativa en cuanto a la participación ciudadana, restándole al acto impugnado la legitimación originaria conferida por la consulta popular. Alegan los oponentes al recurso intentado que fueron consultados los órganos oficiales, como el Ministerio del Ambiente y de los Recursos Naturales Renovables y el Servicio Autónomo Ambiental de Amazonas y se recibieron observaciones de diferentes organizaciones indígenas, asimismo, antes de la promulgación de la Ley, el Gobernador explicó a la Organización Regional de Pueblo Indígenas las razones de la Ley. Estima la Corte que este procedimiento constituye una expresión tímida e insignificante del derechos constitucional de participación ciudadana en la formación de la ley. Tal participación debe manifestarse antes y durante la actividad legislativa y no tan solo en el momento de su promulgación por parte del Gobernador del Estado. Por otra parte, el hecho que se consultaron los referidos organismos nacionales (actuación idónea) no exime la obligatoriedad de cumplimiento de la consulta popular sobre todo en una materia en la cual está involucrada: el régimen de excepción de las comunidades indígenas (de rango constitucional) el carácter multiétnico y pluricultural, la biodiversidad, la cultura, religión y lengua propia de las comunidades indígenas, el derecho a la tierra que respecto a dichas comunidades es de interés social e inalienable, en definitiva, la organización municipal (como lo es el acto impugnado) constitutivo del marco institucional de tales realidades preexistentes, permanentes y objetivas. La participación es un fenómeno de la vida democrática, que al manifestarse antes de dictarse la norma, instruye a la autoridad sobre los intereses legítimos y necesidades de la comunidad y produce, a posteriori, consecuencias positivas, que se revelan en el respaldo democrático de su aplicación"[38].

Y al analizar en concreto la Ley de División Territorial del Estado Amazonas, la Corte estimó que en la formación de la misma:

> "Con la cual se modifican las condiciones económicas y sociales de la región, se cambia el entorno vital del individuo, se establecen los municipios y sus límites, se modifica la normativa jurídica (consecuencia de la mencionada división), se cambia el entorno vital del individuo, se establecen los municipios y sus límites, se modifica la normativa jurídica (consecuencia de la mencionada división), se afecta la tenencia de las tierras, se ordena el territorio bajo un nuevo régimen, se cambia la vida cotidiana voluntad de los mismos indígenas. Más aún, su participación debe ser considerada con especial atención, en vista de que los indígenas constituyen uno de los grupos sociales más expuestos a la violación de sus derechos humanos, por sus condiciones socio-económicas, culturales y aislamiento, por cuanto en su hábitat intervienen intereses distintos y a veces contrarios a los legítimos derechos de la población autóctona, porque, lamentablemente, la historia de la humanidad, evidencia un largo y triste padecer de las minorías, en algunos casos por el desconocimiento de sus legítimos derechos, en otros, por la cultura del odio y el perjuicio. Es entonces, en este contexto, que los derechos humanos de los indígenas, cobran mayor fortaleza y esta Corte así lo reconoce expresamente. Asimismo, precisa el alto tribunal, que la lesión de los derechos humanos de las minorías no les atañe sólo a

38 Caso: *Antonio Guzmán, Lucas Omashi y otros*, en *Revista de Derecho Público*, N° 67-68, Editorial Jurídica Venezolana, Caracas, 1996, pp. 176 ff.

esas comunidades sino a la nación entera, en virtud de la solidaridad y protección de los intereses superiores del gentilicio venezolano (artículos 57 y 51 de la Carta Magna)" [39].

De acuerdo con esta decisión, la antigua Corte Suprema venezolana decidió que en el caso sometido a su consideración, había ocurrido una violación a los derechos constitucionales de las minorías establecidos en la Constitución y en los tratados y convenciones internacionales, en particular, al derecho a la participación política en el proceso de elaboración de leyes, debido a la ausencia de consulta popular a las comunidades indígenas, como consecuencia de lo cual declaró la nulidad de la ley estadal impugnada.

Sobre la protección del derecho a la participación política, más recientemente, en relación con las dudas que se habían planteado, en 1998, en varios recursos de interpretación, sobre la posibilidad de que el Presidente electo de la República convocara un referéndum consultivo para resolver sobre la convocatoria de una Asamblea Constituyente que no estaba regulada en la Constitución de 1961, como mecanismo para la reforma constitucional, la antigua Corte Suprema de Justicia en Sala Político Administrativa dictó sendas decisiones de 19 de enero de 1999, admitiendo la posibilidad de que se convocara dicho referéndum consultivo, fundamentando su decisión en el derecho a la participación política de los ciudadanos, para lo cual se basó, de nuevo, en el artículo 50 de la Constitución, conforme al cual consideró tal derecho como uno derecho implícito y no enumerado, inherente a la persona humana.

La Corte entonces consideró al referéndum como un derecho inherente a la persona humana, decidiendo lo siguiente:

> "Ello es aplicable, no sólo desde el punto de vista metodológico sino también ontológicamente, ya que si se considerara que el derecho al referendo constitucional depende de la reforma de la Constitución vigente, el mismo estaría supeditado a la voluntad del poder constituido, lo que pondría a éste por encima del poder soberano. La falta de tal derecho en la Carta Fundamental tiene que interpretarse como laguna de la Constitución, pues no podría admitirse que el poder soberano haya renunciado *ab initio* al ejercicio de un poder que es obra de su propia decisión política"[40].

La conclusión de la decisión de la Corte Suprema fue que no era necesario que se reformara previamente la Constitución a los efectos de reconocer como un derecho constitucional el referéndum o la consulta popular sobre la convocatoria a una Asamblea Constituyente, con lo que se abrió la posibilidad judicial de convocar la Asamblea nacional Constituyente sin previsión constitucional expresa[41], con todas las consecuencias institucionales que ello produjo y continúa produciendo[42].

## IV.- APLICACIÓN DEL DERECHO CONVENCIONAL PARA LA PROTECCIÓN DEL DEBIDO PROCESO, EN PARTICULAR EL DERECHO A LA REVISIÓN DE SENTENCIAS

La tercera manifestación del ejercicio del control de convencionalidad que deriva de la aplicación del derecho convencional en el ámbito interno para la protección de derechos se refiere a las garantías judiciales del debido proceso.

Un caso significativo puede mencionarse, decidido igualmente en Venezuela antes de 1999, específicamente en 1997, en el cual la antigua Corte Suprema dictó otra importante decisión anulando una ley nacional, la llamada Ley de Vagos y Maleantes, por considerarla inconstitucional, basándose de nuevo en el "proceso de constitucionalización de los derechos humanos de acuerdo con el artículo 50 de la Constitución", y considerando que dicha ley "vulnera *ipso*

39 Ídem.

40 Véase en *Revista de Derecho Público*, N° 77-80, Editorial Jurídica Venezolana, Caracas 1999, p. 67

41 Véase los comentarios en Allan R. Brewer-Carias, "La configuración judicial del proceso constituyente o de cómo el guardián de la Constitución abrió el camino para su violación y para su propia extinción", en *Revista de Derecho Público*, N° 77-80, Editorial Jurídica Venezolana, Caracas 1999, pp. 453 y ss.

42 Véase Allan R. Brewer-Carías, *Golpe de Estado y proceso constituyente en Venezuela*, Instituto de Investigaciones Jurídicas, UNAM, México 2002

*jure*, Convenciones Internacionales y Tratados, sobre los derechos del hombre, en la medida en que dichos instrumentos adquieren jerarquía constitucional"[43].

En efecto, en su sentencia del 6 de noviembre de 1997, la antigua Corte Suprema consideró a la ley impugnada como infamante, al permitir detenciones ejecutivas o administrativas de personas consideradas como vagos o maleantes, sin garantía alguna del debido proceso, basando su decisión en el artículo 5 de la Declaración Universal de los Derechos Humanos y en la Convención Americana sobre Derechos Humanos, la cual "se ha incorporado a nuestro Derecho Interno como norma ejecutiva y ejecutable reforzada por la jurisprudencia, la cual le ha dado el carácter de parámetro de constitucionalidad. Ello entraña la incorporación a nuestro ordenamiento jurídico interno del régimen previsto en convenciones internacionales"[44].

La Corte consideró que la ley impugnada era inconstitucional en virtud de que omitía las garantías de un juicio justo establecidas en los artículo 7 y 8 de la Convención Americana y en los artículos 10 y 14 del Pacto Internacional de Derechos Civiles y Políticos, y porque, además, era discriminatoria, violando el artículo 24 de la misma Convención Americana cuyo texto íntegro se transcribió en la sentencia. La Corte se refirió en su decisión anulatoria, además, a la existencia de:

> "Informes de instituciones defensoras de los Derechos Humanos. Dichos documentos censuran abiertamente la ley venezolana sobre vagos y maleantes. Son muchas las recomendaciones orientadas a poner fin a su vigencia. Conviene observar que se ha exhortado al Gobierno venezolano a adoptar e implementar una serie de recomendaciones, a los efectos de reducir las violaciones a los derechos humanos, derivadas de la aplicación de la Ley sobre Vagos y Maleantes. Sobre todo se he hablado de la necesidad de impulsar la discusión de Ley de Protección a la Seguridad Ciudadana, que supuestamente se encontraba en ese proceso"[45].

Pero en materia de protección en el ámbito interno del derecho convencional del debido proceso, deben destacarse varios casos en los cuales los tribunales nacionales han protegido el derecho de las personas a la revisión judicial o a la doble instancia, aplicando las previsiones de la Convención Americana sobre Derechos Humanos.

Un importante caso se decidió en Argentina, donde la Constitución de Argentina otorga una jerarquía superior a las leyes, es decir, rango constitucional, a un importante grupo de tratados y declaraciones internacionales que estaban vigentes en 1994; específicamente los enumerados en el artículo 75.22 de la Constitución, que dice:

> "La Declaración Americana de los Derechos y Deberes del Hombre; la Declaración Universal de Derechos Humanos; la Convención Americana sobre Derechos Humanos; el Pacto Internacional de Derechos Económicos, Sociales y Culturales; el Pacto Internacional de Derechos Civiles y Políticos y su Protocolo Facultativo; la Convención sobre la Prevención y la Sanción del Delito de Genocidio; la Convención Internacional sobre la Eliminación de todas las Formas de Discriminación Racial; la Convención sobre la Eliminación de todas las Formas de Discriminación contra la Mujer; la Convención contra la Tortura y otros Tratos o Penas Crueles, Inhumanos o Degradantes; la Convención sobre los Derechos del Niño".

Estos instrumentos internacionales conforme se indica en el texto constitucional "en las condiciones de su vigencia, tienen jerarquía constitucional, no derogan artículo alguno de la primera parte de esta Constitución y deben entenderse complementarios de los derechos y garantías por ella reconocidos". Aparte de ello, el mismo artículo precisa que "solo podrán ser denunciados, en su caso, por el Poder Ejecutivo nacional, previa aprobación de las dos terceras partes de la totalidad de los miembros de cada Cámara".

---

43 Véase en *Revista de Derecho Público* N° 71-72, Editorial Jurídica Venezolana, Caracas, 1997, pp. 177 y ss.

44 Ídem.

45 Ídem. .

En relación con los otros tratados en materia de derechos humanos diferentes a los enumerados en el artículo 75,22, la Constitución estableció que "luego de ser aprobados por el Congreso, requerirán del voto de las dos terceras partes de la totalidad de los miembros de cada Cámara para gozar de la jerarquía constitucional".

De acuerdo con todas estas previsiones constitucionales, la Corte Suprema de Justicia de la Nación ha aplicado la Convención Americana de Derechos Humanos, dando prevalencia a sus previsiones en relación con las leyes, como sucedió respecto del Código de Procedimiento Penal. Al contrario de lo que se establece en la Convención Americana, dicho Código excluía el derecho de apelación respecto de algunas decisiones judiciales de acuerdo a la cuantía de la pena. La Corte Suprema de la Nación declaró la invalidez por inconstitucionalidad de dichas normas limitativas de la apelación, aplicando precisamente el artículo 8,1,h de la Convención Americana que garantiza, como se ha dicho, el derecho de apelar las decisiones judiciales por ante un tribunal superior"[46].

Por otra parte, también en Argentina, los tribunales han considerado las decisiones de la Comisión Interamericana y de la Corte Interamericana como obligatorias, incluso antes de que los tratados internacionales de derechos humanos fueran constitucionalizados en la reforma constitucional de 1994. En una sentencia de 7 de julio de 1992, la Corte Suprema aplicó la *Opinión Consultiva OC-7/86*[47] de la Corte Interamericana, señalando que: "la interpretación del Pacto debe, además guiarse por la jurisprudencia de la Corte Interamericana de Derechos Humanos, uno de cuyos objetivos es la interpretación del Pacto de san José (Estatuto, artículo 1)"[48].

En 1995, la misma Corte Suprema de Argentina consideró que debido al reconocimiento por el Estado de la jurisdicción de la Corte Interamericana para resolver casos de interpretación y aplicación de la Convención Americana, sus decisiones "deben servir de guía para la interpretación de los preceptos convencionales"[49]. En otras decisiones, la Corte Suprema revocó decisiones de tribunales inferiores por considerar que las interpretaciones que las sustentaban eran incompatibles con la doctrina de la Comisión Interamericana de Derechos Humanos[50].

En Costa Rica también se dio aplicación al derecho convencional, incluso conforme a la Constitución reformada de 1983, la cual dispone que: "Los tratados públicos, los convenios internacionales y los concordatos, debidamente aprobados por la Asamblea Legislativa, tendrán desde su promulgación o desde el día que ellos designen, autoridad superior a las leyes (Artículo 7). La Sala Constitucional sin embargo le otorgó a los tratados internacionales en materia de derechos humanos, rango constitucional e incluso supra constitucional de contener disposiciones más favorables al ejercicio de los mismos.

Con base en ello, la Sala Constitucional de la Corte Suprema de Costa Rica aplicó directamente la Convención Americana de Derechos Humanos, con prevalencia sobre las leyes, al considerar que las normas "legales que contradigan [un tratado] deban tenerse simplemente

46 Sentencia de 04-04- 1995, Caso Giroldi, H.D. y otros. Véase en Aida Kemelmajer de Caqrlucci and maria Gabriela Abalos de Mosso, "Grandes líneas directrices de la jurisprudencia argentina sobre material constitucional durante el año 1995", en *Anuario de Derecho Constitucional latinoamericano 1996*, Fundación Konrad Adenauer, Bogotá, 1996, pp. 517 y ss.; y en Carlos Ayala Corao, "Recepción de la jurisprudencia internacional sobre derechos humanos por la jurisprudencia constitucional" en *Revista del Tribunal Constitucional*, N° 6, Sucre, Bolivia, Nov. 2004, pp. 275 y ss.

47 Opinión Consultiva OC-7/86 de 29 de agosto de 1986. *Exigibilidad del derecho de rectificación o respuesta (arts. 14.1, 1.1 y 2 de la Convención Americana sobre Derechos Humanos).*

48 Sentencia caso *Miguel A. Ekmkdjiam, Gerardo Sofivic y otros*, en Ariel E. Dulitzky, "La aplicación de los tratados sobre derechos humanos por los tribunales locales: un estudio comparado" en *La aplicación de los tratados sobre derechos Humanos por los tribunales locales*, Centro de Estudios Legales y Sociales, Buenos Aires, 1997; y en Carlos Ayala Corao, "Recepción de la jurisprudencia internacional sobre derechos humanos por la jurisprudencia constitucional" en *Revista del Tribunal Constitucional*, N° 6, Sucre, Bolivia, Nov. 2004, pp. 275 y ss

49 Sentencia caso *H Giroldi/ recurso de casación*, 17-04-1995. Véase en *Jurisprudencia Argentina*, Vol. 1995-III, p. 571; y en Carlos Ayala Corao, "Recepción de la jurisprudencia internacional sobre derechos humanos por la jurisprudencia constitucional" en *Revista del Tribunal Constitucional*, N° 6, Sucre, Bolivia, Nov. 2004, pp. 275 y ss

50 Caso *Bramajo*, September 12, 1996. Véase en *Jurisprudencia Argentina*, Nov. 20, 1996; y en Carlos Ayala Corao, "Recepción de la jurisprudencia internacional sobre derechos humanos por la jurisprudencia constitucional" en *Revista del Tribunal Constitucional*, N° 6, Sucre, Bolivia, Nov. 2004, pp. 275 y ss

por derogadas, en virtud precisamente del rango superior del tratado"[51]. En esta forma, al considerar que el artículo 8.2 de la Convención americana "reconoce como derecho fundamental de todo ser humano, imputado en una causa penal por delito, el de recurrir del fallo" la Sala consideró que el artículo 472 del Código de Procedimientos Penales que limitaban el ejercicio del recurso de casación debían tenerse "por no puestas" y entender "que el recurso de casación a que ahí se alude está legalmente otorgado a favor del reo condenado a cualquier pena en sentencia dictada en una causa panal por delito". La Sala Constitucional, en una sentencia posterior Nº 719-90 declaró con lugar el recurso de inconstitucionalidad intentado contra el artículo 474 del Código de Procedimientos Penales, anulándolo y considerando en consecuencia, como "no puestas las limitaciones al derecho a recurrir en casación a favor del imputado contra la sentencia penal por delito, establecidas en el artículo". Para ello, la Sala partió de la consideración de que:

> "Lo único que, obviamente, impone la Convención Americana es la posibilidad de recurso ante un Tribunal Superior contra la sentencia penal por delito, de manera que al declararse inconstitucionales las limitaciones impuestas por el artículo 474 incisos 1) y 2) del Código de Procedimientos Penales, los requerimientos del artículo 8.2 inciso h) de la Convención estarían satisfechos, con la sola salvedad de que el de casación no fuera el recurso ante juez o tribunal superior, en los términos de dicha norma internacional"[52].

Se destaca, sin embargo, que en otra sentencia Nº 1054-94, la Sala Constitucional declaró sin lugar la impugnación por inconstitucionalidad del artículo 426 del Código de Procedimientos Penales, por las mismas razones antes señaladas de negativa del recurso en materia de contravenciones y no de delitos, por considerar que en su jurisprudencia, lo que ha establecido la Sala con claridad es "que la citada Convención Americana establece la doble instancia como derecho fundamental de todo ser humano, imputado en una causa penal por delito, de recurrir del fallo ante un superior, y no indistintamente en todas las materias"[53].

Ahora bien, volviendo al caso de Venezuela, también en relación con el derecho a la revisión judicial de sentencias, o derecho a la segunda instancia o derecho de apelación, se aplicó preferentemente la Convención Americana ejerciéndose el control de convencionalidad. En efecto, la Ley Orgánica de la Corte Suprema de Justicia de 1976, al regular transitoriamente los tribunales de la jurisdicción contencioso administrativa[54], dispuso que en los casos de impugnación de algunos actos administrativos como los emanados de institutos autónomos o Administraciones desconcentradas o independientes, la competencia para decidir de la acción correspondía en única instancia a la Corte Primera de lo Contencioso Administrativa, sin apelación ante la Sala Político Administrativa de la Corte Suprema. La Constitución de 1999 solo reguló como derecho constitucional el derecho de apelación en materia de juicios penales a favor de la persona declarada culpable (art. 40,1); por lo que en otros casos, como el mencionado de los juicios contencioso administrativos, no existe una garantía constitucional expresa a la apelación, por lo que en los casos de las decisiones de la Corte Primera de lo Contencioso, conociendo en única instancia, la apelación había sido siempre declarada inadmisible.

Después de la entrada en vigencia de la Constitución de 1999, sin embargo, en algunos casos se ejercieron recursos de apelación contra decisiones de la Corte Primera de lo Contencioso Administrativa para ante la Sala Político Administrativa del Tribunal Supremo, alegándose la inconstitucionalidad de la norma de la Ley Orgánica que limitaba el derecho de apelación en ciertos casos. Como consecuencia de ello, en algunos casos los tribunales contencioso administrativos, en ejercicio del control difuso de constitucionalidad, admitieron la apelación basándose en el derecho de apelar las decisiones judiciales ante el tribunal superior que se establece en el artículo 8,2,h de la Convención Americana de Derechos Humanos, la cual se consideró como formando parte del derecho constitucional interno del país. El tema finalmente también llegó a

51 Sentencia 282-90, caso *violación del artículo 8.2 de la Convención Americana por el derogado artículo 472 del Código de Procedimientos Penales*. Consultada en original.

52 Consultada en original.

53 Ídem.

54 Véase los comentarios en Allan R. Brewer-Carías y Josefina Calcaño de Temeltas, *Ley Orgánica de la Corte Suprema de Justicia*, Editorial Jurídica Venezolana, Caracas 1978.

decisión por la Sala Constitucional del Tribunal Supremo, la cual en una decisión N° 87 del 13 de marzo de 2000, resolvió lo siguiente:

> "Puesta en relación esta norma con la disposición prevista en el artículo 49, numeral 1, de la Constitución de la República, en la cual el derecho a recurrir del fallo se atribuye únicamente a la persona declarada culpable, y se autoriza el establecimiento de excepciones al citado derecho, cabe interpretar que la norma de la convención es más favorable al goce y ejercicio del citado derecho, puesto que consagra el derecho de toda persona a ser oída, no sólo en la sustanciación de cualquier acusación, penal, sino también en la determinación de sus derechos y obligaciones de orden civil, laboral, fiscal o de cualquier otro carácter, establece el derecho a recurrir del fallo, sin excepción alguna; le atribuye la naturaleza de garantía mínima; otorga su titularidad a toda persona, con independencia de su condición en el proceso; y establece que el titular del citado derecho ha de ser tratado bajo el principio de igualdad plena.
>
> Puesta en relación esta norma en referencia con la disposición prevista en el último aparte del artículo 185 de la Ley Orgánica de la Corte Suprema de Justicia, cabe interpretar que esta última es incompatible con aquélla, puesto que niega, en términos absolutos, el derecho que la convención consagra, siendo que el ordenamiento constitucional no atribuye a la Corte Primera de lo Contencioso Administrativo el rango de tribunal supremo" [55].

Con fundamente en lo antes mencionado, la Sala Constitucional concluyó su decisión, señalando que:

> "reconoce y declara, con fundamento en la disposición prevista en el artículo 23 de la Constitución de la República, que el artículo 8, numerales 1 y 2 (literal h), de la Convención Americana sobre Derechos Humanos, forma parte del ordenamiento constitucional de Venezuela; que las disposiciones que contiene, declaratorias del derecho a recurrir del fallo, son más favorables, en lo que concierne al goce y ejercicio del citado derecho, que la prevista en el artículo 49, numeral 1, de dicha Constitución; y que son de aplicación inmediata y directa por los tribunales y demás órganos del Poder Público"[56].

La Sala Constitucional incluso resolvió el caso estableciendo una interpretación obligatoria, que exigía la re-redacción de la Ley Orgánica, disponiendo lo siguiente:

> "En consecuencia, visto que el último aparte, primer párrafo, del artículo 185 de la Ley Orgánica de la Corte Suprema de Justicia, dispone lo siguiente: "Contra las decisiones que dicto dicho Tribunal en los asuntos señalados en los ordinales 1 al 4 de este artículo no se oirá recurso alguno"; visto que la citada disposición es incompatible con las contenidas en el artículo 8, numerales 1 y 2 (literal h), de la Convención Americana sobre Derechos Humanos, las cuales están provistas de jerarquía constitucional y son de aplicación preferente; visto que el segundo aparte del artículo 334 de la Constitución de la República establece lo siguiente: "En caso de incompatibilidad entre esta Constitución y una ley u otra norma jurídica, se aplicarán las disposiciones constitucionales, correspondiendo a los tribunales en cualquier causa, aun de oficio, decidir lo conducente", ésta Sala acuerda dejar sin aplicación la disposición transcrita, contenida en el último aparte, primer párrafo, del artículo 185 de la Ley Orgánica en referencia, debiendo aplicarse en su lugar, en el caso de la sentencia que se pronuncie, de ser el caso, sobre el recurso contencioso administrativo de anulación interpuesto por la parte actora ante la Corte Primera de lo Contencioso Administrativo (expediente N° 99-22167), la disposición prevista en el último aparte, segundo párrafo, del artículo 185 eiusdem, y la cual es del tenor siguiente: 'Contra las sentencias definitivas que dicte el mismo Tribunal ... podrá interponerse apelación dentro del término de cinco días, ante la Corte Suprema de Justicia (*rectius*: Tribunal Supremo de Justicia)'. Así se decide"[57].

---

55 Caso: C.A. Electricidad del Centro (Elecentro) y otra vs. Superintendencia para la Promoción y Protección de la Libre Competencia. (Procompetencia), en *Revista de Derecho Público*, N° 81, Editorial Jurídica Venezolana, Caracas 2000, pp. 157 y ss

56 Ídem, p. 157

57 Ídem. p. 158.

## V.- LA LAMENTABLE REGRESIÓN EN LA PROTECCIÓN DEL DERECHO CONVENCIONAL EN VENEZUELA, CONSECUENCIA DEL RÉGIMEN AUTORITARIO

La Constitución de Venezuela de 1999 ubicarse dentro de los sistemas que garantizan la aplicación directa de los tratados internacionales en materia de derechos humanos en el orden interno, al otorgarle incluso jerarquía supra constitucional a los derechos humanos declarados en dichos tratados internacionales cuando contengan previsiones más favorables. El artículo 23 de dicho texto constitucional, en efecto, dispone lo siguiente:

> Artículo 23.- Los tratados, pactos y convenciones relativos a derechos humanos, suscritos y ratificados por Venezuela, tienen jerarquía constitucional y prevalecen en el orden interno, en la medida en que contengan normas sobre su goce y ejercicio más favorables a las establecidas en esta Constitución y en las leyes de la República, y son de aplicación inmediata y directa por los tribunales y demás órganos del Poder Público.

Al establecer esta norma que los derechos humanos declarados en los tratados, pactos y convenciones internacionales prevalecen respecto de las normas del orden jurídico interno si contienen disposiciones más favorables al goce y ejercicio de dichos derechos, se está refiriendo no sólo a lo que está establecido en las leyes, sino a lo dispuesto en la propia Constitución, otorgándole en consecuencia rango supra constitucional a dichos derechos declarados en instrumentos internacionales.

Este artículo de la Constitución venezolana, sin duda, es uno de los más importantes en materia de derechos humanos[58], no sólo por establecer el mencionado rango supra constitucional a los derechos declarados en tratados internacionales, sino por establecer la aplicación inmediata y directa de dichos tratados por los tribunales y demás autoridades del país. Su inclusión en la Constitución, sin duda, fue un avance significativo en la construcción del esquema de protección de los derechos humanos.

Sin embargo, desafortunadamente, esta clara disposición constitucional ha sido interpretada por la Sala Constitucional del Tribunal Supremo de Justicia, en una forma abiertamente contraria tanto a su texto como a lo que fue la intención del constituyente. En efecto, en la sentencia Nº 1492 del 7 de julio de 2003, al decidir una acción popular de inconstitucionalidad intentada contra varias normas del Código Penal contentivas de normas llamadas "leyes de desacato" por violación de relativas a la libertad de expresión y, en particular, de lo dispuesto en tratados y convenciones internacionales, la Sala Constitucional de dicho Tribunal Supremo, resolvió en la siguiente forma:

En primer lugar, la Sala comenzó señalando que el artículo 23 de la Constitución contiene dos elementos claves: En primer lugar, indicó respecto de los derechos referidos en la normas, que "se trata de derechos humanos aplicables a las personas naturales"; y en segundo lugar, que el artículo constitucional "se refiere a normas que establezcan derechos, no a fallos o dictámenes de instituciones, resoluciones de organismos, etc., prescritos en los Tratados, sino sólo a normas creativas de derechos humanos"; agregando que se "se trata de una prevalencia de las normas que conforman los Tratados, Pactos y Convenios (términos que son sinónimos) relativos a derechos humanos, pero no de los informes u opiniones de organismos internacionales, que pretendan interpretar el alcance de las normas de los instrumentos internacionales" [59].

La Sala Constitucional luego concluyó señalando que del artículo 23 de la Constitución, es claro que:

> "La jerarquía constitucional de los Tratados, Pactos y Convenios se refiere a sus normas, las cuales, al integrarse a la Constitución vigente, el único capaz de interpretarlas, con miras al Derecho Venezolano, es el juez constitucional, conforme al artículo 335 de la vigente Constitución, en especial, al intérprete nato de la Constitución de 1999, y, que es la Sala Constitucional, y así se declara".

58 La incorporación de este artículo en el texto de la Constitución, se hizo a propuesta nuestra. Véase Allan R. Brewer-Carías, *Debate Constituyente, (Aportes a la Asamblea Nacional Constituyente)*, Fundación de Derecho Público, Caracas 1999, pp. 88 y ss y 111 y ss.

59 Véase en *Revista de Derecho Público*, Nº 93-96, Editorial Jurídica Venezolana, Caracas 2003, pp. 136 y ss.

Y más adelante insistió en señalar que:

> "Al incorporarse las normas sustantivas sobre derechos humanos, contenidas en los Convenios, Pactos y Tratados Internacionales a la jerarquía constitucional, el máximo y último intérprete de ellas, a los efectos del derecho interno es esta Sala Constitucional, que determina el contenido y alcance de las normas y principios constitucionales (artículo 335 constitucional), entre las cuales se encuentran las de los Tratados, Pactos y Convenciones suscritos y ratificados legalmente por Venezuela, relativos a derechos humanos"[60].

Con fundamento en esta proposición, la Sala Constitucional concluyó su decisión señalando que "es la Sala Constitucional quien determina cuáles normas sobre derechos humanos de esos tratados, pactos y convenios, prevalecen en el orden interno; al igual que cuáles derechos humanos no contemplados en los citados instrumentos internacionales tienen vigencia en Venezuela"; concluyendo de la siguiente manera:

> "Esta competencia de la Sala Constitucional en la materia, que emana de la Carta Fundamental, no puede quedar disminuida por normas de carácter adjetivo contenidas en Tratados ni en otros textos Internacionales sobre Derechos Humanos suscritos por el país, que permitan a los Estados partes del Tratado consultar a organismos internacionales acerca de la interpretación de los derechos referidos en la Convención o Pacto, como se establece en el artículo 64 de la Ley Aprobatoria de la Convención Americana sobre Derechos Humanos, Pacto de San José, ya que, de ello ser posible, se estaría ante una forma de enmienda constitucional en esta materia, sin que se cumplan los trámites para ello, al disminuir la competencia de la Sala Constitucional y trasladarla a entes multinacionales o transnacionales (internacionales), quienes harían interpretaciones vinculantes" [61].

La Sala Constitucional concluyó su decisión fundamentándose en los principios de soberanía, argumentado que las decisiones de los tribunales internacionales pueden ser aplicados en Venezuela sólo cuando estén conformes con lo que dispone la Constitución. En consecuencia, el rango supra constitucional de los tratados cuando establezcan regulaciones más favorables en relación con el goce y ejercicio de los derechos humanos, puede considerarse que fue eliminado de un solo golpe por la Sala Constitucional, al asumir el monopolio absoluto de la interpretación constitucional, lo que de acuerdo con la Constitución no solo corresponde a dicha Sala.

En todo caso, el principal problema en relación con este criterio restrictivo de la Sala Constitucional en relación con la interpretación del valor de las decisiones de los organismos internacionales, es que la misma fue dictada como una interpretación vinculante de la Constitución, limitando así el poder general de los jueces al ejercer el control difuso de la constitucionalidad, de poder aplicar directamente y dar prevalencia en el orden interno a las normas de la Convención Americana.

La interpretación restrictiva, por otra parte, se adoptó en una decisión de la Sala Constitucional que fue dictada para negarle todo valor o rango constitucional a las "recomendaciones" de la Comisión Interamericana de Derechos Humanos, rechazando en consecuencia a considerar que los artículos impugnados del Código Penal limitativos de la libertad de expresión del pensamiento en relación con funcionarios públicos, eran inconstitucionales por contrariar las recomendaciones de la Comisión Interamericana, que el accionate había argumentado que eran obligatorias para el país.

La Sala Constitucional, al contrario, consideró que de acuerdo con la Convención Americana, la Comisión puede formular "recomendaciones" a los gobiernos a los efectos de que adopten en su derecho interno medidas progresivas a favor de los derechos humanos, al igual que tomen provisiones para promover el respeto de los derechos (art. 41,b) considerando que:

> "Si lo recomendado debe adaptarse a la Constitución y a las leyes de los Estados, es porque ello no tiene naturaleza obligatoria, ya que las leyes internas o la Constitución podrían colidir con las recomendaciones. Por ello, el articulado de la Convención nada dice

60 Ídem.

61 Véase en *Revista de Derecho Público,* N° 93-96, Editorial Jurídica Venezolana, Caracas 2003, pp. 136 y ss.

sobre el carácter obligatorio de la recomendación, lo que contrasta con la competencia y funciones del otro órgano: la Corte, la cual –según el artículo 62 de la Convención– puede emitir interpretaciones obligatorias sobre la Convención siempre que los Estados partes se la pidan, lo que significa que se allanan a dicho dictamen.

Si la Corte tiene tal facultad, y no la Comisión, es forzoso concluir que las recomendaciones de ésta, no tienen el carácter de los dictámenes de aquélla y, por ello, la Sala, para el derecho interno, declara que las recomendaciones de la Comisión Interamericana de Derechos Humanos, no son obligatorias.

Ahora bien, a juicio de esta Sala, las recomendaciones de la Comisión como tales, deben ser ponderadas en lo posible por los Estados miembros. Estos deben adaptar su legislación a las recomendaciones, siempre que ellas no colidan con las normas constitucionales, pero para esta adaptación no existe un término señalado y, mientras ella se practica, las leyes vigentes que no colidan con la Constitución o, según los tribunales venezolanos, con los derechos humanos contemplados en las Convenciones Internacionales, siguen siendo aplicables hasta que sean declaradas inconstitucionales o derogadas por otras leyes"[62].

En definitiva, la Sala concluyó resolviendo que las recomendaciones de la Comisión en relación con las leyes de desacato, solo eran puntos de vista de la Comisión sin efectos imperativos u obligatorios, es decir, manifestaciones de alerta dirigida a los Estados para que en el futuro derogasen o reformasen dichas leyes a los efectos de su adaptación al derecho internacional. Lamentablemente, la Sala Constitucional olvidó tomar en cuenta lo que los Estados están obligados a hacer en relación con las recomendaciones, que es adoptar las medidas para adaptar su derecho interno a la Convención; medidas que por supuesto no se agotan con la sola derogación o reforma de leyes, siendo una de dichas medidas, precisamente, la interpretación judicial que podía y debía ser dada por el juez constitucional conforme a las recomendaciones, que fue lo que la Sala Constitucional venezolana eludió hacer.

Al contrario, en la misma materia, en la Argentina, por ejemplo, luego de que la Comisión Interamericana de Derechos Humanos considerara que las leyes de amnistía (*Punto Final y Obediencia Debida*) dictadas en ese país, así como las medidas de perdón aprobadas por el gobierno en relación con los crímenes cometidos por la dictadura militar eran contrarias a la Convención Americana, los tribunales comenzaron a considerar tales leyes como inconstitucionales por violar el derecho internacional siguiendo lo recomendado por las instancias internacionales[63].

En todo caso, la Sala Constitucional de Venezuela, en la antes mencionada sentencia, al contrario concluyó su aproximación restrictiva señalando que

"Una interpretación diferente es otorgarle a la Comisión un carácter supranacional que debilita la soberanía de los Estados miembros, y que –como ya lo apuntó la Sala– lo prohíbe la Constitución vigente.

Consecuente con lo señalado, la Sala no considera que tengan carácter vinculante, las recomendaciones del Informe Anual de la Comisión Interamericana de los Derechos Humanos, correspondiente al año 1994 invocado por el recurrente. Dicho Informe hace recomendaciones a los Estados Miembros de la Organización de los Estados Americanos para derogar o reformar las leyes, para armonizar sus legislaciones con los tratados en materia de derechos humanos, como lo es la Convención Americana sobre Derechos Humanos, Pacto San José de Costa Rica; por lo que el Informe con recomendaciones no pasa de ser esto: un grupo de recomendaciones que los Estados acatarán o no, pero que, con respecto a esta Sala, no es vinculante, y así se declara[64].

62 Véase en *Revista de Derecho Público,* N° 93-96, Editorial Jurídica Venezolana, Caracas 2003, p. 141

63 Sentencia de 4-03-2001, Juzgado Federal N° 4, caso Pobrete Hlaczik, citado en Kathryn Sikkink, "The transnacional dimension of judicialization of politics in Latin America", en Rachel Sieder et al (ed), *The Judicalization of Politics in Latin America,* Palgrave Macmillan, New York, 2005, pp. 274, 290

64 Sentencia N° 1942 de 15 de Julio de 2003, en *Revista de Derecho Público,* N° 93-96, Editorial Jurídica Venezolana, Caracas 2003, pp. 136 y ss.

La verdad, sin embargo, es que después de la sentencia de la Sala Constitucional de Venezuela, el Código Penal fue efectivamente reformado, pero no en relación con las normas que encajan dentro de las llamadas "leyes de desacato" no se produjo adaptación alguna.

De nuevo, en contraste con esta desatención del Estado a las recomendaciones de la Comisión Interamericana, se encuentra en cambio el caso de Argentina, donde en 1995, el Congreso decidió en relación con las mismas materias pero derogando las normas que establecían los mismos delitos sobre "leyes de desacato", precisamente en cumplimiento de las recomendaciones de la Comisión Interamericana en la materia.[65]

La mencionada aproximación restrictiva de la Sala Constitucional del Tribunal Supremo de Justicia de Venezuela en relación con el valor en el derecho interno de las decisiones de la Comisión Interamericana de Derechos Humanos, en todo caso, ya había sido adoptada con anterioridad por la misma Sala Constitucional en una sentencia de 17 de mayo de 2000, en la cual objetó los poderes cuasi-jurisdiccionales de la Comisión Interamericana de Derechos Humanos. El caso, referido a la *Revista Exceso*, fue el siguiente:

El director y una periodista de dicha Revista intentaron una acción de amparo constitucional contra una sentencia de un tribunal penal dictada en un proceso por difamación e injuria contra ellos, pidiendo protección a su derecho a la libre expresión del pensamiento y a la libertad de información. Ante la falta de decisión de la acción de amparo, los accionantes acudieron ante la Comisión Interamericana denunciando el mal funcionamiento del sistema judicial venezolano, solicitando protección internacional contra el Estado venezolano por violación al derecho a la libre expresión del pensamiento y al debido proceso, así como contra las amenazas judiciales penales contra el director y la periodista de la Revista. La Comisión Interamericana, en el caso, adoptó algunas medidas preventivas de protección.

La Sala Constitucional, en su momento, al decidir sobre la acción de amparo intentada, consideró que este caso efectivamente se habían violado los derecho de los accionantes al debido proceso, pero no así su libertad de información; y en relación con las medidas cautelares adoptadas por la Comisión Interamericana, las calificó de inaceptables, señalando que:

> "Igualmente considera inaceptable la instancia de la Comisión Interamericana de Derechos Humanos de la Organización de los Estados Americanos en el sentido de solicitar la adopción de medidas que implican una crasa intromisión en las funciones de los órganos jurisdiccionales del país, como la suspensión del procedimiento judicial en contra de los accionantes, medidas que sólo pueden tomar los jueces en ejercicio de su competencia e independencia jurisdiccional, según lo disponen la Carta Fundamental y las leyes de la República Bolivariana de Venezuela, aparte lo previsto en el artículo 46, aparte b) de la Convención Americana de Derechos Humanos o Pacto de San José (Costa Rica), que dispone que la petición sobre denuncias o quejas de violación de dicha Convención por un Estado parte, requerirá que "se haya interpuesto y agotado los recursos de jurisdicción interna, conforme a los principios del derecho internacional generalmente reconocidos", lo cual fue pretermitido en el caso de autos, por no haber ocurrido retardo judicial imputable a esta Sala según lo indicado en la parte narrativa de este fallo." [66].

Esta desafortunada decisión puede considerarse como contraria al artículo 31 de la Constitución de Venezuela, que consagra expresamente el derecho constitucional de toda persona de poder acudir ante los organismos internacionales de derechos humanos como la Comisión

65 Caso *Verbistky*, Informe N° 22/94 de la Comisión de 20-09-1994, caso 11.012 (Argentina). Véase los comentarios de Antonio Cancado Trindade, "Libertad de expresión y derecho a la información en los planos internacional y nacional", en *Iudicum et Vita, Jurisprudencia nacional de América Latina en Derechos Humanos*, N° 5, Instituto Interamericano de Derechos Humanos, San José, Costa Rica, Diciembre 1997, pp. 194-195. Véase el "Informe sobre la compatibilidad entre las leyes de desacato y la Convención Americana sobre Derechos Humanos de 17 de febrero de 1995", en *Estudios Básicos de derechos Humanos*, Vol. X, Instituto Interamericano de Derechos Humanos., San José 2000.

66 Caso *Faitha M.Nahmens L. y Ben Ami Fihman Z. (Revista Exceso)*, Exp. N° 00-0216, Sentencia N° 386 de 17-5-2000.. Consultada en original. Véase en Carlos Ayala Corao, "Recepción de la jurisprudencia internacional sobre derechos humanos por la jurisprudencia constitucional," en *Revista del Tribunal Constitucional*, N° 6, Sucre, Bolivia, Nov. 2004, pp. 275 y ss 0.

Interamericana, solicitando amparo respecto de sus derechos violados. Por tanto, es difícil imaginar cómo es que este derecho constitucional se podría ejercer, si ha sido la misma Sala Constitucional la que ha rechazado la jurisdicción de la Comisión Interamericana.

La regresión del Tribunal Supremo de Justicia de Venezuela en relación con la protección internacional de los derechos humanos, pasó luego por el desconocimiento de las decisiones adoptadas por la Corte Interamericana sobre Derechos Humanos, a las cuales calificó de inejecutables en Venezuela,[67] y respecto de las cuales inventó la posibilidad de que se pudiera ejercer un recurso para el control de constitucionalidad de las mismas, precisamente ejercido por el Procurador General de la República, es decir, por el abogado del Estado, para asegurar no aplicarlas;[68] todo lo cual culminó con la denuncia de la Convención Interamericana de Derechos Humanos por parte del Estado de Venezuela en 2012.[69]

67 Véase Allan R. Brewer-Carías, "La interrelación entre los Tribunales Constitucionales de América Latina y la Corte Interamericana de Derechos Humanos, y la cuestión de la inejecutabilidad de sus decisiones en Venezuela," en Armin von Bogdandy, Flavia Piovesan y Mariela Morales Antonorzi (Coodinadores), *Direitos Humanos, Democracia e Integracao Jurídica na América do Sul*, Lumen Juris Editora, Río de Janeiro 2010, pp. 661-701; *Anuario Iberoamericano de Justicia Constitucional*, Centro de Estudios Políticos y Constitucionales, Nº 13, Madrid 2009, pp. 99-136; y en *Gaceta Constitucional*. Análisis multidisciplinario de la jurisprudencia del Tribunal Constitucional, Gaceta Jurídica, Tomo 16 Año 2009, Lima 2009, pp. 17-48.

68 Véase Allan R. Brewer-Carías, "El ilegítimo "control de constitucionalidad" de las sentencias de la Corte Interamericana de Derechos Humanos por parte la Sala Constitucional del Tribunal Supremo de Justicia de Venezuela: el caso de la sentencia *Leopoldo López vs. Venezuela, 2011*," en *Constitución y democracia: ayer y hoy. Libro homenaje a Antonio Torres del Moral*. Editorial Universitas, Vol. I, Madrid, 2013, pp. 1.095-1124.

69 Véase Carlos Ayala Corao, "Inconstitucionalidad de la denuncia de la Convención Americana sobre Derechos Humanos por Venezuela," en *Revista de Derecho Público*, No 131, Editorial Jurídica venezolana, Caracas 2012, pp. 39-76.

# XXXV

# DERECHO ADMINISTRATIVO Y EL CONTROL DE CONVENCIONALIDAD

# (2015)

**Las ideas desarrolladas en este escrito fueron expuestas en la conferencia sobre "Derecho administrativo y control de convencionalidad," en el evento organizado por la *Comisión de Derecho Administrativo del Colegio de Abogados de Costa Rica* en el Colegio de Abogados de Costa Rica, San José, Costa Rica, 19 de marzo de 2015.**

## INTRODUCCIÓN

El control de convencionalidad,[1] a pesar de la notoriedad que ha adquirido, particularmente con motivo de la aplicación de la Convención Americana sobre Derechos Humanos,[2] puede decirse que es tan viejo como la propia Convención, y se ha venido aplicando pacíficamente desde su entrada en vigencia. En ese contexto es el control que usualmente ha realizado la Corte Interamericana de Derechos Humanos cuando ha juzgado las violaciones a la Convención por parte de Estados y ha ordenado a los mismos realizar correcciones de la inconvencionalidad, modificando la legislación para adecuar los preceptos legales a lo establecido en la Convención, habiendo habido incluso casos de órdenes de naturaleza constitucionales,[3] para proceder a dejar sin efecto los actos Estatales lesivos, .como sucedió en casos decididos por la Corte Interamericana respecto de Chile y Trinidad,[4]

1 Véase Ernesto Rey Cantor, *Control de Convencionalidad de las Leyes y Derechos Humanos*, México, Editorial Porrúa-Instituto Mexicano de Derecho Procesal Constitucional, 2008; Juan Carlos Hitters, "Control de constitucionalidad y control de convencionalidad. Comparación," en *Estudios Constitucionales*, Centro de Estudios Constitucionales de Chile, Universidad de Talca, Año 7, N° 2, 2009, pp. 109-128; Susana Albanese (Coordinadora), El control de convencionalidad, Buenos Aireas, Ed. Ediar, 2008; Eduardo Ferrer Mac-Gregor, "El control difuso de convencionalidad en el Estado constitucional", en Fix-Zamudio, Héctor, y Valadés, Diego (Coordinadores), *Formación y perspectiva del Estado mexicano*, México, El Colegio Nacional-UNAM, 2010, pp. 151-188; Eduardo Ferrer Mac-Gregor, "Interpretación conforme y control difuso de convencionalidad el nuevo paradigma para el juez mexicano," en *Derechos Humanos: Un nuevo modelo constitucional*, México, UNAM-IIJ, 2011, pp. 339-429; Carlos Ayala Corao, *Del diálogo jurisprudencial al control de convencionalidad*, Editorial Jurídica venezolana, Caracas 2013, pp, 113 ss. Véase además, Jaime Orlando Santofimio y Allan R. Brewer-Carías, *Control de convencionalidad y responsabilidad del Estado*, Universidad Externado de Colombia, Bogotá 2013.

2 Véase en el mismo sentido, Karlos A. Castilla Juárez, "El control de convencionalidad. Un nuevo debate en México a partir de la sentencia del caso Radilla pacheco," en Eduardo Ferrer Mac Gregor (Coordinador), *El control difuso de convencionalidad. Diálogo entre la Corte Interamericana de Derechos Humanos y los jueces nacionales), FUNDAp*, Querétaro, México 2012, pp. 83-84

3 Véase Néstor Sagüés, *El control de convencionalidad. En particular sobre las Constituciones Nacionales*, La Ley, 2009-B, p. 761; y Víctor Bazán y Claudio Nash (Editores), *Justicia Constitucional y derechos Fundamentales. El Control de Convencionalidad 2011*, Centro de Derechos Humanos Universidad de Chile, Konrad Adenauer Stiftung, 2011, pp. 33, 78; Humberto Noguera Alcalá, "Los desafíos del control de convencionalidad del *corpus iuris interamericano*. Para los tribunales nacionales, en especial, para los Tribunales Constitucionales," en Eduardo Ferrer Mac Gregor (Coordinador), *El control difuso de convencionalidad. Diálogo entre la Corte Interamericana de Derechos Humanos y los jueces nacionales), FUNDAp*, Querétaro, México 2012, p. 337.

4 Véase Ernesto Rey Cantor, "Controles de convencionalidad de las leyes,"en Eduardo Ferrer Mac Gregor (Coordinador), *El control difuso de convencionalidad. Diálogo entre la Corte Interamericana de Derechos Humanos y los jueces nacionales), FUNDAp*, Querétaro, México 2012, p. 412.

Esta adecuación, como lo destacó la Corte Interamericana en la sentencia del caso *Heliodoro Portugal vs. Panamá* de 12 de agosto de 2008, implica la adopción de medidas en dos vertientes, a saber:

> "i) la supresión de las normas y prácticas de cualquier naturaleza que entrañen violación a las garantías previstas en la Convención o que desconozcan los derechos allí reconocidos u obstaculicen su ejercicio; y ii) la expedición de normas y el desarrollo de prácticas conducentes a la efectiva observancia de dichas garantías."[5]

Esta obligación de los Estados puede implicar incluso la de adaptar y modificar la propia Constitución como se decidió por la Corte Interamericana en la sentencia del caso *La Última Tentación de Cristo* de 2001. En dicha sentencia, la Corte Interamericana entendió que "la responsabilidad internacional del Estado puede generarse por actos u omisiones de cualquier poder u órgano de éste, independientemente de su jerarquía, que violen la Convención Americana, considerando que en dicho caso, dicha responsabilidad internacional del Estado chileno "se generó en virtud de que el artículo 19 número 12 de la Constitución establece la censura previa en la producción cinematográfica y, por lo tanto, determina los actos de los Poderes Ejecutivo, Legislativo y Judicial." Fue en virtud de ello, que además de declarar la violación al derecho a la libertad de pensamiento y de expresión consagrado en el artículo 13 de la Convención Americana, en perjuicio de los señores Juan Pablo Olmedo Bustos y otros, decidió "que el Estado debe modificar su ordenamiento jurídico interno, en un plazo razonable, con el fin de suprimir la censura previa para permitir la exhibición de la película "La Última Tentación de Cristo", y debe rendir a la Corte Interamericana de Derechos Humanos, dentro de un plazo de seis meses a partir de la notificación de la presente Sentencia, un informe sobre las medidas tomadas a ese respecto."[6]

Otro ejemplo destacado en relación con reformas legales que debe mencionarse fue la sentencia en el caso *Raxcacó Reyes Vs. Guatemala*, Sentencia de 15 de septiembre de 2005[7] en la cual la Corte Interamericana, consideró que una norma (art. 201) del Código Penal de Guatemala que permitía la pena de muerte en determinadas circunstancias, infringía la prohibición de privación arbitraria de la vida establecida en el artículo 4.1 y 4.2 de la Convención, razón por la cual ordenó al Estado guatemalteco que debía reformar el artículo 201 del Código Penal, que en la reforma el Estado "en ningún caso, ampliará el catálogo de delitos sancionados con la pena capital previsto con anterioridad a la ratificación de la Convención Americana," y que mientras ello ocurría el Estado debía "abstenerse de aplicar la pena de muerte y ejecutar a los condenados por el delito de plagio o secuestro exclusivamente."[8]

En sentido similar, en el caso *Cabrera García y Montiel Flores vs. México* de 26 de noviembre de 2010,[9] la Corte Interamericana al constatar que el Estado mexicano había violado el derecho a la protección judicial previsto en el artículo 25.1, en relación con el artículo 1.1 de la Conven-

---

5 Véase la sentencia en el caso *Heliodoro Portugal vs. Panamá*. Excepciones Preliminares, Fondo, Reparaciones y Costas. Sentencia de 12 de agosto de 2008. Serie C N° 186 (Párr. 180-181), en http://www.corteidh.or.cr/docs/casos/articulos/seriec_186_esp.pdf. Véase el comentario en Juan Carlos Hitters, "Control de constitucionalidad y control de convencionalidad. Comparación," en *Estudios Constitucionales*, Centro de Estudios Constitucionales de Chile, Universidad de Talca, Año 7, N° 2, 2009, pp. 109-128.

6 Véase sentencia en el caso *"La Última Tentación de Cristo" [Olmedo Bustos y otros] Vs. Chile*, Sentencia de 5 de febrero de 2001, Serie C N° 73 (Párr. 103.4), en http://www.corteidh.or.cr/docs/casos/articulos/Seriec_73_esp.pdf Igualmente se destaca la sentencia de la Corte Interamericana en en caso *Caesar vS. Trinidad* de 11 de marzo de 2005. Véase en comentario en Ernesto Rey Cantor, "Controles de convencionalidad de las leyes,"en Eduardo Ferrer Mac Gregor (Coordinador), *El control difuso de convencionalidad. Diálogo entre la Corte Interamericana de Derechos Humanos y los jueces nacionales), FUNDAp,* Querétaro, México 2012, pp. 412-413.

7 Véase sentencia en el caso *Raxcacó Reyes Vs. Guatemala*, Sentencia de 15 de septiembre de 2005, Serie C N° 133, en http://www.corteidh.or.cr/docs/casos/articulos/seriec_133_esp.pdf

8 *Ídem*, Párr. 132..

9 La Corte citó en apoyo las sentencias dictadas en los casos *Radilla Pacheco vs. México* de 23 de noviembre de 2009, (Párr. 341 y 342) en http://www.corteidh.or.cr/docs/casos/articulos/seriec_209_esp.pdf ; *Fernández Ortega y otros. vs. México*, (Párr. 238 y 239), y *Rosendo Cantú y otra vs. México*, de 30 de agosto de 2012 (Párr. 221 y 222) en http://www.corteidh.or.cr/docs/casos/articulos/seriec_215_esp.pdf .

ción Americana, declaró que el artículo 57 del Código de Justicia Militar era incompatible con la Convención Americana, ordenando al Estado "adoptar, en un plazo razonable, las reformas legislativas pertinentes para compatibilizar la citada disposición con los estándares internacionales en la materia y de la Convención Americana, de conformidad con lo establecido en esta Sentencia."[10]

Pero además del control de convencionalidad que ha ejercido la Corte Interamericana de Derechos Humanos en sus sentencias, cuando al juzgar las violaciones a la Convención Americana sobre derechos Humanos cometidas por los actos u omisiones de los Estados, ha tenido que confrontar las normas de la misma con las previsiones del derecho interno,[11] ese también ha sido el control que han ejercido y ejercen los jueces o tribunales nacionales cuando han juzgado la validez de los actos del Estado, al confrontarlos no sólo con la Constitución respectiva, sino con el elenco de derechos humanos y de obligaciones de los Estados contenidos en la Convención Americana, o al aplicar las decisiones vinculantes de la Corte Interamericana, decidiendo en consecuencia, conforme a sus competencias, la anulación de las normas nacionales o su desaplicación en el caso concreto.

Y ello ha sido así, incluso, antes de que el Juez Sergio García Ramírez hubiese acertadamente acuñado la expresión de "control de convencionalidad,"[12] en su Voto razonado a la sentencia del caso *Myrna Mack Chang vs. Guatemala*, de 25 de noviembre de 2003;[13] clarificando que dicho control de convencionalidad se efectúa a nivel internacional, por la Corte Interamericana ("control propio, original o externo de convencionalidad"), y en el orden interno de los países, por los jueces y tribunales nacionales ("control interno de convencionalidad");[14] e igualmente, antes de que más recientemente, el juez Eduardo Ferrer Mac Gregor, haya distinguido el "control

10 Véase sentencia de la Corte Interamericana en el caso *Cabrera García y Montiel Flores vs. México* de 26 de noviembre de 2010 (Párr. 234), en http://www.corteidh.or.cr/docs/casos/articulos/seriec_220_esp.pdf

11 Por ello, el juez Eduardo Ferrer Mac-Gregor ha señalado que el "control concentrado de convencionalidad" lo venía realizando la Corte IDH desde sus primeras sentencias, sometiendo a un examen de convencionalidad los actos y normas de los Estados en un caso particular." Véase su Voto razonado a la sentencia de la Corte Interamericana en el caso *Cabrera García y Montiel Flores vs. México* de 26 de noviembre de 2010 (Párr. 22), en http://www.corteidh.or.cr/docs/casos/articulos/seriec_220_esp.pdf . También ha dicho con razón que "el control de convencionalidad constituye la razón de ser de la Corte Interamericana."Véase en Eduardo Ferrer Mac Gregor, "Interpretación conforme y control difuso de convencionalidad. El nuevo paradigma para el juez mexicano,"en ," en Eduardo Ferrer Mac Gregor (Coordinador), *El control difuso de convencionalidad. Diálogo entre la Corte Interamericana de Derechos Humanos y los jueces nacionales), FUNDAp,* Querétaro, México 2012, p.132.

12 Como lo ha destacado Juan Carlos Hitters, "Claro está que cuando se utiliza la terminología de "control de convencionalidad", no se quiere decir que recién a partir del citado asunto la Corte IDH haya ejercido tal potestad, porque desde siempre el cuerpo hace una comparación entre ambos esquemas, destacando por supuesto la prioridad de la regla supranacional; lo que en verdad ha sucedido es que desde ese momento se utiliza tal fraseología." Véase Juan Carlos Hitters, "Control de constitucionalidad y control de convencionalidad. Comparación," en *Estudios Constitucionales*, Centro de Estudios Constitucionales de Chile, Universidad de Talca, Año 7, N° 2, 2009, pp. 109-128.

13 Véase Voto Concurrente Razonado del Juez Sergio García Ramírez a la sentencia en el caso *Myrna Mack Chang Vs. Guatemala*, de 25 de noviembre de 2003, Serie C N° 101, http://www.corteidh.or.cr/docs/casos/articulos/seriec_101_esp.pdf, donde se refirió al "'control de convencionalidad' que trae consigo la jurisdicción de la Corte internacional" (Párr. 27). Véase el comentario del propio Sergio garcía Ramírez sobre dicho voto y la evolución de su aporte al desarrollo de la noción en Sergio García Ramírez, "El control judicial interno de convencionalidad," en Eduardo Ferrer Mac Gregor (Coordinador), *El control difuso de convencionalidad. Diálogo entre la Corte Interamericana de Derechos Humanos y los jueces nacionales), FUNDAp,* Querétaro, México 2012, pp. 230 ss. Véase igualmente los comentarios a los criterios de García Ramírez en Karlos A. Castilla Juárez, "El control de convencionalidad. Un nuevo debate en México a partir de la sentencia del caso Radilla Pacheco," en Eduardo Ferrer Mac Gregor (Coordinador), *El control difuso de convencionalidad. Diálogo entre la Corte Interamericana de Derechos Humanos y los jueces nacionales), FUNDAp,* Querétaro, México 2012, pp. 87 ss.

14 Véase Sergio García Ramírez, "El control judicial interno de convencionalidad," en Eduardo Ferrer Mac Gregor (Coordinador), *El control difuso de convencionalidad. Diálogo entre la Corte Interamericana de Derechos Humanos y los jueces nacionales), FUNDAp,* Querétaro, México 2012, pp. 213. Algunos autores, sin embargo, niegan que existan estas dos vertientes en el control de convencionalidad, argumentando que el mismo está reservado a la Corte Interamericana, negando la posibilidad de que los jueces y tribunales nacionales lleven a cabo dicho control. Karlos A. Castilla Juárez, "El control de convencionalidad. Un nuevo debate en México a partir de la sentencia del caso Radilla pacheco," en Eduardo Ferrer Mac Gregor (Coordinador), *El control difuso de convencionalidad. Diálogo entre la Corte Interamericana de Derechos Humanos y los jueces nacionales), FUNDAp,* Querétaro, México 2012, pp. 88 ss

concentrado" de convencionalidad" que ejerce la Corte Interamericana, en sede internacional, del "control difuso" de convencionalidad, a cargo de los jueces nacionales, en sede interna.[15]

## I.- ALGUNOS ANTECEDENTES DEL CONTROL DE CONVENCIONALIDAD EN EL ÁMBITO INTERNO

En efecto, el control de convencionalidad en el ámbito interno, en particular respecto de la Convención Americana, puede decirse que se ha venido realizándose desde su entrada en vigencia. '

Ello ocurrió, por ejemplo, en Venezuela, antes de que se iniciara el régimen autoritario que a partir de 1999 asaltó y se apoderó del Estado, incluyendo el Tribunal Supremo de Justicia y todos los tribunales de la República; cuando los tribunales de instancia comenzaron a aplicar preferentemente la Convención Americana en relación con previsiones del derecho interno, conduciendo a la admisibilidad de la acción de amparo prevista en la Constitución de 1961 (art. 49), pero que conforme a una interpretación jurisprudencial restrictiva de la Corte Suprema de Justicia en 1970,[16] había quedado como una cláusula programática que requería desarrollo legislativo, excepto en materia de *hábeas corpus*,[17] lo cual incluso fue ratificado en 1972 mediante un Acuerdo de la misma Corte Suprema. [18].

Como en el mencionado Acuerdo no consideró que fuera indispensable que para que una acción de amparo pudiera ser interpuesta ante otros tribunales distintos a los penales fuera necesaria la sanción de una ley previa que regulara expresamente la acción, fue precisamente después de que Venezuela ratificó la Convención Americana sobre Derechos Humanos en 1977[19] (e igualmente, el Pacto Internacional de Derechos Económicos, Sociales y Culturales, en 1978, y el Pacto Internacional de Derechos Civiles y Políticos el mismo año 1978), que los tribunales de instancia comenzaran a ejercer el control de convencionalidad y a admitir acciones de amparo en virtud de la consagración en esos instrumentos internacionales (por ejemplo, el artículo 25.1

15 Véase Eduardo Ferrer Mac Gregor, "Interpretación conforme y control difuso de convencionalidad. El nuevo paradigma para el juez mexicano,"en ," en Eduardo Ferrer Mac Gregor (Coordinador), *El control difuso de convencionalidad. Diálogo entre la Corte Interamericana de Derechos Humanos y los jueces nacionales), FUNDAp*, Querétaro, México 2012, p. 132.

16 La Corte dijo: "no es una norma directa e inmediatamente aplicable por los jueces, sino un precepto programático, sólo parcialmente reglamentada para la fecha en que la Constitución fue promulgada, y dirigido particularmente al Congreso, que es el órgano al cual compete la reglamentación de las garantías constitucionales, en conformidad con los artículos 136, ordinal 24, y 139 de la Constitución. Tal es la interpretación que da la Corte al artículo 49 al analizar sus previsiones aisladamente con el fin de desentrañar la mente del constituyente del lenguaje usado por éste para expresar su voluntad. Pero esta interpretación gramatical se robustece con la observación adicional de que el constituyente se habría abstenido de regular el procedimiento de *hábeas corpus*, si hubiera considerado que para hacer efectivo el amparo bastaba lo dicho en el artículo 49 respecto al procedimiento, no siendo indispensable su reglamentación legal para determinar el fuero competente y el modo de proceder". Véase sentencia de la Corte Suprema de Justicia en Sala Político Administrativa de 14 de diciembre de 1970 en *Gaceta Oficial* N° 29.434 de 6 de febrero de 1971 pp. 219.984 y 219.985, y en *Gaceta Forense*, N° 70, 1970, pp. 179 ss. Esta decisión fue ratificada por sentencia de la misma Corte de 26 de abril de 1971 en *Gaceta Oficial* N° 1.478, Extraordinaria de julio de 1971, p. 31; y por Acuerdo de 24 de ABRIL DE 1972 en *Gaceta Oficial* N° 29.788 de 25 de abril de 1972, p. 222.865. El criterio de la Corte había sido también el de la Procuraduría General de la República. Véase, *Doctrina Procuraduría General de la República* 1970. Caracas 1971, pp. 37 ss.. Incluso antes de la sentencia de la Corte Suprema de Justicia en Sala Político Administrativa de 11 de noviembre de 1970, en *Gaceta Oficial* N° 1.447, Extraordinaria de diciembre de 1970, pp. 27 y 28, ya se vislumbra la interpretación que posteriormente se adoptaría: "A diferencia de otras situaciones en relación a las cuales el Congreso, aún no ha determinado por Ley, cuál es el juez competente y el procedimiento a seguir a fin de obtener amparo judicial...".

17 Véase, Exposición de Motivos del Proyecto de Constitución en *Revista de la Facultad de Derecho*, UCV, N° 21 Caracas, 1961, p. 381.

18 En el "Acuerdo" de 24 de abril de 1972 conforme a las potestades reglamentarias que le otorgaba el artículo 138 de la Ley Orgánica del Poder Judicial, la Corte Suprema estimó que "la competencia de los Tribunales de Primera Instancia y Superiores en lo Penal de la República, a que se refiere la Disposición Transitoria Quinta de la Constitución, se limita exclusivamente al conocimiento del recurso de *hábeas corpus* previsto en dicha norma; y que en consecuencia, toda decisión que no esté apoyada en la competencia específica de dichos Tribunales o que invada la atribuida por la Constitución y las Leyes, a otros órganos judiciales, constituye una usurpación o extralimitación de atribuciones"Véase el texto en *Gaceta Oficial* N° 29.788 de 25 de abril de 1972. Véase, así mismo en la revista *Ministerio Público*, N° 19, Caracas 1972, pp. 105-107.

19 Véase en *Gaceta Oficial* N° 31.256 de 14 de junio de 1977 y N° 2.146 Extra, de 28 de enero de 1978.

de la Convención Americana), del derecho de toda persona a un recurso sencillo y rápido o a cualquier otro recurso efectivo ante los Tribunales competentes que lo amparen contra actos que violen los derechos humanos.[20]

Esta puede considerarse, en Venezuela, como el antecedente remoto del control de convencianalidad que permitió, con base en las disposiciones de la Convención Americana, que se generalizara la admisión de las acciones de amparo aún sin que se hubiese dictado la ley que la regulara; interpretación que fue luego fuera acogida por la propia Corte Suprema de Justicia en Sala Político-Administrativa, en la sentencia del caso *Andrés Velázquez* de 20 de octubre de 1983, en el cual se admitió la posibilidad del ejercicio de acciones de amparo para la protección de derechos distintos a los protegidos mediante el *hábeas corpus,* al considerar que el carácter programático del artículo 49 de la Constitución, había quedado superado "desde el momento en que por Ley se habían aprobado Convenciones Internacionales sobre derechos humanos que exigían la garantía del amparo." [21] Años después, en 1988, mediante Ley Orgánica de Amparo sobre Derechos y garantías Constitucionales, se reguló ampliamente la materia.[22]

Igualmente en materia de la admisibilidad de la acción de amparo en ausencia de previsiones constitucionales y legales, mediante un control de convencionalidad y en aplicación directa de de la Convención Americana, en 1999 se admitió la acción de amparo en la República Dominicana, donde hasta esa fecha no se había admitido por falta de reglas de procedimiento relativas al amparo. Se trató de la sentencia del caso *Productos Avon S.A* dictada por la Corte Suprema el 24 de febrero de 1999 dictada con motivo de un amparo ejercido contra una decisión judicial por violación de derechos laborales, que admitió la acción en ausencia de disposiciones constitucionales o legales sobre la misma, prescribiendo incluso las normas de procedimiento aplicables,[23] declarando para tal fin que "el recurso de amparo previsto en el artículo 25,1 de la Convención Americana de Derechos Humanos de San José, Costa Rica, del 22 de noviembre de 1969, es una institución de derecho positivo dominicano, por haber sido adoptada y apro-

---

20 Véase por ejemplo la sentencia de instancia de 24 de noviembre de 1982 (*Caso Rondalera), en* René Molina Galicia, *El Amparo a Rondalera,* Ediciones, Síntesis Jurídica, Caracas, 1984, p. 80.

21 Véase en *Revista de Derecho Público,* N° 11, Ediorial Jurídica Venezolana, Caracas 1983, pp. 169 y 170. Véase el comentario sobre esta sentencia del Magistrado ponente del fallo, René De Sola, "El Recurso de Amparo en Venezuela" en *Revista SIC,* N° 472, Caracas, febrero 1985, pp. 74 ss.

22 Véase Ley Orgánica de Amparo a los Derechos y Garantías Constitucionales en Gaceta Oficial N° 34060 de 27 de septiembre de 1988. Sobre esta Ley véanse los comentarios de Allan R Brewer-carías y Carlos Ayala Corao, *Ley Orgánica de Amparo a los Derechos y Garantías Constitucionales*, Editorial Jurídica Venezolana, 6ª, ed., Caracas 2007.

23 El caso se desarrolló como sigue: 1. La empresa demandante alegó que la decisión judicial del tribunal laboral había violado su derecho a ser juzgado por el juez natural, a cuyo efecto solicitó a la Corte Suprema que: primero, declarara en su sentencia que el amparo debía considerarse como una institución dominicana de derecho público; y segundo, que la Corte Suprema, de acuerdo con las disposiciones de la Ley Orgánica Judicial que le atribuye a la Corte el poder de resolver sobre el procedimiento aplicable en caso de que no exista uno legalmente prescrito, disponiendo las normas respectivas, que en consecuencia estableciera dichas normas en relación con los recursos de amparo. Adicionalmente, el recurrente solicitó a la Corte que dictara una medida cautelar suspendiendo los efectos de la sentencia laboral impugnada mientras durase el juicio de amparo. 2. La Corte Suprema, a los efectos de decidir, estableció el criterio que los tratados internacionales invocados por el recurrente, particularmente los artículos 8 y 25,1 de la Convención Americana de Derechos Humanos, eran parte del derecho interno de la República Dominicana, y tenían la finalidad de garantizar la protección judicial de los derechos fundamentales reconocidos en la Constitución, en la ley y en la indicada Convención, contra todo acto violatorio de dichos derechos, cometido por cualquier persona actuando o no en el ejercicio de funciones públicas, por lo que incluso se admitía contra actuaciones de particulares. En este aspecto, la Corte Suprema resolvió que: "Contrariamente a como ha sido juzgado en el sentido de que los actos violatorios tendrían que provenir de personas no investidas con funciones judiciales o que no actúen en el ejercicio de esas funciones, el recurso de amparo, como mecanismo protector de la libertad individual en sus diversos aspectos, no debe ser excluido como remedio procesal específico para solucionar situaciones creadas por personas investidas de funciones judiciales ya que, al expresar el artículo 25.1 de la Convención, que el recurso de amparo está abierto a favor de toda persona contra actos que violes sus derechos fundamentales, "aún cuando tal violación sea cometida por personas que actúen en ejercicio de sus funciones oficiales", evidentemente incluye entre éstas a las funciones judiciales ". Igualmente, la Corte resolvió que la vía del amparo: "Queda abierta contra todo acto u omisión de los particulares o de los órganos o agentes de la administración pública, incluido la omisión o el acto administrativo, no jurisdiccional. Del poder judicial, si lleva cualquiera de ellos una lesión, restricción o alteración, a un derecho constitucionalmente protegido. Véase en *Iudicum et Vita, Jurisprudencia nacional de América Latina en Derechos Humanos*, N° 7, Tomo I, Instituto Interamericano de Derechos Humanos, San José, Costa Rica, Diciembre 2000 p. 329 y ss. Véanse los comentarios a dicha sentencia en Allan R. Brewer-Carías, "La admisión jurisprudencial de la acción de amparo en ausencia de regulación constitucional o legal en la República Dominicana", *Ídem*, pp. 334 ss.; y en *Revista IIDH*, Instituto Interamericano de Derechos Humanos, San José 2000, pp. 95-102.

bada por el Congreso Nacional, mediante Resolución Nº 739 del 25 de diciembre de 1977, de conformidad con el artículo 3, de la Constitución de la República."[24] Esta sentencia de la Corte Suprema de la República Dominicana fue también un claro ejemplo de control de convencionalidad contra la omisión legislativa, admitiéndose la acción de amparo para la protección de los derechos humanos de acuerdo con lo establecido en la Convención Americana de Derechos Humanos. La acción de amparo fue posteriormente regulada en la Ley de Amparo de 2006.

Las previsiones de la Convención sirvieron igualmente en el orden interno para la protección de otros derechos humanos, vía control de convencionalidad, supliendo las carencias del ordenamiento jurídico interno, como sucedió igualmente en Venezuela, en materia de participación política.."[25]

Así ocurrió, por ejemplo, en 1996, cuando la antigua Corte Suprema de Justicia, al decidir la acción popular de inconstitucionalidad que se había intentado contra la Ley de División Político Territorial del Estado Amazonas por no haberse respetado los derechos de participación política de las comunidades indígenas que debieron haber sido consultadas, resolvió que siendo dicho Estado de la federación venezolana mayormente poblado por dichas comunidades, la sanción de dicha Ley sin previamente haberse oído la opinión de las mismas, mediante consulta popular, significó la violación del derecho a la participación política, el cual aún cuando no estaba expresamente enumerado en la Constitución de 1961, fue considerado como inherente a la persona humana, como un "principio general de rango constitucional en una sociedad democrática", aplicando la Convención Americana de derechos Humanos.[26]

El derecho a la doble instancia o a la revisión judicial también fue objeto de protección mediante control de convencionalidad en diversos países. De nuevo fue el caso en Venezuela, en 1997, cuando la Corte Suprema de Venezuela anuló o previsiones de la Ley de Vagos y Maleantes, por violación de las garantías judiciales y al debido proceso, es decir, a un juicio justo, basándose en lo que denomino el "proceso de constitucionalización de los derechos humanos de acuerdo con el artículo 50 de la Constitución", aplicando "*ipso jure*, Convenciones Internacionales y Tratados, sobre los derechos del hombre, en la medida en que dichos instrumentos adquieren jerarquía constitucional," y admitiendo "la incorporación a nuestro ordenamiento jurídico interno del régimen previsto en convenciones internacionales," en particular las previsiones de los artículo 7 y 8 de la Convención Americana.[27] Se trata, sin duda, de otro ejemplo claro de control de convencionalidad ejercido por la jurisdicción constitucional interna.

---

24 Véase en en *Iudicum et Vita, Jurisprudencia nacional de América Latina en Derechos Humanos*, Nº 7, Tomo I, Instituto Interamericano de Derechos Humanos, San José, Costa Rica, Diciembre 2000 p. 333

25 Véase Allan R. Brewer-Carías, "La interrelación entre los Tribunales Constitucionales de America Latina y la Corte Interamericana de Derechos Humanos, y la cuestión de la inejecutabilidad de sus decisiones en Venezuela," en Armin von Bogdandy, Flavia Piovesan y Mariela Morales Antonorzi (Coodinadores), *Direitos Humanos, Democracia e Integracao Jurídica na América do Sul*, Lumen Juris Editora, Rió de Janeiro 2010, pp. 661-701

26 Véase sentencia de 5 de diciembre de 1996, caso: *Antonio Guzmán, Lucas Omashi y otros*, en *Revista de Derecho Público*, Nº 67-68, Editorial Jurídica venezolana, Caracas 1996, pp. 176 ss. Véase sobre ello, Allan R. Brewer-Carías, "La interrelación entre los Tribunales Constitucionales de America Latina y la Corte Interamericana de Derechos Humanos, y la cuestión de la inejecutabilidad de sus decisiones en Venezuela," en Armin von Bogdandy, Flavia Piovesan y Mariela Morales Antonorzi (Coodinadores), *Direitos Humanos, Democracia e Integraçao Jurídica na América do Sul*, Lumen Juris Editora, Rió de Janeiro 2010, pp. 661-701; Carlos Ayala Corao, "El diálogo jurisprudencial entre los Tribunales internacionales de derechos humanos y los Tribunales constitucionales," Boris Barrios González (Coordinador), *Temas de Derecho Procesal Constitucional Latinoamericano*, Memorias I Congreso Panameño de Derecho Procesal Constitucional y III Congreso Internacional Proceso y Constitución, Panamá 2012, pp. 180-181

27 Véase sentencia de 6 de noviembre de 1997, en *Revista de Derecho Público* Nº 71-72, Editorial Jurídica Venezolana, Caracas 1997, pp. 177 y ss. Véase Allan R. Brewer-Carías, "La interrelación entre los Tribunales Constitucionales de America Latina y la Corte Interamericana de Derechos Humanos, y la cuestión de la inejecutabilidad de sus decisiones en Venezuela," en Armin von Bogdandy, Flavia Piovesan y Mariela Morales Antonorzi (Coodinadores), *Direitos Humanos, Democracia e Integracao Jurídica na América do Sul*, Lumen Juris Editora, Río de Janeiro 2010, pp. 661-701.Carlos Ayala Corao, "El diálogo jurisprudencial entre los Tribunales internacionales de derechos humanos y los Tribunales constitucionales," en Boris Barrios González (Coordinador), *Temas de Derecho Procesal Constitucional Latinoamericano*, Memorias I Congreso panameño de Derecho Procesal Constitucional y III Congreso Internacional Proceso y Constitución, Panamá 2012, pp. 181-182

El mismo control de convencionalidad en el orden interno en relación con las garantías judiciales y en particular, por violación al derecho a la doble instancia, aplicándose el artículo 8 de la la Convención Americana sobre Derechos Humanos, se ejerció en la Argentina, luego de habérsele dado rango constitucional a la misma (artículo 75.22 de la Constitución de 1994). Ello llevó a la Corte Suprema de Justicia de la Nación a darle prevalencia a dicha previsión de la Convención en relación con el orden interno, en particular con el Código de Procedimiento Penal, que excluía el derecho de apelación respecto de algunas decisiones judiciales en razón de la cuantía de la pena. La Corte Suprema de la Nación declaró la invalidez por inconstitucionalidad de dichas normas limitativas de la apelación, aplicando precisamente el artículo 8,1,h de la Convención Americana que garantiza, como se ha dicho, el derecho de apelar las decisiones judiciales por ante un tribunal superior"[28].

En Costa Rica también se dio aplicación al derecho convencional en esta materia del derecho a la doble instancia o revisión judicial, habiendo aplicado directamente, la Sala Constitucional de la Corte Suprema de Costa Rica, la Convención Americana de Derechos Humanos, con prevalencia sobre las leyes, considerando que las normas "legales que contradigan [un tratado] deban tenerse simplemente por derogadas, en virtud precisamente del rango superior del tratado"[29]. En esta forma, al considerar que el artículo 8.2 de la Convención Americana "reconoce como derecho fundamental de todo ser humano, imputado en una causa penal por delito, el de recurrir del fallo" la Sala consideró que el artículo 472 del Código de Procedimientos Penales que limitaban el ejercicio del recurso de casación debían tenerse "por no puestas" y entender "que el recurso de casación a que ahí se alude está legalmente otorgado a favor del reo condenado a cualquier pena en sentencia dictada en una causa panal por delito". La Sala Constitucional, en una sentencia posterior N° 719-90 declaró con lugar el recurso de inconstitucionalidad intentado contra el artículo 474 del Código de Procedimientos Penales, anulándolo y considerando en consecuencia, como "no puestas las limitaciones al derecho a recurrir en casación a favor del imputado contra la sentencia penal por delito, establecidas en el artículo," basándose para ello en lo que "impone la Convención Americana" en cuanto a la posibilidad de recurso ante un Tribunal Superior contra la sentencia penal por delito.

En esta misma materia del derecho a la doble instancia, también en Venezuela los tribunales nacionales aplicaron preferentemente la Convención Americana ejerciéndose el control de convencionalidad en relación con la Ley Orgánica de la Corte Suprema de Justicia de 1976, que excluía la apelación contra determinadas decisiones adoptadas por la Corte Primera de lo Contencioso Administrativa. Como la Constitución de 1999 solo regulaba el derecho de apelación en materia de juicios penales a favor de la persona declarada culpable (art. 40,1); para proteger el derecho en materia contencioso administrativos, en algunos casos los tribunales contencioso administrativos, en ejercicio del control difuso de constitucionalidad y de convencionalidad, admitieron la apelación basándose en el derecho de apelar las decisiones judiciales ante el tribunal superior que se establece en el artículo 8,2,h de la Convención Americana de Derechos Humanos, la cual se consideró como formando parte del derecho constitucional interno del país. El mismo control de convencionalidad se ejerció finalmente por la Sala Constitucional del Tribunal Supremo, la cual en una decisión N° 87 del 13 de marzo de 2000,[30] mediante el ejercicio del control difuso de la constitucionalidad, reconoció y declaró, dado el rango constitucional de los tratados en materia de derechos humanos (art. 23), "que el artículo 8, numerales 1 y 2 (literal h), de la Convención Americana sobre Derechos Humanos, forma parte del ordenamiento

---

28 Sentencia de 04-04- 1995, Caso Giroldi, H.D. y otros. Véase en Aida Kemelmajer de Caqrlucci and maria Gabriela Abalos de Mosso, "Grandes líneas directrices de la jurisprudencia argentina sobre material constitucional durante el año 1995", en *Anuario de Derecho Constitucional latinoamericano 1996*, Fundación Konrad Adenauer, Bogotá, 1996, pp. 517 y ss.; y en Carlos Ayala Corao, "Recepción de la jurisprudencia internacional sobre derechos humanos por la jurisprudencia constitucional" en *Revista del Tribunal Constitucional*, N° 6, Sucre, Bolivia, Nov. 2004, pp. 275 y ss.

29 Sentencia 282-90, caso *violación del artículo 8.2 de la Convención Americana por el derogado artículo 472 del Código de Procedimientos Penales*. Consultada en original.

30 Caso: C.A. Electricidad del Centro (Elecentro) y otra vs. Superintendencia para la Promoción y Protección de la Libre Competencia. (Procompetencia), en *Revista de Derecho Público*, N° 81, Editorial Jurídica Venezolana, Caracas 2000, pp. 157 y ss

constitucional de Venezuela; que las disposiciones que contiene, declaratorias del derecho a recurrir del fallo, son más favorables, en lo que concierne al goce y ejercicio del citado derecho, que la prevista en el artículo 49, numeral 1, de dicha Constitución; y que son de aplicación inmediata y directa por los tribunales y demás órganos del Poder Público."[31]

## II.- ALGO SOBRE EL MARCO CONCEPTUAL DEL CONTROL DE CONVENCIONALIDAD EN EL ÁMBITO INTERNO

De lo anterior resulta que en realidad, en esta materia, particularmente en relación con la Convención Americana de Derechos Humanos, lo que es realmente novedoso fue la adopción generalizada de la denominación de "control de convencionalidad,"[32] particularmente, como se dijo, por su utilización por el juez Sergio García Ramírez a partir de su Voto razonado a la sentencia del caso *Myrna Mack Chang vs. Guatemala*, de 25 de noviembre de 2003; así como la precisión de las dos vertientes en las cuales se ejerce el control de convencionalidad que el mismo Juez García Ramírez precisó al año siguiente, en otro Voto razonado, esta vez a la sentencia del caso Caso *Tibi vs. Ecuador* de 7 de diciembre de 2004, por la Corte Interamericana y por los tribunales nacionales,[33] con dos efectos jurídicos completamente distintos.

Nos interesa ahora referirnos al control de convencionalidad ejercido en el ámbito interno por los tribunales nacionales el cual, con los antecedentes mencionados, se ha intensificado en América Latina, en particular luego de la conceptualización definitiva del mismo elaborada por el mismo juez García Ramírez, y a partir de la sentencia de la Corte Interamericana en el caso *Almonacid Arellano y otros vs. Chile* de 26 de septiembre de 2006.[34] Allí se elaboró el tema para identificar el control que ejercen dichos jueces nacionales cuando frente a normas nacionales que deban aplicar a casos concretos de los cuales conozcan, le dan prevalencia a las previsiones de la Convención Americana cuando aquellas normas nacionales le sean contrarias. Este control ocurre, igualmente cuando los jueces nacionales aplican en el ámbito interno, para determinar el alcance de las normas de la Convención, las sentencias vinculantes de la Corte Interamericana.

Dicho control de convencionalidad, además, particularmente en países en los cuales la Convención tiene rango constitucional o forma parte del bloque de la constitucionalidad, los jueces nacionales pueden, según sus respectivas competencias, no sólo desaplicar sino incluso anular las normas internas contrarias a la Convención Americana.

Fue en la citada sentencia *Almonacid Arellano y otros vs. Chile* de 26 de septiembre de 2006, en la cual,la Corte Interamericana, después de aceptar que "los jueces y tribunales internos están sujetos al imperio de la ley y, por ello, están obligados a aplicar las disposiciones vigentes en el ordenamiento jurídico" de cada país, consideró que cuando los Estados respectivos han ratificado la Convención Americana, en virtud de que los jueces están sometidos a ella, eso los "obliga a velar porque los efectos de las disposiciones de la Convención no se vean mermadas por la aplicación de leyes contrarias a su objeto y fin, y que desde un inicio carecen de efectos jurídicos."[35]

Partiendo de esa premisa, la Corte Interamericana concluyó con su conocida afirmación de que "el Poder Judicial debe ejercer una especie de 'control de convencionalidad' entre las normas jurídicas internas que aplican en los casos concretos y la Convención Americana sobre

31 Idem, p. 157

32 Como lo ha destacado Juan Carlos Hitters, "Claro está que cuando se utiliza la terminología de "control de convencionalidad", no se quiere decir que recién a partir del citado asunto la Corte IDH haya ejercido tal potestad, porque desde siempre el cuerpo hace una comparación entre ambos esquemas, destacando por supuesto la prioridad de la regla supranacional; lo que en verdad ha sucedido es que desde ese momento se utiliza tal fraseología." Véase Juan Carlos Hitters, "Control de constitucionalidad y control de convencionalidad. Comparación," en *Estudios Constitucionales*, Centro de Estudios Constitucionales de Chile, Universidad de Talca, Año 7, N° 2, 2009, pp. 109-128.

33 Voto razonado del Juez Sergio García Ramírez a la sentencia en el caso *Tibi Vs. Ecuador*, Sentencia de 7 de septiembre de 2004, Serie C N° 114 (Párr. 4), en http://www.corteidh.or.cr/docs/casos/articulos/seriec_114_esp.pdf.

34 Véase sentencia en el caso *Almonacid Arellano y otros v Chile* de 26 de septiembre de 2006, en http://www.corteidh.or.cr/docs/casos/articulos/seriec_154_esp.pdf

35 *Ídem.*, Párr.124

Derechos Humanos," agregando, incluso que en esa tarea "el Poder Judicial debe tener en cuenta no solamente el tratado, sino también la interpretación que del mismo ha hecho la Corte Interamericana, intérprete última de la Convención Americana".[36]

Estos fueron los razonamientos fundamentales sobre el control de convencionalidad en el ámbito interno, en relación con la Convención Americana, pero que sin duda se aplican en relación con el control de convencionalidad de todos los otros tratados y convenciones internacionales ratificados por los países y que forman parte del ordenamiento jurídico interno. Los mismos, aun cuando no tengan rango constitucional como sucede en muchos países, entre ellos en Venezuela y Costa Rica; si tienen o rango legal, como es el caso de la mayoría de los países, o rango supra-legal y sub-constitucional como es el caso de Costa Rica y que imponen su aplicación en el orden interno de acuerdo con los principios que rigen la interpretación de las fuentes, sea del bloque de constitucionalidad o del bloque de legalidad.

Como antes se dijo, el desarrollo del control de convencionalidad del orden normativo interno realizado por los jueces nacionales, fue lo que permitió que encontrara su definición conceptual expresa, primero, en la sentencia antes mencionada de la Corte Interamericana, dictada en el caso *Almonacid Arellano y otros vs. Chile* de 26 de septiembre de 2006, cuyo contenido ha sido reiterado en otras decisiones posteriores como por ejemplo, las dictadas en los casos;[37] y luego, en la sentencia del caso *Trabajadores Cesados del Congreso (Aguado Alfaro y otros) v. Perú* de 2006, en la cual se puntualizó la lógica del control de convencionalidad, al decidir la Corte Interamericana que:

> "Cuando un Estado ha ratificado un tratado internacional como la Convención Americana, sus jueces están sometidos a ella, lo que les obliga a velar porque el efecto útil de la Convención no se vea mermado o anulado por la aplicación de leyes contrarias a sus disposiciones, objeto y fin;"

Agregando que en esos casos,

> "los órganos del Poder Judicial deben ejercer no sólo un control de constitucionalidad, sino también de convencionalidad *ex officio*, entre las normas internas y la Convención Americana, evidentemente en el marco de sus respectivas competencias y de las regulaciones procesales pertinentes."[38]

De acuerdo con estas definiciones conceptuales, el control de convencionalidad se concibe en el orden interno como una tarea asignada básicamente al "Poder Judicial" en general y no solo de un 'único tribunal, es decir, a los "jueces y tribunales internos" sin distinción alguna, e independientemente de las regulaciones que puedan existir en materia de control de constitucionalidad en cada país, siendo este quizás el dato de mayor interés a retener de dicha definición por las repercusiones que conlleva. Como lo dijo con toda precisión el juez Eduardo Ferrer Mac Gregor en su Voto razonado al caso *Cabrera García y Montiel Flores vs. México* de 2010, el control de convencionalidad en el ámbito interno "convierte al juez nacional en juez internacio-

---

36 Para llegar a esta conclusión, la Corte Interamericana precisó que dicho control "tiene sustento en el principio de la buena fe que opera en el Derecho Internacional, en el sentido que los Estados deben cumplir las obligaciones impuestas por ese Derecho de buena fe y sin poder invocar para su incumplimiento el derecho interno, regla que se encuentra recogida en el artículo 27 de la Convención de Viena sobre los Tratados." *Ídem*. Párr. 125.

37 Véase por ejemplo, las sentencias en los casos *Trabajadores Cesados del Congreso (Aguado Alfaro y otros) v. Perú* de 24 de noviembre de 2006; *La Cantuta vs. Perú* de 29 de noviembre de 2006 (Párr. 173); *Boyce y otros vs. Barbados de* 20 de noviembre de 2007 (Párr. 78); *Fermín Ramírez y Raxcacó Reyes v. Guatemala*" de 9 de mayo de 2008, (Párr. 63); *Heliodoro Portugal vs. Panamá de* 12 de agosto de 2008 (Párr. 180); *Rosendo Radilla Pacheco vs. Estados Unidos Mexicanos de* 23 de noviembre de 2009 (Párr. 339); *Manuel Cepeda Vargas vs. Colombia de* 26 de mayo de 2010 (Párr. 208, nota 307); *Comunidad Indígena Xákmok Kásek vs. Paraguay* de 24 de agosto de 2010; *Fernández Ortega y Otros vs. México* 30 de agosto de 2010); *Rosendo Cantú y Otra vs. México de* 31 de agosto de 2010 (Párr. 219); *Ibsen Cárdenas e Ibsen Peña vs. Bolivia de* 1° de septiembre de 2010 (Párr. 202); *Vélez Loor vs. Panamá de* 23 de noviembre de 2010 (Párr. 287); *Gomes Lund y Otros (Guerrilha do Araguaia) vs. Brasil de* 24 de noviembre de 2010 (Párr. 106), y *Cabrera García y Montiel Flores vs. México* de 26 de noviembre de 2010 (Párr. 225).

38 Véase sentencia en el caso *Trabajadores Cesados del Congreso (Aguado Alfaro y otros) v. Perú* de de 24 de noviembre de 2006 (Párr. 128), en http://www.corteidh.or.cr/docs/casos/articulos/seriec_158_esp.pdf

nal: en un primer y auténtico guardián de la Convención Americana...Los jueces nacionales se convierten en los primeros intérpretes de la normatividad internacional."[39]

Por ello, como también lo expresó Ferrer Mac Gregor en su Voto razonado al mismo caso:

"no existe duda de que el "control de convencionalidad" debe realizarse *por cualquier juez o tribunal que materialmente realice funciones jurisdiccionales*, incluyendo, por supuesto, a las Cortes, Salas o Tribunales Constitucionales, así como a las Cortes Supremas de Justicia y demás altas jurisdicciones de los veinticuatro países que han suscrito y ratificado o se han adherido a la Convención Americana sobre Derechos Humanos,32 y con mayor razón de los veintiún Estados que han reconocido la jurisdicción contenciosa de la Corte IDH, 33 de un total de treinta y cinco países que conforman la OEA." [40]

Esto significa entonces que conforme a la doctrina de la Corte Interamericana, el control de convencionalidad corresponde ser ejercido en el ámbito interno por todos los jueces y tribunales, sin distingo, y no por un solo tribunal; lo que implica:

En *primer lugar*, que se ejerce en las Jurisdicciones Constitucionales. Es decir, por una parte, por todos los Tribunales Constitucionales donde estos existan, estén estos ubicados dentro del Poder Judicial (Bolivia, Colombia, Ecuador, Guatemala, República Dominicana) o fuera del mismo (Chile, Perú), e independientemente de que ejerzan el control concentrado de constitucionalidad en forma exclusiva (Bolivia, Chile,) o combinado con el método difuso (Colombia, Ecuador, Guatemala, Perú, República Dominicana); y por la otra, a las Cortes Supremas de Justicia cuando estén configuradas como tal Jurisdicción Constitucional, sea que ejerzan el control concentrado a través de una Sala Constitucional (Costa Rica, El Salvador, Honduras, Paraguay, Venezuela) o en Pleno (Brasil, México, Nicaragua, Panamá, Uruguay), e independientemente de que ejerzan dicho control de constitucionalidad concentrado en forma exclusiva (Costa Rica, El Salvador, Honduras, Panamá. Paraguay y Uruguay) o combinado con el método difuso (Venezuela, Nicaragua,).

En *segundo lugar*, que corresponde a todos los jueces y tribunales (incluyendo las Cortes Supremas) que en el orden interno ejerzan un control difuso de la constitucionalidad, sea que se trate de la única forma de control de constitucionalidad existente en el país (Argentina) o que lo ejerzan en forma combinada con el método concentrado (Colombia, Ecuador, Guatemala, Perú, Nicaragua, México, República Dominicana y Venezuela).

Y en *tercer lugar*, que corresponde a todos los jueces y tribunales aún cuando en el orden interno no tengan asignado el ejercicio del control difuso de constitucionalidad (Bolivia, Chile, Costa Rica, Panamá, Honduras, Paraguay, Uruguay), pues en definitiva, si bien se pueden establecer semejanzas entre el control de constitucionalidad y el control de convencionalidad,[41]

39 Véase Eduardo Ferrer Mac-Gregor, Voto razonado a la sentencia de la Corte Interamericana en el caso *Cabrera García y Montiel Flores vs. México* de 26 de noviembre de 2010 (Párr. 24), en http://www.corteidh.or.cr/docs/casos/articulos/seriec_220_esp.pdf Véase en igual sentido, Eduardo Ferrer Mac Gregor, "Interpretación conforme y control difuso de convencionalidad. El nuevo paradigma para el juez mexicano,"en ," en Eduardo Ferrer Mac Gregor (Coordinador), *El control difuso de convencionalidad. Diálogo entre la Corte Interamericana de Derechos Humanos y los jueces nacionales), FUNDAp*, Querétaro, México 2012, p.141. Véase Néstor Pedro Sagües, "El 'control de convencionalidad' en el sistema interamericano y sus anticipos en el ámbito de los derechos económico-sociales. Concordancias y diferencias con el sistema europeo," en Eduardo Ferrer Mac Gregor (Coordinador), *El control difuso de convencionalidad. Diálogo entre la Corte Interamericana de Derechos Humanos y los jueces nacionales), FUNDAp*, Querétaro, México 2012, p. 428

40 Véase Eduardo Ferrer Mac-Gregor, Voto razonado a la sentencia de la Corte Interamericana en el caso *Cabrera García y Montiel Flores vs. México* de 26 de noviembre de 2010 (Párr. 20, 23), en http://www.corteidh.or.cr/docs/casos/articulos/seriec_220_esp.pdf . En el mismo Voto razonado, el juez Ferrer Mac-Gregor agregó que "la doctrina del "control difuso de convencionalidad" establecida por la Corte IDH tiene como destinatarios *a todos los jueces nacionales*, que deben ejercer dicho "control" con independencia de su jerarquía, grado, cuantía o materia de competencia que la normatividad interna les otorgue." *Ídem*, Párr. 33. Véase igualmente en Eduardo Ferrer Mac Gregor, "Interpretación conforme y control difuso de convencionalidad. El nuevo paradigma para el juez mexicano," en Eduardo Ferrer Mac Gregor (Coordinador), *El control difuso de convencionalidad. Diálogo entre la Corte Interamericana de Derechos Humanos y los jueces nacionales), FUNDAp*, Querétaro, México 2012, p. 139

41 Véase Karlos A. Castilla Juárez, "El control de convencionalidad. Un nuevo debate en México a partir de la sentencia del caso Radilla pacheco," en Eduardo Ferrer Mac Gregor (Coordinador), *El control difuso de convencionalidad. Diálogo entre la Corte Interamericana de Derechos Humanos y los jueces nacionales), FUNDAp*, Querétaro, México 2012, p. 337.

se trata de dos procesos distintos, de manera que en ningún caso se puede considerar al control de convencionalidad como un control de constitucionalidad, particularmente porque cuando se ejerce en el orden interno, su fuente no se encuentra en la Constitución de los respectivos países, sino en la Convención Americana como integrante que es del bloque de la constitucionalidad o en los demás tratados y convenios como integrantes del bloque de la legalidad.

Incluso, en casos como el de Costa Rica, en los cuales la Jurisdicción Constitucional, en este caso, la Sala Constitucional del Juez Constitucional tiene competencia para decidir sobre la conformidad del orden legal interno con los Tratados internacionales, ello en mi criterio no está establecido en términos absolutos, sino en los términos limitados previstos en el artículo 2 de la Ley de la Jurisdicción Constitucional, que asigna competencia específica a la Sala Constitucional para "ejercer el control de la constitucionalidad [de] la conformidad del ordenamiento interno con el Derecho Internacional o Comunitario, *mediante la acción de inconstitucionalidad y demás cuestiones de constitucionalidad.*" Lo que significa, en mi criterio, que la Sala Constitucional en materia de conformidad del ordenamiento interno con el Derecho Internacional o Comunitario, solo tiene el monopolio del control si el mismo se ejerce mediante la acción de inconstitucionalidad y demás cuestiones de constitucionalidad, lo que no excluye la posibilidad de que los jueces en general puedan realizar ese control difuso de que conformidad del ordenamiento interno con el derecho convencional, siempre que no sea mediante la acción de inconstitucionalidad que sólo corresponde conocer a la Sala.

En todo caso, un punto de interés a destacar en esta materia es que el desarrollo del control de convencionalidad en la doctrina establecida por la Corte Interamericana, no supedita ni puede supeditar dicho control a la existencia de un determinado sistema de justicia constitucional que se pueda haberse desarrollado en cada país. Por ello consideramos, por ejemplo, que en los países en los cuales no existe un control difuso de la constitucionalidad, nada impide que los jueces y tribunales a los cuales se aplica directamente las previsiones de la Convención Americana, no puedan ejercer el control difuso de convencionalidad. Es el caso, por ejemplo, además de Costa Rica, de los países en los cuales existen sistemas de justicia constitucional exclusivamente concentrados (Bolivia, Chile, El Salvador, Honduras, Panamá. Paraguay y Uruguay), donde además de que las previsiones de la Convención Americana formen parte del bloque de constitucionalidad, las mismas obligan a todos los jueces y tribunales nacionales, siendo de aplicación directa por parte de todos ellos.

Sin embargo, en esos casos, la doctrina no es pacífica. Por ejemplo, en relación con Chile, a pesar de coincidir en que el control de convencionalidad es distinto al control de constitucionalidad, Humberto Noguera Alcalá, en definitiva hace depender uno de otro y considera que en dicho país, el control de convencionalidad sólo lo puede ejercer el órgano que ejerce el control de constitucionalidad que en ese caso es de carácter concentrado, que es el Tribunal Constitucional.[42]

Al contrario Néstor Pedro Sagües, considera que todos los jueces en el ámbito interno deben ejercer el control de convencionalidad "que aunque no se encuentre habilitado para declarar la inconstitucionalidad, v.gr., a una regla del Código Civil, de todos modos tiene, en el máximo esfuerzo posible, que modularla y hacerla operar conforme y no contra, a la Constitución local."[43]

Pero el tema no es exclusivamente del bloque de la constitucionalidad, sino que el control de convencionalidad igualmente existe en todos los casos en los cuales las convenciones o tratados formen parte del bloque de legalidad, en cuyo caso los jueces deben ejercer dicho control en forma difusa.

42 Véase Humberto Noguera Alcalá, "Los desafíos del control de convencionalidad del *corpus iuris interamericano.* Para los tribunales nacionales, en especial, para los Tribunales Constitucionales," en Eduardo Ferrer Mac Gregor (Coordinador), *El control difuso de convencionalidad. Diálogo entre la Corte Interamericana de Derechos Humanos y los jueces nacionales), FUNDAp,* Querétaro, México 2012, pp. 354, 363.

43 Véase Néstor Pedro Sagües, "El 'control de convencionalidad' en el sistema interamericano y sus anticipos en el ámbito de los derechos económico-sociales. Concordancias y diferencias con el sistema europeo," en Eduardo Ferrer Mac Gregor (Coordinador), *El control difuso de convencionalidad. Diálogo entre la Corte Interamericana de Derechos Humanos y los jueces nacionales), FUNDAp,* Querétaro, México 2012, p. 426.

En efecto, cuando afirmamos que todos los jueces nacionales tienen competencia para ejercer el control de convencionalidad, independientemente del sistema de justicia constitucional que exista en el país, tienen el deber de aplicar, no solo la Convención Americana, sino más importante, los tratados y convenios internacionales que formen parte del derecho interno, ejerciendo el control difuso de convencionalidad, lo que implica que en caso de incompatibilidad o conflicto entre una norma interna que deban aplicar para resolver un caso concreto y las normas de la Convención Americana, y de cualquiera otros tratados y convenciones, deben dar preferencia a éstas y si fuere el caso, desaplicar las normas de derecho interno contrarias a las convenciones. Dicho control de convencionalidad que los jueces deben ejercer, por supuesto, lo deben realizar, como lo precisó la Corte Interamericana, "en el marco de sus respectivas competencias y de las regulaciones procesales pertinentes." Ello es, de acuerdo con su competencia por la materia, el grado y el territorio que tengan en el ámbito interno, sin que en ello tenga ningún condicionante la competencia que puedan tener en materia de control de constitucionalidad, que es otra cosa.

Por tanto, no estamos de acuerdo que en materia de control de convencionalidad, específicamente en relación con la Convención Americana, se pueda afirmar, como lo hizo por ejemplo la Suprema Corte de México en sentencias de diciembre de 2011, que el ejercicio de este control difuso de convencionalidad "deberá adecuarse al modelo de control de constitucionalidad existente en nuestro país" o que "debe ser acorde con el modelo general de control establecido constitucionalmente."[44] La afirmación, por supuesto, no tiene mayores consecuencias si sólo se atiende a la situación en México, pues el sistema de justicia constitucional ha evolucionado hacia un sistema mixto o integral de control de constitucionalidad que existe en el presente, en el cual coexiste el control concentrado que ejerce la Suprema Corte, coexiste con el control difuso que ejercen los tribunales en general.

Sin embargo, una afirmación como la mencionada si tendría consecuencias en países como Panamá, Costa Rica o Chile, donde sólo existe un sistema de control concentrado de constitucionalidad que ejerce en exclusiva la Corte Suprema o Sala Constitucional y no existe en la practica el control difuso de constitucionalidad,[45] lo que podría llevar a la conclusión que los jueces en general no podrían ejercer el control de convencionalidad en relación con la Convención Americana. [46]

Lamentablemente esta fue, por ejemplo, la conclusión a la que en relación con Panamá llegó el magistrado Jerónimo Mejía Edwards de la Corte Suprema de ese país, al indicar también que el control de convencionalidad en el ámbito interno debe ejercerse "a la luz del sistema de constitucionalidad previsto en el país"[47] o "a la luz de las disposiciones internas que reglamentan el control de constitucionalidad de las leyes y demás actos del Estado,"[48] concluyendo que tratándose en el caso de Panamá de un sistema completamente concentrado de control de constitucionalidad, el control de convencionalidad solo puede ejercerse "a través de esos mecanismos que se efectúa el control de constitucionalidad" pudiendo los jueces en caso de

44 Véase las sentencias en Alfonso Jaime Martínez Lazcano, "Control difuso de convencionalidad en México," en Boris Barrios González (Coordinador), *Temas de Derecho Procesal Constitucional Latinoamericano*, Memorias I Congreso panameño de Derecho Procesal Constitucional y III Congreso Internacional Proceso y Constitución, Panamá 2012, pp. 209- 210. Véase igualmente las referencias en Víctor Bazán y Claudio Nash (Editores), *Justicia Constitucional y derechos Fundamentales. El Control de Convencionalidad 2011*, Centro de Derechos Humanos Universidad de Chile, Konrad Adenauer Stiftung, 2011, pp. 41, 80.

45 Véase Allan R. Brewer-Carías, "El sistema panameño de justicia constitucional a la luz del Derecho Comparado," en *Revista Novum Ius*, Edicion N° 15°, Editada por los Miembros de la Asociación Nueva Generación Jurídica publicación estudiantil de la Facultad de Derecho y Ciencias Políticas de la Universidad de Panamá, Panamá, 2010. pp. 130-168

46 . Como se señaló, así lo considera por ejemplo respecto de Chile, Véase Humberto Noguera Alcalá, "Los desafíos del control de convencionalidad del *corpus iuris interamericano*. Para los tribunales nacionales, en especial, para los Tribunales Constitucionales," en Eduardo Ferrer Mac Gregor (Coordinador), *El control difuso de convencionalidad. Diálogo entre la Corte Interamericana de Derechos Humanos y los jueces nacionales), FUNDAp*, Querétaro, México 2012, pp. 354, 363.

47 Véase Jerónimo Mejía Edwards, "Control de constitucionalidad y convencionalidad en Panamá," en Boris Barrios González (Coordinador), *Temas de Derecho Procesal Constitucional Latinoamericano*, Memorias I Congreso panameño de Derecho Procesal Constitucional y III Congreso Internacional Proceso y Constitución, Panamá 2012, pp. p. 258

48 *Ídem*, p. 261

encontrar una incompatibilidad entre una ley y la Convención Americana, solamente elevar la consulta respectiva ante la Corte Suprema de Justicia para que sea ésta la que ejerza el control de convencionalidad.[49]

En estos casos de países en los cuales no existe control difuso de la constitucionalidad de las leyes, en la misma línea, el propio juez Eduardo Ferrer Mac Gregor, en su Voto razonado a la sentencia de la Corte Interamericana en el caso *Cabrera García y Montiel Flores v. México* de 26 de noviembre de 2010, estimó se trata de un control que llamó como de "menor intensidad" quedando limitado el juez, en esos casos, a sólo producir "interpretaciones conformes" a la Convención, sin poder decidir sobre la inaplicabilidad de normas cuando son inconvencionales.[50]

El razonamiento del juez Ferrer Mac Gregor parte de la interpretación de la frase de la jurisprudencia de la Corte Interamericana, según la cual el control de convencionalidad que deben ejercer todos los jueces de oficio, lo deben realizar "evidentemente en el marco de sus respectivas competencias y de las regulaciones procesales correspondientes,"[51] considerando sin embargo que la misma no puede interpretarse como "limitante para ejercer el "control difuso de convencionalidad," sino como una manera de "graduar" la intensidad del mismo;[52] concluyendo entonces con su apreciación de que "el grado de intensidad del "control difuso de convencionalidad" disminuye en aquellos sistemas donde no se permite el "control difuso de constitucionalidad" y, por consiguiente, no todos los jueces tienen la facultad de dejar de aplicar una ley al caso concreto."[53]

Estimamos, al contrario, y esta es mi tesis central, que en relación con este control difuso de convencionalidad que ha definido la jurisprudencia de la Corte Interamericana para ser ejercido en el ámbito interno, "implica que todos los jueces, sin distinción, pueden ejercerlo,"[54] independientemente de que el sistema de justicia constitucional no admita el ejercicio del control difuso de constitucionalidad, por parte de los jueces ordinarios.[55]

---

49 *Ídem*, 261-263

50 Véase Eduardo Ferrer Mac Gregor, Voto razonado a la sentencia caso *Cabrera García y Montiel Flores vs. México* de 26 de noviembre de 2010 (Párr. 37), en http://www.corteidh.or.cr/docs/casos/articulos/seriec_220_esp.pdf El mismo juez Ferrer Mac Gregor ha agregado: "En caso de incompatibilidad absoluta, donde no exista "interpretación convencional" posible, si el juez carece de facultades para desaplicar la norma, se limitará a señalar la inconvencionalidad de la misma o, en su caso, "plantear la duda de inconvencionalidad" ante otros órganos jurisdiccionales competentes dentro del mismo sistema jurídico nacional que puedan ejercer el "control de convencionalidad" con mayor intensidad. Así, los órganos jurisdiccionales revisores tendrán que ejercer dicho "control" y desaplicar la norma o bien declarar la invalidez de la misma por resultar inconvencional (Párr. 39), *Ídem*. Véase igualmente en Eduardo Ferrer Mac Gregor, "Interpretación conforme y control difuso de convencionalidad. El nuevo paradigma para el juez mexicano," en Eduardo Ferrer Mac Gregor (Coordinador), *El control difuso de convencionalidad. Diálogo entre la Corte Interamericana de Derechos Humanos y los jueces nacionales), FUNDAp*, Querétaro, México 2012, pp. 110, 123, 147, 148

51 Véase Eduardo Ferrer Mac Gregor, Voto razonado a la sentencia caso *Cabrera García y Montiel Flores vs. México* de 26 de noviembre de 2010 (Párr. 39), en http://www.corteidh.or.cr/docs/casos/articulos/seriec_220_esp.pdf. Véase igualmente en Eduardo Ferrer Mac Gregor, "Interpretación conforme y control difuso de convencionalidad. El nuevo paradigma para el juez mexicano," en Eduardo Ferrer Mac Gregor (Coordinador), *El control difuso de convencionalidad. Diálogo entre la Corte Interamericana de Derechos Humanos y los jueces nacionales), FUNDAp*, Querétaro, México 2012, pp. 147, 151. Véase también Claudio Nash Rojas, "Comentarios al trabajo de Víctor Bazán: 'El control de convencionalidad: incógnitas, desafíos y perspectivas," en Victor Bazan y Claudio Nash (Editores), *Justicia Constitucional y derechos Fundamentales. El Control de Convencionalidad 2011*, Centro de Derechos Humanos Universidad de Chile, Konrad Adenauer Stiftung, 2011, p. 65.

52 Véase Eduardo Ferrer Mac Gregor, Voto razonado a la sentencia caso *Cabrera García y Montiel Flores vs. México* de 26 de noviembre de 2010 (Párr. 35), en http://www.corteidh.or.cr/docs/casos/articulos/seriec_220_esp.pdf.

53 *Ídem*, Párr. 37. Véase también Aylín Ordóñez Reyna, "Apuntes a Él control de convencionalidad: incógnitas, desafíos y perspectivas,'" de Víctor Bazán, en Victor Bazán y Claudio Nash (Editores), *Justicia Constitucional y derechos Fundamentales. El Control de Convencionalidad 2011*, Centro de Derechos Humanos Universidad de Chile, Konrad Adenauer Stiftung, 2011, p. 80

54 Véase Alfonso Jaime Martínez Lazcano, "Control difuso de convencionalidad en México," en Boris Barrios González (Coordinador), *Temas de Derecho Procesal Constitucional Latinoamericano*, Memorias I Congreso panameño de Derecho Procesal Constitucional y III Congreso Internacional Proceso y Constitución, Panamá 2012, p 201

55 Véase las dudas y discusión sobre esta posibilidad de que todos los jueces ejerzan en el ámbito interno el control de convencionalidad aún cuando el sistema de control de constitucionalidad adoptado no los autorice a ejercer el control difuso de constitucionalidad, en Aylín Ordóñez Reyna, "Apuntes a 'Él control de convencionalidad: incógnitas, desafíos y perspectivas' de Víctor Bazán, en Victor Bazan y Claudio Nash (Editores), *Justicia Constitucional y derechos Fundamentales. El Control de Convencionalidad 2011*, Centro de Derechos Humanos Universidad de Chile, Konrad Adenauer Stiftung, 2011, pp. 75, 76, 81.

Es sin duda útil hacer la comparación entre el sistema de control de constitucionalidad y el control de convencionalidad, como lo hizo en su momento el juez García Ramírez, pero en mi criterio, por ser distintos ambos controles,[56] ello no autoriza a hacer depender el funcionamiento del último respecto de lo que se establezca en el primero.

Por otra parte, de acuerdo con la doctrina de la Corte Interamericana, ese control difuso de convencionalidad lo deben ejercer todos los jueces, sin distinción, *de oficio*, lo que siempre ocurre, por supuesto, en el curso de un proceso que ha sido iniciado a instancia de parte.

Sobre ello, sin embargo, el magistrado Ernesto Jinesta de la Corte Suprema de Costa Rica ha considerado que con la sentencia de la Corte Interamericana en el caso *Trabajadores Cesados del Congreso v. Perú,*[57] se produjo:

> "una modificación o reforma tácita de todas las legislaciones nacionales en materia de acciones de inconstitucionalidad, por cuanto, ahora el respectivo Tribunal o Sala, de oficio y aunque no haya sido solicitado por la parte que plantea la acción, debe efectuar el test de convencionalidad de la norma, disposición o acto interno o local." [58]

De ello concluyó el magistrado Jinesta que:

> "en el Derecho Procesal Constitucional se da un salto parcial, a nivel interamericano, de un sistema dispositivo a uno parcialmente inquisitivo en materia de control de convencionalidad, por lo cual los Tribunales y Salas, so pena de hacer incurrir al Estado respectivo en responsabilidad internacional por omisión, deben efectuar, oficiosamente de convencionalidad, obviamente, todo dentro del marco de sus respectivas competencias y regulaciones procesales domésticas."[59]

Sin embargo, en realidad, la competencia de las Jurisdicciones Constitucionales para poder conocer de oficio, en el curso de un proceso ya incoado por una parte, de vicios de inconstitucionalidad no denunciados, o de los jueces de ejercer de oficio el control difuso de inconstitucionalidad no es nada nuevo en America latina, habiendo sido consagrado en muchos casos legalmente.[60] Por lo demás, la referencia que hizo en este sentido la Corte Interamericana en las sentencias citadas sobre este control de convencionalidad de oficio, en nuestro criterio no elimina el principio dispositivo que rige los procesos judiciales, significando que la actuación de oficio para ejercer el control de convencionalidad se tiene que producir siempre en el curso de un proceso iniciado a instancia de parte, aún cuando las partes no lo hayan planteado la cuestión de convencionalidad.

El tema, en todo caso, lo que plantea hacia el futuro como tema de discusión en esta materia, es la posibilidad o el deber de los tribunales nacionales, de poder ejercer de oficio el control de convencionalidad, cuando en los procesos por violación de derechos de la Convención Americana de los cuales esté conociendo, evidencie *motu proprio* la existencia de violaciones respecto de otros derechos de la Convención aún cuando no hayan sido denunciadas por la víctima , y que resulten de las actas del expediente.

---

56 Véase Claudio Nash Rojas, "Comentarios al trabajo de Víctor Bazán: 'El control de convencionalidad: incógnitas, desafíos y perspectivas'," en Víctor Bazán y Claudio Nash (Editores), *Justicia Constitucional y derechos Fundamentales. El Control de Convencionalidad 2011*, Centro de Derechos Humanos Universidad de Chile, Konrad Adenauer Stiftung, 2011, p. 65

57 Véase sentencia en el caso *Trabajadores Cesados del Congreso (Aguado Alfaro y otros) v. Perú* de de 24 de noviembre de 2006 (Párr. 128), en http://www.corteidh.or.cr/docs/casos/articulos/seriec_158_esp.pdf

58 Véase Ernesto Jinesta L., "Control de convencionalidad ejercido por los Tribunales y Salas Constitucionales," en Eduardo Ferrer Mac-Gregor, (Coordinador), *El control difuso de convencionalidad. Diálogo entre la Corte Interamericana de derechos humanos y los jueces nacionales. En memoria del Ministro José de Jesús Gudiño Pelayo*, Funda, Querétaro, México 2012, p. 278

59 *Ídem.*

60 Véase por ejemplo, Allan R. Brewer-Carías, "Régimen y alcance de la actuación judicial de oficio en materia de justicia constitucional en Venezuela", en *Estudios Constitucionales. Revista Semestral del Centro de Estudios Constitucionales*, Año 4, N° 2, Universidad de Talca, Santiago, Chile 2006, pp. 221-250. Publicado en Crónica sobre la "In" Justicia Constitucional. La Sala Constitucional y el autoritarismo en Venezuela, Colección Instituto de Derecho Público. Universidad Central de Venezuela, N° 2, Editorial Jurídica Venezolana, Caracas 2007, pp. 129-159.

## III.-LA TENDENCIA DEL DESPLAZAMIENTO DEL ÁMBITO DEL CONTROL DE CONVENCIONALIDAD DESDE EL DERECHO CONSTITUCIONAL HACIA EL DERECHO ADMINISTRATIVO

Pero lo importante a destacar de todo este proceso de desarrollo conceptual del control de convencionalidad, es que el mismo, definitivamente ya ha escapado del cerco que el derecho constitucional le había montado, particularmente como consecuencia de la tendencia de hacer el paralelismo entre control de convencionalidad y control de constitucionalidad, y que en mi criterio debe considerarse como superado.

Ese paralelismo pudo tener cierta base por el rango constitucional que en el orden interno tiene la Convención Americana de Derechos Humanos en materia de derechos fundamentales, que pasaron, en casi todos nuestros países, a formar parte del bloque de la constitucionalidad, lo que " acercaba" entonces el control de convencionalidad al control de constitucionalidad.

Sin embargo, aplicado el marco conceptual del control de convencionalidad al universo de las otras convenciones y tratados internacionales sobre materias distintas a los derechos humanos, que se han venido incorporando en el orden interno de acuerdo a los mecanismos establecidos en las Constituciones, formando parte en general del bloque de la legalidad, el control de convencionalidad puede decirse que se está desplazando del ámbito del derecho constitucional hacia el ámbito del derecho administrativo, en el cual se ubican las normas de la mayoría de las normas de los tratados y convenciones internacionales, como los que se refieren a la protección del medio ambiente; a las relaciones comerciales; a la lucha contra la corrupción; al régimen multilateral de servicios públicos, como los de salud, de transporte, de navegación, de correos; al uso de espectro radioeléctrico, y tantos otros.

En todos esos casos, y en relación con las competencias de los jueces nacionales, también tenemos que conceptualizar las modalidades de ejercicio de sus poderes de control de convencionalidad, en estos casos, sin embargo, conforme al bloque de legalidad, en la forma en la cual en el mismo se integren los tratados y convenios internacionales, sea con rango supra-legal o con rango legal.[61]

Si los tratados, convenciones o convenios internacionales tienen rango supra-legal pero sub-constitucional, como sucede en Costa Rica, el juez nacional está en la obligación de dar preferencia a las normas internacionales en relación con las normas legales internas.

En este caso, éste sería el ámbito del control de convencionalidad que en general todos los jueces nacionales realizan cuando al resolver un asunto, constatan que el derecho que lo rige no solo está regulado en normas nacionales sino en tratados y convenciones internacionales, en cuyo caso, todos los jueces nacionales ejercen, aun cuando no lo concienticen, un control difuso de convencionalidad. Ello es lo que resulta o debe resultar del principio *iura novit curia*, conforme al cual el juez se presume que conoce el derecho que está llamado a aplicar, siendo él, el único responsable en determinar cuál es la ley o norma que es aplicable al caso concreto que debe resolver, independiente de las argumentaciones de las partes.

Ello, incluso, es lo que resulta con toda precisión en el caso de los jueces contencioso administrativos, en todo lo que se refiera a la aplicación de la Ley General de la Administración Pública y de normas del ordenamiento jurídico administrativo, conforme al principio de las fuentes del mismo que conforme al artículo 6 de dicha Ley General, se deben sujetar a un determinado y obligatorio orden que ubica a la Constitución en la cúspide, seguida de "los tratados internacionales y las normas de la Comunidad Centroamericana," a los cuales siguen "las leyes

61 Sobre el rango de los tratados internacionales en el derecho interno véase: Rodolfo E. Piza Escalante, *Derecho internacional de los derechos humanos: La Convención Americana*, San José 1989; Carlos Ayala Corao, "La jerarquía de los instrumentos internacionales sobre derechos humanos", en *El nuevo derecho constitucional latinoamericano*, IV Congreso venezolano de Derecho constitucional, Vol. II, Caracas 1996 y *La jerarquía constitucional de los tratados sobre derechos humanos y sus consecuencias*, México, 2003; Humberto Henderson, "Los tratados internacionales de derechos humanos en el orden interno: la importancia del principio *pro homine*", en *Revista IIDH*, Instituto Interamericano de Derechos Humanos, Nº 39, San José 2004, pp. 71 y ss. Véase también, Allan R. Brewer-Carías, *Mecanismos nacionales de protección de los derechos humanos*, Instituto Internacional de Derechos Humanos, San José, 2004, pp.62 y ss.

y demás actos con valor de ley," y a continuación, los reglamentos, los decretos ejecutivos y demás normas subordinadas a los mismos.[62] De esta norma de la Ley General, sin duda, confirma, en el campo del derecho administrativo, los poderes de control difuso de la convencionalidad que el bloque de legalidad que están obligados a aplicar les impone en la resolución de sus asuntos de su competencia.

Y si los tratados o convenciones internacionales solo tienen rango legal, como sucede en la mayoría de los países, igualmente el juez nacional, en la aplicación del bloque de legalidad, deberá ejercer el control difuso de convencionalidad aplicando en el caso concreto los tratados internacionales y las leyes que rigen el caso concreto, conforme a las técnicas comunes interpretativas y de aplicación de las leyes, por ejemplo los que derivan de la relación entre la ley especial y la ley general y entre la ley posterior y la ley anterior.

De nuevo ese es, en este caso, el ámbito del ejercicio del control de convencionalidad, cuando éste se ha desplazado en la substancia, del marco del derecho constitucional donde fue conceptualizado por la aplicación de tratados internacionales con rango constitucional como son los relativos a los derechos humanos, hacia el marco del derecho administrativo donde los tratados que lo rigen tienen rango supra-legal pero sub-constitucional, en cuyo caso corresponde ser ejercido claramente por todos los jueces nacionales, en particular los contencioso administrativos, incluso de oficio, en todos los casos en los cuales para la resolución de los casos concretos de derecho administrativo que tengan a su cargo, tengan que aplicar tratados o convenios internacionales; todo ello, conforme a los principios que rigen en la aplicación del bloque de legalidad.

Otro plano adicional del asunto, por supuesto, que interesa particularmente al derecho administrativo, es el que se refiere a la aplicación del bloque de la legalidad, conforme a la jerarquía u orden de las fuentes, por parte de los funcionarios públicos en el seno de las actuaciones administrativas. Éstos están obligados, en respeto del principio de legalidad, a aplicar el derecho en los casos que decidan, y en particular, no solo lo dispuesto en las leyes y reglamentos aplicables, sino en los tratados o convenios internacionales conforme a la jerarquía supra-legal que tengan en países como Costa Rica, conforme al artículo 6 de la Ley General de la Administración Pública; o al rango legal de los mismos que tienen en otros países.

Los funcionarios públicos competentes, por supuesto, al dictar los actos administrativos correspondientes en esos casos, estando sujetos al principio de legalidad, están obligados a aplicar el ordenamiento jurídico administrativo conforme al orden o jerarquía que tengan las fuentes del ordenamiento jurídico administrativo, y en ese contexto, les corresponde interpretar cuál ley es la aplicable en el caso concreto, y en caso de existencia de convenios o tratados internacionales que rijan la materia, determinar si los mismos prevalecen o no sobre las normas internas, conforme a las técnicas interpretativas que ofrece el bloque de legalidad.

En este sentido es que podría decirse que los funcionarios administrativos también ejercen un control de convencionalidad, estando su actuación, en todo caso, sujeta al control de los tribunales de la jurisdicción contencioso administrativa, en cuyos casos, igualmente, los jueces competentes de la misma, al decidir sobre la impugnación de los actos administrativos dictados, en la misma forma, también están obligados a ejercer el control de convencionalidad.

## APRECIACIÓN FINAL

De todo lo anteriormente expuesto podemos entonces concluir, que el control de convencionalidad, conceptualizado a partir de los años dos mil en relación con la Convención Americana de Derechos Humanos, en realidad resultó que no era nada nuevo, pues el mismo es el que había venido realizando en sus dos vertientes, primero, en el ámbito internacional, por

62 Véase sobre la importancia de esta enumeración y del orden de las fuentes del derecho administrativo, los comentarios que en su momento hicimos en Allan R. Brewer-Carías, "Comentarios sobre los principios generales de la Ley General de la Administración Pública de Costa Rica" en *Revista del Seminario Internacional de Derecho Administrativo*, Colegio de Abogados de Costa Rica, San José 1981, pp. 31-57; y en *Revista Internacional de Ciencias Administrativas*, Vol. XLVIII, Institut International des Sciences Administratives, Bruselas 1982, N° 1, pp. 47-58.

la Corte Interamericana de Derechos Humanos desde el comienzo de su funcionamiento, y segundo, además, en el ámbito de los derechos internos, por los tribunales nacionales desde que la Convención entró en vigencia en los respectivos países, como lo demuestran todos los casos en los cuales una y otros debieron confrontar las normas de la Convención que en general han tenido rango constitucional en el derecho interno, con las normas internas de los diversos países.

En este contexto del rango constitucional que la Convención Americana y de los derechos humanos en ella consagrados han tenido en el derecho interno, en la conceptualización inicial del control de convencionalidad, particularmente por haber el derecho constitucional acaparado el tema del control de convencionalidad, se comenzó a establecer un incorrecto paralelismo y más aún, una cierta dependencia entre el control de convencionalidad y el sistema de control de constitucionalidad que existía en los diversos países. Ello, en mi criterio, en lugar de clarificar conceptualmente el control de convencionalidad, lo ha desdibujado, pues este es completamente independiente del sistema de control de constitucionalidad que pueda existir en determinado país. Ello implica que en países en los cuales no exista un control difuso de constitucionalidad de las leyes, sí puede y debe ejercerse un control de convencionalidad por todos los tribunales nacionales en relación con los Convenios internacionales incluyendo la Convención Americana sobre Derechos Humanos; potestad que no puede estar conceptualmente reservada a un solo Tribunal o Corte Suprema o Sala de la misma.

Ese control de convencionalidad, por otra parte, como control difuso, puede y debe ejercerse de oficio, sin necesidad de que haya un argumento o excepción de parte, lo que es particularmente claro si se toma en cuenta la ruptura del cerco que el derecho constitucional le había tendido al control de convencionalidad, y del cual se ha escapado por fuerza de la vigencia del derecho administrativo. Éste ahora reclama de los jueces nacionales en general, y en particular, de los jueces contencioso administrativo, que ejerzan igualmente el control de convencionalidad en la aplicación de tratados y convenios internacionales, en el marco de las reglas que rigen el bloque de la legalidad.

Esta competencia y poder de control de convencionalidad también corresponde ser ejercida por los funcionarios administrativos en sede de la Administración, cuando el asunto que deban decidir esté regulado, además de por leyes, por tratados y convenios internacionales; en cuyo caso, por supuesto están sujetos al control de legalidad por parte de los tribunales contencioso administrativo.

San José, 19 de marzo de 2015.

www.ingramcontent.com/pod-product-compliance
Lightning Source LLC
LaVergne TN
LVHW080901071026
849530LV00005B/55
*9789977137469*